2025

합격에 자신있는 무역 시리즈

합격자

관세사

1차 | 한권으로 끝내기

유영웅 · 나기철 편저

1권 | 관세법개론

시대에듀

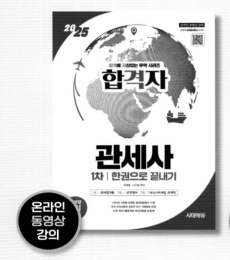

합격에 자신있는 무역 시리즈

합격자

관세사

1차 | 한권으로 끝내기

1권 | 관세법개론

시대에듀

머리말 PREFACE

편저자의 말

현재 세계정세는 단순히 국제화(Internationalization)와 세계화(Globalization)라는 개념을 넘어서서 각국은 하나의 생활권이자 하나의 커다란 국가라는 개념으로 변모되어 가고 있습니다. 특히 거스를 수 없는 세계적 흐름인 FTA의 확산으로 무역은 날로 중요성을 더해 가고 있습니다.

바야흐로 세계는 무역장벽이 철폐되는 FTA 시대에 진입하고 있으며
이런 추세는 점차 가속화될 것입니다.

이런 상황 하에서 관세사(Certified Customs Broker)라는 직업은 점점 더 중요해지고 있으며 1년에 한 번 치러지는 관세사 시험은 높은 난이도에도 불구하고 응시생이 상당히 많은 편으로 이 직종의 인기를 실감할 수 있습니다.

관세사 시험은 1차 객관식, 그리고 2차 논술형의 구성이며 1차 시험의 합격률은 연도별로 차이는 있으나 대략 30%선, 2차 시험의 합격률은 10% 미만으로 집계가 되고 있습니다.

1차 시험은 모두 객관식이라는 점과 합격률의 수치만 보고 다소 느슨하게 준비하는 수험생도 있을 수 있는데 1차 시험의 과목이 2차와도 연결되기 때문에 1차 시험부터 완벽하게 이해하여 넘어가지 않으면 운 좋게 1차 시험을 통과하였다고 하더라도 난이도가 매우 높은 2차 시험을 준비하면서 바로 좌절을 맛보게 될 가능성이 큽니다.

본서는 1차에서 치러지는 관세법개론, 무역영어, 내국소비세법, 그리고 회계학의 네 과목을 묶은 구성으로 방대한 내용 중 각 과목에서 가장 중요한 이론만을 엄선하여 수험생 여러분이 어려운 관세사 시험에 조금이나마 더 가벼운 마음으로 다가갈 수 있도록 준비하였습니다.

각 과목에서 다루어지는 이론과 출제예상문제를 여러 차례 숙독하여
자신만만한 마음가짐으로 시험장에 도착할 수 있도록 하십시오.

본서의 제1과목에서는 개정된 최신 관세법을 발 빠르게 반영하여 다소 실시기간이 먼 다음 해 시험을 문제없이 대비할 수 있도록 하였으며, 제2과목에서는 방대한 무역규칙 중 특히 나올 가능성이 있는 부분만을 골라 시험에 많이 나오지 않는 부분은 과감하게 생략하는 구성을 취하였습니다. 제3과목은 기출문제 분석 및 현행법령을 최대한 반영하였고 수식 및 도식을 통해 자칫 어렵게 느껴지는 내용을 보다 편안한 마음으로 접할 수 있도록 하였으며, 제4과목인 회계학은 수험생들이 가장 어렵게 느낄 수 있는 과목으로 최대한 상세한 풀이를 통해 조금이나마 쉽게 다가갈 수 있도록 하였습니다.

관세사의 꿈을 이루고자 도전하는 수험생 여러분의 합격을 진심으로 기원합니다.

편저자 올림.

편집자의 말

먼저 올해 저희 시대에듀 합격자 시리즈 〈2025 관세사 1차 한권으로 끝내기〉를 선택해 주신 독자 여러분들께 감사의 인사를 올립니다. 이번에 출간한 저희 교재는 독자님들의 합격에 대한 간절함이 얼마나 큰 줄 알기에 저자와 편집자 간 치열한 개정방향 논의를 통해 독자님들께서 합격에 더욱 가깝게 다가설 수 있도록 꼼꼼하게 구성되었습니다.

이에 본서를 여러분 앞에 내놓게 되었습니다. 이 책의 특징은 다음과 같습니다.

첫 째 2024년 관세사 1차 시험을 완벽히 분석하여 가이드에 출제빈도표, 출제경향분석을 수록하였습니다. 따라서 저희 교재를 통해 학습하시는 독자님들께서는 가장 최신의 출제흐름을 파악하고 이를 바탕으로 최신 출제유형에 완벽히 대비하여 2025년 관세사 1차 시험장에 들어가실 수 있습니다. 또한 시험에 출제된 내용 중 도서에 수록되어 있지 않던 내용도 도서에 새롭게 수록하여 2025년 시험에 대비하실 수 있도록 하였습니다.

둘 째 현직 관세사인 저자들이 꼼꼼하게 최신 개정 법령을 검토하여 이를 모두 교재에 충실히 담아냈습니다. 참고한 법령의 시행일은 다음과 같습니다.

> 「관세법」(25.01.01), 시행령(25.01.01), 시행규칙(25.01.01)
> 「자유무역협정의 이행을 위한 관세법의 특례에 관한 법률」(24.03.01), 시행령(24.03.01), 시행규칙(24.05.03)
> 「부가가치세법」(24.07.01), 시행령(25.01.01), 시행규칙(24.07.01)
> 「개별소비세법」(25.01.01), 시행령(24.07.01), 시행규칙(24.03.22)
> 「주세법」(24.05.17), 시행령(24.05.17), 시행규칙(24.05.17)

이처럼 수시로 개정되는 법령을 가장 최신으로 반영하였기 때문에 독자님들께서는 안심하고 학습하실 수 있습니다.

셋 째 알아두기, 보충박스, OX 문제 등 다양한 학습 보조장치를 통해 독자님들이 방대한 양의 관세사 과목들을 학습하시는 데 보다 빠르고 깊은 이해가 가능하도록 하였습니다. 또한 이론 중간에 관련 최신 기출문제와 상세한 해설을 수록하여 실제 시험 유형을 직접 파악하고 이론에 대한 이해를 돕도록 구성하였습니다.

사람의 인연은 길에서 우연하게 만나거나 함께 살아가는 것만을 의미하지는 않습니다.
책을 펴내는 출판사와 그 책을 읽는 독자의 만남도 소중한 인연입니다.
세계를 무대로 대한민국 무역 일선에서 활약하게 될 예비 관세사 여러분의 건승을 빕니다.
끝으로 시대에듀는 항상 독자의 마음을 헤아리기 위해 노력하고 있습니다. 늘 독자와 함께하겠습니다.

편집자 드림

◆ **관세사란?**

관세사란 화주로부터 위탁받아 수출입업체를 대리하여 다음과 같은 업무를 수행하는 직업을 말합니다. 관세청에서 주관하고 한국산업인력공단에서 시행하는 국가전문자격시험을 거치면 관세사 자격을 취득할 수 있습니다.

◆ **관세사가 하는 일**

수출입통관	기업구제	FTA 활용 지원
수출입신고 수출입요건확인 관세환급 관세 및 무역관련 컨설팅	세관 조사 입회대리 기업심사, ACVA 신청 이의신청 · 심사청구, 심판청구 AEO, 관세평가 등 기업 컨설팅	FTA 적응요건 심사 FTA 원산지 관리 FTA 검증 조력 FTA 활용 컨설팅

◆ **관세사 현황**

구 분	개 인		합 동			관세법인			통관취급법인			합 계		
	사무 소수	관세 사수	본 사	사무 소수	관세 사수	본 사	사무 소수	관세 사수	본 사	사무 소수	관세 사수	본 사	사무 소수	관세 사수
전 국	3	3	0	0	0	0	0	13	0	0	0	3	3	16
서울 · 중부	213	235	28	34	66	69	152	566	1	1	1	311	400	868
인천 · 경기	288	306	25	37	62	43	169	341	13	14	17	369	508	726
부산 · 경남	77	84	25	28	63	24	108	294	2	3	3	128	216	444
대구 · 경북	24	25	6	6	14	10	26	72	0	0	0	40	56	111
광주 · 전라	25	27	3	6	10	0	23	31	0	0	0	28	54	68
합 계	630	680	87	111	215	146	478	1,317	16	18	21	879	1,237	2,233

※ 해당 자료는 한국관세사회에 등록된 관세사의 통계 자료를 바탕으로 작성되었습니다(2024.04 기준).

◇ 시험과목 및 방법

구 분	교 시	과 목	문항수	시험시간	시험방법
1차 시험	1교시	• 관세법개론 • 무역영어	각 40문항	80분	객관식 (5지선다)
	2교시	• 내국소비세법 • 회계학	각 40문항	80분	
2차 시험	1교시	관세법	4문항	80분	논술형
	2교시	관세율표 및 상품학	4문항	80분	
	3교시	관세평가	4문항	80분	
	4교시	무역실무	4문항	80분	

※ 2022년도 제39회 관세사 자격시험부터 제2차 시험 출제문항 수가 과목별 총 6문항(50점 1문항, 10점 5문항)에서 과목별 총 4문항(30점 2문항, 20점 2문항)으로 변경되었습니다.

◇ 합격기준

구 분	합격기준
1차 시험	매 과목 100점을 만점으로 하여 매 과목 40점 이상, 전 과목 평균 60점 이상 득점한 자
2차 시험	매 과목 100점을 만점으로 하여 매 과목 40점 이상, 전 과목 평균 60점 이상 득점한 자 ※ 다만, 매 과목 40점 이상, 전 과목 평균 60점 이상을 득점한 자가 최소합격인원에 미달하는 경우에는 동 최소합격인원의 범위 안에서 매 과목 40점 이상을 득점한 자 중에서 전 과목 평균득점에 의한 고득점자 순으로 합격자를 결정 ※ 위의 단서규정에 따라 합격자를 결정함에 있어서 동점자로 인하여 최소합격인원을 초과하는 경우에는 당해 동점자 모두를 합격자로 결정. 이 경우 동점자의 점수계산은 소수점 이하 둘째 자리까지 계산

※ 정확한 자격시험정보의 확인을 위하여 반드시 시행처 사이트(www.q-net.or.kr/site/customs)를 방문하시기를 당부드립니다.

◇ 시험일정

구 분	접수기간	시험일정	의견제시기간	최종정답 발표기간	합격자 발표기간
2024년 41회 1차	24.01.29～24.02.02 빈자리 추가접수 기간 24.03.07～24.03.08	24.03.16	24.03.16～ 24.03.22	24.04.17～ 24.06.15	24.04.17～ 24.06.15
2024년 41회 2차	24.04.29～24.05.03 빈자리 추가접수 기간 24.06.06～24.06.07	24.06.15	–	–	24.10.16～ 24.12.13

※ 2025년 시험일정이 아직 발표되지 않은 관계로 2024년 자료를 수록하였습니다. 정확한 시험일정의 확인을 위하여 반드시 시행처 사이트(www.q-net.or.kr/site/customs)를 확인하시기 바랍니다.

시험분석 데이터 ANALYSIS

◇ 1차 시험 응시현황

연 도	1차 시험			
	대상(명)	응시(명)	합격(명)	합격률(%)
2015년	3,754	2,781	666	23.9
2016년	3,598	2,851	1,008	35.4
2017년	3,487	2,808	967	34.4
2018년	3,149	2,461	934	38.0
2019년	2,758	2,087	624	29.9
2020년	2,433	1,913	451	23.6
2021년	2,593	2,013	559	27.8
2022년	2,313	1,798	470	26.1
2023년	2,181	1,635	405	24.8
2024년	2,001	1,499	381	25.4

◇ 1차 시험 합격률 추이 그래프

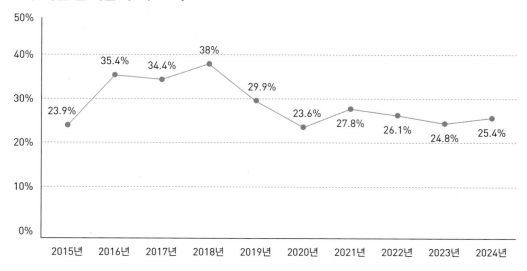

◇ 2024년 1차 시험 성적 통계

과 목	응시자(명)	평균(점)	과락(명)	과락률(%)
관세법개론	1,499	50.3	403	26.9
무역영어	1,499	46.3	608	40.6
내국소비세법	1,487	55.2	411	27.6
회계학	1,487	37.6	861	57.9

◇ 1차 시험 과목별 평균

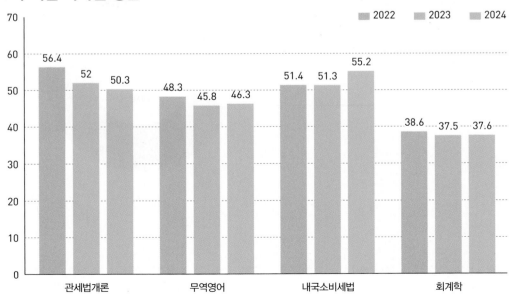

◇ 2024년 1차 시험 합격자 통계

연령별 합격자 현황

연 령	합격인원(명)	비율(%)
10대	–	–
20대	239	63
30대	108	28
40대	15	4
50대	15	4
60대 이상	4	1
합 계	381	100

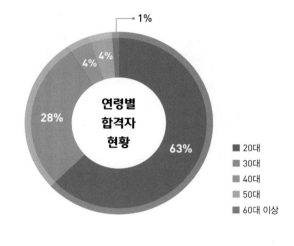

성별 합격자 현황

성 별	합격인원(명)	비중(%)
여 성	207	54
남 성	174	46
전 체	381	100

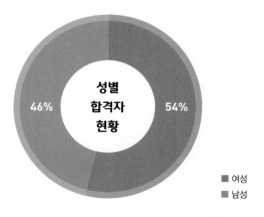

※ 상기 자료는 2024년 제41회 관세사 제1차 시험 합격자 기준으로 작성되었으며, 합격자 비율은 소수점 이하 첫째 자리에서 반올림하였습니다. 정확한 정보의 확인은 시행처 사이트(www.q-net.or.kr/site/customs)를 방문하시기를 당부드립니다.

◇ 출제빈도표

출제연도 및 출제영역 / 문제유형	2022년 1차				2023년 1차				2024년 1차			
	관세법개론	무역영어	내국소비세법	회계학	관세법개론	무역영어	내국소비세법	회계학	관세법개론	무역영어	내국소비세법	회계학
관세법 기본	2	–	–	–	2	–	–	–	4	–	–	–
과세요건	4	–	–	–	5	–	–	–	4	–	–	–
부과와 징수	8	–	–	–	3	–	–	–	4	–	–	–
감면/환급/분할납부	3	–	–	–	5	–	–	–	4	–	–	–
납세자 권리/불복절차	1	–	–	–	3	–	–	–	2	–	–	–
운송/통관	11	–	–	–	12	–	–	–	12	–	–	–
처벌/보칙	5	–	–	–	4	–	–	–	4	–	–	–
FTA	6	–	–	–	6	–	–	–	6	–	–	–
무역일반	–	1	–	–	–	1	–	–	–	2	–	–
무역규칙	–	34	–	–	–	38	–	–	–	35	–	–
무역용어	–	5	–	–	–	1	–	–	–	3	–	–
부가가치세법	–	–	30	–	–	–	30	–	–	–	30	–
개별소비세법	–	–	6	–	–	–	6	–	–	–	6	–
주세법	–	–	4	–	–	–	4	–	–	–	4	–
재무회계	–	–	–	30	–	–	–	30	–	–	–	30
원가관리회계	–	–	–	10	–	–	–	10	–	–	–	10
총 계	40	40	40	40	40	40	40	40	40	40	40	40

※ 위의 문제유형별 빈도는 절대적인 기준에 의한 것이 아니므로 일부는 관점에 따라 다른 유형에 속할 수도 있습니다.

출제경향분석 ANALYSIS

2024년 제41회 관세사 1차 시험 기출문제 유형 분석 결과

제1과목   관세법개론

2024년 관세법개론은 작년과 비슷한 수준의 난이도로 출제되었습니다. 관세법과 관세법 시행령에서 대부분 출제되어 까다롭게 느껴지는 부분은 많지 않았을 것입니다.

출제영역별 문제 수를 작년과 비교해보면, 영역별로 1~2문제 가량의 증감이 있으나 큰 틀에서의 변동은 없다고 볼 수 있습니다. 작년과 재작년에 6문제가 출제되었던 FTA 관세특례법에서 올해도 6문제가 출제되었으며, 전통적으로 가장 출제 비중이 높은 '운송/통관' 파트에서 작년과 마찬가지로 12문제가 출제되었습니다.

비록 난이도가 눈에 띄게 상승하지는 않았지만 기본적인 법 규정의 출제 비중이 높은 만큼 이를 정확히 숙지하는 것이 가장 중요합니다. 출제 비중이 가장 높은 '운송/통관' 파트를 눈여겨 보아야 하고, FTA 관세특례법에서도 지속적으로 출제가 많이 되고 있으니 이 부분의 기본적인 내용을 잘 학습하셔야 합니다.

제2과목   무역영어

제2과목인 무역영어의 난이도는 작년과 비슷한 수준이었습니다. 그리고 출제된 문제의 대부분(약 88%)이 국제협약에서 정한 내용을 기초로 출제되었습니다. 따라서 무역실무에 대한 전반적인 이해와 더불어 국제무역과 관련된 다양한 국제협약의 내용을 정확하게 알고 있어야 좋은 성적을 거둘 수 있었을 것입니다.

국제협약과 관련된 문항들은 앞선 연도들의 시험과 유사하게 원문 내용을 바탕으로 출제하면서 규정 내 용어의 변경(부정어의 사용, 조동사의 변경, 주어의 변경 등)을 통해 정답을 고르는 데 어려움을 겪게 하였습니다. 따라서, 각 국제협약의 내용을 충분히 숙지하여 영문 문장 내의 변경된 내용을 골라내야 하는 어려움도 따랐을 것입니다.

수험생 여러분은 이러한 출제경향을 인지하고 무역영어 시험에서 원하는 수준의 점수를 취득할 전략을 세울 필요가 있을 것입니다. 즉, 무역영어 시험에 출제되는 방대한 범위의 국제협약을 모두 암기한다는 것은 현실적으로 어려울 것이므로 Incoterms 2020, UCP 600, CISG, Hague Rules, ICC, MIA와 같이 출제빈도가 상대적으로 높은 국제협약을 집중적으로 학습하고, 뉴욕협약, CMI 통일규칙과 같은 기타 국제협약에 대해서는 전반적인 내용 및 용어를 숙지하는 것 위주로 학습하는 것도 중요한 전략이 될 수 있을 것입니다.

제3과목　내국소비세법

부가가치세법 75%(30문제), 개별소비세법 15%(6문제), 주세법 10%(4문제)가 출제되어 작년과 동일한 비중으로 출제되었습니다.

부가가치세법 법령에 규정된 내용을 근거로 문제가 출제되므로, 관련 규정을 정확히 숙지하는 것이 필요합니다. 왜냐하면, 출제된 문제들이 대부분 법 규정에 대해 일부 수정(부정어의 사용, 기간의 변경, 예외/제외 사항을 반대되는 문구로 표현 등)을 가하여 수험생을 혼란에 빠트리고 있기 때문입니다. 계산 문제(3문제)의 경우도 제시된 숫자 등으로 계산하는 방법 자체는 크게 어려움이 없었을 것이나, 법 규정에 대한 정확한 이해 및 암기가 필요했을 것입니다.

개별소비세법 법령에 규정된 내용을 근거로 문제가 출제되므로, 관련 규정을 정확히 숙지하는 것이 필요합니다. 개별소비세법은 출제 범위가 넓지 않고, 사례형 문제가 최근 출제되지 않으므로, 매년 주로 출제되는 규정(과세대상, 과세시기, 기준가격, 미납세 반출 등)은 충분히 숙지하여 놓치는 문제가 없어야 할 것입니다.

주세법 법령에 규정된 내용을 근거로 문제가 출제되므로, 관련 규정을 정확히 숙지하는 것이 필요합니다. 출제 범위가 넓지 않으므로, 기출문제를 중심으로 학습하여 문제 형태에 적응하는 것이 좋은 전략이 될 것입니다.

제4과목　회계학

재무회계 75%(30문제), 원가관리회계 25%(10문제)로 작년과 동일한 비중으로 출제되었습니다. 이 중 계산문제가 70%(28문제)로 자산, 부채, 수익, 비용의 기본적인 계산을 어떻게 적용해야 하는지에 대한 이해가 바탕이 되어야만 풀 수 있는 현금흐름표 파트에서 출제가 많이 되어 당황하신 분들이 많았을 것으로 보입니다. 기출문제를 반복적으로 풀어보는 것이 중요합니다.

계산연습을 통해 시간이 많이 소요되는 유형과 파트를 파악하여 실제 시험에서는 패스하거나 전체 문제를 푼 후 여유시간에 접근하는 방법의 수험전략이 필요할 것입니다.

재무회계 전체 30문제 중 계산문제가 63%(19문제), 이론문제가 37%(11문제)로 계산문제 중심으로 출제되고 있습니다. 공정가치, 주식기준보상 관련 이론 문제가 비교적 어렵게 출제되었다는 점에 주목할 필요가 있습니다. 교재의 '알아두기' 파트에서도 기출이 출제되는 경우가 많아서 개념 부분을 전체적으로 읽고 이해해보는 것이 중요합니다. 계산문제에서는 현금흐름표 관련 문제들이 어려운 편이라 당황한 수험생들이 많았을 것으로 예상됩니다. 기출문제를 반복적으로 풀어봄으로써 빈출 문제유형에 익숙해지는 방식으로 학습하여야 합니다.

원가관리회계 계산문제 중심(90%)으로 출제되었습니다. 계산문제의 난이도가 매년 상승하고 있어 개념을 정확히 이해하고 적용하여 푸는 방식으로 접근하여야 합니다. 특히 73번 문제는 종합원가계산과 결합원가계산의 혼합문제라서 2가지 이론과 풀이법을 모두 알아야 풀 수 있는 문제였습니다. 그래서 난이도도 높고 시간도 오래 걸리기에 이러한 문제들은 과감하게 스킵하고 풀 수 있는 문제들에 시간을 배분하는 현명함이 필요합니다.

관세사 합격을 위한 첫걸음

안녕하세요. 시대에듀 독자 여러분.
처음 관세사 공부를 할 때 많이 막막했고 과연 내가 1차를 통과할 수 있을지 걱정했었는데 어느덧 이렇게 합격수기를 적게 되었습니다.

제32회 관세사 시험
수석합격자 김용승

관세사 1차는 2차를 향한 도전의 시작이죠. 저는 관세사 1차를 6개월간 공부하였고 평균점수 79점으로 합격하였습니다. 부족하지만 제가 공부했던 방법을 여러분께 알려드리고, 좋은 부분만 취사선택하여 공부에 반영하신다면 반드시 좋은 결과가 있으시리라고 확신합니다.

1차 시험 학습방법

❶ 관세법개론

1차 시험의 관세법개론은 FTA 특례법을 포함합니다. FTA 특례법은 단순 암기과목이라고 생각하시면 어려움이 없으실 것입니다. 관세법은 쉬운 것 같으면서도 심오한 과목이라고 할 수 있습니다. 공부를 하다보면 다른 과목은 괜찮은데 관세법개론 점수가 안 나오는 분들이 은근히 많습니다. 관세법은 정통의 법과목이기 때문에 많은 정보를 최소한의 지면에 축약해서 적어야 하므로 한 문장을 적더라도 보통의 문장과는 다르게 됩니다. 이 과목에서 문장을 읽을 때 다른 과목의 문장을 읽듯이 빠르게 읽어 내려가려면 많은 정보를 잃어버리게 될 것입니다. 소화가 잘 안 되는 음식을 씹지도 않고 삼킨 것과 같죠.

관세사 1차에서는 '이하'를 '미만'으로 고쳐놓는 수법, 여러 개의 요건 중 하나를 빠뜨리는 수법, 기획재정부령, 대통령령 등을 다른 것으로 바꿔놓는 수법 등을 사용하기 때문에 매우 꼼꼼히 지문을 읽지 않으면 문제를 맞힐 수가 없습니다. 따라서 공부를 할 때에도 이러한 부분에 유의하면서 공부해야 합니다. 내용 중에는 '통칙, 관세율, 감면, 통관, 보세구역'에 비중을 많이 두어야 합니다.

❷ 무역영어

무역영어는 처음에는 가장 어려워 보이지만 일단 익숙해지면 아주 빠르게 문제를 풀 수 있습니다. 비슷한 패턴으로 출제되기 때문에 문제를 많이 풀다보면 점점 패턴이 보이기 시작합니다. 그러므로 처음에 문제가 풀리지 않는다고 실망하지 말고 반복적으로 문제를 푸는 훈련을 하는 것이 좋습니다. 대부분의 문제가 협약에서 출제되는데 Incoterms, CISG, UCP는 많은 회독수를 확보해야 하며, 그 외의 협약은 중요 내용만 기억하고 있으면 됩니다. 무역실무 지식은 많이 알고 있을수록 좋으나, 1차를 공부하면서 방대한 양의 무역실무 지식을 모두 알기에는 무리가 있으므로 교재에 실려 있는 내용만 알면 충분합니다.

❸ 내국소비세법

내국소비세법은 회계학과 붙어 있는 과목이기 때문에 내국소비세법 계산문제를 푸는 것은 회계학을 풀 시간이 줄어드는 것과 같습니다. 따라서 내국소비세법은 말문제만 풀고 계산문제는 전략적으로 넘어가도록 하는 것이 좋습니다. 부가가치세법의 기본개념이 탄탄하게 잡히면 어렵지 않게 공부할 수 있는 과목이지만 고득점을 목표로 한다면 외워야 할 내용이 상당히 많습니다. 평소 암기노트를 가지고 다니면서 시간 날 때마다 틈틈이 내용을 머릿속에 넣어 둡시다. 개별소비세법과 주세법은 비중이 낮지만 문제가 출제되리라 예상되는 부분이 있으니 그 부분은 소홀히 하지 않는 것이 좋습니다.

❹ 회계학

보통 회계를 처음부터 시작하는 분들은 ❶ 회계원리, ❷ 재무회계, ❸ 원가회계 순서로 공부를 하게 되며, 관세사 1차의 회계학은 무지한 상태에서 3개월 이상 공부하면 합격권에 근접하게 됩니다. 하지만 3개월 공부로는 시험 당일 컨디션에 따라 과락이 나올 수도 있으므로 저는 5개월 이상 공부해서 안전하게 60점 이상으로 합격하는 것을 추천해 드립니다.

회계학은 하루 종일 공부하는 과목이 절대 아니며 하루 2~3시간 정도로 감을 잃지 않게 공부하는 것이 효율적입니다. 회계를 처음 접하게 되면 그 생소함에 놀라게 됩니다. 배울 때는 다 알았다고 생각했는데 문제만 풀면 소나기가 쏟아지죠. 저도 처음에 회계학을 공부할 때 연습문제를 풀면 10문제 중 2문제 정도밖에 건지지 못했습니다. 회계를 잘 하는 방법은 익숙해질 때까지 몇 번이든 다시 문제를 푸는 것입니다.

회계학은 재무회계, 원가회계로 나누어져 있으며 그 안에서 또 말문제와 계산문제로도 나누어져 있는데, 말문제와 계산문제의 비율은 3:7 정도로 생각하면 될 것 같습니다. 재무회계 말문제는 영악하게 풀면 됩니다. 키워드를 기억해 놓는다거나 자주 나오는 문제의 답을 아예 외워 놓거나 하면 반타작도 가능합니다. 말문제에서 반타작을 하고 들어가면 과락을 넘기는 데 일등공신이죠.

회계학 계산문제를 풀 때에는 ❶ 빠르게, ❷ 한 번에, ❸ 자신 있게 풀 수 있는 문제만 공략하는 것이 좋습니다. 현금흐름표, 법인세회계, 회계변경과 오류수정은 개념잡기가 까다로운데, 일단 개념만 잡으면 빠른 시간 내에 풀 수 있도록 문제가 나오기 때문에 제대로 공부하는 것을 추천드립니다. 회계학 실력은 두 단계로 껑충껑충 뜁니다. 첫 단계는 과락을 넘어서 안전한 50~60점대로 착지하는 것이고, 두 번째 단계는 고득점으로 올라가는 것입니다. 저는 회계학을 공부하기 시작해서 4개월 정도 되었을 때 모의고사를 쳤더니 27.5점이 나왔습니다. 그리고 한 달 반 후에 50점이 나왔습니다. 한 달 반 사이에 특별한 것을 했느냐면 그렇지도 않습니다. 회계학은 원래 그런 과목입니다.

1차 합격에 제 합격수기와 시대에듀의 도서가 꼭 도움이 되었으면 좋겠습니다. 시험이란 것은 자기 자신과의 싸움이라는 것을 잊지 않으신다면 합격은 반드시 따라올 것이라 믿습니다.

감사합니다.

Q&A QUESTION AND ANSWER

Question 응시수수료는 얼마인가요?

Answer 2024년부터 1, 2차 시험 접수가 분리됨과 동시에 수수료 기준이 변경되어 1차 시험과 2차 시험을 접수할 때 각각 30,000원씩 납부해야 합니다.

Question 외국 국적 소지자도 응시 가능한가요?

Answer 외국 국적 수험자의 경우, 2022년도부터는 국내에 외국인등록이 되어있는 사람만 큐넷 가입 후 실명인증을 해야 원서접수가 가능합니다(2022년 이전 가입자는 별도 추가 실명인증 없이 기존 아이디로 접수 가능).

Question 미성년자도 응시 가능한가요?

Answer 관세사법 개정에 따라(2019.01.01. 시행) 관세사법 제5조(결격사유) 제1호 미성년자도 시험응시가 가능합니다.

※ 단, 미성년자가 최종 합격 시 성년이 된 시점 이후 자격증을 교부할 수 있습니다.

Question 2차 시험 불합격자의 1차 시험 면제 기간은 얼마인가요?

Answer 1차 시험에 합격한 자가 2차 시험에서 불합격하였을 경우, 다음 해 치러지는 시험에서 1차 시험이 면제되며 1차 시험 재응시 여부는 접수 시에 선택할 수 있습니다.

※ 1차 시험 면제자가 1차 시험에 재응시하는 경우, 해당 시험의 합격 여부와 관계없이 전년도 1차 시험의 합격을 근거로 하여 2차 시험의 응시가 가능합니다.

Question 군 경력 기간을 관세행정 분야 경력으로 인정받을 수 있나요?

Answer 일반직공무원으로 임용되어 관세행정 분야에서 근무한 경력은 경력산정 기간에 포함될 수 있으나, 공무원 휴직 등을 통하여 군대에서 근무한 경력은 직접 관세행정 분야에서 종사한 경력이 아니므로 경력산정 기간에서 제외됩니다.

Question 경력산정 기준일은 언제인가요?

Answer 경력산정 기준일은 원서접수 마감일입니다. 서류 제출 기간에는 경력 조건이 충족되지 않았더라도, 원서접수 마감일 기준으로 경력이 충족된다면 일부 과목의 면제가 가능합니다.

Question 경력 조건 충족 시 어느 과목이 면제되나요?

Answer 경력 조건 충족 시 2차 시험의 관세법, 관세율표 및 상품학 2개 과목이 면제됩니다. 따라서 관세평가, 무역실무 2개 과목만 응시하면 됩니다.

이 책의 목차 CONTENTS

이 책의 목차 CONTENTS

PART 1

관세법개론

관세사 한권으로 끝내기 1차

관련법령은 수시로 개정될 수 있으니 관세법령정보포털(http://unipass.customs.co.kr/clip/index.do)의 내용을 필수적으로 참고하시어 학습하시기를 권유합니다.

※ 추록(최신 개정법령) : 도서출간 이후 법령개정사항은 도서의 내용에 맞게 수정하여 도서업데이트 게시판에 업로드합니다(시대에듀 : 홈 ▶학습자료실 ▶도서업데이트).

제1편

관세법

남에게 이기는 방법의 하나는 예의범절로 이기는 것이다.

-조쉬 빌링스-

끝까지 책임진다! 시대에듀!

QR코드를 통해 도서 출간 이후 발견된 오류나 개정법령, 변경된 시험 정보, 최신기출문제, 도서 업데이트 자료 등이 있는지 확인해 보세요! **시대에듀 합격 스마트 앱**을 통해서도 알려 드리고 있으니 구글 플레이나 앱 스토어에서 다운받아 사용하세요! 또한, 파본 도서인 경우에는 구입하신 곳에서 교환해 드립니다.

제 1 장 관세법의 기본이해

관세법(제19924호)
관세법 시행령(제34278호)
관세법 시행규칙(제01057호)

제1절 관세와 관세법

1. 관 세

(1) 관세의 의의

① 관세는 국외에서 수입하는 상품에 대해 부과하는 세금을 말한다. 즉, 외국에서 수입되거나 외국으로 수출하는 물품에 대해 그 물품이 관세선을 통과하는 조건으로 법률에 의해 국가가 부과하는 조세이다.

② 일반적으로 관세는 수출품에 대하여 부과하는 '수출세', 수입품에 대하여 부과하는 '수입세', 국경을 통과하는 물품에 대하여 부과하는 '통과세'로 구분되지만 수출세나 통과세를 채택하고 있는 국가는 거의 없고 모든 나라가 수입세를 채택하고 있다.

(2) 관세징수의 우선(법 제3조)

관세를 납부하여야 하는 물품	관세를 납부하여야 하는 물품에 대하여는 다른 조세, 그 밖의 공과금 및 채권에 우선하여 그 관세를 징수한다.
관세를 납부하여야 하는 물품이 아닌 재산	국세징수의 예에 따라 관세를 징수하는 경우 강제징수의 대상이 해당 관세를 납부하여야 하는 물품이 아닌 재산인 경우에는 관세의 우선순위는 「국세기본법」에 따른 국세와 동일하게 한다.

(3) 내국세 등의 부과·징수(법 제4조) 24, 21, 15, 14, 10년 기출

① 관세법 규정의 우선 적용

수입물품에 대하여 세관장이 부과·징수하는 부가가치세, 지방소비세, 담배소비세, 지방교육세, 개별소비세, 주세, 교육세, 교통·에너지·환경세 및 농어촌특별세(이하 "내국세 등"이라 하되, 내국세 등의 가산세 및 강제징수비를 포함)의 부과·징수·환급 등에 관하여 「국세기본법」, 「국세징수법」, 「부가가치세법」, 「지방세법」, 「개별소비세법」, 「주세법」, 「교육세법」, 「교통·에너지·환경세법」 및 「농어촌특별세법」의 규정과 관세법의 규정이 상충되는 경우에는 관세법의 규정을 우선하여 적용한다.

> **주의** 수입판매세, 법인세, 농어촌개발세, 유류세 등은 해당되지 않는다.

② 체납된 내국세 등의 세무서장 징수

수입물품에 대하여 세관장이 부과·징수하는 내국세 등의 체납이 발생하였을 때에는 징수의 효율성 등을 고려하여 필요하다고 인정되는 경우 대통령령으로 정하는 바에 따라 납세의무자의 주소지(법인의 경우 그 법인의 등기부에 따른 본점이나 주사무소의 소재지)를 관할하는 세무서장이 체납세액을 징수할 수 있다.

> **주의** 관세청장이 아니라 세무서장이 체납세액을 징수할 수 있다.

세무서장이 체납세액을 징수하기 위한 체납자의 요건(영 제1조의2)
• 체납자의 체납액 중 관세의 체납은 없고 내국세 등만이 체납되었을 것
• 체납된 내국세 등의 합계가 1천만 원을 초과했을 것
  주의 세무서장이 체납세액을 징수하기 위해서는 2가지 요건에 모두 해당하여야 한다.

세무서장이 체납세액을 징수할 수 없는 경우(영 제1조의2 단서)
• 관세법에 따른 이의신청·심사청구·심판청구 또는 행정소송이 계류 중인 경우
•「채무자 회생 및 파산에 관한 법률」에 따라 회생계획인가 결정을 받은 경우
• 압류 등 강제징수가 진행 중이거나 압류 또는 매각을 유예받은 경우

③ 관세의 부과·징수·환급 등에 관한 규정 적용

　　관세법에 따른 가산세 및 강제징수비의 부과·징수·환급 등에 관하여는 관세법 중 관세의 부과·징수·환급 등에 관한 규정을 적용한다.

④ 관세에 대한 담보 관련 규정 적용

　　수입물품에 대하여 세관장이 부과·징수하는 내국세 등에 대한 담보제공 요구, 국세충당, 담보해제, 담보금액 등에 관하여는 관세법 중 관세에 대한 담보 관련 규정을 적용한다.

기출문제

관세법상 수입물품에 대하여 세관장이 부과·징수하는 내국세에 포함되지 않는 것은? 24년 기출

① 주 세
② 소득세
③ 개별소비세
④ 부가가치세
⑤ 농어촌특별세

해설
세관장이 부과·징수하는 내국세(관세법 제4조 제1항 참고)

• 부가가치세	• 지방소비세
• 담배소비세	• 지방교육세
• 개별소비세	• 주 세
• 교육세	• 교통·에너지·환경세
• 농어촌특별세	

정답 ②

2. 관세법

(1) 관세법의 목적(법 제1조)

관세법은 관세의 부과·징수 및 수출입물품의 통관을 적정하게 하고 관세수입을 확보함으로써 국민경제의 발전에 이바지함을 목적으로 한다.

(2) 관세법의 성격

조세법적 성격	관세의 부과·징수, 관세의 납세의무 등 과세요건과 감면요건을 규정하는 동시에 그 징수절차와 감면절차도 함께 규정하고 있다.
통관법적 성격	국민경제의 발전과 재정수입을 확보하기 위하여 외국물품의 입항·하역·장치 등 수출입물품의 적정한 통관에 대해 규정하고 있다.
형사법적 성격	관세의 징수와 통관의 적정을 확보하기 위한 수단으로 엄격한 각종 처벌조항 규정과 조사와 처분의 규정을 두고 있어 「조세법」, 「통관법」과 함께 형사법적 성격을 지닌다.
국제법적 성격	조약, 협정 등 관세부과의 근거가 되는 것으로, 긴급관세, 지적재산권, 신평가협약 등의 국제협약을 관세법에서 수용하고 있다.
쟁송절차법적 성격	행정처분으로 권리나 이익을 침해당한 자가 이의신청 등의 행정법상 구제제도를 통해 구제를 받을 수 있도록 납세자의 권리구제를 규정하고 있다.

(3) 관세법의 체계

관세법	관세의 부과, 징수 및 수출입물품의 통관을 적정하게 하고, 관세수입을 확보함으로써 국민 경제의 발전에 이바지하기 위해 만든 법률이다.
관세법 시행령	관세법에서 위임된 사항과 그 시행에 필요한 사항을 규정함을 목적으로 대통령령으로 제정한다.
관세법 시행규칙	관세법과 관세법 시행령에서 위임된 사항과 그 시행에 필요한 사항을 규정함을 목적으로 기획재정부령으로 제정한다.

제2절 관세용어의 정의(법 제2조) 24, 18, 16, 13, 12, 11년 기출

1. 수입과 수출

(1) 수 입

외국물품을 우리나라에 반입(보세구역을 경유하는 것은 보세구역으로부터 반입하는 것)하거나 우리나라에서 소비 또는 사용하는 것(우리나라의 운송수단 안에서의 소비 또는 사용을 포함하며, 법 제239조의 어느 하나에 해당하는 소비 또는 사용은 제외)을 말한다.

> **보충** 외국물품(법 제2조 제4호, 제158조 제5항)
> - 외국으로부터 우리나라에 도착한 물품[외국의 선박 등이 공해(외국의 영해가 아닌 경제수역을 포함)에서 채집하거나 포획한 수산물 등을 포함]으로서 수입신고가 수리되기 전의 것
> - 수출신고가 수리된 물품
> - 보수작업으로 외국물품에 부가된 내국물품(법 제158조 제5항)

① 수입으로 보지 아니하는 소비 또는 사용(법 제239조)

외국물품의 소비나 사용이 다음의 어느 하나에 해당하는 경우에는 이를 수입으로 보지 아니한다.

> ㉠ 선박용품·항공기용품 또는 차량용품을 운송수단 안에서 그 용도에 따라 소비하거나 사용하는 경우
> ㉡ 선박용품·항공기용품 또는 차량용품을 세관장이 정하는 지정보세구역에서 「출입국관리법」에 따라 출국심사를 마치거나 우리나라에 입국하지 아니하고 우리나라를 경유하여 제3국으로 출발하려는 자에게 제공하여 그 용도에 따라 소비하거나 사용하는 경우
> ㉢ 여행자가 휴대품을 운송수단 또는 관세통로에서 소비하거나 사용하는 경우
> ㉣ 관세법에서 인정하는 바에 따라 소비하거나 사용하는 경우

② 수입의 의제(법 제240조 제1항) 22, 16년 기출

다음의 어느 하나에 해당하는 외국물품은 관세법에 따라 적법하게 수입된 것으로 보고 관세 등을 따로 징수하지 아니한다.

> ㉠ 체신관서가 수취인에게 내준 우편물
> ㉡ 관세법에 따라 매각된 물품
> ㉢ 관세법에 따라 몰수된 물품
> ㉣ 관세법에 따른 통고처분으로 납부된 물품
> ㉤ 법령에 따라 국고에 귀속된 물품
> ㉥ 몰수를 갈음하여 추징된 물품

(2) 수 출

① 의 의

내국물품을 외국으로 반출하는 것을 말한다.

② 수출의 의제(법 제240조 제2항)

체신관서가 외국으로 발송한 우편물은 관세법에 따라 적법하게 수출되거나 반송된 것으로 본다.

보충 　내국물품(법 제2조 제5호) 21년 기출

- 우리나라에 있는 물품으로서 외국물품이 아닌 것
- 우리나라의 선박 등이 공해에서 채집하거나 포획한 수산물 등
- 입항전수입신고가 수리된 물품
- 수입신고 수리 전 반출승인을 받아 반출된 물품
- 수입신고 전 즉시반출신고를 하고 반출된 물품

---

2. 반송 등

(1) 반 송

① 의 의 22, 16년 기출

국내에 도착한 외국물품이 수입통관절차를 거치지 아니하고 다시 외국으로 반출되는 것을 말한다.

② 반송의 의제(법 제240조 제2항)

　　체신관서가 외국으로 발송한 우편물은 관세법에 따라 적법하게 수출되거나 반송된 것으로 본다.

(2) 통 관

관세법에 따른 절차를 이행하여 물품을 수출·수입 또는 반송하는 것을 말한다.

(3) 환적 및 복합환적 18, 16년 기출

환 적	동일한 세관의 관할구역에서 입국 또는 입항하는 운송수단에서 출국 또는 출항하는 운송수단으로 물품을 옮겨 싣는 것을 말한다.
복합환적	입국 또는 입항하는 운송수단의 물품을 다른 세관의 관할구역으로 운송하여 출국 또는 출항하는 운송수단으로 옮겨 싣는 것을 말한다.

(4) 운영인

① 특허보세구역의 설치·운영에 관한 특허를 받은 자

② 종합보세사업장의 설치·운영에 관한 신고를 한 자

3. 국제무역선 등 16년 기출

국제무역선	무역을 위하여 우리나라와 외국 간을 운항하는 선박을 말한다.
국제무역기	무역을 위하여 우리나라와 외국 간을 운항하는 항공기를 말한다.
국내운항선	국내에서만 운항하는 선박을 말한다.
국내운항기	국내에서만 운항하는 항공기를 말한다.

4. 선박용품 등 16년 기출

선박용품	음료, 식품, 연료, 소모품, 밧줄, 수리용 예비부분품 및 부속품, 집기, 그 밖에 이와 유사한 물품으로서 해당 선박에서만 사용되는 것을 말한다. 주의 선박용품은 외국물품으로 한정된 것은 아니다.
항공기용품	선박용품에 준하는 물품으로서 해당 항공기에서만 사용되는 것을 말한다.
차량용품	선박용품에 준하는 물품으로서 해당 차량에서만 사용되는 것을 말한다.

5. 세관공무원

세관공무원이란 다음의 사람을 말한다.

> (1) 관세청장, 세관장 및 그 소속 공무원
> (2) 그 밖에 관세청 소속기관의 장 및 그 소속 공무원

6. 탁송품

탁송품(託送品)이란 상업서류, 견본품, 자가사용물품, 그 밖에 이와 유사한 물품으로서 국제무역선·국제무역기 또는 국경출입차량을 이용한 물품의 송달을 업으로 하는 자(물품을 휴대하여 반출입하는 것을 업으로 하는 자는 제외)에게 위탁하여 우리나라에 반입하거나 외국으로 반출하는 물품을 말한다.

7. 전자상거래물품

"전자상거래물품"이란 사이버몰(컴퓨터 등과 정보통신설비를 이용하여 재화를 거래할 수 있도록 설정된 가상의 영업장) 등을 통하여 전자적 방식으로 거래가 이루어지는 수출입물품을 말한다.

8. 관세조사

"관세조사"란 관세의 과세표준과 세액을 결정 또는 경정하기 위하여 방문 또는 서면으로 납세자의 장부·서류 또는 그 밖의 물건을 조사(제110조의2에 따라 통합하여 조사하는 것을 포함한다)하는 것을 말한다.

기출문제

관세법상 용어에 관한 설명으로 옳은 것은? 24년 기출

① 국내에 도착하여 수입통관절차를 거친 외국물품이 다시 외국으로 반출되는 것은 "반송"에 해당한다.
② 지정장치장의 화물관리인 지정을 받은 자는 "운영인"에 해당한다.
③ 관세의 과세표준과 세액을 결정하기 위하여 서면으로 납세자의 장부·서류를 조사하는 것은 "관세조사"에 해당하지만 통합조사의 원칙에 따라 통합하여 조사하는 경우는 "관세조사"에 해당하지 않는다.
④ 외국물품이더라도 선박용품·항공기용품 또는 차량용품을 운송수단 안에서 그 용도에 따라 소비하는 경우는 "수입"에 해당하지 않는다.
⑤ 상업서류, 견본품, 자가사용물품, 그 밖에 이와 유사한 물품으로서 국제무역선을 이용하여 물품을 휴대하여 반출입하는 것을 업으로 하는 자에게 위탁하여 우리나라에 반입하는 물품은 "탁송품"에 해당한다.

[해설]
① "반송"이란 국내에 도착한 외국물품이 수입통관절차를 거치지 아니하고 다시 외국으로 반출되는 것을 말한다(관세법 제2조 제3호).
② "운영인"이란 특허보세구역의 설치·운영에 관한 특허를 받은 자 또는 종합보세사업장의 설치·운영에 관한 신고를 한 자를 말한다(동조 제16호).
③ "관세조사"란 관세의 과세표준과 세액을 결정 또는 경정하기 위하여 방문 또는 서면으로 납세자의 장부·서류 또는 그 밖의 물건을 조사(통합조사의 원칙에 따라 통합하여 조사하는 것을 포함한다)하는 것을 말한다(동조 제20호).
⑤ "탁송품"이란 상업서류, 견본품, 자가사용물품, 그 밖에 이와 유사한 물품으로서 국제무역선·국제무역기 또는 국경출입차량을 이용한 물품의 송달을 업으로 하는 자(물품을 휴대하여 반출입하는 것을 업으로 하는 자는 제외한다)에게 위탁하여 우리나라에 반입하거나 외국으로 반출하는 물품을 말한다(동조 제18호).

정답 ④

관세법상 외국물품인 것은? 24년 기출

① 세관장으로부터 기간과 장소를 지정받아 보세구역 밖에서 한 보수작업으로 외국물품에 부가된 내국물품
② 수입신고 전 즉시반출신고를 하고 반출된 물품
③ 수입신고 수리 전 반출승인을 받아 반출된 물품
④ 입항 전 수입신고가 수리된 물품
⑤ 우리나라 선박이 공해에서 포획한 수산물

[해설]

① 보수작업으로 외국물품에 부가된 내국물품은 외국물품으로 본다(관세법 제158조 제5항).
②·③·④·⑤ 관세법상 내국물품에 해당한다.

내국물품의 정의(관세법 제2조 제5호 참고)
• 우리나라에 있는 물품으로서 외국물품이 아닌 것
• 우리나라의 선박 등이 공해에서 채집하거나 포획한 수산물 등
• 입항 전 수입신고가 수리된 물품
• 수입신고 수리 전 반출승인을 받아 반출된 물품
• 수입신고 전 즉시반출신고를 하고 반출된 물품

정답 ①

제3절   관세법의 총칙

1. 법 적용의 원칙 등

(1) 법 해석의 기준과 소급과세의 금지(법 제5조) 16, 10년 기출

법 해석의 기준	관세법을 해석하고 적용할 때에는 과세의 형평과 해당 조항의 합목적성에 비추어 납세자의 재산권을 부당하게 침해하지 아니하도록 하여야 한다.
소급과세의 금지	관세법의 해석이나 관세행정의 관행이 일반적으로 납세자에게 받아들여진 후에는 그 해석이나 관행에 따른 행위 또는 계산은 정당한 것으로 보며, 새로운 해석이나 관행에 따라 소급하여 과세되지 아니한다.
법 해석에 관한 사항의 심의	법 해석의 기준 및 소급과세 금지의 기준에 맞는 관세법의 해석에 관한 사항은 「국세기본법」에 따른 국세예규심사위원회에서 심의할 수 있다.
절차 및 방법	관세법의 해석에 관한 질의회신의 처리 절차 및 방법 등에 관하여 필요한 사항은 대통령령으로 정한다.

(2) 관세법 해석에 관한 질의회신의 절차와 방법(영 제1조의3)

① 기획재정부장관 및 관세청장은 법의 해석과 관련된 질의에 대하여 법 제5조에 따른 해석의 기준에 따라 해석하여 회신하여야 한다.
② 관세청장은 제1항에 따라 회신한 문서의 사본을 해당 문서의 시행일이 속하는 달의 다음 달 말일까지 기획재정부장관에게 송부하여야 한다.

③ 관세청장은 질의가 「국세기본법 시행령」 제9조의3 제1항에 해당한다고 인정하는 경우에는 기획재정부장관에게 의견을 첨부하여 해석을 요청하여야 한다.

④ 관세청장은 기획재정부장관의 해석에 이견이 있는 경우에는 그 이유를 붙여 재해석을 요청할 수 있다.

⑤ 기획재정부장관에게 제출된 법 해석과 관련된 질의는 관세청장에게 이송하고 그 사실을 민원인에게 알려야 한다. 다만, 다음의 어느 하나에 해당하는 경우에는 기획재정부장관이 직접 회신할 수 있으며, 이 경우 회신한 문서의 사본을 관세청장에게 송부하여야 한다.

> ㉠ 「국세기본법 시행령」 제9조의3 제1항에 해당하여 「국세기본법」 제18조의2에 따른 국세예규심사위원회의 심의를 거쳐야 하는 질의
> ㉡ 관세청장의 법 해석에 대하여 다시 질의한 사항으로서 관세청장의 회신문이 첨부된 경우의 질의(사실 판단과 관련된 사항은 제외)
> ㉢ 법이 새로 제정되거나 개정되어 이에 대한 기획재정부장관의 해석이 필요한 경우
> ㉣ 그 밖에 법의 입법 취지에 따른 해석이 필요한 경우로서 납세자의 권리보호를 위해 필요하다고 기획재정부장관이 인정하는 경우

⑥ 관세청장은 법을 적용할 때 우리나라가 가입한 관세에 관한 조약에 대한 해석에 의문이 있는 경우에는 기획재정부장관에게 의견을 첨부하여 해석을 요청하여야 한다. 이 경우 기획재정부장관은 필요하다고 인정될 때에는 관련 국제기구에 질의할 수 있다.

⑦ 상기에서 규정한 사항 외에 법 해석에 관한 질의회신 등에 필요한 사항은 기획재정부령으로 정한다.

(3) 신의성실(법 제6조) 17, 16, 10년 기출

납세자가 그 의무를 이행할 때에는 신의에 따라 성실하게 하여야 한다. 세관공무원이 그 직무를 수행할 때에도 또한 같다.

(4) 세관공무원 재량의 한계(법 제7조) 17, 16년 기출

세관공무원은 그 재량으로 직무를 수행할 때에는 과세의 형평과 관세법의 목적에 비추어 일반적으로 타당하다고 인정되는 한계를 엄수하여야 한다.

2. 기간과 기한 16, 12, 11년 기출

(1) 기간 및 기한의 계산(법 제8조)

① 기간의 계산
   ㉠ 수입신고 수리 전 반출승인을 받은 경우 : 관세법에 따른 기간을 계산할 때 수입신고 수리 전 반출승인을 받은 경우에는 그 승인일을 수입신고의 수리일로 본다.
   ㉡ 「민법」의 준용 : 관세법에 따른 기간의 계산은 관세법에 특별한 규정이 있는 것을 제외하고는 「민법」에 따른다.
      주의 「국세기본법」이 아니라 「민법」에 따른다.

② 기한의 계산
   ㉠ 다음 날을 기한으로 하는 경우 : 관세법에 따른 기한이 다음의 어느 하나에 해당하는 경우에는 그 다음 날을 기한으로 한다.

ⓐ 토요일 및 일요일

ⓑ 「공휴일에 관한 법률」에 따른 공휴일 및 대체공휴일

ⓒ 「근로자의 날 제정에 관한 법률」에 따른 근로자의 날

ⓓ 그 밖에 대통령령으로 정하는 날

> **보충** 그 밖에 대통령령으로 정하는 날(영 제1조의4 제1항)
>
> 금융기관(한국은행 국고대리점 및 국고수납대리점인 금융기관) 또는 체신관서의 휴무, 그 밖에 부득이한 사유로 인하여 정상적인 관세의 납부가 곤란하다고 관세청장이 정하는 날을 말한다.

ⓛ 장애가 복구된 날의 다음 날을 기한으로 하는 경우 : 국가관세종합정보시스템, 연계정보통신망 또는 전산처리설비가 대통령령으로 정하는 장애로 가동이 정지되어 관세법에 따른 기한까지 관세법에 따른 신고, 신청, 승인, 허가, 수리, 교부, 통지, 통고, 납부 등을 할 수 없게 되는 경우에는 그 장애가 복구된 날의 다음 날을 기한으로 한다.

> **보충** 대통령령으로 정하는 장애(영 제1조의4 제2항)
>
> 정전, 프로그램의 오류, 한국은행(그 대리점을 포함) 또는 체신관서의 정보처리장치의 비정상적인 가동이나 그 밖에 관세청장이 정하는 사유

(2) 관세의 납부기한 등(법 제9조) 18년 기출

① 일반적 납부기한

관세법에서 달리 규정하는 경우를 제외하고는 다음의 구분에 따른다.

납세신고를 한 경우	납세신고 수리일부터 15일 이내
납부고지를 한 경우	납부고지를 받은 날부터 15일 이내
수입신고 전 즉시반출신고를 한 경우	수입신고일부터 15일 이내

② 예외적 납부기한 10년 기출

㉠ 수입신고 수리 전 납부 : 납세의무자는 수입신고가 수리되기 전에 해당 세액을 납부할 수 있다.

㉡ 월별납부 : 세관장은 납세실적 등을 고려하여 관세청장이 정하는 요건을 갖춘 성실납세자가 대통령령으로 정하는 바에 따라 신청을 할 때에는 납부기한이 동일한 달에 속하는 세액에 대하여는 그 기한이 속하는 달의 말일까지 한꺼번에 납부하게 할 수 있다(영 제1조의5).

　ⓐ 승인신청 : 납부기한이 동일한 달에 속하는 세액을 월별로 일괄하여 납부(월별납부)하고자 하는 자는 납세실적 및 수출입실적에 관한 서류 등 관세청장이 정하는 서류를 갖추어 세관장에게 월별납부의 승인을 신청하여야 한다.

　ⓑ 승인 및 유효기간 : 세관장은 월별납부의 승인을 신청한 자가 관세청장이 정하는 요건을 갖춘 경우에는 세액의 월별납부를 승인하여야 한다. 이 경우 승인의 유효기간은 승인일부터 그 후 2년이 되는 날이 속하는 달의 마지막 날까지로 한다.

　ⓒ 담보제공 : 세관장은 필요하다고 인정하는 경우에는 납부할 관세에 상당하는 담보를 제공하게 할 수 있다.

ⓓ 승인의 취소 : 세관장은 납세의무자가 다음의 어느 하나에 해당하게 된 때에는 월별납부의 승인을 취소할 수 있다. 이 경우 세관장은 월별납부의 대상으로 납세신고된 세액에 대하여는 15일 이내의 납부기한을 정하여 납부고지해야 한다.

> • 관세를 납부기한이 경과한 날부터 15일 이내에 납부하지 아니하는 경우
> • 월별납부를 승인받은 납세의무자가 관세청장이 정한 요건을 갖추지 못하게 되는 경우
> • 사업의 폐업, 경영상의 중대한 위기, 파산선고 및 법인의 해산 등의 사유로 월별납부를 유지하기 어렵다고 세관장이 인정하는 경우

ⓔ 승인의 갱신 : 월별납부 승인을 갱신하려는 자는 관세청장이 정하는 서류를 갖추어 그 유효기간 만료일 1개월 전까지 승인갱신 신청을 하여야 한다.

ⓕ 승인 및 유효기간 만료 통지 : 세관장은 월별납부 승인을 받은 자에게 승인을 갱신하려면 승인의 유효기간이 끝나는 날의 1개월 전까지 승인갱신을 신청하여야 한다는 사실과 갱신절차를 승인의 유효기간이 끝나는 날의 2개월 전까지 휴대폰에 의한 문자전송, 전자메일, 팩스, 전화, 문서 등으로 미리 알려야 한다.

(3) 천재지변 등으로 인한 기한의 연장(법 제10조) 20, 19년 기출

세관장은 천재지변이나 그 밖에 다음의 사유로 관세법에 따른 신고, 신청, 청구, 그 밖의 서류의 제출, 통지, 납부 또는 징수를 정하여진 기한까지 할 수 없다고 인정되는 경우에는 1년을 넘지 아니하는 기간을 정하여 대통령령으로 정하는 바에 따라 그 기한을 연장할 수 있다. 이 경우 세관장은 필요하다고 인정하는 경우에는 납부할 관세에 상당하는 담보를 제공하게 할 수 있다(영 제2조 제1항).

> ① 전쟁·화재 등 재해나 도난으로 인하여 재산에 심한 손실을 입은 경우
> ② 사업에 현저한 손실을 입은 경우
> ③ 사업이 중대한 위기에 처한 경우
> ④ 그 밖에 세관장이 위의 규정에 준하는 사유가 있다고 인정하는 경우

3. 서류의 송달 등 15년 기출

(1) 납부고지서의 송달(법 제11조)

① 인편, 우편, 전자송달

관세 납부고지서의 송달은 납세의무자에게 직접 발급하는 경우를 제외하고는 인편(人便), 우편 또는 전자송달의 방법으로 한다.

② 공시송달 23년 기출

납부고지서를 송달받아야 할 자가 다음의 어느 하나에 해당하는 경우에는 납부고지사항을 공고한 날부터 14일이 지나면 납부고지서의 송달이 된 것으로 본다.

> ㉠ 주소, 거소(居所), 영업소 또는 사무소가 국외에 있고 송달하기 곤란한 경우
> ㉡ 주소, 거소, 영업소 또는 사무소가 분명하지 아니한 경우
> ㉢ 납세의무자가 송달할 장소에 없는 경우로서 등기우편으로 송달하였으나 수취인 부재로 반송되는 경우 등 대통령령으로 정하는 경우

"등기우편으로 송달하였으나 수취인 부재로 반송되는 경우 등 대통령령으로 정하는 경우"란 다음의 어느 하나에 해당하는 경우를 말한다.
1. 서류를 등기우편으로 송달하였으나 수취인이 부재중(不在中)인 것으로 확인되어 반송됨으로써 납부기한까지 송달이 곤란하다고 인정되는 경우
2. 세관공무원이 2회 이상 납세자를 방문[처음 방문한 날과 마지막 방문한 날 사이의 기간이 3일(기간을 계산할 때 공휴일, 대체공휴일, 토요일 및 일요일은 산입하지 않음) 이상]해 서류를 교부하려고 하였으나 수취인이 부재중인 것으로 확인되어 납부기한까지 송달이 곤란하다고 인정되는 경우

③ 공시송달 방법

②에 따른 공고는 다음의 어느 하나에 해당하는 방법으로 게시하거나 게재하여야 한다. 이 경우 ㉠에 따라 공시송달을 하는 경우에는 다른 공시송달 방법과 함께 하여야 한다.

> ㉠ 국가관세종합정보시스템에 게시하는 방법
> ㉡ 관세청 또는 세관의 홈페이지, 게시판이나 그 밖의 적절한 장소에 게시하는 방법
> ㉢ 해당 서류의 송달 장소를 관할하는 특별자치시·특별자치도·시·군·구(자치구를 말한다)의 홈페이지, 게시판이나 그 밖의 적절한 장소에 게시하는 방법
> ㉣ 관보 또는 일간신문에 게재하는 방법

(2) 장부 등의 보관(법 제12조, 영 제3조 제1항) 24, 23, 22, 19, 17, 16, 14년 기출

① 보관기간

㉠ 관세법에 따라 가격신고, 납세신고, 수출입신고, 반송신고, 보세화물 반출입신고, 보세운송신고를 하거나 적재화물목록을 제출한 자는 신고 또는 제출한 자료의 내용을 증빙할 수 있는 장부 및 증거서류(신고필증 포함)를 성실하게 작성하여 신고 또는 자료를 제출한 날부터 5년의 범위에서 대통령령으로 정하는 기간 동안 갖추어 두어야 한다.

㉡ 이 경우 장부 및 증거서류 중 제37조의4(특수관계자의 수입물품 과세가격 결정자료 등 제출) 제1항 및 제2항에 따라 세관장이 제30조 제3항 제4호에 따른 특수관계에 있는 자에게 제출하도록 요구할 수 있는 자료의 경우에는 「소득세법」 또는 「법인세법」에 따른 납세지(「소득세법」 또는 「법인세법」에 따라 국세청장이나 관할지방국세청장이 지정하는 납세지 포함)에 갖추어 두어야 한다.

해당 신고에 대한 수리일부터 5년	• 수입신고필증 • 수입거래 관련 계약서 또는 이에 갈음하는 서류 • 지식재산권의 거래에 관련된 계약서 또는 이에 갈음하는 서류 • 수입물품 가격결정에 관한 자료
해당 신고에 대한 수리일부터 3년	• 수출신고필증 • 반송신고필증 • 수출물품·반송물품 가격결정에 관한 자료 • 수출거래·반송거래 관련 계약서 또는 이에 갈음하는 서류
해당 신고에 대한 수리일부터 2년	• 보세화물반출입에 관한 자료 • 적재화물목록에 관한 자료 • 보세운송에 관한 자료

② 전자문서 보존방법

장부 및 증거서류를 작성·보관하여야 하는 자는 그 장부와 증거서류의 전부 또는 일부를 「전자문서 및 전자거래 기본법」에 따른 정보처리시스템을 이용하여 작성할 수 있다. 이 경우 그 처리과정 등을 대통령령으로 정하는 기준에 따라 디스켓 또는 그 밖의 정보보존 장치에 보존하여야 한다(영 제3조 제2항).

> ㉠ 자료를 저장하거나 저장된 자료를 수정·추가 또는 삭제하는 절차·방법 등 정보보존 장치의 생산과 이용에 관련된 전산시스템의 개발과 운영에 관한 기록을 보관할 것
> ㉡ 정보보존 장치에 저장된 자료의 내용을 쉽게 확인할 수 있도록 하거나 이를 문서화할 수 있는 장치와 절차가 마련되어 있어야 하며, 필요시 다른 정보보존 장치에 복제가 가능하도록 되어 있을 것
> ㉢ 정보보존 장치가 거래 내용 및 변동사항을 포괄하고 있어야 하며, 과세표준과 세액을 결정할 수 있도록 검색과 이용이 가능한 형태로 보존되어 있을 것

③ 공인전자문서센터 보관

「전자문서 및 전자거래 기본법」에 따른 전자문서로 작성하거나 같은 법 제5조 제2항에 따른 전자화문서로 변환하여 같은 법 제31조의2에 따른 공인전자문서센터에 보관한 경우에는 제1항에 따라 장부 및 증거서류를 갖춘 것으로 본다. 다만, 계약서 등 위조·변조하기 쉬운 장부 및 증거서류로서 대통령령으로 정하는 것은 그러하지 아니하다(영 제3조 제3항).

> ㉠ 「상법 시행령」 등 다른 법령에 따라 원본을 보존해야 하는 문서
> ㉡ 등기·등록 또는 명의개서가 필요한 자산의 취득 및 양도와 관련하여 기명날인 또는 서명한 계약서
> ㉢ 소송과 관련하여 제출·접수한 서류 및 판결문 사본. 다만, 재발급이 가능한 서류는 제외한다.
> ㉣ 인가·허가와 관련하여 제출·접수한 서류 및 인가증·허가증. 다만, 재발급이 가능한 서류는 제외한다.

기출문제

관세법령상 '신고서류'와 해당 신고에 대한 수리일부터의 '신고서류 보관기간'의 연결로 옳지 않은 것은?

24년 기출

① 보세운송에 관한 자료 – 2년
② 수입거래 관련 계약서 – 3년
③ 수출신고필증 – 3년
④ 반송신고필증 – 3년
⑤ 수입물품 가격결정에 관한 자료 – 5년

[해설]
수입거래 관련 계약서 또는 이에 갈음하는 서류의 보관기간은 해당 신고에 대한 수리일부터 5년이다(관세법 시행령 제3조 제1항 제1호 나목 참고).

정답 ②

01 수입물품에 대하여 관세청장이 부과·징수하는 내국세 등에 대한 담보제 공 요구, 국세충당, 담보해제, 담보금액 등에 관하여는 관세법 중 관세에 대한 담보 관련 규정을 적용한다. (O, X)

01 × 관세청장 → 세관장 (법 제4조 제4항)

02 관세법에 따른 가산세 및 강제징수비의 부과·징수·환급 등에 관하여는 관세법 중 관세의 부과·징수·환급 등에 관한 규정을 적용한다. (O, X)

02 O (법 제4조 제3항)

03 법인세는 수입물품에 대해 세관장이 부과 및 징수하는 내국세에 해당한다. (O, X)

03 × 법인세 → 부가가치세, 지방소 비세, 담배소비세, 지방교육세, 개 별소비세, 주세, 교육세, 교통·에 너지·환경세 및 농어촌특별세 (법 제4조 제1항)

04 선박용품·항공기용품 또는 차량용품을 운송수단 안에서 그 용도에 따라 소비하거나 사용하는 경우에는 이를 '수입'으로 본다. (O, X)

04 × 본다 → 보지 아니한다(법 제2 조 제1호, 제239조 제1호)

05 수입하려는 물품을 수입신고 전에 하역통로로부터 반출하기 위하여 즉시 반출신고를 하고 반출된 물품의 경우에는 '내국물품'으로 본다. (O, X)

05 O (법 제2조 제5호)

06 관세법상 지식재산권의 거래에 관련된 계약서의 보관기간은 해당 신고에 대한 수리일부터 3년이다. (O, X)

06 × 3년 → 5년(영 제3조 제1항 제1 호 다목)

07 세관장은 도난으로 인하여 재산에 심한 손실을 입어 정하여진 기한까지 납부 또는 징수를 할 수 없다고 인정되는 경우 기한을 연장할 수 있다. (O, X)

07 O (법 제10조, 영 제2조 제1항)

08 국가관세종합정보시스템, 연계정보통신망 또는 전산처리설비가 정전, 프 로그램의 오류 등으로 가동이 정지되어 신고, 신청 등을 할 수 없게 되는 경우에는 그 장애가 복구된 날을 기한으로 한다. (O, X)

08 × 복구된 날 → 복구된 날의 다음 날(법 제8조 제4항, 영 제1조의4 제2항)

09 가격신고, 납세신고, 수출입신고, 반송신고, 보세화물 반출입신고, 보세운 송신고를 하거나 적재화물목록을 제출한 자는 신고 또는 제출한 자료(신고 필증을 포함)를 신고 또는 제출한 날부터 5년의 범위에서 대통령령으로 정하는 기간 동안 갖추어 두어야 한다. (O, X)

09 O (법 제12조)

10 세관장은 납세실적 등을 고려하여 관세청장이 정하는 요건을 갖춘 성실납세 자가 대통령령으로 정하는 바에 따라 신청을 할 때에는 납부기한이 동일한 달에 속하는 세액에 대하여는 그 기한이 속하는 달의 다음 달 말일까지 한꺼번에 납부하게 할 수 있다. (O, X)

10 × 그 기한이 속하는 달의 다음 달 말일까지 → 그 기한이 속하는 달의 말일까지(법 제9조 제3항)

01 관세법상 용어의 정의로 옳지 않은 것은?

① '수출'이란 내국물품을 외국으로 반출하는 것을 말한다.

② '반송'이란 국내에 도착한 외국물품이 수입통관절차를 거친 후에 다시 외국으로 반출되는 것을 말한다.

③ '국제무역선'이란 무역을 위하여 우리나라와 외국 간을 운항하는 선박을 말한다.

④ '선박용품'이란 음료, 식품, 연료, 소모품, 밧줄, 수리용 예비부분품 및 부속품, 집기, 그 밖에 이와 유사한 물품으로서 해당 선박에서만 사용되는 것을 말한다.

⑤ '통관'이란 관세법에 따른 절차를 이행하여 물품을 수출·수입 또는 반송하는 것을 말한다.

해설

반송의 정의(법 제2조 제3호)

'반송'이란 국내에 도착한 외국물품이 <u>수입통관절차를 거치지 아니하고</u> 다시 외국으로 반출되는 것을 말한다.

02 관세법상 '내국물품'에 해당되는 것이 아닌 것은?

① 입항전수입신고가 수리된 물품

② 수입신고 전 즉시반출신고를 하고 반출된 물품

③ 우리나라에 있는 물품으로서 외국물품이 아닌 것

④ 우리나라의 선박 등이 외국의 영해에서 채집하거나 포획한 수산물 등

⑤ 수입신고 수리 전 반출승인을 받아 반출된 물품

해설

내국물품의 정의(법 제2조 제5호)

• 우리나라에 있는 물품으로서 외국물품이 아닌 것

• 우리나라의 선박 등이 공해에서 채집하거나 포획한 수산물 등

• 입항전수입신고가 수리된 물품

• 수입신고 수리 전 반출승인을 받아 반출된 물품

• 수입신고 전 즉시반출신고를 하고 반출된 물품

03 다음 중 선박용품에 해당하는 것으로만 구성된 것이 아닌 것은?

> ㄱ. 음료, 식품　　　　　ㄴ. 선수품　　　　　　ㄷ. 연 료
> ㄹ. 소모품　　　　　　　ㅁ. 밧 줄　　　　　　　ㅂ. 수리용 예비부분품 및 부속품
> ㅅ. 집 기　　　　　　　ㅇ. 닻　　　　　　　　ㅈ. 구명용구
> ㅊ. 단네이지(Dunnage)　ㅋ. 계기류

① ㄱ, ㄷ, ㄹ, ㅊ　　　　　　　　　② ㄷ, ㅁ, ㅊ, ㅋ
③ ㄴ, ㄷ, ㄹ, ㅇ　　　　　　　　　④ ㅂ, ㅅ, ㅊ, ㅋ
⑤ ㄱ, ㅅ, ㅇ, ㅋ

해설

선박용품의 정의(법 제2조 제10호)
"선박용품"이란 음료, 식품, 연료, 소모품, 밧줄, 수리용 예비부분품 및 부속품, 집기, 그 밖에 이와 유사한 물품으로서 해당 선박에서만 사용되는 것을 말한다.

선박용품의 범위(선박용품의 관리에 관한 고시 제2조 제4호)
"그 밖에 이와 유사한 물품"이라 함은 닻, 구명용구, 단네이지(Dunnage), 계기류 및 사소한 전기기구류 등 선박의 항해에 직·간접적으로 필요한 물품을 말한다.

04 관세법상 내국세 등의 부과·징수에 관한 설명으로 옳지 않은 것은?

① 수입물품에 대하여 세관장이 부과·징수하는 부가가치세, 지방소비세, 담배소비세, 지방교육세, 개별 소비세, 주세, 교육세, 교통·에너지·환경세 및 농어촌특별세의 부과·징수·환급 등에 관하여「국 세기본법」,「국세징수법」,「부가가치세법」,「지방세법」,「개별소비세법」,「주세법」,「교육세법」,「교 통·에너지·환경세법」 및「농어촌특별세법」의 규정과 관세법의 규정이 상충되는 경우에는 관세법을 우선 적용한다.

② 수입물품에 대하여 세관장이 부과·징수하는 내국세 등의 체납이 발생하였을 때에는 징수의 효율성 등을 고려하여 필요하다고 인정되는 경우 대통령령으로 정하는 바에 따라 납세의무자의 주소지(법인의 경우 그 법인의 등기부에 따른 본점이나 주사무소의 소재지)를 관할하는 세무서장이 체납세액을 징수 할 수 있다.

③ 세관장은 체납자의 내국세 등을 세무서장이 징수하게 하는 경우 관세체납정리위원회의 의결을 거쳐 기획재정부령이 정하는 바에 따라 체납자의 내국세 등의 징수에 관한 사항을 기재하여 해당 세무서장 에게 서면으로 요청하여야 하며, 그 사실을 해당 체납자에게도 통지하여야 한다.

④ 관세법에 따른 가산세 및 강제징수비의 부과·징수·환급 등에 관하여는 관세법 중 관세의 부과·징수· 환급 등에 관한 규정을 적용한다.

⑤ 수입물품에 대하여 세관장이 부과·징수하는 내국세 등에 대한 담보제공 요구, 국세충당, 담보해제, 담보금액 등에 관하여는 관세법 중 관세에 대한 담보 관련 규정을 적용한다.

체납된 내국세 등의 세무서장 징수(영 제1조의2 제2항)
세관장은 체납자의 내국세 등을 세무서장이 징수하게 하는 경우 관세체납정리위원회의 의결을 거쳐 관세청장이 정하는 바에 따라 체납자의 내국세 등의 징수에 관한 사항을 기재하여 해당 세무서장에게 서면으로 요청하여야 하며, 그 사실을 해당 체납자에게도 통지하여야 한다.

05 관세법상 수입물품에 대하여 세관장이 부과 · 징수하는 내국세만으로 구성된 것은?

ㄱ. 부가가치세	ㄴ. 지방소비세	ㄷ. 관 세
ㄹ. 담배소비세	ㅁ. 지방교육세	ㅂ. 개별소비세
ㅅ. 유류세	ㅇ. 주 세	ㅈ. 교육세
ㅊ. 교통 · 에너지 · 환경세	ㅋ. 농어촌특별세	

① ㄱ, ㄴ, ㄷ, ㅇ, ㅈ
② ㄴ, ㄷ, ㄹ, ㅁ, ㅅ
③ ㄷ, ㅂ, ㅁ, ㅈ, ㅊ
④ ㄱ, ㄴ, ㄹ, ㅁ, ㅂ
⑤ ㅁ, ㅂ, ㅅ, ㅇ, ㅋ

내국세 등의 부과 · 징수(법 제4조)
부가가치세, 지방소비세, 담배소비세, 지방교육세, 개별소비세, 주세, 교육세, 교통 · 에너지 · 환경세 및 농어촌특별세

06 관세법상 법 적용의 원칙에 대한 설명으로 옳지 않은 것은?

① 관세법을 해석하고 적용할 때에는 과세의 형평과 관세법의 목적에 비추어 납세자의 재산권을 부당하게 침해하지 아니하도록 하여야 한다.

② 관세법의 해석이나 관세행정의 관행이 일반적으로 납세자에게 받아들여진 후에는 그 해석이나 관행에 따른 행위 또는 계산은 정당한 것으로 보며, 새로운 해석이나 관행에 따라 소급하여 과세되지 아니한다.

③ 관세법의 해석에 관한 질의회신의 처리 절차 및 방법 등에 관하여 필요한 사항은 대통령령으로 정한다.

④ 납세자가 그 의무를 이행할 때에는 신의에 따라 성실하게 하여야 한다. 세관공무원이 그 직무를 수행할 때에도 또한 같다.

⑤ 세관공무원은 그 재량으로 직무를 수행할 때에는 과세의 형평과 관세법의 목적에 비추어 일반적으로 타당하다고 인정되는 한계를 엄수하여야 한다.

법 해석의 기준과 소급과세의 금지(법 제5조 제1항)
이 법을 해석하고 적용할 때에는 과세의 형평과 해당 조항의 합목적성에 비추어 납세자의 재산권을 부당하게 침해하지 아니하도록 하여야 한다.

07 관세법에 의한 법의 해석에 관한 질의회신의 처리절차 및 방법에 대한 설명으로 옳지 않은 것은?

① 기획재정부장관 및 관세청장은 법의 해석과 관련된 질의에 대하여 법 해석의 기준과 소급과세의 금지에 따른 해석의 기준에 따라 해석하여 회신하여야 한다.

② 관세청장은 회신한 문서의 사본을 해당 문서의 시행일이 속하는 달의 말일까지 기획재정부장관에게 송부하여야 한다.

③ 관세청장은 기획재정부장관의 해석에 이견이 있는 경우에는 그 이유를 붙여 재해석을 요청할 수 있다.

④ 관세청장은 법을 적용할 때 우리나라가 가입한 관세에 관한 조약에 대한 해석에 의문이 있는 경우에는 기획재정부장관에게 의견을 첨부하여 해석을 요청하여야 한다. 이 경우 기획재정부장관은 필요하다고 인정될 때에는 관련 국제기구에 질의할 수 있다.

⑤ 기획재정부장관에게 제출된 법 해석과 관련된 질의는 관세청장에게 이송하고 그 사실을 민원인에게 알려야 한다.

> **해설**
> 관세법 해석에 관한 질의회신의 절차와 방법(영 제1조의3 제2항)
> 관세청장은 회신한 문서의 사본을 해당 문서의 시행일이 속하는 달의 <u>다음 달 말일</u>까지 기획재정부장관에게 송부하여야 한다.

08 다음 중 법 적용의 원칙과 그 내용이 바르게 짝지어진 것은?

① 관세법을 해석하고 적용할 때에는 과세의 형평과 해당 조항의 합목적성에 비추어 납세자의 재산권을 부당하게 침해하지 아니하도록 하여야 한다. – 신의성실

② 관세법의 해석이나 관세행정의 관행이 일반적으로 납세자에게 받아들여진 후에는 그 해석이나 관행에 따른 행위 또는 계산은 정당한 것으로 보며, 새로운 해석이나 관행에 따라 소급하여 과세되지 아니한다. – 세관공무원 재량의 한계

③ 납세자가 그 의무를 이행할 때에는 신의에 따라 성실하게 하여야 한다. 세관공무원이 그 직무를 수행할 때에도 또한 같다. – 신의성실

④ 세관공무원은 그 재량으로 직무를 수행할 때에는 과세의 형평과 관세법의 합목적성에 비추어 일반적으로 타당하다고 인정되는 한계를 엄수하여야 한다. – 세관공무원 재량의 한계

⑤ 관세법을 해석하고 적용할 때에는 과세의 형평과 해당 조항의 합목적성에 비추어 납세자의 권리를 부당하게 침해하지 아니하도록 하여야 한다. – 법 해석의 기준

> **해설**
> ① 신의성실 → 법 해석의 기준(법 제5조 제1항)
> ② 세관공무원 재량의 한계 → 소급과세의 금지(법 제5조 제2항)
> ④ 세관공무원 재량의 한계(법 제7조) : 세관공무원은 그 재량으로 직무를 수행할 때에는 과세의 형평과 이 법의 목적에 비추어 일반적으로 타당하다고 인정되는 한계를 엄수하여야 한다.
> ⑤ 법 해석의 기준(법 제5조 제1항) : 이 법을 해석하고 적용할 때에는 과세의 형평과 해당 조항의 합목적성에 비추어 납세자의 재산권을 부당하게 침해하지 아니하도록 하여야 한다.

09 관세법상 기간과 기한에 대한 설명으로 옳지 않은 것은?

① 관세법에 따른 기간을 계산할 때 수입신고 수리 전 반출승인을 받은 경우에는 그 승인일을 수입신고의 수리일로 본다.

② 관세법에 따른 기간의 계산은 관세법에 특별한 규정이 있는 것을 제외하고는 「조세특례제한법」에 따른다.

③ 관세법에 따른 기한이 공휴일(「근로자의 날 제정에 관한 법률」에 따른 근로자의 날과 토요일을 포함) 또는 대통령령으로 정하는 날에 해당하는 경우에는 그 다음 날을 기한으로 한다.

④ 국가관세종합정보시스템, 연계정보통신망 또는 전산처리설비가 대통령령으로 정하는 장애로 가동이 정지되어 관세법에 따른 기한까지 이 법에 따른 신고, 신청, 승인, 허가, 수리, 교부, 통지, 통고, 납부 등을 할 수 없게 되는 경우에는 그 장애가 복구된 날의 다음 날을 기한으로 한다.

⑤ 세관장은 천재지변이나 그 밖에 대통령령으로 정하는 사유로 관세법에 따른 신고, 신청, 청구, 그 밖의 서류의 제출, 통지, 납부 또는 징수를 정하여진 기한까지 할 수 없다고 인정되는 경우에는 1년을 넘지 아니하는 기간을 정하여 대통령령으로 정하는 바에 따라 그 기한을 연장할 수 있다.

> **해설**
>
> **기간 및 기한의 계산(법 제8조 제2항)**
> 관세법에 따른 기간의 계산은 관세법에 특별한 규정이 있는 것을 제외하고는 「민법」에 따른다.

10 관세법상 관세의 납부기한 등에 대한 설명으로 옳지 않은 것은?

① 납세신고를 한 경우 - 납세신고 수리일부터 15일 이내

② 납부고지를 한 경우 - 납부고지를 받은 날부터 15일 이내

③ 수입신고 전 즉시반출신고를 한 경우 - 수입신고일부터 15일 이내

④ 납세의무자는 수입신고가 수리되기 전에 해당 세액을 납부할 수 있다.

⑤ 세관장은 납세실적 등을 고려하여 관세청장이 정하는 요건을 갖춘 성실납세자가 대통령령으로 정하는 바에 따라 신청을 할 때에는 납부기한이 동일한 달에 속하는 세액에 대하여는 그 기한이 속하는 달의 다음 달 말일까지 한꺼번에 납부하게 할 수 있다.

> **해설**
>
> **관세의 납부기한 등(법 제9조 제3항)**
> 세관장은 납세실적 등을 고려하여 관세청장이 정하는 요건을 갖춘 성실납세자가 대통령령으로 정하는 바에 따라 신청을 할 때에는 납부기한이 동일한 달에 속하는 세액에 대하여는 그 기한이 속하는 달의 말일까지 한꺼번에 납부하게 할 수 있다.

11 관세법 제9조(관세의 납부기한 등) 제3항의 규정에 의한 월별납부에 관한 설명으로 옳지 않은 것은?

① 납부기한이 동일한 달에 속하는 세액을 월별로 일괄하여 납부하고자 하는 자는 납세실적 및 수출입실적에 관한 서류 등 관세청장이 정하는 서류를 갖추어 세관장에게 월별납부의 승인을 신청하여야 한다.

② 세관장은 월별납부의 승인을 신청한 자가 관세청장이 정하는 요건을 갖춘 경우에는 세액의 월별납부를 승인하여야 한다. 이 경우 승인의 유효기간은 승인일부터 그 후 5년이 되는 날이 속하는 달의 마지막 날까지로 한다.

③ 세관장은 필요하다고 인정하는 경우에는 납부할 관세에 상당하는 담보를 제공하게 할 수 있다.

④ 세관장은 월별납부의 승인을 취소할 수 있다. 이 경우 세관장은 월별납부의 대상으로 납세신고된 세액에 대하여는 15일 이내의 납부기한을 정하여 납부고지해야 한다.

⑤ 승인을 갱신하려는 자는 서류를 갖추어 그 유효기간 만료일 1개월 전까지 승인갱신 신청을 하여야 한다.

해설

월별납부(영 제1조의5 제2항)
세관장은 월별납부의 승인을 신청한 자가 관세청장이 정하는 요건을 갖춘 경우에는 세액의 월별납부를 승인하여야 한다. 이 경우 승인의 유효기간은 승인일부터 그 후 <u>2년</u>이 되는 날이 속하는 달의 마지막 날까지로 한다.

12 다음 중 월별납부의 승인을 취소할 수 있는 경우가 아닌 것은?

① 관세를 납부기한이 경과한 날부터 15일 이내에 납부하지 아니하는 경우

② 월별납부를 승인받은 납세의무자가 관세청장이 정한 요건을 갖추지 못하게 되는 경우

③ 사업의 폐업

④ 납세자가 납부한 금액 중 잘못 납부하거나 초과하여 납부한 금액에 관한 권리를 제3자에게 양도한 경우

⑤ 파산선고 및 법인의 해산

해설

월별납부 승인의 취소사유(영 제1조의5 제4항)
세관장은 납세의무자가 다음의 어느 하나에 해당하게 된 때에는 월별납부의 승인을 취소할 수 있다. 이 경우 세관장은 월별납부의 대상으로 납세신고된 세액에 대하여는 15일 이내의 납부기한을 정하여 납부고지하여야 한다.

• 관세를 납부기한이 경과한 날부터 15일 이내에 납부하지 아니하는 경우
• 월별납부를 승인받은 납세의무자가 관세청장이 정한 요건을 갖추지 못하게 되는 경우
• 사업의 폐업, 경영상의 중대한 위기, 파산선고 및 법인의 해산 등의 사유로 월별납부를 유지하기 어렵다고 세관장이 인정하는 경우

13 관세법상 천재지변 등으로 인한 기한의 연장 사유에 해당하지 않는 것은?

① 전쟁·화재 등 재해로 인하여 재산에 심한 손실을 입은 경우
② 사업에 현저한 손실을 입은 경우
③ 사업이 중대한 위기에 처한 경우
④ 도난으로 인하여 재산에 심한 손실을 입은 경우
⑤ 전산처리설비가 정전으로 가동이 정지된 경우

해설

천재지변 등으로 인한 기한의 연장 사유(영 제2조 제1항)
• 전쟁·화재 등 재해나 도난으로 인하여 재산에 심한 손실을 입은 경우
• 사업에 현저한 손실을 입은 경우
• 사업이 중대한 위기에 처한 경우
• 그 밖에 세관장이 위 규정에 준하는 사유가 있다고 인정하는 경우

14 관세법상 서류의 송달 등에 대한 설명으로 옳지 않은 것은?

① 관세 납부고지서의 송달은 납세의무자에게 직접 발급하는 경우를 제외하고는 인편(人便), 우편 또는 전자송달의 방법으로 한다.
② 납부고지서를 송달받아야 할 자가 주소, 거소(居所), 영업소 또는 사무소가 국외에 있고 송달하기 곤란한 경우에는 납부고지사항을 공고한 날부터 14일이 지나면 납부고지서의 송달이 된 것으로 본다.
③ 납부고지사항의 공고는 국가관세종합정보시스템에 게시하는 방법만으로도 가능하다.
④ 관세법에 따라 가격신고, 납세신고, 수출입신고, 반송신고, 보세화물 반출입신고, 보세운송신고를 하거나 적재화물목록을 제출한 자는 신고 또는 제출한 자료의 내용을 증빙할 수 있는 장부 및 증거서류(신고필증을 포함한다)를 성실하게 작성하여 신고 또는 자료를 제출한 날부터 5년의 범위에서 대통령령으로 정하는 기간 동안 갖추어 두어야 한다.
⑤ 장부 및 증거서류를 작성·보관하여야 하는 자는 그 장부와 증거서류의 전부 또는 일부를 「전자문서 및 전자거래 기본법」에 따른 정보처리시스템을 이용하여 작성할 수 있다. 이 경우 그 처리과정 등을 대통령령으로 정하는 기준에 따라 디스켓 또는 그 밖의 정보보존 장치에 보존하여야 한다.

해설

납부고지서의 송달(법 제11조 제3항)
납부고지서 공고는 다음의 어느 하나에 해당하는 방법으로 게시하거나 게재하여야 한다. 이 경우 제1호에 따라 공시송달을 하는 경우에는 다른 공시송달 방법과 함께 하여야 한다.
1. 국가관세종합정보시스템에 게시하는 방법
2. 관세청 또는 세관의 홈페이지, 게시판이나 그 밖의 적절한 장소에 게시하는 방법
3. 해당 서류의 송달 장소를 관할하는 특별자치시·특별자치도·시·군·구(자치구를 말한다)의 홈페이지, 게시판이나 그 밖의 적절한 장소에 게시하는 방법
4. 관보 또는 일간신문에 게재하는 방법

15 관세법상 신고서류의 종류와 그 보관기간이 바르게 짝지어진 것은?

① 수입거래 관련 계약서 – 해당 신고에 대한 수리일부터 3년

② 보세화물반출입에 관한 자료 – 해당 신고에 대한 수리일부터 3년

③ 수출거래·반송거래 관련 계약서 – 해당 신고에 대한 수리일부터 3년

④ 수출물품·반송물품 가격결정에 관한 자료 – 해당 신고에 대한 수리일부터 5년

⑤ 적재화물목록에 관한 자료 – 해당 신고에 대한 수리일부터 5년

해설

장부 등의 보관(영 제3조)
- 수입신고필증, 수입거래 관련 계약서 또는 이에 갈음하는 서류, 지식재산권의 거래에 관련된 계약서 또는 이에 갈음하는 서류, 수입물품 가격결정에 관한 자료 : 해당 신고에 대한 수리일부터 5년
- 수출신고필증, 반송신고필증, 수출물품·반송물품 가격결정에 관한 자료, 수출거래·반송거래 관련 계약서 또는 이에 갈음하는 서류 : 해당 신고에 대한 수리일부터 3년
- 보세화물반출입에 관한 자료, 적재화물목록에 관한 자료, 보세운송에 관한 자료 : 해당 신고에 대한 수리일부터 2년

제 2 장 과세요건

제1절 과세물건 및 납세의무자

1. 과세물건

(1) 과세물건(법 제14조) 16년 기출

수입물품에는 관세를 부과한다.

(2) 과세물건 확정의 시기(법 제16조) 18, 12, 11년 기출

① 일반적인 경우

관세는 수입신고(입항전수입신고를 포함)를 하는 때의 물품의 성질과 그 수량에 따라 부과한다.

② 보세공장에서 제조된 물품을 수입하는 경우(원료과세)

보세공장에서 제조된 물품을 수입하는 경우 사용신고 전에 미리 세관장에게 해당 물품의 원료인 외국물품에 대한 과세의 적용을 신청한 경우에는 제16조에도 불구하고 사용신고를 할 때의 그 원료의 성질 및 수량에 따라 관세를 부과한다(법 제189조 제1항).

(3) 과세물건 확정시기의 예외 21, 14, 13, 12, 11년 기출

다음의 어느 하나에 해당하는 물품에 대하여는 각 해당 호에 규정된 때의 물품의 성질과 그 수량에 따라 부과한다(법 제16조 단서).

구 분	과세물건 확정시기의 예외	과세물건 확정시기
선박용품 및 항공기용품 등의 하역	외국물품인 선박용품 또는 항공기용품과 국제무역선 또는 국제무역기 안에서 판매할 물품이 하역 또는 환적허가의 내용대로 운송수단에 적재되지 아니함에 따라 관세를 징수하는 물품	하역을 허가받은 때
보세구역 외 보수작업	보세구역 외 보수작업 승인기간이 경과하여 관세를 징수하는 물품	보세구역 밖에서 하는 보수작업을 승인받은 때
장치물품 멸실·폐기	보세구역에 장치된 외국물품이 멸실되거나 폐기되어 관세를 징수하는 물품	해당 물품이 멸실되거나 폐기된 때
보세구역 외 작업허가	허가 또는 작업기간이 지난 경우 해당 공장 외 작업장에 허가된 외국물품이나 그 제품이 있을 때 관세를 징수하는 물품	보세공장 외 작업, 보세건설장 외 작업 또는 종합보세구역 외 작업을 허가받거나 신고한 때
보세운송 기간 경과	보세운송신고 또는 승인받은 외국물품이 지정된 기한 내 목적지에 도착하지 아니하여 관세를 징수하는 물품	보세운송을 신고하거나 승인받은 때

수입신고 수리 전 소비·사용	수입신고가 수리되기 전에 소비하거나 사용하는 물품(소비나 사용을 수입으로 보지 아니하는 물품 제외)	해당 물품을 소비하거나 사용한 때
수입신고 전 즉시반출	수입신고 전 즉시반출신고를 하고 반출한 물품	수입신고 전 즉시반출신고를 한 때
우편물	우편으로 수입되는 물품(수입신고 대상 우편물 제외)	통관우체국에 도착한 때
도난·분실물품	도난물품 또는 분실물품	해당 물품이 도난되거나 분실된 때
매각물품	관세법에 따라 매각되는 물품	해당 물품이 매각된 때
미수입신고 물품	수입신고를 하지 아니하고 수입된 물품(상기에 규정된 것은 제외)	수입된 때

(4) 적용 법령 및 과세환율

① 적용 법령(법 제17조) 12년 기출

㉠ 원칙 : 관세는 수입신고 당시의 법령에 따라 부과한다.

㉡ 예외 : 다음의 어느 하나에 해당하는 물품에 대하여는 각 해당 호에 규정된 날에 시행되는 법령에 따라 부과한다.

> ⓐ 과세물건 확정의 시기의 예외에 해당되는 물품 : 그 사실이 발생한 날
> ⓑ 보세건설장에 반입된 외국물품 : 사용 전 수입신고가 수리된 날

② 과세환율(법 제18조) 16, 13, 10년 기출

과세가격을 결정하는 경우 외국통화로 표시된 가격을 내국통화로 환산할 때에는 제17조에 따른 날(보세건설장에 반입된 물품의 경우에는 수입신고를 한 날)이 속하는 주의 전주(前週)의 기준환율 또는 재정환율을 평균하여 관세청장이 그 율을 정한다.

2. 납세의무자(법 제19조) 23년 기출

(1) 원칙적인 납세의무자

① 화 주 11년 기출

수입신고를 한 물품인 경우에는 그 물품을 수입신고하는 때의 화주가 납세의무자이다.

② 화주가 불분명한 경우 22, 21, 18, 14년 기출

㉠ 수입을 위탁받아 수입업체가 대행수입한 물품인 경우 : 그 물품의 수입을 위탁한 자

㉡ 수입을 위탁받아 수입업체가 대행수입한 물품이 아닌 경우 : 대통령령으로 정하는 상업서류(송품장, 선하증권 또는 항공화물운송장)에 적힌 물품수신인

주의 수입계약서가 아니라 상업서류이다.

㉢ 수입물품을 수입신고 전에 양도한 경우 : 그 양수인

(2) 특별납세의무자 15, 14, 11년 기출

구 분	내 용	특별납세의무자
선박용품 및 항공기용품 등의 하역	외국물품인 선박용품 또는 항공기용품과 국제무역선 또는 국제무역기 안에서 판매할 물품이 하역 또는 환적허가의 내용대로 운송수단에 적재되지 아니함에 따라 관세를 징수하는 물품	하역허가를 받은 자
보세구역 외 보수작업	보세구역 외 보수작업 승인기간이 경과하여 관세를 징수하는 물품	보세구역 밖에서 하는 보수작업을 승인받은 자
장치물품 멸실·폐기	보세구역에 장치된 외국물품이 멸실되거나 폐기되어 관세를 징수하는 물품	운영인 또는 보관인
보세구역 외 작업허가	허가 또는 작업기간이 지난 경우 해당 공장 외 작업장에 허가된 외국물품이나 그 제품이 있을 때 관세를 징수하는 물품	보세공장 외 작업, 보세건설장 외 작업 또는 종합보세구역 외 작업을 허가받거나 신고한 자
보세운송 기간 경과	보세운송신고 또는 승인받은 외국물품이 지정된 기한 내 목적지에 도착하지 아니하여 관세를 징수하는 물품	보세운송을 신고하였거나 승인을 받은 자
수입신고 수리 전 소비·사용	수입신고가 수리되기 전에 소비하거나 사용하는 물품(소비나 사용을 수입으로 보지 아니하는 물품 제외)	그 소비자 또는 사용자
수입신고 전 즉시반출	수입신고 전 즉시반출신고 기간 내에 수입신고를 하지 아니하여 관세를 부과·징수하는 물품	해당 물품을 즉시 반출한 자
우편물	우편으로 수입되는 물품인 경우	수취인
도난·분실물품	• 보세구역의 장치물품 • 보세운송물품 • 그 밖의 물품	• 그 운영인 또는 화물관리인 • 보세운송을 신고하거나 승인을 받은 자 • 그 보관인 또는 취급인
법률의 준용	관세법 또는 다른 법률에 따라 규정된 경우	납세의무자로 규정된 자
기 타	상기 규정 외의 물품인 경우	그 소유자 또는 점유자

(3) 납세의무자의 경합

원칙적인 납세의무자인 화주 또는 연대납세의무자인 신고인과 특별납세의무자가 경합되는 경우에는 특별납세의무자를 납세의무자로 한다(법 제19조 제2항).

(4) 납세의무의 확장

① 납세의무의 승계

법인이 합병하거나 상속이 개시된 경우에는 「국세기본법」을 준용하여 관세·가산세 및 강제징수비의 납세의무를 승계한다. 이 경우 「국세기본법」의 "세무서장"은 "세관장"으로 본다(법 제19조 제4항).

② 연대납세의무자

㉠ 관세법상 연대납세의무자 : 수입신고가 수리된 물품 또는 수입신고 수리 전 반출승인을 받아 반출된 물품에 대하여 납부하였거나 납부하여야 할 관세액이 부족한 경우 해당 물품을 수입신고하는 때의 화주의 주소 및 거소가 분명하지 아니하거나 수입신고인이 화주를 명백히 하지 못하는 경우에는 그 신고인이 해당 물품을 수입신고하는 때의 화주와 연대하여 해당 관세를 납부하여야 한다(법 제19조 제1항 단서).

ⓛ 관세・가산세 및 강제징수비에 대한 연대납세의무자 : 물품에 관계되는 관세・가산세 및 강제징수비에 대해서는 다음에 규정된 자가 연대하여 납부할 의무를 진다(법 제19조 제5항).

> ⓐ 수입신고물품이 공유물이거나 공동사업에 속하는 물품인 경우 : 그 공유자 또는 공동사업자인 납세의무자
> ⓑ 수입신고인이 수입신고를 하면서 수입신고하는 때의 화주가 아닌 자를 납세의무자로 신고한 경우 : 수입신고인 또는 납세의무자로 신고된 자가 제270조 제1항 또는 제4항에 따른 관세포탈 또는 부정감면의 범죄를 저지르거나 제271조 제1항(제270조 제1항 또는 제4항에 따른 행위를 교사하거나 방조한 경우에 한정)에 따른 범죄를 저질러 유죄의 확정판결을 받은 경우 그 수입신고인 및 납세의무자로 신고된 자와 해당 물품을 수입신고하는 때의 화주. 다만, 관세포탈 또는 부정감면으로 얻은 이득이 없는 수입신고인 또는 납세의무자로 신고된 자는 제외한다.
> ⓒ 다음 중 어느 하나를 업으로 하는 자(구매대행업자)가 화주로부터 수입물품에 대하여 납부할 관세 등에 상당하는 금액을 수령하고, 수입신고인 등에게 과세가격 등의 정보를 거짓으로 제공한 경우 : 구매대행업자와 수입신고하는 때의 화주
> • 자가사용물품을 수입하려는 화주의 위임에 따라 해외 판매자로부터 해당 수입물품의 구매를 대행하는 것
> • 사이버몰 등을 통하여 해외로부터 구매 가능한 물품의 정보를 제공하고 해당 물품을 자가사용물품으로 수입하려는 화주의 요청에 따라 그 물품을 구매해서 판매하는 것
> ⓓ 특별납세의무자가 2인 이상인 경우 : 그 2인 이상의 납세의무자

ⓒ 신회사 등의 연대납세의무자 : 다음의 어느 하나에 해당되는 경우 분할되는 법인이나 분할 또는 분할합병으로 설립되는 법인, 존속하는 분할합병의 상대방 법인 및 신회사가 관세・가산세 및 강제징수비를 연대하여 납부할 의무를 진다(법 제19조 제6항).

> ⓐ 법인이 분할되거나 분할합병되는 경우
> ⓑ 법인이 분할 또는 분할합병으로 해산하는 경우
> ⓒ 법인이 「채무자 회생 및 파산에 관한 법률」에 따라 신회사를 설립하는 경우

ⓔ 연대납세의무의 「민법」 규정의 준용 : 관세법에 따라 관세・가산세 및 강제징수비를 연대하여 납부할 의무에 관하여는 「민법」의 규정을 준용한다(법 제19조 제7항).

③ 납세보증자 16년 기출

관세법 또는 다른 법령, 조약, 협약 등에 따라 관세의 납부를 보증한 자는 보증액의 범위에서 납세의무를 진다(법 제19조 제3항).

④ 제2차 납세의무자 11년 기출

ⓛ 관세의 징수에 관하여는 「국세기본법」의 규정을 준용한다(법 제19조 제8항).

ⓛ 「국세기본법」에 따른 제2차 납세의무자(청산인 등, 출자자, 법인, 사업양수인)는 관세의 담보로 제공된 것이 없고 납세의무자와 관세의 납부를 보증한 자가 납세의무를 이행하지 아니하는 경우에 납세의무를 진다(법 제19조 제9항).

⑤ 양도담보권자의 물적 납세의무

납세의무자(관세의 납부를 보증한 자와 제2차 납세의무자를 포함)가 관세 · 가산세 및 강제징수비를 체납한 경우 그 납세의무자에게 「국세기본법」에 따른 양도담보재산이 있을 때에는 그 납세의무자의 다른 재산에 대하여 강제징수를 하여도 징수하여야 하는 금액에 미치지 못한 경우에만 「국세징수법」을 준용하여 그 양도담보재산으로써 납세의무자의 관세 · 가산세 및 강제징수비를 징수할 수 있다. 다만, 그 관세의 납세신고일(부과고지하는 경우 그 납부고지서의 발송일) 전에 담보의 목적이 된 양도담보재산에 대해서는 그러하지 아니하다(법 제19조 제10항).

[과세물건 확정시기, 납세의무자, 적용 법령, 과세환율 정리]

구 분	과세물건 확정시기	납세의무자	적용 법령	과세환율 정리
원 칙	수입신고를 하는 때	화주(수입위탁자, 수하인, 양수인)	수입신고 당시	수입신고일
보세공장 제조물품	보세공장에 반입된 물품(원료)의 사용신고를 하는 때		–	–
보세건설장	–	–	사용 전 수입신고 수리일	–
선박용품 등의 하역	하역을 허가받은 때	하역허가를 받은 자	사실이 발생한 날	사실이 발생한 날 (해당 날이 속하는 주의 전주의 기준환율 또는 재정환율을 평균하여 관세청장이 그 율을 정함)
보세구역 외 보수작업	보세구역 밖에서 하는 보수작업을 승인받은 때	보세구역 밖에서 하는 보수작업을 승인받은 자		
장치물품 멸실 · 폐기	해당 물품이 멸실되거나 폐기된 때	운영인 또는 보관인		
보세구역 외 작업허가	보세공장 외 작업, 보세건설장 외 작업 또는 종합보세구역 외 작업을 허가받거나 신고한 때	보세공장 외 작업, 보세건설장 외 작업 또는 종합보세구역 외 작업을 허가받거나 신고한 자		
보세운송 기간 경과	보세운송을 신고하거나 승인받은 때	보세운송을 신고하였거나 승인을 받은 자		
수입신고 수리 전 소비 · 사용	해당 물품을 소비하거나 사용한 때	그 소비자 또는 사용자		
수입신고 전 즉시반출	수입신고 전 즉시반출신고를 한 때	해당 물품을 즉시 반출한 자		
우편물	통관우체국에 도착한 때	수취인		
도난 · 분실물품	해당 물품이 도난되거나 분실된 때	• 보세구역의 장치물품 : 그 운영인 또는 화물관리인 • 보세운송물품 : 보세운송을 신고하거나 승인을 받은 자 • 그 밖의 물품 : 그 보관인 또는 취급인		
매각물품	해당 물품이 매각된 때	–		
미수입신고 물품	수입된 때	–		
법률의 준용	–	납세의무자로 규정된 자		
기 타	–	그 소유자 또는 점유자		

1. 의 의 16, 14, 13년 기출

관세의 과세표준은 수입물품의 가격 또는 수량으로 한다(법 제15조). 관세법에 정하여진 원칙에 따라 수입물품의 과세가격을 결정하는 절차와 방법을 관세평가라고 한다.

2. 과세가격 결정방법(제1방법, 법 제30조)

(1) 과세가격 결정의 원칙 21년 기출

① 의 의

수입물품의 과세가격은 우리나라에 수출하기 위하여 판매되는 물품에 대하여 구매자가 실제로 지급하였거나 지급하여야 할 가격에 법정가산요소를 더하여 조정한 거래가격으로 한다.

② 적용요건 22, 20, 15, 13, 12, 11, 10년 기출

㉠ 제1방법에 따른 우리나라에 수출하기 위하여 판매되는 물품은 해당 물품을 우리나라에 도착하게 한 원인이 되는 거래를 통해 판매되는 물품으로 한다. 다만, 다음의 물품은 포함되지 않는다(영 제17조).

> ⓐ 무상으로 국내에 도착하는 물품
> ⓑ 국내 도착 후 경매 등을 통해 판매가격이 결정되는 위탁판매물품
> ⓒ 수출자의 책임으로 국내에서 판매하기 위해 국내에 도착하는 물품
> ⓓ 별개의 독립된 법적 사업체가 아닌 지점 등과의 거래에 따라 국내에 도착하는 물품
> ⓔ 임대차계약에 따라 국내에 도착하는 물품
> ⓕ 무상으로 임차하여 국내에 도착하는 물품
> ⓖ 산업쓰레기 등 수출자의 부담으로 국내에서 폐기하기 위해 국내에 도착하는 물품

㉡ 구매자가 실제로 지급하였거나 지급하여야 할 가격 : 해당 수입물품의 대가로서 구매자가 지급하였거나 지급하여야 할 총금액을 말한다.

ⓐ 포함요소 : 구매자가 해당 수입물품의 대가와 판매자의 채무를 상계(相計)하는 금액, 구매자가 판매자의 채무를 변제하는 금액, 그 밖의 간접적인 지급액을 포함한다.

> **보충** 간접지급금액 등(영 제20조의2 제1항 · 제2항)
>
> ① "그 밖의 간접적인 지급액"에는 다음의 금액이 포함된다.
> 1. 수입물품의 대가 중 전부 · 일부를 판매자의 요청으로 제3자에게 지급하는 경우 그 금액
> 2. 수입물품의 거래조건으로 판매자 · 제3자가 수행해야 하는 하자보증을 구매자가 대신하고 그에 해당하는 금액을 할인받았거나 하자보증비 중 전부 또는 일부를 별도로 지급하는 경우 그 금액
> 3. 수입물품의 거래조건으로 구매자가 외국훈련비 · 외국교육비 · 연구개발비 등을 지급하는 경우 그 금액
> 4. 그 밖에 일반적으로 판매자가 부담하는 금융비용 등을 구매자가 지급하는 경우 그 금액

② 법 제30조 제1항 각 호의 가산금액 외에 구매자가 자기의 계산으로 행한 활동의 비용은 "그 밖의 간접적인 지급액"으로 보지 않는다.

ⓑ 공제요소 : 구매자가 지급하였거나 지급하여야 할 총금액에서 다음의 어느 하나에 해당하는 금액을 명백히 구분할 수 있을 때에는 그 금액을 뺀다.

- 수입 후에 하는 해당 수입물품의 건설, 설치, 조립, 정비, 유지 또는 해당 수입물품에 관한 기술지원에 필요한 비용
- 수입항에 도착한 후 해당 수입물품을 운송하는 데에 필요한 운임·보험료와 그 밖에 운송과 관련되는 비용
- 우리나라에서 해당 수입물품에 부과된 관세 등의 세금과 그 밖의 공과금
- 연불조건의 수입인 경우에는 해당 수입물품에 대한 연불이자

알아두기

연불이자 공제 요건(영 제20조의2 제3항)
구매자가 지급하였거나 지급해야 할 총금액에서 수입물품에 대한 연불이자를 빼는 경우는 해당 연불이자가 다음 요건을 모두 갖춘 경우로 한다.
1. 연불이자가 수입물품의 대가로 실제로 지급하였거나 지급해야 할 금액과 구분될 것
2. 금융계약이 서면으로 체결되었을 것
3. 해당 물품이 수입신고된 가격으로 판매되고, 그 이자율은 금융이 제공된 국가에서 당시 금융거래에 통용되는 수준의 이자율을 초과하지 않을 것

(2) 법정가산요소(법 제30조 제1항) 14, 13, 11, 10년 기출

① 구매자가 부담하는 수수료와 중개료(영 제17조의2)

구매자가 부담하는 수수료와 중개료는 실제지급금액에 더하지만, 구매수수료는 제외한다.

구매수수료	해당 수입물품의 구매와 관련하여 외국에서 구매자를 대리하여 행하는 용역의 대가로서 구매자가 구매대리인에게 지급하는 비용으로 한다.
금액을 따로 구분하여 산정할 수 있는 경우	구매자가 구매대리인에게 지급한 비용에 구매수수료 외의 비용이 포함된 경우에는 그 지급한 비용 중 구매수수료에 해당하는 금액이 따로 구분하여 산정될 수 있는 경우에만 해당 금액을 구매수수료로 한다.
자료제출의 요청	세관장은 필요하다고 인정하는 경우 구매수수료에 관한 자료의 제출을 구매자에게 요청할 수 있다.

보충 구매자를 대리하여 행하는 용역의 범위 등(규칙 제3조의3)

구매수수료의 '구매자를 대리하여 행하는 용역'은 구매자의 계산과 위험부담으로 공급자 물색, 구매 관련 사항 전달, 샘플수집, 물품검사, 보험·운송·보관 및 인도 등을 알선하는 용역으로 한다. 다만, 다음의 어느 하나에 해당하는 경우에는 그러하지 아니하다.
1. 구매대리인이 자기의 계산으로 용역을 수행하는 경우
2. 구매대리인이 해당 수입물품에 대하여 소유권·그 밖의 이와 유사한 권리가 있는 경우
3. 구매대리인이 해당 거래나 가격을 통제하여 실질적인 결정권을 행사하는 경우

② 구매자가 부담하는 용기비용 및 포장노무비

해당 수입물품과 동일체로 취급되는 용기의 비용과 해당 수입물품의 포장에 드는 노무비와 자재비로서 구매자가 부담하는 비용은 실제지급금액에 가산한다.

> 주의 수출자가 부담하는 비용이 아니라 구매자가 부담하는 비용이다.

③ 생산지원비용

ㄱ 의의 : 구매자가 해당 수입물품의 생산 및 수출거래를 위하여 <u>대통령령으로 정하는 물품 및 용역</u>을 무료 또는 인하된 가격으로 직접 또는 간접으로 공급한 경우에는 그 물품 및 용역의 가격 또는 인하차액을 해당 수입물품의 총생산량 등 대통령령으로 정하는 요소를 고려하여 적절히 배분한 금액만큼 실제지급금액에 가산한다.

ㄴ 무료 또는 인하된 가격으로 공급하는 물품 및 용역의 범위 : "대통령령으로 정하는 물품 및 용역"이란 구매자가 직접 또는 간접으로 공급하는 것으로서 다음의 어느 하나에 해당하는 것을 말한다(영 제18조).

> ⓐ 수입물품에 결합되는 재료·구성요소·부분품 및 그 밖에 이와 비슷한 물품
> ⓑ 수입물품의 생산에 사용되는 공구·금형·다이스 및 그 밖에 이와 비슷한 물품으로서 해당 수입물품의 조립·가공·성형 등의 생산과정에 직접 사용되는 기계·기구 등
> ⓒ 수입물품의 생산과정에 소비되는 물품
> ⓓ 수입물품의 생산에 필요한 기술·설계·고안·공예 및 디자인(다만, 우리나라에서 개발된 것은 제외)

ㄷ 무료 또는 인하된 가격으로 공급하는 물품 및 용역금액의 배분 : 무료 또는 인하된 가격으로 공급하는 물품 및 용역의 금액(실제 거래가격을 기준으로 산정한 금액을 말하며 국내에서 생산된 물품 및 용역을 공급하는 경우에는 부가가치세를 제외하고 산정)을 더하는 경우 다음의 요소를 고려하여 배분한다(영 제18조의2).

> ⓐ 해당 수입물품의 총생산량 대비 실제 수입된 물품의 비율
> ⓑ 공급하는 물품 및 용역이 해당 수입물품 외의 물품 생산과 함께 관련되어 있는 경우 각 생산 물품별 거래가격(해당 수입물품 외의 물품이 국내에서 생산되는 경우에는 거래가격에서 부가가치세를 제외) 합계액 대비 해당 수입물품 거래가격의 비율

ㄹ 안분 배분 : ㄷ에도 불구하고 납세의무자는 무료·인하된 가격으로 공급하는 물품 및 용역의 가격 또는 인하차액 전액을 최초로 수입되는 물품의 실제로 지급하였거나 지급해야 할 가격에 배분할 수 있다.

▷ 이 경우 수입되는 전체 물품에 관세율이 다른 여러 개의 물품이 혼재된 경우에는 전단에 따른 전액을 관세율이 다른 물품별로 최초로 수입되는 물품의 가격에 안분하여 배분한다.

ㅁ 생산지원비용의 결정 : 무료 또는 인하된 가격으로 공급하는 물품 및 용역의 가격은 다음의 구분에 따른 금액으로 결정한다(규칙 제4조 제3항).

ⓐ 해당 물품 및 용역을 특수관계가 없는 자로부터 구입 또는 임차하여 구매자가 공급하는 경우 : 그 구입 또는 임차하는 데에 소요되는 비용과 이를 생산장소까지 운송하는 데에 소요되는 비용을 합한 금액

ⓑ 해당 물품 및 용역을 구매자가 직접 생산하여 공급하는 경우 : 그 생산비용과 이를 수입물품의 생산장소까지 운송하는 데에 소요되는 비용을 합한 금액

ⓒ 해당 물품 및 용역을 구매자와 특수관계에 있는 자로부터 구입 또는 임차하여 공급하는 경우 : 다음의 어느 하나에 따라 산출된 비용과 이를 수입물품의 생산장소까지 운송하는 데에 소요되는 비용을 합한 금액
  • 해당 물품 및 용역의 생산비용
  • 특수관계에 있는 자가 해당 물품 및 용역을 구입 또는 임차한 비용

ⓓ 수입물품의 생산에 필요한 기술·설계·고안·공예 및 의장(기술 등)이 수입물품 및 국내생산물품에 함께 관련된 경우 : 당해 기술 등이 제공되어 생산된 수입물품에 해당되는 기술 등의 금액

④ 권리사용료 14년 기출

㉠ 의의 : 특허권, 실용신안권, 디자인권, 상표권 및 이와 유사한 권리를 사용하는 대가로 지급하는 것으로서 대통령령으로 정하는 바에 따라 산출된 금액으로, 실제지급금액에 가산한다.

> **보충** 이와 유사한 권리(영 제19조 제1항)
>
> 1. 저작권 등의 법적 권리
> 2. 법적 권리에는 속하지 아니하지만 경제적 가치를 가지는 것으로서 상당한 노력에 의하여 비밀로 유지된 생산방법·판매방법 기타 사업활동에 유용한 기술상 또는 경영상의 정보 등(영업비밀)

㉡ 권리사용료 계산 : 구매자가 지급하는 권리사용료에 수입물품과 관련이 없는 물품이나 국내 생산 및 그 밖의 사업 등에 대한 활동 대가가 포함되어 있는 경우에는 전체 권리사용료 중 수입물품과 관련된 권리사용료만큼 가산한다. 이 경우 관세청장은 필요한 계산식을 정할 수 있다(영 제19조 제6항).

㉢ 가산요소에서 제외되는 권리사용료 : 특정한 고안이나 창안이 구현되어 있는 수입물품을 이용하여 우리나라에서 그 고안이나 창안을 다른 물품에 재현하는 권리를 사용하는 대가는 제외한다(영 제19조 제2항).

㉣ 권리사용료의 가산요건(영 제19조 제2항~제5항) : "권리사용료"는 당해 물품에 관련되고 당해 물품의 거래조건으로 구매자가 직접 또는 간접으로 지급하는 금액으로 한다.

ⓐ 관련성 : 다음에 해당하는 경우에는 권리사용료가 당해 물품과 관련되는 것으로 본다.

특허권에 대하여 지급되는 때	수입물품이 특허발명품, 방법에 관한 특허에 의하여 생산된 물품, 국내에서 당해 특허에 의하여 생산될 물품의 부분품·원재료 또는 구성요소로서 그 자체에 당해 특허의 내용의 전부 또는 일부가 구현되어 있는 물품, 방법에 관한 특허를 실시하기에 적합하게 고안된 설비·기계 및 장치(그 주요특성을 갖춘 부분품 등을 포함)인 경우
디자인권에 대하여 지급되는 때	수입물품이 당해 디자인을 표현하는 물품이거나 국내에서 당해 디자인권에 의하여 생산되는 물품의 부분품 또는 구성요소로서 그 자체에 당해 디자인의 전부 또는 일부가 표현되어 있는 경우

상표권에 대하여 지급되는 때	수입물품에 상표가 부착되거나 희석·혼합·분류·단순조립·재포장 등의 경미한 가공 후에 상표가 부착되는 경우 **주의** 상표권에 대하여 지급되는 때에는 경미한 가공을 초과하여 제작한 후가 아니라 경미한 가공 후에 상표가 부착되는 경우이다.
저작권에 대하여 지급되는 때	수입물품에 가사·선율·영상·컴퓨터소프트웨어 등이 수록되어 있는 경우
실용신안권 또는 영업비밀에 대하여 지급되는 때	당해 실용신안권 또는 영업비밀이 수입물품과 특허권의 규정에 준하는 관련이 있는 경우
기타의 권리에 대하여 지급되는 때	당해 권리가 수입물품과 위의 규정 중 권리의 성격상 당해 권리와 가장 유사한 권리에 대한 규정에 준하는 관련이 있는 경우

ⓑ 거래조건으로 지급 : 다음의 어느 하나에 해당하는 경우에는 권리사용료가 당해 물품의 거래조건으로 지급되는 것으로 본다.

- 구매자가 수입물품을 구매하기 위하여 판매자에게 권리사용료를 지급하는 경우
- 수입물품의 구매자와 판매자 간의 약정에 따라 구매자가 수입물품을 구매하기 위하여 당해 판매자가 아닌 자에게 권리사용료를 지급하는 경우
- 구매자가 수입물품을 구매하기 위하여 판매자가 아닌 자로부터 특허권 등의 사용에 대한 허락을 받아 판매자에게 그 특허권 등을 사용하게 하고 당해 판매자가 아닌 자에게 권리사용료를 지급하는 경우

ⓒ 거래조건 고려요소 : 구매자가 수입물품과 관련하여 판매자가 아닌 자에게 권리사용료를 지급하는 경우 그 권리사용료가 해당 물품의 거래조건에 해당하는지를 판단할 때에는 다음 각 사항을 고려해야 한다(규칙 제4조의2).

- 물품판매계약 또는 물품판매계약 관련 자료에 권리사용료에 대해 기술한 내용이 있는지 여부
- 권리사용계약 또는 권리사용계약 관련 자료에 물품 판매에 대해 기술한 내용이 있는지 여부
- 물품판매계약·권리사용계약 또는 각각의 계약 관련 자료에 권리사용료를 지급하지 않는 경우 물품판매계약이 종료될 수 있다는 조건이 있는지 여부
- 권리사용료가 지급되지 않는 경우 해당 권리가 결합된 물품을 제조·판매하는 것이 금지된다는 조건이 권리사용계약에 있는지 여부
- 상표권 등 권리의 사용을 허락한 자가 품질관리 수준을 초과하여 우리나라에 수출하기 위해 판매되는 물품의 생산·판매 등을 관리할 수 있는 조건이 권리사용계약에 포함되어 있는지 여부
- 그 밖에 실질적으로 권리사용료에 해당하는 지급의무가 있고, 거래조건으로 지급된다고 인정할 만한 거래사실이 존재하는지 여부

ⓓ 컴퓨터소프트웨어에 대하여 지급되는 권리사용료 : 컴퓨터소프트웨어에 대하여 지급되는 권리사용료는 컴퓨터소프트웨어가 수록된 마그네틱테이프·마그네틱디스크·시디롬 및 이와 유사한 물품(법 별표 관세율표 번호 제8523호에 속하는 것으로 한정)과 관련되지 아니하는 것으로 본다.

⑤ 판매자에게 직접 또는 간접으로 귀속되는 금액

해당 수입물품을 수입한 후 전매·처분 또는 사용하여 생긴 수익금액[해당 수입물품의 전매·처분대금, 임대료 등. 다만, 주식배당금 및 금융서비스의 대가 등 수입물품과 관련이 없는 금액은 제외(영 제19조의2)] 중 판매자에게 직접 또는 간접으로 귀속되는 금액은 실제지급금액에 가산한다.

⑥ 수입항까지의 운송 관련 비용

　㉠ 의의 : 수입항까지의 운임·보험료와 그 밖에 운송과 관련되는 비용으로서 해당 수입물품이 수입항에 도착하여 본선하역준비가 완료될 때까지 발생하는 비용을 말하며, 실제지급금액에 가산한다(영 제20조 제5항).

　㉡ 운임 등의 결정(영 제20조 제1항~제3항)

　　ⓐ 운임 및 보험료의 산출 : 운임 및 보험료는 당해 사업자가 발급한 운임명세서·보험료명세서 또는 이에 갈음할 수 있는 서류에 의하여 산출하고, 산출할 수 없는 경우의 운임 및 보험료는 운송거리·운송방법 등을 고려하여 기획재정부령으로 정하는 바에 따라 산출한다.

　　ⓑ 기획재정부령으로 정하는 물품이 항공기로 운송되는 경우 : 기획재정부령으로 정하는 물품이 항공기로 운송되는 경우에는 해당 물품이 항공기 외의 일반적인 운송방법에 의하여 운송된 것으로 보아 기획재정부령으로 정하는 바에 따라 운임 및 보험료를 산출한다.

보충　운임 등의 결정(규칙 제4조의3)

① 영 제20조 제2항에 따른 운임은 다음을 따른다.

　1. 법 제241조 제2항 제3호의2 가목에 따른 운송수단이 외국에서 우리나라로 운항하여 수입되는 경우 : 해당 운송수단이 수출항으로부터 수입항에 도착할 때까지의 연료비, 승무원의 급식비, 급료, 수당, 선원 등의 송출비용 및 그 밖의 비용 등 운송에 실제로 소요되는 금액

　2. 하나의 용선계약으로 여러가지 화물을 여러 차례에 걸쳐 왕복운송하거나 여러가지 화물을 하나의 운송계약에 따라 일괄운임으로 지급하는 경우 : 수입되는 물품의 중량을 기준으로 계산하여 배분한 운임. 다만, 수입되는 물품의 중량을 알 수 없거나 중량을 기준으로 계산하는 것이 현저히 불합리한 경우에는 가격을 기준으로 계산하여 배분한 운임으로 한다.

　3. 운송계약상 선적항 및 수입항의 구분 없이 총 허용정박 시간만 정하여 체선료 또는 조출료의 발생장소를 명확히 구분할 수 없는 경우 : 총 허용정박 시간을 선적항과 수입항에서의 허용정박 시간으로 반분하여 계산된 선적항에서의 체선료를 포함한 운임. 이 경우 실제 공제받은 조출료는 운임에 포함하지 않는다.

　4. 법 제254조의2 제6항에 따라 통관하는 탁송품으로서 그 운임을 알 수 없는 경우 : 관세청장이 정하는 탁송품 과세운임표에 따른 운임

② 영 제20조 제3항에서 "기획재정부령으로 정하는 물품"이란 다음의 어느 하나에 해당하는 물품을 말한다.

　1. 무상으로 반입하는 상품의 견본, 광고용품 및 그 제조용 원료로서 운임 및 보험료를 제외한 총 과세가격이 20만 원 이하인 물품

　2. 수출물품의 제조·가공에 사용할 외화획득용 원재료로서 세관장이 수출계약의 이행에 필요하다고 인정하여 무상으로 반입하는 물품

　3. 계약조건과 다르거나 하자보증기간 안에 고장이 생긴 수입물품을 대체·수리 또는 보수하기 위해 무상으로 반입하는 물품

　4. 계약조건과 다르거나 하자보증기간 안에 고장이 생긴 수입물품을 외국으로 반출한 후 이를 수리하여 무상으로 반입하는 물품으로서 운임 및 보험료를 제외한 총 과세가격이 20만 원 이하인 물품

　5. 계약조건과 다르거나 하자보증기간 안에 고장이 생긴 수출물품을 수리 또는 대체하기 위해 무상으로 반입하는 물품

6. 신문사, 방송국 또는 통신사에서 반입하는 뉴스를 취재한 사진필름, 녹음테이프 및 이와 유사한 취재물품

7. 우리나라의 거주자가 받는 물품으로서 자가 사용할 것으로 인정되는 것 중 운임 및 보험료를 제외한 총 과세가격이 20만 원 이하인 물품

8. 제48조의2 제1항에 따른 우리나라 국민, 외국인 또는 재외영주권자가 입국할 때 반입하는 이사화물로서 운임 및 보험료를 제외한 총 과세가격이 50만 원 이하인 물품

9. 여행자가 휴대하여 반입하는 물품

10. 항공사가 자기 소유인 운송수단으로 운송하여 반입하는 항공기용품과 외국의 본사 또는 지사로부터 무상으로 송부받은 해당 운송사업에 사용할 소모품 및 사무용품

11. 항공기 외의 일반적인 운송방법으로 운송하기로 계약된 물품으로서 해당 물품의 제작지연, 그 밖에 수입자의 귀책사유가 아닌 사유로 수출자가 그 운송방법의 변경에 따른 비용을 부담하고 항공기로 운송한 물품

12. 항공기 외의 일반적인 운송방법으로 운송하기로 계약된 물품으로서 천재지변이나 영 제2조 제1항에 해당하는 사유로 운송수단을 변경하거나 해외 거래처를 변경하여 항공기로 긴급하게 운송하는 물품

③ 제2항의 물품은 다음의 구분에 따라 운임을 산출한다. 이 경우 다음 각 호의 적용 운임이 실제 발생한 항공운임을 초과하는 경우에는 해당 항공운임을 적용한다.

1. 제2항 제1호부터 제9호까지의 물품 : 우리나라에서 적용하고 있는 선편소포우편물요금표에 따른 요금. 이 경우 물품의 중량이 선편소포우편물요금표에 표시된 최대중량을 초과하는 경우에는 최대중량의 요금에 최대중량을 초과하는 중량에 해당하는 요금을 가산하여 계산한다.

2. 제2항 제10호부터 제12호까지의 물품 : 법 제225조 제1항에 따른 선박회사(그 업무를 대행하는 자를 포함)가 해당 물품에 대해 통상적으로 적용하는 운임

④ 영 제20조 제3항에 따른 제2항 각 호의 물품에 대한 보험료는 보험사업자가 통상적으로 적용하는 항공기 외의 일반적인 운송방법에 대한 보험료로 계산할 수 있다.

ⓒ **통상운임 적용** : 다음 물품의 운임이 통상의 운임과 현저하게 다른 때에는 선박회사 또는 항공사(그 업무를 대행하는 자 포함)가 통상적으로 적용하는 운임을 해당 물품의 운임으로 할 수 있다(영 제20조 제4항).

ⓐ 수입자 · 수입자와 특수관계에 있는 선박회사 등의 운송수단으로 운송되는 물품
ⓑ 운임과 적재수량을 특약한 항해용선계약에 따라 운송되는 물품(실제 적재수량이 특약수량에 미치지 아니하는 경우를 포함)
ⓒ 기타 특수조건에 의하여 운송되는 물품

ⓓ **자료제출** : 산출된 운임 및 보험료를 적용받으려는 납세의무자는 해당 물품에 대하여 가격신고를 할 때 해당 물품이 기획재정부령으로 정하는 물품에 해당됨을 증명하는 자료를 세관장에게 제출하여야 한다. 다만, 과세가격 금액이 소액인 경우 등으로서 세관장이 자료제출이 필요하지 않다고 인정하는 경우는 제외한다(영 제20조 제6항).

(3) 거래가격의 법정요건 15, 10년 기출

다음의 어느 하나에 해당하는 경우에는 거래가격을 해당 물품의 과세가격으로 하지 아니하고 제31조(제2방법)부터 제35조(제6방법)까지에 규정된 방법으로 과세가격을 결정한다. 이 경우 세관장은 다음의 어느 하나에 해당하는 것으로 판단하는 근거를 납세의무자에게 미리 서면으로 통보하여 의견을 제시할 기회를 주어야 한다.

① 해당 물품의 처분 또는 사용에 제한이 있는 경우(다만, 세관장이 거래가격에 실질적으로 영향을 미치지 아니한다고 인정하는 제한이 있는 경우 등 대통령령으로 정하는 경우는 제외)

　㉠ 처분 또는 사용에 대한 제한의 범위 : 물품의 처분 또는 사용에 제한이 있는 경우에는 다음의 경우가 포함되는 것으로 한다(영 제21조).

> ⓐ 전시용·자선용·교육용 등 당해 물품을 특정용도로 사용하도록 하는 제한
> ⓑ 당해 물품을 특정인에게만 판매 또는 임대하도록 하는 제한
> ⓒ 기타 당해 물품의 가격에 실질적으로 영향을 미치는 제한

　㉡ 거래가격에 영향을 미치지 아니하는 제한 : "거래가격에 실질적으로 영향을 미치지 아니한다고 인정하는 제한이 있는 경우 등 대통령령으로 정하는 경우"란 다음의 어느 하나에 해당하는 제한이 있는 경우를 말한다(영 제22조 제1항).

> ⓐ 우리나라의 법령이나 법령에 의한 처분에 의하여 부과되거나 요구되는 제한
> ⓑ 수입물품이 판매될 수 있는 지역의 제한
> ⓒ 그 밖에 해당 수입물품의 특성, 해당 산업부문의 관행 등을 고려하여 통상적으로 허용되는 제한으로서 수입가격에 실질적으로 영향을 미치지 않는다고 세관장이 인정하는 제한

② 해당 물품에 대한 거래의 성립 또는 가격의 결정이 금액으로 계산할 수 없는 조건 또는 사정에 따라 영향을 받은 경우

금액으로 계산할 수 없는 조건 또는 사정에 의하여 영향을 받은 경우에는 다음의 경우가 포함되는 것으로 한다(영 제22조 제2항).

> ㉠ 구매자가 판매자로부터 특정수량의 다른 물품을 구매하는 조건으로 당해 물품의 가격이 결정되는 경우
> ㉡ 구매자가 판매자에게 판매하는 다른 물품의 가격에 따라 당해 물품의 가격이 결정되는 경우
> ㉢ 판매자가 반제품을 구매자에게 공급하고 그 대가로 그 완제품의 일정수량을 받는 조건으로 당해 물품의 가격이 결정되는 경우

③ 해당 물품을 수입한 후에 전매·처분 또는 사용하여 생긴 수익의 일부가 판매자에게 직접 또는 간접으로 귀속되는 경우(다만, 적절히 조정할 수 있는 경우는 제외)

④ 구매자와 판매자 간에 대통령령으로 정하는 특수관계가 있어 그 특수관계가 해당 물품의 가격에 영향을 미친 경우(다만, 해당 산업부문의 정상적인 가격결정 관행에 부합하는 방법으로 결정된 경우 등 대통령령으로 정하는 경우는 제외) 13, 12, 11년 기출

○ 특수관계의 범위 : "대통령령으로 정하는 특수관계"란 다음의 어느 하나에 해당하는 경우를 말한다 (영 제23조 제1항).

> ⓐ 구매자와 판매자가 상호 사업상의 임원 또는 관리자인 경우
> ⓑ 구매자와 판매자가 상호 법률상의 동업자인 경우
> ⓒ 구매자와 판매자가 고용관계에 있는 경우
> ⓓ 특정인이 구매자 및 판매자의 의결권 있는 주식을 직접 또는 간접으로 5퍼센트 이상 소유하거나 관리하는 경우
> ⓔ 구매자 및 판매자 중 일방이 상대방에 대하여 법적으로 또는 사실상으로 지시나 통제를 할 수 있는 위치에 있는 등 일방이 상대방을 직접 또는 간접으로 지배하는 경우
> ⓕ 구매자 및 판매자가 동일한 제3자에 의하여 직접 또는 간접으로 지배를 받는 경우
> ⓖ 구매자 및 판매자가 동일한 제3자를 직접 또는 간접으로 공동지배하는 경우
> ⓗ 구매자와 판매자가 「국세기본법 시행령」에 해당하는 친족관계에 있는 경우

ⓛ 인정범위 : "해당 산업부문의 정상적인 가격결정 관행에 부합하는 방법으로 결정된 경우 등 대통령령으로 정하는 경우"란 다음의 어느 하나에 해당하는 경우를 말한다(영 제23조 제2항).

> ⓐ 특수관계가 없는 구매자와 판매자 간에 통상적으로 이루어지는 가격결정방법으로 결정된 경우
> ⓑ 당해 산업부문의 정상적인 가격결정 관행에 부합하는 방법으로 결정된 경우
> ⓒ 해당 물품의 가격이 다음의 어느 하나의 가격(비교가격)에 근접하는 가격으로서 기획재정부령으로 정하는 가격에 해당함을 구매자가 입증한 경우*
>
> [*비교가격 산출 기준시점은 기획재정부령으로 정함(규칙 제5조 제3항)]
>
> | 비교가격 | 기준시점 |
> | --- | --- |
> | 특수관계가 없는 우리나라의 구매자에게 수출되는 동종·동질물품 또는 유사물품의 거래가격 | 선적 시점 |
> | 제4방법(법 제33조)에 따라 결정되는 동종·동질물품 또는 유사물품의 과세가격 | 국내판매 시점 |
> | 제5방법(법 제34조)에 따라 결정되는 동종·동질물품 또는 유사물품의 과세가격 | 수입신고 시점 |

▷ 해당 물품의 가격과 비교가격을 비교할 때에는 거래단계, 거래수량 및 관세법 제30조 제1항 각 호의 금액의 차이 등을 고려해야 한다.

ⓒ 자료의 제출 : ⓛ의 규정을 적용받고자 하는 자는 관세청장이 정하는 바에 따라 가격신고를 하는 때에 그 증명에 필요한 자료를 제출하여야 한다.

(4) 과세가격의 불인정 21년 기출

① 자료제출 서면요구

○ 세관장은 납세의무자가 거래가격으로 가격신고를 한 경우 해당 신고가격이 동종·동질물품 또는 유사물품의 거래가격과 현저한 차이가 있는 등 이를 과세가격으로 인정하기 곤란한 경우로서 대통령령으로 정하는 경우에는 대통령령으로 정하는 바에 따라 납세의무자에게 신고가격이 사실과 같음을 증명할 수 있는 자료를 제출할 것을 요구할 수 있다.

ⓛ 세관장은 자료제출을 요구하는 경우 그 사유와 자료제출에 필요한 기획재정부령으로 정하는 기간[자료제출 요구일로부터 15일. 다만, 부득이한 사유로 납세의무자가 자료제출 기간 연장을 요청하는 경우에는 세관장이 해당 사유를 고려하여 타당하다고 인정하는 기간(규칙 제5조의2)]을 적은 서면으로 해야 한다(영 제24조 제2항).

② 과세가격 불인정의 범위

"대통령령으로 정하는 경우"란 다음의 어느 하나에 해당하는 경우를 말한다(영 제24조 제1항).

> ⓝ 납세의무자가 신고한 가격이 동종·동질물품 또는 유사물품의 가격과 현저한 차이가 있는 경우
> ⓛ 납세의무자가 동일한 공급자로부터 계속하여 수입하고 있음에도 불구하고 신고한 가격에 현저한 변동이 있는 경우
> ⓒ 신고한 물품이 원유·광석·곡물 등 국제거래시세가 공표되는 물품인 경우 신고한 가격이 그 국제거래시세와 현저한 차이가 있는 경우
> ⓔ 신고한 물품이 원유·광석·곡물 등으로서 국제거래시세가 공표되지 않는 물품인 경우 관세청장 또는 관세청장이 지정하는 자가 조사한 수입물품의 산지 조사가격이 있는 때에는 신고한 가격이 그 조사가격과 현저한 차이가 있는 경우
> ⓜ 납세의무자가 거래처를 변경한 경우로서 신고한 가격이 종전의 가격과 현저한 차이가 있는 경우
> ⓗ ⓝ부터 ⓜ까지의 사유에 준하는 사유로서 기획재정부령으로 정하는 경우

③ 과세가격 불인정의 기준

세관장은 납세의무자가 다음의 어느 하나에 해당하면 제1방법으로 과세가격을 결정하지 아니하고 제2방법부터 제6방법까지에 규정된 방법으로 과세가격을 결정한다(법 제30조 제5항, 영 제24조 제3항).

> ⓝ 납세의무자가 세관장으로부터 요구받은 자료를 제출하지 아니한 경우
> ⓛ 납세의무자가 세관장의 요구에 따라 제출한 자료가 일반적으로 인정된 회계원칙에 부합하지 아니하게 작성된 경우
> ⓒ 납세의무자가 제출한 자료가 수입물품의 거래관계를 구체적으로 나타내지 못하는 경우
> ⓔ 그 밖에 납세의무자가 제출한 자료에 대한 사실관계를 확인할 수 없는 등 신고가격의 정확성이나 진실성을 의심할 만한 합리적인 사유가 있는 경우

④ 과세가격의 통보

세관장은 빠른 시일 내에 과세가격 결정을 하기 위하여 납세의무자와 정보교환 등 적절한 협조가 이루어지도록 노력하여야 하고, 신고가격을 과세가격으로 인정하기 곤란한 사유와 과세가격 결정 내용을 해당 납세의무자에게 통보하여야 한다.

⑤ 가산율·공제율 적용(영 제30조)

ⓝ 제1방법, 제4방법 적용 시 가산율·공제율 적용 : 관세청장 또는 세관장은 장기간 반복하여 수입되는 물품에 대해 법 제30조 제1항이나 법 제33조 제1항 또는 제3항을 적용하는 경우 납세의무자의 편의와 신속한 통관업무를 위해 필요하다고 인정되는 때에는 기획재정부령으로 정하는 바에 따라 해당 물품에 대하여 통상적으로 인정되는 가산율 또는 공제율을 적용할 수 있다.

ⓛ 납세의무자 요청 : 가산율 또는 공제율의 적용은 납세의무자의 요청이 있는 경우에 한한다.

① 영 제30조 제2항에 따라 가산율 또는 공제율의 적용을 받으려 하는 자는 관세청장이 정하는 가산율 또는 공제율 산정신청서에 다음의 서류를 첨부하여 관세청장 또는 세관장에게 제출해야 한다.

1. 최근 3년간의 해당 물품의 수입실적 자료
2. 영 제31조 제1항 각 호의 서류
3. 최근 3년간 해당 수입물품의 국내판매 가격자료와 이윤 및 일반경비를 확인할 수 있는 자료(공제율 산정의 경우에 한정)

② 영 제30조 제1항에 따라 가산율 또는 공제율을 산정하는 경우 관세청장 또는 세관장은 해당 납세의무자에게 의견을 제시할 기회를 주어야 한다.

③ 제1항에 따른 신청을 받은 관세청장 또는 세관장은 신청서류 및 신청인의 최근 거래관계와 거래내용을 심사하여 20일 이내에 관세청장이 정하는 가산율 또는 공제율 결정서를 신청인에게 발급해야 한다. 다만, 다음의 하나에 해당하여 가산율 또는 공제율의 산정이 곤란한 경우에는 가산율 또는 공제율 결정서를 발급하지 아니한다.

1. 가산 또는 공제할 금액의 지급기준이 변경되는 경우
2. 가산율 또는 공제율 결정의 기초가 되는 거래관계나 내용이 변경된 경우
3. 그 밖에 관세청장 또는 세관장이 거래관계나 거래내용 등을 고려하여 가산율 또는 공제율의 산정이 곤란하다고 인정하는 경우

④ 제3항에 따라 결정되는 가산율 또는 공제율은 소수점 이하 셋째 자릿수까지 계산한 후 이를 반올림하여 둘째 자릿수까지 산정한다.

⑤ 가산율 또는 공제율은 제3항에 따른 가산율 또는 공제율 결정서를 발급한 날부터 1년간 적용한다. 다만, 세관장이 필요하다고 인정하는 경우에는 적용 기간을 다르게 정할 수 있다.

3. 예외적 과세가격 결정(제2방법~제6방법)

(1) 제2방법(법 제31조) – 동종·동질물품의 거래가격을 기초로 한 과세가격의 결정

① 결정방법

제1방법으로 과세가격을 결정할 수 없는 경우에는 과세가격으로 인정된 사실이 있는 동종·동질물품의 거래가격으로서 다음의 요건을 갖춘 가격을 기초로 하여 과세가격을 결정한다.

> ㉠ 과세가격을 결정하려는 해당 물품의 생산국에서 생산된 것으로서 해당 물품의 선적일에 선적되거나 해당 물품의 선적일을 전후하여 가격에 영향을 미치는 시장조건이나 상관행에 변동이 없는 기간 중에 선적되어 우리나라에 수입된 것일 것
> ㉡ 거래 단계, 거래 수량, 운송 거리, 운송 형태 등이 해당 물품과 같아야 하며, 두 물품 간에 차이가 있는 경우에는 그에 따른 가격차이를 조정한 가격일 것

② 동종·동질물품의 범위(영 제25조)

㉠ 동종·동질물품 : 해당 수입물품의 생산국에서 생산된 것으로서 물리적 특성, 품질 및 소비자 등의 평판을 포함한 모든 면에서 동일한 물품(외양에 경미한 차이가 있을 뿐 그 밖의 모든 면에서 동일한 물품을 포함)을 말한다.

ⓛ 선적일 : 선적일은 수입물품을 수출국에서 우리나라로 운송하기 위하여 선적하는 날로 하며, 선하증권, 송품장 등으로 확인한다. 다만, 선적일의 확인이 곤란한 경우로서 해당 물품의 선적국 및 운송수단이 동종·동질물품의 선적국 및 운송수단과 동일한 경우에는 "선적일"을 "입항일"로, "선적"을 "입항"으로 본다.

ⓒ 해당 물품의 선적일을 전후하여 가격에 영향을 미치는 시장조건이나 상관행에 변동이 없는 기간 : 해당 물품의 선적일 전 60일과 선적일 후 60일을 합한 기간으로 한다. 다만, 농림축산물 등 계절에 따라 가격의 차이가 심한 물품의 경우에는 선적일 전 30일과 선적일 후 30일을 합한 기간으로 한다.

ⓔ 가격차이의 조정 : 가격차이의 조정은 다음의 구분에 따른 방법으로 한다.

> ⓐ 거래 단계가 서로 다른 경우 : 수출국에서 통상적으로 인정하는 각 단계별 가격차이를 반영하여 조정
> ⓑ 거래 수량이 서로 다른 경우 : 수량할인 등의 근거자료를 고려하여 가격차이를 조정
> ⓒ 운송 거리가 서로 다른 경우 : 운송 거리에 비례하여 가격차이를 조정
> ⓓ 운송 형태가 서로 다른 경우 : 운송 형태별 통상적으로 적용되는 가격차이를 반영하여 조정

③ 합리적인 사유가 있는 경우 제외

과세가격으로 인정된 사실이 있는 동종·동질물품의 거래가격이라 하더라도 그 가격의 정확성과 진실성을 의심할 만한 합리적인 사유가 있는 경우 그 가격은 과세가격 결정의 기초자료에서 제외한다.

④ 동종·동질물품의 거래가격이 둘 이상 있는 경우 10년 기출

동종·동질물품의 거래가격이 둘 이상 있는 경우에는 생산자, 거래 시기, 거래 단계, 거래 수량 등(거래 내용 등)이 해당 물품과 가장 유사한 것에 해당하는 물품의 가격을 기초로 하고, 거래 내용 등이 같은 물품이 둘 이상 있고 그 가격도 둘 이상이 있는 경우에는 가장 낮은 가격을 기초로 하여 과세가격을 결정한다.

▷ 해당 물품의 생산자가 생산한 동종·동질물품은 다른 생산자가 생산한 동종·동질물품보다 우선하여 적용한다(영 제25조 제5항).

(2) 제3방법(법 제32조) – 유사물품의 거래가격을 기초로 한 과세가격의 결정 10년 기출

① 결정방법

제1방법과 제2방법으로 과세가격을 결정할 수 없을 때에는 과세가격으로 인정된 사실이 있는 유사물품의 거래가격으로서 다음의 요건을 갖춘 가격을 기초로 하여 과세가격을 결정한다.

> ⓛ 과세가격을 결정하려는 해당 물품의 생산국에서 생산된 것으로서 해당 물품의 선적일에 선적되거나 해당 물품의 선적일을 전후하여 가격에 영향을 미치는 시장조건이나 상관행에 변동이 없는 기간 중에 선적되어 우리나라에 수입된 것일 것
> ⓒ 거래 단계, 거래 수량, 운송 거리, 운송 형태 등이 해당 물품과 같아야 하며, 두 물품 간에 차이가 있는 경우에는 그에 따른 가격차이를 조정한 가격일 것

▷ 과세가격 결정방법 : 제2방법을 준용하며, 이 경우 "동종·동질물품"은 "유사물품"으로 본다(영 제26조 제2항).

② 유사물품의 범위

유사물품이라 함은 당해 수입물품의 생산국에서 생산된 것으로서 모든 면에서 동일하지는 아니하지만 동일한 기능을 수행하고 대체사용이 가능할 수 있을 만큼 비슷한 특성과 비슷한 구성요소를 가지고 있는 물품을 말한다(영 제26조 제1항).

③ 합리적인 사유가 있는 경우 제외

과세가격으로 인정된 사실이 있는 유사물품의 거래가격이라 하더라도 그 가격의 정확성과 진실성을 의심할 만한 합리적인 사유가 있는 경우 그 가격은 과세가격 결정의 기초자료에서 제외한다.

④ 유사물품의 거래가격이 둘 이상이 있는 경우

유사물품의 거래가격이 둘 이상이 있는 경우에는 거래내용 등이 해당 물품과 가장 유사한 것에 해당하는 물품의 가격을 기초로 하고, 거래내용 등이 같은 물품이 둘 이상이 있고 그 가격도 둘 이상이 있는 경우에는 가장 낮은 가격을 기초로 하여 과세가격을 결정한다.

(3) 제4방법(법 제33조) - 국내판매가격을 기초로 한 과세가격의 결정 16, 15, 10년 기출

① 결정방법

제1방법부터 제3방법으로 과세가격을 결정할 수 없을 때에는 국내판매가격에서 공제요소를 뺀 가격을 과세가격으로 한다.

㉠ 국내판매가격 : 해당 물품, 동종·동질물품 또는 유사물품이 수입된 것과 동일한 상태로 해당 물품의 수입신고일 또는 수입신고일과 거의 동시에 특수관계가 없는 자에게 가장 많은 수량으로 국내에서 판매되는 단위가격을 기초로 하여 산출한 금액을 말한다.

ⓐ 국내에서 판매되는 단위가격 : 수입 후 최초의 거래에서 판매되는 단위가격을 말한다. 다만, 다음의 어느 하나에 해당하는 경우의 가격은 이를 국내에서 판매되는 단위가격으로 보지 아니한다(영 제27조 제1항).

> • 최초거래의 구매자가 판매자 또는 수출자와 특수관계에 있는 경우
> • 최초거래의 구매자가 판매자 또는 수출자에게 물품 및 용역을 수입물품의 생산 또는 거래에 관련하여 사용하도록 무료 또는 인하된 가격으로 공급하는 경우

ⓑ 국내판매가격 산출 순서 : 국내판매가격을 산출할 때에는 해당 물품, 동종·동질물품, 유사물품의 순서로 적용한다. 이 경우 해당 수입자가 동종·동질물품 또는 유사물품을 판매하고 있는 경우에는 해당 수입자의 판매가격을 다른 수입자의 판매가격에 우선하여 적용한다(영 제27조 제2항).

ⓒ 수입신고일과 거의 동시에 판매되는 단위가격 : 수입신고일과 거의 동시에 판매되는 단위가격은 당해 물품의 종류와 특성에 따라 수입신고일의 가격과 가격변동이 거의 없다고 인정되는 기간 중의 판매가격으로 한다. 다만, 수입신고일부터 90일이 경과된 후에 판매되는 가격을 제외한다(영 제27조 제3항).

ⓛ 공제요소

> ⓐ 국내판매와 관련하여 통상적으로 지급하였거나 지급하여야 할 것으로 합의된 수수료 또는 동종·동류의 수입물품이 국내에서 판매되는 때에 통상적으로 부가되는 이윤 및 일반경비에 해당하는 금액
> ⓑ 수입항에 도착한 후 국내에서 발생한 통상의 운임·보험료와 그 밖의 관련 비용
> ⓒ 해당 물품의 수입 및 국내판매와 관련하여 납부하였거나 납부하여야 하는 조세와 그 밖의 공과금

보충

동종·동류의 수입물품(영 제27조 제4항)
당해 수입물품이 제조되는 특정산업 또는 산업부문에서 생산되고 당해 수입물품과 일반적으로 동일한 범주에 속하는 물품(동종·동질물품 또는 유사물품을 포함)을 말한다.

이윤 및 일반경비(영 제27조 제5항)
이윤 및 일반경비는 일체로서 취급하며, 일반적으로 인정된 회계원칙에 따라 작성된 회계보고서를 근거로 하여 다음의 구분에 따라 계산한다.
1. 납세의무자가 제출한 회계보고서를 근거로 계산한 이윤 및 일반경비의 비율이 동종·동류비율의 100분의 120 이하인 경우 : 납세의무자가 제출한 이윤 및 일반경비
2. 제1호 외의 경우 : 동종·동류비율을 적용하여 산출한 이윤 및 일반경비

그 밖의 관련 비용(영 제27조 제9항)
해당 물품, 동종·동질물품 또는 유사물품의 하역, 검수, 검역, 검사, 통관 비용 등 수입과 관련하여 발생하는 비용을 말한다.

② 동종·동류비율 산출
세관장은 관세청장이 정하는 바에 따라 해당 수입물품의 특성, 거래 규모 등을 고려하여 동종·동류의 수입물품을 선정하고 이 물품이 국내에서 판매되는 때에 부가되는 이윤 및 일반경비의 평균값을 기준으로 동종·동류비율을 산출해야 한다(영 제27조 제6항).
　ⓘ 서면통보 : 세관장은 동종·동류비율 및 그 산출근거를 납세의무자에게 서면으로 통보해야 한다(영 제27조 제7항).
　ⓛ 이의제기 : 납세의무자는 세관장이 산출한 동종·동류비율이 불합리하다고 판단될 때에는 통보를 받은 날부터 30일 이내에 관세청장이 정하는 바에 따라 해당 납세의무자의 수입물품을 통관했거나 통관할 세관장을 거쳐 관세청장에게 이의를 제기할 수 있다. 이 경우 관세청장은 해당 납세의무자가 제출하는 자료와 관련 업계 또는 단체의 자료를 검토하여 동종·동류비율을 다시 산출할 수 있다(영 제27조 제8항).
③ 결정방법 적용순서(제5방법 우선적용)
납세의무자가 요청하면 제5방법에 따라 과세가격을 결정하되 제5방법에 따라 결정할 수 없는 경우에는 제4방법, 제6방법의 순서에 따라 과세가격을 결정한다.

④ 적용배제

국내에서 판매되는 단위가격이라 하더라도 <u>그 가격의 정확성과 진실성을 의심할 만한 합리적인 사유</u>가 있는 경우에는 제4방법을 적용하지 아니할 수 있다.

▷ 합리적인 의심사유 : 해당 물품의 국내판매가격이 동종·동질물품 또는 유사물품의 국내판매가격보다 현저하게 낮은 경우 등을 말한다(영 제27조 제10항).

⑤ 국내가공을 거치는 경우

해당 물품, 동종·동질물품 또는 유사물품이 수입된 것과 동일한 상태로 국내에서 판매되는 사례가 없는 경우 납세의무자가 요청할 때에는 해당 물품이 국내에서 가공된 후 특수관계가 없는 자에게 가장 많은 수량으로 판매되는 단위가격을 기초로 하여 산출된 금액에서 다음의 금액을 뺀 가격을 과세가격으로 한다.

> ㉠ 법정공제요소
> ㉡ 국내 가공에 따른 부가가치

⑥ 가산율·공제율 적용(영 제30조) 20년 기출

㉠ 제1방법, 제4방법 적용 시 가산율·공제율 적용 : 관세청장·세관장은 장기간 반복하여 수입되는 물품에 대하여 법 제30조 제1항이나 법 제33조 제1항 또는 제3항을 적용하는 경우 납세의무자의 편의와 신속한 통관업무를 위하여 필요하다고 인정되는 때에는 기획재정부령으로 정하는 바에 따라 해당 물품에 대하여 통상적으로 인정되는 가산율·공제율을 적용할 수 있다.

㉡ 납세의무자 요청 : 가산율·공제율의 적용은 납세의무자의 요청이 있는 경우에 한한다.

(4) 제5방법(법 제34조) – 산정가격을 기초로 한 과세가격의 결정 14년 기출

① 결정방법

제1방법부터 제4방법으로 과세가격을 결정할 수 없을 때에는 다음의 금액을 합한 가격을 기초로 하여 과세가격을 결정한다.

> ㉠ 해당 물품의 생산에 사용된 원자재 비용 및 조립이나 그 밖의 가공에 드는 비용 또는 그 가격
> ㉡ 수출국 내에서 해당 물품과 동종·동류의 물품의 생산자가 우리나라에 수출하기 위하여 판매할 때 통상적으로 반영하는 이윤 및 일반 경비에 해당하는 금액
> ㉢ 해당 물품의 수입항까지의 운임·보험료와 그 밖에 운송과 관련된 비용으로서 대통령령으로 정하는 바에 따라 결정된 금액

산정가격을 기초로 한 과세가격의 결정(영 제28조)

① 해당 물품의 생산에 사용된 원자재 비용 및 조립이나 그 밖의 가공에 드는 비용 또는 그 가격은 해당 물품의 생산자가 생산국에서 일반적으로 인정된 회계원칙에 따라 작성하여 제공하는 회계장부 등 생산에 관한 자료를 근거로 하여 산정한다.

② 조립이나 그 밖의 가공에 드는 비용 또는 그 가격에는 해당 수입물품과 동일체로 취급되는 용기의 비용과 해당 수입물품의 포장에 드는 노무비와 자재비로서 구매자가 부담하는 비용이 포함되는 것으로 하며, 우리나라에서 개발된 기술·설계·고안·디자인 또는 공예에 드는 비용을 생산자가 부담하는 경우에는 해당 비용이 포함되는 것으로 한다.

> **주의** 우리나라에서 개발된 기술·설계·고안·디자인 또는 공예에 소요되는 비용을 생산자가 부담하는 경우에는 당해 비용이 산정가격에 포함되지 않는 것이 아니라 포함된다는 것을 기억하자.

② 적용배제

납세의무자가 산정가격의 기초금액을 확인하는 데 필요한 자료를 제출하지 않은 경우에는 제5방법을 적용하지 않을 수 있다.

(5) 제6방법(법 제35조) - 합리적 기준에 따른 과세가격의 결정 19, 10년 기출

① 결정방법

관세법 제1방법부터 제5방법으로 과세가격을 결정할 수 없는 때에는 제1방법부터 제5방법까지 규정된 원칙과 부합되는 합리적인 기준에 따라 과세가격을 결정한다.

② 합리적으로 인정되는 방법에 따른 결정

제6방법에 따라 과세가격을 결정할 때에는 국내에서 이용 가능한 자료를 기초로 다음의 방법을 적용한다. 이 경우 적용순서는 제1방법부터 제5방법까지의 규정을 따른다(영 제29조 제1항).

> ㉠ 제2방법 또는 제3방법을 적용함에 있어서 "과세가격을 결정하려는 해당 물품의 생산국에서 생산된 것으로서 해당 물품의 선적일에 선적되거나 해당 물품의 선적일을 전후하여 가격에 영향을 미치는 시장조건이나 상관행에 변동이 없는 기간 중에 선적되어 우리나라에 수입된 것"이란 요건을 신축적으로 해석·적용하는 방법
> ㉡ 제4방법을 적용함에 있어서 수입된 것과 동일한 상태로 판매되어야 한다는 요건을 신축적으로 해석·적용하는 방법
> ㉢ 제4방법 또는 제5방법에 의하여 과세가격으로 인정된 바 있는 동종·동질물품 또는 유사물품의 과세가격을 기초로 과세가격을 결정하는 방법
> ㉣ 영 제27조 제3항 단서(수입신고일부터 90일이 경과된 후에 판매되는 가격 제외)를 적용하지 않는 방법[수입신고일부터 180일까지 판매되는 가격을 적용하는 방법(규칙 제7조 제3항)]
> ㉤ 그 밖에 거래의 실질 및 관행에 비추어 합리적이라고 인정되는 방법

③ 적용 불가능한 가격기준

제6방법에 의하여 과세가격을 결정함에 있어서는 다음의 어느 하나에 해당하는 가격을 기준으로 하여서는 아니 된다(영 제29조 제2항).

> ㉠ 우리나라에서 생산된 물품의 국내판매가격
> ㉡ 선택 가능한 가격 중 반드시 높은 가격을 과세가격으로 하여야 한다는 기준에 따라 결정하는 가격
> ㉢ 수출국의 국내판매가격
> ㉣ 동종·동질물품 또는 유사물품에 대하여 제5방법 외의 방법으로 생산비용을 기초로 하여 결정된 가격
> ㉤ 우리나라 외의 국가에 수출하는 물품의 가격
> ㉥ 특정수입물품에 대하여 미리 설정하여 둔 최저과세기준가격
> ㉦ 자의적 또는 가공적인 가격

④ 특수물품의 과세가격 결정 10년 기출

②의 ㉠~㉣ 방법을 적용하기 곤란하거나 적용할 수 없는 경우로서 다음의 어느 하나에 해당하는 물품에 대한 과세가격 결정에 필요한 기초자료, 금액의 계산방법 등 세부사항은 기획재정부령으로 정할 수 있다(영 제29조 제3항).

> ㉠ 수입신고 전에 변질·손상된 물품
> ㉡ 여행자 또는 승무원의 휴대품·우편물·탁송품 및 별송품
> ㉢ 임차수입물품
> ㉣ 중고물품
> ㉤ 법 제188조(제품과세) 단서의 규정(외국물품과 내국물품을 혼용하는 경우)에 의하여 외국물품으로 보는 물품
> ㉥ 범칙물품
> ㉦ 석유로서 국제거래시세를 조정한 가격으로 보세구역에서 거래되는 물품
> ㉧ 그 밖에 과세가격결정에 혼란이 발생할 우려가 있는 물품으로서 기획재정부령으로 정하는 물품

수입신고 전 변질·손상물품의 과세가격의 결정(규칙 제7조의2)
수입신고 전 변질·손상물품의 과세가격은 다음의 가격을 기초로 하여 결정할 수 있다.
1. 변질·손상으로 인해 구매자와 판매자 간에 다시 결정된 가격
2. 변질·손상되지 않은 물의 가격에서 다음 중 어느 하나의 금액을 공제한 가격
   가. 관련 법령에 따른 감정기관의 손해평가액
   나. 수리 또는 개체비용
   다. 보험회사의 손해보상액

여행자 휴대품·우편물 등의 과세가격의 결정(규칙 제7조의3)
① 여행자·승무원의 휴대품·우편물·탁송품 및 별송품의 과세가격을 결정할 때에는 다음의 가격을 기초로 하여 결정할 수 있다.
   1. 신고인의 제출 서류에 명시된 신고인의 결제금액(명칭 및 형식에 관계없이 모든 성격의 지급수단으로 결제한 금액)
   2. 외국에서 통상적으로 거래되는 가격으로서 객관적으로 조사된 가격
   3. 해당 물품과 동종·동질물품 또는 유사물품의 국내도매가격에 관세청장이 정하는 시가역산율을 적용하여 산출한 가격
   4. 관련 법령에 따른 감정기관의 감정가격
   5. 중고 승용차(화물자동차 포함) 및 이륜자동차에 대해 제1호 또는 제2호를 적용하는 경우 최초 등록일·사용일부터 수입신고일까지의 사용으로 인한 가치감소에 대해 관세청장이 정하는 기준을 적용하여 산출한 가격
   6. 그 밖에 신고인이 제시하는 가격으로서 세관장이 타당하다고 인정하는 가격
② 국내도매가격을 산출하려는 경우에는 다음의 방법에 따른다.
   1. 해당 물품과 동종·동질물품 또는 유사물품을 취급하는 2곳 이상의 수입물품 거래처(인터넷을 통한 전자상거래처를 포함)의 국내도매가격을 조사해야 한다. 다만, 다음의 경우에는 1곳의 수입물품 거래처만 조사하는 등 국내도매가격 조사방법을 신축적으로 적용할 수 있다.
      가. 국내도매가격이 200만 원 이하인 물품으로 신속한 통관이 필요한 경우
      나. 물품 특성상 2곳 이상의 거래처를 조사할 수 없는 경우
      다. 과세가격 결정에 지장이 없다고 세관장이 인정하는 경우
   2. 제1호에 따라 조사된 가격이 둘 이상인 경우에는 다음에 따라 국내도매가격을 결정한다.
      가. 조사된 가격 중 가장 낮은 가격을 기준으로 최고가격과 최저가격의 차이가 10%를 초과하는 경우에는 조사된 가격의 평균가격
      나. 조사된 가격 중 가장 낮은 가격을 기준으로 최고가격과 최저가격의 차이가 10% 이하인 경우에는 조사된 가격 중 최저가격
③ 시가역산율은 국내도매가격에서 법 제33조 제1항 제2호부터 제4호까지의 금액을 공제하여 과세가격을 산정하기 위한 비율을 말하며, 산출방법은 관세청장이 정하는 바에 따른다.

임차수입물품의 과세가격의 결정(규칙 제7조의4)
① "임차수입물품"의 과세가격은 다음 각 호를 순차적으로 적용한 가격을 기초로 하여 결정할 수 있다.
   1. 임차료의 산출 기초가 되는 해당 임차수입물품의 가격
   2. 해당 임차수입물품, 동종·동질물품·유사물품을 우리나라에 수출할 때 공개된 가격자료에 기재된 가격(중고물품의 경우에는 제7조의5에 따라 결정된 가격)
   3. 해당 임차수입물품의 경제적 내구연한 동안 지급될 총 예상임차료를 기초로 하여 계산한 가격. 다만, 세관장이 일률적인 내구연한의 적용이 불합리하다고 판단하는 경우는 제외한다.
   4. 임차하여 수입하는 물품에 대해 수입자가 구매선택권을 가지는 경우에는 임차계약상 구매선택권을 행사할 수 있을 때까지 지급할 총 예상임차료와 구매선택권을 행사하는 때에 지급해야 할 금액의 현재가격(제2항 제2호 및 제3호를 적용하여 산정한 가격)의 합계액을 기초로 하여 결정한 가격
   5. 그 밖에 세관장이 타당하다고 인정하는 합리적인 가격

② 제1항 제3호에 따라 과세가격을 결정할 때에는 다음에 따른다.
   1. 해당 수입물품의 경제적 내구연한 동안에 지급될 총 예상임차료(해당 물품을 수입한 후 이를 정상으로 유지 사용하기 위해 소요되는 비용이 임차료에 포함되어 있을 때에는 그에 상당하는 실비를 공제한 총 예상임차료)를 현재가격으로 환산한 가격을 기초로 한다.
   2. 수입자가 임차료 외의 명목으로 정기적·비정기적으로 지급하는 특허권 등의 사용료·해당 물품의 거래조건으로 별도로 지급하는 비용이 있는 경우에는 이를 임차료에 포함한다.
   3. 현재가격을 계산하는 때에 적용할 이자율은 임차계약서에 따르되, 해당 계약서에 이자율이 정해져 있지 않거나 규정된 이자율이 제9조의3에서 정한 이자율 이상인 때에는 제9조의3에서 정한 이자율을 적용한다.

중고물품의 과세가격의 결정(규칙 제7조의5)
① 중고물품의 과세가격은 다음의 가격을 기초로 하여 결정할 수 있다.
   1. 관련 법령에 따른 감정기관의 감정가격
   2. 국내도매가격에 제7조의3 제1항 제3호의 시가역산율을 적용하여 산출한 가격
   3. 해외로부터 수입되어 국내에서 거래되는 신품·중고물품의 수입 당시의 과세가격을 기초로 하여 가치감소분을 공제한 가격. 다만, 내용연수가 경과된 물품의 경우는 제외한다.
   4. 그 밖에 세관장이 타당하다고 인정하는 합리적인 가격
② 제1항 제3호의 가치감소 산정기준은 관세청장이 정할 수 있다.

보세공장에서 내국물품과 외국물품을 혼용하여 제조한 물품의 과세가격의 결정(규칙 제7조의6)
① 영 제29조 제3항 제5호에 따라 내국물품과 외국물품의 혼용에 관한 승인을 받아 제조된 물품의 과세가격은 다음의 산식에 따른다.

제품가격 × [외국물품가격 / (외국물품가격 + 내국물품가격)]

② 제1항을 적용할 때 제품가격, 외국물품가격 및 내국물품 가격은 다음의 방법으로 결정한다.
   1. 제품가격은 보세공장에서 외국물품과 내국물품을 혼용하여 제조된 물품의 가격으로 하며, 법 제30조부터 제35조까지에서 정하는 방법에 따른다.
   2. 제조에 사용된 외국물품의 가격은 법 제30조부터 제35조까지에서 정하는 방법에 따른다.
   3. 제조에 사용된 내국물품의 가격은 해당 보세공장에서 구매한 가격으로 한다.
   4. 제3호에도 불구하고 다음에 해당하는 경우에는 해당 물품과 동일하거나 유사한 물품의 국내판매가격을 구매가격으로 한다. 이 경우 거래 단계 등이 같아야 하며, 두 물품 간 거래 단계 등에 차이가 있는 경우에는 그에 따른 가격 차이를 조정해야 한다.
      가. 구매자와 판매자가 영 제23조 제1항 각 호에서 정하는 특수관계가 있는 경우
      나. 영 제18조 각 호에서 정하는 물품 및 용역을 무료·인하된 가격으로 직접·간접으로 공급한 사실이 있는 경우
   5. 제2호부터 제4호까지의 가격은 법 제186조 제1항에 따라 사용신고를 하는 때에 이를 확인해야 하며, 각각 사용신고 하는 때의 원화가격으로 결정한다.

범칙물품의 과세가격의 결정(규칙 제7조의7)
범칙물품의 과세가격은 제7조의2부터 제7조의6까지 및 제7조의8에 따라 결정한다.

보세구역에서 거래되는 석유의 과세가격의 결정(규칙 제7조의8)
① 국제거래시세를 조정한 가격으로 보세구역에서 거래되는 석유의 과세가격은 보세구역에서 거래되어 판매된 가격을 알 수 있는 송품장, 계약서 등의 자료를 기초로 하여 결정할 수 있다.
② 국내에서 발생한 하역비, 보관료 등의 비용이 제1항의 보세구역에서 거래되어 판매된 가격에 포함되어 있고, 이를 입증자료를 통해 구분할 수 있는 경우 그 비용을 해당 가격에서 공제할 수 있다.

1. 가격신고(법 제27조, 영 제15조) 23, 15, 12년 기출

(1) 의 의

관세의 납세의무자는 수입신고를 할 때 대통령령으로 정하는 바에 따라 세관장에게 해당 물품의 가격에 대한 신고(가격신고)를 하여야 한다.

① 수입신고 전 가격신고

통관의 능률을 높이기 위하여 필요하다고 인정되는 경우에는 대통령령으로 정하는 바에 따라 물품의 수입신고를 하기 전에 가격신고를 할 수 있다.

② 포괄가격신고

세관장은 가격신고를 하려는 자가 '같은 물품을 같은 조건으로 반복적으로 수입하는 경우'에는 가격신고를 일정기간 일괄하여 신고하게 할 수 있다.

(2) 제출서류

① 가격신고 시 제출서류

가격신고를 하려는 자는 수입관련거래에 관한 사항, 과세가격 산출내용에 관한 사항을 적은 서류를 세관장에게 제출하여야 한다.

② 서류제출의 생략

세관장은 다음의 어느 하나에 해당하는 경우로서 관세청장이 정하여 고시하는 경우에는 ①에 해당하는 서류의 전부 또는 일부를 제출하지 아니하게 할 수 있다.

> ⊙ 같은 물품을 같은 조건으로 반복적으로 수입하는 경우
> ⊙ 수입항까지의 운임 및 보험료 외에 우리나라에 수출하기 위하여 판매되는 물품에 대하여 구매자가 실제로 지급하였거나 지급하여야 할 가격에 가산할 금액이 없는 경우
> ⊙ 그 밖에 과세가격결정에 곤란이 없다고 인정하여 관세청장이 정하는 경우

③ 과세가격결정자료의 제출

가격신고를 할 때에는 대통령령으로 정하는 바에 따라 과세가격의 결정과 관계되는 자료(과세가격결정자료)를 제출하여야 하는데, 제출하여야 하는 과세자료는 다음과 같다. 다만, 당해 물품의 거래의 내용, 과세가격결정방법 등에 비추어 과세가격결정에 곤란함이 없다고 세관장이 인정하는 경우에는 자료의 일부를 제출하지 아니할 수 있다.

> ⊙ 송품장
> ⊙ 계약서
> ⊙ 각종 비용의 금액 및 산출근거를 나타내는 증빙자료
> ⊙ 기타 가격신고의 내용을 입증하는 데에 필요한 자료

(3) 가격신고의 생략 20, 19, 11년 기출

과세가격을 결정하기가 곤란하지 아니하다고 인정하여 기획재정부령으로 정하는 물품에 대하여는 가격신고를 생략할 수 있다.

① 가격신고를 생략할 수 있는 물품(규칙 제2조 제1항)

> ㉠ 정부 또는 지방자치단체가 수입하는 물품
> ㉡ 정부조달물품
> ㉢ 공공기관이 수입하는 물품
> ㉣ 관세 및 내국세 등이 부과되지 않는 물품
> ㉤ 방위산업용 기계와 그 부분품 및 원재료로 수입하는 물품(다만, 해당 물품과 관련된 중앙행정기관의 장의 수입확인 또는 수입추천을 받은 물품에 한정)
> ㉥ 수출용 원재료
> ㉦ 특정연구기관이 수입하는 물품
> ㉧ 과세가격이 미화 1만 불 이하인 물품(다만, 개별소비세, 주세, 교통·에너지·환경세가 부과되는 물품과 분할하여 수입되는 물품은 제외)
> ㉨ 종량세 적용물품(다만, 종량세와 종가세 중 높은 세액 또는 높은 세율을 선택하여 적용해야 하는 물품의 경우에는 제외)
> ㉩ 특수관계가 있는 자들 간에 거래되는 물품의 과세가격 결정방법의 사전심사 결과가 통보된 물품[다만, 영 제16조 제1항(잠정가격 신고대상) 각 호의 물품은 제외]

② 가격신고 생략물품에 해당하지 아니하는 것(규칙 제2조 제2항)

> ㉠ 과세가격을 결정함에 있어서 법정가산요소(법 제30조 제1항 제1호 내지 제5호의 규정)에 의한 금액을 가산하여야 하는 물품
> ㉡ 법 제30조 제2항에 따른 구매자가 실제로 지급하였거나 지급하여야 할 가격에 구매자가 해당 수입물품의 대가와 판매자의 채무를 상계(相計)하는 금액, 구매자가 판매자의 채무를 변제하는 금액, 그 밖의 간접적인 지급액이 포함되어 있는 경우에 해당하는 물품
> ㉢ 과세가격이 법 제31조(제2방법)부터 제35조(제6방법)까지에 따라 결정되는 경우에 해당하는 물품
> ㉣ 세관장이 관세를 부과·징수하는 물품
> ㉤ 잠정가격신고 대상물품
> ㉥ 수입신고 수리 전 세액심사 대상물품 중 일부(규칙 제8조 제1항 제3호~제5호)
> > ⓐ 관세를 체납하고 있는 자가 신고하는 물품(체납액 10만 원 미만이거나 체납기간 7일 이내 수입신고하는 경우 제외)
> > ⓑ 납세자의 성실성 등을 참작하여 관세청장이 정하는 기준에 해당하는 불성실신고인이 신고하는 물품
> > ⓒ 물품의 가격변동이 큰 물품 기타 수입신고 수리 후에 세액을 심사하는 것이 적합하지 아니하다고 인정하여 관세청장이 정하는 물품

2. 잠정가격의 신고 등(법 제28조, 영 제16조) 23, 20, 15년 기출

(1) 잠정가격신고

납세의무자는 가격신고를 할 때 신고하여야 할 가격이 확정되지 아니한 경우로서 대통령령으로 정하는 경우에는 잠정가격으로 가격신고를 할 수 있다. 이 경우 신고의 방법과 그 밖에 필요한 사항은 대통령령으로 정한다. 대통령령으로 정하는 경우는 다음과 같다.

① 거래관행상 거래가 성립된 때부터 일정기간이 지난 후에 가격이 정하여지는 물품(원유·곡물·광석 그 밖의 이와 비슷한 1차산품으로 한정)으로서 수입신고일 현재 그 가격이 정하여지지 아니한 경우

② 법정가산요소에 따라 조정하여야 할 금액이 수입신고일부터 일정기간이 지난 후에 정하여질 수 있음이 잠정가격 신고서류 등으로 확인되는 경우

③ 특수관계가 있는 자들 간에 거래되는 물품의 과세가격 결정방법에 따라 과세가격 결정방법의 사전심사를 신청한 경우

④ 특수관계가 있는 구매자와 판매자 사이의 거래 중 수입물품의 거래가격이 수입신고 수리 이후에 「국제조세조정에 관한 법률」에 따른 정상가격으로 조정될 것으로 예상되는 거래로서 <u>기획재정부령으로 정하는 요건</u>을 갖춘 경우

> **기획재정부령으로 정하는 요건을 갖춘 경우(규칙 제3조 제2항)**
> "기획재정부령으로 정하는 요건을 갖춘 경우"란 판매자와 구매자가 수립하는 수입물품의 거래가격 조정계획에 따라 조정(「국제조세조정에 관한 법률」 제7조에 따른 조정은 제외)하는 금액이 실제로 지급 또는 영수되고 해당 거래의 수입물품에 객관적으로 배분·계산될 것으로 판단되는 거래로서 다음의 요건을 모두 갖춘 경우를 말한다.
> 1. 납세의무자가 다음의 어느 하나에 해당될 것
>   가. 법 제37조 제1항 제3호에 따라 과세가격 결정방법의 사전심사를 신청하여 과세가격 결정방법을 통보받아 영 제16조 제1항 제2호의2에 따른 잠정가격 신고의 자격이 없는 경우 중 해당 통보받은 과세가격 결정방법이 법 제30조 제1항 본문에 따른 방법인 경우
>   나. 「국제조세조정에 관한 법률」 제14조에 따른 정상가격 산출방법의 사전승인을 받은 경우
> 2. 납세의무자가 제1호 가목에 따른 과세가격 결정방법을 통보받거나 같은 호 나목에 따른 정상가격 산출방법 사전승인을 받은 이후 해당 거래의 수입물품 수입신고 1개월 전까지 별지 제1호의5 서식의 수입물품 거래가격 조정 계획서에 다음의 서류를 첨부하여 세관장에게 제출했을 것
>   가. 수입물품별 가격의 산출방법을 구체적으로 설명하는 다음의 자료
>   1) 구매자와 판매자 간 가격결정 및 조정에 관하여 합의한 계약서, 구매자의 내부지침 등 자료
>   2) 「국제조세조정에 관한 법률」 제8조에 따른 정상가격을 산출하기 위하여 작성한 검토 보고서 및 관련 재무자료
>   나. 과세관청으로부터 과세가격 결정방법을 통보받은 내역 또는 「국제조세조정에 관한 법률」 제14조에 따른 정상가격 산출방법의 사전승인을 받은 내역
>   다. 「국제조세조정에 관한 법률」 제16조 제1항에 따른 국제거래정보통합보고서
>   라. 그 밖에 잠정가격 신고요건을 확인하기 위하여 필요한 서류로서 세관장이 요청하는 서류

⑤ 계약의 내용이나 거래의 특성상 잠정가격으로 가격신고를 하는 것이 불가피한 경우로서 기획재정부령으로 정하는 경우

> **기획재정부령으로 정하는 경우(규칙 제3조 제3항)**
> "기획재정부령으로 정하는 경우"란 다음의 어느 하나에 해당하는 경우를 말한다.
> 1. 법 제33조(제4방법)에 따라 과세가격을 결정하기 위한 이윤 및 일반경비 산출 등에 오랜 시간이 소요되는 경우
> 2. 설계·시공 일괄입찰 방식으로 계약된 플랜트 등 물품의 최초 발주시기보다 상당기간이 지나 인도가 완료되는 경우
> 3. 수입 후에 수입물품의 가격이 확정되는 경우로서 다음의 요건을 모두 충족하는 경우
>   가. 수입 이전에 거래 당사자 간의 계약에 따라 최종 거래가격 산출공식이 확정되어 있을 것
>   나. 최종 거래가격은 수입 후 발생하는 사실에 따라 확정될 것
>   다. 수입 후 발생하는 사실은 거래 당사자가 통제할 수 없는 변수에 기초할 것
> 4. 그 밖에 계약의 내용이나 거래의 특성상 잠정가격으로 가격신고를 하는 것이 불가피하다고 세관장이 인정하는 경우

(2) 잠정가격신고 시 제출서류

잠정가격으로 가격신고를 하려는 자는 다음의 사항을 적은 신고서에 가격신고를 할 때에 제출하여야 하는 과세자료를 첨부하여 세관장에게 제출하여야 한다.

> ① 수입관련거래에 관한 사항, 과세가격 산출내용에 관한 사항
> ② 거래내용
> ③ 가격을 확정할 수 없는 사유
> ④ 잠정가격 및 잠정가격의 결정방법
> ⑤ 가격확정 예정시기

(3) 확정가격신고 22년 기출

① 의 의

잠정가격으로 가격신고를 한 자는 2년의 범위 안에서 구매자와 판매자 간의 거래계약의 내용 등을 고려하여 세관장이 지정하는 기간 내에 확정된 가격(확정가격)을 신고하여야 한다. 이 경우 잠정가격으로 가격신고를 한 자는 관세청장이 정하는 바에 따라 전단에 따른 신고기간이 끝나기 30일 전까지 확정가격의 계산을 위한 가산율을 산정해 줄 것을 요청할 수 있다(영 제16조 제3항).

② 신고기간의 연장

세관장은 구매자와 판매자 간의 거래계약내용이 변경되는 등 잠정가격을 확정할 수 없는 불가피한 사유가 있다고 인정되는 경우로서 납세의무자의 요청이 있는 경우에는 기획재정부령으로 정하는 바에 따라 제3항 전단에 따른 신고기간(확정가격 신고기간)을 연장할 수 있다. 이 경우 연장하는 기간은 제3항 전단에 따른 신고기간의 만료일부터 2년을 초과할 수 없다(영 제16조 제4항).

알아두기

확정가격 신고기간의 연장방법(규칙 제3조의2)
① 영 제16조 제4항에 따라 확정가격 신고기간의 연장을 요청하려는 자는 확정가격 신고기간이 만료되기 3일 전까지 관세청장이 정하는 확정가격 신고기간 연장신청서에 관련 증빙자료를 첨부하여 영 제16조 제2항에 따라 잠정가격을 신고한 세관장에게 제출해야 한다.
② 제1항에 따라 확정가격 신고기간 연장을 신청하려는 자는 잠정가격을 신고한 세관장이 둘 이상인 경우 그 중 어느 하나의 세관장에게 일괄적으로 확정가격 신고기간 연장을 신청할 수 있다.
③ 세관장은 영 제16조 제4항에 따라 확정가격 신고기간의 연장 여부가 결정되면 세관장은 그 결과를 신청인에게 통보해야 한다.

③ 신고방법

확정가격을 신고하려는 자는 다음의 사항이 적힌 신고서에 필요한 자료를 첨부하여 세관장에게 제출하여야 한다.

> ㉠ 잠정가격 신고번호 또는 수입신고번호와 신고일자
> ㉡ 품명 및 수입신고 수리일자
> ㉢ 잠정가격 및 확정가격과 그 차액

④ 가격확정

세관장은 납세의무자가 확정가격 신고기간 내에 확정된 가격을 신고하지 아니하는 경우에는 해당 물품에 적용될 가격을 확정할 수 있다. 다만, 납세의무자가 폐업, 파산신고, 법인해산 등의 사유로 확정된 가격을 신고하지 못할 것으로 인정되는 경우에는 확정가격 신고기간 중에도 해당 물품에 적용될 가격을 확정할 수 있다(법 제28조 제3항).

(4) 사후정산

세관장은 확정된 가격을 신고받거나 가격을 확정하였을 때에는 대통령령으로 정하는 바에 따라 잠정가격을 기초로 신고납부한 세액과 확정된 가격에 따른 세액의 차액을 징수하거나 환급하여야 한다(법 제28조 제4항).

이 경우 영 제33조(수정신고), 34조(세액의 경정) 및 제50조(관세환급금의 환급신청) 내지 55조(미지급자금의 정리)의 규정을 준용한다(영 제16조 제6항).

3. 가격조사 보고 등(법 제29조) 15년 기출

(1) 가격조사 보고

기획재정부장관 또는 관세청장은 과세가격을 결정하기 위하여 필요하다고 인정되는 경우에는 수출입업자, 경제단체 또는 그 밖의 관계인에게 과세가격 결정에 필요한 자료를 제출할 것을 요청할 수 있다. 이 경우 그 요청을 받은 자는 정당한 사유가 없으면 이에 따라야 한다.

(2) 가격 등의 공표

① 수입신고 가격 등의 공표

관세청장은 다음의 어느 하나에 해당하는 경우 국민 생활에 긴요한 물품으로서 <u>국내물품과 비교 가능한</u> <u>수입물품</u>의 평균 신고가격이나 반입 수량에 관한 자료를 대통령령으로 정하는 바에 따라 집계하여 공표할 수 있다.

> ㉠ 원활한 물자수급을 위하여 특정물품의 수입을 촉진시킬 필요가 있는 경우
> ㉡ 수입물품의 국내가격을 안정시킬 필요가 있는 경우

② 공표 방법(영 제16조의2 제1항)

관세청장은 수입물품의 평균 신고가격이나 반입 수량에 관한 자료의 집계결과를 공표할 때에는 관세청의 인터넷 홈페이지를 통하여 공표하여야 한다. 이 경우 공표대상 수입물품의 선정기준 및 수입물품의 평균 신고가격이나 반입 수량에 관한 자료의 집계방법 등을 함께 공표하여야 한다.

③ 공표 금지사항(영 제16조의2 제2항)

관세청장은 다음의 어느 하나에 해당하는 사항은 공표하여서는 아니 된다.

> ㉠ 수입물품의 상표 및 상호
> ㉡ 수입자의 영업상 비밀에 관한 사항
> ㉢ 그 밖에 공개될 경우 수입자의 정당한 이익을 현저히 침해할 우려가 있는 사항

④ 국내물품과 비교 가능한 수입물품 요건(영 제16조의2 제3항)

①의 "국내물품과 비교 가능한 수입물품"은 다음의 요건을 모두 충족하는 것으로 한다.

> ㉠ 제98조에 따른 관세·통계통합품목분류표상 품목번호에 해당할 것. 다만, 품목번호에 해당하는 품목의 가격 공표만으로 법 제29조 제2항 각 호에 해당하는 목적을 달성하기 어렵다고 인정되는 경우로서 관세청장이 수입물품의 용도·특성 등을 고려하여 품목번호보다 세분화된 수입물품의 번호를 정하는 경우에는 그 세분화된 번호에 해당할 것
> ㉡ 해당 수입물품의 수입자가 2인 이상일 것

4. 과세가격 결정방법 등의 통보(법 제36조) 10년 기출

세관장은 납세의무자가 서면으로 요청하면 과세가격을 결정하는 데에 사용한 방법과 과세가격 및 그 산출근거를 그 납세의무자에게 서면으로 통보하여야 한다.

5. 과세가격 결정방법의 사전심사(법 제37조, 영 제31조)

(1) 의 의

납세신고를 하여야 하는 자는 과세가격 결정과 관련하여 다음의 사항에 관하여 의문이 있을 때에는 가격신고를 하기 전에 대통령령으로 정하는 바에 따라 관세청장에게 미리 심사하여 줄 것을 신청할 수 있다.

① 제30조(과세가격 결정의 원칙) 제1항부터 제3항까지에 규정된 사항
② 제30조(과세가격 결정의 원칙)에 따른 방법으로 과세가격을 결정할 수 없는 경우에 적용되는 과세가격 결정방법
③ 특수관계가 있는 자들 간에 거래되는 물품의 과세가격 결정방법

(2) 사전심사의 신청

① 신청서의 제출

과세가격 결정에 관한 사전심사를 신청하려는 자는 거래당사자·통관예정세관·신청내용 등을 적은 신청서에 다음의 서류를 첨부하여 관세청장에게 제출해야 한다.

㉠ 거래관계에 관한 기본계약서(투자계약서·대리점계약서·기술용역계약서·기술도입계약서 등)
㉡ 수입물품과 관련된 사업계획서
㉢ 수입물품공급계약서
㉣ 수입물품가격결정의 근거자료
㉤ 특수관계가 있는 자들 간에 거래되는 물품의 과세가격 결정방법의 사항에 해당하는 경우에는 <u>기획재정부령으로 정하는 서류</u>
㉥ 그 밖에 과세가격결정에 필요한 참고자료

보충 **특수관계자 간 거래물품의 과세가격 결정방법 사전심사(규칙 제7조의10)**

① "기획재정부령으로 정하는 서류"란 다음의 서류를 말한다.
   다만, 제2호 및 제7호의 서류는 특수관계 사전심사 신청물품의 과세가격 결정방법과 관련이 없다고 관세청장이 인정하는 경우에는 제출하지 않을 수 있다.
   1. 거래당사자의 사업연혁, 사업내용, 조직 및 출자관계 등에 관한 설명자료
   2. 관할 세무서에 신고한 거래당사자의 최근 3년 동안의 재무제표, 무형자산 및 용역거래를 포함한 「국제조세조정에 관한 법률」에 따른 정상가격 산출방법 신고서
   3. 원가분담 계약서, 비용분담 계약서 등 수입물품 거래에 관한 서류
   4. 수입물품 가격의 산출방법을 구체적으로 설명하는 다음의 자료
      가. 가격산출 관련 재무자료
      나. 가격산출의 전제가 되는 조건 또는 가정에 대한 설명자료
      다. 특수관계자 간 가격결정에 관한 내부지침 및 정책
   5. 「국제조세조정에 관한 법률」 제14조에 따른 정상가격 산출방법의 사전승인을 받은 경우 이를 증명하는 서류
   6. 회계법인이 작성한 이전가격 보고서가 있는 경우 산출근거자료 및 자산·용역의 가격에 영향을 미치는 요소에 관한 분석자료가 포함된 보고서
   7. 판매 형태에 따라 구분한 최근 3년간 수입품목별 매출액·매출원가
   8. 특수관계가 거래가격에 영향을 미치지 않았음을 확인할 수 있는 자료

② 제1항에도 불구하고 사전심사를 신청하는 자가 「중소기업기본법」 제2조에 따른 중소기업인 경우에는 "기획재정부령으로 정하는 서류"는 제1항 제4호 및 제8호의 자료를 말한다.

③ 특수관계 사전심사 결과의 적용기간을 연장하려는 자는 관세청장이 정하는 특수관계 사전심사 적용 기간 연장신청서에 다음의 서류를 첨부하여 관세청장에게 제출해야 한다. 다만, 연장신청일 이전에 제출한 법 제37조 제5항에 따른 보고서에 다음의 서류를 포함하여 제출하였고, 연장신청일 현재 거래 사실 등의 변동이 없는 경우는 제외한다.

1. 수입물품 거래 관련 계약서(수입물품과 관련된 기술용역 계약서 등을 포함)
2. 사전심사 결정물품의 거래 상대방 및 거래단계 등을 확인할 수 있는 서류
3. 사전심사 결과 결정된 과세가격 결정방법의 전제가 되는 조건 또는 가정의 변동 여부를 확인할 수 있는 자료

② 보정요구

관세청장은 제출된 신청서 및 서류가 과세가격의 심사에 충분하지 않다고 인정되는 때에는 다음의 구분에 따른 기간을 정하여 보정을 요구할 수 있다.

법 제30조(과세가격 결정의 원칙) 제1항부터 제3항까지에 규정된 사항	
법 제30조(과세가격 결정의 원칙)에 따른 방법으로 과세가격을 결정할 수 없는 경우에 적용되는 과세가격 결정방법	20일 이내
특수관계가 있는 자들 간에 거래되는 물품의 과세가격 결정방법	30일 이내

(3) 결과의 통보

신청을 받은 관세청장은 다음의 기간 이내에 과세가격의 결정방법을 심사한 후 그 결과를 신청인에게 통보하여야 한다. 이 경우 관세청장이 제출된 신청서 및 서류의 보완을 요구한 경우에는 그 기간은 산입하지 아니한다.

제30조(과세가격 결정의 원칙) 제1항부터 제3항까지에 규정된 사항	
제30조(과세가격 결정의 원칙)에 따른 방법으로 과세가격을 결정할 수 없는 경우에 적용되는 과세가격 결정방법	1개월
특수관계가 있는 자들 간에 거래되는 물품의 과세가격 결정방법	1년

(4) 재심사 신청

사전심사를 신청하여 결과를 통보받은 자가 그 결과에 이의가 있는 경우에는 그 결과를 통보받은 날부터 30일 이내에 대통령령으로 정하는 바에 따라 관세청장에게 재심사를 신청할 수 있다. 이 경우 재심사의 기간 및 결과의 통보에 관하여는 (3)을 준용한다.

(5) 한글 자료 제출

사전심사・재심사 신청 시 제출 서류 및 자료는 한글로 작성하여 제출해야 한다. 다만, 관세청장이 허용하는 경우에는 영문 등으로 작성된 서류 및 자료를 제출할 수 있다(영 제31조 제5항).

(6) 신청 반려

관세청장은 사전심사·재심사의 신청이 다음의 어느 하나에 해당하는 경우에는 해당 신청을 반려할 수 있다(영 제31조 제6항).

> ① 해당 신청인에 대해 관세조사(과세가격에 대한 관세조사에 한정)가 진행 중인 경우
> ② 해당 신청인에 대한 관세조사를 통해 과세가격 결정방법이 확인된 후에 계약관계나 거래실질에 변동이 없는 경우
> ③ 해당 신청인이 이의신청·심사청구 및 심판청구나 행정소송을 진행 중인 경우
> ④ 보정요구 기간 내에 보정자료를 제출하지 않은 경우

(7) 신청인의 변경신청, 철회

신청인은 관세청장이 과세가격의 결정방법을 통보하기 전까지는 신청내용을 변경하여 다시 신청하거나 신청을 철회할 수 있으며, 관세청장은 신청인이 신청을 철회한 때에는 제출된 모든 자료를 신청인에게 반환하여야 한다(영 제31조 제9항).

(8) 과세가격의 결정

세관장은 관세의 납세의무자가 통보된 과세가격의 결정방법에 따라 납세신고를 한 경우 다음의 요건을 갖추었을 때에는 그 결정방법에 따라 과세가격을 결정하여야 한다(영 제31조 제7항).

> ① 사전심사 신청인과 납세의무자가 동일할 것
> ② 제출된 내용에 거짓이 없고 그 내용이 가격신고된 내용과 같을 것
> ③ 사전심사의 기초가 되는 법령이나 거래관계 등이 달라지지 아니하였을 것
> ④ 사전심사 결과의 통보일로부터 3년(특수관계에 있는 자가 결과 통보일을 기준으로 2년 이후부터 3년이 도래하기 30일 전까지 신고기간을 2년 연장하여 줄 것을 신청한 경우로서 관세청장이 이를 허용하는 경우에는 5년) 이내에 신고될 것

(9) 보고서 제출

① 관세청장에 제출

사전심사를 신청하여 결과를 통보받은 자는 심사결과 결정된 과세가격 결정방법을 적용하여 산출한 과세가격 및 그 산출과정 등의 내용이 포함된 보고서를 관세청장에게 제출하여야 한다(법 제37조 제5항).

보고서를 제출해야 하는 자는 매년 사업연도 말일 이후 6개월 이내에 다음의 사항이 포함된 보고서를 관세청장에게 제출해야 한다(영 제31조 제8항).

> ㉠ 사전심사 결과 결정된 과세가격 결정방법의 전제가 되는 조건 또는 가정의 실현 여부
> ㉡ 사전심사 결과 결정된 과세가격 결정방법으로 산출된 과세가격 및 그 산출과정
> ㉢ 산출된 과세가격과 실제의 거래가격이 다른 경우에는 그 차이에 대한 처리내역
> ㉣ 그 밖에 관세청장이 결과를 통보할 때 보고서에 포함하도록 통보한 사항

② 사전심사 결과 변경, 철회, 취소

관세청장은 보고서를 제출하지 아니하는 등 다음의 사유에 해당하는 경우에는 사전심사 결과를 변경, 철회 또는 취소할 수 있다. 이 경우 관세청장은 사전심사를 신청한 자에게 그 사실을 즉시 통보하여야 한다(영 제31조 제10항).

> ㉠ 사전심사 결과를 변경할 수 있는 사유
> ⓐ 사전심사 결과 결정된 과세가격 결정방법의 전제가 되는 조건 또는 가정의 중요한 부분이 변경되거나 실현되지 않은 경우
> ⓑ 관련 법령 또는 국제협약이 변경되어 사전심사 결과 결정된 과세가격 결정방법이 적정하지 않게 된 경우
> ⓒ 사전심사 결과 결정된 과세가격 결정방법을 통보받은 자가 국내외 시장상황 변동 등으로 인하여 과세가격 결정방법의 변경을 요청하는 경우
> ⓓ 그 밖에 사전심사 결과 결정된 과세가격 결정방법의 변경이 필요하다고 관세청장이 정하여 고시하는 사유에 해당하는 경우
> ㉡ 사전심사 결과를 철회할 수 있는 사유
> ⓐ 신청인이 보고서의 전부 또는 중요한 부분을 제출하지 않아 보완을 요구했으나 보완을 하지 않은 경우
> ⓑ 신청인이 보고서의 중요한 부분을 고의로 누락했거나 허위로 작성한 경우
> ㉢ 사전심사 결과를 취소할 수 있는 사유
> ⓐ 신청인이 자료의 중요한 부분을 고의로 누락했거나 허위로 작성한 경우
> ⓑ 신청인이 사전심사 결과 결정된 과세가격 결정방법의 내용 또는 조건을 준수하지 않고 과세가격을 신고한 경우

(10) 제출 자료의 용도 외 사용금지

관세청장 또는 세관장은 과세가격 결정방법 사전심사에 따라 제출된 서류 및 자료 등을 과세가격 결정방법의 사전심사 외의 용도로는 사용할 수 없다(영 제31조 제11항).

6. 관세의 과세가격 결정방법과 국세의 정상가격 산출방법의 사전조정(법 제37조의2)

의 의	특수관계가 있는 자들 간에 거래되는 물품의 과세가격 결정방법에 관하여 의문이 있어 같은 항에 따른 사전심사를 신청하는 자는 관세의 과세가격과 국세의 정상가격을 사전에 조정(사전조정)받기 위하여 「국제조세조정에 관한 법률」 제14조 제1항에 따른 정상가격 산출방법의 사전승인(같은 조 제2항 단서에 따른 일방적 사전승인의 대상인 경우에 한정)을 관세청장에게 동시에 신청할 수 있다.
사전조정의 협의	관세청장은 사전조정 신청을 받은 경우에는 국세청장에게 정상가격 산출방법의 사전승인 신청서류를 첨부하여 신청을 받은 사실을 통보하고, 국세청장과 과세가격 결정방법, 정상가격 산출방법 및 사전조정 가격의 범위에 대하여 대통령령으로 정하는 바에 따라 협의하여야 한다.
사전조정	관세청장은 협의가 이루어진 경우에는 사전조정을 하여야 한다.
통 보	관세청장은 사전조정 신청의 처리결과를 사전조정을 신청한 자와 기획재정부장관에게 통보하여야 한다.
신청방법, 절차	사전조정 신청방법 및 절차 등에 관하여 필요한 사항은 대통령령으로 정한다.

7. 관세의 부과 등을 위한 정보제공(법 제37조의3)

관세청장 또는 세관장은 과세가격의 결정·조정 및 관세의 부과·징수를 위하여 필요한 경우에는 국세청장, 지방국세청장 또는 관할 세무서장에게 대통령령으로 정하는 정보 또는 자료를 요청할 수 있다. 이 경우 요청을 받은 기관은 정당한 사유가 없으면 요청에 따라야 한다.

8. 특수관계자의 수입물품 과세가격결정자료 등 제출(법 제37조의4) 15년 기출

(1) 과세가격결정자료의 제출 요구

세관장은 관세조사 및 세액심사 시 특수관계에 있는 자가 수입하는 물품의 과세가격의 적정성을 심사하기 위하여 해당 특수관계자에게 과세가격결정자료(전산화된 자료를 포함)를 제출할 것을 요구할 수 있다. 세관장이 해당 특수관계자에게 요구할 수 있는 자료는 다음과 같다. 이 경우 세관장은 요구사유 및 자료제출에 필요한 기간을 적은 문서로 자료를 요구해야 한다(영 제31조의5 제1항).

> ① 특수관계자 간 상호출자현황
> ② 수입물품 가격산출 내역 등 내부가격 결정자료와 국제거래가격 정책자료
> ③ 수입물품 구매계약서 및 원가분담계약서
> ④ 권리사용료, 기술도입료 및 수수료 등에 관한 계약서
> ⑤ 광고 및 판매촉진 등 영업·경영지원에 관한 계약서
> ⑥ 해당 거래와 관련된 회계처리기준 및 방법
> ⑦ 해외 특수관계자의 감사보고서 및 연간보고서
> ⑧ 해외 대금 지급·영수 내역 및 증빙자료
> ⑨ 「국제조세조정에 관한 법률 시행령」에 따른 통합기업보고서 및 개별기업보고서
> ⑩ 그 밖에 수입물품에 대한 과세가격 심사를 위하여 필요한 자료

(2) 객관적 증명자료 제출 요구

세관장은 제출받은 과세가격결정자료에서 법정가산요소의 어느 하나에 해당하는 금액이 이에 해당하지 아니하는 금액과 합산되어 있는지 불분명한 경우에는 이를 구분하여 계산할 수 있는 객관적인 증명자료(전산화된 자료를 포함)의 제출을 요구할 수 있다.

(3) 제출기한의 연장

과세가격결정자료 또는 객관적 증명자료(과세가격결정자료 등)의 제출을 요구받은 자는 자료제출을 요구받은 날부터 60일 이내에 해당 자료를 제출하여야 한다. 다만, 대통령령으로 정하는 부득이한 사유로 제출기한의 연장을 신청하는 경우에는 세관장은 한 차례만 60일까지 연장할 수 있다.
① 연장사유
  "대통령령으로 정하는 부득이한 사유"란 다음의 어느 하나에 해당하는 경우를 말한다(영 제31조의5 제3항).

　ⓐ 자료제출을 요구받은 자가 화재·도난 등의 사유로 자료를 제출할 수 없는 경우
　ⓑ 자료제출을 요구받은 자가 사업이 중대한 위기에 처하여 자료를 제출하기 매우 곤란한 경우
　ⓒ 관련 장부·서류가 권한 있는 기관에 압수되거나 영치된 경우
　ⓓ 자료의 수집·작성에 상당한 기간이 걸려 기한까지 자료를 제출할 수 없는 경우
　ⓔ ⓐ부터 ⓓ까지에 준하는 사유가 있어 기한까지 자료를 제출할 수 없다고 판단되는 경우

② 연장방법

제출기한의 연장을 신청하려는 자는 제출기한이 끝나기 15일 전까지 관세청장이 정하는 자료제출기한 연장신청서를 세관장에게 제출하여야 한다(영 제31조의5 제4항).

③ 통 지

세관장은 자료제출기한 연장신청이 접수된 날부터 7일 이내에 연장 여부를 신청인에게 통지하여야 한다. 이 경우 7일 이내에 연장 여부를 신청인에게 통지를 하지 아니한 경우에는 연장신청한 기한까지 자료제출기한이 연장된 것으로 본다(영 제31조의5 제5항).

(4) 제2방법~제6방법에 따른 과세가격 결정

세관장은 특수관계에 있는 자가 다음의 어느 하나에 해당하는 경우에는 제2방법부터 제6방법으로 과세가격을 결정할 수 있다. 이 경우 세관장은 과세가격을 결정하기 전에 특수관계에 있는 자와 대통령령으로 정하는 바에 따라 협의를 하여야 하며 의견을 제시할 기회를 주어야 한다.

　① 과세가격결정자료 등을 (3)에 따른 기한까지 제출하지 아니하는 경우
　② 과세가격결정자료 등을 거짓으로 제출하는 경우

(5) 제1방법에 따른 과세가격 결정

세관장은 특수관계에 있는 자가 법 제30조 제3항 제4호 단서(구매자와 판매자 간 특수관계가 물품의 가격에 영향을 미쳤으나, 그 가격이 해당 산업부문의 정상적인 가격결정 관행에 부합하는 방법으로 결정된 경우 등 대통령령으로 정하는 경우)에 해당하는 경우임을 증명하는 경우에는 제1방법에 따라 과세가격을 결정하여야 한다.

(6) 미제출·시정자료 제출요구 및 30일 내 제출

① 자료제출 요구

세관장은 과세가격결정자료 등의 제출을 요구받은 자가 과세가격결정자료 등의 기한 내 미제출 또는 또는 거짓자료 제출에 따라 과태료를 부과받고도 자료를 제출하지 아니하거나 거짓의 자료를 시정하여 제출하지 아니하는 경우에는 미제출된 자료를 제출하도록 요구하거나 거짓의 자료를 시정하여 제출하도록 요구할 수 있다.

② 자료제출

자료제출을 요구받은 자는 그 요구를 받은 날부터 30일 이내에 그 요구에 따른 자료를 제출하여야 한다.

1. 총 칙

(1) 세율의 종류(법 제49조)

① 기본세율

관세법 별표 관세율표상의 세율로서 국회에서 제정되며, 원칙적으로 수입물품에 대하여 적용되는 국내법으로 정한 가장 기본이 되는 세율을 말한다.

② 잠정세율

㉠ 의의 : 잠정세율이란 관세법 별표 관세율표상 기본세율과 함께 표시되어 있는 세율로서 국회에서 제정되며, 기본세율을 적용할 수 없을 때 잠정적으로 적용하기 위한 것이다.

㉡ 잠정세율의 적용 : 관세법 별표 관세율표 중 잠정세율을 적용받는 물품에 대하여는 대통령령으로 정하는 바에 따라 그 물품의 전부 또는 일부에 대하여 잠정세율의 적용을 정지하거나 기본세율과의 세율차를 좁히도록 잠정세율을 올리거나 내릴 수 있다(법 제50조 제4항).

㉢ 잠정세율의 적용정지 등(영 제57조) 22년 기출

ⓐ 적용정지 등의 요청 : 관세법 별표 관세율표 중 잠정세율의 적용을 받는 물품과 관련이 있는 관계부처의 장 또는 이해관계인은 잠정세율의 적용정지나 잠정세율의 인상 또는 인하의 필요가 있다고 인정되는 때에는 이를 기획재정부장관에게 요청할 수 있다.

ⓑ 자료의 제출 : 관계부처의 장 또는 이해관계인은 적용정지 등의 요청을 하려는 경우에는 해당 물품과 관련된 다음의 사항에 관한 자료를 기획재정부장관에게 제출하여야 한다.

- 해당 물품의 관세율표 번호·품명·규격·용도 및 대체물품
- 해당 물품의 제조용 투입원료 및 해당 물품을 원료로 하는 관련제품의 제조공정설명서 및 용도
- 적용을 정지하여야 하는 이유 및 기간
- 변경하여야 하는 세율·이유 및 그 적용기간
- 최근 1년간의 월별 주요 수입국별 수입가격 및 수입실적
- 최근 1년간의 월별 주요 국내제조업체별 공장도가격 및 출고실적
- 기타 참고사항

ⓒ 협조 요청 : 기획재정부장관은 잠정세율의 적용정지 등에 관한 사항을 조사하기 위하여 필요하다고 인정되는 때에는 관계기관·수출자·수입자 기타 이해관계인에게 관련자료의 제출 기타 필요한 협조를 요청할 수 있다.

③ 제51조~제67조까지, 제67조의2 및 제68조~제77조까지의 규정에 따라 대통령령 또는 기획재정부령으로 정하는 세율 19년 기출

㉠ 탄력관세율(법 제51조~제72조·제74조·제75조) : 급변하는 국내외의 경제·무역·환경 변화에 대해 신축성 있게 대응하기 위해 일정 요건을 정하여 관세율 변경권을 행정부에 위임하고 있는 세율이다.

㉡ 협정관세율(법 제73조) : 국제적인 통상과 대외무역 증진을 위해 결정된 세율을 말한다.

㉢ 일반특혜관세율(법 제76조·제77조) : 개발도상국의 수출 확대 및 공업화 촉진을 위하여 선진국이 개발도상국으로부터 수입되는 물품에 대하여는 아무런 조건 없이 일반적으로 무관세 또는 낮은 관세율을 부과하는 세율이다.

(2) 세율 적용의 우선순위(법 제50조) 16, 15, 13, 12, 11, 10년 기출

법 제51조부터 제67조까지, 제67조의2 및 제68조부터 제77조까지의 규정에 따라 대통령령 또는 기획재정부령으로 정하는 세율은 다음의 순서에 따라 별표 관세율표의 세율에 우선하여 적용한다.

구 분	종 류	비 고
1순위	• 덤핑방지관세(법 제51조) • 상계관세(법 제57조) • 보복관세(법 제63조) • 긴급관세(법 제65조) • 특정국물품 긴급관세(법 제67조의2) • 농림축산물에 대한 특별긴급관세(법 제68조) • 조정관세(법 제69조 제2호)	–
2순위	• 국제협력관세(법 제73조) • 편익관세(법 제74조)	• 기본세율, 잠정세율, 3순위 및 4순위의 세율보다 낮은 경우에만 우선하여 적용한다. • 국제협력관세에 따라 국제기구와의 관세에 관한 협상에서 국내외의 가격차에 상당하는 세율로 양허하거나 국내시장 개방과 함께 기본세율보다 높은 율로 양허한 농림축산물 중 대통령령으로 정하는 물품에 대하여 양허한 세율(시장접근물량에 대한 양허세율을 포함)은 기본세율 및 잠정세율에 우선하여 적용한다.
3순위	• 조정관세(법 제69조 제1호·제3호·제4호) • 할당관세(법 제71조) • 계절관세(법 제72조)	할당관세는 일반특혜관세의 세율보다 낮은 경우에만 우선하여 적용한다.
4순위	일반특혜관세(법 제76조)	–
5순위	잠정세율	–
6순위	기본세율	–

▷ 기본세율과 잠정세율은 별표 관세율표에 따르되, 잠정세율을 기본세율에 우선하여 적용한다.
▷ 제51조부터 제67조까지, 제67조의2 및 제68조부터 제77조까지의 규정에 따라 대통령령 또는 기획재정부령으로 정하는 세율을 적용할 때 별표 관세율표 중 종량세인 경우에는 해당 세율에 상당하는 금액을 적용한다.

(3) 세율의 적용 등

① 간이세율의 적용(법 제81조) 24, 23, 22, 18, 17, 16, 11년 기출
  ㉠ 적용대상물품 : 다음의 어느 하나에 해당하는 물품 중 대통령령으로 정하는 물품에 대하여는 다른 법령에도 불구하고 간이세율을 적용할 수 있다.

> ⓐ 여행자 또는 외국을 오가는 운송수단의 승무원이 휴대하여 수입하는 물품
> ⓑ 우편물[다만, 제258조(우편물통관에 대한 결정) 제2항에 따라 제241조(수출·수입 또는 반송의 신고) 제1항에 따른 수입신고를 하여야 하는 우편물은 제외]
> ⓒ 탁송품 또는 별송품

제2장 과세요건 • 63

ⓛ 적용제외물품(영 제96조 제2항)

> ⓐ 관세율이 무세인 물품과 관세가 감면되는 물품
> ⓑ 수출용원재료
> ⓒ 범칙행위에 관련된 물품
> ⓓ 종량세가 적용되는 물품
> ⓔ 상업용으로 인정되는 수량의 물품, 고가품, 당해 물품의 수입이 국내산업을 저해할 우려가 있는 물품, 단일한 간이세율의 적용이 과세형평을 현저히 저해할 우려가 있는 물품으로서 관세청장이 정하는 물품
> ⓕ 화주가 수입신고를 할 때에 과세대상물품의 전부에 대하여 간이세율의 적용을 받지 아니할 것을 요청한 경우의 당해 물품

ⓒ 간이세율의 산정 : 간이세율은 수입물품에 대한 관세, 임시수입부가세 및 내국세의 세율을 기초로 하여 대통령령으로 정한다.

　　주의 간이세율은 실효관세율이 아니라 관세, 임시수입부가세 및 내국세의 세율을 기초로 하여 정한다.

ⓡ 산정기준 : 여행자 또는 외국을 오가는 운송수단의 승무원이 휴대하여 수입하는 물품으로서 그 총액이 대통령령으로 정하는 금액 이하인 물품에 대하여는 일반적으로 휴대하여 수입하는 물품의 관세, 임시수입부가세 및 내국세의 세율을 고려하여 ⓒ에 따른 세율을 단일한 세율로 할 수 있다.

기출문제

관세법령상 여행자 휴대품임에도 불구하고 간이세율을 적용하지 않는 물품을 모두 고른 것은? (단, 제시되지 않은 조건은 고려하지 않음) 24년 기출

> ㄱ. 개별소비세가 과세되는 고급 시계
> ㄴ. 수출용원재료
> ㄷ. 관세율이 무세인 물품과 관세가 감면되는 물품
> ㄹ. 기본관세율이 10% 이상인 신발(개별소비세가 과세되지 않는 것)

① ㄱ
② ㄱ, ㄹ
③ ㄴ, ㄷ
④ ㄴ, ㄷ, ㄹ
⑤ ㄱ, ㄴ, ㄷ, ㄹ

해설

간이세율의 적용(관세법 시행령 제96조 제2항)
제1항의 규정에 불구하고 다음의 물품에 대하여는 간이세율을 적용하지 아니한다.
1. 관세율이 무세인 물품과 관세가 감면되는 물품
2. 수출용원재료
3. 법 제11장의 범칙행위에 관련된 물품
4. 종량세가 적용되는 물품

② **합의에 따른 세율 적용(법 제82조)** 16, 11년 기출

  ㉠ **적용대상** : 일괄하여 수입신고가 된 물품으로서 물품별 세율이 다른 물품에 대하여는 신고인의 신청에 따라 그 세율 중 가장 높은 세율을 적용할 수 있다.

  > 주의 가장 낮은 세율, 산술 중간치의 세율이 아니라 가장 높은 세율을 적용할 수 있다.

  ㉡ **심사와 심판의 적용 배제** : 합의세율을 적용할 때에는 제5장 제2절(심사와 심판, 제119조부터 제132조까지)은 적용하지 아니한다.

③ **용도세율의 적용(법 제83조)** 16, 11년 기출

  ㉠ **적용대상** : 별표 관세율표나 제50조(세율적용의 우선순위) 제4항, 제51조(덤핑방지관세의 부과대상), 제57조(상계관세의 부과대상), 제63조(보복관세의 부과대상), 제65조(긴급관세의 부과대상 등), 제67조의2(특정국물품 긴급관세 부과), 제68조(농림축산물에 대한 특별긴급관세), 제70조(조정관세의 적용세율 등)부터 제74조(편익관세의 적용기준 등)까지 및 제76조(일반특혜관세의 적용기준)에 따른 대통령령 또는 기획재정부령으로 용도에 따라 세율을 다르게 정하는 물품을 세율이 낮은 용도에 사용하여 해당 물품에 그 낮은 세율(용도세율)의 적용을 받으려는 자는 대통령령으로 정하는 바에 따라 세관장에게 신청하여야 한다. 다만, 대통령령으로 정하는 바에 따라 미리 세관장으로부터 해당 용도로만 사용할 것을 승인받은 경우에는 신청을 생략할 수 있다.

  > 주의 관세청장이 아니라 세관장의 승인을 받아야 한다.

  ㉡ **용도세율 적용신청(영 제97조)**

    ⓐ 신청서 제출

      용도세율을 적용받으려는 자는 해당 물품을 수입신고하는 때부터 수입신고가 수리되기 전까지 그 품명·규격·수량·가격·용도·사용방법 및 사용장소를 기재한 신청서를 세관장에게 제출해야 한다. 다만, 해당 물품을 보세구역에서 반출하지 않은 경우에는 수입신고 수리일부터 15일이 되는 날까지 신청서를 제출할 수 있다.

    ⓑ 용도승인신청

      세관장으로부터 해당 용도로만 사용할 것을 승인받으려는 자는 관세청장이 정하여 고시하는 신청서에 해당 물품의 품명, 규격 및 용도 등을 확인할 수 있는 서류를 첨부하여 세관장에게 신청해야 한다.

  ㉢ **용도 외 사용금지** : 용도세율이 적용된 물품은 그 수입신고의 수리일부터 3년의 범위에서 대통령령으로 정하는 기준에 따라 관세청장이 정하는 기간에는 해당 용도 외의 다른 용도에 사용하거나 양도할 수 없다. 다만, 대통령령으로 정하는 바에 따라 미리 세관장의 승인을 받은 경우에는 그러하지 아니하다.

  > 주의 5년이 아니라 3년간 용도 외 사용이나 양도가 금지된다.

② 즉시 징수 : 해당 물품을 사후관리 기간에 해당 용도 외의 다른 용도에 사용하거나 그 용도 외의 다른 용도에 사용하려는 자에게 양도한 경우에는 해당 물품을 특정용도 외에 사용한 자 또는 그 양도인으로부터 해당 물품을 특정용도에 사용할 것을 요건으로 하지 아니하는 세율에 따라 계산한 관세액과 해당 용도세율에 따라 계산한 관세액의 차액에 상당하는 관세를 즉시 징수하며, 양도인으로부터 해당 관세를 징수할 수 없을 때에는 그 양수인으로부터 즉시 징수한다. 다만, 재해나 그 밖의 부득이한 사유로 멸실되었거나 미리 세관장의 승인을 받아 폐기한 경우에는 그러하지 아니하다.

2. 세율의 조정 20년 기출

(1) 덤핑방지관세

① 덤핑방지관세의 부과대상(법 제51조)

국내산업과 이해관계가 있는 자로서 대통령령으로 정하는 자 또는 주무부장관이 부과요청을 한 경우로서 외국의 물품이 대통령령으로 정하는 정상가격 이하로 수입(덤핑)되어 다음의 어느 하나에 해당하는 것(실질적 피해 등)으로 조사를 통하여 확인되고 해당 국내산업을 보호할 필요가 있다고 인정되는 경우에는 기획재정부령으로 그 물품과 공급자 또는 공급국을 지정하여 해당 물품에 대하여 정상가격과 덤핑가격 간의 차액(덤핑차액)에 상당하는 금액 이하의 덤핑방지관세를 추가하여 부과할 수 있다.

> ㉠ 국내산업이 실질적인 피해를 받거나 받을 우려가 있는 경우
> ㉡ 국내산업의 발전이 실질적으로 지연된 경우

② 정상가격 및 덤핑가격의 비교(영 제58조) 10년 기출

㉠ 정상가격의 의의 : "정상가격"이라 함은 당해 물품의 공급국에서 소비되는 동종물품의 통상거래가격을 말한다. 다만, 동종물품이 거래되지 아니하거나 특수한 시장상황 등으로 인하여 통상거래가격을 적용할 수 없는 때에는 당해 국가에서 제3국으로 수출되는 수출가격 중 대표적인 가격으로서 비교가 능한 가격 또는 원산지국에서의 제조원가에 합리적인 수준의 관리비 및 판매비와 이윤을 합한 가격(구성가격)을 정상가격으로 본다.

㉡ 정상가격으로 보는 경우 : 당해 물품의 원산지국으로부터 직접 수입되지 아니하고 제3국을 거쳐 수입되는 경우에는 그 제3국의 통상거래가격을 정상가격으로 본다. 다만, 그 제3국 안에서 당해 물품을 단순히 옮겨 싣거나 동종물품의 생산실적이 없는 때 또는 그 제3국 내에 통상거래가격으로 인정될 가격이 없는 때에는 원산지국의 통상거래가격을 정상가격으로 본다.

㉢ 시장경제체제가 확립되지 아니한 국가로부터 수입되는 경우 : 당해 물품이 통제경제를 실시하는 시장경제체제가 확립되지 아니한 국가로부터 수입되는 때에는 다음의 어느 하나에 해당하는 가격을 정상가격으로 본다. 다만, 시장경제체제가 확립되지 아니한 국가가 시장경제로의 전환체제에 있는 등 기획재정부령이 정하는 경우에는 통상거래가격 등을 정상가격으로 볼 수 있다.

> ⓐ 우리나라를 제외한 시장경제국가에서 소비되는 동종물품의 통상거래가격
> ⓑ 우리나라를 제외한 시장경제국가에서 우리나라를 포함한 제3국으로의 수출가격 또는 구성가격

▷ "기획재정부령이 정하는 경우"란 해당 국가 안에서 해당 물품의 생산 또는 판매가 시장경제원리에 따르고 있는 경우를 말한다(규칙 제10조 제6항).

ⓔ 덤핑가격의 의의 : "덤핑가격"이라 함은 조사가 개시된 조사대상물품에 대하여 실제로 지급하였거나 지급하여야 하는 가격을 말한다. 다만, 공급자와 수입자 또는 제3자 사이에 특수관계 또는 보상약정이 있어 실제로 지급하였거나 지급하여야 하는 가격에 의할 수 없는 때에는 다음의 가격으로 할 수 있다.

> ⓐ 수입물품이 그 특수관계 또는 보상약정이 없는 구매자에게 최초로 재판매된 경우에는 기획재정부령이 정하는 바에 따라 그 재판매 가격을 기초로 산정한 가격
> ⓑ 수입물품이 그 특수관계 또는 보상약정이 없는 구매자에게 재판매된 실적이 없거나 수입된 상태로 물품이 재판매되지 아니하는 때에는 기획재정부령이 정하는 합리적인 기준에 의한 가격

ⓜ 정상가격과 덤핑가격의 비교 : 정상가격과 덤핑가격의 비교는 가능한 한 동일한 시기 및 동일한 거래단계(통상적으로 공장도 거래단계)에서 비교하여야 한다. 이 경우 당해 물품의 물리적 특성, 판매수량, 판매조건, 과세상의 차이, 거래단계의 차이, 환율변동 등이 가격비교에 영향을 미치는 경우에는 기획재정부령이 정하는 바에 따라 정상가격 및 덤핑가격을 조정하여야 하며, 덤핑률 조사대상기간은 6월 이상의 기간으로 한다.

ⓗ 사실의 입증 : 이해관계인은 물리적 특성, 판매수량 및 판매조건의 차이로 인하여 ⓜ의 규정에 의한 가격조정을 요구하는 때에는 그러한 차이가 시장가격 또는 제조원가에 직접적으로 영향을 미친다는 사실을 입증하여야 한다.

③ 덤핑방지관세의 부과절차

㉠ 부과요청(영 제59조) : 실질적 피해 등을 받은 <u>국내산업에 이해관계가 있는 자</u> 또는 당해 산업을 관장하는 주무부장관은 기획재정부령이 정하는 바에 따라 기획재정부장관에게 덤핑방지관세의 부과를 요청할 수 있으며, 이 요청은 「불공정무역행위 조사 및 산업피해구제에 관한 법률」에 따른 무역위원회에 대한 덤핑방지관세의 부과에 필요한 조사신청으로 갈음한다.

ⓐ 국내산업에 이해관계가 있는 자 : 실질적 피해 등을 받은 국내산업에 속하는 국내생산자와 이들을 구성원으로 하거나 이익을 대변하는 법인·단체 및 개인으로서 기획재정부령이 정하는 자를 말한다.

ⓑ 관세청장의 검토 : 주무부장관은 기획재정부장관에게 덤핑방지관세 부과를 요청하기 전에 관세청장에게 해당 수입물품의 덤핑거래에 관한 검토를 요청할 수 있다. 관세청장은 덤핑거래에 관한 검토 요청이 없는 경우에도 덤핑거래 우려가 있다고 판단되는 경우에는 해당 수입물품의 덤핑거래 여부에 대하여 검토하고 그 결과를 주무부장관에게 통지할 수 있다.

ⓒ 국내산업의 범위 : 국내산업은 정상가격 이하로 수입되는 물품과 동종물품의 국내생산사업(당해 수입물품의 공급자 또는 수입자와 특수관계에 있는 생산자에 의한 생산사업과 당해 수입물품의 수입자인 생산자로서 기획재정부령이 정하는 자에 의한 생산사업을 제외할 수 있음)의 전부 또는 국내총생산량의 상당부분을 점하는 국내생산사업으로 한다.

ⓓ 자료의 제출 및 통보 : 조사를 신청하려는 자는 다음의 자료를 무역위원회에 제출해야 하며, 무역위원회는 조사신청을 받은 사실을 기획재정부장관 및 관계 행정기관의 장과 해당 물품의 공급국 정부에 통보해야 한다. 이 경우 다음의 자료는 덤핑 및 실질적인 피해 등의 사실에 관한 조사개시 결정을 한 후에 통보해야 한다.

> • 다음의 사항을 기재한 신청서 3부
>   – 당해 물품의 품명·규격·특성·용도·생산자 및 생산량
>   – 당해 물품의 공급국·공급자·수출실적 및 수출가능성과 우리나라의 수입자·수입실적 및
>   수입가능성
>   – 당해 물품의 공급국에서의 공장도가격 및 시장가격과 우리나라에의 수출가격 및 제3국에의
>   수출가격
>   – 국내의 동종물품의 품명·규격·특성·용도·생산자·생산량·공장도가격·시장가격 및
>   원가계산
>   – 당해 물품의 수입으로 인한 국내산업의 실질적 피해 등
>   – 국내의 동종물품 생산자들의 당해 조사신청에 대한 지지 정도
>   – 신청서의 기재사항 및 첨부자료를 비밀로 취급할 필요가 있는 경우에는 그 사유
>   – 기타 기획재정부장관이 필요하다고 인정하는 사항
> • 덤핑물품의 수입사실과 당해 물품의 수입으로 인한 실질적 피해 등의 사실에 관한 충분한 증빙
>   자료 3부

ⓛ 조사개시의 결정(영 제60조)

  ⓐ 기획재정부장관에게 통보 : 무역위원회는 조사신청을 받은 경우 덤핑사실과 실질적인 피해 등의
     사실에 관한 조사의 개시 여부를 결정하여 조사신청을 받은 날부터 2개월 이내에 그 결과와 다음
     의 사항을 기획재정부장관에게 통보하여야 한다.

> • 조사대상 물품(조사대상 물품이 많은 경우에는 기획재정부령이 정하는 바에 따라 선정된 조사대
>   상 물품)
> • 조사대상 기간
> • 조사대상 공급자(조사대상 공급자가 많은 경우에는 기획재정부령이 정하는 바에 따라 선정된 조
>   사대상 공급자)

  ⓑ 조사신청의 기각 : 무역위원회는 조사의 개시 여부를 결정할 때에 조사신청이 다음의 어느 하나에
     해당하면 그 조사신청을 기각하여야 한다.

> • 신청서를 제출한 자가 부과요청을 할 수 있는 자가 아닌 경우
> • 덤핑사실과 실질적인 피해 등의 사실에 관한 충분한 증빙자료를 제출하지 아니한 경우
> • 덤핑차액 또는 덤핑물품의 수입량이 기획재정부령이 정하는 기준에 미달되거나 실질적 피해 등
>   이 경미하다고 인정되는 경우
> • 당해 조사신청에 찬성의사를 표시한 국내생산자들의 생산량 합계가 기획재정부령이 정하는 기
>   준에 미달된다고 인정되는 경우
> • 조사개시 전에 국내산업에 미치는 나쁜 영향을 제거하기 위한 조치가 취하여지는 등 조사개시가
>   필요 없게 된 경우

  ⓒ 통지 및 게재 : 무역위원회는 조사개시결정을 한 때에는 그 결정일부터 10일 이내에 조사개시의
     결정에 관한 사항을 조사신청자, 해당 물품의 공급국 정부 및 공급자, 그 밖의 이해관계인에게
     통지하고, 관보에 게재해야 한다. 이 경우 해당 물품의 공급국 정부 및 공급자에게는 덤핑방지관
     세 부과 조사 신청서 및 증빙자료(영 제59조 제6항 각 호의 자료)를 함께 제공해야 한다.

ⓓ 관세청장과의 협의 : 무역위원회는 조사대상 물품의 품목분류 등에 대해서는 관세청장과 협의하여 선정할 수 있다.

ⓒ **덤핑 및 실질적 피해 등의 조사**(영 제61조) : 덤핑사실과 실질적 피해 등의 사실에 관한 조사는 대통령령으로 정하는 바에 따른다(법 제52조 제1항). **18년 기출**

조사의 주체	덤핑사실 및 실질적 피해 등의 사실에 관한 조사는 무역위원회가 담당한다. 이 경우 무역위원회는 필요하다고 인정하는 때에는 관계행정기관의 공무원 또는 관계전문가로 하여금 조사활동에 참여하도록 할 수 있다.
예비조사	무역위원회는 조사개시의 결정에 관한 사항이 관보에 게재된 날부터 3개월 이내에 덤핑사실 및 그로 인한 실질적 피해 등의 사실이 있다고 추정되는 충분한 증거가 있는지에 관한 예비조사를 하여 그 결과를 기획재정부장관에게 제출해야 한다.
결정기간 및 연장	기획재정부장관은 예비조사 결과가 제출된 날부터 1개월 이내에 조치의 필요 여부 및 내용에 관한 사항을 결정하여야 한다. 다만, 필요하다고 인정되는 경우에는 20일의 범위 내에서 그 결정기간을 연장할 수 있다.
본조사의 종결	무역위원회는 예비조사에 따른 덤핑차액 또는 덤핑물품의 수입량이 기획재정부령이 정하는 기준에 미달하거나 실질적 피해 등이 경미한 것으로 인정되는 때에는 본조사를 종결하여야 한다. 이 경우 무역위원회는 기획재정부장관에게 본조사 종결에 관한 사항을 통보해야 하며, 기획재정부장관은 이를 관보에 게재해야 한다.
본조사의 개시	무역위원회는 기획재정부령이 정하는 특별한 사유가 없는 한 예비조사 결과를 제출한 날의 다음 날부터 본조사를 개시하여야 하며, 본조사 개시일부터 3개월 이내에 본조사 결과를 기획재정부장관에게 제출하여야 한다.
조사기간의 연장	무역위원회는 예비조사와 본조사와 관련하여 조사기간을 연장할 필요가 있거나 이해관계인이 정당한 사유를 제시하여 조사기간의 연장을 요청하는 때에는 2개월의 범위 내에서 그 조사기간을 연장할 수 있다.
덤핑방지관세의 부과조치	기획재정부장관은 본조사 결과가 접수되면 관보게재일부터 12개월 이내에 덤핑방지관세의 부과 여부 및 내용을 결정하여 덤핑방지관세의 부과조치를 해야 한다. 다만, 특별한 사유가 있다고 인정되는 경우에는 관보게재일부터 18개월 이내에 덤핑방지관세의 부과조치를 할 수 있다. 기획재정부장관은 18개월 이내에 덤핑방지관세의 부과조치를 할 특별한 사유가 있다고 인정하는 경우 무역위원회와 협의하여 본조사 기간을 2개월의 범위에서 추가로 연장하게 할 수 있다.
기획재정부장관에의 건의	무역위원회는 조사결과를 제출하는 경우 필요하다고 인정되는 때에는 기획재정부장관에게 덤핑방지관세부과, 잠정조치, 약속의 제의 또는 수락을 건의할 수 있다.
절차 협의	상기에서 규정한 사항 외에 덤핑방지관세부과 신청·조사·판정 절차에 관하여 필요한 사항은 무역위원회가 기획재정부장관과 협의하여 고시한다.

④ **덤핑방지관세 부과요청의 철회**(영 제62조)

㉠ **부과요청의 철회방법** : 조사를 신청한 자는 당해 신청을 철회하고자 하는 때에는 서면으로 그 뜻을 무역위원회에 제출하여야 한다. 이 경우 무역위원회는 예비조사결과를 제출하기 전에 당해 철회서를 접수한 때에는 기획재정부장관 및 관계행정기관의 장과 협의하여 조사개시 여부의 결정을 중지하거나 예비조사를 종결할 수 있으며, 예비조사결과를 제출한 후에 당해 철회서를 접수한 때에는 기획재정부장관에게 이를 통보하여야 한다.

㉡ **조사의 종결 및 철회** : 기획재정부장관은 통보를 받은 때에는 무역위원회 및 관계행정기관의 장과 협의하여 조사를 종결하도록 할 수 있으며, 잠정조치가 취하여진 경우에는 이를 철회할 수 있다.

㉢ **잠정덤핑방지관세의 환급 및 담보제공의 해제** : 기획재정부장관은 잠정조치를 철회하는 때에는 당해 잠정조치에 의하여 납부된 잠정덤핑방지관세를 환급하거나 제공된 담보를 해제해야 한다.

⑤ 실질적 피해 등의 판정(영 제63조) 22년 기출

　ⓐ 사실의 조사·판정 : 무역위원회는 실질적 피해 등의 사실을 조사·판정하는 때에는 다음의 사항을 포함한 실질적 증거에 근거해야 한다.

> ⓐ 덤핑물품의 수입물량(당해 물품의 수입이 절대적으로 또는 국내생산이나 국내소비에 대하여 상대적으로 뚜렷하게 증가되었는지 여부를 포함)
> ⓑ 덤핑물품의 가격(국내 동종물품의 가격과 비교하여 뚜렷하게 하락되었는지 여부 포함)
> ⓒ 덤핑차액의 정도(덤핑물품의 수입가격이 수출국 내 정상가격과 비교하여 뚜렷하게 하락되었는지 여부를 포함)
> ⓓ 국내산업의 생산량·가동률·재고·판매량·시장점유율·가격(가격하락 또는 인상억제의 효과를 포함)·이윤·생산성·투자수익·현금수지·고용·임금·성장·자본조달·투자능력
> ⓔ ⓐ 및 ⓑ의 내용이 국내산업에 미치는 실재적 또는 잠재적 영향

　ⓛ 실질적 피해 등을 받을 우려가 있는지에 대한 판정 : 실질적인 피해 등을 조사·판정하는 경우 실질적 피해 등을 받을 우려가 있는지에 대한 판정은 ⓐ의 사항뿐만 아니라 다음의 사항을 포함한 사실에 근거를 두어야 하며, 덤핑물품으로 인한 피해는 명백히 예견되고 급박한 것이어야 한다.

> ⓐ 실질적인 수입증가의 가능성을 나타내는 덤핑물품의 현저한 증가율
> ⓑ 우리나라에 덤핑수출을 증가시킬 수 있는 생산능력의 실질적 증가(다른 나라에의 수출가능성을 고려한 것이어야 함)
> ⓒ 덤핑물품의 가격이 동종물품의 가격을 하락 또는 억제시킬 수 있는지 여부 및 추가적인 수입수요의 증대 가능성
> ⓓ 덤핑물품의 재고 및 동종물품의 재고상태

　ⓒ 피해의 누적적 평가 : 무역위원회는 실질적 피해 등의 사실을 조사·판정함에 있어 2 이상의 국가로부터 수입된 물품이 동시에 조사대상물품이 되고 다음에 모두 해당하는 경우에는 그 수입으로부터의 피해를 누적적으로 평가할 수 있다.

> ⓐ 덤핑차액 및 덤핑물품의 수입량이 기획재정부령이 정하는 기준에 해당하는 경우
> ⓑ 덤핑물품이 상호 경쟁적이고 국내 동종물품과 경쟁적인 경우

　ⓔ 국내산업에 피해를 미치는 요인 조사 : 무역위원회는 덤핑물품 외의 다른 요인으로서 국내산업에 피해를 미치는 요인들을 조사하여야 하며, 이러한 요인들에 의한 산업피해 등을 덤핑물품으로 인한 것으로 간주해서는 안 된다.

⑥ 이해관계인에 대한 자료협조요청(영 제64조)

필요한 협조요청	기획재정부장관 또는 무역위원회는 덤핑 및 실질적 피해 등의 조사 및 덤핑방지관세의 부과 여부 등을 결정하기 위하여 필요하다고 인정하는 때에는 관계행정기관·국내생산자·공급자·수입자 및 이해관계인에게 관계자료의 제출 등 필요한 협조를 요청할 수 있다. 다만, 공급자에게 덤핑사실 여부를 조사하기 위한 질의를 하는 때에는 회신을 위하여 질의서 발송일부터 40일 이상의 회신기간을 주어야 하며 공급자가 사유를 제시하여 동 기한의 연장을 요청할 경우 이에 대하여 적절히 고려하여야 한다.
제출된 자료의 공개금지	기획재정부장관 또는 무역위원회는 제출된 자료 중 성질상 비밀로 취급하는 것이 타당하다고 인정되거나 조사신청자나 이해관계인이 정당한 사유를 제시하여 비밀로 취급해 줄 것을 요청한 자료(비밀취급자료)에 대해서는 해당 자료를 제출한 자의 명시적인 동의 없이 이를 공개해서는 안 된다.
요약서의 제출요구	기획재정부장관 또는 무역위원회는 비밀로 취급하여 줄 것을 요청한 자료를 제출한 자에게 당해 자료의 비밀이 아닌 요약서의 제출을 요구할 수 있다. 이 경우 당해 자료를 제출한 자가 그 요약서를 제출할 수 없는 때에는 그 사유를 기재한 서류를 제출하여야 한다.
입증되지 아니한 자료의 참고 거부	기획재정부장관 또는 무역위원회는 비밀취급요청이 정당하지 아니하다고 인정됨에도 불구하고 자료의 제출자가 정당한 사유 없이 자료의 공개를 거부하는 때 또는 비밀이 아닌 요약서의 제출을 거부한 때에는 당해 자료의 정확성이 충분히 입증되지 아니하는 한 당해 자료를 참고하지 아니할 수 있다.
덤핑방지를 위한 조치 여부의 결정	기획재정부장관 또는 무역위원회는 덤핑 및 실질적 피해 등의 조사 및 덤핑방지관세의 부과 여부 등을 결정함에 있어서 이해관계인이 관계자료를 제출하지 아니하거나 무역위원회의 조사를 거부·방해하는 경우 등의 사유로 조사 또는 자료의 검증이 곤란한 경우에는 이용 가능한 자료 등을 사용하여 덤핑방지를 위한 조치를 할 것인지 여부를 결정할 수 있다.
사실의 목적 외 사용금지	기획재정부장관 및 무역위원회는 덤핑방지관세의 부과절차와 관련하여 이해관계인으로부터 취득한 정보·자료 및 인지한 사실을 다른 목적으로 사용할 수 없다.
자료제공요청의 수락	기획재정부장관 및 무역위원회는 이해관계인이 제출한 관계증빙자료와 제출 또는 통보된 자료 중 비밀로 취급되는 것 외의 자료제공을 요청하는 경우에는 특별한 사유가 없는 한 이에 따라야 한다. 이 경우 이해관계인의 자료제공요청은 그 사유 및 자료목록을 기재한 서면으로 해야 한다.
의견진술 및 협의기회의 부여	기획재정부장관 또는 무역위원회는 필요하다고 인정하거나 이해관계인의 요청이 있는 때에는 이해관계인에게 공청회 등을 통해 의견을 진술할 기회를 주거나 상반된 이해관계인과 협의할 수 있는 기회를 줄 수 있다. 이 경우 이해관계인이 구두로 진술하거나 협의한 내용은 공청회 등이 있은 후 7일 이내에 서면으로 제출된 경우에만 해당 자료를 참고할 수 있다.

보충 비밀취급자료(규칙 제15조)

다음의 자료로서 이들이 공개되는 경우 그 제출자나 이해관계인의 이익이 침해되거나 그 경쟁자에게 중대한 경쟁상 이익이 될 우려가 있는 것
1. 제조원가
2. 공표되지 않은 회계자료
3. 거래처의 성명·주소 및 거래량
4. 비밀정보의 제공자에 관한 사항
5. 그 밖에 비밀로 취급하는 것이 타당하다고 인정되는 자료

보충 이용 가능한 자료(규칙 제15조의2)

① 무역위원회는 이해관계인이 관계자료를 제출하지 않거나 제출한 자료가 불충분하여 영 제64조 제5항에 따라 조사 또는 자료의 검증이 곤란하다고 판단한 경우에는 그 사실을 즉시 해당 이해관계인에게 통보하고, 특별한 사정이 없는 한 7일 이내에 추가 자료제출 또는 설명을 할 수 있는 기회를 제공해야 한다.

② 무역위원회는 영 제64조 제5항에 따라 이용 가능한 자료를 사용할 경우 조사절차가 지나치게 지연되지 않는 한 공식 수입통계 등 다른 자료로부터 취득하거나 조사 과정에서 다른 이해관계인으로부터 얻은 정보를 확인해야 한다.

③ 무역위원회는 영 제64조 제5항에 따라 이용 가능한 자료를 사용하여 조사·판정한 경우에는 해당 자료를 사용한 사유를 영 제71조 제2항 제3호 및 제9호에 따른 통지(영 제71조의9 제1항에 따라 준용되는 경우에는 영 제71조의11 제2항 제2호 나목에 따른 통지) 시에 이해관계인에게 함께 통지해야 한다.

덤핑방지관세 부과를 위한 공청회(규칙 제16조) 21년 기출

① 무역위원회는 영 제64조 제8항 전단에 따라 공청회를 개최하는 때에는 그 계획 및 결과를 기획재정부장관에게 통보해야 한다.

② 기획재정부장관 및 무역위원회는 공청회를 개최하고자 하는 때에는 신청인 및 이해관계인에게 공청회의 일시 및 장소를 개별통지하고, 관보 등 적절한 방법으로 공청회 개최일 30일 이전에 공고하여야 한다. 다만, 사안이 시급하거나 조사일정상 불가피한 때에는 7일 이전에 알려줄 수 있다.

③ 공청회에 참가하고자 하는 자는 공청회 개최예정일 7일 전까지 신청인 또는 이해관계인이라는 소명자료와 진술할 발언의 요지, 관련 근거자료, 자신을 위하여 진술할 자의 인적사항 등을 첨부하여 기획재정부장관 및 무역위원회에 신청하여야 한다.

④ 신청인 또는 이해관계인은 공청회에 대리인과 공동으로 참가하여 진술하거나 필요한 때에는 대리인으로 하여금 진술하게 할 수 있다.

⑤ 공청회에 참가하는 자는 공청회에서 진술한 내용과 관련되는 보완자료를 공청회 종료 후 7일 이내에 기획재정부장관 및 무역위원회에 서면으로 제출할 수 있다.

⑥ 신청인 또는 이해관계인은 공청회에서 진술하는 때에는 한국어를 사용하여야 한다.

⑦ 외국인이 공청회에 직접 참가하는 때에는 통역사를 대동할 수 있다. 이 경우 통역사가 통역한 내용을 당해 외국인이 진술한 것으로 본다.

⑦ **덤핑방지관세의 부과(영 제65조)**

　㉠ **필요 범위 부과** : 덤핑방지관세는 실질적 피해 등을 구제하기 위해 필요한 범위에서 부과한다.

　㉡ **부과방법** : 조사대상기간에 수출을 한 공급자 중 다음에 해당하는 자에 대해서는 공급자 또는 공급국별로 덤핑방지관세율 또는 기준수입가격을 정하여 부과한다. 다만, 정당한 사유 없이 자료제출 요청에 응하지 않거나 자료의 공개를 거부하는 경우 및 그 밖의 사유로 조사 또는 자료의 검증이 곤란한 공급자에 대해서는 단일 덤핑방지관세율 또는 단일 기준수입가격을 정하여 부과할 수 있다.

> ⓐ 조사대상공급자
> ⓑ 조사대상공급자와 특수관계가 있는 공급자

　㉢ **공급국을 지정하여 덤핑방지관세를 부과하는 경우** : 공급국을 지정하여 덤핑방지관세를 부과하는 경우로서 조사대상기간에 수출을 한 공급자 중 ㉡을 적용받지 않는 자 및 조사대상기간 후에 수출하는 해당 공급국의 신규 공급자에 대해서는 다음 각 호에 따라 덤핑방지관세를 부과한다.

ⓐ 조사대상공급자에게 적용되는 덤핑방지관세율 또는 기준수입가격을 기획재정부령으로 정하는 바에 따라 가중평균한 덤핑방지관세율 또는 기준수입가격을 적용하여 부과할 것

ⓑ ⓐ에도 불구하고 자료를 제출한 자에 대해서는 조사를 통해 공급자 또는 공급국별로 덤핑방지관세율 또는 기준수입가격을 정하여 부과할 것. 이 경우 해당 자료를 제출한 신규공급자에 대해서는 기획재정부령으로 정하는 바에 따라 조사대상공급자와 다른 조사방법 및 조사절차를 적용할 수 있다.

ⓒ ⓐ 및 ⓑ에도 불구하고 조사대상공급자와 특수관계가 있는 신규공급자에 대해서는 조사대상공급자에 대한 덤핑방지관세 또는 기준수입가격을 적용하여 부과할 것. 다만, 정당한 사유 없이 특수관계 관련 자료를 제출하지 않는 등의 사유로 특수관계 여부에 대한 검증이 곤란한 신규공급자에 대해서는 단일 덤핑방지관세율 또는 단일 기준수입가격을 정하여 부과할 수 있다.

ⓔ **관세부과의 유예** : 신규공급자에 대한 조사가 개시된 경우 세관장은 그 신규공급자가 공급하는 물품에 대하여 이를 수입하는 자로부터 담보를 제공받고 조사 완료일까지 덤핑방지관세의 부과를 유예할 수 있다.

ⓜ **덤핑방지관세율 또는 기준수입가격의 적용** : 신규공급자에 대해 정한 덤핑방지관세율 또는 기준수입가격은 해당 조사의 개시일부터 적용한다.

ⓗ **기준수입가격의 결정** : 기준수입가격은 조정된 공급국의 정상가격에 수입관련비용을 가산한 범위 안에서 결정한다.

⑧ **덤핑방지관세를 부과하기 전의 잠정조치(법 제53조)**

㉠ **부과사유 및 방법** : 기획재정부장관은 덤핑방지관세의 부과 여부를 결정하기 위하여 조사가 시작된 경우로서 다음의 어느 하나에 해당하는 경우에는 조사기간 중에 발생하는 피해를 방지하기 위하여 해당 조사가 종결되기 전이라도 대통령령으로 정하는 바에 따라 그 물품과 공급자 또는 공급국 및 기간을 정하여 잠정적으로 추계된 덤핑차액에 상당하는 금액 이하의 잠정덤핑방지관세를 추가하여 부과하도록 명하거나 담보를 제공하도록 명하는 조치(잠정조치)를 할 수 있다.

ⓐ 해당 물품에 대한 덤핑사실 및 그로 인한 실질적 피해 등의 사실이 있다고 추정되는 충분한 증거가 있는 경우

ⓑ 약속을 위반하거나 약속의 이행에 관한 자료제출 요구 및 제출자료의 검증 허용 요구를 따르지 아니한 경우로서 이용할 수 있는 최선의 정보가 있는 경우

㉡ **잠정조치의 적용(영 제66조)** : 잠정조치는 예비조사결과 덤핑사실 및 그로 인한 실질적 피해 등의 사실이 있다고 추정되는 충분한 증거가 있다고 판정된 경우로서 당해 조사의 개시 후 최소한 60일이 경과된 날 이후부터 적용할 수 있다.

ⓐ **잠정조치의 적용기간** : 잠정조치의 적용기간은 4월 이내로 하여야 한다. 다만, 당해 물품의 무역에 있어서 중요한 비중을 차지하는 공급자가 요청하는 경우에는 그 적용기간을 6월까지 연장할 수 있다.

ⓑ **적용기간의 연장** : 덤핑차액에 상당하는 금액 이하의 관세 부과로도 국내산업 피해를 충분히 제거할 수 있는지 여부를 조사하는 경우 등 기획재정부장관이 필요하다고 인정하는 때에는 국제협약에 따라 잠정조치의 적용기간을 9개월까지 연장할 수 있다.

ⓒ 담보 : 다음에 해당하는 것으로서 잠정덤핑방지관세액에 상당하는 금액이어야 한다.

> • 금 전
> • 국채 또는 지방채
> • 세관장이 인정하는 유가증권
> • 납세보증보험증권
> • 세관장이 인정하는 보증인의 납세보증서

ⓒ 환급 및 담보의 해제 : 다음의 어느 하나에 해당하는 경우에는 대통령령으로 정하는 바에 따라 납부된 잠정덤핑방지관세를 환급하거나 제공된 담보를 해제하여야 한다.

> ⓐ 잠정조치를 한 물품에 대한 덤핑방지관세의 부과요청이 철회되어 조사가 종결된 경우
> ⓑ 잠정조치를 한 물품에 대한 덤핑방지관세의 부과 여부가 결정된 경우
> ⓒ 덤핑으로 인한 피해가 제거될 정도의 가격수정이나 덤핑수출의 중지에 관한 약속이 수락된 경우

ⓔ 차액의 환급 : 다음의 어느 하나에 해당하는 경우 덤핑방지관세액이 잠정덤핑방지관세액 또는 제공된 담보금액을 초과할 때에는 그 차액을 징수하지 아니하며, 덤핑방지관세액이 잠정덤핑방지관세액 또는 제공된 담보금액에 미달될 때에는 그 차액을 환급하거나 차액에 해당하는 담보를 해제하여야 한다.

> ⓐ 덤핑과 그로 인한 산업피해를 조사한 결과 해당 물품에 대한 덤핑사실 및 그로 인한 실질적 피해 등의 사실이 있는 것으로 판정된 이후에 덤핑방지관세와 관련된 약속이 수락된 경우
> ⓑ 덤핑방지관세를 소급하여 부과하는 경우

ⓜ 잠정덤핑방지관세액 등의 정산(영 제67조)
ⓐ 잠정조치가 적용된 기간 중에 수입된 물품에 대하여 부과하는 덤핑방지관세액이 잠정덤핑방지관세액과 같거나 많은 때에는 그 잠정덤핑방지관세액을 덤핑방지관세액으로 하여 그 차액을 징수하지 아니하며, 적은 때에는 그 차액에 상당하는 잠정덤핑방지관세액을 환급하여야 한다.
ⓑ 담보가 제공된 경우로서 영 제69조 제1항의 규정에 해당되는 경우에는 당해 잠정조치가 적용된 기간 중에 소급부과될 덤핑방지관세액이 제공된 담보금액과 같거나 많은 경우에는 그 담보금액을 덤핑방지관세액으로 하여 그 차액을 징수하지 않으며, 적은 경우에는 그 차액에 상당하는 담보를 해제해야 한다.
ⓒ 약속이 본조사의 결과에 따라 당해 물품에 대한 덤핑사실 및 그로 인한 실질적 피해 등의 사실이 있는 것으로 판정된 후에 수락된 경우로서 조사된 최종덤핑률을 기초로 산정한 덤핑방지관세액이 잠정덤핑방지관세액 또는 제공된 담보금액과 같거나 많은 경우에는 그 차액을 징수하지 않으며, 적은 경우에는 그 차액을 환급하거나 차액에 상당하는 담보를 해제해야 한다.
⑨ 덤핑방지관세와 관련된 가격수정이나 약속의 제의(법 제54조, 영 제68조, 규칙 제19조) 21년 기출
㉠ 가격수정이나 약속의 제의 : 덤핑방지관세의 부과 여부를 결정하기 위하여 예비조사를 한 결과 해당 물품에 대한 덤핑사실 및 그로 인한 실질적 피해 등의 사실이 있는 것으로 판정된 경우 해당 물품의 수출자 또는 기획재정부장관은 대통령령으로 정하는 바에 따라 덤핑으로 인한 피해가 제거될 정도의 가격수정이나 덤핑수출의 중지에 관한 약속을 제의할 수 있다.

ⓒ 서류제출 : 덤핑방지관세의 부과여부를 결정하기 위한 조사가 개시된 물품의 수출자가 약속을 제의하거나 피해조사를 계속하여 줄 것을 요청하고자 하는 때에는 본조사의 결과에 따라 최종판정을 하기 45일 전에 서면으로 그 뜻을 무역위원회에 제출해야 한다. 이 경우 무역위원회는 제출된 서류의 원본을 지체 없이 기획재정부장관에게 송부해야 한다(영 제68조 제1항).

알아두기

가격수정·수출중지 등의 약속 제의 시 포함사항(규칙 제19조 제1항) 21년 기출
영 제68조 제1항에 따라 수출자가 기획재정부장관에게 약속을 제의하는 경우 그 약속에는 다음의 사항이 포함되어야 한다.
1. 수출자가 수출가격을 실질적 피해 등이 제거될 수 있는 수준으로 인상한다는 내용 또는 기획재정부장관과 협의하여 정하는 기간 내에 덤핑수출을 중지한다는 내용
2. 약속 수락 전까지 계약되거나 선적되는 물품에 관한 내용
3. 형식·모양·명칭 등의 변경이나 저급품의 판매 등의 방법으로 약속의 이행을 회피하는 행위를 하지 아니하겠다는 내용
4. 제3국이나 제3자를 통한 판매 등의 방법으로 사실상 약속을 위반하지 아니하겠다는 내용
5. 수출국 안에서의 판매물량 및 판매가격과 우리나라로의 수출물량 및 수출가격에 대하여 기획재정부장관에게 정기적으로 보고하겠다는 내용
6. 관련 자료에 대한 검증을 허용하겠다는 내용
7. 그 밖의 상황변동의 경우에 기획재정부장관의 요구에 대하여 재협의할 수 있다는 내용

ⓒ 약속의 수락 : 수출자가 제의한 약속의 내용이 즉시로 가격을 수정하거나 약속일로부터 6월 이내에 덤핑수출을 중지하는 것인 때에는 기획재정부장관은 그 약속을 수락할 수 있다. 다만, 동 약속의 이행을 확보하는 것이 곤란하다고 인정되는 경우로서 기획재정부령이 정하는 경우에는 그러하지 아니하다(영 제68조 제2항). 기획재정부장관은 약속을 수락하기 전에 무역위원회, 관계 행정기관의 장 및 이해관계인의 의견을 물을 수 있다(규칙 제19조 제2항).

알아두기

약속의 거절 사유(규칙 제19조 제3항)
기획재정부장관은 다음의 어느 하나에 해당하는 경우에는 영 제68조 제2항 단서에 따라 약속을 수락하지 아니할 수 있다.
1. 다수의 수출자를 대리하여 약속을 제의한 자가 그 다수의 수출자 간에 완전한 합의가 이루어졌음을 입증하지 못하는 경우
2. 약속의 이행여부에 대한 적절한 확인 또는 조사를 곤란하게 하는 조건이 있는 경우
3. 과거에 약속을 위반하였던 사실이 있는 등 약속을 수락할 수 없다고 인정되는 합리적인 사유가 있는 경우

ⓒ 수출자 지정 약속의 제의 : 기획재정부장관은 필요하다고 인정되는 때에는 약속을 수출자를 지정하여 제의할 수 있다(영 제68조 제3항). 기획재정부장관으로부터 약속을 제의받은 수출자는 1개월 이내에 수락 여부를 통보하여야 한다(규칙 제19조 제4항).
ⓜ 판정 후 약속의 수락 또는 제의 : 기획재정부장관은 예비조사 결과 덤핑사실 및 그로 인한 실질적 피해 등의 사실이 있다고 추정되는 충분한 증거가 있다고 판정하기 전에는 약속의 수락이나 약속의 제의를 할 수 없다.

ⓗ 약속 불이행 시 조치 : 기획재정부장관은 수출자가 약속을 이행하지 아니한 경우 덤핑방지를 위하여 다음의 구분에 따른 신속한 조치를 취할 수 있다. 이 경우 ⓑ에 따른 조치의 적용기간에 관하여는 제66조(잠정조치의 적용) 규정을 준용한다.

> ⓐ 하단 ⓐ 단서에 따라 조사를 계속하여 덤핑방지관세율 등 부과내용을 정한 경우 : 덤핑방지관세의 부과
> ⓑ ⓐ 외의 경우 : 덤핑방지관세를 부과하기 전의 잠정조치

ⓐ 조사의 중지 또는 종결 : 약속이 수락된 경우 기획재정부장관은 잠정조치 또는 덤핑방지관세의 부과 없이 조사가 중지 또는 종결되도록 하여야 한다. 다만, 기획재정부장관이 필요하다고 인정하거나 수출자가 조사를 계속하여 줄 것을 요청한 경우에는 그 조사를 계속할 수 있다.

ⓞ 기획재정부장관이 조사를 계속한 결과 실질적 피해 등의 사실이 없거나 덤핑차액이 없는 것으로 확인한 때에는 당해 약속의 효력은 소멸된 것으로 본다. 다만, 실질적 피해 등의 사실이 없거나 덤핑차액이 없는 원인이 약속으로 인한 것으로 판단되는 때에는 기획재정부장관은 적정한 기간을 정하여 약속을 계속 이행하게 할 수 있으며, 수출자가 그 약속의 이행을 거부하는 때에는 이용 가능한 최선의 정보에 의하여 잠정조치를 실시하는 등 덤핑방지를 위한 신속한 조치를 취할 수 있다.

⑩ 덤핑방지관세의 부과시기(법 제55조) 16, 14년 기출

㉠ 원칙적 부과시기 : 덤핑방지관세의 부과와 잠정조치는 각각의 조치일 이후 수입되는 물품에 대하여 적용된다. 다만, 잠정조치가 적용된 물품에 대하여 국제협약에서 달리 정하는 경우와 그 밖에 대통령령으로 정하는 경우에는 그 물품에 대하여도 덤핑방지관세를 부과할 수 있다.

㉡ 덤핑방지관세의 소급부과(영 제69조) : 잠정조치가 적용된 물품으로서 덤핑방지관세가 부과되는 물품은 다음과 같다.

> ⓐ 실질적 피해 등이 있다고 최종판정이 내려진 경우 또는 실질적인 피해 등의 우려가 있다는 최종판정이 내려졌으나 잠정조치가 없었다면 실질적인 피해 등이 있다는 최종판정이 내려졌을 것으로 인정되는 경우 : 잠정조치가 적용된 기간 동안 수입된 물품
> ⓑ 비교적 단기간 내에 대량 수입되어 발생되는 실질적 피해 등의 재발을 방지하기 위하여 덤핑방지관세를 소급하여 부과할 필요가 있는 경우로서 당해 물품이 과거에 덤핑되어 실질적 피해 등을 입힌 사실이 있었던 경우 또는 수입자가 덤핑사실과 그로 인한 실질적 피해 등의 사실을 알았거나 알 수 있었을 경우 : 잠정조치를 적용한 날부터 90일 전 이후에 수입된 물품
> ⓒ 약속을 위반하여 잠정조치가 적용된 물품의 수입으로 인한 실질적 피해 등의 사실이 인정되는 경우 : 잠정조치를 적용한 날부터 90일 전 이후에 수입된 물품(기획재정부장관이 필요하다고 인정한 경우 약속을 위반한 물품으로 한정할 수 있음). 이 경우 약속위반일 이전에 수입된 물품을 제외
> ⓓ 기타 국제협약에서 정하는 바에 따라 기획재정부장관이 정하는 기간에 수입된 물품

⑪ 덤핑방지관세에 대한 재심사 등(법 제56조, 영 제70조) 24년 기출

㉠ 재심사 : 기획재정부장관은 필요하다고 인정될 때에는 대통령령으로 정하는 바에 따라 덤핑방지조치(덤핑방지관세의 부과, 제54조에 따른 약속)에 대하여 재심사를 할 수 있으며, 재심사의 결과에 따라 덤핑방지조치의 변경, 환급 등 필요한 조치를 할 수 있다.

ⓐ 재심사 여부의 결정 : 기획재정부장관은 재심사가 필요하다고 인정되거나 이해관계인이나 해당 산업을 관장하는 주무부장관이 다음의 어느 하나에 해당하는 경우에 관한 명확한 정보제공과 함께 재심사 요청서를 제출한 때에는 덤핑방지관세가 부과되고 있거나 약속이 시행되고 있는 물품에 대하여 재심사 여부를 결정해야 한다.

- 덤핑방지조치의 시행 이후 그 조치의 내용변경이 필요하다고 인정할 만한 충분한 상황변동이 발생한 경우
- 덤핑방지조치의 종료로 덤핑 및 국내산업피해가 지속되거나 재발될 우려가 있는 경우
- 실제 덤핑차액보다 덤핑방지관세액이 과다하게 납부된 경우 또는 약속에 따른 가격수정이 과도한 경우

ⓑ 재심사의 요청시기 : 재심사의 요청은 덤핑방지조치의 시행일부터 1년이 경과된 날 이후에 할 수 있으며, 덤핑방지조치의 효력이 상실되는 날 6월 이전에 요청해야 한다. 기획재정부장관은 재심사를 요청받은 날부터 2월 이내에 재심사의 필요 여부를 결정하여야 하며, 그 결정일부터 10일 이내에 재심사 개시의 결정에 관한 사항을 재심사 요청자, 해당 물품의 공급국 정부 및 공급자, 그 밖의 이해관계인에게 통지하고, 관보에 게재해야 한다. 이 경우 해당 물품의 공급국 정부 및 공급자에게는 요청서를 함께 제공해야 한다.

ⓒ 덤핑가격에 대한 재검토 : 기획재정부장관은 재심사를 하는 경우 외에 시행 중인 덤핑방지조치의 적정성 여부에 관한 재심사를 할 수 있으며, 이를 위하여 덤핑방지조치의 내용(재심사에 따라 변경된 내용을 포함)에 관하여 매년 그 시행일이 속하는 달에 덤핑가격에 대한 재검토를 하여야 한다. 이 경우 관세청장은 재검토에 필요한 자료를 작성하여 매년 그 시행일이 속하는 달에 기획재정부장관에게 제출해야 한다.

ⓓ 협의 및 조사 : 기획재정부장관은 재심사의 필요 여부를 결정하는 때에는 관계행정기관의 장 및 무역위원회와 협의할 수 있으며, 재심사가 필요한 것으로 결정된 때에는 무역위원회는 이를 조사하여야 한다. 이 경우 무역위원회는 재심사의 사유가 되는 부분에 한정하여 조사할 수 있다.

ⓔ 종결 결과의 제출 : 무역위원회는 재심사 개시일부터 6개월 이내에 조사를 종결하여 그 결과를 기획재정부장관에게 제출하여야 한다. 다만, 무역위원회는 조사기간을 연장할 필요가 있거나 이해관계인이 정당한 사유를 제시하여 조사기간의 연장을 요청하는 때에는 4개월의 범위에서 그 조사기간을 연장할 수 있다.

ⓕ 필요한 조치 시행 : 기획재정부장관은 조사결과가 제출되면 관보게재일부터 12개월 이내에 조치 여부 및 내용을 결정하여 필요한 조치를 해야 한다.

ⓖ 정산 : 재심사기간 중 덤핑방지관세가 계속 부과된 물품에 대하여 기획재정부장관이 새로운 덤핑방지관세의 부과 또는 가격수정・수출중지 등의 약속을 시행하는 때에는 정산할 수 있다.

ⓗ 약속의 수정요구 : 기획재정부장관은 재심사 결과 약속의 실효성이 상실되거나 상실될 우려가 있다고 판단되는 때에는 해당 약속을 이행하고 있는 수출자에게 약속의 수정을 요구할 수 있으며, 해당 수출자가 약속의 수정을 거부하는 때에는 이용 가능한 정보를 바탕으로 덤핑방지관세율을 산정하여 덤핑방지관세를 부과할 수 있다.

ⓒ 재심사 요청의 철회 : 재심사를 요청한 자가 해당 요청을 철회하려는 경우에는 서면으로 그 뜻을 기획재정부장관에게 제출하여야 한다. 이 경우 기획재정부장관은 무역위원회 및 관계 행정기관의 장과 협의하여 재심사 개시 여부의 결정을 중지하거나 조사를 종결하도록 할 수 있다.

ⓛ 재심사 물품에 대한 조사(법 제56조 제2항) : 기획재정부장관은 ①에 따른 재심사에 필요한 사항으로서 덤핑방지조치 물품의 수입 및 징수실적 등 다음의 사항을 조사할 수 있다(영 제70조 제11항).

> ⓐ 덤핑방지조치 물품의 수입 및 징수실적
> ⓑ 가격수정·수출중지 등의 약속 준수 여부
> ⓒ 그 밖에 기획재정부장관이 덤핑방지관세의 부과와 약속의 재심사를 위하여 조사가 필요하다고 인정하는 사항

ⓒ 덤핑방지조치의 유효기간 : 덤핑방지조치는 기획재정부령으로 그 적용시한을 따로 정하는 경우를 제외하고는 해당 덤핑방지조치의 시행일부터 5년이 지나면 그 효력을 잃으며, ①에 따라 덤핑과 산업 피해를 재심사하고 그 결과에 따라 내용을 변경할 때에는 기획재정부령으로 그 적용시한을 따로 정하는 경우를 제외하고는 변경된 내용의 시행일부터 5년이 지나면 그 효력을 잃는다. 다만, 대통령령으로 정하는 사유(덤핑방지조치의 종료로 덤핑 및 국내산업피해가 지속되거나 재발될 우려가 있는 경우)로 재심사하는 경우에는 재심사가 끝나기 전에 해당 덤핑방지조치의 적용시한이 종료되더라도 재심사기간 동안 그 덤핑방지조치는 효력을 잃지 아니한다(법 제56조 제3항).

기출문제

관세법상 덤핑방지관세에 관한 설명으로 옳지 않은 것은? 24년 기출

① 기획재정부장관은 덤핑방지관세를 부과할 때 관련 산업의 경쟁력 향상, 국내 시장구조, 물가안정, 통상협력 등을 고려할 필요가 있는 경우에는 이를 조사하여 반영할 수 있다.
② 덤핑방지관세의 부과와 잠정조치는 각각의 조치일 이후 수입되는 물품에 대하여 적용되나, 잠정조치가 적용된 물품에 대하여 국제협약에서 달리 정하는 경우에는 그 물품에 대하여도 덤핑방지관세를 부과할 수 있다.
③ 기획재정부장관은 필요하다고 인정될 때에는 대통령령으로 정하는 바에 따라 덤핑방지조치에 대하여 재심사를 할 수 있다.
④ 기획재정부장관은 덤핑방지조치에 대한 재심사에 필요한 사항으로서 덤핑방지조치 물품의 수입 및 징수실적 등 대통령령으로 정하는 사항을 조사할 수 있다.
⑤ 덤핑방지조치는 기획재정부령으로 그 적용시한을 따로 정하는 경우를 제외하고는 해당 덤핑방지조치의 시행일부터 3년이 지나면 그 효력을 잃는다.

[해설]
⑤ 덤핑방지조치는 기획재정부령으로 그 적용시한을 따로 정하는 경우를 제외하고는 해당 덤핑방지조치의 시행일부터 5년이 지나면 그 효력을 잃는다(관세법 제56조 제3항).
① 관세법 제52조 제2항
② 관세법 제55조
③ 관세법 제56조 제1항
④ 관세법 제56조 제2항

정답 ⑤

⑫ 이해관계인에 대한 통지·공고 등(영 제71조)

　㉠ 서면으로 통지 : 기획재정부장관은 다음의 어느 하나에 해당하는 때에는 그 내용을 관보에 게재하고, 이해관계인에게 서면으로 통지해야 한다.

> ⓐ 덤핑방지관세의 부과 및 잠정조치를 결정하거나 당해 조치를 하지 아니하기로 결정한 때
> ⓑ 덤핑방지관세와 관련된 약속을 수락하여 조사를 중지 또는 종결하거나 조사를 계속하는 때
> ⓒ 재심사 결과 덤핑방지조치의 내용을 변경한 때
> ⓓ 덤핑방지조치의 효력이 연장되는 때

　㉡ 내용의 통지 : 기획재정부장관 또는 무역위원회는 다음의 어느 하나에 해당되는 때에는 그 내용을 이해관계인에게 통지해야 한다.

> ⓐ 조사신청이 기각되거나 조사가 종결된 때
> ⓑ 예비조사의 결과에 따라 예비판정을 한 때
> ⓒ 본조사의 결과에 따라 최종판정을 한 때
> ⓓ 본조사기간을 연장한 때
> ⓔ 덤핑방지관세의 부과조치 기간을 연장한 때
> ⓕ 덤핑방지관세의 부과 요청 또는 재심사 요청이 철회되어 조사의 개시 여부 또는 재심사의 개시 여부에 관한 결정이 중지되거나 조사가 종결된 때
> ⓖ 잠정조치의 적용기간을 연장한 때
> ⓗ 기획재정부장관이 약속을 제의한 때
> ⓘ 재심사 조사의 결과에 따라 최종판정을 한 때

　㉢ 조사의 진행상황 통지 : 기획재정부장관 또는 무역위원회는 조사과정에서 조사와 관련된 이해관계인의 서면요청이 있는 때에는 조사의 진행상황을 통지하여야 한다.

　㉣ 판정의 고려사항 통지 : 무역위원회는 본조사의 결과 및 재심사 조사의 결과에 따라 최종판정을 하기 전에 해당 판정의 근거가 되는 핵심적 고려사항을 관련된 이해관계인에게 통지하여야 한다.

⑬ 우회덤핑 물품에 대한 덤핑방지관세의 부과(법 제56조의2)

　㉠ 부과사유

　　다음의 어느 하나에 해당하는 경우로서 "제51조에 따라 덤핑방지관세가 부과되는 물품의 물리적 특성이나 형태 등을 경미하게 변경하는 행위 등 <u>대통령령으로 정하는 행위</u>"를 통하여 해당 덤핑방지관세의 부과를 회피("우회덤핑")하려는 사실이 조사를 통하여 확인되는 경우에는 기획재정부령으로 그 물품을 지정하여 같은 조에 따른 덤핑방지관세를 부과할 수 있다.

> ⓐ 제51조에 따른 부과요청을 한 자가 우회덤핑 해당 여부에 대한 조사를 신청한 경우
> ⓑ 그 밖에 <u>대통령령으로 정하는 경우</u>(영 제71조의3)
> 　• 무역위원회가 덤핑방지관세물품에 대한 경미한 변경행위를 통해 해당 덤핑방지관세의 부과를 회피("우회덤핑")하려는 사실에 관한 충분한 증거를 확보하는 등 직권으로 조사를 개시할 수 있는 특별한 상황이 인정되는 경우

　　우회덤핑에 관한 조사, 우회덤핑 물품에 대한 덤핑방지관세의 부과 및 시행 등에 필요한 사항은 대통령령으로 정한다.

ⓛ 우회덤핑의 행위 유형(영 제71조의2)

상기 "대통령령으로 정하는 행위"란 법 제51조에 따라 덤핑방지관세가 부과되는 물품("덤핑방지관세물품")에 대해 해당 물품의 공급국 안에서 그 물품의 본질적 특성을 변경하지 않는 범위에서 물리적 특성이나 형태, 포장방법 또는 용도 등을 변경하는 행위(그 행위로 관세·통계통합품목분류표상 품목번호가 변경되는 경우를 포함, 이하 "경미한 변경행위")를 말한다.

덤핑방지관세물품과 변경된 물품의 생산설비 등 경미한 변경행위 여부를 판단할 때 고려해야 하는 사항은 기획재정부령으로 정한다(규칙 제20조의2).

> ⓐ 덤핑방지관세가 부과되는 물품("덤핑방지관세물품")과 우회덤핑 조사대상물품의 물리적 특성 및 화학성분 차이
> ⓑ 덤핑방지관세물품과 우회덤핑 조사대상물품의 관세·통계통합품목분류표상 품목번호 차이
> ⓒ 덤핑방지관세물품을 우회덤핑 조사대상물품으로 대체할 수 있는 범위 및 우회덤핑 조사대상물품의 용도
> ⓓ 덤핑방지관세물품과 우회덤핑 조사대상물품의 생산설비 차이
> ⓔ 경미한 변경행위에 소요되는 비용
> ⓕ 그 밖에 무역위원회가 필요하다고 인정하는 사항

ⓒ 우회덤핑 조사의 신청(영 제71조의4)

ⓐ 자료제출 : 우회덤핑 해당 여부에 대한 조사를 신청하려는 자는 무역위원회에 다음 각 자료를 제출해야 한다.

> • 다음 각 사항을 적은 신청서 3부
> – 덤핑방지관세물품에 대한 덤핑방지관세 부과 내용
> – 덤핑방지관세물품과 관련된 무역위원회의 의결서 공개본 내용
> – 신청인이 덤핑방지관세물품의 덤핑방지관세 부과요청을 한 자인지 여부
> – 우회덤핑 조사대상물품의 사진·도면·사양·표준 등 시각적 요소를 제공하는 자료 및 품명·규격·특성·용도·생산자·생산량
> – 우회덤핑 조사대상물품의 공급국·공급자·수출실적 및 수출가능성과 우리나라의 수입자·수입실적 및 수입가능성
> – 우회덤핑 조사대상물품과 같은 종류의 국내 물품의 품명·규격·특성·용도·생산자·생산량
> – 신청서의 기재사항 및 첨부자료를 비밀로 취급할 필요가 있는 경우에는 그 사유
> – 그 밖에 무역위원회가 우회덤핑의 조사에 필요하다고 인정하는 사항
> • 우회덤핑 조사대상물품이 수입된 사실과 해당 물품이 우회덤핑에 해당함을 충분히 증명할 수 있는 자료 3부
> • 신청인이 우회덤핑이라고 판단한 이유를 적은 사유서 3부

ⓑ 조사신청 사실 통보 : 무역위원회는 우회덤핑 조사신청을 받은 경우에는 그 사실을 기획재정부장관 및 관계 행정기관의 장과 해당 물품의 공급국 정부에 통보해야 한다. 이 경우 ⓐ에 따른 자료는 조사개시 결정을 한 후에 통보해야 한다.

ⓔ 우회덤핑 조사의 개시(영 제71조의5)

ⓐ 기획재정부장관에 통보 : 무역위원회는 우회덤핑 조사신청을 받은 경우 신청인이 제출한 자료의 정확성 및 적정성을 검토하여 우회덤핑 조사의 개시 여부를 결정한 후 신청일부터 30일 이내에 그 결과와 다음 각 사항을 기획재정부장관에게 통보해야 한다. 다만, 무역위원회가 필요하다고 인정하는 경우에는 15일의 범위에서 그 기간을 연장할 수 있다.

- 우회덤핑 조사대상물품
- 우회덤핑 조사대상기간
- 우회덤핑 조사대상 공급자

ⓑ 조사신청 기각 : 무역위원회는 우회덤핑 조사의 개시 여부를 결정할 때 그 신청인이 다음의 어느 하나에 해당하는 경우에는 그 조사신청을 기각해야 한다.

- 신청인이 법 제56조의2 제1항 제1호에 따른 우회덤핑 해당 여부에 대한 조사를 신청할 수 있는 자가 아닌 경우
- 우회덤핑 사실에 관한 충분한 증명자료를 제출하지 않은 경우

ⓒ 조사신청인 등에 통보 : 무역위원회는 우회덤핑 조사의 개시를 결정한 경우에는 결정일부터 10일 이내에 조사개시의 결정에 관한 사항을 조사신청인, 해당 물품의 공급국 정부 및 공급자와 그 밖의 이해관계인에게 통보하고, 관보에 게재해야 한다. 이 경우 해당 물품의 공급자에게는 ⓒ-ⓐ 각 자료를 함께 제공해야 한다.

ⓓ 조사대상물품 선정 : 무역위원회는 우회덤핑 조사대상물품의 품목분류 등에 대해서는 관세청장과 협의하여 선정할 수 있다.

ⓜ 우회덤핑 직권조사의 개시(영 제71조의6)

ⓐ 검토요청 : 무역위원회는 우회덤핑에 대한 직권조사("직권조사")의 개시 여부를 결정하기 위해 필요하면 관세청장에게 우회덤핑 여부에 관한 검토를 요청할 수 있다.

ⓑ 무역위원회에 통지 : 관세청장은 검토 요청이 없는 경우에도 우회덤핑 우려가 있다고 판단되는 경우에는 해당 수입물품에 대해 우회덤핑 여부를 검토하고 그 결과를 무역위원회에 통지할 수 있다.

ⓒ 기획재정부장관에 통보 : 무역위원회는 직권조사를 개시하기로 결정한 경우에는 즉시 그 결정 내용과 ⓒ-ⓐ 각 사항을 기획재정부장관에게 통보해야 한다.

ⓓ 이해관계인 등에 통보 : 무역위원회는 직권조사의 개시를 결정한 경우에는 결정일부터 10일 이내에 조사개시의 결정에 관한 사항을 해당 물품의 공급국 정부 및 공급자와 그 밖의 이해관계인에게 통보하고, 관보에 게재해야 한다.

ⓔ 직권조사 대상물품 선정 : 무역위원회는 직권조사 대상 물품의 품목분류 등에 대해서는 관세청장과 협의하여 선정할 수 있다.

ⓗ 우회덤핑의 조사 절차 등(영 제71조의7)

ⓐ 조사기관 : 우회덤핑의 사실에 관한 조사는 무역위원회가 담당한다. 이 경우 무역위원회는 필요하다고 인정되면 관계 행정기관의 공무원 또는 관계 전문가를 조사활동에 참여하게 할 수 있다.

ⓑ 조사기간 : 무역위원회는 관보게재일부터 6개월 이내에 우회덤핑 여부에 관한 조사를 하여 그 결과를 기획재정부장관에게 제출해야 한다. 조사기간 중에 철회서가 접수된 경우 해당 철회사유가 부당하다고 인정되면 해당 조사가 종료될 때까지 철회에 따른 조사종결 여부에 대한 결정을 유보할 수 있다(규칙 제20조의3 제2항).

ⓒ 조사기간 연장 : 무역위원회는 조사기간을 연장할 필요가 있거나 이해관계인이 정당한 사유를 제시하여 조사기간의 연장을 요청하는 경우에는 1개월의 범위에서 그 조사기간을 연장할 수 있다.

ⓓ 덤핑방지관세 부과 건의 : 무역위원회는 조사결과를 제출할 때 필요하다고 인정되면 기획재정부장관에게 우회덤핑 사실이 확인된 물품에 대해 덤핑방지관세의 부과를 건의할 수 있다.

ⓔ 덤핑방지관세 부과 : 기획재정부장관은 조사결과를 받은 경우에는 관보게재일부터 8개월 이내에 덤핑방지관세의 부과 여부 및 내용을 결정하여 덤핑방지관세를 부과해야 한다. 다만, 특별한 사유가 있다고 인정되는 경우에는 관보게재일부터 9개월 이내에 덤핑방지관세를 부과할 수 있다.

ⓕ 절차 등 고시 : 상기에서 규정한 사항 외에 우회덤핑 조사 및 판정 절차와 우회덤핑 물품에 대한 덤핑방지관세의 부과에 필요한 사항은 무역위원회가 기획재정부장관과 협의하여 고시한다.

Ⓐ 우회덤핑 조사신청의 철회 및 종결(영 제71조의8)

ⓐ 조사신청 철회 : 우회덤핑 해당 여부의 조사를 신청한 자는 그 신청을 철회하려는 경우에는 무역위원회가 조사결과를 제출하기 전까지 그 뜻을 적은 서면(철회서 및 관련 자료)을 무역위원회에 제출해야 한다. 이 경우 무역위원회는 기획재정부장관 및 관계 행정기관의 장과 협의하여 조사개시 여부의 결정을 중지하거나 조사를 종결할 수 있다.

ⓑ 조사 종결 : 무역위원회는 개시된 조사를 더 이상 진행할 필요가 없는 경우에는 기획재정부장관 및 관계 행정기관의 장과 협의하여 그 조사를 종결할 수 있다.

Ⓞ 우회덤핑과 관련한 이해관계인에 대한 자료협조요청 등(영 제71조의9)

ⓐ 자료협조요청 : 우회덤핑과 관련한 이해관계인에 대한 자료협조요청에 관하여는 제64조를 준용한다.

ⓑ 협조 요청 : 관세청장은 우회덤핑 여부 검토를 위해 필요하다고 인정되면 관계 행정기관, 국내생산자, 수입자 및 국내 이해관계인에게 관계 자료의 제출 등 필요한 협조를 요청할 수 있다.

ⓒ 자료 비공개 : 관세청장은 협조요청에 따라 제출된 자료 중 성질상 비밀로 취급하는 것이 타당하다고 인정되거나 자료제출자가 정당한 사유를 제시하여 비밀로 취급해 줄 것을 요청한 자료에 대해서는 해당 자료를 제출한 자의 명시적인 동의 없이 이를 공개해서는 안 된다. 비밀로 취급하는 자료는 다음 각 사항에 관한 자료로서 공개되는 경우 그 제출자나 이해관계인의 이익이 침해되거나 그 경쟁자에게 중대한 경쟁상 이익이 될 우려가 있는 것으로 한다(규칙 제20조의4).

- 제조원가
- 공표되지 않은 회계자료
- 거래처의 성명·주소 및 거래량
- 비밀정보의 제공자에 관한 사항
- 그 밖에 비밀로 취급하는 것이 타당하다고 인정되는 자료

ⓓ 목적 외 사용금지 : 관세청장은 취득한 자료, 정보 및 인지한 사실을 다른 목적으로 사용할 수 없다.

ⓩ 우회덤핑에 대한 덤핑방지관세의 부과(영 제71조의10)

　　ⓐ 덤핑방지관세율, 기준수입가격 : 우회덤핑 물품에 대한 덤핑방지관세의 부과는 법 제51조 및 이 영 제65조에 따라 해당 덤핑방지관세물품에 적용되는 공급자 또는 공급국별 덤핑방지관세율이나 기준수입가격에 따른다. 다만, 정당한 사유 없이 자료제출 요청에 응하지 않거나 자료의 공개를 거부하는 경우 또는 그 밖의 사유로 조사 또는 자료의 검증이 곤란한 공급자에 대해서는 덤핑방지관세물품에 부과되는 덤핑방지관세율 또는 기준수입가격을 초과하지 않는 범위에서 별도로 정하여 부과할 수 있다.

　　ⓑ 우회덤핑 조사 개시일 : 우회덤핑에 대한 조사의 개시일은 관보게재일로 한다.

ⓨ 우회덤핑과 관련한 이해관계인에 대한 통지·공고 등(영 제71조의11)

　　ⓐ 관보 게재 및 통지 : 기획재정부장관은 덤핑방지관세를 부과하거나 부과하지 않기로 결정한 경우에는 그 내용을 관보에 게재하고 이해관계인에게 통지해야 한다.

　　ⓑ 기획재정부장관 또는 무역위원회의 통지 : 기획재정부장관 또는 무역위원회는 다음 각 구분에 따른 경우에는 그 내용을 이해관계인에게 통지해야 한다.

> • 기획재정부장관 : 덤핑방지관세의 부과 기한을 연장한 경우
> • 무역위원회 : 다음의 어느 하나에 해당하는 경우
> 　– 조사신청이 기각된 경우
> 　– 우회덤핑 조사의 결과에 따라 최종판정을 한 경우
> 　– 조사기간을 연장한 경우
> 　– 제71조의8 제1항에 따른 조사신청의 철회로 조사개시 여부의 결정을 중지하거나 조사를 종결한 경우 또는 같은 조 제2항에 따라 조사를 종결한 경우

　　ⓒ 조사 진행사항 통지 : 기획재정부장관 또는 무역위원회는 조사과정에서 ⓗ에 따른 조사와 관련된 이해관계인의 서면요청이 있는 경우에는 조사의 진행상황을 통지해야 한다.

　　ⓓ 최종판정 전 핵심사항 통지 : 무역위원회는 우회덤핑 조사의 결과에 따라 최종판정을 하기 전에 해당 판정의 근거가 되는 핵심적 고려사항을 이해관계인에게 통지해야 한다.

㉠ 잠정조치 및 약속의제의 제외(법 제56조의2 제2항)

제1항에 따른 물품(이하 이 조에서 "우회덤핑물품")에 대해서는 제53조(덤핑방지관세를 부과하기 전의 잠정조치) 및 제54조(덤핑방지관세와 관련된 약속의 제의)를 적용하지 아니한다.

㉡ 부과 시기(법 제56조의2 제3항)

제55조(덤핑방지관세의 부과 시기)에도 불구하고 제1항에 따른 덤핑방지관세의 부과는 해당 우회덤핑에 대한 조사의 개시일 이후 수입되는 물품에 대해서도 적용한다.

(2) 상계관세

① 상계관세의 부과대상(법 제57조) 14년 기출

㉠ 부과사유 및 방법 : 국내산업과 이해관계가 있는 자로서 대통령령으로 정하는 자 또는 주무부장관이 부과요청을 한 경우로서, 외국에서 제조·생산 또는 수출에 관하여 직접 또는 간접으로 보조금이나 장려금(보조금 등)을 받은 물품의 수입으로 인하여 다음의 어느 하나에 해당하는 것(실질적 피해 등)으로 조사를 통하여 확인되고 해당 국내산업을 보호할 필요가 있다고 인정되는 경우에는 기획재정부령으로 그 물품과 수출자 또는 수출국을 지정하여 그 물품에 대하여 해당 보조금 등의 금액 이하의 상계관세를 추가하여 부과할 수 있다.

> ⓐ 국내산업이 실질적인 피해를 받거나 받을 우려가 있는 경우
> ⓑ 국내산업의 발전이 실질적으로 지연된 경우

㉡ 보조금 등(영 제72조)

ⓐ 의의 : 보조금 등은 정부·공공기관 등의 재정지원 등에 의한 혜택 중 특정성이 있는 것을 말한다. 다만, 기획재정부령이 정하는 보조금 또는 장려금은 제외한다.

ⓑ 특정성 : 보조금 등이 특정기업이나 산업 또는 특정기업군이나 산업군에 지급되는 경우를 말하며, 구체적인 판별기준은 기획재정부령으로 정한다.

ⓒ 보조금 등의 계산 : 보조금 등의 금액은 수혜자가 실제로 받는 혜택을 기준으로 하여 기획재정부령이 정하는 바에 따라 계산한다.

알아두기

보조금 등의 범위(규칙 제21조)

① "기획재정부령이 정하는 보조금 또는 장려금"이란 특정성은 있으나 연구·지역개발 및 환경관련 보조금 또는 장려금으로서 국제협약에서 인정하고 있는 것을 말한다.

② 다음의 어느 하나에 해당되는 경우에는 영 제72조 제2항의 규정에 의한 특정성이 있는 것으로 본다.

1. 보조금 등이 일부 기업 등에 대하여 제한적으로 지급되는 경우
2. 보조금 등이 제한된 수의 기업 등에 의하여 사용되어지는 경우
3. 보조금 등이 특정한 지역에 한정되어 지급되는 경우
4. 기타 국제협약에서 인정하고 있는 특정성의 기준에 부합되는 경우

③ 영 제72조 제3항의 규정에 의하여 보조금 등의 금액을 산정함에 있어서는 다음 각 호의 기준에 의한다.

1. 지분참여의 경우 : 당해 지분참여와 통상적인 투자와의 차이에 의하여 발생하는 금액 상당액
2. 대출의 경우 : 당해 대출금리에 의하여 지불하는 금액과 시장금리에 의하여 지불하는 금액과의 차액 상당액
3. 대출보증의 경우 : 당해 대출에 대하여 지불하는 금액과 대출보증이 없을 경우 비교가능한 상업적 차입에 대하여 지불하여야 하는 금액과의 차액 상당액
4. 재화·용역의 공급 또는 구매의 경우 : 당해 가격과 시장가격과의 차이에 의하여 발생하는 금액 상당액
5. 기타 국제협약에서 인정하고 있는 기준에 의한 금액

ⓒ 상계관세 부과요청 등(영 제73조)

ⓐ 상계관세 부과요청 : 실질적 피해 등을 받은 <u>국내산업에 이해관계가 있는 자</u> 또는 당해 산업을 관장하는 주무부장관은 기획재정부령이 정하는 바에 따라 기획재정부장관에게 상계관세의 부과를 요청할 수 있으며, 이 요청은 무역위원회에 대한 상계관세의 부과에 필요한 조사신청으로 갈음한다.

▷ 국내산업에 이해관계가 있는 자 : 실질적 피해 등을 받은 국내산업에 속하는 국내생산자와 이들을 구성원으로 하거나 이익을 대변하는 법인·단체 및 개인으로서 기획재정부령이 정하는 자를 말한다.

ⓑ 검토요청 : 주무부장관은 기획재정부장관에게 상계관세 부과를 요청하기 전에 관세청장에게 해당 보조금 등을 받은 물품의 수입사실에 관한 검토를 요청할 수 있다.

ⓒ 관세청 검토 및 통지 : 관세청장은 보조금 등을 받은 물품의 수입사실에 관한 검토 요청이 없는 경우에도 보조금 등을 받은 물품의 수입 우려가 있다고 판단되는 경우에는 해당 보조금 등을 받은 물품의 수입사실 여부에 대하여 검토하고 그 결과를 주무부장관에게 통지할 수 있다.

ⓓ 국내산업 범위 : 상계관세를 적용함에 있어서의 국내산업은 보조금 등을 받은 물품과 <u>동종물품의</u> 국내생산사업(당해 수입물품의 수출국 정부·수출자·수입자와 <u>특수관계에 있는 생산자</u>에 의한 생산사업과 <u>당해 수입물품의 수입자인 생산자로서 기획재정부령이 정하는</u> 자에 의한 생산사업을 제외할 수 있음)의 전부 또는 국내총생산량의 상당부분을 점하는 국내생산사업으로 한다.

보충 **상계관세의 부과에 필요한 조사신청(규칙 제22조)**

① "동종물품"이라 함은 해당 수입물품과 물리적 특성, 품질 및 소비자의 평가 등 모든 면에서 동일한 물품(겉모양에 경미한 차이가 있는 물품을 포함)을 말하며, 그러한 물품이 없는 경우 해당 수입물품과 매우 유사한 기능·특성 및 구성요소를 가지고 있는 물품을 말한다.

② "당해 수입물품의 수입자인 생산자로서 기획재정부령이 정하는 자"란 해당 수입물품을 수입한 생산자 중 다음에 해당하는 자를 제외한 자를 말한다.

　1. 상계관세의 부과에 필요한 조사신청 접수일부터 6개월 이전에 보조금 등을 받은 물품을 수입한 생산자

　2. 보조금 등을 받은 물품의 수입량이 매우 적은 생산자

③ "특수관계에 있는 생산자"를 판정할 때 해당 수입물품과 동종물품의 생산자가 특수관계가 없는 자와 동일·유사한 가격 및 조건 등으로 이를 판매하는 경우에는 해당 생산자를 특수관계가 있는 생산자의 범위에서 제외할 수 있다.

ⓔ 자료제출 : 조사를 신청하려는 자는 다음 자료를 무역위원회에 제출해야 한다.

> • 다음의 사항을 기재한 신청서 3부
>   - 해당 물품의 품명·규격·특성·용도·생산자 및 생산량
>   - 해당 물품의 수출국·수출자·수출실적 및 수출가능성과 우리나라의 수입자·수입실적 및 수입가능성
>   - 해당 물품의 수출국에서의 공장도가격 및 시장가격과 우리나라로의 수출가격 및 제3국에의 수출가격
>   - 국내의 동종물품의 품명·규격·특성·용도·생산자·생산량·공장도가격·시장가격 및 원가계산
>   - 해당 물품의 수입으로 인한 관련 국내산업의 실질적 피해 등
>   - 수출국에서 해당 물품의 제조·생산·수출에 관하여 지급한 보조금 등의 내용과 이로 인한 해당 물품의 수출가격 인하효과
>   - 국내의 동종물품 생산자들의 해당 조사신청에 대한 지지 정도
>   - 신청서의 기재사항 및 첨부자료를 비밀로 취급할 필요가 있는 때에는 그 사유
>   - 그 밖에 기획재정부장관이 필요하다고 인정하는 사항
> • 보조금 등을 받은 물품의 수입사실과 해당 물품의 수입으로 인한 실질적 피해 등의 사실에 관한 충분한 증빙자료 3부

ⓕ 조사신청 사실 통보 : 무역위원회는 조사신청을 받은 사실을 기획재정부장관 및 관계 행정기관의 장과 해당 물품의 수출국 정부에 통보해야 한다. 이 경우 자료는 조사개시 결정을 한 후에 통보해야 한다.

② 보조금 등의 지급과 실질적 피해 등의 조사(법 제58조)

보조금 등의 지급과 실질적 피해 등의 사실에 관한 조사는 대통령령으로 정하는 바에 따른다. 기획재정부장관은 상계관세를 부과할 때 관련 산업의 경쟁력 향상, 국내 시장구조, 물가안정, 통상협력 등을 고려할 필요가 있는 경우에는 이를 조사하여 반영할 수 있다.

㉠ 보조금 등을 받은 물품의 수입 및 실질적 피해 등의 조사개시(영 제74조)

ⓐ 조사개시 여부 결정 : 무역위원회는 조사신청을 받은 경우 보조금 등을 받은 물품의 수입사실과 실질적 피해 등의 사실에 관한 조사의 개시 여부를 결정하여 조사신청을 받은 날부터 2월 이내에 그 결과와 다음의 사항을 기획재정부장관에게 통보해야 한다.

> • 조사대상물품(조사대상물품이 많은 경우 기획재정부령이 정하는 바에 따라 선정된 조사대상물품)
> • 조사대상기간
> • 조사대상 수출국 정부·수출자(조사대상 수출국 정부·수출자가 많은 경우에는 기획재정부령이 정하는 바에 따라 선정된 조사대상 수출국 정부·수출자)

▷ 무역위원회는 조사대상물품의 품목분류 등에 대해서는 관세청장과 협의하여 선정할 수 있다.

ⓑ 조사신청 기각 : 무역위원회는 조사의 개시 여부를 결정함에 있어서 조사신청이 다음 중 하나에 해당하는 경우에는 당해 조사신청을 기각할 수 있다.

- 신청서를 제출한 자가 부과요청을 할 수 있는 자가 아닌 경우
- 보조금 등을 받은 물품의 수입사실과 실질적 피해 등의 사실에 관한 충분한 증빙자료를 제출하지 아니한 경우
- 보조금 등의 금액 또는 보조금 등을 받은 물품의 수입량이 기획재정부령이 정하는 기준에 미달되거나 실질적 피해 등이 경미하다고 인정되는 경우
- 당해 조사신청에 찬성의사를 표시한 국내생산자들의 생산량 합계가 기획재정부령이 정하는 기준에 미달된다고 인정되는 경우
- 조사개시 전에 국내산업에 미치는 나쁜 영향을 제거하기 위한 조치가 취하여지는 등 조사개시가 필요 없게 된 경우

ⓒ 조사개시 결정 통보 : 무역위원회는 조사개시 결정을 한 때에는 그 결정일부터 10일 이내에 조사개시의 결정에 관한 사항을 조사신청자, 해당 물품의 수출국 정부 및 수출자, 그 밖의 이해관계인에게 통지하고, 관보에 게재해야 한다. 이 경우 해당 물품의 수출국 정부 및 수출자에게는 자료를 함께 제공해야 한다.

ⓛ 보조금 등을 받은 물품의 수입 및 실질적 피해 등의 조사(영 제75조)

ⓐ 무역위원회 조사 : 보조금 등을 받은 물품의 수입사실 및 실질적 피해 등의 사실에 관한 조사는 무역위원회가 담당한다. 이 경우 무역위원회는 필요하다고 인정하는 때에는 관계행정기관의 공무원·관계전문가로 하여금 조사활동에 참여하도록 할 수 있다.

ⓑ 예비조사 : 무역위원회는 상계관세의 부과에 관한 사항과 조사개시의 결정에 관한 사항이 관보에 게재된 날부터 3개월 이내에 보조금 등을 받은 물품의 수입사실 및 그로 인한 실질적 피해 등의 사실이 있다고 추정되는 충분한 증거가 있는지에 관한 예비조사를 하여 그 결과를 기획재정부장관에게 제출해야 한다.

ⓒ 잠정조치 결정 : 기획재정부장관은 예비조사 결과가 제출된 날부터 1개월 이내에 잠정조치의 필요여부 및 내용에 관한 사항을 결정해야 한다. 다만, 필요하다고 인정되는 경우에는 20일의 범위 내에서 그 결정기간을 연장할 수 있다.

ⓓ 본조사 종결 : 무역위원회는 예비조사에 따른 보조금 등의 금액 또는 보조금 등을 받은 물품의 수입량이 <u>기획재정부령으로 정하는 기준</u>에 미달하거나 실질적 피해 등이 경미한 것으로 인정되는 때에는 ⓔ에 따른 본조사를 종결해야 한다. 이 경우 무역위원회는 본조사 종결에 관한 사항을 기획재정부장관에게 통보해야 하며, 기획재정부장관은 이를 관보에 게재해야 한다.

보충 **기획재정부령으로 정하는 기준(규칙 제24조)**

국제협약에서 달리 정하지 않는 한 보조금 등의 금액이 해당 물품 가격대비 100분의 1 이상인 경우

ⓔ 본조사 개시 : 무역위원회는 기획재정부령이 정하는 특별한 사유가 없는 한 예비조사 결과를 제출한 날의 다음날부터 본조사를 개시해야 하며, 본조사 개시일부터 3개월 이내에 본조사 결과를 기획재정부장관에게 제출해야 한다.

ⓕ 조사기간 연장 : 무역위원회는 조사와 관련하여 조사기간을 연장할 필요가 있거나 이해관계인이 정당한 사유를 제시하여 조사기간의 연장을 요청하는 때에는 2개월의 범위 내에서 그 조사기간을 연장할 수 있다.

ⓖ 상계관세 부과조치 : 기획재정부장관은 본조사 결과가 접수되면 관보 게재일부터 12개월 이내에 상계관세의 부과여부 및 내용을 결정하여 상계관세의 부과조치를 해야 한다. 다만, 특별한 사유가 있다고 인정되는 경우에는 관보 게재일부터 18개월 이내에 상계관세의 부과조치를 할 수 있다.

ⓗ 본조사 기간 연장 : 기획재정부장관은 ⓖ의 단서에 따라 18개월 이내에 상계관세의 부과조치를 할 특별한 사유가 있다고 인정하는 경우 무역위원회와 협의하여 본조사 기간을 2개월의 범위에서 추가로 연장하게 할 수 있다.

ⓘ 조치건의 : 무역위원회는 조사결과 제출 시 필요하다고 인정되는 때에는 기획재정부장관에게 다음의 사항을 건의할 수 있다.

> • 상계관세 부과
> • 잠정조치
> • 약속의 제의 또는 수락

ⓙ 고시 : 상계관세부과 신청·조사·판정 절차에 관하여 필요한 사항은 무역위원회가 기획재정부장관과 협의하여 고시한다.

ⓒ 상계관세 부과요청의 철회(영 제76조)

ⓐ 조사신청 철회 : 조사를 신청한 자가 당해 신청을 철회하고자 하는 때에는 서면으로 그 뜻을 무역위원회에 제출해야 한다. 이 경우 무역위원회는 예비조사 결과를 제출하기 전에 당해 철회서를 접수한 때에는 기획재정부장관 및 관계행정기관의 장과 협의하여 조사개시 여부의 결정을 중지하거나 조사를 종결할 수 있으며, 예비조사 결과를 제출한 후에 당해 철회서를 접수한 때에는 기획재정부장관에게 이를 통보해야 한다.

ⓑ 조사종결 및 철회 : 기획재정부장관은 통보를 받은 때에는 무역위원회 및 관계 행정기관의 장과 협의하여 조사를 종결하게 할 수 있으며, 잠정조치가 취하여진 경우에는 이를 철회할 수 있다.

ⓒ 환급 및 담보 해제 : 기획재정부장관은 잠정조치를 철회하는 때에는 당해 잠정조치에 의하여 납부된 잠정상계관세를 환급하거나 제공된 담보를 해제하여야 한다.

ⓔ 실질적 피해 등의 판정(영 제77조)

ⓐ 판정 근거 : 무역위원회는 실질적 피해 등의 사실을 조사 또는 판정하는 때에는 다음 사항을 포함한 실질적 증거에 근거해야 한다.

> • 보조금 등을 받은 물품의 수입물량(당해 물품의 수입이 절대적으로 또는 국내생산이나 국내소비에 대하여 상대적으로 뚜렷하게 증가되었는지 여부를 포함)
> • 보조금 등을 받은 물품의 가격(국내의 동종물품의 가격과 비교하여 뚜렷하게 하락되었는지 여부를 포함)
> • 보조금 등의 금액의 정도(보조금 등을 받은 물품의 수입가격이 수출국 내 정상가격과 비교하여 뚜렷하게 하락되었는지 여부를 포함)
> • 국내산업의 생산량·가동률·재고·판매량·시장점유율·가격(가격하락·인상억제의 효과 포함)·이윤·생산성·투자수익·현금수지·고용·임금·성장·자본조달·투자능력
> • 보조금 등을 받은 물품의 수입물량 및 물품의 가격의 내용이 국내산업에 미치는 실재적 또는 잠재적 영향

ⓑ '실질적 피해 등을 받을 우려' 판정근거 : 실질적 피해 등을 조사 또는 판정하는 경우 실질적 피해 등을 받을 우려가 있는지에 대한 판정은 ⓐ의 사항뿐만 아니라 다음 사항을 포함한 사실에 근거를 두어야 하며, 보조금 등을 받은 물품으로 인한 피해는 명백히 예견되고 급박한 것이어야 한다.

- 당해 보조금 등의 성격 및 이로부터 발생할 수 있는 무역효과
- 실질적인 수입증가의 가능성을 나타내는 보조금 등을 받은 물품의 현저한 증가율
- 우리나라에 보조금 등을 받은 물품의 수출을 증가시킬 수 있는 생산능력의 실질적 증가(다른 나라에의 수출가능성을 고려한 것이어야 함)
- 보조금 등을 받은 물품의 가격이 동종물품의 가격을 하락 또는 억제시킬 수 있는지의 여부 및 추가적인 수입수요의 증대가능성
- 보조금 등을 받은 물품의 재고 및 동종물품의 재고상태

ⓒ 조사대상 물품이 2 이상 국가인 경우 : 무역위원회는 실질적 피해 등의 사실을 조사 또는 판정함에 있어 2 이상의 국가로부터 수입된 물품이 동시에 조사대상 물품이 되고 다음에 모두 해당하는 경우에는 그 수입에 따른 피해를 통산하여 평가할 수 있다.

- 보조금 등의 금액 및 보조금 등을 받은 물품의 수입량이 기획재정부령이 정하는 기준에 해당하는 경우
- 보조금 등을 받은 물품이 상호 경쟁적이고 국내 동종물품과 경쟁적인 경우

ⓓ 다른 피해요인 조사 : 무역위원회는 보조금 등을 받은 물품의 수입 외의 다른 요인으로서 국내산업에 피해를 미치는 요인들을 조사해야 하며, 이러한 요인들에 의한 산업피해 등을 보조금 등을 받은 물품의 수입에 의한 것으로 간주하여서는 아니 된다.

㉮ 이해관계인에 대한 자료협조요청(영 제78조)
ⓐ 자료요청 : 기획재정부장관 또는 무역위원회는 조사 및 상계관세의 부과여부 등을 결정하기 위하여 필요하다고 인정하는 경우에는 관계 행정기관·국내생산자·수출국 정부·수출자·수입자 및 이해관계인에게 관계 자료의 제출 등 필요한 협조를 요청할 수 있다. 다만, 수출국 정부 또는 수출자에게 보조금 등의 지급여부를 조사하기 위한 질의를 하는 경우에는 회신을 위하여 수출국 정부 또는 수출자에게 40일 이상의 회신기간을 주어야 한다. 수출국 정부 또는 수출자가 사유를 제시하여 동 기한의 연장을 요청할 경우 이에 대하여 적절히 고려해야 한다.
ⓑ 비밀취급자료 : 기획재정부장관 또는 무역위원회는 제출된 자료 중 성질상 비밀로 취급하는 것이 타당하다고 인정되거나 조사신청자나 이해관계인이 정당한 사유를 제시하여 비밀로 취급해 줄 것을 요청한 자료에 대해서는 해당 자료를 제출한 자의 명시적인 동의 없이 이를 공개해서는 안 된다.

상계조치 관련 비밀취급자료(규칙 제27조)

영 제78조 제2항에 따라 비밀로 취급하는 자료는 다음 사항에 관한 자료로서 이들이 공개되는 경우 그 제출자나 이해관계인의 이익이 침해되거나 그 경쟁자에게 중대한 경쟁상 이익이 될 우려가 있는 것으로 한다.

1. 제조원가
2. 공표되지 않은 회계자료
3. 거래처의 성명·주소 및 거래량
4. 비밀정보의 제공자에 관한 사항
5. 그 밖에 비밀로 취급하는 것이 타당하다고 인정되는 자료

    ⓒ 비밀취급자료의 요약서 제출요구 : 기획재정부장관 또는 무역위원회는 비밀로 취급하여 줄 것을 요청한 자료를 제출한 자에게 당해 자료의 비밀이 아닌 요약서의 제출을 요구할 수 있다. 이 경우 당해 자료를 제출한 자가 그 요약서를 제출할 수 없는 때에는 그 사유를 기재한 서류를 제출해야 한다.

    ⓓ 자료 미참고 : 기획재정부장관 또는 무역위원회는 비밀취급요청이 정당하지 아니하다고 인정됨에도 불구하고 자료의 제출자가 정당한 사유 없이 자료의 공개를 거부하는 때 또는 비밀이 아닌 요약서의 제출을 거부한 때에는 당해 자료의 정확성이 충분히 입증되지 아니하는 한 당해 자료를 참고하지 아니할 수 있다.

    ⓔ 상계관세조치 여부 결정 : 기획재정부장관 또는 무역위원회는 조사 및 상계관세의 부과 여부 등을 결정할 때 이해관계인이 관계 자료를 제출하지 아니하거나 무역위원회의 조사를 거부 또는 방해하는 경우 및 기타 사유로 조사 또는 자료의 검증이 곤란한 경우에는 이용 가능한 자료 등을 사용하여 상계관세조치를 할 것인지 여부를 결정할 수 있다.

상계조치 관련 이용 가능한 자료(규칙 제27조의2)

① 무역위원회는 이해관계인이 관계자료를 제출하지 않거나 제출한 자료가 불충분하여 조사 또는 자료의 검증이 곤란하다고 판단한 경우에는 그 사실을 즉시 해당 이해관계인에게 통보하고, 특별한 사정이 없는 한 7일 이내에 추가 자료제출 또는 설명을 할 수 있는 기회를 제공해야 한다.
② 무역위원회는 이용 가능한 자료를 사용할 경우 조사절차가 지나치게 지연되지 않는 한 공식 수입통계 등 다른 자료로부터 취득하거나 조사 과정에서 다른 이해관계인으로부터 얻은 정보를 확인해야 한다.
③ 무역위원회는 이용 가능한 자료를 사용하여 조사·판정한 경우에는 해당 자료를 사용한 사유를 영 제85조 제2항 제3호 및 제9호에 따른 통지 시에 이해관계인에게 함께 통지해야 한다.

    ⓕ 자료의 목적 외 사용 금지 : 기획재정부장관 및 무역위원회는 상계관세의 부과절차와 관련하여 이해관계인으로부터 취득한 정보 또는 자료 및 인지한 사실을 다른 목적으로 사용할 수 없다.

    ⓖ 이해관계인의 자료제공요청 : 기획재정부장관 및 무역위원회는 이해관계인이 제출한 관계증빙자료와 제출 또는 통보된 자료 중 비밀로 취급되는 것 외의 자료제공을 요청하는 경우에는 특별한 사유가 없는 한 이에 따라야 한다. 이 경우 이해관계인의 자료제공요청은 그 사유 및 자료목록을 기재한 서면으로 해야 한다.

ⓗ 의견진술·협의 기회 부여 : 기획재정부장관 또는 무역위원회는 필요하다고 인정하거나 이해관계인의 요청이 있는 때에는 이해관계인에게 공청회 등을 통해 의견을 진술할 기회를 주거나 상반된 이해관계인과 협의할 수 있는 기회를 줄 수 있다. 이 경우 이해관계인이 구두로 진술하거나 협의한 내용은 공청회 등이 있은 후 7일 이내에 서면으로 제출된 경우에만 해당 자료를 참고할 수 있다.

ⓑ **상계관세의 부과(영 제79조)**

ⓐ 상계관세 부과방법 : 상계관세는 조사대상기간에 수출을 한 수출자 중 다음의 자에 대해서는 수출자 또는 수출국별로 상계관세율을 정하여 부과할 수 있다. 다만, 정당한 사유 없이 자료를 제출하지 아니하거나 당해 자료의 공개를 거부하는 경우 및 기타의 사유로 조사 또는 자료의 검증이 곤란한 수출자에 대하여는 단일 상계관세율을 정하여 부과할 수 있다.

> • 영 제74조 제1항 제3호에 따른 조사대상수출자
> • 조사대상수출자와 특수관계가 있는 수출자

ⓑ 수출국 지정 상계관세 부과방법 : 수출국을 지정하여 상계관세를 부과하는 경우로서 조사대상기간에 수출을 한 수출자 중 ⓐ를 적용받지 않는 자 및 조사대상기간 후에 수출하는 해당 수출국의 신규수출자(이하 이 조에서 "신규수출자"라 한다)에 대해서는 다음에 따라 상계관세를 부과한다.

> 가. 조사대상수출자에게 적용되는 상계관세율을 기획재정부령으로 정하는 바에 따라 가중평균한 상계관세율을 적용하여 부과할 것
> 나. 가.에도 불구하고 영 제78조에 따라 자료를 제출한 자에 대해서는 조사를 통해 수출자 또는 수출국별로 상계관세율을 정하여 부과할 것. 이 경우 해당 자료를 제출한 신규수출자에 대해서는 기획재정부령으로 정하는 바에 따라 조사대상수출자와 다른 조사방법 및 조사절차를 적용할 수 있다.
> 다. 가. 및 나.에도 불구하고 조사대상수출자와 특수관계가 있는 신규수출자에 대해서는 조사대상수출자에 대한 상계관세율을 적용하여 부과할 것. 다만, 정당한 사유 없이 특수관계 관련 자료를 제출하지 않는 등의 사유로 특수관계 여부에 대한 검증이 곤란한 신규수출자에 대해서는 단일 상계관세율을 정하여 부과할 수 있다.

ⓒ 상계관세 부과 유예 : 신규수출자에 대한 조사가 개시된 경우 세관장은 그 신규수출자가 수출하는 물품에 대하여 이를 수입하는 자로부터 담보를 제공받고 조사 완료일까지 상계관세의 부과를 유예할 수 있다.

③ **상계관세를 부과하기 전의 잠정조치(법 제59조)**

㉠ **부과사유 및 방법** : 기획재정부장관은 상계관세의 부과 여부를 결정하기 위하여 조사가 시작된 물품이 보조금 등을 받아 수입되어 다음의 어느 하나에 해당한다고 인정되는 경우에는 대통령령으로 정하는 바에 따라 국내산업의 보호를 위하여 조사가 종결되기 전이라도 그 물품의 수출자 또는 수출국 및 기간을 정하여 보조금 등의 추정액에 상당하는 금액 이하의 잠정상계관세를 부과하도록 명하거나 담보를 제공하도록 명하는 조치(잠정조치)를 할 수 있다.

ⓐ 국내산업에 실질적 피해 등이 발생한 사실이 있다고 추정되는 충분한 증거가 있음이 확인되는 경우
ⓑ 약속을 철회하거나 위반한 경우와 그 약속의 이행에 관한 자료를 제출하지 아니한 경우로서 이용할 수 있는 최선의 정보가 있는 경우

ⓛ 잠정조치의 적용(영 제80조)
  ⓐ 잠정조치 적용시기 : 잠정조치는 예비조사결과 보조금 등의 지급과 그로 인한 실질적 피해 등의 사실이 있다고 추정되는 충분한 증거가 있다고 판정된 경우로서 당해 조사의 개시 후 최소한 60일이 경과된 후부터 적용할 수 있다.
  ⓑ 잠정조치 적용기간 : 잠정조치의 적용기간은 4개월 이내로 해야 한다. 다만, 해당 물품의 무역에서 중요한 비중을 차지하는 수출자가 요청하는 경우에는 그 적용기간을 6개월까지 연장할 수 있다.
  ⓒ 잠정조치 적용기간 연장 : ⓑ에도 불구하고 보조금 등에 상당하는 금액 이하의 관세 부과로도 국내산업 피해를 충분히 제거할 수 있는지를 조사하는 경우 등 기획재정부장관이 필요하다고 인정하는 때에는 국제협약에 따라 잠정조치의 적용기간을 9개월까지 연장할 수 있다.
  ⓓ 담보금액 : 담보는 금전, 국채 또는 지방채, 세관장이 인정하는 유가증권, 납세보증보험증권 및 세관장이 인정하는 보증인의 납세보증서에 해당하는 것으로서 잠정상계관세액에 상당하는 금액이어야 한다.

ⓒ 환급 및 담보 해제 : 잠정조치가 취하여진 물품에 대하여 상계관세의 부과요청이 철회되어 조사가 종결되거나 상계관세의 부과 여부가 결정된 경우 또는 약속이 수락된 경우에는 대통령령으로 정하는 바에 따라 납부된 잠정상계관세를 환급하거나 제공된 담보를 해제하여야 한다. 다만, 다음의 어느 하나에 해당하는 경우 상계관세액이 잠정상계관세액 또는 제공된 담보금액을 초과할 때에는 그 차액을 징수하지 아니하며, 상계관세액이 잠정상계관세액 또는 제공된 담보금액에 미달될 때에는 그 차액을 환급하거나 차액에 해당하는 담보를 해제하여야 한다.

ⓐ 보조금 등의 지급과 그로 인한 산업피해를 조사한 결과 해당 물품에 대한 보조금 등의 지급과 그로 인한 실질적 피해 등의 사실이 있다고 판정된 이후에 약속이 수락된 경우
ⓑ 상계관세를 소급하여 부과하는 경우

④ 상계관세와 관련된 약속의 제의(법 제60조)
  ⓐ 보조금 등의 철폐 또는 삭감 : 상계관세의 부과 여부를 결정하기 위하여 예비조사를 한 결과 보조금 등의 지급과 그로 인한 실질적 피해 등의 사실이 있는 것으로 판정된 경우 해당 물품의 수출국 정부 또는 기획재정부장관은 대통령령으로 정하는 바에 따라 해당 물품에 대한 보조금 등을 철폐 또는 삭감하거나 보조금 등의 국내산업에 대한 피해효과를 제거하기 위한 적절한 조치에 관한 약속을 제의할 수 있으며, 해당 물품의 수출자는 수출국 정부의 동의를 받아 보조금 등의 국내산업에 대한 피해효과가 제거될 수 있을 정도로 가격을 수정하겠다는 약속을 제의할 수 있다.
  ⓛ 조사의 중지 또는 종결 : 약속이 수락된 경우 기획재정부장관은 잠정조치 또는 상계관세의 부과 없이 조사가 중지 또는 종결되도록 하여야 한다. 다만, 기획재정부장관이 필요하다고 인정하거나 수출국 정부가 피해 조사를 계속하여 줄 것을 요청한 경우에는 그 조사를 계속할 수 있다.

© 보조금 등의 철폐 또는 삭감, 가격수정 등의 약속(영 제81조)

ⓐ 약속 제의 등 : 상계관세의 부과여부를 결정하기 위한 조사가 개시된 물품의 수출국 정부 또는 수출자가 약속을 제의하거나 피해조사를 계속하여 줄 것을 요청하고자 하는 때에는 본조사의 결과에 따른 최종판정을 하기 45일 전에 서면으로 그 뜻을 무역위원회에 제출해야 한다. 이 경우 무역위원회는 제출된 서류의 원본을 지체 없이 기획재정부장관에게 송부해야 한다.

ⓑ 약속의 수락 : 기획재정부장관은 제의한 약속이 다음에 해당하는 것인 때에는 그 약속을 수락할 수 있다. 다만, 그 약속의 이행을 확보하는 것이 곤란하다고 인정되는 경우로서 기획재정부령이 정하는 경우에는 그러하지 아니하다.

> • 즉시로 가격을 수정하는 약속인 경우
> • 약속일부터 6월 이내에 보조금 등을 철폐 또는 삭감하는 약속인 경우
> • 약속일부터 6월 이내에 보조금 등의 국내산업에 대한 피해효과를 제거하기 위한 적절한 조치에 관한 약속인 경우

ⓒ 수출국 정부·수출자 지정 약속의 제의 : 기획재정부장관은 필요하다고 인정되는 때에는 약속을 수출국 정부 또는 수출자를 지정하여 제의할 수 있다.

ⓓ 약속 수락·제의 시기 : 기획재정부장관은 예비조사 결과 보조금 등의 지급과 그로 인한 실질적 피해 등의 사실이 있다고 추정되는 충분한 증거가 있다고 판정하기 전에는 약속의 수락이나 약속의 제의를 할 수 없다.

ⓔ 약속 미이행 시 조치 : 기획재정부장관은 수출국 정부 또는 수출자가 수락된 약속을 이행하지 않은 경우 이용 가능한 최선의 정보에 근거하여 다음의 구분에 따른 신속한 조치를 취할 수 있다. 이 경우 나.에 따른 조치의 적용기간에 관하여는 제80조(잠정조치의 적용) 제2항 및 제3항을 준용한다.

> 가. 법 제60조(상계관세와 관련된 약속의 제의) 제2항 단서에 따라 조사를 계속하여 상계관세율 등 부과내용을 정한 경우 : 상계관세의 부과
> 나. 가. 외의 경우 : 법 제59조(상계관세를 부과하기 전의 잠정조치) 제1항 제2호에 따른 잠정조치

ⓕ 약속의 효력 실효·지속 : 기획재정부장관은 조사를 계속한 결과 실질적 피해 등의 사실이 없거나 보조금 등의 금액이 없는 것으로 확인된 경우에는 당해 약속의 효력은 실효된 것으로 본다. 다만, 실질적 피해 등의 사실이 없거나 보조금 등의 금액이 없는 원인이 약속으로 인한 것으로 판단되는 때에는 기획재정부장관은 적정한 기간을 정하여 약속을 계속 이행하게 할 수 있으며, 수출국 정부·수출자가 그 약속의 이행을 거부하는 때에는 이용 가능한 최선의 정보에 의하여 잠정조치를 실시하는 등 상계관세부과를 위한 신속한 조치를 취할 수 있다.

⑤ 상계관세의 부과시기(법 제61조) 14년 기출

상계관세의 부과와 잠정조치는 각각의 조치일 이후 수입되는 물품에 대하여 적용된다. 다만, 잠정조치가 적용된 물품에 대하여 국제협약에서 달리 정하고 있는 경우와 그 밖에 대통령령으로 정하는 경우에는 그 물품에 대하여도 상계관세를 부과할 수 있다.

㉠ 상계관세의 소급부과(영 제82조 제1항) : 법 제61조 단서의 규정에 의하여 잠정조치가 적용된 물품으로서 상계관세가 부과되는 물품은 다음과 같다.

ⓐ 실질적 피해 등이 있다고 최종판정이 내려진 경우 또는 실질적 피해 등의 우려가 있다는 최종판정이 내려졌으나 잠정조치가 없었다면 실질적 피해 등이 있다는 최종판정이 내려졌을 것으로 인정되는 경우에는 잠정조치가 적용된 기간 동안 수입된 물품

ⓑ 비교적 단기간 내에 대량 수입되어 발생되는 실질적 피해 등의 재발을 방지하기 위하여 상계관세를 소급하여 부과할 필요가 있는 경우로서 당해 물품이 과거에 보조금 등을 받아 수입되어 실질적 피해 등을 입힌 사실이 있었던 경우 또는 수입자가 보조금 등을 받은 물품의 수입사실과 그로 인한 실질적 피해 등의 사실을 알았거나 알 수 있었을 경우에는 잠정조치를 적용한 날부터 90일 전 이후에 수입된 물품

ⓒ 약속을 위반하여 잠정조치가 적용된 물품의 수입으로 인한 실질적 피해 등의 사실이 인정되는 때에는 잠정조치를 적용한 날부터 90일 전 이후에 수입된 물품. 이 경우 약속위반일 이전에 수입된 물품을 제외한다.

ⓓ 기타 국제협약에서 정하는 바에 따라 기획재정부장관이 정하는 기간에 수입된 물품

ⓛ 상계관세 부과 요청(영 제82조 제2항) : 국내산업에 이해관계가 있는 자는 본조사의 결과에 따라 최종판정의 통지를 받은 날부터 7일 이내에 당해 물품이 상기 항목에 해당된다는 증거를 제출하여 법 제61조 단서의 규정에 의한 상계관세의 부과를 요청할 수 있다.

ⓒ 잠정상계관세액 등의 정산(영 제83조)

ⓐ 잠정상계관세 정산 : ㉠의 규정에 해당되는 경우로서 잠정조치가 적용된 기간 중에 수입된 물품에 대하여 부과하는 상계관세액이 잠정상계관세액과 같거나 많은 때에는 그 잠정상계관세액을 상계관세액으로 하여 그 차액을 징수하지 아니하며, 적은 때에는 그 차액에 상당하는 잠정상계관세액을 환급해야 한다.

ⓑ 담보가 제공된 경우 : 담보가 제공된 경우로서 ㉠의 규정에 해당되는 경우에는 당해 잠정조치가 적용된 기간 중에 소급 부과될 상계관세액이 제공된 담보금액과 같거나 많은 경우에는 그 담보금액을 상계관세액으로 하여 그 차액을 징수하지 않으며, 적은 경우에는 그 차액에 상당하는 담보를 해제해야 한다.

ⓒ 본조사 후 약속이 수락된 경우 : 약속이 본조사의 결과에 따라 보조금 등의 지급과 그로 인한 실질적 피해 등의 사실이 있는 것으로 판정이 내려진 후에 수락된 경우로서 조사된 최종상계관세율을 기초로 산정한 상계관세액이 잠정상계관세액 또는 제공된 담보금액과 같거나 많은 경우에는 그 차액을 징수하지 않으며, 적은 경우에는 그 차액을 환급하거나 차액에 상당하는 담보를 해제해야 한다.

⑥ 상계관세에 대한 재심사 등(법 제62조)

㉠ 재심사 : 기획재정부장관은 필요하다고 인정될 때에는 대통령령으로 정하는 바에 따라 다음의 조치(이하 이 조에서 "상계조치")에 대하여 재심사를 할 수 있으며, 재심사의 결과에 따라 상계조치의 변경, 환급 등 필요한 조치를 할 수 있다.

ⓐ 상계관세의 부과
ⓑ 제60조에 따른 약속

㉡ 재심사 물품에 대한 조사 : 기획재정부장관은 ㉠에 따른 재심사에 필요한 사항으로서 상계조치 물품의 수입 및 징수실적 등 대통령령으로 정하는 사항을 조사할 수 있다(영 제84조 제11항).

ⓐ 상계조치 물품의 수입 및 징수실적
ⓑ 가격수정 등의 약속 준수 여부
ⓒ 그 밖에 기획재정부장관이 상계관세의 부과와 약속의 재심사를 위하여 조사가 필요하다고 인정하는 사항

ⓒ **상계조치의 유효기간** : 상계조치는 기획재정부령으로 그 적용시한을 따로 정하는 경우를 제외하고는 해당 상계조치의 시행일부터 5년이 지나면 그 효력을 잃으며, 보조금 등의 지급과 산업피해를 재심사하고 그 결과에 따라 내용을 변경할 때에는 기획재정부령으로 그 적용시한을 따로 정하는 경우를 제외하고는 변경된 내용의 시행일부터 5년이 지나면 그 효력을 잃는다. 다만, 대통령령으로 정하는 사유(상계조치의 종료로 국내산업이 피해를 입을 우려가 있는 경우)로 재심사하는 경우에는 재심사가 끝나기 전에 해당 상계조치의 적용시한이 종료되더라도 재심사기간 동안 그 상계조치는 효력을 잃지 아니한다.

ⓔ **상계관세 및 약속의 재심사(영 제84조)**

ⓐ **재심사 여부 결정** : 기획재정부장관은 재심사가 필요하다고 인정되거나 이해관계인이나 해당 산업을 관장하는 주무부장관이 다음의 어느 하나에 해당하는 경우에 명확한 정보 제공과 함께 재심사 요청서를 제출한 때에는 상계관세가 부과되고 있거나 약속이 시행되고 있는 물품에 대하여 재심사 여부를 결정해야 한다.

가. 상계관세 또는 약속(이하 "상계조치")의 시행 이후 그 조치의 내용변경이 필요하다고 인정할 만한 충분한 상황변동이 발생한 경우
나. 상계조치의 종료로 국내산업이 피해를 입을 우려가 있는 경우
다. 실제 보조금 등의 금액보다 상계관세액이 과다하게 납부된 경우 또는 약속에 따른 가격수정이 과도한 경우

ⓑ **재심사 요청시기** : 재심사의 요청은 상계조치의 시행일부터 1년이 경과된 날 이후에 할 수 있으며, 상계조치의 효력이 상실되는 날 6개월 이전에 요청해야 한다.

ⓒ **재심사 여부 결정** : 기획재정부장관은 재심사를 요청받은 날부터 2개월 이내에 재심사의 필요 여부를 결정해야 하며, 그 결정일부터 10일 이내에 재심사 개시 결정에 관한 사항을 재심사 요청자, 해당 물품의 수출국 정부 및 수출자, 그 밖의 이해관계인에게 통지하고, 관보에 게재해야 한다. 이 경우 해당 물품의 수출국 정부 및 수출자에게는 재심사 요청서를 함께 제공해야 한다.

ⓓ **재심사, 재검토** : 기획재정부장관은 ⓐ에 따라 재심사를 하는 경우 외에 시행 중인 상계조치의 적정성 여부에 관한 재심사를 할 수 있으며, 이를 위해 상계조치의 내용(재심사에 따라 변경된 내용을 포함)에 관하여 매년 그 시행일이 속하는 달에 보조금 등을 받은 물품의 수입가격에 대한 재검토를 해야 한다. 이 경우 관세청장은 재검토에 필요한 자료를 작성하여 매년 그 시행일이 속하는 달에 기획재정부장관에게 제출해야 한다.

ⓔ **협의** : 기획재정부장관은 재심사의 필요 여부를 결정하는 때에는 관계 행정기관의 장 및 무역위원회와 협의할 수 있으며, 재심사가 필요한 것으로 결정된 때에는 무역위원회는 이를 조사해야 한다. 이 경우 무역위원회는 해당 재심사의 사유가 되는 부분에 한정하여 조사할 수 있다.

ⓕ 조사 종결·연장 : 무역위원회는 재심사 개시일부터 6개월 이내에 조사를 종결하여 그 결과를 기획재정부장관에게 제출해야 한다. 다만, 무역위원회는 조사기간을 연장할 필요가 있거나 이해관계인이 정당한 사유를 제시하여 조사기간의 연장을 요청하는 때에는 4개월의 범위에서 그 조사기간을 연장할 수 있다.

ⓖ 조치 : 기획재정부장관은 조사결과가 제출되면 관보 게재일부터 12개월 이내에 조치 여부 및 내용을 결정하여 필요한 조치를 해야 한다.

ⓗ 정산 : 재심사기간 중 상계관세가 계속 부과된 물품에 대하여 기획재정부장관이 새로운 상계관세의 부과 또는 가격수정 등의 약속을 시행하는 때에는 정산할 수 있다.

ⓘ 약속의 수정요구 : 기획재정부장관은 재심사결과 약속의 실효성이 상실되거나 상실될 우려가 있다고 판단되는 때에는 해당 약속을 이행하고 있는 수출국 정부 또는 수출자에게 약속의 수정을 요구할 수 있으며, 해당 수출국 정부 또는 수출자가 약속의 수정을 거부하는 때에는 이용 가능한 정보를 바탕으로 상계관세율을 산정하여 상계관세를 부과할 수 있다.

ⓙ 재심사 요청 철회 : 재심사를 요청한 자가 해당 요청을 철회하려는 경우에는 서면으로 그 뜻을 기획재정부장관에게 제출해야 한다. 이 경우 기획재정부장관은 무역위원회 및 관계 행정기관의 장과 협의하여 재심사 개시 여부의 결정을 중지하거나 조사를 종결하도록 할 수 있다.

⑦ 이해관계인에 대한 통지·공고 등(영 제85조)

㉠ 관보게재, 서면통지 : 기획재정부장관은 다음에 해당되는 때에는 그 내용을 관보에 게재하고, 이해관계인에게 서면으로 통지해야 한다.

> ⓐ 법 제57조(상계관세의 부과대상) 및 법 제59조(상계관세를 부과하기 전의 잠정조치) 제1항의 규정에 의한 조치를 결정하거나 당해 조치를 하지 아니하기로 결정한 때
> ⓑ 법 제60조(상계관세와 관련된 약속의 제의) 제1항의 규정에 의한 약속을 수락하여 조사를 중지·종결하거나 조사를 계속하는 때
> ⓒ 법 제62조(상계관세에 대한 재심사 등) 제1항의 규정에 의한 재심사를 개시하거나 재심사 결과 상계조치의 내용을 변경한 때
> ⓓ 법 제62조(상계관세에 대한 재심사 등) 제3항 단서 및 영 제84조 제8항에 따라 상계조치의 효력이 연장되는 때

㉡ 이해관계인에 통지 : 기획재정부장관·무역위원회는 다음의 어느 하나에 해당되는 때에는 그 내용을 이해관계인에게 통지해야 한다.

> ⓐ 영 제74조(보조금 등을 받은 물품의 수입 및 실질적 피해 등의 조사개시) 제2항의 규정에 의하여 조사신청이 기각되거나 제75조(보조금 등을 받은 물품의 수입 및 실질적 피해 등의 조사) 제4항의 규정에 의하여 조사가 종결된 때
> ⓑ 영 제75조 제2항의 규정에 의한 예비조사의 결과에 따라 예비판정을 한 때
> ⓒ 영 제75조 제5항의 규정에 의한 본조사의 결과에 따라 최종판정을 한 때
> ⓓ 영 제75조 제6항 및 제8항, 제84조(상계관세 및 약속의 재심사) 제6항 단서에 따라 조사기간을 연장한 때
> ⓔ 영 제75조 제7항 단서에 따라 기간을 연장한 때
> ⓕ 영 제76조(상계관세 부과요청의 철회)의 규정에 의하여 상계관세의 부과요청이 철회되어 조사의 개시 여부에 관한 결정이 중지되거나 조사가 종결된 때

ⓖ 영 제81조(보조금 등의 철폐 또는 삭감, 가격수정 등의 약속) 제3항의 규정에 의하여 기획재정부장관이 약속을 제의한 때
ⓗ 영 제84조 제6항에 따른 재심사 조사의 결과에 따라 최종판정을 한 때

ⓒ **조사 진행상황 통지** : 기획재정부장관 또는 무역위원회는 조사과정에서 조사와 관련된 이해관계인의 서면요청이 있는 때에는 조사의 진행상황을 통지해야 한다.
ⓓ **최종판정 전 통지** : 무역위원회는 본조사의 결과 및 재심사 조사의 결과에 따라 최종판정을 하기 전에 해당 판정의 근거가 되는 핵심적 고려사항을 이해관계인에게 통지해야 한다.

(3) 보복관세

① **보복관세의 부과대상(법 제63조)** 16, 14년 기출

교역상대국이 우리나라의 수출물품 등에 대하여 다음의 어느 하나에 해당하는 행위를 하여 우리나라의 무역이익이 침해되는 경우에는 그 나라로부터 수입되는 물품에 대하여 피해상당액의 범위에서 보복관세를 부과할 수 있다.

> ㉠ 관세 또는 무역에 관한 국제협정이나 양자 간의 협정 등에 규정된 우리나라의 권익을 부인하거나 제한하는 경우
> ㉡ 그 밖에 우리나라에 대하여 부당하거나 차별적인 조치를 하는 경우

주의 피해상당액의 범위에서 보복관세를 부과할 수 있으며, 피해상당액의 범위를 초과하여 부과할 수 없다.

② **세부규정**

보복관세를 부과하여야 하는 대상 국가, 물품, 수량, 세율, 적용시한, 그 밖에 필요한 사항은 대통령령으로 정한다.

③ **부과요청(영 제86조)**

㉠ **제출자료** : 관계부처의 장 또는 이해관계인이 보복관세의 부과를 요청하고자 하는 때에는 당해 물품에 대한 다음 각 호의 사항에 관한 자료를 기획재정부장관에게 제출하여야 한다.

> ⓐ 상기 ①에 해당하는 행위를 한 나라 및 그 행위의 내용
> ⓑ 우리나라에서 보복조치를 할 물품
> ⓒ 피해상당액의 금액과 그 산출내역 및 관세부과의 내용

㉡ **협조요청** : 기획재정부장관은 보복관세의 적용에 관하여 필요한 사항을 조사하기 위하여 필요하다고 인정되는 때에는 관계기관·수출자·수입자 기타 이해관계인에게 관계 자료의 제출 기타 필요한 협조를 요청할 수 있다.

④ **보복관세의 부과에 관한 협의(법 제64조)**

기획재정부장관은 보복관세를 부과할 때 필요하다고 인정되는 경우에는 관련 국제기구 또는 당사국과 미리 협의할 수 있다.

(4) 긴급관세

① 긴급관세의 부과대상 등(법 제65조) 19, 16, 15, 14, 13, 11, 10년 기출

부과사유 및 방법	특정물품의 수입증가로 인하여 동종물품 또는 직접적인 경쟁관계에 있는 물품을 생산하는 국내산업이 심각한 피해를 받거나 받을 우려(심각한 피해 등)가 있음이 조사를 통하여 확인되고 해당 국내산업을 보호할 필요가 있다고 인정되는 경우에는 해당 물품에 대하여 심각한 피해 등을 방지하거나 치유하고 조정을 촉진(피해의 구제 등)하기 위하여 필요한 범위에서 긴급관세를 추가하여 부과할 수 있다.
부과 여부의 결정	긴급관세의 부과 여부 및 그 내용은 무역위원회의 부과건의가 접수된 날부터 1개월 이내에 결정하여야 한다. 다만, 주요 이해당사국과 긴급관세의 부과에 관한 협의 등을 하기 위하여 소요된 기간은 이에 포함되지 아니한다.
부과 여부의 검토	긴급관세는 해당 국내산업의 보호 필요성, 국제통상관계, 긴급관세 부과에 따른 보상 수준 및 국민경제 전반에 미치는 영향 등을 검토하여 부과 여부와 그 내용을 결정한다.
협 의	기획재정부장관은 긴급관세를 부과하는 경우에는 이해당사국과 긴급관세부과의 부정적 효과에 대한 적절한 무역보상방법에 관하여 협의를 할 수 있다.
적용시한	긴급관세의 부과와 잠정긴급관세의 부과는 각각의 부과조치 결정 시행일 이후 수입되는 물품에 한정하여 적용한다.
부과기간	긴급관세의 부과기간은 4년을 초과할 수 없으며, 잠정긴급관세는 200일을 초과하여 부과할 수 없다. 다만, 재심사의 결과에 따라 부과기간을 연장하는 경우에는 잠정긴급관세의 부과기간, 긴급관세의 부과기간, 수입수량제한 등의 적용기간 및 그 연장기간을 포함한 총 적용기간은 8년을 초과할 수 없다.
세부규정	긴급관세 또는 잠정긴급관세를 부과하여야 하는 대상 물품, 세율, 적용기간, 수량, 수입관리방안, 그 밖에 필요한 사항은 기획재정부령으로 정한다.
협조요청	기획재정부장관은 긴급관세 또는 잠정긴급관세의 부과 여부를 결정하기 위하여 필요하다고 인정되는 경우에는 관계 행정기관의 장 및 이해관계인 등에게 관련 자료의 제출 등 필요한 협조를 요청할 수 있다.

② 잠정긴급관세의 부과 등(법 제66조)
   ㉠ 잠정긴급관세의 추가 부과 : 긴급관세의 부과 여부를 결정하기 위하여 조사가 시작된 물품 또는 잠정조치가 건의된 물품에 대하여 조사기간 중에 발생하는 심각한 피해 등을 방지하지 아니하는 경우 회복하기 어려운 피해가 초래되거나 초래될 우려가 있다고 판단될 때에는 조사가 종결되기 전에 피해의 구제 등을 위하여 필요한 범위에서 잠정긴급관세를 추가하여 부과할 수 있다.
   ㉡ 조치 여부의 결정 : 긴급관세의 부과 또는 수입수량제한 등의 조치 여부를 결정한 때에는 잠정긴급관세의 부과를 중단한다.
   ㉢ 잠정긴급관세의 환급 : 긴급관세의 부과 또는 수입수량제한 등의 조치 여부를 결정하기 위하여 조사한 결과 수입증가가 국내산업에 심각한 피해를 초래하거나 초래할 우려가 있다고 판단되지 아니하는 경우에는 납부된 잠정긴급관세를 환급하여야 한다.

③ 긴급관세에 대한 재심사 16, 13년 기출
   ㉠ 기획재정부장관은 필요하다고 인정되는 때에는 긴급관세의 부과결정에 대하여 재심사를 할 수 있으며, 재심사결과에 따라 부과내용을 변경할 수 있다. 이 경우 변경된 내용은 최초의 조치내용보다 더 강화되어서는 아니 된다(법 제67조).
   ㉡ 기획재정부장관은 부과 중인 긴급관세에 대하여 무역위원회가 그 내용의 완화·해제 또는 연장 등을 건의하는 때에는 그 건의가 접수된 날부터 1개월 이내에 재심사를 하여 긴급관세부과의 완화·해제 또는 연장 등의 조치 여부를 결정하여야 한다. 다만, 기획재정부장관은 필요하다고 인정되는 때에는 20일의 범위 내에서 그 결정기간을 연장할 수 있다(영 제89조).

(5) 특정국물품 긴급관세(법 제67조의2) 16, 11년 기출

① 부과대상 및 사유

국제조약 또는 일반적인 국제법규에 따라 허용되는 한도에서 대통령령으로 정하는 국가를 원산지로 하는 물품(특정국물품)이 다음의 어느 하나에 해당하는 것으로 조사를 통하여 확인된 경우에는 피해를 구제하거나 방지하기 위하여 필요한 범위에서 특정국물품 긴급관세를 추가하여 부과할 수 있다.

> ㉠ 해당 물품의 수입증가가 국내시장의 교란 또는 교란우려의 중대한 원인이 되는 경우
> ㉡ 세계무역기구 회원국이 해당 물품의 수입증가에 대하여 자국의 피해를 구제하거나 방지하기 위하여 한 조치로 인하여 중대한 무역전환이 발생하여 해당 물품이 우리나라로 수입되거나 수입될 우려가 있는 경우

▷ "국내시장의 교란 또는 교란우려"란 특정국물품의 수입증가로 인하여 동종물품 또는 직접적인 경쟁관계에 있는 물품을 생산하는 국내산업이 실질적 피해를 받거나 받을 우려가 있는 경우를 말한다.

② 세부규정

특정국물품 긴급관세 또는 특정국물품 잠정긴급관세를 부과하여야 하는 대상 물품, 세율, 적용기간, 수량, 수입관리방안 등에 관하여 필요한 사항은 기획재정부령으로 정한다.

③ 사전협의

기획재정부장관은 특정국물품 긴급관세를 부과할 때에는 이해당사국과 해결책을 모색하기 위하여 사전협의를 할 수 있다.

④ 부과기간

특정국물품 긴급관세의 부과 여부를 결정하기 위한 조사가 시작된 물품에 대하여 조사기간 중에 발생하는 국내시장의 교란을 방지하지 아니하는 경우 회복하기 어려운 피해가 초래되거나 초래될 우려가 있다고 판단될 때에는 조사가 종결되기 전에 피해를 구제하거나 방지하기 위하여 필요한 범위에서 특정국물품에 대한 잠정긴급관세를 200일의 범위에서 부과할 수 있다.

⑤ 특정국물품 잠정긴급관세의 환급

특정국물품 긴급관세의 부과 여부를 결정하기 위하여 조사한 결과 국내시장의 교란 또는 교란우려가 있다고 판단되지 아니하는 경우에는 납부된 특정국물품 잠정긴급관세를 환급하여야 한다.

⑥ 특정국물품 긴급관세 부과 중지

특정국물품 긴급관세 부과의 원인이 된 세계무역기구 회원국의 조치가 종료된 때에는 그 종료일부터 30일 이내에 특정국물품 긴급관세 부과를 중지하여야 한다.

(6) 농림축산물에 대한 특별긴급관세(법 제68조) 16, 14, 13년 기출

① 의 의

국내외 가격차에 상당한 율로 양허한 농림축산물의 수입물량이 급증하거나 수입가격이 하락하는 경우에는 대통령령으로 정하는 바에 따라 양허한 세율을 초과하여 특별긴급관세를 부과할 수 있다.

② 부과대상 등의 결정

특별긴급관세를 부과하여야 하는 대상 물품, 세율, 적용시한, 수량 등은 기획재정부령으로 정한다.

③ 특별긴급관세의 부과방법(영 제90조)

특별긴급관세를 부과할 수 있는 경우는 물량기준 또는 가격기준으로 부과된다. 다만, 다음의 모두에 해당하는 경우에는 기획재정부령으로 정하는 바에 따라 그 중 하나를 선택하여 적용할 수 있다.

㉠ 물량기준

ⓐ 부과사유 : 당해 연도 수입량이 기준발동물량을 초과하는 경우

ⓑ 부과범위 : 국내외 가격차에 상당한 율인 당해 양허세율에 그 양허세율의 3분의 1까지를 추가한 세율로 부과할 수 있으며 당해 연도 말까지 수입되는 분에 대하여서만 이를 적용한다.

ⓒ 기준발동물량 : 자료입수가 가능한 최근 3년간의 평균수입량에 다음의 구분에 의한 계수(기준발동계수)를 곱한 것과 자료입수가 가능한 최근 연도의 당해 품목 국내소비량의 그 전년도대비 변화량을 합한 물량(기준발동물량)으로 한다. 다만, 기준발동물량이 최근 3년간 평균수입량의 100분의 105 미만인 경우에는 기준발동물량을 최근 3년간 평균수입량의 100분의 105로 한다.

시장점유율이 100분의 10 이하인 때	100분의 125
시장점유율이 100분의 10 초과 100분의 30 이하인 때	100분의 110
시장점유율이 100분의 30을 초과하는 때	100분의 105
시장점유율을 산정할 수 없는 때	100분의 125

▷ 시장점유율 : 자료입수가 가능한 최근 3년 동안의 당해 물품 국내소비량에 대한 수입량 비율

㉡ 가격기준

ⓐ 부과사유 : 원화로 환산한 운임 및 보험료를 포함한 해당 물품의 수입가격이 기준가격의 100분의 10을 초과하여 하락하는 경우

▷ 기준가격 : 1988년부터 1990년까지의 평균수입가격(별표 1에 해당하는 물품의 경우에는 1986년부터 1988년까지의 평균수입가격)

ⓑ 부과범위 : 국내외 가격차에 상당한 율인 해당 양허세율에 따른 관세에 다음 표의 금액을 추가하여 부과할 수 있다. 다만, 수입량이 감소하는 경우에는 기획재정부령으로 정하는 바에 따라 다음 표에 따른 특별긴급관세를 부과하지 않을 수 있다.

기준가격 대비 수입가격의 하락률	특별긴급관세액
10% 초과 40% 이하	기준가격 × (하락률 − 10%p) × 30%
40% 초과 60% 이하	기준가격 × {9% + (하락률 − 40%p) × 50%}
60% 초과 75% 이하	기준가격 × {19% + (하락률 − 60%p) × 70%}
75% 초과	기준가격 × {29.5% + (하락률 − 75%p) × 90%}

④ 특별긴급관세 부과의 제한

㉠ 부패하기 쉽거나 계절성이 있는 물품 : 부패하기 쉽거나 계절성이 있는 물품에 대하여는 기준발동물량을 산정함에 있어서는 3년보다 짧은 기간을 적용하거나 기준가격을 산정 시 다른 기간 동안의 가격을 적용하는 등 당해 물품의 특성을 고려할 수 있다.

ⓛ **시장접근물량으로 수입되는 물품** : 국제기구와 관세에 관한 협상에서 양허된 시장접근물량으로 수입되는 물품은 특별긴급관세 부과대상에서 제외한다. 다만, 그 물품은 특별긴급관세의 부과를 위하여 수입량을 산정하는 때에는 이를 산입한다.

ⓒ **운송 중에 있는 물품** : 특별긴급관세가 부과되기 전에 계약이 체결되어 운송 중에 있는 물품은 특별긴급관세 부과대상에서 제외한다. 다만, 당해 물품은 다음 해에 특별긴급관세를 부과하기 위하여 필요한 수입량에는 산입할 수 있다.

ⓓ **자료의 제출** : 관계부처의 장 또는 이해관계인이 특별긴급관세의 부과조치를 요청하려는 경우에는 해당 물품과 관련된 다음의 사항에 관한 자료를 기획재정부장관에게 제출하여야 한다.

> ⓐ 해당 물품의 관세율표 번호·품명·규격·용도 및 대체물품
> ⓑ 해당 물품의 최근 3년간 연도별 국내소비량·수입량 및 기준가격
> ⓒ 인상하여야 하는 세율, 인상이유, 적용기간 및 그 밖의 참고사항

ⓜ **협조 요청** : 기획재정부장관은 특별긴급관세의 적용에 관하여 필요한 사항을 조사하기 위하여 필요하다고 인정되는 때에는 관계기관·수출자·수입자 기타 이해관계인에게 관계자료의 제출 기타 필요한 협조를 요청할 수 있다.

(7) 조정관세

① 조정관세의 부과대상(법 제69조) 13, 12, 10년 기출

다음의 어느 하나에 해당하는 경우에는 100분의 100에서 해당 물품의 기본세율을 뺀 율을 기본세율에 더한 율의 범위에서 관세를 부과할 수 있다. 다만, 농림축수산물 또는 이를 원재료로 하여 제조된 물품의 국내외 가격차가 해당 물품의 과세가격을 초과하는 경우에는 국내외 가격차에 상당하는 율의 범위에서 관세를 부과할 수 있다.

> ⓐ 산업구조의 변동 등으로 물품 간의 세율 불균형이 심하여 이를 시정할 필요가 있는 경우
> ⓑ 공중도덕 보호, 인간·동물·식물의 생명 및 건강 보호, 환경보전, 한정된 천연자원 보존 및 국제평화와 안전보장 등을 위하여 필요한 경우
> ⓒ 국내에서 개발된 물품을 일정 기간 보호할 필요가 있는 경우
> ⓓ 농림축수산물 등 국제경쟁력이 취약한 물품의 수입증가로 인하여 국내시장이 교란되거나 산업기반이 붕괴될 우려가 있어 이를 시정하거나 방지할 필요가 있는 경우

② 조정관세의 적용 세율 등(법 제70조)

ⓐ **부과 여부와 내용 결정** : 조정관세는 해당 국내산업의 보호 필요성, 국제통상관계, 국제평화·국가안보·사회질서·국민경제 전반에 미치는 영향 등을 검토하여 부과 여부와 그 내용을 정한다.

ⓑ **세부규정** : 조정관세를 부과하여야 하는 대상 물품, 세율 및 적용시한 등은 대통령령으로 정한다.

③ 자료제출 등(영 제91조) 18년 기출

관계부처의 장 또는 이해관계인이 조정관세 부과 등의 조치를 요청하려는 경우에는 해당 물품과 관련된 다음의 사항에 관한 자료를 기획재정부장관에게 제출하여야 한다.

⊙ 해당 물품의 관세율표 번호·품명·규격·용도 및 대체물품
　　ⓛ 해당 물품의 제조용 투입원료 및 해당 물품을 원료로 하는 관련제품의 제조공정설명서 및 용도
　　ⓒ 해당 연도와 그 전후 1년간의 수급실적 및 계획
　　ⓔ 최근 1년간의 월별 주요 수입국별 수입가격 및 수입실적
　　ⓜ 최근 1년간의 월별 주요 국내제조업체별 공장도가격 및 출고실적
　　ⓗ 인상하여야 하는 세율·인상이유 및 그 적용기간
　　ⓢ 세율 인상이 국내 산업, 소비자 이익, 물가 등에 미치는 영향(법 제69조 제2호에 해당하는 경우에
　　　한정)

(8) 할당관세(법 제71조)

① 할당관세의 부과 20, 19, 18, 16, 12, 11, 10년 기출
　⊙ 세율의 인하 : 다음의 어느 하나에 해당하는 경우에는 100분의 40의 범위의 율을 기본세율에서 빼고
　　관세를 부과할 수 있다. 이 경우 필요하다고 인정될 때에는 그 수량을 제한할 수 있다.

> ⓐ 원활한 물자수급 또는 산업의 경쟁력 강화를 위하여 특정물품의 수입을 촉진할 필요가 있는 경우
> ⓑ 수입가격이 급등한 물품 또는 이를 원재료로 한 제품의 국내가격을 안정시키기 위하여 필요한
> 　경우
> ⓒ 유사물품 간의 세율이 현저히 불균형하여 이를 시정할 필요가 있는 경우

　ⓛ 세율의 인상 : 특정물품의 수입을 억제할 필요가 있는 경우에는 일정한 수량을 초과하여 수입되는
　　분에 대하여 100분의 40의 범위의 율을 기본세율에 더하여 관세를 부과할 수 있다. 다만, 농림축수산
　　물인 경우에는 기본세율에 동종물품·유사물품 또는 대체물품의 국내외 가격차에 상당하는 율을 더
　　한 율의 범위에서 관세를 부과할 수 있다.

② 부과 요청(영 제92조 제1항·제2항·제7항)
　⊙ 자료제출 : 관계부처의 장 또는 이해관계인은 할당관세의 부과를 요청하고자 하는 때에는 당해 물품
　　에 관련된 다음의 사항에 관한 자료를 기획재정부장관에게 제출하여야 한다.

> ⓐ 세율의 인하 및 인상 시 공통으로 제출하여야 하는 자료
> 　• 해당 물품의 관세율표 번호·품명·규격·용도 및 대체물품
> 　• 해당 물품의 제조용 투입원료 및 해당 물품을 원료로 하는 관련제품의 제조공정설명서 및 용도
> 　• 해당 연도와 그 전후 1년간의 수급실적 및 계획
> 　• 최근 1년간의 월별 주요 수입국별 수입가격 및 수입실적
> 　• 최근 1년간의 월별 주요 국내제조업체별 공장도가격 및 출고실적
> 　• 당해 할당관세를 적용하고자 하는 세율·인하 및 인상이유 및 그 적용기간
> ⓑ 세율의 인하 부과요청 시 제출하여야 하는 자료
> 　• 수량을 제한하여야 하는 때에는 그 수량 및 산출근거
> ⓒ 세율의 인상 부과요청 시 제출하여야 하는 자료
> 　• 기본관세율을 적용하여야 하는 수량 및 그 산출근거
> 　• 농림축수산물의 경우에는 최근 2년간의 월별 또는 분기별 동종물품·유사물품 또는 대체물품별
> 　　국내외 가격동향

ⓛ 의견 수렴 및 결과의 제출 : 관계부처의 장은 할당관세의 부과를 요청하는 경우 다음의 사항을 해당 관계부처의 인터넷 홈페이지 등에 10일 이상 게시하여 의견을 수렴하고 그 결과를 기획재정부장관에게 제출하여야 한다. 다만, 자연재해 또는 가격급등 등으로 할당관세를 긴급히 부과할 필요가 있는 경우에는 기획재정부장관과 협의하여 의견 수렴을 생략할 수 있다.

> ⓐ 해당 물품의 관세율표 번호, 품명, 규격, 용도 및 대체물품
> ⓑ 당해 할당관세를 적용하고자 하는 세율·인하이유 및 그 적용기간, 수량을 제한하여야 하는 때에는 그 수량 및 산출근거, 또는 당해 할당관세를 적용하여야 하는 세율·인상이유 및 그 적용기간, 기본관세율을 적용하여야 하는 수량 및 그 산출근거

ⓒ 협조 요청 : 기획재정부장관은 할당관세의 적용에 관하여 필요한 사항을 조사하기 위하여 필요하다고 인정되는 때에는 관계기관·수출자·수입자 기타 이해관계인에게 관계자료의 제출 기타 필요한 협조를 요청할 수 있다.

③ 일정수량 할당 방법(영 제92조 제3항)

일정수량의 할당은 당해 수량의 범위 안에서 주무부장관 또는 그 위임을 받은 자의 추천으로 행한다. 다만, 기획재정부장관이 정하는 물품에 있어서는 수입신고 순위에 따르되, 일정수량에 달하는 날의 할당은 그날에 수입신고되는 분을 당해 수량에 비례하여 할당한다.

④ 추천서 제출(영 제92조 제4항)

주무부장관 또는 그 위임을 받은 자의 추천을 받은 자는 해당 추천서를 수입신고 수리 전까지 세관장에게 제출해야 한다. 다만, 해당 물품이 보세구역에서 반출되지 않은 경우에는 수입신고 수리일부터 15일이 되는 날까지 제출할 수 있다.

⑤ 세부규정

관세를 부과하여야 하는 대상 물품, 수량, 세율, 적용기간 등은 대통령령으로 정한다.

⑥ 실적 및 결과 보고

ⓐ 자료제출의 요청 : 기획재정부장관은 관세의 전년도 부과 실적 등의 보고를 위하여 관계부처의 장에게 매 회계연도 종료 후 3개월 이내에 관세 부과 실적 및 효과 등에 관한 자료를 기획재정부장관에게 제출할 것을 요청할 수 있다. 이 경우 요청을 받은 관계부처의 장은 특별한 사유가 없으면 그 요청에 따라야 한다(영 제92조 제8항).

ⓑ 결과 보고 : 기획재정부장관은 매 회계연도 종료 후 5개월 이내에 관세의 전년도 부과 실적 및 그 결과(관세 부과의 효과 등을 조사·분석한 보고서를 포함)를 국회 소관 상임위원회에 보고하여야 한다.

(9) 계절관세(법 제72조)

① 부과사유 및 범위 10년 기출

계절에 따라 가격의 차이가 심한 물품으로서 동종물품·유사물품 또는 대체물품의 수입으로 인하여 국내시장이 교란되거나 생산 기반이 붕괴될 우려가 있을 때에는 계절에 따라 해당 물품의 국내외 가격차에 상당하는 율의 범위에서 기본세율보다 높게 관세를 부과하거나 100분의 40의 범위의 율을 기본세율에서 빼고 관세를 부과할 수 있다.

② 부과 요청(영 제93조) 24년 기출

　　㉠ 자료의 제출 : 관계 행정기관의 장 또는 이해관계인이 계절관세의 부과를 요청하고자 하는 때에는 당해 물품에 관련한 다음의 사항에 관한 자료를 기획재정부장관에게 제출하여야 한다.

> ⓐ 품명·규격·용도 및 대체물품
> ⓑ 최근 1년간의 월별 수입가격 및 주요 국제상품시장의 가격동향
> ⓒ 최근 1년간의 월별 주요 국내제조업체별 공장도가격
> ⓓ 당해 물품 및 주요 관련제품의 생산자물가지수·소비자물가지수 및 수입물가지수
> ⓔ 계절관세를 적용하고자 하는 이유 및 그 적용기간
> ⓕ 계절별 수급실적 및 전망
> ⓖ 변경하고자 하는 세율과 그 산출내역

　　㉡ 협조 요청 : 기획재정부장관은 계절관세의 적용에 관하여 필요한 사항을 조사하기 위하여 필요하다고 인정하는 때에는 관계기관·수출자·수입자 기타 이해관계인에게 관계자료의 제출 기타 필요한 협조를 요청할 수 있다.

③ 세부규정

　계절관세를 부과하여야 하는 대상 물품, 세율 및 적용시한 등은 기획재정부령으로 정한다.

기출문제

관세법령상 관계 행정기관의 장 또는 이해관계인이 계절관세의 부과를 요청하고자 하는 때에 제출하여야 하는 자료가 아닌 것은? 24년 기출

① 품명·규격·용도 및 대체물품
② 계절관세를 적용하고자 하는 이유 및 그 적용기간
③ 최근 1년간의 월별 수입가격 및 주요 국제상품시장의 가격동향
④ 최근 1년간의 월별 동종물품·유사물품 또는 대체물품별 국내외 가격동향
⑤ 변경하고자 하는 세율과 그 산출내역

해설

계절관세(관세법 시행령 제93조 제1항)
관계 행정기관의 장 또는 이해관계인이 계절관세의 부과를 요청하고자 하는 때에는 당해 물품에 관련한 다음의 사항에 관한 자료를 기획재정부장관에게 제출하여야 한다.
1. 품명·규격·용도 및 대체물품
2. 최근 1년간의 월별 수입가격 및 주요 국제상품시장의 가격동향
3. 최근 1년간의 월별 주요국내제조업체별 공장도가격
4. 당해 물품 및 주요관련제품의 생산자물가지수·소비자물가지수 및 수입물가지수
5. 계절관세를 적용하고자 하는 이유 및 그 적용기간
6. 계절별 수급실적 및 전망
7. 변경하고자 하는 세율과 그 산출내역

정답 ④

(10) 국제협력관세(법 제73조)

① 협상 및 양허 10년 기출

협 상	정부는 우리나라의 대외무역 증진을 위하여 필요하다고 인정될 때에는 특정 국가 또는 국제기구와 관세에 관한 협상을 할 수 있다.
관세의 양허	협상을 수행할 때 필요하다고 인정되면 관세를 양허할 수 있다. 다만, 특정 국가와 협상할 때에는 기본 관세율의 100분의 50의 범위를 초과하여 관세를 양허할 수 없다.

② 농림축산물에 대한 양허세율의 적용신청(영 제94조) 12년 기출

국제협력관세에 따라 국제기구와 관세에 관한 협상에서 국내외 가격차에 상당한 율로 양허하거나 국내시장 개방과 함께 기본세율보다 높은 세율로 양허한 농림축산물을 시장접근물량 이내로 수입하는 자로서 관련 기관의 추천을 받은 자는 해당 추천서를 수입신고 수리 전까지 세관장에게 제출해야 한다. 다만, 해당 농림축산물이 보세구역에서 반출되지 않은 경우에는 수입신고 수리일부터 15일이 되는 날까지 제출할 수 있다.

③ 부과대상 등의 결정

국제협력관세를 부과하여야 하는 대상 물품, 세율 및 적용기간 등은 대통령령으로 정한다.

(11) 편익관세 21, 20, 18, 16, 14년 기출

① 편익관세의 적용기준 등(법 제74조)

㉠ 적용대상 : 관세에 관한 조약에 따른 편익을 받지 아니하는 나라의 생산물로서 우리나라에 수입되는 물품에 대하여 이미 체결된 외국과의 조약에 따른 편익의 한도에서 관세에 관한 편익관세를 부여할 수 있다.

㉡ 세부규정 : 편익관세를 부여할 수 있는 대상 국가, 대상 물품, 적용 세율, 적용방법, 그 밖에 필요한 사항은 대통령령으로 정한다.

㉢ 적용국가(영 제95조 제1항) 23년 기출

지 역	국 가
아시아	부 탄
중 동	이란 · 이라크 · 레바논 · 시리아
대양주	나우루
아프리카	코모로 · 에티오피아 · 소말리아
유 럽	안도라 · 모나코 · 산마리노 · 바티칸 · 덴마크(그린란드 및 페로제도에 한정)

② 편익관세의 적용 정지 등(법 제75조)

기획재정부장관은 다음의 어느 하나에 해당하는 경우에는 국가, 물품 및 기간을 지정하여 편익관세의 적용을 정지시킬 수 있다.

> ㉠ 편익관세의 적용으로 국민경제에 중대한 영향이 초래되거나 초래될 우려가 있는 경우
> ㉡ 그 밖에 편익관세의 적용을 정지시켜야 할 긴급한 사태가 있는 경우

③ 협조 요청(영 제95조 제5항)

기획재정부장관은 편익관세의 적용에 관하여 필요한 사항을 조사하기 위하여 필요하다고 인정되는 때에는 관계행정기관·수출자·수입자 기타 이해관계인에게 관계자료의 제출 기타 필요한 협조를 요청할 수 있다.

> **주의** 관세청장이 아니라 기획재정부장관이다.

(12) 일반특혜관세 19, 16년 기출

① 일반특혜관세의 적용기준(법 제76조)

　㉠ 부과대상 : 대통령령으로 정하는 개발도상국가(특혜대상국)를 원산지로 하는 물품 중 대통령령으로 정하는 물품(특혜대상물품)에 대하여는 기본세율보다 낮은 세율의 일반특혜관세를 부과할 수 있다.

　㉡ 차등부과

　　ⓐ 일반특혜관세를 부과할 때 해당 특혜대상물품의 수입이 국내산업에 미치는 영향 등을 고려하여 그 물품에 적용되는 세율에 차등을 두거나 특혜대상물품의 수입수량 등을 한정할 수 있다.

　　ⓑ 국제연합총회의 결의에 따른 최빈 개발도상국 중 대통령령으로 정하는 국가를 원산지로 하는 물품에 대하여는 다른 특혜대상국보다 우대하여 일반특혜관세를 부과할 수 있다.

　㉢ 세부규정 : 특혜대상물품에 적용되는 세율 및 적용기간과 그 밖에 필요한 사항은 대통령령으로 정한다.

② 일반특혜관세의 적용 정지 등(법 제77조)

　㉠ 적용 정지 : 기획재정부장관은 특정한 특혜대상물품의 수입이 증가하여 이와 동종의 물품 또는 직접적인 경쟁관계에 있는 물품을 생산하는 국내산업에 중대한 피해를 주거나 줄 우려가 있는 등 일반특혜관세를 부과하는 것이 적당하지 아니하다고 판단될 때에는 대통령령으로 정하는 바에 따라 해당 물품과 그 물품의 원산지인 국가를 지정하여 일반특혜관세의 적용을 정지할 수 있다.

　㉡ 적용 배제 : 기획재정부장관은 특정한 특혜대상국의 소득수준, 우리나라의 총수입액 중 특정한 특혜대상국으로부터의 수입액이 차지하는 비중, 특정한 특혜대상국의 특정한 특혜대상물품이 지니는 국제경쟁력의 정도, 그 밖의 사정을 고려하여 일반특혜관세를 부과하는 것이 적당하지 아니하다고 판단될 때에는 대통령령으로 정하는 바에 따라 해당 국가를 지정하거나 해당 국가 및 물품을 지정하여 일반특혜관세의 적용을 배제할 수 있다.

3. 관세양허에 대한 조치 등

(1) 양허의 철회 및 수정(법 제78조)

정부는 외국에서의 가격 하락이나 그 밖에 예상하지 못하였던 사정의 변화 또는 조약상 의무의 이행으로 인하여 특정물품의 수입이 증가됨으로써 이와 동종의 물품 또는 직접 경쟁관계에 있는 물품을 생산하는 국내 생산자에게 중대한 피해를 가져오거나 가져올 우려가 있다고 인정되는 경우에는 다음의 구분에 따른 조치를 할 수 있다.

> ㉠ 조약에 따라 관세를 양허하고 있는 경우 : 해당 조약에 따라 이루어진 특정물품에 대한 양허를 철회하거나 수정하여 관세법에 따른 세율이나 수정 후의 세율에 따라 관세를 부과하는 조치
> ㉡ 특정물품에 대하여 양허의 철회 및 수정 조치를 하려고 하거나 그 조치를 한 경우 : 해당 조약에 따른 협의에 따라 그 물품 외에 이미 양허한 물품의 관세율을 수정하거나 양허품목을 추가하여 새로 관세의 양허를 하고 수정 또는 양허한 후의 세율을 적용하는 조치

(2) 대항조치(법 제79조) 21년 기출

정부는 외국이 특정물품에 관한 양허의 철회·수정 또는 그 밖의 조치를 하려고 하거나 그 조치를 한 경우 해당 조약에 따라 대항조치를 할 수 있다고 인정될 때에는 다음의 조치를 할 수 있다.

> ㉠ 특정물품에 대하여 관세법에 따른 관세 외에 그 물품의 과세가격 상당액의 범위에서 관세를 부과하는 조치
> ㉡ 특정물품에 대하여 관세의 양허를 하고 있는 경우에는 그 양허의 적용을 정지하고 관세법에 따른 세율의 범위에서 관세를 부과하는 조치

(3) 양허 및 철회의 효력(법 제80조)

㉠ 철회의 효력 : 조약에 따라 우리나라가 양허한 품목에 대하여 그 양허를 철회한 경우에는 해당 조약에 따라 철회의 효력이 발생한 날부터 관세법에 따른 세율을 적용한다.

㉡ 보상에 따른 양허의 효력 : 양허의 철회에 대한 보상으로 우리나라가 새로 양허한 품목에 대하여는 그 양허의 효력이 발생한 날부터 관세법에 따른 세율을 적용하지 아니한다.

4. 품목분류

(1) HS의 의의

HS는 수출입 품목에 대해 HS협약에 의해 부여되는 상품분류코드로서 6자리까지는 국제적으로 공통으로 사용하는 코드이고, 7자리부터는 각 나라에서 6단위 소호의 범위 내에서 이를 세분하여 10자리까지 사용할 수 있다. 우리나라에서는 10자리까지 사용하는데 이를 HSK(HS of Korea)라고 한다.

알아두기

현행 우리나라 관세율표 11년 기출
• 관세율표 해석에 관한 통칙은 관세율표의 일부이다.
• 전기에너지도 관세품목으로 명시되어 있다.
• 관세율표는 관세법의 일부이므로 관세율표의 개정은 관세법 개정으로 이루어진다.
• 관세법상으로는 잠정세율도 관세율표에 포함할 수 있으나 현재는 기본세율만 표시되어 있다.
• 관세포괄주의를 채택하고 있는 우리나라에서는 관세율표에 무세품과 유세품 모두를 표시하고 있다.

(2) 품목분류체계의 수정

① 품목분류의 수정(법 제84조) 12년 기출

기획재정부장관은 「통일상품명 및 부호체계에 관한 국제협약」에 따른 관세협력이사회의 권고 또는 결정 등 "대통령령으로 정하는 사유"로 다음의 표 또는 품목분류의 품목을 수정할 필요가 있는 경우 그 세율이 변경되지 아니하는 경우에는 대통령령으로 정하는 바에 따라 품목을 신설 또는 삭제하거나 다시 분류할 수 있다.

⊙ 별표 관세율표
ⓛ 제73조 및 제76조에 따라 "대통령령으로 정한 품목분류"(영 제98조 제3항)
　　ⓐ 「세계무역기구협정 등에 의한 양허관세규정」 별표 1부터 별표 4까지
　　ⓑ 「특정국가와의 관세협상에 따른 국제협력관세의 적용에 관한 규정」 별표
　　ⓒ 「최빈개발도상국에 대한 특혜관세 공여 규정」 별표 2에 따른 품목분류
ⓒ 「통일상품명 및 부호체계에 관한 국제협약」 및 별표 관세율표를 기초로 기획재정부장관이 품목을 세
　분하여 고시하는 관세ㆍ통계통합품목분류표(이하 "품목분류표")

보충 　대통령령으로 정하는 사유(영 제98조 제2항)

1. 관세협력이사회로부터 협약의 통일상품명 및 부호체계에 관한 권고 또는 결정이 있는 경우
2. 관계 법령이 개정된 경우
3. 그 밖에 제1호 및 제2호와 유사한 경우로서 법 제84조 각 호에 따른 품목을 수정(품목을 신설 또는
　삭제하거나 다시 분류하는 것을 말함)할 필요가 있다고 기획재정부장관이 인정하는 경우

주의 　관세청장, 지식경제부장관, 중앙관세분석소장, 관세평가분류원장이 아니라 기획재정부장관이 품목분류를 할 수 있다.

② 품목분류표의 고시
기획재정부장관은 「통일상품명 및 부호체계에 관한 국제협약」에 따라 수출입물품의 신속한 통관, 통계
파악 등을 위하여 협약 및 관세법 별표 관세율표를 기초로 하여 품목을 세분한 관세ㆍ통계통합품목분류
표를 고시할 수 있다(영 제98조 제1항).

③ 수정고시
기획재정부장관은 법 제84조에 따라 같은 조 각 호에 따른 품목을 수정한 경우에는 이를 고시해야 한다
(영 제98조 제4항).

④ 기한 내 수정
기획재정부장관은 제2항 제1호의 사유(관세협력이사회로부터 협약의 통일상품명 및 부호체계에 관한 권
고 또는 결정이 있는 경우)로 별표 관세율표 및 품목분류표에 따른 품목을 수정하는 경우에는 협약 제16
조 제4항에 따른 기한 내에 수정해야 한다(영 제98조 제5항).

(3) 품목분류의 적용기준 등(법 제85조)

① 적용기준의 결정
기획재정부장관은 대통령령으로 정하는 바에 따라 품목분류를 적용하는 데에 필요한 기준을 정할 수
있다.

② 고 시
기획재정부장관은 관세협력이사회가 협약에 따라 권고한 통일상품명 및 부호체계의 품목분류에 관한 사
항을 관세청장으로 하여금 고시하게 할 수 있다. 이 경우 관세청장은 고시할 때 기획재정부장관의 승인
을 받아야 한다(영 제99조 제2항).

③ 관세품목분류위원회 20, 15년 기출

다음의 사항을 심의하기 위하여 관세청에 관세품목분류위원회를 둔다.

> ⊙ 품목분류 적용기준의 신설 또는 변경과 관련하여 관세청장이 기획재정부장관에게 요청할 사항
> ⓒ 특정물품에 적용될 품목분류의 사전심사 및 재심사
> ⓒ 특정물품에 적용될 품목분류의 변경 및 재심사
> ⓔ 그 밖에 품목분류에 관하여 관세청장이 분류위원회에 부치는 사항

④ 관세품목분류위원회의 구성 등(영 제100조) 24년 기출

구 성	1. 관세품목분류위원회는 위원장 1인과 30명 이상 40명 이하의 위원으로 구성한다. 2. 서무를 처리하기 위하여 위원회에 관세청장 소속공무원 중에서 임명된 간사 1인을 둔다(영 제102조).
위원장 및 위원	관세품목분류위원회의 위원장은 관세청의 3급 공무원 또는 고위공무원단에 속하는 일반직공무원으로서 관세청장이 지정하는 자가 되고, 위원은 다음의 어느 하나에 해당하는 자 중에서 관세청장이 임명 또는 위촉한다. 1. 관세청 소속 공무원 2. 관계 중앙행정기관의 공무원 3. 시민단체(「비영리민간단체 지원법」에 의한 비영리민간단체)에서 추천한 자 4. 기타 상품학에 관한 지식이 풍부한 자 ※ 3, 4에 해당하는 위원의 임기는 2년으로 하되, 한 번만 연임할 수 있다. 다만, 보궐위원의 임기는 전임위원 임기의 남은 기간으로 한다.
회의 (영 제101조)	1. 관세품목분류위원회의 위원장은 위원회의 회의를 소집하고 그 의장이 된다. 2. 회의는 위원장과 위원장이 회의마다 지정하는 14명 이상 16명 이하의 위원으로 구성하되, 관계 중앙행정기관의 공무원 2명 이상과 시민단체에서 추천한 자 또는 기타 상품학에 관한 지식이 풍부한 자 8명 이상이 포함되어야 한다. 3. 구성원 과반수의 출석과 출석위원 과반수의 찬성으로 의결한다. 4. 관세품목분류위원회에서 품목분류의 재심사를 심의하려는 경우로서 시민단체에서 추천한 자 또는 기타 상품학에 관한 지식이 풍부한 자를 회의의 구성원으로 포함시키려는 경우에는 재심사의 대상인 품목분류의 사전심사 또는 품목분류의 변경을 심의할 때 출석하지 않은 위원을 회의의 구성원으로 포함시켜야 한다.
위원 해임 또는 해촉	관세청장은 관세품목분류위원회의 위원이 다음의 어느 하나에 해당하는 경우에는 해당 위원을 해임 또는 해촉할 수 있다. 1. 심신장애로 인하여 직무를 수행할 수 없게 된 경우 2. 직무와 관련된 비위사실이 있는 경우 3. 직무태만, 품위손상이나 그 밖의 사유로 인하여 위원으로 적합하지 아니하다고 인정되는 경우 4. 위원 스스로 직무를 수행하는 것이 곤란하다고 의사를 밝히는 경우 5. 영 제101조의2(관세품목분류위원회 위원의 제척·회피) 제1항 각 호의 어느 하나에 해당함에도 불구하고 회피하지 아니한 경우
위원의 제척·회피 (영 제101조의2)	관세품목분류위원회의 위원은 다음의 어느 하나에 해당하는 경우에는 심의·의결에서 제척되며, 스스로 해당 안건의 심의·의결에서 회피하여야 한다. 1. 위원이 해당 안건의 당사자(당사자가 법인·단체 등인 경우에는 그 임원을 포함)이거나 해당 안건에 관하여 직접적인 이해관계가 있는 경우 2. 위원의 배우자, 4촌 이내의 혈족 및 2촌 이내의 인척의 관계에 있는 사람이 해당 안건의 당사자이거나 해당 안건에 관하여 직접적인 이해관계가 있는 경우 3. 위원이 해당 안건 당사자의 대리인이거나 최근 5년 이내에 대리인이었던 경우 4. 위원이 해당 안건 당사자의 대리인이거나 최근 5년 이내에 대리인이었던 법인·단체 등에 현재 속하고 있거나 속하였던 경우

	5. 위원이 최근 5년 이내에 해당 안건 당사자의 자문·고문에 응하였거나 해당 안건 당사자와 연구·용역 등의 업무 수행에 동업 또는 그 밖의 형태로 직접 해당 안건 당사자의 업무에 관여를 하였던 경우 6. 위원이 최근 5년 이내에 해당 안건 당사자의 자문·고문에 응하였거나 해당 안건 당사자와 연구·용역 등의 업무 수행에 동업 또는 그 밖의 형태로 직접 해당 안건 당사자의 업무에 관여를 하였던 법인·단체 등에 현재 속하고 있거나 속하였던 경우
위원장 역할	관세품목분류위원회의 위원장은 위원회의 사무를 총괄하고 위원회를 대표한다.
위원장 직무대행	관세품목분류위원회의 위원장이 직무를 수행하지 못하는 부득이한 사정이 있는 때에는 위원장이 지명하는 위원이 그 직무를 대행한다.
위원 직무대행	관세품목분류위원회의 위원 중 공무원인 위원이 회의에 출석하지 못할 부득이한 사정이 있는 때에는 그가 소속된 기관의 다른 공무원으로 하여금 회의에 출석하여 그 직무를 대행하게 할 수 있다.
기술자문위원	관세청장은 회의의 원활한 운영을 위하여 품목분류와 관련된 기술적인 사항 등에 대한 의견을 듣기 위하여 관련 학계·연구기관 또는 협회 등에서 활동하는 자를 기술자문위원으로 위촉할 수 있다.
수당 (영 제103조)	관세품목분류위원회의 회의에 출석한 공무원이 아닌 위원 및 기술자문위원에 대하여는 예산의 범위 안에서 수당과 여비를 지급할 수 있다.

기출문제

관세법령상 관세청장이 관세품목분류위원회의 위원을 해임 또는 해촉할 수 있는 사유가 아닌 것은? 24년 기출

① 심신장애로 인하여 직무를 수행할 수 없게 된 경우
② 직무와 관련된 비위사실이 있는 경우
③ 위원 스스로 직무를 수행하는 것이 곤란하다고 의사를 밝히는 경우
④ 직무태만, 품위손상이나 그 밖의 사유로 인하여 위원으로 적합하지 아니하다고 인정되는 경우
⑤ 위원이 해당 안건 당사자의 대리인이어서 그 심의·의결에서 회피한 경우

해설

관세품목분류위원회의 구성 등(관세법 시행령 제100조 제4항)
관세청장은 관세품목분류위원회의 위원이 다음의 어느 하나에 해당하는 경우에는 해당 위원을 해임 또는 해촉할 수 있다.
1. 심신장애로 인하여 직무를 수행할 수 없게 된 경우
2. 직무와 관련된 비위사실이 있는 경우
3. 직무태만, 품위손상이나 그 밖의 사유로 인하여 위원으로 적합하지 아니하다고 인정되는 경우
4. 위원 스스로 직무를 수행하는 것이 곤란하다고 의사를 밝히는 경우
5. 제101조의2(관세품목분류위원회 위원의 제척·회피) 제1항 각 호의 어느 하나에 해당함에도 불구하고 회피하지 아니한 경우

정답 ⑤

---

(4) 특정물품에 적용될 품목분류의 사전심사(법 제86조) 20, 15년 기출

① 사전심사제도

다음의 어느 하나에 해당하는 자는 수출입신고를 하기 전에 대통령령으로 정하는 서류를 갖추어 관세청장에게 해당 물품에 적용될 별표 관세율표 또는 품목분류표상의 품목분류를 미리 심사하여 줄 것을 신청할 수 있다.

> ⑤ 물품을 수출입하려는 자
> ⑥ 수출할 물품의 제조자
> ⑦ 「관세사법」에 따른 관세사·관세법인 또는 통관취급법인(이하 "관세사 등")

② 신청인에게 통지

사전심사의 신청을 받은 관세청장은 해당 물품에 적용될 품목분류를 심사하여 <u>사전심사 신청을 받은 날</u><u>부터 30일</u> 이내에 이를 신청인에게 통지하여야 한다[이 경우 통관예정세관장에게도 그 내용을 통지하여야 하며, 설명자료를 함께 송부하여야 함(영 제106조 제5항)]. 다만, 제출자료의 미비 등으로 품목분류를 심사하기 곤란한 경우에는 그 뜻을 통지하여야 한다.

> **보충** 심사기간 30일에서 제외되는 기간(영 제106조 제4항)
>
> 1. 관세품목분류위원회에서 사전심사를 심의하는 경우 해당 심의에 소요되는 기간
> 2. 보정기간(20일 이내)
> 3. 해당 물품에 대한 구성재료의 물리적·화학적 분석이 필요한 경우로서 해당 분석에 소요되는 기간
> 4. 관세협력이사회에 질의하는 경우 해당 질의에 소요되는 기간
> 5. 전문기관에 기술 자문을 받는 경우 해당 자문에 걸리는 기간
> 6. 다른 기관의 의견을 들을 필요가 있는 경우 해당 의견을 듣는 데 걸리는 기간
> 7. 신청인의 의견 진술이 필요한 경우 관세청장이 정하는 절차를 거치는 데 걸리는 기간

③ 통지범위(영 제106조 제6항)

관세청장은 품목분류를 심사할 때 신청인이 관세율표에 따른 호 및 소호까지의 품목분류에 대한 심사를 요청하는 경우에는 해당 번호까지의 품목분류에 대해서만 심사하여 통지할 수 있다.

④ 재심사의 신청

통지를 받은 자는 통지받은 날부터 30일 이내에 대통령령으로 정하는 서류를 갖추어 관세청장에게 재심사를 신청할 수 있다. 이 경우 관세청장은 해당 물품에 적용될 품목분류를 재심사하여 <u>재심사의 신청을</u><u>받은 날부터 60일</u> 이내에 이를 신청인에게 통지하여야 하며, 제출자료의 미비 등으로 품목분류를 심사하기 곤란한 경우에는 그 뜻을 통지하여야 한다.

> **보충** 재심사기간 60일에서 제외되는 기간(영 제106조 제7항)
>
> 1. 관세품목분류위원회에서 재심사를 심의하는 경우 해당 심의에 소요되는 기간
> 2. 보정기간(20일 이내)
> 3. 해당 물품에 대한 구성재료의 물리적·화학적 분석이 필요한 경우로서 해당 분석에 소요되는 기간
> 4. 관세협력이사회에 질의하는 경우 해당 질의에 소요되는 기간
> 5. 전문기관에 기술 자문을 받는 경우 해당 자문에 걸리는 기간
> 6. 다른 기관의 의견을 들을 필요가 있는 경우 해당 의견을 듣는 데 걸리는 기간
> 7. 신청인의 의견 진술이 필요한 경우 관세청장이 정하는 절차를 거치는 데 걸리는 기간

⑤ 관세품목분류위원회 심의

관세청장은 재심사를 신청한 물품이 다음의 어느 하나에 해당하는 경우에는 관세품목분류위원회의 심의에 부쳐야 한다(영 제106조 제8항).

　　　　⊙ 해당 물품의 품목분류가 변경될 경우 등 납세자(수출자 포함)의 권리 및 의무에 중대한 영향을 미칠
　　　　　수 있다고 판단되는 경우
　　　　ⓛ 관세율표, 품목분류 적용기준 및 품목분류표에 대하여 사전적 해석이 필요하다고 판단되는 경우
　　　　ⓒ 그 밖에 ⊙, ⓛ과 유사한 경우로서 관세청장이 고시하는 경우

⑥ 보정요구

관세청장은 제출된 신청서와 견본 및 그 밖의 설명자료가 미비하여 품목분류를 심사하기가 곤란한 때에
는 20일 이내의 기간을 정하여 보정을 요구할 수 있다(영 제106조 제2항).

⑦ 신청반려

관세청장은 사전심사 또는 재심사의 신청이 다음의 어느 하나에 해당하는 경우에는 해당 신청을 반려할
수 있다(영 제106조 제3항).

　　　　⊙ 보정기간 내에 보정하지 아니한 경우
　　　　ⓛ 신청인이 사전심사 또는 재심사를 신청한 물품과 동일한 물품을 이미 수출입신고한 경우
　　　　ⓒ 신청인이 반려를 요청하는 경우
　　　　ⓔ 이의신청 등 불복 또는 소송이 진행 중인 경우
　　　　ⓜ 그 밖에 사전심사 또는 재심사가 곤란한 경우로서 기획재정부령으로 정하는 다음의 경우
　　　　　　ⓐ 농산물 혼합물로서 제조공정이 규격화되어 있지 않아 성분·조성의 일관성 확보가 곤란한 경우
　　　　　　ⓑ 냉장·냉동 물품과 같이 운송수단 및 저장방법 등에 따라 상태가 달라질 수 있는 경우

⑧ 품목분류와 필요한 사항의 고시 또는 공표

관세청장은 품목분류를 심사한 물품 및 재심사 결과 적용할 품목분류가 변경된 물품에 대하여는 해당
물품에 적용될 품목분류와 품명, 용도, 규격, 그 밖에 필요한 사항을 고시 또는 공표하여야 한다. 다만,
신청인의 영업 비밀을 포함하는 등 해당 물품에 적용될 품목분류를 고시 또는 공표하는 것이 적당하지
아니하다고 인정되는 물품에 대하여는 고시 또는 공표하지 아니할 수 있다.

⑨ 품목분류의 적용

세관장은 수출입신고가 된 물품이 통지한 물품과 같을 때에는 그 통지 내용에 따라 품목분류를 적용해야
한다.

⑩ 수수료의 납부

관세청장은 품목분류를 심사 또는 재심사하기 위하여 해당 물품에 대한 구성재료의 물리적·화학적 분
석이 필요한 경우에는 해당 품목분류를 심사 또는 재심사하여 줄 것을 신청한 자에게 <u>기획재정부령으로
정하는 수수료</u>를 납부하게 할 수 있다.

> **보충**　분석수수료(규칙 제33조)
>
> 분석이 필요한 물품에 대한 품목분류 사전심사 및 재심사 신청품목당 3만 원으로 한다.

⑪ 유효기간

통지받은 품목분류 사전심사 결과 또는 통지받은 재심사 결과는 관세법 제87조(특정물품에 적용되는 품
목분류의 변경 및 적용)에 따라 품목분류가 변경되기 전까지 유효하다.

⑫ 세부규정

품목분류 사전심사 및 재심사의 절차, 방법과 그 밖에 필요한 사항은 대통령령으로 정한다.

⑬ 관세청장 직권 품목분류

관세청장은 사전심사의 신청이 없는 경우에도 수출입신고된 물품에 적용될 품목분류를 결정할 수 있다. 이 경우 제85조 제2항 제4호에 따라 관세품목분류위원회의 심의를 거쳐 품목분류가 결정된 물품에 대해서는 제4항을 준용하여 해당 물품의 품목분류에 관한 사항을 고시 또는 공표하여야 한다.

(5) 특정물품에 적용되는 품목분류의 변경 및 적용(법 제87조)

① 품목분류의 변경 22, 21, 10년 기출

관세청장은 사전심사 또는 재심사한 품목분류를 변경하여야 할 필요가 있거나 그 밖에 관세청장이 직권으로 한 품목분류를 변경하여야 할 부득이한 사유가 생겼을 경우 등 대통령령으로 정하는 다음의 경우에는 해당 물품에 적용할 품목분류를 변경할 수 있다(영 제107조).

> ㉠ 신청인의 허위자료제출 등으로 품목분류에 중대한 착오가 생긴 경우
> ㉡ 협약에 따른 관세협력이사회의 권고·결정 및 법원의 확정판결이 있는 경우
> ㉢ 동일 또는 유사한 물품에 대하여 서로 다른 품목분류가 있는 경우

② 관세품목분류위원회 심의(영 제107조 제2항)

관세청장은 협약에 따른 관세협력이사회의 권고·결정이나 법원의 판결로 품목분류 변경이 필요한 경우에는 그 권고·결정이 있는 날 또는 판결이 확정된 날부터 3개월 이내에 이를 관세품목분류위원회의 심의에 부쳐야 한다.

③ 변경내용의 고시·공표 및 통지

관세청장은 품목분류를 변경하였을 때에는 그 내용을 고시 또는 공표하고, 제86조 제2항 및 제3항에 따라 통지한 신청인에게는 그 내용을 통지하여야 한다. 다만, 신청인의 영업 비밀을 포함하는 등 해당 물품에 적용될 품목분류를 고시 또는 공표하는 것이 적당하지 아니하다고 인정되는 물품에 대해서는 고시 또는 공표하지 아니할 수 있다.

④ 재심사의 신청 15년 기출

통지를 받은 자는 통지받은 날부터 30일 이내에 대통령령으로 정하는 서류를 갖추어 관세청장에게 재심사를 신청할 수 있다. 이 경우 재심사의 기간, 재심사 결과의 통지 및 고시·공표, 수수료 및 재심사의 절차·방법 등에 관하여는 품목분류 사전심사 규정을 준용한다.

⑤ 변경된 품목분류 적용

품목분류가 변경된 경우에는 제86조에 따른 신청인이 변경 내용을 통지받은 날과 변경 내용의 고시 또는 공표일 중 빠른 날(이하 "변경일")부터 변경된 품목분류를 적용한다. 다만, 다음의 구분에 따라 변경 내용을 달리 적용할 수 있다.

> ⊙ 변경일부터 30일이 지나기 전에 우리나라에 수출하기 위하여 선적된 물품에 대하여 변경 전의 품목분류를 적용하는 것이 수입신고인에게 유리한 경우 : 변경 전의 품목분류 적용
> ⓛ 다음의 어느 하나에 해당하는 경우 : 제86조에 따라 품목분류가 결정된 이후 변경일 전까지 수출입신고가 수리된 물품에 대해서도 소급하여 변경된 품목분류 적용
>   • 제86조에 따른 사전심사 또는 재심사 과정에서 거짓자료 제출 등 신청인에게 책임 있는 사유로 해당 물품의 품목분류가 결정되었으나 이를 이유로 품목분류가 변경된 경우
>   • 다음의 어느 하나에 해당하는 경우로서 수출입신고인에게 유리한 경우
>   – 제86조에 따른 사전심사 또는 재심사 과정에서 신청인에게 자료제출 미비 등의 책임 있는 사유 없이 해당 물품의 품목분류가 결정되었으나 다른 이유로 품목분류가 변경된 경우
>   – 제86조에 따른 신청인이 아닌 자가 관세청장이 결정하여 고시하거나 공표한 품목분류에 따라 수출입신고를 하였으나 품목분류가 변경된 경우

⑥ 유효기간

품목분류 사전심사 또는 재심사한 품목분류가 변경된 경우 그 변경된 품목분류는 다시 변경되기 전까지 유효하다.

(6) 품목분류 분쟁 해결 절차(영 제98조의2)

① 분쟁 협의

기획재정부장관 또는 관세청장은 상대국과의 품목분류 분쟁 사실을 알게 된 경우 협약에 따라 그 상대국과 분쟁에 대한 협의를 진행한다. 다만, 관세청장이 해당 협의를 진행하는 경우에는 매 반기 마지막 날까지 그 분쟁 사실과 협의 내용 등을 기획재정부장관에게 보고해야 한다.

② 분쟁 해결 요구

기획재정부장관은 협의를 진행한 품목분류 분쟁이 상대국과 합의되지 않은 경우에는 협약에 따라 관세협력이사회에 해당 분쟁의 해결을 요구할 수 있다.

01 수입으로 보지 아니하는 외국물품의 소비 또는 사용을 제외하고, 수입신고 가 수리되기 전에 소비하거나 사용하는 물품은 해당 물품을 소비하거나 사용한 때가 과세물건 확정의 시기이다. (O, X)

02 창고증권은 상업서류에 해당된다. (O, X)

03 보세건설장에 반입된 외국물품의 수입통관 시 환율은 사용 전 수입신고가 수리된 날이 속하는 주의 전주(前週)의 기준환율 또는 재정환율을 평균하여 관세청장이 그 율을 정한다. (O, X)

04 권리사용료가 디자인권에 대하여 지급되는 때에는 수입물품이 당해 디자인을 표현하는 물품이거나 국내에서 당해 디자인권에 의하여 생산되는 물품의 부분품 또는 구성요소로서 그 자체에 당해 디자인의 전부 또는 일부가 표현되어 있는 경우이다. (O, X)

05 수출국 내에서 해당 물품과 동종·동류의 물품의 생산자가 우리나라에 수출하기 위하여 판매할 때 통상적으로 반영하는 이윤 및 일반 경비에 해당하는 금액은 산정가격에 포함되지 않는다. (O, X)

06 특정인이 구매자 및 판매자의 의결권 있는 주식을 직접 또는 간접으로 5퍼센트 이상 소유하거나 관리하는 경우는 특수관계에 해당한다. (O, X)

07 긴급관세 또는 잠정긴급관세를 부과하여야 하는 대상 물품, 세율, 적용기간, 수량, 수입관리방안, 그 밖에 필요한 사항은 대통령령으로 정한다. (O, X)

08 기획재정부장관은 편익관세의 적용으로 국민경제에 중대한 영향이 초래되거나 초래될 우려가 있는 경우에는 편익관세의 적용을 정지시킬 수 있다. (O, X)

09 지분참여의 경우 당해 지분참여와 통상적인 투자와의 차이에 의하여 발생하는 금액 상당액을 기준으로 하여 보조금 등의 금액을 산정한다. (O, X)

10 탁송품이나 외국을 오가는 운송수단의 승무원이 휴대하여 수입하는 물품에는 다른 법령에도 불구하고 낮은 세율을 적용할 수 있다. (O, X)

01 O (법 제16조 제6호)

02 X 상업서류에 해당하는 것은 송품장, 선하증권 또는 항공화물운송장이다(영 제5조)

03 X 수입신고가 수리된 날 → 수입신고를 한 날(법 제18조)

04 O (영 제19조 제3항 제2호)

05 X 포함되지 않는다 → 포함된다 (법 제34조 제1항 제2호)

06 O (영 제23조 제1항 제4호)

07 X 대통령령 → 기획재정부령 (법 제65조 제6항)

08 O (법 제75조 제1호)

09 O (규칙 제21조 제3항 제1호)

10 X 낮은 세율 → 간이세율(법 제81조 제1항)

01 관세법상 과세가격과 관세의 부과·징수 등에 대한 설명으로 옳지 않은 것은?

① 수입물품에는 관세를 부과한다.

② 관세의 과세표준은 수입물품의 가격 또는 수량으로 한다.

③ 관세는 수입신고(입항전수입신고를 포함)를 하는 때의 물품의 성질과 그 수량에 따라 부과한다.

④ 관세는 수입신고 당시의 법령에 따라 부과한다. 다만, 보세건설장에 반입된 외국물품은 사용 전 수입신고가 수리된 날에 시행되는 법령에 따라 부과한다.

⑤ 과세가격을 결정하는 경우 외국통화로 표시된 가격을 내국통화로 환산할 때에는 제17조에 따른 날(보세건설장에 반입된 물품의 경우에는 수입신고를 한 날)이 속하는 주의 기준환율 또는 재정환율을 평균하여 관세청장이 그 율을 정한다.

> **해설**
>
> **과세환율(법 제18조)**
> 과세가격을 결정하는 경우 외국통화로 표시된 가격을 내국통화로 환산할 때에는 제17조에 따른 날(보세건설장에 반입된 물품의 경우에는 수입신고를 한 날)이 속하는 주의 <u>전주(前週)</u>의 기준환율 또는 재정환율을 평균하여 관세청장이 그 율을 정한다.

02 관세법상 과세물건 확정의 시기에 대한 설명으로 옳지 않은 것은?

① 수입신고가 수리되기 전에 소비하거나 사용하는 물품[제239조(수입으로 보지 아니하는 소비 또는 사용)에 따라 소비 또는 사용을 수입으로 보지 아니하는 물품은 제외] – 해당 물품을 소비하거나 사용한 때

② 수입신고 전 즉시반출신고를 하고 반출한 물품 – 반출한 때

③ 도난물품 또는 분실물품 – 해당 물품이 도난되거나 분실된 때

④ 보세구역에 장치된 외국물품이 멸실되거나 폐기되었을 때 관세를 징수하는 물품 – 해당 물품이 멸실되거나 폐기된 때

⑤ 보세구역 외 보수작업 승인기간이 경과하여 관세를 징수하는 물품 – 보세구역 밖에서 하는 보수작업을 승인받은 때

> **해설**
>
> **과세물건 확정의 시기(법 제16조 제7호)**
> 수입신고 전 즉시반출신고를 하고 반출한 물품은 <u>수입신고 전 즉시반출신고를 한 때</u> 과세물건을 확정한다.

03 관세법상 연대납세의무자에 대한 설명으로 옳지 않은 것은?

① 연대납부할 의무가 있는 자는 관세·가산세 및 강제징수비에 대하여 납부하여야 한다.

② 수입신고물품이 공유물이거나 공동사업에 속하는 물품인 경우 그 공유자 또는 공동사업자인 납세의무자가 연대하여 납부할 의무를 진다.

③ 법인이 분할되거나 분할합병되는 경우 분할되는 법인이나 분할 또는 분할합병으로 설립되는 법인이 연대하여 납부할 의무를 진다.

④ 법인이 분할 또는 분할합병으로 해산하는 경우 존속하는 분할합병의 상대방 법인이 연대하여 납부할 의무를 진다.

⑤ 법인이 「채무자 회생 및 파산에 관한 법률」 제215조에 따라 신회사를 설립하는 경우 구회사가 연대하여 납부할 의무를 진다.

> **해설**
>
> **납세의무자(법 제19조 제6항 제3호)**
> 법인이 「채무자 회생 및 파산에 관한 법률」 제215조에 따라 신회사를 설립하는 경우 <u>신회사</u>가 연대하여 납부할 의무를 진다.

04 관세법상 가격신고에 대한 설명으로 옳지 않은 것은?

① 관세의 납세의무자는 수입신고를 할 때 대통령령으로 정하는 바에 따라 세관장에게 해당 물품의 가격에 대한 신고를 하여야 한다.

② 통관의 능률을 높이기 위하여 필요하다고 인정되는 경우에는 대통령령으로 정하는 바에 따라 물품의 수입신고를 하기 전에 가격신고를 할 수 있다.

③ 가격신고를 할 때에는 대통령령으로 정하는 바에 따라 과세가격의 결정과 관계되는 자료를 제출하여야 한다.

④ 과세가격을 결정하기가 곤란하지 아니하다고 인정하여 대통령령으로 정하는 물품에 대하여는 가격신고를 생략할 수 있다.

⑤ 가격신고를 하려는 자는 수입관련거래에 관한 사항 및 과세가격 산출내용에 관한 사항을 적은 서류를 세관장에게 제출하여야 한다.

> **해설**
>
> **가격신고(법 제27조 제3항)**
> 과세가격을 결정하기가 곤란하지 아니하다고 인정하여 <u>기획재정부령</u>으로 정하는 물품에 대하여는 가격신고를 생략할 수 있다.

05 관세법상 잠정가격의 신고 등에 대한 설명으로 옳지 않은 것은?

① 납세의무자는 가격신고를 할 때 신고하여야 할 가격이 확정되지 아니한 경우로서 대통령령으로 정하는 경우에는 잠정가격으로 가격신고를 할 수 있다.

② 잠정가격으로 가격신고를 한 자는 2년의 범위 안에서 구매자와 판매자 간의 거래계약의 내용 등을 고려하여 세관장이 지정하는 기간 내에 확정된 가격을 신고하여야 한다.

③ 세관장은 납세의무자가 확정가격 신고기간 내에 확정된 가격을 신고하지 아니하는 경우에는 해당 물품에 적용될 가격을 확정할 수 있다.

④ 세관장은 확정된 가격을 신고받거나 가격을 확정하였을 때에는 대통령령으로 정하는 바에 따라 잠정가격을 기초로 신고납부한 세액과 확정된 가격에 따른 세액의 차액을 징수하거나 환급하여야 한다.

⑤ 세관장은 구매자와 판매자 간의 거래계약내용이 변경되는 등 잠정가격을 확정할 수 없는 불가피한 사유가 있다고 인정되는 경우에는 직권으로 지정한 신고기간을 연장할 수 있다. 이 경우 연장하는 기간은 지정한 신고기간의 만료일부터 2년을 초과할 수 없다.

> **해설**
>
> 잠정가격의 신고 등(영 제16조 제4항)
> 세관장은 구매자와 판매자 간의 거래계약내용이 변경되는 등 잠정가격을 확정할 수 없는 불가피한 사유가 있다고 인정되는 경우로서 <u>납세의무자의 요청이 있는 경우</u>에는 <u>기획재정부령으로 정하는 바에 따라</u> 지정한 신고기간을 연장할 수 있다. 이 경우 연장하는 기간은 신고기간의 만료일부터 2년을 초과할 수 없다.

06 수입물품의 과세가격은 우리나라에 수출하기 위하여 판매되는 물품에 대하여 구매자가 실제로 지급하였거나 지급하여야 할 가격에 법률로 정한 요소의 금액을 더하여 조정한 거래가격으로 한다. 다음 중 그 가산요소 금액에 해당하지 않는 것은?

① 구매자가 부담하는 수수료와 중개료(구매수수료는 제외)

② 해당 수입물품과 동일체로 취급되는 용기의 비용과 해당 수입물품의 포장에 드는 노무비와 자재비로서 구매자가 부담하는 비용

③ 특정한 고안이나 창안이 구현되어 있는 수입물품을 이용하여 우리나라에서 그 고안이나 창안을 다른 물품에 재현하는 권리를 사용하는 대가

④ 특허권, 실용신안권, 디자인권, 상표권 및 이와 유사한 권리를 사용하는 대가로 지급하는 것으로서 대통령령으로 정하는 바에 따라 산출된 금액

⑤ 해당 수입물품을 수입한 후 전매·처분 또는 사용하여 생긴 수익금액 중 판매자에게 직접 또는 간접으로 귀속되는 금액

> **해설**
>
> ③ '특정한 고안이나 창안이 구현되어 있는 수입물품을 이용하여 우리나라에서 그 고안이나 창안을 다른 물품에 재현하는 권리를 사용하는 대가'는 가산요소에서 제외되는 권리사용료이다(영 제19조 제2항).

07 과세가격 결정의 원칙에 따라 "구매자가 실제로 지급하였거나 지급하여야 할 총금액"에서 공제할 수 있는 요소에 해당되지 않는 것은?

① 수입 후에 하는 해당 수입물품의 건설, 설치, 조립, 정비, 유지 또는 해당 수입물품에 관한 기술지원에 필요한 비용
② 우리나라에서 해당 수입물품에 부과된 관세 등의 세금과 그 밖의 공과금
③ 수입항에 도착한 후 해당 수입물품을 운송하는 데에 필요한 운임·보험료와 그 밖에 운송과 관련되는 비용
④ 연불조건(延拂條件)의 수입인 경우에는 해당 수입물품에 대한 연불이자
⑤ 국내판매와 관련하여 통상적으로 지급하였거나 지급하여야 할 것으로 합의된 수수료

> **해설**
>
> 구매자가 실제로 지급하였거나 지급하여야 할 가격의 공제요소(법 제30조 제2항)
> • 수입 후에 하는 해당 수입물품의 건설, 설치, 조립, 정비, 유지 또는 해당 수입물품에 관한 기술지원에 필요한 비용
> • 수입항에 도착한 후 해당 수입물품을 운송하는 데에 필요한 운임·보험료와 그 밖에 운송과 관련되는 비용
> • 우리나라에서 해당 수입물품에 부과된 관세 등의 세금과 그 밖의 공과금
> • 연불조건의 수입인 경우에는 해당 수입물품에 대한 연불이자
>
> 국내판매가격을 기초로 한 과세가격의 공제요소(법 제33조 제1항 제2호)
> • 국내판매와 관련하여 통상적으로 지급하였거나 지급하여야 할 것으로 합의된 수수료 또는 동종·동류의 수입물품이 국내에서 판매되는 때에 통상적으로 부가되는 이윤 및 일반경비에 해당하는 금액

08 관세법상 과세가격을 결정함에 있어 "우리나라에 수출하기 위하여 판매되는 물품"의 범위에 포함되지 않는 물품이 아닌 것은?

① 무상으로 국내에 도착하는 물품
② 산업쓰레기 등 수출자의 부담으로 국내에서 폐기하기 위해 국내에 도착하는 물품
③ 수출자의 책임으로 국내에서 판매하기 위해 국내에 도착하는 물품
④ 유상으로 임차하여 국내에 도착하는 물품
⑤ 임대차계약에 따라 국내에 도착하는 물품

> **해설**
>
> 우리나라에 수출하기 위하여 판매되는 물품의 범위(영 제17조)
> 우리나라에 수출하기 위하여 판매되는 물품에는 다음의 물품은 포함되지 않는다.
> • 무상으로 국내에 도착하는 물품
> • 국내 도착 후 경매 등을 통해 판매가격이 결정되는 위탁판매물품
> • 수출자의 책임으로 국내에서 판매하기 위해 국내에 도착하는 물품
> • 별개의 독립된 법적 사업체가 아닌 지점 등과의 거래에 따라 국내에 도착하는 물품
> • 임대차계약에 따라 국내에 도착하는 물품
> • 무상으로 임차하여 국내에 도착하는 물품
> • 산업쓰레기 등 수출자의 부담으로 국내에서 폐기하기 위해 국내에 도착하는 물품

09 거래가격을 해당 물품의 과세가격으로 하지 않고 관세법 제31조부터 제35조까지에 규정된 방법으로 과세가격을 결정하여야 하는 사유로 볼 수 없는 것은?

① 해당 물품의 처분 또는 사용에 제한이 있는 경우
② 수입물품이 판매될 수 있는 지역의 제한이 있는 경우
③ 해당 물품에 대한 거래의 성립 또는 가격의 결정이 금액으로 계산할 수 없는 조건 또는 사정에 따라 영향을 받은 경우
④ 해당 물품을 수입한 후에 전매·처분 또는 사용하여 생긴 수익의 일부가 판매자에게 직접 또는 간접으로 귀속되는 경우
⑤ 구매자와 판매자 간에 대통령령으로 정하는 특수관계가 있어 그 특수관계가 해당 물품의 가격에 영향을 미친 경우

해설

과세가격 결정의 원칙(법 제30조 제3항)
다음의 어느 하나에 해당하는 경우에는 거래가격을 해당 물품의 과세가격으로 하지 아니하고 제31조부터 제35조까지에 규정된 방법으로 과세가격을 결정한다.
• 해당 물품의 처분 또는 사용에 제한이 있는 경우. 다만, 세관장이 거래가격에 실질적으로 영향을 미치지 아니한다고 인정하는 제한이 있는 경우 등 대통령령으로 정하는 경우는 제외한다.

거래가격에 영향을 미치지 아니하는 제한(영 제22조 제1항)
• 우리나라의 법령이나 법령에 의한 처분에 의하여 부과되거나 요구되는 제한
• 수입물품이 판매될 수 있는 지역의 제한
• 그 밖에 해당 수입물품의 특성, 해당 산업부문의 관행 등을 고려하여 통상적으로 허용되는 제한으로서 수입가격에 실질적으로 영향을 미치지 않는다고 세관장이 인정하는 제한

10 관세법상 과세가격을 결정할 경우 특허권 등의 권리를 사용하는 대가로 지급하는 권리사용료는 당해 물품에 관련되고 당해 물품의 거래조건으로 구매자가 직접 또는 간접으로 지급하는 금액인 경우 가산하게 된다. 다음 중 권리사용료가 당해 물품과 관련성이 있는 것으로 보는 경우가 아닌 것은?

① 권리사용료가 상표권에 대하여 지급되는 때에는 수입물품에 상표가 부착되거나 희석·혼합·분류·단순조립·재포장 등의 경미한 가공 후에 상표가 부착되는 경우
② 권리사용료가 디자인권에 대하여 지급되는 때에는 수입물품이 당해 디자인을 표현하는 물품이거나 해외에서 당해 디자인권에 의하여 생산되는 물품의 부분품 또는 구성요소로서 그 자체에 당해 디자인의 전부 또는 일부가 표현되어 있는 경우
③ 권리사용료가 실용신안권 또는 영업비밀에 대하여 지급되는 때에는 당해 실용신안권 또는 영업비밀이 수입물품과 관련이 있는 경우
④ 권리사용료가 특허권에 대하여 지급되는 때에는 수입물품이 방법에 관한 특허에 의하여 생산된 물품인 경우
⑤ 권리사용료가 저작권에 대하여 지급되는 때에는 수입물품에 가사·선율·영상·컴퓨터소프트웨어 등이 수록되어 있는 경우

권리사용료의 가산요건(영 제19조 제3항 제2호)

권리사용료가 디자인권에 대하여 지급되는 때에는 '수입물품이 당해 디자인을 표현하는 물품이거나 국내에서 당해 디자인권에 의하여 생산되는 물품의 부분품 또는 구성요소로서 그 자체에 당해 디자인의 전부 또는 일부가 표현되어 있는 경우'에 권리사용료가 당해 물품과 관련되는 것으로 본다.

11 관세법상 과세가격을 결정하는 데 있어서 가산요소 중 하나인 수입항까지의 운임·보험료와 그 밖에 운송과 관련되는 비용의 결정 방법에 대한 설명으로 옳지 않은 것은?

① 운임 및 보험료는 당해 사업자가 발급한 운임명세서·보험료명세서 또는 이에 갈음할 수 있는 서류에 의하여 산출한다.

② 운임 및 보험료를 산출할 수 없는 때에는 운송거리·운송방법 등을 고려하여 기획재정부령으로 정하는 바에 따라 산출한다.

③ 기획재정부령으로 정하는 물품이 항공기로 운송되는 경우에는 해당 물품이 항공기 외의 일반적인 운송방법에 의하여 운송된 것으로 보아 운임 및 보험료를 산출한다.

④ 수입자와 특수관계에 있는 선박회사 등의 운송수단으로 운송되는 물품의 운임이 통상의 운임과 현저하게 다른 때에는 보세화물을 취급하는 선박회사 등이 통상적으로 적용하는 운임을 해당 물품의 운임으로 할 수 있다.

⑤ 수입항까지의 운임 등의 금액은 해당 수입물품이 수입항에 도착하여 보세구역에 반입될 때까지 수입자가 부담하는 비용을 말한다.

운임 등의 결정(영 제20조 제5항)

수입항까지의 운임·보험료와 그 밖에 운송과 관련되는 비용은 해당 수입물품이 수입항에 도착하여 본선하역준비가 완료될 때까지 발생하는 비용을 말한다.

12 관세법상 과세가격을 결정함에 있어서 구매자와 판매자 간에 특수관계가 있어 그 특수관계가 해당 물품의 가격에 영향을 미친 경우에는 거래가격을 과세가격으로 하지 않는다. 다음 중 특수관계로 인정되는 경우가 아닌 것은?

① 구매자와 판매자가 상호 사업상의 임원 또는 관리자인 경우

② 구매자와 판매자가 상호 법률상의 동업자인 경우

③ 특정인이 구매자 및 판매자의 의결권 있는 주식을 직접 또는 간접으로 3퍼센트 이상 소유하거나 관리하는 경우

④ 구매자와 판매자가 고용관계에 있는 경우

⑤ 구매자 및 판매자 중 일방이 상대방에 대하여 법적으로 또는 사실상으로 지시나 통제를 할 수 있는 위치에 있는 등 일방이 상대방을 직접 또는 간접으로 지배하는 경우

특수관계의 범위 등(영 제23조 제1항 제4호)
'특정인이 구매자 및 판매자의 의결권 있는 주식을 직접 또는 간접으로 5퍼센트 이상 소유하거나 관리하는 경우'에 특수관계로 인정된다.

13 관세법상 동종·동질물품의 거래가격을 기초로 한 과세가격의 결정방법에 대한 설명으로 옳지 않은 것은?

① 제30조에 따른 방법으로 과세가격을 결정할 수 없는 경우에는 과세가격으로 인정된 사실이 있는 동종·동질물품의 거래가격으로서 일정요건을 갖춘 가격을 기초로 하여 과세가격을 결정한다.

② "동종·동질물품"이라 함은 당해 수입물품의 생산국에서 생산된 것으로서 물리적 특성, 품질 및 소비자 등의 평판을 포함한 모든 면에서 동일한 물품(외양에 경미한 차이가 있을 뿐 그 밖의 모든 면에서 동일한 물품을 포함)을 말한다.

③ 과세가격으로 인정된 사실이 있는 동종·동질물품의 거래가격이라 하더라도 그 가격의 정확성과 진실성을 의심할 만한 합리적인 사유가 있는 경우 그 가격은 과세가격 결정의 기초자료에서 제외한다.

④ 동종·동질물품의 거래가격이 둘 이상 있는 경우에는 생산자, 거래 시기, 거래 단계, 거래 수량 등이 해당 물품과 가장 유사한 것에 해당하는 물품의 가격을 기초로 하고, 거래내용 등이 같은 물품이 둘 이상이 있고 그 가격도 둘 이상이 있는 경우에는 평균 가격을 기초로 하여 과세가격을 결정한다.

⑤ "선적일"은 수입물품을 수출국에서 우리나라로 운송하기 위하여 선적하는 날로 하며, 선하증권, 송품장 등으로 확인한다.

동종·동질물품의 거래가격을 기초로 한 과세가격의 결정(법 제31조 제3항)
동종·동질물품의 거래가격이 둘 이상 있는 경우에는 생산자, 거래 시기, 거래 단계, 거래 수량 등이 해당 물품과 가장 유사한 것에 해당하는 물품의 가격을 기초로 하고, 거래내용 등이 같은 물품이 둘 이상이 있고 그 가격도 둘 이상이 있는 경우에는 가장 낮은 가격을 기초로 하여 과세가격을 결정한다.

13 ④ **정답**

14 국내판매가격을 기초로 과세가격을 결정할 경우 국내판매가격에서 빼는 가격에 해당하지 않는 것은?

① 국내판매와 관련하여 통상적으로 지급하였거나 지급하여야 할 것으로 합의된 수수료

② 동종·동류의 수입물품이 국내에서 판매되는 때에 통상적으로 부가되는 이윤 및 일반경비

③ 해당 수입물품을 수입한 후 전매·처분 또는 사용하여 생긴 수익금액 중 판매자에게 귀속되는 금액

④ 해당 물품의 수입 및 국내판매와 관련하여 납부하였거나 납부하여야 하는 조세와 그 밖의 공과금

⑤ 수입항에 도착한 후 국내에서 발생한 통상의 운임·보험료와 그 밖의 관련 비용

> **해설**
> 국내판매가격을 기초로 한 과세가격의 공제요소(법 제33조 제1항)
> • 해당 물품, 동종·동질물품 또는 유사물품이 수입된 것과 동일한 상태로 해당 물품의 수입신고일 또는 수입신고일과 거의 동시에 특수관계가 없는 자에게 가장 많은 수량으로 국내에서 판매되는 단위가격을 기초로 하여 산출한 금액
> • 국내판매와 관련하여 통상적으로 지급하였거나 지급하여야 할 것으로 합의된 수수료
> • 동종·동류의 수입물품이 국내에서 판매되는 때에 통상적으로 부가되는 이윤 및 일반경비에 해당하는 금액
> • 수입항에 도착한 후 국내에서 발생한 통상의 운임·보험료와 그 밖의 관련 비용
> • 해당 물품의 수입 및 국내판매와 관련하여 납부하였거나 납부하여야 하는 조세와 그 밖의 공과금

15 관세법상 산정가격을 기초로 한 과세가격의 결정에 대한 설명으로 옳지 않은 것은?

① 납세의무자가 산정가격의 기초금액을 확인하는 데 필요한 자료를 제출하지 않은 경우에는 산정가격을 기초로 한 과세가격의 결정방법을 적용하지 않을 수 있다.

② 해당 물품의 생산에 사용된 원자재 비용 및 조립이나 그 밖의 가공에 드는 비용 또는 그 가격은 산정가격에 포함된다.

③ 우리나라에서 개발된 기술·설계·고안·디자인 또는 공예에 소요되는 비용을 생산자가 부담하는 경우에는 해당 비용이 포함되는 것으로 한다.

④ 수출국 내에서 해당 물품과 동종·동류의 물품의 생산자가 우리나라에 수출하기 위하여 판매할 때 통상적으로 반영하는 이윤 및 일반 경비에 해당하는 금액은 산정가격에 포함되지 않는다.

⑤ 해당 물품의 수입항까지의 운임·보험료와 그 밖에 운송과 관련된 비용으로서 수입항까지의 운임·보험료와 그 밖에 운송과 관련되는 비용에 따라 결정된 금액은 산정가격에 포함된다.

> **해설**
> 산정가격을 기초로 한 과세가격의 결정(법 제34조 제1항 제2호)
> 수출국 내에서 해당 물품과 동종·동류의 물품의 생산자가 우리나라에 수출하기 위하여 판매할 때 통상적으로 반영하는 이윤 및 일반 경비에 해당하는 금액은 산정가격에 포함된다.

16 관세법상 합리적 기준에 따른 과세가격의 결정방법에 따라 과세가격을 결정할 때 기준가격으로 하여서는 아니 되는 가격에 해당되지 않는 것은?

① 우리나라에서 생산된 물품의 국내판매가격
② 특정수입물품에 대하여 미리 설정하여 둔 최고과세기준가격
③ 우리나라 외의 국가에 수출하는 물품의 가격
④ 선택 가능한 가격 중 반드시 높은 가격을 과세가격으로 하여야 한다는 기준에 따라 결정하는 가격
⑤ 수출국의 국내판매가격

해설

합리적 기준에 의한 과세가격의 결정(영 제29조 제2항)
과세가격을 결정함에 있어서는 다음에 해당하는 가격을 기준으로 하여서는 아니 된다.
• 우리나라에서 생산된 물품의 국내판매가격
• 선택 가능한 가격 중 반드시 높은 가격을 과세가격으로 하여야 한다는 기준에 따라 결정하는 가격
• 수출국의 국내판매가격
• 동종·동질물품 또는 유사물품에 대하여 제5방법 외의 방법으로 생산비용을 기초로 하여 결정된 가격
• 우리나라 외의 국가에 수출하는 물품의 가격
• 특정수입물품에 대하여 미리 설정하여 둔 <u>최저과세기준가격</u>
• 자의적 또는 가공적인 가격

17 관세법상 과세가격 결정방법 사전심사에 대한 설명으로 옳지 않은 것은?

① 특수관계가 있는 자들 간에 거래되는 물품의 과세가격 결정방법에 관하여 의문이 있을 때는 사전심사를 신청할 수 있다.
② 관세청장은 제출된 신청서 및 서류가 과세가격의 심사에 충분하지 아니하다고 인정되는 때에는 일정기간을 정하여 보완을 요구할 수 있다.
③ 신청을 받은 관세청장은 대통령령으로 정하는 기간 이내에 과세가격의 결정방법을 심사한 후 그 결과를 신청인에게 통보하여야 한다.
④ 해당 수입물품의 대가로서 구매자가 실제로 지급하였거나 지급하여야 할 가격을 산정할 때 더하거나 빼야 할 금액에 관하여 의문이 있어 사전심사를 신청하여 결과를 통보받은 자가 그 결과에 이의가 있는 경우에는 그 결과를 통보받은 날부터 90일 이내에 기획재정부령으로 정하는 바에 따라 관세청장에게 재심사를 신청할 수 있다.
⑤ 세관장은 관세의 납세의무자가 통보된 과세가격의 결정방법에 따라 납세신고를 한 경우 대통령령으로 정하는 요건을 갖추었을 때에는 그 결정방법에 따라 과세가격을 결정하여야 한다.

해설

과세가격 결정방법의 사전심사(법 제37조 제3항)
해당 수입물품의 대가로서 구매자가 실제로 지급하였거나 지급하여야 할 가격을 산정할 때 더하거나 빼야 할 금액에 관하여 의문이 있어 사전심사를 신청하여 결과를 통보받은 자가 그 결과에 이의가 있는 경우에는 그 결과를 통보받은 날부터 <u>30일 이내</u>에 <u>대통령령</u>으로 정하는 바에 따라 관세청장에게 재심사를 신청할 수 있다.

18 ( )에 해당하는 내용이 바르게 짝지어진 것은?

> (㉠)은 관세조사 및 세액심사 시 특수관계에 있는 자가 수입하는 물품의 과세가격의 적정성을 심사하기 위하여 해당 특수관계자에게 과세가격결정자료를 제출할 것을 요구할 수 있다.
>
> 자료제출을 요구받은 자는 자료제출을 요구받은 날부터 (㉡)일 이내에 해당 자료를 제출하여야 한다. 다만, 대통령령으로 정하는 부득이한 사유로 제출기한의 연장을 신청하는 경우에는 (㉢)은 (㉣) 차례만 (㉤)일까지 연장할 수 있다.

	㉠	㉡	㉢	㉣	㉤
①	세관장	30	세관장	한	30
②	세관장	30	관세청장	두	30
③	관세청장	60	관세청장	한	60
④	세관장	60	세관장	한	60
⑤	세관장	60	세관장	두	30

해설

특수관계자의 수입물품 과세가격결정자료 등 제출(법 제37조의4 제1항, 제3항)

• 세관장은 관세조사 및 세액심사 시 특수관계에 있는 자가 수입하는 물품의 과세가격의 적정성을 심사하기 위하여 해당 특수관계자에게 과세가격결정자료를 제출할 것을 요구할 수 있다. 이 경우 자료의 제출범위, 제출방법 등은 대통령령으로 정한다.

• 과세가격결정자료 또는 증명자료의 제출을 요구받은 자는 자료제출을 요구받은 날부터 60일 이내에 해당 자료를 제출하여야 한다. 다만, 대통령령으로 정하는 부득이한 사유로 제출기한의 연장을 신청하는 경우에는 세관장은 한 차례만 60일까지 연장할 수 있다.

19 다음 중 수입물품에 대하여 여러 관세율이 경합될 때 가장 우선 적용되어야 하는 관세율로만 이루어진 것은?

① 덤핑방지관세, 상계관세, 잠정관세
② 보복관세, 상계관세, 할당관세
③ 긴급관세, 덤핑방지관세, 상계관세
④ 할당관세, 조정관세, 덤핑방지관세
⑤ 상계관세, 보복관세, 편익관세

해설

세율 적용의 우선순위(법 제50조 제2항 제1호)

1순위	• 덤핑방지관세(법 제51조) • 상계관세(법 제57조) • 보복관세(법 제63조) • 긴급관세(법 제65조) • 특정국물품 긴급관세(법 제67조의2) • 농림축산물에 대한 특별긴급관세(법 제68조) • 조정관세(법 제69조 제2호)

20 외국의 물품이 정상가격 이하로 수입되어 실질적 피해 등이 있다고 조사를 통하여 확인되고 해당 국내 산업을 보호할 필요가 있다고 인정되는 경우에는 정상가격과 덤핑가격 간의 차액에 상당하는 금액 이하의 관세를 추가하여 부과할 수 있다. 이때 정상가격으로 볼 수 없는 것은?

① 정상가격은 당해 물품의 공급국에서 소비되는 동종물품의 통상거래가격이다.

② 동종물품이 거래되지 아니하거나 특수한 시장상황 등으로 인하여 통상거래가격을 적용할 수 없는 때에는 당해 국가에서 제3국으로 수출되는 수출가격 중 대표적인 가격으로서 비교가능한 가격 또는 원산지 국에서의 제조원가에 합리적인 수준의 관리비 및 판매비와 이윤을 합한 가격을 정상가격으로 본다.

③ 수입물품이 그 특수관계 또는 보상약정이 없는 구매자에게 최초로 재판매된 경우에는 기획재정부령이 정하는 바에 따라 그 재판매 가격을 기초로 산정한 가격을 정상가격으로 본다.

④ 당해 물품이 통제경제를 실시하는 시장경제체제가 확립되지 아니한 국가로부터 수입되는 때에는 우리나라를 제외한 시장경제국가에서 소비되는 동종물품의 통상거래가격 혹은 우리나라를 제외한 시장경제국가에서 우리나라를 포함한 제3국으로의 수출가격 또는 구성가격을 정상가격으로 본다.

⑤ 당해 물품의 원산지국으로부터 직접 수입되지 아니하고 제3국을 거쳐 수입되는 경우에는 그 제3국의 통상거래가격을 정상가격으로 본다.

> **해설**
> 정상가격 및 덤핑가격의 비교(영 제58조 제4항 제1호)
> "덤핑가격"이라 함은 조사가 개시된 조사대상물품에 대하여 실제로 지급하였거나 지급하여야 하는 가격을 말한다. 다만, 공급자와 수입자 또는 제3자 사이에 특수관계 또는 보상약정이 있어 실제로 지급하였거나 지급하여야 하는 가격에 의할 수 없는 때에는 다음의 가격으로 할 수 있다.
> • 수입물품이 그 특수관계 또는 보상약정이 없는 구매자에게 최초로 재판매된 경우에는 기획재정부령이 정하는 바에 따라 그 재판매 가격을 기초로 산정한 가격

21 덤핑방지관세를 부과할 수 있는 경우에 해당되는 것은?

① 국내산업이 실질적인 피해를 받거나 받을 우려가 있는 경우

② 관세 또는 무역에 관한 국제협정이나 양자 간의 협정 등에 규정된 우리나라의 권익을 부인하거나 제한하는 경우

③ 우리나라에 대하여 부당하거나 차별적인 조치를 하는 경우

④ 해당 물품의 수입증가가 국내시장의 교란 또는 교란우려의 중대한 원인이 되는 경우

⑤ 산업구조의 변동 등으로 물품 간의 세율 불균형이 심하여 이를 시정할 필요가 있는 경우

> **해설**
> ② · ③ 보복관세 / ④ 특정국물품 긴급관세 / ⑤ 조정관세

22 관세법상 상계관세에 관한 설명 중 옳지 않은 것은?

① 보조금 등은 정부·공공기관 등의 재정지원 등에 의한 혜택 중 특정성이 있는 것을 말한다.

② "특정성"이라 함은 보조금 등이 특정기업이나 산업 또는 특정기업군이나 산업군에 지급되는 경우를 말하며, 구체적인 판별기준은 기획재정부령으로 정한다.

③ 기획재정부장관은 상계관세의 부과 여부를 결정하기 위하여 조사가 시작된 물품이 보조금 등을 받아 수입되어 '국내산업에 실질적 피해 등이 발생한 사실이 있다고 추정되는 충분한 증거가 있음이 확인되는 경우'에 해당한다고 인정되는 경우에는 국내산업의 보호를 위하여 조사가 종결되기 전이라도 그 물품의 수출자 또는 수출국 및 기간을 정하여 보조금 등의 추정액에 상당하는 금액의 2배에 해당하는 잠정상계관세를 부과하도록 명하거나 담보를 제공하도록 명하는 조치를 할 수 있다.

④ 잠정조치가 취하여진 물품에 대하여 상계관세의 부과요청이 철회되어 조사가 종결되거나 상계관세의 부과 여부가 결정된 경우 또는 약속이 수락된 경우에는 대통령령으로 정하는 바에 따라 납부된 잠정상계관세를 환급하거나 제공된 담보를 해제하여야 한다.

⑤ 상계관세의 부과 여부를 결정하기 위하여 예비조사를 한 결과 보조금 등의 지급과 그로 인한 실질적 피해 등의 사실이 있는 것으로 판정된 경우 해당 물품의 수출국 정부 또는 기획재정부장관은 해당 물품에 대한 보조금 등을 철폐 또는 삭감하거나 보조금 등의 국내산업에 대한 피해효과를 제거하기 위한 적절한 조치에 관한 약속을 제의할 수 있다.

해설

상계관세를 부과하기 전의 잠정조치(법 제59조 제1항 제1호)
기획재정부장관은 상계관세의 부과 여부를 결정하기 위하여 조사가 시작된 물품이 보조금 등을 받아 수입되어 다음의 어느 하나에 해당한다고 인정되는 경우에는 대통령령으로 정하는 바에 따라 국내산업의 보호를 위하여 조사가 종결되기 전이라도 그 물품의 수출자 또는 수출국 및 기간을 정하여 보조금 등의 추정액에 상당하는 금액 이하의 잠정상계관세를 부과하도록 명하거나 담보를 제공하도록 명하는 조치를 할 수 있다.

• 국내산업에 실질적 피해 등이 발생한 사실이 있다고 추정되는 충분한 증거가 있음이 확인되는 경우

23 보복관세에 대한 설명으로 옳지 않은 것은?

① 교역상대국이 우리나라의 수출물품 등에 대하여 관세 또는 무역에 관한 국제협정이나 양자 간의 협정 등에 규정된 우리나라의 권익을 부인하거나 제한하는 경우에 해당하는 행위를 하여 우리나라의 무역이익이 침해되는 경우에는 그 나라로부터 수입되는 물품에 대하여 보복관세를 부과할 수 있다.

② 교역상대국이 우리나라의 수출물품 등에 대하여 우리나라에 대하여 부당하거나 차별적인 조치를 하는 경우에 우리나라의 무역이익이 침해되는 경우에는 그 나라로부터 수입되는 물품에 대하여 보복관세를 부과할 수 있다.

③ 보복관세를 부과하여야 하는 대상 국가, 물품, 수량, 세율, 적용시한, 그 밖에 필요한 사항은 기획재정부령으로 정한다.

④ 기획재정부장관은 보복관세의 적용에 관하여 필요한 사항을 조사하기 위하여 필요하다고 인정되는 때에는 관계기관·수출자·수입자 기타 이해관계인에게 관계자료의 제출 기타 필요한 협조를 요청할 수 있다.

⑤ 보복관세는 수입되는 물품에 대하여 피해상당액의 범위에서 관세를 부과할 수 있다.

> **해설**
>
> **보복관세의 부과대상(법 제63조 제2항)**
> 보복관세를 부과하여야 하는 대상 국가, 물품, 수량, 세율, 적용시한, 그 밖에 필요한 사항은 <u>대통령령</u>으로 정한다.

24 관세법상 긴급관세에 대한 내용 중 옳지 않은 것은?

① 특정물품의 수입증가로 인하여 동종물품 또는 직접적인 경쟁관계에 있는 물품을 생산하는 국내산업이 심각한 피해를 받거나 받을 우려가 있음이 조사를 통하여 확인되고 해당 국내산업을 보호할 필요가 있다고 인정되는 경우에 해당 물품에 대하여 심각한 피해 등을 방지하거나 치유하고 국제무역을 촉진하기 위하여 필요한 범위에서 긴급관세를 추가하여 부과할 수 있다.

② 긴급관세는 해당 국내산업의 보호 필요성, 국제통상관계, 긴급관세 부과에 따른 보상 수준 및 국민경제 전반에 미치는 영향 등을 검토하여 부과 여부와 그 내용을 결정한다.

③ 기획재정부장관은 긴급관세를 부과하는 경우에는 이해당사국과 긴급관세부과의 부정적 효과에 대한 적절한 무역보상방법에 관하여 협의를 할 수 있다.

④ 긴급관세의 부과와 잠정긴급관세의 부과는 각각의 부과조치 결정 시행일 이후 수입되는 물품에 한정하여 적용한다.

⑤ 긴급관세의 부과기간은 4년을 초과할 수 없으며, 잠정긴급관세는 200일을 초과하여 부과할 수 없다. 다만, 재심사의 결과에 따라 부과기간을 연장하는 경우에는 잠정긴급관세의 부과기간, 긴급관세의 부과기간, 수입수량제한 등의 적용기간 및 그 연장기간을 포함한 총 적용기간은 8년을 초과할 수 없다.

긴급관세의 부과대상 등(법 제65조 제1항)
특정물품의 수입증가로 인하여 동종물품 또는 직접적인 경쟁관계에 있는 물품을 생산하는 국내산업이 심각한 피해를 받거나 받을 우려가 있음이 조사를 통하여 확인되고 해당 국내산업을 보호할 필요가 있다고 인정되는 경우에는 해당 물품에 대하여 심각한 피해 등을 방지하거나 치유하고 <u>조정을 촉진</u>하기 위하여 필요한 범위에서 관세를 추가하여 부과할 수 있다.

25 특정국물품 긴급관세에 대한 설명 중 옳지 않은 것은?

① 국제조약 또는 일반적인 국제법규에 따라 허용되는 한도에서 특정국물품이 해당 물품의 수입증가가 국내시장의 교란 또는 교란우려의 중대한 원인이 되는 경우에 해당하는 것으로 조사를 통하여 확인된 경우에는 피해를 구제하거나 방지하기 위하여 필요한 범위에서 관세를 추가하여 부과할 수 있다.

② "국내시장의 교란 또는 교란우려"란 특정국물품의 수입증가로 인하여 동종물품 또는 직접적인 경쟁관계에 있는 물품을 생산하는 국내산업이 실질적 피해를 받거나 받을 우려가 있는 경우를 말한다.

③ 특정국물품 긴급관세 또는 특정국물품 잠정긴급관세를 부과하여야 하는 대상 물품, 세율, 적용기간, 수량, 수입관리방안 등에 관하여 필요한 사항은 기획재정부령으로 정한다.

④ 기획재정부장관은 특정국물품 긴급관세를 부과할 때에는 이해당사국과 해결책을 모색하기 위하여 사전 협의를 할 수 있다.

⑤ 특정국물품 긴급관세의 부과 여부를 결정하기 위한 조사가 시작된 물품에 대하여 조사기간 중에 발생하는 국내시장의 교란을 방지하지 아니하는 경우 회복하기 어려운 피해가 초래되거나 초래될 우려가 있다고 판단될 때에는 조사가 종결되기 전에 피해를 구제하거나 방지하기 위하여 필요한 범위에서 특정국물품에 대한 잠정긴급관세를 90일의 범위에서 부과할 수 있다.

⑤ 잠정긴급관세를 <u>200일</u>의 범위에서 부과할 수 있다(법 제67조의2 제5항).

26 다음 중 조정관세를 부과할 수 있는 대상에 해당되지 않는 것은?

① 국내에서 개발된 물품을 일정 기간 보호할 필요가 있는 경우

② 공중도덕 보호, 환경보전, 국제평화와 안전보장 등을 위하여 필요한 경우

③ 농림축수산물 등 국제경쟁력이 취약한 물품의 수입증가로 인하여 국내시장이 교란되거나 산업기반이 붕괴될 우려가 있어 이를 시정하거나 방지할 필요가 있는 경우

④ 산업구조의 변동 등으로 물품 간의 세율 불균형이 심하여 이를 시정할 필요가 있는 경우

⑤ 국내외 가격차에 상당한 율로 양허한 농림축산물의 수입물량이 급증하거나 수입가격이 하락하는 경우

⑤ 국내외 가격차에 상당한 율로 양허한 농림축산물의 수입물량이 급증하거나 수입가격이 하락하는 경우에는 <u>농림축산물에 대한 특별긴급관세</u>를 부과할 수 있다(법 제68조 제1항).

27 관세법상 할당관세에 관한 설명 중 옳지 않은 것은?

① 원활한 물자수급 또는 산업의 경쟁력 강화를 위하여 특정물품의 수입을 촉진할 필요가 있는 경우는 할당관세 부과대상이다.

② 수입가격이 급등한 물품 또는 이를 원재료로 한 제품의 국내가격을 안정시키기 위하여 필요한 경우는 할당관세 부과대상이다.

③ 유사물품 간의 세율이 현저히 불균형하여 이를 시정할 필요가 있는 경우는 할당관세 부과대상이다.

④ 할당관세 부과대상에 해당되는 경우 100분의 40의 범위의 율을 기본세율에서 빼고 관세를 부과할 수 있으며 필요하다고 인정될 때에는 그 수량을 제한할 수 있다.

⑤ 특정물품의 수입을 억제할 필요가 있는 경우에는 일정한 수량을 초과하여 수입되는 분에 대하여 100분의 40의 범위의 율을 기본세율에서 빼고 관세를 부과할 수 있다.

> **해설**
>
> **할당관세(법 제71조 제2항)**
> 특정물품의 수입을 억제할 필요가 있는 경우에는 일정한 수량을 초과하여 수입되는 분에 대하여 100분의 40의 범위의 율을 기본세율에 <u>더하여</u> 관세를 부과할 수 있다. 다만, 농림축수산물인 경우에는 기본세율에 동종물품·유사물품 또는 대체물품의 국내외 가격차에 상당하는 율을 더한 율의 범위에서 관세를 부과할 수 있다.

28 관세법상 세율의 조정에 관한 설명 중 옳지 않은 것은?

① 계절관세 – 계절에 따라 가격의 차이가 심한 물품으로서 동종물품·유사물품 또는 대체물품의 수입으로 인하여 국내시장이 교란되거나 생산 기반이 붕괴될 우려가 있을 때에는 계절에 따라 해당 물품의 국내외 가격차에 상당하는 율의 범위에서 기본세율보다 높게 관세를 부과하거나 100분의 40의 범위의 율을 기본세율에서 빼고 관세를 부과할 수 있다.

② 국제협력관세 – 정부는 우리나라의 대외무역 증진을 위하여 필요하다고 인정될 때에는 특정 국가 또는 국제기구와 관세에 관한 협상을 할 수 있다.

③ 국제협력관세 – 협상을 수행할 때 필요하다고 인정되면 관세를 양허할 수 있다. 다만, 특정 국가와 협상할 때에는 양허 관세율의 100분의 50의 범위를 초과하여 관세를 양허할 수 없다.

④ 편익관세 – 관세에 관한 조약에 따른 편익을 받지 아니하는 나라의 생산물로서 우리나라에 수입되는 물품에 대하여 이미 체결된 외국과의 조약에 따른 편익의 한도에서 관세에 관한 편익을 부여할 수 있다.

⑤ 편익관세 – 기획재정부장관은 편익관세의 적용으로 국민경제에 중대한 영향이 초래되거나 초래될 우려가 있는 경우에는 국가, 물품 및 기간을 지정하여 편익관세의 적용을 정지시킬 수 있다.

> **해설**
>
> **국제협력관세(법 제73조 제2항)**
> 협상을 수행할 때 필요하다고 인정되면 관세를 양허할 수 있다. 다만, 특정 국가와 협상할 때에는 <u>기본 관세율</u>의 100분의 50의 범위를 초과하여 관세를 양허할 수 없다.

29 관세법상 일반특혜관세에 대한 설명으로 옳지 않은 것은?

① 대통령령으로 정하는 개발도상국가(특혜대상국)를 원산지로 하는 물품 중 대통령령으로 정하는 물품(특혜대상물품)에 대하여는 기본세율보다 낮은 세율의 관세(일반특혜관세)를 부과할 수 있다.

② 일반특혜관세를 부과할 때 해당 특혜대상물품의 수입이 국내산업에 미치는 영향 등을 고려하여 그 물품에 적용되는 세율에 차등을 두거나 특혜대상물품의 수입수량 등을 한정할 수 있다.

③ 국제연합총회의 결의에 따른 최빈(最貧) 개발도상국 중 대통령령으로 정하는 국가를 원산지로 하는 물품에 대하여는 다른 특혜대상국보다 우대하여 일반특혜관세를 부과할 수 있다.

④ 기획재정부장관은 특정한 특혜대상물품의 수입이 증가하여 이와 동종의 물품 또는 직접적인 경쟁관계에 있는 물품을 생산하는 국내산업에 경미한 피해를 주거나 줄 우려가 있는 등 일반특혜관세를 부과하는 것이 적당하지 아니하다고 판단될 때에는 대통령령으로 정하는 바에 따라 해당 물품과 그 물품의 원산지인 국가를 지정하여 일반특혜관세의 적용을 정지할 수 있다.

⑤ 기획재정부장관은 특정한 특혜대상국의 소득수준, 우리나라의 총수입액 중 특정한 특혜대상국으로부터의 수입액이 차지하는 비중, 특정한 특혜대상국의 특정한 특혜대상물품이 지니는 국제경쟁력의 정도, 그 밖의 사정을 고려하여 일반특혜관세를 부과하는 것이 적당하지 아니하다고 판단될 때에는 대통령령으로 정하는 바에 따라 해당 국가를 지정하거나 해당 국가 및 물품을 지정하여 일반특혜관세의 적용을 배제할 수 있다.

> **해설**
>
> **일반특혜관세의 적용 정지 등(법 제77조 제1항)**
> 기획재정부장관은 특정한 특혜대상물품의 수입이 증가하여 이와 동종의 물품 또는 직접적인 경쟁관계에 있는 물품을 생산하는 국내산업에 중대한 피해를 주거나 줄 우려가 있는 등 일반특혜관세를 부과하는 것이 적당하지 아니하다고 판단될 때에는 대통령령으로 정하는 바에 따라 해당 물품과 그 물품의 원산지인 국가를 지정하여 일반특혜관세의 적용을 정지할 수 있다.

30 다음 중 간이세율 적용 대상이 아닌 것은?

① 투전기, 오락용 사행기구 그 밖의 오락용품 중 개별소비세가 과세되는 물품
② 여행자 또는 외국을 오가는 운송수단의 승무원이 휴대하여 수입하는 물품
③ 수출용원재료
④ 우편물. 다만, 수입신고를 하여야 하는 것은 제외한다.
⑤ 탁송품 또는 별송품

간이세율의 적용(영 제96조 제2항 제2호)
다음의 물품에 대하여는 간이세율을 적용하지 아니한다.
• 관세율이 무세인 물품과 관세가 감면되는 물품
• 수출용원재료
• 범칙행위에 관련된 물품
• 종량세가 적용되는 물품
• 상업용으로 인정되는 수량의 물품, 고가품, 당해 물품의 수입이 국내산업을 저해할 우려가 있는 물품, 단일한 간이세율의 적용이 과세형평을 현저히 저해할 우려가 있는 물품
• 화주가 수입신고를 할 때에 과세대상물품의 전부에 대하여 간이세율의 적용을 받지 아니할 것을 요청한 경우의 당해 물품

31 관세법상 용도세율에 대한 설명 중 옳지 않은 것은?

① 용도에 따라 세율을 다르게 정하는 물품을 세율이 낮은 용도에 사용하려는 자는 대통령령으로 정하는 바에 따라 세관장에게 신청하여야 한다. 다만, 대통령령으로 정하는 바에 따라 미리 세관장으로부터 해당 용도로만 사용할 것을 승인받은 경우에는 신청을 생략할 수 있다.

② 용도세율이 적용된 물품은 그 수입신고의 수리일부터 3년의 범위에서 대통령령으로 정하는 기준에 따라 관세청장이 정하는 기간에는 해당 용도 외의 다른 용도에 사용하거나 양도할 수 없다.

③ 용도세율이 적용된 물품을 용도세율 적용기간에 해당 용도 외의 다른 용도에 사용하거나 그 용도 외의 다른 용도에 사용하려는 자에게 양도한 경우에는 해당 물품을 특정용도 외에 사용한 자 또는 그 양수인 으로부터 해당 물품을 특정용도에 사용할 것을 요건으로 하지 아니하는 세율에 따라 계산한 관세액과 해당 용도세율에 따라 계산한 관세액의 차액에 상당하는 관세를 즉시 징수하며, 양수인으로부터 해당 관세를 징수할 수 없을 때에는 그 양도인으로부터 즉시 징수한다.

④ 용도세율의 적용을 받으려는 자는 해당 물품을 수입신고하는 때부터 수입신고가 수리되기 전까지 그 품명·규격·수량·가격·용도·사용방법 및 사용장소를 기재한 신청서를 세관장에게 제출하여 야 한다.

⑤ 미리 세관장의 승인을 받은 경우에는 용도세율 적용기간에 해당 용도 외의 다른 용도에 사용하거나 양도할 수 있다.

용도세율의 적용(법 제83조 제3항)
제1항의 물품을 제2항에 따른 기간에 해당 용도 외의 다른 용도에 사용하거나 그 용도 외의 다른 용도에 사용하려는 자에게 양도한 경우에는 해당 물품을 특정용도 외에 사용한 자 또는 그 양도인으로부터 해당 물품을 특정용도에 사용할 것을 요건으로 하지 아니하는 세율에 따라 계산한 관세액과 해당 용도세율에 따라 계산한 관세액의 차액에 상당하는 관세를 즉시 징수하 며, 양도인으로부터 해당 관세를 징수할 수 없을 때에는 그 양수인으로부터 즉시 징수한다. 다만, 재해나 그 밖의 부득이한 사유로 멸실되었거나 미리 세관장의 승인을 받아 폐기한 경우에는 그러하지 아니하다.

32 다음 중 품목분류 사전심사에 대한 설명 중 옳지 않은 것은?

① 물품을 수출입하려는 자, 수출할 물품의 제조자 및 「관세사법」에 따른 관세사·관세법인 또는 통관취급법인(관세사 등)은 수출입신고를 하기 전에 대통령령으로 정하는 서류를 갖추어 관세청장에게 해당 물품에 적용될 별표 관세율표상의 품목분류를 미리 심사하여 줄 것을 신청할 수 있다.

② 관세청장은 품목분류를 심사한 물품 및 재심사 결과 적용할 품목분류가 변경된 물품에 대하여는 해당 물품에 적용될 품목분류와 품명, 용도, 규격, 그 밖에 필요한 사항을 고시 또는 공표하여야 한다.

③ 세관장은 수출입신고가 된 물품이 품목분류 사전심사에 따라 통지한 물품과 같을 때에는 그 통지 내용에 따라 품목분류를 적용하여야 한다.

④ 관세청장은 품목분류를 심사 또는 재심사하기 위하여 해당 물품에 대한 구성재료의 물리적·화학적 분석이 필요한 경우에는 해당 품목분류를 심사 또는 재심사하여 줄 것을 신청한 자에게 기획재정부령으로 정하는 수수료를 납부하게 할 수 있다.

⑤ 통지받은 사전심사 결과 또는 재심사 결과는 품목분류가 변경된 후에도 유효하다.

해설
특정물품에 적용될 품목분류의 사전심사(법 제86조 제7항)
통지받은 사전심사 결과 또는 재심사 결과는 품목분류가 변경되기 전까지 유효하다.

제 3 장 부과와 징수

제1절 납세의무의 확정

1. 신고납부(법 제38조) 24년 기출

(1) 납세신고 11년 기출

① 의 의

물품(세관장이 부과고지하는 물품은 제외)을 수입하려는 자는 수입신고를 할 때에 세관장에게 관세의 납부에 관한 신고(납세신고)를 하여야 한다.

② 납세신고사항(영 제32조)

납세신고를 하고자 하는 자는 수입신고서에 수입신고 사항 외에 다음의 사항을 기재하여 세관장에게 제출하여야 한다.

> ㉠ 당해 물품의 관세율표상의 품목분류·세율과 품목분류마다 납부하여야 할 세액 및 그 합계액
> ㉡ 법 기타 관세에 관한 법률 또는 조약에 의하여 관세의 감면을 받는 경우에는 그 감면액과 법적 근거
> ㉢ 특수관계에 해당하는지 여부와 그 내용
> ㉣ 기타 과세가격결정에 참고가 되는 사항

(2) 세액심사 20, 17, 13, 11년 기출

① 원칙(사후 세액심사)

세관장은 납세신고를 받으면 수입신고서에 기재된 사항과 관세법에 따른 확인사항 등을 심사하되, 신고한 세액 등 납세신고 내용에 대한 심사(이하 "세액심사"라 한다)는 수입신고를 수리한 후에 한다.

② 예외(사전 세액심사)

신고한 세액에 대하여 관세채권을 확보하기가 곤란하거나, 수입신고를 수리한 후 세액심사를 하는 것이 적당하지 아니하다고 인정하여 기획재정부령으로 정하는 다음 물품의 경우에는 수입신고를 수리하기 전에 이를 심사한다(규칙 제8조 제1항·제2항).

> ㉠ 법률 또는 조약에 의하여 관세 또는 내국세를 감면받고자 하는 물품
> ㉡ 관세를 분할납부하고자 하는 물품
> ㉢ 관세를 체납하고 있는 자가 신고하는 물품(체납액이 10만 원 미만이거나 체납기간 7일 이내에 수입신고하는 경우를 제외)
> ㉣ 납세자의 성실성 등을 참작하여 관세청장이 정하는 기준에 해당하는 불성실신고인이 신고하는 물품
>   **주의** 대통령령에서 정하는 기준이 아니라 관세청장이 정하는 기준이다.

ⓜ 물품의 가격변동이 큰 물품 기타 수입신고 수리 후에 세액을 심사하는 것이 적합하지 아니하다고 인정하여 관세청장이 정하는 물품

　　주의　기획재정부령으로 정하는 물품이 아니라 관세청장이 정하는 물품이다.

▷ ㉠, ㉡의 감면 또는 분할납부 적정 여부 심사는 수입신고 수리 전에 하고, 과세가격 및 세율 등에 대한 심사는 수입신고 수리 후에 한다.

(3) 자율심사(영 제32조의2) 15년 기출

① 의 의

세관장은 납세실적과 수입규모 등을 고려하여 관세청장이 정하는 요건을 갖춘 자가 신청할 때에는 납세신고한 세액을 자체적으로 심사(자율심사)하게 할 수 있다. 이 경우 해당 납세의무자는 자율심사한 결과를 세관장에게 제출하여야 한다(법 제38조 제3항).

② 자율심사업체의 승인

세관장은 납세의무자가 납세신고세액을 자체적으로 심사하고자 신청하는 경우에는 관세청장이 정하는 절차에 의하여 자율심사를 하는 납세의무자(자율심사업체)로 승인할 수 있다. 이 경우 세관장은 자율심사의 방법 및 일정 등에 대하여 자율심사업체와 사전협의할 수 있다.

③ 자료의 제공

세관장은 자율심사업체에게 수출입업무의 처리방법 및 체계 등에 관한 관세청장이 정한 자료를 제공하여야 한다.

④ 자율심사결과 등의 제출

자율심사업체는 세관장이 제공한 자료에 따라 다음의 사항을 기재한 자율심사결과 및 조치내용을 세관장에게 제출하여야 한다. 이 경우 자율심사업체는 당해 결과를 제출하기 전에 납부세액의 과부족분에 대하여는 보정신청하거나 수정신고 또는 경정청구하여야 하며, 과다환급금이 있는 경우에는 세관장에게 통지하여야 한다.

㉠ 세관장이 제공한 자료에 따라 작성한 심사결과
㉡ 자율심사를 통하여 업무처리방법·체계 및 세액 등에 대한 보완이 필요한 것으로 확인된 사항에 대하여 조치한 내용

⑤ 평가의 통지 및 조치

㉠ 세관장은 제출된 결과를 평가하여 자율심사업체에 통지하여야 한다. 다만, 자율심사가 부적절하게 이루어진 것으로 판단되는 경우에는 추가적으로 필요한 자료의 제출을 요청하거나 방문하여 심사한 후에 통지할 수 있다.

㉡ 세관장은 자료의 요청 또는 방문심사한 결과에 따라 당해 자율심사업체로 하여금 자율심사를 적정하게 할 수 있도록 보완사항을 고지하고, 개선방법 및 일정 등에 대한 의견을 제출하게 하는 등 자율심사의 유지에 필요한 조치를 할 수 있다.

⑥ 자율심사의 승인 취소

세관장은 자율심사업체가 다음 중 하나에 해당하는 때에는 자율심사의 승인을 취소할 수 있다.

> ⊙ 관세청장이 정한 요건을 갖추지 못하게 되는 경우
> ⓛ 자율심사를 하지 아니할 의사를 표시하는 경우
> ⓒ 자율심사결과의 제출 등 자율심사의 유지를 위하여 필요한 의무 등을 이행하지 아니하는 경우

기출문제

관세법령상 관세의 신고납부에 관한 설명으로 옳지 않은 것은? 24년 기출

① 세관장의 세액심사는 수입신고 수리 전에는 할 수 없다.
② 세관장은 자율심사업체에게 수출입업무의 처리방법 및 체계 등에 관한 관세청장이 정한 자료를 제공하여야 한다.
③ 관세납부대행기관은 납세자로부터 신용카드 등에 의한 관세납부대행용역의 대가로 기획재정부령으로 정하는 바에 따라 납부대행수수료를 받을 수 있다.
④ 납세의무자가 신고납부한 세액이 부족하여 수정신고한 경우에는 수정신고한 날의 다음 날까지 해당 관세를 납부하여야 한다.
⑤ 납세의무자는 납세신고한 세액을 납부하기 전에 그 세액이 과부족하다는 것을 알게 되었을 때에는 납세신고한 세액을 정정할 수 있고, 이 경우 납부기한은 당초의 납부기한으로 한다.

해설
① 신고한 세액에 대하여 관세채권을 확보하기가 곤란하거나, 수입신고를 수리한 후 세액심사를 하는 것이 적당하지 아니하다고 인정하여 기획재정부령으로 정하는 물품의 경우에는 수입신고를 수리하기 전에 세액심사를 함(관세법 제38조 제2항 단서 참고)
② 관세법 시행령 제32조의2 제2항
③ 관세법 시행령 제32조의5 제3항
④ 관세법 제38조의3 제1항
⑤ 관세법 제38조 제4항

정답 ①

---

(4) 세액의 변경

① 세액의 정정(법 제38조 제4항) 18, 11, 10년 기출

의 의	납세의무자는 납세신고한 세액을 납부하기 전에 그 세액이 과부족하다는 것을 알게 되었을 때에는 납세신고한 세액을 정정할 수 있다.
납부기한	세액을 정정하는 경우 납부기한은 당초의 납부기한으로 한다.
정정방법	세액을 정정하고자 하는 자는 당해 납세신고와 관련된 서류를 세관장으로부터 교부받아 과세표준 및 세액 등을 정정하고, 그 정정한 부분에 서명 또는 날인하여 세관장에게 제출하여야 한다(영 제32조의3).

② 보정(법 제38조의2) 22, 15, 11, 10년 기출

　㉠ 의의 : 납세의무자는 신고납부한 세액이 부족하다는 것을 알게 되거나 세액산출의 기초가 되는 과세
가격 또는 품목분류 등에 오류가 있는 것을 알게 되었을 때에는 신고납부한 날부터 6개월 이내(보정
기간)에 대통령령으로 정하는 바에 따라 해당 세액을 보정하여 줄 것을 세관장에게 신청할 수 있다.
　　주의 3개월이 아니라 6개월이다.

　㉡ 보정신청의 통지 : 세관장은 신고납부한 세액이 부족하다는 것을 알게 되거나 세액산출의 기초가 되는
과세가격 또는 품목분류 등에 오류가 있다는 것을 알게 되었을 때에는 대통령령으로 정하는 바에 따라
납세의무자에게 해당 보정기간에 보정신청을 하도록 통지할 수 있다. 이 경우 세액보정을 신청하려는
납세의무자는 대통령령으로 정하는 바에 따라 세관장에게 신청하여야 한다.

　㉢ 납부기한 : 납세의무자가 부족한 세액에 대한 세액의 보정을 신청한 경우에는 해당 보정신청을 한
날의 다음 날까지 해당 관세를 납부하여야 한다.
　　주의 보정신청을 한 날이 속한 달의 말일까지가 아니라 보정신청을 한 날의 다음 날까지이다.

　㉣ 보정절차 : 신고납부한 세액을 보정하고자 하는 자는 세관장에게 세액보정을 신청한 다음에 이미
제출한 수입신고서를 교부받아 수입신고서상의 품목분류·과세표준·세율 및 세액 그 밖의 관련사
항을 보정하고, 그 보정한 부분에 서명 또는 날인하여 세관장에게 제출하여야 한다(영 제32조의4
제2항).

　㉤ 보정이자(법 제38조의2 제5항, 영 제32조의4 제4항~제8항)

　　ⓐ 보정이자의 징수 : 세관장은 보정신청에 따라 세액을 보정한 결과 부족한 세액이 있을 때에는 제
42조(가산세)에도 불구하고 납부기한 다음 날부터 보정신청을 한 날까지의 기간과 금융회사의 정
기예금에 대하여 적용하는 이자율을 고려하여 대통령령으로 정하는 이율(연 1천분의 29)에 따라
계산한 금액을 더하여 해당 부족세액을 징수하여야 한다.

　　ⓑ 보정이자 제외대상 : 다음의 어느 하나에 해당하는 경우에는 보정이자를 가산하지 않는다.

> • 국가 또는 지방자치단체(지방자치단체조합을 포함)가 직접 수입하는 물품과 국가 또는 지방자치
> 　단체에 기증되는 물품
> • 우편물(수입신고를 해야 하는 것은 제외)
> • 신고납부한 세액의 부족 등에 대하여 납세의무자에게 다음의 정당한 사유가 있는 경우
> 　 - 법 제10조(천재지변 등으로 인한 기한의 연장)에 따른 기한 연장 사유에 해당하는 경우
> 　 - 영 제1조의3(관세법 해석에 관한 질의회신의 절차와 방법)에 따른 법 해석에 관한 질의·회신
> 　　 등에 따라 신고·납부했으나 이후 동일한 사안에 대해 다른 과세처분을 하는 경우
> 　 - 그 밖에 납세자가 의무를 이행하지 않은 정당한 사유가 있는 경우

　　ⓒ 보정이자의 면제신청 : 부족세액에 가산하여야 할 금액을 면제받으려는 자는 납세의무자의 성명
또는 상호 및 주소, 면제받으려는 금액, 정당한 사유를 적은 신청서를 세관장에게 제출하여야 한
다(관련한 증명자료가 있으면 첨부할 수 있음).

　　ⓓ 면제여부의 통지 : 세관장은 신청서를 제출받은 경우에는 신청일부터 20일 이내에 면제 여부를
서면으로 통지하여야 한다.

　㉥ 가산세 징수 : ㉤에도 불구하고 납세의무자가 제42조(가산세) 제2항에 따른 부정한 행위로 과소신고
한 후 ㉠과 ㉡ 후단에 따른 신청을 한 경우에는 세관장은 제42조 제2항에 따른 가산세를 징수하여야
한다.

③ 수정신고(법 제38조의3 제1항) 18, 15, 10년 기출
  ㉠ 의의 : 납세의무자는 신고납부한 세액이 부족한 경우에는 대통령령으로 정하는 바에 따라 수정신고 [보정기간이 지난 날부터 관세부과의 제척기간(법 제21조 제1항)에 따른 기간이 끝나기 전까지로 한정]를 할 수 있다.
  ㉡ 납부기한 : 납세의무자는 수정신고한 날의 다음 날까지 해당 관세를 납부하여야 한다.
    주의 수정신고한 날까지가 아니라 수정신고한 날의 다음 날까지 납부하여야 한다.
  ㉢ 수정신고서의 제출(영 제33조) : 수정신고를 하고자 하는 자는 다음의 사항을 기재한 수정신고서를 세관장에게 제출하여야 한다.

  > ⓐ 당해 물품의 수입신고번호와 품명·규격 및 수량
  > ⓑ 수정신고 전의 당해 물품의 품목분류·과세표준·세율 및 세액
  > ⓒ 수정신고 후의 당해 물품의 품목분류·과세표준·세율 및 세액
  > ⓓ 가산세액
  > ⓔ 기타 참고사항

  ㉣ 가산세 : 수정신고를 한 세액에 대하여 세관장은 가산세를 부과·징수한다.
④ 경정청구(법 제38조의3 제2항~제4항) 21, 18, 15, 14, 11년 기출
  ㉠ 의의 : 납세의무자는 신고납부한 세액, 보정신청한 세액 및 수정신고한 세액이 과다한 것을 알게 되었을 때에는 최초로 납세신고를 한 날부터 5년 이내에 대통령령으로 정하는 바에 따라 신고한 세액의 경정을 세관장에게 청구할 수 있다.
    주의 3년이 아니라 5년이다.
  ㉡ 경정청구서의 제출 : 경정의 청구를 하고자 하는 자는 다음의 사항을 기재한 경정청구서를 세관장에게 제출하여야 한다(영 제34조 제1항).

  > ⓐ 당해 물품의 수입신고번호와 품명·규격 및 수량
  > ⓑ 경정 전의 당해 물품의 품목분류·과세표준·세율 및 세액
  > ⓒ 경정 후의 당해 물품의 품목분류·과세표준·세율 및 세액
  > ⓓ 경정사유
  > ⓔ 기타 참고사항

  ㉢ 소송에 대한 판결 등에 따른 경정청구 : 납세의무자는 다음의 사유가 발생한 것을 안 날부터 2개월 이내에 대통령령으로 정하는 바에 따라 납부한 세액의 경정을 세관장에게 청구할 수 있다(영 제34조 제2항).

  > ⓐ 최초의 신고 또는 경정에서 과세표준 및 세액의 계산근거가 된 거래 또는 행위 등이 그에 관한 소송에 대한 판결(판결과 같은 효력을 가지는 화해나 그 밖의 행위를 포함)에 의하여 다른 것으로 확정된 경우
  > ⓑ 최초의 신고 또는 경정을 할 때 장부 및 증거서류의 압수, 그 밖의 부득이한 사유로 과세표준 및 세액을 계산할 수 없었으나 그 후 해당 사유가 소멸한 경우
  > ⓒ 원산지증명서 등의 진위 여부 등을 회신받은 세관장으로부터 그 회신 내용을 통보받은 경우

② **통지** : 세관장은 경정의 청구를 받은 날부터 2개월 이내에 세액을 경정하거나 경정하여야 할 이유가 없다는 뜻을 그 청구를 한 자에게 통지하여야 한다.

　주의　3개월이 아니라 2개월이다.

⑩ **불복절차** : 경정을 청구한 자가 2개월 이내에 통지를 받지 못한 경우에는 그 2개월이 되는 날의 다음 날부터 이의신청, 심사청구, 심판청구 또는 「감사원법」에 따른 심사청구를 할 수 있다.

⑪ **세액의 재경정** : 세관장은 납세의무자가 신고납부한 세액, 납세신고한 세액 또는 경정청구한 세액을 심사한 결과 과부족하다는 것을 알게 되었을 때에는 대통령령으로 정하는 바에 따라 그 세액을 경정하여야 한다.

⑫ **가산세** : 경정청구를 한 세액에 대하여 세관장은 가산세를 부과·징수한다.

⑤ **수입물품의 과세가격 조정에 따른 경정(법 제38조의4)**

㉠ **청구사유 및 기간** : 납세의무자는 「국제조세조정에 관한 법률」에 따라 관할 지방국세청장 또는 세무서장이 해당 수입물품의 거래가격을 조정하여 과세표준 및 세액을 결정·경정 처분하거나 국세청장이 해당 수입물품의 거래가격과 관련하여 소급하여 적용하도록 사전승인을 함에 따라 그 거래가격과 관세법에 따라 신고납부·경정한 세액의 산정기준이 된 과세가격 간 차이가 발생한 경우에는 그 결정·경정 처분 또는 사전승인이 있음을 안 날(처분 또는 사전승인의 통지를 받은 경우에는 그 받은 날)부터 3개월 또는 최초로 납세신고를 한 날부터 5년 내에 대통령령으로 정하는 바에 따라 세관장에게 세액의 경정을 청구할 수 있다.

㉡ **경정청구서의 제출** : 경정청구를 하려는 자는 해당 물품의 수입신고번호와 품명·규격 및 수량 등을 적은 경정청구서를 세관장에게 제출하여야 한다(영 제35조 제1항).

㉢ **보고** : 경정청구서를 제출받은 세관장은 경정청구의 대상이 되는 납세신고의 사실과 경정청구에 대한 의견을 첨부하여 관세청장에게 보고하여야 한다. 이 경우 관세청장은 세관장을 달리하는 동일한 내용의 경정청구가 있으면 경정처분의 기준을 정하거나, 경정청구를 통합 심사할 세관장을 지정할 수 있다(영 제35조 제2항).

㉣ **세액의 경정** : 경정청구를 받은 세관장은 다음에 해당하는 경우 해당 수입물품의 거래가격 조정방법과 계산근거 등이 제30조부터 제35조까지의 규정에 적합하다고 인정하는 경우에는 세액을 경정할 수 있다(영 제35조 제3항).

> ⓐ 지방국세청장 또는 세무서장의 결정·경정 처분에 따라 조정된 사항이 수입물품의 지급가격, 권리사용료 등 제1방법의 과세가격으로 인정되는 경우
> ⓑ 지방국세청장 또는 세무서장이 정상가격의 산출방법에 따라 조정하는 경우로서 그 비교대상거래, 통상이윤의 적용 등 조정방법과 계산근거가 제2방법부터 제6방법까지의 규정에 적합하다고 인정되는 경우

㉤ **통지** : 세관장은 경정청구를 받은 날부터 2개월 내에 세액을 경정하거나 경정하여야 할 이유가 없다는 뜻을 청구인에게 통지하여야 한다.

㉥ **조정의 신청** : 세관장의 통지에 이의가 있는 청구인은 그 통지를 받은 날(2개월 내에 통지를 받지 못한 경우에는 2개월이 지난 날)부터 30일 내에 기획재정부장관에게 국세의 정상가격과 관세의 과세가격 간의 조정을 신청할 수 있다. 이 경우 「국제조세조정에 관한 법률」 제20조를 준용한다(법 제38조의4 제4항).

ⓐ 불복절차 : 청구인은 2개월 이내에 통지를 받지 못한 경우에는 그 2개월이 되는 날의 다음 날부터 이의신청, 심사청구, 심판청구 또는 「감사원법」에 따른 심사청구를 할 수 있다.

ⓧ 협의 : 세관장은 세액을 경정하기 위하여 필요한 경우에는 관할 지방국세청장 또는 세무서장과 협의할 수 있다.

⑥ 경정청구서 등 우편제출에 따른 특례(법 제38조의5)

보정, 수정신고, 수입물품의 과세가격 조정에 따른 경정 및 조정신청에 따른 각각의 기한까지 우편으로 발송(「국세기본법」에서 정한 날을 기준)한 청구서 등이 세관장 또는 기획재정부장관에게 기간을 지나서 도달한 경우 그 기간의 만료일에 신청·신고 또는 청구된 것으로 본다.

(5) 관세의 납부

① 납부기한(법 제9조)

납세의무자는 납세신고를 한 경우 납세신고 수리일부터 15일 이내에 해당 세액을 납부하여야 한다. 이 경우 납세의무자는 수입신고가 수리되기 전에 해당 세액을 납부할 수 있다.

② 「국세징수법」의 준용(법 제38조 제6항)

관세의 납부에 관하여는 「국세징수법」 제12조 제1항 제3호, 같은 조 제2항 및 제3항을 준용한다.

③ 신용카드 등에 의한 관세 등의 납부(영 제32조의5)

납부방법	납세의무자가 신고하거나 세관장이 부과 또는 경정하여 고지한 세액(세관장이 관세와 함께 징수하는 내국세 등의 세액을 포함)은 신용카드, 직불카드 등으로 납부할 수 있다.
관세납부대행기관	「국세징수법」에 따른 국세납부대행기관이란 정보통신망을 이용하여 신용카드 등에 의한 결제를 수행하는 기관으로서 기획재정부령으로 정하는 바에 따라 관세납부를 대행하는 기관(관세납부대행기관)을 말한다.
납부대행수수료	관세납부대행기관은 납세자로부터 신용카드 등에 의한 관세납부대행용역의 대가로 기획재정부령으로 정하는 바에 따라 납부대행수수료를 받을 수 있다.
필요사항의 결정	관세청장은 납부에 사용되는 신용카드 등의 종류, 그 밖에 관세납부에 필요한 사항을 정할 수 있다.

2. 부과고지(법 제39조)

(1) 부과고지의 대상 15년 기출

다음의 어느 하나에 해당하는 경우에는 세관장이 관세를 부과·징수한다.

① 제16조(과세물건 확정의 시기) 제1호부터 제6호까지 및 제8호부터 제11호까지에 해당되어 관세를 징수하는 경우

② 보세건설장에서 건설된 시설로서 제248조(신고의 수리)에 따라 수입신고가 수리되기 전에 가동된 경우

③ 보세구역(제156조 제1항에 따라 보세구역 외 장치를 허가받은 장소를 포함)에 반입된 물품이 제248조(신고의 수리) 제3항(신고 수리 전 반출금지)을 위반하여 수입신고가 수리되기 전에 반출된 경우

④ 납세의무자가 관세청장이 정하는 사유로 과세가격이나 관세율 등을 결정하기 곤란하여 부과고지를 요청하는 경우

⑤ 즉시 반출한 물품을 반출신고 후 10일 내에 수입신고를 하지 아니하여 관세를 징수하는 경우

⑥ 제38조(신고납부)에 따른 납세신고가 부적당한 것으로서 기획재정부령으로 정하는 경우

ⓐ 여행자 또는 승무원의 휴대품 및 별송품

ⓑ 우편물(수입신고하여야 하는 우편물 제외)

ⓒ 법령의 규정에 의하여 세관장이 관세를 부과·징수하는 물품

ⓓ ⓐ 내지 ⓒ 외에 납세신고가 부적당하다고 인정하여 관세청장이 지정하는 물품

(2) 부족액의 징수 15, 10년 기출

세관장은 과세표준, 세율, 관세의 감면 등에 관한 규정의 적용 착오 또는 그 밖의 사유로 이미 징수한 금액이 부족한 것을 알게 되었을 때에는 그 부족액을 징수한다.

(3) 납부고지

세관장이 관세를 징수하려는 경우에는 대통령령으로 정하는 바에 따라 납세의무자에게 납부고지를 하여야 한다.

① 납부고지서의 교부(영 제36조)

세관장은 법 제39조(부과고지) 제3항, 제47조 제1항(과다환급관세의 징수) 또는 제270조(관세포탈죄 등) 제5항 후단(부정환급액 징수)에 따라 관세를 징수하려는 경우에는 세목·세액·납부장소 등을 기재한 납부고지서를 납세의무자에게 교부해야 한다. 다만, 법 제43조(관세의 현장 수납)에 따라 물품을 검사한 공무원이 관세를 수납하는 경우에는 그 공무원으로 하여금 말로써 고지하게 할 수 있다.

② 관세의 현장 수납(법 제43조)

수납대상	여행자의 휴대품 또는 조난 선박에 적재된 물품으로서 보세구역이 아닌 장소에 장치된 물품에 대한 관세는 그 물품을 검사한 공무원이 검사 장소에서 수납할 수 있다.
다른 공무원의 참여	물품을 검사한 공무원이 관세를 수납할 때에는 부득이한 사유가 있는 경우를 제외하고는 다른 공무원을 참여시켜야 한다.
출납공무원에게 인계	출납공무원이 아닌 공무원이 관세를 수납하였을 때에는 지체 없이 출납공무원에게 인계하여야 한다.
현금의 변상	출납공무원이 아닌 공무원이 선량한 관리자로서의 주의를 게을리하여 수납한 현금을 잃어버린 경우에는 변상하여야 한다.
구두상 고지	현장 수납 규정에 의하여 물품을 검사한 공무원이 관세를 수납하는 경우에는 그 공무원으로 하여금 말로써 고지하게 할 수 있다(영 제36조).

③ 납부기한

납부고지를 받은 자는 그 납부고지를 받은 날부터 15일 이내에 해당 세액을 세관장에게 납부하여야 한다(법 제9조 제1항 제2호).

3. 가산세(법 제42조)

(1) 미납부세액 및 부족세액에 따른 가산세

세관장은 납세의무자가 법정납부기한까지 납부하지 아니한 관세액(미납부세액)을 징수하거나 수정신고 또는 경정에 따라 부족한 관세액(부족세액)을 징수할 때에는 다음 각 항목의 금액을 합한 금액을 가산세로 징수한다.

> ① 부족세액의 100분의 10
> ② 납부지연가산세 : 다음의 금액을 합한 금액
> ㉠ 미납부세액 또는 부족세액 × 법정납부기한의 다음 날부터 납부일까지의 기간(납부고지일부터 납부고지서에 따른 납부기한까지의 기간은 제외) × 금융회사 등이 연체대출금에 대하여 적용하는 이자율 등을 고려하여 대통령령으로 정하는 이자율(1일 10만분의 22)
> [* 체납된 관세(세관장이 징수하는 내국세가 있을 때에는 그 금액 포함)가 150만 원 미만인 경우에는 미적용]
> ㉡ 법정납부기한까지 납부하여야 할 세액 중 납부고지서에 따른 납부기한까지 납부하지 아니한 세액 × 100분의 3(관세를 납부고지서에 따른 납부기한까지 완납하지 아니한 경우에 한정)

▷ "대통령령으로 정하는 이자율"이란 1일 10만분의 22의 율을 말한다(영 제39조 제1항).

(2) 부당과소신고에 따른 가산세 10년 기출

① 납세자가 부정한 행위(납세자가 관세의 과세표준 또는 세액계산의 기초가 되는 사실의 전부 또는 일부를 은폐하거나 가장하는 것에 기초하여 관세의 과세표준 또는 세액의 신고의무를 위반하는 것으로서 대통령령으로 정하는 행위)로 과소신고한 경우에는 세관장은 해당 부족세액의 100분의 40에 상당하는 금액과 위 (1)의 ②의 금액을 합한 금액을 가산세로 징수한다.

② "대통령령으로 정하는 행위(부정한 행위)"란 다음의 어느 하나에 해당하는 행위를 말한다(영 제39조 제4항).

> ㉠ 이중송품장・이중계약서 등 허위증명 또는 허위문서의 작성이나 수취
> ㉡ 세액심사에 필요한 자료의 파기
> ㉢ 관세부과의 근거가 되는 행위나 거래의 조작・은폐
> ㉣ 그 밖에 관세를 포탈하거나 환급 또는 감면을 받기 위한 부정한 행위

(3) 수입신고 불이행 가산세

세관장은 수입신고를 하지 않고 수입된 물품에 대하여 관세를 부과・징수할 때에는 다음의 금액을 합한 금액을 가산세로 징수한다. 다만, 여행자나 승무원 휴대품, 이사물품을 신고하지 않아(법 제241조 제5항) 가산세를 징수하는 경우와 천재지변 등 수입신고를 하지 아니하고 수입한 데에 정당한 사유가 있는 것으로 세관장이 인정하는 경우는 제외한다.

① 해당 관세액의 100분의 20(법 제269조 밀수출입죄에 해당하여 처벌받거나 통고처분을 받은 경우에는 100분의 40)

② 납부지연가산세 : 다음의 금액을 합한 금액

㉠ 해당 관세액 × 수입된 날부터 납부일까지의 기간(납부고지일부터 납부고지서에 따른 납부기한까지의 기간은 제외) × 금융회사 등이 연체대출금에 대하여 적용하는 이자율 등을 고려하여 대통령령으로 정하는 이자율(1일 10만분의 22)

[* 체납된 관세(세관장이 징수하는 내국세가 있을 때에는 그 금액 포함)가 150만 원 미만인 경우에는 미적용]

㉡ 해당 관세액 중 납부고지서에 따른 납부기한까지 납부하지 아니한 세액 × 100분의 3(관세를 납부고지서에 따른 납부기한까지 완납하지 아니한 경우에 한정)

(4) 납부초과기간의 제한 및 고지서 생략

① 상기 가산세를 적용할 때 납부고지서에 따른 납부기한의 다음 날부터 납부일까지의 기간이 5년을 초과하는 경우에는 그 기간을 5년으로 한다.

② 상기 납부지연가산세 중 납부고지서에 따른 납부기한 후의 납부지연가산세를 징수하는 경우에는 납부고지서를 발급하지 아니할 수 있다.

(5) 가산세의 감면(법 제42조의2)

세관장은 다음의 어느 하나에 해당하는 경우에는 제42조 제1항에 따른 가산세액에서 다음 항목에서 정하는 금액을 감면한다. 가산세 감면을 받으려는 자는 대통령령으로 정하는 바에 따라 감면을 신청할 수 있다.

감면사유	감면금액
수입신고가 수리되기 전에 관세를 납부한 결과 부족세액이 발생한 경우로서 수입신고가 수리되기 전에 납세의무자가 해당 세액에 대하여 수정신고를 하거나 세관장이 경정하는 경우	부족세액의 100분의 10 + 납부지연가산세
잠정가격신고를 기초로 납세신고를 하고 이에 해당하는 세액을 납부한 경우(납세의무자가 제출한 자료가 사실과 다름이 판명되어 추징의 사유가 발생한 경우는 제외)	
국가 또는 지방자치단체가 직접 수입하는 물품 등 대통령령으로 정하는 물품의 경우	
신고납부한 세액의 부족 등에 대하여 납세의무자에게 대통령령으로 정하는 정당한 사유가 있는 경우	
특수관계가 있는 자들 간에 거래되는 물품의 과세가격 결정방법에 관한 사전심사의 결과를 통보받은 경우 그 통보일부터 2개월 이내에 통보된 과세가격의 결정방법에 따라 해당 사전심사의 결과를 통보받은 날 전에 신고납부한 세액을 수정신고하는 경우	부족세액의 100분의 10
수입신고 수리 전 심사에 따른 기획재정부령으로 정하는 물품 중 감면 대상 및 감면율을 잘못 적용하여 부족세액이 발생한 경우	

	보정기간이 지난 날부터 6개월 이내에 수정신고한 경우	부족세액의 100분의 10의 금액의 100분의 30
수정신고(보정기간이 지난 날부터 1년 6개월이 지나기 전에 한 수정신고로 한정)를 한 경우에는 다음의 구분에 따른 금액. 다만, 해당 관세에 대하여 과세표준과 세액을 경정할 것을 미리 알고 수정신고를 한 경우로서 기획재정부령으로 정하는 경우는 제외한다.	보정기간이 지난 날부터 6개월 초과 1년 이내에 수정신고한 경우	부족세액의 100분의 10의 금액의 100분의 20
	보정기간이 지난 날부터 1년 초과 1년 6개월 이내에 수정신고한 경우	부족세액의 100분의 10의 금액의 100분의 10
관세심사위원회가 30일 내에 과세전적부심사의 결정·통지를 하지 아니한 경우		결정·통지가 지연된 기간에 대하여 부과되는 가산세(제42조 제1항 제2호 가목에 따른 계산식에 결정·통지가 지연된 기간을 적용하여 계산한 금액에 해당하는 가산세) 금액의 100분의 50

5. 압류·매각의 유예(법 제43조의2)

(1) 압류·매각의 유예

① 압류·매각 유예

세관장은 재산의 압류나 압류재산의 매각을 유예함으로써 사업을 정상적으로 운영할 수 있게 되어 체납액의 징수가 가능하다고 인정되는 경우에는 그 체납액에 대하여 강제징수에 의한 재산의 압류나 압류재산의 매각을 대통령령으로 정하는 바에 따라 유예할 수 있다.

② 신청서 제출(영 제40조 제1항)

압류·매각의 유예를 받으려는 경우에는 다음의 사항을 적은 신청서를 세관장에게 제출해야 한다.

> ㉠ 체납자의 주소 또는 거소와 성명
> ㉡ 납부할 체납액의 세목, 세액과 납부기한
> ㉢ 압류 또는 매각의 유예를 받으려는 이유와 기간
> ㉣ 체납자가 체납액을 분할하여 납부하려는 경우에는 그 분납액 및 분납횟수

③ 유예기간(영 제40조 제2항)

세관장이 압류 또는 매각을 유예하는 경우 그 유예기간은 유예한 날부터 2년 이내로 한다. 이 경우 세관장은 그 유예기간 이내에 분할하여 납부하게 할 수 있다.

(2) 압류 해제

세관장은 압류 또는 매각을 유예하는 경우에 필요하다고 인정하면 이미 압류한 재산의 압류를 해제할 수 있다.

(3) 담보제공 요구 및 미요구(법 제43조의2 제3항·제4항·제8항)

① 세관장은 재산의 압류를 유예하거나 압류한 재산의 압류를 해제하는 경우에는 그에 상당하는 납세담보의 제공을 요구할 수 있다.

② 세관장은 압류 또는 매각의 유예 결정일 기준으로 최근 3년 이내에 「관세법」, 「자유무역협정의 이행을 위한 관세법의 특례에 관한 법률」, 「수출용 원재료에 대한 관세 등 환급에 관한 특례법」 또는 「조세범 처벌법」 위반으로 처벌받은 사실이 없는 체납자로부터 체납액 납부계획서를 제출받고 그 납부계획의 타당성을 인정하는 경우에는 납세담보의 제공을 요구하지 아니할 수 있다.

③ 관세청장은 ②에 따른 법 위반 사실을 확인하기 위하여 관계 기관의 장에게 범죄경력자료(「관세법」, 「자유무역협정의 이행을 위한 관세법의 특례에 관한 법률」, 「수출용 원재료에 대한 관세 등 환급에 관한 특례법」 또는 「조세범 처벌법」 위반에 한정)의 조회를 요청할 수 있으며, 그 요청을 받은 관계 기관의 장은 정당한 사유가 없으면 이에 따라야 한다.

(4) 압류·매각의 유예 취소(법 제43조의2 제5항)

세관장은 압류 또는 매각의 유예 받은 체납자가 다음의 어느 하나에 해당하는 경우에는 그 압류 또는 매각의 유예를 취소하고, 유예에 관계되는 체납액을 한꺼번에 징수할 수 있다. 다만, ①에 정당한 사유가 있는 것으로 세관장이 인정하는 경우에는 압류 또는 매각의 유예를 취소하지 아니할 수 있다.

> ① 체납액을 분납계획에 따라 납부하지 아니한 경우
> ② 담보의 변경이나 그 밖에 담보 보전에 필요한 세관장의 명령에 따르지 아니한 경우
> ③ 재산상황이나 그 밖의 사정의 변화로 유예할 필요가 없다고 인정될 경우
> ④ 다음 중 어느 하나의 경우에 해당되어 그 유예한 기한까지 유예에 관계되는 체납액의 전액을 징수할 수 없다고 인정될 경우
>   ㉠ 국세·지방세 또는 공과금의 체납으로 강제징수 또는 체납처분이 시작된 경우
>   ㉡ 「민사집행법」에 따른 강제집행·담보권 실행 등을 위한 경매가 시작된 경우
>   ㉢ 「어음법」 및 「수표법」에 따른 어음교환소에서 거래정지처분을 받은 경우
>   ㉣ 「채무자 회생 및 파산에 관한 법률」에 따른 파산선고를 받은 경우
>   ㉤ 법인이 해산된 경우
>   ㉥ 관세의 체납이 발생되거나 관세를 포탈하려는 행위가 있다고 인정되는 경우

(5) 통 지

세관장은 압류 또는 매각을 유예하였거나 압류 또는 매각의 유예를 취소하였을 때에는 체납자에게 그 사실을 통지하여야 한다(법 제43조의2 제6항).

(6) 압류·매각의 재유예

세관장은 다음의 어느 하나에 해당하는 경우에는 압류 또는 매각의 유예를 받은 체납액에 대하여 유예기간이 지난 후 다시 압류 또는 매각의 유예를 할 수 있다(법 제43조의2 제7항).

> ① 법 제43조의2 제5항 각 호 외의 부분 단서(압류·매각의 유예 취소 단서)에 따라 압류 또는 매각의 유예를 취소하지 아니한 경우
> ② 재산상황이나 그 밖의 사정의 변화로 유예할 필요가 없다고 인정되어 압류 또는 매각의 유예를 취소한 경우

(7) 세부사항 규정

상기에서 규정한 사항 외에 압류 또는 매각의 유예 신청, 통지 및 유예기간 등 압류 또는 매각의 유예에 필요한 세부사항은 대통령령으로 정한다(법 제43조의2 제9항).

6. 징수금액의 최저한 및 체납자료의 제공 등 21, 20년 기출

(1) 징수금액의 최저한(법 제40조, 영 제37조)

최저액	세관장은 납세의무자가 납부하여야 하는 세액이 1만 원 미만인 경우에는 이를 징수하지 아니한다.
납부일	관세를 징수하지 아니하게 된 경우에는 당해 물품의 수입신고 수리일을 그 납부일로 본다.

(2) 체납자료의 제공(법 제44조) 16년 기출

① 체납자료의 제공대상

세관장은 관세징수 또는 공익목적을 위하여 필요한 경우로서 신용정보집중기관, 그 밖에 대통령령으로 정하는 자가 다음의 어느 하나에 해당하는 체납자의 인적사항 및 체납액에 관한 자료(체납자료)를 요구한 경우에는 이를 제공할 수 있다.

> ㉠ 체납 발생일부터 1년이 지나고 체납액이 500만 원 이상인 자
> ㉡ 1년에 3회 이상 체납하고 체납액이 500만 원 이상인 자

② 체납자료를 제공하지 않는 경우 17년 기출

체납된 관세 및 내국세 등과 관련하여 관세법에 따른 이의신청·심사청구 또는 심판청구 및 행정소송이 계류 중인 경우나 그 밖에 다음의 경우에는 체납자료를 제공하지 아니한다.

> ㉠ 전쟁·화재 등 재해나 도난으로 인하여 재산에 심한 손실을 입은 경우
> ㉡ 사업에 현저한 손실을 입은 경우
> ㉢ 사업이 중대한 위기에 처한 경우
> ㉣ 압류 또는 매각이 유예된 경우

③ 체납자료의 제공절차(영 제41조)

체납자료 파일의 작성	세관장은 체납자료를 전산정보처리조직에 의하여 처리하는 경우에는 체납자료 파일(자기테이프, 자기디스크, 그 밖에 이와 유사한 매체에 체납자료가 기록·보관된 것)을 작성할 수 있다.
문서 제출	체납자료를 요구하려는 자(요구자)는 요구자의 이름 및 주소, 요구하는 자료의 내용 및 이용 목적을 적은 문서를 세관장에게 제출하여야 한다.
파일이나 문서로 제공	체납자료를 요구받은 세관장은 체납자료 파일이나 문서로 제공할 수 있다.
통 지	제공한 체납자료가 체납액의 납부 등으로 체납자료에 해당되지 아니하게 되는 경우에는 그 사실을 사유 발생일부터 15일 이내에 요구자에게 통지하여야 한다.
세부규정	체납자료 파일의 정리, 관리, 보관 등에 필요한 사항 또는 이 조에서 규정한 사항 외에 체납자료의 요구 및 제공 등에 필요한 사항은 관세청장이 정한다.

④ 누설 및 이용 금지

체납자료를 제공받은 자는 이를 업무 목적 외의 목적으로 누설하거나 이용하여서는 아니 된다.

⑤ 관세체납정리위원회(법 제45조, 영 제42조~제49조) 22, 19, 16, 14년 기출

관세(세관장이 징수하는 내국세 등을 포함)의 체납정리에 관한 사항을 심의하기 위하여 세관에 관세체납 정리위원회를 둘 수 있다.

구 성	위원장 1인을 포함한 5인 이상 7인 이내의 위원으로 구성한다.
위원장	위원회의 위원장은 세관장이 된다.
위원장 직무	위원장은 해당 위원회의 사무를 총괄하고 해당 위원회를 대표한다. 직무를 수행하지 못하는 부득이한 사정이 있는 때에는 위원장이 지명하는 위원이 그 직무를 대행한다.
위 원	다음의 자 중에서 세관장이 임명 또는 위촉한다. ㉠ 세관공무원 ㉡ 변호사·관세사·공인회계사·세무사 ㉢ 상공계의 대표 ㉣ 기획재정에 관한 학식과 경험이 풍부한 자 ※ ㉡~㉣에 해당하는 위원의 임기는 2년으로 하되, 한 번만 연임할 수 있다. 다만, 보궐위원의 임기는 전임위원 임기의 남은 기간으로 한다.
회 의	위원장은 체납세액이 관세청장이 정하는 금액 이상인 경우로서 다음의 어느 하나에 해당하는 경우 회의를 소집하고 그 의장이 된다. ㉠ 「국세징수법」 제57조 제1항 제4호 본문에 따른 사유로 압류를 해제하려는 경우 ㉡ 체납된 내국세 등에 대해 세무서장이 징수하게 하는 경우
개의, 의결	회의의 의사는 위원장을 포함한 재적위원 과반수의 출석으로 개의하고 출석위원 과반수의 찬성으로 의결한다.
해임(해촉)	세관장은 위원이 다음의 어느 하나에 해당하는 경우에는 해당 위원을 해임 또는 해촉할 수 있다. ㉠ 심신장애로 인하여 직무를 수행할 수 없게 된 경우 ㉡ 직무와 관련된 비위사실이 있는 경우 ㉢ 직무태만, 품위손상이나 그 밖의 사유로 인하여 위원으로 적합하지 아니하다고 인정되는 경우 ㉣ 위원 스스로 직무를 수행하는 것이 곤란하다고 의사를 밝히는 경우 ㉤ 세관공무원·변호사·관세사·공인회계사·세무사 신분을 상실한 경우 ㉥ 제45조의2(관세체납정리위원회 위원의 제척·회피) 사유에 해당함에도 불구하고 회피하지 아니한 경우 ㉦ 관할 구역 내에 거주하지 아니하게 된 경우 ㉧ 관세 및 국세를 체납한 경우
위원의 제척·회피	㉠ 제척 : 관세체납정리위원회의 위원이 다음의 어느 하나에 해당하는 경우에는 심의·의결에서 제척된다. 　ⓐ 위원이 해당 안건의 당사자(당사자가 법인·단체 등인 경우에는 그 임원을 포함)이거나 해당 안건에 관하여 직접적인 이해관계가 있는 경우 　ⓑ 위원의 배우자, 4촌 이내의 혈족 및 2촌 이내의 인척의 관계에 있는 사람이 해당 안건의 당사자이거나 해당 안건에 관하여 직접적인 이해관계가 있는 경우 　ⓒ 위원이 해당 안건 당사자의 대리인이거나 최근 5년 이내에 대리인이었던 경우 　ⓓ 위원이 해당 안건 당사자의 대리인이거나 최근 5년 이내에 대리인이었던 법인·단체 등에 현재 속하고 있거나 속하였던 경우 　ⓔ 위원이 최근 5년 이내에 해당 안건 당사자의 자문·고문에 응하였거나 해당 안건 당사자와 연구·용역 등의 업무 수행에 동업 또는 그 밖의 형태로 직접 해당 안건 당사자의 업무에 관여를 하였던 경우 　ⓕ 위원이 최근 5년 이내에 해당 안건 당사자의 자문·고문에 응하였거나 해당 안건 당사자와 연구·용역 등의 업무 수행에 동업 또는 그 밖의 형태로 직접 해당 안건 당사자의 업무에 관여를 하였던 법인·단체 등에 현재 속하고 있거나 속하였던 경우 ㉡ 회피 : 관세체납정리위원회의 위원은 상기 사유에 해당하는 경우에는 스스로 해당 안건의 심의·의결에서 회피하여야 한다.

의견청취 등	⊙ 의견청취 : 관세체납정리위원회는 의안에 관하여 필요하다고 인정되는 때에는 체납자 또는 이해 관계인 등의 의견을 들을 수 있다. ⓛ 회의록 작성 : 관세체납정리위원회의 위원장은 회의를 개최한 때에는 회의록을 작성하여 이를 비치하여야 한다. ⓒ 의결사항 통보 : 관세체납정리위원회의 위원장은 당해 위원회에서 의결된 사항을 관세청장에게 통보하여야 한다. ⓔ 수당지급 : 관세체납정리위원회의 회의에 출석한 공무원이 아닌 위원에 대하여는 예산의 범위 안에서 수당을 지급할 수 있다.

제2절 | 납세의무의 소멸

1. 납부의무의 소멸(법 제20조) 19, 10년 기출

관세 또는 강제징수비를 납부하여야 하는 의무는 다음의 어느 하나에 해당되는 때에는 소멸한다.

> (1) 관세를 납부하거나 관세에 충당한 때
> (2) 관세부과가 취소된 때
> (3) 관세를 부과할 수 있는 기간(제척기간)에 관세가 부과되지 아니하고 그 기간이 만료된 때
> (4) 관세징수권의 소멸시효가 완성된 때

2. 관세부과의 제척기간(법 제21조) 24, 23, 21년 기출

(1) 제척기간 16, 15, 14, 11년 기출

원 칙	관세는 해당 관세를 부과할 수 있는 날부터 5년이 지나면 부과할 수 없다.
예 외	부정한 방법으로 관세를 포탈하였거나 환급 또는 감면받은 경우에는 관세를 부과할 수 있는 날부터 10년이 지나면 부과할 수 없다.

(2) 제척기간의 기산일(영 제6조) 23, 14년 기출

① 원 칙

관세부과의 제척기간을 산정할 때 수입신고한 날의 다음날을 관세를 부과할 수 있는 날로 한다.

② 예 외

법 제16조(과세물건 확정의 시기) 제1호 내지 제11호에 해당되는 경우	그 사실이 발생한 날의 다음날
의무불이행 등의 사유로 감면된 관세를 징수하는 경우	그 사유가 발생한 날의 다음날
보세건설장에 반입된 외국물품의 경우	건설공사완료보고를 한 날, 특허기간(특허기간을 연장한 경우에는 연장기간)이 만료되는 날 중 먼저 도래한 날의 다음날

과다환급 또는 부정환급 등의 사유로 관세를 징수하는 경우	환급한 날의 다음날
잠정가격을 신고한 후 확정된 가격을 신고한 경우	확정된 가격을 신고한 날의 다음날(다만, 신고기간 내에 확정된 가격을 신고하지 아니하는 경우에는 해당 기간의 만료일의 다음날)

(3) 제척기간 만료의 특례 15, 11년 기출

다음의 어느 하나에 해당하는 경우에는 해당 사항에 규정된 기간까지는 해당 결정·판결·회신결과 또는 경정청구에 따라 경정이나 그 밖에 필요한 처분을 할 수 있다.

① 결정·판결이 확정된 날부터 1년

다음의 어느 하나에 해당하는 경우

> ㉠ 관세법에 따른 이의신청, 심사청구 또는 심판청구에 대한 결정이 있은 경우
> ㉡ 「감사원법」에 따른 심사청구에 대한 결정이 있은 경우
> ㉢ 「행정소송법」에 따른 소송에 대한 판결이 있은 경우
> ㉣ 관세법에 따른 압수물품의 반환결정이 있은 경우

보충 명의대여 시 처분(법 제21조 제3항)

상기 ㉠부터 ㉢까지의 결정 또는 판결에 따라 명의대여 사실이 확인된 경우에는 당초의 부과처분을 취소하고 그 결정 또는 판결이 확정된 날부터 1년 이내에 실제로 사업을 경영한 자에게 경정이나 그 밖에 필요한 처분을 할 수 있다.

② 다음의 날 중 먼저 도래하는 날부터 1년

관세법과 「자유무역협정의 이행을 위한 관세법의 특례에 관한 법률」 및 조약·협정 등에서 정하는 바에 따라 양허세율의 적용여부 및 세액 등을 확정하기 위하여 원산지증명서를 발급한 국가의 세관이나 그 밖에 발급권한이 있는 기관에게 원산지증명서 및 원산지증명서 확인자료의 진위 여부, 정확성 등의 확인을 요청한 경우

> ㉠ 해당 요청에 따라 회신을 받은 날
> ㉡ 관세법과 「자유무역협정의 이행을 위한 관세법의 특례에 관한 법률」 및 조약·협정 등에서 정한 회신기간이 종료된 날

③ 경정청구일 또는 결정통지일부터 2개월

다음의 어느 하나에 해당하는 경우

> ㉠ 제38조의3(수정 및 경정) 제2항·제3항 또는 제38조의4(수입물품의 과세가격 조정에 따른 경정) 제1항에 따른 경정청구가 있는 경우
> ㉡ 제38조의4 제4항에 따른 조정 신청에 대한 결정통지가 있는 경우

주의 1년과 2개월에 해당하는 경우를 잘 구분하여야 한다.

3. 관세징수권 등의 소멸시효

(1) 관세징수권의 소멸시효(법 제22조) 24, 23, 17년 기출

① 소멸시효의 완성

관세의 징수권은 이를 행사할 수 있는 날부터 다음의 구분에 따른 기간 동안 행사하지 아니하면 소멸시효가 완성된다.

> ㉠ 5억 원 이상의 관세(내국세를 포함) : 10년
> ㉡ ㉠ 외의 관세 : 5년

▷ 납세자가 납부한 금액 중 잘못 납부하거나 초과하여 납부한 금액 또는 그 밖의 관세의 환급청구권은 그 권리를 행사할 수 있는 날부터 5년간 행사하지 아니하면 소멸시효가 완성된다.

② 소멸시효의 기산일(영 제7조) 23, 13년 기출

신고납부하는 관세	수입신고가 수리된 날부터 15일이 경과한 날의 다음날(다만, 월별납부의 경우에는 그 납부기한이 경과한 날의 다음날)
보정신청에 의하여 납부하는 관세	부족세액에 대한 보정신청일의 다음날의 다음날
수정신고에 의하여 납부하는 관세	수정신고일의 다음날의 다음날
부과고지하는 관세	납부고지를 받은 날부터 15일이 경과한 날의 다음날
수입신고 전 물품반출에 의하여 납부하는 관세	수입신고한 날부터 15일이 경과한 날의 다음날
기타 법령에 의하여 납부고지하여 부과하는 관세	납부기한을 정한 때에는 그 납부기한이 만료된 날의 다음날

(2) 소멸시효의 중단 및 정지(법 제23조) 23, 21, 20년 기출

① 소멸시효의 중단 18, 16, 15, 11년 기출

㉠ 시효중단사유 : 관세징수권의 소멸시효는 다음의 어느 하나에 해당하는 사유로 중단된다.

> ⓐ 납부고지
> ⓑ 경정처분
> ⓒ 납부독촉
> ⓓ 통고처분
> ⓔ 고 발
> ⓕ 「특정범죄 가중처벌 등에 관한 법률」에 따른 공소제기
> ⓖ 교부청구
> ⓗ 압 류

㉡ 환급청구권의 소멸시효 : 환급청구권이 행사되면 환급청구권의 소멸시효는 중단된다.

주의 관세징수권이 아니라 환급청구권의 소멸시효가 중단된다.

② 소멸시효의 정지 15, 10년 기출

관세징수권의 소멸시효는 관세의 분할납부기간, 징수유예기간, 압류·매각의 유예기간 또는 사해행위 취소소송기간 중에는 진행하지 아니한다.

▷ 사해행위 취소소송으로 인한 시효정지의 효력은 소송이 각하, 기각 또는 취하된 경우에는 효력이 없다.

(3) 「민법」의 준용

관세징수권과 환급청구권의 소멸시효에 관하여 관세법에서 규정한 것을 제외하고는 「민법」을 준용한다.

기출문제

관세법령상 관세부과의 제척기간과 관세징수권의 소멸시효에 관한 설명으로 옳은 것은? 24년 기출

① 부정환급을 이유로 관세를 징수하는 경우에는 환급한 날을 제척기간의 기산일로 한다.

② 납부독촉을 하면 제척기간은 중단된다.

③ 사해행위 취소소송으로 인한 소멸시효 정지의 효력은 소송이 취하된 경우에는 소멸되나 각하된 경우에는 지속된다.

④ 가압류를 한 경우에는 소멸시효가 중단된다.

⑤ 소멸시효는 관세의 분할납부기간 중에는 진행하지 아니한다.

해설

① 과다환급 또는 부정환급 등의 사유로 관세를 징수하는 경우에는 환급한 날의 다음 날을 제척기간의 기산일로 한다(관세법 시행령 제6조 제4호).

② 납부독촉을 하면 관세징수권의 소멸시효가 중단된다.

③ 사해행위 취소소송으로 인한 시효정지의 효력은 소송이 각하, 기각 또는 취하된 경우에는 효력이 없다(관세법 제23조 제4항).

④ 관세징수권의 소멸시효는 납부고지, 경정처분, 납부독촉, 통고처분, 고발, 「특정범죄 가중처벌 등에 관한 법률」제16조에 따른 공소제기, 교부청구, 압류의 어느 하나에 해당하는 사유로 중단된다(관세법 제23조 제1항). 가압류는 관세징수권 소멸시효의 중단사유에 해당하지 않는다.

정답 ⑤

제3절 | 납세담보

1. 담보의 종류 등(법 제24조)

(1) 담보의 종류 24, 23, 18, 16, 13년 기출

관세법에 따라 제공하는 담보의 종류는 다음과 같다.

① 금 전
② 국채 또는 지방채
③ 세관장이 인정하는 유가증권
④ 납세보증보험증권
⑤ 토 지
⑥ 보험에 가입된 등기 또는 등록된 건물·공장재단·광업재단·선박·항공기 또는 건설기계
⑦ 세관장이 인정하는 보증인의 납세보증서

(2) 담보의 요건 24, 16년 기출

납세보증보험증권 및 세관장이 인정하는 보증인의 납세보증서는 세관장이 요청하면 특정인이 납부하여야 하는 금액을 일정 기일 이후에는 언제든지 세관장에게 지급한다는 내용의 것이어야 한다.

기출문제

관세법상 담보의 종류 중 세관장이 요청하면 특정인이 납부하여야 하는 금액을 일정 기일 이후에는 언제든지 세관장에게 지급한다는 내용이어야 하는 것을 모두 고른 것은? 24년 기출

> ㄱ. 납세보증보험증권
> ㄴ. 세관장이 인정하는 유가증권
> ㄷ. 국채 또는 지방채
> ㄹ. 세관장이 인정하는 보증인의 납세보증서

① ㄱ
② ㄱ, ㄹ
③ ㄴ, ㄷ
④ ㄴ, ㄷ, ㄹ
⑤ ㄱ, ㄴ, ㄷ, ㄹ

[해설]
납세보증보험증권 및 납세보증서는 세관장이 요청하면 특정인이 납부하여야 하는 금액을 일정 기일 이후에는 언제든지 세관장에게 지급한다는 내용의 것이어야 한다(관세법 제24조 제2항).

정답 ②

---

(3) 담보물의 평가(영 제9조) 23년 기출

① 국채 또는 지방채 및 세관장이 인정하는 유가증권

> ㉠ 거래소가 개설한 증권시장에 상장된 유가증권 중 매매사실이 있는 것 : 담보로 제공하는 날의 전날에 공표된 최종시세가액
> ㉡ ㉠ 외의 유가증권 : 담보로 제공하는 날의 전날에 「상속세 및 증여세법 시행령」을 준용하여 계산한 가액

② 토지, 보험에 가입된 등기 또는 등록된 건물·공장재단·광업재단·선박·항공기 또는 건설기계

> ㉠ 토지 또는 건물의 평가 : 「상속세 및 증여세법」을 준용하여 평가한 가액
> ㉡ 공장재단·광업재단·선박·항공기 또는 건설기계 : 감정평가법인 등의 평가액 또는 「지방세법」에 따른 시가표준액

(4) 담보의 제공절차 등(영 제10조) 23, 22년 기출

① 담보제공서의 제출

관세의 담보를 제공하고자 하는 자는 담보의 종류·수량·금액 및 담보사유를 기재한 담보제공서를 세관장에게 제출하여야 한다.

② 담보제공서 첨부서류

담보종류	담보제공서 첨부서류
금 전	「국고금 관리법 시행령」 제11조 제1항 각 호의 금융기관 중 관세청장이 지정한 금융기관에 이를 납입하고 그 확인서를 담보제공서에 첨부해야 한다.
국채 또는 지방채	해당 채권에 관하여 모든 권리를 행사할 수 있는 자의 위임장을 담보제공서에 첨부하여야 한다.
유가증권	해당 증권발행자의 증권확인서와 해당 증권에 관한 모든 권리를 행사할 수 있는 자의 위임장을 담보제공서에 첨부하여야 한다.
납세보증보험증권, 세관장이 인정하는 보증인의 납세보증서	그 납세보증보험증권 또는 납세보증서를 담보제공서에 첨부하여야 한다. 이 경우 담보가 되는 보증 또는 보험의 기간은 해당 담보를 필요로 하는 기간으로 하되, 납부기한이 확정되지 아니한 경우에는 관세청장이 정하는 기간으로 한다.
토지, 건물·공장재단·광업재단· 선박·항공기나 건설기계	저당권을 설정하는 데에 필요한 서류를 담보제공서에 첨부하여야 한다. 이 경우 세관장은 저당권의 설정을 위한 등기 또는 등록의 절차를 밟아야 한다.
보험에 든 건물·공장재단·광업재단· 선박·항공기나 건설기계	그 보험증권을 제출하여야 한다. 이 경우에 그 보험기간은 담보를 필요로 하는 기간에 30일 이상을 더한 것이어야 한다.

③ 담보금액

제공하고자 하는 담보의 금액은 납부하여야 하는 관세에 상당하는 금액이어야 한다. 다만, 그 관세가 확정되지 아니한 경우에는 관세청장이 정하는 금액으로 한다.

④ 납부고지

세관장은 다음의 어느 하나에 해당하는 경우에는 납부고지를 할 수 있다.

> ㉠ 관세의 담보를 제공하고자 하는 자가 담보액의 확정일부터 10일 이내에 담보를 제공하지 아니하는 경우
> ㉡ 납세의무자가 수입신고 후 10일 이내에 수입신고 수리 시 담보제공 규정에 의한 담보를 제공하지 아니하는 경우

관세법령상 납세담보에 관한 설명으로 옳지 않은 것은? 24년 기출

① 토지를 담보로 제공하려는 자는 저당권을 설정하는 데에 필요한 서류를 담보제공서에 첨부하여야 한다.

② 담보물인 토지 또는 건물의 평가는 「감정평가 및 감정평가사에 관한 법률」에 따른 감정평가법인 등의 평가액에 따른다.

③ 세관장은 관세의 담보를 제공하고자 하는 자가 담보액의 확정일부터 10일 이내에 담보를 제공하지 아니하는 경우에는 납세의무자에게 납부고지를 할 수 있다.

④ 세관장은 관세의 납세의무자가 아닌 자가 관세의 납부를 보증한 경우 그 담보로 관세에 충당하고 남은 금액이 있을 때에는 그 보증인에게 이를 직접 돌려주어야 한다.

⑤ 납세보증보험증권을 담보로 제공하는 경우 담보가 되는 보험의 기간은 해당 담보를 필요로 하는 기간으로 하되, 납부기한이 확정되지 아니한 경우에는 관세청장이 정하는 기간으로 한다.

[해설]

담보물인 토지 또는 건물의 평가는 「상속세 및 증여세법」 제61조를 준용하여 평가한 가액에 따른다(관세법 시행령 제9조 제2항 제1호 참고).

[정답] ②

(5) 포괄담보 22년 기출

납세의무자(관세의 납부를 보증한 자를 포함)는 관세법에 따라 계속하여 담보를 제공하여야 하는 사유가 있는 경우에는 관세청장이 정하는 바에 따라 일정 기간에 제공하여야 하는 담보를 포괄하여 미리 세관장에게 제공할 수 있다.

① 신청서의 제출

담보를 포괄하여 제공하고자 하는 자는 그 기간 및 담보의 최고액과 담보제공자의 전년도 수출입실적 및 예상수출입물량을 기재한 신청서를 세관장에게 제출하여야 한다.

② 세부규정

담보를 포괄하여 제공할 수 있는 요건, 그 담보의 종류 기타 필요한 사항은 관세청장이 정한다.

2. 담보의 관세충당 23년 기출

(1) 충당방법(법 제25조 제1항) 19, 15년 기출

세관장은 담보를 제공한 납세의무자가 그 납부기한까지 해당 관세를 납부하지 아니하면 기획재정부령으로 정하는 다음의 구분에 의한 방법에 따라 그 담보를 해당 관세에 충당할 수 있다. 이 경우 담보로 제공된 금전을 해당 관세에 충당할 때에는 납부기한이 지난 후에 충당하더라도 제42조(가산세)를 적용하지 아니한다.

> ① 담보물이 국채 또는 지방채, 세관장이 인정하는 유가증권, 토지 및 보험에 가입된 등기 또는 등록된 건물·공장재단·광업재단·선박·항공기 또는 건설기계에 해당하는 경우 : 이를 매각하는 방법
> ② 담보물이 납세보증보험증권 및 세관장이 인정하는 보증인의 납세보증서에 해당하는 경우 : 그 보증인에게 담보한 관세에 상당하는 금액을 납부할 것을 즉시 통보하는 방법

(2) 담보물의 매각(영 제14조)

필요한 사항의 공고	세관장은 제공된 담보물을 매각하고자 하는 때에는 담보제공자의 주소·성명·담보물의 종류·수량, 매각사유, 매각장소, 매각일시 기타 필요한 사항을 공고하여야 한다.
매각의 중지	세관장은 납세의무자가 매각예정일 1일 전까지 관세와 비용을 납부하는 때에는 담보물의 매각을 중지하여야 한다.

(3) 잔금교부(법 제25조 제2항·제3항) 18, 16, 15년 기출

① 잔금의 교부 및 공탁

세관장은 담보를 관세에 충당하고 남은 금액이 있을 때에는 담보를 제공한 자에게 이를 돌려주어야 하며, 돌려줄 수 없는 경우에는 이를 공탁할 수 있다.

② 보증인에게 교부

세관장은 관세의 납세의무자가 아닌 자가 관세의 납부를 보증한 경우 그 담보로 관세에 충당하고 남은 금액이 있을 때에는 그 보증인에게 이를 직접 돌려주어야 한다.

주의 공탁할 수 있는 것이 아니라 그 보증인에게 이를 직접 돌려주어야 한다.

(4) 담보 등이 없는 경우의 관세징수(법 제26조) 15, 14년 기출

① 다른 법률의 준용

담보 제공이 없거나 징수한 금액이 부족한 관세의 징수에 관하여는 관세법에 규정된 것을 제외하고는 「국세기본법」과 「국세징수법」의 예에 따른다.

② 강제징수비의 징수

세관장은 관세의 강제징수를 할 때에는 재산의 압류, 보관, 운반 및 공매에 드는 비용에 상당하는 강제징수비를 징수할 수 있다.

3. 담보의 변경 및 해제

(1) 담보의 변경(영 제12조)

변경의 이행	관세의 담보를 제공한 자는 당해 담보물의 가격감소에 따라 세관장이 담보물의 증가 또는 변경을 통지한 때에는 지체 없이 이를 이행하여야 한다.
세관장의 승인	관세의 담보를 제공한 자는 담보물, 보증은행, 보증보험회사, 은행지급보증에 의한 지급기일 또는 납세보증보험기간을 변경하고자 하는 때에는 세관장의 승인을 얻어야 한다.

(2) 담보의 해제(법 제26조의2, 영 제13조) 20년 기출

① 담보해제의 절차 이행 14년 기출

세관장은 납세담보의 제공을 받은 관세 및 강제징수비가 납부되었을 때에는 지체 없이 담보해제의 절차를 밟아야 한다.

② 담보의 해제신청

제공된 담보를 해제받고자 하는 자는 담보의 종류·수량 및 금액, 담보제공연월일과 해제사유를 기재한 신청서에 해제사유를 증명하는 서류를 첨부하여 세관장에게 제출하여야 한다. 다만, 국가관세종합정보시스템의 전산처리설비를 이용하여 세관장이 관세의 사후납부사실 등 담보의 해제사유를 확인할 수 있는 경우에는 해당 사유를 증명하는 서류로서 관세청장이 정하여 고시하는 서류 등을 제출하지 아니할 수 있다.

01 납세의무자는 최초의 신고 또는 경정에서 과세표준 및 세액의 계산근거가 된 거래 또는 행위 등이 그에 관한 소송에 대한 판결에 의하여 다른 것으로 확정되어 납부한 세액이 과다한 것을 알게 되었을 때에는 그 사유가 발생한 것을 안 날부터 3개월 이내에 경정청구를 할 수 있다. (O, X)

02 체납액이 10만 원 미만이거나 체납기간 7일 이내에 수입신고하는 물품은 수입신고 수리 전 세액심사 대상물품이 아니다. (O, X)

03 납세의무자는 신고납부한 세액이 부족하다는 것을 알았을 때에는 신고납부한 날부터 3개월 이내에 해당 세액의 보정을 세관장에게 신청할 수 있다. (O, X)

04 관세청장은 과세표준, 세율, 관세의 감면 등에 관한 규정의 적용 착오 또는 그 밖의 사유로 이미 징수한 금액이 부족한 것을 알게 되었을 때에는 그 부족액을 징수한다. (O, X)

05 잠정가격신고를 하였으나 관세법령에서 정하고 있는 기간 내에 확정된 가격을 신고하지 아니하는 경우에는 해당 기간의 만료일의 다음날부터 5년이 지나면 관세를 부과할 수 없다. (O, X)

06 부족한 세액에 대해 보정을 신청하고 납부하는 관세에 있어서는 부족세액에 대한 보정신청일의 다음날이 관세징수권을 행사할 수 있는 날이다. (O, X)

07 관세는 원칙적으로 해당 관세를 부과할 수 있는 날부터 10년이 지나면 부과할 수 없다. (O, X)

08 소멸시효가 중단되면 이미 경과한 시효기간의 효력은 사라지고, 중단사유가 종료된 때로부터 소멸시효가 다시 진행된다. (O, X)

09 관세청장은 납세담보의 제공을 받은 관세 및 강제징수비가 납부되었을 때에는 지체 없이 담보해제의 절차를 밟아야 한다. (O, X)

10 납세보증보험증권은 수입물품에 대한 관세의 납세와 관련하여 제공될 수 있는 관세법상 담보의 종류에 해당한다. (O, X)

---

01 × 3개월 → 2개월(법 제38조의3 제3항)

02 O (규칙 제8조 제1항 제3호)

03 × 3개월 → 6개월(법 제38조의2 제1항)

04 × 관세청장 → 세관장 (법 제39조 제2항)

05 O (법 제21조, 영 제6조)

06 × 다음날 → 다음날의 다음날(영 제7조 제1항 제1호의2)

07 × 10년 → 5년(법 제21조 제1항)

08 O (「민법」 제178조 제1항)

09 × 관세청장 → 세관장 (법 제26조의2)

10 O (법 제24조 제1항 제4호)

01 관세 또는 강제징수비를 납부해야 하는 의무는 일정한 경우에 소멸하도록 되어 있다. 다음 중 관세법상 납세의무가 소멸되는 경우로 맞지 않은 것은?

① 관세를 납부하거나 관세에 충당한 때

② 관세부과가 취소된 때

③ 관세부과의 제척기간에 따라 관세를 부과할 수 있는 기간에 관세가 부과되지 아니하고 그 기간이 만료 된 때

④ 관세징수권 등의 소멸시효에 따라 관세징수권의 소멸시효가 완성된 때

⑤ 관세부과의 오납이 있을 때

해설

납부의무의 소멸(법 제20조)

• 관세를 납부하거나 관세에 충당한 때
• 관세부과가 취소된 때
• 관세를 부과할 수 있는 기간(제척기간)에 관세가 부과되지 아니하고 그 기간이 만료된 때
• 관세징수권의 소멸시효가 완성된 때

02 다음은 관세부과의 제척기간에 관한 내용이다. 빈 칸에 들어갈 숫자가 바르게 짝지어진 것은?

> 관세는 해당 관세를 부과할 수 있는 날부터 (   )년이 지나면 부과할 수 없다. 다만, 부정한 방법으로 관세를 포탈하였거나 환급 또는 감면받은 경우에는 관세를 부과할 수 있는 날부터 (   )년이 지나면 부과할 수 없다.

① 2, 3

② 3, 5

③ 3, 7

④ 5, 10

⑤ 5, 7

해설

관세부과의 제척기간(법 제21조 제1항)

관세는 해당 관세를 부과할 수 있는 날부터 <u>5년</u>이 지나면 부과할 수 없다. 다만, 부정한 방법으로 관세를 포탈하였거나 환급 또는 감면받은 경우에는 관세를 부과할 수 있는 날부터 <u>10년</u>이 지나면 부과할 수 없다.

03 관세법상 관세부과 제척기간의 기산일에 대한 설명으로 옳지 않은 것은?

① 수입신고한 물품의 경우에는 수입신고한 날의 다음날

② 의무불이행 등의 사유로 감면된 관세를 징수하는 경우에는 그 사유가 발생한 날의 다음날

③ 보세건설장에 반입된 외국물품의 경우에는 건설공사완료보고를 한 날과 특허기간(특허기간을 연장한 경우에는 연장기간)이 만료되는 날 중 먼저 도래한 날의 다음날

④ 과다환급 또는 부정환급 등의 사유로 관세를 징수하는 경우에는 관세를 징수한 날의 다음날

⑤ 잠정가격을 신고한 후 확정된 가격을 신고한 경우에는 확정된 가격을 신고한 날의 다음날

> **해설**
> 관세부과 제척기간의 기산일(영 제6조 제4호)
> 과다환급 또는 부정환급 등의 사유로 관세를 징수하는 경우에는 <u>환급</u>한 날의 다음날

04 관세법상 관세징수권 등의 소멸시효에 관한 설명으로 옳지 않은 것은?

① 관세의 징수권은 3억 원 이상의 관세(내국세 포함)의 경우 이를 행사할 수 있는 날부터 5년, 그 외의 관세의 경우 10년 동안 행사하지 아니하면 소멸시효가 완성된다.

② 납세자가 납부한 금액 중 잘못 납부하거나 초과하여 납부한 금액 또는 그 밖의 관세의 환급청구권은 그 권리를 행사할 수 있는 날부터 5년간 행사하지 아니하면 소멸시효가 완성된다.

③ 관세의 징수권과 잘못 납부하거나 초과하여 납부한 금액 또는 그 밖의 관세의 환급청구권을 행사할 수 있는 날은 대통령령으로 정한다.

④ 신고납부하는 관세에 있어서 관세징수권을 행사할 수 있는 날은 수입신고가 수리된 날부터 15일이 경과한 날의 다음날이다.

⑤ 경정으로 인한 환급의 경우에는 경정결정일을 관세환급청구권을 행사할 수 있는 날로 한다.

> **해설**
> 관세징수권 등의 소멸시효(법 제22조 제1항)
> 관세의 징수권은 이를 행사할 수 있는 날부터 다음 기간 동안 행사하지 아니하면 소멸시효가 완성된다.
> • 5억 원 이상의 관세(내국세를 포함) : 10년
> • 제1호 외의 관세 : 5년

05 관세법상 관세징수권의 소멸시효 중단사유로만 구성된 것은?

ㄱ. 납부고지
ㄴ. 경정처분
ㄷ. 납부독촉
ㄹ. 통고처분
ㅁ. 관세의 분할납부
ㅂ. 「특정범죄 가중처벌 등에 관한 법률」에 따른 공소제기
ㅅ. 사해행위 취소소송
ㅇ. 압 류
ㅈ. 고 발
ㅊ. 교부청구

① ㄱ, ㄴ, ㄷ, ㅁ, ㅈ   ② ㄴ, ㄷ, ㅅ, ㅇ, ㅊ
③ ㄷ, ㄹ, ㅂ, ㅇ, ㅈ   ④ ㄹ, ㅁ, ㅂ, ㅅ, ㅊ
⑤ ㅁ, ㅂ, ㅅ, ㅇ, ㅈ

> **해설**
>
> **소멸시효의 중단사유(법 제23조)**
> 납부고지, 경정처분, 납부독촉, 통고처분, 고발, 「특정범죄 가중처벌 등에 관한 법률」 제16조에 따른 공소제기, 교부청구, 압류

06 다음은 관세징수권의 소멸시효가 진행되지 않는 사유이다. 이 중 관세징수권의 소멸시효의 정지사유로 옳지 않은 것은?

① 관세의 징수유예기간
② 이의신청 또는 행정심판기간
③ 압류·매각의 유예기간
④ 관세의 분할납부기간
⑤ 사해행위(詐害行爲) 취소소송기간

> **해설**
>
> **소멸시효의 정지사유(법 제23조 제3항)**
> 관세징수권의 소멸시효는 관세의 분할납부기간, 징수유예기간, 압류·매각의 유예기간 또는 사해행위(詐害行爲) 취소소송 기간 중에는 진행하지 아니한다.

07 다음 중 관세법상 규정된 담보의 종류에 해당하지 않는 것으로만 짝지어진 것은?

> ㄱ. 금 전
> ㄴ. 국채 또는 지방채
> ㄷ. 세관장이 인정하는 유가증권
> ㄹ. 금
> ㅁ. 토 지
> ㅂ. 보험에 가입된 등기 또는 등록된 건물·공장재단·광업재단·선박·항공기 또는 건설기계
> ㅅ. 관세청장이 인정하는 보증인의 납세보증서
> ㅇ. 납세보증보험증권
> ㅈ. 은행이 발행한 예금확인서

① ㄱ, ㄴ, ㅁ   ② ㄷ, ㅁ, ㅇ
③ ㄴ, ㅂ, ㅈ   ④ ㄹ, ㅅ, ㅈ
⑤ ㅁ, ㅂ, ㅅ

해설

담보의 종류 등(법 제24조 제1항)
• 금 전
• 국채 또는 지방채
• 세관장이 인정하는 유가증권
• 납세보증보험증권
• 토 지
• 보험에 가입된 등기 또는 등록된 건물·공장재단·광업재단·선박·항공기 또는 건설기계
• 세관장이 인정하는 보증인의 납세보증서

08 관세법상 납세담보에 대한 설명으로 옳지 않은 것은?

① 납세의무자(관세의 납부를 보증한 자를 포함)는 이 법에 따라 계속하여 담보를 제공하여야 하는 사유가 있는 경우에는 관세청장이 정하는 바에 따라 일정 기간에 제공하여야 하는 담보를 포괄하여 미리 세관장에게 제공할 수 있다.
② 세관장은 담보를 제공한 납세의무자가 그 납부기한까지 해당 관세를 납부하지 아니하면 기획재정부령으로 정하는 바에 따라 그 담보를 해당 관세에 충당할 수 있다.
③ 세관장은 담보를 관세에 충당하고 남은 금액이 있을 때에는 담보를 제공한 자에게 이를 돌려주어야 하며, 돌려줄 수 없는 경우에는 이를 공탁할 수 있다.
④ 세관장은 관세의 납세의무자가 아닌 자가 관세의 납부를 보증한 경우 그 담보로 관세에 충당하고 남은 금액이 있을 때에는 그 보증인에게 이를 직접 돌려주어야 한다.
⑤ 담보의 제공이 없거나 징수한 금액이 부족한 관세의 징수에 관한 내용은 기본적으로 「국세기본법」과 「국세징수법」의 예에 따른다.

해설

담보의 제공이 없거나 징수한 금액이 부족한 관세의 징수에 관하여는 <u>관세법에 규정된 것을 제외하고는</u> 「국세기본법」과 「국세징수법」의 예에 따른다(법 제26조 제1항).

09 관세법상 담보의 제공절차에 대한 설명으로 옳지 않은 것은?

① 관세의 담보를 제공하고자 하는 자는 담보의 종류·수량·금액 및 담보사유를 기재한 담보제공서를 세관장에게 제출하여야 한다.

② 국채 또는 지방채를 담보로 제공하려는 자는 해당 채권에 관하여 모든 권리를 행사할 수 있는 자의 위임장을 담보제공서에 첨부하여야 한다.

③ 유가증권을 담보로 제공하려는 자는 해당 증권발행자의 증권확인서와 해당 증권에 관한 모든 권리를 행사할 수 있는 자의 위임장을 담보제공서에 첨부하여야 한다.

④ 제공하고자 하는 담보의 금액은 납부하여야 하는 관세에 상당하는 금액이어야 한다. 다만, 그 관세가 확정되지 아니한 경우에는 세관장이 정하는 금액으로 한다.

⑤ 세관장은 관세의 담보를 제공하고자 하는 자가 담보액의 확정일부터 10일 이내에 담보를 제공하지 아니하는 경우에는 납부고지를 할 수 있다.

> **해설**
>
> **담보의 제공절차 등(영 제10조 제8항)**
> 제공하고자 하는 담보의 금액은 납부하여야 하는 관세에 상당하는 금액이어야 한다. 다만, 그 관세가 확정되지 아니한 경우에는 <u>관세청장</u>이 정하는 금액으로 한다.

10 관세법상 신고납부에 의한 납세의무의 확정방식에 대한 설명으로 옳지 않은 것은?

① 세관장은 납세신고를 받으면 수입신고서에 기재된 사항과 이 법에 따른 확인사항 및 신고한 세액 등 납세신고 내용에 대하여 수입신고 수리 시에 심사한다.

② 신고한 세액에 대하여 관세채권을 확보하기가 곤란하거나, 수입신고를 수리한 후 세액심사를 하는 것이 적당하지 아니하다고 인정하여 기획재정부령으로 정하는 물품의 경우에는 수입신고를 수리하기 전에 이를 심사한다.

③ 세관장은 납세실적과 수입규모 등을 고려하여 관세청장이 정하는 요건을 갖춘 자가 신청할 때에는 납세신고한 세액을 자체적으로 심사하게 할 수 있다.

④ 납세의무자는 납세신고한 세액을 납부하기 전에 그 세액이 과부족하다는 것을 알게 되었을 때에는 납세신고한 세액을 정정할 수 있다.

⑤ 납세신고, 자율심사 및 세액의 정정과 관련하여 그 방법 및 절차 등 필요한 사항은 대통령령으로 정한다.

> **해설**
>
> **신고납부(법 제38조 제2항)**
> 세관장은 납세신고를 받으면 수입신고서에 기재된 사항과 이 법에 따른 확인사항 등을 심사하되, 신고한 세액 등 납세신고 내용에 대한 심사(이하 "세액심사"라 한다)는 <u>수입신고를 수리한 후</u>에 한다. 다만, 신고한 세액에 대하여 관세채권을 확보하기가 곤란하거나, 수입신고를 수리한 후 세액심사를 하는 것이 적당하지 아니하다고 인정하여 기획재정부령으로 정하는 물품의 경우에는 수입신고를 수리하기 전에 이를 심사한다.

11 관세법상 세액에 관한 심사는 수입신고 수리 후에 하여야 한다. 다만 특정한 물품에 대해서는 수입신고 수리 전에 세액심사를 할 수 있는데 해당 물품이 아닌 것은?

① 법률 또는 조약에 의하여 관세 또는 내국세를 감면받고자 하는 물품
② 관세를 체납하고 있는 자가 신고하는 물품(체납액이 10만 원 미만이거나 체납기간 7일 이내에 수입신고하는 경우를 제외)
③ 관세를 월별납부하고자 하는 물품
④ 납세자의 성실성 등을 참작하여 관세청장이 정하는 기준에 해당하는 불성실신고인이 신고하는 물품
⑤ 물품의 가격변동이 큰 물품 기타 수입신고 수리 후에 세액을 심사하는 것이 적합하지 아니하다고 인정하여 관세청장이 정하는 물품

해설

수입신고 수리 전 세액심사 대상물품(규칙 제8조 제1항)
• 법률 또는 조약에 의하여 관세 또는 내국세를 감면받고자 하는 물품
• 관세를 분할납부하고자 하는 물품
• 관세를 체납하고 있는 자가 신고하는 물품(체납액이 10만 원 미만이거나 체납기간 7일 이내에 수입신고하는 경우를 제외)
• 납세자의 성실성 등을 참작하여 관세청장이 정하는 기준에 해당하는 불성실신고인이 신고하는 물품
• 물품의 가격변동이 큰 물품 기타 수입신고 수리 후에 세액을 심사하는 것이 적합하지 아니하다고 인정하여 관세청장이 정하는 물품

12 관세법상 세액의 보정에 대한 설명으로 옳지 않은 것은?

① 납세의무자는 신고납부한 세액이 부족하다는 것을 알게 되거나 세액산출의 기초가 되는 과세가격 또는 품목분류 등에 오류가 있는 것을 알게 되었을 때에는 신고납부한 날부터 1년 이내에 해당 세액을 보정(補正)하여 줄 것을 세관장에게 신청할 수 있다.
② 세관장은 신고납부한 세액이 부족하다는 것을 알게 되거나 세액산출의 기초가 되는 과세가격 또는 품목분류 등에 오류가 있다는 것을 알게 되었을 때에는 납세의무자에게 해당 보정기간에 보정신청을 하도록 통지할 수 있다.
③ 납세의무자가 부족한 세액에 대한 세액의 보정을 신청한 경우에는 해당 보정신청을 한 날의 다음 날까지 해당 관세를 납부하여야 한다.
④ 세관장은 보정신청에 따라 세액을 보정한 결과 부족한 세액이 있을 때에는 납부기한 다음 날부터 보정신청을 한 날까지의 기간과 금융회사의 정기예금에 대하여 적용하는 이자율을 고려하여 대통령령으로 정하는 이율에 따라 계산한 금액을 더하여 해당 부족세액을 징수하여야 한다.
⑤ 신고납부한 세액을 보정하고자 하는 자는 세관장에게 세액보정을 신청한 다음에 이미 제출한 수입신고서를 교부받아 수입신고서상의 품목분류·과세표준·세율 및 세액 그 밖의 관련사항을 보정하고, 그 보정한 부분에 서명 또는 날인하여 세관장에게 제출하여야 한다.

보정(법 제38조의2 제1항)

납세의무자는 신고납부한 세액이 부족하다는 것을 알게 되거나 세액산출의 기초가 되는 과세가격 또는 품목분류 등에 오류가 있는 것을 알게 되었을 때에는 신고납부한 날부터 <u>6개월</u> 이내에 해당 세액을 보정(補正)하여 줄 것을 세관장에게 신청할 수 있다.

13 관세법상 수정 및 경정에 대한 설명으로 옳지 않은 것은?

① 납세의무자는 신고납부한 세액이 부족한 경우에는 수정신고를 할 수 있다. 이 경우 납세의무자는 수정신고가 수리된 날의 다음 날까지 해당 관세를 납부하여야 한다.

② 납세의무자는 신고납부한 세액이 과다한 것을 알게 되었을 때에는 최초로 납세신고를 한 날부터 5년 이내에 신고한 세액의 경정을 세관장에게 청구할 수 있다.

③ 경정의 청구를 받은 세관장은 그 청구를 받은 날부터 2개월 이내에 세액을 경정하거나 경정하여야 할 이유가 없다는 뜻을 청구한 자에게 통지하여야 한다.

④ 납세의무자는 최초의 신고 또는 경정에서 과세표준 및 세액의 계산근거가 된 거래 또는 행위 등이 그에 관한 소송에 대한 판결에 의하여 다른 것으로 확정되는 등 대통령령으로 정하는 사유가 발생하여 납부한 세액이 과다한 것을 알게 되었을 때에는 그 사유가 발생한 것을 안 날부터 2개월 이내에 대통령령으로 정하는 바에 따라 납부한 세액의 경정을 세관장에게 청구할 수 있다.

⑤ 세관장은 납세의무자가 신고납부한 세액, 납세신고한 세액 또는 경정청구한 세액을 심사한 결과 과부족하다는 것을 알게 되었을 때에는 대통령령으로 정하는 바에 따라 그 세액을 경정하여야 한다.

수정 및 경정(법 제38조의3 제1항)

납세의무자는 신고납부한 세액이 부족한 경우에는 수정신고를 할 수 있다. 이 경우 납세의무자는 <u>수정신고한 날의 다음 날</u>까지 해당 관세를 납부하여야 한다.

14 관세법상 수입물품의 과세가격 조정에 따른 경정에 관한 내용이다. (   ) 안에 들어갈 내용이 알맞게 구성된 것은?

> 납세의무자는 「국제조세조정에 관한 법률」 제7조 제1항에 따라 관할 지방국세청장 또는 (㉠)이 해당 수입물품의 거래가격을 조정하여 과세표준 및 세액을 결정·경정 처분하거나 같은 법 제14조 제3항 (일방적 사전승인의 대상인 경우에 한정)에 따라 국세청장이 해당 수입물품의 거래가격과 관련하여 소급하여 적용하도록 사전승인을 함에 따라 그 거래가격과 이 법에 따라 신고납부·경정한 세액의 산정기준이된 과세가격 간 차이가 발생한 경우에는 그 결정·경정 처분 또는 사전승인이 있음을 안 날(처분 또는 사전승인의 통지를 받은 경우에는 그 받은 날)부터 (㉡) 또는 최초로 (㉢)를 한 날부터 (㉣) 내에 대통령령으로 정하는 바에 따라 (㉤)에게 세액의 경정을 청구할 수 있다.

	㉠	㉡	㉢	㉣	㉤
①	세관장	1개월	수입신고	3년	세관장
②	관세청장	2개월	수입신고	3년	관세청장
③	세무서장	3개월	납세신고	5년	세관장
④	세무서장	6개월	납세신고	5년	세무서장
⑤	세관장	3개월	가격신고	5년	세관장

해설

수입물품의 과세가격 조정에 따른 경정(법 제38조의4 제1항)
납세의무자는 「국제조세조정에 관한 법률」 제7조 제1항에 따라 관할 지방국세청장 또는 <u>세무서장</u>이 해당 수입물품의 거래가격을 조정하여 과세표준 및 세액을 결정·경정 처분하거나 같은 법 제14조 제3항(일방적 사전승인의 대상인 경우에 한정)에 따라 국세청장이 해당 수입물품의 거래가격과 관련하여 소급하여 적용하도록 사전승인을 함에 따라 그 거래가격과 이 법에 따라 신고납부·경정한 세액의 산정기준이 된 과세가격 간 차이가 발생한 경우에는 그 결정·경정 처분 또는 사전승인이 있음을 안 날(처분 또는 사전승인의 통지를 받은 경우에는 그 받은 날)부터 <u>3개월</u> 또는 최초로 <u>납세신고</u>를 한 날부터 <u>5년</u> 내에 대통령령으로 정하는 바에 따라 <u>세관장</u>에게 세액의 경정을 청구할 수 있다.

15 관세법상 부과고지 대상에 해당되지 않는 것은?

① 납세의무자가 용도세율 적용대상 여부와 관련하여 관세율 등을 결정하기 곤란하여 부과고지를 요청한 경우

② 보세건설장에서 건설된 시설로서 수입신고가 수리되기 전에 가동된 경우

③ 보세구역(보세구역 외 장치를 허가받은 장소를 포함)에 반입된 물품이 수입신고가 수리되기 전에 반출된 경우

④ 수입신고 전의 물품 반출에 따라 즉시 반출한 물품을 즉시반출신고를 한 날부터 7일 이내에 수입신고를 하지 아니하여 관세를 징수하는 경우

⑤ 신고납부에 따른 납세신고가 부적당한 것으로서 기획재정부령으로 정하는 경우

해설

• 법 제39조(부과고지) 제1항 제5호 : 제253조에 따라 즉시 반출한 물품을 같은 조 제3항의 기간 내에 수입신고를 하지 아니하여 관세를 징수하는 경우

• 법 제253조(수입신고 전의 물품 반출) 제3항 : 제1항에 따른 즉시반출신고를 하고 반출을 하는 자는 즉시반출신고를 한 날부터 <u>10일</u> 이내에 제241조에 따른 수입신고를 하여야 한다.

16 관세의 현장 수납에 관한 설명으로 옳지 않은 것은?

① 여행자 휴대품에 대한 관세는 그 물품을 검사한 공무원이 검사 장소에서 수납할 수 있다.

② 선박에 적재된 물품으로서 보세구역에 장치된 물품에 대한 관세는 그 물품을 검사한 공무원이 검사 장소에서 수납할 수 있다.

③ 물품을 검사한 공무원이 관세를 수납할 때에는 부득이한 사유가 있는 경우를 제외하고는 다른 공무원을 참여시켜야 한다.

④ 출납공무원이 아닌 공무원이 관세를 수납하였을 때에는 지체 없이 출납공무원에게 인계하여야 한다.

⑤ 출납공무원이 아닌 공무원이 선량한 관리자로서의 주의를 게을리 하여 수납한 현금을 잃어버린 경우에는 변상하여야 한다.

해설

관세의 현장 수납(법 제43조 제1항 제2호)
조난 선박에 적재된 물품으로서 <u>보세구역이 아닌 장소</u>에 장치된 물품

17 관세법상 가산세에 관한 내용 중 옳지 않은 것은?

① 가산세는 '부족세액의 100분의 10'과 '납부지연가산세'를 합한 금액을 가산세로 징수한다.

② 납부지연가산세는 '미납부세액 또는 부족세액 × 법정납부기한의 다음 날부터 납부일까지의 기간(납부고지일로부터 납부고지서에 따른 납부기한까지의 기간은 포함) × 금융회사 등이 연체대출금에 대하여 적용하는 이자율 등을 고려하여 대통령령으로 정하는 이자율' 및 '법정납부기한까지 납부하여야 할 세액 중 납부고지서에 따른 납부기한까지 납부하지 아니한 세액 × 100분의 3(관세를 납부고지서에 따른 납부기한까지 완납하지 아니한 경우에 한정)'의 계산식을 적용하여 계산한 금액을 합한 금액이다.

③ 납세자가 부정한 행위로 과소신고한 경우에는 세관장은 해당 부족세액의 100분의 10이 아닌 100분의 40에 상당하는 금액에 납부지연가산세를 합한 금액을 가산세로 징수한다.

④ 수입신고가 수리되기 전에 관세를 납부한 결과 부족세액이 발생한 경우로서 수입신고가 수리되기 전에 납세의무자가 해당 세액에 대하여 수정신고를 하거나 세관장이 경정하는 경우에는 가산세를 감면한다.

⑤ 잠정가격신고를 기초로 납세신고를 하고 이에 해당하는 세액을 납부한 경우에는 가산세를 감면한다.

해설

가산세(법 제42조 제1항 제2호)
세관장은 납세의무자가 제9조에 따른 납부기한(법정납부기한)까지 납부하지 아니한 관세액(미납부세액)을 징수하거나 제38조의3 제1항 또는 제6항에 따라 부족한 관세액(부족세액)을 징수할 때에는 다음의 금액을 합한 금액을 가산세로 징수한다.
• 부족세액의 100분의 10
• 다음의 금액을 합한 금액
 – 미납부세액 또는 부족세액 × 법정납부기한의 다음 날부터 납부일까지의 기간(납부고지일로부터 납부고지서에 따른 납부기한까지의 기간은 <u>제외</u>) × 금융회사 등이 연체대출금에 대하여 적용하는 이자율 등을 고려하여 대통령령으로 정하는 이자율
 – 법정납부기한까지 납부하여야 할 세액 중 납부고지서에 따른 납부기한까지 납부하지 아니한 세액 × 100분의 3(관세를 납부고지서에 따른 납부기한까지 완납하지 아니한 경우에 한정)

18 관세법상 체납자료의 제공 등에 대한 설명으로 옳지 않은 것은?

① 체납된 관세 및 내국세 등과 관련하여 이의신청·심사청구 또는 심판청구 및 행정소송이 계류 중인 경우나 그 밖에 대통령령으로 정하는 경우에는 체납자료를 제공하지 아니한다.

② 체납자료를 제공받은 자는 이를 업무 목적 외의 목적으로 누설하거나 이용하여서는 아니 된다.

③ 세관장은 관세징수 또는 공익목적을 위하여 필요한 경우로서 「신용정보의 이용 및 보호에 관한 법률」에 따른 신용정보집중기관, 그 밖에 대통령령으로 정하는 자가 체납자의 인적사항 및 체납액에 관한 자료를 요구한 경우에는 이를 제공할 수 있다.

④ 체납자료를 요구받은 세관장은 체납자료 파일이나 문서로 제공할 수 있다.

⑤ 제공한 체납자료가 체납액의 납부 등으로 체납자료에 해당되지 아니하게 되는 경우에는 그 사실을 사유 발생일부터 10일 이내에 요구자에게 통지하여야 한다.

> **해설**
> 체납자료의 제공 등(영 제41조 제6항)
> 제공한 체납자료가 체납액의 납부 등으로 체납자료에 해당되지 아니하게 되는 경우에는 그 사실을 사유 발생일부터 <u>15일 이내</u>에 요구자에게 통지하여야 한다.

19 관세체납정리위원회에 관한 설명으로 옳지 않은 것은?

① 관세(세관장이 징수하는 내국세 등을 포함)의 체납정리에 관한 사항을 심의하기 위하여 세관에 관세체납정리위원회를 둘 수 있다.

② 관세체납정리위원회의 조직과 운영에 필요한 사항은 기획재정부령으로 정한다.

③ 관세체납정리위원회는 위원장 1인을 포함한 5인 이상 7인 이내의 위원으로 구성한다.

④ 관세체납정리위원회의 위원장은 세관장이 된다.

⑤ 관세체납정리위원회의 위원은 세관공무원, 변호사·관세사·공인회계사·세무사, 상공계의 대표, 기획재정에 관한 학식과 경험이 풍부한 자 중에서 세관장이 임명 또는 위촉한다.

> **해설**
> 관세체납정리위원회(법 제45조 제2항)
> 관세체납정리위원회의 조직과 운영에 필요한 사항은 <u>대통령령</u>으로 정한다.

감면·환급 및 분할납부

제1절 관세의 감면

1. 관세감면의 총칙

(1) 감면의 종류

무조건 감면세	조건부 감면세
• 외교관용 물품 등의 면세(법 제88조) • 정부용품 등의 면세(법 제92조) • 소액물품 등의 면세(법 제94조) • 여행자 휴대품 및 이사물품 등의 감면(법 제96조) • 재수입면세(법 제99조) • 손상물품에 대한 감면(법 제100조) • 해외임가공물품 등의 감면(법 제101조)	• 세율불균형물품의 면세(법 제89조) • 학술연구용품의 감면(법 제90조) • 종교용품, 자선용품, 장애인용품 등의 면세(법 제91조) • 특정물품의 면세(법 제93조) • 환경오염방지물품 등에 대한 감면(법 제95조) • 재수출면세(법 제97조) • 재수출 감면(법 제98조)

(2) 감면의 신청(영 제112조)

① 원 칙 14년 기출

관세법 기타 관세에 관한 법률 또는 조약에 따라 관세를 감면받으려는 자는 해당 물품의 수입신고 수리 전에 다음의 사항을 적은 신청서를 세관장에게 제출하여야 한다. 다만, 관세청장이 정하는 경우에는 감면신청을 간이한 방법으로 하게 할 수 있다.

> ㉠ 감면을 받고자 하는 자의 주소·성명 및 상호
> ㉡ 사업의 종류(업종에 따라 감면하는 경우에는 구체적으로 기재)
> ㉢ 품명·규격·수량·가격·용도와 설치 및 사용장소
> ㉣ 감면의 법적 근거 및 기타 참고사항

② 예 외

다음의 사유가 있는 경우에는 다음의 구분에 따른 기한까지 감면신청서를 제출할 수 있다.

> ㉠ 부족액의 징수 규정에 따라 관세를 징수하는 경우 : 해당 납부고지를 받은 날부터 5일 이내
> ㉡ 그 밖에 수입신고 수리 전까지 감면신청서를 제출하지 못한 경우 : 해당 수입신고 수리일부터 15일 이내(해당 물품이 보세구역에서 반출되지 아니한 경우로 한정)

(3) 관세경감률 산정의 기준(영 제111조)

관세의 경감	세율불균형물품의 면세·학술연구용품의 감면·환경오염방지물품 등에 대한 감면세 및 재수출 감면의 경감에 있어서 경감률의 산정은 실제로 적용되는 관세율(덤핑방지관세·상계관세·보복관세·긴급관세·특정국물품 긴급관세·농림축산물에 대한 특별긴급관세·조정관세의 세율을 제외)을 기준으로 한다.
관세의 면제	관세법 기타 법률 또는 조약에 의하여 관세를 면제하는 경우 면제되는 관세의 범위에 대하여 특별한 규정이 없는 때에는 덤핑방지관세·상계관세·보복관세·긴급관세·특정국물품 긴급관세·농림축산물에 대한 특별긴급관세·조정관세의 세율은 면제되는 관세의 범위에 포함되지 아니한다.

(4) 관세감면물품의 용도 외 사용(감면승계, 법 제103조)

① 감면승계의 요건 및 대상

감면승계의 요건	법령, 조약, 협정 등에 따라 관세를 감면받은 물품을 감면받은 용도 외의 다른 용도로 사용하거나 감면받은 용도 외의 다른 용도로 사용하려는 자에게 양도하는 경우(해당 물품을 다른 용도로 사용하는 자나 해당 물품을 다른 용도로 사용하기 위하여 양수하는 자가 그 물품을 다른 용도로 사용하기 위하여 수입하는 경우에는 그 물품에 대하여 법령 또는 조약, 협정 등에 따라 관세를 감면받을 수 있는 경우로 한정)
감면승계의 대상	용도세율, 외교관용 물품 등의 면세에 따른 양수제한, 재수출면세, 재수출 감면, 관세감면물품의 사후관리 또는 다른 법령 등에 따른 감면물품의 관세징수에 따라 징수하여야 하는 관세를 감면할 수 있다.
감면승계의 제외	관세법 외의 법령, 조약, 협정 등에 따라 그 감면된 관세를 징수할 때에는 관세를 감면할 수 없다.

② 수탁·위탁거래의 관계에 있는 기업에 양도 시 감면승계

학술연구용품의 감면, 특정물품의 면세, 환경오염방지물품 등에 대한 감면세 또는 재수출 감면에 따라 관세를 감면받은 물품은 「대·중소기업 상생협력 촉진에 관한 법률」에 따른 수탁·위탁거래의 관계에 있는 기업에 양도할 수 있으며, 이 경우 징수할 관세를 감면할 수 있다. 다만, 관세법 외의 법령, 조약, 협정 등에 따라 그 감면된 관세를 징수할 때에는 그러하지 아니하다.

③ 사후관리기간

감면승계규정에 따라 관세를 감면받은 경우 그 사후관리기간은 당초의 수입신고 수리일부터 계산한다.

④ 차액관세의 징수

감면승계규정에 의하여 관세를 감면하는 경우에 새로운 용도에 따라 감면되는 관세의 금액이 당초에 감면된 관세의 금액보다 적은 경우에는 그 차액에 해당하는 관세를 징수한다(영 제120조 제2항).

(5) 시설대여업자에 대한 감면 등(법 제105조)

① 수입신고

시설대여업자가 관세법에 따라 관세가 감면되거나 분할납부되는 물품을 수입할 때에는 대여시설 이용자를 납세의무자로 하여 수입신고를 할 수 있다. 이 경우 납세의무자는 대여시설 이용자가 된다.

② 관세를 징수할 수 없을 경우

관세를 감면받거나 분할납부를 승인받은 물품에 대하여 관세를 징수하는 경우 납세의무자인 대여시설 이용자로부터 관세를 징수할 수 없을 때에는 시설대여업자로부터 징수한다.

(6) 다른 법령 등에 따른 감면물품의 관세징수(법 제109조)

세관장의 확인	관세법 외의 법령이나 조약·협정 등에 따라 관세가 감면된 물품을 그 수입신고 수리일부터 3년 내에 해당 법령이나 조약·협정 등에 규정된 용도 외의 다른 용도로 사용하거나 양도하려는 경우에는 세관장의 확인을 받아야 한다. 다만, 해당 법령이나 조약·협정 등에 다른 용도로 사용하거나 양도한 경우에 해당 관세의 징수를 면제하는 규정이 있을 때에는 그러하지 아니하다.
감면된 관세의 징수	세관장의 확인을 받아야 하는 물품에 대하여는 해당 용도 외의 다른 용도로 사용한 자 또는 그 양도를 한 자로부터 감면된 관세를 즉시 징수하여야 하며, 양도인으로부터 해당 관세를 징수할 수 없을 때에는 그 양수인으로부터 감면된 관세를 즉시 징수한다. 다만, 그 물품이 재해나 그 밖의 부득이한 사유로 멸실되었거나 미리 세관장의 승인을 받아 그 물품을 폐기하였을 때에는 예외로 한다.

2. 무조건 감면세 24년 기출

(1) 외교관용 물품 등의 면세(법 제88조) 19, 18, 15년 기출

① 면세대상

다음의 어느 하나에 해당하는 물품이 수입될 때에는 그 관세를 면제한다.

> ㉠ 우리나라에 있는 외국의 대사관·공사관 및 그 밖에 이에 준하는 기관의 업무용품
> ㉡ 우리나라에 주재하는 외국의 대사·공사 및 그 밖에 이에 준하는 사절과 그 가족이 사용하는 물품
> ㉢ 우리나라에 있는 외국의 영사관 및 그 밖에 이에 준하는 기관의 업무용품
> ㉣ 우리나라에 있는 외국의 대사관·공사관·영사관 및 그 밖에 이에 준하는 기관의 직원 중 대통령령으로 정하는 직원과 그 가족이 사용하는 물품
>   ⓐ 대사관 또는 공사관의 참사관·1등서기관·2등서기관·3등서기관 및 외교관보
>   ⓑ 총영사관 또는 영사관의 총영사·영사·부영사 및 영사관보(명예총영사 및 명예영사를 제외)
>   ⓒ 대사관·공사관·총영사관 또는 영사관의 외무공무원으로서 ⓐ 및 ⓑ에 해당하지 아니하는 사람
> ㉤ 정부와 체결한 사업계약을 수행하기 위하여 외국계약자가 계약조건에 따라 수입하는 업무용품
> ㉥ 국제기구 또는 외국 정부로부터 우리나라 정부에 파견된 고문관·기술단원 및 그 밖에 기획재정부령으로 정하는 자(면세업무와 관련된 조약 등에 의하여 외교관에 준하는 대우를 받는 자로서 해당 업무를 관장하는 중앙행정기관의 장이 확인한 자)가 사용하는 물품

② 양수제한 물품 16년 기출

외교관용 물품 등의 면세 규정에 따라 관세를 면제받은 물품 중 기획재정부령으로 정하는 물품은 수입신고 수리일부터 3년의 범위에서 대통령령으로 정하는 기준에 따라 관세청장이 정하는 기간에 상기 용도 외의 다른 용도로 사용하기 위하여 양수할 수 없다. 다만, 대통령령으로 정하는 바에 따라 미리 세관장의 승인을 받았을 때에는 그러하지 아니하다.

③ 면제된 관세의 징수 10년 기출

양수제한 물품을 사후관리 기간에 상기 용도 외의 다른 용도로 사용하기 위하여 양수한 경우에는 그 양수자로부터 면제된 관세를 즉시 징수한다.

(2) 정부용품 등의 면세(법 제92조) 21, 20, 16, 13, 12년 기출

다음의 어느 하나에 해당하는 물품이 수입될 때에는 그 관세를 면제할 수 있다.

① 국가기관이나 지방자치단체에 기증된 물품으로서 공용으로 사용하는 물품. 다만, 기획재정부령으로 정하는 물품[제8703호 승용자동차(규칙 제41조 제1항)]은 제외한다.
② 정부가 외국으로부터 수입하는 군수품(정부의 위탁을 받아 정부 외의 자가 수입하는 경우를 포함). 다만, 기획재정부령으로 정하는 물품[「군수품관리법」 제3조의 규정에 의한 통상품(규칙 제41조 제2항)]은 제외한다.
③ 국가원수의 경호용으로 사용하기 위하여 수입하는 물품
④ 외국에 주둔하는 국군이나 재외공관으로부터 반환된 공용품
⑤ 과학기술정보통신부장관이 국가의 안전보장을 위하여 긴요하다고 인정하여 수입하는 비상통신용 물품 및 전파관리용 물품
⑥ 정부가 직접 수입하는 간행물, 음반, 녹음된 테이프, 녹화된 슬라이드, 촬영된 필름, 그 밖에 이와 유사한 물품 및 자료
⑦ 국가나 지방자치단체(이들이 설립하였거나 출연 또는 출자한 법인을 포함)가 환경오염(소음 및 진동을 포함)을 측정하거나 분석하기 위하여 수입하는 기계·기구 중 <u>기획재정부령으로 정하는 물품</u>
⑧ 상수도 수질을 측정하거나 이를 보전·향상하기 위하여 국가나 지방자치단체(이들이 설립하였거나 출연 또는 출자한 법인을 포함)가 수입하는 물품으로서 <u>기획재정부령으로 정하는 물품</u>
⑨ 국가정보원장 또는 그 위임을 받은 자가 국가의 안전보장 목적의 수행상 긴요하다고 인정하여 수입하는 물품

보충 기획재정부령으로 정하는 물품(규칙 제41조 제3항) 12년 기출

위 (2)의 ⑦ 또는 ⑧의 규정에 의하여 관세가 면제되는 물품은 다음의 물품 중 개당 또는 세트당 과세가격이 100만 원 이상인 기기와 그 기기의 부분품 및 부속품(사후에 보수용으로 따로 수입하는 물품을 포함) 중 국내에서 제작하기 곤란한 것으로서 당해 물품의 생산에 관한 사무를 관장하는 주무부처의 장 또는 그가 지정하는 자가 추천하는 물품으로 한다.
1. 대기질의 채취 및 측정용 기계·기구
2. 소음·진동의 측정 및 분석용 기계·기구
3. 환경오염의 측정 및 분석용 기계·기구
4. 수질의 채취 및 측정용 기계·기구

(3) 소액물품 등의 면세(법 제94조) 23, 21, 20, 18, 16, 13, 12, 10년 기출

다음의 어느 하나에 해당하는 물품이 수입될 때에는 그 관세를 면제할 수 있다.

> ① 우리나라의 거주자에게 수여된 훈장·기장 또는 이에 준하는 표창장 및 상패
> ② 기록문서 또는 그 밖의 서류
> ③ 상업용 견본품 또는 광고용품으로서 기획재정부령으로 정하는 물품(규칙 제45조 제1항)
>   ㉠ 물품이 천공 또는 절단되었거나 통상적인 조건으로 판매할 수 없는 상태로 처리되어 견본품으로 사용될 것으로 인정되는 물품
>   ㉡ 판매 또는 임대를 위한 물품의 상품목록·가격표 및 교역안내서 등
>   ㉢ 과세가격이 미화 250달러 이하인 물품으로서 견본품으로 사용될 것으로 인정되는 물품
>   ㉣ 물품의 형상·성질 및 성능으로 보아 견본품으로 사용될 것으로 인정되는 물품
> ④ 우리나라 거주자가 받는 소액물품으로서 기획재정부령으로 정하는 물품(규칙 제45조 제2항)
>   ㉠ 물품가격이 미화 150달러 이하의 물품으로서 자가사용 물품으로 인정되는 것(다만, 반복 또는 분할하여 수입되는 물품으로서 관세청장이 정하는 기준에 해당하는 것을 제외)
>   ㉡ 박람회 기타 이에 준하는 행사에 참가하는 자가 행사장 안에서 관람자에게 무상으로 제공하기 위하여 수입하는 물품(전시할 기계의 성능을 보여주기 위한 원료를 포함). 다만, 관람자 1인당 제공량의 정상 도착가격이 미화 5달러 상당액 이하의 것으로서 세관장이 타당하다고 인정하는 것에 한한다.

(4) 여행자 휴대품 및 이사물품 등의 감면(법 제96조, 규칙 제48조·제48조의2·제48조의3) 16년 기출

① 면세대상

다음의 어느 하나에 해당하는 물품이 수입될 때에는 그 관세를 면제할 수 있다.

㉠ 여행자의 휴대품 또는 별송품 : 여행자의 휴대품 또는 별송품으로서 여행자의 입국 사유, 체재기간, 직업, 그 밖의 사정을 고려하여 기획재정부령으로 정하는 기준에 따라 세관장이 타당하다고 인정하는 물품

> **보충** 관세가 면제되는 여행자 휴대품 등(규칙 제48조 제1항) 13, 12년 기출
>
> 법 제96조 제1항 제1호에 따라 관세가 면제되는 물품은 다음의 어느 하나에 해당하는 것으로 한다.
> 1. 여행자가 통상적으로 몸에 착용하거나 휴대할 필요성이 있다고 인정되는 물품
> 2. 비거주자인 여행자가 반입하는 물품으로서 본인의 직업상 필요하다고 인정되는 직업용구일 것
> 3. 세관장이 반출 확인한 물품으로서 재반입되는 물품일 것
> 4. 물품의 성질·수량·가격·용도 등으로 보아 통상적으로 여행자의 휴대품 또는 별송품인 것으로 인정되는 물품일 것

ⓐ 관세의 면제 한도 : 여행자 1명의 휴대품 또는 별송품으로서 각 물품(규칙 제48조 제1항 제1호에 따른 물품으로서 국내에서 반출된 물품과 규칙 제48조 제1항 제3호에 따른 물품은 제외)의 과세가격 합계 기준으로 미화 800달러 이하(기본면세범위)로 하고, 관세법 제196조(보세판매장) 제1항 제1호 단서(외국에서 국내로 입국하는 자에게 물품을 인도하는 경우) 및 제2항(입국경로에 설치된 자에게 물품을 인도하는 경우)에 따라 구매한 내국물품이 포함되어 있을 경우에는 기본면세범위에서 해당 내국물품의 구매가격을 공제한 금액으로 한다. 다만, 농림축산물 등 관세청장이 정하는 물품이 휴대품 또는 별송품에 포함되어 있는 경우에는 기본면세범위에서 해당 농림축산물 등에 대하여 관세청장이 따로 정한 면세한도를 적용할 수 있다.

ⓑ 술·담배·향수의 면세기준 : 술·담배·향수에 대해서는 기본면세범위와 관계없이 다음 표(별도면세범위)에 따라 관세를 면제하되, 19세 미만인 사람(19세가 되는 해의 1월 1일을 맞이한 사람은 제외)이 반입하는 술·담배에 대해서는 관세를 면제하지 않고, 법 제196조 제1항 제1호 단서 및 제2항에 따라 구매한 내국물품인 술·담배·향수가 포함되어 있을 경우에는 별도면세범위에서 해당 내국물품의 구매수량을 공제한다. 이 경우 해당 물품이 다음 표의 면세한도를 초과하여 관세를 부과하는 경우에는 해당 물품의 가격을 과세가격으로 한다. 17년 기출

구 분	면세한도			비 고
술	2병			2병 합산하여 용량은 2리터(L) 이하, 가격은 미화 400달러 이하로 한다.
담 배	궐 련		200개비	2 이상의 담배 종류를 반입하는 경우에는 한 종류로 한정한다.
	엽궐련		50개비	
	전자담배	궐련형	200개비	
		니코틴 용액	20밀리리터(mL)	
		기타유형	110그램	
	그 밖의 담배		250그램	
향 수	100밀리리터(mL)			-

ⓒ 여행자 휴대품 또는 별송품의 세액경감 : 여행자가 휴대품 또는 별송품[법 제96조 제1항 제1호에 해당하는 물품(면세대상 해당물품)은 제외]을 기획재정부령으로 정하는 방법으로 자진신고하는 경우에는 20만 원을 넘지 아니하는 범위에서 해당 물품에 부과될 관세(제81조에 따라 간이세율을 적용하는 물품의 경우에는 간이세율을 적용하여 산출된 세액)의 100분의 30에 상당하는 금액을 경감할 수 있다(법 제96조 제2항).

> **보충** 여행자 휴대품 등에 대한 자진신고 방법(규칙 제49조의2)
>
> 법 제96조 제2항에서 "기획재정부령으로 정하는 방법"이란 여행자가 다음의 구분에 따른 여행자 휴대품 신고서를 작성하여 세관공무원에게 제출하는 것을 말한다.
> 1. 항공기를 통하여 입국하는 경우 : 별지 제42호 서식의 여행자 휴대품 신고서
> 2. 선박을 통하여 입국하는 경우 : 별지 제43호 서식의 여행자 휴대품 신고서

ⓛ 이사물품 : 우리나라로 거주를 이전하기 위하여 입국하는 자가 입국할 때 수입하는 이사물품으로서 거주 이전의 사유, 거주기간, 직업, 가족 수, 그 밖의 사정을 고려하여 기획재정부령으로 정하는 기준에 따라 세관장이 타당하다고 인정하는 물품(법 제96조 제1항 제2호)

관세가 면제되는 이사물품(규칙 제48조의2) 21, 14년 기출

관세가 면제되는 물품은 우리나라 국민(재외영주권자를 제외)으로서 외국에 주거를 설정하여 1년(가족을 동반한 경우에는 6개월) 이상 거주했거나 외국인 또는 재외영주권자로서 우리나라에 주거를 설정하여 1년(가족을 동반한 경우에는 6개월) 이상 거주하려는 사람이 반입하는 다음의 어느 하나에 해당하는 것으로 한다. 다만, 자동차(제3호에 해당하는 것은 제외), 선박, 항공기와 개당 과세가격이 500만 원 이상인 보석·진주·별갑·산호·호박·상아 및 이를 사용한 제품은 제외한다.

1. 해당 물품의 성질·수량·용도 등으로 보아 통상적으로 가정용으로 인정되는 것으로서 우리나라에 입국하기 전에 3개월 이상 사용하였고 입국한 후에도 계속하여 사용할 것으로 인정되는 것
2. 우리나라에 상주하여 취재하기 위하여 입국하는 외국국적의 기자가 최초로 입국할 때에 반입하는 취재용품으로서 문화체육관광부장관이 취재용임을 확인하는 물품일 것
3. 우리나라에서 수출된 물품(조립되지 아니한 물품으로서 관세법 별표 관세율표상의 완성품에 해당하는 번호로 분류되어 수출된 것 포함)이 반입된 경우로서 관세청장이 정하는 사용기준에 적합한 물품일 것
4. 외국에 거주하던 우리나라 국민이 다른 외국으로 주거를 이전하면서 우리나라로 반입(송부를 포함)하는 것으로서 통상 가정용으로 3개월 이상 사용하던 것으로 인정되는 물품일 것(사망이나 질병 등 관세청장이 정하는 사유가 발생하여 반입하는 이사물품에 대해서는 거주기간과 관계없이 관세를 면제할 수 있음)

ⓒ **별도 수입 별송품 및 이사물품 도착 기준시기** : 별송품과 이사물품 중 별도로 수입하는 물품은 천재지변 등 부득이한 사유가 있는 경우를 제외하고는 여행자 또는 입국자가 입국한 날부터 6월 이내에 도착한 것이어야 한다(규칙 제48조 제6항, 제48조의2 제3항). 21년 기출

ⓔ **별도 수입 휴대품 등에 대한 관세의 면제신청** : 별송품 및 이사물품 중 별도로 수입하는 물품에 대하여 관세를 면제받으려는 자는 휴대반입한 주요 물품의 통관명세서를 입국지 관할 세관장으로부터 발급받아 세관장에게 제출하여야 한다. 다만, 세관장은 관세를 면제받고자 하는 자가 통관명세서를 제출하지 아니한 경우로서 그 주요 물품의 통관명세를 입국지 관할 세관장으로부터 확인할 수 있는 경우에는 통관명세서를 제출하지 아니하게 할 수 있다(규칙 제49조).

ⓜ **승무원의 휴대품** : 국제무역선 또는 국제무역기의 승무원이 휴대하여 수입하는 물품으로서 항행일수, 체재기간, 그 밖의 사정을 고려하여 기획재정부령으로 정하는 기준에 따라 세관장이 타당하다고 인정하는 물품(법 제96조 제1항 제3호)

관세가 면제되는 승무원 휴대 수입 물품(규칙 제48조의3)

① 승무원이 휴대하여 수입하는 물품에 대하여 관세를 면제하는 경우 그 면제 한도는 각 물품의 과세가격 합계 기준으로 다음의 구분에 따른 금액으로 한다. 이 경우 법 제196조(보세판매장) 제1항 제1호 단서 및 같은 조 제2항에 따라 구매한 내국물품이 포함되어 있는 경우에는 다음의 금액에서 해당 내국물품의 구매가격을 공제한 금액으로 한다.

1. 국제무역기의 승무원이 휴대하여 수입하는 물품 : 미화 150달러
2. 국제무역선의 승무원이 휴대하여 수입하는 물품 : 다음의 구분에 따른 금액
   가. 1회 항행기간이 1개월 미만인 경우 : 미화 90달러
   나. 1회 항행기간이 1개월 이상 3개월 미만인 경우 : 미화 180달러
   다. 1회 항행기간이 3개월 이상인 경우 : 미화 270달러

② 제1항에도 불구하고 국제무역선·국제무역기의 승무원이 휴대하여 수입하는 술 또는 담배에 대해서는 제1항 각 호의 구분에 따른 금액과 관계없이 제48조 제3항 표(여행자 휴대품 면세기준표)에 따라 관세를 면제한다. 이 경우 법 제196조(보세판매장) 제1항 제1호 단서 및 같은 조 제2항에 따라 구매한 내국물품인 술 또는 담배가 포함되어 있는 경우에는 제48조 제3항 표에 따른 한도에서 해당 내국물품의 구매수량을 공제한다.

③ 제2항에 따라 국제무역선·국제무역기의 승무원이 휴대하여 수입하는 술에 대해 관세를 면제하는 경우 다음의 어느 하나에 해당하는 자에 대해서는 해당 호에 규정된 범위에서 관세를 면제한다.
1. 국제무역기의 승무원 : 3개월에 1회
2. 국제무역선의 승무원으로서 1회 항행기간이 1개월 미만인 경우 : 1개월에 1회

④ 제1항에도 불구하고 자동차(이륜자동차와 삼륜자동차를 포함)·선박·항공기 및 개당 과세가격 50만 원 이상의 보석·진주·별갑·산호·호박 및 상아와 이를 사용한 제품에 대해서는 관세를 면세하지 않는다.

(5) 재수입면세(법 제99조) 14년 기출

① 면세대상 11, 10년 기출

다음의 어느 하나에 해당하는 물품이 수입될 때에는 그 관세를 면제할 수 있다.

> ㉠ 우리나라에서 수출(보세가공수출을 포함)된 물품으로서 해외에서 제조·가공·수리 또는 사용(장기간에 걸쳐 사용할 수 있는 물품으로서 임대차계약 또는 도급계약 등에 따라 해외에서 일시적으로 사용하기 위하여 수출된 물품이나 박람회, 전시회, 품평회, 국제경기대회, 그 밖에 이에 준하는 행사에 출품 또는 사용된 물품 등 기획재정부령으로 정하는 물품의 경우는 제외)되지 아니하고 수출신고 수리일로부터 2년 내에 다시 수입(재수입)되는 물품. 다만, 다음의 어느 하나에 해당하는 경우에는 관세를 면제하지 아니한다.
> ⓐ 해당 물품 또는 원자재에 대하여 관세를 감면받은 경우
> ⓑ 관세법 또는 「수출용원재료에 대한 관세 등 환급에 관한 특례법」에 따른 환급을 받은 경우
> ⓒ 관세법 또는 「수출용원재료에 대한 관세 등 환급에 관한 특례법」에 따른 환급을 받을 수 있는 자 외의 자가 해당 물품을 재수입하는 경우(다만, 재수입하는 물품에 대하여 환급을 받을 수 있는 자가 환급받을 권리를 포기하였음을 증명하는 서류를 재수입하는 자가 세관장에게 제출하는 경우는 제외)
> ⓓ 보세가공 또는 장치기간경과물품을 재수출조건으로 매각함에 따라 관세가 부과되지 아니한 경우
> ㉡ 수출물품의 용기로서 다시 수입하는 물품
> ㉢ 해외시험 및 연구를 목적으로 수출된 후 재수입되는 물품

② 서류의 제출

관세를 감면받으려는 자는 그 물품의 수출신고필증·반송신고필증 또는 이를 갈음할 서류를 세관장에게 제출하여야 한다. 다만, 세관장이 다른 자료에 의하여 그 물품이 감면대상에 해당한다는 사실을 인정할 수 있는 경우에는 그러하지 아니하다(규칙 제54조 제2항).

(6) 손상감세(법 제100조)

① 감세대상 16, 14, 11년 기출

㉠ 수입신고가 수리되기 전에 변질·손상된 경우 : 수입신고한 물품이 수입신고가 수리되기 전에 변질되거나 손상되었을 때에는 대통령령으로 정하는 바에 따라 그 관세를 경감할 수 있다.

ⓒ 관세 추징 시 변질·손상된 경우 : 관세법이나 그 밖의 법률 또는 조약·협정 등에 따라 관세를 감면받은 물품에 대하여 관세를 추징하는 경우 그 물품이 변질 또는 손상되거나 사용되어 그 가치가 떨어졌을 때에는 대통령령으로 정하는 바에 따라 그 관세를 경감할 수 있다.

② 변질·손상 등의 관세경감액(영 제118조)

손상감세규정에 의하여 경감하는 관세액은 다음의 관세액 중 많은 금액으로 한다.

> ㉠ 수입물품의 변질·손상 또는 사용으로 인한 가치의 감소에 따르는 가격의 저하분에 상응하는 관세액
> ㉡ 수입물품의 관세액에서 그 변질·손상 또는 사용으로 인한 가치의 감소 후의 성질 및 수량에 의하여 산출한 관세액을 공제한 차액

③ 가치감소의 산정기준

변질·손상 또는 사용으로 인한 <u>가치감소의 산정기준</u>은 기획재정부령으로 정할 수 있다.

보충   가치감소 산정기준(규칙 제55조의2)

영 제118조 제2항에 따른 가치감소의 산정기준은 다음과 같다.

1. 변질 또는 손상으로 인한 가치감소의 경우 제7조의2(수입신고 전 변질 또는 손상물품의 과세가격의 결정) 제2호 각 목에 따른 금액 산정 방법을 준용한다.
2. 사용으로 인한 가치감소의 경우 제7조의5(중고물품의 과세가격의 결정) 제1항 제3호에 따른 가치감소분 산정방법을 준용한다.

---

(7) 해외임가공물품 등의 감면(법 제101조) 21, 17년 기출

① 감면대상

다음의 어느 하나에 해당하는 물품이 수입될 때에는 대통령령으로 정하는 바에 따라 그 관세를 경감할 수 있다.

> ㉠ 원재료 또는 부분품을 수출하여 기획재정부령으로 정하는 물품[관세법 별표 관세율표 제85류 및 제90류 중 제9006호에 해당하는 것(규칙 제56조 제1항)]으로 제조하거나 가공한 물품
> ㉡ 가공 또는 수리할 목적으로 수출한 물품으로서 기획재정부령으로 정하는 기준에 적합한 물품[가공 또는 수리하기 위하여 수출된 물품과 가공 또는 수리 후 수입된 물품의 품목분류표상 10단위의 품목번호가 일치하는 물품. 다만, 수율·성능 등이 저하되어 폐기된 물품을 수출하여 용융과정 등을 거쳐 재생한 후 다시 수입하는 경우와 제품의 제작일련번호 또는 제품의 특성으로 보아 수입물품이 우리나라에서 수출된 물품임을 세관장이 확인할 수 있는 물품인 경우에는 품목분류표상 10단위의 품목번호가 일치하지 아니하더라도 관세를 경감할 수 있음(규칙 제56조 제2항)]

② 관세경감 제외대상

감세대상물품이 다음의 어느 하나에 해당하는 경우에는 그 관세를 경감하지 아니한다.

> ㉠ 해당 물품 또는 원자재에 대하여 관세를 감면받은 경우(다만, 가공 또는 수리할 목적으로 수출한 물품
> 은 제외)
> ㉡ 관세법 또는 「수출용원재료에 대한 관세 등 환급에 관한 특례법」에 따른 환급을 받은 경우
> ㉢ 보세가공 또는 장치기간경과물품을 재수출조건으로 매각함에 따라 관세가 부과되지 아니한 경우

③ 관세경감액(영 제119조) 14년 기출
  ㉠ 위 ①의 ㉠의 물품 : 수입물품의 제조·가공에 사용된 원재료 또는 부분품의 수출신고가격에 당해
    수입물품에 적용되는 관세율을 곱한 금액
  ㉡ 위 ①의 ㉡의 물품 : 가공·수리물품의 수출신고가격에 해당 수입물품에 적용되는 관세율을 곱한 금
    액. 다만, 수입물품이 매매계약상의 하자보수보증 기간(수입신고 수리 후 1년으로 한정) 중에 하자가
    발견되거나 고장이 발생하여 외국의 매도인 부담으로 가공 또는 수리하기 위하여 수출된 물품에 대하
    여는 다음의 금액을 합한 금액에 해당 수입물품에 적용되는 관세율을 곱한 금액으로 한다.

> ⓐ 수출물품의 수출신고가격
> ⓑ 수출물품의 양륙항까지의 운임·보험료
> ⓒ 가공 또는 수리 후 물품의 선적항에서 국내 수입항까지의 운임·보험료
> ⓓ 가공 또는 수리의 비용에 상당하는 금액

④ 해외임가공물품에 대한 관세의 감면신청(규칙 제57조)
  ㉠ 감면신청 : 관세를 감면받고자 하는 자는 해외에서 제조·가공·수리(해외임가공)할 물품을 수출신
    고할 때 미리 해외임가공 후 수입될 예정임을 신고하고, 감면신청을 관세감면 신청사항(영 제112조
    제1항) 외에 수출국 및 적출지와 감면받고자 하는 관세액을 기재한 신청서에 제조인·가공인 또는
    수리인이 발급한 제조·가공 또는 수리사실을 증명하는 서류와 당해 물품의 수출신고필증 또는 이에
    갈음할 서류를 첨부하여 세관장에게 제출하여야 한다. 다만, 세관장이 다른 자료에 의하여 그 물품이
    감면대상에 해당한다는 사실을 인정할 수 있는 경우에는 수출신고필증 또는 이를 갈음할 서류를 첨
    부하지 아니할 수 있다.
  ㉡ 기재사항 : 제조·가공 또는 수리사실을 증명하는 서류에는 다음의 사항을 기재하여야 한다.

> ⓐ 원물품의 품명·규격·수량 및 가격
> ⓑ 제조·가공 또는 수리에 의하여 부가 또는 환치된 물품의 품명·규격·수량 및 가격
> ⓒ 제조·가공 또는 수리에 의하여 소요된 비용
> ⓓ 제조·가공 또는 수리의 명세
> ⓔ 감면받고자 하는 금액과 그 산출기초
> ⓕ 기타 수입물품이 국내에서 수출한 물품으로 제조·가공 또는 수리된 것임을 확인할 수 있는 자료

관세법령상 물품이 수입될 때 관세의 면제 대상이 아닌 것은? 24년 기출

① 기록문서 또는 그 밖의 서류

② 우리나라 선박이 외국 정부의 허가를 받아 외국의 영해에서 채집하거나 포획한 수산물

③ 정부와 체결한 사업계약을 수행하기 위하여 외국계약자가 계약조건에 따라 수입하는 업무용품

④ 우리나라 거주자가 받는 소액물품 중 물품가격이 미화 250달러의 물품으로서 자가사용 물품으로 인정되는 것

⑤ 천재지변 등 부득이한 사유가 있는 경우를 제외하고 여행자가 입국한 날부터 6월 이내에 도착한 여행자의 별송품으로서 여행자의 입국 사유 등을 고려하여 세관장이 타당하다고 인정한 것

해설

④ 우리나라 거주자가 받는 소액물품 중 물품가격이 미화 150달러 이하의 물품으로서 자가사용 물품으로 인정되는 것이 관세의 면제 대상이다(관세법 제94조 제4호, 동법 시행규칙 제45조 제2항 제1호).

① 관세법 제94조(소액물품 등의 면세)

② 관세법 제93조(특정물품의 면세 등)

③ 관세법 제88조(외교관용 물품 등의 면세)

⑤ 관세법 제96조(여행자 휴대품 및 이사물품 등의 감면)

정답 ④

3. 조건부 감면세

(1) 세율불균형물품의 면세(법 제89조)

① 면세대상 12년 기출

세율불균형을 시정하기 위하여 「조세특례제한법」에 따른 중소기업이 대통령령으로 정하는 바에 따라 세관장이 지정하는 공장에서 항공기(부분품을 포함) 또는 반도체 제조용 장비(부속기기를 포함)를 제조 또는 수리하기 위하여 사용하는 부분품과 원재료(수출한 후 외국에서 수리·가공되어 수입되는 부분품과 원재료의 가공수리분을 포함) 중 기획재정부령으로 정하는 물품에 대하여는 그 관세를 면제할 수 있다 (규칙 제35조).

> ㉠ 항공기 제조업자 또는 수리업자가 항공기와 그 부분품의 제조 또는 수리에 사용하기 위하여 수입하는 부분품 및 원재료
> ㉡ 장비 제조업자 또는 수리업자가 반도체 제조용 장비의 제조 또는 수리에 사용하기 위하여 수입하는 부분품 및 원재료 중 산업통상자원부장관 또는 그가 지정하는 자가 추천하는 물품

② 세관장 변경신고(법 제89조 제8항)

지정을 받은 자가 지정사항을 변경하려는 경우에는 관세청장이 정하는 바에 따라 세관장에게 변경신고하여야 한다.

③ 제조·수리공장의 지정(영 제113조)

지정신청	제조·수리공장의 지정을 받고자 하는 자는 다음의 사항을 기재한 신청서에 사업계획서와 그 구역 및 부근의 도면을 첨부하여 세관장에게 제출하여야 한다. ㉠ 당해 제조·수리공장의 명칭·소재지·구조·동수 및 평수 ㉡ 제조하는 제품의 품명과 그 원재료 및 부분품의 품명 ㉢ 작업설비와 그 능력 ㉣ 지정을 받고자 하는 기간
지정기간	지정신청을 받은 세관장은 그 감시·단속에 지장이 없다고 인정되는 때에는 3년의 범위 내에서 기간을 정하여 제조·수리공장의 지정을 하여야 한다. 이 경우 지정기간은 관세청장이 정하는 바에 의하여 경신할 수 있다.
지정특례	세관장은 항공기의 수리가 일시적으로 이루어지는 공항 내의 특정지역이 감시·단속에 지장이 없고, 세율불균형물품의 관세 감면 관리업무의 효율화를 위하여 필요하다고 인정되는 경우에는 해당 특정지역을 제조·수리공장으로 지정할 수 있다.
지정제한 (법 제89조 제2항)	다음의 어느 하나에 해당하는 자는 지정을 받을 수 없다. 1. 법 제175조(운영인의 결격사유) 제1호부터 제5호까지 및 제7호의 어느 하나에 해당하는 자 2. 지정이 취소[법 제175조(운영인의 결격사유) 제1호부터 제3호까지의 어느 하나에 해당하여 취소된 경우는 제외]된 날부터 2년이 지나지 아니한 자 3. 제1호 또는 제2호에 해당하는 사람이 임원(해당 공장의 운영업무를 직접 담당하거나 이를 감독하는 자로 한정)으로 재직하는 법인
지정취소 (법 제89조 제4항)	세관장은 지정을 받은 자가 다음의 어느 하나에 해당하는 경우에는 그 지정을 취소할 수 있다. 다만, 제1호 또는 제2호에 해당하는 경우에는 지정을 취소하여야 한다. 1. 지정제한사유 어느 하나에 해당하는 경우. 다만, 지정제한사유 제3호에 해당하는 경우로서 법 제175조(운영인의 결격사유) 제2호 또는 제3호에 해당하는 사람을 임원으로 하는 법인이 3개월 이내에 해당 임원을 변경하는 경우에는 그러하지 아니하다. 2. 거짓이나 그 밖의 부정한 방법으로 지정을 받은 경우 3. 1년 이상 휴업하여 세관장이 지정된 공장의 설치목적을 달성하기 곤란하다고 인정하는 경우

④ 중소기업이 아닌 자의 감면

중소기업이 아닌 자가 ①의 대통령령으로 정하는 바에 따라 세관장이 지정하는 공장에서 ①의 ㉠에 대하여는 다음 구분에 따라 그 관세를 감면한다.

㉠ 「세계무역기구 설립을 위한 마라케쉬 협정 부속서 4의 민간항공기 무역에 관한 협정」 대상 물품 중 기획재정부령으로 정하는 물품의 관세 감면에 관하여는 다음 표의 기간 동안 수입신고하는 분에 대하여는 각각의 적용기간에 해당하는 감면율을 적용한다.

2022. 01. 01~2024. 12. 31	100분의 100
2025. 01. 01~2025. 12. 31	100분의 80
2026. 01. 01~2026. 12. 31	100분의 60
2027. 01. 01~2027. 12. 31	100분의 40
2028. 01. 01~2028. 12. 31	100분의 20

ⓛ ⓐ 이외의 물품의 관세감면에 관하여는 다음 표의 기간 동안 수입신고하는 분에 대하여는 각각의 적용기간에 해당하는 감면율을 적용한다.

2019. 05. 01~2019. 12. 31	100분의 90
2020. 01. 01~2020. 12. 31	100분의 80
2021. 01. 01~2021. 12. 31	100분의 70
2022. 01. 01~2022. 12. 31	100분의 60
2023. 01. 01~2023. 12. 31	100분의 50
2024. 01. 01~2024. 12. 31	100분의 40
2025. 01. 01~2025. 12. 31	100분의 20

⑤ 국가 및 지방자치단체의 경우

국가 및 지방자치단체가 항공기(부분품을 포함)의 물품을 제조 또는 수리하기 위하여 사용하는 부분품과 원재료에 관하여는 ④에도 불구하고 ①을 준용한다.

⑥ 감면신청(규칙 제36조)

관세를 감면받고자 하는 자는 관세감면신청 기재사항 외에 제조할 물품의 품명·규격·수량 및 가격, 제조개시 및 완료예정연월일과 지정제조공장의 명칭 및 소재지를 신청서에 기재하고, 원자재소요량증명서 또는 이에 갈음할 서류를 첨부하여 세관장에게 제출하여야 한다. 다만, 세관장이 필요 없다고 인정하는 때에는 원자재소요량증명서 등의 첨부를 생략할 수 있다.

(2) 학술연구용품의 감면(법 제90조) 16년 기출

① 감면대상 10년 기출

다음의 어느 하나에 해당하는 물품이 수입될 때에는 그 관세를 감면할 수 있다.

> ㉠ 국가기관, 지방자치단체 및 기획재정부령으로 정하는 기관에서 사용할 학술연구용품·교육용품 및 실험실습용품으로서 기획재정부령으로 정하는 물품
> ㉡ 학교, 공공의료기관, 공공직업훈련원, 박물관, 그 밖에 이에 준하는 기획재정부령으로 정하는 기관에서 학술연구용·교육용·훈련용·실험실습용 및 과학기술연구용으로 사용할 물품 중 기획재정부령으로 정하는 물품
> ㉢ ㉡의 기관에서 사용할 학술연구용품·교육용품·훈련용품·실험실습용품 및 과학기술연구용품으로서 외국으로부터 기증되는 물품(다만, 기획재정부령으로 정하는 물품은 제외)
> ㉣ 기획재정부령으로 정하는 자가 산업기술의 연구개발에 사용하기 위하여 수입하는 물품으로서 기획재정부령으로 정하는 물품

보충 관세가 감면되는 학술연구용품(규칙 제37조 제1항, 제4항) 12년 기출

1. 표본, 참고품, 도서, 음반, 녹음된 테이프, 녹화된 슬라이드, 촬영된 필름, 시험지, 시약류, 그 밖에 이와 유사한 물품 및 자료
2. 다음의 어느 하나에 해당하는 것으로서 국내에서 제작하기 곤란한 것 중 당해 물품의 생산에 관한 업무를 담당하는 중앙행정기관의 장 또는 그가 지정하는 자가 추천하는 물품
   가. 개당 또는 셋트당 과세가격이 100만 원 이상인 기기
   나. 가목에 해당하는 기기의 부분품 및 부속품

3. 부분품(제2호에 따른 기기의 부분품을 제외하며, 학술연구용 등에 직접 사용되는 것으로 한정)·원재료 및 견본품
4. 산업기술의 연구·개발에 사용하기 위하여 수입하는 별표 1의2의 물품
5. 시약 및 견본품
6. 연구·개발 대상물품을 제조 또는 수리하기 위하여 사용하는 부분품 및 원재료
7. 제4호의 물품을 수리하기 위한 목적으로 수입하는 부분품

② 감면율

학술연구용품의 감면 규정에 따른 관세의 감면율은 100분의 80으로 한다. 다만, 공공의료기관(국립암센터 및 국립중앙의료원은 제외) 및 학교부설의료기관에서 사용할 물품에 대한 관세의 감면율은 100분의 50으로 한다.

(3) 종교용품, 자선용품, 장애인용품 등의 면세(법 제91조)

① 면세대상 13, 10년 기출

다음의 어느 하나에 해당하는 물품이 수입될 때에는 그 관세를 면제한다.

㉠ 종교용품 등[교회, 사원 등 종교단체의 의식에 사용되는 물품으로서 외국으로부터 기증되는 물품(다만, 기획재정부령으로 정하는 물품은 제외)]
㉡ 자선용품 등
　ⓐ 자선 또는 구호의 목적으로 기증되는 물품 및 기획재정부령으로 정하는 자선시설·구호시설 또는 사회복지시설에 기증되는 물품으로서 해당 용도로 직접 사용하는 물품(다만, 기획재정부령으로 정하는 물품은 제외)
　ⓑ 국제적십자사·외국적십자사 및 기획재정부령으로 정하는 국제기구가 국제평화봉사활동 또는 국제친선활동을 위하여 기증하는 물품
㉢ 장애인용품
　ⓐ 시각장애인, 청각장애인, 언어장애인, 지체장애인, 만성신부전증환자, 희귀난치성질환자 등을 위한 용도로 특수하게 제작되거나 제조된 물품 중 기획재정부령으로 정하는 물품
　ⓑ 「장애인복지법」에 따른 장애인복지시설 및 장애인의 재활의료를 목적으로 국가·지방자치단체 또는 사회복지법인이 운영하는 재활 병원·의원에서 장애인을 진단하고 치료하기 위하여 사용하는 의료용구

보충 종교용품 등에서 관세가 부과되는 물품(규칙 제39조 제1항) 12년 기출

1. 관세율표 번호 제8518호에 해당하는 물품
2. 관세율표 번호 제8531호에 해당하는 물품
3. 관세율표 번호 제8519호·제8521호·제8522호·제8523호 및 제92류에 해당하는 물품(파이프오르간은 제외)

② 관세의 면제신청(규칙 제40조) 15년 기출

기증증명서류의 첨부	면세대상의 규정에 의하여 관세를 면제받고자 하는 자는 당해 기증사실을 증명하는 서류를 신청 서에 첨부하여야 한다.
문화체육관광부장관의 확인	관세법 제91조 제1호(교회, 사원 등 종교단체의 의식에 사용되는 물품으로서 외국으로부터 기증 되는 물품)에 따라 관세를 면제받으려는 자는 해당 기증목적에 관하여 문화체육관광부장관의 확인을 받아야 한다.
증명서 또는 그 사본의 첨부	관세법 제91조 제2호(자선 또는 구호의 목적으로 기증되는 물품 및 자선시설·구호시설 또는 사회복지시설에 기증되는 물품으로서 해당 용도로 직접 사용하는 물품)에 따라 관세를 면제받고 자 하는 자가 국가 또는 지방자치단체 외의 자인 때에는 해당 시설 및 사업에 관하여 보건복지부 장관이나 시장 또는 군수가 발급한 증명서 또는 그 사본을 신청서에 첨부하여야 한다.
외교부장관의 확인	관세법 제91조 제3호(국제적십자사·외국적십자사 및 국제기구가 국제평화봉사활동 또는 국제 친선활동을 위하여 기증하는 물품)의 규정에 의하여 관세를 면제받고자 하는 자가 국가·지방자 치단체 또는 대한적십자사 외의 자인 때에는 당해 기증목적에 관하여 외교부장관의 확인을 받아 야 한다.
확인 및 증명의 생략	세관장은 당해 물품의 수량 또는 가격을 참작하는 경우 확인 및 증명이 필요 없다고 인정되는 때에는 이를 생략하게 할 수 있다.

(4) 특정물품의 면세 등(법 제93조)

① 면세대상(법 제93조, 규칙 제43조) 19, 18, 16, 15, 14년 기출

다음의 어느 하나에 해당하는 물품이 수입될 때에는 그 관세를 면제할 수 있다.

> ㉠ 동식물의 번식·양식 및 종자개량을 위한 물품 중 사료작물 재배용 종자(호밀·귀리 및 수수에 한함)
> ㉡ 박람회, 국제경기대회, 그 밖에 이에 준하는 행사 중 기획재정부령으로 정하는 행사에 사용하기 위하
여 그 행사에 참가하는 자가 수입하는 물품 중 기획재정부령으로 정하는 물품
> ㉢ 핵사고 또는 방사능 긴급사태 시 그 복구지원과 구호를 목적으로 외국으로부터 기증되는 물품(방사선
측정기, 시료채취 및 처리기, 시료분석장비, 방사능 방호장비, 제염용장비)
> ㉣ 우리나라 선박이 외국 정부의 허가를 받아 외국의 영해에서 채집하거나 포획한 수산물(이를 원료로
하여 우리나라 선박에서 제조하거나 가공한 것을 포함)
> ㉤ 우리나라 선박이 외국의 선박과 협력하여 해양수산부장관으로부터 원양모선식 어업허가를 받고 외국
과의 협상 등에 의하여 해외수역에서 해당 외국의 국적을 가진 자선과 공동으로 수산물을 채집 또는
포획하는 원양어업방법으로 채집하거나 포획한 수산물로서 해양수산부장관이 추천하는 것
> ㉥ 해양수산부장관의 허가를 받은 자가 기획재정부령으로 정하는 요건에 적합하게 외국인과 합작하여
채집하거나 포획한 수산물 중 해양수산부장관이 기획재정부장관과 협의하여 추천하는 것
> ㉦ 우리나라 선박 등이 채집하거나 포획한 수산물과 수산물의 포장에 사용된 물품으로서 재사용이 불가
능한 것(골판지 어상자)
> ㉧ 「중소기업기본법」에 따른 중소기업이 해외구매자의 주문에 따라 제작한 기계·기구가 해당 구매자가
요구한 규격 및 성능에 일치하는지를 확인하기 위하여 하는 시험생산에 필요한 원재료로서 해당 중소
기업에 외국인이 무상으로 공급하는 물품
> ㉨ 우리나라를 방문하는 외국의 원수와 그 가족 및 수행원의 물품
> ㉩ 우리나라의 선박이나 그 밖의 운송수단이 조난으로 인하여 해체된 경우 그 해체재 및 장비
> ㉪ 우리나라와 외국 간에 건설될 교량, 통신시설, 해저통로, 그 밖에 이에 준하는 시설의 건설 또는 수리
에 필요한 물품

ⓔ 우리나라 수출물품의 품질, 규격, 안전도 등이 수입국의 권한 있는 기관이 정하는 조건에 적합한 것임을 표시하는 수출물품에 붙이는 증표로서 기획재정부령으로 정하는 물품

ⓟ 우리나라의 선박이나 항공기가 해외에서 사고로 발생한 피해를 복구하기 위하여 외국의 보험회사 또는 외국의 가해자의 부담으로 하는 수리 부분에 해당하는 물품

ⓗ 우리나라의 선박이나 항공기가 매매계약상의 하자보수 보증기간 중에 외국에서 발생한 고장에 대하여 외국의 매도인의 부담으로 하는 수리 부분에 해당하는 물품

㉮ 국제올림픽·장애인올림픽·농아인올림픽 및 아시아운동경기·장애인아시아운동경기 종목에 해당하는 운동용구(부분품을 포함)로서 대한체육회 또는 대한장애인체육회가 수입하는 물품

㉯ 국립묘지의 건설·유지 또는 장식을 위한 자재와 국립묘지에 안장되는 자의 관·유골함 및 장례용 물품

㉰ 피상속인이 사망하여 국내에 주소를 둔 자에게 상속되는 피상속인의 신변용품

㉱ 보석의 원석 및 나석으로서 기획재정부령으로 정하는 것

② 관세의 면제신청(규칙 제44조)

㉠ 주무부처의 장 또는 그 위임을 받은 기관의 장의 확인 : 위 ①의 ㉠·ⓛ 및 ㉮에 따라 관세를 면제받으려는 자는 신청서에 주무부처의 장 또는 그 위임을 받은 기관의 장의 확인을 받아야 한다. 다만, 다른 법령에 따라 반입승인·수입승인 등을 받은 물품의 경우 그 승인서에 의하여 해당 물품이 관세의 면제를 받은 용도에 사용될 것임을 확인할 수 있거나 관할지 세관장이 이를 확인한 경우에는 그러하지 아니하다.

ⓛ 원자력안전위원회의 확인 : 위 ①의 ⓒ에 따라 관세를 면제받으려는 자는 해당 기증사실을 증명하는 서류를 신청서에 첨부하여 제출하여야 하며, 해당 기증목적에 관하여 원자력안전위원회의 확인을 받아야 한다.

ⓒ 운수기관명 등의 신청서에 기재 : 위 ①의 ㉾에 따라 관세를 면제받으려는 자는 영 제112조 제1항 각 호의 사항 외에 운수기관명·조난장소 및 조난연월일을 신청서에 적고 주무부장관이 확인한 서류를 첨부하여 제출하여야 한다.

ⓔ 사용계획 등의 신청서에 기재 : 위 ①의 ㈜에 따라 관세를 면제받으려는 자는 영 제112조 제1항 각 호의 사항 외에 사용계획·사용기간과 공사장의 명칭 및 소재지를 신청서에 적어 제출하여야 한다.

ⓜ 공급 등 해당 계약서 등의 첨부 : 위 ①의 ⓔ에 따라 관세를 면제받으려는 자는 해당 증표 공급국의 권한 있는 기관과의 공급 및 관리에 관한 계약서 또는 이에 갈음할 서류를 신청서에 첨부하여 제출하여야 한다. 다만, 세관장이 필요 없다고 인정하는 경우에는 해당 계약서 등의 첨부를 생략할 수 있다.

ⓗ 수리 등 증명서류의 첨부 및 제출 : 위 ①의 ⓟ 및 ⓗ에 따라 관세를 면제받으려는 자는 영 제112조 제1항 각 호의 사항 외에 수리선박명 또는 수리항공기명을 신청서에 적고, 해당 수리가 외국의 보험회사·가해자 또는 매도인의 부담으로 행하는 것임을 증명하는 서류와 수리인이 발급한 수리사실을 증명하는 서류를 첨부하여 제출하여야 한다.

ⓢ 확인 및 증명의 생략 : 상기 ㉠ 내지 ⓗ의 규정에 의한 확인 및 증명은 세관장이 당해 물품의 수량 또는 가격을 참작하여 필요 없다고 인정하는 때에는 이를 생략할 수 있다.

(5) 환경오염방지물품 등에 대한 감면(법 제95조) 20년 기출

① 감면대상

다음의 어느 하나에 해당하는 물품으로서 국내에서 제작하기 곤란한 물품이 수입될 때에는 그 관세를 감면할 수 있다.

> ㉠ 오염물질(소음 및 진동을 포함)의 배출 방지 또는 처리를 위하여 사용하는 기계·기구·시설·장비로서 기획재정부령으로 정하는 것
> ㉡ 폐기물 처리(재활용을 포함)를 위하여 사용하는 기계·기구로서 폐기물을 처리하거나 재활용하기 위하여 사용하는 기구로서 기획재정부령으로 정하는 것
> ㉢ 기계·전자기술 또는 정보처리기술을 응용한 공장 자동화 기계·기구·설비(그 구성기기를 포함) 및 그 핵심부분품으로서 기획재정부령으로 정하는 것

② 감면율(규칙 제46조 제4항)

감면대상 중 ①의 ㉢에 따른 물품의 감면율은 다음과 같다.

> ㉠ 중소제조업체가 수입신고하는 경우 : 100분의 30(2024년 12월 31일까지 수입신고하는 경우에는 100분의 70)
> ㉡ 중견기업으로서 통계청장이 고시하는 산업에 관한 표준분류(한국표준산업분류표)상 제조업을 경영하는 업체가 2024년 12월 31일까지 수입신고하는 경우 : 100분의 50

③ 관세의 감면신청(규칙 제47조)

㉠ 제출서류 : 환경오염방지물품 등에 대한 감면규정에 따른 물품을 관세감면대상물품으로 지정받으려는 자는 다음의 사항을 적은 신청서에 해당 물품의 상품목록 등 참고자료를 첨부하여 주무부장관을 거쳐 기획재정부장관에게 제출하여야 한다.

> ⓐ 신청인의 주소·성명 및 상호
> ⓑ 사업의 종류
> ⓒ 관세율표 번호·품명·규격·수량·가격·용도 및 구조

㉡ 제출기한 : 기획재정부장관에게 신청서를 제출하는 기한은 다음의 구분에 따른다.

> ⓐ 위 ①의 ㉠·㉡의 물품에 대한 것인 경우 : 매년 4월 말까지
> ⓑ 위 ①의 ㉢의 물품에 대한 것인 경우 : 매년 7월 31일까지

(6) 재수출면세(법 제97조)

① 면세대상 22, 14, 11, 10년 기출

수입신고 수리일부터 다음의 어느 하나의 기간에 다시 수출하는 물품에 대하여는 그 관세를 면제할 수 있다(규칙 제50조).

주의 수입신고일이 아니라 수입신고 수리일부터이다.

ⓐ 기획재정부령으로 정하는 물품 : 1년의 범위에서 대통령령으로 정하는 기준에 따라 세관장이 정하는 기간. 다만, 세관장은 부득이한 사유가 있다고 인정될 때에는 1년의 범위에서 그 기간을 연장할 수 있다.

ⓐ 수입물품의 포장용품. 다만, 관세청장이 지정하는 물품을 제외한다.

ⓑ 수출물품의 포장용품. 다만, 관세청장이 지정하는 물품을 제외한다.

ⓒ 우리나라에 일시입국하는 자가 본인이 사용하고 재수출할 목적으로 몸에 직접 착용 또는 휴대하여 반입하거나 별도로 반입하는 물품. 다만, 관세청장이 지정하는 물품을 제외한다.

ⓓ 우리나라에 일시 입국하는 자가 본인이 사용하고 재수출할 목적으로 몸에 직접 착용 또는 휴대하여 반입하거나 별도로 반입하는 직업용품 및 「신문 등의 진흥에 관한 법률」에 따라 지사 또는 지국의 설치등록을 한 자가 취재용으로 반입하는 방송용의 녹화되지 아니한 비디오테이프

ⓔ 관세청장이 정하는 시설에서 국제해운에 종사하는 외국선박의 승무원의 후생을 위하여 반입하는 물품과 그 승무원이 숙박기간 중 당해 시설에서 사용하기 위하여 선박에서 하역된 물품

ⓕ 박람회·전시회·공진회·품평회나 그 밖에 이에 준하는 행사에 출품 또는 사용하기 위하여 그 주최자 또는 행사에 참가하는 자가 수입하는 물품 중 해당 행사의 성격·규모 등을 고려하여 세관장이 타당하다고 인정하는 물품

ⓖ 국제적인 회의·회합 등에서 사용하기 위한 물품

ⓗ 학교, 공공의료기관, 공공직업훈련원, 박물관, 그 밖에 이에 준하는 기관 및 「국방과학연구소법」에 따른 국방과학연구소에서 학술연구 및 교육훈련을 목적으로 사용하기 위한 학술연구용품

ⓘ 학교, 공공의료기관, 공공직업훈련원, 박물관, 그 밖에 이에 준하는 기관 및 「국방과학연구소법」에 따른 국방과학연구소에서 과학기술연구 및 교육훈련을 위한 과학장비용품

ⓙ 주문수집을 위한 물품, 시험용 물품 및 제작용 견본품

ⓚ 수리를 위한 물품(수리를 위하여 수입되는 물품과 수리 후 수출하는 물품이 관세·통계통합품목분류표상 10단위의 품목번호가 일치할 것으로 인정되는 물품만 해당)

ⓛ 수출물품 및 수입물품의 검사 또는 시험을 위한 기계·기구

ⓜ 일시입국자가 입국할 때에 수송하여 온 본인이 사용할 승용자동차·이륜자동차·캠핑카·캬라반·트레일러·선박 및 항공기와 관세청장이 정하는 그 부분품 및 예비품

ⓝ 관세청장이 정하는 수출입물품·반송물품 및 환적물품을 운송하기 위한 차량

ⓞ 이미 수입된 국제운송을 위한 컨테이너의 수리를 위한 부분품

ⓟ 수출인쇄물 제작원고용 필름(빛에 노출되어 현상된 것에 한함)

ⓠ 광메모리매체 제조용으로 정보가 수록된 마스터테이프 및 니켈판(생산제품을 수출할 목적으로 수입되는 것임을 당해 업무를 관장하는 중앙행정기관의 장이 확인한 것에 한함)

ⓡ 항공기 및 그 부분품의 수리·검사 또는 시험을 위한 기계·기구

ⓢ 항공 및 해상화물운송용 파렛트

ⓣ 수출물품 규격확인용 물품

ⓤ 항공기의 수리를 위하여 일시 사용되는 엔진 및 부분품

ⓥ 산업기계의 수리용 또는 정비용의 것으로서 무상으로 수입되는 기계 또는 장비

ⓦ 외국인투자기업이 자체상표제품을 생산하기 위하여 일시적으로 수입하는 금형 및 그 부분품

ⓧ 반도체 제조설비와 함께 수입되는 물품으로서 다음의 어느 하나에 해당하는 물품
  • 반도체 제조설비 운반용 카트
  • 반도체 제조설비의 운송과정에서 해당 설비의 품질을 유지하거나 상태를 측정·기록하기 위해 해당 설비에 부착하는 기기

ⓛ 1년을 초과하여 수출하여야 할 부득이한 사유가 있는 물품으로서 기획재정부령으로 정하는 물품 : 세
  관장이 정하는 기간

> ⓐ 수송기기의 하자를 보수하거나 이를 유지하기 위한 부분품
> ⓑ 외국인 여행자가 연 1회 이상 항해조건으로 반입한 후 지방자치단체에서 보관·관리하는 요트(모
>   터보트를 포함)

② 재수출면세기간(영 제115조)

세관장은 재수출면세규정에 의하여 재수출면세기간을 정하고자 하는 때에는 다음의 기간을 재수출면세
기간으로 한다. 이 경우 재수출면세물품이 행정당국에 의하여 압류된 경우에는 해당 압류기간은 재수출
면세기간에 산입하지 않는다.

일시 입국하는 자가 본인이 사용하고 재수출할 목적으로 몸에 직접 착용 또는 휴대하여 수입하거나 별도로 수입하는 신변용품·취재용품 및 이와 유사한 물품의 경우	입국 후 처음 출국하는 날까지의 기간
박람회·전시회·품평회 기타 이에 준하는 행사에 출품 또는 사용하기 위하여 수입하는 물품	박람회 등의 행사기간종료일에 당해 물품을 재수출하는 데 필요한 기일을 더한 기간
수리를 위한 물품 및 그 재료	수리에 소요되는 것으로 인정되는 기간
기타의 물품	당해 물품의 반입계약에 관한 증빙서류에 의하여 확인되는 기간으로 하되, 반입계약에 관한 증빙서류에 의하여 확인할 수 없는 때에는 당해 물품의 성질·용도·수입자·내용연수 등을 고려하여 세관장이 정하는 기간

③ 용도 외 사용 및 양도 불가능 11년 기출

재수출면세를 받은 물품은 세관장이 정하는 재수출면세기간 내에 재수출면세규정에서 정한 용도 외의
다른 용도로 사용되거나 양도될 수 없다. 다만, 대통령령으로 정하는 바에 따라 미리 세관장의 승인을
받았을 때에는 그러하지 아니하다.

④ 사후관리

다음의 어느 하나에 해당하는 경우에는 수출하지 아니한 자, 용도 외로 사용한 자 또는 양도를 한 자로부
터 면제된 관세를 즉시 징수하며, 양도인으로부터 해당 관세를 징수할 수 없을 때에는 양수인으로부터
면제된 관세를 즉시 징수한다. 다만, 재해나 그 밖의 부득이한 사유로 멸실되었거나 미리 세관장의 승인
을 받아 폐기하였을 때에는 그러하지 아니하다.

> ⓛ 재수출면세규정에 따라 관세를 면제받은 물품을 재수출기간 내에 수출하지 아니한 경우
> ⓛ 지정된 용도 외의 다른 용도로 사용하거나 해당 용도 외의 다른 용도로 사용하려는 자에게 양도한
>   경우

⑤ 가산세의 징수 24, 19, 14, 11년 기출

세관장은 관세를 면제받은 물품 중 기획재정부령으로 정하는 물품이 재수출면세기간 내에 수출되지 아
니한 경우에는 500만 원을 넘지 아니하는 범위에서 해당 물품에 부과될 관세의 100분의 20에 상당하는
금액을 가산세로 징수한다.

주의 300만 원이 아니라 500만 원, 100분의 10이 아니라 100분의 20이다.

관세법상 관세의 감면에 관한 내용이다. ( )에 들어갈 사항을 옳게 나열한 것은? 24년 기출

> 세관장은 법 제97조(재수출면세) 제1항에 따라 관세를 면제받은 물품 중 (ㄱ)령으로 정하는 물품이 같은 항에 규정된 기간 내에 수출되지 아니한 경우에는 (ㄴ)만 원을 넘지 아니하는 범위에서 해당 물품에 부과될 관세의 100분의 (ㄷ)에 상당하는 금액을 가산세로 징수한다.

① ㄱ – 대통령, ㄴ – 300, ㄷ – 20
② ㄱ – 대통령, ㄴ – 500, ㄷ – 30
③ ㄱ – 기획재정부, ㄴ – 300, ㄷ – 20
④ ㄱ – 기획재정부, ㄴ – 500, ㄷ – 20
⑤ ㄱ – 기획재정부, ㄴ – 500, ㄷ – 30

해설

재수출면세(관세법 제97조 제4항)
세관장은 제1항에 따라 관세를 면제받은 물품 중 <u>기획재정부령</u>으로 정하는 물품이 같은 항에 규정된 기간 내에 수출되지 아니한 경우에는 <u>500</u>만 원을 넘지 아니하는 범위에서 해당 물품에 부과될 관세의 100분의 <u>20</u>에 상당하는 금액을 가산세로 징수한다.

정답 ④

(7) 재수출 감면(법 제98조) 16년 기출

① 감면대상

장기간에 걸쳐 사용할 수 있는 물품으로서 그 수입이 임대차계약에 의하거나 도급계약 또는 수출계약의 이행과 관련하여 국내에서 일시적으로 사용하기 위하여 수입하는 물품 중 기획재정부령으로 정하는 물품이 그 수입신고 수리일부터 2년(장기간의 사용이 부득이한 물품으로서 기획재정부령으로 정하는 것 중 수입하기 전에 세관장의 승인을 받은 것은 4년의 범위에서 대통령령으로 정하는 기준에 따라 세관장이 정하는 기간) 이내에 재수출되는 것에 대해서는 그 관세를 경감할 수 있다. 다만, 외국과 체결한 조약·협정 등에 따라 수입되는 것에 대해서는 상호조건에 따라 그 관세를 면제한다.

알아두기

재수출감면 및 가산세 징수 대상물품(규칙 제52조) 23년 기출
관세가 감면되거나 가산세가 징수되는 물품은 다음의 요건을 갖춘 물품으로서 국내제작이 곤란함을 당해 물품의 생산에 관한 업무를 관장하는 중앙행정기관의 장 또는 그 위임을 받은 자가 확인하고 추천하는 기관 또는 기업이 수입하는 물품에 한한다.
1. 「법인세법 시행규칙」 규정에 의한 내용연수가 5년(금형의 경우에는 2년) 이상인 물품
2. 개당 또는 셋트당 관세액이 500만 원 이상인 물품

② 재수출기간

세관장은 4년의 범위 내에서 재수출기간을 정하고자 하는 때에는 당해 물품의 반입계약에 관한 증빙서류에 의하여 확인되는 기간을 기준으로 하여야 한다. 다만, 그 증빙서류에 의하여 확인되는 기간을 기준으로 하기가 적당하지 아니하거나 증빙서류에 의하여 확인할 수 없는 때에는 당해 감면물품의 성질·용도·임대차기간 또는 도급기간 등을 고려하여 타당하다고 인정되는 기간을 기준으로 할 수 있다(영 제115조 제2항).

③ 감면율

재수출되는 것에 대하여는 다음의 구분에 따라 그 관세를 경감할 수 있다.

재수출기간이 6개월 이내인 경우	해당 물품에 대한 관세액의 100분의 85
재수출기간이 6개월 초과 1년 이내인 경우	해당 물품에 대한 관세액의 100분의 70
재수출기간이 1년 초과 2년 이내인 경우	해당 물품에 대한 관세액의 100분의 55
재수출기간이 2년 초과 3년 이내인 경우	해당 물품에 대한 관세액의 100분의 40
재수출기간이 3년 초과 4년 이내인 경우	해당 물품에 대한 관세액의 100분의 30

④ 준용규정

재수출 감면에 따라 관세를 감면한 물품에 대하여는 제97조 제2항(용도 외 사용 및 양도 금지)부터 제4항(재수출 불이행 가산세 부과)까지의 규정을 준용한다.

4. 사후관리

(1) 관세감면물품의 사후관리(법 제102조)

① 의 의

제89조(세율불균형물품의 면세)부터 제91조(종교용품, 자선용품, 장애인용품 등의 면세)까지와 제93조(특정물품의 면세 등) 및 제95조(환경오염방지물품 등에 대한 감면)에 따라 관세를 감면받은 물품은 수입신고 수리일부터 3년의 범위에서 대통령령으로 정하는 기준에 따라 관세청장이 정하는 기간에는 그 감면받은 용도 외의 다른 용도로 사용하거나 양도(임대를 포함)할 수 없다. 다만, 기획재정부령으로 정하는 물품과 대통령령으로 정하는 바에 따라 미리 세관장의 승인을 받은 물품의 경우에는 그러하지 아니하다.

② 관세의 징수 14년 기출

다음의 어느 하나에 해당하면 그 용도 외의 다른 용도로 사용한 자나 그 양도인(임대인을 포함)으로부터 감면된 관세를 즉시 징수하며, 양도인으로부터 해당 관세를 징수할 수 없을 때에는 양수인(임차인을 포함)으로부터 감면된 관세를 징수한다. 다만, 재해나 그 밖의 부득이한 사유로 멸실되었거나 미리 세관장의 승인을 받아 폐기하였을 때에는 그러하지 아니하다.

> ㉠ 관세를 감면받은 물품을 사후관리기간에 감면받은 용도 외의 다른 용도로 사용한 경우
> ㉡ 관세를 감면받은 물품을 사후관리기간에 감면받은 용도 외의 다른 용도로 사용하려는 자에게 양도한 경우

(2) 사후관리대상

양수제한물품	양수제한물품은 수입신고 수리일부터 3년의 범위에서 대통령령으로 정하는 기준에 따라 관세청장이 정하는 기간에 지정 용도 외의 다른 용도로 사용하기 위하여 양수할 수 없다. 지정 용도 외의 다른 용도로 사용하기 위하여 양수한 경우에는 그 양수자로부터 면제된 관세를 즉시 징수한다.
재수출면세, 재수출 감면	관세를 면제받거나 감면받은 물품을 규정된 기간 내에 수출하지 아니한 경우, 지정 용도 외의 다른 용도로 사용하거나 해당 용도 외의 다른 용도로 사용하려는 자에게 양도한 경우에는 수출하지 아니한 자, 용도 외로 사용한 자 또는 양도를 한 자로부터 면제된 관세를 즉시 징수하며, 양도인으로부터 해당 관세를 징수할 수 없을 때에는 양수인으로부터 면제된 관세를 즉시 징수한다.

(3) 감면물품의 용도 외 사용 등의 금지기간(영 제110조)

관세청장은 관세감면물품의 용도 외 사용의 금지기간 및 양수·양도의 금지기간(사후관리기간)을 정하려는 경우에는 다음의 기준에 따르며, 기준을 적용한 결과 동일물품에 대한 사후관리기간이 다르게 되는 경우에는 그 중 짧은 기간으로 할 수 있다.

① 물품의 내용연수(기준내용연수)를 기준으로 하는 사후관리기간

> ㉠ 내용연수가 5년 이상인 물품 : 3년(다만, 관세의 감면을 받는 물품의 경우는 2년)
> ㉡ 내용연수가 4년인 물품 : 2년
> ㉢ 내용연수가 3년 이하인 물품 : 1년 이내의 기간에서 관세청장이 정하여 고시하는 기간

② 관세감면물품이 다른 용도로 사용될 가능성이 적은 경우의 사후관리기간

1년 이내의 기간에서 관세청장이 정하여 고시하는 기간. 다만, 장애인 등 특정인만이 사용하거나 금형과 같이 성격상 다른 용도로 사용될 수 없는 물품의 경우에는 수입신고 수리일까지로 하며, 박람회·전시회 등 특정 행사에 사용되는 물품의 경우에는 당해 용도 또는 행사가 소멸 또는 종료되는 때까지로 한다.

③ 관세감면물품이 원재료·부분품 또는 견본품인 경우의 사후관리기간

1년 이내의 기간에서 관세청장이 정하여 고시하는 기간. 다만, 원재료·부분품 또는 견본품 등이 특정 용도로 사용된 후 사실상 소모되는 물품인 경우에는 감면용도에 사용하기 위하여 사용장소에 반입된 사실이 확인된 날까지로 하며, 해당 기간이 경과될 때까지 감면받은 용도에 사용되지 아니하고 보관되는 경우에는 해당 물품이 모두 사용된 날까지로 한다.

④ 관세감면물품에 대한 법 제50조의 규정에 의한 세율에 감면율을 곱한 율을 기준으로 하는 사후관리기간

> ㉠ 3퍼센트 이하인 경우 : 1년 이내의 기간에서 관세청장이 정하여 고시하는 기간
> ㉡ 3퍼센트 초과 7퍼센트 이하인 경우 : 2년 이내의 기간에서 관세청장이 정하여 고시하는 기간

(4) 사후관리(법 제108조 제2항·제3항·제4항)

서류제출	관세법이나 그 밖의 법률·조약·협정 등에 따라 관세의 감면을 승인받은 자는 대통령령으로 정하는 바에 따라 해당 조건의 이행 여부를 확인(이하 "사후관리")하는 데에 필요한 서류를 세관장에게 제출하여야 한다.
사후관리의 위탁	관세청장은 사후관리를 위하여 필요할 경우에는 대통령령으로 정하는 바에 따라 해당 물품의 사후관리에 관한 업무를 주무부장관에게 위탁할 수 있으며, 주무부장관은 물품의 사후관리를 위하여 필요한 경우에는 미리 관세청장과 협의한 후 위탁받은 사후관리에 관한 업무를 관계 기관이나 법인·단체 등에 재위임하거나 재위탁할 수 있다.
사후관리의 종결	용도세율을 적용받거나 관세를 감면받은 물품을 세관장의 승인을 받아 수출한 경우에는 관세법을 적용할 때 용도 외의 사용으로 보지 아니하고 사후관리를 종결한다. 다만, 용도세율을 적용받거나 관세를 감면받은 물품을 가공하거나 수리할 목적으로 수출한 후 다시 수입하거나 해외시험 및 연구를 목적으로 수출한 후 다시 수입하여 감면을 받은 경우에는 사후관리를 계속한다.

제2절 　관세의 환급

1. 개 요

(1) 관세법상의 환급

① 관세환급금의 환급(법 제46조)

② 계약내용과 다른 물품 등에 대한 관세환급(법 제106조 제1항·제2항·제3항)

③ 수입한 상태 그대로 수출되는 자가사용물품에 대한 관세 환급(법 제106조의2)

④ 지정보세구역 장치물품의 멸실·변질·손상으로 인한 환급(법 제106조 제4항)

⑤ 종합보세구역의 판매물품에 대한 관세 등의 환급(법 제199조의2)

(2) 「수출용원재료에 대한 관세 등 환급에 관한 특례법」상의 환급

"환급"이란 수출용원재료를 수입하는 때에 납부하였거나 납부할 관세 등을 관세법 등의 규정에도 불구하고 「환급특례법」에 따라 수출자나 수출물품의 생산자에게 되돌려 주는 것을 말한다.

2. 관세법상의 관세환급

(1) 관세환급금의 환급(법 제46조) 24, 23, 22, 20, 16, 12년 기출

① 의 의 22, 12년 기출

세관장은 납세의무자가 관세·가산세·강제징수비로 납부한 금액 중 잘못 납부하거나 초과하여 납부한 금액 또는 관세법에 따라 환급하여야 할 환급세액의 환급을 청구할 때에는 대통령령으로 정하는 바에 따라 지체 없이 이를 관세환급금으로 결정하고 30일 이내에 환급하여야 하며, 세관장이 확인한 관세환급금은 납세의무자가 환급을 청구하지 아니하더라도 환급하여야 한다.

② 관세환급금의 충당

세관장은 관세환급금을 환급하는 경우에 환급받을 자가 세관에 납부하여야 하는 관세와 그 밖의 세금, 가산세 또는 강제징수비가 있을 때에는 환급하여야 하는 금액에서 이를 충당할 수 있다.

③ 관세환급가산금(법 제48조)

세관장은 관세환급금을 환급하거나 충당할 때에는 대통령령으로 정하는 관세환급가산금 기산일부터 환급결정 또는 충당결정을 하는 날까지의 기간과 대통령령으로 정하는 이율에 따라 계산한 금액을 관세환급금에 더하여야 한다. 다만, 국가 또는 지방자치단체가 직접 수입하는 물품 등 대통령령으로 정하는 다음의 물품에 대하여는 그러하지 아니한다.

> ㉠ 국가 또는 지방자치단체(지방자치단체조합을 포함)가 직접 수입하는 물품
> ㉡ 국가 또는 지방자치단체에 기증되는 물품
> ㉢ 우편물(수입신고를 하여야 하는 것은 제외)

㉠ 기산일 : 대통령령으로 정하는 관세환급가산금 기산일이란 다음의 구분에 따른 날의 다음 날로 한다 (영 제56조 제3항).

> ⓐ 착오납부, 이중납부 또는 납부 후 그 납부의 기초가 된 신고 또는 부과를 경정하거나 취소함에 따라 발생한 관세환급금 : 납부일(다만, 2회 이상 분할납부된 것인 경우에는 그 최종 납부일로 하되, 관세환급금액이 최종 납부된 금액을 초과하는 경우에는 관세환급금액이 될 때까지 납부일의 순서로 소급하여 계산한 관세환급금의 각 납부일)
> ⓑ 적법하게 납부된 관세의 감면으로 발생한 관세환급금 : 감면 결정일
> ⓒ 적법하게 납부된 후 법률이 개정되어 발생한 관세환급금 : 개정된 법률의 시행일
> ⓓ 관세법에 따라 신청한 환급세액(잘못 신청한 경우 이를 경정한 금액)을 환급하는 경우 : 신청을 한 날부터 30일이 지난 날. 다만, 환급세액을 신청하지 아니하였으나 세관장이 직권으로 결정한 환급세액을 환급하는 경우에는 해당 결정일로부터 30일이 지난 날
> ⓔ 「자유무역협정의 이행을 위한 관세법의 특례에 관한 법률」에 따른 관세환급금 : 협정관세 적용 등의 통지일

㉡ 이율 : 환급가산금의 이율은 은행업의 인가를 받은 은행으로서 서울특별시에 본점을 둔 은행의 1년 만기 정기예금 이자율의 평균을 고려하여 기획재정부령으로 정하는 이자율(연 1천분의 35)로 한다 (영 제56조 제2항, 규칙 제9조의3).

관세법령상 관세환급금의 환급 등에 관한 설명으로 옳지 않은 것은? 24년 기출

① 세관장이 확인한 관세환급금은 납세의무자가 환급을 청구하지 아니하더라도 환급하여야 한다.

② 세관장은 관세환급금의 과다환급액을 징수할 때에는 과다환급을 한 날의 다음 날부터 징수결정을 하는 날까지의 기간에 대하여 대통령령으로 정하는 이율에 따라 계산한 금액을 과다환급액에 더하여야 한다.

③ 세관장은 환급금지급계정에 이체된 금액으로부터 당해 회계연도의 환급통지서 발행금액 중 다음 회계연도 1월 15일까지 지급하지 못한 환급금을 세관환급금지급미필이월계정에 이월하여 정리하여야 한다.

④ 세관환급금지급미필이월계정에 이월한 금액 중 환급통지서발행일부터 1년 내에 지급하지 못한 금액은 그 기간이 만료한 날이 속하는 회계연도의 세입에 편입하여야 한다.

⑤ 관세환급금을 환급받을 자가 환급통지서발행일부터 1년 내에 환급금을 지급받지 못한 때에는 세관장에게 다시 환급절차를 밟을 것을 요구할 수 있으며, 세관장은 이를 조사·확인하여 그 지급에 필요한 조치를 하여야 한다.

해설

③ 한국은행은 세관장이 환급금지급계정에 이체된 금액으로부터 당해 회계연도의 환급통지서 발행금액 중 다음 회계연도 1월 15일까지 지급하지 못한 환급금을 세관환급금지급미필이월계정에 이월하여 정리하여야 한다(관세법 시행령 제55조 제1항).
① 관세법 제46조 제1항
② 관세법 제47조 제2항
④·⑤ 관세법 시행령 제55조 제2항·제3항

정답 ③

관세법 시행규칙 제9조의3(관세 등 환급가산금의 이율)의 내용이다. (　)에 들어갈 숫자는? 24년 기출

관세법 시행령 제56조(관세환급가산금 등의 결정) 제2항에서 "기획재정부령으로 정하는 이자율"이란 연 1천분의 (　)을/를 말한다.

① 10
② 12
③ 19
④ 24
⑤ 29

해설

관세법 시행령 제56조(관세환급가산금 등의 결정) 제2항에서 "기획재정부령으로 정하는 이자율"이란 연 1천분의 35를 말한다.
※ 「관세법 시행규칙」의 2024. 3. 22 개정(시행 2024. 3. 22)에 따라 관세환급가산금의 이율이 '연 1천분의 29'에서 '연 1천분의 35'로 변경되었다. 이에 따라 현재 정답은 없다.

정답 해설 참조

(2) 계약내용과 다른 물품 등에 대한 관세 환급(법 제106조 제1항~제3항) 12년 기출

① 환급요건 : 수입신고가 수리된 물품이 계약 내용과 다르고 수입신고 당시의 성질이나 형태가 변경되지 아니한 경우로서, 다음의 어느 하나에 해당하는 경우에는 그 관세를 환급한다. 11년 기출

> ⓐ 외국으로부터 수입된 물품 : 보세구역(세관장의 허가를 받았을 때에는 그 허가받은 장소를 포함) 또는 「자유무역지역의 지정 및 운영에 관한 법률」에 따른 자유무역지역 중 관세청장이 수출물품을 일정기간 보관하기 위하여 필요하다고 인정하여 고시하는 장소에 해당 물품을 반입(수입신고 수리일부터 1년 이내에 반입한 경우로 한정)하였다가 다시 수출한 경우
> ⓑ 보세공장에서 생산된 물품 : 수입신고 수리일부터 1년 이내에 보세공장에 해당 물품을 다시 반입한 경우

  ㉠ 일부수출하는 경우 : 수입물품으로서 세관장이 환급세액을 산출하는 데에 지장이 없다고 인정하여 승인한 경우에는 그 수입물품의 일부를 수출하였을 때에도 그 관세를 환급할 수 있다.
  ㉡ 폐기하는 경우 : 수입물품의 수출을 갈음하여 이를 폐기하는 것이 부득이하다고 인정하여 그 물품을 수입신고 수리일부터 1년 내에 보세구역에 반입하여 미리 세관장의 승인을 받아 폐기하였을 때에는 그 관세를 환급한다.

② 부과의 취소

  ㉠ 의의 : 해당 수입물품에 대한 관세의 납부기한이 종료되기 전이거나 징수유예 중 또는 분할납부기간이 끝나지 아니하여 해당 물품에 대한 관세가 징수되지 아니한 경우에는 세관장은 해당 관세의 부과를 취소할 수 있다.
  ㉡ 부과취소신청 : 관세의 부과를 취소받고자 하는 자는 해당 수입물품에 대한 관세의 납부기한(징수유예 또는 분할납부의 경우에는 징수유예기간 또는 분할납부기간의 종료일) 전에 신청서를 세관장에게 제출하여야 한다(영 제124조).

③ 환급금(영 제121조, 제122조)

원 칙	그 물품에 대하여 이미 납부한 그 관세의 전액
물품의 일부를 수출하거나 보세공장에 반입한 경우	그 일부물품에 해당하는 관세액
폐기하는 경우	그 물품에 대하여 이미 납부한 그 관세액(다만, 잔존물에 대하여는 그 폐기한 때의 당해 잔존물의 성질·수량 및 가격에 의하여 부과될 관세액을 공제한 금액)

(3) 수입한 상태 그대로 수출되는 자가사용물품 등에 대한 관세환급(법 제106조의2, 영 제124조의2)

22, 18, 17년 기출

① 의 의

  ㉠ 수입신고가 수리된 개인의 자가사용물품이 수입한 상태 그대로 수출되는 경우로서 다음의 어느 하나에 해당하는 경우에는 수입할 때 납부한 관세를 환급한다. 이 경우 수입한 상태 그대로 수출되는 경우의 기준은 대통령령으로 정한다.

ⓐ 수입신고 수리일부터 6개월 이내에 보세구역 또는 「자유무역지역의 지정 및 운영에 관한 법률」에 따른 자유무역지역 중 관세청장이 수출물품을 일정기간 보관하기 위하여 필요하다고 인정하여 고시하는 장소에 반입하였다가 다시 수출하는 경우
ⓑ 수입신고 수리일부터 6개월 이내에 관세청장이 정하는 바에 따라 세관장의 확인을 받고 다시 수출하는 경우
ⓒ 법 제241조(수출·수입 또는 반송의 신고) 제2항에 따라 수출신고가 생략되는 탁송품 또는 우편물로서 기획재정부령으로 정하는 금액 이하인 물품을 수입신고 수리일부터 6개월 이내에 수출한 후 관세청장이 정하는 바에 따라 세관장의 확인을 받은 경우

ⓛ 여행자가 법 제96조(여행자 휴대품 및 이사물품 등의 감면) 제2항에 따라 자진신고한 물품이 다음의 어느 하나에 해당하게 된 경우에는 자진신고할 때 납부한 관세를 환급한다.

ⓐ 제143조(선박용품 및 항공기용품 등의 하역 등) 제1항 제2호에 따른 국제무역선 또는 국제무역기 안에서 구입한 물품이 환불된 경우
ⓑ 제196조(보세판매장)에 따른 보세판매장에서 구입한 물품이 환불된 경우

② 수출물품의 요건
수입한 상태 그대로 수출되는 자가사용물품은 다음의 요건을 모두 갖춘 물품으로 한다.

㉠ 해당 물품이 수입신고 당시의 성질 또는 형태가 변경되지 아니한 상태로 수출될 것
㉡ 해당 물품이 국내에서 사용된 사실이 없다고 세관장이 인정할 것

③ 환급 신청
관세의 환급을 받으려는 자는 해당 물품의 품명·규격·수량·수입신고연월일·수입신고번호와 환급받으려는 관세액을 적은 신청서에 다음의 서류를 첨부하여 세관장에게 제출해야 한다.

㉠ 해당 물품의 수입신고필증이나 이를 갈음하는 세관의 증명서
㉡ 해당 물품의 수출 또는 환불을 증명하는 서류로서 다음의 구분에 따른 서류
ⓐ 법 제106조의2 제1항 제1호 및 제2호의 경우 : 수출신고필증이나 이를 갈음하는 세관의 증명서
ⓑ 법 제106조의2 제1항 제3호의 경우 : 선하증권 또는 항공화물운송장, 판매자가 발행한 환불 및 반품을 증명하는 자료
ⓒ 법 제106조의2 제2항(여행자 휴대품 등 환불)의 경우 : 판매자가 발행한 환불 및 반품을 증명하는 자료

④ 환급금

물품을 전부 수출·환불하는 경우	이미 납부한 관세의 전액
물품의 일부를 수출·환불하는 경우	그 일부 물품에 해당하는 관세액

⑤ 준 용
제46조(관세환급금의 환급), 제47조(과다환급관세의 징수) 및 제106조(계약내용과 다른 물품 등에 대한 관세환급) 제2항·제5항을 준용한다.

(4) 지정보세구역 장치물품의 멸실·변질·손상으로 인한 환급(법 제106조 제4항) 12년 기출

① 의 의 11년 기출

수입신고가 수리된 물품이 수입신고 수리 후에도 지정보세구역에 계속 장치되어 있는 중에 재해로 멸실되거나 변질 또는 손상되어 그 가치가 떨어졌을 때에는 대통령령으로 정하는 바에 따라 그 관세의 전부 또는 일부를 환급할 수 있다.

② 입항전수입신고 수리물품(법 제244조 제5항)

입항전수입신고가 수리되고 보세구역 등으로부터 반출되지 아니한 물품에 대하여는 해당 물품이 지정보세구역에 장치되었는지 여부에 관계 없이 관세의 전부 또는 일부를 환급할 수 있다.

③ 부과의 취소

의 의	해당 수입물품에 대한 관세의 납부기한이 종료되기 전이거나 징수유예 중 또는 분할납부기간이 끝나지 아니하여 해당 물품에 대한 관세가 징수되지 아니한 경우에는 세관장은 해당 관세의 부과를 취소할 수 있다(법 제106조 제5항).
부과취소신청	관세의 부과를 취소받고자 하는 자는 해당 수입물품에 대한 관세의 납부기한(징수유예 또는 분할납부의 경우에는 징수유예기간 또는 분할납부기간의 종료일) 전에 신청서를 세관장에게 제출하여야 한다(영 제124조).

④ 환급금(영 제123조 제2항)

멸실된 물품	이미 납부한 관세의 전액
변질 또는 손상된 물품	환급하는 관세액은 다음의 관세액 중 많은 금액으로 함 • 수입물품의 변질·손상 또는 사용으로 인한 가치의 감소에 따르는 가격의 저하분에 상응하는 관세액 • 수입물품의 관세액에서 그 변질·손상 또는 사용으로 인한 가치의 감소 후의 성질 및 수량에 의하여 산출한 관세액을 공제한 차액

(5) 종합보세구역의 판매물품에 대한 관세 등의 환급(법 제199조의2)

① 의 의 15년 기출

외국인 관광객 등 대통령령으로 정하는 자가 종합보세구역에서 구입한 물품을 국외로 반출하는 경우에는 해당 물품을 구입할 때 납부한 관세 및 내국세 등을 환급받을 수 있다.

② 환급대상(영 제216조의2)

ㄱ 환급대상자 : 「외국환거래법」에 따른 비거주자(외국인 관광객 등)

ㄴ 환급대상 제외자

> ⓐ 법 인
> ⓑ 국내에 주재하는 외교관(이에 준하는 외국공관원을 포함)
> ⓒ 국내에 주재하는 국제연합군과 미국군의 장병 및 군무원

③ 종합보세구역에서의 물품판매 등(영 제216조의3)

판매인의 의무	종합보세구역에서 외국인 관광객 등에게 물품을 판매하는 자(판매인)는 관세청장이 정하는 바에 따라 판매물품에 대한 수입신고 및 신고납부를 하여야 한다.
물품판매확인서의 교부	판매인은 수입신고가 수리된 경우에는 구매자에게 당해 물품을 인도하되, 국외반출 목적으로 구매한 외국인 관광객 등에게 판매한 경우에는 물품판매확인서를 교부하여야 한다.
판매의 제한	관세청장은 종합보세구역의 위치 및 규모 등을 고려하여 판매하는 물품의 종류 및 수량 등을 제한할 수 있다.

④ 외국인 관광객 등에 대한 관세 등의 환급(영 제216조의4)

판매확인서와 구매물품을 함께 제시	외국인 관광객 등이 종합보세구역에서 물품을 구매할 때에 부담한 관세 등을 환급 또는 송금받고자 하는 경우에는 출국하는 때에 출국항을 관할하는 세관장에게 판매확인서와 구매물품을 함께 제시하여 확인을 받아야 한다.
판매확인서에 확인인의 날인	출국항 관할세관장은 외국인 관광객 등이 제시한 판매확인서의 기재사항과 물품의 일치여부를 확인한 후 판매확인서에 확인인을 날인하고, 외국인 관광객 등에게 이를 교부하거나 판매인에게 송부하여야 한다.
환급 또는 송금	외국인 관광객 등이 판매확인서를 교부받은 때에는 환급창구운영사업자에게 이를 제시하고 환급 또는 송금받을 수 있다. 다만, 판매인이 판매확인서를 송부받은 경우에는 그 송부받은 날부터 20일 이내에 외국인 관광객 등이 종합보세구역에서 물품을 구매한 때 부담한 관세 등을 당해 외국인 관광객 등에게 송금하여야 한다.

⑤ 판매인에 대한 관세 등의 환급 등(영 제216조의5)
  ㉠ 환급요건 : 판매인은 종합보세구역에서 관세 및 내국세 등(관세 등)이 포함된 가격으로 물품을 판매한 후 다음에 해당하는 경우에는 관세 등을 환급받을 수 있다.

> ⓐ 외국인 관광객 등이 구매한 날부터 3월 이내에 물품을 국외로 반출한 사실이 확인되는 경우
> ⓑ 판매인이 환급창구운영사업자를 통하여 당해 관세 등을 환급 또는 송금하거나 외국인 관광객 등에게 송금한 것이 확인되는 경우

  ㉡ 서류의 제출 : 판매인이 관세 등을 환급받고자 하는 경우에는 당해 물품의 품명 및 규격 등을 기재한 신청서에 세관장이 확인한 판매확인서 및 수입신고필증 그 밖에 관세 등의 납부사실을 증빙하는 서류와 환급 또는 송금사실을 증명하는 서류를 첨부하여 당해 종합보세구역을 관할하는 세관장에게 제출하여야 한다.
  ㉢ 증거서류의 보관 : 환급금을 지급받은 판매인은 외국인 관광객 등에 대하여 환급 또는 송금한 사실과 관련된 증거서류를 5년간 보관하여야 한다.
⑥ 환급창구운영사업자(영 제216조의6)
관세청장은 외국인 관광객 등이 종합보세구역에서 물품을 구입한 때에 납부한 관세 등을 판매인을 대리하여 환급 또는 송금하는 사업을 영위하는 자(환급창구운영사업자)를 지정하여 운영할 수 있다.

3. 환급의 절차

(1) 환급신청(영 제50조)

관세환급금의 환급을 받고자 하는 자는 당해 물품의 품명·규격·수량·수입신고 수리연월일·신고번호 및 환급사유와 환급받고자 하는 금액을 기재한 신청서를 세관장에게 제출하여야 한다.

(2) 지급지시서 및 환급통지서의 송부(영 제54조 제1항)

세관장은 관세환급금을 결정한 때에는 즉시 환급금 해당액을 환급받을 자에게 지급할 것을 내용으로 하는 지급지시서를 한국은행(국고대리점을 포함)에 송부하고, 그 환급받을 자에게 환급내용 및 방법 등을 기재한 환급통지서를 송부하여야 한다.

(3) 환급금 이체 및 지급(법 제46조 제4항, 영 제54조 제2항~제4항)

① 환급금 이체

한국은행은 세관장으로부터 지급지시서를 송부받은 때에는 즉시 세관장의 당해 연도 소관 세입금 중에서 환급에 필요한 금액을 세관장의 환급금지급계정에 이체하고 그 내용을 세관장에게 통지하여야 한다.

② 환급금 지급

지급계정	관세환급금의 환급은 「국가재정법」에도 불구하고 대통령령으로 정하는 바에 따라 한국은행의 해당 세관장의 소관 세입금에서 지급한다.
통 지	한국은행은 환급통지서를 제시받은 때에는 이를 세관장으로부터 송부받은 지급지시서와 대조·확인한 후 환급금을 지급하고 지급내용을 세관장에게 통지하여야 한다.
확 인	한국은행은 환급금을 지급하는 때에는 환급받을 자로 하여금 주민등록증 기타 신분증을 제시하도록 하여 그가 정당한 권리자인지를 확인하여야 한다.

(4) 타 지역의 한국은행으로 환급금 송금(영 제54조 제5항~제7항)

이체입금의 신청	관세환급금을 환급받으려는 자는 환급신청을 하는 때에 다른 지역의 한국은행으로 지급받을 환급금을 송금할 것을 신청하거나, 금융기관에 계좌를 개설하고 세관장에게 계좌개설신고를 한 후 그 계좌에 이체입금하여 줄 것을 신청할 수 있다.
지급지시서의 송부	환급신청을 받은 세관장은 그 내용을 기재한 지급지시서를 한국은행에 송부하여야 한다. 이 경우 국고금송금요구서 또는 국고금입금의뢰서를 첨부하여야 한다.
세관장에게 통지	한국은행은 세관장으로부터 지급지시서를 송부받은 때에는 즉시 그 금액을 당해 은행에 송금하거나 지정 금융기관의 계좌에 이체입금하고 그 내용을 세관장에게 통지하여야 한다.

(5) 과다환급관세의 징수(법 제47조) 16년 기출

과다지급된 금액의 징수	세관장은 관세환급금의 환급에 있어서 그 환급액이 과다한 것을 알게 되었을 때에는 해당 관세환급금을 지급받은 자로부터 과다지급된 금액을 징수하여야 한다.
과다환급 가산금 (법 제48조)	세관장은 관세환급금의 과다환급액을 징수할 때에는 과다환급을 한 날의 다음 날부터 징수결정을 하는 날까지의 기간에 대하여 대통령령으로 정하는 이율(연 1천분의 29)에 따라 계산한 금액을 과다환급액에 더하여야 한다.

4. 환급관련 사항

(1) 충당(법 제46조 제2항, 영 제52조) 16년 기출

세관장은 관세환급금을 환급하는 경우에 환급받을 자가 세관에 납부하여야 하는 관세와 그 밖의 세금, 가산세 또는 강제징수비가 있을 때에는 환급하여야 하는 금액에서 이를 충당할 수 있다. 세관장은 관세환급금을 충당한 때에는 그 사실을 권리자에게 통보하여야 한다. 다만, 권리자의 신청에 의하여 충당한 경우에는 그 통지를 생략한다.

(2) 권리의 양도(법 제46조 제3항, 영 제53조) 19, 16년 기출

납세의무자의 관세환급금에 관한 권리는 제3자에게 양도할 수 있다. 관세환급금에 관한 권리를 제3자에게 양도하고자 하는 자는 양도인의 주소와 성명, 양수인의 주소와 성명, 환급사유, 환급금액을 기재한 문서를 세관장에게 제출하여야 한다.

(3) 환급청구권의 소멸시효

① 소멸시효의 완성

납세자의 관세환급금 또는 그 밖의 관세의 환급청구권은 그 권리를 행사할 수 있는 날부터 5년간 행사하지 아니하면 소멸시효가 완성된다(법 제22조 제2항).

② 소멸시효의 기산일(영 제7조 제2항) 13, 11년 기출

사 유	소멸시효 기산일
경정으로 인한 환급의 경우	경정결정일
착오납부 또는 이중납부로 인한 환급의 경우	그 납부일
계약과 상이한 물품 등에 대한 환급의 경우	당해 물품의 수출신고수리일 또는 보세공장반입신고일
폐기, 멸실, 변질, 또는 손상된 물품에 대한 환급의 경우	해당 물품이 폐기, 멸실, 변질 또는 손상된 날
수입한 상태 그대로 수출되는 자가사용물품에 대한 환급의 경우	수출신고가 수리된 날(다만, 수출신고가 생략되는 물품의 경우에는 운송수단에 적재된 날)
국제무역선, 국제무역기 또는 보세판매장에서 구입한 후 환불한 물품에 대한 환급의 경우	해당 물품이 환불된 날
종합보세구역에서 물품을 판매하는 자가 환급받고자 하는 경우	환급에 필요한 서류의 제출일
수입신고 또는 입항 전 수입신고를 하고 관세를 납부한 후 신고가 취하 또는 각하된 경우	신고의 취하일 또는 각하일
적법하게 납부한 후 법률의 개정으로 인하여 환급하는 경우	그 법률의 시행일

③ 소멸시효의 중단(법 제23조 제2항)

환급청구권의 소멸시효는 환급청구권의 행사로 중단된다.

④ 「민법」 규정의 준용(법 제23조 제5항)

환급청구권의 소멸시효에 관하여 관세법에서 규정한 것을 제외하고는 「민법」을 준용한다.

1. 분할납부의 대상

(1) 천재지변 등의 사유(법 제107조 제1항) 23, 17, 16, 13년 기출

세관장은 천재지변이나 그 밖에 대통령령으로 정하는 사유(영 제2조)로 관세법에 따른 신고, 신청, 청구, 그 밖의 서류의 제출, 통지, 납부 또는 징수를 정하여진 기한까지 할 수 없다고 인정될 때에는 1년을 넘지 아니하는 기간을 정하여 대통령령으로 정하는 바에 따라 관세를 분할하여 납부하게 할 수 있다.

> ① 천재지변
> ② 전쟁·화재 등 재해나 도난으로 인하여 재산에 심한 손실을 입은 경우
> ③ 사업에 현저한 손실을 입은 경우
> ④ 사업이 중대한 위기에 처한 경우
> ⑤ 그 밖에 세관장이 ②부터 ④까지의 규정에 준하는 사유가 있다고 인정하는 경우

주의 6개월, 2년이 아니라 1년을 넘지 않는 기간이다.

(2) 특정물품이 수입되는 경우(법 제107조 제2항) 20, 19, 18, 16, 13년 기출

다음의 어느 하나에 해당하는 물품이 수입될 때에는 세관장은 기획재정부령으로 정하는 바에 따라 5년을 넘지 아니하는 기간을 정하여 관세의 분할납부를 승인할 수 있다(①, ⑥에 의하여 관세를 분할납부할 수 있는 물품은 관세법 기타 관세에 관한 법률 또는 조약에 의하여 관세를 감면받지 아니한 것이어야 함).

주의 관세청장이 정하는 바가 아니라 기획재정부령으로 정하는 바이고, 4년이 아니라 5년이다.

> ① 시설기계류, 기초설비품, 건설용 재료 및 그 구조물과 공사용 장비로서 기획재정부장관이 고시하는 물품. 다만, 기획재정부령으로 정하는 업종에 소요되는 물품은 제외한다.
>
> > **관세분할납부의 요건(규칙 제59조 제1항)** 14년 기출
> > 시설기계류, 기초설비품, 건설용 재료 및 그 구조물과 공사용 장비로서 관세를 분할납부할 수 있는 물품은 다음의 요건을 갖추어야 한다.
> > 1. 관세법 별표 관세율표에서 부분품으로 분류되지 아니할 것
> > 2. 관세법 기타 관세에 관한 법률 또는 조약에 의하여 관세를 감면받지 아니할 것
> > 3. 당해 관세액이 500만 원 이상일 것(다만, 중소기업이 수입하는 경우에는 100만 원 이상일 것)
> > 4. 관세법 제51조(덤핑방지관세) 내지 제72조(계절관세)의 규정을 적용받는 물품이 아닐 것
>
> ② 정부나 지방자치단체가 수입하는 물품으로서 기획재정부령으로 정하는 물품
> ③ 학교나 직업훈련원에서 수입하는 물품과 비영리법인이 공익사업을 위하여 수입하는 물품으로서 기획재정부령으로 정하는 물품
> ④ 의료기관 등 기획재정부령으로 정하는 사회복지기관 및 사회복지시설에서 수입하는 물품으로서 기획재정부장관이 고시하는 물품
> ⑤ 기획재정부령으로 정하는 기업부설연구소, 산업기술연구조합 및 비영리법인인 연구기관, 그 밖에 이와 유사한 연구기관에서 수입하는 기술개발연구용품 및 실험실습용품으로서 기획재정부장관이 고시하는 물품

⑥ 기획재정부령으로 정하는 중소제조업체가 직접 사용하려고 수입하는 물품. 다만, 기획재정부령으로 정하는 기준에 적합한 물품이어야 한다.

> **관세분할납부의 요건(규칙 제59조 제4항)**
> 관세율표 제84류·제85류 및 제90류에 해당하는 물품으로서 다음의 요건을 갖추어야 한다.
> 1. 관세법 기타 관세에 관한 법률 또는 조약에 의하여 관세의 감면을 받지 아니할 것
> 2. 당해 관세액이 100만 원 이상일 것
> 3. 관세법 제51조(덤핑방지관세) 내지 제72조(계절관세)의 규정을 적용받는 물품이 아닐 것
> 4. 국내에서 제작이 곤란한 물품으로서 당해 물품의 생산에 관한 사무를 관장하는 주무부처의 장 또는 그 위임을 받은 기관의 장이 확인한 것일 것

⑦ 기획재정부령으로 정하는 기업부설 직업훈련원에서 직업훈련에 직접 사용하려고 수입하는 교육용품 및 실험실습용품 중 국내에서 제작하기가 곤란한 물품으로서 기획재정부장관이 고시하는 물품

2. 분할납부의 적용절차

(1) 승인신청

① 천재·지변 등으로 인한 관세의 분할납부(영 제125조 제1항)

천재·지변 등으로 관세를 분할납부하고자 하는 자는 다음의 사항을 기재한 신청서를 납부기한 내에 세관장에게 제출하여야 한다.

> ㉠ 납세의무자의 성명·주소 및 상호
> ㉡ 분할납부를 하고자 하는 세액 및 당해 물품의 신고일자·신고번호·품명·규격·수량·가격
> ㉢ 분할납부하고자 하는 사유 및 기간
> ㉣ 분할납부금액 및 횟수

② 특정물품의 수입 시 분할납부 승인신청(영 제126조)

관세의 분할납부승인을 얻고자 하는 자는 당해 물품의 수입신고 시부터 수입신고 수리 전까지 그 물품의 품명·규격·수량·가격·용도·사용장소와 사업의 종류를 기재한 신청서를 세관장에게 제출하여야 한다.

(2) 담보제공

의의 (법 제108조 제1항)	세관장은 필요하다고 인정될 때에는 대통령령으로 정하는 범위에서 관세청장이 정하는 바에 따라 관세법이나 그 밖의 법령·조약·협정 등에 따라 관세를 감면받거나 분할납부를 승인받은 물품에 대하여 그 물품을 수입할 때에 감면받거나 분할납부하는 관세액(가산세는 제외)에 상당하는 담보를 제공하게 할 수 있다.
담보 제공시기 (영 제131조 제2항)	세관장은 수입신고를 수리하는 때까지 담보를 제공하게 할 수 있다. 다만, 긴급한 사유로 법 제8조(기간 및 기한의 계산) 제3항 각 호에 해당하는 날 등 금융기관이 업무를 수행할 수 없는 날에 수입하는 물품으로서 긴급성의 정도 등을 고려하여 관세청장이 정하여 고시하는 물품에 대하여는 수입신고를 수리하는 때 이후 최초로 금융기관이 업무를 수행하는 날까지 담보를 제공하게 할 수 있다. ▷ 법 제8조 제3항 : 토요일, 일요일, 공휴일, 대체공휴일, 근로자의 날, 그 밖에 대통령령으로 정하는 날

(3) 용도 외 사용 등의 승인

① 세관장의 승인(법 제107조 제3항) 11년 기출

　관세의 분할납부를 승인받은 자가 해당 물품의 용도를 변경하거나 그 물품을 양도하려는 경우에는 미리 세관장의 승인을 받아야 한다.

② 승인신청(영 제128조)

　세관장의 승인을 얻고자 하는 자는 다음의 사항을 기재한 신청서에 당해 물품의 양도·양수에 관한 계약서의 사본을 첨부하여 그 물품의 관할지 세관장에게 제출하여야 한다.

> ㉠ 당해 물품의 품명·규격·수량·가격·통관지세관명·수입신고 수리 연월일·수입신고번호
> ㉡ 분할납부하고자 하는 관세액과 이미 납부한 관세액
> ㉢ 양수인
> ㉣ 승인을 받고자 하는 사유

(4) 분할납부고지(영 제127조 제1항) 21, 11년 기출

　세관장은 관세의 분할납부를 승인한 때에는 납부기한별로 납부고지를 해야 한다.

(5) 분할납부의 기간 및 방법, 제외금액(규칙 제60조)

　관세의 분할납부승인을 하는 경우의 납부기간과 납부방법은 별표 5(관세분할납부 기간 및 방법)와 같다. 다만, 수입신고 건당 관세액이 30만 원 미만인 물품을 제외한다.

3. 사후관리

(1) 미납관세의 즉시징수

① 즉시징수사유(법 제107조 제9항)

　다음의 어느 하나에 해당하는 경우에는 납부하지 아니한 관세의 전액을 즉시 징수한다.

> ㉠ 관세의 분할납부를 승인받은 물품을 분할납부기간에 해당 용도 외의 다른 용도로 사용하거나 해당 용도 외의 다른 용도로 사용하려는 자에게 양도한 경우
> ㉡ 관세를 지정된 기한까지 납부하지 아니한 경우(다만, 관세청장이 부득이한 사유가 있다고 인정하는 경우는 제외)
> ㉢ 파산선고를 받은 경우
> ㉣ 법인이 해산한 경우

② 납부고지(영 제127조 제2항)

　세관장은 관세를 징수하는 때에는 15일 이내의 납부기한을 정하여 납부고지를 해야 한다.

③ 납부고지의 취소(영 제127조 제3항)

　분할납부를 고지한 관세로서 그 납부기한이 즉시징수사유가 발생하여 납부고지한 납부기한 이후인 경우 그 납부고지를 취소해야 한다.

(2) 조건이행의 확인(법 제108조 제2항·제3항)

필요한 서류 제출	분할납부를 승인받은 자는 해당 조건의 이행 여부를 확인(이하 "사후관리")하는 데에 필요한 서류를 세관장에게 제출하여야 한다.
사후관리의 위탁	관세청장은 사후관리를 위하여 필요할 때에는 해당 물품의 사후관리에 관한 사항을 주무부장관에게 위탁할 수 있으며, 주무부장관은 물품의 사후관리를 위하여 필요한 경우에는 미리 관세청장과 협의한 후 위탁받은 사후관리에 관한 업무를 관계 기관이나 법인·단체 등에 재위임하거나 재위탁할 수 있다.

(3) 분할납부 승인물품의 반입 및 변경신고(영 제129조) 20년 기출

① 물품의 반입

분할납부의 승인을 받은 자는 해당 물품을 수입신고 수리일부터 1개월 이내에 설치 또는 사용할 장소에 반입하여야 한다. 설치장소 부족 등 부득이한 반입지연사유가 있는 경우에는 관세청장이 정하는 바에 따라 세관장에게 반입 기한의 연장을 신청할 수 있으며, 신청을 받은 세관장은 수입신고 수리일부터 3개월의 범위에서 해당 기한을 연장할 수 있다.

② 변경신고

용도세율의 적용, 관세의 감면 또는 분할납부의 승인을 받은 자는 다음의 물품을 해당 항목에서 정한 기간 내에 그 설치 또는 사용 장소를 변경하려는 경우에는 변경 전의 관할지 세관장에게 설치 또는 사용 장소변경신고서를 제출하고, 제출일부터 1개월 이내에 해당 물품을 변경된 설치 또는 사용 장소에 반입해야 한다. 다만, 재해·노사분규 등의 긴급한 사유로 국내에 소재한 자기 소유의 다른 장소로 해당 물품의 설치 또는 사용 장소를 변경하려는 경우에는 관할지 세관장에게 신고하고, 변경된 설치 또는 사용 장소에 반입한 후 1개월 이내에 설치 또는 사용장소변경신고서를 제출해야 한다.

> ㉠ 용도세율이 적용된 물품이나 관세의 감면을 받은 물품 : 해당 규정에서 정하는 기간
> ㉡ 관세의 분할납부 승인을 받은 물품 : 해당 물품의 관세 분할납부기간

③ 사용장소변경신고서 기재사항

설치 또는 사용장소변경신고서에는 다음의 사항이 기재되어야 한다.

> ㉠ 당해 물품의 품명·규격 및 수량
> ㉡ 당해 물품의 가격 및 적용된 용도세율, 면세액 또는 분할납부승인액과 그 법적 근거
> ㉢ 당해 물품의 수입신고번호 및 통관지 세관명
> ㉣ 설치 또는 사용 장소에 반입한 연월일과 사용개시 연월일
> ㉤ 설치 또는 사용 장소와 신고자의 성명·주소

4. 납세의무자(법 제107조 제4항~제8항)

(1) 납세의무의 확장

① 양도한 경우 16, 13년 기출

관세의 분할납부를 승인받은 물품을 동일한 용도로 사용하려는 자에게 양도한 경우에는 그 양수인이 관세를 납부하여야 하며, 해당 용도 외의 다른 용도로 사용하려는 자에게 양도한 경우에는 그 양도인이 관세를 납부하여야 한다. 이 경우 양도인으로부터 해당 관세를 징수할 수 없을 때에는 그 양수인으로부터 징수한다.

> **주의** 관세의 분할납부를 승인받은 물품을 동일한 용도로 사용하려는 자에게 양도한 경우에는 그 양도인이 아니라 양수인이 관세를 납부하여야 한다.

② 합병·분할 또는 분할합병된 경우 13년 기출

관세의 분할납부를 승인받은 법인이 합병·분할 또는 분할합병된 경우에는 합병·분할 또는 분할합병 후에 존속하거나 합병·분할 또는 분할합병으로 설립된 법인이 연대하여 관세를 납부하여야 한다.

③ 파산선고를 받은 경우 16년 기출

관세의 분할납부를 승인받은 자가 파산선고를 받은 경우에는 그 파산관재인이 관세를 납부하여야 한다.

④ 해산한 경우 13, 11년 기출

관세의 분할납부를 승인받은 법인이 해산한 경우에는 그 청산인이 관세를 납부하여야 한다.

> **주의** 분할납부 승인을 받은 법인이 아니라 청산인이 관세를 납부하여야 한다.

(2) 신고의무

관세의 분할납부를 승인받은 법인이 합병·분할·분할합병 또는 해산을 하거나 파산선고를 받은 경우 또는 관세의 분할납부를 승인받은 자가 파산선고를 받은 경우에는 그 관세를 납부하여야 하는 자는 지체 없이 그 사유를 세관장에게 신고하여야 한다.

01 「수출용원재료에 대한 관세 등 환급에 관한 특례법」에 따른 환급을 받은 물품의 경우 재수입면세를 받을 수 있다. (O, X)

01 × 있다 → 없다(법 제99조 제1호 나목)

02 여행자 휴대품의 관세면제 한도는 각 물품의 과세가격 합계 기준으로 미화 600달러 이하이다. (O, X)

02 × 600달러 → 800달러(규칙 제48조 제2항)

03 우리나라의 선박이나 그 밖의 운송수단이 조난으로 인하여 해체된 경우 그 해체재 및 장비는 수입될 때에 관세를 면제받을 수 있다. (O, X)

03 O (법 제93조 제10호)

04 국제적인 회의에서 사용하기 위한 물품으로 재수출면세를 받은 물품이 기간 내에 재수출되지 아니한 경우에는 300만 원을 넘지 아니하는 범위에서 해당 물품에 부과될 관세의 100분의 10에 상당하는 금액을 가산세로 징수한다. (O, X)

04 × 300만 원 → 500만 원, 100분의 10 → 100분의 20(법 제97조 제4항)

05 국가정보원장의 위임을 받은 자가 국가의 안전보장 목적의 수행상 긴요하다고 인정하여 수입하는 물품은 그 관세를 면제할 수 있다. (O, X)

05 O (법 제92조 제8호)

06 관세법 기타 관세에 관한 법률 또는 조약에 따라 관세를 감면받으려는 자는 해당 물품의 수입신고와 함께 감면신청서를 세관장에게 제출하여야 한다. (O, X)

06 × 수입신고와 함께 → 수입신고 수리 전에(영 제112조 제1항)

07 수입신고를 하고 관세를 납부한 후 신고가 각하된 경우에는 수입신고 각하일이 관세환급청구권을 행사할 수 있는 날이다. (O, X)

07 O (영 제7조 제2항 제4호)

08 「중소기업기본법」에 의한 중소기업이 수입하는 경우에는 관세액이 500만 원 이상이어야 세관장이 관세의 분할납부를 승인할 수 있는 시설기계류로 인정되기 위한 요건에 해당한다. (O, X)

08 × 500만 원 → 100만 원(규칙 제59조 제1항 제3호 단서)

09 정부나 지방자치단체가 수입하는 물품으로서 기획재정부령으로 정하는 물품이 수입될 때에는 세관장은 기획재정부령으로 정하는 바에 따라 4년을 넘지 아니하는 기간을 정하여 관세의 분할납부를 승인할 수 있다. (O, X)

09 × 4년 → 5년(법 제107조 제2항 제2호)

10 세관장이 관세의 분할납부를 승인한 때에는 납부기한별로 납부고지를 해야 한다. (O, X)

10 O (영 제127조 제1항)

제4장

01 관세법상 관세환급금의 환급에 대한 설명으로 옳지 않은 것은?

① 세관장은 납세의무자가 관세·가산세 또는 강제징수비로 납부한 금액 중 잘못 납부하거나 초과하여 납부한 금액 또는 관세법에 따라 환급하여야 할 환급세액의 환급을 청구할 때에는 지체 없이 이를 관세환급금으로 결정하고 30일 이내에 환급하여야 하며, 세관장이 확인한 관세환급금은 납세의무자에게 환급을 청구하도록 하여야 한다.

② 세관장은 관세환급금을 환급하는 경우에 환급받을 자가 세관에 납부하여야 하는 관세와 그 밖의 세금, 가산세 또는 강제징수비가 있을 때에는 환급하여야 하는 금액에서 이를 충당할 수 있다.

③ 납세의무자의 관세환급금에 관한 권리는 제3자에게 양도할 수 있다.

④ 관세환급금의 환급은 「국가재정법」 제17조에도 불구하고 「한국은행법」에 따른 한국은행의 해당 세관장의 소관 세입금에서 지급한다.

⑤ 세관장은 관세환급금을 충당한 때에는 그 사실을 권리자에게 통보하여야 한다. 다만, 권리자의 신청에 의하여 충당한 경우에는 그 통지를 생략한다.

해설

관세환급금의 환급(법 제46조 제1항)

세관장은 납세의무자가 관세·가산세 또는 강제징수비로 납부한 금액 중 잘못 납부하거나 초과하여 납부한 금액 또는 이 법에 따라 환급하여야 할 환급세액의 환급을 청구할 때에는 대통령령으로 정하는 바에 따라 지체 없이 이를 관세환급금으로 결정하고 30일 이내에 환급하여야 하며, 세관장이 확인한 관세환급금은 <u>납세의무자가 환급을 청구하지 아니하더라도</u> 환급하여야 한다.

02 관세법상 과다환급관세와 관련된 설명으로 옳지 않은 것은?

① 세관장은 관세환급금의 환급에 있어서 그 환급액이 과다한 것을 알게 되었을 때에는 해당 관세환급금을 지급받은 자로부터 과다지급된 금액을 징수하여야 한다.

② 세관장은 충당 또는 환급하거나 과다환급금을 징수하는 때에는 가산세를 결정하여야 한다.

③ 적법하게 납부된 관세의 감면으로 발생한 관세환급금은 감면 결정일의 다음 날을 관세환급금 기산일로 한다.

④ 세관장은 관세환급금을 환급하거나 충당할 때에는 대통령령으로 정하는 관세환급가산금 기산일부터 환급결정 또는 충당결정을 하는 날까지의 기간과 대통령령으로 정하는 이율에 따라 계산한 금액을 관세환급금에 더하여야 한다.

⑤ 「자유무역협정의 이행을 위한 관세법의 특례에 관한 법률」에 따른 관세환급금은 협정관세 적용 등의 통지일의 다음 날을 관세환급금 기산일로 한다.

관세환급가산금 등의 결정(영 제56조 제1항)
세관장은 충당 또는 환급(잠정가격을 기초로 신고납부한 세액과 확정된 가격에 따른 세액을 충당 또는 환급하는 경우는 제외)하거나 과다환급금을 징수하는 때에는 <u>가산금</u>을 결정하여야 한다.

03 다음 중 외교관용 물품 등의 면세대상에 포함되지 않는 것은?

① 우리나라에 있는 외국의 대사관·공사관 및 그 밖에 이에 준하는 기관의 업무용품
② 우리나라에 주재하는 외국의 대사·공사 및 그 밖에 이에 준하는 사절과 그 가족이 사용하는 물품
③ 우리나라에 있는 외국의 영사관 및 그 밖에 이에 준하는 기관의 업무용품
④ 우리나라에 있는 외국의 대사관·공사관·영사관 및 그 밖에 이에 준하는 기관의 직원 중 대통령령으로 정하는 직원과 그 가족이 사용하는 물품
⑤ 정부와 체결한 사업계약을 수행하기 위하여 국내계약자가 계약조건에 따라 수입하는 업무용품

외교관용 물품 등의 면세(법 제88조 제1항 제5호)
정부와 체결한 사업계약을 수행하기 위하여 <u>외국계약자</u>가 계약조건에 따라 수입하는 업무용품

04 관세법상 세율불균형물품의 면세에 대한 설명으로 옳지 않은 것은?

① 세율불균형을 시정하기 위하여 「조세특례제한법」에 따른 중소기업이 세관장이 지정하는 공장에서 항공기(부분품 포함), 반도체 제조용 장비(부속기기 포함)를 제조 또는 수리하기 위하여 사용하는 부분품과 원재료(수출한 후 외국에서 수리·가공되어 수입되는 부분품과 원재료의 가공수리분을 포함) 중 기획재정부령으로 정하는 물품에 대하여는 그 관세를 면제할 수 있다.
② 제조·수리공장의 지정기간은 3년 이내로 하되, 지정받은 자의 신청에 의해 연장할 수 있다.
③ 제조·수리공장의 지정을 받은 자가 1년 이상 휴업하여 세관장이 지정된 공장의 설치목적을 달성하기 곤란하다고 인정하는 경우에는 그 지정을 취소하여야 한다.
④ 세관장은 항공기의 수리가 일시적으로 이루어지는 공항 내의 특정지역이 감시·단속에 지장이 없고, 세율불균형물품의 관세 감면 관리 업무의 효율화를 위하여 필요하다고 인정되는 경우에는 해당 특정지역을 제조·수리공장으로 지정할 수 있다.
⑤ 제조·수리공장의 지정을 받고자 하는 자는 신청서에 사업계획서와 그 구역 및 부근의 도면을 첨부하여 세관장에게 제출하여야 한다.

세율불균형물품의 면세(법 제89조 제4항)
세관장은 제조·수리공장의 지정을 받은 자가 다음의 어느 하나에 해당하는 경우에는 그 지정을 <u>취소할 수 있다</u>. 다만, 제1호 또는 제2호에 해당하는 경우에는 지정을 취소하여야 한다.
1. 지정의 제한 사유에 해당하는 경우. 다만, 제2항 제3호에 해당하는 경우로서 제175조 제2호 또는 제3호에 해당하는 사람을 임원으로 하는 법인이 3개월 이내에 해당 임원을 변경하는 경우에는 그러하지 아니하다.
2. 거짓이나 그 밖의 부정한 방법으로 지정을 받은 경우
3. 1년 이상 휴업하여 세관장이 지정된 공장의 설치목적을 달성하기 곤란하다고 인정하는 경우

05 다음 중 학술연구용품의 감면 적용 대상이 아닌 것은?

① 국가기관, 지방자치단체 및 기획재정부령으로 정하는 기관에서 사용할 학술연구용품·교육용품 및 실험실습용품으로서 기획재정부령으로 정하는 물품

② 학교, 공공의료기관, 공공직업훈련원, 박물관, 그 밖에 이에 준하는 기획재정부령으로 정하는 기관에서 학술연구용·교육용·훈련용·실험실습용 및 과학기술연구용으로 사용할 물품 중 기획재정부령으로 정하는 물품

③ 학교, 공공의료기관, 공공직업훈련원, 박물관, 그 밖에 이에 준하는 기획재정부령으로 정하는 기관에서 사용할 학술연구용품·교육용품·훈련용품·실험실습용품 및 과학기술연구용품으로서 외국으로부터 기증되는 물품. 다만, 기획재정부령으로 정하는 물품은 제외한다.

④ 기획재정부령으로 정하는 자가 산업기술의 연구개발에 사용하기 위하여 수입하는 물품으로서 기획재정부령으로 정하는 물품

⑤ 개당 또는 셋트당 과세가격이 50만 원 이상인 기기로서 국내에서 제작하기 곤란한 것 중 당해 물품의 생산에 관한 업무를 담당하는 중앙행정기관의 장 또는 그가 지정하는 자가 추천하는 물품

> **해설**
>
> **관세가 감면되는 학술연구용품(규칙 제37조 제1항 제2호)**
> 다음의 어느 하나에 해당하는 것으로서 국내에서 제작하기 곤란한 것 중 당해 물품의 생산에 관한 업무를 담당하는 중앙행정기관의 장 또는 그가 지정하는 자가 추천하는 물품
> 가. 개당 또는 셋트당 과세가격이 100만 원 이상인 기기
> 나. 가목에 해당하는 기기의 부분품 및 부속품

06 관세법상 종교용품, 자선용품, 장애인용품 등의 면세대상에 해당하지 않는 것은?

① 교회, 사원 등 종교단체의 의식에 사용되는 물품으로서 종교단체가 직접 수입하는 물품. 다만, 기획재정부령으로 정하는 물품은 제외한다.

② 자선 또는 구호의 목적으로 기증되는 물품 및 기획재정부령으로 정하는 자선시설·구호시설 또는 사회복지시설에 기증되는 물품으로서 해당 용도로 직접 사용하는 물품. 다만, 기획재정부령으로 정하는 물품은 제외한다.

③ 국제적십자사·외국적십자사 및 기획재정부령으로 정하는 국제기구가 국제평화봉사활동 또는 국제친선활동을 위하여 기증하는 물품

④ 시각장애인, 청각장애인, 언어장애인, 지체장애인, 만성신부전증환자, 희귀난치성질환자 등을 위한 용도로 특수하게 제작되거나 제조된 물품 중 기획재정부령으로 정하는 물품

⑤ 「장애인복지법」 제58조에 따른 장애인복지시설 및 장애인의 재활의료를 목적으로 국가·지방자치단체 또는 사회복지법인이 운영하는 재활 병원·의원에서 장애인을 진단하고 치료하기 위하여 사용하는 의료용구

> **해설**
>
> **종교용품, 자선용품, 장애인용품 등의 면세(법 제91조 제1호)**
> 교회, 사원 등 종교단체의 의식에 사용되는 물품으로서 <u>외국으로부터 기증되는 물품</u>. 다만, 기획재정부령으로 정하는 물품은 제외한다.

07 다음 중 정부용품 등의 면세대상으로 옳지 않은 것은?

① 국가기관이나 지방자치단체에 기증된 물품으로서 공용으로 사용하는 물품

② 정부가 외국으로부터 수입하는 군수품(정부의 위탁을 받아 정부 외의 자가 수입하는 경우를 포함) 및 국가원수의 경호용으로 사용하는 물품

③ 국립묘지의 건설·유지 또는 장식을 위한 자재와 국립묘지에 안장되는 자의 관·유골함 및 장례용 물품

④ 상수도 수질을 측정하거나 이를 보전·향상하기 위하여 국가나 지방자치단체(이들이 설립하였거나 출연 또는 출자한 법인 포함)가 수입하는 물품으로서 기획재정부령으로 정하는 물품

⑤ 국가정보원장 또는 그 위임을 받은 자가 국가의 안전보장 목적의 수행상 긴요하다고 인정하여 수입하는 물품

해설
③ 정부용품 등의 면세대상이 아니라 특정물품의 면세 대상이다(법 제93조 제16호).

08 다음 중 소액물품 등의 면세대상이 아닌 것은?

① 과세가격이 미화 250달러 이하인 물품으로서 견본품으로 사용될 것으로 인정되는 물품

② 우리나라 거주자가 받는 소액물품으로서 물품가격이 미화 150달러 이하의 물품으로서 자가사용 물품으로 인정되는 것

③ 박람회 기타 이에 준하는 행사에 참가하는 자가 행사장 안에서 관람자에게 무상으로 제공하기 위하여 수입하는 물품(전시할 기계의 성능을 보여주기 위한 원료를 포함). 다만, 관람자 1인당 제공량의 정상 도착가격이 미화 50달러 상당액 이하의 것으로서 세관장이 타당하다고 인정하는 것에 한한다.

④ 우리나라의 거주자에게 수여된 훈장·기장(紀章) 또는 이에 준하는 표창장 및 상패

⑤ 기록문서 또는 그 밖의 서류

해설
관세가 면제되는 소액물품(규칙 제45조 제2항)
• 물품가격(법 제30조부터 제35조까지의 규정에 따른 방법으로 결정된 과세가격에서 법 제30조 제1항 제6호 본문에 따른 금액을 뺀 가격. 다만, 법 제30조 제1항 제6호 본문에 따른 금액을 명백히 구분할 수 없는 경우에는 이를 포함한 가격으로 함)이 미화 150달러 이하의 물품으로서 자가사용물품으로 인정되는 것. 다만, 반복 또는 분할하여 수입되는 물품으로서 관세청장이 정하는 기준에 해당하는 것을 제외한다.
• 박람회 기타 이에 준하는 행사에 참가하는 자가 행사장 안에서 관람자에게 무상으로 제공하기 위하여 수입하는 물품(전시할 기계의 성능을 보여주기 위한 원료를 포함). 다만, 관람자 1인당 제공량의 정상도착가격이 <u>미화 5달러</u> 상당액 이하의 것으로서 세관장이 타당하다고 인정하는 것에 한한다.

09 관세법상 재수출면세에 대한 설명으로 옳지 않은 것은?

① 수입신고 수리일부터 기획재정부령으로 정하는 물품은 1년의 범위에서 세관장이 정하는 기간에 관세가 면제되어, 1년을 초과하여 수출하여야 할 부득이한 사유가 있는 물품은 세관장이 정하는 기간에 다시 수출하는 물품에 대하여는 그 관세를 면제할 수 있다.

② 관세를 면제받은 물품은 용도 외의 다른 용도로 사용되거나 양도될 수 없다. 다만, 대통령령으로 정하는 바에 따라 미리 세관장의 승인을 받았을 때에는 그러하지 아니하다.

③ 세관장은 관세를 면제받은 물품 중 재수출기간 내에 수출되지 아니한 경우에는 500만 원을 넘지 아니하는 범위에서 해당 물품에 부과될 관세의 100분의 40에 상당하는 금액을 가산세로 징수한다.

④ 수출기간을 연장받고자 하는 자는 당해 물품의 수입신고 수리 연월일·신고번호·품명·규격 및 수량, 연장기간과 연장사유를 기재한 신청서를 당해 물품의 수입지세관장에게 제출하여야 한다.

⑤ 일시 입국하는 자가 본인이 사용하고 재수출할 목적으로 몸에 직접 착용 또는 휴대하여 수입하거나 별도로 수입하는 신변용품·취재용품 및 이와 유사한 물품의 경우에는 입국 후 처음 출국하는 날까지의 기간을 재수출면세기간으로 한다.

해설

재수출면세(법 제97조 제4항)
세관장은 관세를 면제받은 물품 중 기획재정부령으로 정하는 물품이 같은 항에 규정된 기간 내에 수출되지 아니한 경우에는 500만 원을 넘지 아니하는 범위에서 해당 물품에 부과될 관세의 <u>100분의 20</u>에 상당하는 금액을 가산세로 징수한다.

10 관세법상 재수출 감면의 세율에 대한 설명으로 옳지 않은 것은?

① 재수출기간이 6개월 이내인 경우 – 해당 물품에 대한 관세액의 100분의 85

② 재수출기간이 6개월 초과 1년 이내인 경우 – 해당 물품에 대한 관세액의 100분의 70

③ 재수출기간이 1년 초과 2년 이내인 경우 – 해당 물품에 대한 관세액의 100분의 50

④ 재수출기간이 2년 초과 3년 이내인 경우 – 해당 물품에 대한 관세액의 100분의 40

⑤ 재수출기간이 3년 초과 4년 이내인 경우 – 해당 물품에 대한 관세액의 100분의 30

해설

재수출 감면(법 제98조 제1항 제3호)
재수출기간이 1년 초과 2년 이내인 경우 : 해당 물품에 대한 관세액의 100분의 <u>55</u>

11 관세법상 5년 이내의 기간을 정하여 분할납부 승인을 할 수 있는 대상으로 옳지 않은 것은?

① 시설기계류, 기초설비품, 건설용 재료 및 그 구조물과 공사용 장비로서 기획재정부장관이 고시하는 물품. 다만, 기획재정부령으로 정하는 업종에 소요되는 물품은 제외한다.

② 학교나 직업훈련원에서 수입하는 물품과 비영리법인이 공익사업을 위하여 수입하는 물품으로서 기획재정부령으로 정하는 물품

③ 기획재정부령으로 정하는 기업부설연구소, 산업기술연구조합 및 비영리법인인 연구기관, 그 밖에 이와 유사한 연구기관에서 수입하는 기술개발연구용품 및 실험실습용품으로서 기획재정부장관이 고시하는 물품

④ 기획재정부령으로 정하는 중소제조업체가 직접 사용하려고 수입하는 물품. 다만, 기획재정부령으로 정하는 기준에 적합한 물품이어야 한다.

⑤ 기획재정부령으로 정하는 기업부설 직업훈련원에서 직업훈련에 직접 사용하려고 수입하는 교육용품 및 실험실습용품 중 고가의 물품으로서 기획재정부장관이 고시하는 물품

해설

관세의 분할납부(법 제107조 제2항 제7호)
기획재정부령으로 정하는 기업부설 직업훈련원에서 직업훈련에 직접 사용하려고 수입하는 교육용품 및 실험실습용품 중 국내에서 제작하기가 곤란한 물품으로서 기획재정부장관이 고시하는 물품

납세자의 권리 및 불복절차

제1절 납세자의 권리

1. 납세자권리헌장(법 제110조) 21, 20, 19, 10년 기출

(1) 납세자권리헌장의 제정

관세청장은 납세자의 권리에서 규정한 사항과 그 밖에 납세자의 권리보호에 관한 사항을 포함하는 납세자권리헌장을 제정하여 고시하여야 한다.

(2) 납세자권리헌장의 교부(법 제110조 제2항, 영 제135조)

세관공무원은 다음의 어느 하나에 해당하는 경우에는 납세자권리헌장의 내용이 수록된 문서를 납세자에게 내주어야 하며, 조사사유, 조사기간, 납세자보호위원회에 대한 심의 요청사항·절차 및 권리구제 절차 등을 설명하여야 한다.

> ① 관세범(「수출용원재료에 대한 관세 등 환급에 관한 특례법」 제23조 제1항부터 제4항까지의 규정에 따른 죄를 포함)에 관한 조사를 하는 경우
> ② 관세조사를 하는 경우
> ③ 징수권의 확보를 위하여 압류를 하는 경우
> ④ 보세판매장에 대한 조사를 하는 경우

(3) 납세자권리헌장의 교부 제외

세관공무원은 납세자를 긴급히 체포·압수·수색하는 경우 또는 현행범인 납세자가 도주할 우려가 있는 등 조사목적을 달성할 수 없다고 인정되는 경우에는 납세자권리헌장을 내주지 아니할 수 있다.

2. 관세조사

(1) 통합조사의 원칙(법 제110조의2, 영 제135조의2)

세관공무원은 특정한 분야만을 조사할 필요가 있는 등 대통령령으로 정하는 경우인 다음에 해당하는 것을 제외하고는 신고납부세액과 관세법 및 다른 법령에서 정하는 수출입 관련 의무 이행과 관련하여 그 권한에 속하는 사항을 통합하여 조사하는 것을 원칙으로 한다.

① 세금탈루 혐의, 수출입 관련 의무위반 혐의, 수출입업자 등의 업종·규모 등을 고려하여 특정 사안만을 조사할 필요가 있는 경우
② 조세채권의 확보 등을 위하여 긴급히 조사할 필요가 있는 경우
③ 그 밖에 조사의 효율성, 납세자의 편의 등을 고려하여 특정 분야만을 조사할 필요가 있는 경우로서 기획재정부령으로 정하는 경우

(2) 관세조사 대상자 선정(법 제110조의3) 19년 기출

① 정기선정

세관장은 다음의 어느 하나에 해당하는 경우에 정기적으로 신고의 적정성을 검증하기 위하여 대상을 선정(정기선정)하여 조사를 할 수 있다. 이 경우 세관장은 객관적 기준에 따라 공정하게 그 대상을 선정하여야 한다.

> ㉠ 관세청장이 수출입업자의 신고 내용에 대하여 정기적으로 성실도를 분석한 결과 불성실 혐의가 있다고 인정하는 경우
> ㉡ 최근 4년 이상 조사를 받지 아니한 납세자에 대하여 업종, 규모 등을 고려하여 대통령령으로 정하는 바에 따라 신고 내용이 적정한지를 검증할 필요가 있는 경우
> ㉢ 무작위추출방식으로 표본조사를 하려는 경우

② 정기선정에 의한 조사 외의 조사 15년 기출

세관장은 정기선정에 의한 조사 외에 다음의 어느 하나에 해당하는 경우에는 조사를 할 수 있다.

> ㉠ 납세자가 관세법에서 정하는 신고·신청, 과세가격결정자료의 제출 등의 납세협력의무를 이행하지 아니한 경우
> ㉡ 수출입업자에 대한 구체적인 탈세제보 등이 있는 경우
> ㉢ 신고내용에 탈세나 오류의 혐의를 인정할 만한 자료가 있는 경우
> ㉣ 납세자가 세관공무원에게 직무와 관련하여 금품을 제공하거나 금품제공을 알선한 경우

③ 부과고지를 위한 조사

세관장은 부과고지를 하는 경우 과세표준과 세액을 결정하기 위한 조사를 할 수 있다.

④ 관세조사의 면제

세관장은 최근 2년간 수출입신고 실적이 일정금액 이하인 경우 등 다음의 요건을 모두 충족하는 자에 대해서는 관세조사를 하지 아니할 수 있다. 다만, 객관적인 증거자료에 의하여 과소 신고한 것이 명백한 경우에는 그러하지 아니하다(영 제135조의4).

> ㉠ 최근 2년간 수출입신고 실적이 30억 원 이하일 것
> ㉡ 최근 4년 이내에 다음의 어느 하나에 해당하는 사실이 없을 것
>   ⓐ 수출입 관련 법령을 위반하여 통고처분을 받거나 벌금형 이상의 형의 선고를 받은 사실
>   ⓑ 관세 및 내국세를 체납한 사실
>   ⓒ 신고납부한 세액이 부족하여 세관장으로부터 경정을 받은 사실

3. 납세자의 권리에 대한 규정 24년 기출

(1) 관세조사권 남용 금지(법 제111조) 15, 10년 기출

① 관세조사 및 조사권 남용 금지

세관공무원은 적정하고 공평한 과세를 실현하고 통관의 적법성을 보장하기 위하여 필요한 최소한의 범위에서 관세조사를 하여야 하며 다른 목적 등을 위하여 조사권을 남용하여서는 아니 된다.

② 중복조사의 금지(법 제111조 제2항, 영 제136조)

세관공무원은 다음의 어느 하나에 해당하는 경우를 제외하고는 해당 사안에 대하여 이미 조사받은 자를 다시 조사할 수 없다.

> ㉠ 관세탈루 등의 혐의를 인정할 만한 명백한 자료가 있는 경우
> ㉡ 이미 조사받은 자의 거래상대방을 조사할 필요가 있는 경우
> ㉢ 재조사 결정에 따라 재조사를 하는 경우(결정서 주문에 기재된 범위의 재조사에 한정)
> ㉣ 납세자가 세관공무원에게 직무와 관련하여 금품을 제공하거나 금품제공을 알선한 경우
> ㉤ 그 밖에 탈세혐의가 있는 자에 대한 일제조사 등 대통령령으로 정하는 경우(밀수출입, 부정·불공정무역 등 경제질서 교란 등을 통한 탈세혐의가 있는 자에 대하여 일제조사를 하는 경우)

(2) 관세조사의 경우 조력을 받을 권리(법 제112조) 21, 10년 기출

납세자는 납세자권리헌장 교부사유에 해당하여 세관공무원에게 조사를 받는 경우에 변호사, 관세사로 하여금 조사에 참여하게 하거나 의견을 진술하게 할 수 있다.

(3) 납세자의 성실성 추정 등(법 제113조, 영 제138조) 20년 기출

① 성실성 추정

세관공무원은 납세자가 관세법에 따른 신고 등의 의무를 이행하지 아니한 경우 또는 납세자에게 구체적인 관세포탈 등의 혐의가 있는 경우 등 다음의 경우를 제외하고는 납세자가 성실하며 납세자가 제출한 신고서 등이 진실한 것으로 추정하여야 한다.

> ㉠ 납세자가 관세법에서 정하는 신고 및 신청, 과세자료의 제출 등의 납세협력의무를 이행하지 아니한 경우
> ㉡ 납세자에 대한 구체적인 탈세정보가 있는 경우
> ㉢ 신고내용에 탈루나 오류의 혐의를 인정할 만한 명백한 자료가 있는 경우
> ㉣ 납세자의 신고내용이 관세청장이 정한 기준과 비교하여 불성실하다고 인정되는 경우

② 제한하지 아니하는 행위

세관공무원이 납세자가 제출한 신고서 등의 내용에 관하여 질문을 하거나 신고한 물품에 대하여 확인을 하는 행위 등 다음의 행위를 하는 것을 제한하지 아니한다.

> ㉠ 세액심사를 위한 질문이나 자료제출의 요구
> ㉡ 수출 · 수입 또는 반송하려는 물품의 검사
> ㉢ 질문하거나 문서화 · 전산화된 장부 또는 자료의 제출
> ㉣ 그 밖의 법(「수출용원재료에 대한 관세 등 환급에 관한 특례법」을 포함)에 따른 자료조사나 자료제출
>   의 요구

(4) 관세조사의 사전통지와 연기신청(법 제114조)

① 관세조사의 사전통지

㉠ 의의 : 세관공무원은 납세자권리헌장의 교부사유의 어느 하나에 해당하는 조사를 하기 위하여 해당 장부, 서류, 전산처리장치 또는 그 밖의 물품 등을 조사하는 경우에는 조사를 받게 될 납세자(그 위임을 받은 자를 포함)에게 조사시작 15일 전에 조사대상, 조사사유, 조사기간, 납세자 또는 그 위임을 받은 자의 성명과 주소 또는 거소, 기타 필요한 사항을 통지하여야 한다.

㉡ 사전통지의 생략 : 다음의 어느 하나에 해당하는 경우에는 사전통지를 아니한다.

> ⓐ 범칙사건에 대하여 조사하는 경우
> ⓑ 사전에 통지하면 증거인멸 등으로 조사 목적을 달성할 수 없는 경우

② 관세조사의 연기신청(법 제114조 제2항, 영 제140조)

㉠ 연기신청의 사유 : 관세조사의 사전통지를 받은 납세자가 천재지변이나 그 밖에 다음의 어느 하나에 해당하는 사유로 조사를 받기가 곤란한 경우에는 해당 세관장에게 조사를 연기하여 줄 것을 신청할 수 있다.

> ⓐ 화재나 그 밖의 재해로 사업상 심한 어려움이 있는 경우
> ⓑ 납세자 또는 그 위임을 받은 자의 질병, 장기출장 등으로 관세조사가 곤란하다고 판단되는 경우
> ⓒ 권한 있는 기관에 의하여 장부 및 증빙서류가 압수 또는 영치된 경우
> ⓓ 그 밖에 ⓐ부터 ⓒ까지의 규정에 준하는 사유가 있는 경우

㉡ 연기신청의 절차

문서의 제출	관세조사의 연기를 받고자 하는 자는 관세조사의 연기를 받고자 하는 자의 성명과 주소 또는 거소, 관세조사의 연기를 받고자 하는 기간, 관세조사의 연기를 받고자 하는 사유, 기타 필요한 사항을 기재한 문서를 당해 세관장에게 제출하여야 한다.
결과의 통지	관세조사 연기를 신청받은 세관장은 연기신청 승인 여부를 결정하고 그 결과를 조사 개시 전까지 신청인에게 통지하여야 한다.

③ 관세조사기간(영 제139조의2)

ⓘ 조사기간의 결정 : 조사기간은 조사대상자의 수출입 규모, 조사 인원·방법·범위 및 난이도 등을 종합적으로 고려하여 최소한이 되도록 하되, 방문하여 조사하는 경우에 그 조사기간은 20일 이내로 한다.

ⓛ 조사기간의 연장 : 다음의 어느 하나에 해당하는 경우에는 20일 이내의 범위에서 조사기간을 연장할 수 있다. 이 경우 2회 이상 연장하는 경우에는 관세청장의 승인을 받아 각각 20일 이내에서 연장할 수 있다.

> ⓐ 조사대상자가 장부·서류 등을 은닉하거나 그 제출을 지연 또는 거부하는 등 조사를 기피하는 행위가 명백한 경우
> ⓑ 조사범위를 다른 품목이나 거래상대방 등으로 확대할 필요가 있는 경우
> ⓒ 천재지변이나 노동쟁의로 조사가 중단되는 경우
> ⓓ ⓐ부터 ⓒ까지에 준하는 사유로 사실관계의 확인이나 증거 확보 등을 위하여 조사기간을 연장할 필요가 있는 경우
> ⓔ 납세자보호관 또는 담당관(납세자보호관 등)이 세금탈루 혐의와 관련하여 추가적인 사실 확인이 필요하다고 인정하는 경우
> ⓕ 관세조사 대상자가 세금탈루 혐의에 대한 해명 등을 위하여 관세조사 기간의 연장을 신청한 경우로서 납세자보호관 등이 이를 인정하는 경우

④ 관세조사의 중지

ⓘ 의의 : 세관공무원은 납세자가 자료의 제출을 지연하는 등 다음의 어느 하나에 해당하는 사유로 조사를 진행하기 어려운 경우에는 조사를 중지할 수 있다. 이 경우 그 중지기간은 조사기간 및 조사연장기간에 산입하지 아니한다.

> ⓐ 납세자가 천재지변이나 관세조사 연기신청 사유에 해당하는 사유가 있어 조사중지를 신청한 경우
> ⓑ 납세자가 장부·서류 등을 은닉하거나 그 제출을 지연 또는 거부하는 등으로 인하여 조사를 정상적으로 진행하기 어려운 경우
> ⓒ 노동쟁의 등의 발생으로 관세조사를 정상적으로 진행하기 어려운 경우
> ⓓ 영 제144조의2 제2항 제1호[위법·부당한 관세조사 및 관세조사 중 세관공무원의 위법·부당한 행위에 대한 일시중지 및 중지(같은 조 제3항에 따라 위임한 경우 포함)]에 따라 납세자보호관 등이 관세조사의 일시중지를 요청하는 경우
> ⓔ 그 밖에 관세조사를 중지하여야 할 특별한 사유가 있는 경우로서 관세청장이 정하는 경우

ⓛ 관세조사의 재개 : 세관공무원은 관세조사를 중지한 경우에는 그 중지사유가 소멸하면 즉시 조사를 재개하여야 한다. 다만, 관세채권의 확보 등 긴급히 조사를 재개하여야 할 필요가 있는 경우에는 그 중지사유가 소멸하기 전이라도 관세조사를 재개할 수 있다.

⑤ 통 지

세관공무원은 조사기간을 연장, 중지 또는 재개하는 경우에는 그 사유, 기간 등을 문서로 통지하여야 한다.

(5) 장부·서류 등의 보관 금지(법 제114조의2)

① 장부 등 임의 보관 금지
세관공무원은 관세조사의 목적으로 납세자의 장부·서류 또는 그 밖의 물건(장부 등)을 세관관서에 임의로 보관할 수 없다.

② 납세자 동의 후 일시 보관
세관공무원은 제110조의3 제2항(정기선정 외의 조사) 각 호의 어느 하나의 사유에 해당하는 경우에는 조사목적에 필요한 최소한의 범위에서 납세자, 소지자 또는 보관자 등 정당한 권한이 있는 자가 임의로 제출한 장부 등을 납세자의 동의를 받아 세관관서에 일시 보관할 수 있다.

③ 일시 보관증 교부
세관공무원은 납세자의 장부 등을 세관관서에 일시 보관하려는 경우 납세자로부터 일시 보관 동의서를 받아야 하며, 일시 보관증을 교부하여야 한다.

④ 반환 및 보관 기간 연장
세관공무원은 일시 보관하고 있는 장부 등에 대하여 납세자가 반환을 요청한 경우에는 납세자가 그 반환을 요청한 날부터 14일을 초과하여 장부 등을 보관할 수 없다. 다만, 조사목적을 달성하기 위하여 필요한 경우에는 납세자보호위원회의 심의를 거쳐 한 차례만 14일 이내의 범위에서 보관 기간을 연장할 수 있다.

⑤ 장부 등 즉시 반환
세관공무원은 납세자가 일시 보관하고 있는 장부 등의 반환을 요청한 경우로서 관세조사에 지장이 없다고 판단될 때에는 요청한 장부 등을 즉시 반환하여야 한다.

⑥ 사본 보관
납세자에게 장부 등을 반환하는 경우 세관공무원은 장부 등의 사본을 보관할 수 있고, 그 사본이 원본과 다름없다는 사실을 확인하는 납세자의 서명 또는 날인을 요구할 수 있다.

⑦ 장부 등의 일시 보관 방법 및 절차(영 제140조의2)

> ㉠ 세관공무원은 납세자의 장부·서류 또는 그 밖의 물건(장부 등)을 일시 보관하려는 경우에는 장부 등의 일시 보관 전에 납세자, 소지자 또는 보관자 등 정당한 권한이 있는 자(납세자 등)에게 다음의 사항을 고지하여야 한다.
> ⓐ 법 제110조의3 제2항 각 호에 따른 장부 등을 일시 보관하는 사유
> ⓑ 납세자 등이 동의하지 아니하는 경우에는 장부 등을 일시 보관할 수 없다는 내용
> ⓒ 납세자 등이 임의로 제출한 장부 등에 대해서만 일시 보관할 수 있다는 내용
> ⓓ 납세자 등이 요청하는 경우 일시 보관 중인 장부 등을 반환받을 수 있다는 내용
> ㉡ 납세자 등은 조사목적이나 조사범위와 관련이 없는 장부 등에 대해서는 세관공무원에게 일시 보관할 장부 등에서 제외할 것을 요청할 수 있다.
> ㉢ 세관공무원은 해당 관세조사를 종료하였을 때에는 일시 보관한 장부 등을 모두 반환하여야 한다.

(6) 관세조사의 결과 통지(법 제115조, 영 제141조) 18년 기출

세관공무원은 관세조사를 종료하였을 때에는 종료 후 20일 이내에 그 조사 결과를 서면으로 납세자에게 통지하여야 한다. 다만, 납세자가 폐업한 경우 등 다음의 어느 하나에 해당하는 경우에는 그러하지 아니하다.

> ① 납세자에게 통고처분을 하는 경우
> ② 범칙사건을 고발하는 경우
> ③ 폐업한 경우
> ④ 납세자의 주소 및 거소가 불명하거나 그 밖의 사유로 통지를 하기 곤란하다고 인정되는 경우

(7) 비밀유지(법 제116조)

세관공무원은 납세자가 관세법에서 정한 납세의무를 이행하기 위하여 제출한 자료나 관세의 부과·징수 또는 통관을 목적으로 업무상 취득한 자료 등(과세정보)을 타인에게 제공하거나 누설하여서는 아니 되며, 사용 목적 외의 용도로 사용하여서도 아니 된다.

① 과세정보의 제공 14년 기출

다음의 어느 하나에 해당하는 경우에는 그 사용 목적에 맞는 범위에서 납세자의 과세정보를 제공할 수 있다.

> ㉠ 국가기관이 관세에 관한 쟁송이나 관세범에 대한 소추를 목적으로 과세정보를 요구하는 경우
> ㉡ 법원의 제출명령이나 법관이 발부한 영장에 따라 과세정보를 요구하는 경우
> ㉢ 세관공무원 상호 간에 관세를 부과·징수, 통관 또는 질문·검사하는 데에 필요하여 과세정보를 요구하는 경우
> ㉣ 통계청장이 국가통계작성 목적으로 과세정보를 요구하는 경우
> ㉤ 다음에 해당하는 자가 급부·지원 등의 대상자 선정 및 그 자격을 조사·심사하는데 필요한 과세정보를 당사자의 동의를 받아 요구하는 경우
>   ⓐ 국가행정기관 및 지방자치단체
>   ⓑ 「공공기관의 운영에 관한 법률」에 따른 공공기관 중 <u>대통령령으로 정하는 공공기관</u>
>   ⓒ 「은행법」에 따른 은행
>   ⓓ 그 밖에 급부·지원 등의 업무와 관련된 자로서 <u>대통령령으로 정하는 자</u>
> ㉥ ㉤의 ⓑ 또는 ⓒ에 해당하는 자가 「대외무역법」 제2조 제3호에 따른 무역거래자의 거래, 지급, 수령 등을 확인하는데 필요한 과세정보를 당사자의 동의를 받아 요구하는 경우
> ㉦ 다른 법률에 따라 과세정보를 요구하는 경우

> **보충**   과세정보의 제공 기관 및 범위(영 제141조의2)
>
> ① 상기 ㉤의 ⓑ에서 "대통령령으로 정하는 공공기관"이란 다음의 어느 하나에 해당하는 기관을 말한다.
>   1. 「기술보증기금법」에 따른 기술보증기금
>   2. 「농촌진흥법」 제33조에 따른 한국농업기술진흥원
>   3. 「대한무역투자진흥공사법」에 따른 대한무역투자진흥공사
>   4. 「무역보험법」 제37조에 따른 한국무역보험공사

5. 「산업기술혁신 촉진법」 제39조에 따른 한국산업기술기획평가원
6. 「신용보증기금법」에 따른 신용보증기금
7. 「정부출연연구기관 등의 설립·운영 및 육성에 관한 법률」에 따른 한국해양수산개발원
8. 「중소기업진흥에 관한 법률」 제68조에 따른 중소벤처기업진흥공단
9. 「한국농수산식품유통공사법」에 따른 한국농수산식품유통공사
10. 「한국해양진흥공사법」에 따른 한국해양진흥공사
11. 그 밖에 「공공기관의 운영에 관한 법률」에 따른 공공기관으로서 공공기관이 수행하는 급부·지원 사업 등의 대상자 선정 및 자격의 조사·심사를 위하여 과세정보(납세자가 법에서 정한 납세의무를 이행하기 위하여 제출한 자료나 관세의 부과·징수 또는 통관을 목적으로 업무상 취득한 자료 등을 말한다. 이하 같다)가 필요하다고 관세청장이 정하여 고시하는 공공기관
② 상기 ⓜ의 ⓓ에서 "대통령령으로 정하는 자"란 다음의 어느 하나에 해당하는 기관 또는 법인·단체를 말한다.
1. 상기 ⓜ의 ⓐ 및 ⓑ에 해당하는 자의 급부·지원 등의 대상자 선정 및 그 자격의 조사·심사 업무를 위임 또는 위탁받아 수행하는 기관 또는 법인·단체
2. 상기 ⓜ의 ⓐ 및 ⓑ에 해당하는 자가 급부·지원 등의 업무를 수행하기 위하여 출연·보조하는 기관 또는 법인·단체로서 관세청장이 정하여 고시하는 기관 또는 법인·단체
3. 그 밖에 기업의 경쟁력 강화, 산업발전 및 무역진흥을 위한 급부·지원 등의 업무를 수행하는 비영리법인으로서 급부·지원 등의 대상자 선정 및 자격의 조사·심사를 위하여 과세정보가 필요하다고 관세청장이 정하여 고시하는 법인

② 과세정보 제공의 유의사항
㉠ 과세정보 범위 : ①의 ⓜ 및 ⓗ에 해당하는 경우에 제공할 수 있는 과세정보의 구체적인 범위는 대통령령으로 정한다.
㉡ 서면 요구 : ①의 ㉠ 및 ㉣부터 ㉺까지의 규정에 따라 과세정보의 제공을 요구하는 자는 대통령령으로 정하는 바에 따라 문서로 관세청장 또는 해당 세관장에게 요구하여야 한다.

> **보충** **과세정보 제공의 요구방법(영 제141조의3)**
> ① 서면 요구에 따라 과세정보의 제공을 요구하는 자는 다음의 사항이 포함된 신청서를 관세청장에게 제출해야 한다.
> 1. 과세정보의 사용 목적
> 2. 요구하는 과세정보의 내용
> 3. 과세정보가 필요한 급부·지원 등 사업명
> 4. 당사자의 동의
> ② ①에 따른 신청서의 서식, 당사자의 동의 여부 확인 방법 등 과세정보의 제공 요구 및 제공에 필요한 세부 사항은 관세청장이 정하여 고시한다.

㉢ 제공의 거부 : 세관공무원은 ①과 ②의 규정에 위반되게 과세정보의 제공을 요구받으면 이를 거부하여야 한다.
㉣ 정보제공 업무대행 : 관세청장은 ①의 ⓜ부터 ㉺까지에 따른 과세정보의 제공 업무를 제322조(통계 및 증명서의 작성 및 교부) 제5항에 따른 대행기관에 대행하게 할 수 있다. 이 경우 관세청장은 과세정보 제공 업무를 위한 기초자료를 대행기관에 제공하여야 한다.

ⓜ 정보제공 및 누설 금지 : ⓵에 따라 과세정보를 알게 된 자 또는 ⓔ에 따라 과세정보의 제공 업무를 대행하는 자는 과세정보를 타인에게 제공하거나 누설하여서는 아니 되며, 그 목적 외의 용도로 사용하여서도 아니 된다.

ⓗ 과세정보 안전성 확보 조치 : ⓵에 따라 과세정보를 알게 된 자 또는 ⓔ에 따라 과세정보의 제공 업무를 대행하는 자는 과세정보의 유출을 방지하기 위한 시스템 구축 등 대통령령으로 정하는 바에 따라 과세정보의 안전성 확보를 위한 조치를 하여야 한다.

보충   과세정보의 안전성 확보(영 제141조의4)

① 과세정보공유자(법 제116조 제1항에 따라 과세정보를 알게 된 자 또는 같은 조 제5항에 따라 과세정보의 제공 업무를 대행하는 자)는 과세정보의 안전성을 확보하기 위하여 같은 조 제7항에 따라 다음의 조치를 해야 한다.
　1. 과세정보의 유출 및 변조 등을 방지하기 위한 정보보호시스템의 구축
　2. 과세정보 이용이 가능한 업무담당자 지정 및 업무담당자 외의 자에 대한 과세정보 이용 금지
　3. 과세정보의 보관기간 설정 및 보관기관 경과 시 과세정보의 파기
② 과세정보공유자는 제1항 각 호에 해당하는 조치의 이행 여부를 주기적으로 점검해야 한다.
③ 관세청장은 과세정보공유자에게 제2항에 따른 점검결과의 제출을 요청할 수 있으며, 해당 요청을 받은 자는 그 점검결과를 관세청장에게 제출해야 한다.

ⓢ 공무원 의제 : 이 조에 따라 과세정보를 제공받아 알게 된 자 또는 과세정보의 제공 업무를 대행하는 자 중 공무원이 아닌 자는 「형법」이나 그 밖의 법률에 따른 벌칙을 적용할 때 공무원으로 본다.

(8) 고액·상습체납자 등의 명단공개(법 제116조의2, 영 제141조의5) 17, 16년 기출

① 명단공개 대상

관세청장은 법 제116조(비밀유지)에도 불구하고 다음에 따라 해당 사항을 공개할 수 있다.

ⓐ 체납발생일부터 1년이 지난 관세 및 내국세 등(이하 이 항에서 "체납관세 등")이 2억 원 이상인 체납자 : 해당 체납자의 인적사항과 체납액 등. 다만, 체납관세 등에 대하여 이의신청·심사청구 등 불복청구가 진행 중이거나 체납액의 일정금액 이상을 납부한 경우 등 대통령령으로 정하는 사유에 해당하는 경우에는 그러하지 아니하다.

ⓑ 제270조 제1항·제4항 및 제5항에 따른 범죄로 유죄판결이 확정된 자로서 같은 조에 따른 포탈, 감면, 면탈 또는 환급받은 관세 및 내국세 등의 금액(이하 이 조에서 "포탈관세액")이 연간 2억 원 이상인 자(이하 이 조에서 "관세포탈범") : 해당 관세포탈범의 인적사항과 포탈관세액 등. 다만, 제2항에 따른 관세정보위원회가 공개할 실익이 없거나 공개하는 것이 부적절하다고 인정하는 경우 등 대통령령으로 정하는 사유에 해당하는 경우에는 그러하지 아니하다.

---

② 명단공개의 절차

통지, 소명기회 부여	• 관세청장은 심의위원회의 심의를 거친 공개 대상 예정자에게 체납자 또는 관세포탈범 명단공개 대상 예정자임을 통지하여 소명할 기회를 주어야 한다. • 공개 대상 예정자에게 체납자 명단공개 대상 예정자임을 통지하는 때에는 그 체납된 세금의 납부촉구와 명단공개 제외사유에 해당되는 경우 이에 관한 소명자료를 제출하도록 각각 안내하여야 한다(영 제141조의5 제3항).
명단공개 여부의 재심의	관세청장은 통지한 날부터 6개월이 지나면 심의위원회로 하여금 체납액 또는 포탈관세액의 납부이행 등을 고려하여 체납자 또는 관세포탈범의 명단공개 여부를 재심의하게 한다.
명단공개방법	명단공개는 관보에 게재하거나 관세청장이 지정하는 정보통신망 또는 관할 세관의 게시판에 게시하는 방법으로 한다.
공개사항	• 체납자 명단공개 시 공개할 사항은 체납자의 성명 · 상호(법인의 명칭을 포함) · 연령 · 직업 · 주소, 체납액의 세목 · 납기 및 체납요지 등으로 하고, 체납자가 법인인 경우에는 법인의 대표자를 함께 공개한다(영 제141조의5 제4항). • 관세포탈범의 명단을 공개할 때 공개할 사항은 관세포탈범의 성명 · 상호(법인 명칭 포함), 나이, 직업, 주소, 포탈관세액 등의 세목 · 금액, 판결 요지 및 형량 등으로 한다. 이 경우 관세포탈범의 범칙행위가 법 제279조(양벌 규정)에 해당하는 경우에는 해당 법인의 명칭 · 주소 · 대표자 또는 해당 개인의 성명 · 상호 · 주소를 함께 공개한다(영 제141조의5 제5항).
공개기간	공개 기간은 게시일부터 다음의 구분에 따른 기간이 만료하는 날까지로 한다(영 제141조의5 제6항). • 법 제116조의2 제1항 제2호에 따른 범죄(「특정범죄 가중처벌 등에 관한 법률」에 따른 상습범은 제외)로 유죄판결이 확정된 자의 경우 : 5년 • 법 제116조의2 제1항 제2호에 따른 범죄(「특정범죄 가중처벌 등에 관한 법률」에 따른 상습범만 해당)로 유죄판결이 확정된 자의 경우 : 10년
공개기간 연장	공개 기간의 만료일 현재 다음의 어느 하나에 해당하는 경우에는 해당 항목에서 정하는 날까지 계속하여 공개한다(영 제141조의5 제7항). • 법에 따라 납부해야 할 세액, 과태료 또는 벌금을 납부하지 않은 경우 : 그 세액 등을 완납하는 날 • 형의 집행이 완료되지 않은 경우 : 그 형의 집행이 완료되는 날

③ 명단공개 제외대상

체납관세 등에 대하여 이의신청 · 심사청구 등 불복청구가 진행 중이거나 체납액의 일정금액 이상을 납부한 경우 등 대통령령으로 정하는 다음의 사유에 해당하는 경우에는 명단공개를 하지 아니한다.

> ㉠ 다음 계산식에 따라 계산한 최근 2년간의 체납액 납부비율이 50% 이상인 경우
>
> $$최근\ 2년간의\ 체납액\ 납부비율 = \frac{B}{A+B}$$
>
> (A : 명단공개 예정일이 속하는 연도의 직전 연도 12월 31일 당시 명단공개 대상 예정자의 체납액
> B : 명단공개 예정일이 속하는 연도의 직전 2개 연도 동안 명단공개 대상 예정자가 납부한 금액)
> ㉡ 「채무자 회생 및 파산에 관한 법률」에 따른 회생계획인가의 결정에 따라 체납된 세금의 징수를 유예받고 그 유예기간 중에 있거나 체납된 세금을 회생계획의 납부일정에 따라 납부하고 있는 경우
> ㉢ 재산상황, 미성년자 해당 여부 및 그 밖의 사정 등을 고려할 때 관세정보위원회가 공개할 실익이 없거나 공개하는 것이 부적절하다고 인정하는 경우

④ 관세정보위원회

체납자의 인적사항과 체납액 또는 관세포탈범의 인적사항과 포탈관세액 등에 대한 공개 여부를 심의하거나 재심의하고 체납자에 따른 감치 필요성 여부를 의결하기 위하여 관세청에 관세정보위원회(심의위원회)를 둔다(영 제141조의6).

위원장	관세청 차장
위 원	1. 관세청의 고위공무원단에 속하는 일반직공무원 중에서 관세청장이 임명하는 자 4인 2. 법률 또는 재정·경제에 관한 학식과 경험이 풍부한 자 중에서 관세청장이 성별을 고려하여 위촉하는 자 6인
	2호에 해당하는 위원의 임기는 2년으로 하되, 한 번만 연임할 수 있다. 다만, 보궐위원의 임기는 전임위원 임기의 남은 기간으로 한다.
해임·해촉	관세청장은 위원회의 위원이 다음의 어느 하나에 해당하는 경우에는 해당 위원을 해임 또는 해촉할 수 있다. 1. 심신장애로 인하여 직무를 수행할 수 없게 된 경우 2. 직무와 관련된 비위사실이 있는 경우 3. 직무태만, 품위손상이나 그 밖의 사유로 인하여 위원으로 적합하지 아니하다고 인정되는 경우 4. 위원 스스로 직무를 수행하는 것이 곤란하다고 의사를 밝히는 경우 5. 제척사유에 해당함에도 불구하고 회피하지 아니한 경우
개의·의결	위원회의 회의는 위원장을 포함한 재적위원 과반수의 출석으로 개의하고, 출석위원 과반수의 찬성으로 의결한다.
제 척	위원회의 위원은 다음의 어느 하나에 해당하는 경우에는 심의·의결에서 제척된다. 1. 위원이 해당 안건의 당사자(당사자가 법인·단체 등인 경우에는 그 임원을 포함한다. 이하 이 항에서 같다)이거나 해당 안건에 관하여 직접적인 이해관계가 있는 경우 2. 위원의 배우자, 4촌 이내의 혈족 및 2촌 이내의 인척의 관계에 있는 사람이 해당 안건의 당사자이거나 해당 안건에 관하여 직접적인 이해관계가 있는 경우 3. 위원이 해당 안건 당사자의 대리인이거나 최근 5년 이내에 대리인이었던 경우 4. 위원이 해당 안건 당사자의 대리인이거나 최근 5년 이내에 대리인이었던 법인·단체 등에 현재 속하고 있거나 속하였던 경우 5. 위원이 최근 5년 이내에 해당 안건 당사자의 자문·고문에 응하였거나 해당 안건 당사자와 연구·용역 등의 업무 수행에 동업 또는 그 밖의 형태로 직접 해당 안건 당사자의 업무에 관여를 하였던 경우 6. 위원이 최근 5년 이내에 해당 안건 당사자의 자문·고문에 응하였거나 해당 안건 당사자와 연구·용역 등의 업무 수행에 동업 또는 그 밖의 형태로 직접 해당 안건 당사자의 업무에 관여를 하였던 법인·단체 등에 현재 속하고 있거나 속하였던 경우
회 피	위원은 제척사유에 해당하는 경우에는 스스로 해당 안건의 심의·의결에서 회피하여야 한다.

▷ 상기에서 규정한 사항 외에 위원회의 구성 및 운영에 관하여 필요한 사항은 관세청장이 정한다.

(9) 납세증명서의 제출 및 발급(법 제116조의3)

① 납세증명서의 제출

납세자(미과세된 자를 포함)는 다음의 어느 하나에 해당하는 경우에는 대통령령으로 정하는 바에 따라 납세증명서를 제출하여야 한다.

> ⊙ 국가, 지방자치단체 또는 감사원의 회계검사의 대상이 되는 법인 또는 단체 등으로부터 대금을 지급받을 경우
> ⓒ 「출입국관리법」에 따른 외국인등록 또는 「재외동포의 출입국과 법적 지위에 관한 법률」에 따른 국내 거소신고를 한 외국인이 체류기간 연장허가 등 대통령령으로 정하는 체류허가를 법무부장관에게 신청하는 경우
> ⓒ 내국인이 해외이주 목적으로 「해외이주법」에 따라 재외동포청장에게 해외이주신고를 하는 경우

보충 체류기간 연장허가 등 대통령령으로 정하는 체류허가(영 제141조의7 제2항)

- 「재외동포의 출입국과 법적 지위에 관한 법률」에 따른 국내거소신고
- 「출입국관리법」에 따른 체류자격 외 활동허가, 근무처 변경·추가에 관한 허가 또는 신고, 체류자격부여, 체류자격 변경허가, 체류기간 연장허가, 외국인등록

② 납세증명서의 발급

세관장은 납세자로부터 납세증명서의 발급신청을 받았을 때에는 그 사실을 확인하고 즉시 납세증명서를 발급하여야 한다.

③ 납세증명서의 유효기간(영 제141조의9)

유효기간	납세증명서의 유효기간은 그 증명서를 발급한 날부터 30일로 한다. 다만, 발급일 현재 납부기한이 진행 중인 관세 및 내국세 등이 있는 경우에는 그 납부기한까지로 할 수 있다.
사유와 유효기간의 기재	세관장은 유효기간을 정할 경우에는 해당 납세증명서에 그 사유와 유효기간을 분명하게 적어야 한다.

(10) 고액·상습체납자의 감치(법 제116조의4, 영 제141조의10) 23년 기출

① 감치 결정

법원은 검사의 청구에 따라 체납자가 다음의 사유에 모두 해당하는 경우 결정으로 30일의 범위에서 체납된 관세(세관장이 부과·징수하는 내국세 등을 포함)가 납부될 때까지 그 체납자를 감치(監置)에 처할 수 있다.

> ⊙ 관세를 3회 이상 체납하고 있고, 체납발생일로부터 각 1년이 경과하였으며, 체납금액의 합계가 2억 원 이상인 경우
> ⓒ 체납된 관세의 납부능력이 있음에도 불구하고 정당한 사유 없이 체납한 경우
> ⓒ 관세정보위원회의 의결에 따라 해당 체납자에 대한 감치 필요성이 인정되는 경우

② 감치 신청

관세청장은 체납자가 감치 사유에 모두 해당하는 경우에는 체납자의 주소 또는 거소를 관할하는 지방검찰청 또는 지청의 검사에게 체납자의 감치를 신청할 수 있다.

③ 소명자료 제출 및 의견진술

관세청장은 체납자의 감치를 신청하기 전에 체납자에게 대통령령으로 정하는 바에 따라 소명자료를 제출하거나 의견을 진술할 수 있는 기회를 주어야 한다. 의견을 진술하려는 사람은 체납자가 소명자료를 제출하거나 의견을 진술할 수 있다는 사실과 소명자료 제출 및 의견진술 신청기간(이 경우 그 기간은 통지를 받은 날부터 30일 이상으로 해야 함)에 관세청장에게 진술하려는 내용을 간략하게 적은 문서(전자문서 포함)를 제출해야 한다. 의견진술 신청을 받은 관세청장은 관세정보위원회의 회의 개최일 3일 전까지 신청인에게 회의의 일시 및 장소를 통지해야 한다.

알아두기

고액·상습체납자의 감치 신청에 대한 의견진술 등(영 제141조의10 제1항)
관세청장은 체납자가 소명자료를 제출하거나 의견을 진술할 수 있도록 다음의 사항이 모두 포함된 서면(체납자가 동의하는 경우에는 전자문서를 포함)을 체납자에게 통지해야 한다. 이 경우 제4호에 따른 기간에 소명자료를 제출하지 않거나 의견진술 신청이 없는 경우에는 의견이 없는 것으로 본다.
1. 체납자의 성명과 주소
2. 감치 요건, 감치 신청의 원인이 되는 사실, 감치 기간 및 적용 법령
3. 체납된 관세를 납부하는 경우에는 감치 집행이 종료될 수 있다는 사실
4. 체납자가 소명자료를 제출하거나 의견을 진술할 수 있다는 사실과 소명자료 제출 및 의견진술 신청기간. 이 경우 그 기간은 통지를 받은 날부터 30일 이상으로 해야 한다.
5. 그 밖에 소명자료 제출 및 의견진술 신청에 관하여 필요한 사항

④ 즉시항고

감치 결정에 대하여는 즉시항고를 할 수 있다.

⑤ 재감치 금지

감치에 처하여진 체납자는 동일한 체납사실로 인하여 재차 감치되지 아니한다.

⑥ 감치집행의 종료

감치에 처하는 재판을 받은 체납자가 그 감치의 집행 중에 체납된 관세를 납부한 경우에는 감치집행을 종료하여야 한다.

⑦ 세관공무원의 협력

감치집행 시 세관공무원은 감치대상자에게 감치사유, 감치기간, 감치집행의 종료 등 감치결정에 대한 사항을 설명하고 그 밖의 감치집행에 필요한 절차에 협력하여야 한다.

⑧ 세부규정

감치에 처하는 재판 절차 및 그 집행, 그 밖에 필요한 사항은 대법원규칙으로 정한다.

(11) 출국금지 요청 등(법 제116조의5, 영 제141조의11 · 영 제141조의12)

① 출국금지 · 출국정지 즉시 요청

관세청장은 정당한 사유 없이 5천만 원 이상의 관세(세관장이 부과 · 징수하는 내국세 등을 포함)를 체납한 자 중 대통령령으로 정하는 자에 대하여 법무부장관에게 「출입국관리법」에 따라 출국금지 또는 출국정지를 즉시 요청하여야 한다.

② 출국금지 · 출국정지 요건

①에서 "대통령령으로 정하는 자"란 다음의 어느 하나에 해당하는 사람으로서 관할 세관장이 압류 · 공매, 담보 제공, 보증인의 납세보증서 등으로 조세채권을 확보할 수 없고, 강제징수를 회피할 우려가 있다고 인정되는 사람을 말한다.

> ⊙ 배우자 또는 직계존비속이 국외로 이주(국외에 3년 이상 장기체류 중인 경우를 포함)한 사람
> ⓛ 「출입국관리법」에 따른 출국금지(출국정지를 포함)의 요청일 현재 최근 2년간 미화 5만 달러 상당액 이상을 국외로 송금한 사람
> ⓒ 미화 5만 달러 상당액 이상의 국외자산이 발견된 사람
> ⓔ 명단이 공개된 자
> ⓜ 출국금지 요청일을 기준으로 최근 1년간 체납된 관세(세관장이 부과 · 징수하는 내국세 등을 포함)가 5천만 원 이상인 상태에서 사업 목적, 질병 치료, 직계존비속의 사망 등 정당한 사유 없이 국외 출입 횟수가 3회 이상이거나 국외 체류 일수가 6개월 이상인 사람
> ⓗ 관세법 제26조(담보 등이 없는 경우의 관세징수)에 따라 「국세징수법」에 따른 사해행위 취소소송 중이거나 「국세기본법」에 따른 제3자와 짜고 한 거짓계약에 대한 취소소송 중인 사람

③ 출국금지 · 출국정지 통보

법무부장관은 출국금지 또는 출국정지 요청에 따라 출국금지 또는 출국정지를 한 경우에는 관세청장에게 그 결과를 「정보통신망 이용촉진 및 정보보호 등에 관한 법률」에 따른 정보통신망 등을 통하여 통보하여야 한다.

④ 출국금지 · 출국정지 해제요청

관세청장은 다음의 어느 하나에 해당하는 경우에는 즉시 법무부장관에게 출국금지 또는 출국정지의 해제를 요청하여야 한다.

> ⊙ 체납자가 체납액을 전부 또는 일부 납부하여 체납된 관세가 5천만 원 미만으로 된 경우
> ⓛ 체납자 재산의 압류, 담보 제공 등으로 출국금지 사유가 해소된 경우
> ⓒ 관세징수권의 소멸시효가 완성된 경우
> ⓔ 체납액의 부과결정의 취소 등에 따라 체납된 관세(세관장이 부과 · 징수하는 내국세 등을 포함)가 5천만 원 미만이 된 경우
> ⓜ 출국금지 요청의 요건을 충족하지 않게 된 경우

⑤ 출국금지 중인 사람에 대한 출국금지 해제 요청

관세청장은 출국금지 중인 사람에게 다음의 어느 하나에 해당하는 사유가 발생한 경우로서 강제징수를 회피할 목적으로 국외로 도피할 우려가 없다고 인정할 때에는 법무부장관에게 출국금지의 해제를 요청할 수 있다.

> ⑦ 국외건설계약 체결, 수출신용장 개설, 외국인과의 합작 사업계약 체결 등 구체적인 사업계획을 가지고 출국하려는 경우
> ⑥ 국외에 거주하는 직계존비속이 사망하여 출국하려는 경우
> ⑥ 상기 ⑦, ⑥ 사유 외에 본인의 신병 치료 등 불가피한 사유로 출국할 필요가 있다고 인정되는 경우

⑥ 세부규정

출국금지 및 출국정지 요청 등의 절차에 관하여 필요한 사항은 대통령령으로 정한다.

(12) 납세자 본인에 관한 과세정보의 전송 요구(법 제116조의6, 영 제141조의 13)

① 납세자 본인 과세정보의 전송 요구

납세자는 관세청장에 대하여 본인에 관한 정보로서 제116조(비밀유지)에 따른 과세정보를 본인이나 본인이 지정하는 자로서 본인정보를 이용하여 업무를 처리하려는 다음에 해당하는 자에게 전송하여 줄 것을 요구할 수 있다.

> ○ 납세자 본인
> ○ 「관세사법」에 따라 등록한 관세사, 관세법인 또는 통관취급법인 등
> ○ 「세무사법」에 따라 등록한 세무사 또는 세무법인
> ○ 「세무사법」에 따라 세무대리를 할 수 있는 공인회계사 또는 변호사
> ○ 「전기통신사업법」에 따른 전기통신사업자로서 대통령령으로 정하는 자(영 141조의13 제1항)
>   ⓐ 「전기통신사업법」에 따른 전기통신사업자로서 「신용정보의 이용 및 보호에 관한 법률」 제33조의2
>   제1항 제2호부터 제5호까지에 해당하는 자
>   ⓑ 그 밖에 「전기통신사업법」에 따른 전기통신사업자로서 본인정보의 활용 수요, 본인정보를 전송·
>   수신하는 정보시스템의 안전성·신뢰성 및 개인정보 보호 수준 등을 고려하여 관세청장이 정하여
>   고시하는 자

② 보관기간 특정(영 제141조의13 제3항)

납세자는 과세정보의 전송을 요구하는 경우(납세자 본인에게 전송할 것을 요구하는 경우는 제외)에는
과세정보의 보관기간을 특정하여 요구해야 한다.

③ 전자문서 형태 전송

관세청장은 전송 요구를 받은 경우에는 대통령령으로 정하는 범위에서 해당 정보를 컴퓨터 등 정보처리
장치를 이용하여 처리 가능한 형태로 전송하여야 한다(영 제141조의13 제2항).

> ○ 별표 2의2 제1호 각 목에 따른 정보(납세자 본인에 관한 정보만 해당)를 말한다. 다만, 해당 정보의
>   유출로 국가의 안전보장 또는 국민경제의 발전에 지장을 줄 우려가 있는 정보는 제외한다.

④ 전송요구 철회

납세자는 다음의 방법으로 전송 요구를 철회할 수 있다(영 제141조의13 제6항).

> ○ 서 면
> ○ 「전자서명법」에 따른 전자서명(서명자의 실지명의를 확인할 수 있는 것으로 한정)이 있는 전자문서(「
>   전자문서 및 전자거래 기본법」에 따른 전자문서를 말한다)
> ○ 그 밖에 안전성과 신뢰성이 확보된 방법으로서 관세청장이 정하여 고시하는 방법

⑤ 거절, 중단 및 통지

③에도 불구하고 관세청장은 납세자의 본인 여부가 확인되지 아니하는 경우 등 대통령령으로 정하는 경
우에는 전송 요구를 거절하거나 전송을 중단할 수 있다. 이 경우 관세청장은 지체 없이 해당 사실을 납세
자에게 통지하여야 한다(영 제141조의13 제7항).

> ㉠ 납세자 본인이 전송 요구를 한 사실이 확인되지 않은 경우
> ㉡ 납세자 본인이 전송 요구를 했으나 제3자의 기망이나 협박 때문에 전송 요구를 한 것으로 의심되는 경우
> ㉢ 법 제116조의6 제1항 각 호의 자가 아닌 자에게 전송해 줄 것을 요구한 경우
> ㉣ 전송 요구 방법을 따르지 않은 경우
> ㉤ 납세자의 인증정보 탈취 등 부당한 방법으로 인한 전송 요구임을 알게 된 경우
> ㉥ 전송 요구에 응하여 과세정보를 제공하면 타인의 권리나 정당한 이익을 부당하게 침해할 우려가 있는 경우

⑥ 신뢰성 확보

납세자는 ①의 ㉠~㉤에 해당하는 자에게 전송 요구를 할 때에는 다음의 사항을 모두 특정하여 전자문서나 그 밖에 안전성과 신뢰성이 확보된 방법으로 하여야 한다.

> ㉠ 전송을 요구하는 본인의 과세정보
> ㉡ 본인의 과세정보를 제공받는 자
> ㉢ 정기적인 전송을 요구하는지 여부 및 요구하는 경우 그 주기
> ㉣ 그 밖에 ㉠부터 ㉢까지에서 정한 사항과 유사한 사항으로서 관세청장이 정하는 사항

⑦ 타인의 권리나 이익 침해 금지

납세자는 전송 요구로 인하여 타인의 권리나 정당한 이익을 침해하여서는 아니 된다.

⑧ 대행기관

관세청장은 과세정보의 전송 업무를 제322조(통계 및 증명서의 작성 및 교부 등) 제5항에 따른 대행기관에 대행하게 할 수 있다. 이 경우 관세청장은 과세정보 전송 업무를 위하여 기초자료를 대행기관에 제공하여야 한다.

⑨ 과세정보 안정성 확보 조치

제2항에 따라 전송된 과세정보를 알게 된 ①의 ㉡~㉤에 해당하는 자 또는 과세정보의 전송 업무를 대행하는 자는 대통령령으로 정하는 바에 따라 과세정보의 유출을 방지하기 위한 시스템 구축 등 과세정보의 안정성 확보를 위한 조치를 하여야 한다.

㉠ 안전성 확보 조치(영 제141조의13 제8항)

다음의 어느 하나에 해당하는 자("전송과세정보 공유자")는 과세정보의 안전성을 확보하기 위해 영 제141조의4(과세정보의 안전성 확보) 제1항 각 호의 조치를 해야 한다.

> ⓐ 법 제116조의6 제2항에 따라 전송된 과세정보를 알게 된 같은 조 제1항 제2호부터 제5호까지에 해당하는 자
> ⓑ 법 제116조의6 제8항에 따라 과세정보의 전송 업무를 대행하는 자

㉡ 주기적 점검(영 제141조의13 제9항)

전송과세정보 공유자는 안전성 확보 조치의 이행 여부를 주기적으로 점검해야 한다.

㉢ 점검결과 제출(영 제141조의13 제10항)

관세청장은 전송과세정보 공유자에게 점검결과의 제출을 요청할 수 있으며, 해당 요청을 받은 자는 그 점검결과를 관세청장에게 제출해야 한다.

⑩ 과세정보 용도외 사용 금지

전송된 과세정보를 알게 된 ①의 ⓒ~ⓜ에 해당하는 자 또는 과세정보의 전송 업무를 대행하는 자는 과세정보를 타인에게 제공 또는 누설하거나 그 목적 외의 용도로 사용하여서는 아니 된다.

⑪ 수수료

과세정보를 전송 요구하려는 자는 기획재정부령으로 정하는 바에 따라 관세청장에게 수수료를 납부하여야 한다. 다만, 대행기관이 업무를 대행하는 경우에는 대행기관이 정하는 수수료를 해당 대행기관에 납부하여야 한다.

(13) 정보의 제공(법 제117조)

세관공무원은 납세자가 납세자의 권리행사에 필요한 정보를 요구하면 신속하게 제공하여야 한다. 이 경우 세관공무원은 납세자가 요구한 정보와 관련되어 있어 관세청장이 정하는 바에 따라 납세자가 반드시 알아야 한다고 판단되는 그 밖의 정보도 함께 제공하여야 한다.

제2절 과세전적부심사(법 제118조)

1. 과세 전 통지 12년 기출

(1) 의 의

세관장은 경정 또는 부족세액 징수규정에 따라 납부세액이나 납부하여야 하는 세액에 미치지 못한 금액을 징수하려는 경우에는 미리 납세의무자에게 그 내용을 서면으로 통지하여야 한다.

(2) 과세 전 통지의 생략 17년 기출

다음의 어느 하나에 해당하는 경우에는 통지를 생략할 수 있다.

① 통지하려는 날부터 3개월 이내에 관세부과의 제척기간이 만료되는 경우
② 제28조 제2항(잠정가격 신고 후 확정가격 신고)에 따라 납세의무자가 확정가격을 신고한 경우
③ 수입신고 수리 전에 세액을 심사하는 경우로서 그 결과에 따라 부족세액을 징수하는 경우
④ 제97조(재수출면세) 제3항[제98조(재수출 감면) 제2항에 따라 준용되는 경우를 포함]에 따라 면제된 관세를 징수하거나 제102조(관세감면물품의 사후관리) 제2항에 따라 감면된 관세를 징수하는 경우
⑤ 관세포탈죄로 고발되어 포탈세액을 징수하는 경우
⑥ 그 밖에 관세의 징수가 곤란하게 되는 등 사전통지가 적당하지 아니한 경우로서 대통령령으로 정하는 경우(영 제142조)
  ㉠ 납부세액의 계산착오 등 명백한 오류에 의하여 부족하게 된 세액을 징수하는 경우
  ㉡ 감사원의 시정요구에 따라 징수하는 경우
  ㉢ 납세의무자가 부도·휴업·폐업 또는 파산한 경우
  ㉣ 관세품목분류위원회의 의결에 따라 결정한 품목분류에 의하여 수출입물품에 적용할 세율이나 품목분류의 세번이 변경되어 부족한 세액을 징수하는 경우
  ㉤ 재조사 결과에 따라 해당 처분의 취소·경정을 하거나 필요한 처분을 하는 경우

(3) 조기경정의 신청(법 제118조 제5항)

과세 전 통지를 받은 자는 과세전적부심사를 청구하지 아니하고 통지를 한 세관장에게 통지받은 내용의 전부 또는 일부에 대하여 조기에 경정해 줄 것을 신청할 수 있다. 이 경우 해당 세관장은 즉시 신청받은 대로 세액을 경정하여야 한다.

2. 과세전적부심사 청구

(1) 적부심사의 범위 11년 기출

① 세관장에게 청구

납세의무자는 과세 전 통지를 받았을 때에는 그 통지를 받은 날부터 30일 이내에 기획재정부령으로 정하는 세관장에게 통지 내용이 적법한지에 대한 심사(과세전적부심사)를 청구할 수 있다.

② 관세청장에게 청구

법령에 대한 관세청장의 유권해석을 변경하여야 하거나 새로운 해석이 필요한 경우 등 다음의 어느 하나에 해당하는 경우에는 관세청장에게 이를 청구할 수 있다(영 제143조 제1항).

> ⊙ 관세청장의 훈령·예규·고시 등과 관련하여 새로운 해석이 필요한 경우
> ⓛ 관세청장의 업무감사 결과 또는 업무지시에 따라 세액을 경정하거나 부족한 세액을 징수하는 경우
> ⓒ 관세평가분류원장의 품목분류 및 유권해석에 따라 수출입물품에 적용할 세율이나 물품분류의 관세율표 번호가 변경되어 세액을 경정하거나 부족한 세액을 징수하는 경우
> ⓔ 동일 납세의무자가 동일한 사안에 대하여 둘 이상의 세관장에게 과세전적부심사를 청구하여야 하는 경우
> ⓜ ⊙부터 ⓔ까지의 규정에 해당하지 아니하는 경우로서 과세전적부심사 청구금액이 5억 원 이상인 것

(2) 적부심사 청구의 절차

① 심사청구기간의 계산(법 제122조 제2항)

심사청구기간을 계산할 때에는 해당 심사청구서가 세관장에게 제출된 때에 심사청구가 된 것으로 본다. 해당 심사청구서가 처분하였거나 하였어야 하는 세관장 외의 세관장이나 관세청장에게 제출된 경우에도 또한 같다.

② 심사청구서의 보정(법 제123조)

보정의 요구	관세청장은 심사청구의 내용이나 절차가 적합하지 아니하지만 보정할 수 있다고 인정되는 경우에는 20일 이내의 기간을 정하여 해당 사항을 보정할 것을 요구할 수 있다.
직권보정	다만, 보정할 사항이 경미한 경우에는 직권으로 보정할 수 있다.
보정방법	보정요구를 받은 심사청구인은 보정할 사항을 서면으로 작성하여 관세청장에게 제출하거나, 관세청에 출석하여 보정할 사항을 말하고 그 말한 내용을 세관공무원이 기록한 서면에 서명 또는 날인함으로써 보정할 수 있다.
보정기간 불산입	보정기간은 심사청구기간에 산입하지 아니한다.

③ 대리인(법 제126조) 19년 기출

　㉠ 이의신청인, 심사청구인 또는 심판청구인은 변호사나 관세사를 대리인으로 선임할 수 있다.

　㉡ 이의신청인, 심사청구인 또는 심판청구인은 신청 또는 청구의 대상이 대통령령으로 정하는 금액 미만인 경우에는 배우자, 4촌 이내의 혈족 또는 배우자의 4촌 이내의 혈족을 대리인으로 선임할 수 있다.

　㉢ 대리인의 권한은 서면으로 증명하여야 한다.

　㉣ 대리인은 본인을 위하여 청구에 관한 모든 행위를 할 수 있다. 다만, 청구의 취하는 특별한 위임을 받은 경우에만 할 수 있다.

　㉤ 대리인을 해임하였을 때에는 그 뜻을 서면으로 해당 재결청에 신고하여야 한다.

④ 서류의 열람 및 의견 진술(법 제130조)

이의신청인 · 심사청구인 또는 심판청구인은 그 청구와 관계되는 서류를 열람할 수 있으며 대통령령으로 정하는 바에 따라 해당 재결청에 의견을 진술할 수 있다.

⑤ 경정 유보(영 제143조 제2항)

납세의무자가 과세전적부심사를 청구한 경우 세관장은 그 청구 부분에 결정이 있을 때까지 경정을 유보(留保)해야 한다. 다만, 다음의 어느 하나에 해당하는 경우에는 그렇지 않다.

> ㉠ 과세전적부심사를 청구한 날부터 관세부과의 제척기간 만료일까지 남은 기간이 3개월 이하인 경우
> ㉡ 과세 전 통지의 생략 요건에 해당하는 경우
> ㉢ 납세의무자가 과세전적부심사를 청구한 이후 세관장에게 조기에 경정해 줄 것을 신청한 경우

⑥ 결정 및 통지(법 제118조 제3항)

과세전적부심사를 청구받은 세관장이나 관세청장은 그 청구를 받은 날부터 30일 이내에 관세심사위원회의 심사를 거쳐 결정을 하고, 그 결과를 청구인에게 통지하여야 한다. 다만, 과세전적부심사 청구기간이 지난 후 과세전적부심사 청구가 제기된 경우 등 다음의 어느 하나의 사유에 해당하는 경우에는 해당 위원회의 심사를 거치지 아니하고 결정할 수 있다(영 제144조).

> ㉠ 과세전적부심사 청구기간이 지난 후 과세전적부심사 청구가 제기된 경우
> ㉡ 법 제118조 제1항(과세 전 통지의 생략) 각 호 외의 부분 본문에 따른 통지가 없는 경우
> ㉢ 법 제118조 제1항(과세 전 통지의 생략) 각 호 외의 부분 본문에 따른 통지가 청구인에게 한 것이 아닌 경우
> ㉣ 보정기간 내에 보정을 하지 아니한 경우
> ㉤ 과세전적부심사 청구의 대상이 되는 통지의 내용이나 쟁점 등이 이미 관세심사위원회의 심의를 거쳐 결정된 사항과 동일한 경우

⑦ 결정내용(법 제118조 제4항)

과세전적부심사 청구에 대한 결정은 다음의 구분에 따른다.

> ㉠ 청구가 이유 없다고 인정되는 경우 : 채택하지 아니한다는 결정
> ㉡ 청구가 이유 있다고 인정되는 경우 : 청구의 전부 또는 일부를 채택하는 결정. 이 경우 구체적인 채택
>   의 범위를 정하기 위하여 사실관계 확인 등 추가적으로 조사가 필요한 경우에는 과세통지를 한 세관
>   장으로 하여금 이를 재조사하여 그 결과에 따라 당초 통지 내용을 수정하여 통지하도록 하는 재조사
>   결정을 할 수 있다.
> ㉢ 청구기간이 지났거나 보정기간 내에 보정하지 아니하는 경우 또는 적법하지 아니한 청구를 하는 경우
>   : 심사하지 아니한다는 결정

3. 재조사 결과에 따른 처분의 통지(영 제142조의2)

관세청장 또는 세관장은 재조사 결과에 따라 대상이 된 처분의 취소·경정을 하거나 필요한 처분을 하였을
때에는 그 처분결과를 지체 없이 서면으로 과세전적부심사 청구인 또는 심사청구인(법 제132조 제4항에서
준용하는 경우에는 이의신청인)에게 통지하여야 한다.

4. 납세자 권리보호

(1) 관세청장의 납세자 권리보호(법 제118조의2)

① 납세자 권리보호 의무

관세청장은 직무를 수행할 때 납세자의 권리가 보호되고 실현될 수 있도록 성실하게 노력하여야 한다.

② 납세자보호관

납세자의 권리보호를 위하여 관세청에 납세자 권리보호업무를 총괄하는 납세자보호관을 두고, 대통령령
으로 정하는 본부세관[인천공항세관, 서울세관, 부산세관, 인천세관, 대구세관, 광주세관(이하 "본부세
관", 영 제144조의2 제1항)]에 납세자 권리보호업무를 수행하는 담당관을 각각 1명을 둔다.

③ 납세자보호관 및 담당관 직위 등

관세청장은 납세자보호관을 개방형 직위로 운영하고 납세자보호관 및 담당관이 업무를 수행할 때 독립
성이 보장될 수 있도록 하여야 한다. 이 경우 납세자보호관은 관세·법률·재정 분야의 전문지식과 경험
을 갖춘 사람으로서 다음의 어느 하나에 해당하지 아니하는 사람을 대상으로 공개모집한다.

> ㉠ 세관공무원
> ㉡ 세관공무원으로 퇴직한 지 3년이 지나지 아니한 사람

④ 납세자보호관의 직무 및 권한(영 제144조의2 제2항)

납세자보호관의 직무 및 권한은 다음과 같으며, 업무를 효율적으로 수행하기 위하여 납세자보호담당관
에게 그 직무와 권한의 일부를 위임할 수 있다.

       ○ 위법·부당한 관세조사 및 관세조사 중 세관공무원의 위법·부당한 행위에 대한 일시중지 및 중지
       ○ 위법·부당한 처분(법에 따른 납부고지는 제외)에 대한 시정요구
       ○ 위법·부당한 처분이 있을 수 있다고 인정되는 경우 그 처분 절차의 일시중지 및 중지
       ○ 납세서비스 관련 제도·절차 개선에 관한 사항
       ○ 납세자의 권리보호업무에 관하여 납세자보호담당관에 대한 지도·감독
       ○ 세금 관련 고충민원의 해소 등 납세자 권리보호에 관한 사항
       ○ 그 밖에 납세자의 권리보호와 관련하여 관세청장이 정하는 사항

⑤ 납세자보호담당관의 직무 및 권한(영 제144조의2 제4항, 제5항)

    납세자보호담당관은 관세청 소속 공무원 중에서 그 직급·경력 등을 고려하여 관세청장이 정하는 기준에 해당하는 사람으로 하며, 직무 및 권한은 다음과 같다.

       ○ 세금 관련 고충민원의 처리 등 납세자 권리보호에 관한 사항
       ○ 납세자보호관에게 위임받은 업무
       ○ 그 밖에 납세자 권리보호에 관하여 관세청장이 정하는 사항

⑥ 추진실적 등 공개

    관세청장은 납세자 권리보호업무의 추진실적 등의 자료를 일반 국민에게 정기적으로 공개하여야 한다.

(2) 납세자의 협력의무(법 제118조의3)

납세자는 세관공무원의 적법한 질문·조사, 제출명령에 대하여 성실하게 협력하여야 한다.

(3) 납세자보호위원회(법 제118조의4)

① 설 치

    다음의 사항을 심의(ⓒ의 사항은 의결을 포함)하기 위하여 제118조의2 제2항의 본부세관 및 관세청에 납세자보호위원회를 둔다.

       ○ 납세자 권리보호에 관한 사항
       ○ 과세전적부심사
       ○ 심사청구
       ○ 이의신청

② 세관 납세자보호위원회 심의사항

본부세관에 두는 납세자보호위원회는 다음의 사항을 심의한다.

> ㉠ 관세조사 범위의 확대
> ㉡ 관세조사 기간 연장에 대한 납세자의 관세조사 일시중지 또는 중지 요청
> ㉢ 위법·부당한 관세조사 및 관세조사 중 세관공무원의 위법·부당한 행위에 대한 납세자의 관세조사 일시중지 또는 중지 요청
> ㉣ 제114조의2(장부·서류 등의 보관 금지) 제4항 단서에 따른 장부 등의 일시 보관 기간 연장
> ㉤ 제118조 제2항 본문에 따른 과세전적부심사
> ㉥ 이의신청
> ㉦ 그 밖에 고충민원의 처리 등 납세자의 권리보호를 위하여 납세자보호담당관이 심의가 필요하다고 인정하는 안건

③ 관세청 납세자보호위원회 심의사항

관세청에 두는 납세자보호위원회는 다음의 사항을 심의(㉢의 사항은 의결을 포함)한다.

> ㉠ 상기 ㉠부터 ㉢까지의 사항에 대하여 세관 납세자보호위원회의 심의를 거친 해당 세관장의 결정에 대한 납세자의 취소 또는 변경 요청
> ㉡ 제118조 제2항 단서에 따른 과세전적부심사
> ㉢ 심사청구
> ㉣ 그 밖에 고충민원의 처리 또는 납세자 권리보호를 위한 관세행정의 제도 및 절차 개선 등으로서 납세자보호위원회의 위원장 또는 납세자보호관이 심의가 필요하다고 인정하는 사항

④ 납세자보호위원회 구성(법 제118조의4 제5항~제11항, 영 제144조의3) 23년 기출

납세자보호위원회의 구성 및 운영 등에 필요한 사항은 대통령령으로 정한다(영 제144조의3).

위원회 구성		납세자보호위원회는 위원장 1명을 포함하여 다음의 구분에 따른 위원으로 구성한다. • 본부세관에 두는 위원회 : 160명 이내의 위원 • 관세청에 두는 위원회 : 45명 이내의 위원
본부세관 납세자 보호 위원회	위원장	공무원이 아닌 사람 중에서 해당 세관장의 추천을 받아 관세청장이 위촉하는 사람
	위 원	• 납세자보호담당관 1명 • 해당 본부세관의 5급 이상의 공무원 중 본부세관장이 임명하는 7명 이내의 사람 • 관세청장이 정하는 일선세관(본부세관 외의 세관)의 5급 이상의 공무원 중 본부세관장이 임명하는 40명 이내의 사람(일선세관별 임명 위원은 5명 이내로 한다) • 관세·법률·재정 분야에 관한 전문적인 학식과 경험이 풍부한 사람으로서 본부세관장이 성별을 고려하여 위촉하는 32명 이내의 사람 • 관세·법률·재정 분야에 관한 전문적인 학식과 경험이 풍부한 사람으로서 일선세관장이 성별을 고려하여 추천한 사람 중에서 본부세관장이 위촉하는 80명 이내의 사람(일선세관별 위촉위원은 10명 이내로 한다)

관세청 납세자 보호 위원회	위원장	• 공무원이 아닌 사람 중에서 기획재정부장관의 추천을 받아 관세청장이 위촉하는 사람 • 위원장이 부득이한 사유로 직무를 수행할 수 없을 때에는 관세청장(본부세관에 두는 위원회의 경우에는 해당 세관장을 말한다)이 위촉하는 위원(민간위원) 중 위원장이 미리 지명한 위원이 그 직무를 대행한다.
	위 원	• 납세자보호관 1명 • 관세청의 3급 또는 고위공무원단에 속하는 공무원 중에서 관세청장이 임명하는 9명 이내의 사람 • 관세·법률·재정 분야의 전문가 중에서 관세청장이 성별을 고려하여 위촉하는 22명 이내의 사람(기획재정부장관이 추천하여 위촉하는 7명 이내의 사람을 포함) • 「관세사법」에 따른 관세사회의 장이 추천하는 5년 이상 경력을 가진 관세사 중에서 관세청장이 위촉하는 사람 3명 • 「세무사법」에 따른 한국세무사회의 장이 추천하는 5년 이상 경력을 가진 세무사 또는 「공인회계사법」에 따른 한국공인회계사회의 장이 추천하는 5년 이상의 경력을 가진 공인회계사 중에서 관세청장이 위촉하는 사람 3명 • 「변호사법」에 따른 대한변호사협회의 장이 추천하는 5년 이상 경력을 가진 변호사 중에서 관세청장이 위촉하는 사람 3명 • 「비영리민간단체 지원법」에 따른 비영리민간단체가 추천하는 5년 이상의 경력을 가진 관세·법률·재정 분야의 전문가 중에서 관세청장이 위촉하는 사람 4명
위 촉		납세자보호위원회의 위원은 관세·법률·재정 분야에 전문적인 학식과 경험이 풍부한 사람과 관계 공무원 중에서 관세청장(세관 납세자보호위원회의 위원은 해당 세관장)이 임명 또는 위촉한다.
해임·해촉		관세청장(본부세관에 두는 위원회의 경우에는 해당 세관장)은 위원장과 위원(납세자보호담당관 및 납세자보호관인 위원은 제외)이 다음의 어느 하나에 해당하는 경우에는 해당 위원을 해임하거나 해촉할 수 있다. 1. 심신장애로 인하여 직무를 수행할 수 없게 된 경우 2. 직무와 관련된 비위사실이 있는 경우 3. 직무태만, 품위손상이나 그 밖의 사유로 인하여 위원으로 적합하지 아니하다고 인정되는 경우 4. 위원 스스로 직무를 수행하는 것이 곤란하다고 의사를 밝히는 경우 5. 심의·의결 제척사유에 해당함에도 불구하고 회피하지 않은 경우
비밀유지 의무		납세자보호위원회의 위원은 업무 중 알게 된 과세정보를 타인에게 제공 또는 누설하거나 목적 외의 용도로 사용해서는 아니 된다.
회의 제척, 회피 의무		납세자보호위원회의 위원은 공정한 심의를 기대하기 어려운 사정이 있다고 인정될 때에는 대통령령으로 정하는 바에 따라 위원회 회의에서 제척되거나 회피하여야 한다.
관세심사위원회		과세전적부심사·이의신청·심사청구의 사항을 심의하거나 심의·의결하기 위하여 세관 납세자보호위원회 및 관세청 납세자보호위원회에 각각 분과위원회로 관세심사위원회를 둔다. 이 경우 관세심사위원회의 심의 또는 심의·의결은 납세자보호위원회의 심의 또는 심의·의결로 본다.
납세자보호관의 감독		납세자보호관은 납세자보호위원회의 의결사항에 대한 이행여부 등을 감독한다.

(4) 납세자보호위원회의 운영(영 제144조의4)

회의소집	① 위원장은 다음의 어느 하나에 해당하는 경우 기일을 정하여 위원회의 회의를 소집하고, 그 의장이 된다. 1. 다음의 구분에 따른 안건에 대한 심의가 필요하다고 인정되는 경우 　가. 본부세관에 두는 위원회 : 법 제118조의4 제2항 각 호의 안건 　나. 관세청에 두는 위원회 : 법 제118조의4 제3항 각 호의 안건 2. 다음의 구분에 따른 안건에 대하여 납세자보호관 또는 납세자보호담당관인 위원의 요구가 있는 경우 　가. 본부세관에 두는 위원회 : 법 제118조의4 제2항 제1호부터 제4호까지 및 제7호의 안건 　나. 관세청에 두는 위원회 : 법 제118조의4 제3항 제1호 및 제4호의 안건
회의구성	② 위원회의 회의는 위원장과 다음의 구분에 따른 사람으로 구성한다. 1. 본부세관에 두는 위원회 : 다음의 구분에 따른 사람 　가. 법 제118조의4 제2항 제1호부터 제4호까지 및 제7호의 안건 : 납세자보호담당관과 위원장이 납세자보호담당관인 위원의 의견을 들어 회의마다 성별을 고려하여 지정하는 사람 9명 　나. 법 제118조의4 제2항 제5호 및 제6호의 안건 : 위원장이 본부세관장의 의견을 들어 회의마다 성별을 고려하여 지정하는 사람 9명 2. 관세청에 두는 위원회 : 다음의 구분에 따른 사람 　가. 법 제118조의4 제3항 제1호 및 제4호의 안건 : 납세자보호관과 위원장이 납세자보호관인 위원의 의견을 들어 회의마다 성별을 고려하여 지정하는 사람 9명 　나. 법 제118조의4 제3항 제2호 및 제3호의 안건 : 위원장이 관세청장의 의견을 들어 회의마다 성별을 고려하여 지정하는 사람 9명 ③ 위원회의 회의는 다음에서 정하는 기준에 따라 구성해야 한다. 1. 제2항 제1호 가목 및 같은 항 제2호 가목 : 민간위원이 아닌 위원이 2명 이하일 것 2. 제2항 제1호 나목 및 같은 항 제2호 나목 : 민간위원이 2분의 1 이상일 것
의 결	④ 위원회의 회의는 구성된 위원 과반수의 출석으로 개의하고, 출석위원 과반수의 찬성으로 의결한다.
비공개원칙	⑤ 위원회의 회의는 공개하지 않는다. 다만, 다음의 어느 하나에 해당하는 경우에는 공개할 수 있다. 1. 법 제118조의4 제2항 제1호부터 제4호까지, 제7호, 같은 조 제3항 제1호 및 제4호의 안건 : 위원장이 납세자보호관 또는 납세자보호담당관인 위원의 의견을 들어 공개가 필요하다고 인정하는 경우 2. 법 제118조의4 제2항 제5호·제6호, 같은 조 제3항 제2호·제3호의 안건 : 해당 안건과 관련된 제144조의6 제3항 각 호에 따른 관세심사위원회의 위원장이 필요하다고 인정하여 위원장에게 요청하는 경우
간 사	⑥ 위원회에 그 사무를 처리하는 간사 1명을 두고, 간사는 다음의 구분에 따른 사람이 된다. 1. 본부세관에 두는 위원회 : 해당 본부세관장이 소속 공무원 중에서 지명하는 사람 2. 관세청에 두는 위원회 : 관세청장이 소속 공무원 중에서 지명하는 사람
심의·의결 제척	⑦ 위원회의 위원은 다음의 구분에 따라 위원회의 심의·의결에서 제척된다. 1. 법 제118조의4 제2항 제1호부터 제4호까지, 제7호, 같은 조 제3항 제1호 및 제4호의 안건의 경우 : 다음의 어느 하나에 해당하는 경우 　가. 심의의 대상이 되는 관세조사를 받는 사람(조사대상자)인 경우 또는 조사대상자의 관세조사에 대하여 법 제112조에 따라 조력을 제공하거나 제공했던 사람인 경우 　나. 가목에 규정된 사람의 친족이거나 친족이었던 경우 　다. 가목에 규정된 사람의 사용인이거나 사용인이었던 경우 　라. 심의의 대상이 되는 관세조사에 관하여 증언 또는 감정을 한 경우 　마. 심의의 대상이 되는 관세조사 착수일 전 최근 5년 이내에 조사대상자의 법에 따른 신고·신청·청구에 관여했던 경우 　바. 라목 또는 마목에 해당하는 법인 또는 단체에 속하거나 심의의 대상이 되는 관세조사의 착수일 전 최근 5년 이내에 속했던 경우 　사. 그 밖에 조사대상자 또는 조사대상자의 관세조사에 대하여 법 제112조에 따라 조력을 제공하는 자의 업무에 관여하거나 관여했던 경우

심의·의결 제척	2. 법 제118조의4 제2항 제5호·제6호, 같은 조 제3항 제2호·제3호의 안건(관세심사위원회에서 심의·의결하는 안건을 포함)의 경우 : 다음의 어느 하나에 해당하는 경우 가. 위원이 해당 안건의 당사자(당사자가 법인·단체 등인 경우에는 그 임원을 포함한다. 이하 이 호에서 같다)이거나 해당 안건에 관하여 직접적인 이해관계가 있는 경우 나. 위원의 배우자, 4촌 이내의 혈족 및 2촌 이내의 인척의 관계에 있는 사람이 해당 안건의 당사자이거나 해당 안건에 관하여 직접적인 이해관계가 있는 경우 다. 위원이 해당 안건 당사자의 대리인이거나 최근 5년 이내에 대리인이었던 경우 라. 위원이 해당 안건 당사자의 대리인이거나 최근 5년 이내에 대리인이었던 법인·단체 등에 현재 속하고 있거나 속하였던 경우 마. 위원이 최근 5년 이내에 해당 안건 당사자의 자문·고문에 응하였거나 해당 안건 당사자와 연구·용역 등의 업무 수행에 동업 또는 그 밖의 형태로 직접 해당 안건 당사자의 업무에 관여를 하였던 경우 바. 위원이 최근 5년 이내에 해당 안건 당사자의 자문·고문에 응하였거나 해당 안건 당사자와 연구·용역 등의 업무 수행에 동업 또는 그 밖의 형태로 직접 해당 안건 당사자의 업무에 관여를 하였던 법인·단체 등에 현재 속하고 있거나 속하였던 경우
심의·의결 회피	⑧ 위원회의 위원은 상기 심의·의결 제척사항의 어느 하나에 해당하는 경우에는 스스로 해당 안건의 심의·의결에서 회피해야 한다.

▷ 상기에서 규정한 사항 외에 위원회의 구성 및 운영 등에 필요한 사항은 관세청장이 정한다.

(5) 납세자보호위원회에 대한 납세자의 심의 요청 및 결과 통지 등(법 제118조의5)

① 심의요청

납세자는 관세조사 기간이 끝나는 날까지 본부세관의 세관장에게 다음 사항에 대한 심의를 요청할 수 있다.

> ㉠ 관세조사 기간 연장에 대한 납세자의 관세조사 일시중지 또는 중지 요청
> ㉡ 위법·부당한 관세조사 및 관세조사 중 세관공무원의 위법·부당한 행위에 대한 납세자의 관세조사 일시중지 또는 중지 요청

② 결정 및 통지

세관장은 심의 사항에 대하여 세관 납세자보호위원회의 심의를 거쳐 결정을 하고, 납세자에게 그 결과를 통지하여야 한다. 이 경우 상기 ①의 ㉠, ㉡에 대한 결과는 심의요청을 받은 날부터 20일 이내에 통지하여야 한다.

③ 취소 또는 변경 요청

㉠ 납세자는 통지를 받은 날부터 7일 이내에 제118조의4 제2항 제1호부터 제3호까지의 사항으로서 세관 납세자보호위원회의 심의를 거친 세관장의 결정에 대하여 관세청장에게 취소 또는 변경을 요청할 수 있다.

㉡ 납세자의 요청을 받은 관세청장은 관세청 납세자보호위원회의 심의를 거쳐 세관장의 결정을 취소하거나 변경할 수 있다. 이 경우 관세청장은 요청받은 날부터 20일 이내에 그 결과를 납세자에게 통지하여야 한다.

④ 납세자보호관(담당관)의 관세조사의 일시중지 등 요구

납세자보호관 또는 담당관은 납세자가 심의요청 또는 취소·변경 요청을 하는 경우에는 납세자보호위원회의 심의 전까지 세관공무원에게 관세조사의 일시중지 등을 요구할 수 있다. 다만, 납세자가 관세조사를 기피하려는 것이 명백한 경우 등 대통령령으로 정하는 다음의 경우에는 그러하지 아니하다(영 제144조의5 제3항).

> ㉠ 납세자가 장부·서류 등을 은닉하거나 제출을 지연 또는 거부하는 등 조사를 기피하는 행위가 명백한 경우
> ㉡ 납세자의 심의 요청 및 취소 또는 변경 요청이 관세조사를 기피하려는 행위임을 세관공무원이 자료·근거 등으로 명백하게 입증하는 경우

⑤ 납세자보호위원회의 관세조사 일시중지 등 요구

납세자보호위원회는 상기 ①의 심의요청이 있는 경우 그 의결로 관세조사의 일시중지 또는 중지를 세관공무원에게 요구할 수 있다. 이 경우 납세자보호위원회는 정당한 사유 없이 위원회의 요구에 따르지 아니하는 세관공무원에 대하여 관세청장에게 징계를 건의할 수 있다.

⑥ 의견진술

① 및 ③에 따른 요청을 한 납세자는 대통령령으로 정하는 바에 따라 세관장 또는 관세청장에게 의견을 진술할 수 있다. 의견 진술을 하려는 납세자는 다음의 사항을 적은 문서를 해당 세관장 또는 관세청장에게 제출하여 신청해야 한다(영 제144조의5 제4항).

> ㉠ 진술자의 성명(법인인 경우 법인의 대표자 성명)
> ㉡ 진술자의 주소 또는 거소
> ㉢ 진술하려는 내용

⑦ 세부규정

상기의 사항 외에 납세자보호위원회에 대한 납세자의 심의 요청 및 결과 통지 등에 관하여 필요한 사항은 대통령령으로 정한다.

(6) 관세심사위원회(영 제144조의6)

① 설 치

다음의 구분에 따라 납세자보호위원회에 관세심사위원회를 둔다. 이 경우 제1호 나목의 위원회는 관세청장이 정하는 바에 따라 본부세관에 둔다.

> 1. 본부세관 납세자보호위원회에 두는 관세심사위원회 : 다음의 분과위원회
>   가. 본부세관분과 관세심사위원회 : 1개
>   나. 일선세관분과 관세심사위원회 : 8개 이내
> 2. 관세청 납세자보호위원회에 두는 관세심사위원회 : 관세청 관세심사위원회 1개

② 구성 16년 기출

구 분	관세청 관세심사위원회	본부세관분과 관세심사위원회	일선세관분과 관세심사위원회
심의사항	관세청장에게 제기된 과세전적부심사 청구와 심사청구 사항	과세전적부심사 청구 및 이의신청 사항	이의신청 사항
위원장 (1명)	위원 중 관세청장이 임명하는 사람	위원 중 본부세관장이 임명하는 사람	위원 중 본부세관장이 임명하는 사람
위원장 (1명)	• 위원장은 관세심사위원회를 대표하고, 관세심사위원회의 업무를 총괄한다. • 위원장이 부득이한 사유로 직무를 수행할 수 없는 경우에는 위원장(관세청에 두는 관세심사위원회의 경우에는 관세청장)이 미리 지명한 위원이 그 직무를 대행한다.		
위 원	31명 이내(위원장 포함)	22명 이내(위원장 포함)	15명 이내(위원장 포함)
위 원	• 제144조의3 제2항 제2호 나목에 해당하는 위원 중 관세청장이 임명하는 9명 이내의 사람 • 제144조의3 제2항 제2호 다목에 해당하는 위원 중 관세청장이 위촉하는 22명 이내의 사람	• 제144조의3 제2항 제1호 나목에 해당하는 위원 중 본부세관장이 임명하는 7명 이내의 사람 • 제144조의3 제2항 제1호 라목에 해당하는 위원 중 본부세관장이 위촉하는 15명 이내의 사람	• 제144조의3 제2항 제1호 다목에 해당하는 위원 중 본부세관장이 임명하는 5명 이내의 사람 • 제144조의3 제2항 제1호 마목에 해당하는 위원 중 본부세관장이 위촉하는 10명 이내의 사람

③ 관세심사위원회의 운영(영 제144조의7)

회의소집	위원장은 다음의 구분에 따른 안건에 대한 심의가 필요한 경우 기일을 정하여 관세심사위원회의 회의를 소집하고 그 의장이 된다. • 본부세관 납세자보호위원회에 두는 관세심사위원회 : 법 제118조의4 제2항 제5호 및 제6호의 안건 • 관세청 납세자보호위원회에 두는 관세심사위원회 : 법 제118조의4 제3항 제2호 및 제3호의 안건
통 지	위원장은 기일을 정하였을 때에는 그 기일 7일 전까지 지정된 위원 및 해당 청구인 또는 신청인에게 통지해야 한다.
참석요청	위원장은 관세심사위원회를 소집하는 경우 안건과 관련된 세관장 또는 처분권자를 회의에 참석하도록 요청할 수 있다.
회의 구성인원	관세심사위원회의 회의는 해당 위원장과 다음의 구분에 따른 위원으로 구성한다. 이 경우 민간위원을 2분의 1 이상 포함해야 한다. 1. 본부세관 납세자보호위원회에 두는 관세심사위원회: 다음 각 목의 구분에 따른 사람 　가. 본부세관분과 관세심사위원회 : 제144조의6 제4항 제1호 가목 1) 및 2)에 해당하는 위원 중 위원장이 회의마다 지정하는 사람 8명 　나. 일선세관분과 관세심사위원회 : 제144조의6 제4항 제1호 나목 1) 및 2)에 해당하는 위원 중 위원장이 회의마다 지정하는 사람 6명 2. 관세청 납세자보호위원회에 두는 관세심사위원회: 제144조의6 제4항 제2호 가목 및 나목에 해당하는 위원 중 위원장이 회의마다 지정하는 사람 10명

의 결	관세심사위원회의 회의는 구성된 위원 과반수의 출석으로 개의하고, 출석위원 과반수의 찬성으로 의결한다.
간 사	관세심사위원회에 그 사무를 처리하기 위하여 간사 1명을 두고, 간사는 위원장이 소속 공무원 중에서 지명한다.
회 피	관세심사위원회의 위원은 관세심사위원회에서 심의·의결하는 안건과 관련하여 제144조의4 제7항 제2호 각 목의 어느 하나에 해당하는 경우에는 스스로 해당 안건의 심의·의결에서 회피해야 한다.

▷ 상기 규정한 사항 외에 관세심사위원회의 구성 및 운영 등에 필요한 사항은 납세자보호위원회의 의결을 거쳐 위원장이 정한다.

제3절 행정심판제도

1. 불복의 신청(법 제119조) 21년 기출

(1) 의 의 19, 12년 기출

관세법이나 그 밖의 관세에 관한 법률 또는 조약에 따른 처분으로서 위법한 처분 또는 부당한 처분을 받거나 필요한 처분을 받지 못하여 권리나 이익을 침해당한 자는 그 처분의 취소 또는 변경을 청구하거나 필요한 처분을 청구할 수 있다. 다만, 다음의 처분에 대해서는 그러하지 아니하다.

> ① 관세법에 따른 통고처분
> ② 「감사원법」에 따라 심사청구를 한 처분이나 그 심사청구에 대한 처분
> ③ 관세법이나 그 밖의 관세에 관한 법률에 따른 과태료 부과처분

(2) 정보통신망을 이용한 불복청구(법 제129조의2)

이의신청인, 심사청구인 또는 심판청구인은 관세청장 또는 조세심판원장이 운영하는 정보통신망을 이용하여 이의신청서, 심사청구서 또는 심판청구서를 제출할 수 있다. 이 경우 관세청장 또는 조세심판원장에게 이의신청서, 심사청구서 또는 심판청구서가 전송된 때에 관세법에 따라 제출된 것으로 본다.

(3) 이의신청

처분이 관세청장이 조사·결정 또는 처리하거나 하였어야 할 것인 경우를 제외하고는 그 처분에 대하여 심사청구 또는 심판청구에 앞서 이의신청을 할 수 있다. 다만, 다음의 처분에 대해서는 그러하지 아니하다.

> ① 이의신청에 대한 처분
> ② 제128조 제1항 제3호 후단(심사청구의 재조사 결정)에 따른 처분청의 처분

(4) 「감사원법」에 따른 심사청구 14년 기출

① 청구기간

「감사원법」에 따른 심사청구는 그 처분을 한 것을 안 날(처분의 통지를 받았을 때에는 그 통지를 받은 날)부터 90일 이내에 하여야 한다.

② 행정소송의 제기

「감사원법」에 따른 심사청구를 거친 처분에 대한 행정소송은 「행정소송법」에도 불구하고 그 심사청구에 대한 결정을 통지받은 날부터 90일 내에 처분청을 당사자로 하여 제기하여야 한다.

<u>주의</u> 60일 아니라 90일 이내에 하여야 한다.

③ 불변기간

위 ①과 ②의 기간은 불변기간으로 한다.

(5) 불복신청의 제반규정

① 내국세 등의 부과 등 처분에 대한 불복 14, 12년 기출

수입물품에 부과하는 내국세 등의 부과, 징수, 감면, 환급 등에 관한 세관장의 처분에 불복하는 자는 이의신청·심사청구 및 심판청구를 할 수 있다.

② 중복제기의 금지 14, 12년 기출

동일한 처분에 대하여는 심사청구와 심판청구를 중복하여 제기할 수 없다.

2. 불복청구인

(1) 청구당사자

위법한 처분 또는 부당한 처분을 받거나 필요한 처분을 받지 못하여 권리 또는 이익을 침해당한 자로 불복청구를 할 수 있다.

(2) 이해관계인(법 제119조 제9항)

관세법이나 그 밖의 관세에 관한 법률 또는 조약에 따른 처분으로 권리나 이익을 침해받게 되는 제2차 납세의무자 등 <u>대통령령으로 정하는 이해관계인</u>은 그 처분에 대하여 심사청구 또는 심판청구를 하여 그 처분의 취소 또는 변경이나 그 밖에 필요한 처분을 청구할 수 있다.

보충 대통령령으로 정하는 이해관계인(영 제145조 제3항)

1. 제2차 납세의무자로서 납부고지서를 받은 자
2. 물적 납세의무를 지는 자로서 납부고지서를 받은 자
3. 납세보증인
4. 그 밖에 기획재정부령으로 정하는 자

---

(3) 대리인(법 제126조) 23, 14, 13년 기출

> ① 이의신청인, 심사청구인 또는 심판청구인은 변호사나 관세사를 대리인으로 선임할 수 있다.
> ```주의``` 공인회계사, 세무사는 대리인에 속하지 않는다.
> ② 이의신청인, 심사청구인 또는 심판청구인은 신청 또는 청구의 대상이 대통령령으로 정하는 금액(3천만 원) 미만인 경우에는 배우자, 4촌 이내의 혈족 또는 배우자의 4촌 이내의 혈족을 대리인으로 선임할 수 있다.
> ③ 대리인의 권한은 서면으로 증명하여야 한다.
> ④ 대리인은 본인을 위하여 청구에 관한 모든 행위를 할 수 있다. 다만, 청구의 취하는 특별한 위임을 받은 경우에만 할 수 있다.
> ⑤ 대리인을 해임하였을 때에는 그 뜻을 서면으로 해당 재결청에 신고하여야 한다.

3. 불복청구의 절차

(1) 심사청구기간(법 제121조)

① 이의신청을 거치지 않은 경우 16, 15, 13, 12년 기출

심사청구는 해당 처분을 한 것을 안 날(처분하였다는 통지를 받았을 때에는 통지를 받은 날)부터 90일 이내에 제기하여야 한다.

② 이의신청을 거친 경우 15년 기출

이의신청을 거친 후 심사청구를 하려는 경우에는 이의신청에 대한 결정을 통지받은 날부터 90일 이내에 하여야 한다. 다만, 제132조(이의신청) 제4항 단서에 따른 결정기간 내에 결정을 통지받지 못한 경우에는 결정을 통지받기 전이라도 그 결정기간이 지난 날부터 심사청구를 할 수 있다.

```주의``` 30일, 60일이 아니라 90일 이내에 하여야 한다.

③ 우편제출의 경우 14년 기출

심사청구기한 내에 우편으로 제출(「국세기본법」에서 정한 날을 기준)한 심사청구서가 청구기간이 지나 세관장 또는 관세청장에게 도달한 경우에는 그 기간의 만료일에 청구된 것으로 본다.

④ 청구기간의 연장

심사청구인이 제10조에서 규정하는 사유(신고, 신청, 청구, 그 밖의 서류의 제출 및 통지에 관한 기한 연장 사유로 한정)로 불복청구기간 내에 심사청구를 할 수 없을 때에는 그 사유가 소멸한 날부터 14일 이내에 심사청구를 할 수 있다. 이 경우 심사청구인은 그 기간 내에 심사청구를 할 수 없었던 사유, 그 사유가 발생한 날과 소멸한 날, 그 밖에 필요한 사항을 적은 문서를 함께 제출하여야 한다.

(2) 심사청구절차(법 제122조) 24년 기출

① 처분청 경유주의 18, 16, 15, 14, 13년 기출

심사청구는 대통령령으로 정하는 바에 따라 불복하는 사유를 심사청구서에 적어 해당 처분을 하였거나 하였어야 하는 세관장을 거쳐 관세청장에게 하여야 한다. 이 경우 해당 세관장 외의 세관장 또는 관세청장에게 제출된 때에는 당해 청구서를 관할세관장에게 지체 없이 송부하고 그 뜻을 당해 청구인에게 통지하여야 한다(영 제145조 제4항).
```

② 심사청구 13년 기출

심사청구기간을 계산할 때에는 해당 심사청구서가 세관장에게 제출된 때에 심사청구가 된 것으로 본다. 해당 심사청구서가 처분을 하였거나 하였어야 하는 세관장 외의 세관장이나 관세청장에게 제출된 경우에도 또한 같다. 해당 심사청구서를 제출받은 세관장은 이를 받은 날부터 7일 내에 그 심사청구서에 의견서를 첨부하여 관세청장에게 보내야 한다.

주의 10일이 아니라 7일 내에 그 심사청구서에 의견서를 첨부하여 관세청장에게 보내야 한다.

③ 의견서 송부

관세청장은 세관장의 의견서를 받은 때에는 지체 없이 해당 의견서의 부본을 심사청구인에게 송부하여야 한다.

④ 증거서류 등 제출

심사청구인은 송부받은 의견서에 대하여 반대되는 증거서류 또는 증거물을 관세청장에게 제출할 수 있다.

(3) 심사청구서의 보정(법 제123조)

① 보정의 요구 16, 15, 13년 기출

관세청장은 심사청구의 내용이나 절차가 관세법 제5장 제2절(심사와 심판) 규정에 적합하지 아니하지만 보정할 수 있다고 인정되는 경우에는 20일 이내의 기간을 정하여 해당 사항을 보정할 것을 요구할 수 있다. 다만, 보정할 사항이 경미한 경우에는 직권으로 보정할 수 있다.

주의 30일이 아니라 20일 이내의 기간을 정하여 해당 사항을 보정할 것을 요구할 수 있다.

② 보정방법

보정요구를 받은 심사청구인은 보정할 사항을 서면으로 작성하여 관세청장에게 제출하거나, 관세청에 출석하여 보정할 사항을 말하고 그 말한 내용을 세관공무원이 기록한 서면에 서명 또는 날인함으로써 보정할 수 있다.

③ 보정기간 불산입

보정기간은 심사청구기간에 산입(算入)하지 아니한다.

(4) 통관경위에 관한 질문 또는 자료 제출(영 제145조 제2항)

세관장 또는 관세청장은 심사청구에 관한 의견서 작성 또는 의결·결정을 위하여 필요하다고 인정하는 경우에는 직권으로 또는 심사청구인의 신청에 따라 해당 청구의 대상이 된 처분에 관계되는 통관절차 등을 대행한 관세사(합동사무소·관세사법인 및 통관취급법인을 포함)에게 통관경위에 관하여 질문하거나 관련 자료를 제출하도록 요구할 수 있다.

4. 불복청구에 대한 결정

(1) 결정절차(법 제127조)

① 관세심사위원회의 심의

심사청구가 있으면 관세청장은 관세심사위원회의 의결에 따라 결정하여야 한다. 다만, 심사청구기간이 지난 후 심사청구가 제기된 경우 등 다음의 어느 하나의 사유에 해당하는 경우에는 그러하지 아니하다 (영 제150조).

> ㉠ 심사청구기간이 지난 경우
> ㉡ 심사청구의 대상이 되는 처분이 존재하지 아니하는 경우
> ㉢ 해당 처분으로 권리 또는 이익을 침해당하지 아니한 자가 심사청구를 제기한 경우
> ㉣ 심사청구의 대상이 되지 아니하는 처분에 대하여 심사청구가 제기된 경우
> ㉤ 보정기간 내에 필요한 보정을 하지 아니한 경우
> ㉥ 심사청구의 대상이 되는 처분의 내용·쟁점·적용법령 등이 이미 관세심사위원회의 심의를 거쳐 결정된 사항과 동일한 경우
> ㉦ 그 밖에 신속히 결정하여 상급심에서 심의를 받도록 하는 것이 권리구제에 도움이 된다고 판단되는 경우

② 재심의 요청

관세청장은 관세심사위원회의 의결이 법령에 명백히 위반된다고 판단하는 경우 구체적인 사유를 적어 서면으로 관세심사위원회에 한 차례에 한정하여 다시 심의할 것을 요청할 수 있다.

③ 회의의 비공개

관세심사위원회의 회의는 공개하지 아니한다. 다만, 관세심사위원회의 위원장이 필요하다고 인정할 때에는 공개할 수 있다.

(2) 결정(법 제128조) 22년 기출

① 결정내용

심사청구에 대한 결정은 다음의 구분에 따른다.

> ㉠ 심사청구가 다음의 어느 하나에 해당하는 경우 : 그 청구를 각하하는 결정
>   ⓐ 심판청구를 제기한 후 심사청구를 제기(같은 날 제기한 경우도 포함)한 경우
>   ⓑ 제121조에 따른 심사청구기간이 지난 후에 심사청구를 제기한 경우
>   ⓒ 제123조에 따른 보정기간 내에 필요한 보정을 하지 아니한 경우
>   ⓓ 적법하지 아니한 심사청구를 제기한 경우
>   ⓔ ⓐ부터 ⓓ까지의 규정에 따른 경우와 유사한 경우로서 대통령령으로 정하는 경우
> ㉡ 심사청구가 이유 없다고 인정되는 경우 : 그 청구를 기각하는 결정
> ㉢ 심사청구가 이유 있다고 인정되는 경우 : 그 청구의 대상이 된 처분의 취소·경정 또는 필요한 처분의 결정. 이 경우 취소·경정 또는 필요한 처분을 하기 위하여 사실관계 확인 등 추가적으로 조사가 필요한 경우에는 처분청으로 하여금 이를 재조사하여 그 결과에 따라 취소·경정하거나 필요한 처분을 하도록 하는 재조사 결정을 할 수 있다.

② 결정기간

결정은 심사청구를 받은 날부터 90일 이내에 하여야 한다. 다만, 부득이한 사유가 있을 때에는 그러하지 아니하다.

③ 결정서의 통지

결정을 하였을 때에는 결정기간 내에 그 이유를 적은 결정서를 심사청구인에게 통지하여야 한다.

④ 결정기간에의 불산입

보정기간은 결정기간에 산입하지 아니한다.

⑤ 재조사

재조사 결정이 있는 경우 처분청은 재조사 결정일부터 60일 이내에 결정서 주문에 기재된 범위에 한정하여 조사하고, 그 결과에 따라 취소·경정하거나 필요한 처분을 하여야 한다. 이 경우 처분청은 대통령령으로 정하는 바에 따라 조사를 연기 또는 중지하거나 조사기간을 연장할 수 있다.

(3) 불고불리 · 불이익변경 금지(법 제128조의2)

관세청장은 결정을 할 때 심사청구를 한 처분 외의 처분에 대해서는 그 처분의 전부 또는 일부를 취소 또는 변경하거나 새로운 처분의 결정을 하지 못하며, 심사청구를 한 처분보다 청구인에게 불리한 결정을 하지 못한다.

(4) 불복방법의 통지(법 제129조)

① 통지의 내용

이의신청 · 심사청구 또는 심판청구의 재결청은 결정서에 다음의 구분에 따른 사항을 함께 적어야 한다.

이의신청인 경우	결정서를 받은 날부터 90일 이내에 심사청구 또는 심판청구를 제기할 수 있다는 뜻
심사청구 또는 심판청구인 경우	결정서를 받은 날부터 90일 이내에 행정소송을 제기할 수 있다는 뜻

② 결정기간 내에 결정하지 못한 경우

이의신청 · 심사청구 또는 심판청구의 재결청은 해당 신청 또는 청구에 대한 결정기간이 지날 때까지 결정을 하지 못한 경우에는 지체 없이 신청인이나 청구인에게 다음의 사항을 서면으로 통지하여야 한다.

이의신청인 경우	결정을 통지받기 전이라도 그 결정기간이 지난 날부터 심사청구 또는 심판청구를 제기할 수 있다는 뜻
심사청구 또는 심판청구인 경우	결정을 통지받기 전이라도 그 결정기간이 지난 날부터 행정소송을 제기할 수 있다는 뜻

관세법령상 심사청구에 관한 설명으로 옳은 것은? 24년 기출

① 심사청구서를 제출받은 세관장은 이를 받은 날부터 7일 내에 그 심사청구서에 의견서를 첨부하여 관세청장에게 보내야 한다.

② 관세청장은 심사청구의 내용이나 절차가 보정할 수 있다고 인정되는 경우에는 30일 이내의 기간을 정하여 해당 사항을 보정할 것을 요구할 수 있다.

③ 심사청구인은 청구의 대상이 3천만 원 미만인 경우라도 배우자를 대리인으로 선임할 수 없다.

④ 관세심사위원회의 위원장은 위원회의 의결에 따라 심사청구에 대한 결정을 하여야 한다.

⑤ 심사청구는 해당 처분이 내려진 날부터 90일 이내에 제기하여야 한다.

해설

② 관세청장은 심사청구의 내용이나 절차가 보정할 수 있다고 인정되는 경우에는 20일 이내의 기간을 정하여 해당 사항을 보정할 것을 요구할 수 있다(관세법 제123조 제1항).

③ 이의신청인, 심사청구인 또는 심판청구인은 신청 또는 청구의 대상이 3천만 원 미만인 경우에는 배우자, 4촌 이내의 혈족 또는 배우자의 4촌 이내의 혈족을 대리인으로 선임할 수 있다(관세법 제126조 제2항, 동법 시행령 제149조의2).

④ 관세청장은 관세심사위원회의 의결에 따라 심사청구에 대한 결정을 하여야 한다(관세법 제127조 제1항).

⑤ 심사청구는 그 처분을 한 것을 안 날(처분의 통지를 받았을 때에는 그 통지를 받은 날)부터 90일 이내에 제기하여야 한다(관세법 제119조 제5항).

정답 ①

5. 제반 규정 및 「행정소송법」 등과의 관계

(1) 제반 규정

① 심사청구 등이 집행에 미치는 효력(법 제125조) 16, 15, 14년 기출

㉠ 심사청구 등이 집행에 미치는 효력 : 이의신청·심사청구 또는 심판청구는 법령에 특별한 규정이 있는 경우를 제외하고는 해당 처분의 집행에 효력을 미치지 아니한다.

㉡ 집행정지 : 해당 재결청이 처분의 집행 또는 절차의 속행 때문에 이의신청인, 심사청구인 또는 심판청구인에게 중대한 손해가 생기는 것을 예방할 긴급한 필요성이 있다고 인정할 때에는 처분의 집행 또는 절차 속행의 전부 또는 일부의 정지(집행정지)를 결정할 수 있다.

㉢ 통지 : 재결청은 집행정지 또는 집행정지의 취소에 관하여 심리·결정하면 지체 없이 당사자에게 통지하여야 한다.

② 서류의 열람 및 의견 진술(법 제130조)

㉠ 의의 : 이의신청인·심사청구인·심판청구인·처분청(처분청의 경우 심판청구에 한정)은 그 청구와 관계되는 서류를 열람할 수 있으며 대통령령으로 정하는 바에 따라 해당 재결청에 의견을 진술할 수 있다.

㉡ 의견진술의 방법(영 제153조)

ⓐ 신청서의 제출 : 의견을 진술하고자 하는 자는 그 주소 또는 거소 및 성명과 진술하고자 하는 요지를 기재한 신청서를 당해 재결청에 제출하여야 한다.

ⓑ 심사청구인에게 통지 : 신청을 받은 재결청은 다음에 해당하는 경우로서 심사청구인의 의견진술이 필요 없다고 인정되는 때를 제외하고는 출석일시 및 장소와 진술시간을 정하여 관세심사위원회 회의개최예정일 3일 전까지 심사청구인에게 통지하여야 한다.

> • 심사청구의 대상이 된 사항이 경미한 때
> • 심사청구의 대상이 된 사항이 오로지 법령해석에 관한 것인 때

ⓒ 문서의 제출로 갈음 : 의견진술은 진술하고자 하는 내용을 기재한 문서의 제출로 갈음할 수 있다.

③ 심판청구(법 제131조)

심판청구에 관하여는 다음 각 규정을 준용한다.

> ㉠ 「국세기본법」 제65조의2 및 제7장 제3절(제80조의2는 제외). 이 경우 「국세기본법」 중 "세무서장"은 "세관장"으로, "국세청장"은 "관세청장"으로 보며, 같은 법 제79조 제1항·제2항 및 제80조 제1항 중 "제80조의2에서 준용하는 제65조에 따른 결정"은 각각 "제128조에 따른 결정"으로 본다.
> ㉡ 제121조(심사청구기간) 제3항·제4항, 제123조(심사청구서의 보정) 및 제128조(결정)(제1항 제1호 가목 중 심사청구와 심판청구를 같은 날 제기한 경우는 제외). 이 경우 제123조 제1항 본문 중 "20일 이내의 기간"은 "상당한 기간"으로 본다.

④ 이의신청(법 제132조) 13, 12년 기출

㉠ 의의 : 이의신청은 대통령령으로 정하는 바에 따라 불복의 사유를 갖추어 해당 처분을 하였거나 하였어야 할 세관장에게 하여야 한다. 이 경우 제258조(우편물통관에 대한 결정)에 따른 결정사항 또는 제259조(세관장의 통지) 제1항에 따른 세액에 관한 이의신청은 해당 결정사항 또는 세액에 관한 통지를 직접 우송한 우체국의 장에게 이의신청서를 제출함으로써 할 수 있고, 우체국의 장이 이의신청서를 접수한 때에 세관장이 접수한 것으로 본다.

㉡ 관세심사위원회의 심의 : 이의신청을 받은 세관장은 관세심사위원회의 심의를 거쳐 결정하여야 한다.

㉢ 결정 : 결정은 이의신청을 받은 날부터 30일 이내(㉤에 따라 증거서류 또는 증거물을 제출한 경우에는 60일)에 하여야 한다. 다만, 부득이한 사유가 있을 때에는 그러하지 아니하다.

㉣ 의견서 송부 : 이의신청을 받은 세관장은 이의신청을 받은 날부터 7일 이내에 이의신청의 대상이 된 처분에 대한 의견서를 이의신청인에게 송부하여야 한다. 이 경우 의견서에는 처분의 근거·이유 및 처분의 이유가 된 사실 등이 구체적으로 기재되어야 한다.

㉤ 증거서류 등 제출 : 이의신청인은 송부받은 의견서에 대하여 반대되는 증거서류 또는 증거물을 세관장에게 제출할 수 있다.

(2) 「행정소송법」등과의 관계(법 제120조)

① 「행정심판법」의 적용 14년 기출

제119조(불복의 신청)에 따른 처분에 대하여는 「행정심판법」을 적용하지 아니한다. 다만, 심사청구 또는 심판청구에 관하여는 「행정심판법」 제15조(선정대표자), 제16조(청구인의 지위승계), 제20조(심판참가)부터 제22조(참가인의 지위)까지, 제29조(청구의 변경), 제39조(직권심리), 제40조(심리의 방식), 제42조(심판청구 등의 취하) 및 제51조(행정심판 재청구의 금지)를 준용하며, 이 경우 "위원회"는 "관세심사위원회", "조세심판관회의" 또는 "조세심판관합동회의"로 본다.

> 주의 관세법이나 그 밖의 관세에 관한 법률 또는 조약에 따른 처분으로서 위법한 처분에 대해서는 「행정심판법」을 적용하지 아니한다.

② 행정심판전치주의의 적용

위법한 처분에 대한 행정소송은 「행정소송법」에도 불구하고 관세법에 따른 심사청구 또는 심판청구와 그에 대한 결정을 거치지 아니하면 제기할 수 없다. 다만, 심사청구 또는 심판청구에 대한 재조사 결정에 따른 처분청의 처분에 대한 행정소송은 그러하지 아니하다.

③ 행정소송의 제기 14년 기출

㉠ 행정소송은 「행정소송법」에도 불구하고 심사청구나 심판청구에 따른 결정을 통지받은 날부터 90일 이내에 제기하여야 한다. 다만, 결정기간 내에 결정을 통지받지 못한 경우에는 결정을 통지받기 전이라도 그 결정기간이 지난 날부터 행정소송을 제기할 수 있다.

> 주의 결정기간이 경과하더라도 행정소송을 제기할 수 없는 것이 아니라 결정기간이 지난 날부터 행정소송을 제기할 수 있다.

㉡ ②의 단서에 따른 행정소송은 「행정소송법」에도 불구하고 다음의 구분에 따른 기간 내에 제기하여야 한다.

관세법에 따른 심사청구 또는 심판청구를 거치지 아니하고 제기하는 경우	재조사 후 행한 처분청의 처분의 결과 통지를 받은 날부터 90일 이내. 다만, 처분기간에 처분청의 처분 결과 통지를 받지 못하는 경우에는 그 처분기간이 지난 날부터 행정소송을 제기할 수 있다.
관세법에 따른 심사청구 또는 심판청구를 거쳐 제기하는 경우	재조사 후 행한 처분청의 처분에 대하여 제기한 심사청구 또는 심판청구에 대한 결정의 통지를 받은 날부터 90일 이내. 다만, 심사청구 결정기간에 결정의 통지를 받지 못하는 경우에는 그 결정기간이 지난 날부터 행정소송을 제기할 수 있다.

㉢ 심사청구를 거친 경우에는 관세법에 따른 심사청구나 심판청구를 거친 것으로 보고 ②를 준용한다.

㉣ ㉠과 ㉡의 기간은 불변기간으로 한다.

01 밀수출입, 부정·불공정무역 등 경제질서 교란 등을 통한 탈세혐의가 있는 자에 대하여 일제조사를 하는 경우 이미 조사받은 자라도 다시 조사할 수 있는 경우에 해당한다. (O, X)

01 O (법 제111조, 영 제136조)

02 세관공무원이 관세의 결정 또는 경정을 위한 조사를 할 경우 납세자는 세무사, 관세사로 하여금 의견을 진술하게 할 수 있다. (O, X)

02 × 세무사 → 변호사(법 제112조)

03 통지하려는 날부터 3개월 이내에 관세부과의 제척기간이 만료되는 경우에는 납세의무자에게 법령상 통지를 생략할 수 있다. (O, X)

03 O (법 제118조 제1항)

04 과세전적부심사를 청구받은 세관장이나 관세청장은 그 청구를 받은 날부터 20일 이내에 관세심사위원회의 심사를 거쳐 결정을 하고, 그 결과를 청구인에게 통지하여야 한다. (O, X)

04 × 20일 → 30일(법 제118조 제3항)

05 관세법 제119조(불복의 신청)에 따른 처분에 대하여는 「행정심판법」을 적용한다. (O, X)

05 × 적용한다 → 적용하지 아니한다(법 제120조 제1항)

06 심사청구는 대통령령으로 정하는 바에 따라 불복하는 사유를 심사청구서에 적어 해당 처분을 하였거나 하였어야 하는 세관장을 거쳐 관세청장에게 하여야 한다. (O, X)

06 O (법 제122조 제1항)

07 관세청장은 심사청구의 내용이나 절차가 규정에 적합하지 아니하지만 보정할 수 있다고 인정되는 경우에는 30일 이내의 기간을 정하여 해당 사항을 보정할 것을 요구할 수 있다. (O, X)

07 × 30일 → 20일(법 제123조 제1항)

08 행정소송은 심사청구나 심판청구에 대한 결정을 통지받은 날부터 90일 내에 제기하여야 한다. (O, X)

08 O (법 제120조 제3항)

09 수입물품에 부과하는 내국세 등의 부과, 징수, 감면, 환급 등에 관한 세관장의 처분에 불복하는 자는 이의신청·심사청구 및 심판청구를 할 수 있다. (O, X)

09 O (법 제119조 제8항)

10 이의신청의 재결청은 결정서에 결정서를 받은 날부터 60일 이내에 심사청구 또는 심판청구를 제기할 수 있다는 뜻을 함께 적어야 한다. (O, X)

10 × 60일 → 90일 (법 제129조 제1항)

01 관세법상 납세자의 권리에 대한 설명 중 옳지 않은 것은?

① 세관공무원은 관세포탈, 부정감면 또는 부정환급(「수출용원재료에 대한 관세 등 환급에 관한 특례법」에 따른 부정환급을 포함)에 대한 범칙사건을 조사하는 경우 납세자권리헌장의 내용이 수록된 문서를 납세자에게 내주어야 한다.

② 세관공무원은 납세자를 긴급히 체포·압수·수색하는 경우 또는 현행범인 납세자가 도주할 우려가 있는 등 조사목적을 달성할 수 없다고 인정되는 경우에는 납세자권리헌장을 내주지 아니할 수 있다.

③ 세관공무원은 특정한 분야만을 조사할 필요가 있는 등 대통령령으로 정하는 경우를 제외하고는 신고납부세액과 관세법 및 다른 법령에서 정하는 수출입 관련 의무 이행과 관련하여 그 권한에 속하는 사항을 통합하여 조사할 수 없다.

④ 세관공무원은 징수권의 확보를 위하여 압류를 하는 경우 납세자권리헌장의 내용이 수록된 문서를 납세자에게 내주어야 한다.

⑤ 관세청장은 관세법 제111조부터 제116조까지, 제116조의2 및 제117조에서 규정한 사항과 그 밖에 납세자의 권리보호에 관한 사항을 포함하는 납세자권리헌장을 제정하여 고시하여야 한다.

> **해설**
>
> **통합조사의 원칙(법 제110조의2)**
> 세관공무원은 특정한 분야만을 조사할 필요가 있는 등 대통령령으로 정하는 경우를 제외하고는 신고납부세액과 이 법 및 다른 법령에서 정하는 수출입 관련 의무 이행과 관련하여 그 권한에 속하는 사항을 통합하여 조사하는 것을 원칙으로 한다.

02 세관장은 신고의 적정성을 검증하기 위하여 관세조사 대상자를 선정할 수 있다. 다음 중 관세조사 대상에 해당되지 않는 것은?

① 관세청장이 수출입업자의 신고 내용에 대하여 정기적으로 성실도를 분석한 결과 불성실 혐의가 있다고 인정하는 경우

② 최근 2년 이상 조사를 받지 아니한 납세자에 대하여 업종, 규모 등을 고려하여 대통령령으로 정하는 바에 따라 신고 내용이 적정한지를 검증할 필요가 있는 경우

③ 무작위추출방식으로 표본조사를 하려는 경우

④ 납세자가 관세법에서 정하는 신고·신청, 과세가격결정자료의 제출 등의 납세협력의무를 이행하지 아니한 경우

⑤ 수출입업자에 대한 구체적인 탈세제보 등이 있는 경우

> **해설**
>
> **관세조사 대상자 선정(법 제110조의3 제1항 제2호)**
> 최근 4년 이상 조사를 받지 아니한 납세자에 대하여 업종, 규모 등을 고려하여 대통령령으로 정하는 바에 따라 신고 내용이 적정한지를 검증할 필요가 있는 경우

03 관세법 제111조(관세조사권 남용 금지) 규정에 따라 세관공무원은 적정하고 공평한 과세를 실현하고 통관의 적법성을 보장하기 위하여 필요한 최소한의 범위에서 관세조사를 하여야 하며 다른 목적 등을 위하여 조사권을 남용하여서는 아니 된다. 다음 중 이미 조사받은 자를 다시 조사할 수 있는 경우에 해당되지 않는 것은?

① 관세탈루 등의 혐의를 인정할 만한 명백한 자료가 있는 경우

② 이미 조사받은 자의 거래상대방을 조사할 필요가 있는 경우

③ 납세자가 세관공무원에게 직무와 관련하여 금품을 제공하거나 금품제공을 알선한 경우

④ 밀수출입, 부정·불공정무역 등 경제질서 교란 등을 통한 탈세혐의가 있는 자에 대하여 일제조사를 하는 경우

⑤ 납세자가 관세법에서 정하는 신고·신청, 과세자료의 제출 등의 납세협력의무를 이행하지 아니한 경우

해설
⑤ 중복조사가 가능한 경우가 아니라 납세자의 성실성 추정 배제사유이다.
납세자의 성실성 추정 등의 배제사유(영 제138조)
• 납세자가 관세법에서 정하는 신고 및 신청, 과세자료의 제출 등의 납세협력의무를 이행하지 아니한 경우
• 납세자에 대한 구체적인 탈세정보가 있는 경우
• 신고내용에 탈루나 오류의 혐의를 인정할 만한 명백한 자료가 있는 경우
• 납세자의 신고내용이 관세청장이 정한 기준과 비교하여 불성실하다고 인정되는 경우

04 과세전적부심사에 대한 설명 중 옳지 않은 것은?

① 세관장은 납부세액이나 납부하여야 하는 세액에 미치지 못한 금액을 징수하려는 경우에는 미리 납세의 무자에게 그 내용을 서면으로 통지하여야 한다.

② 납세의무자는 통지를 받았을 때에는 그 통지를 받은 날부터 30일 이내에 기획재정부령으로 정하는 세관장에게 과세전적부심사를 청구할 수 있다.

③ 과세전적부심사를 청구받은 세관장이나 관세청장은 그 청구를 받은 날부터 90일 이내에 관세심사위원회의 심사를 거쳐 결정을 하고, 그 결과를 청구인에게 통지하여야 한다.

④ 과세전적부심사 청구기간이 지난 후 과세전적부심사 청구가 제기된 경우에 해당하는 경우에는 관세심사위원회의 심사를 거치지 아니하고 결정할 수 있다.

⑤ 과세 전 통지를 받은 자는 과세전적부심사를 청구하지 아니하고 통지를 한 세관장에게 통지받은 내용의 전부 또는 일부에 대하여 조기에 경정해 줄 것을 신청할 수 있다. 이 경우 해당 세관장은 즉시 신청받은 대로 세액을 경정하여야 한다.

해설
과세전적부심사 결정 및 통지(법 제118조 제3항)
과세전적부심사를 청구받은 세관장이나 관세청장은 그 청구를 받은 날부터 <u>30일</u> 이내에 관세심사위원회의 심사를 거쳐 결정을 하고, 그 결과를 청구인에게 통지하여야 한다.

05 관세법상 심사와 심판에 대한 설명으로 옳지 않은 것은?

① 관세법이나 그 밖의 관세에 관한 법률 또는 조약에 따른 처분으로서 위법한 처분 또는 부당한 처분을 받거나 필요한 처분을 받지 못하여 권리 또는 이익을 침해당한 자는 그 처분의 취소 또는 변경을 청구하거나 필요한 처분을 청구할 수 있다.

② 관세청장이 조사 · 결정 또는 처리하였거나 하였어야 할 것인 경우를 제외하고는 그 처분에 대하여 심사청구 또는 심판청구에 앞서 이의신청을 할 수 있다.

③ 심사청구는 그 처분을 한 것을 안 날(처분의 통지를 받았을 때에는 그 통지를 받은 날)부터 90일 이내에 하여야 한다.

④ 심사청구를 거친 처분에 대한 행정소송은 그 심사청구에 대한 결정을 통지받은 날부터 90일 내에 처분청을 당사자로 하여 제기하여야 한다.

⑤ 수입물품에 부과하는 내국세 등의 부과, 징수, 감면, 환급 등에 관한 세관장의 처분에 불복하는 자는 이의신청 · 심사청구 및 심판청구를 할 수 없다.

> **해설**
>
> **불복의 신청(법 제119조 제8항)**
> 수입물품에 부과하는 내국세 등의 부과, 징수, 감면, 환급 등에 관한 세관장의 처분에 불복하는 자는 이의신청 · 심사청구 및 심판청구를 <u>할 수 있다</u>.

06 관세법상 심사청구에 대한 설명으로 옳지 않은 것은?

① 심사청구는 해당 처분을 한 것을 안 날(처분하였다는 통지를 받았을 때에는 통지를 받은 날)부터 90일 이내에 제기하여야 한다.

② 이의신청을 거친 후 심사청구를 하려는 경우에는 이의신청에 대한 결정을 통지받은 날부터 90일 이내에 하여야 한다. 다만, 결정기간 내에 결정을 통지받지 못한 경우에는 결정을 통지받기 전이라도 그 결정기간이 지난 날부터 90일 이내에 심사청구를 할 수 있다.

③ 청구기한 내에 우편으로 제출한 심사청구서가 청구기간이 지나 세관장 또는 관세청장에게 도달한 경우에는 그 기간의 만료일에 청구된 것으로 본다.

④ 심사청구인이 신고, 신청, 청구, 그 밖의 서류의 제출 및 통지에 관한 기한연장 사유로 기간 내에 심사청구를 할 수 없을 때에는 그 사유가 소멸한 날부터 14일 이내에 심사청구를 할 수 있다.

⑤ 심사청구는 대통령령으로 정하는 바에 따라 불복하는 사유를 심사청구서에 적어 해당 처분을 하였거나 하였어야 하는 세관장을 거쳐 관세청장에게 하여야 한다.

> **해설**
>
> **심사청구기간(법 제121조 제2항)**
> 이의신청을 거친 후 심사청구를 하려는 경우에는 이의신청에 대한 결정을 통지받은 날부터 90일 이내에 하여야 한다. 다만, 결정기간 내에 결정을 통지받지 못한 경우에는 결정을 통지받기 전이라도 그 결정기간이 <u>지난 날부터</u> 심사청구를 할 수 있다.

제 6 장 운송 및 통관

제1절 국제항 및 운송수단

1. 국제항 20년 기출

(1) 국제항의 지정(법 제133조)

① 지정된 국제항

국제항은 대통령령으로 지정하며, 다음 표와 같다(영 제155조 제1항).

구 분	국제항명
항 구	인천항, 부산항, 마산항, 여수항, 목포항, 군산항, 제주항, 동해·묵호항, 울산항, 통영항, 삼천포항, 장승포항, 포항항, 장항항, 옥포항, 광양항, 평택·당진항, 대산항, 삼척항, 진해항, 완도항, 속초항, 고현항, 경인항, 보령항
공 항	인천공항, 김포공항, 김해공항, 제주공항, 청주공항, 대구공항, 무안공항, 양양공항

② 국제항의 항계(영 제155조 제2항)

국제항의 항계는 「항만법 시행령」 별표 1에 따른 항만의 수상구역 또는 「공항시설법」에 의한 범위로 한다.

③ 국제항의 지정요건(영 제155조의2)

> ㉠ 「선박의 입항 및 출항 등에 관한 법률」 또는 「공항시설법」에 따라 국제무역선(기)이 항상 입출항할 수 있을 것
> ㉡ 국내선과 구분되는 국제선 전용통로 및 그 밖에 출입국업무를 처리하는 행정기관의 업무수행에 필요한 인력·시설·장비를 확보할 수 있을 것
> ㉢ 공항 및 항구의 여객수 또는 화물량 등에 관한 다음의 구분에 따른 기준을 갖출 것
>   ⓐ 공항의 경우 : 다음의 어느 하나의 요건을 갖출 것
>   • 정기여객기가 주 6회 이상 입항하거나 입항할 것으로 예상될 것
>   • 여객기로 입국하는 여객수가 연간 4만 명 이상일 것
>   ⓑ 항구의 경우 : 국제무역선인 5천톤급 이상의 선박이 연간 50회 이상 입항하거나 입항할 것으로 예상될 것

④ 국제항 시설 등 관리

국제항의 운영자는 국제항이 시설기준 등에 미치지 못하게 된 경우 그 시설 등을 신속하게 개선하여야 하며, 기획재정부장관은 대통령령으로 정하는 바에 따라 그 시설 등의 개선을 명할 수 있다.

㉠ 보고 및 현장점검 : 관세청장 또는 관계 행정기관의 장은 국제항이 지정요건을 갖추지 못하여 업무수행 등에 상당한 지장을 준다고 판단하는 경우에는 기획재정부장관에게 그 사실을 보고해야 한다. 이 경우 기획재정부장관은 관세청장 또는 국제항시설의 관리기관의 장과 국제항에 대한 현장점검을 할 수 있다(영 제155조의2 제2항).

ⓛ 개선 명령 등 : 기획재정부장관은 보고 또는 현장점검 결과를 검토한 결과 시설 등의 개선이 필요한 경우에는 해당 국제항의 운영자에게 개선대책 수립, 시설개선 등을 명할 수 있으며 그 이행결과를 보고하게 할 수 있다(영 제155조의2 제3항).

(2) 국제항 등에의 출입(법 제134조)

① 의 의

국제무역선이나 국제무역기는 국제항에 한정하여 운항할 수 있다. 다만, 국제항이 아닌 지역에 대한 출입의 허가를 받은 경우에는 그러하지 아니하다.

② 국제항이 아닌 지역에 대한 출입허가(영 제156조) 23년 기출

ⓐ 신청서의 제출 : 국제항이 아닌 지역에 대한 출입허가를 받고자 하는 자는 다음 사항을 기재한 신청서를 당해 지역을 관할하는 세관장에게 제출하여야 한다. 다만, 국제무역선 또는 국제무역기 항행의 편의도모나 그 밖의 특별한 사정이 있는 경우에는 다른 세관장에게 제출할 수 있다.

> ⓐ 선박 또는 항공기의 종류·명칭·등록기호·국적과 총톤수 및 순톤수 또는 자체무게
> ⓑ 지 명
> ⓒ 당해 지역에 머무는 기간
> ⓓ 당해 지역에서 하역하고자 하는 물품의 내외국물품별 구분, 포장의 종류·기호·번호 및 개수와 품명·수량 및 가격
> ⓔ 당해 지역에 출입하고자 하는 사유

ⓛ 세관장에게 통보 : 출입허가를 한 세관장은 지체 없이 이를 당해 지역을 관할하는 세관장에게 통보하여야 한다.

ⓒ 허가수수료의 납부 : 국제무역선의 선장이나 국제무역기의 기장은 국제항이 아닌 지역에 대한 출입의 허가를 받으려면 기획재정부령으로 정하는 바에 따라 허가수수료를 납부하여야 한다.

> ▷ 국제항이 아닌 지역에 대한 출입허가수수료(규칙 제62조) : 다음 표에 따라 계산하되, 산정된 금액이 1만 원에 미달하는 경우에는 1만 원으로 한다. 이 경우 수수료의 총액은 50만 원을 초과하지 못한다.

구 분	출입 횟수 기준	적용 무게 기준	수수료
국제무역선	1회	해당 선박의 순톤수 1톤	100원
국제무역기	1회	해당 항공기의 자체무게 1톤	1천2백 원

ⓓ 허가수수료 징수 제외 : 세관장은 다음의 어느 하나에 해당하는 사유가 있는 때에는 출입허가수수료를 징수하지 아니한다.

> ⓐ 법령의 규정에 의하여 강제로 입항하는 경우
> ⓑ 급병환자, 항해 중 발견한 밀항자, 항해 중 구조한 조난자·조난선박·조난화물 등의 하역 또는 인도를 위하여 일시 입항하는 경우
> ⓒ 위험물품·오염물품 기타 이에 준하는 물품의 취급, 유조선의 청소 또는 가스발생선박의 가스제 거작업을 위하여 법령 또는 권한 있는 행정관청이 정하는 일정한 장소에 입항하는 경우
> ⓓ 국제항의 협소 등 입항여건을 고려하여 관세청장이 정하는 일정한 장소에 입항하는 경우

ⓜ 허가수수료 반환 : 세관장은 당해 지역에 머무는 기간의 개시일까지 해당 출입허가를 취소한 경우에는 징수한 수수료를 반환한다.

2. 선박과 항공기 24년 기출

(1) 입출항절차

① 입항절차(법 제135조) 20, 19년 기출

㉠ 입항보고 : 국제무역선이나 국제무역기가 국제항(출입허가를 받은 지역을 포함)에 입항하였을 때에는 선장이나 기장은 대통령령으로 정하는 사항이 적힌 선박용품 또는 항공기용품의 목록, 여객명부, 승무원명부, 승무원 휴대품목록과 적재화물목록을 첨부하여 지체 없이 세관장에게 입항보고를 하여야 하며, 국제무역선은 선박국적증서와 최종 출발항의 출항허가증이나 이를 갈음할 서류를 제시하여야 한다. 다만, 세관장은 감시·단속에 지장이 없다고 인정될 때에는 선박용품 또는 항공기용품의 목록이나 승무원 휴대품목록의 첨부를 생략하게 할 수 있다.

㉡ 입항 전 여객명부 등의 서류 제출 : 세관장은 신속한 입항 및 통관절차의 이행과 효율적인 감시·단속을 위하여 필요할 때에는 관세청장이 정하는 바에 따라 입항하는 해당 선박 또는 항공기가 소속된 선박회사 또는 항공사(그 업무를 대행하는 자를 포함)로 하여금 여객명부·적재화물목록 등을 입항하기 전에 제출하게 할 수 있다. 다만, 화물운송주선업자(탁송품 운송업자로 한정)로서 다음의 어느 하나의 요건을 갖춘 자가 작성한 적재화물목록은 관세청장이 정하는 바에 따라 해당 화물운송주선업자로 하여금 제출하게 할 수 있다.

> ⓐ 수출입 안전관리 우수업체로 공인된 업체
> ⓑ 시행령 제259조의6(준수도 측정·평가의 절차 및 활용 등) 제1항에 따른 준수도 측정·평가의 결과가 우수한 자
> ⓒ 기획재정부령으로 정하는 화물운송주선 실적이 있는 자(선하증권 또는 항공화물운송장 기준 직전 연도 총 60만 건 이상인 자)

② 출항절차(법 제136조)

㉠ 출항허가 : 국제무역선이나 국제무역기가 국제항을 출항하려면 선장이나 기장은 출항하기 전에 세관장에게 출항허가를 받아야 한다.

㉡ 목록의 제출 : 선장이나 기장은 출항허가를 받으려면 그 국제항에서 적재한 물품의 목록을 제출하여야 한다. 다만, 세관장이 출항절차를 신속하게 진행하기 위하여 필요하다고 인정하여 출항허가 후 7일의 범위에서 따로 기간을 정하는 경우에는 그 기간 내에 그 목록을 제출할 수 있다.

㉢ 출항허가 신청 전 목록제출 : 세관장은 신속한 출항 및 통관절차의 이행과 효율적인 감시·단속을 위하여 필요한 경우에는 관세청장이 정하는 바에 따라 출항하는 해당 국제무역선 또는 국제무역기가 소속된 선박회사 또는 항공사로 하여금 적재물품의 목록을 출항허가 신청 전에 제출하게 할 수 있다. 다만, 화물운송주선업자(탁송품 운송업자로 한정)로서 대통령령으로 정하는 요건을 갖춘 자가 작성한 적재화물목록은 관세청장이 정하는 바에 따라 해당 화물운송주선업자로 하여금 제출하게 할 수 있다.

④ 출항허가의 신청(영 제158조)

    ⓐ 선박 출항의 경우 : 선박이 출항하고자 하는 때에는 다음의 사항을 기재한 신청서를 세관장에게 제출하여야 한다.

> - 선박의 종류·등록기호·명칭·국적·총톤수 및 순톤수
> - 여객·승무원·통과여객의 수
> - 적재물품의 개수 및 톤수
> - 선적지·목적지 및 출항일시

    ⓑ 항공기 출항의 경우 : 항공기가 출항하고자 하는 경우에는 다음의 사항을 기재한 신청서를 세관장에게 제출하여야 한다.

> - 항공기의 종류·등록기호·명칭 및 국적 · 여객·승무원·통과여객의 수
> - 적재물품의 개수 및 톤수 · 선적지·목적지 및 출항일시

  ⓜ 허가여부 통지 및 허가간주 : 세관장은 허가의 신청을 받은 날부터 10일 이내에 허가 여부를 신청인에게 통지하여야 한다. 세관장이 정한 기간 내에 허가 여부 또는 민원 처리 관련 법령에 따른 처리기간의 연장을 신청인에게 통지하지 아니하면 그 기간(민원 처리 관련 법령에 따라 처리기간이 연장 또는 재연장된 경우에는 해당 처리기간)이 끝난 날의 다음 날에 허가를 한 것으로 본다.

③ 간이 입출항절차(법 제137조)

  ㉠ 입항 후 24시간 이내에 출항하는 경우 : 국제무역선이나 국제무역기가 국제항에 입항하여 물품(선박용품 또는 항공기용품과 승무원의 휴대품은 제외)을 하역하지 아니하고 입항한 때부터 24시간 이내에 출항하는 경우 세관장은 제135조(입항절차)에 따른 적재화물목록, 선박용품 또는 항공기용품의 목록, 여객명부, 승무원명부, 승무원 휴대품목록 또는 제136조(출항절차)에 따른 적재화물목록의 제출을 생략하게 할 수 있다.

  ㉡ 입항절차 완료 후 다른 국제항에 입항할 경우 : 세관장은 국제무역선이나 국제무역기가 국제항에 입항하여 입항절차를 마친 후 다시 우리나라의 다른 국제항에 입항할 때에는 서류제출의 생략 등 간소한 절차로 입출항하게 할 수 있다.

④ 승객예약자료의 요청(법 제137조의2) 18, 16년 기출

  ㉠ 의의 : 세관장은 다음의 어느 하나에 해당하는 업무를 수행하기 위하여 필요한 경우 입항하거나 출항하는 선박 또는 항공기가 소속된 선박회사 또는 항공사가 운영하는 예약정보시스템의 승객예약자료를 정보통신망을 통하여 열람하거나 기획재정부령으로 정하는 시한 내에 제출하여 줄 것을 선박회사 또는 항공사에 요청할 수 있다. 이 경우 해당 선박회사 또는 항공사는 이에 따라야 한다.

> ⓐ 수출입금지물품을 수출입한 자 또는 수출입하려는 자에 대한 검사업무
> ⓑ 제241조 제1항·제2항(수출입신고 또는 반송신고)을 위반한 자 또는 이를 위반하여 「마약류관리에 관한 법률」에 따른 마약류, 「총포·도검·화약류 등 단속법」에 따른 총포·도검·화약류·분사기·전자충격기 및 석궁을 수출입하거나 반송하려는 자에 대한 검사업무

승객예약자료의 제출시한은 다음의 구분에 의한다.
1. 출항하는 선박 또는 항공기의 경우 : 출항 후 3시간 이내
2. 입항하는 선박 또는 항공기의 경우 : 입항 1시간 전까지(다만, 운항예정시간이 3시간 이내인 경우에는 입항 30분 전까지)

ⓒ 열람이나 제출을 요청할 수 있는 승객예약자료 : 세관장이 열람이나 제출을 요청할 수 있는 승객예약자료는 다음의 자료로 한정한다.

> ⓐ 국적, 성명, 생년월일, 여권번호 및 예약번호
> ⓑ 주소 및 전화번호
> ⓒ 예약 및 탑승수속 시점
> ⓓ 항공권 또는 승선표의 번호·발권일·발권도시 및 대금결제방법
> ⓔ 여행경로 및 여행사
> ⓕ 동반탑승자 및 좌석번호
> ⓖ 수하물 자료
> ⓗ 항공사 또는 선박회사의 회원으로 가입한 경우 그 회원번호 및 등급과 승객주문정보

ⓒ 승객예약자료의 열람
  ⓐ 제공받은 승객예약자료를 열람할 수 있는 사람은 관세청장이 지정하는 세관공무원으로 한정한다.
  ⓑ 세관장은 제공받은 승객예약자료를 열람할 수 있는 세관공무원에게 관세청장이 정하는 바에 따라 개인식별 고유번호를 부여하는 등의 조치를 하여 권한 없는 자가 승객예약자료를 열람하는 것을 방지하여야 한다(영 제158조의2 제1항).
  ⓒ 세관공무원은 직무상 알게 된 승객예약자료를 누설 또는 권한 없이 처리하거나 타인이 이용하도록 제공하는 등 부당한 목적을 위하여 사용하여서는 아니 된다.
ⓔ 보존승객예약자료(영 제158조의2 제2항~제4항)
  ⓐ 구분관리 : 세관장은 승객이 입항 또는 출항한 날부터 1월이 경과한 때에는 해당 승객의 승객예약자료를 다른 승객의 승객예약자료(승객의 입·출항일부터 1월이 경과하지 아니한 승객예약자료)와 구분하여 관리하여야 한다.
  ⓑ 보존기간

> • 3년간 보존(원칙) : 세관장은 보존승객예약자료를 해당 승객의 입·출항일부터 기산하여 3년간 보존할 수 있다.
> • 5년간 보존(예외) : 다음의 어느 하나에 해당하는 자에 대한 보존승객예약자료는 5년간 보존할 수 있다.
> – 수출입금지물품을 수출입한 자 또는 수출입하려고 하였던 자로서 관세청장이나 세관장의 통고처분을 받거나 벌금형 이상의 형의 선고를 받은 사실이 있는 자
> – 법 제241조 제1항·제2항(수출입신고 또는 반송신고)을 위반하였거나 이를 위반하여 「마약류 관리에 관한 법률」에 따른 마약류, 「총포·도검·화약류 등의 안전관리에 관한 법률」에 따른 총포·도검·화약류·전자충격기 및 석궁을 수출입 또는 반송하려고 하였던 자로서 관세청장이나 세관장의 통고처분을 받거나 벌금형 이상의 형의 선고를 받은 사실이 있는 자

> – 수사기관 등으로부터 제공받은 정보나 세관장이 수집한 정보 등에 근거하여 수출입금지물품을 수출입하는 행위, 「마약류 관리에 관한 법률」에 따른 마약류, 「총포·도검·화약류 등의 안전관리에 관한 법률」에 따른 총포·도검·화약류·전자충격기 및 석궁을 수출입 또는 반송하는 행위를 할 우려가 있다고 인정되는 자로서 관세청장이 정하는 기준에 해당하는 자

ⓒ 보존승객예약자료의 열람 : 세관공무원은 보존승객예약자료를 열람하려는 때에는 관세청장이 정하는 바에 따라 미리 세관장의 승인을 얻어야 한다.

기출문제

관세법령상 운송수단에 관한 설명으로 옳은 것은? 24년 기출

① 국제무역선이 국제항이 아닌 지역에 출입하기 위하여 내야 하는 수수료의 총액은 50만 원을 초과하지 못한다.
② 통관역은 국외와 연결되고 국경에 근접한 철도역 중에서 세관장이 지정하고, 통관장은 관세통로에 접속한 장소 중에서 관세청장이 지정한다.
③ 관세청장이 출항절차를 신속하게 진행하기 위하여 필요하다고 인정하여 출항허가 후 10일의 범위에서 따로 기간을 정하는 경우 국제무역선의 선장은 그 기간 내에 적재화물목록을 제출할 수 있다.
④ 국제무역선인 5천톤급 이상의 선박이 연간 40회 이상 입항하거나 입항할 것으로 예상되어야 국제항으로 지정될 수 있다.
⑤ 국제무역선이 국제항의 바깥에서 물품을 하역하거나 환적하려는 경우 납부하여야 하는 항외하역에 관한 허가수수료는 하역 1일마다 3만 원으로 한다.

해설
② 통관역은 국외와 연결되고 국경에 근접한 철도역 중에서 관세청장이 지정하고, 통관장은 관세통로에 접속한 장소 중에서 세관장이 지정한다(관세법 제148조 제3항·제4항).
③ 세관장이 출항절차를 신속하게 진행하기 위하여 필요하다고 인정하여 출항허가 후 7일의 범위에서 따로 기간을 정하는 경우 국제무역선·기의 선·기장은 그 기간 내에 그 목록을 제출할 수 있다(관세법 제136조 제2항 단서).
④ 국제무역선인 5천톤급 이상의 선박이 연간 50회 이상 입항하거나 입항할 것으로 예상되어야 국제항으로 지정될 수 있다(관세법 시행령 제155조의2 제1항 제3호 나목).
⑤ 항외하역에 관한 허가수수료는 하역 1일마다 4만 원으로 한다(관세법 시행규칙 제63조).

정답 ①

---

(2) 재해나 그 밖의 부득이한 사유로 인한 면책 등

① 재해나 그 밖의 부득이한 사유로 인한 면책(법 제138조)

의 의	제134조(국제항 등에의 출입)부터 제137조(간이 입출항절차)까지 및 제140조(물품의 하역)부터 제143조(선박용품 및 항공기용품의 하역 등)까지의 규정은 재해나 그 밖의 부득이한 사유에 의한 경우에는 적용하지 아니한다.
신 고	• 재해나 그 밖의 부득이한 사유로 인한 면책의 경우 선장이나 기장은 지체 없이 그 이유를 세관공무원이나 경찰공무원(세관공무원이 없는 경우로 한정)에게 신고하여야 한다. • 신고를 받은 경찰공무원은 지체 없이 그 내용을 세관공무원에게 통보하여야 한다.
경과 보고	선장이나 기장은 재해나 그 밖의 부득이한 사유가 종료되었을 때에는 지체 없이 세관장에게 그 경과를 보고하여야 한다.

② 임시 외국 정박 또는 착륙의 보고(법 제139조)

재해나 그 밖의 부득이한 사유로 국내운항선이나 국내운항기가 외국에 임시 정박 또는 착륙하고 우리나라로 되돌아왔을 때에는 선장이나 기장은 지체 없이 그 사실을 세관장에게 보고하여야 하며, 외국에서 적재한 물품이 있을 때에는 그 목록을 제출하여야 한다.

(3) 물품의 하역 등

① 물품의 하역(법 제140조) 22, 15, 13, 11년 기출

㉠ 하역의 시기 : 국제무역선이나 국제무역기는 제135조에 따른 입항절차를 마친 후가 아니면 물품을 하역하거나 환적할 수 없다. 다만, 세관장의 허가를 받은 경우에는 그러하지 아니하다.

㉡ 허가 여부 통지 및 허가간주 : 세관장은 허가의 신청을 받은 날부터 10일 이내에 허가 여부를 신청인에게 통지하여야 한다. 세관장이 정한 기간 내에 허가 여부 또는 민원 처리 관련 법령에 따른 처리기간의 연장을 신청인에게 통지하지 아니하면 그 기간(민원 처리 관련 법령에 따라 처리기간이 연장 또는 재연장된 경우에는 해당 처리기간)이 끝난 날의 다음 날에 허가를 한 것으로 본다.

㉢ 세관공무원의 확인 : 국제무역선이나 국제무역기에 물품을 하역하려면 세관장에게 신고하고 현장에서 세관공무원의 확인을 받아야 한다. 다만, 세관공무원이 확인할 필요가 없다고 인정하는 경우에는 그러하지 아니하다.

> 주의 세관장에게 허가를 받아야 하는 것이 아니라 세관장에게 신고하고 현장에서 세관공무원의 확인을 받아야 한다.

㉣ 통로 등의 제한 : 세관장은 감시·단속을 위하여 필요할 때에는 물품을 하역하는 장소 및 통로(하역 통로)와 기간을 제한할 수 있다.

> 주의 '제한하여야 한다'가 아니라 제한할 수 있다.

㉤ 내·외국물품의 적재 : 국제무역선이나 국제무역기에는 내국물품을 적재할 수 없으며, 국내운항선이나 국내운항기에는 외국물품을 적재할 수 없다. 다만, 세관장의 허가를 받았을 때에는 그러하지 아니하다.

㉥ 하역 제한 등 : 세관장은 ㉢에 따라 신고된 물품이 폐기물·화학물질 등 관세청장이 관계 중앙행정기관의 장과 협의하여 고시하는 물품으로서 하역 장소 및 통로, 기간을 제한하는 방법으로는 사회안전 또는 국민보건 피해를 방지하기 어렵다고 인정되는 경우에는 하역을 제한하고, 적절한 조치 또는 반송을 명할 수 있다.

② 외국물품의 일시양륙 등(법 제141조) 14, 13년 기출

다음의 어느 하나에 해당하는 행위를 하려면 세관장에게 신고를 하고, 현장에서 세관공무원의 확인을 받아야 한다. 다만, 관세청장이 감시·단속에 지장이 없다고 인정하여 따로 정하는 경우에는 간소한 방법으로 신고 또는 확인하거나 이를 생략하게 할 수 있다.

> ㉠ 외국물품을 운송수단으로부터 일시적으로 육지에 내려놓으려는 경우
> ㉡ 해당 운송수단의 여객·승무원 또는 운전자가 아닌 자가 타려는 경우
> ㉢ 외국물품을 적재한 운송수단에서 다른 운송수단으로 물품을 환적 또는 복합환적하거나 사람을 이동시키는 경우

③ 항외 하역(법 제142조) 22, 21, 13, 11년 기출
  ⊙ 세관장의 허가 : 국제무역선이 국제항의 바깥에서 물품을 하역하거나 환적하려는 경우에는 선장은 세관장의 허가를 받아야 한다.
    주의 세관장에게 신고하여야 하는 것이 아니라 세관장의 허가를 받아야 한다.
  ⓛ 항외하역 허가 신청 : 국제항의 바깥에서 하역 또는 환적하기 위하여 항외하역 허가를 받으려는 자는 다음의 사항을 기재한 신청서를 세관장에게 제출해야 한다(영 제165조).

    > ⓐ 국제항의 바깥에서 하역 또는 환적하려는 장소 및 일시
    > ⓑ 선박의 종류·명칭·국적·총톤수 및 순톤수
    > ⓒ 당해 물품의 내외국물품별 구분과 품명·수량 및 가격
    > ⓓ 당해 물품의 포장의 종류·기호·번호 및 개수
    > ⓔ 신청사유

  ⓒ 허가수수료의 납부 : 선장은 허가를 받으려면 기획재정부령으로 정하는 바에 따라 <u>허가수수료를 납부</u>하여야 한다.

    > **보충** 항외하역에 관한 허가수수료(규칙 제63조)
    >
    > 하역 1일마다 4만 원. 다만, 수출물품(보세판매장에서 판매하는 물품과 보세공장, 「자유무역지역의 지정 및 운영에 관한 법률」에 의한 자유무역지역에서 제조·가공하여 외국으로 반출하는 물품을 포함)에 대한 하역인 경우에는 하역 1일마다 1만 원

  ⓓ 허가 여부 통지 및 허가간주 : 세관장은 허가의 신청을 받은 날부터 10일 이내에 허가 여부를 신청인에게 통지하여야 한다. 세관장이 정한 기간 내에 허가 여부 또는 민원 처리 관련 법령에 따른 처리기간의 연장을 신청인에게 통지하지 아니하면 그 기간(민원 처리 관련 법령에 따라 처리기간이 연장 또는 재연장된 경우에는 해당 처리기간)이 끝난 날의 다음 날에 허가를 한 것으로 본다.

④ 선박용품 및 항공기용품 등의 하역 등(법 제143조) 17, 13, 11년 기출
  ⊙ 하역 또는 환적허가 : 다음의 어느 하나에 해당하는 물품을 국제무역선·국제무역기 또는 「원양산업발전법」에 따른 조업에 사용되는 선박(원양어선)에 하역하거나 환적하려면 세관장의 허가를 받아야 하며, 하역 또는 환적허가의 내용대로 하역하거나 환적하여야 한다.
    주의 세관장에게 신고를 하고 세관공무원의 확인을 받아야 하는 것이 아니라 세관장의 허가를 받아야 한다.

    > ⓐ 선박용품 또는 항공기용품
    > ⓑ 국제무역선 또는 국제무역기 안에서 판매하는 물품
    > ⓒ 「원양산업발전법」에 따라 해양수산부장관의 허가·승인 또는 지정을 받은 자가 조업하는 원양어선에 무상으로 송부하기 위하여 반출하는 물품으로서 해양수산부장관이 확인한 물품

  ⓛ 허가 여부 통지 및 허가간주 : 세관장은 허가의 신청을 받은 날부터 10일 이내에 허가 여부를 신청인에게 통지하여야 한다. 세관장이 정한 기간 내에 허가 여부 또는 민원 처리 관련 법령에 따른 처리기간의 연장을 신청인에게 통지하지 아니하면 그 기간(민원 처리 관련 법령에 따라 처리기간이 연장 또는 재연장된 경우에는 해당 처리기간)이 끝난 날의 다음 날에 허가를 한 것으로 본다.

ⓒ 물품의 검사 : 세관장은 허가를 함에 있어서 필요하다고 인정되는 때에는 소속공무원으로 하여금 당해 물품을 검사하게 할 수 있다.

ⓐ 외국물품의 적재 : 위 ④의 ㉠의 어느 하나에 해당하는 물품이 외국으로부터 우리나라에 도착한 외국물품일 때에는 보세구역으로부터 국제무역선·국제무역기 또는 원양어선에 적재하는 경우에만 그 외국물품을 그대로 적재할 수 있다.

ⓜ 선박용품 등의 인정범위 : 위 ④의 ㉠에 따른 물품의 종류와 수량은 선박이나 항공기의 종류, 톤수 또는 무게, 항행일수·운행일수 또는 조업일수, 여객과 승무원·선원의 수 등을 고려하여 세관장이 타당하다고 인정하는 범위이어야 한다.

ⓗ 관세의 징수 : 외국물품이 하역 또는 환적허가의 내용대로 운송수단에 적재되지 아니한 경우에는 해당 허가를 받은 자로부터 즉시 그 관세를 징수한다. 다만, 다음에 해당하는 경우에는 그러하지 아니하다.

> ⓐ 세관장이 지정한 기간 내에 그 물품이 다시 보세구역에 반입된 경우
> ⓑ 재해나 그 밖의 부득이한 사유로 멸실된 경우
> ⓒ 미리 세관장의 승인을 받고 폐기한 경우

(4) 국제무역선의 국내운항선으로의 전환 등

① 국제무역선의 국내운항선으로의 전환(법 제144조)

㉠ 전환승인 : 국제무역선 또는 국제무역기를 국내운항선 또는 국내운항기로 전환하거나, 국내운항선 또는 국내운항기를 국제무역선 또는 국제무역기로 전환하려면 선장이나 기장은 세관장의 승인을 받아야 한다.

㉡ 선박 또는 항공기의 전환 : 승인을 얻고자 하는 자는 다음의 사항을 기재한 신청서를 세관장에게 제출하여야 한다(영 제167조 제1항).

> ⓐ 선박 또는 항공기의 명칭·종류·등록기호·국적·총톤수 및 순톤수·자체무게·선적항
> ⓑ 선박 또는 항공기의 소유자의 주소·성명
> ⓒ 국내운항선·국내운항기·국제무역선 또는 국제무역기에의 해당 여부
> ⓓ 전환하고자 하는 내용 및 사유

㉢ 물품 검사 : 세관장은 신청이 있는 때에는 당해 선박 또는 항공기에 적재되어 있는 물품을 검사할 수 있다(영 제167조 제2항).

② 선장 등의 직무대행자(법 제145조)

선장이나 기장이 하여야 할 직무를 대행하는 자에게도 제134조(국제항 등에의 출입) 제2항, 제135조(입항절차) 제1항, 제136조(출항절차), 제138조(재해나 그 밖의 부득이한 사유로 인한 면책) 제2항·제4항, 제139조(임시 외국 정박 또는 착륙의 보고), 제142조(항외 하역) 및 제144조(국제무역선의 국내운항선으로의 전환 등)를 적용한다.

③ 그 밖의 선박 또는 항공기(법 제146조)

㉠ 국제무역선(기)에 관한 규정 준용 : 다음의 어느 하나에 해당하는 선박이나 항공기는 국제무역선이나 국제무역기에 관한 규정을 준용한다. 다만, 대통령령으로 정하는 선박 및 항공기(군함 및 군용기, 국가원수 또는 정부를 대표하는 외교사절이 전용하는 선박 또는 항공기)에 대하여는 그러하지 아니하다.

ⓐ 국제무역선 또는 국제무역기 외의 선박이나 항공기로서 외국에 운항하는 선박 또는 항공기
ⓑ 외국을 왕래하는 여행자와 휴대품·탁송품 또는 별송품을 전용으로 운송하기 위하여 국내에서만 운항하는 항공기(환승전용국내운항기)

ⓛ 환승전용국내운항기
 ⓐ 환승전용국내운항기에 대해서는 제143조(선박용품 및 항공기용품의 하역 등) 제2항의 규정[위 (3)의 ④의 ⓔ]은 적용하지 아니하며 효율적인 통관 및 감시·단속을 위하여 필요한 사항은 대통령령으로 따로 정할 수 있다.
 ⓑ 세관장은 환승전용국내운항기에 대해서 효율적인 통관 및 감시·단속을 위하여 다음의 사항에 대하여 관세청장이 정하는 바에 따라 그 절차를 간소화하거나 그 밖에 필요한 조치를 할 수 있다(영 제168조의2).

- 입항보고
- 출항허가 신청
- 그 밖에 환승전용국내운항기 및 해당 항공기에 탑승하는 외국을 왕래하는 여행자와 휴대품·탁송품 또는 별송품의 통관 및 감시에 필요한 사항

④ 국경하천을 운항하는 선박(법 제147조)
국경하천만을 운항하는 내국선박에 대하여는 국제무역선에 관한 규정을 적용하지 아니한다.

3. 차 량 21년 기출

(1) 관세통로(법 제148조) 18년 기출

국경을 출입하는 차량(국경출입차량)은 관세통로를 경유하여야 하며, 통관역이나 통관장에 정차하여야 한다.

관세통로	육상국경으로부터 통관역에 이르는 철도와 육상국경으로부터 통관장에 이르는 육로 또는 수로 중에서 세관장이 지정한다.
통관역	국외와 연결되고 국경에 근접한 철도역 중에서 관세청장이 지정한다.
통관장	관세통로에 접속한 장소 중에서 세관장이 지정한다.

(2) 국경출입차량의 도착 및 출발절차

① 국경출입차량의 도착절차(법 제149조)

도착보고	국경출입차량이 통관역이나 통관장에 도착하면 통관역장이나 도로차량(선박·철도차량 또는 항공기가 아닌 운송수단)의 운전자는 차량용품목록·여객명부·승무원명부 및 승무원 휴대품목록과 관세청장이 정하는 적재화물목록을 첨부하여 지체 없이 세관장에게 도착보고를 하여야 하며, 최종 출발지의 출발허가서 또는 이를 갈음하는 서류를 제시하여야 한다. 다만, 세관장은 감시·단속에 지장이 없다고 인정될 때에는 차량용품목록이나 승무원 휴대품목록의 첨부를 생략하게 할 수 있다.
도착 전 서류제출	세관장은 신속한 입국 및 통관절차의 이행과 효율적인 감시·단속을 위하여 필요한 경우에는 관세청장이 정하는 바에 따라 도착하는 해당 차량이 소속된 회사(그 업무를 대행하는 자를 포함)로 하여금 여객명부·적재화물목록 등을 도착하기 전에 제출하게 할 수 있다.

반복운송 도로차량의 경우	대통령령으로 정하는 물품(모래·자갈 등 골재, 석탄·흑연 등 광물)을 일정 기간에 일정량으로 나누어 반복적으로 운송하는 데에 사용되는 도로차량의 운전자는 사증(査證)을 받는 것으로 도착보고를 대신할 수 있다. 다만, 최종 도착보고의 경우는 제외한다.
도착보고 서류제출	사증을 받는 것으로 도착보고를 대신하는 도로차량의 운전자는 최종 도착보고를 할 때에 서류를 한꺼번에 제출하여야 한다.

② 국경출입차량의 출발절차(법 제150조)

출발허가	국경출입차량이 통관역이나 통관장을 출발하려면 통관역장이나 도로차량의 운전자는 출발하기 전에 세관장에게 출발보고를 하고 출발허가를 받아야 한다.
목록의 제출	통관역장이나 도로차량의 운전자는 허가를 받으려면 그 통관역 또는 통관장에서 적재한 물품의 목록을 제출하여야 한다.
반복운송 도로차량의 경우	모래·자갈 등 골재, 석탄·흑연 등 광물을 일정 기간에 일정량으로 나누어 반복적으로 운송하는 데에 사용되는 도로차량의 운전자는 사증을 받는 것으로 출발보고 및 출발허가를 대신할 수 있다. 다만, 최초 출발보고와 최초 출발허가의 경우는 제외한다.
반복운송 시 세관장에게 신고	반복운송 도로차량을 운행하려는 자는 기획재정부령으로 정하는 바에 따라 미리 세관장에게 신고하여야 한다.

(3) 물품의 하역 등(법 제151조)

① 신고 및 확인

통관역이나 통관장에서 외국물품을 차량에 하역하려는 자는 세관장에게 신고를 하고, 현장에서 세관공무원의 확인을 받아야 한다. 다만, 세관공무원이 확인할 필요가 없다고 인정할 때에는 그러하지 아니하다.

② 차량용품 등의 하역 및 환적

㉠ 하역 및 환적 허가 : 차량용품과 국경출입차량 안에서 판매할 물품을 해당 차량에 하역하거나 환적하는 경우에는 세관장의 허가를 받아야 한다.

㉡ 선박용품 등 하역 규정 준용 : 차량용품과 국경출입차량 안에서 판매할 물품을 해당 차량에 하역하거나 환적하는 경우에는 제143조(선박용품 및 항공기용품의 하역 등)를 준용한다.

(4) 국경출입차량의 국내운행차량으로의 전환 등(법 제151조의2)

국경출입차량을 국내에서만 운행하는 차량(국내운행차량)으로 전환하거나 국내운행차량을 국경출입차량으로 전환하려는 경우에는 통관역장 또는 도로차량의 운전자는 세관장의 승인을 받아야 한다. 다만, 기획재정부령으로 정하는 차량의 경우에는 그러하지 아니하다.

(5) 통관역장 등의 직무대행자(법 제151조의3)

통관역장이나 도로차량의 운전자가 하여야 할 직무를 대행하는 자에게도 제149조(국경출입차량의 도착절차) 제1항, 제150조(국경출입차량의 출발절차), 제151조의2(국경출입차량의 국내운행차량으로의 전환 등) 및 제152조(도로차량의 국경출입)를 적용한다.

(6) 도로차량의 국경출입(법 제152조)

서류 발급	국경을 출입하려는 도로차량의 운전자는 해당 도로차량이 국경을 출입할 수 있음을 증명하는 서류를 세관장으로부터 발급받아야 한다.
사증 발급	국경을 출입하는 도로차량의 운전자는 출입할 때마다 국경을 출입할 수 있음을 증명하는 서류를 세관공무원에게 제시하고 사증을 받아야 한다. 이 경우 전자적인 방법으로 서류의 제시 및 사증 발급을 대신할 수 있다.
수수료의 납부	사증을 받으려는 자는 기획재정부령으로 정하는 바에 따라 수수료를 납부하여야 한다. 다만, 기획재정부령으로 정하는 차량은 수수료를 면제한다.

제2절 보세구역

1. 보세구역의 기본이해

(1) 보세구역의 종류(법 제154조) 14, 12년 기출

보세구역은 지정보세구역 · 특허보세구역 및 종합보세구역으로 구분하고, 지정보세구역은 지정장치장 및 세관검사장으로 구분하며, 특허보세구역은 보세창고 · 보세공장 · 보세전시장 · 보세건설장 및 보세판매장으로 구분한다.

> ① 지정보세구역 : 지정장치장, 세관검사장
> ② 특허보세구역 : 보세창고, 보세공장, 보세전시장, 보세건설장, 보세판매장
> ③ 종합보세구역 : 두 가지 이상의 종합보세기능 수행

(2) 물품의 장치(법 제155조)

① 원 칙 10년 기출

외국물품과 내국운송의 신고를 하려는 내국물품은 보세구역이 아닌 장소에 장치할 수 없다.

② 보세구역 외 장치 가능 물품

다음의 어느 하나에 해당하는 물품은 그러하지 아니하다.

> ㉠ 수출신고가 수리된 물품
> ㉡ 크기 또는 무게의 과다나 그 밖의 사유로 보세구역에 장치하기 곤란하거나 부적당한 물품
> ㉢ 재해나 그 밖의 부득이한 사유로 임시로 장치한 물품
> ㉣ 검역물품
> ㉤ 압수물품
> ㉥ 우편물품

③ 보세구역 외 장치의 허가(법 제156조) 15년 기출

㉠ 대상 : 크기 또는 무게의 과다나 그 밖의 사유로 보세구역에 장치하기 곤란하거나 부적당한 물품을 보세구역이 아닌 장소에 장치하려는 자는 세관장의 허가를 받아야 한다.

보세구역 외 장치의 허가신청(영 제175조) 20, 15년 기출
보세구역 외 장치의 허가를 받으려는 자는 해당 물품에 관하여 다음의 사항을 기재한 신청서에 송품장과 선하증권·항공화물운송장 또는 이에 갈음하는 서류를 첨부하여 세관장에게 제출하여야 한다.
1. 장치장소 및 장치사유
2. 수입물품의 경우 당해 물품을 외국으로부터 운송하여 온 선박 또는 항공기의 명칭 또는 등록기호·입항예정연월일·선하증권번호 또는 항공화물운송장번호
3. 해당 물품의 내외국물품별 구분과 품명·규격·수량 및 가격
4. 당해 물품의 포장의 종류·번호 및 개수

  ⓛ 담보의 제공 등 : 세관장은 외국물품에 대하여 보세구역 외 장치의 허가를 하려는 때에는 그 물품의 관세에 상당하는 담보의 제공, 필요한 시설의 설치 등을 명할 수 있다.
  ⓒ 수수료의 납부 : 허가를 받으려는 자는 기획재정부령으로 정하는 금액과 방법 등에 따라 수수료를 납부하여야 한다(규칙 제65조).

> ⓐ 보세구역 외 장치허가수수료는 1만8천 원으로 한다. 이 경우 동일한 선박 또는 항공기로 수입된 동일한 화주의 화물을 동일한 장소에 반입하는 때에는 1건의 보세구역 외 장치허가신청으로 보아 허가수수료를 징수한다.
>   주의 각 건별로가 아니라 1건의 보세구역 외 장치허가신청으로 보아 허가수수료를 징수한다.
> ⓑ 국가 또는 지방자치단체가 수입하거나 협정에 의하여 관세가 면제되는 물품을 수입하는 때에는 보세구역 외 장치허가수수료를 면제한다.
> ⓒ 보세구역 외 장치허가수수료를 납부하여야 하는 자가 관세청장이 정하는 바에 의하여 이를 따로 납부한 때에는 그 사실을 증명하는 증표를 허가신청서에 첨부하여야 한다.
> ⓓ 세관장은 전산처리설비를 이용하여 보세구역 외 장치허가를 신청하는 때에는 보세구역 외 장치허가수수료를 일괄고지하여 납부하게 할 수 있다.

④ 보세구역장치물품의 제한(영 제174조)
  ㉠ 인화질 또는 폭발성의 물품 : 보세구역에는 인화질 또는 폭발성의 물품을 장치하지 못한다.
  ⓛ 부패할 염려가 있는 물품 등 : 보세창고에는 부패할 염려가 있는 물품 또는 살아있는 동물이나 식물을 장치하지 못한다.
  ⓒ 적용 제외 : ㉠ 및 ⓛ의 규정은 당해 물품을 장치하기 위하여 특수한 설비를 한 보세구역에 관하여는 이를 적용하지 아니한다.

(3) 물품의 반입 · 반출(법 제157조) 24, 18년 기출

반입 · 반출신고	보세구역에 물품을 반입하거나 반출하려는 자는 대통령령으로 정하는 바에 따라 세관장에게 신고하여야 한다.
물품의 검사	보세구역에 물품을 반입하거나 반출하려는 경우에는 세관장은 세관공무원을 참여시킬 수 있으며, 세관공무원은 해당 물품을 검사할 수 있다.
물품의 종류 제한	세관장은 보세구역에 반입할 수 있는 물품의 종류를 제한할 수 있다.
수입신고 수리물품의 반출(법 제157조의2)	관세청장이 정하는 보세구역에 반입되어 수입신고가 수리된 물품의 화주 또는 반입자는 그 수입신고 수리일부터 15일 이내에 해당 물품을 보세구역으로부터 반출하여야 한다. 다만, 외국물품을 장치하는 데에 방해가 되지 아니하는 것으로 인정되어 세관장으로부터 해당 반출기간의 연장승인을 받았을 때에는 그러하지 아니하다.

(4) 보수작업(법 제158조) 18년 기출

보세구역에 장치된 물품은 그 현상을 유지하기 위하여 필요한 보수작업과 그 성질을 변하지 아니하게 하는 범위에서 포장을 바꾸거나 구분·분할·합병을 하거나 그 밖의 비슷한 보수작업을 할 수 있다.

① 보수작업의 절차 10년 기출

   ㉠ 세관장의 승인 : 보수작업을 하려는 자는 세관장의 승인을 받아야 한다.

   ㉡ 신청서의 제출 : 승인을 받으려는 자는 사용할 재료의 품명·규격·수량 및 가격, 보수작업의 목적·방법 및 예정기간, 장치장소, 그 밖의 참고사항을 기재한 신청서를 세관장에게 제출하여야 한다(영 제177조).

   ㉢ 승인 여부 통지 및 승인 간주 : 세관장은 승인의 신청을 받은 날부터 10일 이내에 승인 여부를 신청인에게 통지하여야 한다. 세관장이 정한 기간 내에 승인 여부 또는 민원 처리 관련 법령에 따른 처리기간의 연장을 신청인에게 통지하지 아니하면 그 기간(민원 처리 관련 법령에 따라 처리기간이 연장 또는 재연장된 경우에는 해당 처리기간)이 끝난 날의 다음 날에 승인을 한 것으로 본다.

② 보수작업의 장소 10년 기출

보수작업은 보세구역에서 하여야 하는 것이 원칙이나 보세구역에서의 보수작업이 곤란하다고 세관장이 인정할 때에는 기간과 장소를 지정받아 보세구역 밖에서 보수작업을 할 수 있다. 이 경우 해당 물품에 관한 반출검사 등에 관하여는 다음의 보세공장 외 작업 허가 규정(법 제187조 제4항·제5항·제7항)을 준용한다.

> ㉠ 허가를 한 경우 세관공무원은 해당 물품이 보세공장에서 반출될 때에 이를 검사할 수 있다.
> ㉡ 허가를 받아 지정된 장소(공장 외 작업장)에 반입된 외국물품은 지정된 기간이 만료될 때까지는 보세공장에 있는 것으로 본다.
> ㉢ 지정된 기간이 지난 경우 해당 공장 외 작업장에 허가된 외국물품이나 그 제품이 있을 때에는 해당 물품의 허가를 받은 보세공장의 운영인으로부터 그 관세를 즉시 징수한다.

③ 보수작업의 재료 12, 10년 기출

   ㉠ 보수작업으로 외국물품에 부가된 내국물품은 외국물품으로 본다.

   ㉡ 외국물품은 수입될 물품의 보수작업의 재료로 사용할 수 없다.

(5) 해체·절단 등의 작업(법 제159조) 12, 10년 기출

보세구역에 장치된 물품에 대하여는 그 원형을 변경하거나 해체·절단 등의 작업을 할 수 있다.

① 작업의 절차

　㉠ 세관장의 허가 : 해체·절단 등의 작업을 하려는 자는 세관장의 허가를 받아야 한다.

　㉡ 허가 여부 통지 및 허가 간주 : 세관장은 허가의 신청을 받은 날부터 10일 이내에 허가 여부를 신청인에게 통지하여야 한다. 세관장이 정한 기간 내에 허가 여부 또는 민원 처리 관련 법령에 따른 처리기간의 연장을 신청인에게 통지하지 아니하면 그 기간(민원 처리 관련 법령에 따라 처리기간이 연장 또는 재연장된 경우에는 해당 처리기간)이 끝난 날의 다음 날에 허가를 한 것으로 본다.

　㉢ 작업명령 : 세관장은 수입신고한 물품에 대하여 필요하다고 인정될 때에는 화주 또는 그 위임을 받은 자에게 해체·절단 등의 작업을 명할 수 있다.

② 작업 대상

해체·절단 등의 작업을 할 수 있는 물품의 종류는 관세청장이 정한다.

주의 물품의 종류는 세관장이 정하는 것이 아니라 관세청장이 정한다.

③ 작업완료(영 제178조 제2항)

해체·절단 등의 작업의 허가를 받기 위한 신청서 제출을 완료한 때에는 다음의 사항을 기재한 보고서를 세관장에게 제출하여 그 확인을 받아야 한다.

> ㉠ 작업 후의 물품의 품명·규격·수량 및 가격
> ㉡ 작업개시 및 종료연월일
> ㉢ 작업상황에 관한 검정기관의 증명서(세관장이 특히 지정하는 경우에 한함)
> ㉣ 기타 참고사항

(6) 장치물품의 폐기(법 제160조) 16, 12년 기출

① 세관장의 승인

부패·손상되거나 그 밖의 사유로 보세구역에 장치된 물품을 폐기하려는 자는 세관장의 승인을 받아야 한다.

② 관세의 징수 11, 10년 기출

보세구역에 장치된 외국물품이 멸실되거나 폐기되었을 때에는 그 운영인이나 보관인으로부터 즉시 그 관세를 징수한다. 다만, 재해나 그 밖의 부득이한 사유로 멸실된 때와 미리 세관장의 승인을 받아 폐기한 때에는 예외로 한다.

주의 화주로부터가 아니라 운영인이나 보관인으로부터 즉시 그 관세를 징수한다.

③ 잔존부분의 관세 부과

승인을 받은 외국물품 중 폐기 후에 남아 있는 부분에 대하여는 폐기 후의 성질과 수량에 따라 관세를 부과한다.

④ 반송 또는 폐기명령 13년 기출

　㉠ 의의 : 세관장은 보세구역에 장치된 물품 중 다음의 어느 하나에 해당하는 것은 화주, 반입자, 화주 또는 반입자의 위임을 받은 자나 제2차 납세의무자(화주 등)에게 이를 반송 또는 폐기할 것을 명하거나 화주 등에게 통고한 후 폐기할 수 있다. 다만, 급박하여 통고할 여유가 없는 경우에는 폐기한 후 즉시 통고하여야 한다.

ⓐ 사람의 생명이나 재산에 해를 끼칠 우려가 있는 물품
ⓑ 부패하거나 변질된 물품
ⓒ 유효기간이 지난 물품
ⓓ 상품가치가 없어진 물품
ⓔ ⓐ부터 ⓓ까지에 준하는 물품으로서 관세청장이 정하는 물품

© 폐기 공고 : 통고를 할 때 화주 등의 주소나 거소를 알 수 없거나 그 밖의 사유로 통고할 수 없는 경우에는 공고로써 이를 갈음할 수 있다.
© 폐기 비용 : 세관장이 물품을 폐기하거나 화주 등이 물품을 폐기 또는 반송한 경우 그 비용은 화주 등이 부담한다.

(7) 견본품 반출(법 제161조) 10년 기출

① 세관장의 허가
보세구역에 장치된 외국물품의 전부 또는 일부를 견본품으로 반출하려는 자는 세관장의 허가를 받아야 한다. 국제무역선에서 물품을 하역하기 전에 외국물품의 일부를 견본품으로 반출하려는 경우에도 또한 같다.

② 허가 여부 통지 및 허가 간주
세관장은 허가의 신청을 받은 날부터 10일 이내에 허가 여부를 신청인에게 통지하여야 한다. 세관장이 정한 기간 내에 허가 여부 또는 민원 처리 관련 법령에 따른 처리기간의 연장을 신청인에게 통지하지 아니하면 그 기간(민원 처리 관련 법령에 따라 처리기간이 연장 또는 재연장된 경우에는 해당 처리기간)이 끝난 날의 다음 날에 허가를 한 것으로 본다.

③ 견본품의 채취
⊙ 세관공무원은 보세구역에 반입된 물품 또는 국제무역선에 적재되어 있는 물품에 대하여 검사상 필요하면 그 물품의 일부를 견본품으로 채취할 수 있다.
⊙ 다음의 어느 하나에 해당하는 물품이 사용·소비된 경우에는 수입신고를 하여 관세를 납부하고 수리된 것으로 본다.

ⓐ 견본품으로 채취된 물품
ⓑ 다른 법률에 따라 실시하는 검사·검역 등을 위하여 견본품으로 채취된 물품으로서 세관장의 확인을 받은 물품

(8) 물품취급자에 대한 단속 등

① 물품취급자에 대한 단속(법 제162조)
다음의 어느 하나에 해당하는 자는 물품 및 보세구역감시에 관한 세관장의 명령을 준수하고 세관공무원의 지휘를 받아야 한다.

⊙ 보세구역이 아닌 장소에 장치할 수 있는 물품을 취급하는 자
⊙ 보세구역에 출입하는 자

② 세관공무원의 파견(법 제163조)

세관장은 보세구역에 세관공무원을 파견하여 세관사무의 일부를 처리하게 할 수 있다.

(9) 보세구역의 자율관리(법 제164조) 24년 기출

보세구역 중 물품의 관리 및 세관감시에 지장이 없다고 인정하여 관세청장이 정하는 바에 따라 세관장이 지정하는 보세구역(자율관리보세구역)에 장치한 물품은 세관공무원의 참여와 관세법에 따른 절차 중 관세청장이 정하는 절차를 생략한다.

① 지정절차

지정신청	보세구역의 화물관리인이나 운영인은 자율관리보세구역의 지정을 받으려면 세관장에게 지정을 신청하여야 한다.
보세사의 채용	자율관리보세구역의 지정을 신청하려는 자는 해당 보세구역에 장치된 물품을 관리하는 사람(보세사)을 채용하여야 한다.
자율관리보세구역으로 지정	세관장은 지정신청을 받은 경우 해당 보세구역의 위치와 시설상태 등을 확인하여 자율관리보세구역으로 적합하다고 인정될 때에는 해당 보세구역을 자율관리보세구역으로 지정할 수 있다.

② 반출입 상황의 기록

자율관리보세구역의 지정을 받은 자는 생략하는 절차에 대하여 기록하고 관리하여야 한다.

③ 지정의 취소

세관장은 자율관리보세구역의 지정을 받은 자가 관세법에 따른 의무를 위반하거나 세관감시에 지장이 있다고 인정되는 등 다음의 사유가 발생한 경우에는 지정을 취소할 수 있다.

> ㉠ 법 제178조(반입정지 등과 특허의 취소) 제1항 각 호의 어느 하나에 해당하는 경우
> ㉡ 자율관리보세구역 운영인이 보세사가 아닌 사람에게 보세사의 직무를 수행하게 한 경우
> ㉢ 그 밖에 세관감시에 지장이 있다고 인정되는 경우로서 관세청장이 정하여 고시하는 사유에 해당하는 경우

④ 보세사의 자격 등(법 제165조)

㉠ 보세사의 자격 : 보세사는 제175조(운영인의 결격사유) 제2호부터 제7호까지의 어느 하나에 해당하지 아니하는 사람으로서 보세화물의 관리업무에 관한 시험(보세사 시험)에 합격한 사람은 보세사의 자격이 있다.

㉡ 보세사 시험 일부 면제 : 일반직공무원으로 5년 이상 관세행정에 종사한 경력이 있는 사람이 보세사 시험에 응시하는 경우에는 시험 과목 수의 2분의 1을 넘지 아니하는 범위에서 대통령령으로 정하는 과목(수출입통관절차, 보세구역관리)을 면제한다. 다만, 다음에 해당하는 사람은 면제하지 아니한다.

> ⓐ 탄핵이나 징계처분에 따라 그 직에서 파면되거나 해임된 자
> ⓑ 강등 또는 정직처분을 받은 후 2년이 지나지 아니한 자

ⓒ 보세사의 등록절차(영 제185조 제2항~제4항)

세관장에게 등록	보세사의 자격을 갖춘 사람이 보세사로 근무하려면 해당 보세구역을 관할하는 세관장에게 등록하여야 한다. 이에 따라 보세사로 등록하려는 자는 등록신청서를 세관장에게 제출하여야 한다.
등록증의 교부	세관장은 등록신청을 한 자가 보세사의 자격요건을 갖춘 경우에는 보세사등록증을 교부하여야 한다.
교 육	보세사는 관세청장이 정하는 바에 의하여 그 업무수행에 필요한 교육을 받아야 한다.

ⓔ 보세사의 직무(영 제185조 제1항) 14, 13년 기출

> ⓐ 보세화물 및 내국물품의 반입 또는 반출에 대한 참관 및 확인
> ⓑ 보세구역 안에 장치된 물품의 관리 및 취급에 대한 참관 및 확인
> ⓒ 보세구역 출입문의 개폐 및 열쇠관리의 감독
> ⓓ 보세구역의 출입자관리에 대한 감독
> ⓔ 견본품의 반출 및 회수
> ⓕ 기타 보세화물의 관리를 위하여 필요한 업무로서 관세청장이 정하는 업무

ⓜ 등록의 취소 및 업무정지 : 세관장은 등록을 한 사람이 다음의 어느 하나에 해당하는 경우에는 등록의 취소, 6개월 이내의 업무정지, 견책 또는 그 밖에 필요한 조치를 할 수 있다. 다만, ⓐ 및 ⓑ에 해당하면 등록을 취소하여야 한다.

> ⓐ 제175조(운영인의 결격사유) 제1호부터 제7호까지의 어느 하나에 해당하게 된 경우
> ⓑ 사망한 경우
> ⓒ 관세법이나 관세법에 따른 명령을 위반한 경우

ⓗ 등록 제한 : 다음의 어느 하나에 해당하는 사람은 등록을 할 수 없다.

> ⓐ 등록이 취소[제175조(운영인의 결격사유) 제1호부터 제3호까지의 어느 하나에 해당하여 등록이 취소된 경우는 제외]된 후 2년이 지나지 아니한 사람
> ⓑ 등록 신청일을 기준으로 제175조 제1호에 해당하는 사람

ⓢ 보세사의 명의대여 등의 금지(법 제165조의2)
　　ⓐ 보세사는 다른 사람에게 자신의 성명·상호를 사용하여 보세사 업무를 하게 하거나 그 자격증 또는 등록증을 빌려주어서는 아니 된다.
　　ⓑ 누구든지 다른 사람의 성명·상호를 사용하여 보세사의 업무를 수행하거나 자격증 또는 등록증을 빌려서는 아니 된다.
　　ⓒ 누구든지 ⓐ, ⓑ의 행위를 알선해서는 아니 된다.
　　▷ 위반 시 제275조의4(보세사의 명의대여죄 등)에 따라 1년 이하의 징역 또는 1천만 원 이하의 벌금에 처한다.
ⓞ 전형의 공고 : 관세청장은 보세화물의 관리업무에 관한 전형을 실시할 때에는 그 전형의 일시, 장소, 방법 및 그 밖에 필요한 사항을 전형 시행일 90일 전까지 공고하여야 한다(영 제185조 제8항).

ⓩ 보세사 전형 응시자격 정지 등 : 관세청장은 다음의 어느 하나에 해당하는 사람에 대하여는 해당 시험을 정지시키거나 무효로 하고, 그 처분이 있는 날부터 5년간 시험 응시자격을 정지한다(법 제165조제6항).

> ⓐ 부정한 방법으로 시험에 응시한 사람   ⓑ 시험에서 부정한 행위를 한 사람

ⓩ 보세사의 의무(법 제165조의3)
　ⓐ 보세사는 관세법과 관세법에 따른 명령을 준수해야 하며, 그 직무를 성실하고 공정하게 수행하여야 한다.
　ⓑ 보세사는 품위를 손상하는 행위를 하여서는 아니 된다.
　ⓒ 보세사는 직무를 수행할 때 고의로 진실을 감추거나 거짓 진술을 하여서는 아니 된다.
㉠ 금품 제공 등의 금지(법 제165조의4) : 보세사는 다음의 행위를 하여서는 아니 된다.

> ⓐ 공무원에게 금품이나 향응을 제공하는 행위 또는 그 제공을 약속하는 행위
> ⓑ ⓐ의 행위를 알선하는 행위

㉡ 보세사징계위원회(법 제165조의5) : 세관장은 보세사가 상기 ㉣의 ⓒ(관세법 또는 관세법에 따른 명령 위반)에 해당하여 등록의 취소 등 필요한 조치를 하는 경우 보세사징계위원회의 의결에 따라 징계처분을 한다. 보세사징계위원회의 구성 및 운영 등에 필요한 사항은 대통령령으로 정한다.
　ⓐ 보세사징계의결의 요구(영 제185조의2) : 세관장은 보세사가 ㉣의 ⓒ(관세법 또는 관세법에 따른 명령 위반)에 해당하는 경우에는 지체 없이 보세사징계위원회에 징계의결을 요구해야 한다.
　ⓑ 징계의결의 통보 및 집행(영 제185조의5) : 보세사징계위원회는 징계의 의결을 한 경우 의결서에 그 이유를 명시하여 즉시 세관장에게 통보해야 한다. 통보를 받은 세관장은 해당 보세사에게 징계처분을 하고 징계의결서를 첨부하여 본인 및 관세청장이 지정하여 고시하는 법인(보세사징계위원회 위원이 소속된 법인)에 통보해야 한다.

관세법상 보세구역에 관한 내용이다. ( )에 들어갈 사항을 옳게 나열한 것은? 24년 기출

○ (ㄱ)이 정하는 보세구역에 반입되어 수입신고가 수리된 물품의 화주 또는 반입자는 그 (ㄴ)부터 15일 이내에 해당 물품을 보세구역으로부터 반출하여야 한다.
○ 보세구역의 화물관리인이나 운영인은 자율관리보세구역의 지정을 받으려면 (ㄷ)에게 지정을 신청하여야 한다.

① ㄱ - 관세청장, ㄴ - 수입신고일, ㄷ - 세관장
② ㄱ - 관세청장, ㄴ - 수입신고 수리일, ㄷ - 관세청장
③ ㄱ - 관세청장, ㄴ - 수입신고 수리일, ㄷ - 세관장
④ ㄱ - 세관장, ㄴ - 수입신고 수리일, ㄷ - 세관장
⑤ ㄱ - 세관장, ㄴ - 수입신고일, ㄷ - 관세청장

해설
• 관세청장이 정하는 보세구역에 반입되어 수입신고가 수리된 물품의 화주 또는 반입자는 그 수입신고 수리일부터 15일 이내에 해당 물품을 보세구역으로부터 반출하여야 한다(관세법 제157조의2).
• 보세구역의 화물관리인이나 운영인은 자율관리보세구역의 지정을 받으려면 세관장에게 지정을 신청하여야 한다(관세법 제164조 제2항).

정답 ③

2. 지정보세구역

(1) 지정보세구역의 총칙 21년 기출

① 지정보세구역의 지정(법 제166조) 16, 13년 기출

㉠ 지정대상 : 세관장은 다음의 어느 하나에 해당하는 자가 소유하거나 관리하는 토지·건물 또는 그 밖의 시설(토지 등)을 지정보세구역으로 지정할 수 있다.

> ⓐ 국 가
> ⓑ 지방자치단체
> ⓒ 공항시설 또는 항만시설을 관리하는 법인

주의 관세청장이 아니라 세관장이 지정한다.

㉡ 지정의 동의 : 세관장은 해당 세관장이 관리하지 아니하는 토지 등을 지정보세구역으로 지정하려면 해당 토지 등의 소유자나 관리자의 동의를 받아야 한다. 이 경우 세관장은 임차료 등을 지급할 수 있다.

② 지정보세구역 지정의 취소(법 제167조) 16년 기출

세관장은 수출입물량이 감소하거나 그 밖의 사유로 지정보세구역의 전부 또는 일부를 보세구역으로 존속시킬 필요가 없어졌다고 인정될 때에는 그 지정을 취소하여야 한다.

③ 지정보세구역의 처분(법 제168조)

　　㉠ 세관장과 협의 : 지정보세구역의 지정을 받은 토지 등의 소유자나 관리자는 다음의 어느 하나에 해당하는 행위를 하려면 미리 세관장과 협의하여야 한다. 다만, 해당 행위가 지정보세구역으로서의 사용에 지장을 주지 아니하거나 지정보세구역으로 지정된 토지 등의 소유자가 국가 또는 지방자치단체인 경우에는 그러하지 아니하다.

> ⓐ 해당 토지 등의 양도, 교환, 임대 또는 그 밖의 처분이나 그 용도의 변경
> ⓑ 해당 토지에 대한 공사나 해당 토지 안에 건물 또는 그 밖의 시설의 신축
> ⓒ 해당 건물 또는 그 밖의 시설의 개축·이전·철거나 그 밖의 공사

　　㉡ 협의 거부의 제한 : 세관장은 협의에 대하여 정당한 이유 없이 이를 거부하여서는 아니 된다.

(2) 지정장치장

① 의의(법 제169조) 16, 13, 10년 기출

지정장치장은 통관을 하려는 물품을 일시 장치하기 위한 장소로서 세관장이 지정하는 구역으로 한다.

주의 물품을 검사하기 위한 장소가 아니라 일시 장치하기 위한 장소이고, 관세청장이 아니라 세관장이 지정하는 구역으로 한다.

② 장치기간(법 제170조) 13년 기출

지정장치장에 물품을 장치하는 기간은 6개월의 범위에서 관세청장이 정한다. 다만, 관세청장이 정하는 기준에 따라 세관장은 3개월의 범위에서 그 기간을 연장할 수 있다.

주의 3개월이 아니라 6개월, 1개월이 아니라 3개월이다.

③ 물품에 대한 보관책임(법 제172조) 13년 기출

화주 또는 반입자	지정장치장에 반입한 물품은 화주 또는 반입자가 그 보관의 책임을 진다.
화물관리인	세관장은 지정장치장의 질서유지와 화물의 안전관리를 위하여 필요하다고 인정할 때에는 화주를 갈음하여 보관의 책임을 지는 화물관리인을 지정할 수 있다. 다만, 세관장이 관리하는 시설이 아닌 경우에는 세관장은 해당 시설의 소유자나 관리자와 협의하여 화물관리인을 지정하여야 한다.
세관장의 화물관리	세관장은 불가피한 사유로 화물관리인을 지정할 수 없을 때에는 화주를 대신하여 직접 화물관리를 할 수 있다. 이 경우 화물관리에 필요한 비용을 화주로부터 징수할 수 있다.

④ 화물관리인의 지정(영 제187조) 23년 기출

　　㉠ 지정대상 : 화물관리인으로 지정받을 수 있는 자는 다음에 해당하는 자로 한다.

> ⓐ 직접 물품관리를 하는 국가기관의 장
> ⓑ 관세행정 또는 보세화물의 관리와 관련 있는 비영리법인
> ⓒ 해당 시설의 소유자 또는 관리자가 요청한 자(화물관리인을 지정하는 경우로 한정)

　　㉡ 지정절차 : 세관장은 다음의 구분에 따라 화물관리인을 지정한다.

직접 물품관리를 하는 국가기관의 장	세관장이 요청한 후 직접 물품관리를 하는 국가기관의 장이 승낙한 경우에 지정한다.
비영리법인, 해당 시설의 소유자 또는 관리자가 요청한 자	세관장이 비영리법인, 해당 시설의 소유자 또는 관리자가 요청한 자로부터 지정신청서를 제출받아 이를 심사하여 지정한다. 이 경우 해당 시설의 소유자 또는 관리자가 요청한 자는 해당 시설의 소유자 또는 관리자를 거쳐 제출하여야 한다.

ⓒ **심사기준** : 화물관리인을 지정할 때에는 다음의 사항에 대하여 관세청장이 정하는 심사기준에 따라 평가한 결과를 반영하여야 한다(영 제187조 제3항, 규칙 제69조의2 제3항).

> ⓐ 보세화물 취급경력 및 화물관리시스템 구비 사항
> ⓑ 보세사의 보유에 관한 사항
> ⓒ 자본금, 부채비율 및 신용평가등급 등 재무건전성에 관한 사항
> ⓓ 지게차, 크레인 등 화물관리에 필요한 시설장비 구비 현황
> ⓔ 수출입 안전관리 우수업체로 공인을 받았는지 여부
> ⓕ 그 밖에 관세청장이나 해당 시설의 소유자 또는 관리자가 정하는 사항

ⓔ **지정의 유효기간** : 화물관리인 지정의 유효기간은 5년 이내로 한다.
ⓜ **재지정**

    ⓐ **재지정의 신청** : 화물관리인으로 재지정을 받으려는 자는 지정의 유효기간이 끝나기 1개월 전까지 세관장에게 재지정을 신청하여야 한다. 이 경우 재지정의 기준 및 절차는 ⓣ부터 ⓔ까지의 규정을 준용한다.

    ⓑ **재지정 신청의 고지** : 세관장은 지정을 받은 자에게 재지정을 받으려면 지정의 유효기간이 끝나는 날의 1개월 전까지 재지정을 신청하여야 한다는 사실과 재지정 절차를 지정의 유효기간이 끝나는 날의 2개월 전까지 휴대폰에 의한 문자전송, 전자메일, 팩스, 전화, 문서 등으로 미리 알려야 한다.

ⓗ **지정취소** : 세관장은 다음의 어느 하나에 해당하는 사유가 발생한 경우에는 화물관리인의 지정을 취소할 수 있다. 이 경우 ⓒ에 해당하는 자에 대한 지정을 취소할 때에는 해당 시설의 소유자 또는 관리자에게 미리 그 사실을 통보하여야 한다(영 제187조의2).

> ⓐ 거짓이나 그 밖의 부정한 방법으로 지정을 받은 경우
> ⓑ 화물관리인이 법 제175조(운영인의 결격사유)의 어느 하나에 해당하는 경우
> ⓒ 화물관리인이 세관장 또는 해당 시설의 소유자·관리자와 맺은 화물관리업무에 관한 약정을 위반하여 해당 지정장치장의 질서유지 및 화물의 안전관리에 중대한 지장을 초래하는 경우
> ⓓ 화물관리인이 그 지정의 취소를 요청하는 경우

   ▷ 세관장은 ⓐ~ⓒ의 규정에 따라 화물관리인의 지정을 취소하려는 경우에는 청문을 하여야 한다.
ⓢ **화물관리인의 보관책임** : 보관의 책임은 보관인의 책임과 해당 화물의 보관과 관련한 하역·재포장 및 경비 등을 수행하는 책임으로 한다(영 제187조의3).
ⓞ **비용의 징수**(법 제172조 제3항·제4항)

화주로부터 징수	지정장치장의 화물관리인은 화물관리에 필요한 비용(세관설비 사용료를 포함)을 화주로부터 징수할 수 있다. 다만, 그 요율에 대하여는 세관장의 승인을 받아야 한다.
세관장에게 납부	지정장치장의 화물관리인은 징수한 비용 중 세관설비 사용료에 해당하는 금액을 세관장에게 납부하여야 한다.

(3) 세관검사장(법 제173조) 16, 13년 기출

세관검사장은 통관하려는 물품을 검사하기 위한 장소로서 세관장이 지정하는 지역으로 한다.

① 물품의 검사

세관장은 관세청장이 정하는 바에 따라 검사를 받을 물품의 전부 또는 일부를 세관검사장에 반입하여 검사할 수 있다.

② 검사비용의 부담

세관검사장에 반입되는 물품의 채취·운반 등에 필요한 비용(검사비용)은 화주가 부담한다.

다만, 국가는 중소기업 또는 중견기업의 컨테이너 화물로서 해당 화물에 대한 검사 결과 관세법 또는 「대외무역법」 등 물품의 수출입과 관련된 법령을 위반하지 아니하는 경우의 물품 등 대통령령으로 정하는 다음의 요건을 모두 충족한 물품에 대해서는 예산의 범위에서 관세청장이 정하는 바에 따라 해당 검사비용을 지원할 수 있다(영 제187조의4 제1항).

> ㉠ 중소기업 또는 중견기업이 해당 물품의 화주일 것
> ㉡ 컨테이너로 운송되는 물품으로서 관세청장이 정하는 별도 검사 장소로 이동하여 검사받는 물품일 것
> ㉢ 검사 결과 법령을 위반하여 통고처분을 받거나 고발되는 경우가 아닐 것
> ㉣ 검사 결과 제출한 신고 자료(적재화물목록은 제외)가 실제 물품과 일치할 것
> ㉤ 예산의 범위에 따라 관세청장이 정하는 기준을 충족할 것

3. 특허보세구역

(1) 특허보세구역의 총칙

① 특허보세구역의 설치·운영에 관한 특허(법 제174조) 11년 기출

㉠ 특허권자 : 특허보세구역을 설치·운영하려는 자는 세관장의 특허를 받아야 한다. 기존의 특허를 갱신하려는 경우에도 또한 같다.

㉡ 특허신청 수수료 : 특허보세구역의 설치·운영에 관한 특허를 받으려는 자, 특허보세구역을 설치·운영하는 자, 이미 받은 특허를 갱신하려는 자는 기획재정부령으로 정하는 바에 따라 수수료를 납부하여야 한다.

▷ 특허신청의 수수료는 4만5천 원으로 한다(규칙 제68조 제1항).

㉢ 특허의 요건 : 특허를 받을 수 있는 요건은 보세구역의 종류별로 대통령령으로 정하는 기준에 따라 관세청장이 정한다(영 제189조).

> ⓐ 체납된 관세 및 내국세가 없을 것
> ⓑ 법 제175조(운영인의 결격사유) 각 호의 결격사유가 없을 것
> ⓒ 「위험물안전관리법」에 따른 위험물 또는 「화학물질관리법」에 따른 유해화학물질 등 관련 법령에서 위험물품으로 분류되어 취급이나 관리에 관하여 별도로 정한 물품(위험물품)을 장치·제조·전시 또는 판매하는 경우에는 위험물품의 종류에 따라 관계행정기관의 장의 허가 또는 승인 등을 받을 것
> ⓓ 관세청장이 정하는 바에 따라 보세화물의 보관·판매 및 관리에 필요한 자본금·수출입규모·구매수요·장치면적 및 시설·장비 등에 관한 요건을 갖출 것

ⓔ 운영인의 결격사유 : 다음의 어느 하나에 해당하는 자는 특허보세구역을 설치·운영할 수 없다. 다만, ⓕ에 해당하는 자의 경우에는 ⓕ의 각 항목의 사유가 발생한 해당 특허보세구역을 제외한 기존의 다른 특허를 받은 특허보세구역에 한정하여 설치·운영할 수 있다(법 제175조).

> ⓐ 미성년자
> ⓑ 피성년후견인과 피한정후견인
> ⓒ 파산선고를 받고 복권되지 아니한 자
> ⓓ 관세법을 위반하여 징역형의 실형을 선고받고 그 집행이 끝나거나(집행이 끝난 것으로 보는 경우를 포함) 면제된 후 2년이 지나지 아니한 자
> ⓔ 관세법을 위반하여 징역형의 집행유예를 선고받고 그 유예기간 중에 있는 자
> ⓕ 다음의 어느 하나에 해당하는 경우에는 해당 항목에서 정한 날부터 2년이 지나지 아니한 자. 이 경우 동일한 사유로 다음 항목 모두에 해당하는 경우에는 그 중 빠른 날을 기준으로 한다.
> • 제178조 제2항에 따라 특허보세구역의 설치·운영에 관한 특허가 취소(이 조 ⓐ부터 ⓒ까지의 규정 중 어느 하나에 해당하여 특허가 취소된 경우는 제외)된 경우 : 해당 특허가 취소된 날
> • 제276조 제3항 제3호의2 또는 같은 항 제6호(제178조 제2항 제1호·제5호에 해당하는 자만 해당)에 해당하여 벌금형 또는 통고처분을 받은 경우 : 벌금형을 선고받은 날 또는 통고처분을 이행한 날
> ⓖ 제268조의2(전자문서 위조·변조죄 등), 제269조(밀수출입죄), 제270조(관세포탈죄 등), 제270조의2(가격조작죄), 제271조(미수범 등), 제274조(밀수품의 취득죄 등), 제275조의2(강제징수면탈죄 등), 제275조의3(명의대여행위죄 등) 또는 제275조의4(보세사의 명의대여죄 등)에 따라 벌금형 또는 통고처분을 받은 자로서 그 벌금형을 선고받거나 통고처분을 이행한 후 2년이 지나지 아니한 자. 다만, 제279조(양벌 규정)에 따라 처벌된 개인 또는 법인은 제외한다.
> ⓗ ⓑ부터 ⓖ까지에 해당하는 자를 임원(해당 보세구역의 운영업무를 직접 담당하거나 이를 감독하는 자로 한정)으로 하는 법인

ⓜ 업무내용 등의 변경(영 제190조)
ⓐ 승인 : 특허보세구역의 운영인이 그 장치물품의 종류를 변경하거나 그 특허작업의 종류 또는 작업의 원재료를 변경하고자 하는 때에는 그 사유를 기재한 신청서를 세관장에게 제출하여 그 승인을 얻어야 한다.
ⓑ 통보 : 특허보세구역의 운영인이 법인인 경우에 그 등기사항을 변경한 때에는 지체 없이 그 요지를 세관장에게 통보하여야 한다.
ⓗ 수용능력증감 등의 변경(영 제191조)
ⓐ 승인 : 특허보세구역의 운영인이 그 장치물품의 수용능력을 증감하거나 그 특허작업의 능력을 변경할 설치·운영시설의 증축, 수선 등의 공사를 하고자 하는 때에는 그 사유를 기재한 신청서에 공사내역서 및 관계도면을 첨부하여 세관장에게 제출하여 그 승인을 얻어야 한다. 다만, 특허받은 면적의 범위 내에서 수용능력 또는 특허작업능력을 변경하는 경우에는 신고함으로써 승인을 얻은 것으로 본다.
ⓑ 통보 : 공사를 준공한 운영인은 그 사실을 지체 없이 세관장에게 통보하여야 한다.

② 특허기간(법 제176조) 13년 기출
  ㉠ 특허보세구역 : 특허보세구역의 특허기간은 10년 이내로 한다. 즉, 특허보세구역(보세전시장, 보세건설장은 제외)의 특허기간은 10년의 범위 내에서 신청인이 신청한 기간으로 한다. 다만, 관세청장은 보세구역의 합리적 운영을 위하여 필요한 경우에는 신청인이 신청한 기간과 달리 특허기간을 정할 수 있다(영 제192조).
  ㉡ 보세전시장과 보세건설장 : 보세전시장과 보세건설장의 특허기간은 다음의 구분에 따른다. 다만, 세관장은 전시목적을 달성하거나 공사를 진척하기 위하여 부득이하다고 인정할 만한 사유가 있을 때에는 그 기간을 연장할 수 있다.

> ⓐ 보세전시장 : 해당 박람회 등의 기간을 고려하여 세관장이 정하는 기간
> ⓑ 보세건설장 : 해당 건설공사의 기간을 고려하여 세관장이 정하는 기간

  주의 관세청장이 아니라 세관장이 정하는 기간이다.

③ 장치기간(법 제177조) 13년 기출
  특허보세구역에 물품을 장치하는 기간은 다음의 구분에 따른다.
  ㉠ 보세창고

> ⓐ 외국물품(ⓒ에 해당하는 물품은 제외) : 1년의 범위에서 관세청장이 정하는 기간. 다만, 세관장이 필요하다고 인정하는 경우에는 1년의 범위에서 그 기간을 연장할 수 있다.
>   주의 3년이 아니라 1년의 범위이다.
> ⓑ 내국물품(ⓒ에 해당하는 물품은 제외) : 1년의 범위에서 관세청장이 정하는 기간
> ⓒ 정부비축용물품, 정부와의 계약이행을 위하여 비축하는 방위산업용물품, 장기간 비축이 필요한 수출용원재료와 수출품보수용 물품으로서 세관장이 인정하는 물품, 국제물류의 촉진을 위하여 관세청장이 정하는 물품 : 비축에 필요한 기간

  ㉡ 그 밖의 특허보세구역 : 해당 특허보세구역의 특허기간
    ▷ 세관장은 물품관리에 필요하다고 인정될 때에는 보세창고의 장치기간에도 운영인에게 그 물품의 반출을 명할 수 있다.

④ 특허보세구역 운영인의 명의대여 금지(법 제177조의2)
  특허보세구역의 운영인은 다른 사람에게 자신의 성명·상호를 사용하여 특허보세구역을 운영하게 해서는 아니 된다.

⑤ 반입정지 등과 특허의 취소(법 제178조) 22, 17년 기출
  ㉠ 물품반입 등의 정지 : 세관장은 특허보세구역의 운영인이 다음의 어느 하나에 해당하는 경우에는 관세청장이 정하는 바에 따라 6개월의 범위에서 해당 특허보세구역에의 물품반입 또는 보세건설·보세판매·보세전시 등(물품반입 등)을 정지시킬 수 있다.

> ⓐ 장치물품에 대한 관세를 납부할 자금능력이 없다고 인정되는 경우
> ⓑ 본인이나 그 사용인이 관세법 또는 관세법에 따른 명령을 위반한 경우
> ⓒ 해당 시설의 미비 등으로 특허보세구역의 설치 목적을 달성하기 곤란하다고 인정되는 경우

ⓛ 특허의 취소 : 세관장은 특허보세구역의 운영인이 다음의 어느 하나에 해당하는 경우에는 그 특허를 취소할 수 있다. 다만, ⓐ, ⓑ 및 ⓔ에 해당하는 경우에는 특허를 취소하여야 한다.

> ⓐ 거짓이나 그 밖의 부정한 방법으로 특허를 받은 경우
> ⓑ 제175조(운영인의 결격사유)의 어느 하나에 해당하게 된 경우. 다만, 피성년후견인과 피한정후견인, 파산선고를 받고 복권되지 아니한 자를 임원으로 하는 법인이 3개월 이내에 해당 임원을 변경한 경우에는 그러하지 아니하다.
> ⓒ 1년 이내에 3회 이상 물품반입 등의 정지처분(과징금 부과처분을 포함)을 받은 경우
> ⓓ 2년 이상 물품의 반입실적이 없어서 세관장이 특허보세구역의 설치 목적을 달성하기 곤란하다고 인정하는 경우
> ⓔ 제177조의2(특허보세구역 운영인의 명의대여 금지)를 위반하여 명의를 대여한 경우

ⓒ 과징금의 부과 : 세관장은 물품반입 등의 정지처분이 그 이용자에게 심한 불편을 주거나 공익을 해칠 우려가 있는 경우에는 특허보세구역의 운영인에게 물품반입 등의 정지처분을 갈음하여 해당 특허보세구역 운영에 따른 매출액의 100분의 3 이하의 과징금을 부과할 수 있다(영 제193조의3).

　ⓐ 과징금의 산정 : 과징금의 금액은 기간[물품반입 등의 정지 일수(1개월은 30일을 기준)]에 1일당 과징금 금액(해당 특허보세구역 운영에 따른 연간 매출액의 6천분의 1)을 곱하여 산정한다.

　ⓑ 연간매출액의 산정 : 연간매출은 다음의 구분에 따라 산정한다.

> • 특허보세구역의 운영인이 해당 사업연도 개시일 이전에 특허보세구역의 운영을 시작한 경우 : 직전 3개 사업연도의 평균 매출액(특허보세구역의 운영을 시작한 날부터 직전 사업연도 종료일까지의 기간이 3년 미만인 경우에는 그 시작일부터 그 종료일까지의 매출액을 연평균 매출액으로 환산한 금액)
> • 특허보세구역의 운영인이 해당 사업연도에 특허보세구역 운영을 시작한 경우 : 특허보세구역의 운영을 시작한 날부터 반입정지 등의 처분사유가 발생한 날까지의 매출액을 연매출액으로 환산한 금액

　ⓒ 과징금의 가중 또는 감경 : 세관장은 과징금 금액의 4분의 1의 범위에서 사업규모, 위반행위의 정도 및 위반횟수 등을 고려하여 그 금액을 가중하거나 감경할 수 있다. 다만, 과징금을 가중하는 경우에는 과징금 총액이 연간매출액의 100분의 3을 초과할 수 없다.

　ⓓ 부과 및 납부(영 제285조의7 준용)

서면 또는 전자문서로 통지	관세청장은 위반행위를 한 자에게 과징금을 부과하고자 할 때에는 그 위반행위의 종별과 해당 과징금의 금액을 명시하여 이를 납부할 것을 서면 또는 전자문서로 통지하여야 한다.
수납기관에 납부	통지를 받은 자는 납부통지일부터 20일 이내에 과징금을 관세청장이 지정하는 수납기관에 납부하여야 한다.
영수증의 교부 및 통지	과징금의 납부를 받은 수납기관은 영수증을 납부자에게 서면으로 교부하거나 전자문서로 송부하여야 한다.
수납사실의 통지	과징금의 수납기관은 과징금을 수납한 때에는 그 사실을 관세청장에게 서면 또는 전자문서로 지체 없이 통지하여야 한다.

ⓔ 과징금을 납부하지 아니한 경우(법 제26조 준용)

「국세기본법」과 「국세징수법」 준용	과징금을 납부하여야 할 자가 납부기한까지 납부하지 아니한 경우 과징금의 징수에 관하여는 관세법에 규정된 것을 제외하고는 「국세기본법」과 「국세징수법」의 예에 따른다.
강제징수비의 징수	세관장은 관세의 강제징수를 할 때에는 재산의 압류, 보관, 운반 및 공매에 드는 비용에 상당하는 강제징수비를 징수할 수 있다.

⑥ 특허의 효력상실(법 제179조 제1항, 제2항)

  ㉠ 특허의 효력상실사유 : 특허보세구역의 설치·운영에 관한 특허는 다음의 어느 하나에 해당하면 그 효력을 상실한다.

> ⓐ 운영인이 특허보세구역을 운영하지 아니하게 된 경우
> ⓑ 운영인이 해산하거나 사망한 경우
> ⓒ 특허기간이 만료한 경우
> ⓓ 특허가 취소된 경우

  ㉡ 세관장에게 보고 : 운영인이 특허보세구역을 운영하지 아니하게 된 경우, 운영인이 해산하거나 사망한 경우에는 운영인, 그 상속인, 청산법인 또는 합병·분할·분할합병 후 존속하거나 합병·분할·분할합병으로 설립된 법인(승계법인)은 지체 없이 세관장에게 그 사실을 보고하여야 한다.

  ㉢ 특허의 효력상실 시 조치 등(법 제182조) 16년 기출

    ⓐ 외국물품의 반출 : 특허보세구역의 설치·운영에 관한 특허의 효력이 상실되었을 때에는 운영인이나 그 상속인 또는 승계법인은 해당 특허보세구역에 있는 외국물품을 지체 없이 다른 보세구역으로 반출하여야 한다.

    ⓑ 특허의 의제 : 특허보세구역의 설치·운영에 관한 특허의 효력이 상실되었을 때에는 해당 특허보세구역에 있는 외국물품의 종류와 수량 등을 고려하여 6개월의 범위에서 세관장이 지정하는 기간 동안 그 구역은 특허보세구역으로 보며, 운영인이나 그 상속인 또는 승계법인에 대하여는 해당 구역과 장치물품에 관하여 특허보세구역의 설치·운영에 관한 특허가 있는 것으로 본다.

⑦ 특허의 승계(법 제179조 제3항~제5항)

세관장에게 신고	특허보세구역의 설치·운영에 관한 특허를 받은 자가 사망하거나 해산한 경우 상속인 또는 승계법인이 계속하여 그 특허보세구역을 운영하려면 피상속인 또는 피승계법인이 사망하거나 해산한 날부터 30일 이내에 보세구역의 종류별로 특허를 받을 수 있는 요건을 갖추어 대통령령으로 정하는 바에 따라 세관장에게 신고하여야 한다.
특허의 승계	상속인 또는 승계법인이 신고를 하였을 때에는 피상속인 또는 피승계법인이 사망하거나 해산한 날부터 신고를 한 날까지의 기간 동안 피상속인 또는 피승계법인의 특허보세구역의 설치·운영에 관한 특허는 상속인 또는 승계법인에 대한 특허로 본다.
특허승계의 제한	제175조(운영인의 결격사유)의 어느 하나에 해당하는 자는 신고를 할 수 없다.

⑧ 특허보세구역의 설치·운영에 관한 감독 등(법 제180조)

운영인 감독	세관장은 특허보세구역의 운영인을 감독한다.
운영상황의 검사	세관장은 특허보세구역의 운영인에게 그 설치·운영에 관한 보고를 명하거나 세관공무원에게 특허보세구역의 운영상황을 검사하게 할 수 있다.
시설·기계 등의 설치명령	세관장은 특허보세구역의 운영에 필요한 시설·기계 및 기구의 설치를 명할 수 있다.
반입된 물품의 반출명령	특허보세구역에 반입된 물품이 해당 특허보세구역의 설치 목적에 합당하지 아니한 경우에는 세관장은 해당 물품을 다른 보세구역으로 반출할 것을 명할 수 있다.

(2) 보세창고(법 제183조)

보세창고에는 외국물품이나 통관을 하려는 물품을 장치한다.

① 내국물품의 장치

장치신고	운영인은 미리 세관장에게 신고를 하고 물품의 장치에 방해되지 아니하는 범위에서 보세창고에 내국물품을 장치할 수 있다. 다만, 동일한 보세창고에 장치되어 있는 동안 수입신고가 수리된 물품은 신고 없이 계속하여 장치할 수 있다.
장치승인	운영인은 보세창고에 1년(동일한 보세창고에 장치되어 있는 동안 수입신고가 수리된 물품은 6개월) 이상 계속하여 내국물품만을 장치하려면 세관장의 승인을 받아야 한다.
적용배제	장치승인을 받은 보세창고에 내국물품만을 장치하는 기간에는 제161조(견본품 반출)와 제177조(장치기간)를 적용하지 아니한다.

② 장치기간이 지난 내국물품(법 제184조)

내국물품으로서 장치기간이 지난 물품은 그 기간이 지난 후 10일 내에 그 운영인의 책임으로 반출하여야 한다. 장치 승인을 받은 내국물품도 그 승인기간이 지난 경우에는 이와 같다.

③ 보세창고운영인의 기장의무(영 제198조)

보세창고의 운영인은 장치물품에 관한 장부를 비치하고 다음의 사항을 기재하여야 한다. 다만, 정부비축용물품, 정부와의 계약이행을 위하여 비축하는 방위산업용물품, 장기간 비축이 필요한 수출용원재료와 수출품보수용 물품으로서 세관장이 인정하는 물품, 국제물류의 촉진을 위하여 관세청장이 정하는 물품의 경우에는 관세청장이 정하는 바에 따라 장부의 비치 및 기재사항의 일부를 생략 또는 간이하게 할 수 있다.

> ○ 반입 또는 반출한 물품의 내외국물품별 구분, 품명·수량 및 가격과 포장의 종류·기호·번호 및 개수
> ○ 반입 또는 반출연월일과 신고번호
> ○ 보수작업물품과 보수작업재료의 내외국물품별 구분, 품명·수량 및 가격과 포장의 종류·기호·번호 및 개수
> ○ 보수작업의 종류와 승인연월일 및 승인번호
> ○ 보수작업의 검사완료연월일

(3) 보세공장 22년 기출

① 보세공장에서의 작업(법 제185조)

외국물품 및 내국물품의 제조·가공	보세공장에서는 외국물품을 원료 또는 재료로 하거나 외국물품과 내국물품을 원료 또는 재료로 하여 제조·가공하거나 그 밖에 이와 비슷한 작업을 할 수 있다.
내국물품 원료만으로 작업제한	보세공장에서는 세관장의 허가를 받지 아니하고는 내국물품만을 원료로 하거나 재료로 하여 제조·가공하거나 그 밖에 이와 비슷한 작업을 할 수 없다.
내국물품 원료 작업 허가	세관장은 내국물품만을 원료로 하는 제조·가공 작업의 허가 신청을 받은 날부터 10일 이내에 허가 여부를 신청인에게 통지하여야 한다. 세관장이 정한 기간 내에 허가 여부 또는 민원 처리 관련 법령에 따른 처리기간의 연장을 신청인에게 통지하지 아니하면 그 기간(민원 처리 관련 법령에 따라 처리기간이 연장 또는 재연장된 경우에는 해당 처리기간)이 끝난 날의 다음 날에 허가를 한 것으로 본다.

② 내수용 보세공장의 제한사항 23년 기출

○ **보세공장업종의 제한** : 보세공장 중 수입물품을 제조·가공하는 것을 목적으로 하는 보세공장의 업종은 다음에 규정된 업종을 제외한 업종으로 한다(규칙 제69조).

> ⓐ 국내외 가격차에 상당하는 율로 양허한 농·임·축산물을 원재료로 하는 물품을 제조·가공하는 업종
> ⓑ 국민보건 또는 환경보전에 지장을 초래하거나 풍속을 해하는 물품을 제조·가공하는 업종으로 세관장이 인정하는 업종

○ **외국물품의 반입제한** : 관세청장은 국내공급상황을 고려하여 필요하다고 인정되는 때에는 ○의 보세공장에 대하여는 외국물품의 반입을 제한할 수 있다(영 제201조).

③ 수입신고

세관장은 수입통관 후 보세공장에서 사용하게 될 물품에 대하여는 보세공장에 직접 반입하여 수입신고를 하게 할 수 있다. 이 경우 그 반입일부터 30일 이내에 수입신고를 하여야 한다(법 제241조 제3항 준용).

④ 사용신고 등(법 제186조)

사용신고	운영인은 보세공장에 반입된 물품을 그 사용 전에 세관장에게 사용신고를 하여야 한다. 이 경우 세관공무원은 그 물품을 검사할 수 있다.
조건구비의 증명	사용신고를 한 외국물품이 마약, 총기 등 다른 법령에 따라 허가·승인·표시 또는 그 밖의 요건을 갖출 필요가 있는 물품으로 관세청장이 정하여 고시하는 물품인 경우에는 세관장에게 그 요건을 갖춘 것임을 증명하여야 한다.

⑤ 보세공장 외 작업 허가(법 제187조, 영 제203조)

세관장은 가공무역이나 국내산업의 진흥을 위하여 필요한 경우에는 대통령령으로 정하는 바에 따라 기간, 장소, 물품 등을 정하여 해당 보세공장 외에서 작업을 허가할 수 있다.

○ **물품의 검사** : 보세공장 외 작업 허가를 한 경우 세관공무원은 해당 물품이 보세공장에서 반출될 때에 이를 검사할 수 있다.

○ **신청** : 보세공장 외 작업허가를 받으려는 자는 다음의 사항을 기재한 신청서를 세관장에게 제출해야 한다.

> ⓐ 보세작업의 종류·기간 및 장소
> ⓑ 신청사유
> ⓒ 해당 작업에 투입되는 원재료의 품명·규격 및 수량
> ⓓ 해당 작업으로 생산되는 물품의 품명·규격 및 수량

ⓒ 신청 전 작업장소의 알림 : 보세공장 외 작업허가를 신청하려는 자는 허가절차의 신속한 진행을 위하여 그 신청 전에 작업장소를 세관장에게 알릴 수 있다.

ⓔ 보세공장 외 작업 허가 : 신청을 받은 세관장은 6개월의 범위에서 보세공장 외 작업을 허가할 수 있다. 다만, 다음의 경우에는 해당 항목에서 정한 기간의 범위에서 보세공장 외 작업을 허가할 수 있다.

> ⓐ 임가공계약서 등으로 전체 작업 내용(작업장소, 작업종류, 예상 작업기간 등)을 미리 알 수 있어 여러 작업을 일괄적으로 허가하는 경우 : 1년
> ⓑ 물품 1단위 생산에 장기간이 소요된다고 세관장이 인정하는 경우 : 2년

ⓜ 작업기간의 연장·작업장소의 변경허가 신청 : 보세공장 외 작업허가를 받은 자는 재해나 그 밖의 부득이한 사유로 허가받은 작업기간의 연장이나 작업장소의 변경이 필요한 경우에는 세관장에게 1년의 범위에서 작업기간의 연장이나 작업장소의 변경허가를 신청할 수 있다.

ⓗ 작업완료 결과 통보 : 보세공장 외 작업허가를 받은 자는 허가받은 기간이 끝나는 날부터 5일 이내에 세관장에게 보세공장 외 작업완료 결과를 통보해야 한다.

ⓢ 허가 여부 통지 및 허가간주 : 세관장은 허가의 신청을 받은 날부터 10일 이내에 허가 여부를 신청인에게 통지하여야 한다. 세관장이 정한 기간 내에 허가 여부 또는 민원 처리 관련 법령에 따른 처리기간의 연장을 신청인에게 통지하지 아니하면 그 기간(민원 처리 관련 법령에 따라 처리기간이 연장 또는 재연장된 경우에는 해당 처리기간)이 끝난 날의 다음 날에 허가를 한 것으로 본다.

ⓞ 보세공장의 의제 : 허가를 받아 지정된 장소(공장 외 작업장)에 반입된 외국물품은 지정된 기간이 만료될 때까지는 보세공장에 있는 것으로 본다.

ⓩ 공장 외 작업장 직접 반입 : 세관장은 보세공장 외에서 작업 허가를 받은 보세작업에 사용될 물품을 관세청장이 정하는 바에 따라 공장 외 작업장에 직접 반입하게 할 수 있다.

ⓒ 관세의 징수 : 지정된 기간이 지난 경우 해당 공장 외 작업장에 허가된 외국물품이나 그 제품이 있을 때에는 해당 물품의 허가를 받은 보세공장의 운영인으로부터 그 관세를 즉시 징수한다.

ⓚ 기간 또는 장소의 변경 : 세관장은 재해 기타 부득이한 사유로 인하여 필요하다고 인정되는 때에는 신청에 의하여 보세공장 외에서의 보세작업의 기간 또는 장소를 변경할 수 있다.

⑥ 제품과세(법 제188조, 영 제204조) 11년 기출

ⓘ 일반적인 경우 : 외국물품이나 외국물품과 내국물품을 원료로 하거나 재료로 하여 작업을 하는 경우 그로써 생긴 물품은 외국으로부터 우리나라에 도착한 물품으로 본다.

ⓛ 혼용승인을 받은 경우

> ⓐ 혼용승인 : 세관장의 승인을 받고 외국물품과 내국물품을 혼용하는 경우에는 그로써 생긴 제품 중에서 그 원료 또는 재료 중 외국물품의 가격(종량세물품인 경우에는 수량)이 차지하는 비율에 상응하는 분을 외국으로부터 우리나라에 도착된 물품으로 본다.

ⓑ 혼용승인을 할 수 있는 경우 : 혼용승인을 할 수 있는 경우는 작업의 성질·공정 등에 비추어 당해 작업에 사용되는 외국물품과 내국물품의 품명·규격별 수량과 그 손모율이 확인되고, 과세표준이 결정될 수 있는 경우에 한한다.

ⓒ 새로운 승인신청의 생략 : 세관장은 혼용승인을 얻은 사항 중 혼용하는 외국물품 및 내국물품의 품명 및 규격이 각각 동일하고, 손모율에 변동이 없는 동종의 물품을 혼용하는 경우에는 새로운 승인신청을 생략하게 할 수 있다.

⑦ 원료과세(법 제189조)

㉠ 의의 : 보세공장에서 제조된 물품을 수입하는 경우 사용신고 전에 미리 세관장에게 해당 물품의 원료인 외국물품에 대한 과세의 적용을 신청한 경우에는 사용신고를 할 때의 그 원료의 성질 및 수량에 따라 관세를 부과한다.

㉡ 원료과세의 신청 : 세관장은 다음의 기준에 해당하는 보세공장에 대하여는 1년의 범위에서 원료별, 제품별 또는 보세공장 전체에 대하여 원료과세 신청을 하게 할 수 있다(영 제205조).

> ⓐ 최근 2년간 생산되어 판매된 물품 중 수출된 물품의 가격 비율이 100분의 50 이상일 것
> ⓑ 수출입 안전관리 우수업체로 공인된 업체가 운영할 것

⑧ 보세공장원재료(영 제199조) 14년 기출

㉠ 보세공장원재료의 범위 : 보세공장에서 보세작업을 하기 위하여 반입되는 원료 또는 재료(보세공장원재료)는 다음에 해당하는 것을 말한다. 다만, 기계·기구 등의 작동 및 유지를 위한 연료, 윤활유 등 제품의 생산·수리·조립·검사·포장 및 이와 유사한 작업에 간접적으로 투입되어 소모되는 물품은 제외한다.

> ⓐ 당해 보세공장에서 생산하는 제품에 물리적 또는 화학적으로 결합되는 물품
> ⓑ 해당 보세공장에서 생산하는 제품을 제조·가공하거나 이와 비슷한 공정에 투입되어 소모되는 물품
> ⓒ 해당 보세공장에서 수리·조립·검사·포장 및 이와 유사한 작업에 직접적으로 투입되는 물품

㉡ 보세공장원재료의 요건 : 보세공장원재료는 당해 보세공장에서 생산하는 제품에 소요되는 수량(원자재소요량)을 객관적으로 계산할 수 있는 물품이어야 한다.

㉢ 계산서류의 제출 : 세관장은 물품의 성질, 보세작업의 종류 등을 고려하여 감시상 필요하다고 인정되는 때에는 보세공장의 운영인으로 하여금 보세작업으로 생산된 제품에 소요된 원자재소요량을 계산한 서류를 제출하게 할 수 있다.

(4) 보세전시장(법 제190조)

보세전시장에서는 박람회, 전람회, 견본품 전시회 등의 운영을 위하여 외국물품을 장치·전시하거나 사용할 수 있다.

① 보세전시장 안에서의 사용(영 제208조)

박람회 등의 운영을 위한 외국물품의 사용에는 다음의 행위가 포함되는 것으로 한다.

> ㉠ 당해 외국물품의 성질 또는 형상에 변경을 가하는 행위
> ㉡ 당해 박람회의 주최자·출품자 및 관람자가 그 보세전시장 안에서 소비하는 행위

② 보세전시장의 장치 제한 등(영 제209조)

　　㉠ 보세전시장의 장치 제한 : 세관장은 필요하다고 인정되는 때에는 보세전시장 안의 장치물품에 대하여 장치할 장소를 제한하거나 그 사용사항을 조사하거나 운영인으로 하여금 필요한 보고를 하게 할 수 있다.

　　㉡ 수입신고 수리 전의 사용·인도금지

판매용 외국물품	보세전시장에 장치된 판매용 외국물품은 수입신고가 수리되기 전에는 이를 사용하지 못한다.
전시용 외국물품	보세전시장에 장치된 전시용 외국물품을 현장에서 직매하는 경우 수입신고가 수리되기 전에는 이를 인도하여서는 아니 된다.

(5) 보세건설장 22년 기출

① 의의(법 제191조) 11년 기출

보세건설장에서는 산업시설의 건설에 사용되는 외국물품인 기계류 설비품이나 공사용 장비를 장치·사용하여 해당 건설공사를 할 수 있다.

　　▷ 보세건설장 반입물품의 범위 : 보세건설장에 반입할 수 있는 물품은 외국물품 및 이와 유사한 물품으로서 당해 산업시설의 건설에 필요하다고 세관장이 인정하는 물품에 한한다(영 제210조).

② 사용 전 수입신고(법 제192조)

운영인은 보세건설장에 외국물품을 반입하였을 때에는 사용 전에 해당 물품에 대하여 수입신고를 하고 세관공무원의 검사를 받아야 한다. 다만, 세관공무원이 검사가 필요 없다고 인정하는 경우에는 검사를 하지 아니할 수 있다.

③ 건설공사 완료보고(영 제211조)

보세건설장의 운영인은 수입신고를 한 물품을 사용한 건설공사가 완료된 때에는 지체 없이 이를 세관장에게 보고하여야 한다.

④ 반입물품의 장치 제한(법 제193조) 11년 기출

세관장은 보세건설장에 반입된 외국물품에 대하여 필요하다고 인정될 때에는 보세건설장 안에서 그 물품을 장치할 장소를 제한하거나 그 사용상황에 관하여 운영인으로 하여금 보고하게 할 수 있다.

⑤ 보세건설물품의 가동 제한(법 제194조) 11년 기출

운영인은 보세건설장에서 건설된 시설을 수입신고가 수리되기 전에 가동하여서는 아니 된다.

　　주의 완료 보고를 한 후 가동할 수 있는 것이 아니라 수입신고가 수리되기 전에 가동하여서는 아니 된다.

⑥ 보세건설장 외 작업 허가(법 제195조) 11년 기출

　　㉠ 의의 : 세관장은 보세작업을 위하여 필요하다고 인정될 때에는 대통령령으로 정하는 바에 따라 기간, 장소, 물품 등을 정하여 해당 보세건설장 외에서의 보세작업을 허가할 수 있다.

　　㉡ 허가 여부 통지 및 허가 간주 : 세관장은 허가의 신청을 받은 날부터 10일 이내에 허가 여부를 신청인에게 통지하여야 한다. 세관장이 정한 기간 내에 허가 여부 또는 민원 처리 관련 법령에 따른 처리기간의 연장을 신청인에게 통지하지 아니하면 그 기간(민원 처리 관련 법령에 따라 처리기간이 연장 또는 재연장된 경우에는 해당 처리기간)이 끝난 날의 다음 날에 허가를 한 것으로 본다.

　　㉢ 물품의 검사 : 보세건설장 외에서 작업 허가를 한 경우 세관공무원은 해당 물품이 보세건설장에서 반출될 때에 이를 검사할 수 있다.

② 보세건설장의 의제 : 허가를 받아 지정된 장소(건설장 외 작업장)에 반입된 외국물품은 지정된 기간이 만료될 때까지는 보세건설장에 있는 것으로 본다.

⑭ 직접 반입 : 세관장은 보세건설장 외에서 작업 허가를 받은 보세작업에 사용될 물품을 관세청장이 정하는 바에 따라 건설장 외 작업장에 직접 반입하게 할 수 있다.

⑯ 관세의 징수 : 지정된 기간이 지난 경우 해당 건설장 외 작업장에 허가된 외국물품이나 그 제품이 있을 때에는 해당 물품의 허가를 받은 보세건설장의 운영인으로부터 그 관세를 즉시 징수한다.

⑰ 기간 또는 장소의 변경 : 세관장은 재해 기타 부득이한 사유로 인하여 필요하다고 인정되는 때에는 보세건설장 운영인의 신청에 의하여 보세건설장 외에서의 보세작업의 기간 또는 장소를 변경할 수 있다(영 제212조 제2항).

(6) 보세판매장

① 의의(법 제196조)

㉠ 출국경로 보세판매장 : 보세판매장에서는 다음의 어느 하나에 해당하는 조건으로 물품을 판매할 수 있다.

> ⓐ 해당 물품을 외국으로 반출할 것. 다만, 외국으로 반출하지 아니하더라도 대통령령으로 정하는 바에 따라 외국에서 국내로 입국하는 자에게 물품을 인도하는 경우에는 해당 물품을 판매할 수 있다.
> ⓑ 제88조(외교관용 물품 등의 면세) 제1항 제1호부터 제4호까지의 규정에 따라 관세의 면제를 받을 수 있는 자가 해당 물품을 사용할 것

㉡ 입국경로 보세판매장 : 공항 및 항만 등의 입국경로에 설치된 보세판매장에서는 외국에서 국내로 입국하는 자에게 물품을 판매할 수 있다.

② 시내보세판매장의 현장 인도 특례(법 제196조의2)

㉠ 현장인도 : 보세판매장 중 공항 및 항만 등의 출입국경로의 보세구역 외의 장소에 설치되는 시내보세판매장에서 외국으로 반출할 것을 조건으로 외국인에게 내국물품을 판매하고 이를 판매 현장에서 인도하는 경우에는 대통령령으로 정하는 바에 따라 해당 물품을 인도할 수 있다.

㉡ 반출 여부 확인 : 세관장은 판매 현장에서 인도된 물품의 외국 반출 여부를 확인하기 위하여 물품 구매자의 출입국관리기록 등 다음의 대통령령으로 정하는 정보 또는 자료를 관계 중앙행정기관의 장에게 요청할 수 있다. 이 경우 요청을 받은 관계 중앙행정기관의 장은 정당한 사유가 없으면 이에 따라야 한다(영 제213조의3 제2항).

> ⓐ 물품을 구매한 외국인의 출입국관리기록
> ⓑ 그 밖에 시내보세판매장에서 현장 인도된 물품의 외국 반출 여부를 확인하기 위하여 관세청장이 필요하다고 인정하는 정보 또는 자료

㉢ 현장인도 제한 : 세관장은 물품 구매자의 출입국관리기록 등을 확인하여 다음 각 사항을 고려하여 관세청장이 정하는 사람에 대해서는 현장인도를 제한할 수 있으며, 현장인도가 제한되는 사람의 명단을 시내보세판매장의 운영인에게 통보하여야 한다(영 제213조의3 제3항).

ⓐ 시내보세판매장에서의 구매내역

ⓑ 항공권 등의 예약 및 취소 내역

ⓒ 그 밖에 현장인도 제한 사유로 관세청장이 필요하다고 인정하는 사유

ⓔ 시내보세판매장의 운영인은 통보받은 명단의 사람에게 물품을 판매할 때에는 해당 물품을 판매 현장에서 인도하여서는 아니 되고, 관세청장이 정하는 바에 따라 인도하여야 한다.

③ 보세판매장 판매대상 물품(규칙 제69조의5)

㉠ 출국경로 보세판매장

ⓐ 외국으로 반출하는 것을 조건으로 보세판매장에서 판매할 수 있는 물품은 다음의 물품을 제외한 물품으로 한다.

> • 관세법 제234조(수출입의 금지)에 따른 수출입 금지 물품
> – 헌법질서를 문란하게 하거나 공공의 안녕질서 또는 풍속을 해치는 서적·간행물·도화, 영화·음반·비디오물·조각물 또는 그 밖에 이에 준하는 물품
> – 정부의 기밀을 누설하거나 첩보활동에 사용되는 물품
> – 화폐·채권이나 그 밖의 유가증권의 위조품·변조품 또는 모조품
> •「마약류 관리에 관한 법률」,「총포·도검·화약류 등의 안전관리에 관한 법률」에 따른 규제대상 물품

ⓑ 관세법 제88조(외교관용 물품 등의 면세) 제1항 제1호부터 제4호까지에 따라 관세의 면제를 받을 수 있는 자가 사용하는 것을 조건으로 보세판매장에서 판매할 수 있는 물품(별표 6)

㉡ 입국경로 보세판매장(입국장 인도장) : 입국경로 보세판매장(입국장 인도장)에서 판매할 수 있는 물품은 다음의 물품을 제외한 물품으로 한다.

> ⓐ 관세법 제234조(수출입의 금지)에 따른 수출입 금지 물품
> ⓑ 「마약류 관리에 관한 법률」,「총포·도검·화약류 등의 안전관리에 관한 법률」에 따른 규제대상 물품
> ⓒ 「가축전염병 예방법」에 따른 지정검역물과 「식물방역법」에 따른 식물검역 대상물품
> ⓓ 「수산생물질병 관리법」에 따른 지정검역물

④ 보세판매장 판매한도(규칙 제69조의4)

입국경로 보세판매장 (입국장 인도장)	• 보세판매장의 운영인이 외국에서 국내로 입국하는 사람에게 물품(술·담배·향수 제외)을 판매하는 때에는 미화 800달러의 한도에서 판매해야 하며, 술·담배·향수는 규칙 제48조(관세가 면제되는 여행자 휴대품 등)에 따른 별도면세범위에서 판매할 수 있다. • 입국장 면세점과 입국장 인도장이 동일한 입국경로에 함께 설치된 경우 보세판매장의 운영인은 입국장 면세점에서 판매하는 물품과 입국장 인도장에서 인도하는 것을 조건으로 판매하는 물품을 합하여 미화 800달러의 한도에서 판매해야 하며, 술·담배·향수는 별도면세범위에서 판매할 수 있다.

⑤ 보세판매장의 관리(영 제213조)

보세판매장 운영인	보세판매장의 운영인은 보세판매장에서 물품을 판매하는 때에는 판매사항·구매자 인적사항 기타 필요한 사항을 관세청장이 정하는 바에 따라 기록·유지하여야 한다.
세관장	• 세관장은 보세판매장에서 판매할 수 있는 물품의 수량, 장치장소 등을 제한할 수 있다. 다만, 보세판매장에서 판매할 수 있는 물품의 종류, 판매한도는 기획재정부령으로 정한다(법 제196조 제4항). • 세관장은 연 2회 이상 보세화물의 반출입량·판매량·외국반출현황·재고량 등을 파악하기 위하여 보세판매장에 대한 조사를 실시할 수 있다.
관세청장	• 관세청장은 보세판매장에서의 판매방법, 구매자에 대한 인도방법 등을 정할 수 있다. • 관세청장은 보세화물이 보세판매장에서 불법적으로 반출되지 아니하도록 하기 위하여 반입·반출의 절차 기타 필요한 사항을 정할 수 있다.

⑥ 특허보세구역의 특례(법 제176조의2)

세관장은 보세판매장 특허를 부여하는 경우에 중소기업 및 중견기업으로서 매출액, 자산총액 및 지분 소유나 출자 관계 등이 대통령령으로 정하는 기준에 맞는 기업 중 특허를 받을 수 있는 요건을 갖춘 자(중소기업 등)에게 대통령령으로 정하는 일정 비율 이상의 특허를 부여하여야 하고, 상호출자제한기업집단에 속한 기업에 대해 대통령령으로 정하는 일정 비율 이상의 특허를 부여할 수 없다. 다만, 세관장은 공항 및 항만 등의 입국경로에 설치된 외국에서 국내로 입국하는 자에게 물품을 판매하는 보세판매장(제196조 제2항)의 경우에는 중소기업 등에게만 특허를 부여할 수 있다.

㉠ 보세판매장 특허 부여 : 세관장은 보세판매장 특허를 부여하는 경우에 중소기업 및 중견기업으로서 다음의 기준을 모두 충족하는 기업(중견기업) 중 특허를 받을 수 있는 요건을 갖춘 기업에 보세판매장 총 특허 수의 100분의 30 이상(2017년 12월 31일까지는 보세판매장 총 특허 수의 100분의 20 이상)의 특허를 부여해야 한다(영 제192조의2).

> ⓐ 공고일 직전 3개 사업연도의 매출액(기업회계기준에 따라 작성한 손익계산서상의 매출액으로서, 창업·분할·합병의 경우 그 등기일의 다음 날 또는 창업일이 속하는 사업연도의 매출액을 연간 매출액으로 환산한 금액을 말하며, 사업연도가 1년 미만인 사업연도의 매출액은 1년으로 환산한 매출액)의 평균금액이 5천억 원 미만인 기업일 것
> ⓑ 자산총액(공고일 직전 사업연도 말일 현재 재무상태표상의 자산총액)이 1조 원 미만인 기업일 것
> ⓒ 자산총액이 1조 원 이상인 법인(외국법인을 포함)이 주식 또는 출자지분의 100분의 30 이상을 직접적 또는 간접적으로 소유하고 있는 기업이나 자산총액이 1조 원 이상인 법인(외국법인을 포함)과 지배 또는 종속의 관계에 있는 기업이 아닐 것. 이 경우 주식 또는 출자지분의 간접소유 비율에 관하여는 「국제조세조정에 관한 법률 시행령」을 준용하고, 지배 또는 종속의 관계에 관하여는 「중소기업제품 구매촉진 및 판로지원에 관한 법률 시행령」을 준용한다.

㉡ 특허 부여 제한 및 판단 시점
  ⓐ 특허 부여의 제한 : 세관장은 「독점규제 및 공정거래에 관한 법률」에 따른 상호출자제한기업집단에 속한 기업에 대하여 보세판매장 총 특허 수의 100분의 60 이상의 특허를 부여할 수 없다.
  ⓑ 판단 시점 : 특허 비율에 적합한지를 판단하는 시점은 보세판매장의 설치·운영에 관한 특허를 부여할 때를 기준으로 한다. 이 경우 특허 비율에 적합한지를 판단할 때에 공고일 이후 기존 특허의 반납 등 예상하지 못한 사유로 특허 비율이 변경된 경우 그 변경된 특허 비율은 적용하지 아니한다.

ⓒ 특허 비율 요건이 적용되지 않는 경우 : 기존 특허의 기간 만료, 취소 및 반납 등으로 인하여 보세판매장의 설치·운영에 관한 특허를 부여하는 경우로서 다음의 모두에 해당하는 경우에는 특허 비율을 적용하지 아니한다.

> ⓐ 중소기업 또는 중견기업 외의 자에게 특허를 부여할 경우 특허 비율 요건을 충족하지 못하게 되는 경우
> ⓑ 특허의 신청자격 요건을 갖춘 중소기업 또는 중견기업이 없는 경우

㉣ 보세판매장 특허의 신청자격과 심사 시 평가기준 : 보세판매장의 특허는 특허보세구역의 설치·운영에 관한 특허를 받을 수 있는 요건을 갖춘 자의 신청을 받아 다음의 평가요소를 고려하여 관세청장이 정하는 평가기준에 따라 심사하여 부여한다. 기존 특허가 만료되는 경우(갱신되는 경우는 제외)에도 또한 같다(영 제192조의3). 24년 기출

> ⓐ 특허보세구역의 설치·운영에 관한 특허를 받을 수 있는 요건의 충족 여부
> ⓑ 관세 관계 법령에 따른 의무·명령 등의 위반 여부
> ⓒ 재무건전성 등 보세판매장 운영인의 경영 능력
> ⓓ 중소기업제품의 판매 실적 등 경제·사회 발전을 위한 공헌도
> ⓔ 관광 인프라 등 주변 환경요소
> ⓕ 기업이익의 사회 환원 정도
> ⓖ 상호출자제한기업집단에 속한 기업과 중소기업 및 중견기업 간의 상생협력을 위한 노력 정도

기출문제

관세법령상 관세청장이 보세판매장에 대한 특허 심사 평가기준을 정할 때 고려요소가 아닌 것은? 24년 기출

① 중소기업제품의 판매 실적 등 경제·사회 발전을 위한 공헌도
② 관세 관계 법령에 따른 의무·명령 등의 위반 여부
③ 관광 인프라 등 주변 환경요소
④ 「자본시장과 금융투자업에 관한 법률」에 따른 상호출자제한기업집단에 속한 기업의 주주 및 임원 구성
⑤ 재무건전성 등 보세판매장 운영인의 경영 능력

[해설]
보세판매장 특허의 신청자격과 심사 시 평가기준(관세법 시행령 제192조의3 제2항)
1. 제189조에 따른 특허보세구역의 설치·운영에 관한 특허를 받을 수 있는 요건의 충족 여부
2. 관세 관계 법령에 따른 의무·명령 등의 위반 여부
3. 재무건전성 등 보세판매장 운영인의 경영 능력
4. 중소기업제품의 판매 실적 등 경제·사회 발전을 위한 공헌도
5. 관광 인프라 등 주변 환경요소
6. 기업이익의 사회 환원 정도
7. 「독점규제 및 공정거래에 관한 법률」 제31조 제1항에 따른 상호출자제한기업집단에 속한 기업과 「중소기업기본법」 제2조에 따른 중소기업 및 중견기업 간의 상생협력을 위한 노력 정도

정답 ④

ⓜ 보세판매장 특허심사위원회(법 제176조의3) : 보세판매장의 특허에 관한 다음의 사항을 심의하기 위하여 관세청에 보세판매장 특허심사위원회를 둔다. 보세판매장 특허심사위원회의 설치·구성 및 운영방법 등에 관하여 필요한 사항은 대통령령으로 정한다.

> ⓐ 보세판매장 특허 신청자의 평가 및 선정
> ⓑ 특허 갱신의 심사
> ⓒ 그 밖에 보세판매장 운영에 관한 중요사항

ⓗ 보세판매장 특허수수료(법 제176조의2 제4항) : 보세판매장의 특허수수료는 제174조(특허보세구역의 설치·운영에 관한 특허) 제2항에도 불구하고 운영인의 보세판매장별 매출액(기업회계기준에 따라 계산한 매출액)을 기준으로 기획재정부령으로 정하는 바에 따라 다른 종류의 보세구역 특허수수료와 달리 정할 수 있다. 다만, 「재난 및 안전관리 기본법」 제3조 제1호의 재난으로 인하여 보세판매장의 영업에 현저한 피해를 입은 경우 보세판매장의 특허수수료를 감경할 수 있다.

ⓐ 일반적인 경우(규칙 제68조의2) : 보세판매장의 설치·운영에 관한 수수료(보세판매장 특허수수료)는 보세판매장의 매장별 매출액을 기준으로 다음 표의 특허수수료율을 적용하여 계산한 금액으로 한다.

해당 연도 매출액	특허수수료율
2천억 원 이하	해당 연도 매출액의 1천분의 1
2천억 원 초과 1조 원 이하	2억 원 + (2천억 원을 초과하는 금액의 1천분의 5)
1조 원 초과	42억 원 + (1조 원을 초과하는 금액의 100분의 1)

ⓑ 중소기업 등의 경우 : 다음의 어느 하나에 해당하는 경우에는 보세판매장 특허수수료는 해당 연도 매출액의 1만분의 1에 해당하는 금액으로 한다. 다만 제3호의 경우에는 해당 제품에 대한 해당 연도 매출액의 1만분의 1에 해당하는 금액으로 하고, 해당 제품에 대한 매출액을 제외한 매출액에 대한 보세판매장 특허수수료는 ⓐ에 따른다.

> 1. 중소기업으로서 영 제192조의2(보세판매장의 특허 비율 등) 제1항 각 호의 요건을 모두 충족하는 기업이 운영인인 경우
> 2. 중견기업으로서 영 제192조의2(보세판매장의 특허 비율 등) 제1항 각 호의 요건을 모두 충족하는 기업이 운영인인 경우
> 3. 중소기업, 중견기업에 해당하지 않는 자가 중소기업 또는 중견기업의 제품을 판매하는 경우

ⓢ 특허의 갱신(법 제176조의2 제6항) : 특허를 받은 자는 두 차례에 한정하여 대통령령으로 정하는 바에 따라 특허를 갱신할 수 있다. 이 경우 갱신기간은 한 차례당 5년 이내로 한다(영 제192조의6).

세관장의 통지	세관장은 보세판매장의 특허를 받은 자에게 특허를 갱신받으려면 특허기간이 끝나는 날의 6개월 전까지 특허 갱신을 신청해야 한다는 사실과 갱신절차를 특허기간이 끝나는 날의 7개월 전까지 휴대폰에 의한 문자전송, 전자메일, 팩스, 전화, 문서 등으로 미리 알려야 한다.
신청서 제출	보세판매장의 특허를 갱신하려는 자는 갱신사유, 갱신기간을 적은 신청서에 기획재정부령으로 정하는 서류를 첨부하여 그 기간만료 6개월 전까지 세관장에게 제출해야 한다.

특허심사위원회 서류제출	세관장은 신청서를 제출받은 경우 다음의 서류 또는 자료를 관세청장을 거쳐 특허심사위원회에 제출해야 한다. • 신청서 및 첨부서류 • 갱신을 신청한 자(갱신신청자)가 영 제189조(특허보세구역의 설치·운영의 특허의 기준)에 따른 요건을 충족하는지 여부 및 관세 관계 법령에 따른 의무·명령 등의 위반 여부에 대한 세관장의 검토 의견
심의결과 통지	특허심사위원회는 제출받은 서류 또는 자료의 적정성을 검토한 평가기준에 따라 갱신신청자를 평가하여 보세판매장 특허 갱신 여부를 심의하고, 심의결과를 관세청장 및 해당 세관장에게 통보해야 한다.
심의결과 공개	관세청장은 특허심사위원회의 심의가 완료된 후 다음의 사항을 관세청장이 정하는 바에 따라 관세청의 인터넷 홈페이지 등을 통하여 공개해야 한다. 다만, 보세판매장 특허 갱신을 받지 못한 경우 갱신신청자에 대한 평가결과는 갱신신청자가 동의한 경우에만 공개할 수 있다. • 갱신신청자에 대한 평가결과 • 심의에 참여한 특허심사위원회의 위원 명단
특허 갱신	세관장은 통보받은 심의결과에 따라 갱신 특허를 부여하고 갱신신청자에게 평가결과와 보세판매장의 특허 갱신 여부 등을 통보해야 한다.

◎ 매출액 보고(법 제176조의2 제7항)

ⓐ 기획재정부장관은 매 회계연도 종료 후 4개월 이내에 보세판매장별 매출액을 대통령령으로 정하는 바에 따라 국회 소관 상임위원회에 보고하여야 한다.

ⓑ 관세청장은 기획재정부장관의 국회 소관 상임위원회에 대한 보고를 위하여 매 회계연도 종료 후 3월 말일까지 전국 보세판매장의 매장별 매출액을 기획재정부장관에게 보고해야 한다(영 제192조의7).

⑦ 보세판매장의 특허절차(영 제192조의5)

공 고	관세청장은 기존 특허의 기간 만료, 취소 및 반납 등으로 인하여 보세판매장의 설치·운영에 관한 특허를 부여할 필요가 있는 경우에는 다음의 사항을 관세청의 인터넷 홈페이지 등에 공고하여야 한다. • 특허의 신청기간과 장소 등 특허의 신청절차에 관한 사항 • 특허의 신청자격 • 특허장소와 특허기간 • 관세청장이 정하는 평가기준(세부평가항목과 배점을 포함) • 그 밖에 보세판매장의 설치·운영에 관한 특허의 신청에 필요한 사항
신청서의 제출	보세판매장의 설치·운영에 관한 특허를 받으려는 자(보세판매장 특허신청자)는 공고된 신청기간에 신청서를 세관장에게 제출하여야 한다.
특허심사위원회 제출	신청서를 제출받은 세관장은 다음의 서류 또는 자료를 관세청장을 거쳐 보세판매장 특허심사위원회(특허심사위원회)에 제출하여야 한다. • 신청서 • 보세판매장 특허신청자가 특허보세구역의 설치·운영에 관한 특허를 받을 수 있는 요건을 갖추었는지에 대한 세관장의 검토의견 • 특허보세구역의 설치·운영에 관한 특허를 받을 수 있는 요건의 충족 여부 및 관세 관계 법령에 따른 의무·명령 등의 위반 여부에 관하여 관세청장이 정하는 자료
관세청장·세관장에게 통보	특허심사위원회는 제출받은 서류 또는 자료의 적정성을 검토한 후 평가기준에 따라 보세판매장 특허신청자를 평가하고 보세판매장 특허 여부를 심의하며, 그 결과를 관세청장 및 해당 세관장에게 통보하여야 한다.
신청인에게 통보	결과를 통보받은 세관장은 선정된 보세판매장 특허신청자에게 특허를 부여하고, 관세청장이 정하여 고시하는 바에 따라 모든 보세판매장 특허신청자에게 해당 신청자의 평가 결과와 보세판매장 특허를 부여받을 자로 선정되었는지 여부 등을 통보하여야 한다.

평가결과 등 공개	관세청장은 특허심사위원회의 심의가 완료된 후 다음의 사항을 관세청장이 정하는 바에 따라 관세청의 인터넷 홈페이지 등을 통하여 공개하여야 한다. 다만, 보세판매장 특허를 부여받을 자로 선정되지 아니한 보세판매장 특허신청자의 평가결과는 해당 신청자가 동의한 경우에만 공개할 수 있다. • 보세판매장 특허신청자에 대한 평가결과 • 심의에 참여한 특허심사위원회 위원의 명단
청렴 옴부즈만 제도	관세청장은 보세판매장 특허 관련 업무를 수행하는 과정의 투명성 및 공정성을 높이기 위하여 특허심사위원회의 회의 및 그 심의에 참여하는 위원 선정 등의 과정을 참관하여 관련 비위사실 등을 적발하고 그에 따른 시정 또는 감사 요구 등을 할 수 있는 청렴 옴부즈만 제도를 운영할 수 있다. 이 경우 관세청장은 특허심사위원회의 심의에 참여한 위원의 명단이 공개되기 전까지 유출되지 아니하도록 적절한 조치를 하여야 한다.

⑧ 규제의 재검토(영 제290조)

기획재정부장관은 보세판매장의 설치 · 운영에 관한 특허와 관련하여 상호출자제한기업집단에 속한 기업과 중소기업 및 중견기업에 적용할 특허 비율을 정한 사항에 대하여 2013년 10월 31일을 기준으로 하여 3년마다 그 타당성을 검토하여 강화 · 완화 또는 유지 등의 조치를 하여야 한다.

4. 종합보세구역

(1) 종합보세구역의 지정 등(법 제197조)

① 종합보세구역의 지정 15, 12년 기출

관세청장은 직권으로 또는 관계 중앙행정기관의 장이나 지방자치단체의 장, 그 밖에 종합보세구역을 운영하려는 자(지정요청자)의 요청에 따라 무역진흥에의 기여 정도, 외국물품의 반입 · 반출 물량 등을 고려하여 일정한 지역을 종합보세구역으로 지정할 수 있다.

② 종합보세구역의 기능

종합보세구역에서는 보세창고 · 보세공장 · 보세전시장 · 보세건설장 또는 보세판매장의 기능 중 둘 이상의 기능(종합보세기능)을 수행할 수 있다.

③ 지정대상(영 제214조) 13년 기출

종합보세구역은 다음의 어느 하나에 해당하는 지역으로서 관세청장이 종합보세구역으로 지정할 필요가 있다고 인정하는 지역을 그 지정대상으로 한다.

> ㉠ 「외국인투자촉진법」에 의한 외국인투자지역
> ㉡ 「산업입지 및 개발에 관한 법률」에 의한 산업단지
> ㉢ 「유통산업발전법」에 의한 공동집배송센터
> ㉣ 「물류시설의 개발 및 운영에 관한 법률」에 따른 물류단지
> ㉤ 기타 종합보세구역으로 지정됨으로써 외국인투자촉진 · 수출증대 또는 물류촉진 등의 효과가 있을 것으로 예상되는 지역

④ 지정요청

종합보세구역의 지정요청자는 당해 지역의 소재지 및 면적, 구역 안의 시설물현황 또는 시설계획, 사업계획을 기재한 지정요청서에 당해 지역의 도면을 첨부하여 관세청장에게 제출하여야 한다.

⑤ 종합보세구역 예정지의 지정(영 제214조의2)

관세청장은 지정요청자의 요청에 의하여 종합보세기능의 수행이 예정되는 지역을 종합보세구역예정지역으로 지정할 수 있다.

지정기간	예정지역의 지정기간은 3년 이내로 한다. 다만, 관세청장은 당해 예정지역에 대한 개발계획의 변경 등으로 인하여 지정기간의 연장이 불가피하다고 인정되는 때에는 3년의 범위 내에서 연장할 수 있다.
종합보세구역으로의 지정	관세청장은 예정지역의 개발이 완료된 후 지정요청자의 요청에 의하여 종합보세구역으로 지정할 수 있다.

(2) 종합보세사업장의 설치·운영에 관한 신고 등(법 제198조) 22년 기출

① 설치·운영 신고 15년 기출

ⓐ 의의 : 종합보세구역에서 종합보세기능을 수행하려는 자는 그 기능을 정하여 세관장에게 종합보세사업장의 설치·운영에 관한 신고를 하여야 한다.

주의 승인을 받아야 하는 것이 아니라 신고를 하여야 한다.

ⓑ 신고절차 : 종합보세사업장의 설치·운영에 관한 신고의 절차에 관하여는 제188조(특허보세구역의 설치·운영에 관한 특허의 신청)의 규정을 준용한다. 다만, 관세청장은 종합보세구역의 규모·기능 등을 고려하여 첨부서류의 일부를 생략하는 등 설치·운영의 신고절차를 간이하게 할 수 있다(영 제215조 제1항).

② 설치·운영 신고의 제한

제175조(운영인의 결격사유)의 어느 하나에 해당하는 자는 종합보세사업장의 설치·운영에 관한 신고를 할 수 없다.

③ 기능의 변경

종합보세사업장의 운영인은 그가 수행하는 종합보세기능을 변경하려면 세관장에게 이를 신고하여야 한다. 종합보세기능의 변경신고를 하고자 하는 자는 그 변경내용을 기재한 신고서를 세관장에게 제출하여야 한다(영 제215조 제2항).

(3) 종합보세구역에의 물품의 반입·반출 등(법 제199조)

① 물품의 반입·반출의 신고

ⓐ 세관장에게 신고 : 종합보세구역에 물품을 반입하거나 반출하려는 자는 대통령령으로 정하는 바에 따라 세관장에게 신고하여야 한다.

ⓑ 내국물품의 반입·반출 : 종합보세구역에 반입·반출되는 물품이 내국물품인 경우에는 기획재정부령으로 정하는 바에 따라 신고를 생략하거나 간소한 방법으로 반입·반출하게 할 수 있다.

ⓒ 내국물품 반입·반출신고의 생략 : 세관장은 다음에 해당하지 아니하는 경우에는 반출입신고를 생략하게 할 수 있다(규칙 제70조).

> ⓐ 세관장의 허가를 받고 내국물품만을 원료로 하여 제조·가공 등을 하는 경우 그 원료 또는 재료
> ⓑ 혼용작업에 소요되는 원재료
> ⓒ 보세판매장에서 판매하고자 하는 물품
> ⓓ 당해 내국물품이 외국에서 생산된 물품으로서 종합보세구역 안의 외국물품과 구별되는 필요가 있는 물품(보세전시장의 기능을 수행하는 경우에 한함)

② 반출입물품의 범위 등(법 제200조) 23, 15년 기출
  ㉠ 수입통관 후 소비·사용 : 종합보세구역에서 소비하거나 사용되는 물품으로서 기획재정부령으로 정하는 다음의 물품은 수입통관 후 이를 소비하거나 사용하여야 한다(규칙 제71조).

> ⓐ 제조·가공에 사용되는 시설기계류 및 그 수리용 물품
> ⓑ 연료·윤활유·사무용품 등 제조·가공에 직접적으로 사용되지 아니하는 물품

  ㉡ 장치기간 : 종합보세구역에 반입한 물품의 장치기간은 제한하지 아니한다. 다만, 보세창고의 기능을 수행하는 장소 중에서 관세청장이 수출입물품의 원활한 유통을 촉진하기 위하여 필요하다고 인정하여 지정한 장소에 반입되는 물품의 장치기간은 1년의 범위에서 관세청장이 정하는 기간으로 한다.
  ㉢ 반입·반출의 제한 : 세관장은 종합보세구역에 반입·반출되는 물품으로 인하여 국가안전, 공공질서, 국민보건 또는 환경보전 등에 지장이 초래되거나 종합보세구역의 지정 목적에 부합되지 아니하는 물품이 반입·반출되고 있다고 인정될 때에는 해당 물품의 반입·반출을 제한할 수 있다.

③ 운영인의 물품관리(법 제201조) 19년 기출
  ㉠ 기능별 구분 관리 : 운영인은 종합보세구역에 반입된 물품을 종합보세기능별로 구분하여 관리하여야 한다.
  ㉡ 긴급매각대상 : 세관장은 종합보세구역에 장치된 물품 중 다음에 해당되는 물품은 장치기간이 지나기 전이라도 공고한 후 매각할 수 있다(법 제208조 제1항). 19년 기출

> ⓐ 살아 있는 동식물
> ⓑ 부패하거나 부패할 우려가 있는 것
> ⓒ 창고나 다른 외국물품에 해를 끼칠 우려가 있는 것
> ⓓ 기간이 지나면 사용할 수 없게 되거나 상품가치가 현저히 떨어질 우려가 있는 것
> ⓔ 관세청장이 정하는 물품 중 화주가 요청하는 것
> ⓕ 제26조에 따른 강제징수, 「국세징수법」 제30조에 따른 강제징수 및 「지방세징수법」 제39조의2에 따른 체납처분을 위하여 세관장이 압류한 수입물품(제2조 제4호 가목의 외국물품으로 한정한다)

  ㉢ 기록 유지 및 신고 : 운영인은 종합보세구역에 반입된 물품을 종합보세구역 안에서 이동·사용 또는 처분을 할 때에는 장부 또는 전산처리장치를 이용하여 그 기록을 유지하여야 한다. 이 경우 기획재정부령으로 정하는 물품은 미리 세관장에게 신고하여야 한다. 기록의 방법과 절차 등에 관하여 필요한 사항은 관세청장이 정한다.
  ㉣ 매각요청 : 운영인은 종합보세구역에 장치된 물품 중 반입한 날부터 6개월 이상의 범위에서 관세청장이 정하는 기간이 지난 외국물품이 다음에 해당하는 경우에는 관세청장이 정하여 고시하는 바에 따라 세관장에게 그 외국물품의 매각을 요청할 수 있다.

> ⓐ 화주가 분명하지 아니한 경우
> ⓑ 화주가 부도 또는 파산한 경우
> ⓒ 화주의 주소·거소 등 그 소재를 알 수 없는 경우
> ⓓ 화주가 수취를 거절하는 경우
> ⓔ 화주가 거절의 의사표시 없이 수취하지 아니한 경우

(4) 설비의 유지의무 등(법 제202조) 22년 기출

① 설비 유지의무

운영인은 대통령령으로 정하는 바에 따라 종합보세기능의 수행에 필요한 시설 및 장비 등을 유지하여야 한다.

㉠ 유지하여야 하는 설비 : 종합보세구역의 운영인이 유지하여야 하는 시설 및 장비 등의 설비는 다음의 설비로 한다(영 제217조).

> ⓐ 제조·가공·전시·판매·건설 및 장치 기타 보세작업에 필요한 기계시설 및 기구
> ⓑ 반입·반출물품의 관리 및 세관의 업무검사에 필요한 전산설비
> ⓒ 소방·전기 및 위험물관리 등에 관한 법령에서 정하는 시설 및 장비
> ⓓ 보세화물의 분실과 도난방지를 위한 시설

㉡ 세관장에게 신고 : 종합보세구역에 장치된 물품에 대하여 보수작업을 하거나 종합보세구역 밖에서 보세작업을 하려는 자는 대통령령으로 정하는 바에 따라 세관장에게 신고하여야 한다.

(5) 종합보세구역에 대한 세관의 관리 등(법 제203조)

① 출입의 통제 및 물품의 검사

세관장은 관세채권의 확보, 감시·단속 등 종합보세구역을 효율적으로 운영하기 위하여 종합보세구역에 출입하는 인원과 차량 등의 출입을 통제하거나 휴대 또는 운송하는 물품을 검사할 수 있다.

② 검사 또는 조사 및 보고

세관장은 종합보세구역에 반입·반출되는 물품의 반입·반출 상황, 그 사용 또는 처분 내용 등을 확인하기 위하여 장부나 전산처리장치를 이용한 기록을 검사 또는 조사할 수 있으며, 운영인으로 하여금 업무 실적 등 필요한 사항을 보고하게 할 수 있다.

③ 시설의 설치 요구 15년 기출

관세청장은 종합보세구역 안에 있는 외국물품의 감시·단속에 필요하다고 인정될 때에는 종합보세구역의 지정요청자에게 보세화물의 불법유출, 분실, 도난방지 등을 위한 시설을 설치할 것을 요구할 수 있다. 이 경우 지정요청자는 특별한 사유가 없으면 이에 따라야 한다.

주의 세관장이 아니라 관세청장이 시설을 설치할 것을 요구할 수 있다.

(6) 종합보세구역 지정의 취소 등(법 제204조) _{22년 기출}

① 지정취소

관세청장은 종합보세구역에 반입·반출되는 물량이 감소하거나 그 밖에 대통령령으로 정하는 다음의 사유로 종합보세구역을 존속시킬 필요가 없다고 인정될 때에는 종합보세구역의 지정을 취소할 수 있다(영 제218조 제1항).

> ㉠ 종합보세구역의 지정요청자가 지정취소를 요청한 경우
> ㉡ 종합보세구역의 지정요건이 소멸한 경우

② 기능중지

세관장은 종합보세사업장의 운영인이 다음의 어느 하나에 해당하는 경우에는 6개월의 범위에서 운영인의 종합보세기능의 수행을 중지시킬 수 있다.

> ㉠ 운영인이 설비의 유지의무를 위반한 경우
> ㉡ 운영인이 수행하는 종합보세기능과 관련하여 반입·반출되는 물량이 감소하는 경우
> ㉢ 1년 동안 계속하여 외국물품의 반입·반출 실적이 없는 경우

③ 폐쇄명령

세관장은 종합보세사업장의 운영인이 다음의 어느 하나에 해당하는 경우에는 그 종합보세사업장의 폐쇄를 명하여야 한다.

> ㉠ 거짓이나 그 밖의 부정한 방법으로 종합보세사업장의 설치·운영에 관한 신고를 한 경우
> ㉡ 제175조(운영인의 결격사유)의 어느 하나에 해당하게 된 경우. 다만, 제175조 제8호에 해당하는 경우로서 피성년후견인과 피한정후견인, 파산선고를 받고 복권되지 아니한 자를 임원으로 하는 법인이 3개월 이내에 해당 임원을 변경한 경우에는 그러하지 아니하다.
> ㉢ 다른 사람에게 자신의 성명·상호를 사용하여 종합보세사업장을 운영하게 한 경우

5. 유치 및 처분

(1) 유치 및 예치(법 제206조)

① 유 치

세관장은 유치대상 물품이 유치사유에 해당하는 경우에는 해당 물품을 유치할 수 있다.

㉠ 유치대상 : 여행자의 휴대품, 우리나라와 외국 간을 왕래하는 운송수단에 종사하는 승무원의 휴대품

㉡ 유치사유 : 다음에 해당하는 경우

> ⓐ 제226조(허가·승인 등의 증명 및 확인)에 따라 필요한 허가·승인·표시 또는 그 밖의 조건이 갖추어지지 아니한 경우
> ⓑ 제96조(여행자 휴대품 및 이사물품 등의 감면) 제1항 제1호와 같은 항 제3호에 따른 관세의 면제 기준을 초과하여 반입하는 물품에 대한 관세를 납부하지 아니한 경우
> ⓒ 제235조(지식재산권 보호)에 따른 지식재산권을 침해하는 물품을 수출하거나 수입하는 등 이 법에 따른 의무사항을 위반한 경우
> ⓓ 불법·불량·유해물품 등 사회안전 또는 국민보건을 해칠 우려가 있는 물품으로서 <u>대통령령으로 정하는 경우</u>
> ⓔ 「국세징수법」 또는 「지방세징수법」에 따라 세관장에게 강제징수 또는 체납처분이 위탁된 해당 체납자가 물품을 수입하는 경우

보충 물품의 유치 및 예치와 해제(영 제219조 제1항)

"대통령령으로 정하는 경우"란 다음의 경우를 말한다.
1. 해당 물품에 대해 식품의약품안전처장 등 관계 기관의 장으로부터 부적합 통보 또는 통관 제한 요청을 받은 경우
2. 성분 또는 규격 등이 불명확한 물품으로서 식품의약품안전처 등 관계 기관의 확인 또는 물품분석이 필요한 경우
3. 그 밖에 유해 성분이 포함된 식품·의약품 등 세관장이 사회안전 또는 국민보건을 위해 유치가 필요하다고 인정하는 경우

---

② 예 치

유치대상 물품으로서 수입할 의사가 없는 물품은 세관장에게 신고하여 일시 예치시킬 수 있다. 다만, 부패·변질 또는 손상의 우려가 있는 물품 등 관세청장이 정하는 물품은 그러하지 아니하다.

③ 유치의 해제

유치한 물품은 해당 사유가 없어졌거나 반송하는 경우에만 유치를 해제한다.

④ 유치 및 예치 물품의 보관(법 제207조)

보관 및 관리	유치하거나 예치한 물품은 세관장이 관리하는 장소에 보관한다. 다만, 세관장이 필요하다고 인정할 때에는 그러하지 아니하다.
준용규정	유치하거나 예치한 물품에 관하여는 제160조(장치물품의 폐기) 제4항부터 제6항까지, 제170조(장치기간) 및 제208조(매각대상 및 매각절차)부터 제212조(국고귀속)까지의 규정을 준용한다.
매각 통고	세관장은 유치되거나 예치된 물품의 원활한 통관을 위하여 필요하다고 인정될 때에는 관세청장이 정하는 바에 따라 해당 물품을 유치하거나 예치할 때에 유치기간 또는 예치기간 내에 수출·수입 또는 반송하지 아니하면 매각한다는 뜻을 통고할 수 있다.

⑤ 물품의 유치 및 예치와 해제(영 제219조 제2항, 제3항)

유치증 또는 예치증의 교부	세관장이 물품을 유치 또는 예치한 때에는 당해 물품의 포장의 종류 · 개수 · 품명 · 규격 및 수량, 유치사유 또는 예치사유, 보관장소를 기재한 유치증 또는 예치증을 교부하여야 한다.
유치증 또는 예치증의 제출	유치를 해제하거나 예치물품을 반환받고자 하는 자는 교부받은 유치증 또는 예치증을 세관장에게 제출하여야 한다.

(2) 장치기간경과물품의 매각 24년 기출

① 매각대상 및 매각절차(법 제208조) 17, 12년 기출

㉠ 매각대상

ⓐ 장치기간경과물품의 매각 : 세관장은 보세구역에 반입한 외국물품의 장치기간이 지나면 그 사실을 공고한 후 해당 물품을 매각할 수 있다.

ⓑ 긴급매각 대상물품 : 다음의 어느 하나에 해당하는 물품은 기간이 지나기 전이라도 공고한 후 매각할 수 있다.

> • 살아 있는 동식물
> • 부패하거나 부패할 우려가 있는 것
> • 창고나 다른 외국물품에 해를 끼칠 우려가 있는 것
> • 기간이 지나면 사용할 수 없게 되거나 상품가치가 현저히 떨어질 우려가 있는 것
> • 관세청장이 정하는 물품 중 화주가 요청하는 것

ⓒ 매각 후 공고 : 장치기간이 지난 물품이 긴급매각 대상물품으로서 급박하여 공고할 여유가 없을 때에는 매각한 후 공고할 수 있다.

㉡ 매수인에게 인도 : 매각된 물품의 질권자나 유치권자는 다른 법령에도 불구하고 그 물품을 매수인에게 인도하여야 한다.

　주의　질권자나 유치권자는 다른 법령의 규정에 근거해 자신의 권리를 주장할 수 없고 매수인에게 물품 인도를 거부할 수 없다.

㉢ 매각대행

ⓐ 매각대행사유 : 세관장은 매각을 할 때 다음의 어느 하나에 해당하는 경우에는 대통령령으로 정하는 기관(매각대행기관)에 이를 대행하게 할 수 있다.

> • 신속한 매각을 위하여 사이버몰 등에서 전자문서를 통하여 매각하려는 경우
> • 매각에 전문지식이 필요한 경우
> • 그 밖에 특수한 사정이 있어 직접 매각하기에 적당하지 아니하다고 인정되는 경우

　참고　매각대행기관(영 제220조) : 한국자산관리공사, 한국보훈복지의료공단, 관세청장이 정하는 기준에 따라 전자문서를 통한 매각을 수행할 수 있는 시설 및 시스템 등을 갖춘 것으로 인정되는 법인 또는 단체 중에서 관세청장이 지정하는 기관 · 법인 또는 단체로 한다.

ⓑ 화주 등에 대한 매각대행의 통지 : 세관장은 장치기간경과물품의 매각을 대행하게 하는 때에는 매각대행의뢰서를 매각대행기관에 송부해야 한다. 이 경우 세관장은 매각대행의 사실을 화주 및 물품보관인에게 통지하여야 한다(영 제221조).

ⓔ **세관장의 의제** : 매각대행기관이 매각을 대행하는 경우(매각대금의 잔금처리를 대행하는 경우를 포함)에는 매각대행기관의 장을 세관장으로 본다. 15년 기출

ⓜ **수수료의 지급** : 세관장은 매각대행기관이 매각을 대행하는 경우에는 매각대행에 따른 실비 등을 고려하여 기획재정부령으로 정하는 바에 따라 수수료를 지급할 수 있다.

② **통고(법 제209조)** 15년 기출

　ㄱ **의의** : 세관장은 제208조 제1항에 따라 외국물품을 매각하려면 그 화주 등에게 통고일부터 1개월 내에 해당 물품을 수출·수입 또는 반송할 것을 통고하여야 한다.

　　주의 2개월이 아니라 1개월 내에 통고하여야 한다.

　ㄴ **공고** : 화주 등이 분명하지 아니하거나 그 소재가 분명하지 아니하여 통고를 할 수 없을 때에는 공고로 이를 갈음할 수 있다.

③ **매각방법(법 제210조, 영 제222조)** 24, 22, 15, 12년 기출

　매각은 일반경쟁입찰·지명경쟁입찰·수의계약·경매 및 위탁판매의 방법으로 하여야 한다.

　ㄱ **매각의 공고** : 세관장은 매각할 때에는 매각 물건, 매각 수량, 매각 예정가격 등을 매각 시작 10일 전에 공고하여야 한다.

　　주의 2주일 전이 아니라 10일 전에 공고하여야 한다.

보충　매각 및 폐기의 공고(영 제284조)

① 영 제14조(담보물의 매각)에 규정된 경우를 제외하고 법의 규정에 의하여 물품을 일반경쟁입찰에 의하여 매각하고자 하는 때에는 다음 사항을 공고하여야 한다.
　1. 당해 물품의 품명·규격 및 수량
　2. 포장의 종류 및 개수
　3. 매각의 일시 및 장소
　4. 매각사유
　5. 기타 필요한 사항
② 법의 규정에 의하여 물품을 폐기하고자 하는 때에는 다음의 사항을 공고하여야 한다.
　1. 당해 물품의 품명 및 수량
　2. 포장의 종류·기호·번호 및 개수
　3. 폐기의 일시 및 장소
　4. 폐기사유
　5. 화주의 주소 및 성명
　6. 기타 필요한 사항
③ 제1항 및 제2항의 규정에 의하여 공고하는 때에는 소관세관관서의 게시판에 게시하여야 한다. 다만, 세관장은 필요하다고 인정되는 때에는 다른 장소에 게시하거나 관보 또는 신문에 게재할 수 있다.

관세법 시행령 제284조(매각 및 폐기의 공고)에 의해 일반경쟁입찰의 방법으로 물품을 매각하고자 하는 때에 공고하여야 할 사항으로 명시되어 있지 않은 것은? 24년 기출

① 당해 물품의 품명·규격 및 수량
② 포장의 종류 및 개수
③ 화주의 주소 및 성명
④ 매각사유
⑤ 매각의 일시 및 장소

해설

매각 및 폐기의 공고(관세법 시행령 제284조 제1항)
1. 당해 물품의 품명·규격 및 수량
2. 포장의 종류 및 개수
3. 매각의 일시 및 장소
4. 매각사유
5. 기타 필요한 사항

정답 ③

ⓛ **경쟁입찰** : 경쟁입찰의 방법으로 매각하려는 경우 매각되지 아니하였을 때에는 5일 이상의 간격을 두어 다시 입찰에 부칠 수 있으며 그 예정가격은 최초 예정가격의 100분의 10 이내의 금액을 입찰에 부칠 때마다 줄일 수 있다. 이 경우에 줄어들 예정가격 이상의 금액을 제시하는 응찰자가 있을 때에는 대통령령으로 정하는 바에 따라 그 응찰자가 제시하는 금액으로 수의계약을 할 수 있다.

예정가격의 체감	예정가격의 체감은 제2회 경쟁입찰 때부터 하되, 그 체감한도액은 최초예정가격의 100분의 50으로 한다. 다만, 관세청장이 정하는 물품을 제외하고는 최초예정가격을 기초로 하여 산출한 세액 이하의 금액으로 체감할 수 없다.
수의계약을 체결하는 경우	응찰가격 중 다음 회의 입찰에 체감될 예정가격보다 높은 것이 있는 때에는 응찰가격의 순위에 따라 수의계약을 체결한다. 단독응찰자의 응찰가격이 다음 회의 입찰 시에 체감될 예정가격보다 높은 경우 또는 공매절차가 종료한 물품을 최종 예정가격 이상의 가격으로 매수하려는 자가 있는 때에도 또한 같다.
재입찰에 붙인 때	수의계약을 체결하지 못하고 재입찰에 붙인 때에는 직전입찰에서의 최고응찰가격을 다음 회의 예정가격으로 한다.
경쟁입찰의 제한	수의계약을 할 수 있는 자로서 그 체결에 응하지 아니하는 자는 당해 물품에 대한 다음 회 이후의 경쟁입찰에 참가할 수 없다.

ⓒ **경매 또는 수의계약** : 다음의 어느 하나에 해당하는 경우에는 경매나 수의계약으로 매각할 수 있다.

ⓐ 2회 이상 경쟁입찰에 부쳐도 매각되지 아니한 경우
ⓑ 매각물품의 성질·형태·용도 등을 고려할 때 경쟁입찰의 방법으로 매각할 수 없는 경우
　•부패·손상·변질 등의 우려가 현저한 물품으로서 즉시 매각하지 아니하면 상품가치가 저하할 우려가 있는 경우
　•물품의 매각예정가격이 50만 원 미만인 경우
　•경쟁입찰의 방법으로 매각하는 것이 공익에 반하는 경우

ⓔ 위탁판매 : 다음의 어느 하나에 해당하는 경우에는 위탁판매의 방법으로 매각할 수 있다.

> ⓐ 경매 또는 수의계약의 방법으로도 매각되지 아니한 물품
> ⓑ 다음의 어느 하나에 해당하는 물품 중에서 관세청장이 신속한 매각이 필요하다고 인정하여 위탁판매대상으로 지정한 물품
> • 부패하거나 부패의 우려가 있는 물품
> • 기간경과로 사용할 수 없게 되거나 상품가치가 현저히 감소할 우려가 있는 물품
> • 공매하는 경우 매각의 효율성이 저하되거나 공매에 전문지식이 필요하여 직접 공매하기에 부적합한 물품

ⓜ 과세가격의 산출 : 매각된 물품에 대한 과세가격은 제30조(과세가격 결정의 원칙)부터 제35조(합리적 기준에 따른 과세가격의 결정)까지의 규정에도 불구하고 경쟁입찰시의 최초 예정가격을 기초로하여 과세가격을 산출한다(법 제210조 제5항).
매각할 물품의 예정가격과 매각된 물품의 과세가격은 기획재정부령으로 정하는 바에 따라 산출한다(영 제222조 제7항).

알아두기

매각물품의 과세가격 및 예정가격(규칙 제73조의2)
① 영 제222조 제7항에 따른 매각된 물품의 과세가격은 다음의 구분에 따라 결정한다.
　1. 여행자 휴대품·우편물 등 : 제7조의3에 따라 산출한 가격
　2. 변질 또는 손상된 물품 : 제7조의2에 따라 산출한 가격
　3. 사용으로 인해 가치가 감소된 물품 : 제7조의5 제1항에 따라 산출한 가격
　4. 제2호 및 제3호에 따라 산출한 가격이 불합리하다고 인정되는 물품 : 합리적으로 산출한 국내도매가격에 시가역산율을 곱하여 산출한 가격
　5. 제1호부터 제4호까지에 해당하지 않는 수입물품 : 법 제30조부터 제35조까지의 방법에 따라 산출한 가격
② 영 제222조 제7항에 따른 매각할 물품의 예정가격은 다음의 구분에 따라 결정한다.
　1. 제1항 제1호부터 제5호까지의 물품 : 제1항 제1호부터 제5호까지에 따른 과세가격에 관세 등 제세를 합한 금액
　2. 수출조건으로 매각하는 물품 : 제1호에 따른 금액에서 관세 등 제세, 운임 및 보험료를 공제한 가격
③ 세관장은 제1항 및 제2항에 따라 과세가격과 예정가격의 산출이 곤란하거나 산출된 금액이 불합리하다고 판단하는 경우에는 그 밖의 합리적인 방법으로 과세가격과 예정가격을 산출할 수 있다.

ⓗ 준용규정 : 매각할 물품의 예정가격의 산출방법과 위탁판매에 관한 사항은 대통령령으로 정하고, 경매절차에 관하여는 「국세징수법」을 준용한다.
주의 기획재정부령으로 정하는 것이 아니라 대통령령으로 정한다.

ⓢ 조건부 매각 : 경쟁입찰, 경매 또는 수의계약, 위탁판매의 방법으로 매각한 물품으로 다음에 해당하는 물품은 수출하거나 외화를 받고 판매하는 것을 조건으로 매각한다. 다만, ⓑ의 물품으로서 관세청장이 필요하다고 인정하는 물품은 주무부장관 또는 주무부장관이 지정하는 기관의 장과 협의하여 수입하는 것을 조건으로 판매할 수 있다.

> ⓐ 법률에 의하여 수입이 금지된 물품
> ⓑ 기타 관세청장이 지정하는 물품

④ 잔금처리(법 제211조) 15년 기출
  ㉠ 매각대금의 제세 충당 : 세관장은 매각대금을 그 매각비용, 관세, 각종 세금의 순으로 충당하고, 잔금이 있을 때에는 이를 화주에게 교부한다.
  ㉡ 질권자 또는 유치권자의 인도 등
    ⓐ 권리증명서의 제출 : 매각하는 물품의 질권자나 유치권자는 해당 물품을 매각한 날부터 1개월 이내에 그 권리를 증명하는 서류를 세관장에게 제출하여야 한다.
    ⓑ 담보된 채권의 금액 교부 : 세관장은 매각된 물품의 질권자나 유치권자가 있을 때에는 그 잔금을 화주에게 교부하기 전에 그 질권이나 유치권에 의하여 담보된 채권의 금액을 질권자나 유치권자에게 교부한다.
    ⓒ 배분 : 질권자나 유치권자에게 공매대금의 잔금을 교부하는 경우 그 잔금액이 질권이나 유치권에 의하여 담보된 채권액보다 적고 교부받을 권리자가 2인 이상인 경우에는 세관장은 「민법」이나 그 밖의 법령에 따라 배분할 순위와 금액을 정하여 배분하여야 한다.
    ⓓ 잔금교부의 일시 보류 : 잔금의 교부는 관세청장이 정하는 바에 따라 일시 보류할 수 있다.
    ⓔ 잔금처리의 대행 : 매각대행기관이 매각을 대행하는 경우에는 매각대행기관이 매각대금의 잔금처리를 대행할 수 있다.
⑤ 국고귀속(법 제212조) 12년 기출

통 고	세관장은 제210조(매각방법)에 따른 방법으로도 매각되지 아니한 물품[제208조(매각대상 및 매각절차) 제1항 제6호의 물품은 제외한다]에 대하여는 그 물품의 화주 등에게 장치 장소로부터 지체 없이 반출할 것을 통고하여야 한다. 〈제208조(매각대상 및 매각절차) 제1항 제6호〉 6. 제26조에 따른 강제징수, 「국세징수법」에 따른 강제징수 및 「지방세징수법」에 따른 체납처분을 위하여 세관장이 압류한 수입물품(제2조 제4호 가목의 외국물품으로 한정한다)
국고귀속처분	국고귀속 통고일부터 1개월 내에 해당 물품이 반출되지 아니하는 경우에는 소유권을 포기한 것으로 보고 이를 국고에 귀속시킬 수 있다.
충당금 납부통지	세관장은 제208조 제1항 제6호의 물품이 제210조에 따른 방법으로 매각되지 아니한 경우에는 납세의무자에게 1개월 이내에 대통령령으로 정하는 유찰물품의 가격에 상당한 금액을 관세 및 체납액(관세·국세·지방세의 체납액) 충당금으로 납부하도록 통지하여야 한다. * 대통령령으로 정하는 유찰물품의 가격(영 제225조의2) : 해당 물품의 최종예정가격을 말한다. 최종예정가격은 마지막 입찰 시 산출한 예정가격으로 한다.
충당금 미납 시 국고귀속	충당금 납부통지를 받은 납세의무자가 그 기한 내에 관세 및 체납액 충당금을 납부하지 아니한 경우에는 같은 항에 따른 유찰물품의 소유권을 포기한 것으로 보고 이를 국고에 귀속시킬 수 있다.

관세법상 장치기간경과물품 매각에 관한 설명으로 옳은 것은? 24년 기출

① 매각하는 장치기간경과물품의 질권자나 유치권자는 해당 물품을 매각한 날부터 3개월 이내에 그 권리를 증명하는 서류를 세관장에게 제출하여야 한다.

② 경쟁입찰의 방법으로 매각하려는 경우 매각되지 아니하였을 때에는 3일 이상의 간격을 두어 다시 입찰에 부칠 수 있다.

③ 세관장은 매각대금을 관세, 그 매각비용, 각종 세금의 순으로 충당한다.

④ 세관장은 장치기간경과물품을 매각할 때에는 매각 물건, 매각 수량, 매각 예정가격 등을 매각 시작 15일 전에 공고하여야 한다.

⑤ 장치기간경과물품의 매각은 일반경쟁입찰·지명경쟁입찰·수의계약·경매 및 위탁판매의 방법으로 하여야 한다.

해설

① 매각하는 장치기간경과물품의 질권자나 유치권자는 해당 물품을 매각한 날부터 1개월 이내에 그 권리를 증명하는 서류를 세관장에게 제출하여야 한다(관세법 제211조 제2항).

② 경쟁입찰의 방법으로 매각하려는 경우 매각되지 아니하였을 때에는 5일 이상의 간격을 두어 다시 입찰에 부칠 수 있다(관세법 제210조 제2항).

③ 세관장은 매각대금을 그 매각비용, 관세, 각종 세금의 순으로 충당한다(관세법 제211조 제1항).

④ 세관장은 장치기간경과물품을 매각할 때에는 매각 물건, 매각 수량, 매각 예정가격 등을 매각 시작 10일 전에 공고하여야 한다(관세법 제210조 제7항).

정답 ⑤

1. 보세운송

(1) 보세운송의 신고(법 제213조)

① 보세운송 구역 14년 기출

외국물품은 다음의 장소 간에 한정하여 외국물품 그대로 운송할 수 있다. 다만, 수출신고가 수리된 물품은 해당 물품이 장치된 장소에서 다음의 장소로 운송할 수 있다.

> ㉠ 국제항
> ㉡ 보세구역
> ㉢ 제156조(보세구역 외 장치의 허가)에 따라 허가된 장소
> ㉣ 세관관서
> ㉤ 통관역
> ㉥ 통관장
> ㉦ 통관우체국

② 신고 및 승인 21, 19, 17, 16, 15, 14, 13, 12년 기출

㉠ 신고 : 보세운송을 하려는 자는 관세청장이 정하는 바에 따라 세관장에게 보세운송의 신고를 하여야 한다.

　주의　관세청장이 아니라 세관장에게 보세운송의 신고를 하여야 한다.

㉡ 승인 : 물품의 감시 등을 위하여 필요하다고 인정하여 대통령령으로 정하는 경우(다음에 해당하는 물품을 운송하고자 하는 경우)에는 세관장의 승인을 받아야 한다(영 제226조 제3항).

> ⓐ 보세운송된 물품 중 다른 보세구역 등으로 재보세운송하고자 하는 물품
> ⓑ 「검역법」・「식물방역법」・「가축전염병예방법」 등에 따라 검역을 요하는 물품
> ⓒ 「위험물안전관리법」에 따른 위험물
> ⓓ 「화학물질관리법」에 따른 유해화학물질
> ⓔ 비금속설
> ⓕ 화물이 국내에 도착된 후 최초로 보세구역에 반입된 날부터 30일이 경과한 물품
> ⓖ 통관이 보류되거나 수입신고 수리가 불가능한 물품
> ⓗ 보세구역 외 장치허가를 받은 장소로 운송하는 물품
> ⓘ 귀석・반귀석・귀금속・한약재・의약품・향료 등과 같이 부피가 작고 고가인 물품
> ⓙ 화주 또는 화물에 대한 권리를 가진 자가 직접 보세운송하는 물품
> ⓚ 통관지가 제한되는 물품
> ⓛ 적재화물목록상 동일한 화주의 선하증권 단위의 물품을 분할하여 보세운송하는 경우 그 물품
> ⓜ 불법 수출입의 방지 등을 위하여 세관장이 지정한 물품
> ⓝ 관세법 및 관세법에 의한 세관장의 명령을 위반하여 관세범으로 조사를 받고 있거나 기소되어 확정 판결을 기다리고 있는 보세운송업자 등이 운송하는 물품

③ **보세운송의 신고인(법 제214조)** 16, 15년 기출

보세운송의 신고 또는 승인신청은 다음의 어느 하나에 해당하는 자의 명의로 하여야 한다.

> ㉠ 화 주
> ㉡ 관세사 등
> ㉢ 보세운송을 업으로 하는 자(보세운송업자)

④ **물품의 검사** 16, 14, 13년 기출

세관공무원은 감시·단속을 위하여 필요하다고 인정될 때에는 관세청장이 정하는 바에 따라 보세운송을 하려는 물품을 검사할 수 있다.

⑤ **보세운송절차의 생략** 16, 15, 14, 12년 기출

수출신고가 수리된 물품은 관세청장이 따로 정하는 것을 제외하고는 보세운송절차를 생략한다.

주의 세관장이 아니라 관세청장이 따로 정하는 것이다.

(2) 보세운송 보고(법 제215조) 15, 13, 11년 기출

보세운송의 신고를 하거나 승인을 받은 자는 해당 물품이 운송 목적지에 도착하였을 때에는 관세청장이 정하는 바에 따라 도착지의 세관장에게 보고하여야 한다.

주의 출발지 관할 세관장, 보세운송을 승인한 세관장에게 하여야 하는 것이 아니라 도착지의 세관장에게 보고하여야 한다.

(3) 보세운송통로(법 제216조)

① **운송통로의 제한** 16, 13, 12, 11년 기출

세관장은 보세운송물품의 감시·단속을 위하여 필요하다고 인정될 때에는 관세청장이 정하는 바에 따라 운송통로를 제한할 수 있다.

② **기간의 제한** 16, 14년 기출

보세운송은 관세청장이 정하는 기간 내에 끝내야 한다. 다만, 세관장은 재해나 그 밖의 부득이한 사유로 필요하다고 인정될 때에는 그 기간을 연장할 수 있다.

주의 세관장이 아니라 관세청장이 정하는 기간 내에 끝내야 한다.

③ **운송수단 제한**

보세운송을 하려는 자가 운송수단을 정하여 제213조(보세운송의 신고) 제2항에 따라 신고를 하거나 승인을 받은 경우에는 그 운송수단을 이용하여 운송을 마쳐야 한다.

(4) 보세운송기간 경과 시의 징수(법 제217조) 15, 12년 기출

신고를 하거나 승인을 받아 보세운송하는 외국물품이 지정된 기간 내에 목적지에 도착하지 아니한 경우에는 즉시 그 관세를 징수한다. 다만, 해당 물품이 재해나 그 밖의 부득이한 사유로 망실되었거나 미리 세관장의 승인을 받아 그 물품을 폐기하였을 때에는 그러하지 아니하다.

(5) 보세운송의 담보(법 제218조) 18, 14년 기출

세관장은 보세운송의 신고를 하거나 승인을 받으려는 물품에 대하여 관세의 담보를 제공하게 할 수 있다.

주의 관세의 담보를 반드시 제공하게 하여야 하는 것이 아니라 관세의 담보를 제공하게 할 수 있다.

(6) 조난물품의 운송(법 제219조) 14년 기출

① 의 의

재해나 그 밖의 부득이한 사유로 선박 또는 항공기로부터 내려진 외국물품은 그 물품이 있는 장소로부터 보세운송구역으로 운송될 수 있다.

② 조난물품의 운송승인

ⓐ 세관장의 승인 : 외국물품을 운송하려는 자는 세관장의 승인을 받아야 한다.

ⓑ 신고 및 통보 : 긴급한 경우에는 세관공무원이나 경찰공무원(세관공무원이 없는 경우로 한정)에게 신고하여야 한다. 신고를 받은 경찰공무원은 지체 없이 그 내용을 세관공무원에게 통보하여야 한다.

(7) 간이 보세운송(법 제220조) 12년 기출

세관장은 보세운송을 하려는 물품의 성질과 형태, 보세운송업자의 신용도 등을 고려하여 관세청장이 정하는 바에 따라 보세운송업자나 물품을 지정하여 다음의 조치를 할 수 있다.

> ① 보세운송 신고절차의 간소화
> ② 보세운송물품 검사의 생략
> ③ 보세운송 담보 제공의 면제

(8) 국제항 안에서 국제무역선을 이용한 보세운송의 특례(법 제220조의2)

법 제214조(보세운송의 신고인)에도 불구하고 국제무역선이 소속된 선박회사(그 업무를 대행하는 자 포함)로서 기획재정부령으로 정하는 선박회사는 국제항 안에서 법 제213조(보세운송의 신고) 제1항에 따라 환적물품 등 기획재정부령으로 정하는 물품을 국제무역선으로 보세운송할 수 있다.

> **보충**　국제항 안에서 국제무역선을 이용한 보세운송(규칙 제73조의3)
>
> ① 법 제220조의2에서 "기획재정부령으로 정하는 선박회사"란 다음의 구분에 따른 선박회사를 말한다.
>   1. 환적컨테이너의 경우 : 「해운법」에 따라 외항 정기 화물운송사업의 등록을 한 선박회사
>   2. 관세법 제2조 제4호 나목에 따른 외국물품으로서 관세청장이 정하여 고시하는 물품에 따른 물품의 경우 : 다음의 어느 하나에 해당하는 선박회사
>   가. 「해운법」에 따라 외항 부정기 화물운송사업의 등록을 한 선박회사
>   나. 「선박법」에 따라 해양수산부장관이 허가한 외국국적 선박이 소속된 선박회사
> ② 법 제220조의2에서 "환적물품 등 기획재정부령으로 정하는 물품"이란 다음의 물품을 말한다.
>   1. 환적컨테이너
>   2. 관세법 제2조 제4호 나목에 따른 외국물품으로서 관세청장이 정하여 고시하는 물품

2. 내국운송

(1) 내국운송의 신고(법 제221조) 12, 11년 기출

내국물품을 국제무역선이나 국제무역기로 운송하려는 자는 대통령령으로 정하는 바에 따라 세관장에게 내국운송의 신고를 하여야 한다.

> 주의 내국운송의 승인을 받아야 하는 것이 아니라 신고를 하여야 한다.

(2) 준용규정

① 내국운송 보고

내국운송의 신고를 하거나 승인을 받은 자는 해당 물품이 운송 목적지에 도착하였을 때에는 관세청장이 정하는 바에 따라 도착지의 세관장에게 보고하여야 한다.

② 내국운송통로

운송통로의 제한	세관장은 내국운송물품의 감시·단속을 위하여 필요하다고 인정될 때에는 관세청장이 정하는 바에 따라 운송통로를 제한할 수 있다.
기간의 제한	내국운송은 관세청장이 정하는 기간 내에 끝내야 한다. 다만, 세관장은 재해나 그 밖의 부득이한 사유로 필요하다고 인정될 때에는 그 기간을 연장할 수 있다.

③ 내국운송물품의 검사

㉠ 세관공무원의 검사 : 세관공무원은 내국운송하려는 물품에 대하여 검사를 할 수 있다.

㉡ 필요한 기준 결정 : 관세청장은 검사의 효율을 거두기 위하여 검사대상, 검사범위, 검사방법 등에 관하여 필요한 기준을 정할 수 있다.

㉢ 확인 : 화주는 내국운송신고를 하려는 물품에 대하여 내국운송신고 전에 관세청장이 정하는 바에 따라 확인을 할 수 있다.

④ 검사 장소

㉠ 내국운송하려는 물품의 검사는 물품을 장치할 수 있는 장소인 보세구역 등에서 한다.

㉡ 세관장은 효율적인 검사를 위하여 부득이하다고 인정될 때에는 관세청장이 정하는 바에 따라 해당 물품을 보세구역에 반입하게 한 후 검사할 수 있다.

⑤ 신고의 취하 및 각하

신고의 취하	내국운송신고는 정당한 이유가 있는 경우에만 세관장의 승인을 받아 취하할 수 있다.
신고의 각하	세관장은 내국운송신고가 그 요건을 갖추지 못하였거나 부정한 방법으로 신고되었을 때에는 해당 내국운송신고를 각하할 수 있다.

3. 보세운송업자

(1) 보세운송업자 등의 등록 및 보고(법 제222조) 24, 21년 기출

① 보세운송업자의 등록(영 제231조) 13, 11년 기출

㉠ 등록대상 : 다음의 어느 하나에 해당하는 자(보세운송업자 등)는 대통령령으로 정하는 바에 따라 관세청장이나 세관장에게 등록하여야 한다.

> ⓐ 보세운송업자
> ⓑ 보세화물을 취급하려는 자로서 다른 법령에 따라 화물운송의 주선을 업으로 하는 자(화물운송주선업자)
> ⓒ 국제무역선·국제무역기 또는 국경출입차량에 물품을 하역하는 것을 업으로 하는 자
> ⓓ 국제무역선·국제무역기 또는 국경출입차량에 선박용품, 항공기용품, 차량용품, 선박·항공기 또는 철도차량 안에서 판매할 물품, 용역 등을 공급하는 것을 업으로 하는 자
> ⓔ 국제항 안에 있는 보세구역에서 물품이나 용역을 제공하는 것을 업으로 하는 자
> ⓕ 국제무역선·국제무역기 또는 국경출입차량을 이용하여 상업서류나 그 밖의 견본품 등을 송달하는 것을 업으로 하는 자
> ⓖ 구매대행업자 중 대통령령으로 정하는 자[통신판매업자로 신고한 자로서 직전 연도 구매대행한 수입물품의 총 물품 가격이 10억 원 이상인 자(영 제231조 제1항)]

ⓛ 등록기준 등 : 등록의 기준·절차 등에 관하여 필요한 사항은 대통령령으로 정한다.
ⓒ 등록요건(법 제223조) : 보세운송업자 등은 다음의 요건을 갖춘 자이어야 한다.

> ⓐ 제175조(운영인의 결격사유)의 어느 하나에 해당하지 아니할 것
> ⓑ 「항만운송사업법」 등 관련 법령에 따른 면허·허가·지정 등을 받거나 등록을 하였을 것
> ⓒ 관세 및 국세의 체납이 없을 것
> ⓓ 보세운송업자 등의 등록이 취소(미성년자, 피성년후견인과 피한정후견인, 파산선고를 받고 복권되지 아니한 자에 해당하여 등록이 취소된 경우는 제외)된 후 2년이 지났을 것

ⓔ 신청서의 제출 : 등록을 하고자 하는 자는 신청인의 주소·성명 및 상호, 영업의 종류 및 영업장소, 운송수단의 종류·명칭 및 번호(관련 법령에 따라 등록 등을 한 번호)를 기재한 신청서를 세관장에게 제출하여야 한다.
ⓜ 등록증의 교부 : 세관장은 등록신청을 한 자가 등록요건을 갖추고 다음에 해당하는 경우에는 해당 등록부에 필요한 사항을 기재하고 등록증을 교부한다.

> ⓐ 보세운송, 하역물품의 제공, 국제운송 등에 필요하다고 관세청장이 정하는 운송수단 또는 설비를 갖추고 있는 경우
> ⓑ 관세청장이 정하는 일정금액 이상의 자본금 또는 예금을 보유한 경우
> ⓒ 관세법 및 관세법에 의한 세관장의 명령에 위반하여 관세범으로 조사받고 있거나 기소 중에 있지 아니한 경우

ⓗ 등록의 유효기간 및 갱신

등록의 유효기간	• 등록의 유효기간은 3년으로 하며, 대통령령으로 정하는 바에 따라 갱신할 수 있다. • 다만, 관세청장이나 세관장은 안전관리 기준의 준수 정도 측정·평가 결과가 우수한 자가 등록을 갱신하는 경우에는 유효기간을 2년의 범위에서 연장하여 정할 수 있다. • 등록의 유효기간을 갱신하려는 자는 등록갱신신청서를 기간만료 1개월 전까지 관할지 세관장에게 제출하여야 한다.
등록의 갱신	세관장은 등록을 한 자에게 등록의 유효기간을 갱신하려면 등록의 유효기간이 끝나는 날의 1개월 전까지 등록 갱신을 신청하여야 한다는 사실과 갱신절차를 등록의 유효기간이 끝나는 날의 2개월 전까지 휴대폰에 의한 문자전송, 전자메일, 팩스, 전화, 문서 등으로 미리 알려야 한다.

ⓐ 등록사항에 변동이 생긴 경우 : 등록을 한 자는 등록사항에 변동이 생긴 때에는 지체 없이 등록지를 관할하는 세관장에게 신고하여야 한다.

② 보고(법 제222조 제3항)

㉠ 영업보고 및 서류제출 명령 : 관세청장이나 세관장은 관세법의 준수 여부를 확인하기 위하여 필요하다고 인정할 때에는 보세운송업자 등에게 업무실적, 등록사항 변경 등 그 영업에 관하여 보고를 하게 하거나 장부 또는 그 밖의 서류를 제출하도록 명할 수 있다. 이 경우 영업에 관한 보고 또는 서류제출에 필요한 사항은 관세청장이 정한다.

㉡ 업무보고 : 관세청장이나 세관장은 화물운송주선업자에게 해당 업무에 관하여 보고하게 할 수 있다.

기출문제

관세법령상 등록해야 하는 보세운송업자 등에 해당하지 않는 자는? 24년 기출

① 국제무역선에 물품을 하역하는 것을 업으로 하는 자
② 「전자상거래 등에서의 소비자보호에 관한 법률」에 따라 통신판매업자로 신고한 자로서 직전 연도 구매대행한 수입물품의 총 물품가격이 10억 원 이상인 구매대행업자
③ 국제항 안에 있는 보세구역에서 물품을 제조하는 것을 업으로 하는 자
④ 국제무역선을 이용하여 상업서류나 그 밖의 견본품 등을 송달하는 것을 업으로 하는 자
⑤ 국제무역기에 항공기 안에서 판매할 물품을 공급하는 것을 업으로 하는 자

해설
보세운송업자 등의 등록 및 보고(관세법 제222조 제1항, 영 제231조 제1항)
다음의 어느 하나에 해당하는 자("보세운송업자 등")는 대통령령으로 정하는 바에 따라 관세청장이나 세관장에게 등록하여야 한다.
1. 보세운송업자
2. 보세화물을 취급하려는 자로서 다른 법령에 따라 화물운송의 주선을 업으로 하는 자("화물운송주선업자")
3. 국제무역선·국제무역기 또는 국경출입차량에 물품을 하역하는 것을 업으로 하는 자
4. 국제무역선·국제무역기 또는 국경출입차량에 다음의 어느 하나에 해당하는 물품 등을 공급하는 것을 업으로 하는 자
   가. 선박용품
   나. 항공기용품
   다. 차량용품
   라. 선박·항공기 또는 철도차량 안에서 판매할 물품
   마. 용 역
5. 국제항 안에 있는 보세구역에서 물품이나 용역을 제공하는 것을 업으로 하는 자
6. 국제무역선·국제무역기 또는 국경출입차량을 이용하여 상업서류나 그 밖의 견본품 등을 송달하는 것을 업으로 하는 자
7. 구매대행업자 중 대통령령으로 정하는 자
   • 「전자상거래 등에서의 소비자보호에 관한 법률」에 따라 통신판매업자로 신고한 자로서 직전 연도 구매대행한 수입물품의 총 물품가격이 10억 원 이상인 자

정답 ③

---

(2) 보세운송업자 등의 명의대여 등의 금지(법 제223조의2)

보세운송업자 등은 다른 사람에게 자신의 성명·상호를 사용하여 보세운송업자 등의 업무를 하게 하거나 그 등록증을 빌려주어서는 아니 된다.

(3) 보세운송업자 등의 행정제재(법 제224조) 22년 기출

① 등록의 취소 또는 업무정지

세관장은 관세청장이 정하는 바에 따라 보세운송업자 등이 다음의 어느 하나에 해당하는 경우에는 등록의 취소, 6개월의 범위에서의 업무정지 또는 그 밖에 필요한 조치를 할 수 있다. 다만, ⊙ 및 ⓒ에 해당하는 경우에는 등록을 취소하여야 한다.

> ⊙ 거짓이나 그 밖의 부정한 방법으로 등록을 한 경우
> ⓒ 제175조(운영인의 결격사유)의 어느 하나에 해당하는 경우(다만, 제175조 제8호에 해당하는 경우로서 피성년후견인과 피한정후견인, 파산선고를 받고 복권되지 아니한 자를 임원으로 하는 법인이 3개월 이내에 해당 임원을 변경한 경우에는 그러하지 아니함)
> ⓒ 「항만운송사업법」 등 관련 법령에 따라 면허·허가·지정·등록 등이 취소되거나 사업정지 처분을 받은 경우
> ㉣ 보세운송업자 등(그 임직원 및 사용인을 포함)이 보세운송업자 등의 업무와 관련하여 관세법이나 관세법에 따른 명령을 위반한 경우
> ㉤ 보세운송업자 등의 명의대여 등의 금지를 위반한 경우
> ㉥ 보세운송업자 등(그 임직원 및 사용인을 포함)이 보세운송업자 등의 업무와 관련하여 「개별소비세법」 또는 「교통·에너지·환경세법」에 따른 과태료를 부과받은 경우

② 과징금의 부과 23년 기출

㉠ 부과사유 : 세관장은 업무정지가 그 이용자에게 심한 불편을 주거나 공익을 해칠 우려가 있을 경우에는 보세운송업자 등에게 업무정지처분을 갈음하여 해당 업무 유지에 따른 매출액의 100분의 3 이하의 과징금을 부과할 수 있다.

㉡ 과징금의 금액 : 부과하는 과징금의 금액은 ⓐ의 기간에 ⓑ의 금액을 곱하여 산정한다(영 제231조의2 제1항).

> ⓐ 기간 : 업무정지 일수(1개월은 30일을 기준)
> ⓑ 1일당 과징금 금액 : 해당 사업의 수행에 따른 연간매출액의 6천분의 1

㉢ 과징금의 가중 또는 감경 : 세관장은 산정된 과징금 금액의 4분의 1 범위에서 사업규모, 위반행위의 정도 및 위반횟수 등을 고려하여 그 금액을 가중하거나 감경할 수 있다. 이 경우 과징금을 가중하는 때에는 과징금 총액이 연간매출액의 100분의 3을 초과할 수 없다(영 제231조의2 제3항).

㉣ 과징금을 납부하지 아니한 경우 : 과징금을 납부하여야 할 자가 납부기한까지 납부하지 아니한 경우 과징금의 징수에 관하여는 제26조(담보 등이 없는 경우의 관세징수)를 준용한다.

(4) 보세운송업자 등의 등록의 효력상실(법 제224조의2) 24, 21, 20년 기출

다음의 어느 하나에 해당하면 보세운송업자 등의 등록은 그 효력을 상실한다.

> ① 보세운송업자 등이 폐업한 경우
> ② 보세운송업자 등이 사망한 경우(법인인 경우에는 해산된 경우)
> ③ 등록의 유효기간이 만료된 경우
> ④ 등록이 취소된 경우

관세법상 보세운송업자 등의 등록의 효력상실 사유를 모두 고른 것은? 24년 기출

> ㄱ. 법인인 보세운송업자 등이 해산된 경우
> ㄴ. 거짓이나 그 밖의 부정한 방법으로 등록을 하여 그 등록이 취소된 경우
> ㄷ. 「관세법」을 위반하여 징역형의 집행유예를 선고받고 그 유예기간 중에 있는 자가 보세운송업자 등으로 등록하여 그 등록이 취소된 경우

① ㄱ
② ㄷ
③ ㄱ, ㄴ
④ ㄴ, ㄷ
⑤ ㄱ, ㄴ, ㄷ

해설

보세운송업자 등의 등록의 효력상실 사유(관세법 제224조의2)
• 보세운송업자 등이 폐업한 경우
• 보세운송업자 등이 사망한 경우(법인인 경우에는 해산된 경우)
• 제222조 제5항에 따른 등록의 유효기간이 만료된 경우
• 제224조 제1항에 따라 등록이 취소된 경우
 – 거짓이나 그 밖의 부정한 방법으로 등록을 한 경우
 – 제175조(운영인의 결격사유) 각 호의 어느 하나에 해당하는 경우 등

정답 ⑤

(5) 보세화물 취급 선박회사 등의 신고 및 보고(법 제225조)

① 보세화물 취급 선박회사 등의 신고

ㄱ 세관장에게 신고 : 보세화물을 취급하는 선박회사 또는 항공사(그 업무를 대행하는 자를 포함)는 대통령령으로 정하는 바에 따라 세관장에게 신고하여야 한다. 신고인의 주소 및 성명, 신고인의 상호 또는 영업장소, 「해운법」, 「항공법」 등 관련 법령에 따라 신고한 등록사항을 변경한 때에도 또한 같다(영 제232조 제2항).

ㄴ 요건 구비 및 신고서의 제출 : 보세화물을 취급하는 선박회사 또는 항공사(그 업무를 대행하는 자를 포함)는 다음의 요건을 모두 갖추어 주소·성명·상호 및 영업장소 등을 적은 신고서를 세관장에게 제출하여야 한다(영 제232조 제1항).

> ⓐ 법 제175조(운영인의 결격사유)의 어느 하나에 해당하지 아니할 것
> ⓑ 「해운법」, 「항공법」 등 관련 법령에 따른 등록을 할 것

② 보세화물 취급 선박회사 등의 보고

세관장은 통관의 신속을 도모하고 보세화물의 관리절차를 간소화하기 위하여 필요하다고 인정할 때에는 대통령령으로 정하는 바에 따라 선박회사 또는 항공사로 하여금 해당 업무에 관하여 보고하게 할 수 있다(영 제232조 제3항).

㉠ 선박회사 또는 항공사가 화주 또는 화물운송주선업자에게 발행한 선하증권 또는 항공화물운송장의
　　　 내역
　　㉡ 화물 취급과정에서 발견된 보세화물의 이상 유무 등 통관의 신속 또는 관세범의 조사상 필요한 사항

제4절　통 관

1. 통관의 총칙

(1) 통관요건

① 허가·승인 등의 증명 및 확인(법 제226조) 15, 10년 기출
　　㉠ **의의** : 수출입을 할 때 법령에서 정하는 바에 따라 허가·승인·표시 또는 그 밖의 조건을 갖출 필요
　　　 가 있는 물품은 세관장에게 그 허가·승인·표시 또는 그 밖의 조건을 갖춘 것임을 증명하여야 한다.
　　　 [주의] 관세청장이 아니라 세관장에게 증명하여야 한다.
　　㉡ **확인방법 등의 공고** : 통관을 할 때 구비조건에 대한 세관장의 확인이 필요한 수출입물품에 대하여는
　　　 다른 법령에도 불구하고 관세청장은 주무부장관의 요청을 받아 세관공무원에 의하여 확인이 가능한
　　　 사항인지 여부, 물품의 특성 기타 수출입물품의 통관여건 등을 고려하여 세관장의 확인대상물품, 확
　　　 인방법, 확인절차(관세청장이 지정·고시하는 정보통신망을 이용한 확인신청 등의 절차를 포함), 그
　　　 밖에 확인에 필요한 사항을 공고하여야 한다(영 제233조).
　　㉢ **준용규정** : 증명에 관하여는 법 제245조 제2항(서류를 제출하여야 하는 자가 해당 서류를 관세사 등
　　　 에게 제출하고, 관세사 등이 해당 서류를 확인한 후 수출·수입 또는 반송에 관한 신고를 할 때에는
　　　 해당 서류의 제출을 생략하게 하거나 해당 서류를 수입신고 수리 후에 제출하게 할 수 있음)을 준용
　　　 한다.
　　　 [주의] 증명서류를 수입신고 시 일괄하여 제출해야 하는 것이 아니라 수입신고 수리 후에 제출하게 할 수 있다.
② 의무 이행의 요구 및 조사(법 제227조) 15, 10년 기출
　　㉠ **의의** : 세관장은 다른 법령에 따라 수입 후 특정한 용도로 사용하여야 하는 등의 의무가 부가되어
　　　 있는 물품에 대하여는 문서로써 해당 의무를 이행할 것을 요구할 수 있다.
　　　 [주의] 구두로도 요구할 수 있는 것이 아니라 문서로써 해당 의무를 이행할 것을 요구할 수 있다.
　　㉡ **의무의 이행 또는 면제**
　　　ⓐ **의무의 이행** : 의무의 이행을 요구받은 자는 특별한 사유가 없으면 해당 물품에 대하여 부가된
　　　　 의무를 이행하여야 한다.
　　　ⓑ **의무의 면제** : 수입신고 수리 시에 부과된 의무를 면제받고자 하는 자는 다음에 해당하는 경우에
　　　　 한하여 당해 의무 이행을 요구한 세관장의 승인을 얻어야 한다(영 제234조).

> • 법령이 정하는 허가·승인·추천 기타 조건을 구비하여 의무 이행이 필요하지 아니하게 된 경우
> • 법령의 개정 등으로 인하여 의무 이행이 해제된 경우
> • 관계 행정기관장의 요청 등으로 부과된 의무를 이행할 수 없는 사유가 있다고 인정된 경우

ⓒ 세관공무원의 조사 : 세관장은 의무의 이행을 요구받은 자의 이행 여부를 확인하기 위하여 필요한 경우 세관공무원으로 하여금 조사하게 할 수 있다. 이 경우 제240조의3(유통이력 조사)을 준용한다.

③ 통관표지(법 제228조) 15년 기출

　　㉠ 의의 : 세관장은 관세 보전을 위하여 필요하다고 인정할 때에는 대통령령으로 정하는 바에 따라 수입하는 물품에 통관표지를 첨부할 것을 명할 수 있다.

　　㉡ 통관표지의 첨부(영 제235조) 10년 기출

　　　　ⓐ 첨부대상 : 세관장은 다음에 해당하는 물품에 대하여는 관세보전을 위하여 통관표지의 첨부를 명할 수 있다.

> • 관세법에 의하여 관세의 감면 또는 용도세율의 적용을 받은 물품
> • 관세의 분할납부승인을 얻은 물품
> • 부정수입물품과 구별하기 위하여 관세청장이 지정하는 물품

　　　　ⓑ 세부규정 : 통관표지첨부대상, 통관표지의 종류, 첨부방법 등에 관하여 필요한 사항은 관세청장이 정한다.

(2) 원산지의 확인 등

① 원산지 확인 기준(법 제229조) 23, 22, 11, 10년 기출

관세법, 조약, 협정 등에 따른 관세의 부과·징수, 수출입물품의 통관, 원산지증명서 등의 확인요청에 따른 조사 등을 위하여 원산지를 확인할 때에는 다음의 기준에 해당하는 나라를 원산지로 한다.

　㉠ 완전생산기준(규칙 제74조 제1항) : 해당 물품의 전부를 생산·가공·제조한 나라를 원산지로 한다. 완전생산기준에 의하여 원산지를 인정하는 물품은 다음과 같다. 17년 기출

> ⓐ 당해 국가의 영역에서 생산된 광산물과 식물성 생산물
> ⓑ 당해 국가의 영역에서 번식 또는 사육된 산 동물과 이들로부터 채취한 물품
> ⓒ 당해 국가의 영역에서의 수렵 또는 어로로 채집 또는 포획한 물품
> ⓓ 당해 국가의 선박에 의하여 채집 또는 포획한 어획물 기타의 물품
> ⓔ 당해 국가에서의 제조·가공의 공정 중에 발생한 부스러기
> ⓕ 당해 국가 또는 그 선박에서 ⓐ 내지 ⓔ의 물품을 원재료로 하여 제조·가공한 물품

　㉡ 실질적 변형기준(규칙 제74조 제3항, 제4항)

　　ⓐ 세번변경기준(원칙) : 해당 물품이 2개국 이상에 걸쳐 생산·가공 또는 제조된 경우에는 그 물품의 본질적 특성을 부여하기에 충분한 정도의 실질적인 생산·가공·제조 과정이 최종적으로 수행된 나라를 원산지로 한다. 2개국 이상에 걸쳐 생산·가공 또는 제조된 물품의 원산지는 당해 물품의 생산과정에 사용되는 물품의 품목분류표상 6단위 품목번호와 다른 6단위 품목번호의 물품을 최종적으로 생산한 국가로 한다. 다만, 다음에 해당하는 작업이 수행된 국가는 원산지로 인정하지 아니한다.

> - 운송 또는 보세구역장치 중에 있는 물품의 보존을 위하여 필요한 작업
> - 판매를 위한 물품의 포장개선 또는 상표표시 등 상품성 향상을 위한 개수작업
> - 단순한 선별·구분·절단 또는 세척작업
> - 재포장 또는 단순한 조립작업
> - 물품의 특성이 변하지 아니하는 범위 안에서의 원산지가 다른 물품과의 혼합작업
> - 가축의 도축작업

주의 최초에 생산한 국가가 아니라 최종적으로 생산한 국가로 한다.

ⓑ 부가가치기준 및 가공공정기준(예외) : 관세청장은 세번변경기준에 의하여 6단위 품목번호의 변경만으로 실질적 변형기준에 의한 본질적 특성을 부여하기에 충분한 정도의 실질적인 생산과정을 거친 것으로 인정하기 곤란한 품목에 대하여는 주요공정·부가가치 등을 고려하여 품목별로 원산지기준을 따로 정할 수 있다.

ⓒ 특수물품의 원산지결정기준(규칙 제75조) : 일반물품의 원산지결정기준에도 불구하고 촬영된 영화용 필름, 부속품·예비부분품 및 공구와 포장용품은 다음의 구분에 따라 원산지를 인정한다(수출물품에 대한 원산지 결정기준이 수입국의 원산지 결정기준과 다른 경우에는 수입국의 원산지 결정기준을 따를 수 있음). 17년 기출

> ⓐ 촬영된 영화용 필름 : 그 제작자가 속하는 국가
> ⓑ 기계·기구·장치 또는 차량에 사용되는 부속품·예비부분품 및 공구 : 당해 기계·기구 또는 차량의 원산지(다만, 기계·기구·장치 또는 차량과 함께 수입되어 동시에 판매되고 그 종류 및 수량으로 보아 통상 부속품·예비부분품 및 공구라고 인정되는 물품)
> ⓒ 포장용품 : 그 내용물품의 원산지(다만, 품목분류표상 포장용품과 내용품을 각각 별개의 품목번호로 하고 있는 경우에는 그러하지 아니함)

② 원산지증명서 등(법 제232조) 21, 17, 16, 14, 12, 10년 기출

ⓞ 원산지증명서의 제출 : 관세법, 조약, 협정 등에 따라 원산지 확인이 필요한 물품을 수입하는 자는 해당 물품의 원산지를 증명하는 서류(원산지증명서)를 제출하여야 한다.

ⓛ 원산지증명서 제출대상 : 다음의 어느 하나에 해당하는 자는 해당 물품의 수입신고 시에 원산지증명서를 세관장에게 제출하여야 한다. 다만, ⓐ에 해당하는 자로서 수입신고 전에 원산지증명서를 발급받았으나 분실 등의 사유로 수입신고 시에 원산지증명서를 제출하지 못한 경우에는 원산지증명서 유효기간 내에 해당 원산지증명서 또는 그 부본을 제출할 수 있다(영 제236조 제1항).

> ⓐ 법·조약·협정 등에 의하여 다른 국가의 생산(가공을 포함)물품에 적용되는 세율보다 낮은 세율을 적용받고자 하는 자로서 원산지 확인이 필요하다고 관세청장이 정하는 자
> ⓑ 관세율의 적용 기타의 사유로 인하여 원산지 확인이 필요하다고 관세청장이 지정한 물품을 수입하는 자

ⓒ 원산지증명서의 제출 면제대상 : 다음의 물품에 대하여는 원산지증명서의 제출을 면제한다(영 제236조 제2항).

> ⓐ 세관장이 물품의 종류·성질·형상 또는 그 상표·생산국명·제조자 등에 의하여 원산지를 확인할 수 있는 물품
> ⓑ 우편물(수입신고를 하는 우편물은 제외)
> ⓒ 과세가격(종량세의 경우에는 과세표준을 수량으로 하여 산출한 가격)이 15만 원 이하인 물품
> ⓓ 개인에게 무상으로 송부된 탁송품·별송품 또는 여행자의 휴대품
> ⓔ 기타 관세청장이 관계 행정기관의 장과 협의하여 정하는 물품

ⓓ 원산지증명서의 인정범위 : 세관장에게 제출하는 원산지증명서는 다음의 어느 하나에 해당하는 것이어야 한다(영 제236조 제3항).

> ⓐ 원산지국가의 세관 기타 발급권한이 있는 기관 또는 상공회의소가 당해 물품에 대하여 원산지국가(지역을 포함)를 확인 또는 발행한 것
> ⓑ 원산지국가에서 바로 수입되지 아니하고 제3국을 경유하여 수입된 물품에 대하여 그 제3국의 세관 기타 발급권한이 있는 기관 또는 상공회의소가 확인 또는 발행한 경우에는 원산지국가에서 당해 물품에 대하여 발행된 원산지증명서를 기초로 하여 원산지국가(지역을 포함)를 확인 또는 발행한 것
> ⓒ 관세청장이 정한 물품의 경우에는 당해 물품의 상업송장 또는 관련서류에 생산자·공급자·수출자 또는 권한 있는 자가 원산지국가를 기재한 것

ⓔ 원산지증명서 발행요건 : 원산지증명서에는 해당 수입물품의 품명, 수량, 생산지, 수출자 등 관세청장이 정하는 사항이 적혀 있어야 하며, 제출일부터 소급하여 1년(다음의 구분에 따른 기간은 제외) 이내에 발행된 것이어야 한다(영 제236조 제4항).

> ⓐ 원산지증명서 발행 후 1년 이내에 해당 물품이 수입항에 도착하였으나 수입신고는 1년을 경과하는 경우 : 물품이 수입항에 도착한 날의 다음 날부터 해당 물품의 수입신고를 한 날까지의 기간
> ⓑ 천재지변, 그 밖에 이에 준하는 사유로 원산지증명서 발행 후 1년이 경과한 이후에 수입항에 도착한 경우 : 해당 사유가 발생한 날의 다음 날부터 소멸된 날까지의 기간

ⓕ 원산지증명서 미제출 시의 조치 : 세관장은 원산지 확인이 필요한 물품을 수입하는 자가 원산지증명서를 제출하지 아니하는 경우에는 관세법, 조약, 협정 등에 따른 관세율을 적용할 때 일반특혜관세·국제협력관세 또는 편익관세를 배제하는 등 관세의 편익을 적용하지 아니할 수 있다.

ⓖ 원산지증명서확인자료의 제출 : 세관장은 원산지 확인이 필요한 물품을 수입한 자로 하여금 제출받은 원산지증명서의 내용을 확인하기 위하여 필요한 자료(원산지증명서확인자료)를 제출하게 할 수 있다. 이 경우 원산지 확인이 필요한 물품을 수입한 자가 정당한 사유 없이 원산지증명서확인자료를 제출하지 아니할 때에는 세관장은 수입신고 시 제출받은 원산지증명서의 내용을 인정하지 아니할 수 있다.

ⓞ 자료의 비공개 : 세관장은 원산지증명서확인자료를 제출한 자가 정당한 사유를 제시하여 그 자료를 공개하지 아니할 것을 요청한 경우에는 그 제출인의 명시적 동의 없이는 해당 자료를 공개하여서는 아니 된다.

주의 명시적 동의 없이는 해당 자료를 공개할 수 있는 것이 아니라 공개하여서는 아니 된다.

③ 원산지증명서의 발급 등(법 제232조의2) 16, 15년 기출
  ㉠ 원산지증명서의 발급 : 관세법, 조약, 협정 등에 따라 관세를 양허받을 수 있는 물품의 수출자가 원산지증명서의 발급을 요청하는 경우에는 세관장이나 그 밖에 원산지증명서를 발급할 권한이 있는 기관은 그 수출자에게 원산지증명서를 발급하여야 한다.
  ㉡ 원산지증명서확인자료의 제출 : 세관장은 발급된 원산지증명서의 내용을 확인하기 위하여 필요하다고 인정되는 경우에는 다음의 자로 하여금 원산지증명서확인자료(대통령령으로 정하는 자료로 한정)를 제출하게 할 수 있다. 이 경우 자료의 제출기간은 20일 이상으로서 기획재정부령으로 정하는 기간(세관장으로부터 원산지증명서확인자료의 제출을 요구받은 날부터 30일. 다만, 제출을 요구받은 자가 부득이한 사유로 그 기간에 원산지증명서확인자료를 제출하기 곤란할 때에는 그 기간을 30일의 범위에서 한 차례만 연장할 수 있음) 이내로 한다.

> ⓐ 원산지증명서를 발급받은 자
> ⓑ 원산지증명서를 발급한 자
> ⓒ 그 밖에 대통령령으로 정하는 자(해당 수출물품의 생산자 또는 수출자)

보충 원산지증명서확인자료 등(제236조의6) 24년 기출

① 법 제232조의2 제2항 전단에서 "대통령령으로 정하는 자료"란 다음의 구분에 따른 자료로서 수출신고 수리일부터 3년 이내의 자료를 말한다.
  1. 수출물품의 생산자가 제출하는 다음의 자료
    가. 수출자에게 해당 물품의 원산지를 증명하기 위하여 제공한 서류
    나. 수출자와의 물품공급계약서
    다. 해당 물품의 생산에 사용된 원재료의 수입신고필증(생산자 명의로 수입신고한 경우만 해당한다)
    라. 해당 물품 및 원재료의 생산 또는 구입 관련 증명 서류
    마. 원가계산서·원재료내역서 및 공정명세서
    바. 해당 물품 및 원재료의 출납·재고관리대장
    사. 해당 물품의 생산에 사용된 재료를 공급하거나 생산한 자가 그 재료의 원산지를 증명하기 위하여 작성하여 생산자에게 제공한 서류
    아. 원산지증명서 발급 신청서류(전자문서를 포함하며, 생산자가 원산지증명서를 발급받은 경우만 해당한다)
  2. 수출자가 제출하는 다음의 자료
    가. 원산지증명서가 발급된 물품을 수입하는 국가의 수입자에게 제공한 원산지증명서(전자문서를 포함한다)
    나. 수출신고필증
    다. 수출거래 관련 계약서
    라. 원산지증명서 발급 신청서류(전자문서를 포함하며, 수출자가 원산지증명서를 발급받은 경우만 해당한다)
    마. 제1호 라목부터 바목까지의 서류(수출자가 원산지증명서를 발급받은 경우만 해당한다)

3. 원산지증명서를 발급한 자가 제출하는 다음의 자료
　　가. 발급한 원산지증명서(전자문서를 포함한다)
　　나. 원산지증명서 발급신청 서류(전자문서를 포함한다)
　　다. 그 밖에 발급기관이 보관 중인 자료로서 원산지 확인에 필요하다고 판단하는 자료
② 법 제232조의2 제2항 제3호에서 "대통령령으로 정하는 자"란 해당 수출물품의 생산자 또는 수출자를 말한다.

기출문제

관세법령상 세관장이 수출물품의 생산자와 수출자에게 공통적으로 제출을 요구할 수 있는 원산지증명서확인자료가 아닌 것은? (단, 두 당사자는 원산지증명서를 발급받음) 24년 기출

① 원가계산서·원재료내역서 및 공정명세서
② 수출신고필증
③ 해당 물품 및 원재료의 출납·재고관리대장
④ 원산지증명서 발급 신청서류
⑤ 해당 물품 및 원재료의 생산 또는 구입 관련 증명 서류

해설
원산지증명서확인자료 등(관세법 시행령 제236조의6 제1항)

정답 ②

④ 원산지증명서 등의 확인요청 및 조사(법 제233조) 19, 17년 기출
　㉠ 원산지증명서 등의 확인요청 : 세관장은 원산지증명서를 발급한 국가의 세관이나 그 밖에 발급권한이 있는 기관(외국세관 등)에 제출된 원산지증명서 및 원산지증명서확인자료의 진위 여부, 정확성 등의 확인을 요청할 수 있다. 이 경우 세관장의 확인요청은 해당 물품의 수입신고가 수리된 이후에 하여야 하며, 세관장은 확인을 요청한 사실 및 회신 내용과 그에 따른 결정 내용을 수입자에게 통보하여야 한다.
　　ⓐ 확인요청 시 서류의 송부 : 세관장은 원산지증명서 및 원산지증명서확인자료에 대한 진위 여부 등의 확인을 요청할 때에는 다음의 사항이 적힌 요청서와 수입자 또는 그 밖의 조사대상자 등으로부터 수집한 원산지증명서 사본 및 송품장 등 원산지 확인에 필요한 서류를 함께 송부하여야 한다(영 제236조의7).

> • 원산지증명서 및 원산지증명서확인자료의 진위 여부 등에 대하여 의심을 갖게 된 사유 및 확인요청 사항
> • 해당 물품에 적용된 원산지결정기준

ⓑ 일반특혜관세·국제협력관세 또는 편익관세의 비적용 : 세관장이 확인을 요청한 사항에 대하여 조약 또는 협정에서 다르게 규정한 경우를 제외하고 다음의 어느 하나에 해당하는 경우에는 일반특혜관세·국제협력관세 또는 편익관세를 적용하지 아니할 수 있다. 이 경우 세관장은 납부하여야 할 세액 또는 납부하여야 할 세액과 납부한 세액의 차액을 부과·징수하여야 한다(법 제233조 제2항).

> • 외국세관 등이 기획재정부령으로 정한 기간 이내에 그 결과를 회신하지 아니한 경우
> • 세관장에게 신고한 원산지가 실제 원산지와 다른 것으로 확인된 경우
> • 외국세관 등의 회신내용에 원산지증명서 및 원산지증명서확인자료를 확인하는 데 필요한 정보가 포함되지 아니한 경우

ⓒ 원산지증명서 등에 관한 조사(법 제233조 제3항, 영 제236조의8)

서면조사 또는 현지조사	세관장은 원산지증명서가 발급된 물품을 수입하는 국가의 권한 있는 기관으로부터 원산지증명서 및 원산지증명서확인자료의 진위 여부, 정확성 등의 확인을 요청받은 경우 등 필요하다고 인정되는 경우에는 원산지증명서를 발급받은 자, 원산지증명서를 발급한 자, 해당 수출물품의 생산자 또는 수출자를 대상으로 서면조사 또는 현지조사를 할 수 있다.
조사방법	현지조사는 서면조사만으로 원산지증명서 및 원산지증명서확인자료의 진위 여부, 정확성 등을 확인하기 곤란하거나 추가로 확인할 필요가 있는 경우에 할 수 있다.
서면으로 통지	세관장은 서면조사 또는 현지조사를 하는 경우에는 기획재정부령으로 정하는 사항을 조사대상자에게 조사 시작 7일 전까지 서면으로 통지하여야 한다.
조사의 연기신청	통지를 받은 조사대상자가 천재지변이나 그 밖에 대통령령으로 정하는 사유로 조사를 받기가 곤란한 경우에는 해당 세관장에게 조사를 연기하여 줄 것을 신청할 수 있다.
조사결과의 통지	세관장은 조사를 종료하였을 때에는 종료 후 20일 이내에 그 조사 결과를 서면으로 조사대상자에게 통지하여야 한다.
이의제기	조사결과에 대하여 이의가 있는 조사대상자는 조사결과를 통지받은 날부터 30일 이내에 이의를 제기하는 자의 성명과 주소 또는 거소 등이 적힌 신청서에 이의제기 내용을 확인할 수 있는 자료를 첨부하여 세관장에게 제출할 수 있다.
심사결정기간	세관장은 이의제기를 받은 날부터 30일 이내에 심사를 완료하고 그 결정내용을 통지하여야 한다.
보정의 요구	세관장은 이의제기의 내용이나 절차에 결함이 있는 경우에는 20일 이내의 기간을 정하여 보정할 사항 등을 적은 문서로서 보정할 것을 요구할 수 있다. 다만, 보정할 사항이 경미한 경우에는 직권으로 보정할 수 있다.
보정기간의 불산입	보정기간은 결정기간에 산입하지 아니한다.

ⓒ 조약·협정 등의 시행 : 위의 규정에도 불구하고 조약·협정 등의 시행을 위하여 원산지증명서 확인 요청 및 조사 등에 관한 사항을 따로 정할 필요가 있을 때에는 기획재정부령으로 정한다.

⑤ 한국원산지정보원의 설립(법 제233조의2)

㉠ 의의 : 정부는 관세법과 「자유무역협정의 이행을 위한 관세법의 특례에 관한 법률」 및 조약·협정 등에 따라 수출입물품의 원산지정보 수집·분석과 활용 및 검증 지원 등에 필요한 업무를 효율적으로 수행하기 위하여 한국원산지정보원(이하 "원산지정보원")을 설립한다. 원산지정보원은 법인으로 한다.

㉡ 경비출연 및 보조 : 정부는 원산지정보원의 운영 및 사업수행에 필요한 경비를 예산의 범위에서 출연하거나 보조할 수 있다.

ⓒ 사업수행 : 원산지정보원은 설립목적을 달성하기 위하여 다음의 사업을 수행한다.

> ⓐ 자유무역협정과 원산지 관련 제도・정책・활용 등에 관한 정보의 수집・분석・제공
> ⓑ 수출입물품의 원산지정보 관리를 위한 시스템의 구축 및 운영에 관한 사항
> ⓒ 원산지인증수출자 인증, 원산지검증 등의 지원에 관한 사항
> ⓓ 자유무역협정 및 원산지 관련 교육・전문인력양성에 필요한 사업
> ⓔ 자유무역협정과 원산지 관련 정부, 지방자치단체, 공공기관 등으로부터 위탁받은 사업
> ⓕ 그 밖에 ⓐ부터 ⓔ까지의 사업에 따른 부대사업 및 원산지정보원의 설립목적을 달성하는 데 필요한 사업

ⓔ 재단법인 규정 준용 : 원산지정보원에 대하여 이 법과 「공공기관의 운영에 관한 법률」에서 규정한 것 외에는 「민법」 중 재단법인에 관한 규정을 준용한다.

ⓜ 원산지정보원 명칭 : 관세법에 따른 원산지정보원이 아닌 자는 한국원산지정보원 또는 이와 유사한 명칭을 사용하지 못한다.

ⓗ 관세청장 지도・감독 : 관세청장은 원산지정보원의 업무를 지도・감독한다.

⑥ 원산지 등에 대한 사전확인(영 제236조의2)

ㄱ 사전확인의 신청 : 원산지 확인이 필요한 물품을 수입하는 자는 관세청장에게 다음에 해당하는 사항에 대하여 당해 물품의 수입신고를 하기 전에 미리 확인 또는 심사(사전확인)하여 줄 것을 신청할 수 있다.

> ⓐ 원산지 확인기준의 충족 여부
> ⓑ 조약 또는 협정 등의 체결로 인하여 관련법령에서 특정물품에 대한 원산지 확인기준을 달리 정하고 있는 경우에 당해 법령에 따른 원산지 확인기준의 충족 여부
> ⓒ 원산지 확인기준의 충족 여부를 결정하기 위한 기초가 되는 사항으로 관세청장이 정하는 사항
> ⓓ 그 밖에 관세청장이 원산지에 따른 관세의 적용과 관련하여 필요하다고 정하는 사항

ㄴ 사전확인서의 교부 : 사전확인의 신청을 받은 경우 관세청장은 60일 이내에 이를 확인하여 그 결과를 기재한 서류(사전확인서)를 신청인에게 교부하여야 한다. 다만, 제출자료의 미비 등으로 인하여 사전확인이 곤란한 경우에는 그 사유를 신청인에게 통지하여야 한다.

ㄷ 사전확인서의 효력 : 세관장은 수입신고된 물품 및 원산지증명서의 내용이 사전확인서상의 내용과 동일하다고 인정되는 때에는 특별한 사유가 없는 한 사전확인서의 내용에 따라 관세의 경감 등을 적용하여야 한다.

ㄹ 이의제기

이의제기의 방법	사전확인의 결과를 통지받은 자(사전확인서의 내용변경 통지를 받은 자를 포함)는 그 통지내용에 이의를 제기하려는 경우 그 결과를 통지받은 날부터 30일 이내에 이의를 제기하는 자의 성명과 주소 또는 거소 등이 기재된 신청서에 이의제기 내용을 확인할 수 있는 자료를 첨부하여 관세청장에게 제출하여야 한다.
결정내용의 통지 (심사결정기간)	관세청장은 이의제기를 받은 때에는 이를 심사하여 30일 이내에 그 결정 내용을 신청인에게 알려야 한다.
보정의 요구	관세청장은 이의제기의 내용이나 절차가 적합하지 아니하거나 보정할 수 있다고 인정되는 때에는 20일 이내의 기간을 정하여 보정할 사항 등을 적은 문서로써 보정하여 줄 것을 요구할 수 있다. 이 경우 보정기간은 심사결정기간에 산입하지 아니한다.

ⓜ 사전확인서 내용의 변경(영 제236조의3)

변경 및 변경내용의 통지	관세청장은 사전확인서의 근거가 되는 사실관계 또는 상황이 변경된 경우에는 사전확인서의 내용을 변경할 수 있다. 이 경우 관세청장은 신청인에게 그 변경내용을 통지하여야 한다.
변경내용의 적용	사전확인서의 내용을 변경한 경우에는 그 변경일 후에 수입신고되는 물품에 대하여 변경된 내용을 적용한다. 다만, 사전확인서의 내용변경이 자료제출누락 또는 허위자료제출 등 신청인의 귀책사유로 인한 때에는 당해 사전확인과 관련하여 그 변경일 전에 수입신고된 물품에 대하여도 소급하여 변경된 내용을 적용한다.

⑦ 원산지표시위반단속기관협의회(법 제233조의3, 영 제236조의9) 24, 16년 기출

ⓐ **설치** : 관세법, 「농수산물의 원산지표시 등에 관한 법률」 및 「대외무역법」에 따른 원산지표시 위반 단속업무에 필요한 정보교류 등 다음의 사항을 협의하기 위하여 관세청에 원산지표시위반단속기관협의회를 둔다.

> ⓐ 원산지표시 위반 단속업무에 필요한 정보교류에 관한 사항
> ⓑ 원산지표시 위반 단속업무와 관련된 인력교류에 관한 사항
> ⓒ 그 밖에 원산지표시 위반 단속업무와 관련되어 위원장이 회의에 부치는 사항

ⓛ **구성** : 위원장 1명을 포함하여 25명 이내의 위원으로 구성한다.

ⓒ **위원장**

ⓐ 협의회의 위원장은 원산지표시 위반 단속업무를 관장하는 관세청의 고위공무원단에 속하는 공무원 중에서 관세청장이 지정하는 사람이 된다.

ⓑ 위원장은 협의회를 대표하고 사무를 총괄한다. 다만, 부득이한 사유로 위원장이 그 직무를 수행하지 못하는 경우에는 위원장이 미리 지명한 사람이 그 직무를 대행한다.

ⓔ **위원** : 위원은 다음의 사람이 된다.

> ⓐ 관세청장이 지정하는 과장급 공무원 1명
> ⓑ 농림축산식품부장관이 지정하는 국립농산물품질관리원 소속 과장급 공무원 1명
> ⓒ 해양수산부장관이 지정하는 국립수산물품질관리원 소속 과장급 공무원 1명
> ⓓ 특별시, 광역시, 특별자치시, 도, 특별자치도의 장이 지정하는 과장급 공무원 각 1명

ⓜ **협의회의 회의**

ⓐ 협의회의 회의는 정기회의와 임시회의로 구분하되, 정기회의는 반기마다 소집하며, 임시회의는 위원장이 필요하다고 인정하는 경우에 소집한다.

ⓑ 협의회의 회의는 위원장이 소집하며 그 의장은 위원장이 된다.

ⓒ 협의회의 회의는 재적위원 과반수의 출석으로 개의하고, 출석위원 3분의 2 이상의 찬성으로 의결한다.

ⓓ 협의회의 사무를 처리하게 하기 위하여 관세청 소속 5급 공무원 1명을 간사로 둔다.

관세법령상 원산지표시위반단속기관협의회에 관한 설명으로 옳지 않은 것은? 24년 기출

① 위원장 1명을 포함하여 25명 이내의 위원으로 구성한다.

② 위원장은 원산지표시 위반 단속업무를 관장하는 관세청의 고위공무원단에 속하는 공무원 중에서 관세청장이 지정하는 사람이 된다.

③ 위원에는 특별자치도의 장이 지정하는 과장급 공무원 1명도 포함된다.

④ 위원장이 부득이한 사유로 직무를 수행하지 못하는 경우에는 관세청장이 미리 지명한 사람이 직무를 대행한다.

⑤ 원산지표시 위반 단속업무에 필요한 정보교류에 관한 사항은 협의사항에 포함된다.

[해설]

위원장이 그 직무를 수행하지 못하는 경우에는 위원장이 미리 지명한 사람이 그 직무를 대행한다(관세법 시행령 제236조의9 제4항).

정답 ④

(3) 통관의 제한

① 통관의 제한 및 보류 10년 기출

㉠ 원산지 허위표시물품 등의 통관 제한(법 제230조) : 세관장은 법령에 따라 원산지를 표시하여야 하는 물품이 다음의 어느 하나에 해당하는 경우에는 해당 물품의 통관을 허용하여서는 아니 된다. 다만, 그 위반사항이 경미한 경우에는 이를 보완·정정하도록 한 후 통관을 허용할 수 있다.

> ⓐ 원산지 표시가 법령에서 정하는 기준과 방법에 부합되지 아니하게 표시된 경우
> ⓑ 원산지 표시가 부정한 방법으로 사실과 다르게 표시된 경우
> ⓒ 원산지 표시가 되어 있지 아니한 경우

주의 위반 시 물품을 몰수하는 것이 아니라 물품의 통관을 허용하여서는 아니 된다.

㉡ 품질 등 허위·오인 표시물품의 통관 제한(법 제230조의2) : 세관장은 물품의 품질, 내용, 제조 방법, 용도, 수량(품질 등)을 사실과 다르게 표시한 물품 또는 품질 등을 오인할 수 있도록 표시하거나 오인할 수 있는 표지를 붙인 물품으로서 「부정경쟁방지 및 영업비밀보호에 관한 법률」, 「식품 등의 표시·광고에 대한 법률」, 「산업표준화법」 등 품질 등의 표시에 관한 법령을 위반한 물품에 대하여는 통관을 허용하여서는 아니 된다.

㉢ 통관물품 및 통관절차의 제한(법 제236조) : 관세청장이나 세관장은 감시에 필요하다고 인정될 때에는 통관역·통관장 또는 특정한 세관에서 통관할 수 있는 물품을 제한할 수 있다.

ⓔ 통관의 보류(법 제237조)
　　ⓐ 통관보류 사유 : 세관장은 다음의 어느 하나에 해당하는 경우에는 해당 물품의 통관을 보류할 수 있다.

> - 수출·수입 또는 반송에 관한 신고서의 기재사항에 보완이 필요한 경우
> - 수출·수입 또는 반송신고 시의 제출서류 등이 갖추어지지 아니하여 보완이 필요한 경우
> - 관세법에 따른 의무사항(대한민국이 체결한 조약 및 일반적으로 승인된 국제법규에 따른 의무를 포함)을 위반하거나 국민보건 등을 해칠 우려가 있는 경우
> - 물품에 대한 안전성 검사에 따른 안전성 검사가 필요한 경우
> - 물품에 대한 안전성 검사에 따른 안전성 검사 결과 불법·불량·유해 물품으로 확인된 경우
> - 「국세징수법」 제30조 및 「지방세징수법」 제39조의2에 따라 세관장에게 강제징수 또는 체납처분이 위탁된 해당 체납자가 수입하는 경우
> - 그 밖에 관세법에 따라 필요한 사항을 확인할 필요가 있다고 인정하여 대통령령으로 정하는 경우(영 제244조)
>   - 관세 관계 법령을 위반한 혐의로 고발되거나 조사를 받는 경우
>   - 수출입 관계 법령에 따른 일시적 통관 제한·금지 또는 이에 따른 중앙행정기관의 장의 일시적 통관 제한·금지 요청이 있어 세관장이 그 해당 여부를 확인할 필요가 있는 경우

　　ⓑ 통지 : 세관장은 통관을 보류할 때에는 즉시 그 사실을 화주(화주의 위임을 받은 자 포함) 또는 수출입 신고인에게 통지하여야 한다.
　　ⓒ 조치요구 : 세관장은 통지할 때에는 이행기간을 정하여 통관의 보류 해제에 필요한 조치를 요구할 수 있다.
　　ⓓ 통관요청 : 통관의 보류 사실을 통지받은 자는 세관장에게 통관보류 사유에 해당하지 아니함을 소명하는 자료 또는 세관장의 통관보류 해제에 필요한 조치를 이행한 사실을 증명하는 자료를 제출하고 해당 물품의 통관을 요청할 수 있다. 이 경우 세관장은 해당 물품의 통관 허용 여부(허용하지 아니하는 경우에는 그 사유를 포함)를 요청받은 날부터 30일 이내에 통지하여야 한다.

② 환적물품 등에 대한 유치 등(법 제231조) 16, 15, 10년 기출

유 치	세관장은 제141조(외국물품의 일시양륙 등)에 따라 일시적으로 육지에 내려지거나 다른 운송수단으로 환적 또는 복합환적되는 외국물품 중 원산지를 우리나라로 허위 표시한 물품은 유치할 수 있다. **주의** 화주가 외국인일 경우 원산지를 우리나라로 허위 표시한 물품은 유치할 수 없는 것이 아니라 화주의 국적 여부에 관계없이 유치할 수 있다.
보 관	유치하는 외국물품은 세관장이 관리하는 장소에 보관하여야 한다. 다만, 세관장이 필요하다고 인정할 때에는 그러하지 아니하다.
통 지	세관장은 외국물품을 유치할 때에는 그 사실을 그 물품의 화주나 그 위임을 받은 자에게 통지하여야 한다.
조치명령	세관장은 통지를 할 때에는 이행기간을 정하여 원산지 표시의 수정 등 필요한 조치를 명할 수 있다. 이 경우 지정한 이행기간 내에 명령을 이행하지 아니하면 매각한다는 뜻을 함께 통지하여야 한다.
유치의 해제	세관장은 조치명령이 이행된 경우에는 물품의 유치를 즉시 해제하여야 한다.
매 각	세관장은 조치명령이 이행되지 아니한 경우에는 이를 매각할 수 있다.

③ 수출입의 금지(법 제234조) 13, 11년 기출

다음의 어느 하나에 해당하는 물품은 수출하거나 수입할 수 없다.

> ⊙ 헌법질서를 문란하게 하거나 공공의 안녕질서 또는 풍속을 해치는 서적·간행물·도화, 영화·음반·비
> 디오물·조각물 또는 그 밖에 이에 준하는 물품
> ⓛ 정부의 기밀을 누설하거나 첩보활동에 사용되는 물품
> ⓒ 화폐·채권이나 그 밖의 유가증권의 위조품·변조품 또는 모조품

④ 지식재산권 보호(법 제235조) 20, 18, 15, 13, 12년 기출

⊙ 보호대상 지식재산권 : 다음의 어느 하나에 해당하는 지식재산권을 침해하는 물품은 수출하거나 수입
할 수 없다.

> ⓐ 「상표법」에 따라 설정등록된 상표권
> ⓑ 「저작권법」에 따른 저작권과 저작인접권(저작권 등)
> ⓒ 「식물신품종 보호법」에 따라 설정등록된 품종보호권
> ⓓ 「농수산물품질관리법」에 따라 등록되거나 조약·협정 등에 따라 보호대상으로 지정된 지리적표
> 시권 또는 지리적표시(지리적표시권 등)
> ⓔ 「특허법」에 따라 설정등록된 특허권
> ⓕ 「디자인보호법」에 따라 설정등록된 디자인권

ⓛ 지식재산권에 관한 사항의 신고 : 관세청장은 지식재산권을 침해하는 물품을 효율적으로 단속하기
위하여 필요한 경우에는 해당 지식재산권을 관계 법령에 따라 등록 또는 설정등록한 자 등으로 하여
금 해당 지식재산권에 관한 사항을 신고하게 할 수 있다.

ⓒ 수출입신고 등 19년 기출

ⓐ 수출입신고 등의 통보 : 세관장은 다음의 어느 하나에 해당하는 물품이 신고된 지식재산권을 침해
하였다고 인정될 때에는 그 지식재산권을 신고한 자에게 해당 물품의 수출입, 환적, 복합환적,
보세구역 반입, 보세운송, 일시양륙의 신고(수출입신고 등) 또는 통관우체국 도착 사실을 통보하
여야 한다. 이 경우 통보를 받은 자는 세관장에게 담보를 제공하고 해당 물품의 통관 보류나 유치
를 요청할 수 있다.

> • 수출입신고된 물품
> • 보세구역에 반입신고된 물품
> • 일시양륙이 신고된 물품
> • 환적 또는 복합환적 신고된 물품
> • 보세운송신고된 물품
> • 통관우체국에 도착한 물품

ⓑ 통관보류나 유치의 요청 : 지식재산권을 보호받으려는 자는 세관장에게 담보를 제공하고 해당 물
품의 통관보류나 유치를 요청할 수 있다.

ⓓ 세관장의 조치 : 통관보류 등의 요청을 받은 세관장은 특별한 사유가 없으면 해당 물품의 통관을 보류하거나 유치하여야 한다. 다만, 수출입신고 등을 한 자 또는 통관우체국에 도착한 물품의 화주가 담보를 제공하고 통관 또는 유치 해제를 요청하는 경우에는 다음의 물품을 제외하고는 해당 물품의 통관을 허용하거나 유치를 해제할 수 있다.

> ⓐ 위조하거나 유사한 상표를 붙여 상표권을 침해하는 물품
> ⓑ 불법복제된 물품으로서 저작권 등을 침해하는 물품
> ⓒ 같거나 유사한 품종명칭을 사용하여 품종보호권을 침해하는 물품
> ⓓ 위조하거나 유사한 지리적표시를 사용하여 지리적표시권 등을 침해하는 물품
> ⓔ 특허로 설정등록된 발명을 사용하여 특허권을 침해하는 물품
> ⓕ 같거나 유사한 디자인을 사용하여 디자인권을 침해하는 물품

ⓜ 직권 통관보류 : 세관장은 수출입신고된 물품이 지식재산권을 침해하였음이 명백한 경우에는 대통령령으로 정하는 바에 따라 직권으로 해당 물품의 통관을 보류하거나 해당 물품을 유치할 수 있다. 세관장은 통관보류 등을 한 경우 그 사실을 해당 물품의 수출입, 환적 또는 복합환적, 보세구역 반입, 보세운송, 일시양륙의 신고(수출입신고 등)를 한 자 또는 통관우체국에 도착한 물품의 화주에게 통보해야 하며, 지식재산권의 권리자에게는 통관보류 등의 사실 및 다음의 사항을 통보해야 한다(영 제239조 제2항).

> ⓐ 수출입신고 등을 한 자 또는 통관우체국에 도착한 물품의 화주
> ⓑ 물품발송인
> ⓒ 물품수신인

ⓗ 지식재산권 보호에 필요한 사항 : 지식재산권에 관한 신고, 담보 제공, 통관의 보류·허용 및 유치·유치해제 등에 필요한 사항은 대통령령으로 정한다.

ⓢ 통관의 보류기간(영 제239조 제3항·제4항·제6항)

ⓐ 제소사실을 입증하는 경우 : 세관장은 통관보류 등을 요청한 자가 해당 물품에 대한 통관보류 등의 사실을 통보받은 후 10일(토요일, 일요일, 공휴일, 대체공휴일, 근로자의 날, 그 밖에 대통령령으로 정하는 날은 제외) 이내에 법원에의 제소사실 또는 무역위원회에의 조사신청사실을 입증하였을 때에는 해당 통관보류 등을 계속할 수 있다. 이 경우 통관보류 등을 요청한 자가 부득이한 사유로 인하여 10일 이내에 법원에 제소하지 못하거나 무역위원회에 조사신청을 하지 못하는 때에는 상기 입증기간은 10일간 연장될 수 있다.

ⓑ 임시보호조치 상태인 경우 : 해당 통관보류 등이 법원의 임시보호조치에 의하여 시행되는 상태이거나 계속되는 경우 통관보류 등의 기간은 다음의 구분에 따른다.

> • 법원에서 임시보호조치 기간을 명시한 경우 : 그 마지막 날
> • 법원에서 임시보호조치 기간을 명시하지 않은 경우 : 임시보호조치 개시일부터 31일

ⓒ 물품의 보관 : 통관보류 등이 된 물품은 통관이 허용되거나 유치가 해제될 때까지 세관장이 지정한 장소에 보관하여야 한다.

◎ 통관보류 등이 된 물품의 통관 또는 유치해제 요청(영 제240조)

자료의 제출	수출입신고 등을 한 자 또는 통관우체국에 도착한 물품의 화주가 통관 또는 유치해제를 요청하려는 때에는 관세청장이 정하는 바에 따라 신청서와 해당 물품이 지식재산권을 침해하지 않았음을 소명하는 자료를 세관장에게 제출해야 한다.
통보 및 증거자료 제출	통관 또는 유치해제 요청을 받은 세관장은 그 요청사실을 지체 없이 통관보류 등을 요청한 자에게 통보하여야 하며, 그 통보를 받은 자는 침해와 관련된 증거자료를 세관장에게 제출할 수 있다.
결정기간	세관장은 통관 또는 유치해제 요청이 있는 경우 해당 물품의 통관 또는 유치해제 허용 여부를 요청일부터 15일 이내에 결정한다. 이 경우 세관장은 관계기관과 협의하거나 전문가의 의견을 들어 결정할 수 있다.

ⓒ 담보제공 등(영 제241조)

담보제공	통관보류나 유치를 요청하려는 자와 통관 또는 유치해제를 요청하려는 자는 세관장에게 해당 물품의 과세가격의 100분의 120에 상당하는 금액의 담보를 금전 등으로 제공하여야 한다.
중소기업 담보금액	담보를 제공하여야 하는 자가 중소기업인 경우에는 해당 물품의 과세가격의 100분의 40에 상당하는 금액으로 한다.
담보 처리 동의서 제출	담보를 제공하는 자는 제공된 담보를 법원의 판결에 따라 수출입신고 등을 한 자 또는 통관보류 등을 요청한 자가 입은 손해의 배상에 사용하여도 좋다는 뜻을 세관장에게 문서로 제출하여야 한다.
담보의 반환	세관장은 통관보류 등이 된 물품의 통관을 허용하거나 유치를 해제하였을 때 또는 통관 또는 유치해제 요청에도 불구하고 통관보류 등을 계속할 때에는 제공된 담보를 담보제공자에게 반환하여야 한다.

ⓒ 지식재산권 침해여부의 확인 등(영 제242조)

전문인력, 검사시설 제공	세관장은 수출입신고 등이 된 물품 또는 통관우체국에 도착한 물품의 지식재산권 침해 여부를 판단하기 위하여 필요하다고 인정되는 경우에는 해당 지식재산권의 권리자로 하여금 지식재산권에 대한 전문인력 또는 검사시설을 제공하도록 할 수 있다.
검사, 견본품 채취 요청	세관장은 지식재산권의 권리자, 수출입신고 등을 한 자 또는 통관우체국에 도착한 물품의 화주가 지식재산권의 침해 여부를 판단하기 위하여 수출입신고 등의 사실 또는 통관우체국 도착 사실이 통보된 물품 또는 통관보류 등이 된 물품에 대한 검사 및 견본품의 채취를 요청하면 해당 물품에 관한 영업상의 비밀보호 등 특별한 사유가 없는 한 이를 허용해야 한다.

▷ 지식재산권 침해 여부의 확인, 통관보류 등의 절차 등에 관하여 필요한 사항은 관세청장이 정한다.

⑤ 보세구역 반입명령(법 제238조, 영 제245조) 14, 13년 기출

ㄱ 의의 : 관세청장이나 세관장은 수출신고가 수리되어 외국으로 반출되기 전에 있는 물품, 수입신고가 수리되어 반출된 물품으로서 관세법에 따른 의무사항을 위반하거나 국민보건 등을 해칠 우려가 있는 물품에 대해서는 대통령령으로 정하는 바에 따라 화주(화주의 위임을 받은 자 포함) 또는 수출입 신고인에게 보세구역으로 반입할 것을 명할 수 있다.

ㄴ 경미한 사항인 경우(법 제238조 제5항) : 관세청장이나 세관장은 법 위반사항이 경미하거나 감시 또는 단속에 지장이 없다고 인정되는 경우에는 반입의무자에게 해당 물품을 보세구역으로 반입하지 아니하고 필요한 조치를 하도록 명할 수 있다.

ㄷ 반입명령 대상물품 : 관세청장 또는 세관장은 수출입신고가 수리된 물품이 다음의 어느 하나에 해당하는 경우에는 해당 물품을 보세구역으로 반입할 것을 명할 수 있다. 다만, 해당 물품이 수출입신고가 수리된 후 3개월이 지났거나 관련 법령에 따라 관계 행정기관의 장의 시정조치가 있는 경우에는 그러하지 아니하다.

   ⓐ 법 제227조(의무 이행의 요구 및 조사)에 따른 의무를 이행하지 아니한 경우
   ⓑ 원산지 표시가 적법하게 표시되지 아니하였거나 수출입신고 수리 당시와 다르게 표시되어 있는 경우
   ⓒ 법 제230조의2(품질 등 허위·오인 표시물품의 통관 제한)에 따른 품질 등의 표시(표지의 부착을 포함)가 적법하게 표시되지 아니하였거나 수출입신고 수리 당시와 다르게 표시되어 있는 경우
   ⓓ 지식재산권을 침해한 경우

  ㉣ **반입명령의 송달** 21, 14년 기출
   ⓐ 송달 : 관세청장 또는 세관장이 반입명령을 하는 경우에는 반입대상물품, 반입할 보세구역, 반입 사유와 반입기한을 기재한 명령서를 화주 또는 수출입신고자에게 송달하여야 한다.
   ⓑ 공시 : 관세청장 또는 세관장은 명령서를 받을 자의 주소 또는 거소가 불분명한 때에는 관세청 또는 세관의 게시판 및 기타 적당한 장소에 반입명령사항을 공시할 수 있다. 이 경우 공시한 날부터 2주일이 경과한 때에는 명령서를 받을 자에게 반입명령서가 송달된 것으로 본다(영 제245조 제3항).
   주의 10일이 경과한 때가 아니라 2주일이 경과한 때이다.

  ㉤ **물품의 반입**
   ⓐ 반입명령을 받은 자(반입의무자)는 해당 물품을 지정받은 보세구역으로 반입하여야 한다.
   ⓑ 반입명령서를 받은 자는 관세청장 또는 세관장이 정한 기한 내에 명령서에 기재된 물품을 지정받은 보세구역에 반입하여야 한다. 다만, 반입기한 내에 반입하기 곤란한 사유가 있는 경우에는 관세청장 또는 세관장의 승인을 얻어 반입기한을 연장할 수 있다.

  ㉥ **반입물품의 처리(법 제238조 제3항·제4항)** 14년 기출

반출 또는 폐기	관세청장이나 세관장은 반입의무자에게 반입된 물품을 국외로 반출 또는 폐기할 것을 명하거나 반입의무자가 위반사항 등을 보완 또는 정정한 이후 국내로 반입하게 할 수 있다. 이 경우 반출 또는 폐기에 드는 비용은 반입의무자가 이를 부담한다.
반출 또는 폐기의 효과	• 반입된 물품이 국외로 반출 또는 폐기되었을 때에는 당초의 수출입 신고 수리는 취소된 것으로 본다. • 이 경우 해당 물품을 수입할 때 납부한 관세는 법 제46조(관세환급금의 환급) 및 법 제48조(관세환급가산금)에 따라 환급한다.

(4) 통관의 예외 적용

① **수입으로 보지 아니하는 소비 또는 사용(법 제239조)** 13년 기출
  외국물품의 소비나 사용이 다음에 해당하는 경우에는 이를 수입으로 보지 아니한다.

  ㉠ 선박용품·항공기용품 또는 차량용품을 운송수단 안에서 그 용도에 따라 소비하거나 사용하는 경우
  ㉡ 선박용품·항공기용품 또는 차량용품을 세관장이 정하는 지정보세구역에서 「출입국관리법」에 따라 출국심사를 마치거나 우리나라에 입국하지 아니하고 우리나라를 경유하여 제3국으로 출발하려는 자에게 제공하여 그 용도에 따라 소비하거나 사용하는 경우
  ㉢ 여행자가 휴대품을 운송수단 또는 관세통로에서 소비하거나 사용하는 경우
  ㉣ 관세법에서 인정하는 바에 따라 소비하거나 사용하는 경우

② 수출입의 의제(법 제240조) 16년 기출

　　㉠ 수입의 의제 : 다음의 어느 하나에 해당하는 외국물품은 관세법에 따라 적법하게 수입된 것으로 보고 관세 등을 따로 징수하지 아니한다.

> ⓐ 체신관서가 수취인에게 내준 우편물
> ⓑ 관세법에 따라 매각된 물품
> ⓒ 관세법에 따라 몰수된 물품
> ⓓ 제269조(밀수출입죄), 제272조(밀수 전용 운반기구의 몰수), 제273조(범죄에 사용된 물품의 몰수 등) 또는 제274조(밀수품의 취득죄 등) 제1항 제1호에 해당하여 관세법에 따른 통고처분으로 납부된 물품
> ⓔ 법령에 따라 국고에 귀속된 물품
> ⓕ 제282조(몰수·추징) 제3항에 따라 몰수를 갈음하여 추징된 물품

　　㉡ 수출 및 반송의 의제 : 체신관서가 외국으로 발송한 우편물은 관세법에 따라 적법하게 수출되거나 반송된 것으로 본다.

(5) 통관 후 유통이력 관리 21, 16, 11년 기출

① 통관 후 유통이력 신고(법 제240조의2)

외국물품을 수입하는 자와 수입물품을 국내에서 거래하는 자(소비자에 대한 판매를 주된 영업으로 하는 사업자는 제외)는 사회안전 또는 국민보건을 해칠 우려가 현저한 물품 등으로서 관세청장이 지정하는 물품(유통이력 신고물품)에 대한 유통단계별 거래명세(유통이력)를 관세청장에게 신고하여야 한다.

장부 기록 및 보관의무	유통이력 신고의 의무가 있는 자(유통이력 신고의무자)는 유통이력을 장부에 기록(전자적 기록방식을 포함)하고, 그 자료를 거래일부터 1년간 보관하여야 한다.
유통이력 신고물품의 지정	• 관세청장은 유통이력 신고물품을 지정할 때 미리 관계 행정기관의 장과 협의하여야 한다. • 관세청장은 유통이력 신고물품의 지정, 신고의무 존속기한 및 신고대상 범위 설정 등을 할 때 수입물품을 내국물품에 비하여 부당하게 차별하여서는 아니 되며, 이를 이행하는 유통이력 신고의무자의 부담이 최소화되도록 하여야 한다. • 유통이력 신고물품별 신고의무 존속기한, 유통이력의 범위, 신고절차, 그 밖에 유통이력 신고에 필요한 사항은 관세청장이 정한다.

② 유통이력 조사(법 제240조의3)

관세청장은 통관 후 유통이력 신고를 시행하기 위하여 필요하다고 인정할 때에는 세관공무원으로 하여금 유통이력 신고의무자의 사업장에 출입하여 영업 관계의 장부나 서류를 열람하여 조사하게 할 수 있다.

신고의무자의 의무	유통이력 신고의무자는 정당한 사유 없이 유통이력 조사를 거부·방해 또는 기피하여서는 아니 된다.
신분확인	유통이력 조사를 하는 세관공무원은 신분을 확인할 수 있는 증표를 지니고 이를 관계인에게 보여 주어야 한다.

(6) 통관절차 등의 국제협력 24년 기출

① 무역원활화 기본계획의 수립 및 시행(법 제240조의4)

　㉠ 무역원활화의 촉진 : 기획재정부장관은 「세계무역기구 설립을 위한 마라케쉬협정」에 따라 관세법 및 관련 법에서 정한 통관 등 수출입 절차의 원활화 및 이와 관련된 국제협력의 원활화(무역원활화)를 촉진하기 위하여 다음의 사항이 포함된 무역원활화 기본계획을 수립·시행하여야 한다.

> ⓐ 무역원활화 정책의 기본 방향에 관한 사항
> ⓑ 무역원활화 기반 시설의 구축과 운영에 관한 사항
> ⓒ 무역원활화의 환경조성에 관한 사항
> ⓓ 무역원활화와 관련된 국제협력에 관한 사항
> ⓔ 무역원활화와 관련된 통계자료의 수집·분석 및 활용방안에 관한 사항
> ⓕ 무역원활화 촉진을 위한 재원 확보 및 배분에 관한 사항
> ⓖ 그 밖에 무역원활화를 촉진하기 위하여 필요한 사항

　㉡ 계획을 시행하기 위한 지원 : 기획재정부장관은 기본계획을 시행하기 위하여 대통령령으로 정하는 바에 따라 무역원활화에 관한 업무를 수행하는 기관 또는 단체에 필요한 지원을 할 수 있다.

기출문제

관세법상 무역원활화 기본계획에 포함되는 사항을 모두 고른 것은? 24년 기출

> ㄱ. 무역원활화 정책의 기본 방향에 관한 사항
> ㄴ. 무역원활화 기반 시설의 구축과 운영에 관한 사항
> ㄷ. 무역원활화의 환경조성에 관한 사항
> ㄹ. 무역원활화와 관련된 국제협력에 관한 사항

① ㄱ, ㄷ
② ㄴ, ㄷ
③ ㄴ, ㄹ
④ ㄱ, ㄷ, ㄹ
⑤ ㄱ, ㄴ, ㄷ, ㄹ

[해설]
무역원활화 기본계획에 포함되는 사항(관세법 제240조의4 제1항)
• 무역원활화 정책의 기본 방향에 관한 사항
• 무역원활화 기반 시설의 구축과 운영에 관한 사항
• 무역원활화의 환경조성에 관한 사항
• 무역원활화와 관련된 국제협력에 관한 사항
• 무역원활화와 관련된 통계자료의 수집·분석 및 활용방안에 관한 사항
• 무역원활화 촉진을 위한 재원 확보 및 배분에 관한 사항
• 그 밖에 무역원활화를 촉진하기 위하여 필요한 사항

정답 ⑤

② 상호주의에 따른 통관절차 간소화(법 제240조의5)

  ⊙ 간이한 통관절차의 적용 : 국제무역 및 교류를 증진하고 국가 간의 협력을 촉진하기 위하여 우리나라에 대하여 통관절차의 편익을 제공하는 국가에서 수입되는 물품에 대하여는 상호 조건에 따라 대통령령으로 정하는 바에 따라 간이한 통관절차를 적용할 수 있다.

  ⓒ 간이한 통관절차 적용대상 국가 : 간이한 통관절차(통관절차의 특례)를 적용받을 수 있는 국가는 우리나라와 통관절차의 편익에 관한 협정을 체결한 국가, 우리나라와 무역협정 등을 체결한 국가로 한다(영 제245조의4).

③ 국가 간 세관정보의 상호 교환 등(법 제240조의6, 영 제245조의5) 19, 18년 기출

  ⊙ 수출입 신고항목 및 화물식별번호의 발급 : 관세청장은 물품의 신속한 통관과 관세법을 위반한 물품의 반입을 방지하기 위하여 세계관세기구에서 정하는 수출입 신고항목 및 화물식별번호를 발급하거나 사용하게 할 수 있다.

  ⓒ 수출입 신고항목 및 화물식별번호의 교환 : 관세청장은 세계관세기구에서 정하는 수출입 신고항목 및 화물식별번호 정보를 다른 국가와 상호 조건에 따라 교환할 수 있다.

  ⓒ 수출입 신고자료 등의 교환 : 관세청장은 관세의 부과와 징수, 과세 불복에 대한 심리, 형사소추 및 수출입신고의 검증을 위하여 수출입 신고자료 등 대통령령으로 정하는 다음의 사항을 대한민국 정부가 다른 국가와 관세행정에 관한 협력 및 상호지원에 관하여 체결한 협정과 국제기구와 체결한 국제협약에 따라 다른 법률에 저촉되지 아니하는 범위에서 다른 국가와 교환할 수 있다.

> ⓐ 수출·수입 또는 반송의 신고와 관련된 다음의 자료
> - 신고서
> - 송품장, 포장명세서, 원산지증명서 및 선하증권 등 신고 시 제출한 자료
> - 위의 서류 또는 자료의 진위 확인에 필요한 자료
> ⓑ 해당 물품에 대한 제1방법부터 제6방법까지의 규정에 따른 과세가격의 결정 및 관세율표상의 품목분류의 정확성 확인에 필요한 자료
> ⓒ 수출하거나 수입할 수 없는 물품의 반출입과 관련된 자료
> ⓓ 관세범의 조사 및 처분과 관련된 자료

  ⓔ 자료제공의 제한 : 관세청장은 상호주의 원칙에 따라 상대국에 수출입 신고자료 등을 제공하는 것을 제한할 수 있다.

  ⓜ 통지 : 관세청장은 다른 국가와 수출입 신고자료 등을 교환하는 경우 대통령령으로 정하는 바에 따라 이를 신고인 또는 그 대리인에게 통지하여야 한다.

    ⓐ 자료의 교환 사실 및 내용 등의 통지 : 관세청장은 수출입 신고자료를 다른 국가와 교환한 경우에는 그 교환한 날부터 10일 이내에 자료의 교환 사실 및 내용 등을 해당 신고인 또는 그 대리인에게 통지하여야 한다.

    ⓑ 통지의 유예 : 관세청장은 해당 통지가 다음의 어느 하나에 해당하는 경우에는 6개월의 범위에서 통지를 유예할 수 있다. 다만, 사람의 생명이나 신체의 안전을 위협할 우려가 있는 경우에는 6개월을 초과하여 유예할 수 있다.

- 사람의 생명이나 신체의 안전을 위협할 우려가 있는 경우
- 증거인멸 등 공정한 사법절차의 진행을 방해할 우려가 있는 경우
- 질문·조사 등의 행정절차 진행을 방해하거나 지나치게 지연시킬 우려가 있는 경우
- 다른 국가로부터 해당 통지의 유예를 서면으로 요청받은 경우

④ 무역원활화 위원회(영 제245조의2, 제245조의3)

㉠ 무역원활화 위원회 역할 및 심의 사항

법 제240조의4에 따른 통관 등 수출입 절차의 원활화 및 이와 관련된 국제협력의 원활화(이하 "무역원활화")의 촉진에 관한 다음의 사항을 심의하기 위하여 기획재정부장관 소속으로 무역원활화위원회를 둔다.

ⓐ 무역원활화 기본계획에 관한 사항
ⓑ 무역원활화 추진 관련 행정기관 간의 업무 협조에 관한 사항
ⓒ 무역원활화 관련 법령·제도의 정비·개선에 관한 사항
ⓓ 그 밖에 무역원활화 추진에 관한 주요 사항

㉡ 무역원활화 위원회 구성 등

위원회는 위원장 1명을 포함하여 20명 이내의 위원으로 구성한다. 하기에 규정한 사항 외에 위원회의 구성에 필요한 사항은 기획재정부령으로 정한다.

위원장	• 기획재정부차관 • 위원장은 회의를 소집하고 그 의장이 된다. • 위원장이 부득이한 사유로 그 직무를 수행할 수 없을 때에는 위원장이 미리 지명한 위원이 그 직무를 대행한다.
위 원	1. 무역원활화 관련 행정기관의 고위공무원단에 속하는 공무원 중에서 <u>기획재정부장관이 임명하는 사람</u> 　－ 기획재정부 관세정책관 　－ 과학기술정보통신부, 농림축산식품부, 산업통상자원부, 환경부, 국토교통부, 해양수산부, 식품의약품안전처 및 관세청 소속 고위공무원단에 속하는 일반직공무원 중에서 그 소속기관의 장이 추천하는 사람(규칙 제77조의4) 2. 다음의 어느 하나에 해당하는 사람 중에서 기획재정부장관이 위촉하는 사람 　가. <u>무역원활화 관계 기관 및 단체의 임직원</u> 　관세사회, 대한무역투자진흥공사, 한국무역협회, 대한상공회의소의 임원 중에서 그 소속기관의 장이 추천하는 사람으로 한다(규칙 제77조의4). 　나. 무역원활화에 관한 학식과 경험이 풍부한 사람으로서 해당 업무에 2년 이상 종사한 사람 위원의 임기는 2년으로 하되, 한 번만 연임할 수 있다. 다만, 보궐위원의 임기는 전임위원 임기의 남은 기간으로 한다.
해임·해촉	기획재정부장관은 위원회의 위원이 다음의 어느 하나에 해당하는 경우에는 해당 위원을 해임 또는 해촉할 수 있다. • 심신장애로 인하여 직무를 수행할 수 없게 된 경우 • 직무와 관련된 비위사실이 있는 경우 • 직무태만, 품위손상이나 그 밖의 사유로 인하여 위원으로 적합하지 아니하다고 인정되는 경우 • 위원 스스로 직무를 수행하는 것이 곤란하다고 의사를 밝히는 경우

간 사	위원회의 사무를 처리하기 위하여 간사 1명을 두며, 간사는 기획재정부의 고위공무원단에 속하는 공무원 중에서 기획재정부장관이 지명한다.
회의소집	회의 개최 7일 전까지 회의 일시·장소 및 안건을 각 위원에게 서면으로 알려야 한다. 다만, 긴급한 사정이나 그 밖의 부득이한 사유가 있는 경우에는 회의 개최 전날까지 구두로 알릴 수 있다.
개의·의결	재적위원 과반수의 출석으로 개의하고, 출석위원 과반수의 찬성으로 의결한다.
의견진술	업무수행을 위하여 필요한 경우에는 전문적인 지식과 경험이 있는 관계 분야 전문가 및 공무원으로 하여금 위원회의 회의에 출석하여 의견을 진술하게 할 수 있다.
수당·여비	• 위원회에 출석한 위원과 관계 분야 전문가에게는 예산의 범위에서 수당과 여비를 지급할 수 있다. • 다만, 공무원이 그 소관 업무와 직접적으로 관련되어 출석하는 경우에는 수당과 여비를 지급하지 아니한다.

2. 수출·수입 및 반송

(1) 신 고

① 수출·수입 또는 반송의 신고(법 제241조) 16, 13, 11, 10년 기출

ㄱ 의의 : 물품을 수출·수입 또는 반송하려면 해당 물품의 품명·규격·수량 및 가격과 그 밖에 다음의 사항을 세관장에게 신고하여야 한다(영 제246조 제1항).

> ⓐ 포장의 종류·번호 및 개수
> ⓑ 목적지·원산지 및 선적지
> ⓒ 원산지표시 대상물품인 경우에는 표시유무·방법 및 형태
> ⓓ 상 표
> ⓔ 납세의무자 또는 화주의 상호(개인의 경우 성명)·사업자등록번호·통관고유부호와 해외공급자부호 또는 해외구매자부호
> ⓕ 물품의 장치장소
> ⓖ 그 밖의 기획재정부령으로 정하는 참고사항(규칙 제77조의6)
> ‐ 물품의 모델 및 중량
> ‐ 품목분류표의 품목 번호
> ‐ 법 제226조에 따른 허가·승인·표시 또는 그 밖의 조건을 갖춘 것임을 증명하기 위하여 발급된 서류의 명칭
> ‐ 수출입 법령에 따라 통관이 일시적으로 제한·금지되는 물품인지 여부를 확인할 수 있는 정보로서 관세청장이 관계 중앙행정기관의 장과 협의하여 관보에 공고하는 정보

ㄴ 간이신고 : 다음의 어느 하나에 해당하는 물품은 대통령령으로 정하는 바에 따라 신고를 생략하게 하거나 관세청장이 정하는 간소한 방법으로 신고하게 할 수 있다. 20년 기출

> ⓐ 휴대품·탁송품 또는 별송품
> ⓑ 우편물
> ⓒ 제91조(종교용품, 자선용품, 장애인용품 등의 면세)부터 제94조(소액물품 등의 면세)까지, 제96조 (여행자 휴대품 및 이사물품 등의 감면) 제1항 및 제97조(재수출면세) 제1항에 따라 관세가 면제되는 물품

　　　　ⓓ 제135조(입항절차), 제136조(출항절차), 제149조(국경출입차량의 도착절차) 및 제150조(국경출입
　　　　차량의 출발절차)에 따른 보고 또는 허가의 대상이 되는 운송수단. 다만, 다음에 해당하는 운송수
　　　　단은 제외한다.
　　　　　• 우리나라에 수입할 목적으로 최초로 반입되는 운송수단
　　　　　• 해외에서 수리하거나 부품 등을 교체한 우리나라의 운송수단
　　　　　• 해외로 수출 또는 반송하는 운송수단
　　　　ⓔ 국제운송을 위한 컨테이너(별표 관세율표 중 기본세율이 무세인 것으로 한정)

ⓒ 신고 생략 물품 : 신고를 생략하게 하는 물품은 다음과 같다. 다만, 수출입을 할 때 법령에서 정하는
　바에 따라 허가 · 승인 · 표시 또는 그 밖의 조건을 갖출 필요가 있는 물품은 제외한다(영 제246조
　제4항).

　　　　ⓐ 면세 대상 여행자휴대품
　　　　ⓑ 면세 대상 승무원휴대품
　　　　ⓒ 우편물(수출입신고대상 우편물은 제외)
　　　　ⓓ 국제운송을 위한 컨테이너(법 별표 관세율표 중 기본세율이 무세인 것에 한함)
　　　　ⓔ 기타 서류 · 소액면세물품 등 신속한 통관을 위하여 필요하다고 인정하여 관세청장이 정하는 탁송
　　　　품 또는 별송품

ⓔ 수입신고의 수리 : 수입물품 중 관세가 면제되거나 무세인 물품에 있어서는 그 검사를 마친 때에 당
　해 물품에 대한 수입신고가 수리된 것으로 본다.
ⓜ 신고의 시기

기간 내 신고	수입하거나 반송하려는 물품을 지정장치장 또는 보세창고에 반입하거나 보세구역이 아닌 장소에 장치한 자는 그 반입일 또는 장치일부터 30일 이내(여행자의 휴대품 중 관세청장이 정하는 물품은 관세청장이 정하는 바에 따라 반송신고를 할 수 있는 날부터 30일 이내)에 수입 또는 반송신고를 하여야 한다.
전기 · 유류 등의 신고기한	전기 · 가스 · 유류 · 용수를 그 물품의 특성으로 인하여 전선로, 배관 등 해당 물품을 공급하기에 적합하도록 설계 · 제작된 일체의 시설을 이용하여 수출 · 수입 또는 반송하는 자는 1개월을 단위로 하여 해당 물품에 대한 신고사항을 대통령령으로 정하는 바에 따라 다음 달 10일까지 신고하여야 한다. 이 경우 기간 내에 수출 · 수입 또는 반송의 신고를 하지 아니하는 경우에는 해당 물품 과세가격의 100분의 2에 상당하는 금액의 범위에서 가산세를 징수한다.

ⓗ 가산세 : 세관장은 물품의 신속한 유통이 긴요하다고 인정하여 보세구역의 종류와 물품의 특성을 고
　려하여 관세청장이 정하는 물품을 수입하거나 반송하는 자가 정해진 기간 내에 수입 또는 반송의 신
　고를 하지 아니한 경우에는 해당 물품 과세가격의 100분의 2에 상당하는 금액의 범위에서 대통령령
　으로 정하는 금액을 가산세로 징수한다(영 제247조, 제248조). 24, 22년 기출

신고기한이 경과한 날부터 20일 내에 신고를 한 때	당해 물품의 과세가격의 1천분의 5
신고기한이 경과한 날부터 50일 내에 신고를 한 때	당해 물품의 과세가격의 1천분의 10
신고기한이 경과한 날부터 80일 내에 신고를 한 때	당해 물품의 과세가격의 1천분의 15
위의 사항 외의 경우	당해 물품의 과세가격의 1천분의 20

ⓐ 여행자 휴대품 등 미신고에 따른 가산세 : 세관장은 다음의 어느 하나에 해당하는 경우에는 해당 물품에 대하여 납부할 세액(관세 및 내국세를 포함)의 100분의 20(ⓐ의 경우에는 100분의 40으로 하되, 여행자나 승무원에 대하여 그 여행자나 승무원의 입국일을 기준으로 소급하여 2년 이내에 2회 이상 여행자나 승무원이 휴대품을 신고하지 아니하여 과세하는 경우에 해당하는 사유로 가산세를 징수한 경우에는 100분의 60)에 상당하는 금액을 가산세로 징수한다.

> ⓐ 여행자나 승무원이 휴대품(여행자의 휴대품 또는 별송품, 국제무역선 또는 국제무역기의 승무원이 휴대하여 수입하는 물품은 제외)을 신고하지 아니하여 과세하는 경우
> ⓑ 우리나라로 거주를 이전하기 위하여 입국하는 자가 입국할 때에 수입하는 이사물품을 신고하지 아니하여 과세하는 경우

기출문제

관세법령상 가산세율에 관한 내용이다. (   )에 들어갈 숫자를 옳게 나열한 것은? 24년 기출

○ 법 제241조(수출·수입 또는 반송의 신고) 제4항의 규정에 의한 가산세액은 다음의 율에 의하여 산출한다.
　– 법 제241조 제3항의 규정에 의한 신고기한이 경과한 날부터 (ㄱ)일 내에 신고를 한 때에는 당해 물품의 과세가격의 1천분의 5
　– 신고기한이 경과한 날부터 50일 내에 신고를 한 때에는 당해 물품의 과세가격의 1천분의 (ㄴ)

① ㄱ – 20, ㄴ – 10
② ㄱ – 20, ㄴ – 15
③ ㄱ – 20, ㄴ – 20
④ ㄱ – 30, ㄴ – 15
⑤ ㄱ – 30, ㄴ – 20

[해설]

가산세율(관세법 시행령 제247조 제1항)
법 제241조 제4항의 규정에 의한 가산세액은 다음의 율에 의하여 산출한다.
1. 법 제241조 제3항의 규정에 의한 기한(이하 이 조에서 "신고기한"이라 한다)이 경과한 날부터 20일 내에 신고를 한 때에는 당해 물품의 과세가격의 1천분의 5
2. 신고기한이 경과한 날부터 50일 내에 신고를 한 때에는 당해 물품의 과세가격의 1천분의 10
3. 신고기한이 경과한 날부터 80일 내에 신고를 한 때에는 당해 물품의 과세가격의 1천분의 15
4. 제1호 내지 제3호 외의 경우에는 당해 물품의 과세가격의 1천분의 20

[정답] ①

---

② 수출·수입·반송 등의 신고인(법 제242조)
수출·수입 또는 반송의 신고, 입항 전 수입신고, 수입신고 전의 물품 반출신고는 화주 또는 관세사 등의 명의로 하여야 한다. 다만, 수출신고의 경우에는 화주에게 해당 수출물품을 제조하여 공급한 자의 명의로 할 수 있다.

③ 신고의 요건(법 제243조)

반송방법의 제한	여행자의 휴대품 중 관세청장이 정하는 물품은 관세청장이 정하는 바에 따라 반송방법을 제한할 수 있다.
수입의 신고	수입의 신고는 해당 물품을 적재한 선박이나 항공기가 입항된 후에만 할 수 있다.
반송의 신고	반송의 신고는 해당 물품이 관세법에 따른 장치 장소에 있는 경우에만 할 수 있다.
불법행위 우려 물품의 보세구역 반입 후 신고	밀수출 등 불법행위가 발생할 우려가 높거나 감시단속을 위하여 필요하다고 인정하여 대통령령으로 정하는 다음의 물품은 관세청장이 정하는 장소에 반입한 후 수출의 신고를 하게 할 수 있다(영 제248조의2). • 도난우려가 높은 물품 등 국민의 재산권 보호를 위하여 수출관리가 필요한 물품 • 고세율 원재료를 제조·가공하여 수출하는 물품 등 부정환급 우려가 높은 물품 • 국민보건이나 사회안전 또는 국제무역질서 준수 등을 위해 수출관리가 필요한 물품
반입 후 신고물품 제외	수출입 안전관리 우수업체로 공인된 업체가 수출하는 물품은 관세청장이 정하는 장소에 반입한 후 수출의 신고를 하는 물품(반입 후 신고물품)에서 제외할 수 있다.

④ 입항 전 수입신고(법 제244조) 18, 16, 15, 12년 기출

㉠ 의의 : 수입하려는 물품의 신속한 통관이 필요할 때에는 대통령령으로 정하는 바에 따라 해당 물품을 적재한 선박이나 항공기가 입항하기 전에 수입신고를 할 수 있다. 이 경우 입항 전 수입신고가 된 물품은 우리나라에 도착한 것으로 본다.

㉡ 입항 전 수입신고의 시기(영 제249조)

ⓐ 입항 전 수입신고는 당해 물품을 적재한 선박 또는 항공기가 그 물품을 적재한 항구 또는 공항에서 출항하여 우리나라에 입항하기 5일 전(항공기의 경우 1일 전)부터 할 수 있다.

주의 선박의 경우는 1일, 7일, 10일 전이 아니라 5일 전부터, 항공기의 경우 3일, 5일 전이 아니라 1일 전부터 할 수 있다.

ⓑ 출항부터 입항까지의 기간이 단기간인 경우 등 당해 선박 등이 출항한 후에 신고하는 것이 곤란하다고 인정되어 출항하기 전에 신고하게 할 필요가 있는 때에는 관세청장이 정하는 바에 따라 그 신고시기를 조정할 수 있다.

주의 세관장이 아니라 관세청장이 정하는 바에 따라 그 신고시기를 조정할 수 있다.

㉢ 물품의 검사

통 보	세관장은 입항 전 수입신고를 한 물품에 대하여 물품검사의 실시를 결정하였을 때에는 수입신고를 한 자에게 이를 통보하여야 한다.
보세구역에 반입	검사대상으로 결정된 물품은 수입신고를 한 세관의 관할 보세구역(보세구역이 아닌 장소에 장치하는 경우 그 장소를 포함)에 반입되어야 한다. 다만, 세관장이 적재상태에서 검사가 가능하다고 인정하는 물품은 해당 물품을 적재한 선박이나 항공기에서 검사할 수 있다.

㉣ 검사대상으로 결정되지 아니한 물품 : 검사대상으로 결정되지 아니한 물품은 입항 전에 그 수입신고를 수리할 수 있다.

주의 입항과 동시에 수입신고를 수리하여야 하는 것이 아니라 입항 전에 그 수입신고를 수리할 수 있다.

㉤ 관세환급의 준용 : 입항 전 수입신고가 수리되고 보세구역 등으로부터 반출되지 아니한 물품에 대하여는 해당 물품이 지정보세구역에 장치되었는지 여부와 관계없이 관세법 제106조 제4항을 준용한다(수입신고가 수리된 물품이 수입신고 수리 후에도 지정보세구역에 계속 장치되어 있는 중에 재해로 멸실되거나 변질 또는 손상되어 그 가치가 떨어졌을 때에는 대통령령으로 정하는 바에 따라 그 관세의 전부 또는 일부를 환급할 수 있음).

ⓗ 입항 전 수입신고를 할 수 없는 물품 : 다음의 어느 하나에 해당하는 물품은 해당 물품을 적재한 선박 등이 우리나라에 도착된 후에 수입신고하여야 한다(영 제249조 제3항).

> ⓐ 세율이 인상되거나 새로운 수입요건을 갖추도록 요구하는 법령이 적용되거나 적용될 예정인 물품
> ⓑ 수입신고하는 때와 우리나라에 도착하는 때의 물품의 성질과 수량이 달라지는 물품으로서 관세청 장이 정하는 물품

⑤ 신고 시의 제출서류(법 제245조)
  ㉠ 서류의 제출 : 수출·수입 또는 반송의 신고를 하는 자는 과세가격결정자료 외에 다음의 서류를 제출하여야 한다(영 제250조 제1항).

> ⓐ 선하증권 사본 또는 항공화물운송장 사본
> ⓑ 원산지증명서(해당 물품의 수입신고 시에 그 물품의 원산지를 증명하는 서류로 한정)
> ⓒ 기타 참고서류

  ㉡ 서류제출의 생략
    ⓐ 서류를 제출하여야 하는 자가 해당 서류를 관세사 등에게 제출하고, 관세사 등이 해당 서류를 확인한 후 수출·수입 또는 반송에 관한 신고를 할 때에는 해당 서류의 제출을 생략하게 하거나 해당 서류를 수입신고 수리 후에 제출하게 할 수 있다.
    ⓑ 수출입신고를 하는 물품이 증명을 필요로 하는 것인 때에는 관련 증명서류를 첨부하여 수출입신고를 하여야 한다. 다만, 세관장은 필요 없다고 인정되는 때에는 이를 생략하게 할 수 있다(영 제250조).
  ㉢ 관계 자료의 제시 또는 제출의 요청 : 서류의 제출을 생략하게 하거나 수입신고 수리 후에 서류를 제출하게 하는 경우 세관장이 필요하다고 인정하여 신고인에게 관세청장이 정하는 장부나 그 밖의 관계 자료의 제시 또는 제출을 요청하면 신고인은 이에 따라야 한다.

(2) 물품의 검사

① 물품의 검사(법 제246조) 16, 12년 기출
세관공무원은 수출·수입 또는 반송하려는 물품에 대하여 검사를 할 수 있다.

검사의 기준	관세청장은 검사의 효율을 거두기 위하여 검사대상, 검사범위, 검사방법 등에 관하여 필요한 기준을 정할 수 있다.
물품확인	화주는 수입신고를 하려는 물품에 대하여 수입신고 전에 관세청장이 정하는 바에 따라 확인을 할 수 있다.
통관물품에 대한 검사(영 제251조)	• 세관장은 신고를 하지 아니한 물품에 대하여는 관세청장이 정하는 바에 의하여 직권으로 이를 검사할 수 있다. • 세관장은 신고인이 검사에 참여할 것을 신청하거나 신고인의 참여가 필요하다고 인정하는 때에는 그 일시·장소·방법 등을 정하여 검사에 참여할 것을 통지할 수 있다.

② 물품의 검사에 따른 손실보상(법 제246조의2, 영 제251조의2) 23년 기출

관세청장 또는 세관장은 관세법에 따른 세관공무원의 적법한 물품검사로 인하여 물품 등에 손실이 발생한 경우 그 손실을 입은 자에게 보상(손실보상)하여야 한다.

손실보상 대상	세관공무원의 적법한 물품검사로 손실이 발생한 다음의 어느 하나에 해당하는 것으로 한다. 1. 검사 대상 물품 2. 제1호의 물품을 포장한 용기 또는 운반·운송하는 수단
보상금액	1. 해당 물품 등을 수리할 수 없는 경우 : 다음의 구분에 따른 금액 　가. 제1항 제1호에 해당하는 경우 : 법 제30조부터 제35조까지의 규정에 따른 해당 물품의 과세가격에 상당하는 금액. 다만, 과세가격에 상당하는 금액을 산정할 수 없는 경우에는 구매가격 및 손실을 입은 자가 청구하는 금액을 고려하여 관세청장이 합리적인 범위에서 인정하는 금액으로 한다. 　나. 제1항 제2호에 해당하는 경우 : 구매가격 및 손실을 입은 자가 청구하는 금액을 고려하여 관세청장이 합리적인 범위에서 인정하는 금액 2. 해당 물품 등을 수리할 수 있는 경우 : 수리비에 상당하는 금액. 다만, 1에 따른 금액을 한도로 한다.
지급절차, 방법 등	손실보상의 지급절차 및 방법, 그 밖에 필요한 사항은 관세청장이 정한다.

③ 물품에 대한 안전성 검사(법 제246조의3)

㉠ 관세청장은 중앙행정기관의 장의 요청을 받아 세관장으로 하여금 세관장의 확인이 필요한 수출입물품 등 다른 법령에서 정한 물품의 성분·품질 등에 대한 안전성 검사(안전성 검사)를 하게 할 수 있다. 다만, 관세청장은 세관장의 확인이 필요한 수출입물품에 대하여는 필요한 경우 해당 중앙행정기관의 장에게 세관장과 공동으로 안전성 검사를 할 것을 요청할 수 있다.

㉡ 중앙행정기관의 장은 안전성 검사를 요청하는 경우 관세청장에게 해당 물품에 대한 안전성 검사 방법 등 관련 정보를 제공하여야 하고, 필요한 인력을 제공할 수 있다.

㉢ 관세청장은 중앙행정기관의 장의 안전성 검사 요청을 받거나 중앙행정기관의 장에게 안전성 검사를 요청한 경우 해당 안전성 검사를 위하여 필요한 인력 및 설비 등을 고려하여 안전성 검사 대상 물품을 지정하여야 하고, 그 결과를 해당 중앙행정기관의 장에게 통보하여야 한다.

㉣ 관세청장은 안전성 검사를 위하여 협업검사센터를 주요 공항·항만에 설치할 수 있고, 세관장에게 지정된 안전성 검사 대상 물품의 안전성 검사에 필요한 자체 검사 설비를 지원하는 등 원활한 안전성 검사를 위한 조치를 취하여야 한다.

㉤ 세관장은 안전성 검사 대상 물품으로 지정된 물품에 대하여 중앙행정기관의 장과 협력하여 안전성 검사를 실시하여야 한다.

㉥ 관세청장은 안전성 검사 결과 불법·불량·유해 물품으로 확인된 물품의 정보를 관세청 인터넷 홈페이지를 통하여 공개할 수 있다.

ⓐ 수출입물품안전관리기관협의회(영 제251조의3)

구성 및 운용
18년 기출
	안전성 검사에 필요한 정보교류, 제264조의10에 따른 불법·불량 또는 유해물품에 대한 정보 등의 제공 요청 등 대통령령으로 정하는 사항을 협의하기 위하여 관세청에 수출입물품안전관리기관협의회를 둔다.
	• 위원장 1명을 포함하여 25명 이내의 위원으로 구성한다.
	• 위원장 : 관세청 소속 고위공무원단에 속하는 공무원 중에서 관세청장이 지명하는 사람
	• 위 원
	  – 관세청의 4급 이상 공무원 중에서 관세청장이 지명하는 사람 1명
	  – 관계 중앙행정기관의 4급 이상 공무원 중에서 해당 기관의 장이 지명하는 사람 각 1명
	• 위원의 지명 철회 : 협의회의 위원을 지명한 자는 다음의 어느 하나에 해당하는 경우에는 그 지명을 철회할 수 있다.
	  – 심신장애로 인하여 직무를 수행할 수 없게 된 경우
	  – 직무와 관련된 비위사실이 있는 경우
	  – 직무태만, 품위손상이나 그 밖의 사유로 인하여 위원으로 적합하지 아니하다고 인정되는 경우
	  – 위원 스스로 직무를 수행하는 것이 곤란하다고 의사를 밝히는 경우

안전성 검사에 필요한 정보교류 등의 사항	• 안전성 검사에 필요한 정보교류 • 불법·불량 또는 유해물품에 대한 정보 등의 제공에 관한 사항 • 안전성 검사 대상 물품의 선정에 관한 사항 • 그 밖에 관세청장이 안전성 검사, 불법·불량 또는 유해물품에 대한 정보 등의 제공과 관련하여 협의가 필요하다고 인정하는 사항
개의 및 의결	협의회의 회의는 위원의 과반수 출석으로 개의하고, 출석위원 3분의 2 이상의 찬성으로 의결한다.
안전성 검사의 방법·절차 등	안전성 검사의 방법·절차 등에 관하여 필요한 사항은 관세청장이 정한다.

④ 검사 장소(법 제247조) 12년 기출

검사 장소	보세공장에 반입된 물품의 사용 전 검사 수출·수입·반송하려는 물품의 검사는 보세구역, 보세구역 외 장치 장소에서 한다. 다만, 수출하려는 물품은 해당 물품이 장치되어 있는 장소에서 검사한다.
보세구역에 반입 하게 한 후 검사	세관장은 효율적인 검사를 위하여 부득이하다고 인정될 때에는 관세청장이 정하는 바에 따라 해당 물품을 보세구역에 반입하게 한 후 검사할 수 있다.

(3) 신고의 처리

① 신고의 수리(법 제248조)

　　㉠ 신고필증의 발급 : 세관장은 수출·수입 또는 반송의 신고가 관세법에 따라 적합하게 이루어졌을 때에는 이를 지체 없이 수리하고 신고인에게 신고필증을 발급하여야 한다. 다만, 국가관세종합정보시스템의 전산처리설비를 이용하여 신고를 수리하는 경우에는 관세청장이 정하는 바에 따라 신고인이 직접 전산처리설비를 이용하여 신고필증을 발급받을 수 있다.

　　㉡ 담보의 제공 요구 : 세관장은 관세를 납부하여야 하는 물품에 대하여는 수출·수입 또는 반송의 신고를 수리할 때에 다음의 어느 하나에 해당하는 자에게 관세에 상당하는 담보의 제공을 요구할 수 있다. 21, 20년 기출

ⓐ 관세법 또는 「수출용원재료에 대한 관세 등 환급에 관한 특례법」을 위반하여 징역형의 실형을 선고받고 그 집행이 끝나거나(집행이 끝난 것으로 보는 경우를 포함) 면제된 후 2년이 지나지 아니한 자

ⓑ 관세법 또는 「수출용원재료에 대한 관세 등 환급에 관한 특례법」을 위반하여 징역형의 집행유예를 선고받고 그 유예기간 중에 있는 자

ⓒ 제269조(밀수출입죄)부터 제271조(미수범 등)까지, 제274조(밀수품의 취득죄 등), 제275조의2(강제징수면탈죄 등), 제275조의3(명의대여행위죄 등) 또는 「수출용원재료에 대한 관세 등 환급에 관한 특례법」에 따라 벌금형 또는 통고처분을 받은 자로서 그 벌금형을 선고받거나 통고처분을 이행한 후 2년이 지나지 아니한 자

ⓓ 제241조(수출·수입 또는 반송의 신고) 또는 제244조(입항 전 수입신고)에 따른 수입신고일을 기준으로 최근 2년간 관세 등 조세를 체납한 사실이 있는 자

ⓔ 수입실적, 수입물품의 관세율 등을 고려하여 대통령령으로 정하는 관세채권의 확보가 곤란한 경우에 해당하는 자(영 제252조)

- 최근 2년간 계속해서 수입실적이 없는 자
- 파산, 청산 또는 개인회생절차가 진행 중인 자
- 수입실적, 자산, 영업이익, 수입물품의 관세율 등을 고려할 때 관세채권 확보가 곤란한 경우로서 관세청장이 정하는 요건에 해당하는 자

ⓒ 신고된 물품의 반출금지 : 신고수리 전에는 운송수단, 관세통로, 하역통로 또는 관세법에 따른 장치장소로부터 신고된 물품을 반출하여서는 아니 된다.

② 신고사항의 보완(법 제249조)

세관장은 다음의 어느 하나에 해당하는 경우에는 수출·수입 또는 반송의 신고 또는 입항 전 수입신고가 수리되기 전까지 갖추어지지 아니한 사항을 보완하게 할 수 있다. 다만, 해당 사항이 경미하고 신고수리 후에 보완이 가능하다고 인정되는 경우에는 관세청장이 정하는 바에 따라 신고수리 후 이를 보완하게 할 수 있다.

ⓐ 수출·수입 또는 반송의 신고 또는 입항 전 수입신고에 따른 수출·수입 또는 반송에 관한 신고서의 기재사항이 갖추어지지 아니한 경우

ⓒ 수출·수입 또는 반송의 신고 시의 제출서류가 갖추어지지 아니한 경우

③ 신고의 취하 및 각하(법 제250조) 11년 기출

㉠ 신고의 취하

ⓐ 의의 : 신고는 정당한 이유가 있는 경우에만 세관장의 승인을 받아 취하할 수 있다. 다만, 수입 및 반송의 신고는 운송수단, 관세통로, 하역통로 또는 관세법에 규정된 장치 장소에서 물품을 반출한 후에는 취하할 수 없다.

주의 수입 및 반송의 신고는 물품을 반출한 후에는 취하할 수 없는데, 수출신고는 해당되지 않는다.

ⓑ 신고수리의 효력 상실 : 수출·수입 또는 반송의 신고를 수리한 후 신고의 취하를 승인한 때에는 신고수리의 효력이 상실된다.

ⓒ 신고취하의 승인신청 : 승인을 얻고자 하는 자는 영 제175조(보세구역 외 장치의 허가신청) 각 호의 사항, 신고의 종류, 신고연월일 및 신고번호, 신청사유를 기재한 신청서를 세관장에게 제출하여야 한다(영 제253조).

ⓛ **신고의 각하** 23년 기출

ⓐ 의의 : 세관장은 수출·수입 또는 반송의 신고 또는 입항 전 수입신고가 그 요건을 갖추지 못하였 거나 부정한 방법으로 신고되었을 때에는 해당 수출·수입 또는 반송의 신고를 각하할 수 있다.

ⓑ 신고각하의 통지 : 세관장은 신고를 각하한 때에는 즉시 그 신고인에게 신고의 종류, 신고연월일 및 신고번호, 각하사유를 기재한 통지서를 송부하여야 한다(영 제254조).

④ **수출신고수리물품의 적재 등(법 제251조)** 16, 11년 기출

㉠ 운송수단에 적재 : 수출신고가 수리된 물품은 수출신고가 수리된 날부터 30일 이내에 운송수단에 적 재하여야 한다. 다만, 기획재정부령으로 정하는 바에 따라 1년의 범위에서 적재기간의 연장승인을 받은 것은 그러하지 아니하다.

㉡ 수출신고의 수리 취소

ⓐ 의의 : 세관장은 수출신고가 수리된 날부터 30일 이내에 적재되지 아니한 물품에 대하여는 대통 령령으로 정하는 바에 따라 수출신고의 수리를 취소할 수 있다.

ⓑ 적재기간을 초과하는 물품에 대한 수리 취소 : 세관장은 우리나라와 외국 간을 왕래하는 운송수단 에 적재하는 기간을 초과하는 물품에 대하여 수출신고의 수리를 취소하여야 한다. 다만, 다음에 해당하는 경우에는 그러하지 아니하다(영 제255조).

> • 신고취하의 승인신청이 정당한 사유가 있다고 인정되는 경우
> • 적재기간연장승인의 신청이 정당한 사유가 있다고 인정되는 경우
> • 세관장이 수출신고의 수리를 취소하기 전에 당해 물품의 적재를 확인한 경우
> • 기타 세관장이 수출신고가 수리된 날부터 30일 이내에 적재하기가 곤란하다고 인정하는 경우

ⓒ 통지 : 세관장은 수출신고의 수리를 취소하는 때에는 즉시 신고인에게 그 내용을 통지하여야 한다.

(4) 통관절차의 특례

① **수입신고 수리 전 반출(법 제252조, 영 제256조)** 22, 12년 기출

㉠ 의의 : 수입신고를 한 물품을 세관장의 수리 전에 해당 물품이 장치된 장소로부터 반출하려는 자는 납부하여야 할 관세에 상당하는 담보를 제공하고 세관장의 승인을 받아야 한다.

㉡ 담보의 제공 생략 : 정부 또는 지방자치단체가 수입하거나 담보를 제공하지 아니하여도 관세의 납부 에 지장이 없다고 인정하는 다음의 물품에 대하여는 담보의 제공을 생략할 수 있다. 다만, ⓑ 및 ⓒ의 물품을 수입하는 자 중 관세 등의 체납, 불성실신고 등의 사유로 담보 제공을 생략하는 것이 타당하 지 아니하다고 관세청장이 인정하는 자가 수입하는 물품에 대해서는 담보를 제공하게 할 수 있다.

> ⓐ 국가, 지방자치단체, 공공기관, 지방공사 및 지방공단이 수입하는 물품
> ⓑ 국가기관, 지방자치단체 및 학교, 공공의료기관, 공공직업훈련원, 박물관 등의 기관이 수입하는 물품
> ⓒ 최근 2년간 법 위반[관세청장이 법 제270조(관세포탈죄 등)·제276조(허위신고죄 등) 및 제277조 (과태료)에 따른 처벌을 받은 자로서 재범의 우려가 없다고 인정하는 경우를 제외] 사실이 없는 수출입자 또는 신용평가기관으로부터 신용도가 높은 것으로 평가를 받은 자로서 관세청장이 정하 는 자가 수입하는 물품

ⓓ 수출용원재료 등 수입물품의 성질, 반입사유 등을 고려할 때 관세채권의 확보에 지장이 없다고 관세청장이 인정하는 물품
ⓔ 거주 이전의 사유, 납부할 세액 등을 고려할 때 관세채권의 확보에 지장이 없다고 관세청장이 정하여 고시하는 기준에 해당하는 자의 이사물품

② 수입신고 전의 물품 반출(법 제253조, 영 제257조) 20, 19, 17, 14, 12년 기출
　㉠ 의의 : 수입하려는 물품을 수입신고 전에 운송수단, 관세통로, 하역통로 또는 관세법에 따른 장치장소로부터 즉시반출하려는 자는 대통령령으로 정하는 바에 따라 세관장에게 즉시반출신고를 하여야 한다. 이 경우 세관장은 납부하여야 하는 관세에 상당하는 담보를 제공하게 할 수 있다.
　㉡ 즉시반출대상 : 즉시반출을 할 수 있는 자 또는 물품은 대통령령으로 정하는 바에 따라 세관장이 지정한다. 즉, 다음에 해당하는 것 중 구비조건의 확인에 지장이 없는 경우로서 세관장이 지정하는 것에 한한다.

ⓐ 관세 등의 체납이 없고 최근 3년 동안 수출입실적이 있는 제조업자 또는 외국인투자자가 수입하는 시설재 또는 원부자재
ⓑ 기타 관세 등의 체납우려가 없는 경우로서 관세청장이 정하는 물품

　㉢ 수입신고 : 즉시반출신고를 하고 반출을 하는 자는 즉시반출신고를 한 날부터 10일 이내에 수입신고를 하여야 한다.
　㉣ 수입신고를 하지 아니하는 경우 : 세관장은 즉시반출을 한 자가 즉시반출신고를 한 날부터 10일 이내에 수입신고를 하지 아니하는 경우에는 관세를 부과·징수한다. 이 경우 해당 물품에 대한 관세의 100분의 20에 상당하는 금액을 가산세로 징수하고, 지정을 취소할 수 있다.

③ 전자상거래물품 등의 특별통관 등(법 제254조) 24, 12년 기출
　㉠ 관세청장은 전자상거래물품에 대하여 대통령령으로 정하는 바에 따라 수출입신고·물품검사 등 통관에 필요한 다음의 사항을 따로 정할 수 있다(영 제258조 제1항).

ⓐ 특별통관 대상 거래물품 또는 업체
ⓑ 수출입신고 방법 및 절차
ⓒ 관세 등에 대한 납부방법
ⓓ 물품검사방법
ⓔ 그 밖에 관세청장이 필요하다고 인정하는 사항

ⓛ 관세청장은 관세의 부과·징수 및 통관을 위하여 필요한 경우 사이버몰을 운영하는 구매대행업자, 「전자상거래 등에서의 소비자보호에 관한 법률」에 따른 통신판매업자 또는 통신판매중개를 하는 자에게 전자상거래물품의 주문·결제 등과 관련된 거래정보로서 다음의 정보를 ⓖ에 따른 수입신고 전에 제공하여 줄 것을 요청할 수 있다(영 제258조 제2항).

> ⓐ 주문번호 및 구매 일자
> ⓑ 물품수신인의 성명 및 통관고유부호
> ⓒ 물품의 품명 및 수량
> ⓓ 물품의 결제금액
> ⓔ 그 밖에 관세청장이 전자상거래물품의 통관을 위하여 수입신고 전에 제공받을 필요가 있다고 인정하여 고시하는 정보

ⓒ ⓛ에 따라 요청받은 정보의 제공 방법·절차 등 정보의 제공에 필요한 사항은 대통령령으로 정한다(영 제258조 제3항, 제4항).

> ⓐ 요청받은 정보의 제공은 관세청장이 정하는 전자적 매체를 통해 제공하는 방법으로 한다.
> ⓑ 정보를 제공하는 경우 그 제공 기간은 전자상거래물품의 선하증권 또는 화물운송장 번호가 생성되는 시점부터 수입신고 전까지로 한다.

ⓡ 관세청장은 납세자의 권리 보호를 위하여 화주에게 전자상거래물품의 통관 및 납세와 관련된 사항으로서 다음의 사항을 안내할 수 있다(영 제258조 제5항).

> ⓐ 물품의 품명
> ⓑ 납부세액
> ⓒ 선하증권 또는 화물운송장 번호
> ⓓ 그 밖에 관세청장이 전자상거래물품의 화주에게 안내할 필요가 있다고 인정하여 고시하는 정보

ⓜ ⓖ은 제254조의2(탁송품의 특별통관) 제1항 및 제258조(우편물통관에 대한 결정) 제2항에 우선하여 적용한다.

관세법령상 관세청장이 전자상거래물품에 대하여 따로 정할 수 있는 통관에 필요한 사항으로 명시되어 있지 않은 것은? 24년 기출

① 물품검사장소
② 관세 등에 대한 납부방법
③ 수출입신고 방법 및 절차
④ 특별통관 대상 거래물품
⑤ 특별통관 대상 업체

해설

전자상거래물품의 특별통관 등(관세법 시행령 제258조 제1항)
관세청장은 법 제254조 제1항에 따라 전자상거래물품에 대하여 다음의 사항을 따로 정할 수 있다.
1. 특별통관 대상 거래물품 또는 업체
2. 수출입신고 방법 및 절차
3. 관세 등에 대한 납부방법
4. 물품검사방법
5. 그 밖에 관세청장이 필요하다고 인정하는 사항

정답 ①

④ **탁송품의 특별통관**(법 제254조의2) 12년 기출

⑤ **의의** : 신고를 생략하게 하거나 관세청장이 정하는 간소한 방법으로 신고하게 할 수 있는 탁송품으로서 자가사용물품 또는 면세되는 상업용견본품 중 물품가격이 미화 150달러 이하인 물품은 관세청장 또는 세관장에게 등록한 운송업자(탁송품 운송업자)가 다음에 해당하는 사항이 적힌 목록(통관목록)을 세관장에게 제출함으로써 수입신고를 생략할 수 있다.

> ⓐ 물품의 발송인 및 수신인의 성명, 주소, 국가
> ⓑ 물품의 품명, 수량, 중량 및 가격
> ⓒ 탁송품의 통관목록에 관한 것으로 기획재정부령으로 정하는 사항(운송업자명, 선박편명 또는 항공편명, 선하증권 번호, 물품 수신인의 통관고유부호, 그 밖에 관세청장이 정하는 사항)

⑥ **통관목록의 제출** : 탁송품 운송업자는 통관목록을 사실과 다르게 제출하여서는 아니 된다.
⑦ **실제 배송한 주소지의 제출** : 탁송품 운송업자는 제출한 통관목록에 적힌 물품수신인의 주소지(수입신고를 한 탁송품의 경우에는 수입신고서에 적힌 납세의무자의 주소지)가 아닌 곳에 탁송품을 배송하거나 배송하게 한 경우(우편물을 당해 우편물의 표면에 기재된 곳 외의 곳에 배달할 수 있는 경우는 제외)에는 배송한 날이 속하는 달의 다음 달 15일까지 실제 배송한 주소지를 세관장에게 제출하여야 한다.
⑧ **적용 배제** : 세관장은 탁송품 운송업자가 ⑥ 또는 ⑦을 위반하거나 관세법에 따라 통관이 제한되는 물품을 국내에 반입하는 경우에는 통관절차의 적용을 배제할 수 있다.

ⓜ **검사 및 고시** : 관세청장 또는 세관장은 탁송품에 대하여 세관공무원으로 하여금 검사하게 하여야 하며, 탁송품의 통관목록의 제출시한, 실제 배송지의 제출, 물품의 검사 등에 필요한 사항은 관세청장이 정하여 고시한다.

ⓑ **탁송품의 통관** : 세관장은 관세청장이 정하는 절차에 따라 별도로 정한 지정장치장에서 탁송품을 통관하여야 한다. 다만, 세관장은 탁송품에 대한 감시·단속에 지장이 없다고 인정하는 경우 탁송품을 해당 탁송품 운송업자가 운영하는 보세창고 또는 시설(「자유무역지역의 지정 및 운영에 관한 법률」에 따라 입주계약을 체결하여 입주한 업체가 해당 자유무역지역에서 운영하는 시설에 한정)에서 통관할 수 있다.

ⓢ **보세창고 등에서 통관**

　　ⓐ 세관장은 ㉠에 따른 통관절차가 적용되지 아니하는 탁송품으로서 ⓜ에 따른 검사를 마치고 탁송품에 대한 감시 또는 단속에 지장이 없다고 인정하는 경우에는 ⓑ에도 불구하고 관세청장이 정하는 보세구역 등에서 탁송품을 통관하게 할 수 있다.

　　ⓑ ⓑ의 단서에 따라 탁송품 운송업자가 운영하는 보세창고 또는 시설에서 통관하는 경우 그에 필요한 탁송품 검사설비 기준, 설비이용 절차, 설비이용 유효기간 등에 관하여 필요한 사항은 대통령령으로 정한다.

ⓞ **관세청장 고시** : 관세청장은 탁송품의 신속한 통관과 탁송품에 대한 효율적인 감시 또는 단속 등을 위하여 필요한 세관장과 탁송품 운송업자 간 협력에 관한 사항 등 대통령령으로 정하는 사항에 대하여 고시할 수 있다.

> **보충**　세관장과 탁송품 운송업자 간 협력 등(영 제258조의5)
>
> "세관장과 탁송품 운송업자 간 협력에 관한 사항 등 대통령령으로 정하는 사항"이란 다음의 사항을 말한다.
> 1. 밀수출입 정보교환 및 법에 따른 정보제공 등 세관장과 탁송품 운송업자 간 협력에 관한 사항
> 2. 신속한 통관을 위한 절차 개선 협약 등 세관장과 탁송품 운송업자 간 업무협약 체결에 관한 사항
> 3. 세관장의 탁송품 운송업자에 대한 법 제255조의7(수출입 안전관리 기준 준수도의 측정·평가) 제1항 및 제2항에 따른 평가 및 관리에 관한 세부사항
> 4. 그 밖에 관세청장이 필요하다고 인정하는 사항

⑤ **수출입 안전관리 우수업체의 공인(법 제255조의2)** 13, 12년 기출

　㉠ **수출입 안전관리 우수업체로 공인** : 관세청장은 수출입물품의 제조·운송·보관 또는 통관 등 무역과 관련된 자가시설, 서류관리, 직원교육 등에서 관세법 또는 「자유무역협정의 이행을 위한 관세법의 특례에 관한 법률」 등 수출입에 관련된 법령의 준수 여부, 재무 건전성 등 대통령령으로 정하는 안전관리 기준을 충족하는 경우 수출입 안전관리 우수업체로 공인할 수 있다.

ⓛ 안전관리 기준(영 제259조의2 제1항)

> ⓐ 「관세법」, 「자유무역협정의 이행을 위한 관세법의 특례에 관한 법률」, 「대외무역법」 등 수출입에 관련된 법령을 성실하게 준수하였을 것
> ⓑ 관세 등 영업활동과 관련한 세금을 체납하지 않는 등 재무 건전성을 갖출 것
> ⓒ 수출입물품의 안전한 관리를 확보할 수 있는 운영시스템, 거래업체, 운송수단 및 직원교육체계 등을 갖출 것
> ⓓ 그 밖에 세계관세기구에서 정한 수출입 안전관리에 관한 표준 등을 반영하여 관세청장이 정하는 기준을 갖출 것

ⓒ 심사(영 제259조의2 제2항, 영 제259조의3)

  ⓐ 심사 및 심사의 위탁 : 관세청장은 수출입 안전관리 우수업체로 공인을 받기 위하여 심사를 요청한 자에 대하여 대통령령으로 정하는 바에 따라 심사하여야 한다.

  ⓑ 심사의 생략 : 관세청장은 심사를 할 때 「국제항해선박 및 항만시설의 보안에 관한 법률」에 따른 국제선박보안증서를 교부받은 국제항해선박소유자 또는 항만시설적합확인서를 교부받은 항만시설소유자에 대하여는 ⓛ의 안전관리 기준 중 일부에 대하여 심사를 생략할 수 있다.

  ⓒ 심사의 신청 : 수출입 안전관리 우수업체로 공인받으려는 자는 신청서에 자체 안전관리 평가서, 안전관리 현황 설명서, 그 밖에 업체의 안전관리 현황과 관련하여 관세청장이 정하는 서류를 첨부하여 관세청장에게 제출하여야 한다.

  ⓓ 공인증서의 교부 : 관세청장은 신청을 받은 경우 안전관리 기준을 충족하는지 여부를 심사하고 이를 충족하는 업체에 대해 공인증서를 교부하여야 한다.

  ⓔ 예비심사 요청(법 제255조의2 제3항, 제4항) : 심사를 요청하려는 자는 제출서류의 적정성, 개별 안전관리 기준의 충족 여부 등 관세청장이 정하여 고시하는 사항에 대하여 미리 관세청장에게 예비심사를 요청할 수 있다. 관세청장은 예비심사를 요청한 자에게 예비심사 결과를 통보하여야 하고, 심사를 하는 경우 예비심사 결과를 고려하여야 한다.

  ⓕ 공인의 유효기간(법 제255조의2 제5항) : 공인의 유효기간은 5년으로 하며, 대통령령으로 정하는 바에 따라 공인을 갱신할 수 있다.

ⓡ 수출입 안전관리 우수업체에 대한 혜택 등(법 제255조의3)

  ⓐ 통관절차 및 관세행정상 혜택 제공 : 관세청장은 수출입 안전관리 우수업체로 공인된 업체(수출입 안전관리 우수업체)에 통관절차 및 관세행정상의 혜택으로서 대통령령으로 정하는 사항을 제공할 수 있다.

  ▷ 수출입물품에 대한 검사 완화나 수출입신고 및 관세납부 절차 간소화 등의 사항(영 제259조의4 제1항)

  ⓑ 국가 간 상호 혜택 제공 : 관세청장은 다른 국가의 수출입 안전관리 우수업체에 상호 조건에 따라 혜택을 제공할 수 있다.

  ⓒ 혜택 정지 및 시정명령 : 관세청장은 수출입 안전관리 우수업체가 자율 평가 결과를 보고하지 아니하는 등 대통령령으로 정하는 사유에 해당하는 경우 6개월의 범위에서 혜택의 전부 또는 일부를 정지할 수 있다. 관세청장은 혜택 정지 사유에 해당하는 업체에 그 사유의 시정을 명할 수 있다.

보충 대통령령으로 정하는 사유(영 제259조의4 제3항)

1. 수출입 안전관리 우수업체가 자율평가 결과를 보고하지 않은 경우
2. 수출입 안전관리 우수업체가 변동사항 보고를 하지 않은 경우
3. 수출입 안전관리 우수업체(대표자 및 관리책임자를 포함)가 관세법 또는 「자유무역협정의 이행을 위한 관세법의 특례에 관한 법률」, 「대외무역법」, 「외국환거래법」, 「수출용 원재료에 대한 관세 등 환급에 관한 특례법」 등 수출입과 관련된 법령을 위반한 경우
4. 수출입 안전관리 우수업체가 소속 직원에게 안전관리기준에 관한 교육을 실시하지 않는 등 관세청장이 수출입 안전관리 우수업체에 제공하는 혜택을 정지할 필요가 있다고 인정하여 고시하는 경우

ⓓ 수출입 안전관리 우수업체에 대한 사후관리(법 제255조의4) 23년 기출
  ⓐ 안전관리 충족 기준 주기적 확인 : 관세청장은 수출입 안전관리 우수업체가 안전관리 기준을 충족하는지를 주기적으로 확인하여야 한다.
  ⓑ 자율평가 및 결과보고 : 관세청장은 수출입 안전관리 우수업체에 안전관리 기준의 충족 여부를 자율적으로 평가하도록 하여 대통령령으로 정하는 바에 따라 그 결과를 보고하게 할 수 있다.

보충 수출입 안전관리 우수업체에 대한 사후관리 등(영 제259조의5)

① 수출입 안전관리 우수업체는 안전관리기준의 충족 여부를 평가·보고하는 관리책임자를 지정해야 한다.
② 수출입 안전관리 우수업체는 안전관리기준의 충족 여부를 매년 자율적으로 평가하여 그 결과를 해당 업체가 수출입 안전관리 우수업체로 공인된 날이 속하는 달의 다음 달 15일까지 관세청장에게 보고해야 한다. 다만, 제259조의3 제2항에 따라 공인의 갱신을 신청한 경우로서 공인의 유효기간이 끝나는 날이 속한 연도에 실시해야 하는 경우의 평가는 생략할 수 있다.

  ⓒ 양도, 양수 등 변동사항 보고 : 수출입 안전관리 우수업체가 양도, 양수, 분할 또는 합병하거나 그 밖에 관세청장이 정하여 고시하는 변동사항이 발생한 경우에는 그 변동사항이 발생한 날부터 30일 이내에 그 사항을 관세청장에게 보고하여야 한다. 다만, 그 변동사항이 수출입 안전관리 우수업체의 유지에 중대한 영향을 미치는 경우로서 관세청장이 정하여 고시하는 사항에 해당하는 경우에는 지체 없이 그 사항을 보고하여야 한다.
  ⓓ 세부사항 관세청장 고시 : 위에서 규정한 사항 외에 수출입 안전관리 우수업체의 확인 및 보고에 필요한 세부사항은 관세청장이 정하여 고시한다.
ⓔ 수출입 안전관리 우수업체의 공인 취소(법 제255조의5) 23년 기출
관세청장은 수출입 안전관리 우수업체가 다음의 어느 하나에 해당하는 경우에는 공인을 취소할 수 있다. 다만, ⓐ에 해당하는 경우에는 공인을 취소하여야 한다.

ⓐ 거짓이나 그 밖의 부정한 방법으로 공인을 받거나 공인을 갱신받은 경우

ⓑ 수출입 안전관리 우수업체가 양도, 양수, 분할 또는 합병 등으로 공인 당시의 업체와 동일하지 아니하다고 관세청장이 판단하는 경우

ⓒ 안전관리 기준을 충족하지 못하는 경우

ⓓ 정지 처분을 공인의 유효기간 동안 5회 이상 받은 경우

ⓔ 시정명령을 정당한 사유 없이 이행하지 아니한 경우

ⓕ 그 밖에 수출입 관련 법령을 위반한 경우로서 <u>대통령령으로 정하는 경우</u>

보충 대통령령으로 정하는 경우(영 제259조의5 제3항)

법 제255조의5 제6호에서 "대통령령으로 정하는 경우"란 수출입 안전관리 우수업체(대표자 및 지정된 관리책임자를 포함)가 다음의 어느 하나에 해당하는 경우를 말한다. 다만, 법 제279조 또는 제3호·제4호에서 정한 법률의 양벌 규정에 따라 처벌받은 경우는 제외한다.

1. 법 제268조의2(전자문서 위조·변조죄 등), 제269조(밀수출입죄), 제270조(관세포탈죄 등), 제270조의2(가격조작죄), 제271조(미수범 등), 제274조(밀수품의 취득죄 등) 및 제275조의2(강제징수면탈죄 등)부터 제275조의4(보세사의 명의대여죄 등)까지의 규정에 따라 벌금형 이상의 형을 선고받거나 통고처분을 받은 경우

2. 법 제276조(허위신고죄 등)에 따라 벌금형의 선고를 받은 경우

3. 「자유무역협정의 이행을 위한 관세법의 특례에 관한 법률」, 「대외무역법」, 「외국환거래법」, 「수출용원재료에 대한 관세 등 환급에 관한 특례법」 등 수출입과 관련된 법령을 위반하여 벌금형 이상의 형을 선고받은 경우

4. 「관세사법」 제29조에 따라 벌금형 이상의 형을 선고받거나 통고처분[같은 조 제4항 및 같은 법 제32조(같은 법 제29조 제4항과 관련된 부분으로 한정)에 따라 적용되는 이 법 제311조에 따른 통고처분은 제외]을 받은 경우

Ⓢ 공인의 갱신(영 제259조의3 제2항, 제3항)

ⓐ 서류제출 : 공인을 갱신하려는 자는 공인의 유효기간이 끝나는 날의 6개월 전까지 신청서에 심사 신청 시 필요한 서류를 첨부하여 관세청장에게 제출해야 한다.

ⓑ 갱신사실의 통보 : 관세청장은 공인을 받은 자에게 공인을 갱신하려면 공인의 유효기간이 끝나는 날의 6개월 전까지 갱신을 신청해야 한다는 사실을 해당 공인의 유효기간이 끝나는 날의 7개월 전까지 휴대폰에 의한 문자전송, 전자메일, 팩스, 전화, 문서 등으로 미리 알려야 한다.

◎ 공인 등급 등 지정(영 제259조의3 제5항) : 수출입 안전관리 우수업체에 대한 공인의 등급, 안전관리 공인심사에 관한 세부절차, 그 밖에 필요한 사항은 관세청장이 정한다. 다만, 「국제항해선박 및 항만시설의 보안에 관한 법률」 등 안전관리에 관한 다른 법령과 관련된 사항에 대해서는 관계기관의 장과 미리 협의해야 한다.

Ⓩ 수출입 안전관리 우수업체의 공인 관련 지원사업(법 제255조의6) : 관세청장은 중소기업 중 수출입물품의 제조·운송·보관·통관 등 무역과 관련된 기업을 대상으로 수출입 안전관리 우수업체로 공인을 받거나 유지하는 데에 필요한 상담·교육 등의 지원사업을 할 수 있다.

ⓩ 수출입 안전관리 기준 준수도의 측정·평가(법 제255조의7, 영 제259조의6) 23년 기출
  ⓐ 안전관리기준 측정·평가 : 관세청장은 수출입 안전관리 우수업체로 공인받기 위한 신청 여부와 관계없이 수출입물품의 제조·운송·보관 또는 통관 등 무역과 관련된 자 중 대통령령으로 정하는 자를 대상으로 안전관리 기준을 준수하는 정도를 대통령령으로 정하는 절차에 따라 측정·평가할 수 있다.
  ⓑ 측정·평가 결과 활용 : 관세청장은 측정·평가 대상자에 대한 지원·관리를 위하여 같은 항에 따라 측정·평가한 결과를 대통령령으로 정하는 바에 따라 활용할 수 있다.
  ⓒ 준수도의 측정·평가의 절차 및 활용 등 : 관세청장은 연 4회의 범위에서 다음의 자를 대상으로 안전관리기준의 준수정도에 대한 측정·평가를 할 수 있다.

> • 운영인
> • 납세의무자
> • 화물관리인
> • 선박회사 또는 항공사
> • 수출·수입·반송 등의 신고인(화주 포함)
> • 특별통관 대상 업체
> • 보세운송사업자 등
> • 「자유무역지역의 지정 및 운영에 관한 법률」에 따른 입주기업체

  ⓓ 측정결과의 활용 대상 : 관세청장은 준수도 측정·평가의 결과를 다음의 사항에 활용할 수 있다.

> • 간이한 신고 방식의 적용 등 통관 절차의 간소화
> • 검사 대상 수출입물품의 선별
> • 그 밖에 업체 및 화물 관리의 효율화를 위하여 기획재정부령으로 정하는 사항

  ⓔ 평가항목 고시 : 준수도 측정·평가에 대한 평가 항목, 배점 및 등급 등 세부 사항은 관세청장이 정하여 고시한다.

알아두기

관세법이 규정하고 있는 통관절차의 특례 제도
• 수입신고수리 전 반출(관세법 제252조)
• 수입신고 전의 물품 반출(동법 제253조)
• 전자상거래물품 등의 특별통관(동법 제254조)
• 탁송품의 특별통관(동법 제254조의2)
• 상호주의에 따른 통관절차 간소화(동법 제240조의5)
• 수출입 안전관리 우수업체의 공인(동법 제255조의2)
• 국가 간 세관정보의 상호교환 등(동법 제240조의6)

㉠ 양도 등의 경우 관세청 보고(법 제255조의4) : 수출입 안전관리 우수업체가 양도, 양수, 분할·합병하거나 그 밖에 관세청장이 정하는 사유가 발생한 경우에는 그 사유가 발생한 날부터 30일 이내에 그 사실을 관세청장에게 보고해야 한다. 다만, 그 사유가 수출입 안전관리 우수업체의 유지에 중대한 영향을 미치는 경우로서 관세청장이 정하는 사유에 해당하는 경우에는 지체 없이 보고해야 한다.

ⓔ 수출입 안전관리 우수업체 심의위원회(영 제259조의7)

    ⓐ 관세청장은 다음의 사항을 심의하기 위하여 필요한 경우에는 수출입 안전관리 우수업체 심의위원회를 구성·운영할 수 있다.

> • 수출입 안전관리 우수업체의 공인 및 갱신
> • 수출입 안전관리 우수업체의 공인 취소
> • 그 밖에 수출입 안전관리 우수업체 제도의 운영에 관하여 관세청장이 수출입 안전관리 우수업체 심의위원회에 부치는 사항

    ⓑ 수출입 안전관리 우수업체 심의위원회 구성 및 운영

구 성	위원장 1명을 포함하여 20명 이상 30명 이내의 위원으로 구성한다.
위원장	• 관세청 차장 • 위원장은 위원회의 회의를 소집하고, 그 의장이 된다.

위 원	• 다음의 사람 중에서 성별을 고려하여 관세청장이 임명하거나 위촉한다.
	  – 관세청 소속 공무원
	  – 관세행정에 관한 학식과 경험이 풍부한 사람
	• 위촉되는 위원의 임기는 2년으로 한다. 다만, 위원의 사임 등으로 새로 위촉된 위원의 임기는 전임위원의 남은 임기로 하고, 수출입 안전관리 우수업체 심의위원회가 해산되는 경우에는 그 해산되는 때에 임기가 만료되는 것으로 한다.

회 의	• 위원장과 위원장이 매 회의마다 지정하는 10명 이상 15명 이내의 위원으로 구성한다. 이 경우 위촉되는 위원이 5명 이상 포함되어야 한다. • 개의 : 구성된 위원 과반수의 출석으로 개의한다. • 의결 : 출석위원 과반수의 찬성으로 의결한다.

• 관세청장은 수출입 안전관리 우수업체 심의위원회의 구성 목적을 달성하였다고 인정하는 경우에는 수출입 안전관리 우수업체 심의위원회를 해산할 수 있다.
• 상기에서 규정한 사항 외에 수출입 안전관리 우수업체 심의위원회의 운영 등에 필요한 사항은 관세청장이 정한다.

3. 우편물

(1) 통관우체국(법 제256조)

① 통관우체국의 경유 22, 11년 기출

수출·수입 또는 반송하려는 우편물(서신은 제외)은 통관우체국을 경유하여야 한다.

주의 수출·수입 또는 반송하려는 모든 우편물이 통관우체국을 경유하여야 하는 것은 아니다.

② 통관우체국의 지정 22, 11년 기출

통관우체국은 체신관서 중에서 관세청장이 지정한다.

주의 세관장이 아니라 관세청장이 지정한다.

(2) 우편물의 사전전자정보 제출(법 제256조의2)

① 사전전자정보 제출

통관우체국의 장은 수입하려는 우편물의 발송국으로부터 해당 우편물이 발송되기 전에 세관신고정보를 포함하여 대통령령으로 정하는 전자정보(사전전자정보)를 제공받은 경우에는 그 제공받은 정보를 해당 우편물이 발송국에서 출항하는 운송수단에 적재되기 전까지 세관장에게 제출하여야 한다.

> **보충** 대통령령으로 정하는 전자정보(영 제259조의8 제1항)
>
> 1. 사전 통관정보 : 우편물에 관한 전자적 통관정보로서 다음의 정보
>   가. 우편물번호, 발송인 및 수취인의 성명과 주소, 총수량 및 총중량
>   나. 개별 우편물의 품명·수량·중량 및 가격
>   다. 그 밖에 수입하려는 우편물에 관한 통관정보로서 관세청장이 정하여 고시하는 정보
> 2. 사전 발송정보 : 개별 우편물이 들어있는 우편 용기에 관한 전자적 발송정보로서 다음의 정보
>   가. 우편물 자루번호 및 우편물번호
>   나. 발송·도착 예정 일시, 발송국·도착국 공항 또는 항만의 명칭, 운송수단
>   다. 그 밖에 수입하려는 우편물에 관한 발송정보로서 관세청장이 정하여 고시하는 정보

② 사전전자정보 미제출 우편물 반송

세관장은 관세청장이 우정사업본부장과 협의하여 사전전자정보 제출대상으로 정한 국가에서 발송한 우편물 중 사전전자정보가 제출되지 아니한 우편물에 대해서는 통관우체국의 장으로 하여금 반송하도록 할 수 있다(법 제256조의2 제2항).

세관장은 반송하도록 결정한 경우 그 결정사항을 통관우체국의 장에게 통지해야 한다. 통지를 받은 통관우체국의 장은 우편물의 수취인이나 발송인에게 그 결정사항을 통지하고 반송해야 한다(영 제259조의8 제3항, 제4항).

③ 우편물 검사 시 우편물목록 제출 생략

통관우체국의 장은 사전전자정보가 제출된 우편물에 대해서는 제257조(우편물의 검사) 본문에 따른 우편물목록의 제출을 생략하고 세관장에게 검사를 받을 수 있다(법 제256조의2 제3항).

다만, 통관우체국의 장은 세관장이 통관절차의 이행과 효율적인 감시·단속을 위하여 다음의 사유에 해당하여 우편물목록의 제출을 요구하는 경우에는 이를 제출하여야 한다(영 제259조의8 제5항).

> ㉠ 세관장이 관세를 부과·징수하려는 경우
> ㉡ 세관장이 법 제235조(지식재산권 보호) 또는 제237조(통관의 보류)에 따라 우편물의 통관을 보류하거나 유치할 필요가 있는 경우
> ㉢ 법 제256조의2(우편물의 사전전자정보 제출) 제1항에 따라 제출된 사전전자정보가 불충분하거나 불분명한 경우
> ㉣ 법 제258조(우편물통관에 대한 결정) 제2항에 따라 법 제241조(수출·수입 또는 반송의 신고) 제1항에 따른 수입신고를 해야 하는 경우
> ㉤ 세관장이 관세 관계 법령 위반 혐의가 있는 우편물을 조사하려는 경우

④ 세부사항 대통령령 지정

상기 규정한 사항 외에 사전전자정보의 제출 절차 및 반송 등에 필요한 세부사항은 대통령령으로 정한다.

(3) 우편물의 검사(법 제257조, 영 제260조) 21년 기출

통관우체국의 장이 우편물을 접수하였을 때에는 세관장에게 우편물목록을 제출하고 해당 우편물에 대한 검사를 받아야 한다. 다만, 관세청장이 정하는 우편물은 검사를 생략할 수 있다.

① 소속공무원의 참여

통관우체국장은 우편물의 검사를 받는 때에는 소속공무원을 참여시켜야 한다.

② 검사 후 재포장

통관우체국의 장은 우편물의 검사를 받는 경우 세관공무원이 당해 우편물의 포장을 풀고 검사할 필요가 있다고 인정되는 때에는 그 우편물의 포장을 풀었다가 다시 포장하여야 한다.

(4) 우편물통관에 대한 결정(법 제258조)

① 통관불허 결정 11년 기출

통관우체국의 장은 세관장이 우편물에 대하여 수출·수입 또는 반송을 할 수 없다고 결정하였을 때에는 그 우편물을 발송하거나 수취인에게 내줄 수 없다.

▎주의▎ 통관우체국의 장이 결정하는 것이 아니라 세관장이 결정한다.

② 수출입신고대상 우편물의 통지 23, 22년 기출

우편물이「대외무역법」에 따른 수출입의 승인을 받은 것이거나 그 밖에 대통령령으로 정하는 기준에 해당하는 것(수출입신고대상 우편물)일 때에는 해당 우편물의 수취인이나 발송인은 수출·수입 또는 반송의 신고를 하여야 한다.

> **보충** 수출입신고대상 우편물(영 제261조)
>
> 1. 법령에 따라 수출입이 제한되거나 금지되는 물품
> 2. 세관장의 확인이 필요한 물품
> 3. 판매를 목적으로 반입하는 물품 또는 대가를 지급하였거나 지급하여야 할 물품(통관 허용 여부 및 과세대상 여부에 관하여 관세청장이 정한 기준에 해당하는 것으로 한정)
> 4. 가공무역을 위하여 우리나라와 외국 간에 무상으로 수출입하는 물품 및 그 물품의 원·부자재
> 4의2. 다음의 어느 하나에 해당하는 물품
>   가. 「건강기능식품에 관한 법률」에 따른 건강기능식품
>   나. 「약사법」에 따른 의약품
>   다. 그 밖에 가목 및 나목의 물품과 유사한 물품으로서 관세청장이 국민보건을 위하여 수출입신고가 필요하다고 인정하여 고시하는 물품
> 5. 그 밖에 수출입신고가 필요하다고 인정되는 물품으로서 관세청장이 정하는 금액을 초과하는 물품

(5) 세관장의 통지(법 제259조)

① 통관우체국의 장에게 통지
세관장은 우편물통관에 대한 결정을 한 경우에는 그 결정사항을, 관세를 징수하려는 경우에는 그 세액을 통관우체국의 장에게 통지하여야 한다.

② 결정사항의 통지
통지를 받은 통관우체국의 장은 우편물의 수취인이나 발송인에게 그 결정사항을 통지하여야 한다.

③ 통관우체국에 제출하는 것으로써 갈음(영 제262조)
수출입신고대상 우편물에 있어서 세관장의 통지는 신고의 수리 또는 승인을 받은 서류를 당해 신고인이 통관우체국에 제출하는 것으로써 이에 갈음한다. 이 경우에 결정사항의 통지는 세관이 발행하는 납부고지서로 갈음한다.

(6) 우편물의 납세절차(법 제260조)

① 수입인지 또는 금전으로 납부
결정사항의 통지를 받은 자는 대통령령으로 정하는 바에 따라 해당 관세를 수입인지 또는 금전으로 납부하여야 한다.

▷ 관세를 납부하고자 하는 자는 세관이 발행하는 납부고지서를 받은 경우에는 세관장에게, 기타의 경우에는 체신관서에 각각 금전으로 이를 납부하여야 한다(영 제263조).

② 관세징수 전 교부 금지 22, 11년 기출
체신관서는 관세를 징수하여야 하는 우편물은 관세를 징수하기 전에 수취인에게 내줄 수 없다.

(7) 우편물의 반송(법 제261조) 22, 11년 기출
우편물에 대한 관세의 납세의무는 해당 우편물이 반송되면 소멸한다.

주의 관세의 납세의무는 납세가 완료되기 전에는 소멸하는 경우가 없는 것이 아니라 해당 우편물이 반송되면 소멸한다.

01 입항하는 국제무역선의 외국물품을 다른 세관의 관할구역으로 운송하여 출항하는 국제무역선으로 옮겨 싣는 복합환적을 하는 경우에는 세관장에게 신고를 하고 현장에서 세관공무원의 확인을 받아야 한다. (O, X)

01 O (법 제141조 제3호)

02 세관검사장, 지정장치장은 특허보세구역에 해당된다. (O, X)

02 X 특허보세구역은 보세창고·보세공장·보세전시장·보세건설장 및 보세판매장으로 구분한다(법 제154조)

03 해당 보세공장에서 생산하는 제품의 제조·가공 공정에 투입되어 소모되는 물품은 보세공장원재료에 포함되지 않는다. (O, X)

03 X 포함되지 않는다 → 포함된다 (영 제199조 제1항 제2호)

04 「외국인투자촉진법」에 의한 외국인투자지역은 관세청장이 종합보세구역으로 지정할 수 있는 지역이다. (O, X)

04 O (영 제214조 제1항 제1호)

05 지정장치장에 물품을 장치하는 기간은 3개월의 범위에서 관세청장이 정한다. 다만, 관세청장이 정하는 기준에 따라 세관장은 1개월의 범위에서 그 기간을 연장할 수 있다. (O, X)

05 X 3개월 → 6개월, 1개월 → 3개월(법 제170조)

06 세관장은 보세운송의 신고를 하거나 승인을 받으려는 물품에 대하여 관세의 담보를 반드시 제공하게 하여야 한다. (O, X)

06 X 반드시 제공하게 하여야 한다 → 제공하게 할 수 있다(법 제218조)

07 재해나 그 밖의 부득이한 사유로 선박 또는 항공기로부터 내려진 외국물품의 운송이 긴급한 때에 세관공무원이 없는 경우 경찰공무원에게 신고하여야 하며, 신고를 받은 경찰공무원은 지체 없이 그 내용을 세관공무원에게 통보하여야 한다. (O, X)

07 O (법 제219조)

08 세관장은 보세운송물품의 감시·단속을 위하여 필요하다고 인정될 때에는 관세청장이 정하는 바에 따라 운송통로를 제한할 수 있다. (O, X)

08 O (관세법 제216조 제1항)

09 즉시반출신고를 하고 반출을 하는 자는 즉시반출신고를 한 날부터 20일 이내에 수입신고를 하여야 한다. (O, X)

09 X 20일 → 10일(법 제253조 제3항)

10 세관장은 원산지증명서확인자료를 제출한 자가 정당한 사유를 제시하여 그 자료를 공개하지 아니할 것을 요청한 경우라도 그 제출인의 명시적 동의 없이 해당 자료를 공개할 수 있다. (O, X)

10 X 공개할 수 있다 → 공개하여서는 아니 된다(법 제232조 제4항)

제 6 장 출제예상문제

01 관세법상 입출항절차에 대한 설명으로 옳지 않은 것은?

① 국제무역선이나 국제무역기가 국제항에 입항하였을 때에는 선장이나 기장은 대통령령으로 정하는 사항이 적힌 선박용품 또는 항공기용품의 목록, 여객명부, 승무원명부, 승무원 휴대품목록과 적재화물목록을 첨부하여 지체 없이 세관장에게 입항보고를 하여야 하며, 국제무역선은 선박국적증서와 최종 출발항의 출항면장이나 이를 갈음할 서류를 제시하여야 한다.

② 세관장은 신속한 입항 및 통관절차의 이행과 효율적인 감시·단속을 위하여 필요할 때에는 관세청장이 정하는 바에 따라 입항하는 해당 선박 또는 항공기가 소속된 선박회사 또는 항공사로 하여금 여객명부·적재화물목록 등을 입항하기 전에 제출하게 할 수 있다.

③ 국제무역선이나 국제무역기가 국제항을 출항하려면 선장이나 기장은 출항하기 전에 세관장에게 출항신고를 하여야 한다.

④ 국제무역선이나 국제무역기가 국제항에 입항하여 물품(선박용품 또는 항공기용품과 승무원의 휴대품은 제외)을 하역하지 아니하고 입항한 때부터 24시간 이내에 출항하는 경우 세관장은 적재화물목록, 선박용품 또는 항공기용품의 목록, 여객명부, 승무원명부, 승무원 휴대품목록 또는 적재물품의 목록의 제출을 생략하게 할 수 있다.

⑤ 세관장은 국제무역선이나 국제무역기가 국제항에 입항하여 입항절차를 마친 후 다시 우리나라의 다른 국제항에 입항할 때에는 서류제출의 생략 등 간소한 절차로 입출항하게 할 수 있다.

> **해설**
>
> **출항절차(법 제136조 제1항)**
> 국제무역선이나 국제무역기가 국제항을 출항하려면 선장이나 기장은 출항하기 전에 세관장에게 **출항허가**를 받아야 한다.

02 물품의 하역에 관한 설명으로 옳지 않은 것은?

① 국제무역선이나 국제무역기는 세관장의 허가를 받은 경우가 아니면 입항절차를 마친 후에 물품을 하역하거나 환적해야 한다.

② 국제무역선이나 국제무역기에 물품을 하역하려면 세관장의 허가를 받아야 한다.

③ 세관장의 허가를 받았을 때에는 국내운항선이나 국내운항기에 외국물품을 적재할 수 있다.

④ 세관장은 감시와 단속을 위하여 국제무역선이나 국제무역기에서 물품을 하역하는 장소와 통로, 기간을 제한할 수 있다.

⑤ 국제무역선이나 국제무역기에는 내국물품을 적재할 수 없다.

> **해설**
>
> ② 세관장의 허가를 받아야 하는 것이 아니라 세관장에게 신고하고 현장에서 세관공무원의 확인을 받아야 한다(법 제140조 제4항).

03 관세법상 국제무역선의 국내운항선으로의 전환 등에 대한 설명으로 옳지 않은 것은?

① 국제무역선이나 국제무역기를 국내운항선이나 국내운항기로 전환하거나, 국내운항선이나 국내운항기를 국제무역선 또는 국제무역기로 전환하려면 선장이나 기장은 세관장의 승인을 받아야 한다.

② 군함 및 군용기는 국제무역선이나 국제무역기에 관한 규정을 준용한다.

③ 국제무역선 또는 국제무역기 외의 선박이나 항공기로서 외국에 운항하는 선박 또는 항공기는 국제무역선이나 국제무역기에 관한 규정을 준용한다.

④ 환승전용국내운항기에 대해서는 제143조(선박용품 및 항공기용품의 하역 등) 제2항은 적용하지 아니하며 효율적인 통관 및 감시·단속을 위하여 필요한 사항은 대통령령으로 따로 정할 수 있다.

⑤ 국경하천만을 운항하는 내국선박에 대하여는 국제무역선에 관한 규정을 적용하지 아니한다.

> **해설**
>
> **그 밖의 선박 또는 항공기(법 제146조 제1항)**
> 국제무역선 또는 국제무역기 외의 선박이나 항공기로서 외국에 운항하는 선박 또는 항공기, 환승전용국내운항기의 어느 하나에 해당하는 선박이나 항공기는 국제무역선이나 국제무역기에 관한 규정을 준용한다. 다만, <u>대통령령으로 정하는 선박 및 항공기</u>에 대하여는 그러하지 아니하다.
>
> **특수선박(영 제168조)**
> 법 제146조 단서에서 "대통령령으로 정하는 선박 및 항공기"란 다음 어느 하나에 해당하는 것을 말한다.
> • 군함 및 군용기
> • 국가원수 또는 정부를 대표하는 외교사절이 전용하는 선박 또는 항공기

04 관세법상 차량에 대한 설명으로 옳지 않은 것은?

① 국경출입차량은 관세통로를 경유하여야 하며, 통관역이나 통관장에 정차하여야 한다.

② 통관역은 국외와 연결되고 국경에 근접한 철도역 중에서 관세청장이 지정한다.

③ 국경출입차량이 통관역이나 통관장에 도착하면 통관역장이나 도로차량의 운전자는 차량용품목록·여객명부·승무원명부 및 승무원 휴대품목록과 관세청장이 정하는 적재화물목록을 첨부하여 지체 없이 세관장에게 도착보고를 하여야 하며, 최종 출발지의 출발허가서 또는 이를 갈음하는 서류를 제시하여야 한다.

④ 국경출입차량이 통관역이나 통관장을 출발하려면 통관역장이나 도로차량의 운전자는 출발하기 전에 세관장에게 출발보고를 하고 출발허가를 받아야 한다.

⑤ 국경출입차량을 국내에서만 운행하는 차량으로 전환하거나 국내운행차량을 국경출입차량으로 전환하려는 경우에는 통관역장 또는 도로차량의 운전자는 관세청장의 승인을 받아야 한다.

> **해설**
>
> **국경출입차량의 국내운행차량으로의 전환 등(법 제151조의2)**
> 국경출입차량을 국내에서만 운행하는 차량(국내운행차량)으로 전환하거나 국내운행차량을 국경출입차량으로 전환하려는 경우에는 통관역장 또는 도로차량의 운전자는 <u>세관장</u>의 승인을 받아야 한다. 다만, 기획재정부령으로 정하는 차량의 경우에는 그러하지 아니하다.

05 다음 중 특허보세구역으로만 구성된 것을 모두 고른 것은?

> ㄱ. 세관검사장   ㄴ. 보세건설장
> ㄷ. 보세판매장   ㄹ. 보세공장
> ㅁ. 보세전시장   ㅂ. 지정장치장
> ㅅ. 보세창고

① ㄱ, ㄴ, ㄷ, ㄹ   ② ㄴ, ㄷ, ㅁ, ㅂ
③ ㄱ, ㄹ, ㅂ, ㅅ   ④ ㄴ, ㄷ, ㄹ, ㅁ
⑤ ㄷ, ㄹ, ㅁ, ㅂ

해설

보세구역의 종류(법 제154조)
보세구역은 지정보세구역·특허보세구역 및 종합보세구역으로 구분하고, 지정보세구역은 지정장치장 및 세관검사장으로 구분하며, 특허보세구역은 보세창고·보세공장·보세전시장·보세건설장 및 보세판매장으로 구분한다.

06 관세법상 장치물품의 폐기에 대한 설명으로 옳지 않은 것은?

① 부패·손상되거나 그 밖의 사유로 보세구역에 장치된 물품을 폐기하려는 자는 세관장의 승인을 받아야 한다.
② 보세구역에 장치된 외국물품이 멸실되거나 폐기되었을 때에는 그 운영인이나 보관인으로부터 즉시 그 관세를 징수한다. 다만, 재해나 그 밖의 부득이한 사유로 멸실된 때와 미리 세관장의 승인을 받아 폐기한 때에는 예외로 한다.
③ 승인을 받은 외국물품 중 폐기 후에 남아 있는 부분에 대하여는 폐기 후의 성질과 수량에 따라 관세를 부과한다.
④ 세관장이 물품을 폐기하거나 화주 등이 물품을 폐기 또는 반송한 경우 그 비용은 세관장이나 화주 등이 부담한다.
⑤ 반송 또는 폐기통고를 할 때 화주 등의 주소나 거소를 알 수 없거나 그 밖의 사유로 통고할 수 없는 경우에는 공고로써 이를 갈음할 수 있다.

해설

장치물품의 폐기(법 제160조 제6항)
세관장이 물품을 폐기하거나 화주 등이 물품을 폐기 또는 반송한 경우 그 비용은 <u>화주 등</u>이 부담한다.

07 지정보세구역에 대한 설명 중 옳지 않은 것은?

① 세관장은 국가, 지방자치단체, 공항시설 또는 항만시설을 관리하는 법인이 소유하거나 관리하는 토지·건물 또는 그 밖의 시설을 지정보세구역으로 지정할 수 있다.

② 세관장은 수출입물량이 감소하거나 그 밖의 사유로 지정보세구역의 전부 또는 일부를 보세구역으로 존속시킬 필요가 없어졌다고 인정될 때에는 그 지정을 취소하여야 한다.

③ 지정장치장은 통관을 하려는 물품을 일시 장치하기 위한 장소로서 세관장이 지정하는 구역으로 한다.

④ 지정장치장에 물품을 장치하는 기간은 6개월의 범위에서 관세청장이 정한다. 다만, 관세청장이 정하는 기준에 따라 세관장은 1개월의 범위에서 그 기간을 연장할 수 있다.

⑤ 세관검사장은 통관하려는 물품을 검사하기 위한 장소로서 세관장이 지정하는 지역으로 하며 세관검사장에 반입되는 물품의 채취·운반 등에 필요한 비용은 화주가 부담한다.

> **해설**
>
> 장치기간(법 제170조)
> 지정장치장에 물품을 장치하는 기간은 6개월의 범위에서 관세청장이 정한다. 다만, 관세청장이 정하는 기준에 따라 세관장은 <u>3개월</u>의 범위에서 그 기간을 연장할 수 있다.

08 특허보세구역에 대한 설명으로 옳지 않은 것은?

① 특허보세구역을 설치·운영하려는 자는 세관장의 특허를 받아야 한다. 기존의 특허를 갱신하려는 경우에도 또한 같다.

② 미성년자, 피성년후견인과 피한정후견인, 파산선고를 받고 복권되지 아니한 자 등은 특허보세구역을 설치·운영할 수 없다.

③ 특허보세구역의 특허기간은 5년 이내로 한다.

④ 보세판매장의 특허는 대통령령으로 정하는 일정한 자격을 갖춘 자의 신청을 받아 대통령령으로 정하는 평가기준에 따라 심사하여 부여한다. 기존 특허가 만료되는 경우(갱신되는 경우는 제외)에도 또한 같다.

⑤ 보세판매장의 특허에 관한 보세판매장 특허 신청자의 평가 및 선정, 그 밖에 보세판매장 운영에 관한 중요 사항을 심의하기 위하여 관세청에 보세판매장 특허심사위원회를 둔다.

> **해설**
>
> 특허기간(법 제176조 제1항)
> 특허보세구역의 특허기간은 <u>10년</u> 이내로 한다.

09 다음 중 특허보세구역 특허의 효력이 상실되는 사유가 아닌 것은?

① 운영인이 특허보세구역을 운영하지 아니하게 된 경우
② 운영인이 해산하거나 사망한 경우
③ 특허가 취소된 경우
④ 특허기간이 만료한 경우
⑤ 운영인이 특허를 제3자에게 양도한 경우

해설

특허의 효력상실 및 승계(법 제179조 제1항)
• 운영인이 특허보세구역을 운영하지 아니하게 된 경우
• 운영인이 해산하거나 사망한 경우
• 특허기간이 만료한 경우
• 특허가 취소된 경우

10 관세법상 보세공장에 대한 설명으로 옳지 않은 것은?

① 보세공장에서는 외국물품을 원료 또는 재료로 하거나 외국물품과 내국물품을 원료 또는 재료로 하여 제조·가공하거나 그 밖에 이와 비슷한 작업을 할 수 있다.
② 운영인은 보세공장에 반입된 물품을 그 사용 전에 세관장에게 사용신고를 하여야 한다. 이 경우 세관공무원은 그 물품을 검사할 수 있다.
③ 세관장은 가공무역이나 국내산업의 진흥을 위하여 필요한 경우에는 기간, 장소, 물품 등을 정하여 해당 보세공장 외에서 작업을 허가할 수 있다.
④ 외국물품이나 외국물품과 내국물품을 원료로 하거나 재료로 하여 작업을 하는 경우 그로써 생긴 물품은 외국으로부터 우리나라에 도착한 물품으로 본다. 다만, 세관장의 승인을 받고 외국물품과 내국물품을 혼용하는 경우에는 그로써 생긴 제품 중 해당 외국물품의 수량 또는 가격에 상응하는 것은 외국으로부터 우리나라에 도착한 물품으로 본다.
⑤ 보세공장에서 제조된 물품을 수입하는 경우 사용신고 전에 미리 세관장에게 해당 물품의 원료인 외국물품에 대한 과세의 적용을 신청한 경우에는 수입신고를 할 때의 그 원료의 성질 및 수량에 따라 관세를 부과한다.

해설

원료과세(법 제189조 제1항)
보세공장에서 제조된 물품을 수입하는 경우 사용신고 전에 미리 세관장에게 해당 물품의 원료인 외국물품에 대한 과세의 적용을 신청한 경우에는 <u>사용신고</u>를 할 때의 그 원료의 성질 및 수량에 따라 관세를 부과한다.

11 보세건설장에 대한 설명으로 옳지 않은 것은?

① 보세건설장에서는 산업시설의 건설에 사용되는 외국물품인 기계류 설비품이나 공사용 장비를 장치 · 사용하여 해당 건설공사를 할 수 있다.

② 운영인은 보세건설장에 외국물품을 반입하였을 때에는 사용 전에 해당 물품에 대하여 수입신고를 하고 세관공무원의 검사를 받아야 한다. 다만, 세관공무원이 검사가 필요 없다고 인정하는 경우에는 검사를 하지 아니할 수 있다.

③ 세관장은 보세건설장에 반입된 외국물품에 대하여 필요하다고 인정될 때에는 보세건설장 안에서 그 물품을 장치할 장소를 제한하거나 그 사용상황에 관하여 운영인으로 하여금 보고하게 할 수 있다.

④ 운영인은 보세건설장에서 건설된 시설에 대하여 수입신고 전에 시험 가동할 수 있다.

⑤ 세관장은 보세작업상 필요하다고 인정될 때에는 대통령령으로 정하는 바에 따라 기간, 장소, 물품 등을 정하여 해당 보세건설장 외에서의 보세작업을 허가할 수 있다.

해설

보세건설물품의 가동 제한(법 제194조)
운영인은 보세건설장에서 건설된 시설을 수입신고가 수리되기 전에 가동하여서는 아니 된다.

12 종합보세구역에 대한 설명으로 옳지 않은 것은?

① 관세청장은 직권으로 또는 관계 중앙행정기관의 장이나 지방자치단체의 장, 그 밖에 종합보세구역을 운영하려는 자(지정요청자)의 요청에 따라 무역진흥에의 기여 정도, 외국물품의 반입 · 반출 물량 등을 고려하여 일정한 지역을 종합보세구역으로 지정할 수 있다.

② 종합보세구역에서 종합보세기능을 수행하려는 자는 그 기능을 정하여 세관장에게 종합보세사업장의 설치 · 운영에 관한 신고를 하고 특허를 받아야 한다.

③ 외국인 관광객 등 대통령령으로 정하는 자가 종합보세구역에서 구입한 물품을 국외로 반출하는 경우에는 해당 물품을 구입할 때 납부한 관세 및 내국세 등을 환급받을 수 있다.

④ 세관장은 관세채권의 확보, 감시 · 단속 등 종합보세구역을 효율적으로 운영하기 위하여 종합보세구역에 출입하는 인원과 차량 등의 출입을 통제하거나 휴대 또는 운송하는 물품을 검사할 수 있다.

⑤ 관세청장은 종합보세구역에 반입 · 반출되는 물량이 감소하거나 그 밖에 대통령령으로 정하는 사유로 종합보세구역을 존속시킬 필요가 없다고 인정될 때에는 종합보세구역의 지정을 취소할 수 있다.

해설

종합보세사업장의 설치 · 운영에 관한 신고 등(법 제198조 제1항)
종합보세구역에서 종합보세기능을 수행하려는 자는 그 기능을 정하여 세관장에게 종합보세사업장의 설치 · 운영에 관한 <u>신고</u>를 하여야 한다.

13 관세법상 유치 및 예치에 대한 설명으로 옳지 않은 것은?

① 여행자의 휴대품, 우리나라와 외국 간을 왕래하는 운송수단에 종사하는 승무원의 휴대품으로서 필요한 허가·승인·표시 또는 그 밖의 조건이 갖추어지지 아니한 것은 세관장이 이를 유치할 수 있다.

② 유치한 물품은 해당 사유가 없어졌거나 반송하는 경우에만 유치를 해제한다.

③ 유치 대상 물품으로서 수입할 의사가 없는 물품은 세관장에게 신고하여 폐기할 수 있다.

④ 유치하거나 예치한 물품은 세관장이 관리하는 장소에 보관한다. 다만, 세관장이 필요하다고 인정할 때에는 그러하지 아니하다.

⑤ 세관장은 유치되거나 예치된 물품의 원활한 통관을 위하여 필요하다고 인정될 때에는 관세청장이 정하는 바에 따라 해당 물품을 유치하거나 예치할 때에 유치기간 또는 예치기간 내에 수출·수입 또는 반송하지 아니하면 매각한다는 뜻을 통고할 수 있다.

> **해설**
> ③ 수입할 의사가 없는 물품은 세관장에게 신고하여 <u>일시 예치시킬 수 있다</u>(법 제206조 제3항).

14 세관장은 보세구역에 반입한 외국물품의 장치기간이 지나면 그 사실을 공고한 후 해당 물품을 매각할 수 있다. 다만, 특정물품은 기간이 지나기 전이라도 공고한 후 매각할 수 있는데 이에 해당하지 않는 것은?

① 살아 있는 동식물
② 부패하거나 부패할 우려가 있는 것
③ 기간이 지나면 사용할 수 없게 되거나 상품가치가 현저히 떨어질 우려가 있는 것
④ 세관장이 정하는 물품 중 화주가 요청하는 것
⑤ 창고나 다른 외국물품에 해를 끼칠 우려가 있는 것

> **해설**
> 매각대상 및 매각절차(법 제208조 제1항)
> 세관장은 보세구역에 반입한 외국물품의 장치기간이 지나면 그 사실을 공고한 후 해당 물품을 매각할 수 있다. 다만, 다음에 해당하는 물품은 기간이 지나기 전이라도 공고한 후 매각할 수 있다.
> • 살아 있는 동식물
> • 부패하거나 부패할 우려가 있는 것
> • 창고나 다른 외국물품에 해를 끼칠 우려가 있는 것
> • 기간이 지나면 사용할 수 없게 되거나 상품가치가 현저히 떨어질 우려가 있는 것
> • <u>관세청장</u>이 정하는 물품 중 화주가 요청하는 것
> • 제26조에 따른 강제징수, 「국세징수법」 제30조에 따른 강제징수 및 「지방세징수법」 제39조의2에 따른 체납처분을 위하여 세관장이 압류한 수입물품(제2조 제4호 가목의 외국물품으로 한정)

15 관세법상 보세운송에 대한 설명 중 옳지 않은 것은?

① 보세운송을 할 수 있는 장소는 국제항, 보세구역, 제156조에 따라 허가된 장소, 세관관서, 통관역, 통관장 및 통관우체국이다.

② 보세운송의 신고 또는 승인신청은 화주, 관세사 등, 보세운송을 업으로 하는 자(보세운송업자)의 명의로 하여야 한다.

③ 보세운송의 신고를 하거나 승인을 받은 자는 해당 물품이 운송 목적지에 도착하였을 때에는 관세청장이 정하는 바에 따라 도착지의 세관장에게 보고하여야 한다.

④ 보세운송의 신고를 하거나 승인을 받아 보세운송하는 외국물품이 지정된 기간 내에 목적지에 도착하지 아니한 경우에는 즉시 그 관세를 징수한다. 다만, 해당 물품이 재해나 그 밖의 부득이한 사유로 망실되었거나 미리 세관장의 승인을 받아 그 물품을 폐기하였을 때에는 그러하지 아니하다.

⑤ 세관장은 보세운송을 하려는 물품의 성질과 형태, 보세운송업자의 신용도 등을 고려하여 관세청장이 정하는 바에 따라 보세운송업자나 화주를 지정하여 신고절차의 간소화, 검사의 생략, 담보 제공의 면제 조치를 할 수 있다.

> **해설**
>
> 간이 보세운송(법 제220조)
> 세관장은 보세운송을 하려는 물품의 성질과 형태, 보세운송업자의 신용도 등을 고려하여 관세청장이 정하는 바에 따라 보세운송업자나 물품을 지정하여 다음 조치를 할 수 있다.
> • 신고절차의 간소화
> • 보세운송물품 검사의 생략
> • 보세운송 담보 제공의 면제

16 관세법상 원산지의 확인 등에 대한 설명으로 옳지 않은 것은?

① 관세법, 조약, 협정 등에 따른 관세의 부과·징수, 수출입물품의 통관, 원산지증명서 등의 확인요청에 따른 조사 등을 위하여 원산지를 확인할 때에는 해당 물품이 2개국 이상에 걸쳐 생산·가공 또는 제조된 경우에는 그 물품의 본질적 특성을 부여하기에 충분한 정도의 실질적인 생산·가공·제조 과정이 최종적으로 수행된 나라를 원산지로 한다.

② 세관장은 법령에 따라 원산지를 표시하여야 하는 물품이 원산지 표시가 법령에서 정하는 기준과 방법에 부합되지 아니하게 표시된 경우, 원산지 표시가 부정한 방법으로 사실과 다르게 표시된 경우, 원산지 표시가 되어 있지 아니한 경우에는 해당 물품의 통관을 허용하여서는 아니 된다.

③ 세관장은 일시적으로 육지에 내려지거나 다른 운송수단으로 환적 또는 복합환적되는 외국물품 중 원산지를 우리나라로 허위 표시한 물품은 유치할 수 있다.

④ 관세법, 조약, 협정 등에 따라 원산지 확인이 필요한 물품을 수입하는 자는 해당 물품의 원산지증명서를 제출하여야 한다.

⑤ 세관장은 원산지증명서를 발급한 국가의 세관이나 그 밖에 발급권한이 있는 기관에 원산지증명서 및 원산지증명서확인자료의 진위 여부, 정확성 등의 확인을 요청할 수 있다. 이 경우 세관장의 확인요청은 해당 물품의 수입신고가 수리되기 전에도 할 수 있으며, 세관장은 확인을 요청한 사실 및 회신 내용과 그에 따른 결정 내용을 수입자에게 통보하여야 한다.

해설

원산지증명서 등의 확인요청 및 조사(법 제233조 제1항)
세관장은 원산지증명서를 발급한 국가의 세관이나 그 밖에 발급권한이 있는 기관(외국세관 등)에 원산지증명서 및 원산지증명서확인자료의 진위 여부, 정확성 등의 확인을 요청할 수 있다. 이 경우 세관장의 확인요청은 해당 물품의 <u>수입신고가 수리된 이후</u>에 하여야 하며, 세관장은 확인을 요청한 사실 및 회신 내용과 그에 따른 결정 내용을 수입자에게 통보하여야 한다.

17 관세법상 통관의 제한에 대한 설명으로 옳지 않은 것은?

① 상표권, 저작권 등, 품종보호권, 특허권 등의 지식재산권을 침해하는 물품은 수출하거나 수입할 수 없다.

② 헌법질서를 문란하게 하거나 공공의 안녕질서 또는 풍속을 해치는 서적·간행물·도화, 영화·음반·비디오물·조각물 또는 그 밖에 이에 준하는 물품은 수출하거나 수입할 수 없다. 다만, 세관장의 승인을 얻은 경우에는 그러하지 아니하다.

③ 지식재산권을 보호받으려는 자는 세관장에게 담보를 제공하고 해당 물품의 통관 보류나 유치를 요청할 수 있다.

④ 세관장은 수출·수입 또는 반송에 관한 신고서의 기재사항에 보완이 필요한 경우, 관세법에 따른 의무사항을 위반하거나 국민보건 등을 해칠 우려가 있는 경우 등에는 해당 물품의 통관을 보류할 수 있다.

⑤ 관세청장이나 세관장은 수출신고가 수리되어 외국으로 반출되기 전에 있는 물품, 수입신고가 수리되어 반출된 물품으로서 관세법에 따른 의무사항을 위반하거나 국민보건 등을 해칠 우려가 있는 물품은 이를 보세구역으로 반입할 것을 명할 수 있다.

수출입의 금지(법 제234조)
다음 물품은 수출하거나 수입할 수 없다.
- 헌법질서를 문란하게 하거나 공공의 안녕질서 또는 풍속을 해치는 서적·간행물·도화, 영화·음반·비디오물·조각물 또는 그 밖에 이에 준하는 물품
- 정부의 기밀을 누설하거나 첩보활동에 사용되는 물품
- 화폐·채권이나 그 밖의 유가증권의 위조품·변조품 또는 모조품

18 관세법상 수출·수입 및 반송에 대한 설명으로 옳지 않은 것은?

① 물품을 수출·수입 또는 반송하려면 해당 물품의 품명·규격·수량 및 가격과 그 밖에 대통령령으로 정하는 사항을 세관장에게 신고하여야 한다.

② 휴대품·탁송품 또는 별송품, 우편물, 관세가 면제되는 물품, 보고 또는 허가의 대상이 되는 운송수단, 국제운송을 위한 컨테이너(별표 관세율표 중 기본세율이 무세인 것으로 한정)는 신고를 생략하게 하거나 관세청장이 정하는 간소한 방법으로 신고하게 할 수 있다.

③ 수출·수입 또는 반송의 신고는 화주 또는 관세사 등의 명의로 하여야 한다. 다만, 수출신고의 경우에는 화주에게 해당 수출물품을 제조하여 공급한 자의 명의로 할 수 있다.

④ 수입하려는 물품의 신속한 통관이 필요할 때에는 해당 물품을 적재한 선박이나 항공기가 입항하기 전에 수입신고를 할 수 있다. 이 경우 입항전수입신고가 수리된 물품은 우리나라에 도착한 것으로 본다.

⑤ 수출·수입 또는 반송의 신고를 하는 자는 과세가격결정자료 외에 대통령령으로 정하는 서류를 제출하여야 한다.

입항전수입신고(법 제244조 제1항)
수입하려는 물품의 신속한 통관이 필요할 때에는 해당 물품을 적재한 선박이나 항공기가 입항하기 전에 수입신고를 할 수 있다. 이 경우 <u>입항전수입신고가 된</u> 물품은 우리나라에 도착한 것으로 본다.

정답 18 ④

19 관세청장은 전자상거래 물품에 대하여 수출입신고 방법·물품검사 방법 등 통관에 필요한 사항을 따로 정할 수 있다. 다음 중 관세청장이 따로 정할 수 있는 사항이 아닌 것은?

① 특별통관 대상 거래물품 또는 업체
② 수출입신고 방법 및 절차
③ 내국세 등에 대한 납부방법
④ 물품검사방법
⑤ 그 밖에 관세청장이 필요하다고 인정하는 사항

해설

전자상거래물품 등의 특별통관 등(영 제258조)
관세청장은 전자상거래 물품에 대하여 다음의 사항을 따로 정할 수 있다.
• 특별통관 대상 거래물품 또는 업체
• 수출입신고 방법 및 절차
• <u>관세</u> 등에 대한 납부방법
• 물품검사방법
• 그 밖에 관세청장이 필요하다고 인정하는 사항

20 관세법상 우편물에 대한 설명으로 옳지 않은 것은?

① 수출·수입 또는 반송하려는 우편물(서신은 제외)은 통관우체국을 경유하여야 한다.
② 통관우체국의 장이 우편물을 접수하였을 때에는 세관장에게 우편물목록을 제출하고 해당 우편물에 대한 검사를 받아야 한다. 다만, 관세청장이 정하는 우편물은 검사를 생략할 수 있다.
③ 통관우체국의 장은 세관장이 우편물에 대하여 수출·수입 또는 반송을 할 수 없다고 결정하였을 때에는 그 우편물을 발송하거나 수취인에게 내줄 수 없다.
④ 체신관서는 관세를 징수하여야 하는 우편물은 관세를 징수하기 전에 담보를 제공받고 수취인에게 내줄 수 있다.
⑤ 우편물에 대한 관세의 납세의무는 해당 우편물이 반송되면 소멸한다.

해설

우편물의 납세절차(법 제260조 제2항)
체신관서는 관세를 징수하여야 하는 우편물은 관세를 징수하기 전에 <u>수취인에게 내줄 수 없다.</u>

제1절 벌 칙

1. 관세형벌

(1) 관세형벌제도의 특례

① 미수범 등(법 제271조) 12, 11년 기출

교사범과 종범에 대한 처벌	그 정황을 알면서 제269조(밀수출입죄) 및 제270조(관세포탈죄 등)에 따른 행위를 교사하거나 방조한 자는 정범에 준하여 처벌한다.
미수범에 대한 처벌	제268조의2(전자문서 위조·변조죄 등), 제269조(밀수출입죄) 및 제270조(관세포탈죄 등)의 미수범은 본죄에 준하여 처벌한다.
예비범에 대한 처벌	제268조의2(전자문서 위조·변조죄 등), 제269조(밀수출입죄) 및 제270조(관세포탈죄 등)의 죄를 저지를 목적으로 그 예비를 한 자는 본죄의 2분의 1을 감경하여 처벌한다.

② 징역과 벌금의 병과(법 제275조) 19, 14년 기출

제269조부터 제271조(밀수출입죄, 관세포탈죄 등, 가격조작죄, 미수범 등)까지 및 제274조(밀수품의 취득죄 등)의 죄를 저지른 자는 정상(情狀)에 따라 징역과 벌금을 병과할 수 있다.

③ 「형법」 적용의 일부 배제(법 제278조) 12년 기출

관세법에 따른 벌칙에 위반되는 행위를 한 자에게는 「형법」 중 벌금경합에 관한 제한가중규정을 적용하지 아니한다.

④ 양벌 규정(법 제279조) 20, 15, 13, 11년 기출

㉠ 의의 : 법인의 대표자나 법인 또는 개인의 대리인, 사용인, 그 밖의 종업원이 그 법인 또는 개인의 업무에 관하여 제11장에서 규정한 벌칙(과태료는 제외)에 해당하는 위반행위를 하면 그 행위자를 벌하는 외에 그 법인 또는 개인에게도 해당 조문의 벌금형을 과한다.

㉡ 개인처벌대상 : 개인은 다음의 어느 하나에 해당하는 사람으로 한정한다.

> ⓐ 특허보세구역 또는 종합보세사업장의 운영인
> ⓑ 수출(수출용원재료에 대한 관세 등 환급에 관한 특례법에 따른 수출 등을 포함)·수입 또는 운송을 업으로 하는 사람
> ⓒ 관세사
> ⓓ 국제항 안에서 물품 및 용역의 공급을 업으로 하는 사람
> ⓔ 전자문서중계사업자

㉢ 면책 : 법인 또는 개인이 그 위반행위를 방지하기 위하여 해당 업무에 관하여 상당한 주의와 감독을 게을리하지 아니한 경우에는 양벌 규정을 적용하지 아니한다.

제7장

⑤ 몰수·추징(법 제282조) 11년 기출

  ㉠ 범죄물품의 몰수

    ⓐ 무조건 몰수 : 제269조 제1항(수출입금지품 밀수출입죄)(예비범 포함)의 경우에는 그 물품을 몰수한다.

    ⓑ 범인이 소유하거나 점유하는 물품의 몰수 : 제269조(밀수출입죄) 제2항·제3항 또는 제274조(밀수품취득죄) 제1항 제1호의 경우(예비범 포함)에는 범인이 소유하거나 점유하는 그 물품을 몰수한다. 다만, 제269조(밀수출입죄) 제2항 또는 제3항의 경우로서 다음의 어느 하나에 해당하는 물품은 몰수하지 아니할 수 있다.

    > • 보세구역에 물품을 반입하거나 반출하려는 자가 세관장에게 신고를 한 후 반입한 외국물품
    > • 세관장의 허가를 받아 보세구역이 아닌 장소에 장치한 외국물품
    > • 「폐기물관리법」에 따른 폐기물
    > • 그 밖에 몰수의 실익이 없는 물품으로서 대통령령으로 정하는 물품

  ㉡ 밀수 전용 운반기구의 몰수(법 제272조) : 제269조(밀수출입죄)의 죄에 전용되는 선박·자동차나 그 밖의 운반기구는 그 소유자가 범죄에 사용된다는 정황을 알고 있고, 다음의 어느 하나에 해당하는 경우에는 몰수한다. 18년 기출

    > ⓐ 범죄물품을 적재하거나 적재하려고 한 경우
    > ⓑ 검거를 기피하기 위하여 권한 있는 공무원의 정지명령을 받고도 정지하지 아니하거나 적재된 범죄물품을 해상에서 투기·파괴 또는 훼손한 경우
    > ⓒ 범죄물품을 해상에서 인수 또는 취득하거나 인수 또는 취득하려고 한 경우
    > ⓓ 범죄물품을 운반한 경우

  ㉢ 범죄에 사용된 물품의 몰수 등(법 제273조) 16, 12년 기출

특수한 가공을 한 물품	밀수출입죄에 사용하기 위하여 특수한 가공을 한 물품은 누구의 소유이든지 몰수하거나 그 효용을 소멸시킨다.
범인 소유의 물품	밀수출입죄에 해당되는 물품이 다른 물품 중에 포함되어 있는 경우 그 물품이 범인의 소유일 때에는 그 다른 물품도 몰수할 수 있다.

  ㉣ 추징 : 몰수할 물품의 전부 또는 일부를 몰수할 수 없을 때에는 그 몰수할 수 없는 물품의 범칙 당시의 국내도매가격에 상당한 금액을 범인으로부터 추징한다. 다만, 제274조(밀수품의 취득죄 등) 제1항 제1호 중 제269조(밀수출입죄) 제2항의 물품을 감정한 자는 제외한다(법 제282조 제3항).

  ㉤ 양벌 규정에 의한 몰수와 추징 : 양벌 규정에 의한 개인 및 법인은 범죄물품의 몰수 및 추징의 규정을 적용할 때에는 이를 범인으로 본다.

  ㉥ 몰수품 등의 처분(법 제326조) : 세관장은 관세법에 따라 몰수되거나 국고에 귀속된 물품(몰수품 등)을 공매 또는 그 밖의 방법으로 처분할 수 있다.

매각방법의 준용	몰수품 등의 공매에 관하여는 제210조(매각방법)를 준용한다. 다만, 관세청장이 정하는 물품은 경쟁입찰에 의하지 아니하고 수의계약이나 위탁판매의 방법으로 매각할 수 있다.
보고 및 제출명령	관세청장 또는 세관장은 위탁판매 물품에 대한 적정한 관리를 위하여 필요한 경우에는 수탁판매 기관에게 물품의 판매 현황, 재고 현황 등 관리 현황을 관세청장 또는 세관장에게 보고하게 하거나 관련 장부 및 서류의 제출을 명할 수 있다. 이 경우 보고의 방법 및 절차 등 필요한 사항은 관세청장이 정한다.
보관료 및 관리비의 지급	• 세관장은 몰수품 등에 대하여 대통령령으로 정하는 금액의 범위에서 몰수 또는 국고귀속 전에 발생한 보관료 및 관리비를 지급할 수 있다. • 세관장은 몰수품 등의 매각대금에서 매각에 든 비용과 보관료 및 관리비를 직접 지급할 수 있다.
몰수품 등의 이관	세관장은 몰수품 등이 농산물인 경우로서 국내시장의 수급조절과 가격안정을 도모하기 위하여 농림축산식품부장관이 요청할 때에는 대통령령으로 정하는 바에 따라 몰수품 등을 농림축산식품부장관에게 이관할 수 있다(영 제282조의2). • 세관장은 공매 그 밖의 방법으로 처분할 수 있는 몰수품 등이 농산물(몰수농산물)인 경우에는 관세청장이 정하는 바에 따라 농림축산식품부장관에게 이를 통보하여야 한다. • 통보를 받은 농림축산식품부장관이 몰수농산물을 이관받고자 하는 경우에는 통보받은 날부터 20일 이내에 관세청장이 정하는 바에 따라 이관요청서를 세관장에게 제출하여야 한다. • 세관장은 농림축산식품부장관이 통보받은 날부터 20일 이내에 이관요청서를 제출하지 아니하는 경우에는 처분할 수 있다. • 농림축산식품부장관의 요청에 따라 이관하는 몰수농산물에 대한 보관료 및 관리비는 관세청장이 정하는 바에 따라 농림축산식품부장관이 지급하여야 한다.

(2) 전자문서 위조 · 변조죄 등(법 제268조의2) 21년 기출

① 전자문서 위조 · 변조죄(징역 : 1년 이상 10년 이하, 벌금 : 1억 원 이하)

국가관세종합정보시스템이나 전자문서중계사업자의 전산처리설비에 기록된 전자문서 등 관련 정보를 위조 또는 변조하거나 위조 또는 변조된 정보를 행사한 자는 1년 이상 10년 이하의 징역 또는 1억 원 이하의 벌금에 처한다.

② 전자문서와 관련된 범죄(징역 : 5년 이하, 벌금 : 5천만 원 이하)

다음의 어느 하나에 해당하는 자는 5년 이하의 징역 또는 5천만 원 이하의 벌금에 처한다.

> ㉠ 관세청장의 지정을 받지 아니하고 전자문서중계업무를 행한 자
> ㉡ 국가관세종합정보시스템 또는 전자문서중계사업자의 전산처리설비에 기록된 전자문서 등 관련 정보를 훼손하거나 그 비밀을 침해한 자
> ㉢ 업무상 알게 된 전자문서 등 관련 정보에 관한 비밀을 누설하거나 도용한 한국관세정보원 또는 전자문서중계사업자의 임직원 또는 임직원이었던 사람

(3) 밀수출입죄(법 제269조) 24, 21, 11년 기출

① 수출입금지물품 수출입죄(징역 : 7년 이하, 벌금 : 7천만 원 이하)

다음의 물품을 수출하거나 수입한 자는 7년 이하의 징역 또는 7천만 원 이하의 벌금에 처한다.

> ㉠ 헌법질서를 문란하게 하거나 공공의 안녕질서 또는 풍속을 해치는 서적·간행물·도화, 영화·음반·비디오물·조각물 또는 그 밖에 이에 준하는 물품
> ㉡ 정부의 기밀을 누설하거나 첩보활동에 사용되는 물품
> ㉢ 화폐·채권이나 그 밖의 유가증권의 위조품·변조품 또는 모조품

주의 마약류·가짜상품·보석류는 관세법상에는 수출입금지물품으로 명시되어 있지 않으며, 10년 이하의 징역 또는 5천만 원 이하의 벌금이 아니라 7년 이하의 징역 또는 7천만 원 이하의 벌금에 처한다.

② 밀수입죄(징역 : 5년 이하, 벌금 : 관세액의 10배와 물품원가 중 높은 금액 이하)

다음의 어느 하나에 해당하는 자는 5년 이하의 징역 또는 관세액의 10배와 물품원가 중 높은 금액 이하에 상당하는 벌금에 처한다.

> ㉠ 신고를 하지 아니하고 물품을 수입한 자(다만, 즉시반출신고를 한 자는 제외)
> ㉡ 신고를 하였으나 해당 수입물품과 다른 물품으로 신고하여 수입한 자

③ 밀수출죄(징역 : 3년 이하, 벌금 : 물품원가 이하)

다음의 어느 하나에 해당하는 자는 3년 이하의 징역 또는 물품원가 이하에 상당하는 벌금에 처한다.

> ㉠ 신고를 하지 아니하고 물품을 수출하거나 반송한 자
> ㉡ 신고를 하였으나 해당 수출물품 또는 반송물품과 다른 물품으로 신고하여 수출하거나 반송한 자

관세법 제269조(밀수출입죄)에 관한 내용이다. (   )에 들어갈 숫자를 옳게 나열한 것은? 24년 기출

○ 관세법 제241조(수출·수입 또는 반송의 신고) 제1항·제2항에 따른 신고를 하였으나 해당 수입물품과 다른 물품으로 신고하여 수입한 자는 (ㄱ)년 이하의 징역 또는 관세액의 (ㄴ)배와 물품원가 중 높은 금액 이하에 상당하는 벌금에 처한다.

○ 관세법 제241조 제1항 및 제2항에 따른 신고를 하지 아니하고 물품을 수출하거나 반송한 자는 (ㄷ)년 이하의 징역 또는 물품원가 이하에 상당하는 벌금에 처한다.

① ㄱ - 3, ㄴ - 5, ㄷ - 1
② ㄱ - 3, ㄴ - 5, ㄷ - 3
③ ㄱ - 3, ㄴ - 10, ㄷ - 3
④ ㄱ - 5, ㄴ - 5, ㄷ - 1
⑤ ㄱ - 5, ㄴ - 10, ㄷ - 3

해설

• 관세법 제241조 제1항·제2항 또는 제244조 제1항에 따른 신고를 하였으나 해당 수입물품과 다른 물품으로 신고하여 수입한 자는 5년 이하의 징역 또는 관세액의 10배와 물품원가 중 높은 금액 이하에 상당하는 벌금에 처한다.

• 관세법 제241조 제1항 및 제2항에 따른 신고를 하지 아니하고 물품을 수출하거나 반송한 자는 3년 이하의 징역 또는 물품원가 이하에 상당하는 벌금에 처한다.

정답 ⑤

(4) 관세포탈죄 등(법 제270조)

① 관세포탈죄(징역 : 3년 이하, 벌금 : 포탈한 관세액의 5배와 물품원가 중 높은 금액 이하) 12년 기출

수입신고 또는 입항전수입신고를 한 자(구매대행업자 포함) 중 다음의 어느 하나에 해당하는 자는 3년 이하의 징역 또는 포탈한 관세액의 5배와 물품원가 중 높은 금액 이하에 상당하는 벌금에 처한다. 이 경우 ㉠의 물품원가는 전체 물품 중 포탈한 세액의 전체 세액에 대한 비율에 해당하는 물품만의 원가로 한다.

㉠ 세액결정에 영향을 미치기 위하여 과세가격 또는 관세율 등을 거짓으로 신고하거나 신고하지 아니하고 수입한 자(구매대행업자 포함)

㉡ 세액결정에 영향을 미치기 위하여 거짓으로 서류를 갖추어 품목분류사전심사·재심사 및 법 제87조에 따른 품목분류의 변경에 대한 재심사를 신청한 자

㉢ 법령에 따라 수입이 제한된 사항을 회피할 목적으로 부분품으로 수입하거나 주요 특성을 갖춘 미완성·불완전한 물품이나 완제품을 부분품으로 분할하여 수입한 자

② 부정수입죄(징역 : 3년 이하, 벌금 : 3천만 원 이하) 14, 10년 기출

수입신고 또는 입항전수입신고를 한 자 중 법령에 따라 수입에 필요한 허가·승인·추천·증명 또는 그 밖의 조건을 갖추지 아니하거나 부정한 방법으로 갖추어 수입한 자는 3년 이하의 징역 또는 3천만 원 이하의 벌금에 처한다.

③ **부정수출죄(징역 : 1년 이하, 벌금 : 2천만 원 이하)**

수출신고를 한 자 중 법령에 따라 수출에 필요한 허가·승인·추천·증명 또는 그 밖의 조건을 갖추지 아니하거나 부정한 방법으로 갖추어 수출한 자는 1년 이하의 징역 또는 2천만 원 이하의 벌금에 처한다.

④ **부정감면죄(징역 : 3년 이하, 벌금 : 감면·면탈한 관세액의 5배 이하)** 16년 기출

부정한 방법으로 관세를 감면받거나 관세를 감면받은 물품에 대한 관세의 징수를 면탈한 자는 3년 이하의 징역에 처하거나, 감면받거나 면탈한 관세액의 5배 이하에 상당하는 벌금에 처한다.

⑤ **부정환급죄(징역 : 3년 이하, 벌금 : 환급 세액의 5배 이하)** 16, 12년 기출

부정한 방법으로 관세를 환급받은 자는 3년 이하의 징역 또는 환급받은 세액의 5배 이하에 상당하는 벌금에 처한다. 이 경우 세관장은 부정한 방법으로 환급받은 세액을 즉시 징수한다.

(5) 가격조작죄(법 제270조의2)(징역 : 2년 이하, 벌금 : 물품원가와 5천만 원 중 높은 금액 이하) 23, 22년 기출

보정신청, 수정신고, 수출·수입 또는 반송신고, 입항전수입신고를 할 때 부당하게 재물이나 재산상 이득을 취득하거나 제3자로 하여금 이를 취득하게 할 목적으로 물품의 가격을 조작하여 신청 또는 신고한 자는 2년 이하의 징역 또는 물품원가와 5천만 원 중 높은 금액 이하의 벌금에 처한다.

(6) 밀수품의 취득죄 등(법 제274조)

① **밀수품취득죄(징역 : 3년 이하, 벌금 : 물품원가 이하)** 13년 기출

다음의 어느 하나에 해당되는 물품을 취득·양도·운반·보관 또는 알선하거나 감정한 자는 3년 이하의 징역 또는 물품원가 이하에 상당하는 벌금에 처한다.

> ㉠ 밀수출입죄에 해당되는 물품
> ㉡ 관세포탈죄 중 제한사항 회피목적으로 부분품으로 수입하거나 부분품으로 분할하여 수입한 경우, 부정수입죄 및 부정수출죄에 해당되는 물품

② **미수범**

미수범은 본죄에 준하여 처벌한다.

③ **예비범**

①에 규정된 죄를 저지를 목적으로 그 예비를 한 자는 본죄의 2분의 1을 감경하여 처벌한다.

(7) 강제징수면탈죄 등(법 제275조의2) 21, 16, 12, 11년 기출

① **강제징수면탈죄(징역 : 3년 이하, 벌금 : 3천만 원 이하)**

납세의무자 또는 납세의무자의 재산을 점유하는 자가 강제징수를 면탈할 목적 또는 면탈하게 할 목적으로 그 재산을 은닉·탈루하거나 거짓 계약을 하였을 때에는 3년 이하의 징역 또는 3천만 원 이하의 벌금에 처한다.

② **보관물품 은닉 등의 죄(징역 : 3년 이하, 벌금 : 3천만 원 이하)**

압수물건의 보관자 또는 압류물건의 보관자가 그 보관한 물건을 은닉·탈루, 손괴 또는 소비하였을 때에도 3년 이하의 징역 또는 3천만 원 이하의 벌금에 처한다.

③ 방조자 등(징역 : 2년 이하, 벌금 : 2천만 원 이하)

　　강제징수면탈죄와 보관물품 은닉 등의 죄의 사정을 알고도 이를 방조하거나 거짓 계약을 승낙한 자는 2년 이하의 징역 또는 2천만 원 이하의 벌금에 처한다.

(8) 명의대여행위죄 등(법 제275조의3)(징역 : 1년 이하, 벌금 : 1천만 원 이하) 16년 기출

　　관세(세관장이 징수하는 내국세 등을 포함)의 회피 또는 강제집행의 면탈을 목적으로 하거나 재산상 이득을 취할 목적으로 다음의 행위를 한 자는 1년 이하의 징역 또는 1천만 원 이하의 벌금에 처한다.

> ① 타인에게 자신의 명의를 사용하여 제38조(신고납부)에 따른 납세신고를 하도록 허락한 자
> ② 타인의 명의를 사용하여 제38조(신고납부)에 따른 납세신고를 한 자

(9) 보세사의 명의대여죄 등(법 제275조의4)(징역 : 1년 이하, 벌금 : 1천만 원 이하)

　　다음에 해당하는 자는 1년 이하의 징역 또는 1천만 원 이하의 벌금에 처한다.

> ① 제165조의2(보세사의 명의대여 등의 금지) 제1항을 위반하여 다른 사람에게 자신의 성명·상호를 사용하여 보세사 업무를 수행하게 하거나 자격증 또는 등록증을 빌려준 자
> ② 제165조의2 제2항을 위반하여 다른 사람의 성명·상호를 사용하여 보세사의 업무를 수행하거나 자격증 또는 등록증을 빌린 자
> ③ 제165조의2 제3항을 위반하여 같은 조 제1항 또는 제2항의 행위를 알선한 자

(10) 허위신고죄 등(법 제276조) 21, 12년 기출

① 물품원가 또는 2천만 원 중 높은 금액 이하의 벌금

　　다음의 어느 하나에 해당하는 자는 물품원가 또는 2천만 원 중 높은 금액 이하의 벌금에 처한다.

> ⊙ 제198조(종합보세사업장의 설치·운영에 관한 신고 등) 제1항에 따른 종합보세사업장의 설치·운영에 관한 신고를 하지 아니하고 종합보세기능을 수행한 자
> ⓛ 제204조(종합보세구역 지정의 취소 등) 제2항에 따른 세관장의 중지조치 또는 제3항에 따른 세관장의 폐쇄 명령을 위반하여 종합보세기능을 수행한 자
> ⓒ 제238조(보세구역 반입명령)에 따른 보세구역 반입명령에 대하여 반입대상 물품의 전부 또는 일부를 반입하지 아니한 자
> ⓔ 제241조(수출·수입 또는 반송의 신고) 제1항·제2항 또는 제244조(입항 전 수입신고) 제1항에 따른 신고를 할 때 해당 물품의 품명·규격·수량 및 가격과 그 밖에 대통령령으로 정하는 사항을 신고하지 아니하거나 허위신고를 한 자[제275조의3(명의대여행위죄 등) 제2호에 해당하는 자는 제외]
> ⓜ 제38조의2(보정) 제1항 및 제2항, 제38조의3(수정 및 경정) 제1항에 따른 보정신청 또는 수정신고를 할 때 해당 물품의 품명·규격·수량 및 가격과 그 밖에 대통령령으로 정하는 사항을 허위로 신청하거나 신고한 자
> ⓗ 제248조(신고의 수리) 제3항을 위반한 자

　주의 허위신고죄 등의 죄를 범한 자는 정상에 따라 징역과 벌금을 병과할 수 없고, 벌금형으로만 처벌한다.

② 2천만 원 이하의 벌금

다음의 어느 하나에 해당되는 자는 2천만 원 이하의 벌금에 처한다. 다만, 과실로 ⓛ, ⓒ 또는 ⓜ에 해당하게 된 경우에는 300만 원 이하의 벌금에 처한다.

> ㉠ 부정한 방법으로 적재화물목록을 작성하였거나 제출한 자
> ㉡ 제12조(장부 등의 보관 – 신고필증을 보관하지 아니한 경우는 제외), 제98조(재수출 감면) 제2항, 제109조(다른 법령 등에 따른 감면물품의 관세징수) 제1항(해당 물품을 직접 수입한 경우 관세를 감면받을 수 있고 수입자와 동일한 용도에 사용하려는 자에게 양도한 경우는 제외), 제134조(국제항 등에의 출입) 제1항, 제136조(출항절차) 제2항, 제148조(관세통로) 제1항, 제149조(국경출입차량의 도착절차), 제222조(보세운송업자 등의 등록 및 보고) 제1항(국제무역선이나 국제무역기에 관한 규정을 준용하는 경우를 포함) 또는 제225조(보세화물 취급 선박회사 등의 신고 및 보고) 제1항 전단을 위반한 자
> ㉢ 제83조(용도세율의 적용) 제2항, 제88조(외교관용 물품 등의 면세) 제2항, 제97조(재수출면세) 제2항 및 제102조(관세감면물품의 사후관리) 제1항을 위반한 자(다만, 해당 물품을 직접 수입한 경우 관세를 감면받을 수 있고 수입자와 동일한 용도에 사용하려는 자에게 양도한 자는 제외)
> ㉣ 제174조(특허보세구역의 설치·운영에 관한 특허) 제1항에 따른 특허보세구역의 설치·운영에 관한 특허를 받지 아니하고 특허보세구역을 운영한 자
> ㉤ 제227조(의무 이행의 요구)에 따른 세관장의 의무 이행 요구를 이행하지 아니한 자
> ㉥ 제38조(신고납부) 제3항 후단에 따른 자율심사 결과를 거짓으로 작성하여 제출한 자
> ㉦ 제178조(반입정지 등과 특허의 취소) 제2항 제1호·제5호 및 제224조(보세운송업자 등의 행정제재) 제1항 제1호에 해당하는 자

③ 1천만 원 이하의 벌금

다음의 어느 하나에 해당하는 자는 1천만 원 이하의 벌금에 처한다. 다만, 과실로 ㉠ 또는 ㉡ 규정에 해당하게 된 경우에는 200만 원 이하의 벌금에 처한다.

> ㉠ 제135조(입항절차) 제1항(국제무역선이나 국제무역기에 관한 규정을 준용하는 경우를 포함)에 따른 입항보고를 거짓으로 하거나 제136조(출항절차) 제1항(국제무역선이나 국제무역기에 관한 규정을 준용하는 경우를 포함)에 따른 출항허가를 거짓으로 받은 자
> ㉡ 제135조(입항절차) 제1항(국제무역선이나 국제무역기에 관한 규정을 준용하는 경우를 포함하며 과실로 여객명부 또는 승객예약자료를 제출하지 아니한 자는 제외), 제136조(출항절차) 제1항(국제무역선이나 국제무역기에 관한 규정을 준용하는 경우를 포함), 제137조의2(승객예약자료의 요청) 제1항 각호 외의 부분 후단(과실로 여객명부 또는 승객예약자료를 제출하지 아니한 자는 제외), 제140조(물품의 하역) 제1항·제4항·제6항(국제무역선이나 국제무역기에 관한 규정을 준용하는 경우를 포함), 제142조(항외 하역) 제1항(국제무역선이나 국제무역기에 관한 규정을 준용하는 경우를 포함), 제144조(국제무역선의 국내운항선으로의 전환 등 – 국제무역선이나 국제무역기에 관한 규정을 준용하는 경우를 포함), 제150조(국경출입차량의 출발절차), 제151조(물품의 하역 등), 제213조(보세운송의 신고) 제2항 또는 제223조의2(보세운송업자 등의 명의대여 등의 금지)를 위반한 자
> ㉢ 부정한 방법으로 제248조(신고의 수리) 제1항 단서에 따른 신고필증을 발급받은 자
> ㉣ 제265조(물품 또는 운송수단 등에 대한 검사 등)에 따른 세관장 또는 세관공무원의 조치를 거부 또는 방해한 자

④ 500만 원 이하의 벌금 21년 기출

제165조(보세사의 자격 등) 제3항(보세사의 등록)을 위반한 자는 500만 원 이하의 벌금에 처한다.

2. 관세질서벌(과태료 – 법 제277조)

과태료는 대통령령으로 정하는 바에 따라 세관장이 부과·징수한다.

(1) 1억 원 이하의 과태료 15, 14년 기출

제37조의4(특수관계자 수입물품 과세가격결정자료 등 제출) 제1항 및 제2항에 따라 과세가격결정자료 등의 제출을 요구받은 특수관계에 있는 자로서 제10조(천재지변 등으로 인한 기한의 연장)에서 정하는 정당한 사유 없이 자료제출을 요구받은 날부터 60일 이내에 자료를 제출하지 아니하거나 거짓의 자료를 제출하는 자에게는 1억 원 이하의 과태료를 부과한다. 이 경우 제276조(허위신고죄 등)는 적용되지 아니한다.

(2) 2억 원 이하의 과태료

제37조의4(특수관계자 수입물품 과세가격결정자료 등 제출) 제7항을 위반한 자에게는 2억 원 이하의 과태료를 부과한다. 이 경우 제276조(허위신고죄 등)는 적용되지 아니한다.

(3) 5천만 원 이하의 과태료

다음의 어느 하나에 해당하는 자에게는 5천만 원 이하의 과태료를 부과한다. 다만, 과실로 ②에 해당하게 된 경우에는 400만 원 이하의 과태료를 부과한다.

> ① 세관공무원의 질문에 대하여 거짓의 진술을 하거나 그 직무의 집행을 거부 또는 기피한 자
> ② 제200조(반출입물품의 범위 등) 제3항, 제203조(종합보세구역에 대한 세관의 관리 등) 제1항 또는 제262조(운송수단의 출발 중지 등)에 따른 관세청장 또는 세관장의 조치를 위반하거나 검사를 거부·방해 또는 기피한 자
> ③ 제263조(서류의 제출 또는 보고 등의 명령)를 위반하여 서류의 제출·보고 또는 그 밖에 필요한 사항에 관한 명령을 이행하지 아니하거나 거짓의 보고를 한 자
> ④ 제266조(장부 또는 자료의 제출 등) 제1항에 따른 세관공무원의 자료 또는 물품의 제시요구 또는 제출요구를 거부한 자

(4) 1천만 원 이하의 과태료

다음의 어느 하나에 해당하는 자에게는 1천만 원 이하의 과태료를 부과한다.

> ① 제139조(임시 외국 정박 또는 착륙의 보고 – 국제무역선이나 국제무역기에 관한 규정을 준용하는 경우를 포함), 제143조(선박용품 및 항공기용품의 하역 등) 제1항(국제무역선이나 국제무역기에 관한 규정을 준용하는 경우를 포함), 제152조(도로차량의 국경출입) 제1항, 제155조(물품의 장치) 제1항, 제156조(보세구역 외 장치의 허가) 제1항, 제159조(해체·절단 등의 작업) 제2항, 제160조(장치물품의 폐기) 제1항, 제161조(견본품 반출) 제1항, 제186조(사용신고 등) 제1항(종합보세구역에 대하여 준용하는 경우를 포함), 제192조(사용 전 수입신고 – 종합보세구역에 대하여 준용하는 경우를 포함), 제200조(반출입물품의 범위 등) 제1항, 제201조(운영인의 물품관리) 제1항·제3항, 제219조(조난물품의 운송) 제2항 또는 제266조(장부 또는 자료의 제출 등) 제2항을 위반한 자
> ② 제187조(보세공장 외 작업 허가) 제1항(지정된 공장에 대하여 준용하는 경우를 포함) 또는 제195조(보세건설장 외 작업 허가) 제1항에 따른 허가를 받지 아니하거나 제202조(설비의 유지의무 등) 제2항에 따른 신고를 하지 아니하고 보세공장·보세건설장·종합보세구역 또는 지정공장 외의 장소에서 작업을 한 자

(5) 500만 원 이하의 과태료

다음의 어느 하나에 해당하는 자에게는 500만 원 이하의 과태료를 부과한다.

> ① 제240조의2(통관 후 유통이력 신고) 제1항을 위반하여 유통이력을 신고하지 아니하거나 거짓으로 신고한 자
> ② 제240조의2(통관 후 유통이력 신고) 제2항을 위반하여 장부기록 자료를 보관하지 아니한 자
> ③ 제243조(신고의 요건) 제4항을 위반하여 관세청장이 정하는 장소에 반입하지 아니하고 제241조(수출·수입 또는 반송의 신고) 제1항에 따른 수출의 신고를 한 자
> ④ 제327조의2(한국관세정보원의 설립) 제10항을 위반하여 한국관세정보원 또는 이와 유사한 명칭을 사용한 자

(6) 200만 원 이하의 과태료

다음의 어느 하나에 해당하는 자에게는 200만 원 이하의 과태료를 부과한다.

> ① 특허보세구역의 특허사항을 위반한 운영인
> ② 제38조(신고납부) 제3항, 제83조(용도세율의 적용) 제1항, 제107조(관세의 분할납부) 제3항, 제135조(입항절차) 제2항[제146조(그 밖의 선박 또는 항공기) 제1항에서 준용하는 경우를 포함], 제136조(출항절차) 제3항[제146조(그 밖의 선박 또는 항공기) 제1항에서 준용하는 경우를 포함], 제140조(물품의 하역) 제5항, 제141조(외국물품의 일시양륙 등) 제1호·제3호[제146조(그 밖의 선박 또는 항공기) 제1항에서 준용하는 경우를 포함], 제157조(물품의 반입·반출) 제1항, 제158조(보수작업) 제2항·제6항, 제172조(물품에 대한 보관책임) 제3항, 제194조(보세건설물품의 가동 제한 - 종합보세구역에 대하여 준용하는 경우를 포함), 제196조의2(시내보세판매장의 현장인도 특례) 제5항, 제198조(종합보세사업장의 설치·운영에 관한 신고 등) 제3항, 제199조(종합보세구역에의 물품의 반입·반출 등) 제1항, 제202조(설비의 유지의무 등) 제1항, 제214조(보세운송의 신고인), 제215조(보세운송 보고 - 조난물품의 운송 및 내국운송에서 준용하는 경우를 포함), 제216조(보세운송통로) 제2항(조난물품의 운송 및 내국운송에서 준용하는 경우를 포함), 제221조(내국운송의 신고) 제1항, 제222조(보세운송업자 등의 등록 및 보고) 제3항, 제225조(보세화물 취급 선박회사 등의 신고 및 보고) 제1항 후단 또는 제251조(수출신고수리물품의 적재 등) 제1항을 위반한 자
> ③ 제83조(용도세율의 적용) 제2항, 제88조(외교관용 물품 등의 면세) 제2항, 제97조(재수출면세) 제2항, 제102조(관세감면물품의 사후관리) 제1항 및 제109조(다른 법령 등에 따른 감면물품의 관세징수) 제1항을 위반한 자 중 해당 물품을 직접 수입한 경우 관세를 감면받을 수 있고 수입자와 동일한 용도에 사용하려는 자에게 양도한 자
> ④ 제135조(입항절차) 제1항 또는 제137조의2(승객예약자료의 요청) 제1항 각 호 외의 부분 후단을 위반한 자 중 과실로 여객명부 또는 승객예약자료를 제출하지 아니한 자
> ⑤ 제159조(해체·절단 등의 작업) 제6항, 제180조(특허보세구역의 설치·운영에 관한 감독 등) 제3항(종합보세구역에 대하여 준용하는 경우를 포함), 제196조(보세판매장) 제4항, 제216조(보세운송통로) 제1항(조난물품의 운송 및 내국운송에서 준용하는 경우를 포함), 제222조(보세운송업자 등의 등록 및 보고) 제4항, 제225조(보세화물 취급 선박회사 등의 신고 및 보고) 제2항, 제228조(통관표지) 또는 제266조(장부 또는 자료의 제출 등) 제3항에 따른 관세청장 또는 세관장의 조치를 위반한 자
> ⑥ 제321조(세관의 업무시간·물품취급시간) 제2항 제2호를 위반하여 운송수단에서 물품을 취급한 자
> ⑦ 보세구역에 물품을 반입하지 아니하고 거짓으로 제157조(물품의 반입·반출) 제1항에 따른 반입신고를 한 자

(7) 100만 원 이하의 과태료

다음의 어느 하나에 해당하는 자에게는 100만 원 이하의 과태료를 부과한다.

① 적재물품과 일치하지 아니하는 적재화물목록을 작성하였거나 제출한 자. 다만, 다음의 어느 하나에 해당하는 자가 투입 및 봉인한 것이어서 적재화물목록을 제출한 자가 해당 적재물품의 내용을 확인하는 것이 불가능한 경우에는 해당 적재화물목록을 제출한 자는 제외한다.
  ㉠ 부정한 방법으로 적재화물목록을 작성하였거나 제출한 자[제276조(허위신고죄 등) 제3항 제1호에 해당하는 자]
  ㉡ 적재물품을 수출한 자
  ㉢ 다른 선박회사·항공사 및 화물운송주선업자
② 제12조(장부 등의 보관)를 위반하여 신고필증을 보관하지 아니한 자
③ 제28조(잠정가격의 신고 등) 제2항에 따른 확정가격신고를 하지 아니한 자
④ 제107조(관세의 분할납부) 제4항, 제108조(담보 제공 및 사후관리) 제2항, 제138조(재해나 그 밖의 부득이한 사유로 인한 면책) 제2항·제4항, 제141조(외국물품의 일시양륙 등) 제2호, 제157조의2(수입신고 수리 물품의 반출), 제162조(물품취급자에 대한 단속), 제179조(특허의 효력상실 및 승계) 제2항, 제182조(특허의 효력상실 시 조치 등) 제1항(종합보세구역에 대하여 준용하는 경우를 포함), 제183조(보세창고) 제2항·제3항, 제184조(장치기간이 지난 내국물품 – 종합보세구역에 대하여 준용하는 경우를 포함), 제185조(보세공장) 제2항(종합보세구역에 대하여 준용하는 경우를 포함), 제245조(신고 시의 제출서류) 제3항 또는 제254조의2(탁송품의 특별통관) 제2항 및 제3항을 위반한 자
⑤ 제160조(장치물품의 폐기) 제4항(유치하거나 예치한 물품에서 준용하는 경우를 포함)에 따른 세관장의 명령을 이행하지 아니한 자
⑥ 제177조(장치기간) 제2항(종합보세구역에 대하여 준용하는 경우를 포함), 제180조(특허보세구역의 설치·운영에 관한 감독 등) 제4항(종합보세구역에 대하여 준용하는 경우를 포함) 또는 제249조(신고사항의 보완) 각 호 외의 부분 단서에 따른 세관장의 명령이나 보완조치를 이행하지 아니한 자
⑦ 제180조(특허보세구역의 설치·운영에 관한 감독 등) 제1항(종합보세구역에 대하여 준용하는 경우를 포함)·제2항(지정된 공장에 대하여 준용하는 경우를 포함), 제193조(반입물품의 장치 제한 – 종합보세구역에 대하여 준용하는 경우를 포함) 또는 제203조(종합보세구역에 대한 세관의 관리 등) 제2항에 따른 세관장의 감독·검사·보고지시 등을 따르지 아니한 자

3. 금품 수수 및 공여(법 제277조의2) 23년 기출

① 세관공무원의 금품 수수

세관공무원이 그 직무와 관련하여 금품을 수수(收受)하였을 때에는 「국가공무원법」 제82조에 따른 징계절차에서 그 금품 수수액의 5배 내의 징계부가금 부과 의결을 징계위원회에 요구하여야 한다.

② 징계부가금 감면

징계대상 세관공무원이 징계부가금 부과 의결 전후에 금품 수수를 이유로 다른 법률에 따라 형사처벌을 받거나 변상책임 등을 이행한 경우(몰수나 추징을 당한 경우를 포함)에는 징계위원회에 감경된 징계부가금 부과 의결 또는 징계부가금 감면을 요구하여야 한다.

③ 국가공무원법 준용

징계부가금 부과 의결 요구에 관하여는 「국가공무원법」 제78조 제4항을 준용한다. 이 경우 "징계 의결 요구"를 "징계부가금 부과 의결 요구"로 본다.

④ 징계부가금 징수

징계부가금 부과처분을 받은 자가 납부기간 내에 그 부가금을 납부하지 아니한 때에는 징계권자는 국세
강제징수의 예에 따라 징수할 수 있다.

⑤ 금품 공여자에 대한 과태료

관세청장 또는 세관장은 세관공무원에게 금품을 공여한 자에 대해서는 그 금품 상당액의 2배 이상 5배
내의 과태료를 부과·징수한다. 다만, 「형법」 등 다른 법률에 따라 형사처벌을 받은 경우에는 과태료
를 부과하지 아니하고, 과태료를 부과한 후 형사처벌을 받은 경우에는 과태료 부과를 취소한다.

4. 비밀유지 의무 위반에 대한 과태료(법 제277조의3) : 2천만 원 이하 과태료

① 관세청장은 제116조(비밀유지) 제1항·제6항 또는 제116조의6(납세자 본인에 관한 과세정보의 전송 요
구) 제10항을 위반하여 과세정보를 타인에게 제공 또는 누설하거나 그 목적 외의 용도로 사용한 자에게
2천만 원 이하의 과태료를 부과·징수한다. 다만, 「형법」 등 다른 법률에 따라 형사처벌을 받은 경우에는
과태료를 부과하지 아니하고, 과태료를 부과한 후 형사처벌을 받은 경우에는 과태료 부과를 취소한다.
② 과태료의 부과기준은 대통령령으로 정한다.

제2절   조사와 처분

1. 조사와 처분의 총칙

(1) 관세범(법 제283조)

① 의 의 15년 기출

관세법에서 "관세범"이란 관세법 또는 관세법에 따른 명령을 위반하는 행위로서 관세법에 따라 형사처벌
되거나 통고처분되는 것을 말한다.

② 조사·처분 15년 기출

관세범에 관한 조사·처분은 세관공무원이 한다.

주의 사법경찰공무원이 아니라 세관공무원이 한다.

(2) 공소의 요건(법 제284조) 17, 12년 기출

① 의 의 15, 10년 기출

관세범에 관한 사건에 대하여는 관세청장이나 세관장의 고발이 없으면 검사는 공소를 제기할 수 없다.

② 관세범의 인계

다른 기관이 관세범에 관한 사건을 발견하거나 피의자를 체포하였을 때에는 즉시 관세청이나 세관에 인
계하여야 한다.

(3) 관세범칙조사심의위원회(법 제284조의2)

① 설 치

범칙사건에 관한 다음의 사항을 심의하기 위하여 관세청 또는 인천공항세관·서울세관·부산세관·인천세관·대구세관·광주세관 및 평택세관에 관세범칙조사심의위원회를 둘 수 있다.

> ⊙ 관세법 제290조(관세범의 조사) 및 「사법경찰관리의 직무를 수행할 자와 그 직무범위에 관한 법률」에 해당하는 사건에 대한 조사의 시작 여부에 관한 사항
> ⓒ 조사한 사건의 고발, 송치, 통고처분(통고처분의 면제 포함) 및 종결 등에 관한 사항
> ⓒ 그 밖에 범칙사건과 관련하여 관세청장 또는 세관장이 관세범칙조사심의위원회의 심의가 필요하다고 인정하는 사항

② 관세범칙조사심의위원회의 구성 및 운영 등(영 제266조의2, 영 제266조의7) 23년 기출

위원회 구성	위원장 1명을 포함한 10명 이상 20명 이하의 위원으로 성별을 고려하여 구성한다(법 제284조의2 제2항).
위원장	• 관세청 3급부터 5급까지에 해당하는 공무원 중 관세청장이 지정하는 사람이 된다. • 위원장은 위원회를 대표하고, 업무를 총괄한다. • 위원장이 직무를 수행하지 못하는 부득이한 사정이 있는 때에는 위원장이 지명하는 위원이 그 직무를 대행한다(영 제266조의4).
위 원 (영 제266조의2)	다음의 사람 중에서 세관장이 임명 또는 위촉하되, 제2호(변호사·관세사)부터 제6호(그 밖에 법칙조사에 관한 학식과 경험이 풍부한 자)까지에 해당하는 위원이 2분의 1 이상 포함되어야 하며, 임기는 2년으로 하되, 한 차례만 연임할 수 있다. 다만 보궐위원의 임기는 전임위원 임기의 남은 기간으로 한다(영 제266조의2). • 관세청 소속 공무원 • 변호사·관세사 • 대학교수 • 관세, 무역 및 형사 관련 전문연구기관 연구원 • 시민단체(비영리민간단체)에서 추천하는 자 • 그 밖에 범칙조사에 관한 학식과 경험이 풍부한 자
위원의 해임 등 (영 제266조의3)	세관장은 관세범칙조사심의위원회 위원이 다음 어느 하나에 해당하는 경우에는 해당 위원을 해임 또는 해촉할 수 있다. • 심신장애로 인하여 직무를 수행할 수 없게 된 경우 • 직무와 관련된 비위사실이 있는 경우 • 직무태만, 품위손상이나 그 밖의 사유로 인하여 위원으로 적합하지 않다고 인정되는 경우 • 위원 스스로 직무를 수행하는 것이 곤란하다고 의사를 밝힌 경우 • 관세법 시행령 제266조의6(관세범칙조사심의위원회 위원의 제척·회피) 각 호의 어느 하나에 해당함에도 불구하고 회피하지 않은 경우
위원의 제척·회피 (영 제266조의6)	관세범칙조사심의위원회의 위원은 다음에 해당하는 경우에는 해당 안건의 심의·의결에서 제척되며, 스스로 해당 안건의 심의·의결에서 회피해야 한다. • 위원이 안건의 당사자(법인·단체의 임직원 포함)이거나 안건에 관하여 직접적인 이해관계가 있는 경우 • 위원의 배우자, 4촌 이내의 혈족 및 2촌 이내의 인척의 관계에 있는 사람이 안건의 당사자이거나 안건에 관하여 직접적인 이해관계가 있는 경우 • 위원이 안건 당사자의 대리인이거나 최근 5년 이내에 대리인이었던 경우 • 위원이 안건 당사자의 대리인이거나 최근 5년 이내에 대리인이었던 법인·단체 등에 현재 속하고 있거나 속했던 경우 • 위원이 최근 5년 이내에 안건 당사자의 자문·고문에 응했거나 안건 당사자와 연구·용역 등의 업무 수행에 동업 또는 그 밖의 형태로 직접 해당 안건 당사자의 업무에 관여했던 경우

	• 위원이 최근 5년 이내에 안건 당사자의 자문·고문에 응했거나 안건 당사자와 연구·용역 등의 업무 수행에 동업 또는 그 밖의 형태로 직접 안건 당사자의 업무에 관여했던 법인·단체 등에 현재 속하고 있거나 속했던 경우
위원회 운영 (영 제266조의5)	• 위원장은 심의가 필요한 경우 회의를 소집하고 그 의장이 된다. • 회의는 위원장을 포함한 재적위원 과반수의 출석으로 개의하고, 출석위원 과반수의 찬성으로 의결한다. • 사무 처리를 위해 간사 1명을 두고, 간사는 위원장이 관세청 소속 공무원 중에서 지명한다. • 위원장은 회의를 개최한 때에는 심의내용, 결정사항 등이 포함된 회의록을 작성하여 보관해야 한다. • 위원장은 회의에서 심의·의결한 사항을 관세청장에게 통보해야 한다. • 관세범칙조사심의위원회의 회의와 회의록은 공개하지 않는다. 다만, 위원장이 필요하다고 인정하는 경우에는 공개할 수 있다. • 의안에 관하여 필요하다고 인정되는 때에는 공무원 등 관계자에게 출석을 요청하여 의견을 들을 수 있고 관련 기관에 필요한 자료를 요청할 수 있다.
수 당 (영 제266조의7)	회의에 출석한 공무원이 아닌 위원에 대해 예산의 범위에서 수당을 지급할 수 있다.

(4) 관세범에 관한 서류

① 작성방법(법 제285조)

관세범에 관한 서류에는 연월일을 적고 서명날인하여야 한다.

② 조사처분에 관한 서류(법 제286조)

간 인	관세범의 조사와 처분에 관한 서류에는 장마다 간인하여야 한다.
날 인	문자를 추가하거나 삭제할 때와 난의 바깥에 기입할 때에는 날인하여야 한다.
문자의 삭제	문자를 삭제할 때에는 그 문자 자체를 그대로 두고 그 글자수를 적어야 한다.

③ 조서의 서명(법 제287조)

대리서명 및 도장	관세범에 관한 서류에 서명날인하는 경우 본인이 서명할 수 없을 때에는 다른 사람에게 대리서명하게 하고 도장을 찍어야 한다. 이 경우 도장을 지니지 아니하였을 때에는 손도장을 찍어야 한다.
사유의 표기	다른 사람에게 대리서명하게 한 경우에는 대리서명자가 그 사유를 적고 서명날인하여야 한다.

④ 서류의 송달(법 제288조)

관세범에 관한 서류는 인편이나 등기우편으로 송달한다.

⑤ 수령증(법 제289조)

관세범에 관한 서류를 송달하였을 때에는 수령증을 받아야 한다.

2. 관세범의 조사

(1) 의의(법 제290조) 16, 15년 기출

세관공무원은 관세범이 있다고 인정할 때에는 범인, 범죄사실 및 증거를 조사하여야 한다.

① 조사(법 제291조)

세관공무원은 관세범 조사에 필요하다고 인정할 때에는 피의자·증인 또는 참고인을 조사할 수 있다.

주의 세관공무원은 검사의 지시에 따르는 것이 아니라 필요하다고 인정할 때에는 조사할 수 있다.

② 조 서

    ㉠ 조서 작성(법 제292조) : 세관공무원이 피의자·증인 또는 참고인을 조사하였을 때에는 조서를 작성하여야 한다.

기재 사실의 차이점 문의	조서는 세관공무원이 진술자에게 읽어 주거나 열람하게 하여 기재 사실에 서로 다른 점이 있는지 물어보아야 한다.
조서에 진술 작성	진술자가 조서 내용의 증감 변경을 청구한 경우에는 그 진술을 조서에 적어야 한다.
서명날인자	조서에는 연월일과 장소를 적고 조사를 한 사람, 진술자, 참여자가 함께 서명날인하여야 한다.

    ㉡ 조서의 대용(법 제293조) 22년 기출

        ⓐ 서면으로 조서의 대용 : 현행범인에 대한 조사로서 긴급히 처리할 필요가 있을 때에는 그 주요 내용을 적은 서면으로 조서를 대신할 수 있다.

        ⓑ 조사자와 피의자의 서명날인 : 서면에는 연월일시와 장소를 적고 조사를 한 사람과 피의자가 이에 서명날인하여야 한다.

(2) 출석 요구(법 제294조) 16, 10년 기출

① 피의자·증인 또는 참고인의 출석 요구

세관공무원이 관세범 조사에 필요하다고 인정할 때에는 피의자·증인 또는 참고인의 출석을 요구할 수 있다.

② 출석이나 동행 명령

세관공무원이 관세범 조사에 필요하다고 인정할 때에는 지정한 장소에 피의자·증인 또는 참고인의 출석이나 동행을 명할 수 있다.

③ 출석요구서의 발급

피의자·증인 또는 참고인에게 출석 요구를 할 때에는 출석요구서를 발급하여야 한다.

(3) 사법경찰권

① 의의(법 제295조)

세관공무원은 관세범에 관하여 「사법경찰관리의 직무를 수행할 자와 그 직무범위에 관한 법률」에서 정하는 바에 따라 사법경찰관리의 직무를 수행한다.

② 검증 및 수색·압수 10년 기출

    ㉠ 수색·압수영장(법 제296조)

영장발급	관세법에 따라 수색·압수를 할 때에는 관할 지방법원 판사의 영장을 받아야 한다. 다만, 긴급한 경우에는 사후에 영장을 발급받아야 한다.
영장 없는 압수	소유자·점유자 또는 보관자가 임의로 제출한 물품이나 남겨 둔 물품은 영장 없이 압수할 수 있다.

    ㉡ 검증 수색(법 제300조) : 세관공무원은 관세범 조사에 필요하다고 인정할 때에는 선박·차량·항공기·창고 또는 그 밖의 장소를 검증하거나 수색할 수 있다.

ⓒ 신변 수색 등(법 제301조) 16년 기출

신변의 수색	세관공무원은 범죄사실을 증명하기에 충분한 물품을 피의자가 신변에 은닉하였다고 인정될 때에는 이를 내보이도록 요구하고, 이에 따르지 아니하는 경우에는 신변을 수색할 수 있다.
성년여성의 참여	여성의 신변을 수색할 때에는 성년의 여성을 참여시켜야 한다.

ⓔ 참여(법 제302조) : 세관공무원이 수색을 할 때에는 다음에 해당하는 사람을 참여시켜야 한다. 다만, 이들이 모두 부재중일 때에는 공무원을 참여시켜야 한다.

> ⓐ 선박·차량·항공기·창고 또는 그 밖의 장소의 소지인·관리인
> ⓑ 동거하는 친척이나 고용된 사람(성년자)
> ⓒ 이웃에 거주하는 사람(성년자)

ⓕ 압수조서 등의 작성(법 제305조) 24년 기출

조서의 작성	검증·수색 또는 압수를 하였을 때에는 조서를 작성하여야 한다.
기재사항	검증·수색 또는 압수조서에는 다음 각호의 사항을 기재하여야 한다(영 제269조). • 당해 물품의 품명 및 수량 • 포장의 종류·기호·번호 및 개수 • 검증·수색 또는 압수의 장소 및 일시 • 소유자 또는 소지자의 주소 또는 거소와 성명 • 보관장소
준용규정	• 검증·수색 또는 압수조서에 관하여는 제292조(조서 작성) 제2항 및 제3항을 준용한다. • 현행범인에 대한 수색이나 압수로서 긴급한 경우의 조서작성에 관하여는 제293조(조서의 대용)를 준용한다.

기출문제

관세법령상 검증·수색 또는 압수조서의 기재사항이 아닌 것은? 24년 기출

① 당해 물품의 품명 및 수량
② 포장의 종류·기호·번호 및 개수
③ 검증·수색 또는 압수의 장소 및 일시
④ 조사를 한 사람과 참여자의 주소 또는 거소와 성명
⑤ 보관장소

해설
관세법 시행령 제269조(검증·수색 또는 압수조서의 기재사항)

정답 ④

ⓗ 야간집행의 제한(법 제306조)

야간의 검증·수색 등의 제한	해 진 후부터 해 뜨기 전까지는 검증·수색 또는 압수를 할 수 없다. 다만, 현행범인 경우에는 그러하지 아니하다.
예 외	이미 시작한 검증·수색 또는 압수는 계속할 수 있다.

ⓢ 조사 중 출입금지(법 제307조) : 세관공무원은 피의자·증인 또는 참고인에 대한 조사·검증·수색 또는 압수 중에는 누구를 막론하고 그 장소에의 출입을 금할 수 있다. 19년 기출

ⓞ 신분 증명(법 제308조)

제복 착용 및 증표 보유	세관공무원은 조사·검증·수색 또는 압수를 할 때에는 제복을 착용하거나 그 신분을 증명할 증표를 지니고 그 처분을 받을 자가 요구하면 이를 보여 주어야 한다.
증표제시 요구 불응 시 처분	세관공무원이 제복을 착용하지 아니한 경우로서 그 신분을 증명하는 증표제시 요구를 따르지 아니하는 경우에는 처분을 받을 자는 그 처분을 거부할 수 있다.

ⓩ 경찰관의 원조(법 제309조) : 세관공무원은 조사·검증·수색 또는 압수를 할 때 필요하다고 인정하는 경우에는 경찰공무원의 원조를 요구할 수 있다.

③ 현행범의 체포와 인도 15, 10년 기출

ⓐ 현행범의 체포(법 제297조) : 세관공무원이 관세범의 현행범인을 발견하였을 때에는 즉시 체포하여야 한다.

> **주의** 현행범인을 발견하였을 경우에는 즉시 사법경찰공무원이 체포하도록 조치를 취하여야 하는 것이 아니라 즉시 체포하여야 하며, 검사의 지휘를 받을 필요도 없다.

ⓑ 현행범의 인도(법 제298조) : 관세범의 현행범인이 그 장소에 있을 때에는 누구든지 체포할 수 있고, 범인을 체포한 자는 지체 없이 세관공무원에게 범인을 인도하여야 한다.

④ 피의자의 구속(영 제267조)

사법경찰관리의 직무를 행하는 세관공무원이 법령에 의하여 피의자를 구속하는 때에는 세관관서·국가경찰관서 또는 교도관서에 유치하여야 한다.

⑤ 조사 결과의 보고(법 제310조)

서면 보고	세관공무원은 조사를 종료하였을 때에는 관세청장이나 세관장에게 서면으로 그 결과를 보고하여야 한다.
관계 서류의 제출	세관공무원은 서면으로 그 결과의 보고를 할 때에는 관계 서류를 함께 제출하여야 한다.

(4) 압수물품

① 압수와 보관(법 제303조) 20, 16년 기출

ⓐ 압수 : 세관공무원은 관세범 조사에 의하여 발견한 물품이 범죄의 사실을 증명하기에 충분하거나 몰수하여야 하는 것으로 인정될 때에는 이를 압수할 수 있다. 물품을 압수하는 때에는 당해 물품에 봉인하여야 한다. 다만, 물품의 성상에 따라 봉인할 필요가 없거나 봉인이 곤란하다고 인정되는 때에는 그러하지 아니하다.

ⓑ 보관 : 압수물품은 편의에 따라 소지자나 시·군·읍·면사무소에 보관시킬 수 있다. 압수물품을 보관시키는 때에는 수령증을 받고 그 요지를 압수 당시의 소유자에게 통지하여야 한다.

ⓒ 매각 : 관세청장이나 세관장은 압수물품이 다음의 어느 하나에 해당하는 경우에는 피의자나 관계인에게 통고한 후 매각하여 그 대금을 보관하거나 공탁할 수 있다. 다만, 통고할 여유가 없을 때에는 매각한 후 통고하여야 한다.

   ⓐ 부패 또는 손상되거나 그 밖에 사용할 수 있는 기간이 지날 우려가 있는 경우
   ⓑ 보관하기가 극히 불편하다고 인정되는 경우
   ⓒ 처분이 지연되면 상품가치가 크게 떨어질 우려가 있는 경우
   ⓓ 피의자나 관계인이 매각을 요청하는 경우

② 압수물품의 국고귀속(법 제299조)
 ㉠ 유실물의 공고 : 세관장은 제269조(밀수출입죄), 제270조(관세포탈죄 등) 제1항부터 제3항까지 및
  제272조(밀수 전용 운반기구의 몰수)부터 제274조(밀수품의 취득죄 등)까지의 규정에 해당되어 압수
  된 물품에 대하여 그 압수일부터 6개월 이내에 해당 물품의 소유자 및 범인을 알 수 없는 경우에는
  해당 물품을 유실물로 간주하여 유실물 공고를 하여야 한다.
 ㉡ 국고귀속 : 유실물의 공고일부터 1년이 지나도 소유자 및 범인을 알 수 없는 경우에는 해당 물품은
  국고에 귀속된다.
③ 압수물품의 폐기(법 제304조)
 ㉠ 통고 후 폐기 : 관세청장이나 세관장은 압수물품 중 다음의 어느 하나에 해당하는 것은 피의자나 관
  계인에게 통고한 후 폐기할 수 있다. 다만, 통고할 여유가 없을 때에는 폐기한 후 즉시 통고하여야
  한다.

   ⓐ 사람의 생명이나 재산을 해칠 우려가 있는 것
   ⓑ 부패하거나 변질된 것
   ⓒ 유효기간이 지난 것
   ⓓ 상품가치가 없어진 것

 ㉡ 준용규정 : 통고에 관하여는 제160조(장치물품의 폐기) 제5항을 준용한다.
④ 압수물품의 반환(법 제313조)
 ㉠ 반환 : 관세청장이나 세관장은 압수물품을 몰수하지 아니할 때에는 그 압수물품이나 그 물품의 환가
  대금을 반환하여야 한다.
 ㉡ 요지의 공고 및 국고귀속

요지의 공고	압수물품이나 그 환가대금을 반환받을 자의 주소 및 거소가 분명하지 아니하거나 그 밖의 사유로 반환할 수 없을 때에는 그 요지를 공고하여야 한다.
국고귀속	요지의 공고를 한 날부터 6개월이 지날 때까지 반환의 청구가 없는 경우에는 그 물품이나 그 환가대금을 국고에 귀속시킬 수 있다.

 ㉢ 관세미납물품이나 환가대금의 반환 : 압수물품에 대하여 관세가 미납된 경우에는 반환받을 자로부터
  해당 관세를 징수한 후 그 물품이나 그 환가대금을 반환하여야 한다.

3. 관세범의 처분

(1) 통고처분(법 제311조) 21년 기출

① 통고처분의 대상 18, 12, 10년 기출

관세청장이나 세관장은 관세범을 조사한 결과 범죄의 확증을 얻었을 때에는 대통령령으로 정하는 바에 따라 그 대상이 되는 자에게 그 이유를 구체적으로 밝히고 다음의 어느 하나에 해당하는 금액이나 물품을 납부할 것을 통고할 수 있다.

> ㉠ 벌금에 상당하는 금액
> ㉡ 몰수에 해당하는 물품
> ㉢ 추징금에 해당하는 금액

알아두기

벌금에 상당하는 금액(관세법 시행령 제270조의2)
① 벌금에 상당하는 금액은 해당 벌금 최고액의 100분의 30으로 한다. 다만, 해당 물품의 원가가 해당 벌금의 최고액 이하인 경우에는 해당 물품원가의 100분의 30으로 한다.
② 관세청장이나 세관장은 관세범이 조사를 방해하거나 증거물을 은닉·인멸·훼손한 경우 등 관세청장이 정하여 고시하는 사유에 해당하는 경우에는 제1항에 따른 금액의 100분의 50 범위에서 관세청장이 정하여 고시하는 비율에 따라 그 금액을 늘릴 수 있다.
③ 관세청장이나 세관장은 관세범이 조사 중 해당 사건의 부족세액을 자진하여 납부한 경우, 심신미약자인 경우 또는 자수한 경우 등 관세청장이 정하여 고시하는 사유에 해당하는 경우에는 제1항에 따른 금액의 100분의 50 범위에서 관세청장이 정하여 고시하는 비율에 따라 그 금액을 줄일 수 있다.
④ 관세범이 제2항 및 제3항에 따른 사유에 2가지 이상 해당하는 경우에는 각각의 비율을 합산하되, 합산한 비율이 100분의 50을 초과하는 경우에는 100분의 50으로 한다.

---

② 금액의 예납 10년 기출

관세청장이나 세관장은 통고처분을 받는 자가 벌금이나 추징금에 상당한 금액을 예납하려는 경우에는 이를 예납시킬 수 있다.

③ 통고처분의 효과 12, 10년 기출

㉠ 소멸시효의 중단 : 통고처분으로 관세징수권의 소멸시효는 중단된다(제23조 제1항 제4호).

㉡ 공소시효의 정지 : 통고처분에 따른 통고가 있는 때에는 공소의 시효는 정지된다.

㉢ 통고의 불이행과 고발(법 제316조) : 관세범인이 통고서의 송달을 받았을 때에는 그 날부터 15일 이내에 이를 이행하여야 하며, 이 기간 내에 이행하지 아니하였을 때에는 관세청장이나 세관장은 즉시 고발하여야 한다. 다만, 15일이 지난 후 고발이 되기 전에 관세범인이 통고처분을 이행한 경우에는 그러하지 아니하다.

㉣ 일사부재리(법 제317조) : 관세범인이 통고의 요지를 이행하였을 때에는 동일사건에 대하여 다시 처벌을 받지 아니한다.

④ 벌금 등의 납부

㉠ 통고처분을 받은 자는 납부하여야 할 금액을 대통령령으로 정하는 <u>통고처분납부대행기관</u>을 통하여 신용카드, 직불카드 등(신용카드 등)으로 납부할 수 있다(영 제270조의2 제6항·제7항).

> ⓐ 통고처분납부대행기관이란 정보통신망을 이용하여 신용카드 등에 의한 결제를 수행하는 기관으로서 다음의 하나에 해당하는 기관을 말한다.
> - 금융결제원
> - 시설, 업무수행능력, 자본금 규모 등을 고려하여 관세청장이 지정하는 자
> ⓑ 통고처분납부대행기관은 납부대행의 대가로 기획재정부령으로 정하는 바에 따라 납부대행 수수료를 받을 수 있다.

ⓛ 신용카드 등으로 납부하는 경우에는 통고처분납부대행기관의 승인일을 납부일로 본다.

ⓒ 통고처분납부대행기관의 지정 및 운영, 납부대행 수수료 등 통고처분에 따른 금액을 신용카드 등으로 납부하는 경우에 필요한 세부사항은 대통령령으로 정한다.

ⓔ 관세청장은 납부에 사용되는 신용카드 등의 종류 등 납부에 필요한 사항을 정할 수 있다(영 제270조의2 제8항).

⑤ 통고처분 면제

관세청장이나 세관장은 다음의 요건을 모두 갖춘 관세범의 경우 통고처분 대상자의 연령과 환경, 법 위반의 동기와 결과, 범칙금 부담능력과 그 밖에 정상을 고려하여 관세범칙조사심의위원회의 심의·의결을 거쳐 통고처분을 면제할 수 있다. 이 경우 관세청장이나 세관장은 관세범칙조사심의위원회의 심의·의결 결과를 따라야 한다.

> ⓐ 벌금이 30만 원 이하일 것
> ⓑ 몰수에 해당하는 물품의 가액과 추징금을 합한 금액이 100만 원 이하일 것

⑥ 통고처분 방법(영 제270조의2 제5항)

관세청장이나 세관장은 통고처분을 하는 경우 관세범의 조사를 마친 날부터 10일 이내에 그 범칙행위자 및 양벌 규정이 적용되는 법인 또는 개인별로 통고서를 작성하여 통고해야 한다.

⑦ 통고서의 작성(법 제314조)

통고처분을 할 때에는 통고서를 작성하여야 한다. 통고서에는 처분을 받을 자의 성명, 나이, 성별, 직업 및 주소, 벌금에 상당하는 금액, 몰수에 해당하는 물품 또는 추징금에 상당한 금액, 범죄사실, 적용 법조문, 이행 장소, 통고처분 연월일 등을 적고 처분을 한 자가 서명날인하여야 한다.

⑧ 통고서의 송달(법 제315조)

통고처분의 고지는 통고서를 송달하는 방법으로 하여야 한다.

(2) 고 발

① 고발의 요건 12, 10년 기출

ⓐ 즉시 고발(법 제312조) : 관세청장이나 세관장은 범죄의 정상이 징역형에 처해질 것으로 인정될 때에는 즉시 고발하여야 한다.

> 주의 범죄의 정상이 징역형에 처해질 것으로 인정되는 경우에도 통고처분할 수 있는 것이 아니라 즉시 고발하여야 한다.

ⓛ 통고의 불이행과 고발(법 제316조) : 관세범인이 통고서의 송달을 받았을 때에는 그 날부터 15일 이내에 이를 이행하여야 하며, 이 기간 내에 이행하지 아니하였을 때에는 관세청장이나 세관장은 즉시 고발하여야 한다. 다만, 15일이 지난 후 고발이 되기 전에 관세범인이 통고처분을 이행한 경우에는 그러하지 아니하다.

> 주의 10일이 아니라 15일이고, 이행하지 아니하였을 때에는 과태료를 부과하는 것이 아니라 즉시 고발하여야 한다.

ⓒ 무자력 고발(법 제318조) : 관세청장이나 세관장은 다음의 어느 하나의 경우에는 즉시 고발하여야 한다.

> ⓐ 관세범인이 통고를 이행할 수 있는 자금능력이 없다고 인정되는 경우
> ⓑ 관세범인의 주소 및 거소가 분명하지 아니하거나 그 밖의 사유로 통고를 하기 곤란하다고 인정되는 경우

② 압수물품의 인계(영 제272조)

ⓐ 압수물품조서의 첨부 : 관세청장 또는 세관장은 법 제312조(즉시 고발)·법 제316조(통고의 불이행과 고발) 및 법 제318조(무자력 고발)의 규정에 의하여 관세범을 고발하는 경우 압수물품이 있는 때에는 압수물품조서를 첨부하여 인계하여야 한다.

ⓛ 인계의 요지 통지 : 관세청장 또는 세관장은 압수물품이 법 제303조(압수와 보관) 제2항의 규정에 해당하는 것인 때에는 당해 보관자에게 인계의 요지를 통지하여야 한다.

4. 포상(법 제324조)

(1) 포상의 대상 11년 기출

관세청장은 다음의 어느 하나에 해당하는 사람에게는 대통령령으로 정하는 바에 따라 포상할 수 있다.

> ① 관세범을 세관이나 그 밖의 수사기관에 통보하거나 체포한 자로서 공로가 있는 사람
> ② 범죄물품을 압수한 사람으로서 공로가 있는 사람
> ③ 관세법이나 다른 법률에 따라 세관장이 관세 및 내국세 등을 추가 징수하는 데에 공로가 있는 사람
> ④ 관세행정의 개선이나 발전에 특별히 공로가 있는 사람

(2) 은닉재산의 신고 시 포상금

① 은닉재산

체납자가 은닉한 현금·예금·주식이나 그 밖에 재산적 가치가 있는 유형·무형의 재산을 말한다. 다만, 다음의 어느 하나에 해당하는 재산은 제외한다.

> ⓐ 「국세징수법」에 따른 사해행위 취소소송의 대상이 되어 있는 재산
> ⓛ 세관공무원이 은닉 사실을 알고 조사를 시작하거나 강제징수 절차를 진행하기 시작한 재산
> ⓒ 그 밖에 체납자의 은닉재산을 신고받을 필요가 없다고 인정되는 재산으로서 체납자 본인의 명의로 등기된 국내소재 부동산

② 포상금의 지급 23년 기출

관세청장은 체납자의 은닉재산을 신고한 사람에게 대통령령으로 정하는 바에 따라 10억 원의 범위에서 포상금을 지급할 수 있다. 체납자의 은닉재산을 신고한 자에 대해서는 은닉재산의 신고를 통하여 징수된 금액에 다음의 지급률을 곱하여 계산한 금액을 포상금으로 지급할 수 있다. 다만, 10억 원을 초과하는 부분은 지급하지 아니한다(영 제277조 제4항).

징수금액	지급률
2천만 원 이상 5억 원 이하	100분의 20
5억 원 초과 20억 원 이하	1억 원 + 5억 원을 초과하는 금액의 100분의 15
20억 원 초과 30억 원 이하	3억2천5백만 원 + 20억 원을 초과하는 금액의 100분의 10
30억 원 초과	4억2천5백만 원 + 30억 원을 초과하는 금액의 100분의 5

③ 포상금의 미지급

은닉재산의 신고를 통하여 징수된 금액이 2천만 원 미만인 경우 또는 공무원이 그 직무와 관련하여 은닉재산을 신고한 경우에는 포상금을 지급하지 아니한다.

④ 은닉재산의 신고방법

은닉재산의 신고는 신고자의 성명과 주소를 적고 서명하거나 날인한 문서로 하여야 한다.

(3) 포상방법(영 제277조) 19년 기출

포상장 또는 포상금의 수여	포상은 관세청장이 정하는 바에 의하여 포상장 또는 포상금을 수여하거나 포상장과 포상금을 함께 수여할 수 있다.
공무원에 대한 포상	관세청장이 포상금의 수여기준을 정하는 경우 포상금의 수여대상자가 공무원인 때에는 공무원에게 수여하는 포상금 총액을 그 공로에 의한 실제 국고수입액의 100분의 25 이내로 하여야 한다. 다만, 1인당 수여액을 100만 원 이하로 하는 때에는 그러하지 아니하다.
익명으로 포상	공로자 중 관세범을 세관, 그 밖의 수사기관에 통보한 자와 체납자의 은닉재산을 신고한 자에 대하여는 관세청장이 정하는 바에 의하여 익명으로 포상할 수 있다.
은닉재산의 신고	은닉재산을 신고한 자에 대한 포상금은 재산은닉 체납자의 체납액에 해당하는 금액을 징수한 후 지급한다.

(4) 공로심사(영 제278조)

공로사실의 조사	관세청장 또는 세관장은 공로자의 공로사실을 조사하여 포상할 필요가 있다고 인정되는 자에 대하여 포상할 수 있다.
포상의 기회 부여	관세청장 또는 세관장은 포상을 받을 만한 공로가 있는 자에게 공정하게 포상의 기회를 부여하여야 한다.
이중포상의 제한	포상에 필요한 공로의 기준·조사방법과 그 밖에 필요한 사항은 관세청장이 정한다. 다만, 동일한 공로에 대하여 이중으로 포상할 수 없다.

1. 세관장 등의 과세자료 요청 등

(1) 운송수단의 출발 중지 등(법 제262조)

관세청장이나 세관장은 관세법 또는 관세법에 따른 명령(대한민국이 체결한 조약 및 일반적으로 승인된 국제법규에 따른 의무 포함)을 집행하기 위하여 필요하다고 인정될 때에는 운송수단의 출발을 중지시키거나 그 진행을 정지시킬 수 있다.

(2) 서류의 제출 또는 보고 등의 명령(법 제263조)

관세청장이나 세관장은 관세법(「수출용원재료에 대한 관세 등 환급에 관한 특례법」을 포함) 또는 관세법에 따른 명령을 집행하기 위하여 필요하다고 인정될 때에는 물품·운송수단 또는 장치 장소에 관한 서류의 제출·보고 또는 그 밖에 필요한 사항을 명하거나, 세관공무원으로 하여금 수출입자·판매자 또는 그 밖의 관계자에 대하여 관계 자료를 조사하게 할 수 있다.

(3) 과세자료의 요청 24, 18, 14년 기출

① 자료 또는 통계의 요청(법 제264조)

관세청장은 국가기관 및 지방자치단체 등 관계 기관 등에 대하여 관세의 부과·징수 및 통관에 관계되는 자료 또는 통계를 요청할 수 있다.

② 과세자료제출기관의 범위(법 제264조의2) 20년 기출

과세자료를 제출하여야 하는 기관 등(과세자료제출기관)은 다음과 같다.

> ㉠ 「국가재정법」에 따른 중앙관서(중앙관서의 업무를 위임받거나 위탁받은 기관을 포함)와 그 하급행정기관 및 보조기관
> ㉡ 지방자치단체(지방자치단체의 업무를 위임받거나 위탁받은 기관과 지방자치단체조합 포함)
> ㉢ 공공기관, 정부의 출연·보조를 받는 기관이나 단체, 「지방공기업법」에 따른 지방공사·지방공단 및 지방자치단체의 출연·보조를 받는 기관이나 단체
> ㉣ 「민법」 외의 다른 법률에 따라 설립되거나 국가 또는 지방자치단체의 지원을 받는 기관이나 단체로서 그 업무에 관하여 ㉠이나 ㉡에 따른 기관으로부터 감독 또는 감사·검사를 받는 기관이나 단체, 그 밖에 공익 목적으로 설립된 기관이나 단체 중 대통령령으로 정하는 기관이나 단체
> ㉤ 「여신전문금융업법」에 따른 신용카드업자와 여신전문금융업협회
> ㉥ 「금융실명거래 및 비밀보장에 관한 법률」에 따른 금융회사 등

③ 과세자료의 범위 및 제출시기 19, 15, 14년 기출

㉠ 과세자료의 범위 : 과세자료제출기관이 제출하여야 하는 과세자료는 다음의 어느 하나에 해당하는 자료로서 관세의 부과·징수와 통관에 직접적으로 필요한 자료로 한다(법 제264조의3).

ⓐ 수입하는 물품에 대하여 관세 또는 내국세 등을 감면받거나 낮은 세율을 적용받을 수 있도록 허가, 승인, 추천 등을 한 경우 그에 관한 자료

ⓑ 과세자료제출기관이 법률에 따라 신고·제출받거나 작성하여 보유하고 있는 자료(각종 보조금·보험급여·보험금 등의 지급 현황에 관한 자료를 포함) 중 신고내용의 확인 또는 관세 감면 여부의 확인을 위하여 필요한 자료

ⓒ 허가·승인·표시 또는 그 밖의 조건을 증명할 필요가 있는 물품에 대하여 과세자료제출기관이 허가 등을 갖추었음을 확인하여 준 경우 그에 관한 자료

ⓓ 관세법에 따라 체납된 관세 등의 징수를 위하여 필요한 자료

ⓔ 중앙관서 중 중앙행정기관 외의 기관이 보유하고 있는 자료로서 관세청장이 관세의 부과·징수와 통관에 필요한 최소한의 범위에서 해당 기관의 장과 미리 협의하여 정하는 자료

ⓕ 거주자의「여신전문금융업법」에 따른 신용카드 등의 대외지급(물품구매 내역에 한정) 및 외국에서의 외국통화 인출 실적

ⓛ 과세자료의 제출시기 : 과세자료제출기관이 제출하여야 하는 과세자료의 범위, 과세자료를 제출받을 기관 및 제출시기는 별표 3과 같다(영 제263조의2). 22년 기출

④ 과세자료의 제출방법(법 제264조의4, 영 제263조의2) 18년 기출

과세자료의 제출	과세자료제출기관의 장은 분기별로 분기만료일이 속하는 달의 다음 달 말일까지 대통령령으로 정하는 바에 따라 관세청장 또는 세관장에게 과세자료를 제출하여야 한다. 다만, 과세자료의 발생 빈도와 활용시기 등을 고려하여 대통령령으로 정하는 바에 따라 그 과세자료의 제출시기를 달리 정할 수 있다.
자료의 목록을 함께 제출	과세자료제출기관의 장이 과세자료를 제출하는 경우에는 그 기관이 접수하거나 작성한 자료의 목록을 함께 제출하여야 한다.
추가보완 및 제출 요청	과세자료의 목록을 제출받은 관세청장 또는 세관장은 이를 확인한 후 제출받은 과세자료에 누락이 있거나 보완이 필요한 경우 그 과세자료를 제출한 기관에 대하여 추가하거나 보완하여 제출할 것을 요청할 수 있다.
요구 수용	과세자료제출기관의 장은 관세청장 또는 세관장으로부터 과세자료의 추가 또는 보완을 요구받은 경우에는 정당한 사유가 없으면 그 요구를 받은 날부터 15일 이내에 그 요구에 따라야 한다.

⑤ 과세자료의 수집에 관한 협조(법 제264조의5)

협조의무	관세청장 또는 세관장으로부터 과세자료의 제출을 요청받은 기관 등의 장은 다른 법령에 특별한 제한이 있는 경우 등 정당한 사유가 없으면 이에 협조하여야 한다.
협조의 요청	관세청장 또는 세관장은 자료 외의 자료로서 관세의 부과·징수 및 통관을 위하여 필요한 경우에는 해당 자료를 보유하고 있는 과세자료제출기관의 장에게 그 자료의 수집에 협조하여 줄 것을 요청할 수 있다.

⑥ 과세자료의 관리 및 활용 등(법 제264조의6)

필요한 조치의 마련	관세청장은 관세법에 따른 과세자료의 효율적인 관리와 활용을 위한 전산관리 체계를 구축하는 등 필요한 조치를 마련하여야 한다.
활용 상황의 수시 점검	관세청장은 관세법에 따른 과세자료의 제출·관리 및 활용 상황을 수시로 점검하여야 한다.

⑦ 과세자료제출기관의 책임 등(법 제264조의7) 15년 기출

의무이행에 대한 수시 점검	과세자료제출기관의 장은 그 소속 공무원이나 임직원이 관세법에 따른 과세자료의 제출 의무를 성실하게 이행하는지를 수시로 점검하여야 한다.
의무불이행 시 사실의 통보	관세청장은 과세자료제출기관 또는 그 소속 공무원이나 임직원이 관세법에 따른 과세자료의 제출 의무를 이행하지 아니하는 경우 그 기관을 감독 또는 감사·검사하는 기관의 장에게 그 사실을 통보하여야 한다.

⑧ 비밀유지의무(법 제264조의8)

   ㉠ 의의 : 관세청 및 세관 소속 공무원은 제출받은 과세자료를 타인에게 제공 또는 누설하거나 목적 외의 용도로 사용하여서는 아니 된다.

   ㉡ 과세자료로 제공 : 다음의 어느 하나에 해당하는 경우에는 그 사용 목적에 맞는 범위에서 과세자료를 제공할 수 있다. 과세자료를 제공받은 자는 이를 타인에게 제공 또는 누설하거나 목적 외의 용도로 사용하여서는 아니 된다.

> ⓐ 국가기관이 관세에 관한 쟁송이나 관세범에 대한 소추(訴追)를 목적으로 과세정보를 요구하는 경우
> ⓑ 법원의 제출명령이나 법관이 발부한 영장에 따라 과세정보를 요구하는 경우
> ⓒ 세관공무원 상호간에 관세를 부과·징수, 통관 또는 질문·검사하는 데에 필요하여 과세정보를 요구하는 경우
> ⓓ 통계청장이 국가통계작성 목적으로 과세정보를 요구하는 경우
> ⓔ 국가행정기관 및 지방자치단체, 「공공기관의 운영에 관한 법률」에 따른 공공기관 중 대통령령으로 정하는 공공기관, 「은행법」에 따른 은행에 해당하는 자가 급부·지원 등의 대상자 선정 및 그 자격을 조사·심사하는데 필요한 과세정보를 당사자의 동의를 받아 요구하는 경우
> ⓕ 「공공기관의 운영에 관한 법률」에 따른 공공기관 중 대통령령으로 정하는 공공기관 또는 「은행법」에 따른 은행에 해당하는 자가 「대외무역법」에 따른 무역거래자의 거래, 지급, 수령 등을 확인하는데 필요한 과세정보를 당사자의 동의를 받아 요구하는 경우
> ⓖ 다른 법률에 따라 과세정보를 요구하는 경우

   ㉢ 제공의 요구 거부 : 관세청 및 세관 소속 공무원은 비밀유지의무를 위반하는 과세자료의 제공을 요구받으면 이를 거부하여야 한다.

⑨ 과세자료 비밀유지의무 위반에 대한 처벌(법 제264조의9) 20, 17, 16, 15, 14년 기출

   ㉠ 3년 이하의 징역 또는 1천만 원 이하의 벌금 : 과세자료를 타인에게 제공 또는 누설하거나 목적 외의 용도로 사용한 자는 3년 이하의 징역 또는 1천만 원 이하의 벌금에 처한다.

   ㉡ 징역과 벌금의 병과 : ㉠에 따른 징역과 벌금은 병과할 수 있다.

⑩ 불법·불량·유해물품에 대한 정보 등의 제공 요청과 협조(법 제264조의10)

관세청장은 우리나라로 반입되거나 우리나라에서 반출되는 물품의 안전 관리를 위하여 필요한 경우 중앙행정기관의 장에게 해당 기관이 보유한 다음의 불법·불량·유해물품에 대한 정보 등을 제공하여 줄 것을 요청할 수 있다. 요청을 받은 중앙행정기관의 장은 특별한 사유가 없는 경우에는 이에 협조하여야 한다.

> ㉠ 관세법 또는 다른 법령에서 정한 구비조건·성분·표시·품질 등을 위반한 물품에 관한 정보
> ㉡ ㉠의 물품을 제조, 거래, 보관 또는 유통하는 자에 관한 정보

⑪ 마약류 관련 정보의 제출 요구(법 제264조의11)
  ㉠ 정보제출 요구
    관세청장은 법령을 위반하여 우리나라에 반입되거나 우리나라에서 반출되는 마약류를 효과적으로
    차단하기 위하여 대통령령으로 정하는 바에 따라 관계 중앙행정기관의 장에게 해당 기관이 보유한
    다음의 정보의 제출을 요구할 수 있다.

    > ⓐ 마약류 관련 범죄사실 등에 관한 정보
    > ⓑ 「마약류 관리에 관한 법률」에 따른 마약류 통합정보
    > ⓒ 마약류 관련 국제우편물에 관한 정보

  ㉡ 정보제출 요구를 받은 중앙행정기관의 장은 특별한 사유가 없는 경우에는 이에 따라야 한다.
  ㉢ 제출받은 정보의 관리 및 활용에 관한 사항은 제264조의6(과세자료의 관리 및 활용 등)을 준용한다.
  ㉣ 기관별 제출요청 정보(영 제263조의3)

    > ⓐ 과학기술정보통신부장관
    >   「국제우편규정」에 따른 국제우편물(법령을 위반하여 우리나라에 반입되거나 우리나라에서 반출
    >   되는 마약류를 배달한 우편물만 해당) 수취인의 성명·주소, 배송일자·배송경로를 조회한 인터
    >   넷 프로토콜 주소와 접속기기 및 조회일시
    > ⓑ 외교부장관
    >   국외에서 마약류 밀수 또는 유통 범죄로 최근 10년간 체포·구금 또는 수감된 사람으로서 「재외
    >   국민보호를 위한 영사조력법」에 따라 재외공관의 장의 영사조력을 받은 재외국민(해당 범죄로 유
    >   죄 판결이 확정된 경우만 해당)의 성명·생년월일·여권번호, 범죄사실 및 처벌내용
    > ⓒ 법무부장관
    >   국내에서 마약류 밀수 또는 유통 범죄로 처벌받은 외국인으로서 최근 10년간 「출입국관리법」에
    >   따른 강제퇴거 대상자에 해당하게 된 외국인의 성명·생년월일·외국인등록번호 및 처분내역
    > ⓓ 검찰총장
    >   • 마약류 밀수 또는 유통 범죄와 관련하여 최근 10년간 「형의 실효 등에 관한 법률」에 따른 수형인
    >   명부에 기재된 국민의 성명·생년월일, 범죄사실 및 처벌내용
    >   • 마약류 밀수 또는 유통 범죄와 관련하여 최근 10년간 「형의 실효 등에 관한 법률」에 따른 수형인
    >   명부에 기재된 외국인의 성명·생년월일·외국인등록번호, 범죄사실 및 처벌내용

관세법상 과세자료 요청 등에 관한 설명으로 옳지 않은 것은? 24년 기출

① 관세청장은 국가기관 및 지방자치단체 등 관계 기관 등에 대하여 관세의 부과·징수 및 통관에 관계되는 자료 또는 통계를 요청할 수 있다.

② 「여신전문금융업법」에 따른 신용카드업자와 여신전문금융업협회는 과세자료제출기관에 해당한다.

③ 과세자료제출기관의 장이 분기별로 관세청장 또는 세관장에게 과세자료를 제출하는 경우에는 그 기관이 접수하거나 작성한 자료의 목록을 함께 제출하여야 한다.

④ 과세자료 비밀유지의무를 위반한 자는 1년 이하의 징역 또는 3천만 원 이하의 벌금에 처하며, 이에 따른 징역 또는 벌금은 병과할 수 없다.

⑤ 관세청장은 우리나라로 반입되거나 우리나라에서 반출되는 물품의 안전 관리를 위하여 필요한 경우 중앙행정기관의 장에게 해당 기관이 보유한 「관세법」에서 정한 구비조건·품질 등을 위반한 물품에 관한 정보 등을 제공하여 줄 것을 요청할 수 있다.

해설

④ 과세자료 비밀유지의무를 위반한 자는 3년 이하의 징역 또는 1천만 원 이하의 벌금에 처하며, 이에 따른 징역 또는 벌금은 병과할 수 있다(관세법 제264조의9).

① 관세법 제264조
② 관세법 제264조의2 제5호
③ 관세법 제264조의4 제2항
⑤ 관세법 제264조의10 제1항

정답 ④

관세법령상 관세청장이 마약류 관련 정보의 제출을 요구할 수 있는 관계 중앙행정기관의 장으로 옳지 않은 것은?

24년 기출

① 과학기술정보통신부장관
② 경찰청장
③ 법무부장관
④ 외교부장관
⑤ 검찰총장

해설

마약류 관련 정보의 제출을 요구할 수 있는 관계 중앙행정기관의 장(관세법 시행령 제263조의3)
• 과학기술정보통신부장관
• 외교부장관
• 법무부장관
• 검찰총장

정답 ②

2. 세관공무원의 물품검사 등

(1) 물품 또는 운송수단 등에 대한 검사 등(법 제265조)

세관공무원은 관세법 또는 관세법에 따른 명령(대한민국이 체결한 조약 및 일반적으로 승인된 국제법규에 따른 의무를 포함)을 위반한 행위를 방지하기 위하여 필요하다고 인정될 때에는 물품, 운송수단, 장치 장소 및 관계 장부·서류를 검사 또는 봉쇄하거나 그 밖에 필요한 조치를 할 수 있다.

(2) 장부 또는 자료의 제출 등(법 제266조) 21년 기출

① 관계 자료 또는 물품의 조사

세관공무원은 관세법에 따른 직무를 집행하기 위하여 필요하다고 인정될 때에는 수출입업자·판매업자 또는 그 밖의 관계자에 대하여 질문하거나 문서화·전산화된 장부, 서류 등 관계 자료 또는 물품을 조사하거나, 그 제시 또는 제출을 요구할 수 있다.

② 증명자료의 영업장 비치

상설영업장을 갖추고 외국에서 생산된 물품을 판매하는 자로서 <u>기획재정부령으로 정하는 기준에 해당하는 자</u>는 해당 물품에 관하여 「부가가치세법」에 따른 세금계산서나 수입 사실 등을 증명하는 자료를 영업장에 갖춰 두어야 한다.

보충   **자료를 갖춰 두어야 하는 영업장(규칙 제80조)** 22년 기출

법 제266조 제2항에서 "기획재정부령으로 정하는 기준에 해당하는 자"란 다음의 어느 하나에 해당하는 상설영업장을 갖추고 외국에서 생산된 물품을 판매하는 자를 말한다.
1. 백화점
2. 최근 1년간 수입물품의 매출액이 5억 원 이상인 수입물품만을 취급하거나 수입물품을 할인판매하는 상설영업장
3. 통신판매하는 자로서 최근 1년간 수입물품의 매출액이 10억 원 이상인 상설영업장
4. 관세청장이 정하는 물품을 판매하는 자로서 최근 1년간 수입물품의 매출액이 전체 매출액의 30퍼센트를 초과하는 상설영업장
5. 상설영업장의 판매자 또는 그 대리인이 최근 3년 이내에 「관세법」 또는 「관세사법」 위반으로 처벌받은 사실이 있는 경우 그 상설영업장

---

③ 영업에 관한 보고 지시

관세청장이나 세관장은 관세법 또는 관세법에 따른 명령을 집행하기 위하여 필요하다고 인정될 때에는 상설영업장의 판매자나 그 밖의 관계인으로 하여금 대통령령으로 정하는 바에 따라 영업에 관한 보고를 하게 할 수 있다.

④ 통신판매중개 유통실태 조사 등

㉠ 서면실태조사 : 관세청장이나 세관장은 소비자 피해를 예방하기 위하여 필요한 경우 「전자상거래 등에서의 소비자보호에 관한 법률」에 따른 통신판매중개를 하는 자를 대상으로 통신판매중개를 하는 사이버몰에서 거래되는 물품 중 관세법 제226조(허가·승인 등의 증명 및 확인), 제230조(원산지 허위표시물품 등의 통관 제한) 및 제235조(지식재산권 보호)를 위반하여 수입된 물품의 유통실태 조사를 서면으로 실시할 수 있다.

ⓛ 조사결과 공개 : 관세청장은 서면실태조사의 결과를 공정거래위원회에 제공할 수 있고, 공정거래위
　　　원회와 소비자 피해 예방을 위하여 필요하다고 합의한 경우에는 대통령령으로 정하는 바에 따라 그
　　　조사 결과를 공개할 수 있다.
　　ⓒ 자료제출요구 : 관세청장이나 세관장은 서면실태조사를 위하여 필요한 경우에는 해당 통신판매중개
　　　를 하는 자에게 필요한 자료의 제출을 요구할 수 있다.

(3) 위치정보의 수집(법 제266조의2)

① 마약류 위치정보 수집

관세청장이나 세관장은 제241조(수출·수입 또는 반송의 신고) 제1항 및 제2항을 위반하여 수입하는 마
약류의 위치정보를 수집할 수 있다.

② 위치정보의 보호 및 이용 등에 관한 법률

수집된 위치정보의 저장·보호·이용 및 파기 등에 관한 사항은 「위치정보의 보호 및 이용 등에 관한
법률」을 따른다.

③ 관세청장 지정

위치정보 수집대상 물품의 구체적인 범위와 방법, 절차 등에 관하여 필요한 사항은 관세청장이 정한다.

(4) 무기의 휴대 및 사용(법 제267조)

총기의 휴대	관세청장이나 세관장은 직무를 집행하기 위하여 필요하다고 인정될 때에는 그 소속 공무원에게 무기를 휴대하게 할 수 있다.
무 기	"무기"란 「총포·도검·화약류 등의 안전관리에 관한 법률」에 따른 총포(권총 또는 소총에 한정), 도검, 분사기 또는 전자충격기를 말한다.
무기의 사용	세관공무원은 그 직무를 집행할 때 특히 자기나 다른 사람의 생명 또는 신체를 보호하고 공무집행에 대한 방해 또는 저항을 억제하기 위하여 필요한 상당한 이유가 있는 경우 그 사태에 응하여 부득이하다고 판단될 때에는 무기를 사용할 수 있다.
무기 관리 의무 (영 제265조)	• 관세청장은 법 제267조에 따른 무기의 안전한 사용, 관리 및 사고예방을 위하여 그 무기의 사용, 관리, 보관 및 해당 시설 등에 대한 안전기준을 마련하여야 한다. • 관세청장이나 세관장은 무기가 사용된 경우 사용 일시·장소·대상, 현장책임자, 종류 및 수량 등을 기록하여 보관하여야 한다.

(5) 운송수단에 대한 검문·검색 등의 협조 요청(법 제267조의2)

협조의 요청	세관장은 직무를 집행하기 위하여 필요하다고 인정될 때에는 육군·해군·공군의 각 부대장, 국가경찰관서의 장, 해양경찰관서의 장에게 협조를 요청할 수 있다.
검문·검색	협조 요청을 받은 자는 밀수 관련 혐의가 있는 운송수단에 대하여 추적감시 또는 진행정지명령을 하거나 세관공무원과 협조하여 해당 운송수단에 대하여 검문·검색을 할 수 있으며, 이에 따르지 아니하는 경우 강제로 그 운송수단을 정지시키거나 검문·검색을 할 수 있다.

(6) 명예세관원(법 제268조) 17년 기출

① 명예세관원의 활동

관세청장은 밀수 감시단속 활동의 효율적인 수행을 위하여 필요한 경우에는 수출입 관련 분야의 민간종사자 등을 명예세관원으로 위촉하여 공항·항만에서의 밀수 감시, 정보 제공과 밀수 방지의 홍보활동을 하게 할 수 있다.

② 명예세관원의 자격요건 등(규칙 제80조의2) 17년 기출

ⓙ 자격요건 : 명예세관원은 다음의 어느 하나에 해당하는 사람 중에서 위촉한다.

> ⓐ 수출입물품과 같은 종류의 물품을 생산·유통·보관 및 판매하는 등의 업무에 종사하는 사람 및 관련 단체의 임직원
> ⓑ 소비자 관련 단체의 임직원
> ⓒ 관세행정 발전에 기여한 공로가 있는 사람
> ⓓ 수출입물품의 유통에 관심이 있고 명예세관원의 임무를 성실히 수행할 수 있는 사람

ⓛ 명예세관원의 임무

> ⓐ 세관의 조사·감시 등 관세행정과 관련한 정보제공
> ⓑ 밀수 방지 등을 위한 홍보 활동 지원 및 개선 건의
> ⓒ 세관직원을 보조하여 공항, 항만 또는 유통단계의 감시 등 밀수 단속 활동 지원
> ⓓ 세관직원을 보조하여 원산지 표시 위반, 지식재산권 침해 등에 대한 단속 활동 지원

ⓒ 활동경비 등의 지급 : 관세청장은 필요한 경우 명예세관원에게 활동경비 등을 지급할 수 있다.

제4절 보 칙

1. 국가관세종합정보시스템 등

(1) 국가관세종합정보시스템의 구축 및 운영(법 제327조)

관세청장은 전자통관의 편의를 증진하고, 외국세관과의 세관정보 교환을 통하여 수출입의 원활화와 교역안전을 도모하기 위하여 전산처리설비와 데이터베이스에 관한 국가관세종합정보시스템(이하 "관세정보시스템")을 구축·운영할 수 있다.

① 전자신고 등

세관장은 관세청장이 정하는 바에 따라 관세정보시스템의 전산처리설비를 이용하여 관세법에 따른 신고·신청·보고·납부 등과 법령에 따른 허가·승인 또는 그 밖의 조건을 갖출 필요가 있는 물품의 증명 및 확인신청 등(전자신고 등)을 하게 할 수 있다.

관계 서류의 제출	전자신고 등을 할 때에는 관세청장이 정하는 바에 따라 관계 서류를 관세정보시스템의 전산처리설비를 이용하여 제출하게 하거나, 그 제출을 생략하게 하거나 간소한 방법으로 하게 할 수 있다.
접수시기	전자신고 등은 관세청장이 정하는 관세정보시스템의 전산처리설비에 저장된 때에 세관에 접수된 것으로 본다.

② 전자송달

세관장은 관세청장이 정하는 바에 따라 관세정보시스템 또는 「정보통신망 이용촉진 및 정보보호 등에 관한 법률」에 따른 정보통신망으로서 관세법에 따른 송달을 위하여 관세정보시스템과 연계된 정보통신망(연계정보통신망)을 이용하여 전자신고 등의 승인·허가·수리 등에 대한 교부·통지·통고 등(전자송달)을 할 수 있다.

도달의제	전자송달은 송달받을 자가 지정한 전자우편주소나 관세정보시스템의 전자사서함 또는 연계정보통신망의 전자고지함(연계정보통신망의 이용자가 접속하여 본인에게 송달된 고지내용을 확인할 수 있는 곳)에 고지내용이 저장된 때에 그 송달을 받아야 할 자에게 도달된 것으로 본다.
송달의 방법	전자송달은 대통령령으로 정하는 바에 따라 송달을 받아야 할 자가 신청하는 경우에만 한다. 관세정보시스템 또는 연계정보통신망의 전산처리설비의 장애로 전자송달이 불가능한 경우, 그 밖에 대통령령으로 정하는 사유가 있는 경우에는 교부·인편 또는 우편의 방법으로 송달할 수 있다.

③ 한국관세정보원의 설립(법 제327조의2)

정부는 관세정보시스템을 안정적으로 운영·관리하고, 관세정보시스템의 지능정보화를 촉진하여 통상환경을 개선함으로써 국민경제의 발전에 이바지하기 위하여 한국관세정보원(이하 "관세정보원")을 설립한다.

법 인	관세정보원은 법인으로 한다.
등 기	관세정보원은 그 주된 사무소의 소재지에 설립등기를 함으로써 성립한다.
정 관	관세정보원의 정관에는 다음의 사항이 포함되어야 하며, 정관을 변경할 때에는 관세청장의 인가를 받아야 한다. • 명 칭 〔목 적〕 • 주된 사무소의 소재지 〔이사회에 관한 사항〕 • 임직원에 관한 사항 〔조직에 관한 사항〕 • 업무 및 그 집행에 관한 사항 〔재산과 회계에 관한 사항〕 • 공고에 관한 사항 〔정관의 변경에 관한 사항〕 • 내부 규정의 제정·개정·폐지에 관한 사항
사 업	관세정보원은 다음의 사업을 한다. • 관세정보시스템의 운영 및 관리 • 관세정보시스템 기술지원센터의 운영 • 관세정보시스템의 지능정보화 촉진을 위한 기획·조사·컨설팅·연구·교육·홍보 • 그 밖에 국가, 지방자치단체 또는 「공공기관의 운영에 관한 법률」에 따른 공공기관 등으로부터 위탁받은 사업
원 장	관세정보원장은 정관으로 정하는 바에 따라 관세청장이 임명한다.
수익사업	관세정보원은 관세청장의 승인을 받아 제5항에 따른 사업 외에 설립목적 달성에 필요한 경비를 조달하기 위하여 수익사업을 할 수 있다.
경비출연	정부는 관세정보원의 시설, 운영 및 사업에 필요한 경비를 예산의 범위에서 출연하거나 보조할 수 있다.
준 용	관세정보원에 대하여 이 법과 「공공기관의 운영에 관한 법률」에서 규정한 것 외에는 「민법」 중 재단법인에 관한 규정을 준용한다.
명 칭	관세법에 따른 관세정보원이 아닌 자는 한국관세정보원 또는 이와 유사한 명칭을 사용하지 못한다.
지도·감독	관세청장은 관세정보원의 업무를 지도·감독한다.

④ 전자문서중계사업자의 지정 등(법 제327조의3)

㉠ 관세청장 지정 : 「전기통신사업법」에 따른 전기통신사업자로서 전자신고 등 및 전자송달을 중계하는 업무(전자문서중계업무)를 수행하려는 자는 대통령령으로 정하는 기준과 절차에 따라 관세청장의 지정을 받아야 한다.

㉡ 지정 불가사유 : 다음에 해당하는 자는 지정을 받을 수 없다.

> ⓐ 제175조(운영인의 결격사유) 제2호부터 제5호까지의 어느 하나에 해당하는 자
> ⓑ ㉢에 따라 지정이 취소(피성년후견인, 피한정후견인, 파산선고를 받고 복권되지 아니한 자에 해당하여 지정이 취소된 경우는 제외)된 날부터 2년이 지나지 아니한 자
> ⓒ ⓐ 또는 ⓑ에 해당하는 자를 임원으로 하는 법인

㉢ 지정취소 및 업무정지명령 : 관세청장은 지정을 받은 자(전자문서중계사업자)가 다음에 해당하는 경우에는 그 지정을 취소하거나 1년 이내의 기간을 정하여 전자문서중계업무의 전부 또는 일부의 정지를 명할 수 있다. 다만, ⓐ 및 ⓑ에 해당하는 경우에는 그 지정을 취소하여야 한다.

> ⓐ ㉡ 각 호의 어느 하나에 해당한 경우. 다만, ㉡의 ⓒ에 해당하는 경우로서 피성년후견인, 피한정후견인, 파산선고를 받고 복권되지 아니한 자에 해당하는 사람을 임원으로 하는 법인이 3개월 이내에 해당 임원을 변경한 경우에는 그러하지 아니하다.
> ⓑ 거짓이나 그 밖의 부정한 방법으로 지정을 받은 경우
> ⓒ 기준을 충족하지 못하게 된 경우
> ⓓ 관세청장의 지도·감독을 위반한 경우
> ⓔ 관세청장의 시정명령을 그 정하여진 기간 이내에 이행하지 아니한 경우
> ⓕ 제327조의4(전자문서 등 관련 정보에 관한 보안)를 위반하여 업무상 알게 된 전자문서상의 비밀과 관련 정보에 관한 비밀을 누설하거나 도용한 경우

㉣ 과징금 부과

ⓐ 관세청장은 업무정지가 그 이용자에게 심한 불편을 주거나 그 밖에 공익을 해칠 우려가 있는 경우에는 업무정지처분을 갈음하여 1억 원 이하의 과징금을 부과할 수 있다. 이 경우 과징금을 부과하는 위반행위의 종류와 위반 정도 등에 따른 과징금의 금액 등에 관하여 필요한 사항은 대통령령으로 정한다.

ⓑ 과징금을 납부하여야 할 자가 납부기한까지 이를 납부하지 아니한 경우에는 제26조(담보 등이 없는 경우의 관세징수)를 준용한다.

> **보충** 전자문서중계사업자에 대한 과징금의 부과기준 등(영 제285조의6 제1항)
>
> 부과하는 과징금의 금액은 업무정지 일수에 1일당 과징금 금액을 곱하여 산정한다. 이 경우 산정한 금액이 1억 원을 넘을 때에는 1억 원으로 한다.
> 1. 기간 : 산정된 업무정지 일수(1개월은 30일 기준)
> 2. 1일당 과징금 금액 : 30만 원

㉤ 수수료 부과 : 전자문서중계사업자는 전자문서중계업무를 제공받는 자에게 기획재정부령으로 정하는 바에 따라 수수료 등 필요한 요금을 부과할 수 있다.

ⓗ 관세청장의 전자문서중계사업자에 대한 지도·감독과 관련한 보고 : 관세청장은 전자문서중계사업의 안정적인 운영을 위하여 전자문서중계사업자에게 사업실적 등 운영사업과 관련한 주요 내용을 매년 보고하도록 하거나 관련 장부 및 서류를 제출하도록 명할 수 있다. 이 경우 보고의 방법 및 절차 등 필요한 사항은 관세청장이 정한다.

ⓘ 시정명령

관세청장은 전자문서중계사업자의 업무 수행의 방법, 절차 등이 부적절하여 전자문서중계의 안정성을 저해하거나 저해할 우려가 있는 경우 6개월 이내의 기간을 정하여 그 시정을 명할 수 있다.

(2) 전자문서 관련규정

① 전자문서 등 관련 정보에 관한 보안(법 제327조의4)

위·변조된 정보행사의 금지	누구든지 관세정보시스템 또는 전자문서중계사업자의 전산처리설비에 기록된 전자문서 등 관련 정보를 위조 또는 변조하거나 위조 또는 변조된 정보를 행사하여서는 아니 된다.
정보의 훼손 및 비밀침해금지	누구든지 관세정보시스템 또는 전자문서중계사업자의 전산처리설비에 기록된 전자문서 등 관련 정보를 훼손하거나 그 비밀을 침해하여서는 아니 된다.
비밀 누설 및 도용금지	관세정보원 또는 전자문서중계사업자의 임직원이거나, 임직원이었던 자는 업무상 알게 된 전자문서상의 비밀과 관련 정보에 관한 비밀을 누설하거나 도용하여서는 아니 된다.

② 전자문서의 표준(법 제327조의5)

관세청장은 국가 간 세관정보의 원활한 상호 교환을 위하여 세계관세기구 등 국제기구에서 정하는 사항을 고려하여 전자신고 등 및 전자송달에 관한 전자문서의 표준을 정할 수 있다.

2. 청문, 권한의 위임 및 위탁

(1) 청문(법 제328조)

세관장은 다음의 어느 하나에 해당하는 처분을 하려면 청문을 하여야 한다.

> ① 자율관리보세구역 지정의 취소
> ② 보세사 등록의 취소 및 업무정지
> ③ 지정보세구역 지정의 취소
> ④ 화물관리인 지정의 취소
> ⑤ 물품반입 등의 정지 및 운영인 특허의 취소
> ⑥ 종합보세구역 지정의 취소
> ⑦ 종합보세기능의 수행 중지
> ⑧ 종합보세사업장의 폐쇄
> ⑨ 보세운송업자 등의 등록 취소 및 업무정지
> ⑩ 수출입 안전관리 우수업체 공인의 취소
> ⑪ 전자문서중계사업자 지정의 취소 및 사업·업무의 전부 또는 일부의 정지

(2) 권한 또는 업무의 위임·위탁 등(법 제329조)

① 관세청장에 권한 위임

관세법에 따른 기획재정부장관의 권한 중 다음의 권한은 대통령령으로 정하는 바에 따라 관세청장에게 위임할 수 있다.

> ㉠ 제56조(덤핑방지관세에 대한 재심사 등) 제2항에 따른 덤핑방지관세 재심사에 필요한 사항의 조사
> ㉡ 제62조(상계관세에 대한 재심사 등) 제2항에 따른 상계관세 재심사에 필요한 사항의 조사

② 세관장, 소속 기관장에 권한 위임

㉠ 관세법에 따른 관세청장이나 세관장의 권한은 대통령령으로 정하는 바에 그 권한의 일부를 세관장이나 그 밖의 소속 기관의 장에게 위임할 수 있다(영 제288조 제2항~제4항).

㉡ 관세청장은 포상에 관한 권한 중 관세청장이 정하여 고시하는 권한을 세관장에게 위임한다.

㉢ 관세청장은 다음의 권한을 관세평가분류원장에게 위임한다.

> ⓐ 과세환율의 결정
> ⓑ 과세가격 결정의 원칙에 따라 가산 또는 공제하는 금액의 결정
> ⓒ 국내판매가격을 기초로 한 과세가격의 결정(제4방법)에 따른 금액의 결정
> ⓓ 과세가격 결정방법의 사전심사
> ⓔ 특정물품에 적용될 품목분류의 사전심사에 따른 품목분류사전심사
> ⓕ 물품의 검사에 따른 환율의 결정

㉣ 관세청장은 수출입안전관리우수업체의 심사 및 예비심사에 관한 권한을 세관장 또는 관세평가분류원장에게 위임한다.

③ 권한의 위탁

㉠ 세관장이 체신관서의 장에게 위탁 : 세관장은 대통령령으로 정하는 바에 따라 제257조(우편물의 검사)부터 제259조(세관장의 통지)까지의 규정에 따른 권한을 체신관서의 장에게 위탁할 수 있다.

㉡ 세관장이 비영리법인 등에게 위탁 : 세관장은 대통령령으로 정하는 바에 따라 제157조(물품의 반입·반출), 제158조(보수작업) 제2항, 제159조(해체·절단 등의 작업) 제2항, 제165조(보세사의 자격 등) 제3항, 제209조(통고), 제213조(보세운송의 신고) 제2항(보세운송신고의 접수만 해당)·제3항, 제215조(보세운송 보고), 제222조(보세운송업자 등의 등록 및 보고) 제1항 제1호 및 제246조(물품의 검사) 제1항에 따른 권한을 다음의 자에게 위탁할 수 있다.

> ⓐ 통관질서의 유지와 수출입화물의 효율적인 관리를 위하여 설립된 비영리법인
> ⓑ 화물관리인
> ⓒ 운영인
> ⓓ 관세법 제222조(보세운송업자 등의 등록 및 보고)에 따라 등록한 보세운송업자

㉢ 관세청장 또는 세관장이 특정 단체에 위탁 : 관세법에 따른 관세청장 또는 세관장의 업무 중 다음의 업무는 대통령령으로 정하는 바에 따라 대통령령으로 정하는 단체에 위탁할 수 있다.

ⓐ 제173조(세관검사장) 제3항 단서에 따른 물품 검사비용 지원 업무 중 신청서 접수, 지원 요건 및 금액에 관한 심사
　ⓑ 제235조(지식재산권 보호) 제2항에 따른 지식재산권의 신고 업무 중 신고서 접수 및 보완 요구
　ⓒ 제255조의2(수출입 안전관리 우수업체의 공인) 제2항에 따른 수출입안전관리우수업체 공인 심사 지원 및 같은 조 제3항에 따른 예비심사 지원
　ⓓ 제265조(물품 또는 운송수단 등에 대한 검사 등)에 따른 물품 또는 운송수단 등에 대한 검사 등에 관한 업무 중 국제항을 출입하는 자가 휴대하는 물품 및 국제항을 출입하는 자가 사용하는 운송수단에 대한 검사

3. 기 타

(1) 가산세의 세목(법 제320조)

관세법에 따른 가산세는 관세의 세목으로 한다.

(2) 세관의 업무시간 · 물품취급시간(법 제321조) 22년 기출

세관의 업무시간, 보세구역과 운송수단의 물품취급시간은 대통령령으로 정하는 바에 따른다.

① 임시개청 등의 통보

다음의 어느 하나에 해당하는 자는 대통령령으로 정하는 바에 따라 세관장에게 미리 통보하여야 한다.

　㉠ 세관의 업무시간이 아닌 때에 통관절차 · 보세운송절차 또는 입출항절차를 밟으려는 자
　㉡ 운송수단의 물품취급시간이 아닌 때에 물품을 취급하려는 자

② 수수료의 납부

사전통보를 한 자는 기획재정부령으로 정하는 바에 따라 수수료를 납부해야 한다.

③ 임시개청 및 시간외 물품취급(영 제275조)

　㉠ 통보서 제출 : 토요일 및 일요일, 공휴일 및 대체공휴일, 근로자의 날 또는 개청시간 외에 통관절차 · 보세운송절차 또는 입출항절차를 밟고자 하는 자는 사무의 종류 및 시간과 사유를 기재한 통보서를 세관장에게 제출해야 한다. 다만, 법 제241조(수출 · 수입 또는 반송의 신고)에 따라 신고를 해야 하는 우편물 외의 우편물에 대해서는 그렇지 않다.
　㉡ 통보서 제출면제 : 물품취급시간 외에 물품의 취급을 하려는 자는 다음의 어느 하나에 해당하는 경우를 제외하고는 통보서를 세관장에게 제출하여야 한다.

　ⓐ 우편물(법 제241조의 규정에 의하여 신고를 하여야 하는 것은 제외)을 취급하는 경우
　ⓑ ㉠의 규정에 의하여 통보한 시간 내에 당해 물품의 취급을 하는 경우
　ⓒ 보세공장에서 보세작업을 하는 경우. 다만, 감시 · 단속에 지장이 있다고 세관장이 인정할 때에는 예외로 한다.
　ⓓ 보세전시장 또는 보세건설장에서 전시 · 사용 또는 건설공사를 하는 경우
　ⓔ 수출신고수리시 세관의 검사가 생략되는 수출물품을 취급하는 경우
　ⓕ 제155조(국제항의 지정) 제1항에 따른 항구나 공항에서 하역작업을 하는 경우

ⓨ 재해 기타 불가피한 사유로 인하여 당해 물품을 취급하는 경우. 이 경우에는 사후에 경위서를 세관장에게 제출하여 그 확인을 받아야 한다.

ⓒ 통보서 기재사항 : 통보서에는 다음의 사항을 기재하여야 한다.

> ⓐ 당해 물품의 내외국물품의 구분과 품명 및 수량
> ⓑ 포장의 종류·번호 및 개수
> ⓒ 취급물품의 종류
> ⓓ 물품취급의 시간 및 장소

ⓒ 근무시간 엄수 : 사전통보는 부득이한 경우를 제외하고는 「국가공무원 복무규정」에 의한 공무원의 근무시간 내에 하여야 한다.

(3) 통계 및 증명서의 작성 및 교부 등(법 제322조)

① 통계의 작성 및 열람·교부

관세청장은 다음의 사항에 관한 통계를 작성하고 그 열람이나 교부를 신청하는 자가 있으면 이를 열람하게 하거나 교부하여야 한다.

> ㉠ 수출하거나 수입한 화물에 관한 사항
> ㉡ 입항하거나 출항한 국제무역선 및 국제무역기에 관한 사항
> ㉢ 수입물품에 대한 관세 및 내국세 등에 관한 사항
> ㉣ 그 밖에 외국무역과 관련하여 관세청장이 필요하다고 인정하는 사항

② 통계의 집계 및 공표

관세청장은 통계를 집계하고 대통령령으로 정하는 바에 따라 정기적으로 그 내용을 공표할 수 있다.

③ 통계 외 통관 관련 자료의 열람·교부

통계 외 통관 관련 세부 통계자료를 열람하거나 교부받으려는 자는 사용 용도 및 내용을 구체적으로 밝혀 관세청장에게 신청할 수 있다. 이 경우 관세청장은 대통령령으로 정하는 경우를 제외하고는 이를 열람하게 하거나 교부하여야 한다.

④ 통계의 교부방식

관세청장은 통계 및 통계자료를 전산처리가 가능한 전달매체에 기록하여 교부하거나 전산처리설비를 이용하여 교부할 수 있다. 이 경우 교부할 수 있는 통계의 범위와 그 절차는 관세청장이 정한다.

⑤ 업무의 대행

관세청장은 통계, 통계자료 및 통계의 작성 및 교부 업무를 대행할 자(대행기관)를 지정하여 그 업무를 대행하게 할 수 있다. 이 경우 관세청장은 통계작성을 위한 기초자료를 대행기관에 제공하여야 한다.

⑥ 수수료의 납부

세관사무에 관한 증명서와 통계, 통계자료 및 통계를 교부받으려는 자는 기획재정부령으로 정하는 바에 따라 관세청장에게 수수료를 납부하여야 한다. 다만, 대행기관이 업무를 대행하는 경우에는 대행기관이 정하는 수수료를 해당 대행기관에 납부하여야 한다.

관세청장의 승인	대행기관은 수수료를 정할 때에는 기획재정부령으로 정하는 바에 따라 관세청장의 승인을 받아야 한다. 승인을 받은 사항을 변경하려는 경우에도 또한 같다.
수수료의 수입	대행기관이 수수료를 징수한 경우 그 수입은 해당 대행기관의 수입으로 한다.

⑦ 수출·수입 또는 반송증명서의 발급

증명서 중 수출·수입 또는 반송에 관한 증명서는 해당 물품의 수출·수입 또는 반송 신고의 수리일부터 5년 내의 것에 관하여 발급한다.

⑧ 관세무역데이터 제공

㉠ 관세무역데이터 제공 대상

관세청장은 다음의 어느 하나에 해당하는 자가 관세정책의 평가 및 연구 등에 활용하기 위하여 통계 작성에 사용된 기초자료와 관세청장이 생산·가공·분석한 데이터(관세무역데이터)를 직접 분석하기를 원하는 경우 제116조(비밀유지) 제1항 각 호 외의 부분 본문에도 불구하고 관세청 내에 설치된 대통령령으로 정하는 시설 내에서 관세무역데이터를 그 사용목적에 맞는 범위에서 제공할 수 있다. 이 경우 관세무역데이터는 개별 납세자의 과세정보를 직접적 또는 간접적 방법으로 확인할 수 없는 상태로 제공하여야 한다.

> ⓐ 국회의원
> ⓑ 「국회법」에 따른 국회사무총장·국회도서관장·국회예산정책처장·국회입법조사처장 및 「국회미래연구원법」에 따른 국회미래연구원장
> ⓒ 「정부조직법」 제2조에 따른 중앙행정기관의 장
> ⓓ 「지방자치법」 제2조에 따른 지방자치단체의 장
> ⓔ 「정부출연연구기관 등의 설립·운영 및 육성에 관한 법률」 제2조에 따른 정부출연연구기관의 장 등 대통령령으로 정하는 자
>
> > 정부출연연구기관의 장 등 대통령령으로 정하는 자(영 제276조의2 제2항)
> > 1. 「고등교육법」 제2조에 따른 학교의 장
> > 2. 「공공기관의 운영에 관한 법률」 제4조에 따른 공공기관의 장
> > 3. 「정부출연연구기관 등의 설립·운영 및 육성에 관한 법률」 제2조에 따른 정부출연연구기관의 장
> > 4. 제3호에 준하는 민간 연구기관의 장
> > 5. 관세정책의 평가 및 연구를 목적으로 관세무역데이터의 적정성 점검 등을 수행하는 기관의 장

㉡ 관세무역데이터센터 시설 요건(영 제276조의2 제1항)

㉠에서 "대통령령으로 정하는 시설"이란 다음의 요건을 모든 갖춘 시설로서 관세청장이 정하는 시설(관세무역데이터센터)을 말한다.

> ⓐ 해당 시설 외부에서 내부통신망에 접근·침입하는 것을 방지하기 위한 정보보호시스템을 갖춘 시설일 것
> ⓑ 관세정책의 평가·연구 등에 활용하기 위하여 통계 작성에 사용된 기초자료와 관세청장이 생산·가공·분석한 데이터(관세무역데이터)를 분석할 수 있는 설비 등을 갖춘 시설일 것

ⓒ 관세무역데이터 제공절차(영 제276조의2 제3항~제6항)

요청서 제출	관세무역데이터를 직접 분석하기를 원하는 경우에는 다음의 사항을 포함한 관세무역데이터센터 이용 요청서를 관세청장에게 제출해야 한다. • 관세무역데이터의 이용 목적 • 관세무역데이터의 명칭 및 내용 • 관세무역데이터센터 이용 기간 및 이용자
통 보	관세무역데이터센터 이용 요청서를 받은 관세청장은 그 요청서를 받은 날부터 30일 이내에 관세무역데이터센터의 이용 가능 여부 및 이용 기간을 통보해야 한다.
거 부	관세청장은 다음의 어느 하나에 해당하는 경우에는 관세무역데이터의 제공을 거부할 수 있다. 이 경우 이용 가능 여부를 통보할 때에 거부 사유를 함께 통보해야 한다. • 관세무역데이터센터 이용 요청자가 요청한 자료를 보유하고 있지 않은 경우 • 관세무역데이터의 이용 목적이 불분명하거나 이용 목적과 무관한 관세무역데이터의 제공을 요청하는 경우 • 「공공기관의 정보공개에 관한 법률」 제9조 각 호에 해당하는 비공개정보의 제공을 요청하는 경우 • 이미 공표된 통계를 요청하거나 공표된 통계로 이용 목적을 달성할 수 있는 경우 • 관세무역데이터센터 이용 요청 전에 법 제322조(통계 및 증명서의 작성 및 교부 등) 제11항을 위반한 사실이 있는 경우
관세청장 고시	관세무역데이터 이용 요청서의 서식 및 그 밖에 관세무역데이터센터 이용에 필요한 사항은 관세청장이 정하여 고시한다.

⑨ 목적 외 사용 금지

①에 따라 열람·교부된 통계(②에 따라 공표된 것은 제외), ③에 따라 열람·교부된 통계자료, ④에 따라 교부된 통계 및 ⑧에 따라 제공된 관세무역데이터를 알게 된 자는 그 통계, 통계자료 및 관세무역데이터를 목적 외의 용도로 사용하여서는 아니 된다.

⑩ 절 차

세관사무에 관한 증명서, 통계, 통계자료 및 통계의 열람 또는 교부 절차와 관세무역데이터의 제공 절차에 필요한 사항은 대통령령으로 정한다.

(4) 연구개발사업의 추진(법 제322조의2)

① 과학기술진흥 시책 추진

관세청장은 관세행정에 필요한 연구·실험·조사·기술개발(연구개발사업) 및 전문인력 양성 등 소관 분야의 과학기술진흥을 위한 시책을 마련하여 추진할 수 있다.

② 연구기관 등 협약

연구개발사업은 단계별·분야별 연구개발과제를 선정하여 다음의 기관 또는 단체 등과 협약을 맺어 실시하게 할 수 있다.

> ⊙ 국가 또는 지방자치단체가 직접 설치하여 운영하는 연구기관
> ⓛ 「특정연구기관 육성법」 제2조에 따른 특정연구기관
> ⓒ 「과학기술분야 정부출연연구기관 등의 설립·운영 및 육성에 관한 법률」에 따라 설립된 과학기술분야 정부출연연구기관
> ⓔ 「고등교육법」에 따른 대학·산업대학·전문대학 및 기술대학
> ⓜ 「기초연구진흥 및 기술개발지원에 관한 법률」 제14조의2 제1항에 따라 인정받은 기업부설연구소 또는 기업의 연구개발전담부서

      ⓑ 「민법」이나 다른 법률에 따라 설립된 법인으로서 관세행정 관련 연구를 하는 기관
      ⓢ 그 밖에 대통령령으로 정하는 관세행정 분야의 연구기관 또는 단체

③ 출연금, 보조금
    관세청장은 상기 기관 또는 단체 등에 연구개발사업을 실시하는 데 필요한 자금의 전부 또는 일부를 출연하거나 보조할 수 있다. 출연금 및 보조금의 지급·사용 및 관리 등에 필요한 사항은 대통령령으로 정한다.

(5) 세관설비의 사용(법 제323조)

① 사용료의 납부
    물품장치나 통관을 위한 세관설비를 사용하려는 자는 기획재정부령으로 정하는 사용료를 납부하여야 한다.

② 세관설비사용료(규칙 제83조)
    세관설비사용료는 기본사용료 1만2천 원에 다음의 금액을 합한 금액으로 한다. 17년 기출

> ㉠ 토지 : 분기마다 1제곱미터당 780원
> ㉡ 건물 : 분기마다 1제곱미터당 1,560원

(6) 편의 제공(법 제325조)

관세법에 따라 물품의 운송·장치 또는 그 밖의 취급을 하는 자는 세관공무원의 직무집행에 대하여 편의를 제공하여야 한다.

(7) 사업에 관한 허가 등의 제한(법 제326조의2)

① 관세 등 체납시 허가등의 제한
    세관장은 납세자가 허가·인가·면허 및 등록 등(이하 "허가 등")을 받은 사업과 관련된 관세 또는 내국세등을 체납한 경우 해당 사업의 주무관청에 그 납세자에 대하여 허가 등의 갱신과 그 허가 등의 근거 법률에 따른 신규 허가 등을 하지 아니할 것을 요구할 수 있다. 다만, 재난, 질병 또는 사업의 현저한 손실, 그 밖에 다음의 어느 하나에 해당하는 경우로서 세관장이 인정하는 사유가 있는 경우에는 그러하지 아니하다.

> ㉠ 공시송달의 방법으로 납부고지된 경우
> ㉡ 법 제10조(천재지변 등으로 인한 기한의 연장)에 따른 사유에 해당하는 경우
> ㉢ 「국세징수법 시행령」 제101조 제1항 제2호 및 제4호에 해당하는 경우
> ㉣ 양도담보재산으로써 발생한 납세의무(물적납세의무)를 부담하는 양도담보권자가 그 물적납세의무와 관련된 관세·내국세 등 및 강제징수비를 체납한 경우
> ㉤ ㉠부터 ㉣까지의 규정에 준하는 사유가 있는 경우

② 사업 정지 등 요구

세관장은 허가 등을 받아 사업을 경영하는 자가 해당 사업과 관련된 관세, 내국세등을 3회 이상 체납하고 그 체납된 금액의 합계액이 500만 원 이상인 경우 해당 주무관청에 사업의 정지 또는 허가 등의 취소를 요구할 수 있다. 다만, 재난, 질병 또는 사업의 현저한 손실, 그 밖에 다음의 어느 하나에 해당하는 사유가 있는 경우에는 그러하지 아니하다.

> ㉠ 상기 ㉠~㉢의 어느 하나에 해당하는 경우로서 세관장이 인정하는 경우
> ㉡ 그 밖에 세관장이 납세자에게 납부가 곤란한 사정이 있다고 인정하는 경우

③ 체납 기준

②의 관세 또는 내국세등을 체납한 횟수와 체납된 금액의 합계액을 정하는 기준과 방법은 대통령령으로 정한다. 이 경우 체납한 횟수는 납부고지서 1통을 1회로 보아 계산하며, 체납된 금액의 합계액은 관세 및 내국세 등, 관세 및 내국세 등의 가산세, 관세 및 내국세 등의 강제징수비를 합한 금액으로 한다(영 제283조의3).

④ 관세 등 징수시 요구 철회

세관장은 ① 또는 ②의 요구를 한 후 해당 관세 또는 내국세등을 징수한 경우 즉시 그 요구를 철회하여야 한다.

⑤ 요구 수용

해당 주무관청은 ① 또는 ②에 따른 세관장의 요구가 있는 경우 정당한 사유가 없으면 요구에 따라야 하며, 그 조치 결과를 즉시 관할 세관장에 알려야 한다.

(8) 벌칙 적용에서 공무원 의제(법 제330조)

다음에 해당하는 사람은 「형법」 제127조(공무상 비밀의 누설) 및 제129조(수뢰, 사전수뢰)부터 제132조(알선수뢰)까지의 규정을 적용할 때에는 공무원으로 본다.

> ① 제208조(매각대상 및 매각절차) 제4항(매각대행기관)에 따라 대행 업무에 종사하는 사람
> ② 제233조의2(한국원산지정보원의 설립) 제1항에 따른 한국원산지정보원의 업무에 종사하는 사람
> ③ 제322조(통계 및 증명서의 작성 및 교부) 제5항에 따라 대행 업무[제116조(비밀유지) 제5항에 따라 과세정보를 제공하는 경우를 포함]에 종사하는 사람
> ④ 제327조의2(한국관세정보원의 설립) 제1항에 따른 관세정보원의 임직원
> ⑤ 제327조의3(전자문서중계사업자의 지정 등) 제3항에 따른 전자문서중계사업자
> ⑥ 제329조(권한 또는 업무의 위임·위탁) 제3항부터 제5항까지의 규정에 따라 위탁받은 업무에 종사하는 사람
> ⑦ 관세체납정리위원회, 관세품목분류위원회, 관세정보위원회, 납세자보호위원회, 보세사징계위원회, 보세판매장 특허심사위원회, 보세판매장 제도운영위원회, 관세범칙조사심의위원회의 위원 중 공무원이 아닌 사람

01 입항 전 수입신고에 따른 수입신고를 한 자 중 법령에 따라 수입에 필요한 허가·승인·추천·증명 또는 그 밖의 조건을 갖추지 아니하거나 부정한 방법으로 갖추어 수입한 자는 1년 이하의 징역 또는 1천만 원 이하의 벌금에 처한다. (O, X)

01 × 1년 이하의 징역 또는 1천만 원 이하의 벌금 → 3년 이하의 징역 또는 3천만 원 이하의 벌금 (법 제270조 제2항)

02 특허보세구역 또는 종합보세사업장의 운영인은 관세법상 위반행위를 이유로 처벌 시 양벌 규정의 적용대상이 되는 개인이 아니다. (O, X)

02 × 개인이 아니다 → 개인이다 (법 제279조 제2항 제1호)

03 납세의무자 또는 납세의무자의 재산을 점유하는 자가 강제징수를 면탈할 목적 또는 면탈하게 할 목적으로 그 재산을 은닉·탈루하거나 거짓 계약을 하였을 때에는 3년 이하의 징역 또는 3천만 원 이하의 벌금에 처한다. (O, X)

03 O (법 제275조의2)

04 세관공무원은 관세범 조사에 필요하다고 인정할 때에는 피의자·증인 또는 참고인을 조사할 수 있으며 관세범의 현행범인을 발견하였을 때에는 사법경찰관에게 연락하여 체포를 요청한다. (O, X)

04 × 사법경찰관에게 연락하여 체포를 요청한다 → 즉시 체포하여야 한다(법 제291조, 제297조)

05 관세청장이나 세관장은 통고처분을 받는 자가 벌금이나 추징금에 상당한 금액을 예납하려는 경우에는 이를 예납시킬 수 있다. (O, X)

05 O (법 제311조 제2항)

06 관세청장은 국가기관 및 지방자치단체 등 관계 기관 등에 대하여 관세의 부과·징수 및 통관에 관계되는 자료 또는 통계를 요청할 수 없다. (O, X)

06 × 없다 → 있다(법 제264조)

07 과세자료제출기관이 제출하여야 하는 과세자료에는 수입하는 물품에 대하여 관세 또는 내국세 등을 감면받거나 낮은 세율을 적용받을 수 있도록 허가, 승인, 추천 등을 한 경우 그에 관한 자료로서 관세의 부과·징수와 통관에 직접적으로 필요한 자료가 포함된다. (O, X)

07 O (법 제264조의3 제1호)

08 관세청 및 세관 소속 공무원은 비밀유지의무를 위반하는 과세자료의 제공을 요구받으면 이를 거부할 수 있다. (O, X)

08 × 거부할 수 있다 → 거부하여야 한다(법 제264조의8 제2항)

09 보세사 등록의 취소 및 업무정지는 세관장이 청문을 하여야 하는 처분에 해당된다. (O, X)

09 O (법 제328조 제2호)

10 관세청장은 수출입 안전관리 우수업체의 심사 및 예비심사에 관한 권한을 세관장 또는 관세평가분류원장에게 위임한다. (O, X)

10 O (영 제288조 제4항)

제7장

01 관세법상 세관장 등의 과세자료 요청 등에 대한 설명으로 옳지 않은 것은?

① 관세청장이나 세관장은 관세법 또는 관세법에 따른 명령을 집행하기 위하여 필요하다고 인정될 때에는 운송수단의 출발을 중지시키거나 그 진행을 정지시킬 수 있다.

② 관세청장은 국가기관 및 지방자치단체 등 관계 기관 등에 대하여 관세의 부과·징수 및 통관에 관계되는 자료 또는 통계를 요청할 수 있다.

③ 과세자료제출기관의 장은 분기별로 분기만료일이 속하는 달의 다음 달 말일까지 대통령령으로 정하는 바에 따라 관세청장 또는 세관장에게 과세자료를 제출하여야 한다. 다만, 과세자료의 발생빈도와 활용시기 등을 고려하여 대통령령으로 정하는 바에 따라 그 과세자료의 제출시기를 달리 정할 수 있다.

④ 과세자료제출기관의 장은 그 소속 공무원이나 임직원이 이 법에 따른 과세자료의 제출 의무를 성실하게 이행하는지를 수시로 점검하여야 한다.

⑤ 과세자료를 타인에게 제공 또는 누설하거나 목적 외의 용도로 사용한 자는 3년 이하의 징역 또는 3천만 원 이하의 벌금에 처한다.

해설
과세자료 비밀유지의무 위반에 대한 처벌(법 제264조의9 제1항)
과세자료를 타인에게 제공 또는 누설하거나 목적 외의 용도로 사용한 자는 3년 이하의 징역 또는 <u>1천만 원</u> 이하의 벌금에 처한다.

02 관세법상 세관공무원의 물품검사 등에 대한 설명 중 옳지 않은 것은?

① 세관공무원은 관세법 또는 관세법에 따른 명령을 위반한 행위를 방지하기 위하여 필요하다고 인정될 때에는 물품, 운송수단, 장치 장소 및 관계 장부·서류를 검사 또는 봉쇄하거나 그 밖에 필요한 조치를 할 수 있다.

② 세관공무원은 관세법에 따른 직무를 집행하기 위하여 필요하다고 인정될 때에는 수출입업자·판매업자 또는 그 밖의 관계자에 대하여 질문하거나 문서화·전산화된 장부, 서류 등 관계 자료 또는 물품을 조사하거나, 그 제시 또는 제출을 요구할 수 있다.

③ 세관공무원은 그 직무를 집행할 때 특히 자기나 다른 사람의 생명 또는 신체를 보호하고 공무집행에 대한 방해 또는 저항을 억제하기 위하여 필요한 상당한 이유가 있는 경우 그 사태에 응하여 부득이하다고 판단될 때에는 총기를 사용할 수 있다.

④ 관세청장은 밀수감시단속 활동의 효율적인 수행을 위하여 필요한 경우에는 수출입 관련 분야의 민간종사자 등을 명예세관원으로 위촉하여 공항·항만에서의 밀수 감시, 정보 제공과 밀수 방지의 홍보, 검문·검색 활동을 하게 할 수 있다.

⑤ 세관공무원은 해상에서 직무를 집행하기 위하여 필요하다고 인정될 때에는 육군·해군·공군의 각 부대장, 국가경찰관서의 장, 해양경비안전관서의 장에게 협조를 요청할 수 있다.

> **해설**
> ④ 검문·검색 활동은 명예세관원의 역할이 아니다.
>
> **명예세관원(법 제268조)**
> 관세청장은 밀수감시단속 활동의 효율적인 수행을 위하여 필요한 경우에는 수출입 관련 분야의 민간종사자 등을 명예세관원으로 위촉하여 다음 활동을 하게 할 수 있다.
> • 공항·항만에서의 밀수 감시
> • 정보 제공과 밀수 방지의 홍보

03 다음 중 관세포탈죄를 저지른 자에 해당하는 것은?

① 신고를 하지 아니하고 물품을 수입한 자

② 신고를 하였으나 해당 수입물품과 다른 물품으로 신고하여 수입한 자

③ 신고를 하지 아니하고 물품을 수출하거나 반송한 자

④ 세액결정에 영향을 미치기 위하여 과세가격 또는 관세율 등을 거짓으로 신고하거나 신고하지 아니하고 수입한 자

⑤ 보정신청을 할 때 부당하게 재물이나 재산상 이득을 취득하거나 제3자로 하여금 이를 취득하게 할 목적으로 물품의 가격을 조작하여 신청한 자

> **해설**
> ①·②·③ 법 제269조(밀수출입죄)
> ⑤ 법 제270조의2(가격조작죄)

04 다음 중 관세법상 조사와 처분에 대한 설명으로 옳지 않은 것은?

① 관세법에서 "관세범"이란 관세법 또는 관세법에 따른 명령을 위반하는 행위로서 관세법에 따라 형사처벌되거나 통고처분되는 것을 말한다.

② 관세범에 관한 사건에 대하여는 관세청장이나 세관장의 고발이 없더라도 검사는 공소를 제기할 수 있다.

③ 관세범의 조사와 처분에 관한 서류에는 장마다 간인(間印)하여야 하며, 문자를 추가하거나 삭제할 때와 난의 바깥에 기입할 때에는 날인(捺印)하여야 한다.

④ 관세범에 관한 서류에 서명날인하는 경우 본인이 서명할 수 없을 때에는 다른 사람에게 대서하게 하고 도장을 찍어야 한다. 이 경우 도장을 지니지 아니하였을 때에는 손도장을 찍어야 한다.

⑤ 관세범에 관한 서류는 인편이나 등기우편으로 송달하고 수령증을 받아야 한다.

> **해설**
>
> **공소의 요건(법 제284조 제1항)**
> 관세범에 관한 사건에 대하여는 관세청장이나 세관장의 고발이 없으면 검사는 공소를 제기할 수 없다.

05 관세법상 관세범의 조사에 대한 설명 중 옳지 않은 것은?

① 세관공무원은 관세범이 있다고 인정할 때에는 범인, 범죄사실 및 증거를 조사하여야 한다.

② 현행범인에 대한 조사로서 긴급히 처리할 필요가 있을 때에는 그 주요 내용을 적은 서면으로 조서를 대신할 수 있다.

③ 세관공무원은 관세범에 관하여 「사법경찰관리의 직무를 수행할 자와 그 직무범위에 관한 법률」에서 정하는 바에 따라 사법경찰관리의 직무를 수행한다.

④ 세관장은 압수된 물품에 대하여 그 압수일부터 6개월 이내에 해당 물품의 소유자 및 범인을 알 수 없는 경우에는 해당 물품을 유실물로 간주하여 매각하여야 한다.

⑤ 세관공무원은 범죄사실을 증명하기에 충분한 물품을 피의자가 신변(身邊)에 은닉하였다고 인정될 때에는 이를 내보이도록 요구하고, 이에 따르지 아니하는 경우에는 신변을 수색할 수 있다.

> **해설**
>
> **압수물품의 국고귀속(법 제299조 제1항)**
> 세관장은 압수된 물품에 대하여 그 압수일부터 6개월 이내에 해당 물품의 소유자 및 범인을 알 수 없는 경우에는 해당 물품을 유실물로 간주하여 <u>유실물 공고를 하여야 한다.</u>

06 관세법상 통고처분과 관련된 내용 중 옳지 않은 것은?

① 관세청장이나 세관장은 관세범을 조사한 결과 범죄의 확증을 얻었을 때에는 그 이유를 구체적으로 밝히고 벌금에 상당하는 금액, 추징금에 해당하는 금액 등이나 물품을 납부할 것을 통고할 수 있다.

② 관세청장이나 세관장은 범죄의 정상이 징역형에 처해질 것으로 인정될 때에는 즉시 고발하여야 한다.

③ 관세범인이 통고서의 송달을 받았을 때에는 그 날부터 30일 이내에 이를 이행하여야 하며, 이 기간 내에 이행하지 아니하였을 때에는 관세청장이나 세관장은 즉시 고발하여야 한다. 다만, 30일이 지난 후 고발이 되기 전에 관세범인이 통고처분을 이행한 경우에는 그러하지 아니하다.

④ 관세범인이 통고의 요지를 이행하였을 때에는 동일사건에 대하여 다시 처벌을 받지 아니한다.

⑤ 관세청장이나 세관장은 관세범인이 통고를 이행할 수 있는 자금능력이 없다고 인정되는 경우, 관세범인의 주소 및 거소가 분명하지 아니하거나 그 밖의 사유로 통고를 하기 곤란하다고 인정되는 즉시 고발하여야 한다.

해설

통고의 불이행과 고발(법 제316조)
관세범인이 통고서의 송달을 받았을 때에는 그 날부터 15일 이내에 이를 이행하여야 하며, 이 기간 내에 이행하지 아니하였을 때에는 관세청장이나 세관장은 즉시 고발하여야 한다. 다만, 15일이 지난 후 고발이 되기 전에 관세범인이 통고처분을 이행한 경우에는 그러하지 아니하다.

07 관세법상 어떠한 처분을 하기 전에 청문을 하여야 하는 대상이 아닌 것은?

① 자율관리보세구역 지정의 취소
② 보세사 등록의 취소 및 업무정지
③ 종합보세구역의 기능 중지
④ 보세운송업자 등의 등록 취소 및 업무정지
⑤ 수출입 안전관리 우수업체 공인의 취소

해설

청문(법 제328조)
세관장은 다음 어느 하나에 해당하는 처분을 하려면 청문을 하여야 한다.
• 자율관리보세구역 지정의 취소
• 보세사 등록의 취소 및 업무정지
• 지정보세구역 지정의 취소
• 화물관리인 지정의 취소
• 물품반입 등의 정지 및 운영인 특허의 취소
• 종합보세구역 지정의 취소
• 종합보세기능의 수행 중지
• 종합보세사업장의 폐쇄
• 보세운송업자 등의 등록 취소 및 업무정지
• 수출입 안전관리 우수업체 공인의 취소
• 전자문서중계사업자 지정의 취소 및 사업·업무의 전부 또는 일부의 정지

아이들이 답이 있는 질문을 하기 시작하면 그들이 성장하고 있음을 알 수 있다.

-존 J. 플롬프-

제2편

FTA
특례법

작은 기회로부터 종종 위대한 업적이 시작된다.

– 데모스테네스 –

제 1 장 FTA 특례법의 기본이해

자유무역협정의 이행을 위한 관세법의 특례에 관한 법률(제19935호)
자유무역협정의 이행을 위한 관세법의 특례에 관한 법률 시행령(제34277호)
자유무역협정의 이행을 위한 관세법의 특례에 관한 법률 시행규칙(제01053호)

제1절   FTA 특례법의 총칙

1. 목적(법 제1조)

자유무역협정의 이행을 위한 관세법의 특례에 관한 법률(약칭 FTA 특례법)은 우리나라가 체약상대국과 체결한 자유무역협정의 이행을 위하여 필요한 관세의 부과·징수 및 감면, 수출입물품의 통관 등 「관세법」의 특례에 관한 사항과 자유무역협정에 규정된 체약상대국과의 관세행정 협조에 필요한 사항을 규정함으로써 자유무역협정의 원활한 이행과 국민경제의 발전에 이바지함을 목적으로 한다.

2. 정의(법 제2조) 20년 기출

(1) 자유무역협정

우리나라가 체약상대국과 관세의 철폐, 세율의 연차적인 인하 등 무역의 자유화를 내용으로 하여 체결한 「1994년도 관세 및 무역에 관한 일반협정」에 따른 국제협정과 이에 준하는 관세의 철폐 또는 인하에 관한 조약·협정을 말한다.

(2) 체약상대국 및 체약상대국의 관세당국 19년 기출

체약상대국	우리나라와 자유무역협정을 체결한 국가(국가연합·경제공동체 또는 독립된 관세영역을 포함)
체약상대국의 관세당국	체약상대국의 관세 관련 법령이나 협정(관세분야만 해당)의 이행을 관장하는 당국

(3) 원산지 및 원산지증빙서류

원산지	관세의 부과·징수 및 감면, 수출입물품의 통관 등을 할 때 협정에서 정하는 기준에 따라 물품의 생산·가공·제조 등이 이루어진 것으로 보는 국가
원산지증빙서류	우리나라와 체약상대국 간의 수출입물품의 원산지를 증명하는 서류(원산지증명서)와 그 밖에 원산지 확인을 위하여 필요한 서류·정보 등

(4) 협정관세

협정에 따라 체약상대국을 원산지로 하는 수입물품에 대하여 관세를 철폐하거나 세율을 연차적으로 인하하여 부과하여야 할 관세를 말한다.

(5) 규칙상 용어의 정의(규칙 제2조) 23, 20, 12년 기출

류, 호, 소호	관세·통계통합품목분류표에 따른 품목분류상의 2단위·4단위 또는 6단위의 품목번호
재료	다른 물품의 생산에 사용되는 원재료·구성물품·부분품 또는 부속품
생산	재배·채굴·수확·어로·번식·사육·수렵·제조·가공·조립 또는 분해 등의 과정을 거쳐 물품을 획득하는 행위
원산지물품 또는 원산지재료	자유무역협정과 이 규칙에 따라 해당 물품 또는 재료의 원산지가 대한민국 또는 체약상대국으로 인정되는 물품 또는 재료
비원산지물품 또는 비원산지재료	협정과 이 규칙에 따라 해당 물품 또는 재료의 원산지가 대한민국 또는 체약상대국으로 인정되지 아니하는 물품 또는 재료
대체가능물품	원산지물품과 비원산지물품이 상업적으로 동일한 질과 특성을 가지고 상호 대체사용이 가능한 물품 (재료를 포함)
완전생산기준	이 법에 따라 해당 물품 전부를 생산한 국가를 원산지로 인정하는 기준
세번변경기준	해당 물품이 2개국 이상에 걸쳐 생산된 경우로서 해당 물품의 통합품목분류표상의 품목번호와 해당 물품의 생산에 사용된 비원산지재료의 품목번호가 일정 단위 이상이 다른 경우 해당 물품을 최종적으로 생산한 국가를 원산지로 인정하는 기준
부가가치기준	해당 물품이 2개국 이상에 걸쳐 생산된 경우 해당 물품에 대하여 일정 수준 이상의 부가가치를 창출한 국가를 원산지로 인정하는 기준
공장도거래가격	물품을 생산공장에서 반출하는 때에 해당 물품의 생산자에게 실제로 지급하였거나 지급하여야 하는 가격으로서 그 물품이 수출될 때 환급되는 내국세를 공제한 가격
본선인도가격(FOB)	해당 물품을 본선에 인도하는 조건으로 실제로 지급하였거나 지급하여야 할 가격으로서 최종 선적항 또는 선적지까지 운송하는 데 드는 운송비를 포함한 가격
조정가격	「관세법」에 따라 결정된 수입물품의 과세가격에서 수입항까지의 운임·보험료, 그 밖에 국제적 운송에 관련되는 비용을 제외한 가격
영해	협정에서 다르게 정하는 경우를 제외하고는 「해양법에 관한 국제연합 협약」에 따라 결정된 기선으로부터 12해리 이내의 수역으로서 국제법 및 각 체약당사국의 국내법에 따라 주권이 미치는 수역
원산지증명서	우리나라와 체약상대국 간의 수출입물품의 원산지를 증명하는 서류
원산지포괄증명	장기간에 걸쳐 반복적으로 선적되거나 수입신고되는 동종동질의 물품에 대하여 각 협정에서 정하는 기간 동안 최초의 원산지증명서를 반복하여 사용하는 것

3. 적용의 우선순위

(1) 다른 법률과의 관계(법 제3조) 10년 기출

① 「관세법」에 우선하여 적용

이 법은 「관세법」에 우선하여 적용한다. 다만, 이 법에서 정하지 아니한 사항에 대해서는 「관세법」에서 정하는 바에 따른다.

② 협정의 우선적용 12년 기출

이 법 또는 「관세법」이 협정과 상충되는 경우에는 협정을 우선하여 적용한다.

(2) 세율 적용의 우선순위(법 제5조) 12, 10년 기출

① 협정관세의 세율이 「관세법」 제50조에 따른 적용세율과 같거나 그보다 높은 경우에는 적용세율을 우선하여 적용한다. 다만, 협정관세의 세율이 「관세법」 제50조에 따른 적용세율과 같은 경우 수입자가 협정관세의 적용을 신청하는 때에는 협정관세의 세율을 적용할 수 있다.

② 「관세법」 제51조(덤핑방지관세의 부과대상), 제57조(상계관세의 부과대상), 제63조(보복관세의 부과대상), 제65조(긴급관세의 부과대상 등), 67조의2(특정국물품 긴급관세의 부과) 및 제68조(농림축산물에 대한 특별긴급관세) 및 제69조(조정관세의 부과대상) 제2호에 따른 세율은 협정관세의 세율보다 우선하여 적용한다.

제2절 협정관세 등

1. 협정관세

(1) 의의(법 제4조)

협정관세의 결정	협정관세의 연도별 세율, 적용기간, 적용수량 등은 협정에서 정하는 관세의 철폐비율, 인하비율, 수량기준 등에 따라 대통령령으로 정한다.
준용규정	협정관세에 관하여는 「관세법」 제83조(용도세율의 적용) 및 제84조(품목분류체계의 수정)를 준용한다.

(2) 협정관세의 적용요건(법 제6조)

협정관세는 다음의 요건을 모두 충족하는 수입물품에 대하여 적용한다.

① 해당 수입물품이 협정에 따른 협정관세의 적용대상일 것
② 법 제7조(원산지결정기준)에 따라 결정된 해당 수입물품의 원산지가 해당 체약상대국일 것
③ 해당 수입물품에 대하여 법 제8조(협정관세의 적용신청 등) 또는 법 제9조(협정관세 사후적용의 신청)에 따라 협정관세의 적용을 신청할 것

(3) 수량별 차등협정관세의 적용(영 제3조)

① 한도수량 내 협정관세율 적용 추천

협정관세율 중 일정 수량에 대하여 더 낮은 세율[동일한 물품에 대하여 수량기준에 따라 둘 이상의 세율을 정한 경우에는 그 중 낮은 세율을 말함(한도수량 내 협정관세율)]이 적용되도록 양허된 물품이 있는 경우로서 한도수량 내 협정관세율을 적용받으려는 자는 주무부장관 또는 그 위임을 받은 자의 추천을 받은 후 그 추천서를 수입신고 수리 전까지 세관장에게 제출해야 한다. 다만, 해당 물품이 보세구역에서 반출되지 않은 경우에는 수입신고 수리일부터 15일이 되는 날까지 제출할 수 있다.

② 적용수량의 배정

㉠ 선착순 수량배정 방법 : 관세청장은 ①에도 불구하고 기획재정부령으로 정하는 물품에 대해서는 한도수량 내 협정관세율이 적용되도록 양허된 물품의 수량(적용수량)을 선착순(보세구역에 해당 물품을 장치한 후 수입신고한 날을 기준으로 함)의 방법으로 배정하고, 적용수량에 이르는 날에는 남은 적용수량을 그날 수입신고되는 수량에 비례하여 배정한다.

㉡ 관세청장 고시 : 선착순의 방법으로 배정하는 물품의 적용수량, 배정수량 및 남은 적용수량 등의 적용과 관련된 정보의 관리 및 공개에 관한 사항은 관세청장이 정하여 고시한다.

③ 기획재정부장관 통보

주무부장관은 기획재정부령으로 정하는 체약상대국과 한도수량 내 협정관세율 적용과 관련한 추천 방안에 대하여 협의하는 경우 협의 결과가 한도수량 내 협정관세율 적용에 영향을 미치는 사항이면 그 사실을 기획재정부장관에게 통보하여야 한다.

④ 협조요청

기획재정부장관 또는 관세청장은 한도수량 내 협정관세율 적용 추천 및 적용수량의 배정 등에 관한 사항이 적절하게 운영되고 있는지를 확인하기 위하여 필요하다고 인정하는 경우에는 관계기관 및 적용수량이 설정된 물품을 수입하는 자 등 이해관계인에게 관련 자료의 제출 등 필요한 협조를 요청할 수 있다.

(4) 협정관세의 적용신청 등(법 제8조)

① 협정관세의 적용신청 16, 12, 10년 기출

협정관세를 적용받으려는 자(수입자)는 수입신고의 수리 전까지 대통령령으로 정하는 바에 따라 세관장에게 협정관세의 적용을 신청해야 한다.

② 원산지증빙서류

협정관세의 적용을 신청할 때에 수입자는 원산지증빙서류를 갖추고 있어야 하며, 세관장이 요구하면 제출해야 한다. 다만, 세관장은 대통령령으로 정하는 물품에 대해서는 관세 탈루의 우려가 있는 경우를 제외하고는 관세 원산지증빙서류 제출을 요구할 수 없다.

주의 원산지증빙서류도 함께 세관장에게 제출하여야 하는 것이 아니라 갖추고 있다가, 세관장이 요구하면 제출한다.

알아두기

원산지증빙서류의 제출요구를 하지 아니하는 물품(영 제4조 제3항) 13년 기출
세관장은 다음의 어느 하나에 해당하는 물품에 대하여는 원산지증빙서류 제출을 요구할 수 없다.
1. 과세가격이 미화 1천 달러(협정에서 금액을 달리 정하고 있는 경우에는 협정에 따름) 이하로서 협정에서 정하는 범위 내의 물품(다만, 수입물품을 분할하여 수입하는 등 수입물품의 과세가격이 미화 1천 달러를 초과하지 아니하도록 부정한 방법을 사용하여 수입하는 물품은 제외)
2. 동종·동질 물품을 계속적·반복적으로 수입하는 경우로서 해당 물품의 생산공정 또는 수입거래의 특성상 원산지의 변동이 없는 물품 중 관세청장이 정하여 고시하는 물품
3. 관세청장으로부터 원산지에 대한 사전심사를 받은 물품(사전심사를 받은 때와 동일한 조건인 경우만 해당)
4. 물품의 종류·성질·형상·상표·생산국명 또는 제조자 등에 따라 원산지를 확인할 수 있는 물품으로서 관세청장이 정하여 고시하는 물품

사본제출이 불가능한 경우(영 제4조 제6항)
수입자가 원산지증명서를 제출할 때에는 다음의 어느 하나에 해당하는 경우 외에는 사본을 제출할 수 있다.
1. 협정에서 원본으로 제출하도록 정하고 있는 경우
2. 세관장이 원산지증명서의 위조 또는 변조를 의심할 만한 사유가 있다고 판단하는 경우
3. 해당 물품이 법 제37조 제1항에 따라 협정관세 적용제한자로 지정된 자로부터 수입하는 물품인 경우

③ 협정관세를 적용하지 않는 경우 13, 10년 기출

세관장은 수입자가 요구받은 원산지증빙서류를 제출하지 아니하거나 수입자가 제출한 원산지증빙서류만으로 해당 물품의 원산지를 인정하기가 곤란한 경우에는 제35조(협정관세의 적용제한)에 따라 협정관세를 적용하지 아니할 수 있다.

④ 심 사 16년 기출

　세관장은 협정관세의 적용신청을 받은 경우에는 수입신고를 수리한 후에 심사한다. 다만, 관세채권을 확보하기가 곤란하거나 수입신고를 수리한 후 원산지 및 협정관세 적용의 적정 여부를 심사하는 것이 부적당하다고 인정하여 <u>기획재정부령으로 정하는 물품</u>은 수입신고를 수리하기 전에 심사한다.

알아두기

수입신고수리 전 협정관세의 적정여부심사 물품(규칙 제6조 제1항)
1. 협정관세 적용제한자가 생산하거나 수출하는 물품
2. 관세를 체납하고 있는 자가 수입하는 물품(체납액이 10만 원 미만이거나 체납기간이 7일 이내인 경우는 제외)
3. 그 밖에 협정관세율과 「관세법」 제50조에 따른 세율의 차이가 큰 물품 등 수입신고 수리 후에 원산지 및 협정관세 적용의 적정 여부를 심사하는 것이 부적당하다고 인정되는 물품으로서 관세청장이 정하여 고시하는 물품

⑤ 협정관세의 사후적용의 신청(법 제9조) 20, 16, 14, 13, 12, 10년 기출
　㉠ 수입신고의 수리 전까지 협정관세의 적용신청을 하지 못한 수입자는 해당 물품의 수입신고 수리일부터 1년 이내에 대통령령으로 정하는 바에 따라 협정관세의 적용을 신청할 수 있다.
　㉡ 수입자(협정관세 적용을 신청한 수입자는 제외)는 세관장이 수입자가 신고한 품목분류와 다른 품목분류를 적용하여 「관세법」에 따라 관세를 징수하는 경우 납부고지를 받은 날부터 3개월 이내로서 대통령령으로 정하는 기간(45일) 이내에 협정관세의 사후적용을 신청할 수 있다.
　㉢ 서류의 첨부 : 수입신고를 수리한 이후에 협정관세의 적용을 신청하려는 자는 협정관세 적용신청서에 다음의 서류를 첨부하여 세관장에게 제출하여야 한다(영 제5조 제1항). 원산지증빙서류 중 원산지증명서를 제출할 때에는 영 제4조 제6항 각 호의 어느 하나에 해당하는 경우 외에는 사본을 제출할 수 있다(영 제5조 제6항).

　　ⓐ 원산지증빙서류
　　ⓑ 「관세법 시행령」에 따른 경정청구서

　㉣ 원산지증빙서류 제출 생략(법 제9조 제3항 단서) : 제33조(상호협력) 제2항 제4호에 따른 원산지 정보교환 시스템을 구축·운영하고 있는 체약상대국으로부터 물품을 수입하는 경우로서 원산지증명서에 포함된 정보가 전자적으로 교환된 경우에는 원산지증빙서류 중 원산지증명서를 제출하지 아니할 수 있다.
　㉤ 원산지증명서 제출요구(법 제9조 제4항) : 세관장은 제3항 단서에 따라 원산지증명서를 제출하지 아니하는 수입자에 대하여 원산지증명서의 확인이 필요한 경우로서 다음의 경우에는 원산지증명서의 제출을 요구할 수 있다(영 제5조 제4항).

　　ⓐ 법 제17조에 따른 원산지에 관한 조사를 위하여 필요한 경우
　　ⓑ 법 제37조 제1항에 따른 협정관세 적용제한자가 수출하거나 생산한 물품을 수입하려는 경우
　　ⓒ 그 밖에 세관장이 관세탈루의 우려가 있다고 인정하는 경우

　㉥ 유효기간의 계산 : 수입자가 협정관세의 적용을 신청할 당시에 갖추어야 할 원산지증명서는 수입신고일을 기준으로 원산지증명서 유효기간 이내의 것이어야 한다. 이 경우 다음의 구분에 따른 기간은 유효기간을 계산할 때 제외한다(영 제5조 제2항).

ⓐ 유효기간이 지나기 전에 물품이 수입항에 도착한 경우 : 물품이 수입항에 도착한 날의 다음 날부터 해당 물품에 대한 협정관세 적용을 신청한 날까지의 기간

ⓑ 천재지변 등 불가항력에 따른 운송지연, 그 밖에 이에 준하는 사유가 발생한 경우 : 그 사유가 발생한 날의 다음 날부터 소멸된 날까지의 기간

⑥ 납부한 세액의 경정청구 16, 14, 13, 10년 기출

협정관세의 사후적용을 신청한 수입자는 대통령령으로 정하는 바에 따라 해당 물품에 대하여 이미 납부한 세액의 경정을 청구할 수 있다. 이 경우 경정청구를 받은 세관장은 그 청구를 받은 날부터 2개월 이내에 협정관세의 적용 및 세액의 경정 여부를 청구인에게 통지하여야 한다.

⑦ 세액의 경정 및 관세 환급

세관장은 경정을 청구한 세액을 심사한 결과 타당하다고 인정하면 대통령령으로 정하는 바에 따라 그 세액을 경정하고 납부한 세액과 납부하여야 할 세액의 차액을 환급하여야 한다.

▷ 세액의 경정청구를 받은 세관장은 협정관세 적용신청서 및 원산지증빙서류의 기재사항을 확인하여 세액을 경정하는 것이 타당하다고 인정하는 경우에는 세액을 경정해야 한다(영 제5조 제5항).

⑧ 준용규정

세액의 경정 및 환급에 관하여는 「관세법」 제38조의3(수정 및 경정) 제3항부터 제6항까지, 제46조(관세환급금의 환급), 제47조(과다환급관세의 징수) 및 제48조(관세환급가산금)를 준용한다.

2. 원산지의 결정 19, 18, 12년 기출

(1) 원산지결정기준(법 제7조)

협정 및 이 법에 따른 협정관세의 적용, 수출입물품의 통관 등을 위하여 물품의 원산지를 결정할 때에는 협정에서 정하는 바에 따라 다음의 어느 하나에 해당하는 국가를 원산지로 한다.

완전생산기준		해당 물품의 전부를 생산·가공 또는 제조한 국가
실질적 변형기준		해당 물품이 둘 이상의 국가에 걸쳐 생산·가공 또는 제조된 경우에는 다음의 어느 하나에 해당하는 국가
	세번변경기준	해당 물품의 품목번호가 그 물품의 생산·가공 또는 제조에 사용되는 재료 또는 구성물품의 품목번호와 일정 단위 이상 다른 경우 해당 물품을 최종적으로 생산·가공 또는 제조한 국가
	부가가치기준	해당 물품에 대하여 일정 수준 이상의 부가가치를 창출한 국가
	특정공정기준	해당 물품의 생산·가공 또는 제조의 주요 공정을 수행한 국가
기 타		그 밖에 해당 물품이 협정에서 정한 원산지 인정 요건을 충족시킨 국가

(2) 직접운송원칙

① 의 의

원산지로 결정된 경우에도 해당 물품이 생산·가공 또는 제조된 이후에 원산지가 아닌 국가를 경유하여 운송되거나 원산지가 아닌 국가에서 선적된 경우에는 그 물품의 원산지로 인정하지 아니한다. 다만, 해당 물품이 원산지가 아닌 국가의 보세구역에서 운송 목적으로 환적되었거나 일시적으로 보관되었다고 인정되는 경우에는 그러하지 아니하다.

② 원산지가 아닌 국가를 경유한 물품 등의 원산지결정(규칙 제5조)

　㉠ 해당 요건을 입증하지 못하는 경우 : 관세청장 또는 세관장은 수입자가 운송 목적으로 환적되었거나 일시적으로 보관되었음을 입증하지 못하는 경우에는 해당 물품의 원산지를 인정하지 아니한다.

　㉡ 환적 또는 일시 보관되었다고 인정되지 않은 경우 : 관세청장 또는 세관장은 다음의 어느 하나에 해당하는 경우에는 해당 물품이 원산지가 아닌 국가의 보세구역에서 운송 목적으로 환적되었거나 일시적으로 보관되었다고 인정하지 아니한다. 11년 기출

> ⓐ 원산지가 아닌 국가에서 생산과정 또는 작업과정이 추가된 경우. 다만, 수입항까지 국제운송에 필요한 하역·선적·포장에 필요한 작업이나 물품을 양호한 상태로 보존하는 데 필요한 작업과정이 추가된 경우는 제외한다.
> ⓑ 해당 물품이 원산지가 아닌 국가의 관세당국의 통제 또는 감독하에 있지 아니하였던 경우

③ 협정 우선적용

　협정에서 직접 운송의 요건 등에 관하여 다르게 규정한 경우에는 협정에서 정하는 바에 따른다.

(3) 세부규정

원산지결정기준과 관련한 물품의 범위, 적용 방법 및 품목별 원산지결정기준과 그 밖에 필요한 사항은 기획재정부령으로 정한다.

제3절　원산지증명

1. 원산지증명(법 제10조)

(1) 수입자

수입자는 협정관세를 적용받으려는 수입물품에 대하여 협정 및 이 법에서 정하는 바에 따라 원산지를 증명하여야 한다.

(2) 수출자 및 생산자

수출자 및 생산자는 체약상대국에서 협정관세를 적용받으려는 수출물품에 대하여 협정 및 이 법에서 정하는 바에 따라 원산지증빙서류를 작성하거나 발급받아야 한다.

2. 원산지증명서 작성·발급 등(법 제11조)

(1) 원산지증명서의 작성·발급 16년 기출

① 원산지증명서의 작성·발급

원산지증명서는 다음의 어느 하나에 따라 작성·발급하여야 한다.

> ㉠ 기관발급 : 협정에서 정하는 방법과 절차에 따라 기획재정부령으로 정하는 기관이 해당 물품에 대하여 원산지를 확인하여 발급할 것
> ㉡ 자율발급 : 협정에서 정하는 방법과 절차에 따라 수출자·생산자 또는 수입자가 자율적으로 해당 물품에 대한 원산지를 확인하여 작성·서명할 것

② 수수료의 납부 15년 기출

㉠ 원산지증명서를 발급받으려는 자는 기획재정부령으로 정하는 금액과 방법 등에 따라 수수료를 납부하여야 한다.

㉡ 납부해야 하는 원산지증명서 발급 수수료는 건당 7천 원 범위 내에서 증명서발급기관이 정하는 바에 따른다. 다만, 세관장이 원산지증명서를 발급하는 경우에는 원산지증명서 발급 수수료를 면제한다 (규칙 제16조).

> 주의 1만 원이 아니라 7천 원 범위 내에서 증명서발급기관이 정하는 바에 따르고, 세관장이 원산지증명서를 발급하는 경우에는 원산지증명서 발급 수수료를 50% 경감하는 것이 아니라 발급 수수료를 면제한다.

알아두기

수출입물품에 대한 원산지자율증명절차 등(규칙 제14조) 15년 기출

① 수출자·생산자 또는 수입자가 법 제11조 제1항 제2호에 따라 원산지증명서를 자율적으로 작성하는 경우에는 원산지확인서, 원산지소명서 또는 그 밖에 원산지를 확인할 수 있는 서류·정보 등을 근거로 하여야 한다.

② 법 제11조 제1항 제2호에 따라 원산지증명서를 작성하는 수출자, 생산자 또는 수입자는 원산지증명서 작성대장에 다음의 사항을 기재·관리하여야 한다.

1. 작성번호 및 작성일
2. 수출입신고번호 및 수출입신고 수리일(생산자의 경우에는 기재를 생략할 수 있음)
3. 품명·품목번호(6단위)·수량·금액 및 원산지
4. 원산지증명서를 작성하는 수출자, 생산자 또는 수입자의 거래 상대방에 대한 다음의 사항
   가. 수출자 : 생산자 또는 공급자(생산자 또는 공급자가 따로 있는 경우에 한정) 및 체약상대국의 수입자·수입국명
   나. 생산자 : 수출자 또는 물품을 공급받는 자
   다. 수입자 : 체약상대국의 수출자·수출국명
5. 해당 물품에 적용된 협정의 명칭 및 원산지결정기준

(2) 원산지증명서의 기재사항 등(영 제6조)

① 원산지증명서의 기재사항 및 기재방법 15, 14년 기출

원산지증명서의 기재사항 및 기재방법은 협정에서 다르게 규정하는 경우를 제외하고는 다음과 같다.

> ㉠ 해당 물품의 수출자·품명·수량·원산지 등 기획재정부령이 정하는 사항이 기재되어 있을 것
> ㉡ 영문으로 작성될 것
> ㉢ 원산지증명서에 서명할 자가 지정되어 있어야 하고, 그 서명할 자가 서명하여 발급할 것

> 주의 한글과 영문으로 작성되는 것이 아니라 영문으로 작성된다.

② 원산지증명서의 유효기간 24 23, 20, 19, 18, 16, 15, 13년 기출

각 협정에 따른 원산지증명서의 유효기간은 다음의 경우를 제외하고는 발급일 또는 서명일부터 1년으로 한다.

협 정	유효기간
아세안회원국, 인도네시아	• 발급일부터 1년 • 잘못 발급된 원산지증명서를 대체하기 위하여 재발급되는 원산지증명서 : 당초 발급된 원산 지증명서의 발급일부터 1년
베트남	• 발급일 다음 날부터 1년 • 잘못 발급된 원산지증명서를 대체하기 위하여 재발급되는 원산지증명서 : 당초 발급된 원산 지증명서의 발급일 다음 날부터 1년
페 루	• 서명일부터 1년 • 원산지증명서에 기재된 물품이 비당사국 관세당국의 관할하에 일시적으로 보관된 경우 : 2년
이스라엘	발급일 또는 서명일부터 12개월
미 국	서명일부터 4년
칠레, 캐나다, 뉴질랜드	서명일부터 2년
호 주	발급일 또는 서명일부터 2년

기출문제

자유무역협정의 이행을 위한 관세법의 특례에 관한 법령상 '협정'과 '원산지증명서 유효기간'의 연결로 옳은 것은?

24년 기출

① 뉴질랜드와의 협정 – 서명일부터 4년
② 미합중국과의 협정 – 서명일부터 2년
③ 캄보디아와의 협정 – 발급일 또는 서명일부터 1년
④ 호주와의 협정 – 발급일 또는 서명일부터 1년
⑤ 역내경제협정당사국과의 협정 – 발급일 또는 서명일부터 2년

해설
① 뉴질랜드와의 협정 : 서명일부터 2년
② 미합중국과의 협정 : 서명일부터 4년
④ 호주와의 협정 : 발급일 또는 서명일부터 2년
⑤ 역내경제협정당사국과의 협정 : 발급일 또는 서명일부터 1년

정답 ③

(3) 원산지인증수출자 인증(법 제12조)

① 의 의

관세청장 또는 세관장은 수출물품에 대한 원산지증명능력 등 대통령령으로 정하는 요건을 충족하는 수출자를 원산지인증수출자로 인증할 수 있다.

② 원산지인증수출자의 인증요건(영 제7조) 22, 21, 19, 11년 기출

　㉠ 업체별 원산지인증수출자 : 다음의 요건을 모두 갖춘 수출자 또는 생산자

> ⓐ 수출실적이 있는 물품 또는 새롭게 수출하려는 물품이 원산지결정기준을 충족하는 물품(품목번호 6단위를 기준으로 함)임을 증명할 수 있는 전산처리시스템을 보유하고 있거나 그 밖의 방법으로 증명할 능력이 있을 것
> ⓑ 원산지인증수출자 인증신청일 이전 최근 2년간 서면조사 또는 현지조사를 거부한 사실이 없을 것
> ⓒ 원산지증명서 작성대장을 비치·관리하고 기획재정부령으로 정하는 원산지관리전담자를 지정·운영할 것
> ⓓ 원산지인증수출자 인증신청일 이전 최근 2년간 서류의 보관의무를 위반한 사실이 없을 것
> ⓔ 원산지인증수출자 인증신청일 이전 최근 2년간 속임수 또는 부정한 방법으로 원산지증명서를 발급신청하거나 작성·발급한 사실이 없을 것

　㉡ 품목별 원산지인증수출자 : 업체별 원산지인증수출자에 해당하지 아니하는 자로서 다음의 요건을 모두 갖춘 수출자 또는 생산자

> ⓐ 수출실적이 있는 물품 또는 새롭게 수출하려는 물품이 원산지결정기준을 충족하는 물품(품목번호 6단위를 기준으로 함)일 것
> ⓑ 원산지증명서 작성대장을 비치·관리하고 기획재정부령으로 정하는 원산지관리전담자를 지정·운영할 것

③ 자율적인 원산지 증명

원산지인증수출자는 협정에서 정하는 범위에서 해당 물품에 대하여 자율적으로 원산지를 증명할 수 있으며, 기획재정부령으로 정하는 바에 따라 원산지증명에 관하여 간소한 절차를 적용받을 수 있다.

④ 인증 취소

관세청장 또는 세관장은 원산지인증수출자가 다음의 어느 하나에 해당하는 경우에는 그 인증을 취소할 수 있다. 다만, ㉠에 해당하는 경우에는 그 인증을 취소하여야 한다.

> ㉠ 거짓이나 그 밖의 부정한 방법으로 인증을 받은 경우
> ㉡ ①에 따른 인증 요건을 충족하지 못하게 된 경우

관세청장 또는 세관장은 업체별(품목별) 원산지인증수출자가 다음의 어느 하나에 해당하는 경우에는 인증을 취소하고 지체 없이 관세청장은 원산지인증수출자 및 증명서발급기관에, 세관장은 관세청장, 업체별 원산지인증수출자 및 증명서발급기관에 각각 통보해야 한다(규칙 제17조 제11항).

> ㉠ 거짓이나 그 밖의 부정한 방법으로 인증을 받은 경우
> ㉡ 서면조사 또는 현지조사를 거부한 경우
> ㉢ 영 제10조 제1항 제2호 및 제3호에 따른 서류의 보관의무를 위반한 경우
> ㉣ 속임수나 그 밖의 부정한 방법으로 원산지증명서의 발급을 신청하거나 원산지증명서를 작성·발급한 경우

⑤ 기획재정부령으로 정하는 사항

원산지인증수출자 인증 및 그 취소의 절차, 인증유효기간과 그 밖에 필요한 사항은 기획재정부령으로 정한다(규칙 제17조·제18조).

인증유효기간	인증을 받은 날부터 5년
유효기간 연장	인증유효기간 만료 30일 전까지 인증한 관세청장 또는 세관장에게 연장 신청
연 장	인증수출자가 인증요건을 유지하고 있는 것으로 인정되면 5년간 연장 가능
인증취소	인증요건을 갖추지 못한 것이 확인된 경우 해당 요건에 따라 인증을 취소하거나 30일 이상의 기간을 주고 시정 요구
청 문	업체별 인증수출자 취소 시 청문 실시

3. 중소기업 등의 원산지증명 지원(법 제13조) 18년 기출

(1) 지원사업

관세청장은 자유무역협정의 활용을 촉진하기 위하여 다음의 사항에 관한 지원사업을 할 수 있다.

> ① 원산지결정기준에 관한 상담 및 교육
> ② 원산지증명서의 작성 및 발급 등 원산지증명 절차에 관한 상담 및 교육
> ③ 그 밖에 원산지증명의 지원에 관한 사항으로서 대통령령으로 정하는 다음의 사항(영 제8조)
>   ㉠ 원산지인증수출자의 인증 취득에 관한 상담 및 교육
>   ㉡ 원산지증명에 관한 전산처리시스템의 개발 및 보급
>   ㉢ 원산지증빙서류의 작성·보관방법에 관한 상담 및 교육
>   ㉣ 체약상대국의 원산지조사에 대비한 상담 및 교육
>   ㉤ 그 밖에 법 제13조 제2항 각 호에 해당하는 자(하기 지원대상자)가 원산지증명과 관련하여 요청하는 사항

(2) 지원대상자

지원의 대상자는 수출자, 생산자 또는 수출물품이나 수출물품의 생산에 사용되는 재료를 공급하는 자로서 다음의 어느 하나에 해당하는 자로 한다.

> ① 「중소기업기본법」에 따른 중소기업
> ② 「농업·농촌 및 식품산업 기본법」에 따른 농업인, 농업경영체 및 생산자단체
> ③ 「수산업·어촌 발전 기본법」에 따른 수산인, 어업인, 어업경영체 및 생산자단체

4. 원산지증명서 발급방식 및 원산지증빙서류 등

(1) 원산지증명서 발급방식 및 발급기관(규칙 제7조·제8조) 22년 기출

발급방식	협 정	발급기관 및 발급방법
기관발급	싱가포르	싱가포르 관세당국
	아세안회원국	• 브루나이 : 브루나이 재정경제부 • 캄보디아 : 캄보디아 상무부 • 인도네시아 : 인도네시아 통상부 • 라오스 : 라오스 산업통상부 또는 상공회의소 • 말레이시아 : 말레이시아 국제통상산업부 • 미얀마 : 미얀마 상무부 • 필리핀 : 필리핀 세관 • 싱가포르 : 싱가포르 세관 • 태국 : 태국 상무부 • 베트남 : 베트남 산업무역부
	베트남	베트남 산업무역부
	인 도	인도수출검사위원회, 섬유위원회, 수산물수출개발원
	중 국	중국해관총서(GACC) 또는 중국국제무역촉진위원회(CCPIT) [2018년 8월 20일 이전 : 중국국가질량감독검험검역총국(AQSIQ), 중국국제무역촉진위원회(CCPIT)]
	인도네시아	인도네시아 통상부
자율발급	칠레, 터키	수출자가 자율적으로 작성·서명한 것
	캐나다, 뉴질랜드	수출자 또는 생산자가 자율적으로 작성·서명한 것
	페루, 중미	수출자 또는 생산자가 자율적으로 서면 또는 전자적 방식으로 작성·서명한 것
	콜롬비아	수출자 또는 생산자가 자율적으로 서면 또는 전자적 방식으로 작성한 것
	미 국	수출자, 생산자 또는 수입자가 자율적으로 서면 또는 전자적 방식으로 작성한 것
	유럽연합당사자 (EU), 영국	• 원산지인증수출자 • 총 가격이 6천 유로를 초과하지 아니하는 물품의 수출자가 자율적으로 작성·서명한 것 [총가격의 기준 : 단일 운송서류에 의하여 단일 수출자로부터 단일 수하인에게 송부된 물품의 총가격(단일 수출자로부터 단일 수하인에게 동시에 송부된 물품이 여러 개인 경우에는 동시에 송부된 물품 가격의 합계)]
혼 합	유럽자유무역연합 회원국(EFTA)	기관발급 : 스위스연방을 원산지로 하는 치즈(스위스 치즈) : 스위스연방농업국이 인증한 기관
		자율발급 : 수출자 또는 생산자가 자율적으로 작성·서명한 것(원산지인증수출자가 서면확인서를 관세청장 또는 세관장에게 사전에 제출한 경우에는 원산지증명서의 서명을 생략할 수 있음)
	호 주	기관발급 : • 호주상공회의소(Australian Chamber of Commerce and Industry, ACCI), • 호주산업협회(Australian Industry Group, AIG) • International Export Certification Services(IECS) • Trade Window Origin Pty Limited
		자율발급 : 수출자 또는 생산자가 자율적으로 서면 또는 전자적 방식으로 작성·서명한 것

혼 합	이스라엘	기관발급	재무부 이스라엘조세당국 관세국
		자율발급	다음 어느 하나에 해당하는 수출자가 자율적으로 작성·서명한 것 • 원산지인증수출자 • 물품의 가치가 미화 1천 달러를 초과하지 않는 물품의 수출자

	역내포괄적경제동반자협정(RCEP)	기관발급	• 브루나이 : 브루나이 재정경제부
			• 캄보디아 : 캄보디아 상무부
			• 인도네시아 : 인도네시아 통상부
			• 라오스 : 라오스 산업통상부 또는 상공회의소
			• 말레이시아 : 말레이시아 국제통상산업부
			• 미얀마 : 미얀마 상무부
			• 필리핀 : 필리핀 세관
			• 싱가포르 : 싱가포르 세관
			• 태국 : 태국 상무부
			• 베트남 : 베트남 산업무역부
			• 호주 : 다음의 기관으로 한다.
			  – 호주상공회의소 또는 호주산업협회
			  – 관세청장이 「역내포괄적경제동반자협정」 제18.3조 제1항 자목에 따른 사무국으로부터 통보받은 바에 따라 관세청장이 지정하는 정보통신망에 게시한 기관
			• 중국 : 중국해관총서 또는 중국국제무역촉진위원회
			• 일본 : 일본 상공회의소
			• 뉴질랜드 : 다음의 기관으로 한다.
			  – 뉴질랜드 상공회의소
			  – 관세청장이 「역내포괄적경제동반자협정」 제18.3조 제1항 자목에 따른 사무국으로부터 통보받은 바에 따라 관세청장이 지정하는 정보통신망에 게시한 기관

		자율발급	원산지인증수출자가 자율적으로 서면 또는 전자적 방식으로 작성·서명한 것
	캄보디아	기관발급	캄보디아 상무부
		자율발급	원산지인증수출자가 자율적으로 서면 또는 전자적 방식으로 작성·서명한 것

자유무역협정의 이행을 위한 관세법의 특례에 관한 법령상 '물품'과 '원산지증명서 발급기관'의 연결로 옳은 것은?

24년 기출

① 스위스치즈 – 유럽자유무역연합 농업국이 인증한 기관
② 호주를 원산지로 하는 물품 – Trade Window Origin Pty Limited
③ 베트남을 원산지로 하는 물품 – 베트남 세관
④ 캄보디아왕국을 원산지로 하는 물품 – 캄보디아 재무부 관세국
⑤ 이스라엘을 원산지로 하는 물품 – International Export Certification Services

해설
② 호주를 원산지로 하는 물품 : 호주상공회의소(Australian Chamber of Commerce and Industry, ACCI), 호주산업협회
  (Australian Industry Group, AiG), International Export Certification Services, Trade Window Origin Pty Limited
① 스위스치즈 : 스위스연방농업국이 인증한 기관
③ 베트남을 원산지로 하는 물품 : 베트남 산업무역부
④ 캄보디아왕국을 원산지로 하는 물품 : 캄보디아 상무부
⑤ 이스라엘을 원산지로 하는 물품 : 재무부 이스라엘조세당국 관세국

정답 ②

(2) 증명서발급기관의 의무 등(규칙 제9조)

① 통보사항

증명서발급기관은 증명서발급기관이 된 날부터 10일 이내에 다음의 사항을 관세청장에게 통보하여야 하며, 통보한 내용이 변경되었을 때에는 그 변경사항을 즉시 통보하여야 한다.

> ㉠ 증명서발급기관의 명칭·주소·전화번호·전자우편주소 및 팩스번호
> ㉡ 원산지증명서의 발급을 담당하는 자의 소속·성명 및 서명 견본
> ㉢ 원산지증명서에 날인하는 증명서발급기관의 인장의 견본

② 관세당국에 통보

관세청장은 통보내용을 체약상대국의 관세당국(협정에서 정한 다른 권한 있는 당국이 있는 때에는 그 당국)에 통보하여야 한다.

③ 발급대장의 기재사항

증명서발급기관은 원산지증명서 발급대장에 다음의 사항을 기재·관리하여야 한다.

> ㉠ 발급번호 및 발급일
> ㉡ 원산지증명서 발급신청자
> ㉢ 수출신고의 번호 및 수리일
> ㉣ 수출자 또는 생산자
> ㉤ 수입자
> ㉥ 품명·품목번호(6단위)
> ㉦ 해당 물품에 적용된 협정의 명칭 및 원산지결정기준

④ 원산지증명서 발급대장 등의 보관

증명서발급기관은 원산지증명서 발급대장, 원산지증명서의 발급신청서류 원본 또는 사본을 5년간 보관하여야 한다. 다만, 중국의 경우에는 중국과의 협정에 따라 3년간 보관하여야 한다.

⑤ 발급내역의 보고

증명서발급기관은 원산지증명서의 발급내역을 매일 업무를 마칠 때에 관세청장에게 통보하여야 한다.

⑥ 관세청장에게 통보 13년 기출

증명서발급기관은 신청자가 원산지증명서의 발급을 속임수 또는 부정한 방법으로 신청한 사실을 알게 되었거나 원산지결정의 기준을 충족하지 아니하여 원산지증명서의 발급신청을 반려하였을 때에는 지체 없이 다음의 사항을 관세청장에게 통보하여야 한다. 이 경우 관세청장은 그 통보받은 사실을 지체 없이 다른 증명서발급기관에 알려야 한다.

> ㉠ 신청자 및 수출자
> ㉡ 품명·품목번호·금액
> ㉢ 수출신고번호(알고 있는 경우에 한정)
> ㉣ 수입국명
> ㉤ 속임수·부정신청 또는 발급 반려 요지

⑦ 발급내역의 제공

관세청장은 아세안회원국과의 협정 부속서에 따라 아세안회원국 관세당국의 요청이 있거나 필요하다고 인정할 경우에는 원산지증명서의 발급내역(발급번호, 발급일자, 수출자, 생산자 및 품명)을 해당 물품이 수출된 아세안회원국의 관세당국에 제공할 수 있다.

⑧ 발급담당자의 지정

증명서발급기관은 기획재정부장관, 관세청장 또는 증명서발급기관이 자체적으로 실시하는 원산지증명서의 발급과 관련된 교육(품목분류, 물품가격의 산정 및 이 규칙에 따른 원산지결정기준을 포함)을 받은 소속 직원을 우선하여 원산지증명서 발급담당자로 지정하여야 한다.

(3) 수출물품에 대한 원산지증명서의 발급절차(규칙 제10조)

① 원산지증명서 발급신청서의 제출

원산지증명서의 발급을 신청하려는 자는 수출물품의 선적이 완료되기 전까지 원산지증명서 발급신청서(별지 제3호 서식)에 다음의 서류를 첨부하여 증명서발급기관에 제출해야 한다. 다만, 원산지인증수출자의 경우에는 첨부서류의 제출을 생략할 수 있다.

> ㉠ 수출신고의 수리필증 사본(증명서발급기관이 수출사실 등을 전산으로 확인할 수 있는 경우에는 제출을 생략가능) 또는 이에 대신하는 다음의 구분에 따른 서류. 이 경우 수출신고가 수리되기 전에 원산지증명서의 발급을 신청한 자는 수출신고가 수리된 후에 제출할 수 있다.
> ⓐ 자유무역지역에서 생산된 물품이나 「자유무역지역의 지정 및 운영에 관한 법률」에 따른 반입신고 대상으로서 자유무역지역 안으로 반입된 물품의 경우 : 「자유무역지역의 지정 및 운영에 관한 법률 시행령」에 따른 국외반출신고서 사본
> ⓑ 개성공업지구에서 생산된 물품의 경우 : 「관세법 시행령」에 따른 보세운송신고서 사본

ⓒ 우편물·탁송품 및 별송품의 경우 : 영수증·선하증권 사본 또는 그 밖에 체약상대국으로 수출하였거나 수출할 것임을 나타내는 서류
ⓛ 송품장 또는 거래계약서
ⓒ 원산지확인서(최종물품에 대한 원산지확인서로서 해당 물품의 생산자와 수출자가 다른 경우로 한정)
ⓔ 원산지소명서 또는 이를 대신하는 다음의 구분에 따른 서류. 다만, 원산지인증수출자가 생산하여 원산지를 확인한 물품을 원산지인증수출자로부터 공급받아 수출자가 추가 가공 없이 수출하는 물품의 경우에는 원산지소명서의 제출을 생략할 수 있으며, 수출자와 생산자가 다른 경우 생산자는 원산지소명서를 증명서발급기관에 직접 제출할 수 있다.
  ⓐ 원산지증명서 발급 신청 수출물품이 다음의 어느 하나에 해당하는 경우 : 관세청장이 원산지확인서로 인정하여 고시하는 서류
    • 최종물품의 생산자와 수출자가 동일한 물품
    • 최종물품의 생산자와 수출자가 다른 물품으로서 최종물품의 생산자로부터 공급받아 수출자가 추가 가공 없이 수출하는 물품
  ⓑ 관세청장이 제조공정의 특성상 국내에서 제조·가공한 사실만으로 원산지를 확인할 수 있는 물품으로 인정하여 고시하는 물품(원산지간이확인물품) : 국내제조확인서 또는 국내제조포괄확인서

② 서류·정보 및 국내제조확인서의 제출의 요청

증명서발급기관은 제출된 서류로 해당 물품이 원산지결정기준에 적합한지를 확인할 수 없다고 인정하는 경우에는 원산지소명서에 기재된 내용을 입증할 수 있는 서류·정보 및 국내제조확인서의 제출을 원산지증명서 발급을 신청한 자에게 요청할 수 있다. 이 경우 요청을 받은 자는 해당 서류를 증명서발급기관에 제출하되, 수출자와 생산자가 다른 경우 생산자가 해당 서류를 증명서발급기관에 직접 제출할 수 있다.

③ 선적 후 원산지증명서의 발급신청

수출자의 과실·착오 그 밖의 부득이한 사유로 인하여 수출물품의 선적이 완료되기 전까지 원산지증명서의 발급을 신청하지 못한 자는 수출물품의 선적일부터 1년 이내에 원산지증명서의 발급을 신청할 수 있다.

④ 현지확인

증명서발급기관은 다음의 어느 하나에 해당하는 경우 원산지증명서를 발급하기 위하여 관세청장이 정하는 바에 따라 신청인의 주소·거소·공장 또는 사업장 등을 방문하여 원산지의 적정여부를 확인(현지확인)할 수 있다. 다만, 원산지인증수출자의 경우에는 그 확인을 생략할 수 있다.

ⓛ 국내 생산시설이 없는 자가 원산지증명서 발급을 최초로 신청한 경우
ⓛ 해당 물품을 직접 생산하지 아니하는 자가 원산지증명서 발급을 최초로 신청한 경우
ⓒ 원산지증명서 신청 오류의 빈도, 협정·법·영 및 규칙의 준수도, 생산공장의 유무, 제조공정 및 물품의 생산특성 등을 고려하여 관세청장이 정하여 고시하는 현지확인의 기준에 해당하는 자가 신청한 경우
ⓔ 속임수 또는 부정한 방법으로 원산지증명서의 발급을 신청한 것으로 의심되는 경우
ⓜ 체약상대국의 관세당국으로부터 원산지의 조사를 요청받은 수출자 또는 생산자가 신청한 경우
ⓗ 그 밖에 신청자가 제출한 서류만으로 원산지를 확인하기 곤란하다고 인정하는 경우

⑤ 현지확인 요청

상공회의소 및 대한상공회의소의 장은 원산지증명서 발급을 위하여 현지확인이 필요할 때에는 관세청장이 정하는 바에 따라 세관장에게 현지확인을 요청해야 한다. 이 경우 요청을 받은 세관장은 그 요청받은 날부터 7일 이내에 현지확인을 완료하고 그 결과를 상공회의소 및 대한상공회의소의 장에게 통보하여야 한다.

⑥ 원산지증명서의 발급

증명서발급기관은 신청을 받았을 때에는 원산지결정기준에 적합한지의 여부를 확인한 후, 신청받은 날부터 다음의 구분에 따른 기간 이내에 원산지증명서를 발급하여야 한다.

> ㉠ 현지확인이 필요한 경우 : 10일 이내
> ㉡ 현지확인이 필요하지 않은 경우 : 3일 이내

⑦ 기간 산정시 제외되는 날

⑤ 및 ⑥에 따른 기간을 산정하는 경우에는 다음에 해당하는 날은 제외한다.

> ㉠ 토요일 및 일요일
> ㉡ 「공휴일에 관한 법률」에 따른 공휴일 및 대체공휴일
> ㉢ 「근로자의 날 제정에 관한 법률」에 따른 근로자의 날

⑧ 보정의 요구

증명서발급기관은 제출된 서류가 미비한 경우에는 5일 이상 10일 이내의 기간을 정하여 보정을 요구할 수 있다. 이 경우 보정기간은 원산지증명서의 발급기간에 산입하지 아니한다.

⑨ 원산지증명서의 재발급

원산지증명서를 발급받은 자가 분실·도난·훼손 또는 그 밖의 부득이한 사유로 원산지증명서를 재발급 받으려는 경우에는 원산지증명서 재발급신청서를 이전에 원산지증명서의 발급을 신청한 증명서발급기관에 제출해야 한다.

⑩ 원산지증명서 정정

원산지증명서를 발급받은 자가 원산지증명서의 기재내용에 잘못이 있어 원산지증명서의 정정을 신청하는 경우에는 원산지증명서 정정발급신청서에 다음의 서류를 첨부하여 이전에 원산지증명서의 발급을 신청한 증명서발급기관에 제출해야 한다. 다만, 원산지증명서 원본이 전자문서로 발급된 경우로서 해당 원산지증명서를 전자문서 방식으로 정정 발급받으려는 경우에는 서류의 제출을 생략할 수 있다.

> ㉠ 원산지증명서 원본 또는 사본. 이 경우 원산지증명서 사본을 첨부한 경우에는 정정발급의 신청일부터 30일 이내에 원본을 제출해야 한다.
> ㉡ 정정사유를 입증할 수 있는 서류

⑪ 전자문서 방식에 의한 발급신청 및 발급

원산지증명서의 발급신청 및 발급(재발급신청, 정정발급신청, 재발급 및 정정발급을 포함)은 관세청장이 정하는 바에 따라 전자문서의 방식으로 할 수 있다.

⑫ 발급일자의 기재

증명서발급기관은 「역내포괄적경제동반자협정」, 캄보디아, 아세안회원국, 베트남 및 인도네시아와의 협정에 따라 수출자 또는 생산자가 잘못 발급된 원산지증명서를 대체하기 위하여 원산지증명서의 재발급을 신청하는 경우에는 이전의 원산지증명서를 대체하여 발급할 수 있다. 이 경우 증명서발급기관은 이전에 발급한 원산지증명서의 발급일을 확인하여 이를 대체 발급하는 원산지증명서에 기재해야 한다.

(4) 수출물품 등에 대한 연결원산지증명서의 발급절차(규칙 제10조의2)

① 연결원산지증명서

체약상대국을 원산지로 하는 물품이 협정에서 허용하는 것 외의 추가 가공 없이 우리나라를 경유하여 동일한 협정이 체결된 다른 체약상대국으로 수출(반송, 국외반출을 포함)되는 경우 해당 물품(이하 이 조에서 "대상물품")에 대해 그 원산지에서 작성·발급한 원산지증명서에 근거하여 우리나라에서 작성·발급하는 원산지증명서를 말한다.

② 연결원산지증명서 발급 신청

「역내포괄적경제동반자협정」 및 아세안회원국과의 협정에 따라 연결원산지증명서의 발급을 신청하려는 자는 대상물품의 선적이 완료되기 전까지 원산지증명서 발급신청서에 다음의 서류를 첨부하여 증명서발급기관에 제출해야 한다. 다만, 원산지인증수출자의 경우에는 제1호 및 제2호에 따른 서류의 제출을 생략할 수 있다.

> ⓐ 수출신고의 수리필증 사본(증명서발급기관이 수출사실 등을 전산으로 확인할 수 있는 경우에는 제출을 생략할 수 있다) 또는 이를 대신하는 다음 각 목의 구분에 따른 서류. 이 경우 수출신고 또는 다음 각 목의 신고(라목의 경우에는 「관세법」 제241조 제1항에 따른 수출신고를 해야 하는 경우로 한정)가 수리되기 전에 원산지증명서의 발급을 신청한 자는 해당 신고가 수리된 후에 제출할 수 있다.
> 가. 보세구역에 보관된 물품이 반송되는 경우 : 「관세법」 제248조에 따른 신고필증 사본(같은 법 제241조에 따른 신고 중 반송신고를 해야 하는 경우로 한정)
> 나. 「자유무역지역의 지정 및 운영에 관한 법률」에 따른 반입신고 대상으로서 자유무역지역 안으로 반입된 물품의 경우 : 「자유무역지역의 지정 및 운영에 관한 법률 시행령」에 따른 국외반출신고서 사본
> 다. 개성공업지구로 반입된 물품의 경우 : 「관세법 시행령」 제226조에 따른 보세운송신고서 사본
> 라. 우편물·탁송품 및 별송품의 경우 : 영수증·선하증권 사본 또는 그 밖에 체약상대국으로 수출하였거나 수출할 것임을 나타내는 서류
> ⓑ 송품장 또는 거래계약서
> ⓒ 대상물품의 원산지에서 작성·발급한 원산지증명서 원본(유효기간 이내의 것으로 한정)
> ⓓ 대상물품에 대한 수입신고필증 사본 또는 관세청장이 이를 대신하는 서류로 인정하여 고시하는 서류
> ⓔ 그 밖에 관세청장이 협정에 따른 연결원산지증명서 발급을 위하여 필요하다고 인정하여 고시하는 서류

③ 연결원산지증명서의 발급절차

시행규칙 제10조 제3항부터 제12항까지의 규정을 준용한다.

④ 제1항부터 제3항까지에서 규정한 사항 외에 연결원산지증명서 발급 절차에 필요한 사항은 관세청장이 정하여 고시한다.

(5) 원산지확인서(규칙 제12조)

① 원산지확인서의 제공 15년 기출

수출물품의 생산에 사용되는 재료 또는 최종물품을 생산하거나 공급하는 자(재료 또는 최종물품 생산자 등)는 생산자 또는 수출자의 요청이 있는 경우 해당 재료 또는 최종물품의 원산지를 확인하여 작성한 서류(전자문서를 포함)를 생산자 또는 수출자에게 제공할 수 있다.

② 원산지포괄확인서의 작성 및 제공

수출물품의 생산에 사용되는 재료 또는 최종물품을 동일한 생산자 또는 수출자에게 장기간 계속적·반복적으로 공급하는 재료 또는 최종물품 생산자 등은 생산자 또는 수출자의 요청이 있는 경우 물품공급일부터 12개월을 초과하지 아니하는 범위에서 최초의 원산지확인서를 반복하여 사용할 수 있는 확인서(전자문서를 포함)를 작성하여 제공할 수 있다.

③ 원산지확인서로 인정·고시

관세청장은 「농수산물 품질관리법 시행규칙」에 따른 농산물이력추적관리등록증, 수산물이력추적관리등록증 또는 그 밖에 이와 유사한 서류를 원산지확인서로 인정하여 고시할 수 있다.

④ 관련 기관의 장과의 사전협의

관세청장은 ③의 서류를 원산지확인서로 인정하려면 관련 기관의 장과 사전에 협의하여야 한다.

⑤ 원산지증명서의 발급신청 및 작성

재료 또는 최종물품 생산자 등으로부터 원산지확인서 또는 원산지포괄확인서를 제공받은 생산자 또는 수출자는 이를 기초로 원산지증명서의 발급을 신청하거나 원산지증명서를 작성할 수 있다.

(6) 국내제조확인서(규칙 제13조)

① 국내제조확인서의 제공

재료 또는 최종물품 생산자 등은 생산자 또는 수출자의 요청이 있는 경우 해당 재료 또는 최종물품의 국내제조 사실을 확인하여 작성한 서류(전자문서를 포함)를 생산자 또는 수출자에게 제공할 수 있다.

② 국내제조포괄확인서의 작성 및 제공

수출물품의 생산에 사용되는 재료 또는 최종물품을 동일한 생산자 또는 수출자에게 장기간 계속적·반복적으로 공급하는 재료 또는 최종물품 생산자 등은 생산자 또는 수출자의 요청이 있는 경우 물품공급일부터 12개월을 초과하지 않는 범위에서 최초의 국내제조확인서를 반복하여 사용할 수 있는 확인서(전자문서를 포함)를 작성하여 제공할 수 있다.

③ 원산지증명서의 발급신청 및 발급

재료 또는 최종물품 생산자 등으로부터 국내제조확인서 또는 국내제조포괄확인서를 제공받은 생산자 또는 수출자는 이를 기초로 원산지증명서의 발급을 신청하거나 원산지증명서를 작성할 수 있다.

(7) 원산지증빙서류의 수정 통보(법 제14조)

① **원산지에 관한 내용 오류의 통보** 10년 기출

수출자 또는 생산자가 체약상대국의 협정관세를 적용받을 목적으로 원산지증빙서류를 작성·제출한 후 해당 물품의 원산지에 관한 내용에 오류가 있음을 알았을 때에는 협정에서 정하는 바에 따라 기획재정부령으로 정하는 기간(원산지증빙서류를 작성한 수출자 또는 생산자가 해당 물품의 원산지에 관한 내용에 오류가 있음을 안 날부터 30일) 이내에 그 사실을 세관장 및 원산지증빙서류를 제출받은 체약상대국의 수입자에게 각각 통보하여야 한다. 이 경우 세관장은 그 사실을 관세청장이 정하는 바에 따라 체약상대국의 관세당국에 통보하여야 한다.

② **원산지증빙서류 수정 통보 방법(영 제9조)**

수출자 또는 생산자는 해당 물품의 원산지에 관한 내용에 오류가 있다는 사실을 세관장 및 체약상대국의 수입자에게 각각 통보할 때에는 기획재정부령으로 정하는 수정 통보서를 작성하여야 한다. 수정 통보서에는 다음의 사항이 포함되어야 한다.

> ㉠ 수출자·생산자 및 체약상대국의 수입자
> ㉡ 수출신고번호 및 수출신고일
> ㉢ 원산지증명서의 발급번호, 발급일 또는 작성일
> ㉣ 해당 물품의 품명·규격 및 수량
> ㉤ 오류내용 및 정정사항

③ **세액정정·세액보정 신청, 수정신고 또는 경정청구**

㉠ 세액정정·세액보정 신청, 수정신고 : 수입자는 체약상대국의 물품에 대한 원산지증빙서류를 작성한 자나 해당 물품에 대한 수입신고를 수리하거나 원산지를 심사한 세관장으로부터 원산지증빙서류의 내용에 오류가 있음을 통보받은 경우로서 그 오류로 인하여 납세신고한 세액 또는 신고납부한 세액에 부족이 있을 때에는 기획재정부령으로 정하는 기간(수입자가 원산지증빙서류의 내용에 오류가 있음을 통보받은 날부터 30일 이내로서 관세청장 또는 세관장으로부터 해당 물품에 대하여 서면조사통지를 받기 전 날까지) 이내에 세관장에게 세액정정·세액보정 신청 또는 수정신고를 하여야 한다.

㉡ 세액정정 신청·경정청구 : 수입자는 체약상대국의 물품에 대한 원산지증빙서류를 작성한 자나 해당 물품에 대한 수입신고를 수리하거나 원산지를 심사한 세관장으로부터 원산지증빙서류의 내용에 오류가 있음을 통보받은 경우로서 그 오류로 인하여 납세신고한 세액 또는 신고납부한 세액이 과다한 것을 알게 되었을 때에는 세관장에게 세액정정 신청 또는 경정청구를 할 수 있다.

㉢ 「관세법」 준용 : 세액정정, 세액보정, 수정신고 또는 경정에 관하여는 「관세법」 제38조(신고납부), 제38조의2(보정) 및 제38조의3(수정 및 경정)을 준용한다.

(8) 원산지증빙서류 등의 보관 및 제출(법 제15조, 법 제16조) 17, 16년 기출

① **서류의 보관 의무**

수입자·수출자 및 생산자는 협정 및 이 법에 따른 원산지의 확인, 협정관세의 적용 등에 필요한 것으로서 원산지증빙서류 등 대통령령으로 정하는 서류를 5년의 범위에서 대통령령으로 정하는 기간(협정에서 정한 기간이 5년을 초과하는 경우에는 그 기간) 동안 보관하여야 한다.

보관대상 원산지증빙서류 등(영 제10조) 24, 23, 17년 기출

1. 수입자가 보관해야 하는 서류(보관기간 : 협정관세의 적용을 신청한 날의 다음날부터 5년)
   가. 원산지증명서(전자문서를 포함) 사본(다만, 협정에 따라 수입자의 증명 또는 인지에 기초하여 협정관세 적용신청
       을 하는 경우로서 수출자 또는 생산자로부터 원산지증명서를 발급받지 아니한 경우에는 그 수입물품이 협정관세
       의 적용대상임을 증명하는 서류)
   나. 수입신고필증
   다. 수입거래 관련 계약서
   라. 지식재산권거래 관련 계약서
   마. 수입물품의 과세가격 결정에 관한 자료
   바. 수입물품의 국제운송 관련 서류
   사. 사전심사서 사본 및 사전심사에 필요한 증빙서류(사전심사서를 받은 경우만 해당)
2. 수출자가 보관해야 하는 서류[보관기간 : 원산지증명서 작성일 또는 발급일부터 5년(다만, 체약상대국이 중국인 경
   우에는 중국과의 협정에 따라 3년)]
   가. 체약상대국의 수입자에게 제공한 원산지증명서(전자문서를 포함) 사본 및 원산지증명서 발급 신청서류(전자문서
       를 포함) 사본
   나. 수출신고필증
   다. 수출거래 관련 계약서
   라. 해당 물품의 구입 관련 증빙서류 및 출납·재고관리대장
   마. 생산자 또는 해당 물품의 생산에 사용된 재료를 공급하거나 생산한 자가 해당 물품의 원산지증명을 위하여 작성
       한 후 수출자에게 제공한 서류
3. 생산자가 보관해야 하는 서류[보관기간 : 원산지증명서 작성일 또는 발급일부터 5년(다만, 체약상대국이 중국인 경
   우에는 중국과의 협정에 따라 3년)]
   가. 수출자 또는 체약상대국의 수입자에게 해당 물품의 원산지증명을 위하여 작성·제공한 서류
   나. 해당 물품의 생산에 사용된 원재료의 수입신고필증(생산자의 명의로 수입신고한 경우만 해당한다)
   다. 수출자와의 물품공급계약서
   라. 해당 물품의 생산에 사용된 재료를 공급하거나 생산한 자가 해당 재료의 원산지증명을 위하여 작성한 후 생산자
       에게 제공한 서류
   마. 해당 물품 생산 및 원재료의 생산 또는 구입 관련 증빙서류
   바. 원가계산서·원재료내역서 및 공정명세서
   사. 해당 물품 및 원재료의 출납·재고관리대장
4. 보관방법 : 보관대상 원산지증빙서류를 관세청장이 정하여 고시하는 바에 따라 마이크로필름·광디스크 등 자료전
   달매체 또는 서버 등 자료보관매체 등을 이용하여 보관할 수 있다.

자유무역협정의 이행을 위한 관세법의 특례에 관한 법령상 '보관자'와 '보관대상 원산지증빙서류'의 연결로 옳은 것은? 24년 기출

① 수입자 – 원가계산서·원재료내역서 및 공정명세서
② 수입자 – 해당 물품 생산 및 원재료의 생산 또는 구입 관련 증빙서류
③ 수출자 – 해당 물품의 구입 관련 증빙서류 및 출납·재고관리대장
④ 생산자 – 지식재산권 거래 관련 계약서
⑤ 생산자 – 수출거래 관련 계약서

해설

보관대상 원산지증빙서류 등(FTA관세법 시행령 제10조 제1항 참고)

수입자	수출자	생산자
• 원산지증명서 사본 • 수입신고필증 • 수입거래 관련 계약서 • 지식재산권 거래 관련 계약서 • 수입물품의 과세가격 결정에 관한 자료 • 수입물품의 국제운송 관련 서류	• 체약상대국의 수입자에게 제공한 원산지증명서 사본 및 원산지증명서 발급 신청서류 사본 • 수출신고필증 • 수출거래 관련 계약서 • 해당 물품의 구입 관련 증빙서류 및 출납·재고관리대장 • 생산자 또는 해당 물품의 생산에 사용된 재료를 공급하거나 생산한 자가 해당 물품의 원산지증명을 위하여 작성한 후 수출자에게 제공한 서류	• 수출자 또는 체약상대국의 수입자에게 해당 물품의 원산지증명을 위하여 작성·제공한 서류 • 해당 물품의 생산에 사용된 원재료의 수입신고필증 • 수출자와의 물품공급계약서 • 해당 물품의 생산에 사용된 재료를 공급하거나 생산한 자가 해당 재료의 원산지증명을 위하여 작성한 후 생산자에게 제공한 서류 • 해당 물품 생산 및 원재료의 생산 또는 구입 관련 증빙서류 • 원가계산서·원재료내역서 및 공정명세서 • 해당 물품 및 원재료의 출납·재고관리대장

정답 ③

② 서류의 제출 요구

관세청장 또는 세관장은 협정에서 정하는 범위에서 원산지의 확인, 협정관세의 적용 등에 관한 심사를 하는 데 필요하다고 인정하는 경우에는 다음의 어느 하나에 해당하는 자에게 서류의 제출을 요구할 수 있다.

> ㉠ 수입자
> ㉡ 수출자 또는 생산자(체약상대국에 거주하는 수출자 및 생산자를 포함)
> ㉢ 그 밖에 원산지 또는 협정관세 적용의 적정 여부 등을 확인하기 위하여 필요한 자로서 기획재정부령으로 정하는 자
> ⓐ 해당 물품의 생산에 사용된 재료를 공급하거나 생산한 자(체약상대국에 거주하는 자 포함)
> ⓑ 해당 물품의 거래·유통·운송·보관 및 통관을 대행하거나 취급한 자

③ 서류의 제출(규칙 제21조 제2항)

서류 제출을 요구받은 자는 20일 이상의 기간으로서 기획재정부령으로 정하는 기간 이내에 이를 제출하여야 한다.

㉠ 페루와의 협정 및 뉴질랜드와의 협정에 따라 서류의 제출을 요구받은 자 : 요구받은 날부터 90일
　　㉡ 그 밖의 자 : 요구받은 날부터 30일. 다만, 관세청장 또는 세관장은 서류의 제출을 요구받은 자가 부득
　　　이한 사유로 서류제출기한의 연장을 신청하는 경우에는 30일을 초과하지 아니하는 범위에서 한 차례
　　　만 그 기한을 연장할 수 있다.

④ 서류제출기한의 연기(규칙 제21조 제3항 및 제4항)

　서류제출기한의 연기를 신청하려는 자는 서류의 제출을 요구받은 날부터 15일 이내에 다음의 사항이 기
재된 서류제출기한 연기신청서를 관세청장 또는 세관장에게 제출하여야 한다. 관세청장 또는 세관장은
서류제출기한의 연기신청을 받은 때에는 그 승인 여부 및 서류제출기한을 신청인에게 알려야 한다.

　　㉠ 희망하는 서류제출기한　　　㉡ 제출할 서류의 목록　　　㉢ 연기신청의 사유

⑤ 보완요구(규칙 제21조 제5항)

　관세청장 또는 세관장은 제출받은 원산지증명서가 다음의 어느 하나에 해당하는 경우에는 5일 이상 45
일 이내의 기간을 정하여 그 원산지증명서를 제출한 자에게 보완을 요구해야 한다. 다만, 관세청장 또는
세관장은 이러한 경우가 원산지결정에 영향을 미치지 않는 경미한 사항이라고 인정하는 때에는 보완을
요구하지 않을 수 있다.

　　㉠ 인증수출자의 인증번호가 체약상대국으로부터 통보받은 인증수출자 번호체계와 일치하지 않는 경우
　　㉡ 원산지증명서 작성자의 주소가 체약상대국이 아닌 다른 국가로 기재된 경우
　　㉢ 협정관세를 적용받은 수입신고 내역과 일치하지 않는 경우
　　㉣ 원산지증명서의 기재사항이 협정 및 법에서 정한 기재방법과 상이한 경우

⑥ 유효기간 지난 후 보완허용(규칙 제21조 제6항)

　관세청장 또는 세관장은 원산지증명서의 유효기간 이내에 수입자가 협정관세 적용신청을 한 경우에는
협정의 취지에 위배되지 않는 한 그 유효기간이 지난 후에도 원산지증명서의 보완을 허용해야 한다.

제4절　원산지 조사

1. 원산지에 관한 조사

(1) 원산지에 관한 조사(법 제17조)

① 서면조사 또는 현지조사 11년 기출

　관세청장 또는 세관장은 수출입물품의 원산지 또는 협정관세 적용의 적정 여부 등에 대한 확인이 필요하
다고 인정하는 경우에는 협정에서 정하는 범위에서 대통령령으로 정하는 바에 따라 다음의 어느 하나에
해당하는 자를 대상으로 필요한 서면조사 또는 현지조사를 할 수 있다.

> ㉠ 수입자
> ㉡ 수출자 또는 생산자(체약상대국에 거주하는 수출자 및 생산자를 포함)
> ㉢ 원산지증빙서류 발급기관
> ㉣ 그 밖에 원산지 또는 협정관세 적용의 적정 여부 등을 확인하기 위하여 필요한 자로서 기획재정부령으로 정하는 자
>> ⓐ 해당 물품의 생산에 사용된 재료를 공급하거나 생산한 자(체약상대국에 거주하는 자를 포함)
>> ⓑ 해당 물품의 거래·유통·운송·보관 및 통관을 대행하거나 취급한 자

알아두기

체약상대국의 요청에 따른 원산지 조사결과의 통지 등(영 제13조) 24, 23, 22, 18, 13년 기출
① 관세청장 또는 세관장은 체약상대국의 관세당국으로부터 수출물품에 대한 원산지 조사 요청을 받은 경우에는 다음의 구분에 따른 기간 내에 조사 결과를 통지하여야 한다.
1. 유럽자유무역연합회원국 : 조사 요청일부터 15개월
2. 아세안회원국(필리핀·말레이시아·싱가포르·인도네시아·태국·브루나이·베트남·라오스·미얀마·캄보디아) : 조사 요청을 접수한 날부터 2개월. 다만, 아세안회원국의 관세당국과 협의하여 아세안회원국과의 협정 부속서에 따라 해당 조사 요청을 접수한 날부터 6개월의 범위에서 그 기간을 연장할 수 있다.
3. 인도 : 조사 요청을 접수한 날부터 3개월. 다만, 인도의 관세당국과 협의하여 인도와의 협정에 따라 해당 조사 요청을 접수한 날부터 6개월의 범위에서 그 기간을 연장할 수 있다.
4. 유럽연합당사자 : 조사 요청일부터 10개월
5. 페루 : 조사 요청을 접수한 날부터 150일
6. 터키 : 조사 요청일부터 10개월
7. 콜롬비아 : 조사 요청일부터 150일
8. 베트남 : 조사 요청을 접수한 날의 다음 날부터 6개월
9. 중국 : 조사 요청을 접수한 날부터 6개월
10. 중미 공화국들 : 조사 요청을 접수한 날의 다음 날부터 150일
11. 영국 : 조사요청일로부터 10개월
12. 인도네시아 : 조사 요청을 접수한 날부터 2개월. 다만, 인도네시아 관세당국이 추가 정보를 요청하는 경우에는 그 요청을 받은 날부터 4개월 이내에 해당 정보를 제공해야 한다.
13. 이스라엘 : 조사 요청일부터 10개월. 다만, 이스라엘 관세당국이 추가 정보를 요청하는 경우에는 그 요청을 받은 날부터 90일 이내에 해당 정보를 제공해야 한다.
14. 역내경제협정당사국 : 조사 요청을 접수한 날부터 90일
15. 캄보디아 : 조사 요청을 접수한 날부터 90일
② 조사 결과의 통지는 다음의 사항이 기재된 조사결과서를 송부하는 방법으로 한다. 이 경우 관세청장 또는 세관장은 필요하다고 인정하면 조사대상자로부터 받은 원산지증빙서류 사본(조사대상자의 동의를 받은 경우만 해당)을 함께 송부할 수 있다.
1. 조사요청국가 및 조사요청서 접수일
2. 조사대상자 및 조사기간
3. 조사대상 수출물품
4. 조사내용 및 조사결과(원산지의 적정 여부, 판단 이유 및 근거법령을 포함)
5. 조사의 법적 근거
6. 조사기관 및 조사자의 직위 및 성명
7. 그 밖에 협정에서 정하고 있는 사항 또는 조사를 요청한 관세당국이 요구한 사항

기출문제

자유무역협정의 이행을 위한 관세법의 특례에 관한 법령령상 '체약상대국'과 '원산지 조사결과 통지 기간'의 연결로 옳은 것은? 24년 기출

① 캄보디아 – 조사 요청을 접수한 날부터 150일
② 역내경제협정당사국 – 조사 요청일부터 150일
③ 이스라엘 – 조사 요청일부터 15개월
④ 인도네시아 – 조사 요청을 접수한 날부터 6개월
⑤ 중미 공화국들 – 조사 요청을 접수한 날의 다음 날부터 150일

해설

체약상대국의 요청에 따른 원산지 조사(FTA관세법 시행령 제13조 제1항 참고)
• 캄보디아 : 조사 요청을 접수한 날부터 90일
• 역내경제협정당사국 : 조사 요청을 접수한 날부터 90일
• 이스라엘 : 조사 요청일부터 10개월
• 인도네시아 : 조사 요청을 접수한 날부터 2개월

정답 ⑤

---

② 수출입물품의 원산지에 관한 조사(영 제11조)
　ⓐ 서면조사 원칙 : 관세청장 또는 세관장은 수출입물품에 대한 원산지 또는 협정관세 적용의 적정 여부 등을 확인하는 데 필요한 조사를 하는 경우에는 서면조사로 한다. 다만, 서면조사 결과 원산지증빙서류의 진위 여부와 그 정확성 등을 확인하기 곤란하여 직접 확인할 필요가 있을 때에는 추가로 현지조사를 할 수 있다.
　ⓑ 현지조사 : 서면조사 원칙에도 불구하고 관세청장 또는 세관장은 조사대상자의 특성상 현지조사가 필요하다고 판단되는 경우에는 서면조사에 앞서 현지조사를 할 수 있다.
　ⓒ 수입자 우선 조사 : 다음의 자에 대한 서면조사 또는 현지조사는 먼저 수입자를 대상으로 조사를 한 결과 원산지증빙서류의 진위 여부와 그 정확성 등을 확인하기 곤란하거나 추가로 확인할 필요가 있을 때에만 이루어져야 한다.

> ⓐ 체약상대국에 거주하는 수출자 또는 생산자
> ⓑ 해당 물품의 생산에 사용된 재료를 공급하거나 생산한 자, 해당 물품의 거래·유통·운송·보관 및 통관을 대행하거나 취급한 자 중 체약상대국에 거주하는 자

③ 통지 및 체약상대국의 조사대상자의 동의 11년 기출
관세청장 또는 세관장은 체약상대국에 거주하는 수출자·생산자 또는 위 ①의 ⓒ에 해당하는 자 중 체약상대국에 거주하는 자(체약상대국의 조사대상자)를 대상으로 현지조사를 하는 경우에는 그 조사를 시작하기 전에 체약상대국의 조사대상자에게 조사 사유, 조사 예정기간 등을 통지하여 동의를 받아야 한다.

④ 현지조사의 연기신청 21년 기출
　ⓐ 통지를 받은 체약상대국의 조사대상자는 관세청장 또는 세관장이 통지한 예정 조사기간에 조사를 받기가 곤란한 경우에는 대통령령으로 정하는 바에 따라 그 통지를 한 관세청장 또는 세관장에게 조사의 연기를 신청할 수 있다.

ⓛ 현지조사의 연기를 신청하려는 자는 다음의 사항이 포함된 기획재정부령으로 정하는 조사연기 신청서를 현지조사에 관한 사전통지를 받은 날부터 15일 이내에 그 통지를 한 관세청장 또는 세관장에게 제출하여야 한다(영 제12조 제1항).

> ⓐ 현지조사를 연기 받으려는 자의 성명과 주소(전자주소를 포함) 또는 거소
> ⓑ 현지조사를 연기 받으려는 기간과 그 사유

ⓒ 현지조사의 연기신청은 1회만 할 수 있다. 이 경우 조사를 연기할 수 있는 기간은 사전통지를 받은 날부터 60일을 초과할 수 없다(영 제12조 제2항).

⑤ 현지조사를 할 수 없는 경우

관세청장 또는 세관장은 통지를 받은 체약상대국의 조사대상자가 20일 이상의 기간으로서 기획재정부령으로 정하는 기간(조사예정통지를 받은 날부터 30일) 이내에 그 동의 여부를 통보하지 아니하거나 동의하지 아니한 경우에는 현지조사를 할 수 없다.

⑥ 서면으로 통지 11년 기출

ⓐ 관세청장 또는 세관장은 체약상대국의 조사대상자를 대상으로 서면조사 또는 현지조사를 할 때에는 수입자 및 체약상대국의 관세당국에 그 사실을 서면으로 통지하여야 한다. 이 경우 체약상대국의 관세당국에 대한 통지는 협정에서 정하는 경우에만 한다.

ⓛ 관세청장 또는 세관장은 서면조사 또는 현지조사를 마치면 조사 결과와 그에 따른 결정 내용을 기획재정부령으로 정하는 다음의 기간 이내에 조사대상자(체약상대국의 조사대상자가 생산 또는 수출한 물품을 수입한 자를 포함) 및 체약상대국의 관세당국에 서면으로 통지하여야 한다. 이 경우 체약상대국의 관세당국에 대한 통지는 협정에서 정하는 경우에만 한다(규칙 제25조 제1항).

> 협정에서 달리 정하지 않았으면 서면조사 또는 현지조사를 완료한 날부터 30일을 말한다. 이 경우 아세안회원국과의 협정, 인도와의 협정, 베트남과의 협정, 중국과의 협정 및 인도네시아와의 협정에 따른 현지조사 결과의 통지는 현지 방문일부터 6개월 이내에 완료하여야 한다.

알아두기

서면조사방법(규칙 제22조) 21년 기출
① 관세청장 또는 세관장은 법 제17조(원산지에 관한 조사) 제1항 및 법 제18조(체약상대국의 요청에 따른 원산지 조사) 제1항에 따라 서면조사를 하려면 다음의 사항을 조사대상자에게 미리 통지하여야 한다.
 1. 조사대상자 및 서면조사기간
 2. 조사대상 수출입물품
 3. 조사이유
 4. 조사할 내용
 5. 조사의 법적 근거
 6. 제출서류 및 제출기한
 7. 조사기관, 조사자의 직위 및 성명
 8. 그 밖에 관세청장이 필요하다고 인정하는 사항
② 관세청장 또는 세관장은 제1항에 따른 서면조사의 통지를 할 때에는 조사대상자에게 원산지결정과 관련되는 질문에 대한 답변서의 작성·제출을 요구할 수 있다.

③ 관세청장 또는 세관장은 조사대상자가 제출한 서류가 미비되었을 때에는 5일 이상의 기간을 정하여 추가자료의 제출을 요구할 수 있다.

④ 법 제17조 제6항에 따른 서면조사결과의 통지는 다음 각 호의 사항이 기재된 서면통지서에 따른다.
 1. 조사대상자
 2. 조사대상 수출입물품
 3. 조사내용
 4. 조사결과(원산지의 적정여부, 판단이유 및 법적 근거를 포함)
 5. 조치할 내용(특혜관세의 배제, 관세의 부과·징수 또는 원산지의 불인정 등)
 6. 조사결과에 대한 이의제기 방법과 이의제기 기간

⑦ 이의제기(법 제17조 제7항, 영 제15조)

통지 내용에 이의가 있는 조사대상자(체약상대국의 조사대상자가 생산 또는 수출한 물품을 수입한 자를 포함)는 조사 결과를 통지받은 날부터 30일 이내에 대통령령으로 정하는 바에 따라 관세청장 또는 세관장에게 이의를 제기할 수 있다.

㉠ 신청서의 제출 : 원산지에 관한 조사결과에 대하여 이의를 제기하려는 자는 기획재정부령으로 정하는 다음의 사항이 포함된 이의제기서에 이의를 제기하는 내용을 확인할 수 있는 자료를 첨부하여 관세청장 또는 세관장에게 제출하여야 한다.

> ⓐ 이의를 제기하는 자의 성명과 주소(전자주소를 포함한다) 또는 거소
> ⓑ 조사 결과를 통지받은 날짜 및 조사결정의 내용
> ⓒ 이의제기의 요지와 내용

㉡ 결정내용의 통지 : 관세청장 또는 세관장은 이의제기를 받았을 때에는 이를 심사하여 이의제기를 받은 날부터 30일 이내에 결정 내용을 상대방에게 통지하여야 한다.

㉢ 보정 : 관세청장 또는 세관장은 이의제기의 내용이나 절차가 적합하지 않지만 보정할 수 있다고 인정될 때에는 20일 이내의 기간을 정하여 상대방에게 보정하여 줄 것을 요구할 수 있다. 다만, 보정할 사항이 경미할 때에는 직권으로 보정할 수 있다.

⑧ 조력을 받을 권리

조사를 받는 조사대상자의 조력을 받을 권리에 관하여는 「관세법」 제112조를 준용한다.

보충 **관세조사의 경우 조력을 받을 권리(「관세법」 제112조)**

납세자는 제110조 제2항 각 호의 어느 하나에 해당하여 세관공무원에게 조사를 받는 경우에 변호사, 관세사로 하여금 조사에 참여하게 하거나 의견을 진술하게 할 수 있다.

주의 현지 관세공무원이 아니라 변호사나 관세사이다.

⑨ 조사권 남용 금지

세관공무원은 조사를 하는 때에는 필요한 최소한의 범위에서 조사를 하여야 하며, 다른 목적을 위하여 조사권을 남용해서는 아니 된다.

체약상대국별 원산지에 관한 조사의 방법(규칙 제24조) 16, 14년 기출
체약상대국에서 수입된 물품의 원산지에 관한 조사를 할 때에는 다음의 방법으로 한다.

검증방법	협 정	내 용
직접검증	칠 레 싱가포르 캐나다 뉴질랜드	조사대상자를 직접 서면조사 또는 현지조사하는 방법
직접검증, 섬유 (간접, 공동검증)	미 국	• 조사대상자를 직접 서면조사 또는 현지조사하는 방법 • 섬유 관련 물품 : 미국의 관세당국에 원산지 확인(미국의 관세당국과 함께 조사대상 사업장에 방문하는 것을 포함)을 요청하는 방법
직접검증 (간접검증 병행)	호 주	다음의 어느 하나에 해당하는 방법 • 호주의 증명서발급기관에 원산지 확인을 요청하는 방법 • 조사대상자를 직접 서면조사 또는 현지조사하는 방법
간접검증	EFTA (유럽자유무역 연합회원국) EU (유럽연합당사자) 터 키 영 국	체약상대국의 관세당국에 원산지 확인을 요청하는 방법. 이 경우 관세청장 또는 세관장은 필요하다고 인정하면 체약상대국의 관세당국의 동의를 받아(터키 : 터키 관세당국이 제시한 조건에 따라) 체약상대국의 원산지 확인절차에 소속 공무원을 참관하게 할 수 있다.
先 간접검증, 後 직접검증	아세안회원국 인 도 베트남 중 국 인도네시아 이스라엘 캄보디아	증명서발급기관(중국, 캄보디아 : 관세당국)에 원산지 확인을 요청하는 방법. 다만, 관세청장 또는 세관장은 원산지 확인결과가 적정하지 아니하거나 원산지의 정확성을 결정하는 데 필요한 정보가 포함되지 아니하였을 때에는(이스라엘, 캄보디아 : 관세당국에 서면으로 추가 정보나 서류를 요청하거나) 체약상대국의 수출자 또는 생산자를 대상으로 현지조사를 할 수 있다.
간접검증 또는 직접검증	페 루 콜롬비아 중 미	다음의 어느 하나에 해당하는 방법 • 체약상대국의 관세당국에 원산지 확인을 요청하는 방법 • 조사대상자를 직접 서면조사하는 방법 또는 체약상대국의 관세당국 공무원과 동행하여 체약상대국의 수출자 또는 생산자를 대상으로 현지조사하는 방법
	역내포괄적경제 동반자협정 (RCEP)	• 수출국의 관세당국 또는 원산지증명서 발급기관에 원산지증빙서류의 진위 여부 등의 확인을 위한 추가적인 정보를 요청하는 방법 • 조사대상자를 직접 서면조사 또는 현지조사하는 방법. 다만, 수출국의 수출자 또는 생산자에 대한 현지조사는 상기 항목에 따른 조사를 실시한 결과 원산지증빙서류의 진위 여부 등의 확인에 필요한 정보를 얻지 못한 경우로 한정한다.

(2) 체약상대국의 요청에 따른 원산지 조사(법 제18조)

① 서면조사 또는 현지조사

관세청장 또는 세관장은 체약상대국의 관세당국으로부터 우리나라의 수출물품에 대한 원산지증빙서류의 진위 여부와 그 정확성 등에 관한 확인을 요청받은 경우에는 협정에서 정하는 범위에서 대통령령으로 정하는 바에 따라 다음의 어느 하나에 해당하는 자를 대상으로 원산지 확인에 필요한 서면조사 또는 현지조사를 할 수 있다.

> ㉠ 수출자 또는 생산자
> ㉡ 원산지증빙서류 발급기관
> ㉢ 그 밖에 원산지 또는 협정관세 적용의 적정 여부 등을 확인하기 위하여 필요한 자로서 기획재정부령으로 정하는 자
> ⓐ 해당 물품의 생산에 사용된 재료를 공급하거나 생산한 자(체약상대국에 거주하는 자를 포함)
> ⓑ 해당 물품의 거래·유통·운송·보관 및 통관을 대행하거나 취급한 자

② 준 용

조사에 관하여는 제17조 제6항부터 제9항까지를 준용한다.

(3) 섬유 관련 물품에 대한 미합중국의 요청에 따른 원산지 조사(영 제14조)

① 원산지 조사 기한

관세청장은 미합중국과의 협정에 따라 미합중국에 수출된 섬유 관련 물품에 대하여 미합중국의 관세당국으로부터 법 제18조 제1항에 따른 수출물품에 대한 원산지증빙서류의 진위 여부와 그 정확성 등에 관한 확인을 요청받은 경우 요청받은 날부터 6개월 이내에 확인에 필요한 조사를 완료하여야 한다.

② 조사결과서 통지

관세청장은 조사를 완료하였을 때에는 미합중국 관세당국이 요청한 날부터 12개월 이내에 관련 증빙자료 등을 포함하여 조사결과서를 미합중국의 관세당국에 통지하여야 한다.

③ 원산지 검증 요청 허락

관세청장은 수출물품에 대한 원산지 조사를 할 때 미합중국의 관세당국으로부터 미합중국과의 협정에 따른 원산지 검증 요청(공동현장방문 및 미합중국의 검증지원 요청을 포함)을 받은 경우에는 특별한 사정이 없으면 허락하여야 한다.

④ 사전통지 없는 현장 조사통지

관세청장은 미합중국과의 협정에 따라 공동현장방문을 할 때에는 사전통지 없이 현장에서 조사통지를 할 수 있다. 이 경우 조사대상자가 미합중국 관세당국의 현지조사에 동의하지 아니하면 현지조사를 할 수 없다.

(4) 체약상대국에 대한 원산지 확인 요청(법 제19조)

① 원산지 확인 요청사항

관세청장 또는 세관장은 체약상대국에서 수입된 물품과 관련하여 협정에서 정하는 범위에서 원산지 또는 협정관세 적용의 적정 여부 등에 대한 확인에 필요하다고 인정하는 경우에는 원산지증빙서류의 진위 여부와 그 정확성 등에 관한 확인을 체약상대국의 관세당국에 요청할 수 있다. 원산지 확인을 요청할 수 있는 경우는 다음과 같다(영 제16조 제1항).

> ㉠ 수입자를 대상으로 원산지증빙서류 등의 제출을 요구한 결과 원산지를 확인하기 곤란하거나 추가로 확인할 필요가 있는 경우
> ㉡ 수입자를 대상으로 원산지에 관한 조사를 한 결과 원산지를 확인하기 곤란하거나 추가로 확인할 필요가 있는 경우
> ㉢ 무작위추출방식으로 표본조사를 하려는 경우

② 수입자에 통보(영 제16조 제3항·제4항)

관세청장 또는 세관장은 확인을 요청한 사실을 수입자에게 알려야 하며, 체약상대국의 관세당국으로부터 확인 결과를 통보받은 때에는 그 회신 내용과 그에 따른 결정 내용을 통보받은 날 또는 결정을 한 날로부터 30일 이내에 수입자에게 알려야 한다.

③ 세부규정

원산지 확인 요청의 방법·절차와 그 밖에 필요한 사항은 대통령령으로 정한다.

(5) 고유식별정보의 처리(영 제19조)

관세청장 또는 세관장은 원산지 조사 관련 사무를 수행하기 위하여 불가피한 경우 「개인정보 보호법 시행령」에 따른 여권번호 또는 외국인등록번호가 포함된 자료를 처리할 수 있다.

(6) 원산지에 관한 체약상대국의 조사(법 제20조)

조사대상자의 동의	체약상대국의 관세당국은 협정에서 정하는 범위에서 수출자·생산자를 대상으로 수출물품에 대한 원산지 확인에 필요한 현지조사를 하는 경우에는 그 조사를 시작하기 전에 조사대상자에게 조사 사유, 조사 예정기간 등을 통지하여 조사대상자의 동의를 받아야 한다.
조력을 받을 권리	조사를 받는 조사대상자의 조력을 받을 권리에 관하여는 「관세법」 제112조를 준용한다.

(7) 원산지 조사 기간 중 협정관세의 적용 보류(법 제21조)

① 동종동질의 물품에 대한 협정관세의 적용 보류 14년 기출

㉠ 세관장은 원산지 조사를 하는 경우 또는 원산지 확인 요청을 한 경우에는 기획재정부령으로 정하는 기간(수입자에게 서면조사를 통지한 날부터 원산지 조사 결과를 통지한 날까지) 동안 조사대상자가 추가로 수입하는 동종동질의 물품에 대하여 대통령령으로 정하는 바에 따라 협정관세의 적용을 보류할 수 있다. 이 경우 그 보류 대상은 해당 조사대상 물품의 동일한 수출자 또는 생산자로부터 수입하는 물품으로 한정한다.

주의 관세청장이 정하는 기간 동안이 아니라 기획재정부령으로 정하는 기간 동안이다.

ⓛ **세부규정** : 협정관세의 적용 보류 및 그 해제의 절차·방법, 담보제공과 그 밖에 필요한 사항은 대통령령으로 정한다. 14년 기출

　ⓐ **협정관세 적용 보류 대상** : 세관장은 다음의 어느 하나에 해당하는 경우에는 협정관세의 적용을 보류할 수 있다(영 제17조 제1항).

> - 원산지증빙서류의 작성 또는 협정관세 적용의 신청에 관하여 불성실 혐의가 있다고 세관장이 인정하는 경우
> - 원산지증빙서류를 속임수 또는 그 밖의 부정한 방법으로 작성 또는 발급받았거나 탈세 등의 혐의를 인정할 만한 자료 또는 구체적인 제보가 있는 경우
> - 그 밖에 세관장이 수집한 증거·자료 등을 근거로 수입자, 생산자 또는 수출자의 신고 또는 신청 내용이 원산지결정기준을 충족하지 못한 것으로 인정하는 경우

　ⓑ **협정관세 보류 통지서 통보** : 세관장은 협정관세의 적용을 보류하려는 경우에는 조사대상 수입자에게 기획재정부령으로 정하는 다음의 사항이 포함된 협정관세 적용 보류 통지서를 통보하여야 한다(영 제17조 제2항·제3항).

> - 협정관세의 적용 보류 대상 수입자
> - 대상물품의 품명·규격·모델·품목번호 및 원산지
> - 협정관세의 적용 보류기간 및 그 법적 근거
> - 대상물품의 수출자 또는 생산자

② **세액의 경정 및 관세의 환급** 14년 기출

세관장은 원산지 조사를 한 결과 수입자가 신고한 내용이 원산지결정기준을 충족한 것으로 확인되는 경우에는 협정관세를 적용받지 못한 물품에 대한 세액을 경정하고 납부한 세액과 납부하여야 할 세액의 차액을 환급하여야 한다. 이 경우 세액의 경정 및 환급에 관하여는 「관세법」 제38조의3(수정 및 경정), 제46조(관세환급금의 환급) 및 제48조(관세환급가산금)를 준용한다.

③ **협정관세 적용 보류의 해제**

세관장은 수입자가 담보를 제공하고 협정관세 적용 보류의 해제를 요청하는 경우에는 이를 해제할 수 있다.

　ⓛ 세관장은 수입자가 다음의 요건을 모두 갖추고 협정관세 적용보류의 해제를 요청하는 경우에는 적용보류를 해제할 수 있다(영 제18조).

> ⓐ 적용 보류기간이 만료되기 전일 것
> ⓑ 협정관세 적용을 받지 못하는 것으로 확인될 경우 추가로 납부하여야 할 세액(「관세법」에 따른 내국세 등을 포함)에 상당하는 담보를 제공할 것

　ⓛ 협정관세 적용의 보류를 해제한 세관장은 조사대상 물품에 대한 원산지 조사 또는 원산지 확인 결과 그 물품이 협정관세 적용대상임을 확인한 경우에는 지체 없이 담보를 해제하여야 한다.

1. 관세조치

(1) 긴급관세조치(법 제22조) 21, 20년 기출

기획재정부장관은 협정에서 정하는 범위에서 체약상대국을 원산지로 하는 특정 물품의 수입증가로 인하여 같은 종류의 물품 또는 직접적인 경쟁관계에 있는 물품을 생산하는 국내 산업의 심각한 피해 또는 국내 시장의 교란이 발생하거나 발생할 우려(심각한 피해 등)가 있다고 대통령령으로 정하는 조사(「불공정무역행위 조사 및 산업피해구제에 관한 법률」에 따른 무역위원회의 조사)를 통하여 확인한 경우에는 그 심각한 피해 등을 구제하기 위하여 필요한 범위에서 해당 물품에 대하여 대통령령으로 정하는 바에 따라 협정관세의 연차적인 인하 적용을 중지하거나 세율을 인상하는 등의 긴급관세조치를 할 수 있다.

준용규정	긴급관세조치에 관하여는 「관세법」 제65조(긴급관세의 부과대상 등) 제2항부터 제4항까지 및 제7항과 제67조(긴급관세에 대한 재심사 등)를 준용한다.
동시적용 금지	기획재정부장관은 협정에서 정하는 바에 따라 체약상대국을 원산지로 하는 동일 물품에 대하여 긴급관세조치와 「관세법」 제65조에 따른 긴급관세를 부과하는 조치를 동시에 적용할 수 없다.
점진적 완화 조치	기획재정부장관은 긴급관세조치를 1년을 초과하여 적용하는 경우에는 일정한 기간의 간격을 두고 점진적으로 완화하는 조치를 취하여야 한다. 다만, 대통령령으로 정하는 체약상대국[싱가포르, 페루, 미합중국(자동차를 제외한 물품의 원산지가 미합중국인 경우로 한정), 터키, 콜롬비아, 호주, 뉴질랜드, 베트남, 역내경제협정당사국, 캄보디아, 중국, 중미공화국들, 인도네시아, 이스라엘] 외의 국가에 대해서는 예외로 할 수 있다(영 제27조).
세부규정	긴급관세조치의 대상 물품, 세율, 적용기간, 적용수량과 그 밖에 필요한 사항은 협정에서 정하는 범위에서 기획재정부령으로 정한다.

(2) 잠정긴급관세조치(법 제23조)

① 기획재정부장관은 긴급관세조치에 따른 조사가 시작된 물품에 대하여 그 조사기간에 발생하는 심각한 피해 등을 방지하지 아니하는 경우 회복하기 어려운 피해가 발생하거나 발생할 우려가 있다고 판단하면 조사가 끝나기 전에 심각한 피해 등을 구제하거나 방지하기 위하여 협정에서 정하는 범위에서 대통령령으로 정하는 바에 따라 잠정긴급관세조치를 할 수 있다.

준용규정	잠정긴급관세조치에 관하여는 「관세법」 제65조(긴급관세의 부과대상 등) 제4항·제7항 및 제66조(잠정긴급관세의 부과 등) 제2항·제3항을 준용한다.
세부규정	잠정긴급관세조치의 대상 물품, 세율, 적용기간, 적용수량과 그 밖에 필요한 사항은 협정에서 정하는 범위에서 기획재정부령으로 정한다.

② 잠정긴급관세조치의 절차 및 기간의 범위(영 제28조) 18년 기출

㉠ 조치 여부 등 결정 : 기획재정부장관은 무역위원회가 잠정긴급관세조치가 필요하다고 인정하여 해당 조치를 건의하는 경우 무역위원회의 건의가 접수된 날부터 30일 이내에 조치 여부 및 내용을 결정하여야 한다.

ⓛ **통보 및 협의** : 기획재정부장관은 결정을 하였을 때에는 잠정긴급관세조치를 시행하기 전에 그 사실을 체약상대국 정부에 미리 통보하여야 하며, 조치를 시행한 이후에는 즉시 체약상대국 정부와 협의를 시작하여야 한다. 다만, 이스라엘과의 협정에 따라 이스라엘의 요청이 있는 경우에는 조치를 시행하기 전에 협의할 수 있다.

ⓒ **잠정긴급관세조치의 기간** : 200일(칠레를 원산지로 하는 수입물품에 대해서는 120일, 페루 및 인도네시아를 원산지로 하는 수입물품에 대해서는 180일)을 초과할 수 없다.

③ **잠정긴급관세조치의 절차상 특례(영 제29조)**

㉠ 기획재정부장관은 미합중국(자동차를 제외한 물품의 원산지가 미합중국인 경우로 한정), 콜롬비아, 캐나다, 베트남, 중미공화국들, 인도네시아 및 이스라엘을 원산지로 하는 수입물품에 대해서는 조사를 시작한 날부터 45일이 지나기 전까지는 잠정긴급관세조치를 할 수 없다.

ⓛ 무역위원회는 ㉠에 따른 수입물품에 대하여 조사의 예비판정이 이루어지기 전에 해당 긴급관세조치 신청서 공개본을 취득할 수 있는 방법을 관보에 게재하여야 한다.

ⓒ 무역위원회는 관보에 게재한 날의 다음 날부터 20일 이상의 기간 동안 잠정긴급관세조치와 관련된 이해관계인에게 해당 조치에 대한 자료 및 의견을 제출할 수 있는 기회를 제공하여야 한다.

(3) 특정 농림축산물에 대한 특별긴급관세 조치(법 제24조)

기획재정부장관은 체약상대국과의 협정에 따라 양허한 특정 농림축산물의 수입물량이 일정한 물량(기준발동물량)을 초과하면 그 농림축산물에 대하여 대통령령으로 정하는 바에 따라 양허한 세율을 초과하여 관세를 부과하는 조치(특정 농림축산물에 대한 특별긴급관세조치)를 할 수 있다.

▷ 특정 농림축산물에 대한 특별긴급관세조치의 대상물품, 기준발동물량, 세율, 적용기간 및 적용방법 등은 협정에서 정하는 범위에서 대통령령으로 정한다.

(4) 「관세법」의 긴급관세 부과특례 등(법 제25조)

① 기획재정부장관은 「관세법」 제65조에도 불구하고 대통령령으로 정하는 체약상대국(인도, 페루, 미합중국, 콜롬비아, 호주, 캐나다, 뉴질랜드, 베트남, 인도네시아, 이스라엘)을 원산지로 하는 물품의 수입증가가 같은 종류의 물품이나 직접적인 경쟁관계에 있는 물품을 생산하는 국내 산업이 받는 심각한 피해 또는 심각한 피해를 받을 우려의 실질적인 원인이 아닌 것으로 조사를 통하여 확인되면 협정에서 정하는 범위에서 그 물품을 「관세법」 제65조에 따른 긴급관세의 부과대상물품에서 제외할 수 있다.

② 기획재정부장관은 「관세법」 제68조에도 불구하고 대통령령으로 정하는 체약상대국(미합중국 및 중국)을 원산지로 하는 농림축산물에 대해서는 협정에서 정하는 범위에서 「관세법」 제68조에 따른 농림축산물에 대한 특별긴급관세 부과대상에서 제외할 수 있다.

(5) 국가별 긴급관세조치(영 제21조·제23조) 23, 22, 21년 기출

① 과도기간

기획재정부장관은 해당 협정에 따라 다음 수입물품에 대하여 그 구분에 따라 정해진 기간 내에서만 긴급관세조치를 적용할 수 있다.

② 긴급관세조치 적용기간

잠정긴급관세조치 기간을 포함하여 다음 기간을 초과할 수 없다.

③ 기간연장

긴급관세조치의 총기간은 다음 기간을 초과할 수 없다.

협 정	긴급관세조치의 통보 및 협의 (영 제21조)	긴급관세조치 과도기간 및 적용기간의 범위(영 제23조)		
		과도기간	긴급관세조치 최대적용기간	기간 연장
칠 레	• 기획재정부장관은 긴급관세조치를 하기 전에 긴급관세조치와 관련된 사안을 자유무역위원회에 회부하여야 한다. • 칠레의 요청이 있는 경우 자유무역위원회에서 협의하여야 한다. • 협의기간은 요청일부터 30일 이내로 한다.	–	–	–
싱가포르	기획재정부장관은 긴급관세조치를 하기 전에 긴급관세조치와 관련된 사안 및 무역보상방법에 대하여 싱가포르와 지체 없이 협의하여야 한다.	–	2년	4년
유럽자유무역연합회원국 (EFTA)	• 기획재정부장관은 긴급관세조치를 하기 전에 공동위원회에 서면으로 긴급관세조치와 관련된 사안을 지체 없이 통보하여야 한다. • 그 통보를 받은 날부터 30일 이내에 긴급관세조치와 관련된 사안 및 무역보상방법에 대하여 공동위원회에서 유럽자유무역연합회원국과 협의하여야 한다.	–	1년	3년
아세안회원국	• 기획재정부장관은 긴급관세조치를 하기 전에 이행위원회에 긴급관세조치와 관련된 사안을 통보하여야 한다. • 긴급관세조치와 관련된 사안 및 무역보상방법에 대하여 이행위원회에서 아세안회원국과 협의하여야 한다.	협정 발효일부터 각 물품에 대한 관세철폐가 이루어진 날 또는 마지막 단계의 세율인하가 이루어진 날 이후 7년이 되는 날까지	3년	4년
인 도	기획재정부장관은 긴급관세조치를 하기 전에 긴급관세조치와 관련된 사안 및 무역보상방법에 대하여 인도와 지체 없이 협의하여야 한다.	협정 발효일부터 각 물품에 대한 관세철폐가 이루어진 날 또는 마지막 단계의 세율인하가 이루어진 날 이후 10년이 되는 날까지	2년	4년
유럽연합당사자 (EU)	기획재정부장관은 긴급관세조치를 하기 전에 긴급관세조치와 관련된 사안에 대하여 유럽연합당사자와 지체 없이 협의하여야 한다.	협정 발효일부터 각 물품에 대한 관세철폐가 이루어진 날 또는 마지막 단계의 세율인하가 이루어진 날 이후 10년이 되는 날까지	2년	4년

페 루	• 기획재정부장관은 무역위원회 조사보고서의 공개본 사본을 페루에 제공하여야 한다. • 페루의 요청이 있는 경우 긴급관세조치와 관련된 사안(긴급관세조치 조사의 개시, 잠정긴급관세조치, 긴급관세조치 및 그 연장과 관련된 통보자료와 무역위원회의 조사와 관련하여 발표한 자료를 포함)에 대하여 협의하여야 한다.	협정 발효일의 다음 날부터 10년이 되는 날까지. 다만, 협정 발효일의 다음 날부터 관세철폐가 이루어진 날까지의 기간이 10년 이상인 물품의 경우에는 협정 발효일의 다음 날부터 해당 관세철폐가 이루어진 날 이후 5년이 되는 날까지	2년	4년
미 국 (섬유제외)	기획재정부장관은 미합중국을 원산지로 하는 물품(섬유 관련 물품은 제외)에 대하여 긴급관세조치를 하기 전에 미합중국과 지체 없이 협의하여야 한다.	협정 발효일부터 10년이 되는 날까지. 다만, 협정 발효일부터 관세철폐가 이루어지는 날까지의 기간이 10년을 초과하는 물품의 경우에는 협정 발효일부터 각 물품에 대한 관세철폐가 이루어지는 날까지	2년	3년
		자동차에 대한 과도기간 : 협정 발효일부터 관세철폐가 이루어지는 날 이후 10년이 되는 날까지	2년	4년
미 국 (섬유)	• 무역위원회는 미합중국을 원산지로 하는 섬유 관련 물품에 대하여 긴급관세조치를 하기 위한 조사를 시작하기 전에 조사절차의 내용을 미합중국에 전달하여야 한다. • 기획재정부장관은 미합중국을 원산지로 하는 섬유 관련 물품에 대하여 긴급관세조치를 하려는 경우에는 사전에 그 내용을 미합중국에 서면으로 지체 없이 통보하여야 하며, 미합중국이 그 조치에 관하여 협의를 요청하면 협의하여야 한다.	섬유 관련 물품에 대한 과도기간 : 협정 발효일부터 관세철폐가 이루어지는 날 이후 10년이 되는 날까지	2년	4년
터 키	기획재정부장관은 긴급관세조치를 하기 전에 긴급관세조치와 관련된 사안에 대하여 터키와 지체 없이 협의하여야 한다.	협정 발효일부터 10년이 되는 날까지	2년	3년
콜롬비아	기획재정부장관은 긴급관세조치를 하기 위한 조사를 시작한 날부터 30일 이내에 콜롬비아와 협의하여야 한다.	협정 발효일부터 10년이 되는 날까지. 다만, 협정 발효일부터 관세철폐가 이루어지는 날까지의 기간이 10년을 초과하는 물품의 경우에는 협정 발효일부터 각 물품에 대한 관세철폐가 이루어지는 날까지	2년	3년
호 주	기획재정부장관은 긴급관세조치를 하기 위한 조사를 시작한 사실을 호주에 서면으로 통보하여야 하고, 긴급관세조치를 하기 전까지 호주와 협의하여야 한다.	협정 발효일로부터 각 물품에 대한 관세철폐가 이루어진 날 또는 마지막 단계의 세율인하가 이루어진 날 이후 5년이 되는 날까지	2년	3년

			2년	4년
캐나다	기획재정부장관은 긴급관세조치를 하기 위한 조사를 시작한 사실과 이와 관련한 협의의 요청을 캐나다에 서면으로 지체 없이 통보하여야 한다.	협정 발효일로부터 각 물품에 대한 관세철폐가 이루어진 날 이후 10년이 되는 날 또는 협정 발효일 이후 15년이 되는 날 중 먼저 도달한 날까지	2년	4년
뉴질랜드	• 기획재정부장관은 긴급관세조치를 하기 위한 조사를 시작한 사실을 뉴질랜드에 서면으로 통보하여야 한다. • 긴급관세조치를 하기 전까지 뉴질랜드와 협의하여야 한다.	협정 발효일로부터 각 물품에 대한 관세철폐가 이루어진 날 또는 마지막 단계의 세율인하가 이루어진 날 이후 5년이 되는 날까지	2년	3년
베트남	기획재정부장관은 긴급관세조치를 하기 위한 조사를 시작한 사실과 이와 관련한 협의의 요청을 베트남에 서면으로 통보하여야 한다.	협정 발효일로부터 10년이 되는 날 또는 물품의 관세철폐기간이 10년을 초과하는 경우 협정 발효일로부터 그 물품의 관세철폐가 이루어지는 날까지	2년	3년
중 국	• 기획재정부장관은 긴급관세조치를 하기 위한 조사를 시작한 사실을 서면으로 중국에 통보하여야 한다. • 긴급관세조치를 하기 전까지 중국과 협의하여야 한다.	협정 발효일로부터 10년이 되는 날 또는 물품의 관세철폐기간이 10년을 초과하는 경우 협정 발효일부터 그 물품의 관세철폐가 이루어지는 날까지	2년	4년
중미 공화국	기획재정부장관은 긴급관세조치를 하기 위한 조사를 시작한 사실을 해당 당사국에 서면으로 통보해야 하고, 조사를 시작한 날부터 30일 이내에 해당 당사국과 협의해야 한다.	협정 발효일의 다음 날부터 10년이 되는 날까지. 다만 협정 발효일의 다음 날부터 관세철폐가 이루어진 날까지의 기간이 10년 이상인 물품의 경우에는 협정 발효일의 다음 날부터 해당 관세철폐가 이루어진 날 이후 3년이 되는 날까지	2년	4년
영 국	기획재정부장관은 긴급관세조치를 하기 전에 긴급관세조치와 관련된 사안에 대하여 영국과 지체 없이 협의해야 한다.	협정 발효일로부터 각 물품에 대한 관세철폐가 이루어진 날 또는 마지막 단계의 세율인하가 이루어진 날 이후 10년이 되는 날까지	2년	4년
인도네시아	기획재정부장관은 긴급관세조치를 하기 위한 조사를 시작한 사실을 인도네시아에 서면으로 통보해야 하고, 공청회 및 협의를 해야 한다.	협정 발효일 후 10년이 되는 날 또는 물품의 관세철폐기간이 10년을 초과하는 경우 협정 발효일부터 그 물품의 관세철폐가 이루어지는 날까지	2년	3년
이스라엘	기획재정부장관은 긴급관세조치를 하기 위한 조사를 시작한 사실을 이스라엘에 서면으로 통보해야 하고, 긴급관세조치를 하기 전까지 이스라엘과 협의해야 한다.	협정 발효일부터 관세 인하 또는 관세철폐 완료일 이후 5년이 되는 날까지의 기간. 다만, 과도기간의 첫 해에는 긴급관세조치를 적용할 수 없다.	2년	3년

역내 경제협정 당사국 (RCEP)	기획재정부장관은 긴급관세조치를 하기 전에 해당 당사국에 서면으로 긴급관세조치와 관련된 사안을 지체 없이 통보해야 하고, 긴급관세조치와 관련된 사안 및 무역보상방법에 대하여 그 당사국과 협의해야 한다.	협정 발효일부터 관세의 인하 또는 철폐의 완료일 이후 8년이 되는 날까지의 기간. 다만, 과도기간의 첫 해에는 긴급관세조치를 적용할 수 없다.	3년	4년
캄보디아	기획재정부장관은 긴급관세조치를 하기 위한 조사를 시작한 사실을 캄보디아에 서면으로 통보해야 하고, 긴급관세조치를 하기 전까지 캄보디아와 협의해야 한다.	협정 발효일부터 관세의 인하 또는 철폐의 완료일 이후 3년이 되는 날까지의 기간을 말한다.	2년	3년

④ 긴급관세조치의 종료

기획재정부장관은 긴급관세조치의 대상이 된 다음의 물품에 대해서는 과도기간이 지나면 긴급관세조치를 종료하여야 한다. 다만, ⓒ의 물품에 대하여 체약상대국의 동의를 받았으면 과도기간이 지나더라도 긴급관세조치를 종료하지 아니할 수 있다.

> ㉠ 아세안회원국, 인도, 페루, 콜롬비아, 호주, 캐나다, 뉴질랜드, 역내경제협정당사국, 캄보디아, 베트남, 중국 및 이스라엘을 원산지로 하는 물품과 미합중국을 원산지로 하는 섬유 관련 물품 및 자동차
> ㉡ 유럽연합당사자, 터키, 미합중국 및 중미 공화국들, 영국 및 인도네시아를 원산지로 하는 물품(미합중국을 원산지로 하는 물품 중 섬유 관련 물품 및 자동차는 제외)

(6) 긴급관세조치의 재부과 금지(영 제24조)

기획재정부장관은 제22조에도 불구하고 해당 체약상대국과의 협정에 따라 다음의 구분에 따른 물품에 대해서는 긴급관세조치를 할 수 없다.

국 가	내 용
유럽자유무역연합회원국 (EFTA)	긴급관세조치의 대상이었던 물품으로서 그 적용기간이 종료된 날부터 3년이 지나지 아니한 경우
인 도 중 국 중미공화국 인도네시아 캄보디아	긴급관세조치의 대상이었던 물품으로서 그 조치가 끝난 날부터 그 적용기간에 해당하는 기간(적용기간이 2년 미만인 경우에는 2년)이 지나지 아니한 경우
페 루 역내경제협정당사국(RCEP)	긴급관세조치의 대상이었던 물품으로서 그 조치가 끝난 날부터 그 적용기간에 해당하는 기간(적용기간이 1년 미만인 경우에는 1년)이 지나지 아니한 경우
미국(자동차 제외) 터 키 콜롬비아 호 주 뉴질랜드 베트남	긴급관세조치가 끝난 물품과 같은 물품의 경우

아세안회원국	그 물품에 대한 긴급관세조치가 끝난 날부터 그 긴급관세조치의 적용기간에 해당하는 기간(적용기간이 2년 미만인 경우에는 2년)이 지나기 전까지는 같은 물품에 대하여 다시 긴급관세조치를 할 수 없다. 다만, 다음의 요건을 모두 갖춘 경우에는 180일 이내의 기간을 정하여 긴급관세조치를 할 수 있다. • 해당 물품에 대한 긴급관세조치가 시작된 날부터 1년이 지날 것 • 긴급관세조치를 다시 시작하는 날부터 소급하여 5년 이내에 해당 물품에 대한 긴급관세조치가 2회 이내일 것
이스라엘	긴급관세조치의 대상이었던 물품으로서 그 조치가 끝난 경우

(7) 긴급관세조치 후 무역보상방법의 협의(영 제25조)

① **칠레를 원산지로 하는 특정 농산물**

기획재정부장관은 칠레를 원산지로 하는 특정 농산물에 대하여 긴급관세조치를 한 경우에는 칠레와의 협정에 따라 적절한 무역보상방법에 대하여 칠레와 협의하여야 한다.

② **유럽연합당사자(EU), 페루, 미합중국, 터키, 콜롬비아, 호주, 캐나다, 뉴질랜드, 베트남, 중국, 역내경제협정당사국(RCEP), 캄보디아, 중미공화국, 영국, 인도네시아, 이스라엘을 원산지로 하는 물품**

기획재정부장관은 유럽연합당사자(EU), 페루, 미합중국, 터키, 콜롬비아, 호주, 캐나다, 뉴질랜드, 베트남, 중국, 역내경제협정당사국(RCEP), 캄보디아, 중미공화국들, 영국, 인도네시아 및 이스라엘을 원산지로 하는 물품에 대하여 긴급관세조치를 한 경우에는 해당 체약상대국과의 협정에 따라 그 조치를 한 날부터 30일 이내에 적절한 무역보상방법에 대하여 체약상대국과 협의하여야 한다.

③ **미합중국을 원산지로 하는 섬유 관련 물품**

기획재정부장관은 미합중국과의 협정에 따라 미합중국을 원산지로 하는 섬유 관련 물품에 대하여 적절한 무역보상을 하는 경우 그 보상은 미합중국과 별도로 합의하는 경우를 제외하고는 섬유 관련 물품만을 대상으로 한다.

(8) 긴급관세조치의 재심사 절차(영 제26조) 17년 기출

기획재정부장관은 긴급관세조치에 대하여 「관세법」 제67조(긴급관세에 대한 재심사 등)에 따라 재심사를 하는 경우에는 다음의 사항이 있는지를 검토하여야 한다.

> ① 긴급관세조치 이후 그 조치의 내용변경이 필요하다고 인정할 만한 상황이 발생하였거나 발생할 가능성
> ② 긴급관세조치의 종료로 인하여 국내산업이 피해를 입을 우려
> ③ 그 밖에 품목분류의 변경 등 긴급관세조치의 대상물품 또는 그 적용 요건의 변동

2. 대항조치(법 제26조) 14년 기출

(1) 체약상대국의 조치에 대한 보상방법 등의 협의 12년 기출

정부는 우리나라를 원산지로 하는 특정 물품에 대하여 체약상대국 정부가 다음의 어느 하나에 해당하는 조치(체약상대국의 조치)를 하는 경우에는 체약상대국 정부와 해당 조치에 대한 체약상대국의 적절한 보상방법 등에 관하여 협의를 할 수 있다.

> ① 협정에 따라 긴급관세조치 또는 잠정긴급관세에 해당하는 조치를 하는 경우
> ② 협정에 따른 관세철폐 또는 관세인하 등 관세양허 의무를 이행하지 아니하거나 지연하는 경우

(2) 대항조치 12년 기출

① 대항조치의 요건

보상방법 등에 관하여 협정에서 다르게 규정하지 아니하는 한 협의가 이루어지지 아니하거나 협의 개시일부터 30일 이내에 합의가 이루어지지 아니하는 경우에는 협정에서 정하는 바에 따라 체약상대국의 조치에 상응하는 수준의 대항조치를 할 수 있다.

② 세부규정

대항조치는 체약상대국의 조치에 대응하는 것으로서 필요한 범위로 한정하며, 그 시기·내용과 그 밖에 필요한 사항은 대통령령으로 정한다.

③ 체약상대국의 조치에 대한 대항조치의 특례(영 제32조)

㉠ 기획재정부장관은 긴급관세조치가 수입물품의 절대적 증가의 결과로서 부과되고 그러한 조치가 해당 협정에 부합하는 경우에는 그 긴급관세조치가 있었던 날부터 다음의 기간 이내에는 대항조치를 할 수 없다.

인 도	그 긴급관세조치가 있었던 날부터 2년 이내 (2년을 초과하여 연장된 경우에는 그 긴급관세조치가 있었던 날부터 3년 이내)
콜롬비아 중 국 터 키 인도네시아 캄보디아	그 긴급관세조치가 있었던 날부터 2년 이내
베트남	그 긴급관세조치가 있었던 날부터 24개월 이내
역내경제협정당사국 (RCEP)	그 긴급관세조치가 있었던 날부터 3년 이내

㉡ 기획재정부장관은 긴급관세조치가 해당 협정에 부합하는 경우에는 그 긴급관세조치가 있었던 날부터 다음의 기간 이내에는 대항조치를 할 수 없다.

유럽연합당사자(EU) 캐나다 영 국	그 긴급관세조치가 있었던 날부터 24개월 이내

ⓒ 미합중국

미국(섬유)	기획재정부장관은 미합중국과의 협정에 따라 우리나라를 원산지로 하는 섬유 관련 물품에 대한 긴급관세조치가 있었던 날부터 30일 이내에 보상에 합의할 수 없는 경우에는 대항조치를 할 수 있다.
미국(자동차)	기획재정부장관은 「대한민국과 미합중국 간의 자유무역협정에 관한 서한교환」에 따라 우리나라를 원산지로 하는 자동차에 대한 미합중국의 긴급관세조치가 미합중국과의 협정에 부합하는 경우에는 그 긴급관세조치가 있었던 날부터 24개월 이내 대항조치를 할 수 없다.

3. 덤핑방지관세 · 상계관세 협의 등

(1) 덤핑방지관세 협의 등(법 제27조)

정부는 체약상대국으로부터 수입된 물품에 대하여 「관세법」 제51조에 따른 덤핑방지관세의 부과 요청을 받으면 국내 산업의 피해를 조사하기 전에 체약상대국 정부에 그 사실을 통보하고 협의할 수 있다.

▷ 국내 산업의 피해조사, 통보 · 협의 및 그 밖에 필요한 사항은 협정에서 정하는 범위에서 대통령령으로 정한다.

(2) 상계관세 협의 등(법 제28조)

정부는 체약상대국으로부터 수입된 물품에 대하여 「관세법」 제57조에 따른 상계관세의 부과 요청을 받으면 국내 산업의 피해를 조사하기 전에 체약상대국 정부에 그 사실을 통보하고 협의할 수 있다.

▷ 국내 산업의 피해조사, 통보 · 협의 및 그 밖에 필요한 사항은 협정에서 정하는 범위에서 대통령령으로 정한다.

제6절 통관특례 및 관세상호협력

1. 통관절차의 특례(법 제29조)

(1) 간이통관 적용

관세청장은 협정에서 정하는 범위에서 대통령령으로 정하는 바에 따라 체약상대국으로부터 수입되는 물품에 관하여 신속하고 간이한 통관절차를 적용할 수 있다.

(2) 수입신고 생략 대상(영 제35조)

관세청장은 미합중국과의 협정에 따라 특별한 사정이 없으면 미합중국으로부터 수입되는 특송물품으로서 그 가격이 기획재정부령으로 정하는 금액(미합중국 화폐 200달러) 이하인 물품에 대해서는 「관세법」 제241조 제1항에 따른 수입신고를 생략하게 할 수 있다.

2. 일시수입물품 등에 대한 관세의 면제(법 제30조) 10년 기출

(1) 관세면제의 대상

체약상대국에서 수입되는 것으로서 다음의 어느 하나에 해당하는 물품은 협정에서 정하는 범위에서 그 원산지에 관계없이 관세를 면제할 수 있다. 관세의 면세 절차와 그 밖에 필요한 사항은 대통령령으로 정한다.

> ① 수입신고의 수리일부터 2년의 범위에서 <u>대통령령으로 정하는 기간</u> 이내에 다시 수출하기 위하여 일시적으로 수입하는 물품으로서 협정에서 정하는 바에 따라 기획재정부령으로 정하는 물품
>   ▷ 대통령령으로 정하는 기간 : 수입신고의 수리일부터 1년의 범위에서 세관장이 일시수입거래계약서 등 수입물품 관련 서류, 수입사유, 해당 물품의 상태·내용연수 및 용도 등을 고려하여 인정하는 기간(부득이한 사유가 있다고 인정될 때에는 1년의 범위에서 연장 가능)
> ② 수리 또는 개조 등을 할 목적으로 체약상대국으로 수출하였다가 다시 수입하는 물품으로서 기획재정부령으로 정하는 물품
> ③ 일정 금액 이하의 상용견품·광고용품 등 기획재정부령으로 정하는 물품

알아두기

관세가 면제되는 일시수입물품 등(규칙 제30조) 23, 22, 15, 14년 기출
① 법 제30조 제1항 제1호에 따라 관세가 면제되는 물품은 다음의 물품으로서 칠레·페루·미합중국·캐나다·콜롬비아·뉴질랜드·캄보디아·베트남·이스라엘 및 중미 공화국들과의 협정, 「역내포괄적경제동반자협정」에 따라 해당 체약상대국으로부터 수입되는 물품으로 한다. 다만, 호주와의 협정에 따라 관세가 면제되는 물품은 다음의 물품 중 제6호의 물품으로 한정하고, 중국과의 협정에 따라 관세가 면제되는 물품은 다음의 물품 중 제1호부터 제4호까지의 물품으로 한정하며, 캄보디아와의 협정 및 「역내포괄적경제동반자협정」에 따라 관세가 면제되는 물품은 다음의 물품 중 제1호부터 제5호까지의 물품으로 한정한다.
   1. 언론장비, 텔레비전 방송용 장비, 소프트웨어, 방송·영화 촬영 장비 등 일시 입국하는 사람의 영업활동, 거래 또는 직업 수행에 필요한 전문장비
   2. 전시 또는 시연을 위한 물품(구성부품, 보조기구와 부속품을 포함)
   3. 운동경기용 물품(시범용 또는 훈련용 물품을 포함)
   4. 상용견품
   5. 물품 또는 용역을 판매하거나 임대하기 위하여 그 성질·작동 등을 보여주는 시연용 영상 또는 음향 기록매체(일반대중을 위한 방송용은 제외)
   6. 수리 또는 개조를 위한 물품
② 제1항에 해당하는 물품은 다음의 요건을 충족하여야 한다. 다만, 제1항 제6호의 물품은 그러하지 아니하다.
   1. 체약상대국의 국민 또는 체약상대국에 거주하는 자(칠레·캐나다로부터 수입되는 물품은 칠레·캐나다의 국민 또는 칠레·캐나다에 거주하는 자가 해당 물품을 반입하여야 함)의 영업활동, 거래 또는 직업 수행에 필요한 범위에서 사용되거나 직접적인 감독하에서 사용될 것
   2. 대한민국에서 판매 또는 임대되지 아니할 것
   3. 재수출될 때까지 다른 물품과의 식별이 가능할 것
   4. 사용 목적을 고려하여 세관장이 타당하다고 인정하는 합리적인 수량 이내일 것
③ 세관장은 다음의 어느 하나에 해당하는 물품에 대하여 면제되는 세액(「관세법」에 따른 내국세 등을 포함)의 100분의 110(제3호부터 제9호까지의 경우에는 100분의 100)을 초과하지 않는 범위에서 담보를 제공하게 할 수 있다. 이 경우 「관세법」 제24조(담보의 종류 등), 제25조(담보의 관세충당) 및 제108조(담보 제공 및 사후관리)를 준용한다.
   1. 칠레와의 협정에 따라 관세를 받으려는 제1항 제1호부터 제3호까지의 물품(칠레가 원산지인 물품은 제외)
   2. 페루와의 협정 및 미합중국과의 협정에 따라 관세를 면제받으려는 제1항 제1호부터 제5호까지의 물품

3. 콜롬비아와의 협정에 따라 관세를 면제받으려는 제1항 제1호부터 제5호까지의 물품

4. 캐나다와의 협정에 따라 관세를 면제받으려는 제1항 제1호부터 제3호까지의 물품(캐나다가 원산지인 물품은 제외)

5. 뉴질랜드와의 협정에 따라 관세를 면제받으려는 제1항 제1호부터 제5호까지의 물품

6. 베트남과의 협정에 따라 관세를 면제받으려는 제1항 제1호부터 제5호까지의 물품

7. 중국과의 협정에 따라 관세를 면제받으려는 제1항 제1호부터 제4호까지의 물품

8. 중미 공화국들과의 협정에 따라 관세를 면제받으려는 제1항 제1호부터 제5호까지의 물품

9. 이스라엘과의 협정에 따라 관세를 면제받으려는 제1항 제1호부터 제5호까지의 물품

10. 「역내포괄적경제동반자협정」에 따라 관세를 면제받으려는 제1항 제1호부터 제5호까지의 물품

11. 캄보디아와의 협정에 따라 관세를 면제받으려는 제1항 제1호부터 제5호까지의 물품

④ 법 제30조 제1항 제2호에 따라 관세가 면제되는 물품은 칠레·페루·미합중국·호주·캐나다·콜롬비아·뉴질랜드·베트남·이스라엘 및 중미 공화국들과의 협정에 따라 수리 또는 개조를 위하여 해당 체약상대국으로 수출하였다가 다시 수입하는 물품으로 한다.

⑤ 제1항 제6호 및 제4항에서 "수리 또는 개조"의 범위에는 다음의 어느 하나에 해당하는 경우를 제외한다.

1. 물품의 본질적인 특성을 파괴하거나 새로운 물품 또는 상업적으로 다른 물품을 생산하는 작업이나 과정

2. 미완성 상태의 물품을 완성품으로 생산 또는 조립하는 작업이나 과정

⑥ 법 제30조 제1항 제3호에 따라 관세가 면제되는 물품은 칠레·페루·미합중국·호주·캐나다·콜롬비아·뉴질랜드·캄보디아·베트남·중국·이스라엘 및 중미 공화국들과의 협정, 「역내포괄적경제동반자협정」에 따라 해당 체약상대국에서 수입되는 다음의 물품으로 한다. 다만, 뉴질랜드와의 협정에 한하여 제1호의 물품 중 담배는 제외하고, 제3호 물품은 미합중국, 콜롬비아 및 뉴질랜드로부터 수입되는 물품으로 한정하며, 캄보디아와의 협정 및 「역내포괄적경제동반자협정」에 따라 관세가 면제되는 물품은 다음의 물품 중 제1호의 물품으로 한정한다.

1. 상용견품(견품 이외의 용도로 판매되거나 사용되기에 부적합하도록 천공, 절단 등 견품화 처리가 된 물품 또는 「관세법 시행규칙」에서 정한 금액(미화 250달러) 이하인 물품으로서 견품으로 사용될 것으로 인정되는 물품에 한정)

2. 인쇄광고물(소책자, 전단지, 상품목록 및 단체 발간 연감 등 품목번호 제49류에 분류되는 것으로서 물품 또는 용역의 판매를 촉진하거나 광고하기 위하여 무료로 제공되는 물품으로 한정)

3. 수입신고가 생략되는 물품

(2) 관세를 면세하지 아니하는 경우

다음의 어느 하나에 해당하는 경우에는 관세를 면제하지 아니한다.

> ① 「관세법」 또는 「수출용원재료에 대한 관세 등 환급에 관한 특례법」에 따른 환급을 받은 경우
> ② 보세가공물품 또는 장치기간 경과물품을 재수출 조건으로 매각함에 따라 관세가 부과되지 아니한 경우

(3) 준용규정

관세를 면제받은 물품에 대한 용도 외 사용의 제한 등에 관하여는 「관세법」 제97조(재수출면세) 제2항부터 제4항까지의 규정을 준용한다.

3. 원산지 등에 대한 사전심사

(1) 원산지 등에 대한 사전심사(법 제31조)

① 사전심사의 신청 10년 기출

협정관세의 적용에 대한 기초가 되는 사항으로서 원산지결정기준의 충족 여부 등 대통령령으로 정하는 사항에 대하여 의문이 있는 자(체약상대국의 수출자 및 생산자와 그 대리인을 포함)는 해당 물품의 수입신고를 하기 전에 관세청장에게 대통령령으로 정하는 서류를 갖추어 그 의문사항을 미리 심사(사전심사)하여 줄 것을 신청할 수 있다. 다만, 협정에서 사전심사에 관한 사항을 정하지 아니한 경우에는 그러하지 아니하다.

주의 세관장이 아니라 관세청장에게 신청할 수 있다.

② 사전심사 신청 대상(영 제37조 제1항)

> ㉠ 해당 물품 및 물품 생산에 사용된 재료의 원산지에 관한 사항
> ㉡ 해당 물품 및 물품 생산에 사용된 재료의 품목분류·가격 또는 원가결정에 관한 사항
> ㉢ 해당 물품의 생산·가공 또는 제조과정에서 발생한 부가가치의 산정에 관한 사항
> ㉣ 해당 물품에 대한 관세의 환급·감면에 관한 사항
> ㉤ 해당 물품의 원산지 표시에 관한 사항
> ㉥ 수량별 차등협정관세의 적용에 관한 사항
> ㉦ 그 밖에 협정관세의 적용 또는 관세면제에 대한 기초가 되는 사항으로서 기획재정부령으로 정하는 사항

③ 사전심사 신청 시 제출서류(영 제37조 제2항)

> ㉠ 기획재정부령으로 정하는 사전심사신청서 : 다음의 사항이 포함되어야 한다.
>   ⓐ 신청인
>   ⓑ 해당 물품의 품명·규격·품목번호
> ㉡ 거래계약서·원가계산서·원재료내역서·공정명세서 등 물품의 생산에 사용된 재료별 품명·품목번호·가격 및 원산지 등 신청내용에 대한 사전심사에 필요한 사항이 포함된 서류

④ 보정요구(영 제37조 제3항)

관세청장은 제출된 서류가 미비하여 원산지결정기준의 충족 여부 등의 신청사항을 사전심사하기가 곤란하다고 인정될 때에는 20일 이내의 기간을 정하여 보정을 요구할 수 있다.

⑤ 사전심사 신청 반려(영 제37조 제4항)

관세청장은 다음의 어느 하나에 해당하는 경우에는 사전심사의 신청을 반려할 수 있다.

> ㉠ 관세청장의 보정요구에 응하지 아니한 경우
> ㉡ 해당 물품과 동일한 물품에 대하여 원산지에 관한 조사가 진행되고 있는 경우
> ㉢ 사전심사의 신청내용과 동일한 사안에 대하여 이의신청·심사청구·심판청구 또는 소송제기 등의 불복절차가 진행 중인 경우

⑥ **사전심사서의 통지** 10년 기출

관세청장은 사전심사의 신청을 받으면 대통령령으로 정하는 기간(사전심사의 신청을 받은 날부터 90일) 이내에 이를 심사하여 그 결과를 기재한 서류(사전심사서)를 신청인에게 통지하여야 한다. 다만, 제출 자료의 미비 등으로 사전심사가 곤란한 경우에는 그 사유를 신청인에게 통지하여야 한다.

⑦ **협정관세의 적용** 16, 10년 기출

세관장은 수입자가 사전심사서에 따라 협정관세의 적용 등을 신청하는 경우 수입신고된 물품의 내용이 사전심사서의 내용과 같다고 인정하는 경우에는 대통령령으로 정한 특별한 사유(다음에 해당하는 사유) 가 없으면 사전심사서의 내용에 따라 협정관세를 적용하여야 한다(영 제37조 제6항).

> ㉠ 사전심사 후 수입신고 전에 사전심사의 기초가 되는 사실 또는 상황이 변경되었거나 협정 또는 관계 법령이 개정되어 사전심사의 내용이 변경된 사정을 반영하지 못하는 경우
> ㉡ 신청인이 거짓 자료를 제출하거나 사전심사에 필요한 자료를 제출하지 아니하여 사전심사에 중대한 착오가 있는 경우
> ㉢ 사전심사의 신청내용과 동일한 사안에 대한 이의신청·심사청구·심판청구 또는 소송제기 등을 받은 권한 있는 기관의 최종결정 또는 법원의 판결이 사전심사의 내용과 다르게 된 경우

⑧ **수수료의 납부** 16, 10년 기출

사전심사를 신청하는 자는 기획재정부령으로 정하는 수수료(신청 물품당 3만 원)를 내야 한다.

⑨ **이의제기** 10년 기출

사전심사의 결과에 이의가 있는 자(사전심사서의 내용변경 통지를 받은 자를 포함)는 그 결과를 통지받은 날부터 30일 이내에 대통령령으로 정하는 바에 따라 관세청장에게 이의를 제기할 수 있다.

㉠ 이의제기서 제출 : 사전심사의 결과에 대하여 이의를 제기하려는 자는 기획재정부령으로 정하는 이의 제기서에 이의제기 내용을 확인할 수 있는 자료와 사전심사서의 사본을 첨부하여 관세청장에게 제출 하여야 한다.

㉡ 이의제기서 포함사항 : 이의제기서에는 다음의 사항이 포함되어야 한다.

> ⓐ 이의를 제기하는 자의 성명과 주소(전자주소를 포함) 또는 거소
> ⓑ 사전심사서를 받은 날짜와 사전심사의 내용
> ⓒ 해당 물품의 품명 및 품목번호
> ⓓ 이의제기의 요지와 내용

(2) 사전심사서 내용의 변경(법 제32조)

① 내용변경의 사유

관세청장은 협정에서 정하는 바에 따라 사전심사서의 근거가 되는 사실관계 또는 상황의 변경 등 대통령령으로 정하는 사유가 있는 경우에는 사전심사서의 내용을 변경할 수 있다.

⊙ 사전심사 내용 변경 사유(영 제39조)

> ⓐ 사전심사서의 근거가 되는 사실 또는 상황이 변경되었거나 협정 또는 관계법령이 개정되어 해당 물품의 원산지결정기준이 변경되거나 원산지결정의 기초가 되는 품목분류 등이 변경된 경우
> ⓑ 사전심사 대상물품 또는 재료의 품목분류, 부가가치비율의 산정 등에 착오가 있는 경우
> ⓒ 신청인이 거짓 자료를 제출하거나 사전심사에 필요한 자료를 제출하지 아니하여 사전심사에 중대한 착오가 있는 경우
> ⓓ 사전심사의 신청내용과 동일한 사안에 대한 이의신청·심사청구·심판청구 또는 소송제기 등을 받은 권한 있는 기관의 최종결정 또는 법원의 판결이 사전심사의 내용과 다르게 된 경우

⊙ 변경내용의 통보 : 사전심사서를 받은 자는 변경사유가 발생한 사실을 알게 되었을 때에는 기획재정부령으로 정하는 바에 따라 관세청장에게 그 변경내용을 통보할 수 있다.

⊙ 사전심사서 내용 변경이나 철회 : 관세청장은 통보를 받았을 때 또는 필요하다고 인정할 때에는 변경사실을 심사하여 사전심사서의 내용을 변경하거나 철회할 수 있다. 이 경우 관세청장은 다음의 사항을 포함한 내용을 신청인에게 통지하여야 한다.

> ⓐ 사전심사서 변경 또는 철회 이유와 법적 근거, 적용일 및 대상물품
> ⓑ 사전심사서 변경효력의 적용 유예를 받기 위한 신청의 절차

② 변경 내용의 통지

관세청장은 사전심사서의 내용을 변경할 때에는 신청인에게 그 변경 내용을 통지하여야 한다.

③ 변경된 내용의 적용

사전심사서의 내용을 변경한 경우에는 그 변경일 후에 수입신고되는 물품에 대하여 변경된 내용을 적용한다. 다만, 협정에서 다르게 정하는 경우에는 협정에서 정하는 범위에서 대통령령으로 정하는 바에 따른다.

알아두기

사전심사서 변경효력의 특례(영 제40조)
관세청장은 협정에서 다르게 정하는 경우 및 체약상대국과의 협정에 따라 사전심사의 내용을 신뢰한 선의의 수입자(체약상대국의 수출자 및 생산자를 포함)가 변경된 사전심사서의 내용을 적용받을 경우 손해가 발생할 것임을 기획재정부령으로 정하는 바에 따라 입증한 때에는 사전심사서의 내용이 변경된 날부터 다음에서 정한 기간을 초과하지 아니하는 범위에서 변경 전의 사전심사서의 내용을 적용할 수 있다.
1. 칠레 : 90일
2. 싱가포르 : 60일
3. 캐나다 : 90일

④ 변경된 내용의 소급 적용

사전심사서의 내용 변경이 자료제출 누락 또는 거짓자료 제출 등 신청인에게 책임이 있는 사유로 인한 것인 경우에는 해당 사전심사와 관련하여 그 변경일 전에 수입신고된 물품에 대해서도 소급하여 변경된 내용을 적용한다.

4. 상호협력(법 제33조)

(1) 협의기구 구성 운영

기획재정부장관은 협정(관세 분야만 해당)의 운용에 관한 사항을 협의하기 위하여 협정에서 정하는 바에 따라 체약상대국 정부와 공동으로 협의기구를 구성하여 운영할 수 있다. 이 경우 기획재정부장관은 미리 산업통상자원부장관과 협의하여야 한다.

(2) 상호협력 사항 24, 11, 10년 기출

관세청장은 협정을 통일적이고 효율적으로 시행하기 위하여 협정에서 정하는 바에 따라 다음의 사항에 관하여 체약상대국의 관세당국과 협력할 수 있다.

---

① 통관 절차의 간소화
② 다른 법률에 저촉되지 아니하는 범위에서의 정보 교환
③ 세관기술의 지원
④ 체약상대국의 관세당국과 원산지증명서에 포함되는 정보를 전자적으로 교환하는 시스템의 구축 · 운영
⑤ 그 밖에 협정을 통일적으로 이행하고 효율적으로 시행하기 위하여 필요한 사항으로서 대통령령으로 정하는 사항(영 제41조)
   ⓐ 원산지 확인에 필요한 상호행정지원에 관한 사항
   ⓑ 원산지와 관련되는 법령의 교환에 관한 사항
   ⓒ 서류 없는 통관절차의 구축, 전자무역환경의 증진 등 통관절차의 개선 · 발전에 관한 사항
   ⓓ 세관공무원과 통관종사자에 대한 교육 · 훈련에 관한 사항
   ⓔ 수출입물품의 원산지에 관한 조사에 필요한 정보 교환
   ⓕ 그 밖에 법 제33조 제1항에 따른 협의기구에서 합의한 사항

자유무역협정의 이행을 위한 관세법의 특례에 관한 법령상 관세청장이 협정을 통일적이고 효율적으로 시행하기 위하여 협정에서 정하는 바에 따라 체약상대국의 관세당국과 협력할 수 있는 사항으로 명시되어 있지 않은 것은?

24년 기출

① 통관 절차의 간소화
② 세관기술의 지원
③ 수출입물품의 원산지에 관한 조사에 필요한 정보 교환
④ 원산지인증수출자와 물류종사자에 대한 교육·훈련에 관한 사항
⑤ 전자무역환경의 증진 등 통관절차의 개선·발전에 관한 사항

해설

상호협력(FTA관세법 제33조 제2항, 동법 시행령 제41조 제1항)
관세청장은 협정을 통일적이고 효율적으로 시행하기 위하여 협정에서 정하는 바에 따라 다음의 사항에 관하여 체약상대국의 관세당국과 협력할 수 있다.
1. 통관 절차의 간소화
2. 다른 법률에 저촉되지 아니하는 범위에서의 정보 교환
3. 세관기술의 지원
4. 체약상대국의 관세당국과 제11조 제1항 제1호에 따라 작성·발급하는 원산지증명서에 포함되는 정보를 전자적으로 교환하는 시스템의 구축·운영
5. 그 밖에 협정을 통일적으로 이행하고 효율적으로 시행하기 위하여 필요한 사항으로서 대통령령으로 정하는 사항
   • 원산지 확인에 필요한 상호행정지원에 관한 사항
   • 원산지와 관련되는 법령의 교환에 관한 사항
   • 서류 없는 통관절차의 구축, 전자무역환경의 증진 등 통관절차의 개선·발전에 관한 사항
   • 세관공무원과 통관종사자에 대한 교육·훈련에 관한 사항
   • 수출입물품의 원산지에 관한 조사에 필요한 정보 교환
   • 그 밖에 법 제33조 제1항에 따른 협의기구에서 합의한 사항

정답 ④

(3) 원산지 또는 협정관세 적용의 적정 여부의 확인 12, 10년 기출

관세청장은 체약상대국에서 수입된 물품에 대한 원산지 또는 협정관세 적용의 적정 여부를 확인하기 위하여 필요한 경우에는 협정에서 정하는 범위에서 다음의 행위를 할 수 있다.

① 체약상대국의 관세당국에 필요한 자료의 제공을 요청하는 행위
② 체약상대국과 동시에 원산지 조사를 하는 행위
③ 체약상대국에 세관공무원을 파견하여 직접 원산지 조사를 하게 하거나 체약상대국의 원산지 조사에 참여하게 하는 행위
④ 체약상대국의 관세당국이 협정에 따라 원산지 조사에 협력하여 줄 것을 요청하는 경우 이를 수락하는 행위

(4) 결과의 보고 12년 기출

관세청장은 체약상대국의 관세당국과 협력활동을 하거나 필요한 조치를 한 경우에는 30일 이내에 기획재정부장관에게 그 결과를 보고하여야 한다.

(5) 상호협력 절차(영 제41조)

체약상대국의 관세당국과 협의	관세청장은 원산지에 관한 조사의 협력 절차·방법 및 범위 등 관세행정 협력을 위하여 필요한 사항을 체약상대국의 관세당국과 협의할 수 있다.
관세협의전담관의 지정·운영	기획재정부장관은 체약상대국과 협정(관세분야로 한정)의 운용에 관한 사항의 협의와 협의기구의 운영을 위하여 관세협의전담관을 지정·운영할 수 있다.

(6) 유럽연합당사자 및 영국과의 협정에 따른 상호협력절차의 특례(영 제42조·제42조의2)

수출입통계 등의 교환	기획재정부장관은 유럽연합당사자와의 원산지 관련 의정서에 따라 매년 수출용 원재료에 대한 관세환급제도 및 역내가공제도 관련 정보와 기획재정부령으로 정하는 수출입통계(직전 연도 1월 1일부터 12월 31일까지의 통계)를 유럽연합당사자와 상호주의에 따라 교환하여야 한다.
기획재정부장관에게 보고	관세청장은 수출입통계 등을 유럽연합당사자와 교환하려는 경우에는 교환일 1개월 전까지 기획재정부장관에게 보고하여야 한다.
수출입통계 등의 제출요청	기획재정부장관은 유럽연합당사자의 상호협력을 위하여 필요하다고 인정하는 경우에는 수출입통계 등을 제출할 것을 관세청장에게 요청할 수 있다.
특정 제품의 관세환급 및 역내가공제도에 대한 제한 논의	기획재정부장관은 유럽연합당사자와의 협정 발효 이후 특정 제품과 동종인 물품 또는 직접적인 경쟁관계에 있는 물품의 자국 내 생산자에게 부정적인 영향을 미칠 수 있는 원재료 조달방식에 변화가 있는 경우로서 기획재정부령으로 정하는 요건을 충족하는 경우에는 그 특정 제품의 관세환급 및 역내가공제도에 대한 제한을 논의하기 위하여 유럽연합당사자와 협의할 수 있다.

(7) 관세상호협의의 신청 등(법 제34조)

① 관세상호협의의 신청

수출자 또는 생산자는 체약상대국의 관세당국으로부터 수출물품에 대하여 협정에 부합하지 아니하는 원산지결정 또는 과세처분을 받았거나 받을 우려가 있는 경우에는 기획재정부장관에게 대통령령으로 정하는 바에 따라 체약상대국의 관세당국과의 관세상호협의를 신청할 수 있다.

② 관세상호협의의 요청 10년 기출

기획재정부장관은 관세상호협의의 신청을 받았을 때에는 다음의 어느 하나에 해당하는 경우를 제외하고는 체약상대국의 관세당국에 관세상호협의를 요청하여야 한다. 이 경우 기획재정부장관은 미리 산업통상자원부장관과 협의하여야 한다.

> ㉠ 원산지결정 또는 과세처분과 관련하여 국내 또는 국외에서 법원의 확정판결이 있은 경우
> ㉡ 신청인이 관세회피를 목적으로 관세상호협의 절차를 이용하려고 하는 사실이 인정되는 경우
> ㉢ 원산지결정 또는 과세처분이 있은 날부터 3년이 지난 후 신청한 경우

③ 협의기구의 개최 요청

기획재정부장관은 신속한 관세상호협의를 위하여 필요하다고 판단하는 경우에는 협정에서 정하는 바에 따라 협의기구의 개최를 요청할 수 있다. 이 경우 기획재정부장관은 미리 산업통상자원부장관과 협의하여야 한다.

(8) 관세상호협의의 신청 절차 등(영 제43조)

① 관세상호협의 신청서의 제출

관세상호협의를 신청하려는 자는 다음의 사항이 포함된 기획재정부령으로 정하는 관세상호협의 신청서를 기획재정부장관에게 제출하여야 한다.

> ㉠ 관세상호협의의 신청과 관련된 체약상대국의 원산지결정 통지서, 과세처분 통지서 또는 이를 갈음하는 서류
> ㉡ 신청인 또는 체약상대국에 있는 신청인의 대리인(신청인의 물품을 수입한 자 및 그 대리인을 포함)이 체약상대국의 권한 있는 당국에 불복쟁송을 제기한 경우 불복쟁송 청구서

② 시정조치의 요구

기획재정부장관은 신청내용을 검토한 결과 또는 직권으로 관세상호협의의 필요성이 있다고 인정할 때에는 산업통상자원부장관과의 협의를 거쳐 체약상대국의 관세당국에 필요한 시정조치를 요구할 수 있으며, 체약상대국의 관세당국이 시정조치를 요구받은 날부터 합리적인 기간 이내에 협의에 응하지 아니하거나 시정조치의 요구를 수락하지 아니할 때에는 체약상대국의 관세당국에 협의기구의 개최를 요청할 수 있다.

③ 서면으로 통지

기획재정부장관은 체약상대국의 관세당국과 관세상호협의를 완료하였을 때에는 완료한 날부터 30일 이내에 그 결과를 신청인에게 서면으로 통지하여야 한다.

제7절 협정관세의 적용제한

1. 협정관세의 적용제한(법 제35조)

(1) 협정관세의 적용제한대상 15, 10년 기출

협정에서 다르게 규정한 경우를 제외하고 세관장은 다음의 어느 하나에 해당하는 경우에는 해당 수입물품에 대하여 협정관세를 적용하지 아니할 수 있다. 이 경우 세관장은 「관세법」 제38조의3(수정 및 경정) 제6항 및 제39조(부과고지) 제2항에 따라 납부하여야 할 세액 또는 납부하여야 할 세액과 납부한 세액의 차액을 부과·징수하여야 한다.

① 정당한 사유 없이 수입자, 체약상대국의 수출자 또는 생산자(체약상대국수출자 등)가 관세청장 또는 세관장이 요구한 자료를 20일 이상의 기간으로서 기획재정부령으로 정하는 기간 이내에 제출하지 아니하거나 거짓으로 또는 사실과 다르게 제출한 경우(다만, 원산지증빙서류의 기재사항을 단순한 착오로 잘못 기재한 것으로서 원산지 결정에 실질적인 영향을 미치지 아니하는 경우는 제외)

② 체약상대국수출자 등이 관세청장 또는 세관장의 서면조사에 대하여 기획재정부령으로 정한 기간 이내에 회신하지 아니한 경우 또는 관세청장 또는 세관장의 현지조사에 대한 동의 요청에 대하여 20일 이상의 기간으로서 기획재정부령으로 정하는 기간 이내에 동의 여부에 대한 통보를 하지 아니하거나 특별한 사유 없이 동의하지 아니하는 경우

③ 현지조사를 할 때 체약상대국수출자 등이 정당한 사유 없이 원산지증빙서류의 확인에 필요한 장부 또는 관련 자료에 대한 세관공무원의 접근을 거부하거나 협정에서 정한 원산지증빙서류를 보관하지 아니한 경우

④ 서면조사 또는 현지조사 결과 세관장에게 신고한 원산지가 실제 원산지와 다른 것으로 확인되거나 수입자 또는 체약상대국수출자 등이 제출한 자료에 원산지의 정확성을 확인하는 데 필요한 정보가 포함되지 아니한 경우

⑤ 관세청장 또는 세관장이 체약상대국의 관세당국에 원산지의 확인을 요청한 사항에 대하여 체약상대국의 관세당국이 <u>기획재정부령으로 정하는 기간</u> 이내에 그 결과를 회신하지 아니한 경우 또는 세관장에게 신고한 원산지가 실제 원산지와 다른 것으로 확인되거나 회신 내용에 원산지의 정확성을 확인하는 데 필요한 정보가 포함되지 아니한 경우

⑥ 사전심사를 신청한 수입자가 사전심사의 결과에 영향을 미칠 수 있는 자료를 고의로 제출하지 아니하였거나 거짓으로 제출한 경우 또는 사전심사서에 기재된 조건을 이행하지 아니한 경우

⑦ 협정에 따른 협정관세 적용의 거부·제한 사유에 해당하는 경우

⑧ 그 밖에 관세청장 또는 세관장이 원산지의 정확성 여부를 확인할 수 없는 경우로서 대통령령으로 정하는 사유에 해당되는 경우(영 제44조 제2항)

    ㉠ 조사를 받는 자의 부도·폐업·소재불명, 그 밖에 이에 준하는 불가피한 사유로 인하여 관세청장 또는 세관장의 원산지에 관한 조사가 불가능하게 된 경우

    ㉡ 조사를 받는 자가 관세청장 또는 세관장의 서면조사 또는 현지조사를 거부·방해 또는 기피한 경우

알아두기

체약당사국의 조사결과 회신기간(규칙 제37조) 12년 기출

법 제35조 제1항 제5호에서 "기획재정부령으로 정한 기간"이란 다음의 구분에 따른 기간을 말한다.

1. 유럽자유무역연합회원국의 관세당국에 요청한 경우 : 관세청장 또는 세관장이 원산지확인을 요청한 날부터 15개월

2. 아세안회원국의 관세당국에 요청한 경우 : 아세안회원국의 관세당국이 원산지확인 요청을 접수한 날부터 2개월. 다만, 관세청장 또는 세관장이 필요하다고 인정하는 경우에는 아세안회원국과의 협정 부속서에 따라 해당 확인요청이 접수된 날부터 6개월의 범위에서 그 기간을 연장할 수 있다.

3. 인도의 증명서발급기관에 요청한 경우 : 인도의 증명서 발급기관이 원산지확인 요청을 접수한 날부터 3개월. 다만, 관세청장 또는 세관장이 필요하다고 인정하는 경우에는 인도와의 협정에 따라 해당 확인요청이 접수된 날부터 6개월의 범위에서 그 기간을 연장할 수 있다.

4. 유럽연합당사자의 관세당국에 요청한 경우 : 관세청장 또는 세관장이 원산지의 확인을 요청한 날부터 10개월

5. 페루의 관세당국에 요청한 경우 : 페루의 관세당국이 원산지확인 요청을 접수한 날부터 150일

6. 미합중국의 관세당국에 요청한 경우 : 관세청장 또는 세관장이 원산지확인을 요청한 날부터 12개월

7. 터키의 관세당국에 요청한 경우 : 관세청장 또는 세관장이 원산지확인을 요청한 날부터 10개월

8. 콜롬비아의 관세당국에 요청한 경우 : 관세청장 또는 세관장이 원산지확인을 요청한 날부터 150일
9. 호주의 증명서발급기관에 요청한 경우 : 관세청장 또는 세관장이 호주의 증명서발급기관에 원산지확인을 요청한 날부터 30일. 다만, 호주와의 협정에 따라 관세청장 또는 세관장은 호주의 증명서발급기관이 회신기간의 연장을 요청한 경우에는 30일을 초과하지 아니하는 범위에서 그 기한을 연장할 수 있다.
10. 베트남의 원산지증명서 발급기관에 요청한 경우 : 베트남의 원산지증명서 발급기관이 원산지확인 요청을 접수한 날의 다음 날부터 6개월
11. 중국의 관세당국에 요청한 경우 : 중국의 관세당국이 원산지확인 요청을 접수한 날부터 6개월
12. 중미 공화국들의 권한 있는 당국에 요청한 경우 : 중미 공화국들의 권한 있는 당국이 원산지확인 요청을 접수한 날의 다음 날부터 150일
13. 영국의 관세당국에 요청한 경우 : 관세청장 또는 세관장이 원산지의 확인을 요청한 날부터 10개월
14. 인도네시아의 원산지증명서 발급기관에 요청한 경우 : 인도네시아의 원산지증명서 발급기관이 원산지확인 요청을 접수한 날부터 2개월. 이 경우 관세청장 또는 세관장이 인도네시아와의 협정에 따라 인도네시아의 원산지증명서 발급기관에 추가 정보나 서류를 요청하는 경우에는 그 요청이 접수된 날부터 4개월의 범위에서 회신기간을 연장할 수 있다.
15. 이스라엘의 관세당국에 요청한 경우 : 관세청장 또는 세관장이 이스라엘의 관세당국에 원산지확인을 요청한 날부터 10개월. 이 경우 관세청장 또는 세관장이 이스라엘과의 협정에 따라 이스라엘의 관세당국에 추가 정보나 서류를 요청하는 경우에는 그 요청한 날부터 90일의 범위에서 회신기간을 연장할 수 있다.
16. 「역내포괄적경제동반자협정」 당사국의 관세당국 또는 원산지증명서 발급기관에 요청한 경우 : 「역내포괄적경제동반자협정」 당사국의 관세당국 또는 원산지증명서 발급기관이 원산지확인 요청을 접수한 날부터 90일
17. 캄보디아의 관세당국 또는 원산지증명서 발급기관에 요청한 경우 : 캄보디아의 관세당국 또는 원산지증명서 발급기관이 원산지확인 요청을 접수한 날부터 90일

조사결과 회신기간 연장(규칙 제37조 제2항)
관세청장 또는 세관장은 체약상대국의 관세당국이나 원산지증명서 발급기관이 다음의 어느 하나에 해당하는 사유로 EFTA, EU, 페루, 미국, 터키, 콜롬비아, 베트남, 중국, 중미, 영국과의 협정에서 정하는 기간의 연장을 요청하는 경우에는 6개월의 범위에서 연장할 수 있다.
1. 천재지변·전쟁·재해나 그 밖의 불가항력적인 사유로 해당 회신기간 내에 그 결과를 회신하기 곤란한 경우
2. 원산지 확인과 관련된 이의신청, 소송 등의 불복절차가 진행 중인 경우
3. 관세청장 또는 세관장, 체약상대국의 관세당국 또는 원산지증명서 발급기관의 귀책사유로 해당 회신기간 내에 그 결과를 회신하기 곤란한 경우

(2) 세액의 차액을 부과할 수 없는 기한 12, 10년 기출

납부하여야 할 세액 또는 납부하여야 할 세액과 납부한 세액과의 차액은 대통령령으로 정하는 날부터 5년이 지나면 부과할 수 없다. 이 경우 「관세법」 제21조(관세부과의 제척기간) 제2항 각 호에 해당하는 경우 그 해당하는 각각의 기간 내에는 경정 등 필요한 처분을 할 수 있다.

▷ "대통령령으로 정하는 날"이란 다음에 해당하는 날의 다음 날을 말한다[영 제46조(관세부과 제척기간의 기산일)].

① 협정관세의 적용을 신청하였을 때에는 그 적용신청을 한 날
② 수입신고의 수리일 이후에 협정관세의 적용을 신청하였을 때에는 그 적용신청을 한 날

(3) 협정관세 적용제한의 특례(영 제45조)

① 아세안회원국에 대한 특례

    ㉠ 세관장은 아세안회원국에서 수입된 물품에 대하여 수입자가 거짓으로 또는 사실과 다르게 작성하였 거나 발급된 원산지증명서를 제출하였음을 이유로 협정관세의 적용제한 처분을 하였을 때에는 처분 한 날부터 2개월 이내에 대상물품, 적용제한 이유 및 그 법적 근거를 기재한 서류와 수입자가 제출한 원산지증명서를 관세청장이 정하는 방법에 따라 그 원산지증명서를 발급한 아세안회원국의 권한 있 는 당국에 통보하여야 한다.

    ㉡ 통보를 받은 아세안회원국의 권한 있는 당국은 세관장이 통보를 한 날부터 2개월 이내에 원산지증명 서의 기재사항이 단순한 착오로 잘못 기재된 것으로서 원산지결정에 실질적인 영향을 미치지 아니하 였음을 세관장에게 소명할 수 있다.

    ㉢ 세관장은 소명이 이유 있다고 인정할 때에는 그 사실을 수입자에게 통지하고 부과·징수한 세액을 환급하여야 한다. 이 경우 관세환급가산금은 지급하지 아니한다.

② 미합중국에서 수입된 섬유 관련 물품에 대한 특례

세관장은 미합중국에서 수입된 섬유 관련 물품에 대하여 협정관세의 적용을 제한하는 경우 그 내용을 미리 미합중국의 관세당국에 통보하여야 한다.

2. 협정관세 적용제한자의 지정 및 지정해제(법 제37조)

(1) 협정관세의 적용제한자 지정 10년 기출

세관장은 협정에서 정하는 바에 따라 최근 5년간 2회 이상 반복적으로 원산지증빙서류의 주요 내용을 거짓 으로 작성하거나 잘못 작성한 체약상대국수출자 등을 대통령령으로 정하는 바에 따라 협정관세 적용제한자 로 지정할 수 있다.

(2) 지정 절차 등(영 제48조)

① 의견진술 기회 부여

세관장은 협정관세 적용제한자를 지정하려면 30일의 기간을 정하여 그 적용제한자에게 구술 또는 서면 에 의한 의견진술 기회를 부여하여야 한다. 이 경우 지정된 기일까지 의견을 진술하지 아니하면 의견이 없는 것으로 본다.

② 관세청장에 보고

세관장은 적용제한자를 지정하는 때에는 그 지정사실과 함께 다음의 사항을 관세청장에게 보고한 후 관 세청장이 지정하는 정보통신망(지정 정보통신망)에 게시하여야 하며, 필요한 경우 이를 관할세관의 게시 판에 게시할 수 있다.

> ㉠ 적용제한자의 상호·성명 및 주소
> ㉡ 협정관세 적용제한 물품의 품명·모델·규격·품목번호 및 수출국
> ㉢ 협정관세 적용제한의 기간 및 사유

③ 지정대상자 및 체약상대국의 관세당국에 통보

관세청장은 보고를 받았을 때에는 그 사실을 즉시 지정대상자 및 체약상대국의 관세당국에 통보하여야 한다.

④ 적용제한자 지정 효력 발생

세관장이 지정 정보통신망에 게시한 날부터 발생한다.

⑤ 수입신고 수리 전 협정관세 적용제한 물품 심사

세관장은 협정관세 적용제한 물품에 대한 심사를 해당 물품에 대한 수입신고를 수리하기 전에 하여야 한다.

(3) 협정관세 적용제한

세관장은 적용제한자로 지정된 자가 수출 또는 생산하는 동종동질의 물품 전체에 대하여 대통령령으로 정하는 바에 따라 5년(협정에서 정한 기간이 5년을 초과하는 경우에는 그 기간)의 범위에서 협정관세를 적용하지 아니할 수 있다.

(4) 협정관세의 적용요건 심사 10년 기출

(3)에도 불구하고 세관장은 수입신고되는 물품별로 원산지 등 협정관세의 적용요건을 심사하여 그 요건을 충족하는 경우에는 협정관세를 적용할 수 있다.

(5) 협정관세 적용제한의 해제(영 제49조) 10년 기출

세관장은 (1)에 따라 적용제한자로 지정된 자가 대통령령으로 정하는 바에 따라 원산지증빙서류를 성실하게 작성하였음을 입증하는 경우에는 그 지정을 해제할 수 있다.

① 지정의 해제 신청

적용제한자로 지정된 자는 다음의 서류를 첨부하여 세관장에게 그 지정의 해제를 신청할 수 있다.

> ㉠ 기획재정부령으로 정하는 신청서 : 다음의 사항이 포함되어야 한다.
>   ⓐ 신청인의 성명·주소(전자주소를 포함)
>   ⓑ 적용제한자 지정일 및 지정기간
>   ⓒ 협정관세 적용제한 물품의 품명·규격·모델·품목번호 및 수출국
>   ⓓ 수입자
>   ⓔ 적용제한자 지정해제 신청사유
> ㉡ 원산지증빙서류

② 지정 해제 결정

세관장은 신청을 받았을 때에는 그 내용을 심사하여 원산지증빙서류를 성실하게 작성하였다고 인정되는 경우 적용제한자 지정의 해제를 결정하여야 한다.

③ 관세청장에 보고

적용제한자 지정의 해제를 결정하였을 때에는 그 사실을 관세청장에게 보고한 후 해제를 결정한 날부터 7일 이내에 지정정보통신망에 게시하여야 하며, 필요한 경우 관할세관의 게시판에 게시할 수 있다.

④ 지정 해제 통보

관세청장은 보고를 받았을 때에는 그 사실을 즉시 신청인 및 체약상대국의 관세당국에 각각 통보하여야 한다.

⑤ 효력 발생

적용제한자 지정 해제의 효력은 해제사실을 지정정보통신망에 게시한 날부터 발생한다.

3. 보정이자(법 제35조의2)

(1) 보정이자

세관장은 협정관세를 적용받은 물품에 대하여 「관세법」 제38조의2(보정) 제1항 또는 제2항 후단[이 법 제14조(원산지증빙서류의 수정 통보) 제4항에 따라 준용되는 경우 포함. 이하 제3항에서 같다]에 따른 신청에 따라 세액을 보정한 결과 부족한 세액이 있을 때에는 제36조(가산세)에도 불구하고 「관세법」 제9조(관세의 납부기한 등)에 따른 납부기한[이 법 제9조(협정관세 사후적용의 신청) 제1항 또는 제2항에 따라 협정관세 사후적용을 신청한 수입자에 대하여 보정이자를 징수하는 경우에는 같은 조 제6항에 따라 관세를 환급한 날을 말한다]의 다음 날부터 보정신청을 한 날까지의 기간과 금융회사의 정기예금에 대하여 적용하는 이자율을 고려하여 대통령령으로 정하는 이율(가산금의 계산에 적용되는 이자율)에 따라 계산한 금액(이하 이 조에서 "보정이자")을 더하여 해당 부족세액을 징수하여야 한다.

(2) 보정이자 징수 예외

다음의 어느 하나에 해당하는 경우에는 보정이자를 징수하지 아니한다.

---

① 납세의무자가 제14조(원산지증빙서류의 수정 통보) 제2항에 따라 세액보정 신청을 하는 경우로서 제17조(원산지에 관한 조사) 제1항에 따른 원산지 조사의 통지를 받기 전에 세액보정 신청을 하는 경우 등 <u>대통령령으로 정하는 경우</u>(영 제46조의2 제2항)

   ⓐ 수입자가 원산지증빙서류의 내용에 오류가 있음을 통보받은 경우로서 원산지 조사의 통지를 받기 전에 세액보정 신청을 하는 경우. 다만, 수입자에게 귀책사유가 없는 경우로 한정한다.

   ⓑ 관세청장 또는 세관장이 체약상대국의 관세당국에 원산지 확인을 요청한 사항에 대하여 체약상대국의 관세당국이 기획재정부령으로 정하는 기간 이내에 그 결과를 회신하지 않은 경우

   ⓒ 체약상대국의 수출자 또는 생산자가 관세청장 또는 세관장이 요구한 자료를 기간 내에 제출하지 않거나 거짓으로 또는 사실과 다르게 제출한 경우 등으로서 부족세액의 징수와 관련하여 수입자에게 정당한 사유가 있는 경우

② 「관세법」 제38조의2(보정) 제5항 각 호의 어느 하나에 해당하는 경우

---

(3) 가산세

세관장은 제1항 및 제2항에도 불구하고 납세의무자가 제36조(가산세) 제1항 제1호 단서 또는 「관세법」 제42조(가산세) 제2항에 따른 부정한 행위로 과소신고한 후 같은 법 제38조의2(보정) 제1항 또는 같은 조 제2항 후단에 따른 신청을 한 경우에는 제36조 제1항에 따른 가산세를 징수하여야 한다.

4. 가산세(법 제36조)

(1) 가산세액

세관장은 협정관세를 적용받은 물품에 대하여 납세의무자가 「관세법」 제9조에 따른 납부기한(법정납부기한)까지 납부하지 아니한 관세액(미납부세액)을 징수하거나 「관세법」 제38조의3 제1항 또는 제6항에 따라 부족한 관세액(부족세액)을 징수할 때에는 다음의 금액을 합한 금액을 가산세로 징수한다.

① 부족세액의 100분의 10에 상당하는 금액. 다만, 수입자가 원산지증명서를 위조 또는 변조하는 등 대통령령으로 정하는 다음의 부정한 행위로 협정관세의 적용을 신청하여 부족세액이 발생한 경우에는 해당 부족세액의 100분의 40에 상당하는 금액
  ㉠ 수입자가 원산지증명서를 거짓으로 작성하거나 위조·변조하는 행위
  ㉡ 수입자가 관세의 과세표준 또는 세액계산의 기초가 되는 사실의 전부 또는 일부를 은폐하기 위하여 원산지증빙서류 등 세액심사에 필요한 자료를 파기하는 행위
  ㉢ 그 밖에 협정관세를 적용받기 위한 부정한 행위
② 미납부 세액 또는 부족세액에 ㉠에 따른 일수와 ㉡에 따른 이자율을 곱하여 계산한 금액
  ㉠ 법정납부기한(협정관세 사후적용을 신청한 수입자에 대하여 가산세를 징수하는 경우에는 관세를 환급한 날)의 다음 날부터 납부일까지의 기간(납부고지일로부터 납부고지서에 따른 납부기한까지의 기간은 제외)
  ㉡ 금융회사 등이 연체대출금에 대하여 적용하는 이자율 등을 고려하여 대통령령으로 정하는 이자율(1일 10만 분의 22의 율)
③ 법정납부기한까지 납부하여야 할 세액 중 납부고지서에 따른 납부기한까지 납부하지 아니한 세액 × 100분의 3(관세를 납부고지서에 따른 납부기한까지 완납하지 아니한 경우에 한정)

(2) 가산세의 징수 예외

수입자가 수정신고를 하는 경우로서 원산지 조사의 통지를 받기 전에 수정신고를 하는 경우 등 대통령령으로 정하는 다음의 경우(부당한 방법으로 협정관세의 적용을 신청하여 부족세액이 발생하는 경우는 제외)에는 ②의 전부 또는 일부를 징수하지 아니한다.

① 가산세 징수 예외 사유

  ㉠ 수입자가 원산지증빙서류의 내용에 오류가 있음을 통보받은 경우로서 원산지 조사의 통지를 받기 전에 수정신고를 하는 경우. 다만, 수입자에게 귀책사유가 없는 경우로 한정한다.
  ㉡ 관세청장 또는 세관장이 체약상대국의 관세당국에 원산지 확인을 요청한 사항에 대하여 체약상대국의 관세당국이 기획재정부령으로 정하는 기간 이내에 그 결과를 회신하지 아니한 경우
  ㉢ 체약상대국의 수출자 또는 생산자가 관세청장 또는 세관장이 요구한 자료를 기간 내에 제출하지 않거나 거짓으로 또는 사실과 다르게 제출한 경우 등으로서 부족세액의 징수와 관련하여 수입자에게 정당한 사유가 있는 경우

② 가산세 징수 예외 금액

  ㉠ 상기 가산세 ①에 따른 금액(부족세액의 100분의 10)
  ㉡ 상기 가산세 ③에 따른 금액(납부고지서에 따른 납부기한이 지난날부터 납부일까지의 기간에 해당하는 금액은 제외)

01 자유무역협정의 이행을 위한 관세법의 특례에 관한 법률 또는 「관세법」이 협정과 상충되는 경우에는 자유무역협정의 이행을 위한 관세법의 특례에 관한 법률을 우선하여 적용한다. (O, X)

01 × 협정을 우선하여 적용한다(법 제3조 제2항)

02 체약상대국에서 수입되는 것으로서 일정 금액 이하의 상용견품·광고용품 등 기획재정부령으로 정하는 물품은 협정에서 정하는 범위에서 그 원산지에 관계없이 관세를 면제할 수 있다. (O, X)

02 O (법 제30조 제1항 제3호)

03 원산지증명서류를 갖추지 못한 경우일지라도 수입신고가 수리된 후 1년 이내에는 협정관세의 적용을 신청할 수 있다. (O, X)

03 × 원산지증빙서류를 제출하여야 한다(법 제9조 제3항)

04 체약당사국의 조사결과 회신기간 중 아세안회원국의 관세당국으로부터 요청을 받은 경우는 아세안회원국의 관세당국이 원산지 조사 요청을 접수한 날부터 2개월이다. (O, X)

04 O (영 제13조 제1항 제2호)

05 납부하여야 할 세액 또는 납부하여야 할 세액과 납부한 세액과의 차액은 해당 세액을 부과할 수 있는 날부터 3년이 지나면 부과할 수 없다. (O, X)

05 × 3년 → 5년(법 제35조 제2항)

06 보상방법 등에 관하여 협정에서 다르게 규정하지 아니하는 한, 협의 개시일부터 30일 이내에 합의가 이루어지지 아니하는 경우에는 협정에 따라 체약상대국의 조치에 상응하는 수준의 대항조치를 할 수 있다. (O, X)

06 O (법 제26조 제2항)

07 대항조치의 시기·내용과 그 밖에 필요한 사항은 기획재정부령으로 정한다. (O, X)

07 × 기획재정부령 → 대통령령 (법 제26조 제3항)

08 세관장은 동종·동질 물품을 계속적·반복적으로 수입하는 경우로서 해당 물품의 생산공정상 원산지의 변동이 없는 물품 중 관세청장이 정하여 고시하는 물품에 대하여는 원산지증빙서류의 제출을 요구하지 아니한다. (O, X)

08 O (영 제4조 제3항)

09 페루와의 협정에 따른 원산지증명서의 유효기간은 그 발급일로부터 2년이다. 다만, 원산지증명서에 기재된 물품이 비당사국 관세당국의 관할하에 일시적으로 보관된 경우에는 3년이다. (O, X)

09 × 발급일로부터 2년 → 서명일로부터 1년, 3년 → 2년(영 제6조 제2항 제3호)

10 수출물품의 생산에 사용되는 재료를 공급하는 자는 생산자의 요청이 있는 경우 해당 재료의 원산지를 확인하여 작성한 서류를 생산자에게 제공할 수 있다. (O, X)

10 O (규칙 제12조 제1항)

1. 비밀유지 의무(법 제38조)

(1) 비밀취급자료의 제공 및 누설금지

① 비밀취급자료의 원칙

세관공무원과 대통령령으로 정하는 원산지증빙서류 발급자(세관을 제외한 원산지증명서 발급권한기관에서 원산지증명서의 발급을 담당하는 직원)는 수입자·수출자·생산자(체약상대국에 거주하는 수출자·생산자와 그 밖의 이해관계인을 포함) 또는 체약상대국의 권한 있는 기관이 협정 및 이 법에서 정한 바에 따라 원산지의 결정, 관세의 부과·징수 또는 통관을 목적으로 제출한 자료로서 대통령령으로 정하는 바에 따라 비밀취급자료로 지정된 자료(비밀취급자료)를 자료제출자의 동의 없이 타인(체약상대국의 관세당국을 포함)에게 제공 또는 누설하거나 사용 목적 외의 용도로 사용해서는 아니 된다.

② 비밀취급자료 제공금지의 예외

다만, 다음의 어느 하나에 해당하는 경우에는 그 사용 목적에 맞는 범위에서 비밀취급자료를 제공할 수 있다.

> ㉠ 국가기관이 관세에 관한 쟁송 또는 관세범의 소추를 목적으로 비밀취급자료를 요구하는 경우
> ㉡ 법원의 제출명령 또는 법관이 발부한 영장에 따라 비밀취급자료를 요구하는 경우
> ㉢ 세관공무원 상호 간에 관세의 부과·징수, 통관 또는 질문·검사상의 필요에 따라 제공하는 경우
> ㉣ 다른 법률에 따라 비밀취급자료를 요구하는 경우

(2) 비밀취급요청(영 제50조)

자료제출자는 관세청장, 세관장 및 발급권한기관의 장에게 자료를 제출할 때에 정당한 사유를 제시하여 해당 자료를 비밀로 취급할 것을 요청할 수 있다. 이 경우 요청을 받은 관세청장, 세관장 및 발급권한기관의 장은 특별한 사유가 없으면 해당 자료를 지정하여 비밀로 취급하여야 한다.

(3) 비밀취급자료로 지정되어야 하는 자료

관세청장, 세관장 및 발급권한기관의 장은 다음의 어느 하나에 해당하는 자료로서 공개될 경우 자료를 제출한 자 또는 이해관계인의 이익이 침해될 우려가 있을 것으로 인정되는 자료에 대해서는 그 자료를 제출한 자나 이해관계인의 요청이 없더라도 해당 자료를 비밀로 취급하는 자료로 지정하여야 한다.

> ① 제조원가
> ② 제조공정
> ③ 거래 상대방의 성명, 주소 및 거래량
> ④ 협정에 따라 체약상대국의 관세당국으로부터 제공받은 원산지증빙서류
> ⑤ 그 밖에 관세청장 또는 세관장이 비밀로 취급하는 것이 타당하다고 인정하는 자료

(4) 비밀취급자료의 보관 및 폐기

비밀취급자료는 특별한 사정이 없으면 제출받은 날부터 5년간 보관하여야 하며, 보관기간이 지나면 소각 또는 파쇄 등의 방법으로 폐기하여야 한다.

(5) 비밀취급자료의 제공 조건

관세청장 및 세관장은 체약상대국의 관세당국이 비밀취급자료 제공을 요청하는 경우에는 자료제출자에게 그 사실을 통보하고, 자료제공에 관한 동의를 받았을 때에만 체약상대국의 관세당국에 그 자료를 제공할 수 있다.

(6) 보증서의 요구

관세청장 및 세관장은 체약상대국의 관세당국에 비밀취급자료를 제공할 때에는 제공되는 자료의 비밀유지에 관한 보증서를 요구할 수 있다. 이 경우 체약상대국의 관세당국이 보증서 제공을 거부하면 자료제공을 거부할 수 있다.

2. 불 복

(1) 불복의 신청(법 제39조)

<u>대통령령으로 정하는 체약상대국의 수출자 또는 생산자</u>는 다음의 어느 하나에 관련되는 처분에 대하여 위법 또는 부당한 처분을 받거나 필요한 처분을 받지 못함으로써 권리 또는 이익의 침해를 당한 경우에는 심사청구 또는 심판청구를 할 수 있다.

> ① 원산지에 관한 조사
> ② 원산지 등에 대한 사전심사

(2) 불복의 신청권자(영 제51조)

"대통령령으로 정하는 체약상대국의 수출자 또는 생산자"란 다음의 어느 하나에 해당하는 자를 말한다.

> ① 칠레의 수출자 또는 생산자로서 칠레와의 협정에 따라 원산지 결정의 대상이 된 물품에 대하여 원산지증명서를 작성하고 서명한 자 또는 칠레와의 협정에 따라 원산지 사전심사를 받은 자
> ② 싱가포르의 수출자 또는 생산자로서 싱가포르와의 협정에 따라 원산지 결정의 대상이 된 물품의 원산지증명서를 발급받았거나 원산지소명서류를 작성한 자 또는 싱가포르와의 협정에 따라 사전심사를 받은 자

③ 콜롬비아의 수출자 또는 생산자로서 콜롬비아와의 협정에 따라 원산지 결정의 대상이 된 물품의 원산지증명서를 작성하고 서명한 자 또는 콜롬비아와의 협정에 따라 사전심사를 받은 자

④ 호주의 수출자 또는 생산자로서 호주와의 협정에 따라 원산지 결정의 대상이 된 물품의 원산지증명서를 작성하고 서명하거나 발급받은 자 또는 호주와의 협정에 따라 사전심사를 받은 자

⑤ 캐나다의 수출자 또는 생산자로서 캐나다와의 협정에 따라 원산지 결정의 대상이 된 물품의 원산지증명서를 작성하고 서명한 자 또는 캐나다와의 협정에 따라 사전심사를 받은 자

(3) 불복 증거서류 및 증거물의 제출 등(법 제40조)

증거서류나 증거물의 재결청에 직접 제출	심사청구 또는 심판청구의 재결청은 청구인이 제기한 심사청구 또는 심판청구를 심의하는 데 필요하다고 인정하면 체약상대국의 수출자 또는 생산자에게 증거서류나 증거물을 재결청에 직접 제출하게 할 수 있다.
제출한 자료의 제공 또는 누설금지	재결청은 청구인이나 체약상대국의 수출자 또는 생산자가 제출한 자료 중 비밀로 취급하여 줄 것을 요청받은 자료에 대해서는 자료제출자의 동의 없이 타인(체약상대국의 관세당국을 포함)에게 제공 또는 누설하거나 사용 목적 외의 용도로 사용해서는 아니 된다. 이 경우 해당 자료의 보관·제공·사용 등에 관하여는 제38조(비밀유지 의무)를 준용한다.

3. 관계 자료의 제출요청(법 제41조)

관련된 자료 등의 제출요구	기획재정부장관은 이 법의 운영 및 협정의 후속조치를 위하여 필요하다고 인정하면 국가기관, 지방자치단체, 주요 경제단체 및 업종별 협회·조합 등 이해관계인에게 관세의 부과·징수 및 통관에 관련된 자료, 무역통계, 관련 산업의 현황자료나 그 밖에 필요한 자료의 제출을 요청할 수 있다.
요청에 협조	자료제출의 요청을 받은 기관·단체·협회 및 조합의 장은 다른 법령에 특별한 규정이 있는 경우 외에는 정당한 사유가 없으면 요청에 협조하여야 한다.

4. 권한의 위임(법 제42조)

이 법에 따른 기획재정부장관, 관세청장 또는 세관장의 권한은 그 일부를 대통령령으로 정하는 바에 따라 관세청장, 세관장, 그 밖의 소속 기관의 장에게 위임할 수 있다.

1. 벌칙 및 과태료

(1) 벌칙의 종류(법 제44조) 24, 22년 기출

① 3년 이하의 징역 또는 3천만 원 이하의 벌금

제38조(비밀유지의무)(제40조 제2항에서 준용하는 경우를 포함)를 위반하여 비밀취급자료를 타인에게 제공 또는 누설하거나 목적 외의 용도로 사용한 자는 3년 이하의 징역 또는 3천만 원 이하의 벌금에 처한다.

② 2천만 원 이하의 벌금

다음의 어느 하나에 해당하는 자는 2천만 원 이하의 벌금에 처한다. 다만, 과실로 ㉡ 및 ㉣에 해당하게 된 경우에는 300만 원 이하의 벌금에 처한다.

> ㉠ 협정 및 이 법에 따른 원산지증빙서류를 속임수 또는 그 밖의 부정한 방법으로 신청하여 발급받았거나 작성·발급한 자
>
> ㉡ 「관세법」 제83조(용도세율의 적용) 제2항을 위반하여 용도세율 적용 물품을 해당 용도 외의 다른 용도에 사용하거나 양도한 자(제46조 제2항 제2호에 해당하는 자는 제외 : 세율이 낮은 용도와 동일한 용도에 사용하려는 자에게 양도한 자)
>
> ㉢ 거짓이나 그 밖의 부정한 방법으로 제12조에 따른 인증을 받은 자
>
> ㉣ 정당한 사유 없이 제15조(원산지증빙서류 등의 보관)를 위반하여 관련 서류를 보관하지 아니한 자
>
> ㉤ 관세청장 또는 세관장이 요청한 서류를 거짓으로 제출한 자
>
> ㉥ 「관세법」 제97조(재수출면세) 제2항을 위반하여 관세 면제 물품을 해당 용도 외의 다른 용도에 사용하거나 양도한 자(제46조 제2항 제4호에 해당하는 자는 제외 : 해당 물품을 직접 수입한 경우에는 관세의 감면을 받을 수 있는 자에게 양도한 자)
>
> ㉦ 사전심사에 필요한 자료를 거짓으로 제출하거나 고의로 제출하지 아니한 자
>
> ㉧ 협정 및 이 법에 따른 원산지증빙서류를 속임수나 그 밖의 부정한 방법으로 발급한 세관공무원과 대통령령으로 정하는 원산지증빙서류 발급자

③ 300만 원 이하의 벌금

과실로 협정 및 이 법에 따른 원산지증빙서류를 사실과 다르게 신청하여 발급받았거나 작성·발급한 자는 300만 원 이하의 벌금에 처한다. 다만, 원산지증빙서류의 수정 통보를 한 자는 그러하지 아니하다.

자유무역협정의 이행을 위한 관세법의 특례에 관한 법률상 벌칙에 관한 설명으로 옳은 것은? 24년 기출

① 비밀유지의무를 위반하여 비밀취급자료를 타인에게 제공 또는 누설하거나 목적 외의 용도로 사용한 자는 5년 이하의 징역 또는 5천만 원 이하의 벌금에 처한다.

② 협정 및 「자유무역협정의 이행을 위한 관세법의 특례에 관한 법률」에 따른 원산지증빙서류를 속임수 또는 그 밖의 부정한 방법으로 신청하여 발급받았거나 작성 · 발급한 자는 2천만 원 이하의 벌금에 처한다.

③ 정당한 사유 없이 원산지증빙서류 등 관련 서류를 보관하지 아니한 자는 5천만 원 이하의 벌금에 처한다.

④ 원산지 등에 대한 사전심사에 필요한 자료를 거짓으로 제출하거나 고의로 제출하지 아니한 자는 3천만 원 이하의 벌금에 처한다.

⑤ 과실로 협정 및 「자유무역협정의 이행을 위한 관세법의 특례에 관한 법률」에 따른 원산지증빙서류를 사실과 다르게 신청하여 발급받았거나 작성 · 발급한 자는 500만 원 이하의 벌금에 처한다.

해설

① 비밀유지의무를 위반하여 비밀취급자료를 타인에게 제공 또는 누설하거나 목적 외의 용도로 사용한 자는 3년 이하의 징역 또는 3천만 원 이하의 벌금에 처한다(FTA관세법 제44조 제1항).

③ 정당한 사유 없이 원산지증빙서류 등 관련 서류를 보관하지 아니한 자는 2천만 원 이하의 벌금에 처한다(FTA관세법 제44조 제2항 제3호).

④ 원산지 등에 대한 사전심사에 필요한 자료를 거짓으로 제출하거나 고의로 제출하지 아니한 자는 2천만 원 이하의 벌금에 처한다(FTA관세법 제44조 제2항 제6호).

⑤ 과실로 협정 및 이 법에 따른 원산지증빙서류를 사실과 다르게 신청하여 발급받았거나 작성 · 발급한 자는 300만 원 이하의 벌금에 처한다(FTA관세법 제44조 제3항).

정답 ②

(2) 과태료(법 제46조)

① 1천만 원 이하의 과태료

다음의 어느 하나에 해당하는 자(체약상대국의 수출자 및 생산자는 제외)에게는 1천만 원 이하의 과태료를 부과한다.

> ⊙ 정당한 사유 없이 20일 이상의 기간으로서 기획재정부령으로 정하는 기간 이내에 서류를 제출하지 아니한 자
> ⊙ 관세청장 또는 세관장의 서면조사 또는 현지조사를 거부 · 방해 또는 기피한 자

② 500만 원 이하의 과태료

다음의 어느 하나에 해당하는 자에게는 500만 원 이하의 과태료를 부과한다.

> ⊙ 「관세법」 제83조(용도세율의 적용) 제1항을 위반하여 용도에 따라 세율을 다르게 정하는 물품을 세율이 낮은 용도에 사용한 자
> ⓛ 「관세법」 제83조(용도세율의 적용) 제2항을 위반한 자 중 세율이 낮은 용도와 동일한 용도에 사용하려는 자에게 양도한 자
> ⓒ 원산지증빙서류의 오류 내용을 통보받고도 이를 세관장에게 세액정정·세액보정 신청, 수정신고를 하지 아니한 자
> ⓔ 「관세법」 제97조(재수출면세) 제2항을 위반한 자 중 해당 물품을 직접 수입한 경우에는 관세의 감면을 받을 수 있는 자에게 양도한 자

③ 과태료의 부과권자

과태료는 대통령령으로 정하는 바에 따라 세관장이 부과·징수한다.

2. 양벌 규정(법 제45조)

법인의 대표자나 법인 또는 개인의 대리인, 임직원, 사용인, 그 밖의 종업원이 그 법인 또는 개인의 업무에 관하여 제44조 제2항 및 제3항의 위반행위를 하면 그 행위자를 벌하는 것 외에 그 법인 또는 개인에게도 해당 조문의 벌금형을 과한다. 다만, 법인 또는 개인이 그 위반행위를 방지하기 위하여 해당 업무에 관하여 상당한 주의와 감독을 게을리 하지 아니한 경우에는 그러하지 아니하다.

01 비밀유지의무를 위반하여 비밀취급자료를 타인에게 제공 또는 누설하거나 목적 외의 용도로 사용한 자는 2년 이하의 징역 또는 2천만 원 이하의 벌금에 처한다. (O, X)

01 × 2년 → 3년, 2천만 원 → 3천만 원(법 제44조 제1항)

02 국가기관이 관세에 관한 쟁송 또는 관세범의 소추를 목적으로 비밀취급자료를 요구하는 경우에는 비밀취급자료를 제공해서는 아니 된다. (O, X)

02 × 제공해서는 아니 된다 → 제공할 수 있다(법 제38조)

03 자료제출자의 비밀취급요청을 받은 관세청장, 세관장 및 발급권한기관의 장은 특별한 사유가 없으면 해당 자료를 지정하여 비밀로 취급할 것을 고려할 수 있다. (O, X)

03 × 취급할 것을 고려할 수 있다 → 취급하여야 한다(영 제50조 제3항)

04 비밀취급자료는 제출받은 날부터 3년간 보관해야 한다. (O, X)

04 × 3년 → 5년(영 제50조 제5항)

05 원산지에 관한 조사에 대한 처분으로 이익의 침해를 당한 경우에는 심사청구나 심판청구가 가능하다. (O, X)

05 ○ (법 제39조 제1호)

06 심사청구 또는 심판청구의 재결청은 청구인이 제기한 심사청구 또는 심판청구를 심의하는 데 필요하다고 인정하면 체약상대국의 수출자 또는 생산자에게 증거서류나 증거물을 재결청에 직접 제출하게 할 수 있다. (O, X)

06 ○ (법 제40조 제1항)

07 과실로 협정 및 FTA 특례법에 따른 원산지증빙서류를 사실과 다르게 신청하여 발급받았거나 작성·발급한 자는 300만 원 이하의 벌금에 처한다. (O, X)

07 ○ (법 제44조 제3항)

08 과실로서 용도세율 적용 물품을 해당 용도 외의 다른 용도에 사용한 자는 2천만 원 이하의 벌금에 처한다. (O, X)

08 × 2천만 원 → 300만 원(법 제44조 제2항)

09 관세청장 또는 세관장의 서면조사 또는 현지조사를 거부·방해 또는 기피한 자는 1천만 원 이하의 과태료를 부과한다. (O, X)

09 ○ (법 제46조 제1항)

10 과태료는 대통령령으로 정하는 바에 따라 세관장이 부과·징수한다. (O, X)

10 ○ (법 제46조 제3항)

01 자유무역협정의 이행을 위한 관세법의 특례에 관한 법률상 용어의 정의가 바르지 않은 것은?

① "체약상대국"이란 우리나라와 자유무역협정을 체결한 국가(국가연합·경제공동체 또는 독립된 관세영역을 포함)를 말한다.

② "원산지"란 관세의 부과·징수 및 감면, 수출입물품의 통관 등을 할 때 협정에서 정하는 기준에 따라물품의 생산·가공·제조 등이 이루어진 것으로 보는 국가를 말한다.

③ "체약상대국의 관세당국"이란 체약상대국의 관세 관련 법령이나 협정(모든 분야에 해당)의 이행을 관장하는 당국을 말한다.

④ "협정관세"란 협정에 따라 체약상대국을 원산지로 하는 수입물품에 대하여 관세를 철폐하거나 세율을연차적으로 인하하여 부과하여야 할 관세를 말한다.

⑤ "원산지증빙서류"란 우리나라와 체약상대국 간의 수출입물품의 원산지를 증명하는 서류와 그 밖에 원산지 확인을 위하여 필요한 서류·정보 등을 말한다.

[해설]

정의(법 제2조 제1항 제3호)
"체약상대국의 관세당국"이란 체약상대국의 관세 관련 법령이나 협정(관세분야만 해당)의 이행을 관장하는 당국을 말한다.

02 자유무역협정의 이행을 위한 관세법의 특례에 관한 법률상 협정관세의 적용에 대한 설명으로 옳지 않은 것은?

① 협정관세의 연도별 세율, 적용기간, 적용수량 등은 협정에서 정하는 관세의 철폐비율, 인하비율, 수량기준 등에 따라 대통령령으로 정한다.

② 협정관세의 적용을 신청할 때에 수입자는 원산지증빙서류를 갖추고 있어야 하며, 세관장이 요구하면제출하여야 한다.

③ 협정관세를 적용받으려는 자(수입자)는 수입신고의 수리 전까지 대통령령으로 정하는 바에 따라 세관장에게 협정관세의 적용을 신청하여야 한다.

④ 수입신고의 수리 전까지 협정관세의 적용신청을 하지 못한 수입자는 해당 물품의 수입신고 수리일부터1년 이내에 대통령령으로 정하는 바에 따라 협정관세의 적용을 신청할 수 있다.

⑤ 협정관세의 사후적용을 신청한 수입자는 대통령령으로 정하는 바에 따라 해당 물품에 대하여 이미납부한 세액의 보정(補正)을 신청하거나 경정(更正)을 청구할 수 있다. 이 경우 보정신청이나 경정청구를 받은 세관장은 그 신청이나 청구를 받은 날부터 1개월 이내에 협정관세의 적용 및 세액의 보정이나 경정 여부를 신청인 또는 청구인에게 통지하여야 한다.

협정관세 사후적용의 신청(법 제9조 제5항)
협정관세의 적용을 신청한 수입자는 대통령령으로 정하는 바에 따라 해당 물품에 대하여 이미 납부한 세액의 <u>경정(更正)</u>을 <u>청구할 수 있다.</u> 이 경우 경정청구를 받은 세관장은 그 청구를 받은 날부터 <u>2개월</u> 이내에 협정관세의 적용 및 세액의 경정 여부를 청구인에게 통지하여야 한다.

03 자유무역협정의 이행을 위한 관세법의 특례에 관한 법률상 원산지증명에 대한 설명으로 옳지 않은 것은?

① 수입자는 협정관세를 적용받으려는 수입물품에 대하여 협정 및 이 법에서 정하는 바에 따라 원산지를 증명하여야 한다.

② 수출자 및 생산자는 체약상대국에서 협정관세를 적용받으려는 수출물품에 대하여 협정 및 이 법에서 정하는 바에 따라 원산지증빙서류를 작성하거나 발급받아야 한다.

③ 원산지인증수출자는 협정에서 정하는 범위에서 해당 물품에 대하여 자율적으로 원산지를 증명할 수 있으며, 기획재정부령으로 정하는 바에 따라 원산지증명에 관하여 간소한 절차를 적용받을 수 있다.

④ 수출자 또는 생산자가 체약상대국의 협정관세를 적용받을 목적으로 원산지증빙서류를 작성·제출한 후 해당 물품의 원산지에 관한 내용에 오류가 있음을 알았을 때에는 협정에서 정하는 바에 따라 기획재정부령으로 정하는 기간 이내에 그 사실을 세관장 및 원산지증빙서류를 제출받은 체약상대국의 수입자에게 각각 통보하여야 한다. 이 경우 세관장은 그 사실을 관세청장이 정하는 바에 따라 체약상대국의 관세당국에 통보하여야 한다.

⑤ 수입자·수출자 및 생산자는 협정 및 이 법에 따른 원산지의 확인, 협정관세의 적용 등에 필요한 것으로서 원산지증빙서류 등 대통령령으로 정하는 서류를 3년의 범위에서 기획재정부령으로 정하는 기간(협정에서 정한 기간이 3년을 초과하는 경우에는 그 기간) 동안 보관하여야 한다.

원산지증빙서류 등의 보관(법 제15조)
수입자·수출자 및 생산자는 협정 및 이 법에 따른 원산지의 확인, 협정관세의 적용 등에 필요한 것으로서 원산지증빙서류 등 대통령령으로 정하는 서류를 <u>5년</u>의 범위에서 <u>대통령령으로 정하는 기간(</u>협정에서 정한 기간이 <u>5년</u>을 초과하는 경우에는 그 기간) 동안 보관하여야 한다.

04 자유무역협정의 이행을 위한 관세법의 특례에 관한 법률상 원산지 조사에 대한 설명으로 옳지 않은 것은?

① 관세청장 또는 세관장은 수출입물품의 원산지 또는 협정관세 적용의 적정 여부 등에 대한 확인이 필요하다고 인정하는 경우에는 협정에서 정하는 범위에서 대통령령으로 정하는 바에 따라 서면조사 또는 현지조사를 할 수 있다.

② 현지조사의 연기를 신청하려는 자는 대통령령으로 정하는 조사연기 신청서를 현지조사에 관한 사전통지를 받은 날부터 10일 이내에 그 통지를 한 관세청장 또는 세관장에게 제출하여야 한다.

③ 관세청장 또는 세관장은 체약상대국에서 수입된 물품과 관련하여 협정에서 정하는 범위에서 원산지 또는 협정관세 적용의 적정 여부 등에 대한 확인이 필요하다고 인정하는 경우에는 원산지증빙서류의 진위 여부와 그 정확성 등에 관한 확인을 체약상대국의 관세당국에 요청할 수 있다.

④ 체약상대국의 관세당국은 협정에서 정하는 범위에서 수출자·생산자를 대상으로 수출물품에 대한 원산지 확인에 필요한 현지조사를 하는 경우에는 그 조사를 시작하기 전에 조사대상자에게 조사 사유, 조사 예정기간 등을 통지하여 조사대상자의 동의를 받아야 한다.

⑤ 세관장은 원산지 조사를 하는 경우 또는 원산지 확인 요청을 한 경우에는 기획재정부령으로 정하는 기간 동안 조사대상자가 추가로 수입하는 동종동질의 물품에 대하여 대통령령으로 정하는 바에 따라 협정관세의 적용을 보류할 수 있다. 이 경우 그 보류 대상은 해당 조사대상 물품의 동일한 수출자 또는 생산자로부터 수입하는 물품으로 한정한다.

해설

원산지에 관한 현지조사의 연기 신청(영 제12조 제1항)

현지조사의 연기를 신청하려는 자는 <u>기획재정부령</u>으로 정하는 조사연기 신청서를 현지조사에 관한 사전통지를 받은 날부터 <u>15일</u> 이내에 그 통지를 한 관세청장 또는 세관장에게 제출하여야 한다.

05 다음 중 체약상대국별 원산지에 관한 조사의 방법이 바르게 연결되지 않은 것은?

① 칠레에서 수입된 물품 – 조사대상자를 직접 서면조사 또는 현지조사하는 방법

② 미합중국에서 수입된 물품(섬유 관련 물품 제외) – 조사대상자를 직접 서면조사 또는 현지조사하는 방법

③ 캐나다에서 수입된 물품 – 조사대상자를 직접 서면조사 또는 현지조사하는 방법

④ 중국에서 수입된 물품 – 중국의 관세당국에 원산지 확인을 요청하는 방법. 다만, 관세청장 또는 세관장은 중국의 관세당국의 원산지 확인결과가 적정하지 아니하거나 원산지의 정확성을 결정하는 데 필요한 정보가 포함되지 아니하였을 때에는 중국의 수출자 또는 생산자를 대상으로 직접 서면조사를 할 수 있다.

⑤ 유럽연합당사자로부터 수입된 물품 – 유럽연합당사자의 관세당국에 원산지 확인을 요청하는 방법. 이 경우 관세청장 또는 세관장은 필요하다고 인정하면 유럽연합당사자 관세당국의 동의를 받아 유럽연합당사자의 원산지 확인절차에 소속 공무원을 참관하게 할 수 있다.

체약상대국별 원산지에 관한 조사의 방법(규칙 제24조 제15호)
중국에서 수입된 물품 : 중국과의 협정 제3.23조 및 법 제19조 제1항에 따라 중국의 관세당국에 원산지 확인을 요청하는 방법. 다만, 관세청장 또는 세관장은 중국의 관세당국의 원산지 확인결과가 적정하지 아니하거나 원산지의 정확성을 결정하는 데 필요한 정보가 포함되지 아니하였을 때에는 중국과의 협정 제3.23조 및 법 제17조 제1항에 따라 중국의 수출자 또는 생산자를 대상으로 <u>현지조사</u>를 할 수 있다.

06 자유무역협정의 이행을 위한 관세법의 특례에 관한 법률상 무역피해 구제를 위한 관세조치에 대한 설명으로 옳지 않은 것은?

① 기획재정부장관은 협정에서 정하는 범위에서 체약상대국을 원산지로 하는 특정 물품의 수입증가로 인하여 같은 종류의 물품 또는 직접적인 경쟁관계에 있는 물품을 생산하는 국내 산업의 실질적 피해 또는 국내 시장의 교란이 발생하거나 발생할 우려가 있다고 조사를 통하여 확인한 경우에는 그 실질적 피해 등을 구제하기 위하여 필요한 범위에서 해당 물품에 대하여 협정관세의 연차적인 인하 적용을 중지하거나 세율을 인상하는 등의 조치(긴급관세조치)를 할 수 있다.

② 기획재정부장관은 조사가 시작된 물품에 대하여 그 조사기간에 발생하는 심각한 피해 등을 방지하지 아니하는 경우 회복하기 어려운 피해가 발생하거나 발생할 우려가 있다고 판단하면 조사가 끝나기 전에 실질적 피해 등을 구제하거나 방지하기 위하여 협정에서 정하는 범위에서 잠정적으로 긴급관세조치를 할 수 있다.

③ 기획재정부장관은 체약상대국과의 협정에 따라 양허한 특정 농림축산물의 수입물량이 일정한 물량(기준발동물량)을 초과하면 그 농림축산물에 대하여 양허한 세율을 초과하여 관세를 부과하는 조치(특정 농림축산물에 대한 특별긴급관세조치)를 할 수 있다.

④ 기획재정부장관은 대통령령으로 정하는 체약상대국을 원산지로 하는 물품의 수입증가가 같은 종류의 물품이나 직접적인 경쟁관계에 있는 물품을 생산하는 국내 산업이 받는 심각한 피해 또는 심각한 피해를 받을 우려의 실질적인 원인이 아닌 것으로 조사를 통하여 확인되면 협정에서 정하는 범위에서 그 물품을 긴급관세의 부과대상물품에서 제외할 수 있다.

⑤ 정부는 우리나라를 원산지로 하는 특정 물품에 대하여 체약상대국 정부가 협정에 따라 긴급관세조치 또는 잠정긴급관세에 해당하는 조치를 하는 경우에는 체약상대국 정부와 해당 조치에 대한 체약상대국의 적절한 보상방법 등에 관하여 협의를 할 수 있다.

긴급관세조치(법 제22조 제1항)

기획재정부장관은 협정에서 정하는 범위에서 체약상대국을 원산지로 하는 특정 물품의 수입증가로 인하여 같은 종류의 물품 또는 직접적인 경쟁관계에 있는 물품을 생산하는 국내 산업의 <u>심각한</u> 피해 또는 국내 시장의 교란이 발생하거나 발생할 우려 (심각한 피해 등)가 있다고 대통령령으로 정하는 조사를 통하여 확인한 경우에는 그 심각한 피해 등을 구제하기 위하여 필요 한 범위에서 해당 물품에 대하여 대통령령으로 정하는 바에 따라 협정관세의 연차적인 인하 적용을 중지하거나 세율을 인상 하는 등의 조치(긴급관세조치)를 할 수 있다.

07 자유무역협정의 이행을 위한 관세법의 특례에 관한 법률상 원산지 등에 대한 사전심사에 대한 설명으로 옳지 않은 것은?

① 협정관세의 적용에 대한 기초가 되는 사항으로서 원산지결정기준의 충족 여부 등 대통령령으로 정하는 사항에 대하여 의문이 있는 자(체약상대국의 수출자 및 생산자와 그 대리인을 포함)는 해당 물품의 수입신고를 하기 전에 관세청장에게 대통령령으로 정하는 서류를 갖추어 그 의문사항을 미리 심사(사전심사)하여 줄 것을 신청할 수 있다.

② 관세청장은 사전심사의 신청을 받으면 사전심사의 신청을 받은 날부터 60일 이내에 이를 심사하여 그 결과를 기재한 서류(사전심사서)를 신청인에게 통지하여야 한다. 다만, 제출 자료의 미비 등으로 사전심사가 곤란한 경우에는 그 사유를 신청인에게 통지하여야 한다.

③ 사전심사를 신청하는 자는 기획재정부령으로 정하는 수수료를 내야 한다.

④ 관세청장은 협정에서 정하는 바에 따라 사전심사서의 근거가 되는 사실관계 또는 상황의 변경 등 대통령령으로 정하는 사유가 있는 경우에는 사전심사서의 내용을 변경할 수 있다.

⑤ 사전심사서의 내용을 변경한 경우에는 그 변경일 후에 수입신고되는 물품에 대하여 변경된 내용을 적용한다.

원산지 등에 대한 사전심사(영 제37조 제5항)

"대통령령으로 정하는 기간"이란 사전심사의 신청을 받은 날부터 <u>90일</u>을 말한다. 이 경우 제3항에 따른 보정기간은 산입하지 아니한다.

08 다음 중 자유무역협정의 이행을 위한 관세법의 특례에 관한 법률상 협정관세의 적용제한 대상에 해당되는 것은?

① 정당한 사유 없이 수입자, 체약상대국의 수출자 또는 생산자(체약상대국수출자 등)가 관세청장 또는 세관장이 요구한 자료를 기간 이내에 제출하지 아니하거나 거짓으로 또는 사실과 다르게 제출한 경우

② 서면조사 또는 현지조사 결과 세관장에게 신고한 원산지가 실제 원산지와 다른 것으로 확인되거나 수입자 또는 체약상대국수출자 등이 제출한 자료에 원산지결정기준에 따른 원산지의 정확성을 확인하는 데 필요한 정보가 포함되지 아니한 경우

③ 관세청장 또는 세관장이 체약상대국의 관세당국에 원산지의 확인을 요청한 사항에 대하여 체약상대국의 관세당국이 기획재정부령으로 정하는 기간 이내에 그 결과를 회신하지 아니한 경우 또는 세관장에게 신고한 원산지가 실제 원산지와 다른 것으로 확인되거나 회신 내용에 원산지결정기준에 따른 원산지의 정확성을 확인하는 데 필요한 정보가 포함되지 아니한 경우

④ 체약상대국수출자 등이 관세청장 또는 세관장의 서면조사에 대하여 기획재정부령으로 정하는 기간 이내에 회신하지 아니한 경우 또는 관세청장 또는 세관장의 현지조사에 대한 동의 요청에 대하여 기간 이내에 동의 여부에 대한 통보를 하지 아니하거나 특별한 사유 없이 동의하지 아니하는 경우

⑤ 체약상대국수출자 등이 최근 5년간 2회 이상 반복적으로 원산지증빙서류의 주요 내용을 거짓으로 작성하거나 잘못 작성한 경우

해설

협정관세 적용제한자의 지정 및 지정해제(법 제37조 제1항)
세관장은 협정에서 정하는 바에 따라 최근 5년간 2회 이상 반복적으로 원산지증빙서류의 주요 내용을 거짓으로 작성하거나 잘못 작성한 체약상대국수출자 등을 대통령령으로 정하는 바에 따라 협정관세 적용제한자로 지정할 수 있다.

09 자유무역협정의 이행을 위한 관세법의 특례에 관한 법률상 비밀취급자료를 제공할 수 있는 사유가 아닌 것은?

① 국가기관이 관세범의 소추(訴追)를 목적으로 비밀취급자료를 요구하는 경우

② 국가기관이 관세에 관한 쟁송을 목적으로 비밀취급자료를 요구하는 경우

③ 세관공무원과 국가기관 상호 간에 관세의 부과·징수, 통관 또는 질문·검사상의 필요에 따라 제공하는 경우

④ 법원의 제출명령 또는 법관이 발부한 영장에 따라 비밀취급자료를 요구하는 경우

⑤ 다른 법률에 따라 비밀취급자료를 요구하는 경우

해설

비밀유지 의무(법 제38조 제1항 제3호)
세관공무원 상호 간에 관세의 부과·징수, 통관 또는 질문·검사상의 필요에 따라 제공하는 경우

정답 08 ⑤ 09 ③

10 자유무역협정의 이행을 위한 관세법의 특례에 관한 법률상 벌칙에 대한 설명 중 옳지 않은 것은?

① 비밀취급자료를 타인에게 제공 또는 누설하거나 목적 외의 용도로 사용한 자는 3년 이하의 징역 또는 3천만 원 이하의 벌금에 처한다.

② 협정 및 이 법에 따른 원산지증빙서류를 속임수 또는 그 밖의 부정한 방법으로 신청하여 발급받았거나 작성·발급한 자는 2천만 원 이하의 벌금에 처한다.

③ 관세청장 또는 세관장의 서면조사 또는 현지조사를 거부·방해 또는 기피한 자에게는 1천만 원 이하의 과태료를 부과한다.

④ 사전심사에 필요한 자료를 거짓으로 제출하거나 고의로 제출하지 아니한 자는 2천만 원 이하의 벌금에 처한다. 다만, 과실인 경우에는 300만 원 이하의 벌금에 처한다.

⑤ 원산지증빙서류의 오류 내용을 통보받고도 이를 세관장에게 세액정정·세액보정 신청, 수정신고 또는 경정청구를 하지 아니한 자에게는 500만 원 이하의 과태료를 부과한다.

해설

벌칙(법 제44조 제2항)
다음 어느 하나에 해당하는 자는 2천만 원 이하의 벌금에 처한다. 다만, 과실(過失)로 제2호 및 제6호에 해당하게 된 경우에는 300만 원 이하의 벌금에 처한다.
1. 협정 및 이 법에 따른 원산지증빙서류를 속임수 또는 그 밖의 부정한 방법으로 신청하여 발급받았거나 작성·발급한 자
2. 「관세법」 제83조 제2항을 위반하여 용도세율 적용 물품을 해당 용도 외의 다른 용도에 사용하거나 양도한 자(제46조 제2항 제2호에 해당하는 자는 제외)
3. 거짓이나 그 밖의 부정한 방법으로 제12조에 따른 인증을 받은 자
4. 정당한 사유 없이 제15조를 위반하여 관련 서류를 보관하지 아니한 자
5. 관세청장 또는 세관장이 요청한 서류를 거짓으로 제출한 자
6. 「관세법」 제97조 제2항을 위반하여 관세 면제 물품을 해당 용도 외의 다른 용도에 사용하거나 양도한 자(제46조 제2항 제4호에 해당하는 자는 제외)
7. 사전심사에 필요한 자료를 거짓으로 제출하거나 고의로 제출하지 아니한 자
8. 협정 및 이 법에 따른 원산지증빙서류를 속임수나 그 밖의 부정한 방법으로 발급한 세관공무원과 대통령령으로 정하는 원산지증빙서류 발급자

핵심이론 + 기출문제로 2025 관세사 완벽 대비

단계별로 완성하는
관세사 최종합격!

관세사 1차 한권으로 끝내기

핵심이론 + 2024 기출문제 + 출제예상문제 구성

분권 구성으로 휴대성 UP, OX퀴즈로 이론 복습 가능

관세사 1차 3개년 기출문제집

3개년(2022~2024년) 기출문제 수록

2025년 시험대비 최신 개정법령 완벽 반영

관세사 2차 논술답안백서

핵심이론 + 2024 기출문제 + 모의문제 구성

분권 구성으로 휴대성 UP, 현직 관세사의 고득점 비법 수록

기출문제 완전 정복은

관세사 1차

3개년 기출문제집

최신 출제유형에 완벽하게 대비할 수 있도록 3개년(2022~2024년) 기출문제를 수록하였습니다.
최신법령을 반영한 상세한 해설을 통해 어려운 개념과
헷갈리는 내용도 꼼꼼하게 체크할 수 있도록 구성하였습니다.

※ 도서의 구성 및 이미지는 변경될 수 있습니다.

고득점 답안의 비결은

관세사 2차

논술답안백서

관세사 2차 시험의 최신기출문제와 모의문제 및 그 해설을 실었습니다.
최신기출문제 부분에서는 관련 법령과 함께 현직 관세사의 답안 작성 요령을,
모의문제 부분에서는 콕 찝은 고득점 비법을 익혀 고득점까지 노릴 수 있도록 구성하였습니다.

※ 도서의 구성 및 이미지는 변경될 수 있습니다.

나는 이렇게 합격했다

당신의 합격 스토리를 들려주세요
추첨을 통해 선물을 드립니다

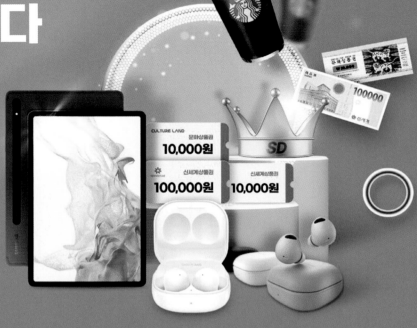

베스트 리뷰
갤럭시탭 / 버즈 2

상/하반기 추천 리뷰
상품권 / 스벅커피

인터뷰 참여
백화점 상품권

이벤트 참여방법

합격수기

시대에듀와 함께한
도서 or 강의 **선택**
> 나만의 합격 노하우
정성껏 **작성**
> 상반기/하반기
추첨을 통해 **선물 증정**

인터뷰

시대에듀와 함께한
강의 **선택**
> 합격증명서 or
자격증 사본 **첨부**,
간단한 **소개 작성**
> 인터뷰 완료 후
백화점 상품권 증정

이벤트 참여방법
다음 합격의 주인공은 바로 여러분입니다!

QR코드 스캔하고 ▷ ▷ ▶
이벤트 참여하여 푸짐한 경품받자!

합격의 공식
시대에듀

THE LAST
모의고사

관세사 1차

CBT 모의고사

1회 무료쿠폰 ZZOA-00000-46906

※ CBT 모의고사는 쿠폰 등록 후 30일 이내에 사용 가능합니다.

응시방법

01 시대에듀
www.sdedu.co.kr

➡ **02** 합격시대
CBT 모의고사
시대에듀 우측 상단배너를 클릭하세요!

➡ **03** 관세사 1차 🔍
검색창에 시험명을 입력하세요!

www.sdedu.co.kr/pass_sidae

합격에 자신있는 무역 시리즈

합격자

관세사

1차 | 한권으로 끝내기

NAVER카페　국가전문자격 시대로 🔍　무역 자격증 관련 정보를 확인하실 수 있습니다.

시대에듀

발행일 2024년 9월 20일　|　**발행인** 박영일　|　**책임편집** 이해욱
편저 유영웅 · 나기철　|　**발행처** (주)시대고시기획
등록번호 제10-1521호　|　**대표전화** 1600-3600　|　**팩스** (02)701-8823
주소 서울시 마포구 큰우물로 75 [도화동 538 성지B/D] 9F
학습문의 www.sdedu.co.kr

2025

온라인 동영상 강의
www.sdedu.co.kr

합격에 자신있는 무역 시리즈

합격자

관세사

1차 | 한권으로 끝내기

유영웅 · 나기철 편저

2권 | 무역영어

판매량
1위
YES24 관세사 부문

시대에듀

합격에 자신있는 무역 시리즈

합격자

관세사
1차 | 한권으로 끝내기

2권 | 무역영어

시대에듀

편저자의 말

현재 세계정세는 단순히 국제화(Internationalization)와 세계화(Globalization)라는 개념을 넘어서서 각국은 하나의 생활권이자 하나의 커다란 국가라는 개념으로 변모되어 가고 있습니다. 특히 거스를 수 없는 세계적 흐름인 FTA의 확산으로 무역은 날로 중요성을 더해 가고 있습니다.

바야흐로 세계는 무역장벽이 철폐되는 FTA 시대에 진입하고 있으며 이런 추세는 점차 가속화될 것입니다.

이런 상황 하에서 관세사(Certified Customs Broker)라는 직업은 점점 더 중요해지고 있으며 1년에 한 번 치러지는 관세사 시험은 높은 난이도에도 불구하고 응시생이 상당히 많은 편으로 이 직종의 인기를 실감할 수 있습니다.

관세사 시험은 1차 객관식, 그리고 2차 논술형의 구성이며 1차 시험의 합격률은 연도별로 차이는 있으나 대략 30%선, 2차 시험의 합격률은 10% 미만으로 집계가 되고 있습니다.

1차 시험은 모두 객관식이라는 점과 합격률의 수치만 보고 다소 느슨하게 준비하는 수험생도 있을 수 있는데 1차 시험의 과목이 2차와도 연결되기 때문에 1차 시험부터 완벽하게 이해하여 넘어가지 않으면 운 좋게 1차 시험을 통과하였다고 하더라도 난이도가 매우 높은 2차 시험을 준비하면서 바로 좌절을 맛보게 될 가능성이 큽니다.

본서는 1차에서 치러지는 관세법개론, 무역영어, 내국소비세법, 그리고 회계학의 네 과목을 묶은 구성으로 방대한 내용 중 각 과목에서 가장 중요한 이론만을 엄선하여 수험생 여러분이 어려운 관세사 시험에 조금이나마 더 가벼운 마음으로 다가갈 수 있도록 준비하였습니다.

각 과목에서 다루어지는 이론과 출제예상문제를 여러 차례 숙독하여 자신만만한 마음가짐으로 시험장에 도착할 수 있도록 하십시오.

본서의 제1과목에서는 개정된 최신 관세법을 발 빠르게 반영하여 다소 실시기간이 먼 다음 해 시험을 문제없이 대비할 수 있도록 하였으며, 제2과목에서는 방대한 무역규칙 중 특히 나올 가능성이 있는 부분만을 골라 시험에 많이 나오지 않는 부분은 과감하게 생략하는 구성을 취하였습니다. 제3과목은 기출문제 분석 및 현행법령을 최대한 반영하였고 수식 및 도식을 통해 자칫 어렵게 느껴지는 내용을 보다 편안한 마음으로 접할 수 있도록 하였으며, 제4과목인 회계학은 수험생들이 가장 어렵게 느낄 수 있는 과목으로 최대한 상세한 풀이를 통해 조금이나마 쉽게 다가갈 수 있도록 하였습니다.

관세사의 꿈을 이루고자 도전하는 수험생 여러분의 합격을 진심으로 기원합니다.

편저자 올림

시험분석 데이터 ANALYSIS

◇ **출제빈도표**

출제연도 및 출제영역 / 문제유형	2022년 1차				2023년 1차				2024년 1차			
	관세법 개론	무역 영어	내국 소비 세법	회계학	관세법 개론	무역 영어	내국 소비 세법	회계학	관세법 개론	무역 영어	내국 소비 세법	회계학
관세법 기본	2	–	–	–	2	–	–	–	4	–	–	–
과세요건	4	–	–	–	5	–	–	–	4	–	–	–
부과와 징수	8	–	–	–	3	–	–	–	4	–	–	–
감면/환급/분할납부	3	–	–	–	5	–	–	–	4	–	–	–
납세자 권리/불복절차	1	–	–	–	3	–	–	–	2	–	–	–
운송/통관	11	–	–	–	12	–	–	–	12	–	–	–
처벌/보칙	5	–	–	–	4	–	–	–	4	–	–	–
FTA	6	–	–	–	6	–	–	–	6	–	–	–
무역일반	–	1	–	–	–	1	–	–	–	2	–	–
무역규칙	–	34	–	–	–	38	–	–	–	35	–	–
무역용어	–	5	–	–	–	1	–	–	–	3	–	–
부가가치세법	–	–	30	–	–	–	30	–	–	–	30	–
개별소비세법	–	–	6	–	–	–	6	–	–	–	6	–
주세법	–	–	4	–	–	–	4	–	–	–	4	–
재무회계	–	–	–	30	–	–	–	30	–	–	–	30
원가관리회계	–	–	–	10	–	–	–	10	–	–	–	10
총 계	40	40	40	40	40	40	40	40	40	40	40	40

※ 위의 문제유형별 빈도는 절대적인 기준에 의한 것이 아니므로 일부는 관점에 따라 다른 유형에 속할 수도 있습니다.

이 책의 목차 CONTENTS

PART 2

무역영어

관세사 한권으로 끝내기 1차

관련법령은 수시로 개정될 수 있으니 관세법령정보포털(http://unipass.customs.co.kr/clip/index.do)의 내용을 필수적으로 참고하시어 학습하시기를 권유합니다.

※ 추록(최신 개정법령) : 도서출간 이후 법령개정사항은 도서의 내용에 맞게 수정하여 도서업데이트 게시판에 업로드합니다(시대에듀 : 홈 ▶학습자료실 ▶도서업데이트).

제1편

무역계약의 절차

많이 보고 많이 겪고 많이 공부하는 것은 배움의 세 기둥이다.

– 벤자민 디즈라엘리 –

제1장 무역계약의 성립

제1절 무역거래의 개요

1. 무역의 이해

(1) 무역(Trade)의 개념

① 일반적으로 경제활동의 중심이 서로 다른 지역 사이에 재화·상품, 용역 등을 사고파는 상거래 행위로, 이러한 상거래 행위가 특정 국가 내에서 이루어지는 것을 국내무역(Domestic Trade), 국가 간에 이루어지는 것을 국제무역(International Trade)이라고 한다. 그러나 일반적으로 무역이란 국가 간 국제재화 (International Goods)·용역(Service)의 수출·수입을 총칭하는 국제무역을 의미한다.

② 단순한 상품의 교환과 같은 유형무역(Visible Trade)뿐만 아니라 기술·용역과 같은 무형무역(Invisible Trade) 및 자본거래를 포함한 모든 대외적 경제거래를 말한다.

③ 오늘날 인터넷을 포함한 통신기술의 발달은 기업활동의 글로벌화를 가속화하고 무역거래방식과 관행을 근본적으로 변화시킴으로써 국제거래(무역)에 많은 변화를 가져왔다. 즉, 인터넷을 통한 무역거래가 가능해졌고 거래절차도 종이문서가 아닌 전자문서, 전자금융 등의 방식으로 처리가 가능해졌다.

(2) 국제무역(International Trade)의 특징

국제경제의 순환구조상 일국의 국민경제를 기반으로 한 기업경영적 성격, 국민경제적 성격, 세계경제적 성격 등의 복합적 성격을 띠고 있는 국제무역은 국내거래와 달리 '정치·행정의 장벽', '언어·관습의 장벽', '화폐의 장벽', '관세의 장벽' 등의 특성을 갖는다.

정치·행정의 장벽	교역 당사국 간의 정치체제 또는 행정정책의 차이로 인하여 어떤 국가와는 이루어질 수 있는 거래가 다른 국가와는 이루어지지 않을 수도 있다. 한국의 무역거래법이 특정 자격을 갖춘 자만이 대외무역을 할 수 있도록 규제한다든지 특정 국가와는 거래를 못하게 제한하는 것 등이 좋은 예라 할 수 있다.
언어·관습의 장벽	일본과 미국이 한국의 가장 큰 교역 상대국이 된 주된 이유는 이들 국가가 경제대국이기 때문이기도 하지만 오랜 접촉을 통해서 서로의 관습과 언어를 알게 되어 의사소통을 쉽게 할 수 있었기 때문이기도 하다. 또한 종교적인 이유로 힌두교 국가에 육류를 수출할 수 없으며 전통 가톨릭 국가에 산아제한 용구를 거래할 수는 없는 것 등이 관습의 장벽과 관련이 있는 것이다.
화폐의 장벽	나라마다 고유 통화를 사용하고 있고 또 이들이 자유롭게 태환(Exchange)되지 않는 경우가 많으며 또한 나라마다 이자율이 달라 이자가 높은 곳으로 자본이 옮겨가고자 해도 이자 평형세 및 각종 법으로 자본의 자유로운 이동이 어려운 실정이다.
관세의 장벽	국제거래를 국내거래와 차별화하는 가장 중요한 요소는 세계의 거의 모든 국가가 각종 명목·형태로 수입품에 부과하고 있는 관세라 할 수 있다. 이러한 관세장벽 외에도 각 국에서는 각종 쿼터, 외환배정, 차별운임, 국산품 구매조장 등 여러 비관세장벽(Non-tariff Barrier) 수단을 동원하여 외국물품이 자국 시장에 침투하는 것을 막고 있다.

(3) 무역의 필요성

한 국가가 지리·환경요인 등으로 인해 필요한 모든 재화를 생산·공급하기 어렵고 원료를 수입해 자국에서 제품을 생산하는 것도 타국 생산단가보다 비싼 경우가 많은 현실에서 무역의 필요성을 찾을 수 있다. 무역으로 파생되는 주요한 효과를 살펴보면 다음과 같다.

국제 분업화	상대국에 비해 특정 상품을 싸게 만들 수 있는 경우 이를 통해 국내는 물론 해외시장 수요를 충족시킬 수 있으며, 이는 대량생산으로 이어져 생산단가 인하를 가져옴으로써 국내 소비자들이 혜택을 누릴 수 있다.
고용창출 효과	국내뿐 아니라 국제시장에 공급해야 할 물량을 생산하려면 보다 많은 인력이 필요하게 되고 이로 인해 고용창출 효과가 생기게 되며 이는 실업자 문제 해결에 도움을 준다.
국부창출 효과	국제무역을 통해 자국의 잉여 생산물이나 비교우위 상품을 수출하고 자국에서 필요한 다양한 재화를 수입함으로써 국민의 삶의 질을 향상시킬 수 있고 궁극적으로는 국부창출로 이어진다.
무역 의존형 기업의 탄생	무역에 의존하는 기업 및 기관에 대한 무역의 경제적 파급 효과는 매우 크다. 즉, 기차·항공기·선박 등의 수송 분야, 수송 중 위험에 대비한 적하보험 분야, 상품 불량·안정성·기능 테스트를 위한 검사 분야, 수출입대리인, 운송주선업자(Forwarder), 은행외환관리 분야 등 무역의존 기업·기관에 파생이익을 창출시킬 수 있다.

(4) 무역의 종류 · 형태

① 상품 이동방향 기준

수출무역	유상으로 자국에서 외국으로 상품이동
수입무역	유상으로 외국에서 자국으로 상품이동
통과무역	수출국에서 제3국으로 수출되는 물품이 자국을 경유하는 형태
중계무역	수입한 상품을 제3국으로 재수출하는 형태

② 상품 매매방식 기준

㉠ 직접무역(Direct Trade) : 수출업자와 수입업자가 직접 계약을 체결하고 거래당사자 간 직접 물품을 매매하는 방식을 말한다.

㉡ 간접무역(Indirect Trade) : 직접무역과 달리 제3자 또는 제3국 업자를 거쳐 거래가 성립되는 방식을 말한다.

통과무역 (Transit Trade)	수출 무역상품이 수입국에 직송되지 않고 제3국을 통과·경유하여 수입국에 송부되는 무역으로 제3국 관점에서 본 무역의 형태이다.
중개무역 (Merchandising Trade)	수출국과 수입국 간에 직접 매매계약이 체결되지 않고 제3국의 제3자(중개업자)가 개입하여 계약이 체결되는 거래형태로서 제3국의 입장에서 본 무역형태이다. 특징은 상품 소유권이 중개업자로 이전되지 않는다는 점이다.
중계무역 (Intermediary Trade)	일반적으로 수출목적으로 외국에서 물품을 수입하여 원형 그대로 다시 제3국에 수출하는 것으로 상품 소유권이 이전되는 것을 말한다.
스위치무역 (Switch Trade)	수출·수입국 간에 매매계약이 체결되고, 물품도 양자 간에 직송되지만 대금결제만 제3국 업자를 개입시켜 간접적으로 행해지는 무역이다. 스위치무역은 관련 3개국 사이에 각각 편무역(무역수지 불균형 상태)이 존재할 때 행해진다.

③ 기타 무역형태

ⓖ 유형 무역(Visible Trade) : 유형 상품을 수출입하는 것으로 반드시 수출입통관을 거쳐야하므로 무역 통계에 표시되며, 한 나라 국제수지에서 가장 중요한 위치를 차지하는 무역수지(Trade Balance) 구성항목이다.

ⓛ 무형 무역(Invisible Trade) : 자본·노동 등의 생산요소나 용역과 같은 무형 상품의 거래를 통해 이자·수수료·운임·보험료·여행경비·기술사용료 등을 지급하거나 받는 형태의 무역이다. 수출입 통관을 거치지 않기 때문에 무역통계에 나타나지 않지만 국제수지표상에는 무역 외 수지 항목을 구성한다.

ⓒ 플랜트 수출(Plant Export) : 생산설비·기술·노하우(Know-how) 등을 결합, 종합적으로 수출하는 형태의 무역이다. 22년 기출

ⓔ 녹다운 수출(Knockdown Export) : 상대국에 현지 공장을 건설하고 자국의 부품을 수출하여 현지에서 직접 조립 판매하는 형태의 무역이다.

ⓜ 위탁판매 수출 : 위탁물품을 무환으로 수출하여 당해 물품이 판매된 범위 내에서 대금을 결제받는 계약에 의한 수출방식이다. 이 경우 물품 소유권은 위탁자에게 있고 미판매 물품도 위탁자에게 반송된다. 위탁자가 최저가격 지정 시 수탁자는 지정가격 이하로 판매할 수 없으나 지정가격 이상으로 판매할 때 차액은 수탁자의 이윤이 된다.

ⓗ 수탁판매 수입 : 수탁판매 수입이란 물품을 무환으로 수입하여 당해 물품이 판매된 범위 안에서 대금을 결제하는 계약에 의한 수입으로서 위탁판매 수출을 수탁자의 관점에서 본 거래이다.

ⓢ 제품판매 무역(Product Buy-back Deal) : 한 나라에 생산설비를 수출하고 그 설비로 생산된 제품을 재수입하는 형태의 무역이다.

ⓞ 사이버무역

B2B (Business to Business)	기업 간의 전자상거래이다. 보통 대량의 도매 거래가 주를 이룬다. MRO(기업 소모성 자재)가 인기를 끌고 있기도 하다.
B2C (Business to Customer)	일반쇼핑몰처럼 기업이 개인고객을 대상으로 하는 전자상거래다.

ⓩ OEM(Original Equipment Manufacturing) 방식 : 주문자 상표부착 수출방식으로 국제 간 주문·하청 생산에 의한 무역을 의미한다. 생산력 우수기업과 판매력 우수기업의 협력관계에 입각한 방식이다.

ⓩ 바터무역(Barter Trade) : 두 나라가 특정 상품을 상호 교환하는 방식의 무역으로 양국 간 수출입 균형을 통해 외국환 수불이 발생되지 않도록 통제하기 위한 무역형태이다. 바터무역에는 수출입 상품 간 관련성이 있는 물물교환인 '바이백(Buy-back)'과 수출입 상품 간 관련이 없는 거래인 '구상무역(Compensation trade)'방식이 있다. 구상무역에는 동시개설 신용장(Back-to-back L/C)이나 에스크로 신용장(Escrow L/C)이 사용되기도 한다. 그러나 바터무역의 실질은 물건과 물건의 직접교환이 아니라 매매계약에 의한 물품매매이며, 다만 매매결과로서의 대금지급을 회계적으로 조작·상쇄하는 환결제방식이다.

2. 무역거래의 관리체계

(1) 무역관리제도의 의의

거의 모든 나라가 국가 간 물품의 유상이동을 말하는 무역과 관련하여 수출입 관리란 이름으로 최소한의 규제와 지원을 하고 있는데 이를 무역관리라고 한다.

(2) 수출입 관리제도

① 무역업과 무역대리업

　㉠ 무역업 : 「대외무역법」에서 무역이라 함은 물품의 수출입을 말하며, 무역업이란 무역을 업으로 영위하는 것을 말한다. 그러므로 무역업을 업으로 한다는 것은 자기명의로 자기책임 하에 소유권 이전을 전제로 한 물품의 수출입행위에 대해 이익을 취하는 것이므로 국가기관, 지자체 등에서 자기수요를 위하여 수출입행위를 하는 것은 무역업이라 볼 수 없다.

　　ⓐ 무역업 자유화 : 과거에는 무역업을 누구나 할 수 있는 것이 아니라 자격 있는 사람이 할 수 있었다. 따라서 허가제, 등록제(1993.07.01), 신고제(1997.03.01)라는 형태로 관리했으며, 마침내 2000.01.01부터 완전 자유화되었다. 즉, 누구나 별도의 행정절차 없이 무역업을 자유로이 할 수 있게 되었다. 다만, 「대외무역법」 제18조, 「대외무역법 시행령」 제30조 및 제31조, 「대외무역관리규정」 제3-5-1조의 규정에 의거 무역업 고유번호를 한국무역협회에 신청하여 부여받을 수 있다.

　　ⓑ 개별법에 의한 무역업 허가 등 : 「대외무역법」에 의한 무역업은 자유화되었지만 「약사법」 등 개별법(57개)의 소관품목에 대하여 무역업을 영위하려면 별도의 자격요건을 갖추도록 하고 있는 경우가 있다. 즉, 의약품, 마약, 향정신성 의약품, 대마, 동물약품, 농약, 종묘, 담배, 석유제품 및 독극물 등을 취급하려면 무역업자와 위탁자(실수요자)가 모두 해당 요건을 갖추어야 수출입을 할 수 있으며 외국영화, 식품 및 주류 등의 품목은 위탁자만 요건을 갖추어야 한다.

　㉡ 무역대리업

　　ⓐ 개념 : 무역대리업자는 외국의 수출업자 또는 수입업자로부터 위임을 받은 자가 대리인의 자격으로 국내에서 외국 무역업자의 이름으로 판매계약(OFFER) 또는 구매계약(ORDER)을 체결하고 이에 부대되는 행위를 업으로 영위하는 자를 말한다.

갑류 무역대리업	을류 무역대리업
갑류 무역대리업자는 외국 수출업자의 물품을 국내에 판매하는 영업대리인으로 국내 수입업자에게 오퍼를 발행하는 수입대리업자이며 이들을 통상 오퍼상(OFFER AGENT)이라 한다.	을류 무역대리업자는 외국의 수입업자가 국내에서 구매하고자 하는 물품을 구매하는 구매대리인이며 국내의 수출업자가 물품을 외국에 수출하도록 하는 수출대리업자로서 이들은 통상 외국기업의 국내지사로서 바잉오피스(BUYING OFFICE)라 한다.

　　ⓑ 무역대리업 자유화 : 무역대리업 또한 무역업과 마찬가지로 완전 자유화되어 별도의 행정절차가 필요 없으며 관련 단체로 한국무역대리점협회와 한국외국기업협회가 존재한다.

② 수출입 품목관리(수출입 승인)

　㉠ 개요 : 수출입 품목에 대한 관리제도는 수출입에 대한 규제방식으로서 개별품목의 수출입 제한 여부에 대한 종합관리체계이다. 따라서 수출입업자는 수출입 시 해당 품목의 수출입 규제품목(수출입 승인품목·요건확인품목) 해당 여부를 사전에 점검한 후 이에 해당되면 수출입 승인이나 요건확인을 받아야 수출입을 할 수 있다.

ⓐ 규제 여부는 '수출입공고', '수출입공고 별도공고' 그리고 개별법에 의해 공고되는 통합공고(산업통상자원부장관이 공고)를 통해 알 수 있다.

ⓑ 수출입 승인대상 품목이란 '수출입공고상의 수출입 제한품목'과 '수출입공고 별도공고상의 수출입 제한품목'을 말한다. 따라서 수출입 물품의 수출입 승인대상 품목 해당 여부를 확인하기 위해서는 'HS Code'를 검토해야 한다.

ⓒ 「대외무역법」 이외의 약 50개 개별법에 의한 수출입 제한내용을 통합·고시하는 통합공고에 의거하여 요건확인 등을 받아야 하는 물품은 수출입 승인대상에 포함되지 않으므로 해당 개별법의 규정에 따라 요건확인 등을 받은 후 세관에 수출입신고를 해야 수출입을 이행할 수 있다.

ⓓ 수출승인의 권한은 산업통산자원부장관이 지정·고시한 행정기관이나 단체의 장에게 있다.

ⓔ 수출승인의 유효기간은 1년이지만 필요하다고 인정되는 경우 수출승인기관은 승인의 효력인정기간을 별도로 지정할 수 있다.

ⓛ **수출입 품목관리 법체계** : 수출입 규제품목(수출입 승인품목·요건확인품목)은 수출입공고, 수출입공고 별도공고(「대외무역법」상 수출승인) 및 개별법에 의해서 공고되는 통합공고(개별법상 수출허가/산업통상자원부장관이 공고)를 통해 관리되고 있다.

ⓐ 수출입공고
  • 우리나라의 수출입 품목을 관리하기 위한 기본공고로서 우리나라 수출입 품목관리를 위한 기본원칙을 정하고 있다. 수입공고상 수출입 자유품목이라 할지라도 통합공고에서 수출입을 제한하고 있는 경우에는 그 조건을 충족시켜야 한다.
  • 품목관리원칙 : 공고방식은 '포괄등재제도(Negative List System)', 대상품목은 '신품·중고품', 품목분류는 '신국제통일상품분류체계(HS Code)'를 따른다.

ⓑ 수출입공고 별도공고 : 개별품목에 대한 수출입 제한 여부를 정하고 있는 수출입공고와 달리 수출입공고의 보완적 성격을 갖는 수출입 별도공고는 무역균형 유지 및 수출증대를 위해 필요한 경우 용도·지역·절차의 규제 및 완화에 대해 특정사안별로 별도공고하는 것이다(특정사안별로 수출입 요령을 정하고 있다).

ⓒ 통합공고(별도공고는 특정사업의 보호·육성을 위한 공고이며 통합공고와는 구별됨)
  • 「대외무역법」상 수출입공고 이외에 약 50개 개별법에 의한 각종 수출입 제한내용을 산업통상자원부장관이 통합하여 공고하는데, 이를 '통합공고'라 한다. 통합공고상의 수출제한품목을 수출할 경우 주무부장관이나 주무부장관이 지정하는 기관의 사전수출허가 등을 받아야 한다.
  • 경제 외적 목적을 달성하기 위한 공고체계이다(예 국민의 공공질서 및 공중보건 등).
  • 각 주무부처의 개별법상 제한요건을 충족시켜야만 수출입이 가능하므로 수출입공고상 제한품목이 아닐지라도 통합공고상에 제한이 되면 별도로 요건을 충족시켜야 한다. 대부분 수입 쪽에 규제가 되고 있다.
  • 해당 법 : 「약사법」, 「화학물질관리법」, 「전기용품 및 생활용품 안전 관리법」, 「산업안전보건법」, 「원자력 진흥법」, 「총포·도검·화약류 등의 안전관리에 관한 법률」, 「식품위생법」 등 50여개의 개별법이 있다.

ⓒ 수출입 승인의 요건

    ⓐ 수출입자가 승인을 얻을 수 있는 자격이 있어야 한다.

    ⓑ 수출입 물품이 수출입공고 및 이 규정에 의한 승인요건을 충족시켜야 한다.

    ⓒ 수출입 물품이 품목분류번호(HS)의 적용이 가능해야 한다.

    ⓓ 수출입 승인의 유효기간은 1년 이내나 승인기관의 장이 인정하는 경우는 20년 이내이다.

② 특정거래형태의 수출입 인정

    ⓐ 「대외무역법」상 거래형태

정형화된 수출거래형태	L/C방식·추심결제방식처럼 물품이동과 대금결제가 반대 방향으로 이루어지는 형태이다.
특정거래형태	'수출제한을 회피하거나 국내산업 보호를 방해할 우려가 있는 경우', '물품이동은 외국에서만 이루어지고 그 대금 지급이나 영수는 국내에서 이루어지는 거래로서 대금결제상황의 확인이 곤란한 경우' 및 '대금결제 없이 물품이동만 이루어지는 경우'를 말한다.

    ⓑ 특정수출 거래형태의 종류 : 특정거래의 전부 또는 일부가 인정사항에 해당할 경우 인정서류를 구비하여 산업통상자원부장관의 별도 인정절차를 거쳐야 하며 산업통상자원부장관은 신청일로부터 7일 이내에 결과를 통보해야 한다.

위탁판매수출	물품을 무환수출(대금을 결제하지 않고 수출)하여 당해 물품이 판매된 범위 내에서 대금을 결제하고 판매잔량을 수출국으로 재송부하는 방식(예 잡지)
위탁가공무역	우리나라에서 외국에 원료 제공, 현지에서 가공 후 가공품을 역수입하는 방식
중계무역	수출 목적으로 물품을 수입하여 원상태로 제3국에 재수출하는 방식
연계무역(보상무역)	수출 물량과 수입 물량이 동액을 원칙으로 하며 수출과 수입이 하나의 계약서에 작성되는 방식
임대방식수출	임대차계약에 의거 물품수출 후 해당 물품을 재수입하거나 기간만료 전에 소유권을 이전하는 수출(임대료를 받는 것을 의미)
외국인수수입	해당 선적서류를 제3국으로 송부하여 제3국에서 물품을 인수하고 수입대금은 국내에서 지급하는 방식의 수입(예 해외건설사업)

③ 보호무역 22년 기출

자국의 산업을 보호하기 위하여 국제 무역에 정부가 개입하는 무역제도이다.

  ⊙ 관세장벽 : 수입품에 대하여 일정한 관세를 부과함으로서 국내 시장에서 해당 수입품의 가격 상승을 유도함으로서 수입을 억제하는 정책이다. 이러한 정책에는 덤핑방지관세, 보복관세, 긴급관세 등이 있다.

  ⓒ 비관세장벽 : 관세 이외의 방법으로 수입을 제한하는 것으로 수입 허가제, 수입 할당제 등이 있다.

  ⓒ 세이프가드(Safeguard) : WTO 협정문에 명문화되어 있는 수입구제조치로서 특정한 물품의 수입이 급증하여 국내 산업이 심각한 피해를 입거나 입을 우려가 있을 경우 관련 국내 산업을 보호하기 위해 수입 수량을 제한하거나 관세 인상을 조치하는 제도이다.

(3) 수출입 무역절차

수출입 무역절차란 거래선 발굴 및 확정을 통한 수출입 계약의 체결, 수출입 물품 확보·조달, 수출입 물품 선적 및 운송, 수출입 대금 회수 및 지급 등 수출입 거래가 종료될 때까지 거쳐야 하는 일련의 행정적·법률적 절차를 의미한다.

(4) 수출입 무역절차 세부개요(무역계약의 체결절차) 24, 21년 기출

시장조사(Market Research) → 거래선 발굴 → 신용조회(Credit Inquiry) → 거래제의(Circular Letter/Business Proposal) → 거래조회(Trade Inquiry) → 청약(Offer)/주문(Order) → 승낙(Acceptance)/주문확인(Acknowledgement) → 매매계약(Sales Contract) → 수출승인 및 수출물품 확보/조달 → 수출통관 및 선적/운송 → 선적/운송서류 구비 → 수출대금 회수 및 관세 환급

절 차	내 용
시장조사 (Market Research)	• 수출의 경우 사전조사를 통하여 자사제품이 팔릴 수 있는 기후, 문화, 시장 여건 등을 파악, 판매지역을 선정하고, 수입의 경우 국내수입동향, 시장수요, 상대국의 산업구조, 기후, 문화 등을 감안하여 수입대상국을 선정한다. • 관련기관 : 대한무역투자진흥공사(KOTRA), 무역협회(자료실/상담실) • 참고문헌 : 국별 보고서, 우리나라의 국별·품목별 수출입 실적통계, 관심 있는 국가의 품목별 수출입통계 등
거래선 발굴	• 무역유관기관에 비치된 거래선명부/외국기업명부(Directory)를 조사하여 신뢰가 되는 거래선의 명단 및 주소를 입수한다. • 수입의 경우는 상대국에서 발행한 카탈로그집, 광고잡지 참고 또는 인터넷 거래 알선사이트에서 수입 희망자(판매 희망자) 명단을 입수한다. • 관련기관 : 무역협회, 상공회의소, 대한무역투자진흥공사(KOTRA)
신용조회 (Credit Inquiry)	• 계약연결 가능성이 있다고 판단되는 거래선 신용을 신용조사전문기관에 의뢰하여 조사한다. • 관련기관 : 수출보험공사, 대한무역투자진흥공사(KOTRA), 한국신용정보, Dun & Bradstreet Korea, SPC, 신용보증기금, ABC Korea
거래제의 (Business Proposal / Circular Letter)	• 신용조사 결과 거래가능업체로 판정된 상대방에게 구체적인 사항을 제시하여 거래를 제의한다. • 자기소개서를 발송한다.
거래조회 (Trade Inquiry)	• 품목에 관한 보다 구체적인 문의·답신을 주고받는다. • 자기소개서를 받고 답장을 보낸 거래선을 상대로 거래하고자 하는 품목에 관한 상세한 정보를 전달하여 구매의욕을 고취한다. • 수입의 경우 상대방 제품카탈로그, 가격표 등을 요청한다.
청약 및 주문 (Offer and Order)	• 수출상이 수입상에게 판매조건을 서면으로 작성하여 제시한다(Selling Offer). • 수입상이 수출상에게 구매조건을 서면으로 작성하여 제시한다(Buying Offer).
반대청약을 통한 합의 (Counter Offer)	• 청약을 받은 자가 청약 제의자에게 청약사항을 일부 수정하여 다시 제의하는 것으로 청약과 반대청약이 여러 번 반복되면서 거래조건에 대한 최종합의에 이르게 된다.
계약체결 (Contract)	• 거래조건에 대한 최종합의가 이루어지면 당사자 일방이 이를 서면으로 작성하여 양 당사자가 서명한다. • 오퍼시트(Offer Sheet)나 견적송장(Proforma Invoice)에도 양 당사자가 서명하면 계약서로서의 효력이 발생한다.
수출의 허가 및 승인	• 수출 제한품목에 있어서는 산업통상자원부장관의 수출 추천을 받아야 하고, 특별법의 규제 대상 품목인 경우에는 산업통상자원부장관의 사전허가를 받아야 한다. 그리고 수출 자동승인 품목일 경우에는 수출입 면허제에서 수출입 신고제로 전환됨에 따라 1997년부터 수출입 승인절차가 폐지되었다.

수출물품 확보·조달	• 수출상은 수출하고자 하는 물품을 자체 공장에서 생산·확보하거나 타 제조업체로부터 구입·확보해야 한다. 그리고 세관으로부터 수출승인 신고사항과 수출물품의 일치 여부를 확인하기 위해 세관검사를 받아야 한다. 이를 위해 당해 물품을 제조공장이나 수출상의 창고 또는 보세창고 등에 장치해야한다. 이같이 장치한 후 수출신고를 할 수 있다.
(해상)운송 및 보험계약 체결	• 물품의 종류와 수량에 따라 개품운송 또는 용선운송으로 할 것인지 등을 판단하여 적합한 운송계약을 체결해야 한다. 그리고 운송 도중 위험에 대비하고 무역거래의 원활화를 위해 해상보험 계약을 체결해야 한다.
(수출)통관	• 수출물품의 품명, 규격, 수량 및 기타 사항 등을 세관장에게 신고해야 한다. 수출신고를 받은 세관에서는 수출물품이 수출허가조건과 일치하는지의 여부를 검사하여 수출신고필증을 교부한다. • 수출신고는 관세사에게 대행시키는 경우가 대부분이지만 화주가 직접 신고할 수도 있다.
(수출)선적	• 수출신고필증을 교부받음으로써 수출물품은 관세법상 외국물품이 되는데, 선적신청서를 제출하여 선적지시서에 수출신고필증을 첨부하여 본선에 상품을 선적하게 된다. 이때 수출상은 일등항해사로부터 본선수취증(Mate's Receipt ; M/R)을 받아 선박회사에 제시하여 유가증권인 선하증권(Bill of Lading ; B/L)을 교부받게 된다.
운송서류 정비 및 수출대금 회수	• 수출상이 선적을 마치면 수입상을 지급인으로 하여 발행한 환어음에 선하증권, 보험증권, 상업송장 (Commercial Invoice) 등의 주요 운송서류를 첨부한 화물환어음을 발행하여 은행으로부터 수출대금을 회수한다.
수출절차의 종료와 관세의 환급	• 일련의 수출절차가 끝나면 수출용원재료를 수입할 때 납부한 관세를 전액 또는 개별환급의 방법에 의해 세관 또는 외국환은행으로부터 환급받게 된다.

알아두기

송장의 종류 16년 기출

• 상업송장(Commercial Invoice) : 실제로 선적한 물품의 명세가 기재된 송장으로 일반 무역거래에서 사용되는 송장이다.
• 견적송장(Proforma Invoice) : 수출업자가 당해 물품의 가격을 견적해 주는 송장이다.
• 공용송장(Official Invoice) : 수입통관할 때 과세의 결정, 덤핑방지 등 공적인 목적으로 사용되는 송장으로 무역거래 시 주로 수입국의 세관에 제출하는 송장이다.
• 세관송장(Customs Invoice) : 공용송장의 하나로 수입국의 세관이 확인하는 송장이다.
• 영사송장(Consular Invoice) : 공용송장의 하나로 수출국에 소재하는 수입국 영사의 확인을 받은 송장으로서 부정한 송장 작성을 방지하기 위하여 사용된다.
• 세금계산서(Tax Invoice) : 재화 또는 용역을 공급하고, 이에 대해 부가가치세를 포함하여 거래하였다는 사실을 증명하기 위해 교부하는 영수증이다.

수출절차(Export Procedures) 중 일부 내용이다. (   )에 들어갈 용어를 순서대로 옳게 나열한 것은? 24년 기출

○ Exporter applies for the ship's space to a shipping company with a (   ).
○ A Shipping company loads the goods on board the vessel against the tender of a (   ).
○ A(n) (   ) is returned after it has been stamped by the Customs Officer on the spot to the effect that the loading had duly been completed.
○ After the completion of loading of the cargo, a (   ) is issued.

① Shipping Request – Shipping Order – Export Permit – Bill of Lading
② Shipping Request – Shipping Order – Export Permit – Letter of Indemnity
③ Shipping Request – Shipping Order – Certificate of Origin – Bill of Lading
④ Shipping Order – Shipping Request – Export Permit – Letter of Indemnity
⑤ Shipping Order – Shipping Request – Certificate of Origin – Bill of Lading

해설
- 수출자는 선적 요청서(Shipping Request)와 함께 운송회사에 선복을 신청한다.
- 운송회사는 선적 지시서(Shipping Order)의 제출에 따라 선박에 화물을 선적한다.
- 수출 허가(Export Permit)는 선적이 적법하게 완료되었다는 취지로 세관공무원이 현장에서 도장을 찍은 후 돌려준다.
- 화물의 선적 완료 후 선하증권(Bill of Lading)이 발행된다.

정답 ①

3. 무역계약의 본질

(1) 무역계약의 개념 및 특성

① 개 념

무역계약(Trade Contract)이란 국가 간의 물품매매계약(Contract of Sales of Goods)으로서 수출상인 매도인(Seller)과 수입상인 매수인(Buyer) 간의 권리의무를 약정하는 것이다. 즉, 매도인이 매수인에게 물품의 소유권(Property in Goods) 양도 및 물품인도를 약속하고, 매수인은 수령 및 대금지급을 약정하는 것이 주내용이다.

② 국제매매계약의 특수성

국제거래이므로 국내거래와는 다른 특수성을 지닌다. 즉, 무역계약은 사적 자치의 원칙에 따라 주로 임의 법규인 국제무역법규를 적용시키므로 그 준거법규를 계약서상에 명시해야 하며 대부분의 국제거래는 불특정물인 선물의 거래를 행하므로 매도인에게는 충당의 의무가 주어지는 특성이 있다.

종속계약의 수반	운송계약, 보험계약, 환계약 등이 있다.
준거법의 문제	서로 다른 법역 때문에 발생하는 문제이다. 당사자 자치의 원칙이 우선되며 그 다음으로 이행지법, 체결지법, 계약의 형태나 중재지법이 적용된다.
상관습의 중시	당사자들은 자신의 상관습을 중시하는 경향이 있다. 이러한 상관습은 정형화되어 있다.
상징적 인도	격지 간의 거래이기 때문에 서류에 의한 상징적 인도가 많다.

③ 계약의 구성·분류

무역계약은 국제물품매매계약을 기본으로 운송계약·보험계약·금융계약(대금결제)이 부수적으로 수반된다. 따라서 국제물품매매계약은 국제적인 물품의 수출입 거래에 가장 기본적이고 중심적인 계약이 되며, 부수적인 종속계약은 그 자체가 무역계약과는 별도로 관련 당사자 간에 독립된 계약을 체결하게 된다.

㉠ 주계약 : 거래당사자 간 거래성사의 결과로 체결되는 무역계약에서 기본축이 되는 주계약은 매도인과 매수인 사이에 체결되는 국제물품매매계약(Contracts for International Sale of Goods)이다. 이는 매도인 관점에서는 수출계약(Export Contract), 매수인 관점에서는 수입계약(Import Contract)이 된다.

㉡ 종속계약 : 일반적으로 법역과 통화가 서로 다른 격지자 간의 거래인 국제물품매매계약의 이행을 위해서는 세 가지 종속계약이 필요하다.

운송계약 (Contract of Carriage)	전문 운송인(Common Carrier)과의 운송계약은 매도인으로부터 매수인에게 계약물품을 전달하기 위해 반드시 필요한 계약이다. 매매당사자 간 별도 합의가 없는 한 운송방법, 운송계약 체결 당사자, 운임부담자 등 운송계약 내용은 매매계약서에 명기된 정형거래조건(INCOTERMS)에 의거 결정된다.
보험계약 (Contract of Insurance)	보험계약은 물품 운송 중에 발생할 수 있는 여러 가지 위험을 담보하기 위해 체결하는 계약으로, 별도의 약정이 없는 한 위험부담 주체, 보험계약 체결주체 및 보험료(Insurance Premium) 부담자 등에 관한 내용은 주계약인 매매계약상의 정형거래조건(INCOTERMS)에 의거한다. INCOTERMS에서 보험계약을 의무적으로 체결해야 하는 조건은 CIP와 CIF 두 조건 밖에 없다. 이들 조건에서는 매도인이 자신의 비용으로 보험에 가입하여야 하고 그 증거인 보험증권을 매수인에게 제공하도록 되어 있다.
금융계약 (Contract of Payment)	금융계약은 무역거래 시 대금결제와 관련하여 수출상 또는 수입상이 각각의 거래은행에 금융과 관련하여 체결하는 환계약을 말한다. • 수입상 : 신용장거래 또는 추심결제방식 거래 등을 함에 있어 해당 거래은행과 수입거래약정서를 작성하여 이에 대한 지급방법과 범위 등에 대해서 약정을 체결한다. • 수출상 : 수출대금 회수를 위하여 거래 외국환은행과 수출거래약정을 체결한다.

④ 무역계약의 법적 성질

㉠ 낙성합의계약(Consensual Contract) : 무역매매계약은 '매도인의 청약(Offer)'에 대한 매수인의 승낙(Acceptance)' 또는 '매수인의 주문에 대한 매도인의 주문승낙'에 의해 성립하게 되는데 이를 낙성계약이라 한다. 매매계약은 낙성계약으로서 요물계약과는 구별된다. 낙성계약과 반대로 요물계약은 당사자의 의사표시 이외에도 법이 정한 일정한 행위가 있을 때에만 계약이 성립하는 것을 의미한다.

㉡ 유상계약(Remunerative Contract) : 무역매매계약은 계약당사자가 상호 대가의 관계에 있고 화폐적 급부를 할 것을 목적으로 하는 유상계약으로서의 법적 특성을 갖는다. 즉, 무역계약은 약정물품의 인도에 대한 대가로 대금을 수령하기 때문에 이를 유상계약이라 한다. 유상계약과 반대로 무상계약은 대가적인 급부의 제공이 없는 무상공여, 증여 등의 이행과 관련된 계약을 의미한다.

㉢ 쌍무계약(Bilateral Contract) : 무역매매계약은 당사자 간 상호 채무를 부담하는 쌍무계약적 특성, 즉 매도인의 물품인도의무에 대해 매수인은 대금지급의무를 지는 특성을 갖는다. 결국 매도인은 대금청구의 권리를, 매수인은 물품인도청구의 권리를 갖게 된다[쌍무계약과 반대로 편무계약은 일방 당사자만이 타방 당사자에게 의무를 부담하는 경우(증여 등)].

② 불요식계약(Informal Contract) : 무역매매계약은 문서와 구두에 의한 명시계약(Express Contract) 뿐만 아니라 묵시계약(Implied Contract)에 의해서도 성립될 수 있다는 것이다. 즉, 무역계약은 특정한 형식적 요건에 의해 이루어지는 것이 아니라 계약내용이나 형식이 자유로운 특성이 있어 계약서 작성이 계약 성립의 필수불가결한 요소는 아니라는 것이다. 특히 CISG는 청약과 승낙은 서면으로 입증될 필요가 없고, 형식에 관한 기타 요구조건에 따르지 아니하며 증인에 의해서도 입증될 수 있음을 명시하고 있다(불요식계약과 반대로 요식계약은 어떤 정형화된 서면 등으로 요식성을 갖추었을 때 비로소 계약이 유효하게 성립하는 것을 말함).

(2) 무역계약의 기본조건

① 무역계약에 따른 계약서의 종류

수출입 본 계약 체결방식에는 개별계약(Case By Case Contract) 방식과 포괄계약(Master Contract) 방식이 있다.

㉠ 개별계약(Case By Case Contract) : 개별계약은 매매당사자가 거래 시마다 거래조건에 상호 합의하여 그 거래에 대한 계약서를 작성하는 것으로 계약당사자 간 초기 거래에 주로 이용된다. 즉, 거래건별로 매번 오퍼나 오더를 확정한 후 수출입 본 계약을 체결하는 방식으로, 매도확약서(Sales Note)나 매입확약서(Purchase Order)가 이 범주에 속한다.

㉡ 포괄계약(Master Contract)

ⓐ 포괄계약은 동일한 상대방과의 장기 거래 시 주로 이용되는 방식으로 장기 거래 시 모든 거래에 공통 적용되는 일반거래조건을 포괄적으로 합의한 포괄계약서(Master Contract)/일반거래조건협정서 (Agreement on General Terms and Condition of Business)와 매 거래건별로 오퍼나 오더를 확정한 후 작성하는 [물품]매도확약서(Sales Note/Offer Sheet)나 매입확약서(Purchase Order Sheet)에 의해 체결된다.

ⓑ 포괄계약에서는 포괄계약서/일반거래조건협정서와 [물품]매도확약서/매입확약서(물품구매주문서)가 하나의 계약서를 구성한다. 이 두 계약서는 동일계약서로도 작성될 수 있는데, 이때 일반협정사항은 이면 인쇄되는 경우가 많다.

알아두기

선내하역 비용부담조건 14년 기출

종 류	내 용
Liner Term(Berth Term)	선적비 및 양륙비 선사부담조건으로 사실상 운임에 포함되어 FOB 조건은 수입자, CIF 조건은 수출자가 부담한다.
FIO(Free In and Out)	선적비 및 양륙비는 선사의 부담이 아니다(화주가 부담).
FI(Free In)	선사가 양륙비용만 운임에 부가한다.
FO(Free Out)	선적비용만 운임에 부가된다. ▷ FO(Free Out)는 선주가 선적비용을 부담하고 용선자가 양하비용을 부담하는 것을 의미한다.

② 무역계약서의 작성지침

　　㉠ 청약이 승낙되면 원활한 거래를 위하여 제 거래조건에 대해서 상호 협정하고 이 협정사항에 의거 계약서를 정·부 2통 작성·서명하여 교환함으로써 계약체결을 하게 된다. 물론 청약서(Offer Sheet)에 수입상의 서명을 받아 계약서를 대신할 수도 있으나 미비사항에 의하여 분쟁을 초래할 수 있으므로 주의를 요한다.

　　㉡ 무역계약은 불요식이므로 구두로 행하여지더라도 유효하며 계약서 내용에 대한 해석의 우선순위는 수기(Handwriting) → 타자(Typewritten) → 인쇄(Printed)가 되고 숫자보다는 단어가 우선된다.

　　㉢ 계약서 내용에 대해 두 지역(국가)의 법이 상충할 때는 계약서 작성지법, 청약의 경우 청약 발행지법이 그 준거법이 된다.

③ 무역계약서의 조항·내용 구성

　　㉠ 일반적 무역(매매)계약서 기재사항

기본사항	계약 당사자(Principal), 계약 성립의 확인, 계약 성립 일자(Effective Date)와 유효기간(Validity/Duration/Time Period), 용어의 정의 등
개별거래조항 (표면/타이핑조항)	상품명·품질조건·수량조건·가격조건·선적조건·보험조건·결제조건·포장조건 등 거래 시마다 결정해야 할 사항
일반거래조항 (General Terms and Conditions) (이면/인쇄조항)	불가항력, 무역조건, 권리침해, 클레임조항, 중재, 준거법 등 모든 거래에 공통되는 사항. 특히 이 중 품질조건, 수량조건, 가격조건, 선적조건, 보험조건, 결제조건, 포장조건(Terms of Packing), 무역분쟁/클레임조건(Terms of Trade Dispute/Claim)을 무역계약의 8대 기본조건이라 한다.

　　㉡ 무역(매매)계약서 조항의 우선순위

　　　ⓐ 표면약관(특약조항) 및 이면약관이 모순될 때에는 표면약관이 우선한다. 즉, 특수조항이 일반조항에 우선한다.

　　　ⓑ 조항이 수서(직접 쓴 것)·타이프·인쇄의 3가지 종류가 있는 경우 수서(직접 쓴 것)가 최우선이고, 타이프, 인쇄 순으로 우선순위가 높다.

알아두기

무역계약의 기타 계약조항 24, 23, 22, 21, 18, 16, 15, 12년 기출

• Escalation Clause(물가연동조항) : 계약기간 중 물가상승으로 인해 당해 재화 및 용역가액이 일정률 이상 상승할 경우에 이에 비례하여 재화 및 용역의 가액을 증액할 것을 규정하는 계약조항

• Unknown Clause(부지 약관/문언) : 화주가 포장한 컨테이너(Shipper's Pack)의 경우 운송인은 운송물의 수량, 중량 등의 명세를 확인할 수 없으므로 화주의 요구에 따라 선하증권에 운송물의 명세를 기재할 때 화주의 신고를 신뢰할 수밖에 없다. 이로 인해 화주가 포장한 컨테이너에 대해서는 운송물의 수량, 중량 등의 명세를 모른다는 취지의 약관을 선하증권 이면에 기재하게 된다. 이것을 부지약관 또는 부지문언이라 한다. 선화증권의 표면에 "shipper's load and count"(화주의 계산으로 포장한 것이므로 운송인은 모른다는 의미로 "SLC"라 함) 또는 "said to contain"(어떤 운송물이 포장되어 있지만 운송인은 모른다는 의미로 "STC"라 함) 등의 문언을 기재하는 경우가 많다.

• M/L Clause(More or Less Clause ; 과부족 용인약관) : 산화물(Bulk Cargo)의 수량약정 광산물·곡물과 같이 장기 수송 도중 감량이 예상되는 경우는 물론 상품의 성질 또는 생산이나 선복의 사정상 계약대로 정확하게 수량을 인도하기 곤란한 물품에 관해서는 약간의 과부족을 용인하는 조항을 두어야 한다. "3% more or less at sellers option" 또는 "Seller has the option of 3% more or less on contract quantity" 등으로 표현한다. 신용장방식 거래에서는 과부족을 인정하지 않는다는 금지조항이 없는 한 5%의 과부족(Tolerance)이 허용되는 것으로 본다.

• Force Majeure Clause(불가항력조항) : 무역계약 체결 후 이행과정에서 매매당사자들의 통제범위를 넘어서는 사건으로부터 당사들의 책임을 면제시키고자 할 때 사용하는 조항

- Infringement Clause(권리침해조항) : 매수인이 요구한 디자인이나 기술 등을 사용함으로써 발생할 수 있는 특허침해 문제로부터 매도인의 책임을 면제시키고자 할 때 사용할 수 있는 계약조항
- Litigation Clause : 계약내용으로 인하여 야기되는 분쟁을 법률에 의하여 해결한다는 내용을 담고 있는 조항
- Arbitration Clause(중재조항) : 계약내용으로 인하여 야기되는 분쟁을 중재에 의하여 해결한다는 내용을 담고 있는 조항
- Jurisdiction Clause(재판관할조항) : 분쟁해결을 중재에 의하지 않을 경우 소송을 제기할 법원을 당사자 간에 미리 약정할 때 삽입되는 조항
- Hardship Clause(이행가혹조항) : 당사자가 계약체결 시에는 예상하지 못한 사정변경이 발생하여 채무이행이 불가능 하지는 않지만 그 이행을 강요한다면 극히 불공평한 결과가 되는 경우 계약당사자가 이를 시정하기 위한 계약수정에 응하도록 약속하는 것을 포함하는 조항
- Entire Agreement Clause(완전계약조항) : 계약서에 모든 합의 내용이 다 포함되어 있고, 계약서에 포함되지 않은 계약체결 이전의 모든 서면 또는 구두로 된 합의, 협상 내용은 효력이 없다는 내용의 조항
- Warranty Clause(보증조항) : 물품의 품질보증 및 하자담보 등에 대한 내용을 규정하는 조항
- Liquidated Damages Clause(손해배상액예정조항) : 계약당사자 간에 계약불이행으로 발생할 손해액을 미리 예정하여 약정하는 조항
- Indemnity Clause(배상조항) : 책임의 면제에 관한 사항을 규정한 조항
- Severability Clause(가분성조항) : 계약의 일부 조항이 법률상 무효로 되더라도 나머지 조항의 효력은 계속 유지된다는 내용의 조항
- Whereas Clause(설명조항) : 계약체결의 배경, 목적, 계약내용 등을 설명하는 조항
- Non-competition Clause(경업금지조항) : 계약체결 후 일정기간 동안 경쟁 회사와의 거래 또는 유사한 무역 거래를 하지 않기로 동의하는 조항
- Consideration Clause(약인조항) : 계약의 목적, 대가, 보수, 보상에 관한 사항을 규정한 조항
- Non-waiver Clause(권리불포기조항) : 어느 일방이 계약을 위반하는 경우 상대방이 이에 대해 손해배상 청구 등의 권리행사를 하지 않았다는 것이 어떠한 권리를 포기하는 것으로 해석되어서는 안 되며, 서면으로 의사를 표시한 경우에만 권리를 포기한 것으로 간주한다는 조항

기출문제

다음 계약서의 내용에서 (   )에 들어갈 용어로 옳은 것은? 24년 기출

The Seller shall not be responsible to the Buyer for any (   ), alleged or otherwise, of patent, utility model, design, trademark or any other industrial property right or copyright, in connection with the products of any Korean patent, utility model, etc.

① infringement
② force majeure
③ jurisdiction
④ entire agreement
⑤ non-competition

해설

판매자는 한국 특허, 실용신안 등의 제품과 관련하여 저작권 침해(infringement)의 제기 등이 이루어진 특허, 실용신안, 디자인, 상표 또는 그 밖의 산업재산권에 대하여 구매자에게 책임을 지지 않습니다.

정답 ①

무역계약서의 일부이다. 다음 내용이 설명하는 계약 조항으로 옳은 것은? 24년 기출

If any one or more of the provisions contained in this agreement shall be declared invalid, illegal or unenforceable in any respect under any applicable law, the validity and legality of the remaining provisions contained herein shall in no event be affected or impaired, and such case the parties hereto shall reach the intended purpose of the invalid provision by a new, valid and legal stipulation.

① Product Release Clause
② Severability Clause
③ Escalation Clause
④ Consideration Clause
⑤ Frustration Clause

해설

본 계약에 포함된 조항 중 하나 이상이 해당 법률에 따라 무효, 위법 또는 집행 불가능한 조항으로 선언될 경우, 본 계약에 포함된 나머지 조항의 유효성과 적법성은 영향을 받거나 손상되지 않는다. 그리고, 이 경우 당사자는 새롭고 유효하며 법적 규정에 의해 무효 조항의 의도된 목적에 도달하여야 한다.
→ ② 분리가능조항(Severability Clause)에 대한 설명이다.

정답 ②

④ 품질조건 15, 11년 기출
  ㉠ 선적품질조건[Shipped Quality Terms/Final = TQ(Tale Quale)] : 검사시기가 선적시점인 조건으로 주로 변색·변질 위험이 적은 공산품인 경우에 활용되는데, 인도된 물품의 품질이 선적 시에(공인 검사기관의 품질확인을 받고) 약정된 품질과 일치하기만 하면 그 후(운송 도중) 변질되어 도착지에서 하자가 발견됐다 해도 수출상은 이에 대한 책임을 지지 않는 조건이다.
  ㉡ 양륙품질조건[Landed Quality Terms/Final = RT(Ryle Terms)] : 주로 운송 도중에 품질이 변질될 수 있는 곡물·피혁·어류 등과 같은 농산물·광물(1차 상품)의 경우 활용되는 조건으로 양륙 시에 (공인 검사기관의 품질확인을 받고) 약정된 품질과 일치하면 수출상이 면책되고, 변질 시에는 수출상이 책임을 부담하는 조건이다.
  ㉢ 평균중등 품질조건(FAQ ; Fair Average Quality) : 선적지기준 품질조건으로서 당해 연도 당해 지역에서 생산되는 동종물품 가운데 중급수준 품질의 것을 인도하기로 약정하는 방법으로 주로 곡물거래 시 이용한다.
  ㉣ 판매적격 품질조건(GMQ ; Good Merchantable Quality) : 양륙기준 품질조건으로서 물품을 인도할 당시의 품질이 당해 물품의 성질이나 상관습상 판매하기에 적합한 수준이기만 하면 된다. 이 조건은 주로 원목, 냉동어류, 광석류의 거래에 사용되며 잠재하자(Hidden Defects)가 인도 후에 나타난 경우에도 수입상은 수출상에게 클레임을 제기할 수 있다.
  ㉤ 보통품질조건(USQ ; Usual Standard Quality) : 원면 등의 거래 시 주로 이용되는 것이다.

1. 무역계약성립 일반

(1) 의 의

① 물품매매계약은 매도인과 매수인의 의사표시인 청약(Offer)과 승낙(Acceptance)에 의하여 성립한다. 즉, 계약은 아무리 복잡한 교섭과정을 거치더라도 최종적으로 단 하나의 청약과 단 하나의 승낙에 의해서만 성립되는 것이다.

② 청약과 승낙 중 어느 것을 결하여도 계약은 성립하지 않는다. 청약(Offer)과 반대청약(Counter Offer) 등 일련의 과정을 거쳐 거래상대방의 승낙(Acceptance)이 있으면 분쟁을 방지하고 거래조건 등을 명확히 하기 위하여 계약서의 작성이 필요하다. 그러나 무역계약은 불요식계약(Informal Contract)이므로 계약서 작성이 계약성립의 필수불가결한 요소는 아니다.

(2) 무역계약 유형

① 판매확인서(Sales Note) 방식

매도청약(Selling Offer)을 발행한 매도인(Seller)이 판매확인서(Sales Notes)를 두 통 작성·서명하여 매수인(Buyer)에게 보내면 매수인(Buyer)은 내용에 이의가 없는 경우 서명하여 한 통은 보관하고 다른 한 통은 돌려보냄으로써 정식계약서가 된다.

② 구매주문서(Purchase Order Form/Purchase Note) 방식

정기적으로 대량 구매하는 매수인(Buyer)인 경우 필요한 상품의 제 조건을 일방적으로 기재, 서명하여 두 통을 보내면 매도인(Seller)은 이를 검토한 후 이의가 없을 경우 서명하여 한 통은 보관하고 한 통은 돌려보낸다.

③ 각서(Memorandum) 방식

매매당사자들이 직접 모여서 청약(Offer)을 중심으로 합의된 사항을 계약서로 작성하여 서명, 확인하는 방식으로 가장 일반적으로 이용되며, 특히 플랜트 수출과 같이 거액이면서 내용이 복잡한 경우 효용성이 크다.

2. 청약 및 승낙

거래조회/문의(Inquiry) 과정을 통해 상대방에 대한 탐색이 끝난 후 일방이 상대방에게 법적 구속력을 갖는 계약체결을 위한 제의를 하게 되는데 이를 청약이라 한다. 이러한 청약의 일정한 조건에 대해 수용하는 행위가 승낙(Acceptance)이다. 이와 같이 청약자(Offeror)가 제시한 거래조건에 대해서 피청약자(Offeree)가 승낙하면 계약이 성립되므로 청약과 승낙은 계약 성립의 필수요건이 된다.

(1) 청약(Offer) 16, 14년 기출

① 개 념

㉠ 청약자(Offeror)가 피청약자(Offeree)와 일정한 조건으로 계약을 체결하고 싶다는 의사표시로서 피청약자의 무조건적·절대적 승낙(Unconditional and Absolute Acceptance)이 있을 경우 계약체결을 목적으로 하는 청약자의 피청약자에 대한 일방적·확정적 의사표시이다.

ⓛ 서면뿐만 아니라 구두청약(Oral Offer)도 유효한 청약이 되는데, 서면청약의 경우 보통 청약서 (Offer Sheet)를 사용하며 우리나라에서는 이를 물품매도확약서라 칭한다.

ⓒ 청약은 청약 주체를 기준으로 매도인 수출상이 매수인 수입상에게 판매조건을 제시하는 매도청약 (Selling Offer)과 매수인 수입상이 매도인 수출상에게 구매조건을 제시하는 매수청약(Buying Offer)으로 구분되는데, 일반적으로 매도청약을 오퍼/청약(Offer)이라 하고 매수오퍼를 주문(Order) 이라 한다.

② 청약(Offer)의 종류

㉠ 확정청약(Firm Offer) 13년 기출

ⓐ 청약자가 청약할 때 피청약자의 승낙(청약내용에 대한 동의의 의사표시기한을 정하여 그 기간 내 피청약자가 승낙) 시 즉각적인 계약체결을 예정하고 있는 청약을 말한다.

ⓑ (유효)기간 동안에는 청약자 자신도 청약의 내용을 변경·취소하지 못한다. 즉, 확정청약의 유효기 간 내에 상대방이 승낙을 하면 당사자 쌍방을 법률적으로 구속하는 매매계약이 성립하는 것이다.

ⓒ 일반적으로 청약자는 유효기간 내에는 확정청약을 임의로 철회할 수 없다고 해석되는 것이 원칙이 지만, 확정청약의 경우에도 불가항력(Force Majeure)이 발생한 경우나 상대방이 동의하는 경우 확정청약에 대한 취소나 변경이 가능하다. 영미법계에서는 "청약이 날인증서(Covenant)에 의해 행해진 경우"와 "청약의 철회불가능에 대해 대가를 지불한 경우" 이외에는 철회가 가능하다.

ⓓ 당사자 간 시차가 있는 경우에는 유효기간의 기준시를 명확히 해야 한다.

ⓔ 청약 기간은 다음과 같이 표시한다.

- We are pleased to offer you subject to your reply being received here by May 30, 2013.
- We offer you firm the following goods subject to your reply being received here by noon, April 5, 1998.
- Validity : Until noon, April 5, 1998

㉡ 불확정/자유청약(Free Offer)

ⓐ 청약자가 원청약 시에 피청약자의 승낙기한을 정하지 않거나(유효기간이 정해져 있지 않은 청약) 피청약자의 승낙만으로 계약이 성립할 수 있을 정도로 청약내용이 구체적이지 않은 경우를 불확 정청약이라 한다.

▷ We are pleased to offer you subject to change without notice.

ⓑ 불확정청약의 경우 피청약자가 승낙하기 이전에는 언제라도 당초에 정한 청약내용의 변경·취소 가 가능하다. 단 청약자의 청약에 승낙기한이 없더라도 "Firm"이라는 표현이 있으면 확정청약이 되며, 이 경우 승낙의 유효기간은 합리적인 기간 동안(Within Reasonable Time)으로 본다. 피청 약자가 승낙해도 청약자의 재확인이 필요하며(최종 계약체결권자는 청약자), 청약자의 자유의사 에 따라 언제든 변경·취소가 가능하다.

ⓒ 청약의 예비교섭에 불과한 Inquiry, Circular Letter, Catalog, Sample, Price-list, Estimate 또는 Quotation 등은 청약의 유인(Invitation to Offer) 단계이지 청약은 아니다.

ⓒ 조건부청약(Conditional Offer) : 청약자가 청약에 일정한 조건을 부가한 것으로 조건부청약이 모두 불확정청약은 아니며 청약자가 부가한 조건의 성격에 따라 확정청약, 불확정청약 또는 청약의 유인이 될 수도 있다. 13년 기출

Offer without Engagement (무확약 청약)	청약자가 계약조건을 사전 통보 없이 변경할 수 있는 조건부청약을 말한다. 즉, 청약에 제시된 가격이 미확정이어서 시세변동에 따라 변경될 수 있다는 조건을 붙인 청약(Offer Subject to Market Fluctuation) 등이다. ▷ We are pleased to make you an offer without engagement. ▷ We are pleased to make you an offer subject to market fluctuation.
Offer Subject to Being Unsold (재고잔류 조건부청약)	청약에 대한 승낙의사가 피청약자로부터 청약자에게 도달했다 해도 바로 계약이 성립되는 것이 아니라 그 시점에 당해 물품재고가 남아 있는 경우에 한해 계약이 성립되는 청약으로서 선착순매매 조건부청약(Offer Subject to Prior Sale)이라고도 한다. ▷ We are pleased to make you an offer subject to prior sale.
Offer on Approval (점검매매 조건부청약 /견본승인 청약)	명세서로서는 청약 승낙이 어려운 경우, 청약 시 견본을 송부하여 피청약자가 견본 점검 후 구매의사가 있으면 그 대금을 지급하고 그렇지 않으면 반품해도 좋다는 조건의 청약으로 주로 새로운 개발품이나 기계류와 같은 복잡한 상품에 사용된다.
Offer on Sale or Return (반품허용 조건부청약)	청약 시 물품을 대량으로 송부하여 피청약자가 이를 위탁판매하게 하고 미판매 잔여 물품은 다시 반납한다는 것을 조건으로 하는 청약이다. 피청약자가 위탁판매를 개시하는 경우 위탁판매계약이 성립하므로 이는 확정청약의 일종이다.
Sub-con Offer (확인조건부청약)	청약자가 청약을 할 때 단서로서 계약성립에는 청약자의 확인이 필요하다는 내용(Offer Subject to Final Confirmation)을 명시한 조건부청약이다. 즉, 청약에 대해 피청약자가 승낙해도 청약자의 최종확인이 있어야 계약이 성립하는 것이다. 따라서 이는 형식적으로는 청약이지만 그 본질은 청약이 아닌 청약의 유인(Invitation to Offer)에 지나지 않는다. 따라서 법적 측면에서 보면 확인조건부청약에 대한 피청약자의 승낙이 사실상 오퍼이며, 청약자의 최종확인이 승낙이 되는 것이다.

ⓔ 반대청약(Counter Offer) 14, 13년 기출

ⓐ 청약을 받은 피청약자가 원청약의 가격·수량·선적시기 등과 관련된 조건을 변경하거나 새로운 조항을 추가한 청약을 원청약자에게 보내는 것을 말한다.

ⓑ 반대청약은 원청약 거절임과 동시에 피청약자가 청약자에게 하는 새로운 청약으로서 승낙이 아니기 때문에 계약은 성립되지 않으며 피청약자의 반대청약에 대하여 원청약자가 승낙을 해야만 계약이 성립된다.

ⓒ 반대청약은 상대방의 최종 승낙이 있기 전까지 계속 진행될 수 있으며 대응청약이라고도 한다.

ⓜ 교차청약(Cross Offer)

ⓐ 청약자와 피청약자가 동시에 동일한 내용의 청약을 하는 것으로 이때 중요한 쟁점사항은 이를 계약의 성립으로 볼 것인가 여부인데 이에 관한 국제적 통일법규는 없다.

ⓑ "계약을 양 당사자 간 의사표시의 합치"로 보아 교차청약을 별도의 승낙이 필요 없는 계약성립으로 보는 국가는 우리나라, 일본, 독일 등의 대륙법계 국가이고, "어느 일방의 승낙이 없으면 계약이 성립되지 않는다"고 보아 교차청약을 계약성립으로 보지 않는 것은 영미의 판례이다.

③ 청약의 효력발생시기와 유효기간

　㉠ 청약이 효력을 발생하기 위해서는 청약의 내용이 상대방에게 전달되어야만 한다. 즉, 영미법과 우리 「민법」은 도달주의 원칙을 따르고 있으므로 청약이 상대방에게 도달됨으로써 그 효력이 발생한다. 따라서 청약 내용이 피청약자에게 도달되기 전에 철회되면 그 청약은 무효가 된다. 동시에 피청약자가 승낙의 의사표시를 발신하기 전에 청약 내용의 철회 또는 조건변경통지가 피청약자에게 도달할 경우에는 철회 또는 조건변경을 인정한다.

　㉡ 청약조건으로 승낙기간 지정 시 그 기간 내에 승낙이 있어야만 효력이 발생한다. 승낙기간 미지정 시에는 적절한 기간(Reasonable Period of Time) 내에 승낙하면 계약을 성립시킬 수 있다.

④ 청약의 효력 상실 13년 기출

　㉠ 승낙의 경우 : 청약은 승낙에 의해 합의가 성립되기 때문에 그 효력을 상실한다.

　㉡ 청약 거절 또는 반대청약(Rejection of Offer or Counter Offer) : 피청약자가 청약을 거절하면 청약의 효력은 소멸되며 이후에는 그 청약을 승낙해도 계약이 성립될 수 없다. 단 원청약 내용에 조건을 붙여 그 일부만을 승낙하는 부분적 승낙(Partial Acceptance)은 반대청약이 되어 원청약에 대한 거절 효과를 가지므로 최초 청약의 효력은 상실된다. 반면 피청약자가 청약자에 대하여 청약내용의 변경을 바라거나 문의하는 수준인 의뢰부 승낙(Acceptance Accompanied by Request)은 반대청약이 아니므로 청약의 효력에 영향을 미치지 않는다.

　㉢ 청약의 철회(Revocation of Offer) : 청약의 철회는 청약의 효력을 소멸시키는 의사표시이다. 이것은 반드시 상대방에게 통지되어야 하고, 그 통지는 상대방이 청약을 승낙하기 전에 상대방에게 도달해야 한다.

　㉣ 당사자의 사망(Death of Parties) : 청약자나 피청약자 중 일방이 청약이나 반대청약의 승낙 이전에 사망했을 경우 청약이나 반대청약은 그 효력을 상실한다.

　㉤ 시간의 경과(Lapse of Time) : 청약 내용에 승낙기간 지정 시 그 기간이 경과하면 청약의 효력이 소멸하게 되며, 미지정 시에는 적절한 기간(Reasonable Period of Time)이 경과하면 효력이 소멸한다.

(2) 승낙(Acceptance)

① 개 념 14년 기출

승낙은 청약에 대해 동의를 표시하는 피청약자의 진술 또는 기타의 행위를 의미하며, 승낙은 청약 내용과 원칙적으로 일치해야 한다. 즉, 승낙이란 피청약자가 청약자의 청약에 대하여 그 청약의 내용 또는 조건을 모두 수락하고 계약을 성립시키겠다는 의사표시인 것이다.

　▷ Your offer is satisfactory to us and we accept your offer unconditionally(귀사의 청약은 당사에 만족스러운 조건이며 이에 당사는 귀사의 청약을 무조건 승낙합니다).

② 계약을 유효하게 성립시키기 위한 조건 13년 기출

　㉠ 승낙은 청약의 유효기간 내에 행해져야 한다.

　㉡ 청약의 모든 내용에 대해 무조건 승낙(Unconditional Acceptance)하는 완전한 승낙(Complete Acceptance)이어야 한다. 따라서 청약 내용의 변경을 요구하거나 일정한 단서를 붙이는 경우는 승낙으로 보지 않고 반대청약(Counter Offer)이라고 하며 반대청약이 있을 경우에는 계약이 성립되지 않는다. 반대청약은 부분적 승낙(Partial Acceptance), 조건부 승낙(Conditional Acceptance) 등을 말한다.

▷ We accept your offer of May 12 in order to execute the first transaction with you(귀사와의 첫 번째 거래를 실행하고자 5월 12일자 청약을 승낙합니다).

ⓒ 승낙은 청약조건과 일치하여야 한다.

③ 승낙방법

　㉠ 승낙방법이 지정되어 있는 경우 : 지정된 통신수단을 이용하여 승낙해야 하며, 이때 청약자의 승인 없이 다른 통신수단을 이용하게 되면 그 계약은 무효가 된다.

　㉡ 승낙방법이 지정되어 있지 않은 경우 : 지정된 통신수단이 없는 경우에는 언어, 서면, 구두 또는 행위 등 합리적 방법으로 승낙하면 된다. 단, 가능하다면 청약자가 청약 시 이용한 방식을 따르는 것이 관행이다.

④ 승낙의 효력발생시기

　㉠ 승낙의 효력발생시기 규정 : 승낙의 효력발생시기에 관한 법률 규정에는 다음의 세 가지가 있는데 이러한 규정은 당사자의 특정이 없을 때 보충적으로 적용되는 임의규정이므로 당사자들이 임의로 합의해 정할 수 있다.

발신주의 (Post-mail Rule)	피청약자가 승낙의사표시를 발신했을 때 계약이 성립한다고 보는 입법주의
도달주의 (Receipt Rule)	피청약자의 승낙의사표시가 청약자에게 도달한 때에 계약이 성립한다고 보는 입법주의
요지주의	물리적으로 승낙의사표시가 도달될 뿐 아니라 청약자가 그 내용을 실질적으로 인지한 때 계약이 성립한다고 보는 입법주의. 의사표시 내용을 상대편이 완전히 알고 난 후 그 효력이 발생한다.

　㉡ 적용현실

　　ⓐ 원칙적으로 승낙의 효력발생시기는 의사표시에 대한 일반원칙(도달주의)에 따라 어느 나라(한·미·일·영·독·비엔나 협약)나 도달주의를 원칙으로 하고 있다.

　　ⓑ 승낙의사표시의 경우 대면·전화·텔렉스·팩시밀리·EDI와 같이 거의 동시상황으로 이루어지는 대화자 간에는 모든 나라가 도달주의를 원칙으로 하고 있다.

　　ⓒ 예외적으로 승낙의사표시의 경우 우편·전보와 같이 시차가 있는 통신수단으로 이루어지는 격지자 간에는 한·미·일·영은 발신주의를 채택하고 있다. 그러나 독일과 비엔나 협약[국제물품매매계약에 관한 UN협약(CISG)]에서는 격지자 간인 경우 도달주의를 채택하고 있다.

　㉢ 승낙의 철회

　　ⓐ 발신주의 채택 시 : 도착시간이 달라도 효력발생시기를 일률적으로 정할 수 있으며 일단 발신 후에는 승낙의 의사표시를 철회할 수 없다.

　　ⓑ 도달주의 채택 시(우편의 경우 가정) : 승낙을 하더라도 상대방에게 도달하기 전까지는 철회가 가능하다(우편승낙 후 도달 이전에 전화·팩스 등으로 승낙의사 철회 가능).

3. INCOTERMS 2020

(1) 개 념

① International Commercial Terms의 약칭으로서 무역거래에 사용되는 가격조건(Price Terms) 또는 정형거래조건(Trade Terms)의 해석에 관해 통일성을 부여하기 위하여 ICC(International Chamber of Commerce, 국제상공회의소)가 제정한 국제규칙이다. 1936년 제정된 이후 그 시기에 적합한 국제무역관행 및 흐름에 맞추어 나가기 위해 1953년, 1967년, 1976년, 1980년, 1990년, 2000년, 2010년에 개정이 이루어졌다. 그리고 2019년 9월 10일에 2020년 1월 1일부터 시행되는 INCOTERMS 2020이 발간되었다.

② INCOTERMS는 물품매매계약이라는 관점에서 계약당사자 중 수출상(매도인)에 대한 내용을 기술하고 있다. 즉, INCOTERMS는 물품매매계약 당사자 간의 소유권이전 문제(언제 매도인에게서 매수인에게로 소유권이 이전될 것인가에 대한 문제)에 대한 언급은 전혀 없고, 위험부담 분기점(어느 시점에서 물품의 멸실·손상 위험에 대한 부담주체가 매도인에서 매수인으로 이전되는가 하는 문제)과 비용이전 분기점(매도인이 어느 시점까지 비용을 부담하고 매수인이 어느 시점부터 비용을 부담할 것인가의 문제)에 대해서만 기술하고 있다. 즉, INCOTERMS의 의제는 '매도인(매수인이 아니고)이 계약물품 인도위험과 비용부담에서 벗어나는 시점이 언제인가'라고 할 수 있으며, 시종 매도인의 입장에서 이를 표현하고 있다.

③ 현재 INCOTERMS는 국가 간 상품운송에 따른 수출가격조건(무역거래조건)을 인도장소에 따라 크게 11가지의 형태로 정형화시켜, 국제매매거래에서 가격을 제시할 때 이 중 하나의 조건을 자유롭게 채택할 수 있도록 하고 있다.

(2) INCOTERMS 2020에 규정된 적용범위

① INCOTERMS는 모든 종류의 물품에 관한 거래관행을 반영하도록 고안되었다.

② 거래물품의 인도에 관하여 계약당사자의 권리와 의무에 관련된 사항, 즉 물품의 매매계약에 관련한 매도인과 매수인 간의 관계만을 취급한다. 따라서 기타 매매계약과 관련이 있는 운송, 보험 및 금융계약에 관하여는 적용되지 않는다.

③ 매도인의 물품인도의무와 대금지급의무 및 계약당사자 간 위험과 비용의 분담을 규정하고 있다. 나아가 물품의 수출입통관, 상대방에 대한 통지, 물품 검사 등의 의무를 규정하고 있다.

④ INCOTERMS는 매매계약에 따른 소유권 및 기타 재산권의 이전, 계약의 위반과 권리구제 등은 다루지 않는다. 이러한 문제는 매매계약의 기타 규정 및 준거법에 의해서 해결되어야 한다.

(3) INCOTERMS 2020의 주요 변경 내용

① 본선적재표기가 있는 선하증권과 FCA 규칙

FCA 매매에서 해상운송의 경우 본선적재표기가 있는 선하증권이 필요할 수 있다. 특히, 신용장 거래의 경우 본선적재표기가 있는 선하증권이 요구될 수 있으므로 FCA 규칙에서 본선적재표기가 있는 선하증권에 관한 규정을 신설하였다.

② CIP 최대부보의무

INCOTERMS 2010의 경우, CIP에서 매도인은 최소부보의무를 부담하였으나, INCOTERMS 2020에서는 최대부보의무를 부담한다. 즉, CIP에서 매도인은 ICC-A 약관으로 부보하여야 한다. CIF는 일차산품의 해상무역에서 널리 사용되는 조건이므로, 개정하지 아니하고 기존과 동일하게 최소 부보의무를 유지하도록 하였다.

③ 매도인/매수인의 운송수단에 의한 운송 허용

FCA, DAP, DPU, DDP에서 매도인/매수인의 운송수단에 의한 운송을 허용하고 있다.

④ DAT를 DPU로 변경

DAT(Delivered at Terminal)을 DPU(Delivered at Place Unloaded)로 명칭을 변경하면서 인도장소가 터미널 이외의 장소인 경우에도 DPU 조건을 사용할 수 있게 되었다.

㉠ 보안관련 의무 삽입 : 보안통관 및 보안관련 비용을 각 인코텀즈의 A4(운송), A7(수출/수입통관), A9/B9(비용분담)에 규정하였다.

㉡ 기타 일반적인 변경 사항

  ⓐ Explanatory Notes : 기존 Guidance Note가 Explanatory Notes for Users로 변경되었으며, 개별 인코텀즈 규칙들에 대한 보다 자세한 설명과 사진들이 추가되었다.

  ⓑ 조항순서 변경 : INCOTERMS 2020에서는 중요한 규정이 앞쪽에 배치되도록 개별규칙 내 조항순서를 아래와 같이 변경하였다.
    • A1/B1 General obligations
    • A2/B2 Delivery/Taking delivery
    • A3/B3 Transfer of risks
    • A4/B4 Carriage
    • A5/B5 Insurance
    • A6/B6 Delivery/Transport document
    • A7/B7 Export/Import clearance
    • A8/B8 Checking/Packaging/Marking
    • A9/B9 Allocation of costs
    • A10/B10 Notices

  ⓒ 기존 분류기준 유지 : INCOTERMS 2010 규칙에 도입된 기본분류법은 아래와 같이 유지되었다.
    • Rules for any mode or modes of transport(모든 운송방식에 적용되는 규칙) : EXW, FCA, CPT, CIP, DAP, DPU(舊 DAT), DDP
    • Rules for sea and inland waterway transport(해상 및 내수로운송에 적용되는 규칙) : FAS, FOB, CFR, CIF

Introduction to Incoterms® 2020
인코텀즈 2020 소개문 21, 20년 기출

1.

The purpose of the text of this Introduction is fourfold :

▶ to explain what the Incoterms® 2020 rules do and do NOT do and how they are best incorporated;
▶ to set out the important fundamentals of the Incoterms® rules : the basic roles and responsibilities of seller and buyer, delivery, risk, and the relationship between the Incoterms® rules and the contracts surrounding a typical contract of sale for export/import and also, where appropriate, for domestic sales;
▶ to explain how best to choose the right Incoterms® rule for the particular sale contract; and
▶ to set out the central changes between Incoterms® 2010 and Incoterms® 2020.

본 소개문의 목적은 다음 네 가지이다.

▶ 인코텀즈 2020 규칙이 무슨 역할을 하고 또 하지 않는지 그리고 어떻게 인코텀즈규칙을 가장 잘 편입시킬 수 있는지를 설명하는 것
▶ 다음과 같은 인코텀즈규칙의 중요한 기초들을 기술하는 것 : 매도인과 매수인의 기본적 역할과 책임, 인도, 위험 및 인코텀즈규칙과 계약들(전형적인 수출/수입매매계약 및 해당되는 경우 국내매매계약을 둘러싼 계약들) 사이의 관계
▶ 어떻게 당해 매매계약에 올바른 인코텀즈규칙을 가장 잘 선택할지를 설명하는 것
▶ 인코텀즈 2010과 인코텀즈 2020의 주요한 변경사항들을 기술하는 것

2.

The Introduction follows this structure :

I. What the Incoterms® rules do
II. What the Incoterms® rules do NOT do
III. How best to incorporate the Incoterms® rules
IV. Delivery, risk and costs in the Incoterms® 2020 rules
V. Incoterms® 2020 rules and the carrier
VI. Rules for the contract of sale and their relationship to other contracts
VII. The eleven Incoterms® 2020 rules – "sea and inland waterway" and "any mode(s) of transport" : getting it right
VIII. Order within the Incoterms® 2020 rules
IX. Differences between Incoterms® 2010 and Incoterms® 2020
X. Caution with variants of Incoterms® rules

본 소개문의 구조는 다음과 같다.

I. 인코텀즈규칙은 무슨 역할을 하는가
II. 인코텀즈규칙이 하지 않는 역할은 무엇인가
III. 어떻게 인코텀즈규칙을 가장 잘 편입시킬 수 있는가
IV. 인코텀즈 2020 규칙상 인도, 위험 및 비용
V. 인코텀즈 2020 규칙과 운송인
VI. 매매계약규칙 및 이것과 다른 계약들과의 관계
VII. 11개 인코텀즈 2020 규칙 – "해상운송과 내수로운송"에 적용되는 규칙 및 "모든 운송방식"에 적용되는 규칙 : 올바른 사용법
VIII. 인코텀즈 2020 규칙 내 조항의 순서
IX. 인코텀즈 2010과 인코텀즈 2020의 차이점
X. 인코텀즈규칙 변용 시 유의점

3.

This Introduction gives guidance on the use of, and about the fundamental principles behind, the Incoterms® 2020 rules.

본 소개문은 인코텀즈 2020 규칙의 사용과 그 기본원칙에 관한 지침을 제공한다.

Ⅰ. WHAT THE INCOTERMS® RULES DO
인코텀즈규칙은 무슨 역할을 하는가 23, 21년 기출

4.

The Incoterms® rules explain a set of eleven of the most commonly-used three-letter trade terms, e.g. CIF, DAP, etc., reflecting business-to-business practice in contracts for the sale and purchase of goods.

인코텀즈규칙은 물품매매계약 시 기업 간 거래관행(business-to-business practice)에 관한 세 글자 거래조건(trade term) 중 가장 일반적으로 사용되는 11개(CIF, DAP 등)를 설명한다.

5.

The Incoterms® rule describe :

▶ Obligations : Who does what as between seller and buyer, e.g. who organises carriage or insurance of the goods or who obtains shipping documents and export or import licences;
▶ Risk : Where and when the seller "delivers" the goods, in other words where risk transfers from seller to buyer; and
▶ Costs : Which party is responsible for which costs, for example transport, packaging, loading or unloading costs, and checking or security-related costs.

The Incoterms® rules cover these areas in a set of ten articles, numbered A1/B1 etc., the A articles representing the seller's obligations and the B articles representing the buyer's obligations. See paragraph 53 below.

인코텀즈규칙은 다음 사항을 규정한다.

▶ 의무 : 매도인과 매수인 사이에 누가 무엇을 하는지, 즉 누가 물품의 운송이나 보험을 마련하는지 또는 누가 선적서류와 수출 또는 수입허가를 취득하는지
▶ 위험 : 매도인은 어디서 그리고 언제 물품을 "인도"하는지, 다시 말해 위험은 어디서 매도인으로부터 매수인에게 이전하는지
▶ 비용 : 예컨대 운송비용, 포장비용, 적재 또는 양하비용 및 점검 또는 보안관련 비용에 관하여 어느 당사자가 어떤 비용을 부담하는지

인코텀즈규칙은 A1/B1 등의 번호가 붙은 일련의 10개의 조항에서 위와 같은 사항들을 다루는데, 여기서 A조항은 매도인의 의무를, 그리고 B조항은 매수인의 의무를 지칭한다. 아래 53번 단락을 보아라.

II. WHAT THE INCOTERMS® RULES DO NOT DO
인코텀즈규칙이 하지 않는 역할은 무엇인가 _{23, 21년 기출}

6.

The Incoterms® rules are NOT in themselves – and are therefore no substitute for – a contract of sale. They are devised to reflect trade practice for no particular type of goods – and for any. They can be used as much for the trading of a bulk cargo of iron ore as for five containers of electronic equipment or ten pallets of airfreighted fresh flowers.

인코텀즈규칙 그 자체는 매매계약이 아니며, 따라서 매매계약을 대체하지도 않는다. 인코텀즈규칙은 어떤 특정한 종류의 물품이 아니라 모든 종류의 물품에 관한 거래관행을 반영하도록 고안되어 있다. 인코텀즈규칙은 산적화물(bulk cargo) 형태의 철광석 거래에도 적용될 수 있고 5개의 전자장비 컨테이너 또는 항공운송되는 10개의 생화 팔레트의 거래에도 적용될 수 있다.

7.

The Incoterms® rules do NOT deal with the following matters :

인코텀즈규칙은 다음의 사항을 다루지 않는다.

▶ whether there is a contract of sale at all;
▶ the specifications of the goods sold;
▶ the time, place, method or currency of payment of the price;
▶ the remedies which can be sought for breach of the contract of sale;
▶ most consequences of delay and other breaches in the performance of contractual obligations;
▶ the effect of sanctions;
▶ the imposition of tariffs;
▶ export or import prohibitions;
▶ force majeure or hardship;
▶ intellectual property rights; or
▶ the method, venue, or law of dispute resolution in case of such breach.

▶ 매매계약의 존부
▶ 매매물품의 성상(性狀)
▶ 대금지급의 시기, 장소, 방법 또는 통화

▶ 매매계약 위반에 대하여 구할 수 있는 구제수단

▶ 계약상 의무이행의 지체 및 그 밖의 위반의 효과

▶ 제재의 효력
▶ 관세부과
▶ 수출 또는 수입의 금지
▶ 불가항력 또는 이행가혹
▶ 지식재산권 또는
▶ 의무위반의 경우 분쟁해결의 방법, 장소 또는 준거법

Perhaps most importantly, it must be stressed that the Incoterms® rules do NOT deal with the transfer of property/title/ownership of the goods sold.

아마도 가장 중요한 것으로, 인코텀즈규칙은 매매물품의 소유권/물권의 이전을 다루지 않는다는 점도 강조되어야 한다.

8.

These are matters for which the parties need to make specific provision in their contract of sale. Failure to do so is likely to cause problems later if disputes arise about performance and breach. In essence, the Incoterms® 2020 rules are not themselves a contract of sale : they only become part of that contract when they are incorporated into a contract which already exists. Neither do the Incoterms® rules provide the law applicable to the contract. There may be legal regimes which apply to the contract, whether international, like the Convention on the International Sale of Goods (CISG); or domestic mandatory law relating, for example, to health and safety or the environment.

위와 같은 사항들은 당사자들이 매매계약에서 구체적으로 규정할 필요가 있다. 그렇게 하지 않는다면 의무의 이행이나 위반에 관하여 분쟁이 발생하는 경우에 문제가 생길 수 있다. 요컨대 인코텀즈 2020 규칙 자체는 매매계약이 아니다. 즉, 인코텀즈규칙은 이미 존재하는 매매계약에 편입되는 때 그 매매계약의 일부가 될 뿐이다. 인코텀즈규칙은 매매계약의 준거법을 정하지도 않는다. 매매계약에 적용되는 법률체계(legal regimes)가 있으며, 이는 국제물품매매협약(CISG)과 같은 국제적인 것이거나 예컨대 건강과 안전 또는 환경에 관한 국내의 강행법률일 수 있다.

III. HOW BEST TO INCORPORATE THE INCOTERMS® RULES
어떻게 인코텀즈규칙을 가장 잘 편입시킬 수 있는가

9.

If parties want the Incoterms® 2020 rules to apply to their contract, the safest way to ensure this is to make that intention clear in their contract, through words such as
"[the chosen Incoterms® rule] [named port, place or point] Incoterms® 2020".

당사자들이 인코텀즈 2020 규칙이 계약에 적용되도록 하고자 하는 경우에 가장 안전한 방법은 계약에서 다음과 같은 문구를 통하여 그러한 의사를 명백하게 표시하는 것이다.
"[선택된 인코텀즈규칙] [지정항구, 장소 또는 지점] Incoterms® 2020".

10.

Thus, for example,
CIF Shanghai Incoterms® 2020, or
DAP No 123, ABC Street, Importland Incoterms® 2020.

따라서 예컨대,
CIF Shanghai Incoterms® 2020, 또는
DAP No 123, ABC Street, Importland Incoterms® 2020.

11.

Leaving the year out could cause problems that may be difficult to resolve. The parties, a judge or an arbitrator need to be able to determine which version of the Incoterms® rules applies to the contract.

연도를 빠트리면 해결하기 어려운 문제가 발생할 수 있다. 당사자, 판사 또는 중재인이 어떤 버전의 인코텀즈규칙이 계약에 적용되는지 결정할 수 있어야 한다.

12.

The place named next to the chosen Incoterms® rule is even more important :

▸ in all Incoterms® rules except the C rules, the named place indicates where the goods are "delivered", i.e. where risk transfers from seller to buyer;

▸ in the D rules, the named place is the place of delivery and also the place of destination and the seller must organise carriage to that point;

▸ in the C rules, the named place indicates the destination to which the seller must organise and pay for the carriage of the goods, which is not, however, the place or port of delivery.

선택된 인코텀즈규칙 바로 다음에 기명되는 장소는 더 중요하다.

▸ C 규칙을 제외한 모든 인코텀즈규칙에서 그러한 지정장소는 물품이 어디서 "인도"되는지, 즉 위험이 어디서 매도인으로부터 매수인에게 이전하는지를 표시한다.

▸ D 규칙에서 지정장소는 인도장소이자 목적지이고 매도인은 그 지점까지 운송을 마련하여야 한다.

▸ C 규칙에서 지정장소는 매도인이 그 운송을 마련하고 그 비용도 부담하여야 하는 물품 운송의 목적지이지만 인도장소나 인도항구는 아니다.

13.

Thus, an FOB sale raising doubt about the port of shipment leaves both parties uncertain as to where the buyer must present the ship to the seller for the shipment and the transport of the goods – and as to where the seller must deliver the goods on board so as to transfer risk in the goods from seller to buyer. Again, a CPT contract with an unclear named destination will leave both parties in doubt as to the point to which the seller must contract and pay for the transport of the goods.

따라서 선적항에 관하여 의문을 야기하는 FOB 매매는 매수인이 물품의 선적과 운송을 위하여 어디서 매도인에게 선박은 제공하여야 하는지에 관하여 – 또한 매도인은 위험이 매수인에게 이전되도록 하기 위하여 어디서 물품을 선적하여야 하는지에 관하여 – 양 당사자에게 불확실한 점을 남긴다. 마찬가지로 지정목적지가 불명확한 CPT 계약은 매도인이 체결하여야 하고 그 비용을 부담하여야 하는 물품운송계약의 목적지점에 관하여 양 당사자에게 의문을 남긴다.

14.

It is best to avoid these types of issues by being as geographically specific as possible in naming the port, place or point, as the case may be, in the chosen Incoterms® rule.

이러한 종류의 문제를 피하는 최상의 방법은 선택된 인코텀즈규칙에서 해당되는 항구나 장소 또는 지점의 지리적 위치를 가급적 구체적으로 지정하는 것이다.

15.

When incorporating a particular Incoterms® 2020 rule into a sale contract, it is not necessary to use the trademark symbol. For further guidance on trademark and copyright, please refer to https://iccwbo.org/Incoterms-copyright/.

특정한 인코텀즈 2020 규칙을 매매계약에 편입할 때, 상표표지(trademark symbol)까지 표기할 필요는 없다. 상표와 저작권에 관한 상세한 안내는 〈https:// iccwbo.org/Incoterms-copyright/〉를 참조하라.

기출문제

Incoterms® 2020 소개문(Introduction)에 관한 설명으로 옳지 않은 것은? 24년 기출

① When incorporating a particular Incoterms® 2020 rule into a sale contract, it is necessary to use the trademark symbol.

② In the C rules, the named place indicates the destination to which the seller must organise and pay for the carriage of the goods, which is not, however, the place or port of delivery.

③ In the D rules, the named place is the place of delivery and also the place of destination and the seller must organise carriage to that point.

④ In all Incoterms® rules except the C rules, the named place indicates where the goods are delivered, i.e. where risk transfers from seller to buyer.

⑤ The parties, a judge or an arbitrator need to be able to determine which version of the Incoterms® rules applies to the contract.

[해설]

① Incoterms® 2020 소개문 제15항에 해당하는 보기로, "When incorporating a particular Incoterms® 2020 rule into a sale contract, it is <u>not necessary</u> to use the trademark symbol."이 옳은 내용이다.

정답 ①

Ⅳ. DELIVERY, RISK AND COSTS IN THE INCOTERMS® 2020 RULES
인코텀즈 2020 규칙상 인도, 위험 및 비용

16.

A named place or port attached to the three letters, e.g. CIP Las Vegas or CIF Los Angeles, then, is critical in the workings of the Incoterms® 2020 rules. Depending on which Incoterms® 2020 rule is chosen, that place will identify either the place or port at which the goods are considered to have been "delivered" by the seller to the buyer, the place of "delivery", or the place or port to which the seller must organise the carriage of the goods, i.e. their destination; or, in the case of the D rules, both.

세 글자 다음에 부가되는 지정장소나 지정항구(예) CIP Las Vegas의 Las Vegas, CIF Los Angeles의 Los Angeles)는 인코텀즈 2020 규칙의 작동과정에서 매우 중요하다. 어떤 인코텀즈 2020 규칙이 선택되는지에 따라 그러한 장소는 물품이 매도인에 의하여 매수인에게 "인도된" 것으로 다루어지는 장소, 즉 "인도"장소를 규정하거나 매도인이 물품을 운송해야 하는 장소 또는 항구, 즉 매도인의 목적지를 규정하며, D 규칙의 경우에는 둘 모두를 규정한다.

17.

In all Incoterms® 2020 rules, A2 will define the place or port of "delivery" – and that place or port is closest to the seller in EXW and FCA (seller's premises) and closest to the buyer in DAP, DPU and DDP.

모든 인코텀즈 2020 규칙에서 A2는 "인도"의 장소나 항구를 규정한다. – 그리고 그러한 장소나 항구는 EXW와 FCA에서는 매도인에게 가장 가깝고(매도인의 영업구내) DAP와 DPU, DDP에서는 매수인에게 가장 가깝다.

18.

The place or port of delivery identified by A2 is critical both for risk and for costs.

A2에서 정해지는 인도장소나 인도항구는 위험과 비용 양 측면에서 매우 중요하다.

19.

The place or port of delivery under A2 marks the place at which risk transfers from seller to buyer under A3. It is at that place or port that the seller performs its obligation to provide the goods under the contract as reflected in A1 such that the buyer cannot recover against the seller for the loss of or damage to the goods occurring after that point has passed.

A2의 인도장소나 인도항구는 A3 하에서 위험이 매도인으로부터 매수인에게 이전하는 장소를 확정한다. 매도인은 이러한 장소와 항구에서 A1에 반영되어 있는 계약에 따른 물품인도의무를 이행하며 그에 따라 매수인은 그 지점을 지난 뒤에 발생하는 물품의 멸실 또는 훼손에 대하여 매도인에게 책임을 묻지 못한다.

20.

The place or port of delivery under A2 also marks the central point under A9 which allocates costs to seller and buyer. In broad terms, A9 allocates costs before the point of delivery to the seller and costs after that point to the buyer.

A2의 인도장소나 인도항구는 또한 A9 하에서 매도인과 매수인 사이에 비용을 할당하는 기준점을 확정한다. 대략 말하자면, A9에서 그러한 인도지점 전의 비용은 매도인이 분담하고 그러한 지점 후의 비용은 매수인이 부담한다.

Delivery points
Extremes and in-betweens : the four traditional Incoterms® rules groups
인도지점
극단적 그룹과 중간적 그룹 : 4가지의 전통적 인코텀즈 그룹 22년 기출

21.

Versions of the Incoterms® rules before 2010 traditionally grouped the rules into four, namely E, F, C and D, with E and D lying at extreme poles from each other in terms of the point of delivery and the F and C rules lying in between. while the Incoterms® rules have, since 2010, been grouped according to the means of transport used, the old groupings are still helpful in understanding the point of delivery. Thus, the delivery point in EXW is an agreed point for collection of the goods by the buyer, whatever the destination to which the buyer will take them. At the other extreme in DAP, DPU and DDP, the delivery point is the same as the destination point to which the seller or its carrier will carry the goods. In the first, EXW, risk transfers before the transport cycle even starts; in the second, the D rules, risk transfers very late in that cycle. Again, in the first, EXW and, for that matter, FCA (seller's premises), the seller performs its obligation to deliver the goods whether or not they actually arrive at their destination. In the second, the seller performs its obligation to deliver the goods only if they actually arrive at their destination.

2010 전의 인코텀즈규칙 버전들에서는 전통적으로 개별 규칙들을 4개 그룹, 즉 E 그룹, F 그룹, C 그룹 및 D 그룹으로 분류하였는데, 인도지점의 측면에서 E 그룹과 D 그룹은 양극단에 있고 F 그룹과 C 그룹은 그 중간에 있다. 2010 버전부터 인코텀즈규칙은 사용된 운송수단에 따라 그룹을 분류하고 있으나 과거의 분류방법은 아직도 인도지점을 이해하는 데 유익하다. 따라서 EXW에서 인도지점은 매수인이 물품을 수취하기로 합의된 지점이며, 매수인이 그 물품을 가져갈 목적지는 어느 곳이든 무방하다. 반대편 극단에 있는 DAP, DPU 및 DDP의 경우에 인도지점은 매도인이나 그의 운송인이 운송할 물품의 목적지와 동일하다. 전자 즉, EXW 의 경우에는 운송과정이 시작되기도 전에 위험이 이전한다. 후자 즉, D 규칙의 경우에는 운송과정의 막바지에 이르러 위험이 이전한다. 또 전자 즉, EXW의 경우 및 같은 문제로 FCA(매도인의 영업구내)의 경우에 매도인의 물품인도의무는 물품이 실제로 목적지에 도착하는지와 무관하다. 후자의 경우에 매도인은 물품이 실제로 목적지에 도착한 경우에만 물품인도의무를 이행한 것으로 된다.

22.

The two rules at the extreme ends of the Incoterms® rules are EXW and DDP. However, traders should consider alternative rules to these two for their international contracts. Thus, with EXW the seller has to merely put the goods at the buyer's disposal. This may cause problems for the seller and the buyer, respectively, with loading and export clearance. The seller would be better advised to sell under the FCA rule. Likewise, with DDP, the seller owes some obligations to the buyer which can only be performed within the buyer's country, for example obtaining import clearance. It may be physically or legally difficult for the seller to carry out those obligations within the buyer's country and a seller would therefore be better advised to consider selling goods in such circumstances under the DAP or DPU rules.

인코텀즈규칙들 중 양극단에는 EXW와 DDP 규칙이 있다. 그러나 거래당사자들은 국제계약에서는 이러한 두 가지를 대체하는 규칙을 고려하여야 한다. EXW의 경우에 매도인은 물품을 단지 매수인의 처분 하에 두기만 하면 된다. 이는 적재와 수출통관에 관하여 매도인과 매수인에게 각자 문제를 야기할 수 있다. 따라서 매도인은 FCA 규칙으로 매매하는 것이 더 좋다. 마찬가지로 DDP의 경우에 매도인은 매수인 국가에서만 이행될 수 있는 의무들, 예컨대 수입통관을 할 의무를 부담한다. 매도인이 그러한 의무들을 매수인 국가에서 이행하기는 물리적으로나 법적으로 어려울 수 있고, 따라서 매도인은 그러한 경우에 DAP나 DPU 규칙으로 물품을 매매하는 것을 고려하는 것이 더 좋다.

23.

Between the two extremes of E and D rules, there lie the three F rules(FCA, FAS and FOB), and the four C rules(CPT, CIP, CFR and CIF).

양극단의 E 규칙과 D 규칙 사이에 3개의 F 규칙(FCA, FAS 및 FOB)과 4개의 C 규칙(CPT, CIP, CFR 및 CIF)이 있다.

24.

With all seven F and C rules, the place of delivery is on the seller's side of the anticipated carriage : consequently sales using these Incoterms® rules are often called "shipment" sales. Delivery occurs, for example,

a) when the goods are placed on board the vessel at the port of loading in CFR, CIF and FOB; or
b) by handing the goods over to the carrier in CPT and CIP; or
c) by loading them on the means of transport provided by the buyer or placing them at the disposal of the buyer's carrier in FCA.

모두 7개의 F 규칙 및 C 규칙에서 인도장소는 예정된 운송[구간 상] 매도인 쪽에 있다. 따라서 이러한 인코텀즈규칙을 사용하는 매매를 흔히 "선적"매매("shipment" sales)라 한다. 인도는 다음과 같이 일어난다.

a) CFR, CIF 및 FOB에서는 물품이 선적항에서 선박에 적재된 때, 또는
b) CPT 및 CIP에서는 물품을 운송인에게 교부함으로써 또는
c) FCA에서는 물품을 매수인이 제공하는 운송수단에 적재하거나 매수인의 운송인의 처분 하에 둠으로써

In the F and C groups, risk transfers at the seller's end of the main carriage such that the seller will have performed its obligation to deliver the goods whether or not the goods actually arrive at their destination. This feature, of being shipment sales with delivery happening at the seller's end early in the transit cycle, is common to the F and the C rules, whether they are the maritime Incoterms® rules or the Incoterms® rules intended for any mode[s] of transport.

F 그룹과 C 그룹에서 위험은 주된 운송을 위한 매도인의 끝단에서 이전하며 그에 따라 매도인은 물품이 실제로 목적지에 도착하는지 여부와 무관하게 그의 물품인도의무를 이행한 것으로 된다. 이러한 특징, 즉 선적매매의 경우에 인도는 운송과정의 초반에 매도인의 끝단에서 일어난다는 특징은 그것이 해상운송을 위한 인코텀즈규칙인지 또는 모든 운송방식을 위한 인코텀즈규칙인지에 관계없이 F 규칙과 C 규칙에 공통된다.

25.

The F and the C rules do, however, differ as to whether it is the seller or buyer who contracts for or arranges the carriage of the goods beyond the place or port of delivery. In the F rules, it is the buyer who makes such arrangements, unless the parties agree otherwise. In the C rules, this obligation falls to the seller.

그러나 F 규칙과 C 규칙은 인도장소나 인도항구 이후의 물품운송계약을 체결하거나 운송을 마련하는 당사자가 매도인인지 아니면 매수인인지에 관하여 다르다. F 규칙에서는 당사자들이 달리 합의하지 않은 경우 매수인이 그렇게 하여야 한다. C 규칙에서는 이러한 의무를 매도인이 부담한다.

26.

Given that a seller on any of the C rules contracts for or arranges the carriage of the goods beyond delivery, the parties need to know what the destination is to which it must arrange carriage – and that is the place attached to the name of the Incoterms® rule, e.g. "CIF the port of Dalian" or "CIP the inland city of Shenyang". Whatever that named destination is, that place is not and never becomes the place of delivery. Risk will have transferred on shipment or on handing over the goods at the place of delivery, but the contract of carriage must have been made by the seller for the named destination. Delivery and destination, then, in the C rules, are necessarily not the same place.

모든 C 규칙에서는 매도인이 인도 이후의 물품운송계약을 체결하거나 운송을 마련하도록 하므로 당사자들은 그 운송의 목적지가 어디인지를 알아야 할 필요가 있는데, 당해 인코텀즈규칙의 명칭 뒤에 부가되는 지명 예컨대 "CIF the port of Dalian" 또는 "CIP the inland city of Shenyang"이 곧 그러한 목적지이다. 그러한 지정목적지가 어디든지 간에 그러한 장소는 결코 인도장소가 아니며 인도장소로 되지도 않는다. 위험은 인도장소에서 물품의 선적과 동시에 또는 교부와 동시에 이미 이전하나, 그 전에 지정목적지로 향하는 운송계약은 매도인이 체결하였어야 한다. 따라서 C 규칙에서는 인도지와 목적지가 반드시 동일한 곳이 아니다.

V. INCOTERMS ® 2020 RULES AND THE CARRIER
인코텀즈 2020 규칙과 운송인 24년 기출

27.

In the F and the C rules, placing the goods, for example, on board the vessel or handing them over to, or placing them at the disposal of, the carrier marks the point at which the goods are "delivered" by the seller to the buyer. Therefore this is the point at which risk transfers from the seller to the buyer.

F 규칙과 C 규칙에서는 예컨대 물품을 선박에 적재하거나 운송인에게 교부하거나 운송인의 처분 하에 둠으로써 물품이 매도인에 의하여 매수인에게 "인도된" 지점이 확정된다. 따라서 이 지점에서 위험이 매도인으로부터 매수인에게 이전한다.

28.

Given those two important consequences, it becomes essential to identify who the carrier is where there is more than one carrier, each carrying out a separate leg of transport, for instance by road, rail, air or sea. Of course, where the seller has taken the far more prudent course of making one contract of carriage with one carrier taking responsibility for the entire carriage chain, in a so-called "through" contract of carriage, the problem does not arise. However, where there is no such "through" carriage contract, the goods could be handed over (where the CIP or CPT rules are used) to a road-haulier or rail company for onward transmission to a sea carrier. The same situation may arise with exclusively maritime transport where, for example, the goods are first handed over to a river or feeder short-sea carrier for onward transmission to an ocean carrier.

위와 같은 두 가지의 중요한 효과 때문에 개별 운송구간 예컨대 도로, 철도, 항공 또는 해상운송구간을 각각 따로 담당하는 복수의 운송인 있는 경우에 누가 운송인인지를 확정하는 것은 매우 중요하다. 물론 매도인이 매우 신중을 기하여 단일운송인이 운송의 모든 운송구간을 책임지는 하나의 운송계약을 체결하는 이른바 "통"운송계약("through" carriage contract)을 체결하는 경우에는 문제가 발생하지 않는다. 그러나 그러한 "통"운송계약이 없는 경우에 물품은 (CIP나 CPT 규칙이 사용되는 경우) 후속하는 해상운송인에게 전달하기 위하여 먼저 도로운송회사나 철도회사에게 교부될 수 있다. 해상운송만이 단독으로 사용되는 경우에도 예컨대 물품이 후속하는 해양운송인에게 전달하기 위하여 먼저 강호(江湖)운송인이나 연안의 피더운송인에게 교부되는 때에는 같은 상황이 발생할 수 있다.

29.

In these situations, when does the seller "deliver" the goods to the buyer : when it hands the goods over to the first, second or third carrier?

이러한 경우에 매도인은 물품을 언제 매수인에게 "인도"한 것이 되는가? 최초운송인에게 교부한 때인가 아니면 둘째 또는 셋째 운송인에게 교부한 때인가?

30.

Before we answer that question, a preliminary point. While in most cases the carrier will be an independent third party engaged under a contract of carriage by either the seller or the buyer (depending on whether the parties have chosen a C Incoterms® rule or an F Incoterms® rule), there are situations where no such independent third party is engaged at all because the seller or the buyer itself will carry the goods sold. This is more likely to happen in the D rules(DAP, DPU and DDP), where the seller may use its own means of transport to carry the goods to the buyer at the delivery destination. Provision has therefore been made in the Incoterms® 2020 rules for a seller under the D rules either to contract for carriage or to arrange for carriage, that is to say through its own means of transport : see A4.

그 질문에 대답하기 전에 선결문제가 있다. 대부분의 경우에 운송인은 (당사자들이 인코텀즈 C 규칙 또는 F 규칙을 선택하였는지에 따라) 매도인 또는 매수인이 운송계약에 따라 사용하는 독립된 제3자일 것이지만, 매도인 또는 매수인이 매매물품을 직접 운송함으로 인하여 그러한 독립된 제3자가 전혀 존재하지 않는 경우가 있을 수 있다. 이러한 일은 매도인이 자신의 운송수단을 사용하여 인도장소인 목적지까지 물품을 운송할 수도 있는 D 규칙(DAP, DPU 및 DDP)에서 더 일어날 수 있다. 따라서 인코텀즈 2020 규칙에서는 D 규칙상 매도인이 운송계약을 체결하거나 아니면 운송을 마련하도록 즉 자신의 운송수단으로 운송하도록 규정을 신설하였다. A4를 보아라.

31.

The question asked at paragraph 29 above is not simply a "carriage" question : it is an important "sale" question. The question is not which carrier can a seller or buyer of goods damaged in transit sue under the contract of carriage. The "sale" question is : where there is more than one carrier involved in the carriage of the goods from seller to buyer, at which point in the carriage string does the handing over of the goods mark the point of delivery and the transfer of risk as between seller and buyer?

위의 29번 단락에서 제기된 질문은 단순히 "운송"문제가 아니다. 이는 중요한 "매매"문제이다. 이 문제는 운송 중 훼손된 물품에 관하여 매도인이나 매수인이 어느 운송인에게 운송계약상 책임을 물을 수 있는지의 문제가 아니다. 이는 "매매"문제이며, 물품을 매도인으로부터 매수인에게까지 운송하는 데 복수의 운송인이 참여한 경우에 운송과정 중 어느 지점에서 일어난 물품교부가 인도지점을 확정하는지 그리고 매도인과 매수인 사이에 위험이전을 초래하는지의 문제이다.

32.

There needs to be a simple answer to this question because the relationships between the multiple carriers used, and between the seller and/or the buyer with those several carriers, will be complex, depending as they do on the terms of a number of separate contracts of carriage. Thus, for example, in any such chain of contracts of carriage, one carrier, such as a carrier actually performing a leg of the transit by road, may well act as the seller's agent in concluding a contract of carriage with a carrier by sea.

이 문제에 대해서는 간단한 대답이 필요하다. 복수의 개별 운송계약들의 계약조건 여하에 따라 복수의 운송인들 사이의 관계와 매도인 및/또는 매수인과 그러한 복수의 운송인 사이의 관계는 복잡할 것이기 때문이다. 따라서 예컨대 그러한 일련의 운송계약(chain of contracts of carriage)에서 도로운송구간을 실제로 담당한 운송인과 같은 어떤 운송인은 해상운송인과 운송계약을 체결함에 있어서 매도인의 대리인(seller's agent)으로 행동할 수 있다.

33.

The Incoterms® 2020 rules give a clear answer to this question where the parties contract on FCA. In FCA, the relevant carrier is the carrier nominated by the buyer to whom the seller hands over the goods at the place or point agreed in the contract of sale. Thus even if a seller engages a road haulier to take the goods to the agreed delivery point, risk would transfer not at the place and time where the seller hands the goods over to the haulier engaged by the seller, but at the place and time where the goods are placed at the disposal of the carrier engaged by the buyer. This is why the naming of the place or point of delivery as precisely as possible is so important in FCA sales. The same situation can arise in FOB if a seller engages a feeder vessel or barge to take the goods to the vessel engaged by the buyer. A similar answer is provided by Incoterms® 2020 : delivery occurs when the goods are placed on board the buyer's carrier.

인코텀즈 2020 규칙은 당사자들이 FCA로 계약한 경우에 이 문제에 대하여 분명한 답을 제공한다. FCA에서 관련운송인(relevant carrier)은 매수인이 지정한 운송인이며 매도인은 매매계약상 합의된 장소 또는 지점에서 그 운송인에게 물품을 교부한다. 따라서 매도인이 도로운송인을 사용하여 물품을 합의된 인도지점까지 운송하더라도 위험은 매도인이 사용한 도로운송인에게 물품을 교부한 장소와 시점이 아니라 물품이 매수인이 사용한 운송인의 처분 하에 놓인 장소와 시점에 이전한다. 이 때문에 FCA 매매에서는 인도장소나 인도지점을 가급적 정확하게 지정하는 것이 매우 중요하다. FOB에서도 매도인이 피더선이나 바지선을 사용하여 물품을 매수인이 사용한 선박에 넘기도록 한 경우에도 동일한 상황이 발생할 수 있다. 이에 대하여 인코텀즈 2020은 유사한 답을 제공한다. 즉, 인도는 물품이 매수인의 운송인에게 적재된 때 일어난다.

With the C rules, the position is more complex and may well attract different solutions under different legal systems. In CPT and CIP, the relevant carrier is likely to be regarded, at any rate in some jurisdictions, as the first carrier to whom the seller hands over the goods under A2 (unless the parties have agreed on the point of delivery). The buyer knows nothing of the contractual arrangements made between the seller and the first or subsequent carriers, or indeed between that first carrier and subsequent carriers. What the buyer does know, however, is that the goods are "in transit" to him or her – and that "transit" starts as far as the buyer knows, when the goods are put by the seller into the hands of the first carrier. The consequence is that risk transfers from seller to buyer at that early stage of "delivery" to the first carrier. The same situation can arise in CFR and CIF if a seller engages a feeder vessel or barge to take the goods to the agreed port of shipment, if any. A similar answer might be suggested in some legal systems : delivery occurs when the goods are placed on board the vessel at the agreed port of shipment, if any.

C 규칙에서는 상황이 더 복잡하며, 법제에 따라 다른 해법들을 도출할 것이다. CPT와 CIP의 경우에 어쨌든 어떤 법역에서는 관련운송인이 (당사자들이 인도지점에 관하여 합의하지 않았다면) 매도인이 A2 하에서 물품을 교부한 최초운송인(first carrier)으로 간주될 가능성이 있다. 매수인은 매도인과 최초운송인 또는 후속운송인 사이에 또는 최초운송인과 후속운송인 사이에 체결된 운송계약에 관하여 사실상 아는 것이 없다. 단지 매수인이 아는 것은 물품이 자신에게로 "운송 중"에 있다는 점 – 그리고 매수인이 아는 한 "운송"은 매도인이 물품을 최초운송인의 수중에 넘긴 때 시작한다는 점이다. 그 결과, 위험은 그러한 "인도"(delivery)의 초기단계 즉, 최초운송인에게 인도된 때 매도인으로부터 매수인에게 이전한다. CFR과 CIF에서도 매도인이 물품을 합의된 선적항이 있다면 그러한 선적항으로 가져가기 위하여 피더선이나 바지선을 사용한 경우에는 동일한 상황이 발생할 수 있다. 이에 대하여 일부 법제에서는 유사한 결론을 내린다. 즉, 인도는 물품이 합의된 선적항이 있다면 그러한 선적항에서는 선박에 적재된 때 일어난다.

Such a conclusion, if adopted, may seem harsh on the buyer. Risk would transfer from seller to buyer in CPT and CIP sales when the goods are handed over to the first carrier. The buyer does not know at that stage whether or not that first carrier is responsible for loss of or damage to the goods under the relevant carriage contract. The buyer is not a party to that contract, has no control over it and will not know its terms. Yet, despite this, the buyer would end up bearing the risk in the goods from the very earliest moment of handing over, possibly without recovery against that first carrier.

이러한 결론은 만약 채택된다면 매수인에게 가혹하게 보일 수 있다. CPT와 CIP매매에서 위험은 물품이 최초운송인에게 교부된 때 매도인으로부터 매수인에게 이전한다. 이러한 단계에서 매수인은 최초운송인이 관련운송계약(relevant carriage contract)상 물품의 멸실 또는 훼손에 대하여 책임을 지는지 여부를 알지 못한다. 매수인은 그러한 계약의 당사자가 아니고, 그에 대하여 어떠한 통제를 할 수도 없고, 그 계약조건을 알지도 못할 것이다. 그럼에도 불구하고 매수인은 아마도 최초운송인에 대한 구상권을 갖지 못한 채 바로 그 물품교부의 최초시점으로부터 물품의 위험을 부담하게 되어버린다.

Incoterms® 2020 소개문(Introduction) 일부이다. (   )에 들어갈 용어를 순서대로 옳게 나열한 것은? 24년 기출

○ Incoterms® 2020 rules for a seller under the (   ) either to contract for carriage or to arrange for carriage, that is to say through its own means of transport.

○ In (   ), the relevant carrier is the carrier nominated by the buyer to whom the seller hands over the goods at the place or point agreed in the contract of sale.

○ In (   ) if a seller engages a feeder vessel or barge to take the goods to the vessel engaged by the buyer.

○ (   ) occurs when the goods are placed on board the vessel at the agreed port of shipment.

○ Risk would transfer from seller to buyer in CPT and CIP sales when the goods are handed over to the (   ) carrier.

① C rules – FOB – FCA – Delivery – last
② C rules – FCA – FOB – Carriage – first
③ C rules – FCA – FCA – Carriage – last
④ D rules – FCA – FOB – Delivery – first
⑤ D rules – FOB – FCA – Delivery – first

해설

Incoterms® 2020 소개문(Introduction) 제30항, 제33항, 제34항, 제35항에 해당하는 내용으로, 순서대로 D rules – FCA – FOB – Delivery – first가 들어가야 한다.

정답 ④

36.

While the buyer would end up bearing the risk of loss of or damage to the goods at an early stage of the transport chain, it would, on this view however, have a remedy against the seller. A2/A3 do not operate in a vacuum : under A4, the seller must contract for the carriage of the goods "from the agreed point of delivery, if any, at the place of delivery to the named place of destination or, if agreed, any point at that place." Even if risk has transferred to the buyer at the time the goods were handed over to the first carrier under A2/A3, if that first carrier does not undertake responsibility under its contract of carriage for the through carriage of the goods to the named destination, the seller, on the view, would remain liable to the buyer under A4. In essence, the seller should make a contract of carriage to the destination named under the contract of sale.

매수인은 결국 운송과정의 초기단계에서 물품의 멸실 또는 훼손의 위험을 부담하는 것으로 종결될 것이지만 그럼에도 매수인은 매도인에 대하여 구제수단을 갖기도 한다. A2/A3는 진공상태에서 작동하는 것이 아니기 때문이다. 즉 A4 하에서 매도인은 "합의된 인도지점이 있는 때에는 인도장소에서 지정목적지까지 또는 합의가 있는 때에는 그 지정목적지의 어느 지점까지" 물품을 운송하는 계약을 체결하여야 한다. 비록 물품이 A2/A3에 따라 최초운송인에게 교부된 때 위험이 매수인에게 이전하였더라도 만약 그 최초운송인이 자신의 운송계약상 물품을 지정목적지까지 통운송(through carriage)을 하는 책임을 부담하지 않는다면, 매도인은 이러한 견해에서는 A4 하에서 매수인에 대하여 책임이 있다. 요컨대 매도인은 매매계약에서 지정된 목적지까지 운송하는 운송계약을 체결하여야 한다.

Ⅵ. RULES FOR THE CONTRACT OF SALE AND THEIR RELATIONSHIP TO OTHER CONTRACTS
매매계약규칙 및 이것과 다른 계약들과의 관계

37.

This discussion of the role of the carrier in the delivery of the goods as between the seller and the buyer in the C and F Incoterms® rules raises the question : what role do the Incoterms® rules play in the contract of carriage, or indeed, in any of the other contracts typically surrounding an export contract, for example an insurance contract or a letter of credit?

인코텀즈 C 규칙과 F 규칙에서 운송인이 매도인과 매수인 사이에서 물품인도에 관하여 어떤 역할을 하는지에 관한 논의는 의문을 야기한다. 즉, 인코텀즈규칙은 과연 운송계약에서, 또는 보험계약이나 신용장과 같은 수출계약을 둘러싼 다른 통상적인 계약들에서 어떤 역할을 하는가?

38.

The short answer is that the Incoterms® rules do not form part of those other contracts : where incorporated, the Incoterms® rules apply to and govern only certain aspects of the contract of sale.

짧은 대답은 인코텀즈규칙은 그러한 다른 계약들의 일부를 이루지 않는다는 것이다. 즉 인코텀즈규칙은 편입되는 경우에 매매계약의 단지 일정한 국면에 적용되고 이를 규율한다.

39.

This is not the same as saying, however, that the Incoterms® rules have no impact on those other contracts. Goods are exported and imported through a network of contracts that, in an ideal world, should match the one with the other. Thus, the sale contract, for example, will require the tender of a transport document issued by the carrier to the seller/shipper under a contract of carriage and against which the seller/shipper/beneficiary might wish to be paid under a letter of credit. Where the three contracts match, things go well; where they do not, problems rapidly arise.

그러나 이는 인코텀즈규칙이 그러한 다른 계약들에 어떠한 영향도 주지 않는다는 말은 아니다. 물품은 이상적인 세계에 서라면 상호대응되는 계약들의 네트워크를 통하여 수출되고 수입된다. 따라서 매매계약은 예컨대 운송인이 운송계약상 매도인/송하인(seller/ shipper)에게 발행하는 운송서류의 제공을 요구하고 매도인/송하인/수익자(seller/shipper/beneficiary)는 신용장상 그러한 운송서류와 상환으로 대금을 지급받고자 할 수 있다. 이러한 세 계약이 일치할 때 일이 잘 진행되고 그렇지 않을 때 문제가 속히 발생한다.

40.

What the Incoterms® rules say, for example, about carriage or transport documents (in A4/B4 and A6/B6), or what they say about insurance cover (A5/B5), does not bind the carrier or the insurer or any of the banks involved. Thus, a carrier is only bound to issue a transport document as required by the contract of carriage it makes with the other party to that contract : it is not bound to issue a transport document complying with the Incoterms® rules. Likewise, an insurer is bound to issue a policy to the level and in the terms agreed with the party purchasing the insurance, not a policy which complies with the Incoterms® rules. Finally, a bank will look only at the documentary requirements in the letter of credit, if any, not at the requirements of the sales contract.

예컨대 운송과 운송서류에 관한 인코텀즈규칙의 규정(A4/B4 및 A6/B6) 또는 부보에 관한 규정(A5/B5)은 관련된 해당 운송인이나 보험자 또는 어떤 은행도 구속하지 않는다. 따라서 운송인은 자신이 그의 상대방과 체결하는 운송계약에서 요구되는 바에 따라 운송서류를 발행할 의무가 있을 뿐이다. 즉 운송인은 인코텀즈규칙에 일치하는 운송서류를 발행할 의무가 없다. 마찬가지로 보험자는 인코텀즈규칙과 일치하는 보험증권이 아니라 그의 보험을 구매한 자와 합의한 수준과 조건을 갖춘 보험증권을 발행할 의무가 있다. 끝으로 은행은 매매계약조건이 아니라 신용장상의 서류 요건이 있다면 그것만 검토할 것이다.

기출문제

Incoterms® 2020 소개문(Introduction) 일부이다. 매매계약규칙 및 다른 계약들과의 관계에 관한 내용으로 옳지 않은 것은? 24년 기출

① The Incoterms® rules apply to and govern only certain aspects of the contract of sale.

② A carrier is not bound to issue a transport document complying with the Incoterms® rules.

③ An insurer is bound to issue a policy to the level and in the terms agreed with the party purchasing the insurance, not a policy which complies with the Incoterms® rules.

④ A bank will look only at the documentary requirements in the letter of credit, if any, not at the requirements of the sales contract.

⑤ What the Incoterms® rules say about carriage or transport documents, or what they say about insurance cover, binds the carrier or the insurer or any of the banks involved.

해설

⑤ Incoterms® 2020 소개문(Introduction) 제40항에 해당하는 보기로, "What the Incoterms® rules say, for example, about carriage or transport documents, or what they say about insurance cover, <u>does not bind</u> the carrier or the insurer or any of the banks involved."가 옳은 내용이다.

정답 ⑤

41.

However, it is very much in the interests of all the parties to the different contracts in the network to ensure that the carriage or insurance terms they have agreed with the carrier or insurer, or the terms of a letter of credit, comply with what the sale contract says about ancillary contracts that need to be made or documents that need to be obtained and tendered. That task does not fall on the carrier, the insurer or the bank, none of whom are party to the contract of sale and none of whom are, therefore, party to or bound by the Incoterms® 2020 rules. It is, however, in the seller's and buyer's interest to try to ensure that the different parts of the network of contracts match — and the starting point is the sale contract — and therefore, where they apply, the Incoterms® 2020 rules.

그러나 그 네트워크 안에 포함되는 다른 계약들의 모든 당사자들은 그들이 운송인이나 보험자와 합의한 운송조건이나 보험조건 또는 신용장조건이 매매계약의 내용에서 장차 체결되어야 하는 부수적 계약들이나 장차 구비되어 제공되어야 하는 서류들에 관한 부분과 일치되도록 하는 데 매우 많은 이해관계를 갖는다. 이러한 작업은 매매계약의 당사자도 아니고 따라서 인코텀즈 2020 규칙의 당사자도 아니고 이에 구속되지도 않는 운송인이나 보험자 또는 은행이 하는 일이 아니다. 그러나 매도인과 매수인은 자신의 이익을 위하여 위 계약의 네트워크상 다른 부분들이 - 먼저 매매계약과 일치하도록 하고 - 그에 따라 해당되는 경우에는 인코텀즈 2020 규칙과 일치하도록 노력하게 된다.

Ⅶ. THE ELEVEN INCOTERMS® 2020 RULES – "SEA AND INLAND WATERWAY" AND "ANY MODE(S) OF TRANSPORT" : GETTING IT RIGHT

11개 인코텀즈 2020 규칙 – "해상운송과 내수로운송"에 적용되는 규칙 및 "모든 운송방식"에 적용되는 규칙 : 올바른 사용법 21년 기출

42.

The main distinction introduced in the Incoterms® 2010 rules, that between Rules for any Mode or Modes of Transport (comprising EXW, FCA, CPT, CIP, DAP, the newly named DPU – the old DAT – and DDP), and Rules for Sea and Inland Waterway Transport (comprising FAS, FOB, CFR and CIF), has been retained.

인코텀즈 2010 규칙에 도입된 기본분류법, 즉 "모든 운송방식에 적용되는 규칙"[즉 EXW, FCA, CPT, CIP, DAP, 신설 DPU(구 DAT) 및 DDP]과 "해상운송과 내수로운송에 적용되는 규칙"(즉 FAS, FOB, CFR 및 CIF)으로 구분하는 방법은 유지되었다.

43.

The four so-called "maritime" Incoterms® rules are intended for use where the seller places the goods on board (or in FAS alongside) a vessel at a sea or river port. It is at this point that the seller delivers the goods to the buyer. When these rules are used, the risk of loss of or damage to those goods is on the buyer's shoulders from that port.

4개의 이른바 "해상" 인코텀즈규칙("maritime" Incoterms® rule)은 매도인이 물품을 바다나 강의 항구에서 선박에 적재하는 (FAS에서는 선측에 두는) 경우에 사용하도록 고안되었다. 이러한 지점에 매도인은 매수인에게 물품을 인도한다. 이러한 규칙이 사용되는 경우에 물품의 멸실 또는 훼손의 위험은 그러한 항구로부터 매수인이 부담한다.

44.

The seven Incoterms® rules for any mode or modes of transport (so-called "multi-modal"), on the other hand, are intended for use where
a) the point at which the seller hands the goods over to, or places them at the disposal of, a carrier, or
b) the point at which the carrier hands the goods over to the buyer, or the point at which they are placed at the disposal of the buyer, or
c) both point (a) and (b)
are not on board (or in FAS alongside) a vessel.

한편 모든 운송방식에 적용되는 7개의 인코텀즈규칙[이른바 "복합운송" 인코텀즈규칙("multi-modal" Incoterms® rule]은 다음과 같은 지점이 선상(船上)(또는 FAS에서는 선측)이 아닌 경우에 사용되도록 고안되었다.
a) 매도인이 물품을 운송인에게 교부하거나 운송인의 처분 하에 두는 지점 또는
b) 운송인이 물품을 매수인에게 교부하는 지점 또는 물품이 매수인의 처분 하에 놓이는 지점 또는
c) 위의 (a) 지점과 (b) 지점 모두

45.

Where delivery happens and risk transfers in each of these seven Incoterms® rules will depend on which particular rule is used. For example, in CPT, delivery happens at the seller's end when the goods are handed over to the carrier contracted by the seller. In DAP, on the other hand, delivery happens when the goods are placed at the buyer's disposal at the named place or point of destination.

이러한 각각의 7개 인코텀즈규칙에서 어디서 인도가 일어나고 위험이 이전하는지는 사용된 당해 규칙이 무엇인지에 달려있다. 예컨대 CPT의 경우에 인도는 물품이 매도인과 계약을 체결한 운송인에게 교부되는 때 즉, 매도인의 끝단에서 일어난다. 반면에 DAP의 경우에 인도는 물품이 지정목적지 또는 지정목적지점에서 매수인의 처분 하에 놓인 때 일어난다.

46.

The order in which the Incoterms® 2010 rules were presented has, as we have said, been largely retained in Incoterms® 2020 and it is important to underline the distinction between the two families of Incoterms® rules so that the right rule is used for the contract of sale depending on the means of transport used.

언급하였듯이 인코텀즈 2010 규칙의 배열순서는 인코텀즈 2020에서도 대체로 유지되었고, 당해 매매계약에 사용된 운송수단에 맞는 올바른 규칙을 사용하도록 하기 위해서는 인코텀즈규칙의 2개의 묶음 간의 구분을 명확히 해야 한다.

47.

One of the most frequent problems in the use of the Incoterms® rules is the choice of the wrong rule for the particular type of contract.

인코텀즈규칙을 사용할 때 가장 자주 발생하는 문제 중의 하나는 당해 계약의 종류에 맞지 않는 규칙이 선택되는 것이다.

48.

Thus, for example, an FOB inland point (for example an airport or a warehouse) sale contract makes little sense : what type of contract of carriage must the buyer make? Does the buyer owe the seller an obligation to make a contract of carriage under which the carrier is bound to take over the goods at the named inland point or at the nearest port to that point?

따라서 예컨대 내륙의 어떤 지점을 지정하는 FOB 매매계약 (예컨대 FOB airport 또는 FOB warehouse)은 옳지 않다. 이때 매수인은 어떤 종류의 운송계약을 체결하여야 하는가? 매수인은 매도인에 대하여 운송인이 물품을 그에 지정된 내륙의 지점에서 아니면 그러한 지점과 가장 가까운 항구에서 수령하도록 하는 운송계약을 체결할 의무를 부담하는가?

49.

Again, a CIF named sea port sale contract where the buyer expects the goods to be brought to an inland point in the buyer's country makes little sense. Must the seller procure a contract of carriage and insurance cover to the eventual destination intended by the parties or to the seaport named in the sale contract?

또한 매수인이 매수인 국가의 내륙에 있는 어떤 지점까지 물품이 운송되도록 기대하는 경우에 어떤 해양항구(sea port)를 지정하는 CIF 매매계약은 옳지 않다. 매도인은 당사자들이 의도하는 내륙의 최종목적지까지 아니면 매매계약에서 지정된 해양항구까지 커버하는 운송계약과 보험을 마련하여야 하는가?

50.

Gaps, overlaps and unnecessary costs are likely to arise - and all this because the wrong Incoterms® rule has been chosen for the particular contract. What makes the mismatch "wrong" is that insufficient regard has been given to the two most important features of the Incoterms® rules, features which are mirrors of each other, namely the port, place or point of delivery and the transfer of risks.

공백부분, 중복부분과 불필요한 비용이 발생할 수 있고 - 이러한 모든 것은 당해계약에서 잘못된 인코텀즈규칙이 선택되었기 때문이다. 그러한 불일치가 "잘못된 것"이 되는 이유는 인코텀즈규칙의 가장 중요한 두 가지 특징이며 서로 연관되어 있는 사항, 즉 인도항구, 인도장소 또는 인도지점이라는 사항과 위험이전이라는 사항을 충분히 고려하지 않았기 때문이다.

51.

The reason for the frequent misuse of the wrong Incoterms® rule is that Incoterms® rules are frequently regarded exclusively as price indicators : this or that is the EXW, FOB, or DAP price. The initials used in the Incoterms® rules are doubtless handy abbreviations for the formula used in the calculation of the price. Incoterms® rules are not, however, exclusively, or even primarily, price indicators. They are a list of general obligations that sellers and buyers owe each other under well-recognised forms of sale contract – and one of their main tasks is to indicate the port, place or point of delivery where the risk is transferred.

잘못된 인코텀즈규칙을 종종 오용하게 되는 이유는 인코텀즈규칙이 종종 전적으로 가격지표라고 오해되기 때문이다. 즉 이것 또는 저것이 EXW 가격, FOB 가격 또는 DAP 가격이라고 말이다. 인코텀즈규칙에 사용되는 머리글자들은 가격산정에 사용되는 의심의 여지없는 편리한 약어들이다. 그러나 인코텀즈규칙은 가격지표에 대한 것만도 아니고, 그것이 주요한 것도 아니다. 인코텀즈규칙은 널리 인정되는 정형적인 매매계약 하에서 매도인과 매수인이 서로에 대하여 부담하는 일반적 의무들의 목록이고 인코텀즈규칙의 주요한 역할 중의 하나가 위험이 이전하는 인도항구나 인도장소 또는 인도지점을 표시하는 것이다.

Ⅷ. ORDER WITHIN THE INCOTERMS® 2020 RULES
인코텀즈 2020 규칙 내 조항의 순서

52.

All the ten A/B articles in each of the Incoterms® rules are important – but some are more important than others.

각 인코텀즈규칙에 규정된 10개의 모든 A/B조항이 다 중요하나 – 어떤 것은 다른 것보다 더 중요하다.

53. 22년 기출

There has, indeed, been a radical shake-up in the internal order in which the ten articles within each Incoterms® rule have been organised. In Incoterms® 2020, the internal order within each Incoterms® rule now follow this sequence :

사실 개별 인코텀즈규칙 내에서 조직적으로 짜여 있는 그러한 10개 조항의 내부적 순서는 크게 변경되었다. 인코텀즈 2020에서 개별 인코텀즈규칙의 내부적 순서는 다음과 같다.

A1/B1	General obligations	A1/B1	일반의무
A2/B2	Delivery/Taking delivery	A2/B2	인도/인도의 수령
A3/B3	Transfer of risks	A3/B3	위험이전
A4/B4	Carriage	A4/B4	운 송
A5/B5	Insurance	A5/B5	보 험
A6/B6	Delivery/Transport document	A6/B6	인도/운송서류
A7/B7	Export/Import clearance	A7/B7	수출/수입통관
A8/B8	Checking/Packaging/Marking	A8/B8	점검/포장/하인표시
A9/B9	Allocation of costs	A9/B9	비용분담
A10/B10	Notices	A10/B10	통 지

54.

It will be noticed that concerning the Incoterms®
2020 rules, after recording in A1/B1 the basic
goods/payment obligations of the parties, Delivery
and the Transfer of risks are moved to a more
prominent location, namely to A2 and A3 respectively.

인코텀즈 2020 규칙에서는 A1/B1에서 당사자의 기본적인
물품제공/대금지급의무를 규정하고 이어 인도조항과 위험
이전조항을 보다 두드러진 위치인 A2와 A3으로 각각 옮겼다
는 점이 눈에 띈다.

55.

The broad sequence thereafter goes :

▸ ancillary contracts(A4/B4 and A5/B5, carriage
  and insurance);
▸ transport documents(A6/B6)
▸ export/import clearance(A7/B7);
▸ packaging(A8/B8);
▸ costs(A9/B9); and
▸ notices(A10/B10).

그 이후 항목의 대략적 순서는 다음과 같다.

▸ 부수적 계약들(A4/B4 및 A5/B5, 운송 및 보험)

▸ 운송서류(A6/B6)
▸ 수출/수입통관(A7/B7)
▸ 포장(A8/B8)
▸ 비용(A9/B9) 및
▸ 통지(A10/B10)

56.

It is appreciated that this change in the order of
the A/B articles will take some time — and cost
— to become familiar. It is hoped that with delivery
and risk now made more prominent, traders will
find it easier to identify the differences among the
various Incoterms® rules, i.e. the different points
in time and place at which the seller "delivers" the
goods to the buyer with risk transferring to the
buyer from that time and point.

이러한 A/B 조항들의 순서 변경은 그에 익숙해질 때까지
다소의 시간과 비용이 들 것으로 예상된다. 인도와 위험이
보다 두드러지게 됨으로써 거래당사자들이 다양한 인코텀즈
규칙들 사이의 차이점들, 즉 매도인이 물품을 매도인에게
"인도"하는 시간과 장소, 그에 따라 위험이 매수인에게 이전
하는 시간과 장소 측면에서 차이점들을 보다 쉽게 인지하기
를 기대한다.

For the first time, the Incoterms® rules are published both in the traditional format setting out the eleven Incoterms® rules and in a new "horizontal" format setting out the ten articles within each Incoterms® rule under each of the headings listed above in paragraph 53, first for the seller and then for the buyer. Traders can therefore now far more easily see the difference, for example, between the place of delivery in FCA and the place of delivery in DAP; or the items of cost which fall on a buyer in CIF when compared with the items of cost which fall on a buyer in CFR. It is hoped that this "horizontal" representation of the Incoterms® 2020 rules will further assist traders in choosing the Incoterms® rule most appropriate to their commercial requirement.

처음으로 인코텀즈[2020]에서는 11개의 인코텀즈규칙들을 배열하는 전통적 체제(traditional format)와 개별 인코텀즈규칙상의 10개의 조항들을 위의 53번 단락에 열거된 조항 제목별로 그리고 선(先) 매도인조항-후(後) 매수인조항 순으로 편제하는 새로운 수평적 체제(horizontal format)를 함께 출간한다. 따라서 거래당사자들은 이제는 예컨대 FCA상의 인도장소와 DAP상의 인도장소의 차이점을 훨씬 더 쉽게 볼 수 있고, CIF상 매수인이 부담하는 비용항목을 CFR상의 매수인의 비용항목과 비교하여 볼 수 있다. 이러한 인코텀즈 2020 규칙의 "수평적" 편제방법이 거래당사자들이 상거래상의 여건에 가장 적절한 규칙을 선택하는 데 도움이 되기를 기대한다.

Ⅸ. DIFFERENCES BETWEEN INCOTERMS® 2010 AND 2020

인코텀즈 2010과 인코텀즈 2020의 차이점 24년 기출

58.

The most important initiative behind the Incoterms® 2020 rules has been to focus on how the presentation could be enhanced to steer users towards the right Incoterms® rule for their sale contract. Thus :

a) a greater emphasis in this Introduction on making the right choice;

b) a clearer explanation of the demarcation and connection between the sale contract and its ancillary contracts;

c) upgraded Guidance Notes presented now as Explanatory Notes to each Incoterms® rule; and

d) a re-ordering within the Incoterms® rules giving delivery and risk more prominence.

All these changes, though cosmetic in appearance, are in reality substantial attempts on the part of ICC to assist the international trading community towards smoother export/import transactions.

인코텀즈 2020 규칙의 가장 중요한 동기는 사용자들로 하여금 매매계약에서 올바른 인코텀즈규칙을 사용하도록 유도하기 위하여 어떻게 하면 인코텀즈의 제시방식을 개선할 수 있을 것인지에 주력하는 데 있었다. 그에 따라 다음과 같은 점에 주력하였다.

a) 본 소개문(Introduction)에서 올바른 [인코텀즈규칙의] 선택을 더욱 강조하는 것

b) 매매계약과 부수계약 사이의 구분과 연결을 더 명확하게 설명하는 것

c) 각 인코텀즈규칙에 대한 기존의 사용지침(Guidance Note)을 개선하여 현재의 설명문(Explanatory Note)에 제시하는 것 및

d) 개별 인코텀즈규칙 내에서 조항의 순서를 변경하여 인도와 위험을 더욱 두드러지게 하는 것

이러한 모든 변경은 비록 외견적인 포장이긴 하나 실제로 국제무역업계로 하여금 수출/수입거래를 더욱 순조롭게 하도록 돕고자 하는 ICC측의 실질적 시도이다.

59.

Apart from these general changes, there are more substantive changes in the Incoterms® 2020 rules when compared with Incoterms® 2010. Before looking at those changes, mention must be made of a particular development in trade practice which occurred since 2010 and which ICC has decided should not lead to a change in the Incoterms® 2020 rules, namely Verified Gross Mass(VGM).

이러한 개괄적 변경 외에도 인코텀즈 2010와 비교할 때 인코텀즈 2020 규칙에는 더 실질적인 변화가 있다. 이러한 변화를 보기 전에 먼저 꼭 언급할 것이 있는데, 2010년 이후 무역관행의 특정한 발전이 있었지만 ICC는 이것 때문에 인코텀즈 2020 규칙을 개정하여야 하는 것은 아니라고 결정하였다. 검증총중량(Verified Gross Mass : VGM)(혹은 총중량검증제)이 그것이다.

60.

Note on Verified Gross Mass(VGM) – Since 1 July 2016, Regulation 2 under the International Convention for the Safety of Life at Sea(SOLAS) imposed on shippers in the case of the shipment of containers the obligation either to weigh the packed container using calibrated and certified equipment, or to weigh the contents of the container and add the weight of the container when empty. In either case the VGM is to be recorded with the carrier. A failure to comply bears the sanction under the SOLAS Convention that the container "should not be loaded onto a ship" : see paragraph 4.2, MSC1/Circ.1475, 9 June 2014.

These weighing operations obviously incur expense and failure may lead to delay in loading. As this happened after 2010, it is unsurprising that there was some pressure in the consultations leading to Incoterms® 2020 for a clear indication to be given as to who, as between seller and buyer, should bear such obligations.

검증총중량(VGM)에 관한 노트 – 2016.07.01. 이후 국제해사인명안전협약(International Convention for the Safety of Life at sea ; SOLAS) 하의 규정 2(Regulation 2)에서는 컨테이너 선적의 경우에 송하인에게 [적입완료된] 컨테이너의 중량을 수치로 측정되는 검증된 장비를 사용하여 측정하거나 아니면 컨테이너 내용물의 중량을 측정하고 그에 빈 컨테이너의 중량을 합할 의무를 부과한다. 각각의 경우에 VGM은 운송인에게 기록되어야 한다. 그 위반이 있으면 SOLAS 협약에 따른 제재가 부과되어 해당 컨테이너는 "선박에 적재될 수 없다"(MSC1/Circ.1475 4.2번 단락, 2014.06.09. 참조)

이러한 측량작업은 분명히 비용을 발생시키고 그 불이행은 적재를 지연시킬 수 있다. 이러한 일이 2010년 이후에 발생함에 따라 인코텀즈 2020에 대한 의견수렴과정에서 매도인과 매수인 사이에서 누가 그러한 의무를 부담하는지에 관하여 분명한 표시가 있어야 한다는 약간의 압력이 있었다는 것은 놀랄 일이 아니다.

61.

It was felt by the Drafting Group that obligations and costs relating to VGM were too specific and complex to warrant explicit mention in the Incoterms® 2020 rules.

초안그룹(Drafting Group)은 VGM에 관한 의무와 비용이 너무 구체적이고 복잡하여 이를 인코텀즈 2020 규칙에 명시하는 것은 적절하지 않다고 느꼈다.

62. 22, 21년 기출

Returning to the changes made by ICC to the Incoterms® 2010 rules in the Incoterms® 2020 rules, these are :

[a] Bills of lading with an on-board notation and the FCA Incoterms® rule

[b] Costs, where they are listed

[c] Different levels of insurance cover in CIF and CIP

[d] Arranging for carriage with seller's or buyer's own means of transport in FCA, DAP, DPU and DDP

이에 ICC가 인코텀즈 2010 규칙에서 이번 인코텀즈 2020 규칙으로 변경한 사항들은 다음과 같다.

[a] 본선적재표기가 있는 선하증권과 인코텀즈 FCA규칙

[b] 비용 – 어디에 규정할 것인가

[c] CIF와 CIP 간 부보수준의 차별화

[d] FCA, DAP, DPU 및 DDP에서 매도인 또는 매수인 자신의 운송수단에 의한 운송 허용

[e] Change in the three-letter initials for DAT to DPU

[f] Inclusions of security-related requirements within carriage obligations and costs

[g] Explanatory Notes for users

[e] DAT에서 DPU로의 명칭변경

[f] 운송의무 및 비용 조항에 보안관련요건 삽입

[g] 사용자를 위한 설명문

[a] Bills of lading with an on-board notation and the FCA Incoterms® rule
본선적재표기가 있는 선하증권과 인코텀즈 FCA 규칙

63.

Where goods are sold FCA for carriage by sea, sellers or buyers (or more likely their banks where a letter of credit is in place) might want a bill of lading with an on-board notation.

물품이 FCA 규칙으로 매매되고 해상운송 되는 경우에 매도인 또는 매수인은 (또는 신용장이 개설된 경우에는 그들의 은행이 그럴 가능성이 더 크다) 본선적재표기가 있는 선하증권을 원할 수 있다.

64.

However, delivery under the FCA rule is completed before the loading of the goods on board the vessel. It is by no means certain that the seller can obtain an on-board bill of lading from the carrier. That carrier is likely, under its contract of carriage, to be bound and entitled to issue an on-board bill of lading only once the goods are actually on board.

그러나 FCA 규칙에서 인도는 물품의 본선적재 전에 완료된다. 매도인이 운송인으로부터 선적선하증권(on-board bill of lading)을 취득할 수 있는지는 결코 확실하지 않다. 운송인은 자신의 운송계약상 물품이 실제로 선적된 후에야 비로소 선적선하증권을 발행할 의무와 권리가 있다.

65.

To cater for this situation, FCA A6/B6 of Incoterms® 2020 now provides for an additional option. The buyer and the seller can agree that the buyer will instruct its carrier to issue an on-board bill of lading to the seller after the loading of the goods, the seller then being obliged to tender that bill of lading to the buyer, typically through the banks. ICC recognises that, despite this somewhat unhappy union between an on-board bill of lading and FCA delivery, this caters for a demonstrated need in the marketplace. Finally, it should be emphasised that even where this optional mechanism is adopted, the seller is under no obligation to the buyer as to the terms of the contract of carriage.

이러한 상황에 대비하여 이제 인코텀즈 2020 FCA A6/B6에서는 추가적인 옵션을 규정한다. 매수인과 매도인은 매수인이 선적 후에 선하증권을 매도인에게 발행하도록 그의 운송인에게 지시할 것을 합의할 수 있고, 그렇다면 매도인은 일반적으로는 은행들을 통하여 매수인에게 선적선하증권을 제공할 의무가 있다. ICC는 이러한 선적선하증권과 FCA 인도 사이의 약간의 불편한 결합에도 불구하고 이러한 규정이 시장에서 드러난 필요에 부응한다고 인정한다. 끝으로 이러한 선택적 기제가 채택되더라도 매도인은 운송계약조건에 관하여 매수인에 대하여 어떠한 의무도 없다는 것을 강조한다.

66.

Does it remain true to sat that where containerised goods are delivered by seller to buyer by handing over to a carrier before loading onto a ship, the seller is well advised to sell on FCA terms rather than on FOB terms?

The answer to that question is Yes. Where Incoterms® 2020 have made a difference, however, is that where such a seller still wants or needs a bill of lading with an on-board notation, the new additional option in the FCA term A6/B6 makes provision for such document.

매도인이 컨테이너화물을 선적 전에 운송인에게 교부함으로써 매수인에게 인도하는 경우에 매도인은 FOB 조건 대신에 FCA 조건으로 매매하는 것이 좋다는 말은 여전히 진실인가?

이 질문에 대한 대답은 '그렇다'이다. 다만, 인코텀즈 2020 규칙에서 달라진 것이 있다면 그러한 매도인이 본선적재표기가 있는 선하증권을 여전히 원하거나 필요로 하는 경우에 위와 같은 FCA 조건의 A6/B6상 새로운 추가적 옵션이 곧 그러한 서류에 관한 규정으로 작용한다는 것이다.

[b] Costs, where they are listed
비용 – 어디에 규정할 것인가

67.

In the new ordering of the articles within the Incoterms® 2020 rules, costs now appear at A9/B9 of each Incoterms® rule. Apart from that re-location, however, there is another change that will become obvious to users early on. The various costs which fall to be allocated by various articles within the Incoterms® rules have traditionally appeared in different parts of each Incoterms® rule. Thus, for example, costs related to the obtaining of a delivery document in FOB 2010 were mentioned in A8, the article under the heading "Delivery Document", but not in A6, the article under the heading "Allocation of Costs".

인코텀즈 2020 규칙들 내의 새로운 조항순서에 따라 이제 비용은 각 인코텀즈규칙의 A9/B9에 나타난다. 그러나 이러한 위치변경 외에도 사용자들이 금방 알 수 있는 다른 변경이 있다. 인코텀즈규칙의 여러 조항에 의하여 각 당사자에게 할당되는 다양한 비용은 전통적으로 개별 인코텀즈규칙의 여러 부분에 나뉘어 규정되었다. 예컨대 FOB 2010에서 인도서류의 취득에 관한 비용은 "비용분담"(Allocation of Costs)이라는 제목의 A6이 아니라 "인도서류"(Delivery Document)라는 제목의 A8에서 언급되었다.

68.

In the Incoterms® 2020 rules, however, the equivalent of A6/B6, namely A9/B9, now lists all the costs allocated by each particular Incoterms® rule. A9/B9 in the Incoterms® 2020 rules are consequently longer than A6/B6 in the Incoterms® 2010 rules.

그러나 이제 인코텀즈 2020 규칙에서는 그러한 A6/B6에 상당하는 조항, 즉 A9/B9에서 당해 인코텀즈규칙상의 분담비용을 모두 열거한다. 따라서 인코텀즈 2020규칙의 A9/B9은 인코텀즈 2010 규칙의 A6/B6보다 더 길다.

The purpose is to provide users with a one-stop list of costs, so that the seller or buyer can now find in one place all the costs for which it would be responsible under that particular Incoterms® rule. Items of cost are also mentioned in their home article : thus, for example, the costs involved in obtaining documents in FOB still also appear at A6/B6 as well as at A9/B9. The thinking here was that users interested in discovering the specific allocation of documentary costs might be more inclined to go to the specific article dealing with delivery documents rather than to the general article listing all the costs.

그 목적은 사용자들에게 비용에 관한 일람표(one-stop list)를 제공하는 데 있으며, 그에 따라 이제 매도인과 매수인은 당해 인코텀즈규칙상 자신이 부담하는 모든 비용을 한 곳에서 찾아볼 수 있다. 비용항목은 또한 그 항목의 본래조항(home article)에도 언급되어 있고, 따라서 예컨대 FOB에서 서류를 취득하는 데 드는 비용은 A9/B9 뿐만 아니라 A6/B6에도 여전히 나타난다. 이렇게 하기로 한 이유는 특정한 서류에 관한 비용분담을 알고자 하는 사용자는 모든 비용을 열거하는 일반조항보다는 인도서류를 다루는 특별조항을 보는 경향이 더 클 것이라는 생각 때문이었다.

[c] Different levels of insurance cover in CIF and CIP
CIF와 CIP 간 부보수준의 차별화

70.

In the Incoterms® 2010 rules, A3 of both CIF and CIP imposed on the seller the obligation to "obtain at its own expense cargo insurance complying at least with the minimum cover as provided by Clauses (C) of the Institute Cargo Clauses (Lloyd's Market Association/international Underwriting Association 'LMA/IUA') or any similar clauses." Institute Cargo Clauses (C) provide cover for a number of listed risks, subject to itemised exclusions; Institute Cargo Clauses (A), on the other hand, cover "all risks", again subject to itemised exclusions. During the consultations leading to the Incoterms® 2020 rules, the case was made for moving from Institute Cargo Clauses (C) to Institute Cargo Clauses (A), thus increasing the cover obtained by the seller for the benefit of the buyer. This could, of course, also involve an additional cost in premium. The contrary case, namely to stay with Institute Cargo Clauses (C), was equally strongly put, particularly by those involved in the maritime trade of commodities. After considerable discussion within and beyond the Drafting Group, the decision was made to provide for different minimum cover in the CIF Incoterms® rule and in the CIP Incoterms® rule. In the first, which is much more likely to be used in the maritime commodity trades, the status quo has been retained, with Institute Cargo Clauses (C) as the default position, although it is, of course, open to the parties to agree to higher cover. In the second, namely the CIP Incoterms® rule, the seller must now obtain insurance cover complying with Institute Cargo Clauses (A), although it is, of course, again open to the parties to agree on a lower level of cover.

인코텀즈 2010 규칙에서는 CIF 및 CIP의 A3에서 매도인에게 "자신의 비용으로 (로이즈시장협회/국제보험업협회) 협회적하약관의 C-약관이나 그와 유사한 약관에서 제공하는 최소담보조건에 따른 적하보험을 취득"할 의무를 부과하였다. 협회적하약관의 C-약관은 항목별 면책위험의 제한을 받는 다수의 담보위험을 열거한다. 한편 협회적하약관의 A-약관은 항목별 면책위험의 제한 하에 "모든 위험"(all risks)을 담보한다. 인코텀즈 2020 규칙의 초안을 위한 의견 수렴과정에서 협회적하약관의 C-약관에서 협회적하약관의 A-약관으로 변경함으로써 매도인이 취득하는 부보의 범위를 확대하여 매수인에게 이익이 되도록 하자는 의견이 제기되었다. 당연히 이는 보험료 면에서 비용증가를 수반할 수 있다. 특히 일차산품 해상무역에 종사하는 사람들은 반대 의견 즉, 협회적하약관의 C-약관의 원칙을 유지하여야 한다는 의견을 동등하게 강력히 제기하였다. 초안 그룹 내외에서 상당한 논의를 거친 후 CIF 인코텀즈규칙과 CIP 인코텀즈규칙에서 최소부보에 관하여 다르게 규정하기로 결정되었다. 전자 즉, CIF 규칙은 일차산품의 해상무역에서 사용될 가능성이 매우 높으므로 CIF 규칙에서는 현상유지 즉, 협회적하약관 C-약관의 원칙을 계속 유지하되, 다만 당사자들이 보다 높은 수준의 부보를 하기로 달리 합의할 수 있도록 길을 열어 두었다. 후자 즉, CIP 규칙의 경우에 이제 매도인은 협회적하약관의 A-약관에 따른 부보를 취득하여야 한다. 물론 또한 당사자들은 원한다면 보다 낮은 수준의 부보를 하기로 협의할 수 있다.

[d] Arranging for carriage with seller's or buyer's own means of transport in FCA, DAP, DPU and DDP
FCA, DAP, DPU 및 DDP에서 매도인 또는 매수인 자신의 운송수단에 의한 운송 허용

71.

In the Incoterms® 2010 rules, it was assumed throughout that where the goods were to be carried from the seller to the buyer, they would be carried by a third-party carrier engaged for the purpose either by the seller or the buyer, depending on which Incoterms® rule was used.

인코텀즈 2010 규칙에서는 물품이 매도인으로부터 매수인에게 운송되어야 하는 경우에 사용된 당해 인코텀즈규칙에 따라 매도인 또는 매수인이 운송을 위하여 사용하는 제3자 운송인(third-party carrier)이 물품을 운송하는 것으로 전반적으로 가정되었다.

72.

It became clear in the deliberations leading to Incoterms® 2020, however, that there were some situations where, although the goods were to be carried from the seller to the buyer, they could be so carried without any third-party carrier being engaged at all. Thus, for example, there was nothing stopping a seller on a D rule from arranging for such carriage without outsourcing that function to a third-party, namely by using its own means of transportation. Likewise, with an FCA purchase, there was nothing to stop the buyer from using its own vehicle for the collection of the goods and for their transport to the buyer's premises.

그러나 인코텀즈 2020 초안의 논의과정에서 물품이 매도인으로부터 매수인에게 운송될 때 상황에 따라서는 제3자 운송인의 개입이 전혀 없이 운송될 수도 있는 경우가 있다는 것이 명백해졌다. 따라서 예컨대 D 규칙에서 매도인이 운송을 제3자에게 아웃소싱하지 않고 즉, 자신의 운송수단을 사용하여 운송하는 것을 못하도록 하는 그 어떤 것도 없다. 마찬가지로 FCA 매매에서 매수인이 물품을 수취하기 위하여 나아가 자신의 영업구내까지 운송하기 위하여 자신의 차량을 사용하는 것을 금지하는 그 어떤 것도 없다.

73.

The rules appeared not to take account of these eventualities. The Incoterms® 2020 rules now do, by expressly allowing not only for the making of a contract of carriage, but also for simply arranging for the necessary carriage.

인코텀즈 2010 규칙은 그러한 경우를 고려하지 않는 것 같았다. 이제 인코텀즈 2020 규칙에서는 운송계약을 체결하도록 허용하는 것 외에도 단순히 필요한 운송을 마련하는 것을 허용함으로써 그러한 경우를 고려한다.

[e] Change in the three-letter initials for DAT to DPU
DAT에서 DPU로의 명칭변경

74.

The only difference between DAT and DAP in the Incoterms® 2010 rules was that in DAT the seller delivered the goods once unloaded from the arriving means of transport into a "terminal"; whereas in DAP, the seller delivered the goods when the goods were placed at the disposal of the buyer on the arriving means of transport for unloading. It will also be recalled that the Guidance Note for DAT in Incoterms® 2010 defined the word "terminal" broadly to include "any place, whether covered or not...".

인코텀즈 2010 규칙에서 DAT와 DAP의 유일한 차이점은, DAT의 경우에 매도인은 물품을 도착운송수단으로부터 양하한 후 "터미널"에 두어 인도하여야 하였고 DAP의 경우에 매도인은 물품을 도착운송수단에 실어둔 채 양하를 위하여 매수인의 처분 하에 두었을 때 인도를 한 것으로 되었다는 점이다. 인코텀즈 2010의 DAT 사용지침(Guidance Note)에서는 "터미널"이라는 용어를 넓게 정의하여 "지붕의 유무를 불문하고 모든 장소"가 포함되도록 하였다는 점도 기억할 것이다.

75.

ICC decided to make two changes to DAT and DAP. First, the order in which the two Incoterms® 2020 rules are presented has been inverted, and DAP, where delivery happens before unloading, now appears before DAT. Secondly, the name of the rule DAT has been changed to DPU(Delivered at Place Unloaded), emphasising the reality that the place of destination could be any place and not only a "terminal". However, if that place is not in a terminal, the seller should make sure that the place where it intends to deliver the goods is a place where it is able to unload the goods.

ICC는 DAT와 DAP에서 두 가지를 변경하기로 결정하였다. 첫째, 이러한 두 인코텀즈 2020 규칙의 등장순서가 서로 바뀌었고, 양하 전에 인도가 일어나는 DAP가 이제는 DAT 앞에 온다. 둘째, DAT 규칙의 명칭이 DPU(Delivery at Place Unloaded)로 변경되었고, 이는 "터미널" 뿐만 아니라 어떤 장소든지 목적지가 될 수 있는 현실을 강조하기 위함이다. 그러나 그러한 목적지가 터미널에 있지 않는 경우에 매도인은 자신이 물품을 인도하고자 하는 장소가 물품의 양하가 가능한 장소인지 꼭 확인하여야 한다.

[f] Inclusion of security-related requirements within carriage obligations and costs
운송의무 및 비용 조항에 보안관련요건 삽입

76.

It will recalled that security-related requirements made a rather subdued entry into the Incoterms® 2010 rules, through A2/B2 and A10/B10 in each rule. The Incoterms® 2010 rules were the first revision of the Incoterms® rules to come into force after security-related concerns became so prevalent in the early part of this century. Those concerns, and the associated shipping practices which they have created in their wake, are now much more established. Connected as they are to carriage requirements, an express allocation of security-related obligations has now been added to A4 and A7 of each Incoterms® rule. The costs incurred by these requirements are also now given a more prominent position in the costs article, namely A9/B9.

되돌아보면 인코텀즈 2010 규칙에서는 보안관련요건이 개별 규칙의 A2/B2 내지 A10/B10에 걸쳐 다소 얌전하게 들어가 있었다. 인코텀즈 2010 규칙은 21세기 초반에 들어 보안관련 우려가 널리 확산된 후 시행된 인코텀즈규칙의 최초개정이었다. 그러한 우려 및 그에 관하여 초기에 그러한 우려 때문에 성립된 선적 관행은 이제 상당히 정립되었다. 그러한 우려는 운송요건과 관련되기 때문에 이제 보안관련의무의 명시적 할당이 개별 인코텀즈규칙의 A4와 A7에 추가되었다. 그러한 요건 때문에 발생하는 비용도 또한 이제는 더 현저한 위치 즉, 비용조항인 A9/B9에 규정된다.

[g] Explanatory Notes for Users
사용자를 위한 설명문

77.

The Guidance Notes appearing at the start of each Incoterms® rule in the 2010 version now appear as "Explanatory Notes for Users". These Notes explain the fundamentals of each Incoterms® 2020 rule, such as when it should be used, when risk transfers and how costs are allocated between seller and buyer. The Explanatory Notes are intended (a) to help the user accurately and efficiently steer towards the appropriate Incoterms® rule for a particular transaction; and (b) to provide those deciding or advising on disputes or contracts governed by Incoterms® 2020 with guidance on matters which might require interpretation. For guidance on more fundamental issues that cut across the Incoterms® 2020 rules more generally, reference may, of course, also be made to the text of this Introduction.

2010 버전에서 개별 인코텀즈규칙의 첫머리에 있던 사용지침(Guidance Note)은 이제는 "사용자를 위한 설명문"(Explanatory Notes for Users)이 되었다. 이러한 설명문은 각 규칙이 어떤 경우에 사용되어야 하는지, 위험은 언제 이전하는지 그리고 매도인과 매수인 사이에 비용분담은 어떠한지와 같은 개별 인코텀즈 2020 규칙의 기초를 설명한다. 설명문의 목적은 (a)사용자들이 당해 거래에 적합한 인코텀즈규칙을 정확하고 효율적으로 찾도록 돕는 것과 (b)인코텀즈 2020 규칙이 적용되는 분쟁이나 계약에 관하여 결정 또는 조언을 하는 사람들에게 해석이 필요한 사항에 대한 지침을 제공하는 것이다. 인코텀즈 2020 규칙 전반을 관통하는 보다 기초적인 쟁점들에 관한 지침에 관하여 보다 일반적으로는 본 소개문(Introduction)을 참조할 수 있다.

Incoterms® 2020 소개문(Introduction) 일부이다. 사용자를 위한 설명문 (Explanatory Notes for Users)에 관한 내용으로 옳은 것은 모두 몇 개인가? 24년 기출

○ These Notes explain when risk transfers.
○ These Notes are intended to help the user accurately and efficiently steer towards the appropriate Incoterms® 2020 rule for a particular transaction.
○ These Notes explain how costs are allocated between seller and buyer.
○ These Notes explain the fundamentals of each Incoterms® 2020 rule.
○ These Notes explain when each Incoterms® 2020 rule should be used.

① 1
② 2
③ 3
④ 4
⑤ 5

해설

사용자를 위한 설명문(Explanatory Notes for Users)은 Incoterms® 2020 소개문 제77항에 명시되어 있으며, 보기에 주어진 5가지 내용을 모두 포함하고 있다.

정답 ⑤

X. CAUTION WITH VARIANTS OF INCOTERMS® RULES
인코텀즈규칙 변용(變用) 시 유의점

78.

Sometimes the parties want to alter an Incoterms® rule. The Incoterms® 2020 rules do not prohibit such alteration, but there are dangers in so doing. In order to avoid any unwelcome surprises, the parties would need to make the intended effect of such alterations extremely clear in their contract. Thus, for example, if the allocation of costs in the Incoterms® 2020 rules is altered in the contract, the parties should also clearly state whether they intend to vary the point at which delivery is made and the risk transfers to the buyer.

때때로 당사자들은 인코텀즈규칙을 조금 고쳐서 사용하길 원한다. 인코텀즈 2020 규칙은 그러한 변경을 금지하지 않으나 그렇게 하는 데에는 위험이 따른다. 의외의 결과를 피하기 위하여 당사자들은 그러한 변경으로 의도하는 효과를 계약에서 매우 분명하게 표시하여야 한다. 따라서 예컨대 인코텀즈 2020 규칙상의 비용분담을 계약에서 변경하는 경우에 당사자들은 또한 인도가 이루어지고 위험이 매수인에게 이전하는 지점(point)까지도 바꾸기로 의도하는 것인지 여부를 명백하게 기술하여야 한다.

EXW | Ex Works

EXW | 공장인도

EXW (insert named place of delivery) Incoterms® 2020 ^{23, 20년 기출}
EXW (지정인도장소 기입) Incoterms® 2020

EXPLANATORY NOTES FOR USERS
사용자를 위한 설명문

1. Delivery and risk : 인도와 위험

"Ex Works" means that the seller delivers the goods to the buyer

▶ when it places the goods at the disposal of the buyer at a named place (like a factory or warehouse), and

▶ that named place may or may not be the seller's premises.

For delivery to occur, the seller does not need to load the goods on any collecting vehicle, nor does it need to clear the goods for export, where such clearance is applicable.

"공장인도"는 매도인이 다음과 같은 때 매수인에게 물품을 인도하는 것을 의미한다.

▶ 매도인이 물품을 (공장이나 창고와 같은) 지정장소에서 매수인의 처분 하에 두는 때, 그리고

▶ 그 지정장소는 매도인의 영업구내일 수도 있고 아닐 수도 있다.

인도가 일어나기 위하여 매도인은 물품을 수취용 차량에 적재하지 않아도 되고, 물품의 수출통관이 요구되더라도 이를 수행할 필요가 없다.

2. Mode of transport : 운송방식

This rule may be used irrespective of the mode or modes of transport, if any, selected.

본 규칙은 하나 또는 둘 이상의 선택된 운송방식이 존재하는 경우 그것의 종류를 불문하고 적용될 수 있다.

3. Place or precise point of delivery : 인도장소 또는 정확한 인도지점

The parties need only name the place of delivery. However, the parties are well advised also to specify as clearly as possible the precise point within the named place of delivery. A named precise point of delivery makes it clear to both parties when the goods are delivered and when risk transfers to the buyer; such precision also marks the point at which costs are for the buyer's account. If the parties do not name the point of delivery, then they are taken to have left it to the seller to select the point

당사자들은 단지 인도장소만 지정하면 된다. 그러나 당사자들은 또한 지정인도장소 내에 정확한 지점을 가급적 명확하게 명시하는 것이 좋다. 그러한 정확한 지정인도지점은 양 당사자에게 언제 물품이 인도되는지와 언제 위험이 매수인에게 이전하는지 명확하게 하며, 또한 그러한 정확한 지점은 매수인의 비용부담의 기준점을 확정한다. 당사자들이 인도지점을 지정하지 않는 경우에는 매도인이 "그의 목적에 가장 적합한" 지점을 선택하기로 한 것으로 된다. 이는 매수인으로서는 매도인이 물품의 멸실 또는 훼손이 발생한 지점이 아닌 그 직전의 지점을 선택할 수도 있는 위험이 있음을 의미한다.

"that best suits its purpose". This means that the buyer may incur the risk that the seller may choose a point just before the point at which goods are lost or damaged. Best for the buyer therefore to select the precise point within a place where delivery will occur.

따라서 매수인으로서는 인도가 이루어질 장소 내에 정확한 지점을 선택하는 것이 가장 좋다.

4. A note of caution to buyers : 매수인을 위한 유의사항

EXW is the Incoterms® rule which imposes the least set of obligations on the seller. From the buyer's perspective, therefore, the rule should be used with care for different reasons as set out below.

EXW는 매도인에게 최소의 일련의 의무를 지우는 인코텀즈 규칙이다. 따라서 매수인의 관점에서 이 규칙은 아래와 같은 여러 가지 이유로 조심스럽게 사용하여야 한다.

5. Loading risks : 적재위험

Delivery happens – and risk transfers – when the goods are placed, not loaded, at the buyer's disposal. However, risk of loss of or damage to the goods occurring while the loading operation is carried out by the seller, as it may well be, might arguably lie with the buyer, who has not physically participated in the loading. Given this possibility, it would be advisable, where the seller is to load the goods, for the parties to agree in advance who is to bear the risk of any loss of or damage to the goods during loading. This is a common situation simply because the seller is more likely to have the necessary loading equipment at its own premises or because applicable safety or security rules prevent access to the seller's premises by unauthorised personnel. Where the buyer is keen to avoid any risk during loading at the seller's premises, then the buyer ought to consider choosing the FCA rule (under which, if the goods are delivered at the seller's premises, the seller owes the buyer an obligation to load, with the risk of loss of or damage to the goods during that operation remaining with the seller).

인도와 위험이전은 물품이 적재된 때가 아니라 매수인의 처분 하에 놓인 때에 일어난다. 그러나 매도인이 적재작업을 수행하는 동안에 발생하는 물품의 멸실 또는 훼손의 위험을 적재에 물리적으로 참여하지 않은 매수인이 부담하는 것은 으레 그렇듯이 논란이 될 수 있다. 이러한 가능성 때문에 매도인이 물품을 적재하여야 하는 경우에 당사자들은 적재 중 물품의 멸실 또는 훼손의 위험을 누가 부담하는지를 미리 합의하여 두는 것이 바람직하다. 단순히 매도인이 그의 영업 구내에서 필요한 적재장비를 가지고 있을 가능성이 더 많기 때문에 혹은 적용가능한 안전규칙이나 보안규칙에 의하여 권한 없는 인원이 매도인의 영업 구내에 접근하는 것이 금지 되기 때문에 매도인이 물품을 적재하는 것은 흔한 일이다. 매도인의 영업구내에서 일어나는 적재작업 중의 위험을 피 하고자 하는 경우에 매수인은 FCA 규칙을 선택하는 것을 고려하여야 한다(FCA 규칙에서는 물품이 매도인의 영업구 내에서 인도되는 경우에 매도인이 매수인에 대하여 적재의 무를 부담하고 적재작업 중에 발생하는 물품의 멸실 또는 훼손의 위험은 매도인이 부담한다).

6. Export clearance : 수출통관

With delivery happening when the goods are at the buyer's disposal either at the seller's premises or at another named point typically within the seller's jurisdiction or within the same Customs Union, there is no obligation on the seller to organise export clearance or clearance within third countries through which the goods pass in transit. Indeed, EXW may be suitable for domestic trades, where there is no intention at all to export the goods. The seller's participation in export clearance is limited to providing assistance in obtaining such documents and information as the buyer may require for the purpose of exporting the goods. Where the buyer intends to export the goods and where it anticipates difficulty in obtaining export clearance, the buyer would be better advised to choose the FCA rule, under which the obligation and cost of obtaining export clearance lies with the seller.

물품이 매도인의 영업구내에서 또는 전형적으로 매도인의 국가나 관세동맹지역 내에 있는 다른 지정지점에서 매수인의 처분 하에 놓인 때에 인도가 일어나므로 매도인은 수출통관이나 운송 중에 물품이 통과할 제3국의 통관을 수행할 의무가 없다. 사실 EXW는 물품을 수출할 의사가 전혀 없는 국내거래에 적절하다. 수출통관에 관한 매도인의 참여는 물품수출을 위하여 매수인이 요청할 수 있는 서류와 정보를 취득하는 데 협력을 제공하는 것에 한정된다. 매수인이 물품을 수출하기를 원하나 수출통관을 하는 데 어려움이 예상되는 경우에, 매수인은 수출통관을 할 의무와 그에 관한 비용을 매도인이 부담하는 FCA 규칙을 선택하는 것이 더 좋다.

A THE SELLER'S OBLIGATIONS : 매도인의 의무

A1 General obligations : 일반의무

The seller must provide the goods and the commercial invoice in conformity with the contract of sale and any other evidence of conformity that may be required by the contract.

Any document to be provided by the seller may be in paper or electronic form as agreed or, where there is no agreement, as is customary.

매도인은 매매계약에 일치하는 물품 및 상업송장과 그밖에 계약에서 요구될 수 있는 일치성에 관한 증거를 제공하여야 한다.

매도인이 제공하여야 하는 서류는 합의에 따라, 합의가 없는 경우에는 관행에 따라 종이서류 또는 전자적 방식으로 제공될 수 있다.

A2 Delivery : 인도

The seller must deliver the goods by placing them at the disposal of the buyer at the agreed point, if any, at the named place of delivery, not loaded on any collecting vehicle. If no specific point has been agreed within the named place of delivery, and if there are several points available, the seller may select the point that best suits its purpose. The seller must deliver the goods on the agreed date or within the agreed period.

매도인은 지정인도장소에서, 그 지정인도장소에 합의된 지점이 있는 경우에는 그 지점에서 물품을 수취용 차량에 적재하지 않은 채로 매수인의 처분 하에 둠으로써 인도하여야 한다. 지정인도장소 내에 합의된 특정한 지점이 없는 경우에 그리고 이용가능한 복수의 지점이 있는 경우에 매도인은 그의 목적에 가장 적합한 지점을 선택할 수 있다. 매도인은 합의된 기일에 또는 합의된 기간 내에 물품을 인도하여야 한다.

B THE BUYER'S OBLIGATIONS : 매수인의 의무

B1 General obligations : 일반의무

The buyer must pay the price of the goods as provided in the contract of sale.
Any document to be provided by the buyer may be in paper or electronic form as agreed or, where there is no agreement, as is customary.

매수인은 매매계약에 규정된 바에 따라 물품의 대금을 지급하여야 한다.
매수인이 제공하여야 하는 서류는 합의에 따라, 합의가 없는 경우에는 관행에 따라 종이서류 또는 전자적 방식으로 제공될 수 있다.

B2 Taking delivery : 인도의 수령

The buyer must take delivery of the goods when they have been delivered under A2 and notice given under A10.

매수인은 물품이 A2에 따라 인도되고 A10에 따른 통지가 있는 때에 그 물품의 인도를 수령하여야 한다.

A THE SELLER'S OBLIGATIONS : 매도인의 의무

A3 Transfer of risks : 위험이전

The seller bears all risks of loss of or damage to the goods until they have been delivered in accordance with A2, with the exception of loss or damage in the circumstance described in B3.

매도인은 물품이 A2에 따라 인도된 때까지 물품의 멸실 또는 훼손의 모든 위험을 부담하되, B3에 규정된 상황에서 발생하는 멸실 또는 훼손은 예외로 한다.

A4 Carriage : 운송

The seller has no obligation to the buyer to make a contract of carriage. However, the seller must provide the buyer, at the buyer's request, risk and cost, with any information in the possession of the seller, including transport-related security requirements, that the buyer needs for arranging carriage.

매도인은 매수인에 대하여 운송계약을 체결할 의무가 없다. 그러나 매도인은 매수인의 요청에 따라 매수인의 위험과 비용으로, 운송관련 보안요건을 포함하여 매수인이 운송을 마련하기 위하여 필요로 하는 정보로서 매도인 자신이 가지고 있는 정보를 매수인에게 제공하여야 한다.

A5 Insurance : 보험

The seller has no obligation to the buyer to make a contract of insurance. However, the seller must provide the buyer, at the buyer's request, risk and cost with information in the possession of the seller that the buyer needs for obtaining insurance.

매도인은 매수인에 대하여 보험계약을 체결할 의무가 없다. 그러나 매도인은 매수인의 요청에 따라 매수인의 위험과 비용으로 매수인이 부보하는 데 필요한 정보로서 매도인 자신이 가지고 있는 정보를 매수인에게 제공하여야 한다.

B THE BUYER'S OBLIGATIONS : 매수인의 의무

B3 Transfer of risks : 위험이전

The buyer bears all risks of loss of or damage to the goods from the time they have been delivered A2.
If the buyer fails to give notice in accordance with B10, then the buyer bears all risks of loss of or damage to the goods from the agreed date or the end of the agreed period for delivery, provided that the goods have been clearly identified as the contract goods.

매수인은 물품이 A2에 따라 인도된 때부터 물품의 멸실 또는 훼손의 모든 위험을 부담한다.

매수인이 B10에 따른 통지를 하지 않은 경우 물품이 계약물품으로 명확히 특정되어 있다는 전제하에, 매수인은 합의된 인도기일 또는 합의된 인도기간의 만료일부터 물품의 멸실 또는 훼손의 모든 위험을 부담한다.

B4 Carriage : 운송

It is up to the buyer to contract or arrange at its own cost for the carriage of the goods from the named place of delivery.

자신의 비용으로 물품을 지정인도장소로부터 운송하는 계약을 체결하거나 그러한 운송을 마련하는 것은 매수인의 몫이다.

B5 Insurance : 보험

The buyer has no obligation to the seller to make a contract of insurance.

매수인은 매도인에 대하여 보험계약을 체결할 의무가 없다.

A THE SELLER'S OBLIGATIONS : 매도인의 의무

A6 Delivery/Transport document : 인도/운송서류

The seller has no obligation to the buyer.

매도인은 매수인에 대하여 의무가 없다.

A7 Export/Import clearance : 수출/수입통관

Where applicable, the seller must assist the buyer, at the buyer's request, risk and cost, in obtaining any documents and/or information related to all export/transit/import clearance formalities required by the countries of export/transit/import, such as :

▶ export/transit/import licence;
▶ security clearance for export/transit/import;
▶ pre-shipment inspection; and
▶ any other official authorisation.

해당되는 경우에 매도인은 매수인의 요청에 따라 매수인의 위험과 비용으로 다음과 같은 수출국/통과국/수입국에 의하여 부과되는 모든 수출/통과/수입통관절차에 관한 서류 및/또는 정보를 취득하는 데 매수인에게 협력하여야 한다.

▶ 수출/통과/수입허가
▶ 수출/통과/수입을 위한 보안통관
▶ 선적전검사 및
▶ 그 밖의 공적 인가

B THE BUYER'S OBLIGATIONS : 매수인의 의무

B6 Proof of delivery : 인도의 증거

The buyer must provide the seller with appropriate evidence of having taken delivery.

매수인은 매도인에게 인도를 수령하였다는 적절한 증거를 제공하여야 한다.

B7 Export/Import clearance : 수출/수입통관

Where applicable, it is up to the buyer to carry out and pay for all export/transit/import clearance formalities required by the countries of export/transit/import, such as :

▶ export/transit/import licence;
▶ security clearance for export/transit/import;
▶ pre-shipment inspection; and
▶ any other official authorisation.

해당되는 경우에 다음과 같은 수출국/통과국/수입국에 의하여 부과되는 모든 수출/통과/수입통관절차를 수행하고 그에 관한 비용을 부담하는 것은 매수인의 몫이다.

▶ 수출/통과/수입허가
▶ 수출/통과/수입을 위한 보안통관
▶ 선적전검사 및
▶ 그 밖의 공적 인가

A THE SELLER'S OBLIGATIONS : 매도인의 의무

A8 Checking/Packaging/Marking : 점검/포장/하인표시

The seller must pay the costs of those checking operations (such as checking quality, measuring, weighing, counting) that are necessary for the purpose of delivering the goods in accordance with A2.

The seller must, at its own cost, package the goods, unless it is usual for the particular trade to transport the type of goods sold unpackaged.

The seller must package and mark the goods in the manner appropriate for their transport, unless the parties have agreed on specific packaging or marking requirements.

매도인은 A2에 따라 물품을 인도하기 위해 필요한 점검작업(예컨대 품질점검, 용적측량, 중량측정, 수량계수)에 드는 비용을 부담하여야 한다.

매도인은 자신의 비용으로 물품을 포장하여야 하되, 다만 특정한 거래에서 통상적으로 포장되지 않은 채 매매되어 운송되는 형태의 물품인 경우에는 그러하지 아니하다.
매도인은 당해 운송에 적절한 방법으로 물품을 포장하고 하인을 표시하여야 하되, 다만 당사자들이 특정한 포장요건이나 하인요건에 합의한 경우에는 그러하지 아니하다.

A9 Allocation of costs : 비용분담

The seller must pay all costs relating to the goods until they have been delivered in accordance with A2, other than those payable by the buyer under B9.

매도인은 B9에 따라 매수인이 부담하는 비용은 제외하고 물품이 A2에 따라 인도된 때까지 물품에 관한 모든 비용을 부담하여야 한다.

B THE BUYER'S OBLIGATIONS : 매수인의 의무

B8 Checking/Packaging/Marking : 점검/포장/하인표시

The buyer has no obligation to the seller.

매수인은 매도인에 대하여 의무가 없다.

B9 Allocation of costs : 비용분담

The buyer must
a) pay all costs relating to the goods from the time they have been delivered under A2;
b) reimburse all costs and charges incurred by the seller in providing assistance or information under A4, A5, or A7;

매수인은
a) 물품이 A2에 따라 인도된 때부터 물품에 관한 모든 비용을 부담하여야 한다.
b) A4, A5 및 A7에 따라 협력과 정보를 제공하는 것과 관련하여 매도인에게 발생한 모든 비용을 상환하여야 한다.

c) pay, where applicable, all duties, taxes and other charges, as well as the costs of carrying out customs formalities payable upon export; and
d) pay any additional costs incurred by failing either to take delivery of the goods when they have been placed at its disposal or to give appropriate notice in accordance with B10,

provided that the goods have been clearly identified as the contract goods.

c) 해당되는 경우에 물품의 수출에 부과되는 모든 관세, 세금 기타 공과금 및 수출통관절차를 수행하는 비용을 부담하여야 한다. 그리고
d) 물품이 자신의 처분 하에 놓인 때에 물품의 인도를 수령하지 않거나 B10에 따른 적절한 통지를 하지 않음으로써 발생하는 추가비용을 부담하여야 한다.

다만, 물품은 계약물품으로 명확히 특정되어 있어야 한다.

A THE SELLER'S OBLIGATIONS : 매도인의 의무

A10 NOTICE : 통지

The seller must give the buyer any notice needed to enable the buyer to take delivery of the goods.

매도인은 매수인이 물품의 인도를 수령할 수 있도록 하는 데 필요한 통지를 하여야 한다.

B THE BUYER'S OBLIGATIONS : 매수인의 의무

B10 NOTICE : 통지

The buyer must, whenever it is agreed that the buyer is entitled to determine the time within an agreed period and/or the point of taking delivery within the named place, give the seller sufficient notice.

매수인은 자신이 합의된 기간 중의 어느 시기 및/또는 지정장소 내에 인도를 수령할 지점을 결정할 권리를 가지는 것으로 합의된 경우에는 매도인에게 충분한 통지를 하여야 한다.

FCA | Free Carrier
FCA | 운송인인도

FCA (insert named place of delivery) Incoterms® 2020 23, 20년 기출
FCA (지정인도장소 기입) Incoterms® 2020

EXPLANATORY NOTES FOR USERS
사용자를 위한 설명문

1. Delivery and risk : 인도와 위험

"Free Carrier (named place)" means that the seller delivers the goods to the buyer in one or other of two ways.
First, when the named place is the sellers premises, the goods are delivered
▶ when they are loaded on the means of transport arranged by the buyer.
Second, when the named place is another place, the goods are delivered
▶ when, having been loaded on the seller's means of transport,
▶ they reach the named other place and
▶ are ready for unloading from that seller's means of transport and
▶ at the disposal of the carrier or of another person nominated by the buyer.
Whichever of the two is chosen as the place of delivery, that place identifies where risk transfers to the buyer and the time from which costs are for the buyer's account.

"운송인인도(지정장소)"는 매도인이 물품을 매수인에게 다음과 같은 두 가지 방법 중 어느 하나로 인도하는 것을 의미한다.
첫째, 지정장소가 매도인의 영업구내인 경우, 물품은 다음과 같이 된 때 인도된 것으로 본다.
▶ 물품이 매수인이 마련한 운송수단에 적재된 때

둘째, 지정장소가 그 밖의 장소인 경우, 물품은 다음과 같이 된 때 인도된 것으로 본다.
▶ 매도인의 운송수단에 적재되어서

▶ 지정장소에 도착하고
▶ 매도인의 운송수단에 실린 채 양하준비된 상태로

▶ 매수인이 지정한 운송인이나 제3자의 처분 하에 놓인 때

그러한 두 장소 중에서 인도장소로 선택된 장소는 위험이 매수인에게 이전하는 곳이자 또한 매수인이 비용을 부담하기 시작하는 지점이 된다.

2. Mode of transport : 운송방식

This rule may be used irrespective of the mode of transport selected and may also be used where more than one mode of transport is employed.

본 규칙은 어떠한 운송방식이 선택되는지를 불문하고 사용할 수 있고 둘 이상의 운송방식이 이용되는 경우에도 사용할 수 있다.

3. Place or point of delivery : 인도장소 또는 인도지점

A sale under FCA can be concluded naming only the place of delivery, either at the seller's premises or elsewhere, without specifying the precise point of delivery within that named place. However, the parties are well advised also to specify as clearly as possible the precise point within the named place of delivery. A named precise point of delivery makes it clear to both parties when the goods are delivered and when risk transfers to the buyer; such precision also marks the point at which costs are for the buyer's account. Where the precise point is not identified, however, this may cause problems for the buyer. The seller in this case has the right to select the point "that best suits its purpose"; that point becomes the point of delivery, from which risk and costs transfer to the buyer. If the precise point of delivery is not identified by naming it in the contract, then the parties are taken to have left it to the seller to select the point "that best suits its purpose". This means that the buyer may incur the risk that the seller may choose a point just before the point at which goods are lost or damaged. Best for the buyer therefore to select the precise point within a place where delivery will occur.

FCA 매매는 지정장소 내에 정확한 인도지점을 명시하지 않고서 매도인의 영업구내나 그 밖의 장소 중에서 어느 하나를 단지 인도장소로 지정하여 체결될 수 있다. 그러나 당사자들은 지정인도장소 내에 정확한 지점도 가급적 명확하게 명시하는 것이 좋다. 그러한 정확한 지정인도지점은 양 당사자에게 언제 물품이 인도되는지와 언제 위험이 매수인에게 이전하는지 명확하게 하며, 또한 그러한 정확한 지점은 매수인의 비용부담의 기준점을 확정한다. 그러나 정확한 지점이 지정되지 않는 경우에는 매수인에게 문제가 생길 수 있다. 이러한 경우에 매도인은 "그의 목적에 가장 적합한" 지점을 선택할 권리를 갖는다. 즉 이러한 지점이 곧 인도지점이 되고 그곳에서부터 위험과 비용이 매수인에게 이전한다. 계약에서 이를 지정하지 않아서 정확한 인도지점이 정해지지 않은 경우에, 당사자들은 매도인이 "자신의 목적에 가장 적합한" 지점을 선택하도록 한 것으로 된다. 이는 매수인으로서는 매도인이 물품의 멸실 또는 훼손이 발생한 지점이 아닌 그 직전의 지점을 선택할 수도 있는 위험이 있음을 의미한다. 따라서 매수인으로서는 인도가 이루어질 장소 내에 정확한 지점을 선택하는 것이 가장 좋다.

4. 'or procure goods so delivered' : '또는 그렇게 인도된 물품을 조달한다'

The reference to "procure" here caters for multiple sales down a chain(string sales), particularly, although not exclusively, common in the commodity trades.

여기에 "조달하다"(procure)라고 규정한 것은 꼭 이 분야에서 그런 것만은 아니지만 특히 일차산품거래(commodity trades)에서 일반적인 수차에 걸쳐 연속적으로 이루어지는 매매(연속매매, string sales)에 대응하기 위함이다.

5. Export/Import clearance : 수출/수입통관

FCA requires the seller to clear the goods for export, where applicable. However, the seller has no obligation to clear the goods for import or for transit through third countries, to pay any import duty or to carry out any import customs formalities.

FCA에서는 해당되는 경우에 매도인이 물품의 수출통관을 하여야 한다. 그러나 매도인은 물품의 수입 또는 제3국 통과를 위한 통관을 하거나 수입관세를 납부하거나 수입통관절차를 수행할 의무가 없다.

6. Bills of lading with an on-board notation in FCA sales : FCA 매매에서 본선적재표기가 있는 선하증권

We have already seen that FCA is intended for use irrespective of the mode or modes of transport used. Now if goods are being picked up by the buyer's road-haulier in Las Vegas, it would be rather uncommon to expect a bill of lading with an on-board notation to be issued by the carrier from Las Vegas, which is not a port and which a vessel cannot reach for goods to be placed on board. Nonetheless, sellers selling FCA Las Vegas do sometimes find themselves in a situation where they need a bill of lading with an on-board notation (typically because of a bank collection or a letter of credit requirement), albeit necessarily stating that the goods have been placed on board in Los Angeles as well as stating that they were received for carriage in Las Vegas. To cater for this possibility of an FCA seller needing a bill of lading with an on-board notation, FCA Incoterms® 2020 has, for the first time, provided the following optional mechanism. If the parties have so agreed in the contract, the buyer must instruct its carrier to issue a bill of lading with an on-board notation to the seller. The carrier may or may not, of course, accede to the buyer's request, given that the carrier is only bound and entitled to issue such a bill of lading once the goods are on board in Los Angeles. However, if and when the bill of lading is issued to the seller by the carrier at the buyer's cost and risk, the seller must provide that same document to the buyer, who will need the bill of lading in order to obtain discharge of the goods from the carrier. This optional mechanism becomes unnecessary, of course, if the parties have agreed that the seller will present to the buyer a

이미 언급하였듯이 FCA는 사용되는 운송방식이 어떠한지를 불문하고 사용할 수 있다. 이제는 매수인의 도로운송인이 라스베이거스에서 물품을 수거(pick up)한다고 할 때, 라스베이거스에서 운송인으로부터 본선적재표기가 있는 선하증권을 발급받기를 기대하는 것이 오히려 일반적이지 않다. 라스베이거스는 항구가 아니어서 선박이 물품적재를 위하여 그곳으로 갈 수 없기 때문이다. 그럼에도 FCA Las Vegas 조건으로 매매하는 매도인은 때로는 (전형적으로 은행의 추심조건이나 신용장조건 때문에) 비록 어쩔 수 없이 물품이 라스베이거스에서 운송을 위하여 수령되었으며 그것이 로스앤젤레스에서 선적되었다고 기재된다고 할지라도 본선적재표기가 있는 선하증권이 필요한 상황에 처하게 된다. 본선적재표기가 있는 선하증권을 필요로 하는 FCA 매도인의 이러한 가능성에 대응하기 위하여 인코텀즈 2020 FCA에서는 처음으로 다음과 같은 선택적 기제를 규정한다. 당사자들이 계약에서 합의한 경우에 매수인은 그의 운송인에게 본선적재표기가 있는 선하증권을 매도인에게 발행하도록 지시하여야 한다. 물론 운송인으로서는 물품이 로스앤젤레스에서 본선적재된 때에만 그러한 선하증권을 발행할 의무가 있고 또 그렇게 할 권리가 있기 때문에 매수인의 요청에 응할 수도 응하지 않을 수도 있다. 그러나 운송인이 매수인의 비용과 위험으로 매도인에게 선하증권을 발행하는 경우에는 운송인으로부터 물품을 수령하기 위하여 선하증권이 필요한 매수인에게 바로 그 선하증권을 제공하여야 한다. 물론 당사자들의 합의에 의하여 매도인이 매수인에게 물품의 본선적재 사실이 아니라 단지 물품이 선적을 위하여 수령되었다는 사실을 기재한 선하증권을 제시하는 경우에는 이러한 선택적 기제는 불필요하다. 또한 강조되어야 할 것으로 이러한 선택적 기제가 적용되는 경우에도 매도인은 매수인에 대하여 운송계약조건에 관한 어떠한 의무도 없다. 끝으로, 이러한 선택적 기제가 적용되는 경우에 내륙의 인도일자와 본선적재일자는 부득이 다를 수 있을 것이고, 이로 인하여 매도인에게 신용장상 어려움이 발생할 수 있다.

bill of lading stating simply that the goods have been received for shipment rather than that they have been shipped on board. Moreover it should be emphasised that even where this optional mechanism is adopted, the seller is under no obligation to the buyer as to the terms of the contract of carriage. Finally, when this optional mechanism is adopted, the dates of delivery inland and loading on board will necessarily be different, which may well create difficulties for the seller under a letter of credit.

A THE SELLER'S OBLIGATIONS : 매도인의 의무

A1 General obligations : 일반의무

The seller must provide the goods and the commercial invoice in conformity with the contract of sale and any other evidence of conformity that may be required by the contract.

Any document to be provided by the seller may be in paper or electronic form as agreed or, where there is no agreement, as is customary.

매도인은 매매계약에 일치하는 물품 및 상업송장과 그밖에 계약에서 요구될 수 있는 일치성에 관한 증거를 제공하여야 한다.

매도인이 제공하여야 하는 서류는 합의에 따라, 합의가 없는 경우에는 관행에 따라 종이서류 또는 전자적 방식으로 제공될 수 있다.

B THE BUYER'S OBLIGATIONS : 매수인의 의무

B1 General obligations : 일반의무

The buyer must pay the price of the goods as provided in the contract of sale.

Any document to be provided by the buyer may be in paper or electronic form as agreed or, where there is no agreement, as is customary.

매수인은 매매계약에 규정된 바에 따라 물품의 대금을 지급하여야 한다.

매수인이 제공하여야 하는 서류는 합의에 따라, 합의가 없는 경우에는 관행에 따라 종이서류 또는 전자적 방식으로 제공될 수 있다.

A THE SELLER'S OBLIGATIONS : 매도인의 의무

A2 Delivery : 인도

The seller must deliver the goods to the carrier or another person nominated by the buyer at the named point, if any, at the named place, or procure goods so delivered.

The seller must deliver the goods
1. on the agreed date or
2. at the time within the agreed period notified by the buyer under B10(b) or,
3. if no such time is notified, then at the end of the agreed period.
Delivery is completed either;
a) If the named place is the seller's premises, when the goods have been loaded on the means of transport provided by the buyer; or
b) In any other case, when the goods are placed at the disposal of the carrier or another person nominated by the buyer on the seller's means of transport ready for unloading.

If no specific point has been notified by the buyer under B10(d) within the named place of delivery, and if there are several points available, the seller may select the point that best suits its purpose.

매도인은 물품을 지정장소에서, 그 지정장소에 지정된 지점이 있는 경우에는 그 지점에서 매수인이 지정한 운송인 또는 제3자에게 인도하거나 그렇게 인도된 물품을 조달하여야 한다.

매도인은 다음의 시기에 물품을 인도하여야 한다.
1. 합의된 기일 또는
2. B10(b)에 따라 매수인으로부터 통지받은 합의된 기간 중의 어느 시기 또는,
3. 그러한 시기가 통지되지 않은 경우에는 합의된 기간의 만료일
인도는 다음의 시점에 완료된다.
a) 지정장소가 매도인의 영업구내인 경우에는 물품이 매수인이 제공한 운송수단에 적재되는 때 또는

b) 그 밖의 경우에는 물품이 매도인의 운송수단에 실린 채 양하준비된 상태로 매수인이 지정한 운송인 또는 제3자의 처분 하에 놓인 때

지정인도장소 내에 매수인이 B10(d)에 따라 통지한 특정한 지점이 없고 또한 이용가능한 복수의 지점이 있는 경우에 매도인은 그의 목적에 가장 적합한 지점을 선택할 수 있다.

B THE BUYER'S OBLIGATIONS : 매수인의 의무

B2 Taking delivery : 인도의 수령

The buyer must take delivery of the goods when they have been delivered under A2.

매수인은 물품이 A2에 따라 인도된 때에 그 물품의 인도를 수령하여야 한다.

A THE SELLER'S OBLIGATIONS : 매도인의 의무

A3 Transfer of risks : 위험이전

The seller bears all risks of loss of or damage to the goods until they have been delivered in accordance with A2, with the exception of loss or damage in the circumstances described in B3.

매도인은 물품이 A2에 따라 인도된 때까지 물품의 멸실 또는 훼손의 모든 위험을 부담하되, B3에 규정된 상황에서 발생하는 멸실 또는 훼손은 예외로 한다.

B THE BUYER'S OBLIGATIONS : 매수인의 의무

B3 Transfer of risks : 위험이전

The buyer bears all risks of loss of or damage to the goods from the time they have been delivered under A2.

If :

a) the buyer fails to nominate a carrier or another person under A2 or to give notice in accordance with B10; or

b) the carrier or person nominated by the buyer under B10(a) fails to take the goods into its charge, then, the buyer bears all risks of loss of or damage to the goods;

　(i) from the agreed date, or in the absence of an agreed date,

　(ii) from the time selected by the buyer under B10(b); or, if no such time has been notified,

　(iii) from the end of any agreed period for delivery,

provided that the goods have been clearly identified as the contract goods.

매수인은 물품이 A2에 따라 인도된 때부터 물품의 멸실 또는 훼손의 모든 위험을 부담한다.

만약

a) 매수인이 A2상의 운송인이나 제3자를 지정하지 않거나 B10에 따른 통지를 하지 않는 경우, 또는

b) B10(a)에 따라 매수인이 지정한 운송인이나 제3자가 물품을 수령하지 않는 경우, 매수인은 다음의 시기부터 물품의 멸실 또는 훼손의 모든 위험을 부담한다.

　(i) 합의된 인도기일부터 또는 합의된 인도기일이 없는 경우에는

　(ii) 매수인이 B10(b)에 따라 선택한 시기부터 또는 그러한 시기가 통지되지 않은 경우에는

　(iii) 합의된 인도기간의 만료일부터

다만, 물품은 계약물품으로 명확히 특정되어 있어야 한다.

A THE SELLER'S OBLIGATIONS : 매도인의 의무

A4 Carriage : 운송

The seller has no obligation to the buyer to make a contract of carriage. However, the seller must provide the buyer, at the buyer's request, risk and cost, with any information in the possession of the seller, including transport-related security requirements, that the buyer needs for arranging carriage. If agreed, the seller must contract for carriage on the usual terms at the buyer's risk and cost.

The seller must comply with any transport-related security requirements up to delivery.

매도인은 매수인에 대하여 운송계약을 체결할 의무가 없다. 그러나 매도인은 매수인의 요청에 따라 매수인의 위험과 비용으로, 운송관련 보안요건을 포함하여 매수인이 운송을 마련하기 위하여 필요로 하는 정보로서 매도인 자신이 가지고 있는 정보를 매수인에게 제공하여야 한다. 합의가 있는 경우에 매도인은 매수인의 위험과 비용으로 통상적인 조건으로 운송계약을 체결하여야 한다.

매도인은 인도가 있을 때까지 운송관련 보안요건을 준수하여야 한다.

A5 Insurance : 보험

The seller has no obligation to the buyer to make a contract of insurance. However, the seller must provide the buyer, at the buyer's request, risk and cost, with information in the possession of the seller that the buyer needs for obtaining insurance.

매도인은 매수인에 대하여 보험계약을 체결할 의무가 없다. 그러나 매도인은 매수인의 요청에 따라 매수인의 위험과 비용으로 매수인이 부보하는 데 필요한 정보로서 매도인 자신이 가지고 있는 정보를 제공하여야 한다.

B THE BUYER'S OBLIGATIONS : 매수인의 의무

B4 Carriage : 운송

The buyer must contract or arrange at its own cost for the carriage of the goods from the named place of delivery, except when the contract of carriage is made by the seller as provided for in A4.

매수인은 자신의 비용으로 물품을 지정인도장소로부터 운송하는 계약을 체결하거나 그러한 운송을 마련하여야 하되, A4에 규정된 바에 따라 매도인이 운송계약을 체결하는 경우는 예외로 한다.

B5 Insurance : 보험

The buyer has no obligation to the seller to make a contract of insurance.

매수인은 매도인에 대하여 보험계약을 체결할 의무가 없다.

A THE SELLER'S OBLIGATIONS : 매도인의 의무

A6 Delivery/Transport document : 인도/운송서류

The seller must provide the buyer at the seller's cost with the usual proof that the goods have been delivered in accordance with A2.

The seller must provide assistance to the buyer, at the buyer's request, risk and cost, in obtaining a transport document.

Where the buyer has instructed the carrier to issue to the seller a transport document under B6, the seller must provide any such document to the buyer.

매도인은 자신의 비용으로 매수인에게 물품이 A2에 따라 인도되었다는 통상적인 증거를 제공하여야 한다.

매도인은 매수인의 요청에 따라 매수인의 위험과 비용으로 매수인이 운송서류를 취득하는 데 협력을 제공하여야 한다.

매수인이 B6에 따라 매도인에게 운송서류를 발행하도록 운송인에게 지시한 경우에 매도인은 그러한 서류를 매수인에게 제공하여야 한다.

B THE BUYER'S OBLIGATIONS : 매수인의 의무

B6 Delivery/Transport document : 인도/운송서류

The buyer must accept the proof that the goods have been delivered in accordance with A2.

If the parties have so agreed, the buyer must instruct the carrier to issue to the seller, at the buyer's cost and risk, a transport document stating that the goods have been loaded (such as a bill of lading with an on-board notation).

매수인은 물품이 A2에 따라 인도되었다는 증거를 인수하여야 한다.

당사자들이 합의한 경우에 매수인은 물품이 적재되었음을 기재한 (본선적재표기가 있는 선하증권과 같은) 운송서류를 매도인에게 발행하도록 자신의 비용과 위험으로 운송인에게 지시하여야 한다.

A THE SELLER'S OBLIGATIONS : 매도인의 의무

A7 Export/Import clearance : 수출/수입통관

a) Export clearance

Where applicable, the seller must carry out and pay for all export clearance formalities required by the country of export, such as :

▶ export licence;
▶ security clearance for export;
▶ pre-shipment inspection; and
▶ any other official authorisation.

a) 수출통관

해당되는 경우에 매도인은 수출국에 의하여 부과되는 다음의 수출통관절차를 모두 수행하고 그에 관한 비용을 부담하여야 한다.

▶ 수출허가
▶ 수출을 위한 보안통관
▶ 선적전검사 및
▶ 그 밖의 공적 인가

b) Assistance with import clearance

Where applicable, the seller must assist the buyer, at the buyer's request, risk and cost, in obtaining any documents and/or information related to all transit/import clearance formalities, including security requirements and pre-shipment inspection, needed by any country of transit or the country of import.

b) 수입통관에 관한 협력

해당되는 경우에 매도인은 매수인의 요청에 따라 매수인의 위험과 비용으로, 보안요건 및 선적검사를 포함하여 통과국 또는 수입국에 의하여 필요한 모든 통과/수입통관절차에 관한 서류 및/또는 정보를 취득하는 데 매수인에게 협력하여야 한다.

B THE BUYER'S OBLIGATIONS : 매수인의 의무

B7 Export/Import clearance : 수출/수입통관

a) Assistance with export clearance

Where applicable, the buyer must assist the seller at the seller's request, risk and cost in obtaining any documents and/or information related to all export clearance formalities, including security requirements and pre-shipment inspection, needed by the country of export.

b) Import clearance

Where applicable, the buyer must carry out and pay for all formalities required by any country of transit and the country of import, such as :

▶ import licence and any licence required for transit;

▶ security clearance for import and any transit;

▶ pre-shipment inspection; and

▶ any other official authorisation.

a) 수출통관에 관한 협력

해당되는 경우에 매수인은 매도인의 요청에 따라 매도인의 위험과 비용으로, 보안요건 및 선적전검사를 포함하여 수출국에 의하여 필요한 모든 수출통관절차에 관한 서류 및/또는 정보를 취득하는 데 매도인에게 협력하여야 한다.

b) 수입통관

해당되는 경우에 매수인은 통과국 및 수입국에 의하여 부과되는 다음의 절차를 모두 수행하고 그에 관한 비용을 부담하여야 한다.

▶ 수입허가 및 통과를 위하여 필요한 허가

▶ 수입과 통과를 위한 보안통관

▶ 선적전검사 및

▶ 그 밖의 공적 인가

A THE SELLER'S OBLIGATIONS : 매도인의 의무

A8 Checking/Packaging/Marking : 점검/포장/하인표시

The seller must pay the costs of those checking operations (such as checking quality, measuring, weighing, counting) that are necessary for the purpose of delivering the goods in accordance with A2.

The seller must, at its own cost, package the goods, unless it is usual for the particular trade to transport the type of goods sold unpackaged.

The seller must package and mark the goods in the manner appropriate for their transport, unless the parties have agreed on specific packaging or marking requirements.

매도인은 A2에 따라 물품을 인도하기 위해 필요한 점검작업(예컨대 품질점검, 용적측량, 중량측정, 수량계수)에 드는 비용을 부담하여야 한다.

매도인은 자신의 비용으로 물품을 포장하여야 하되, 다만 특정한 거래에서 통상적으로 포장되지 않은 채 매매되어 운송되는 형태의 물품인 경우에는 그러하지 아니하다. 매도인은 당해 운송에 적절한 방법으로 물품을 포장하고 하인을 표시하여야 하되, 다만 당사자들이 특정한 포장요건이나 하인요건에 합의한 경우에는 그러하지 아니하다.

B THE BUYER'S OBLIGATIONS : 매수인의 의무

B8 Checking/Packaging/Marking : 점검/포장/하인표시

The buyer has no obligation to the seller.

매수인은 매도인에 대하여 의무가 없다.

A THE SELLER'S OBLIGATIONS : 매도인의 의무

A9 Allocation of costs : 비용분담

The seller must pay

a) all costs relating to the goods until they have been delivered in accordance with A2, other than those payable by the buyer under B9;

b) the costs of providing the usual proof to the buyer under A6 that the goods have been delivered;

c) where applicable, duties, taxes and any other costs related to export clearance under A7(a); and

d) the buyer for all costs and charges related to providing assistance in obtaining documents and information in accordance with B7(a).

매도인은 다음의 비용을 부담하여야 한다.

a) 물품이 A2에 따라 인도된 때까지 물품에 관한 모든 비용. 다만 B9에 따라 매수인이 부담하는 비용은 제외한다.

b) 물품이 인도되었다는 통상적인 증거를 A6에 따라 매수인에게 제공하는 데 드는 비용

c) 해당되는 경우에 A7(a)에 따른 수출통관에 관한 관세, 세금, 그 밖의 비용 및

d) B7(a)에 따라 서류와 정보를 취득하는 데 매수인이 협력을 제공하는 것과 관련한 모든 비용

B THE BUYER'S OBLIGATIONS : 매수인의 의무

B9 Allocation of costs : 비용분담

The buyer must pay

a) all costs relating to the goods from the time they have been delivered under A2, other than those payable by the seller under A9;

b) the seller for all costs and charges related to providing assistance in obtaining documents and information in accordance with A4, A5, A6 and A7(b);

c) where applicable, duties, taxes and any other costs related to transit or import clearance under B7(b); and

d) any additional costs incurred, either because;
   (i) the buyer fails to nominate a carrier or another person under B10, or
   (ii) the carrier or person nominated by the buyer under B10 fails to take the goods into its charge,

provided that the goods have been clearly identified as the contract goods.

매수인은 다음의 비용을 부담하여야 한다.

a) 물품이 A2에 따라 인도된 때부터 물품에 관한 모든 비용. 다만 A9에 따라 매도인이 부담하는 비용은 제외한다.

b) A4, A5, A6 및 A7(b)에 따라 서류와 정보를 취득하는 데 매도인이 협력을 제공하는 것과 관련한 모든 비용

c) 해당되는 경우에 B7(b)에 따른 통과통관 또는 수입통관에 관한 관세, 세금, 그 밖의 비용 및

d) 다음의 경우에 발생하는 추가비용
   (i) 매수인이 B10에 따른 운송인이나 제3자를 지정하지 않는 경우 또는
   (ii) B10에 따라 매수인이 지정한 운송인이나 제3자가 물품을 수령하지 않는 경우

다만, 물품은 계약물품으로 명확히 특정되어 있어야 한다.

A THE SELLER'S OBLIGATIONS : 매도인의 의무

A10 NOTICE : 통지

The seller must give the buyer sufficient notice either that the goods have been delivered in accordance with A2 or that the carrier or another person nominated by the buyer has failed to take the goods within the time agreed.

매도인은 물품이 A2에 따라 인도된 사실 또는 매수인이 지정한 운송인 또는 제3자가 합의된 시기 내에 물품을 수령하지 않은 사실을 매수인에게 충분히 통지하여야 한다.

B THE BUYER'S OBLIGATIONS : 매수인의 의무

B10 NOTICE : 통지

The buyer must notify the seller of

a) the name of the carrier or another person nominated within sufficient time as to enable the seller to deliver the goods in accordance with A2;

b) the selected time, if any, within the period agreed for delivery when the carrier or person nominated will receive the goods;

c) the mode of transport to be used by the carrier or the person nominated including any transport -related security requirements; and

d) the point where the goods will be received within the named place of delivery.

매수인은 매도인에게 다음을 통지하여야 한다.

a) 지정된 운송인 또는 제3자의 이름. 이는 매도인이 A2에 따라 물품을 인도할 수 있도록 충분한 기간을 두고 통지되어야 한다.

b) 합의된 인도기간 내에서 운송인이나 제3자가 물품을 수령할 것으로 선택된 시기가 있는 경우 그 선택된 시기

c) 운송관련 보안요건을 포함하여, 지정된 운송인 또는 제3자가 사용할 운송방식 및

d) 지정인도장소 내에서 물품을 수령할 지점

CPT | Carriage Paid To
CPT | 운송비지급인도

CPT (insert named place of destination) Incoterms® 2020 23, 22년 기출
CPT (지정목적지 기입) Incoterms® 2020

EXPLANATORY NOTES FOR USERS
사용자를 위한 설명문

1. Delivery and risk : 인도와 위험

"Carriage Paid To" means that the seller delivers the goods – and transfers the risk – to the buyer
- by handing them over to the carrier
- contracted by the seller
- or by procuring the goods so delivered.
- The seller may do so by giving the carrier physical possession of the goods in the manner and at the place appropriate to the means of transport used.

"운송비지급인도"는 매도인이 다음과 같이 매수인에게 물품을 인도하는 것을 – 그리고 위험을 이전하는 것을 – 의미한다.
- 매도인과 계약을 체결한 운송인에게
- 물품을 교부함으로써
- 또는 그렇게 인도된 물품을 조달함으로써
- 매도인은 사용되는 운송수단에 적합한 방법으로 그에 적합한 장소에서 운송인에게 물품의 물리적 점유를 이전함으로써 물품을 인도할 수 있다.

Once the goods have been delivered to the buyer in this way, the seller does not guarantee that the goods will reach the place of destination in sound condition, in the stated quantity or indeed at all. This is because risk transfers from seller to buyer when the goods are delivered to the buyer by handing them over to the carrier; the seller must nonetheless contract for the carriage of the goods from delivery to the agreed destination. Thus, for example, goods are handed over to a carrier in Las Vegas (which is not a port) for carriage to Southampton (a port) or to Winchester (which is not a port). In either case, delivery transferring risk to the buyer happens in Las Vegas, and the seller must make a contract of carriage to either Southampton or Winchester.

물품이 이러한 방식으로 매수인에게 인도되고 나면 매도인은 그 물품이 명시된 수량만큼 또는 일부라도 양호한 상태로 목적지에 도착할 것을 보장하지 않는다. 왜냐하면 물품이 운송인에게 교부됨으로써 매수인에게 인도된 때 위험은 매도인으로부터 매수인에게 이전하기 때문이다. 그러나 매도인은 물품을 인도지로부터 합의된 목적지까지 운송하는 계약을 체결하여야 한다. 따라서 예컨대 (항구인) 사우샘프턴이나 (항구가 아닌) 윈체스터까지 운송하기 위하여 (항구가 아닌) 라스베이거스에서 운송인에게 물품이 교부된다. 이러한 각각의 경우에 위험을 매수인에게 이전시키는 인도는 라스베이거스에서 일어나고 매도인은 사우샘프턴이나 윈체스터로 향하는 운송계약을 체결하여야 한다.

2. Mode of transport : 운송방식

This rule may be used irrespective of the mode of transport selected and may also be used where more than one mode of transport is employed.

본 규칙은 어떠한 운송방식이 선택되는지를 불문하고 사용할 수 있고 둘 이상의 운송방식이 이용되는 경우에도 사용할 수 있다.

3. Places (or points) of delivery and destination : 인도장소(또는 인도지점)와 목적지(또는 목적지점)

In CPT, two locations are important : the place or point (if any) at which the goods are delivered (for the transfer of risk) and the place or point agreed as the destination of the goods (as the point to which the seller promises to contract for carriage).

CPT에서는 두 곳이 중요하다. 물품이 (위험이전을 위하여) 인도되는 장소 또는 지점(있는 경우)이 그 하나이고, 물품의 목적지로서 합의된 장소 또는 지점(매도인이 어느 지점까지 운송계약을 체결하기로 약속한 지점)이 다른 하나이다.

4. Identifying the place or point of delivery with precision : 정확한 인도장소 또는 인도지점 지정

The parties are well advised to identify both places, or indeed points within those places, as precisely as possible in the contract of sale. Identifying the place or point (if any) of delivery as precisely as possible is important to cater for the common situation where several carriers are engaged, each for different legs of the transit from delivery to destination. Where this happens and the parties do not agree on a specific place or point of delivery, the default position is that risk transfers when the goods have been delivered to the first carrier at a point entirely of the seller's choosing and over which the buyer has no control. Should the parties wish the risk to transfer at a later stage (e.g. at a sea or river port or at an airport), or indeed an earlier one (e.g. an inland point some way away from a sea or river port), they need to specify this in their contract of sale and to carefully think through the consequences of so doing in case the goods are lost or damaged.

당사자들은 매매계약에서 가급적 정확하게 두 장소(인도장소 및 목적지) 또는 그러한 두 장소 내의 실제 지점들을 지정하는 것이 좋다. 인도장소나 인도지점(있는 경우)을 가급적 정확하게 지정하는 것은 복수의 운송인이 참여하여 인도지부터 목적지까지 사이에 각자 상이한 운송구간을 담당하는 일반적인 상황에 대응하기 위하여 중요하다. 이러한 상황에서 당사자들이 특정한 인도장소나 인도지점을 합의하지 않는·경우에 [본 규칙이 규정하는] 기본 입장은, 위험은 물품이 매도인이 전적으로 선택하고 그에 대하여 매수인이 전혀 통제할 수 없는 지점에서 제1운송인에게 인도된 때 이전한다는 것이다. 그 후의 어느 단계에서 (예컨대, 바다나 강의 항구에서 또는 공항에서) 또는 그 전의 어느 단계에서 (예컨대, 바다나 강의 항구로부터 멀리 있는 내륙의 어느 지점에서) 위험이 이전되길 원한다면, 당사자들은 이를 매매계약에 명시하고 물품이 실제로 멸실 또는 훼손되는 경우에 그렇게 하는 것의 결과가 어떻게 되는지를 신중하게 생각할 필요가 있다.

5. Identifying the destination as precisely as possible : 가급적 정확한 목적지 지정

The parties are also well advised to identify as precisely as possible in the contract of sale the point within the agreed place of destination, as this is the point to which the seller must contract for carriage and this is the point to which the costs of carriage fall on the seller.

당사자들은 또한 매매계약에서 합의된 목적지 내의 지점을 가급적 정확하게 지정하는 것이 좋다. 그 지점까지 매도인은 운송계약을 체결하여야 하고 그 지점까지 발생하는 운송비용을 매도인이 부담하기 때문이다.

6. 'or procuring the goods so delivered' : '또는 그렇게 인도된 물품을 조달함'

The reference to "procure" here caters for multiple sales down a chain(string sales), particularly common in the commodity trades.

여기에 "조달하다"(procure)라고 규정한 것은 특히 일차산품거래(commodity trades)에서 일반적인 수차에 걸쳐 연속적으로 이루어지는 매매(연속매매, string sales)에 대응하기 위함이다.

7. Costs of unloading at destination : 목적지의 양하비용

If the seller incurs costs under its contract of carriage related to unloading at the named place of destination, the seller is not entitled to recover such costs separately from the buyer unless otherwise agreed between the parties.

매도인이 자신의 운송계약상 지정목적지에서 양하에 관하여 비용이 발생한 경우에 매도인은 당사자 간에 달리 합의되지 않은 한 그러한 비용을 매수인으로부터 별도로 상환받을 권리가 없다.

8. Export/Import clearance : 수출/수입통관

CPT requires the seller to clear the goods for export, where applicable. However, the seller has no obligation to clear the goods for import or for transit through third countries, or to pay any import duty or to carry out any import customs formalities.

CPT에서는 해당되는 경우에 매도인이 물품의 수출통관을 하여야 한다. 그러나 매도인은 물품의 수입 또는 제3국 통과를 위한 통관을 하거나 수입관세를 납부하거나 수입통관절차를 수행할 의무가 없다.

A THE SELLER'S OBLIGATIONS : 매도인의 의무

A1 General obligations : 일반의무

The seller must provide the goods and the commercial invoice in conformity with the contract of sale and any other evidence of conformity that may be required by the contract.
Any document to be provided by the seller may be in paper or electronic form as agreed or, where there is no agreement, as is customary.

매도인은 매매계약에 일치하는 물품 및 상업송장과 그 밖에 계약에서 요구될 수 있는 일치성에 관한 증거를 제공하여야 한다.

매도인이 제공하여야 하는 서류는 합의에 따라, 합의가 없는 경우에는 관행에 따라 종이서류 또는 전자적 방식으로 제공될 수 있다.

A2 Delivery : 인도

The seller must deliver the goods by handing them over to the carrier contracted in accordance with A4 or by procuring the goods so delivered. In either case the seller must deliver the goods on the agreed date or within the agreed period.

매도인은 물품을 A4에 따라 운송계약을 체결한 운송인에게 교부하거나 그렇게 인도된 물품을 조달함으로써 인도하여야 한다. 각각의 경우에 매도인은 합의된 기일에 또는 합의된 기간 내에 인도하여야 한다.

A3 Transfer of risks : 위험이전

The seller bears all risks of loss of or damage to the goods until they have been delivered in accordance with A2, with the exception of loss or damage in the circumstance described in B3.

매도인은 물품이 A2에 따라 인도된 때까지 물품의 멸실 또는 훼손의 모든 위험을 부담하되, B3에 규정된 상황에서 발생하는 멸실 또는 훼손은 예외로 한다.

B THE BUYER'S OBLIGATIONS : 매수인의 의무

B1 General obligations : 일반의무

The buyer must pay the price of the goods as provided in the contract of sale.
Any document to be provided by the buyer may be in paper or electronic form as agreed or, where there is no agreement, as is customary.

매수인은 매매계약에 규정된 바에 따라 물품의 대금을 지급하여야 한다.
매수인이 제공하여야 하는 서류에 합의에 따라, 합의가 없는 경우에는 관행에 따라 종이서류 또는 전자적 방식으로 제공될 수 있다.

B2 Taking delivery : 인도의 수령

The buyer must take delivery of the goods when they have been delivered under A2 and receive them from the carrier at the named place of destination or if agreed, at the point within that place.

매수인은 물품이 A2에 따라 인도된 때에 그 물품의 인도를 수령하여야 하고 지정목적지에서 또는 합의된 경우에는 지정목적지 내의 지점에서 운송인으로부터 물품을 수령하여야 한다.

B3 Transfer of risks : 위험이전

The buyer bears all risks of loss of or damage to the goods from the time they have been delivered under A2.
If the buyer fails to give notice in accordance with B10, then the buyer bears all risks of loss of or damage to the goods from the agreed date or the end of the agreed period for delivery, provided that the goods have been clearly identified as the contract goods.

매수인은 물품이 A2에 따라 인도된 때부터 물품의 멸실 또는 훼손의 모든 위험을 부담한다.

매수인이 B10에 따른 통지를 하지 않은 경우 물품이 계약물품으로 명확히 특정되어 있다는 전제하에, 매수인은 합의된 인도기일 또는 합의된 인도기간의 만료일부터 물품의 멸실 또는 훼손의 모든 위험을 부담한다.

A THE SELLER'S OBLIGATIONS : 매도인의 의무

A4 Carriage : 운송

The seller must contract or procure a contract for the carriage of the goods from the agreed point of delivery, if any, at the place of delivery to the named place of destination or, if agreed, any point at that place. The contract of carriage must be made on usual terms at the seller's cost and provide for carriage by the usual route in a customary manner of the type normally used for carriage of the type of goods sold. If a specific point is not agreed or is not determined by practice, the seller may select the point of delivery and the point at the named place of destination that best suit its purpose. The seller must comply with any transport—related security requirements for transport to the destination.

매도인은 인도장소로부터, 그 인도장소에 합의된 인도지점이 있는 때에는 그 지점으로부터 지정목적지까지 또는 합의가 있는 때에는 그 지정목적지의 어느 지점까지 물품을 운송하는 계약을 체결하거나 조달하여야 한다. 운송계약은 매도인의 비용으로 통상적인 조건으로 체결되어야 하며 매매물품과 같은 종류의 물품을 운송하는 데 사용되는 통상적인 항로로 관행적인 방법으로 운송하는 내용이어야 한다. 특정한 지점이 합의되지 않거나 관례에 의하여 결정되지 않는 경우에 매도인은 그의 목적에 가장 적합한 인도지점 및 지정목적지의 지점을 선택할 수 있다.

매도인은 목적지까지 운송하는 데 요구되는 운송관련 보안요건을 준수하여야 한다.

A5 Insurance : 보험

The seller has no obligation to the buyer to make a contract of insurance. However, the seller must provide the buyer, at the buyer's request, risk and cost, with information in the possession of the seller that the buyer needs for obtaining insurance.

매도인은 매수인에 대하여 보험계약을 체결할 의무가 없다. 그러나 매도인은 매수인의 요청에 따라 매수인의 위험과 비용으로 매수인이 부보하는 데 필요한 정보로서 매도인 자신이 가지고 있는 정보를 제공하여야 한다.

B THE BUYER'S OBLIGATIONS : 매수인의 의무

B4 Carriage : 운송

The buyer has no obligation to the seller to make a contract of carriage.

매수인은 매도인에 대하여 운송계약을 체결할 의무가 없다.

B5 Insurance : 보험

The buyer has no obligation to the seller to make a contract of insurance.

매수인은 매도인에 대하여 보험계약을 체결할 의무가 없다.

A THE SELLER'S OBLIGATIONS : 매도인의 의무

A6 Delivery/Transport document : 인도/운송서류

If customary or at the buyer's request, the seller must provide the buyer, at the seller's cost, with the usual transport document[s] for the transport contracted in accordance with A4.

This transport document must cover the contract goods and be dated within the period agreed for shipment. If agreed or customary, the document must also enable the buyer to claim the goods from the carrier at the named place of destination and enable the buyer to sell the goods in transit by the transfer of the document to a subsequent buyer or by notification to the carrier.

When such a transport document is issued in negotiable form and in several originals, a full set of originals must be presented to the buyer.

관행이 있거나 매수인의 요청이 있는 경우에 매도인은 자신의 비용으로 매수인에게 A4에 따라 체결된 운송에 관한 통상적인 운송서류(들)를 제공하여야 한다.

이 운송서류는 계약물품에 관한 것이어야 하고 합의된 선적기간 이내로 일부(日附)되어야 한다. 합의나 관행이 있는 경우에 그 운송서류는 매수인이 지정목적지에서 운송인에 대하여 물품의 인도를 청구할 수 있도록 하는 것이어야 하고 또한 매수인이 후속매수인에게 운송서류를 양도함으로써 또는 운송인에 대한 통지로써 운송 중에 물품을 매각할 수 있도록 하는 것이어야 한다.

그러한 운송서류가 유통가능한 형식으로 복수의 원본으로 발행된 경우에 그 원본의 전통(全通)이 매수인에게 제공되어야 한다.

B THE BUYER'S OBLIGATIONS : 매수인의 의무

B6 Delivery/Transport document : 인도/운송서류

The buyer must accept the transport document provided under A6 if it is in conformity with the contract.

매수인은 A6에 따라 제공된 운송서류가 계약에 일치하는 때에는 이를 인수하여야 한다.

A THE SELLER'S OBLIGATIONS : 매도인의 의무

A7 Export/Import clearance : 수출/수입통관

a) Export clearance

Where applicable, the seller must carry out and pay for all export clearance formalities required by the country of export, such as :
- export licence;
- security clearance for export;
- pre-shipment inspection; and
- any other official authorisation.

b) Assistance with import clearance

Where applicable, the seller must assist the buyer, at the buyer's request, risk and cost, in obtaining any documents and/or information related to all transit/import clearance formalities, including security requirements and pre-shipment inspection, needed by any country of transit or the country of import.

a) 수출통관

해당되는 경우에 매도인은 수출국에 의하여 부과되는 다음의 수출통관절차를 모두 수행하고 그에 관한 비용을 부담하여야 한다.
- 수출허가
- 수출을 위한 보안통관
- 선적전검사 및
- 그 밖의 공적 인가

b) 수입통관에 관한 협력

해당되는 경우에 매도인은 매수인의 요청에 따라 매수인의 위험과 비용으로, 보안요건 및 선적전검사를 포함하여 통과국 또는 수입국에 의하여 필요한 모든 통과/수입통관절차에 관한 서류 및/또는 정보를 취득하는 데 매수인에게 협력하여야 한다.

B THE BUYER'S OBLIGATIONS : 매수인의 의무

B7 Export/Import clearance : 수출/수입통관

a) Assistance with export clearance

Where applicable, the buyer must assist the seller at the seller's request, risk and cost in obtaining any documents and/or information related to all export clearance formalities, including security requirements and pre-shipment inspection, needed by the country of export.

b) Import clearance

Where applicable, the buyer must carry out and pay for all formalities required by any country of transit and the country of import, such as :
- import licence and any licence required for transit;
- security clearance for import and any transit;
- pre-shipment inspection; and
- any other official authorisation.

a) 수출통관에 관한 협력

해당되는 경우에 매수인은 매도인의 요청에 따라 매도인의 위험과 비용으로, 보안요건 및 선적전검사를 포함하여 수출국에 의하여 필요한 모든 수출통관절차에 관한 서류 및/또는 정보를 취득하는 데 매도인에게 협력하여야 한다.

b) 수입통관

해당되는 경우에 매수인은 통과국 및 수입국에 의하여 부과되는 다음의 절차를 모두 수행하고 그에 관한 비용을 부담하여야 한다.
- 수입허가 및 통과를 위하여 필요한 허가
- 수입과 통과를 위한 보안통관
- 선적전검사 및
- 그 밖의 공적 인가

A THE SELLER'S OBLIGATIONS : 매도인의 의무

A8 Checking/Packaging/Marking : 점검/포장/하인표시

The seller must pay the costs of those checking operations (such as checking quality, measuring, weighing, counting) that are necessary for the purpose of delivering the goods in accordance with A2.

The seller must, at its own cost, package the goods, unless it is usual for the particular trade to transport the type of goods sold unpackaged.

The seller must package and mark the goods in the manner appropriate for their transport, unless the parties have agreed on specific packaging or marking requirements.

매도인은 A2에 따라 물품을 인도하기 위해 필요한 점검작업 (예컨대 품질점검, 용적측량, 중량측정, 수량계수)에 드는 비용을 부담하여야 한다.

매도인은 자신의 비용으로 물품을 포장하여야 하되, 다만 특정한 거래에서 통상적으로 포장되지 않은 채 매매되어 운송되는 형태의 물품인 경우에는 그러하지 아니하다.

매도인은 당해 운송에 적절한 방법으로 물품을 포장하고 하인을 표시하여야 하되, 다만 당사자들이 특정한 포장요건이나 하인요건에 합의한 경우에는 그러하지 아니한다.

B THE BUYER'S OBLIGATIONS : 매수인의 의무

B8 Checking/Packaging/Marking : 점검/포장/하인표시

The buyer has no obligation to the seller.

매수인은 매도인에 대하여 의무가 없다.

A THE SELLER'S OBLIGATIONS : 매도인의 의무

A9 Allocation of costs : 비용분담

The seller must pay

a) all costs relating to the goods until they have been delivered in accordance with A2, other than those payable by the buyer under B9;

b) transport and all other costs resulting from A4, including the costs of loading the goods and transport—related security costs;

c) any charges for unloading at the agreed place of destination but only if those charges were for the seller's account under the contract of carriage;

매도인은 다음의 비용을 부담하여야 한다.

a) 물품이 A2에 따라 인도된 때까지 물품에 관한 모든 비용. 다만 B9에 따라 매수인이 부담하는 비용은 제외한다.

b) 물품적재비용과 운송관련 보안비용을 포함하여, A4로부터 비롯하는 운송비용 및 그 밖의 모든 비용

c) 합의된 목적지의 양하비용 중에서 오직 운송계약상 매도인이 부담하기로 된 비용

d) the costs of transit that were for the seller's account under the contract of carriage;

e) the costs of providing the usual proof to the buyer under A6 that the goods have been delivered;

f) where applicable, duties, taxes and any other costs related to export clearance under A7(a); and

g) the buyer for all costs and charges related to providing assistance in obtaining documents and information in accordance with B7(a).

d) 운송계약상 매도인이 부담하기로 된 통과비용

e) 물품이 인도되었다는 통상적인 증거를 A6에 따라 매수인에게 제공하는 데 드는 비용

f) 해당되는 경우에 A7(a)에 따른 수출통관에 관한 관세, 세금, 그 밖의 비용 및

g) B7(a)에 따라 서류와 정보를 취득하는 데 매수인이 협력을 제공하는 것과 관련한 모든 비용

B THE BUYER'S OBLIGATIONS : 매수인의 의무

B9 Allocation of costs : 비용분담

The buyer must pay

a) all costs relating to the goods from the time they have been delivered under A2, other than those payable by the seller under A9;

b) the costs of transit, unless such costs were for the seller's account under the contract of carriage;

c) unloading costs, unless such costs were for the seller's account under the contract of carriage;

d) the costs of any additional insurance procured at the buyer's request under A5 and A7(b);

e) where applicable, duties, taxes and any other costs related to transit or import clearance under B7(b); and

f) any additional costs incurred if it fails to give notice in accordance with B10, from the agreed date or the end of the agreed period for shipment, provided that the goods have been clearly identified as the contract goods.

매수인은 다음의 비용을 부담하여야 한다.

a) 물품이 A2에 따라 인도된 때부터 물품에 관한 모든 비용. 다만, A9에 따라 매도인이 부담하는 비용은 제외한다.

b) 통과비용. 다만, 그러한 비용이 운송계약상 매도인이 부담하는 것으로 된 경우에는 그러하지 아니하다.

c) 양하비용. 다만, 그러한 비용이 운송계약상 매도인이 부담하는 것으로 된 경우에는 그러하지 아니하다.

d) A5 및 A7(b) 하에서 매수인의 요청에 따라 조달된 추가보험에 드는 비용

e) 해당되는 경우에 B7(b)에 따른 통과통관 또는 수입통관에 관한 관세, 세금, 그 밖의 비용 및

f) 매수인이 B10에 따른 통지를 하지 않는 경우에 합의된 기일 또는 합의된 선적기간의 만료일부터 발생하는 추가비용

다만, 물품은 계약물품으로 명확히 특정되어 있어야 한다.

A THE SELLER'S OBLIGATIONS : 매도인의 의무

A10 NOTICE : 통지

The seller must notify the buyer that the goods have been delivered in accordance with A2.
The seller must give the buyer any notice required to enable the buyer to receive the goods.

매도인은 매수인에게 물품이 A2에 따라 인도되었음을 통지하여야 한다.
매도인은 매수인에게 매수인이 물품을 수령할 수 있도록 하는 데 필요한 통지를 하여야 한다.

B THE BUYER'S OBLIGATIONS : 매수인의 의무

B10 NOTICE : 통지

The buyer must, whenever it is agreed that the buyer is entitled to determine the time for dispatching the goods and/or the point of receiving the goods within the named place of destination, give the seller sufficient notice.

매수인은 자신이 물품의 발송시기 및/또는 지정목적지 내에 물품을 수령할 지점을 결정할 권리를 갖는 것으로 합의된 경우에는 매도인에게 충분한 통지를 하여야 한다.

CIP | Carriage and Insurance Paid To
CIP | 운송비 · 보험료지급인도

CIP (insert named place of destination) Incoterms® 2020 23년 기출
CIP (지정목적지 기입) Incoterms® 2020

EXPLANATORY NOTES FOR USERS
사용자를 위한 설명문

1. Delivery and risk : 인도와 위험

"Carriage and Insurance Paid To" means that the seller delivers the goods — and transfers the risk — to the buyer

▶ by handing them over to the carrier
▶ contracted by the seller
▶ or by procuring the goods so delivered.
▶ The seller may do so by giving the carrier physical possession of the goods in the manner and at the place appropriate to the means of transport used.

"운송비 · 보험료지급인도"는 매도인이 다음과 같이 매수인에게 물품을 인도하는 것을 – 그리고 위험을 이전하는 것을 – 의미한다.
▶ 매도인과 계약을 체결한 운송인에게
▶ 물품을 교부함으로써
▶ 또는 그렇게 인도된 물품을 조달함으로써
▶ 매도인은 사용되는 운송수단에 적합한 방법으로 그에 적합한 장소에서 운송인에게 물품의 물리적 점유를 이전함으로써 물품을 인도할 수 있다.

Once the goods have been delivered to the buyer in this way, the seller does not guarantee that the goods will reach the place of destination in sound condition, in the stated quantity or indeed at all. This is because risk transfers from seller to buyer when the goods are delivered to the buyer by handing them over to the carrier; the seller must nonetheless contract for the carriage of the goods from delivery to the agreed destination. Thus, for example, goods are handed over to a carrier in Las Vegas (which is not a port) for carriage to Southampton (a port) or to Winchester (which is not a port). In either case, delivery transferring risk to the buyer happens in Las Vegas, and the seller must make a contract of carriage to either Southampton or Winchester.

물품이 이러한 방식으로 매수인에게 인도되고 나면 매도인은 그 물품이 명시된 수량만큼 또는 일부라도 양호한 상태로 목적지에 도착할 것을 보장하지 않는다. 왜냐하면 물품이 운송인에게 교부됨으로써 매수인에게 인도된 때 위험은 매도인으로부터 매수인에게 이전하기 때문이다. 그러나 매도인은 물품을 인도지로부터 합의된 목적지까지 운송하는 계약을 체결하여야 한다. 따라서 예컨대 (항구인) 사우샘프턴이나 (항구가 아닌) 윈체스터까지 운송하기 위하여 (항구가 아닌) 라스베이거스에서 운송인에게 물품이 교부된다. 이러한 각각의 경우에 위험을 매수인에게 이전시키는 인도는 라스베이거스에서 일어나고 매도인은 사우샘프턴이나 윈체스터로 향하는 운송계약을 체결하여야 한다.

2. Mode of transport : 운송방식

This rule may be used irrespective of the mode of transport selected and may also be used where more than one mode of transport is employed.

본 규칙은 어떠한 운송방식이 선택되는지를 불문하고 사용할 수 있고 둘 이상의 운송방식이 이용되는 경우에도 사용할 수 있다.

3. Places (or points) of delivery and destination : 인도장소(또는 인도지점)와 목적지

In CIP two locations are important : the place or point at which the goods are delivered (for the transfer of risk) and the place or point agreed as the destination of the goods (as the point to which the seller promises to contract for carriage).

CIP에서는 두 곳이 중요하다. 물품이 (위험이전을 위하여) 인도되는 장소 또는 지점이 그 하나이고 물품의 목적지로서 합의된 장소 또는 지점(매도인이 어느 지점까지 운송계약을 체결하기로 약속한 지점)이 다른 하나이다.

4. Insurance : 보험

The seller must also contract for insurance cover against the buyer's risk of loss of or damage to the goods from the point of delivery to at least the point of destination. This may cause difficulty where the destination country requires insurance cover to be purchased locally : in this case the parties should consider selling and buying under CPT. The buyer should also note that under the CIP Incoterms®

매도인은 또한 인도지점부터 적어도 목적지점까지 매수인의 물품의 멸실 또는 훼손 위험에 대하여 보험계약을 체결하여야 한다. 이는 목적지 국가가 자국의 보험자에게 부보하도록 요구하는 경우에는 어려움을 야기할 수 있다. 이러한 경우에 당사자들은 CPT로 매매하는 것을 고려하여야 한다. 또한 매수인은 인코텀즈 2020 CIP 하에서 매도인은 협회적하약관의 C-약관에 의한 제한적인 담보조건이 아니라 협회적하약관의 A-약관이나 그와 유사한 약관에 따른 광범위한 담보조

2020 rule the seller is required to obtain extensive insurance cover complying with Institute Cargo Clauses (A) or similar clause, rather than with the more limited cover under Institute Cargo Clauses (C). It is, however, still open to the parties to agree on a lower level of cover.

건으로 부보하여야 한다는 것을 유의하여야 한다. 그러나 당사자들은 더 낮은 수준의 담보조건을 부보하기로 합의하는 것 역시 가능하다.

5. Identifying the place or point of delivery with precision : 정확한 인도장소 또는 인도지점 지정

The parties are well advised to identify both places, or indeed points within those places, as precisely as possible in the contract of sale. Identifying the place or point (if any) of delivery as precisely as possible is important to cater for the common situation where several carriers are engaged, each for different legs of the transit from delivery to destination. Where this happens and the parties do not agree on a specific place or point of delivery, the default position is that risk transfers when the goods have been delivered to the first carrier at a point entirely of the seller's choosing and over which the buyer has no control. Should the parties wish the risk to transfer at a later stage (e.g. at a sea or river port or at an airport), or indeed an earlier one (e.g. an inland point some way away from a sea or river port), they need to specify this in their contract of sale and to carefully think through the consequences of so doing in case the goods are lost or damaged.

당사자들은 매매계약에서 가급적 정확하게 두 장소(인도장소 및 목적지) 또는 그러한 두 장소 내의 실제 지점들을 지정하는 것이 좋다. 인도장소나 인도지점(있는 경우)을 가급적 정확하게 지정하는 것은 복수의 운송인이 참여하여 인도지부터 목적지까지 사이에 각자 상이한 운송구간을 담당하는 일반적인 상황에 대응하기 위하여 중요하다. 이러한 상황에서 당사자들이 특정한 인도장소나 인도지점을 합의하지 않는 경우에 [본 규칙이 규정하는] 기본 입장은, 위험은 물품이 매도인이 전적으로 선택하고 그에 대하여 매수인이 전혀 통제할 수 없는 지점에서 제1운송인에게 인도된 때 이전한다는 것이다. 그 후의 어느 단계에서 (예컨대, 바다나 강의 항구에서 또는 공항에서) 또는 그 전의 어느 단계에서 (예컨대, 바다나 강의 항구로부터 멀리 있는 내륙의 어느 지점에서) 위험이 이전되길 원한다면, 당사자들은 이를 매매계약에 명시하고 물품이 실제로 멸실 또는 훼손되는 경우에 그렇게 하는 것의 결과가 어떻게 되는지를 신중하게 생각할 필요가 있다.

6. Identifying the destination as precisely as possible : 가급적 정확한 목적지 지정

The parties are also well advised to identify as precisely as possible in the contract of sale the point within the agreed place of destination, as this is the point to which the seller must contract for carriage and insurance and this is the point to which the costs of carriage and insurance fall on the seller.

당사자들은 매매계약에서 합의된 목적지 내의 지점을 가급적 정확하게 지정하는 것이 좋다. 그 지점까지 매도인은 운송계약과 보험계약을 체결하여야 하고 그 지점까지 발생하는 운송비용과 보험비용을 매도인이 부담하기 때문이다.

7. 'or procuring the goods so delivered' : '또는 그렇게 인도된 물품을 조달함'

The reference to "procure" here caters for multiple sales down a chain(string sales), particularly common in the commodity trades.

여기에 "조달하다"(procure)라고 규정한 것은 특히 일차산품거래(commodity trades)에서 일반적인 수차에 걸쳐 연속적으로 이루어지는 매매(연속매매, string sales)에 대응하기 위함이다.

8. Costs of unloading at destination : 목적지의 양하비용

If the seller incurs costs under its contract of carriage related to unloading at the named place of destination, the seller is not entitled to recover such costs separately from the buyer unless otherwise agreed between the parties.

매도인이 자신의 운송계약상 지정목적지에서 양하에 관하여 비용이 발생한 경우에 매도인은 당사자 간에 달리 협의되지 않은 한 그러한 비용을 매수인으로부터 별도로 상환받을 권리가 없다.

9. Export/Import clearance : 수출/수입통관

CIP requires the seller to clear the goods for export, where applicable. However, the seller has no obligation to clear the goods for import or for transit through third countries, or to pay any import duty or to carry out any import customs formalities.

CIP에서는 해당되는 경우에 매도인이 물품의 수출통관을 하여야 한다. 그러나 매도인은 물품의 수입 또는 제3국 통과를 위한 통관을 하거나 수입관세를 납부하거나 수입통관절차를 수행할 의무가 없다.

A THE SELLER'S OBLIGATIONS : 매도인의 의무

A1 General obligations : 일반의무

The seller must provide the goods and the commercial invoice in conformity with the contract of sale and any other evidence of conformity that may be required by the contract.

Any document to be provided by the seller may be in paper or electronic form as agreed or, where there is no agreement, as is customary.

매도인은 매매계약에 일치하는 물품 및 상업송장과 그밖에 계약에서 요구될 수 있는 일치성에 관한 증거를 제공하여야 한다.

매도인이 제공하여야 하는 서류는 합의에 따라, 합의가 없는 경우에는 관행에 따라 종이서류 또는 전자적 방식으로 제공될 수 있다.

A2 Delivery : 인도

The seller must deliver the goods by handing them over to the carrier contracted in accordance with A4 or by procuring the goods so delivered. In either case the seller must deliver the goods on the agreed date or within the agreed period.

매도인은 물품을 A4에 따라 운송계약을 체결한 운송인에게 교부하거나 그렇게 인도된 물품을 조달함으로써 인도하여야 한다. 각각의 경우에 매도인은 합의된 기일에 또는 합의된 기간 내에 인도하여야 한다.

A3 Transfer of risks : 위험이전

The seller bears all risks of loss of or damage to the goods until they have been delivered in accordance with A2, with the exception of loss or damage in the circumstance described in B3.

매도인은 물품이 A2에 따라 인도된 때까지 물품의 멸실 또는 훼손의 모든 위험을 부담하되, B3에 규정된 상황에서 발생하는 멸실 또는 훼손은 예외로 한다.

B THE BUYER'S OBLIGATIONS : 매수인의 의무

B1 General obligations : 일반의무

The buyer must pay the price of the goods as provided in the contract of sale.
Any document to be provided by the buyer may be in paper or electronic form as agreed or, where there is no agreement, as is customary.

매수인은 매매계약에 규정된 바에 따라 물품의 대금을 지급하여야 한다.
매수인이 제공하여야 하는 서류는 합의에 따라, 합의가 없는 경우에는 관행에 따라 종이서류 또는 전자적 방식으로 제공될 수 있다.

B2 Taking delivery : 인도의 수령

The buyer must take delivery of the goods when they have been delivered under A2 and receive them from the carrier at the named place of destination or if agreed, at the point within that place.

매수인은 물품이 A2에 따라 인도된 때에 그 물품의 인도를 수령하여야 하고 지정목적지에서 또는 합의된 경우에는 지정목적지 내의 지점에서 운송인으로부터 물품을 수령하여야 한다.

B3 Transfer of risks : 위험이전

The buyer bears all risks of loss of or damage to the goods from the time they have been delivered under A2.

If the buyer fails to give notice in accordance with B10, then the buyer bears all risks of loss of or damage to the goods from the agreed date or the end of the agreed period for delivery, provided that the goods have been clearly identified as the contract goods.

매수인은 물품이 A2에 따라 인도된 때부터 물품의 멸실 또는 훼손의 모든 위험을 부담한다.

매수인이 B10에 따른 통지를 하지 않은 경우 물품이 계약물품으로 명확히 특정되어 있다는 전제하에, 매수인은 합의된 인도기일 또는 합의된 인도기간의 만료일부터 물품의 멸실 또는 훼손의 모든 위험을 부담한다.

A THE SELLER'S OBLIGATIONS : 매도인의 의무

A4 Carriage : 운송

The seller must contract or procure a contract for the carriage of the goods from the agreed point of delivery, if any, at the place of delivery to the named place of destination or, if agreed, any point at that place. The contract of carriage must be made on usual terms at the seller's cost and provide for carriage by the usual route in a customary manner of the type normally used for carriage of the type of goods sold. If a specific point is not agreed or is not determined by practice, the seller may select the point of delivery and the point at the named place of destination that best suit its purpose.

The seller must comply with any transport-related security requirements for transport to the destination.

매도인은 인도장소로부터, 그 인도장소에 합의된 인도지점이 있는 때에는 그 지점으로부터 지정목적지까지 또는 합의가 있는 때에는 그 지정목적지의 어느 지점까지 물품을 운송하는 계약을 체결하거나 조달하여야 한다. 운송계약은 매도인의 비용으로 통상적인 조건으로 체결되어야 하며 매매물품과 같은 종류의 물품을 운송하는 데 사용되는 통상적인 항로로 관행적인 방법으로 운송하는 내용이어야 한다. 특정한 지점이 합의되지 않거나 관례에 의하여 결정되지 않는 경우에 매도인은 그의 목적에 가장 적합한 인도지점 및 지정목적지의 지점을 선택할 수 있다.

매도인은 목적지까지 운송하는 데 요구되는 운송관련 보안요건을 준수하여야 한다.

B THE BUYER'S OBLIGATIONS : 매수인의 의무

B4 Carriage : 운송

The buyer has no obligation to the seller to make a contract of carriage.

매수인은 매도인에 대하여 운송계약을 체결할 의무가 없다.

A THE SELLER'S OBLIGATIONS : 매도인의 의무 20년 기출

A5 Insurance : 보험

Unless otherwise agreed or customary in the particular trade, the seller must obtain at its own cost cargo insurance complying with the cover provided by Clauses (A) of the Institute Cargo Clauses (LMA/IUA) or any similar clauses as appropriate to the means of transport used. The insurance shall be contracted with under writers or an insurance company of good repute and entitle the buyer, or any other person having an Insurable interest in the goods, to claim directly from the insurer.

When required by the buyer, the seller must, subject to the buyer providing any necessary information requested by the seller, provide at the buyer's cost any additional cover if procurable, such as cover complying with the Institute War Clauses and/or Institute Strikes Clauses (LMA/IUA) or any similar clauses (unless such cover is already included with the cargo insurance described in the preceding paragraph).

The insurance shall cover, at a minimum, the price provided in the contract plus 10% (i.e. 110%) and shall be in the currency of the contract.

The insurance shall cover the goods from the point of delivery set out in A2 to at least the named place of destination.

The seller must provide the buyer with the insurance policy or certificate or any other evidence of insurance cover.

Moreover, the seller must provide the buyer, at the buyer's request, risk and cost, with information that the buyer needs to procure any additional Insurance.

특정한 거래에서 다른 합의나 관행이 없는 경우에 매도인은 자신의 비용으로, (로이즈시장협회/국제보험업협회) 협회 적하약관의 A-약관이나 당해 운송수단에 적절한 유사 약관이 제공하는 담보조건에 따른 적하보험을 취득하여야 한다. 보험계약은 평판이 양호한 보험인수업자나 보험회사와 체결하여야 하고, 보험은 매수인이나 물품에 피보험이익을 가지는 제3자가 보험자에 대하여 직접 청구할 수 있도록 하는 것이어야 한다.

매수인의 요청이 있는 경우에 매도인은 그가 요청하는 필요한 정보를 매수인이 제공하는 것을 조건으로 매수인의 비용으로, 가능하다면 (로이즈시장협회/국제보험업협회) 협회전쟁약관 및/또는 협회동맹파업약관 그밖에 그와 유사한 약관에 의한 담보조건과 같은 추가보험을 제공하여야 한다 (다만, 바로 위의 단락에 규정된 적하보험에서 그러한 보험이 이미 포함되어 있는 때에는 그러하지 아니하다).

보험금액은 최소한 매매계약에서 규정된 대금에 10%를 더한 금액(즉, 매매대금의 110%)이어야 하고, 보험의 통화는 매매계약의 통화와 같아야 한다.
보험은 물품에 관하여 A2에 규정된 인도지점부터 적어도 지정목적지까지 부보되어야 한다.

매도인은 매수인에게 보험증권이나 보험증명서 그 밖의 부보의 증거를 제공하여야 한다.

또한 매도인은 매수인에게, 매수인의 요청에 따라 매수인의 위험과 비용으로 매수인이 추가보험을 조달하는 데 필요한 정보를 제공하여야 한다.

B THE BUYER'S OBLIGATIONS : 매수인의 의무

B5 Insurance : 보험

The buyer has no obligation to the seller to make a contract of insurance. However, the buyer must provide the seller, upon request, with any information necessary for the seller to procure any additional insurance requested by the buyer under A5.

매수인은 매도인에 대하여 보험계약을 체결할 의무가 없다. 그러나 매수인은 요청이 있는 때에는 매도인이 A5에 따라 매수인이 요청한 추가보험을 조달하는 데 필요한 정보를 제공하여야 한다.

A THE SELLER'S OBLIGATIONS : 매도인의 의무

A6 Delivery/Transport document : 인도/운송서류

If customary or at the buyer's request, the seller must provide the buyer, at the seller's cost, with the usual transport document[s] for the transport contracted in accordance with A4.
This transport document must cover the contract goods and be dated within the period agreed for shipment. If agreed or customary, the document must also enable the buyer to claim the goods from the carrier at the named place of destination and enable the buyer to sell the goods in transit by the transfer of the document to a subsequent buyer or by notification to the carrier.
When such a transport document is issued in negotiable form and in several originals, a full set of originals must be presented to the buyer.

관행이 있거나 매수인의 요청이 있는 경우에 매도인은 자신의 비용으로 매수인에게 A4에 따라 체결된 운송에 관한 통상적인 운송서류(들)를 제공하여야 한다.

이 운송서류는 계약물품에 관한 것이어야 하고 합의된 선적기간 이내로 일부(日附)되어야 한다. 합의나 관행이 있는 경우에 그 운송서류는 매수인이 지정목적지에서 운송인에 대하여 물품의 인도를 청구할 수 있도록 하는 것이어야 하고 또한 매수인이 후속매수인에게 운송서류를 양도함으로써 또는 운송인에 대한 통지로써 운송 중에 물품을 매각할 수 있도록 하는 것이어야 한다.

그러한 운송서류가 유통가능한 형식으로 복수의 원본으로 발행된 경우에 그 원본의 전통(全通)이 매수인에게 제공되어야 한다.

B THE BUYER'S OBLIGATIONS : 매수인의 의무

B6 Delivery/Transport document : 인도/운송서류

The buyer must accept the transport document provided under A6 if it is in conformity with the contract.

매수인은 A6에 따라 제공된 운송서류가 계약에 일치하는 때에는 이를 인수하여야 한다.

A THE SELLER'S OBLIGATIONS : 매도인의 의무

A7 Export/Import clearance : 수출/수입통관

a) Export clearance

Where applicable, the seller must carry out and pay for all export clearance formalities required by the country of export, such as :

  ▸ export licence;

  ▸ security clearance for export;

  ▸ pre-shipment inspection; and

  ▸ any other official authorisation.

b) Assistance with import clearance

Where applicable, the seller must assist the buyer, at the buyer's request, risk and cost, in obtaining any documents and/or information related to all transit/import clearance formalities, including security requirements and pre-shipment inspection, needed by any country of transit or the country of import.

a) 수출통관

해당되는 경우에 매도인은 수출국에 의하여 부과되는 다음의 수출통관절차를 모두 수행하고 그에 관한 비용을 부담하여야 한다.

  ▸ 수출허가

  ▸ 수출을 위한 보안통관

  ▸ 선적전검사 및

  ▸ 그 밖의 공적 인가

b) 수입통관에 관한 협력

해당되는 경우에 매도인은 매수인의 요청에 따라 매수인의 위험과 비용으로, 보안요건 및 선적전검사를 포함하여 통과국 또는 수입국에 의하여 필요한 모든 통과/수입통관절차에 관한 서류 및/또는 정보를 취득하는 데 매수인에게 협력하여야 한다.

B THE BUYER'S OBLIGATIONS : 매수인의 의무

B7 Export/Import clearance : 수출/수입통관

a) Assistance with export clearance

Where applicable, the buyer must assist the seller at the seller's request, risk and cost in obtaining any documents and/or information related to all export clearance formalities, including security requirements and pre-shipment inspection, needed by the country of export.

b) Import clearance

Where applicable, the buyer must carry out and pay for all formalities required by any country of transit and the country of import, such as :

  ▸ import licence and any licence required for transit;

  ▸ security clearance for import and any transit;

  ▸ pre-shipment inspection; and

  ▸ any other official authorisation.

a) 수출통관에 관한 협력

해당되는 경우에 매수인은 매도인의 요청에 따라 매도인의 위험과 비용으로, 보안요건 및 선적전검사를 포함하여 수출국에 의하여 필요한 모든 수출통관절차에 관한 서류 및/또는 정보를 취득하는 데 매도인에게 협력하여야 한다.

b) 수입통관

해당되는 경우에 매수인은 통과국 및 수입국에 의하여 부과되는 다음의 절차를 모두 수행하고 그에 관한 비용을 부담하여야 한다.

  ▸ 수입허가 및 통과를 위하여 필요한 허가

  ▸ 수입과 통과를 위한 보안통관

  ▸ 선적전검사 및

  ▸ 그 밖의 공적 인가

A THE SELLER'S OBLIGATIONS : 매도인의 의무

A8 Checking/Packaging/Marking : 점검/포장/하인표시

The seller must pay the costs of those checking operations (such as checking quality, measuring, weighing, counting) that are necessary for the purpose of delivering the goods in accordance with A2.

The seller must, at its own cost, package the goods, unless it is usual for the particular trade to transport the type of goods sold unpackaged.

The seller must package and mark the goods in the manner appropriate for their transport, unless the parties have agreed on specific packaging or marking requirements.

매도인은 A2에 따라 물품을 인도하기 위해 필요한 점검작업(예컨대 품질점검, 용적측량, 중량측정, 수량계수)에 드는 비용을 부담하여야 한다.

매도인은 자신의 비용으로 물품을 포장하여야 하되, 다만 특정한 거래에서 통상적으로 포장되지 않은 채 매매되어 운송되는 형태의 물품인 경우에는 그러하지 아니하다.
매도인은 당해 운송에 적절한 방법으로 물품을 포장하고 하인을 표시하여야 하되, 다만 당사자들이 특정한 포장요건이나 하인요건에 합의한 경우에는 그러하지 아니하다.

B THE BUYER'S OBLIGATIONS : 매수인의 의무

B8 Checking/Packaging/Marking : 점검/포장/하인표시

The buyer has no obligation to the seller.

매수인은 매도인에 대하여 의무가 없다.

A THE SELLER'S OBLIGATIONS : 매도인의 의무

A9 Allocation of costs : 비용분담

The seller must pay
a) all costs relating to the goods until they have been delivered in accordance with A2, other than those payable by the buyer under B9;
b) transport and all other costs resulting from A4, including the costs of loading the goods and transport–related security costs;
c) any charges for unloading at the agreed place of destination but only if those charges were for the seller's account under the contract of carriage;

매도인은 다음의 비용을 부담하여야 한다.
a) 물품이 A2에 따라 인도된 때까지 물품에 관한 모든 비용. 다만, B9에 따라 매수인이 부담하는 비용은 제외한다.

b) 물품적재비용과 운송관련 보안비용을 포함하여, A4로부터 비롯하는 운송비용 및 그 밖의 모든 비용

c) 합의된 목적지의 양하비용 중에서 오직 운송계약상 매도인이 부담하기로 된 비용

d) the costs of transit that were for the seller's account under the contract of carriage;

e) the costs of providing the usual proof to the buyer under A6 that the goods have been delivered;

f) the costs of insurance resulting from A5;

g) where applicable, duties, taxes and any other costs related to export clearance under A7(a); and

h) the buyer for all costs and charges related to providing assistance in obtaining documents and information in accordance with B7(a).

d) 운송계약상 매도인이 부담하기로 된 통과비용

e) 물품이 인도되었다는 통상적인 증거를 A6에 따라 매수인에게 제공하는 데 드는 비용

f) A5로부터 비롯하는 보험비용

g) 해당되는 경우에 A7(a)에 따른 수출통관에 관한 관세, 세금, 그 밖의 비용 및

h) B7(a)에 따라 서류와 정보를 취득하는 데 매수인이 협력을 제공하는 것과 관련한 모든 비용

B THE BUYER'S OBLIGATIONS : 매수인의 의무

B9 Allocation of costs : 비용분담

The buyer must pay

a) all costs relating to the goods from the time they have been delivered under A2, other than those payable by the seller under A9;

b) the costs of transit, unless such costs were for the seller's account under the contract of carriage;

c) unloading costs, unless such costs were for the seller's account under the contract of carriage;

d) the costs of any additional insurance procured at the buyer's request under A5 and B5;

e) the seller for all costs and charges related to providing assistance in obtaining documents and information in accordance with A5 and A7(b);

f) where applicable, duties, taxes and any other costs related to transit or import clearance under B7(b); and

g) any additional costs incurred if it fails to give notice in accordance with B10, from the agreed date or the end of the agreed period for shipment,

provided that the goods have been clearly identified as the contract goods.

매수인은 다음의 비용을 부담하여야 한다.

a) 물품이 A2에 따라 인도된 때부터 물품에 관한 모든 비용. 다만, A9에 따라 매도인이 부담하는 비용은 제외한다.

b) 통과비용. 다만, 그러한 비용이 운송계약상 매도인이 부담하는 것으로 된 경우에는 그러하지 아니하다.

c) 양하비용. 그러나 그러한 비용이 운송계약상 매도인이 부담하는 것으로 된 경우에는 그러하지 아니하다.

d) A5 및 B5 하에서 매수인의 요청에 따라 조달된 추가보험에 드는 비용

e) A5 및 A7(b)에 따라 서류와 정보를 취득하는 데 매도인이 협력을 제공하는 것과 관련한 모든 비용

f) 해당되는 경우에 B7(b)에 따른 통과통관 또는 수입통관에 관한 관세, 세금, 그 밖의 비용 및

g) 매수인이 B10에 따른 통지를 하지 않는 경우에 합의된 기일 또는 합의된 선적기간의 만료일부터 발생하는 추가비용

다만, 물품은 계약물품으로 명확히 특정되어 있어야 한다.

A THE SELLER'S OBLIGATIONS : 매도인의 의무

A10 NOTICE : 통지

The seller must notify the buyer that the goods have been delivered in accordance with A2.
The seller must give the buyer any notice required to enable the buyer to receive the goods.

매도인은 매수인에게 물품이 A2에 따라 인도되었음을 통지하여야 한다.
매도인은 매수인에게 매수인이 물품을 수령할 수 있도록 하는 데 필요한 통지를 하여야 한다.

B THE BUYER'S OBLIGATIONS : 매수인의 의무

B10 NOTICE : 통지

The buyer must, whenever it is agreed that the buyer is entitled to determine the time for dispatching the goods and/or the point of receiving the goods within the named place of destination, give the seller sufficient notice.

매수인은 자신이 물품의 발송시기 및/또는 지정목적지 내에 물품을 수령할 지점을 결정할 권리를 갖는 것으로 합의된 경우에는 매도인에게 충분한 통지를 하여야 한다.

DAP | Delivered at Place

DAP | 도착지인도

DAP (insert named place of destination) Incoterms® 2020 23년 기출
DAP (지정목적지 기입) Incoterms® 2020

EXPLANATORY NOTES FOR USERS
사용자를 위한 설명문

1. Delivery and risk : 인도와 위험 22년 기출

"Delivered at Place" means that the seller delivers the goods – and transfers risk – to the buyer
▶ when the goods are placed at the disposal of the buyer on the arriving means of transport ready for unloading

"도착지인도"는 다음과 같이 된 때 매도인이 매수인에게 물품을 인도하는 것을 – 그리고 위험을 이전하는 것을 – 의미한다.
▶ 물품이 도착운송수단에 실린 채 양하준비된 상태로 매수인의 처분 하에 놓인 때

▶ at the named place of destination or

▶ at the agreed point within that place if any such point is agreed.

The seller bears all risks involved in bringing the goods to the named place of destination or to the agreed point within that place. In this Incoterms® rule, therefore, delivery and arrival at destination are the same.

▶ 지정목적지에서 또는

▶ 지정목적지 내에 어떠한 지점이 합의된 경우에는 그 지점에서

매도인은 물품을 지정목적지까지 또는 지정목적지 내의 합의된 지점까지 가져가는 데 수반되는 모든 위험을 부담한다. 따라서 본 인코텀즈규칙에서 인도와 목적지의 도착은 같은 것이다.

2. Mode of transport : 운송방식

This rule may be used irrespective of the mode of transport selected and may also be used where more than one mode of transport is employed.

본 규칙은 어떠한 운송방식이 선택되는지를 불문하고 사용할 수 있고 둘 이상의 운송방식이 이용되는 경우에도 사용할 수 있다.

3. Identifying the place or point of delivery/destination precisely : 정확한 인도장소/목적지 또는 인도/목적지점 지정

The parties are well advised to specify the destination place or point as clearly as possible and this for several reasons. First, risk of loss of or damage to the goods transfers to the buyer at that point of delivery destination – and it is best for the seller and the buyer to be clear about the point at which that critical transfer happens. Secondly, the costs before that place or point of delivery/destination are for the account of the seller and the costs after that place or point are for the account of the buyer. Thirdly, the seller must contract or arrange for the carriage of the goods to the agreed place or point of delivery/destination. If it fails to do so, the seller is in breach of its obligations under the Incoterms® DAP rule and will be liable to the buyer for any ensuing loss. Thus, for example, the seller would be responsible for any additional costs levied by the carrier to the buyer for any additional on-carriage.

당사자들은 몇 가지 이유로 가급적 명확하게 목적지나 목적지점을 명시하는 것이 좋다. 첫째, 물품의 멸실 또는 훼손의 위험은 그러한 인도/목적지점에서 매수인에게 이전한다. 따라서 매도인과 매수인은 그러한 결정적인 이전이 일어나는 지점에 대하여 명확하게 해두는 것이 가장 좋다. 둘째, 그러한 인도장소/목적지 또는 인도/목적지점 전의 비용은 매도인이 부담하고 그 후의 비용은 매수인이 부담한다. 셋째, 매도인은 물품을 합의된 인도장소/목적지 또는 인도/목적지점까지 운송하는 계약을 체결하거나 그러한 운송을 마련하여야 한다. 그렇게 하지 않는 경우에 매도인은 인코텀즈 DAP 규칙상 그의 의무를 위반한 것이 되고 매수인에 대하여 그에 따른 손해배상책임을 지게 된다. 따라서 예컨대 매도인은 추가적인 후속운송(on-carriage)을 위하여 운송인이 매수인에게 부과하는 추가비용에 대하여 책임을 지게 된다.

4. 'or procuring the goods so delivered' : '또는 그렇게 인도된 물품을 조달함'

The reference to "procure" here caters for multiple sales down a chain(string sales), particularly common in the commodity trades.

여기에 "조달하다"(procure)라고 규정한 것은 특히 일차산품거래(commodity trade)에서 일반적인 수차에 걸쳐 연속적으로 이루어지는 매매(연속매매, string sales)에 대응하기 위함이다.

5. Unloading costs : 양하비용

The seller is not required to unload the goods from the arriving means of transportation. However, if the seller incurs costs under its contract of carriage related to unloading at the place of delivery/destination, the seller is not entitled to recover such costs separately from the buyer unless otherwise agreed between the parties.

매도인은 도착운송수단으로부터 물품을 양하할 필요가 없다. 그러나 매도인이 자신의 운송계약상 인도장소/목적지에서 양하에 관하여 비용이 발생한 경우에 매도인은 당사자 간에 달리 합의되지 않은 한 그러한 비용을 매수인으로부터 별도로 상환받을 권리가 없다.

6. Export/Import clearance : 수출/수입통관

DAP requires the seller to clear the goods for export, where applicable. However, the seller has no obligation to clear the goods for import or for post—delivery transit through third countries, to pay any import duty or to carry out any import customs formalities. As a result, if the buyer fails to organise import clearance, the goods will be held up at a port or inland terminal in the destination country. Who bears the risk of any loss that might occur while the goods are thus held up at the port of entry in the destination country? The answer is the buyer : delivery will not have occurred yet, B3(a) ensuring that the risk of loss of or damage to the goods is with the buyer until transit to a named inland point can be resumed. If, in order to avoid this scenario, the parties intend the seller to clear the goods for import, pay any import duty or tax and carry out any import customs formalities, the parties might consider using DDP.

DAP에서는 해당되는 경우에 매도인이 물품의 수출통관을 하여야 한다. 그러나 매도인은 물품의 수입 또는 인도 후 제3국 통과를 위한 통관을 하거나 수입관세를 납부하거나 수입통관절차를 수행할 의무가 없다. 따라서 매수인이 수입통관을 못하는 경우에 물품은 목적지 국가의 항구나 내륙터미널에 묶이게 될 것이다. 그렇다면 물품이 목적지 국가의 입국항구(port of entry)에 묶여있는 동안에 발생하는 어떤 멸실의 위험은 누가 부담하는가? 그 답은 매수인이다. 즉 아직 인도가 일어나지 않았고, B3(a)는 내륙의 지정지점으로의 통과가 재개될 때까지 물품의 멸실 또는 훼손의 위험을 매수인이 부담하도록 하기 때문이다. 만일 이러한 시나리오를 피하기 위하여 물품의 수입통관을 하고 수입관세나 세금을 납부하고 수입통관절차를 수행하는 것을 매도인이 하도록 하고자 하는 경우에 당사자들은 DDP를 사용하는 것을 고려할 수 있다.

A THE SELLER'S OBLIGATIONS : 매도인의 의무

A1 General obligations : 일반의무

The seller must provide the goods and the commercial invoice in conformity with the contract of sale and any other evidence of conformity that may be required by the contract.

Any document to be provided by the seller may be in paper or electronic form as agreed or, where there is no agreement, as is customary.

매도인은 매매계약에 일치하는 물품 및 상업송장과 그 밖에 계약에서 요구될 수 있는 일치성에 관한 증거를 제공하여야 한다.

매도인이 제공하여야 하는 서류는 합의에 따라, 합의가 없는 경우에는 관행에 따라 종이서류 또는 전자적 방식으로 제공될 수 있다.

A2 Delivery : 인도

The seller must deliver the goods by placing them at the disposal of the buyer on the arriving means of transport ready for unloading at the agreed point, if any, at the named place of destination or by procuring the goods so delivered. In either case the seller must deliver the goods on the agreed date or within the agreed period.

매도인은 물품을 지정목적지에서, 그 지정목적지에 합의된 지점이 있는 때에는 그 지점에서 도착운송수단에 실어둔 채 양하준비된 상태로 매수인의 처분 하에 두거나 그렇게 인도된 물품을 조달함으로써 인도하여야 한다. 각각의 경우에 매도인은 합의된 기일에 또는 합의된 기간 내에 물품을 인도하여야 한다.

B THE BUYER'S OBLIGATIONS : 매수인의 의무

B1 General obligations : 일반의무

The buyer must pay the price of the goods as provided in the contract of sale.

Any document to be provided by the buyer may be in paper or electronic form as agreed or, where there is no agreement, as is customary.

매수인은 매매계약에 규정된 바에 따라 물품의 대금을 지급하여야 한다.

매수인이 제공하여야 하는 서류는 합의에 따라, 합의가 없는 경우에는 관행에 따라 종이서류 또는 전자적 방식으로 제공될 수 있다.

B2 Taking delivery : 인도의 수령

The buyer must take delivery of the goods when they have been delivered under A2.

매수인은 물품이 A2에 따라 인도된 때에 그 물품의 인도를 수령하여야 한다.

A THE SELLER'S OBLIGATIONS : 매도인의 의무

A3 Transfer of risks : 위험이전

The seller bears all risks of loss of or damage to the goods until they have been delivered in accordance with A2, with the exception of loss or damage in the circumstance described in B3.

매도인은 물품이 A2에 따라 인도된 때까지 물품의 멸실 또는 훼손의 모든 위험을 부담하되, B3에 규정된 상황에서 발생하는 멸실 또는 훼손은 예외로 한다.

A4 Carriage : 운송

The seller must contract or arrange at its own cost for the carriage of the goods to the named place of destination or to the agreed point, if any, at the named place of destination. If a specific point is not agreed or is not determined by practice, the seller may select the point at the named place of destination that best suits its purpose.
The seller must comply with any transport-related security requirements for transport to the destination.

매도인은 자신의 비용으로 물품을 지정목적지까지 또는 그 지정목적지에 합의된 지점이 있는 때에는 그 지점까지 운송하는 계약을 체결하거나 그러한 운송을 마련하여야 한다. 특정한 지점이 합의되지 않거나 관례에 의하여 결정되지 않는 경우에 매도인은 지정목적지에서 그의 목적에 가장 적합한 지점을 선택할 수 있다.

매도인은 목적지까지 운송하는 데 요구되는 운송관련 보안 요건을 준수하여야 한다.

B THE BUYER'S OBLIGATIONS : 매수인의 의무

B3 Transfer of risks : 위험이전

The buyer bears all risks of loss of or damage to the goods from the time they have been delivered under A2.
If :
a) the buyer fails to fulfil its obligations in accordance with B7, then it bears all resulting risks of loss of or damage to the goods; or
b) the buyer fails to give notice in accordance with B10, then it bears all risks of loss of or damage to the goods from the agreed date or the end of the agreed period for delivery,
provided that the goods have been clearly identified as the contract goods.

매수인은 물품이 A2에 따라 인도된 때부터 물품의 멸실 또는 훼손의 모든 위험을 부담한다.

만약
a) 매수인이 B7에 따른 의무를 이행하지 않는 경우에 매수인은 그로 인한 물품의 멸실 또는 훼손의 모든 위험을 부담한다. 또는
b) 매수인이 B10에 따른 통지를 하지 않은 경우에 매수인은 합의된 인도기일이나 합의된 인도기간의 만료일부터 물품의 멸실 또는 훼손의 모든 위험을 부담한다.

다만, 물품은 계약물품으로 명확히 특정되어 있어야 한다.

B4 Carriage : 운송

The buyer has no obligation to the seller to make a contract of carriage.	매수인은 매도인에 대하여 운송계약을 체결할 의무가 없다.

A THE SELLER'S OBLIGATIONS : 매도인의 의무

A5 Insurance : 보험

The seller has no obligation to the buyer to make a contract of insurance.	매도인은 매수인에 대하여 보험계약을 체결할 의무가 없다.

A6 Delivery/Transport document : 인도/운송서류

The seller must provide the buyer, at the seller's cost, with any document required to enable the buyer to take over the goods.	매도인은 자신의 비용으로 매수인이 물품을 수령할 수 있도록 하는 데 필요한 서류를 제공하여야 한다.

B THE BUYER'S OBLIGATIONS : 매수인의 의무

B5 Insurance : 보험

The buyer has no obligation to the seller to make a contract of insurance. However, the buyer must provide the seller, at the seller's request, risk and cost with information that the seller needs for obtaining insurance.	매수인은 매도인에 대하여 보험계약을 체결할 의무가 없다. 그러나 매수인은 매도인의 요청에 따라 매도인의 위험과 비용으로 매도인이 부보하는 데 필요한 정보를 매도인에게 제공하여야 한다.

B6 Delivery/Transport document : 인도/운송서류

The buyer must accept the document provided under A6.	매수인은 A6에 따라 제공된 서류를 인수하여야 한다.

A THE SELLER'S OBLIGATIONS : 매도인의 의무

A7 Export/Import clearance : 수출/수입통관

a) Export clearance

Where applicable, the seller must carry out and pay for all export and transit clearance formalities required by the country of export and any country of transit (other than the country of import), such as :

▸ export/transit licence;

▸ security clearance for export/transit;

▸ pre-shipment inspection; and

▸ any other official authorisation.

b) Assistance with import clearance

Where applicable, the seller must assist the buyer, at the buyer's request, risk and cost in obtaining any documents and/or information related to all import clearance formalities, including security requirements and pre-shipment inspection, needed by any country of transit or the country of import.

a) 수출통관

해당되는 경우에 매도인은 수출국 및 통과국(수입국 제외)에 의하여 부과되는 다음의 수출/통과통관절차를 모두 수행하고 그에 관한 비용을 부담하여야 한다.

▸ 수출/통과허가

▸ 수출/통과를 위한 보안통관

▸ 선적전검사 및

▸ 그 밖의 공적 인가

b) 수입통관에 관한 협력

해당되는 경우에 매도인은 매수인의 요청에 따라 매수인의 위험과 비용으로, 보안요건 및 선적전검사를 포함하여 통과국 또는 수입국에 의하여 필요한 모든 통과/수입통관절차에 관한 서류 및/또는 정보를 취득하는 데 매수인에게 협력하여야 한다.

B THE BUYER'S OBLIGATIONS : 매수인의 의무

B7 Export/Import clearance : 수출/수입통관

a) Assistance with export clearance

Where applicable, the buyer must assist the seller at the seller's request, risk and cost in obtaining any documents and/or information related to all export/transit clearance formalities, including security requirements and pre-shipment inspection, needed by the country of export and any country of transit (other than the country of import).

a) 수출통관에 관한 협력

해당되는 경우에 매수인은 매도인의 요청에 따라 매도인의 위험과 비용으로, 보안요건 및 선적전검사를 포함하여 수출국 및 통과국(수입국 제외)에 의하여 필요한 모든 수출/통과통관절차에 관한 서류 및/또는 정보를 취득하는 데 매도인에게 협력하여야 한다.

b) Import clearance

Where applicable, the buyer must carry out and pay for all formalities required by the country of import, such as :

▶ import licence;
▶ security clearance for import;
▶ pre-shipment inspection; and
▶ any other official authorisation.

b) 수입통관

해당되는 경우에 매수인은 수입국에 의하여 부과되는 다음의 절차를 모두 수행하고 그에 관한 비용을 부담하여야 한다.

▶ 수입허가
▶ 수입을 위한 보안통관
▶ 선적전검사 및
▶ 그 밖의 공적 인가

A THE SELLER'S OBLIGATIONS : 매도인의 의무

A8 Checking/Packaging/Marking : 점검/포장/하인표시

The seller must pay the costs of those checking operations (such as checking quality, measuring, weighing, counting) that are necessary for the purpose of delivering the goods in accordance with A2.

The seller must, at its own cost, package the goods, unless it is usual for the particular trade to transport the type of goods sold unpackaged.

The seller must package and mark the goods in the manner appropriate for their transport, unless the parties have agreed on specific packaging or marking requirements.

매도인은 A2에 따라 물품을 인도하기 위한 목적에서 필요한 점검작업(예컨대, 품질점검, 용적측량, 중량측정, 수량계수)에 드는 비용을 부담하여야 한다.

매도인은 자신의 비용으로 물품을 포장하여야 하되, 다만 특정한 거래에서 통상적으로 포장되지 않은 채 매매되어 운송되는 형태의 물품인 경우에는 그러하지 아니하다.

매도인은 당해 운송에 적절한 방법으로 물품을 포장하고 하인을 표시하여야 하되, 다만 당사자들이 특정한 포장요건이나 하인요건에 합의한 경우에는 그러하지 아니하다.

B THE BUYER'S OBLIGATIONS : 매수인의 의무

B8 Checking/Packaging/Marking : 점검/포장/하인표시

The buyer has no obligation to the seller.

매수인은 매도인에 대하여 의무가 없다.

A THE SELLER'S OBLIGATIONS : 매도인의 의무

A9 Allocation of costs : 비용분담

The seller must pay

a) all costs relating to the goods and their transport until they have been delivered in accordance with A2, other than those payable by the buyer under B9;

b) any charges for unloading at the place of destination but only if those charges were for the seller's account under the contract of carriage;

c) the cost of providing the delivery/transport document under A6;

d) where applicable, duties, taxes and any other costs related to export and any transit clearance under A7(a); and

e) the buyer for all costs and charges related to providing assistance in obtaining documents and information in accordance with B5 and B7(a).

매도인은 다음의 비용을 부담하여야 한다.

a) 물품이 A2에 따라 인도된 때까지 물품과 그 물품의 운송에 관한 모든 비용. 다만, B9에 따라 매수인이 부담하는 비용은 제외한다.

b) 목적지의 양하비용 중에서 오직 운송계약상 매도인이 부담하기로 된 비용

c) A6에 따라 인도/운송서류를 제공하는 데 드는 비용

d) 해당되는 경우에 A7(a)에 따른 수출통관 및 통과통관에 관한 관세, 세금, 그 밖의 비용 및

e) B5 및 B7(a)에 따라 서류와 정보를 취득하는 데 매수인이 협력을 제공하는 것과 관련한 모든 비용

A10 NOTICE : 통지

The seller must give the buyer any notice required to enable the buyer to receive the goods.

매도인은 매수인에게 매수인이 물품을 수령할 수 있도록 하는 데 필요한 통지를 하여야 한다.

B THE BUYER'S OBLIGATIONS : 매수인의 의무

B9 Allocation of costs : 비용분담

The buyer must pay

a) all costs relating to the goods from the time they have been delivered under A2;

b) all costs of unloading necessary to take delivery of the goods from the arriving means of transport at the named place of destination, unless such costs were for the seller's account under the contract of carriage;

c) the seller for all costs and charges related to providing assistance in obtaining documents and information in accordance with A7(b);

d) where applicable, duties, taxes and any other costs related to import clearance under B7(b); and

e) any additional costs incurred by the seller if the buyer fails to fulfil its obligations in accordance with B7 or to give notice in accordance with B10,

provided that the goods have been clearly identified as the contract goods.

매수인은 다음의 비용을 부담하여야 한다.

a) 물품이 A2에 따라 인도된 때부터 물품에 관한 모든 비용

b) 지정목적지에서 도착운송수단으로부터 물품의 인도를 수령하는 데 필요한 모든 양하비용. 다만, 그러한 비용을 운송계약상 매도인이 부담하기로 한 때에는 그러하지 아니하다.

c) A7(b)에 따라 서류와 정보를 취득하는 데 매도인이 협력을 제공하는 것과 관련한 모든 비용

d) 해당되는 경우에 B7(b)에 따른 수입통관에 관한 관세, 세금, 그 밖의 비용 및

e) 매수인이 B7에 따른 의무를 이행하지 않거나 B10에 따른 통지를 하지 않는 경우에 매도인에게 발생하는 추가비용

다만, 물품은 계약물품으로 명확히 특정되어 있어야 한다.

B10 NOTICE : 통지

The buyer must, whenever it is agreed that the buyer is entitled to determine the time within an agreed period and/or the point of taking delivery within the named place of destination, give the seller sufficient notice.

매수인은 합의된 수령기간 내의 어느 시기 및/또는 지정목적지 내에 물품을 수령할 지점을 결정할 권리를 갖는 것으로 합의된 경우에는 매도인에게 충분한 통지를 하여야 한다.

DPU | Delivered at Place Unloaded

DPU 도착지양하인도

DPU (insert named place of destination) Incoterms® 2020 23, 20년 기출

DPU (지정목적지 기입) Incoterms® 2020

EXPLANATORY NOTES FOR USERS
사용자를 위한 설명문

1. Delivery and risk : 인도와 위험

"Delivered at Place Unloaded" means that the seller delivers the goods – and transfers risk – to the buyer

▶ when the goods, once unloaded from the arriving means of transport, are placed at the disposal of the buyer

▶ at a named place of destination or

▶ at the agreed point within that place, if any such point is agreed.

The seller bears all risks involved in bringing the goods to and unloading them at the named place of destination. In this Incoterms® rule, therefore, the delivery and arrival at destination are the same. DPU is the only Incoterms® rule that requires the seller to unload goods at destination. The seller should, therefore, ensure that it is in a position to organise unloading at the named place. Should the parties intend the seller not to bear the risk and cost of unloading, the DPU rule should be avoided and DAP should be used instead.

"도착지양하인도"는 다음과 같이 된 때 매도인이 매수인에게 물품을 인도하는 것을 – 그리고 위험을 이전하는 것을 – 의미한다.

▶ 물품이 도착운송수단으로부터 양하된 상태로 매수인의 처분 하에 놓인 때

▶ 지정목적지에서 또는

▶ 지정목적지 내에 어떠한 지점이 합의된 경우에는 그 지점에서

매도인은 물품을 지정목적지까지 가져가서 그곳에서 물품을 양하하는 데 수반되는 모든 위험을 부담한다. 따라서 본 인코텀즈규칙에서 인도와 목적지에의 도착은 같은 것이다. DPU는 매도인이 목적지에서 물품을 양하하도록 하는 유일한 인코텀즈규칙이다. 따라서 매도인은 자신이 그러한 지정장소에서 양하를 할 수 있는 입장에 있는지를 확실히 하여야 한다. 당사자들은 매도인이 양하의 위험과 비용을 부담하기를 원하지 않는 경우에는 DPU를 지양하고 그 대신 DAP를 사용하여야 한다.

2. Mode of transport : 운송방식

This rule may be used irrespective of the mode of transport selected and may also be used where more than one mode of transport is employed.

본 규칙은 어떠한 운송방식이 선택되는지를 불문하고 사용할 수 있고 둘 이상의 운송방식이 이용되는 경우에도 사용할 수 있다.

3. Identifying the place or point of delivery/destination precisely : 정확한 인도장소/목적지 또는 인도/목적지점 지정

The parties are well advised to specify the destination place or point as clearly as possible and this for several reasons. First, risk of loss of or damage to the goods transfers to the buyer at that point of delivery/destination – and it is best for the seller and the buyer to be clear about the point at which that critical transfer happens. Secondly, the costs before that place or point of delivery/destination are for the account of the seller and the costs after that place or point are for the account of the buyer. Thirdly, the seller must contract or arrange for the carriage of the goods to the agreed place or point of delivery/destination. If it fails to do so, the seller is in breach of its obligations under this rule and will be liable to the buyer for any ensuing loss. The seller would, for example, be responsible for any additional costs levied by the carrier to the buyer for any additional on-carriage.

당사자들은 몇 가지 이유로 가급적 명확하게 목적지나 목적지점을 명시하는 것이 좋다. 첫째, 물품의 멸실 또는 훼손의 위험은 그러한 인도/목적지점에서 매수인에게 이전한다. 따라서 매도인과 매수인은 그러한 결정적인 이전이 일어나는 지점에 대하여 명확하게 해두는 것이 가장 좋다. 둘째, 그러한 인도장소/목적지 또는 인도/목적지점 전의 비용은 매도인이 부담하고 그 후의 비용은 매수인이 부담한다. 셋째, 매도인은 물품을 합의된 인도장소/목적지 또는 인도/목적지점까지 운송하는 계약을 체결하거나 그러한 운송을 마련하여야 한다. 그렇게 하지 않는 경우에 매도인은 본 규칙상 그의 의무를 위반한 것이 되고 매수인에 대하여 그에 따른 손해배상책임을 지게 된다. 따라서 예컨대 매도인은 추가적인 후속운송(on-carriage)을 위하여 운송인이 매수인에게 부과하는 추가비용에 대하여 책임을 지게 된다.

4. 'or procuring the goods so delivered' : '또는 그렇게 인도된 물품을 조달함'

The reference to "procure" here caters for multiple sales down a chain(string sales), particularly common in the commodity trades.

여기에 "조달하다"(procure)라고 규정한 것은 특히 일차산품거래(commodity trades)에서 일반적인 수차에 걸쳐 연속적으로 이루어지는 매매(연속매매, string sales)에 대응하기 위함이다.

5. Export/Import clearance : 수출/수입통관

DPU requires the seller to clear the goods for export, where applicable. However, the seller has no obligation to clear the goods for import or for post-delivery transit through third countries, to pay any import duty or to carry out any import customs formalities. As a result, if the buyer fails to organise import clearance, the goods will be held up at a port inland terminal in the destination country. Who bears the risk of any loss that might occur while the goods are thus held up at the port of entry in the destination country? The answer is the buyer : delivery will not have occurred yet, B3(a) ensuring that the risk of loss of or damage to the goods is with the buyer until transit to a named inland point can be resumed. If, in order to avoid this scenario, the parties intend the seller to clear the goods for import, pay any import duty or tax and carry out any import customs formalities, the parties might consider using DDP.

DPU에서는 해당되는 경우에 매도인이 물품의 수출통관을 하여야 한다. 그러나 매도인은 물품의 수입 또는 인도 후 제3국 통과를 위한 통관을 하거나 수입관세를 납부하거나 수입통관절차를 수행할 의무가 없다. 따라서 매수인이 수입통관을 못하는 경우에 물품은 목적지 국가의 항구나 내륙터미널에 묶이게 될 것이다. 그렇다면 물품이 목적지 국가의 입국항구(port of entry)나 내륙터미널에 묶여있는 동안에 발생하는 어떤 멸실의 위험은 누가 부담하는가? 그 답은 매수인이다. 즉 아직 인도가 일어나지 않았고, B3(a)는 내륙의 지정지점으로의 통과가 재개될 때까지 물품의 멸실 또는 훼손의 위험을 매수인이 부담하도록 하기 때문이다. 이러한 시나리오를 피하기 위하여 물품의 수입신고를 하고 수입관세나 세금을 납부하고 수입통관절차를 수행하는 것을 매도인이 하도록 하는 경우에 당사자들은 DDP를 사용하는 것을 고려할 수 있다.

A THE SELLER'S OBLIGATIONS : 매도인의 의무

A1 General obligations : 일반의무

The seller must provide the goods and the commercial invoice in conformity with the contract of sale and any other evidence of conformity that may be required by the contract.

Any document to be provided by the seller may be in paper or electronic form as agreed or, where there is no agreement, as is customary.

매도인은 매매계약에 일치하는 물품 및 상업송장과 그밖에 계약에서 요구될 수 있는 일치성에 관한 증거를 제공하여야 한다.

매도인이 제공하여야 하는 서류는 합의에 따라, 합의가 없는 경우에는 관행에 따라 종이서류 또는 전자적 방식으로 제공될 수 있다.

A2 Delivery : 인도

The seller must unload the goods from the arriving means of transport and must then deliver them by placing them at the disposal of the buyer at the agreed point, if any, at the named place of destination or by procuring the goods so delivered. In either case the seller must deliver the goods on the agreed date or within the agreed period.

매도인은 물품을 도착운송수단으로부터 양하하여야 하고 또한 물품을 지정목적지에서, 그 지정목적지에 합의된 지점이 있는 때에는 그 지점에서 매수인의 처분 하에 두거나 그렇게 인도된 물품을 조달함으로써 인도하여야 한다. 각각의 경우에 매도인은 합의된 기일에 또는 합의된 기간 내에 물품을 인도하여야 한다.

B THE BUYER'S OBLIGATIONS : 매수인의 의무

B1 General obligations : 일반의무

The buyer must pay the price of the goods as provided in the contract of sale.
Any document to be provided by the buyer may be in paper or electronic form as agreed or, where there is no agreement, as is customary.

매수인은 매매계약에 규정된 바에 따라 물품의 대금을 지급하여야 한다.
매수인이 제공하여야 하는 서류는 합의에 따라, 합의가 없는 경우에는 관행에 따라 종이서류 또는 전자적 방식으로 제공될 수 있다.

B2 Taking delivery : 인도의 수령

The buyer must take delivery of the goods when they have been delivered under A2.

매수인은 물품이 A2에 따라 인도된 때에 그 물품의 인도를 수령하여야 한다.

A THE SELLER'S OBLIGATIONS : 매도인의 의무

A3 Transfer of risks : 위험이전

The seller bears all risks of loss of or damage to the goods until they have been delivered in accordance with A2, with the exception of loss or damage in the circumstance described in B3.

매도인은 물품이 A2에 따라 인도된 때까지 물품의 멸실 또는 훼손의 모든 위험을 부담하되, B3에 규정된 상황에서 발생하는 멸실 또는 훼손은 예외로 한다.

A4 Carriage : 운송

The seller must contract or arrange at its own cost for the carriage of the goods to the named place of destination or to the agreed point, if any, at the named place of destination. If a specific point is not agreed or is not determined by practice, the seller may select the point at the named place of destination that best suits its purpose.

The seller must comply with any transport-related security requirements for transport to the destination.

매도인은 자신의 비용으로 물품을 지정목적지까지 또는 그 지정목적지에 합의된 지점이 있는 때에는 그 지점까지 운송하는 계약을 체결하거나 그러한 운송을 마련하여야 한다. 특정한 지점이 합의되지 않거나 관례에 의하여 결정되지 않는 경우에 매도인은 지정목적지에서 그의 목적에 가장 적합한 지점을 선택할 수 있다.

매도인은 목적지까지 운송하는 데 요구되는 운송관련 보안 요건을 준수하여야 한다.

B THE BUYER'S OBLIGATIONS : 매수인의 의무

B3 Transfer of risks : 위험이전

The buyer bears all risks of loss of or damage to the goods from the time they have been delivered under A2.

If :

a) the buyer fails to fulfil its obligations in accordance with B7, then it bears all resulting risks of loss of or damage to the goods; or

b) the buyer fails to give notice in accordance with B10, then it bears all risks of loss of or damage to the goods from the agreed date or the end of the agreed period for delivery,

provided that the goods have been clearly identified as the contract goods.

매수인은 물품이 A2에 따라 인도된 때부터 물품의 멸실 또는 훼손의 모든 위험을 부담한다.

만약

a) 매수인이 B7에 따른 의무를 이행하지 않는 경우에 매수인은 그로 인한 물품의 멸실 또는 훼손의 모든 위험을 부담한다. 또는

b) 매수인이 B10에 따른 통지를 하지 않은 경우에 매수인은 합의된 인도기일이나 합의된 인도기간의 만료일부터 물품의 멸실 또는 훼손의 모든 위험을 부담한다.

다만, 물품은 계약물품으로 명확히 특정되어 있어야 한다.

B4 Carriage : 운송

The buyer has no obligation to the seller to make a contract of carriage.

매수인은 매도인에 대하여 운송계약을 체결할 의무가 없다.

A THE SELLER'S OBLIGATIONS : 매도인의 의무

A5 Insurance : 보험

The seller has no obligation to the buyer to make a contract of insurance.

매도인은 매수인에 대하여 보험계약을 체결할 의무가 없다.

A6 Delivery/Transport document : 인도/운송서류

The seller must provide the buyer, at the seller's cost, with any document required to enable the buyer to take over the goods.

매도인은 자신의 비용으로 매수인이 물품을 수령할 수 있도록 하는 데 필요한 서류를 제공하여야 한다.

B THE BUYER'S OBLIGATIONS : 매수인의 의무

B5 Insurance : 보험

The buyer has no obligation to the seller to make a contract of insurance. However, the buyer must provide the seller, at the seller's request, risk and cost with information that the seller needs for obtaining insurance.

매수인은 매도인에 대하여 보험계약을 체결할 의무가 없다. 그러나 매수인은 매도인의 요청에 따라 매도인의 위험과 비용으로 매도인이 부보하는 데 필요한 정보를 매도인에게 제공하여야 한다.

B6 Delivery/Transport document : 인도/운송서류

The buyer must accept the document provided under A6.

매수인은 A6에 따라 제공된 서류를 인수하여야 한다.

A THE SELLER'S OBLIGATIONS : 매도인의 의무

A7 Export/Import clearance : 수출/수입통관

a) Export clearance

Where applicable, the seller must carry out and pay for all export and transit clearance formalities required by the country of export and any country of transit (other than the country of import), such as :

▶ export/transit licence;

▶ security clearance for export/transit;

▶ pre-shipment inspection; and

▶ any other official authorisation.

b) Assistance with import clearance

Where applicable, the seller must assist the buyer, at the buyer's request, risk and cost in obtaining any documents and/or information related to all import clearance formalities, including security requirements and pre-shipment inspection, needed by the country of import.

a) 수출통관

해당되는 경우에 매도인은 수출국과 통과국(수입국 제외)에 의하여 부과되는 다음의 수출통관 및 통과통관절차를 모두 수행하고 그에 관한 비용을 부담하여야 한다.

▶ 수출/통과허가

▶ 수출/통과를 위한 보안통관

▶ 선적전검사 및

▶ 그 밖의 공적 인가

b) 수입통관에 관한 협력

해당되는 경우에 매도인은 매수인의 요청에 따라 매수인의 위험과 비용으로, 보안요건 및 선적전검사를 포함하여 수입국에 의하여 필요한 모든 수입통관절차에 관한 서류 및/또는 정보를 취득하는 데 매수인에게 협력하여야 한다.

B THE BUYER'S OBLIGATIONS : 매수인의 의무

B7 Export/Import clearance : 수출/수입통관

a) Assistance with export clearance

Where applicable, the buyer must assist the seller at the seller's request, risk and cost in obtaining any documents and/or information related to all export/transit clearance formalities, including security requirements and pre-shipment inspection, needed by the country of export and any country of transit (other than the country of import).

a) 수출통관에 관한 협력

해당되는 경우에 매수인은 매도인의 요청에 따라 매도인의 위험과 비용으로, 보안요건 및 선적전검사를 포함하여 수출국과 통과국(수입국 제외)에 의하여 필요한 모든 수출/통과통관절차에 관한 서류 및/또는 정보를 취득하는 데 매도인에게 협력하여야 한다.

b) Import clearance

Where applicable, the buyer must carry out and pay for all formalities required by the country of import, such as :

▶ import licence;

▶ security clearance for import;

▶ pre-shipment inspection; and

▶ any other official authorisation.

b) 수입통관

해당되는 경우에 매수인은 수입국에 의하여 부과되는 다음의 절차를 모두 수행하고 그에 관한 비용을 부담하여야 한다.

▶ 수입허가

▶ 수입을 위한 보안통관

▶ 선적전검사 및

▶ 그 밖의 공적 인가

A THE SELLER'S OBLIGATIONS : 매도인의 의무

A8 Checking/Packaging/Marking : 점검/포장/하인표시

The seller must pay the costs of those checking operations (such as checking quality, measuring, weighing, counting) that are necessary for the purpose of delivering the goods in accordance with A2.

The seller must, at its own cost, package the goods, unless it is usual for the particular trade to transport the type of goods sold unpackaged.

The seller must package and mark the goods in the manner appropriate for their transport, unless the parties have agreed on specific packaging or marking requirements.

매도인은 A2에 따라 물품을 인도하기 위한 목적에서 필요한 점검작업(예컨대, 품질점검, 용적측량, 중량측정, 수량계수)에 드는 비용을 부담하여야 한다.

매도인은 자신의 비용으로 물품을 포장하여야 하되, 다만 특정한 거래에서 통상적으로 포장되지 않은 채 매매되어 운송되는 형태의 물품인 경우에는 그러하지 아니하다.

매도인은 당해 운송에 적절한 방법으로 물품을 포장하고 하인을 표시하여야 하되, 다만 당사자들이 특정한 포장요건이나 하인요건에 합의한 경우에는 그러하지 아니하다.

A9 Allocation of costs : 비용분담

The seller must pay

a) all costs relating to the goods and their transport until they have been delivered in accordance with A2, other than those payable by the buyer under B9;

b) the cost of providing the delivery/transport document under A6;

c) where applicable, duties, taxes and any other costs related to export and any transit clearance under A7(a); and

d) the buyer for all costs and charges related to providing assistance in obtaining documents and information in accordance with B5 and B7(a).

매도인은 다음의 비용을 부담하여야 한다.

a) 물품이 A2에 따라 양하되어 인도된 때까지 물품과 그 물품의 운송에 관한 모든 비용. 다만, B9에 따라 매수인이 부담하는 비용은 제외한다.

b) A6에 따라 인도/운송서류를 제공하는 데 드는 비용

c) 해당되는 경우에 A7(a)에 따른 수출통관 및 통과통관에 관한 관세, 세금, 그 밖의 비용 및

d) B5 및 B7(a)에 따라 서류와 정보를 취득하는 데 매수인이 협력을 제공하는 것과 관련된 모든 비용

B THE BUYER'S OBLIGATIONS : 매수인의 의무

B8 Checking/Packaging/Marking : 점검/포장/하인표시

The buyer has no obligation to the seller.

매수인은 매도인에 대하여 의무가 없다.

B9 Allocation of costs : 비용분담

The buyer must pay

a) all costs relating to the goods from the time they have been delivered under A2;

b) the seller for all costs and charges related to providing assistance in obtaining documents and information in accordance with A7(b);

c) where applicable, duties, taxes and any other costs related to import clearance under B7(b); and

d) any additional costs incurred by the seller if the buyer fails to fulfil its obligations in accordance with B7 or to give notice in accordance with B10, provided that the goods have been clearly identified as the contract goods.

매수인은 다음의 비용을 부담하여야 한다.

a) 물품이 A2에 따라 인도된 때부터 물품에 관한 모든 비용

b) A7(b)에 따라 서류와 정보를 취득하는 데 매도인이 협력을 제공하는 것과 관련한 모든 비용

c) 해당되는 경우에 B7(b)에 따른 수입통관에 관한 관세, 세금, 그 밖의 비용 및

d) 매수인이 B7에 따른 의무를 이행하지 않거나 B10에 따른 통지를 하지 않는 경우에 매도인에게 발생하는 추가비용

다만, 물품은 계약물품으로 명확히 특정되어 있어야 한다.

A THE SELLER'S OBLIGATIONS : 매도인의 의무

A10 NOTICE : 통지

The seller must give the buyer any notice required to enable the buyer to receive the goods.

매도인은 매수인에게 매수인이 물품을 수령할 수 있도록 하는 데 필요한 통지를 하여야 한다.

B THE BUYER'S OBLIGATIONS : 매수인의 의무

B10 NOTICE : 통지

The buyer must, whenever it is agreed that the buyer is entitled to determine the time within an agreed period and/or the point of taking delivery within the named place of destination, give the seller sufficient notice.

매수인은 자신이 합의된 수령기간 내의 어느 시기 및/또는 지정목적지 내에서 인도를 수령할 지점을 결정할 권리를 갖는 것으로 합의된 경우에는 매도인에게 충분한 통지를 하여야 한다.

DDP | Delivered Duty Paid

DDP | 관세지급인도

DDP (insert named place of destination) Incoterms® 2020 21년 기출

DDP (지정목적지 기입) Incoterms® 2020

EXPLANATORY NOTES FOR USERS
사용자를 위한 설명문

1. Delivery and risk : 인도와 위험

"Delivered Duty Paid" means that the seller delivers the goods to the buyer

▶ when the goods are placed at the disposal of the buyer cleared for import on the arriving means of transport ready for unloading,

▶ at the named place of destination or

▶ at the agreed point within that place, if any such point is agreed.

The seller bears all risks involved in bringing the goods to the named place of destination or to the agreed point within that place. In this Incoterms® rule, therefore, delivery and arrival at destination are the same.

"관세지급인도"는 다음과 같이 된 때 매도인이 매수인에게 물품을 인도하는 것을 의미한다.

▶ 물품이 도착운송수단에 실린 채 수입통관 후 양하준비된 상태로 매수인의 처분 하에 놓인 때

▶ 지정목적지에서 또는

▶ 지정목적지 내의 어떠한 지점이 합의된 경우에는 그러한 지점에서

매도인은 물품을 지정목적지까지 또는 지정목적지 내의 합의된 지점까지 가져가는 데 수반되는 모든 위험을 부담한다. 따라서 본 인코텀즈규칙에서 인도와 목적지의 도착은 같은 것이다.

2. Mode of transport : 운송방식

This rule may be used irrespective of the mode of transport selected and may also be used where more than one mode of transport is employed.

본 규칙은 어떠한 운송방식이 선택되는지를 불문하고 사용할 수 있고 둘 이상의 운송방식이 이용되는 경우에도 사용할 수 있다.

3. A note of caution to sellers - maximum responsibility : 매도인을 위한 유의사항 – 최대책임

DDP, with delivery happening at destination and with the seller being responsible for the payment of import duty and applicable taxes, is the Incoterms® rule imposing on the seller the maximum level of obligation of all eleven Incoterms® rules. From the seller's perspective, therefore, the rule should be used with care for different reasons as set out in paragraph 7.

DDP에서는 인도가 도착지에서 일어나고 매도인이 수입관세와 해당되는 세금의 납부책임을 지므로 DDP는 11개의 모든 인코텀즈규칙 중에서 매도인에게 최고수준의 의무를 부과하는 규칙이다. 따라서 매도인의 관점에서, 본 규칙은 아래 7번 단락에서 보는 바와 같이 여러 가지 이유로 조심스럽게 사용하여야 한다.

4. Identifying the place or point of delivery/destination precisely : 정확한 인도장소/목적지 또는 인도/목적지점 지정

The parties are well advised to specify the destination place or point as clearly as possible and this for several reasons. First, risk of loss of or damage to the goods transfers to the buyer at that point of delivery/destination – and it is best for the seller and the buyer to be clear about the point at which that critical transfer happens. Secondly, the costs before that place or point of delivery/destination are for the account of the seller including the costs of import clearance and the costs after that place or point, other than the costs of import, are for the account of the buyer. Thirdly, the seller must contract or arrange for the carriage of the goods to the agreed place or point of delivery/destination. If it fails to do so, the seller is in breach of its obligations under the Incoterms® rule DDP and will be liable to the buyer for any ensuing loss. Thus, for example, the seller would be responsible for any additional costs levied by the carrier to the buyer for any additional on-carriage.

당사자들은 몇 가지 이유로 가급적 명확하게 목적지나 목적지점을 명시하는 것이 좋다. 첫째, 물품의 멸실 또는 훼손의 위험은 그러한 인도/목적지점에서 매수인에게 이전한다. 따라서 매도인과 매수인은 그러한 결정적인 이전이 일어나는 지점에 대하여 명확하게 해두는 것이 가장 좋다. 둘째, 수입통관비용을 포함하여 그러한 인도장소/목적지 또는 인도/목적지점 전의 비용은 매도인이 부담하고 수입비용을 제외한 그 후의 비용은 매수인이 부담한다. 셋째, 매도인은 물품의 합의된 인도장소/목적지 또는 인도/목적지점까지 운송하는 계약을 체결하거나 그러한 운송을 마련하여야 한다. 그렇게 하지 않는 경우에 매도인은 인코텀즈 DDP 규칙상 그의 의무를 위반한 것이 되고 매수인에 대하여 그에 따른 손해배상책임을 지게 된다. 따라서 예컨대 매도인은 추가적인 후속운송(on-carriage)을 위하여 운송인이 매수인에게 부과하는 추가비용에 대하여 책임을 지게 된다.

5. 'or procuring the goods so delivered' : '또는 그렇게 인도된 물품을 조달함'

The reference to "procure" here caters for multiple sales down a chain(string sales), particularly common in the commodity trades.

여기에 "조달하다"(procure)라고 규정한 것은 특히 일차산품거래(commodity trades)에서 일반적인 수차에 걸쳐 연속적으로 이루어지는 매매(연속매매, string sales)에 대응하기 위함이다.

6. Unloading costs : 양하비용

If the seller incurs costs under its contract of carriage related to unloading at the place of delivery/destination, the seller is not entitled to recover such costs separately from the buyer unless otherwise agreed between the parties.

매도인은 자신의 운송계약상 인도장소/목적지에서 양하에 관하여 비용이 발생한 경우에 당사자 간에 달리 합의되지 않은 한 그러한 비용을 매수인으로부터 별도로 상환받을 권리가 없다.

7. Export/Import clearance : 수출/수입통관

As set out in paragraph 3, DDP requires the seller to clear the goods for export, where applicable, as well as for import and to pay any import duty or to carry out any customs formalities. Thus if the seller is unable to obtain import clearance and would rather leave that side of things in the buyer's hands in the country of import, then the seller should consider choosing DAP or DPU, under which rules delivery still happens at destination, but with import clearance being left to the buyer. There may be tax implications and this tax may not be recoverable from the buyer : see A9(d).

위의 3번 단락에서 보듯이, DDP에서는 해당되는 경우에 매도인이 물품의 수출통관 및 수입통관을 하여야 하고 또한 수입관세를 납부하거나 모든 통관절차를 수행하여야 한다. 따라서 매도인은 수입통관을 완료할 수 없어서 차라리 이러한 부분을 수입국에 있는 매수인의 손에 맡기고자 하는 경우에 인도는 여전히 목적지에서 일어나지만 수입통관은 매수인이 하도록 되어 있는 DAP나 DPU를 선택하는 것을 고려하여야 한다. 세금문제가 개재될 수 있는데 이러한 세금은 매수인으로부터 상환받을 수 없다. A9(d)를 보아라.

A THE SELLER'S OBLIGATIONS : 매도인의 의무

A1 General obligations : 일반의무

The seller must provide the goods and the commercial invoice in conformity with the contract of sale and any other evidence of conformity that may be required by the contract.
Any document to be provided by the seller may be in paper or electronic form as agreed or, where there is no agreement, as is customary.

매도인은 매매계약에 일치하는 물품 및 상업송장과 그밖에 계약에서 요구될 수 있는 일치성에 관한 증거를 제공하여야 한다.

매도인이 제공하여야 하는 서류는 합의에 따라, 합의가 없는 경우에는 관행에 따라 종이서류 또는 전자적 방식으로 제공될 수 있다.

A2 Delivery : 인도

The seller must deliver the goods by placing them at the disposal of the buyer on the arriving means of transport ready for unloading at the agreed point, if any, at the named place of destination or by procuring the goods so delivered. In either case the seller must deliver the goods on the agreed date or within the agreed period.

매도인은 물품을 지정목적지에서, 그 지정목적지에 합의된 지점이 있는 때에는 그 지점에서 도착운송수단에 실어둔 채 양하준비된 상태로 매수인의 처분 하에 두거나 그렇게 인도된 물품을 조달함으로써 인도하여야 한다. 각각의 경우에 매도인은 합의된 기일에 또는 합의된 기간 내에 물품을 인도하여야 한다.

B THE BUYER'S OBLIGATIONS : 매수인의 의무

B1 General obligations : 일반의무

The buyer must pay the price of the goods as provided in the contract of sale.
Any document to be provided by the buyer may be in paper or electronic form as agreed or, where there is no agreement, as is customary.

매수인은 매매계약에 규정된 바에 따라 물품의 대금을 지급하여야 한다.
매수인이 제공하여야 하는 서류는 합의에 따라, 합의가 없는 경우에는 관행에 따라 종이서류 또는 전자적 방식으로 제공될 수 있다.

B2 Taking delivery : 인도의 수령

The buyer must take delivery of the goods when they have been delivered under A2.

매수인은 물품이 A2에 따라 인도된 때에 그 물품의 인도를 수령하여야 한다.

A THE SELLER'S OBLIGATIONS : 매도인의 의무

A3 Transfer of risks : 위험이전

The seller bears all risks of loss of or damage to the goods until they have been delivered in accordance with A2, with the exception of loss or damage in the circumstance described in B3.

매도인은 물품이 A2에 따라 인도된 때까지 물품의 멸실 또는 훼손의 모든 위험을 부담하되, B3에 규정된 상황에서 발생하는 멸실 또는 훼손은 예외로 한다.

A4 Carriage : 운송

The seller must contract or arrange at its own cost for the carriage of the goods to the named place of destination or to the agreed point, if any, at the named place of destination. If a specific point is not agreed or is not determined by practice, the seller may select the point at the named place of destination that best suits its purpose.
The seller must comply with any transport-related security requirements for transport to the destination.

매도인은 자신의 비용으로 물품을 지정목적지까지 또는 그 지정목적지에 합의된 지점이 있는 때에는 그 지점까지 운송하는 계약을 체결하거나 그러한 운송을 마련하여야 한다. 특정한 지점이 합의되지 않거나 관례에 의하여 결정되지 않는 경우에 매도인은 지정목적지에서 그의 목적에 가장 적합한 지점을 선택할 수 있다.

매도인은 목적지까지 운송하는 데 요구되는 운송관련 보안 요건을 준수하여야 한다.

B THE BUYER'S OBLIGATIONS : 매수인의 의무

B3 Transfer of risks : 위험이전

The buyer bears all risks of loss of or damage to the goods from the time they have been delivered under A2.

If :

a) the buyer fails to fulfil its obligations in accordance with B7, then it bears all resulting risks of loss of or damage to the goods; or

b) the buyer fails to give notice in accordance with B10, then it bears all risks of loss of or damage to the goods from the agreed date or the end of the agreed period for delivery,

provided that the goods have been clearly identified as the contract goods.

매수인은 물품이 A2에 따라 인도된 때부터 물품의 멸실 또는 훼손의 모든 위험을 부담한다.

만약

a) 매수인이 B7에 따른 의무를 이행하지 않는 경우에 매수인은 그로 인한 물품의 멸실 또는 훼손의 모든 위험을 부담한다. 또는

b) 매수인이 B10에 따른 통지를 하지 않은 경우에 매수인은 합의된 인도기일이나 합의된 인도기간의 만료일부터 물품의 멸실 또는 훼손의 모든 위험을 부담한다.

다만, 물품은 계약물품으로 명확히 특정되어 있어야 한다.

B4 Carriage : 운송

The buyer has no obligation to the seller to make a contract of carriage.

매수인은 매도인에 대하여 운송계약을 체결할 의무가 없다.

A THE SELLER'S OBLIGATIONS : 매도인의 의무

A5 Insurance : 보험

The seller has no obligation to the buyer to make a contract of insurance.

매도인은 매수인에 대하여 보험계약을 체결할 의무가 없다.

A6 Delivery/Transport document : 인도/운송서류

The seller must provide the buyer, at the seller's cost, with any document required to enable the buyer to take over the goods.

매도인은 자신의 비용으로 매수인의 물품을 수령할 수 있도록 하는 데 필요한 서류를 제공하여야 한다.

A7 Export/Import clearance : 수출/수입통관

Where applicable, the seller must carry out and pay for all export/transit/import clearance formalities required by the countries of export, transit and import, such as :

▶ export/transit/import licence;
▶ security clearance for export/transit/import;
▶ pre-shipment inspection; and
▶ any other official authorisation.

해당되는 경우에 매도인은 수출국, 통과국 및 수입국에 의하여 부과되는 다음의 수출/통과/수입통관절차를 모두 수행하고 그에 관한 비용을 부담하여야 한다.

▶ 수출/통과/수입허가
▶ 수출/통과/수입을 위한 보안통관
▶ 선적전검사 및
▶ 그 밖의 공적 인가

B THE BUYER'S OBLIGATIONS : 매수인의 의무

B5 Insurance : 보험

The buyer has no obligation to the seller to make a contract of insurance. However, the buyer must provide the seller, at the seller's request, risk and cost with information that the seller needs for obtaining insurance.

매수인은 매도인에 대하여 보험계약을 체결할 의무가 없다. 그러나 매수인은 매도인의 요청에 따라 매도인의 위험과 비용으로 매도인이 부보하는 데 필요한 정보를 매도인에게 제공하여야 한다.

B6 Delivery/Transport document : 인도/운송서류

The buyer must accept the document provided under A6.

매수인은 A6에 따라 제공된 서류를 인수하여야 한다.

B7 Export/Import clearance : 수출/수입통관

Where applicable, the buyer must assist the seller at the seller's request, risk and cost in obtaining any documents and/or information related to all export/transit/import clearance formalities required by the countries of export/transit/import, such as :

▶ export/transit/import licence;
▶ security clearance for export/transit/import;
▶ pre-shipment inspection; and
▶ any other official authorisation.

해당되는 경우에 매수인은 매도인의 요청에 따라 매도인의 위험과 비용으로 다음과 같은 수출국/통과국/수입국에 의하여 부과되는 모든 수출/통과/수입통관절차에 관한 서류 및/또는 정보를 취득하는 데 매도인에게 협력하여야 한다.

▶ 수출/통과/수입허가
▶ 수출/통과/수입을 위한 보안통관
▶ 선적전검사 및
▶ 그 밖의 공적 인가

A THE SELLER'S OBLIGATIONS : 매도인의 의무

A8 Checking/Packaging/Marking : 점검/포장/하인표시

The seller must pay the costs of those checking operations (such as checking quality, measuring, weighing, counting) that are necessary for the purpose of delivering the goods in accordance with A2.

The seller must, at its own cost, package the goods, unless it is usual for the particular trade to transport the type of goods sold unpackaged.

The seller must package and mark the goods in the manner appropriate for their transport, unless the parties have agreed on specific packaging or marking requirements.

매도인은 A2에 따라 물품에 인도하기 위해 필요한 점검작업(예컨대 품질점검, 용적측량, 중량측정, 수량계수)에 드는 비용을 부담하여야 한다.

매도인은 자신의 비용으로 물품을 포장하여야 하되, 다만 특정한 거래에서 통상적으로 포장되지 않은 채 매매되어 운송되는 형태의 물품인 경우에는 그러하지 아니하다. 매도인은 당해 운송에 적절한 방법으로 물품을 포장하고 하인을 표시하여야 하되, 다만 당사자들이 특정한 포장요건이나 하인요건에 합의한 경우에는 그러하지 아니하다.

A9 Allocation of costs : 비용분담

The seller must pay

a) all costs relating to the goods and their transport until they have been delivered in accordance with A2, other than those payable by the buyer under B9;

b) any charges for unloading at the place of destination but only if those charges were for the seller's account under the contract of carriage;

c) the cost of providing the delivery/transport document under A6;

d) where applicable, duties, taxes and any other costs related to export, transit and import clearance under A7(a); and

e) the buyer for all costs and charges related to providing assistance in obtaining documents and information in accordance with B5 and B7(a).

매도인은 다음의 비용을 부담하여야 한다.

a) 물품이 A2에 따라 인도된 때까지 물품과 그 물품의 운송에 관한 모든 비용. 다만, B9에 따라 매수인이 부담하는 비용은 제외한다.

b) 목적지의 양하비용 중에서 오직 운송계약상 매도인이 부담하기로 된 비용

c) A6에 따라 인도/운송서류를 제공하는 데 드는 비용

d) 해당되는 경우에 A7(a)에 따른 수출, 통과 및 수입통관에 관한 관세, 세금, 그 밖의 비용 및

e) B5 및 B7(a)에 따라 서류와 정보를 취득하는 데 매수인이 협력을 제공하는 것과 관련한 모든 비용

B THE BUYER'S OBLIGATIONS : 매수인의 의무

B8 Checking/Packaging/Marking : 점검/포장/하인표시

The buyer has no obligation to the seller.	매수인은 매도인에 대하여 의무가 없다.

B9 Allocation of costs : 비용분담

The buyer must pay

a) all costs relating to the goods from the time they have been delivered under A2;

b) all costs of unloading necessary to take delivery of the goods from the arriving means of transport at the named place of destination, unless such costs were for seller's account under the contract of carriage; and

c) any additional costs incurred by the seller if the buyer fails to fulfil its obligations in accordance with B7 or to give notice in accordance with B10,

provided that the goods have been clearly identified as the contract goods.

매수인은 다음의 비용을 부담하여야 한다.

a) 물품이 A2에 따라 인도된 때부터 물품에 관한 모든 비용

b) 지정목적지에서 도착운송수단으로 물품의 인도를 수령하는 데 필요한 모든 양하비용. 다만, 그러한 비용을 운송계약상 매도인이 부담하기로 한 때에는 그러하지 아니하다.

c) 매수인이 B7에 따른 의무를 이행하지 않거나 B10에 따른 통지를 하지 않는 경우에 매도인에게 발생하는 추가비용

다만, 물품은 계약물품으로 명확히 특정되어 있어야 한다.

A THE SELLER'S OBLIGATIONS : 매도인의 의무

A10 NOTICE : 통지

The seller must give the buyer any notice required to enable the buyer to receive the goods.	매도인은 매수인에게 매수인이 물품을 수령할 수 있도록 하는 데 필요한 통지를 하여야 한다.

B THE BUYER'S OBLIGATIONS : 매수인의 의무

B10 NOTICE : 통지

The buyer must, whenever it is agreed that the buyer is entitled to determine the time within an agreed period and/or the point of taking delivery within the named place of destination, give the seller sufficient notice.	매수인은 자신이 합의된 수령기간 내의 어느 시기 및/또는 지정목적지 내에서 인도를 수령할 지점을 결정할 권리를 갖는 것으로 합의된 경우에는 매도인에게 충분한 통지를 하여야 한다.

FAS | Free Alongside Ship

FAS | 선측인도

FAS (insert named port of shipment) Incoterms® 2020 22년 기출
FAS (지정선적항 기입) Incoterms® 2020

EXPLANATORY NOTES FOR USERS
사용자를 위한 설명문

1. Delivery and risk : 인도와 위험

"Free Alongside Ship" means that the seller delivers the goods to the buyer

▶ when the goods are placed alongside the ship(e.g. on a quay or a barge) nominated by the buyer at the named port of shipment or

▶ when the seller procures goods already so delivered.

The risk of loss of or damage to the goods transfers when the goods are alongside the ship, and the buyer bears all costs from that moment onwards.

"선측인도"는 다음과 같이 된 때 매도인이 물품을 매수인에게 인도하는 것을 의미한다.

▶ 물품이 지정선적항에서 매수인이 지정한 선박의 선측에 [예컨대 부두 또는 바지선(barge)에] 놓인 때 또는

▶ 이미 그렇게 인도된 물품을 조달한 때

물품의 멸실 또는 훼손의 위험은 물품이 선측에 놓인 때 이전하고, 매수인은 그 순간부터 향후의 모든 비용을 부담한다.

2. Mode of transport : 운송방식

This rule is to be used only for sea or inland waterway transport where the parties intend to deliver the goods by placing the goods alongside a vessel. Thus, the FAS rule is not appropriate where goods are handed over to the carrier before they are alongside the vessel, for example where goods are handed over to a carrier at a container terminal. Where this is the case, parties should consider using the FCA rule rather than the FAS rule.

본 규칙은 당사자들이 물품을 선측에 둠으로써 인도하기로 하는 해상운송이나 내수로운송에만 사용되어야 한다. 따라서 FAS 규칙은 물품이 선측에 놓이기 전에 운송인에게 교부되는 경우, 예컨대 물품이 컨테이너터미널에서 운송인에게 교부되는 경우에는 적절하지 않다. 이러한 경우에 당사자들은 FAS 규칙 대신에 FCA 규칙을 사용하는 것을 고려하여야 한다.

3. Identifying the loading point precisely : 정확한 적재지점 지정

The parties are well advised to specify as clearly as possible the loading point at the named port of shipment where the goods are to be transferred from the quay or barge to the ship, as the costs and risks to that point are for the account of the seller and these costs and associated handling charges may vary according to the practice of the port.

당사자들은 지정선적항에서 물품이 부두나 바지선(barge)으로부터 선박으로 이동하는 적재지점을 가급적 명확하게 명시하는 것이 좋다. 그 지점까지의 비용과 위험은 매도인이 부담하고, 이러한 비용과 그와 관련된 처리비용(handling charges)은 항구의 관행에 따라 다르기 때문이다.

4. 'or procuring the goods so delivered' : '또는 그렇게 인도된 물품을 조달함'

The seller is required either to deliver the goods alongside the ship or to procure goods already so delivered for shipment. The reference to "procure" here caters for multiple sales down a chain(string sales), particularly common in the commodity trades.

매도인은 물품을 선측에서 인도하거나 선적을 위하여 이미 그렇게 인도된 물품을 조달하여야 한다. 여기에 "조달하다"(procure)라고 규정한 것은 특히 일차산품거래(commodity trades)에서 일반적인 수차에 걸쳐 연속적으로 이루어지는 매매(연속매매, string sales)에 대응하기 위함이다.

5. Export/Import clearance : 수출/수입통관

FAS requires the seller to clear the goods for export, where applicable. However, the seller has no obligation to clear the goods for import or for transit through third countries, to pay any import duty or to carry out any import customs formalities.

FAS에서는 해당되는 경우에 매도인이 물품의 수출통관을 하여야 한다. 그러나 매도인은 물품의 수입 또는 제3국 통과를 위한 통관을 하거나 수입관세를 납부하거나 수입통관절차를 수행할 의무가 없다.

A THE SELLER'S OBLIGATIONS : 매도인의 의무

A1 General obligations : 일반의무

The seller must provide the goods and the commercial invoice in conformity with the contract of sale and any other evidence of conformity that may be required by the contract.
Any document to be provided by the seller may be in paper or electronic form as agreed or, where there is no agreement, as is customary.

매도인은 매매계약에 일치하는 물품 및 상업송장과 그 밖에 계약에서 요구될 수 있는 일치성에 관한 증거를 제공하여야 한다.

매도인이 제공하여야 하는 서류는 합의에 따라, 합의가 없는 경우에는 관행에 따라 종이서류 또는 전자적 방식으로 제공될 수 있다.

B THE BUYER'S OBLIGATIONS : 매수인의 의무

B1 General obligations : 일반의무

The buyer must pay the price of the goods as provided in the contract of sale.

Any document to be provided by the buyer may be in paper or electronic form as agreed or, where there is no agreement, as is customary.

매수인은 매매계약에 규정된 바에 따라 물품의 대금을 지급하여야 한다.

매수인이 제공하여야 하는 서류는 합의에 따라, 합의가 없는 경우에는 관행에 따라 종이서류 또는 전자적 방식으로 제공될 수 있다.

A THE SELLER'S OBLIGATIONS : 매도인의 의무

A2 Delivery : 인도

The seller must deliver the goods either by placing them alongside the vessel nominated by the buyer at the loading point, if any, indicated by the buyer at the named port of shipment or by procuring the goods so delivered.

The seller must deliver the goods

1. on the agreed date or
2. at the time within the agreed period notified by the buyer under B10 or
3. if no such time is notified, then at the end of the agreed period and
4. in the manner customary at the port.

If no specific loading point has been indicated by the buyer, the seller may select the point within the named port of shipment that best suits its purpose.

매도인은 물품을 지정선적항에서, 그 지정선적항에 매수인이 표시한 적재지점이 있는 경우에는 그 지점에서 매수인이 지정하는 선박의 선측에 두거나 그렇게 인도된 물품을 조달함으로써 인도하여야 한다.

매도인은 다음과 같이 물품을 인도하여야 한다.
1. 합의된 기일에 또는
2. B10에 따라 매수인으로부터 통지받은 합의된 기간 중의 어느 시기에 또는
3. 그러한 시기의 통지가 없는 경우에는 합의된 기간의 만료일에 그리고
4. 그 항구에서 관행적인 방법으로

매수인이 특정한 적재지점을 표시하지 않은 경우에 매도인은 지정선적항 내에서 그의 목적에 가장 적합한 지점을 선택할 수 있다.

B THE BUYER'S OBLIGATIONS : 매수인의 의무

B2 Taking delivery : 인도의 수령

The buyer must take delivery of the goods when they have been delivered under A2.

매수인은 물품이 A2에 따라 인도된 때에 그 물품의 인도를 수령하여야 한다.

A THE SELLER'S OBLIGATIONS : 매도인의 의무

A3 Transfer of risks : 위험이전

The seller bears all risks of loss of or damage to the goods until they have been delivered in accordance with A2, with the exception of loss or damage in the circumstances described in B3.

매도인은 물품이 A2에 따라 인도된 때까지 물품의 멸실 또는 훼손의 모든 위험을 부담하되, B3에 규정된 상황에서 발생하는 멸실 또는 훼손은 예외로 한다.

B THE BUYER'S OBLIGATIONS : 매수인의 의무

B3 Transfer of risks : 위험이전

The buyer bears all risks of loss of or damage to the goods from the time they have been delivered under A2.

If :

a) the buyer fails to give notice in accordance with B10; or

b) the vessel nominated by the buyer fails to arrive on time to enable the seller to comply with A2, fails to take the goods, or closes for cargo earlier than the time notified in accordance with B10;

then the buyer bears all risks of loss of or damage to the goods :

(i) from the agreed date, or in the absence of an agreed date,

(ii) from the date selected by the buyer under B10, or if no such date has been notified,

(iii) from the end of any agreed period for delivery, provided that the goods have been clearly identified as the contract goods.

매수인은 물품이 A2에 따라 인도된 때부터 물품의 멸실 또는 훼손의 모든 위험을 부담한다.

만약

a) 매수인이 B10에 따른 통지를 하지 않는 경우, 또는

b) 매수인이 지정한 선박이 매도인이 A2를 준수할 수 있도록 정시에 도착하지 아니하거나, 물품을 수령하지 않거나, B10에 따라 통지된 시기보다 일찍 선적을 마감하는 경우

매수인은 다음의 시기부터 물품의 멸실 또는 훼손의 모든 위험을 부담한다.

(i) 합의된 인도기일부터, 또는 합의된 인도기일이 없는 경우에는

(ii) 매수인이 B10에 따라 선택한 일자부터, 또는 그러한 일자가 통지되지 않은 경우에는

(iii) 합의된 인도기간의 만료일부터

다만, 물품은 계약물품으로 명확히 특정되어 있어야 한다.

A THE SELLER'S OBLIGATIONS : 매도인의 의무

A4 Carriage : 운송

The seller has no obligation to the buyer to make a contract of carriage. However, the seller must provide the buyer, at the buyer's request, risk and cost with any information in the possession of the seller including transport-related security requirements that the buyer needs for arranging carriage. If agreed, the seller must contract for carriage on the usual terms at the buyer's risk and cost.

The seller must comply with any transport-related security requirements up to delivery.

매도인은 매수인에 대하여 운송계약을 체결할 의무가 없다. 그러나 매도인은 매수인의 요청에 따라 매수인의 위험과 비용으로, 운송관련 보안요건을 포함하여 매수인이 운송을 마련하기 위하여 필요로 하는 정보로서 매도인 자신이 가지고 있는 정보를 매수인에게 제공하여야 한다. 합의가 있는 경우에 매도인은 매수인의 위험과 비용으로 통상적인 조건으로 운송계약을 체결하여야 한다.

매도인은 인도가 있을 때까지 운송관련 보안요건을 준수하여야 한다.

A5 Insurance : 보험

The seller has no obligation to the buyer to make a contract of insurance. However, the seller must provide the buyer, at the buyer's request, risk and cost with information in possession of the seller that the buyer needs for obtaining insurance.

매도인은 매수인에 대하여 보험계약을 체결할 의무가 없다. 그러나 매도인은 매수인의 요청에 따라 매수인의 위험과 비용으로 매수인이 부보하는 데 필요한 정보로서 매도인 자신이 가지고 있는 정보를 제공하여야 한다.

B THE BUYER'S OBLIGATIONS : 매수인의 의무

B4 Carriage : 운송

The buyer must contract, at its own cost, for the carriage of the goods from the named port of shipment, except when the contract of carriage is made by the seller as provided for in A4.

매수인은 자신의 비용으로 물품을 지정선적항으로부터 운송하는 계약을 체결하여야 하되, 다만 A4에 규정된 바에 따라 매도인이 운송계약을 체결하는 경우에는 예외로 한다.

B5 Insurance : 보험

The buyer has no obligation to the seller to make a contract of insurance.

매수인은 매도인에 대하여 보험계약을 체결할 의무가 없다.

A THE SELLER'S OBLIGATIONS : 매도인의 의무

A6 Delivery/Transport document : 인도/운송서류

The seller must provide the buyer, at the seller's cost, with the usual proof that the goods have been delivered in accordance with A2.
Unless such proof is a transport document, the seller must provide assistance to the buyer, at the buyer's request, risk and cost in obtaining a transport document.

매도인은 자신의 비용으로 매수인에게 물품이 A2에 따라 인도되었다는 통상적인 증거를 제공하여야 한다.

그러한 증거가 운송서류가 아닌 경우에 매도인은 매수인의 요청에 따라 매수인의 위험과 비용으로 매수인이 운송서류를 취득하는 데 협력을 제공하여야 한다.

B THE BUYER'S OBLIGATIONS : 매수인의 의무

B6 Delivery/Transport document : 인도/운송서류

The buyer must accept the proof of delivery provided under A6.

매수인은 A6에 따라 제공되는 인도의 증거를 인수하여야 한다.

A THE SELLER'S OBLIGATIONS : 매도인의 의무

A7 Export/Import clearance : 수출/수입통관

a) Export clearance
   Where applicable, the seller must carry out and pay for all export clearance formalities required by the country of export, such as :
   ▶ export licence;
   ▶ security clearance for export;
   ▶ pre-shipment inspection; and
   ▶ any other official authorisation.

b) Assistance with import clearance
   Where applicable, the seller must assist the buyer, at the buyer's request, risk and cost in obtaining any documents and/or information related to all transit/import clearance formalities including security requirements and pre-shipment inspection needed by any country of transit or the country of import.

a) 수출통관
   해당되는 경우에 매도인은 수출국에 의하여 부과되는 다음의 수출통관절차를 모두 수행하고 그에 관한 비용을 부담하여야 한다.
   ▶ 수출허가
   ▶ 수출을 위한 보안통관
   ▶ 선적전검사 및
   ▶ 그 밖의 공적 인가

b) 수입통관에 관한 협력
   해당되는 경우에 매도인은 매수인의 요청에 따라 매수인의 위험과 비용으로, 보안요건 및 선적전검사를 포함하여 통과국 또는 수입국에 의하여 필요한 모든 통과/수입통관절차에 관한 서류 및/또는 정보를 취득하는 데 매수인에게 협력하여야 한다.

B THE BUYER'S OBLIGATIONS : 매수인의 의무

B7 Export/Import clearance : 수출/수입통관

a) Assistance with export clearance

Where applicable, the buyer must assist the seller at the seller's request, risk and cost in obtaining any documents and/or information related to all export clearance formalities including security requirements and pre-shipment inspection needed by the country of export.

b) Import clearance

Where applicable, the buyer must carry out and pay for all formalities required by any country of transit and the country of import, such as :

▶ import licence and any licence required for transit;

▶ security clearance for import and any transit;

▶ pre-shipment inspection; and

▶ any other official authorisation.

a) 수출통관에 관한 협력

해당되는 경우에 매수인은 매도인의 요청에 따라 매도인의 위험과 비용으로, 보안요건 및 선적전검사를 포함하여 수출국에 의하여 필요한 모든 수출통관절차에 관한 서류 및/또는 정보를 취득하는 데 매도인에게 협력하여야 한다.

b) 수입통관

해당되는 경우에 매수인은 통과국 및 수입국에 의하여 부과되는 다음의 절차를 모두 수행하고 그에 관한 비용을 부담하여야 한다.

▶ 수입허가 및 통과를 위하여 필요한 허가

▶ 수입과 통과를 위한 보안통관

▶ 선적전검사 및

▶ 그 밖의 공적 인가

A THE SELLER'S OBLIGATIONS : 매도인의 의무

A8 Checking/Packaging/Marking : 점검/포장/하인표시

The seller must pay the costs of those checking operations (such as checking quality, measuring, weighing, counting) that are necessary for the purpose of delivering the goods in accordance with A2.

The seller must, at its own cost, package the goods, unless it is usual for the particular trade to transport the type of goods sold unpackaged.

The seller must package and mark the goods in the manner appropriate for their transport, unless the parties have agreed on specific packaging or marking requirements.

매도인은 A2에 따라 물품을 인도하기 위해 필요한 점검작업(예컨대 품질점검, 용적측량, 중량측정, 수량계수)에 드는 비용을 부담하여야 한다.

매도인은 자신의 비용으로 물품을 포장하여야 하되, 다만 특정한 거래에서 통상적으로 포장되지 않은 채 매매되어 운송되는 형태의 물품인 경우에는 그러하지 아니하다.

매도인은 당해 운송에 적절한 방법으로 물품을 포장하고 하인을 표시하여야 하되, 다만 당사자들이 특정한 포장요건이나 하인요건에 합의한 경우에는 그러하지 아니하다.

B THE BUYER'S OBLIGATIONS : 매수인의 의무

B8 Checking/Packaging/Marking : 점검/포장/하인표시

The buyer has no obligation to the seller.

매수인은 매도인에 대하여 의무가 없다.

A THE SELLER'S OBLIGATIONS : 매도인의 의무

A9 Allocation of costs : 비용분담

The seller must pay :

a) all costs relating to the goods until they have been delivered in accordance with A2, other than those payable by the buyer under B9;

b) the costs of providing the usual proof to the buyer under A6 that the goods have been delivered;

c) where applicable, duties, taxes and any other costs related to export clearance under A7(a); and

d) the buyer for all costs and charges related to providing assistance in obtaining documents and information in accordance with B7(a).

매도인은 다음의 비용을 부담하여야 한다.

a) 물품이 A2에 따라 인도된 때까지 물품에 관한 모든 비용. 다만, B9에 따라 매수인이 부담하는 비용은 제외한다.

b) 물품이 인도되었다는 통상적인 증거를 A6에 따라 매수인에게 제공하는 데 드는 비용

c) 해당되는 경우에 A7(a)에 따른 수출통관에 관한 관세, 세금, 그 밖의 비용

d) B7(a)에 따라 서류와 정보를 취득하는 데 매수인이 협력을 제공하는 것과 관련한 모든 비용

A10 Notices : 통지

The seller must give the buyer sufficient notice either that the goods have been delivered in accordance with A2 or that the vessel has failed to take delivery of the goods within the time agreed.

매도인은 물품이 A2에 따라 인도된 사실 또는 매수인이 지정한 선박이 합의된 시기 내에 물품의 인도를 수령하지 않은 사실을 매수인에게 충분히 통지하여야 한다.

B THE BUYER'S OBLIGATIONS : 매수인의 의무

B9 Allocation of costs : 비용분담

The buyer must pay

a) all costs relating to the goods from the time they have been delivered under A2, other than those payable by the seller under A9;

b) the seller for all costs and charges related to providing assistance in obtaining documents and information in accordance with A4, A5, A6 and A7(b);

c) where applicable, duties, taxes and any other costs related to transit or import clearance under B7(b); and

d) any additional costs incurred, either because :

　(i) the buyer has failed to give notice under B10, or

　(ii) the vessel nominated by the buyer under B10 fails to arrive on time, fails to take the goods, or closes for cargo earlier than the time notified in accordance with B10,

provided that the goods have been clearly identified as the contract goods.

매수인은 다음의 비용을 부담하여야 한다.

a) 물품이 A2에 따라 인도된 때부터 물품에 관한 모든 비용. 다만 A9에 따라 매도인이 부담하는 비용은 제외한다.

b) A4, A5, A6 및 A7(b)에 따라 서류와 정보를 취득하는 데 매도인이 협력을 제공하는 것과 관련한 모든 비용

c) 해당되는 경우에 B7(b)에 따른 통과통관 또는 수입통관에 관한 관세, 세금, 그 밖의 비용

d) 다음의 경우에 발생하는 추가비용

　(i) 매수인이 B10에 따른 통지를 하지 않는 경우, 또는

　(ii) B10에 따라 매수인이 지정한 선박이 정시에 도착하지 않거나, 물품을 수령하지 않거나, B10에 따라 통지된 시기보다 일찍 선적을 마감하는 경우

다만, 물품은 계약물품으로 명확히 특정되어 있어야 한다.

B10 Notices : 통지

The buyer must give the seller sufficient notice of any transport-related security requirements, the vessel name, loading point and, if any, the selected delivery date within the agreed period.

매수인은 매도인에게 운송관련 보안요건, 선박명, 적재지점 및 합의된 인도기간 내에서 선택된 인도일자가 있는 경우에는 그 일자를 충분히 통지하여야 한다.

FOB | Free On Board
FOB | 본선인도

FOB (insert named port of shipment) Incoterms® 2020 23, 21년 기출
FOB (지정선적항 기입)

EXPLANATORY NOTES FOR USERS
사용자를 위한 설명문

1. Delivery and risk : 인도와 위험

"Free on Board" means that the seller delivers the goods to the buyer
▶ on board the vessel nominated by the buyer at the named port of shipment or
▶ procures the goods already so delivered.
The risk of loss of or damage to the goods transfers when the goods are on board the vessel, and the buyer bears all costs from that moment onwards.

"본선인도"는 매도인이 다음과 같이 물품을 매수인에게 인도하는 것을 의미한다.
▶ 지정선적항에서 매수인이 지정한 선박에 적재함 또는
▶ 이미 그렇게 인도된 물품을 조달함
물품의 멸실 또는 훼손의 위험은 물품이 선박에 적재된 때 이전하고, 매수인은 그 순간부터 향후의 모든 비용을 부담한다.

2. Mode of transport : 운송방식

This rule is to be used only for sea or inland waterway transport where the parties intend to deliver the goods by placing the goods on board a vessel. Thus, the FOB rule is not appropriate where goods are handed over to the carrier before they are on board the vessel, for example where goods are handed over to a carrier at a container terminal. Where this is the case, parties should consider using the FCA rule rather than the FOB rule.

본 규칙은 당사자들이 물품을 선박에 적재함으로써 인도하기로 하는 해상운송이나 내수로운송에만 사용되어야 한다. 따라서 FOB 규칙은 물품이 선박에 적재되기 전에 운송인에게 교부되는 경우, 예컨대 물품이 컨테이너터미널에서 운송인에게 교부되는 경우에는 적절하지 않다. 이러한 경우에 당사자들은 FOB 규칙 대신에 FCA 규칙을 사용하는 것을 고려하여야 한다.

3. 'or procuring the goods so delivered' : '또는 그렇게 인도된 물품을 조달함'

The seller is required either to deliver the goods on board the vessel or to procure goods already so delivered for shipment. The reference to "procure" here caters for multiple sales down a chain(string sales), particularly common in the commodity trades.

매도인은 물품을 선박에 적재하여 인도하거나 선적을 위하여 이미 그렇게 인도된 물품을 조달하여야 한다. 여기에 "조달하다"(procure)라고 규정한 것은 특히 일차산품거래(commodity trades)에서 일반적인 수차에 걸쳐 연속적으로 이루어지는 매매(연속매매, string sales)에 대응하기 위함이다.

4. Export/Import clearance : 수출/수입통관

FOB requires the seller to clear the goods for export, where applicable. However, the seller has no obligation to clear the goods for import or for transit through third countries, to pay any import duty or to carry out any import customs formalities.

FOB에서는 해당되는 경우에 매도인이 물품의 수출통관을 하여야 한다. 그러나 매도인은 물품의 수입 또는 제3국 통과를 위한 통관을 하거나 수입관세를 납부하거나 수입통관절차를 수행할 의무가 없다.

A THE SELLER'S OBLIGATIONS : 매도인의 의무

A1 General obligations : 일반의무

The seller must provide the goods and the commercial invoice in conformity with the contract of sale and any other evidence of conformity that may be required by the contract.
Any document to be provided by the seller may be in paper or electronic form as agreed or, where there is no agreement, as is customary.

매도인은 매매계약에 일치하는 물품 및 상업송장과 그 밖에 계약에서 요구될 수 있는 일치성에 관한 증거를 제공하여야 한다.

매도인이 제공하여야 하는 서류는 합의에 따라, 합의가 없는 경우에는 관행에 따라 종이서류 또는 전자적 방식으로 제공될 수 있다.

B THE BUYER'S OBLIGATIONS : 매수인의 의무

B1 General obligations : 일반의무

The buyer must pay the price of the goods as provided in the contract of sale.
Any document to be provided by the buyer may be in paper or electronic form as agreed or, where there is no agreement, as is customary.

매수인은 매매계약에 규정된 바에 따라 물품의 대금을 지급하여야 한다.
매수인이 제공하여야 하는 서류는 합의에 따라, 합의가 없는 경우에는 관행에 따라 종이서류 또는 전자적 방식으로 제공될 수 있다.

A THE SELLER'S OBLIGATIONS : 매도인의 의무

A2 Delivery : 인도

The seller must deliver the goods either by placing them on board the vessel nominated by the buyer at the loading point, if any, indicated by the buyer at the named port of shipment or by procuring the goods so delivered.

The seller must deliver the goods

1. on the agreed date or
2. at the time within the agreed period notified by the buyer under B10 or
3. if no such time is notified, then at the end of the agreed period and
4. in the manner customary at the port.

If no specific loading point has been indicated by the buyer, the seller may select the point within the named port of shipment that best suits its purpose.

매도인은 물품을 지정선적항에서, 그 지정선적항에 매수인이 표시한 적재지점이 있는 경우에는 그 지점에서 매수인이 지정하는 선박에 적재하거나 그렇게 인도된 물품을 조달함으로써 인도하여야 한다.

매도인은 다음과 같이 물품을 인도하여야 한다.
1. 합의된 기일에 또는
2. B10에 따라 매수인으로부터 통지받은 합의된 기간 중의 어느 시기에 또는
3. 그러한 시기의 통지가 없는 경우에는 합의된 기간의 만료일에 그리고
4. 그 항구에서 관행적인 방법으로

매수인이 특정한 적재지점을 표시하지 않은 경우에 매도인은 지정선적항 내에서 그의 목적에 가장 적합한 지점을 선택할 수 있다.

B THE BUYER'S OBLIGATIONS : 매수인의 의무

B2 Taking delivery : 인도의 수령

The buyer must take delivery of the goods when they have been delivered under A2.

매수인은 물품이 A2에 따라 인도된 때에 그 물품의 인도를 수령하여야 한다.

A THE SELLER'S OBLIGATIONS : 매도인의 의무

A3 Transfer of risks : 위험이전

The seller bears all risks of loss of or damage to the goods until they have been delivered in accordance with A2, with the exception of loss or damage in the circumstances described in B3.

매도인은 물품이 A2에 따라 인도된 때까지 물품의 멸실 또는 훼손의 모든 위험을 부담하되, B3에 규정된 상황에서 발생하는 멸실 또는 훼손은 예외로 한다.

B THE BUYER'S OBLIGATIONS : 매수인의 의무

B3 Transfer of risks : 위험이전

The buyer bears all risks of loss of or damage to the goods from the time they have been delivered under A2.

If :

a) the buyer fails to give notice in accordance with B10; or

b) the vessel nominated by the buyer fails to arrive on time to enable the seller to comply with A2, fails to take the goods, or closes for cargo earlier than the time notified in accordance with B10;

then the buyer bears all risks of loss of or damage to the goods :

(i) from the agreed date, or in the absence of an agreed date,

(ii) from the date selected by the buyer under B10 or

(iii) if no such date has been notified, from the end of any agreed period for delivery,

provided that the goods have been clearly identified as the contract goods.

매수인은 물품이 A2에 따라 인도된 때부터 물품의 멸실 또는 훼손의 모든 위험을 부담한다.

만약

a) 매수인이 B10에 따른 통지를 하지 않는 경우 또는

b) 매수인이 지정한 선박이 매도인이 A2를 준수할 수 있도록 정시에 도착하지 아니하거나, 물품을 수령하지 않거나, B10에 따라 통지된 시기보다 일찍 선적을 마감하는 경우

매수인은 다음의 시기부터 물품의 멸실 또는 훼손의 모든 위험을 부담한다.

(i) 합의된 인도기일부터 또는 합의된 인도기일이 없는 경우에는

(ii) 매수인이 B10에 따라 선택한 일자부터 또는

(iii) 그러한 일자가 통지되지 않은 경우에는 합의된 인도기간의 만료일부터

다만, 물품은 계약물품으로 명확히 특정되어 있어야 한다.

A THE SELLER'S OBLIGATIONS : 매도인의 의무

A4 Carriage : 운송

The seller has no obligation to the buyer to make a contract of carriage. However, the seller must provide the buyer, at the buyer's request, risk and cost with any information in the possession of the seller including transport-related security requirements that the buyer needs for arranging carriage. If agreed, the seller must contract for carriage on the usual terms at the buyer's risk and cost.

The seller must comply with any transport-related security requirements up to delivery.

매도인은 매수인에 대하여 운송계약을 체결할 의무가 없다. 그러나 매도인은 매수인의 요청에 따라 매수인의 위험과 비용으로, 운송관련 보안요건을 포함하여 매수인이 운송을 마련하기 위하여 필요로 하는 정보로서 매도인 자신이 가지고 있는 정보를 매수인에게 제공하여야 한다. 합의가 있는 경우에 매도인은 매수인의 위험과 비용으로 통상적인 조건으로 운송계약을 체결하여야 한다.

매도인은 인도가 있을 때까지 운송관련 보안요건을 준수하여야 한다.

B THE BUYER'S OBLIGATIONS : 매수인의 의무

B4 Carriage : 운송

The buyer must contract at its own cost for the carriage of the goods from the named port of shipment, except when the contract of carriage is made by the seller as provided for in A4.

매수인은 자신의 비용으로 물품을 지정선적항으로부터 운송하는 계약을 체결하여야 하되, 다만 A4에 규정된 바에 따라 매도인이 운송계약을 체결하는 경우에는 예외로 한다.

A THE SELLER'S OBLIGATIONS : 매도인의 의무

A5 Insurance : 보험

The seller has no obligation to the buyer to make a contract of insurance. However, the seller must provide the buyer, at the buyer's request, risk and cost with information in the possession of the seller that the buyer needs for obtaining insurance.

매도인은 매수인에 대하여 보험계약을 체결할 의무가 없다. 그러나 매도인은 매수인의 요청에 따라 매수인의 위험과 비용으로 매수인이 부보하는 데 필요한 정보로서 매도인 자신이 가지고 있는 정보를 제공하여야 한다.

B THE BUYER'S OBLIGATIONS : 매수인의 의무

B5 Insurance : 보험

The buyer has no obligation to the seller to make a contract of insurance.

매수인은 매도인에 대하여 보험계약을 체결할 의무가 없다.

A THE SELLER'S OBLIGATIONS : 매도인의 의무

A6 Delivery/Transport document : 인도/운송서류

The seller must provide the buyer, at the seller's cost, with the usual proof that the goods have been delivered in accordance with A2.
Unless such proof is transport document, the seller must provide assistance to the buyer, at the buyer's request, risk and cost in obtaining a transport document.

매도인은 자신의 비용으로 매수인에게 물품이 A2에 따라 인도되었다는 통상적인 증거를 제공하여야 한다.

그러한 증거가 운송서류가 아닌 경우에 매도인은 매수인의 요청에 따라 매수인의 위험과 비용으로 매수인이 운송서류를 취득하는 데 협력을 제공하여야 한다.

B THE BUYER'S OBLIGATIONS : 매수인의 의무

B6 Delivery/Transport document : 인도/운송서류

The buyer must accept the proof of delivery provided under A6.

매수인은 A6에 따라 제공되는 인도의 증거를 인수하여야 한다.

A THE SELLER'S OBLIGATIONS : 매도인의 의무

A7 Export/Import clearance : 수출/수입통관

a) Export clearance

Where applicable, the seller must carry out and pay for all export clearance formalities required by the country of export, such as :
- export licence;
- security clearance for export;
- pre-shipment inspection; and
- any other official authorisation.

b) Assistance with import clearance

Where applicable, the seller must assist the buyer, at the buyer's request, risk and cost in obtaining any documents and/or information related to all transit/import clearance formalities including security requirements and pre-shipment inspection needed by any country of transit or the country of import.

a) 수출통관

해당되는 경우에 매도인은 수출국에 의하여 부과되는 다음의 수출통관절차를 모두 수행하고 그에 관한 비용을 부담하여야 한다.
- 수출허가
- 수출을 위한 보안통관
- 선적전검사 및
- 그 밖의 공적 인가

b) 수입통관에 관한 협력

해당되는 경우에 매도인은 매수인의 요청에 따라 매수인의 위험과 비용으로, 보안요건 및 선적전검사를 포함하여 통과국 또는 수입국에 의하여 필요한 모든 통과/수입통관절차에 관한 서류 및/또는 정보를 취득하는 데 매수인에게 협력하여야 한다.

B THE BUYER'S OBLIGATIONS : 매수인의 의무

B7 Export/Import clearance : 수출/수입통관

a) Assistance with export clearance

Where applicable, the buyer must assist the seller, at the seller's request, risk and cost in obtaining any documents and/or information related to all export clearance formalities including security requirements and pre-shipment inspection needed by the country of export.

a) 수출통관에 관한 협력

해당되는 경우에 매수인은 매도인의 요청에 따라 매도인의 위험과 비용으로, 보안요건 및 선적전검사를 포함하여 수출국에 의하여 필요한 모든 수출통관절차에 관한 서류 및/또는 정보를 취득하는 데 매도인에게 협력하여야 한다.

b) Import clearance

Where applicable, the buyer must carry out and pay for all formalities required by any country of transit and the country of import such as :

▶ import licence and any licence required for transit;

▶ security clearance for import and any transit;

▶ pre-shipment inspection; and

▶ any other official authorisation.

b) 수입통관

해당되는 경우에 매수인은 통과국 및 수입국에 의하여 부과되는 다음의 절차를 모두 수행하고 그에 관한 비용을 부담하여야 한다.

▶ 수입허가 및 통과를 위하여 필요한 허가

▶ 수입과 통과를 위한 보안통관

▶ 선적전검사 및

▶ 그 밖의 공적 인가

A THE SELLER'S OBLIGATIONS : 매도인의 의무

A8 Checking/Packaging/Marking : 점검/포장/하인표시

The seller must pay the costs of those checking operations (such as checking quality, measuring, weighing, counting) that are necessary for the purpose of delivering the goods in accordance with A2.

The seller must, at its own cost, package the goods, unless it is usual for the particular trade to transport the type of goods sold unpackaged.

The seller must package and mark the goods in the manner appropriate for their transport, unless the parties have agreed on specific packaging or marking requirements.

매도인은 A2에 따라 물품을 인도하기 위해 필요한 점검작업 (예컨대 품질점검, 용적측량, 중량측정, 수량계수)에 드는 비용을 부담하여야 한다.

매도인은 자신의 비용으로 물품을 포장하여야 하되, 다만 특정한 거래에서 통상적으로 포장되지 않은 채 매매되어 운송되는 형태의 물품인 경우에는 그러하지 아니하다. 매도인은 당해 운송에 적절한 방법으로 물품을 포장하고 하인을 표시하여야 하되, 다만 당사자들이 특정한 포장요건 이나 하인요건에 합의한 경우에는 그러하지 아니하다.

B THE BUYER'S OBLIGATIONS : 매수인의 의무

B8 Checking/Packaging/Marking : 점검/포장/하인표시

The buyer has no obligation to the seller.

매수인은 매도인에 대하여 의무가 없다.

A THE SELLER'S OBLIGATIONS : 매도인의 의무

A9 Allocation of costs : 비용분담

The seller must pay :

a) all costs relating to the goods until they have been delivered in accordance with A2, other than those payable by the buyer under B9;

b) the costs of providing the usual proof to the buyer under A6 that the goods have been delivered;

c) where applicable, duties, taxes and any other costs related to export clearance under A7(a); and

d) the buyer for all costs and charges related to providing assistance in obtaining documents and information in accordance with B7(a).

매도인은 다음의 비용을 부담하여야 한다.

a) 물품이 A2에 따라 인도된 때까지 물품에 관한 모든 비용. 다만, B9에 따라 매수인이 부담하는 비용은 제외한다.

b) 물품이 인도되었다는 통상적인 증거를 A6에 따라 매수인에게 제공하는 데 드는 비용

c) 해당되는 경우에 A7(a)에 따른 수출통관에 관한 관세, 세금, 그 밖의 비용 및

d) B7(a)에 따라 서류와 정보를 취득하는 데 매수인이 협력을 제공하는 것과 관련한 모든 비용

B THE BUYER'S OBLIGATIONS : 매수인의 의무

B9 Allocation of costs : 비용분담

The buyer must pay :

a) all costs relating to the goods from the time they have been delivered under A2, other than those payable by the seller under A9;

b) the seller for all costs and charges related to providing assistance in obtaining documents and information in accordance with A4, A5, A6 and A7(b);

c) where applicable, duties, taxes and any other costs related to transit or import clearance under B7(b); and,

d) any additional costs incurred, either because :

  (i) the buyer has failed to give notice under B10, or

  (ii) the vessel nominated by the buyer under B10 fails to arrive on time, fails to take the goods, or closes for cargo earlier than the time notified in accordance with B10,

provided that the goods have been clearly identified as the contract goods.

매수인은 다음의 비용을 부담하여야 한다.

a) 물품이 A2에 따라 인도된 때부터 물품에 관한 모든 비용. 다만, A9에 따라 매도인이 부담하는 비용은 제외한다.

b) A4, A5, A6 및 A7(b)에 따라 서류와 정보를 취득하는 데 매도인이 협력을 제공하는 것과 관련한 모든 비용

c) 해당되는 경우에 B7(b)에 따른 통과통관 또는 수입통관에 관한 관세, 세금, 그 밖의 비용 및

d) 다음의 경우에 발생하는 추가비용

  (i) 매수인이 B10에 따른 통지를 하지 않는 경우, 또는

  (ii) B10에 따라 매수인이 지정한 선박이 정시에 도착하지 않거나, 물품을 수령하지 않거나, B10에 따라 통지된 시기보다 일찍 선적을 마감하는 경우

다만, 물품은 계약물품으로 명확히 특정되어 있어야 한다.

A THE SELLER'S OBLIGATIONS : 매도인의 의무

A10 Notices : 통지

The seller must give the buyer sufficient notice either that the goods have been delivered in accordance with A2 or that the vessel has failed to take the goods within the time agreed.

매도인은 물품이 A2에 따라 인도된 사실 또는 선박이 합의된 시기 내에 물품을 수령하지 않은 사실을 매수인에게 충분히 통지하여야 한다.

B THE BUYER'S OBLIGATIONS : 매수인의 의무

B10 Notices : 통지

The buyer must give the seller sufficient notice of any transport-related security requirements, the vessel name, loading point and, if any, the selected delivery date within the agreed period.

매수인은 매도인에게 운송관련 보안요건, 선박명, 적재지점 및 합의된 인도기간 내에서 선택된 인도일자가 있는 경우에는 그 일자를 충분히 통지하여야 한다.

CFR | Cost and Freight
CFR | 운임포함인도

CFR (insert named port of destination) Incoterms® 2020 24년 기출
CFR (지정목적항 기입) Incoterms® 2020

EXPLANATORY NOTES FOR USERS
사용자를 위한 설명문

1. Delivery and risk : 인도와 위험

"Cost and Freight" means that the seller delivers the goods to the buyer
▶ on board the vessel or
▶ procures the goods already so delivered.
The risk of loss of or damage to the goods transfers when the goods are on board the vessel, such that the seller is taken to have performed its obligation to deliver the goods whether or not the goods actually arrive at their destination in sound condition, in the stated quantity or, indeed, at all. In CFR, the seller owes no obligation to the buyer to purchase insurance cover : the buyer would be well-advised, therefore, to purchase some cover for itself.

"운임포함인도"는 매도인이 물품을 매수인에게 다음과 같이 인도하는 것을 의미한다.
▶ 선박에 적재함 또는
▶ 이미 그렇게 인도된 물품을 조달함
물품의 멸실 또는 훼손의 위험은 물품이 선박에 적재된 때 이전하고, 그에 따라 매도인은 물품이 명시된 수량만큼 또는 일부라도 목적지에 양호한 상태로 도착하는지를 불문하고 그의 물품인도의무를 이행한 것으로 된다. CFR에서 매도인은 매수인에 대하여 부보의무가 없다. 따라서 매수인은 스스로 부보하는 것이 좋다.

2. Mode of transport : 운송방식

This rule is to be used only for sea or inland waterway transport. Where more than one mode of transport is to be used, which will commonly be the case where goods are handed over to a carrier at a container terminal, the appropriate rule to use is CPT rather than CFR.

본 규칙은 해상운송이나 내수로운송에만 사용되어야 한다. 물품이 컨테이너터미널에서 운송인에게 교부되는 경우에 일반적으로 그러하듯이 둘 이상의 운송방식이 사용되는 경우에 사용하기 적절한 규칙은 CFR이 아니라 CPT이다.

3. 'or procuring the goods so delivered' : '또는 그렇게 인도된 물품을 조달함'

The reference to "procure" here caters for multiple sales down a chain(string sales), particularly common in the commodity trades.

여기에 "조달하다"(procure)라고 규정한 것은 특히 일차산품거래(commodity trades)에서 일반적인 수차에 걸쳐 연속적으로 이루어지는 매매(연속매매, string sales)에 대응하기 위함이다.

4. Ports of delivery and destination : 인도항(port of delivery)과 목적항(port of destination)

In CFR, two ports are important : the port where the goods are delivered on board the vessel and the port agreed as the destination of the goods. Risk transfers from seller to buyer when the goods are delivered to the buyer by placing them on board the vessel at the shipment port or by procuring the goods already so delivered. However, the seller must contract for the carriage of the goods from delivery to the agreed destination. Thus, for example, goods are placed on board a vessel in Shanghai (which is a port) for carriage to Southampton (also a port). Delivery here happens when the goods are on board in Shanghai, with risk transferring to the buyer at that time; and the seller must make a contract of carriage from Shanghai to Southampton.

CFR에서는 두 항구가 중요하다. 물품이 선박에 적재되어 인도되는 항구와 물품의 목적항으로 합의된 항구가 그것이다. 위험은 물품이 선적항에서 선박에 적재됨으로써 또는 이미 그렇게 인도된 물품을 조달함으로써 매수인에게 인도된 때 매도인으로부터 매수인에게 이전한다. 그러나 매도인은 물품을 인도지부터 합의된 목적지까지 운송하는 계약을 체결하여야 한다. 따라서 예컨대 물품은 (항구인) 사우샘프턴까지 운송을 위하여 (항구인) 상하이에서 선박에 적재된다. 이 경우에 물품이 상하이에서 적재된 때 인도가 일어나고, 그 시점에 위험이 매수인에게 이전한다. 그리고 매도인은 상하이에서 사우샘프턴으로 향하는 운송계약을 체결하여야 한다.

5. Must the shipment port be named? : 선적항은 반드시 지정되어야 하는가?

While the contract will always specify a destination port, it might not specify the port of shipment, which is where risk transfers to the buyer. If the shipment port is of particular interest to the buyer, as it may be, for example, where the buyer wishes to ascertain that the freight element of the price is reasonable, the parties are well advised to identify it as precisely as possible in the contract.

계약에서 항상 목적항을 명시할 것이지만, 위험이 매수인에게 이전하는 장소인 선적항은 명시하지 않을 수도 있다. 예컨대 매수인이 매매대금에서 운임요소가 합리적인지 확인하고자 하는 경우에 그러하듯이 선적항이 특히 매수인의 관심사항인 경우에 당사자들은 계약에서 선적항을 가급적 정확하게 특정하는 것이 좋다.

6. Identifying the destination point at the discharge port : 양륙항 내 목적지점 지정

The parties are well advised to identify as precisely as possible the point at the named port of destination, as the costs to that point are for the account of the seller. The seller must make a contract or contracts of carriage that cover(s) the transit of the goods from delivery to the named port or to the agreed point within that port where such a point has been agreed in the contract of sale.

당사자들은 지정목적항 내의 지점을 가급적 정확하게 지정하는 것이 좋다. 그 지점까지 비용을 매도인이 부담하기 때문이다. 매도인은 물품을 인도지로부터 지정목적항까지 또는 그 지정목적항 내의 지점으로서 매매계약에서 합의된 지점까지 물품을 운송하는 단일 또는 복수의 계약을 체결하여야 한다.

7. Multiple carriers : 복수의 운송인

It is possible that carriage is effected through several carriers for different legs of the sea transport, for example, first by a carrier operating a feeder vessel from Hong Kong to Shanghai, and then onto an ocean vessel from Shanghai to Southampton. The question which arises here is whether risk transfers from seller to buyer at Hong Kong or at Shanghai : where does delivery take place? The parties may well have agreed this in the sale contract itself. Where, however, there is no such agreement, the default position is that risk transfers when the goods have been delivered to the first carrier, i.e. Hong Kong, thus increasing the period during which the buyer incurs the risk of loss or damage. Should the parties wish the risk to transfer at a later stage (here, Shanghai) they need to specify this in their contract of sale.

예컨대, 먼저 홍콩에서 상하이까지 피더선(feeder vessel)을 운항하는 운송인이 담당하고 이어서 상하이에서 사우샘프턴까지 항해선박(ocean vessel)이 담당하는 경우와 같이, 상이한 해상운송구간을 각기 담당하는 복수의 운송인이 운송을 수행하는 것도 가능하다. 이때 과연 위험은 매도인으로부터 매수인에게 홍콩에서 이전하는지 아니면 상하이에서 이전하는지 의문이 발생한다. 즉 인도는 어디서 일어나는가? 당사자들이 매매계약 자체에서 이를 잘 합의하였을 수도 있다. 그러나 그러한 합의가 없는 경우에 [본 규칙이 규정하는] 기본 입장은, 위험은 물품이 제1운송인에게 인도된 때, 즉 홍콩에서 이전하고, 따라서 매수인이 멸실 또는 훼손의 위험을 부담하는 기간이 증가한다는 것이다. 당사자들은 그 뒤의 어느 단계에서 (예시의 경우 상하이) 위험이 이전하기를 원한다면 이를 매매계약에 명시하여야 한다.

8. Unloading costs : 양하비용

If the seller incurs costs under its contract of carriage related to unloading at the specified point at the port of destination, the seller is not entitled to recover such costs separately from the buyer unless otherwise agreed between the parties.

매도인은 자신의 운송계약상 목적항 내의 명시된 지점에서 양하에 관하여 비용이 발생한 경우에 당사자 간에 달리 합의되지 않은 한 그러한 비용을 매수인으로부터 별도로 상환받을 권리가 없다.

9. Export/Import clearance : 수출/수입통관

CFR requires the seller to clear the goods for export, where applicable. However, the seller has no obligation to clear the goods for import or for transit through third countries to pay any import duty or to carry out any import customs formalities.

CFR에서는 해당되는 경우에 매도인이 물품의 수출통관을 하여야 한다. 그러나 매도인은 물품의 수입 또는 제3국 통과를 위한 통관을 하거나 수입관세를 납부하거나 수입통관절차를 수행할 의무가 없다.

기출문제

Incoterms® 2020에서 CFR 규칙에 관한 내용으로 옳은 것은? 24년 기출

① Carriage and Freight means that the seller delivers the goods to the buyer on board the vessel or procures the goods already so delivered.

② While the contract will always specify a destination port, it must specify the port of shipment, which is where risk transfers to the buyer.

③ The parties are well advised to identify as precisely as possible the point at the named port of destination, as the costs to that point are for the account of the buyer.

④ If the seller incurs costs under its contract of carriage related to unloading at the named place of destination, the seller is not entitled to recover such costs separately from the buyer unless otherwise agreed between the parties.

⑤ The seller has no obligation to clear the goods for import or for transit through third countries, to pay any import duty or to carry out any import customs formalities.

해설
① <u>Cost</u> and Freight means that the seller delivers the goods to the buyer on board the vessel or procures the goods already so delivered(사용문을 위한 설명문 제1항).
② While the contract will always specify a destination port, it <u>might not specify</u> the port of shipment, which is where risk transfers to the buyer(사용문을 위한 설명문 제5항).
③ The parties are well advised to identify as precisely as possible the point at the named port of destination, as the costs to that point are for the account of the <u>seller</u>(사용문을 위한 설명문 제6항).
④ If the seller incurs costs under its contract of carriage related to unloading at the <u>specified point at the port</u> of destination, the seller is not entitled to recover such costs separately from the buyer unless otherwise agreed between the parties(사용문을 위한 설명문 제8항).

정답 ⑤

A THE SELLER'S OBLIGATIONS : 매도인의 의무

A1 General obligations : 일반의무

The seller must provide the goods and the commercial invoice in conformity with the contract of sale and any other evidence of conformity that may be required by the contract.

Any document to be provided by the seller may be in paper or electronic form as agreed or, where there is no agreement, as is customary.

매도인은 매매계약에 일치하는 물품 및 상업송장과 그밖에 계약에서 요구될 수 있는 일치성에 관한 증거를 제공하여야 한다.

매도인이 제공하여야 하는 서류는 합의에 따라, 합의가 없는 경우에는 관행에 따라 종이서류 또는 전자적 방식으로 제공될 수 있다.

B THE BUYER'S OBLIGATIONS : 매수인의 의무

B1 General obligations : 일반의무

The buyer must pay the price of the goods as provided in the contract of sale.

Any document to be provided by the buyer may be in paper or electronic form as agreed or, where there is no agreement, as is customary.

매수인은 매매계약에 규정된 바에 따라 물품의 대금을 지급하여야 한다.
매수인이 제공하여야 하는 서류는 합의에 따라, 합의가 없는 경우에는 관행에 따라 종이서류 또는 전자적 방식으로 제공될 수 있다.

A THE SELLER'S OBLIGATIONS : 매도인의 의무

A2 Delivery : 인도

The seller must deliver the goods either by placing them on board the vessel or by procuring the goods so delivered. In either case, the seller must deliver the goods on the agreed date or within the agreed period and in the manner customary at the port.

매도인은 물품을 선박에 적재하거나 또는 그렇게 인도된 물품을 조달함으로써 인도하여야 한다. 각각의 경우에 매도인은 합의된 기일에 또는 합의된 기간 내에 당해 항구에서 관행적인 방법으로 물품을 인도하여야 한다.

B THE BUYER'S OBLIGATIONS : 매수인의 의무

B2 Taking delivery : 인도의 수령

The buyer must take delivery of the goods when they have been delivered under A2 and receive them from the carrier at the named port of destination.

매수인은 물품이 A2에 따라 인도된 때에 그 물품의 인도를 수령하여야 하고 지정목적항에서 운송인으로부터 물품을 수령하여야 한다.

A THE SELLER'S OBLIGATIONS : 매도인의 의무

A3 Transfer of risks : 위험이전

The seller bears all risks of loss of or damage to the goods until they have been delivered in accordance with A2, with the exception of loss or damage in the circumstance described in B3.

매도인은 물품이 A2에 따라 인도된 때까지 물품의 멸실 또는 훼손의 모든 위험을 부담하되, B3에 규정된 상황에서 발생하는 멸실 또는 훼손은 예외로 한다.

B THE BUYER'S OBLIGATIONS : 매수인의 의무

B3 Transfer of risks : 위험이전

The buyer bears all risks of loss of or damage to the goods from the time they have been delivered under A2.
If the buyer fails to give notice in accordance with B10, then it bears all risks of loss of or damage to the goods from the agreed date or the end of the agreed period for shipment, provided that the goods have been clearly identified as the contract goods.

매수인은 물품이 A2에 따라 인도된 때부터 물품의 멸실 또는 훼손의 모든 위험을 부담한다.

매수인이 B10에 따른 통지를 하지 않은 경우에 매수인은 합의된 선적기일이나 합의된 선적기간의 만료일부터 물품의 멸실 또는 훼손의 모든 위험을 부담하되, 다만 물품은 계약물품으로 명확히 특정되어 있어야 한다.

A THE SELLER'S OBLIGATIONS : 매도인의 의무

A4 Carriage : 운송

The seller must contract or procure a contract for the carriage of the goods from the agreed point of delivery, if any, at the place of delivery to the named port of destination or, if agreed, any point at that port. The contract of carriage must be made on usual terms at the seller's cost and provide for carriage by the usual route in a vessel of the type normally used for the transport of the type of goods sold.
The seller must comply with any transport-related security requirements for transport to the destination.

매도인은 물품을 인도장소로부터, 합의된 인도지점이 있는 때에는 그 지점으로부터 지정목적항까지, 또는 합의가 있는 때에는 그 지정목적항의 어느 지점까지 운송하는 계약을 체결하거나 조달하여야 한다. 운송계약은 매도인의 비용으로 통상적인 조건으로 체결되어야 하며 매매물품과 같은 종류의 물품을 운송하는 데 통상적으로 사용되는 종류의 선박으로 통상적인 항로로 운송하는 내용이어야 한다.

매도인은 목적지까지 운송하는 데 요구되는 운송관련 보안요건을 준수하여야 한다.

B THE BUYER'S OBLIGATIONS : 매수인의 의무

B4 Carriage : 운송

The buyer has no obligation to the seller to make a contract of carriage.

매수인은 매도인에 대하여 운송계약을 체결할 의무가 없다.

A THE SELLER'S OBLIGATIONS : 매도인의 의무

A5 Insurance : 보험

The seller has no obligation to the buyer to make a contract of insurance. However, the seller must provide the buyer, at the buyer's request, risk and cost with information in the possession of the seller that the buyer needs for obtaining insurance.

매도인은 매수인에 대하여 보험계약을 체결할 의무가 없다. 그러나 매도인은 매수인의 요청에 따라 매수인의 위험과 비용으로 매수인이 부보하는 데 필요한 정보로서 매도인 자신이 가지고 있는 정보를 제공하여야 한다.

B THE BUYER'S OBLIGATIONS : 매수인의 의무

B5 Insurance : 보험

The buyer has no obligation to the seller to make a contract of insurance.

매수인은 매도인에 대하여 보험계약을 체결할 의무가 없다.

A THE SELLER'S OBLIGATIONS : 매도인의 의무

A6 Delivery/Transport document : 인도/운송서류

The seller must, at its own cost, provide the buyer with the usual transport document for the agreed port of destination.
This transport document must cover the contract goods, be dated within the period agreed for shipment, enable the buyer to claim the goods from the carrier at the port of destination and, unless otherwise agreed, enable the buyer to sell the goods in transit by the transfer of the document to a subsequent buyer or by notification to the carrier. When such a transport document is issued in negotiable form and in several originals, a full set of originals must be presented to the buyer.

매도인은 자신의 비용으로 매수인에게 합의된 목적항에서 필요한 통상적인 운송서류를 제공하여야 한다.

이 운송서류는 계약물품에 관한 것이어야 하고, 합의된 선적기간 이내로 일부(日附)되어야 하며, 매수인이 목적항에서 운송인에 대하여 물품의 인도를 청구할 수 있도록 하는 것이어야 하고, 또한 달리 합의되지 않은 한 매수인이 후속매수인에게 그 운송서류를 양도함으로써 또는 운송인에 대한 통지로써 운송 중에 물품을 매각할 수 있도록 하는 것이어야 한다.
그러한 운송서류가 유통 가능한 형식으로 복수의 원본으로 발행된 경우에 그 원본의 전통(全通)이 매수인에게 제공되어야 한다.

B THE BUYER'S OBLIGATIONS : 매수인의 의무

B6 Delivery/Transport document : 인도/운송서류

The buyer must accept the transport document provided under A6 if it is in conformity with the contract.

매수인은 A6에 따라 제공된 운송서류가 계약에 일치하는 때에는 이를 인수하여야 한다.

A THE SELLER'S OBLIGATIONS : 매도인의 의무

A7 Export/Import clearance : 수출/수입통관

a) Export clearance

Where applicable, the seller must carry out and pay for all export clearance formalities required by the country of export, such as :

▶ export licence;

▶ security clearance for export;

▶ pre-shipment inspection; and

▶ any other official authorisation.

b) Assistance with import clearance

Where applicable, the seller must assist the buyer, at the buyer's request, risk and cost in obtaining any documents and/or information related to all transit/import clearance formalities including security requirements and pre-shipment inspection needed by any country of transit or the country of import.

a) 수출통관

해당되는 경우에 매도인은 수출국에 의하여 부과되는 다음의 수출통관절차를 모두 수행하고 그에 관한 비용을 부담하여야 한다.

▶ 수출허가

▶ 수출을 위한 보안통관

▶ 선적전검사 및

▶ 그 밖의 공적 인가

b) 수입통관에 관한 협력

해당되는 경우에 매도인은 매수인의 요청에 따라 매수인의 위험과 비용으로, 보안요건 및 선적전검사를 포함하여 통과국 또는 수입국에 의하여 필요한 모든 통과/수입통관절차에 관한 서류 및/또는 정보를 취득하는 데 매수인에게 협력하여야 한다.

B THE BUYER'S OBLIGATIONS : 매수인의 의무

B7 Export/Import clearance : 수출/수입통관

a) Assistance with export clearance

Where applicable, the buyer must assist the seller at the seller's request, risk and cost in obtaining any documents and/or information related to all export clearance formalities including security requirements and pre-shipment inspection needed by the country of export.

b) Import clearance

Where applicable, the buyer must carry out and pay for all formalities required by any country of transit and the country of import such as :

▶ import licence and any licence required for transit;

▶ security clearance for import and any transit;

▶ pre-shipment inspection; and

▶ any other official authorisation.

a) 수출통관에 관한 협력

해당되는 경우에 매수인은 매도인의 요청에 따라 매도인의 위험과 비용으로, 보안요건 및 선적전검사를 포함하여 수출국에 의하여 필요한 모든 수출통관절차에 관한 서류 및/또는 정보를 취득하는 데 매도인에게 협력하여야 한다.

b) 수입통관

해당되는 경우에 매수인은 통과국 및 수입국에 의하여 부과되는 다음의 절차를 모두 수행하고 그에 관한 비용을 부담하여야 한다.

▶ 수입허가 및 통과를 위하여 필요한 허가

▶ 수입과 통과를 위한 보안통관

▶ 선적전검사 및

▶ 그 밖의 공적 인가

A THE SELLER'S OBLIGATIONS : 매도인의 의무

A8 Checking/Packaging/Marking : 점검/포장/하인표시

The seller must pay the costs of those checking operations (such as checking quality, measuring, weighing, counting) that are necessary for the purpose of delivering the goods in accordance with A2.

The seller must, at its own cost, package the goods, unless it is usual for the particular trade to transport the type of goods sold unpackaged.

The seller must package and mark the goods in the manner appropriate for their transport, unless the parties have agreed on specific packaging or marking requirements.

매도인은 A2에 따라 물품을 인도하기 위해 필요한 점검작업(예컨대 품질점검, 용적측량, 중량측정, 수량계수)에 드는 비용을 부담하여야 한다.

매도인은 자신의 비용으로 물품을 포장하여야 하되, 다만 특정한 거래에서 통상적으로 포장되지 않은 채 매매되어 운송되는 형태의 물품인 경우에는 그러하지 아니하다.

매도인은 당해 운송에 적절한 방법으로 물품을 포장하고 하인을 표시하여야 하되, 다만 당사자들이 특정한 포장요건이나 하인요건에 합의한 경우에는 그러하지 아니하다.

B THE BUYER'S OBLIGATIONS : 매수인의 의무

B8 Checking/Packaging/Marking : 점검/포장/하인표시

The buyer has no obligation to the seller.	매수인은 매도인에 대하여 의무가 없다.

A THE SELLER'S OBLIGATIONS : 매도인의 의무

A9 Allocation of costs : 비용분담

The seller must pay

a) all costs relating to the goods until they have been delivered in accordance with A2, other than those payable by the buyer under B9;

b) the freight and all other costs resulting from A4, including the costs of loading the goods on board and transport-related security costs;

c) any charges for unloading at the agreed port of discharge that were for the seller's account under the contract of carriage;

d) the costs of transit that were for the seller's account under the contract of carriage;

e) the costs of providing the usual proof to the buyer under A6 that the goods have been delivered;

f) where applicable, duties, taxes and any other costs related to export clearance under A7(a); and

g) the buyer for all costs and charges related to providing assistance in obtaining documents and information in accordance with B7(a).

매도인은 다음의 비용을 부담하여야 한다.

a) 물품이 A2에 따라 인도된 때까지 물품에 관한 모든 비용. 다만, B9에 따라 매수인이 부담하는 비용은 제외한다.

b) 물품선적비용과 운송관련 보안비용을 포함하여, A4로부터 비롯하는 운임 및 그 밖의 모든 비용

c) 합의된 양륙항의 양하비용 중에서 운송계약상 매도인이 부담하기로 한 비용

d) 운송계약상 매도인이 부담하기로 된 통과비용

e) 물품이 인도되었다는 통상적인 증거를 A6에 따라 매수인에게 제공하는 데 드는 비용

f) 해당되는 경우에 A7(a)에 따른 수출통관에 관한 관세, 세금, 그 밖의 비용 및

g) B7(a)에 따라 서류와 정보를 취득하는 데 매수인이 협력을 제공하는 것과 관련한 모든 비용

B THE BUYER'S OBLIGATIONS : 매수인의 의무

B9 Allocation of costs : 비용분담

The buyer must pay

a) all costs relating to the goods from the time they have been delivered under A2, other than those payable by the seller under A9;

b) the costs of transit, unless such costs were for the seller's account under the contract of carriage;

c) unloading costs including lighterage and wharfage charges, unless such costs and charges were for the seller's account under the contract of carriage;

d) the seller for all costs and charges related to providing assistance in obtaining documents and information in accordance with A5 and A7(b);

e) where applicable, duties, taxes and any other costs related to transit or import clearance under B7(b); and

f) any additional costs incurred if it fails to give notice in accordance with B10, from the agreed date or the end of the agreed period for shipment, provided that the goods have been clearly identified as the contract goods.

매수인은 다음의 비용을 부담하여야 한다.

a) 물품이 A2에 따라 인도된 때부터 물품에 관한 모든 비용. 다만, A9에 따라 매도인이 부담하는 비용은 제외한다.

b) 통과비용. 다만, 그러한 비용이 운송계약상 매도인이 부담하는 것으로 된 경우에는 그러하지 아니하다.

c) 부선료와 부두사용료를 포함한 양하비용. 다만, 그러한 비용이 운송계약상 매도인이 부담하는 것으로 된 경우에는 그러하지 아니하다.

d) A5 및 A7(b)에 따라 서류와 정보를 취득하는 데 매도인이 협력을 제공하는 것과 관련한 모든 비용

e) 해당되는 경우에 B7(b)에 따른 통과통관 또는 수입통관에 관한 관세, 세금, 그 밖의 비용 및

f) 매수인이 B10에 따른 통지를 하지 않는 경우에 합의된 선적기일 또는 합의된 선적기간의 만료일부터 발생하는 추가비용

다만, 물품은 계약물품으로 명확히 특정되어 있어야 한다.

A THE SELLER'S OBLIGATIONS : 매도인의 의무

A10 Notices : 통지

The seller must notify the buyer that the goods have been delivered in accordance with A2.
The seller must give the buyer any notice required to enable the buyer to receive the goods.

매도인은 매수인에게 물품이 A2에 따라 인도되었음을 통지하여야 한다.
매도인은 매수인에게 매수인이 물품을 수령할 수 있도록 하는 데 필요한 통지를 하여야 한다.

B THE BUYER'S OBLIGATIONS : 매수인의 의무

B10 Notices : 통지

The buyer must, whenever it is agreed that the buyer is entitled to determine the time for shipping the goods and/or the point of receiving the goods within the named port of destination, give the seller sufficient notice.

매수인은 자신이 물품의 선적시기 및/또는 지정목적항 내에 물품을 수령할 지점을 결정할 권리를 갖는 것으로 합의된 경우에는 매도인에게 충분한 통지를 하여야 한다.

CIF | Cost, Insurance and Freight
CIF | 운임 · 보험료포함인도

CIF (insert named port of destination) Incoterms® 2020 24년 기출
CIF (지정목적항 기입) Incoterms® 2020

EXPLANATORY NOTES FOR USERS
사용자를 위한 설명문

1. Delivery and risk : 인도와 위험

"Cost, Insurance and Freight" means that the seller delivers the goods to the buyer
▸ on board the vessel or
▸ procures the goods already so delivered.
The risk of loss of or damage to the goods transfers when the goods are on board the vessel, such that the seller is taken to have performed its obligation to deliver the goods whether or not the goods actually arrive at their destination in sound condition, in the stated quantity or, indeed, at all.

"운임 · 보험료포함인도"는 매도인이 물품을 매수인에게 다음과 같이 인도하는 것을 의미한다.
▸ 선박에 적재함 또는
▸ 이미 그렇게 인도된 물품을 조달함
물품의 멸실 또는 훼손의 위험은 물품이 선박에 적재된 때 이전하고, 그에 따라 매도인은 물품이 명시된 수량만큼 또는 일부라도 목적지에 양호한 상태로 도착하는지를 불문하고 그의 물품인도의무를 이행한 것으로 된다.

2. Mode of transport : 운송방식

This rule is to be used only for sea or inland waterway transport. Where more than one mode of transport is to be used, which will commonly be the case where goods are handed over to a carrier at container terminal, the appropriate rule to use is CIP rather than CIF.

본 규칙은 해상운송이나 내수로운송에만 사용되어야 한다. 물품이 컨테이너터미널에서 운송인에게 교부되는 경우에 일반적으로 그러하듯이 둘 이상의 운송방식이 사용되는 경우에 사용하기 적절한 규칙은 CIF가 아니라 CIP이다.

3. 'or procuring the goods so delivered' : '또는 그렇게 인도된 물품을 조달함'

The reference to "procure" here caters for multiple sales down a chain(string sales), particularly common in the commodity trades.

여기에 "조달하다"(procure)라고 규정한 것은 특히 일차산품거래(commodity trades)에서 일반적인 수차에 걸쳐 연속적으로 이루어지는 매매(연속매매, string sales)에 대응하기 위함이다.

4. Ports of delivery and destination : 인도항(port of delivery)과 목적항(port of destination)

In CIF, two ports are important : the port where the goods are delivered on board the vessel and the port agreed as the destination of the goods. Risk transfers from seller to buyer when the goods are delivered to the buyer by placing them on board the vessel at the shipment port or by procuring the goods already so delivered. However, the seller must contract for the carriage of the goods from delivery to the agreed destination. Thus, for example, goods are placed on board a vessel in Shanghai (which is a port) for carriage to Southampton (also a port). Delivery here happens when the goods are on board in Shanghai, with risk transferring to the buyer at that time; and the seller must make a contract of carriage from Shanghai to Southampton.

CIF에서는 두 항구가 중요하다. 물품이 선박에 적재되어 인도되는 항구와 물품의 목적항으로 합의된 항구가 그것이다. 위험은 물품이 선적항에서 선박에 적재됨으로써 또는 이미 그렇게 인도된 물품을 조달함으로써 매수인에게 인도된 때 매도인으로부터 매수인에게 이전한다. 그러나 매도인은 물품을 인도지부터 합의된 목적지까지 운송하는 계약을 체결하여야 한다. 따라서 예컨대 물품은 (항구인) 사우샘프턴까지 운송을 위하여 (항구인) 상하이에서 선박에 적재된다. 이 경우에 물품이 상하이에서 선적된 때 인도가 일어나고, 그 시점에 위험이 매수인에게 이전한다. 그리고 매도인은 상하이에서 사우샘프턴으로 향하는 운송계약을 체결하여야 한다.

5. Must the shipment port be named? : 선적항은 반드시 지정되어야 하는가?

While the contract will always specify a destination port, it might not specify the port of shipment, which is where risk transfers to the buyer. If the shipment port is of particular interest to the buyer, as it may be, for example, where the buyer wishes to ascertain that the freight or the insurance element of the price is reasonable, the parties are well advised to identify it as precisely as possible in the contract.

계약에서 항상 목적항을 명시할 것이지만 위험이 매수인에게 이전하는 장소인 선적항은 명시하지 않을 수도 있다. 예컨대, 매수인이 매매대금에서 운임요소 또는 보험요소가 합리적인지 확인하고자 하는 경우에 그러하듯이 선적항이 특히 매수인의 관심사항인 경우에 당사자들은 계약에서 선적항을 가급적 정확하게 지정하는 것이 좋다.

6. Identifying the destination point at the discharge port : 양륙항 내 목적지점 지정

The parties are well advised to identify as precisely as possible the point at the named port of destination, as the costs to that point are for the account of the seller. The seller must make a contract or contracts of carriage that cover the transit of the goods from delivery to the named port or to the agreed point within that port where such a point has been agreed in the contract of sale.

당사자들은 지정목적항 내의 지점을 가급적 정확하게 지정하는 것이 좋다. 그 지점까지 비용을 매도인이 부담하기 때문이다. 매도인은 물품을 인도지로부터 지정목적항까지 또는 매매계약에서 그러한 지점이 합의된 경우에는 그 지정목적항 내의 지점까지 운송하는 단일 또는 복수의 계약을 체결하여야 한다.

7. Multiple carriers : 복수의 운송인

It is possible that carriage is effected through several carriers for different legs of the sea transport, for example, first by a carrier operating a feeder vessel from Hong Kong to Shanghai, and then onto an ocean vessel from Shanghai to Southampton. The question which arises here is whether risk transfers from seller to buyer at Hong Kong or at Shanghai : where does delivery take place? The parties may well have agreed this in the sale contract itself. Where, however, there is no such agreement, the default position is that risk transfers when the goods have been delivered to the first carrier, i.e. Hong Kong, thus increasing the period during which the buyer incurs the risk of loss or damage. Should the parties wish the risk to transfer at a later stage (here, Shanghai) they need to specify this in their contract of sale.

예컨대, 먼저 홍콩에서 상하이까지 피더선(feeder vessel)을 운항하는 운송인이 담당하고 이어서 상하이에서 사우샘프턴까지 항해선박(ocean vessel)이 담당하는 경우와 같이, 상이한 해상운송구간을 각기 담당하는 복수의 운송인이 운송을 수행하는 것도 가능하다. 이때 과연 위험은 매도인으로부터 매수인에게 홍콩에서 이전하는지 아니면 상하이에서 이전하는지 의문이 발생한다. 즉 인도는 어디서 일어나는가? 당사자들이 매매계약 자체에서 이를 잘 합의하였을 수도 있다. 그러나 그러한 합의가 없는 경우에, [본 규칙이 규정하는] 기본 입장은, 위험은 물품이 제1운송인에게 인도된 때 즉 홍콩에서 이전하고, 따라서 매수인이 멸실 또는 훼손의 위험을 부담하는 기간이 증가한다는 것이다. 당사자들은 그 뒤의 어느 단계에서 (예시의 경우 상하이) 위험이 이전하기를 원한다면 이를 매매계약에 명시하여야 한다.

8. Insurance : 보험

The seller must also contract for insurance cover against the buyer's risk of loss of or damage to the goods from the port of shipment to at least the port of destination. This may cause difficulty where the destination country requires insurance cover to be purchased locally : in this case the parties should consider selling and buying under CFR. The buyer should also note that under the CIF Incoterms® 2020 rule the seller is required to obtain limited insurance cover complying with Institute Cargo Clauses (C) or similar clause, rather than with the more extensive cover under Institute Cargo Clauses (A). It is, however, still open to the parties to agree on a higher level of cover.

매도인은 또한 선적항부터 적어도 목적항까지 매수인의 물품의 멸실 또는 훼손 위험에 대하여 보험계약을 체결하여야 한다. 이는 목적지 국가가 자국의 보험자에게 부보하도록 요구하는 경우에는 어려움을 야기할 수 있다. 이러한 경우에 당사자들은 CFR로 매매하는 것을 고려하여야 한다. 또한 매수인은 인코텀즈 2020 CIF 하에서 매도인은 협회적하약관의 A-약관에 의한 보다 광범위한 담보조건이 아니라 협회적하약관의 C-약관이나 그와 유사한 약관에 따른 제한적인 담보조건으로 부보하여야 한다는 것을 유의하여야 한다. 그러나 당사자들은 더 높은 수준의 담보조건으로 부보하기로 합의하는 것 역시 가능하다.

9. Unloading costs : 양하비용

If the seller incurs costs under its contract of carriage related to unloading at the specified point at the port of destination, the seller is not entitled to recover such costs separately from the buyer unless otherwise agreed between the parties.

매도인은 자신의 운송계약상 목적항 내의 명시된 지점에서 양하에 관하여 비용이 발생한 경우에 당사자 간에 달리 합의되지 않은 한 그러한 비용을 매수인으로부터 별도로 상환받을 권리가 없다.

10. Export/Import clearance : 수출/수입통관

CIF requires the seller to clear the goods for export, where applicable. However, the seller has no obligation to clear the goods for import or for transit through third countries, to pay any import duty or to carry out any import customs formalities.

CIF에서는 해당되는 경우에 매도인이 물품의 수출통관을 하여야 한다. 그러나 매도인은 물품의 수입 또는 제3국 통과를 위한 통관을 하거나 수입관세를 납부하거나 수입통관절차를 수행할 의무가 없다.

A THE SELLER'S OBLIGATIONS : 매도인의 의무

A1 General obligations : 일반의무

The seller must provide the goods and the commercial invoice in conformity with the contract of sale and any other evidence of conformity that may be required by the contract.

Any document to be provided by the seller may be in paper or electronic form as agreed or, where there is no agreement, as is customary.

매도인은 매매계약에 일치하는 물품 및 상업송장과 그 밖에 계약에서 요구될 수 있는 일치성에 관한 증거를 제공하여야 한다.

매도인이 제공하여야 하는 서류는 합의에 따라, 합의가 없는 경우에는 관행에 따라 종이서류 또는 전자적 방식으로 제공될 수 있다.

B THE BUYER'S OBLIGATIONS : 매수인의 의무

B1 General obligations : 일반의무

The buyer must pay the price of the goods as provided in the contract of sale.

Any document to be provided by the buyer may be in paper or electronic form as agreed or, where there is no agreement, as is customary.

매수인은 매매계약에 규정된 바에 따라 물품의 대금을 지급하여야 한다.

매수인이 제공하여야 하는 서류는 합의에 따라, 합의가 없는 경우에는 관행에 따라 종이서류 또는 전자적 방식으로 제공될 수 있다.

A THE SELLER'S OBLIGATIONS : 매도인의 의무

A2 Delivery : 인도

The seller must deliver the goods either by placing them on board the vessel or by procuring the goods so delivered. In either case, the seller must deliver the goods on the agreed date or within the agreed period and in the manner customary at the port.

매도인은 물품을 적재하거나 그렇게 인도된 물품을 조달함으로써 인도하여야 한다. 각각의 경우에 매도인은 합의된 기일에 또는 합의된 기간 내에 당해 항구에서 관행적인 방법으로 물품을 인도하여야 한다.

B THE BUYER'S OBLIGATIONS : 매수인의 의무

B2 Taking delivery : 인도의 수령

The buyer must take delivery of the goods when they have been delivered under A2 and receive them from the carrier at the named port of destination.

매수인은 물품이 A2에 따라 인도된 때에 그 물품의 인도를 수령하여야 하고 지정목적항에서 운송인으로부터 물품을 수령하여야 한다.

A THE SELLER'S OBLIGATIONS : 매도인의 의무

A3 Transfer of risks : 위험이전

The seller bears all risks of loss of or damage to the goods until they have been delivered in accordance with A2, with the exception of loss or damage in the circumstance described in B3.

매도인은 물품이 A2에 따라 인도된 때까지 물품의 멸실 또는 훼손의 모든 위험을 부담하되, B3에 규정된 상황에서 발생하는 멸실 또는 훼손은 예외로 한다.

B THE BUYER'S OBLIGATIONS : 매수인의 의무

B3 Transfer of risks : 위험이전

The buyer bears all risks of loss of or damage to the goods from the time they have been delivered under A2.
If the buyer fails to give notice in accordance with B10, then it bears all risks of loss of or damage to the goods from the agreed date or the end of the agreed period for shipment, provided that the goods have been clearly identified as the contract goods.

매수인은 물품이 A2에 따라 인도된 때부터 물품의 멸실 또는 훼손의 모든 위험을 부담한다.

매수인이 B10에·따른 통지를 하지 않은 경우에 매수인은 합의된 선적기일이나 합의된 선적기간의 만료일부터 물품의 멸실 또는 훼손의 모든 위험을 부담하되, 다만 물품은 계약물품으로 명확히 특정되어 있어야 한다.

A THE SELLER'S OBLIGATIONS : 매도인의 의무

A4 Carriage : 운송

The seller must contract or procure a contract for the carriage of the goods from the agreed point of delivery, if any, at the place of delivery to the named port of destination or, if agreed, any point at that port. The contract of carriage must be made on usual terms at the seller's cost and provide for carriage by the usual route in a vessel of the type normally used for the transport of the type of goods sold.
The seller must comply with any transport—related security requirements for transport to the destination.

매도인은 물품을 인도장소로부터, 합의된 인도지점이 있는 때에는 그 지점으로부터 지정목적항까지, 또는 합의가 있는 때에는 그 지정목적항의 어느 지점까지 운송하는 계약을 체결하거나 조달하여야 한다. 운송계약은 매도인의 비용으로 통상적인 조건으로 체결되어야 하며 매매물품과 같은 종류의 물품을 운송하는 데 통상적으로 사용되는 종류의 선박으로 통상적인 항로로 운송하는 내용이어야 한다.

매도인은 목적지까지 운송하는 데 요구되는 운송관련 보안요건을 준수하여야 한다.

B THE BUYER'S OBLIGATIONS : 매수인의 의무

B4 Carriage : 운송

The buyer has no obligation to the seller to make a contract of carriage.

매수인은 매도인에 대하여 운송계약을 체결할 의무가 없다.

A THE SELLER'S OBLIGATIONS : 매도인의 의무

A5 Insurance : 보험

Unless otherwise agreed or customary in the particular trade, the seller must obtain, at its own cost, cargo insurance complying with the cover provided by Clauses (C) of the Institute Cargo Clauses (LMA/IUA) or any similar clauses. The insurance shall be contracted with underwriters or an insurance company of good repute and entitle the buyer, or any other person having an insurable interest in the goods, to claim directly from the insurer.

When required by the buyer, the seller must, subject to the buyer providing any necessary information requested by the seller, provide at the buyer's cost any additional cover, if procurable, such as cover complying with the Institute War Clauses and/or Institute Strikes Clauses (LMA/IUA) or any similar clauses (unless such cover is already included with the cargo insurance described in the preceding paragraph).

The insurance shall cover, at a minimum, the price provided in the contract plus 10% (i.e. 110%) and shall be in the currency of the contract.

The insurance shall cover the goods from the point of delivery set out in A2 to at least the named port of destination.

The seller must provide the buyer with the insurance policy or certificate or any other evidence of insurance cover.

Moreover, the seller must provide the buyer, at the buyer's request, risk and cost, with information that the buyer needs to procure any additional insurance.

특정한 거래에서 다른 합의나 관행이 없는 경우에 매도인은 자신의 비용으로, (로이즈시장협회/국제보험업협회) 협회 적하약관의 C-약관이나 유사 약관이 제공하는 담보조건에 따른 적하보험을 취득하여야 한다. 보험계약은 평판이 양호한 보험인수업자나 보험회사와 체결하여야 하고, 보험은 매수인이나 물품에 피보험이익을 가지는 제3자가 보험자에 대하여 직접 청구할 수 있도록 하는 것이어야 한다.

매수인의 요청이 있는 경우에 매도인은 그가 요청하는 필요한 정보를 매수인이 제공하는 것을 조건으로 매수인의 비용으로, 가능하다면 (로이즈시장협회/국제보험업협회) 협회전쟁약관 및/또는 협회동맹파업약관 그 밖에 그와 유사한 약관에 의하여 부보하는 것과 같은 추가보험을 제공하여야 한다(다만, 바로 위의 단락에 규정된 적하보험에서 그러한 보험이 이미 포함되어 있는 때에는 그러하지 아니하다).

보험금액은 최소한 매매계약에 규정된 대금에 10%를 더한 금액(즉, 매매대금의 110%)이어야 하고, 보험의 통화는 매매계약의 통화와 같아야 한다.

보험은 물품에 관하여 A2에 규정된 인도지점부터 적어도 지정목적항까지 부보되어야 한다.

매도인은 매수인에게 보험증권이나 보험증명서 그 밖의 부보의 증거를 제공하여야 한다.

또한 매도인은 매수인에게, 매수인의 요청에 따라 매수인의 위험과 비용으로 매수인이 추가보험을 조달하는 데 필요한 정보를 제공하여야 한다.

B THE BUYER'S OBLIGATIONS : 매수인의 의무

B5 Insurance : 보험

The buyer has no obligation to the seller to make a contract of insurance. However, the buyer must provide the seller, upon request, with any information necessary for the seller to procure any additional insurance requested by the buyer under A5.

매수인은 매도인에 대하여 보험계약을 체결할 의무가 없다. 그러나 매수인은 요청이 있는 때에는 매도인이 A5에 따라 매수인이 요청한 추가보험을 조달하는 데 필요한 정보를 제공하여야 한다.

A THE SELLER'S OBLIGATIONS : 매도인의 의무

A6 Delivery/Transport document : 인도/운송서류

The seller must, at its own cost, provide the buyer with the usual transport document for the agreed port of destination.

This transport document must cover the contract goods, be dated within the period agreed for shipment, enable the buyer to claim the goods from the carrier at the port of destination and, unless otherwise agreed, enable the buyer to sell the goods in transit by the transfer of the document to a subsequent buyer or by notification to the carrier. When such a transport document is issued in negotiable form and in several originals, a full set of originals must be presented to the buyer.

매도인은 자신의 비용으로 매수인에게 합의된 목적항에서 필요한 통상적인 운송서류를 제공하여야 한다.

이 운송서류는 계약물품에 관한 것이어야 하고, 합의된 선적기간 이내로 일부(日附)되어야 하며, 매수인이 목적항에서 운송인에 대하여 물품의 인도를 청구할 수 있도록 하는 것이어야 하고, 또한 달리 합의되지 않은 한 매수인이 후속매수인에게 그 운송서류를 양도함으로써 또는 운송인에 대한 통지로써 운송 중에 물품을 매각할 수 있도록 하는 것이어야 한다.

그러한 운송서류가 유통가능한 형식으로 복수의 원본으로 발행된 경우에 그 원본의 전통(全通)이 매수인에게 제공되어야 한다.

B THE BUYER'S OBLIGATIONS : 매수인의 의무

B6 Delivery/Transport document : 인도/운송서류

The buyer must accept the transport document provided under A6 if it is in conformity with the contract.

매수인은 A6에 따라 제공된 운송서류가 계약에 일치하는 때에는 이를 인수하여야 한다.

A THE SELLER'S OBLIGATIONS : 매도인의 의무

A7 Export/Import clearance : 수출/수입통관

a) Export clearance

Where applicable, the seller must carry out and pay for all export clearance formalities required by the country of export such as :

▶ export licence;

▶ security clearance for export;

▶ pre-shipment inspection; and

▶ any other official authorisation.

b) Assistance with import clearance

Where applicable, the seller must assist the buyer, at the buyer's request, risk and cost in obtaining any documents and/or information related to all transit/import clearance formalities including security requirements and pre-shipment inspection needed by any country of transit or the country of import.

a) 수출통관

해당되는 경우에 매도인은 수출국에 의하여 부과되는 다음의 수출통관절차를 모두 수행하고 그에 관한 비용을 부담하여야 한다.

▶ 수출허가

▶ 수출을 위한 보안통관

▶ 선적전검사 및

▶ 그 밖의 공적 인가

b) 수입통관에 관한 협력

해당되는 경우에 매도인은 매수인의 요청에 따라 매수인의 위험과 비용으로, 보안요건 및 선적전검사를 포함하여 통과국 또는 수입국에 의하여 필요한 모든 통과/수입통관절차에 관한 서류 및/또는 정보를 취득하는 데 매수인에게 협력하여야 한다.

B THE BUYER'S OBLIGATIONS : 매수인의 의무

B7 Export/Import clearance : 수출/수입통관

a) Assistance with export clearance

Where applicable, the buyer must assist the seller at the seller's request, risk and cost in obtaining any documents and/or information related to all export clearance formalities including security requirements and pre-shipment inspection needed by the country of export.

b) Import clearance

Where applicable, the buyer must carry out and pay for all formalities required by any country of transit and the country of import such as :

▶ import licence and any licence required for transit;

▶ security clearance for import and any transit;

▶ pre-shipment inspection; and

▶ any other official authorisation.

a) 수출통관에 관한 협력

해당되는 경우에 매수인은 매도인의 요청에 따라 매도인의 위험과 비용으로, 보안요건 및 선적전검사를 포함하여 수출국에 의하여 필요한 모든 수출통관절차에 관한 서류 및/또는 정보를 취득하는 데 매도인에게 협력하여야 한다.

b) 수입통관

해당되는 경우에 매수인은 통과국 및 수입국에 의하여 부과되는 다음의 절차를 모두 수행하고 그에 관한 비용을 부담하여야 한다.

▶ 수입허가 및 통과를 위하여 필요한 허가

▶ 수입과 통과를 위한 보안통관

▶ 선적전검사 및

▶ 그 밖의 공적 인가

A THE SELLER'S OBLIGATIONS : 매도인의 의무

A8 Checking/Packaging/Marking : 점검/포장/하인표시

The seller must pay the costs of those checking operations (such as checking quality, measuring, weighing, counting) that are necessary for the purpose of delivering the goods in accordance with A2.

The seller must, at its own cost, package the goods, unless it is usual for the particular trade to transport the type of goods sold unpackaged.

The seller must package and mark the goods in the manner appropriate for their transport, unless the parties have agreed on specific packaging or marking requirements.

매도인은 A2에 따라 물품을 인도하기 위해 필요한 점검작업(예컨대 품질점검, 용적측량, 중량측정, 수량계수)에 드는 비용을 부담하여야 한다.

매도인은 자신의 비용으로 물품을 포장하여야 하되, 다만 특정한 거래에서 통상적으로 포장되지 않은 채 매매되어 운송되는 형태의 물품인 경우에는 그러하지 아니하다.

매도인은 당해 운송에 적절한 방법으로 물품을 포장하고 하인을 표시하여야 하되, 다만 당사자들이 특정한 포장요건이나 하인요건에 합의한 경우에는 그러하지 아니하다.

B THE BUYER'S OBLIGATIONS : 매수인의 의무

B8 Checking/Packaging/Marking : 점검/포장/하인표시

The buyer has no obligation to the seller.

매수인은 매도인에 대하여 의무가 없다.

A THE SELLER'S OBLIGATIONS : 매도인의 의무

A9 Allocation of costs : 비용분담

The seller must pay

a) all costs relating to the goods until they have been delivered in accordance with A2, other than those payable by the buyer under B9;

b) the freight and all other costs resulting from A4, including the costs of loading the goods on board and transport-related security costs;

c) any charges for unloading at the agreed port of discharge that were for the seller's account under the contract of carriage;

매도인은 다음의 비용을 부담하여야 한다.

a) 물품이 A2에 따라 인도된 때까지 물품에 관한 모든 비용. 다만, B9에 따라 매수인이 부담하는 비용은 제외한다.

b) 물품선적비용과 운송관련 보안비용을 포함하여, A4로부터 비롯하는 운임 및 그 밖의 모든 비용

c) 합의된 양륙항의 양하비용 중에서 운송계약상 매도인이 부담하기로 한 비용

d) the costs of transit that were for the seller's account under the contract of carriage;

e) the costs of providing the usual proof to the buyer under A6 that the goods have been delivered;

f) the costs of insurance resulting from A5;

g) where applicable, duties, taxes and any other costs related to export clearance under A7(a); and

h) the buyer for all costs and charges related to providing assistance in obtaining documents and information in accordance with B7(a).

d) 운송계약상 매도인이 부담하기로 된 통과비용

e) 물품이 인도되었다는 통상적인 증거를 A6에 따라 매수인에게 제공하는 데 드는 비용

f) A5로부터 비롯하는 보험비용

g) 해당되는 경우에 A7(a)에 따른 수출통관에 관한 관세, 세금, 그 밖의 비용 및

h) B7(a)에 따라 서류와 정보를 취득하는 데 매수인이 협력을 제공하는 것과 관련한 모든 비용

B THE BUYER'S OBLIGATIONS : 매수인의 의무

B9 Allocation of costs : 비용분담

The buyer must pay

a) all costs relating to the goods from the time they have been delivered under A2, other than those payable by the seller under A9;

b) the costs of transit, unless such costs were for the seller's account under the contract of carriage;

c) unloading costs including lighterage and wharfage charges, unless such costs and charges were for the seller's account under the contract of carriage;

d) the costs of any additional insurance procured at the buyer's request under A5 and B5;

e) the seller for all costs and charges related to providing assistance in obtaining documents and information in accordance with A5 and A7(b);

f) where applicable, duties, taxes and any other costs related to transit or import clearance under B7(b); and

g) any additional costs incurred if it fails to give notice in accordance with B10, from the agreed date or the end of the agreed period for shipment, provided that the goods have been clearly identified as the contract goods.

매수인은 다음의 비용을 부담하여야 한다.

a) 물품이 A2에 따라 인도된 때부터 물품에 관한 모든 비용. 다만, A9에 따라 매도인이 부담하는 비용은 제외한다.

b) 통과비용. 다만, 그러한 비용이 운송계약상 매도인이 부담하는 것으로 된 경우에는 그러하지 아니하다.

c) 부선료와 부두사용료를 포함한 양하비용. 다만, 그러한 비용이 운송계약상 매도인이 부담하는 것으로 된 경우에는 그러하지 아니하다.

d) A5 및 B5 하에서 매수인의 요청에 따라 조달된 추가보험에 드는 비용

e) A5 및 A7(b)에 따라 서류와 정보를 취득하는 데 매도인이 협력을 제공하는 것과 관련한 모든 비용

f) 해당되는 경우에 B7(b)에 따른 통과통관 또는 수입통관에 관한 관세, 세금, 그 밖의 비용 및

g) 매수인이 B10에 따른 통지를 하지 않는 경우에 합의된 선적기일 또는 합의된 선적기간의 만료일부터 발생하는 추가비용

다만, 물품은 계약물품으로 명확히 특정되어 있어야 한다.

Incoterms® 2020에서 CIF 규칙에 관한 내용으로 옳은 것을 모두 고른 것은? 24년 기출

ㄱ. The seller must pay transport costs and all other costs resulting from A4, including the costs of loading the goods on board and transport-related security costs.

ㄴ. The seller must pay the costs of insurance resulting from A5.

ㄷ. The buyer must pay the costs of any additional insurance procured at the seller's request under A5 and B5.

ㄹ. The buyer must pay where applicable, duties, taxes and any other costs related to transit or import clearance under B7(b).

① ㄱ, ㄴ
② ㄱ, ㄷ
③ ㄴ, ㄷ
④ ㄴ, ㄹ
⑤ ㄷ, ㄹ

해설

ㄱ. CIF 규칙에서 매도인의 의무 중 A9(비용분담)에 관한 보기로, "The seller must pay <u>the freight</u> and all other costs resulting from A4, including the costs of loading the goods on board and transport-related security costs."가 옳은 내용이다.

ㄷ. CIF 규칙에서 매수인의 의무 중 B9(비용분담)에 관한 보기로, "The buyer must pay the costs of any additional insurance procured at the <u>buyer's</u> request under A5 and B5."가 옳은 내용이다.

정답 ④

A THE SELLER'S OBLIGATIONS : 매도인의 의무

A10 Notices : 통지

The seller must notify the buyer that the goods have been delivered in accordance with A2.
The seller must give the buyer any notice required to enable the buyer to receive the goods.

매도인은 매수인에게 물품이 A2에 따라 인도되었음을 통지하여야 한다.
매도인은 매수인에게 매수인이 물품을 수령할 수 있도록 하는 데 필요한 통지를 하여야 한다.

B THE BUYER'S OBLIGATIONS : 매수인의 의무

B10 Notices : 통지

The buyer must, whenever it is agreed that the buyer is entitled to determine the time for shipping the goods and/or the point of receiving the goods within the named port of destination, give the seller sufficient notice.

매수인은 자신이 물품의 선적시기 및/또는 지정목적항 내에 물품을 수령할 지점을 결정할 권리를 갖는 것으로 합의된 경우에는 매도인에게 충분한 통지를 하여야 한다.

제3절　무역계약과 준거법

1. 준거법의 의의

준거법(Governing Law, Applicable Law)은 어떤 법률관계에 적용될 법률을 말한다. 무역거래는 법률제도를 달리하는 당사자간의 매매이므로 계약내용의 해석에 대해 의견차이나 분쟁이 발생할 우려가 있다. 이를 방지하기 위하여 거래 당사자는 협의하여 준거법을 정하고 계약서 또는 거래협정서에 명시할 필요가 있다. 국제거래에서 준거법 설정은 계약자유의 원칙 또는 당사자 자치의 원칙에 따라서 거래 당사자들이 자유롭게 정할 수 있고, 합의가 없는 경우에는 소송이 제기된 국가의 국제사법규칙(Private International Law, Conflict Law), 국제협약 등에 따라 정해진다.

2. United Nations Convention on Contracts for the International Sale of Goods(CISG, 1980) ; Vienna Convention : 국제물품매매계약에 관한 유엔협약

이 규정은 국제물품매매계약에 관한 유엔협약이 적용되기 위한 객관적인 요건을 정하고 있다. 특히 장소적 적용범위가 핵심적인 내용이다. 사항적 적용범위에 대해서도 언급하고 있으나 그 내용은 제2조 내지 제5조에서 보다 구체적으로 정하고 있다. 시간적 적용범위에 대해서는 제100조가 언급하고 있다.

Article 1 적용의 기본원칙 24, 19, 14, 13년 기출

(1) This Convention applies to contracts of sale of goods between parties whose places of business are in different States :
  (a) when the States are Contracting States ; or
  (b) when the rules of private international law lead to the application of the law of a Contracting State.
(2) The fact that the parties have their places of business in different States is to be disregarded whenever this fact does not appear either from the contract or from any dealings between, or from information disclosed by, the parties at any time before or at the conclusion of the contract.
(3) Neither the nationality of the parties nor the civil or commercial character of the parties or of the contract is to be taken into consideration in determining the application of this Convention.

(1) 이 협약은 다음의 경우에, 영업소가 서로 다른 국가에 있는 당사자 간의 물품매매계약에 적용된다.

  (a) 해당 국가가 모두 체약국인 경우, 또는
  (b) 국제사법 규칙에 따라 어느 체약국 일방의 법률을 적용하게 되는 경우

(2) 당사자가 서로 다른 국가에 영업소를 가지고 있다는 사실이 계약 체결 전이나 체결 당시에 당사자 간 계약이나 모든 거래에서, 또는 당사자가 밝힌 정보로부터 나타나지 아니한 경우 이를 무시할 수 있다.

(3) 당사자의 국적 또는 당사자나 계약의 민사적·상사적 성격은 이 협약의 적용 여부를 결정함에 있어 고려사항이 되지 아니한다.

Article 2 협약의 적용예외 20, 17, 14, 13년 기출

This Convention does not apply to sales :
(a) of goods bought for personal, family or household use, unless the seller, at any time before or at the conclusion of the contract, neither knew nor ought to have known that the goods were bought for any such use;
(b) by auction;
(c) on execution or otherwise by authority of law;
(d) of stocks, shares, investment securities, negotiable instruments or money;
(e) of ships, vessels, hovercraft or aircraft;
(f) of electricity.

이 협약은 다음의 매매에는 적용되지 아니한다.
(a) 개인용·가족용 또는 가정용으로 구입된 물품의 매매. 다만, 매도인이 계약체결 전이나 그 체결 시에 물품이 그러한 용도로 구입된 사실을 알지 못했거나 꼭 알았어야 할 의무가 아닌 경우에는 제외한다.

(b) 경매에 의한 매매
(c) 강제집행 그 밖의 법령에 의한 매매
(d) 주식, 지분, 투자증권, 유통증권 또는 통화의 매매

(e) 선박, 소선, 부선(浮船) 또는 항공기의 매매
(f) 전기의 매매

Article 3 서비스계약 등의 제외 13년 기출

(1) Contracts for the supply of goods to be manufactured or produced are to be considered sales unless the party who orders the goods undertakes to supply a substantial part of the materials necessary for such manufacture or production.

(2) This Convention does not apply to contracts in which the preponderant part of the obligations of the party who furnishes the goods consists in the supply of labour or other services.

(1) 물품을 제조 또는 생산하여 공급하는 계약은 이를 매매로 본다. 다만, 물품을 주문한 당사자가 그 제조 또는 생산에 필요한 재료의 중요한 부분을 공급하기로 약정한 경우에는 그러하지 아니한다.

(2) 이 협약은 물품을 공급하는 당사자의 의무 중에서 대부분이 노동 또는 기타 서비스의 공급으로 구성되어 있는 계약의 경우에는 적용되지 아니한다.

Article 4 적용대상과 대상 외의 문제 24년 기출

This Convention governs only the formation of the contract of sale and the rights and obligations of the seller and the buyer arising from such a contract. In particular, except as otherwise expressly provided in this Convention, it is not concerned with :

(a) the validity of the contract or of any of its provisions or of any usage;

(b) the effect which the contract may have on the property in the goods sold.

이 협약은 단지 매매계약의 성립과 그 계약으로부터 발생하는 매도인과 매수인의 권리·의무를 규율한다.

특히 이 협약은 별도의 명시적인 규정이 있는 경우를 제외하고는 다음과 같은 사항과는 무관하다.

(a) 계약 또는 그 조항이나 관행의 유효성

(b) 매각된 물품의 소유권에 대해 해당 계약이 갖는 효력

Article 5 사망 등의 적용예외 24, 16, 12년 기출

This Convention does not apply to the liability of the seller for death or personal injury caused by the goods to any person.

이 협약은 물품에 의하여 야기된 누군가의 사망 또는 신체적인 상해에 대한 매도인의 책임에 대해서는 적용되지는 아니한다.

Article 6 계약에 의한 적용배제

The parties may exclude the application of this Convention or, subject to article 12, derogate from or vary the effect of any of its provisions.

당사자는 이 협약의 적용을 배제하거나 제12조에 의거 이 협약의 어떤 조항의 효력을 약화·변경시킬 수 있다.

국제물품매매계약에 관한 유엔협약(CISG, 1980) 제1장 '적용범위(SPHERE OF APPLICATION)'에 관한 내용으로 옳은 것을 모두 고른 것은? 24년 기출

ㄱ. Not only the nationality of the parties but also the civil or commercial character of the parties or of the contract is to be taken into consideration in determining the application of this Convention.

ㄴ. This Convention governs only the formation of the contract of sale and the rights and obligations of the seller and the buyer arising from such a contract.

ㄷ. In particular, except as otherwise expressly provided in this Convention, this Convention is concerned with the effect which the contract may have on the property in the goods sold.

ㄹ. This Convention does not apply to the liability of the seller for death or personal injury caused by the goods to any person.

① ㄱ, ㄴ
② ㄱ, ㄹ
③ ㄴ, ㄷ
④ ㄴ, ㄹ
⑤ ㄷ, ㄹ

해설

ㄱ. Neither the nationality of the parties nor the civil or commercial character of the parties or of the contract is to be taken into consideration in determining the application of this Convention(CISG 제1조 제3항).

ㄷ. In particular, except as otherwise expressly provided in this Convention, it is not concerned with the effect which the contract may have on the property in the goods sold(CISG 제4조).

정답 ④

CHAPTER Ⅱ. GENERAL PROVISIONS : 총칙

Article 7 협약의 해석원칙 15, 13년 기출

(1) In the interpretation of this Convention, regard is to be had to its international character and to the need to promote uniformity in its application and the observance of good faith in international trade.

(2) Questions concerning matters governed by this Convention which are not expressly settled in it are to be settled in conformity with the general principles on which it is based or, in the absence of such principles, in conformity with the law applicable by virtue of the rules of private international law.

(1) 이 협약의 해석에 있어, 그 협약의 국제적인 성격과 그 적용상 통일의 필요성 및 국제무역상의 신의 준수에 대한 고려가 있어야 한다.

(2) 이 협약에 의하여 규율되는 사항이나 이 협약에서 명시적으로 해결되지 아니한 사항과 관련된 문제는 이 협약의 기초가 되는 일반원칙에 따라 해결되거나 그러한 원칙이 없는 경우 국제사법의 규칙에 의하여 적용되는 법률에 따라 해결되어야 한다.

Article 8 당사자 진술 및 행위의 해석 23, 15, 13년 기출

(1) For the purposes of this Convention statements made by and other conduct of a party are to be interpreted according to his intent where the other party knew or could not have been unaware what that intent was.

(2) If the preceding paragraph is not applicable, statements made by and other conduct of a party are to be interpreted according to the understanding that a reasonable person of the same kind as the other party would have had in the same circumstances.

(3) In determining the intent of a party or the understanding a reasonable person would have had, due consideration is to be given to all relevant circumstances of the case including the negotiations, any practices which the parties have established between themselves, usages and any subsequent conduct of the parties.

(1) 이 협약의 적용에 있어서 일방 당사자의 진술 또는 기타의 행위는 상대방이 그 의도를 알았거나 알 수 있었던 경우에는 그 일방 당사자의 의도에 따라 해석되어야 한다.

(2) 전항의 규정이 적용될 수 없는 경우에는, 일방 당사자의 진술 또는 기타의 행위는 상대방과 같은 합리적인 사람이 동일한 상황에서 할 수 있는 이해에 따라 해석되어야 한다.

(3) 일방 당사자의 의도 또는 합리적인 사람이 가질 수 있는 이해를 결정할 때는 당사자 간 교섭, 당사자들이 상호 간에 확립한 관습, 관행 및 당사자들의 후속행위를 포함한 모든 관련 상황에 대해 상당한 고려를 해야 한다.

Article 9 관습과 관행의 구속력 23, 15, 13년 기출

(1) The parties are bound by any usage to which they have agreed and by any practices which they have established between themselves.

(2) The parties are considered, unless otherwise agreed, to have impliedly made applicable to their contract or its formation a usage of which the parties knew or ought to have known and which in international trade is widely known to, and regularly observed by, parties to contracts of the type involved in the particular trade concerned.

(1) 당사자는 그들이 합의한 모든 관행과 당사자 간에서 확립되어 있는 모든 관습에 구속된다.

(2) 별도의 합의가 없는 한, 당사자들은 본인들이 알았거나 또는 당연히 알았어야 하는 관행 및 특정 무역과 관련된 계약유형의 당사자에게 널리 알려져 있고 통상적으로 준수되고 있는 관행을 자신의 계약이나 계약 성립에 묵시적으로 적용하고 있는 것으로 본다.

Article 10 영업소의 정의 20, 15년 기출

For the purposes of this Convention :

(a) if a party has more than one place of business, the place of business is that which has the closest relationship to the contract and its performance, having regard to the circumstances known to or contemplated by the parties at any time before or at the conclusion of the contract;

(b) if a party does not have a place of business, reference is to be made to his habitual residence.

이 협약의 적용에 있어서,

(a) 일방 당사자가 둘 이상의 영업소를 갖고 있는 경우, 영업소란 계약 체결 전이나 계약 당시에 당사자들에게 알려졌거나 또는 예기되었던 상황을 고려하여 계약 및 그 이행과 가장 밀접하게 연관되어 있는 영업소를 말한다.

(b) 당사자가 영업소를 갖고 있지 아니한 경우에는, 당사자의 일상적인 거주지를 영업소로 간주한다.

Article 11 계약의 형식 23, 16, 15, 12년 기출

A contract of sale need not be concluded in or evidenced by writing and is not subject to any other requirement as to form. It may be proved by any means, including witnesses.

매매계약은 서면으로 체결 또는 입증되어야 할 필요가 없으며, 또 형식과 관련해서도 다른 특정요건에 따를 필요는 없다. 매매계약은 증인을 포함하여 여하한 수단에 의해서도 입증될 수 있다.

Article 12 계약형식의 국내요건 18년 기출

Any provision of article 11, article 29 or Part II of this Convention that allows a contract of sale or its modification or termination by agreement or any offer, acceptance or other indication of intention to be made in any form other than in writing does not apply where any party has his place of business in a Contracting State which has made a declaration under article 96 of this Convention. The parties may not derogate from or vary the effect of this article.

매매계약 또는 합의에 의한 계약 변경·해제나 모든 청약, 승낙 또는 기타의 의사표시를 서면 이외의 형식으로 행하는 것을 허용하고 있는 이 협약의 제11조, 제29조 또는 제2부의 모든 규정은 당사자 일방이 이 협약의 제96조에 의거 선언한 체약국에 그 영업소를 갖고 있는 경우에는 적용되지 아니한다. 당사자는 본 조항의 효력을 감퇴시키거나 변경시켜서는 아니 된다.

Article 13 서면의 정의 23년 기출

For the purposes of this Convention "writing" includes telegram and telex.

이 협약의 적용에 있어서 "서면"이란 전보와 텔렉스를 포함하는 개념이다.

PART ||. FORMATION OF THE CONTRACT : 계약의 성립

Article 14 청약의 기준 24, 23, 16, 13, 11년 기출

(1) A proposal for concluding a contract addressed to one or more specific persons constitutes an offer if it is sufficiently definite and indicates the intention of the offeror to be bound in case of acceptance. A proposal is sufficiently definite if it indicates the goods and expressly or implicitly fixes or makes provision for determining the quantity and the price.

(2) A proposal other than one addressed to one or more specific persons is to be considered merely as an invitation to make offers, unless the contrary is clearly indicated by the person making the proposal.

(1) 1인 이상의 특정한 자에게 통지된 계약체결 제의는 그것이 충분히 확정적이고 승낙이 있을 경우 구속력을 갖는다는 청약자의 의사를 명시하고 있는 경우에는 청약이 된다. 어떤 제의가 물품을 명시하고 있고, 그 수량과 대금을 명시적 또는 묵시적으로 확정하거나 확정을 위한 규정을 두고 있는 경우 이 제의는 충분히 확정적인 것이다.

(2) 1인 이상의 특정한 자에게 통지된 것 이외의 제의는, 그 상대방이 제의를 한 자에 의해 명확히 적시되지 않는 한, 단순히 청약을 위한 유인으로 본다.

기출문제

계약의 성립에 관한 내용이다. (　)에 들어갈 용어로 옳은 것은? 24년 기출

A proposal other than one addressed to one or more specific persons is to be considered merely as a(n) (　), unless the contrary is clearly indicated by the person making the proposal.

① invitation to make offers
② acceptance
③ firm offer
④ cross offer
⑤ counter offer

해설
국제물품매매계약에 관한 유엔협약(CISG, 1980) 제14조(청약의 기준) 제2항
1인 이상의 특정한 자에게 통지된 것 이외의 거래 제의는 그 상대방이 제의를 한 자에 의해 명확히 적시되지 않는 한 단순히 <u>청약의 유인(invitation to make offers)</u>으로 본다.

정답 ①

Article 15 청약의 효력발생 19, 16, 13, 11년 기출

(1) An offer becomes effective when it reaches the offeree.
(2) An offer, even if it is irrevocable, may be withdrawn if the withdrawal reaches the offeree before or at the same time as the offer.

(1) 청약은 피청약자에게 도달한 때 효력이 발생한다.

(2) 청약은 그것이 취소불능이라도 그 철회가 청약의 도달 전 또는 도달과 동시에 피청약자에게 도달하는 경우에는 이를 철회할 수 있다.

Article 16 청약의 취소 13, 11, 10년 기출

(1) Until a contract is concluded an offer may be revoked if the revocation reaches the offeree before he has dispatched an acceptance.
(2) However, an offer cannot be revoked :
   (a) if it indicates, whether by stating a fixed time for acceptance or otherwise, that it is irrevocable; or
   (b) if it was reasonable for the offeree to rely on the offer as being irrevocable and the offeree has acted in reliance on the offer.

(1) 계약이 체결되기까지 청약은 취소될 수 있다. 다만, 취소의 통지는 피청약자가 승낙을 발송하기 전에 피청약자에게 도달하여야 한다.
(2) 그러나 다음의 경우에는 청약이 취소될 수 없다.
   (a) 청약이 승낙을 위한 지정된 기간을 명시하거나 또는 기타의 방법으로 그것이 철회불능임을 표시하고 있는 경우, 또는
   (b) 피청약자가 청약을 취소불능이라고 믿는 것이 합리적이고, 피청약자가 그 청약을 믿고 행동한 경우

Article 17 청약의 거절 16년 기출

An offer, even if it is irrevocable, is terminated when a rejection reaches the offeror.

청약은 그것이 취소불능이라도 거절의 통지가 청약자에게 도달한 때 그 효력이 상실된다.

Article 18 승낙의 시기 및 방법 23, 21, 16, 14, 11년 기출

(1) A statement made by or other conduct of the offeree indicating assent to an offer is an acceptance. Silence or inactivity does not in itself amount to acceptance.
(2) An acceptance of an offer becomes effective at the moment the indication of assent reaches the offeror. An acceptance is not effective if the indication of assent does not reach the offeror within the time he has fixed or, if no time is fixed, within a reasonable time, due account being taken of the circumstances of the transaction, including the rapidity of the

(1) 청약에 대해 동의를 표시하는 피청약자의 진술 또는 기타 행위는 승낙으로 한다. 침묵 또는 부작위 그 자체는 승낙으로 보지 아니한다.

(2) 청약에 대한 승낙은 동의의 의사표시가 청약자에게 도달한 때에 그 효력이 발생한다. 승낙은 동의의 의사표시가 청약자가 지정한 기간 내에 도달하지 아니하거나, 특정 기간이 지정되지 아니한 경우 청약자가 사용한 통신수단의 신속성을 포함한 거래상황을 충분히 고려하여 합리적인 기간 내에 도달하지 않으면 그 효력이 발생하지 아니한다. 구두의 청약은 별도의 사정이 없는 한 즉시 승낙되어야 한다.

means of communication employed by the offeror. An oral offer must be accepted immediately unless the circumstances indicate otherwise.

(3) However, if, by virtue of the offer or as a result of practices which the parties have established between themselves or of usage, the offeree may indicate assent by performing an act, such as one relating to the dispatch of the goods or payment of the price, without notice to the offeror, the acceptance is effective at the moment the act is performed, provided that the act is performed within the period of time laid down in the preceding paragraph.

(3) 그러나 청약의 규정에 의해 또는 당사자 간 확립된 관습 또는 관행의 결과로, 피청약자가 청약자에게 아무런 통지 없이 물품 발송이나 대금 지급에 관한 행위를 이행함으로써 동의의 의사표시를 할 수 있는 경우, 승낙은 그 행위가 이행되어진 때에 효력이 발생한다. 다만, 그 행위는 전항에 규정된 기간 내에 이행되어진 경우에 한한다.

Article 19 변경된 승낙의 효력 22, 18, 14년 기출

(1) A reply to an offer which purports to be an acceptance but contains additions, limitations or other modifications is a rejection of the offer and constitutes a counter-offer.

(2) However, a reply to an offer which purports to be an acceptance but contains additional or different terms which do not materially alter the terms of the offer constitutes an acceptance, unless the offeror, without undue delay, objects orally to the discrepancy or dispatches a notice to that effect. If he does not so object, the terms of the contract are the terms of the offer with the modifications contained in the acceptance.

(3) Additional or different terms relating, among other things, to the price, payment, quality and quantity of the goods, place and time of delivery, extent of one party's liability to the other or the settlement of disputes are considered to alter the terms of the offer materially.

(1) 승낙을 의도하고 있으나 이에 추가, 제한 또는 기타의 변경을 포함하고 있는 청약에 대한 회답은 청약의 거절인 동시에 반대청약을 의미한다.

(2) 그러나 승낙을 의도하고 있지만 청약 조건을 실질적으로 변경하지 않는 추가적이거나 상이한 조건을 포함하고 있는 청약에 대한 회답은 승낙이 된다. 다만 청약자가 부당한 지체 없이 그 불일치를 구두로 반대하거나 그러한 취지의 통지를 발송하는 경우에는 그러하지 아니하다. 청약자가 그러한 반대를 하지 아니하는 경우에는, 승낙에 포함된 변경사항을 추가한 청약 조건이 계약 조건이 된다.

(3) 특히, 가격, 대금지급, 물품의 품질 및 수량, 인도 장소 및 시기, 상대방에 대한 당사자 일방의 책임범위 또는 분쟁 해결에 대한 추가적이거나 상이한 조건은 청약 조건을 실질적으로 변경하는 것으로 본다.

Article 20 승낙기간의 해석 24, 21, 17, 11년 기출

(1) A period of time of acceptance fixed by the offeror in a telegram or a letter begins to run from the moment the telegram is handed in for dispatch or from the date shown on the letter or, if no such date is shown, from the date shown on the envelope. A period of time for acceptance fixed by the offeror by telephone, telex or other means of instantaneous communication, begins to run from the moment that the offer reaches the offeree.

(2) Official holidays or non-business days occurring during the period for acceptance are included in calculating the period. However, if a notice of acceptance cannot be delivered at the address of the offeror on the last day of the period because that day falls on an official holiday or a non-business day at the place of business of the offeror, the period is extended until the first business day which follows.

(1) 청약자가 전보나 서신에 지정한 승낙 기간은 발신을 위하여 전보가 교부된 때나 서신에 표시된 일자로부터 또는 그러한 일자가 표시되지 않은 경우에는, 봉투에 표시된 일자로부터 기산된다. 청약자가 전화, 텔렉스 또는 기타 동시적 통신수단을 통해 지정한 승낙 기간은 청약이 피청약자에게 도달한 때로부터 기산된다.

(2) 승낙 기간 중에 들어 있는 공휴일 또는 비영업일은 그 기간 계산에 포함된다. 그러나 승낙 기간의 최종일이 청약자의 영업소에서는 공휴일 또는 비영업일에 해당하기 때문에 승낙 통지가 승낙 기간의 최종일에 청약자의 주소지에 전달될 수 없는 경우에는, 승낙 기간은 그 이후의 최초의 영업일까지 연장된다.

Article 21 지연된 승낙 24, 16, 14년 기출

(1) A late acceptance is nevertheless effective as an acceptance if without delay the offeror orally so informs the offeree or dispatches a notice to that effect.

(2) If a letter or other writing containing a late acceptance shows that it has been sent in such circumstances that if its transmission had been normal it would have reached the offeror in due time, the late acceptance is effective as an acceptance unless, without delay, the offeror orally informs the offeree that he considers his offer as having lapsed or dispatches a notice to that effect.

(1) 지연된 승낙은 청약자가 피청약자에게 청약이 유효하다는 취지를 지체 없이 구두로 통지하거나 그러한 취지의 통지를 발송한 경우에는, 지연됐음에도 불구하고 승낙으로서의 효력을 갖는다.

(2) 지연된 승낙을 담고 있는 서신이나 기타 서면이 만일 정상적으로 전달된 경우라면 적시에 청약자에게 도달할 수 있었던 상황에서 발송되었음을 증명하는 경우, 그 지연된 승낙은 승낙으로서의 효력을 갖는다. 다만 청약자가 지체 없이 피청약자에게 청약이 효력을 상실한 것으로 본다는 취지를 구두로 통지하거나 또는 그러한 취지의 통지를 발송하는 경우에는 그러하지 아니하다.

Article 22 승낙의 철회 24, 16년 기출

An acceptance may be withdrawn if the withdrawal reaches the offeror before or at the same time as the acceptance would have become effective.

철회가 승낙의 효력발생 전 또는 효력발생과 동시에 청약자에게 도달하는 경우에 승낙을 철회할 수 있다.

기출문제

국제물품매매계약에 관한 유엔협약(CISG, 1980) 제20조, 제21조, 제22조에 관한 내용으로 옳지 않은 것은?

24년 기출

① A period of time of acceptance fixed by the offeree in a telegram or a letter begins to run from the moment the telegram is handed in for dispatch or from the date shown on the letter or, if no such date is shown, from the date shown on the envelope.

② A period of time for acceptance fixed by the offeror by telephone, telex or other means of instantaneous communication, begins to run from the moment that the offer reaches the offeree.

③ If a notice of acceptance cannot be delivered at the address of the offeror on the last day of the period because that day falls on an official holiday or a non-business day at the place of business of the offeror, the period is extended until the first business day which follows.

④ A late acceptance is nevertheless effective as an acceptance if without delay the offeror orally so informs the offeree or dispatches a notice to that effect.

⑤ An acceptance may be withdrawn if the withdrawal reaches the offeror before or at the same time as the acceptance would have become effective.

[해설]

① 국제물품매매계약에 관한 유엔협약(CISG, 1980) 제20조에 관한 보기로, "A period of time of acceptance fixed by the <u>offeror</u> in a telegram or a letter begins to run from the moment the telegram is handed in for dispatch or from the date shown on the letter or, if no such date is shown, from the date shown on the envelope."가 옳은 내용이다.

정답 ①

Article 23 계약의 성립시기

A contract is concluded at the moment when an acceptance of an offer becomes effective in accordance with the provisions of this Convention.

계약은 청약에 대한 승낙이 이 협약의 규정에 따라 효력을 발생한 때에 성립된다.

Article 24 도달의 정의

For the purposes of this Part of the Convention, an offer, declaration of acceptance or any other indication of intention "reaches" the addressee when it is made orally to him or delivered by any other means to him personally, to his place of business or mailing address or, if he does not have a place of business or mailing address, to his habitual residence.

본 협약 제2부의 적용에 있어서, 청약, 승낙의 선언 또는 기타의 모든 의사표시는 상대방에게 구두로 통지되거나 기타 모든 수단에 의하여 상대방 본인, 상대방 영업소나 우편 송부처 또는 상대방이 영업소나 우편 송부처가 없는 경우는 그 일상적인 거주지에 전달되었을 때에 상대방에게 "도달"한 것으로 본다.

PART Ⅲ. SALE OF GOODS : 물품의 매매
CHAPTER I. GENERAL PROVISIONS : 총칙

Article 25 본질적 위반의 정의 23년 기출

A breach of contract committed by one of the parties is fundamental if it results in such detriment to the other party as substantially to deprive him of what he is entitled to expect under the contract, unless the party in breach did not foresee and a reasonable person of the same kind in the same circumstances would not have foreseen such a result.

당사자 일방이 범한 계약위반이 그 계약 하에서 상대방이 당연히 기대할 수 있는 것을 실질적으로 박탈할 정도의 손해를 상대방에게 입힌 경우, 이는 본질적 위반이 된다. 다만 위반 당사자가 그러한 결과를 예견하지 못하였고 동일한 수준의 합리성을 가진 사람이라도 동일한 상황에서 그러한 결과를 예견할 수가 없었을 경우에는 그렇지 아니하다.

Article 26 계약해제의 통지 16년 기출

A declaration of avoidance of the contract is effective only if made by notice to the other party.

계약해제 선언은 상대방에게 통지에 의해 해제 선언을 한 경우에만 유효하다.

Article 27 통신상의 지연과 오류

Unless otherwise expressly provided in this Part of the Convention, if any notice, request or other communication is given or made by a party in accordance with this Part and by means appropriate in the circumstances, a delay or error in the transmission of the communication or its failure to arrive does not deprive that party of the right to rely on the communication.

이 협약 제3부에 별도의 명시적 규정이 없는 한, 모든 통지, 요청 또는 기타 의사전달이 이 협약 제3부에 따라 당사자 일방에 의하여 그 상황에 적합한 수단으로 행해진 경우에는, 그 당사자는 통신 전송에 있어서의 지연, 오류 또는 불착의 발생으로 인해 그 통신을 주장할 권리를 박탈당하지 아니한다.

Article 28 특정이행과 국내법 12년 기출

If, in accordance with the provisions of this Convention, one party is entitled to require performance of any obligation by the other party, a court is not bound to enter a judgement for specific performance unless the court would do so under its own law in respect of similar contracts of sale not governed by this Convention.

이 협약 규정에 따라, 당사자 일방이 상대방의 의무 이행을 요구할 권리가 있는 경우라 하더라도, 법원은 이 협약의 지배를 받지 않는 유사한 매매계약에 대해 국내법에 의거 특정이행을 명하는 판결을 하는 경우를 제외하고는 특정이행을 명하는 판결을 내릴 의무가 없다.

Article 29 계약변경 또는 합의종료

(1) A contract may be modified or terminated by the mere agreement of the parties.
(2) A contract in writing which contains a provision requiring any modification or termination by agreement to be in writing may not be otherwise modified or terminated by agreement. However, a party may be precluded by his conduct from asserting such a provision to the extent that the other party has relied on that conduct.

(1) 계약은 당사자 쌍방의 합의만으로 변경 또는 종료될 수 있다.
(2) 합의에 의해 변경 또는 종료를 서면으로 할 것을 요구하는 규정을 담고 있는 서면계약은 합의에 의해 그 이외의 방법으로 변경, 종료될 수 없다. 그러나 당사자 일방은 자신의 행위에 의하여 상대방이 자신의 행위를 신뢰하는 정도까지 위의 규정을 원용하는 것을 배제할 수 있다.

CHAPTER II. OBLIGATIONS OF THE SELLER : 매도인의 의무

Article 30 매도인의 의무요약

The seller must deliver the goods, hand over any documents relating to them and transfer the property in the goods, as required by the contract and this Convention.

매도인은 계약과 이 협약에 의하여 요구된 바에 따라 물품을 인도하고, 이에 관련된 모든 서류를 교부하며, 또한 물품에 대한 소유권을 이전하여야 한다.

Section Ⅰ. Delivery of the goods and handing over of documents : 물품의 인도와 서류의 교부

Article 31 인도의 장소 23, 12년 기출

If the seller is not bound to deliver the goods at any other particular place, his obligation to deliver consists :

(a) if the contract of sale involves carriage of the goods – in handing the goods over to the first carrier for transmission to the buyer;

(b) if, in cases not within the preceding subparagraph, the contract relates to specific goods, or unidentified goods to be drawn from a specific stock or to be manufactured or produced, and at the time of the conclusion of the contract the parties knew that the goods were at, or were to be manufactured or produced at, a particular place – in placing the goods at the buyer's disposal at that place;

(c) in other cases – in placing the goods at the buyer's disposal at the place where the seller had his place of business at the time of the conclusion of the contract.

매도인이 물품을 특정 장소에서 인도할 의무가 없는 경우에는, 매도인의 인도의무는 다음과 같이 구성된다.

(a) 매매계약에 물품의 운송이 포함되는 경우 – 매수인에게 전달하기 위하여 물품을 최초의 운송인에게 인도하는 것

(b) 전항의 규정에 해당되지 아니하는 경우로서 계약이 특정 물품 또는 특정 재고로부터 조달되거나 제조·생산되어야 할 불특정물과 관련되어 있고, 당사자 쌍방이 계약체결 시 물품이 특정 장소에 존재하거나 그 장소에서 제조·생산된다는 것을 알고 있는 경우 – 그 장소에서 물품을 매수인의 처분 하에 두는 것

(c) 기타의 경우 – 매도인이 계약체결 시 영업소가 있던 장소에서 물품을 매수인의 처분 하에 두는 것

Article 32 선적수배의 의무 22, 21, 15, 11년 기출

(1) If the seller, in accordance with the contract or this Convention, hands the goods over to a carrier and if the goods are not clearly identified to the contract by markings on the goods, by shipping documents or otherwise, the seller must give the buyer notice of the consignment specifying the goods.

(2) If the seller is bound to arrange for carriage of the goods, he must make such contracts as are necessary for carriage to the place fixed by means of transportation appropriate in the circumstances and according to the usual terms for such transportation.

(1) 매도인이 계약이나 이 협약에 따라 물품을 운송인에게 인도하는 경우와 물품이 하인이나 선적서류 또는 기타 방법에 의하여 그 계약의 목적물로서 명확히 특정되어 있지 아니한 경우, 매도인은 물품을 특정하는 탁송통지서를 매수인에게 송부하여야 한다.

(2) 매도인이 물품운송을 주선해야 할 의무가 있는 경우에는, 매도인은 상황에 따라 적절한 운송수단에 의하여 그러한 운송의 통상적인 조건으로 지정된 장소까지의 운송에 필요한 계약을 체결하여야 한다.

(3) If the seller is not bound to effect insurance in respect of the carriage of the goods, he must, at the buyer's request, provide him with all available information necessary to enable him to effect such insurance.

(3) 매도인이 물품운송과 관련해 부보하여야 할 의무가 없는 경우에는, 매도인은 매수인의 요구에 따라 매수인이 그러한 보험에 부보하는 데 필요한 모든 정보를 매수인에게 제공하여야 한다.

Article 33 인도의 시기 21, 14년 기출

The seller must deliver the goods :
(a) if a date is fixed by or determinable from the contract, on that date;
(b) if a period of time is fixed by or determinable from the contract, at any time within that period unless circumstances indicate that the buyer is to choose a date; or
(c) in any other case, within a reasonable time after the conclusion of the contract.

매도인은 다음과 같은 시기에 물품을 인도하여야 한다.
(a) 기일이 계약에 의하여 지정되어 있거나 또는 결정될 수 있는 경우에 그 기일
(b) 기간이 계약에 의하여 지정되어 있거나 또는 결정할 수 있는 경우에는, 매수인이 기일을 선택하여야 하는 상황이 명시되어 있지 않는 한 그 기간 내의 어떠한 기일, 또는
(c) 기타의 모든 경우에는 계약체결 후의 합리적인 기간 내

Article 34 물품에 관한 서류 24, 10년 기출

If the seller is bound to hand over documents relating to the goods, he must hand them over at the time and place and in the form required by the contract. If the seller has handed over documents before that time, he may, up to that time, cure any lack of conformity in the documents, if the exercise of this right does not cause the buyer unreasonable inconvenience or unreasonable expense. However, the buyer retains any right to claim damages as provided for in this Convention.

매도인이 물품 관련 서류를 넘겨주어야 할 의무가 있는 경우에는, 매도인은 계약서에서 요구된 시기, 장소 및 형식으로 서류를 넘겨주어야 한다. 매도인이 지정 시기 이전에 서류를 넘겨준 경우, 매도인은 권리 행사가 매수인에게 불합리한 불편이나 비용을 야기하지 않는 한, 지정 시기까지 서류상의 모든 결함을 보완할 수 있다. 그러나 매수인은 이 협약에서 규정된 대로 모든 손해배상청구권을 보유한다.

국제물품매매계약에 관한 유엔협약(CISG, 1980) 제34조에 관한 내용이다. 밑줄 친 부분 중 옳지 않은 것은?

24년 기출

If the seller is bound to hand over documents relating to the goods, he ㉠ <u>must hand them over</u> at the time and place and in the form required by the contract. If the seller has handed over documents ㉡ <u>before that time</u>, he ㉢ <u>may</u>, up to that time, cure any lack of conformity in the documents, if ㉣ <u>the exercise of this right</u> does not cause the buyer unreasonable inconvenience or unreasonable expense. However, the buyer retains any right to claim ㉤ <u>specific performance</u> as provided for in this Convention.

① ㉠
② ㉡
③ ㉢
④ ㉣
⑤ ㉤

해설

매도인이 물품 관련 서류를 넘겨주어야 할 의무가 있는 경우에는 매도인은 계약서에서 요구된 시기, 장소 및 형식으로 ㉠ 서류를 넘겨주어야 한다. 매도인이 ㉡ 지정 시기 이전에 서류를 넘겨준 경우, 이러한 매도인의 권리 행사가 매수인에게 불합리한 불편이나 비용을 야기하지 않는 한, 지정 시기까지 서류상의 불일치를 보완할 수 있다. 그러나, 매수인은 이 협약에서 규정된 대로 모든 손해(damages) 배상 청구권을 보유한다.

정답 ⑤

Section II. Conformity of the goods and third party claims : 물품의 적합성과 제3자의 권리주장

Article 35 물품의 일치성 23, 22, 18, 13년 기출

(1) The seller must deliver goods which are of the quantity, quality and description required by the contract and which are contained or packaged in the manner required by the contract.

(2) Except where the parties have agreed otherwise, the goods do not conform with the contract unless they :

  (a) are fit for the purposes for which goods of the same description would ordinarily be used;

  (b) are fit for any particular purpose expressly or impliedly made known to the seller at the time of the conclusion of the contract, except where the circumstances show that the buyer did not rely, or that it was unreasonable for him to rely, on the seller's skill and judgement;

  (c) possess the qualities of goods which the seller has held out to the buyer as a sample or model;

  (d) are contained or packaged in the manner usual for such goods or, where there is no such manner, in a manner adequate to preserve and protect the goods.

(3) The seller is not liable under subparagraphs (a) to (d) of the preceding paragraph for any lack of conformity of the goods if at the time of the conclusion of the contract the buyer knew or could not have been unaware of such lack of conformity.

(1) 매도인은 계약서에 의해 요구된 수량, 품질 및 상품명세와 일치하고 계약서에 의해 요구되는 방법으로 용기에 담기거나 포장된 물품을 인도하여야 한다.

(2) 당사자가 별도로 합의한 경우를 제외하고는, 물품은 다음의 경우를 제외하고 계약과 일치하지 아니한 것으로 한다.

  (a) 물품은 그 동일한 명세의 물품이 통상적으로 사용되는 목적에 적합할 것

  (b) 물품은 계약체결 시에 명시적 또는 묵시적으로 매도인에게 알려져 있는 어떠한 특정의 목적에 적합할 것. 다만, 상황상 매수인이 매도인의 기량과 판단을 신뢰하지 않았거나 또는 신뢰하는 것이 불합리한 경우에는 제외한다.

  (c) 물품은 매도인이 매수인에게 견본 또는 모형으로 제시한 물품의 품질을 유지할 것

  (d) 물품은 통상적인 방법, 또는 그러한 방법이 없는 경우에는 그 물품을 보존하고 보호하는 데 적절한 방법으로 용기에 담겨지거나 포장되어 있을 것

(3) 매수인이 계약체결 시 물품의 불일치를 알고 있었거나 알지 못할 수가 없는 경우, 매도인은 물품의 불일치에 대하여 전항의 제a호 내지 제d호에 따른 책임을 지지 아니한다.

(1) The seller is liable in accordance with the contract and this Convention for any lack of conformity which exists at the time when the risk passes to the buyer, even though the lack of conformity becomes apparent only after that time.

(2) The seller is also liable for any lack of conformity which occurs after the time indicated in the preceding paragraph and which is due to a breach of any of his obligations, including a breach of any guarantee that for a period of time the goods will remain fit for their ordinary purpose or for some particular purpose or will retain specified qualities or characteristics.

(1) 매도인은, 위험이 매수인에게 이전될 때 존재한 불일치에 대하여 계약 및 이 협약에 따라 책임을 진다. 이는 물품의 불일치가 그 이후에 드러난 경우에도 동일하다.

(2) 매도인은 전항에서 규정된 때보다 이후에 발생한 어떠한 불일치에 대해서도 그것이 매도인의 의무위반에 기인하고 있는 경우에는 이에 책임을 진다. 그러한 의무위반에는 일정기간 동안 물품이 통상적인 목적 또는 특정 목적에 적합성을 유지할 것이라는 보증의 위반 또는 특정 품질이나 특질을 보유할 것이라는 보증의 위반도 포함된다.

기출문제

국제물품매매계약에 관한 유엔협약(CISG, 1980) 제36조에 관한 내용이다. (　)에 들어갈 용어를 순서대로 옳게 나열한 것은? 24년 기출

The seller is also liable for any lack of conformity which occurs after the time indicated in the preceding paragraph and which is due to a breach of any of his obligations, including a breach of any (　) that for a period of time the goods will remain fit for their (　) purpose or for some particular purpose or will retain specified (　) or characteristics.

① guarantee – ordinary – qualities
② guarantee – definite – quantities
③ warranty – definite – qualities
④ warranty – ordinary – quantities
⑤ duty – ordinary – quantities

해설
매도인은 전항에서 규정된 때보다 이후에 발생한 어떠한 불일치에 대해서도 그것이 매도인의 의무위반에 기인하고 있는 경우에는 이에 책임을 진다. 그러한 의무위반에는 일정기간 동안 물품이 통상적인(ordinary) 목적 또는 특정 목적에 적합성을 유지하거나 특정 품질(qualities)이나 특질을 보유할 것이라는 보증(guarantee)의 위반도 포함된다.

정답 ①

Article 37 인도만기 전의 보완권 22, 19년 기출

If the seller has delivered goods before the date for delivery, he may, up to that date, deliver any missing part or make up any deficiency in the quantity of the goods delivered, or deliver goods in replacement of any non-conforming goods delivered or remedy any lack of conformity in the goods delivered, provided that the exercise of this right does not cause the buyer unreasonable inconvenience or unreasonable expense. However, the buyer retains any right to claim damages as provided for in this Convention.

매도인이 인도기일 이전에 물품을 인도한 경우 매수인에게 불합리한 불편이나 또는 불합리한 비용을 야기하지 아니하는 한, 매도인은 그 기일까지 인도된 물품의 부족분을 모두 인도하거나, 모든 수량결함을 보충하거나, 불일치하는 모든 인도물품을 대체하는 물품을 인도하거나, 인도된 물품의 모든 불일치를 보완할 수 있다. 그러나 매수인은 이 협약에서 규정된 모든 손해배상 청구권을 보유한다.

Article 38 물품의 검사시기 22, 12년 기출

(1) The buyer must examine the goods, or cause them to be examined, within as short a period as is practicable in the circumstances.

(2) If the contract involves carriage of the goods, examination may be deferred until after the goods have arrived at their destination.

(3) If the goods are redirected in transit or redispatched by the buyer without a reasonable opportunity for examination by him and at the time of the conclusion of the contract the seller knew or ought to have known of the possibility of such redirection or redispatch, examination may be deferred until after the goods have arrived at the new destination.

(1) 매수인은 상황에 따라 가능한 한 짧은 기간 내에 물품을 검사하거나 검사받도록 해야 한다.

(2) 계약이 물품운송을 포함하고 있는 경우, 검사는 물품이 목적지에 도착한 이후까지 연기될 수 있다.

(3) 매수인이 검사할 정당한 기회도 없이 매수인에 의하여 물품의 운송방향이 변경되거나 재발송되고, 계약체결 시 매도인이 그러한 변경이나 전송 가능성을 알았거나 또는 알았어야만 하는 경우, 검사는 물품이 새로운 목적지에 도착한 이후까지 연기될 수 있다.

Article 39 불일치의 통지시기 21, 12, 11년 기출

(1) The buyer loses the right to rely on a lack of conformity of the goods if he does not give notice to the seller specifying the nature of the lack of conformity within a reasonable time after he has discovered it or ought to have discovered it.

(1) 매수인이 물품 불일치를 발견했거나 발견해야만 했어야 할 시점부터 합리적 기간 내에 매도인에게 불일치의 성격을 세부 기술한 통지를 하지 아니한 경우에는, 매수인은 물품의 불일치에 의거한 권리를 상실한다.

(2) In any event, the buyer loses the right to rely on a lack of conformity of the goods if he does not give the seller notice thereof at the latest within a period of two years from the date on which the goods were actually handed over to the buyer, unless this time-limit is inconsistent with a contractual period of guarantee.

(2) 어떠한 경우에도, 물품이 매수인에게 현실적으로 인도된 날로부터 늦어도 2년 이내에 매수인이 매도인에게 불일치의 통지를 하지 않은 경우, 매수인은 물품의 불일치를 주장할 권리를 상실한다. 다만 이러한 기간 제한이 계약상의 보증기간과 상충되는 경우에는 그러하지 아니하다.

Article 40 매도인의 악의

The seller is not entitled to rely on the provisions of articles 38 and 39 if the lack of conformity relates to facts of which he knew or could not have been unaware and which he did not disclose to the buyer.

물품의 불일치가 매도인이 알았거나 알지 못했을 수 없는 사실과 관련되어 있고 또 매도인이 매수인에게 고지하지 아니한 사실과 관련되어 있는 경우 매도인은 제38조 및 제39조의 규정을 원용할 권리가 없다.

Article 41 제3자의 청구권 11년 기출

The seller must deliver goods which are free from any right or claim of a third party, unless the buyer agreed to take the goods subject to that right or claim. However, if such right or claim is based on industrial property or other intellectual property, the seller's obligation is governed by article 42.

매도인은 매수인이 제3자의 권리 또는 청구권을 전제로 물품 수령에 동의한 경우가 아닌 한, 제3자의 권리 또는 청구권의 대상이 아닌 물품을 인도해야 한다. 그러나 제3자의 권리나 청구권이 산업재산권 또는 기타 지적재산권에 기반을 두고 있는 경우에는, 매도인의 의무는 제42조에 따른다.

Article 42 제3자의 지적재산권 16년 기출

(1) The seller must deliver goods which are free from any right or claim of a third party based on industrial property or other intellectual property, of which at the time of the conclusion of the contract the seller knew or could not have been unaware, provided that the right or claim is based on industrial property or other intellectual property :

  (a) under the law of the State where the goods will be resold or otherwise used, if it was contemplated by the parties at the time of the conclusion of the contract that the goods would be resold or otherwise used in that State; or

(1) 매도인은 계약체결 시 매도인이 알았거나 알지 못했을 리 없는 산업재산권 또는 지적재산권에 기반을 두고 있는 제3자의 권리 또는 청구권으로부터 자유로운 물품을 인도하여야 한다. 다만 그 권리 또는 청구권이 다음과 같은 국가의 법률에 의거한 산업재산권 또는 기타 지적재산권에 기반을 두고 있는 경우에 한한다.

  (a) 계약체결 시 양 당사자가 물품이 특정 국가에서 전매되거나 기타 방법으로 사용될 것이라는 것을 예상한 경우에 그 물품이 전매되거나 기타의 방법으로 사용된 국가의 법률, 또는

(b) in any other case, under the law of the State where the buyer has his place of business.

(2) The obligation of the seller under the preceding paragraph does not extend to cases where :

   (a) at the time of the conclusion of the contract the buyer knew or could not have been unaware of the right or claim; or

   (b) the right or claim results from the seller's compliance with technical drawings, designs, formulae or other such specifications furnished by the buyer.

(b) 기타의 다른 경우에는, 매수인이 영업소를 갖고 있는 국가의 법률

(2) 전항에 따른 매도인의 의무는 다음과 같은 경우에는 적용되지 아니한다.

   (a) 계약체결 시 매수인이 그 권리 또는 청구권을 알았거나 또는 알지 못했을 리 없는 경우, 또는

   (b) 그 권리 또는 청구권이 매수인이 제공한 기술 설계, 디자인, 공식 또는 기타의 세부명세를 매도인이 따른 결과로 생긴 경우

Article 43 제3자의 권리에 대한 통지

(1) The buyer loses the right to rely on the provisions of article 41 or article 42 if he does not give notice to the seller specifying the nature of the right or claim of the third party within a reasonable time after he has become aware or ought to have become aware of the right or claim.

(2) The seller is not entitled to rely on the provisions of the preceding paragraph if he knew of the right or claim of the third party and the nature of it.

(1) 매수인이 제3자의 권리 또는 청구권을 알게 됐거나 알게 됐어야 한 때로부터 합리적인 기간 내에 매도인에게 그 제3자의 권리나 청구권의 본질을 기재한 통지를 하지 않은 경우, 매수인은 제41조 또는 제42조의 규정을 원용할 권리를 상실한다.

(2) 매도인이 제3자의 권리나 청구권 및 그 본질을 알고 있었다면 매도인은 전항의 규정을 원용할 권리가 없다.

Article 44 통지불이행의 정당한 이유

Notwithstanding the provisions of paragraph (1) of article 39 and paragraph (1) of article 43, the buyer may reduce the price in accordance with article 50 or claim damages, except for loss of profit, if he has a reasonable excuse for his failure to give the required notice.

제39조 제1항 및 제43조 제1항의 규정에도 불구하고, 매수인은 요구된 통지의 불이행에 대한 합당한 사유가 있는 경우에는 제50조에 따라 이익손실을 제외한 대금감액 또는 손해배상을 청구할 수 있다.

Section Ⅲ. Remedies for breach of contract by the seller :
매도인의 계약위반에 대한 구제

Article 45 매수인의 구제방법 10년 기출

(1) If the seller fails to perform any of his obligations under the contract or this Convention, the buyer may :
    (a) exercise the rights provided in articles 46 to 52;
    (b) claim damages as provided in articles 74 to 77.

(2) The buyer is not deprived of any right he may have to claim damages by exercising his right to other remedies.

(3) No period of grace may be granted to the seller by a court or arbitral tribunal when the buyer resorts to a remedy for breach of contract.

(1) 매도인이 계약 또는 본 협약에 의거한 어떠한 의무든 이행하지 않을 경우, 매수인은 다음과 같이 할 수 있다.
    (a) 제46조 내지 제52조에서 규정된 권리를 행사하는 것
    (b) 제74조 내지 제77조에서 규정된 바에 따라 손해배상을 청구하는 것 등

(2) 매수인은 손해배상 이외의 다른 구제를 위한 권리 행사로 인해 손해배상 청구권을 박탈당하지 않는다.

(3) 매수인이 계약위반에 대한 구제를 구할 때, 법원이나 중재재판소는 매도인에게 어떠한 유예기간도 부여해서는 안 된다.

Article 46 매수인의 이행청구권 10년 기출

(1) The buyer may require performance by the seller of his obligations unless the buyer has resorted to a remedy which is inconsistent with this requirement.

(2) If the goods do not conform with the contract, the buyer may require delivery of substitute goods only if the lack of conformity constitutes a fundamental breach of contract and a request for substitute goods is made either in conjunction with notice given under article 39 or within a reasonable time thereafter.

(3) If the goods do not conform with the contract, the buyer may require the seller to remedy the lack of conformity by repair, unless this is unreasonable having regard to all the circumstances. A request for repair must be made either in conjunction with notice given under article 39 or within a reasonable time thereafter.

(1) 매수인은 매도인에게 그 의무 이행을 청구할 수 있다. 다만 매수인이 이러한 청구와 상충되는 구제를 구한 경우에는 그러지 아니하다.

(2) 물품이 계약과 일치하지 않는 경우, 매수인은 대체품의 인도를 청구할 수 있다. 다만 이러한 청구는 불일치가 계약의 본질적인 위반을 구성하고 대체품 청구가 제39조에 따라 지정된 통지와 함께 또는 그 후 합리적인 기간 내에 행해지는 경우에 한한다.

(3) 물품이 계약과 일치하지 않는 경우, 매수인은 모든 상황으로 보아 불합리하지 않은 한 매도인에게 수리에 의한 불일치의 보완을 청구할 수 있다. 수리의 청구는 제39조에 의거 지정된 통지와 함께 또는 그 후 합리적 기간 내에 행해져야 한다.

Article 47 이행추가기간의 통지 22, 12, 10년 기출

(1) The buyer may fix an additional period of time of reasonable length for performance by the seller of his obligations.

(2) Unless the buyer has received notice from the seller that he will not perform within the period so fixed, the buyer may not, during that period, resort to any remedy for breach of contract. However, the buyer is not deprived thereby of any right he may have to claim damages for delay in performance.

(1) 매수인은 매도인의 의무 이행을 위한 합리적 추가기간을 지정할 수 있다.

(2) 매수인이 매도인으로부터 그 지정된 추가기간 내에 이행하지 않겠다는 통지를 받지 않은 한, 매수인은 그 기간 중에는 계약위반에 대한 어떠한 구제도 구할 수 없다. 그러나 매수인은 이로 인해 이행지연에 대한 손해배상을 청구할 수 있는 어떤 권리도 박탈당하지 아니한다.

Article 48 인도기일 후의 보완 24, 22, 18, 13년 기출

(1) Subject to article 49, the seller may, even after the date for delivery, remedy at his own expense any failure to perform his obligations, if he can do so without unreasonable delay and without causing the buyer unreasonable inconvenience or uncertainty of reimbursement by the seller of expenses advanced by the buyer. However, the buyer retains any right to claim damages as provided for in this Convention.

(2) If the seller requests the buyer to make known whether he will accept performance and the buyer does not comply with the request within a reasonable time, the seller may perform within the time indicated in his request. The buyer may not, during that period of time, resort to any remedy which is inconsistent with performance by the seller.

(3) A notice by the seller that he will perform within a specified period of time is assumed to include a request, under the preceding paragraph, that the buyer make known his decision.

(4) A request or notice by the seller under paragraph (2) or (3) of this article is not effective unless received by the buyer.

(1) 제49조의 규정에 따라, 매도인은 인도기일이 지난 후에도 지체 없이 매수인에게 불합리한 불편을 주거나 매수인이 선지급한 비용에 대한 매도인의 상환 불확실성 없이 자신의 비용으로 자신의 어떠한 의무 불이행이든 보완할 수 있다면 그리할 수 있다. 그러나 매수인은 이 협약에 규정된 손해배상 청구에 대한 모든 권리를 보유한다.

(2) 매도인이 매수인에게 그 이행에 대한 승낙 여부를 알려주도록 요구하였으나 매수인이 합리적인 기간 내에 그 요청에 응하지 않은 경우 매도인은 그 요청서에 제시한 기간 내에 이행하면 된다. 매수인은 그 기간 중에는 매도인의 이행과 모순되는 구제를 구하여서는 아니 된다.

(3) 특정한 기간 내에 이행하겠다는 매도인의 통지는 전항의 규정에 따라 매수인이 승낙 여부에 대한 결정을 알려주어야 한다는 요청을 포함하고 있는 것으로 추정한다.

(4) 본 조 제2항 또는 제3항에 따른 매도인의 요청이나 통지는 매수인에 의해 수령되지 않은 경우 그 효력이 발생하지 아니한다.

국제물품매매계약에 관한 유엔협약(CISG, 1980) 제48조에 관한 내용이다. (   )에 들어갈 용어를 순서대로 옳게 나열한 것은? 24년 기출

○ If the (   ) requests the (   ) to make known whether he will accept performance and the buyer does not comply with the request within a reasonable time, the (   ) may perform within the time indicated in his request.

○ A notice by the (   ) that he will perform within a specified period of time is assumed to include a request, under the preceding paragraph, that the (   ) make known his decision.

① buyer − seller − seller − buyer − seller
② buyer − seller − buyer − seller − buyer
③ seller − buyer − seller − seller − buyer
④ seller − buyer − seller − buyer − seller
⑤ seller − buyer − buyer − seller − buyer

해설
• 매도인(seller)이 매수인(buyer)에게 그 이행에 대한 승낙 여부를 알려주도록 요구하였으나 매수인이 합리적인 기간 내에 그 요청에 응하지 않은 경우, 매도인(seller)은 그 요청서에 제시한 기간 내에 이행하면 된다.
• 특정 기간 내에 이행하겠다는 매도인(seller)의 통지는 전항의 규정에 따라 매수인(buyer)이 승낙 여부에 대한 결정을 알려주어야 한다는 요청을 포함하고 있는 것으로 추정한다.

정답 ③

Article 49 매수인의 계약해제권

(1) The buyer may declare the contract avoided :
  (a) if the failure by the seller to perform any of his obligations under the contract or this Convention amounts to a fundamental breach of contract; or
  (b) in case of non-delivery, if the seller does not deliver the goods within the additional period of time fixed by the buyer in accordance with paragraph (1) of article 47 or declares that he will not deliver within the period so fixed.

(2) However, in cases where the seller has delivered the goods, the buyer loses the right to declare the contract avoided unless he does so :
  (a) in respect of late delivery, within a reasonable time after he has become aware that delivery has been made;
  (b) in respect of any breach other than late delivery, within a reasonable time :
    (i) after he knew or ought to have known of the breach;
    (ii) after the expiration of any additional period of time fixed by the buyer in accordance with paragraph (1) of article 47, or after the seller has declared that he will not perform his obligations within such an additional period; or
    (iii) after the expiration of any additional period of time indicated by the seller in accordance with paragraph (2) of article 48, or after the buyer has declared that he will not accept performance.

(1) 매수인은 다음의 경우에 계약의 해제를 선언할 수 있다.
  (a) 계약 또는 본 협약에 따른 매도인의 의무 불이행이 계약의 본질적인 위반에 상당하는 경우, 또는

  (b) 인도 불이행의 경우, 매도인이 제47조 제1항에 따라 매수인에 의하여 지정된 추가기간 내에 물품을 인도하지 아니하거나 매도인이 그 지정된 기간 내에 인도하지 아니하겠다는 뜻을 선언한 경우

(2) 그러나 매도인이 물품을 이미 인도한 경우에는, 매수인은 다음의 기간 내에 계약 해제를 선언하지 않는 한 계약해제권을 상실한다.
  (a) 인도 지연에 대해서는, 매수인이 인도가 이루어진 사실을 알게 된 때로부터 합리적 기간 내
  (b) 인도 지연 이외의 모든 위반에 관해서는, 다음과 같은 때로부터 합리적 기간 내
    (i) 매수인이 그 위반을 알았거나 또는 알았어야 하는 때,
    (ii) 제47조 제1항에 따라 매수인에 의하여 지정된 추가기간이 경과한 때, 또는 매도인이 그러한 추가기간 내에 의무를 이행하지 아니하겠다는 뜻을 선언한 때, 또는

    (iii) 제48조 제2항에 따라 매도인에 의하여 제시된 추가기간이 경과한 때, 또는 매수인이 이행을 승낙하지 아니하겠다는 뜻을 선언한 때

Article 50 대금의 감액 16, 13년 기출

If the goods do not conform with the contract and whether or not the price has already been paid, the buyer may reduce the price in the same proportion as the value that the goods actually delivered had at the time of the delivery bears to the value that conforming goods would have had at that time. However, if the seller remedies any failure to perform his obligations in accordance with article 37 or article 48 or if the buyer refuses to accept performance by the seller in accordance with those articles, the buyer may not reduce the price.

물품이 계약과 일치하지 않는 경우에는 대금의 지급 여부에 관계 없이, 매수인은 인도 시에 실제로 인도된 물품의 가액과 계약에 일치하는 물품이 그 당시 보유하고 있었을 가액에 대한 동일 비율로 대금을 감액할 수 있다. 그러나 매도인이 제37조 또는 제48조에 따라 자신의 의무 불이행을 보완하거나 매수인이 그러한 조항에 따른 매도인의 이행 승낙을 거절할 경우, 매수인은 대금을 감액할 수 없다.

Article 51 물품 일부의 불일치 13년 기출

(1) If the seller delivers only a part of the goods or if only a part of the goods delivered is in conformity with the contract, articles 46 to 50 apply in respect of the part which is missing or which does not conform.

(2) The buyer may declare the contract avoided in its entirety only if the failure to make delivery completely or in conformity with the contract amounts to a fundamental breach of the contract.

(1) 매도인이 물품의 일부만을 인도하거나 인도된 물품의 일부만이 계약과 일치하는 경우, 제46조 내지 제50조의 규정은 부족분 또는 불일치한 부분에 적용된다.

(2) 인도를 완전하게 또는 계약과 일치되도록 이행하지 아니한 것이 계약의 본질적인 위반에 해당하는 경우에 한하여, 매수인은 계약 전체의 해제를 선언할 수 있다.

Article 52 기일 전의 인도 및 초과수량 13년 기출

(1) If the seller delivers the goods before the date fixed, the buyer may take delivery or refuse to take delivery.

(2) If the seller delivers a quantity of goods greater than that provided for in the contract, the buyer may take delivery or refuse to take delivery of the excess quantity. If the buyer takes delivery of all or part of the excess quantity, he must pay for it at the contract rate.

(1) 매도인이 지정기일 전에 물품을 인도하는 경우, 매수인은 인도를 수령하거나 이를 거절할 수 있다.

(2) 매도인이 계약에 약정된 것보다 많은 수량의 물품을 인도한 경우, 매수인은 초과수량의 인도를 수령 또는 거절할 수 있다. 매수인이 초과수량의 전부 또는 일부의 인도받는 경우, 매수인은 계약비율에 따라 그 대금을 지급하여야 한다.

CHAPTER III. OBLIGATIONS OF THE BUYER : 매수인의 의무 19년 기출

Article 53 매수인의 의무요약

The buyer must pay the price for the goods and take delivery of them as required by the contract and this Convention.

매수인은 계약 및 본 협약에 요구된 바에 따라 물품의 대금을 지급하고 물품의 인도를 수령하여야 한다.

Section I. Payment of the price : 대금의 지급

Article 54 대금지급을 위한 조치 24, 10년 기출

The buyer's obligation to pay the price includes taking such steps and complying with such formalities as may be required under the contract or any laws and regulations to enable payment to be made.

매수인의 대금지급 의무에는 지급이행을 유도하기 위한 계약 또는 법률 및 규정에 의거 요구되는 조치를 취하고 또 요구되는 형식·절차를 준수하는 것이 포함된다.

Article 55 대금이 불확정된 계약

Where a contract has been validly concluded but does not expressly or implicitly fix or make provision for determining the price, the parties are considered, in the absence of any indication to the contrary, to have impliedly made reference to the price generally charged at the time of the conclusion of the contract for such goods sold under comparable circumstances in the trade concerned.

계약이 유효하게 성립되었으나, 그 대금을 명시적 또는 묵시적으로 지정하지 아니하거나 이를 결정하기 위한 조항을 두지 아니한 경우, 당사자는 반대의 의사표시가 없는 한 관련거래와 유사한 상황 하에서 매각되는 동종의 물품에 대하여 계약체결 시 일반적으로 청구되는 대금을 묵시적으로 참조하는 것으로 본다.

Article 56 순중량에 의한 결정 24, 10년 기출

If the price is fixed according to the weight of the goods, in case of doubt it is to be determined by the net weight.

대금이 물품 중량에 따라 결정되는 경우 이에 의혹이 있을 때는, 순중량에 의하여 그 대금이 결정되어야 한다.

Article 57 대금지급의 장소 24, 21, 10년 기출

(1) If the buyer is not bound to pay the price at any other particular place, he must pay it to the seller :
  (a) at the seller's place of business; or
  (b) if the payment is to be made against the handing over of the goods or of documents, at the place where the handing over takes place.
(2) The seller must bear any increase in the expenses incidental to payment which is caused by a change in his place of business subsequent to the conclusion of the contract.

(1) 매수인이 어느 특정장소에서 대금을 지급하여야 할 의무가 없는 경우에는, 매수인은 다음의 장소에서 매도인에게 대금을 지급하여야 한다.
  (a) 매도인의 영업소, 또는
  (b) 지급이 물품이나 서류 제시와 상환으로 이루어져야 하는 경우, 그 제시가 행하여지는 장소

(2) 매도인은 계약체결 후 자신의 영업소 변경으로 야기된 지급대금에 부수되는 모든 비용 증가분을 부담하여야 한다.

Article 58 대금지급의 시기 24, 22, 20, 18, 10년 기출

(1) If the buyer is not bound to pay the price at any other specific time, he must pay it when the seller places either the goods or documents controlling their disposition at the buyer's disposal in accordance with the contract and this Convention. The seller may make such payment a condition for handing over the goods or documents.
(2) If the contract involves carriage of the goods, the seller may dispatch the goods on terms whereby the goods, or documents controlling their disposition, will not be handed over to the buyer except against payment of the price.
(3) The buyer is not bound to pay the price until he has had an opportunity to examine the goods, unless the procedures for delivery or payment agreed upon by the parties are inconsistent with his having such an opportunity.

(1) 매수인이 어느 특정 시기에 대금을 지급하여야 할 의무가 없는 경우, 매수인은 매도인이 계약 및 본 협정에 따라 물품이나 그 처분을 결정하는 서류 중 한 가지를 매수인의 처분 하에 인도한 때에 대금을 지급해야 한다. 매도인은 그러한 대금지급을 물품이나 서류의 제시를 위한 조건으로 정할 수 있다.

(2) 계약에 물품운송이 포함된 경우, 매도인은 대금지급과 상환하지 않고서는 물품 또는 그 처분을 결정하는 서류를 매수인에게 인도하지 않겠다는 조건으로 물품을 발송할 수 있다.

(3) 매수인은 물품검사 기회를 가질 때까지는 대금을 지급해야 할 의무가 없다. 다만 당사자 간 합의된 인도 또는 지급의 절차가 매수인이 검사 기회를 갖는 것과 상충되는 경우에는 그러지 아니한다.

Article 59 지급청구에 앞선 지급 24년 기출

The buyer must pay the price on the date fixed by or determinable from the contract and this Convention without the need for any request or compliance with any formality on the part of the seller.

매수인은 매도인 측의 어떤 요구나 절차·형식을 준수할 필요 없이 계약 및 본 협약에 의해 확정되었거나 결정될 수 있는 기일에 대금을 지급하여야 한다.

국제물품매매계약에 관한 유엔협약(CISG, 1980) 제3장 '매수인의 의무(OBLIGATIONS OF THE BUYER)'에 관한 내용으로 옳은 것은? 24년 기출

① The buyer's obligation to pay the price does not include taking such steps and complying with such formalities as may be required under the contract or any laws and regulations to enable payment to be made.

② If the price is fixed according to the weight of the goods, it is always to be determined by the net weight.

③ If the buyer is not bound to pay the price at any other particular place, he must pay it to the seller at the buyer's place of business.

④ The buyer is not bound to pay the price until he has had an opportunity to examine the goods, even though the procedures for delivery or payment agreed upon by the parties are inconsistent with his having such an opportunity.

⑤ The buyer must pay the price on the date fixed by or determinable from the contract and this Convention without the need for any request or compliance with any formality on the part of the seller.

해설

① The buyer's obligation to pay the price <u>include</u> taking such steps and complying with such formalities as may be required under the contract or any laws and regulations to enable payment to be made(CISG 제54조).

② If the price is fixed according to the weight of the goods, <u>in case of doubt</u> it is to be determined by the net weight(CISG 제56조).

③ If the buyer is not bound to pay the price at any other particular place, he must pay it to the seller at the <u>seller's</u> place of business(CISG 제57조 제1항).

④ The buyer is not bound to pay the price until he has had an opportunity to examine the goods, <u>unless</u> the procedures for delivery or payment agreed upon by the parties are inconsistent with his having such an opportunity(CISG 제58조 제3항).

 정답 ⑤

Section II. Taking delivery : 인도의 수령

Article 60 인도수령의 의무

The buyer's obligation to take delivery consists :
(a) in doing all the acts which could reasonably be expected of him in order to enable the seller to make delivery; and
(b) in taking over the goods.

매수인의 인도수령의 의무는 다음과 같다.
(a) 매도인이 인도를 이행할 수 있도록 하기 위하여 매수인이 할 것이라고 합리적으로 기대할 수 있는 모든 행위를 하는 것, 그리고
(b) 물품을 인수하는 것

Section III. Remedies for breach of contract by the buyer : 매수인의 계약위반에 대한 구제

Article 61 매도인의 구제방법 22년 기출

(1) If the buyer fails to perform any of his obligations under the contract or this Convention, the seller may :
   (a) exercise the rights provided in articles 62 to 65;
   (b) claim damages as provided in articles 74 to 77.
(2) The seller is not deprived of any right he may have to claim damages by exercising his right to other remedies.
(3) No period of grace may be granted to the buyer by a court or arbitral tribunal when the seller resorts to a remedy for breach of contract.

(1) 매수인이 계약 또는 본 협약에 따른 어떠한 의무를 이행하지 아니하는 경우에는, 매도인은 다음과 같이 행할 수 있다.
   (a) 제62조 내지 제65조에 규정된 권리를 행사하는 것
   (b) 제74조 내지 제77조에 규정된 손해배상을 청구하는 것
(2) 매도인은 손해배상 이외의 구제를 구하는 권리 행사로 인하여 손해배상을 청구할 수 있는 권리를 박탈당하지 아니한다.
(3) 매도인이 계약위반에 대한 구제를 구할 때, 법원 또는 중재재판소는 매수인에게 어떠한 유예기간도 허용하여서는 아니 된다.

Article 62 매도인의 이행청구권 22, 11년 기출

The seller may require the buyer to pay the price, take delivery or perform his other obligations, unless the seller has resorted to a remedy which is inconsistent with this requirement.

매도인은 매수인에 대하여 대금의 지급, 인도의 수령 또는 기타 매수인의 의무를 이행하도록 청구할 수 있다. 다만, 매도인이 이러한 청구와 모순되는 구제를 구한 경우에는 그러하지 아니한다.

Article 63 이행추가기간의 통지 11년 기출

(1) The seller may fix an additional period of time of reasonable length for performance by the buyer of his obligations.

(2) Unless the seller has received notice from the buyer that he will not perform within the period so fixed, the seller may not, during that period, resort to any remedy for breach of contract. However, the seller is not deprived thereby of any right he may have to claim damages for delay in performance.

(1) 매도인은 매수인의 의무이행을 위해 합리적 기간만큼의 추가기간을 지정할 수 있다.

(2) 매도인이 매수인으로부터 그 지정된 추가기간 내에 이행하지 아니하겠다는 뜻의 통지를 받지 않는 한, 매도인은 그 기간 중에는 계약위반에 대한 어떠한 구제도 구할 수 없다. 그러나 매도인은 이로 인하여 이행 지연에 대한 여하한 손해배상 청구권도 박탈당하지 아니한다.

Article 64 매도인의 계약해제권 12, 11년 기출

(1) The seller may declare the contract avoided :
   (a) if the failure by the buyer to perform any of his obligations under the contract or this Convention amounts to a fundamental breach of contract; or
   (b) if the buyer does not, within the additional period of time fixed by the seller in accordance with paragraph (1) of article 63, perform his obligation to pay the price or take delivery of the goods, or if he declares that he will not do so within the period so fixed;

(2) However, in cases where the buyer has paid the price, the seller loses the right to declare the contract avoided unless he does so :
   (a) in respect of late performance by the buyer, before the seller has become aware that performance has been rendered; or
   (b) in respect of any breach other than late performance by the buyer, within a reasonable time :
      (i) after the seller knew or ought to have known of the breach; or
      (ii) after the expiration of any additional period of time fixed by the seller in accordance with paragraph (1) of article 63, or after the buyer has declared that he will not perform his obligations within such an additional period.

(1) 매도인은 다음 경우에 계약해제를 선언할 수 있다.
   (a) 계약 또는 본 협약에 따른 매수인의 의무 불이행이 계약의 본질적인 위반에 상당하는 경우, 또는
   (b) 매수인이 제63조 제1항에 따라 매도인이 지정한 추가기간 내에 대금지급 또는 물품인도 수령의 의무를 이행하지 아니하거나, 매수인이 그 지정된 기간 내에 이를 이행하지 아니하겠다는 뜻을 선언한 경우

(2) 그러나 매수인이 대금을 이미 지급한 경우, 매도인은 다음과 같은 시기에 계약의 해제를 선언하지 않는 한 그 해제의 권리를 상실한다.
   (a) 매수인의 이행 지연에 대해서는, 매도인이 그 이행이 이루어진 사실을 알기 전, 또는
   (b) 매수인에 의한 이행 지연 이외의 모든 위반에 관해서는, 다음과 같은 때로부터 합리적 기간 내에
      (i) 매도인이 그 위반을 알았거나 또는 알았어야 하는 때, 또는
      (ii) 제63조 제1항에 따라 매도인에 의하여 지정된 추가기간이 경과한 때, 또는 매수인이 그러한 추가기간 내에 의무를 이행하지 아니하겠다는 뜻을 선언한 때

(1) If under the contract the buyer is to specify the form, measurement or other features of the goods and he fails to make such specification either on the date agreed upon or within a reasonable time after receipt of a request from the seller, the seller may, without prejudice to any other rights he may have, make the specification himself in accordance with the requirements of the buyer that may be known to him.

(2) If the seller makes the specification himself, he must inform the buyer of the details thereof and must fix a reasonable time within which the buyer may make a different specification. If, after receipt of such a communication, the buyer fails to do so within the time so fixed, the specification made by the seller is binding.

(1) 계약상 매수인이 물품의 형태, 용적 또는 기타의 특징을 지정하기로 되어 있을 경우에 만약 매수인이 합의된 기일 또는 매도인으로부터 요청을 받은 후 합리적 기간 내에 그 물품 명세를 작성하지 아니하면, 매도인은 자신이 보유하고 있는 기타 모든 권리의 침해 없이 매도인에게 통지된 매수인의 요구조건에 따라 스스로 물품 명세를 작성할 수 있다.

(2) 매도인이 스스로 물품 명세를 작성하는 경우에는, 매도인은 매수인에게 이에 관한 세부사항을 통지하여야 하고, 또 매수인이 이와 상이한 물품 명세를 작성할 수 있도록 합리적 기간을 지정하여야 한다. 매수인이 그러한 통지를 수령한 후 지정된 기간 내에 이와 상이한 물품 명세를 작성하지 아니하는 경우에는, 매도인이 작성한 물품 명세가 구속력을 갖는다.

CHAPTER Ⅳ. PASSING OF RISK : 위험의 이전

Loss of or damage to the goods after the risk has passed to the buyer does not discharge him from his obligation to pay the price, unless the loss or damage is due to an act or omission of the seller.

위험이 매수인에게 이전된 이후 물품의 멸실 또는 훼손으로 매수인의 대금지급 의무가 면제되지는 아니한다. 다만 그 멸실 또는 훼손이 매도인의 작위 또는 부작위에 기인한 경우에는 그러하지 아니하다.

(1) If the contract of sale involves carriage of the goods and the seller is not bound to hand them over at a particular place, the risk passes to the buyer when the goods are handed over to the first carrier for transmission to the buyer in accordance with the contract of sale. If the seller is bound to hand the goods over to a carrier at a particular place, the risk does not pass to the buyer until the goods are handed over to the carrier at that place. The fact that the

(1) 매매계약이 물품의 운송을 포함하고 있는 경우 매도인이 특정한 장소에서 이를 인도하여야 할 의무가 없을 때, 위험은 매매계약에 따라 물품을 매수인에게 송부하도록 최초의 운송인에게 인도된 때에 매수인에게 이전된다. 매도인이 특정한 장소에서 물품을 운송인에게 인도하여야 할 의무가 있는 경우에는, 물품이 그러한 장소에서 운송인에게 인도되기까지 위험은 매수인에게 이전되지 아니한다. 매도인에게 물품의 처분을 결정하는 서류를 보유할 권한이 있다는 사실이 위험의 이전에 영향을 미치지는 아니한다.

seller is authorized to retain documents controlling the disposition of the goods does not affect the passage of the risk.

(2) Nevertheless, the risk does not pass to the buyer until the goods are clearly identified to the contract, whether by markings on the goods, by shipping documents, by notice given to the buyer or otherwise.

(2) 그럼에도 불구하고, 물품이 하인, 선적서류, 매수인에 대한 통지 또는 기타의 방법 중 어느 것에 의하여 계약에 명확히 특정될 때까지 위험은 매수인에게 이전되지 아니 한다.

Article 68 운송 중 매매물품의 위험 23, 19년 기출

The risk in respect of goods sold in transit passes to the buyer from the time of the conclusion of the contract. However, if the circumstances so indicate, the risk is assumed by the buyer from the time the goods were handed over to the carrier who issued the documents embodying the contract of carriage. Nevertheless, if at the time of the conclusion of the contract of sale the seller knew or ought to have known that the goods had been lost or damaged and did not disclose this to the buyer, the loss or damage is at the risk of the seller.

운송 중 매각된 물품에 관한 위험은 계약체결 시부터 매수인 에게 이전된다. 그러나 상황에 따라서는 운송계약을 구현하 고 있는 서류를 발행한 운송인에게 물품이 인도된 때부터 위험을 매수인이 부담한다. 그럼에도 불구하고, 매도인이 매매계약 체결 시에 물품이 이미 멸실 또는 훼손되었다는 사실을 알았거나 알았어야 했고 이를 매수인에게 알리지 아니한 때에는, 그 멸실 또는 훼손은 매도인의 위험부담에 속한다.

Article 69 기타 경우의 위험

(1) In cases not within articles 67 and 68, the risk passes to the buyer when he takes over the goods or, if he does not do so in due time, from the time when the goods are placed at his disposal and he commits a breach of contract by failing to take delivery.

(2) However, if the buyer is bound to take over the goods at a place other than a place of business of the seller, the risk passes when delivery is due and the buyer is aware of the fact that the goods are placed at his disposal at that place.

(3) If the contract relates to goods not then identified, the goods are considered not to be placed at the disposal of the buyer until they are clearly identified to the contract.

(1) 제67조 및 제68조에 해당되지 아니한 경우로서, 매수인 이 물품을 인수한 때 또는 매수인이 적시에 이를 인수하 지 아니한 때 위험은 물품이 매수인의 처분 하에 있고 매수인이 이를 인수하지 아니하여 계약위반을 범하게 된 때로부터 매수인에게 이전된다.

(2) 그러나 매수인이 매도인의 영업소 이외의 장소에서 물품 을 인수하여야 하는 경우에는, 위험은 인도의 기일이 도래하고 또 물품이 그 장소에서 매수인의 처분 하에 놓인 사실을 매수인이 알게 된 때에 이전된다.

(3) 계약이 아직 특정되지 않은 물품에 관한 것일 경우, 물품은 계약의 목적물로서 명확히 특정되기까지는 매수 인의 처분 하에 놓이지 않은 것으로 본다.

Article 70 매도인의 계약위반 시의 위험

If the seller has committed a fundamental breach of contract, articles 67, 68 and 69 do not impair the remedies available to the buyer on account of the breach.

매도인이 본질적 계약위반을 범한 경우에는 제67조, 제68조 및 제69조의 규정이 그 본질적인 위반을 이유로 매수인이 원용할 수 있는 구제를 무효화시키지 못한다.

CHAPTER Ⅴ. PROVISIONS COMMON TO THE OBLIGATIONS OF THE SELLER AND OF THE BUYER : 매도인과 매수인의 의무에 공통되는 규정

Section Ⅰ. Anticipatory breach and installment contracts : 이행기일 전의 계약위반과 분할이행계약

Article 71 의무이행의 정지 19, 15년 기출

(1) A party may suspend the performance of his obligations if, after the conclusion of the contract, it becomes apparent that the other party will not perform a substantial part of his obligations as a result of :
  (a) a serious deficiency in his ability to perform or in his creditworthiness; or
  (b) his conduct in preparing to perform or in performing the contract.

(2) If the seller has already dispatched the goods before the grounds described in the preceding paragraph become evident, he may prevent the handing over of the goods to the buyer even though the buyer holds a document which entitles him to obtain them. The present paragraph relates only to the rights in the goods as between the buyer and the seller.

(3) A party suspending performance, whether before or after dispatch of the goods, must immediately give notice of the suspension to the other party and must continue with performance if the other party provides adequate assurance of his performance.

(1) 당사자 일방은 계약체결 후 상대방이 다음과 같은 사유의 결과로 그 의무의 어떤 실질적인 부분을 이행하지 아니할 것이 명확해진 경우, 자신의 의무 이행을 정지시킬 수 있다.

  (a) 상대방의 이행능력 또는 신용도의 중대한 결함, 또는

  (b) 상대방의 계약이행 준비나 계약이행의 행위

(2) 전항에 기술된 사유가 명백하게 되기 전에 매도인이 이미 물품을 발송한 경우에는, 비록 매수인이 물품취득 권한을 부여하는 서류를 소지하고 있더라도, 매도인은 물품이 매수인에게 인도되는 것을 중지시킬 수 있다. 본 항의 규정은 매도인과 매수인 간의 물품에 대한 권리에만 적용된다.

(3) 이행을 중지한 당사자는 물품의 발송 전후에 관계 없이 상대방에게 그 중지를 즉시 통지해야 하고, 상대방이 그 이행에 관하여 적절한 확약을 제시하는 경우에는 이행을 계속하여야 한다.

Article 72 이행기일 전의 계약해제 19년 기출

(1) If prior to the date for performance of the contract it is clear that one of the parties will commit a fundamental breach of contract, the other party may declare the contract avoided.

(2) If time allows, the party intending to declare the contract avoided must give reasonable notice to the other party in order to permit him to provide adequate assurance of his performance.

(3) The requirements of the preceding paragraph do not apply if the other party has declared that he will not perform his obligations.

(1) 계약 이행기일 이전에 당사자 일방이 계약의 본질적인 위반을 범할 것이 명백한 경우, 상대방은 계약의 해제를 선언할 수 있다.

(2) 시간이 허용할 경우, 계약해제를 선언하고자 하는 당사자는 상대방이 그 이행에 관하여 적절한 확약을 제공할 수 있도록 하기 위하여 상대방에게 합당한 통지를 해야 한다.

(3) 전항의 요건은 상대방이 그 의무를 이행하지 아니할 것을 선언한 경우에는 적용되지 아니한다.

Article 73 분할이행계약의 해제 20, 18, 14년 기출

(1) In the case of a contract for delivery of goods by installments, if the failure of one party to perform any of his obligations in respect of any installment constitutes a fundamental breach of contract with respect to that installment, the other party may declare the contract avoided with respect to that installment.

(2) If one party's failure to perform any of his obligations in respect of any installment gives the other party good grounds to conclude that a fundamental breach of contract will occur with respect to future installments, he may declare the contract avoided for the future, provided that he does so within a reasonable time.

(3) A buyer who declares the contract avoided in respect of any delivery may, at the same time, declare it avoided in respect of deliveries already made or of future deliveries if, by reason of their interdependence, those deliveries could not be used for the purpose contemplated by the parties at the time of the conclusion of the contract.

(1) 물품을 분할하여 인도하는 계약의 경우에, 어떤 분할부분에 관한 당사자 일방의 의무 불이행이 그 분할부분에 관한 계약의 본질적인 위반에 해당하는 경우, 상대방은 그 분할부분에 관하여 계약의 해제를 선언할 수 있다.

(2) 어떤 분할부분에 관한 당사자 일방의 의무 불이행이 상대방으로 하여금 향후의 분할부분에 관하여 계약의 본질적인 위반이 발생할 것이라는 결론을 내리게 할 충분한 근거가 되는 경우에는, 상대방은 향후의 분할부분에 관하여 계약의 해제를 선언할 수 있다. 다만 상대방은 합리적 기간 내에 이를 행하여야 한다.

(3) 어떤 인도분에 대하여 계약의 해제를 선언하는 매수인은 이미 행하여진 인도 또는 향후의 인도에 관해서도 동시에 계약의 해제를 선언할 수 있다. 다만 그러한 인도분들이 상호 의존관계로 인하여 계약체결 시에 당사자 쌍방이 의도한 목적으로 사용될 수 없는 경우에 한한다.

Section II. Damages : 손해배상액 21년 기출

Article 74 손해배상액 산정의 원칙 11년 기출

Damages for breach of contract by one party consist of a sum equal to the loss, including loss of profit, suffered by the other party as a consequence of the breach. Such damages may not exceed the loss which the party in breach foresaw or ought to have foreseen at the time of the conclusion of the contract, in the light of the facts and matters of which he then knew or ought to have known, as a possible consequence of the breach of contract.

당사자 일방의 계약위반에 대한 손해배상액은 이익의 손실을 포함하여 그 위반의 결과로 상대방이 입은 손실과 동등한 금액으로 한다. 그러한 손해배상액은 계약 체결 시 위반 당사자가 알았거나 또는 알았어야 할 사실 및 사정에 비추어 그 위반 당사자가 계약체결 시 계약위반의 잠재 결과로서 예상하였거나 또는 예상했어야 하는 손실을 초과할 수 없다.

Article 75 대체거래 시의 손해배상액 11년 기출

If the contract is avoided and if, in a reasonable manner and within a reasonable time after avoidance, the buyer has bought goods in replacement or the seller has resold the goods, the party claiming damages may recover the difference between the contract price and the price in the substitute transaction as well as any further damages recoverable under article 74.

계약이 해제된 경우 및 해제 후 합리적 기간 내에 합리적 방법으로 매수인이 대체품을 구매하거나 매도인이 물품을 재매각한 경우에는, 손해배상을 청구하는 당사자는 계약대금과 대체거래 대금 간 차액뿐만 아니라 제74조에 따라 회수 가능한 기타 모든 손해배상액을 회수할 수 있다.

Article 76 시가에 기초한 손해배상액 23년 기출

(1) If the contract is avoided and there is a current price for the goods, the party claiming damages may, if he has not made a purchase or resale under article 75, recover the difference between the price fixed by the contract and the current price at the time of avoidance as well as any further damages recoverable under article 74. If, however, the party claiming damages has avoided the contract after taking over the goods, the current price at the time of such taking over shall be applied instead of the current price at the time of avoidance.

(1) 계약이 해제되고 물품에 시가가 있는 경우, 손해배상 청구 당사자는 제75조에 따라 구매 또는 재매각을 행하지 아니했을 때 계약대금과 계약해제 시 시가와의 차액뿐만 아니라 제74조에 따라 회수 가능한 기타의 모든 손해배상액을 회수할 수 있다. 그러나 손해배상 청구 당사자가 물품을 인수한 후에 계약을 해제한 경우에는, 계약해제 시의 시가를 대신하여 물품인수 시의 시가를 적용한다.

제3급

(2) For the purposes of the preceding paragraph, the current price is the price prevailing at the place where delivery of the goods should have been made or, if there is no current price at that place, the price at such other place as serves as a reasonable substitute, making due allowance for differences in the cost of transporting the goods.

(2) 전항의 적용에 있어서, 시가라 함은 물품의 인도가 이루어졌어야 할 장소에서의 통상 가격을 말하며, 그 장소에서의 시가가 없는 경우에는 물품 운송비용의 차액을 적절히 감안하여 합리적 대체가격으로 삼을 수 있는 다른 장소에서의 가격을 말한다.

Article 77 손해경감의 의무

A party who relies on a breach of contract must take such measures as are reasonable in the circumstances to mitigate the loss, including loss of profit, resulting from the breach. If he fails to take such measures, the party in breach may claim a reduction in the damages in the amount by which the loss should have been mitigated.

계약위반을 주장하는 당사자는 이익 손실을 포함하여 그 위반으로 야기된 손실을 경감하기 위하여 그 상황에 따라 합리적인 조치를 취하여야 한다. 그러한 조치를 취하지 아니한 경우에는, 위반의 당사자는 경감되었어야 하는 손실 금액을 손해배상액에서 감액하도록 청구할 수 있다.

Section III. Interest : 이자

Article 78 연체금액의 이자

If a party fails to pay the price or any other sum that is in arrears, the other party is entitled to interest on it, without prejudice to any claim for damages recoverable under article 74.

당사자 일방이 대금 또는 기타 모든 연체 금액을 지급하지 아니한 경우, 상대방은 제74조에 의거한 손해배상 청구에 대한 침해를 받지 않고 그 금액에 대한 이자를 청구할 권리를 갖는다.

Section IV. Exemption : 면책

Article 79 손해배상책임의 면제 23년 기출

(1) A party is not liable for a failure to perform any of his obligations if he proves that the failure was due to an impediment beyond his control and that he could not reasonably be expected to have taken the impediment into account at the time of the conclusion of the contract or to have avoided or overcome it, or its consequences.

(2) If the party's failure is due to the failure by a third person whom he has engaged to perform the whole or a part of the contract, that party is exempt from liability only if :

   (a) he is exempt under the preceding paragraph; and

   (b) the person whom he has so engaged would be so exempt if the provisions of that paragraph were applied to him.

(3) The exemption provided by this article has effect for the period during which the impediment exists.

(4) The party who fails to perform must give notice to the other party of the impediment and its effect on his ability to perform. If the notice is not received by the other party within a reasonable time after the party who fails to perform knew or ought to have known of the impediment, he is liable for damages resulting from such non-receipt.

(5) Nothing in this article prevents either party from exercising any right other than to claim damages under this Convention.

(1) 당사자 일방은 그 의무 불이행이 자신의 통제를 벗어난 장애에 기인하였다는 점과 계약체결 시 그 장애에 대한 고려를 합리적으로 기대할 수 없거나 또는 그 장애나 장애 결과의 회피·극복을 합리적으로 기대할 수 없었다는 점을 입증하는 경우에는 자신의 의무 불이행에 대하여 책임을 지지 아니한다.

(2) 당사자의 불이행이 계약의 전부 또는 일부를 이행하기 위하여 고용된 제3자의 불이행에 기인한 경우에는, 그 당사자는 다음과 같은 경우에 한하여 그 책임이 면제된다.

   (a) 당사자가 전항의 규정에 따라 면책되고, 또한

   (b) 당사자가 고용한 제3자 역시 전항의 규정이 적용되어 면책되는 경우

(3) 본 조에 규정된 면책은 장애가 존재하는 동안의 기간에만 효력을 갖는다.

(4) 불이행 당사자는 장애와 그것이 자신의 이행능력에 미치는 영향에 관하여 상대방에게 통지하여야 한다. 불이행의 당사자가 장애를 알았거나 또는 알았어야 하는 때로부터 합리적 기간 내에 그 통지가 상대방에게 도달하지 아니한 경우에, 그 당사자는 그러한 불착으로 인하여 발생하는 손해배상액에 대한 책임이 있다.

(5) 본 조의 규정은 어느 당사자에 대해서도 본 협약에 따른 손해배상액의 청구 이외의 모든 권리 행사를 침해하지 아니한다.

Article 80 자신의 귀책사유와 불이행 13, 12년 기출

A party may not rely on a failure of the other party to perform, to the extent that such failure was caused by the first party's act or omission.

당사자 일방은 상대방의 불이행이 자신의 작위 또는 부작위에 기인하여 발생한 한도 내에서는 상대방의 불이행을 원용할 수 없다.

Section V. Effects of avoidance : 해제의 효과

Article 81 계약의무의 소멸과 반환청구 23, 22, 20, 10년 기출

(1) Avoidance of the contract releases both parties from their obligations under it, subject to any damages which may be due. Avoidance does not affect any provision of the contract for the settlement of disputes or any other provision of the contract governing the rights and obligations of the parties consequent upon the avoidance of the contract.

(2) A party who has performed the contract either wholly or in part may claim restitution from the other party of whatever the first party has supplied or paid under the contract. If both parties are bound to make restitution, they must do so concurrently.

(1) 계약 해제는 양 당사자를 이미 발생한 모든 손해배상의 의무를 제외한 계약상의 의무로부터 면하게 한다. 계약 해제는 분쟁해결을 위한 계약조항이나 계약 해제에 따라 발생하는 당사자의 권리·의무를 규율하는 기타 모든 계약조항에 영향을 미치지 아니한다.

(2) 계약의 전부 또는 일부를 이행한 당사자 일방은 상대방에 대하여 그 계약 하에서 자신이 이미 공급하였거나 또는 지급한 것에 대한 반환을 청구할 수 있다. 당사자 쌍방이 반환하여야 할 의무가 있는 경우에는, 양 당사자는 동시에 이를 이행하여야 한다.

Article 82 물품반환이 불가능한 경우 20, 13년 기출

(1) The buyer loses the right to declare the contract avoided or to require the seller to deliver substitute goods if it is impossible for him to make restitution of the goods substantially in the condition in which he received them.

(2) The preceding paragraph does not apply :
  (a) if the impossibility of making restitution of the goods or of making restitution of the goods substantially in the condition in which the buyer received them is not due to his act or omission;

(1) 매수인이 물품을 인수한 상태와 실질적으로 동등한 물품을 반환하는 것이 불가능한 경우에는, 매수인은 계약의 해제를 선언하거나 매도인에게 대체품 인도를 요구할 권리를 상실한다.

(2) 전항의 규정은 다음과 같은 경우에는 적용되지 아니한다.
  (a) 물품을 반환하거나 매수인이 물품을 인수한 상태와 실질적으로 동등한 물품을 반환하는 것이 불가능한 사유가 매수인의 작위 또는 부작위에 기인하지 아니한 경우,

(b) if the goods or part of the goods have perished or deteriorated as a result of the examination provided for in article 38; or

(c) if the goods or part of the goods have been sold in the normal course of business or have been consumed or transformed by the buyer in the course of normal use before he discovered or ought to have discovered the lack of conformity.

(b) 제38조에 규정된 검사의 결과로 물품의 전부 또는 일부가 이미 멸실되었거나 또는 변질된 경우, 또는

(c) 매수인이 불일치를 발견하였거나 또는 발견했어야 하는 때 이전에 물품의 전부 또는 일부가 이미 매수인에 의하여 정상적인 영업과정에서 매각되었거나, 또는 정상적인 사용과정에서 소비·변형된 경우

Article 83 기타의 구제방법

A buyer who has lost the right to declare the contract avoided or to require the seller to deliver substitute goods in accordance with article 82 retains all other remedies under the contract and this Convention.

매수인은 제82조에 따라 계약 해제 선언권 또는 매도인에게 대체품 인도를 요구할 권리를 상실한 경우에도, 계약 및 본 협약에 따른 다른 모든 구제방법을 보유하게 된다.

Article 84 이익의 반환 20년 기출

(1) If the seller is bound to refund the price, he must also pay interest on it, from the date on which the price was paid.

(2) The buyer must account to the seller for all benefits which he has derived from the goods or part of them :

   (a) if he must make restitution of the goods or part of them; or

   (b) if it is impossible for him to make restitution of all or part of the goods or to make restitution of all or part of the goods substantially in the condition in which he received them, but he has nevertheless declared the contract avoided or required the seller to deliver substitute goods.

(1) 매도인이 대금을 반환하여야 할 의무가 있는 경우, 매도인은 대금 지급일로부터의 이자도 지급하여야 한다.

(2) 매수인은 다음의 경우에는 물품의 전부 또는 일부로부터 취득한 이익을 매도인에게 반환하여야 한다.

   (a) 매수인이 물품의 전부 또는 일부를 반환하여야 하는 경우, 또는

   (b) 매수인이 물품의 전부 또는 일부를 반환하거나 또는 물품을 인수한 상태와 실질적으로 동일한 상태로 물품의 전부나 일부를 반환하는 것이 불가능함에도 매수인이 계약 해제를 선언하였거나 매도인에게 대체품의 인도를 요구한 경우

Section Ⅵ. Preservation of the goods : 물품의 보존

Article 85 매도인의 보존의무 22, 19년 기출

If the buyer is in delay in taking delivery of the goods or, where payment of the price and delivery of the goods are to be made concurrently, if he fails to pay the price, and the seller is either in possession of the goods or otherwise able to control their disposition, the seller must take such steps as are reasonable in the circumstances to preserve them. He is entitled to retain them until he has been reimbursed his reasonable expenses by the buyer.

매수인이 물품의 인도수령을 지체한 경우, 또는 대금 지급과 물품 인도가 동시에 이행되어야 하는 때에 매수인이 그 대금을 지급하지 아니하고 매도인이 물품을 점유하고 있거나 또는 기타의 방법으로 그 처분을 좌우할 수 있는 경우, 매도인은 물품 보존을 위하여 그 상황에 적합한 조치를 취하여야 한다. 매도인은 매수인으로부터 자신의 합당한 비용을 보상받을 때까지 물품을 유치할 권리가 있다.

Article 86 매수인의 보존의무 24, 22, 19년 기출

(1) If the buyer has received the goods and intends to exercise any right under the contract or this Convention to reject them, he must take such steps to preserve them as are reasonable in the circumstances. He is entitled to retain them until he has been reimbursed his reasonable expenses by the seller.

(2) If goods dispatched to the buyer have been placed at his disposal at their destination and he exercises the right to reject them, he must take possession of them on behalf of the seller, provided that this can be done without payment of the price and without unreasonable inconvenience or unreasonable expense. This provision does not apply if the seller or a person authorized to take charge of the goods on his behalf is present at the destination. If the buyer takes possession of the goods under this paragraph, his rights and obligations are governed by the preceding paragraph.

(1) 매수인이 물품을 인수한 후 계약 또는 본 협약에 의거 그 물품을 거부하기 위해 어떤 권리를 행사하고자 할 때에는, 매수인은 물품을 보존하기 위하여 그 상황에서 합리적인 조치를 취하여야 한다. 매수인은 매도인으로부터 자신의 합당한 비용을 보상받을 때까지 물품을 유치할 권리가 있다.

(2) 매수인 앞으로 발송된 물품이 목적지에서 매수인의 임의 처분 하에 놓인 경우 매수인이 물품 거부권을 행사할 때에는, 매수인은 매도인을 대신하여 물품을 점유하여야 한다. 다만 이것은 대금지급 없이 그리고 불합리한 불편이나 불합리한 비용이 없이 행하여질 수 있는 경우에 한한다. 이 규정은 매도인이나 매도인을 대신하여 물품 관리를 수권받은 자가 목적지에 있는 경우에는 적용되지 아니한다. 매수인이 본 조항의 규정에 따라 물품을 점유할 경우, 매수인의 권리와 의무에 대해서는 전항의 규정을 적용한다.

국제물품매매계약에 관한 유엔협약(CISG, 1980) 제86조에 관한 내용으로 옳은 것을 모두 고른 것은? 24년 기출

If goods dispatched to the buyer have been placed ㉠ at seller's disposal at their destination and he exercises ㉡ the right to reject them, he must take possession of them on behalf of the seller, provided that this can be done ㉢ with payment of the price and without unreasonable inconvenience or unreasonable expense. This provision does not apply if ㉣ the seller or a person authorized to take charge of the goods on his behalf is present at the destination. If ㉤ the seller takes possession of the goods under this paragraph, his rights and obligations are governed by the preceding paragraph.

① ㉠, ㉣
② ㉠, ㉤
③ ㉡, ㉢
④ ㉡, ㉣
⑤ ㉢, ㉤

해설

매수인 앞으로 발송된 물품이 목적지에서 ㉠ 매수인의 임의 처분하에(at his disposal) 놓이고 매수인이 ㉡ 물품 거부권을 행사한 경우, 매수인은 매도인을 대신하여 물품을 점유하여야 한다. 다만, 이것은 대금 지급 없이 그리고 불합리한 불편 또는 ㉢ 비용 없이(without ~ unreasonable expense) 행하여질 수 있는 경우에 한한다. 이 규정은 ㉣ 매도인이나 매도인을 대신하여 물품 관리를 수권받은 자가 목적지에 있는 경우에는 적용하지 아니한다. 만약, ㉤ 매수인이(the buyer) 본 조항의 규정에 따라 물품을 점유할 경우라면 매수인의 권리와 의무에 대해서는 전항의 규정을 적용한다.

정답 ④

Article 87 제3자 창고에의 기탁 22, 19년 기출

A party who is bound to take steps to preserve the goods may deposit them in a warehouse of a third person at the expense of the other party provided that the expense incurred is not unreasonable.

물품 보존을 위한 조치를 취하여야 할 의무가 있는 당사자는, 그로 인해 발생한 비용이 불합리하지 않은 한, 상대방의 비용으로 물품을 제3자의 창고에 기탁할 수 있다.

Article 88 물품의 매각 22년 기출

(1) A party who is bound to preserve the goods in accordance with article 85 or 86 may sell them by any appropriate means if there has been an unreasonable delay by the other party in taking possession of the goods or in taking them back or in paying the price or the cost of preservation, provided that reasonable notice of the intention to sell has been given to the other party.

(2) If the goods are subject to rapid deterioration or their preservation would involve unreasonable expense, a party who is bound to preserve the goods in accordance with article 85 or 86 must take reasonable measures to sell them. To the extent possible he must give notice to the other party of his intention to sell.

(3) A party selling the goods has the right to retain out of the proceeds of sale an amount equal to the reasonable expenses of preserving the goods and of selling them. He must account to the other party for the balance.

(1) 제85조 또는 제86조에 따라 물품 보존의 의무가 있는 당사자는 상대방이 물품 점유나 반송에 있어서, 또는 대금이나 보존비용의 지급에 있어서 불합리하게 지연한 경우에는, 적절한 방법으로 물품을 매각할 수 있다. 다만 상대방에게 그 매각 의도에 대한 합당한 통지를 해야 한다.

(2) 물품이 급속히 변질되기 쉬운 것이나 그 보존에 불합리한 비용이 소요되는 경우에는, 제85조 또는 제86조에 따라 물품을 보존하여야 할 의무가 있는 당사자는 이를 매각하기 위한 합리적인 조치를 취하여야 한다. 보존 의무가 있는 당사자는 가능한 선에서 상대방에게 매각의 의도에 관하여 통지를 하여야 한다.

(3) 물품매각 당사자는 매각 대금에서 물품의 보존과 그 매각에 소요된 적정 비용에 상당하는 금액을 보유할 권리를 갖는다. 그 당사자는 상대방에게 잔액을 반환하여야 한다.

PART IV. FINAL PROVISIONS : 최종규정

Article 89 협약의 수탁자

The Secretary—General of the United Nations is hereby designated as the depositary for this Convention.

국제연합 사무총장은 본 협약의 수탁자가 된다.

Article 90 타 협정과의 관계

This Convention does not prevail over any international agreement which has already been or may be entered into and which contains provisions concerning the matters governed by this Convention, provided that the parties have their places of business in States parties to such agreement.

이미 발효하였거나 또는 앞으로 발효하게 될 국제협정이 본 협약에서 규율하는 사항에 관한 규정을 두고 있는 경우에, 본 협약은 그러한 국제협정에 우선하지 아니한다. 다만, 당사자들이 그러한 협정의 당사국에 영업소를 가지고 있는 경우에 한한다.

Article 91 서명 및 협약의 채택

(1) This Convention is open for signature at the concluding meeting of the United Nations Conference on Contracts for the International Sale of Goods and will remain open for signature by all States at the Headquarters of the United Nations, New York until 30 September 1981.

(2) This Convention is subject to ratification, acceptance or approval by the signatory States.

(3) This Convention is open for accession by all States which are not signatory States as from the date it is open for signature.

(4) Instruments of ratification, acceptance, approval and accession are to be deposited with the Secretary—General of the United Nations.

(1) 본 협약은 국제물품매매계약에 관한 국제연합회의의 최종일에 서명을 위하여 개방되고, 뉴욕의 국제연합 본부에서 1981년 9월 30일까지 모든 국가에 의한 서명을 위하여 개방된다.

(2) 본 협약은 서명국에 의하여 비준, 수락 또는 승인되어야 한다.

(3) 본 협약은 서명을 위하여 개방된 날부터 서명국이 아닌 모든 국가의 가입을 위하여 개방된다.

(4) 비준서, 수락서, 승인서 또는 가입서는 국제연합 사무총장에게 기탁되어야 한다.

Article 92 일부 규정의 채택

(1) A Contracting State may declare at the time of signature, ratification, acceptance, approval or accession that it will not be bound by Part II of this Convention or that it will not be bound by Part III of this Convention.

(2) A Contracting State which makes a declaration in accordance with the preceding paragraph in respect of Part II or Part III of this Convention is not to be considered a Contracting State within paragraph (1) of article 1 of this Convention in respect of matters governed by the Part to which the declaration applies.

(1) 체약국은 서명, 비준, 수락, 승인 또는 가입시에 본 협약 제2부 또는 제3부에 구속되지 아니한다는 취지의 선언을 할 수 있다.

(2) 제1항에 따라 본 협약 제2부 또는 제3부에 관하여 유보선언을 한 체약국은, 그 선언이 적용되는 편에 의하여 규율되는 사항에 관해서는 본 협약 제1조 제1항에서 규정하는 체약국으로 보지 아니한다.

Article 93 연방국가의 채택

(1) If a Contracting State has two or more territorial units in which, according to its constitution, different systems of law are applicable in relation to the matters dealt with in this Convention, it may; at the time of signature, ratification, acceptance, approval or accession, declare that this Convention is to extend to all its territorial units or only to one or more of them, and may amend its declaration by submitting another declaration at any time.

(2) These declarations are to be notified to the depositary and are to state expressly the territorial units to which the Convention extends.

(3) If, by virtue of a declaration under this article, this Convention extends to one or more but not all of the territorial units of a Contracting State, and if the place of business of a party is located in that State, this place of business, for the purposes of this Convention, is considered not to be in a Contracting State, unless it is in a territorial unit to which the Convention extends.

(4) If a Contracting State makes no declaration under paragraph (1) of this article, the Convention is to extend to all territorial units of that State.

(1) 체약국이 그 헌법상 본 협약이 다루고 있는 사항에 관하여 각 영역마다 상이한 법체계가 적용되는 둘 이상의 영역을 가지고 있는 경우에, 그 체약국은 서명, 비준, 수락, 승인 또는 가입시에 본 협약의 전체 영역 또는 일부 영역만을 적용한다는 취지의 선언을 할 수 있으며, 언제든지 새로운 선언을 함으로써 이전의 선언을 변경할 수 있다.

(2) 제1항의 선언은 수탁자에게 통고되어야 하며, 본 협약이 적용되는 영역 또한 명시되어야 한다.

(3) 본 조항의 선언에 의하여 본 협약이 체약국의 전체 영역에 적용되지 아니하고 하나 이상의 일부 영역에만 적용되는 경우로 당사자 일방의 영업소가 그 체약국에 있는 경우에는, 그 영업소는 본 협약의 적용상 체약국에 있지 아니한 것으로 본다. 다만, 그 영업소가 본 협약이 적용되는 영역에 있는 경우에는 그러하지 아니하다.

(4) 체약국이 제1항의 선언을 하지 아니한 경우에 본 협약은 그 체약국의 전체 영역에 적용된다.

Article 94 관련법이 있는 국가의 채택

(1) Two or more Contracting States which have the same or closely related legal rules on matters governed by this Convention may at any time declare that the Convention is not to apply to contracts of sale or to their formation where the parties have their places of business in those States. Such declarations may be made jointly or by reciprocal unilateral declarations.

(2) A Contracting State which has the same or closely related legal rules on matters governed by this Convention as one or more non-Contracting States may at any time declare that the Convention is not to apply to contracts of sale or to their formation where the parties have their places of business in those States.

(3) If a State which is the object of a declaration under the preceding paragraph subsequently becomes a Contracting State, the declaration made will, as from the date on which the Convention enters into force in respect of the new Contracting State, have the effect of a declaration made under paragraph (1), provided that the new Contracting State joins in such declaration or makes a reciprocal unilateral declaration.

(1) 본 협약이 규율하는 사항에 관하여 동일하거나 또는 밀접하게 관련된 법규를 가지는 둘 이상의 체약국은, 양 당사자의 영업소가 그러한 국가에 있는 경우에 본 협약을 매매계약과 그 성립에 관하여 적용하지 아니한다는 취지의 선언을 언제든지 행할 수 있다. 그러한 선언은 공동으로 또는 상호간에 단독으로 할 수 있다.

(2) 본 협약이 규율하는 사항에 관하여 하나 이상의 비체약국과 동일하거나 또는 밀접하게 관련된 법규를 가지는 체약국은 양 당사자의 영업소가 그러한 국가에 있는 경우에 본 협약을 매매계약과 그 성립에 대하여 적용하지 아니한다는 취지의 선언을 언제든지 행할 수 있다.

(3) 제2항에 의한 선언의 대상이 된 국가가 그 후 체약국이 된 경우에, 그 선언은 본 협약이 새로운 체약국에 대하여 효력이 발생하는 날부터 제1항의 선언으로서 효력을 가진다. 다만, 새로운 체약국이 그 선언에 가담하거나 또는 상호간에 단독으로 선언하는 경우에 한한다.

Article 95 제1조 제1항 제b호의 배제

Any State may declare at the time of the deposit of its instrument of ratification, acceptance, approval or accession that it will not be bound by subparagraph (1)(b) of article 1 of this Convention.

어떤 국가든지 비준서, 수락서, 승인서 또는 가입서를 기탁할 때, 본 협약 제1조 제1항 제b호에 구속되지 아니한다는 취지의 선언을 행할 수 있다.

Article 96 계약형식 요건의 유보

A Contracting State whose legislation requires contracts of sale to be concluded in or evidenced by writing may at any time make a declaration in accordance with article 12 that, any provision of article 11, article 29, or Part II of this Convention, that allows a contract of sale or its modification or termination by agreement or any offer, acceptance, or other indication of intention to be made in any form other than in writing, does not apply where any party has his place of business in that State.

그 국가의 법률상 매매계약의 체결 또는 입증에 서면을 요구하는 체약국은 제12조에 따라 매매계약, 합의에 의한 매매계약의 변경이나 종료, 청약, 승낙 기타의 의사표시를 서면 이외의 방법으로 하는 것을 허용하는 본 협약 제11조, 제29조 또는 제2부의 어떠한 규정도 당사자 일방이 그 국가에 영업소를 가지고 있는 경우에는 적용하지 아니한다는 취지의 선언을 언제든지 행할 수 있다.

Article 97 협약에 관한 선언절차 23년 기출

(1) Declarations made under this Convention at the time of signature are subject to confirmation upon ratification, acceptance or approval.

(2) Declarations and confirmations of declarations are to be in writing and be formally notified to the depositary.

(3) A declaration takes effect simultaneously with the entry into force of this Convention in respect of the State concerned. However, a declaration of which the depositary receives formal notification after such entry into force takes effect on the first day of the month following the expiration of six months after the date of its receipt by the depositary. Reciprocal unilateral declarations under article 94 take effect on the first day of the month following the expiration of six months after the receipt of the latest declaration by the depositary.

(4) Any State which makes a declaration under this Convention may withdraw it at any time by a formal notification in writing addressed to the depositary. Such withdrawal is to take effect on the first day of the month following the expiration of six months after the date of the receipt of the notification by the depositary.

(1) 서명시에 본 협약에 따라 행한 선언은 비준, 수락 또는 승인시 다시 확인되어야 한다.

(2) 선언 및 선언의 확인은 서면으로 하여야 하고, 또한 정식으로 수탁자에게 통고하여야 한다.

(3) 선언은 이를 행한 국가에 대하여 본 협약이 발효함과 동시에 효력이 생긴다. 다만, 협약의 발효 후 수탁자가 정식으로 통고를 수령한 선언은 수탁자가 이를 수령한 날부터 6월이 경과된 달의 다음달 1일에 효력이 발생한다. 제94조에 따른 상호간의 단독선언은 수탁자가 최후의 선언을 수령한 후 6월이 경과한 달의 다음달 1일에 효력이 발생한다.

(4) 본 협약에 따라 선언을 행한 국가는 수탁자에게 서면에 의한 정식의 통고를 함으로써 언제든지 그 선언을 철회할 수 있다. 그러한 철회는 수탁자가 통고를 수령한 날부터 6월이 경과된 달의 다음달 1일에 효력이 발생한다.

(5) A withdrawal of a declaration made under article 94 renders inoperative, as from the date on which the withdrawal takes effect, any reciprocal declaration made by another State under that article.

(5) 제94조에 따라 선언이 철회된 경우에는 그 철회의 효력이 발생하는 날부터 제94조에 따라 다른 국가가 행한 상호간의 선언의 효력이 상실된다.

Article 98 유보의 금지

No reservations are permitted except those expressly authorized in this Convention.

본 협약에 의하여 명시적으로 인정된 경우를 제외하고는 어떠한 유보도 허용되지 아니한다.

Article 99 협약의 발효

(1) Thin Convention enters into force, subject to tho provisions of paragraph (6) of this article, on the first day of the month following the expiration of twelve months after the date of deposit of the tenth instrument of ratification, acceptance, approval or accession, including an instrument which contains a declaration made under article 92.

(2) When a State ratifies, accepts, approves or accedes to this Convention after the deposit of the tenth instrument of ratification, acceptance, approval or accession, this Convention, with the exception of the Part excluded, enters into force in respect of that State, subject to the provisions of paragraph (6) of this article, on the first day of the month following the expiration of twelve months after the date of the deposit of its instrument of ratification, acceptance, approval or accession.

(3) A State which ratifies, accepts, approves or accedes to this Convention and is a party to either or both the Convention relating to a Uniform Law on the Formation of Contracts for the International Sale of Goods done at The Hague on 1 July 1964 (1964 Hague Formation Convention) and the Convention relating to a Uniform Law on the International Sale of Goods

(1) 본 협약은 제6항의 규정에 따를 것을 조건으로, 제92조의 선언을 포함하고 있는 문서를 포함하여 10번째의 비준서, 수락서, 승인서 또는 가입서가 기탁된 날부터 12월이 경과된 달의 다음달 1일에 효력이 발생한다.

(2) 10번째의 비준서, 수락서, 승인서 또는 가입서가 기탁된 후에 어느 국가가 본 협약을 비준, 수락, 승인 또는 가입하는 경우에, 본 협약은 적용이 배제된 부를 제외하고 제6항에 따를 것을 조건으로 하여 그 국가의 비준서, 수락서, 승인서 또는 가입서가 기탁된 날부터 12월이 경과된 달의 다음달 1일에 그 국가에 대하여 효력이 발생한다.

(3) 1964년 7월 1일 헤이그에서 작성된 『국제물품매매계약의 성립에 관한 통일법』(1964년 헤이그성립협약)과 『국제물품매매계약에 관한 통일법』(1964년 헤이그매매협약)중의 하나 또는 모두의 당사국이 본 협약을 비준, 수락, 승인 또는 이에 가입하는 경우에는 네덜란드 정부에 실효를 통고함으로써 1964년 헤이그매매협약 및/또는 1964년 헤이그성립협약을 동시에 폐기하여야 한다.

done at The Hague on 1 July 1964 (1961 Hague Sales Convention) shall at the same time denounce, as the case may be, either or both the 1964 Hague Sales Convention and the 1964 Hague Formation Convention by notifying the Government of the Netherlands to that effect.

(4) A State party to the 1964 Hague Sales Convention which ratifies, accepts, approves or accedes to the present Convention and declares or has declared under article 92 that it will not be bound by Part II of this Convention shall at the time of ratification, acceptance, approval or accession denounce the 1964 Hague Sales Convention by notifying the Government of the Netherlands to that effect.

(5) A State party to the 1964 Hague Formation Convention which ratifies, accepts, approves or accedes to the present Convention and declares or has declared under article 92 that it will not be bound by Part III of this Convention shall at the time of ratification, acceptance, approval or accession denounce the 1964 Hague Formation Convention by notifying the Government of the Netherlands to that effect.

(6) For the purpose of this article, ratifications, acceptances, approvals and accessions in respect of this Convention by States parties to the 1964 Hague Formation Convention or to the 1964 Hague Sales Convention shall not be effective until such denunciations as may be required on the part of those States in respect of the latter two Conventions have themselves become effective. The depositary of this Convention shall consult with the Government of the Netherlands, as the depositary of the 1964 Conventions, so as to ensure necessary co-ordination in this respect.

(4) 1964년 헤이그매매협약의 당사국으로서 본 협약을 비준, 수락, 승인 또는 가입하는 국가가 제92조에 따라 본 협약 제2부에 구속되지 아니한다는 뜻을 선언하거나 또는 선언한 경우에, 그 국가는 본 협약의 비준, 수락, 승인 또는 가입시에 네델란드 정부에 통고함으로써 1964년 헤이그매매협약을 폐기하여야 한다.

(5) 1964년 헤이그성립협약의 당사국으로서 본 협약을 비준, 수락, 승인 또는 가입하는 국가가 제92조에 따라 본 협약 제3부에 구속되지 아니한다는 뜻을 선언하거나 또는 선언한 경우에, 그 국가는 본 협약의 비준, 수락, 승인 또는 가입시 네델란드정부에 통고함으로서 1964년 헤이그성립협약을 폐기하여야 한다.

(6) 본 조항의 적용상, 1964년 헤이그성립협약 또는 1964년 헤이그매매협약의 당사국에 의한 본 협약의 비준, 수락, 승인 또는 가입은 이들 두 협약에 관하여 당사국에게 요구되는 폐기의 통고가 효력을 발생하기까지 그 효력이 발생하지 아니한다. 본 협약의 수탁자는 이에 관한 필요한 상호조정을 확실히 하기 위하여 1964년 협약들의 수탁자인 네델란드 정부와 협의하여야 한다.

Article 100 계약에 대한 적용일

(1) This Convention applies to the formation of a contract only when the proposal for concluding the contract is made on or after the date when the Convention enters into force in respect of the Contracting States referred to in subparagraph (1)(a) or the Contracting State referred to in subparagraph (1)(b) of article 1.

(2) This Convention applies only to contracts concluded on or after the date when the Convention enters into force in respect of the Contracting States referred to in subparagraph (1)(a) or the Contracting State referred to in subparagraph (1)(b) of article 1.

(1) 본 협약은 제1조 제1항 제a호 또는 제b호의 체약국에게 협약의 효력이 발생한 날 이후에 계약체결을 위한 제안이 이루어진 경우에 한하여 계약의 성립에 대하여 적용된다.

(2) 본 협약은 제1조 제1항 제a호 또는 제b호의 체약국에게 협약의 효력이 발생한 날 이후에 체결된 계약에 대하여만 적용된다.

Article 101 협약의 폐기

(1) A Contracting State may denounce this Convention, or Part II or Part III of the Convention, by a formal notification in writing addressed to the depositary.

(2) The denunciation takes effect on the first day of the month following the expiration of twelve months after the notification is received by the depositary. Where a longer period for the denunciation to take effect is specified in the notification, the denunciation takes effect upon the expiration of such longer period after the notification is received by the depositary.

(1) 체약국은 수탁자에게 서면에 의한 정식의 통고를 함으로써 본 협약 또는 본 협약 제2부 또는 제3부를 폐기할 수 있다.

(2) 폐기는 수탁자가 통고를 수령한 후 12월이 경과한 달의 다음달 1일에 그 효력이 발생한다. 폐기가 효력을 발생하는 데 보다 긴 기간이 통고서에 명시된 경우 폐기의 효력은 수탁자가 통고를 수령한 후 그 기간이 경과된 때 발생한다.

3. English Sale of Goods Act(SGA, 1979) : 영국 물품매매법

※ 영국 물품매매법은 출제 빈도가 높지 않으므로 지면 관계상 중요한 조문만 수록하였습니다.

PART Ⅰ. CONTRACTS TO WHICH ACT APPLIES : 법의 적용

1. Contracts to which act applies : 법이 적용되는 계약

(1) This Act applies to contracts of sale of goods made on or after (but not to those made before) 1 January 1894.

(2) In relation to contracts made on certain dates, this Act applies subject to the modification of certain of its sections as mentioned in Schedule 1 below.

(3) Any such modification is indicated in the section concerned by a reference to Schedule 1 below.

(4) Accordingly, where a section does not contain such a reference, this Act applies in relation to the contract concerned without such modification of the section.

(1) 이 법은 1894년 1월 1일 또는 그 이후에 체결된 물품매매계약에 적용한다.

(2) 특정일에 체결된 계약에 관하여 이 법은 아래의 Schedule 1에 의하여 확정된 각 조항의 수정을 전제로 하여 적용한다.

(3) 이러한 수정은 아래의 Schedule 1을 참조한 조항에 표시된다.

(4) 따라서 이 법에서 참조를 포함하지 않은 조항은 그러한 수정조항이 없는 계약에 적용한다.

PART Ⅱ. FORMATION OF THE CONTRACT : 계약의 성립

2. Contract of sale : 매매계약 19, 18, 16, 15, 11년 기출

(1) A contract of sale of goods is a contract by which the seller transfers or agrees to transfer the property in goods to the buyer for a money consideration, called the price.

(2) There may be a contract of sale between one part owner and another.

(3) A contract of sale may be absolute or conditional.

(4) Where under a contract of sale the property in the goods is transferred from the seller to the buyer the contract is called a sale.

(5) Where under a contract of sale the transfer of the property in the goods is to take place at a future time or subject to some condition later to be fulfilled the contract is called an agreement to sell.

(1) 물품매매계약은 매도인이 대금이라 불리는 금전상의 약인을 통해 매수인에게 물품의 소유권을 이전하거나 소유권 이전에 합의하는 계약이다.

(2) 지분 소유자 간의 매매계약을 체결할 수 있다.

(3) 매매계약은 절대적 또는 조건부로 할 수 있다.

(4) 매매계약으로 물품의 소유권이 매도인에게서 매수인에게 이전되는 것을 매매라 한다.

(5) 매매계약에 의하여 물품의 소유권 이전이 장래에 이행되거나 또는 계약 이후에 충족되어야 할 일정한 조건을 전제로 한 경우에 그 계약은 매매의 합의라고 칭한다.

(6) An agreement to sell becomes a sale when the time elapses or the conditions are fulfilled subject to which the property in the goods is to be transferred.

(6) 매매의 합의는 소유권 이전에 필요한 시간이 경과했을 때나 전제된 조건이 충족되었을 때에 매매가 이루어진 것으로 본다.

3. Capacity to buy and sell : 매매의 능력 19년 기출

(1) Capacity to buy and sell is regulated by the general law concerning capacity to contract and to transfer and acquire property.

(2) Where necessaries are sold and delivered to a minor or to a person who by reason of mental incapacity or drunkenness is incompetent to contract, he must pay a reasonable price for them.

(3) In subsection (2) above "necessaries" means goods suitable to the condition in life of the minor or other person concerned and to his actual requirements at the time of the sale and delivery.

(1) 매매의 능력은 계약의 능력, 소유권 이전 및 취득의 능력에 관한 일반법에 따라 규정된다.

(2) 미성년자 또는 계약의 능력이 없는 의사무능력자, 명정 상태에 있는 자에게 생필품이 판매 및 인도된 경우 그는 합당한 대금을 지불해야 한다.

(3) 상기 제2항의 "생필품"이란 미성년자 또는 이해관계인의 삶의 조건과 매매 및 인도된 시점에 그의 사실상 요구 사항에 적합한 상품을 말한다.

4. How contract of sale is made : 매매계약의 방식 15년 기출

(1) Subject to this and any other Act, a contract of sale may be made in writing (either with or without seal), or by word of mouth, or partly in writing and partly by word of mouth, or may be implied from the conduct of the parties.

(2) Nothing in this section affects the law relating to corporations.

(1) 이 법 또는 다른 어떠한 법률에 규정이 없는 한, 매매계약은 서면(날인된 또는 날인되지 않은), 구두 또는 일부서면·일부구두로 하거나 당사자의 행위로부터 묵시적으로 체결할 수 있다.

(2) 본 조의 규정은 법인에 관한 법률에 영향을 미치지 않는다.

5. Existing or future goods : 현물 또는 선물 21년 기출

(1) The goods which form the subject of a contract of sale may be either existing goods, owned or possessed by the seller, or goods to be manufactured or acquired by him after the making of the contract of sale, in this Act called future goods.

(1) 매매계약의 목적이 되는 물품은 매도인이 소유 또는 점유하는 현물이거나 매매계약 체결 후에 매도인이 제조 또는 취득한 물품, 즉 이 법이 규정하는 선물이어야 한다.

(2) There may be a contract for the sale of goods the acquisition of which by the seller depends on a contingency which may or may not happen.

(3) Where by a contract of sale the seller purports to effect a present sale of future goods, the contract operates as an agreement to sell the goods.

(2) 매도인의 물품 취득이 일어날 수도 있고 일어나지 않을 수도 있는 우연에 달린 물품에 대해 매매계약을 체결할 수 있다.

(3) 매도인이 매매계약에 의해 선물을 현재 매매하려는 경우, 그 계약은 물품 매매의 합의로서 효력이 있다.

6. Goods which have perished : 멸실된 물품 15년 기출

Where there is a contract for the sale of specific goods, and the goods without the knowledge of the seller have perished at the time when the contract is made, the contract is void.

특정 물품에 대한 매매계약이 있더라도 물품이 계약체결 시점 이미 멸실되었고 매도인이 이에 대해 알지 못한 경우, 계약은 무효이다.

7. Goods perishing before sale but after agreement to sell : 매매합의 후 물품의 멸실

Where there is an agreement to sell specific goods and subsequently the goods, without any fault on the part of the seller or buyer, perish before the risk passes to the buyer, the agreement is avoided.

특정 물품에 대한 매매의 합의가 있고 그 후에 매도인이나 매수인의 과실 없이 위험이 매수인에게 이전되기 전 물품이 멸실된 경우, 그 합의는 무효로 한다.

8. Ascertainment of price : 대금의 확정

(1) The price in a contract of sale may be fixed by the contract, or may be left to be fixed in a manner agreed by the contract, or may be determined by the course of dealing between the parties.

(1) 매매계약에서의 대금은 계약에 의해 확정되거나 당사자의 거래관행 또는 계약에 의해 합의된 방식으로 결정할 수 있다.

(2) Where the price is not determined as mentioned in sub-section (1) above the buyer must pay a reasonable price.

(2) 대금이 상기 제1항에 의해 결정되지 않은 경우 매수인은 합리적인 금액을 지급해야 한다.

※ 중 략

9. Agreement to sell at valuation : 평가를 요하는 매매의 합의 15년 기출

(1) Where there is an agreement to sell goods on the terms that the price is to be fixed by the valuation of a third party, and he cannot or does not make the valuation, the agreement is avoided; but if the goods or any part of them have been delivered to and appropriated by the buyer he must pay a reasonable price for them.

(2) Where the third party is prevented from making the valuation by the fault of the seller or buyer, the party not at fault may maintain an action for damages against the party at fault.

(1) 매매의 합의가 제3자의 평가에 의해 대금이 확정되는 것을 내용으로 하고 그 제3자가 평가할 수 없거나 평가하지 않는 경우, 그 합의는 무효로 한다. 다만 물품의 전부 또는 일부가 매수인에게 인도되어 충당되었다면 매수인은 합리적인 금액을 지급해야 한다.

(2) 제3자가 매도인이나 매수인의 과실로 평가하지 못하게 된 경우, 과실이 없는 당사자는 과실이 있는 당사자에 대해 손해배상 소송권을 유보한다.

10. Stipulations about time : 시기에 관한 약정

(1) Unless a different intention appears from the terms of the contract, stipulations as to time of payment are not of the essence of a contract of sale.

(3) In a contract of sale "month" prima facie means calendar month.

(1) 계약조건에 별도의 의사표시가 없는 한 지급 시기에 관한 약정은 매매계약의 요소가 아니다.

※ (2) 생 략

(3) 매매계약에서의 "월"은 역월을 의미하는 것으로 추정한다.

11. When condition to be treated as warranty : 담보로 취급되는 조건 14년 기출

(1) This section does not apply to Scotland.

(2) Where a contract of sale is subject to a condition to be fulfilled by the seller, the buyer may waive the condition, or may elect to treat the breach of the condition as a breach of warranty and not as a ground for treating the contract as repudiated.

(3) Whether a stipulation in a contract of sale is a condition, the breach of which may give rise to a right to treat the contract as repudiated, or a warranty, the breach of which may give rise to a claim for damages but not to a right to reject the goods and treat the contract as repudiated, depends in each case on the construction of the contract; and a stipulation may be a condition, though called a warranty in the contract.

(1) 본 조항의 내용은 스코틀랜드에 적용되지 아니한다.

(2) 매매계약이 매도인에 의해 충족되어야 할 조건을 전제로 할 때 매수인은 조건을 포기하거나 조건위반을 담보위반으로 간주하여 계약의 이행거절사유로 취급하지 않을 수 있다.

(3) 매매계약에 있어 어떠한 약정이 그 위반으로 인하여 계약의 이행거절로 취급하는 권리를 발생하게 하는 조건인가, 아니면 그 위반으로 인하여 손해배상의 청구권을 발생하게 하지만 물품의 거절권 및 계약의 이행거절로 취급하는 권리를 발생하게 하지 아니하는 담보인가의 여부는 각 경우에 있어 계약의 해석에 달려있다. 그리고 어떠한 약정은 계약에 있어 담보로 칭하는 경우라도 조건이 될 수 있다.

(4) [Subject to section 35A below] Where a contract of sale is not severable and the buyer has accepted the goods or part of them, the breach of a condition to be fulfilled by the seller can only be treated as a breach of warranty, and not as a ground for rejecting the goods and treating the contract as repudiated, unless there is an express or implied term of the contract to that effect.

(6) Nothing in this section affects a condition or warranty whose fulfillment is excused by law by reason of impossibility or otherwise.

※ 중 략

(4) [하기 35A 규정에 따라] 매매계약이 분리될 수 없고 매수인이 물품의 전부 또는 일부를 받은 경우, 매도인에 의해 충족되어야 할 조건의 위반은 담보의 위반으로 취급될 수 있으나 물품의 거절과 계약의 이행거절로 취급되는 사유가 되지 않는다. 계약에 그 효력에 대한 명시적·묵시적 조항이 있는 경우는 제외한다.

※ (5) 생 략

(6) 이 규정은 불가능 등 기타 사유로 법률상 충족이 면제되는 조건 또는 담보에 적용하지 않는다.

PART Ⅳ. PERFORMANCE OF THE CONTRACT : 계약의 이행

27. Duties of seller and buyer : 매도인과 매수인의 의무

It is the duty of the seller to deliver the goods, and of the buyer to accept and pay for them, in accordance with the terms of the contract of sale.

매매계약의 조항과 일치하는 물품을 인도하는 것은 매도인의 의무이고 물품을 인수하고 그 대금을 지급하는 것은 매수인의 의무이다.

28. Payment and delivery are concurrent conditions : 지급과 인도의 동시이행조건 14년 기출

Unless otherwise agreed, delivery of the goods and payment of the price are concurrent conditions, that is to say, the seller must be ready and willing to give possession of the goods to the buyer in exchange for the price and the buyer must be ready and willing to pay the price in exchange for possession of the goods.

별도의 합의가 없는 한 물품의 인도와 대금의 지급은 동시이행조건이다. 즉, 매도인은 대금과 교환하여 물품의 점유권을 이전하여야 하며, 매수인은 물품의 점유권과 교환하여 대금을 지급해야 한다.

(1) Whether it is for the buyer to take possession of the goods or for the seller to send them to the buyer is a question depending in each case on the contract, express or implied, between the parties.

(2) Apart from any such contract, express or implied, the place of delivery is the seller's place of business if he has one, and if not, his residence; except that, if the contract is for the sale of specific goods, which to the knowledge of the parties when the contract is made are in some other place, then that place is the place of delivery.

(3) Where under the contract of sale the seller is bound to send the goods to the buyer, but no time for sending them is fixed, the seller is bound to send them within a reasonable time.

(4) Where the goods at the time of sale are in the possession of a third person, there is no delivery by seller to buyer unless and until the third person acknowledges to the buyer that he holds the goods on his behalf; but nothing in this section affects the operation of the issue or transfer of any document of title to goods.

(5) Demand or tender of delivery may be treated as ineffectual unless made at a reasonable hour; and what is a reasonable hour is a question of fact.

(6) Unless otherwise agreed, the expenses of and incidental to putting the goods into a deliverable state must be borne by the seller.

(1) 매수인이 스스로 물품의 점유를 취득하여야 할지 매도인이 스스로 물품을 매수인에게 송부하여야 할지 여부는 각 경우에 있어 당사자 간의 명시적·묵시적 계약에 따를 문제이다.

(2) 명시적·묵시적 계약이 존재하지 아니하는 한, 인도의 장소는 매도인의 영업장소로 하며 영업장소가 없는 경우에는 매도인의 주거지로 한다. 다만 계약이 특정물의 매매를 위한 경우에는, 계약체결 시점에 특정물이 어떤 다른 장소에 있음을 당사자가 알고 있으면 그 장소를 인도의 장소로 한다.

(3) 매매계약에 의해 매도인은 매수인에게 물품을 송부하여야 할 의무가 있으나, 그 송부를 위한 시기가 확정되지 아니한 경우, 합리적인 기간 내에 송부하여야 한다.

(4) 매매 시점에 물품이 제3자의 점유 하에 있는 경우, 제3자가 매수인에게 그를 위하여 물품을 소지하고 있음을 통지하지 아니하는 한 매도인으로부터 매수인에게 인도가 있었다고 할 수 없다. 다만 본 조의 규정은 물품에 관한 어떠한 권리증서의 발행 또는 이전의 효력에 대하여 영향을 미치지 아니한다.

(5) 인도의 청구 또는 제공은 합리적인 시간에 하지 아니하는 한, 그 효력이 없는 것으로 볼 수 있다. 또한 합리적인 시간이라 함은 사실의 문제이다.

(6) 별도의 합의가 없는 한, 물품을 인도 가능한 상태로 하기 위한 비용 및 기타 부수되는 비용은 매도인이 부담하여야 한다.

30. Delivery of wrong quantity : 하자있는 수량의 인도 17년 기출

(1) Where the seller delivers to the buyer a quantity of goods less than he contracted to sell, the buyer may reject them, but if the buyer accepts the goods so delivered he must pay for them at the contract rate.

(2) Where the seller delivers to the buyer a quantity of goods larger than he contracted to sell, the buyer may accept the goods included in the contract and reject the rest, or he may reject the whole.

(3) Where the seller delivers to the buyer a quantity of goods larger than he contracted to sell and the buyer accepts the whole of the goods so delivered he must pay for them at the contract rate.

(4) Where the seller delivers to the buyer the goods he contracted to sell mixed with goods of a different description not included in the contract, the buyer may accept the goods which are in accordance with the contract and reject the rest, or he may reject the whole.

(5) This section is subject to any usage of trade, special agreement, or course of dealing between the parties.

(1) 매도인이 매매계약보다 적은 수량의 물품을 매수인에게 인도한 경우, 매수인은 이를 거절할 수 있다. 그러나 매수인이 그러한 수량으로 인도된 물품을 인수한 경우에는 계약의 비율에 의해 그 대금을 지급해야 한다.

(2) 매도인이 매매계약보다 많은 수량의 물품을 매수인에게 인도한 경우, 매수인은 계약에 명시된 수량의 물품을 인수하고 잔여수량을 거절하거나 또는 그 전부에 대해 거절할 수 있다.

(3) 매도인이 매매계약보다 많은 수량의 물품을 매수인에게 인도하고 매수인이 그러한 수량으로 인도된 물품의 전량을 인수한 경우, 매수인은 계약의 비율에 의해 그 대금을 지급하여야 한다.

(4) 매도인이 매매계약의 물품과 계약에 없는 다른 명세의 물품을 혼합하여 매수인에게 인도한 경우, 매수인은 계약과 일치하는 물품을 인수하고 그 잔여품 또는 전량의 물품을 거절할 수 있다.

(5) 본 조는 다른 상관행, 특정의 합의 또는 당사자 간의 거래지침이 있을 때에는 이를 전제로 하여 적용한다.

31. Instalment deliveries : 할부인도

(1) Unless otherwise agreed, the buyer of goods is not bound to accept delivery of them by instalments.

(2) Where there is a contract for the sale of goods to be delivered by stated instalments, which are to be separately paid for, and the seller makes defective deliveries in respect of one or more instalments, or the buyer neglects or refuses to take delivery of or pay for one or more instalments, it is a question in each case depending on the terms of the contract and the circumstances of the case whether the breach of contract is a repudiation of the whole contract or whether it is a severable breach giving rise to a claim for compensation but not to a right to treat the whole contract as repudiated.

(1) 별도의 합의가 없는 한, 물품 매수인은 당사자 간의 거래지침이 있을 때에는 이를 전제로 하여 적용한다.

(2) 물품이 일정량으로 할부인도되어 대금이 개별적으로 지급되는 매매계약이 존재하고 매도인이 일회 또는 수회의 할부 부분에 대하여 하자있는 인도를 하거나 매수인이 일회 또는 수회의 할부 부분에 대하여 인수 또는 지급을 해태 또는 거절한 경우, 그 계약의 위반이 계약의 전부에 대한 이행거절에 속하는지 혹은 계약의 전부에 대한 이행거절의 권리를 발생하게 하지 아니하고 각 위반에 대하여 손해배상의 청구권을 발생하게 하는 분리 가능한 위반에 속하는지 여부는 각 경우의 계약조항 및 정황에 따를 문제이다.

※ 중 략

PART V. RIGHTS OF UNPAID SELLER AGAINST THE GOODS :
지급받지 못한 매도인의 물품에 대한 권리

44. Right of stoppage in transit : 매도인의 운송정지권

Subject to this Act, when the buyer of goods becomes insolvent the unpaid seller who has parted with the possession of the goods has the right of stopping them in transit, that is to say, he may resume possession of the goods as long as they are in course of transit, and may retain them until payment or tender of the price.

이 법에 규정이 없는 한, 물품의 매수인이 지급불능된 경우, 지급받지 못한 매도인은 그가 물품의 점유를 이전한 상태에서 그 물품의 운송정지권을 갖는다. 즉, 지급받지 못한 매도인은 물품이 운송 중인 한, 그 물품의 점유를 회복할 수 있으며 대금의 지급 또는 제공이 있을 때까지 이를 유보할 수 있다.

45. Duration of transit : 운송기간 22, 21, 15년 기출

(1) Goods are deemed to be in course of transit from the time when they are delivered to a carrier or other bailee or custodier for the purpose of transmission to the buyer, until the buyer or his agent in that behalf takes delivery of them from the carrier or other bailee or custodier.

(2) If the buyer or his agent in that behalf obtains delivery of the goods before their arrival at the appointed destination, the transit is at an end.

(3) If, after the arrival of the goods at the appointed destination, the carrier or other bailee or custodier acknowledges to the buyer or his agent that he holds the goods on his behalf and continues in possession of them as bailee or custodier for the buyer or his agent, the transit is at an end, and it is immaterial that a further destination for the goods may have been indicated by the buyer.

(4) If the goods are rejected by the buyer, and the carrier or other bailee or custodier continues in possession of them, the transit is not deemed to be at an end, even if the seller has refused to receive them back.

(5) When goods are delivered to a ship chartered by the buyer it is a question depending on the circumstances of the particular case whether they are in the possession of the master as a carrier or as agent to the buyer.

(1) 물품이 운송 중인 것으로 간주하는 기간은 매수인에게 물품을 수송할 목적으로 운송인 또는 기타 수탁자 또는 보관인에게 인도된 때부터 매수인 또는 그 대리인이 운송인 또는 기타 수탁자 또는 보관인으로부터 물품을 수령한 때까지로 한다.

(2) 매수인 또는 대리인이 물품이 지정된 목적지에 도착하기 전에 인도받은 경우, 운송은 종료한다.

(3) 물품이 지정된 목적지에 도착한 이후 운송인 또는 기타 수탁자 또는 보관인이 매수인 또는 그 대리인을 위하여 물품을 보유하고 그를 위한 수탁자 또는 보관인으로서 물품의 점유를 계속하고 있음을 매수인 또는 그 대리인에게 통지한 경우 운송은 종료한다. 매수인이 또다른 목적지를 지정하였는지 여부는 중요하지 않다.

(4) 매수인에 의해 물품이 거절되고 운송인 또는 기타 수탁자 또는 보관인이 계속 점유 중인 경우, 매도인이 물품의 회수를 거절하더라도 운송은 종료한 것으로 간주되지 않는다.

(5) 물품이 매수인이 용선한 선박에 인도된 경우, 선장이 물품을 운송인의 자격으로 점유하는지 또는 매수인의 대리인으로서 점유하는지 여부는 특정 경우에 따라 판단할 문제이다.

(6) Where the carrier or other bailee or custodier wrongfully refuses to deliver the goods to the buyer or his agent in that behalf, the transit is deemed to be at an end.

(7) Where part delivery of the goods has been made to the buyer or his agent in that behalf, the remainder of the goods may be stopped in transit, unless such part delivery has been made under such circumstances as to show an agreement to give up possession of the whole of the goods.

(6) 물품을 매수인 또는 그 대리인에게 인도하는 것을 운송인 또는 기타 수탁자 또는 보관인이 불법으로 거절한 경우, 운송은 종료한 것으로 간주된다.

(7) 물품의 일부가 매수인 또는 대리인에게 인도된 경우, 물품의 잔여부분에 대해 운송정지권을 행사할 수 있다. 다만 일부의 인도가 물품 전부에 관한 점유를 포기하는 합의로 볼 수 있는 정황에서 이루어진 경우는 예외로 한다.

46. How stoppage in transit is effected : 운송정지권의 행사

(1) The unpaid seller may exercise his right of stoppage in transit either by taking actual possession of the goods or by giving notice of his claim to the carrier or other bailee or custodier in whose possession the goods are.

(2) The notice may be given either to the person in actual possession of the goods or to his principal.

(3) If given to the principal, the notice is ineffective unless given at such time and under such circumstances that the principal, by the exercise of reasonable diligence, may communicate it to his servant or agent in time to prevent a delivery to the buyer.

(4) When notice of stoppage in transit is given by the seller to the carrier or other bailee or custodier in possession of the goods, he must re-deliver the goods to, or according to the directions of, the seller; and the expenses of the re-delivery must be borne by the seller.

(1) 대금을 지급받지 못한 매도인은 물품의 현실적인 점유를 취득하거나 물품을 점유하고 있는 운송인 또는 기타 수탁자 또는 보관인에게 자신의 청구권을 통지하는 방법으로 그 운송정지권을 행사할 수 있다.

(2) 그 통지는 물품을 현실적으로 점유하고 있는 자 또는 본인에게 할 수 있다.

(3) 본인에게 통지된 경우, 그 통지가 본인이 합리적인 주의를 다하여 매수인에 대한 물품의 인도를 정지할 수 있는 기간 내에 그의 사용인 또는 대리인에게 전달하는 데 요하는 기간 및 사정에 따라서 이루어지지 않는 한 그 통지는 효력이 없다.

(4) 운송정지권의 통지가 매도인으로부터 물품을 점유하고 있는 운송인 또는 기타 수탁자 또는 보관인에게 이루어진 경우, 그는 매도인에게 또는 매도인의 지시에 따라 그 물품을 재인도하여야 한다. 재인도의 비용은 매도인이 부담하여야 한다.

※ 이하 생략

01 중개무역이란 수출목적으로 외국에서 물품을 수입하여 원형 그대로 다시 제3국에 수출하는 것으로 상품 소유권이 이전되는 것을 말한다. (O, X)

02 녹다운 수출(Knockdown Export)이란 상대국에 현지 공장을 건설하고 자국의 부품을 수출하여 현지에서 직접 조립 판매하는 형태의 무역이다. (O, X)

03 견적 송장(Proforma Invoice)에도 양 당사자가 서명하면 계약서로서의 효력이 발생한다. (O, X)

04 조건부청약(Conditional Offer)은 청약자가 청약에 일정한 조건을 부가한 것으로 청약의 유인에 해당한다. (O, X)

05 CISG는 매각된 물품의 소유권에 대해 해당 계약이 갖는 효력에 대하여 규정하고 있다. (O, X)

06 CISG 하에서 당사자는 당사자 간에 확립되어 있는 모든 관습에 구속된다. (O, X)

07 CISG 하에서 계약은 당사자 쌍방의 단순한 합의만으로 변경 또는 종료될 수 있다. (O, X)

08 INCOTERMS는 국제거래에서만 사용하는 정형거래규칙이다. (O, X)

09 FOB 조건은 운송수단의 종류에 구애받지 않고 적용할 수 있을 뿐만 아니라 하나 이상의 운송수단이 사용될 경우에도 적용될 수 있다. (O, X)

10 CPT 조건 하에서 매도인은 합의된 인도지점으로부터 또는 지정된 인도장소에서 지정목적지까지 또는 그 지정목적지에 합의된 지점이 있는 때에는 그 지점까지 물품을 운송하는 계약을 체결하거나 그러한 계약을 조달하여야 한다. (O, X)

01 × 수출목적으로 외국에서 수입하여 원형 그대로 다시 제3국에 수출하는 것으로 상품 소유권이 이전되는 무역은 중계무역이다.

02 O

03 O

04 × 조건부청약(Conditional Offer)은 청약에 일정한 조건을 부가한 것으로 청약자가 부가한 조건의 성격에 따라 확정청약, 불확정청약 또는 청약의 유인이 될 수도 있다.

05 × CISG는 물품의 소유권에 대하여 해당 계약이 갖는 효력에 대해서는 규정하고 있지 않다.

06 O

07 O

08 × INCOTERMS는 국제거래 및 국내거래 모두에 사용가능한 규칙이다.

09 × FOB는 해상 및 내수로 운송에만 사용되는 규칙이다.

10 O

제1절 Incoterms 2020

01 Incoterms 2020에 따른 FCA 조건에 대한 설명이 잘못된 것을 고르시오.

① This rule may be used irrespective of the mode of transport selected and may also be used where more than one mode of transport is employed.

② FCA requires the seller to clear the goods for export, where applicable.

③ When the named place is another place, the goods are delivered when they are loaded on the seller's means of transport.

④ A sale under FCA can be concluded naming only the place of delivery, either at the seller's premises or elsewhere.

⑤ The seller has no obligation to the buyer to make a contract of insurance.

해설

③ FCA 조건에서는 지정장소가 그 밖의 장소인 경우, 물품이 매도인의 운송수단에 적재되어서 지정장소에 도착하고, 매도인의 운송수단에 실린 채 양하준비된 상태로 매수인이 지정한 운송인이나 제3자의 처분 하에 놓인 때 인도된 것으로 본다 [FCA 규칙 제1조].

02 Incoterms 2020의 특징이 아닌 것을 고르시오.

① The Incoterms® rules are NOT in themselves – and are therefore no substitute for – a contract of sale.

② The Incoterms® rules do NOT deal with the transfer of property/title/ownership of the goods sold.

③ The four so-called "maritime" Incoterms® rules are intended for use where the seller places the goods on board (or in FAS alongside) a vessel at a sea or river port.

④ In the CIP Incoterms® rule, the seller must now obtain insurance cover complying with Institute Cargo Clauses (A), although it is, of course, again open to the parties to agree on a lower level of cover.

⑤ In the Incoterms® 2020 rules, it was assumed throughout that where the goods were to be carried from the seller to the buyer, they would be carried by a third-party carrier engaged for the purpose either by the seller or the buyer, depending on which Incoterms® rule was used.

인코텀즈 2020 규칙에서는 운송계약을 체결하도록 허용하는 것 외에도 단순히 필요한 운송을 마련하는 것을 허용함으로 써 제3자 운송인의 개입이 전혀 없이 자신의 운송수단을 사용하여 운송하는 경우를 고려한다[인코텀즈 2020 제72조, 제73조].

03 Incoterms 2020의 주요 특징에 대한 다음의 설명 중 (　) 안에 알맞은 것으로 짝지어진 것을 고르시오.

> The only difference between DAT and DAP in the Incoterms® 2010 rules was that in (　) the seller delivered the goods once unloaded from the arriving means of transport into a "terminal"; whereas in (　), the seller delivered the goods when the goods were placed at the disposal of the buyer on the arriving means of transport for unloading. It will also be recalled that the Guidance Note for DAT in Incoterms® 2010 defined the word "terminal" broadly to include "any place, whether covered or not...".
>
> ICC decided to make two changes to DAT and DAP. First, the order in which the two Incoterms® 2020 rules are presented has been inverted, and DAP, where delivery happens before unloading, now appears before DAT.
>
> Secondly, the name of the rule DAT has been changed to (　), emphasising the reality that the place of destination could be any place and not only a "terminal". However, if that place is not in a terminal, the seller should make sure that the place where it intends to deliver the goods is a place where it is able to unload the goods.

① DAT – DAP – DPU

② DAT – DAP – DEQ

③ DAP – DAT – DPU

④ DAT – DAP – DES

⑤ DAP – DAT – DES

인코텀즈 2020 제74조 및 제75조(DAT에서 DPU로의 명칭변경)에 해당하는 내용으로, 순서대로 DAT – DAP – DPU가 들어가 야 한다.

04 다음은 Incoterms 2020에서 규정된 CIF 내용 중의 일부이다. 내용상 오류가 있는 것을 고르시오.

① "Cost Insurance and Freight" means that the seller delivers the goods to the buyer on board the vessel only.

② While the contract will always specify a destination port, it might not specify the port of shipment, which is where risk transfers to the buyer.

③ The seller must also contract for insurance cover against the buyer's risk of loss of or damage to the goods from the port of shipment to at least the port of destination.

④ If the seller incurs costs under its contract of carriage related to unloading at the specified point at the port of destination, the seller is not entitled to recover such costs separately from the buyer unless otherwise agreed between the parties.

⑤ The buyer must, whenever it is agreed that the buyer is entitled to determine the time for shipping the goods and/or the point of receiving the goods within the named port of destination, give the seller sufficient notice.

> **해설**
> ① CIF 규칙 제1조(인도와 위험)에 해당하는 보기로, "'Cost, Insurance and Freight' means that the seller delivers the goods to the buyer on board the vessel <u>or procures the goods already so delivered.</u>"가 옳은 내용이다.

05 Incoterms 2020의 특징으로 올바른 것을 고르시오.

① The use of trade terms like CIF means that buyers and sellers do not have to concern themselves with negotiating any other terms of the contract for the sale of the goods.

② Some trade terms like CIF and FOB literally only apply to transactions where some of the transportation of the goods are to be carried by sea, but others can apply where there is no water borne transportation involved, like EXW.

③ Risk in goods sold FOB will pass when the buyer has paid.

④ It will be noticed that concerning the Incoterms® 2020 rules, after recording in A1/B1 the basic goods/payment obligations of the parties, Delivery and the Transfer of risks are moved to a more prominent location, namely to A2 and B2 respectively.

⑤ A CIF buyer is under a duty to enter into a contract of marine cargo insurance.

> **해설**
> ② CIF, FOB는 해상운송에 사용될 수 있는 조건이며, EXW 조건 등은 해상운송이 포함되지 않는 거래에도 사용될 수 있는 조건이므로 맞는 내용이다.
> ① Incoterms는 각 조건별로 매도인과 매수인의 10가지 주요 의무에 대하여만 규정하고 있고 소유권에 대한 사항 등은 포함하고 있지 아니하다.
> ③ FOB 조건 하에서 물품의 멸실 및 훼손에 대한 위험은 물품이 본선 갑판상에 인도될 때 이전된다.
> ④ 인코텀즈 2020 규칙에서는 A1/B1에서 당사자의 기본적인 물품제공/대금지급 의무를 규정하고 이어 인도조항과 위험이 전조항을 보다 두드러진 위치인 A2와 A3으로 각각 옮겼다는 것을 발견할 것이다.
> ⑤ CIF 조건 하에서 운송 중 물품의 멸실 및 훼손에 대한 위험에 대하여 보험부보 의무는 매도인이 가진다.

06 Incoterms 2020에 따른 FAS 조건에 대한 설명이 잘못된 것을 고르시오.

① "Free Alongside Ship" means that the seller delivers the goods to the buyer when the goods are placed alongside the ship

② nominated by the seller

③ at the named port of shipment

④ or when the seller procures goods already so delivered.

⑤ The risk of loss of or damage to the goods transfers when the goods are alongside the ship, and the buyer bears all costs from that moment onwards.

해설

② FAS 규칙 제1조(인도와 위험)에 해당하는 보기로, "nominated by the buyer"가 옳은 내용이다.

07 다음은 Incoterms 2020의 DDP 조건에 관한 설명이다. ( )에 들어갈 것을 순서대로 바르게 나열한 것은?

> "Delivered Duty Paid" means that the seller delivers the goods to the buyer when the goods are placed ( ), ( ) on the arriving means of transport ( ) at the named place of destination or at the agreed point within that place, if any such point is agreed

① at the disposal of the carrier – cleared for export – ready for unloading

② at the disposal of the buyer – cleared for import – unloaded

③ at the disposal of the buyer – uncleared for import – unloaded

④ at the disposal of the carrier – cleared for import – unloaded

⑤ at the disposal of the buyer – cleared for import – ready for unloading

해설

DDP 규칙 제1조(인도와 위험)에 해당하는 내용으로, 순서대로 at the disposal of the buyer – cleared for import – ready for unloading이 들어가야 한다.

08 Incoterms 2020상 아래 내용과 관련된 Incoterms 규칙이 아닌 것을 고르시오.

> The seven Incoterms® rules for any mode or modes of transport (so-called "multi-modal"), on the other hand, are intended for use where
> a) the point at which the seller hands the goods over to, or places them at the disposal of, a carrier, or
> b) the point at which the carrier hands the goods over to the buyer, or the point at which they are placed at the disposal of the buyer, or
> c) both point (a) and (b)
> are not on board (or in FAS alongside) a vessel.

① EXW
② FCA
③ CPT
④ FAS
⑤ DPU

[해설]
모든 운송 방식에 적용되는 7개의 인코텀즈규칙은 EXW, FCA, CPT, CIP, DAP, DPU, DDP이다.

09 Incoterms 2020에 규정된 조항의 번호와 내용이 잘못된 것을 고르시오.

① A2/B2 - Delivery/Taking delivery
② A4/B4 - Insurance
③ A6/B6 - Delivery/Transport document
④ A7/B7 - Export/Import clearance
⑤ A8/B8 - Checking/Packaging/Marking

[해설]
A4/B4 Carriage, A5/B5 Insurance로 구성되어 있다.

10 다음은 Incoterms 2020에서 규정된 EXW 규칙에 대한 내용의 일부이다. ( ) 안에 들어갈 규칙을 바르게 기재한 것을 고르시오.

> Where the buyer is keen to avoid any risk during loading at the seller's premises, then the buyer ought to consider choosing the ( ) rule (under which, if the goods are delivered at the seller's premises, the seller owes the buyer an obligation to load, with the risk of loss of or damage to the goods during that operation remaining with the seller).
>
> The seller's participation in export clearance is limited to providing assistance in obtaining such documents and information as the buyer may require for the purpose of exporting the goods. Where the buyer intends to export the goods and where it anticipates difficulty in obtaining export clearance, the buyer would be better advised to choose the ( ) rule, under which the obligation and cost of obtaining export clearance lies with the seller.

① FCA – CPT
② FCA – CIP
③ FCA – FCA
④ CPT – FCA
⑤ CIP – FAC

해설
EXW 규칙 제5조(적재위험) 및 제6조(수출통관)에 해당하는 내용으로, 순서대로 FCA – FCA가 들어가야 한다.

11 Incoterms 2020의 CPT 조건에 관한 설명과 일치하지 않는 것을 고르시오.

① Once the goods have been delivered to the buyer in CPT, the seller guarantees that the goods will reach the place of destination in sound condition.

② Risk transfers from seller to buyer when the goods are delivered to the buyer by handing them over to the carrier.

③ The seller must contract for the carriage of the goods from delivery to the agreed destination.

④ In CPT, two locations are important : the place or point (if any) at which the goods are delivered (for the transfer of risk) and the place or point agreed as the destination of the goods (as the point to which the seller promises to contract for carriage).

⑤ CPT requires the seller to clear the goods for export, where applicable. However, the seller has no obligation to clear the goods for import or for transit through third countries, or to pay any import duty or to carry out any import customs formalities.

해설
① CPT 규칙 제1조(인도와 위험)에 해당하는 보기로, "Once the goods have been delivered to the buyer in this way, the seller <u>does not guarantee</u> that the goods will reach the place of destination in sound condition."이 옳은 내용이다.

12 Incoterms 2020의 CIP 조건에서 보험계약에 관한 내용으로 옳지 않은 것을 고르시오.

① Unless otherwise agreed or customary in the particular trade, the seller must obtain at its own cost cargo insurance complying with the cover provided by Clauses (A) of the Institute Cargo Clauses (LMA/IUA) or any similar clauses as appropriate to the means of transport used.

② The insurance shall be contracted with under writers or an insurance company of good repute and entitle the buyer, or any other person having an insurable interest in the goods, to claim directly from the insurer.

③ When required by the buyer, the seller must, subject to the buyer providing any necessary information requested by the seller, provide at the buyer's cost any additional cover if procurable, such as cover complying with the Institute War Clauses and/or Institute Strikes Clauses (LMA/IUA) or any similar clauses (unless such cover is already included with the cargo insurance described in the preceding paragraph).

④ The insurance shall cover, at a minimum, the price provided in the contract and shall be in the currency of the contract.

⑤ The seller must provide the buyer with the insurance policy or certificate or any other evidence of insurance cover.

> **해설**
> ④ CIP 규칙에서 매도인의 의무 중 A5(보험)에 해당하는 보기로, "The insurance shall cover, at a minimum, the price provided in the contract <u>plus 10% (i.e. 110%)</u> and shall be in the currency of the contract."가 옳은 내용이다.

13 Incoterms 2020상 CIP 조건의 내용으로 옳지 않은 것을 고르시오.

① "Carriage and Insurance Paid To" means that the seller delivers the goods ─ and transfers the risk ─ to the buyer by handing them over to the carrier.

② The carrier is contracted by the seller.

③ The seller delivers the goods ─ and transfers the risk ─ to the buyer by procuring the goods so delivered.

④ The seller may deliver the goods without giving the carrier physical possession of the goods in the manner and at the place appropriate to the means of transport used.

⑤ The reference to "procure" here caters for multiple sales down a chain (string sales), particularly common in the commodity trades.

> **해설**
> ④ CIP 규칙 제1조(인도와 위험)에 해당하는 보기로, "The seller may deliver the goods <u>by giving</u> the carrier physical possession of the goods in the manner and at the place appropriate to the means of transport used."가 옳은 내용이다.

14 Incoterms 2020상 DPU 조건의 내용으로 옳지 않은 것을 고르시오.

① "Delivered at Place Unloaded" means that the seller delivers the goods when the goods, once unloaded from the arriving means of transport, are placed at the disposal of the buyer at a named terminal at the named port or place of destination.

② In the DPU rule, the delivery and arrival at destination are the same.

③ DPU is the only Incoterms® rule that requires the seller to unload goods at destination.

④ Should the parties intend the seller not to bear the risk and cost of unloading, the DPU rule should be avoided and DAP should be used instead.

⑤ The seller must provide the buyer, at the seller's cost, with any document required to enable the buyer to take over the goods.

> **해설**
>
> ① DPU 규칙 제1조(인도와 위험)에 해당하는 보기로, "'Delivered at Place Unloaded' means that the seller delivers the goods when the goods, once unloaded from the arriving means of transport, are placed at the disposal of the buyer <u>at a named place of destination or at the agreed point within that place, if any such point is agreed</u>."가 옳은 내용이다.

15 Incoterms 2020상 FAS 조건의 내용으로 옳지 않은 것을 고르시오.

① This rule is to be used only for sea or inland waterway transport.

② The risk of loss of or damage to the goods transfers when the goods are alongside the ship, and the buyer bears all costs from that moment onwards.

③ Where the goods are in containers, the FAS rule would be appropriate.

④ The seller must deliver the goods on the agreed date or at the time within the agreed period notified by the buyer or, no such time is notified, then at the end of the agreed period and in the manner customary at the port.

⑤ The buyer must contract at its own cost for the carriage of the goods from the named port of shipment, except when the contract of carriage is made by the seller.

> **해설**
>
> 물품이 컨테이너에 적입된 경우 매도인은 본선의 선측이 아니라 터미널에서 운송인에게 물품을 인도하는 것이 일반적이므로 이러한 경우 FAS 조건은 부적절하기 때문에 FCA 조건을 사용해야 한다[제2조(운송방식)].

16 Incoterms 2020상 FOB 조건의 내용으로 옳지 않은 것을 고르시오.

① The risk of loss of or damage to the goods transfers when the goods are on board the vessel, and the buyer bears all costs from that moment onwards.

② FOB requires the seller to clear the goods for export, where applicable. The seller has obligation to clear the goods for import or for transit through third countries.

③ If agreed, the seller must contract for carriage on the usual terms at the buyer's risk and cost.

④ The seller must provide the buyer, at the buyer's request, risk and cost with any information in the possession of the seller including transport−related security requirements that the buyer needs for arranging carriage.

⑤ The seller must comply with any transport−related security requirements up to delivery.

해설

② FOB 규칙 제4조(수출/수입통관)에 해당되는 보기로, "FOB requires the seller to clear the goods for export, where applicable. However, the seller has <u>no obligation</u> to clear the goods for import or for transit through third countries."가 옳은 내용이다.

17 Incoterms 2020상 FOB 조건의 위험이전(Transfer of risks)에 관한 규정 중 옳지 않은 것을 고르시오.

> The buyer bears all risks of loss of or damage to the goods from the time they have been delivered under A2. If
> a) the buyer fails to give notice in accordance with B10; or
> b) ① <u>the vessel nominated by the buyer fails to arrive on time to enable the seller to comply with A2</u>, fails to take the goods, or ② <u>closes for cargo earlier than the time notified in accordance with B10</u>;
> then the buyer bears all risks of loss of or damage to the goods:
> (i) ③ <u>from the agreed date, or in the absence of an agreed date,</u>
> (ii) ④ <u>from the date selected by the buyer under B10 or</u>
> (iii) if no such date has been notified, from the end of any agreed period for delivery,
> ⑤ <u>regardless of that the goods have been clearly identified as the contract goods</u>.

해설

⑤ FOB 규칙에서 매수인의 의무 중 B3(위험이전)에 관한 보기로, "provided that the goods have been clearly identified as the contract goods,"가 옳은 내용이다.

18 다음 Incoterms 2020상 DAP 조건의 내용으로 옳지 않은 것을 고르시오.

① The seller delivered the goods when the goods were placed at the disposal of the buyer on the arriving means of transport for unloading.

② DAP requires the seller to clear the goods for export, where applicable. However, the seller has no obligation to clear the goods for import or for post-delivery transit through third countries, to pay any import duty or to carry out any import customs formalities.

③ The order in which the two Incoterms® 2020 rules are presented has been inverted, and DAP, where delivery happens before unloading, now appears after DPU.

④ The seller must contract or arrange at its own cost for the carriage of the goods to the named place of destination or to the agreed point, if any, at the named place of destination. If a specific point is not agreed or is not determined by practice, the seller may select the point at the named place of destination that best suits its purpose.

⑤ Where applicable, the seller must carry out and pay for all export and transit clearance formalities required by the country of export and any country of transit (other than the country of import), such as pre-shipment inspection.

> **해설**
> ③ 인코텀즈 2020 제75조(DAT에서 DPU로의 명칭변경)에 관한 보기로, "The order in which the two Incoterms® 2020 rules are presented has been inverted, and DAP, where delivery happens before unloading, now appears <u>before DAT</u>."가 옳은 내용이다.

19 Incoterms 2020상 아래 내용과 관련된 조건이 아닌 것을 고르시오.

> It became clear in the deliberations leading to Incoterms® 2020, however, that there were some situations where, although the goods were to be carried from the seller to the buyer, they could be so carried without any third-party carrier being engaged at all.
> The rules appeared not to take account of these eventualities. The Incoterms® 2020 rules now do, by expressly allowing not only for the making of a contract of carriage, but also for simply arranging for the necessary carriage.

① FCA
② CPT
③ DAP
④ DDP
⑤ DPU

> **해설**
> FCA, DAP, DPU 및 DDP 조건에서는 매도인 또는 매수인 자신의 운송수단에 의한 운송을 허용하고 있다.

20 Incoterms 2020상 CFR 조건의 운송계약과 관련한 내용으로 옳지 않은 것을 고르시오.

① The seller must contract or procure a contract for the carriage of the goods from the agreed point of delivery, if any, at the place of delivery to the named port of destination or, if agreed, any point at that port.

② The seller must comply with any transport-related security requirements for transport to the destination.

③ The contract of carriage must provide for carriage by the usual route in a vessel of the type normally used for the transport of the type of goods sold.

④ The seller must, at its own cost, provide the buyer with the usual transport document for the agreed port of destination.

⑤ When such a transport document is issued in negotiable form and in several originals, at least one original must be presented to the buyer.

> **해설**
> ⑤ CFR 규칙에서 매도인의 의무 중 A6(인도/운송서류)에 해당하는 보기로, "When such a transport document is issued in negotiable form and in several originals, <u>a full set of originals</u> must be presented to the buyer."가 옳은 내용이다.

제2절　CISG, 1980

21 국제물품매매계약에 관한 유엔협약(비엔나협약, 1980)의 청약에 관한 내용 중 옳지 않은 것을 고르시오.

① A proposal for concluding a contract addressed to one or more specific persons constitutes an offer if it is sufficiently definite and indicates the intention of the offeror to be bound in case of acceptance.

② A proposal is sufficiently definite if it indicates the goods and expressly or implicitly fixes or makes provision for determining the quantity and the price.

③ A proposal other than one addressed to one or more specific persons is to be considered merely as an invitation to make offers, unless the contrary is clearly indicated by the person making the proposal.

④ An offer, even if it is irrevocable, may be withdrawn if the withdrawal reaches the offeree only before the offer.

⑤ An offer, even if it is irrevocable, is terminated when a rejection reaches the offeror.

> **해설**
> ④ CISG 제15조(청약의 효력발생)에 해당하는 보기로, "An offer, even if it is irrevocable, may be withdrawn if the withdrawal reaches the offeree <u>before or at the same time as the offer</u>."가 옳은 내용이다.

22 국제물품매매계약에 관한 유엔협약(비엔나협약, 1980)의 적용범위에 대한 다음 내용 중 올바르지 않은 것을 고르시오.

① The fact that the parties have their places of business in different States is to be disregarded whenever this fact does not appear either from the contract or from any dealings between, or from information disclosed by, the parties at any time before or at the conclusion of the contract.

② Contract for the supply of goods to be manufactured or produced are to be considered sales unless the party who orders the goods undertakes to supply a substantial part of the materials necessary for such manufacture or production.

③ This Convention apply to the liability of the seller for death or personal injury caused by the goods to any person.

④ This Convention applies to contracts of sale of goods between parties whose places of business are in different States : (a) when the States are Contracting States; or (b) when the rules of private international law lead to the application of the law of a Contracting State.

⑤ This Convention does not apply to contracts in which the preponderant part of the obligations of the party who furnishes the goods consists in the supply of labour or other services.

> **해설**
> ③ CISG 제5조(사망 등의 적용예외)에 관한 내용으로, "This Convention <u>does not</u> apply to the liability of the seller for death or personal injury caused by the goods to any person."이 옳은 내용이다.

23 UN 통일매매법(CISG)에 따른 청약(offer)과 승낙(acceptance)에 대한 내용이 잘못된 것을 고르시오.

① A proposal for concluding a contract addressed to one or more specific persons constitutes an offer if it is sufficiently definite and indicates the intention of the offeror to be bound in case of acceptance.

② An offer becomes effective when it is sent to the offeree.

③ An offer even if it is irrevocable, is terminated when a rejection reaches the offeror before or at the same time as the offer.

④ A statement made by or other conduct of the offeree indicating assent to an offer is an acceptance.

⑤ Silence or inactivity does not in itself amount to acceptance.

> **해설**
> ② CISG 제15조(청약의 효력발생)에 관한 내용으로, "An offer becomes effective when it <u>reaches</u> the offeree."가 옳은 내용이다.

24 청약(offer)에 관한 다음 내용 중 설명이 잘못된 것을 고르시오.

① An offer is an expression of willingness to contract on certain terms with the intention that it shall become binding as it is accepted by the offeree.

② A counter offer is an offer made by an offeree to an offeror accepting some terms and changing other terms. It constitutes an acceptance.

③ A firm offer is an offer open for a specified time in which the offeror binds the offeree to accept it within that period.

④ A free offer is an offer open for a reasonable time in which the offeror merely states the terms and conditions on which he sells certain goods without binding the offeree to accept it within a specified period.

⑤ An offer subject to market fluctuation is an offer which, even though the offeree accepts the offer, needs the offeror's recognition on the acceptance for the conclusion of a contract.

> **해설**
>
> ② 반대청약(Counter Offer)은 오퍼된 매매조건의 일부 또는 전부를 변경하여 제시되는 오퍼로 승낙(Acceptance)을 구성하지 않는다.

25 국제물품매매계약에 관한 유엔협약(비엔나협약, 1980)에서 규정한 본질적 계약위반(fundamental breach of contract)에 관한 설명과 일치하지 않는 것을 고르시오.

① A breach of contract committed by one of the parties is fundamental if it results in such detriment to the other party as substantially to deprive him of what he is entitled to expect under the contract.

② The breach in ① is fundamental unless the party in breach did not foresee and a reasonable person of the same kind in the same circumstances would not have foreseen such a result at the time of the breach.

③ The buyer may declare the contract avoided if the failure by the seller to perform any of his obligations under the contract amounts to a fundamental breach.

④ The buyer may declare the contract avoided in its entirety only if the failure to make delivery completely or in conformity with the contract amounts to a fundamental breach of the contract.

⑤ If the seller has committed a fundamental breach of contract, articles 67, 68 and 69 do not impair the remedies available to the buyer on account of the breach.

> **해설**
>
> ② CISG 제25조(본질적 위반의 정의)에 해당하는 보기로, "A breach in ① is fundamental unless the party in breach did not foresee and a reasonable person of the same kind in the same circumstances would not have foreseen such a result."가 옳은 내용이다. 본질적 계약위반과 관련하여 계약위반의 결과를 예견해야 했던 시점은 계약체결 시점이다.

26 국제물품매매계약에 관한 유엔협약(비엔나협약, 1980)의 내용으로 옳지 않은 것을 고르시오.

① For the purposes of this Convention "writing" includes telegram and telex.

② If the price is fixed according to the weight of the goods, in case of doubt it is to be determined by the net weight.

③ This Convention apply to contracts in which the preponderant part of the obligations of the party who furnishes the goods consists in the supply of labour or other services.

④ The parties are bound by any usage to which they have agreed and by any practices which they have established between themselves.

⑤ A contract may be proved by any means, including witnesses.

해설

③ CISG 제3조(서비스계약 등의 제외) 제2항에 해당하는 보기로, "This Convention <u>does not apply</u> to contracts in which the preponderant part of the obligations of the party who furnishes the goods consists in the supply of labour or other services."가 옳은 내용이다.

27 국제물품매매계약에 관한 유엔협약(비엔나협약, 1980)상 계약상의 보증기간과 모순되지 않는 한 매수인은 물품을 실제로 수령한 날로부터 어느 기간 내에 물품의 부적합의 사실을 통지하여야 이를 원용할 권리가 인정되는가?

① at the latest within a period of one year

② at the latest within a period of two years

③ at the latest within a period of three years

④ at the latest within a period of four years

⑤ within a reasonable time

해설

물품이 매수인에게 현실적으로 인도된 날로부터 늦어도 2년 이내에(at the latest within a period of two years) 매수인이 매도인에게 불일치의 통지를 하지 않은 경우, 매수인은 물품의 불일치를 주장할 권리를 상실한다. 다만 이러한 기간 제한이 계약상의 보증기간과 상충되는 경우에는 그러하지 아니하다[CISG 제39조(불일치의 통지시기) 제2항].

28 국제물품매매계약에 관한 유엔협약(비엔나협약, 1980)이 규정하고 있는 매도인이 인도한 물품의 계약적 합성에 관한 판단기준이 아닌 것을 고르시오.

① The goods are of the best quality among goods of the same kinds.

② The goods are fit for the purpose for which goods of the same description would ordinarily be used.

③ The goods possess the qualities of goods which the seller has held out to the buyer as a sample or model.

④ The goods are fit for any particular purpose expressly or impliedly made known to the seller at the time of the conclusion of the contract.

⑤ The goods are contained or packaged in the manner usual for such goods or, where there is no such manner, in a manner adequate to preserve and protect the goods.

> **해설**
>
> ① CISG 제35조(물품의 일치성)에 해당되는 내용으로, "The goods are of the <u>quality required by the contract</u>."가 옳은 설명이다.

29 국제물품매매계약에 관한 유엔협약(비엔나협약, 1980)이 규정하는 매수인의 목적물 부적합 통지의무에 관한 설명 중 옳지 않은 것은?

① The buyer loses the right to rely on a lack of conformity of the goods if he does not give notice to the seller specifying the nature of the lack of conformity within a reasonable time after he has discovered it or ought to have discovered it.

② The buyer may reduce the price in accordance with article 50 or claim damages, except for loss of profit, if he has a reasonable excuse for his failure to give the required notice.

③ If the goods do not conform with the contract, the buyer may require delivery of substitute goods only if the lack of conformity constitutes a fundamental breach of contract and a request for substitute goods is made either in conjunction with notice given under article 39 or within a reasonable time thereafter.

④ The seller is not entitled to rely on the provisions of article 39 (notice of a lack of conformity) if the lack of conformity relates to facts of which he knew or could not have been unaware and which he did not disclose to the buyer.

⑤ In any event, the buyer loses the right to rely on a lack of conformity of the goods if he does not give the seller notice thereof at the latest within a period of three years from the date on which the goods were actually handed over to the buyer.

> **해설**
>
> ⑤ CISG 제39조(불일치의 통지시기)에 관한 내용으로, "In any event, the buyer loses the right to rely on a lack of conformity of the goods if he does not give the seller notice thereof at the latest within a period of <u>two years</u> from the date on which the goods were actually handed over to the buyer."가 옳은 설명이다.

30 국제물품매매계약에 관한 유엔협약(비엔나협약, 1980)이 매도인과 매수인에게 공통적으로 요구하는 의무만으로 묶인 것은?

> ㄱ. Obligation to pay interest
> ㄴ. Obligation to take steps to preserve the goods
> ㄷ. Obligation to take measures to mitigate the loss
> ㄹ. Obligation to examine the goods or cause them to be examined
> ㅁ. Obligation to hand over documents

① ㄱ, ㄴ, ㄷ ② ㄱ, ㄴ, ㄹ
③ ㄱ, ㄹ, ㅁ ④ ㄴ, ㄷ, ㅁ
⑤ ㄷ, ㄹ, ㅁ

[해설]
물품검사 의무(ㄹ)는 매수인 부담이며 서류교부 의무(ㅁ)는 매도인 부담이다.

31 국제물품매매계약에 관한 유엔협약(비엔나협약, 1980)상 위험부담에 대한 설명으로 옳지 않은 것은?

① The risk in respect of goods sold in transit passes to the buyer when the goods are handed over to the nominated carrier.

② The risk passes to the buyer when he takes over the goods or, if he does not do so in due time, from the time when the goods are placed at his disposal and he commits a breach of contract by failing to take delivery.

③ If the buyer is bound to take over the goods at a place other than a place of business of the seller, the risk passes when delivery is due and the buyer is aware of the fact that the goods are placed at his disposal at that place.

④ If the contract relates to goods not then identified, the goods are considered not to be placed at the disposal of the buyer until they are clearly identified to the contract.

⑤ Loss or damage to the goods after the risk has passed to the buyer does not discharge him from his obligation to pay the price.

[해설]
① CISG 제68조(운송 중 매매물품의 위험)에 관한 보기로, "The risk in respect of goods sold in transit passes to the buyer <u>from the time of the conclusion of the contract</u>."가 옳은 내용이다.

32 국제물품매매계약에 관한 유엔협약(비엔나협약, 1980)상 계약의 해제에 대한 설명으로 옳지 않은 것은?

① If prior to the date for performance of the contract it is clear that one of the parties will commit a fundamental breach of contract, the other party may declare the contract avoided.

② If time allows, the party intending to declare the contract avoided must give reasonable notice the other party in order to permit him to provide adequate assurance of his performance.

③ In case of a contract for delivery of goods by installments, if the failure of one party to perform any of his obligation in respect of any installment constitutes a fundamental breach of contract with respect to that installment, the other party may declare the contract avoided with respect to that installment.

④ A buyer who has lost the right to declare the contract avoided loses all other remedies under the contract and this Convention.

⑤ Avoidance of the contract releases both parties from their obligations under it, subject to any damages which may be due.

해설

④ CISG 제83조(기타의 구제방법)에 관한 보기로, "A buyer who has lost the right to declare the contract avoided <u>retains</u> all other remedies under the contract and this Convention."가 옳은 내용이다.

33 국제물품매매계약에 관한 유엔협약(비엔나협약, 1980)상 손해배상에 관한 설명 중 옳지 않은 것은?

① If contract is avoided and if, in a reasonable manner and within a reasonable time after avoidance, the buyer has bought goods in replacement or the seller has resold the goods, the party claiming damages may recover the difference between the contract price and the price in the substitute transaction as well as any further damages recoverable under article 74.

② If the contract is avoided and there is a current price for the goods, the party claiming damages may, if he has not made a purchase or resale, recover the difference between the price fixed by the contract and the current price at the time of avoidance as well as any further damages recoverable under article 74.

③ Damages for breach of contract by one party consist of a sum equal to the loss, excluding loss of profit, suffered by the other party as a consequence of the breach.

④ Damages may not exceed the loss which the party in breach foresaw or ought to have foreseen at the time of the conclusion of the contract, in the light of the facts and matters of which he then knew or ought to have know, as a possible consequences of the breach of contract.

⑤ A party who relies on a breach of contract must take such measures as are reasonable in the circumstances to mitigate the loss, including loss of profit, resulting from the breach. If he fails to take such measures, the party in breach may claim a reduction in the damages in the amount by which the loss should have been mitigated.

해설
③ CISG 제74조(손해배상액 산정의 원칙)에 관한 보기로, "Damages for breach of contract by one party consist of a sum equal to the loss, <u>including</u> loss of profit, suffered by the other party as a consequence of the breach."가 옳은 내용이다.

34 국제물품매매계약에 관한 유엔협약(비엔나협약, 1980)상 물품의 보관에 관한 설명 중 옳지 않은 것은?

① If the buyer is in delay in taking delivery of the goods or, where payment of the price and delivery of the goods are to be made concurrently, if he fails to pay the price, and the seller is either in possession of the goods or otherwise able to control their disposition, the seller must take such steps as are reasonable in the circumstances to preserve them.

② If the buyer has received the goods and intends to exercise any right under the contract or this Convention to reject them, he must take such steps to preserve them as are reasonable in the circumstances.

③ If goods dispatched to the buyer have been placed at his disposal at their destination and he exercises the right to reject them, he must take possession of them on behalf of the seller, provided that this can be done without payment of the price and without unreasonable inconvenience or unreasonable expense.

④ A party who is bound to take steps to preserve the goods may deposit them in a warehouse of a third person at the expense of himself.

⑤ A party who is bound to preserve the goods may sell them by any appropriate means if there has been an unreasonable delay by the other party in taking possession of the goods or in taking them back or in paying the price or the cost of preservation.

해설

④ CISG 제87조(제3자 창고에의 기탁)에 관한 보기로, "A party who is bound to take steps to preserve the goods may deposit them in a warehouse of a third person <u>at the expense of the other party</u> [provided that the expense incurred is not unreasonable]."이 옳은 내용이다.

35 국제물품매매계약에 관한 유엔협약(비엔나협약, 1980)상 계약 해제의 효과에 대한 설명으로 옳지 않은 것은?

① Avoidance affects every provision of the contract for the settlement of disputes or any other provision of the contract governing the rights and obligations of the parties consequent upon the avoidance of the contract.

② A party who has performed the contract either wholly or in part may claim restitution from the other party of whatever the first party has supplied or paid under the contract.

③ The buyer loses the right to declare the contract avoided or to require the seller to deliver substitute goods if it is impossible for him to make restitution of the goods substantially in the condition in which he received them.

④ A buyer who has lost the right to declare the contract avoided or to require the seller to deliver substitute goods retains all other remedies under the contract and this Convention.

⑤ If the seller is bound to refund the price, he must also pay interest on it, from the date on which the price was paid.

해설

① CISG 제81조(계약의무의 소멸과 반환청구)에 관한 보기로, "Avoidance <u>does not affect</u> any provision of the contract for the settlement of disputes or any other provision of the contract governing the rights and obligations of the parties consequent upon the avoidance of the contract."가 옳은 내용이다.

36 다음 중 국제물품매매계약에 관한 유엔협약(비엔나협약, 1980)이 원칙적으로 적용될 수 있는 거래를 고르시오.

① sales of stocks

② sales of shares

③ sales of aircraft

④ sales of oil

⑤ sales of electricity

해설

비엔나협약은 주식, 지분, 항공기, 전기의 매매에는 적용되지 아니한다[CISG 제2조(협약의 적용예외)].

37 국제물품매매계약에 관한 유엔협약(비엔나협약, 1980) 제38조(물품의 검사시기)의 내용 중 틀린 것을 고르시오.

> (1) The buyer must examine the goods, or cause them to be examined, ① <u>within as short a period</u> as is practicable in the circumstances.
> (2) If the contract involves carriage of the goods, examination may be ② <u>preformed before</u> the goods have arrived at their destination.
> (3) If the goods are redirected in transit or redispatched by the buyer without a reasonable opportunity for examination by him and ③ <u>at the time of the conclusion of the contract</u> the seller knew or ought to have known of the possibility of such redirection or redispatch, examination may ④ <u>be deferred until after</u> the goods ⑤ <u>have arrived at the new destination</u>.

해설

② CISG 제38조(물품의 검사시기) 제2항에 해당하는 보기로, "If the contract involves carriage of the goods, examination may be <u>deferred until</u> after the goods have arrived at their destination."가 옳은 내용이다.

38 국제물품매매계약에 관한 유엔협약(비엔나협약, 1980)상 매도인의 의무에 대한 내용으로 틀린 것을 고르시오.

① The seller must deliver the goods, hand over any documents relating to them and transfer the property in the goods, as required by the contract and this Convention.

② If the seller, in accordance with the contract or this Convention, hands the goods over to a carrier and if the goods are not clearly identified to the contract by markings on the goods, by shipping documents or otherwise, the seller must give the buyer notice of the consignment specifying the goods.

③ If the seller is bound to arrange for carriage of the goods, he must make such contracts as are necessary for carriage to the place fixed by means of transportation appropriate in the circumstances and according to the usual terms for such transportation.

④ If the seller is not bound to effect insurance in respect of the carriage of the goods, he must, at the buyer's request, provide him with all available information necessary to enable him to effect such insurance.

⑤ If the seller is bound to hand over documents relating to the goods, he must hand them over at the time required by the contract. Once the documents are handed over, the seller has no right to cure any lack of conformity in the documents regardless of the fact that he handed over documents before that time.

⑤ CISG 제34조(물품에 관한 서류)에 해당하는 보기로, "If the seller is bound to hand over documents relating to the goods, he must hand them over at the time and place and in the form required by the contract. If the seller has handed over documents before that time, he <u>may, up to that time, cure</u> any lack of conformity in the documents, [if the exercise of this right does not cause the buyer unreasonable inconvenience or unreasonable expense]."가 옳은 내용이다.

39 국제물품매매계약에 관한 유엔협약(비엔나협약, 1980)상 매수인의 의무에 대한 내용으로 틀린 것을 고르시오.

① The buyer's obligation to pay the price includes taking such steps and complying with such formalities as may be required under the contract or any laws and regulations to enable payment to be made.

② When a contract has been validly concluded but does not expressly or implicitly fix or make provision for determining the price, the parties are considered, in the absence of any indication to the contrary, to have impliedly made reference to the price generally charged at the time of the conclusion of the contract for such goods sold under comparable circumstances in the trade concerned.

③ If the price is fixed according to the weight of the goods, in case of doubt it is to be determined by the gross weight.

④ The buyer is not bound to pay the price until he has an opportunity to examine the goods, unless the procedures for delivery or payment agreed upon by the parties are inconsistent with his having such an opportunity.

⑤ The buyer must pay the price on the date fixed by or determinable from the contract and this Convention without the need for any request or compliance with any formality on the part of the seller.

③ CISG 제56조(순중량에 의한 결정)에 해당하는 보기로, "If the price is fixed according to the weight of the goods, in case of doubt it is to be determined by the <u>net weight</u>."가 옳은 내용이다.

40 국제물품매매계약에 관한 유엔협약(비엔나협약, 1980)상 면책에 대한 내용으로 틀린 것을 고르시오.

① A party is not liable for a failure to perform any of his obligations if he proves that the failure was due to an impediment beyond his control and that he could not reasonably be expected to have taken the impediment into account at the time of the conclusion of the contract or to have avoided or overcome it or its consequences.

② The exemption provided by this article has effect for the period during which the impediment exists.

③ The party who fails to perform must give notice to the other party of the impediment and its effect on his ability to perform.

④ If the notice in ③ is not received by the other party within 21 days after the party who fails to perform knew or ought to have known of the impediment, he is liable for damages resulting from such non-receipt.

⑤ A party may not rely on a failure of the other party to perform, to the extent that such failure was caused by the first party's act or omission.

> **해설**
>
> ④ CISG 제78조(손해배상책임의 면제)에 해당하는 보기로, "If the notice in ③ is not received by the other party within <u>a reasonable time</u> after the party who fails to perform knew or ought to have known of the impediment, he is liable for damages resulting from such non-receipt."가 옳은 내용이다.

248 • 제1편 무역계약의 절차

41 영국물품매매법(Sale of Goods Act, 1979)에서 규정된 계약의 성립에 대한 내용으로 옳지 않은 것을 고르시오.

① Subject to this and any other Act, a contract of sale may be made in writing only with seal, or by word of mouth, or partly in writing and partly by word of mouth, or may be implied from the conduct of the parties.

② A contract of sale of goods is a contract by which the seller transfers or agrees to transfer the property in goods to the buyer for a money consideration, called the price.

③ Where there is a contract for the sale of specific goods, and the goods without the knowledge of the seller have perished at the time when the contract is made, the contract is avoided.

④ Where there is an agreement to sell specific goods and subsequently the goods, without any fault on the part of the seller or buyer, perish before the risk passes to the buyer, the agreement is void.

⑤ If the sale is by sample as well as by description, it is not sufficient that the bulk of the goods is correspondent with the sample if the goods do not also correspond with the description.

해설

① SGA 제4조(매매계약의 방식)에 해당하는 보기로, "Subject to this and any other Act, a contract of sale may be made in writing (either with or without seal), or by word of mouth, or partly in writing and partly by word of mouth, or may be implied from the conduct of the parties."가 옳은 내용이다.

42 영국물품매매법(Sale of Goods Act, 1979)에서 규정된 인도의 원칙에 대한 설명으로 옳지 않은 것을 고르시오.

① Whether it is for the buyer to take possession of the goods or for the seller to send them to the buyer is a question depending in each case on the contract, express or implied, between the parties.

② Apart from any such contract, express or implied, the place of delivery is the seller's place of business if he has one, and if not, his residence.

③ If the contract is for the sale of specific goods, which to the knowledge of the parties when the contract is made are in some other place, then that place is the place of delivery.

④ Where under the contract of sale the seller is bound to send the goods to the buyer, but no time for sending them is fixed, the seller is bound to send them within a reasonable time.

⑤ Unless otherwise agreed, the expenses of and incidental to putting the goods into a deliverable state must be borne by the buyer.

해설

⑤ SGA 제29조(인도의 규칙)에 해당하는 보기로, "Unless otherwise agreed, the expenses of and incidental to putting the goods into a deliverable state must be borne by the <u>seller</u>."가 옳은 내용이다.

43 영국물품매매법(Sale of Goods Act, 1979)에 규정된 운송정지권에 대한 설명으로 옳지 않은 것을 고르시오.

① When the buyer of goods becomes insolvent the unpaid seller who has parted with the possession of the goods has the right of stopping them in transit.

② Goods are deemed to be in course of transit from the time when they leave from the seller's premises until the buyer or his agent in that behalf takes delivery of them from the carrier or other bailee or custodier.

③ Where part delivery of the goods has been made to the buyer or his agent in that behalf, the remainer of the goods may be stopped in transit, unless such part delivery has been made under such circumstances as to show an agreement to give up possession of the whole of the goods.

④ The unpaid seller may exercise his right of stoppage in transit either by taking actual possession of the goods or by giving notice of his claim to the carrier or other bailee or custodier in whose possession the goods are.

⑤ When notice of stoppage in transit is given by the seller to the carrier or other bailee or custodier in possession of the goods, he must re-deliver the goods to, or according to the directions of, the seller; and the expenses of the re-delivery must be borne by the seller.

[해설]

② SGA 제45조(운송기간)에 해당하는 보기로, "Goods are deemed to be in course of transit from the time <u>when they are delivered to a carrier or other bailee or custodier for the purpose of transmission to the buyer</u>, until the buyer or his agent in that behalf takes delivery of them from the carrier or other bailee or custodier."가 옳은 내용이다.

1. 무역결제의 방법

(1) 무신용장방식

① 송금방식(Remittance Basis)

수입업자가 수출업자에게 물품대금을 송금하여 결제하는 (순환)방식으로 물품 인도시기에 따라 단순송금 방식, 대금교환도방식(물품인도 방식, 서류인도 방식), 상호계산 방식, 신용카드 방식 등으로 분류된다.

㉠ 단순송금방식 – 사전송금방식(Advance Remittance before Shipment) : 수출업자가 물품을 선적(인 도)하기 전에 수입업자가 물품 대금을 송금하는 방식으로 사전송금, 사후송금, 혼합결제방식이 가능 하다. 수입업자가 수출업자에게 송금하는 수단에 따라 우편환송금방식(M/T), 전신환송금방식(T/T), 수표송금방식(개인수표 또는 은행수표) 등으로 구분된다.

우편환송금방식 (Mail Transfer, M/T)	• 수입자의 요청에 의해 송금은행(수입지 외국환은행)이 지급은행(수출지 외국환 은행) 앞으로 수출자에게 일정 금액을 지급하여 줄 것을 위탁하는 지급지시서 (Payment Order)를 우편으로 보내는 방식이다. 수출자는 지급은행으로부터 송 금도착통지서를 받아 송금대전을 지급받는다. 소액송금 시 주로 사용하나 현재 는 거의 이용하고 있지 않다.
전신환송금방식 (Telegraphic Transfer, T/T)	• 수입자의 요청에 따라 송금은행이 지급은행 앞으로 수출자에게 일정 금액을 지 급하여 줄 것을 위탁하는 지급지시서(Payment Order)를 전신으로 보내는 방식 을 말한다. 송금과정이 신속·편리하고 환율변동에 따른 위험도 적어 무역대금 결제에 많이 사용하는 송금방식이다. 그러나 전신료의 비용이 많이 든다는 단점 이 있다.
수표송금방식 (Demand Draft, D/D)	• 수입자가 수입지 외국환은행에 대금 지불 후 발급받은 송금환 수표(Demand Draft : 수표발행은행이 교부)를 직접 수출자에게 보내 수출자가 자국의 외국환 은행에서 현금화하는 방법이다. • 우송 도중 분실·도난의 우려가 커 긴급하지 않은 송금이나 소액송금 시 주로 이용하며, 수표는 은행수표(D/D)뿐 아니라 개인수표(Personal Check)가 사용 된다.

㉡ 대금교환도방식 – 사후송금방식(Later Remittance after Shipment) : 상품 또는 서류와 상환으로 현 금 결제하는 방식으로 수출자가 물품이나 서류를 인도할 때 수입자가 스스로 수출입 대금을 지급· 결제하는 방식을 말한다. 여기에는 COD 방식과 CAD 방식이 있으며 둘 다 환어음이 필요하지 않고 일반적으로 은행이 개입되지 않는다.

물품인도 결제방식 (Cash on Delivery, COD)	• 상품이 목적지에 도착하면 '상품과 상환'으로 현금 결제하는 방식이다. • 수출자가 수입국에서 수입통관을 완료하고 수입자에게 물품을 인도할 때 대금(Cash) 을 수령하는 결제방식이다.
서류인도/상환방식 (Cash against Document, CAD)	• 상품 선적 후 수출국에서 '서류와 상환'으로 현금 결제하는 방식이다. • 수출자가 선적 후 선적서류(선하증권, 보험서류, 상업송장 등)를 수출국소재 수입자 대리인 또는 거래은행에 제시하고 서류와 상환으로 대금을 수령하는 결제방식이다.

② 추심결제방식(On Collection Basis, D/A & D/P)

수출상[의뢰인(Principal/Drawer/Accounter)]이 계약 물품을 선적한 후 선적서류(B/L, Insurance Policy, Commercial Invoice)를 첨부한 '화환어음(환어음)'을 수출상 거래은행[추심의뢰은행(Remitting Bank)]을 통해 수입상 거래은행[추심은행(Collecting Bank)]에 제시하고 그 어음대금의 추심(Collection)을 의뢰하면, 추심은행은 수입상[지급인(Drawee)]에게 그 어음을 제시하여 어음금액을 지급받고 선적서류를 인도하여 결제하는 방식이다.

㉠ 추심결제방식의 종류

인수인도조건 (Document against Acceptance, D/A)	수출상(의뢰인)이 물품을 선적한 후 구비된 서류에 '기한부환어음'을 발행·첨부하여 자기거래은행(추심의뢰은행)을 통해 수입상 거래은행(추심은행)에 그 어음대금의 추심을 의뢰하면, 추심은행은 이를 수입상에게 제시하여 그 제시된 환어음을 일람지급 받지 않고 인수만 받음으로써[환어음 인수와 상환(Against Acceptance)] 선적서류를 수입상에게 인도 후 약정된 만기일에 지급받는 방식이다.
지급인도조건 (Document against Payment, D/P)	수출상(의뢰인)이 계약물품 선적 후 구비된 서류에 '일람출급환어음'을 발행·첨부하여 자기거래은행(추심의뢰은행)을 통하여 수입상의 거래은행(추심은행) 앞으로 그 어음대금의 추심을 의뢰하면, 추심은행은 수입상에게 그 어음을 제시하여 어음금액을 지급받고[대금결제와 상환(Against Payment)] 서류를 인도하는 거래방식이다.

㉡ D/A와 D/P 방식의 차이점

ⓐ D/A : 수출상이 기한부 화환어음[(Documentary) Usance Bill]을 발행한다.

ⓑ D/P : 수출상이 일람출급/일람불 화환어음[(Documentary) Sight Bill]을 발행한다.

③ 기타 대금결제방식

㉠ 팩토링(Factoring)

ⓐ 제조업자가 구매자에게 상품 등을 외상으로 판매한 후 발생되는 외상매출채권을 팩토링회사(Factor)에게 일괄 양도함으로써 팩토링회사로부터 구매자에 관한 신용조사 및 지급보증, 매출채권의 관리, 회계업무(Accounting), 대금회수 및 전도금융 제공 등의 혜택을 부여받는 서비스를 말한다. 이는 지급보증 대리인(Del Credere Agent) 방식과 유사하다.

ⓑ 세계의 팩토링회사가 그룹을 결성하여 수출자 및 수입자에 대하여 제공하는 새로운 금융서비스로서 수출국 팩토링회사[수출팩터(Export Factor)]가 수출자와 거래계약을 체결한 후 금융제공을 하며, 수입국 팩토링회사[수입팩터(Import Factor)]는 수입자에 대한 신용조사 및 신용승인(Credit Approval) 등 팩토링 서비스를 제공하는 거래를 말한다.

㉡ 포페이팅(Forfaiting) : 수출자의 중·장기 채권을 소구권 없이 고정요율로 할인매입하는 무역금융을 말한다.

㉢ 청산결제(Open or Current Account) : 매도인, 매수인이 일정기간을 정하고 대금을 몰아서 지급하는 방식으로 본·지사 간 혹은 고정 거래처 간에 지속적으로 수출입 거래를 하는 경우 선적 시마다 대금결제를 하는 불편을 해소하기 위해 수출자는 계속 상품을 선적하고 일정기간에 한 번씩 누적된 대금을 결제하는 외상거래이자 신용거래를 의미한다.

(2) 신용장방식

① 개 념 14년 기출

㉠ 신용장이란 신용장 개설은행의 수익자(수출상)에 대한 조건부 대금지급확약서이다(대금지급확약문언을 Engagement Clause라 함).

㉡ 신용장은 그 명칭과 관계없이 개설은행이 일치하는 제시에 대하여 결제하겠다는 확약으로서 취소 불가능한 모든 약정을 의미한다(Credit means any arrangement, however named or described, that is irrevocable and thereby constitutes a definite undertaking of the issuing bank to honour a complying presentation).

㉢ 신용장이란 신용장 발행은행이 수입자(발행의뢰인)를 대신하여 수출자에게 일정기간 내(신용장 유효기간)·일정조건(신용장 기재조건) 아래 선적서류 등을 담보로 '수입자·신용장 개설은행·개설은행 지정 환거래 취결은행'을 지급인으로 하는 화환어음을 발행할 권한을 부여하고(지급신용장 제외), 이 선적서류와 어음이 제시될 경우 발행은행이나 발행은행의 지정은행이 일정금액의 어음을 매입(Negotiation), 인수(Acceptance) 또는 지급(Payment)할 것을 어음 발행인(수출상) 및 어음 수취인(어음매입은행)에게 보증하는 '조건부 지급확약서'이다.

② 신용장의 종류 24, 19, 14년 기출

㉠ 관계서류 첨부 여부 기준

화환신용장 (Documentary L/C)	수익자가 발행한 환어음에 선하증권(Bill of Lading, B/L) 등의 운송서류를 첨부하여, 개설은행이 지급·인수·매입할 것을 확약하는 신용장이다.
무화환/무담보신용장 (Clean/Non-Documentary L/C)	환어음에 운송서류가 첨부되지 않고 어음 하나만으로 지급·인수·매입을 확약하는 신용장을 말한다. 주로 무역거래에 수반되는 용역(Service) 등 부대비용의 대가지급 수단으로 활용된다. 무화환신용장에는 보증신용장(Stand-by L/C)이 있다.

㉡ 양도가능 여부 기준

양도가능신용장 (Transferable L/C)	신용장을 받은 최초의 수익자인 원수익자(제1수익자)가 신용장 금액의 전부 또는 일부를 1회에 한하여 국내외 제3자(제2수익자)에게 양도할 수 있는 권한을 부여한 신용장을 말한다. ▷ 양도가능신용장이란 '양도가능'이라고 특별히 명기된 신용장으로서, 제1수익자의 요청에 의하여 전부 또는 일부가 제2수익자가 사용할 수 있게 된다(Transferable credit means a credit that specifically states it is "transferable". It may be made available in whole or in part to another second beneficiary at the request of the first beneficiary).
양도불능신용장 (Non-Transferable L/C)	제3자(제2수익자)에게 양도할 수 없는 신용장으로서 지정된 원수익자(제1수익자)만이 해당 신용장을 사용할 권리를 가진다. 신용장에 양도가능(Transferable) 관련 표시가 없으면 양도할 수 없는 것으로 간주된다.

ⓒ 신용장대금의 지급방식 기준(신용장 사용방법 기준)

일람지급신용장 [Sight Payment L/C / Straight (Payment) L/C]	신용장에 의한 환어음의 매입 여부는 언급하지 않고 개설은행 또는 그의 지정은행(지급은행)에 선적서류와 환어음을 제시하면 이를 일람한 즉시 대금을 지급(Honor)하겠다고 확약하는 신용장이다.
연지급신용장 (Deferred Payment Credit)	수익자가 신용장 조건에 일치하는 선적서류를 신용장에 지정되어 있는 연지급은행에 제시하면 연지급은행은 신용장에 정해져 있는 만기일에 대금을 지급하도록 약정되어 있는 신용장을 말한다.
매입신용장 (Negotiation L/C)	신용장거래에서는 일반적으로 수익자가 환어음을 발행하고 자신의 거래은행(매입은행)을 통하여 환어음 및 선적서류를 현금화하는 매입(네고)방식으로 수출입 대금을 지급받는 방식을 취하는데, 개설은행이 수익자 외에 수익자로부터 매입을 행한 은행에 대해서도 대금지급을 명시적으로 표시하고 있는 신용장이다.
인수신용장 (Acceptance Credit)	수익자가 신용장 조건에 일치하는 선적서류와 함께 기한부환어음을 신용장에 지정되어 있는 인수은행에 제시하면 인수은행은 개설은행 대신 신용장 금액을 지급하고 신용장에 정해져 있는 만기일에 대금을 개설은행에게서 받는 신용장을 말한다.

ⓒ 취소가능 여부 기준

취소가능신용장 (Revocable L/C)	신용장 조건을 변경·취소할 수 있는 당사자는 신용장 개설은행과 수익자뿐인데, 개설은행이 수익자에게 사전통지 없이(Without Prior Notice) 언제라도(At Any Moment) 취소(Cancel)하거나 조건변경(Amend)할 수 있는 신용장을 의미한다.
취소불능신용장 (Irrevocable L/C)	취소불능신용장의 경우 신용장개설 이후 신용장이 수익자에게 통지된 후 유효기간 내에 관계 당사자 전원(개설은행/확인은행, 수익자)의 합의 없이는 신용장을 취소·변경할 수 없다.

ⓜ 확인 여부 기준

확인신용장 (Confirmed L/C)	개설은행의 요청에 따라 개설은행 외의 제3의 은행이 수익자가 발행한 환어음의 지급·인수·매입을 확약한 신용장이다. 이는 수익자 입장에서 개설은행의 신용이 의심스러운 경우 요구하게 된다. 통상 개설은행의 요청에 의해 통지은행이 확인은행을 겸하게 된다.
미확인신용장 (Unconfirmed L/C)	개설은행 이외의 제3의 은행에 의한 확약이 없는 신용장, 즉 확인은행의 확인이 없는 신용장을 말한다.

ⓗ 상환청구가능 여부 기준

상환청구가능신용장 (With Recourse L/C)	개설은행으로부터 지급받기 이전에 수익자에게 선적서류 및 환어음의 가액을 선지급하고 매입을 행한 매입은행이나 선의의 소지자가 추후 개설은행으로부터 대급을 지급받지 못했을 때 다시 환어음 발행인(수익자)에게 매입대금의 상환청구를 할 수 있도록 규정한 신용장을 의미한다.
상환청구불능신용장 (Without Recourse L/C)	수익자로부터 매입을 행한 매입은행이나 선의의 소지자가 추후 개설은행으로부터 대급지급을 받지 못해도 환어음 발행인(수익자)에게 선지급한 매입대금을 상환청구할 수 없도록 규정한 신용장을 말한다.

ⓢ 지급기일 기준(지급기일에 따른 분류)

일람출급신용장 (At Sight L/C)	신용장에 의거 발행되는 환어음이 일람출급 어음인 경우를 일람출급신용장이라 한다. 통지은행이 본·지점간 또는 예치환거래은행인 경우 지급신용장을 사용하며, 통지은행이 개설은행의 무예치환거래은행인 경우는 매입신용장을 사용한다.
기한부신용장 (Usance L/C)	신용장에 의거 발행되는 환어음의 기간(Tenor)이 기한부인 어음의 발행을 요구하는 신용장을 말한다.

◎ 매입은행제한 여부 기준

보통신용장 (General or Open L/C)	어음매입을 특정은행으로 제한하지 않고 아무 은행에서나 매입할 수 있도록 되어 있는 신용장으로 매입은행 지정표시가 없으면 자유매입신용장(Freely Negotiable Credit)으로 본다.
특정신용장 (Special or Restricted L/C)	수익자가 발행하는 환어음의 매입은행이 특정은행으로 지정되어 있는 신용장을 말한다.

㉣ 수출업자의 자금조달의 편의를 위한 신용장 19년 기출

전대신용장 (Packing L/C) 및 선대신용장 (Red Clause L/C)	수출물품의 생산·가공·집화·선적 등에 필요한 자금을 수출업자에게 융통해 주기 위하여 매입은행으로 하여금 일정한 조건에 따라 신용장 금액의 일부 또는 전부를 수출업자에게 선대(선불)해 줄 것을 허용하고 신용장 개설은행이 그 선대금액의 지급을 확약하는 신용장이다.
연장신용장 (Extended L/C)	수출업자가 수출상품의 선적 전에 개설은행 앞으로 '무담보 어음'을 발행하면 이것을 통지은행이 매입하고 일정기간 내에 당해 상품에 대한 모든 운송서류를 매입은행에 제공할 것을 조건으로 하는 신용장이다.

㉣ 국가 간 수출입 균형유지를 위해 사용되는 신용장

구상무역신용장/ 견질신용장 (Back to Back L/C)	무역균형 유지를 위해 한 나라에서 수입신용장을 개설할 경우, 그 신용장은 수출국에서 동액의 수입신용장 개설 시에만 '유효하다는 조건'이 붙은 조건부 L/C로서 동시개설/상호교환신용장이라고도 한다.
기탁신용장 (Escrow L/C)	수입신용장 개설 시 환어음매입대금을 수익자에게 지급하지 않고 수익자 명의의 'Escrow 계정'에 기탁(입금)해 뒀다가 수익자가 원신용장 개설국에서 수입하는 상품의 대금결제에만 사용토록 규정한 신용장이다.
토마스신용장 (Thomas L/C)	양측이 동액의 신용장을 개설하는데 일방이 먼저 개설하면 상대방이 일정기간 이내에 같은 액수의 신용장을 개설하겠다는 보증서로 발행하는 신용장이다.

알아두기

보증신용장(Stand-by L/C)
금융서비스 또는 채무이행의 보증 등의 목적으로 발행되는 신용장으로 고객의 채무 및 계약 불이행 시 신용장의 수익자가 신용장을 근거로 보증금액을 청구할 수 있다.

회전신용장/순환신용장(Revolving L/C) 24년 기출
일정기간 동안 일정 금액의 범위 내에서 그 금액이 자동적으로 소생하여 계속적으로 사용할 수 있는 신용장으로 일반적으로 같은 종류의 상품에 대하여 매매당사자 간에 지속적인 거래가 이루어질 경우에 사용한다.

신용장의 종류에 관한 설명이다. (   )에 들어갈 용어로 옳은 것은? 24년 기출

> (   ) is the credit the amount of which remains constant for a given period and it becomes automatically available again for the full amount either immediately or perhaps as soon as an advice that earlier draft has been paid is received.

① Back-to-Back Credit
② Revolving Credit
③ Packing Credit
④ Escrow Credit
⑤ Thomas Credit

해설

일정기간 동안 일정한 금액이 유지되는 신용장이며, 이전 환어음이 지급된 즉시, 또는 지급 통지를 수신하자마자 다시 자동으로 전액에 대해 이용가능한 신용장이다.
→ ② 회전신용장(Revolving Credit)에 대한 설명이다.

정답 ②

2. 화환신용장 18년 기출

(1) 화환신용장 개요

① 신용장거래의 특성

  ㉠ 독립성의 원칙(The Principle of Independence, UCP 제3조) : 신용장은 수출·수입자 간 체결된 매매계약 등을 근거로 개설되지만, 신용장개설 후에는 그 근거가 되었던 매매계약과 완전히 독립되어 그 자체로 별도의 법률관계가 형성됨으로서 신용장 당사자(개설은행과 수익자)가 신용장 조건에 따라서만 행동하는 것(즉, 매매계약으로부터의 단절)을 신용장의 독립성이라 한다.

  ㉡ 추상성의 원칙(The Principle of Abstraction, UCP 제4조) : 신용장거래는 상품, 용역, 계약이행 등의 거래가 아니라 서류로써 거래가 이루어지는데 이를 신용장의 추상성이라 한다. 즉, 서류만으로 매매계약의 이행 여부를 결정하게 되므로 실제 물품·용역·계약의 불일치 또는 불이행에 따른 분쟁은 신용장과 전혀 별개의 문제인 것이다.

  ㉢ 한계성의 원칙(The Principle of Limitation) : 개설의뢰인은 실제 상품이나 계약과 다르게 작성된 운송서류라도 신용장 조건에 맞는 서류가 제시되면 이에 대한 대금지급의무가 있으므로, 신용장개설이 국제거래의 상업위험과 신용위험을 완전히 예방하기 어려운 것을 신용장의 한계성이라고 한다. 개설은행은 계약상 위반, 손해방지에 대한 책임·의무가 없다.

② 신용장거래의 이점

수출업자 측면	수입업자 측면
• 확실한 대금회수 보장, 거래의 안정성 확보 • 거래내용의 확정으로 수출이행 용이 • 매입대금 즉시회수에 따른 수출대금 조기회수로 자금운용의 안정성 확보 • 신용장을 담보로 용이한 제조대금 융자 가능 • 수입국 외환시장 악화에 따른 대외지급 중지 등의 환결제 위험 회피 가능	• 은행신용을 이용한 자사 신용 강화로 유리한 조건의 계약 체결 가능성 증대(매매가격 협상 등에서 우위 확보) • 수입업자에 대한 수출업자의 확실한 계약조건 이행 보장 • 계약물품의 인도시기 예상 가능(신용장상에 최종선적기일과 유효기일 명시) • 발행은행의 수입담보화물대도(Trust Receipt, T/R)에 의한 신용공여로 금융상의 혜택 확보 • 물품 도착 후 대금지급으로 금융상 유리

③ 신용장 당사자

신용장 관련 당사자 중 개설의뢰인(Applicant), 개설은행(Issuing/Opening Bank), 수익자(Beneficiary), 확인은행(Confirming Bank), 통지은행(Advising/Notifying Bank)을 기본 당사자라 하며, 그 외 다른 당사자들을 기타 당사자라 한다.

ㄱ 개설의뢰인(Applicant) : 수출상(Beneficiary)과의 매매계약에 따라 자기거래은행(Opening Bank)에 신용장을 개설해줄 것을 요청하는 수입상으로 향후 수출 환어음 대금의 결제의무자가 된다.

ㄴ 개설은행(Issuing Bank) : 보통 수입자의 거래은행으로서 개설의뢰인(수입업자)의 요청과 지시에 의하여 신용장을 발행하는 은행이다.

ㄷ 통지은행(Advising/Notifying Bank) : 어떠한 책임이나 약정 없이(Without Engagement) 개설은행으로부터 내도된 신용장을 수익자에게 통지(송부나 교부)해 주는 수출지의 은행으로서 통지은행이 통지요청을 받았다고 해서 반드시 통지해야 하는 것도 아니고, 통지를 했다고 해서 반드시 수권은행의 역할을 할 필요도 없다.

ㄹ 수익자(Beneficiary) : 신용장수취인으로서 수혜자라고도 하며 수출자를 말한다.

ㅁ 확인은행(Confirming Bank) : 후진국 은행이나 재무상태가 취약한 은행이 발행한 신용장이어서 대금지급의 확약을 믿기 어려운 경우 개설은행이 공신력 있는 은행에 신용장의 확인·보증 및 독립적인 지급확약을 요청하게 되는데 이때 요청을 수락한 은행으로, 신용장 개설은행의 의뢰에 의해 개설은행의 재력·존폐에 상관 없이 신용장 조건에 의거 발행된 환어음을 지급·인수·매입하겠다는 독립적인 확약을 부가해주는 은행이다.

ㅂ 수권은행(Authorized Bank) 혹은 지정은행(Nominated Bank)

일람지급은행 (Paying Bank)	대금결제를 위하여 개설은행이 전액을 위탁해 둔 은행으로 통상 개설은행의 지점이 된다.
연지급은행 (Deferred Payment Bank)	통상 개설은행의 지점으로 서류와 상환으로 일정기간 후 전액을 지급할 의무를 진다.
인수은행 (Accepting Bank)	통상 개설은행의 예치환거래은행으로 신용장에 의거 수익자가 발행한 기한부 환어음을 인수, 만기일에 대금지급의무를 지는 은행으로 어음인수 후 만기일에 무조건 대금지급의무를 행한다.
매입은행 (Negotiating Bank)	매입이란 어음을 할인하여, 즉 이자와 수수료를 받고 사들이는 행위를 의미하며, 매입은행은 제3자가 지급인인 어음·수표에 대해 권리를 취득한 은행으로 환어음 매입으로 선의의 소지자(Bona Fide Holder)가 되어 개설은행에 어음대금 청구권을 행사할 수 있다.

ㅅ 기타 은행[상환은행(Reimbursing Bank)] : 개설은행의 상환수권이나 지시에 따라 지급·인수·매입은행의 상환청구를 받아 상환을 해주는 은행이다(결제편의 제공).

(2) (화환)신용장개설

① 신용장개설방법

수입자는 수입물품에 대한 수입승인을 받은 다음 그 유효기간 내에 신용장개설을 신청하게 된다. 신용장 개설은행은 신용장개설에 관한 심사 및 기타의 절차를 완료하고 개설의뢰인이 제출한 의뢰서의 내용을 점검 후 타당하다고 인정되면 신용장을 개설하여 준다.

    ㉠ 우편에 의한 개설(Mail Credit) : 개설신청서의 내용에 따라 소정의 신용장양식 1 set를 작성하여 원본 및 사본 1매는 통지은행에 발송하고, 결제은행에는 사본 1매를 수입대전결제요청서(Reimbursement Request)와 함께 발송한다.

    ㉡ 전신에 의한 개설(Cable Credit) : 금융비용 절약, 납기단축 등을 위하여 신용장개설사실을 신속히 통지할 필요가 있을 경우 전신으로 신용장을 개설하게 된다.

Short Cable에 의한 개설	신용장이 개설되었다는 것을 미리 통지하여 수익자로 하여금 수출준비를 하게 하는 통지이며, "Details Follow(세부사항 추후 통지)"란 문언을 삽입, 추후 신용장 원본(Mail Confirmation)을 우편으로 송부하여 모든 조건은 이에 준하도록 하여야 한다.
Full Cable에 의한 개설	통지은행의 오역이나 신용장 당사자 간 문구해석의 차이로 인한 마찰을 줄이기 위하여 신용장 전문을 그대로 전신으로 보내는 방법이다. 요즈음에는 국제통신망의 발달로 거의 대부분 Full Cable에 의하여 신용장을 통지하고 있다.

② 신용장거래 약정 시 주요 체결내용

    ㉠ 수입대금의 지급확약

    ㉡ 발행 수수료 및 신용장과 관련되어 은행이 부담하는 제 비용의 보상의무

    ㉢ 수입화물의 담보차입 및 처분권

    ㉣ 선적서류상 부정·불명확한 사항에 대한 처리

    ㉤ 우편 또는 전신상의 사고에 따른 면책

(3) 환어음과 화환신용장

① 환어음을 이용한 국제간 대금결제 방식

국제간 대금결제 방식에는 송금방식(순환)과 환어음을 이용하는 방식(역환)이 있으며, 환어음 이용 방식에는 추심방식(D/A, D/P)과 신용장방식이 있다. 환어음이란 발행인(Drawer)이 지급인(Drawee)에게 자신이 지시하는 자[수취인(Payee)]에게 일정금액(환어음 금액)을 일정기일(만기)에 무조건 지급할 것을 위탁하는 요식성 유가증권이다.

② 환어음 당사자

    ㉠ 발행인(Drawer) : 환어음을 발행·서명하는 자로 자신의 거래은행을 통해 물품대금의 추심(Collection)을 의뢰하는 채권자인 수출업자이다. 추심방식에서는 추심의뢰인(Principal)이 되며 신용장방식에서는 수익자(Beneficiary)가 된다.

    ㉡ 지급인(Drawee) : 환어음 대금을 일정 기일(만기)에 무조건 지급할 것을 위탁받은 자로 추심 방식에서는 수입상이 되며, 신용장방식에서는 원칙적으로 신용장 개설은행(수출상에 대한 주 채무자)이 된다.

    ㉢ 수취인(Payee) : 환어음 대금을 지급받을 자로서 발행인 또는 발행인이 지정하는 제3자도 될 수 있으나, 통상 신용장에 근거를 두고 발행하여 자신의 거래은행에 매입을 의뢰하는 경우의 수취인은 동 서류를 매입하는 거래은행이 된다.

③ 환어음 발행통수

국내 어음결제는 1통만을 발행하는 단일어음(Sole/Sola Bill)으로 이루어지지만, 무역결제에서 사용되는 환어음은 같은 것을 2통 작성한다. 즉, 제1권(1st Bill of Exchange)과 제2권(2nd Bill of Exchange)의 조 어음(Set Bill/a Set of Bills)으로 발행한다. 제1권에는 운송서류의 원본(Original)을 제2권에는 운송서류의 부본(Duplicate)을 첨부하여 수출지 은행에서 수입지 은행까지 각각 다른 항공편으로 우송한다.

④ 환어음의 종류

㉠ 첨부서류 유무에 따른 분류

화환어음 (Documentary Bill)	환어음에 선적서류(선하증권/보험증권/상업송장/기타 필요 서류)를 첨부하여 상품대금을 회수하는 경우의 환어음을 말한다. 화환어음은 매도인이 발행인, 매수인이 지급인, 외국환은행이 수취인으로 되어 있는 환어음이며 수송 도중 화물을 증권화한 운송서류가 환어음의 담보물이 된다.
무담보어음 (Clean Bill)	환어음의 담보가 되는 선적서류가 첨부되지 않고 환어음 단독으로도(무담보 조건) 결제가 가능한 환어음을 무담보어음이라 한다. 이는 수출상이 수입상에게 운송서류를 직접 송부한 후 환어음만 작성하여 거래은행을 통해 추심·결제 받는 방법으로 연불(Deferred Payment)의 일종이다.

㉡ 지급기일(만기일)(Tenor)에 따른 분류

일람불(일람출급/요구불)어음 (Sight/Demand Bill/Draft)	환어음 지급기일이 일람출급으로 되어 있는 경우로, 환어음이 지급인에게 제시(Presentation)되었을 때 즉시 지급해야 하는 어음이다.
기한부어음 (Time/Usance Bill /Draft · After Sight Draft)	환어음 제시 후 일정기간 후에 지불되는 어음(제시된 즉시 지급하는 것이 아니라)으로 당사자 간에 정한 만기에 환어음 금액을 지급하겠다는 의사표시인 환어음의 인수[서명행위(Acceptance)]를 환어음의 전면에 행하고 만기 도래 시 지급을 이행하는 조건의 환어음이다.

㉢ 수취인(Payee) 지정 방식에 따른 분류

기명식 (Payable to a Specified Person)	수취인란에 특정인의 이름을 명시적으로 기입하는 방식이다.
지시식 (Payable to the Order of a Specified Person or Payable to Order)	수취인란에 특정인의 이름을 기입하지 않고 향후 수취인을 특정할 지시인을 기입하여 이 지시인의 특정에 의해 수취인을 정하는 방식이다. 환어음상 권리의 타인 이전(유통성 증권으로서 성질)은 배서를 통해 이루어지는데 배서란 환어음 이면에 권리 양도인(배서인)이 권리 양수인(피배서인)의 이름을 기록하는 것이다.

⑤ 환어음의 필수 기재사항 14년 기출

㉠ 환어음 표시문구 : 국문은 어음, 영문 어음에는 "Bill of Exchange", 프랑스어 어음은 "ettre de change"이라는 어음 문구를 기재해야 한다.

㉡ 일정금액(대금)의 무조건 지급위탁문언 : 일정금액을 지급한다는 뜻의 "Pay to (수취인) ∼ the sum of (지급통화와 금액)∼" 문언이 이에 해당하며, "Pay to ∼"가 무조건 위탁(지급에 조건이 없음)의 의미이다.

㉢ 지급인 표시 : 환어음 하단 좌측에 "TO …" 다음에 기재되는 자로서 환어음의 지급인을 의미한다. 일반적으로 이 지급인은 신용장상의 "drawn on …" 다음에 나타난 당사자를 기재한다.

㉣ 지급만기일 표시 : 만기(Maturity)는 만기일(Date of Maturity/Due Date), 지급기일(Date of Payment)이라고도 한다. 어음상의 "at …"가 만기를 표시하는 문구이다.

㉤ 지급지(Place of Payment) 표시 : 지급지란 어음금액이 지급될 일정한 지역을 말한다.

ⓑ **수취인 표시** : 수취인 표시방법에는 네 가지가 있는데, 기명식 환어음인 경우 "PAY TO … BANK, LTD."와 같이 특정 수취인인 특정 은행명을 명기해야 하며, 지시식은 "PAY TO … BANKS OR ORDER"나 "PAY TO THE ORDER OF … BANK"와 같이 기재한다.

ⓢ **발행일 및 발행지 표시** : 어음 발행일은 외국환은행이 어음과 함께 제시된 선적서류를 매입한 날짜이며, 이는 신용장 유효기일 이내여야 한다. 환어음 효력은 행위지 법률에 의해 처리되므로 발행지를 꼭 표시해야 하며, 발행지는 도시명까지만 표시하면 된다.

ⓞ **발행인의 기명날인 또는 서명** : 환어음발행자는 신용장상의 수익자 또는 양도 시 양수인이며 반드시 기명날인까지 해야 된다. 발행인의 서명날인은 화환어음 약정 시 은행에 제출된 서명감과 일치해야 한다.

알아두기

수입화물대도(T/R)와 수입화물선취보증서(L/G) 19, 14년 기출

• **수입화물대도(Trust Receipt)** : 수입자금이 없어 수입자가 신용장 개설은행 소유의 물품을 임대형식으로 인수할 때 발행하는 것이다.

• **수입화물선취보증서(Letter of Guarantee)** : 운송인이 원본서류 없이 물품을 사전 인도할 때 발생하는 손해에 대한 신용장 개설은행의 보증서로, 원본서류가 도착하기 전에 수입자가 물품을 사전 인수할 수 있도록 신용장 개설은행이 발행하는 것이다.

3. UCP 600 : 신용장통일규칙

Article 1 Application of UCP 600 : 신용장통일규칙의 적용

The Uniform Customs and Practice for Documentary Credits, 2007 Revision, ICC Publication no. 600 ("UCP") are rules that apply to any documentary credit("credit")(including, to the extent to which they may be applicable, any standby letter of credit) when the text of the credit expressly indicates that it is subject to these rules. They are binding on all parties thereto unless expressly modified or excluded by the credit.

2007년 개정판, ICC 출판물번호 제600호("UCP") 화환신용장에 관한 통일규칙 및 관례는 신용장 본문에 이 규칙을 따른다고 명시적으로 표현되어 있는 모든 경우 화환신용장("신용장")(적용 가능한 범위에서 모든 보증신용장을 포함)에 적용되는 규칙이다. 따라서 이 규칙은 신용장에서 명시적으로 변경·배제되지 않는 한 모든 관련 당사자에 대해 구속력을 갖는다.

Article 2 Definitions : 정의 23, 20, 16, 15, 14, 13, 12, 11년 기출

For the purpose of these rules :
Advising bank means the bank that advises the credit at the request of the issuing bank.
Applicant means the party on whose request the credit is issued.
Banking day means a day on which a bank is regularly open at the place at which an act subject to these rules is to be performed.
Beneficiary means the party in whose favour a credit is issued.
Complying presentation means a presentation that is in accordance with the terms and conditions of the credit, the applicable provisions of these rules and international standard banking practice.
Confirmation means a definite undertaking of the confirming bank, in addition to that of the issuing bank, to honour or negotiate a complying presentation.
Confirming bank means the bank that adds its confirmation to a credit upon the issuing bank's authorization or request.
Credit means any arrangement, however named or described, that is irrevocable and thereby constitutes a definite undertaking of the issuing bank to honour a complying presentation.

본 규칙의 용어 정의는 다음과 같다.
통지은행이란 발행은행의 요청에 따라 신용장을 통지하는 은행을 의미한다.
발행의뢰인이란 신용장 발행을 요청하는 당사자이다.

은행 영업일이란 이 규칙에 의거 행위가 이행되는 장소에서 은행이 정상적으로 개점하는 날을 의미한다.

수익자란 자기 앞으로(자신을 수익자로 하여) 신용장이 개설되는 당사자를 의미한다.
일치하는 제시란 신용장의 제 조건, 본 규칙 및 국제표준은행관행의 적용 가능한 규정과 일치하는 제시를 의미한다.

확인이란 발행(개설)은행의 확약뿐만 아니라, 일치된 서류를 지급 또는 매입한다는 확인은행의 확약도 의미한다.

확인은행이란 발행은행의 수권 또는 요청에 따라 신용장에 확인을 추가하는 은행을 의미한다.

신용장이란 그 명칭이나 기술을 불문하고 취소불능이며 일치된 제시서류에 대해 지급을 이행한다는 발행은행의 확약을 뜻하는 모든 약정을 의미한다.

Honour means :

a. to pay at sight if the credit is available by sight payment.

b. to incur a deferred payment undertaking and pay at maturity if the credit is available by deferred payment.

c. to accept a bill of exchange ("draft") drawn by the beneficiary and pay at maturity if the credit is available by acceptance.

Issuing bank means the bank the issues a credit at the request of an applicant or on its own behalf.

Negotiation means the purchase by the nominated bank of drafts (drawn on a bank other than the nominated bank) and/or documents under a complying presentation, by advancing or agreeing to advance funds to the beneficiary on or before the banking day on which reimbursement is due to the nominated bank.

Nominated bank means the bank with which the credit is available or any bank in the case of a credit available with any bank.

Presentation means either the delivery of documents under a credit to the issuing bank or nominated bank or the documents so delivered.

Presenter means a beneficiary, bank or other party that makes a presentation.

지급이행(결제)이란 다음을 의미한다.

a. 신용장이 일람지급에 의해 사용가능하다면 일람 후 (일람출급으로) 지급하는 것

b. 신용장이 연지급으로 사용될 수 있는 경우 연지급을 확약하고 만기일에 지급하는 것

c. 신용장이 인수에 의하여 사용될 수 있는 경우 수익자가 발행한 환어음("어음")을 인수하고 만기일에 지급하는 것

발행(개설)은행이란 발행(개설)의뢰인의 요청에 의해 또는 자체적으로 신용장을 발행(개설)하는 은행을 의미한다.

매입이란 해당 지정은행이 (자신에 대해) 상환이 이루어지게 될 은행 영업일이나 그 이전에 수익자에게 대금을 선지급하거나 선지급할 것에 동의함으로써 일치하는 제시서류에 의거하여 (지정은행이 아닌 은행을 지급인으로 하여 발행된) 환어음 및/또는 서류를 구매하는 것을 의미한다.

지정은행이란 신용장이 사용될 수 있는 은행 또는 자유사용 신용장(모든 은행에서 사용될 수 있는 신용장)의 경우에는 모든 은행을 의미한다.

제시란 발행은행 또는 지정은행에 신용장상의 서류를 인도하는 행위나 그렇게 인도된 서류를 의미한다.

제시인이란 제시를 행하는 수익자, 은행 또는 기타 당사자를 의미한다.

For the purpose of these rules :

Where applicable, words in the singular include the plural and in the plural include the singular.

A credit is irrevocable even if there is no indication to that effect.

A document may be signed by handwriting, facsimile signature, perforated signature, stamp, symbol or any other mechanical or electronic method of authentication.

A requirement for a document to be legalized, visaed, certified or similar will be satisfied by any signature, mark, stamp or label on the document which appears to satisfy that requirement.

Branches of a bank in different countries are considered to be separate banks.

Terms such as "first class", "well known", "qualified", "independent", "official", "competent" or "local" used to describe the issuer of a document allow any issuer except the beneficiary to issue that document.

Unless required to be used in a document, words such as "prompt", "immediately" or "as soon as possible" will be disregarded.

The expression "on or about" or similar will be interpreted as a stipulation that an event is to occur during a period of five calendar days before until five calendar days after the specified date, both start and end dates included.

The words "to", "until", "till", "from" and "between" when used to determine a period of shipment include the date or dates mentioned, and the words "before" and "after" exclude the date mentioned.

The words "from" and "after" when used to determine a maturity date exclude the date mentioned.

The terms "first half" and "second half" of a month shall be construed respectively as the 1st to the 15th and the 16th to the last day of the month, all dates inclusive.

The terms "beginning", "middle" and "end" of a month shall be construed respectively as the 1st to the 10th, the 11th to the 20th and the 21st to the last day of the month, all dates inclusive.

이 규칙에서의 해석 기준은 다음과 같다.

문맥상 적합할 경우 단수형 단어는 복수형을 포함하고 복수형 단어는 단수형을 포함한다.

신용장은 취소불능에 대한 표시가 없는 경우에도 취소불능이다.

서류는 수기, 팩시밀리 서명, 천공서명, 스탬프, 상징 또는 기타 모든 기계적·전자적 인증방법(수권방법)에 의하여 서명이 이루어질 수 있다.

공인·이서·인증돼야 한다는 서류 요건은 그러한 요건을 충족시키는 것으로 보이는 서류상의 모든 서명, 마크, 스탬프 또는 라벨(부전)에 의하여 충족되어진다.

한 은행의 타국 지점은 별도의 독립된 은행으로 본다.

서류발행인을 표시하기 위해 사용되는 "일류의(first class)", "저명한(well known)", "자격 있는(qualified)", "독립적인(independent)", "공인된(official)", "유능한(competent)" 또는 "현지의(local)"와 같은 용어가 있으면 수익자를 제외한 모든 서류발행인이 서류를 발행할 수 있게 된다.

서류상에 사용하도록 요구되지 않는 한 "신속한(prompt)", "즉시(immediately)", "가능한 한 빨리(as soon as possible)"와 같은 단어는 무시해도 된다.

"~경에(on or about)" 또는 그 유사 표현은 어떤 일이 특정일 이전 5일부터 특정일 이후 5일까지의 기간 동안에 발생했다는 명문으로 해석될 것이며 시작일 및 종료일 모두를 포함하는 개념이다.

"to", "until", "till", "from" 및 "between" 등의 단어는 선적기간 결정을 위해 사용되는 경우 언급된 당해 일자를 포함하며, "before" 및 "after"는 언급된 당해 일자를 제외한다.

"from" 및 "after"라는 단어가 만기일 결정을 위하여 사용되는 경우 언급된 당해 일자를 제외한다.

한 달의 "전반(first half)", "후반(second half)"이라는 용어는 각각 해당 월의 1일부터 15일까지, 그리고 16일부터 말일까지로 해석되며 (양끝 일자를 포함하는) 모든 일자를 포함하는 개념이다.

한 달의 "초순(beginning)", "중순(middle)", "하순(end)"이란 용어는 각각 해당 월의 1일부터 10일까지, 11일부터 20일까지, 그리고 21일부터 말일까지로 하고, 양끝 일자를 포함하는 것으로 해석된다.

Article 4 Credits v. Contracts : 신용장과 계약 21, 18, 16년 기출

a. A credit by its nature is a separate transaction from the sale or other contract on which it may be based. Banks are in no way concerned with or bound by such contract, even if any reference whatsoever to it is included in the credit. Consequently, the undertaking of a bank to honour, to negotiate or to fulfil any other obligation under the credit is not subject to claims or defences by the applicant resulting from its relationships with the issuing bank or the beneficiary. A beneficiary can in no case avail itself of the contractual relationships existing between banks or between the applicant and the issuing bank.

b. An issuing bank should discourage any attempt by the applicant to include, as an integral part of the credit, copies of the underlying contract, proforma invoice and the like.

a. 본질적으로 신용장은 그 근거를 두고 있는 매매계약 또는 기타 계약과는 독립된 별도의 거래이다.
그러한 계약과 관련된 어떤 사항이든 신용장에 포함되어 있다 할지라도, 은행은 그러한 계약과는 전혀 무관하며 이에 구속되지도 않는다.
결과적으로 신용장에 근거하여 지급·매입 또는 기타 다른 의무를 이행하겠다는 은행의 확약은 발행은행 또는 수익자와 발행의뢰인 간의 관계에 기인한 발행의뢰인의 클레임 또는 항변에 구속받지 않는다. 수익자는 어떠한 경우에도 은행상호 간 또는 발행(개설)의뢰인과 발행(개설)은행 간의 계약관계를 원용할 수 없다.

b. 발행(개설)은행은 근거계약의 사본, 견적송장 등을 신용장의 필수사항으로 포함시키고자 하는 발행(개설)의뢰인의 시도를 절대 용납해서는 안 된다.

Article 5 Documents v. Goods, Services or Performance : 서류와 물품, 용역 또는 의무이행 16년 기출

Banks deal with documents and not with goods, services or performance to which the documents may relate.

은행은 서류를 거래(취급)하는 것이지 그 서류와 관련된 물품, 용역 또는 의무이행을 거래(취급)하는 것이 아니다.

a. A credit must state the bank with which it is available or whether it is available with any bank. A credit available with a nominated bank is also available with the issuing bank.

b. A credit must state whether it is available by sight payment, deferred payment, acceptance or negotiation.

c. A credit must not be issued available by a draft drawn on the applicant.

d. i. A credit must state an expiry date for presentation. An expiry date stated for honour or negotiation will be deemed to be an expiry date for presentation.

ii. The place of the bank with which the credit is available is the place for presentation. The place for presentation under a credit available with any bank is that of any bank. A place for presentation other than that of the issuing bank is in addition to the place of the issuing bank.

e. Except as provided in sub-article 29 (a), a presentation by or on behalf of the beneficiary must be made on or before the expiry date.

a. 신용장에는 그 신용장이 사용될 수 있는 은행이 지정되어 있는 경우 그 은행을, 아닌 경우 해당 신용장이 모든 은행에서 사용될 수 있는지 여부를 명시해야 한다. 지정은 행에서 사용될 수 있는 신용장은 발행(개설)은행에서도 사용될 수 있다.

b. 신용장에는 그것이 일람지급, 연지급, 인수 또는 매입 중 어느 것으로 사용될 수 있는지를 명시해야 한다.

c. 발행(개설)의뢰인을 지급인으로 하여 발행된 환어음에 의하여 사용될 수 있는 신용장은 발행되어서는 안 된다.

d. i. 신용장에는 제시 유효기일이 명시되어야 한다. 명시 된 지급이행 또는 매입 유효기일이 제시 유효기일로 간주된다.

ii. 신용장을 사용할 수 있는 은행이란 장소는 제시를 위한 장소이다. 어떤 은행에서든 사용될 수 있는 신용 장 하에서의 제시장소는 모든 은행이란 장소이다. 발 행은행 이외의 제시장소는 발행은행이란 장소에 추가 적인 것이 된다.

e. 제29조 a항에 규정된 경우를 제외하고는, 수익자 본인 또는 그 대리인에 의한 제시는 유효기일 또는 그 이전에 행해져야 한다.

a. Provided that the stipulated documents are presented to the nominated bank or to the issuing bank and that they constitute a complying presentation, the issuing bank must honour if the credit is available by :

  i. sight payment, deferred payment or acceptance with the issuing bank;

  ii. sight payment with a nominated bank and that nominated bank does not pay;

  iii. deferred payment with a nominated bank and that nominated bank does not incur its deferred payment undertaking or, having incurred its deferred payment undertaking, does not pay at maturity;

  iv. acceptance with a nominated bank and that nominated bank does not accept a draft drawn on it or, having accepted a draft drawn on it, does not pay at maturity;

  v. negotiation with a nominated bank and that nominated bank does not negotiate.

b. An issuing bank is irrevocably bound to honour as of the time it issues the credit.

c. An issuing bank undertakes to reimburse a nominated bank that has honoured or negotiated a complying presentation and forwarded the documents to the issuing bank. Reimbursement for the amount of a complying presentation under a credit available by acceptance or deferred payment is due at maturity, whether or not the nominated bank prepaid or purchased before maturity. An issuing bank's undertaking to reimburse a nominated bank is independent of the issuing bank's undertaking to the beneficiary.

a. 명시된 서류가 지정은행 또는 발행은행에 제시되고 그 서류가 조건과 일치되는 제시서류일 경우, 신용장이 다음 중의 어느 한 가지에 의하여 사용될 수 있다면/유효하다면 발행은행은 지급이행을 하여야 한다.

  i. 발행은행에서 일람지급, 연지급 또는 인수에 의하여 사용될 수 있는 경우

  ii. 지정은행에서 일람지급되어야 하는데 그 지정은행이 지급하지 아니한 경우

  iii. 지정은행에서 연지급되어야 하는데 그 지정은행이 연지급 확약을 이행하지 않거나 그 지정은행이 연지급 확약을 이행했지만 만기일에 지급하지 아니한 경우

  iv. 지정은행에 의해 인수되어야 하는데 그 지정은행이 자신을 지급인으로 하여 발행된 환어음을 인수하지 아니한 경우 또는 그 환어음을 인수하였으나 만기일에 지급하지 아니한 경우

  v. 지정은행에서 매입에 의해 사용될 수 있는데 그 지정은행이 매입하지 아니한 경우

b. 발행은행은 신용장을 발행하는 시점부터 지급이행할 취소불능적 의무를 진다.

c. 발행은행은 일치하는 제시서류에 대해 지급이행 또는 매입하고 그 서류를 발행은행에 송부한 지정은행에 상환할 것을 확약한다. 인수 또는 연지급방식으로 사용가능한 신용장 하에서 일치하는 제시금액에 대한 상환은 지정은행이 만기일 전에 선지급했는지 또는 매입했는지 여부와 상관없이 만기일에 이행되어야 한다. 발행은행의 지정은행에 대한 상환 확약은 수익자에 대한 발행은행의 확약과는 독립된 별개의 것이다.

a. Provided that the stipulated documents are presented to the confirming bank or to any other nominated bank and that they constitute a complying presentation, the confirming bank must :

i. honour, if the credit is available by

a) sight payment, deferred payment or acceptance with the confirming bank;

b) sight payment with another nominated bank and that nominated bank dosen't pay;

c) deferred payment with another nominated bank and that nominated bank does not incur its deferred payment undertaking or, having incurred its deferred payment undertaking, does not pay at maturity;

d) acceptance with another nominated bank and that nominated bank does not accept a draft drawn on it or, having accepted a draft drawn on it, does not pay at maturity;

e) negotiation with another nominated bank and that nominated bank does not negotiate.

ii. negotiate, without recourse, if the credit is available by negotiation with the confirming bank.

b. A confirming bank is irrevocably bound to honour or negotiate as of the time it adds its confirmation to the credit.

c. A confirming bank undertakes to reimburse another nominated bank that has honoured or negotiated a complying presentation and forwarded the documents to the confirming bank. Reimbursement for the amount of a complying presentation under a credit available by acceptance or deferred payment is due at maturity, whether or not another nominated bank prepaid or purchased before maturity. A confirming bank's undertaking to reimburse another nominated bank is independent of the confirming bank's undertaking to the beneficiary.

a. 명시된 서류가 확인은행 또는 기타 다른 지정은행에 제시되고 그 제시된 서류가 조건에 일치된 서류일 때, 확인은행은 다음과 같이 해야 한다.

i. 신용장이 다음과 같이 사용가능하다면 지급이행하여야 한다.

a) 확인은행에서 일람지급, 연지급 또는 인수에 의하여 사용될 수 있는 경우

b) 다른 지정은행에서 일람지급에 의하여 사용되어야 하는데 그 지정은행이 지급하지 아니한 경우

c) 다른 지정은행에서 연지급에 의하여 사용될 수 있는데 그 지정은행이 연지급 확약을 이행하지 아니한 경우, 또는 그 지정은행이 연지급 확약을 이행하였지만 만기일에 지급하지 아니한 경우

d) 다른 지정은행이 인수해야 하는데 그 지정은행이 자신을 지급인으로 하여 발행된 환어음을 인수하지 아니한 경우 또는 그 지정은행이 자신을 지급인으로 하여 발행된 환어음을 인수하였지만 만기일에 지급하지 아니한 경우

e) 다른 지정은행이 매입해야 하는데 그 지정은행이 매입하지 아니한 경우

ii. 신용장이 확인은행의 매입에 의하여 사용될 수 있는 경우에는 확인은행이 상환청구 없이 매입하여야 한다.

b. 확인은행은 신용장에 자신의 확인을 추가하는 시점부터 지급이행 또는 매입해야 할 취소불능의 의무를 진다.

c. 확인은행은 일치하는 제시서류에 대해 지급이행 또는 매입하고 그 서류를 확인은행에 송부한 또 다른 지정은행에 상환할 것을 확약한다. 인수 또는 연지급방식으로 사용가능한 신용장 하에서 일치하는 제시금액에 대한 상환은 다른 지정은행이 만기일 전에 선지급 또는 매입했는지 여부와 상관없이 만기일에 이행되어야 한다. 확인은행의 다른 지정은행에 대한 상환 확약은 수익자에 대한 확인은행의 확약과는 독립된 별개의 것이다.

d. If a bank is authorized or requested by the issuing bank to confirm a credit but is not prepared to do so, it must inform the issuing bank without delay and may advise the credit without confirmation.

d. 어떤 은행이 발행은행에 의하여 신용장을 확인하도록 수권 또는 요청받았으나 이를 행할 준비가 되어 있지 않은 경우, 그 은행은 지체 없이 그 사실을 발행은행에 통고해야 하고 확인 없이 신용장을 통지만 할 수 있다.

기출문제

화환신용장통일규칙(UCP 600) 제7조, 제8조에 관한 내용으로 옳지 않은 것은? 24년 기출

① An issuing bank undertakes to reimburse a nominated bank that has honoured or negotiated a complying presentation and forwarded the documents to the issuing bank.

② If a bank is authorized or requested by the issuing bank to confirm a credit but is not prepared to do so, it must inform the advising bank without delay and may advise the credit without confirmation.

③ An issuing bank is irrevocably bound to honour as of the time it issues the credit.

④ An issuing bank's undertaking to reimburse a nominated bank is independent of the issuing bank's undertaking to the beneficiary.

⑤ A confirming bank is irrevocably bound to honour or negotiate as of the time it adds its confirmation to the credit.

해설

② 화환신용장통일규칙(UCP 600) 제8조에 관한 보기로, "If a bank is authorized or requested by the issuing bank to confirm a credit but is not prepared to do so, it must inform <u>the issuing bank</u> without delay and may advise the credit without confirmation."이 옳은 내용이다.

정답 ②

a. A credit and any amendment may be advised to a beneficiary through an advising bank. An advising bank that is not a confirming bank advises the credit and any amendment without any undertaking to honour or negotiate.

b. By advising the credit or amendment, the advising bank signifies that it has satisfied itself as to the apparent authenticity of the credit or amendment and that the advice accurately reflects the terms and conditions of the credit or amendment received.

c. An advising bank may utilize the services of another bank("second advising bank") to advise the credit and any amendment to the beneficiary. By advising the credit or amendment, the second advising bank signifies that it has satisfied itself as to the apparent authenticity of the advice it has received and that the advice accurately reflects the terms and conditions of the credit or amendment received.

d. A bank utilizing the services of an advising bank or second advising bank to advise a credit must use the same bank to advise any amendment thereto.

e. If a bank is requested to advise a credit or amendment but elects not to do so, it must so inform, without delay, the bank from which the credit, amendment or advice has been received.

f. If a bank is requested to advise a credit or amendment but cannot satisfy itself as to the apparent authenticity of the credit, the amendment or the advice, it must so inform, without delay, the bank from which the instructions appear to have been received. If the advising bank or second advising bank elects nonetheless to advise the credit or amendment, it must inform the beneficiary or second advising bank that it has not been able to satisfy itself as to the apparent authenticity of the credit, the amendment or the advice.

a. 신용장 및 모든 신용장 조건변경 사항은 통지은행을 통해 수익자에게 통지될 수 있다. 확인은행이 아닌 통지은행은 지급이행 또는 매입에 대한 확약 없이 신용장 및 모든 조건변경 사항을 통지한다.

b. 통지은행은 신용장 또는 조건변경 사항을 통지함으로써 신용장 또는 조건변경 사항의 외관상 진정성을 스스로 인정했다는 것, 그리고 그 통지가 수신된 신용장 또는 조건변경의 제 조건 및 조항을 정확히 반영하고 있다는 것을 표명하게 되는 것이다.

c. 통지은행은 수익자에게 신용장 및 모든 조건변경 사항을 통지하기 위해 타 은행("제2통지은행")을 이용할 수 있다. 제2통지은행은 신용장 또는 조건변경 사항을 통지함으로써 자신이 수신한 그 통지의 외관상 진정성에 대해 스스로 인정했다는 것, 그리고 그 통지가 수신된 신용장이나 조건변경 사항의 제 조건 및 조항을 정확히 반영하고 있다는 것을 표명하게 되는 것이다.

d. 신용장 통지를 위하여 통지은행 또는 제2통지은행의 서비스를 이용하는 은행은 그에 대한 모든 조건변경 사항을 통지하기 위하여 동일한 은행을 이용해야 한다.

e. 어떤 은행이 신용장 또는 조건변경 사항을 통지하도록 요청받았지만 그렇게 하지 않기로 결정한 경우에, 그 은행은 신용장, 조건변경 사항 또는 통지를 송부한 은행에 이를 지체 없이 통지하여야 한다.

f. 어떤 은행이 신용장 또는 조건변경 사항을 통지하도록 요청받았지만 신용장, 조건변경 또는 통지의 외관상 진정성을 스스로 인정할 수 없는 경우, 그 은행은 지시/요청을 한 은행에 이 사실을 지체 없이 통지해야 한다. 그럼에도 불구하고 통지은행 또는 제2통지은행이 그 신용장 또는 조건변경을 통지하기로 결정한 경우에는, 그 은행은 수익자나 제2통지은행에 신용장, 조건변경 또는 통지의 외관상 진정성에 관하여 스스로 인정할 수 없다는 사실을 통지하여야 한다.

화환신용장통일규칙(UCP 600) 제6조, 제9조에 관한 내용으로 옳은 것을 모두 고른 것은? 24년 기출

ㄱ. A place for presentation other than that of the issuing bank is in addition to the place of the issuing bank.

ㄴ. A credit may be issued available by a draft drawn on the applicant.

ㄷ. An expiry date stated for honour or negotiation will be deemed to be an expiry date for presentation.

ㄹ. An advising bank that is not a confirming bank advises the credit and any amendment with any undertaking to honour or negotiate.

① ㄱ, ㄴ
② ㄱ, ㄷ
③ ㄴ, ㄷ
④ ㄴ, ㄹ
⑤ ㄷ, ㄹ

해설

ㄴ. A credit <u>must not be issued</u> available by a draft drawn on the applicant(UCP 600 제6조 c).

ㄹ. An advising bank that is not a confirming bank advises the credit and any amendment <u>without</u> any undertaking to honour or negotiate(UCP 600 제9조 a).

정답 ②

Article 10 Amendment : 조건변경 23, 19, 14년 기출

a. Except as otherwise provided by article 38, a credit can neither be amended nor cancelled without the agreement of the issuing bank, the confirming bank, if any, and the beneficiary.

b. An issuing bank is irrevocably bound by an amendment as of the time it issues the amendment. A confirming bank may extend its confirmation to an amendment and will be irrevocably bound as of the time it advises the amendment. A confirming bank may, however, choose to advise an amendment without extending its confirmation and, if so, it must inform the issuing bank without delay and inform the beneficiary in its advice.

a. 제38조에 별도 규정된 경우를 제외하고는, 신용장은 발행은행, 확인은행(있는 경우) 및 수익자의 동의 없이는 변경 또는 취소될 수 없다.

b. 발행은행은 자신이 조건변경서를 발행한 시점부터 그 조건변경서에 의해 취소불능적으로 구속된다. 확인은행은 자신의 확인 범위를 조건변경에까지 확장할 수 있으며 그 변경을 통지한 시점부터 취소불능적으로 구속된다. 그러나 확인은행은 자신의 확인 범위를 확장하지 않고 조건변경을 통지하기로 결정할 수 있으며, 이러한 경우에는 발행은행에 지체 없이 통지해야 하며 그 통지서로 수익자에게도 통지하여야 한다.

c. The terms and conditions of the original credit (or a credit incorporating previously accepted amendments) will remain in force for the beneficiary until the beneficiary communicates its acceptance of the amendment to the bank that advised such amendment. The beneficiary should give notification of acceptance or rejection of an amendment. If the beneficiary fails to give such notification, a presentation that complies with the credit and to any not yet accepted amendment will be deemed to be notification of acceptance by the beneficiary of such amendment. As of that moment the credit will be amended.

d. A bank that advises an amendment should inform the bank from which it received the amendment of any notification of acceptance or rejection.

e. Partial acceptance of an amendment is not allowed and will be deemed to be notification of rejection of the amendment.

f. A provision in an amendment to the effect that the amendment shall enter into force unless rejected by the beneficiary within a certain time shall be disregarded.

c. 원신용장(또는 이전에 수락된 조건변경을 포함하고 있는 신용장)의 제 조건은 수익자가 조건변경을 통지해 온 은행에 조건변경에 대한 수락 통지를 할 때까지는 수익자에게 여전히 유효하다. 수익자는 조건변경에 대한 수락 또는 거부에 대해 통지(notification)해야만 한다. 수익자가 그러한 통지를 하지 아니한 경우, 신용장(조건) 및 아직 수락되지 않은 조건변경에 일치하는 서류제시는 수익자가 그 조건변경에 대해 수락 통지(notification)를 행한 것으로 간주된다. 그 시점부터 신용장은 조건 변경된다.

d. 조건변경을 통지하는 은행은 조건변경을 송부해 온 은행에 수락 또는 거절 여부를 통지하여야 한다.

e. 조건변경에 대한 일부수락은 허용되지 않으며 이는 조건변경에 대한 거절 통지로 간주된다.

f. 조건변경이 특정 기한 내에 수익자에 의해 거부되지 않는 한 효력을 갖게 된다는 취지의 조건변경서상의 조항은 무시된다.

Article 11 Teletransmitted and Pre-Advised Credits and Amendments : 전송/전신 및 사전통지 신용장과 조건변경

a. An authenticated teletransmission of a credit or amendment will be deemed to be the operative credit or amendment, and any subsequent mail confirmation shall be disregarded.
If a teletransmission states "full details to follow" (or words of similar effect), or states that the mail confirmation is to be the operative credit or amendment, then the teletransmission will not be deemed to be the operative credit or amendment. The issuing bank must then issue the operative credit or amendment without delay in terms not inconsistent with the teletransmission.

a. 신용장 또는 신용장 조건변경에 대한 인증된 전문은 실효성 있는 신용장 또는 조건변경으로 간주되며, 추후의 모든 우편확인서는 무시해도 된다.

전문에 "상세 세부사항은 추후 통지함(full details to follow)" (또는 이와 유사한 표현)이라고 명시돼 있거나 우편확인서가 유효한 신용장 또는 조건변경이라고 명시되어 있는 경우에는, 그 전문을 유효한 신용장 또는 조건변경으로 간주하지 않는다. 발행은행은 지체 없이 그 전문과 상충되지 않는 조건으로 유효한 신용장 또는 조건변경을 발행해야 한다.

b. A preliminary advice of the issuance of a credit or amendment("pre-advice") shall only be sent if the issuing bank is prepared to issue the operative credit or amendment. An issuing bank that sends a pre-advice is irrevocably committed to issue the operative credit or amendment, without delay, in terms not inconsistent with the pre-advice.

b. 발행은행은 유효한 신용장 또는 조건변경을 발행할 용의가 있는 경우에만 신용장 또는 조건변경의 발행에 대한 예비통지("사전통지")를 송부해야 한다. 사전통지를 행한 발행은행은 지체 없이 사전통지와 모순되지 않는 취소불능 조건으로 유효한 신용장 또는 조건변경서를 발행해야 한다.

Article 12 Nomination : 지정

a. Unless a nominated bank is the confirming bank, an authorization to honour or negotiate does not impose any obligation on that nominated bank to honour or negotiate, except when expressly agreed to by that nominated bank and so communicated to the beneficiary.

b. By nominating a bank to accept a draft or incur a deferred payment undertaking, an issuing bank authorizes that nominated bank to prepay or purchase a draft accepted or a deferred payment undertaking incurred by that nominated bank.

c. Receipt or examination and forwarding of documents by a nominated bank that is not a confirming bank does not make that nominated bank liable to honour or negotiate, nor does it constitute honour or negotiation.

a. 지정은행이 확인은행이 아닌 한, 지급이행 또는 매입할 수권은 그 지정은행이 명시적으로 합의하고 이를 수익자에게 통보하는 경우를 제외하고는, 그 지정은행에 어떠한 의무도 부과되지 아니한다.

b. 환어음을 인수하거나 연지급 확약을 부담할 은행을 지정함으로써, 발행은행은 지정은행이 인수한 환어음 또는 부담한 연지급 확약을 선지급 또는 구매하도록 그 지정은행에게 권한을 부여한다.

c. 확인은행이 아닌 지정은행에 의한 서류의 수령 또는 심사 및 발송은 지급이행이나 매입 의무를 그 지정 은행에 부담시키는 것도 아니고, 그 자체가 지급이행 또는 매입 요건을 갖추고 있지도 않다.

a. If a credit states that reimbursement is to be obtained by a nominated bank("claiming bank") claiming on another party("reimbursing bank"), the credit must state if the reimbursement is subject to the ICC rules for bank-to-bank reimbursements in effect on the date of issuance of the credit.

b. If a credit does not state that reimbursement is subject to the ICC rules for bank-to-bank reimbursements, the following apply :

i. An issuing bank must provide a reimbursing bank with a reimbursement authorization that conforms with the availability stated in the credit. The reimbursement authorization should not be subject to an expiry date.

ii. A claiming bank shall not be required to supply a reimbursing bank with a certificate of compliance with the terms and conditions of the credit.

iii. An issuing bank will be responsible for any loss of interest, together with any expenses incurred, if reimbursement is not provided on first demand by a reimbursing bank in accordance with the terms and conditions of the credit.

iv. A reimbursing bank's charges are for the account of the issuing bank. However, if the charges are for the account of the beneficiary, it is the responsibility of an issuing bank to so indicate in the credit and in the reimbursement authorization. If a reimbursing bank's charges are for the account of the beneficiary, they shall be deducted from the amount due to a claiming bank when reimbursement is made. If no reimbursement is made, the reimbursing bank's charges remain the obligation of the issuing bank.

c. An issuing bank is not relieved of any of its obligations to provide reimbursement if reimbursement is not made by a reimbursing bank on first demand.

a. 신용장에서 지정은행("청구은행")이 상환을 다른 당사자("상환은행")에게 청구하여 받는 것으로 명기하고 있는 경우에는, 상환이 신용장 발행일날 실제로 은행 간 대금상환에 관한 ICC 규칙의 적용을 받게 되는지 여부가 그 신용장에 명기되어야 한다.

b. 신용장에서 상환이 은행 간 대금상환에 관한 ICC 규칙에 따른다고 명기하고 있지 아니한 경우에는 다음과 같이 적용된다.

i. 발행은행은 신용장에 명기된 유효성에 합치하는 상환수권을 상환은행에 부여해야 한다. 상환수권은 유효기일에 제약을 받아서는 안 된다.

ii. 청구은행은 상환은행에게 신용장의 제 조건과의 일치 증명서를 제공하도록 요구되지 아니한다.

iii. 상환이 최초 청구 시에 신용장의 제 조건에 따라 상환은행에 의하여 이행되지 않은 경우, 발행은행은 부담된 모든 경비와 함께 이자손실의 책임을 부담하여야 한다.

iv. 상환은행의 비용은 발행은행의 부담으로 하여야 한다. 그러나 그 비용이 수익자의 부담으로 되는 경우에는, 발행은행은 신용장 및 상환수권서에 이를 지시할 책임이 있다. 상환은행의 비용이 수익자의 부담이 되는 경우, 그 비용은 상환이 이루어질 때 청구은행에 지급되어야 할 금액에서 공제되어야 한다. 상환이 행해지지 않는 경우에는, 상환은행의 비용은 발행은행의 부담으로 남게 된다.

c. 발행은행은 상환이 최초의 청구 시에 상환은행에 의하여 행해지지 아니하는 경우에는 상환을 이행해야 할 자신의 의무로부터 면제되지 아니한다.

a. A nominated bank acting on its nomination, a confirming bank, if any, and the issuing bank must examine a presentation to determine, on the basis of the documents alone, whether or not the documents appear on their face to constitute a complying presentation.

b. A nominated bank acting on its nomination, a confirming bank, if any, and the issuing bank shall each have a maximum of five banking days following the day of presentation to determine if a presentation is complying. This period is not curtailed or otherwise affected by the occurrence on or after the date of presentation of any expiry date or last day for presentation.

c. A presentation including one or more original transport documents subject to articles 19, 20, 21, 22, 23, 24 or 25 must be made by or on behalf of the beneficiary not later than 21 calendar days after the date of shipment as described in these rules, but in any event not later than the expiry date of the credit.

d. Data in a document, when read in context with the credit, the document itself and international standard banking practice, need not be identical to, but must not conflict with, data in that document, any other stipulated document or the credit.

e. In documents other than the commercial invoice, the description of the goods, services or performance, if stated, may be in general terms not conflicting with their description in the credit.

f. If a credit requires presentation of a document other than a transport document, insurance document or commercial invoice, without stipulating by whom the document is to be issued or its data content, banks will accept the document as presented if its content appears to fulfil the function of the required document and otherwise complies with sub-article 14(d).

a. 지정에 따라 행동하는 지정은행, 확인은행(있는 경우) 및 발행은행은 서류가 문면상 일치하는 제시를 구성하는지 여부("일치성")를 결정하기 위하여 서류만을 기초로 하여 그 제시를 심사하여야 한다.

b. 지정에 따라 행동하는 지정은행, 확인은행(있는 경우) 및 발행은행은 제시가 일치하는지 여부를 결정하기 위하여 지시일의 다음날부터 최대 제5은행영업일을 각각 가진다. 이 기간은 유효기간 내의 제시일자나 최종제시일 또는 그 이후의 사건에 의하여 단축되거나 또는 별도로 영향을 받지 아니한다.

c. 제19조, 제20조, 제21조, 제22조, 제23조, 제24조 또는 제25조에 따른 하나 또는 그 이상의 운송서류의 원본을 포함하는 제시는 이 규칙에 기술된 대로 선적일 이후 21일보다 늦지 않게 수익자에 의하여 또는 대리하여 이행되어야 한다. 그러나 어떠한 경우에도, 신용장의 유효기일보다 늦지 않아야 한다.

d. 서류상의 자료가 신용장, 그 서류자체 및 국제표준은행관행의 관점에서 해석될 때, 해당 서류나 기타 명시된 서류 또는 신용장상의 자료와 동일할 필요는 없지만 이와 상충되어서는 안 된다.

e. 상업송장 이외의 서류에 명기된 물품, 용역 또는 이행에 대한 기재사항은 신용장상의 기재사항과 전반적으로 상충되지 않아야 한다.

f. 신용장에 서류가 누구에 의하여 발행되는지 또는 서류의 자료내용을 명시하지 않은 채, 운송서류, 보험서류 또는 상업송장 이외의 서류의 제시를 요구하는 경우, 그 서류의 내용이 요구된 서류의 기능을 충족하는 것으로 보이고 기타의 방법으로 제14조 d항과 일치한다면, 은행은 그 서류를 제시된 대로 수리한다.

g. A document presented but not required by the credit will be disregarded and may be returned to the presenter.

h. If a credit contains a condition without stipulating the document to indicate compliance with the condition, banks will deem such condition as not stated and will disregard it.

i. A document may be dated prior to the issuance date of the credit, but must not be dated later than its date of presentation.

j. When the addresses of the beneficiary and the applicant appear in any stipulated document, they need not be the same as those stated in the credit or in any other stipulated document, but must be within the same country as the respective addresses mentioned in the credit. Contact details (telefax, telephone, email and the like) stated as part of the beneficiary's and the applicant's address will be disregarded. However, when the address and contact details of the applicant appear as part of the consignee or notify party details on a transport document subject to articles 19, 20, 21, 22, 23, 24, or 25, they must be as stated in the credit.

k. The shipper or consignor of the goods indicated on any document need not be the beneficiary of the credit.

l. A transport document may be issued by any party other than a carrier, owner, master or charterer provided that the transport document meets the requirements of articles 19, 20, 21, 22, 23, or 24 of these rules.

g. 제시되었지만 신용장에 의하여 요구되지 않은 서류는 무시되고 제시인에게 반송될 수 있다.

h. 신용장이 어떤 조건과의 일치성을 표시하기 위하여 해당 서류를 명시하지 않은 채 그 조건만을 내포하고 있는 경우, 은행은 그러한 조건이 명기되지 않은 것으로 보고 이를 무시해야 한다.

i. 서류는 신용장의 일자보다 이전의 일자가 기재될 수 있으나 그 서류의 제시일보다 늦은 일자가 기재되어서는 아니 된다.

j. 수익자 및 발행의뢰인의 주소가 모든 명시된 서류상에 보이는 경우, 이들 주소는 신용장 또는 기타 모든 명시된 서류에 명기된 것과 동일할 필요는 없으나, 신용장에 언급된 각각의 주소와 동일한 국가 내에 있어야 한다. 수익자 및 발행의뢰인의 주소의 일부로서 명기된 연락처 명세(모사전송, 전화, 전자우편 등)는 무시된다. 그러나, 발행의뢰인의 모든 주소 및 연락처 명세가 제19조, 제20조, 제21조, 제22조, 제23조, 제24조 또는 제25조에 따라 운송서류상의 수하인 또는 착화통지처 명세의 일부로서 보이는 경우에는, 이러한 주소 및 연락처 명세는 신용장에 명기된 것과 일치해야 한다.

k. 모든 서류상에 표시된 물품의 송하인 또는 탁송인은 신용장의 수익자일 필요는 없다.

l. 운송서류가 이 규칙의 제19조, 제20조, 제21조, 제22조, 제23조 또는 제24조의 요건을 충족하는 한, 그 운송서류는 운송인, 선주 또는 용선자 이외의 모든 당사자에 의하여 발행될 수 있다.

Article 15 Complying Presentation : 일치하는 제시 24년 기출

a. When an issuing bank determines that a presentation is complying, it must honour.

b. When a confirming bank determines that a presentation is complying, it must honour or negotiate and forward the documents to the issuing bank.

c. When a nominated bank determines that a presentation is complying and honours or negotiates, it must forward the documents to the confirming bank or issuing bank.

a. 발행은행이 제시가 일치한다고 결정하는 경우에는, 그 발행은행은 지급이행하여야 한다.

b. 확인은행이 제시가 일치한다고 결정하는 경우에는, 그 확인은행은 지급이행 또는 매입하고 발행은행에게 서류를 발송하여야 한다.

c. 지정은행이 제시가 일치한다고 결정하고 지급이행 또는 매입하는 경우에는, 그 지정은행은 확인은행 또는 발행은행에게 서류를 발송하여야 한다.

Article 16 Discrepant Documents, Waiver and Notice : 하자 있는 서류, 권리포기 및 통지 24, 15년 기출

a. When a nominated bank acting on its nomination, a confirming bank, if any, or the issuing bank determines that a presentation does not comply, it may refuse to honour or negotiate.

b. When an issuing bank determines that a presentation does not comply, it may in its sole judgement approach the applicant for a waiver of the discrepancies. This does not, however, extend the period mentioned in sub-article 14(b).

c. When a nominated bank acting on its nomination, a confirming bank, if any, or the issuing bank decides to refuse to honour or negotiate, it must give a single notice to the effect to the presenter. The notice must state :

i. that the bank is refusing to honour or negotiate; and

ii. each discrepancy in respect of which the bank refuses to honour or negotiate; and

iii. a) that iii the bank is holding the documents pending further instructions from the presenter; or

b) that the issuing bank is holding the documents until it receives a waiver from the applicant and agrees to accept it, or receives further instructions from the presenter prior to agreeing to accept a waiver; or

c) that the bank is returning the documents ; or

a. 지정에 따라 행동하는 지정은행, 확인은행(있는 경우) 또는 발행은행은 제시가 일치하지 아니한 것으로 결정할 경우, 지급이행 또는 매입을 거절할 수 있다.

b. 발행은행은 제시사항이 일치하지 않는다고 판단될 경우, 독자적인 판단으로 발행의뢰인과 불일치에 관한 권리포기 여부를 교섭할 수 있다. 그러나 이는 제14조 b항에서 언급된 기간을 넘지 않아야 한다.

c. 지정에 따라 행동하는 지정은행, 확인은행(있는 경우) 또는 발행은행은 지급이행 또는 매입을 거절하기로 결정한 경우, 제시인에게 그러한 취지를 1회 통지해야 한다. 그 통지는 다음 사항을 명기해야 한다.

i. 은행이 지급이행 또는 매입을 거절한다는 것 그리고

ii. 은행의 지급이행이나 매입 거절의 근거가 될 각각의 불일치 사항 그리고

iii. a) 은행이 제시인으로부터 추가지시를 받을 때까지 서류를 보관한다는 것 또는

b) 발행은행이 발행의뢰인으로부터 권리포기를 수령하고 서류를 수리하기로 합의할 때까지, 또는 권리포기를 승낙하기로 합의하기 전에 제시인으로부터 추가지시를 수령할 때까지 발행은행이 서류를 보관하고 있다는 것 또는

c) 은행이 서류를 반송한다는 것 또는

d) that the bank is acting in accordance with instructions previously received from the presenter.

d. The notice required in sub-article 16(c) must be given by telecommunication or, if that is not possible, by other expeditious means no later than the close of the fifth banking day following the day of presentation.

e. A nominated bank acting on its nomination, a confirming bank, if any, or the issuing bank may, after providing notice required by sub-article 16(c) (iii) a) or b), return the documents to the presenter at any time.

f. If an issuing bank or a confirming bank fails to act in accordance with the provisions of this article, it shall be precluded from claiming that the documents do not constitute a complying presentation.

g. When an issuing bank refuses to honour or a confirming bank refuses to honour or negotiate and has given notice to that effect in accordance with this article, it shall then be entitled to claim a refund, with interest, of any reimbursement made.

d) 은행이 제시인으로부터 이전에 수령한 지시에 따라 행동한다는 것

d. 제16조 c항에서 요구되는 통지는 전기통신(telecommu-nication) 또는 이용 불가 시 기타 신속한 수단으로 제시일의 다음 제5은행영업일 마감시간까지 행해져야 한다.

e. 지정에 따라 행동하는 지정은행, 확인은행(있는 경우) 또는 발행은행은, 제16조 c항 iii호 a) 또는 b)에 의하여 요구된 통지를 행한 후에, 언제든지 제시인에게 서류를 반송할 수 있다.

f. 발행은행 또는 확인은행은, 스스로 이 조항의 규정에 따라 행동하지 않을 경우에는, 서류가 일치하는 서류제시 요건을 갖추고 있지 않다고 주장할 수 없다.

g. 발행은행이 지급이행을 거절하거나 또는 확인은행이 지급이행 또는 매입을 거절하고 이 조항에 따라 그러한 취지를 통지한 경우, 그 은행은 이미 행해진 상환금에 이자를 추가하여 그 상환금의 반환을 청구할 권리가 있다.

화환신용장통일규칙(UCP 600) 제15조, 제16조에 관한 내용으로 옳지 않은 것은? 24년 기출

① When a confirming bank determines that a presentation is complying, it must honour or negotiate and forward the documents to the issuing bank.

② When a nominated bank determines that a presentation is complying and honours or negotiates, it must forward the documents to the confirming bank or issuing bank.

③ When an issuing bank determines that a presentation does not comply, it may in its sole judgement approach the beneficiary for a waiver of the discrepancies.

④ When a nominated bank acting on its nomination, a confirming bank, if any, or the issuing bank decides to refuse to honour or negotiate, it must give a single notice to that effect to the presenter.

⑤ When an issuing bank refuses to honour or a confirming bank refuses to honour or negotiate and has given notice to that effect in accordance with this article, it shall then be entitled to claim a refund, with interest, of any reimbursement made.

해설

③ 화환신용장통일규칙(UCP 600) 제16조에 관한 보기로, "When an issuing bank determines that a presentation does not comply, it may in its sole judgement approach <u>the applicant</u> for a waiver of the discrepancies."가 옳은 내용이다.

정답 ③

Article 17 Original Documents and Copies : 원본서류 및 사본 20, 15, 14년 기출

a. At least one original of each document stipulated in the credit must be presented.

b. A bank shall treat as an original any document bearing an apparently original signature, mark, stamp, or label of the issuer of the document, unless the document itself indicates that it is not an original.

c. Unless a document indicates otherwise, a bank will also accept a document as original if it :
  i. appears to be written, typed, perforated or stamped by the document issuer's hand; or
  ii. appears to be on the document issuer's original stationery; or
  iii. states that it is original, unless the statement appears not to apply to the document presented.

d. If a credit requires presentation of copies of documents, presentation of either originals or copies is permitted.

a. 적어도 신용장에 명시된 각 서류당 1통의 원본이 제시되어야 한다.

b. 은행은 그 서류 자체에 원본이 아니라고 표시되어 있지 않는 한, 서류발행인의 원본 서명, 표기, 스탬프, 또는 부전을 명확히 기재하고 있는 서류는 원본으로 취급한다.

c. 서류에 별도로 표시되어 있지 않는 한, 다음의 경우 은행은 그 서류를 원본으로 수리한다.
  i. 서류발행인에 의하여 수기, 타자, 천공 또는 스탬프된 것으로 보이는 경우, 또는
  ii. 서류발행인의 원본용지상에 기재된 것으로 보이는 경우, 또는
  iii. 제시된 서류에 적용되지 아니하는 것으로 보이지 아니하는 한, 원본이라는 명기가 있는 경우

d. 신용장이 서류의 사본 제시를 요구하는 경우에는, 원본 또는 사본의 제시가 허용된다.

e. If a credit requires presentation of multiple documents by using terms such as "in duplicate", "in two fold" or "in two copies", this will be satisfied by the presentation of at least one original and the remaining number in copies, except when the document itself indicates otherwise.

e. 신용장 "2통(in duplicate)", "2부(in two fold)", "2통(in two copies)"과 같은 용어를 사용하여 수통의 서류 제시를 요구하는 경우에는, 서류자체에 별도의 표시가 있는 경우를 제외하고는 적어도 원본 1통과 사본으로 된 나머지 통수의 제시에 의하여 충족된다.

Article 18 Commercial Invoice : 상업송장 16, 14년 기출

a. A commercial invoice :
  i. must appear to have been issued by the beneficiary(except as provided in article 38);
  ii. must be made out in the name of the applicant(except as provided in sub−article 38(g));
  iii. must be made out in the same currency as the credit; and
  iv. need not be signed.
b. A nominated bank acting on its nomination, a confirming bank, if any, or the issuing bank may accept a commercial invoice issued for an amount in excess of the amount permitted by the credit, and its decision will be binding upon all parties, provided the bank in question has not honoured or negotiated for an amount in excess of that permitted by the credit.
c. The description of the goods, service or performance in a commercial invoice must correspond with that appearing in the credit.

a. 상업송장은
  i. 수익자에 의하여 발행된 것으로 보여야 하며(제38조에 규정된 경우를 제외)
  ii. 발행의뢰인 앞으로 작성되어야 하며(제38조 g항에 규정된 경우를 제외)
  iii. 신용장과 동일한 통화로 작성되어야 하며, 그리고
  iv. 서명될 필요가 없다.
b. 지정에 따라 행동하는 지정은행, 확인은행(있는 경우) 또는 발행은행은 신용장에 의하여 허용된 금액을 초과한 금액으로 발행된 상업송장을 수리할 수 있으며, 그러한 결정은 모든 당사자를 구속한다. 다만 문제의 은행은 신용장에 의하여 허용된 금액을 초과한 금액으로 지급이행 또는 매입하지 아니하여야 한다.
c. 상업송장상의 물품, 용역 또는 이행의 명세는 신용장에 제시된 것과 일치해야 한다.

Article 19 Transport Document Covering at Least Two Different Modes of Transport :
최소 두 가지 다른 운송방식을 표시하는 운송서류 19, 18년 기출

a. A transport document covering at least two different modes of transport (multimodal or combined transport document), however named, must appear to :

i. indicate the name of the carrier and be signed by :

   a) the carrier or a named agent for or on behalf of the carrier, or

   b) the master or a named agent for or on behalf of the master.

Any signature by the carrier, master or an agent must be identified as that of the carrier, master or agent. Any signature by an agent must indicate whether the agent has signed for or on behalf of the carrier or for or on behalf of the master.

ii. indicate that the goods have been dispatched, taken in charge or shipped on board at the place stated in the credit, by :

   a) pre-printed wording, or

   b) a stamp or notation indicating the date on which the goods have been dispatched, taken in charge or shipped on board.

The date of issuance of the transport document will be deemed to be the date of dispatch, taking in charge or shipped on board, and the date of shipment. However, if the transport document indicates, by stamp or notation, a date of dispatch, taking in charge of shipped on board, this date will be deemed to be the date of shipment.

iii. indicate the place of dispatch, taking in charge or shipment and the place of final destination stated in the credit, even if :

   a) the transport document states, in addition, a different place of dispatch, taking in charge or shipment or place of final destination, or

a. 적어도 두 가지의 다른 운송방식을 표시하는 운송서류(복합운송서류)는 그 명칭에 관계없이 다음과 같아야 한다.

i. 운송인의 명칭을 표시하고 다음의 자에 의하여 서명되어 있는 것

   a) 운송인 또는 운송인을 대리하는 지정대리인, 또는

   b) 선장 또는 선장을 대리하는 지정대리인

운송인, 선장 또는 대리인에 의한 모든 서명은 운송인, 선장 또는 대리인의 것이라는 것을 확인하고 있어야 한다. 대리인에 의한 모든 서명은 그 대리인이 운송인을 대리하여 서명했는지, 또는 선장을 대리하여 서명했는지를 표시해야 한다.

ii. 다음에 의하여, 물품이 신용장에 명기된 장소에서 발송, 수탁 또는 본선 선적되었음을 표시하고 있는 것

   a) 사전인쇄된 문언 또는

   b) 물품이 발송, 수탁 또는 본선선적된 일자를 표시하고 있는 스탬프 또는 표기

운송서류의 발행일은 발송, 수탁 또는 본선 선적일 및 선적일로 본다. 그러나 운송서류가 스탬프 또는 표기에 의하여 발송, 수탁 또는 본선 선적일을 표시하고 있는 경우, 이러한 일자를 선적일로 본다.

iii. 비록 다음과 같은 경우라도, 신용장에 명기된 발송, 수탁 또는 선적지 및 최종목적지를 표시하고 있는 것

   a) 운송서류가 추가적으로 다른 발송, 수탁 또는 선적지 또는 최종목적지를 명기하고 있더라도, 또는

b) the transport document contains the indication "intended" or similar qualification in relation to the vessel, port of loading or port of discharge.

iv. be the sole original transport document or, if issued in more than one original, be the full set as indicated on the transport document.

v. contain terms and conditions of carriage or make reference to another source containing the terms and conditions of carriage (short form or blank back transport document). Contents of terms and conditions of carriage will not be examined.

vi. contain no indication that it is subject to a charter party.

b. For the purpose of this article, transshipment means unloading from one means of conveyance and reloading to another means of conveyance (whether or not in different modes of transport) during the carriage from the place of dispatch, taking in charge or shipment to the place of final destination stated in the credit.

c. i. A transport document may indicate that the goods will or may be transshipped provided that the entire carriage is covered by one and the same transport document.

ii. A transport document indicating that transshipment will or may take place is acceptable, even if the credit prohibits transshipment.

b) 운송서류가 선박, 적재항 또는 양륙항에 관하여 "예정된" 또는 이와 유사한 제한의 표시를 포함하고 있더라도

iv. 단일의 운송서류 원본 또는, 2통 이상의 원본으로 발행된 경우에는, 운송서류상에 표시된 대로 전통인 것

v. 운송의 제 조건을 포함하고 있거나, 또는 운송의 제 조건을 포함하는 다른 자료를 참조하고 있는 것(약식/배면백지식 운송서류). 운송의 제 조건의 내용은 심사되지 아니한다.

vi. 용선계약에 따른다는 어떠한 표시도 포함되어 있지 않은 것

b. 이 조에서, 환적이란 신용장에 명기된 발송, 수탁 또는 선적지로부터 최종목적지까지의 운송과정 중에 한 운송수단으로부터의 양화 및 다른 운송수단으로의 재적재를 말한다.

c. i. 운송서류에는 물품이 환적될 것 또는 될 수 있다고 표시될 수 있다. 다만, 전 운송은 동일한 운송서류에 의하여 이루어져야 한다.

ii. 신용장이 환적을 금지하고 있는 경우에도, 환적이 행해질 것이라거나 또는 행해질 수 있다고 표시하고 있는 운송서류는 수리될 수 있다.

Article 20 Bill of Lading : 선하증권 21, 13년 기출

a. A bill of lading, however named, must appear to :

i. indicate the name of the carrier and be signed by :

a) the carrier or a named agent for or on behalf of the carrier, or

b) the master or a named agent for or on behalf of the master.

a. 선하증권은 그 명칭에 관계없이 다음과 같아야 한다.

i. 운송인의 명칭을 표시하고 다음의 자에 의하여 서명되어 있는 것

a) 운송인 또는 운송인을 대리하는 지정대리인, 또는

b) 선장 또는 선장을 대리하는 지정대리인

Any signature by the carrier, master or agent must be identified as that of the carrier, master or agent. Any signature by the agent must indicate whether the agent has signed for or on behalf of the carrier or for or on behalf of the master.

ii. indicate that the goods have been shipped on board a named vessel at the port of loading sated in the credit by :

  a) pre-printed wording, or

  b) an on-board notation indicating the date on which the goods have been shipped on board.

The date of issuance of the bill of lading will be deemed to be the date of shipment unless the bill of lading contains an on-board notation indicating the date of shipment, in which case the date stated in the on-board notation will be deemed to be the date of shipment.

If the bill of lading contains the indication "intended vessel" or similar qualification in relation to the name of the vessel, an on-board notation indicating the date of shipment and the name of the actual vessel is required.

iii. indicate shipment from port of loading to the port of discharge stated in the credit. If the bill of lading does not indicate the port of loading stated in the credit as the port of loading, or if it contains the indication "intended" or similar qualification in relation to the port of loading, an on-board notation indicating the port of loading as stated in the credit, the date of shipment and the name of the vessel is required. This provision applies even when loading on board or shipment on a named vessel is indicated by pre-printed wording on the bill of lading.

iv. be the sole original bill of lading or, if issued in more than one original, be the full set as indicated on the bill of lading.

운송인, 선장 또는 대리인에 의한 모든 서명은 운송인, 선장 또는 대리인의 것이라는 것을 확인하고 있어야 한다. 대리인에 의한 모든 서명은 그 대리인이 운송인을 대리하여 서명하였는지, 또는 선장을 대리하여 서명하였는지를 표시하여야 한다.

ii. 다음에 의하여 물품이 신용장에 명기된 적재항에서 지정선박에 본선 선적되었음을 표시하고 있는 것

  a) 사전 인쇄된 문언, 또는

  b) 물품이 본선 선적된 일자를 표시하고 있는 본선적 재표기

선하증권의 발행일은 선적일로 본다. 다만, 선하증권이 선적일을 표시하고 있는 본선적재표기를 포함하고 있는 경우에는 그러하지 아니하며, 이 경우, 본선적재표기상에 명기된 일자를 선적일로 본다.

선하증권이 선박의 명칭에 관하여 "예정된 선박" 또는 이와 유사한 제한의 표시를 포함하고 있는 경우, 선적일 및 실제 선박의 명칭을 표시하고 있는 본선적재표기가 요구된다.

iii. 신용장에 명기된 적재항으로부터 양륙항까지의 선적을 표시하고 있는 것이어야 한다. 선하증권이 적재항으로서 신용장에 명기된 적재항을 표시하고 있지 않은 경우, 또는 적재항에 관하여 "예정된" 또는 이와 유사한 제한의 표시를 포함하고 있는 경우, 신용장에 명기된 대로 적재항, 선적일 및 선박의 명칭을 표시하고 있는 본선적재표기가 요구된다. 이 규정은 비록 지정선박으로의 본선적재 또는 선적이 선하증권상에 사전에 인쇄된 문언에 의하여 표시되어 있더라도 적용된다.

iv. 단일 선하증권 원본 또는 2통 이상의 원본으로 발행된 경우에는, 선하증권상에 표시된 대로 전통인 것이어야 한다.

<table>
<tr><td>

v. contain terms and conditions of carriage or make reference to another source containing the terms and conditions of carriage (short form or blank back bill of lading). Contents of terms and conditions of carriage will not be examined.

vi. contain no indication that it is subject to a charter party.

b. For the purpose of this article, transhipment means unloading from one vessel and reloading to another vessel during the carriage from the port of loading to the port of discharge stated in the credit.

c. i. A bill of lading may indicate that the goods will or may be transshipped provided that the entire carriage is covered by one and the same bill of lading.

ii. A bill of lading indicating that transhipment will or may take place is acceptable, even if the credit prohibits transhipment, if the goods have been shipped in a container, trailer or LASH barge as evidenced by the bill of lading.

d. Clauses in a bill of lading stating that the carrier reserves the right to tranship will be disregarded.

</td><td>

v. 운송의 제 조건을 포함하고 있거나, 또는 운송의 제 조건을 포함하는 다른 자료를 참조하고 있는 것(약식/배면백지식 선하증권). 운송의 제 조건의 내용은 심사되지 아니한다.

vi. 용선계약에 따른다는 어떠한 표시도 포함되어 있지 않은 것이어야 한다.

b. 이 조에서, 환적이란 신용장에 명기된 적재항으로부터 양륙항까지의 운송과정 중에 한 선박으로부터의 양화 및 다른 선박으로의 재적재를 말한다.

c. i. 선하증권은 물품이 환적될 것 또는 될 수 있다고 표시될 수 있다. 다만, 전 운송이 동일한 선하증권에 의하여 이루어져야 한다.

ii. 신용장이 환적을 금지하고 있는 경우에도, 물품이 선하증권에 의하여 입증된 대로 컨테이너, 트레일러 또는 래시선에 선적된 경우, 환적이 행해질 것이라거나 또는 행해질 수 있다고 표시하고 있는 선하증권은 수리될 수 있다.

d. 운송인이 환적할 권리를 유보한다고 명기하고 있는 선하증권상의 조항은 무시된다.

</td></tr>
</table>

Article 21 Non-Negotiable Sea Waybill : 비유통해상화물운송장 22, 16, 10년 기출

<table>
<tr><td>

a. A non-negotiable sea waybill, however named, must appear to :

i. indicate the name of the carrier and be signed by :

a) the carrier or a named agent for or on behalf of the carrier, or

b) the master or a named agent for or on behalf of the master.

Any signature by the carrier, master or agent must be identified as that of the carrier, master of agent.

Any signature by an agent must indicate whether the agent has signed for or on behalf of the carrier or for or on behalf of the master.

</td><td>

a. 비유통해상화물운송장은 그 명칭에 관계없이 다음과 같아야 한다.

i. 운송인의 명칭을 표시하고 다음의 자에 의하여 서명되어 있는 것

a) 운송인 또는 운송인을 대리하는 지정대리인, 또는

b) 선장 또는 선장을 대리하는 지정대리인

운송인, 선장 또는 대리인에 의한 모든 서명은 운송인, 선장 또는 대리인의 것이라는 것을 확인하고 있어야 한다.
대리인에 의한 모든 서명은 그 대리인이 운송인을 대리하여 서명하였는지, 또는 선장을 대리하여 서명하였는지를 표시하여야 한다.

</td></tr>
</table>

ii. indicate that the goods have been shipped on board a named vessel at the port of loading stated in the credit by :

a) pre-printed wording, or

b) an on-board notation indicating the date on which the goods have been shipped on board.

The date of issuance of the non-negotiable sea waybill will be deemed to be the date of shipment unless the non-negotiable an on-board notation indicating the date of shipment, in which case the date stated in the on-board notation will be deemed to be the date of shipment.

If the non-negotiable sea waybill contains the indication "intended vessel" or similar qualification in relation to the name of the vessel, an on-board notation indicating the date of shipment and the name of the actual vessel is required.

iii. indicate shipment from the port of loading to the port of discharge stated in the credit.

If the non-negotiable sea waybill does not indicate the port of loading stated in the credit as the port of loading, or if it contains the indication "intended" or similar qualification in relation to the port of loading, an on-board notation indicating the port of loading as stated in the credit, the date of shipment and the name of the vessel is required. This provision applies even when loading on board or shipment on a named vessel is indicated by pre-printed wording on the non-negotiable sea waybill.

iv. be the sole original non-negotiable sea waybill or, if issued in more than one original, be the full set as indicated on the non-negotiable sea waybill.

ii. 다음에 의하여 물품이 신용장에 명기된 적재항에서 지정선박에 본선선적되었음을 표시하고 있는 것

a) 사전인쇄된 문언, 또는

b) 물품이 본선선적된 일자를 표시하고 있는 본선적재표기

비유통해상화물운송장의 발행일은 선적일로 본다. 다만, 비유통해상화물운송장이 선적일을 표시하고 있는 본선적재표기를 포함하고 있는 경우에는 그러하지 아니하며, 이 경우, 본선적재표기상에 명기된 일자는 선적일로 본다.

비유통해상화물운송장이 선박의 명칭에 관하여 "예정된 선박" 또는 이와 유사한 제한의 표시를 포함하고 있는 경우에는, 선적일 및 실제 선박의 명칭을 표시하고 있는 본선적재표기가 요구된다.

iii. 신용장에 명기된 적재항으로부터 양륙항까지의 선적을 표시하고 있는 것

비유통해상화물운송장이 적재항으로서 신용장에 명기된 적재항을 표시하고 있지 아니한 경우에는, 또는 적재항에 관하여 "예정된" 또는 이와 유사한 제한의 표시를 포함하고 있는 경우에는, 신용장에 명기된 대로 적재항, 선적일 및 선박의 명칭을 표시하고 있는 본선적재표기가 요구된다. 이 규정은 비록 지정된 선박에의 본선적재 또는 선적이 비유통해상화물운송장에 사전에 인쇄된 문언에 의하여 표시되어 있더라도 적용된다.

iv. 단일의 비유통해상화물운송장 원본 또는, 2통 이상의 원본으로 발행된 경우에는, 비유통해상화물운송장상에 표시된 대로 전통인 것

v. contain terms and conditions of carriage or make reference to another source containing the terms and conditions of carriage (short form or blank back non-negotiable sea waybill). Contents of terms and conditions of carriage will not be examined.

vi. contain no indication that it is subject to a charter party.

b. For the purpose of this article, transshipment means unloading from one vessel and reloading to another vessel during the carriage from the port of loading to the port of discharge stated in the credit.

c. i. A non-negotiable sea waybill may indicate that the goods will or may be transhipped provided that the entire carriage is covered by one and the same non-negotiable sea waybill.

ii. A non-negotiable sea waybill indicating that transshipment will or may take place is acceptable, even if the credit prohibits transshipment, if the goods have been shipped in a container, trailer or LASH barge as evidenced by the non-negotiable sea waybill.

d. Clauses in a non-negotiable sea waybill stating that the carrier reserves the right to tranship will be disregarded.

v. 운송의 제 조건을 포함하고 있거나, 또는 운송의 제 조건을 포함하는 다른 자료를 참조하고 있는 것(약식/배면백지식 비유통해상화물운송장). 운송의 제 조건의 내용은 심사되지 아니한다.

vi. 용선계약에 따른다는 어떠한 표시도 포함하고 있지 아니한 것

b. 이 조에서, 환적이란 신용장에 명기된 적재항으로부터 양륙항까지의 운송과정 중에 한 선박으로부터의 양화 및 다른 선박으로의 재적재를 말한다.

c. i. 비유통해상화물운송장은 물품이 환적될 것이라거나 또는 될 수 있다고 표시될 수 있다. 다만, 전운송이 동일한 비유통해상화물운송장에 의하여 커버되어야 한다.

ii. 신용장이 환적을 금지하고 있는 경우에도, 물품이 비유통해상화물운송장에 의하여 입증된 대로 컨테이너, 트레일러 또는 래시선에 선적된 경우에는, 환적이 행해질 것이라거나 또는 행해질 수 있다고 표시하고 있는 비유통해상화물운송장은 수리될 수 있다.

d. 운송인이 환적할 권리를 유보한다고 명기하고 있는 비유통해상화물운송장상의 조항은 무시된다.

a. A bill of lading, however named, containing an indication that it is subject to a charter party (charter party bill of lading), must appear to :

i. be signed by :

a) the master or a named agent for or on behalf of the master, or

b) the owner or a named agent for or on behalf of the owner, or

c) the charterer or a named agent for or on behalf of the charterer.

Any signature by the master, owner, charter or agent must be identified as that of the master, owner, charterer or agent.

Any signature by an agent must indicate whether the agent has signed for or on behalf of the master, owner or charterer.

An agent signing for or on behalf of the owner or charterer must indicate the name of the owner or charterer.

ii. indicate that the goods have been shipped on board a named vessel at the port of loading stated in the credit by :

a) pre-printed wording, or

b) an on-board notation indicating the date on which the goods have been shipped on board.

The date of issuance of the charter party bill of lading will be deemed to be the date of shipment unless the charter party bill of lading contains an on-board notation indicating the date of shipment, in which case the date stated in the on-board notation will be deemed to be the date of shipment.

iii. indicate shipment from the port of loading to the port of discharge stated in the credit. The port of discharge may also be shown as a range of ports or a geographical area, as stated in the credit.

a. 용선계약에 따른다는 표시를 포함하고 있는 선하증권(용선계약선하증권)은 그 명칭에 관계없이 다음과 같이 보여야 한다.

i. 다음의 자에 의하여 서명되어 있는 것

a) 선장 또는 선장을 대리하는 지정대리인, 또는

b) 선주 또는 선주를 대리하는 지정대리인, 또는

c) 용선자 또는 용선자를 대리하는 지정대리인

선장, 선주, 용선자 또는 대리인에 의한 모든 서명은 선장, 선주, 용선자 또는 대리인의 것이라는 것을 확인하고 있어야 한다.
대리인에 의한 모든 서명은 그 대리인이 선장, 선주 또는 용선자 중 누구를 대리하여 서명하였는지를 표시하여야 한다.
선주 또는 용선자를 대리하여 서명하는 대리인은 선주 또는 용선자의 명칭을 표시하여야 한다.

ii. 다음에 의하여 물품이 신용장에 명기된 적재항에서 지정선박에 본선 선적되었음을 표시하고 있는 것

a) 사전인쇄된 문언, 또는

b) 물품이 본선 적재된 일자를 표시하고 있는 본선적재표기

용선계약선하증권의 발행일은 선적일로 본다. 다만, 용선계약선하증권이 선적일을 표시하고 있는 본선적재표기를 포함하고 있는 경우에는 그러하지 아니하며, 이 경우, 본선적재표기상에 명기된 일자를 선적일로 본다.

iii. 신용장에 명기된 적재항에서 양륙항까지의 선적을 표시하고 있는 것. 또한 양륙항은 신용장에 명기된 대로 항구의 구역 또는 지리적 지역으로 표시될 수 있다.

iv. be the sole original charter party bill of lading or, if issued in more than one original, be the full set as indicated on the charter party bill of lading.

b. A bank will not examine charter party contracts, even if they are required to be presented by the terms of the credit.

iv. 단일의 용선계약선하증권 원본 또는, 2통 이상의 원본으로 발행된 경우에는, 용선계약선하증권상에 표시된 대로 전통인 것

b. 용선계약서가 신용장의 조건(terms)에 따라 제시되도록 요구되더라도, 은행은 그 용선계약서를 심사하지 아니한다.

기출문제

화환신용장통일규칙(UCP 600) 제22조 '용선계약선하증권(Charter Party Bill of Lading)'에 관한 내용이다. ( )에 들어갈 용어로 옳은 것은? 24년 기출

A bill of lading, however named, containing an indication that it is subject to a charter party, must appear to indicate shipment from the port of loading to the port of discharge stated in the credit. The port of discharge may also be shown as ( ), as stated in the credit.

① the date of shipment and the name of the vessel
② a range of ports or geographical area
③ on board notation
④ intended vessel or similar qualification
⑤ any the name of the carrier

해설

화환신용장통일규칙(UCP 600) 제22조(용선계약선하증권) 제3항
용선계약에 따른다는 표시를 포함하고 있는 선하증권(용선계약선하증권)은 그 명칭에 관계없이, 신용장에 명기된 적재항에서 양륙항까지의 선적을 표시하고 있어야 한다. 양륙항은 또한 신용장에 명기된 대로 <u>항구의 구역 또는 지리적 지역(a range of ports or a geographical area)</u>으로 표시될 수 있다.

정답 ②

Article 23 Air Transport Document : 항공운송서류 16, 11년 기출

a. An air transport document, however named, must appear to :

i. indicate the name of the carrier and be signed by :

a) the carrier, or

b) a named agent for or on behalf of the carrier.

Any signature by the carrier or agent must be identified as that of the carrier or agent. Any signature by an agent must indicate that the agent has signed for or on behalf of the carrier.

a. 항공운송서류는 그 명칭에 관계없이 다음과 같아야 한다.

i. 운송인의 명칭을 표시하고 다음의 자에 의하여 서명되어 있는 것

a) 운송인, 또는

b) 운송인을 대리하는 지정대리인

운송인 또는 대리인에 의한 모든 서명은 운송인 또는 대리인의 것이라는 것을 확인하고 있어야 한다.

대리인에 의한 모든 서명은 그 대리인이 운송인을 대리하여 서명하였음을 표시하여야 한다.

ii. indicate that the goods have been accepted for carriage.

iii. indicate the date of issuance.

This date will be deemed to be the date of shipment unless the air transport document contains a specific notation of the actual date of shipment, in which case the date stated in the notation will be deemed to be the date of shipment.

Any other information appearing on the air transport document relative to the flight number and date will not be considered in determining the date of shipment.

iv. indicate the airport of departure and the airport of destination stated in the credit.

v. be the original for consignor or shipper, even if the credit stipulates a full set of originals.

vi. contain terms and conditions of carriage or make reference to another source containing the terms and conditions of carriage. Contents of terms and conditions of carriage will not be examined.

b. For the purpose of this article, transhipment means unloading from one aircraft and reloading to another aircraft during the carriage from the airport of departure to the airport of destination stated in the credit.

c. i. An air transport document may indicate that the goods will or may be transhipped, provided that the entire carriage is covered by one and the same air transport document.

ii. An air transport document indicating that transhipment will or may take place is acceptable, even if the credit prohibits transhipment.

ii. 물품이 운송을 위하여 수취되었음을 표시하고 있는 것

iii. 발행일을 표시하고 있는 것.

이 일자는 선적일로 본다. 다만, 항공운송서류가 실제 선적일에 관한 특정 표기를 포함하고 있는 경우에는 그렇지 않으며, 이 경우 그 표기에 명기된 일자를 선적일로 본다.

운항번호 및 일자에 관하여 항공운송서류상에 보이는 기타 모든 정보는 선적일을 결정하는 데 고려되지 아니한다.

iv. 신용장에 명기된 출발공항과 목적공항을 표시하고 있는 것

v. 신용장이 원본의 전통을 명시하고 있는 경우에도, 탁송인 또는 송하인용 원본인 것

vi. 운송의 제 조건을 포함하고 있거나 운송의 제 조건을 포함하는 다른 자료를 참조하고 있는 것. 운송의 제 조건의 내용은 심사되지 아니한다.

b. 이 조항에서, 환적이란 신용장에 명기된 출발공항으로부터 목적공항까지의 운송과정 중에 한 항공기로부터의 양화 및 다른 항공기로의 재적재를 말한다.

c. i. 항공운송서류는 물품이 환적될 것이라거나 또는 될 수 있다고 표시할 수 있다. 다만, 전 운송은 동일한 항공운송서류에 의하여 커버되어야 한다.

ii. 신용장에 환적이 금지되어 있는 경우라도, 은행은 환적이 행해질 것 또는 행해질 수 있다고 표시하고 있는 항공운송서류는 수리할 수 있다.

a. A road, rail or inland waterway transport document, however named, must appear to :

  i. indicate the name of the carrier and :

    a) be signed by the carrier or a named agent for or on behalf of the carrier, or

    b) indicate receipt of the goods by signature, stamp or notation by the carrier or a named agent for or on behalf of the carrier.

Any signature, stamp or notation of receipt of the goods by the carrier or agent must be identified as that of the carrier or agent. Any signature, stamp or notation of receipt of the goods by the agent must indicate that the agent has signed or acted for or on behalf of the carrier. If a rail transport document does not identify the carrier, any signature or stamp of the railway company will be accepted as evidence of the document being signed by the carrier.

  ii. indicate the date of shipment or the date the goods have been received for shipment, dispatch or carriage at the place stated in the credit. Unless the transport document contains a dated reception stamp, an indication of the date of receipt or a date of shipment, the date of issuance of the transport document will be deemed to be the date of shipment.

  iii. indicate the place of shipment and the place of destination stated in the credit.

b. i. A road transport document must appear to be the original for consignor or shipper or bear no marking indicating for whom the document has been prepared.

  ii. A rail transport document marked "duplicate" will be accepted as an original.

  iii. A rail or inland waterway transport document will be accepted as an original whether marked as an original or not.

a. 도로, 철도 또는 내륙수로운송서류는 그 명칭에 관계없이 다음과 같아야 한다.

  i. 운송인의 명칭을 표시하고 있는 것 그리고

    a) 운송인 또는 운송인을 대리하는 지정대리인에 의하여 서명되어 있는 것, 또는

    b) 운송인 또는 운송인을 대리하는 지정대리인에 의하여 행해진 서명, 스탬프 또는 표기에 의하여 물품의 수령을 표시하고 있는 것

물품의 수령에 관한 운송인 또는 대리인에 의한 모든 서명, 스탬프 또는 표기는 운송인 또는 대리인의 것이라는 것을 확인하고 있어야 한다. 물품의 수령에 관한 대리인에 의한 모든 서명, 스탬프 또는 표기는 그 대리인이 운송인을 대리하여 서명 또는 행동하였음을 표시하여야 한다. 철도운송서류가 운송인을 확인하지 아니한 경우에는, 철도회사의 모든 서명 또는 스탬프는 운송인에 의하여 서명되어 있는 서류의 증거로서 수리되어야 한다.

  ii. 선적일 또는 물품이 신용장에 명기된 장소에서 선적, 발송 또는 운송을 위하여 수령된 일자를 표시하고 있는 것. 운송서류에 수령일자 기재 스탬프, 수령일 표시 또는 선적일이 포함되어 있지 않은 경우, 운송서류의 발행일을 선적일로 본다.

  iii. 신용장에 명기된 선적지 및 목적지를 표시하고 있는 것

b. i. 도로운송서류는 외관상 탁송인 또는 송하인용 원본 같거나 그 서류가 누구를 위하여 작성되었는지를 나타내는 어떠한 표시도 기재하지 않은 것이어야 한다.

  ii. "부본(duplicate)"이 표시된 철도운송서류는 원본으로서 수리된다.

  iii. 철도 또는 내륙수로운송서류는 원본 표시 유무에 관계없이 원본으로서 수리된다.

c. In the absence of an indication on the transport document as to the number of originals issued, the number presented will be deemed to constitute a full set.

d. For the purpose of this article, transhipment means unloading from one means of conveyance and reloading to another means of conveyance, within the same mode of transport, during the carriage from the place of shipment, dispatch or carriage to the place of destination stated in the credit.

e. i. A road, rail or inland waterway transport document may indicate that the goods will or may be transhipped provided that the entire carriage is covered by one and the same transport document.

  ii. A road, rail or inland waterway transport document indicating that transhipment will or may take place is acceptable, even if the credit prohibits transhipment.

c. 발행된 원본의 통수에 관하여 운송서류상에 표시가 없는 경우, 제시된 통수는 전통을 구성하는 것으로 본다.

d. 이 조항에서 환적이란 신용장에 명기된 선적, 발송 또는 운송지로부터 목적지까지 운송과정 중에 동일한 운송방식 내에서 한 운송수단으로부터의 양화 및 다른 운송수단으로의 재적재를 말한다.

e. i. 도로, 철도 또는 내륙수로운송서류는 물품이 환적될 것이라거나 또는 될 수 있다고 표시할 수 있다. 다만, 전 운송은 동일한 운송서류에 의하여 이루어져야 한다.

  ii. 신용장이 환적을 금지하고 있는 경우에도, 환적이 행해질 것이라거나 또는 행해질 수 있다고 표시하고 있는 도로, 철도 또는 내륙수로운송서류는 수리될 수 있다.

Article 25 Courier Receipt, Post Receipt or Certificate of Posting : 특송화물수령증, 우편수령증 또는 우송증명서

14년 기출

a. A courier receipt, however named, evidencing receipt of goods for transport, must appear to :
  i. indicate the name of the courier service and be stamped or signed by the named courier service at the place from which the credit states the goods are to be shipped; and
  ii. indicate a date of pick-up or of receipt or wording to this effect. This date will be deemed to be the date of shipment.

b. A requirement that courier charges are to be paid or prepaid may be satisfied by a transport document issued by a courier service evidencing that courier charges are for the account of a party other than the consignee.

a. 운송물품의 수령을 입증하는 특송화물수령증은 그 명칭에 관계없이 다음과 같이 보여야 한다.
  i. 특송업자의 명칭을 표시하고, 신용장에서 물품이 선적되어야 한다고 명기하고 있는 장소에서 지정된 특송업자에 의하여 스탬프 또는 서명된 것, 그리고

  ii. 접수일 또는 수령일 또는 이러한 취지의 문언을 표시하고 있는 것. 이 일자는 선적일로 본다.

b. 특송요금이 지급 또는 선지급되어야 한다는 요건은 특송요금이 수하인 이외의 당사자의 부담이라는 것을 입증하는 특송업자에 의하여 발행된 운송서류에 의하여 충족될 수 있다.

c. A post receipt or certificate of posting, however named, evidencing receipt of goods for transport, must appear to be stamped or signed and dated at the place from which the credit states the goods are to be shipped. This date will be deemed to be the date of shipment.

c. 운송물품의 수령을 입증하는 우편수령증 또는 우송증명서는 그 명칭에 관계없이 신용장에서 물품이 선적되어야 한다고 명기하고 있는 장소에서 스탬프 또는 서명되고 일자가 기재된 것으로 보여야 한다. 이 일자는 선적일로 본다.

Article 26 "On Deck", "Shipper's Load and Count", "Said by Shipper to Contain" and Charges Additional to Freight : "갑판적", "송하인의 적재 및 수량확인", "송하인의 신고내용에 따름" 및 운임의 추가비용 14년 기출

a. A transport document must not indicate that the goods are or will be loaded on deck. A clause on a transport document stating that the goods may be loaded on deck is acceptable.
b. A transport document bearing a clause such as "shipper's load and count" and "said by shipper to contain" is acceptable.
c. A transport document may bear a reference, by stamp or otherwise, to charges additional to the freight.

a. 운송서류는 물품이 갑판에 적재되었거나 또는 될 것이라고 표시해서는 아니 된다. 물품이 갑판에 적재될 수 있다고 명기하고 있는 운송서류상의 조항은 수리될 수 있다.
b. "송하인의 적재 및 수량확인(shipper's load and count)" 및 "송하인의 신고내용에 따름(said by shipper to contain)"과 같은 조항을 기재하고 있는 운송서류는 수리될 수 있다.
c. 운송서류는 스탬프 또는 기타의 방법으로 운임에 추가된 비용에 대한 참조를 기재할 수 있다.

Article 27 Clean Transport Document : 무고장 운송서류 21, 14, 13년 기출

A bank will only accept a clean transport document. A clean transport document is one bearing no clause or notation expressly declaring a defective condition of the goods or their packaging. The word "clean" need not appear on a transport document, even if a credit has a requirement for that transport document to be "clean on board".

은행은 무고장 운송서류만을 수리한다. 무고장 운송서류는 물품 또는 그 포장에 하자 있는 상태를 명시적으로 표시하는 조항 또는 단서를 기재하고 있지 아니한 것을 말한다. 신용장에서 그 운송서류가 "무고장 본선적재(clean on board)"여야 한다는 요건을 가지는 경우에도, "무고장(clean)"이라는 단어는 운송서류상에 보일 필요가 없다.

a. An insurance document, such as an insurance policy, an insurance certificate or a declaration under an open cover, must appear to be issued and signed by an insurance company, an underwriter or their agents or their proxies. Any signature by an agent or proxy must indicate whether the agent or proxy has signed for or on behalf of the insurance company or underwriter.

b. When the insurance document indicates that it has been issued in more than one original, all originals must be presented.

c. Cover notes will not be accepted.

d. An insurance policy is acceptable in lieu of an insurance certificate or a declaration under an open cover.

e. The date of the insurance document must be no later than the date of shipment, unless it appears from the insurance document that the cover is effective from a date not later than the date of shipment.

f. i. The insurance document must indicate the amount of insurance coverage and be in the same currency as the credit.

ii. A requirement in the credit for insurance coverage to be for a percentage of the value of the goods, of the invoice value or similar is deemed to be the minimum amount of coverage required. If there is no indication in the credit of the insurance coverage required, the amount of insurance coverage must be at least 110% of the CIF or CIP value of the goods. When the CIF or CIP value cannot be determined from the documents, the amount of insurance coverage must be calculated on the basis of the amount for which honour or negotiation is requested or the gross value of the goods as shown on the invoice, whichever is greater.

a. 보험증권, 포괄예정보험에 의한 보험증명서 또는 통지서와 같은 보험서류는 보험회사, 보험업자 또는 이들 대리인 또는 이들 대리업자에 의하여 발행되고 서명된 것으로 보여야 한다. 대리인 또는 대리업자에 의한 모든 서명은 그 대리인 또는 대리업자가 보험회사를 대리하여 서명하였는지 또는 보험업자를 대리하여 서명하였는지를 표시하여야 한다.

b. 보험서류가 2통 이상의 원본으로 발행되었다고 표시하고 있는 경우에는, 모든 원본이 제시되어야 한다.

c. 보험승인서는 수리되지 아니한다.

d. 보험증권은 포괄예정보험에 의한 보험증명서 또는 통지서를 대신하여 수리될 수 있다.

e. 보험서류에서 담보가 선적일보다 늦지 않은 일자로부터 유효하다고 보이지 아니하는 한, 보험서류의 일자는 선적일보다 늦어서는 아니 된다.

f. i. 보험서류는 보험담보의 금액을 표시하여야 하고 신용장과 동일한 통화이어야 한다.

ii. 신용장상 보험담보는 물품의 가액, 송장가액 또는 그와 유사한 가액에 대한 백분율로 표시되어야 한다는 요건이 있는 경우, 이는 요구되는 담보의 최소한으로 본다. 신용장상 보험담보에 대한 명시가 없는 경우, 보험담보는 최소한 물품의 CIF 또는 CIP 가액의 110%가 되어야 한다. 서류로부터 CIF 또는 CIP 가액을 결정할 수 없는 경우, 보험담보 금액은 요구된 지급 또는 매입 금액 또는 송장에 나타난 물품에 대한 총 가액 중 더 큰 금액을 기준으로 산출되어야 한다.

iii. The insurance document must indicate that risks are covered at least between the place of taking in charge or shipment and the place of discharge or final destination as stated in the credit.

g. A credit should state the type of insurance required and, if any, the additional risks to be covered. An insurance document will be accepted without regard to any risks that are not covered if the credit uses imprecise terms such as "usual risks" or "customary risks".

h. When a credit requires insurance against "all risks" and an insurance document is presented containing any "all risks" notation or clause, whether or not bearing the heading "all risks", the insurance document will be accepted without regard to any risks stated to be excluded.

i. An insurance document may contain reference to any exclusion clause.

j. An insurance document may indicate that the cover is subject to a franchise or excess(deductible).

iii. 보험서류는 최소한 신용장에 명시된 수탁지 또는 선적지로부터 양륙지 또는 최종 목적지 사이에 발생하는 위험에 대하여 부보가 되는 것이어야 한다.

g. 신용장은 요구된 보험의 종류를 명기하여야 하고 만일 부보되어야 하는 부가위험이 있다면 이것도 명기하여야 한다. 신용장이 "통상적 위험(usual risks)" 또는 "관습적 위험(customary risks)"과 같은 부정확한 용어를 사용하는 경우에는, 보험서류는 부보되지 아니한 어떠한 위험에 관계없이 수리되어야 한다.

h. 신용장이 "전위험"에 대한 보험을 요구하고 있는 경우, "전위험"이라는 표제를 기재하고 있는지의 여부와 관계없이 "전위험"의 표기 또는 조항을 포함하고 있는 보험서류가 제시된 경우에는, 그 보험서류는 제외되어야 한다고 명기된 어떠한 위험에 관계없이 수리되어야 한다.

i. 보험서류는 모든 면책조항(exclusion clause)의 참조를 포함할 수 있다.

j. 보험서류는 담보가 소손해면책율 또는 초과(공제)면책율을 조건으로 한다는 것을 표시할 수 있다.

Article 29 Extension of Expiry Date or Last Day for Presentation : 유효기일의 연장 또는 제시를 위한 최종일

13년 기출

a. If the expiry date of a credit or the last day for presentation falls on a day when the bank to which presentation is to be made is closed for reasons other than those referred to in article 36, the expiry date or the last day for presentation, as the case may be, will be extended to the first following banking day.

b. If presentation is made on the first following banking day, a nominated bank must provide the issuing bank or confirming bank with a statement on its covering schedule that the presentation was made within the time limits extended in accordance with sub-article 29(a).

c. The latest date for shipment will not be extended as a result of sub-article 29(a).

a. 신용장의 유효기일 또는 제시를 위한 최종일이 제36조에 언급된 사유 이외의 사유로 제시를 받아야 하는 은행의 휴업일에 해당하는 경우에는, 그 유효기일 또는 제시를 위한 최종일은 경우에 따라 최초의 다음 은행영업일까지 연장된다.

b. 제시가 최초의 다음 은행영업일에 행해지는 경우에는, 지정은행은 발행은행 또는 확인은행에게 제시가 제29조 a항에 따라 연장된 기간 내에 제시되었다는 설명을 서류송부장(covering schedule)으로 제공하여야 한다.

c. 선적을 위한 최종일은 제29조 a항의 결과로서 연장되지 아니한다.

Article 30 Tolerance in Credit Amount, Quantity and Unit Prices : 신용장금액, 수량 또는 단가의 과부족

a. The words "about" or "approximately" used in connection with the amount of the credit or the quantity or the unit price stated in the credit are to be construed as allowing a tolerance not to exceed 10% more or 10% less than the amount, the quantity or the unit price to which they refer.

b. A tolerance not to exceed 5% more or 5% less than the quantity of the goods is allowed, provided the credit does not state the quantity in terms of a stipulated number of packing units or individual items and the total amount of the drawings does not exceed the amount of the credit.

c. Even when partial shipments are not allowed, a tolerance not to exceed 5% less than the amount of the credit is allowed, provided that the quantity of the goods, if stated in the credit, is shipped in full and a unit price, if stated in the credit, is not reduced or that sub-article 30(b) is not applicable. This tolerance does not apply when the credit stipulates a specific tolerance or uses the expressions referred to in sub-article 30(a).

a. 신용장에 명기된 신용장의 금액 또는 수량 또는 단가와 관련하여 사용된 "약(about)" 또는 "대략(approximately)"이라는 단어는 이에 언급된 금액, 수량 또는 단가의 10%를 초과하지 아니하는 과부족을 허용하는 것으로 해석된다.

b. 신용장이 명시된 포장단위 또는 개개의 품목의 개수로 수량을 명기하지 아니하고 어음발행의 총액이 신용장상의 금액을 초과하지 아니하는 경우에는, 물품 수량의 5%를 초과하지 아니하는 과부족은 허용된다.

c. 분할선적이 허용되지 아니하는 경우에도, 신용장금액의 5%를 초과하지 아니하는 부족은 허용된다. 다만, 물품의 수량은 신용장에 명기된 경우 전부 선적되고 단가는 신용장에 명기된 경우 감액되어서는 아니 되거나 또는 제30조 b항이 적용될 수 없어야 한다. 이 부족은 신용장이 특정 과부족을 명시하거나 또는 제30조 a항에 언급된 표현을 사용하는 경우에는 적용되지 아니한다.

Article 31 Partial Drawings or Shipments : 분할어음발행 또는 분할선적

a. Partial drawings or shipments are allowed.

b. A presentation consisting of more than one set of transport documents evidencing shipment commencing on the same means of conveyance and for the same journey, provided they indicate the same destination, will not be regarded as covering a partial shipment, even if they indicate different dates of shipment or different ports of loading, places of taking in charge or dispatch. If the presentation consists of more than one set of transport documents, the latest date of shipment as evidenced on any of the sets of transport documents will be regarded as the date of shipment.

a. 분할어음발행 또는 분할선적은 허용된다.

b. 동일한 운송수단에 그리고 동일한 운송을 위하여 출발하는 선적을 증명하는 2조 이상의 운송서류를 구성하는 제시는, 이들 서류가 동일한 목적지를 표시하고 있는 한, 이들 서류가 상이한 선적일 또는 상이한 적재항, 수탁지 또는 발송지를 표시하고 있더라도, 할부선적이 행해진 것으로 보지 아니한다. 그 제시가 2조 이상의 운송서류를 구성하는 경우에는, 운송서류의 어느 한 조에 증명된 대로 최종선적일을 선적일로 본다.

A presentation consisting of one or more sets of transport documents evidencing shipment on more than one means of conveyance within the same mode of transport will be regarded as covering a partial shipment, even if the means of conveyance leave on the same day for the same destination.

c. A presentation consisting of more than one courier receipt, post receipt or certificate of posting will not be regarded as a partial shipment if the courier receipts, post receipts or certificates of posting appear to have been stamped or signed by the same courier or postal service at the same place and date and for the same destination.

동일한 운송방식에서 2 이상의 운송수단상의 선적을 증명하는 2조 이상의 운송서류를 구성하는 제시는 그 운송수단이 동일한 일자에 동일한 목적지를 향하여 출발하는 경우에도 할부선적이 행해진 것으로 본다.

c. 2 이상의 특송화물수령증, 우편수령증 또는 우송증명서를 구성하는 제시는 그 특송화물수령증, 우편수령증 또는 우송증명서가 동일한 장소 및 일자 그리고 동일한 목적지를 위하여 동일한 특송업자 또는 우편서비스에 의하여 스탬프 또는 서명된 것으로 보이는 경우에는 할부선적으로 보지 아니한다.

Article 32 Instalment Drawings or Shipments : 할부청구 및 할부선적 24, 15년 기출

If a drawing or shipment by instalments within given periods is stipulated in the credit and any instalment is not drawn or shipped within the period allowed for that instalment, the credit ceases to be available for that and any subsequent instalment.

일정기간 내에 할부에 의한 어음발행 또는 선적이 신용장에 명시되어 있고 어떠한 할부분이 허용된 기간 내에 어음발행 또는 선적되지 아니한 경우에는, 그 신용장은 그 할부분과 그 이후의 모든 할부분에 대하여 효력이 중단된다.

기출문제

화환신용장통일규칙(UCP 600) 제30조, 제32조에 관한 내용으로 옳지 않은 것을 모두 고른 것은? 24년 기출

○ A tolerance ㉠ <u>not to exceed 5%</u> more or 5% less than the quantity of the goods is allowed, provided the credit does not state ㉡ <u>the quantity</u> in terms of a stipulated number of packing units or individual items and the total amount of the drawings does not exceed ㉢ <u>the quantity</u> of the credit.

○ If a drawing or shipment by instalments within given periods is stipulated in the credit and any instalment ㉣ <u>is drawn or shipped</u> within the period allowed for that instalment, the credit ㉤ <u>ceases</u> to be available for that and any subsequent instalment.

① ㉠, ㉡   ② ㉠, ㉣

③ ㉡, ㉢   ④ ㉢, ㉣

⑤ ㉣, ㉤

해설

- 신용장이 명시된 포장단위 또는 개개의 품목의 개수로 ㉡ 수량을 명시하지 아니하고 어음발행의 총액이 신용장상의 ㉢ 금액 (amount)을 초과하지 않는 경우에는, 물품 수량의 ㉠ 5%를 초과하지 아니하는 과부족은 허용된다.
- 일정기간 내에 할부에 의한 어음발행 또는 선적이 신용장에 명시되어 있고 어떠한 할부분이 허용된 기간 내에 ㉣ 어음발행 또는 선적되지 아니한(not drawn or shipped) 경우에는, 그 신용장은 할부분과 그 이후의 모든 할부분에 대하여 효력이 ㉤ 중단 된다.

정답 ④

Article 33 Hours of Presentation : 제시시간

A bank has no obligation to accept a presentation outside of its banking hours.

은행은 그 은행영업시간 이외의 제시를 수리할 의무가 없다.

Article 34 Disclaimer on Effectiveness of Documents : 서류효력에 관한 면책

A bank assumes no liability or responsibility for the form, sufficiency, accuracy, genuineness, falsification or legal effect of any document, or for the general or particular conditions stipulated in a document or superimposed thereon; nor does it assume any liability or responsibility for the description, quantity, weight, quality, condition, packing, delivery, value or existence of the goods, services or other performance represented by any document, or for the good faith or acts or omissions, solvency, performance or standing of the consignor, the carrier, the forwarder, the consignee or the insurer of the goods or any other person.

은행은 모든 서류의 형식, 충분성, 정확성, 진정성, 위조성 또는 법적 효력에 대하여 또는 서류에 명시되거나 또는 이에 부가된 일반조건(general conditions) 또는 특별조건 (particular conditions)에 대하여 어떠한 의무 또는 책임도 부담하지 아니하며, 또한 은행은 모든 서류에 표시되어 있는 물품, 용역 또는 기타 이행의 명세, 수량, 중량, 품질, 상태, 포장, 인도, 가치 또는 존재에 대하여 또는 물품의 탁송인, 운송인, 운송주선인, 수하인 또는 보험자, 또는 기타 당사자 의 성실성 또는 작위 또는 부작위, 지급능력, 이행능력 또는 신용상태에 대하여 어떠한 의무 또는 책임도 부담하지 아니 한다.

Article 35 Disclaimer on Transmission and Translation : 송달 및 번역에 관한 면책

A bank assumes no liability or responsibility for the consequences arising out of delay, loss in transit, mutilation or other errors arising in the transmission of any messages or delivery of letters or documents, when such messages, letters or documents are transmitted or sent according to the requirements stated in the credit, or when the bank may have taken the initiative in the choice of the delivery service in the absence of such instructions in the credit.

If a nominated bank determines that a presentation is complying and forwards the documents to the issuing bank or confirming bank, whether or not the nominated bank has honoured or negotiated, and issuing bank or confirming bank must honour or negotiate, or reimburse that nominated bank, even when the documents have been lost in transit between the nominated bank and the issuing bank or confirming bank, or between the confirming bank and the issuing bank.

A bank assumes no liability or responsibility for errors in translation or interpretation of technical terms and may transmit credit terms without translating them.

모든 통신문, 서신 또는 서류가 신용장에 명기된 요건에 따라 송달 또는 송부된 경우, 또는 은행이 신용장에 그러한 지시가 없으므로 인도서비스의 선정에 있어서 자발적으로 행하였을 경우에는, 은행은 그러한 통신문(message)의 송달 또는 서신이나 서류의 인도 중에 지연, 분실, 훼손 또는 기타 오류로 인하여 발생하는 결과에 대하여 어떠한 의무 또는 책임도 부담하지 아니한다.

지정은행이 제시가 일치하고 있다고 결정하고 그 서류를 발행은행 또는 확인은행에 발송하는 경우에는, 서류가 지정은행과 발행은행 또는 확인은행 간에, 또는 확인은행과 발행은행 간에 송달 중에 분실된 경우라 하더라도, 지정은행이 지급이행 또는 매입하였는지의 여부에 관계없이, 발행은행 또는 확인은행은 지급이행 또는 매입하거나, 또는 그 지정은행에 상환하여야 한다.

은행은 전문용어의 번역 또는 해석상의 오류에 대하여 어떠한 의무 또는 책임도 부담하지 아니하며 신용장의 용어를 번역함이 없이 이를 송달할 수 있다.

Article 36 Force Majeure : 불가항력 24, 17년 기출

A bank assumes no liability or responsibility for the consequences arising out of the interruption of its business by Acts of God, riots, civil commotions, insurrections, wars, acts of terrorism, or by any strikes or lockouts or any other causes beyond its control.

A bank will not, upon resumption of its business, honour or negotiate under a credit that expired during such interruption of its business.

은행은 천재지변, 폭동, 소요, 반란, 전쟁, 테러리즘, 혹은 동맹파업, 직장폐쇄 또는 기타 은행이 통제할 수 없는 원인에 의한 은행업무의 중단으로 인하여 발생하는 결과에 대하여 어떠한 의무 또는 책임도 부담하지 아니한다.

은행은 그 업무를 재개하더라도 그러한 업무의 중단 동안에 유효기일이 경과한 신용장에 의한 지급이행 또는 매입을 행하지 아니한다.

화환신용장통일규칙(UCP 600) 제36조 불가항력(Force Majeure)에 관한 내용으로 옳지 않은 것은? 24년 기출

A bank assumes ㉠ <u>no liability or responsibility</u> for the consequences arising out of the interruption of its business by ㉡ <u>Acts of God</u>, riots, civil commotions, insurrections, wars, ㉢ <u>acts of terrorism</u>, or by any strikes or lockouts or any other causes beyond its control. A bank will not, upon resumption of its business, ㉣ <u>dishonor or refuse</u> under ㉤ <u>a credit that expired</u> during such interruption of its business.

① ㉠   ② ㉡
③ ㉢   ④ ㉣
⑤ ㉤

해설

은행은 ㉡ <u>천재지변</u>, 폭동, 소요, 반란, 전쟁, ㉢ <u>테러 행위</u>, 혹은 동맹파업, 직장폐쇄 또는 은행이 통제할 수 없는 원인에 의한 은행업무의 중단으로 인하여 발생하는 결과에 대하여 어떠한 ㉠ <u>의무 또는 책임도 부담하지 아니한다</u>. 은행은 그 업무를 재개하더라도 그러한 업무의 중단 동안에 ㉤ <u>유효기일이 경과한 신용장에 의한</u> ㉣ <u>지급이행 또는 매입을 행하지</u>(honour or negotiate) 아니한다.

정답 ④

Article 37 Disclaimer for Acts of an Instructed Party : 지시받은 당사자의 행위에 대한 면책

22, 17, 13년 기출

a. A bank utilizing the services of another bank for the purpose of giving effect to the instructions of the applicant does so for the account and at the risk of the applicant.

b. An issuing bank or advising bank assumes no liability or responsibility should the instructions it transmits to another bank not be carried out, even if it has taken the initiative in the choice of that other bank.

c. A bank instructing another bank to perform services is liable for any commissions, fees, costs or expenses("charges") incurred by that bank in connection with its instruction.

If a credit states that charges are for the account of the beneficiary and charges cannot be collected or deducted from proceed, the issuing bank remains liable for payment of charges.

A credit or amendment should not stipulate that the advising to a beneficiary is conditional upon the receipt by the advising bank or second advising bank of its charges.

a. 발행의뢰인의 지시를 이행하기 위하여 타 은행의 서비스를 이용하는 은행은 그 발행의뢰인의 비용과 위험으로 이를 행한다.

b. 발행은행 또는 통지은행이 타 은행의 선정에 있어서 자발적으로 행한 경우라 하더라도, 그 은행이 타 은행에게 전달한 지시가 수행되지 아니하는 경우에는, 발행은행 또는 통지은행은 어떠한 의무 또는 책임도 부담하지 아니한다.

c. 타 은행에게 서비스를 이행하도록 지시하는 은행은 그 지시와 관련하여 그러한 타 은행에 의하여 부담되는 모든 수수료, 요금, 비용 또는 경비("비용")에 대하여 책임을 부담한다.

신용장에 비용이 수익자의 부담이라고 명기하고 있고 비용이 대금으로부터 징수 또는 공제될 수 없는 경우에는, 발행은행은 비용의 지급에 대하여 책임을 부담한다.

신용장 또는 조건변경은 수익자에 대한 통지가 통지은행 또는 제2통지은행에 의한 통지비용의 수령을 조건으로 한다고 명시하여서는 아니 된다.

d. The applicant shall be bound by and liable to indemnify a bank against all obligations and responsibilities imposed by foreign laws and usages.

d. 발행의뢰인은 외국의 법률과 관행에 의하여 부과되는 모든 의무와 책임에 구속되며 이에 대하여 은행에게 보상할 책임이 있다.

Article 38 Transferable Credits : 양도가능신용장 23, 19, 13, 12, 10년 기출

a. A bank is under no obligation to transfer a credit except to the extent and in the manner expressly consented to by that bank.

b. For the purpose of this article :

Transferable credit means a credit that specifically states it is "transferable". A transferable credit may be made available in whole or in part to another beneficiary("second beneficiary") at the request of the beneficiary("first beneficiary").

Transferring bank means a nominated bank that transfers the credit or, in a credit available with any bank, a bank that is specifically authorized by the issuing bank to transfer and that transfers the credit. An issuing bank may be a transferring bank.

Transferred credit means a credit that has been made available by the transferring bank to a second beneficiary.

c. Unless otherwise agreed at the time of transfer, all charges (such as commissions, fees, costs or expenses) incurred in respect of a transfer must be paid by the first beneficiary.

d. A credit may be transferred in part to more than one second beneficiary provided partial drawings or shipments are allowed.

A transferred credit cannot be transferred at the request of a second beneficiary to any subsequent beneficiary. The first beneficiary is not considered to be a subsequent beneficiary.

e. Any request for transfer must indicate if and under what conditions amendments may be advised to the second beneficiary. The transferred credit must clearly indicate those conditions.

a. 은행은 그 은행에 의하여 명시적으로 동의된 범위 및 방법에 의한 경우를 제외하고 신용장을 양도할 의무를 부담하지 아니한다.

b. 이 조의 목적은 다음과 같다.

양도가능신용장이란 "양도가능(transferable)"이라고 특별히 명기하고 있는 신용장을 말한다. 양도가능신용장은 수익자("제1수익자")의 요청에 의하여 전부 또는 일부가 다른 수익자("제2수익자")에게 사용될 수 있도록 될 수 있다.

양도은행은 신용장을 양도하는 지정은행 또는 모든 은행에서 사용될 수 있는 신용장에 있어서, 발행은행에 의하여 양도하도록 특별히 수권되고 그 신용장을 양도하는 은행을 말한다. 발행은행은 양도은행일 수 있다.

양도된 신용장은 양도은행에 의하여 제2수익자에게 사용될 수 있도록 되는 신용장을 말한다.

c. 양도를 이행할 때에 별도의 합의가 없는 한, 양도와 관련하여 부담된 모든 비용(이를 테면, 수수료, 요금, 비용, 경비)은 제1수익자에 의하여 지급되어야 한다.

d. 분할어음발행 또는 분할선적이 허용되는 한, 신용장은 2 이상의 제2수익자에게 분할양도될 수 있다.

양도된 신용장은 제2수익자의 요청에 의하여 그 이후의 어떠한 수익자에게도 양도될 수 없다. 제1수익자는 그 이후의 수익자로 보지 아니한다.

e. 양도를 위한 모든 요청은 조건변경이 제2수익자에게 통지될 수 있는지 그리고 어떤 조건으로 제2수익자에게 통지될 수 있는지를 표시하여야 한다. 양도된 신용장은 이러한 조건을 명확히 표시하여야 한다.

f. If a credit is transferred to more than one second beneficiary, rejection of an amendment by one or more second beneficiary does not invalidate the acceptance by any other second beneficiary, with respect to which the transferred credit will be amended accordingly. For any second beneficiary that rejected the amendment, the transferred credit will remain unamended.

g. The transferred credit must accurately reflect the terms and conditions of the credit, including confirmation, if any, with the exception of :
- the amount of the credit,
- any unit price stated therein,
- the expiry date,
- the period for presentation, or
- the latest shipment date or given period for shipment,

any or all of which may be reduced or curtailed. The percentage for which insurance cover must be effected may be increased to provide the amount of cover stipulated in the credit or these articles.

The name of the first beneficiary may be substituted for that of the applicant in the credit. If the name of the applicant is specifically required by the credit to appear in any document other than the invoice, such requirement must be reflected in the transferred credit.

h. The first beneficiary has the right to substitute its own invoice and draft, if any, for those of a second beneficiary for an amount not in excess of that stipulated in the credit, and upon such substitution the first beneficiary can draw under the credit for the difference, if any, between its invoice and the invoice of a second beneficiary.

f. 신용장이 2 이상의 제2수익자에게 양도된 경우에는, 하나 또는 그 이상의 제2수익자에 의한 조건변경의 거절은 이로 인하여 양도된 신용장이 조건변경되는 기타 모든 제2수익자에 의한 승낙을 무효로 하지 아니한다. 조건변경을 거절한 제2수익자에 대하여는, 양도된 신용장은 조건변경 없이 존속한다.

g. 양도된 신용장은 다음의 경우를 제외하고는 신용장(확인신용장이 있는 경우 확인신용장 포함)의 제 조건을 정확히 반영하여야 한다.
- 신용장의 금액
- 신용장에 명기된 단가
- 유효기일
- 제시를 위한 기간, 또는
- 최종선적일 또는 정해진 선적기간

이들 중의 일부 또는 전부는 감액 또는 단축될 수 있다. 보험부보가 이행되어야 하는 비율은 이 규칙 또는 신용장에 명기된 부보금액을 충족시킬 수 있도록 증가될 수 있다.

제1수익자의 명의는 신용장상의 신용장발행의뢰인의 명의로 대체될 수 있다.
발행의뢰인의 명의가 송장 이외의 모든 서류에 표시되도록 신용장에 의하여 특별히 요구되는 경우에는, 그러한 요구는 양도된 신용장에 반영되어야 한다.

h. 제1수익자는 신용장에 명시된 금액을 초과하지 아니하는 금액에 대하여 제2수익자의 송장 및 환어음을 그 자신의 송장 및 환어음(있는 경우)으로 대체할 권리를 가지고 있으며, 그러한 대체 시에, 제1수익자는 자신의 송장과 제2수익자의 송장 사이에 차액이 있다면, 그 차액에 대하여 신용장에 따라 어음을 발행할 수 있다.

i. If the first beneficiary is to present its own invoice and draft, if any, but fails to do so on first demand, or if the invoices presented by the first beneficiary create discrepancies that did not exist in the presentation made by the second beneficiary and the first beneficiary fails to correct them on first demand, the transferring bank has the right to present the documents as received from the second beneficiary to the issuing bank, without further responsibility to the first beneficiary.

j. The first beneficiary may, in its request for transfer, indicate that honour or negotiation is to be effected to a second beneficiary at the place to which the credit has been transferred, up to and including the expiry date of the credit. This is without prejudice to the right of the first beneficiary in accordance with sub-article 38(h).

k. Presentation of documents by or on behalf of a second beneficiary must be made to the transferring bank.

i. 제1수익자가 그 자신의 송장 및 환어음(있는 경우)을 제공하여야 하지만 최초의 요구 시에 이를 행하지 아니하는 경우, 또는 제1수익자에 의하여 제시된 송장이 제2수익자에 의하여 행해진 제시에 없었던 불일치를 발생시키고 제1수익자가 최초의 요구 시에 이를 정정하지 아니한 경우에는, 양도은행은 제1수익자에 대한 더 이상의 책임 없이 제2수익자로부터 수령한 서류를 발행은행에 제시할 권리를 가진다.

j. 제1수익자는 그 자신의 양도요청으로 지급이행 또는 매입이 신용장의 유효기일을 포함한 기일까지 신용장이 양도된 장소에서 제2수익자에게 이행되어야 한다는 것을 표시할 수 있다. 이것은 제38조 h항에 따른 제1수익자의 권리를 침해하지 아니한다.

k. 제2수익자에 의하거나 또는 대리하는 서류의 제시는 양도은행에 행해져야 한다.

Article 39 Assignment of Proceeds : 대금의 양도 13년 기출

The fact that a credit is not stated to be transferable shall not affect the right of the beneficiary to assign any proceeds to which it may be or may become entitled under the credit, in accordance with the provisions of applicable law. This article relates only to the assignment of proceeds and not to the assignment of the right to perform under the credit.

신용장이 양도가능한 것으로 명기되어 있지 아니하다는 사실은 적용가능한 법률 규정에 따라 그러한 신용장에 의하여 수권되거나, 또는 될 수 있는 대금을 양도할 수익자의 권리에 영향을 미치지 아니한다. 이 조는 대금의 양도에만 관련되어 있으며 신용장에 따라 이행할 권리의 양도에 관련되는 것은 아니다.

화환신용장통일규칙(UCP 600) 제38조, 제39조에 관한 내용으로 옳지 않은 것을 모두 고른 것은? 24년 기출

○ The transferred credit must accurately reflect the terms and conditions of the credit, including confirmation, if any, with the exception of the amount of the credit, ㉠ any unit price stated therein,the expiry date, ㉡ the period for presentation, or the latest shipmentdate or given period for shipment, any or all of which may be ㉢ increased or extended.

○ The fact that a credit is not stated to be transferable ㉣ shall affect the right of the beneficiary to assign any proceeds to which it maybe or may become entitled under the credit, in accordance with the ㉤ provisions of applicable law.

① ㉠, ㉡
② ㉡, ㉢
③ ㉢, ㉣
④ ㉢, ㉤
⑤ ㉣, ㉤

해설

• 양도된 신용장은 신용장의 금액, 신용장에 명기된 ㉠ 단가, 유효기일, ㉡ 제시를 위한 기간, 또는 최종선적일 또는 정해진 선적기간을 제외하고는 신용장(확인신용장이 있는 경우 확인신용장 포함)의 제 조건을 정확히 반영하여야 한다. 이들 중 일부 또는 전부는 ㉢ 감액 또는 단축될(increased or curtailed) 수 있다(UCP 600 제38조 g).

• 신용장이 양도가능한 것으로 명기되어 있지 아니하다는 사실은 ㉤ 적용가능한 법률 규정에 따라 신용장에서 권리를 부여하였거나 부여될 수 있는 수익자가 대금을 양도할 수 있는 권리에 ㉣ 영향을 미치지 않는다(shall not affect)(UCP 600 제39조).

정답 ③

4. eUCP Ver 2.0 : 전자적 제시를 위한 UCP 추록

UNIFORM CUSTOMS AND PRACTICE
FOR DOCUMENTARY CREDITS(UCP 600) SUPPLEMENT
FOR ELECTRONIC PRESENTATIONS("eUCP") : eUCP Version 2.0

PRELIMINARY CONSIDERATIONS

The mode of presentation to the nominated bank, confirming bank, if any, or the issuing bank, by or on behalf of the beneficiary, of electronic records alone or in combination with paper documents, is outside the scope of the eUCP. The mode of presentation to the applicant, by the issuing bank, of electronic records alone or in combination with paper documents, is outside the scope of the eUCP. Where not defined or modified in the eUCP, definitions given in UCP 600 will continue to apply. Before agreeing to issue, advise, confirm, amend or transfer an eUCP credit, banks should satisfy themselves that they can examine the required electronic records in a presentation made thereunder.

사전 고려사항

수익자에 의해 또는 수익자를 대신하여 전자기록 혹은 전자기록과 종이 서류와의 조합을 지정은행, 확인은행(있는 경우) 또는 개설은행에게 제시하는 방법은 eUCP의 적용대상이 되지 아니한다. 개설은행에 의하여 전자기록 혹은 전자기록과 종이 서류와의 조합을 개설의뢰인에게 제시하는 방법은 eUCP의 적용대상이 되지 아니한다. eUCP에서 정의되거나 수정되지 않은 경우, UCP 600에서 제공된 용어의 정의는 여전히 적용된다. 은행은 eUCP 신용장을 발행, 통지, 확인, 조건변경 또는 양도하는 것에 동의하기 전에 그 신용장 하에서 이루어질 제시에 포함되어 요구되는 전자기록을 심사할 수 있는지에 대해서 스스로 요건을 갖추어야 한다.

Article e1. Scope of the Uniform Customs and Practice for Documentary Credits(UCP 600) Supplement for Electronic Presentations("eUCP") : 제e1조 전자적 제시에 대한 UCP 600 보충("eUCP")의 범위

a. The eUCP supplements the Uniform Customs and Practice for Documentary Credits (2007 Revision, ICC Publication No. 600)("UCP") in order to accommodate presentation of electronic records alone or in combination with paper documents.

b. The eUCP shall apply where the credit indicates that it is subject to the eUCP("eUCP credit").

c. This version is Version 2.0. An eUCP credit must indicate the applicable version of the eUCP. If not indicated, it is subject to the latest version in effect on the date the eUCP credit is issued or, if made subject to the eUCP by an amendment accepted by the beneficiary, the date of that amendment.

a. eUCP는 전자기록 자체 또는 종이 서류와의 결합된 제시에 적용할 목적으로 화환신용장통일관습 및 관례(2007년 개정 국제상업회의소 간행물 번호 600)("UCP")를 보충한다.

b. eUCP는 신용장이 eUCP에 따른다는 명시가 있는 신용장("eUCP 신용장")인 경우에 적용된다.

c. 이 버전은 2.0이다. eUCP 신용장은 적용 가능한 eUCP 버전을 반드시 명시하여야 한다. 적용 가능한 버전이 명시되지 아니할 경우, eUCP 신용장이 발행된 날짜에 시행되는 최신 버전을 따르거나 또는 수익자가 승낙한 조건변경이 eUCP에 따르도록 되어 있는 경우 조건변경 일자에 시행되는 버전에 따른다.

d. An eUCP credit must indicate the physical location of the issuing bank. In addition, it must also indicate the physical location of the confirming bank, if any, when such location is known to the issuing bank at the time of issuance. If the physical location of any nominated bank and/or confirming bank is not indicated in the credit, such bank must indicate its physical location to the beneficiary no later than the time of advising or confirming the credit or, in the case of a credit available with any bank, and where another bank willing to act on the nomination to honour or negotiate is not the advising or confirming bank, at the time of agreeing to act on its nomination.

d. eUCP 신용장은 발행은행의 물리적인 장소를 반드시 나타내야 한다. 장소가 신용장 발행 시에 발행은행에 알려져 있는 때에는 추가로 지정은행의 물리적인 장소를 또한 표시해야 하며, 만약 지정은행과 상이한 경우 확인은행 (확인은행이 있는 경우)의 물리적인 장소도 또한 나타내야 한다. 만약 기타 지정 은행 그리고/또는 확인은행의 물리적인 장소가 신용장상 명시되어 있지 않다면, 그러한 은행은 신용장을 통지하거나 확인하는 것보다 늦지 않게 수익자에게 물리적인 장소를 표시하거나 또는, 신용장이 모든 은행에서 이용 가능한 경우에 지급 또는 매입에 대한 지정에 따라 행동할 의지가 있는 기타의 은행이 통지은행 또는 확인은행이 아닌 경우, 지정에 따라 행동할 것을 동의한 시점에 물리적인 장소를 명시해야 한다.

Article e2. Relationship of the eUCP to the UCP : 제e2조 UCP에 대한 eUCP의 관계

a. An eUCP credit is also subject to the UCP without express incorporation of the UCP.
b. Where the eUCP applies, its provisions shall prevail to the extent that they would produce a result different from the application of the UCP.
c. If an eUCP credit allows the beneficiary to choose between presentation of paper documents or electronic records and it chooses to present only paper documents, the UCP alone shall apply to that presentation. If only paper documents are permitted under an eUCP credit, the UCP alone shall apply.

a. eUCP 신용장은 UCP 편입의 명시적인 문구가 없더라도 UCP에 따른다.
b. eUCP가 적용되는 경우, 그 조항은 UCP의 적용과 상이한 결과를 낳을 수 있는 범위에 우선한다.

c. 만약 eUCP 신용장이 수익자가 종이 서류 또는 전자기록의 제시 사이에 선택할 수 있도록 허용하고 수익자가 오직 종이 서류의 제시만을 선택하는 경우, UCP는 그와 같은 제시에 독자적으로 적용된다. 만약 eUCP 하에서 오직 종이 서류만이 허용되는 경우, UCP가 독자적으로 적용된다.

a. Where the following terms are used in the UCP, for the purpose of applying the UCP to an electronic record presented under an eUCP credit, the term.

ⅰ. Appear on their face and the like shall apply to examination of the data content of an electronic record.

ⅱ. Document shall include an electronic record.

ⅲ. Place for presentation of an electronic record means an electronic address of a data processing system.

ⅳ. Presenter means the beneficiary, or any party acting on behalf of the beneficiary who makes a presentation to a nominated bank, confirming bank, if any, or to the issuing bank directly.

ⅴ. Sign and the like shall include an electronic signature.

ⅵ. Superimposed, notation or stamped means data content whose supplementary character is apparent in an electronic record.

b. The following terms used in the eUCP shall have the following meaning.

ⅰ. Data corruption means any distortion or loss of data that renders the electronic record, as it was presented, unreadable in whole or in part.

ⅱ. Data processing system means a computerised or an electronic or any other automated means used to process and manipulate data, initiate an action or respond to data messages or performances in whole or in part.

ⅲ. Electronic record means data created, generated, sent, communicated, received or stored by electronic means, including, where appropriate, all information logically associated with or otherwise linked together so as to become part of the record, whether generated contemporaneously or not, that is;

a. 다음과 같은 용어가 UCP에서 사용된 경우, eUCP 신용장 하에서 제시된 전자기록에 UCP를 적용하기 위한 용어의 정의는 다음과 같다.

ⅰ. 문면상 또는 이와 유사한 표현이라 함은 전자기록의 자료 내용의 심사에 적용한다.

ⅱ. 서류는 전자기록을 포함한다.

ⅲ. 전자기록의 제시 장소는 자료 처리 시스템의 전자 주소를 의미한다.

ⅳ. 제시자는 수익자를 의미하거나 또는 지정은행, 확인 은행(확인은행이 있는 경우), 또는 발행은행에게 직접 제시를 행하는 수익자를 대리하여 행동하는 모든 당사자를 의미한다.

ⅴ. 서명 또는 이와 유사한 표현은 전자 서명을 포함한다.

ⅵ. 부기된, 표기 또는 스탬프 되라 함은 전자기록에서 보충하는 성격이 분명한 자료 내용을 의미한다.

b. eUCP에서 사용된 아래 용어는 다음과 같은 의미를 갖는다.

ⅰ. 자료 변형이라 함은 제시가 되었을 때, 그 전부나 일부를 읽을 수 없는 전자기록 자료의 모든 왜곡이나 멸실을 의미한다.

ⅱ. 자료 처리 시스템은 처리와 조작 데이터, 작동을 개시하거나 자료 메시지 또는 이행의 전부나 일부를 대응하는 데 있어 컴퓨터화되거나 전자적 또는 기타 의 자동적인 방법으로 사용되는 것을 의미한다.

ⅲ. 전자기록은 전자적인 수단에 의하여 작성, 생성, 송신, 통신, 수신 또는 저장된 자료를 의미하고, 적용 되는 경우에 논리적으로 결합되거나 기타의 방법으 로 함께 연결되어 동시에 생성되는지 아닌지에 관계 없이 전자기록의 일부가 되는 모든 정보를 포함한다. 즉,

a) capable of being authenticated as to the apparent identity of a sender and the apparent source of the data contained in it, and as to whether it has remained complete and unaltered, and

b) capable of being examined for compliance with the terms and conditions of the eUCP credit.

iv. Electronic signature means a data process attached to or logically associated with an electronic record and executed or adopted by a person in order to identify that person and to indicate that person's authentication of the electronic record.

v. Format means the data organisation in which the electronic record is expressed or to which it refers.

vi. Paper document means a document in a paper form.

vii. Received means when an electronic record enters a data processing system, at the place for presentation indicated in the eUCP credit, in a format capable of being accepted by that system. Any acknowledgement of receipt generated by that system does not imply that the electronic record has been viewed, examined, accepted or refused under an eUCP credit.

viii. Re-present or re-presented means to substitute or replace an electronic record already presented.

a) 송신자의 분명한 신원 및 그 속에 포함된 자료의 분명한 출처, 또한 완전하고 변하지 않는 상태로 남아있는지 여부에 관하여 인증될 수 있는 것, 그리고

b) eUCP 신용장 거래 조건과의 일치성 여부에 관하여 심사될 수 있는 것

iv. 전자서명이라 함은 전자기록에 결부되거나 전자기록과 논리적으로 연관되는 것으로서 특정인의 신원을 확인하거나 특정인의 인증을 표시하기 위하여 수행 또는 채택되는 자료 처리 과정을 의미한다.

v. 형식이라 함은 전자기록이 표시되거나 또는 그것이 참조하는 자료 구성을 의미한다.

vi. 종이 서류라 함은 종이 형식의 서류를 의미한다.

vii. 수신이라 함은 어떠한 전자기록이 eUCP 신용장에 의하여 지정된 제시 장소에서 특정 시스템에 의하여 받아들여질 수 있는 형식으로 자료 처리 시스템으로 유입되는 시점을 의미한다. 그 시스템에 의하여 생성된 어떤 수신 확인도 eUCP 신용장 하에서 전자기록이 검토, 심사, 인수 또는 거절되었다는 것을 암시하지 아니한다.

viii. 재제시 또는 재제시된이라 함은 이미 제시된 전자기록을 대체하거나 대신하는 것을 의미한다.

전자적 제시를 위한 UCP 추록(eUCP Version 2.0) 제e2조, 제e3조에 관한 내용으로 옳은 것은? 24년 기출

① Where the eUCP applies, its provisions shall not prevail to the extent that they would produce a result different from the application of the UCP.

② Re-present or re-presented means to submit subsequently an electronic record.

③ Unless only paper documents are permitted under an eUCP credit, the UCP alone shall apply.

④ An eUCP credit is also subject to the UCP without express incorporation of the UCP.

⑤ Presenter means the beneficiary, or any party acting on behalf of the applicant who makes a presentation to a nominated bank, confirming bank, if any, or to the issuing bank directly.

해설

① Where the eUCP applies, its provisions <u>shall prevail</u> to the extent that they would produce a result different from the application of the UCP(제e2조 b).

② Re-present or re-presented means <u>to substitute or replace</u> an electronic record <u>already presented</u>(제e3조 b viii).

③ <u>If</u> only paper documents are permitted under an eUCP credit, the UCP alone shall apply(제e2조 c).

⑤ Presenter means the beneficiary, or any party acting on behalf of <u>the beneficiary</u> who makes a presentation to a nominated bank, confirming bank, if any, or to the issuing bank directly(제e3조 a iv).

정답 ④

Article e4. Electronic Records and Paper Documents v. Goods, Services or Performance : 제e4조 전자기록 및 종이 서류와 물품, 서비스 또는 이행 20년 기출

Banks do not deal with the goods, services or performance to which an electronic record or paper document may relate.

은행은 전자기록 및 종이 서류와 관련될 수 있는 물품, 서비스 또는 이행을 취급하는 것이 아니다.

Article e5. Format : 제e5조 형식 23년 기출

An eUCP credit must indicate the format of each electronic record. If the format of an electronic record is not indicated, it may be presented in any format.

eUCP 신용장은 전자기록이 제시되는 형식을 명시하여야 한다. 만약 전자기록의 형식이 명시되지 아니하였다면 전자기록은 어떠한 형식으로도 제시될 수 있다.

Article e6. Presentation : 제e6조 제시 23, 21년 기출

a. i . An eUCP credit must indicate a place for presentation of electronic records.

ii. An eUCP credit requiring or allowing presentation of both electronic records and paper documents must, in addition to the place for presentation of the electronic records, also indicate a place for presentation of the paper documents.

b. Electronic records may be presented separately and need not be presented at the same time.

c. i . When one or more electronic records are presented alone or

ii. in combination with paper documents, the presenter is responsible for providing a notice of completeness to the nominated bank, confirming bank, if any, or to the issuing bank, where a presentation is made directly. The receipt of the notice of completeness will act as notification that the presentation is complete and that the period for examination of the presentation is to commence.

iii. The notice of completeness may be given as an electronic record or paper document and must identify the eUCP credit to which it relates.

iv. Presentation is deemed not to have been made if the notice of completeness is not received.

v . When a nominated bank, whether acting on its nomination or not, forwards or makes available electronic records to a confirming bank or issuing bank, a notice of completeness need not be sent.

d. i . Each presentation of an electronic record under an eUCP credit must identify the eUCP credit under which it is presented. This may be by specific reference thereto in the electronic record itself, or in metadata attached or superimposed thereto, or by identification in the covering letter or schedule that accompanies the presentation.

a. i . eUCP 신용장은 전자기록의 제시 장소를 반드시 명시해야만 한다.

ii. 전자기록과 종이 서류 둘 다의 제시를 요구하거나 허용하는 eUCP 신용장은 전자기록의 제시 장소에 더하여 또한 종이 서류의 제시 장소를 반드시 명시해야만 한다.

b. 전자기록은 독립적으로 제시될 수 있으며 동시에 제시될 필요는 없다.

c. i . 하나 또는 그 이상의 전자기록이 독자적으로 제시되거나 또는

ii. 종이 서류와 결합되어 제시되는 때에는, 제시자는 제시가 직접 이루어지는 경우에 지정은행, 확인은행 (확인은행이 있는 경우), 또는 발행은행에 완료의 통지를 제공해야 할 책임이 있다. 완료 통지의 수신은 제시가 완료되고 제시의 심사 기간이 개시될 것이라는 통고로서 수행된다.

iii. 완료 통지는 전자기록 또는 종이 서류로 이루어질 수 있고, 관련되는 eUCP 신용장과의 동일성을 반드시 확인하여야 한다.

iv. 완료 통지가 수신되지 않는다면 제시는 이루어지지 않은 것으로 간주된다.

v . 지정에 따라 행동하는지 아닌지 여부에 관계없이 지정은행이 전자기록을 확인은행 또는 발행은행에 송부하거나 사용 가능하도록 만드는 경우, 완료 통지는 송부될 필요가 없다.

d. i . eUCP 신용장 하에서의 전자기록의 각 제시는 제시되는 eUCP 신용장과의 동일성을 반드시 확인하여야 한다. 이는 전자기록 그 자체 또는 전자기록에 첨부되거나 부기된 메타데이터의 구체적인 참조에 의하거나, 또는 제시에 첨부되는 표제 문서(overing letter)나 서류 송부장(covering schedule)에 있는 동일성 확인에 의하여 이루어질 수 있다.

ii. Any presentation of an electronic record not so identified may be treated as not received.

e. i. If the bank to which presentation is to be made is open but its system is unable to receive a transmitted electronic record on the stipulated expiry date and/or the last day for presentation, as the case may be, the bank will be deemed to be closed and the expiry date and/or last day for presentation shall be extended to the next banking day on which such bank is able to receive an electronic record.

ii. In this event, the nominated bank must provide the confirming bank or issuing bank, if any, with a statement on its covering schedule that the presentation of electronic records was made within the time limits extended in accordance with sub-article e6 (e) (i).

iii. If the only electronic record remaining to be presented is the notice of completeness, it may be given by telecommunication or by paper document and will be deemed timely, provided that it is sent before the bank is able to receive an electronic record.

f. An electronic record that cannot be authenticated is deemed not to have been presented.

ii. 동일성을 확인하지 아니한 모든 전자기록의 제시는 수신되지 아니한 것으로 간주된다.

e. i. 제시가 이루어지는 은행이 영업을 하고 있으나 그 시스템이 약정된 유효기일 그리고/또는 제시를 위한 최종일에 전송된 전자기록을 수신할 수 없는 경우라면, 경우에 따라서 은행은 영업을 종료한 것으로 간주되며, 유효기일 그리고/또는 제시를 위한 최종일은 그러한 은행이 전자기록을 수신할 수 있는 다음 은행영업일까지 연장된다.

ii. 이러한 경우에, 지정은행은 확인은행 또는 발행은행(있는 경우)에 전자기록의 제시가 제e6조 (e)항 (i)에 따라 연장된 기간 내에 제시되었다는 진술을 서류 송부장으로 제공해야 한다.

iii. 만약 제시되기 위하여 남아있는 유일한 전자기록이 완료의 통지라면, 이는 통신 또는 종이 서류에 의하여 제공될 수 있으며, 또한 은행이 전자기록을 수신하기 전에 발송되었다면 시의적절한 것으로 간주된다.

f. 인증될 수 없는 전자기록은 제시가 완료되지 아니한 것으로 간주된다.

Article e7. Examination : 제e7조 심사

a. i. The period for the examination of documents commences on the banking day following the day on which the notice of completeness is received by the nominated bank, confirming bank, if any, or by the issuing bank, where a presentation is made directly.

a. i. 서류 심사의 기간은 제시가 직접 이루어진 경우에 지정은행, 확인은행(확인은행이 있는 경우), 발행은행에 의하여 완료의 통지가 수신된 날의 다음 은행영업일에 개시된다.

ii. If the time for presentation of documents or the notice of completeness is extended, as provided in sub-article e6 (e) (i), the time for the examination of documents commences on the next banking day following the day on which the bank to which presentation is to be made is able to receive the notice of completeness, at the place for presentation.

b. i. If an electronic record contains a hyperlink to an external system or a presentation indicates that the electronic record may be examined by reference to an external system, the electronic record at the hyperlink or the external system shall be deemed to constitute an integral part of the electronic record to be examined.

ii. The failure of the external system to provide access to the required electronic record at the time of examination shall constitute a discrepancy, except as provided in sub-article e7 (d) (ii).

c. The inability of a nominated bank acting on its nomination, a confirming bank, if any, or the issuing bank, to examine an electronic record in a format required by an eUCP credit or, if no format is required, to examine it in the format presented is not a basis for refusal.

d. The forwarding of electronic records by a nominated bank, whether or not it is acting on its nomination to honour or negotiate, signifies that it has satisfied itself as to the apparent authenticity of the electronic records.

ii. 만일 제e6조 (e)항 (i)에 규정된 대로 서류의 제시 또는 완료의 통지를 위한 기간이 연장되었다면, 서류 심사를 위한 기간은 제시를 받는 은행이 제시 장소에서 완료의 통지를 수신할 수 있는 날의 다음 은행영업일에 개시된다.

b. i. 만약 전자기록이 외부 시스템에 하이퍼링크를 포함하거나 또는 전자기록이 외부 시스템을 참조하여 심사되는 것을 나타낸 경우, 하이퍼링크 또는 외부 시스템에 있는 전자기록은 심사되어야 할 전자기록의 중요 부분을 구성하는 것으로 간주된다.

ii. 제e7조 (d)항 (ii)를 제외하고 심사 시점에 요구된 전자기록에 대하여 외부 시스템으로의 접근 실패는 불일치를 구성한다.

c. eUCP 신용장에 의하여 요구되는 형식의 전자기록 또는 아무런 형식이 요구되지 아니한 경우 제시된 형식의 전자기록을 심사할 때 지정에 따라 행동하는 지정은행, 확인은행(확인은행이 있는 경우), 발행은행의 무능력은 거절을 위한 근거가 되지 아니한다.

d. 지급 또는 매입에 대한 지정에 따라 행동하는지 아닌지 여부에 관계없이, 지정은행에 의한 전자기록의 발송은 전자기록에 대한 외관상 진정성을 스스로 충족시켰다는 것을 나타낸다.

e. i. In the event that a nominated bank determines that a presentation is complying and forwards or makes available those electronic records to the confirming bank or issuing bank, whether or not the nominated bank has honoured or negotiated, an issuing bank or confirming bank must honour or negotiate, or reimburse that nominated bank, even when a specified hyperlink or external system does not allow the issuing bank or confirming bank to examine one or more electronic records that have been made available between the nominated bank and the issuing bank or confirming bank, or between the confirming bank and the issuing bank.

e. i. 지정은행이 지급 또는 매입하는지 아닌지 여부와 관계없이, 지정은행이 제시가 일치한다고 결정하고 그러한 전자기록을 확인은행 또는 발행은행에게 발송하거나 이용 가능하도록 만든 경우에, 발행은행 또는 확인은행은 지급 또는 매입해야 하고, 또는 지정은행에게 상환하여야 한다. 심지어는 명시된 하이퍼링크 또는 외부 시스템이 발행은행 또는 확인은행이 지정은행과 발행은행 또는 확인은행 사이에, 또는 확인은행과 발행은행 사이에 이용 가능하도록 만들어진 하나 또는 그 이상의 전자기록을 심사하는 것을 허용하지 않는 경우에도 그러하다.

Article e8. Notice of Refusal : 제e8조 거절 통지

If a nominated bank acting on its nomination, a confirming bank, if any, or the issuing bank, provides a notice of refusal of a presentation which includes electronic records and does not receive instructions from the party to which notice of refusal is given for the disposition of the electronic records within 30 calendar days from the date the notice of refusal is given, the bank shall return any paper documents not previously returned to that party, but may dispose of the electronic records in any manner deemed appropriate without any responsibility.

만약 지정에 따라 행동하는 지정은행, 확인은행(확인은행이 있는 경우), 또는 발행은행이 전자기록을 포함하는 제시에 대한 거절 통지를 행한 경우 그리고 거절 통지일자로부터 30역일 이내에 전자기록의 처분을 위하여 거절 통지를 행한 당사자로부터 지시를 수신하지 아니한 경우, 은행은 이전에 그 당사자에게 반송되지 않은 모든 종이 서류를 반송해야 하고, 아무런 책임 없이 적절하다고 간주되는 방법으로 전자기록을 처분할 수 있다.

Article e9. Originals and Copies : 제e9조 원본 및 사본

Any requirement for presentation of one or more originals or copies of an electronic record is satisfied by the presentation of one electronic record.

전자기록의 하나 또는 그 이상의 원본 또는 사본의 제시를 위한 요구는 하나의 전자기록 제시에 의해 충족된다.

Article e10. Date of Issuance : 제e10조 발행일자

An electronic record must provide evidence of its date of issuance.

전자기록은 발행일의 증명을 반드시 제공해야 한다.

Article e11. Transport : 제11조 운송

If an electronic record evidencing transport does not indicate a date of shipment or dispatch or taking in charge or a date the goods were accepted for carriage, the date of issuance of the electronic record will be deemed to be the date of shipment or dispatch or taking in charge or the date the goods were accepted for carriage. However, if the electronic record bears a notation that evidences the date of shipment or dispatch or taking in charge or the date the goods were accepted for carriage, the date of the notation will be deemed to be the date of shipment or dispatch or taking in charge or the date the goods were accepted for carriage. Such a notation showing additional data content need not be separately signed or otherwise authenticated.

운송을 증명하고 있는 전자기록이 선적이나 발송 또는 수탁 또는 물품이 운송을 위하여 수취된 일자를 명시하고 있지 아니할 경우, 전자기록의 발행일자는 선적이나 발송 또는 수탁 또는 운송을 위하여 수취된 일자로 간주된다. 그러나 전자기록이 선적이나 발송 또는 수탁 또는 운송을 위하여 수취된 일자를 증명하는 표기를 포함하는 경우, 표기 일자는 선적이나 발송 또는 수탁 또는 운송을 위하여 수취된 일자로 간주된다. 부가적인 자료 내용을 보여주는 표기는 독립적인 서명이나 별도의 인증을 요하지 아니한다.

Article e12. Data Corruption of an Electronic Record : 제12조 전자기록의 변형

a. If an electronic record that has been received by a nominated bank acting on its nomination or not, confirming bank, if any, or the issuing bank, appears to have been affected by a data corruption, the bank may inform the presenter and may request it to be re-presented.

b. If a bank makes such a request :
  i. the time for examination is suspended and resumes when the electronic record is represented; and
  ii. if the nominated bank is not a confirming bank, it must provide any confirming bank and the issuing bank with notice of the request for the electronic record to be re-presented and inform it of the suspension; but
  iii. if the same electronic record is not re-presented within 30 calendar days, or on or before the expiry date and/or last day for presentation, whichever occurs first, the bank may treat the electronic record as not presented.

a. 지정에 따라 행동하는지 아닌지 여부에 관계없이 지정은행, 확인은행(확인은행이 있는 경우) 또는 발행은행에 의하여 수신된 전자기록이 자료 변형에 의해 영향 받은 것으로 보이는 경우, 그 은행은 제시자에게 통지할 수 있고 전자기록의 재제시를 요구할 수 있다.

b. 은행에 그러한 요구를 하는 경우
  i. 심사기간은 정지되며, 전자기록이 재제시될 때 재개된다. 그리고,
  ii. 지정은행이 확인은행이 아닌 경우, 모든 확인은행 및 발행은행에게 전자기록의 재제시 요청에 대한 통지 및 정지 기간에 대한 통지를 하여야 한다.
  iii. 동일한 전자기록이 30역일 이내 또는 유효기일 그리고/또는 제시를 위한 최종일이나 그 이전에 재제시되지 아니한 경우 더 먼저 발생한 일자에, 은행은 전자기록이 제시되지 아니한 것으로 취급한다.

※ 이하 생략

5. URC 522 : 추심에 관한 통일규칙

A. GENERAL PROVISIONS AND DEFINITIONS : 총칙 및 정의

ARTICLE 1. APPLICATION OF URC 522 : 통일규칙의 적용

a. The Uniform Rules for Collections, 1995 Revision, ICC Publication No. 522, shall apply to all collections as defined in Article 2 where such rules are incorporated into the text of the "collection instruction" referred to in Article 4 and are binding on all parties thereto unless otherwise expressly agreed or contrary to the provisions of a national, state or local law and/or regulation which cannot be departed from.

b. Banks shall have no obligation to handle either a collection or any collection instruction or subsequent related instructions.

c. If a bank elects, for any reason, not to handle a collection or any related instructions received by it, it must advise the party from whom it received the collection or the instructions by telecommunication or, if that is not possible, by other expeditious means, without delay.

a. 1995년 개정, ICC 간행물 번호 522, 추심에 관한 통일규칙은 본 규칙의 준거문언이 제4조에 언급된 "추심지시서"의 본문에 삽입된 경우 제2조에 정의된 모든 추심에 적용할 수 있으며, 별도의 명시적인 합의가 없거나 국가, 주, 또는 지방의 법률 및/또는 위반할 수 없는 규칙의 규정에 위반하지 않는 한 모든 관계당사자를 구속한다.

b. 은행은 추심 또는 추심지시 또는 관련된 후속지시를 취급해야 할 의무를 지지 않는다.

c. 은행이 어떠한 이유로 접수된 추심 또는 관련지시를 취급하지 않을 것을 선택한 경우에는 추심 또는 지시를 송부한 당사자에게 전신 또는 전신이 가능하지 않은 경우, 다른 신속한 수단으로 지체 없이 통지하여야 한다.

ARTICLE 2. DEFINITION OF COLLECTION : 추심의 정의 23, 20, 17, 14, 12년 기출

For the purposes of these Articles :

a. "Collection" means the handling by banks of documents as defined in sub-Article 2(b), in accordance with instructions received, in order to :
   i. obtain payment and/or acceptance, or
   ii. deliver documents against payment and/or against acceptance, or
   iii. deliver documents on other terms and conditions.

b. "Documents" means financial documents and/or commercial documents :
   i. "Financial documents" means bills of exchange, promissory notes, cheques, or other similar instruments used for obtaining the payment of money;

본 규칙의 목적상,

a. "추심"이란 은행이 접수된 지시에 따라 다음과 같은 목적으로 아래 제2조 b항에 정의된 서류를 취급하는 것을 의미한다.

   i. 지급 및/또는 인수 취득, 또는
   ii. 서류의 지급인도 및/또는 인수인도, 또는

   iii. 기타의 제 조건으로 서류 인도의 목적

b. "서류"란 다음과 같은 금융서류 및/또는 상업서류를 의미한다.
   i. "금융서류"란 환어음, 약속어음, 수표 또는 기타 금전의 지급을 취득하기 위해 사용되는 이와 유사한 증서를 의미하며,

ii. "Commercial documents" means invoices, transport documents, documents of title or other similar documents, or any other documents whatsoever, not being financial documents.

c. "Clean collection" means collection of financial documents not accompanied by commercial documents.

d. "Documentary collection" means collection of :
 i. Financial documents accompanied by commercial documents;
 ii. Commercial documents not accompanied by financial documents.

ii. "상업서류"란 송장, 운송서류, 권리증권 또는 이와 유사한 서류, 또는 그 밖에 금융서류가 아닌 모든 서류를 의미한다.

c. "무화환추심"이란 상업서류가 첨부되지 않은 금융서류의 추심을 의미한다.

d. "화환추심"이란 다음과 같은 추심을 의미한다.
 i. 상업서류가 첨부된 금융서류의 추심

 ii. 금융서류가 첨부되지 않은 상업서류의 추심

ARTICLE 3. PARTIES TO A COLLECTION : 추심 당사자 23, 21, 14, 13, 12, 11년 기출

a. For the purposes of these Articles the "parties thereto" are :
 i. the "principal" who is the party entrusting the handling of a collection to a bank;
 ii. the "remitting bank" which is the bank to which the principal has entrusted the handling of a collection;
 iii. the "collecting bank" which is any bank, other than the remitting bank, involved in processing the collection;
 iv. the "presenting bank" which is the collecting bank making presentation to the drawee.

b. The "drawee" is the one to whom presentation is to be made in accordance with the collection instruction.

a. 본 조의 목적상 "관계당사자"란 다음과 같은 자를 의미한다.
 i. 은행에 추심업무를 의뢰하는 당사자인 "추심의뢰인"

 ii. 추심의뢰인으로부터 추심업무를 의뢰받은 은행인 "추심의뢰은행"

 iii. 추심의뢰은행 이외에 추심의뢰 과정에 참여하는 모든 은행인 "추심은행"

 iv. 지급인에게 제시를 행하는 추심은행인 "제시은행"

b. "지급인"이란 추심지시서에 따라 제시를 받아야 할 자를 의미한다.

B. FORM AND STRUCTURE OF COLLECTIONS : 추심의 형식과 구조

ARTICLE 4. COLLECTION INSTRUCTION : 추심지시서 14, 11년 기출

a. i. All documents sent for collection must be accompanied by a collection instruction indicating that the collection is subject to URC 522 and giving complete and precise instructions. Banks are only permitted to act upon the instructions given in such collection instruction, and in accordance with these Rules.

ii. Banks will not examine documents in order to obtain instructions.

iii. Unless otherwise authorised in the collection instruction, banks will disregard any instructions from any party/bank other than the party/bank from whom they received the collection.

b. A collection instruction should contain the following items of information, as appropriate.

i. Details of the bank from which the collection was received including full name, postal and SWIFT addresses, telex, telephone, facsimile numbers and reference.

ii. Details of the principal including full name, postal address, and if applicable telex, telephone and facsimile numbers.

iii. Details of the drawee including full name, postal address, or the domicile at which presentation is to be made and if applicable telex, telephone and facsimile numbers.

iv. Details of the presenting bank, if any, including full name, postal address, and if applicable telex, telephone and facsimile numbers.

v. Amount(s) and currency(ies) to be collected.

vi. List of documents enclosed and the numerical count of each document.

a. i. 추심을 위하여 송부되는 모든 서류에는 그 본 규칙 (URC 522)의 적용을 받고 있음을 명시하고 완전하고 정확한 지시가 기재된 추심지시서를 첨부해야 한다. 은행은 이러한 추심지시서에 기재된 지시와 본 규칙에 따라서만 업무를 수행하여야 한다.

ii. 은행은 지시를 따르기 위하여 서류를 검토하지 않는다.

iii. 추심지시서에 별도의 수권이 없는 한 은행은 추심을 송부한 당사자/은행 이외의 어느 당사자/은행으로 부터의 어떠한 지시도 무시한다.

b. 추심지시서는 다음과 같은 세부정보사항을 적절하게 포함하여야 한다.

i. 추심을 송부한 은행의 정식명칭, 우편주소 및 SWIFT 주소, 텔렉스, 전화, 팩스번호 및 참조사항을 포함한 명세

ii. 추심의뢰인의 정식명칭, 우편주소, 그리고 해당되는 경우, 텔렉스, 전화, 팩스번호를 포함한 명세

iii. 지급인의 정식명칭, 우편주소 또는 제시가 행해질 주소(domicile) 및 해당되는 경우 텔렉스, 전화, 팩스 번호를 포함한 명세

iv. 존재하는 경우 제시은행의 정식명칭, 우편주소, 및 해당되는 경우 텔렉스, 전화, 팩스번호를 포함한 명세

v. 추심되는 금액과 통화

vi. 동봉한 서류의 목록과 각 서류의 통수

vii. a) Terms and conditions upon which payment and/or acceptance is to be obtained.
b) Terms of delivery of documents against :
  1) payment and/or acceptance
  2) other terms and conditions

It is the responsibility of the party preparing the collection instruction to ensure that the terms for the delivery of documents are clearly and unambiguously stated, otherwise banks will not be responsible for any consequences arising therefrom.

viii. Charges to be collected, indicating whether they may be waived or not.

ix. Interest to be collected, if applicable, indicating whether it may be waived or not, including :
  a) rate of interest
  b) interest period
  c) basis of calculation (for example 360 or 365 days in a year) as applicable.

ⅹ. Method of payment and form of payment advice.

ⅺ. Instructions in case of non-payment, non-acceptance and/or non-compliance with other instructions.

c. i. Collection instructions should bear the complete address of the drawee or of the domicile at which the presentation is to be made. If the address is incomplete or incorrect, the collecting bank may, without any liability and responsibility on its part, endeavour to ascertain the proper address.

ii. The collecting bank will not be liable or responsible for any ensuing delay as a result of an incomplete/incorrect address being provided.

vii. a) 지급 및/또는 인수의 조건

b) 서류의 인도 조건
  1) 지급 및/또는 인수
  2) 기타 조건

추심지시서를 송부하는 당사자는 서류의 인도조건을 분명하고 명확하게 기술되도록 할 책임이 있으며, 그렇지 않을 경우 은행은 이로 인하여 발생되는 어떠한 결과에 대해서도 책임을 지지 아니한다.

viii. 수수료가 포기될 수 있는지의 여부를 기재한 추심될 수수료

ix. 해당되는 경우 포기될 수 있는지의 여부와 다음 사항을 포함한 추심될 이자
  a) 이자율
  b) 이자지급기간(환산기간)
  c) 해당되는 경우의 계산 방법(예를 들어 1년을 365일로 할 것인지 360일로 할 것인지)

ⅹ. 지급방법과 지급통지의 형식

ⅺ. 지급거절, 인수거절 및/또는 다른 지시와 불일치의 경우에 대한 지시

c. i. 추심지시서에는 지급인의 완전한 주소 또는 제시가 행해져야 할 곳의 완전한 주소가 기재되어야 한다. 주소가 불완전하거나 부정확한 경우에 추심은행은 의무나 책임 없이 올바른 주소를 확인하기 위한 시도를 할 수 있다.

ii. 추심은행은 불완전하거나 부정확한 주소로 인하여 발생하는 어떠한 지연에 대해서도 의무 및 책임을 지지 아니한다.

C. FORM OF PRESENTATION : 제시의 형식

ARTICLE 5. PRESENTATION : 제시 22, 18, 14, 12년 기출

a. For the purposes of these Articles, presentation is the procedure whereby the presenting bank makes the documents available to the drawee as instructed.

b. The collection instruction should state the exact period of time within which any action is to be taken by the drawee.

Expressions such as "first", "prompt", "immediate", and the like should not be used in connection with presentation or with reference to any period of time within which documents have to be taken up or for any other action that is to be taken by the drawee. If such terms are used banks will disregard them.

c. Documents are to be presented to the drawee in the form in which they are received, except that banks are authorised to affix any necessary stamps, at the expense of the party from whom they received the collection unless otherwise instructed, and to make any necessary endorsements or place any rubber stamps or other identifying marks or symbols customary to or required for the collection operation.

d. For the purpose of giving effect to the instructions of the principal, the remitting bank will utilise the bank nominated by the principal as the collecting bank. In the absence of such nomination, the remitting bank will utilise any bank of its own, or another bank's choice in the country of payment or acceptance or in the country where other terms and conditions have to be complied with.

e. The documents and collection instruction may be sent directly by the remitting bank to the collecting bank or through another bank as intermediary.

f. If the remitting bank does not nominate a specific presenting bank, the collecting bank may utilise a presenting bank of its choice.

a. 이 조항들의 목적상, 제시란 제시은행이 지시받은 대로 서류를 지급인이 취득할 수 있도록 하는 절차이다.

b. 추심지시서는 지급인이 조치를 취해야 하는 명확한 기한을 기재하여야 한다.

제시 또는 지급인에 의해 서류가 인수되거나 다른 조치가 행하여져야 할 기간의 언급과 관련하여, "첫 번째", "신속한", "즉시" 및 이와 유사한 표현들이 사용되어서는 아니 된다. 만일 그러한 용어가 사용된 경우 은행은 이를 무시한다.

c. 서류는 접수된 형태로 지급인에게 제시되어야 한다. 다만 은행이 별도의 지시가 없는 한 추심의뢰인의 비용부담으로 필요한 인지를 첨부할 수 있도록 수권되어 있는 경우, 그리고 필요한 배서를 하거나 추심업무에 관습적이거나 요구되는 고무인 또는 기타 인식표지 및 부호를 표시할 수 있도록 수권되어 있는 경우에는 그러하지 아니하다.

d. 추심의뢰인의 지시를 이행하기 위하여 추심의뢰은행은 추심의뢰인이 지정한 은행을 추심은행으로 이용할 수 있다. 그러한 지정이 없는 경우에는 추심의뢰은행은 지급 또는 인수가 이루어지는 국가, 기타 조건이 이행되어야 하는 국가 내에서 자신이 선택하거나 다른 은행이 선택한 어떠한 은행이라도 이용할 수 있다.

e. 서류와 추심지시서는 추심의뢰은행이 추심은행으로 직접 송부하거나, 다른 중개은행을 통하여 송부될 수 있다.

f. 만약 추심의뢰은행이 특정 제시은행을 지정하지 아니한 경우에 추심은행은 자신이 선택한 제시은행을 이용할 수 있다.

ARTICLE 6. SIGHT/ACCEPTANCE : 일람출급/인수 22, 14, 10년 기출

In the case of documents payable at sight the presenting bank must make presentation for payment without delay. In the case of documents payable at a tenor other than sight the presenting bank must, where acceptance is called for, make presentation for acceptance without delay, and where payment is called for, make presentation for payment not later than the appropriate maturity date.

서류가 일람출급인 경우 제시은행은 지체 없이 지급을 위한 제시를 하여야 한다. 제시은행은 서류가 일람출급이 아닌 기한부지급조건인 경우 인수가 요구되는 경우에는 지체 없이 인수를 위한 제시를, 그리고 지급이 요구되는 경우에는 적절한 만기일 내에 지급을 위한 제시를 하여야 한다.

ARTICLE 7. RELEASE OF COMMERCIAL DOCUMENTS : 상업서류의 인도 20, 14, 10년 기출

Documents Against Acceptance(D/A) vs. Documents Against Payment(D/P)

a. Collections should not contain bills of exchange payable at a future date with instructions that commercial documents are to be delivered against payment.

b. If a collection contains a bill of exchange payable at a future date, the collection instruction should state whether the commercial documents are to be released to the drawee against acceptance (D/A) or against payment(D/P).

  In the absence of such statement commercial documents will be released only against payment and the collecting bank will not be responsible for any consequences arising out of any delay in the delivery of documents.

c. If a collection contains a bill of exchange payable at a future date and the collection instruction indicates that commercial documents are to be released against payment, documents will be released only against such payment and the collecting bank will not be responsible for any consequences arising out of any delay in the delivery of documents.

인수인도(D/A) vs. 지급인도(D/P)

a. 추심은 상업서류가 지급과 상환으로 인도되어야 한다는 지시와 함께 장래의 확정일 지급조건의 환어음을 포함하여서는 아니 된다.

b. 만일 추심이 장래확정일 지급조건의 환어음을 포함하는 경우 추심지시서에는 상업서류가 지급인에게 인수인도(D/A) 또는 지급인도(D/P) 중 어느 조건으로 인도되어야 하는지를 명시하여야 한다.

  그러한 명시가 없는 경우, 상업서류는 지급과 상환으로만 인도되어야 하며, 추심은행은 서류인도의 지연에서 기인하는 어떠한 결과에 대해서도 책임을 지지 아니한다.

c. 만일 추심이 장래확정일 지급조건의 환어음을 포함하고 추심지시서에 상업서류는 지급과 상환으로 인도되어야 한다고 명시된 경우, 서류는 오직 그러한 지급과 상환으로만 인도되고, 추심은행은 서류인도의 지연에서 기인하는 어떠한 결과에 대해서도 책임을 지지 아니한다.

ARTICLE 8. CREATION OF DOCUMENTS : 서류의 작성 18, 16년 기출

Where the remitting bank instructs that either the collecting bank or the drawee is to create documents (bills of exchange, promissory notes, trust receipts, letters of undertaking or other documents) that were not included in the collection, the form and wording of such documents shall be provided by the remitting bank, otherwise the collecting bank shall not be liable or responsible for the form and wording of any such document provided by the collecting bank and/or the drawee.

추심의뢰은행이 추심은행 또는 지급인이 추심에 포함되어 있지 않은 서류(환어음, 약속어음, 수입화물대도증서, 약속증서 또는 기타 서류)를 작성할 것을 지시하는 경우에는 그러한 서류의 형식과 문구는 추심의뢰은행에 의해 제공되어야 한다. 그렇지 않은 경우 추심은행은 추심은행 및/또는 지급인에 의해 제공된 그러한 서류의 형식과 문구에 대해 의무나 책임을 지지 아니한다.

D. LIABILITIES AND RESPONSIBILITIES : 의무 및 책임

ARTICLE 9. GOOD FAITH AND REASONABLE CARE : 신의성실과 상당한 주의 16년 기출

Banks will act in good faith and exercise reasonable care.

은행은 신의성실에 따라 행동하고 상당한 주의를 다하여야 한다.

ARTICLE 10. DOCUMENTS vs. GOODS, SERVICES, PERFORMANCES : 서류 vs. 물품/용역/이행
23, 16, 11년 기출

a. Goods should not be despatched directly to the address of a bank or consigned to or to the order of a bank without prior agreement on the part of that bank.
Nevertheless, in the event that goods are despatched directly to the address of a bank or consigned to or to the order of a bank for release to a drawee against payment or acceptance or upon other terms and conditions without prior agreement on the part of that bank, such bank shall have no obligation to take delivery of the goods, which remain at the risk and responsibility of the party despatching the goods.

a. 물품은 해당 은행의 사전동의 없이 은행의 주소로 직접 발송되거나 은행 또는 은행의 지시인에게 탁송되어서는 아니 된다.

그럼에도 불구하고 물품이 해당 은행의 사전동의 없이 지급인에게 지급인도, 인수인도 또는 기타의 조건으로 인도하기 위하여 은행의 주소로 직접 발송되거나 은행 또는 은행의 지시인에게 탁송되는 경우 해당 은행은 물품을 인수하여야 할 의무를 지지 아니하며 그 물품은 물품을 발송하는 당사자의 위험과 책임으로 남는다.

b. Banks have no obligation to take any action in respect of the goods to which a documentary collection relates, including storage and insurance of the goods even when specific instructions are given to do so. Banks will only take such action if, when, and to the extent that they agree to do so in each case. Notwithstanding the provisions of sub−Article 1(c) this rule applies even in the absence of any specific advice to this effect by the collecting bank.

c. Nevertheless, in the case that banks take action for the protection of the goods, whether instructed or not, they assume no liability or responsibility with regard to the fate and/or condition of the goods and/or for any acts and/or omissions on the part of any third parties entrusted with the custody and/or protection of the goods. However, the collecting bank must advise without delay the bank from which the collection instruction was received of any such action taken.

d. Any charges and/or expenses incurred by banks in connection with any action taken to protect the goods will be for the account of the party from whom they received the collection.

e. i. Notwithstanding the provisions of sub−Article 10(a), where the goods are consigned to or to the order of the collecting bank and the drawee has honoured the collection by payment, acceptance or other terms and conditions, and the collecting bank arranges for the release of the goods, the remitting bank shall be deemed to have authorized the collecting bank to do so.

  ii. Where a collecting bank on the instructions of the remitting bank or in terms of sub−Article 10(e)i, arranges for the release of the goods, the remitting bank shall indemnify such collecting bank for all damages and expenses incurred.

b. 은행은 화환추심과 관계되는 물품에 관하여 물품의 보관, 부보를 포함한 어떠한 조치도 취할 의무가 없으며, 그러한 조치를 하도록 지시를 받은 경우에도 어떠한 조치도 취할 의무가 없다. 은행은 그러한 조치를 취할 것을 동의한다면, 동의한 때에 동의한 범위 내에서만 그러한 조치를 취한다. 제1조 c항의 규정에도 불구하고 본 규칙은 추심은행이 이러한 효력을 갖도록 아무런 명확한 통지가 없는 경우에도 적용된다.

c. 그럼에도 불구하고, 은행이 지시를 받았는지의 여부와 상관없이 그 물품의 보호를 위해 조치를 취한 경우에는 그 결과 및/또는 물품의 상태 및/또는 물품의 보관 및/또는 보호를 위임받은 어떠한 제3자 측의 어떠한 작위 및/또는 부작위에 관해 어떠한 의무나 책임도 지지 아니한다. 그러나 추심은행은 추심지시를 송부한 은행에게 지체 없이 조치의 내용을 통지해야 한다.

d. 물품을 보호하기 위해 취해진 조치와 관련하여 은행에게 발생한 어떠한 수수료 및/또는 비용은 추심을 송부한 당사자의 부담으로 한다.

e. i. 제10조 a항의 규정에도 불구하고, 물품이 추심은행 또는 추심은행의 지시인에게 탁송되고, 지급인이 추심에 대해 지급, 인수 또는 기타 조건으로 추심을 인수하고, 추심은행이 물품의 인도를 주선하는 경우에는, 추심의뢰은행이 추심은행에게 그렇게 하도록 수권한 것으로 간주된다.

  ii. 추심은행이 추심의뢰은행의 지시에 의거하여 또는 제10조 e항 i와 관련하여 물품의 인도를 주선하는 경우에는 추심의뢰은행은 그 추심은행에게 발생한 모든 손해와 비용을 보상해야 한다.

ARTICLE 11. DISCLAIMER FOR ACTS OF AN INSTRUCTED PARTY : 지시받은 당사자의 행위에 대한 면책

23, 20, 16, 15년 기출

a. Banks utilising the services of another bank or other banks for the purpose of giving effect to the instructions of the principal, do so for the account and at the risk of such principal.

b. Banks assume no liability or responsibility should the instructions they transmit not be carried out, even if they have themselves taken the initiative in the choice of such other bank(s).

c. A party instructing another party to perform services shall be bound by and liable to indemnify the instructed party against all obligations and responsibilities imposed by foreign laws and usages.

a. 추심의뢰인의 지시를 이행하기 위하여 그 밖의 은행 또는 다른 은행의 서비스를 이용하는 은행은 그 추심의뢰인의 비용과 위험부담으로 이를 행한다.

b. 은행이 전달한 지시가 이행되지 않는 경우에 그 은행은 의무나 책임을 지지 아니하며, 그 은행 자신이 그러한 다른 은행의 선택을 주도한 경우에도 그러하다.

c. 다른 당사자에게 서비스를 이행하도록 지시하는 당사자는 외국 법률과 관행에 의해 부과되는 모든 의무와 책임을 부담해야 하며, 이에 대하여 지시를 받은 당사자에게 보상하여야 한다.

ARTICLE 12. DISCLAIMER ON DOCUMENTS RECEIVED : 접수된 서류에 대한 면책 20년 기출

a. Banks must determine that the documents received appear to be as listed in the collection instruction and must advise by telecommunication or, if that is not possible, by other expeditious means, without delay, the party from whom the collection instruction was received of any documents missing, or found to be other than listed.

Banks have no further obligation in this respect.

b. If the documents do not appear to be listed, the remitting bank shall be precluded from disputing the type and number of documents received by the collecting bank.

c. Subject to sub-Article 5(c) and sub-Articles 12(a) and 12(b) above, banks will present documents as received without further examination.

a. 은행은 접수된 서류가 추심지시서에 열거된 것과 외관상 일치하는지를 확인하여야 하며, 또 누락되거나 열거된 것과 다른 서류에 대하여 지체 없이 전신으로 통지하여야 하고, 이것이 가능하지 않은 경우에는 다른 신속한 수단으로 추심지시서를 송부한 당사자에게 통지하여야 한다. 은행은 이와 관련하여 더 이상의 의무를 지지 아니한다.

b. 만일 서류가 외관상 열거된 것과 다른 경우 추심의뢰은행은 추심은행에 의해 접수된 서류의 종류와 통수를 반박할 수 없다.

c. 제5조 c항 그리고 제12조 a항과 b항에 따라, 은행은 더 이상 서류를 심사하지 않고 접수된 대로 제시한다.

ARTICLE 13. DISCLAIMER ON EFFECTIVENESS OF DOCUMENTS : 서류의 유효성에 대한 면책

Banks assume no liability or responsibility for the form, sufficiency, accuracy, genuineness, falsification or legal effect of any document(s), or for the general and/or particular conditions stipulated in the document(s) or superimposed thereon; nor do they assume any liability or responsibility for the description, quantity, weight, quality, condition, packing, delivery, value or existence of the goods represented by any document(s), or for the good faith or acts and/or omissions, solvency, performance or standing of the consignors, the carriers, the forwarders, the consignees or the insurers of the goods, or any other person whomsoever.

은행은 서류의 형식, 충분성, 정확성, 진정성, 허위 또는 법적 효력에 대하여, 서류상에 규정되거나 첨가된 일반적 조건 및/또는 특정조건에 대하여 어떠한 의무나 책임도 지지 아니한다. 또한 은행은 서류에 의해 표시되는 물품의 명세, 수량, 중량, 품질, 상태, 포장, 인도, 가격 또는 존재에 대하여, 또는 물품의 탁송인, 운송인, 운송주선인, 수하인 또는 보험자, 또는 다른 모든 당사자의 신의성실, 작위 및/또는 부작위, 파산, 이행 또는 신용상태에 대하여 어떠한 의무나 책임을 지지 아니한다.

ARTICLE 14. DISCLAIMER ON DELAYS, LOSS IN TRANSIT AND TRANSLATION : 송달 및 번역 중의 지연, 멸실에 대한 면책 20년 기출

a. Banks assume no liability or responsibility for the consequences arising out of delay and/or loss in transit of any message(s), letter(s) or document(s), or for delay, mutilation or other error(s) arising in transmission of any telecommunication or for error(s) in translation and/or interpretation of technical terms.

b. Banks will not be liable or responsible for any delays resulting from the need to obtain clarification of any instructions received.

a. 은행은 모든 통보, 서신 또는 서류의 송달 중의 지연 및/또는 멸실에 기인하여 발생하는 결과 또는 모든 전기통신의 송신 중에 발생하는 지연, 훼손 또는 기타의 오류, 또는 전문용어의 번역 및 해석상의 오류에 대하여 어떠한 의무나 책임을 지지 아니한다.

b. 은행은 접수된 지시의 설명에 대한 명확성을 기하기 위한 필요에서 기인하는 어떠한 지연에 대해서도 책임을 지지 아니한다.

ARTICLE 15. FORCE MAJEURE : 불가항력 16년 기출

Banks assume no liability or responsibility for consequences arising out of the interruption of their business by Acts of God, riots, civil commotions, insurrections, wars, or any other causes beyond their control or by strikes or lockouts.

은행은 천재지변, 소요, 폭동, 반란, 전쟁 또는 기타 통제할 수 없는 사유 또는 동맹파업이나 직장폐쇄로 인해 발생하는 결과에 대하여 어떠한 의무나 책임을 지지 아니한다.

E. PAYMENT : 지급

ARTICLE 16. PAYMENT WITHOUT DELAY : 지체 없는 지급 10년 기출

a. Amounts collected (less charges and/or disbursements and/or expenses where applicable) must be made available without delay to the party from whom the collection instruction was received in accordance with the terms and conditions of the collection instruction.

b. Notwithstanding the provisions of sub-Article 1(c), and unless otherwise agreed, the collecting bank will effect payment of the amount collected in favour of the remitting bank only.

a. 추심된 금액은 (해당되는 경우 수수료 및/또는 지출금 및/또는 비용을 공제하고) 추심지시서의 조건에 따라 추심지시서를 송부한 당사자에게 지체 없이 지급되어야 한다.

b. 제1조 c항의 규정에도 불구하고, 별도의 합의가 없는 경우에는 추심은행은 오로지 추심의뢰은행만을 위하여 추심금액의 지급을 행한다.

ARTICLE 17. PAYMENT IN LOCAL CURRENCY : 내국통화에 의한 지급

In the case of documents payable in the currency of the country of payment(local currency), the presenting bank must, unless otherwise instructed in the collection instruction, release the documents to the drawee against payment in local currency only if such currency is immediately available for disposal in the manner specified in the collection instruction.

지급국가의 통화(내국통화)로 지급하도록 한 서류의 경우, 제시은행은 추심지시서에 별도의 지시가 없는 한, 내국통화가 추심지시서에 명시된 방법으로 즉시 처분할 수 있는 경우에만 내국통화에 의한 지급과 상환으로 지급인에게 서류를 인도하여야 한다.

ARTICLE 18. PAYMENT IN FOREIGN CURRENCY : 외국통화에 의한 지급

In the case of documents payable in a currency other than that of the country of payment(foreign currency), the presenting bank must, unless otherwise instructed in the collection instruction, release the documents to the drawee against payment in the designated foreign currency only if such foreign currency can immediately be remitted in accordance with the instructions given in the collection instruction.

지급국가의 통화 이외의 통화(외국통화)로 지급하도록 한 서류의 경우, 제시은행은 추심지시서에 별도의 지시가 없는 한, 지정된 외국통화가 추심지시서의 지시에 따라 즉시 송금될 수 있는 경우에 한하여 그 외국통화에 의한 지급과 상환으로 지급인에게 서류를 인도하여야 한다.

ARTICLE 19. PARTIAL PAYMENTS : 분할 지급 24년 기출

a. In respect of clean collections, partial payments may be accepted if and to the extent to which and on the conditions on which partial payments are authorized by the law in force in the place of payment. The financial document(s) will be released to the drawee only when full payment thereof has been received.

b. In respect of documentary collections, partial payments will only be accepted if specifically authorized in the collection instruction. However, unless otherwise instructed, the presenting bank will release the documents to the drawee only after full payment has been received, and the presenting bank will not be responsible for any consequences arising out of any delay in the delivery of documents.

c. In all cases partial payments will be accepted only subject to compliance with the provisions of either Article 17 or Article 18 as appropriate. Partial payment, if accepted, will be dealt with in accordance with the provisions of Article 16.

a. 무화환추심에서 분할 지급은 지급지의 유효한 법률에 의하여 허용되는 경우 그 허용되는 범위와 조건에 따라 인정될 수 있다. 금융서류는 지급전액이 수령되었을 때에만 지급인에게 인도된다.

b. 화환추심에서 분할 지급은 추심지시서에서 특별히 허용된 경우에만 인정된다. 그러나 별도의 지시가 없는 한, 제시은행은 지급전액을 수령한 경우에 한하여 서류를 지급인에게 인도하며, 제시은행은 서류인도의 지체로 인해 비롯되는 어떠한 결과에 대해서도 책임을 지지 아니한다.

c. 모든 경우에 분할 지급은 제17조 또는 제18조의 해당되는 규정에 따라서만 허용된다.
분할 지급은 허용되는 경우 제16조의 규정에 따라 취급된다.

추심에 관한 통일규칙(URC 522) 제19조에 관한 내용으로 옳은 것은? 24년 기출

① In respect of clean collections, partial payments may be accepted if and to the extent to which and on the conditions on which partial payments are authorised by the collecting bank.

② The commercial document(s) will be released to the drawee only when full payment thereof has been received.

③ In respect of documentary collections, partial payments will only be accepted if specifically authorised by the law in force in the place of payment.

④ However, unless otherwise instructed, the presenting bank will release the documents to the drawee only before full payment has been received.

⑤ Unless otherwise instructed, the presenting bank will not be responsible for any consequences arising out of any delay in the delivery of documents.

해설

① In respect of clean collections, partial payments may be accepted if and to the extent to which and on the conditions on which partial payments are authorised by <u>the law in force in the place of payment</u>(제19조 a).

② The <u>financial</u> document(s) will be released to the drawee only when full payment thereof has been received(제19조 a).

③ In respect of documentary collections, partial payments will only be accepted if specifically authorised <u>in the collection instruction</u>(제19조 b).

④ However, unless otherwise instructed, the presenting bank will release the documents to the drawee only <u>after</u> full payment has been received(제19조 b).

정답 ⑤

F. INTEREST, CHARGES AND EXPENSES : 이자, 수수료, 비용

ARTICLE 20. INTEREST : 이자

a. If the collection instruction specifies that interest is to be collected and the drawee refuses to pay such interest, the presenting bank may deliver the document(s) against payment or acceptance or on other terms and conditions as the case may be, without collecting such interest, unless sub-Article 20(c) applies.

b. Where such interest is to be collected, the collection instruction must specify the rate of interest, interest period and basis of calculation.

a. 추심지시서에서 이자가 추심되어야 함을 명시하고 지급인이 그 이자의 지급을 거절할 경우에는 제20조 c항에 해당되지 아니하는 한 제시은행은 그 이자를 추심하지 아니하고 서류를 경우에 따라 지급인도 또는 인수인도 또는 기타의 조건으로 인도할 수 있다.

b. 그 이자가 추심되어야 하는 경우 추심지시서에는 이자율, 이자지급기간과 계산방법을 기재하여야 한다.

c. Where the collection instruction expressly states that interest may not be waived and the drawee refuses to pay such interest the presenting bank will not deliver documents and will not be responsible for any consequences arising out of any delay in the delivery of document(s). When payment of interest has been refused, the presenting bank must inform by telecommunication or, if that is not possible, by other expeditious means without delay the bank from which the collection instruction was received.

c. 추심지시서에 이자는 포기될 수 없음이 명확하게 기재되어 있고, 지급인이 이자의 지급을 거절하는 경우에 제시은행은 서류를 인도하지 아니하며, 서류인도의 지연에서 발생되는 어떠한 결과에 대해서도 책임을 지지 아니한다. 이자의 지급이 거절되었을 경우 제시은행은 전신, 또는 이것이 가능하지 않은 경우에는 다른 신속한 수단으로 지체 없이 추심지시서를 송부한 은행에 통지해야 한다.

ARTICLE 21. CHARGES AND EXPENSES : 수수료 및 비용 18년 기출

a. If the collection instruction specifies that collection charges and/or expenses are to be for account of the drawee and the drawee refuses to pay them, the presenting bank may deliver the document(s) against payment or acceptance or on other terms and conditions as the case may be, without collecting charges and/or expenses, unless sub-Article 21(b) applies. Whenever collection charges and/or expenses are so waived they will be for the account of the party from whom the collection was received and may be deducted from the proceeds.

b. Where the collection instruction expressly states that charges and/or expenses may not be waived and the drawee refuses to pay such charges and/or expenses, the presenting bank will not deliver documents and will not be responsible for any consequences arising out of any delay in the delivery of the document(s). When payment of collection charges and/or expenses has been refused the presenting bank must inform by telecommunication or, if that is not possible, by other expeditious means without delay the bank from which the collection instruction was received.

a. 추심지시서에 추심수수료 및/또는 비용은 지급인의 부담으로 하도록 명시하고 있으나 그 지급인이 이의 지급을 거절하는 경우에는 제시은행은 제21조 b항에 해당하지 아니하는 한 수수료 및/또는 비용을 추심하지 아니하고, 경우에 따라 서류를 지급인도, 인수인도 또는 기타 조건으로 인도할 수 있다.

이처럼 추심수수료 및/또는 비용이 포기된 경우 언제나 추심을 송부한 당사자의 부담으로 하며 대금으로부터 공제될 수 있다.

b. 추심지시서에 수수료 및/또는 비용은 포기될 수 없음을 명확하게 기재하고 지급인이 수수료 및 비용의 지급을 거절하는 경우 제시은행은 서류를 인도하지 아니하며 서류인도의 어떠한 지연에서 비롯되는 어떠한 결과에 대해서도 책임을 지지 아니한다. 추심수수료 및/또는 비용의 지급이 거절되었을 경우 제시은행은 반드시 전신 또는 이것이 가능하지 않은 경우에는 다른 신속한 수단으로 추심지시서를 송부한 은행에 지체 없이 통지하여야 한다.

c. In all cases where in the express terms of a collection instruction or under these Rules, disbursements and/or expenses and/or collection charges are to be borne by the principal, the collecting bank(s) shall be entitled to recover promptly outlays in respect of disbursements, expenses and charges from the bank from which the collection instruction was received, and the remitting bank shall be entitled to recover promptly from the principal any amount so paid out by it, together with its own disbursements, expenses and charges.

d. Banks reserve the right to demand payment of charges and/or expenses in advance from the party from whom the collection instruction was received, to cover costs in attempting to carry out any instructions, and pending receipt of such payment also reserve the right not to carry out such instructions.

c. 추심지시서의 명시된 조건에 따르거나 또는 본 규칙에 따라 지출금 및/또는 비용 및/또는 추심수수료를 추심의 뢰인의 부담으로 하는 모든 경우에 추심은행은 지출금, 비용, 수수료와 관련한 지출경비를 추심지시서를 송부한 은행으로부터 즉시 회수할 권리가 있다. 또 추심의뢰은행 은 추심의 결과와는 상관없이 그가 이렇게 지급한 모든 금액과 자신의 지출금, 비용 및 수수료를 추심의뢰인으로 부터 즉시 회수할 권리가 있다.

d. 은행은 어떤 지시를 이행하려고 시도하는 데 드는 경비 충당을 위해 수수료 및/또는 비용을 사전에 지급할 것을 추심지시서를 송부한 당사자에게 요구할 권리를 보유하 며, 또한 그 지급을 수령할 때까지 그 지시를 이행하지 아니할 권리를 보유한다.

G. OTHER PROVISIONS : 기타 규정

ARTICLE 22. ACCEPTANCE : 인수

The presenting bank is responsible for seeing that the form of the acceptance of a bill of exchange appears to be complete and correct, but is not responsible for the genuineness of any signature or for the authority of any signatory to sign the acceptance.

제시은행은 환어음 인수의 형식이 완전하고 정확하게 나타 나 있는지를 확인하여야 할 책임이 있다. 그러나 제시은행은 어떠한 서명의 진정성이나 인수의 서명을 한 어떠한 서명인 의 권한에 대하여 책임을 지지 아니한다.

ARTICLE 23. PROMISSORY NOTES AND OTHER INSTRUMENTS : 약속어음 및 기타 증서

The presenting bank is not responsible for the genuineness of any signature or for the authority of any signatory to sign a promissory note, receipt, or other instruments.

제시은행은 어떠한 서명의 진정성 또는 약속어음, 영수증 또는 기타 증서에 서명을 한 어떠한 서명인의 권한에 대하여 는 책임을 지지 아니한다.

ARTICLE 24. PROTEST : 거절증서

The collection instruction should give specific instructions regarding protest (or other legal process in lieu thereof), in the event of non-payment or non-acceptance.

In the absence of such specific instructions, the banks concerned with the collection have no obligation to have the document(s) protested (or subjected to other legal process in lieu thereof) for non-payment or non-acceptance.

Any charges and/or expenses incurred by banks in connection with such protest, or other legal process, will be for the account of the party from whom the collection instruction was received.

추심지시서에는 인수거절 또는 지급거절 시의 거절증서(또는 이에 갈음하는 기타 법적 절차)에 관한 특별한 지시를 명기하여야 한다.

이러한 특별한 지시가 없는 경우 추심에 관여하는 은행은 지급거절 또는 인수거절에 대하여 서류의 거절증서를 작성하도록 하거나 (또는 이에 갈음하는 법적 절차가 취해지도록 할) 아무런 의무를 지지 아니한다.

이러한 거절증서 또는 기타 법적 절차와 관련하여 은행에게 발생하는 모든 수수료 및/또는 비용은 추심지시서를 송부한 당사자의 부담으로 한다.

ARTICLE 25. CASE-OF-NEED : 예비지급인 24, 18, 13년 기출

If the principal nominates a representative to act as case-of-need in the event of non-payment and/or non-acceptance the collection instruction should clearly and fully indicate the powers of such case-of-need. In the absence of such indication, banks will not accept any instructions from the case-of-need.

만일 추심의뢰인이 인수거절 및/또는 지급거절이 있는 경우에 예비지급인으로 행동할 대표자를 지명하려는 때에는, 추심지시서에 그러한 예비지급인의 권한을 명확하고 완전하게 기재하여야 한다. 그러한 지시가 없는 경우 은행은 예비지급인으로부터의 어떠한 지시에도 응하지 아니한다.

ARTICLE 26. ADVICES : 통지 24, 19년 기출

Collecting banks are to advise fate in accordance with the following rules :

a. FORM OF ADVICE

All advices or information from the collecting bank to the bank from which the collection instruction was received, must bear appropriate details including, in all cases, the latter bank's reference as stated in the collection instruction.

추심은행은 다음에 따르는 규칙에 따라 추심결과를 통지하여야 한다.

a. 통지의 형식

추심은행이 추심지시서를 송부한 은행으로 보내는 모든 지시 또는 정보에는 언제나 추심지시서에 기재된 것과 같은 은행참조번호를 포함한 적절한 명세가 기재되어야 한다.

b. METHOD OF ADVICE

It shall be the responsibility of the remitting bank to instruct the collecting bank regarding the method by which the advices detailed in sub-Articles (c)i, (c)ii and (c)iii are to be given. In the absence of such instructions, the collecting bank will send the relative advices by the method of its choice at the expense of the bank from which the collection instruction was received.

c. i. ADVICE OF PAYMENT

The collecting bank must send without delay advice of payment to the bank from which the collection instruction was received, detailing the amount or amounts collected, charges and/or disbursements and/or expenses deducted, where appropriate, and method of disposal of the funds.

ii. ADVICE OF ACCEPTANCE

The collecting bank must send without delay advice of acceptance to the bank from which the collection instruction was received.

iii. ADVICE OF NON-PAYMENT AND/OR NON-ACCEPTANCE

The presenting bank should endeavour to ascertain the reasons for non-payment and/or non-acceptance and advise accordingly, without delay, the bank from which it received the collection instruction.

The presenting bank must send without delay advice of non-payment and/or advice of non-acceptance to the bank from which it received the collection instruction.

On receipt of such advice the remitting bank must give appropriate instructions as to the further handling of the documents. If such instructions are not received by the presenting bank within 60 days after its advice of non-payment and/or non-acceptance, the documents may be returned to the bank from which the collection instruction was received without any further responsibility on the part of the presenting bank.

b. 통지의 방법

추심의뢰은행은 추심은행에 c항 i, c항 ii 및 c항 iii에 상술된 통지가 행하여져야 하는 방법에 대해 지시해야 할 의무가 있다. 그러한 지시가 없는 경우, 추심은행은 자신이 선택한 방법으로 추심지시서를 송부한 은행의 부담으로 관련된 통지를 보낸다.

c. i. 지급통지

추심은행은 추심지시서를 송부한 은행에 추심한 금액, 충당한 경우에 공제한 수수료 및/또는 지출금 및/또는 비용 및 해당 자금의 처분방법을 상술한 지급통지를 지체 없이 송부하여야 한다.

ii. 인수통지

추심은행은 추심지시서를 송부한 은행으로 인수통지를 지체 없이 송부하여야 한다.

iii. 지급거절 또는 인수거절의 통지

제시은행은 지급거절 또는 인수거절의 사유를 확인하기 위하여 노력하고 그 결과를 추심지시서를 송부한 은행으로 지체 없이 통지하여야 한다.

제시은행은 추심지시서를 송부한 은행으로 지급거절 또는 인수거절의 통지를 지체 없이 송부해야 한다.

추심의뢰은행은 이러한 통지를 수령한 경우에는 향후의 서류취급에 대한 적절한 지시를 하여야 한다. 만일 지급거절 또는 인수거절의 통지 후 60일 내에 제시은행에 의해 그러한 지시가 접수되지 않는 경우에는 서류는 제시은행 측에 더 이상의 책임 없이 추심지시서를 송부한 은행으로 반송될 수 있다.

추심에 관한 통일규칙(URC 522) 제25조, 제26조에 관한 내용이다. (　)에 들어갈 용어를 순서대로 옳게 나열한 것은? 24년 기출

○ If the (　) nominates a representative to act as case-of-need in the event of non-payment and/or non-acceptance the collection instruction should clearly and fully indicate the powers of such case-of-need.

○ The (　) should endeavour to ascertain the reasons for non-payment and/or non-acceptance and advise accordingly, without delay, the bank from which it received the collection instruction.

① principal - remitting bank
② principal - presenting bank
③ drawee - presenting bank
④ drawee - collecting bank
⑤ presenting bank - collecting bank

[해설]
• 만일 추심의뢰인(principal)이 인수거절 및/또는 지급거절이 있는 경우에 예비지급인으로 행동할 대표자를 지명하려는 때에는, 추심지시서에 그러한 예비지급인의 권한을 명확하고 완전하게 기재하여야 한다.
• 제시은행(presenting bank)은 지급거절 또는 인수거절의 사유를 확인하기 위하여 노력하고 그 결과를 추심지시서를 송부한 은행으로 지체 없이 통지하여야 한다.

[정답] ②

6. URR 725 : ICC 은행 간 화환신용장대금상환에 관한 통일규칙 21년 기출

※ URR 725는 출제 빈도가 높지 않으므로 지면 관계상 중요한 조문만 수록하였습니다.

A. GENERAL PROVISIONS AND DEFINITIONS : 총칙 및 정의

Article 1 Application of URR : 은행 간 화환신용장대금상환에 관한 통일규칙의 적용

The Uniform Rules for Bank-to-Bank Reimbursements under Documentary Credits("rules"), ICC Publication No. 725, shall apply to any bank-to-bank reimbursement when the text of the reimbursement authorization expressly indicates that it is subject to these rules. They are binding on all parties thereto, unless expressly modified or excluded by the reimbursement authorization. The issuing bank is responsible for indicating in the documentary credit("credit") that reimbursement is subject to these rules.

In a bank-to-bank reimbursement subject to these rules, the reimbursing bank acts on the instructions and under the authority of the issuing bank.

These rules are not intended to override or change the provisions of the Uniform Customs and Practice for Documentary Credits.

국제상업회의소(ICC) 공표 제725호인 "화환신용장에 따른 은행 간 대금상환에 관한 통일규칙"("규칙")은 그 준거문언이 상환수권서의 내용에 삽입되어 있는 경우에 모든 은행 간 대금상환에 적용된다. 본 규칙은 상환수권서에서 달리 명시적으로 규정하지 않는 한 모든 관계당사자를 구속한다. 개설은행은 상환청구에 있어서 본 규칙이 적용됨을 화환신용장("신용장")에 명시할 책임이 있다.

상환은행은 본 규칙의 적용을 받는 은행 간 대금상환에 있어서 개설은행의 지시 및/또는 수권(서)에 따라 업무를 수행한다.

본 규칙이 국제상업회의소 신용장통일규칙(UCP)의 규정보다 우선한다거나 또는 그 규칙을 변경하려고 의도하는 것은 아니다.

Article 2 Definitions : 정의 19, 18, 16년 기출

For the purpose of these rules, the following terms shall have the meaning specified in this article and may be used in the singular or plural as appropriate.

a. "Issuing bank" means the bank that has issued a credit and the reimbursement authorization under that credit.

b. "Reimbursing bank" means the bank instructed or authorized to provide reimbursement pursuant to a reimbursement authorization issued by the issuing bank.

c. "Reimbursement authorization" means an instruction or authorization, independent of the credit, issued by an issuing bank to a reimbursing bank to reimburse a claiming bank or, if so requested by the issuing bank, to accept and pay a time draft drawn on the reimbursing bank.

본 규칙의 목적상 다음의 용어들은 이 조항에서 정의한 의미를 가지며 단수 또는 복수로 적절히 사용될 수 있다.

a. "개설은행"은 신용장을 발행하고 그 신용장에 따르는 상환수권(서)을 발행하는 은행을 의미한다.

b. "상환은행"은 개설은행이 발행한 상환수권(서)에 따라 대금을 상환하도록 지시 및/또는 권한을 부여받은 은행을 의미한다.

c. "상환수권"은 신용장과는 독립된 것으로서, 개설은행이 상환은행으로 하여금 상환청구은행에 대금을 상환하도록 하거나, 또는 개설은행의 요청에 의하여 상환은행 앞으로 발행된 기한부 환어음을 인수 및 지급하도록 하는 지시 또는 수권을 의미한다.

d. "Reimbursement amendment" means an advice from the issuing bank to a reimbursing bank stating changes to a reimbursement authorization.

e. "Claiming bank" means a bank that honours or negotiates a credit and presents a reimbursement claim to the reimbursing bank. "Claiming bank" includes a bank authorized to present a reimbursement claim to the reimbursing bank on behalf of the bank that honours or negotiates.

f. "Reimbursement claim" means a request for reimbursement from the claiming bank to the reimbursing bank.

g. "Reimbursement undertaking" means a separate irrevocable undertaking of the reimbursing bank, issued upon the authorization or request of the issuing bank, to the claiming bank named in the reimbursement authorization, to honour that bank's reimbursement claim, provided the terms and conditions of the reimbursement undertaking have been complied with.

h. "Reimbursement undertaking amendment" means an advice from the reimbursing bank to the claiming bank named in the reimbursement authorization stating changes to a reimbursement undertaking.

i. For the purpose of these rules, branches of a bank in different countries are considered to be separate banks.

d. "상환조건변경"은 개설은행이 상환은행 앞으로 보내는 상환수권의 조건변경을 명시한 통지를 의미한다.

e. "상환청구은행"은 신용장의 지급·연지급확약·환어음의 인수 또는 매입을 이행한 후 상환은행에 대금상환청구를 하는 은행을 의미한다. "상환청구은행"은 지급·연지급확약·환어음의 인수 또는 매입을 하는 은행을 대리하여 상환은행에 대금상환청구를 하도록 수권된 은행을 포함한다.

f. "상환청구"는 상환청구은행이 상환은행에 하는 대금상환요청을 의미한다.

g. "상환확약"은 개설은행으로부터의 수권 또는 요청에 의하여 상환은행이 상환수권(서)에 지정된 상환청구은행에 발행하는 별도의 취소불능확약을 의미하며, '상환확약의 제 조건이 충족되면 대금상환청구에 대해 결제하겠다'는 내용을 담고 있다.

h. "상환확약 조건변경"은 상환은행이 상환수권서에 지정된 상환청구은행에 보내는 상환확약의 조건변경을 명시한 통지를 의미한다.

i. 본 규칙의 목적상 다른 국가에 소재하는 어느 은행의 지점들은 별개의 은행으로 간주한다.

Article 3. Reimbursement Authorizations Versus Credits : 상환수권 vs. 신용장

A reimbursement authorization is separate from the credit to which is refers, and a reimbursing bank is not concerned with or bound by the terms and conditions of the credit, even if any reference whatsoever to it is included in the reimbursement authorization.

상환수권은 그것이 참조하는 신용장과는 별개이며, 상환은행은 상환수권에 신용장에 대한 어떠한 참조가 포함되더라도, 해당 신용장의 약관에 관계되거나 구속되지 않는다.

※ 이하 생략

1. 해상운송

(1) 개 요

해상운송(Shipping)이란 해상운송수단인 선박을 이용하여 국가 간 사람과 물품을 수송하고 그 운임을 받는 경제활동이라 정의할 수 있다.

(2) 선적·운송 절차

① 선적협의

해당 선박회사 또는 운송주선업자(Forwarder)와 접촉, 선적협의 시 화주 자신의 요망사항, 즉 '언제, 어디서(항구), 무슨 화물을, 얼마나(중량이나 용적 혹은 포장단위 개수), 어느 곳(항구나 도시), 누구에게 운송하고자 한다는 것'을 알리면 선사는 구체적으로 선적가능시기, 운임 등 화주의 요구사항에 대한 질의에 응하고 상호요건이 충족되면 구두로 선적예약(Space Booking)을 한다.

② 선적(선복)요청서 제출

선적에 관한 기본합의가 끝나면 화주는 송하인[수출상(Shipper)], 수하인[수입상(Consignee)], 선적항 (Port of Loading), 양륙항(Port of Discharge), 화물의 명세(Description of Cargo) 등 B/L상에 표기되어야 할 주요 운송정보를 기재하여 해당 화물의 Invoice 및 Packing List와 함께 선사에 정식으로 선적요청서(Shipping Request, S/R)를 제출한다.

③ 화물포장 및 출고준비

화물의 포장상태는 운송에 적합할 정도로 견고해야 하며 포장 시 상용 포장(Commercial Packing)과 운송용 포장(Transportation Packing)의 구분이 있어야 한다.

④ 출고 및 육상운송

화물의 출고준비가 끝나면(컨테이너에 화주 자신이 직접 적입하였을 때는 세관검사를 필하고 봉인이 된 상태) 선사가 지정한 (보세구역)창고까지 운송을 한다.

⑤ 화물입고 및 인도 15년 기출

컨테이너 화물인 경우 선사 측에 화물을 인도하는 장소는 컨테이너 선박이 접안하는 부두 인근에 있는 컨테이너 전용 야드(Container Yard)의 정문(Gate)이다. 정문을 통과할 시점(Gate in)에서 선사 측과 화주 사이에 상호 인수가 이루어지게 되며 컨테이너의 외관과 봉인(Seal)에 이상이 없으면 화주에게 인수증, 즉 부두수취증(Dock Receipt, D/R)을 발급한다. 부두수취증은 화주가 선사 측에 화물을 인도하였음을 증명하는 중요한 선적관련 서류이다.

⑥ 선하증권 발행

화물을 선사 측에 인도하고 나면 선사는 화물을 인수하였다는 것, 화주가 요청한대로 운송하여 지정된 자에게 인도할 것을 약속하는 내용의 선하증권을 화주에게 발행한다.

⑦ 선하증권 수취

선박회사가 화물을 인수한 즉시 발급하는 수취증[컨테이너 화물일 때는 D/R, 재래선 화물일 경우는 본선수취증(Mate Receipt, M/R)]과 상환하여 B/L을 발급하는 것이 원칙이나 실무에서는 D/R이나 M/R은 선박회사 내부에서 왕래되고 있으며, 특별한 요청이 없는 한 화주에게 직접 교부하는 일은 거의 없다.

⑧ 운송/선적서류 완비

B/L을 교부받으면 매매조건, 신용장조건 등에 부합하는지 여부를 확인하고, 이상이 있으면 즉시 정정을 요청하여야 한다. B/L에 이상이 없으면 상업송장(Commercial Invoice), 보험증권(Insurance Policy), 포장명세(Packing List) 등 필요한 운송/선적서류 일체를 첨부하여 환어음(Bill of Exchange)을 발행하여 외국환은행에 매입을 요청한다.

(3) 해상운송의 종류 및 운송계약 형태

해상운송의 종류에는 정기선(Liner) 운송과 부정기선(Tramper) 운송이 있으며, 운송계약에는 정기선에 주로 이용되는 개품운송계약(Affreightment Contract in General Ship)과 부정기선에 주로 이용되는 용선계약(Charter Party Contract)이 있다.

① 정기선 운송과 개품운송계약

㉠ 정기선(Liner) 운송

ⓐ 정기선의 의의 : 정기선이란 정기항로에 취항하여 정해진 항구 사이를 정해진 운항일정에 따라 규칙적으로 항행하고 사전에 정해진 운임률(Tariff)을 적용하는 선박을 의미한다. 정기선의 경우 운송인을 Common/Public Carrier라 하며 주로 완제품이나 반제품 등 일반화물을 운송한다. 특히 정기선 취항항로에는 대부분 해운동맹이 결성되어 있다.

ⓑ 정기선 운송의 특징
- 정기선 운송계약은 불특정 다수 화주의 화물을 운송하는 개품운송계약 방식이며 개품운송 계약 체결의 증거서류로 선하증권이 발행된다.
- 항해 일정이 사전 공시되며, 화물 운송비가 부정기선에 비해 비교적 높다.
- 일반화물을 운송하는데 그 단위는 1척이 아니고 소수 컨테이너 화물과 소량 화물이 대상이다.

㉡ 개품운송계약 체결 : 개품운송계약이란 선사가 불특정 다수의 화주로부터 화물운송의 위탁을 받아 운송하고, 송하인은 이에 대해 운임을 지급할 것을 약속하는 운송계약으로 정기선에 주로 이용된다.

② 부정기선 운송과 용선계약

㉠ 부정기선(Tramper) 운송 : 부정기선이란 항로나 운항기일이 지정되어 있지 않고 화물이 있을 때마다 또는 선복 수요가 있을 때, 화주가 요구하는 시기와 항로에 따라 화물을 운송하는 것을 말한다. 부정기선의 경우 운송인을 Private Carrier라 한다. 대상화물은 석탄·곡류·목재 등 대량화물이며 운임은 당사자 간에 결정된다.

ⓐ 부정기선 운송의 특징
- 부정기선은 특정 화주(용선주)와 선주 간 용선계약을 체결하고 운송계약서인 용선계약서(Charter Party Contract)를 작성하는 방식을 취한다.
- 항로 및 운항 일정이 미리 정해진 정기선과 달리, 부정기선은 항로와 운항일정 등이 화주와 선주 간 계약에 의해 정해진다.
- 전용운반선을 이용하는 방식으로 철광석, 원유, 곡물 등의 대량 무포장 화물[산물/산화물(Bulk Cargo)]의 운송에 주로 이용된다.

ⓑ 부정기선의 형태(용선범위 기준)

일부용선(Partial Charter)	일부 선복(선박의 빌리는 공간)만 용선
전부용선(Whole Charter)	의장을 갖춘 상태(선박 선원 및 장비를 갖춘 상태)로 선박 전체를 용선
나용선(Demise Charter)	의장을 제외하고 오직 선박만 용선

ⓛ 용선계약(Charter Party Contract) : 용선계약이란 해상운송인이 대량 산화물(Bulk Cargo) 등을 보유한 화주(용선주)에게 선박 일부 또는 전부의 선복을 제공하여 적재된 물품을 운송할 것을 약속하고, 용선자/화주(Charterer)는 이에 대해 보수를 지급할 것을 약속하는 이른바 선복운송계약으로 부정기선에 주로 이용된다.

ⓐ 용선계약 방법 : 용선계약을 위해서는 선주와 용선자 중 일방이 용역계약 체결을 위한 Firm Offer를 하고 이에 대한 승낙의 의미로 선복확약서(Fixture Note)를 작성한 후, 이를 근거로 용선계약서(Charter Party Contract)를 작성하고 계약당사자인 선주와 용선주가 각각 한 부씩 보관한다.

ⓑ 용선계약의 종류 10년 기출

정기/기간 용선계약 (Time Charter)	'용선기간'을 기준으로 대가(용선료)를 산정하는 방식으로 선원 및 선박에 필요한 모든 용구를 비치시킨 내항성(Seaworthiness)을 갖춘 선박을 일정기간 용선하는 것을 말한다. ▷ This charter is usually for a specified length of time, such as a year, or for one voyage or several consecutive voyages among certain ports or ranges of ports. The shipowner supplies the crew and provisions.
항해용선계약 (Voyage/Trip Charter)	한 항구에서 다른 항구까지 1항차 또는 수개항차의 운송을 기준으로 체결하는 용선계약으로 특정 항해구간에 대해서만 운송계약을 체결하는 것이다. ▷ Under this charter, the vessel owner carries a charterer's complete cargo from one port to another, or makes a complete ship available to the charterer for the same purpose. This charter is for a single voyage between specified ports or specified ranges of ports, and can be written on either gross or net terms.
나용선계약 (Bareboat Charter)	의장은 제외하고 오직 배만 빌리는 것으로 용선자가 선박을 제외한 선장, 선원, 선체보험료, 항해비, 수리비, 장비와 소요품 일체를 책임지는 용선계약이다. ▷ This charter provides that the charterer has use of the vessel for an agreed period of time, and appoints the master, hires the crew and provisions and controls the vessel as if it were his or her own. This is frequently used when a vessel operator requires more long – or short – term capacity but is unwilling to add a new vessel to its fleet.

ⓒ 용선계약의 정박기간(Laydays) 계산 : 용선주가 화물하역(선적 또는 양륙)을 위해 항구에 정박할 수 있는 기간인 정박기간을 용선계약 시에 정하게 되는데, 주로 기간용선이 아닌 항해용선계약에서 다루어지는 것이다. 이와 관련하여 정박기간 산정뿐만 아니라 조출료 및 체선료 산정 방법도 알아야 한다.

- 정박기간(Laydays) 산정 방법 24, 14년 기출

관습적 조속하역 (Customary Quick Despatch, CQD) 조건	당해 항구의 관습적 하역방법 및 하역능력에 따라 가능한 한 빨리 적양 하역을 하는 조건을 말한다. 불가항력에 의한 하역 불능은 정박기간에서 공제되지만 일요일, 공휴일 및 야간하역을 약정된 하역일에 포함시키느냐 아니냐는 특약이 없는 한 그 항구의 관습에 따른다.
연속 작업일 (Running Laydays) 조건	실제 하역 수행여부와 상관없이, 즉 우천, 파업 및 기타 불가항력에 의한 하역 불능과 관계없이 하역 개시 이후 종료 시까지의 일수는 모두 정박기간에 포함시키는 방법이다.
청천(호천) 작업일 (Weather Working Days, WWD) 조건	기상조건이 실제 하역 가능한 날만 정박기일에 포함시키는 방법으로 현재 가장 많이 활용하는 조건이다.

- 체선료(Demurrage) : 초과 정박일(계약 정박기간 초과일)에 대해 화주(용선자)가 선주에게 지급하는 위약금(Penalty) 또는 지체상금으로 보통 조출료의 2배이다.
- 조출료(Dispatch Money) : 조출료는 용선계약상 허용된 정박기간 종료 전에 하역이 완료되었을 때 그 절약된 기간에 대하여 선주가 용선자에게 지급하는 일종의 격려금(Incentive)이다.

기출문제

다음 내용에 해당하는 용어는? 24년 기출

> In international transportation, it is a charge for the failure to remove cargo from a terminal within the allowed free time. It is also a charge for the failure to load or unload a ship within the allowed period. It is money paid to the shipowner in compensation for delay of a vessel beyond the period allowed in a charter party when loading or discharging.

① Despatch Money
② Demurrage
③ Wharfage
④ Port Congestion Surcharge
⑤ Detention

[해설]
국제운송에 있어서, 허용된 무료장치기간(free time) 내에 터미널에서 화물을 반출하지 못한 것에 대한 요금이다. 허용된 기간 내에 선적하거나 하역하지 못한 것에 대한 요금이기도 하다. 선적하거나 하역할 때 용선계약에서 허용된 기간을 초과하여 선박의 지연에 대한 보상으로 선주에게 지급하는 금전이다.
→ ② 체선료(Demurrage)에 대한 설명이다.

정답 ②

2. 항공운송

(1) 항공운송의 정의

① 항공운송은 화물전세기를 이용하여 국제간 화물을 운송하는 최신식 운송시스템을 의미한다.

② 항공운송은 대형 화물 전세기(약 100톤 선적)의 출현과 고가 화물의 증가로 그 비중이 점점 커지고 있다.

(2) 항공운송절차

항공화물의 운송은 해상화물 운송과 달리(해상운송의 FCL화물의 경우 화주가 선사와 직접 접촉) 화주가 항공사와 직접 접촉·거래하지 않고 항공화물 대리점을 이용 적하를 화물기에 적재하고, 항공운송계약 체결의 증빙으로 항공사는 항공화물운송장(Air Waybill)을 발급한다.

(3) 항공화물 취급업자

① 항공사 대리점(Cargo Agent)

항공운송계약의 당사자이자 운송인인 항공사의 대리인으로서 항공사의 운송약관, 운임률(Tariff), 항공사 운항 스케줄에 따라 화주와 항공화물 운송계약을 체결하고, 항공화물 운송장을 발행하며, 그 외 부수업무를 수행하고 그 대가로 소정의 수수료(Commission)를 받는 사업자를 말한다.

② 항공화물 운송 중개인(Air Freight Forwarder/Consolidator : 화물혼재업자)

화주(송하인)를 위하여 유상으로 자기 명의 항공운송사업자(항공사)의 항공기를 이용하여 화물을 혼재하여 운송하는 사업자를 말한다.

③ 특송사(Courier)

DHL, UPS, Fedex, EMS 등과 같이 주요 선적서류 및 계약서, 샘플, 서적 잡지 등의 소화물을 Door to Door 서비스로 신속 배달하는 항공 특송전문 업체를 의미한다.

(4) 항공화물운송장(Air Waybill, AWB)

항공화물운송장(AWB)은 항공사가 화물을 항공으로 운송을 하는 경우 송하인과의 운송계약 체결을 증명하기 위해 항공사가 발행하는 기본적인 운송/선적서류이다. 항공화물운송장은 IATA가 정한 규정에 의거 발행되며 항공운송의 법률적 근거는 국제항공운송 통일규칙에 관한 조약인 항공운송 관련 Warsaw 조약에 있다.

알아두기

국제물품운송 운임의 종류 18년 기출

• Prepaid Freight(선불운임) : 화물의 선적자, 즉 수출자가 선적지에서 운임을 지급하는 방식
• Freight Collect(착불운임/후불운임) : 양륙항에서 수입자가 화물을 인수할 때 운임을 지급하는 방식
• Lump Sum Freight(선복운임) : 선복의 전부를 채울 수 없어도 전체 선복을 총괄하여 용선료를 부담하는 조건의 계약 하에서 지급하는 운임
• Dead Freight(부적운임/공적운임) : 선적하지 않아도 미리 계약한 운임을 지급하는 방식
• Pro Rate Freight(비례운임) : 운송 도중 불가항력 또는 기타 원인에 의해 운송을 계속할 수 없게 되어 중도에 화물을 인도할 경우 그때까지 이행된 운송비율에 따라 지불하거나 취득하는 운임
• Back Freight(반송운임) : 화물이 반송될 때 지급하는 운임

3. 복합운송 및 운송서류

(1) 복합운송

① 개 념

　　㉠ 복합운송 : 복합운송인(Combined Transport Operator)이 육·해·공 중 두 가지 이상의 다른 운송 수단[(more than) Two Different Kinds of Transportation Means]으로 출발지에서 최종 목적지까지 운송 중 화물을 옮겨 싣지 않고 전 구간에 대해 단일운임을 대가로 화물을 일관운송(Through Transport)하는 것을 말한다(각각의 운송구간별 운송인이 자신의 운송구간에 대해 개별적 책임을 부담하는 것이 아니라 최초 운송인이 복합운송 전 구간에 대해 책임을 부담하는 것).

　　㉡ 복합운송증권(Combined Transport Document) : 일관운송의 전 구간에 대해 책임을 지는 주체인 복합운송인이 발행하는 복합운송계약의 증거서류이다.

② 복합운송의 기본요건

운송책임의 단일성 (Through Liability)	복합운송인은 송하인(화주)과 복합운송계약을 체결한 계약당사자로서 전체운송을 계획하고 여러 운송구간의 원활한 운송을 조정·감독할 지위에 있으므로 전 구간에 걸쳐 화주에 대해 단일책임을 져야 한다.
복합운송증권 (Combined Transport B/L) 발행	복합운송이 되기 위해서는 복합운송인이 화주에 대하여 전 운송구간에 대한 유가증권으로서의 복합운송증권을 발행해야 한다.
일관운임 (Through Rate) 설정	복합운송인은 그 서비스의 대가로서 각 운송구간마다 분할된 것이 아닌 전 구간에 대한 단일화된 운임을 설정, 화주에게 제시하여야 한다.
운송수단의 다양성	복합운송은 서로 다른 여러 운송수단에 의해 이행되어야 한다. 여기에서는 운송인의 수가 문제가 아니라 운송수단의 종류가 문제가 되며, 이러한 운송수단은 각각 다른 법적인 규제를 받는 것이어야 한다.

③ 복합운송과 컨테이너 운송

일반적으로 복합운송의 경우 국제표준화기구(ISO)에서 정한 표준규격의 컨테이너를 운송용구로 이용하고 있어 실무적으로는 복합운송을 컨테이너 운송과 동일한 의미로 이해하고 있다.

　　㉠ 컨테이너 화물의 종류

만재화물 (Full Container Load, FCL)	1인 화주의 화물이 컨테이너 한 개에 만재되는 경우를 FCL 화물이라 하며, FCL 화물의 경우 화주가 직접 운송사(선사)와 접촉한다.
소량컨테이너화물 (Less Than Container Load, LCL)	다수 화주의 소화물을 모아서 하나의 컨테이너 화물로 작업하는 경우를 LCL 화물이라 하며, LCL 화물의 경우 화주가 직접 운송사(선사)와 접촉하지 않고 대개 운송중개인(Forwarder)의 도움을 받는다.

　　㉡ 컨테이너 화물의 운송형태

CY/CY(FCL/FCL) = DOOR TO DOOR SERVICE	컨테이너의 장점을 최대한 이용한 방법으로 수출업자(송하인)의 공장·창고에서부터 수입업자(수하인)의 공장·창고까지 컨테이너에 의해 일관운송하는 방식을 말한다.
CFS/CFS(LCL/LCL) = PIER TO PIER SERVICE	다수 송하인의 화물을 집화하여 다수 수하인에게 운송하는 방식으로 한 개 컨테이너에 다수 송하인의 화물을 혼적하여 목적지에 도착 후 수하인 각자가 선사 터미널에서 화물을 인수하는 방식이다.

CFS/CY(LCL/FCL) = PIER TO DOOR SERVICE	수입자가 다수 송하인(수출자)의 LCL 화물을 집화하여 수입상 자신의 창고로 운송 시 이용되는 방식이다.
CY/CFS(FCL/LCL) = DOOR TO PIER SERVICE	수출지의 단일 송하인이 수입지의 다수 수하인에게 적화 운송 시 이용하는 방식이다.

(2) 운송서류

운송/선적서류란 국제무역거래에 사용되는 일련의 무역관련 서류를 의미한다. 여기에는 화물의 소유권을 의미하는 '선하증권', 그 화물의 운송 중에 발생하는 위험의 담보를 입증하는 '보험증권', 그리고 물품의 내용명세나 대금청구내역을 기재한 '상업송장' 등의 3가지 주요 서류 및 기타 여러 서류들이 포함된다.

① 선하증권(Bill of Lading, B/L) 22년 기출

화주(송하인)의 요청으로 화주(송하인)와 운송계약을 체결한 운송인(선사)이 발행하는 선하증권은 정기선 운송계약의 증거로서 운송인이 화물을 수령·선적하여 해상운송을 통해 선하증권의 정당한 소지인 (Bona-Fide Holder)에게 증권과 상환하여 화물을 인도할 것을 약정하는 유가증권이다.

㉠ 선하증권의 기능

권리증권 (Document of Title)	정당한 방법으로 선하증권을 소지한 자는 화물을 청구할 수 있는 청구권과 이를 처분할 수 있는 처분권을 갖는다. 운송인은 반드시 정당한 선하증권을 제시하는 자에게만 화물을 인도하여야 하고, 비록 수하인이라 하더라도 선하증권이 기명식으로 발행되지 않는 한 정당하게 배서된 선하증권 없이는 화물을 청구할 권리가 없다.
운송계약의 증빙 (Evidence of Contract for Carriage)	선하증권은 그 자체가 계약이 아니라 계약체결의 증빙서류이나, 현실적으로 선하증권 이외에 운송계약 증빙서류가 발행되지 않기 때문에 선하증권이 유일한 운송계약의 증빙서류이다.
화물 영수증 (Receipt for the Goods)	선하증권은 그것에 기재된 화물의 수량, 중량 및 상태와 동일한 물품을 운송인이 송하인으로부터 수령하였다는 추정적 증거(Prima Facie Evidence)이다.

㉡ 선하증권의 법적성질(특성)

유가증권	선하증권은 물품의 동일성을 보증하는 권리·의무를 표시하고 물품의 처분권 및 인도청구권이 법적으로 보증되는 유가증권의 성질을 구비하였다.
지시증권	지시식 선하증권은 배서나 인도로 양도할 수 있다. 선하증권의 지시는 보통 배서를 의미하고, 배서의 방법은 백지배서가 보통이다.
채권증권	선하증권의 정당한 소지인은 이를 발급한 운송인에 대하여 화물의 인도를 요구할 수 있는 채권과 같은 효력을 갖고 있다.
상환증권	화물의 인도는 선하증권과의 상환으로만 청구할 수 있다.
인도증권	선하증권의 정당한 소지자는 화물의 소유권을 갖게 되므로 화물 자체를 소유한 것과 같은 법률적 효력을 갖는다.
처분증권	선하증권을 작성한 경우에는 물품에 대한 처분을 선하증권으로 하여야 한다. 즉, 선하증권이 없으면 화물의 처분이 불가능하다.

ⓒ **선하증권의 종류** 14, 13년 기출

ⓐ 기명식 선하증권(Straight B/L) vs. 지시식 선하증권(Order B/L) : B/L 발행 시 화물 수하인(Consignee)을 누구로 할 것인가에 따라(수하인란 표시 방법에 따라) 기명식 선하증권과 지시식 선하증권으로 구분된다.

기명식 선하증권	선하증권의 수하인(Consignee)란에 특정한 수하인명이 명기된 B/L로 특정 수하인 이외에는 수입항에서 화물의 인수를 선사에 요청할 수 없는 유통불능 선하증권(Nonnegotiable B/L)이다. ▷ 기명식 선하증권은 수하인의 이름이 기재된 선하증권이고, 상품을 선하증권에 지정된 수하인만 인도할 수 있다(Straight B/L is a bill of lading which stipulates a named consignee and the goods are delivered only to the consignee designated in the bill of lading).
지시식 선하증권	선하증권의 수하인(Consignee)란에 특정인을 기재하지 않고 향후 수하인을 특정하게 될 지시인만을 기재하는 것으로, 배서에 의한 양도에 의해 운송 중인 화물의 자유로운 전매가 가능한 유통가능 선하증권(Negotiable B/L)이다.

ⓑ 선적선하증권(Shipped or on Board B/L) vs. 수취선하증권(Received B/L) 14년 기출

선적선하증권	B/L은 원래 화물이 특정 선박에 적재가 완료된 다음 송하인의 요청에 따라 발행되는(선적사실증명) 선적선하증권이 원칙이며 대개의 신용장도 선적선하증권을 요구하고 있다.
수취선하증권	화물이 본선에 적재되지 않고 선사가 화물을 수취한 사실만을 나타내는 것으로 선사가 지정한 장소에 화물을 반입·통관시켜 선적준비가 완료되면 본선의 입항 전이라도 송하인의 요구가 있으면 B/L을 발행하게 되는데 이것을 수취선하증권이라 한다.

ⓒ 무사고(무고장)선하증권(Clean B/L) vs. 사고(고장부)선하증권(Foul/Dirty B/L) : 화물 선적 당시에 화물의 포장상태 및 수량에 어떠한 손상 또는 과부족이 있으면 운송인은 그 내용을 증권상 [본선수취증(Mate's Receipt, M/R)]의 비고란에 표기하게 되는데 비고가 기재된 B/L을 사고/고장부선하증권, 기재되지 않는 B/L을 무사고/무고장부선하증권이라 한다.

무사고선하증권	화물의 손상 및 과부족이 없이 발행되는 증권과 손상 및 과부족이 있을지라도 그 내용이 M/R의 비고란에 기재되지 않은 선하증권을 말한다.
사고선하증권	화물의 손상 및 과부족이 있어서 그 내용이 M/R의 비고란에 기재되어 있는 선하증권을 말한다.

② **보험서류**

보험계약자와 보험자간에 보험계약 체결의 증거로 발급받는 서류이다.

㉠ 보험증권(Insurance Policy) : 보험증권은 CIF나 CIP 계약에서 B/L 및 송장과 함께 기본적으로 제공되어야 하는 주요서류이다.

㉡ 보험증명서 : 예정보험 계약체결 시 발행되는 예정보험증권에 의거하여 매 선적 시마다 발행되는 서류로 보험계약의 존재 및 보험목적물에 관한 구체적인 내용이 명시된다.

㉢ 보험승낙서(부보각서) : 특정화물에 대해 보험을 부보하고 보험료를 수취하였음을 보험중개업자가 증명하는 일종의 각서이다.

③ **(상업)송장(Invoice)**

송장이란 매매 또는 위탁계약에 의하여 물품의 인도가 이루어질 때, 그 물품의 송하인이 수하인에게 화물 특성, 내용명세, 계산관계 등을 상세히 명확하게 알리기 위하여 작성하는 서류이다. 즉, 수출업자가 작성하여 수입업자에게 보내는 선적안내서, 내용증명서 및 선적화물계산서, 대금청구서 역할을 하는 서류이다.

부속서류(기타 서류) 22년 기출

수입자가 필요할 때 요구하는 기타 선적서류는 다음과 같은 것이 있다.

- 원산지증명서(Certificate of Origin) : 수입통관 시 관세양허용으로 뿐만 아니라 특정국으로부터의 수입제한 또는 금지, 국별통계를 위하여 수입국이 요구하는 경우 발행된다.
- 포장명세서(Packing List) : 수입업자가 각 화물의 내용을 쉽게 파악하기 위해 요구되는 포장된 내장품의 명세서로 상업송장의 부속서류로 작성되는 서류이다.
- 검사증명서(Certificate of Inspection) : 매매계약서의 품질조건에 권위 있는 검사기관의 검사에 합격한 상품만을 선적하기 위해 약정한 것이다.
- 검역증명서(Certificate of Quarantine) : 식료품·육류·의약품 등을 수출하는 경우 무균·무해임을 증명하는 서류이다.

4. Hague Rules(1924) : 선하증권에 관한 법규의 통일을 위한 국제협약 ; 헤이그 규칙 ^{19년 기출}

Article 1 용어의 정의 22, 21, 20, 16, 12년 기출

In this Convention the following words are employed with the meanings set out below :

(a) "Carrier" includes the owner or the charterer who enters into a contract of carriage with a shipper.

(b) "Contract of carriage" applies only to contracts of carriage covered by a bill of lading or any similar document of title, in so far as such document relates to the carriage of goods by sea, including any bill of lading or any similar document as aforesaid issued under or pursuant to a charter party from the moment at which such bill of lading or similar document of title regulates the relations between a carrier and a holder of the same.

(c) "Goods" includes goods, wares, merchandise and articles of every kind whatsoever except live animals and cargo which by the contract of carriage is stated as being carried on deck and is so carried.

(d) "Ship" means any vessel used for the carriage of goods by sea.

(e) "Carriage of goods" covers the period from the time when the goods are loaded on to the time they are discharged from the ship.

이 협약에서 다음의 용어는 아래에 설명한 의미로 사용된다.

(a) "운송인"은 송하인과 운송계약을 체결하는 선주 또는 용선자를 포함한다.

(b) "운송계약"은 용선계약에 의하여 그리고 그 조건에 따라 발행된 선하증권 및 이와 유사한 권리증서를 포함한다. 다만, 이러한 선하증권 또는 이와 유사한 권리증서가 운송인과 선하증권을 소지한 사람 간의 관계를 규정하는 순간부터 또 이러한 증서가 해상운송에 관계되는 운송계약인 경우에만 적용된다.

(c) "물품"은 살아 있는 동물과 운송계약에 의하여 갑판적재 화물이라고 기재되고 또 그렇게 운송되는 화물을 제외한 모든 종류의 물품, 제품 및 상품을 포함한다.

(d) "선박"은 해상운송에 사용되는 일체의 선박을 의미한다.

(e) "물품운송"의 기간은 물품이 선박에 적재된 순간부터 선박으로부터 물품이 양하되는 기간을 말한다.

Article 2 운송인의 권리와 의무

Subject to the provisions of Article 6, under every contract of carriage of goods by sea the carrier, in relation to the loading, handling, stowage, carriage, custody, care and discharge of such goods, shall be subject to the responsibilities and liabilities, and entitled to the rights and immunities hereinafter set forth.

제6조의 규정의 경우를 제외하고 모든 해상운송계약에서 운송인은 화물의 선적, 취급, 선내작업, 운송, 보관, 관리 및 양하에 대하여 이 통일협약에서 규정한 의무와 책임을 지며 또 권리와 면책권을 가진다.

1. The carrier shall be bound before and at the beginning of the voyage to exercise due diligence to :
   (a) make the ship seaworthy.
   (b) properly man, equip and supply the ship.
   (c) make the holds, refrigerating and cool chambers, and all other parts of the ship in which goods are carried, fit and safe for their reception, carriage and preservation.
2. Subject to the provisions of Article 4, the carrier shall properly and carefully load, handle, stow, carry, keep, care for, and discharge the goods carried.
3. After receiving the goods into his charge the carrier or the master or agent of the carrier shall, on demand of the shipper, issue to the shipper a bill of lading showing among other things :
   (a) The leading marks necessary for identification of the goods as the same are furnished in writing by the shipper before the loading of such goods starts, provided such marks are stamped or otherwise shown clearly upon the goods if uncovered, or on the cases or coverings in which such goods are contained, in such a manner as should ordinarily remain legible until the end of the voyage.
   (b) Either the number of packages or pieces, or the quantity, or weight, as the case may be, as furnished in writing by the shipper.
   (c) The apparent order and condition of the goods. Provided that no carrier, master or agent of the carrier shall be bound to state or show in the bill of lading any marks, number, quantity, or weight which he has reasonable ground for suspecting not accurately to represent the goods actually received, or which he has had no reasonable means of checking.

1. 운송인은 발항 전과 발항 시에 상당한 주의를 가지고 다음의 사항을 이행하여야 한다.

   (a) 선박이 감항능력을 갖추도록 한다.
   (b) 선박의 승조원 배치, 선박의 의장 및 필수품 보급을 적절히 한다.
   (c) 화물이 운송될 선실 내, 냉동실, 냉기실 및 화물운송에 필요한 선박의 그 외의 모든 부분을 화물의 수취, 운송 및 보존에 적합하고 안전하게 한다.
2. 제4조의 규정의 적용을 받는 경우를 제외하고는 운송인은 화물을 적재, 취급, 선내작업, 운송, 보관, 관리 및 양하하는 데 적절하고 신중히 하여야 한다.

3. 운송인, 선장 또는 운송인의 대리인은 화물을 자기 책임 하에 인수한 후에 송하인이 요구하는 경우 다른 사항 중 다음 사항을 표시한 선하증권을 송하인에게 교부하여야 한다.
   (a) 화물의 선적개시 전에 송하인이 서면으로 통지한 것과 동일한 화물임을 증명하는 데 필요한 주요 하인 단, 이러한 하인은 포장되지 않은 화물인 경우 화물 자체에, 그리고 포장화물인 경우 화물이 들어 있는 상자나 포장에 항해가 종료될 때까지 읽어볼 수 있게 통상적으로 남아 있도록 명확히 압인되거나 그 밖의 방법으로 표시되어야 한다.

   (b) 송하인이 서면으로 통지한 내용과 같은 포장 및 개품의 수 또는 경우에 따라 수량이나 중량

   (c) 화물의 외관상태. 단, 운송인, 선장 또는 운송인의 대리인은 화물의 하인, 수량, 용적 또는 중량이 실제로 인수한 화물을 정확히 나타내지 못한다는 의문에 대한 상당한 근거가 있거나 또는 이를 검사할 적절한 방법이 없는 경우에는 선하증권에 이를 기재하거나 표시할 의무가 없다.

4. Such a bill of lading shall be prima facie evidence of the receipt by the carrier of the goods as therein described in accordance with paragraph 3(a), (b) and (c).

5. The shipper shall be deemed to have guaranteed to the carrier the accuracy at the time of shipment of the marks, number, quantity and weight, as furnished by him, and the shipper shall indemnity the carrier against all loss, damages and expenses arising or resulting from inaccuracies in such particulars. The right of the carrier to such indemnity shall in no way limit his responsibility and liability under the contract of carriage to any person other than the shipper.

6. Unless notice of loss or damage and the general nature of such loss or damage be given in writing to the carrier or his agent at the port of discharge before or at the time of the removal of the goods into the custody of the person entitled to delivery thereof under the contract of carriage, or, if the loss or damage be not apparent, within three days, such removal shall be prima facie evidence of the delivery by the carrier of the goods as described in the bill of lading.

The notice in writing need not be given if the state of the goods has, at the time of their receipt, been the subject of joint survey or inspection. In any event the carrier and the ship shall be discharged from all liability in respect of loss or damage unless suit is brought within one year after delivery of the goods or the date when the goods should have been delivered.

In the case of any actual or apprehended loss or damage the carrier and the receiver shall give all reasonable facilities to each other for inspecting and tallying the goods.

---

4. 이와 같은 선하증권은 제3항의 (a), (b), (c)에 따라 기재된 대로 운송인이 화물을 인수하였다는 추정적인 증거가 된다.

5. 송하인은 선적 시 운송인에게 자기가 통지한 대로 하인, 숫자, 수량 및 중량의 정확성을 보증한 것으로 간주하며 또한 송하인은 이러한 사항의 부정확성의 결과로 발생하는 모든 손실, 손상 및 비용에 대해서 운송인에게 보상하여야 한다. 이러한 손해배상에 대한 운송인의 권리는 어떠한 방법으로도 운송인의 송하인 이외의 모든 자에 대한 운송계약상의 의무와 책임을 제한하지 않는다.

6. 운송계약에 의하여 화물을 인도받을 권리를 부여받은 자에게 화물이 이전 보관되기 이전, 또는 당시에 양륙항에서 운송인 또는 그 대리인에게 멸실, 손상과 또 이러한 멸실 및 손상의 개략적인 설명에 대한 통지를 서면으로 하지 않는 한, 그리고 만일 멸실 또는 손상이 외관상 분명하지 않을 경우에는 3일 이내에 이러한 통지를 하지 않으면 이러한 화물의 이전은 선하증권의 기재대로 동 화물을 운송인이 인도하였다는 추정적인 증거가 된다.

화물의 인수 당시 동 화물의 상태가 공동조사나 검사의 대상이 되었을 경우 서면통지는 필요하지 않다.

화물이 인도된 날부터, 또는 동 화물이 인도되었어야 하는 날부터 1년 내에 소송이 제기되지 않으면 운송인과 선박은 어떠한 경우에도 멸실과 손상에 관련된 모든 책임으로부터 면제된다.

현실적 또는 추정적 멸실이나 손상이 발생한 경우 운송인과 수하인은 화물을 검사하거나 검수하기 위한 모든 합리적인 편의를 상호 제공하여야 한다.

7. After the goods are loaded the bill of lading to be issued by the carrier, master, or agent of the carrier, to the shipper shall, if the shipper so demands, be a "shipped" bill of lading, provided that if the shipper shall have previously taken up any document of title to such goods, he shall surrender the same as against the issue of the "shipped" bill of lading, but at the option of the carrier such document of title may be noted at the port of shipment by the carrier, master, or agent with the name or names of the ship or ships upon which the goods have been shipped and the date or dates of shipment, and when so noted, if it shows the particulars mentioned in paragraph 3 of Article 3, shall for the purpose of this Article be deemed to constitute a "shipped" bill of lading.

8. Any clause, covenant, or agreement in a contract of carriage relieving the carrier or the ship from liability for loss or damage to, or in connexion with, goods arising from negligence, fault, or failure in the duties and obligations provided in this Article or lessening such liability otherwise than as provided in this Convention, shall be null and void and of no effect. A benefit of insurance in favour of the carrier or similar clause shall be deemed to be a clause relieving the carrier from liability.

7. 운송인, 선장 또는 운송인의 대리인이 화물이 선적된 후 송하인에게 교부하는 선하증권은 송하인의 요구가 있는 경우 "선적" 선하증권이어야 한다. 단, 송하인이 이 화물에 대한 다른 어떤 권리증서를 수령하였을 경우에는 "선적" 선하증권의 교부와 상환하여 동 권리증서를 반환하여야 한다. 그러나 운송인, 선장 또는 운송인의 대리인은 운송인의 재량에 따라 동 권리증서에 화물이 선적된 선박명과 선적일자를 선적항에서 기재할 수 있으며, 이와 같이 기재된 권리증서가 제3조 제3항에 규정된 사항을 표시할 경우 이러한 권리증서는 본 조의 취지에 따라 "선적" 선하증권의 요건을 갖춘 것으로 간주한다.

8. 본 협약에 규정되어 있는 의무를 태만하거나 과실 또는 불이행하여 발생된 화물의 멸실, 손상 또는 화물과 관련된 멸실, 손상에 대한 책임으로부터 운송인 또는 선박을 면제시키거나, 본 협약의 규정과 다르게 이러한 책임을 경감시키는 운송계약상의 일체의 조항, 계약 또는 합의사항은 무효로 한다. 운송인에게 보험의 이익을 양도하는 조항 또는 이와 유사한 모든 조항은 운송인의 책임을 면제하는 조항으로 간주한다.

1. Neither the carrier nor the ship shall be liable for loss or damage arising or resulting from unseaworthiness unless caused by want of due diligence on the part of the carrier to make the ship seaworthy and to secure that the ship is properly manned, equipped and supplied, and to make the holds, refrigerating and cool chambers and all other parts of the ship in which goods are carried fit and safe for their reception, carriage and preservation in accordance with the provisions of paragraph 1 of Article 3. Whenever loss or damage has resulted from unseaworthiness the burden of proving the exercise of due diligence shall be on the carrier or other person claiming exemption under this Article.

2. Neither the carrier nor the ship shall be responsible for loss or damage arising or resulting from :

   (a) act, neglect, or default of the master, mariner, pilot, or the servants of the carrier in the navigation or in the management of the ship

   (b) fire, unless caused by the actual fault or privity of the carrier

   (c) perils, dangers and accidents of the sea or other navigable waters

   (d) act of God

   (e) act of war

   (f) act of public enemies

   (g) arrest or restraint or princes, rulers or people, or seizure under legal process

   (h) quarantine restrictions

   (i) act or omission of the shipper or owner of the goods, his agent or representative

   (j) strikes or lockouts or stoppage or restraint of labour from whatever cause, whether partial or general

   (k) riots and civil commotions

   (l) saving or attempting to save life or property at sea

   (m) wastage in bulk or weight or any other loss or damage arising from inherent defect, quality or vice of the goods

1. 제3조 제1항의 규정에 따라 선박을 감항상태로 하고 선박의 승조원 배치, 의장 및 필수보급품들을 적절히 하고 선박의 선창 내, 냉동실, 냉기실 및 물품운송에 사용되는 그 외의 모든 부분을 화물의 인수, 운송, 보관에 적합하고 안전하게 하는 것에 운송인이 상당한 주의를 기울이지 않은 데에 그 원인이 있지 않은 한, 선박의 불감항성의 결과로 발생되는 멸실 또는 손상 등에 대한 책임은 운송인이나 선박이 부담하지 않는다. 선박의 불감항성 때문에 멸실이나 손상이 발생하는 경우에 상당한 주의를 다하였다는 입증책임은 본 조의 규정에 따라 면책을 주장하는 운송인 또는 그 밖의 자에게 있다.

2. 운송인이나 선박은 다음의 사항으로 인한 멸실 또는 손상에 대하여 책임을 지지 않는다.

   (a) 선박의 운항 또는 선박관리에 있어 선장, 선원, 수로 안내인 또는 운송인의 고용인의 행위와 태만 또는 과실에 의한 손실

   (b) 운송인의 사실상의 과실 또는 고의에 의한 경우를 제외한 화재로 인한 손실

   (c) 해상 또는 그 외의 가항수로에서의 재해, 위험 또는 사고로 인한 손실

   (d) 천재지변에 의한 손실

   (e) 전쟁에 의한 손실

   (f) 공적의 행위로 인한 손실

   (g) 군주, 통치자 또는 인민에 의한 구속, 억류 또는 재판상의 차압에 의한 손실

   (h) 검역상의 제한에 의한 손실

   (i) 화물의 송하인, 소유권자 또는 이들의 대리인이나 지정인의 태만에 의한 손실

   (j) 원인 여하를 불문하고 부분적 또는 전면적 동맹파업, 직장폐쇄, 노동의 정지 또는 방해에 의한 손실

   (k) 폭동 및 내란에 의한 손실

   (l) 해상에서의 인명 및 재산의 구조 또는 구조의 기도에 의한 손실

   (m) 화물고유의 하자 및 화물의 품질 또는 결함에 의한 용적 또는 중량의 감손이나 그 밖의 일체의 멸실 또는 손상

(n) insufficiency of packing

(o) insufficiency or inadequacy of marks

(p) latent defects not discoverable by due diligence

(q) any other cause arising without the actual fault or privity of the carrier, or without the actual fault or neglect of the agents or servants of the carrier, but the burden of proof shall be on the person claiming the benefit of this exception to show that neither the actual fault or privity of the carrier nor the fault or neglect of the agents or servants of the carrier contributed to the loss or damage.

3. The shipper shall not be responsible for loss or damage sustained by the carrier or the ship arising or resulting from any cause without the act, fault or neglect of the shipper, his agents or his servants.

4. Any deviation in saving or attempting to save life or property at sea or any reasonable deviation shall not be deemed to be an infringement or breach of this Convention or of the contract of carriage, and the carrier shall not be liable for any loss or damage resulting therefrom.

5. Neither the carrier nor the ship shall in any event be or become liable for any loss or damage to or in connexion with goods in an amount exceeding 100 pounds sterling per package or unit, or the equivalent of that sum in other currency unless the nature and value of such goods have been declared by the shipper before shipment and inserted in the bill of lading.

This declaration if embodied in the bill of lading shall be prima facie evidence, but shall not be binding or conclusive on the carrier.

By agreement between the carrier, master or agent of the carrier and the shipper another maximum amount than that mentioned in this paragraph may be fixed, provided that such maximum shall not be less than the figure above named.

(n) 포장의 불충분에 의한 손실

(o) 하인의 불충분 및 부적당에 의한 손실

(p) 상당의 주의를 기울여도 발견할 수 없는 하자에 의한 손실

(q) 운송인의 사실상의 과실이나 고의에 의하지 않거나 운송인의 대리인이나 고용인의 과실이나 태만에 의하지 않은 그 밖의 모든 원인, 그러나 화물의 멸실이나 손상이 운송인의 사실상의 과실이나 고의 또는 운송인의 대리인이나 고용인의 과실이나 태만에 의하여 발생하지 않았다는 입증책임은 이러한 면책의 혜택을 주장하는 자에게 있다.

3. 송하인은 운송인 또는 선박이 입은 멸실이나 손해에 대하여 송하인, 그의 대리인 및 그의 고용인의 행위, 과실 또는 태만에 그 원인이 있지 않는 한 책임을 지지 아니한다.

4. 해상에서 인명 또는 재산을 구조하거나 이러한 구조를 하기 위한 이로(선박이 예정항로를 벗어나 항해하는 것) 또는 그 외의 합리적인 이로는 본 협약이나 운송계약의 위반이나 침해로 간주하지 않으며, 운송인은 이러한 결과로 야기된 일체의 멸실이나 손상에 대해 책임을 지지 않는다.

5. 운송인이나 선박은 화물의 멸실이나 손상 또는 화물과 관련된 멸실이나 손상에 대하여 어떠한 경우에도 송하인이 선적 전에 이러한 화물의 성질과 가격을 고지하여 선하증권에 기재하지 않은 경우에는 포장당 또는 단위당 100파운드를 초과하거나 또는 다른 통화로 100파운드 상당액을 초과하는 경우에는 책임을 지지 않는다.

이와 같이 화물의 성질과 가격이 선하증권에 구현되어 있을 경우에 이러한 기재는 추정증거로 하지만 이러한 기재가 운송인을 구속하거나 결정적 증거가 되는 것은 아니다.

운송인, 선장 또는 운송인의 대리인과 송하인은 합의에 따라 본 조항에 규정되어 있는 금액과 다른 최고금액을 정할 수도 있다. 단, 이러한 협정최고액은 위에 언급된 금액보다 적어서는 아니 된다.

Neither the carrier nor the ship shall be responsible in any event for loss or damage to, or in connexion with, goods if the nature or value thereof has been knowingly misstated by the shipper in the bill of lading.

6. Goods of an inflammable, explosive or dangerous nature to the shipment whereof the carrier, master or agent of the carrier has not consented with knowledge of their nature and character, may at any time before discharge be landed at any place, or destroyed or rendered innocuous by the carrier without compensation and the shipper of such goods shall be liable for all damage and expenses directly or indirectly arising out of or resulting from such shipment.

If any such goods shipped with such knowledge and consent shall become a danger to the ship or cargo, they may in like manner be landed at any place, or destroyed or rendered innocuous by the carrier without liability on the part of the carrier except to general average, if any.

송하인이 고의로 화물의 성질과 가격을 허위통지하여 선하증권에 잘못 기재하는 경우 운송인이나 선박은 화물의 멸실이나 손상 또는 화물에 관련된 멸실이나 손상에 대해 어떠한 경우에도 책임을 지지 않는다.

6. 인화성, 폭발성 또는 위험성이 있는 선적된 화물로서 운송인, 선장 또는 운송인의 대리인이 동 물품의 이러한 성질 및 특징을 알았다면 선적을 허용하지 않았을 화물에 대하여 운송인은 양하 전 언제 어디서라도 손해배상의 책임 없이 양하하거나 파괴 또는 무해화시킬 수 있다. 그리고 이러한 화물의 송하인은 이러한 화물선적으로 인하여 직접 또는 간접적으로 발생하는 모든 손해와 비용에 대해 책임을 진다.

만약 운송인이 이러한 화물의 성질을 알고 있으며 동의한 상태로 선적된 이러한 화물이 선박 또는 적하에 위험하게 될 경우에는 위에서 언급된 방법으로 운송인은 아무런 책임 없이 어떤 장소에든지 양하시키거나 파괴 또는 무해화시킬 수 있다. 단, 공동해손이 성립되는 경우에는 그러하지 아니하다.

Article 5 운송인의 의무증가 및 권리포기 23, 21, 16년 기출

A carrier shall be at liberty to surrender in whole or in part all or any of his rights and immunities or to increase any of his responsibilities and obligations under this Convention, provided such surrender or increase shall be embodied in the bill of lading issued to the shipper.

The provisions of this Convention shall not be applicable to charter parties, but if bills of lading are issued in the case of a ship under a charter party they shall comply with the terms of this Convention. Nothing in these rules shall be held to prevent the insertion in a bill of lading of any lawful provision regarding general average.

운송인은 본 협약에 규정된 권리와 면책의 전부 또는 일부를 포기하거나 의무와 책임을 증가시킬 수 있는 자유를 가진다. 다만, 이러한 포기나 증가는 송하인에게 교부한 선하증권에 구현되어 있어야 한다.

본 협약의 규정은 용선계약에는 적용되지 않지만 용선계약에서도 선하증권이 발행되는 경우에는 이러한 선하증권은 이 협약의 규정에 따른다. 본 규칙의 어떠한 규정도 공동해손에 관한 합법적 조항을 선하증권에 삽입하는 것을 막지는 않는다.

Article 6 운송인의 자유계약

Notwithstanding the provisions of the preceding Articles, a carrier, master or agent of the carrier and a shipper shall in regard to any particular goods be at liberty to enter into any agreement in any terms as to the responsibility and liability of the carrier for such goods, and as to the rights and immunities of the carrier in respect of such goods, or his obligation as to seaworthiness, so far as this stipulation is not contrary to public policy, or the care or diligence of his servants or agents in regard to the loading, handling, stowage, carriage, custody, care and discharge of the goods carried by sea, provided that in this case no bill of lading has been or shall be issued and that the terms agreed shall be embodied in a receipt which shall be a non—negotiable document and shall be marked as such.

Any agreement so entered into shall have full legal effect. Provided that this Article shall not apply to ordinary commercial shipments made in the ordinary course of trade, but only to other shipments where the character or condition of the property to be carried or the circumstances, terms and conditions under which the carriage is to be performed are such as reasonably to justify a special agreement.

전술된 각 조의 규정에도 불구하고 운송인, 선장 또는 운송인의 대리인과 송하인은 어떠한 특정 화물에 관해서도 동 화물에 대한 운송인의 의무와 책임 또한 동 화물의 운송인의 권리와 면책에 관하여 이러한 약정이 공공질서에 반하지 않는 한 감항성에 관한 운송인의 의무, 해상운송화물의 선적, 취급, 선내작업, 운송, 보관, 관리 및 양하에 대한 운송인의 사용인 또는 대리인의 주의 등에 관하여 어떠한 조건에 의해서도 자유로이 협약을 체결할 수 있다. 다만, 이 경우 선하증권을 발행하지 않았거나 발행하지 않는 것을 조건으로 하여 약정된 비유통성 증서라고 명시된 화물수령증에 구현되어 있어야 한다.

이와 같이 체결된 약정은 완전한 법적 효력을 갖는다. 다만, 본 조항은 통상의 상거래로 인하여 선적되는 통상의 상업적 적하에 적용되는 것이 아니라 운송해야 할 재산의 특성과 상태 또는 운송이행에 따르는 사정과 조건에 대하여 특약할 만한 정당한 이유가 있는 그 밖의 적하에 한하여 적용된다.

Article 7 운송인의 계약자유

Nothing herein contained shall prevent a carrier or a shipper from entering into any agreement, stipulation, condition, reservation or exemption as to the responsibility and liability of the carrier or the ship for the loss or damage to, or in connexion with, the custody and care and handling of goods prior to the loading on, and subsequent to, the discharge from the ship on which the goods are carried by sea.

본 협약의 어떠한 규정도 해상운송화물의 선적 전과 양하 후에 화물을 보관, 관리, 취급할 때 또는 이와 관련하여 발생되는 멸실 또는 손상에 대한 운송인 또는 선박의 의무 및 책임에 대하여 운송인이나 송하인이 어떠한 협정, 계약, 조건, 유보 또는 면책을 체결하는 것을 막지는 않는다.

Article 8 선주의 책임제한 23년 기출

The provisions of this Convention shall not affect the rights and obligations of the carrier under any statute for the time being in force relating to the limitation of the liability of owners of sea-going vessels.

본 협약의 제 규정은 항해선박 선주의 책임을 제한하는 데 규정되는 현행법상의 운송인의 권리와 의무에 영향을 미치지는 않는다.

Article 9 화폐의 기준 23, 18, 16년 기출

The monetary units mentioned in this Convention are to be taken to be gold value.
Those contracting States in which the pound sterling is not a monetary unit reserve to themselves the right of translating the sums indicated in this Convention in terms of pound sterling into terms of their own monetary system in round figures. The national laws may reserve to the debtor the right of discharging his debt in national currency according to the rate of exchange prevailing on the day of the arrival of the ship at the port of discharge of the goods concerned.

본 협약에서 언급되는 화폐단위는 금본위가액으로 한다.

파운드 스털링이 화폐단위로 사용되고 있지 않은 계약당사국들은 본 협약에서 파운드 스털링으로 표시된 금액을 자국의 화폐제도에 따라 개수로 환산할 권한을 유보한다.

채무자는 국내법에 의하여 관련된 화물을 실은 선박이 양하항에 도착하는 당일의 환율시세에 의하여 자기의 채무를 자국통화로 변제할 권리를 유보한다.

Article 10 협약의 적용범위 23, 16년 기출

The provisions of this Convention shall apply to all bills of lading issued in any of the contracting States.

본 협약의 규정은 어느 체약국에서나 발행되는 모든 선하증권에 적용된다.

Article 11 협약의 비준

After an interval of not more than two years from the day on which the Convention is signed, the Belgian Government shall place itself in communication with the Governments of the High Contracting Parties which have declared themselves prepared to ratify the Convention, with a view to deciding whether it shall be put into force. The ratifications shall be deposited at Brussels at a date to be fixed by agreement among the said Governments.

본 협약이 서명된 날로부터 2년이 경과하기 전에 벨기에 정부는 본 협약의 시행여부를 결정하기 위하여 협약비준의 준비를 선언한 체약당사국 정부와 연락을 취하도록 한다. 협약비준서는 체약국 정부 간에 합의로 정한 날짜에 Brussels에 기탁되어야 한다.

Article 12 협약의 가입 23년 기출

Non-signatory States may accede to the present Convention whether or not they have been represented at the International Conference at Brussels.
A State which desires to accede shall notify its intention in writing to the Belgian Government, forwarding to it the document of accession, which shall be deposited in the archives of the said Government.
The Belgian Government shall immediately forward to all the States which have signed or acceded to the Convention a duly certified copy of the notification and of the act of accession, mentioning the date on which it received the notification.

비서명 국가는 Brussels 국제협의회에 대표를 파견하였든지 또는 안 하였든지 관계없이 본 협약에 가입할 수 있다. 가입을 원하는 국가는 이러한 의향을 벨기에 정부에 지면으로 통지하여야 하며, 벨기에 정부 문서록에 기탁될 가입동의서를 동 정부에 발송하여야 한다.

벨기에 정부는 본 협약에 서명하거나 가입을 동의한 모든 국가에게 이러한 통지서 접수일자를 표시하여 가입동의서 및 통지서의 인증사본을 즉시 송부하도록 한다.

Article 13 자치령·보호령 등의 개별 가입

The High Contracting Parties may at the time of signature, ratification or accession declare that their acceptance of the present Convention does not include any or all of the self-governing dominions, or of the colonies, overseas possessions, protectorates or territories under their sovereignty or authority, and they may subsequently accede separately on behalf of any self-governing dominion, colony, overseas possession, protectorate or territory excluded in their declaration. They may also denounce the Convention separately in accordance with its provisions in respect of any self-governing dominion, or any colony, overseas possession, protectorate or territory under their sovereignty or authority.

체약당사국은 본 협약을 서명, 비준, 동의할 때에는 본 협약의 승인이 자국의 주권·권력 하에 있는 자치령, 식민지, 해외속령, 보호령 또는 지배령의 전부 또는 그 일부에 대해서 적용되지 않음을 선언할 수 있으며, 또 동 선언에서 제외된 자치령, 식민지, 해외속령, 보호령 또는 지배령을 대신하여 개별적으로 가입동의를 할 수도 있다. 또한 체약국은 동 규정에 따라 그들의 주권·권력 하에 있는 자치령, 식민지, 해외속령, 보호령 또는 지배령에 대해서 개별적으로 협약을 폐기할 수도 있다.

Article 14 효력의 발생

The present Convention shall take effect, in the case of the States which have taken part in the first deposit of ratifications, one year after the date of the protocol recording such deposit.
As respects the States which ratify subsequently or which accede, and also in cases in which the Convention is subsequently put into effect in accordance with Article 13, it shall take effect six months after the notifications specified in paragraph 2 of Article 11 and paragraph 2 of Article 12 have been received by the Belgian Government.

본 협약은 비준서의 제1회 기탁에 참가한 국가의 경우, 그러한 기탁은 기록한 의정일자로부터 1년 후에 효력이 발생한다.

추후에 본 협약에 비준하거나 동의한 국가의 경우와 그리고 제13조에 따라 본 협약이 추후에 시행될 경우에는 벨기에 정부가 제11조 제2항 및 제12조 제2항에 규정된 통지서를 접수한 날로부터 6개월 후에 효력이 발생한다.

Article 15 협약의 폐기

In the event of one of the contracting States wishing to denounce the present Convention, the denunciation shall be notified in writing to the Belgian Government, which shall immediately communicate a duly certified copy of the notification to all the other States, informing them of the date on which it was received.

The denunciation shall only operate in respect of the State which made the notification, and on the expiry of one year after the notification has reached the Belgian Government.

체약국 중 어느 한 국가가 본 협약의 폐기를 원하는 경우에는 그러한 폐기의사를 벨기에 정부에 서면으로 통지하여야 하며, 벨기에 정부는 다른 모든 체약국에 폐기통지서의 접수일자를 알리는 등 폐기통지의 사본을 즉시 전달하여야 한다.

협약의 폐기는 그러한 의사를 통지한 국가에 대하여 통지서가 벨기에 정부에 도달한 후 1년을 경과한 때에 효력이 발생하게 된다.

Article 16 협약의 개정

Any one of the contracting States shall have the right to call for a fresh conference with a view to considering possible amendments.

A State which would exercise this right should notify its intention to the other States through the Belgian Government, which would make arrangements for convening the Conference.

DONE at Brussels, in a single copy, August 25th, 1924.

체약국 중 어느 나라도 가능한 협약개정안을 심의하기 위하여 새로운 회의를 제기할 권리를 가진다.

이러한 권리를 행사하려는 국가는 회의소집을 준비하게 될 벨기에 정부를 통하여 그러한 의사를 다른 체약국에게 통지하여야 한다.

1924년 8월 25일, Brussels에서 본서 1통을 작성하였다.

5. Hamburg Rules(1978) : 해상화물운송에 관한 유엔협약 ; 함부르크 규칙

PART Ⅰ GENERAL PROVISIONS : 총칙

Article 1 Definitions : 정의 23, 17, 12, 11년 기출

In this Convention :

1. "Carrier" means any person by whom or in whose name a contract of carriage of goods by sea has been concluded with a shipper.
2. "Actual carrier" means any person to whom the performance of the carriage of the goods, or of part of the carriage, has been entrusted by the carrier, and includes any other person to whom such performance has been entrusted.
3. "Shipper" means any person by whom or in whose name or on whose behalf a contract of carriage of goods by sea has been concluded with a carrier, or any person by whom or in whose name or on whose behalf the goods are actually delivered to the carrier in relation to the contract of carriage by sea.
4. "Consignee" means the person entitled to take delivery of the goods.
5. "Goods" includes live animals; where the goods are consolidated in a container, pallet or similar article of transport or where they are packed, "goods" includes such article of transport or packaging if supplied by the shipper.
6. "Contract of carriage by sea" means any contract whereby the carrier undertakes against payment of freight to carry goods by sea from one port to another; however, a contract which involves carriage by sea and also carriage by some other means is deemed to be a contract of carriage by sea for the purposes of this Convention only in so far as it relates to the carriage by sea.

이 협약에서

1. "운송인"이라 함은 스스로 또는 자기 명의로 송하인과 해상화물운송계약을 체결한 자를 의미한다.
2. "실제운송인"이라 함은 운송인으로부터 화물운송의 전부 또는 일부 이행의 위탁을 받은 자를 의미하며, 그러한 이행의 위탁을 받은 그 밖의 자를 포함한다.
3. "송하인"이라 함은 스스로 또는 자기 명의로 또는 대리인에 의하여 운송인과 해상화물운송계약을 체결한 자 및 스스로 또는 자기 명의로 또는 대리인에 의하여 해상운송계약과 관련하여 화물을 운송인에게 실제로 인도하는 자를 의미한다.
4. "수하인"이라 함은 화물의 인도를 받을 권리를 가지는 자를 의미한다.
5. "화물"이라 함은 살아있는 동물을 포함한다. 화물이 컨테이너, 팰릿 또는 이와 유사한 운송용구에 통합되어 있는 경우 또는 화물이 포장되어 있는 경우에 있어서, 그러한 운송용구 또는 포장이 송하인으로부터 공급된 경우에는 "화물"은 그 운송용구 또는 포장을 포함한다.
6. "해상운송계약"이라 함은 운송인이 운임의 지급을 대가로 어느 항에서 다른 항으로 화물을 해상으로 운송할 것을 인수하는 계약을 의미한다. 그러나 해상운송과 함께 일부 다른 수단에 의한 운송도 포함하는 계약에 대해서는 이 협약의 목적상 오로지 해상운송과 관련되는 범위 내에서만 해상운송계약으로 본다.

7. "Bill of lading" means a document which evidences a contract of carriage by sea and the taking over or loading of the goods by the carrier, and by which the carrier undertakes to deliver the goods against surrender of the document. A provision in the document that the goods are to be delivered to the order of a named person, or to order, or to bearer, constitutes such an undertaking.

8. "Writing" includes, inter alia, telegram and telex.

7. "선하증권"이라 함은 해상운송계약 및 운송인에 의한 물건의 수령 또는 선적을 증명하는 증권으로서, 운송인이 그 증권과 상환으로 물건을 인도할 것을 약정하는 증권을 의미한다. 화물을 지명한 자의 지시인 또는 피배서인 또는 소지인에게 인도하여야 한다는 의미의 증권상의 규정은 그러한 약정에 해당하는 것으로 여겨진다.

8. "문서"라 함은 그 중에서도 전보 및 텔렉스를 포함한다.

Article 2 Scope of application : 적용범위 12, 10년 기출

1. The provisions of this Convention are applicable to all contracts of carriage by sea between two different States, if :
   (a) the port of loading as provided for in the contract of carriage by sea is located in a Contracting State, or
   (b) the port of discharge as provided for in the contract of carriage by sea is located in a Contracting State, or
   (c) one of the optional ports of discharge provided for in the contract of carriage by sea is the actual port of discharge and such port is located in a Contracting State, or
   (d) the bill of lading or other document evidencing the contract of carriage by sea is issued in a Contracting State, or
   (e) the bill of lading or other document evidencing the contract of carriage by sea provides that the provisions of this Convention or the legislation of any State giving effect to them are to govern the contract.

2. The provisions of this Convention are applicable without regard to the nationality of the ship, the carrier, the actual carrier, the shipper, the consignee or any other interested person.

1. 이 협약의 규정은 다음의 경우 두 국가 간의 모든 해상운송계약에 적용한다.

   (a) 해상운송계약에서 정한 선적항이 체약국에 있을 때, 또는

   (b) 해상운송계약에서 정한 양륙항이 체약국에 있을 때, 또는

   (c) 해상운송계약에서 정한 선택적 양륙항의 하나가 실제의 양륙항이고 또 그 항구가 체약국에 있을 때, 또는

   (d) 선하증권 또는 기타의 해상운송계약을 증명하는 증권이 체약국에서 발행될 때, 또는

   (e) 선하증권 또는 기타 해상운송계약을 증명하는 증권이 이 협약의 규정 또는 이 협약의 규정을 실시하고 있는 국가의 법을 당해 해상운송계약에 적용한다는 뜻을 규정하고 있을 때

2. 이 협약의 규정은 선박·운송인·실제운송인·송하인·수하인 및 기타 관련자들의 국적에 상관없이 적용될 수 있다.

3. The provisions of this Convention are not applicable to charter-parties. However, where a bill of lading is issued pursuant to a charter-party, the provisions of the Convention apply to such a bill of lading if it governs the relation between the carrier and the holder of the bill of lading, not being the charterer.

4. If a contract provides for future carriage of goods in a series of shipments during an agreed period, the provisions of this Convention apply to each shipment. However, where a shipment is made under a charter-party, the provisions of paragraph 3 of this article apply.

3. 이 협약의 규정은 용선계약에는 적용하지 아니한다. 그러나 선하증권이 용선계약에 따라서 발행된 경우, 이 협약의 규정은 선하증권이 운송인과 용선자 이외의 선하증권의 소지인과의 관계를 규율하는 경우에 적용된다.

4. 약정기간 중의 일련의 미래의 화물운송에 관하여 정하는 계약이 있을 경우에는 이 협약의 규정은 각 선적마다 적용된다. 그러나 선적이 용선계약하에 이루어지는 경우에는 본 조 제3항의 규정이 적용된다.

Article 3 Interpretation of the Convention : 본 협약의 해석

In the interpretation and application of the provisions of this Convention regard shall be had to its international character and to the need to promote uniformity.

이 협약의 규정의 해석 및 적용 시 이 협약의 국제적 성격 및 통일을 촉진할 필요성에 유의하여야 한다.

PART Ⅱ LIABILITY OF THE CARRIER : 운송인의 책임

Article 4 Period of responsibility : 책임의 기간 20, 14년 기출

1. The responsibility of the carrier for the goods under this Convention covers the period during which the carrier is in charge of the goods at the port of loading, during the carriage and at the port of discharge.

2. For the purpose of paragraph 1 of this article, the carrier is deemed to be in charge of the goods :
   (a) from the time he has taken over the goods from :
      (i) the shipper, or a person acting on his behalf; or
      (ii) an authority or other third party to whom, pursuant to law or regulations applicable at the port of loading, the goods must be handed over for shipment;

1. 이 협정에 의한 화물에 대한 운송인의 책임은 운송인이 선적항, 운송 도중, 양륙항에서 해당 화물을 관리하는 기간에 적용된다.

2. 본 조 제1항의 목적상 운송인은 다음의 기간 동안 그 화물을 보관하고 있는 것으로 간주된다.
   (a) 다음의 자로부터 화물을 수령한 때부터
      (i) 송하인 또는 송하인을 대리하여 행위를 하는 자, 또는
      (ii) 선적항에 적용할 수 있는 법규에 따라서, 그 화물이 선적을 위해 넘겨져야만 하는 당국 혹은 기타 제3자

(b) until the time he has delivered the goods :

    (i) by handing over the goods to the consignee; or

    (ii) in cases where the consignee does not receive the goods from the carrier, by placing them at the disposal of the consignee in accordance with the contract or with the law or with the usage of the particular trade, applicable at the port of discharge; or

    (iii) by handing over the goods to an authority or other third party to whom, pursuant to law or regulations applicable at the port of discharge, the goods must be handed over.

3. In paragraphs 1 and 2 of this article, reference to the carrier or to the consignee means, in addition to the carrier or the consignee, the servants or agents, respectively of the carrier or the consignee.

(b) 다음과 같이 화물을 인도한 때까지

    (i) 수하인에게 그 화물을 교부함으로써, 또는

    (ii) 그 수하인이 운송인으로부터 그 화물을 수령하지 않는 경우에는 계약 또는 법률, 양륙항에 적용할 수 있는 특별무역의 관습에 따라서 수하인이 그 화물을 마음대로 처분하도록 조치함으로써, 또는

    (iii) 양륙항에 적용할 수 있는 법규 또는 규칙에 따라서 그 화물을 교부하여야만 되는 당국 혹은 기타 제3자에게 그 화물을 인도함으로써,

3. 본 조의 제1항 및 제2항에서 운송인 또는 수하인이라고 함은 운송인 또는 수하인에 추가하여, 운송인 또는 수하인 각각의 사용인 또는 대리인을 의미한다.

Article 5 Basis of liability : 책임의 원칙 20, 17, 13년 기출

1. The carrier is liable for loss resulting from loss of or damage to the goods, as well as from delay in delivery, if the occurrence which caused the loss, damage or delay took place while the goods were in his charge as defined in article 4, unless the carrier proves that he, his servants or agents took all measures that could reasonably be required to avoid the occurrence and its consequences.

2. Delay in delivery occurs when the goods have not been delivered at the port of discharge provided for in the contract of carriage by sea within the time expressly agreed upon or, in the absence of such agreement, within the time which it would be reasonable to require of a diligent carrier, having regard to the circumstances of the case.

1. 운송인은 화물의 멸실, 훼손 또는 인도지연의 원인으로 된 사고가 제4조에 정의된 운송인의 관리 하에 있는 동안에 일어날 때에는 그 멸실, 훼손 또는 지연으로 인하여 생긴 손해에 대해 책임을 지지만, 운송인이 자신, 그 사용인 및 대리인이 사고 및 그 결과를 모면하기 위하여 합리적으로 요구되는 모든 조치를 취하였다는 것을 증명한 경우에는 그러하지 아니하다.

2. 인도지연은 화물이 해상운송계약에서 정한 양륙항에서 명시적으로 합의된 기간 내에, 그러한 합의가 없는 경우에는 사안의 정황을 고려하여 성실한 운송인에게 요구되는 합리적인 기간 내에 인도되지 않은 경우에 발생한다.

3. The person entitled to make a claim for the loss of goods may treat the goods as lost if they have not been delivered as required by article 4 within 60 consecutive days following the expiry of the time for delivery according to paragraph 2 of this article.

4. (a) The carrier is liable :

(i) for loss of or damage to the goods or delay in delivery caused by fire, if the claimant proves that the fire arose from fault or neglect on the part of the carrier, his servants or agents;

(ii) for such loss, damage or delay in delivery which is proved by the claimant to have resulted from the fault or neglect of the carrier, his servants or agents, in taking all measures that could reasonably be required to put out the fire and avoid or mitigate its consequences.

(b) In case of fire on board the ship affecting the goods, if the claimant or the carrier so desires, a survey in accordance with shipping practices must be held into the cause and circumstances of the fire, and a copy of the surveyor's report shall be made available on demand to the carrier and the claimant.

5. With respect to live animals, the carrier is not liable for loss, damage or delay in delivery resulting from any special risks inherent in that kind of carriage. If the carrier proves that he has complied with any special instructions given to him by the shipper respecting the animals and that, in the circumstances of the case, the loss, damage or delay in delivery could be attributed to such risks, it is presumed that the loss, damage or delay in delivery was so caused, unless there is proof that all or a part of the loss, damage or delay in delivery resulted from fault or neglect on the part of the carrier, his servants or agents.

3. 화물이 본 조 제2항에 의한 인도기간의 만료일 경과 후 60일 이내에 제4조에 의하여 요구된 대로 인도되지 아니한 경우에는 화물의 멸실에 대하여 배상청구를 할 수 있는 자는 화물을 멸실한 것으로 취급할 수 있다.

4. (a) 운송인은 책임이 있다.

(i) 화재가 운송인, 그 사용인 또는 대리인 측의 과실 또는 부주의로 인해 발생하였다는 것을 청구권자가 증명한 경우에는 그 화재에 의해 생긴 화물의 멸실이나 훼손 또는 인도지연에 대하여

(ii) 화재를 진화하고 그 결과를 모면하거나 경감시키기 위하여 합리적으로 요구되는 모든 조치를 취함에 있어서, 운송인 또는 그 사용인이나 대리인의 과실 또는 부주의로 인해 생긴 것이라고 청구권자가 증명하는 화물의 멸실, 훼손 또는 인도지연

(b) 화물에 영향을 미치는 선박상 화재의 경우, 청구권자 또는 운송인이 희망하는 때에는, 화재의 원인과 상황을 밝혀내기 위하여 운송관습에 따라서 검사를 실시하여야 하며, 운송인과 청구권자의 청구가 있는 경우에는 그 검사인의 보고서의 사본을 이용할 수 있도록 하여야 한다.

5. 살아있는 동물에 관하여는, 운송인은 그러한 종류의 운송에 고유한 어떤 특별한 위험으로 인하여 생긴 멸실, 훼손 또는 인도지연에 대하여 책임을 지지 않는다. 운송인이 살아있는 동물에 관하여 송하인으로부터 받은 특별한 지시에 따랐다는 것과 해당 사안의 정황에서 그 멸실, 훼손 또는 인도지연이 그러한 위험의 탓으로 돌릴 수 있다는 것을 증명한 때에는, 그 멸실, 훼손 또는 인도지연의 전부 또는 일부가 운송인 또는 그 사용인이나 대리인 측의 과실 또는 부주의로 인하여 생긴 것이라는 증거가 없는 한, 그 멸실, 훼손 또는 인도지연은 그러한 위험으로 인하여 생긴 것으로 추정한다.

6. The carrier is not liable, except in general average, where loss, damage or delay in delivery resulted from measures to save life or from reasonable measures to save property at sea.

7. Where fault or neglect on the part of the carrier, his servants or agents combines with another cause to produce loss, damage or delay in delivery the carrier is liable only to the extent that the loss, damage or delay in delivery is attributable to such fault or neglect, provided that the carrier proves the amount of the loss, damage or delay in delivery not attributable thereto.

6. 공동해손의 경우를 제외하고, 인명을 구하기 위한 수단 또는 해상에서 재산을 보호하기 위한 합리적인 조치에 따라 생긴 멸실, 훼손, 인도지연에 대하여 운송인은 법적 책임을 지지 않는다.

7. 운송인 또는 그 사용인이나 대리인 측의 과실 또는 부주의가 다른 원인과 경합하여 멸실, 훼손 또는 인도지연을 불러일으킬 경우에는, 운송인은 그러한 과실 또는 부주의의 탓으로 돌릴 수 있는 멸실, 훼손 또는 인도지연의 범위 내에서만 책임을 진다. 이 경우 운송인은 그러한 과실 또는 부주의 탓으로 돌릴 수 없는 멸실, 훼손 또는 인도지연의 손해액을 증명하여야 한다.

Article 6 Limits of liability : 책임의 한도

1. (a) The liability of the carrier for loss resulting from loss of or damage to goods according to the provisions of article 5 is limited to an amount equivalent to 835 units of account per package or other shipping unit or 2.5 units of account per kilogram of gross weight of the goods lost or damaged, whichever is the higher.

   (b) The liability of the carrier for delay in delivery according to the provisions of article 5 is limited to an amount equivalent to two and a half times the freight payable for the goods delayed, but not exceeding the total freight payable under the contract of carriage of goods by sea.

   (c) In no case shall the aggregate liability of the carrier, under both subparagraphs (a) and (b) of this paragraph, exceed the limitation which would be established under subparagraph (a) of this paragraph for total loss of the goods with respect to which such liability was incurred.

2. For the purpose of calculating which amount is the higher in accordance with paragraph 1(a) of this article, the following rules apply :

1. (a) 제5조의 규정에 의한 화물의 멸실 또는 훼손으로 인하여 생긴 손해에 대한 운송인의 책임은 1포장 또는 1선적 단위에 대한 835계산단위 또는 멸실 또는 훼손된 화물의 총중량 1킬로그램에 대한 2.5계산단위에 상당하는 금액 중 높은 금액으로 제한된다.

   (b) 제5조의 규정에 의한 인도지연에 대한 운송인의 책임은 지연된 화물에 관하여 지급되는 운임의 2배 반에 상당하는 금액으로 제한되지만, 이는 해상화물운송계약에 의해 지급되는 총운임을 초과하지 못한다.

   (c) 어떠한 경우에도 본 항 (a) 및 (b)에 의한 운송인의 책임의 총액은 화물의 전손에 대한 책임이 생긴 경우 그 전손에 대하여 본 항 (a)에 의하여 확정되는 한도액을 초과하지 못한다.

2. 제1항 (a)에 의한 고액의 산정을 위하여 다음의 원칙을 적용한다.

(a) Where a container, pallet or similar article of transport is used to consolidate goods, the package or other shipping units enumerated in the bill of lading, if issued, or otherwise in any other document evidencing the contract of carriage by sea, as packed in such article of transport are deemed packages or shipping units. Except as aforesaid the goods in such article of transport are deemed one shipping unit.

(b) In cases where the article of transport itself has been lost or damaged, that article of transport, if not owned or otherwise supplied by the carrier, is considered one separate shipping unit.

3. Unit of account means the unit of account mentioned in article 26.

4. By agreement between the carrier and the shipper, limits of liability exceeding those provided for in paragraph 1 may be fixed.

(a) 컨테이너, 팰릿 또는 유사한 운송용구가 화물을 혼재하기 위하여 사용되는 경우, 선하증권이 발행된 경우 선하증권, 그렇지 않은 경우 해상운송계약을 증명하는 기타서류상 그러한 운송용구에 포장된 대로 기재된 포장 또는 기타 선적단위는 포장 또는 선적단위로 본다. 이 경우를 제외하고는 이러한 운송용구 내의 화물을 하나의 선적단위로 본다.

(b) 운송용구 자체가 멸실 또는 훼손된 경우 그 운송용구를 운송인이 소유하거나 공급한 것이 아닌 경우에는 이를 하나의 별개의 선적단위로 본다.

3. 계산단위는 제26조에서 말하는 계산단위를 의미한다.

4. 운송인과 송하인 간의 합의에 의하여 제1항에 규정된 책임의 한도를 초과하는 한도를 정할 수 있다.

Article 7 Application to non-contractual claims : 비계약적 청구에 대한 적용

1. The defences and limits of liability provided for in this Convention apply in any action against the carrier in respect of loss or damage to the goods covered by the contract of carriage by sea, as well as of delay in delivery whether the action is founded in contract, in tort or otherwise.

2. If such an action is brought against a servant or agent of the carrier, such servant or agent, if he proves that he acted within the scope of his employment, is entitled to avail himself of the defences and limits of liability which the carrier is entitled to invoke under this Convention.

3. Except as provided in article 8, the aggregate of the amounts recoverable from the carrier and from any persons referred to in paragraph 2 of this article shall not exceed the limits of liability provided for in this Convention.

1. 이 계약에서 정하는 책임에 관한 항변 및 한도는 소송이 계약에 의한 것이든, 불법행위 및 기타에 의한 것이든 상관없이, 해상운송계약이 적용되는 화물의 멸실 또는 훼손 또한 인도지연에 관한 운송인에 대한 모든 소송에 적용한다.

2. 이러한 소송이 운송인의 사용인 또는 대리인에 대하여 제기된 경우, 그 사용인 또는 대리인은 그 직무의 범위 내에서 행위하였다는 것을 증명한 경우에는, 이 협약 하에 운송인이 원용할 수 있는 책임에 관한 항변 및 한도를 이용할 권리가 있다.

3. 제8조에 규정된 경우를 제외하고는, 운송인 및 본 조 제2항에서 정하는 모든 자로부터 배상을 받아야 할 총액은 이 협약에 규정된 책임의 한도를 초과하지 못한다.

Article 8 Loss of right to limit responsibility : 책임한도의 권리의 상실

1. The carrier is not entitled to the benefit of the limitation of liability provided for in article 6 if it is proved that the loss, damage or delay in delivery resulted from an act or omission of the carrier done with the intent to cause such loss, damage or delay, or recklessly and with knowledge that such loss, damage or delay would probably result.

2. Notwithstanding the provisions of paragraph 2 of article 7, a servant or agent of the carrier is not entitled to the benefit of the limitation of liability provided for in article 6 if it is proved that the loss, damage or delay in delivery resulted from an act or omission of such servant or agent, done with the intent to cause such loss, damage or delay, or recklessly and with knowledge that such loss, damage or delay would probably result.

1. 운송인은 멸실, 훼손 또는 인도지연이 그러한 멸실, 훼손 또는 지연을 일으킬 의도로써 또한 그러한 멸실, 훼손 또는 지연이 일어날 것을 알면서 무모하게 한 운송인의 작위 또는 부작위로 인하여 생긴 것이 증명된 경우에는, 제6조에 규정된 책임제한의 이익에 대한 권리를 가지지 못한다.

2. 제7조 제2항의 규정에도 불구하고, 운송인의 사용인 또는 대리인은 멸실, 훼손 또는 인도지연이 그러한 멸실, 훼손 또는 지연을 일으킬 의도로써 또한 그러한 멸실, 훼손 또는 지연이 일어날 것을 알면서 무모하게 행한 그러한 사용인 또는 대리인의 작위 또는 부작위로 인하여 생긴 것이 증명된 경우에는, 제6조에 규정된 책임제한의 이익에 대한 권리를 가지지 못한다.

Article 9 Deck cargo : 갑판적화물 13년 기출

1. The carrier is entitled to carry the goods on deck only if such carriage is in accordance with an agreement with the shipper or with the usage of the particular trade or is required by statutory rules or regulations.

2. If the carrier and the shipper have agreed that the goods shall or may be carried on deck, the carrier must insert in the bill of lading or other document evidencing the contract of carriage by sea a statement to that effect. In the absence of such a statement the carrier has the burden of proving that an agreement for carriage on deck has been entered into; however, the carrier is not entitled to invoke such an agreement against a third party, including a consignee, who has acquired the bill of lading in good faith.

1. 운송인은 송하인과의 합의, 특정 상거래의 관습 또는 법령화된 규칙이나 규정에 의하여 이루어지는 경우에 한하여, 화물을 갑판적으로 운송할 권리가 있다.

2. 운송인과 송하인이 화물을 갑판적으로 운송될 것 또는 갑판적으로 운송할 수 있다는 것을 합의한 경우에는, 운송인은 선하증권 또는 기타의 해상운송계약을 증명하는 증권에 그러한 취지의 문언을 기재하여야 한다. 그러한 기재가 없을 경우에는, 운송인은 갑판적운송에 관한 합의가 되어 있다는 것을 증명할 책임이 있다. 그러나 운송인은 수하인을 포함하여 선의로 선하증권을 취득한 제3자에 대하여는 그러한 합의를 원용할 권리가 없다.

3. Where the goods have been carried on deck contrary to the provisions of paragraph 1 of this article or where the carrier may not under paragraph 2 of this article invoke an agreement for carriage on deck, the carrier, notwithstanding the provisions of paragraph 1 of article 5, is liable for loss of or damage to the goods, as well as for delay in delivery, resulting solely from the carriage on deck, and the extent of his liability is to be determined in accordance with the provisions of article 6 or article 8 of this Convention, as the case may be.

4. Carriage of goods on deck contrary to express agreement for carriage under deck is deemed to be an act or omission of the carrier within the meaning of article 8.

3. 본 조 제1항의 규정에 위반하여 화물을 갑판적으로 운송한 경우 또는 운송인이 본 조 제2항에 의한 갑판적운송에 관한 합의를 원용할 수 없는 경우에는, 운송인은 제5조 제1항의 규정에도 불구하고, 오로지 갑판적운송으로부터 인한 화물의 멸실, 훼손 또는 인도지연에 대하여 책임을 지며, 이러한 경우 운송인의 책임범위는 이 협약 제6조 또는 제8조의 규정에 의하여 결정된다.

4. 창내적운송에 관한 명시적 합의에 위반된 화물의 갑판적운송은 제8조의 의미에 해당되는 작위 또는 부작위로 본다.

Article 10 Liability of the carrier and actual carrier : 운송인과 실제운송인의 책임 17, 13, 12년 기출

1. Where the performance of the carriage or part thereof has been entrusted to an actual carrier, whether or not in pursuance of a liberty under the contract of carriage by sea to do so, the carrier nevertheless remains responsible for the entire carriage according to the provisions of this Convention. The carrier is responsible, in relation to the carriage performed by the actual carrier, for the acts and omissions of the actual carrier and of his servants and agents acting within the scope of their employment.

2. All the provisions of this Convention governing the responsibility of the carrier also apply to the responsibility of the actual carrier for the carriage performed by him. The provisions of paragraphs 2 and 3 of article 7 and of paragraph 2 of article 8 apply if an action is brought against a servant or agent of the actual carrier.

1. 운송의 전부 또는 그 일부의 이행을 실제운송인에게 위탁된 경우, 이것이 해상운송계약 하에 자유조항에 의한 것인지와 무관하게 운송인은 이 협약의 규정에 따라 전 운송에 대하여 책임을 부담한다. 실제운송인에 의해 수행되는 운송과 관련된 운송인은 실제운송인과 고용의 범위 내에서 이루어지는 그의 사용인 및 대리인의 작위 및 부작위에 대해 책임을 진다.

2. 운송인의 책임에 관한 이 협약의 모든 규정은 실제운송인이 이행한 운송에 대한 실제운송인의 책임에도 적용한다. 제7조 제2항과 제3항 및 제8조 제2항의 규정은 실제운송인의 사용인이나 대리인에 대해 소송이 제기되었을 때 적용한다.

3. Any special agreement under which the carrier assumes obligations not imposed by this Convention or waives rights conferred by this Convention affects the actual carrier only if agreed to by him expressly and in writing. Whether or not the actual carrier has so agreed, the carrier nevertheless remains bound by the obligations or waivers resulting from such special agreement.

4. Where and to the extent that both the carrier and the actual carrier are liable, their liability is joint and several.

5. The aggregate of the amounts recoverable from the carrier, the actual carrier and their servants and agents shall not exceed the limits of liability provided for in this Convention.

6. Nothing in this article shall prejudice any right of recourse as between the carrier and the actual carrier.

3. 운송인이 협약에 부과되지 않은 의무와 이 협약에 의해 부여된 권리를 포기한다는 특약은 실제운송인이 명시적 그리고 문서로 동의한 때에만 효력이 미친다. 실제운송인의 합의 여부와 무관하게 운송인은 특약에 의해 발생된 의무 또는 권리 포기에 기속된다.

4. 운송인과 실제운송인이 모두 책임을 지는 경우와 그 한도에서 그들의 책임은 연대책임이다.

5. 운송인, 실제운송인 및 그들의 사용인과 대리인으로부터 받을 수 있는 배상액의 총합은 이 협약에 규정된 책임한도액을 초과할 수 없다.

6. 본 조의 어떠한 규정도 운송인과 실제운송인 간 구상권을 침해하지 않는다.

Article 11 Through carriage : 통운송

1. Notwithstanding the provisions of paragraph 1 of article 10, where a contract of carriage by sea provides explicitly that a specified part of the carriage covered by the said contract is to be performed by a named person other than the carrier, the contract may also provide that the carrier is not liable for loss, damage or delay in delivery caused by an occurrence which takes place while the goods are in the charge of the actual carrier during such part of the carriage. Nevertheless, any stipulation limiting or excluding such liability is without effect if no judicial proceedings can be instituted against the actual carrier in a court competent under paragraph 1 or 2 of article 21. The burden of proving that any loss, damage or delay in delivery has been caused by such an occurrence rests upon the carrier.

1. 제10조의 제1항에도 불구하고 해상운송계약에서 계약이 적용되는 특정 부분의 운송이 운송인 외의 지명된 자에 의해 이행된다는 것이 명시되어 있는 경우, 물품이 실제운송인 관리 하의 운송 부분에 있는 동안 발생된 사고로 멸실, 훼손 또는 인도지연에 대해 운송인이 책임을 부담하지 않는다는 것 또한 계약에 포함시킬 수 있다. 그러나 제21조 제1항 또는 제2항에 따라 정당한 관할권을 가지는 법원에 실제운송인에 대한 소송을 제기할 수 없는 경우에는 책임제한이나 면제 조항의 효력은 없다. 화물의 멸실, 훼손 또는 인도지연이 그러한 사고로 발생되었다는 것에 대한 증명책임은 운송인에게 있다.

2. The actual carrier is responsible in accordance with the provisions of paragraph 2 of article 10 for loss, damage or delay in delivery caused by an occurrence which takes place while the goods are in his charge.

2. 실제운송인은 제10조 제2항에 따라 물품이 그의 관리 하에서 발생한 사고로 인해 생긴 멸실, 훼손 또는 인도지연에 대한 책임이 있다.

PART III LIABILITY OF THE SHIPPER : 송하인의 책임

Article 12 General rule : 일반원칙

The shipper is not liable for loss sustained by the carrier or the actual carrier, or for damage sustained by the ship, unless such loss or damage was caused by the fault or neglect of the shipper, his servants or agents. Nor is any servant or agent of the shipper liable for such loss or damage unless the loss or damage was caused by fault or neglect on his part.

송하인은 운송인이나 실제운송인이 입은 손실 또는 선박이 입은 훼손이 송하인, 그의 사용인 또는 대리인의 과실이나 부주의로 인한 것이 아닌 한, 그러한 멸실 또는 훼손에 대한 책임을 부담하지 않는다. 송하인의 사용인이나 대리인 역시 그러한 멸실 또는 훼손이 사용인 또는 대리인의 과실이나 부주의로 인한 것이 아닌 한, 그러한 멸실 또는 훼손에 대한 책임을 부담하지 않는다.

Article 13 Special rules on dangerous goods : 위험물에 관한 특칙

1. The shipper must mark or label in a suitable manner dangerous goods as dangerous.
2. Where the shipper hands over dangerous goods to the carrier or an actual carrier, as the case may be, the shipper must inform him of the dangerous character of the goods and, if necessary, of the precautions to be taken. If the shipper fails to do so and such carrier or actual carrier does not otherwise have knowledge of their dangerous character :
   (a) the shipper is liable to the carrier and any actual carrier for the loss resulting from the shipment of such goods, and
   (b) the goods may at any time be unloaded, destroyed or rendered innocuous, as the circumstances may require, without payment of compensation.
3. The provisions of paragraph 2 of this article may not be invoked by any person if during the carriage he has taken the goods in his charge with knowledge of their dangerous character.

1. 송하인은 위험물에 대한 위험의 확인 또는 표시를 적절한 방법으로 해야 한다.
2. 송하인이 위험화물을 운송인이나 실제 운송인에게 이양하는 때, 각 경우에 따라 송하인은 물품의 위험성과 필요한 경우 취해야 할 예방조치에 대해 통지해야 한다. 송하인이 통지를 하지 않고 운송인이나 실제운송인이 위험성에 대한 인식이 없는 경우

   (a) 송하인은 운송인과 모든 실제운송인에게 그러한 물품의 선적으로부터 발생된 손실에 대한 책임을 부담한다.
   (b) 그 물품은 필요 시 배상금 없이 언제라도 양하, 파괴 또는 무해화시킬 수 있다.

3. 제2항의 규정은 그 화물의 위험성에 대한 인식으로 물품을 자기 관리 하에 수령한 자에게 원용할 수 없다.

4. If, in cases where the provisions of paragraph 2, subparagraph (b), of this article do not apply or may not be invoked, dangerous goods become an actual danger to life or property, they may be unloaded, destroyed or rendered innocuous, as the circumstances may require, without payment of compensation except where there is an obligation to contribute in general average or where the carrier is liable in accordance with the provisions of article 5.

4. 제2항 (b)의 규정이 적용되지 않거나 원용할 수 없는 경우 위험물이 인명 또는 재산에 실질적인 위험을 초래하게 될 때에 그 위험물은 필요한 상황에서 공동해손분담금 분담의무가 있는 경우 또는 운송인이 제5조에 따라서 책임을 지는 경우를 제외하고 배상금 없이 양하, 파괴 또는 무해화시킬 수 있다.

PART Ⅳ TRANSPORT DOCUMENTS : 운송서류

Article 14 Issue of bill of lading : 선하증권의 발행

1. When the carrier or the actual carrier takes the goods in his charge, the carrier must, on demand of the shipper, issue to the shipper a bill of lading.
2. The bill of lading may be signed by a person having authority from the carrier. A bill of lading signed by the master of the ship carrying the goods is deemed to have been signed on behalf of the carrier.
3. The signature on the bill of lading may be in handwriting, printed in facsimile, perforated, stamped, in symbols, or made by an other mechanical or electronic means, if not inconsistent with the law of the country where the bill of lading is issued.

1. 운송인이나 실제운송인이 그의 관리 하에 물품을 인수한 경우, 운송인은 송하인의 청구에 의해 선하증권을 발행해야 한다.
2. 선하증권은 화물의 운송인으로부터 권한을 부여받은 자가 서명할 수 있다. 화물을 운송하는 선박의 선장이 서명한 선하증권은 운송인을 대리하여 서명한 것으로 본다.

3. 선하증권은 발행되는 국가의 법률에 저촉되지 않으면 수기, 복사, 천공, 압인, 기호 또는 기타의 기계적·전자적 방법으로 서명할 수 있다.

Article 15 Contents of bill of lading : 선하증권의 내용 15년 기출

1. The bill of lading must include, inter alia, the following particulars :

   (a) the general nature of the goods, the leading marks necessary for identification of the goods, an express statement, if applicable, as to the dangerous character of the goods, the number of packages or pieces, and the weight of the goods or their quantity otherwise expressed, all such particulars as furnished by the shipper;

   (b) the apparent condition of the goods;

   (c) the name and principal place of business of the carrier;

   (d) the name of the shipper;

   (e) the consignee if named by the shipper;

   (f) the port of loading under the contract of carriage by sea and the date on which the goods were taken over by the carrier at the port of loading;

   (g) the port of discharge under the contract of carriage by sea;

   (h) the number of originals of the bill of lading, if more than one;

   (i) the place of issuance of the bill of lading;

   (j) the signature of the carrier or a person acting on his behalf;

   (k) the freight to the extent payable by the consignee or other indication that freight is payable by him;

   (l) the statement referred to in paragraph 3 of article 23;

   (m) the statement, if applicable, that the goods shall or may be carried on deck;

   (n) the date or the period of delivery of the goods at the port of discharge if expressly agreed upon between the parties; and

   (o) any increased limit or limits of liability where agreed in accordance with paragraph 4 of article 6.

1. 선하증권에는, 그 중에서도 다음의 사항을 기재하여야 한다.

   (a) 송하인에 의해 제공된 물품의 일반적인 특성, 물품의 식별에 필요한 주된 표시, 위험성 있는 물품에 해당되는 경우 위험성에 대한 명시적 기재, 묶음이나 낱개의 개수 그리고 물품의 중량 또는 그 밖에 표시된 수량 등 모든 사항들

   (b) 물품의 외관
   (c) 운송인의 명칭 및 주된 영업소

   (d) 송하인의 명칭
   (e) 송하인이 지명한 경우 수하인
   (f) 해상운송계약상 선적항 및 선적항에서 운송인에 의해 인수받은 날짜

   (g) 해상운송계약상 양륙항

   (h) 선하증권 원본이 1통 이상 발행된 때 그 원본의 수

   (i) 선하증권 발행지
   (j) 운송인 또는 그를 대신하는 자의 서명

   (k) 수하인이 납부하여야 할 운임의 범위 또는 운임을 수하인이 지급한다는 표시

   (l) 제23조 제3항에 언급한 문언

   (m) 해당되는 경우 물품을 갑판으로 운송하거나 갑판으로 운송될 수 있다는 문언
   (n) 당사자 간에 명시적으로 합의된 경우 양륙항에서 물품을 인도할 날짜 또는 기간 및

   (o) 제6조 제4항에 따라 증가시킨 한도 또는 책임의 한도

2. After the goods have been loaded on board, if the shipper so demands, the carrier must issue to the shipper a "shipped" bill of lading which, in addition to the particulars required under paragraph 1 of this article, must state that the goods are on board a named ship or ships, and the date or dates of loading. If the carrier has previously issued to the shipper a bill of lading or other document of title with respect to any of such goods, on request of the carrier, the shipper must surrender such document in exchange for a "shipped" bill of lading. The carrier may amend any previously issued document in order to meet the shipper's demand for a "shipped" bill of lading if, as amended, such document includes all the information required to be contained in a "shipped" bill of lading.

3. The absence in the bill of lading of one or more particulars referred to in this article does not affect the legal character of the document as a bill of lading provided that it nevertheless meets the requirements set out in paragraph 7 of article 1.

2. 물품이 선적된 후 송하인의 청구가 있는 경우, 운송인이 송하인에 대해 본 조 제1항에 따라 필요한 사항에 추가하여 물품이 지정된 선박이나 선박에 적재되었다는 사실과 선적 날짜를 기재한 "선적" 선하증권을 발행해야 한다. 운송인이 이미 송하인에게 선하증권 또는 기타 권리증권을 발행했다면 송하인은 운송인의 요구에 의해 "선적" 선하증권과 상환으로 그러한 증권을 반환해야 한다. 운송인은 송하인의 요구를 충족시키기 위해 이미 발행된 증권을 필요로 하는 모든 정보가 "선적" 선하증권에 포함되도록 수정할 수 있다.

3. 선하증권에 본 조에서 정하는 사항의 하나 이상의 누락이 있다 하더라도 제1조 제7항에 규정된 조건을 충족한다면 선하증권으로서 증권의 법률적 성질에 영향을 받지 않는다.

Article 16 Bills of lading - reservations and evidentiary effect : 선하증권 - 유보와 증거력 13년 기출

1. If the bill of lading contains particulars concerning the general nature, leading marks, number of packages or pieces, weight or quantity of the goods which the carrier or other person issuing the bill of lading on his behalf knows or has reasonable grounds to suspect do not accurately represent the goods actually taken over or, where a "shipped" bill of lading is issued, loaded, or if he had no reasonable means of checking such particulars, the carrier or such other person must insert in the bill of lading a reservation specifying these inaccuracies, grounds of suspicion or the absence of reasonable means of checking.

1. 선하증권에 기재된 화물의 일반적 특성, 주화인, 묶음 또는 낱개 품목의 개수, 중량 또는 수량에 관한 사항이 실제로 인수한 물품 또는 "선적" 선하증권이 발행되어 있는 때 실제로 선적된 물품을 정확하게 반영하고 있지 않다는 것을 운송인 또는 운송인을 대신하여 선하증권을 발행하는 자가 알고 있거나 그러한 의심에 정당한 이유가 있을 때 또는 그러한 사항을 확인할 합리적인 수단이 없는 때에는 운송인 또는 운송인을 대신하여 선하증권을 발행하는 자는 이러한 부정확성, 혐의의 근거 또는 합리적 확인 수단의 부재를 특정하는 유보를 선하증권에 삽입하여야 한다.

2. If the carrier or other person issuing the bill of lading on his behalf fails to note on the bill of lading the apparent condition of the goods, he is deemed to have noted on the bill of lading that the goods were in apparent good condition.

3. Except for particulars in respect of which and to the extent to which a reservation permitted under paragraph 1 of this article has been entered :

   (a) the bill of lading is prima facie evidence of the taking over or, where a "shipped" bill of lading is issued, loading, by the carrier of the goods as described in the bill of lading; and

   (b) proof to the contrary by the carrier is not admissible if the bill of lading has been transferred to a third party, including a consignee, who in good faith has acted in reliance on the description of the goods therein.

4. A bill of lading which does not, as provided in paragraph 1, subparagraph (k) of article 15, set forth the freight or otherwise indicate that freight is payable by the consignee or does not set forth demurrage incurred at the port of loading payable by the consignee, is prima facie evidence that no freight or such demurrage is payable by him. However, proof to the contrary by the carrier is not admissible when the bill of lading has been transferred to a third party, including a consignee, who in good faith has acted in reliance on the absence in the bill of lading of any such indication.

2. 운송인 또는 운송인을 대신하여 선하증권을 발행하는 자가 선하증권에 물품의 외관을 기재하지 않은 경우, 화물이 외관상 양호한 상태에 있었다는 것을 기재한 것으로 본다.

3. 본 조 제1항에 의해 허용되는 유보에 관한 사항과 그 범위를 제외하고

   (a) 선하증권은 운송인이 선하증권에 기재된 대로 물품을 인수받았다는 것 또는 "선적" 선하증권이 발행된 경우는 선적하였다는 것에 대한 추정증거이다. 그리고

   (b) 선하증권이 수하인을 포함하여 물품의 기재를 신뢰하여 선의로 물품을 취득한 제3자에게 양도되어 있다면 운송인에 의한 반증은 허용되지 않는다.

4. 제15조 제1항 (k)에 규정된 바에 따라 운임을 기재하지 않거나 기타의 방법으로 운임을 수하인이 지급한다는 뜻을 표시하지 않거나 수하인이 선적항에서 발생된 체선료를 지급한다는 뜻을 기재하지 않은 선하증권은 수하인이 운임 또는 체선료를 지급하지 않는다는 추정증거가 된다. 그러나 선하증권에 그러한 표시부재에 대해 신뢰하고 선의로 행위를 한 수하인을 포함한 제3자에게 선하증권이 양도된 때에는 운송인에 의한 반증은 허용되지 않는다.

Article 17 Guarantees by the shipper : 송하인에 의한 보증

1. The shipper is deemed to have guaranteed to the carrier the accuracy of particulars relating to the general nature of the goods, their marks, number, weight and quantity as furnished by him for insertion in the bill of lading. The shipper must indemnify the carrier against the loss resulting from inaccuracies in such particulars.

1. 송하인은 선하증권의 기재를 위해 자신이 제출한 물품의 일반적 특성, 그 하인(荷印), 번호, 중량 및 수량에 관한 사항이 정확하다는 것을 운송인에게 담보한 것으로 본다. 송하인은 그러한 사항의 부정확으로 인해 생긴 멸실에 대해 운송인에게 보상하여야 한다.

The shipper remains liable even if the bill of lading has been transferred by him. The right of the carrier to such indemnity in no way limits his liability under the contract of carriage by sea to any person other than the shipper.

2. Any letter of guarantee or agreement by which the shipper undertakes to indemnify the carrier against loss resulting from the issuance of the bill of lading by the carrier, or by a person acting on his behalf, without entering a reservation relating to particulars furnished by the shipper for insertion in the bill of lading, or to the apparent condition of the goods, is void and of no effect as against any third party, including a consignee, to whom the bill of lading has been transferred.

3. Such letter of guarantee or agreement is valid as against the shipper unless the carrier or the person acting on his behalf, by omitting the reservation referred to in paragraph 2 of this article, intends to defraud a third party, including a consignee, who acts in reliance on the description of the goods in the bill of lading. In the latter case, if the reservation omitted relates to particulars furnished by the shipper for insertion in the bill of lading, the carrier has no right of indemnity from the shipper pursuant to paragraph 1 of this article.

4. In the case of intended fraud referred to in paragraph 3 of this article the carrier is liable, without the benefit of the limitation of liability provided for in this Convention, for the loss incurred by a third party, including a consignee, because he has acted in reliance on the description of the goods in the bill of lading.

송하인이 선하증권을 양도했다 하더라도 그 책임은 여전히 부담한다. 보상에 관한 운송인의 권리는 해상운송계약에 의해 송하인 외의 모든 자에 대한 운송인의 책임을 제한할 수 없다.

2. 선하증권에 기재하기 위해 송하인이 제출한 사항 또는 화물의 외관에 관해 운송인 또는 운송인을 대신하여 행위를 하는 자가 유보를 기재하지 않고 선하증권을 발행함으로써 생긴 멸실에 대한 보상은 송하인이 부담한다는 것을 약정하는 어떠한 보증서나 합의서도 수하인을 포함하여 선하증권을 양도받은 제3자에 대해 무효이다.

3. 운송인 또는 운송인을 대신하여 행위를 하는 자가 본 조 제2항에 규정된 유보를 생략하여 수하인을 포함한 선하증권의 화물의 기재를 신뢰하고 행위를 하는 제3자를 기만할 것을 의도한 경우를 제외하고 그러한 보증서나 합의서는 송하인에 대해 효력을 가진다. 후자의 경우 그 생략된 유보가 선하증권에 기재하기 위해 송하인이 제출한 사항에 관한 것인 경우, 운송인은 본 조의 제1항에 따라 송하인으로부터 보상받을 권리를 갖지 못한다.

4. 본 조 제3항에 규정된 기만의 의도인 경우, 운송인은 수하인을 포함한 선하증권상의 화물의 기재를 신뢰하고 행위한 제3자가 입은 멸실에 대해 이 협약에 의한 책임제한의 이익 없이 책임을 진다.

Article 18 Documents other than bills of lading : 선하증권 이외의 증권

Where a carrier issues a document other than a bill of lading to evidence the receipt of the goods to be carried, such a document is prima facie evidence of the conclusion of the contract of carriage by sea and the taking over by the carrier of the goods as therein described.

운송인이 운송될 화물의 인수를 증명하기 위해 선하증권 이외의 증권을 발행한 경우, 그러한 증권은 해상운송계약의 성립과 운송인이 증권의 기재대로 화물을 인수했다는 추정 증거이다.

PART Ⅴ CLAIMS AND ACTIONS : 청구 및 소송

Article 19 Notice of loss, damage or delay : 멸실, 손상 또는 지연의 통지 20, 15년 기출

1. Unless notice of loss or damage, specifying the general nature of such loss or damage, is given in writing by the consignee to the carrier not later than the working day after the day when the goods were handed over to the consignee, such handing over is prima facie evidence of the delivery by the carrier of the goods as described in the document of transport or, if no such document has been issued, in good condition.

2. Where the loss or damage is not apparent, the provisions of paragraph 1 of this article apply correspondingly if notice in writing is not given within 15 consecutive days after the day when the goods were handed over to the consignee.

3. If the state of the goods at the time they were handed over to the consignee has been the subject of a joint survey or inspection by the parties, notice in writing need not be given of loss or damage ascertained during such survey or inspection.

4. In the case of any actual or apprehended loss or damage the carrier and the consignee must give all reasonable facilities to each other for inspecting and tallying the goods.

5. No compensation shall be payable for loss resulting from delay in delivery unless a notice has been given in writing to the carrier within 60 consecutive days after the day when the goods were handed over to the consignee.

6. If the goods have been delivered by an actual carrier, any notice given under this article to him shall have the same effect as if it had been given to the carrier, and any notice given to the carrier shall have effect as if given to such actual carrier.

1. 화물이 수하인에게 인도된 날의 다음 영업일까지 수하인이 운송인에 대해 서면으로 멸실 또는 손상의 일반적인 특성을 명시하지 않은 경우, 인도는 운송인이 물품을 선하증권에 기재된 대로 또는 그러한 증권이 발행되지 않은 때에는 양호한 상태로 인도하였다는 추정증거가 된다.

2. 멸실 또는 손상이 외관상 드러나지 않은 경우, 물품이 수하인에게 인도될 날부터 계속되는 15일 이내에 서면으로 통지되지 않으면 본 조 제1항의 규정대로 적용된다.

3. 물품이 수하인에게 인도될 시점에 물품의 상태가 양 당사자의 공동 조사 또는 검사의 대상이 된 경우, 그 조사 또는 검사 중에 확인된 멸실 또는 손상에 관한 서면 통지를 요하지 않는다.

4. 멸실 또는 손상이 발생했거나 발생될 우려가 있는 경우, 운송인 및 수하인은 물품의 검사 또는 검수를 위해 모든 상당한 편의를 제공해야 한다.

5. 물품이 수하인에게 인도된 날부터 계속되는 60일 이내에 운송인에게 서면으로 통지하지 않은 경우, 인도지연으로 생긴 손실에 대한 배상금은 지급하지 않는다.

6. 물품이 실제운송인에 의해 인도되는 경우 본 조에 의해 실제운송인에 대해 한 모든 통지는 운송인에 대해 한 경우와 효력이 같고 운송인에 대해 한 모든 통지도 실제운송인에 대해 한 경우와 효력이 같다.

7. Unless notice of loss or damage, specifying the general nature of the loss or damage, is given in writing by the carrier or actual carrier to the shipper not later than 90 consecutive days after the occurrence of such loss or damage or after the delivery of the goods in accordance with paragraph 2 of article 4, whichever is later, the failure to give such notice is prima facie evidence that the carrier or the actual carrier has sustained no loss or damage due to the fault or neglect of the shipper, his servants or agents.

8. For the purpose of this article, notice given to a person acting on the carrier's or the actual carrier's behalf, including the master or the officer in charge of the ship, or to a person acting on the shipper's behalf is deemed to have been given to the carrier, to the actual carrier or to the shipper, respectively.

7. 멸실 또는 손상이 생긴 날이나 제4조 제2항에 따라 물품이 인도된 날 중 늦은 날부터 계속되는 90일 이내에 운송인 또는 실제운송인이 송하인에 대해 서면으로 멸실 또는 손상의 일반적 특성을 명시하여 통지하지 않았다면, 그러한 통지의 태만은 운송인 또는 실제운송인이 송하인 또는 그 사용인이나 대리인의 과실 또는 부주의로 인해 멸실 또는 손상이 생기지 않았다는 추정증거가 된다.

8. 본 조의 적용에 있어 선장 및 선박관리를 담당하는 선박사관을 포함한 운송인 또는 실제운송인을 대신하는 자 또는 송하인을 대신하여 행위하는 자에 대한 통지는 각각 운송인이나 실제운송인 또는 송하인에 대한 것으로 본다.

Article 20 Limitation of actions : 소송의 제한 20, 15, 13년 기출

1. Any action relating to carriage of goods under this Convention is time-barred if judicial or arbitral proceedings have not been instituted within a period of two years.
2. The limitation period commences on the day on which the carrier has delivered the goods or part thereof or, in cases where no goods have been delivered, on the last day on which the goods should have been delivered.
3. The day on which the limitation period commences is not included in the period.
4. The person against whom a claim is made may at any time during the running of the limitation period extend that period by a declaration in writing to the claimant. This period may be further extended by another declaration or declarations.

1. 법적절차나 중재절차가 2년 내에 개시되지 않으면 이 협약에 의한 물품운송과 관련한 모든 소송은 시효가 소멸한다.

2. 소멸시효기간은 운송인이 화물의 전부 또는 일부를 인도한 날 또는 화물이 인도되지 않은 경우 화물이 인도되었어야 할 최종일에 개시한다.

3. 소멸시효기간이 개시되는 날은 그 기간에 산입하지 않는다.

4. 청구를 받은 자는 진행 중인 소멸시효기간 중 언제라도 청구자에 대해 서면통보로 그 기간을 연장할 수 있다. 이 기간은 그 후의 다른 통보에 의해 연장될 수 있다.

5. An action for indemnity by a person held liable may be instituted even after the expiration of the limitation period provided for in the preceding paragraphs if instituted within the time allowed by the law of the State where proceedings are instituted. However, the time allowed shall not be less than 90 days commencing from the day when the person instituting such action for indemnity has settled the claim or has been served with process in the action against himself.

5. 책임을 부담하는 사람에 의한 구상청구소송은 전항들에 규정된 소멸시효기간 종료 후에도 소송절차를 개시하는 국가의 법률에 의해 허용된 기간 내에 소를 제기할 수 있다. 그러나 그러한 허용기간은 그러한 구상청구소송을 제기하는 자가 자기에 대한 청구를 해결할 날 또는 자기에 대한 소송에서 소장의 송달을 받은 날로부터 기산하여 90일 미만이 아니어야 한다.

Article 21 Jurisdiction : 재판관할권

1. In judicial proceedings relating to carriage of goods under this Convention the plaintiff, at his option, may institute an action in a court which, according to the law of the State where the court is situated, is competent and within the jurisdiction of which is situated one of the following places :

   (a) the principal place of business or, in the absence thereof, the habitual residence of the defendant; or

   (b) the place where the contract was made provided that the defendant has there a place of business, branch or agency through which the contract was made; or

   (c) the port of loading or the port of discharge ; or

   (d) any additional place designated for that purpose in the contract of carriage by sea.

2. (a) Notwithstanding the preceding provisions of this article, an action may be instituted in the courts of any port or place in a Contracting State at which the carrying vessel or any other vessel of the same ownership may have been arrested in accordance with applicable rules of the law of that State and of international law.

1. 이 협약에 의한 물품운송에 관한 법적절차에서 원고는 자신의 선택에 따라 소재국의 법률에 의해 정당한 재판관할권을 가지고 다음의 장소에 위치하는 관할권 내의 법원에 소를 제기할 수 있다.

   (a) 피고의 주된 영업소 소재지, 이러한 곳이 없는 때에는 피고의 거소지

   (b) 계약체결지, 피고가 계약을 체결한 사무소, 지점 또는 대리점이 있는 곳일 것

   (c) 선적항 또는 양륙항

   (d) 해상운송계약에서 그 목적을 위해 지정된 추가장소

2. (a) 본 조의 전항의 규정에도 불구하고 체약국의 법률 및 국제법의 적용가능한 규칙에 따라 운송선박 또는 이와 같은 소유 하의 다른 선박이 압류되어 있는 체약국에 있는 어떠한 항구나 장소의 법원에도 소를 제기할 수 있다.

However, in such a case, at the petition of the defendant, the claimant must remove the action, at his choice, to one of the jurisdictions referred to in paragraph 1 of this article for the determination of the claim, but before such removal the defendant must furnish security sufficient to ensure payment of any judgement that may subsequently be awarded to the claimant in the action.

(b) All questions relating to the sufficiency or otherwise of the security shall be determined by the court of the port or place of the arrest.

3. No judicial proceedings relating to carriage of goods under this Convention may be instituted in a place not specified in paragraph 1 or 2 of this article. The provisions of this paragraph do not constitute an obstacle to the jurisdiction of the Contracting States for provisional or protective measures.

4. (a) Where an action has been instituted in a court competent under paragraph 1 or 2 of this article or where judgement has been delivered by such a court, no new action may be started between the same parties on the same grounds unless the judgement of the court before which the first action was instituted is not enforceable in the country in which the new proceedings are instituted;

(b) for the purpose of this article the institution of measures with a view to obtaining enforcement of a judgement is not to be considered as the starting of a new action;

(c) for the purpose of this article, the removal of an action to a different court within the same country, or to a court in another country, in accordance with paragraph 2(a) of this article, is not to be considered as the starting of a new action.

이러한 경우, 피고의 신청이 있으면 청구권자는 자신의 선택에 의한 해당 청구에 대한 결정을 위해 본 조 제1항의 관할법원 중 하나에 소송을 이송해야 하며 피고는 그러한 이송 전에 소송에서 그 후 청구권자에게 선고될 판결에 대한 지급보장을 위해 충분한 담보를 제공해야 한다.

(b) 담보의 충분이나 기타 담보에 관한 모든 문제는 압류가 된 항구나 장소의 법원이 결정한다.

3. 이 협약에 의한 물품운송 관련 법적절차는 본 조 제1항 또는 제2항에 특정되어 있지 않은 곳에서 제기할 수 없다. 본 조의 규정은 임시적·보호적 조치를 위한 체약국의 재판관할권에 대한 장애로 구성되지 않는다.

4. (a) 소송이 본 조 제1항 또는 제2항에 의해 정당한 재판관할권을 갖는 법원에 제기된 경우, 처음 소송이 제기된 법원의 판결이 새로운 절차가 제기된 국가에서 집행할 수 없는 경우가 아닌 한, 동일 당사자 간에 동일한 사유로 새로운 소 절차를 개시할 수 없다.

(b) 본 조의 적용에 있어 판결의 집행을 획득하기 위한 수단의 제기는 새로운 소의 개시로 취급되지 않는다.

(c) 본 조의 적용에 있어 동일국가 내의 다른 법원으로 소의 이송 또는 본 조 제2항 (a)에 따른 타국법원으로의 이송은 새로운 소의 개시로 취급되지 않는다.

5. Notwithstanding the provisions of the preceding paragraphs, an agreement made by the parties, after a claim under the contract of carriage by sea has arisen, which designates the place where the claimant may institute an action, is effective.

5. 전항들의 규정에도 불구하고 해상운송계약에 의한 청구가 발생한 후에 청구권자가 소를 제기할 수 있는 곳을 지정하는 당사자 간의 합의는 효력을 가진다.

Article 22 Arbitration : 중재

1. Subject to the provisions of this article, parties may provide by agreement evidenced in writing that any dispute that may arise relating to carriage of goods under this Convention shall be referred to arbitration.

1. 본 조의 규정에 따라 당사자는 이 협약에 의한 물품운송에 관해 발생하는 모든 분쟁을 중재에 회부한다는 것을 서면에 의한 합의로 제시할 수 있다.

2. Where a charter-party contains a provision that disputes arising thereunder shall be referred to arbitration and a bill of lading issued pursuant to the charter-party does not contain a special annotation providing that such provision shall be binding upon the holder of the bill of lading, the carrier may not invoke such provision as against a holder having acquired the bill of lading in good faith.

2. 용선계약서에 발생하는 분쟁을 중재에 회부한다는 조항이 포함되어 있고 용선계약서에 따라 발행된 선하증권에 그러한 규정이 선하증권소지인을 구속한다는 특별한 주석이 포함되어 있지 않은 경우, 운송인은 선의로 선하증권을 취득한 소지인에 대해 그 규정을 원용할 수 없다.

3. The arbitration proceedings shall, at the option of the claimant, be instituted at one of the following places :

   (a) a place in a State within whose territory is situated :

     (i) the principal place of business of the defendant or, in the absence thereof, the habitual residence of the defendant; or

     (ii) the place where the contract was made, provided that the defendant has there a place of business, branch or agency through which the contract was made; or

     (iii) the port of loading or the port of discharge ; or

   (b) any place designated for that purpose in the arbitration clause or agreement.

4. The arbitrator or arbitration tribunal shall apply the rules of this Convention.

3. 중재절차는 청구인의 선택에 의해 다음의 장소 중 한 곳에서 제기하여야 한다.

   (a) 한 국가의 영토 내에 소재하는 장소

     (i) 피신청인의 주된 영업소 소재지 또는 그런 곳이 없는 경우 피신청인의 거소지 또는

     (ii) 계약 체결지, 단 피신청인이 계약이 체결된 장소에 사무소, 지점 또는 대리점을 가지고 있을 것

     (iii) 선적항 또는 양륙항 또는

   (b) 중재조항 또는 중재계약에 의해 그 목적을 위해 지정된 곳

4. 중재인 또는 중재재판소는 이 협약의 규칙을 적용해야 한다.

5. The provisions of paragraphs 3 and 4 of this article are deemed to be part of every arbitration clause or agreement, and any term of such clause or agreement which is inconsistent therewith is null and void.

6. Nothing in this article affects the validity of an agreement relating to arbitration made by the parties after the claim under the contract of carriage by sea has arisen.

5. 본 조 제3항 및 제4항의 규정은 모든 중재조항 또는 합의의 일부로 보고 그러한 조항이나 합의에 저촉되는 모든 계약규정은 무효로 한다.

6. 본 조의 어떠한 규정도 해상운송계약에 의한 청구 후에 당사자에 의해 성립된 중재 관련 합의의 효력에 영향을 주지 않는다.

PART Ⅵ SUPPLEMENTARY PROVISIONS : 보칙

Article 23 Contractual stipulations : 계약조항

1. Any stipulation in a contract of carriage by sea, in a bill of lading, or in any other document evidencing the contract of carriage by sea is null and void to the extent that it derogates, directly or indirectly, from the provisions of this Convention. The nullity of such a stipulation does not affect the validity of the other provisions of the contract or document of which it forms a part. A clause assigning benefit of insurance of the goods in favour of the carrier, or any similar clause, is null and void.

2. Notwithstanding the provisions of paragraph 1 of this article, a carrier may increase his responsibilities and obligations under this Convention.

3. Where a bill of lading or any other document evidencing the contract of carriage by sea is issued, it must contain a statement that the carriage is subject to the provisions of this Convention which nullify any stipulation derogating therefrom to the detriment of the shipper or the consignee.

1. 해상운송계약 중 조항, 선하증권 또는 기타의 해상운송계약을 증명하는 증권에 포함되어 있는 조항은 이 협약의 규정을 직접 또는 간접으로 해하는 범위에서 무효이다. 이러한 조항의 무효는 계약이나 증권의 일부인 다른 조항들에 영향을 주지 않는다. 물품에 관한 보험의 이익을 운송인을 위해 양도한다는 조항 또는 이와 유사한 조항은 무효이다.

2. 본 조의 제1항에도 불구하고, 운송인은 이 협약으로 자신의 책임과 의무를 가중할 수 있다.

3. 선하증권 또는 기타 해상운송계약을 증명하는 증권이 발행되는 경우, 그 운송이 송하인 또는 수하인의 불이익으로 이 협약의 규정을 해하는 조항은 무효로 한다는 이 협약의 규정을 적용받는다는 것의 기재를 포함하여야 한다.

4. Where the claimant in respect of the goods has incurred loss as a result of a stipulation which is null and void by virtue of the present article, or as a result of the omission of the statement referred to in paragraph 3 of this article, the carrier must pay compensation to the extent required in order to give the claimant compensation in accordance with the provisions of this Convention for any loss of or damage to the goods as well as for delay in delivery. The carrier must, in addition, pay compensation for costs incurred by the claimant for the purpose of exercising his right, provided that costs incurred in the action where the foregoing provision is invoked are to be determined in accordance with the law of the State where proceedings are instituted.

4. 물품에 관한 청구인이 본 조에 의한 무효조항으로 인해 또는 본 조 제3항에 따르는 기재의 누락으로 인해 손실을 입은 경우, 운송인은 청구인에게 화물의 멸실·훼손 또는 인도지연에 대해 이 협약의 규정에 따라 배상이 요구되는 범위 내에서 손해배상을 하여야 한다. 또한 운송인은 청구인이 권리행사를 위해 지출한 비용에 대해서도 배상하여야 한다. 본 규정이 원용되는 소송에서 부담한 비용은 소송이 제기된 법정지의 법에 따라 결정된다.

Article 24 General average : 공동해손

1. Nothing in this Convention shall prevent the application of provisions in the contract of carriage by sea or national law regarding the adjustment of general average.

2. With the exception of article 20, the provisions of this Convention relating to the liability of the carrier for loss of or damage to the goods also determine whether the consignee may refuse contribution in general average and the liability of the carrier to indemnify the consignee in respect of any such contribution made or any salvage paid.

1. 이 협약의 모든 규정은 공동해손의 정산에 관한 해상운송계약 또는 국내법 규정의 적용을 방해하지 않는다.

2. 제20조가 적용되는 경우를 제외하고, 이 협약의 물품의 멸실이나 훼손에 관한 운송인의 책임과 관련된 조항들은 수하인이 공동해손분담금의 거절가능 여부를 결정하고 부담한 분담금 또는 지급한 구조금에 관해 수하인에게 보상할 운송인의 책임을 결정한다.

Article 25 Other conventions : 타 협약

1. This Convention does not modify the rights or duties of the carrier, the actual carrier and their servants and agents, provided for in international conventions or national law relating to the limitation of liability of owners of seagoing ships.
2. The provisions of articles 21 and 22 of this Convention do not prevent the application of the mandatory provisions of any other multilateral convention already in force at the date of this Convention [March 31, 1978] relating to matters dealt with in the said articles, provided that the dispute arises exclusively between parties having their principal place of business in States members of such other convention.

   However, this paragraph does not affect the application of paragraph 4 of article 22 of this Convention.
3. No liability shall arise under the provisions of this Convention for damage caused by a nuclear incident if the operator of a nuclear installation is liable for such damage :
   (a) under either the Paris Convention of 29 July 1960 on Third Party Liability in the Field of Nuclear Energy as amended by the Additional Protocol of 28 January 1964 or the Vienna Convention of 21 May 1963 on Civil Liability for Nuclear Damage, or
   (b) by virtue of national law governing the liability for such damage, provided that such law is in all respects as favourable to persons who may suffer damage as either the Paris or Vienna Conventions.
4. No liability shall arise under the provisions of this Convention for any loss of or damage to or delay in delivery of luggage for which the carrier is responsible under any international convention or national law relating to the carriage of passengers and their luggage by sea.

1. 이 협약은 선박소유자의 책임한도와 관련한 국제협약 또는 국내법에 규정된 운송인, 실제운송인과 그의 사용인 및 대리인의 권리나 의무를 변경하지 않는다.

2. 이 협약의 제21조 및 제22조의 규정은 이미 1978년 3월 31일 시행 중인 기타 협약의 회원국에 소재한 그들의 주된 영업소를 가진 당사자 간에 배타적으로 발생되는 분쟁을 다룬 제21조 및 제22조와 관련한 기타 다자간 협약의 모든 강행규정의 적용을 방해하지 않는다.

   단, 본 규정은 이 협약의 제22조 제4항의 적용을 방해하지 않는다.

3. 핵사고로 인한 손상에 관한 이 협약의 규정에 따라 그러한 손상에 대한 원자력시설의 관리자의 책임이 발생되지 않는다.

   (a) 1964년 1월 28일의 추가 의정서에 의해 개정된 원자력분야의 제3자 책임에 관한 1960년 7월 29일 파리협약 또는 1963년 5월 21일 원자력 손해에 있어서 민사책임에 관한 비엔나 협약 중 하나에 의해, 또는

   (b) 그러한 손상의 책임을 규율하는 국내법은 파리협약 이나 비엔나 협약으로부터 손해를 입을 사람에게 모든 면에서 유리하게 적용되도록

4. 모든 국제협약 또는 여객과 화물의 해상운송에 관한 국내법에 의해 책임을 부담하는 운송인은 화물의 손실이나 손해 또는 화물의 인도지연에 관한 이 협약의 규정에 따라 책임이 발생하지 않는다.

Article 26 Unit of account : 계산단위

1. The unit of account referred to in article 6 of this Convention is the Special Drawing Right as defined by the International Monetary Fund. The amounts mentioned in article 6 are to be converted into the national currency of a State according to the value of such currency at the date of judgement or the date agreed upon by the parties. The value of a national currency, in terms of the Special Drawing Right, of a Contracting State which is a member of the International Monetary Fund is to be calculated in accordance with the method of valuation applied by the International Monetary Fund in effect at the date in question for its operations and transactions.

   The value of a national currency in terms of the Special Drawing Right of a Contracting State which is not a member of the International Monetary Fund is to be calculated in a manner determined by that State.

2. Nevertheless, those States which are not members of the International Monetary Fund and whose law does not permit the application of the provisions of paragraph 1 of this article may, at the time of signature, or at the time of ratification, acceptance, approval or accession or at any time thereafter, declare that the limits of liability provided for in this Convention to be applied in their territories shall be fixed as : 12,500 monetary units per package or other shipping unit or 37.5 monetary units per kilogram of gross weight of the goods.

3. The monetary unit referred to in paragraph 2 of this article corresponds to sixty-five and a half milligrams of gold of millesimal fineness nine hundred. The conversion of the amounts referred to in paragraph 2 into the national currency is to be made according to the law of the State concerned.

1. 이 협약 제6조에 규정된 계산단위는 국제통화기금에서 정의하는 특별인출권으로 한다. 제6조에 의한 금액은 판결의 선고일 또는 당사자가 합의한 날 국내통화가치에 따라 그 국가의 국내통화로 환산한다. 국제통화기금의 회원인 체약국의 특별인출권에 의한 국내통화가치는 그 운영과 거래에 관해 해당 일에 실시되고 있는 국제통화기금이 적용하는 평가방법에 따라 산출한다.

   국제통화기금의 회원이 아닌 체약국의 특별인출권에 의한 국내통화가치는 그 국가에서 결정하는 방법에 따라 이를 산출한다.

2. 그러나 국제통화기금의 회원이 아닌 국가로서 그 법률상 본 조 제1항이 적용되지 않는 국가는 서명 또는 비준, 수락, 승인 또는 가입 시나 그 후의 언제라도 자국의 영토 내에서 이 협약에 규정된 책임의 한도를 다음과 같이 정한다는 것을 선언할 수 있다. 포장 또는 기타의 선적 단위마다 12,500화폐단위 또는 화물의 총중량의 1kg당 37.5화폐단위

3. 본 조 제2항에 규정된 화폐단위는 순도 1천분의 900의 금 65.5mg에 상당한다. 제2항에 의한 금액의 국내통화로의 환산은 관계법의 법률에 따라 이루어진다.

PART Ⅶ FINAL CLAUSES : 최종조항

Article 27 Depository : 수탁자

The Secretary General of the United Nations is hereby designated as the depositary of this Convention.

UN 사무총장은 이 협약의 수탁자로 지정된다.

Article 28 Signature, ratification, acceptance, approval, accession : 서명, 비준, 수락, 승인, 가입

1. This Convention is open for signature by all States until 30 April 1979 at the Headquarters of the United Nations, New York.
2. This Convention is subject to ratification, acceptance or approval by the signatory States.
3. After 30 April 1979, this Convention will be open for accession by all States which are not signatory States.
4. Instruments of ratification, acceptance, approval and accession are to be deposited with the Secretary—General of the United Nations.

1. 이 협약은 유엔 뉴욕 본부에서 1979년 4월 30일까지 모든 국가의 서명을 받기 위하여 공개된다.
2. 이 협약은 서명국의 비준, 수락 또는 승인을 받아야 한다.
3. 1979년 4월 30일 후, 이 협약은 모든 비서명국의 가입을 위하여 공개된다.
4. 비준, 수락, 승인 및 가입서는 UN 사무총장에게 기탁한다.

Article 29 Reservations : 유보

No reservations may be made to this Convention.

이 협약은 유보할 수 없다.

Article 30 Entry into force : 발효

1. This Convention enters into force on the first day of the month following the expiration of one year from the date of deposit of the 20th instrument of ratification, acceptance, approval or accession.
2. For each State which becomes a Contracting State to this Convention after the date of deposit of the 20th instrument of ratification, acceptance approval or accession, this Convention enters into force on the first day of the month following the expiration of one year after the deposit of the appropriate instrument on behalf of that State.

1. 이 협약은 비준, 수락, 승인 또는 가입의 20번째 기탁일로부터 1년이 경과한 다음 달 1일에 발효된다.
2. 비준, 수락, 승인 또는 가입의 20번째 기탁일 후 이 협약을 체결한 각 국가에 대해 이 협약은 그 국가를 대신하여 적절한 기금을 기탁한 후 일 년이 경과한 다음 달 1일에 발효된다.

3. Each Contracting State shall apply the provisions of this Convention to contracts of carriage by sea concluded on or after the date of the entry into force of this Convention in respect of that State.

3. 각 체약국은 해상운송계약을 체결하려는 때 또는 그 국가에 관해 협약의 발효일 후에는 이 협약의 규정을 적용해야 한다.

※ Article 31 타 협약의 폐기는 생략합니다.

Article 32 Revision and amendment : 개정 및 수정

1. At the request of not less than one-third of the Contracting States to this Convention, the depositary shall convene a conference of the Contracting States for revising or amending it.
2. Any instrument of ratification, acceptance, approval or accession deposited after the entry into force of an amendment to this Convention, is deemed to apply to the Convention as amended.

1. 이 협약 체약국의 3분의 1 이상의 요청에 따라, 수탁자는 수정 또는 개정을 위한 체약국의 회의를 소집하여야 한다.

2. 비준, 수락, 승인 또는 가입한 모든 기금이 개정 협약 발효 후 기탁된 것은 개정된 협약에 따라 적용하는 것으로 본다.

Article 33 Revision of the limitation amounts and unit of account or monetary unit : 책임한도액 및 계산단위 또는 화폐단위의 개정

1. Notwithstanding the provisions of article 32, a conference only for the purpose of altering the amount specified in article 6 and paragraph 2 of article 26, or of substituting either or both of the units defined in paragraphs 1 and 3 of article 26 by other units is to be convened by the depositary in accordance with paragraph 2 of this article. An alteration of the amounts shall be made only because of a significant change in their real value.
2. A revision conference is to be convened by the depositary when not less than one-fourth of the Contracting States so request.

1. 제32조의 규정에도 불구하고, 제6조와 제26조 제2항에 단지 명시된 책임한도액을 변경하거나 제26조에 의해 제1항 및 제3항에 정의된 단위 중 하나 또는 모두를 대체하려는 목적의 회의는 본 조 제2항에 따라 수탁자에 의해 소집된다. 책임한도액의 변경은 그 실제가치의 현저한 변화 때문인 경우에만 이루어질 수 있다.

2. 협약의 개정은 체약국의 4분의 1 이상이 요구할 때 수탁자에 의해 소집되어야 한다.

3. Any decision by the conference must be taken by a two-thirds majority of the participating States. The amendment is communicated by the depositary to all the Contracting States for acceptance and to all the States signatories of the Convention for information.

4. Any amendment adopted enters into force on the first day of the month following one year after its acceptance by two-thirds of the Contracting States. Acceptance is to be effected by the deposit of a formal instrument to that effect, with the depositary.

5. After entry into force of an amendment a Contracting State which has accepted the amendment is entitled to apply the Convention as amended in its relations with Contracting States which have not within six months after the adoption of the amendment notified the depositary that they are not bound by the amendment.

6. Any instrument of ratification, acceptance, approval or accession deposited after the entry into force of an amendment to this Convention, is deemed to apply to the Convention as amended.

※ Article 34 폐기는 생략합니다.

3. 회의에 의한 모든 결정은 참가국의 3분의 2 다수에 의해 채택되어야 한다. 개정안은 수탁자에 의해 수용 및 서명한 모든 체약국에게 전달된다.

4. 채택된 개정안은 체약국 3분의 2의 승인 후 일 년이 지난 다음 달 1일에 발효된다. 채택은 결과에 따른 공식기금의 기탁과 수탁자에 의해 발효된다.

5. 개정안의 발효 후 그들의 관계에서 개정된 협약으로서 적용할 권한을 가진 개정안을 수용한 체약국과 그렇지 않은 체약국은 개정안 채택 후 6개월 내에 수탁자에게 통지하면 개정안에 구속되지 않는다.

6. 비준, 수락, 승인 또는 가입한 모든 기금이 개정 협약 발효 후 기탁된 것은 개정된 협약을 적용하는 것으로 본다.

6. MT 조약(1980) : 국제물품복합운송에 관한 유엔협약

PART Ⅰ GENERAL PROVISIONS : 총칙

Article 1 Definitions : 정의 20, 18, 17년 기출

For the purposes of this Convention :

1. "International multimodal transport" means the carriage of goods by at least two different modes of transport on the basis of a multimodal transport contract from a place in one country at which the goods are taken in charge by the multimodal transport operator to a place designated for delivery situated in a different country. The operations of pick-up and delivery of goods carried out in the performance of a unimodal transport contract, as defined in such contract, shall not be considered as international multimodal transport.

2. "Multimodal transport operator" means any person who on his own behalf or through another person acting on his behalf concludes a multimodal transport contract and who acts as a principal, not as an agent or on behalf of the consignor or of the carriers participating in the multimodal transport operations, and who assumes responsibility for the performance of the contract.

3. "Multimodal transport contract" means a contract whereby a multimodal transport operator undertakes, against payment of freight, to perform or to procure the performance of international multimodal transport.

4. "Multimodal transport document" means a document which evidences a multimodal transport contract, the taking in charge of the goods by the multimodal transport operator, and an undertaking by him to deliver the goods in accordance with the terms of that contract.

이 협약의 목적상

1. "국제복합운송"은 복합운송인이 화물을 자기의 보관 아래 인수한 한 국가의 지점에서 다른 국가에 위치하고 있는 지정 인도지점까지, 복합운송계약에 의하여 적어도 2종류 이상의 운송수단에 의한 화물운송을 의미한다. 단일한 운송수단에 의한 운송계약의 이행으로 그러한 계약에 정의된 바대로 행한 집하와 인도는 국제복합운송으로 간주하지 않는다.

2. "복합운송인"은 스스로 혹은 자신을 대리한 타인을 통하여 복합운송계약을 체결하고, 송하인이나 복합운송운영에 관여하는 운송인의 대리인으로서 또는 그러한 사람에 갈음하여서가 아니라, 주체로서 행위를 하고, 또한 계약의 이행에 관한 책임을 지는 사람을 말한다.

3. "복합운송계약"은 복합운송인이 운임의 지급을 대가로 국제복합운송을 실행하거나 또는 그 실행을 확보할 것을 인수하는 계약을 말한다.

4. "복합운송증권"은 복합운송계약과 복합운송인이 자기의 보관 아래 화물을 인수하였다는 것 및 그 계약의 내용에 따라서 운송인이 화물을 인도할 의무를 부담하는 것을 증명하는 증권을 말한다.

5. "Consignor" means any person by whom or in whose name or on whose behalf a multimodal transport contract has been concluded with the multimodal transport operator, or any person by whom or in whose name or on whose behalf the goods are actually delivered to the multimodal transport operator in relation to the multimodal transport contract.

6. "Consignee" means the person entitled to take delivery of the goods.

7. "Goods" includes any container, pallet or similar article of transport or packaging, if supplied by the consignor.

8. "International convention" means an international agreement concluded among States in written form and governed by international law.

9. "Mandatory national law" means any statutory law concerning carriage of goods the provisions of which cannot be departed from by contractual stipulation to the detriment of the consignor.

10. "Writing" means, inter alia, telegram or telex.

---

5. "송하인"은 스스로 또는 자기명의로 또는 대리인에 의하여 복합운송인과 복합운송계약을 체결한 사람, 또는 스스로 또는 자기 명의로 또는 대리인에 의하여 복합운송계약과 관련하여 화물을 운송인에게 실제로 인도하는 사람을 말한다.

6. "수하인"은 화물을 인도받을 권리를 가진 자를 말한다.

7. "화물"은 만일 송하인이 공급한 것인 경우에는 컨테이너, 팰릿 또는 유사한 운송이나 포장용구를 포함한다.

8. "국제협약"은, 국가들 간에 문서형식으로 체결된 국제협약으로서 국제법에 의해 지배되는 국제협약을 말한다.

9. "강행국내법"은, 화물운송에 관한 법으로서 계약조항으로 그 규정을 송하인에게 불리하게 변경할 수 없는 제정법을 의미한다.

10. "문서"라 함은 그 중에서도 전보 및 텔렉스를 말한다.

Article 2 Scope of application : 적용범위 10년 기출

The provisions of this Convention shall apply to all contracts of multimodal transport between places in two States, if :

(a) The place for the taking in charge of the goods by the multimodal transport operator as provided for in the multimodal transport contract is located in a Contracting State, or

(b) The place for delivery of the goods by the multimodal transport operator as provided for in the multimodal transport contract is located in a Contracting State.

이 협약의 규정은 다음 경우의 두 국가 간의 모든 복합운송계약에 적용한다.

(a) 복합운송인이 화물을 복합운송계약에 규정된 대로 자기의 보관 아래 인수한 곳이 체약국에 있을 때, 또는

(b) 복합운송인이 화물을 복합운송계약에 규정된 대로 인도할 곳이 체약국에 있을 때

Article 3 Mandatory application : 강행적 적용

1. When a multimodal transport contract has been concluded which according to article 2 shall be governed by this Convention, the provisions of this Convention shall be mandatorily applicable to such contract.
2. Nothing in this Convention shall affect the right of the consignor to choose between multimodal transport and segmented transport.

1. 제2조에 의거 본 협약에 의해 지배되는 복합운송계약이 체결된 때에는 본 협약의 규정은 그러한 계약에 강행적으로 적용된다.

2. 본 협약의 어떠한 규정도 화주가 복합운송과 구간별 운송 중 선택할 수 있는 권리에 영향을 미치지 않는다.

Article 4 Regulation and control of multimodal transport : 복합운송의 규율과 규제

1. This Convention shall not affect, or be incompatible with, the application of any international convention or national law relating to the regulation and control of transport operations.
2. This Convention shall not affect the right of each State to regulate and control at the national level multimodal transport operations and multimodal transport operators, including the right to take measures relating to consultations, especially before the introduction of new technologies and services, between multimodal transport operators, shippers, shippers' organizations and appropriate national authorities on terms and conditions of service; licensing of multimodal transport operators; participation in transport; and all other steps in the national economic and commercial interest.
3. The multimodal transport operator shall comply with the applicable law of the country in which he operates and with the provisions of this Convention.

1. 이 협약은 운송운영의 규율과 규제에 관한 국내법이나 국제협약의 적용에 영향을 미치거나 그것과 저촉되지 아니한다.

2. 이 협약은 특히 새로운 기술과 서비스를 도입하기 이전의 복합운송인, 화주, 화주기구 및 유관국가기관 간 서비스의 내용과 조건에 관한 협의, 복합운송인의 면허, 운송에의 참여 및 국가경제적 상업적 이해에 대한 그 밖의 모든 조치에 관한 권리를 포함하여 각국이 국가적인 차원에서 복합운송업과 복합운송운영자에 대하여 규율하고 규제할 수 있는 권리에 영향을 미치지 않는다.

3. 복합운송인은 자기가 영업을 하고 있는 나라에서 적용되는 법 및 본 협약의 규정을 준수하여야 한다.

Article 5 Issue of multimodal transport document : 복합운송증권의 발급

1. When the goods are taken in charge by the multimodal transport operator, he shall issue a multimodal transport document which, at the option of the consignor, shall be in either negotiable or non−negotiable form.

2. The multimodal transport document shall be signed by the multimodal transport operator or by a person having authority from him.

3. The signature on the multimodal transport document may be in handwriting, printed in facsimile, perforated, stamped, in symbols, or made by any other mechanical or electronic means, if no inconsistent with the law of the country where the multimodal transport document is issued.

4. If the consignor so agrees, a non−negotiable multimodal transport document may be issued by making use of any mechanical or other means preserving a record of the particulars stated in article 8 to be contained in the multimodal transport document. In such a case the multimodal transport operator, after having taken the goods in charge, shall deliver to the consignor a readable document containing all the particulars so recorded, and such document shall for the purposes of the provisions of this Convention be deemed to be a multimodal transport document.

1. 복합운송인은 화물을 자기의 보관으로 인수한 때에는 송하인의 선택에 따라서 유통성증권 형태 혹은 비유통성 증권 형태의 복합운송증권을 발급하여야 한다.

2. 복합운송증권은 복합운송인 또는 그로부터 권리를 부여받은 자에 의해 서명되어야 한다.

3. 복합운송증권의 발급지법에 저촉되지 않는 한, 복합운송증권의 서명은 자필, 복사, 인쇄, 천공, 압인, 부호, 또는 기타의 기계적 또는 전자적 방법으로 할 수 있다.

4. 송하인이 합의할 경우에는, 제8조에 규정된 복합운송증권에 포함되어야 할 명세들의 기록을 보존하는 기계적 또는 타 방법을 사용해서 비유통성 복합운송증권을 발급할 수 있다. 그럴 경우, 복합운송인은 화물을 자신의 보관으로 인수한 후 기록되어 있는 모든 명세를 포함하고 있는 판독이 가능한 증권을 송하인에게 인도하여야 하며, 그러한 증권은 본 협약규정의 목적상 복합운송증권으로 간주된다.

Article 6 Negotiable multimodal transport document : 유통성 복합운송서류 16, 15, 14년 기출

1. Where a multimodal transport document is issued in negotiable form :
   (a) It shall be made out to order or to bearer;
   (b) If made out to order it shall be transferable by endorsement;
   (c) If made out to bearer it shall be transferable without endorsement;
   (d) If issued in a set of more than one original it shall indicate the number of originals in the set;
   (e) If any copies are issued each copy shall be marked "non-negotiable copy".
2. Delivery of the goods may be demanded from the multimodal transport operator or a person acting on his behalf only against surrender of the negotiable multimodal transport document duly endorsed where necessary.
3. The multimodal transport operator shall be discharged from his obligation to deliver the goods if, where a negotiable multimodal transport document has been issued in a set of more than one original, he or a person acting on his behalf has in good faith delivered the goods against surrender of one of such originals.

1. 복합운송증권이 유통성증권 형태로 발급되었을 경우
   (a) 지시식 또는 소지인식으로 작성되어야 하며,
   (b) 지시식으로 작성된 경우에는, 배서에 의하여 증권을 양도할 수 있어야 하며,
   (c) 소지인식으로 작성된 경우에는 배서에 의하지 않고 증권을 양도할 수 있어야 하며,
   (d) 1통 이상의 원본이 1조로 발급된 때에는 조를 이루고 있는 원본의 통수를 기재하여야 하고,
   (e) 사본을 발급할 때에는 매 사본마다 "비유통성사본"이라는 표시를 하여야 한다.
2. 화물의 인도는 필요한 경우 정당하게 배서된 유통성 복합운송증권과의 상환으로만 복합운송인 또는 그에 갈음하여 행위를 하는 사람에게 청구할 수 있다.
3. 유통성 복합운송증권이 2통 이상의 원본을 1조로 발급된 경우, 복합운송인 또는 그에 갈음하여 행위를 하는 사람이 선의로 그러한 원본 중 1통과 상환으로 화물을 인도한 때에는, 복합운송인은 화물을 인도할 그의 의무로부터 면제된다.

Article 7 Non-negotiable multimodal transport document : 비유통성 복합운송서류

1. Where a multimodal transport document is issued in non-negotiable form it shall indicate a named consignee.
2. The multimodal transport operator shall be discharged from his obligation to deliver the goods if he makes delivery thereof to the consignee named in such non-negotiable multimodal transport document or to such other person as he may be duly instructed, as a rule, in writing.

1. 복합운송증권이 비유통성증권 형태로 발급된 경우에는 지명된 수하인의 성명을 증권에 기재하여야 한다.
2. 복합운송인은 그러한 비유통성 복합운송증권에 지명되어있는 수하인 또는 그가 일반적으로 서면으로 정당하게 지시를 받은 그 밖의 사람에게 화물을 인도한 경우에는 화물을 인도할 의무로부터 면제된다.

1. The multimodal transport document shall contain the following particulars :

   (a) The general nature of the goods, the leading marks necessary for identification of the goods, an express statement, if applicable, as to the dangerous character of the goods, the number of packages or pieces, and the gross weight of the goods or their quantity otherwise expressed, all such particulars as furnished by the consignor;

   (b) The apparent condition of the goods;

   (c) The name and principal place of business of the multimodal transport operator;

   (d) The name of the consignor;

   (e) The consignee, if named by the consignor;

   (f) The place and date of taking in charge of the goods by the multimodal transport operator;

   (g) The place of delivery of the goods;

   (h) The date or the period of delivery of the goods at the place of delivery, if expressly agreed upon between the parties;

   (i) A statement indicating whether the multimodal transport document is negotiable or non-negotiable;

   (j) The place and date of issue of the multimodal transport document;

   (k) The signature of the multimodal transport operator or of a person having authority from him;

   (l) The freight for each mode of transport, if expressly agreed between the parties, or the freight including its currency, to the extent payable by the consignee or other indication that freight is payable by him;

   (m) The intended journey route, modes of transport and places of transhipment, if known at the time of issuance of the multimodal transport document;

1. 복합운송증권에는 다음 사항을 포함시켜야 한다.

   (a) 화물의 일반적인 종류, 화물의 식별에 필요한 주요 하인, 해당되는 경우 화물의 위험성에 관한 명시적 기재, 포장 및 개품의 수, 화물의 총중량 또는 그 밖의 표시에 의한 수량, 기타 송하인이 제출한 모든 사항들

   (b) 화물의 외관상태

   (c) 복합운송인의 명칭 및 주된 영업소의 소재지

   (d) 송하인의 명칭

   (e) 송하인이 지명한 경우는 수하인

   (f) 복합운송인이 화물을 자기 보관 아래 인수한 장소 및 일자

   (g) 화물의 인도지

   (h) 당사자 간에 명시적으로 합의된 경우에도 인도지에서 화물을 인도할 날 또는 기간

   (i) 복합운송증권이 유통성인지 비유통성인지를 나타내는 표시

   (j) 복합운송증권의 발급지 및 발급일

   (k) 복합운송인 또는 그로부터 수권한 자의 서명

   (l) 당사자 간에 명시적으로 합의된 경우 각 운송수단별 운임 혹은 수하인이 지급할 범위의 운임과 운임으로 지급할 통화 및 운임을 수하인이 지급할 것임을 나타내는 기타 표시

   (m) 예정된 운송경로, 운송수단 및 복합운송증권 발급 시 알려진 경우에는 환적지

(n) The statement referred to in paragraph 3 of article 28;

(o) Any other particulars which the parties may agree to insert in the multimodal transport document, if not inconsistent with the law of the country where the multimodal transport document is issued.

2. The absence from the multimodal transport document of one or more of the particulars referred to in paragraph 1 of this article shall not affect the legal character of the document as a multimodal transport document provided that it nevertheless meets the requirements set out in paragraph 4 of article 1.

(n) 제28조 제3항에 언급된 내용의 기재

(o) 그 밖에 당사자 간에 복합운송증권에 기재하기로 합의된 사항으로 복합운송증권이 발급된 나라의 법에 저촉되지 아니하는 것

2. 복합운송증권에 본 조 제1항에서 언급된 사항 중 하나 이상의 결여가 있더라도 제1조 제4항에 규정된 요건을 충족하는 한, 복합운송증권으로서의 증권의 법률적 성질에 영향을 미치지 아니한다.

Article 9 Reservations in the multimodal transport document : 복합운송증권상의 유보

1. If the multimodal transport document contains particulars concerning the general nature, leading marks, number of packages or pieces, weight or quantity of the goods which the multimodal transport operator or a person acting on his behalf knows, or has reasonable grounds to suspect, do not accurately represent the goods actually taken in charge, or if he has no reasonable means of checking such particulars, the multimodal transport operator or a person acting on his behalf shall insert in the multimodal transport document a reservation specifying these inaccuracies, grounds of suspicion or the absence of reasonable means of checking.

2. If the multimodal transport operator or a person acting on his behalf fails to note on the multimodal transport document the apparent condition of the goods, he is deemed to have noted on the multimodal transport document that the goods were in apparent good condition.

1. 복합운송증권에 기재된 화물의 일반적 종류, 주요 하인, 포장 또는 개품의 수, 중량 또는 수량에 관한 사항이 실제로 자기의 보관 아래 인수한 물건을 정확하게 표시하고 있지 아니하는 것을 복합운송인 또는 복합운송인에 갈음하여 행위를 하는 사람이 알고 있거나, 그렇게 의심할 만한 정당한 이유가 있을 때, 복합운송인 또는 복합운송인에 갈음하여 행위를 하는 사람은 그러한 부정확성, 의심할 이유 또는 적당한 확인방법의 결여에 관하여 유보를 복합운송증권에 삽입하여야 한다.

2. 운송인 또는 운송인에 갈음하여 행위를 하는 사람이 복합운송증권에 화물의 외관 상태를 기재하지 아니한 때에는 화물이 외관상 양호한 상태에 있었다는 것을 복합운송증권에 기재한 것으로 본다.

Article 10 Evidentiary effect of the multimodal transport document : 복합운송증권의 증거력

Except for particulars in respect of which and to the extent to which a reservation permitted under article 9 has been entered :

(a) The multimodal transport document shall be prima facie evidence of the taking in charge by the multimodal transport operator of the goods as described therein; and

(b) Proof to the contrary by the multimodal transport operator shall not be admissible if the multimodal transport document is issued in negotiable form and has been transferred to a third party, including a consignee, who has acted in good faith in reliance on the description of the goods therein.

제9조에 의하여 허용되는 유보에 관한 사항 및 그 유보의 범위를 제외하고

(a) 복합운송증권은 복합운송인이 동 증권에 기재된 대로 화물을 자기의 보관 아래 인수하였다는 것에 대한 추정증거가 된다.

(b) 복합운송증권이 유통증권서식으로 발행되어, 수하인을 포함하여, 그 화물의 기재를 신뢰하고 선의로 행위를 한 제3자에게 양도되었을 때에는, 복합운송인에 의한 반증은 허용되지 아니한다.

Article 11 Liability for intentional misstatements or omissions : 의도적인 부실기재나 기재의 누락에 대한 책임

When the multimodal transport operator, with intent to defraud, gives in the multimodal transport document false information concerning the goods or omits any information required to be included under paragraph 1 (a) or (b) of article 8 or under article 9, he shall be liable, without the benefit of the limitation of liability provided for in this Convention, for any loss, damage or expenses incurred by a third party, including a consignee, who acted in reliance on the description of the goods in the multimodal transport document issued.

복합운송인이 사기를 목적으로 복합운송증권상에 허위정보를 표시하거나, 제8조 제1항 (a) 또는 (b) 또는 제9조에 의하여 포함시켜야 할 정보를 기재하지 아니한 경우에는, 복합운송인은 수하인을 포함하여 발급된 복합운송증권상의 화물명세를 신뢰하고 행위를 한 제3자가 입은 손실, 손해 또는 비용에 대하여, 이 협약에 규정된 책임제한의 혜택 없이, 배상할 책임이 있다.

Article 12 Guarantee by the consignor : 송하인에 의한 보증

1. The consignor shall be deemed to have guaranteed to the multimodal transport operator the accuracy, at the time the goods were taken in charge by the multimodal transport operator, of particulars relating to the general nature of the goods, their marks, number, weight and quantity and, if applicable, to the dangerous character of the goods, as furnished by him for insertion in the multimodal transport document.

1. 송하인은 복합운송인이 화물을 자기의 보관 아래 인수할 때에, 복합운송증권의 기재를 위하여 자기가 제출한 화물의 일반적 종류, 그 하인, 개수, 중량 및 수량 그리고, 해당되는 경우, 화물의 위험성에 관한 사항이 정확하다는 것을 복합운송인에게 담보한 것으로 본다.

2. The consignor shall indemnify the multimodal transport operator against loss resulting from inaccuracies in or inadequacies of the particulars referred to in paragraph 1 of this article. The consignor shall remain liable even if the multimodal transport document has been transferred to him. The right of the multimodal transport operator to such indemnity shall in no way limit his liability under the multimodal transport contract to any person other than the consignor.

2. 송하인은 본 조 제1항에 관한 사항이 부정확 또는 불충분으로 인하여 야기된 손실에 대하여 복합운송인에게 보상하여야 한다. 송하인은 복합운송증권을 양도한 경우에도 그 책임을 면하지 못한다. 그러한 보상에 관한 복합운송인의 권리는 복합운송계약에 의한 송하인 이외의 모든 사람에 대한 복합운송인이 책임을 결코 제한하지 않는다.

Article 13 Other documents : 기타 서류

The issue of the multimodal transport document does not preclude the issue, if necessary, of other documents relating to transport or other services involved in international multimodal transport, in accordance with applicable international conventions or national law.

복합운송증권의 발급은 적용되는 국제협약 또는 국내법에 따라 필요한 경우 운송 또는 국제복합운송에 관련된 기타 업무에 대한 다른 증권의 발급을 배제하지 아니한다.

However, the issue of such other documents shall not affect the legal character of the multimodal transport document.

그러나 다른 증권의 발행은 복합운송증권의 법률적 성질에 영향을 미치지 아니한다.

PART Ⅲ LIABILITY OF THE MULTIMODAL TRANSPORT OPERATOR : 복합운송인의 책임

Article 14 Period of responsibility : 책임의 기간 21, 19, 11년 기출

1. The responsibility of the multimodal transport operator for the goods under this Convention covers the period from the time he takes the goods in his charge to the time of their delivery.
2. For the purpose of this article, the multimodal transport operator is deemed to be in charge of the goods :
   (a) From the time he has taken over the goods from :

1. 이 협약에 의한 화물에 대한 복합운송인의 책임은 화물을 복합운송인의 보관 아래 인수한 때로부터 화물을 인도할 때까지의 기간에 미친다.

2. 본 조의 목적상, 다음 기간에 화물이 복합운송인의 보관 아래 있는 것으로 본다.

   (a) 복합운송인의 화물을,

(i) the consignor or a person acting on his behalf; or

(ii) an authority or other third party to whom, pursuant to law or regulations applicable at the place of taking in charge, the goods must be handed over for transport;

(b) Until the time he has delivered the goods :

(i) by handing over the goods to the consignee; or

(ii) in cases where the consignee does not receive the goods from the multimodal transport operator, by placing them at the disposal of the consignee in accordance with the multimodal transport contract or with the law or with the usage of the particular trade applicable at the place of delivery; or

(iii) by handing over the goods to an authority or other third party to whom, pursuant to law or regulations applicable at the place of delivery, the goods must be handed over.

3. In paragraphs 1 and 2 of this article, reference to the multimodal transport operator shall include his servants or agents or any other person of whose services he makes use for the performance of the multimodal transport contract, and reference to the consignor or consignee shall include their servants or agents.

(i) 송하인 또는 송하인에 갈음하여 행위를 하는 사람 또는,

(ii) 인수지에서 적용되는 법령에 따라서 운송을 위하여 화물을 교부하여야 할 당국 또는 기타의 제3자로부터 인수한 때로부터

(b) 복합운송인이 화물을,

(i) 수하인에게 화물을 교부함으로써,

(ii) 수하인이 복합운송인으로부터 화물을 수령하지 아니하는 경우에는, 복합운송계약 또는 법률이나 인도지에서 적용되는 당해 거래의 관습에 따라서 화물을 수하인의 처분으로 넘김으로써, 또는

(iii) 인도지에서 적용되는 법령에 따라서 화물을 교부하여야 할 당국 또는 기타의 제3자에게 교부함으로써 인도할 때까지

3. 본 조 제1항 및 제2항에서 말하는 복합운송인에는 복합운송계약의 이행을 위하여 복합운송인이 고용하는 사용인이나 대리인 및 기타 그의 업무수행에 필요한 자를 포함하며, 송하인 또는 수하인에는 그들의 사용인 또는 대리인을 포함한다.

Article 15 The liability of the multimodal transport operator for his servants, agents and other persons
: 복합운송인, 그 사용인 대리인 및 그 밖의 사람에 관한 책임 11년 기출

Subject to article 21, the multimodal transport operator shall be liable for the acts and omissions of his servants or agents, when any such servant or agent is acting within the scope of his employment, or of any other person of whose services he makes use for the performance of the multimodal transport contract, when such person is acting in the performance of the contract, as if such acts and omissions were his own.

제21조의 적용을 전제로 복합운송인은 그 직무의 범위 내에서 행위를 하고 있을 때의 복합운송인의 사용인이나 대리인 또는 그 밖에 복합운송계약의 이행을 위하여 사용하는 사람의 작위 또는 부작위에 대하여 그러한 작위 또는 부작위가 복합운송인 자신의 작위 또는 부작위인 것처럼 책임을 진다.

Article 16 Basis of liability : 책임의 원칙 11년 기출

1. The multimodal transport operator shall be liable for loss resulting from loss or damage to the goods, as well as from delay in delivery, if the occurrence which caused the loss, damage or delay in delivery took place while the goods were in his charge as defined in article 14, unless the multimodal transport operator proves that he, his servants or agents or any other person referred to in article 15 took all measures that could reasonably be required to avoid the occurrence and its consequences.

2. Delay in delivery occurs when the goods have not been delivered within the time expressly agreed upon or, in the absence of such agreement, within the time which it would be reasonable to require of a diligent multimodal transport operator, having regard to the circumstances of the case.

3. If the goods have not been delivered within 90 consecutive days following the date of delivery determined according to paragraph 2 of this article, the claimant may treat the goods as lost.

1. 복합운송인은 화물의 멸실, 훼손 또는 인도지연의 원인으로 된 사고가 제14조에 정의된 운송인의 보관 아래 있는 동안에 일어난 때에는 그 멸실, 훼손 또는 지연으로 인하여 생긴 손실에 대하여 책임을 진다. 그러나 복합운송인 또는 제15조에서 말하는 그 사용인이나 대리인 또는 그 밖의 사람이 사고 및 그 결과를 방지하기 위하여 합리적으로 요구되는 모든 조치를 취하였다는 것을 증명한 때에는 그러하지 아니하다.

2. 인도지연은 화물이 명시적으로 합의된 기한 내에, 또 그러한 합의가 없는 경우에는 당해 사안의 정황을 고려하여 성실한 복합운송인에게 합리적으로 요구되는 기한 내에 인도되지 아니한 때에 발생한다.

3. 화물이 본 조 제2항에 의한 인도 기한을 경과한 후 연속되는 90일 내에 인도되지 아니한 때에는, 배상 청구인은 화물이 멸실된 것으로 간주할 수 있다.

Article 17 Concurrent causes : 원인의 경합

Where fault or neglect on the part of the multimodal transport operator, his servants or agents or any other person referred to in article 15 combines with another cause to produce loss, damage or delay in delivery, the multimodal transport operator shall be liable only to the extent that the loss, damage or delay in delivery is attributable to such fault or neglect, provided that the multimodal transport operator proves the part of the loss, damage or delay in delivery not attributable thereto.

복합운송인 또는 제15조에서 말하는 그 사용인이나 대리인 또는 밖의 사람에 의한 과실 또는 부주의가 다른 원인과 경합하여 멸실, 훼손 또는 인도지연을 일으킨 경우에는, 복합운송인은 그러한 과실 또는 부주의의 탓으로 돌릴 수 있는 멸실, 훼손 또는 인도지연의 범위 내에서만 책임을 진다. 단, 이러한 경우 복합운송인은 그러한 과실 또는 부주의의 탓으로 돌릴 수 없는 멸실, 훼손 또는 인도지연의 부분을 증명하여야 한다.

1. When the multimodal transport operator is liable for loss resulting from loss of or damage to the goods according to article 16, his liability shall be limited to an amount not exceeding 920 units of account per package or other shipping unit or 2. 75 units of account per kilogram of gross weight of the goods lost or damaged, whichever is the higher.

2. For the purpose of calculating which amount is the higher in accordance with paragraph 1 of this article, the following rules apply :

   (a) where a container, pallet or similar article of transport is used to consolidate goods, the packages or other shipping units enumerated in the multimodal transport document as packed in such article of transport are deemed packages or shipping units. Except as aforesaid, the goods in such article of transport are deemed one shipping unit.

   (b) in cases where the article of transport itself has been lost or damaged, that article of transport, if not owned or otherwise supplied by the multimodal transport operator, is considered one separate shipping unit.

3. Notwithstanding the provisions of paragraphs 1 and 2 of this article, if the international multimodal transport does not, according to the contract, include carriage of goods by sea or by inland waterways, the liability of the multimodal transport operator shall be limited to an amount not exceeding 8.33 units of account per kilogram of gross weight of the goods lost or damaged.

1. 복합운송인이 제16조에 의하여 화물의 멸실 또는 훼손으로 인한 손해에 대하여 책임을 지는 경우, 그 책임은 포장물(또는 기타 적재단위)당 920계산단위를 초과하지 아니하는 금액과 멸실 또는 훼손된 화물의 총중량의 1킬로그램당 2.75계산단위 중 많은 금액으로 제한된다.

2. 본 조 제1항에 의한 고액의 산정을 위하여 다음 원칙을 적용한다.

   (a) 컨테이너, 팰릿 또는 기타 이와 유사한 운송용구가 화물을 집적하기 위하여 사용되는 경우, 이러한 운송용구에 포장된 것으로 복합운송증권에 표시되어 있는 포장물 또는 적재단위를 포장물 또는 적재단위로 본다. 상기 경우를 제외하고, 이러한 운송용구 내의 화물을 하나의 적재단위로 본다.

   (b) 운송용구 자체가 멸실 또는 훼손된 경우, 그 운송용구를 복합운송인이 소유하거나 공급한 것이 아닌 때에는 이를 하나의 별개의 적재단위로 본다.

3. 본 조 제1항 및 제2항의 규정에도 불구하고, 만일 국제복합운송이, 계약에 의거, 내수 혹은 해상운송을 포함하지 않을 경우, 복합운송인의 책임은 멸실 혹은 손상된 화물의 총중량의 1킬로그램당 8.33 계산단위를 초과하지 않은 금액으로 제한된다.

4. The liability of the multimodal transport operator for loss resulting from delay in delivery according to the provisions of article 16 shall be limited to an amount equivalent to two and a half times the freight payable for the goods delayed, but not exceeding the total freight payable under the multimodal transport contract.

5. The aggregate liability of the multimodal transport operator, under paragraphs 1 and 4 or paragraphs 3 and 4 of this article, shall not exceed the limit of liability for total loss of the goods as determined by paragraph 1 or 3 of this article.

6. By agreement between the multimodal transport operator and the consignor, limits of liability exceeding those provided for in paragraphs 1, 3 and 4 of this article may be fixed in the multimodal transport document.

7. "Unit of account" means the unit of account mentioned in article 31.

4. 제16조 규정에 의한 인도지연으로 인한 손해에 대한 복합운송인의 책임은 지연된 화물에 대하여 지급되는 운임의 2.5배에 상당하는 금액으로 제한하되, 복합운송계약 하에서 지급되는 운임총액을 초과할 수 없다.

5. 본 조 제1항과 제4항 혹은 제3항과 제4항에 의한 복합운송인의 책임의 총액은 본 조 제1항 혹은 제3항에 의해 결정되는 화물의 전손에 대한 책임의 한도를 초과하지 못한다.

6. 복합운송인과 송하인 간의 합의에 의해 본 조 제1항, 제3항 및 제4항에 설정된 한도를 초과하는 책임한도를 복합운송증권에 규정할 수 있다.

7. "계산단위"란 제31조에서 말하는 계산단위를 의미한다.

Article 19 Localised damage : 국지적 손해

When the loss of or damage to the goods occurred during one particular of the multimodal transport, in respect of which an applicable international convention or mandatory national law provides a higher limit of liability than the limit that would follow from application of paragraphs 1 to 3 of article 18, then the limit of the multimodal transport operator's liability for such loss or damage shall be determined by reference to the provisions of such convention or mandatory national law.

화물의 멸실 또는 손상이 복합운송의 어느 한 특정구간에서 발생하고, 그 구간에 관하여 적용되는 국제협약 또는 강행적 국내법이 제18조 제1항부터 제3항까지의 적용으로 산출되는 한도보다 높은 한도를 규정하고 있는 경우에는 그 멸실 또는 손상에 대한 복합운송인의 책임의 한도는 그 협약 또는 국내법의 규정에 따라서 결정된다.

1. The defences and limits of liability provided for in this Convention shall apply in any action against the multimodal transport operator in respect of loss resulting from loss of or damage to the goods, as well as from delay in delivery, whether the action be founded in contract, in tort or otherwise.

2. If an action in respect of loss resulting from loss of or damage to the goods or from delay in delivery is brought against the servant or agent of the multimodal transport operator, if such servant or agent proves that he acted within the scope of his employment, or against any other person of whose services he makes use for the performance of the multimodal transport contract, if such other person proves that he acted within the performance of the contract, the servant or agent of such other person shall be entitled to avail himself of the defences and limits of liability which the multimodal transport operator is entitled to invoke under this Convention.

3. Except as provided in article 21, the aggregate of the amounts recoverable from the multimodal transport operator and from a servant or agent or any other person of whose services he makes use for the performance of the multimodal transport contract shall not exceed the limits of liability provided for in this Convention.

1. 이 협약에 정하는 책임에 관한 항변 및 한도는 소송이 계약에 의거한 것이든 불법행위 혹은 기타에 의거한 것이든 불문하고, 화물의 멸실, 손상 또는 인도지연에 관한 복합운송인에 대한 모든 소송에 적용된다.

2. 화물의 멸실, 손상 또는 인도지연에 관한 소송이 복합운송인의 사용인 또는 대리인에 대하여 제기된 경우, 그러한 사용인 또는 대리인이 그 직무의 범위 내에서 행위를 하였다는 것을 증명한 때에는 또는 그러한 소송이 복합운송계약의 이행을 위하여 복합운송인이 고용한 그 밖의 사람에 대하여 제기된 경우에, 만일 그러한 사람이 그가 계약이행의 범위 내에서 행위를 하였음을 입증한 때에는 그 사용인이나 대리인 또는 그 밖의 사람은 이 협약 하에서 복합운송인이 원용할 수 있는 책임에 관한 항변 및 한도를 이용할 권리가 있다.

3. 제21조에 규정된 경우를 제외하고, 복합운송인 및 사용인이나 대리인 또는 복합운송계약의 이행을 위하여 복합운송인이 고용한 그 밖의 사람으로부터 배상받을 수 있는 총액은 이 협약에 규정된 책임의 한도를 초과하지 못한다.

Article 21 Loss of the right to limit liability : 책임제한의 권리 상실

1. The multimodal transport operator is not entitled to the benefit of the limitation of liability provided for in this Convention if it is proved that the loss, damage or delay in delivery resulted from an actor omission of the multimodal transport operator done with the intent to cause such loss, damage or delay or recklessly and with knowledge that such loss, damage or delay would probably result.

2. Notwithstanding paragraph 2 of article 20, a servant or agent of the multimodal transport operator or other person of whose services he makes use for the performance of the multimodal transport contract is not entitled to the benefit of the limitation of liability provided for in this Convention if it is proved that the loss, damage or delay in delivery resulted from an act or omission of such servant, agent or other person, done with the intent to cause such loss, damage or delay or recklessly and with knowledge that such loss, damage or delay would probably result.

1. 멸실, 손상 또는 인도지연이 그 멸실, 손상 또는 지연을 일으킬 의도로써 또는 무모하게 그러한 멸실, 손상 또는 지연이 일어날 것을 알면서 한 복합운송인 또는 그 사용인이나 대리인 또는 복합운송계약의 이행을 위하여 복합운송인이 고용한 그 밖의 사람의 작위 또는 부작위로 인하여 생긴 것이 증명된 때에는 복합운송인은 본 협약에 규정된 책임제한의 이익에 대한 권리를 갖지 못한다.

2. 제20조 제2항의 규정에도 불구하고, 멸실, 손상 또는 인도지연이 그 멸실, 손상 또는 지연을 일으킬 의도로써 또는 무모하게 그러한 멸실, 손상 또는 지연이 일어날 것을 알면서 한 사용인이나 대리인 또는 복합운송계약의 이행을 위하여 복합운송인이 고용한 그 밖의 사람의 작위 또는 부작위로 인하여 생긴 것이 증명된 때에는 그러한 사용인이나 대리인 또는 그 밖의 사람은 본 협약에 규정된 책임제한의 이익에 대한 권리를 갖지 못한다.

PART Ⅳ LIABILITY OF THE CONSIGNOR : 송하인의 책임

Article 22 General rule : 총칙

The consignor shall be liable for loss sustained by the multimodal transport operator if such loss is caused by the fault or neglect of the consignor, or his servants or agents when such servants or agents are acting within the scope of their employment. Any servant or agent of the consignor shall be liable for such loss if the loss is caused by fault or neglect on his part.

송하인은 송하인 자신 또는 그 사용인이나 대리인이 그 직무의 범위 내의 행위 당시 과실이나 부주의로 인하여 복합운송인이 입은 손실에 대하여 책임을 져야 한다. 송하인의 사용인 또는 대리인도 그러한 손실이 그 사용인 또는 대리인 측의 과실 또는 부주의 때문이었을 경우 그 손실에 대하여 책임을 져야 한다.

1. The consignor shall mark or label in a suitable manner dangerous goods as dangerous.

2. Where the consignor hands over dangerous goods to the multimodal transport operator or any person acting on his behalf, the consignor shall inform him of the dangerous character of the goods and, if necessary, the precautions to be taken. If the consignor fails to do so and the multimodal transport operator does not otherwise have knowledge of their dangerous character :

   (a) the consignor shall be liable to the multimodal transport operator for all loss resulting from the shipment of such goods; and

   (b) the goods may at any time be unloaded, destroyed or rendered innocuous, as the circumstances may require, without payment of compensation.

3. The provisions of paragraph 2 of this article may not be invoked by any person if during the multimodal transport he has taken the goods in his charge with knowledge of their dangerous character.

4. If, in cases where the provisions of paragraph 2 (b) of this article do not apply or may not be invoked, dangerous goods become an actual danger to life or property, they may be unloaded, destroyed or rendered innocuous, as the circumstances may require, without payment of compensation except where there is an obligation to contribute in general average or where the multimodal transport operator is liable in accordance with the provisions of article 16.

1. 송하인은 위험물에 관하여 적절한 방법으로 위험성이 있다는 표식을 하거나 꼬리표를 붙여야 한다.

2. 송하인이 복합운송인 또는 복합운송인에 갈음하여 행위를 하는 사람에게 위험물을 인도할 때에는 송하인은 화물의 위험성 및 필요한 경우, 취하여야 할 예방조치에 관하여 복합운송인에게 통지하여야 한다. 송하인이 화물의 위험성과 그 예방조치에 대해서 복합운송인에게 통지하지 않았고 복합운송인이 화물의 위험성에 대해 인지하지 못한 경우에는

   (a) 송하인은 그러한 화물의 적재로 인하여 발생하는 모든 손실에 대하여 복합운송인에게 책임을 지고, 또한

   (b) 그 화물은 필요한 상황에서는, 배상금을 지급하지 아니하고, 언제든지 이를 양하시키거나 파괴시키거나 무해하게 처분할 수 있다.

3. 복합운송 중에 화물의 위험성을 알고 그 화물을 자기의 보관 아래 수령한 사람은 본 조 제2항의 규정을 원용할 수 없다.

4. 본 조 제2항 (b)의 규정에 적용되지 않고 또 이를 원용할 수 없는 경우, 위험물이 인명 또는 재물에 실제적 위험을 미치게 될 때에는 그 위험물은 필요한 상황에서는 공동해손분담금을 부담할 의무를 지는 경우 또는 복합운송인이 제16조의 규정에 따라서 책임을 지는 경우를 제외하고, 배상금을 지급하지 아니하고, 이를 양하 또는 파괴시키거나 무해하게 처분할 수 있다.

Article 24 Notice of loss, damage or delay : 멸실, 손상 또는 지연의 통지 16년 기출

1. Unless notice of loss or damage, specifying the general nature of such loss or damage, is given in writing by the consignee to the multimodal transport operator not later than the working day after the day when the goods were handed over to the consignee, such handing over is prima facie evidence of the delivery by the multimodal transport operator of the goods as described in the multimodal transport document.

2. Where the loss or damage is not apparent, the provisions of paragraph 1 of this article apply correspondingly if notice in writing is not given within six consecutive days after the day when the goods were handed over to the consignee.

3. If the state of the goods at the time they were handed over to the consignee has been the subject of a joint survey or inspection by the parties or their authorized representatives at the place of delivery, notice in writing need not be given of loss or damage ascertained during such survey or inspection.

4. In the case of any actual or apprehended loss or damage the multimodal transport operator and the consignee shall give all reasonable facilities to each other for inspecting and tallying the goods.

5. No compensation shall be payable for loss resulting from delay in delivery unless notice has been given in writing to the multimodal transport operator within 60 consecutive days after the day when the goods were delivered by handing over to the consignee or when the consignee has been notified that the goods have been delivered in accordance with paragraph 2 (b) (ii) or (iii) of article 14.

1. 화물의 수하인에게 교부된 바로 다음 영업일 중에 수하인이 복합운송인에 대하여 문서로 멸실 또는 손상의 개황을 명기하여 통지하지 아니한 때에는, 그러한 교부는 복합운송인이 화물을 복합운송증권에 기재된 대로 인도하였다는 추정증거가 된다.

2. 멸실 또는 손상이 외관으로 확인될 수 없는 경우, 화물이 수하인에게 교부된 날로부터 연속된 6일 이내에 문서에 의한 통지가 되지 아니한 경우, 본 조 제1항의 규정이 그대로 적용된다.

3. 화물이 수하인에게 교부될 때에 그 상태가 양 당사자 또는 인도지의 권한이 부여된 대리인들에 의한 공동의 조사 또는 검사 중에 확인된 멸실 또는 손상에 관하여는 문서에 의한 통지를 요하지 아니한다.

4. 멸실 또는 손상이 실제로 일어났거나 또는 일어났을 것이라는 우려가 있을 때에는, 복합운송인 및 수하인은 화물의 검사 및 검수를 위하여 서로 모든 상당한 편의를 제공하여야 한다.

5. 화물이 수하인에게 교부됨으로써 인도된 날 혹은 제14조 제2항 (b) (ii) 혹은 (iii)에 따라 인도되었음이 수하인에게 통지된 날로부터 연속된 60일 이내에 복합운송인에 대하여 문서로 통지를 하지 아니한 때에는 인도지연으로부터 생긴 손실에 대한 배상금은 지급되지 아니한다.

6. Unless notice of loss or damage, specifying the general nature of the loss or damage, is given in writing by the multimodal transport operator to the consignor not later than 90 consecutive days after the occurrence of such loss or damage or after the delivery of the goods in accordance with paragraph 2 (b) of article 14, whichever is later, the failure to give such notice is prima facie evidence that the multimodal transport operator has sustained no loss or damage due to the fault or neglect of the consignor, his servants or agents.

7. If any of the notice periods provided for in paragraphs 2, 5 and 6 of this article terminates on a day which is not a working day at the place of delivery, such period shall be extended until the next working day.

8. For the purpose of this article, notice given to a person acting on the multimodal transport operator's behalf, including any person of whose services he makes use at the place of delivery, or to a person acting on the consignor's behalf, shall be deemed to have been given to the multimodal transport operator, or to the consignor, respectively.

6. 멸실 또는 손상이 생긴 날 또는 화물을 제14조 제2항 (b)에 따라서 인도한 날 중 더 늦은 날로부터 연속된 90일 이내에 복합운송인이 송하인에 대하여 문서로 멸실 또는 손상의 개황을 명기하여 통지하지 아니한 때에는, 그러한 통지를 하지 않은 것은 복합운송인이 송하인 또는 그 사용인이나 대리인의 과실 또는 부주의로 인하여 멸실 또는 손상을 입지 아니하였다는 추정증거가 된다.

7. 본 조 제2항과 제5항 및 제6항에 규정된 통지기간이 인도지의 영업일이 아닌 날에 만료되는 때에는, 그 기간은 다음 영업일까지 연장된다.

8. 본 조의 목적상 인도지에서 복합운송인이 고용한 사람을 포함하여 복합운송인에 갈음하여 행위를 하는 사람 또는 송하인을 대리하여 행위를 하는 사람에게 한 통지는 각각 복합운송인 또는 송하인에게 한 통지로 본다.

Article 25 Limitation of actions : 소송의 제한 20, 16, 13년 기출

1. Any action relating to international multimodal transport under this Convention shall be time-barred if judicial or arbitral proceedings have not been instituted within a period of two years. However, if notification in writing, stating the nature and main particulars of the claim, has not been given within six months after the day when the goods were delivered or, where the goods have not been delivered, after the day on which they should have been delivered, the action shall be time-barred at the expiry of this period.

1. 법적 절차 또는 중재절차가 2년 안에 제기되지 않으면 이 협약에 의한 어떠한 소송도 시효가 소멸한다. 그러나 배상청구의 종류와 주요사항을 명기한 서면에 의한 통지가 화물이 인도된 날로부터 또는 화물이 인도되지 않았을 때는 인도되었어야 하는 날로부터 6개월 안에 이루어지지 아니한 때는 소송은 그 기간이 만료된 때에 시효가 소멸한다.

2. The limitation period commences on the day after the day on which the multimodal transport operator has delivered the goods or part thereof or, where the goods have not been delivered, on the day after the last day on which the goods should have been delivered.

3. The person against whom a claim is made may at any time during the running of the limitation period extend that period by a declaration in writing to the claimant. This period may be further extended by another declaration or declarations.

4. Provided that the provisions of another applicable international convention are not to the contrary, a recourse action for indemnity by a person held liable under this Convention may be instituted even after the expiration of the limitation period provided for in the preceding paragraphs if instituted within the time allowed by the law of the State where proceedings are instituted; however, the time allowed shall not be less than 90 days commencing from the day when the person instituting such action for indemnity has settled the claim or has been served with process in the action against himself.

2. 제한기간은 운송인이 화물의 전부 또는 일부를 인도한 날의 익일 또는 화물이 인도되지 않았을 때는 화물이 인도되었어야 했을 마지막 날의 익일에 개시한다.

3. 배상청구를 받은 자는 제한기간의 진행 중에 언제라도 배상청구자에 대한 서면에 의한 통고로 그 기간을 연장할 수 있다. 이 기간은 그 후의 다른 통고나 통고들에 의하여 다시 연장될 수 있다.

4. 적용되는 다른 국제 협약의 규정에 저촉되지 않는 한, 본 협약에서 책임을 지게 된 사람에 의한 구상청구소송은 전항에 규정된 제한기간의 만료 후에도 소송절차를 개시하는 국가의 법률에 의하여 허용된 기간 내에는 이를 제기할 수 있다.

그러나 그 허용기간은 그러한 구상청구소송을 제기하는 사람이 자기에 대한 청구를 해결한 날 또는 자기에 대한 소송에서 소장의 송달을 받은 날로부터 기산하여 90일 미만이 아니어야 한다.

Article 26 Jurisdiction : 재판관할권

1. In judicial proceedings relating to international multimodal transport under this Convention, the plaintiff, at his option, may institute an action in a court which, according to the law of the State where the court is situated, is competent and within the jurisdiction of which is situated one of the following places :

   (a) The principal place of business or, in the absence thereof, the habitual residence of the defendant; or

1. 이 협약에 의한 국제복합운송에 관한 법적 절차에서, 원고는 자기의 선택에 의하여, 그 소재국의 법률에 의하여 정당한 재판관할권을 가지며, 다음 장소 중의 하나가 소재하는 그 관할권 내 법원에 소송을 제기할 수 있다.

   (a) 피고의 주된 영업소의 소재지 또는 그것이 없는 때에는 피고의 평소의 주소지 또는

(b) The place where the multimodal transport contract was made, provided that the defendant has there a place of business, branch or agency through which the contract was made; or

(c) The place of taking the goods in charge for international multimodal transport or the place of delivery; or

(d) Any other place designated for that purpose in the multimodal transport contract and evidenced in the multimodal transport document.

2. No judicial proceedings relating to international multimodal transport under this Convention may be instituted in a place not specified in paragraph 1 of this article. The provisions of this article do not constitute an obstacle to the jurisdiction of the Contracting States for provisional or protective measures.

3. Notwithstanding the preceding provisions of this article, an agreement made by the parties after a claim has arisen, which designates the place where the plaintiff may institute an action, shall be effective.

4. (a) Where an action has been instituted in accordance with the provisions of this article or where judgement in such an action has been delivered, no new action shall be instituted between the same parties on the same grounds unless the judgement in the first action is not enforceable in the country in which the new proceedings are instituted;

(b) For the purposes of this article neither the institution of measures to obtain enforcement of a judgement nor the removal of an action to a different court within the same country shall be considered as the starting of a new action.

(b) 복합운송계약의 체결지. 단, 이 경우에는 피고가 그곳에 계약을 체결한 사무소, 지점 또는 대리점을 가진 곳이어야 한다. 또는

(c) 국제복합운송을 위하여 화물을 인수한 곳 또는 인도지 또는

(d) 복합운송계약에서 그 목적을 위하여 지정하고 있거나 복합운송증권으로 증명되는 그 밖의 장소

2. 이 협약에 의한 복합운송에 관한 법적 절차는 본 조 제1항에 특정되어 있지 아니한 곳에서는 이를 제기할 수 없다. 본 조의 규정은 예비적 또는 보호적 조치를 위한 체약국의 재판관할권에 대한 장애가 되지 않는다.

3. 본 조의 전항의 규정에도 불구하고, 청구가 발생한 후에 원고가 소송을 제기할 수 있는 곳을 지정하는 당사자에 의하여 성립된 합의는 효력이 있다.

4. (a) 소송이 본 조의 제 조항들에 의하여 제기되어 있는 경우 또는 그러한 소송에서 판결이 선고된 경우에는, 처음의 소송에서의 판결이 새로운 절차가 제기된 국가에서 집행할 수 없는 것이 아닌 한, 동일 당사자 간에 동일 사유로 새로운 소송을 제기할 수 없다.

(b) 본 조의 적용 목적상 판결의 집행을 얻기 위한 수단의 제기 또는 동일 국가 내의 다른 법원으로의 소송의 이송은 새로운 소송의 개시로 인정하지 않는다.

1. Subject to the provisions of this article, parties may provide by agreement evidenced in writing that any dispute that may arise relating to international multimodal transport under this Convention shall be referred to arbitration.

2. The arbitration proceedings shall, at the option of the claimant, be instituted at one of the following places :

   (a) A place in a State within whose territory is situated :

      (i) The principal place of business of the defendant or, in the absence thereof, the habitual residence of the defendant; or

      (ii) The place where the multimodal transport contract was made, provided that the defendant has there a place of business, branch or agency through which the contract was made; or

      (iii) The place of taking the goods in charge for international multimodal transport or the place of delivery; or

   (b) Any other place designated for that purpose in the arbitration clause or agreement.

3. The arbitrator or arbitration tribunal shall apply the provisions of this Convention.

4. The provisions of paragraphs 2 and 3 of this article shall be deemed to be part of every arbitration clause or agreement and any term of such clause or agreement which is inconsistent therewith shall be null and void.

5. Nothing in this article shall affect the validity of an agreement on arbitration made by the parties after the claim relating to the international multimodal transport has arisen.

1. 본 조의 규정에 따라서 당사자는 이 협약에 의한 복합운송에 관하여 야기되는 어떠한 분쟁도 중재에 위탁하여야 한다는 것을 문서로 증명되는 합의로 규정할 수 있다.

2. 중재절차는 신청인의 선택에 의하여, 다음 장소 중의 하나에서 이를 제기하여야 한다.

   (a) 일국의 영토 내에 소재하는 다음 장소

      (i) 피신청인의 주된 영업소의 소재지 또는 그것이 없는 때에는 피신청인의 상거소(常居所) 또는

      (ii) 복합운송계약 체결지. 단, 이 경우에는 피신청인이 그곳에 계약을 체결한 사무소, 지점 또는 대리인을 가진 곳이어야 한다. 또는

      (iii) 국제복합운송을 위하여 화물을 인수한 곳 또는 인도지 또는

   (b) 중재조항 또는 중재계약에 의하여 그 목적을 위하여 지정된 그 밖의 장소

3. 중재인 또는 중재재판소는 본 조항의 규정을 적용하여야 한다.

4. 본 조 제2항 및 제3항의 규정은 모든 중재조항 또는 합의의 일부인 것으로 보며, 그러한 규정에 저촉되는 중재조항 또는 합의 규정은 무효로 한다.

5. 본 조의 어떠한 규정도 복합운송에 의한 청구가 생긴 후에 당사자에 의하여 성립된 중재에 관한 합의의 효력에 영향을 미치지 아니한다.

PART Ⅵ SUPPLEMENTARY PROVISIONS : 보칙

Article 28 Contractual stipulations : 계약조항

1. Any stipulation in a multimodal transport contract or multimodal transport document shall be null and void to the extent that it derogates, directly or indirectly, from the provisions of this Convention. The nullity of such a stipulation shall not affect the validity of other provisions of the contract or document of which it forms a part. A clause assigning benefit of insurance of the goods in favour of the multimodal transport operator or any similar clause shall be null and void.

2. Notwithstanding the provisions of paragraph 1 of this article, the multimodal transport operator may, with the agreement of the consignor, increase his responsibilities and obligations under this Convention.

3. The multimodal transport document shall contain a statement that the international multimodal transport is subject to the provisions of this Convention which nullify any stipulation derogating therefrom to the detriment of the consignor or the consignee.

4. Where the claimant in respect of the goods has incurred loss as a result of a stipulation which is null and void by virtue of the present article, or as a result of the omission of the statement referred to in paragraph 3 of this article, the multimodal transport operator must pay compensation to the extent required in order to give the claimant compensation in accordance with the provisions of this Convention for any loss of or damage to the goods as well as for delay in delivery. The multimodal transport operator must, in addition, pay compensation for costs incurred by the claimant for the purpose of exercising his right, provided that costs incurred in the action where the foregoing provision is invoked are to be determined in accordance with the law of the State where proceedings are instituted.

1. 복합운송계약 또는 복합운송증권에 있는 조항 중 이 협약의 규정을 직접 또는 간접적으로 해하는 범위 내에서 이를 무효로 한다.

   이러한 조항의 무효는 그것이 일부를 이루고 있는 계약 또는 증권의 다른 규정의 효력에 영향을 미치지 아니한다. 화물에 관한 보험의 이익을 운송인을 위하여 양도한다는 조항 또는 기타 이와 유사한 조항은 무효로 한다.

2. 본 조 제1항의 규정에도 불구하고, 복합운송인은 송하인의 동의를 얻어 이 협약 하의 자기의 책임 및 의무를 가중시킬 수 있다.

3. 복합운송증권은 해당 복합운송이 송하인 또는 수하인에게 불이익이 되게 이 협약을 해하는 조항은 무효로 한다는 협약의 규정의 적용을 받는 대상이라는 진술을 포함하여야 한다.

4. 화물에 관한 배상청구자가 본 조에 의한 무효조항으로 인하여 또는 본 조 제3항으로 정하는 기재의 누락으로 인하여 손실을 입은 경우, 복합운송인은 배상청구자에게 배송지연뿐만 아니라 화물의 멸실 또는 훼손을 위한 이 협약의 규정에 따라서 배상을 하기 위하여 요구되는 범위 내에서 손해배상을 하여야 한다. 또한 복합운송인은 청구권자가 그 권리의 행사를 위하여 지출한 비용에 대하여도 배상을 하여야 한다. 단, 위의 규정이 원용되는 소송에서 부담한 비용은 소송이 제기된 국가의 법에 따라서 결정된다.

Article 29 General average : 공동해손 19년 기출

1. Nothing in this Convention shall prevent the application of provisions in the multimodal transport contract or national law regarding the adjustment of general average, if and to the extent applicable.

2. With the exception of article 25, the provisions of this Convention relating to the liability of the multimodal transport operator for loss of or damage to the goods shall also determine whether the consignee may refuse contribution in general average and the liability of the multimodal transport operator to indemnify the consignee in respect of any such contribution made or any salvage paid.

1. 이 협약의 어떠한 규정도 공동해손의 정산에 관한 복합운송계약 또는 국내법의 규정이 있는 경우와 적용 가능한 범위 내에서, 그 적용을 방해하지 아니한다.

2. 제25조의 규정이 적용되는 경우를 제외하고, 화물의 멸실 또는 손상에 관한 복합운송인의 책임과 관련된 이 협약의 규정은 수하인이 공동해손분담금을 거절할 수 있는가의 여부를 결정하고, 그러한 분담금 또는 지급한 구조비에 대한 수하인에게 보상할 복합운송인의 책임을 결정한다.

Article 30 Other Conventions : 타 협약

1. This Convention does not modify the rights or duties provided for in the Brussels International Convention for the unification of certain rules relating to the limitation of the liability of owners of sea-going vessels of 25 August 1924; in the Brussels International Convention relating to the limitation of the liability of owners of sea-going ships of 10 October 1957; in the London Convention on limitation of liability for maritime claims of 19 November 1976; and in the Geneva Convention relating to the limitation of the liability of owners of inland navigation vessels (CLN) of 1 March 1973, including amendments to these Conventions, or national law relating to the limitation of liability of owners of sea-going ships and inland navigation vessels.

1. 본 협약은 1924년 8월 25일자 해상항행선박 소유자의 책임제한에 관한 약간의 규칙통일을 위한 브뤼셀 국제협약, 1957년 10월 10일자 해상항행선박 소유자의 책임제한에 관한 브뤼셀 국제협약, 1976년 11월 19일자 해사채권 소유자의 책임제한에 관한 런던협약 및 1973년 3월 1일자 내항선박 소유자의 책임제한에 관한 제네바협약 및 이들 제 협약들의 개정 혹은 내항선박과 해상항행선박의 소유자의 책임제한에 관한 국내법에 규정되어 있는 제 권리와 의무를 변경하지 않는다.

2. The provisions of articles 26 and 27 of this Convention do not prevent the application of the mandatory provisions of any other international convention relating to matters dealt with in the said articles, provided that the dispute arises exclusively between parties having their principal place of business in States parties to such other convention.

   However, this paragraph does not affect the application of paragraph 3 of article 27 of this Convention.

3. No liability shall arise under the provisions of this Convention for damage caused by nuclear incident if the operator of a nuclear installation is liable for such damage :

   (a) Under either the Paris Convention of 29 July 1960 on Third Party Liability in the Field of Nuclear Energy as amended by the Additional Protocol of 28 January 1964 or the Vienna Convention of 21 May 1963 on Civil Liability for Nuclear Damage, or amendments thereto ; or

   (b) By virtue of national law governing the liability for such damage, provided that such law is in all respects as favourable to persons who may suffer damage as either the Paris or Vienna Conventions.

4. Carriage of goods such as carriage of goods in accordance with the Geneva Convention of 19 May 1956 on the Contract for the International Carriage of Goods by Road in article 2, or the Berne Convention of 7 February 1970 concerning the Carriage of Goods by Rail, article 2, shall not for States Parties to Conventions governing such carriage be considered as international multimodal transport within the meaning of article 1, paragraph 1, of this Convention, in so far as such States are bound to apply the provisions of such Conventions to such carriage of goods.

2. 본 협약의 제26조 및 제27조의 규정은 동 조에 취급된 사항들과 관련한 타 국제협약의 강행규정들의 적용을 방해하지 않으나, 분쟁이 전적으로 그러한 타 협약 당사국 내에 주된 영업소를 가지고 있는 사업가들 간에 발생된 것을 전제로 한다.

   그러나 본 조항은 본 협약 제27조 제3항의 적용에 대해서 영향을 미치지 않는다.

3. 원자력시설의 운영자가 원자력사고로 인한 손해에 대하여 다음 법규에 의하여 책임을 지는 경우에는, 이 협약에 의거한 책임은 발생하지 않는다.

   (a) 1964년 1월 28일의 추가의정서에 의하여 개정된 원자력에너지 분야의 제3자에 대한 책임에 관한 1960년 7월 29일 파리협약 또는 원자력 손해에 대한 민사책임에 관한 1963년 5월 21일의 비엔나협약 또는 그 개정 또는

   (b) 그러한 손해에 대한 책임을 규율하는 국내법. 단, 그러한 국내법이 모든 점에서 파리협약 또는 비엔나협약에서처럼 손해를 입은 자에게 유리한 경우에 한한다.

4. 국제도로화물운송협약에 관한 1956년 5월 19일자의 제네바협약의 제2조 혹은 국제철도운송협약에 관한 1970년 2월 7일 베른협약 제2조에 의거한 화물운송과 같은 화물운송은 그러한 운송을 적용하는 협약당사국들에 대해, 그러한 당사국들이 동 화물운송에 대한 해당 협약규정의 적용을 받아야 하는 한 본 협약 제1조 제1항 의미의 국제복합운송으로 간주하지 않는다.

Article 31 Unit of account of monetary unit and conversion : 계산단위 또는 통화단위 및 환산

1. The unit of account referred to in article 18 of this Convention is the Special Drawing Right as defined by the International Monetary Fund. The amounts referred to in article 18 shall be converted into the national currency of a State according to the value of such currency on the date of the judgement or award or the date agreed upon by the parties. The value of a national currency, in terms of the Special Drawing Right, of a Contracting State which is a member of the International Monetary Fund, shall be calculated in accordance with the method of valuation applied by the International Monetary Fund, in effect on the date in question, for its operations and transactions.

   The value of a national currency in terms of the Special Drawing right of a Contracting State which is not a member of the International Monetary Fund shall be calculated in a manner determined by that State.

2. Nevertheless, a State which is not a member of the International Monetary Fund and whose law does not permit the application of the provisions of paragraph 1 of this article may, at the time of signature, ratification, acceptance, approval or accession, or at any time thereafter, declare that the limits of liability provided for in this Convention to be applied in its territory shall be fixed as follows : with regard to the limits provided for in paragraph 1 of article 18, to 13,750 monetary units per package or other shipping unit or 41.25 monetary units per kilogram of gross weight of the goods, and with regard to the limit provided for in paragraph 3 of article 18, to 124 monetary units.

3. The monetary unit referred to in paragraph 2 of this article corresponds to sixty-five and a half milligrams of gold of millesimal fineness nine hundred. The conversion of the amount referred to in paragraph 2 of this article into national currency shall be made according to the law of the State concerned.

1. 이 협약 제18조에 규정된 계산단위는 국제통화기금에서 정의하는 특별인출권(SDR)으로 한다. 제18조에 의한 금액은 판결이나 중재판정한 날 또는 당사자가 합의한 날의 국내통화가치에 따라서 그 국가의 국내통화로 이를 환산한다. 국제통화기금의 회원인 체약국의 특별인출권에 의한 국내통화가치는 그 운영과 거래에 관하여 해당 일자에 실시되고 있는 국제통화기금이 적용되는 평가방법에 따라서 이를 산출한다.

   국제통화기금의 회원이 아닌 체약국의 특별인출권에 의한 국내통화가치는 그 국가에서 결정하는 방법에 따라서 이를 산출한다.

2. 그러나 국제통화기금의 회원국이 아닌 국가로서, 그 법률상 본 조 제1항의 규정의 적용이 허용되지 아니한 국가는 서명, 비준, 수락, 승인 또는 가입 시 또는 그 후 어느 때라도 자국의 영토 내에서 이 협약에 규정된 책임한도를 다음과 같이 결정함을 선언할 수 있다. 즉, 제18조 제1항에 규정되어 있는 책임한도에 대해서는 포장 혹은 선적단위당 13,750화폐단위 또는 화물총중량의 킬로그램당 41.25화폐단위 그리고 제18조 제3항에 규정된 한도에 대해서는 124화폐단위로 한다.

3. 본 조 제2항에 규정된 화폐단위는 순도 1,000분의 900의 금 65.5mg에 상당한다. 제2항에 의한 금액의 국내통화로의 환산은 관련국의 법률에 따른다.

4. The calculation mentioned in the last sentence of paragraph 1 of this article and the conversion referred to in paragraph 3 of this article shall be made in such a manner as to express in the national currency of the Contracting State as far as possible the same real value for the amounts in article 18 as is expressed there in units of account.

5. Contracting States shall communicate to the depositary the manner of calculation pursuant to the last sentence of paragraph 1 of this article, or the result of the conversion pursuant to paragraph 3 of this article, as the case may be, at the time of signature or when depositing their instruments of ratification, acceptance, approval or accession, or when availing themselves of the option provided for in paragraph 2 of this article and whenever there is a change in the manner of such calculation or in the result of such conversion.

4. 본 조 제1항 말문에 규정된 산출 및 본 조 제3항에 규정된 환산은 가능한 한 제18조에 계산단위로서 표시되어 있는 금액과 동일한 실질가치를 체약국의 국내통화로 표시할 수 있는 방법으로 이행되어야 한다.

5. 체약국은 본 조 제1항 말문에 의한 산출방법 또는 본 조 제3항에 규정된 환산의 결과에 관하여, 각 경우에 따라서 서명 시 또는 비준서, 수락서, 승인서 또는 가입서를 기탁할 때 또는 본 조 제2항에 규정된 선택권을 이용할 때 및 그러한 산출방법 또는 그러한 환산의 결과에 변경이 있을 때에는, 수탁자에게 이를 통지하여야 한다.

PART Ⅶ CUSTOMS MATTERS : 통관문제

Article 32 Customs transit : 보세운송

1. Contracting States shall authorize the use of the procedure of customs transit for international multimodal transport.

2. Subject to provisions of national law or regulations and intergovernmental agreements, the customs transit of goods in international multimodal transport shall be in accordance with the rules and principles contained in articles I to VI of the annex to this Convention.

3. When introducing laws or regulations in respect of customs transit procedures relating to multimodal transport of goods, Contracting States should take into consideration articles I to VI of the annex to this Convention.

1. 체약국은 국제복합운송을 위한 보세운송 절차의 이용을 승인하여야 한다.

2. 국내법이나 규칙 및 국가 간의 협약에 따라서 국제복합운송에서의 화물의 보세운송은 본 협약 부속서 제Ⅰ조부터 제Ⅵ조에 포함되어 있는 규칙과 원칙에 준하여야 한다.

3. 화물의 복합운송과 관련, 보세운송절차에 관한 법이나 규칙을 도입할 때에 체약국은 본 협약 부속서 제Ⅰ조부터 제Ⅵ조를 고려하여야 한다.

PART Ⅷ FINAL CLAUSES : 최종조항

Article 33 Depository : 수탁자

The Secretary—General of the United Nations is hereby designated as the depository of this Convention.

UN 사무총장을 본 협약의 수탁자로 임명한다.

Article 34 Signature, ratification, acceptance, approval and accession : 서명, 비준, 수락, 승인 및 가입

21년 기출

1. All States are entitled to become Parties to this Convention by :
   (a) Signature not subject to ratification, acceptance or approval; or
   (b) Signature subject to and followed by ratification, acceptance or approval; or
   (c) Accession.

2. This Convention shall be open for signature as from 1 September 1980 until and including 31 August 1981 at the Headquarters of the United Nations in New York.

3. After 31 August 1981, this Convention shall be open for accession by all States which are not signatory States.

4. Instruments of ratification, acceptance, approval and accession are to be deposited with the depository.

5. Organizations for regional economic integration, constituted by sovereign States members of UNCTAD, and which have competence to negotiate, conclude and apply international agreements in specific fields covered by this Convention, shall be similarly entitled to become Parties to this Convention in accordance with the provisions of paragraphs 1 to 4 of this article, thereby assuming in relation to other Parties to this Convention the rights and duties under this Convention in the specific fields referred to above.

1. 모든 국가는 다음의 방법에 의해 본 협약의 당사국이 될 수 있다.
   (a) 비준, 수락, 승인을 조건으로 하지 않은 서명 또는
   (b) 비준, 수락 또는 승인을 조건으로 서명한 후 비준하고 수락하고 승인함 또는
   (c) 가 입

2. 본 협약은 서명을 위해 1980년 9월 1일부터 1981년 8월 31일까지 뉴욕 UN 본부에 개방된다.

3. 1981년 8월 31일 이후 본 협약은 비서명국들의 가입을 위해 개방된다.

4. 비준, 수락, 승인 및 가입문서는 수탁자(UN 사무총장)에게 기탁되어야 한다.

5. UNCTAD 회원인 주권국가로 구성된 지역적 경제통합기구로서, 본 협약에 의하여 포함되는 특정분야의 국제협약들에 대해, 협상하고 체결하고 적용할 권한이 있는 기구는 본 조 제1항부터 제4항까지의 규정에 따라 동일하게 본 협약의 당사자가 될 수 있으며, 그에 의해서 본 협약 당사국과의 관계에 관하여는 전기한 특정분야 내에서 본 협약의 제 권리와 의무를 갖는다.

Article 35 Reservations : 유보

No reservation may be made to this Convention.

본 협약에 대한 유보는 불허한다.

Article 36 Entry into force : 발효

1. This Convention shall enter into force 12 months after the Governments of 30 States have either signed it not subject to ratification, acceptance or approval or have deposited instruments of ratification, acceptance, approval or accession with the depositary.
2. For each State which ratifies, accepts, approves or accedes to this Convention after the requirements for entry into force given in paragraph 1 of this article have been met, the Convention shall enter into force 12 months after the deposit by such State of the appropriate instrument.

1. 본 협약은 30개국의 정부가 비준, 수락 혹은 승인을 조건으로 하지 않고 서명을 했거나 비준, 수락, 승인 혹은 가입문서를 수탁자에게 기탁하고 난 12개월 후에 발효한다.

2. 본 조 제1항의 발효요건이 충족되고 난 후 본 협약에 비준, 수락, 승인 혹은 가입한 각국에 대해서는 그러한 국가에 의해 적절한 문서가 기탁된 12개월 후에 본 협약이 발효된다.

Article 37 Date of application : 적용일자

Each Contracting State shall apply the provisions of this Convention to multimodal transport contracts concluded on or after the date of entry into force of this Convention in respect of that State.

각 체약국은 본 협약이 발효한 이후에 체결된 복합운송계약에 대해 동 당사자에 관해 본 협약의 규정을 적용해야 한다.

Article 38 Rights and obligations under existing conventions : 기존 계약에서의 제 권리와 의무

If, according to articles 26 or 27, judicial or arbitral proceedings are brought in a Contracting State in a case relating to international multimodal transport subject to this Convention which takes place between two States of which only one is a Contracting State, and if both these States are at the time of entry into force of this Convention equally bound by another international convention, the court or arbitral tribunal may, in accordance with the obligations under such convention, give effect to the provisions thereof.

만일 본 협약에 따른 국제복합운송에 연관하여 양 국가 중 하나의 국가만이 체약국인 경우에 제26조 및 제27조에 의거한 법적 수속이나 중재수속이 한 체약국 내에서 제기되었을 때, 그리고 양 국가가 본 협약 발효 당시 똑같이 타 국제협약에 구속받을 경우 법원이나 중재재판소는 그러한 협약 하의 의무에 따라 그 협약의 규정을 적용할 수 있다.

Article 39 Revision and amendments : 개정

1. At the request of not less than one third of the Contracting States, the Secretary-General of the United Nations shall, after the entry into force of this Convention, convene a conference of the Contracting States for revising or amending it. The Secretary-General of the United Nations shall circulate to all Contracting States the texts of any proposals for amendments at least three months before the opening date of the conference.

2. Any decision by the revision conference, including amendments, shall be taken by a two thirds majority of the States present and voting. Amendments adopted by the conference shall be communicated by the depositary to all the contracting States for acceptance and to all the States signatories of the Convention for information.

3. Subject to paragraph 4 below, any amendment adopted by the conference shall enter into force only for those Contracting States which have accepted it, on the first day of the month following one year after its acceptance by two thirds of the Contracting States.

   For any State accepting an amendment after it has been accepted by two thirds of the Contracting States, the amendment shall enter into force on the first day of the month following one year after its acceptance by that State.

4. Any amendment adopted by the conference altering the amounts specified in article 18 and paragraph 2 of article 31 or substituting either or both the units defined in paragraphs 1 and 3 of article 31 by other units shall enter into force on the first day of the month following one year after its acceptance by two thirds of the Contracting States. Contracting States which have accepted the altered amounts or the substituted units shall apply them in their relationship with all Contracting States.

1. 본 협약 발효 후 수탁자는 본 협약 체약국 3분의 1 이상의 요청에 의해 협약개정을 위한 체약국회의를 소집하여야 한다. 사무총장은 적어도 회의 개시 3개월 이전에 개정제안의 내용을 모든 체약국이 회람하도록 하여야 한다.

2. 개정회의의 결정은 참가투표국 3분의 2의 다수결에 의한다. 수탁자는, 전체 체약국에 대해서는 수락을 위해, 협약의 전체 서명국에 대해서는 정보목적으로, 회의에서 채택된 개정 내용들을 통보하여야 한다.

3. 다음 제4항의 적용을 전제로, 회의에서 채택된 개정사항은 체약국 3분의 2에 의한 수락 후 1년이 경과한 익월의 제1일에 그 개정을 수락한 체약국에 대해서만 발효한다.

   체약국 3분의 2가 개정을 수락한 후에 동 개정을 수락한 국가에 대해서는 그 국가가 동 개정을 수락한 후 1년이 경과한 익월의 제1일에 발효한다.

4. 제18조와 제31조 제2항에 정해진 금액의 변경 또는 제31조 제1항과 동 조의 제3항에 정의된 단위들의 일방 혹은 쌍방을 타 단위들로 대체하는 의결 개정은 그 개정을 체약국 3분의 2가 수락한 후 1년이 경과한 익월의 제1일에 발효한다. 변경된 금액이나 대체된 단위들을 수락한 체약국은 전체 체약국들과의 관계에 그들을 적용하여야 한다.

5. Acceptance of amendments shall be effected by the deposit of a formal instrument to that effect with the depositary.
6. Any instrument of ratification, acceptance, approval or accession deposited after the entry into force of any amendment adopted by the conference shall be deemed to apply to the Convention as amended.

5. 개정의 수락은 그 취지에 대한 공식문서를 수탁자에게 기탁함으로써 이루어진다.
6. 회의에 의해 채택된 개정이 효력을 발생한 후에 기탁된 비준서, 수락서, 승인서 또는 가입서는 개정된 협약에 적용되는 것으로 본다.

Article 40 Denunciation : 폐기

1. Each Contracting State may denounce this Convention at any time after the expiration a period of two years from the date on which this Convention has entered into force by means of a notification in writing addressed to the depositary.
2. Such denunciation shall take effect on the first day of the month following the expiration of one year after the notification is received by the depositary. Where a longer period is specified in the notification, the denunciation shall take effect upon the expiration of such longer period after the notification is received by the depositary.

1. 각 체약국은 본 협약이 효력을 발생한 날로부터 2년의 기간이 경과한 후에는 수탁자를 수신인으로 한 서면통지에 의해서 언제라도 본 협약을 폐기할 수 있다.

2. 그러한 폐기는 수탁자가 그 통지를 접수한 일로부터 일년이 경과한 후의 익월의 제1일에 효력이 발생한다. 통지상 그보다 장기간이 표기되어 있을 시에는 수탁자가 통지를 접수한 일로부터 그 기간이 경과함으로써 폐기는 효력이 발생한다.

7. CMI Rules for Electronic Bills of Lading(1990) : 전자식 선하증권에 관한 CMI 규칙

1. Scope of application : 적용범위

These Rules shall apply whenever the parties so agree.

이 규칙은 당사자들이 합의한 경우에 적용된다.

2. Definitions : 정의 16년 기출

a. "Contract of Carriage" means any agreement to carry goods wholly or partly by sea.

b. "EDI" means Electronic Data Interchange, i.e. the interchange of trade data effected by teletransmission.

c. "UN/EDIFACT" means the United Nations Rules for Electronic Data Interchange for Administration, Commerce and Transport.

d. "Transmission" means one or more messages electronically sent together as one unit of dispatch which includes heading and terminating data.

e. "Confirmation" means a Transmission which advises that the content of a Transmission appears to be complete and correct, without prejudice to any subsequent consideration or action that the content may warrant.

f. "Private Key" means any technically appropriate form, such as a combination of numbers and/or letters, which the parties may agree for securing the authenticity and integrity of a Transmission.

g. "Holder" means the party who is entitled to the rights described in Article 7(a) by virtue of its possession of a valid Private Key.

h. "Electronic Monitoring System" means the device by which a computer system can be examined for the transactions that it recorded, such as a Trade Data Log or an Audit Trail.

i. "Electronic Storage" means any temporary, intermediate or permanent storage of electronic data including the primary and the back-up storage of such data.

a. "운송계약"은 상품의 전부나 일부를 해상으로 운송하는 어떤 합의를 말한다.

b. "EDI"는 전자식 자료교환 즉, (전화나 전신 따위를 통한) 원격 전송에 의한 거래 정보의 교환을 말한다.

c. "UN/EDIFACT"란 행정, 상업 및 운송의 전자식 자료교환에 관한 국제연합 규칙을 말한다.

d. "전송"은 시작 및 종료 정보를 포함한 하나의 발송으로 전자적으로 함께 보내진 하나 혹은 그 이상의 메시지를 말한다.

e. "확인"이란 해당 내용이 담보할 수 있는 이후의 어떠한 고려사항이나 행위에 대한 고려 없는, 해당 내용이 완전하고 정확해 보인다는 통지의 전송을 말한다.

f. "개인 암호"란 숫자 및/또는 문자의 조합과 같이, 당사자들이 전송의 신빙성 확보와 전송의 완전성을 확보하기 위하여 동의할 수 있는 기술적으로 적절한 방식을 말한다.

g. "소지인"이란 유효한 개인 암호를 소유함으로써 제7조 (a)에 명시된 권리를 행사할 자격이 있는 당사자를 말한다.

h. "전자 감시 체제"란 거래 자료 기록이나 감사 추적과 같은, 컴퓨터 시스템이 기록한 내역에 대해 컴퓨터 시스템을 검증할 수 있는 장치를 말한다.

i. "전자식 저장"은 정보의 주된 또는 보조 저장을 포함한, 모든 전자 정보의 일시적, 잠정적 또는 영구적 저장을 말한다.

3. Rules of procedure : 절차에 관한 규칙 13년 기출

a. When not in conflict with these Rules, the Uniform Rules of Conduct for Interchange of Trade Data by Teletransmission, 1987 (UNCID) shall govern the conduct between the parties.

b. The EDI under these Rules should conform with the relevant UN/EDIFACT standards. However, the parties may use any other method of trade data interchange acceptable to all of the users.

c. Unless otherwise agreed, the document format for the Contract of Carriage shall conform to the UN Layout Key or compatible national standard for bills of lading.

d. Unless otherwise agreed, a recipient of a Transmission is not authorized to act on a Transmission unless he has sent a Confirmation.

e. In the event of a dispute arising between the parties as to the data actually transmitted, an Electronic Monitoring System may be used to verify the data received. Data concerning other transactions not related to the data in dispute are to be considered as trade secrets and thus not available for examination. If such data are unavoidably revealed as part of the examination of the Electronic Monitoring System, they must be treated as confidential and not released to any outside party or used for any other purpose.

f. Any transfer of rights to the goods shall be considered to be private information, and shall not be released to any outside party not connected to the transport or clearance of the goods.

a. 본 규칙과 충돌하지 않는 경우, 원격 전송에 의한 거래 자료 교환에 관한 취급통일규칙, 1987 (UNCID)이 당사자 간의 행위를 규율한다.

b. 본 규칙 하의 EDI는 관련 UN/EDIFACT의 기준에 부합하여야 한다. 그러나 당사자들은 모든 이용자들이 수용 가능한 어떠한 다른 방식의 거래자료를 교환하는 방법도 사용할 수 있다.

c. 별도로 합의된 사항이 없으면, 운송계약의 문서 양식은 UN Layout Key 또는 호환 가능한 국가의 선하증권 표준에 부합하여야 한다.

d. 별도로 합의된 사항이 없으면, 전송의 수신인은 확인의 전송 전에 해당 전송에 근거한 행위를 할 수 없다.

e. 당사자 간에 실제로 전송된 정보에 관한 분쟁이 발생하는 경우, 수신 자료의 검증을 위하여 전자 감시 체제가 사용될 수 있다. 분쟁과 관련된 정보 이외의 다른 거래에 관한 정보는 영업비밀로 간주되므로 검증의 대상이 아니다. 그러한 자료가 불가피하게 전자 감시 체제의 검증 대상으로 노출된 경우, 그 정보는 기밀로 취급되어야 하며 외부의 제3자에게 유출되거나 어떠한 다른 목적으로도 사용되어서는 안 된다.

f. 물품과 관련한 권리의 모든 이전은 개인적인 정보로 간주되며 운송이나 통관과 관련되지 않은 외부의 어떠한 제3자에게도 유출되어서는 안 된다.

4. Form and content of the receipt message : 화물수령통신문의 형식과 내용 17년 기출

a. The carrier, upon receiving the goods from the shipper, shall give notice of the receipt of the goods to the shipper by a message at the electronic address specified by the shipper.

b. This receipt message shall include :

(i) the name of the shipper;

(ii) the description of the goods, with any representations and reservations, in the same tenor as would be required if a paper bill of lading were issued;

(iii) the date and place of the receipt of the goods;

(iv) a reference to the carrier's terms and conditions of carriage; and

(v) the Private Key to be used in subsequent Transmissions.

The shipper must confirm this receipt message to the carrier, upon which Confirmation the shipper shall be the Holder.

c. Upon demand of the Holder, the receipt message shall be updated with the date and place of shipment as soon as the goods have been loaded on board.

d. The information contained in (ii), (iii) and (iv) of paragraph (b) above including the date and place of shipment if updated in accordance with paragraph (c) of this Rule, shall have the same force and effect as if the receipt message were contained in a paper bill of lading.

a. 운송인은 송하인으로부터 화물을 수령한 때에 송하인이 지정한 전자주소로 화물수령의 통지를 하여야 한다.

b. 이 화물수령 메시지는 아래를 포함하여야 한다.

(i) 송하인의 명칭

(ii) 종이 선하증권의 발행이 발행되었다면, 요구되었을 것과 같은 등본으로, 모든 표시와 유보사항이 포함된 화물 명세

(iii) 화물의 수령일과 수령 장소

(iv) 운송인의 조건의 참조 및 운송의 제 조건 그리고

(v) 이후의 전송에 사용할 개인암호

송하인은 운송인에 대하여 이 수령 메시지를 확인하여야 하며, 그 확인으로 송하인은 소지인이 된다.

c. 소지인의 요구가 있는 때, 수령 메시지는 물품의 적재 후 즉시, 적재일과 적재장소로 갱신되어야 한다.

d. 본 규칙의 (c)에 따라 갱신되는 경우, 선적일과 장소를 포함하는 (b)의 (ii), (iii), (iv)의 정보는 그 수령문언이 선하증권에 표시된 것과 마찬가지의 동일한 효력을 가진다.

5. Terms and conditions of the contract of carriage : 운송계약의 조건

a. It is agreed and understood that whenever the carrier makes a reference to its terms and conditions of carriage, these terms and conditions shall form part of the Contract of Carriage.

b. Such terms and conditions must be readily available to the parties to the Contract of Carriage.

c. In the event of any conflict or inconsistency between such terms and conditions and these Rules, these Rules shall prevail.

a. 운송인이 운송의 조건을 언급할 때마다 그러한 조건들이 운송계약의 일부를 형성하는 것으로 간주한다.

b. 그러한 조건들은 운송계약의 당사자들이 손쉽게 이용 가능하여야 한다.

c. 그러한 조건들과 본 규칙 간에 모순이나 불일치가 있는 경우, 본 규칙이 조건을 우선한다.

6. Applicable law : 준거법률

The Contract of Carriage shall be subject to any international convention or national law which would have been compulsorily applicable if a paper bill of lading had been issued.

운송계약은 종이 선하증권이 발행되었더라면 강행하여 적용 되었을 국제 협약이나 내국법과 부합하여야 한다.

7. Right of control and transfer : 화물의 지배권과 양도권

a. The Holder is the only party who may, as against the carrier :
  (i) claim delivery of the goods;
  (ii) nominate the consignee or substitute a nominated consignee for any other party, including itself;
  (iii) transfer the Right of Control and Transfer to another party;
  (iv) instruct the carrier on any other subject concerning the goods, in accordance with the terms and conditions of the Contract of Carriage, as if he were the holder of a paper bill of lading.

a. 소지인은 운송인에 대한 유일한 당사자이다.

  (i) 화물의 인도 청구
  (ii) 수하인의 지정 또는 자신을 포함한 지정수하인을 다른 당사자로 변경

  (iii) 화물의 지배 및 양도권을 다른 당사자에게 양도

  (iv) 종이 선하증권이 소지인인 것처럼 운송계약의 조건 하에서 화물과 관련된 모든 다른 사항에 대해 운송인 에게 지시

b. A transfer of the Right of Control and Transfer shall be effected :

    (i) by notification of the current Holder to the carrier of its intention to transfer its Right of Control and Transfer to a proposed new Holder, and

    (ii) confirmation by the carrier of such notification message, whereupon

    (iii) the carrier shall transmit the information as referred to in article 4 (except for the Private Key) to the proposed new Holder, whereafter

    (iv) the proposed new Holder shall advise the carrier of its acceptance of the Right of Control and Transfer, whereupon

    (v) the carrier shall cancel the current Private Key and issue a new Private Key to the new Holder.

c. If the proposed new Holder advises the carrier that it does not accept the Right of Control and Transfer or fails to advise the carrier of such acceptance within a reasonable time, the proposed transfer of the Right of Control and Transfer shall not take place. The carrier shall notify the current Holder accordingly and the current Private Key shall retain its validity.

d. The transfer of the Right of Control and Transfer in the manner described above shall have the same effects as the transfer of such rights under a paper bill of lading.

b. 화물의 지배 및 처분권의 양도는 이루어진다.

    (i) 현재 소지인이 운송인에게 자신의 지배 및 처분권을 제의된 새로운 소지인에게 양도할 의사를 통지함으로써, 그리고

    (ii) 그러한 통지에 대한 운송인의 확인 후에,

    (iii) 운송인은 제4조에 언급된 대로 해당 정보(개인 암호는 제외)를 제의된 새로운 소지인에게 전송하여야 하며,

    (iv) 제의된 새로운 소지인은 운송인에게 해당 지배권 및 처분권의 수락을 통지하고,

    (v) 운송인은 현재의 개인 암호를 취소시키고 새로운 개인 암호를 발급하여야 한다.

c. 만약 제의된 새로운 소지인이 운송인에게 해당 지배권 및 처분권을 수락하지 않음을 통지하거나, 그러한 수락의 통지를 하지 않은 경우 제의된 지배권 및 처분권의 양도는 이루어지지 않는다. 운송인은 현재의 소지인에게 이를 통지하여야 하며, 현재의 개인 암호는 그 유효성을 유지한다.

d. 상기에 기재된 방법에 의한 지배 및 처분권의 양도는 종이 선하증권의 해당 권리의 이전과 같은 효력을 가진다.

8. The private key : 개인 암호

a. The Private Key is unique to each successive Holder. It is not transferable by the Holder. The carrier and the Holder shall each maintain the security of the Private Key.

b. The carrier shall only be obliged to send a Confirmation of an electronic message to the last Holder to whom it issued a Private Key, when such Holder secures the Transmission containing such electronic message by the use of the Private Key.

c. The Private Key must be separate and distinct from any means used to identify the Contract of Carriage, and any security password or identification used to access the computer network.

a. 개인 암호는 연속되는 소지인마다 고유하다. 이는 소지인에 의해 양도할 수 없다. 운송인과 소지인은 각각 개인 암호의 보안을 유지하여야 한다.

b. 운송인은 소지인이 개인 암호를 사용하여 그러한 전자 메시지를 포함하는 전송의 보안을 확보한 경우에만 개인 암호가 발급된 최종 소지인에게 확인의 전자 메시지를 발송할 의무를 가진다.

c. 개인 암호는 운송계약을 식별하기 위한 수단 및 보안 암호 또는 컴퓨터 네트워크에의 접근을 위한 부호와 반드시 구분되어야 한다.

9. Delivery : 인도

a. The carrier shall notify the Holder of the place and date of intended delivery of the goods. Upon such notification the Holder has a duty to nominate a consignee and to give adequate delivery instructions to the carrier with verification by the Private Key. In the absence of such nomination, the Holder will be deemed to be the consignee.

b. The carrier shall deliver the goods to the consignee upon production of proper identification in accordance with the delivery instructions specified in paragraph (a) above; such delivery shall automatically cancel the Private Key.

c. The carrier shall be under no liability for misdelivery if it can prove that it exercised reasonable care to ascertain that the party who claimed to be the consignee was in fact that party.

a. 운송인은 소지인에게 예정된 물품인도의 장소와 날짜를 통지하여야 한다. 그러한 통지에 대하여 소지인은 수하인의 지명과 적절한 인도지시를 개인 암호에 의한 검증과 함께하여야 할 의무를 진다.
그러한 지명이 없는 경우 소지인이 수하인인 것으로 간주한다.

b. 운송인은 적합한 식별이 생성된 때에, 상기 (a)에 기재된 인도지시에 따라 물품을 인도하여야 한다. 그러한 인도로 개인 암호는 자동으로 폐기된다.

c. 운송인이 수하인임을 주장하는 자가 실제로 그 자임을 식별하기 위한 합리적인 주의를 하였음을 증명할 수 있는 경우 착오 인도에 대한 책임을 지지 않는다.

10. Option to receive a paper document : 종이문서 수령의 선택권

a. The Holder has the option at any time prior to delivery of the goods to demand from the carrier a paper bill of lading.

Such document shall be made available at a location to be determined by the Holder, provided that no carrier shall be obliged to make such document available at a place where it has no facilities and in such instance the carrier shall only be obliged to make the document available at the facility nearest to the location determined by the Holder. The carrier shall not be responsible for delays in delivering the goods resulting from the Holder exercising the above option.

b. The carrier has the option at any time prior to delivery of the goods to issue to the Holder a paper bill of lading unless the exercise of such option could result in undue delay or disrupts the delivery of the goods.

c. A bill of lading issued under Rules 10(a) or (b) shall include :

(i) the information set out in the receipt message referred to in Rule 4 (except for the Private Key); and

(ii) a statement to the effect that the bill of lading has been issued upon termination of the procedures for EDI under the CMI Rules for Electronic Bills of Lading. The aforementioned bill of lading shall be issued at the option of the Holder either to the order of the Holder whose name for this purpose shall then be inserted in the bill of lading or "to bearer".

d. The issuance of a paper bill of lading under Rule 10(a) or (b) shall cancel the Private Key and terminate the procedures for EDI under these Rules. Termination of these procedures by the Holder or the carrier will not relieve any of the parties to the Contract of Carriage of their rights, obligations or liabilities while performing under the present Rules nor of their rights, obligations or liabilities under the Contract of Carriage.

---

a. 소지인은 물품의 인도 이전에 언제든지 운송인에게 종이 선하증권을 요구할 선택권을 가진다.

이러한 서류는 소지인이 결정하는 장소에서 발급되어야 한다. 단, 운송인은 그러한 서류를 자신이 시설을 갖추고 있지 않은 장소에서 발급할 의무가 없으며, 그러한 경우 운송인은 소지인이 결정한 장소에서 가까운 시설에서 서류를 발급할 의무만을 진다.

b. 운송인은 물품의 인도 이전에 언제든지, 그러한 선택권의 행사가 부당한 물품의 인도지연 또는 지장을 초래하지 않는 한, 소지인에게 종이 선하증권을 발급할 선택권을 가진다.

c. 제10조 (a) 또는 (b)에 의하여 발급된 선하증권은 다음의 사항들을 포함하여야 한다.

(i) 제4조에 언급된 수령 문언에 기재된 정보(개인 암호 제외), 그리고

(ii) 해당 선하증권이 CMI 전자선하증권 규칙에 의한 EDI 절차의 종료에 따라 발급되었다는 취지의 언급. 상기의 선하증권은 소지인의 선택에 의하여, 선하증권에 그 명칭을 기재한 소지인 지시식 또는 "소지인" 식으로 발행되어야 한다.

d. 제10조 (a) 또는 (b)에 따른 종이 선하증권의 발급은 개인 암호를 폐기시키며 본 규칙에 의한 EDI 절차를 종료시킨다. 소지인이나 운송인에 의한 이러한 절차의 종료는 운송계약의 어떤 당사자도 현행 규칙의 이행 또는 운송계약상의 권리, 의무, 책임으로부터 그들의 권리, 의무 또는 책임을 면제시키지 않는다.

e. The Holder may demand at any time the issuance of a print-out of the receipt message referred to in Rule 4 (except for the Private Key) marked as "non-negotiable copy". The issuance of such a print-out shall not cancel the Private Key nor terminate the procedures for EDI.

e. 소지인은 언제든지 "비유통성 사본"이라고 표시된 제4조에 언급된 수령문언(개인 암호 제외)의 출력을 요구할 수 있다. 그러한 출력물의 발급은 개인 암호를 폐기시키거나 EDI 절차를 종료시키지 않는다.

11. Electronic data is equivalent to writing : 전자 정보는 서면과 대등하다

The carrier and the shipper and all subsequent parties utilizing these procedures agree that any national or local law, custom or practice requiring the Contract of Carriage to be evidenced in writing and signed, is satisfied by the transmitted and confirmed electronic data residing on computer data storage media displayable in human language on a video screen or as printed out by a computer. In agreeing to adopt these Rules, the parties shall be taken to have agreed not to raise the defence that this contract is not in writing.

운송인과 송하인 및 이러한 절차를 이용하는 이후의 모든 당사자들은 운송계약이 서면으로 성명된 것이 증빙되어야 함을 요구하는 어떠한 국가 또는 현지 법률, 관습 또는 관행도 비디오 화면상에 인간의 언어로 보여지거나 컴퓨터에 의해 출력될 수 있는 컴퓨터 정보 저장 장치상에 기록된 전송되고 확인된 전자 정보에 의해 충족된다는 것에 합의한다. 이러한 규칙의 채택을 합의함에 있어 당사자들은 이 계약이 서면으로 작성되지 않았음을 항변하지 않는 것에 동의한 것으로 간주된다.

8. CMI Uniform Rules for Sea Waybills(1990) : 해상화물운송장에 관한 CMI 통일규칙 20년 기출

1. Scope of application : 적용의 범위 24, 23, 19, 18년 기출

i. These Rules shall be called the CMI Uniforms Rules for Sea Waybills.
ii. They shall apply when adopted by a contract of carriage which is not covered by a bill of lading or similar document of title, whether the contract be in writing or not.

i. 이 규칙을 해상화물운송장에 관한 CMI 규칙이라 부르기로 한다.
ii. 규칙은 서면계약 여부를 불문하고 선하증권 또는 유사 권리증권에 의해 적용되지 않는 운송계약에 따라 채택된 경우 적용하여야 한다.

2. Definitions : 정의 24, 23년 기출

In these Rules :

▶ "Contract of carriage" shall mean any contract of carriage subject to these Rules which is to be performed wholly or partly by sea.

▶ "Goods" shall mean any goods carried or received for carriage under a contract of carriage.

▶ "Carrier" and "Shipper" shall mean the parties named in or identifiable as such from the contract of carriage.

▶ "Consignee" shall mean the party named in or identifiable as such from the contract of carriage, or any person substituted as consignee in accordance with Rule 6(i).

▶ "Right of Control" shall mean the rights and obligations referred to in Rule 6.

이 규칙에서는

▶ "운송계약"이란 계약의 전부 또는 일부가 해상을 통해 이행되는 이 규칙에 따르는 모든 운송계약을 말한다.

▶ "물품"이란 운송계약 하에서 운송 또는 운송 접수된 모든 물품을 말한다.

▶ "운송인" 및 "송하인"이란 그러한 운송계약으로부터 지정되거나 확인가능한 당사자를 말한다.

▶ "수하인"이란 운송계약으로부터 지정되거나 확인가능한 당사자 또는 규칙 제6조 (i)에 의해 수하인을 대리하는 모든 사람을 말한다.

▶ "운송물처분권"이란 규칙 제6조와 관련된 권리와 의무를 말한다.

3. Agency : 대리 24, 23, 22, 15년 기출

i. The shipper on entering into the contract of carriage does so not only on his own behalf but also as agent for and on behalf of the consignee, and warrants to the carrier that he has authority so to do.

ii. This rule shall apply if, and only if, it be necessary by the law applicable to the contract of carriage so as to enable the consignee to sue and be sued thereon. The consignee shall be under no greater liability than he would have been had the contract of carriage been covered by a bill of lading or similar document of title.

i. 운송계약을 체결한 송하인은 자신의 책임뿐만 아니라 대리인으로서, 그리고 수하인을 대신하여 이행한다. 또한 그러한 그의 권한을 운송인에게 보증한다.

ii. 이 규칙은, 수하인이 고소하기 위해 또는 피소된 경우 운송계약에 적용되는 법률에 의해 필요한 경우에 한해 적용하여야 한다. 수하인은 그가 선하증권 또는 유사 권리증권에 따른 운송계약을 체결했을 경우보다 더 큰 책임 하에 있을 수 없다.

해상화물운송장에 관한 CMI 통일규칙(CMI Uniform Rules for Sea Waybills, 1990)에 관한 내용으로 옳은 것은?

24년 기출

① They shall apply when adopted by a contract of carriage which is covered by a bill of lading or similar document of title, whether the contract be in writing or not.

② Goods shall mean goods received for storage under a contract of carriage.

③ The consignee on entering into the contract of carriage does so not only on his own behalf but also as agent for and on behalf of the shipper, and warrants to the carrier that he has authority so to do.

④ Contract of carriage shall mean only contract of carriage subject to these Rules which is to be performed wholly by air.

⑤ The consignee shall be under no greater liability than he would have been had the contract of carriage been covered by a bill of lading or similar document of title.

해설

① They shall apply when adopted by a contract of carriage which <u>is not covered</u> by a bill of lading or similar document of title, whether the contract be in writing or not(제1조 제2항).

② "Goods" shall mean any goods <u>carried or received for carriage</u> under a contract of carriage(제2조).

③ The <u>shipper</u> on entering into the contract of carriage does so not only on his own behalf but also as agent for and on behalf of the consignee, and warrants to the carrier that he has authority so to do(제3조 제1항).

④ "Contract of carriage" shall mean any contract of carriage subject to these Rules which is to be performed wholly or partly <u>by sea</u>(제2조).

정답 ⑤

4. Rights and responsibilities : 권리 및 책무

i. The contract of carriage shall be subject to any International Convention or National Law which is, or if the contract of carriage had been covered by a bill of lading or similar document of title would have been, compulsorily applicable thereto. Such convention or law shall apply notwithstanding anything inconsistent therewith in the contract of carriage.

ii. Subject always to sub rule (i), the contract of carriage is governed by :

  a. these Rules;

  b. unless otherwise agreed by the parties, the carrier's standard terms and conditions for the trade, if any, including any terms and conditions relating to the non-sea part of the carriage;

  c. any other terms and conditions agreed by the parties.

iii. In the event of any inconsistency between the terms and conditions mentioned under sub rule (ii) (b) or (c) and these Rules, these Rules shall prevail.

i. 운송계약은 모든 국제협약 또는 강제적으로 적용되는 본국법을 적용하며 운송계약에 선하증권 또는 유사 권리증권이 적용되는 경우 그에 따라 의무적으로 적용하는 본국법의 적용 대상이 된다. 그러한 협약 또는 법은 운송계약에서 일치하지 않는 어떤 것이 있더라도 적용되어야 한다.

ii. 부칙 (i)에 따르면, 항상 운송계약은 다음과 같이 적용된다.

  a. 이 규칙은

  b. 당사자 간에 별도의 합의가 없는 한, 해상운송 이외의 구간에 관한 어떠한 조건이 있는 경우에는 이를 포함하여 무역상의 운송인의 표준조건

  c. 기타 당사자에 의해 합의된 모든 조건

iii. 부칙 (ii) (b) 또는 (c)의 약관 및 조건과 이 규칙 사이의 불일치가 발생하는 경우, 이 규칙이 우선한다.

5. Description of the goods : 물품의 명세 24, 23, 22, 15년 기출

i. The shipper warrants the accuracy of the particulars furnished by him relating to the goods, and shall indemnify the carrier against any loss, damage or expense resulting from any inaccuracy.

ii. In the absence of reservation by the carrier, any statement in a sea waybill or similar document as to the quantity or condition of the goods shall

  a. as between the carrier and the shipper be prima facie evidence of receipt of the goods as so stated;

i. 송하인은 그에 의해 제공된 물품과 관련한 특정내역의 정확성을 보증해야 하고 모든 부정확성으로부터 발생한 모든 멸실, 훼손 또는 비용에 대해 운송인에게 보상하여야 한다.

ii. 운송인에 의한 유보의 부재 시에 물품의 수량 또는 상태에 관한 해상화물운송장 또는 유사증권의 모든 기재는,

  a. 운송인과 송하인 간에 기재된 대로 물품수령의 추정증거가 된다.

b. as between the carrier and the consignee be conclusive evidence of receipt of the goods as so stated, and proof to the contrary shall not be permitted, provided always that the consignee has acted in good faith.

b. 운송인과 수하인 간에 물품 수령의 결정적인 증거가 되고 수하인이 항상 선의로 행동했다고 가정하는 경우 반대증거로 허용되어서는 아니 된다.

기출문제

해상화물운송장에 관한 CMI 통일규칙(CMI Uniform Rules for Sea Waybills, 1990)에 관한 내용으로 옳은 것을 모두 고른 것은? 24년 기출

ㄱ. The shipper warrants the accuracy of the particulars furnished by him relating to the goods, and shall indemnify the carrier against any loss, damage or expense resulting from any inaccuracy.

ㄴ. In the presence of reservation by the carrier, any statement in a sea waybill or similar document as to the quantity or condition of the goods shall as between the carrier and the shipper be prima facie evidence of receipt of the goods as so stated.

ㄷ. The carrier shall be under no liability for wrong delivery if he can prove that he has exercised reasonable care to ascertain that the party claiming to be the consignee is in fact that party.

ㄹ. The contract of carriage shall be subject to any International Convention or National Law which is, or if the contract of carriage had been covered by a bill of lading or similar document of title would have been, compulsorily applicable thereto.

① ㄱ, ㄴ
② ㄱ, ㄴ, ㄷ
③ ㄱ, ㄷ, ㄹ
④ ㄴ, ㄷ, ㄹ
⑤ ㄱ, ㄴ, ㄷ, ㄹ

해설

ㄴ. 해상화물운송장에 관한 CMI 통일규칙 제5조(물품의 명세) 제2항에 해당하는 보기로, "In the <u>absence</u> of reservation by the carrier, any statement in a sea waybill or similar document as to the quantity or condition of the goods shall as between the carrier and the shipper be prima facie evidence of receipt of the goods as so stated."가 옳은 내용이다.

정답 ③

6. Right of control : 운송물처분권 23, 18, 15년 기출

i. Unless the shipper has exercised his option under sub rule (ii) below, he shall be the only party entitled to give the carrier instructions in relation to the contract of carriage. Unless prohibited by the applicable law, he shall be entitled to change the name of the consignee at any time up to the consignee claiming delivery of the goods after their arrival at destination, provided he gives the carrier reasonable notice in writing, or by some other means acceptable to the carrier, thereby undertaking to indemnify the carrier against any additional expense caused thereby.

ii. The shipper shall have the option, to be exercised not later than the receipt of the goods by the carrier, to transfer the right of control to the consignee. The exercise of this option must be noted on the sea waybill or similar document, if any. Where the option has been exercised the consignee shall have such rights as are referred to in sub rule (i) above and the shipper shall cease to have such rights.

i. 송하인이 아래의 부칙 (ii)에 따라 그의 선택권을 행사하지 않는 경우, 그는 운송계약과 관련해 운송인에게 지시할 자격을 가진 유일한 당사자이다. 적용법에 의해 금지되지 않는 한, 송하인이 운송인에게 서면 또는 운송인이 수용할 수 있는 기타의 수단으로 상당한 통지를 한다면, 그는 화물이 목적지에 도착한 후 수하인이 물품의 인도를 주장하기까지 언제든 수하인(명의)을 변경할 자격을 가지게 된다. 그렇게 함으로써, 이로 인해 발생한 모든 부대비용에 대해 운송인에게 배상할 것을 부담한다.

ii. 송하인이 수하인에게 운송물처분권을 이전하려면 운송인에 의해 물품을 수령하기 전까지 선택권을 행사하여야 한다. 이 선택권의 행사는 반드시 해상화물운송장 또는 유사증권(있는 경우)에 명시되어야 한다. 이 선택권이 행사되는 경우 수하인이 위의 부칙 (i)에 규정된 그러한 권한을 갖고 송하인의 그러한 권한 행사는 중지되어야 한다.

7. Delivery : 인도 23, 22, 15년 기출

i. The carrier shall deliver the goods to the consignee upon production of proper identification.

ii. The carrier shall be under no liability for wrong delivery if he can prove that he has exercised reasonable care to ascertain that the party claiming to be the consignee is in fact that party.

i. 운송인은 수하인에게 적절한 신원증명의 생성에 따라 물품을 인도하여야 한다.

ii. 운송인이, 수하인이 실제 당사자가 되어야 한다는 당사자의 요구를 확인하는 데 상당한 주의로 행사했다는 것을 증명할 수 있다면, 운송인은 오배송으로 인한 책임이 면제된다.

8. Validity : 유효성

In the event of anything contained in these Rules or any such provisions as are incorporated into the contract of carriage by virtue of Rule 4, being inconsistent with the provisions of any International Convention or National Law compulsorily applicable to the contract of carriage, such Rules and provisions shall to that extent but no further be null and void.

이 규칙 또는 제4조에 의하여 운송계약에 삽입되어 있는 기타 모든 규정에 포함되어 있는 어떠한 내용이 어떠한 국제협약 또는 운송계약에 강행적으로 적용되는 국내법의 규정과 불일치하는 경우에는 위의 규칙 및 규정은 그 범위 내에서 더 이상의 효력을 발생하지 아니한다.

9. Montreal Convention(1999) : 몬트리올 협약

CONVENTION FOR THE UNIFICATION OF CERTAIN RULES FOR INTERNATIONAL CARRIAGE BY AIR
국제항공운송에 있어서의 일부 규칙 통일에 관한 협약

THE STATES PARTIES TO THIS CONVENTION
RECOGNIZING the significant contribution of the Convention for the Unification of Certain Rules Relating to International Carriage by Air signed in Warsaw on 12 October 1929, hereinafter referred to as the "Warsaw Convention", and other related instruments to the harmonization of private international air law;
RECOGNIZING the need to modernize and consolidate the Warsaw Convention and related instruments;
RECOGNIZING the importance of ensuring protection of the interests of consumers in international carriage by air and the need for equitable compensation based on the principle of restitution;
REAFFIRMING the desirability of an orderly development of international air transport operations and the smooth flow of passengers, baggage and cargo in accordance with the principles and objectives of the Convention on International Civil Aviation, done at Chicago on 7 December 1944;
CONVINCED that collective State action for further harmonization and codification of certain rules governing international carriage by air through a new Convention is the most adequate means of achieving an equitable balance of interests;
HAVE AGREED AS FOLLOWS :

이 협약의 당사국은,

1929년 10월 12일 바르샤바에서 서명된 국제항공운송에 있어서의 일부 규칙 통일에 관한 협약("바르샤바 협약") 및 기타 관련 문서들이 국제항공사법의 조화에 지대한 공헌을 하여왔음을 인식하며,

바르샤바 협약 및 관련 문서를 현대화하고 통합하여야 할 필요성을 인식하며,
국제항공운송에 있어서 소비자 이익 보호의 중요성과 원상회복의 원칙에 근거한 공평한 보상의 필요성을 인식하며,

1944년 12월 7일 시카고에서 작성된 국제민간항공협약의 원칙과 목적에 따른 국제항공운송사업의 질서정연한 발전과 승객·수하물 및 화물의 원활한 이동이 바람직함을 재확인하며,

새로운 협약을 통하여 국제항공운송을 규율하는 일부 규칙의 조화 및 성문화를 진작하기 위한 국가의 공동행동이 공평한 이익균형의 달성에 가장 적합한 수단임을 확신하며,

다음과 같이 합의하였다.

Chapter I General Provisions : 총칙

Article 1 Scope of Application : 적용 범위 24년 기출

1. This Convention applies to all international carriage of persons, baggage or cargo performed by aircraft for reward. It applies equally to gratuitous carriage by aircraft performed by an air transport undertaking.

2. For the purposes of this Convention, the expression international carriage means any carriage in which, according to the agreement between the parties, the place of departure and the place of destination, whether or not there be a break in the carriage or a transhipment, are situated either within the territories of two States Parties, or within the territory of a single State Party if there is an agreed stopping place within the territory of another State, even if that State is not a State Party. Carriage between two points within the territory of a single State Party without an agreed stopping place within the territory of another State is not international carriage for the purposes of this Convention.

3. Carriage to be performed by several successive carriers is deemed, for the purposes of this Convention, to be one undivided carriage if it has been regarded by the parties as a single operation, whether it had been agreed upon under the form of a single contract or of a series of contracts, and it does not lose its international character merely because one contract or a series of contracts is to be performed entirely within the territory of the same State.

4. This Convention applies also to carriage as set out in Chapter V, subject to the terms contained therein.

1. 이 협약은 항공기에 의하여 유상으로 수행되는 승객·수하물 또는 화물의 모든 국제운송에 적용된다. 이 협약은 항공운송기업이 항공기에 의하여 무상으로 수행되는 운송에도 동일하게 적용된다.

2. 이 협약의 목적상, 국제운송이라 함은 운송의 중단 또는 환적이 있는지 여부를 불문하고, 당사자 간 합의에 따라 출발지와 도착지가 두 개의 당사국의 영역 내에 있는 운송, 또는 출발지와 도착지가 단일의 당사국 영역 내에 있는 운송으로서 합의된 예정 기항지가 타 국가의 영역 내에 존재하는 운송을 말한다. 이때 예정 기항지가 존재한 타 국가가 이 협약의 당사국인지 여부는 불문한다. 단일의 당사국 영역내의 두 지점 간 수행하는 운송으로서 타 국가의 영역 내에 합의된 예정 기항지가 존재하지 아니하는 것은 이 협약의 목적상 국제운송이 아니다.

3. 2인 이상의 운송인이 연속적으로 수행하는 운송은 이 협약의 목적상, 당사자가 단일의 취급을 한 때에는, 단일의 계약형식 또는 일련의 계약형식으로 합의하였는지 여부를 불문하고 하나의 불가분의 운송이라고 간주되며, 이러한 운송은 단지 단일의 계약 또는 일련의 계약이 전적으로 동일국의 영역 내에서 이행된다는 이유로 국제적 성질이 상실되는 것은 아니다.

4. 이 협약은 또한, 제5장의 조건에 따라, 동 장에 규정된 운송에도 적용된다.

몬트리올협약(Montreal Convention, 1999) 제1조에 관한 내용으로 옳지 않은 것은? 24년 기출

① This convention applies to all international carriage of persons, baggage or cargo performed by aircraft for reward.

② This convention applies equally to gratuitous carriage by aircraft performed by an air transport undertaking.

③ Carriage between two points within the territory of a single State Party without an agreed stopping place within the territory of another State is international carriage for the purposes of this Convention.

④ A carriage to be performed by several successive carriers is deemed, for the purposes of this Convention, to be one undivided carriage if it has been regarded by the parties as a single operation, whether it had been agreed upon under the form of a single contract or of a series of contracts.

⑤ The expression international carriage means any carriage in which, according to the agreement between the parties, the place of departure and the place of destination, whether or not there be a break in the carriage or a transhipment, are situated either within the territories of two States Parties, or within the territory of a single State Party if there is an agreed stopping place within the territory of another State, even if that State is not a State Party.

해설

③ 몬트리올협약(Montreal Convention, 1999) 제1조 제2항에 관한 보기로, "Carriage between two points within the territory of a single State Party without an agreed stopping place within the territory of another State is <u>not</u> international carriage for the purposes of this Convention."이 옳은 내용이다.

정답 ③

Article 2 Carriage Performed by State and Carriage of Postal Items : 국가가 수행하는 운송 및 우편물의 운송

1. This Convention applies to carriage performed by the State or by legally constituted public bodies provided it falls within the conditions laid down in Article 1.

2. In the carriage of postal items, the carrier shall be liable only to the relevant postal administration in accordance with the rules applicable to the relationship between the carriers and the postal administrations.

3. Except as provided in paragraph 2 of this Article, the provisions of this Convention shall not apply to the carriage of postal items.

1. 이 협약은 제1조에 규정된 조건에 합치하는 한, 국가 또는 법적으로 설치된 공공기관이 수행하는 운송에도 적용된다.

2. 우편물의 운송의 경우, 운송인은 운송인과 우정당국 간 관계에 적용되는 규칙에 따라 관련 우정당국에 대해서만 책임을 진다.

3. 본 조 제2항에서 규정하고 있는 경우를 제외한 이 협약의 규정은 우편물의 운송에 적용되지 아니한다.

Chapter II Documentation and Duties of the Parties Relating to the Carriage of Passengers, Baggage and Cargo : 승객·수하물 및 화물의 운송과 관련된 증권과 당사자 의무

Article 3 Passengers and Baggage : 승객 및 수하물 23년 기출

1. In respect of carriage of passengers, an individual or collective document of carriage shall be delivered containing :
   (a) an indication of the places of departure and destination;
   (b) if the places of departure and destination are within the territory of a single State Party, one or more agreed stopping places being within the territory of another State, an indication of at least one such stopping place.

2. Any other means which preserves the information indicated in paragraph 1 may be substituted for the delivery of the document referred to in that paragraph. If any such other means is used, the carrier shall offer to deliver to the passenger a written statement of the information so preserved.

1. 승객의 운송에 관하여 다음 사항을 포함한 개인용 또는 단체용 운송증권을 교부한다.

   (a) 출발지 및 도착지의 표시

   (b) 출발지 및 도착지가 단일의 당사국 영역 내에 있고 하나 또는 그 이상의 예정 기항지가 타 국가의 영역 내에 존재하는 경우에는 그러한 예정 기항지 중 최소한 한 곳의 표시

2. 제1항에 명시된 정보를 보존하는 다른 수단도 동 항에 언급된 증권의 교부를 대체할 수 있다. 그러한 수단이 사용되는 경우, 운송인은 보존된 정보에 관한 서면 신고서의 교부를 승객에게 제안한다.

3. The carrier shall deliver to the passenger a baggage identification tag for each piece of checked baggage.
4. The passenger shall be given written notice to the effect that where this Convention is applicable it governs and may limit the liability of carriers in respect of death or injury and for destruction or loss of, or damage to, baggage, and for delay.
5. Non-compliance with the provisions of the foregoing paragraphs shall not affect the existence or the validity of the contract of carriage, which shall, nonetheless, be subject to the rules of this Convention including those relating to limitation of liability.

3. 운송인은 개개의 위탁수하물에 대한 수하물 식별표를 여객에게 교부한다.

4. 운송인은 이 협약이 적용 가능한 경우 승객의 사망 또는 부상 및 수하물의 파괴, 분실 또는 손상 및 지연에 대한 운송인의 책임을 이 협약이 규율하고 제한할 수 있음을 승객에게 서면으로 통고한다.

5. 전 항의 규정에 따르지 아니한 경우에도 운송계약의 존재 및 유효성에는 영향을 미치지 아니하며, 책임의 한도에 관한 규정을 포함한 이 협약의 규정이 적용된다.

Article 4 Cargo : 화물 23년 기출

1. In respect of the carriage of cargo, an air waybill shall be delivered.
2. Any other means which preserves a record of the carriage to be performed may be substituted for the delivery of an air waybill. If such other means are used, the carrier shall, if so requested by the consignor, deliver to the consignor a cargo receipt permitting identification of the consignment and access to the information contained in the record preserved by such other means.

1. 화물 운송의 경우, 항공운송장이 교부된다.

2. 운송에 관한 기록을 보존하는 다른 수단도 항공운송장의 교부를 대체할 수 있다. 그러한 수단이 사용되는 경우, 운송인은 송하인의 요청에 따라 송하인에게 운송을 증명하고 그러한 수단에 의하여 보존되는 기록에 포함된 정보를 수록한 화물수령증을 교부한다.

Article 5 Contents of Air Waybill or Cargo Receipt : 항공운송장 또는 화물수령증의 기재사항 23년 기출

The air waybill or the cargo receipt shall include :
(a) an indication of the places of departure and destination;
(b) if the places of departure and destination are within the territory of a single State Party, one or more agreed stopping places being within the territory of another State, an indication of at least one such stopping place; and
(c) an indication of the weight of the consignment.

항공운송장 또는 화물수령증에는 다음의 사항을 기재한다.
(a) 출발지 및 도착지의 표시

(b) 출발지 및 도착지가 단일의 당사국 영역 내에 존재하고 하나 또는 그 이상의 예정 기항지가 타 국가의 영역 내에 존재하는 경우에는 그러한 예정 기항지의 최소한 한 곳의 표시

(c) 화물의 중량 표시

Article 6 Document Relating to the Nature of the Cargo : 화물의 성질에 관련된 서류

The consignor may be required, if necessary to meet the formalities of customs, police and similar public authorities, to deliver a document indicating the nature of the cargo. This provision creates for the carrier no duty, obligation or liability resulting therefrom.

세관, 경찰 및 유사한 공공기관의 절차를 이행하기 위하여 필요한 경우, 송하인은 화물의 성질을 명시한 서류를 교부할 것을 요구받을 수 있다. 이 규정은 운송인에게 어떠한 의무, 구속 또는 그에 따른 책임을 부과하지 아니한다.

Article 7 Description of Air Waybill : 항공운송장의 서식

1. The air waybill shall be made out by the consignor in three original parts.
2. The first part shall be marked "for the carrier"; it shall be signed by the consignor. The second part shall be marked "for the consignee"; it shall be signed by the consignor and by the carrier. The third part shall be signed by the carrier who shall hand it to the consignor after the cargo has been accepted.
3. The signature of the carrier and that of the consignor may be printed or stamped.
4. If, at the request of the consignor, the carrier makes out the air waybill, the carrier shall be deemed, subject to proof to the contrary, to have done so on behalf of the consignor.

1. 항공운송장은 송하인에 의하여 원본 3통이 작성된다.
2. 제1의 원본에는 "운송인용"이라고 기재하고 송하인이 서명한다. 제2의 원본에는 "수하인용"이라고 기재하고 송하인 및 운송인이 서명한다. 제3의 원본에는 운송인이 서명하고, 화물을 접수받은 후 송하인에게 인도한다.
3. 운송인 및 송하인의 서명은 인쇄 또는 날인하여도 무방하다.
4. 송하인의 청구에 따라 운송인이 항공운송장을 작성하였을 경우, 반증이 없는 한 운송인은 송하인을 대신하여 항공운송장을 작성한 것으로 간주된다.

Article 8 Documentation for Multiple Packages : 복수화물을 위한 증권

When there is more than one package :
(a) the carrier of cargo has the right to require the consignor to make out separate air waybills;
(b) the consignor has the right to require the carrier to deliver separate cargo receipts when the other means referred to in paragraph 2 of Article 4 are used.

1개 이상의 화물이 있는 경우,
(a) 화물의 운송인은 송하인에게 개별적인 항공운송장을 작성하여 줄 것을 청구할 권리를 갖는다.
(b) 송하인은 제4조 제2항에 언급된 다른 수단이 사용되는 경우에는 운송인에게 개별적인 화물수령증의 교부를 청구할 권리를 갖는다.

Article 9 Non-compliance with Documentary Requirements : 증권상 요건의 불이행

Non-compliance with the provisions of Articles 4 to 8 shall not affect the existence or the validity of the contract of carriage, which shall, nonetheless, be subject to the rules of this Convention including those relating to limitation of liability.

제4조 내지 제8조의 규정에 따르지 아니하는 경우에도 운송계약의 존재 및 유효성에는 영향을 미치지 아니하며, 책임의 한도에 관한 규정을 포함한 이 협약의 규정이 적용된다.

Article 10 Responsibility for Particulars of Documentation : 증권의 기재사항에 대한 책임

1. The consignor is responsible for the correctness of the particulars and statements relating to the cargo inserted by it or on its behalf in the air waybill or furnished by it or on its behalf to the carrier for insertion in the cargo receipt or for insertion in the record preserved by the other means referred to in paragraph 2 of Article 4. The foregoing shall also apply where the person acting on behalf of the consignor is also the agent of the carrier.

2. The consignor shall indemnify the carrier against all damage suffered by it, or by any other person to whom the carrier is liable, by reason of the irregularity, incorrectness or incompleteness of the particulars and statements furnished by the consignor or on its behalf.

3. Subject to the provisions of paragraphs 1 and 2 of this Article, the carrier shall indemnify the consignor against all damage suffered by it, or by any other person to whom the consignor is liable, by reason of the irregularity, incorrectness or incompleteness of the particulars and statements inserted by the carrier or on its behalf in the cargo receipt or in the record preserved by the other means referred to in paragraph 2 of Article 4.

1. 송하인은 본인 또는 대리인이 화물에 관련하여 항공운송장에 기재한 사항, 본인 또는 대리인이 화물수령증에의 기재를 위하여 운송인에게 제공한 사항, 또는 제4조 제2항에 언급된 다른 수단에 의하여 보존되는 기록에의 기재를 위하여 운송인에게 제공한 사항의 정확성에 대하여 책임진다. 이는 송하인을 대신하여 행동하는 자가 운송인의 대리인인 경우에도 적용된다.

2. 송하인은 본인 또는 대리인이 제공한 기재사항의 불비, 부정확 또는 불완전으로 인하여 운송인이나 운송인이 책임을 부담하는 자가 당한 모든 손해에 대하여 운송인에게 보상한다.

3. 본 조 제1항 및 제2항의 규정을 조건으로, 운송인은 본인 또는 대리인이 화물수령증 또는 제4조 제2항에 언급된 다른 수단에 의하여 보존되는 기록에 기재한 사항의 불비, 부정확 또는 불완전으로 인하여 송하인이나 송하인이 책임을 부담하는 자가 당한 모든 손해에 대하여 송하인에게 보상한다.

Article 11 Evidentiary Value of Documentation : 증권의 증거력

1. The air waybill or the cargo receipt is prima facie evidence of the conclusion of the contract, of the acceptance of the cargo and of the conditions of carriage mentioned therein.

2. Any statements in the air waybill or the cargo receipt relating to the weight, dimensions and packing of the cargo, as well as those relating to the number of packages, are prima facie evidence of the facts stated; those relating to the quantity, volume and condition of the cargo do not constitute evidence against the carrier except so far as they both have been, and are stated in the air waybill or the cargo receipt to have been, checked by it in the presence of the consignor, or relate to the apparent condition of the cargo.

1. 항공운송장 또는 화물수령증은 반증이 없는 한, 그러한 증권에 언급된 계약의 체결, 화물의 인수 및 운송의 조건에 관한 증거가 된다.

2. 화물의 개수를 포함한, 화물의 중량, 크기 및 포장에 관한 항공운송장 및 화물수령증의 기재사항은 반증이 없는 한, 기재된 사실에 대한 증거가 된다. 화물의 수량, 부피 및 상태는 운송인이 송하인의 입회 하에 점검하고, 그러한 사실을 항공운송장이나 화물수령증에 기재한 경우 또는 화물의 외양에 관한 기재의 경우를 제외하고는 운송인에게 불리한 증거를 구성하지 아니한다.

Article 12 Right of Disposition of Cargo : 화물의 처분권

1. Subject to its liability to carry out all its obligations under the contract of carriage, the consignor has the right to dispose of the cargo by withdrawing it at the airport of departure or destination, or by stopping it in the course of the journey on any landing, or by calling for it to be delivered at the place of destination or in the course of the journey to a person other than the consignee originally designated, or by requiring it to be returned to the airport of departure. The consignor must not exercise this right of disposition in such a way as to prejudice the carrier or other consignors and must reimburse any expenses occasioned by the exercise of this right.

2. If it is impossible to carry out the instructions of the consignor, the carrier must so inform the consignor forthwith.

1. 송하인은 운송계약에 따른 모든 채무를 이행할 책임을 조건으로, 출발공항 또는 도착공항에서 화물을 회수하거나, 운송 도중 착륙할 때에 화물을 유치하거나, 최초 지정한 수하인 이외의 자에 대하여 도착지에서 또는 운송 도중에 화물을 인도할 것을 요청하거나 또는 출발공항으로 화물을 반송할 것을 청구함으로써 화물을 처분할 권리를 보유한다. 송하인은 운송인 또는 다른 송하인을 해하는 방식으로 이러한 처분권을 행사해서는 아니 되며, 이러한 처분권의 행사에 의하여 발생한 어떠한 비용도 변제하여야 한다.

2. 송하인의 지시를 이행하지 못할 경우, 운송인은 즉시 이를 송하인에게 통보하여야 한다.

3. If the carrier carries out the instructions of the consignor for the disposition of the cargo without requiring the production of the part of the air waybill or the cargo receipt delivered to the latter, the carrier will be liable, without prejudice to its right of recovery from the consignor, for any damage which may be caused thereby to any person who is lawfully in possession of that part of the air waybill or the cargo receipt.

4. The right conferred on the consignor ceases at the moment when that of the consignee begins in accordance with Article 13. Nevertheless, if the consignee declines to accept the cargo, or cannot be communicated with, the consignor resumes its right of disposition.

3. 운송인은 송하인에게 교부한 항공운송장 또는 화물수령증의 제시를 요구하지 아니하고 화물의 처분에 관한 송하인의 지시에 따른 경우, 이로 인하여 항공운송장 또는 화물수령증의 정당한 소지인에게 발생된 어떠한 손해에 대하여도 책임을 진다. 단, 송하인에 대한 운송인의 구상권은 침해받지 아니한다.

4. 송하인에게 부여된 권리는 수하인의 권리가 제13조에 따라 발생할 때 소멸한다. 그럼에도 불구하고 수하인이 화물의 수취를 거절하거나 또는 수하인을 알 수 없는 때에는 송하인은 처분권을 회복한다.

Article 13 Delivery of the Cargo : 화물의 인도

1. Except when the consignor has exercised its right under Article 12, the consignee is entitled, on arrival of the cargo at the place of destination, to require the carrier to deliver the cargo to it, on payment of the charges due and on complying with the conditions of carriage.

2. Unless it is otherwise agreed, it is the duty of the carrier to give notice to the consignee as soon as the cargo arrives.

3. If the carrier admits the loss of the cargo, or if the cargo has not arrived at the expiration of seven days after the date on which it ought to have arrived, the consignee is entitled to enforce against the carrier the rights which flow from the contract of carriage.

1. 송하인이 제12조에 따른 권리를 행사하는 경우를 제외하고, 수하인은 화물이 도착지에 도착하였을 때 운송인에게 정당한 비용을 지급하고 운송의 조건을 충족하면 화물의 인도를 요구할 권리를 가진다.

2. 별도의 합의가 없는 한, 운송인은 화물이 도착한 때 수하인에게 통지를 할 의무가 있다.

3. 운송인이 화물의 분실을 인정하거나 또는 화물이 도착되었어야 할 날로부터 7일이 경과하여도 도착되지 아니하였을 때에는 수하인은 운송인에 대하여 계약으로부터 발생된 권리를 행사할 권리를 가진다.

Article 14 Enforcement of the Rights of Consignor and Consignee : 송하인과 수하인의 권리행사

The consignor and the consignee can respectively enforce all the rights given to them by Articles 12 and 13, each in its own name, whether it is acting in its own interest or in the interest of another, provided that it carries out the obligations imposed by the contract of carriage.

송하인과 수하인은 운송계약에 의하여 부과된 채무를 이행할 것을 조건으로 하여 자신 또는 타인의 이익을 위하여 행사함을 불문하고 각각 자기의 명의로 제12조 및 제13조에 의하여 부여된 모든 권리를 행사할 수 있다.

Article 15 Relations of Consignor and Consignee or Mutual Relations of Third Parties : 송하인과 수하인의 관계 또는 제3자와의 상호관계

1. Articles 12, 13 and 14 do not affect either the relations of the consignor and the consignee with each other or the mutual relations of third parties whose rights are derived either from the consignor or from the consignee.

2. The provisions of Articles 12, 13 and 14 can only be varied by express provision in the air waybill or the cargo receipt.

1. 제12조, 제13조 및 제14조는 송하인과 수하인의 상호관계 또는 송하인 및 수하인과 이들 중 어느 한쪽으로부터 권리를 취득한 제3자와의 상호관계에는 영향을 미치지 아니한다.

2. 제12조, 제13조 및 제14조의 규정은 항공운송장 또는 화물수령증에 명시적인 규정에 의해서만 변경될 수 있다.

Article 16 Formalities of Customs, Police or Other Public Authorities : 세관, 경찰 및 기타 공공기관의 절차

1. The consignor must furnish such information and such documents as are necessary to meet the formalities of customs, police and any other public authorities before the cargo can be delivered to the consignee. The consignor is liable to the carrier for any damage occasioned by the absence, insufficiency or irregularity of any such information or documents, unless the damage is due to the fault of the carrier, its servants or agents.

2. The carrier is under no obligation to enquire into the correctness or sufficiency of such information or documents.

1. 송하인은 화물이 수하인에게 인도될 수 있기 전에 세관, 경찰 또는 기타 공공기관의 절차를 이행하기 위하여 필요한 정보 및 서류를 제공한다. 송하인은 그러한 정보 및 서류의 부재, 불충분 또는 불비로부터 발생한 손해에 대하여 운송인에게 책임을 진다. 단, 그러한 손해가 운송인, 그의 고용인 또는 대리인의 과실에 기인한 경우에는 그러하지 아니한다.

2. 운송인은 그러한 정보 또는 서류의 정확성 또는 충분성 여부를 조사할 의무가 없다.

Chapter III Liability of the Carrier and Extent of Compensation for Damage : 운송인의 책임 및 손해배상의 범위

Article 17 Death and Injury of Passengers - Damage to Baggage : 승객의 사망 및 부상 – 수하물에 대한 손해 22년 기출

1. The carrier is liable for damage sustained in case of death or bodily injury of a passenger upon condition only that the accident which caused the death or injury took place on board the aircraft or in the course of any of the operations of embarking or disembarking.

2. The carrier is liable for damage sustained in case of destruction or loss of, or of damage to, checked baggage upon condition only that the event which caused the destruction, loss or damage took place on board the aircraft or during any period within which the checked baggage was in the charge of the carrier. However, the carrier is not liable if and to the extent that the damage resulted from the inherent defect, quality or vice of the baggage. In the case of unchecked baggage, including personal items, the carrier is liable if the damage resulted from its fault or that of its servants or agents.

3. If the carrier admits the loss of the checked baggage, or if the checked baggage has not arrived at the expiration of twenty-one days after the date on which it ought to have arrived, the passenger is entitled to enforce against the carrier the rights which flow from the contract of carriage.

4. Unless otherwise specified, in this Convention the term "baggage" means both checked baggage and unchecked baggage.

1. 운송인은 승객의 사망 또는 신체의 부상의 경우에 입은 손해에 대하여 사망 또는 부상을 야기한 사고가 항공기상에서 발생하였거나 또는 탑승과 하강의 과정에서 발생하였을 때에 한하여 책임을 진다.

2. 운송인은 위탁수하물의 파괴, 분실 또는 손상으로 인한 손해에 대하여 파괴, 분실 또는 손상을 야기한 사고가 항공기상에서 발생하였거나 또는 위탁수하물이 운송인의 관리 하에 있는 기간 중 발생한 경우에 한하여 책임을 진다. 그러나, 운송인은 손해가 수하물 고유의 결함, 성질 또는 수하물의 불완전에 기인하는 경우 및 그러한 범위 내에서는 책임을 부담하지 아니한다. 개인소지품을 포함한 휴대수하물의 경우, 운송인, 그의 고용인 또는 대리인의 과실에 기인하였을 때에만 책임을 진다.

3. 운송인이 위탁수하물의 분실을 인정하거나 또는 위탁수하물이 도착하였어야 하는 날로부터 21일이 경과하여도 도착하지 아니하였을 때 승객은 운송인에 대하여 운송계약으로부터 발생되는 권리를 행사할 권한을 가진다.

4. 별도의 구체적인 규정이 없는 한, 이 협약에서 "수하물"이라는 용어는 위탁수하물 및 휴대 수하물 모두를 의미한다.

1. The carrier is liable for damage sustained in the event of the destruction or loss of, or damage to, cargo upon condition only that the event which caused the damage so sustained took place during the carriage by air.

2. However, the carrier is not liable if and to the extent it proves that the destruction, or loss of, or damage to, the cargo resulted from one or more of the following :
   (a) inherent defect, quality or vice of that cargo;
   (b) defective packing of that cargo performed by a person other than the carrier or its servants or agents;
   (c) an act of war or an armed conflict;
   (d) an act of public authority carried out in connection with the entry, exit or transit of the cargo.

3. The carriage by air within the meaning of paragraph 1 of this Article comprises the period during which the cargo is in the charge of the carrier.

4. The period of the carriage by air does not extend to any carriage by land, by sea or by inland waterway performed outside an airport. If, however, such carriage takes place in the performance of a contract for carriage by air, for the purpose of loading, delivery or transshipment, any damage is presumed, subject to proof to the contrary, to have been the result of an event which took place during the carriage by air. If a carrier, without the consent of the consignor, substitutes carriage by another mode of transport for the whole or part of a carriage intended by the agreement between the parties to be carriage by air, such carriage by another mode of transport is deemed to be within the period of carriage by air.

1. 운송인은 화물의 파괴, 분실 또는 손상으로 인한 손해에 대하여 손해를 야기한 사고가 항공운송 중에 발생하였을 경우에 한하여 책임을 진다.

2. 그러나 운송인은 화물의 파괴, 분실 또는 손상이 다음 중 하나 이상의 사유에 기인하여 발생하였다는 것이 입증되었을 때에는 책임을 지지 아니한다.
   (a) 화물의 고유한 결함, 성질 또는 화물의 불완전
   (b) 운송인, 그의 고용인 또는 대리인 이외의 자가 수행한 화물의 결함이 있는 포장
   (c) 전쟁 또는 무력분쟁행위
   (d) 화물의 입출국 또는 통과와 관련하여 행한 공공기관의 행위

3. 본 조 제1항의 의미상 항공운송은 화물이 운송인의 관리하에 있는 기간도 포함된다.

4. 항공운송의 기간에는 공항외부에서 행한 육상, 해상운송 또는 내륙수로운송은 포함되지 아니한다. 그러나 그러한 운송이 항공운송계약을 이행 중에 화물의 적재, 인도 또는 환적을 목적으로 하여 행하여졌을 때에는 반증이 없는 한 어떠한 손해도 항공운송 중에 발생한 사고의 결과라고 추정된다. 운송인이 송하인의 동의 없이 당사자 간 합의에 따라 항공운송으로 행할 것이 예정되어 있었던 운송의 전부 또는 일부를 다른 운송수단의 형태에 의한 운송으로 대체하였을 때에는 다른 운송수단의 형태에 의한 운송은 항공운송의 기간 내에 있는 것으로 간주된다.

몬트리올협약(Montreal Convention, 1999) 제18조 2항이다. 밑줄 친 the following에 포함되는 것을 모두 고른 것은? 24년 기출

However, the carrier is not liable if and to the extent it proves that the destruction, or loss of, or damage to, the cargo resulted from one or more of <u>the following</u> :

ㄱ. inherent defect, quality or vice of that cargo
ㄴ. defective packing of that cargo performed by a person other than the carrier or its servants or agents
ㄷ. saving or attempting to save life or property at air
ㄹ. an act of war or an armed conflict

① ㄱ, ㄴ, ㄷ
② ㄱ, ㄴ, ㄹ
③ ㄱ, ㄷ, ㄹ
④ ㄴ, ㄷ, ㄹ
⑤ ㄱ, ㄴ, ㄷ, ㄹ

해설

ㄷ. "saving or attempting to save life or property at air"는 몬트리올 협약상 운송인의 면책조항에 포함되지 않는다. "saving or attempting to save life or property <u>at sea</u>"는 헤이그 규칙상 운송인(선박)의 면책조항에 포함된다.

정답 ②

Article 19 Delay : 지연

The carrier is liable for damage occasioned by delay in the carriage by air of passengers, baggage or cargo. Nevertheless, the carrier shall not be liable for damage occasioned by delay if it proves that it and its servants and agents took all measures that could reasonably be required to avoid the damage or that it was impossible for it or them to take such measures.

운송인은 승객, 수하물 또는 화물의 항공운송 중 지연으로 인한 손해에 대한 책임을 진다. 그럼에도 불구하고, 운송인은 본인, 그의 고용인 또는 대리인이 손해를 피하기 위하여 합리적으로 요구되는 모든 조치를 다하였거나 또는 그러한 조치를 취할 수 없었다는 것을 증명한 경우에는 책임을 지지 아니한다.

Article 20 Exoneration : 책임 면제

If the carrier proves that the damage was caused or contributed to by the negligence or other wrongful act or omission of the person claiming compensation, or the person from whom he or she derives his or her rights, the carrier shall be wholly or partly exonerated from its liability to the claimant to the extent that such negligence or wrongful act or omission caused or contributed to the damage. When by reason of death or injury of a passenger compensation is claimed by a person other than the passenger, the carrier shall likewise be wholly or partly exonerated from its liability to the extent that it proves that the damage was caused or contributed to by the negligence or other wrongful act or omission of that passenger. This Article applies to all the liability provisions in this Convention, including paragraph 1 of Article 21.

운송인이 손해배상을 청구하는 자 또는 그로부터 권한을 위임받은 자의 과실, 기타 불법적인 작위 또는 부작위가 손해를 야기하였거나 또는 손해에 기여하였다는 것을 증명하였을 때에는 그러한 과실, 불법적인 작위 또는 부작위가 손해를 야기하였거나 손해에 기여한 정도에 따라 청구자에 대하여 책임의 전부 또는 일부를 면제받는다. 승객의 사망 또는 부상을 이유로 하여 손해배상이 승객 이외의 자에 의하여 청구되었을 때, 운송인은 손해가 승객의 과실, 불법적인 작위 또는 부작위에 기인하였거나 이에 기여하였음을 증명한 정도에 따라 책임의 전부 또는 일부를 면제받는다. 본 조는 제21조 제1항을 포함한 이 협약의 모든 배상책임규정에 적용된다.

Article 21 Compensation in Case of Death or Injury of Passengers : 승객의 사망 또는 부상에 대한 배상

1. For damages arising under paragraph 1 of Article 17 not exceeding 100,000 Special Drawing Rights for each passenger, the carrier shall not be able to exclude or limit its liability.
2. The carrier shall not be liable for damages arising under paragraph 1 of Article 17 to the extent that they exceed for each passenger 100,000 Special Drawing Rights if the carrier proves that :
   (a) such damage was not due to the negligence or other wrongful act or omission of the carrier or its servants or agents; or
   (b) such damage was solely due to the negligence or other wrongful act or omission of a third party.

1. 운송인은 승객당 100,000SDR을 초과하지 아니한 제17조 제1항 하의 손해에 대한 책임을 배제하거나 제한하지 못한다.

2. 승객당 100,000SDR을 초과하는 제17조 제1항 하의 손해에 대하여, 운송인이 다음을 증명하는 경우에는 책임을 지지 아니한다.

   (a) 그러한 손해가 운송인, 그의 고용인 또는 대리인의 과실, 기타 불법적인 작위 또는 부작위에 기인하지 아니하였거나,
   (b) 그러한 손해가 오직 제3자의 과실, 기타 불법적인 작위 또는 부작위에 기인하였을 경우

Article 22 Limits of Liability in Relation to Delay, Baggage and Cargo : 지연, 수하물 및 화물과 관련한 배상책임의 한도

1. In the case of damage caused by delay as specified in Article 19 in the carriage of persons, the liability of the carrier for each passenger is limited to 4,150 Special Drawing Rights.

2. In the carriage of baggage, the liability of the carrier in the case of destruction, loss, damage or delay is limited to 1,000 Special Drawing Rights for each passenger unless the passenger has made, at the time when the checked baggage was handed over to the carrier, a special declaration of interest in delivery at destination and has paid a supplementary sum if the case so requires. In that case the carrier will be liable to pay a sum not exceeding the declared sum, unless it proves that the sum is greater than the passenger's actual interest in delivery at destination.

3. In the carriage of cargo, the liability of the carrier in the case of destruction, loss, damage or delay is limited to a sum of 17 Special Drawing Rights per kilogramme, unless the consignor has made, at the time when the package was handed over to the carrier, a special declaration of interest in delivery at destination and has paid a supplementary sum if the case so requires. In that case the carrier will be liable to pay a sum not exceeding the declared sum, unless it proves that the sum is greater than the consignor's actual interest in delivery at destination.

1. 승객의 운송 시 제19조에 규정되어 있는 지연에 기인한 손해가 발생한 경우, 운송인의 책임은 승객 1인당 4,150SDR 로 제한된다.

2. 수하물의 운송 시 수하물의 파괴, 분실, 손상 또는 지연이 발생한 경우 운송인의 책임은 승객 1인당 1,000SDR로 제한된다. 단, 승객이 위탁수하물을 운송인에게 인도할 때에 도착지에서 인도 시 이익에 관한 특별신고를 하였거나 필요에 따라 추가요금을 지급한 경우에는 그러하지 아니한다. 이러한 경우, 운송인은 신고가액이 도착지에 있어서 인도 시 승객의 실질이익을 초과한다는 것을 증명하지 아니하는 한 신고가액을 한도로 하는 금액을 지급할 책임을 진다.

3. 화물의 운송 시 화물의 파괴, 분실, 손상 또는 지연이 발생한 경우 운송인의 책임은 1킬로그램당 17SDR로 제한된다. 단, 송하인이 화물을 운송인에게 인도할 때에 도착지에서 인도 시 이익에 관한 특별신고를 하였거나 필요에 따라 추가 요금을 지급한 경우에는 그러하지 아니하다. 이러한 경우, 운송인은 신고가액이 도착지 인도 시 송하인의 실질이익을 초과한다는 것을 증명하지 아니하는 한 신고가액을 한도로 하는 금액을 지급할 책임을 진다.

4. In the case of destruction, loss, damage or delay of part of the cargo, or of any object contained therein, the weight to be taken into consideration in determining the amount to which the carrier's liability is limited shall be only the total weight of the package or packages concerned. Nevertheless, when the destruction, loss, damage or delay of a part of the cargo, or of an object contained therein, affects the value of other packages covered by the same air waybill, or the same receipt or, if they were not issued, by the same record preserved by the other means referred to in paragraph 2 of Article 4, the total weight of such package or packages shall also be taken into consideration in determining the limit of liability.

5. The foregoing provisions of paragraphs 1 and 2 of this Article shall not apply if it is proved that the damage resulted from an act or omission of the carrier, its servants or agents, done with intent to cause damage or recklessly and with knowledge that damage would probably result; provided that, in the case of such act or omission of a servant or agent, it is also proved that such servant or agent was acting within the scope of its employment.

6. The limits prescribed in Article 21 and in this Article shall not prevent the court from awarding, in accordance with its own law, in addition, the whole or part of the court costs and of the other expenses of the litigation incurred by the plaintiff, including interest. The foregoing provision shall not apply if the amount of the damages awarded, excluding court costs and other expenses of the litigation, does not exceed the sum which the carrier has offered in writing to the plaintiff within a period of six months from the date of the occurrence causing the damage, or before the commencement of the action, if that is later.

4. 화물의 일부 또는 화물에 포함된 물건의 파괴, 분실, 손상 또는 지연의 경우, 운송인의 책임한도를 결정할 시 고려하여야 할 중량은 관련 화물의 총 중량이다. 그럼에도 불구하고 화물의 일부 또는 화물에 포함된 물건의 파괴, 분실, 손상 또는 지연이 동일한 항공운송장 또는 화물수령증에 기재하거나 또는 이러한 증권이 발행되지 아니하였을 때에는 제4조 제2항에 언급된 다른 수단에 의하여 보존되고 있는 동일한 기록에 기재되어 있는 기타 화물의 가액에 영향을 미칠 때에는 운송인의 책임한도를 결정할 시 그러한 화물의 총 중량도 고려되어야 한다.

5. 손해가 운송인, 그의 고용인 또는 대리인이 손해를 야기할 의도를 가지거나 또는 무모하게 손해가 야기될 것을 인지하고 행한 작위 또는 부작위로부터 발생되었다는 것이 입증되었을 때에는 본 조 제1항 및 제2항에 전술한 규정은 적용되지 아니한다. 단, 고용인 또는 대리인이 작위 또는 부작위를 행한 경우에는 그가 자기의 고용업무의 범위 내에서 행하였다는 것이 입증되어야 한다.

6. 제21조 및 본 조에 규정된 책임제한은 자국법에 따라 법원이 원고가 부담하는 소송비용 및 소송과 관련된 기타 비용에 이자를 포함한 금액의 전부 또는 일부를 재정하는 것을 방해하지 아니한다. 전기 규정은 소송비용 및 소송과 관련된 기타 비용을 제외한, 재정된 손해액이 손해를 야기한 사건의 발생일로부터 6월의 기간 내에 또는 소송의 개시가 상기 기간 이후일 경우에는 소송 개시 전에 운송인이 원고에게 서면으로 제시한 액수를 초과하지 아니한 때에는 적용되지 아니한다.

1. The sums mentioned in terms of Special Drawing Right in this Convention shall be deemed to refer to the Special Drawing Right as defined by the International Monetary Fund. Conversion of the sums into national currencies shall, in case of judicial proceedings, be made according to the value of such currencies in terms of the Special Drawing Right at the date of the judgement. The value of a national currency, in terms of the Special Drawing Right, of a State Party which is a Member of the International Monetary Fund, shall be calculated in accordance with the method of valuation applied by the International Monetary Fund, in effect at the date of the judgement, for its operations and transactions. The value of a national currency, in terms of the Special Drawing Right, of a State Party which is not a Member of the International Monetary Fund, shall be calculated in a manner determined by that State.

2. Nevertheless, those States which are not Members of the International Monetary Fund and whose law does not permit the application of the provisions of paragraph 1 of this Article may, at the time of ratification or accession or at any time thereafter, declare that the limit of liability of the carrier prescribed in Article 21 is fixed at a sum of 1 500,000 monetary units per passenger in judicial proceedings in their territories; 62,500 monetary units per passenger with respect to paragraph 1 of Article 22; 15,000 monetary units per passenger with respect to paragraph 2 of Article 22; and 250 monetary units per kilogramme with respect to paragraph 3 of Article 22. This monetary unit corresponds to sixty-five and a half milligrammes of gold of millesimal fineness nine hundred. These sums may be converted into the national currency concerned in round figures. The conversion of these sums into national currency shall be made according to the law of the State concerned.

1. 이 협약에서 특별인출권으로 환산되어 언급된 금액은 국제통화기금이 정의한 특별인출권을 의미하는 것으로 간주된다. 재판절차에서 국내통화로의 환산은 판결일자에 특별인출권의 국내통화 환산액에 따라 정한다. 국제통화기금의 회원국의 특별인출권의 국내통화 환산금액은 국제통화기금의 운영과 거래를 위하여 적용하는 평가방식에 따라 산출하게 되며, 동 방식은 판결일자에 유효하여야 한다. 국제통화기금의 비회원국인 당사국의 특별인출권의 국내통화 환산금액은 동 당사국이 결정한 방식에 따라 산출된다.

2. 그럼에도 불구하고, 국제통화기금의 비회원국이며 자국법에 따라 본 조 제1항의 적용이 허용되지 아니하는 국가는 비준, 가입 시 또는 그 이후에 언제라도 제21조에 규정되어 있는 운송인의 책임한도가 자국의 영역에서 소송이 진행 중인 경우 승객 1인당 1,500,000화폐단위, 제22조 제1항과 관련해서는 승객 1인당 62,500화폐단위, 제22조 제2항과 관련해서는 승객 1인당 15,000화폐단위 및 제22조 제3항과 관련해서는 1킬로그램당 250화폐단위로 고정된다고 선언할 수 있다. 이와 같은 화폐단위는 1,000분의 900의 순도를 가진 금 65.5밀리그램에 해당한다. 국내통화로 환산된 금액은 관계국 통화의 단수가 없는 금액으로 환산할 수 있다. 국내통화로 환산되는 금액은 관련국가의 법률에 따른다.

3. The calculation mentioned in the last sentence of paragraph 1 of this Article and the conversion method mentioned in paragraph 2 of this Article shall be made in such manner as to express in the national currency of the State Party as far as possible the same real value for the amounts in Articles 21 and 22 as would result from the application of the first three sentences of paragraph 1 of this Article. States Parties shall communicate to the depositary the manner of calculation pursuant to paragraph 1 of this Article, or the result of the conversion in paragraph 2 of this Article as the case may be, when depositing an instrument of ratification, acceptance, approval of or accession to this Convention and whenever there is a change in either.

3. 본 조 제1항 후단에 언급된 계산 및 제2항에 언급된 환산방식은 본 조 제1항의 전 3단의 적용에 기인되는 제21조 및 제22조의 가액과 동일한 실질가치를 가능한 한 동 당사국의 국내통화로 표시하는 방법으로 할 수 있다. 당사국들은 본 조 제1항에 따른 산출방식 또는, 경우에 따라 본 조 제2항에 의한 환산의 결과를 이 협약의 비준서, 수락서, 승인서 또는 가입서 기탁 시 또는 상기 산출방식이나 환산결과의 변경 시 수탁자에 통보한다.

Article 24 Review of Limits : 한도의 검토

1. Without prejudice to the provisions of Article 25 of this Convention and subject to paragraph 2 below, the limits of liability prescribed in Articles 21, 22 and 23 shall be reviewed by the Depositary at five-year intervals, the first such review to take place at the end of the fifth year following the date of entry into force of this Convention, or if the Convention does not enter into force within five years of the date it is first open for signature, within the first year of its entry into force, by reference to an inflation factor which corresponds to the accumulated rate of inflation since the previous revision or in the first instance since the date of entry into force of the Convention. The measure of the rate of inflation to be used in determining the inflation factor shall be the weighted average of the annual rates of increase or decrease in the Consumer Price Indices of the States whose currencies comprise the Special Drawing Right mentioned in paragraph 1 of Article 23.

1. 이 협약 제25조의 규정을 침해하지 아니하고 아래 제2항을 조건으로 하여, 제21조 내지 제23조에 규정한 책임한도는 5년 주기로 수탁자에 의하여 검토되어야 하며, 최초의 검토는 이 협약의 발효일로부터 5년이 되는 해의 연말에 실시된다. 만일 이 협약이 서명을 위하여 개방된 날로부터 5년 내에 발효가 되지 못하면 발효되는 해에 협약의 발효일 이후 또는 이전 수정 이후 누적물가상승률에 상응하는 물가상승요인을 참고하여 검토된다. 물가상승요인의 결정에 사용되는 물가상승률의 기준은 제23조 제1항에 언급된 특별인출권을 구성하는 통화를 가진 국가의 소비자물가지수의 상승 또는 하강률의 가중평균치를 부여하여 산정한다.

2. If the review referred to in the preceding paragraph concludes that the inflation factor has exceeded 10 percent, the Depositary shall notify States Parties of a revision of the limits of liability. Any such revision shall become effective six months after its notification to the States Parties. If within three months after its notification to the States Parties a majority of the States Parties register their disapproval, the revision shall not become effective and the Depositary shall refer the matter to a meeting of the States Parties. The Depositary shall immediately notify all States Parties of the coming into force of any revision.

3. Notwithstanding paragraph 1 of this Article, the procedure referred to in paragraph 2 of this Article shall be applied at any time provided that one-third of the States Parties express a desire to that effect and upon condition that the inflation factor referred to in paragraph 1 has exceeded 30 percent since the previous revision or since the date of entry into force of this Convention if there has been no previous revision. Subsequent reviews using the procedure described in paragraph 1 of this Article will take place at five-year intervals starting at the end of the fifth year following the date of the reviews under the present paragraph.

2. 전 항의 규정에 따라 검토를 행한 결과 인플레이션 계수가 10퍼센트를 초과하였다면 수탁자는 당사국에게 책임한도의 수정을 통고한다. 이러한 수정은 당사국에게 통고된 후 6월 경과 시 효력이 발생한다. 만일 당사국에게 통고된 후 3월 이내에 과반수의 당사국들이 수정에 대한 불승인을 표명한 때에는 수정은 효력이 발생하지 아니하며, 수탁자는 동 문제를 당사국의 회합에 회부한다. 수탁자는 모든 당사국에게 수정의 발효를 즉시 통보한다.

3. 본 조 제1항에도 불구하고, 본 조 제2항에 언급된 절차는 당사국의 3분의 1 이상이 이전의 수정 또는 이전에 수정이 없었다면 이 협약의 발효일 이래 본 조 제1항에 언급된 인플레이션 계수가 30퍼센트를 초과할 것을 조건으로 하여 그러한 효과에 대한 의사를 표시한 경우에는 언제나 적용 가능하다. 본 조 제1항에 기술된 절차를 사용한 추가검토는 본 항에 따른 검토일로부터 5년이 되는 해의 연말에 개시하여 5년 주기로 한다.

Article 25 Stipulation on Limits : 한도의 규정

A carrier may stipulate that the contract of carriage shall be subject to higher limits of liability than those provided for in this Convention or to no limits of liability whatsoever.

운송인은 이 협약이 정한 책임한도보다 높은 한도를 정하거나 어떤 경우에도 책임의 한도를 두지 아니한다는 것을 운송계약에 규정할 수 있다.

Article 26 Invalidity of Contractual Provisions : 계약조항의 무효

Any provision tending to relieve the carrier of liability or to fix a lower limit than that which is laid down in this Convention shall be null and void, but the nullity of any such provision does not involve the nullity of the whole contract, which shall remain subject to the provisions of this Convention.

운송인의 책임을 경감하거나 또는 이 협약에 규정된 책임한도보다 낮은 한도를 정하는 어떠한 조항도 무효다. 그러나 그러한 조항의 무효는 계약 전체를 무효로 하는 것은 아니며 계약은 이 협약의 조항에 따른다.

Article 27 Freedom to Contract : 계약의 자유

Nothing contained in this Convention shall prevent the carrier from refusing to enter into any contract of carriage, from waiving any defences available under the Convention, or from laying down conditions which do not conflict with the provisions of this Convention.

이 협약의 어떠한 규정도 운송인이 운송계약의 체결을 거절하거나, 이 협약상의 항변권을 포기하거나 또는 이 협약의 규정과 저촉되지 아니하는 운송조건을 설정하는 것을 방해하지 못한다.

Article 28 Advance Payments : 선배상지급

In the case of aircraft accidents resulting in death or injury of passengers, the carrier shall, if required by its national law, make advance payments without delay to a natural person or persons who are entitled to claim compensation in order to meet the immediate economic needs of such persons. Such advance payments shall not constitute a recognition of liability and may be offset against any amounts subsequently paid as damages by the carrier.

승객의 사망 또는 부상을 야기하는 항공기사고 시, 운송인은 자국법이 요구하는 경우 자연인 또는 배상을 받을 권한이 있는 자의 즉각적인 경제적 필요성을 충족시키기 위하여 지체 없이 선배상금을 지급한다. 이러한 선배상지급은 운송인의 책임을 인정하는 것은 아니며, 추후 운송인이 지급한 배상금과 상쇄될 수 있다.

Article 29 Basis of Claims : 청구의 기초

In the carriage of passengers, baggage and cargo, any action for damages, however founded, whether under this Convention or in contract or in tort or otherwise, can only be brought subject to the conditions and such limits of liability as are set out in this Convention without prejudice to the question as to who are the persons who have the right to bring suit and what are their respective rights. In any such action, punitive, exemplary or any other non-compensatory damages shall not be recoverable.

승객, 수하물 및 화물의 운송 시 손해에 관한 어떠한 소송이든지 이 협약, 계약, 불법행위 또는 기타 어떠한 사항에 근거하는지 여부를 불문하고, 소를 제기할 권리를 가지는 자와 그들 각각의 권리에 관한 문제를 침해함이 없이, 이 협약에 규정되어 있는 조건 및 책임한도에 따르는 경우에만 제기될 수 있다. 어떠한 소송에서도, 징벌적 배상 또는 비보상적 배상은 회복되지 아니한다.

Article 30 Servants, Agents - Aggregation of Claims : 고용인, 대리인 - 청구의 총액

1. If an action is brought against a servant or agent of the carrier arising out of damage to which the Convention relates, such servant or agent, if they prove that they acted within the scope of their employment, shall be entitled to avail themselves of the conditions and limits of liability which the carrier itself is entitled to invoke under this Convention.
2. The aggregate of the amounts recoverable from the carrier, its servants and agents, in that case, shall not exceed the said limits.
3. Save in respect of the carriage of cargo, the provisions of paragraphs 1 and 2 of this Article shall not apply if it is proved that the damage resulted from an act or omission of the servant or agent done with intent to cause damage or recklessly and with knowledge that damage would probably result.

1. 이 협약과 관련된 손해로 인하여 운송인의 고용인 또는 대리인을 상대로 소송이 제기된 경우, 그들이 고용범위 내에서 행동하였음이 증명된다면 이 협약 하에서 운송인 자신이 주장할 수 있는 책임의 조건 및 한도를 원용할 권리를 가진다.

2. 그러한 경우, 운송인, 그의 고용인 및 대리인으로부터 회수 가능한 금액의 총액은 전술한 한도를 초과하지 아니한다.
3. 화물운송의 경우를 제외하고는 본 조 제1항 및 제2항의 규정은 고용인 또는 대리인이 손해를 야기할 의도로 무모하게, 또는 손해가 발생할 것을 알고 행한 작위 또는 부작위에 기인한 손해임이 증명된 경우에는 적용되지 아니한다.

Article 31 Timely Notice of Complaints : 이의제기의 시한 22년 기출

1. Receipt by the person entitled to delivery of checked baggage or cargo without complaint is prima facie evidence that the same has been delivered in good condition and in accordance with the document of carriage or with the record preserved by the other means referred to in paragraph 2 of Article 3 and paragraph 2 of Article 4.
2. In the case of damage, the person entitled to delivery must complain to the carrier forthwith after the discovery of the damage, and, at the latest, within seven days from the date of receipt in the case of checked baggage and fourteen days from the date of receipt in the case of cargo. In the case of delay, the complaint must be made at the latest within twenty-one days from the date on which the baggage or cargo have been placed at his or her disposal.

1. 위탁수하물 또는 화물을 인도받을 권리를 가지고 있는 자가 이의를 제기하지 아니하고 이를 수령하였다는 것은 반증이 없는 한 위탁수하물 또는 화물이 양호한 상태로 또한 운송서류 또는 제3조 제2항 및 제4조 제2항에 언급된 기타 수단으로 보존된 기록에 따라 인도되었다는 명백한 증거가 된다.

2. 손상의 경우, 인도받을 권리를 가지는 자는 손상을 발견한 즉시 또한 늦어도 위탁수하물의 경우에는 수령일로부터 7일 이내에 그리고 화물의 경우에는 수령일로부터 14일 이내에 운송인에게 이의를 제기하여야 한다. 지연의 경우, 이의는 인도받을 권리를 가지는 자가 수하물 또는 화물을 처분할 수 있는 날로부터 21일 이내에 제기되어야 한다.

3. Every complaint must be made in writing and given or dispatched within the times aforesaid.

4. If no complaint is made within the times aforesaid, no action shall lie against the carrier, save in the case of fraud on its part.

3. 개개의 이의는 서면으로 작성되어야 하며, 전술한 기한 내에 발송하여야 한다.

4. 전술한 기한 내에 이의가 제기되지 아니한 때에는 운송인에 대하여 제소할 수 없다. 단, 운송인 측의 사기인 경우에는 그러하지 아니한다.

Article 32 Death of Person Liable : 책임 있는 자의 사망

In the case of the death of the person liable, an action for damages lies in accordance with the terms of this Convention against those legally representing his or her estate.

책임 있는 자가 사망하는 경우, 손해에 관한 소송은 이 협약의 규정에 따라 동인의 재산의 법정 대리인에 대하여 제기할 수 있다.

Article 33 Jurisdiction : 재판관할권

1. An action for damages must be brought, at the option of the plaintiff, in the territory of one of the States Parties, either before the court of the domicile of the carrier or of its principal place of business, or where it has a place of business through which the contract has been made or before the court at the place of destination.

2. In respect of damage resulting from the death or injury of a passenger, an action may be brought before one of the courts mentioned in paragraph 1 of this Article, or in the territory of a State Party in which at the time of the accident the passenger has his or her principal and permanent residence and to or from which the carrier operates services for the carriage of passengers by air, either on its own aircraft, or on another carrier's aircraft pursuant to a commercial agreement, and in which that carrier conducts its business of carriage of passengers by air from premises leased or owned by the carrier itself or by another carrier with which it has a commercial agreement.

1. 손해에 관한 소송은 원고의 선택에 따라 당사국 중 하나의 영역 내에서 운송인의 주소지, 운송인의 주된 영업소 소재지, 운송인이 계약을 체결한 영업소 소재지의 법원 또는 도착지의 법원 중 어느 한 법원에 제기한다.

2. 승객의 사망 또는 부상으로 인한 손해의 경우, 소송은 본 조 제1항에 언급된 법원 또는 사고발생 당시 승객의 주소지와 주된 거주지가 있고 운송인이 자신이 소유한 항공기 또는 상업적 계약에 따른 타 운송인의 항공기로 항공운송서비스를 제공하는 장소이며, 운송인 자신 또는 상업적 계약에 의하여 타 운송인이 소유하거나 임대한 건물로부터 항공운송사업을 영위하고 있는 장소에서 소송을 제기할 수 있다.

3. For the purposes of paragraph 2,
   (a) "commercial agreement" means an agreement, other than an agency agreement, made between carriers and relating to the provision of their joint services for carriage of passengers by air;
   (b) "principal and permanent residence" means the one fixed and permanent abode of the passenger at the time of the accident. The nationality of the passenger shall not be the determining factor in this regard.
4. Questions of procedure shall be governed by the law of the court seized of the case.

3. 제2항의 목적을 위하여,
   (a) "상업적 계약"이라 함은 대리점 계약을 제외한, 항공 승객운송을 위한 공동서비스의 제공과 관련된 운송인 간의 계약을 말한다.

   (b) "주소지 및 영구거주지"라 함은 사고발생 당시 승객의 고정적이고 영구적인 하나의 주소를 말한다. 이 경우 승객의 국적은 결정요인이 되지 않는다.

4. 소송절차에 관한 문제는 소송이 계류 중인 법원의 법률에 의한다.

Article 34 Arbitration : 중재

1. Subject to the provisions of this Article, the parties to the contract of carriage for cargo may stipulate that any dispute relating to the liability of the carrier under this Convention shall be settled by arbitration. Such agreement shall be in writing.
2. The arbitration proceedings shall, at the option of the claimant, take place within one of the jurisdictions referred to in Article 33.
3. The arbitrator or arbitration tribunal shall apply the provisions of this Convention.
4. The provisions of paragraphs 2 and 3 of this Article shall be deemed to be part of every arbitration clause or agreement, and any term of such clause or agreement which is inconsistent therewith shall be null and void.

1. 본 조의 규정에 따를 것을 조건으로, 화물운송계약의 당사자들은 이 협약에 따른 운송인의 책임에 관련된 어떠한 분쟁도 중재에 의하여 해결한다고 규정할 수 있다.

2. 중재절차는 청구인의 선택에 따라 제33조에 언급된 재판관할권 중 하나에서 진행된다.

3. 중재인 또는 중재법원은 이 협약의 규정을 적용한다.

4. 본 조 제2항 및 제3항의 규정은 모든 중재조항 또는 협정의 일부라고 간주되며, 이러한 규정과 일치하지 아니하는 조항 또는 협정의 어떠한 조건도 무효이다.

Article 35 Limitation of Actions : 제소기한

1. The right to damages shall be extinguished if an action is not brought within a period of two years, reckoned from the date of arrival at the destination, or from the date on which the aircraft ought to have arrived, or from the date on which the carriage stopped.

1. 손해에 관한 권리가 도착지에 도착한 날, 항공기가 도착하였어만 하는 날 또는 운송이 중지된 날로부터 기산하여 2년 내에 제기되지 않을 때에는 소멸된다.

2. The method of calculating that period shall be determined by the law of the court seised of the case.

2. 그러한 기간의 산정방법은 소송이 계류된 법원의 법률에 의하여 결정된다.

Article 36 Successive Carriage : 순차운송

1. In the case of carriage to be performed by various successive carriers and falling within the definition set out in paragraph 3 of Article 1, each carrier which accepts passengers, baggage or cargo is subject to the rules set out in this Convention and is deemed to be one of the parties to the contract of carriage in so far as the contract deals with that part of the carriage which is performed under its supervision.

2. In the case of carriage of this nature, the passenger or any person entitled to compensation in respect of him or her can take action only against the carrier which performed the carriage during which the accident or the delay occurred, save in the case where, by express agreement, the first carrier has assumed liability for the whole journey.

3. As regards baggage or cargo, the passenger or consignor will have a right of action against the first carrier, and the passenger or consignee who is entitled to delivery will have a right of action against the last carrier, and further, each may take action against the carrier which performed the carriage during which the destruction, loss, damage or delay took place. These carriers will be jointly and severally liable to the passenger or to the consignor or consignee.

1. 2인 이상의 운송인이 순차로 행한 운송으로서 이 협약 제1조 제3항에 규정된 정의에 해당하는 운송의 경우, 승객, 수하물 또는 화물을 인수하는 각 운송인은 이 협약에 규정된 규칙에 따라야 하며, 또한 운송계약이 각 운송인의 관리 하에 수행된 운송부분을 다루고 있는 한 동 운송계약의 당사자 중 1인으로 간주된다.

2. 이러한 성질을 가지는 운송의 경우, 승객 또는 승객에 관하여 손해배상을 받을 권한을 가지는 자는, 명시적 합의에 의하여 최초의 운송인이 모든 운송구간에 대한 책임을 지는 경우를 제외하고는, 사고 또는 지연이 발생된 동안에 운송을 수행한 운송인에 대하여 소송을 제기할 수 있다.

3. 수하물 또는 화물과 관련하여, 승객 또는 송하인은 최초 운송인에 대하여 소송을 제기할 수 있는 권리를 가지며, 인도받을 권리를 가지는 승객 또는 수하인은 최종 운송인에 대하여 소송을 제기할 권리를 가지며, 또한 각자는 파괴, 분실, 손상 또는 지연이 발생한 기간 중에 운송을 수행한 운송인에 대하여 소송을 제기할 수 있다. 이들 운송인은 여객, 송하인 또는 수하인에 대하여 연대하거나 또는 단독으로 책임을 진다.

Article 37 Right of Recourse against Third : 제3자에 대한 구상권

Nothing in this Convention shall prejudice the question whether a person liable for damage in accordance with its provisions has a right of recourse against any other person.

이 협약의 어떠한 규정도 이 협약의 규정에 따라 손해에 대하여 책임을 지는 자가 갖고 있는 다른 사람에 대한 구상권을 행사할 권리가 있는지 여부에 관한 문제에 영향을 미치지 아니한다.

Chapter Ⅳ Combined Carriage : 복합운송

Article 38 Combined Carriage : 복합운송

1. In the case of combined carriage performed partly by air and partly by any other mode of carriage, the provisions of this Convention shall, subject to paragraph 4 of Article 18, apply only to the carriage by air, provided that the carriage by air falls within the terms of Article 1.
2. Nothing in this Convention shall prevent the parties in the case of combined carriage from inserting in the document of air carriage conditions relating to other modes of carriage, provided that the provisions of this Convention are observed as regards the carriage by air.

1. 운송이 항공과 다른 운송형식에 의하여 부분적으로 행하여지는 복합운송의 경우에는 이 협약의 규정들은, 제18조 제4항을 조건으로 하여, 항공운송에 대하여만 적용된다. 단, 그러한 항공운송이 제1조의 조건을 충족시킨 경우에 한한다.

2. 이 협약의 어떠한 규정도 복합운송의 경우 당사자가 다른 운송형식에 관한 조건을 항공운송의 증권에 기재하는 것을 방해하지 아니한다. 단, 항공운송에 관하여 이 협약의 규정이 준수되어야 한다.

Chapter Ⅴ Carriage by Air Performed by a Person other than the Contracting Carrier : 계약운송인 이외의 자에 의한 항공운송

Article 39 Contracting Carrier - Actual Carrier : 계약운송인 - 실제운송인

The provisions of this Chapter apply when a person (hereinafter referred to as "the contracting carrier") as a principal makes a contract of carriage governed by this Convention with a passenger or consignor or with a person acting on behalf of the passenger or consignor, and another person (hereinafter referred to as "the actual carrier") performs, by virtue of authority from the contracting carrier, the whole or part of the carriage, but is not with respect to such part a successive carrier within the meaning of this Convention. Such authority shall be presumed in the absence of proof to the contrary.

본 장의 규정은 어떤 사람("계약운송인")이 승객 또는 송하인, 승객 또는 송하인을 대신하여 행동하는 자와 이 협약에 의하여 규율되는 운송계약을 체결하고, 다른 사람("실제운송인")이 계약운송인으로부터 권한을 받아 운송의 전부 또는 일부를 행하지만 이 협약의 의미 내에서 그러한 운송의 일부에 관하여 순차운송인에는 해당되지 않는 경우에 적용된다. 이와 같은 권한은 반증이 없는 한 추정된다.

Article 40 Respective Liability of Contracting and Actual Carriers : 계약운송인과 실제운송인의 개별적 책임

If an actual carrier performs the whole or part of carriage which, according to the contract referred to in Article 39, is governed by this Convention, both the contracting carrier and the actual carrier shall, except as otherwise provided in this Chapter, be subject to the rules of this Convention, the former for the whole of the carriage contemplated in the contract, the latter solely for the carriage which it performs.

실제운송인이 제39조에 언급된 계약에 따라 이 협약이 규율하는 운송의 전부 또는 일부를 수행한다면, 본 장에 달리 정하는 경우를 제외하고, 계약운송인 및 실제운송인 모두는 이 협약의 규칙에 따른다. 즉, 계약운송인이 계약에 예정된 운송의 전부에 관하여 그리고 실제운송인은 자기가 수행한 운송에 한하여 이 협약의 규칙에 따른다.

Article 41 Mutual Liability : 상호 책임

1. The acts and omissions of the actual carrier and of its servants and agents acting within the scope of their employment shall, in relation to the carriage performed by the actual carrier, be deemed to be also those of the contracting carrier.

2. The acts and omissions of the contracting carrier and of its servants and agents acting within the scope of their employment shall, in relation to the carriage performed by the actual carrier, be deemed to be also those of the actual carrier. Nevertheless, no such act or omission shall subject the actual carrier to liability exceeding the amounts referred to in Articles 21, 22, 23 and 24. Any special agreement under which the contracting carrier assumes obligations not imposed by this Convention or any waiver of rights or defences conferred by this Convention or any special declaration of interest in delivery at destination contemplated in Article 22 shall not affect the actual carrier unless agreed to by it.

1. 실제운송인이 수행한 운송과 관련하여, 실제운송인, 자신의 고용업무의 범위 내에서 행동한 고용인 및 대리인의 작위 또는 부작위도 또한 계약운송인의 작위 또는 부작위로 간주된다.

2. 실제운송인이 수행한 운송과 관련하여, 계약운송인, 자신의 고용업무의 범위 내에서 행동한 고용인 및 대리인의 작위 또는 부작위도 또한 실제운송인의 작위 및 부작위로 간주된다. 그럼에도 불구하고, 그러한 작위 및 부작위로 인하여 실제운송인은 이 협약 제21조 내지 제24조에 언급된 금액을 초과하는 책임을 부담하지 아니한다. 이 협약이 부과하지 아니한 의무를 계약운송인에게 부과하는 특별 합의, 이 협약이 부여한 권리의 포기 또는 이 협약 제22조에서 예정된 도착지에서의 인도 이익에 관한 특별신고는 실제운송인이 합의하지 아니하는 한 그에게 영향을 미치지 아니한다.

Article 42 Addressee of Complaints and Instructions : 이의제기 및 지시의 상대방

Any complaint to be made or instruction to be given under this Convention to the carrier shall have the same effect whether addressed to the contracting carrier or to the actual carrier. Nevertheless, instructions referred to in Article 12 shall only be effective if addressed to the contracting carrier.

이 협약에 근거하여 운송인에게 행한 이의나 지시는 계약운송인 또는 실제운송인 어느 쪽에 행하여도 동일한 효력이 있다. 그럼에도 불구하고, 이 협약 제12조에 언급된 지시는 계약운송인에게 행한 경우에 한하여 효력이 있다.

Article 43 Servants and Agents : 고용인 및 대리인

In relation to the carriage performed by the actual carrier, any servant or agent of that carrier or of the contracting carrier shall, if they prove that they acted within the scope of their employment, be entitled to avail themselves of the conditions and limits of liability which are applicable under this Convention to the carrier whose servant or agent they are, unless it is proved that they acted in a manner that prevents the limits of liability from being invoked in accordance with this Convention.

실제운송인이 수행한 운송과 관련하여, 실제운송인 또는 계약운송인의 고용인 또는 대리인은 자기의 고용업무의 범위 내의 행위를 증명할 경우 이 협약 하에서 자신이 귀속되는 운송인에게 적용할 이 협약상 책임의 조건 및 한도를 원용할 권리를 가진다. 단, 그들이 책임한도가 이 협약에 따라 원용되는 것을 방지하는 방식으로 행동하는 것이 증명된 경우에는 그러하지 아니한다.

Article 44 Aggregation of Damages : 손해배상총액

In relation to the carriage performed by the actual carrier, the aggregate of the amounts recoverable from that carrier and the contracting carrier, and from their servants and agents acting within the scope of their employment, shall not exceed the highest amount which could be awarded against either the contracting carrier or the actual carrier under this Convention, but none of the persons mentioned shall be liable for a sum in excess of the limit applicable to that person.

실제운송인이 수행한 운송과 관련하여, 실제운송인과 계약운송인, 또는 자기의 고용업무의 범위 내에서 행동한 고용인 및 대리인으로부터 회수 가능한 배상총액은 이 협약에 따라 계약운송인 또는 실제운송인의 어느 한쪽에 대하여 재정할 수 있는 최고액을 초과하여서는 아니 된다. 그러나 상기 언급된 자 중 누구도 그에게 적용 가능한 한도를 초과하는 금액에 대하여 책임을 지지 아니한다.

Article 45 Addressee of Claims : 피청구자

In relation to the carriage performed by the actual carrier, an action for damages may be brought, at the option of the plaintiff, against that carrier or the contracting carrier, or against both together or separately. If the action is brought against only one of those carriers, that carrier shall have the right to require the other carrier to be joined in the proceedings, the procedure and effects being governed by the law of the court seized of the case.

실제운송인이 수행한 운송과 관련하여, 손해에 관한 소송은 원고의 선택에 따라 실제운송인 또는 계약운송인에 대하여 공동 또는 개별적으로 제기될 수 있다. 소송이 이들 운송인 중 하나에 한하여 제기된 때에는 동 운송인은 다른 운송인에게 소송절차에 참가할 것을 요구할 권리를 가지며, 그 절차와 효과는 소송이 계류되어 있는 법원의 법률에 따르게 된다.

Article 46 Additional Jurisdiction : 추가재판관할권

Any action for damages contemplated in Article 45 must be brought, at the option of the plaintiff, in the territory of one of the States Parties, either before a court in which an action may be brought against the contracting carrier, as provided in Article 33, or before the court having jurisdiction at the place where the actual carrier has its domicile or its principal place of business.

제45조에 예정된 손해에 대한 소송은 원고의 선택에 따라 이 협약 제33조에 규정된 바에 따라 당사국 중 하나의 영역 내에서 계약운송인에 대한 소송이 제기될 수 있는 법원 또는 실제운송인의 주소지나 주된 영업소 소재지에 대하여 관할권을 가지는 법원에 제기되어야 한다.

Article 47 Invalidity of Contractual Provisions : 계약조항의 무효

Any contractual provision tending to relieve the contracting carrier or the actual carrier of liability under this Chapter or to fix a lower limit than that which is applicable according to this Chapter shall be null and void, but the nullity of any such provision does not involve the nullity of the whole contract, which shall remain subject to the provisions of this Chapter.

본 장에 따른 계약운송인 또는 실제운송인의 책임을 경감하거나 또는 본 장에 따라 적용 가능한 한도보다 낮은 한도를 정하는 것은 무효로 한다. 그러나 그러한 조항의 무효는 계약 전체를 무효로 하는 것은 아니며 계약은 이 협약의 조항에 따른다.

Article 48 Mutual Relations of Contracting and Actual Carriers : 계약운송인 및 실제운송인의 상호관계

Except as provided in Article 45, nothing in this Chapter shall affect the rights and obligations of the carriers between themselves, including any right of recourse or indemnification.

제45조에 규정된 경우를 제외하고는 본 장의 어떠한 규정도 어떠한 구상권 또는 손실보상청구권을 포함하는, 계약운송인 또는 실제운송인 간 운송인의 권리 및 의무에 영향을 미치지 아니한다.

Chapter Ⅵ Other Provisions : 기타 규정

Article 49 Mandatory Application : 강제적용

Any clause contained in the contract of carriage and all special agreements entered into before the damage occurred by which the parties purport to infringe the rules laid down by this Convention, whether by deciding the law to be applied, or by altering the rules as to jurisdiction, shall be null and void.

적용될 법을 결정하거나 관할권에 관한 규칙을 변경함으로써 이 협약에 규정된 규칙을 침해할 의도를 가진 당사자에 의하여 손해가 발생되기 전에 발효한 운송계약과 모든 특별합의에 포함된 조항은 무효로 한다.

Article 50 Insurance : 보험

States Parties shall require their carriers to maintain adequate insurance covering their liability under this Convention. A carrier may be required by the State Party into which it operates to furnish evidence that it maintains adequate insurance covering its liability under this Convention.

당사국은 이 협약에 따른 손해배상책임을 담보하는 적절한 보험을 유지하도록 운송인에게 요구한다. 운송인은 취항지국으로부터 이 협약에 따른 손해배상책임을 담보하는 보험을 유지하고 있음을 증명하는 자료를 요구받을 수 있다.

Article 51 Carriage Performed in Extraordinary Circumstances : 비정상적인 상황 하에서의 운송

The provisions of Articles 3 to 5, 7 and 8 relating to the documentation of carriage shall not apply in the case of carriage performed in extraordinary circumstances outside the normal scope of a carrier's business.

운송증권과 관련된 제3조 내지 제5조, 제7조 및 제8조의 규정은 운송인의 정상적인 사업범위를 벗어난 비정상적인 상황에는 적용되지 아니한다.

Article 52 Definition of Days : 일의 정의

The expression "days" when used in this Convention means calendar days, not working days.

이 협약에서 사용되는 "일(日)"이라 함은 영업일(營業日)이 아닌 역일(曆日)을 말한다.

Chapter VII Final Clauses : 최종 조항

Article 53 Signature, Ratification and Entry into Force : 서명, 비준 및 발효

1. This Convention shall be open for signature in Montreal on 28 May 1999 by States participating in the International Conference on Air Law held at Montreal from 10 to 28 May 1999. After 28 May 1999, the Convention shall be open to all States for signature at the Headquarters of the International Civil Aviation Organization in Montreal until it enters into force in accordance with paragraph 6 of this Article.

2. This Convention shall similarly be open for signature by Regional Economic Integration Organizations. For the purpose of this Convention, a "Regional Economic Integration Organizations" means any organization which is constituted by sovereign States of a given region which has competence in respect of certain matters governed by this Convention and has been duly authorized to sign and to ratify, accept, approve or accede to this Convention. A reference to a "State Party" or "States Parties" in this Convention, otherwise than in paragraph 2 of Article 1, paragraph 1(b) of Article 3, paragraph (b) of Article 5, Articles 23, 33, 46 and paragraph (b) of Article 57, applies equally to a Regional Economic Integration Organization. For the purpose of Article 24, the references to "a majority of the States Parties" and "one-third of the States Parties" shall not apply to a Regional Economic Integration Organization.

3. This Convention shall be subject to ratification by States and by Regional Economic Integration Organizations which have signed it.

4. Any State or Regional Economic Integration Organization which does not sign this Convention may accept, approve or accede to it at any time.

1. 이 협약은 1999년 5월 10일부터 28일간 몬트리올에서 개최된 항공법에 관한 국제회의에 참가한 국가의 서명을 위하여 1999년 5월 28일 개방된다. 1999년 5월 28일 이후에는 본 조 제6항에 따라 이 협약이 발효하기 전까지 국제민간항공기구 본부에서 서명을 위하여 모든 국가에 개방된다.

2. 이 협약은 지역경제통합기구의 서명을 위하여 동일하게 개방된다. 이 협약의 목적상, "지역경제통합기구"라 함은 이 협약이 규율하는 특정 문제에 관하여 권한을 가진, 일정지역의 주권국가로 구성된 기구이며, 이 협약의 서명, 비준, 수락, 승인 및 가입을 위한 정당한 권한을 가진 기구를 말한다. 이 협약상 "당사국"이란 용어는 제1조 제2항, 제3조 제1항 (b), 제5조 (b), 제23조, 제33조, 제46조 및 제57조 (b)를 제외하고, 지역경제통합기구에도 동일하게 적용된다. 제24조의 목적상, "당사국의 과반수" 및 "당사국의 3분의 1"이란 용어는 지역경제통합기구에는 적용되지 아니한다.

3. 이 협약은 서명한 당사국 및 지역경제통합기구의 비준을 받는다.

4. 이 협약에 서명하지 아니한 국가 및 지역경제통합기구는 언제라도 이를 수락, 승인하거나 또는 이에 가입할 수 있다.

5. Instruments of ratification, acceptance, approval or accession shall be deposited with the International Civil Aviation Organization, which is hereby designated the Depositary.

6. This Convention shall enter into force on the sixtieth day following the date of deposit of the thirtieth instrument of ratification, acceptance, approval or accession with the Depositary between the States which have deposited such instrument. An instrument deposited by a Regional Economic Integration Organization shall not be counted for the purpose of this paragraph.

7. For other States and for other Regional Economic Integration Organizations, this Convention shall take effect sixty days following the date of deposit of the instrument of ratification, acceptance, approval or accession.

8. The Depositary shall promptly notify all signatories and States Parties of :
   (a) each signature of this Convention and date thereof;
   (b) each deposit of an instrument of ratification, acceptance, approval or accession and date thereof;
   (c) the date of entry into force of this Convention;
   (d) the date of the coming into force of any revision of the limits of liability established under this Convention;
   (e) any denunciation under Article 54.

5. 비준서, 수락서, 승인서 또는 가입서는 국제민간항공기구 사무총장에게 기탁된다. 국제민간항공기구 사무총장은 이 협약의 수탁자가 된다.

6. 이 협약은 30번째 비준서, 수락서, 승인서 및 가입서가 기탁된 날로부터 60일이 되는 날 기탁한 국가 간에 발효한다. 지역경제통합기구가 기탁한 문서는 본 항의 목적상 산입되지 아니한다.

7. 다른 국가 및 지역경제통합기관에 대하여 이 협약은 비준서, 수락서, 승인서 및 가입서가 기탁된 날로부터 60일이 경과하면 효력이 발생한다.

8. 수탁자는 아래의 내용을 모든 당사국에 지체 없이 통고한다.
   (a) 이 협약의 서명자 및 서명일
   (b) 비준서, 수락서, 승인서 및 가입서의 제출 및 제출일
   (c) 이 협약의 발효일
   (d) 이 협약이 정한 배상책임한도의 수정의 효력발생일
   (e) 제54조 하의 모든 폐기

Article 54 Denunciation : 폐기

1. Any State Party may denounce this Convention by written notification to the Depositary.
2. Denunciation shall take effect one hundred and eighty days following the date on which notification is received by the Depositary.

1. 모든 당사국은 수탁자에 대한 서면통고로써 이 협약을 폐기할 수 있다.
2. 폐기에 관한 통고는 수탁자에게 접수된 날로부터 180일 경과 후 효력을 갖는다.

This Convention shall prevail over any rules which apply to international carriage by air :

1. between States Parties to this Convention by virtue of those States commonly being Party to

    (a) the Convention for the Unification of Certain Rules Relating to International Carriage by Air Signed at Warsaw on 12 October 1929 (hereinafter called the Warsaw Convention);

    (b) the Protocol to Amend the Convention for the Unification of Certain Rules Relating to International Carriage by Air Signed at Warsaw on 12 October 1929, Done at The Hague on 28 September 1955 (hereinafter called The Hague Protocol);

    (c) the Convention, Supplementary to the Warsaw Convention, for the Unification of Certain Rules Relating to International Carriage by Air Performed by a Person Other than the Contracting Carrier, signed at Guadalajara on 18 September 1961 (hereinafter called the Guadalajara Convention);

    (d) the Protocol to Amend the Convention for the Unification of Certain Rules Relating to International Carriage by Air Signed at Warsaw on 12 October 1929 as Amended by the Protocol Done at The Hague on 28 September 1955 Signed at Guatemala City on 8 March 1971 (hereinafter called the Guatemala City Protocol);

    (e) Additional Protocol Nos. 1 to 3 and Montreal Protocol No. 4 to amend the Warsaw Convention as amended by The Hague Protocol or the Warsaw Convention as amended by both The Hague Protocol and the Guatemala City Protocol Signed at Montreal on 25 September 1975 (hereinafter called the Montreal Protocols); or

이 협약은 다음의 경우 국제항공운송에 적용되는 모든 규칙에 우선하여 적용된다.

1. 이 협약은 아래 협약들의 당사국인 이 협약의 당사국 간에 적용된다.

    (a) 1929년 10월 12일 바르샤바에서 서명된 "국제항공운송에 있어서의 일부 규칙의 통일에 관한 협약"("바르샤바협약")

    (b) 1955년 9월 28일 헤이그에서 작성된 "1929년 10월 12일 바르샤바에서 서명된 국제항공운송에 있어서의 일부 규칙의 통일에 관한 협약의 개정의정서"("헤이그의정서")

    (c) 1961년 9월 18일 과달라하라에서 서명된 "계약운송인을 제외한 자에 의하여 수행된 국제항공운송에 있어서의 일부 규칙의 통일을 위한 협약"("과달라하라협약")

    (d) 1971년 3월 8일 과테말라시티에서 서명된 "1955년 9월 28일 헤이그에서 작성된 의정서에 의하여 개정된, 1929년 10월 12일 바르샤바에서 서명된 국제항공운송에 있어서의 일부 규칙의 통일에 관한 협약의 개정의정서"("과테말라시티의정서")

    (e) 1975년 9월 25일 몬트리올에서 서명된 "헤이그의정서와 과테말라시티의정서 또는 헤이그의정서에 의하여 개정된 바르샤바협약을 개정하는 몬트리올 추가의정서 제1호 내지 제3호 및 몬트리올의정서 제4호"("몬트리올의정서")

2. within the territory of any single State Party to this Convention by virtue of that State being Party to one or more of the instruments referred to in sub-paragraphs (a) to (e) above.

2. 이 협약은 상기 (a) 내지 (e)의 협약 중 하나 이상의 당사국인 이 협약의 단일당사국 영역 내에서 적용된다.

Article 56 States with more than one System of Law : 하나 이상의 법체계를 가진 국가

1. If a State has two or more territorial units in which different systems of law are applicable in relation to matters dealt with in this Convention, it may at the time of signature, ratification, acceptance, approval or accession declare that this Convention shall extend to all its territorial units or only to one or more of them and may modify this declaration by submitting another declaration at any time.

2. Any such declaration shall be notified to the Depositary and shall state expressly the territorial units to which the Convention applies.

3. In relation to a State Party which has made such a declaration :

   (a) references in Article 23 to "national currency" shall be construed as referring to the currency of the relevant territorial unit of that State; and

   (b) the reference in Article 28 to "national law" shall be construed as referring to the law of the relevant territorial unit of that State.

1. 이 협약에서 다루는 사안과 관련하여 서로 상이한 법체계가 적용되는 둘 이상의 영역단위를 가지는 국가는 이 협약의 서명, 비준, 수락, 승인 및 가입 시 이 협약이 모든 영역에 적용되는지 또는 그중 하나 또는 그 이상의 지역에 미치는가를 선언한다. 이는 언제든지 다른 선언을 제출함으로써 변경할 수 있다.

2. 그러한 선언은 수탁자에게 통고되어야 하며, 이 협약이 적용되는 영역단위에 대하여 명시적으로 진술하여야 한다.

3. 그러한 선언을 행한 당사국과 관련하여,

   (a) 제23조상 "국내통화"라는 용어는 당사국의 관련 영역단위의 통화를 의미하는 것으로 해석된다.

   (b) 제28조상 "국내법"이라는 용어는 당사국의 관련 영역단위의 법을 의미하는 것으로 해석된다.

Article 57 Reservations : 유보

No reservation may be made to this Convention except that a State Party may at any time declare by a notification addressed to the Depositary that this Convention shall not apply to :

(a) international carriage by air performed and operated directly by that State Party for non-commercial purposes in respect to its functions and duties as a sovereign State; and/or

(b) the carriage of persons, cargo and baggage for its military authorities on aircraft registered in or leased by that State Party, the whole capacity of which has been reserved by or on behalf of such authorities.

IN WITNESS WHEREOF the undersigned Plenipotentiaries, having been duly authorized, have signed this Convention.

DONE at Montreal on the 28th day of May of the year one thousand nine hundred and ninety-nine in the English, Arabic, Chinese, French, Russian and Spanish languages, all texts being equally authentic. This Convention shall remain deposited in the archives of the International Civil Aviation Organization, and certified copies thereof shall be transmitted by the Depositary to all States Parties to this Convention, as well as to all States Parties to the Warsaw Convention, The Hague Protocol, the Guadalajara Convention, the Guatemala City Protocol, and the Montreal Protocols.

이 협약은 유보될 수 없다. 그러나 당사국이 아래의 내용에 대하여 이 협약이 적용되지 않음을 수탁자에 대한 통고로서 선언한 경우에는 그러하지 아니하다.

(a) 주권국가로서의 기능과 의무에 관하여 비상업적 목적을 위하여 당사국이 직접 수행하거나 운영하는 국제운송

(b) 당사국에 등록된 항공기 또는 당사국이 임대한 항공기로서 군 당국을 위한 승객, 화물 및 수하물의 운송. 그러한 권한 전체는 상기 당국에 의하여 또는 상기 당국을 대신하여 보유된다.

이상의 증거로서 아래 전권대표는 정당하게 권한을 위임받아 이 협약에 서명하였다.

이 협약은 1999년 5월 28일 몬트리올에서 영어, 아랍어, 중국어 프랑스어, 러시아어 및 스페인어로 작성되었으며, 동등하게 정본이다. 이 협약은 국제민간항공기구 문서보관소에 기탁되며, 수탁자는 인증등본을 바르샤바협약, 헤이그의정서, 과달라하라협약, 과테말라시티의정서 및 몬트리올추가의정서의 당사국과 이 협약의 모든 당사국에 송부한다.

1. 해상보험

(1) 의 의

무역에서 적용되는 보험은 일반적으로 해상보험 중 적하보험을 의미한다. 해상(적하)보험(계약)이란 선박의 침몰(Sinking)·좌초(Stranding)·충돌(Collision)·화재(Fire)·투하(Jettison)·갑판유실(Washing Overboard), 전쟁위험(War Perils), 해적, 강도 등과 같은 해상위험(Maritime Perils)에 의해 발생하는 해상손해(Marine Losses)에 대한 보상을 보험자(보험회사)가 피보험자(화주·선주 등)에게 약속하고 그 대가로 보험료(Insurance Premium)를 징수하는 보험계약이다.

(2) 해상보험(계약)의 당사자 및 기본 용어

① 해상보험(계약)의 당사자

　㉠ 보험자(Insurer/Assurer/Underwriter) : 보험계약자에게서 보험료를 대가로 보험계약을 인수한 자로서 보험기간 중 보험사고 발생 시 그 담보위험으로 인한 손해를 보상하기 위하여 보험금 지급 의무를 지는 자를 말한다.

　㉡ 보험계약자(Policy Holder) : 보험자와 보험계약을 체결한 보험계약 청약자로서 보험료 지급 의무, 중요사항의 고지 의무 및 위험변경 증가 등의 통지 의무 등을 부담하는 자를 말한다.

　㉢ 피보험자(Insured/Assured) : 피보험이익의 주체로서 담보위험으로 인하여 손해가 발생한 경우(직접 손해보상을 청구) 보험금을 받는 자를 말한다.

　㉣ 보험대리인(Insurance Agent/Agent for the Insurer) : 특정 보험자로부터 위촉을 받아 그를 위해서만 지속적으로 보험계약을 대리·중개하는 자로서, 이 점에서 보험중개인과 다르다.

　㉤ 보험중개인(Insurance Broker) : 불특정 보험자를 위하여 보험자와 보험계약자 사이의 보험계약의 체결을 중개하는 것을 업으로 하는 자이다.

② 해상보험 관련 기본용어

　㉠ 피보험 목적물(Subject-Matter Insured) : 위험발생의 대상, 즉 해상보험의 보험부보 대상이 되는 객체로서 해상보험에서는 화물·선박·운임을 의미하며, 이에 따라 해상보험을 적화보험(Cargo Insurance), 선박보험(Hull Insurance), 운임보험으로 분류한다.

　㉡ 피보험이익(Insurable Interest) : 보험 목적물과 피보험자 사이의 이해관계, 즉 보험 목적물에 보험사고가 발생함으로써 피보험자가 경제상의 손해를 입을 가능성이 있는 경우 이 보험 목적물과 피보험자와의 경제적 이해관계를 피보험이익이라고 하며 이를 보험계약의 목적이라고도 한다.

　㉢ 보험가액(Insurable Value) : 피보험이익의 평가액으로 특정 피보험자에게 발생할 수 있는 경제적 손해의 최고 한도액을 말한다. 실무에서 운송화물의 보험가액은 피보험이익 원가에 선적관련 운송비용과 보험비용을 가산한 CIF 가액을 말한다.

　㉣ 보험금액(Insured Amount) : 보험자가 보험계약상 부담하는 손해보상 책임의 최고 한도액으로, 보험가액의 범위 내에서 보험자가 지급하게 되는 손해보상액인 지급보험금의 최고 한도액(당사자 간 사전 책정 금액)을 의미한다.

ⓜ (지급)보험금(Claim Amount) : 담보위험으로 피보험자가 입은 재산상의 손해에 대해 보험자가 피보험자에게 실제 지급하는 보상금액을 의미한다.

ⓗ 보험료(Insurance Premium) : 보험자의 위험부담에 대해 보험계약자가 지급하는 대가를 의미한다.

ⓢ 보험증권(Policy) : 보험을 가입하였다는 증거서류로서 계약의 성립과 그 내용을 기재하고 보험자가 기명날인하여 보험계약자에게 교부하는 증서이다.

ⓞ 보험약관(Clauses) : 보험계약의 내용을 구성하는 조항들을 말하는데, 일반적이고 표준적인 것을 보통약관이라 하고, 보통약관의 약정사항을 제한하거나 확대하는 약관을 특별약관이라고 한다.

ⓩ 보험계약기간(Duration of Policy) : 보험계약자가 담보받고자 하는 기간으로서 보험계약 시에 당사자 간의 합의에 의하여 정한다.

ⓩ 보험기간(Duration of Risk) : 보험자의 위험부담 책임이 존속하는 기간으로서 보험계약기간과 일치하는 것이 가장 바람직하지만 적하보험의 경우 보험약관에 의하여 보험기간이 보험계약기간보다 짧아지는 경우도 있고 또 길어지는 경우도 있다. 보험자가 보상의 책임을 지기 위해서는 이 기간 중에 보험사고가 발생하여야 한다.

③ 해상적하보험의 보험기간 – 해상적하보험 운송약관

적하보험의 경우 구간보험의 성격을 띠고 있기 때문에 기간보험이 아닌 일정한 항해를 기준으로 보험기간을 정하고 있다. 해상보험의 효력 발생 시기와 종료 시기를 정한 보험계약서의 조항을 보험증권의 운송약관이라 한다.

㉠ 보험 개시 : 해상적하보험은 화물이 보험증권상에 기재된 지역의 창고나 보관 장소를 떠나는 순간부터 개시된다. 그리고 화물이 통상의 운송과정(Ordinary Course of Transit)에 있는 동안 계속 효력이 발생한다.

㉡ 보험 종료 : 협회적하보험 약관에서는 해상적하보험의 종료 시점을 다음 세 가지 중 한 가지가 가장 먼저 일어난 때로 규정하고 있다.

> ⓐ 보험증권에 기재된 목적지의 수하인 또는 기타 최종창고나 보관 장소에 화물이 인도된 때
> ⓑ 통상의 운송과정이 아닌 화물의 보관·할당·분배를 위해 임의의 창고 또는 보관 장소에 인도된 때
> ⓒ 최종 양륙항에서 화물을 하역한 후 60일(항공인 경우 30일)이 경과된 때

2. 해상위험 및 해상손해

(1) 해상위험

① 의 의

해상보험의 대상이 되는 위험은 해상위험이다. 우리 「상법」에는 "해상보험계약의 보험자는 항해사업에 관한 사고로 인하여 생길 손해를 보상할 책임이 있다"라고 규정하고 있다. MIA에서도 "해상위험(Maritime Perils)은 항해에 기인 또는 부수하는 위험이다"라고 정의하고 있다.

② 해상위험의 분류

　㉠ 위험의 표시방식에 의한 분류

원인형태 표시위험	폭풍우, 짙은 안개, 유빙, 전쟁, 해적, 강도, 사람의 고의·과실, 선박의 불내항, 보험목적의 하자·결함, 포장의 불완전 등은 사고 이전의 위험으로서 사고의 원인이기 때문에 이러한 위험을 원인형태 표시위험이라고 한다.
사고형태 표시위험	침몰, 좌초, 화재, 충돌, 폭발, 낙뢰, 나포, 포획 등은 사고 그 자체이기 때문에 이러한 위험을 사고형태 표시위험이라고 한다.
손상형태 표시위험	멸실, 파손, 누손, 유손, 소손, 갈고리손, 땀과 열에 의한 손해, 오손, 오염, 마찰손 등은 사고에 의한 손상의 구체적인 형태이며 이들에 의해 위험이 표시될 때를 손상형태 표시위험이라고 한다.
조건적 표시위험	위험이 그 원인형태 내지 사고, 손상 등의 형태가 사고발생의 시간, 장소, 환경 등으로 표시될 때를 조건적 표시위험이라고 한다.

　㉡ 담보책임에 의한 분류

담보위험 (Perils Covered)	담보위험이란 보험자가 그 위험에 의하여 발생한 손해를 보상할 것을 약속한 위험이다. 따라서 보험자가 보상책임을 부담하기 위해서는 손해가 담보위험에 의하여 발생될 것이 필요하다.
면책위험 (Excepted or Excluded Perils)	면책위험이란 그 위험에 의하여 발생된 손해에 대하여 보험자가 보상책임을 면하는 특정한 위험으로서, 보험자의 보상책임을 적극적으로 제한하는 효과를 가지는 위험이다.
비담보위험 (Perils Not Covered)	비담보위험이란 담보위험 및 면책위험 이외의 모든 위험을 의미한다.

③ 위험부담에 관한 원칙

　㉠ 포괄책임주의 : 해상보험계약에서 보험자가 일체의 해상위험 또는 항해에 관한 위험을 부담하는 것을 포괄책임주의 또는 위험포괄부담의 원칙이라고 한다.

　㉡ 열거책임주의 : 해상보험계약에서 보험자가 부담하는 위험을 구체적으로 열거하고, 열거되지 않은 위험은 보험자의 면책으로 하는 것을 열거책임주의 또는 제한책임주의라고 한다.

(2) 해상손해

항해사업(Marine Adventure)과 관련된 화물·선박 및 기타 보험 목적물이 해상위험으로 인해 피보험이익의 전부 또는 일부가 멸실·손상되어 피보험자가 입는 재산상·경제상의 불이익을 해상손해라 한다.

① 물적손해 15년 기출

물적손해란 담보위험으로 인한 피보험 목적물 자체의 직접적·실질적 멸실·손상에 따른 손해를 말하며 실체적 손해라고도 한다.

　㉠ 전손(Total Loss) : 피보험 목적물/피보험이익의 전부가 실질적으로 멸실하거나 혹은 손상정도가 심하여 구조·수리하는 것보다 전손 보험금을 지급하는 것이 경제적으로 유익한 경우를 말한다.

현실전손 (Actual Total Loss)	현실전손은 해상고유의 위험으로 인한 손해로서 보험자는 보상책임을 지게 된다.
추정전손 (Constructive Total Loss)	피보험 목적물이 사실상 전손이 아니지만 그 수선 또는 회복의 비현실성 또는 비용 때문에 전손으로 처리하는 것이 바람직한 경우를 말한다.

ⓛ **분손(Partial Loss)** : 전손의 상대적 개념으로 피보험 목적물/피보험이익의 일부가 멸실 또는 손상된 상태를 의미하며 전손이 아닌 손해는 전부 분손으로 간주된다.

단독해손 (Particular Average Loss)	담보위험으로 인해 피보험이익의 일부가 멸실되거나 훼손되어 발생된 손해로, 손해를 입은 자가 단독으로 부담하는 손해. 즉 동일 운반선의 다른 화주와 선주 등에게 그 손해의 분담을 청구할 수 없는 손해를 말한다.
공동해손 (General Average Loss)	항해단체(선박, 화물 및 운임 중 둘 이상)에 공동위험이 발생한 경우 그러한 위험을 제거·경감시키기 위해 (선장 책임 하에) 선체나 그 장비 및 화물의 일부를 희생(공동해손 희생손해)시키거나 필요한 경비(공동해손 비용손해)를 지출했을 때 이러한 손해와 경비(물적손해 및 비용손해)를 항해단체를 구성하는 이해관계자들이 공동분담(공동해손 분담금)해야 하는데, 이 같은 손해를 공동해손이라고 한다.

② **비용손해** 13년 기출

비용손해란 담보위험으로 인한 손해에 대해 피보험자 또는 제3자가 지출하는 경비를 말한다.

ㄱ **구조료(Salvage Charges, S/C)** : 위험에 처한 선박 및 적하를 계약에 의하지 않고 자발적으로 구조한 자가 해상법에 의하여 받는 보수이다.

ㄴ **구조비(Salvage/Salvage Awards/Salvage Remuneration)** : 위험에 처한 피보험 목적물에 발생할 수 있는 손해의 방지를 위해 구조 계약에 의해 구조한 자에게 지급하는 보수이다.

ㄷ **손해방지비용(Sue and Labour Charges, S/L)** : 약관(보험계약)상의 담보위험으로 인한 손해를 방지하거나 경감시키기 위하여 피보험자 또는 그의 사용인 및 대리인이 지출한 비용으로 보험자가 추가 부담하는 비용손해이다.

ㄹ **특별비용(Particular Charges, P/C)** : 피보험 목적물의 안전과 보존을 위하여 피보험자 또는 그의 대리인에 의해서 지출된 비용으로서 공동해손비용과 구조료 이외의 비용을 말한다.

ㅁ **손해조사비용(Suvey Fee)** : 손해 발생 시 손해액사정인(Surveyor)에 의해 손해 원인·정도를 조사하는 데 소요되는 비용을 손해조사비용이라고 한다.

③ **(배상)책임손해**

책임손해란 사고로 인해 제3자에게 배상할 책임을 부담함으로써 입는 손해로 '공동해손 분담금'과 '선박 충돌 손해배상책임(부담에 따른 손해)'이 이에 해당한다.

3. 해상보험증권 및 적하보험약관

(1) 해상보험증권

① **의 의**

해상보험증권(Insurance Policy, I/P)은 보험계약의 성립과 그 내용을 명확히 하기 위하여 보험자가 작성하여 보험계약자에게 교부하는 증서이다.

② **해상보험증권의 법적 성질**

ㄱ **요식증권** : 해상보험증권은 그 기재사항이 법정되어 있는 요식증권으로서 피보험 목적물 등을 기재하여야 한다.

ㄴ **증거증권** : 해상보험증권은 보험계약의 성립을 증명하기 위하여 보험자가 발행하는 증거증권이다.

© 유가증권 : 지시식이나 무기명식의 발행이 허용된다 하더라도 보험증권의 유인성에 의하여 고지의무
　　위반, 보험료 미지급, 위험의 현저한 변경·증가 등의 경우에 보험계약이 해지되면 그 영향이 증권소
　　지인에게도 미치며 더욱이 보험증권상의 권리의 발생은 우연한 사고에 의하여 정하여지므로 보험증
　　권은 가장 불완전한 의미에 있어서 유가증권이라 할 수 있다.

③ 해상보험증권의 기재사항

　해상보험증권에는 일정한 계약의 내용을 표시하는 데 충분한 사항(보험계약 당사자, 보험계약의 목적,
보험가액, 보험금액, 보험료, 보험기간, 보험계약체결지 및 시기 등)을 기재해야 하고 보험자의 서명이
있어야 한다(「상법」 제666조, 제695조). 그러나 보험증권 기재사항에 대한 「상법」상의 규정은 강행규정
이 아니다.

(2) 해상적하보험약관

　해상적하보험약관이란 해상보험에 일률적으로 적용되는 국제규약으로 운송 중인 적하의 해상위험에 대한
보험조건과 담보범위 등을 규정한 것이다. 우리는 런던 보험자협회(ILU)가 제정한 협회적하약관(Institute
Cargo Clause, ICC)을 사용하고 있다. 이 협회적하약관에는 신약관과 구약관이 있으며, 현재 국제적으로
신·구 약관 모두 사용하고 있는데 그 이유는 구약관에서 신약관으로 개정되었음에도 화주 입장에서는 담
보범위가 구약관이 유리하기 때문이다. 구약관과 신약관은 서로 약관 내용과 보상범위의 차이가 있으나,
우리나라 보험요율은 구약관의 ICC(WA)와 신약관의 ICC(B) 조건을 제외하고는 거의 동일하게 사용하고
있다.

4. The Marine Insurance Act(MIA, 1906) : 영국 해상보험법

1. Marine insurance defined : 해상보험법의 정의

A contract of marine insurance is a contract whereby the insurer undertakes to indemnify the assured, in manner and to the extent thereby agreed, against marine losses, that is to say, the losses incident to marine adventure.

해상보험계약이란 보험자가 그 계약에 의하여 합의한 방법과 범위 내에서 해상손해, 즉 해상사업에 수반되는 손해에 대하여 피보험자에게 손해보상을 약속하는 계약이다.

2. Mixed sea and land risks : 해륙혼합위험

(1) A contract of marine insurance may, by its express terms, or by usage of trade, be extended so as to protect the assured against losses on inland waters or on any land risk which may be incidental to any sea voyage.

(1) 해상보험계약은 명시적인 조건이나 무역관행에 의하여 피보험자를 보호하기 위해 해상항해에 수반될 수 있는 내수 또는 일체의 육상위험의 손해까지 확장될 수 있다.

(2) Where a ship in course of building, or the launch of a ship, or any adventure analogous to a marine adventure, is covered by a policy in the form of a marine policy, the provisions of this Act, in so far as applicable, shall apply thereto, but, except as by this section provided, nothing in this Act shall alter or affect any rule of law applicable to any contract of insurance other than a contract of marine insurance as by this Act defined.

(2) 건조 중의 선박, 또는 선박의 진수 또는 해상사업과 유사한 일체의 사업이 해상보험증권양식의 보험증권에 의해서 담보되는 경우, 적용 가능한 한 본 법의 조문들을 적용해야 한다. 그러나 본 조에서 규정하는 경우를 제외하고, 이 법의 어떤 규정도 이 법에서 정의하고 있는 해상보험계약 이외의 일체의 보험계약에 적용되는 법률의 일체의 원칙을 변경하거나 영향을 미치는 것은 아니다.

3. Marine adventure and maritime perils defined : 해상사업과 해상위험의 정의 23년 기출

(1) Subject to the provisions of this Act, every lawful marine adventure may be the subject of a contract of marine insurance.
(2) In particular there is a marine adventure where
  (a) any ship, goods or other moveables are exposed to maritime perils. Such property is in this Act referred to as "insurable property";
  (b) the earning or acquisitions of any freight, passage money, commission, profit, or other pecuniary benefit, or the security for any advances, loan, or disbursements, is endangered by the exposure of insurable property to maritime perils;
  (c) any liability to a third party may be incurred by the owner of, or other person interested in or responsible for, insurable property, by reason of maritime perils.
"Maritime perils" means the perils consequent on, or incidental to, the navigation of the sea, that is to say, perils of the seas, fire, war perils, pirates, rovers, thieves, captures, seizures, restraints, and detainments of princes and peoples, jettisons, barratry, and any other perils, either of the like kind or which may be designated by the policy.

(1) 이 법의 규정에 따라, 모든 합법적 해상사업은 해상보험계약의 목적이 될 수 있다.

(2) 특히 다음의 경우 해상사업이 있다.
  (a) 일체의 선박, 화물 또는 기타 동산이 해상위험에 노출되는 경우. 이 법에서는 그 재산을 "피보험재산"이라고 한다.

  (b) 일체의 화물운임, 여객운임, 수수료, 이윤 또는 기타 금전적 이익의 수입이나 취득 또는 일체의 전도금이나 대출금 또는 선비를 위한 담보가 피보험재산이 해상위험에 노출됨으로써 위험에 직면한 경우

  (c) 피보험재산의 소유자 또는 피보험재산에 기타 이해관계가 있거나 책임이 있는 자가 해상위험 때문에 제3자에 대해 배상책임을 부담하는 경우

"해상위험"은 바다의 항해에 기인하거나 부수하는 위험을 뜻하며, 즉 바다의 위험, 화재, 전쟁위험, 해적, 강도, 절도, 포획, 나포, 군주와 국민의 억류 및 억지, 투하, 선원의 악행 및 이와 동종의 또는 보험증권에 기재되는 일체의 기타 위험을 말한다.

4. Avoidance of wagering or gaming contracts : 도박 또는 사행계약의 무효

(1) Every contract of marine insurance by way of gaming or wagering is void.

(2) A contract of marine insurance is deemed to be a gaming or wagering contract

    (a) where the assured has not an insurable interest as defined by this Act, and the contract is entered into with no expectation of acquiring such an interest; or

    (b) where the policy is made "interest or no interest," or "without further proof of interest than the policy itself," or "without benefit of salvage to the insurer," or subject to any other like term;

    Provided that, where there is no possibility of salvage, a policy may be effected without benefit of salvage to the insurer.

(1) 사행 또는 도박의 형태로 하는 모든 해상보험계약은 무효이다.

(2) 해상보험계약은 다음의 경우 사행 또는 도박계약으로 간주된다.

    (a) 피보험자가 이 법에서 정의하고 있는 피보험이익을 갖지 않고, 또한 그와 같은 이익을 취득할 기대 가능성 없이 계약이 체결되는 경우 또는

    (b) 보험증권이 "이익의 유무 불문" 또는 "보험증권 자체 이외에 이익의 추가 증명 없음" 또는 "보험자에게 구조물의 권리 없음" 또는 이와 유사한 기타 일체의 용어에 따라 작성되는 경우.

    단, 구조의 가능성이 없는 경우 보험자에게 구조물의 권리 없이 보험계약이 체결될 수 있다.

5. Insurable interest defined : 피보험이익의 정의

(1) Subject to the provisions of this Act, every person has an insurable interest who is interested in a marine adventure.

(2) In particular a person is interested in a marine adventure where he stands in any legal or equitable relation to the adventure or to any insurable property at risk therein, in consequence of which he may benefit by the safety or due arrival of insurable property, or may be prejudiced by its loss, or by damage thereto, or by the detention thereof, or may incur liability in respect thereof.

(1) 이 법의 규정이 있는 경우를 제외하고, 해상사업에 이해관계가 있는 자는 모두 피보험이익을 갖는다.

(2) 특히 해상사업에 대하여 또는 해상사업에서 위험에 노출된 일체의 피보험재산에 대하여 어떤 자가 보통법 또는 형평법상 관계에 있는 경우, 그 결과로 인하여 피보험재산의 안전이나 예정시기의 도착으로 이익을 얻거나, 피보험재산의 멸실, 손상 또는 억류로 손해를 입거나 피보험재산에 관하여 배상책임을 발생시키는 자는 해상사업에 이해관계가 있다.

6. When interest must attach : 이익이 귀속되어야 할 시기

(1) The assured must be interested in the subject-matter insured at the time of the loss though he need not be interested when the insurance is effected. Provided that where the subject-matter is insured, "lost or not lost," the assured may recover although he may not have acquired his interest until after the loss unless at the time of effecting the contract of insurance the assured was aware of the loss, and the insurer was not.

(2) Where the assured has no interest at the time of the loss, he cannot acquire interest by any act or election after he is aware of the loss.

(1) 피보험자는 보험계약이 체결될 때 피보험 목적물에 피보험이익을 가질 필요는 없지만, 손해발생 시에는 반드시 피보험 목적물에 피보험이익을 가져야 한다. 단, 피보험 목적물이 "멸실 여부를 불문함"의 조건으로 보험가입되는 경우에는, 보험계약의 체결 시 피보험자가 손해발생 사실을 알고 있었고 보험자는 그 사실을 알지 못하였을 경우가 아닌 한, 피보험자는 손해발생 후까지 자기의 이익을 취득할 수 없을지라도 보험금을 받을 수 있다.

(2) 피보험자가 손해발생 시 피보험이익을 가지고 있지 않은 경우, 피보험자는 손해발생을 알고 난 후에는 어떠한 행위 또는 선임에 의해서도 이익을 취득할 수 없다.

7. Defeasible or contingent interest : 소멸이익 또는 불확정이익

(1) A defeasible interest is insurable, as also is a contingent interest.

(2) In particular, where the buyer of goods has insured them, he has an insurable interest, notwithstanding that he might, at his election, have rejected the goods, or have treated them as at the seller's risk, by reason of the latter's delay in making delivery or otherwise.

(1) 불확정이익이 보험에 가입할 수 있듯이 소멸이익도 보험가입이 가능하다.

(2) 특히 화물의 매수인이 보험에 가입하는 경우에는, 매도인의 화물 인도의 지연 또는 기타 이유로 매수인이 자기의 선택권에 따라 화물인수를 거절하거나 또는 매도인의 위험에 속하는 것으로서 화물을 처리할 수 있음에도 불구하고, 매수인은 피보험이익을 갖는다.

8. Partial interest : 일부의 이익

A partial interest of any nature is insurable.

모든 종류의 일부 이익은 보험가입이 가능하다.

9. Re-insurance : 재보험 16년 기출

(1) The insurer under a contract of marine insurance has an insurable interest in his risk, and may re-insure in respect of it.

(2) Unless the policy otherwise provides, the original assured has no right or interest in respect of such re-insurance.

(1) 해상보험계약의 보험자는 자기의 위험에 대한 피보험이익을 가지며, 그 이익에 관하여 재보험에 가입할 수 있다.

(2) 보험증권에 별도로 규정하지 않는 한, 원보험의 피보험자는 그러한 재보험에 관하여 어떤 권리 또는 이익을 갖지 않는다.

10. Bottomry : 모험대차

The lender of money on bottomry or respondentia has an insurable interest in respect of the loan.

선박모험대차 또는 적하모험대차의 대금업자는 그 대출금에 관하여 피보험이익을 갖는다.

11. Master's and seamen's wages : 선장과 선원의 급료

The master or any member of the crew of a ship has an insurable interest in respect of his wages.

선박의 선장 또는 모든 선원은 자기의 급료에 관하여 피보험이익을 갖는다.

12. Advance freight : 선불운임

In the case of advance freight, the person advancing the freight has an insurable interest, in so far as such freight is not repayable in case of loss.

선불운임의 경우, 운임을 선불한 자는 손해발생 시 그러한 운임이 상환될 수 없는 한도 내에서 피보험이익을 갖는다.

13. Charges of insurance : 보험의 비용

The assured has an insurable interest in the charges of any insurance which he may effect.

피보험자는 자기가 체결하는 모든 보험의 비용에 대한 피보험이익을 갖는다.

14. Quantum of interest : 이익의 크기

(1) Where the subject-matter insured is mortgaged, the mortgagor has an insurable interest in the full value thereof, and the mortgagee has an insurable interest in respect of any sum due or to become due under the mortgage.

(2) A mortgagee, consignee, or other person having an interest in the subject-matter insured may insure on behalf and for the benefit of other persons interested as well as for his own benefit.

(3) The owner of insurable property has an insurable interest in respect of the full value thereof, notwithstanding that some third person may have agreed, or be liable, to indemnify him in case of loss.

(1) 피보험 목적물이 저당된 경우, 저당권설정자는 피보험 목적물의 전체 가액에 피보험이익을 가지며, 저당권자는 저당권에 의해 지불되는 일체의 금액 또는 지불 예정인 일체의 금액에 대해 피보험이익을 갖는다.

(2) 저당권자, 수하인 또는 피보험 목적물에 대한 이익을 갖고 있는 기타의 자는 자기 자신을 위해서는 물론 이해관계가 있는 타인을 위해서 그리고 그러한 타인을 대리하여 보험에 가입할 수 있다.

(3) 피보험재산의 소유자는, 누군가 제3자가 손해발생 시 자기에게 손해보상을 약정하거나 또는 손해보상의 책임이 있는 경우에도 불구하고, 피보험재산의 전체가액에 관하여 피보험이익을 갖는다.

15. Assignment of interest : 이익의 양도

Where the assured assigns or otherwise parts with his interest in the subject-matter insured, he does not thereby transfer to the assignee his rights under the contract of insurance, unless there be an express or implied agreement with the assignee to that effect. But the provision of this section do not affect a transmission of interest by operation of law.

피보험자가 피보험 목적물에 대한 자기의 이익을 양도하거나 또는 기타의 방법으로 분할 처분하는 경우, 피보험자는 이에 의한 보험계약상 자기의 권리를 이전하지 아니한다. 단, 그러한 취지의 양수인과의 명시적 또는 묵시적 합의가 있는 경우에는 보험계약상 피보험자의 권리가 양수인에게 이전된다. 그러나 본 조의 규정은 법률의 효력에 의한 이익의 이전에는 영향을 미치지 아니한다.

INSURABLE VALUE : 보험가액

16. Measure of insurable value : 보험가액의 평가기준

Subject to any express provision or valuation in the policy, the insurable value of the subject-matter insured must be ascertained as follows :

(1) In insurance on ship, the insurable value is the value at the commencement of the risk, of the ship, including her outfit, provisions and stores for the officers and crew, money advanced for seamen's wages, and other disbursements (if any) incurred to make the ship fit for the voyage or adventure contemplated by the policy, plus the charges of insurance upon the whole;
The insurable value, in the case of a steamship, includes also the machinery, boilers and coals and engine stores if owned by the assured, and, in the case of a ship engaged in a special trade, the ordinary fittings requisite for that trade;

(2) In insurance on freight, whether paid in advance or otherwise, the insurable value is the gross amount of the freight at the risk of the assured, plus the charges of insurance;

(3) In insurance on goods or merchandise, the insurable value is the prime cost of the property insured, plus the expenses of and incidental to shipping and the charges of insurance upon the whole;

보험증권상 명시규정 또는 평가액이 있는 경우를 제외하고, 피보험 목적물의 보험가액은 다음과 같이 확정하여야 한다.

(1) 선박에 관한 보험에서 보험가액은 선박의 의장구, 관리자와 선원을 위한 식료품과 소모품, 해원의 급료에 대한 선불금 및 보험증권에 의해 예정된 항해 또는 해상사업에 대해 선박을 적합하도록 만들기 위해 지출한 기타 선비(지출한 경우)를 포함하여 선박의 위험개시 시의 가액에 그 전체에 관한 보험비용을 가산한 금액이다.

증기선의 경우 보험가액 또한 기계와 보일러 및 피보험자의 소유인 경우의 석탄과 엔진소모품을 포함하며, 특수무역에 종사하는 선박의 경우에는 그러한 무역에 필수적인 통상적 설비를 포함한다.

(2) 운임에 관한 보험에서는, 선불운임이든 아니든 불문하고, 보험가액은 피보험자의 위험에 속하는 운임의 총액에 보험비용을 가산한 금액이다.

(3) 화물 또는 상품에 관한 보험에서 보험가액은 피보험재산의 원가에 선적비용과 선적의 부수비용 및 그 전체에 대한 보험비용을 가산한 금액이다.

(4) In insurance on any other subject—matter, the insurable value is the amount at the risk of the assured when the policy attaches, plus the charges of insurance.

(4) 일체의 기타 피보험 목적물에 관한 보험에서 보험가액은 보험계약이 시작되는 때에 피보험자의 위험에 속하는 금액에 보험비용을 가산한 금액이다.

DISCLOSURE AND REPRESENTATIONS : 고지와 표시

17. Insurance is uberrimae fidei : 보험은 최대선의를 기초로 한다

A contract of marine insurance is a contract based upon the utmost good faith, and, if the utmost good faith be not observed by either party, the contract may be avoided by the other party.

해상보험계약은 최대선의를 기초로 한 계약이며, 따라서 당사자 일방이 최대선의를 지키지 않으면 타방은 그 계약을 취소할 수 있다.

18. Disclosure by assured : 피보험자의 고지

(1) Subject to the provisions of this section, the assured must disclose to the insurer, before the contract is concluded, every material circumstance which is known to the assured, and the assured deemed to know every circumstance which, in the ordinary course of business, ought to be known by him. If the assured fails to make such disclosure the insurer may avoid the contract.

(2) Every circumstance is material which would influence the judgment of a prudent insurer in fixing the premium, or determining whether he will take the risk.

(3) In the absence of inquiry the following circumstance need not be disclosed, namely :

   (a) any circumstance which diminishes the risk;
   (b) any circumstance which is known or presumed to be known to the insurer. The insurer is presumed to know matters of common notoriety or knowledge, and matters which an insurer in the ordinary course of his business, as such, ought to know;

(1) 본 조의 규정에 따라서, 피보험자는 자기가 알고 있는 모든 중요사항을 계약이 성립되기 전에 보험자에게 고지 하여야 하며, 피보험자는 통상의 업무상 마땅히 알아야 하는 모든 사항을 알고 있는 것으로 간주한다. 피보험자 가 그러한 고지를 하지 않은 경우에는 보험자는 계약을 취소할 수 있다.

(2) 보험료를 결정하거나 또는 위험의 인수여부를 결정할 시 신중한 보험자의 판단에 영향을 미치는 모든 사항은 중요사항이다.

(3) 다음의 사항은 질문이 없는 경우에 고지할 필요가 없다. 즉,

   (a) 위험을 감소시키는 일체의 사항
   (b) 보험자가 알고 있거나 또는 알고 있는 것으로 추정되 는 일체의 사항. 보험자는 일반적으로 널리 알려진 사항이나 상식에 속하는 사항 및 보험자가 자기의 통상의 업무상 마땅히 알아야 하는 사항들을 알고 있는 것으로 추정한다.

(c) any circumstance as to which information is waived by the insurer;

(d) any circumstance which it is superfluous to disclose by reason of any express or implied warranty.

(4) Whether any particular circumstance, which is not disclosed, be material or not is, in each case, a question of fact.

(5) The term "circumstance" includes any communication made to, or information received by, the assured.

(c) 보험자가 그에 관한 정보를 포기한 일체의 사항

(d) 어떠한 명시 또는 묵시 담보 때문에 고지할 필요 없는 일체의 사항

(4) 고지되지 않은 어떠한 특정 사항이 중요한 것인지 아닌지의 여부는 각각의 경우에서 사실문제이다.

(5) "사항"이란 말은 피보험자에게 행한 일체의 통신 또는 피보험자가 접수한 정보를 포함한다.

19. Disclosure by agent effecting insurance : 보험계약을 체결하는 대리인의 고지

Subject to the provisions of the preceding section as to circumstances which need not be disclosed where an insurance is effected for the assured by an agent, the agent must disclose to the insurer.

(a) Every material circumstance which is known to himself, and an agent to insure is deemed to know every circumstance which in the ordinary course of business ought to be known by, or to have been communicated to him; and

(b) Every material circumstance which the assured is bound to disclose, unless it come to his knowledge to late to communicate it to the agent.

보험계약이 피보험자를 위하여 대리인에 의해 체결되는 경우 고지되어야 할 필요가 없는 사항에 관한 전 조항의 규정을 제외하고, 대리인은 보험자에게 다음의 사항을 고지하여야 한다.

(a) 대리인 자신이 알고 있는 모든 중요사항, 그리고 보험계약을 체결하는 대리인은 통상의 업무상 마땅히 알고 있어야 하는 모든 사항을 알고 있는 것으로 간주한다. 그리고

(b) 피보험자가 고지할 의무가 있는 모든 중요사항, 다만 피보험자가 너무 늦게 알게 되어 대리인에게 통지하지 못한 경우에는 그러하지 아니하다.

20. Representations pending negotiation of contract : 계약의 협의 중 표시

(1) Every material representation made by the assured or his agent to the insurer during the negotiation for the contract, and before the contract is concluded, must be true. If it be untrue the insurer may avoid the contract.

(2) A representation is material which would influence the judgment of a prudent insurer in fixing the premium, or determining whether he will take the risk.

(3) A representation may be either a representation as to a matter of fact, or as to a matter of expectation or belief.

(1) 계약의 협의 중 및 계약이 성립되기 전에 피보험자 또는 그 대리인이 보험자에게 행한 모든 중요한 표시는 사실이어야 한다. 그것이 허위인 경우 보험자는 그 계약을 취소할 수 있다.

(2) 위험의 인수여부를 결정하고 보험료를 결정할 때 신중한 보험자의 판단에 영향을 미치는 표시는 중요한 것이다.

(3) 표시는 사실문제에 관한 표시일 수 있거나, 기대나 신념의 문제에 관한 표시일 수도 있다.

(4) A representation as to a matter of fact is true, if it be substantially correct, that is to say, if the difference between what is represented and what is actually correct would not be considered material by a prudent insurer.

(5) A representation as to a matter of expectation or belief is true if it be made in good faith.

(6) A representation may be withdrawn or corrected before the contract is concluded.

(7) Whether a particular representation be material or not is, in each case, a question of fact.

(4) 사실문제에 관한 표시는, 그것이 실질적으로 정확한 경우, 즉 표시된 것과 실제적으로 정확한 것과의 차이를 신중한 보험자가 중요한 것으로 간주하지 않는 경우, 진실한 표시이다.

(5) 기대 또는 신념의 문제에 관한 표시는 그것이 선의로 행하여진 경우 진실한 표시이다.

(6) 표시는 계약이 성립되기 전에 철회되거나 수정될 수 있다.

(7) 특정의 표시가 중요한 것인가 아닌가의 여부는 각각의 경우에서 사실문제이다.

21. When contract is deemed to the concluded : 보험계약이 성립된 것으로 간주되는 시기

A contract of marine insurance is deemed to be concluded when the proposal of the assured is accepted by the insurer, whether the policy be then issued or not; and for the purpose of showing when the proposal was accepted, reference may be made to the slip or covering note or other customary memorandum of the contract.

해상보험계약은, 보험증권의 발행여부에 관계없이, 피보험자의 청약이 보험자에 의해 승낙된 때 성립한 것으로 간주한다. 그리고 청약이 승낙된 때를 증명하기 위해서 슬립이나 보험인수증서 또는 기타 관습적인 계약서를 참조할 수 있다.

THE POLICY : 보험증권 20년 기출

22. Contract must be embodied in policy : 보험계약은 보험증권에 구현되어야 한다

Subject to the provisions of any statute, a contract of marine insurance is inadmissible in evidence unless it is embodied in a marine policy in accordance with this Act. The policy may be executed and issued either at the time when the contract is concluded or afterwards.

어떠한 제정법의 규정이 있는 경우를 제외하고, 해상보험계약은 본 법에 따라 해상보험증권에 구현되지 않는 한 증거로서 인정되지 않는다. 보험증권은 계약이 성립된 때 또는 그 후에 작성되고 발행될 수 있다.

23. What policy must specify : 보험증권의 필수 기재사항

A marine policy must specify :

(1) the name of the assured, or of some person who effects the insurance on his behalf;

해상보험증권은 반드시 다음의 사항을 기재하여야 한다.

(1) 피보험자 또는 그를 위하여 보험계약을 체결하는 자의 성명

24. Signature of insurer : 보험자의 서명

(1) A marine policy must be signed by or on behalf of the insurer, provided that in the case of a corporation the corporate seal may be sufficient, but nothing in this section shall be construed as requiring the subscription of a corporation to be under seal.

(2) Where a policy is subscribed by or on behalf of two or more insurers, each subscription, unless the contrary be expressed, constitutes a distinct contract with the assured.

(1) 해상보험증권은 반드시 보험자에 의해 서명되거나 또는 보험자를 대리하여 서명되어야 한다. 단, 법인의 경우 법인의 인장으로 충분하다. 그러나 본 조의 규정은 법인의 서명이 인장으로 날인되는 것을 요구하는 것으로 해석해서는 안 된다.

(2) 하나의 보험증권이 2인 이상의 보험자에 의해 서명되거나 또는 2인 이상의 보험자를 대리하여 서명되는 경우에는, 반대의 표시가 없는 한, 각각의 서명은 피보험자와 별도의 계약을 구성한다.

25. Voyage and time policies : 항해보험증권과 기간보험증권 12년 기출

(1) Where the contract is to insure the subject-matter "at and from", or from one place to another or others, the policy is called a "voyage policy", and where the contract is to insure the subject-matter for a definite period of time the policy is called a "time policy". A contract for both voyage and time may be included in the same policy.

(1) 보험계약이 피보험 목적물을 "에서 및 부터", 또는 어느 장소로부터 다른 1개 장소나 수개의 장소까지 보험인수하는 경우, 그 보험증권을 "항해보험증권"이라고 부르며, 보험계약이 피보험 목적물을 일정기간에 보험인수하는 경우, 그 보험증권을 "기간보험증권"이라고 부른다. 항해와 기간의 양자를 위한 계약이 동일한 보험증권에 포함될 수 있다.

※ 중 략

26. Designation of subject-matter : 피보험 목적물의 명시 21년 기출

(1) The subject-matter insured must be designated in a marine policy with reasonable certainty.

(2) The nature and extent of the interest of the assured in the subject-matter insured need not be specified in the policy.

(3) Where the policy designates the subject-matter insured in general terms, it shall be construed to apply to the interest intended by the assured to be covered.

(4) In the application of this section regard shall be bad to any usage regulating the designation of the subject-matter insured.

(1) 피보험 목적물은 반드시 해상보험증권에 상당히 명확하게 명시되어야 한다.

(2) 피보험 목적물에 대한 피보험자의 이익의 성질과 범위는 보험증권에 명기할 필요가 없다.

(3) 보험증권에 피보험 목적물을 총괄적 문언으로 명시하는 경우, 피보험자가 보험보장을 받을 것으로 의도한 이익에 적용되는 것으로 해석하여야 한다.

(4) 본 조를 적용할 때 피보험 목적물의 명시를 규정하는 일체의 관행을 고려하여야 한다.

27. Valued policy : 기평가보험증권 22년 기출

(1) A policy may be either valued or unvalued.

(2) A valued policy is a policy which specifies the agreed value of the subject—matter insured.

(3) Subject to the provisions of this Act, and in the absence of fraud, the value fixed by the policy is, as between the insurer and assured, conclusive of the insurable value of the subject intended to be insured, whether the loss be total or partial.

(4) Unless the policy otherwise provides, the value fixed by the policy is not conclusive for the purpose of determining whether there has been a constructive total loss.

(1) 보험증권은 기평가보험증권이거나 미평가보험증권일 수 있다.

(2) 기평가보험증권은 피보험 목적물의 협정 보험가액을 기재한 보험증권이다.

(3) 본 법의 규정이 있는 경우를 제외하고 사기가 없는 경우에, 보험증권에 의해 정해진 가액은 보험자와 피보험자 사이에서는 손해가 전손이든 분손이든 상관없이 보험에 가입하려고 의도한 피보험 목적물의 보험가액으로서 결정적이다.

(4) 보험증권이 별도로 규정하지 않는 한, 보험증권에 정해진 가액은 추정전손의 존재여부를 결정하는 목적을 위하여서는 결정적인 것은 아니다.

28. Unvalued policy : 미평가보험증권 16년 기출

An unvalued policy is a policy which does not specify the value of the subject—matter insured, but, subject to the limit of the sum insured, leaves the insurable value to be subsequently ascertained, in the manner here in before specified.

미평가보험증권은 피보험 목적물의 가액을 기재하지 않고, 보험금액의 한도에 따라서 앞에서 명시된 방법으로 보험가액이 추후 확정되도록 하는 보험증권이다.

29. Floating policy by ship or ships : 선박 또는 제 선박의 부동보험증권 22년 기출

(1) A floating policy is a policy which describes the insurance in general terms, and leaves the name of the ship or ships and other particulars to be defined by subsequent declaration.

(2) The subsequent declaration or declarations may be made by endorsement on the policy, or in other customary manner.

(3) Unless the policy otherwise provides, the declarations must be made in the order of despatch or shipment. They must, in the case of goods, comprise all consignments within the terms of the policy, and the value of the goods or other property must be honestly stated, but an omission or erroneous declaration may be rectified even after loss or arrival, provided the omission or declaration was made in good faith.

(1) 부동보험증권은 총괄적 문언으로 보험계약을 기술하고, 선박이나 제 선박의 명칭과 기타의 자세한 사항은 추후 확정통지에 의해 한정되도록 하는 보험증권이다.

(2) 추후의 확정통지는 보험증권상의 배서에 의해 또는 기타 관습적인 방법으로 할 수 있다.

(3) 보험증권이 별도로 규정하지 않는 한, 확정통지는 반드시 발송 또는 선적의 순서에 따라 하여야 한다. 화물의 경우 확정통지는 반드시 보험증권의 조건에 해당되는 모든 운송품을 포함하여야 하고, 화물이나 기타 재산의 가액은 반드시 정직하게 신고되어야 한다. 그러나 확정통지가 생략된 사항 또는 잘못된 확정통지는, 그것이 선의로 이루어진 경우에 한하여, 심지어 손해발생 후 또는 도착 후에도 수정될 수 있다.

(4) Unless the policy otherwise provides, where a declaration of value is not made until after notice of loss or arrival, the policy must be treated as an unvalued policy as regards the subject-matter of that declaration.

(4) 보험증권이 별도로 규정하지 않는 한, 손해의 통지 후까지 가액에 대한 확정통지가 이루어지지 않는 경우에, 그 보험증권은 그러한 확정통지의 대상인 피보험 목적물에 관하여는 반드시 미평가보험증권으로 처리되어야 한다.

30. Construction of terms in policy : 보험증권 용어의 해석

(1) A policy may be in the form in the First Schedule to this Act.
(2) Subject to the provisions of this Act, and unless the context of the policy otherwise requires, the terms and expressions mentioned in the First Schedule to this Act shall be construed as having the scope and meaning in that schedule assigned to them.

(1) 보험증권은 본 법의 제1부칙에 있는 양식이 사용될 수 있다.
(2) 본 법의 규정이 있는 경우를 제외하고, 그리고 보험증권의 문맥상 별도의 해석을 필요로 하지 않는 한, 본 법의 제1부칙에서 언급된 용어와 어구는 그 부칙에 정하고 있는 범위와 의미를 갖는 것으로 해석하여야 한다.

31. Premium to be arranged : 추후 협정되는 보험료

(1) Where an insurance is effected at a premium to be arranged, and no arrangement is made, a reasonable premium is payable.
(2) Where an insurance is effected on the terms that an additional premium is to be arranged in a given event, and that event happens but no arrangement is made, then a reasonable additional premium is payable.

(1) 추후 협정되는 보험료의 조건으로 보험계약이 체결되었으나 보험료가 협정되지 않는 경우, 합리적인 보험료가 지불되어야 한다.
(2) 일정한 경우에 추가 보험료가 협정된다는 조건으로 보험계약이 체결되고, 그러한 경우가 발생하지만 추가보험료가 협정되지 않는 경우에는, 합리적인 추가보험료가 지불되어야 한다.

DOUBLE INSURANCE : 중복보험

32. Double insurance : 중복보험 16년 기출

(1) Where two or more policies are effected by or on behalf of the assured on the same adventure and interest or any part thereof, and the sums insured exceed the indemnity allowed by this Act, the assured is said to be over-insured by double insurance.

(2) Where the assured is over-insured by double insurance

    (a) The assured, unless the policy otherwise provides, may claim payment from the insurers in such order as he may think fit, provided that he is not entitled to receive any sum in excess of the indemnity allowed by this Act;

    (b) Where the policy under which the assured claims is a valued policy, the assured must give credit as against the valuation, for any sum received by him under any other policy without regard to the actual value of the subject-matter insured;

    (c) Where the policy under which the assured claims is an unvalued policy he must give credit, as against the full insurable value, for any sum received by him under any other policy;

    (d) Where the assured receives any sum in excess of the indemnity allowed by this Act, he is deemed to hold such sum in trust for the insurers, according to their right of contribution among themselves.

(1) 동일한 해상사업과 이익 또는 그 일부에 관하여 둘 이상의 보험계약이 피보험자에 의해서 또는 피보험자를 대리하여 체결되고, 보험금액이 본 법에서 허용된 손해보상액을 초과하는 경우, 피보험자는 중복보험에 의해 보험이 초과되었다고 말한다.

(2) 피보험자가 중복보험에 의해 보험이 초과되는 경우

    (a) 피보험자는, 보험증권이 별도로 규정하지 않는 한, 자기가 적절하다고 생각하는 순서에 따라 보험자들에게 보험금을 청구할 수 있다. 단, 피보험자는 본 법에 의해 허용되는 손해배상액을 초과하는 일체의 금액을 수취할 수 있는 권리는 없다.

    (b) 피보험자가 보험금을 청구하는 보험증권이 기평가 보험증권인 경우, 피보험자는 피보험 목적물의 실제 가액에 관계없이 여타 보험증권에 의해 그가 수취한 일체의 금액을 평가액에서 공제하여야 한다.

    (c) 피보험자가 보험금을 청구하는 보험증권이 미평가 보험증권인 경우, 피보험자는 여타 보험증권에 의해 그가 수취한 일체의 금액을 전체의 보험가액에서 공제하여야 한다.

    (d) 피보험자가 본 법에 의해 허용된 손해보상액을 초과하는 금액을 수취하는 경우, 보험자들 상호간에 분담금에 대한 그들의 권리에 따라, 피보험자는 보험자들을 위해 수탁된 그러한 금액을 보유한 것으로 간주한다.

WARRANTIES, ECT : 담보 및 기타

33. Nature of warranty : 담보의 성질

(1) A warranty, in the following sections relating to warranties, means a promissory warranty, that is to say, a warranty by which the assured undertakes that some particular thing shall or shall not be done, or that some condition shall be fulfilled, or whereby he affirms or negatives the existence of a particular state of facts.

(2) A warranty may be express or implied.

(3) A warranty, as above defined, is a condition which must be exactly complied with, whether it be material to the risk or not. If it be not so complied with, then, subject to any express provision in the policy, the insurer is discharged from liability as from the date of the breach of warranty, but without prejudice to any liability incurred by him before that date.

(1) 담보에 관한 다음의 조항들에서의 담보는 약속담보를 의미하고, 즉 그것에 의해 피보험자가 어떤 특정한 사항이 행하여지거나 행하여지지 않을 것 또는 어떤 조건이 충족될 것을 약속하는 담보, 또는 그것에 의해 피보험자가 특정한 사실상태의 존재를 긍정하거나 부정하는 담보를 의미한다.

(2) 담보는 명시 담보일 수도 있고, 또는 묵시 담보일 수도 있다.

(3) 위에서 정의한 담보는, 그것이 위험에 대하여 중요한 것이든 아니든 관계없이, 반드시 정확하게 충족되어야 하는 조건이다. 만약 그것이 정확히 충족되지 않으면, 보험증권에 명시적인 규정이 있는 경우를 제외하고, 보험자는 담보위반일로부터 책임이 해제된다. 그러나 담보위반일 이전에 보험자에게 발생한 책임에는 영향을 미치지 아니한다.

34. When breach of warranty excused : 담보위반이 허용되는 경우

(1) Non-compliance with a warranty is excused when, by reason of a change of circumstances, the warranty ceases to be applicable to the circumstances of the contract, or when compliance with the warranty is rendered unlawful by any subsequent law.

(2) Where a warranty is broken, the assured cannot avail himself of the defence that the breach has been remedied, and the warranty complied with, before loss.

(3) A breach of warranty may be waived by the insurer.

(1) 담보의 불충족이 허용되는 경우는 상황의 변경에 의해 담보가 계약상황에 적용될 수 없게 된 경우, 또는 담보의 충족이 그 이후의 어떠한 법률에 의해 위법이 되는 경우이다.

(2) 담보의 위반이 있는 경우, 피보험자는 손해발생 이전에 그 위반이 교정되고 따라서 담보가 충족되었다는 항변을 이용할 수 없다.

(3) 담보의 위반은 보험자가 그 권리를 포기할 수 있다.

35. Express warranties : 명시 담보 23년 기출

(1) An express warranty may be in any form of words from which the in intention to warrant is to be inferred.
(2) An express warranty must be included in, or written upon, the policy, or must be contained in some document incorporated by reference into the policy.
(3) An express warranty does not exclude an implied warranty, unless it be inconsistent therewith.

(1) 명시 담보는 담보하려는 의사가 추정될 수 있는 것이면 어떠한 형태의 어구도 가능하다.

(2) 명시 담보는 반드시 보험증권에 포함되거나 또는 기재되거나, 또는 보험증권 내의 언급에 의해 보험증권의 일부인 서류에 포함되어 있어야 한다.

(3) 명시 담보는, 그것이 묵시 담보와 상반되지 않는 한, 묵시 담보를 배제하지 않는다.

36. Warranty of neutrality : 중립 담보

(1) Where insurable property, whether ship or goods, is expressly warranted neutral, there is an implied condition that the property shall have a neutral character at the commencement of the risk, and that, so far as the assured can control the matter, its neutral character shall be preserved during the risk.
(2) Where a ship is expressly warranted "neutral" there is also an implied condition that, so far as the assured can control the matter, she shall be properly documented, that is to say, that she shall carry the necessary papers to establish her neutrality, and that she shall not falsify or suppress her papers, or use simulated papers. If any loss occurs through breach of this condition the insurer may avoid the contract.

(1) 피보험재산이 선박이든 화물이든 중립적일 것을 명시 담보로 한 경우에는, 그 재산은 위험개시 당시에 중립적인 성질을 가지고 있어야 하고, 또한 피보험자가 사정을 지배할 수 있는 한, 그 재산의 중립적 성질은 위험기간 중 보존되어야 한다는 묵시조건이 있다.

(2) 선박이 "중립적"일 것을 명시 담보로 한 경우에는, 피보험자가 사정을 지배할 수 있는 한, 선박은 또한 그에 관한 적절한 서류를 갖추어야 한다는 묵시조건이 있다. 즉 선박은 그 중립성을 입증하는 데 필요한 서류를 비치하여야 하고, 또 선박의 서류를 위조하거나 은닉하면 안 되고 허위서류를 사용해서는 안 된다는 묵시조건이 있다. 만약 이 조건의 위반으로 인하여 손해가 발생한 경우, 보험자는 계약을 취소할 수 있다.

37. No implied warranty of nationality : 국적에 관한 묵시적 담보는 없다

There is no implied warranty as to the nationality of a ship, or that her nationality shall not be changed during the risk.

선박의 국적에 관한 묵시적 담보는 없으며, 또한 선박의 국적이 위험기간 중 변경되어서는 안 된다는 묵시적 담보도 없다.

38. Warranty of good safety : 상당안전담보

Where the subject-matter insured is warranted "well" or "in good safety" on a particular day, it is sufficient if it be safe at any time during that day.

피보험 목적물이 특정일에 "무사히" 또는 "상당히 안전한 상태로" 있을 것을 담보로 하는 경우, 해당일의 어떠한 시간이든 안전하면 그것으로 충분하다.

39. Warranty of seaworthiness of ship : 선박의 감항능력 담보 10년 기출

(1) In a voyage policy there is an implied warranty that at the commencement of the voyage the ship shall be seaworthy for the purpose of the particular adventure insured.

(2) Where the policy attaches while the ship is in port, there is also an implied warranty that she shall, at the commencement of the risk, be reasonably fit to encounter the ordinary perils of the port.

(3) Where the policy relates to a voyage which is performed in different stages, during which the ship requires different kinds of or further preparation or equipment, there is an implied warranty that at the commencement of each stage the ship is seaworthy in respect of such preparation or equipment for the purposes of that stage.

(4) A ship is deemed to be seaworthy when she is reasonably fit in all respects to encounter the ordinary perils of the seas of the adventure insured.

(5) In a time policy there is no implied warranty that the ship shall be seaworthy at any stage of the adventure, but where, with the privity of the assured, the ship is sent to sea in an unseaworthy state, the insurer is not liable for any loss attributable to unseaworthiness.

(1) 항해보험증권에서는 항해의 개시 당시에 선박은 보험에 가입된 특정한 해상사업의 목적을 위해 감항능력이 있어야 한다는 묵시적 담보가 있다.

(2) 선박이 정박 중에 보험계약이 개시되는 경우 또한 선박이 위험개시 당시에 그 항구의 통상적인 위험에 대응하는 데 합리적으로 적합하여야 한다는 묵시적 담보가 있다.

(3) 상이한 여러 단계로 수행되는 항해에 보험계약이 관련되어 있고, 각 단계마다 선박이 상이한 종류의 준비나 장비 또는 추가적인 준비나 장비를 필요로 하는 경우에는, 각 단계의 개시 당시 선박은 그 단계의 목적을 위해 그와 같은 준비나 장비에 관하여 감항능력이 있어야 한다는 묵시적 담보가 있다.

(4) 선박이 피보험해상사업의 통상적인 바다의 위험에 대응하는 데 있어서 모든 점에서 합리적으로 적합한 때에는, 선박은 감항능력이 있는 것으로 간주한다.

(5) 기간보험증권에서는 선박이 어떠한 단계의 해상사업에서도 감항능력이 있어야 한다는 묵시적 담보가 없으나 피보험자가 은밀히 알고 있으면서도 선박이 감항능력이 불감항상태로 취항한 경우에는, 보험자는 불감항상태에 기인하는 어떠한 손해에 대해서도 보상책임을 지지 않는다.

40. No implied warranty that goods are seaworthy : 화물이 감항능력이 있다는 묵시적 담보는 없다

(1) In a policy on goods or other movables there is no implied warranty that the goods or movables are seaworthy.

(2) In a voyage policy on goods or other movables there is an implied warranty that at the commencement of the voyage the ship is not only seaworthy as a ship, but also that she is reasonably fit to carry the goods or other movables to the destination contemplated by the policy.

(1) 화물이나 기타 동산에 관한 보험계약에서는, 화물이나 동산이 감항능력이 있다는 묵시적 담보는 없다.

(2) 화물이나 기타 동산에 관한 항해보험계약에서는 선박이 항해의 개시 당시에 선박으로서 감항능력이 있을 뿐만 아니라 보험증권에서 예정된 목적지까지 화물이나 기타 동산을 운송하는 데 합리적으로 적합하다는 묵시적 담보가 있다.

41. Warranty of legality : 적법 담보

There is an implied warranty that the adventure insured is a lawful one, and that, so far as the assured can control the matter, the adventure shall be carried out in a lawful manner.

피보험해상사업은 적법한 사업이어야 하고, 피보험자가 사정을 지배할 수 있는 한 그 해상사업은 적법한 방법으로 수행되어야 한다는 묵시적 담보가 있다.

THE VOYAGE : 항해

42. Implied condition as to commencement of risk : 위험개시에 관한 묵시적 조건

(1) Where the subject—matter is insured by a voyage policy "at and from" or "from" a particular place, it is not necessary that the ship should be at that place when the contract is concluded, but there is an implied condition that the adventure shall be commenced within a reasonable time, and that if the adventure be not so commenced the insurer may avoid the contract.

(2) The implied condition may be negatived by showing that the delay was caused by circumstances known to the insurer before the contract was concluded, or by showing that he waived the condition.

(1) 피보험 목적물이 특정 장소"에서 및 부터" 또는 특정 장소"로부터" 항해보험증권에 의해 보험에 가입되는 경우, 계약 체결 시에 선박이 그 장소에 있어야 할 필요는 없지만, 항해가 합리적인 기간 내에 개시되어야 하고, 만약 항해가 그렇게 개시되지 않으면 보험자는 계약을 취소할 수 있다는 묵시적 조건이 있다.

(2) 그 묵시적 조건은 계약이 체결되기 전에 보험자가 알고 있는 상황에 의해 지연이 발생하였다는 것을 증명함으로써, 또는 보험자가 그 조건에 대한 권리를 포기하였다는 것을 증명함으로써 무효화될 수 있다.

43. Alteration of port of departure : 출항항의 변경

Where the place of departure is specified by the policy, and the ship instead of sailing from that place sails from any other place, the risk does not attach.

출항장소가 보험증권에 명기되어 있는 경우, 선박이 그 장소 대신에 어떠한 다른 장소에서 출항하는 때에는, 위험은 개시하지 아니한다.

44. Sailing for different destination : 다른 목적지로 항해

Where the destination is specified in the policy, and the ship, instead of sailing for that destination, sails for any other destination, the risk does not attach.

목적지가 보험증권에 정하여진 경우, 선박이 그 목적지로 항해하지 않고 다른 목적지로 항해한 때에는, 위험은 개시하지 아니한다.

45. Change of voyage : 항해의 변경 24년 기출

(1) Where, after the commencement of the risk, the destination of the ship is voluntarily changed from the destination contemplated by the policy, there is said to be a change of voyage.

(2) Unless the policy otherwise provides, where there is a change of voyage the insurer is discharged from liability as from the time of change, that is to say, as from the time when the determination to change it is manifested; and it is immaterial that the ship may not in fact have left the course of voyage contemplated by the policy when the loss occurs.

(1) 위험의 개시 후 선박의 목적지가 보험증권에 의해 예정된 목적지로부터 임의로 변경된 경우를, 항해의 변경이라고 한다.

(2) 보험증권에 별도의 규정이 없는 한, 항해의 변경이 있는 경우에는, 보험자는 변경 시부터, 즉 항해의 변경 결정이 명백한 때부터 책임이 해제된다. 그리고 손해발생 시 선박이 보험증권에 의해 예정된 항로로 실제 떠나지 않았다는 사실은 중요하지 아니하다.

46. Deviation : 이로 24, 18년 기출

(1) Where a ship, without lawful excuse, deviates from the voyage contemplated by the policy, the insurer is discharged from liability as from the time of deviation, and it is immaterial that the ship may have regained her route before any loss occurs.

(2) There is a deviation from the voyage contemplated by the policy :
(a) where the course of the voyage is specifically designated by the policy, and that course is departed from; or
(b) where the course of the voyage is not specifically designated by the policy, but the usual and customary course is departed from.

(3) The intention to deviate is immaterial; there must be a deviation in fact to discharge the insurer from his liability under the contract.

(1) 선박이 적법한 이유 없이 보험증권에 의해 예정된 항해에서 이탈하는 경우, 보험자는 이로 시부터 책임이 해제되고, 선박이 손해발생 전에 선박의 항로에 복귀하였다는 사실은 중요하지 아니하다.

(2) 다음의 경우에는 보험증권에 의해 예정된 항해로부터 이로가 있다.
(a) 항로가 보험증권에서 특별히 지정되어 있는 경우에는, 그 항로를 떠났을 때, 또는

(b) 항로가 보험증권에 의해 특별히 지정되어 있지 아니한 경우에는, 통상적이며 관습적인 항로를 떠났을 때
(3) 이로하려는 의사는 중요하지 아니하다. 즉 보험자가 계약상 책임을 면하기 위해서는 반드시 실제 이로가 있어야 한다.

47. Several ports of discharge : 수개의 양륙항 24년 기출

(1) Where several ports of discharge are specified by the policy, the ship may proceed to all or any of them, but, in the absence of any usage or sufficient cause to the contrary, she must proceed to them, or such of them as she goes to, in the order designated by the policy. If she does not, there is a deviation.

(2) Where the policy is to "ports of discharge," within a given area, which are not named, the ship must, in the absence of any usage or sufficient cause to the contrary, proceed to them, or such of them as she goes to, in their geographical order. If she does not there is a deviation.

(1) 보험증권에 수개의 양륙항이 명기된 경우, 선박은 그들 항구의 전부 또는 일부로 항행할 수 있으나 어떠한 관습이나 반대의 충분한 이유가 없는 한, 반드시 보험증권에 지정된 순서에 따라 그들 항구 또는 선박이 흔히 항행하는 것과 같은 항구로 항행하여야 한다. 만약 선박이 이를 따르지 않으면, 이로가 있다.

(2) 보험증권에 특정 항구가 명기되어 있지 않고 일정 지역 내의 "제 양륙항"까지로 기재되어 있는 경우, 어떠한 관습이나 반대의 충분한 이유가 없는 한, 선박은 반드시 지리적 순서에 따라 그들 항구 또는 흔히 항행하는 것과 같은 항구로 항행하여야 한다. 만약 선박이 그리하지 않으면 이로가 있다.

기출문제

영국해상보험법(MIA, 1906) 제45조, 제46조, 제47조에 관한 내용으로 옳지 않은 것은? 24년 기출

① Where, after the commencement of the risk, the destination of the ship is voluntarily changed from the destination contemplated by the policy, there is said to be a change of voyage.

② Unless the policy otherwise provides, where there is a change of voyage, the insurer is discharged from liability as from the time of change, that is to say, as from the time when the determination to change it is manifested.

③ Where a ship, without lawful excuse, deviates from the voyage contemplated by the policy, the insurer is discharged from liability as from the time of deviation, and it is immaterial that the ship may have regained her route before any loss occurs.

④ There is a deviation from the voyage contemplated by the policy where the course of the voyage is not specifically designated by the policy, but the usual and customary course is departed from.

⑤ Where the policy is to "ports of discharge," within a given area, which are not named, the ship may, in the absence of any usage or sufficient cause to the contrary, proceed to them, or such of them as she goes to, in their geographical order. If she does not, there is no a deviation.

해설

⑤ 영국해상보험법(MIA, 1906) 제47조에 관한 보기로, "Where the policy is to "ports of discharge," within a given area, which are not named, the ship <u>must</u>, in the absence of any usage or sufficient cause to the contrary, proceed to them, or such of them as she goes to, in their geographical order. If she does not, there is no a deviation."이 옳은 내용이다.

정답 ⑤

48. Delay in voyage : 항해의 지연

In the case of a voyage policy, the adventure insured must be prosecuted throughout its course with reasonable despatch, and, if without lawful excuse it is not so prosecuted, the insurer is discharged from liability as from the time when the delay became unreasonable.

항해보험증권의 경우, 보험 가입된 해상사업은 반드시 전 과정을 통해 상당히 신속하게 수행되어야 하고, 만약 적법한 이유 없이 그와 같이 수행되지 않으면, 그 지연이 부당하게 되었던 때부터 보험자의 책임이 해제된다.

49. Excuses for deviation or delay : 이로 또는 지연의 허용 17년 기출

(1) Deviation or delay in prosecuting the voyage contemplated by the policy is excused :
  (a) where authorised by any special term in the policy; or
  (b) where caused by circumstances beyond the control of the master and his employer; or
  (c) where reasonably necessary in order to comply with an express or implied warranty; or
  (d) where reasonably necessary for the safety of the ship or subject—matter insured; or
  (e) for the purpose of saving human life, or aiding a ship in distress where human life may be in danger; or
  (f) where reasonably necessary for the purpose of obtaining medical or surgical aid for any person on board the ship; or
  (g) where caused by the barratrous conduct of the master or crew, if barratry be one of the perils insured against.
(2) When the cause excusing the deviation or delay ceases to operate, the ship must resume her course, and prosecute her voyage, with reasonable despatch.

(1) 보험증권에 예정된 항해를 수행할 시 다음의 경우에는 이로 또는 지연이 허용된다.
  (a) 보험증권의 어떠한 특별한 문언에 의해 인정되는 경우, 또는
  (b) 선장과 그의 고용주의 지배를 벗어난 상황에 기인하는 경우, 또는
  (c) 명시적 담보 또는 묵시적 담보를 충족하기 위해 상당히 필요한 경우, 또는
  (d) 선박 또는 피보험 목적물의 안전을 위해 상당히 필요한 경우, 또는
  (e) 인명을 구조하거나 인명이 위험한 경우의 조난선을 구조하기 위해서, 또는
  (f) 선박에 승선한 자에 대해 내과 또는 외과의 치료를 받기 위해 상당히 필요한 경우, 또는
  (g) 선원의 악행이 피보험위험의 하나인 경우에 선장이나 선원의 악행에 기인하는 경우
(2) 이로 또는 지연을 허용하는 사유의 효과가 중단되는 때에는, 선박은 상당히 신속하게 본래의 항로로 복귀하여 항해하여야 한다.

ASSIGNMENT OF POLICY : 보험증권의 양도

50. When and how policy is assignable : 보험증권이 양도될 수 있는 시기와 방법

(1) A marine policy is assignable unless it contains terms expressly prohibiting assignment. It may be assigned either before or after loss.

(2) Where a marine policy has been assigned so as to pass the beneficial interest in such policy, the assignee of the policy is entitled to sue thereon in his own name; and the defendant is entitled to make any defence arising out of the contract which he would have been entitled to make if the action had been brought in the name of the person by or on behalf of whom the policy was effected.

(3) A marine policy may be assigned by indorsement thereon or in other customary manner.

(1) 해상보험증권에 양도를 명시적으로 금지하는 문언을 포함하고 있지 않는 한, 양도할 수 있다. 해상보험증권은 손해발생의 이전이든 이후이든 양도될 수 있다.

(2) 해상보험증권이 그 보험증권상의 수익권의 이익을 이전할 목적으로 양도된 경우, 보험증권의 양수인은 본인의 이름으로 그 보험증권에 관한 소송을 제기할 수 있는 권리가 있고, 피고는 보험계약을 체결하는 본인 또는 대리인의 이름으로 소송이 제기되었을 경우 항변할 수 있는 권리가 있었을 그 계약에 기인한 어떠한 항변을 할 수 있는 권리가 있다.

(3) 해상보험증권은 그 보험증권상의 배서 또는 기타 관습적인 방법에 의하여 양도될 수 있다.

51. Assured who has no interest cannot assign : 이익을 갖지 않는 피보험자는 양도할 수 없다

Where the assused has parted with or lost his interest in the subject—matter insured, and has not, before or at the time of so doing, expressly or impliedly agreed to assign the policy, any subsequent assignment of the policy is inoperative. Provided that nothing in this section affects the assignment of a policy after loss.

피보험자가 보험의 목적물에 대한 자기의 이익을 포기하거나 상실한 경우, 그리고 그렇게 하기 전에 또는 그렇게 할 당시에, 보험증권을 양도하기로 명시적으로 또는 묵시적으로 합의하지 않은 경우에는, 그 이후의 어떠한 보험증권의 양도는 효력이 없다. 단, 본 조의 규정은 손해발생 후의 보험증권의 양도에는 영향을 미치지 아니한다.

THE PREMIUM : 보험료

52. When premium payable : 보험료의 지급시기

Unless otherwise agreed, the duty of the assured or his agent to pay the premium, and the duty of the insurer to issue the policy to the assured or his agent, are concurrent conditions, and the insurer is not bound to issue the policy until payment or tender of the premium.

별도의 협정이 있는 경우를 제외하고, 피보험자 또는 그 대리인의 보험료의 지불의무와 피보험자 또는 그 대리인에 대한 보험자의 보험증권의 발급의무는 동시조건이며, 보험자는 보험료의 지불 또는 보험료에 대한 변제의 제공이 있을 때까지는 보험증권을 발급할 의무를 지지 않는다.

53. Policy effected through broker : 보험중개인을 통해 체결된 보험계약

(1) Unless otherwise agreed, where a marine policy is effected on behalf of the assured by a broker, the broker is directly responsible to the insurer for the premium, and the insurer directly responsible to the assured for the amount which may be payable in respect of losses, or in respect of returnable premium.

(2) Unless otherwise agreed, the broker has, as against the assured, a lien upon the policy for the amount of the premium and his charges in respect of effecting the policy; and where he has dealt with the person who employs him as a principal, he has also a lien on the policy in respect of any balance on any insurance account which may be due o him from such person. Unless when the debt was incurred he had reason to believe that such person was only an agent.

(1) 별도의 협정이 있는 경우를 제외하고, 해상보험증권이 피보험자를 대리하여 보험중개인에 의해 체결되는 경우, 보험중개인은 보험료에 대해 보험자에게 직접적으로 책임이 있고, 보험자는 손해에 대한 보험금 또는 환급보험료에 관해 지급하여야 할 금액에 대하여 피보험자에게 직접적인 책임이 있다.

(2) 별도의 협정이 있는 경우를 제외하고 보험중개인은 피보험자를 상대로 보험료와 보험계약의 체결과 관련한 보험중개인의 비용에 대하여 보험증권에 관한 유치권을 갖는다. 그리고 본인으로서 보험중개인은 고용하고 있는 자와 보험중개인이 거래관계를 가지고 있는 경우, 보험중개인은 그와 같은 자가 보험중개인에게 지불해야 할 보험계정상의 부족액에 관하여도 보험증권에 관한 유치권을 갖는다. 단, 부채가 발생하였던 당시에, 보험중개인이 그와 같은 자가 단지 대리인에 불과하다고 믿을 만한 이유가 있었을 경우에는 그러하지 아니하다.

54. Effect of receipt on policy : 보험증권상 보험료 영수의 효과

Where a marine policy effected on behalf of the assured by a broker acknowledges the receipt of the premium, such acknowledgment is, in the absence of fraud, conclusive as between the insurer and the assured, but not as between the insurer and broker.

해상보험계약이 피보험자를 대리하여 보험중개인에 의해 체결되고 그 보험료의 영수사실이 인정되고 있는 경우에는, 그러한 사실인정은 사기가 없는 한 보험자와 피보험자 사이에는 결정적인 것이지만, 보험자와 보험중개인 사이에는 그러하지 아니하다.

LOSS AND ABANDONMENT : 손해와 위부

55. Included and excluded losses : 보상손해와 면책손해

(1) Subject to the provisions of this Act, and unless the policy otherwise provides, the insurer is liable for any loss proximately caused by a peril insured against, but, subject as aforesaid, he is not liable for any loss which is not proximately caused by a peril insured against.

(2) In particular,

    (a) The insurer is not liable for any loss attributable to the willful misconduct of the assured, but, unless the policy otherwise provides, he is liable for any loss proximately caused by a peril insured against, even though the loss would not have happened but for the misconduct or negligence of the master or crew;

    (b) Unless the policy otherwise provides, the insurer on ship or goods is not liable for any loss proximately caused by delay, although the delay be caused by a peril insured against;

    (c) Unless the policy otherwise provides, the insurer is not liable for ordinary wear and tear, ordinary leakage and breakage, inherent vice or nature of the subject-matter insured, or for any loss proximately caused by rats or vermin, or for any injury to machinery not proximately caused by maritime perils.

(1) 본 법의 규정에 반하지 않는 경우와 보험증권에서 별도로 규정하고 있는 경우를 제외하고, 보험자는 피보험위험에 근인하여 발생하는 모든 손해에 대하여 책임이 있다. 그러나 전술한 경우를 제외하고, 보험자는 피보험위험에 근인하여 발생하지 않는 모든 손해에 대하여는 책임이 없다.

(2) 특히,

    (a) 보험자는 피보험자의 고의의 불법행위에 기인하는 모든 손해에 대하여 책임이 없다. 그러나 보험증권에 별도로 규정하지 않는 한, 선장이나 선원의 불법행위 또는 과실이 없었다면 손해가 발생하지 않았을 경우에도, 보험자는 피보험위험에 근인하는 모든 손해에 대하여는 책임이 있다.

    (b) 보험증권에 별도로 규정하지 않는 한, 선박이나 화물에 관한 보험은 지연이 피보험위험에 기인한 경우에도 지연에 근인한 모든 손해에 대하여 책임이 없다.

    (c) 보험증권에 별도로 규정하지 않는 한, 보험자는 통상의 자연소모, 통상의 누손과 파손, 피보험 목적물의 고유의 하자나 성질에 대해, 또는 쥐 또는 해충에 근인하는 모든 손해에 대해, 또는 해상위험에 근인하지 않는 기계장치의 손상에 대해 책임이 없다.

56. Partial and total loss : 분손과 전손 23, 14년 기출

(1) A loss may be either total or partial. Any loss other than a total loss, as hereinafter defined, is a partial loss.

(2) A total loss may be either an actual total loss, or a constructive total loss.

(3) Unless a different intention appears from the terms of the policy, an insurance against total loss includes a constructive, as well as an actual, total loss.

(4) Where the assured brings an action for a total loss and the evidence proves, only a partial loss, he may, unless the policy otherwise provides, recover for a partial loss.

(5) Where goods reach their destination in specie, but by reason of obliteration of marks, or otherwise, they are incapable of identification, the loss, if any, is partial and not total.

(1) 손해는 전손이거나 분손인 경우도 있다. 다음에 정의하는 전손 이외의 일체의 손해는 분손이다.

(2) 전손은 현실전손이거나 또는 추정전손인 경우도 있다.

(3) 보험증권의 문맥상 다른 의도가 나타나 있지 않는 한, 전손에 대한 보험은 현실전손은 물론 추정전손도 포함한다.

(4) 피보험자가 전손에 대한 소송을 제기한 경우에 오직 분손에 대해서만 증거가 입증되는 때에는, 피보험자는 보험증권에 별도로 규정하고 있지 않는 한 분손에 대한 보험금을 받을 수 있다.

(5) 화물이 같은 종류의 것으로 목적지에 도착하지만, 화물 표지가 지워지거나 또는 기타의 이유로 같은 화물이라는 증명이 불가능한 경우에는, 만일 손해가 있다면 그 손해는 분손이며 전손은 아니다.

57. Actual total loss : 현실전손

(1) Where the subject—matter insured is destroyed, or so damaged as to cease to be a thing of the kind insured, or where the assured is irretrievably deprived thereof, there is an actual total loss.

(2) In the case of an actual total loss no notice of abandonment need be give.

(1) 피보험 목적물이 파괴되거나 또는 보험에 가입된 종류의 물건으로서 존재할 수 없을 정도로 손상을 입은 경우, 또는 피보험자가 회복할 수 없도록 피보험 목적물의 점유를 박탈당하는 경우에, 현실전손이 있다.

(2) 현실전손의 경우에는 위부의 통지가 필요 없다.

58. Missing ship : 행방불명 선박

Where the ship concerned in the adventure is missing, and after the lapse of reasonable time no news of her has been received, an actual total loss may be presumed.

해상사업에 종사하는 선박이 행방불명되고, 상당한 기간이 경과한 후에도 그 선박에 대한 소식을 수취하지 못하는 경우에는, 현실전손으로 추정할 수 있다.

59. Effect of transhipment, etc : 환적 등의 효과

Where, by a peril insured against, the voyage is interrupted at an intermediate port or place, under such circumstances as, apart from any special stipulation in the contract of affreightment, to justify the master in landing and reshipping the goods or other moveables, or in transhipping them, and sending them on to their destination, the liability of the insurer continues, notwithstanding the landing or transhipment.

항해가 피보험위험으로 인하여 중간항구 또는 중간지점에서 중단되는 경우, 해상화물운송계약서의 어떠한 특별한 약정과 관계없이, 선장이 화물이나 기타 동산을 양륙하여 재선적하거나 또는 화물이나 기타 동산을 환적하여 그 목적지까지 운송하는 것이 정당화되는 상황에서는, 보험자의 책임은 그 양륙이나 환적에도 불구하고 계속된다.

60. Constructive total loss defined : 추정전손의 정의 18, 16년 기출

(1) Subject to any express provision in the policy, there is a constructive total loss where the subject—matter insured is reasonably abandoned on account of its actual total loss appearing to be unavoidable, or because it could not be preserved from actual total loss without an expenditure which would exceed its value when the expenditure had been incurred.

(2) In particular, there is a constructive total loss

  (i) Where the assured is deprived of the possession of his ship or goods by a peril insured against, and

    (a) it is unlikely that he can recover the ship or goods as the case may be, or

    (b) the cost of recovering the ship or goods, as the case may be, would exceed their value when recovered; or

  (ii) In the case of damage to a ship, where she is so damaged by a peril insured against, that the cost of repairing the damage would exceed the value of the ship when repaired. In estimating the cost of repairs, no deduction is to be made in respect of general average contributions to those repairs payable by other interests, but account is to be taken of the expense of future salvage operations and of any future general average contributions to which the ship would be liable if repaired; or

(1) 보험증권에 명시규정이 있는 경우를 제외하고, 피보험 목적물의 현실전손이 불가피한 것으로 생각되기 때문에, 또는 비용이 지출되었을 때에는 피보험 목적물의 가액을 초과할 비용의 지출 없이는 현실전손으로부터 피보험 목적물이 보존될 수 없기 때문에, 피보험 목적물이 합리적으로 위부된 경우에, 추정전손이 있다.

(2) 특히, 다음의 경우 추정전손이 있다.

  (i) 피보험자가 피보험위험으로 인하여 자기의 선박 또는 화물의 점유를 박탈당하고

    (a) 피보험자가 경우에 따라서 선박 또는 화물을 회복할 수 있는 가능성이 없는 경우, 또는

    (b) 경우에 따라 선박 또는 화물을 회복하는 비용이 회복되었을 때의 그들 가액을 초과할 경우, 또는

  (ii) 선박의 손상의 경우에는, 선박이 피보험위험으로 인하여 손상을 입은 결과로 손상의 수리비용이 수리되었을 때의 선박의 가액을 초과할 경우. 수리비를 견적할 때 그러한 수리비에 대하여 다른 이해관계자가 지불할 공동해손분담금이 수리비에서 공제되지 않아야 한다. 그러나 장래의 구조작업의 비용과 선박이 수리된다면 선박이 책임을 부담하게 될 일체의 장래의 공동해손분담금은 수리비에 가산되어야 한다. 또는

(iii) In the case of damage to goods, where the cost of repairing the damage and forwarding the goods to their destination would exceed their value on arrival.

(iii) 화물의 손상의 경우에는, 그 손상을 수리하는 비용과 그 화물을 목적지까지 계속 운송하는 비용이 도착 시 화물의 가액을 초과하는 경우

61. Effect of constructive total loss : 추정전손의 효과

Where there is a constructive total loss the assured may either treat the loss as a partial loss, or abandon the subject—matter insured to the insurer and treat the loss as if it were an actual total loss.

추정전손이 있는 경우, 피보험자는 그 손해를 분손으로 처리할 수도 있고, 피보험 목적물을 보험자에게 위부하고 그 손해를 현실전손의 경우에 준하여 처리할 수도 있다.

62. Notice of abandonment : 위부의 통지 24, 15년 기출

(1) Subject to the provisions of this section, where the assured elects to abandon the subject—matter insured to the insurer he must give notice of abandonment. If he fails to do so the loss can only be treated as a partial loss.

(2) Notice of abandonment may be given in writing, or by word of mouth, or partly in writing and partly by word of mouth, and may be given in any terms which indicate the intention of the assured to abandon his insured interest in the subject—matter insured unconditionally to the insurer.

(3) Notice of abandonment must be given with reasonable diligence after the receipt of reliable information of the loss, but where the information is of a doubtful character the assured is entitled to a reasonable time to make inquiry.

(4) Where notice of abandonment is properly given, the rights of the assured are not prejudiced by the fact that the insurer refuses to accept the abandonment.

(5) The acceptance of an abandonment may be either express or implied from the conduct of the insurer. The mere silence of the insurer after notice is not an acceptance.

(1) 본 조의 규정에 따라, 피보험자가 피보험 목적물을 보험자에게 위부할 것을 선택하는 경우, 위부의 통지를 하여야 한다. 만약 피보험자가 위부의 통지를 하지 못하면, 그 손해는 분손으로만 처리될 수 있다.

(2) 위부의 통지는 서면이나 구두로 할 수 있고, 또는 일부는 서면으로 일부는 구두로 할 수 있으며, 피보험 목적물에 대한 피보험자의 보험이익을 보험자에게 무조건 위부한다는 피보험자의 의사를 나타내는 것이면 어떠한 용어로도 할 수 있다.

(3) 위부의 통지는 반드시 손해에 관한 신뢰할 수 있는 정보를 수취한 후에 상당한 주의로서 이를 통지하여야 한다. 그러나 그 정보가 의심스러운 성질을 가지고 있는 경우에는, 조사할 수 있는 상당한 기간이 피보험자에게 주어진다.

(4) 위부의 통지가 정당하게 행하여지는 경우에, 피보험자의 권리는 보험자가 위부의 승낙을 거부한다는 사실에 의해 침해되지 않는다.

(5) 위부의 승낙은 보험자의 행위에 의해 명시적 또는 묵시적으로 할 수 있다. 위부의 통지 후 보험자의 단순한 침묵은 승낙이 아니다.

(6) Where notice of abandonment is accepted the abandonment is irrevocable. The acceptance of the notice conclusively admits liability for the loss and the sufficiency of the notice.

(7) Notice of abandonment is unnecessary where at the time when the assured receives information of the loss there would be no possibility of benefit to the insurer if notice were given to him.

(8) Notice of abandonment may be waived by the insurer.

(9) Where an insurer has re-insured his risk, no notice of abandonment need be given by him.

(6) 위부의 통지가 승낙되는 경우에는, 위부는 취소할 수 없다. 통지의 승낙은 손해에 대한 책임과 충분한 요건을 갖춘 통지임을 결정적으로 인정하는 것이다.

(7) 피보험자가 손해의 정보를 받은 시기에는 위부의 통지를 보험자에게 행하였다고 할지라도 보험자에게 이득의 가능성이 없었을 경우, 위부의 통지가 불필요하다.

(8) 위부의 통지는 보험자가 그 권리를 포기할 수 있다.

(9) 보험자가 자기의 위험을 재보험한 경우에는, 보험자는 위부의 통지를 할 필요가 없다.

기출문제

영국해상보험법(MIA, 1906) 제62조의 내용으로 옳지 않은 것을 모두 고른 것은? 24년 기출

ㄱ. Where notice of abandonment is properly given, the rights of the assured are not prejudiced by the fact that the insurer refuses to accept the abandonment.

ㄴ. Notice of abandonment must be given with reasonable diligence after the receipt of reliable information of the loss, but where the information is of a doubtful character the insurer is entitled to a reasonable time to make inquiry.

ㄷ. Notice of abandonment is also necessary where, at the time when the assured receives information of the loss, there would be no possibility of benefit to the insurer if notice were given to him.

ㄹ. The acceptance of an abandonment may be either express or implied from the conduct of the insurer. The mere silence of the insurer after notice is deemed to be acceptance.

① ㄱ, ㄷ

② ㄱ, ㄹ

③ ㄴ, ㄹ

④ ㄱ, ㄴ, ㄷ

⑤ ㄴ, ㄷ, ㄹ

해설

ㄴ. Notice of abandonment must be given with reasonable diligence after the receipt of reliable information of the loss, but where the information is of a doubtful character <u>the assured</u> is entitled to a reasonable time to make inquiry(제62조 제3항).

ㄷ. Notice of abandonment is <u>unnecessary</u> where, at the time when the assured receives information of the loss, there would be no possibility of benefit to the insurer if notice were given to him(제62조 제7항).

ㄹ. The acceptance of an abandonment may be either express or implied from the conduct of the insurer. The mere silence of the insurer after notice <u>is not</u> an acceptance(제62조 제5항).

정답 ⑤

63. Effect of abandonment : 위부의 효과

(1) Where there is a valid abandonment, the insurer is entitled to take over the interest of the assured in whatever may remain of the subject—matter insured, and all proprietary rights incidental thereto.

(2) Upon the abandonment of a ship the insurer thereof is entitled to any freight in course of being earned, and which is earned by her subsequent to the casualty causing the loss, less the expenses of earning it incurred after the casualty; and where the ship is carrying the owner's goods, the insurer is entitled to a reasonable remuneration for the carriage of them subsequent to the casualty causing the loss.

(1) 유효한 위부가 있는 경우에는, 보험자는 피보험 목적물에 남아 있을 수 있는 것은 무엇이든 그것에 대한 피보험자의 이익과 그에 부수되는 소유권에 속하는 모든 권리를 양도받을 수 있는 권리가 있다.

(2) 선박의 위부 시에, 그 선박의 보험자는 선박의 취득 중에 있는 운임과 손해를 초래한 재난 이후에 취득되는 운임에서 그 재난 이후에 운임을 취득하기 위해 지출된 비용을 공제한 운임을 취득할 권리가 있다. 그리고 그 선박이 선주의 화물을 운송하고 있는 경우에는, 보험자는 손해를 초래한 재난 이후의 그 화물의 운송에 대해 합리적인 보수를 받을 권리가 있다.

PARTIAL LOSSES (INCLUDING SALVAGE AND GENERAL AVERAGE AND PARTICULAR CHARGES) : 분손[구조료와 공동해손 및 단독(특별)비용 포함]

64. Particular average loss : 단독해손손해

(1) A particular average loss is a partial loss of the subject—matter insured, caused by a peril insured against, and which is not a general average loss.

(2) Expenses incurred by or on behalf of the assured for the safety or preservation of the subject—matter insured, other than general average and salvage charges, are called particular charges. Particular charges are not included in particular average.

(1) 단독해손손해는 피보험위험으로 인하여 발생한 피보험 목적물의 분손이며, 공동해손손해가 아닌 분손이다.

(2) 피보험 목적물의 안전이나 보존을 위해 피보험자에 의하여 또는 피보험자를 대리하여 지출한 비용으로서 공동해손과 구조비용이 아닌 비용은 단독비용이라고 한다. 단독비용은 단독해손에 포함되지 아니한다.

65. Salvage charges : 구조비용 23년 기출

(1) Subject to any express provision in the policy, salvage charges incurred in preventing a loss by perils insured against may be recovered as a loss by those perils.

(2) "Salvage charges" means the charges recoverable under maritime law by a salvor independently of contract. They do not include the expenses, of services in the nature of salvage rendered by the assured or his agents, or any person employed for hire by them, for the purpose of averting a peril insured against. Such expenses, where properly incurred, may be recovered as particular charges or as a general average loss, according to the circumstances under which they we incurred.

(1) 보험증권에 명시적인 규정이 있는 경우를 제외하고, 피보험위험에 의한 손해를 방지하기 위해 지출한 구조비용은 그러한 위험에 의한 손해로서 보상될 수 있다.

(2) "구조비용"은 계약과 상관없이 해상법상 구조자가 보상받을 수 있는 비용을 의미한다. 구조비용에는 피보험위험을 피하기 위하여 피보험자나 그 대리인 또는 보수를 받고 그들에 의해 고용된 자가 행하는 구조의 성격을 띤 서비스의 비용을 포함하지 아니한다. 그와 같은 비용은, 정당하게 지출된 경우에, 지출되는 상황에 따라서 단독비용 또는 공동해손손해로서 보상될 수 있다.

66. General average loss : 공동해손손해

(1) A general average loss is a loss caused by or directly consequential on a general average act. It includes a general average expenditure as well as a general average sacrifice.

(2) There is a general average act where any extraordinary sacrifice or expenditure is voluntarily and reasonably made or incurred in time of peril for the purpose of preserving the property imperilled in the common adventure.

(3) Where there is a general average loss, the party on whom it falls is entitled, subject to the conditions imposed by maritime law, to a rateable contribution from the other parties interested, and such contribution is called a general average contribution.

(1) 공동해손손해는 공동해손행위로 인한 손해 또는 공동해손행위의 직접적인 결과로서 발생하는 손해이다. 공동해손손해는 공동해손비용과 공동해손희생을 포함한다.

(2) 공동의 해상사업에 있어서 위험에 직면한 재산을 보존할 목적으로 위험의 작용 시에 어떠한 이례적인 희생 또는 비용이 임의로 그리고 합리적으로 초래되거나 지출되는 경우에, 공동해손행위가 있다.

(3) 공동해손손해가 있는 경우, 그 손해를 입은 당사자는 해상법에 의해 부과되는 조건에 따라, 다른 이해관계자들에 대하여 비례적인 분담금을 청구할 수 있는 권리가 있으며, 그러한 부담금을 공동해손분담금이라고 한다.

(4) Subject to any express provision in the policy, where the assured has incurred a general average expenditure, he may recover from the insurer in respect of the proportion of the loss which falls upon him; and in the case of a general average sacrifice he may recover from the insurer in respect of the whole loss without having enforced his right of contribution from the other parties liable to contribute.

(5) Subject to any express provision in the policy, where the assured has paid, or is liable to pay, a general average contribution in respect of the subject insured, he may recover therefor from the insurer.

(6) In the absence of express stipulation, the insurer is not liable for any general average loss or contribution where the loss was not incurred for the purpose of avoiding, or in connection with the avoidance of, a peril insured against.

(7) Where ship, freight, and cargo, or any two of those interests, are owned by the same assured, the liability of the insurer in respect of general average losses or contributions is to be determined as if those subjects were owned by different persons.

(4) 보험증권에 어떠한 명시적인 규정이 있는 경우를 제외하고, 피보험자가 공동해손비용을 지출한 경우에, 피보험자는 그에게 귀속되는 그 손해의 부담부분을 보험자로부터 보상받을 수 있다. 그리고 공동해손희생의 경우, 피보험자는 분담의무가 있는 다른 당사자들에 대하여 그의 분담청구권을 행사하지 않고, 손해의 전액을 보험자로부터 보상받을 수 있다.

(5) 보험증권에 어떠한 명시적인 규정이 있는 경우를 제외하고, 피보험자가 피보험 목적물에 관하여 공동해손 분담금을 지불하였거나 지불할 책임이 있는 경우에, 피보험자는 그러한 분담금을 보험자로부터 보상받을 수 있다.

(6) 명시적인 약정이 없는 한, 피보험위험을 피할 목적으로 또는 피보험위험을 피하는 것과 관련하여 손해가 발생하지 않은 경우에는, 보험자는 어떠한 공동해손손해 또는 공동해손분담금에 대해 보상책임이 없다.

(7) 선박과 운임 및 적하 또는 이들 이익 중 어떠한 두 가지가 동일한 피보험자에 의해 소유되는 경우에, 공동해손손해나 공동해손분담금에 관한 보험자의 책임은 그러한 이익들이 다른 사람에 의해 소유되고 있는 경우에 준하여 결정되어야 한다.

MEASURE OF INDEMNITY : 손해보상의 한도

67. Extent of liability of insurer for loss : 손해에 대한 보험자의 책임의 범위

(1) The sum which the assured can recover in respect of a loss on a policy by which he is insured, in the case of an unvalued policy, to the full extent of the insurable value, or, in the case of valued policy, to the full extent of the value fixed by the policy, is called the measure of indemnity.

(1) 피보험자가 보험가입되어 있는 보험증권상의 손해에 대하여, 미평가보험증권의 경우에는 보험가액의 전액까지, 또는 기평가보험증권의 경우에는 보험증권에 확정되어 있는 가액의 전액까지, 피보험자가 보상받을 수 있는 금액을 손해보상의 한도라고 한다.

(2) Where there is a loss recoverable under the policy, the insurer, or each insurer if there be more than one, is liable for such proportion of the measure of indemnity as the amount of his subscription bears to the value fixed by the policy, in the case of a valued policy, or to the insurable value, in the case of an unvalued policy.

(2) 보험증권에 의해 보상받을 수 있는 손해가 있는 경우에, 보험자 또는 둘 이상의 보험자가 있는 경우 각각의 보험자는 손해보상한도 중에서, 기평가보험증권의 경우 보험증권에 확정되어 있는 가액에 대한, 또는 미평가보험증권의 경우 보험가액에 대한, 그의 인수금액의 비율에 해당되는 부분을 보상할 책임이 있다.

68. Total loss : 전손

Subject to the provisions of this Act, and to any express provision in the policy, where there is a total loss of the subject—matter insured,
(1) if the policy be a valued policy, the measure of indemnity is the sum fixed by the policy.
(2) if the policy be an unvalued policy, the measure of indemnity is the insurable value of the subject—matter insured.

본 법의 규정이 있는 경우와 보험증권에 어떠한 명시적 규정이 있는 경우를 제외하고, 피보험 목적물의 전손이 있는 경우에는,
(1) 만약 보험증권이 기평가보험증권이면, 손해보상의 한도는 보험증권에 확정되어 있는 금액이다.
(2) 만약 보험증권이 미평가보험증권이면, 손해보상의 한도는 피보험 목적물의 보험가액이다.

69. Partial loss of ship : 선박의 분손

Where a ship is damaged, but is not totally lost, the measure of indemnity, subject to any express provision in the policy, is as follows :
(1) Where the ship has been repaired, the assured is entitled to the reasonable cost of the repairs, less the customary deductions, but not exceeding the sum insured in respect of any one casualty;
(2) Where the ship has been only patially repaired, the assured is entitled to the reasonable cost of such repairs, computed as above, and also to be indemnified for the reasonable depreciation, if any, arising from the unrepaired damage, provided that the aggregate amount shall not exceed the cost of repairing the whole damage, computed as above;

선박이 손상되지만 전손이 아닌 경우, 손해보상의 한도는 보험증권에 어떠한 명시적인 규정이 있는 경우를 제외하고 다음과 같다.
(1) 선박이 수리된 경우에, 피보험자는 관습상의 공제액을 차감한 합리적인 수리비를 보상받을 수 있는 권리가 있다. 그러나 매 1회의 사고에 대하여 보험금액을 초과하지 아니한다.
(2) 선박이 오직 일부분만이 수리된 경우에, 피보험자는 상기와 같이 계산된 일부분의 수리에 대한 합리적인 수리비를 보상받을 수 있는 권리가 있으며, 미수리된 손상으로부터 발생하는 합리적인 감가액에 대해, 어떠한 감가액이 있는 경우, 손해보상을 받을 수 있는 권리가 있다. 단, 그 총액은 상기와 같이 계산된 전체 손상의 수리비를 초과하지 아니한다.

(3) Where the ship has not been repaired, and has not been sold in her damaged state during the risk, the assured is entitled to be indemnified for the reasonable depreciation arising from the unrepaired damage, but not exceeding the reasonable cost of repairing such damage, computed as above.

(3) 선박이 수리되지 않고 위험기간 중에 손상상태로 매각되지 않은 경우에, 피보험자는 미수리 손상으로부터 발생하는 합리적인 감가액에 대해 손해보상을 받을 수 있는 권리가 있다. 그러나 상기와 같이 계산된 그러한 손상의 합리적인 수리비를 초과하지 아니한다.

70. Partial loss of freight : 운임의 분손 21년 기출

Subject to any express provision in the policy, where there is a partial loss of freight, the measure of indemnity is such proportion of the sum fixed by the policy, in the case of a valued policy, or of the insurable value, in the case of an unvalued policy, as the proportion of freight lost by the assured bears to the whole freight at the risk of the assured under the policy.

보험증권에 어떠한 명시적인 규정이 있는 경우를 제외하고, 운임의 분손이 있는 경우에, 손해보상의 한도는, 보험증권상 피보험자의 위험에 속하는 전체의 운임에 대한 피보험자가 상실한 운임의 비율을, 기평가보험증권의 경우에는 보험증권에 확정되어 있는 금액에 곱한 금액이며, 미평가보험증권의 경우에는 보험가액에 곱한 금액이다.

71. Partial loss of goods, merchandise, etc : 화물, 상품 등의 분손 23, 17년 기출

Where there is a partial loss of goods, merchandise, or other moveables, the measure of indemnity, subject to any express provision in the policy, is as follows :
(1) Where part of the goods, merchandise, or other moveables insured by a valued policy is totally lost, the measure of indemnity is such proportion of the sum fixed by the policy as the insurable value of the part lost bears to the insurable value of the whole, ascertained as in the case of an unvalued policy;
(2) Where part of the goods, merchandise, or other moveables insured by an unvalued policy is totally lost, the measure of indemnity is the insurable value of the part lost, ascertained as in case of total loss;

화물이나 상품 또는 기타 동산의 분손이 있는 경우에, 손해보상의 한도는 보험증권에 어떠한 명시적인 규정이 있는 경우를 제외하고 다음과 같다.

(1) 기평가보험증권에 의해 보험 가입된 화물, 상품 또는 기타 동산의 일부가 전손되는 경우에, 손해보상의 한도는 미평가보험증권의 경우에서와 같이 확정된 전체의 보험가액에 대한 멸실된 일부의 보험가액의 비율을 보험증권에 확정되어 있는 금액에 곱한 금액이다.

(2) 미평가보험증권에 의해 보험 가입된 화물, 상품 또는 기타 동산의 일부가 전손되는 경우에, 손해보상의 한도는 전손의 경우에서와 같이 확정된 멸실된 일부의 보험가액이다.

(3) Where the whole or any part of the goods or merchandise insured has been delivered damaged at its destination, the measure of indemnity is such proportion of the sum fixed by the policy, in the case of a valued policy, or of the insurable value in the case of an unvalued policy, as the difference between the gross sound and damaged valued at the place of arrival bears to the gross sound value;

(4) "Gross value" means the wholesale price, or, if there be no such price, the estimated value, with, in either case, freight, landing charges, and duty paid beforehand; provided that in the case of goods or merchandise customarily sold in bond, the bonded price is deemed to be the gross value. "Gross proceeds" means the actual price obtained at a sale where all charges on sale are paid by the sellers.

(3) 보험 가입된 화물이나 상품의 전부 또는 어느 일부가 손상되어 목적지에서 인도되는 경우에, 손해보상의 한도는 총 정상가액에 대한 도착장소에서의 총 정상가액과 총 손상가액과의 차액의 비율을, 기평가보험증권의 경우 보험증권에 확정하고 있는 금액에 곱한 금액이며, 미평가보험증권의 경우 보험가액에 곱한 금액이다.

(4) "총 가액"이란 도매가격을 의미하고, 그러한 가격이 없는 경우에는 견적가액을 의미하여, 어느 경우에서든 운임과 양륙 비용 및 기지불한 세금을 포함한다.
단, 관습상 보험화물로 매각되는 화물이나 상품의 경우에는 보험가격이 총 가액으로 간주된다. "총 수익금"이란 매도인이 모든 매각비용을 지불한 경우의 매각의 매각으로 취득한 실제 가격을 의미한다.

72. Apportionment of valuation : 평가액의 할당

(1) Where different species of property are insured under a single valuation, the valuation must be apportioned over the different species in proportion to their respective insurable values, as in the case of an unvalued policy. The insured value of any part of a species is such proportion of the total insured value of the same as the insurable value of the part bears to the insurable value of the whole ascertained in both cases as provided by this Act.

(2) Where a valuation has to be apportioned, and particulars of prime cost of each separate species, quality, or description of goods cannot be ascertained, the division of the valuation may be made over the net arrived sound values of the different species, qualities, or descriptions of goods.

(1) 서로 다른 종류의 재산이 단일 평가액에 의해 보험가입되는 경우, 미평가보험증권의 경우에서와 같이 각각의 보험가액의 비율에 따라 상이한 종류의 재산에 대해 그 평가액이 할당되어야 한다. 일부분인 한 종류의 협정보험가액은, 본 법에서 규정한 바에 따라 모두 확정된 전체의 재산의 보험가액에 대한 그 일부분의 보험가액의 비율을, 전체 재산의 총 협정보험가액에 곱한 금액이다.

(2) 평가액을 할당하여야 하고, 각각 별개의 화물의 종류나 품질 또는 품목의 원가의 명세가 확정될 수 없는 경우에, 화물의 상이한 종류나 품질 또는 품목의 정미도 착정상가액에 대하여 평가액을 분할할 수 있다.

73. General average contributions and salvage charges : 공동해손 분담금과 구조비용

(1) Subject to any express provision in the policy, where the assured has paid, or is liable for, any general average contribution, the measure of indemnity is the full amount of such contribution if the subject—matter liable to contribution is insured for its full contributory value; but if such subject—matter be not insured for its full contributory value, or if only part of it be insured, the indemnity payable by the insurer must be reduced in proportion to the under—insurance, and where there has been a particular average loss which constitutes a deduction from the contributory value, and for which the insurer is liable, that amount must be deducted from the insured value in order to ascertain what the insurer is liable to contribute.

(2) Where the insurer is liable for salvage charges the extent of his liability must be determined on the like principle.

(1) 보험증권에 어떤 명시적인 규정이 있는 경우를 제외하고, 피보험자가 어떠한 공동해손분담금을 지급하였거나 지급책임이 있는 경우에, 만약 분담책임이 있는 피보험 목적물이 분담가액의 전액에 대해 보험가입되어 있으면, 손해보상의 한도는 그러한 분담금의 전액이다. 그러나 만약 피보험 목적물이 분담가액의 전액에 대해 보험에 가입되지 않은 경우나 그 일부만이 보험에 가입되어 있는 경우, 보험자가 지급할 손해보상은 일부보험의 비율에 따라 감액되어야 한다. 그리고 보험자에게 보상책임이 있는 손해로서 분담가액에서 공제되는 단독해손손해가 있는 경우에, 보험자가 분담책임이 있는 금액을 확정하기 위해서는 그 단독해손손해의 금액이 협정보험가액에서 공제되어야 한다.

(2) 보험자가 구조비용에 대해 책임이 있는 경우에, 보험자의 책임의 범위는 전항과 동일한 원칙에 의해 결정되어야 한다.

74. Liability to third party : 제3자에 대한 배상책임

Where the assured has effected an insurance in express terms against any liability to a third party, the measure of indemnity, subject to any express provision in the policy, is the amount paid or payable by him to such third in respect of such liability.

피보험자가 제3자에 대한 어떠한 배상책임을 상대로 명시적인 조건으로 보험계약을 체결한 경우에, 손해보상의 한도는, 보험증권에 어떠한 명시적인 규정이 있는 경우를 제외하고, 그와 같은 배상책임에 관하여 피보험자가 그러한 제3자에게 지불하였거나 지불해야 할 금액이다.

75. General provisions as to measure of indemnity : 손해보상의 한도에 관한 일반적 규정

(1) Where there has been a loss in respect of any subject—matter not expressly provided for in the foregoing provisions of this Act, the measure of indemnity shall be ascertained, as nearly as may be, in accordance with those provisions, in so far as applicable to the particular case.

(1) 본 법의 앞의 제 규정에서 명시적으로 규정되지 않은 피보험 목적물에 관한 손해가 있는 경우에, 손해보상의 한도는 특별한 경우에 적용할 수 있는 한, 그러한 규정들에 따라 가능한 한 비슷하게 확정되어야 한다.

(2) Nothing in the provisions of this Act relating to the measure of indemnity shall affect the rules relating to double insurance, or prohibit the insurer from disproving interest wholly or in part, or from showing that at the time of the loss the whole or any part of the subject-matter insured was not at risk under the policy.

(2) 손해보상의 한도에 관한 본 법의 제 규정상의 어떤 것도 중복보험에 관한 제 규칙에 영향을 미치지 아니하고, 그 규정의 어떤 것도 보험자가 피보험이익의 전부 또는 일부를 부인하는 것을 금지하는 것도 아니며, 손해발생 시에 피보험 목적물의 전부 또는 일부가 보험증권 하의 위험에 처해 있지 않았다는 것을 보험자가 입증하는 것도 아니다.

76. Particular average warranties : 단독해손담보

(1) Where the subject-matter insured is warranted free from particular average, the assured cannot recover for a loss of part, other than a loss incurred by a general average sacrifice, unless the contract contained in the policy be apportionable; but, if the contract be apportionable, the assured may recover for a total loss of any apportionable part.

(2) Where the subject-matter insured is warranted free from particular average, either wholly or under a certain percentage, the insurer is nevertheless liable for salvage charges, and for particular charges and other expenses properly incurred pursuant to the provisions of the suing and labouring clause in order to avert a loss insured against.

(3) Unless the policy otherwise provides, where the subject-matter insured is warranted free from particular average under a specified percentage, a general average loss cannot be added to a particular average loss to make up the specified percentage.

(4) For the purpose of ascertaining whether the specified percentage has been reached, regard shall be had only to the actual loss suffered by the subject-matter insured. Particular charges and the expenses of and incidental to ascertaining and proving the loss must be excluded.

(1) 피보험 목적물이 단독해손의 면책을 담보로 하는 경우에는, 피보험자는 공동해손희생에 의해 발생한 손해가 아닌 일부의 손해에 대해 보상받을 수 없다. 단, 보험증권에 포함된 계약이 가분될 수 있는 경우에는 그러하지 아니하다. 그러나 계약이 가분될 수 있는 경우에는, 피보험자는 일체의 가분되는 일부의 전손에 대해 보상받을 수 있다.

(2) 피보험 목적물이 전부 또는 일정 비율 미만의 단독해손의 면책을 담보로 하는 경우에는, 보험자는 그럼에도 불구하고 구조비용 및 피보험손해를 피하기 위하여 손해방지 약관의 규정에 따라 정당하게 지출한 단독비용과 기타 비용에 대해 보상책임이 있다.

(3) 보험증권에 별도로 규정하지 않는 한, 피보험 목적이 일정 비율 미만의 단독해손의 면책을 담보로 하는 경우에는, 그 일정 비율을 충족시키기 위해서 공동해손손해가 단독해손손해에 가산할 수 없다.

(4) 일정 비율이 충족되었는지의 여부를 확정하기 위해서는, 오직 피보험 목적물이 입은 실제 손해만을 고려하여야 한다. 단독비용과 손해를 확정하고 입증하는 비용 및 그에 부수하는 비용은 제외하여야 한다.

77. Successive losses : 연속손해

(1) Unless the policy otherwise provides, and subject to the provisions of this Act, the insurer is liable for successive losses, even though the total amount of such losses may exceed the sum insured.

(2) Where under the same policy, a partial loss, which has not been repaired or otherwise made good, is followed by a total loss, the assured can only recover in respect of the total loss : Provided that nothing in this section shall affect the liability of the insurer under the suing and labouring clause.

(1) 보험증권에 별도로 규정하지 않는 한, 그리고 본 법에 규정이 있는 경우를 제외하고, 비록 연속손해의 합계금액이 보험금액을 초과하는 경우에도, 보험자는 그러한 연속손해에 대하여 보상책임이 있다.

(2) 동일한 보험증권에서 분손이 발생하고, 이것이 수리되지 않거나 기타의 방법으로 원상복구되지 않은 상태에서 전손이 발생하는 경우에, 피보험자는 오로지 전손에 대해서만 보상받을 수 있다. 단, 본 조의 규정은 손해방지약관에 의한 보험자의 책임에는 영향을 미치지 아니한다.

78. Suing and labouring clause : 손해방지약관 22, 14년 기출

(1) Where the policy contains a suing and labouring clause, the engagement thereby entered into is deemed to be supplementary to the contract of insurance, and the assured may recover from the insurer any expenses properly incurred pursuant to the clause, notwithstanding that the insurer may have paid for a total loss, or that the subject-matter may have been warranted free from particular average, either wholly or under a certain percentage.

(2) General average losses and contributions and salvage charges, as defined by this Act, are not recoverable under the suing and labouring clause.

(3) Expenses incurred for the purpose of averting or diminishing any loss not covered by the policy are not recoverable under the suing and labouring clause.

(4) It is the duty of the assured and his agents, in all cases, to take such measures as may be reasonable for the purpose of averting or minimising a loss.

(1) 보험증권에 손해방지약관을 포함하고 있는 경우에, 그 약관에 의해 체결된 약정은 보험계약을 보충하는 것으로 간주된다. 따라서 보험자가 전손에 대한 보험금을 지급하였거나, 피보험 목적물이 단독해손의 전부 또는 일정비율 미만의 면책을 담보하고 있는 경우에도 불구하고, 피보험자는 그 약관에 따라 정당하게 지출한 일체의 비용을 보험자로부터 보상받을 수 있다.

(2) 본 법에서 규정하고 있는 공동해손손해와 분담금 및 구조비용은 손해방지약관에 의해 보상될 수 없다.

(3) 보험증권이 담보하지 않는 어떠한 손해를 피하거나 경감할 목적으로 지출한 비용은 손해방지약관에 의해 보상될 수 없다.

(4) 손해를 피하거나 최소화하기 위해 합리적인 조치를 취하는 것은 어떠한 경우에도 피보험자와 그의 대리인의 의무이다.

RIGHTS OF INSURER ON PAYMENT : 보험금 지급에 관한 보험자의 권리

79. Rights of subrogation : 대위권

(1) Where the insurer pays for a total loss, either of the whole, or in the case of goods of any apportionable part, of the subject—matter insured, he thereupon becomes entitled to take over the interest of the assured in whatever may remain of the subject—matter so paid for, and he is thereby subrogated to all the rights and remedies of the assured in and in respect of that subject—matter as from the time of the casualty causing the loss.

(2) Subject to the foregoing provisions, where the insurer pays for a partial loss, he acquires no title to the subject—matter insured, or such part of it as may remain, but he is thereupon subrogated to all rights and remedies of the assured in and in respect of the subject—matter insured as from the time of the casualty causing the loss, in so far as the assured has been indemnified, according to this Act, by such payment for the loss.

(1) 보험자가 피보험 목적물의 전부의 전손 또는 화물의 경우에 가분할 수 있는 일부분의 전손에 대해 보험금을 지급한 경우에, 보험자는 전손보험금이 지급된 피보험 목적물의 잔존물에 대한 피보험자의 이익을 승계할 수 있는 권리를 갖게 된다. 그리고 전손보험금의 지급에 의해 보험자는 손해를 야기한 재난의 발생 당시부터 피보험 목적물에 대한, 그리고 피보험 목적물과 관련한 피보험자의 모든 권리와 구제 수단을 대위한다.

(2) 전 항의 규정을 제외하고, 보험자가 분손에 대해 보험금을 지급한 경우에는, 피보험 목적물에 대한 어떠한 소유권이나 피보험 목적물의 잔존부분에 대한 어떠한 소유권도 취득하지 못한다. 그러나 분손보험금을 지급한 결과로서 보험자는, 피보험자가 손해에 대한 분손보험금의 지급에 의해 본 법에 따라 손해보상을 받은 한도 내에서, 손해를 야기한 재난의 발생 시부터 피보험 목적물에 대한, 그리고 피보험 목적물과 관련한 피보험자의 모든 권리와 구제 수단을 대위한다.

80. Right of contribution : 분담의 권리

(1) Where the assured is over—insured by double insurance, each insurer is bound, as between himself and the other insurers, to contribute rateably to the loss in proportion to the amount for which he is liable under his contract.

(2) If any insurer pays more than his proportion of the loss, he is entitled to maintain an action for contribution against the other insurers, and is entitled to the like remedies as a surety who has paid more than his proportion of the debt.

(1) 피보험자가 중복보험에 의해 초과보험이 되는 경우에, 각각의 보험자는 자기 자신과 다른 보험자들 사이에서는 자기의 계약에 의해 책임이 있는 금액의 비율에 따라 비례적으로 손해를 분담할 의무가 있다.

(2) 어떠한 보험자가 손해에 대한 자기의 분담부분을 초과하여 지급하는 경우 그 보험자는 다른 보험자를 상대로 분담금에 대한 소송을 제기할 수 있는 권리가 있으며, 부채에 대한 자기의 분담부분을 초과하여 지불한 보증인과 동일한 권리가 있다.

81. Effect of under-insurance : 일부보험의 효과

Where the assured is insured for an amount less than the insurable value, or, in the case of a valued policy, for an amount less than the policy valuation, he is deemed to be his own insurer in respect of the uninsured balance.

피보험자가 보험가액보다 적은 금액에 대해서, 또는 기평가보험증권상 보험평가액보다 적은 금액에 대해서 보험에 가입되었을 경우에는, 피보험자는 보험에 가입되지 않은 차액에 대해서는 자기보험자로 간주된다.

RETURN OF PREMIUM : 보험금 환급

82. Enforcement of return : 환급의 시행

Where the premium, or a proportionate part thereof, is, by this Act, declared to be returnable,
(a) if already paid, it may be recovered by the assured from the insurer; and
(b) if unpaid, it may be retained by the assured or his agent.

보험료 또는 그 비례부분이 이 법에 의하여 환급되어야 한다고 규정되어 있는 경우에는,
(a) 보험료가 이미 지급되었을 때에는 피보험자는 보험자로부터 이를 회수할 수 있으며, 그리고
(b) 보험료가 미지급일 때에는 피보험자 및 그 대리인은 이를 유보할 수 있다.

83. Return by agreement : 합의에 의한 환급

Where the policy contains a stipulation for the return of the premium, or a proportionate part thereof, on the happening of a certain event, and that event happens, the premium, or, as the case may be, the proportionate part thereof, is thereupon returnable to the assured.

보험증권에 일정한 사유가 발생할 때에 보험료 또는 그 비례부분을 환급한다는 취지의 약관이 삽입되어 있는 경우에는, 그 사유가 발생하였을 때에는 보험료 또는 그 비례부분은 피보험자에 환급되어야 한다.

84. Return for failure of consideration : 약인의 결여에 의한 환급 22년 기출

(1) Where the consideration for the payment of the premium totally fails, and there has been no fraud or illegality on the part of the assured or his agents, the premium is thereupon returnable to the assured.
(2) Where the consideration for the payment of the premium is apportionable and there is a total failure of any apportionable part of the consideration, a proportionate part of the premium is, under the like conditions, thereupon returnable to the assured.

(1) 보험의 지급에 대한 약인이 전부 소멸된 경우에 피보험자 및 그 대리인 측에 사기 또는 위법이 없었을 때에는, 보험료는 피보험자에게 환급하여야 한다.

(2) 보험의 지급에 대한 약인이 분할 가능한 경우에 약인의 분할 가능한 부분이 전부 소멸된 때에는, 보험료의 비례부분은 전항과 동일한 조건으로 피보험자에게 환급되어야 한다.

(3) In particular,

  (a) Where the policy is void, or is avoided by the insurer as from the commencement of the risk-premium is returnable, provided that there has been no fraud or illegality on the part of the assured; but if the risk is not apportionable, and has once attached, the premium is not returnable;

  (b) Where the subject-matter insured or part thereof, has never been imperilled, the premium, or, as the case may be, a proportionate part thereof, is returnable : Provided that where the subject-matter has been insured "lost or not lost," and has arrived in safety at the time when the contract is concluded, the premium is not returnable unless, at such time, the insurer knew of the safe arrival;

  (c) Where the assured has no insurable interest throughout the currency of the risk the premium is returnable, provided that this rule does not apply to a policy effected by way of gaming or wagering;

  (d) Where the assured has a defeasible interest which is terminated during the currency of the risk, the premium is not returnable;

  (e) Where the assured has over-insured under an unvalued policy, a proportionate part of the premium is returnable;

  (f) Subject to the foregoing provisions, where the assured has over-insured by double insurance, a proportionate part of the several premiums is returnable : Provided that, if the policies are effected at different times, and any earlier policy has at any time borne the entire risk, or if a claim has been paid on the policy in respect of the full sum insured thereby, no premium is returnable in respect of that policy, and when the double insurance is effected knowingly by the assured no premium is returnable.

(3) 특히,

  (a) 보험계약이 무효 또는 보험자에 의하여 보험개시의 때부터 취소되는 경우에는, 피보험자 측의 사기 또는 위법이 없었을 때에 한하여 보험료는 환급되어야 한다. 그러나 위험이 분할 불가능하고 그 위험이 일단 개시된 경우에는, 보험료는 환급되지 아니한다.

  (b) 피보험 목적물 또는 그 일부가 위험에 직면하지 아니한 경우에는, 보험료 또는 그 비례부분은 환급되어야 한다. 다만, 피보험 목적물이 "멸실여부를 불문함"이란 조건으로 보험에 가입된 경우에 피보험 목적물이 계약성립 시에 안전하게 도착한 때에는, 계약성립 시에 보험자가 그 안전한 도착을 알고 있었을 경우를 제외하고 보험료는 환급되지 아니한다.

  (c) 피보험자가 보험기간을 통하여 피보험이익을 갖지 아니한 경우에는, 보험료는 환급되어야 한다. 다만, 이 규정은 사행 또는 도박의 방법으로 체결한 보험계약에는 적용되지 아니한다.

  (d) 피보험자가 소멸 가능한 이익을 가진 경우에 그 이익이 보험기간 중에 소멸한 경우, 보험료는 환급되지 아니한다.

  (e) 피보험자가 미평가보험증권에 의하여 초과보험되었을 경우에는, 보험료의 비례부분은 환급되어야 한다.

  (f) 전항에 별도로 규정이 있는 경우를 제외하고, 피보험자가 중복보험에 의하여 초과보험되었을 경우, 각 보험료의 비례부분은 환급되어야 한다. 다만, 둘 이상의 보험계약이 상이한 시기에 체결된 경우, 먼저 체결한 보험계약이 임의의 시기에 전체의 위험을 담보하였거나 또는 그 보험계약에 의하여 가입된 보험금액의 전액에 대한 보험금이 지급되었을 때에는, 그 보험계약에 관한 보험료는 환급되지 아니한다. 그리고 피보험자가 중복보험인 것을 알면서 계약을 체결한 경우에는 보험료는 환급되지 아니한다.

MUTUAL INSURANCE : 상호보험

85. Modification of Act in case of mutual insurance : 상호보험의 경우 본 법의 수정

(1) Where two or more persons mutually agree to insure each other against marine losses there is said to be a mutual insurance.

(2) The provisons of this Act relating to the premium do not apply to mutual insurance, but a guarantee, or such other arrangement as may be agreed upon, may be substituted for the premium.

(3) The provisions of this Act in so far as they may be modified by the agreement of the 2 parties, may in the case of mutual insurance be modified by the terms of the policies issued by the association, or by the rules and regulations of the association.

(4) Subject to the exceptions mentioned in this section, the provisions of this Act apply to a mutual insurance.

(1) 2인 이상이 해상손해에 대하여 상호 간에 보험하기로 합의한 경우에 이를 상호보험이라고 한다.

(2) 본 법의 보험료에 관한 규정은 상호보험에는 적용되지 아니한다. 그러나 보증이나 또는 합의될 기타의 약정으로써 보험료에 대체할 수 있다.

(3) 본 법의 규정 중, 당사자의 합의에 의하여 수정될 수 있는 것에 한하여, 상호보험의 경우에는 조합이 발행한 보험증권의 조건이나 또는 조합의 규칙 및 규정에 의하여 이를 수정할 수 있다.

(4) 본 조에서 정한 예외규정을 제외하고, 본 법의 제 규정은 상호보험에 적용한다.

SUPPLEMENTAL : 보칙

86. Ratification by assured : 피보험자에 의한 추인

Where a contract of marine insurance is in good faith effected by one person on behalf of another, the person on whose behalf it is effected may ratify the contract even after he is aware of a loss.

해상보험계약이 본인이 아닌 대리인에 의하여 선의로 체결된 경우, 그 계약이 체결된 본인은 손해의 발생을 알고 난 후일지라도 그 계약을 추인할 수 있다.

87. Implied obligations varied by agreement or usage : 합의 또는 관습에 의하여 변경된 묵시적 의무

(1) Where any right, duty, or liability would arise under a contract of marine insurance by implication of law, it may be negatived or varied by express agreement, or by usage, if the usage be such as to bind both parties to the contract.

(2) The provisions of this section extend to any right, duty, or liability declared by this Act which may be lawfully modified by agreement.

(1) 해상보험계약상 법의 묵시적인 내용에 의하여 어떠한 권리, 의무 또는 책임이 발생하는 경우, 명시적인 합의나 또는 관습이 보험계약의 양 당사자를 구속하는 경우의 그 관습에 의하여 이를 부정하거나 또는 변경할 수 있다.

(2) 본 조의 규정은 합의에 의하여 합법적으로 수정될 수 있는 본 법이 정하는 일체의 권리, 의무 또는 책임에도 적용된다.

88. Reasonable time, etc. a question of fact : 상당한 기간 등 사실의 문제

Where by this Act any reference is made to reasonable time, reasonable premium, or reasonable diligence, the question what is reasonable is a question of fact.

본 법에서 상당한 시간, 상당한 보험료 또는 상당한 주의라는 용어를 사용하고 있는 경우에는, 무엇이 상당한 것인가의 문제는 사실의 문제이다.

89. Slip as evidence : 증거로서의 보험인수각서

Where there is a duly stamped policy, reference may be made, as heretofore, to the slip or covering note in any legal proceeding.

적절한 인지를 첨부한 보험증권이 있는 경우, 일체의 소송절차에서 보험인수각서 또는 보험인수증을 종래와 같이 증거로 인용할 수 있다.

90. Interpretation of terms : 용어의 해석

In this Act, unless the context or subject-matter otherwise requires, "Action" includes counter-claim and set-off.
"Freight" includes the profit derivable by a shipowner from the employment of his ship to carry his own goods or moveables, as well as freight payable by a third party, but does not include passage money.
"Moveables" means any moveable tangible property, other than the ship, and includes money, valuable securities, and other documents.
"Policy" means a marine policy.

본 법에서는 문맥상 또는 취지상 별도의 해석을 요하지 않는 한, "소송"이란 반소 및 상계소를 포함한다.

"운임"이란 제3자가 지급하는 운임은 물론 선주가 자신의 선박을 사용하여 자신의 화물이나 동산을 운송함으로써 수득하는 이윤도 포함하지만 여객운임은 포함하지 아니한다.

"동산"이란 선박 이외의 모든 이동 가능한 유체재산을 의미하며, 화폐, 유가증권 및 기타 증서를 포함한다.

"보험증권"이란 해상보험증권을 의미한다.

91. Savings : 유보

(1) Nothing in this Act, or in any repeal effected thereby, shall affect
   (a) the provisions of the Stamp Act, 1891, or any enactment for the time being in force relating to the revenue;
   (b) the provisions of the Companies Act, 1862, or any enactment amending or substituted for the same;
   (c) the provisions of any statute not expressly repealed by this Act.

(1) 본 법 또는 본 법에 의해 폐지된 법률의 어떤 규정도 다음의 법규에 영향을 미치지 아니한다.
   (a) 1891년 인지세법 또는 세입에 관련한 일체의 현행 법규의 제 규정
   (b) 1862년 회사법 또는 동법을 수정하거나 대체하는 일체의 법규의 제 규정
   (c) 본 법에 의해서 명시적으로 폐지되지 않은 일체의 제정법의 제 규정

(2) The rules of the common law, including the law merchant, save in so far as they are inconsistent with the express provisions of this Act, shall continue to apply to contracts of marine insurance.

(2) 상관습법을 포함하는 보통법의 원칙들은 그것들이 법의 명시적인 규정에 상반되는 경우를 제외하고 해상보험계약에 계속 적용된다.

※ 92~93조항은 폐기되었습니다.

94. Short title : 약칭

This Act may be cited as the Marine Insurance Act, 1906.

본 법은 1906년 해상보험법으로 인용될 수 있다.

5. Institute Cargo Clauses(ICC, 2009) : 협회적하약관
RISKS COVERED : 담보위험

위험약관 - ICC(A)
제1조 24년 기출

This insurance covers all risks of loss of or damage to the subject—matter insured except as excluded by the provisions of Clauses 4, 5, 6 and 7 below.

이 보험은 다음의 제4조, 제5조, 제6조 및 제7조 규정에 의해 면책된 경우를 제외하고, 피보험 목적물의 멸실 또는 손상에 관한 일체의 위험을 담보한다.

위험약관 - ICC(B)
제1조 22, 14, 11년 기출

This insurance covers, except as excluded by the provisions of Clauses 4, 5, 6 and 7 below,
1.1 loss of or damage to the subject—matter insured reasonably attributable to
1.1.1 fire or explosion
1.1.2 vessel or craft being stranded grounded sunk or capsized
1.1.3 overturning or derailment of land conveyance
1.1.4 collision or contact of vessel craft or conveyance with any external object other than water
1.1.5 discharge of cargo at a port of distress
1.1.6 earthquake volcanic eruption or lightning
1.2 loss of or damage to the subject—matter insured caused by

이 보험은 다음의 제4조, 제5조, 제6조 및 제7조 규정에 의해 면책된 경우를 제외하고, 다음의 멸실 또는 손상에 관한 위험을 담보한다.
1.1 다음의 사유에 상당한 인과관계가 있는 피보험 목적물의 멸실 또는 손상
1.1.1 화재 또는 폭발
1.1.2 본선 또는 부선의 좌초, 교사, 침몰 또는 전복
1.1.3 육상운송용구의 전복 또는 탈선
1.1.4 본선, 부선 또는 운송용구와 물 이외의 타물과의 충돌 또는 접촉
1.1.5 조난항에서의 양하
1.1.6 지진, 화산의 분화 또는 낙뢰
1.2 다음의 사유에 기인하여 발생하는 피보험 목적물의 멸실 또는 손상

1.2.1 general average sacrifice

1.2.2 jettison or washing overboard

1.2.3 entry of sea lake or river water into vessel craft hold conveyance container or place of storage

1.3 total loss of any package lost overboard or dropped whilst loading on to, or unloading from, vessel or craft.

1.2.1 공동해손희생

1.2.2 투하 또는 갑판유실

1.2.3 본선, 부선, 선창, 운송용구, 컨테이너 또는 보관장소에 해수, 호수 또는 하천수의 침입

1.3 본선 또는 부선의 선적 또는 하역작업 중에 바다로의 낙하 또는 갑판상에 추락한 포장단위당 전손

위험약관 - ICC(C)

제1조 23, 21, 14, 12, 11년 기출

This insurance covers, except as excluded by the provisions of Clauses 4, 5, 6 and 7 below,

1.1 loss of or damage to the subject—matter insured reasonably attributable to

1.1.1 fire or explosion

1.1.2 vessel or craft being stranded grounded sunk or capsized

1.1.3 overturning or derailment of land conveyance

1.1.4 collision or contact of vessel craft or conveyance with any external object other than water

1.1.5 discharge of cargo at a port of distress

1.2 loss of or damage to the subject—matter insured caused by

1.2.1 general average sacrifice

1.2.2 jettison.

이 보험은 다음의 제4조, 제5조, 제6조 및 제7조 규정에 의해 면책된 경우를 제외하고, 다음의 멸실 또는 손상에 관한 위험을 담보한다.

1.1 다음의 사유에 상당한 인과관계가 있는 피보험 목적물의 멸실 또는 손상

1.1.1 화재 또는 폭발

1.1.2 본선 또는 부선의 좌초, 교사, 침몰 또는 전복

1.1.3 육상운송용구의 전복 또는 탈선

1.1.4 본선, 부선 또는 운송용구와 물 이외의 타물과의 충돌 또는 접촉

1.1.5 조난항에서의 양하

1.2 다음의 사유에 기인하여 발생하는 피보험 목적물의 멸실 또는 손상

1.2.1 공동해손희생

1.2.2 투 하

기출문제

협회적하약관(Institute Cargo Clauses, 2009) ICC(A)의 담보위험으로 옳지 않은 것은? 24년 기출

① vessel or craft being stranded grounded sunk or capsized

② collision or contact of vessel craft or conveyance with any external object other than water

③ entry of sea lake or river water into vessel craft hold conveyance container or place of storage

④ the use of device employing atomic or nuclear fission

⑤ discharge of cargo at a port of distress

해설

④ ICC(A)의 제4.7조에 명시된 면책위험에 해당하므로, 담보위험이 아니다.

정답 ④

공동해손약관
제2조 23년 기출

This insurance covers general average and salvage charges, adjusted or determined according to the contract of carriage and/or the governing law and practice, incurred to avoid or in connection with the avoidance of loss from any cause except those excluded in Clauses 4, 5, 6 and 7 below.

이 보험은 다음의 제4조, 제5조, 제6조 및 제7조의 면책사유를 제외한 일체의 사유에 따른 손해를 피하기 위하여 또는 회피와 관련하여 발생한, 해상운송계약 및/또는 준거법이나 관습에 따라 정산되거나 결정된 공동해손과 구조료를 보상한다.

"쌍방과실충돌"약관
제3조 19, 14, 10년 기출

This insurance indemnifies the Assured, in respect of any risk insured herein, against liability incurred under any Both to Blame Collision Clause in the contract of carriage.
In the event of any claim by carriers under the said Clause, the Assured agree to notify the Insurers who shall have the right, at their own cost and expense, to defend the Assured against such claim.

이 보험은 본 약관에서 담보된 위험과 관련하여, 운송계약의 쌍방과실충돌조항에 따라 발생한 책임에 대하여 피보험자에게 보상한다.

상기의 조항에 따라 운송인으로부터 배상청구를 받은 경우에는, 피보험자는 보험자에게 통지할 것을 동의하고 이에 대하여 보험자는 자신의 비용부담으로 피보험자를 보호할 권리를 갖는다.

면책위험

일반면책약관 - ICC(A)
제4조 20, 11, 10년 기출

In no case shall this insurance cover
4.1 loss damage or expense attributable to wilful misconduct of the Assured
4.2 ordinary leakage, ordinary loss in weight or volume, or ordinary wear and tear of the subject-matter insured
4.3 loss damage or expense caused by insufficiency or unsuitability of packing or preparation of the subject-matter insured to withstand the ordinary incidents of the insured transit where such packing or preparation is carried out by the Assured or their employees or prior to attachment of this insurance (for the purpose of theses Clauses "packing" shall be deemed to include stowage in a container and "employees" shall not include independent contractors)

어떠한 경우에도 이 보험은 다음의 손해를 담보하지 아니한다.
4.1 피보험자의 고의의 불법행위에 기인하는 멸실, 손상 또는 비용
4.2 보험의 목적의 통상의 누손, 통상의 중량손 또는 용적손, 또는 자연소모

4.3 부보된 운송과정 중에 통상적으로 발생할 수 있는 사건을 견디기 위한 피보험 목적물의 포장 또는 준비의 불완전, 부적절에 기인하여 발생한 멸실, 손상 또는 비용. 다만, 그러한 포장이나 준비가 피보험자나 그의 고용인에 의해 이루어지거나 이 보험의 개시 전에 일어난 경우에 한한다 (본 약관의 목적상 "포장"이라 함은 컨테이너에 적입하는 것을 포함하며 "고용인"에 독립적 계약자는 포함하지 않음).

4.4 loss damage or expense caused by inherent vice or nature of the subject-matter insured

4.5 loss damage or expense caused by delay, even though the delay be caused by a risk insured against (except expenses payable under Clause 2 above)

4.6 loss damage or expense caused by insolvency or financial default of the owners managers charterers or operators of the vessel where, at the time of loading of the subject-matter insured on board the vessel, the Assured are aware, or in the ordinary course of business should be aware, that such insolvency of financial default could prevent the normal prosecution of the voyage.

This exclusion shall not apply where the contract of insurance has been assigned to the party claiming hereunder who has bought or agreed to buy the subject-matter insured in good faith under a binding contract.

4.7 loss damage or expense directly or indirectly caused by or arising from the use of any weapon or device employing atomic or nuclear fission and/or fusion or other like reaction or radioactive force or matter.

4.4 피보험 목적물의 고유의 하자 또는 성질로 인하여 발생한 멸실, 손상 또는 비용

4.5 피보험위험에 의해 발생한 경우라도 지연에 기인하여 발생한 멸실 또는 비용(다만, 상기의 제2조에 따라 지급되는 비용은 제외)

4.6 본선의 소유자, 관리자, 용선자 또는 운항자의 지급불능 또는 금전상의 채무불이행으로 인하여 발생한 멸실, 손상 또는 비용. 다만, 피보험 목적물이 본선으로 적재될 당시에 피보험자가 그러한 지급불능이나 금전상의 채무불이행이 정상적인 항해를 이행하지 못하게 할 수도 있다는 것을 알았거나 통상적인 사업과정에서 알아야만 했던 경우에 한한다.

이 면책조항은 구속력 있는 계약 하에서 선의로 피보험 목적물을 구매하였거나 구매하기로 동의하여 보험의 권리를 주장할 수 있는 자에게 이 보험계약이 양도된 경우에는 적용하지 아니한다.

4.7 원자력이나 핵의 분열 및/또는 융합 또는 기타 이와 유사한 반응 또는 방사능이나 방사성의 물질을 응용한 무기나 장치의 사용에 직·간접적으로 기인하여 발생한 멸실, 손상 또는 비용

일반면책약관 - ICC(B)·ICC(C)

제4조 22, 19, 16, 12, 11년 기출

In no case shall this insurance cover

4.1 loss damage or expense attributable to willful misconduct of the Assured

4.2 ordinary leakage, ordinary loss in weight or volume, or ordinary wear and tear of the subject-matter insured

어떠한 경우에도 이 보험은 다음의 손해를 담보하지 아니한다.

4.1 피보험자의 고의의 불법행위에 기인하는 멸실, 손상 또는 비용

4.2 피보험 목적물의 통상의 누손, 통상의 중량손 또는 용적손, 또는 자연소모

4.3 loss damage or expense caused by insufficiency or unsuitability of packing or preparation of the subject—matter insured to withstand the ordinary incidents of the insured transit where such packing or preparation is carried out by the Assured or their employees or prior to attachment of this insurance (for the purpose of theses Clauses "packing" shall be deemed to include stowage in a container and "employees" shall not include independent contractors)

4.4 loss damage or expense caused by inherent vice or nature of the subject—matter insured

4.5 loss damage or expense caused by delay, even though the delay be caused by a risk insured against (except expenses payable under Clause 2 above)

4.6 loss damage or expense caused by insolvency or financial default of the owners, managers, charterers or operators of the vessel where, at the time of loading of the subject—matter insured on board the vessel, the Assured are aware, or in the ordinary course of business should be aware, that such insolvency of financial default could prevent the normal prosecution of the voyage.

This exclusion shall not apply where the contract of insurance has been assigned to the party claiming hereunder who has bought or agreed to buy the subject—matter insured in good faith under a binding contract.

4.7 deliberate damage to or deliberate destruction of the subject—matter insured or any part thereof by the wrongful act of any person or persons

4.8 loss damage or expense directly or indirectly caused by or arising from the use of any weapon or device employing atomic or nuclear fission and/or fusion or other like reaction or radioactive force or matter.

4.3 부보된 운송과정 중에 통상적으로 발생할 수 있는 사건을 견디기 위한 피보험 목적물의 포장 또는 준비의 불완전, 부적절에 기인하여 발생한 멸실, 손상 또는 비용. 다만, 그러한 포장이나 준비가 피보험자나 그의 고용인에 의해 이루어지거나 이 보험의 개시 전에 일어난 경우에 한한다 (본 약관의 목적상 "포장"이라 함은 컨테이너에 적입하는 것을 포함하며 "고용인"에 독립적 계약자는 포함하지 않음).

4.4 피보험 목적물 고유의 하자 또는 성질로 인하여 발생한 멸실, 손상 또는 비용

4.5 피보험위험에 의해 발생한 경우라도 지연에 기인하여 발생한 멸실 또는 비용(다만, 상기의 제2조에 따라 지급되는 비용은 제외)

4.6 본선의 소유자, 관리자, 용선자 또는 운항자의 지급불능 또는 금전상의 채무불이행으로 인하여 발생한 멸실, 손상 또는 비용. 다만, 피보험 목적물이 본선으로 적재될 당시에 피보험자가 그러한 지급불능이나 금전상의 채무불이행이 정상적인 항해를 이행하지 못하게 할 수도 있다는 것을 알았거나 통상적인 사업과정에서 알아야만 했던 경우에 한한다.

이 면책조항은 구속력 있는 계약 하에서 선의로 피보험 목적물을 구매하였거나 구매하기로 동의하여 보험의 권리를 주장할 수 있는 자에게 이 보험계약이 양도된 경우에는 적용하지 아니한다.

4.7 피보험 목적물 또는 그 일부에 대한 어떠한 자의 불법행위에 의한 고의적인 손상 또는 고의적인 파괴

4.8 원자력이나 핵의 분열 및/또는 융합 또는 기타 이와 유사한 반응 또는 방사능이나 방사성의 물질을 응용한 무기나 장치의 사용에 직·간접적으로 기인하여 발생한 멸실, 손상 또는 비용

불감항·부적합 면책약관
제5조

5.1 In no case shall this insurance cover loss damage or expense arising from

5.1.1 unseaworthiness of vessel or craft, or unfitness of vessel or craft for the safe carriage of the subject—matter insured, where the Assured are privy to such unseaworthiness or unfitness, at the time the subject—matter insured is loaded therein

5.1.2 unfitness of container or conveyance for the safe carriage of the subject—matter insured, where loading therein or thereon is carried out prior to attachment of this insurance or by the Assured or their employees and they are privy to such unfitness at the time of loading

5.2 Exclusion 5.1.1 above shall not apply where the contract of insurance has been assigned to the party claiming hereunder who has bought or agreed to buy the subject—matter insured in good faith under a binding contract

5.3 The Insurers waive any breach of the implied warranties of seaworthiness of the ship and fitness of the ship to carry the subject—matter insured to destination.

5.1 어떠한 경우에도 이 보험은 다음의 사항으로 인해 발생한 멸실, 손상 또는 비용을 담보하지 아니한다.

5.1.1 피보험 목적물의 안전한 운송을 위한 본선 또는 부선의 불내항성 또는 부적합성. 다만, 피보험자가 피보험 목적물을 적재할 때 그러한 불내항성 또는 부적합성을 알고 있는 경우에 한한다.

5.1.2 피보험 목적물의 안전한 운송을 위한 컨테이너, 운송용구의 부적합성. 다만, 피보험 목적물의 적재가 이 보험의 개시 전에 이루어지거나 피보험자 또는 그 고용인에 의해 이루어지고 그들이 적재 시 그러한 불내항성 또는 부적합성을 알고 있는 경우에 한한다.

5.2 상기 5.1.1의 면책조항은 구속력 있는 계약 하에서 선의로 피보험 목적물을 구매하였거나 구매하기로 동의하여 이 보험의 권리를 주장할 수 있는 자에게 보험계약이 양도된 경우에는 적용하지 아니한다.

5.3 피보험 목적물을 목적지까지 운송하기 위해 선박이 내항성을 갖추고 적합하여야 한다는 묵시 담보를 위반한 경우에 보험자는 그 권리를 포기한다.

전쟁위험면책약관 - ICC(A)
제6조

In no case shall this insurance cover loss damage or expense caused by

6.1 war, civil war, revolution, rebellion, insurrection, or civil strife arising therefrom, or any hostile act by or against a belligerent power

6.2 capture, seizure, arrest, restraint or detainment (piracy excepted), and the consequences thereof or any attempt thereat

6.3 derelict mines, torpedoes, bombs or other derelict weapons of war.

어떠한 경우에도 이 보험은 다음의 위험으로 인해 발생한 멸실, 손상 또는 비용을 담보하지 아니한다.

6.1 전쟁, 내란, 혁명, 반역, 반란, 또는 이로 인하여 발생하는 국내투쟁, 또는 교전국에 의하거나 또는 교전국에 대하여 가해진 일체의 적대행위

6.2 포획, 나포, 강유, 억지 또는 억류(해적위험은 제외), 또는 이러한 행위의 결과 또는 이러한 행위의 기도

6.3 유기된 기뢰, 어뢰, 폭탄 또는 기타의 유기된 전쟁병기

전쟁위험면책약관 - ICC(B) · ICC(C)
제6조

In no case shall this insurance cover loss damage or expense caused by

6.1 war, civil war, revolution, rebellion, insurrection, or civil strife arising therefrom, or any hostile act by or against a belligerent power

6.2 capture, seizure, arrest, restraint or detainment and the consequences thereof or any attempt thereat

6.3 derelict mines, torpedoes, bombs or other derelict weapons of war.

어떠한 경우에도 이 보험은 다음의 위험에 기인하여 발생한 멸실, 손상 또는 비용을 담보하지 아니한다.

6.1 전쟁, 내란, 혁명, 반역, 반란, 또는 이로 인하여 발생하는 국내투쟁, 또는 교전국에 의하거나 또는 교전국에 대하여 가해진 일체의 적대행위

6.2 포획, 나포, 강요, 억지 또는 억류 또는 이러한 행위의 결과 또는 이러한 행위의 기도

6.3 유기된 기뢰, 어뢰, 폭탄 또는 기타의 유기된 전쟁병기

동맹파업위험면책약관
제7조

In no case shall this insurance cover loss damage or expense

7.1 caused by strikers, locked-out workmen, or persons taking part in labour disturbances, riots or civil commotions

7.2 resulting from strikes, lock-outs, labour disturbances, riots or civil commotions

7.3 caused by any act of terrorism being an act of any person acting on behalf of, or in connection with, any organisation which carries out activities directed towards the overthrowing or influencing, by force or violence, of any government whether or not legally constituted

7.4 caused by any person acting from a political, ideological or religious motive.

어떠한 경우에도 이 보험은 다음의 위험으로 인한 멸실, 손상 또는 비용을 담보하지 아니한다.

7.1 동맹파업자, 직장폐쇄노동자 또는 노동쟁의, 폭동 또는 소요에 가담한 자에 기인하여 발생한 것

7.2 동맹파업, 직장폐쇄, 노동쟁의, 폭동 또는 소요의 결과로 발생한 것

7.3 합법적, 혹은 비합법적으로 설립된 정부를 전복하기 위해 혹은 영향을 끼치기 위해 행동하는 어떤 조직을 위하여 혹은 관련하여 행동하는 자의 테러리즘에 의해 발생한 것

7.4 정치적, 이념적 혹은 종교적 동기에 의해서 행동하는 자에 의해 발생한 것

DURATION : 보험기간

운송약관
제8조 23, 13년 기출

8.1 Subject to Clause 11 below, this insurance attaches from the time the subjectmatter insured is first moved in the warehouse or at the place of storage (at the place named in the contract of insurance) for the purpose of the immediate loading into or onto the carrying vehicle or other conveyance for commencement of transit, continues during the ordinary course of transit and terminates either

8.1.1 on completion of unloading from the carrying vehicle or other conveyance in or at the final warehouse or place of storage at the destination named in the contract of insurance,

8.1.2 on completion of unloading from the carrying vehicle or other conveyance in or at any other warehouse or place of storage, whether prior to or at the destination named in the contract of insurance, which the Assured or their employees elect to use either for storage other than in the ordinary course of transit or for allocation or distribution, or

8.1.3 when the Assured or their employees elect to use any carrying vehicle or other conveyance or any container for storage other than in the ordinary course of transit or

8.1.4 on the expiry of 60 days after completion of discharge overside of the subject-matter insured from the oversea vessel at the final port of discharge, whichever shall first occur.

8.2 If, after discharge overside from the oversea vessel at the final port of discharge, but prior to termination of this insurance, the subject-matter insured is to be forwarded to a destination other than that to which it is insured, this insurance, whilst remaining subject to termination as provided in Clauses 8.1.1 to 8.1.4 shall not extend beyond the time the subject-matter insured is first moved for the purpose of the commencement of transit to such other destination.

8.1 아래 제11조에 따르면 이 보험은 피보험 목적물이 운송 개시를 위하여 운송차량이나 기타 운송용구에 적입되기 위한 목적으로 창고나 보관 장소에서 (이 보험계약에 기재된 지역에서) 맨 처음 이동할 때부터 개시되고, 통상의 운송과정에 있는 동안 계속되며, 다음 중의 어느 것이든 먼저 발생하는 때에 종료한다.

8.1.1 보험계약에 기재된 목적지의 최종창고나 보관 장소에서 혹은 그 안에서 운송차량이나 기타 운송용구로부터 양하가 완료된 때,

8.1.2 보험계약에 기재된 목적지에 도착하기 이전 또는 목적지에서를 불문하고 피보험자 또는 그 고용인이 통상의 운송과정이 아닌 보관, 또는 할당 또는 분배를 위해 선택한 기타의 창고 또는 보관 장소에서 혹은 그 안에서 운송차량이나 기타 운송용구로부터 양하가 완료된 때, 또는

8.1.3 피보험자 또는 그 고용인이 통상의 운송과정이 아닌 보관을 위해 운송차량 또는 운송용구나 컨테이너를 사용하기로 선택한 때, 또는

8.1.4 최종 양륙항에서 외항선으로부터 피보험 목적물의 양하 작업을 완료한 후 60일이 경과될 때, 이중 가장 먼저 발생한 것

8.2 최종 양륙항에서 외항선으로부터의 양하 작업 후, 그러나 이 보험기간의 종료 전에 피보험 목적물이 이 보험에 부보된 목적지 이외의 장소로 운송되는 경우에는, 이 보험은 상기의 8.1.1부터 8.1.4의 보험종료 규정에 따라 계속되나 새로운 목적지로 운송이 개시될 목적으로 보험의 목적이 처음 이동할 때 종료한다.

8.3 This insurance shall remain in force (subject to termination as provided for in Clauses 8.1.1 to 8.1.4 above and to the provisions of Clause 9 below) during delay beyond the control of the Assured, any deviation, forced discharge, reshipment or transshipment and during any variation of the adventure arising from the exercise of a liberty granted to carriers under the contract of carriage.

8.3 이 보험은 (상기의 8.1.1부터 8.1.4의 보험종료의 규정 및 다음의 제9조의 규정에 따라) 피보험자가 통제할 수 없는 지연, 일체의 이로, 불가피한 양하, 재선적, 환적 및 운송계약상 운송인에게 부여된 자유재량권의 행사로부터 발생하는 위험의 변경기간 중에는 유효하게 계속된다.

운송계약종료약관
제9조 17년 기출

If owing to circumstances beyond the control of the Assured either the contract of carriage is terminated at a port or place other than the destination named therein or the transit is otherwise terminated before the unloading of the subject—matter insured as provided for in Clause 8 above, then this insurance shall also terminate unless prompt notice is given to the Insurers and continuation of cover is requested when the insurance shall remain in force, subject to an additional premium if required by the Insurers, either

9.1 until the subject—matter insured is sold and delivered at such port or place, or, unless otherwise specially agreed, until the expiry of 60 days after arrival of the subject—matter insured at such port or place, whichever shall first occur, or

9.2 if the subject—matter insured is forwarded within the said period of 60 days (or any agreed extension thereof) to the destination named in the contract of insurance or to any other destination, until terminated in accordance with the provisions of Clause 8 above.

피보험자가 통제할 수 없는 사정에 의하여 운송계약이 그 계약서에 기재된 목적지 이외의 항구 또는 장소에서 종료되거나 또는 기타 상기의 제8조에 규정된 피보험 목적물의 양하 이전에 운송이 종료되는 경우에는, 이 보험 또한 종료한다. 다만, 보험자에게 그 취지를 지체 없이 통고하고 담보의 계속을 요망하는 경우에는 보험자로부터 청구가 있으면 추가보험료를 지급할 것을 조건으로 하여 유효하게 지속된다.

9.1 피보험 목적물이 상기의 항구 또는 장소에서 매각된 후 인도될 때까지 또는 별도의 합의가 없는 한, 그러한 항구 또는 장소에서 피보험 목적물이 도착한 후 60일이 경과된 것 중의 어느 것이든 먼저 발생한 때까지, 또는

9.2 피보험 목적물이 상기의 60일의 기간 내에 (또는 합의된 연장기간 내에) 보험계약에 기재된 목적지 또는 기타의 어떠한 목적지로 계반되는 경우에는, 상기의 제8조의 규정에 따라 이 보험이 종료될 때까지 유효하게 계속된다.

항해변경약관

제10조 23, 20, 18, 12년 기출

10.1 Where, after attachment of this insurance, the destination is changed by the Assured, this must be notified promptly to insurers for rates and terms to be agreed. Should a loss occur prior to such agreement being obtained cover may be provided but only if cover would have been available at a reasonable commercial market rate on reasonable market terms.

10.2 Where the subject—matter insured commences the transit contemplated by this insurance (in accordance with clause 8.1), but, without the knowledge of the Assured or their employees the ship sails for another destination, this insurance will nevertheless be deemed to have attached at commencement of such transit.

10.1 이 보험이 개시된 후에 피보험자에 의하여 목적지가 변경되는 경우에는 합의될 보험요율과 보험조건을 위해 보험자에게 지체 없이 통지되어야 한다. 만약 그러한 합의가 확보되기 전에 손해가 발생하면 합리적인 시장조건으로 합리적인 상업적 시장요율로서 보험부보가 이용될 수 있는 경우에만 보험부보가 제공될 것이다.

10.2 피보험 목적물이 이 보험에 의해 예정된 운송(8.1과 일치하여)을 시작하였으나 피보험자나 그 고용인이 알지 못한 채 선박이 다른 목적지로 항해를 한 경우에도 이 보험은 그러한 운송 개시 시에 부보된 것으로 간주한다.

CLAIMS : 보험금의 청구

피보험이익약관

제11조 24년 기출

11.1 In order to recover under this insurance the Assured must have an insurable interest in the subject—matter insured at the time of the loss.

11.2 Subject to Clause 11.1 above, the Assured shall be entitled to recover for insured loss occurring during the period covered by this insurance, notwithstanding that the loss occurred before the contract of insurance was concluded, unless the Assured were aware of the loss and the insurers were not.

11.1 이 보험에 따라 보상을 받기 위해서는 피보험자는 손해발생 시에 피보험 목적물에 대하여 피보험이익을 갖고 있어야 한다.

11.2 상기의 11.1의 규정을 제외하고, 이 보험의 담보기간 중에 발생하는 손해는 그 손해가 보험계약의 체결 이전에 발생한 것이라도 피보험자가 이 손해발생의 사실을 알았고 보험자가 몰랐을 경우가 아닌 한 피보험자는 이를 보상받을 권리가 있다.

계속운송비용약관
제12조 24, 19, 10년 기출

Where, as a result of the operation of a risk covered by this insurance, the insured transit is terminated at a port or place other than that to which the subject—matter is covered under this insurance, the Insurers will reimburse the Assured for any extra charges properly and reasonably incurred in unloading, storing and forwarding the subject—matter insured to the destination to which it is insured. This Clause 12, which does not apply to general average or salvage charges, shall be subject to the exclusions contained in Clauses 4, 5, 6 and 7 above, and shall not include charges arising from the fault, negligence, insolvency or financial default of the Assured or their employees.

이 보험에서 담보되는 위험의 발생결과로 인하여 피보험운송이 이 보험에서 담보되는 피보험 목적물의 목적지 이외의 항구 또는 장소에서 종료되는 경우에는, 보험자는 피보험자에 대하여 피보험 목적물을 양하하고, 보관하고 그리고 이 보험증권에 기재된 목적지까지 계반하기 위하여 적절히 합리적으로 지출한 추가비용을 보상한다.

이 제12조는 공동해손 또는 구조료에는 적용되지 아니하고 상기의 제4조, 제5조, 제6조 및 제7조에 규정된 면책조항의 적용을 받으며, 또 피보험자 또는 그 고용인의 과실, 태만, 지급불능 또는 재정상의 채무불이행으로부터 야기된 비용을 포함하지 아니한다.

추정전손약관
제13조 24, 21, 12년 기출

No claim for Constructive Total Loss shall be recoverable hereunder unless the subject—matter insured is reasonably abandoned either on account of its actual total loss appearing to be unavoidable or because the cost of recovering, reconditioning and forwarding the subject—matter insured to the destination to which it is insured would exceed its value on arrival.

추정전손에 대한 보험금청구는 피보험 목적물의 현실전손이 불가피하다고 생각되거나, 또는 피보험 목적물의 복구, 수리 및 부보된 목적지까지 계반하는 데 소요되는 비용이 그 목적지에 도착하였을 때의 보험의 목적 가액을 초과하게 된 이유로 피보험 목적물을 위부하지 아니하는 한, 이 보험증권 하에서는 이를 보상하지 아니한다.

14.1 If any Increased Value insurance is effected by the Assured on the subject—matter insured under this insurance the agreed value of the subject—matter insured shall be deemed to be increased to the total amount insured under this insurance and all Increased Value insurances covering the loss, and liability under this insurance shall be in such proportion as the sum insured under this insurance bears to such total amount insured.

In the event of claim the Assured shall provide the Insurers with evidence of the amounts insured under all other insurances.

14.2 Where this insurance is on Increased Value the following clause shall apply :

The agreed value of the subject—matter insured shall be deemed to be equal to the total amount insured under the primary insurance and all Increased Value insurances covering the loss and effected on the subject—matter insured by the Assured, and liability under this insurance shall be in such proportion as the sum insured under this insurance bears to such total amount insured.

In the event of claim the Assured shall provide the Insurers with evidence of the amounts insured under all other insurances.

14.1 이 보험의 피보험 목적물에 대하여 피보험자가 별도의 증액보험에 부보한 경우에는, 그 적하의 협정가액은 이 보험 및 이와 동일한 손해를 담보하는 모든 증액보험의 합계보험금액까지 증가된 것으로 본다. 그리고 이 보험에 따른 책임은 이 보험의 보험금액이 합계보험금액에 대하여 갖는 비율로 부담하게 된다.

보험금의 청구 시에는 피보험자는 다른 모든 보험의 보험금액을 증명할 수 있는 서류를 보험자에게 제출하여야 한다.

14.2 이 보험이 증액보험인 경우에는 다음의 조항을 이에 적용한다.

피보험 목적물의 협정가액은 원보험 및 피보험자가 그 적하에 대하여 부보한 동일한 손해를 담보하는 모든 증액보험의 합계보험금액과 동액인 것으로 본다. 그리고 이 보험에 따른 책임은 이 보험의 보험금액이 합계보험금액에 대하여 갖는 비율로 부담하게 된다.

보험금의 청구 시에는 피보험자는 다른 모든 보험의 보험금액을 증명할 수 있는 서류를 보험자에게 제출하여야 한다.

협회적하약관(Institute Cargo Clauses, 2009) ICC(A) 제11조, 제12조, 제13조, 제14조에 관한 내용으로 옳은 것은? 24년 기출

① In order to recover under this insurance, the Assured must not have an insurable interest in the subject-matter insured at the time of the loss.

② Where this insurance is on Increased Value, in the event of claim the Assured must not provide the Insurers with evidence of the amounts insured under all other insurances.

③ Where, as a result of the operation of a risk covered by this insurance, the insured transit is terminated at a port or place other than that to which the subject-matter insured is covered under this insurance, the Insurers will reimburse the Assured for any extra charges properly and reasonably incurred in unloading storing and forwarding the subject-matter insured to the destination to which it is insured.

④ If any Increased Value insurance is effected by the Assured on the subject-matter insured under this insurance the agreed value of the subject-matter insured shall not be deemed to be increased to the total amount insured under this insurance.

⑤ Claim for Constructive Total Loss shall be recoverable hereunder unless the subject-matter insured is reasonably abandoned either on account of its actual total loss appearing to be unavoidable or because the cost of recovering, reconditioning and forwarding the subject-matter insured to the destination to which it is insured would exceed its value on arrival.

해설

① In order to recover under this insurance, the Assured <u>must have</u> an insurable interest in the subject-matter insured at the time of the loss[ICC(A) 제11조 제1항].

② Where this insurance is on Increased Value, in the event of claim the Assured <u>shall provide</u> the Insurers with evidence of the amounts insured under all other insurances[ICC(A) 제14조 제2항].

④ If any Increased Value insurance is effected by the Assured on the subject-matter insured under this insurance the agreed value of the subject-matter insured <u>shall be deemed</u> to be increased to the total amount insured under this insurance[ICC(A) 제14조 제1항].

⑤ <u>No claim</u> for Constructive Total Loss shall be recoverable hereunder unless the subject-matter insured is reasonably abandoned either on account of its actual total loss appearing to be unavoidable or because the cost of recovering, reconditioning and forwarding the subject-matter insured to the destination to which it is insured would exceed its value on arrival[ICC(A) 제13조].

 정답 ③

BENEFIT OF INSURANCE : 보험의 이익

보험이익불공여약관
제15조 15년 기출

This insurance

15.1 covers the Assured which includes the person claiming indemnity either as the person by or on whose behalf the contract of insurance was effected or as an assignee,

15.2 shall not extend to or otherwise benefit the carrier or other bailee.

이 보험은

15.1 피보험자는 그에 의해 혹은 그를 대신하여 보험계약이 부보된 자 혹은 양수인으로서 보상받을 권리를 가진 자를 포함한다.

15.2 운송인 또는 기타의 수탁자의 이익을 위하여 이용되어서는 아니 된다.

MINIMISING LOSSES : 손해의 경감

피보험자의무약관
제16조 22년 기출

It is the duty of the Assured and their employees and agents in respect of loss recoverable hereunder

16.1 to take such measures as may be reasonable for the purpose of averting or minimising such loss, and

16.2 to ensure that all rights against carriers, bailees or other third parties are properly preserved and exercised and the Insurers will, in addition to any loss recoverable hereunder, reimburse the Assured for any charges properly and reasonably incurred in pursuance of these duties.

이 보험에 따라 보상하는 손해에 대하여 다음의 사항은 피보험자, 그 고용인 및 대리인의 의무이다.

16.1 그러한 손해의 방지 또는 경감을 위하여 합리적인 조치를 강구하는 것, 그리고

16.2 운송인, 수탁자 또는 기타의 제3자에 대한 일체의 권리가 적절히 보전되고 행사되도록 확보하는 것, 그리고 보험자는 이 보험에서 보상하는 손해에 추가하여 이러한 의무의 수행상 적절히 합리적으로 발생된 일체의 비용을 피보험자에게 보상한다.

포기약관
제17조 24, 22, 14년 기출

Measures taken by the Assured or the Insurers with the object of saving, protecting or recovering the subject-matter insured shall not be considered as a waiver or acceptance of abandonment or otherwise prejudice the rights of either party.

보험의 목적을 구조하거나, 보호하거나 또는 회복하기 위하여 피보험자 또는 보험자가 취한 조치는 위부의 포기 또는 승낙으로서 보지 아니하며, 또는 그 밖에 각 당사자의 권리를 침해하지도 아니한다.

협회적하약관(Institute Cargo Clauses, 2009) ICC(B)에 관한 내용이다. (   )에 들어갈 용어로 옳은 것은?

24년 기출

Measures taken by the Assured or the Insurers with the object of saving, protecting or recovering the subject-matter insured shall not be considered as a (   ) or acceptance of abandonment or otherwise prejudice the rights of either party.

① waiver
② delay
③ duty of assured
④ constructive total loss
⑤ termination

해설

협회적하약관(Institute Cargo Clauses, 2009) ICC(B) 제17조(포기약관)
보험의 목적물을 구하거나, 보호하거나 또는 회복하기 위하여 피보험자 또는 보험자가 취한 조치는 위부의 포기(waiver) 또는 승낙으로 보지 않으며, 또는 그 밖의 각 당사자의 권리를 침해하지도 아니한다.

정답 ①

AVOIDANCE OF DELAY : 지연의 회피

신속조치약관
제18조 22년 기출

It is a condition of this insurance that the Assured shall act with reasonable despatch in all circumstances within their control.

피보험자는 자신이 통제할 수 있는 모든 사정에 있어서 상당히 신속하게 행동하는 것이 이 보험의 조건이다.

LAW AND PRACTICE : 법률 및 관습

영국법 및 관습약관
제19조

This insurance is subject to English law and practice.

이 보험은 영국의 법률과 관습에 준거하는 것으로 한다.

01 CAD 방식은 수출자가 선적 후 선적서류(선하증권, 환어음 등)를 수출국 소재 수입자 대리인 또는 거래은행에 제시하고 서류와 상환으로 대금을 수령하는 결제방식이다. (O, X)

02 신용장은 그 명칭과 관계없이 개설은행이 일치하는 제시에 대하여 결제하 겠다는 확약으로서 취소불가능한 모든 약정을 의미한다. (O, X)

03 Escrow L/C는 양측이 동액의 신용장을 개설하는데 일방이 먼저 개설하면 상대방이 일정기간 이내에 같은 액수의 신용장을 개설하겠다는 보증서로 발행하는 신용장이다. (O, X)

04 Letter of Guarantee란 수입자금이 없어 수입자가 신용장 개설은행 소유 의 물품을 임대 형식으로 인수할 때 발행하는 것이다. (O, X)

05 D/R은 화주가 선사 측에 화물을 인도하였음을 증명하는 중요한 선적 관련 서류이다. (O, X)

06 Demurrage란 초과정박일(계약 정박기간 초과일)에 대해 화주(용선자)가 선주에게 지급하는 위약금(Penalty) 또는 지체상금을 의미한다. (O, X)

07 UCP 600 하에서 "from" 및 "after"라는 단어가 만기일 결정을 위하여 사용 되는 경우 언급된 당해 일자를 포함한다. (O, X)

08 헤이그규칙 하에서 화물의 멸실 또는 손상이 운송인의 사실상의 과실이나 고의 또는 운송인의 대리인이나 고용인의 과실이나 태만에 의해 발생하지 않았다는 입증책임은 화주에게 있다. (O, X)

09 함부르크규칙 하에서 화물을 운송하는 선박의 선장이 서명한 선하증권은 운송인을 대리하여 서명한 것으로 본다. (O, X)

10 Jettison은 ICC(B), ICC(C) 모두에서 담보하는 위험이다. (O, X)

01 O

02 O

03 X 토마스 신용장(Tomas L/C)에 대한 설명이다.

04 X Letter of Guarantee란 운송 인이 원본서류 없이 물품을 사전 인도할 때 발생하는 손해에 대한 신용장 개설은행의 보증서로, 원 본서류가 도착하기 전에 수입자 가 물품을 사전 인수할 수 있도록 신용장 개설은행이 발행하는 것 이다.

05 O

06 O

07 X "from" 및 "after"라는 단어가 만 기일 결정을 위하여 사용되는 경 우 언급된 당해 일자를 제외한다.

08 X 입증책임은 화주가 아닌, 이러 한 면책의 혜택을 주장하는 자에 게 있다.

09 O

10 O

제1절 UCP 600

01 UCP 600에서 규정하고 있는 확인은행의 확약(Confirming Bank Undertaking)에 대한 내용 중 옳지 않은 것을 고르시오.

> Provided that the stipulated documents are presented to the confirming bank or to any other nominated bank and that they constitute a complying presentation, the confirming bank must honour, if the credit is available by :

① sight payment, deferred payment or acceptance with the confirming bank.

② sight payment with another nominated bank and that nominated bank does not pay.

③ deferred payment with another nominated bank and that nominated bank does not incur its deferred payment undertaking or, having incurred its deferred payment undertaking, paid at maturity.

④ acceptance with another nominated bank and that nominated bank does not accept a draft drawn on it or, having accepted a draft drawn on it, does not pay at maturity.

⑤ negotiation with another nominated bank and that nominated bank does not negotiate.

[해설]

다른 지정은행에서 연지급에 의해서 사용될 수 있는데 그 지정은행이 연지급 확약을 이행하지 아니한 경우 또는 그 지정은행이 연지급 확약을 이행하였지만 만기일에 지급하지 아니한 경우(does not pay at maturity) 확인은행은 지급을 이행하여야 한다.

02 다음 중 신용장통일규칙(UCP 600) 제2조(Definition)에서 정의하고 있는 용어의 의미가 잘못된 것을 고르시오.

① Honour means to pay at sight if the credit is available by sight payment.

② Honour means to incur a deferred payment undertaking and pay at maturity if the credit is available by acceptance.

③ Confirming bank means the bank that adds its confirmation to a credit upon the issuing bank's authorization or request.

④ Issuing bank means the bank that issues a credit at the request of an applicant or on its own behalf.

⑤ Nominated bank means the bank with which the credit is available or any bank in the case of a credit available with any bank.

> **해설**
> 지급이행이란 신용장이 연지급(deferred payment)으로 사용될 수 있는 경우 연지급을 확약하고 만기일에 지급하는 것을 포함한다.
> ⇒ Honour means to incur a deferred payment undertaking and pay at maturity if the credit is available by <u>deferred payment</u>.

03 UCP 600에서 규정하고 있는 정의(Definition)에 대한 내용 중 잘못된 것을 고르시오.

① Advising bank means the bank that advises the credit at the request of the issuing bank.

② Credit means any arrangement, however named or described, that is irrevocable and thereby constitutes a definite undertaking of the issuing bank to honour a complying presentation.

③ Negotiation means the purchase by the nominated bank of drafts (drawn on the nominated bank) and/or documents under a complying presentation, by advancing or agreeing to advance funds to the beneficiary on or before the banking day on which reimbursement is due to the nominated bank.

④ Presentation means either the delivery of documents under a credit to the issuing bank or nominated bank or the documents so delivered.

⑤ Confirmation means a definite undertaking of the confirming bank, in addition to that of the issuing bank, to honour or negotiate a complying presentation.

> **해설**
> 매입이란 상환이 지정은행에 행해져야 할 은행영업일 또는 그 이전에 수익자에게 대금을 선지급하거나 또는 선지급하기로 약정함으로써, 일치하는 제시의 따른 환어음(지정은행이 아닌 은행을 지급인으로 하여 발행된) 및/또는 서류의 지정은행에 의한 구매를 말한다.

04 UCP 600에서 규정하고 있는 복합운송서류에 관한 내용 중 옳지 않은 것을 고르시오.

> A transport document covering at least two different modes of transport (multimodal or combined transport documents), however named, must appear to :

① indicate the name of the carrier and be signed by the carrier or a named agent for or on behalf of the carrier, or the master or a named agent for or on behalf of the master. Any signature by the carrier, master or agent must be identified as that of the carrier, master or agent.

② indicate that the goods have been dispatched, taken in charge or shipped on board at the place stated in the credit by pre-printed wording, or a stamp or notation indicating the date on which the goods have been dispatched, taken in charge or shipped on board.

③ be the sole original transport document or, if issued in more than one original, be the full set as indicated on the transport document.

④ contain terms and conditions of carriage or make reference to another source containing the terms and conditions of carriage (short form or blank back transport document). Contents of terms and conditions of carriage will be examined.

⑤ contain no indication that it is subject to a charter party.

> 해설
>
> 운송의 제 조건의 내용은 심사되지 아니한다.

05 UCP 600에서 규정하고 있는 내용 중 옳지 않은 것을 고르시오.

① A credit by its nature is a separate transaction from the sale or other contract on which it may be based. Banks are in no way concerned with or bound by such contract, even if any reference whatsoever to it is included in the credit.

② A beneficiary can in no case avail itself of the contractual relationships existing between banks or between the applicant and the Issuing bank.

③ Banks deal with documents and with goods and services or performance to which the documents may relate.

④ A credit must state whether it is available by sight payment, deferred payment, acceptance or negotiation.

⑤ A credit must not be issued available by a draft drawn on the applicant.

> 해설
>
> 은행은 서류를 취급하는 것이지 그 서류와 관련된 물품, 용역 또는 의무이행을 취급하는 것이 아니다.

06 UCP 600 제3조(Interpretations)에 관한 규정 중 옳지 않은 것을 고르시오.

① A requirement for a document to be legalized, visaed, certified or similar will be satisfied by any signature, mark, stamp or label on the document which appears to satisfy the requirement.

② Terms such as "first class", "well known", "qualified", "independent", "official", "competent" or "local" used to describe the issuer of a document allow any issuer including the beneficiary to issue that document.

③ Unless required to be used in a document, words such as "prompt", "immediately" or "as soon as possible" will be disregarded.

④ The expression "on or about" or similar will be interpreted as a stipulation that an event is to occur during a period of five calendar days before until five calendar days after the specified date, both start and end dates included.

⑤ The words "to", "until", "till", "from" and "between" when used to determine a period of shipment include the date or dates mentioned.

> 해설
> 서류 발행인을 표시하기 위해 사용되는 "일류의", "저명한", "자격 있는", "독립적인", "공인된", "유능한" 또는 "현지의" 같은 용어가 있으면 수익자를 제외한 모든 서류발행인이 서류를 발행할 수 있다.

07 UCP 600 제7조에서 규정하고 있는 발행은행의 다음 의무와 관련한 사항으로 옳지 않은 것을 고르시오.

> Provided that the stipulated documents are presented to the nominated bank or to the issuing bank and that they constitute a complying presentation, the issuing bank must honour if the credit is available by :

① sight payment, deferred payment or acceptance with a nominated bank.

② sight payment with a nominated bank and that nominated bank does not pay.

③ deferred payment with a nominated bank and that nominated bank does not incur its deferred payment undertaking or, having incurred its deferred payment undertaking, does not pay at maturity.

④ acceptance with a nominated bank and that nominated bank does not accept a draft drawn on it, having accepted a draft drawn on it, does not pay at maturity.

⑤ negotiation with a nominated bank and that nominated bank does not negotiate.

> 해설
> 발행은행에서 일람지급, 연지급 또는 인수에 의하여 사용될 수 있는 경우 발행은행(issuing bank)은 지급이행을 하여야 한다.

08 UCP 600 제14조에서 규정하고 있는 서류심사의 기준에 대한 내용으로 옳지 않은 것을 고르시오.

① A nominated bank acting on its nomination, a confirming bank, if any, and the issuing bank must examine a presentation to determine, on the basis of the documents alone, whether or not the documents appear on their face to constitute a complying presentation.

② A nominated bank acting on its nomination, a confirming bank if any, and the issuing bank shall each have a maximum of five banking days following the day of presentation to determine if a presentation is complying.

③ A presentation including one or more original transport documents must be made by or on behalf of the beneficiary not later than 21 calendar days after the date of shipment but in any event not later than the expiry date of credit.

④ Data in a document, when read in context with the credit, the document itself and international standard banking practice, need not be identical to, but must not conflict with, data in that document, any other stipulated document or the credit.

⑤ A document presented but not required by the credit will be accepted as presented.

> **해설**
>
> 제시되었지만 신용장에 의하여 요구되지 않은 서류는 무시되고 제시인에게 반송될 수 있다.
> ⇒ A document presented but not required by the credit will be <u>disregarded and may be returned to the presenter</u>.

09 UCP 600 제18조에서 규정하고 있는 상업송장에 대한 내용으로 옳지 않은 것을 고르시오.

① A commercial invoice must appear to have been issued by the beneficiary except for transferable credits.

② A commercial invoice must be made out in the name of the applicant except for transferable credits.

③ A commercial invoice must be made out in the same currency as the credit.

④ A commercial invoice need to be signed.

⑤ The description of the goods, service or performance in a commercial invoice must correspond with that appearing in the credit.

> **해설**
>
> 상업송장은 서명될 필요가 없다.

10 UCP 600 제37조에서 규정하고 있는 지시받은 당사자의 행위에 대한 면책에 대한 내용으로 옳지 않은 것을 고르시오.

① A credit or amendment may stipulate that the advising to a beneficiary is conditional upon the receipt by the advising bank or second advising bank of its charges.

② The applicant shall be bound by and liable to indemnify a bank against all obligations and responsibilities imposed by foreign laws and usages.

③ An issuing bank or advising bank assumes no liability or responsibility should the instructions it transmits to another bank not be carried out, even if it has taken the initiative in the choice of that other bank.

④ A bank utilizing the services of another bank for the purpose of giving effect to the instructions of the applicant does so for the account and at the risk of the applicant.

⑤ If a credit states that charges are for the account of the beneficiary and charges cannot be collected or deducted from proceed, the issuing bank remains liable for payment of charges.

해설
신용장 또는 조건변경은 수익자에 대한 통지가 통지은행 또는 제2통지은행에 의한 통지비용의 수령을 조건으로 한다고 명시하여서는 아니 된다.

11 UCP 600 제28조에서 규정하고 있는 보험서류 및 담보에 대한 내용으로 옳지 않은 것을 고르시오.

① An insurance document, such as an insurance policy, an insurance certificate or a declaration under an open cover, must appear to be issued and signed by an insurance company, an underwriter or their agents or their proxies.

② When the insurance document indicate that it has been issued in more than one original, all originals must be presented.

③ Cover notes will be accepted.

④ An insurance policy is acceptable in lieu of an insurance certificate or a declaration under an open cover.

⑤ An insurance document may contain reference to any exclusion clause.

해설
보험승인서는 수리되지 아니한다.

12 UCP 600에서 규정하고 있는 양도가능신용장 및 대금의 양도에 대한 내용으로 옳지 않은 것을 고르시오.

① The fact that a credit is not stated to be transferable shall not effect the right of the beneficiary to assign any proceeds to which it may be or may become entitled under the credit, in accordance with the provisions of applicable law.

② An issuing bank may be a transferring bank.

③ A credit may be transferred in part to more than one second beneficiary provided partial drawings or shipments are allowed.

④ Unless otherwise agreed at the time of transfer, all charges (such as commissions, fees, costs or expenses) incurred in respect of a transfer must be paid by the second beneficiary.

⑤ A transferred credit cannot be transferred at the request of a second beneficiary to any subsequent beneficiary. The first beneficiary is not considered to be a subsequent beneficiary.

해설
양도를 이행할 때에 별도의 합의가 없는 한, 양도와 관련하여 부담된 모든 비용은 제1수익자에 의하여 지급되어야 한다.

13 UCP 600의 운송서류 중 선하증권에 관련된 내용으로 옳지 않은 것을 고르시오.

① The date of issuance of the bill of lading will be deemed to be the date of shipment unless the bill of lading contains an on-board notation indicating the date of shipment, in which case the date stated in the on-board notation will be deemed to be the date of shipment.

② If the bill of lading contains the indication "intended vessel" or similar qualification in relation to the name of the vessel, an on-board notation indicating the date of shipment and the name of the actual vessel is required.

③ The bill of lading should indicate shipment from port of lading to the port of discharge stated in the credit.

④ It should be the sole original bill of lading or, if issued in more than one original, be the full set as indicated on the bill of lading.

⑤ It should contain terms and conditions of carriage or make reference to another source containing the terms and conditions of carriage. Contents of terms and conditions of carriage will be examined.

해설
운송의 제 조건 내용은 심사되지 아니한다.

14 UCP 600 제23조에서 규정하고 있는 항공운송서류에 대한 내용으로 옳지 않은 것을 고르시오.

① An air transport document must appear to indicate that the goods have been accepted for carriage.

② It should indicate the date of issuance. This date will be deemed to be the date of shipment unless the air transport document contains a specific notation of the actual date of shipment, in which case the date stated in the notation will be deemed to be the date of shipment.

③ It should indicate the airport of departure and the airport of destination stated in the credit.

④ It should be the original for consignor or shipper, even if the credit stipulates a full set of originals.

⑤ An air transport document indicating the transhipment will or may take place is not acceptable in case the credit prohibits transhipment.

[해설]
신용장에 환적이 금지되어 있는 경우라도, 은행은 환적이 행해질 것 또는 행해질 수 있다고 표시하고 있는 항공운송서류는 수리할 수 있다.

15 UCP 600 제18조에서 규정하고 있는 상업송장에 대한 내용으로 옳지 않은 것을 고르시오.

① A commercial invoice must appear to have been issued by the shipper.

② It must be made out in the name of the applicant.

③ It must be made out in the same currency as the credit.

④ It need not be signed.

⑤ The description of goods, service or performance in a commercial invoice must correspond with that appearing in the credit.

[해설]
상업송장은 수익자(beneficiary)에 의하여 발행된 것으로 보여야 한다.

16 UCP 600 제30조에서 규정하고 있는 과부족 용인 및 제31조에서 규정하고 있는 분할어음발행 또는 분할선적에 대한 내용으로 옳지 않은 것을 고르시오.

① The words "about" or "approximately" used in connection with the amount of the credit or the quantity or the unit price stated in the credit are to be construed as allowing a tolerance not to exceed 10% more or 10% less than the amount, the quantity or the unit price to which they refer.

② A tolerance not to exceed 5% more or 5% less than the quantity of the goods is allowed, provided the credit does not state the quantity in terms of a stipulated number of packing units or individual items and the total amount of the drawings does not exceed the amount of the credit.

③ Even when partial shipments are not allowed, a tolerance not to exceed 5% less or 5% more than the amount of the credit is allowed, provided that the quantity of the goods, if stated in the credit, is shipped in full and a unit price, if stated in the credit, is not reduced.

④ A presentation consisting of more than one set of transport documents evidencing shipment commencing on the same means of conveyance and for the same journey, provided they indicate the same destination, will not be regarded as covering a partial shipment, even if they indicate different dates of shipment or different ports of loading.

⑤ A presentation consisting of one or more sets of transport documents evidencing shipment on more than one means of conveyance within the same mode of transport will be regarded as covering a partial shipment, even if the means of conveyance lealve on the same day for the same destination.

해설

분할선적이 허용되지 아니하는 경우에도, 신용장금액의 5%를 초과하지 아니하는 부족은 허용된다.
⇒ Even when partial shipments are not allowed, a tolerance not to exceed 5% less than the amount of the credit is allowed, provided that the quantity of the goods, if stated in the credit, is shipped in full and a unit price, if stated in the credit, is not reduced.

17 UCP 600 제10조에서 규정하고 있는 조건변경에 대한 내용으로 옳지 않은 것을 고르시오.

① An issuing bank is irrevocably bound by an amendment as of the time it issues the amendment.

② A confirming bank may extend its confirmation to an amendment and will be irrevocably bound as of the time it advises the amendment.

③ The terms and conditions of the original credit will remain in force for the beneficiary until the beneficiary communicates its acceptance of the amendment to the bank that advised such amendment.

④ A bank that advises an amendment should inform the bank from which it received the amendment of any notification of acceptance or rejection.

⑤ Partial acceptance of an amendment is allowed.

해설

조건변경에 대한 일부수락은 허용되지 않으며 이는 조건변경에 대한 거절 통지로 간주된다.

18 UCP 600 제16조에서 규정하고 있는 불일치 서류 등에 대한 내용으로 옳지 않은 것을 고르시오.

① When a nominated bank acting on its nomination, a confirming bank, if any, or the issuing bank determines that a presentation does not comply, it may refuse to honour or negotiate.

② When an issuing bank determines that a presentation does not comply, it may in its sole judgement approach the applicant for a waiver of the discrepancies.

③ When a nominated bank acting on its nomination, a confirming bank, if any, or the issuing bank decides to refuse to honour or negotiate, it must give a single notice to the effect to the presenter.

④ If an issuing bank or a confirming bank fails to act in accordance with the provisions of article 16, it shall be precluded from claiming that the document do not constitute a complying presentation.

⑤ When an issuing bank refuses to honour or a confirming bank refuses to honour or negotiate and has given notice to that effect, it shall then be entitled to claim a refund, without interest, of any reimbursement made.

해설

발행은행이 지급이행을 거절하거나 또는 확인은행이 지급이행 또는 매입을 거절하고 그러한 취지를 통지한 경우, 그 은행은 이미 행해진 상환금에 이자를 추가하여 그 상환금의 반환을 청구할 권리가 있다.

19 다음 중 eUCP Version 2.0에 대한 설명으로 틀린 것을 고르시오.

① The eUCP shall apply where the credit indicates that it is subject to the eUCP.

② An eUCP credit is also subject to the UCP with express incorporation of the UCP.

③ Where the eUCP applies, its provisions shall prevail to the extent that they would produce a result different from the application of the UCP.

④ An eUCP credit must indicate the format of each electronic record.

⑤ If the format of an electronic record is not indicated, it may be presented in any format.

> 해설
>
> eUCP에 따르는 신용장은 UCP 적용의 명시적인 문구가 없더라도 UCP에 따른다.

20 eUCP Version 2.0의 제e6조에서 규정하고 있는 제시(Presentation)에 대한 내용 중 틀린 것을 고르시오.

① Electronic records may be presented separately and need to be presented at the same time.

② When one or more electronic records are presented alone or in combination with paper documents, the presenter is responsible for providing a notice of completeness to the nominated bank, confirming bank, if any, or to the issuing bank, where a presentation is made directly.

③ Presentation is deemed not to have been made if the notice of completeness is not received.

④ Each presentation of an electronic record under an eUCP credit must identify the eUCP credit under which it is presented.

⑤ An electronic record that cannot be authenticated is deemed not to have been presented.

> 해설
>
> 전자기록은 분리되어 제시될 수 있으나 동시에 제시될 필요는 없다.

21 eUCP Version 2.0상의 제e7조에서 규정하고 있는 심사(Examination) 및 제e8조에서 규정하고 있는 거절통지(Notice of Refusal)에 대한 내용 중 틀린 것을 고르시오.

① The period for the examination of documents commences on the banking day following the day on which the notice of completeness is received by the nominated bank, confirming bank, if any, or by the issuing bank, where a presentation is made directly.

② If an electronic record contains a hyperlink to an external system or a presentation indicates that the electronic record may be examined by reference to an external system, the electronic record at the hyperlink or the external system shall be deemed to constitute an integral part of the electronic record to be examined.

③ The forwarding of electronic records by a nominated bank, whether or not it is acting on its nomination to honour or negotiate, signifies that it has satisfied itself as to the apparent authenticity of the electronic records.

④ The inability of a nominated bank acting on its nomination, a confirming bank, if any, or the issuing bank, to examine an electronic record in a format required by an eUCP credit or, if no format is required, to examine it in the format presented is a basis for refusal.

⑤ If a nominated bank acting on its nomination, a confirming bank, if any, or the issuing bank, provides a notice of refusal of a presentation which includes electronic records and does not receive instructions from the party to which notice of refusal is given for the disposition of the electronic records within 30 calendar days from the date the notice of refusal is given, the bank shall return any paper documents not previously returned to that party, but may dispose of the electronic records in any manner deemed appropriate without any responsibility.

해설

eUCP 신용장에 의하여 요구되는 형식의 전자기록 또는 아무런 형식이 요구되지 아니한 경우 제시된 형식의 전자기록을 심사할 때 지정에 따라 행동하는 지정은행, 확인은행(확인은행이 있는 경우), 발행은행의 무능력은 거절을 위한 근거가 되지 아니한다.

22 추심에 관한 통일규칙(URC 522) 제5조에서 규정하고 있는 제시(presentation)에 대한 내용 중 잘못된 것을 고르시오.

① Presentation is the procedure whereby the presenting bank makes the documents available to the drawee as instructed.

② The collection instruction should state the exact period of time within which any action is to be taken by the principal.

③ Documents are to be presented to the drawee in the form in which they are received, except that banks are authorized to affix any necessary stamps, at the expense of the party from whom they received the collection unless otherwise instructed, and to make any necessary endorsements or place any rubber stamps or other identifying marks or symbols customary to or required for the collection operation.

④ The documents and collection instruction may be sent directly by the remitting bank to the collecting bank or through another bank as intermediary.

⑤ If the remitting bank does not nominate a specific presenting bank, the collecting bank may utilize a presenting bank of its choice.

해설

추심지시서는 지급인(drawee)이 조치를 취해야 하는 명확한 기한을 기재하여야 한다.
⇒ The collection instruction should state the exact period of time within which any action is to be taken by the <u>drawee</u>.

23 추심에 관한 통일규칙(URC 522) 제26조에서 규정하고 있는 통지(Advices)에 관한 내용 중 잘못된 것을 고르시오.

① All advices or information from the collecting bank to the bank from which the collection instruction was received, must bear appropriate details including, in all cases, the latter bank's reference as stated in the collection instruction.

② The collecting bank must send without delay advice of payment to the bank from which the collection instruction was received, detailing the amount or amounts collected, charges and/or disbursements and/or expenses deducted, where appropriate, and method of disposal of the funds.

③ The collecting bank must send without delay advice of acceptance to the bank from which the collection instruction was received.

④ The presenting bank should endeavour to ascertain the reasons for non-payment or non-acceptance and advise accordingly, without delay, the bank from which it received the collection instruction.

⑤ If the instructions are not received by the presenting bank within 90 days after its advice of non-payment or non-acceptance, the documents may be returned to the bank from which the collection instruction was received without any further responsibility on the part of the presenting bank.

해설

만일 지급거절 또는 인수거절의 통지 후 60일 내에 제시은행에 의해 그러한 지시가 접수되지 않는 경우, 서류는 제시은행 측의 추가 책임 없이 추심지시서를 송부한 은행으로 반송될 수 있다.

24 추심에 관한 통일규칙(URC 522) 제3조의 추심 당사자(Parties to a Collection)에 대한 다음 내용 중 ( ) 안에 들어갈 단어를 순서대로 바르게 연결한 것을 고르시오.

- (a) which is the bank to which the principal has entrusted the handling of a collection.
- (b) which is any bank, other than (c), involved in processing the collection.
- (d) which is (e) making presentation to the drawee.

① a) the collecting bank − b) the collecting bank − c) the remitting bank − d) the presenting bank − e) the collecting bank

② a) the remitting bank − b) the collecting bank − c) the remitting bank − d) the presenting bank − e) the remitting bank

③ a) the remitting bank − b) the collecting bank − c) the remitting bank − d) the presenting bank − e) the collecting bank

④ a) the collecting bank − b) the remitting bank − c) the collecting bank − d) the presenting bank − e) the collecting bank

⑤ a) the remitting bank − b) the collecting bank − c) the presenting bank − d) the presenting bank − e) the collecting bank

해설

추심의뢰은행은 추심의뢰인으로부터 추심업무를 의뢰받는 은행이며, 추심은행은 추심의뢰은행 이외에 추심의뢰 과정에 참여하는 모든 은행이고, 제시은행은 지급인에게 제시를 행하는 추심은행을 말한다.

25 추심에 관한 통일규칙(URC 522) 제2조에서 규정하고 있는 추심의 정의 중 잘못된 것을 고르시오.

① Clean collection means collection of financial documents not accompanied by commercial documents.

② Documentary collection mean collection of financial documents accompanied by commercial documents.

③ Documentary collection mean collection of commercial documents not accompanied by financial documents.

④ Commercial documents mean invoices, transport documents, documents of title or other similar documents, or any other documents whatsoever including financial documents.

⑤ Financial documents mean bill of exchange, promissory notes, cheques, or other similar instruments used for obtaining the payment of money.

해설
상업서류란 송장, 운송서류, 권리증권 또는 이와 유사한 서류, 또는 그 밖에 금융서류가 아닌 모든 서류를 의미한다.

26 추심에 관한 통일규칙(URC 522) 제4조에서 규정하고 있는 추심지시서(Collection Instruction)에 반드시 포함되어야 하는 내용이 아닌 것을 고르시오.

① Details of the beneficiary including full name, postal address

② Amount(s) and currency(ies) to be collected

③ Terms and conditions upon which payment and/or acceptance is to be obtained

④ Charges to be collected, indicating whether they may be waived or not

⑤ Interest to be collected, if applicable, indicating whether it may be waived or not

해설
수익자(beneficiary)와 관련한 정보는 추심지시서의 필수 기재사항이 아니다.

27 은행 간 신용장대금상환에 관한 통일규칙(URR 725) 제2조에서 규정하고 있는 용어의 정의가 잘못된 것을 고르시오.

① "Issuing bank" means the bank that has issued a credit and the reimbursement authorization under that credit.

② "Reimbursing bank" means the bank instructed or authorized to provide reimbursement pursuant to a reimbursement authorization issued by the issuing bank.

③ "Reimbursement authorization" means an instruction or authorization, dependent of the credit, issued by an issuing bank to a reimbursing bank to reimburse a claiming bank or, if so requested by the issuing bank, to accept and pay a time draft drawn on the reimbursing bank.

④ "Reimbursement amendment" means an advice from the issuing bank to a reimbursing bank stating changes to a reimbursement authorization.

⑤ "Claiming bank" means a bank that honours or negotiates a credit and presents a reimbursement claim to the reimbursing bank. "Claiming bank" includes a bank authorized to present a reimbursement claim to the reimbursing bank on behalf of the bank that honours or negotiates.

> **해설**
>
> "상환수권"은 신용장과는 독립된 것으로서, 개설은행이 상환은행으로 하여금 상환청구은행에 대금을 상환하도록 하거나, 또는 개설은행의 요청에 의하여 상환은행 앞으로 발행된 기한부 환어음을 인수 및 지급하도록 하는 지시 또는 수권을 의미한다.

27 ③ 　정답

28 선하증권에 관한 법규의 통일을 위한 국제협약(Hague Rules, 1924)에서 규정하고 있는 운송인의 의무 및 면책에 관한 내용으로 옳지 않은 것을 고르시오.

① The carrier shall be bound before and during the voyage to exercise due diligence to properly man, equip, and supply the ship.

② Neither the carrier nor the ship shall be liable for loss or damage arising from unseaworthiness unless caused by want of due diligence on the part of the carrier to make the ship seaworthy.

③ After receiving the goods into his carriage the carrier shall, on demand of the shipper, issue to the shipper a B/L. Such B/L shall be a prima facie evidence of the receipt by the carrier of the goods.

④ Neither the carrier nor the ship shall be responsible for loss or damage arising from insufficiency of packing and inadequacy of marks.

⑤ Any clause, covenant, or agreement in a contract of carriage relieving the carrier from liability or lessening such liability for loss or damage to goods arising from negligence in the duties and obligations, shall be null and void.

해설
운송인은 발항 전과 발항 시에 상당한 주의를 가지고 선박의 승조원 배치, 선박의 의장 및 필수품 보급을 적절히 이행하여야 한다.
⇒ The carrier shall be bound before and <u>at the beginning</u> of the voyage to exercise due diligence to properly man, equip, and supply the ship.

29 선하증권에 관한 법규의 통일을 위한 국제협약(Hague Rules, 1924) 제1조에서 규정하고 있는 용어의 정의에 관한 내용으로 옳지 않은 것을 고르시오.

① "Carrier" includes the owner of the charterer who enters into a contract of carriage with a shipper.

② "Contract of carriage" applies only to contracts of carriage covered by a bill of lading or any similar document of title.

③ "Goods" includes goods, wares, merchandise and articles of every kind whatsoever including live animals.

④ "Ship" means any vessel used for the carriage of goods by sea.

⑤ "Carriage of goods" covers the period from the time when the goods are loaded on to the time they are discharged from the ship.

해설
물품은 살아 있는 동물과 운송계약에 의하여 갑판적재화물이라고 기재되고 또 그렇게 운송되는 화물을 제외한 모든 종류의 물품, 제품 및 상품을 포함한다.

30 선하증권에 관한 법규의 통일을 위한 국제협약(Hague Rules, 1924)에 대한 내용으로 옳지 않은 것을 고르시오.

① The provisions of this Convention shall not affect the rights and obligations of the carrier under any statute for the time being in force relating to the limitation of the liability of owners of sea-going vessels.

② The provisions of this Convention shall not be applicable to charter parties without exception.

③ The provision of this Convention shall apply to all bills of lading issued in any of the contracting States.

④ Nothing herein contained shall prevent a carrier or a shipper from entering into any agreement, stipulation, condition, reservation or exemption as to the responsibility and liability of the carrier or the ship for the loss or damage to, or in connection with, the custody and care and handling of goods prior to the loading on, and subsequent to, the discharge from the ship on which the goods are carried by sea.

⑤ The monetary units mentioned in this Convention are to be gold value.

해설

용선계약 하에서도 선하증권이 발행되는 경우, 이러한 선하증권은 헤이그 규칙이 적용된다.

31 선하증권에 관한 법규의 통일을 위한 국제협약(Hague Rules, 1924) 제2조의 내용 중 (   ) 안에 적합하지 않은 것을 고르시오.

> Subject to the provisions of article 6, under every contract of carriage of goods by sea the carrier, in relation to (   ), shall be subject to the responsibilities and liabilities, and entitled to the rights and immunities hereinafter set forth.

① care
② handling
③ stowage
④ discharge of goods
⑤ delay in delivery

해설

제6조의 규정의 경우를 제외하고 모든 해상운송 계약에서 운송인은 화물의 선적(loading), 취급(handling), 선내작업(stowage), 운송(carriage), 보관(custody), 관리(care) 및 양하(discharge)에 대하여 이 협약에서 규정한 책임과 의무를 지며 또 권리와 면책권을 가진다.

32 선하증권에 관한 법규의 통일을 위한 국제협약(Hague Rules, 1924) 제4조에서 규정하는 운송인의 면책에 관한 내용으로 옳지 않은 것을 고르시오.

① The shipper shall not be responsible for loss or damage sustained by the carrier or the ship arising or resulting from any cause without the act, fault or neglect of the shipper, his agents or his servants.

② Any deviation in saving or attempting to save life or property at sea or any reasonable deviation shall not be deemed to be an infringement or breach of this Convention or of the contract of carriage, and the carrier shall not be liable for any loss or damage resulting therefrom.

③ Neither the carrier nor the ship shall be responsible for loss or damage arising or resulting from quarantine restrictions.

④ Whenever loss or damage has resulted from unseaworthiness the burden of proving the exercise of due diligence shall be on the shipper.

⑤ Goods of an inflammable, explosive or dangerous nature to the shipment whereof the carrier, master or agent of the carrier has not consented with knowledge of their nature and character, may at any time before discharge be landed at any place, or destroyed or rendered innocuous by the carrier without compensation.

해설

선박의 불감항성 때문에 멸실이나 손상이 발행하는 경우에 있어서 상당한 주의를 다하였다는 입증책임은 면책을 주장하는 운송인 또는 그 밖의 자에게 있다.

⇒ Whenever loss or damage has resulted from unseaworthiness the burden of proving the exercise of due diligence shall be on the <u>carrier or other person claiming exemption under this Article</u>.

33 해상화물운송에 관한 유엔협약(Hamburg Rules, 1978)의 내용으로 옳지 않은 것을 고르시오.

① The provisions of this Convention are applicable to charter-parties.

② When the carrier or the actual carrier takes the goods in his charge, the carrier must, on demand of the shipper, issue to the shipper a bill of lading.

③ If the carrier or other person issuing the bill of lading on his behalf fails to note on the bill of lading the apparent condition of the goods, he is deemed to have noted on the bill of lading that the goods were in apparent good condition.

④ No compensation shall be payable for loss resulting from delay in delivery unless a notice has been given in writing to the carrier within 60 consecutive days after the day when the goods were handed over to the consignee.

⑤ The shipper must mark or label in a suitable manner dangerous goods as dangerous.

해설

함부르크 규칙은 용선계약에는 적용하지 아니한다.

34 해상화물운송에 관한 유엔협약(Hamburg Rules, 1978) 제1조에서 규정하는 정의에 관한 내용으로 옳지 않은 것을 고르시오.

① "Carrier" means any person by whom or in whose name a contract of carriage of goods by sea has been concluded with a shipper.

② "Actual carrier" means any person to whom the performance of the carriage of the goods, or of part of the carriage, has been entrusted by the carrier, and includes any other person to whom such performance has been entrusted.

③ "Shipper" means any person by whom or in whose name or on whose behalf of contract of carriage of goods by sea has been concluded with a carrier, or any person by whom or in whose name or on whose behalf of the goods are actually delivered to the carrier in relation to the contract of carriage by sea.

④ "Consignee" means the person entitled to take delivery of the goods.

⑤ "Goods" excludes live animals, where the goods are consolidated in a container, pallet or similar article of transport of where they are packed, "goods" includes such article of transport or packaging if supplied by the shipper.

해설

함부르크 규칙에서 화물이라 함은 살아있는 동물을 포함한다.

35 해상화물운송에 관한 유엔협약(Hamburg Rules, 1978) 제2조에서 규정하는 적용범위에 관한 내용으로 옳지 않은 것을 고르시오.

> The provisions of this Convention are applicable to all contracts of carriage by sea between two different States, if :

① the port of loading as provided for in the contract of carriage by sea is located in a Contracting State.

② the port of transshipment as provided for in the contract of carriage by sea is located in a Contracting State.

③ one of the optional ports of discharge provided for in the contract of carriage by sea is the actual port of discharge and such port is located in a Contracting State.

④ the bill of lading or other document evidencing the contract of carriage by sea is issued in a Contracting State.

⑤ the bill of lading or other document evidencing the contract of carriage by sea provides that the provisons of this Convention or the legislation of any State giving effect to them are to govern the contract.

해설

해상운송계약에서 정한 환적항이 체약국에 있는 경우는 함부르크 규칙의 적용범위에 포함되지 않는다.
⇒ the port of <u>discharge</u> as provided for in the contract of carriage by sea is located in a Contracting State.

36 해상화물운송에 관한 유엔협약(Hamburg Rules, 1978) 제10조에서 규정하는 운송인과 실제운송인의 책임에 관한 내용으로 옳지 않은 것을 고르시오.

① Where the performance of the carriage or part thereof has been entrusted to an actual carrier, whether or not in pursuance of a liberty under the contract of carriage by sea to do so, the carrier nevertheless remains responsible for the entire carriage according to the provisons of this Convention.

② All the provisions of this Convention governing the responsibility of the carrier also apply to the responsibility of the actual carrier for the carriage performed by him.

③ Where and to the extent that both the carrier and the actual carrier are liable, their liability is joint and several.

④ The aggregate of the amounts recoverable from the carrier, the actual carrier and their servants and agents shall not exceed 110% of the limits of liability provided for in this Convention.

⑤ Nothing in article 10 shall prejudice any right of recourse as between the carrier and the actual carrier.

운송인, 실제운송인 및 그들의 사용인과 대리인으로부터 받을 수 있는 배상액의 총합은 함부르크 규칙에서 규정된 책임한도액을 초과할 수 없다.

⇒ The aggregate of the amounts recoverable from the carrier, the actual carrier and their servants and agents shall not exceed the limits of liability provided for in this Convention.

37 해상화물운송에 관한 유엔협약(Hamburg Rules, 1978) 제20조에서 규정하는 소송의 제한에 관한 내용으로 옳지 않은 것을 고르시오.

① Any action relating to carriage of goods under this Convention is time-barred if judicial or arbitral proceedings have not been instituted within a period of three years.

② The limitation period commences on the day on which the carrier has delivered the goods or part thereof or, in cases where no goods have been delivered, on the last day on which the goods should have been delivered.

③ The day on which the limitation period commences is not included in the period.

④ The person against whom a claim is made may at any time during the running of the limitation period extend that period by a declaration in writing to the claimant. This period may be further extended by another declaration or declarations.

⑤ An action for indemnity by a person held liable may be instituted even after the expiration of the limitation period provided for in the preceding paragraphs if instituted within the time allowed by the law of the State where proceedings are instituted.

법적절차나 중재절차가 2년 내에 개시되지 않으면 함부르크 규칙에 의한 물품운송과 관련한 모든 소송은 시효소멸한다.

37 ① 정답

38 해상화물운송에 관한 유엔협약(Hamburg Rules, 1978)상 운송인의 책임에 관한 내용으로 옳지 않은 것을 고르시오.

① The responsibility of the carrier for the goods under this Convention covers the period during which the carrier is in charge of the goods at the port of loading, during the carriage and at the port of discharge.

② The carrier is liable for loss resulting from loss of or damage to the goods, as well as from delay in deliver, if the occurrence which caused the loss, damage or delay took place while the goods were in his charge as defined in article 4(Period of responsibility), unless the carrier proves that he, his servants or agents took all measures that could reasonably be required to avoid the occurrence and its consequences.

③ The person entitled to make a claim for the loss of goods may treat the goods as lost if they have not been delivered as required by article 4(Period of responsibility) within 90 consecutive days following the expiry of the time for delivery according to paragraph 2 of article 5(Basis of liability).

④ With respect to live animals, the carrier is not liable for loss, damage or delay in delivery resulting from any special risks inherent in that kind of carriage.

⑤ The carrier is entitled to carry the goods on deck only if such carriage is in accordance with an agreement with the shipper or with the usage of the particular trade or is required by statutory rules or regulations.

해설

화물이 제5조 제2항에 의한 인도기간의 만료일 경과 후 60일 이내에 제4조에 의하여 요구된 대로 인도되지 아니한 경우에는 화물의 멸실에 대하여 배상청구를 할 수 있는 자는 화물을 멸실한 것으로 취급할 수 있다.

39 UN 국제물품복합운송조약(MT 조약, 1980) 제1조에서 규정하는 용어의 정의에 관한 내용으로 옳지 않은 것을 고르시오.

① "International multimodal transport" means the carriage of goods by at least two different modes of transport on the basis of a multimodal transport contract from a place in one country at which the goods are taken in charge by the multimodal transport operator to a place designated for delivery situated in a different country.

② "Multimodal transport operator" means any person who on his own behalf or through another person acting on his behalf concludes a multimodal transport contract and who acts as a principal, not as an agent or on behalf of the consignor or of the carriers participating in the multimodal transport operations, and who assumes responsibility for the performance of the contract.

③ "Multimodal transport contract" means a contract whereby a multimodal transport operator undertakes, against payment of freight, to perform or to procure the performance of international multimodal transport.

④ "Multimodal transport document" means a document which evidences a multimodal transport contract, the taking in charge of the goods by the multimodal transport operator, and an undertaking by him to deliver the goods in accordance with the terms of that contract.

⑤ "Consignor" means the person entitled to take delivery of the goods.

해설

화물을 인도받을 권리를 가진 사람은 수하인(Consignee)이다.

40 UN 국제물품복합운송조약(MT 조약, 1980) 제14조에서 규정하는 책임의 기간에 관하여 다음의 밑줄 친 내용 중 옳지 않은 것을 고르시오.

1. The responsibility of the multimodal transport operator for the goods under this Convention covers the period ① <u>from the time he takes the goods in his charge to the time of their delivery</u>.

2. For the purpose of this article, the multimodal transport operator is deemed to be in charge of the goods :

  (a) from the time he has taken over the goods from :

    (i) the consignor or a person acting on his behalf; or

    (ii) ② <u>an authority or other third party</u> to whom, pursuant to law or regulations applicable at the place of taking in charge, the goods must be handed over for transport ;

  (b) until the time he has delivered the goods :

    (i) ③ <u>by handing over the goods to the consignee</u>; or

    (ii) in cases where the consignee does not receive the goods from the multimodal transport operator, ④ <u>by placing them at the port of discharge in accordance with the law</u> or with the usage of the particular trade applicable at the place of delivery ; or

    (iii) by handing over the goods to an authority or other third party to whom, pursuant to law or regulations applicable ⑤ <u>at the place of delivery</u>, the goods must be handed over.

[해설]

수하인이 복합운송인으로부터 화물을 수령하지 아니하는 경우에는, 복합운송계약 또는 법률이나 인도지에서 적용되는 당해 거래의 관습에 따라서 화물을 수하인의 처분으로 넘김으로써 인도할 때까지 화물은 복합운송인의 보관 아래 있는 것으로 본다.

41 UN 국제물품복합운송조약(MT 조약, 1980)상에서 복합운송인의 책임에 관한 내용으로 옳지 않은 것을 고르시오.

① The multimodal transport operator shall be liable for loss resulting from loss or damage to the goods, as well as from delay in delivery, if the occurrence which caused the loss, damage or delay in delivery took place while the goods were in his charge as defined in article 14.

② If the goods have not been delivered within 60 consecutive days following the date of delivery determined according to paragraph 2 of article 16, the claimant may treat the goods as lost.

③ The liability of the multimodal transport operator for loss resulting from delay in delivery according to the provisions of article 16 shall be limited to an amount equivalent to two and a half times the freight payable for the goods delayed, but not exceeding the total freight payable under the multimodal transport contract.

④ Delay in delivery occurs when the goods have not been delivered within the time expressly agreed upon or, in the absence of such agreement, within the time which it would be reasonable to require of a diligent multimodal transport operator, having regard to the circumstances of the case.

⑤ The multimodal transport operator is not entitled to the benefit of the limitation of liability provided for in this Convention if it is proved that the loss, damage or delay in delivery resulted from an act or omission of the multimodal transport operator done with the intent to cause such loss, damage or delay or recklessly and with knowledge that such loss, damage or delay would probably result.

해설

화물이 제16조 제2항에 의한 인도 기한을 경과한 후 연속되는 90일 내에 인도되지 아니한 때에는, 배상 청구인은 화물이 멸실된 것으로 간주할 수 있다.

42 UN 국제물품복합운송조약(MT 조약, 1980) 제23조에서 규정하는 위험물에 관한 특별규칙에 관한 내용으로 옳지 않은 것을 고르시오.

① The multimodal transport operator shall mark or label in a suitable manner dangerous goods as dangerous.

② Where the consignor hands over dangerous goods to the multimodal transport operator or any person acting on his behalf, the consignor shall inform him of the dangerous character of the goods and, if necessary, the precautions to be taken.

③ If the consignor fails to do so and the multimodal transport operator does not otherwise have knowledge of their dangerous character, the consignor shall be liable to the multimodal transport operator for all loss resulting from the shipment of such goods.

④ If the consignor fails to do so and the multimodal transport operator does not otherwise have knowledge of their dangerous character, the goods may at any time be unloaded, destroyed or rendered innocuous, as the circumstances may require, without payment of compensation.

⑤ The provisions of paragraph 2 of article 23 may not be invoked by any person if during the multimodal transport he has taken the goods in his charge with knowledge of their dangerous character.

해설

송하인(consignor)은 위험물에 관하여 적절한 방법으로 위험성이 있다는 표식을 하거나 꼬리표를 붙여야 한다.

43 UN 국제물품복합운송조약(MT 조약, 1980) 제25조에서 규정하는 소송의 제한에 관한 내용으로 옳지 않은 것을 고르시오.

① Any action relating to international multimodal transport under this Convention shall be time-barred if judicial or arbitral proceedings have not been instituted within a period of two years.

② However, if notification in writing, stating the nature and main particulars of the claim, has not been given within six months after the day when the goods were delivered or, where the goods have not been delivered, after the day on which they should have been delivered, the action shall be time-barred at the expiry of this period.

③ The limitation period commences on the day after the day on which the multimodal transport operator has delivered the goods or part thereof or, where the goods have not been delivered, on the day after the last day on which the goods should have been delivered.

④ The person against whom a claim is made may at any time during the running of the limitation period extend that period by a declaration in writing to the claimant. This period may be further extended by another declaration or declarations.

⑤ Provided that the provisions of another applicable international convention are not to the contrary, a recourse action for indemnity by a person held liable under this Convention may be instituted even after the expiration of the limitation period provided for in the preceding paragraphs if instituted within the time allowed by the law of the State where proceedings are instituted; however, the time allowed shall not be more than 90 days commencing from the day when the person instituting such action for indemnity has settled the claim or has been served with process in the action against himself.

해설

소송절차를 개시하는 국가의 법률에 의하여 허용된 구상청구소송 기간은 그러한 구상청구소송을 제기하는 사람이 자기에 대한 청구를 해결한 날 또는 자기에 대한 소송에서 소장의 송달을 받은 날로부터 기산하여 90일 미만(less than 90 days)이 아니어야 한다.

44 UN 국제물품복합운송조약(MT 조약, 1980) 제6조에서 규정하는 유통성 복합운송서류에 관한 내용으로 옳지 않은 것을 고르시오.

① It shall be made out to order or to bearer.

② If made out to order it shall be transferable by endorsement.

③ If made out to bearer it shall be transferable without endorsement.

④ It shall be issued in one original only.

⑤ If any copies are issued each copy shall be marked "non-negotiable copy".

> **해설**
> 유통성 복합운송서류는 1통 이상의 원본으로 구성될 수 있으며 이 경우 조를 이루고 있는 원본의 통수를 기재하여야 한다.

제8절 전자식 선하증권에 관한 CMI 규칙, 1990

45 전자식 선하증권에 관한 CMI 규칙에 관한 내용으로 옳지 않은 것을 고르시오.

① The rules shall apply when a B/L is issued in a Contracting State.

② Unless otherwise agreed, the document format for the Contract of Carriage shall conform to the UN Layout Key or compatible national standard for bills of lading.

③ The Contract of Carriage shall be subject to any international convention or national law which would have been compulsorily applicable if a paper bill of lading had been issued.

④ Unless otherwise agreed, a recipient of a Transmission is not authorized to act on a Transmission unless he has sent a Confirmation.

⑤ The Private Key is unique to each successive Holder. It is not transferable by the Holder. The carrier and the Holder shall each maintain the security of the Private Key.

> **해설**
> 전자식 선하증권에 관한 CMI 규칙은 당사자들이 이 규칙을 적용하기로 합의한 경우에 적용된다.
> ⇒ These Rules shall apply whenever the parties so agree.

46 전자식 선하증권에 관한 CMI 규칙 제2조에서 규정하는 용어 설명에 관한 내용으로 옳지 않은 것을 고르시오.

① "UN/EDIFACT" means the United Nations Rules for Electronic Data Interchange for Administration, Commerce and Transport.

② "Transmission" means one or more messages electronically sent together as one unit of dispatch which includes heading and terminating data.

③ "Confirmation" means a Transmission which advises that the content of a Transmission appears to be complete and correct, without prejudice to any subsequent consideration or action that the content may warrant.

④ "Private Key" means any technically appropriate form, such as a combination of numbers and/or letters, which the parties may agree for securing the authenticity and integrity of a Transmission.

⑤ "EDI" means the device by which a computer system can be examined for the transactions that it recorded, such as a Trade Data Log or an Audit Trail.

> **해설**
>
> EDI란 전자식 자료교환 즉, 원격전송에 의한 거래 정보의 교환을 말한다.
> ⇒ "EDI" means Electronic Data Interchange, i.e. the interchange of trade data effected by teletransmission.

47 전자식 선하증권에 관한 CMI 규칙 제4조에서 규정하는 운송인의 화물수령통지에 포함하여야 하는 내용으로 옳지 않은 것을 고르시오.

① The date and place of the receipt of the goods

② The Private Key to be used in subsequent Transmissions

③ The name of the consignee

④ The description of the goods, with any representations and reservations, in the same tenor as would be required if a paper bill of lading were issued

⑤ A reference to the carrier's terms and conditions of carriage

> **해설**
>
> 수하인(consignee)의 명칭은 화물수령통지의 필수사항이 아니다.
> 화물수령통지 포함내용
> • 송하인의 명칭
> • 종이 선하증권의 발행이 발행되었다면 요구되었을 것과 같은 등본으로, 모든 표시와 유보사항이 포함된 화물명세
> • 화물의 수령일과 수령장소
> • 운송인의 조건의 참조
> • 이후의 전송에 사용할 개인 암호

48 영국해상보험법(MIA, 1906)에서 규정하고 있는 담보 등에 관한 다음 내용 중 잘못된 것을 고르시오.

① In a voyage policy there is an implied warranty that during the voyage the ship shall be seaworthy for the purpose of the particular adventure insured.

② Where the policy attaches while the ship is in port, there is also an implied warranty that she shall, at the commencement of the risk, be reasonably fit to encounter the ordinary perils of the port.

③ Where the policy relates to a voyage which is performed in different stages, during which the ship requires different kinds of or further preparation or equipment, there is an implied warranty that at the commencement of each stage the ship is seaworthy in respect of such preparation or equipment for the purpose of the stage.

④ A ship is deemed to be seaworthy when she is reasonably fit in all respects to encounter the ordinary perils of the seas of the adventure insured.

⑤ In a time policy there is no implied warranty that the ship shall be seaworthy at any stage of the adventure, but where, with the privity of the assured, the ship is sent to sea in an unseaworthy state, the insurer is not liable for any loss attributable to unseaworthiness.

> **해설**
>
> 항해보험증권에서는 항해의 개시 당시에(at the commencement of the voyage) 선박은 보험에 가입된 특정한 해상사업의 목적을 위해 감항능력이 있어야 한다는 묵시적 담보가 있다.
>
> ⇒ In a voyage policy there is an implied warranty that <u>at the commencement of</u> the voyage the ship shall be seaworthy for the purpose of the particular adventure insured.

49 영국해상보험법(MIA, 1906)에서 규정하고 있는 이로(Deviation) 또는 지연(Delay)의 허용에 관한 다음 내용 중 틀린 것을 고르시오.

> Deviation or delay in prosecuting the voyage contemplated by the policy is excused :

① Where caused by circumstances beyond the control of the master and his employer

② Where reasonably necessary in order to comply with an express warranty only

③ Where reasonably necessary for the safety of the ship or subject-matter insured

④ For the purpose of saving human life, or aiding a ship in distress where human life may be in danger

⑤ Where reasonably necessary for the purpose of obtaining medical or surgical aid for any person on board the ship

해설

명시적 담보뿐만 아니라 묵시적 담보를 충족하기 위해 상당히 필요한 경우에도 이로 또는 지연이 허용된다.
⇒ Where reasonably necessary in order to comply with an express <u>or implied</u> warranty

50 영국해상보험법(MIA, 1906)에서 규정하고 있는 피보험이익 관련 내용과 일치하지 않는 것을 고르시오.

① The assured must be interested in the subject-matter insured at the time of the loss and he needs to be interested when the insurance is effected.

② A defeasible interest is insurable.

③ The insurer under a contract of marine insurance has an insurable interest in his risk, and may re-insure in respect of it.

④ The lender of money on bottomry has an insurable interest in respect of the loan.

⑤ In the case of advance freight, the person advancing the freight has an insurable interest, in so far as such freight is not repayable in case of loss.

해설

피보험자는 보험계약이 체결될 때 피보험 목적물에 피보험이익을 가질 필요는 없다.
⇒ The assured must be interested in the subject-matter insured at the time of the loss <u>though</u> he <u>need not</u> be interested when the insurance is effected.

51 영국해상보험법(MIA, 1906)에서 규정하고 있는 '손해방지약관'의 규정과 일치하지 않는 것을 고르시오.

① It is the duty of the assured and his agents, in all cases, to take such measures as may be reasonable for the purpose of averting or minimizing a loss.

② Expenses incurred for the purpose of averting or diminishing any loss not covered by the policy are not recoverable under the suing and labouring clause.

③ General average losses and contributions and salvage charges are recoverable under the suing and labouring clause.

④ Where the policy contains a suing and labouring clause, the engagement thereby entered into is deemed to be supplementary to the contract of insurance.

⑤ The assured may recover from the insurer any expenses properly incurred pursuant to the suing and labouring clause, notwithstanding that the insurer may have paid for the total loss.

> **해설**
> 공동해손손해와 분담금 및 구조비용은 손해방지약관에 의해 보상될 수 없다.
> ⇒ General average losses and contributions and salvage charges, <u>as defined by this Act</u>, are <u>not</u> recoverable under the suing and labouring clause.

52 영국해상보험법(MIA, 1906) 제18조에서 규정하는 피보험자의 고지 내용 중 질문이 없는 경우에 피보험자가 고지할 필요가 없는 사항이 아닌 것을 고르시오.

① Any circumstance which diminishes the risk.

② Any circumstance which is known or presumed to be known to the insurer.

③ Any circumstances as to which information is waived by the insurer.

④ Material circumstances which would influence the judgment of a prudent insurer in fixing the premium, or determining whether he will take the risk.

⑤ Any circumstance which it is superfluous to disclose by reason of any express or implied warranty.

> **해설**
> 보험료를 결정하거나 또는 위험의 인수 여부를 결정하는 데 있어서 신중한 보험자의 판단에 영향을 미치는 모든 사항은 보험자에게 고지하여야 한다.

51 ③   52 ④

제2장 무역계약의 이행 • **553**

53 영국해상보험법(MIA, 1906)상 보험증권에 관한 내용으로 옳지 않은 것을 고르시오.

① The policy may be executed and issued either at the time when the contract is concluded, or afterwards.

② Where the contract is to insure the subject-matter "at and from," or from one place to another or others, the policy is called a "voyage policy", and where the contract is to insure the subject-matter for a definite period of time the policy is called a "time policy". A contract for both voyage and time may be not included in the same policy.

③ A marine policy must specify the name of the assured, or of some person who effects the insurance on his behalf.

④ The subject-matter insured must be designated in a marine policy with reasonable certainty.

⑤ The nature and extent of the interest of the assured in the subject-matter insured need not be specified in the policy.

해설

항해와 기간의 양자를 위한 계약이 동일한 보험증권에 포함될 수 있다.

54 영국해상보험법(MIA, 1906)상 분손과 전손에 관한 내용으로 옳지 않은 것을 고르시오.

① A total loss may be either an actual total loss, or an constructive total loss.

② Unless a different intention appears from the terms of the policy, an insurance against total loss includes a constructive, as well as an actual, total loss.

③ Where the assured brings an action for a total loss and the evidence proves, only a partial loss, he may, unless the policy otherwise provides, recover for a partial loss.

④ Where goods reach their destination in specie, but by reason of obliteration of marks, or otherwise, they are incapable of identification, the loss, if any, is total.

⑤ Where the subject-matter insured is destroyed, or so damaged as to cease to be a thing of the kind insured, or where the assured is irretrievably deprived thereof, there is an actual total loss.

해설

화물이 같은 종류의 것으로 목적지에 도착하지만, 화물표지가 지워지거나 또는 기타의 이유로 같은 화물이라는 증명이 불가능한 경우에는, 만일 손해가 있다면 그 손해는 분손이며 전손은 아니다.

55 다음 중 협회적하약관(ICC, 2009) ICC(C)에서 담보하는 위험에 해당하지 않는 것을 고르시오.

① vessel or craft being stranded, grounded, sunk or capsized

② overturning or derailment of land conveyance

③ collision or contact of vessel craft or conveyance with any external object other than water

④ discharge of cargo at a port of distress

⑤ jettison or washing overboard

해설

갑판유실(washing overboard)은 ICC(C)에 의해 담보되지 않는 위험이다.

56 다음 중 협회적하약관(ICC, 2009) ICC(A)에서 면책되는 위험에 해당하지 않는 것을 고르시오.

① loss damage or expense attributable to wilful misconduct of the Assured

② ordinary leakage, ordinary loss in weight or volume, or ordinary wear and tear of the subject-matter insured

③ deliberate damage to or deliberate destruction of the subject-matter insured or any part thereof by the wrongful act of any person or persons

④ loss damage or expense caused by delay, even though the delay be caused by a risk insured against

⑤ loss damage or expense directly or indirectly caused by or arising from the use of any weapon or device employing atomic or nuclear fission and/or fusion or other like reaction or radioactive force or matter

해설

피보험목적물 또는 그 일부에 대한 어떠한 자의 불법행위에 의한 고의적인 손상 또는 고의적인 파괴에 의한 손해는 ICC(B), ICC(C)에서 면책되는 담보이다.

57 다음 내용이 설명하고 있는 협회적하약관(ICC, 2009)의 조항이 무엇인지 고르시오.

> Where, after attachment of this insurance, the destination is changed by the Assured, this must be notified promptly to insurers for rates and terms to be agreed. Should a loss occur prior to such agreement being obtained cover may be provided but only if cover would have been available at a reasonable commercial market rate on reasonable market terms.

① Transit Clause
③ War Exclusion Clause
⑤ Strikes Exclusion Clause
② Change of Voyage Clause
④ Forwarding Charges Clause

해설

제시된 지문은 항해의 변경과 관련한 내용이다.

58 협회적하약관(ICC, 2009)상 운송조항과 관련한 다음의 밑줄 친 내용 중 옳지 않은 것을 고르시오.

> 8.1 Subject to Clause 11 below, this insurance attaches ① <u>from the time the subject−matter insured is first moved in the warehouse or at the place of storage</u> (at the place named in the contract of insurance) for the purpose of the immediate loading into or onto the carrying vehicle or other conveyance for commencement of transit, continues during the ordinary course of transit and terminates either
>
> 8.1.1 on completion of unloading from the carrying vehicle or other conveyance in or at the final warehouse or place of storage at the destination named in the contract of insurance
>
> 8.1.2 on completion of unloading from the carrying vehicle or other conveyance in or at any other warehouse or place of storage, ② <u>whether prior to or at the destination named in the contract of insurance, which the Assured or their employees elect to use either for storage other than in the ordinary course of transit or for allocation or distribution,</u> or
>
> 8.1.3 ③ <u>when the Assured or their employees elect to use any carrying vehicle or other conveyance or any container for storage</u> other than in the ordinary course of transit or
>
> 8.1.4 ④ <u>on the expiry of 60 days after completion of discharge overside of the subject−matter insured from the oversea vessel at the final port of discharge, whichever shall first occur.</u>
>
> 8.2 If, after discharge overside from the oversea vessel at the final port of discharge, but prior to termination of this insurance, the subject−matter insured is to be forwarded to a destination other than that to which it is insured, this insurance, whilst remaining subject to termination as provided in Clauses 8.1.1 to 8.1.4 ⑤ <u>shall extend beyond the time the subject−matter insured is first moved for the purpose of the commencement of transit to such other destination.</u>

보험은 새로운 목적지로 운송이 개시될 목적으로 피보험목적물이 최초로 이동될 때 종료한다.

⇒ shall not extend beyond the time the subject-matter insured is first moved for the purpose of the commencement of transit to such other destination.

59 다음 중 협회적하약관(ICC, 2009)상 보험금의 청구와 관련한 내용으로 옳지 않는 것을 고르시오.

① In order to recover under this insurance the Assured must have an insurable interest in the subject-matter insured at the time of the loss.

② Where, as a result of the operation of a risk covered by this insurance, the insured transit is terminated at a port or place other than that to which the subject-matter is covered under this insurance, the Insurers will reimburse the Assured for any extra charges properly and reasonably incurred in unloading storing and forwarding the subject-matter insured to the destination to which it is insured.

③ Claim for Constructive Total Loss shall be recoverable hereunder.

④ In the event of claim the Assured shall provide the Insurers with evidence of the amounts insured under all other insurances.

⑤ The Assured shall be entitled to recover for insured loss occurring during the period covered by this insurance, notwithstanding that the loss occurred before the contract of insurance was concluded, unless the Assured were aware of the loss and the insurers were not.

추정전손에 대한 보험금청구는 보험 목적 현실전손이 불가피하다고 생각되거나, 또는 피보험목적물의 복구, 수리 및 부보된 목적지까지 계반하는 데 소요되는 비용이 그 목적지에 도착하였을 때의 보험의 목적 가액을 초과하게 된 이유로 보험의 목적을 위부하지 아니하는 한, 이 보험증권 하에서는 이를 보상하지 아니한다.

60 협회적하약관(ICC, 2009)의 다음 내용과 관련하여 ( ) 안에 들어갈 알맞은 내용을 고르시오.

> This insurance indemnifies the Assured, in respect of any risk insured herein, against liability incurred under any ( ) in the contract of carriage.
>
> In the event of any claim by carriers under the said Clause, the Assured agree to notify the Insurers who shall have the right, at their own cost and expense, to defend the Assured against such claim.

① Both to Blame Collision Clause   ② General Average

③ Constructive Total Loss   ④ Actual Total Loss

⑤ Avoidance of Delay

해설

상기 내용은 쌍방과실충돌 조항에 대한 내용이다.
② General Average 공동해손
③ Constructive Total Loss 추정전손
④ Actual Total Loss 현실전손
⑤ Avoidance of Delay 지연의 회피

제11절 기 타

61 다음은 무역관련 서류의 일부 내용이다. 어떤 서류인지 고르시오.

> In consideration of your granting us delivery of the above mentioned cargo which we declare has been shipped to our consignment, but Bills of Lading of which have not been received, we hereby engage to deliver you the said Bills of Lading as soon as we receive them and we further guarantee to indemnify yourselves and / or the owners of the said vessel against any claims that may be made by other parties on account of the aforesaid cargo, and to pay to you on demand any freight or other charges that may be due here or that may have remained unpaid at the port of shipment in respect to the above-mentioned goods.
>
> In the event of the Bills of Lading for the cargo herein mentioned being hypothecated to any other bank, company, firm or person, we further guarantee to hold you harmless from all consequences what so ever arising therefrom and furthermore undertake to inform you immediately in the event of the Bills of Lading being so hypothecated.

① L/I(Letter of Indemnity)　② B/L(Bill of Lading)
③ L/G(Letter of Guarantee)　④ S/R(Shipping Request)
⑤ D/O(Delivery Order)

해설

운송인이 원본서류 없이 물품을 사전 인도할 때 발생하는 손해에 대한 신용장개설은행의 보증서인 수입화물선취보증서(L/G)에 대한 설명이다.

---

62 계약서에 나오는 다음 조항과 관계가 깊은 것을 고르시오.

> The failure by one party to require performance of any provision shall not affect that party's right to require performance at any time thereafter, nor shall a waiver of any breach or default of this Contract constitute a waiver of any subsequent breach or default or a waiver of the provision itself.

① Invalid Clause

② Severability Clause

③ Indemnification Clause

④ Assignment and Succession Clause

⑤ Non-Waiver Clause

해설

한쪽의 계약당사자가 자신의 권리를 명시적으로 주장하지 않았다 하여 그 권리를 포기한 것으로 보지 않는다는 취지의 계약조항인 권리불포기 조항(Non-waiver Clause)에 대한 설명이다.
① Invalid Clause 무효조항
② Severability Clause 분리가능조항
③ Indemnification Clause 보상조항
④ Assignment and Succession Clause 양도와 승계조항

63 다음은 무역서류 중 어떤 서류에 대한 설명인지 고르시오.

> This is a document from a consignor, a shipper, or an owner of freight which orders the release of the transportation of cargo to another party.

① Letter of Indemnity

② Letter of Guarantee

③ Trust Receipt

④ Delivery Order

⑤ Dock Receipt

해설

선하증권이 발행되어 있는 운송품에 대하여 그 물품의 인도를 지시하는 증서인 화물인도지시서(Delivery Order)에 대한 설명이다.

① Letter of Indemnity 파손화물보상장

② Letter of Guarantee 수입화물선취보증서

③ Trust Receipt 수입화물대도

⑤ Dock Receipt 부두수취증

64 다음은 어떤 무역용어에 대한 설명인지 고르시오.

> All parties in a sea venture proportionally share any losses resulting from a voluntary sacrifice of part of the ship or cargo to save the whole in an emergency.

① Washing Overboard ② General Average

③ Abandonment ④ Jettison

⑤ Salvage

해설

해상운송 중 위험에 놓인 선박이나 적하를 보존할 목적으로 행한 희생 또는 비용 지출에 대하여 이러한 희생 또는 비용으로 이익을 본 당사자들이 손해를 공동으로 부담하여 보상하는 공동해손(General Average)에 관한 설명이다.

65 다음 문장은 무엇에 대한 설명인지 고르시오.

> It is a L/C that is payable once it is presented along with the necessary documents. An organization offering a sight letter of credit commits itself to paying the agreed amount of funds provided the provisions of the letter of credit are met.

① Sight L/C
② Negotiation L/C
③ Payment L/C
④ Deferred Payment L/C
⑤ Usance L/C

해설

선적서류 등 필수서류를 제시하면 이를 일람한 즉시 대급을 지급하겠다고 확약하는 신용장은 일람출급신용장(Sight L/C)이다.
② Negotiation L/C 매입신용장
③ Payment L/C 지급신용장
④ Deferred Payment L/C 연지급신용장
⑤ Usance L/C 기한부신용장

66 다음은 환어음의 내용을 나타내는 양식이다. ①~⑥에 들어갈 내용을 순서대로 바르게 설명한 것을 고르시오.

> **BILL OF EXCHANGE**
>
> ①_____
>
> For ②_____
> At sight of this First Bill of Exchange (Second of the same tenor and date being unpaid) pay to ③_____ the sum of United States Dollars thirty nine thousand five hundred and seventy six only.
> Value received as per our invoice No. 16/VN–HM/2015
> Dated FEB., 4TH 2014
> Drawn under ④_____
> Irrevocable L/C No : MD1L1505RS00168
> To ⑤_____
>
> ⑥_____

① 발행날짜 – 환어음금액(문자) – 개설은행 – 지급인 – 수취인 – 발행인
② 발행날짜 – 환어음금액(숫자) – 수취인 – 개설은행 – 지급인 – 발행인
③ 발행날짜 – 환어음금액(숫자) – 수취인 – 지급인 – 발행인 – 개설은행
④ 유효기간 – 환어음금액(문자) – 수취인 – 개설은행 – 지급인 – 발행인
⑤ 유효기간 – 환어음금액(숫자) – 개설은행 – 지급인 – 수취인 – 발행인

발행날짜 - 환어음금액(숫자) - 수취인 - 개설은행 - 지급인 - 발행인이 맞는 내용이다.

67 국제계약의 체결 시 "계약의 일부 조항이 법률상 무효로 되더라도 나머지 조항의 효력은 계속 유지된다"는 내용을 포함시킬 때 이를 가리켜 무슨 조항이라 하는지 고르시오.

① Governing Law
② Jurisdiction
③ Amendment
④ Severability
⑤ Settlement of Dispute

분리가능조항(Severability Clause)에 관한 설명이다.

68 다음은 국제계약 관련 용어들이다. 그 설명이 바르게 짝지어지지 않은 것을 고르시오.

① Impossibility - 준거법 지정에 관한 사항을 정하는 것
② Battle of Forms - 계약의 내용에 관하여 청약자와 그 상대방이 교환하는 계약서식의 차이로 인한 당사자 간의 논쟁
③ Mirror Image Rule - 계약의 성립을 위해서는 승낙이 청약의 내용과 엄격하게 일치되어야 한다는 원칙
④ Mailbox Rule - 격지자 간에 있어서 승낙은 통지를 발송한 때에 효력이 발생한다.
⑤ Entire Agreement Clause - 당해 계약서가 계약당사자의 최종적이고 완전한 합의를 담고 있다는 것을 표시하는 조항

준거법에 관한 조항은 Governing Law이다.

69 국제계약서에 "이 계약서는 당사자의 완전하고 최종적인 합의를 나타낸다"는 내용의 조항이 있는 경우, 이를 가리켜 무엇이라 하는지 고르시오.

① Entire Agreement Clause

② Payment Clause

③ Shipment Clause

④ Force Majeure Clause

⑤ Governing Law Clause

해설
Entire Agreement(완전계약조항)는 계약서에 모든 합의 내용이 다 포함되어 있고, 계약서에 포함되지 않은 계약체결 이전의 모든 서면 또는 구두로 된 합의, 협상 내용은 효력이 없다는 내용이다.

70 ( ) 안에 알맞은 금융회수기법은 무엇인지 고르시오.

( ) is used to obtain immediate cash financing in exchange for giving up control over one's accounts receivable to a finance company. In essence, a ( ) arrangement requires customers to send their remittances to a lockbox that is controlled by the finance company. In addition, the finance company takes on the risk of loss from any bad debts incurred, though it may choose to pick only selected receivables in an effort to reduce the potential amount of bad debts incurred.

① Open account

② Forfaiting

③ D/A

④ D/P

⑤ Factoring

해설
제조업자가 구매자에게 상품 등을 외상으로 판매한 후 발생되는 외상매출채권을 팩토링회사(Factor)에게 일괄 양도함으로써 팩토링회사로부터 대금회수 및 전도금융 제공 등의 혜택을 부여받는 서비스인 팩토링(Factoring)에 관한 설명이다.

71 다음 무역용어에 대한 설명이 옳지 않은 것을 고르시오.

① Open account – An open account transaction is a sale where the goods are shipped and delivered before payment is due. Obviously, this option is the most advantageous for the importer in terms of cash flow and cost, but it is consequently the highest risk option for an exporter.

② Usance draft – A written demand for payment which comes due at a specified future date.

③ Cash against documents – A method of payment for goods in which documents transferring title are given to the buyer upon payment of cash to an intermediary acting for the seller.

④ D/A – An importer pays bills and obtains documents and the goods. Therefore, the exporter retains control of the goods until payment.

⑤ Confirmed irrevocable L/C – an L/C issued by the importer's bank and confirmed by a bank usually in the exporter's country. The obligation of the second bank is added to the obligation of the issuing bank to honor drafts presented in accordance with the terms of credit.

해설

제시된 내용은 D/P에 관한 설명이다. D/A는 추심은행이 수출상이 제시한 환어음을 인수하고 선적서류를 수입상에게 인도 후 약정된 만기일에 대금을 지급하는 방식이다.

72 ( ) 안에 알맞은 용어를 순서대로 바르게 나열한 것을 고르시오.

- ( ) : The person or organization to whom a check or draft is made payable.
- ( ) : The act of a person who is the holder of a negotiable instrument in signing his or her name on the back of that instrument, thereby transferring title or ownership.

① Drawee – Endorsement   ② Acceptor – Confirmation

③ Payee – Endorsement   ④ Drawee – Confirmation

⑤ Payee – Collection

해설

수취인(Payee) 및 배서(Endorsement)에 대한 설명이다.

73 다음이 설명하는 선하증권의 종류로서 옳은 것을 고르시오.

> It is a non-negotiable bill of lading in which the goods are consigned to a designated party.

① Optional bill of lading

② Straight bill of lading

③ Order bill of lading

④ Through bill of lading

⑤ Forwarder's bill of lading

해설

물품의 수하인을 특정인으로 한정하여 유통성이 없는 기명식 B/L에 대한 설명이다.
① Optional bill of lading 양륙항선택권부 선하증권
③ Order bill of lading 지시식 선하증권
④ Through bill of lading 통선하증권
⑤ Forwarder's bill of lading 운송중개인의 선하증권

74 다음 문장의 밑줄 친 부분에 해당하지 않는 비용만으로 구성된 것을 고르시오.

> Banks will accept transport documents bearing reference by stamp or otherwise to costs additional to the freight, such as costs of, or disbursements incurred in connection with <u>loading, unloading or similar operations</u>, unless the conditions of the credit specifically prohibit such reference.

① Wharfage, Warehouse charge

② Stowage charge, Customs expense

③ Stevedorage, Warehouse charge

④ Wharfage, Stowage charge

⑤ Trimming charge, Customs expense

해설

부두사용료(Wharfage), 창고료(Warehouse charge), 관세비용(Customs expense)은 적재, 양하와 상관없는 비용이다. 하역인부임(Stevedorage), 적부비용(Stowage charge), 화물정리비용(Trimming charge)은 적재, 양하 등과 관련한 비용이다.

우리가 해야 할 일은 끊임없이 호기심을 갖고
새로운 생각을 시험해보고 새로운 인상을 받는 것이다.

– 월터 페이터 –

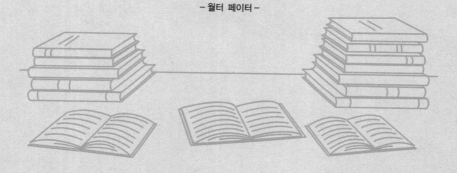

제2편

무역계약의 종료

| 제1장 | 무역계약의 분쟁해결 |

배우기만 하고 생각하지 않으면 얻는 것이 없고,
생각만 하고 배우지 않으면 위태롭다.

- 공자 -

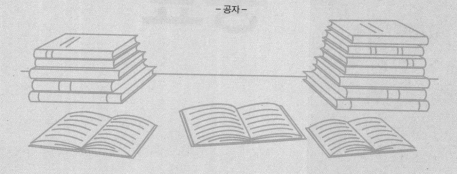

제1절 클레임과 분쟁해결

1. 무역계약의 불이행

(1) 개 념

무역계약이 체결되면 쌍무계약으로서의 특성상 양 당사자는 각각 일정한 채무를 지게 된다. 무역계약의 불이행(Non-Performance of Contract)이란 무역계약상의 채무 불이행, 즉 무역계약위반(Breach of Contract)을 의미한다. 일정 의무를 부담하고 있는 당사자가 자신의 의무를 지연, 해태, 거절, 미이행 혹은 불완전하게 이행하는 것과 이행불능의 경우에 일방의 귀책사유가 있는 것을 무역계약위반이라 한다.

(2) 무역계약의 불이행의 유형

① 이행지체(Delay in Performance 혹은 Failure to Perform)
당사자가 계약 이행기에 이행이 가능함에도 정당한 이행을 하지 않고 지연시키는 것을 말한다.

② 이행거절(Renunciation 혹은 Refusal to Performance)
이행시기 전후를 불문하고 의무를 이행하지 않겠다는 계약 당사자의 명시적·묵시적 의사표시를 말한다.

③ 불완전 이행(Incomplete Performance)
채무를 이행했으나 그 이행 수준이 완전하지 못한 것을 말한다.

④ 이행불능(Impossibility of Performance)
무역계약 당사자가 자신의 채무를 이행할 수 없는 것을 말한다.

2. 무역클레임 21년 기출

(1) 무역클레임의 개념

무역클레임이란 무역거래 당사자 중 일방(주로 수입상)이 상대방(주로 수출상)의 계약 불이행 및 위반으로 인해 손해를 입었을 경우 그 손해를 야기한 상대방에게 손해배상을 청구하는 일련의 절차를 말한다. 클레임과 관련하여 과다한 클레임 청구 방지를 위해 무역계약서상에 클레임 제기 가능기간(화물 최종분 도착 후 7일 이내 등)과 클레임 제기 시 사실관계 입증서류(공인검정기관 보고서 등)를 지정하는 동시에 손해를 야기한 당사자가 면책되는 불가항력(Force Majeure) 조항의 내용을 명확히 특정해야 한다.

(2) 무역클레임 제기요건

① 물품의 검사와 통지의무

매수인은 물품을 인도받은 후 그 물품이 계약목적에 합치되는지 외견상으로 검사하여 하자가 발견되거나 수량이 부족하면 매도인에게 통지해야 한다. 이러한 검사와 통지는 매수인의 필수적인 권리이자 의무이며, 이를 해태하면 법률적 청구권을 상실한다.

② 무역클레임의 제기기간

클레임의 제기기간에 관한 약정은 클레임의 포기조항을 수반하는 일종의 면책조항이라고 할 수 있으므로 그 기간을 설정하는 데 주의해야 한다.

③ 클레임 제기기간 설정

당사자 간에 제기기간에 대해 약정이 있으면 그 기간 내에 제기하면 되고, 약정이 없는 경우는 국가마다 그 기간을 달리 보고 있다.

(3) 무역클레임 해결방안

① 당사자 간 해결

당사자 간 직접교섭을 통해 우의적으로 무역클레임을 해결하는 방법으로 우호적인 거래관계를 지속시켜 나갈 수 있다는 장점이 있어 가장 바람직하다.

㉠ 청구권 포기(Waiver of Claim) : 피해자가 상대방에게 청구권을 행사하지 않는 것으로, 일반적으로 상대방이 사전 또는 즉각적으로 손해배상 제의를 통해 해결할 경우에 이루어지는 것이다. 분쟁해결을 위한 가장 바람직한 방법이다.

㉡ 화해(Amicable Settlement) : 상호평등의 원칙 하에 당사자가 직접적 협의를 통해 자주적으로 타협점을 찾는 것으로 이 경우 보통 화해계약을 체결한다. 화해는 '당사자가 서로 양보할 것', '분쟁을 종결할 것', '그 뜻을 약정할 것' 등 3가지 요건을 필요로 한다.

② 제3자 개입에 의한 해결

당사자 간에 원만하게 해결할 수 없을 때 제3자를 개입시켜 분쟁을 해결하는 방법으로 알선, 조정, 중재, 소송 등이 있다.

㉠ 알선(Intercession/Recommendation) : 알선이란 계약 일방 또는 쌍방의 요청에 따라 공정한 제3자(상사 중재원 등)가 사건에 개입하여 원만한 타협을 권유하여 자발적인 클레임 해결에 이르도록 하는 방법으로 당사자 간 비밀이 보장되고 지속적 거래 관계를 유지할 수 있다는 장점이 있다. 양 당사자 간 자발적 합의가 없으면 실패하는 법적 강제력이 없는 분쟁해결 방법이다.

㉡ 조정(Conciliation/Mediation) : 조정은 계약 일방 또는 쌍방의 요청에 따라 제3자를 조정인으로 선임하고 조정인이 제시하는 해결안(조정안)에 양 당사자가 합의함으로써 분쟁을 해결하는 방법이다. 조정안에 대해 양 당사자가 합의할 경우 조정결정은 중재판정(중재 다음 단계)과 동일한 효력을 갖게 되나 일방이 거부할 경우 강제력이 없어(강제력 있는 중재판정과 구별) 30일 내에 조정절차는 폐기되고, 이후 중재규칙에 의한 중재인을 선정, 중재절차가 진행된다. 그러나 위의 30일 기간은 당사자의 약정에 의하여 기간을 연장할 수 있다.

㉢ 중재(Arbitration) : 중재란 법원의 소송절차로 분쟁을 해결하지 않고 분쟁당사자 간 합의(중재합의)에 의거 제3의 중재기관의 중재인(Arbitrator)에 의한 중재판정(Award)을 통해 분쟁을 해결하는 방법이다.

ⓔ 소송(Litigation) : 소송은 국가기관인 법원의 판결에 의한 분쟁해결 방법으로 국제무역 거래에서는
일국의 법 효력 및 법원 재판관할권이 상대국까지 미치지 않아(외국과의 사법협정 미체결) 외국에서
는 그 판결의 승인·집행이 보장되지 않는다. 따라서 이의 해결을 위해 분쟁해결 기준이 되는 국가의
법을 특정하여 계약서에 명시해야 하는데 이를 준거법 조항이라 한다.

3. 상사중재(Commercial Arbitration)

(1) 개 념

① 중 재

법원의 소송절차로 분쟁을 해결하지 않고 분쟁당사자 간 합의(중재합의)에 의거 제3의 중재기관의 중재
인(Arbitrator)에 의한 중재판정(Award)을 통해 분쟁을 해결하는 방법이다.

② 상사중재

상행위에 의하여 발생되는 법률관계에 관한 중재를 말하며, 상거래 당사자들이 사법상의 분쟁을 쌍방의
합의에 의하여 법원에 소송을 제기하는 대신에 중재인에게 그 해결을 의뢰하는 방법이다.

③ 중재인

중재는 무역클레임이 발생한 시점에 공정 중립한 제3자의 판정에 위임하여 해결하는 방법으로, 중재는
당사자 쌍방이 "분쟁의 해결을 '중재인이라는 제3자'의 판정에 위임하는 것", "중재인의 판정에 따르는
것"에 대해 합의하고(중재합의라고 함), 중재인의 판정(중재판정이라 함)에 따르지 않는 당사자에 대해
서는 중재판정을 강제할 수 있는 해결방법이다.

④ 중재조항

분쟁이 일어나기 전에 향후 일어날 분쟁을 중재에 부탁한다는 취지의 내용을 매매계약에서 약정할 때,
그것을 "중재조항"이라 하며, 분쟁이 발생된 뒤부터 그러한 분쟁을 중재에 부탁하는 경우의 약정을 "중
재부탁계약"이라 한다.

⑤ 중재판정

중재인은 분쟁의 당사자가 아닌 중립적인 제3자로서 재판의 판사는 아니며, 중재판정은 그러한 "사인(私
人)인 중재인"이 행하는 판정이다. 그러나 중재판정은 "재판소의 확정판결과 동일한 효력"을 인정받고
있다. 거래 상대가 중재판정을 이행하지 않을 경우에는 재판소의 강제집행절차에 의해 강제적으로 중재
판정을 실행하게 할 수 있다.

(2) 중재판정의 효력

① 국내적 효력

중재판정의 국내적 효력은 법원의 최고심 확정판결과 동일한 효력이 있으며 강제집행도 가능하다. 단심
제이므로 항소나 상고는 불가하며, 당사자의 불복, 중재인의 판정 철회 또는 변경도 할 수 없다.

② 국제적 효력

중재판정은 국제적으로도 그 효력이 보장되고 있다(단, New York 협약에 가입한 국가에 한함).

③ 외국중재판정 강제집행

외국중재판정을 강제집행하기 위하여 집행국의 법원에 중재판정문 및 중재계약서를 제출하면 된다. 필
요한 경우 이 서류들의 번역문만 제출할 수 있다.

(3) 상사중재계약(Arbitration Agreement)

상사중재는 소송과는 달라서 거래당사자나 분쟁당사자 간에 무역클레임을 중재로 해결하겠다는 의사의 서면합의, 즉 상사중재계약이 있어야만 가능하다.

① 사전결정 중재조항(사전중재합의)에 의한 방식

사전중재합의는 당사자 간의 매매계약서에 분쟁이 발생되면 중재로 해결하겠다는 중재조항(Arbitration Clause)을 계약조문으로 삽입하거나 교환된 서신 또는 전보에 분쟁발생 시 중재로 해결하겠다는 의사표시를 한 서면상의 합의를 하는 방식을 말한다.

② 중재부탁계약(Submission to Arbitration)(중재의뢰합의)

실제로 분쟁이 발생한 이후 양 당사자 간 합의 하에 중재로 분쟁을 해결하는 방식을 말한다.

제2절 New York Convention, 1958 : 외국중재판정의 승인 및 집행에 관한 유엔협약

Article I 적용 19, 18, 17, 16, 15, 12년 기출

1. This Convention shall apply to the recognition and enforcement of arbitral awards made in the territory of a State other than the State where the recognition and enforcement of such awards are sought, and arising out of differences between persons, whether physical or legal. It shall also apply to arbitral awards not considered as domestic awards in the State where their recognition and enforcement are sought.

2. The term "arbitral awards" shall include not only awards made by arbitrators appointed for each case but also those made by permanent arbitral bodies to which the parties have submitted.

3. When signing, ratifying or acceding to this Convention, or notifying extension under article X hereof, any State may on the basis of reciprocity declare that it will apply the Convention to the recognition and enforcement of awards made only in the territory of another Contracting State. It may also declare that it will apply the Convention only to differences arising out of legal relationships, whether contractual or not, which are considered as commercial under the national law of the State making such declaration.

1. 뉴욕 협약은 중재판정의 승인 및 집행의 요구를 받은 국가 이외의 국가의 영토 내에서 내려진 판정으로서, 자연인 또는 법인 간의 분쟁으로부터 발생하는 중재판정의 승인 및 집행에 적용한다. 또한 뉴욕 협약은 그 승인 및 집행의 요구를 받은 국가에서 내국판정이라고 인정되지 아니하는 중재판정에도 적용한다.

2. "중재판정"은 각각의 사건을 위하여 선정된 중재인이 내린 판정뿐만 아니라 당사자들이 부탁한 상설 중재기관이 내린 판정도 포함한다.

3. 어떤 국가든지 뉴욕 협약에 서명, 비준 또는 가입할 때 또는 뉴욕 협약 제10조에 의하여 확대적용을 통고할 때에, 상호주의의 기초에서 다른 체약국의 영토 내에서 내려진 판정의 승인 및 집행에 한하여 뉴욕 협약을 적용한다고 선언할 수 있다. 또한 어떠한 국가든지 계약에 의한 것이거나 아니거나를 불문하고 이러한 선언을 행하는 국가의 국내법상 무역상의 것이라고 인정되는 법률관계로부터 발생하는 분쟁에 한하여 뉴욕 협약을 적용할 것이라고 선언할 수 있다.

Article II 중재합의 18, 17, 16, 12년 기출

1. Each Contracting State shall recognize an agreement in writing under which the parties undertake to submit to arbitration all or any differences which have arisen or which may arise between them in respect of a defined legal relationship, whether contractual or not, concerning a subject matter capable of settlement by arbitration.

2. The term "agreement in writing" shall include an arbitral clause in a contract or an arbitration agreement, signed by the parties or contained in an exchange of letters or telegrams.

3. The court of a Contracting State, when seized of an action in a matter in respect of which the parties have made an agreement within the meaning of this article, shall, at the request of one of the parties, refer the parties to arbitration, unless it finds that the said agreement is null and void, inoperative or incapable of being performed.

1. 각 체약국은 계약에 의한 것이거나 아니거나를 불문하고, 중재에 의하여 해결이 가능한 사항에 관한 일정한 법률관계에 관련하여 당사자 간에 발생하였거나 또는 발생할 수 있는 분쟁의 전부 또는 일부를 중재에 부탁하기로 약정한 당사자 간의 서면에 의한 합의를 승인하여야 한다.

2. "서면에 의한 합의"라 함은 계약서상의 중재조항 또는 당사자 간에 서명되었거나, 교환된 서신이나 전보에 포함되어 있는 중재의 합의를 포함한다.

3. 체약국의 법원은 당사자들이 본 조에서 의미하는 합의를 한 사항에 관한 소송이 제기되었을 경우 앞에서 기술한 합의가 무효, 실효 또는 이행불능이라고 인정하는 경우를 제외하고는, 당사자 일방의 청구에 따라서 중재에 부탁할 것을 당사자에게 명하여야 한다.

Article III 판정의 승인과 이행절차 21, 15년 기출

Each Contracting State shall recognize arbitral awards as binding and enforce them in accordance with the rules of procedure of the territory where the award is relied upon, under the conditions laid down in the following articles. There shall not be imposed substantially more onerous conditions or higher fees or charges on the recognition or enforcement of arbitral awards to which this Convention applies than are imposed on the recognition or enforcement of domestic arbitral awards.

각 체약국은 중재판정을 다음으로 이어지는 조항에 규정한 조건 하에서 구속력 있는 것으로 승인하고 그 판정이 적용되는 영토의 절차상 규칙에 따라서 그것을 집행하여야 한다. 이 협약이 적용되는 중재판정의 승인 또는 집행에 대해 국내의 중재판정의 승인 또는 집행에 대해 부과하는 것보다 실질적으로 엄중한 조건이나 고액의 수수료 또는 요금을 부과하여서는 아니 된다.

Article IV 승인과 집행의 신청

1. To obtain the recognition and enforcement mentioned in the preceding article, the party applying for recognition and enforcement shall, at the time of the application, supply :
   (a) the duly authenticated original awards or a duly certified copy thereof;
   (b) the original agreement referred to in article II or a duly certified copy thereof.
2. If the said award or agreement is not made in an official language of the country in which the award is relied upon, the party applying for recognition and enforcement of the award shall produce a translation of these documents into such language. The translation shall be certified by an official or sworn translator or by a diplomatic or consular agent.

1. 전조에서 규정된 승인과 집행을 얻기 위하여서는 승인과 집행을 신청하는 당사자는 신청서에 다음의 서류를 제출하여야 한다.

   (a) 정당하게 인증된 판정의 원본 또는 정당하게 증명된 그 사본
   (b) 제2조에 규정된 합의의 원본 또는 정당하게 증명된 그 사본
2. 앞에서 기술된 판정이나 합의가 적용될 국가의 공용어로 작성되어 있지 아니한 경우에는, 판정의 승인과 집행을 신청하는 당사자는 그 문서의 공용어로 기술한 번역문을 제출하여야 한다. 번역문은 공증인 또는 선서한 번역관, 외교관 또는 영사관에 의하여 증명되어야 한다.

Article V 승인과 집행의 거부사유 21, 19, 18, 16, 12년 기출

1. Recognition and enforcement of the award may be refused, at the request of the party against whom it is invoked, only if that party furnishes to the competent authority where the recognition and enforcement is sought, proof that :
   (a) the parties to the agreement referred to in article II were, under the law applicable to them, under some incapacity, or the said agreement is not valid under the law to which the parties have subjected it or, failing any indication thereon, under the law of the country where the award was made; or
   (b) the party against whom the award is invoked was not given proper notice of the appointment of the arbitrator or of the arbitration proceedings or was otherwise unable to present his case; or

1. 판정의 승인과 집행은 그 판정을 불리하게 적용받는 당사자의 청구에 의하여 그 당사자가 판정의 승인 및 집행의 요구를 받은 국가의 권한 있는 기관에게 다음의 사항에 대한 증거를 제출하는 경우에 한하여 거부될 수 있다.

   (a) 제2조에 규정된 합의의 당사자가 그들에게 적용될 법률에 따라 무능력자이었던 경우 또는 당사자들이 준거법으로서 지정한 법령에 따라 또는 이에 관한 지정이 없는 경우에는 판정을 내린 국가의 법령에 따라 앞에서 기술한 합의가 무효인 경우, 또는

   (b) 판정을 불리하게 적용받는 당사자가 중재인의 선정 또는 중재절차에 관하여 적절한 통고를 받지 아니하였거나 또는 기타 이유에 의하여 이에 응할 수 없었을 경우, 또는

(c) the award deals with a difference not contemplated by or not falling within the term of the submission to arbitration, or it contains decisions on matters beyond the scope of the submission to arbitration, provided that, if the decisions on matters submitted to arbitration can be separated from those not so submitted, that part of the award which contains decisions on matters submitted to arbitration may be recognized and enforced; or

(d) the composition of the arbitral authority or the arbitral procedure was not in accordance with the agreement of the parties, or failing such agreement, was not in accordance with the law of the country where the arbitration took place; or

(e) the award has not yet become binding on the parties, or has been set aside or suspended by a competent authority of the country in which, or under the law of which, that award was made.

2. Recognition and enforcement of an arbitral award may also be refused if the competent authority in the country where recognition and enforcement is sought finds that :

(a) the subject matter of the difference is not capable of settlement by arbitration under the law of that country; or

(b) the recognition or enforcement of the award would be contrary to the public policy of that country.

(c) 판정이 중재부탁의 조항에 규정되어 있지 아니하거나 또는 그 조항의 범위에 속하지 아니하는 분쟁에 관한 것이거나 또는 그 판정이 중재부탁의 범위를 벗어난 사항에 관한 결정을 포함하는 경우. 다만, 중재에 부탁한 사항에 관한 결정이 부탁하지 아니한 사항과 분리될 수 있는 경우에는 중재에 부탁한 사항에 관한 결정을 포함하는 판정의 부분에 대해서는 승인하고 집행될 수 있다.

(d) 중재기관의 구성이나 중재절차가 당사자 간의 합의와 일치하지 아니하거나, 또는 이러한 합의가 없는 경우에는 중재를 행하는 국가의 법령에 일치하지 아니하는 경우, 또는

(e) 판정이 당사자에 대한 구속력을 아직 발생케 하지 아니하였거나 또는 판정이 내려진 국가의 권한 있는 기관에 의하여 또는 그 국가의 법령에 의하여 취소 또는 정지된 경우

2. 중재판정의 인정 및 집행이 이루어져야 할 국가의 권한 있는 기관이 다음의 사항을 인정하는 경우에도, 중재판정의 인정 및 집행을 거부할 수 있다.

(a) 해당 국가의 국내법 하에서는 그 분쟁의 실질적 내용이 해결 불가하다고 결론을 내리게 되는 경우, 또는

(b) 판정의 승인이나 집행이 그 국가의 공공의 질서에 반하는 경우

외국중재판정의 승인 및 집행에 관한 유엔협약(뉴욕협약, 1958) 제5조에 관한 내용으로 옳지 않은 것은?

24년 기출

① The award has not yet become binding on the parties, or has been set aside or suspended by a competent authority of the country in which, or under the law of which, that award was made.

② The composition of the arbitral authority or the arbitral procedure was not in accordance with the agreement of the parties, or, failing such agreement, was not in accordance with the law of the country where the arbitration took place.

③ The award deals with a difference not contemplated by or not falling within the terms of the submission to arbitration, or it contains decisions on matters beyond the scope of the submission to arbitration, provided that, unless the decisions on matters submitted to arbitration can be separated from those not so submitted, that part of the award which contains decisions on matters submitted to arbitration may be recognized and enforced.

④ The party against whom the award is invoked was not given proper notice of the appointment of the arbitrator or of the arbitration proceedings or was otherwise unable to present his case.

⑤ The parties to the agreement referred to in article II were, under the law applicable to them, under some incapacity, or the said agreement is not valid under the law to which the parties have subjected it or, failing any indication thereon, under the law of the country where the award was made.

해설

③ 외국중재판정의 승인 및 집행에 관한 유엔협약(뉴욕협약, 1958) 제5조 1항 (c)에 해당하는 보기로, "if the decisions on matters submitted to arbitration can be separated from those not so submitted"가 옳은 내용이다.

정답 ③

Article VI 판정의 집행연기

If an application for the setting aside or suspension of the award has been made to a competent authority referred to in article V paragraph 1(e), the authority before which the award is sought to be relied upon may, if it considers it proper, adjourn the decision on the enforcement of the award and may also, on the application of the party claiming enforcement of the award, order the other party to give suitable security.

판정의 취소 또는 정지에 대한 요구신청이 제5조 제1항 (e)에 규정된 권한 있는 기관에게 제기되었을 경우, 판정의 적용을 요구받은 기관은 그것이 적절하다고 인정될 때에는 판정의 집행에 관한 결정을 연기할 수 있으며, 또한 판정의 집행을 요구하는 당사자의 신청에 의하여 타방 당사자에 대하여 적당한 보장을 제공할 것을 명할 수 있다.

Article VII 타 협정과의 관계 23년 기출

1. The provisions of the present Convention shall not affect the validity of multilateral or bilateral agreements concerning the recognition and enforcement of arbitral awards entered into by the Contracting States nor deprive any interested party of any right he may have to avail himself of an arbitral award in the manner and to the extent allowed by the law or the treaties of the country where such award is sought to be relied upon.

2. The Geneva Protocol on Arbitration Clauses of 1923 and the Geneva Convention of the Execution of Foreign Arbitral Awards of 1927 shall cease to have effect between Contracting States on their becoming bound and to the extent that they become bound, by this Convention.

1. 이 협약의 규정은 체약국에 의하여 체결된 중재판정의 승인 및 집행에 관한 다자 간 또는 양자 간의 협정에 대한 효력에 영향을 미치지 아니하며, 또한 어떠한 관계당사자가 중재판정의 적용이 요구된 국가의 법령이나 조약에 의해 인정한 방법과 한도 내에서 그 판정을 적용할 수 있는 권리를 박탈하지도 아니한다.

2. 1923년 중재조항에 관한 제네바의정서 및 1927년의 외국 중재판정의 집행에 관한 제네바협약은 체약국 간에 이 협약에 의한 구속을 받게 되는 때부터 그 구속을 받는 한도 내에서 효력을 상실한다.

Article VIII 서명과 협약의 채택

1. This Convention shall be open until 31 December 1958 for signature on behalf of any Member of the United Nations and also on behalf of any other State which is or hereafter becomes a member of any specialized agency of the United Nations, or which is or hereafter becomes a party to the Statute of the International Court of Justice, or any other State to which an invitation has been addressed by the General Assembly of the United Nations.

2. This Convention shall be ratified and the instrument of ratification shall be deposited with the Secretary-General of the United Nations.

1. 이 협약은 국제연합의 모든 회원국, 현재 또는 장래의 국제연합 모든 전문기구의 회원국, 현재 또는 장래의 국제사법재판소 규정의 당사국인 모든 국가, 또는 국제연합의 총회로부터 초청장을 받은 기타 국가의 서명을 위하여 1958년 12월 31일까지 개방되어야 한다.

2. 이 협약은 비준되어야 하며 비준서는 국제연합의 사무총장에게 기탁되어야 한다.

Article IX 협약의 가입

1. This Convention shall be open for accession to all States referred to in article VIII.
2. Accession shall be effected by the deposit of an instrument of accession with the Secretary–General of the United Nations.

1. 이 협약은 제8조에서 규정된 모든 국가의 가입을 위하여 개방되어야 한다.
2. 가입은 국제연합의 사무총장에게 가입서를 기탁함으로써 그 효력이 발생한다.

Article X 협약의 확대 적용 22, 15년 기출

1. Any State may, at the time of signature, ratification or accession, declare that this Convention shall extend to all or any of the territories for the international relations of which it is responsible. Such a declaration shall take effect when the Convention enters into force for the State concerned.
2. At any time thereafter any such extension shall be made by notification addressed to the Secretary–General of the United Nations and shall take effect as from the ninetieth day after the day of receipt by the Secretary–General of the United Nations of this notification, or as from the date of entry into force of the Convention for the State concerned, whichever is the later.
3. With respect to those territories to which this Convention is not extended at the time of signature, ratification or accession, each State concerned shall consider the possibility of taking the necessary steps in order to extend the application of the Convention to such territories, subject, where necessary for constitutional reasons to the consent of the Government of such territories.

1. 어떠한 국가든지 서명, 비준 또는 가입 시에 국제관계를 위해 그 책임을 부담하는 영토의 전부 또는 일부에 이 협약을 확대 적용할 것을 선언할 수 있다. 이러한 선언은 이 협약이 관계국가에 대해서 효력이 발생할 때에 발효된다.

2. 이와 같은 확대 적용은 그 후 어느 때든지 국제연합의 사무총장 앞으로 통고함으로써 행할 수 있으며, 그 효력은 국제연합의 사무총장이 이와 같은 통고를 접수한 날로부터 90일 후 또는 관계국가에 대해서 이 협약이 효력을 발생하는 날 중의 보다 늦은 일자에 발생한다.

3. 서명, 비준 또는 가입 시에 이 협약이 확대 적용되지 아니한 영토에 대해서는 각 관계국가는 헌법상의 이유에 의하여 필요한 경우 이런 영토의 정부의 동의를 얻을 것을 조건으로 하고, 이 협약을 이런 영토에 확대 적용하기 위하여 조치를 취할 수 있는 가능성을 고려하여야 한다.

Article XI 연방국가의 채택

In the case of a federal or non-unitary State, the following provisions shall apply :

(a) With respect to these articles of this Convention that come within the legislative jurisdiction of the federal authority, the obligations of the federal Government shall to this extent be the same as those of Contracting States which are not federal States;

(b) With respect to those articles of this Convention that come within the legislative jurisdiction of constituent states or provinces which are not, under the constitutional system of the federation, bound to take legislative action, the federal Government shall bring such articles with a favourable recommendation to the notice of the appropriate authorities of constituent states or provinces at the earliest possible moment;

(c) A federal State party to this Convention shall, at the request of any other contracting State transmitted through the Secretary-General of the United Nations, supply a statement of the law and practice of the federation and its constituent units in regard to any particular provision of this Convention, showing the extent to which effect has been given to that provision by legislative or other action.

연방국가 또는 비단일국가의 경우에는 다음의 규정이 적용된다.

(a) 이 협약의 조항 중 연방정부의 입법 관할권 내에 속하는 것에 관하여는, 연방정부의 의무는 그 한도 내에서 연방국가가 아닌 다른 체약국의 의무와 동일하여야 한다.

(b) 이 협약의 조항 중 헌법상의 주 또는 지방의 입법 관할권의 범위 내에 있고 또한 연방의 헌법 체제 하에서 입법조치를 취할 의무가 없는 조항에 관해서는, 연방정부는 헌법상의 주 또는 지방의 관계기관에 가급적 조속히 호의적인 권고를 첨부하여 이러한 조항에 대한 주의를 유발시켜야 한다.

(c) 이 협약의 당사국인 연방국가는, 국제연합의 사무총장을 통하여 전달된 기타의 어떤 체약국의 요청이 있을 때에는, 이 협약의 어떠한 특정 규정에 관한 연방과 그 구성단위의 법령 및 관습과 더불어 입법 또는 기타 조치에 의하여 그 규정이 실시되고 있는 범위를 표시하는 설명서를 제공하여야 한다.

Article XII 협약의 발효 22, 20년 기출

1. This Convention shall come into force on the ninetieth day following the date of deposit of the third instrument of ratification or accession.

2. For each State ratifying or acceding to this Convention after the deposit of the third instrument of ratification or accession, this Convention shall enter into force on the ninetieth day after deposit by such State of its instrument of ratification or accession.

1. 이 협약은 세 번째의 비준서 또는 가입서의 기탁일로부터 90일 후에 효력이 발생한다.

2. 세 번째의 비준서 또는 가입서의 기탁일 후에 이 협약을 비준하거나 또는 이 협약에 가입하는 국가에 대하여는 이 협약은 그 국가의 비준서 또는 가입서의 기탁일로부터 90일 후에 효력이 발생한다.

Article XIII 협약의 폐기 22, 20년 기출

1. Any Contracting State may denounce this Convention by a written notification to the Secretary-General of the United Nations. Denunciation shall take effect one year after the date of receipt of the notification by the Secretary-General.

2. Any State which has made a declaration or notification under article X may, at any time thereafter, by notification to the Secretary-General of the United Nations, declare that this Convention shall cease to extend to the territory concerned one year after the date of the receipt of the notification by the Secretary-General.

3. This Convention shall continue to be applicable to arbitral awards in respect of which recognition or enforcement proceedings have been instituted before the denunciation takes effect.

1. 어떠한 체약국이든지 국제연합의 사무총장 앞으로 서면통고를 함으로써 이 협약을 폐기할 수 있다. 폐기는 사무총장이 그 통고를 수령한 일로부터 1년 후에 효력이 발생한다.

2. 제10조에 따라 선언 또는 통고를 한 모든 국가는, 그 후 어느 때든지 국제연합의 사무총장 앞으로 서면통고를 함으로써 본 협약이 사무총장이 통고를 수령한 일로부터 1년 후에 관계영토에 대한 확대 적용이 종결된다는 것을 선언할 수 있다.

3. 이 협약은 폐기의 효력이 발생되기 전에 시작된 중재판정의 승인이나 집행절차에 관하여는 계속하여 적용된다.

Article XIV 협약의 원용금지 22년 기출

A Contracting State shall not be entitled to avail itself of the present Convention against other Contracting States except to the extent that it is itself bound to apply the Convention.

체약국은, 타 체약국에 대하여 이 협약을 적용하여야 할 의무가 있는 범위를 제외하고는, 이 협약을 원용할 권리를 가지지 못한다.

Article XV 협약의 통고 24년 기출

The Secretary-General of the United Nations shall notify the States contemplated in article VIII of the following :

(a) Signature and ratifications in accordance with article VIII;

(b) Accessions in accordance with article IX;

(c) Declarations and notifications under articles I, X and XI;

(d) The date upon which this Convention enters into force in accordance with article XII;

(e) Denunciations and notifications in accordance with article XIII.

국제연합의 사무총장은 제8조에 규정된 국가에 대하여 다음의 사항을 통고하여야 한다.

(a) 제8조에 따른 서명 또는 비준

(b) 제9조에 따른 가입

(c) 제1조, 제10조 및 제11조에 따른 선언 및 통고

(d) 제12조에 따라 이 협약의 효력이 발생한 날짜

(e) 제13조에 따른 폐기 및 통고

기출문제

외국중재판정의 승인 및 집행에 관한 유엔협약(뉴욕협약, 1958) 제15조에 따라 국제연합의 사무총장이 제8조에 규정된 국가에 대하여 통고하는 사항이 아닌 것은? 24년 기출

① Accessions in accordance with article Ⅸ

② Denunciations and notifications in accordance with article Ⅻ

③ The setting aside or suspension of the award in accordance with article Ⅵ

④ Declarations and notifications in accordance with article Ⅰ, Ⅹ and Ⅺ

⑤ Signatures and ratifications in accordance with article Ⅷ

해설
③ 외국중재판정의 승인 및 집행에 관한 유엔협약(뉴욕협약, 1958) 제6조에 규정된 "판정의 취소 또는 정지"는 그러한 신청이 있는 경우 판정의 취소 또는 정지가 가능하다는 내용으로서, 제15조에 따른 협약의 통고 사항이 아니다. 제15조에는 ①·② ·④·⑤의 내용과 함께 "The date upon which this Convention enters into force in accordance with article XII"가 명시되어 있다.

정답 ③

Article XVI 협약의 작성

1. This Convention, of which the Chinese, English, French, Russian and Spanish texts shall be equally authentic, shall be deposited in the archives of the United Nations.
2. The Secretary—General of the United Nations shall transmit a certified copy of this Convention to the States contemplated in Article VIII.

1. 이 협약은 중국어, 영어, 프랑스어, 러시아어 및 스페인어를 정본으로 하여 동등한 효력을 가지며 국제연합의 기록 보관소에 기탁 보존되어야 한다.

2. 국제연합의 사무총장은 이 협약의 인증사본을 제8조에 규정된 국가에 송부하여야 한다.

01 이행불능(Impossibility of Performance)이란 무역계약 당사자가 자신의 채무를 이행할 수 없는 것을 말한다. (O, X)

02 Waiver of Claim이란 무역계약위반 발생 시 피해자가 상대방에게 청구권을 행사하지 않는 것을 말한다. (O, X)

03 Arbitration이란 공정한 제3자를 조정인으로 선임하고 조정인이 제시하는 조정안에 양 당사자가 합의함으로써 분쟁을 해결하는 방법이다. (O, X)

04 상사중재에 의하여 분쟁을 해결하기 위해서는 반드시 서면으로 된 중재계약서 혹은 중재조항이 포함된 계약서가 제출되어야 한다. (O, X)

05 우리나라는 1973년에 뉴욕협약에 가입함으로써 대한상사중재원에서 내려진 중재판정도 협약체약국 간에서는 그 승인 및 집행을 보장받는다. (O, X)

06 뉴욕협약은 그 승인 및 집행의 요구를 받은 국가에서 내국판정이라고 인정되지 아니하는 중재판정에는 적용하지 아니한다. (O, X)

07 뉴욕협약 하에서 중재판정이란 개개의 사건을 위하여 선정된 중재인이 내린 판정만을 의미한다. (O, X)

08 뉴욕협약 하에서 서면에 의한 합의는 전보에 포함되어 있는 중재의 합의는 포함하지 않는다. (O, X)

09 뉴욕협약 하에서 중재판정의 인정 및 집행이 이루어져야 할 국가의 권한 있는 기관이 판정의 승인이나 집행이 그 국가의 공공의 질서의 반하는 경우라는 것을 인정하는 경우 중재판정의 인정 및 집행을 거부할 수 있다. (O, X)

10 뉴욕협약 하에서 판정의 취소 또는 정지에 대한 요구신청이 적절하다고 인정될 때에는 판정의 집행에 관한 결정을 연기할 수 있다. (O, X)

01 O

02 O

03 × Arbitration이란 법원의 소송절차로 분쟁을 해결하지 않고 분쟁당사자 간 합의에 의거 제3의 중재기관의 중재인에 의한 중재판정을 통해 분쟁을 해결하는 방법이다.

04 O

05 O

06 × 적용하지 아니한다 → 적용한다

07 × 중재판정은 중재인이 내린 판정뿐만 아니라 당사자들이 부탁한 상설 중재기관이 내린 판정도 포함한다.

08 × 서면에 의한 합의는 계약서상의 중재조항 또는 당사자 간에 서명되었거나, 교환된 서신이나 전보에 포함되어 있는 중재의 합의를 포함한다.

09 O

10 O

01 외국중재판정의 승인 및 집행에 관한 유엔협약(New York 협약, 1958)에서 규정하고 있는 내용 중 잘못된 것을 고르시오.

① The term "arbitral awards" shall mean awards made by permanent arbitral bodies to which the parties have submitted.

② The term "agreement in writing" shall include an arbitral clause in a contract or an arbitration agreement, signed by the parties or contained in an exchange of letters or telegrams.

③ Recognition and enforcement of the award may be refused in the case that the arbitral procedure was not in accordance with the agreement of the parties.

④ Recognition and enforcement of the award may be refused in the case that it would be contrary to the public policy of that country.

⑤ Recognition and enforcement of the award may be refused in the case that the composition of the arbitral authority was not in accordance with the agreement of the parties.

> **해설**
>
> "중재판정"은 각각의 사건을 위하여 선정된 중재인이 내린 판정뿐만 아니라 당사자들이 부탁한 상설 중재기관이 내린 판정도 포함한다.
>
> ⇒ The term "arbitral awards" shall <u>include not only</u> awards made by <u>arbitrators appointed for each case but also those made by</u> permanent arbitral bodies to which the parties have submitted.

02 외국중재판정의 승인 및 집행에 관한 UN 협약(New York 협약, 1958)상 제5조 승인 및 집행의 거부사유에 해당하지 않는 것을 고르시오.

① The subject matter of the difference is not capable of settlement by arbitration under the law of that country.

② The recognition or enforcement of the award would be contrary to any practices which the parties have established between themselves.

③ The party against whom the award is invoked was not given proper notice of the appointment of the arbitrator or of the arbitration proceedings or was otherwise unable to present his case.

④ The composition of the arbitral authority or the arbitral procedure was not in accordance with the agreement of the parties, or failing such agreement, was not in accordance with the law of the country where the arbitration took place.

⑤ The award has not yet become binding on the parties, or has been set aside or suspended by a competent authority of the country in which, or under the law of which, that award was made.

해설

판정의 승인이나 집행이 그 당사자 간에 확립되어 있는 관습에 반하는 경우는 거부사유가 되지 않는다.

03 외국중재판정의 승인 및 집행에 관한 유엔협약(New York 협약, 1958)상 다음 밑줄 친 내용 중 옳지 않은 것을 고르시오.

- This Convention shall apply to the recognition and enforcement of arbitral awards ① <u>made in the territory of a State other than the State where the recognition and enforcement of such awards are sought</u>, and ② <u>arising out of differences between persons, whether physical or legal.</u> ③ <u>It shall not apply to arbitral awards not considered as domestic awards in the State where their recognition and enforcement are sought.</u>

- Each Contracting State shall recognize an agreement in writing under which the parties undertake to submit to arbitration all or any differences ④ <u>which have arisen or which may arise between them in respect of a defined legal relationship, whether contractual or not, concerning a subject matter capable of settlement by arbitration.</u>

- Each Contracting State shall recognize arbitral awards as binding and enforce them in accordance with the rules of procedure of the territory where the award is relied upon, under the conditions laid down in the following articles. ⑤ <u>There shall not be imposed substantially more onerous conditions or higher fees or charges on the recognition or enforcement of arbitral awards to which this Convention applies than are imposed on the recognition or enforcement of domestic arbitral awards.</u>

해설

뉴욕협약은 그 승인 및 집행의 요구를 받은 국가에서 내국판정이라고 인정되지 아니하는 중재판정에도 적용한다.

⇒ It shall <u>also</u> apply to arbitral awards not considered as domestic awards in the State where their recognition and enforcement are sought.

04 외국중재판정의 승인 및 집행에 관한 UN 협약(New York 협약, 1958)의 발효 및 폐기와 관련하여 옳지 않은 것을 고르시오.

① This Convention shall come into force on the ninetieth day following the date of deposit of the third instrument of ratification or accession.

② For each State ratifying or acceding to this Convention after the deposit of the third instrument of ratification or accession, this Convention shall enter into force on the ninetieth day after deposit by such State of its instrument of ratification or accession.

③ Any Contracting State may denounce this Convention by a written notification to the Secretary-General of the United Nations. Denunciation shall take effect ninety days after the date of receipt of the notification by the Secretary-General.

④ Any State which has made a declaration or notification under article X may, at any time thereafter, by notification to the Secretary-General of the United Nations, declare that this Convention shall cease to extend to the territory concerned one year after the date of the receipt of the notification by the Secretary-General.

⑤ This Convention shall continue to be applicable to arbitral awards in respect of which recognition or enforcement proceedings have been instituted before the denunciation takes effect.

해설

어떠한 체약국이든지 국제연합의 사무총장 앞으로 서면통고를 함으로써 이 협약을 폐기할 수 있다. 폐기는 사무총장이 그 통고를 수령한 일로부터 1년 후에 효력이 발생한다.

05 외국중재판정의 승인 및 집행에 관한 UN 협약(New York 협약, 1958) 제10조 협약의 확대 적용에 관한 내용이다. (   )에 들어갈 내용을 순서대로 바르게 나열한 것은?

---

1. Any State may, at the time of signature, ratification or accession, declare that this Convention shall extend to (a) for the international relations of which it is responsible. Such a declaration shall take effect when the Convention enters into force for the State concerned.

2. At any time thereafter any such extension shall be made by notification addressed to (b) and shall take effect as from the ninetieth day after the day of receipt by (b) of this notification, or as from the date of entry into force of the Convention for the State concerned, whichever is the later.

3. With respect to those territories to which this Convention is not extended at the time of signature, ratification or accession, each State concerned shall consider the possibility of taking the necessary steps in order to extend the application of the Convention to such territories, (c), where necessary for constitutional reasons to the consent of the Government of such territories.

---

① (a) all or any of the territories − (b) the Secretary−General of the United Nations − (c) subject

② (a) all the territories − (b) the Secretary−General of the WTO − (c) subject

③ (a) all the territories − (b) the Secretary−General of the United Nations − (c) subject

④ (a) all or any of the territories − (b) the Secretary−General of the United Nations − (c) not subject

⑤ (a) all or any of the territories − (b) the Secretary−General of the WTO − (c) not subject

---

해설

1. 어떠한 국가든지 서명, 비준 또는 가입 시에 국제관계를 위해 그 책임을 부담하는 영토의 <u>전부 또는 일부</u>에 이 협약을 확대 적용할 것을 선언할 수 있다. 이러한 선언은 이 협약이 관계국가에 대해서 효력이 발생할 때에 발효된다.

2. 이와 같은 확대 적용은 그 후 어느 때든지 <u>국제연합의 사무총장</u> 앞으로 통고함으로써 행할 수 있으며, 그 효력은 국제연합의 사무총장이 이와 같은 통고를 접수한 날로부터 90일 후 또는 관계국가에 대해서 이 협약이 효력을 발생하는 날 중의 보다 늦은 일자에 발생한다.

3. 서명, 비준 또는 가입 시에 이 협약이 확대 적용되지 아니한 영토에 대해서는 각 관계 국가는 헌법상의 이유에 의하여 필요한 경우 이런 영토의 정부의 동의를 얻을 것을 <u>조건으로 하고</u>, 이 협약을 이런 영토에 확대 적용하기 위하여 조치를 취할 수 있는 가능성을 고려하여야 한다.

성공한 사람은 대개 지난번 성취한 것보다 다소 높게,
그러나 과하지 않게 다음 목표를 세운다.
이렇게 꾸준히 자신의 포부를 키워 간다.

－커트 르윈－

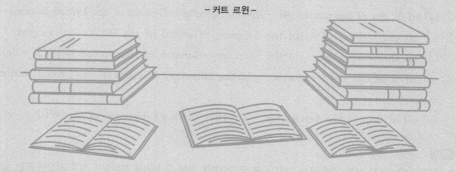

합격에 자신있는 무역 시리즈 **합격자**

핵심이론 + 기출문제로 2025 관세사 완벽 대비

단계별로 완성하는
관세사 최종합격!

관세사 1차 한권으로 끝내기

핵심이론 + 2024 기출문제 + 출제예상문제 구성

분권 구성으로 휴대성 UP, OX퀴즈로 이론 복습 가능

관세사 1차 3개년 기출문제집

3개년(2022~2024년) 기출문제 수록

2025년 시험대비 최신 개정법령 완벽 반영

관세사 2차 논술답안백서

핵심이론 + 2024 기출문제 + 모의문제 구성

분권 구성으로 휴대성 UP, 현직 관세사의 고득점 비법 수록

기출문제 완전 정복은

관세사 1차

3개년 기출문제집

최신 출제유형에 완벽하게 대비할 수 있도록 3개년(2022~2024년) 기출문제를 수록하였습니다.
최신법령을 반영한 상세한 해설을 통해 어려운 개념과
헷갈리는 내용도 꼼꼼하게 체크할 수 있도록 구성하였습니다.

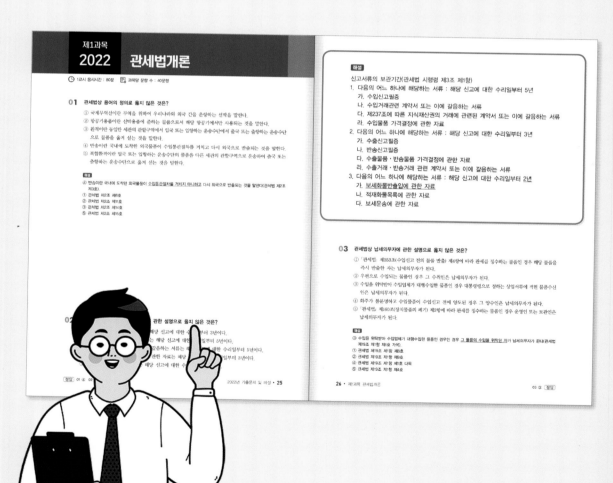

※ 도서의 구성 및 이미지는 변경될 수 있습니다.

고득점 답안의 비결은

관세사 2차

논술답안백서

관세사 2차 시험의 최신기출문제와 모의문제 및 그 해설을 실었습니다.
최신기출문제 부분에서는 관련 법령과 함께 현직 관세사의 답안 작성 요령을,
모의문제 부분에서는 콕 찝은 고득점 비법을 익혀 고득점까지 노릴 수 있도록 구성하였습니다.

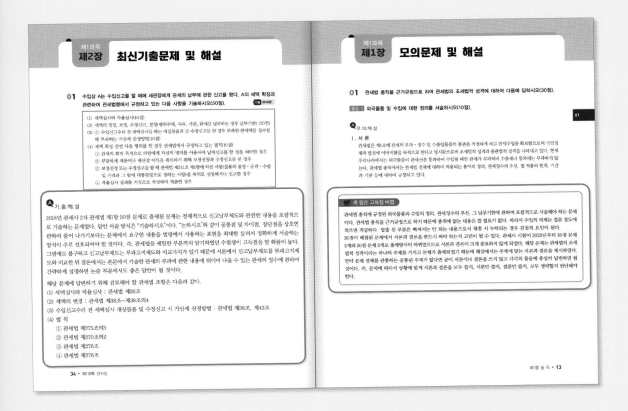

※ 도서의 구성 및 이미지는 변경될 수 있습니다.

나는 이렇게 합격했다

당신의 합격 스토리를 들려주세요
추첨을 통해 선물을 드립니다

베스트 리뷰
갤럭시탭 / 버즈 2

상/하반기 추천 리뷰
상품권 / 스벅커피

인터뷰 참여
백화점 상품권

이벤트 참여방법

합격수기

시대에듀와 함께한
도서 or 강의 **선택**

>

나만의 합격 노하우
정성껏 **작성**

>

상반기/하반기
추첨을 통해 선물 증정

인터뷰

시대에듀와 함께한
강의 **선택**

>

합격증명서 or
자격증 사본 **첨부**,
간단한 **소개 작성**

>

인터뷰 완료 후
백화점 상품권 증정

이벤트 참여방법
다음 합격의 주인공은 바로 여러분입니다!

QR코드 스캔하고 ▷ ▷ ▷ ▶
이벤트 참여하여 푸짐한 경품받자!

합격의 공식
시대에듀

THE LAST
모의고사

관세사 1차

CBT 모의고사

1회 무료쿠폰 ZZOA-00000-46906

※ CBT 모의고사는 쿠폰 등록 후 30일 이내에 사용 가능합니다.

응시방법

01
시대에듀
www.sdedu.co.kr

➡

02
합격시대
CBT 모의고사
시대에듀 우측 상단배너를 클릭하세요!

➡

03
관세사 1차 🔍
검색창에 시험명을 입력하세요!

www.sdedu.co.kr/pass_sidae

합격에 자신있는 무역 시리즈

합격자

관세사

1차 | 한권으로 끝내기

NAVER 카페 국가전문자격 시대로 📧 ▾ 🔍 무역 자격증 관련 정보를 확인하실 수 있습니다.

시대에듀

발행일 2024년 9월 20일 | **발행인** 박영일 | **책임편집** 이해욱
편저 유영웅 · 나기철 | **발행처** (주)시대고시기획
등록번호 제10-1521호 | **대표전화** 1600-3600 | **팩스** (02)701-8823
주소 서울시 마포구 큰우물로 75 [도화동 538 성지B/D] 9F
학습문의 www.sdedu.co.kr

합균+
99.9%

2025

합격에 자신있는 무역 시리즈

합격자

관세사

1차 | 한권으로 끝내기

유영웅 · 나기철 편저

3권 | 내국소비세법/회계학

시대에듀

합격에 자신있는 무역 시리즈

합격자

관세사

1차 | 한권으로 끝내기

3권 | 내국소비세법/회계학

시대에듀

이 책의 목차 CONTENTS

이 책의 목차 CONTENTS

PART 3

내국소비세법

관세사 한권으로 끝내기 1차

관련법령은 수시로 개정될 수 있으니 관세법령정보포털(http://unipass.customs.co.kr/clip/index.do)의 내용을 필수적으로 참고하시어 학습하시기를 권유합니다.

※ 추록(최신 개정법령) : 도서출간 이후 법령개정사항은 도서의 내용에 맞게 수정하여 도서업데이트 게시판에 업로드합니다(시대에듀 : 홈 ▶학습자료실 ▶도서업데이트).

제1편

부가가치세법

무언가를 위해 목숨을 버릴 각오가 되어 있지 않는 한
그것이 삶의 목표라는 어떤 확신도 가질 수 없다.

– 체 게바라 –

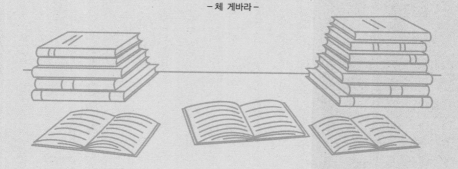

제 1 장 부가가치세법의 총칙

부가가치세법(제19931호)
부가가치세법 시행령(제34270호)
부가가치세법 시행규칙(제01055호)

제1절 목적 및 정의

1. 목적(법 제1조)

부가가치세법은 부가가치세의 과세 요건 및 절차를 규정함으로써 부가가치세의 공정한 과세, 납세의무의 적정한 이행 확보 및 재정수입의 원활한 조달에 이바지함을 목적으로 한다.

2. 정의(법 제2조)

(1) 재화와 용역

① 재 화 24, 22, 20, 18, 17, 14, 13, 11년 기출

㉠ 의의 : 재산 가치가 있는 물건 및 권리를 말한다.

물 건	• 상품, 제품, 원료, 기계, 건물 등 모든 유체물 • 전기, 가스, 열 등 관리할 수 있는 자연력
권 리	• 광업권, 특허권, 저작권 등 물건 외에 재산적 가치가 있는 모든 것

㉡ 재화의 범위(통칙 2-2-1) : 재화란 재산 가치가 있는 물건 및 권리를 말하므로 물·흙·퇴비 등은 재화의 범위에 포함하며, 재산 가치가 없는 것은 재화의 범위에 포함하지 아니한다.

주의 수표·어음 등의 화폐대용증권은 과세대상이 아니므로(통칙 4-0-3) 재화의 범위에 속하지 않는다.

② 용 역 24, 23, 22, 21, 20, 18, 17, 14, 11, 10년 기출

㉠ 의의 : 재화 외에 재산 가치가 있는 모든 역무와 그 밖의 행위를 말한다. 용역의 범위는 재화 외에 재산 가치가 있는 다음의 사업에 해당하는 모든 역무와 그 밖의 행위로 한다(영 제3조).

> ⓐ 건설업
> ⓑ 숙박 및 음식점업
> ⓒ 운수 및 창고업
> ⓓ 정보통신업(출판업과 영상·오디오 기록물 제작 및 배급업은 제외)
> ⓔ 금융 및 보험업
> ⓕ 부동산업. 다만, 다음 각 항목의 사업은 제외한다.
> > • 전·답·과수원·목장용지·임야 또는 염전 임대업
> > • 「공익사업을 위한 토지 등의 취득 및 보상에 관한 법률」 제4조에 따른 공익사업과 관련해 지역권·지상권(지하 또는 공중에 설정된 권리를 포함)을 설정하거나 대여하는 사업
> ⓖ 전문, 과학 및 기술 서비스업과 사업시설 관리, 사업 지원 및 임대 서비스업

ⓗ 공공행정, 국방 및 사회보장 행정
ⓘ 교육 서비스업
ⓙ 보건업 및 사회복지 서비스업
ⓚ 예술, 스포츠 및 여가관련 서비스업
ⓛ 협회 및 단체, 수리 및 기타 개인서비스업과 제조업 중 산업용 기계 및 장비 수리업
ⓜ 가구 내 고용활동 및 달리 분류되지 않은 자가소비 생산활동
ⓝ 국제 및 외국기관의 사업

ⓛ 건설업과 부동산업 중 다음의 사업은 재화(財貨)를 공급하는 사업으로 본다(규칙 제2조 제2항).

> ⓐ 부동산 매매(주거용 또는 비거주용 건축물 및 그 밖의 건축물을 자영건설하여 분양·판매하는 경우를 포함) 또는 그 중개를 사업목적으로 나타내어 부동산을 판매하는 사업
> ⓑ 사업상 목적으로 1과세기간 중에 1회 이상 부동산을 취득하고 2회 이상 판매하는 사업

③ 사업의 구분(영 제4조) 20년 기출
　ㄱ 재화나 용역을 공급하는 사업의 구분은 특별한 규정이 있는 경우를 제외하고는 해당 과세기간 개시일 현재의 한국표준산업분류에 따른다.
　ㄴ 용역을 공급하는 경우 부가가치세법 시행령 제3조 제1항에 따른 사업과 유사한 사업은 한국표준산업분류에도 불구하고 같은 항의 사업에 포함되는 것으로 본다.
　ㄷ 소득세가 과세되지 아니하는 농가부업은 사업을 구분할 때에 독립된 사업으로 보지 아니한다. 다만, 민박, 음식물 판매, 특산물 제조, 전통차 제조 및 그 밖에 이와 유사한 활동은 독립된 사업으로 본다(규칙 제2조 제3항).

(2) 사업자 등 24, 23, 22, 21, 14, 13, 12, 11, 10년 기출

사업자	사업 목적이 영리이든 비영리이든 관계없이 사업상 독립적으로 재화 또는 용역을 공급하는 자
간이과세자	직전 연도의 재화와 용역의 공급에 대한 대가[부가가치세가 포함된 대가(공급대가)]의 합계액이 8천만 원에 미달하는 사업자로서, 간편한 절차로 부가가치세를 신고·납부하는 개인사업자
일반과세자	간이과세자가 아닌 사업자
과세사업	부가가치세가 과세되는 재화 또는 용역을 공급하는 사업
면세사업	부가가치세가 면제되는 재화 또는 용역을 공급하는 사업
비거주자	「소득세법」에 따른 비거주자(거주자가 아닌 개인)
외국법인	「법인세법」에 따른 외국법인, 즉 본점 또는 주사무소가 외국에 있는 단체(사업의 실질적 관리장소가 국내에 있지 아니하는 경우만 해당)로서 대통령령으로 정하는 기준에 해당하는 법인

주의 사업자는 영리를 사업 목적으로 하는 경우에 한하는 것이 아니라 영리이든 비영리이든 관계없다.

제조업의 범위(통칙 2-4-1)

사업자가 새로운 재화를 제조·가공하는 인적·물적 설비를 갖춘 장소에서 다음 예시하는 행위를 계속적으로 하는 경우에는 제조업에 해당된다.

1. 광업권소유자가 광구 외의 지역에 제련 또는 선광시설을 하고 자기가 채굴한 광물을 제련 또는 선광하는 경우. 다만, 단순히 자기가 채굴한 광물의 순도를 높이기 위하여 광물을 분쇄하는 것은 광산업에 해당된다.
2. 도정업과 제분업(떡방앗간을 포함)
3. 화장지 원지 및 필름 등을 구입하고 이를 절단하여 포장판매하는 경우
4. 타인소유 제조장을 임차하여 해당 제조장을 이용하여 제조·가공업을 영위하는 경우

부가가치세법상 사용하는 용어의 정의로 옳지 않은 것은? 24년 기출

① 재화란 재산 가치가 있는 물건 및 권리를 말한다.
② 용역이란 재화 외에 재산 가치가 있는 모든 역무(役務)와 그 밖의 행위를 말한다.
③ 사업자란 영리 목적으로 재화 또는 용역을 공급하는 자를 말하므로 국가·지방자치단체는 포함되지 아니한다.
④ 일반과세자란 간이과세자가 아닌 사업자를 말한다.
⑤ 면세사업이란 부가가치세가 면제되는 재화 또는 용역을 공급하는 사업을 말한다.

해설
"사업자"란 사업 목적이 영리이든 비영리이든 관계없이 사업상 독립적으로 재화 또는 용역을 공급하는 자를 말한다(법 제2조 제3호).

정답 ③

제2절 납세 및 과세

1. 납 세

(1) 납세의무자(법 제3조) 23, 21, 17, 16, 15, 14, 13, 12, 11, 10년 기출

① 부가가치세 납부 의무자

다음에 해당하는 자로서 개인, 법인(국가·지방자치단체와 지방자치단체조합을 포함), 법인격이 없는 사단·재단 또는 그 밖의 단체는 부가가치세법에 따라 부가가치세를 납부할 의무가 있다.

    ㉠ 사업자

      예 • 영리를 목적으로 재화를 공급하는 법인 사업자

        • 비영리를 목적으로 사업상 독립적으로 재화를 공급하는 개인

        • 사업상 독립적으로 과세대상이 되는 용역을 공급하는 자

        • 1년간의 매출액 8,000만 원 이상인 일반과세자인 사업자와 1년간의 매출액 8,000만 원 미만인 간이과세자 사업자, 단 간이과세자의 해당 과세기간에 대한 공급대가의 합계액이 4,800만 원 미만이면 납부 의무

    ㉡ 재화를 수입하는 자(재화를 수입하는 개인으로서 사업자가 아닌 자)

② 수탁자의 납부 의무

대통령령으로 정하는 신탁재산과 관련된 재화 또는 용역을 공급하는 때에는 「신탁법」에 따른 수탁자가 신탁재산별로 각각 별도의 납세의무자로서 부가가치세를 납부할 의무가 있다.

    ▷ 신탁재산 : 「신탁법」 또는 다른 법률에 따른 신탁재산(해당 신탁재산의 관리, 처분 또는 운용 등을 통하여 발생한 소득 및 재산을 포함)을 말한다.

③ 위탁자의 납부 의무 **23년 기출**

다음의 어느 하나에 해당하는 경우에는 「신탁법」에 따른 위탁자가 부가가치세를 납부할 의무가 있다.

    ㉠ 신탁재산과 관련된 재화 또는 용역을 위탁자 명의로 공급하는 경우

    ㉡ 위탁자가 신탁재산을 실질적으로 지배·통제하는 경우로서 대통령령으로 정하는 경우(영 제5조의2)

      ⓐ 수탁자가 위탁자로부터 재산을 수탁받아 부동산개발사업을 목적으로 하는 신탁계약을 체결한 경우로서 그 신탁계약에 따른 부동산개발사업비의 조달의무를 수탁자가 부담하지 않는 경우. 다만, 수탁자가 재개발 사업·재건축사업 또는 가로주택정비사업·소규모재건축사업·소규모재개발사업의 사업시행자인 경우는 제외한다.

      ⓑ 수탁자가 재개발 사업·재건축사업 또는 가로주택정비사업·소규모재건축사업·소규모재개발사업의 사업대행자인 경우

      ⓒ 수탁자가 위탁자의 지시로 위탁자와 「국세기본법 시행령」 제1조의2 제1항(혈족·인척 등 친족관계), 제2항(임원·사용인 등 경제적 연관관계), 같은 조 제3항 제1호(본인이 개인인 경우에 따른 주주·출자자 등 경영지배관계) 또는 「법인세법 시행령」 제2조 제8항 각 호(경제적 연관관계 또는 경영지배관계 등)의 관계에 있는 자에게 신탁재산과 관련된 재화 또는 용역을 공급하는 경우

      ⓓ 투자신탁(집합투자업자인 위탁자가 신탁업자에게 신탁한 재산을 신탁업자로 하여금 그 집합투자업자의 지시에 따라 투자·운용하게 하는 신탁 형태의 집합투자기구)의 경우

    ㉢ 그 밖에 신탁의 유형, 신탁설정의 내용, 수탁자의 임무 및 신탁사무 범위 등을 고려하여 대통령령으로 정하는 경우

④ 공동수탁자의 납부 의무

②에 따라 수탁자가 납세의무자가 되는 신탁재산에 둘 이상의 수탁자(공동수탁자)가 있는 경우 공동수탁자는 부가가치세를 연대하여 납부할 의무가 있다. 이 경우 공동수탁자 중 신탁사무를 주로 처리하는 수탁자가 부가가치세를 신고·납부하여야 한다.

(2) 신탁 관련 제2차 납세의무 및 물적납세의무(법 제3조의2) 19년 기출

① 제2차 납세의무

수탁자가 납부하여야 하는 다음의 어느 하나에 해당하는 부가가치세 또는 강제징수비(부가가치세 등)를 신탁재산으로 충당하여도 부족한 경우에는 그 신탁의 수익자(「신탁법」에 따라 신탁이 종료되어 신탁재산이 귀속되는 자를 포함)는 지급받은 수익과 귀속된 재산의 가액을 합한 금액을 한도로 하여 그 부족한 금액에 대하여 납부할 의무(제2차 납세의무)를 진다.

> ㉠ 신탁 설정일 이후에 법정기일이 도래하는 부가가치세로서 해당 신탁재산과 관련하여 발생한 것
> > ▷ 신탁설정일은 「신탁법」에 따라 해당 재산이 신탁재산에 속한 것임을 제3자에게 대항할 수 있게 된 날로 한다. 다만, 다른 법률에서 제3자에게 대항할 수 있게 된 날을 「신탁법」과 달리 정하고 있는 경우에는 그 날로 한다.
> ㉡ ㉠의 금액에 대한 강제징수 과정에서 발생한 강제징수비

② 물적납세의무

부가가치세를 납부하여야 하는 위탁자가 제2차 납세의무에 해당하는 부가가치세 등을 체납한 경우로서, 그 위탁자의 다른 재산에 대하여 강제징수를 하여도 징수할 금액에 미치지 못할 때에는 해당 신탁재산의 수탁자는 그 신탁재산으로써 위탁자의 부가가치세 등을 납부할 의무(물적납세의무)가 있다.

(3) 납세의무(통칙 3-0-1) 20, 15, 10년 기출

사업자가 부가가치세가 과세되는 재화를 공급하거나 용역을 제공하는 경우에는 해당 사업자의 사업자등록 여부 및 공급 시 부가가치세의 거래징수 여부에 불구하고 해당 재화의 공급 또는 용역의 제공에 대하여 부가가치세를 신고·납부할 의무가 있다.

① 명의자와 사실상 귀속자가 서로 다른 경우의 납세의무(통칙 3-0-2) 10년 기출

과세의 대상이 되는 행위 또는 거래의 귀속이 명의일 뿐이고 사실상 귀속되는 자가 따로 있는 경우에는 사실상 귀속되는 자에 대하여 부가가치세법을 적용한다.

② 국외거래에 대한 납세의무(통칙 3-0-3)

㉠ 부가가치세의 납세의무는 대한민국의 주권이 미치는 범위 내에서 적용하므로 사업자가 대한민국의 주권이 미치지 아니하는 국외에서 재화를 공급하는 경우에는 납세의무가 없다. 다만, 부가가치세법상에 따른 수출의 방법(중계무역 방식 등)으로 재화를 공급하는 경우에는 그러하지 아니한다.

㉡ 우리나라 국적의 항공기 또는 선박에서 이루어지는 거래는 국외거래로 보지 아니한다.

③ 새마을금고의 납세의무(통칙 3-0-4) 20년 기출

새마을금고가 사업상 독립적으로 부가가치세가 과세되는 재화를 공급하는 경우에는 납세의무가 있다.

④ 청산 중에 있는 내국법인의 납세의무(통칙 3-0-5) 20, 13년 기출

청산 중에 있는 내국법인은 「상법」에 따른 계속등기 여부에 불구하고 사실상 사업을 계속하는 경우에는 납세의무가 있다.

⑤ 농민이 일시적으로 재화를 공급하는 경우의 납세의무(통칙 3-0-6) 20년 기출

농민이 자기농지의 확장 또는 농지개량작업에서 생긴 토사석을 일시적으로 판매하는 경우에는 납세의무가 없다.

⑥ 합병등기일 전 실제 합병한 경우의 납세의무(통칙 3-0-7)

법인 간의 흡수합병에 있어서 합병등기일 전 실제 합병한 경우 실제 합병일로부터 합병등기일까지 피합병법인의 사업장에서 거래된 재화의 공급 및 매입분에 대하여는 피합병법인 명의로 세금계산서를 발급하거나 발급받고 부가가치세를 신고·납부한다.

(4) 납세지(법 제6조)

① 사업자의 납세지 23, 19, 17, 16, 15, 10년 기출

부가가치세 납세지는 각 사업장의 소재지로 한다. 사업장은 사업자가 사업을 하기 위하여 거래의 전부 또는 일부를 하는 고정된 장소로 한다.

② 사업장의 범위(영 제8조 제1항) 24, 23, 22, 21, 20, 19, 18, 17, 16, 15, 14, 13, 12, 11, 10년 기출

구 분		범 위
광 업		광업사무소의 소재지. 이 경우 광업사무소가 광구 밖에 있을 때에는 그 광업사무소에서 가장 가까운 광구에 대하여 작성한 광업 원부의 맨 처음에 등록된 광구 소재지에 광업사무소가 있는 것으로 본다.
제조업		최종제품을 완성하는 장소(다만, 따로 제품 포장만을 하거나 용기에 충전만을 하는 장소와 저유소는 제외)
건설업·운수업과 부동산매매업	법인인 경우	법인의 등기부상 소재지(등기부상의 지점 소재지를 포함)
	개인인 경우	사업에 관한 업무를 총괄하는 장소
	법인의 명의로 등록된 차량을 개인이 운용하는 경우	법인의 등기부상 소재지(등기부상의 지점 소재지를 포함)
	개인의 명의로 등록된 차량을 다른 개인이 운용하는 경우	그 등록된 개인이 업무를 총괄하는 장소
수자원을 개발하여 공급하는 사업		사업에 관한 업무를 총괄하는 장소
대구시설관리공단이 공급하는 사업		사업에 관한 업무를 총괄하는 장소
다단계판매원이 재화나 용역을 공급하는 사업		해당 다단계판매원이 등록한 다단계판매업자의 주된 사업장 소재지(다만, 다단계판매원이 상시 주재하여 거래의 전부 또는 일부를 하는 별도의 장소가 있는 경우에는 그 장소)
전기통신사업자가 기획재정부령으로 정하는 통신요금 통합청구의 방법으로 요금을 청구하는 전기통신사업		사업에 관한 업무를 총괄하는 장소
전기통신사업자가 기획재정부령으로 정하는 이동통신역무를 제공하는 전기통신사업	법인인 경우	법인의 본점 소재지
	개인인 경우	사업에 관한 업무를 총괄하는 장소
무인자동판매기를 통하여 재화·용역을 공급하는 사업		사업에 관한 업무를 총괄하는 장소
한국철도공사가 경영하는 사업		사업에 관한 업무를 지역별로 총괄하는 장소
우정사업조직이 소포우편물을 방문접수하여 배달하는 용역을 공급하는 사업		사업에 관한 업무를 총괄하는 장소
전기판매사업자가 기획재정부령으로 정하는 전기요금 통합청구의 방법으로 요금을 청구하는 전기판매사업		사업에 관한 업무를 총괄하는 장소

국가, 지방자치단체 또는 지방자치단체조합이 공급하는 사업	사업에 관한 업무를 총괄하는 장소(다만, 위임·위탁 또는 대리에 의하여 재화나 용역을 공급하는 경우에는 수임자·수탁자 또는 대리인이 그 업무를 총괄하는 장소)
송유관설치자가 송유관을 통하여 재화 또는 용역을 공급하는 사업	사업에 관한 업무를 총괄하는 장소
부동산임대업	부동산의 등기부상 소재지(다만, 부동산상의 권리만을 대여하는 경우에는 그 사업에 관한 업무를 총괄하는 장소)

주의 부동산상의 권리만을 대여하는 경우에는 부동산의 등기부상 소재지가 아니라 그 사업에 관한 업무를 총괄하는 장소를 사업장으로 한다. 부가가치세법 시행령에서 정한 사업자(한국자산관리공사, 농업협동조합자산관리공사 등)가 부동산을 임대하는 경우에도 그 사업에 관한 업무를 총괄하는 장소를 사업장으로 한다.

　㉠ **사업장을 두지 아니한 경우** : 사업자가 사업장을 두지 아니하면 사업자의 주소 또는 거소를 사업장으로 한다.

　㉡ **직매장** : 사업자가 자기의 사업과 관련하여 생산하거나 취득한 재화를 직접 판매하기 위하여 특별히 판매시설을 갖춘 장소(직매장)는 사업장으로 본다.

　㉢ **사업장 외의 장소** : 위의 규정에 따른 사업장 외의 장소도 사업자의 신청에 따라 추가로 사업장으로 등록할 수 있다. 다만, 무인자동판매기를 통하여 재화·용역을 공급하는 사업의 경우에는 그러하지 아니하다.

　㉣ **설치 및 등록을 하지 않은 경우** : 사업장을 설치하지 아니하고 사업자등록도 하지 아니한 경우에는 과세표준 및 세액을 결정하거나 경정할 당시의 사업자의 주소 또는 거소를 사업장으로 한다.

　㉤ **비거주자와 외국법인의 경우** : 사업자가 비거주자인 경우에는 「소득세법」에 따른 장소를 사업장으로 하고, 외국법인인 경우에는 「법인세법」에 따른 장소를 사업장으로 한다.

　㉥ **사업장 등록을 신청하는 경우** : 해당 신탁재산의 등기부상 소재지, 등록부상 등록지 또는 신탁사업에 관한 업무를 총괄하는 장소를 사업장으로 한다.

③ **사업자의 본점 또는 주사무소의 소재지** 24, 23, 20, 16, 15, 10년 기출
　사업자 단위 과세 사업자는 각 사업장을 대신하여 그 사업자의 본점 또는 주사무소의 소재지를 부가가치세 납세지로 한다.

④ **수입을 신고하는 세관의 소재지** 24, 23, 21, 20, 19, 15년 기출
　재화를 수입하는 자의 부가가치세 납세지는 「관세법」에 따라 수입을 신고하는 세관의 소재지로 한다.

⑤ **토사석 채취업의 납세지(통칙 6-8-2)**
　토사석 등을 채취하는 광업의 사업장은 사업자 또는 그 사용인이 상시 주재하여 거래의 전부 또는 일부를 행하는 사무소의 소재지이다. 다만, 그 사무소가 토사석 채취장소의 안 또는 인근에 있지 아니하는 때에는 토사석의 채취장소를 사업장으로 본다.

⑥ **총괄납부 사업자의 수정신고 및 경정 시의 납세지(통칙 6-8-3)**
　㉠ 「국세기본법」에 따른 수정신고 또는 경정청구 사유가 발생한 때에는 그 사유가 발생한 사업장 관할 세무서장에게 수정신고서 또는 경정청구서를 제출함과 동시에 세액을 추가납부하여야 한다.

　㉡ 주사업장 총괄납부사업자가 확정신고를 하지 아니하거나 확정신고의 내용에 오류 또는 탈루가 있는 때에는 각 사업장 관할 세무서장이 과세표준과 납부세액 또는 환급세액을 경정한다.

⑦ 사업장으로 보지 아니하는 장소 24, 21, 20, 16, 15, 12년 기출

> ㉠ 재화를 보관하고 관리할 수 있는 시설만 갖춘 장소로서 대통령령으로 정하는 바에 따라 <u>하치장</u>으로 신고된 장소
> ㉡ 각종 경기대회나 박람회 등 행사가 개최되는 장소에 개설한 <u>임시사업장</u>으로서 대통령령으로 정하는 바에 따라 신고된 장소

보충 **하치장(영 제9조)** 16, 11년 기출

① 하치장을 둔 사업자는 다음 각 호의 사항을 적은 하치장 설치 신고서를 하치장을 둔 날부터 10일 이내에 하치장 관할 세무서장에게 제출하여야 한다. 다만, 관할 세무서장의 승인을 받은 주류하치장의 경우에는 하치장 설치 신고서의 제출을 생략할 수 있다.
  1. 사업자의 상호, 성명(법인의 경우에는 대표자 성명), 주소, 사업자등록번호, 주민등록번호 및 사업장 소재지와 사업의 종류(인적사항)
  2. 하치장의 설치일자, 소재지 및 소속 구분
  3. 그 밖의 참고사항
② 제1항의 하치장 설치 신고를 받은 하치장 관할 세무서장은 하치장 설치 신고를 받은 날부터 10일 이내에 납세지 관할 세무서장에게 그 사실을 통보하여야 한다.

보충 **임시사업장(영 제10조)** 16, 11년 기출

① 법 제6조 제5항 제2호에 따른 임시사업장은 사업자가 임시사업장을 개설하기 전에 두고 있던 제8조에 따른 사업장(기존사업장)에 포함되는 것으로 한다.
② 법 제6조 제5항 제2호에 따라 임시사업장을 개설하려는 자는 다음 각 호의 사항을 적은 임시사업장 개설 신고서를 해당 임시사업장의 사업 개시일부터 10일 이내에 임시사업장의 관할 세무서장에게 제출(「국세 기본법」 제2조 제19호에 따른 국세정보통신망에 의한 제출을 포함)해야 한다. 다만, 임시사업장의 설치 기간이 10일 이내인 경우에는 임시사업장 개설 신고를 하지 않을 수 있다.
  1. 사업자의 인적사항
  2. 임시사업장의 소재지
  3. 임시사업장의 설치기간
  4. 그 밖의 참고사항
③ 제2항에 따른 신고서를 제출받은 세무서장은 임시사업장 설치의 타당성을 확인하여 그 결과를 신청인과 기존사업장의 관할 세무서장에게 통지하여야 한다.
④ 임시사업장을 개설한 자가 임시사업장을 폐쇄하였을 때에는 폐쇄일부터 10일 이내에 다음 각 호의 사항을 적은 임시사업장 폐쇄 신고서를 그 임시사업장 관할 세무서장에게 제출하여야 한다.
  1. 사업자의 인적사항
  2. 폐쇄 연월일 및 폐쇄 사유
  3. 그 밖의 참고사항

부가가치세법령상 납세지와 사업장에 관한 설명으로 옳지 않은 것은? 24년 기출

① 사업자가 사업장을 두지 아니하면 사업자의 주소 또는 거소(居所)를 사업장으로 한다.

② 사업자 단위 과세 사업자는 각 사업장을 대신하여 그 사업자의 본점 또는 주사무소의 소재지를 부가가치세 납세지로 한다.

③ 각종 박람회 등 행사가 개최되는 장소에 개설한 임시사업장으로서 대통령령으로 정하는 바에 따라 신고된 장소는 사업장으로 본다.

④ 재화를 수입하는 자의 부가가치세 납세지는 「관세법」에 따라 수입을 신고하는 세관의 소재지로 한다.

⑤ 사업자가 자기의 사업과 관련하여 생산하거나 취득한 재화를 직접 판매하기 위하여 특별히 판매시설을 갖춘 직매장은 사업장으로 본다.

해설
각종 경기대회나 박람회 등 행사가 개최되는 장소에 개설한 임시사업장으로서 대통령령으로 정하는 바에 따라 신고된 장소는 사업장으로 보지 아니한다(법 제6조 제5항 제2호).

정답 ③

2. 과 세

(1) 과세대상(법 제4조)

부가가치세는 사업자가 행하는 재화 또는 용역의 공급, 재화의 수입에 대하여 과세한다.

① 손해배상금 등(통칙 4-0-1) 21, 11, 10년 기출

  ㉠ 각종 원인에 의하여 사업자가 받는 다음에 예시하는 손해배상금 등은 과세대상이 되지 아니한다.

  > ⓐ 소유재화의 파손·훼손·도난 등으로 인하여 가해자로부터 받는 손해배상금
  > ⓑ 도급공사 및 납품계약서상 그 기일의 지연으로 인하여 발주자가 받는 지체상금
  > ⓒ 공급받을 자의 해약으로 인하여 공급할 자가 재화 또는 용역의 공급 없이 받는 위약금 또는 이와 유사한 손해배상금
  > ⓓ 대여한 재화의 망실에 대하여 받는 변상금
  > ⓔ 부동산을 타인이 적법한 권한 없이 처음부터 계약상 또는 법률상의 원인 없이 불법으로 점유하여 법원의 판결에 따라 지급받는 부당이득금 및 지연손해금은 용역의 공급에 해당하지 아니함

  ㉡ 부동산임대업을 영위하는 사업자가 부동산임대차 계약기간이 만료되었음에도 불구하고 임차인으로부터 임대한 부동산을 반환받지 못하여 소송을 제기한 경우 그 소송이 종료될 때까지 실질적으로 계속하여 임대용역을 제공하고 임차인으로부터 그 대가를 받거나 동 소송에서 승소하여 건물반환일까지의 임대료 상당액을 받는 때에는 그 대가 또는 임대료 상당액은 과세대상이 된다.

② 특별회비 등(통칙 4-0-2) 10년 기출

  협회 등 단체가 재화의 공급 또는 용역의 제공에 따른 대가관계 없이 회원으로부터 받는 협회비·찬조비 및 특별회비 등은 과세대상이 아니다.

③ 유가증권 등(통칙 4-0-3) 21, 10년 기출

  수표·어음 등의 화폐대용증권은 과세대상이 아니다.

④ 면세재화를 운반·가공하거나 판매대행하는 등의 용역(통칙 4-0-4) 21, 11, 10년 기출

사업자가 농산물·축산물·수산물·임산물 등의 면세재화를 운반·가공하거나 판매대행하는 등의 용역을 제공하고 그 대가를 받는 경우에는 과세대상으로 한다.

⑤ 분철료의 과세대상(통칙 4-0-5)

광업권자가 광업권을 대여하고 그 대가로 분철료를 받는 경우에는 과세대상이 된다.

⑥ 골프장 입회금 등(통칙 4-0-6) 18년 기출

㉠ 골프장·테니스장 경영자가 동 장소 이용자로부터 받는 입회금으로서 일정기간 거치 후 반환하지 아니하는 입회금은 과세대상이 된다. 다만, 일정기간 거치 후 반환하는 입회금은 그러하지 아니한다.

㉡ 사업자가 골프장·테니스장 시설이용권을 양도하는 경우에 부가가치세 과세표준은 골프장·테니스장 시설이용권의 양도가액으로 한다.

⑦ 조출료·체선료(통칙 4-0-7)

㉠ 선주와 하역회사 간의 계약에 따라 하역회사가 조기선적을 하고 선주로부터 받는 조출료는 하역용역의 제공에 따른 대가이므로 하역용역대가에 포함하나, 지연선적으로 인하여 선주에게 지급하는 체선료는 과세대상이 아니다.

㉡ 선주와 화주와의 계약에 따라 화주가 조기선적을 하고 선주로부터 받는 조출료는 용역제공에 대한 대가가 아니므로 과세대상이 아니나, 선주가 지연선적으로 인하여 화주로부터 받는 체선료는 항행용역의 제공에 따른 대가이므로 항행용역대가에 포함된다.

㉢ 화주와 선주 간에 용선계약을 체결하고 화주와 하역회사 간에는 본선하역에 대한 계약이 체결되어 있는 경우 화주가 선주로부터 받은 조출료의 일부 또는 전부를 하역회사에 지불하는 경우, 하역회사가 받는 동 조출료는 하역용역의 제공에 대한 대가에 포함된다.

(2) 과세기간(법 제5조)

① 사업자에 대한 과세기간 23, 22, 15, 12, 10년 기출

사업자에 대한 부가가치세의 과세기간은 다음과 같다.

㉠ 간이과세자 : 1월 1일부터 12월 31일까지

㉡ 일반과세자

> ⓐ 제1기 : 1월 1일부터 6월 30일까지
> ⓑ 제2기 : 7월 1일부터 12월 31일까지

② 신규로 사업을 시작하는 자에 대한 최초의 과세기간 24, 22, 20, 18, 15, 14, 12, 10년 기출

신규로 사업을 시작하는 자에 대한 최초의 과세기간은 사업 개시일부터 그 날이 속하는 과세기간의 종료일까지로 한다. 다만, 사업 개시일 이전에 사업자등록을 신청한 경우에는 그 신청한 날부터 그 신청일이 속하는 과세기간의 종료일까지로 한다.

③ 사업자가 폐업하는 경우의 과세기간 24, 22, 20, 18, 16, 14, 12, 10년 기출

사업자가 폐업하는 경우의 과세기간은 폐업일이 속하는 과세기간의 개시일부터 폐업일까지로 한다. 이 경우 폐업일의 기준은 대통령령으로 정한다.

▷ 합병으로 인한 소멸법인의 최종 과세기간(통칙 5-7-1) : 합병으로 인한 소멸법인의 최종 과세기간은 그 과세기간의 개시일부터 합병등기를 한 날까지로 한다.

④ 일반과세자와 간이과세자 간의 변경 14년 기출

간이과세자에 관한 규정이 적용되거나 적용되지 아니하게 되어 일반과세자가 간이과세자로 변경되거나 간이과세자가 일반과세자로 변경되는 경우 그 변경되는 해에 간이과세자에 관한 규정이 적용되는 기간의 부가가치세의 과세기간은 다음의 구분에 따른 기간으로 한다.

> ㉠ 일반과세자가 간이과세자로 변경되는 경우 : 그 변경 이후 7월 1일부터 12월 31일까지
> ㉡ 간이과세자가 일반과세자로 변경되는 경우 : 그 변경 이전 1월 1일부터 6월 30일까지

⑤ 간이과세자가 일반과세자로 되는 경우의 과세기간 24, 20, 18, 14, 12, 10년 기출

간이과세자가 간이과세자에 관한 규정의 적용을 포기함으로써 일반과세자로 되는 경우 다음의 기간을 각각 하나의 과세기간으로 한다. 이 경우 ㉠의 기간은 간이과세자의 과세기간으로, ㉡의 기간은 일반과세자의 과세기간으로 한다.

기출문제

부가가치세법령상 사업자에 대한 2024년 부가가치세 과세기간에 관한 설명으로 옳은 것을 모두 고른 것은?

24년 기출

ㄱ. 사업개시일 이전에 사업자등록을 신청한 신규사업자가 2024년 4월 15일 사업을 개시하였다면 과세기간의 시작일은 2024년 4월 15일이다.
ㄴ. 사업자가 2024년 4월 15일 폐업하였다면 2024년 1월 1일부터 4월 15일까지가 최종 과세기간이다.
ㄷ. 간이과세자가 2024년 4월 15일 간이과세를 포기하여 일반과세자가 된 경우 2024년 1월 1일부터 6월 30일까지가 간이과세자 과세기간이다.

① ㄱ
② ㄴ
③ ㄱ, ㄷ
④ ㄴ, ㄷ
⑤ ㄱ, ㄴ, ㄷ

해설

ㄱ. 사업개시일 이전에 사업자등록을 신청한 신규사업자에 대한 최초의 과세기간은 그 신청한 날부터 그 신청일이 속하는 과세기간의 종료일까지로 한다(법 제5조 제2항).
ㄷ. 간이과세자가 2024년 4월 15일 간이과세를 포기하여 일반과세자가 된 경우, 2024년 1월 1일부터 4월 30일까지는 간이과세자, 5월 1일부터 6월 30일까지는 일반과세자 과세기간이 된다(법 제5조 제5항 제1호·2호).

정답 ②

(3) 과세 관할(법 제7조)

① 사업자에 대한 과세

사업자에 대한 부가가치세는 납세지를 관할하는 세무서장 또는 지방국세청장이 과세한다.

② 재화를 수입하는 자에 대한 과세 24, 17, 15년 기출

재화를 수입하는 자에 대한 부가가치세는 납세지를 관할하는 세관장이 과세한다.

3. 사업자등록(법 제8조, 영 제11조)

(1) 사업자등록의 신청

① 신청기한 22, 19, 17, 15, 14, 12년 기출

사업자는 사업장마다 대통령령으로 정하는 바에 따라 사업 개시일부터 20일 이내에 사업장 관할 세무서장에게 사업자등록을 신청하여야 한다. 다만, 신규로 사업을 시작하려는 자는 사업 개시일 이전이라도 사업자등록을 신청할 수 있다(영 제11조 제4, 7, 12항).

첨부서류의 대체	해당 법인의 설립등기 전 또는 사업의 허가·등록이나 신고 전에 사업자등록을 할 때에는 법인 설립을 위한 사업허가신청서 사본, 사업등록신청서 사본, 사업신고서 사본 또는 사업계획서로 첨부서류를 대신할 수 있다.
등록의 거부	신규로 사업을 시작하려는 자가 사업 개시일 이전에 사업자등록을 신청한 경우에, 사업자등록의 신청을 받은 사업장 관할 세무서장은 신청자가 사업을 사실상 시작하지 아니할 것이라고 인정될 때에는 등록을 거부할 수 있다.
주민등록표 등본의 확인	신규로 사업을 시작하려는 자가 사업 개시일 이전에 사업자등록을 신청한 경우에, 사업자등록을 신청받은 사업장 관할 세무서장은 「전자정부법」에 따른 행정정보의 공동이용을 통하여 발기인의 주민등록표 등본을 확인하여야 한다. 다만, 등록을 신청하는 자가 확인에 동의하지 아니하는 경우에는 발기인의 주민등록표 등본을 첨부하게 하여야 한다.

② 사업자등록 신청서의 제출

사업자등록을 하려는 사업자는 사업장마다 사업자의 인적사항, 사업자등록 신청 사유, 사업 개시 연월일 또는 사업장 설치 착수 연월일, 그 밖의 참고 사항을 적은 사업자등록 신청서를 관할 세무서장이나 그 밖에 신청인의 편의에 따라 선택한 세무서장에게 제출(국세정보통신망에 의한 제출을 포함)하여야 한다.

③ 사업장 관할 세무서장이 아닌 다른 세무서장에게 신청 24, 22, 19, 18, 17, 15, 14년 기출

사업자는 사업자등록의 신청을 사업장 관할 세무서장이 아닌 다른 세무서장에게도 할 수 있다. 이 경우 사업장 관할 세무서장에게 사업자등록을 신청한 것으로 본다.

④ 사업자등록을 하지 아니하는 경우 24, 19년 기출

사업자등록을 하지 아니하는 경우에는 사업장 관할 세무서장이 조사하여 등록할 수 있다.

⑤ 다단계판매원의 등록신청

  ㉠ 등록신청을 한 것으로 보는 경우(영 제11조 제8항) : 다단계판매원이 「방문판매 등에 관한 법률」에 따라 다단계판매업자에게 등록을 하고 도매 및 소매업을 경영할 목적으로 다단계판매업자에게 도매 및 소매업자로 신고한 경우 그 다단계판매원에 대하여 다단계판매업자가 그 신고일이 속하는 달의 다음 달 10일까지 사업장 관할 세무서장에게 그 다단계판매원의 인적사항, 사업 개시 연월일과 그 밖에 국세청장이 정하는 사항을 신고하였을 때에는 해당 다단계판매원이 등록신청을 한 것으로 본다. 다만, 납부의무가 면제되지 아니하는 다단계판매원과 사업장의 범위란 단서에 해당하는 다단계판매원에 대해서는 그러하지 아니하다.

  ㉡ 사업자등록증으로 보는 경우(영 제11조 제9항) : 신고한 다단계판매원에 대해서는 다단계판매업자가 「방문판매 등에 관한 법률」에 따라 발급한 다단계판매원 등록증을 관할 세무서장이 해당 다단계판매원에게 발급한 사업자등록증으로 본다.

⑥ 등록신청을 한 것으로 갈음 24, 19년 기출

「소득세법」 및 「법인세법」에 따라 등록한 자로서 면세사업을 경영하는 자가 추가로 과세사업을 경영하려는 경우 사업자등록 정정신고서를 제출하면 등록신청을 한 것으로 본다.

⑦ 수탁자가 납세의무자가 되는 경우

수탁자(공동수탁자가 있는 경우에는 대표수탁자)는 해당 신탁재산을 사업장으로 보아 대통령령으로 정하는 바에 따라 사업자등록을 신청하여야 한다. 수탁자가 사업자등록을 신청하는 경우로서 다음의 요건을 모두 갖춘 경우에는 둘 이상의 신탁재산을 하나의 사업장으로 보아 신탁사업에 관한 업무를 총괄하는 장소를 관할하는 세무서장에게 사업자등록을 신청할 수 있다(영 제11조 제11항).

> ㉠ 수탁자가 하나 또는 둘 이상의 위탁자와 둘 이상의 신탁계약을 체결하였을 것
> ㉡ 신탁계약이 수탁자가 위탁자로부터 부동산 또는 지상권, 전세권, 부동산임차권, 부동산소유권 이전등기청구권, 그 밖의 부동산 관련 권리를 위탁자의 채무이행을 담보하기 위해 수탁으로 운용하는 내용으로 체결되는 신탁계약일 것

(2) 사업자 단위 과세 사업자

① 의 의 24, 23, 19, 18, 12년 기출

사업장이 둘 이상인 사업자(사업장이 하나이나 추가로 사업장을 개설하려는 사업자를 포함)는 사업자 단위로 해당 사업자의 본점 또는 주사무소 관할 세무서장에게 등록을 신청할 수 있다. 이 경우 등록한 사업자를 사업자 단위 과세 사업자라 한다.

② 변경등록의 신청 19, 18, 14년 기출

사업장 단위로 등록한 사업자가 사업자 단위 과세 사업자로 변경하려면 사업자 단위 과세 사업자로 적용받으려는 과세기간 개시 20일 전까지 사업자의 본점 또는 주사무소 관할 세무서장에게 변경등록을 신청하여야 한다. 사업자 단위 과세 사업자가 사업장 단위로 등록을 하려는 경우에도 또한 같다.

사업장이 하나인 사업자가 추가로 사업장을 개설하면서 추가 사업장의 사업 개시일이 속하는 과세기간부터 사업자 단위 과세 사업자로 적용받으려는 경우에는 추가 사업장의 사업 개시일부터 20일 이내(추가 사업장의 사업 개시일이 속하는 과세기간 이내로 한정)에 사업자의 본점 또는 주사무소 관할 세무서장에게 변경등록을 신청하여야 한다.

주의 개시 후 20일 이내가 아니라 개시 20일 전까지이다.

③ 사업자 단위 과세 사업자 등록신청서의 제출(영 제11조 제2항)

사업자 단위 과세 사업자로 등록을 신청하려는 사업자는 본점 또는 주사무소(사업자 단위 과세 적용 사업장)에 대하여 위 (1)의 ②의 사항을 적은 사업자 등록신청서를 사업자 단위 과세 적용 사업장 관할 세무서장에게 제출하여야 한다.

(3) 사업자등록증

① 사업자등록증의 발급 23, 17, 14년 기출

사업자 등록신청을 받은 사업장 관할 세무서장(사업자 단위 과세 사업자의 경우는 본점 또는 주사무소 관할 세무서장)은 사업자등록을 하고, 대통령령으로 정하는 바에 따라 등록된 사업자에게 등록번호가 부여된 등록증(사업자등록증)을 발급하여야 한다.

㉠ 등록번호의 부여(영 제12조 제1항) : 등록번호는 사업장마다 관할 세무서장이 부여한다. 다만, 사업자 단위로 등록신청을 한 경우에는 사업자 단위 과세 적용 사업장에 한 개의 등록번호를 부여한다.

주의 사업장마다 관할 세무서장이 부여하는 것이 아니라 사업자 단위로 등록신청한 사업장에 한 개의 등록번호를 부여한다.

㉡ 고유번호의 부여(영 제12조 제2항) : 관할 세무서장은 과세자료를 효율적으로 처리하기 위하여 법 제54조(세금계산서합계표의 제출) 제4항 또는 제5항에 따른 자에게도 등록번호에 준하는 고유번호를 부여할 수 있다.

② **사업자등록증의 발급기한** 24, 23, 15년 기출

사업자 등록신청을 받은 사업장 관할 세무서장은 사업자의 인적사항과 그 밖에 필요한 사항을 적은 사업자등록증을 신청일부터 2일 이내(토요일, 「관공서의 공휴일에 관한 규정」에 따른 공휴일 또는 「근로자의 날 제정에 관한 법률」에 따른 근로자의 날은 산정에서 제외)에 신청자에게 발급하여야 한다. 다만, 사업장 시설이나 사업현황을 확인하기 위하여 국세청장이 필요하다고 인정하는 경우에는 발급기한을 5일 이내에서 연장하고 조사한 사실에 따라 사업자등록증을 발급할 수 있다.

기출문제

부가가치세법령상 사업자등록에 관한 설명으로 옳은 것은? 24년 기출

① 「법인세법」에 따라 사업자등록을 한 면세사업자가 추가로 과세사업을 경영하려는 경우 사업자등록 정정신고서를 제출하면 「부가가치세법」에 따라 사업자등록신청을 한 것으로 본다.
② 사업자등록신청을 받은 관할 세무서장은 등록내용을 조사하여 7일 이내에 사업자등록증을 발급하여야 한다.
③ 사업을 영위하면서 사업자등록을 하지 아니한 사업자에 대하여 납세지 관할 세무서장은 조사하여 등록할 수 없다.
④ 사업장이 하나이나 추가로 사업장을 개설하려는 사업자는 사업자 단위로 사업자등록을 하여야 하고 추가 사업장에 별도의 사업자등록을 할 수 없다.
⑤ 사업자는 사업자등록신청을 반드시 사업장 관할 세무서장에게 하여야 하고, 다른 세무서장에게 한 경우에는 효력이 없다.

[해설]
② 사업자등록신청을 받은 사업장 관할 세무서장은 사업자의 인적 사항과 그 밖에 필요한 사항을 적은 사업자등록증을 신청일부터 2일 이내(토요일 및 일요일, 「공휴일에 관한 법률」에 따른 공휴일 및 대체공휴일 또는 「근로자의 날 제정에 관한 법률」에 따른 근로자의 날은 산정에서 제외)에 신청자에게 발급하여야 한다. 다만, 사업장시설이나 사업현황을 확인하기 위하여 국세청장이 필요하다고 인정하는 경우에는 발급기한을 5일 이내에서 연장하고 조사한 사실에 따라 사업자등록증을 발급할 수 있다(영 제11조 제5항).
③ 사업을 영위하면서 사업자등록을 하지 아니한 사업자에 대하여 납세지 관할 세무서장은 조사하여 등록할 수 있다(영 제11조 제6항).
④ 사업장이 하나이나 추가로 사업장을 개설하려는 사업자는 사업자 단위로 해당 사업자의 본점 또는 주사무소 관할 세무서장에게 등록을 신청할 수 있다(법 제8조 제3항).
⑤ 사업자는 사업자등록의 신청을 사업장 관할 세무서장이 아닌 다른 세무서장에게도 할 수 있다. 이 경우 사업장 관할 세무서장에게 사업자등록을 신청한 것으로 본다(법 제8조 제2항).

정답 ①

---

(4) 보정의 요구(영 제11조 제13항) 23, 18, 17, 12년 기출

사업장 관할 세무서장은 사업자등록의 신청 내용을 보정할 필요가 있다고 인정될 때에는 10일 이내의 기간을 정하여 보정을 요구할 수 있다. 이 경우 해당 보정기간은 신청일부터 2일 이내 및 5일 이내에서 연장하는 기간에 산입하지 아니한다.

(5) 휴업·폐업 또는 변경신고

등록한 사업자는 휴업 또는 폐업을 하거나 등록사항이 변경되면 대통령령으로 정하는 바에 따라 지체 없이 사업장 관할 세무서장에게 신고하여야 한다. 등록을 신청한 자가 사실상 사업을 시작하지 아니하게 되는 경우에도 또한 같다.

① **휴업·폐업의 신고(영 제13조)** 22년 기출

　㉠ **휴업(폐업)신고서 제출** : 사업자등록을 한 사업자가 휴업 또는 폐업을 하거나 신규로 사업을 시작하려는 사업자등록을 한 자가 사실상 사업을 시작하지 않게 되는 경우에는 지체 없이 사업자의 인적사항, 휴업 연월일 또는 폐업 연월일과 그 사유, 그 밖의 참고사항을 적은 휴업(폐업)신고서를 관할 세무서장이나 그 밖에 신고인의 편의에 따라 선택한 세무서장에게 제출(국세정보통신망에 의한 제출을 포함)해야 한다.

　　▷ 폐업을 하는 사업자가 부가가치세 확정신고서에 폐업 연월일과 그 사유를 적고 사업자등록증을 첨부하여 제출하는 경우에는 폐업신고서를 제출한 것으로 본다.

　㉡ **사업자등록증 첨부** : 폐업신고서에는 사업자등록증을 첨부해야 한다.

　㉢ **소멸법인의 폐업신고** : 법인이 합병할 때에는 합병 후 존속하는 법인(신설합병의 경우에는 합병으로 설립된 법인) 또는 합병 후 소멸하는 법인(소멸법인)이 다음의 사항을 적은 법인합병신고서에 사업자 등록증을 첨부하여 소멸법인의 폐업 사실을 소멸법인의 관할 세무서장에게 신고하여야 한다.

> ⓐ 합병 후 존속하는 법인 또는 합병으로 설립된 법인의 인적사항
> ⓑ 소멸법인의 인적사항
> ⓒ 합병연월일
> ⓓ 그 밖의 참고사항

　㉣ **허가, 등록, 신고 등이 필요한 사업의 휴업·폐업신고** : 법령에 따라 허가를 받거나 등록 또는 신고 등을 하여야 하는 사업의 경우에는 허가, 등록, 신고 등이 필요한 사업의 주무관청에 ㉠의 휴업(폐업)신고서를 제출할 수 있으며, 휴업(폐업)신고서를 받은 주무관청은 지체 없이 관할 세무서장에게 그 서류를 송부(정보통신망을 이용한 송부를 포함)하여야 하고, 허가, 등록, 신고 등이 필요한 사업의 주무관청에 제출하여야 하는 해당 법령에 따른 신고서를 관할 세무서장에게 제출한 경우에는 관할 세무서장은 지체 없이 그 서류를 관할 주무관청에 송부하여야 한다.

　㉤ **휴업기간**

　　ⓐ ㉠에 따른 휴업을 하는 날은 사업장별로 그 사업을 실질적으로 휴업한 날(실질적으로 휴업한 날이 분명하지 아니한 경우에는 ㉠에 따른 휴업신고서의 접수일)로 한다.

　　ⓑ ㉠에 따른 휴업신고서에 적힌 휴업기간을 산정 때에는 계절적인 사업의 경우 그 계절이 아닌 기간은 휴업기간으로 본다.

② **등록사항의 변경** 23, 22, 21, 20, 19, 17, 14, 12, 11년 기출

　㉠ **사업자등록 정정신고 사유** : 사업자가 다음의 어느 하나에 해당하는 경우에는 지체 없이 사업자의 인적사항, 사업자등록의 변경 사항 및 그 밖의 필요한 사항을 적은 사업자등록 정정신고서를 관할 세무서장이나 그 밖에 신고인의 편의에 따라 선택한 세무서장에게 제출(국세정보통신망에 따른 제출을 포함)해야 한다(영 제14조 제1항).

ⓐ 상호를 변경하는 경우

ⓑ 법인 또는 「국세기본법」에 따라 법인으로 보는 단체 외의 단체로서 1거주자로 보는 단체가 대표자를 변경하는 경우

ⓒ 기획재정부령으로 정하는 사업의 종류에 변동이 있는 경우(사업의 종류를 완전히 다른 종류로 변경한 경우, 새로운 사업의 종류를 추가하거나 사업의 종류 중 일부를 폐지한 경우)

ⓓ 사업장(사업자 단위 과세 사업자의 경우에는 사업자 단위 과세 적용 사업장)을 이전하는 경우

ⓔ 상속으로 사업자의 명의가 변경되는 경우

ⓕ 공동사업자의 구성원 또는 출자지분이 변경되는 경우

ⓖ 임대인, 임대차 목적물 및 그 면적, 보증금, 임차료 또는 임대차기간이 변경되거나 새로 상가건물을 임차한 경우(「상가건물 임대차보호법」에 따른 상가건물의 임차인이 사업자등록 정정신고를 하려는 경우, 임차인이 확정일자를 신청하려는 경우 및 확정일자를 받은 임차인에게 변경 등이 있는 경우로 한정)

ⓗ 사업자 단위 과세 사업자가 사업자 단위 과세 적용 사업장을 변경하는 경우

ⓘ 사업자 단위 과세 사업자가 종된 사업장을 신설하거나 이전하는 경우

ⓙ 사업자 단위 과세 사업자가 종된 사업장의 사업을 휴업하거나 폐업하는 경우

ⓚ 사이버몰(부가통신사업자가 컴퓨터 등과 정보통신설비를 이용하여 재화 등을 거래할 수 있도록 설정한 가상의 영업장)에 인적사항 등의 정보를 등록하고 재화 또는 용역을 공급하는 사업을 하는 사업자(통신판매업자)가 사이버몰의 명칭 또는 「인터넷주소자원에 관한 법률」에 따른 인터넷 도메인이름을 변경하는 경우

ⓒ **사업자등록증의 첨부** : 사업자등록 정정신고서에는 사업자등록증을 첨부하여야 한다. 사업자등록신청 시 제출했던 사업자의 인적사항, 사업자등록 신청 사유, 사업 개시 연월일 또는 사업장 설치 착수 연월일 등의 세부항목이 변경된 사업자는 이에 해당하는 첨부서류를 제출하여야 한다.

ⓒ **기재사항 정정 및 사업자등록증의 재발급** : 정정신고를 받은 세무서장은 다음의 구분에 따른 기한 이내에 변경 내용을 확인하고 사업자등록증의 기재사항을 정정하여 재발급하여야 한다.

ⓐ 위 ㉠의 ⓐ 및 ⓚ의 경우 : 신고일 당일

ⓑ 위 ㉠의 ⓑ부터 ⓙ까지의 경우 : 신고일부터 2일 이내

ⓔ **사업장의 이전 또는 변경 사실의 통지** : 사업자가 사업장(사업자 단위 과세 사업자의 경우에는 사업자 단위 과세 적용 사업장)을 이전하는 경우 또는 사업자 단위 과세 사업자가 사업자 단위 과세 적용 사업장을 변경하는 경우에 따른 사유로 사업자등록 정정신고를 한 경우 사업장 관할 세무서장은 종전의 사업장 관할 세무서장에게 지체 없이 사업장의 이전 또는 변경 사실을 통지하여야 한다.

ⓜ **사업장과 주소지가 동일한 경우** : 사업장과 주소지가 동일한 사업자가 사업자등록 신청서 또는 사업자등록 정정신고서를 제출하면서 「주민등록법」에 따른 주소가 변경되면 사업장의 주소도 변경되는 것에 동의한 경우에는 사업자가 전입신고를 하면 사업자등록 정정신고서를 제출한 것으로 본다.

공동사업자의 사업자등록 및 정정(통칙 8-14-1)

2인 이상의 사업자가 공동사업을 하는 경우 사업자등록 신청은 공동사업자 중 1인을 대표자로 하여 대표자명의로 신청하여야 하며, 공동사업자 중 일부의 변경 및 탈퇴, 새로운 공동사업자 추가의 경우에는 사업자등록을 정정하여야 한다. 개인 단독사업자가 공동사업자로, 공동사업자가 개인 단독사업자로 변경되는 경우에는 사업자등록을 정정하여야 한다.

채무자 회생 및 파산에 관한 법률에 따른 회생절차개시 시 사업자등록증의 정정(통칙 8-14-2)

회사가 「채무자 회생 및 파산에 관한 법률」에 따라 회생절차개시명령을 받아 관리인 또는 관리인 대리가 회사사업의 경영과 재산의 관리 및 처분을 할 경우에는 해당 관리인 또는 관리인 대리를 회사의 대표자로 보아 사업자등록을 정정할 수 있다.

④ **등록신청 또는 신고를 한 것으로 갈음**

개별소비세 또는 교통·에너지·환경세의 납세의무가 있는 사업자가 「개별소비세법」 또는 「교통·에너지·환경세법」에 따라 다음의 구분에 따른 신고를 한 경우에는 해당 구분에 따른 등록신청 또는 신고를 한 것으로 본다.

> ㉠ 개업 신고를 한 경우 : 사업자등록의 신청
> ㉡ 휴업·폐업·변경 신고를 한 경우 : 해당 휴업·폐업 신고 또는 등록사항 변경 신고
> ㉢ 사업자 단위 과세 사업자 신고를 한 경우 : 사업자 단위 과세 사업자 등록신청 또는 사업자 단위 과세 사업자 변경등록 신청
> ㉣ 양수, 상속, 합병 신고를 한 경우 : 등록사항 변경 신고

(6) 등록의 말소 및 갱신

① **등록말소(법 제8조 제9항, 영 제15조)** 18, 17, 15, 12년 기출

㉠ **등록말소의 사유** : 사업장 관할 세무서장은 등록된 사업자가 다음의 어느 하나에 해당하면 지체 없이 사업자등록을 말소하여야 한다.

> ⓐ 폐업(사실상 폐업한 경우 포함)한 경우
> ⓑ 등록신청을 하고 사실상 사업을 시작하지 아니하게 되는 경우

㉡ **등록증의 회수 및 등록말소 사실의 공시** : 등록을 말소하는 경우 관할 세무서장은 지체 없이 등록증을 회수하여야 하며, 등록증을 회수할 수 없는 경우에는 등록말소 사실을 공시하여야 한다.

㉢ **사실상 사업을 시작하지 아니하게 되는 경우** : 사실상 사업을 시작하지 아니하게 되는 경우는 다음의 어느 하나에 해당하는 경우로 한다.

> ⓐ 사업자가 사업자등록을 한 후 정당한 사유 없이 6개월 이상 사업을 시작하지 아니하는 경우
> **주의** 3개월 이상이 아니라 6개월 이상이다.
> ⓑ 사업자가 부도발생, 고액체납 등으로 도산하여 소재 불명인 경우
> ⓒ 사업자가 인가·허가의 취소 또는 그 밖의 사유로 사업을 수행할 수 없어 사실상 폐업상태에 있는 경우

ⓓ 사업자가 정당한 사유 없이 계속하여 둘 이상의 과세기간에 걸쳐 부가가치세를 신고하지 아니하고 사실상 폐업상태에 있는 경우

ⓔ 그 밖에 사업자가 ⓐ부터 ⓓ까지의 규정과 유사한 사유로 사실상 사업을 시작하지 아니하는 경우

② 사업자등록증의 갱신(영 제16조)

사업장 관할 세무서장은 부가가치세의 업무를 효율적으로 처리하기 위하여 필요하다고 인정되면 사업자 등록증을 갱신하여 발급할 수 있다.

③ 세부규정

위에서 규정한 사항 외에 사업자등록, 사업자등록증 발급, 등록사항의 변경 및 등록의 말소 등에 필요한 사항은 대통령령으로 정한다.

보충 사업자 단위 과세의 포기(영 제17조) 23, 19년 기출

① 사업자 단위 과세 사업자가 각 사업장별로 신고·납부하거나 제92조에 따른 주사업장 총괄 납부를 하려는 경우에는 그 납부하려는 과세기간 개시 20일 전에 다음 각 호의 사항을 적은 사업자 단위 과 세 포기신고서를 사업자 단위 과세 적용 사업장 관할 세무서장에게 제출하여야 한다.

1. 사업자의 인적사항
2. 사업자 단위 과세 포기사유
3. 그 밖의 참고사항

② 사업자 단위 과세 적용 사업장 관할 세무서장은 제1항에 따른 사업자 단위 과세 포기신고서의 처리결과를 지체 없이 해당 사업자와 종된 사업장의 관할 세무서장에게 통지하여야 한다.

③ 제1항에 따라 사업자 단위 과세를 포기한 경우에는 그 포기한 날이 속하는 과세기간의 다음 과세기간 부터 사업자 단위 과세 포기신고서에 적은 내용에 따라 각 사업장별로 신고·납부하거나 제92조에 따른 주사업장 총괄 납부를 하여야 한다.

01 "사업자"란 영리만을 목적으로 사업상 독립적으로 재화 또는 용역을 공급하는 자를 말한다. (O, X)

02 전기공급사업자의 전기 공급은 부가가치세법상 용역의 공급에 해당하지 않는다. (O, X)

03 국가·지방자치단체와 지방자치단체조합은 부가가치세를 납부할 의무가 없다. (O, X)

04 신규로 사업을 시작하는 자에 대한 최초의 과세기간은 사업 개시일부터 그 날이 속하는 과세기간의 종료일까지로 한다. 다만, 사업개시일 이전에 사업자등록을 신청한 경우에는 그 신청한 날부터 그 신청일이 속하는 과세기간의 종료일까지로 한다. (O, X)

05 사업자 단위로 등록신청을 한 사업자라 하더라도 등록번호는 사업장마다 관할 세무서장이 부여한다. (O, X)

06 사업자가 자기의 사업과 관련하여 생산 또는 취득한 재화를 직접 판매하기 위하여 특별히 판매시설을 갖춘 장소는 사업장으로 본다. (O, X)

07 사업자가 폐업하는 경우의 과세기간은 원칙적으로 폐업일이 속하는 과세기간의 개시일로부터 과세기간의 종료일까지로 한다. (O, X)

08 운수업에 있어서 법인 명의로 등록된 차량을 개인이 운용하는 경우에는 개인의 업무총괄장소가 사업장이 된다. (O, X)

09 관할 세무서장은 사업자 등록신청의 내용을 보정할 필요가 있다고 인정되는 때에는 20일 이내의 기간을 정하여 보정을 요구할 수 있다. (O, X)

10 사업자가 사업자등록 후 정당한 사유 없이 6개월 이상 사업을 시작하지 아니하는 경우에는 사업자 관할 세무서장은 지체 없이 사업자등록을 말소하여야 한다. (O, X)

01 × 영리만을 목적으로 → 영리이든 비영리이든 관계없이(법 제2조 제3호)

02 ○ (법 제2조 제2호, 영 제2조 제1항 제2호)

03 × 납부할 의무가 없다 → 있다 (법 제3조 제1항)

04 ○ (법 제5조 제2항)

05 × 사업장마다 → 사업자 단위 과세 적용 사업장에 한 개의 등록번호를(영 제12조 제1항)

06 ○ (영 제8조 제3항)

07 × 과세기간의 종료일 → 폐업일 (법 제5조 제3항)

08 × 개인의 업무총괄장소 → 법인의 등기부상 소재지(영 제8조 제1항)

09 × 20일 → 10일(영 제11조 제13항)

10 ○ (법 제8조 제9항 제2호, 영 제15조 제2항 제1호)

01 부가가치세법상 재화와 용역의 정의에 대한 내용 중 옳지 않은 것은?

① 재화라 함은 재산가치가 있는 물건 및 권리를 말하므로 물·흙·퇴비 등은 재화의 범위에 포함하며, 재산가치가 없는 것은 재화의 범위에 포함하지 아니한다.

② 수표·어음 등의 화폐대용증권은 과세대상이 아니므로 재화의 범위에 속하지 않는다.

③ 전기, 가스, 열 등 관리할 수 있는 자연력은 재화에 해당하지 않는다.

④ 건설업의 경우 건설업자가 건설자재의 전부 또는 일부를 부담하는 것은 용역의 공급으로 본다.

⑤ 국제 및 외국기관의 사업은 용역에 해당한다.

> **해설**
> 전기, 가스, 열 등 관리할 수 있는 자연력은 재화에 해당한다(영 제2조 제1항 제2호).

02 다음 중 부가가치세법상 용역의 범위에 해당하는 항목은?

> ㄱ. 건설업
> ㄴ. 공공행정, 국방 및 사회보장 행정
> ㄷ. 금융 및 보험업
> ㄹ. 전기공급업
> ㅁ. 부동산매매업
> ㅂ. 과수원임대업

① ㄱ, ㄴ, ㄷ
② ㄱ, ㄴ, ㄷ, ㄹ
③ ㄱ, ㄴ, ㄷ, ㅂ
④ ㄱ, ㄴ, ㄷ, ㄹ, ㅂ
⑤ ㄱ, ㄴ, ㄷ, ㄹ, ㅁ, ㅂ

> **해설**
> **용역의 범위(영 제3조)**
> ㄹ. 전기는 재화에 해당하므로 전기공급업은 재화의 공급에 해당한다.
> ㅁ. 부동산매매업은 용역의 범위에 해당되지 않는다.
> ㅂ. 전·답·과수원·목장용지·임야 또는 염전 임대업은 용역의 범위에서 제외되며, 과세대상에 해당하지 않는다.

03 부가가치세법상의 정의에 부합하지 않는 항목은?

① 간이과세자란 직전 연도의 공급대가의 합계액이 8천만 원 이하인 사업자로서, 간편한 절차로 부가가치세를 신고·납부하는 개인사업자를 말한다.

② 일반과세자란 간이과세자가 아닌 사업자를 말한다.

③ 과세사업이란 부가가치세가 과세되는 재화 또는 용역을 공급하는 사업을 말한다.

④ 면세사업이란 부가가치세가 면제되는 재화 또는 용역을 공급하는 사업을 말한다.

⑤ 비거주자란 「소득세법」에 따른 비거주자(거주자가 아닌 개인)을 말한다.

[해설]

간이과세자란 직전 연도의 공급대가의 합계액이 8천만 원에 <u>미달하는</u> 사업자로서, 간편한 절차로 부가가치세를 신고·납부하는 개인사업자를 말한다(법 제2조 제4호, 영 제5조).

04 부가가치세법상 사업장에 관한 설명으로 옳은 것은?

① 최종 제품이 생산되는 별도의 제품 포장시설의 경우 제조업의 사업장이 된다.

② 다단계판매원이 상시 주재하여 거래의 전부 또는 일부를 하는 별도의 장소가 있는 경우에는 그 장소가 사업장이 된다.

③ 건설업을 하는 개인의 사업장은 건설현장이다.

④ 무인자동판매기를 통하여 재화·용역을 공급하는 사업의 사업장은 자동판매기의 설치장소이다.

⑤ 부동산임대업의 사업장은 그 사업에 관한 업무를 총괄하는 장소이다.

[해설]

사업장(영 제8조 제1항)
① 따로 제품 포장만을 하거나 용기에 충전만을 하는 장소와 저유소는 제조업의 사업장에서 <u>제외된다</u>.
③ 건설업을 하는 개인의 사업장은 <u>사업에 관한 업무를 총괄하는 장소</u>이다.
④ 무인자동판매기를 통하여 재화·용역을 공급하는 사업의 사업장은 <u>그 사업에 관한 업무를 총괄하는 장소</u>이다.
⑤ 부동산임대업의 사업장은 <u>부동산의 등기부상 소재지</u>(다만, 부동산상의 권리만을 대여하는 경우에는 그 사업에 관한 업무를 총괄하는 장소)이다.

05 부가가치세법상 사업장에 관한 설명으로 옳지 않은 것은?

① 사업장을 두지 않은 경우 사업자의 주소 또는 거소를 사업장으로 한다.

② 사업자가 자기의 사업과 관련하여 생산하거나 취득한 재화를 직접 판매하기 위하여 특별히 판매시설을 갖춘 장소(직매장)는 사업장으로 본다.

③ 사업자는 사업장의 범위에 해당하는 사업장 외의 장소도 신청에 따라 추가로 사업장으로 항상 등록할 수 있다.

④ 사업장을 설치하지 아니하고 사업자등록도 하지 아니한 경우에는 과세표준 및 세액을 결정하거나 경정할 당시의 사업자의 주소 또는 거소를 사업장으로 한다.

⑤ 사업자가 비거주자인 경우에는 「소득세법」에 따른 장소를 사업장으로 하고, 외국법인인 경우에는 「법인세법」에 따른 장소를 사업장으로 한다.

무인자동판매기를 통하여 재화·용역을 공급하는 사업의 경우에는 그 사업에 업무를 총괄하는 장소 외에 추가로 사업장을 등록할 수 없다(영 제8조 제4항).

06 부가가치세법상 사업장에 관한 설명으로 옳지 않은 것은?

① 사업자 단위 과세 사업자는 각 사업장을 대신하여 그 사업자의 본점 또는 주사무소의 소재지를 부가가치세 납세지로 한다.

② 재화를 보관하고 관리할 수 있는 시설만 갖춘 장소로서 대통령령으로 정하는 바에 따라 하치장으로 신고된 장소는 사업장이 될 수 없다.

③ 재화를 수입하는 자의 부가가치세 납세지는 「관세법」에 따라 수입을 신고하는 세관의 소재지로 한다.

④ 각종 경기대회나 박람회 등 행사가 개최되는 장소에 개설한 임시사업장으로서 대통령령으로 정하는 바에 따라 신고된 장소는 사업장이 될 수 있다.

⑤ 토사석 등을 채취하는 광업의 사업장은 사업자 또는 그 사용인이 상시 주재하여 거래의 전부 또는 일부를 행하는 사무소의 소재지이다. 다만, 그 사무소가 토사석 채취장소의 안 또는 인근에 있지 아니하는 때에는 토사석의 채취장소를 사업장으로 본다.

각종 경기대회나 박람회 등 행사가 개최되는 장소에 개설한 임시사업장으로서 대통령령으로 정하는 바에 따라 신고된 장소는 사업장에 해당하지 않는다(법 제6조 제5항 제2호).

07 부가가치세법상 사업장과 사업자에 관한 설명으로 옳은 것은?

① 직전 연도의 공급가액의 합계액이 4천만 원에 미달하는 사업자로서, 간편한 절차로 부가가치세를 신고·납부하는 개인사업자는 간이과세자에 해당한다.

② 비영리 사업자는 부가가치세법상 사업자에 해당하지 않는다.

③ 과세의 대상이 되는 행위 또는 거래의 귀속이 명의일 뿐이고 사실상 귀속되는 자가 따로 있는 경우에는 사실상 귀속되는 자에 대하여 부가가치세법을 적용한다.

④ 우리나라 국적의 항공기 또는 선박에서 이루어지는 거래는 국외거래로 본다.

⑤ 청산 중에 있는 내국법인은 「상법」에 따른 등기를 말소했다면, 납세의무가 없다.

① 간이과세자는 직전 연도의 공급대가의 합계액이 8천만 원에 미달하는 사업자로서, 간편한 절차로 부가가치세를 신고·납부하는 개인사업자이다(법 제2조 제4호).
② 사업자는 사업 목적이 영리이든 비영리이든 관계없이 사업상 독립적으로 재화 또는 용역을 공급하는 자를 말한다(법 제2조 제3호).
④ 우리나라 국적의 항공기 또는 선박에서 이루어지는 거래는 국외거래로 보지 아니한다(통칙 3-0-3).
⑤ 청산 중에 있는 내국법인은 「상법」에 따른 계속등기 여부에도 불구하고 사실상 사업을 계속하는 경우에는 납세의무가 있다(통칙 3-0-5).

08 부가가치세법상 사업장에 관한 설명으로 옳지 않은 것은?

① 사업장은 사업자가 사업을 하기 위하여 거래의 전부 또는 일부를 하는 고정된 장소로 하며, 사업자가 사업장을 두지 아니하면 사업자의 주소 또는 거소를 사업장으로 한다.

② 건설업은 사업자가 법인인 경우에는 법인의 등기부상 소재지(등기부상의 지점소재지 포함)를 사업장으로 하며, 사업자가 개인인 경우에는 사업에 관한 업무를 총괄하는 장소를 사업장으로 한다.

③ 제조업은 최종제품을 완성하는 장소를 사업장으로 하며, 따로 제품 포장만을 하거나 용기에 충전만을 하는 장소와 개별소비세법에 따른 저유소는 사업장으로 보지 않는다.

④ 무인자동판매기를 통하여 재화·용역을 공급하는 사업은 사업에 관한 업무를 총괄하는 장소를 사업장으로 한다.

⑤ 부동산임대업은 그 업무를 총괄하는 장소를 사업장으로 한다.

> **해설**
>
> 부동산임대업의 사업장은 <u>부동산의 등기부상 소재지</u>이다(영 제8조 제1항).

09 부가가치세법상 납세지와 사업장에 관한 설명으로 옳지 않은 것은?

① 부동산매매업을 영위하는 사업자가 개인인 경우 사업에 관한 업무를 총괄하는 장소를 사업장으로 한다.

② 재화를 수입하는 자의 부가가치세 납세지는 수입재화를 보관하는 장소로서 신고된 장소로 한다.

③ 사업자가 사업장을 두지 아니하면 사업자의 주소 또는 거소를 사업장으로 한다.

④ 사업자 단위 과세 사업자는 각 사업장을 대신하여 그 사업자의 본점 또는 주사무소의 소재지를 납세지로 한다.

⑤ 사업장은 사업자가 사업을 하기 위하여 거래의 전부 또는 일부를 하는 고정된 장소로 한다.

> **해설**
>
> 재화를 수입하는 자의 부가가치세 납세지는 <u>「관세법」에 따라 수입을 신고하는 세관의 소재지</u>로 한다(법 제6조 제6항).

10 부가가치세법상 부가가치세 과세대상에 해당하는 것은? (단, 사업자의 행위로 본다)

① 협회 등 단체가 재화의 공급 또는 용역의 제공에 따른 대가관계 없이 회원으로부터 받는 협회비

② 대가를 받고 제공한 면세재화의 운반용역

③ 납품계약서상 그 기일의 지연으로 인하여 발주자가 받는 지체상금

④ 소유재화의 파손으로 인하여 가해자로부터 받는 손해배상금

⑤ 골프장·테니스장 경영자가 동 장소 이용자로부터 받는 입회금 중 거치 후 반환하는 금액

> **해설**
>
> 사업자가 농산물·축산물·수산물·임산물 등의 <u>면세재화를 운반·가공하거나 판매대행하는 등의 용역을 제공하고 그 대가를 받는 경우에는 과세대상으로 한다</u>(통칙 4-0-4).

11 부가가치세법상 과세기간에 대한 설명으로 옳지 않은 것은?

① 사업자가 폐업하는 경우의 과세기간은 폐업일이 속하는 과세기간의 개시일부터 그 폐업일이 속하는 과세기간의 종료일까지로 한다.

② 사업자가 간이과세를 포기함으로써 일반과세자가 되는 경우에는 부가가치세법 제70조 제1항에 따른 간이과세 적용포기의 신고일이 속하는 과세기간의 개시일부터 그 신고일이 속하는 달의 마지막 날까지의 기간과 그 신고일이 속하는 달의 다음 달 1일부터 그 날이 속하는 과세기간의 종료일까지의 기간을 각각 하나의 과세기간으로 한다.

③ 사업자에 대한 부가가치세의 과세기간은 제1기와 제2기로 구분된다.

④ 제조업의 사업개시일은 제조장별로 재화의 제조를 시작하는 날이다.

⑤ 신규로 사업을 시작하려는 자가 사업개시일 이전에 사업자등록을 신청한 경우에는 그 신청한 날부터 그 신청일이 속하는 과세기간의 종료일까지를 과세기간으로 한다.

> **해설**
> 사업자가 폐업하는 경우의 과세기간은 폐업일이 속하는 과세기간의 개시일부터 <u>폐업일까지로 한다</u>(법 제5조 제3항).

12 부가가치세법상 사업자등록에 대한 설명으로 옳지 않은 것은?

① 사업자는 사업장마다 대통령령으로 정하는 바에 따라 사업 개시일부터 20일 이내에 사업장 관할 세무서장에게 사업자등록을 신청하여야 한다.

② 사업자는 사업자등록의 신청을 사업장 관할 세무서장이 아닌 다른 세무서장에게도 할 수 있다. 이 경우 사업장 관할 세무서장에게 사업자등록을 신청한 것으로 본다.

③ 사업장이 둘 이상인 사업자는 사업자 단위로 해당 사업자의 본점 또는 주사무소 관할 세무서장에게 등록을 신청할 수 있다.

④ 사업장 단위로 등록한 사업자가 사업자 단위 과세 사업자로 변경하려면 사업자 단위 과세 사업자로 적용받으려는 과세기간 종료 20일 전까지 사업자의 본점 또는 주사무소 관할 세무서장에게 변경등록을 신청하여야 한다.

⑤ 사업자 등록신청을 받은 사업장 관할 세무서장은 사업자의 인적사항과 그 밖에 필요한 사항을 적은 사업자등록증을 신청일부터 2일 이내(토요일, 「관공서의 공휴일에 관한 규정」에 따른 공휴일 또는 「근로자의 날 제정에 관한 법률」에 따른 근로자의 날은 산정에서 제외)에 신청자에게 발급하여야 한다.

> **해설**
> 사업장 단위로 등록한 사업자가 사업자 단위 과세 사업자로 변경하려면 사업자 단위 과세 사업자로 적용받으려는 과세기간 개시 20일 전까지 사업자의 본점 또는 주사무소 관할 세무서장에게 변경등록을 신청하여야 한다(법 제8조 제4항).

13 부가가치세법상 사업자등록에 대한 설명으로 옳지 않은 것은?

① 사업자등록 신청을 받은 사업장 관할 세무서장은 사업자등록을 하고, 대통령으로 정하는 바에 따라 등록된 사업자에게 등록번호가 부여된 등록증(사업자등록증)을 발급하여야 한다.

② 사업자등록 신청을 받은 사업장 관할 세무서장은 사업자등록증을 신청일부터 일주일 이내에 신청자에게 발급하여야 한다.

③ 사업자등록 신청을 받은 사업장 관할 세무서장은 사업장 시설이나 사업현황을 확인하기 위하여 국세청장이 필요하다고 인정하는 경우에는 발급기한을 5일 이내에서 연장하고 조사한 사실에 따라 사업자등록증을 발급할 수 있다.

④ 사업장 관할 세무서장은 사업자등록의 신청 내용을 보정할 필요가 있다고 인정될 때에는 10일 이내의 기간을 정하여 보정을 요구할 수 있다.

⑤ 사업자등록증의 발급기한의 계산 시 토요일, 「관공서의 공휴일에 관한 규정」에 따른 공휴일 또는 「근로자의 날 제정에 관한 법률」에 따른 근로자의 날은 산정에서 제외된다.

> **해설**
> 사업자등록 신청을 받은 사업장 관할 세무서장은 사업자등록증을 신청일부터 <u>2일</u> 이내에 신청자에게 발급하여야 한다(영 제11조 제5항).

14 부가가치세법상 사업자등록에 대한 설명으로 옳지 않은 것은?

① 상호를 변경하는 경우 지체 없이 사업장 관할 세무서장에게 신고하여야 한다.

② 등록한 사업자는 휴업 또는 폐업을 하거나 등록사항이 변경되면 대통령으로 정하는 바에 따라 해당 과세기간 종료 전까지 사업장 관할 세무서장에게 신고하여야 한다.

③ 사업자등록 정정신고서에는 사업자등록증을 첨부하여야 한다. 사업자등록 신청 시 제출했던 사업자의 인적사항, 사업자등록 신청 사유, 사업 개시 연월일 또는 사업장 설치 착수 연월일 등의 세부항목이 변경된 사업자는 이에 해당하는 첨부서류를 제출하여야 한다.

④ 사이버몰의 도메인 이름을 변경하는 정정신고를 받은 세무서장은 신고일 당일에 변경 내용을 확인하고 사업자등록증의 기재사항을 정정하여 재발급하여야 한다.

⑤ 사업장 관할 세무서장은 등록된 사업자가 등록신청을 하고 사실상 사업을 시작하지 아니하게 되는 경우에 해당하면 지체 없이 사업자등록을 말소하여야 한다.

> **해설**
> 등록한 사업자는 휴업 또는 폐업을 하거나 등록사항이 변경되면 대통령으로 정하는 바에 따라 <u>지체 없이</u> 사업장 관할 세무서장에게 신고하여야 한다(법 제8조 제8항).

제 **2** 장 과세거래

제1절 과세대상 거래

1. 재화의 공급(법 제9조)

(1) 의 의

재화의 공급은 계약상 또는 법률상의 모든 원인에 따라 재화를 인도하거나 양도하는 것으로 한다.

(2) 재화 공급의 범위(영 제18조 제1항) 24, 22, 19, 18, 17, 16, 15, 13년 기출

재화의 공급은 다음의 것으로 한다.

> ① 현금판매, 외상판매, 할부판매, 장기할부판매, 조건부 및 기한부 판매, 위탁판매와 그 밖의 매매계약에 따라 재화를 인도하거나 양도하는 것
> ② 자기가 주요자재의 전부 또는 일부를 부담하고 상대방으로부터 인도받은 재화를 가공하여 새로운 재화를 만드는 가공계약에 따라 재화를 인도하는 것
> ③ 재화의 인도 대가로서 다른 재화를 인도받거나 용역을 제공받는 교환계약에 따라 재화를 인도하거나 양도하는 것
> ④ 경매, 수용, 현물출자와 그 밖의 계약상 또는 법률상의 원인에 따라 재화를 인도하거나 양도하는 것
> ⑤ 국내로부터 보세구역에 있는 창고에 임치된 임치물을 국내로 다시 반입하는 것

(3) 재화의 공급으로 보지 않는 것(영 제18조 제2항, 제3항)

① 현금판매 등 24, 22, 20, 17, 14, 13, 12년 기출

상기 (2)의 ①에도 불구하고 다음의 어느 하나에 해당하는 것은 재화의 공급으로 보지 아니한다.

> ㉠ 보세구역에 있는 조달청 창고(조달청장이 개설한 것으로서 세관장의 특허를 받은 보세창고)에 보관된 물품에 대하여 조달청장이 발행하는 창고증권의 양도로서 임치물의 반환이 수반되지 아니하는 것(창고증권을 가진 사업자가 보세구역의 다른 사업자에게 인도하기 위하여 조달청 창고에서 임치물을 넘겨받는 경우를 포함)
> ㉡ 보세구역에 있는 기획재정부령으로 정하는 거래소(런던금속거래소)의 지정창고에 보관된 물품에 대하여 같은 거래소의 지정창고가 발행하는 창고증권의 양도로서 임치물의 반환이 수반되지 아니하는 것(창고증권을 가진 사업자가 보세구역의 다른 사업자에게 인도하기 위하여 지정창고에서 임치물을 넘겨받는 경우를 포함)
> ㉢ 사업자가 위탁가공을 위하여 원자재를 국외의 수탁가공 사업자에게 대가 없이 반출하는 것(영세율이 적용되는 것은 제외)

ⓔ 한국석유공사가 「석유 및 석유대체연료 사업법」에 따라 비축된 석유를 수입통관하지 아니하고 보세구역에 보관하면서 국내사업장이 없는 비거주자 또는 외국법인과 무위험차익거래 방식으로 소비대차하는 것

② 경매, 수용 등 24, 21, 19, 18, 17, 14, 13년 기출

상기 (2)의 ④에도 불구하고 다음의 어느 하나에 해당하는 것은 재화의 공급으로 보지 않는다.

ⓞ 「국세징수법」에 따른 공매(수의계약에 따라 매각하는 것을 포함)에 따라 재화를 인도하거나 양도하는 것
ⓛ 「민사집행법」에 따른 경매(강제경매, 담보권 실행을 위한 경매와 「민법」・「상법」 등 그 밖의 법률에 따른 경매를 포함)에 따라 재화를 인도하거나 양도하는 것
ⓒ 「도시 및 주거환경정비법」, 「공익사업을 위한 토지 등의 취득 및 보상에 관한 법률」 등에 따른 수용절차에서 수용대상 재화의 소유자가 수용된 재화에 대한 대가를 받는 경우
ⓔ 「도시 및 주거환경정비법」에 따른 사업시행자의 매도청구에 따라 재화를 인도하거나 양도하는 것

원료 등을 차용하여 사용하거나 소비하고 반환하는 재화(통칙 9-18-1) 15년 기출
사업자간에 상품・제품・원재료 등의 재화를 차용하여 사용하거나 소비하고 동종 또는 이종의 재화를 반환하는 소비대차의 경우에 해당 재화를 차용하거나 반환하는 것은 각각 재화의 공급에 해당한다.

출자지분의 과세(통칙 9-18-2) 21, 13년 기출
출자자가 자기의 출자지분을 타인에게 양도・상속・증여하거나 법인 또는 공동사업자가 출자지분을 현금으로 반환하는 것은 재화의 공급에 해당하지 아니하는 것이나, 법인 또는 공동사업자가 출자지분을 현물로 반환하는 것은 재화의 공급에 해당한다.

화재・도난물품 등의 과세(통칙 9-18-5) 15, 13년 기출
수재・화재・도난・파손・재고감모손 등으로 인하여 재화를 잃어버리거나 재화가 멸실된 경우에는 재화의 공급으로 보지 아니한다.

보세구역에 대한 부가가치세 적용(통칙 9-18-7) 21, 19, 13년 기출
① 보세구역(보세구역 및 자유무역지역)에 관련된 부가가치세법 적용은 다음과 같이 한다.
 1. 외국에서 보세구역으로 재화를 반입하는 것은 재화의 수입에 해당하지 아니한다.
 2. 동일한 보세구역 내에서 재화를 공급하거나 용역을 제공하는 것은 재화의 공급 또는 용역의 제공에 해당한다.
 3. 보세구역 외의 장소에서 보세구역으로 재화 또는 용역을 공급하는 것은 재화 또는 용역의 공급에 해당한다.
 4. 사업자가 보세구역 내에서 보세구역 외의 국내에 재화를 공급하는 경우에 공급가액 중 관세가 과세되는 부분에 대하여는 세관장이 부가가치세를 거래징수하고 수입세금계산서를 발급하며 공급가액 중 관세의 과세가격과 관세・개별소비세・주세・교육세・교통・에너지・환경세 및 농어촌특별세의 합계액을 뺀 잔액에 대하여는 재화를 공급하는 사업자가 부가가치세를 거래징수하고 세금계산서를 발급하여야 한다.
 5. 사업자가 보세구역 내에서 보세구역 외의 국내로 내국신용장에 의하여 재화를 공급하는 경우에 공급가액 중 관세가 과세되는 부분에 대하여는 세관장이 부가가치세를 거래징수하고 수입세금계산서를 발급하며 공급가액 중 관세의 과세가격과 관세・개별소비세・주세・교육세・교통・에너지・환경세 및 농어촌특별세의 합계액을 뺀 잔액에 대하여는 재화를 공급하는 사업자가 영의 세율이 적용되는 세금계산서를 발급하여야 한다.

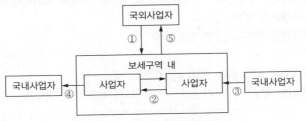

보세구역에 대한 부가가치세 납세의무(집행기준 13-0-2)

① 국외에서 보세구역으로 재화 반입 : 재화의 수입에 해당되지 않음
② 보세구역 내 거래 : 재화 또는 용역의 공급에 해당
③ 국내에서 보세구역으로 공급 : 재화 또는 용역의 공급에 해당
④ 보세구역에서 국내로 공급 : 재화의 수입에 해당
⑤ 보세구역에서 국외로 반출 : 재화의 수출에 해당

② 「자유무역지역의 지정 및 운영에 관한 법률」에서 제1항과 달리 규정하고 있는 경우에는 그 법률에 따른다.

기출문제

부가가치세법령상 재화의 공급에 관한 설명으로 옳지 않은 것은? 24년 기출

① 재화의 인도 대가로서 다른 재화를 인도받는 교환계약에 따라 재화를 인도하는 것은 재화의 공급이다.
② 「민사집행법」에 따른 경매에 따라 재화를 양도하는 것은 재화의 공급으로 보지 아니한다.
③ 사업자가 폐업할 때 자기생산·취득재화 중 남아 있는 재화는 자기에게 공급하는 것으로 본다.
④ 사업자가 위탁가공을 위하여 영세율을 적용받은 원자재를 국외의 수탁가공 사업자에게 대가 없이 반출하는 것은 재화의 공급으로 보지 아니한다.
⑤ 「공익사업을 위한 토지 등의 취득 및 보상에 관한 법률」에 따른 수용절차에서 수용대상 재화의 소유자가 수용된 재화에 대한 대가를 받는 경우는 재화의 공급으로 보지 아니한다.

[해설]
사업자가 위탁가공을 위하여 원자재를 국외의 수탁가공 사업자에게 대가 없이 반출하는 것(영 제31조 제1항 제5호에 따라 <u>영세율이 적용되는 것은 제외</u>)은 재화의 공급으로 보지 아니한다(영 제18조 제2항 제3호).

정답 ④

---

(4) 재화 공급의 특례(법 제10조)

① 자기의 면세사업을 위한 사용 및 소비 23, 22, 12년 기출

사업자가 자기의 과세사업과 관련하여 생산하거나 취득한 재화로서 다음의 어느 하나에 해당하는 재화(자기생산·취득재화)를 자기의 면세사업 및 부가가치세가 과세되지 아니하는 재화 또는 용역을 공급하는 사업(이하 "면세사업 등"이라 한다)을 위하여 직접 사용하거나 소비하는 것은 재화의 공급으로 본다.

        ⊙ 매입세액, 그 밖에 부가가치세법 및 다른 법률에 따른 매입세액이 공제된 재화

        ⓒ 사업양도로 취득한 재화로서 사업양도자가 매입세액, 그 밖에 부가가치세법 및 다른 법률에 따른 매
          입세액을 공제받은 재화

        ⓒ 수출에 해당하여 영세율을 적용받는 재화

② **자기생산·취득재화의 사용 또는 소비** 23, 17, 12년 기출

   다음의 어느 하나에 해당하는 자기생산·취득재화의 사용 또는 소비는 재화의 공급으로 본다.

        ⊙ 사업자가 자기생산·취득재화를 매입세액이 매출세액에서 공제되지 아니하는 「개별소비세법」에 따른
          자동차로 사용 또는 소비하거나 그 자동차의 유지를 위하여 사용 또는 소비하는 것

        ⓒ 운수업, 자동차 판매업, 자동차 임대업, 운전학원업, 기계경비업 등의 업종의 사업을 경영하는 사업자
          가 자기생산·취득재화 중 「개별소비세법」에 따른 자동차와 그 자동차의 유지를 위한 재화를 해당
          업종에 직접 영업으로 사용하지 아니하고 다른 용도로 사용하는 것

③ **자기의 다른 사업장에 반출하는 것** 23, 20, 19, 17, 16, 14년 기출

   사업장이 둘 이상인 사업자가 자기의 사업과 관련하여 생산 또는 취득한 재화를 판매할 목적으로 자기의
다른 사업장에 반출하는 것은 재화의 공급으로 본다. 다만, 다음의 어느 하나에 해당하는 경우는 재화의
공급으로 보지 아니한다.

        ⊙ 사업자가 사업자 단위 과세 사업자로 적용을 받는 과세기간에 자기의 다른 사업장에 반출하는 경우

        ⓒ 사업자가 주사업장 총괄 납부의 적용을 받는 과세기간에 자기의 다른 사업장에 반출하는 경우(다만,
          세금계산서를 발급하고 관할 세무서장에게 신고한 경우는 제외)

④ **대가를 받지 아니하거나 시가보다 낮은 대가를 받는 경우** 23, 22, 21, 19, 17, 15, 12년 기출

   사업자가 자기생산·취득재화를 사업과 직접적인 관계 없이 자기의 개인적인 목적이나 그 밖의 다른 목
적을 위하여 사용·소비하거나 그 사용인 또는 그 밖의 자가 사용·소비하는 것으로서 사업자가 그 대가
를 받지 아니하거나 시가보다 낮은 대가를 받는 경우는 재화의 공급으로 본다.

   단, 사업자가 실비변상적이거나 복리후생적인 목적으로 그 사용인에게 대가를 받지 아니하거나 시가보
다 낮은 대가를 받고 제공하는 것(이 경우 시가와 받은 대가의 차액으로 한정)으로서 다음의 경우는 재화
의 공급으로 보지 아니한다(영 제19조의2).

        ⊙ 사업을 위해 착용하는 작업복, 작업모 및 작업화를 제공하는 경우

        ⓒ 직장 연예 및 직장 문화와 관련된 재화를 제공하는 경우

        ⓒ 다음의 어느 하나에 해당하는 재화를 제공하는 경우. 이 경우 각각 사용인 1명당 연간 10만 원을 한도
          로 하며, 10만 원을 초과하는 경우 해당 초과액에 대해서는 재화의 공급으로 본다.

          ⓐ 경조사와 관련된 재화

          ⓑ 설날·추석, 창립기념일 및 생일 등과 관련된 재화

⑤ 자기의 고객이나 불특정 다수에게 증여하는 경우 23, 22, 20, 18, 16, 13, 12년 기출

사업자가 자기생산·취득재화를 자기의 고객이나 불특정 다수에게 증여하는 경우(증여하는 재화의 대가가 주된 거래인 재화의 공급에 대한 대가에 포함되는 경우는 제외)는 재화의 공급으로 본다. 다만, 사업자가 사업을 위하여 증여하는 것으로서 다음의 어느 하나에 해당하는 것은 재화의 공급으로 보지 아니한다(영 제20조).

> ㉠ 사업을 위하여 대가를 받지 아니하고 다른 사업자에게 인도하거나 양도하는 견본품
> ㉡ 「재난 및 안전관리 기본법」의 적용을 받아 특별재난지역에 공급하는 물품
> ㉢ 자기적립마일리지 등으로만 전부를 결제받고 공급하는 재화

⑥ 자기생산·취득재화 중 남아 있는 재화 24, 23, 22, 19, 16, 12년 기출

사업자가 폐업할 때 자기생산·취득재화 중 남아 있는 재화는 자기에게 공급하는 것으로 본다. 사업 개시일 이전에 사업자등록을 신청한 자가 사실상 사업을 시작하지 아니하게 되는 경우에도 또한 같다.

알아두기

폐업할 때 남아 있는 재화로서 과세하지 아니하는 경우(통칙 10-0-7) 15년 기출
다음 예시의 경우에는 폐업할 때 남아 있는 재화로서 과세하지 아니한다.
1. 사업자가 사업의 종류를 변경한 경우 변경 전 사업에 대한 잔존재화
2. 동일사업장 내에서 2 이상의 사업을 겸영하는 사업자가 그 중 일부 사업을 폐지하는 경우 해당 폐지한 사업과 관련된 재고재화
3. 개인사업자 2인이 공동사업을 영위할 목적으로 한 사업자의 사업장을 다른 사업자의 사업장에 통합하여 공동명의로 사업을 영위하는 경우에 통합으로 인하여 폐지된 사업장의 재고재화
4. 폐업일 현재 수입신고(통관)되지 아니한 미도착재화
5. 사업자가 직매장을 폐지하고 자기의 다른 사업장으로 이전하는 경우 해당 직매장의 재고재화

⑦ 위탁매매 또는 대리인에 의한 매매 17, 12년 기출

위탁매매 또는 대리인에 의한 매매를 할 때에는 위탁자 또는 본인이 직접 재화를 공급하거나 공급받은 것으로 본다. 다만, 위탁자 또는 본인을 알 수 없는 경우로서 대통령령으로 정하는 경우에는 수탁자 또는 대리인에게 재화를 공급하거나 수탁자 또는 대리인으로부터 재화를 공급받은 것으로 본다.

⑧ 위탁자 지위가 이전되는 경우 신탁재산의 공급

「신탁법」 제10조에 따라 위탁자의 지위가 이전되는 경우에는 기존 위탁자가 새로운 위탁자에게 신탁재산을 공급한 것으로 본다. 다만, 신탁재산에 대한 실질적인 소유권의 변동이 있다고 보기 어려운 경우로서 다음의 경우에는 신탁재산의 공급으로 보지 아니한다(영 제21조의2).

> ㉠ 「자본시장과 금융투자업에 관한 법률」에 따른 집합투자기구의 집합투자업자가 다른 집합투자업자에게 위탁자의 지위를 이전하는 경우
> ㉡ 신탁재산의 실질적인 소유권이 위탁자가 아닌 제3자에게 있는 경우 등 위탁자의 지위 이전에도 불구하고 신탁재산에 대한 실질적인 소유권의 변동이 있다고 보기 어려운 경우

⑨ 재화를 담보로 제공하는 경우 등 23, 22, 20, 19, 18, 17, 15, 12년 기출

다음의 어느 하나에 해당하는 것은 재화의 공급으로 보지 아니한다(법 제10조 제9항).

○ 재화를 담보로 제공하는 것으로서 질권, 저당권 또는 양도담보의 목적으로 동산, 부동산 및 부동산상의 권리를 제공하는 것

ⓛ 사업을 양도하는 것으로서 사업장별로 그 사업에 관한 모든 권리와 의무를 포괄적으로 승계시키는 것(다만, 그 사업을 양수받는 자가 대가를 지급하는 때에 그 대가를 받은 자로부터 부가가치세를 징수하여 납부한 경우는 재화의 공급으로 본다. 이 경우 사업양도자는 사업양수자에게 세금계산서를 발급하여야 한다)

ⓒ 법률에 따라 조세를 물납하는 것으로서 사업용 자산을 「상속세 및 증여세법」, 「지방세법」에 따라 물납하는 것

ⓔ 신탁재산의 소유권 이전으로서 다음 중 하나에 해당하는 것
　ⓐ 위탁자로부터 수탁자에게 신탁재산을 이전하는 경우
　ⓑ 신탁의 종료로 인하여 수탁자로부터 위탁자에게 신탁재산을 이전하는 경우
　ⓒ 수탁자가 변경되어 새로운 수탁자에게 신탁재산을 이전하는 경우

보충　사업양도의 범위 또는 유형(통칙 10-23-1)

다음에 예시하는 것은 재화의 공급으로 보지 아니하는 "사업의 양도"로 본다.
1. 개인인 사업자가 법인설립을 위하여 사업장별로 그 사업에 관한 모든 권리와 의무를 포괄적으로 현물출자하는 경우
2. 과세사업과 면세사업을 겸영하는 사업자가 사업장별로 과세사업에 관한 모든 권리와 의무를 포괄적으로 양도하는 경우
3. 과세사업에 사용할 목적으로 건설중인 독립된 제조장으로서 등록되지 아니한 사업장에 관한 모든 권리와 의무를 포괄적으로 양도하는 경우
4. 둘 이상의 사업장이 있는 사업자가 그 중 하나의 사업장에 관한 모든 권리(미수금에 관한 것을 제외)와 의무(미지급금에 관한 것을 제외)를 포괄적으로 양도하는 경우

2. 용역의 공급

(1) 의의(법 제11조) 20, 12, 11년 기출

용역의 공급은 계약상 또는 법률상의 모든 원인에 따른 것으로서 다음의 어느 하나에 해당하는 것으로 한다.

① 역무를 제공하는 것
② 시설물, 권리 등 재화를 사용하게 하는 것

알아두기

재화·시설물 또는 권리의 사용(통칙 11-0-1) 15, 13년 기출
테니스장·냉장창고·자동차 정류장 등의 재화·시설물 또는 권리를 사용하게 하고 그 대가를 받는 것은 용역의 공급으로서 부가가치세를 과세한다.

지방자치단체의 놀이시설물 등의 포괄적 위탁 관리·운영(통칙 11-0-2) 13년 기출
사업자가 지방자치단체로부터 놀이시설 및 노상주차장 등에 대한 유지·보수 등의 포괄적인 관리·운영을 위탁받아 자기책임과 계산 하에 해당 시설의 이용자로부터 사용료를 받는 경우에는 과세되는 용역의 공급으로 본다.

(2) 용역 공급의 범위(영 제25조) 21, 20, 19, 17, 16, 13, 12년 기출

다음의 어느 하나에 해당하는 것은 용역의 공급으로 본다.

> ① 건설업의 경우 건설업자가 건설자재의 전부 또는 일부를 부담하는 것
> ② 자기가 주요자재를 전혀 부담하지 아니하고 상대방으로부터 인도받은 재화를 단순히 가공만 해 주는 것
> ③ 산업상·상업상 또는 과학상의 지식·경험 또는 숙련에 관한 정보를 제공하는 것

주의 건설업의 건설자재를 전혀 부담하지 않는 경우에는 용역의 공급(역무 제공)이며, 건설자재의 전부를 부담하는 경우에는 재화의 공급(건설자재 부담)과 용역의 공급(역무 제공)이 함께 이루어지는 경우 재화의 공급(가공계약)으로 보는 것이 아니라 용역의 공급(건설업, 음식점업)으로 본다.

(3) 용역 공급의 특례(법 제12조)

① 다른 사업자와의 과세형평이 침해되는 경우 13년 기출

사업자가 자신의 용역을 자기의 사업을 위하여 대가를 받지 아니하고 공급함으로써 다른 사업자와의 과세형평이 침해되는 경우에는 자기에게 용역을 공급하는 것으로 본다. 이 경우 그 용역의 범위는 대통령령으로 정한다.

알아두기

용역의 자가공급에 해당되어 과세되지 않는 경우(통칙 12-0-1) 16, 15, 13년 기출
다음의 예시와 유사한 경우에는 용역의 자가공급이므로 부가가치세를 과세하지 아니한다.
1. 사업자가 자기의 사업과 관련하여 사업장 내에서 그 사용인에게 음식용역을 무상으로 제공하는 경우
2. 사업자가 사용인의 직무상 부상 또는 질병을 무상으로 치료하는 경우
3. 사업장이 각각 다른 수개의 사업을 겸영하는 사업자가 그 중 한 사업장의 재화 또는 용역의 공급에 필수적으로 부수되는 용역을 자기의 다른 사업장에서 공급하는 경우

② 대가를 받지 아니하고 타인에게 용역을 공급하는 것 21, 19, 16, 12, 11년 기출

사업자가 대가를 받지 아니하고 타인에게 용역을 공급하는 것은 용역의 공급으로 보지 아니한다. 다만, 사업자가 대통령령으로 정하는 특수관계인에게 사업용 부동산의 임대용역 등 대통령령으로 정하는 용역(「산업교육진흥 및 산학연협력촉진에 관한 법률」에 따라 설립된 산학협력단과 대학 간 사업용 부동산의 임대용역, 「공공주택 특별법」의 규정에 해당하는 국가 등 공공주택사업자와 부동산투자회사 간 사업용 부동산의 임대용역은 제외)을 공급하는 것은 용역의 공급으로 본다.

③ 근로를 제공하는 것 23, 20, 11년 기출

고용관계에 따라 근로를 제공하는 것은 용역의 공급으로 보지 아니한다.

(4) 재화의 수입(법 제13조) 24, 22, 19, 17, 14, 13, 12, 11년 기출

재화의 수입은 다음의 어느 하나에 해당하는 물품을 국내에 반입하는 것(대통령령으로 정하는 보세구역을 거치는 것은 보세구역에서 반입하는 것)으로 한다.

① 외국으로부터 국내에 도착한 물품(외국 선박에 의하여 공해에서 채집되거나 잡힌 수산물을 포함)으로서 수입신고가 수리되기 전의 것
② 수출신고가 수리된 물품(수출신고가 수리된 물품으로서 선적되지 아니한 물품을 보세구역에서 반입하는 경우는 제외)

▷ 재화의 수입에 대해 부가가치세를 부과(법 제4조 제2호)하는 이유는 소비지국과세원칙을 구현하기 위해서이다.

보충 보세구역(영 제27조) 19, 13년 기출

법 제13조에서 "대통령령으로 정하는 보세구역"이란 다음 각 호의 구역 또는 지역을 말한다.
1. 「관세법」에 따른 보세구역
2. 「자유무역지역의 지정 및 운영에 관한 법률」에 따른 자유무역지역

기출문제

부가가치세법령상 재화의 수입에 관한 설명으로 옳지 않은 것은? 24년 기출
① 세관장은 수입 재화에 대하여 부가가치세를 징수할 때 수입된 재화에 대한 세금계산서를 수입하는 자에게 발급하여야 한다.
② 외국으로부터 국내에 도착한 물품으로서 수입신고가 수리되기 전의 것을 국내에 반입하는 것은 재화의 수입에 해당한다.
③ 재화의 수입에 대한 부가가치세는 세관장이 「관세법」에 따라 징수한다.
④ 과세사업자가 재화를 수입하는 경우 부가가치세를 신고 납부하더라도 그 부가가치세 납부세액은 매입세액으로 공제받을 수 없다.
⑤ 재화의 수입시기는 「관세법」에 따른 수입신고가 수리된 때로 한다.

해설
사업자가 자기의 사업을 위하여 사용하였거나 사용할 목적으로 수입하는 재화의 수입에 대한 부가가치세액은 매입세액으로 공제받을 수 있다(법 제38조 제1항 제2호).

정답 ④

(5) 부수 재화 및 부수 용역의 공급(법 제14조)

① 주된 재화 또는 용역의 공급에 부수되어 공급되는 것 24, 21, 19, 14년 기출
주된 재화 또는 용역의 공급에 부수되어 공급되는 것으로서 다음의 어느 하나에 해당하는 재화 또는 용역의 공급은 주된 재화 또는 용역의 공급에 포함되는 것으로 본다.

㉠ 해당 대가가 주된 재화 또는 용역의 공급에 대한 대가에 통상적으로 포함되어 공급되는 재화 또는 용역
㉡ 거래의 관행으로 보아 통상적으로 주된 재화 또는 용역의 공급에 부수하여 공급되는 것으로 인정되는 재화 또는 용역

② 주된 사업에 부수되는 재화 또는 용역의 공급 24, 21, 19, 18년 기출

주된 사업에 부수되는 다음의 어느 하나에 해당하는 재화 또는 용역의 공급은 별도의 공급으로 보되, 과세 및 면세 여부 등은 주된 사업의 과세 및 면세 여부 등을 따른다.

> ㉠ 주된 사업과 관련하여 우연히 또는 일시적으로 공급되는 재화 또는 용역
> ㉡ 주된 사업과 관련하여 주된 재화의 생산 과정이나 용역의 제공 과정에서 필연적으로 생기는 재화

기출문제

부가가치세법령상 부수 재화 및 부수 용역에 관한 설명으로 옳지 않은 것은? 24년 기출

① 주된 재화의 공급에 부수되어 공급되는 것으로서 해당 대가가 주된 재화의 공급에 대한 대가에 통상적으로 포함되어 공급되는 재화는 주된 재화의 공급에 포함되는 것으로 본다.

② 거래의 관행으로 보아 통상적으로 주된 용역의 공급에 부수하여 공급되는 것으로 인정되는 용역은 주된 용역의 공급에 포함되는 것으로 본다.

③ 주된 면세사업에 부수되어 우연히 공급되는 재화의 공급에 대하여 부가가치세 면세를 적용한다.

④ 주된 과세사업과 관련하여 주된 재화의 생산 과정에서 필연적으로 생기는 재화의 공급에 대하여 부가가치세 과세를 적용한다.

⑤ 주된 사업에 부수되는 것으로서 주된 사업과 관련하여 우연히 공급되는 재화의 공급은 별도의 공급으로 보지 아니한다.

[해설]
주된 사업에 부수되는 것으로서 주된 사업과 관련하여 우연히 공급되는 재화의 공급은 <u>별도의 공급으로 본다</u>(법 제14조 제2항 제2호).

정답 ⑤

제2절 공급시기와 공급장소

1. 공급시기

(1) 재화의 공급시기(법 제15조)

① 일반적인 공급시기 23, 22, 21, 15, 12, 11년 기출

재화가 공급되는 시기는 다음의 구분에 따른 때로 한다. 이 경우 구체적인 거래 형태에 따른 재화의 공급시기에 관하여 필요한 사항은 대통령령으로 정한다.

> ㉠ 재화의 이동이 필요한 경우 : 재화가 인도되는 때
> ㉡ 재화의 이동이 필요하지 아니한 경우 : 재화가 이용가능하게 되는 때
> ㉢ ㉠과 ㉡을 적용할 수 없는 경우 : 재화의 공급이 확정되는 때

② 구체적인 재화의 공급시기(영 제28조) 24, 22, 20, 19, 18, 17, 13, 11, 10년 기출

㉠ 구체적인 거래 형태별 재화의 공급시기

구 분	공급시기
현금판매, 외상판매 또는 할부판매의 경우	재화가 인도되거나 이용가능하게 되는 때
상품권 등을 현금 또는 외상으로 판매하고 그 후 상품권 등이 현물과 교환되는 경우	재화가 실제로 인도되는 때
재화의 공급으로 보는 가공의 경우	가공된 재화를 인도하는 때

㉡ 반환조건부 판매 등의 공급시기 24, 21년 기출

구 분	공급시기
반환조건부 판매, 동의조건부 판매, 그 밖의 조건부 판매 및 기한부 판매의 경우	그 조건이 성취되거나 기한이 지나 판매가 확정되는 때
장기할부판매의 경우	대가의 각 부분을 받기로 한 때(다만, 완성도기준지급조건부로 재화를 공급하는 경우와 중간지급조건부로 재화를 공급하는 경우 재화가 인도되거나 이용가능하게 되는 날 이후에 받기로 한 대가의 부분에 대해서는 재화가 인도되거나 이용가능하게 되는 날)
완성도기준지급조건부로 재화를 공급하는 경우	
중간지급조건부로 재화를 공급하는 경우	
전력이나 그 밖에 공급단위를 구획할 수 없는 재화를 계속적으로 공급하는 경우	
무인판매기를 이용하여 재화를 공급하는 경우	해당 사업자가 무인판매기에서 현금을 꺼내는 때

> **보충** 장기할부판매와 중간지급조건부 재화의 공급(규칙 제17조·제18조)
>
> • 장기할부판매란 재화를 공급하고 2회 이상으로 분할하여 월부·연부 등의 방법으로 대가를 받고, 해당 재화의 인도일의 다음 날부터 최종 할부금 지급기일까지의 기간이 1년 이상인 것을 말한다.
> • 중간지급조건부 재화의 공급이란 일반적으로 계약금을 받기로 한 날의 다음 날부터 재화를 인도하는 날 또는 재화를 이용가능하게 하는 날까지의 기간이 6개월 이상인 경우로서 그 기간 이내에 계약금 외의 대가를 분할하여 받는 경우, 「국고금 관리법」에 따라 경비를 미리 지급받는 경우, 「지방회계법」에 따라 선금급(先金給)을 지급받는 경우에 해당한다.

㉢ 재화의 공급으로 보는 경우의 공급시기

구 분	공급시기
자가공급, 개인적 공급	재화를 사용하거나 소비하는 때
판매목적으로 다른 사업장에 반출하는 재화	재화를 반출하는 때
사업자가 자기생산·취득재화를 자기의 고객이나 불특정 다수에게 증여하는 경우	재화를 증여하는 때
폐업할 때 남은 자기생산·취득재화 중 남은 재화는 자기에게 공급하는 것으로 보는 경우	폐업일

㉣ 수출재화의 공급시기 24, 23년 기출

구 분	공급시기
내국물품을 외국으로 반출하는 것 또는 중계무역 방식의 수출, 「관세법」에 따른 수입신고 수리 전의 물품으로서 보세구역에 보관하는 물품의 외국으로의 반출에 해당하는 경우	수출재화의 선(기)적일
원양어업 또는 위탁판매수출에 해당하는 경우	수출재화의 공급가액이 확정되는 때
외국인도수출, 위탁가공무역 방식의 수출, 원료를 대가 없이 국외의 수탁가공 사업자에게 반출하여 가공한 재화를 양도하는 경우에 그 원료의 반출에 해당하는 경우	외국에서 해당 재화가 인도되는 때

㉤ 조달청 창고 또는 거래소의 지정창고에 보관된 임치물의 반환이 수반되어 재화를 공급하는 경우의 공급시기

구 분	공급시기
창고증권을 소지한 사업자가 해당 조달청 창고 또는 거래소의 지정창고에서 실물을 넘겨받은 후 보세구역의 다른 사업자에게 해당 재화를 인도하는 경우	해당 재화를 인도하는 때
해당 재화를 실물로 넘겨받는 것이 재화의 수입에 해당하는 경우	그 수입신고 수리일
국내로부터 조달청 창고 또는 거래소의 지정창고에 임치된 임치물이 국내로 반입되는 경우	그 반입신고 수리일

㉥ 기타의 공급시기 24, 23, 21년 기출

구 분	공급시기
사업자가 보세구역 안에서 보세구역 밖의 국내에 재화를 공급하는 경우가 재화의 수입에 해당할 경우	그 수입신고 수리일
사업자가 폐업 전에 공급한 재화의 공급시기가 폐업일 이후에 도래하는 경우	그 폐업일

㉦ 위탁판매 또는 대리인에 의한 매매의 공급시기 : 위탁판매 또는 대리인에 의한 매매의 경우에는 수탁자 또는 대리인의 공급을 기준으로 하여 공급시기를 결정한다. 다만, 위탁자 또는 본인을 알 수 없는 경우에는 위탁자와 수탁자 또는 본인과 대리인 사이에도 별개의 공급이 이루어진 것으로 보아 공급시기를 결정한다.

㉧ 시설 등을 임차하고 직접 인도받은 경우의 공급시기 : 납세의무가 있는 사업자가 「여신전문금융업법」에 따라 등록한 시설대여업자로부터 시설 등을 임차하고 그 시설 등을 공급자 또는 세관장으로부터 직접 인도받은 경우에는 그 사업자가 공급자로부터 재화를 직접 공급받거나 외국으로부터 재화를 직접 수입한 것으로 보아 공급시기를 결정한다.

부가가치세법령상 거래형태에 따른 재화의 공급시기로 옳은 것은? 24년 기출

① 사업자가 폐업 전에 공급한 재화의 공급시기가 폐업일 이후에 도래하는 경우는 재화의 공급이 확정되는 때
② 반환조건부 판매의 경우에는 재화가 인도되거나 이용가능하게 되는 날
③ 무인판매기를 이용하여 재화를 공급하는 경우는 소비자가 해당 무인판매기에 현금을 투입하는 때
④ 사업자가 보세구역 안에서 보세구역 밖의 국내에 재화를 공급하는 경우가 재화의 수입에 해당할 때에는 수입신고 수리일
⑤ 위탁판매수출은 수출재화가 인도되거나 이용가능하게 되는 날

해설

① 사업자가 폐업 전에 공급한 재화의 공급시기가 폐업일 이후에 도래하는 경우 : 폐업일(영 제28조 제9항)
② 반환조건부 판매의 경우 : 그 조건이 성취되거나 기한이 지나 판매가 확정되는 때(영 제28조 제2항)
③ 무인판매기를 이용하여 재화를 공급하는 경우 : 해당 사업자가 무인판매기에서 현금을 꺼내는 때(영 제28조 제5항)
⑤ 위탁판매수출 : 수출재화의 공급가액이 확정되는 때(영 제28조 제6항)

정답 ④

(2) 용역의 공급시기(법 제16조)

① 일반적인 공급시기 15, 12, 11, 10년 기출

용역이 공급되는 시기는 다음의 어느 하나에 해당하는 때로 한다.

> ㉠ 역무의 제공이 완료되는 때
> ㉡ 시설물, 권리 등 재화가 사용되는 때

② 할부 또는 조건부로 용역을 공급하는 경우 등의 용역의 공급시기(영 제29조) 21, 14, 10년 기출

구 분	공급시기
장기할부조건부 또는 그 밖의 조건부로 용역을 공급하는 경우	대가의 각 부분을 받기로 한 때(다만, 완성도기준지급조건부로 용역을 공급하는 경우와 중간지급조건부로 용역을 공급하는 경우 역무의 제공이 완료되는 날 이후 받기로 한 대가의 부분에 대해서는 역무의 제공이 완료되는 날)
완성도기준지급조건부로 용역을 공급하는 경우	
중간지급조건부로 용역을 공급하는 경우	
공급단위를 구획할 수 없는 용역을 계속적으로 공급하는 경우	
역무의 제공이 완료되는 때 또는 대가를 받기로 한 때를 공급시기로 볼 수 없는 경우	역무의 제공이 완료되고 그 공급가액이 확정되는 때
사업자가 부동산 임대용역을 공급하는 경우(사업자가 부동산 임대용역을 공급하고 전세금 또는 임대보증금을 받는 경우, 사업자가 둘 이상의 과세기간에 걸쳐 부동산 임대용역을 공급하고 그 대가를 선불 또는 후불로 받는 경우, 사업자가 부동산을 임차하여 다시 임대용역을 제공하는 경우로서 과세표준을 계산하는 경우)	예정신고기간 또는 과세기간의 종료일

용역[헬스클럽장 등 스포츠센터를 운영하는 사업자가 연회비를 미리 받고 회원들에게 시설을 이용하게 하는 것, 사업자가 다른 사업자와 상표권 사용계약을 할 때 사용대가 전액을 일시불로 받고 상표권을 사용하게 하는 것, 노인복지시설(유료인 경우에만 해당)을 설치 · 운영하는 사업자가 그 시설을 분양받은 자로부터 입주 후 수영장 · 헬스클럽장 등을 이용하는 대가를 입주 전에 미리 받고 시설 내 수영장 · 헬스클럽장 등을 이용하게 하는 것]을 둘 이상의 과세기간에 걸쳐 계속적으로 제공하고 그 대가를 선불로 받는 경우	예정신고기간 또는 과세기간의 종료일
사업자가 「사회기반시설에 대한 민간투자법」의 방식을 준용하여 설치한 시설에 대하여 둘 이상의 과세기간에 걸쳐 계속적으로 시설을 이용하게 하고 그 대가를 받는 경우	예정신고기간 또는 과세기간의 종료일
폐업 전에 공급한 용역의 공급시기가 폐업일 이후에 도래하는 경우	폐업일

알아두기

물품매도확약서 발행용역의 공급시기(통칙 16-29-1)
물품매도확약서 발행용역의 공급시기는 계약조건에 따라 역무의 제공이 완료되는 때이나, 해당 역무의 제공이 완료되는 때에 그 대가가 확정되지 아니한 경우에는 대가가 확정된 때를 그 공급시기로 본다.

지급일을 명시하지 아니한 완성도 기준지급조건부 건설공사의 공급시기(통칙 16-29-2)
건설공사 계약 시에 완성도에 따라 기성대가를 수차에 걸쳐 지급받기로 했으나 그 지급일을 명시하지 아니한 경우에는 공사완성도가 결정되어 그 대금을 지급받을 수 있는 날을 그 공급시기로 본다.

지급시기를 정하지 아니한 통상적인 건설용역의 공급시기(통칙 16-29-3)
건설용역을 공급함에 있어 건설공사기간에 대한 약정만 체결하고 대금지급기일에 관한 약정이 없는 경우의 공급시기는 다음과 같다.
1. 해당 건설공사에 대한 건설용역의 제공이 완료되는 때. 다만, 해당 건설용역 제공의 완료 여부가 불분명한 경우에는 준공검사일
2. 해당 건설공사의 일부분을 완성하여 사용하는 경우에는 해당 부분에 대한 건설용역의 제공이 완료되는 때. 다만, 해당 건설용역 제공의 완료 여부가 불분명한 경우에는 그 부분에 대한 준공검사일

완성도기준지급 또는 중간지급조건부 건설용역의 공급시기(통칙 16-29-4)
사업자가 완성도기준지급 또는 중간지급조건부 건설용역의 공급계약서상 특정내용에 따라 해당 건설용역에 대하여 검사를 거쳐 대가의 각 부분의 지급이 확정되는 경우에는 검사 후 대가의 지급이 확정되는 때를 그 공급시기로 본다.

(3) 재화 및 용역의 공급시기의 특례(법 제17조)

① 대가의 전부 또는 일부를 받은 경우 21, 16, 14, 11년 기출

사업자가 재화 또는 용역의 공급시기가 되기 전에 재화 또는 용역에 대한 대가의 전부 또는 일부를 받고, 그 받은 대가에 대하여 세금계산서 또는 영수증을 발급하면 그 세금계산서 등을 발급하는 때를 각각 그 재화 또는 용역의 공급시기로 본다.

주의 발급하는 때를 용역의 공급시기로 볼 수 없는 것이 아니라 용역의 공급시기로 본다.

② 세금계산서를 발급하고 대가를 받은 경우 23, 22, 21, 16, 14년 기출

사업자가 재화 또는 용역의 공급시기가 되기 전에 세금계산서를 발급하고 그 세금계산서 발급일부터 7일 이내에 대가를 받으면 해당 세금계산서를 발급한 때를 재화 또는 용역의 공급시기로 본다.

주의 대가를 받으면 그 대가를 받은 때가 아니라 해당 세금계산서를 발급한 때를 공급시기로 본다.

③ 사업자가 요건을 충족한 경우 22, 20, 16, 14년 기출

다음의 어느 하나에 해당하는 경우에는 재화 또는 용역을 공급하는 사업자가 그 재화 또는 용역의 공급시기가 되기 전에 세금계산서를 발급하고 그 세금계산서 발급일부터 7일이 지난 후 대가를 받더라도 해당 세금계산서를 발급한 때를 재화 또는 용역의 공급시기로 본다.

> ㉠ 거래 당사자 간의 계약서·약정서 등에 대금 청구시기(세금계산서 발급일)와 지급시기를 따로 적고, 대금 청구시기와 지급시기 사이의 기간이 30일 이내인 경우
> ㉡ 재화 또는 용역의 공급시기가 세금계산서 발급일이 속하는 과세기간 내(공급받는 자가 조기 환급을 받은 경우에는 세금계산서 발급일부터 30일 이내)에 도래하는 경우

④ 사업자가 할부로 재화 또는 용역을 공급하는 경우 22, 14년 기출

사업자가 할부로 재화 또는 용역을 공급하는 경우 등으로서 다음과 같은 경우의 공급시기가 되기 전에 세금계산서 또는 영수증을 발급하는 경우에는 그 발급한 때를 각각 그 재화 또는 용역의 공급시기로 본다.

> ㉠ 장기할부판매로 재화를 공급하거나 장기할부조건부로 용역을 공급하는 경우의 공급시기
> ㉡ 전력이나 그 밖에 공급단위를 구획할 수 없는 재화를 계속적으로 공급하는 경우의 공급시기
> ㉢ 그 공급단위를 구획할 수 없는 용역을 계속적으로 공급하는 경우의 공급시기

(4) 재화의 수입시기(법 제18조) 24, 14년 기출

재화의 수입시기는 「관세법」에 따른 수입신고가 수리된 때로 한다.

2. 공급장소

(1) 재화의 공급장소(법 제19조)

① 장소의 구분 24, 22, 14, 12, 11년 기출

재화가 공급되는 장소는 다음의 구분에 따른 곳으로 한다.

> ㉠ 재화의 이동이 필요한 경우 : 재화의 이동이 시작되는 장소
> ㉡ 재화의 이동이 필요하지 아니한 경우 : 재화가 공급되는 시기에 재화가 있는 장소

주의 재화의 이동이 필요한 경우 거래장소는 재화의 이동이 끝나는 장소가 아니라 시작되는 장소이다.

② 세부규정

재화가 공급되는 장소에 관하여 필요한 사항은 대통령령으로 정한다.

(2) 용역의 공급장소(법 제20조)

① 장소의 구분 24, 22, 14, 12, 11년 기출

용역이 공급되는 장소는 다음의 어느 하나에 해당하는 곳으로 한다.

> ㉠ 역무가 제공되거나 시설물, 권리 등 재화가 사용되는 장소
> ㉡ 국내 및 국외에 걸쳐 용역이 제공되는 국제운송의 경우 사업자가 비거주자 또는 외국법인이면 여객이 탑승하거나 화물이 적재되는 장소
> ㉢ 전자적 용역의 경우 용역을 공급받는 자의 사업장 소재지, 주소지 또는 거소지

주의 국제운송의 경우 화물이 도착되는 장소가 아니라 여객이 탑승하거나 화물이 적재되는 장소이다.

② 세부규정

용역이 공급되는 장소에 관하여 필요한 사항은 대통령령으로 정한다.

> 보충 **공급장소가 국외인 경우(통칙 20-0-1)**
>
> 다음의 용역은 해당 부동산 또는 광고매체가 사용되는 장소가 국외이므로 부가가치세가 과세되지 아니한다.
> 1. 국외에 있는 부동산의 임대용역
> 2. 외국의 광고매체에 광고게재를 의뢰하고 지급하는 광고료

기출문제

부가가치세법상 재화와 용역의 공급장소로 옳지 않은 것은? (단, 국외사업자로부터 권리를 공급받는 경우는 제외함)

24년 기출

① 재화의 이동이 필요한 경우에는 재화의 이동이 시작되는 장소
② 재화의 이동이 필요하지 아니한 경우에는 재화가 공급되는 시기에 재화가 있는 장소
③ 전자적 용역을 공급하는 국외사업자의 사업자등록 및 납부 등에 관한 특례에 따른 전자적 용역의 경우에는 용역을 공급하는 자의 사업장 소재지
④ 시설물, 권리 등 재화가 사용되는 경우 그 사용되는 장소
⑤ 국내 및 국외에 걸쳐 용역이 제공되는 국제운송의 경우에는 사업자가 비거주자 또는 외국법인이면 여객이 탑승하거나 화물이 적재되는 장소

해설
전자적 용역을 공급하는 국외사업자의 사업자등록 및 납부 등에 관한 특례에 따른 전자적 용역의 경우에는 용역을 공급받는 자의 사업장 소재지, 주소지 또는 거소지를 용역의 공급장소로 한다(법 제20조 제1항 제3호).

정답 ③

01 「국세징수법」에 따른 공매에 따라 재화를 인도하거나 양도하는 것은 재화의 공급으로 본다. (O, X)

02 법인 또는 공동사업자가 출자지분을 현물로 반환하는 것은 재화의 공급이 아니다. (O, X)

03 수출신고가 수리된 물품으로서 선적되지 아니한 물품을 보세구역에서 반입하는 경우는 재화의 수입에 해당하지 아니한다. (O, X)

04 상대방으로부터 인도받은 재화에 주요자재를 전혀 부담하지 아니하고 단순히 가공만 하여 주는 것은 용역의 공급으로 보지 않는다. (O, X)

05 질권·저당권 또는 양도담보의 목적으로 동산·부동산 및 부동산상의 권리를 제공하는 것은 재화의 공급으로 보지 아니한다. (O, X)

06 국내 및 국외에 걸쳐 용역이 제공되는 국제운송의 경우 사업자가 비거주자이면 여객이 탑승하거나 화물이 적재되는 장소를 용역이 공급되는 장소로 한다. (O, X)

07 사업자가 용역의 공급시기가 되기 전에 세금계산서를 발급하고 그 발급일부터 7일 이내에 대가를 받으면 그 대가를 받은 때를 공급시기로 본다. (O, X)

08 상품권을 현금판매하고 그 후 해당 상품권이 현물과 교환되는 경우에는 재화가 실제로 인도되는 때를 공급시기로 본다. (O, X)

09 재화의 이동이 필요하지 아니한 경우에는 실제로 재화가 이용되는 때가 재화의 공급시기이다. (O, X)

10 폐업 전에 공급한 재화의 공급시기가 폐업일 이후에 도래하는 경우에는 그 폐업일을 공급시기로 본다. (O, X)

---

01 × 본다 → 보지 아니한다(영 제18조 제3항 제1호)

02 × 공급이 아니다 → 공급이다(통칙 9-18-2)

03 O (법 제13조 제2호)

04 × 보지 않는다 → 본다(영 제25조 제2호)

05 O (법 제10조 제9항 제1호, 영 제22조)

06 O (법 제20조 제1항 제2호)

07 × 그 대가를 받은 때 → 해당 세금계산서를 발급한 때(법 제17조 제2항)

08 O (영 제28조 제1항 제2호)

09 × 실제로 재화가 이용되는 때 → 재화가 이용가능하게 되는 때(법 제15조 제1항 제2호)

10 O (영 제28조 제9항)

01 부가가치세법상 재화의 공급에 대한 설명 중 옳지 않은 것은?

① 자기가 주요자재를 전혀 부담하지 아니하고 상대방으로부터 인도받은 재화를 단순히 가공만 해주는 것은 재화의 공급에 해당하지 않는다.

② 자기가 주요자재의 전부 또는 일부를 부담하고 상대방으로부터 인도받은 재화를 가공하여 새로운 재화를 만드는 가공계약에 따라 재화를 인도하는 것은 재화의 공급에 해당한다.

③ 건설업의 경우 건설업자가 건설자재의 전부 또는 일부를 부담하면 재화의 공급에 해당한다.

④ 「국세징수법」에 따른 공매(수의계약에 따라 매각하는 것을 포함)에 따라 재화를 인도하거나 양도하는 것은 재화의 공급에 해당하지 않는다.

⑤ 수재·화재·도난·파손·재고감모손 등으로 인하여 재화를 잃어버리거나 재화가 멸실된 경우에는 재화의 공급으로 보지 아니한다.

> **해설**
> 건설업의 경우 건설업자가 건설자재의 전부 또는 일부를 부담하는 것은 용역의 공급에 해당한다(영 제25조 제1호).

02 보세구역에서의 부가가치세의 적용에 대한 설명 중 옳지 않은 것은?

① 외국에서 보세구역으로 재화를 반입하는 것은 재화의 수입에 해당하지 아니한다.

② 동일한 보세구역 내에서 재화를 공급하거나 용역을 제공하는 것은 재화의 공급 또는 용역의 제공에 해당한다.

③ 보세구역 외의 장소에서 보세구역으로 재화 또는 용역을 공급하는 것은 재화 또는 용역의 공급에 해당한다.

④ 사업자가 보세구역 내에서 보세구역 외의 국내에 재화를 공급하는 경우에 공급가액 중 관세가 과세되는 부분에 대하여는 세관장이 부가가치세를 거래징수하고 수입세금계산서를 발급하며, 공급가액 중 관세의 과세가격과 관세·개별소비세·주세·교육세·교통·에너지·환경세 및 농어촌특별세의 합계액을 뺀 잔액에 대하여는 재화를 공급하는 사업자가 부가가치세를 거래징수하고 세금계산서를 발급하여야 한다.

⑤ 사업자가 보세구역 내에서 보세구역 외의 국내로 내국신용장에 의하여 재화를 공급하는 경우에 공급가액 중 관세가 과세되는 부분에 대하여는 세관장이 부가가치세를 거래징수하고 수입세금계산서를 발급하기 때문에 사업자는 세금계산서를 발급하지 않는다.

사업자가 보세구역 내에서 보세구역 외의 국내로 내국신용장에 의하여 재화를 공급하는 경우에 공급가액 중 관세가 과세되는 부분에 대하여는 세관장이 부가가치세를 거래징수하고 수입세금계산서를 발급하며, 공급가액 중 관세의 과세가격과 관세·개별소비세·주세·교육세·교통·에너지·환경세 및 농어촌특별세의 합계액을 뺀 잔액에 대하여는 재화를 공급하는 사업자가 영의 세율이 적용되는 세금계산서를 <u>발급하여야 한다</u>(통칙 9-18-7).

03 부가가치세법상 재화와 용역의 공급에 대한 설명으로 옳지 않은 것은?

① 경매, 수용, 현물출자와 그 밖의 계약상 또는 법률상의 원인에 따라 재화를 인도하거나 양도하는 것은 재화의 공급에 해당한다.

② 사업자가 위탁가공을 위하여 원자재를 국외의 수탁가공 사업자에게 대가 없이 반출하는 것은 재화의 공급에 해당하지 않는다.

③ 냉장창고의 재화·시설물 또는 권리를 사용하게 하고 그 대가를 받는 것은 용역의 공급으로서 부가가치세를 과세한다.

④ 사업자가 지방자치단체로부터 노상주차장에 대한 유지·보수 등의 포괄적인 관리·운영을 위탁받아 자기책임과 계산하에 해당 시설의 이용자로부터 사용료를 받는 경우에는 과세되는 용역의 공급으로 본다.

⑤ 보세구역에 있는 조달청 창고에 보관된 물품에 대하여 조달청장이 발행하는 창고증권의 양도로서 임치물의 반환이 수반되지 아니하는 것은 재화의 공급으로 보지 않지만, 창고증권을 가진 사업자가 보세구역의 다른 사업자에게 인도하기 위하여 조달청 창고에서 임치물을 넘겨받는 경우는 재화의 공급에 해당한다.

창고증권을 가진 사업자가 보세구역의 다른 사업자에게 인도하기 위하여 조달청 창고에서 임치물을 넘겨받는 경우도 재화의 공급에 <u>해당하지 않는다</u>(영 제18조 제2항 제1호).

04 다음 중 부가가치세법상 재화의 공급의 특례에 대한 설명으로 옳은 것은?

① 사업자가 자기의 과세사업과 관련하여 생산하거나 취득한 재화로서 매입세액이 공제되지 않은 재화를 자기의 면세사업을 위하여 직접 사용하거나 소비하는 것은 재화의 공급으로 본다.

② 사업자가 자기생산·취득재화를 불특정 다수에게 증여하는 경우는 재화의 공급으로 보지 않는다.

③ 사업자가 자기의 고객에게 자기생산·취득재화를 주된 재화의 공급에 포함하여 증여하는 경우는 재화의 공급으로 본다.

④ 사업 개시일 이전에 사업자등록을 신청한 자가 사실상 사업을 시작하지 아니하게 되는 경우에는 남아 있는 재화는 자기에게 공급하는 것으로 본다.

⑤ 사업자가 사업의 종류를 변경한 경우 변경 전 사업에 대한 잔존재화에 대해서는 자가공급으로 보아 과세한다.

① 사업자가 자기의 과세사업과 관련하여 생산하거나 취득한 재화로서 매입세액이 공제된 재화를 자기의 면세사업을 위하여 직접 사용하거나 소비하는 것은 재화의 공급으로 본다(법 제10조 제1항).

②, ③ 사업자가 자기생산·취득재화를 자기의 고객이나 불특정 다수에게 증여하는 경우(증여하는 재화의 대가가 주된 거래인 재화의 공급에 대한 대가에 포함되는 경우는 제외)는 재화의 공급으로 본다. 다만, 사업자가 사업을 위하여 증여하는 것으로서 대통령령으로 정하는 것은 재화의 공급으로 보지 아니한다(영 제20조).

⑤ 사업자가 사업의 종류를 변경한 경우 변경 전 사업에 대한 잔존재화는 과세하지 않는다(통칙 10-0-7).

05 부가가치세법상 재화의 수입에 관한 설명 중 옳은 것은?

① 수출신고가 수리된 물품으로서 선적되지 아니한 물품을 보세구역에서 반입하는 경우 재화의 수입에 해당한다.

② 수출신고가 수리된 물품을 국내에 반입하는 것은 재화의 수입에 해당한다.

③ 보세구역에서 국내로 반입하는 것은 재화의 수입에 해당하지 않는다.

④ 외국으로부터 국내에 도착한 물품을 수입신고 완료하고 국내에 반입하는 경우 재화의 수입에 해당한다.

⑤ 외국 선박에 의하여 우리나라의 해상에서 잡힌 수산물을 국내로 반입하는 것은 재화의 수입에 해당하지 않는다.

재화의 수입(법 제13조)

재화의 수입은 다음의 어느 하나에 해당하는 물품을 국내에 반입하는 것(대통령령으로 정하는 보세구역을 거치는 것은 보세구역에서 반입하는 것)으로 한다.

• 외국으로부터 국내에 도착한 물품[외국 선박에 의하여 공해(公海)에서 채집되거나 잡힌 수산물을 포함한다]으로서 수입신고가 수리(受理)되기 전의 것

• 수출신고가 수리된 물품[수출신고가 수리된 물품으로서 선적(船積)되지 아니한 물품을 보세구역에서 반입하는 경우는 제외]

06 부가가치세법상 재화의 공급의 특례에 대한 설명으로 옳지 않은 것은?

① 사업자가 자기생산·취득재화를 매입세액이 매출세액에서 공제되지 아니하는 「개별소비세법」에 따른 자동차로 사용 또는 소비하거나 그 자동차의 유지를 위하여 사용 또는 소비하는 것은 재화의 공급으로 본다.

② 사업장이 둘 이상인 사업자가 자기의 사업과 관련하여 생산 또는 취득한 재화를 판매할 목적으로 자기의 다른 사업장에 반출하는 것은 재화의 공급으로 본다.

③ 사업자가 사업자 단위 과세 사업자로 적용을 받는 과세기간에 자기의 다른 사업장에 반출하는 경우는 재화의 공급으로 보지 않는다.

④ 사업자가 주사업장 총괄 납부의 적용을 받는 과세기간에 세금계산서를 발급하고 자기의 다른 사업장에 반출한 것을 신고한 경우에는 재화의 공급으로 보지 않는다.

⑤ 사업자가 자기생산·취득재화를 특별재난지역에 공급하는 경우 재화의 공급으로 보지 않는다.

사업자가 주사업장 총괄 납부의 적용을 받는 과세기간에 자기의 다른 사업장에 반출하는 경우에는 재화의 공급으로 보지 않는다. 다만, <u>세금계산서를 발급하고 관할 세무서장에게 신고한 경우는 제외된다</u>(법 제10조 제3항 제2호).

07 부가가치세법상 재화의 공급의 특례에 대한 설명으로 옳지 않은 것은?

① 운수업, 자동차 판매업, 자동차 임대업, 운전학원업, 기계경비업 등의 업종의 사업을 경영하는 사업자가 자기생산·취득재화 중 「개별소비세법」에 따른 자동차와 그 자동차의 유지를 위한 재화를 해당 업종에 직접 영업으로 사용하지 아니하고 다른 용도로 사용하는 것은 재화의 공급으로 본다.

② 사업자가 자기생산·취득재화를 사업과 직접적인 관계없이 소비하고 그 대가를 받지 않는 경우는 재화의 공급으로 보지 않는다.

③ 사업자가 사업을 위하여 증여하는 것으로서 다른 사업자에게 인도하거나 양도하는 견본품은 재화의 공급으로 보지 아니한다.

④ 사업자가 폐업할 때 자기생산·취득재화 중 남아 있는 재화는 자기에게 공급하는 것으로 본다.

⑤ 위탁매매 또는 대리인에 의한 매매를 할 때에는 위탁자 또는 본인이 직접 재화를 공급하거나 공급받은 것으로 본다.

사업자가 자기생산·취득재화를 사업과 직접적인 관계없이 자기의 개인적인 목적이나 그 밖의 다른 목적을 위하여 사용·소비하거나 그 사용인 또는 그 밖의 자가 사용·소비하는 것으로서 사업자가 그 대가를 받지 아니하거나 시가보다 낮은 대가를 받는 경우는 <u>재화의 공급으로 본다</u>(법 제10조 제4항).

08 부가가치세법상 용역의 공급에 대한 설명으로 옳지 않은 것은?

① 사업자가 대가를 받지 아니하고 타인에게 용역을 공급하는 것은 용역의 공급으로 보지 아니한다.

② 사업장이 각각 다른 수개의 사업을 겸영하는 사업자가 그 중 한 사업장의 재화 또는 용역의 공급에 필수적으로 부수되는 용역을 자기의 다른 사업장에서 공급하는 경우에는 과세대상에 해당하지 않는다.

③ 사업자가 특수관계인에게 무상으로 사업용 부동산의 임대용역을 공급하는 것은 용역의 공급으로 보지 않는다.

④ 고용관계에 따라 근로를 제공하는 것은 용역의 공급으로 보지 아니한다.

⑤ 주된 용역의 공급에 대한 대가에 통상적으로 포함되어 공급되는 재화의 경우 부수 용역으로 본다.

사업자가 특수관계인에게 사업용 부동산의 임대용역을 공급하는 것은 <u>용역의 공급으로 본다</u>(법 제12조).

09 부가가치세법상 재화 또는 용역의 공급시기에 관한 설명으로 옳은 것은?

① 내국물품을 외국으로 반출하는 것 또는 중계무역 방식의 수출에 해당하는 경우의 공급시기는 수출재화의 공급가액이 확정되는 때이다.

② 위탁가공무역 방식의 수출의 경우 공급시기는 수출재화의 공급가액이 확정되는 때이다.

③ 사업자가 보세구역 안에서 보세구역 밖의 국내에 재화를 공급하는 경우가 재화의 수입에 해당할 경우의 공급시기는 수입신고 수리일이다.

④ 사업자가 자기생산·취득재화를 자기의 고객이나 불특정 다수에게 증여하는 경우의 공급시기는 해당 과세기간의 종료일이다.

⑤ 폐업 전에 공급한 용역의 공급시기가 폐업일 이후에 도래하는 경우는 폐업일 이후 용역을 공급하는 시점이 속하는 과세기간의 종료일이 공급시기이다.

해설

구체적인 재화의 공급시기(영 제28조)
① 내국물품을 외국으로 반출하는 것 또는 중계무역 방식의 수출에 해당하는 경우의 공급시기는 <u>수출재화의 선(기)적일이다.</u>
② 위탁가공무역 방식의 수출의 경우 공급시기는 <u>외국에서 해당 재화가 인도되는 때이다.</u>
④ 사업자가 자기생산·취득재화를 자기의 고객이나 불특정 다수에게 증여하는 경우의 공급시기는 <u>그 재화를 증여하는 때이다.</u>
⑤ 폐업 전에 공급한 용역의 공급시기가 폐업일 이후에 도래하는 경우의 공급시기는 <u>폐업일이다.</u>

10 부가가치세법상 재화와 용역의 공급에 관한 설명으로 옳은 것은?

① 재화의 인도 대가로 다른 용역을 제공받는 교환계약에 따라 재화를 인도하는 것은 재화의 공급으로 보지 않는다.

② 사업자가 과학상의 지식·경험 또는 숙련에 관한 정보를 제공하는 것은 용역의 공급으로 본다.

③ 건설업의 경우 건설업자가 건설자재의 전부를 부담하는 경우 재화의 공급으로 본다.

④ 사업자가 저작권을 양도하는 것은 용역의 공급으로 본다.

⑤ 「민사집행법」에 따른 경매로 재화를 인도하는 것은 재화의 공급으로 본다.

해설

① 교환계약에 따라 재화를 인도하는 것은 <u>재화의 공급으로 본다</u>(영 제18조 제1항 제3호).
③ 건설업의 경우에는 건설자재의 전부 또는 일부의 부담 여부와 관계 없이 재화가 아닌 <u>용역의 공급이다</u>(영 제25조 제1호).
④ 재화의 범위에 해당하는 권리는 광업권, 특허권, <u>저작권 등 재산적 가치가 있는 모든 것으로 한다.</u> 따라서 용역의 공급이 아니라 재화의 공급이다(영 제2조 제2항).
⑤ 「민사집행법」에 따른 경매로 재화를 인도하는 것은 <u>재화의 공급에 해당하지 않는다</u>(영 제18조 제3항 제2호).

11 부가가치세법상 재화 또는 용역의 공급시기에 관한 설명으로 옳은 것은?

① 상품권을 현금으로 판매하고 그 후 상품권이 현물과 교환되는 경우에는 상품권이 판매되는 때를 재화의 공급시기로 한다.

② 재화의 공급으로 보는 가공의 경우에는 재화의 가공이 완료된 때를 재화의 공급시기로 한다.

③ 사업자가 재화 또는 용역의 공급시기가 되기 전에 세금계산서를 발급하고 그 세금계산서 발급일부터 7일 이내에 대가를 받으면 해당 대가를 받은 때를 재화 또는 용역의 공급시기로 본다.

④ 사업자가 보세구역 안에서 보세구역 밖의 국내에 재화를 공급하는 경우가 재화의 수입에 해당할 때에는 수입신고 수리일을 재화의 공급시기로 본다.

⑤ 재화를 위탁판매수출하는 경우에는 외국에서 해당 재화가 인도되는 때를 재화의 공급시기로 본다.

> **해설**
> ① 상품권은 현물과 교환되는 경우에는 <u>재화가 실제로 인도되는 때</u>를 재화의 공급시기로 본다(영 제28조 제1항 제2호).
> ② 재화의 공급으로 보는 가공은 <u>가공된 재화가 인도되는 때</u>를 재화의 공급시기로 한다(영 제28조 제1항 제3호).
> ③ 세금계산서를 선발급하고 그 대가를 7일 이내에 받은 경우, <u>세금계산서의 발급일</u>을 재화 또는 용역의 공급시기로 본다(법 제17조 제2항).
> ⑤ 재화를 위탁판매수출하는 경우에는 <u>수출재화의 공급가액이 확정되는 때</u>를 공급시기로 본다(영 제28조 제6항 제2호).

12 부가가치세법상 재화 또는 용역의 공급시기에 관한 설명으로 옳지 않은 것은?

① 기한부판매의 경우에는 기한이 지나 판매가 확정되는 때를 재화의 공급시기로 본다.

② 완성도기준지급조건부로 재화를 공급하는 경우 대가의 각 부분을 받기로 한 때를 재화의 공급시기로 보지만, 재화가 인도되거나 이용가능하게 되는 날 이후에 받기로 한 대가의 부분에 대해서는 재화가 인도되거나 이용가능하게 되는 날을 그 재화의 공급시기로 본다.

③ 무인판매기를 이용하여 재화를 공급하는 경우 해당 사업자가 무인판매기에서 현금을 꺼내는 때를 재화의 공급시기로 본다.

④ 사업자가 둘 이상의 과세기간에 걸쳐 부동산 임대용역을 공급하고 그 대가를 선불 또는 후불로 받는 경우 예정신고기간 또는 과세기간의 종료일을 용역의 공급시기로 본다.

⑤ 전력이나 그 밖에 공급단위를 구획할 수 없는 재화를 계속적으로 공급하는 경우에는 예정신고기간 또는 과세기간의 종료일을 재화의 공급시기로 본다.

> **해설**
> 전력이나 그 밖에 공급단위를 구획할 수 없는 재화를 계속적으로 공급하는 경우에는 <u>대가의 각 부분을 받기로 한 때</u>를 재화의 공급시기로 본다(영 제28조 제3항).

13 부가가치세법상 재화 또는 용역의 공급시기에 관한 설명으로 옳지 않은 것은?

① 재화의 공급으로 보는 가공의 경우에는 가공된 재화를 인도하는 때를 재화의 공급시기로 본다.

② 납세의무가 있는 사업자가 「여신전문금융업법」에 따라 등록한 시설대여업자로부터 시설 등을 임차하고 그 시설 등을 공급자 또는 세관장으로부터 직접 인도받은 경우에는 시설대여업자가 공급자로부터 재화를 공급받거나 외국으로부터 재화를 수입한 것으로 보아 공급시기에 관한 규정을 적용한다.

③ 사업자가 부동산 임대용역을 공급하고 전세금 또는 임대보증금을 받는 경우의 간주임대료는 예정신고기간 또는 과세기간의 종료일을 용역의 공급시기로 본다.

④ 완성도기준지급조건부로 용역을 공급하는 경우 대가의 각 부분을 받기로 한 때를 용역의 공급시기로 본다. 다만, 역무의 제공이 완료되는 날 이후 받기로 한 대가의 부분에 대해서는 역무의 제공이 완료되는 날을 그 용역의 공급시기로 본다.

⑤ 무인판매기를 이용하여 재화를 공급하는 경우 해당 사업자가 무인판매기에서 현금을 꺼내는 때를 재화의 공급시기로 본다.

해설

납세의무가 있는 사업자가 「여신전문금융업법」에 따라 등록한 시설대여업자로부터 시설 등을 임차하고 그 시설 등을 공급자 또는 세관장으로부터 직접 인도받은 경우에는 그 사업자가 공급자로부터 재화를 직접 공급받거나 외국으로부터 재화를 직접 수입한 것으로 보아 공급시기를 결정한다(영 제28조 제11항).

14 부가가치세법상 과세대상 거래에 관한 설명으로 옳지 않은 것은?

① 사업자가 취득한 재화(매입세액공제 받음)를 사업과 직접적인 관계없이 자기의 개인적인 목적으로 사용·소비하는 경우에는 재화의 공급으로 본다.

② 사업자가 취득한 재화를 견본품으로서 사업을 위하여 대가를 받지 아니하고 다른 사업자에게 인도하는 경우, 당해 견본품의 인도는 재화의 공급으로 보지 아니한다.

③ 사업자가 폐업할 때 자기생산·취득재화(매입세액공제 받음) 중 남아 있는 재화는 자기에게 공급하는 것으로 본다.

④ 위탁매매에 의한 매매를 하는 해당 거래의 특성상 위탁자를 알 수 없는 경우에는 수탁자에게 재화를 공급하거나 수탁자로부터 재화를 공급받은 것으로 본다.

⑤ 사업용 자산을 「상속세 및 증여세법」에 따라 물납(物納)하는 것은 재화의 공급으로 본다.

해설

사업용 자산을 「상속세 및 증여세법」에 따라 물납(物納)하는 것은 재화의 공급으로 보지 않는다(영 제24조).

15 부가가치세법상 재화와 용역의 공급에 대한 설명 중 옳지 않은 것은?

① 재화를 담보로 제공하는 것은 재화의 공급으로 보지 않는다.

② 사업을 양도하는 경우 양수받는 자가 대가를 지급하는 때에 그 대가를 받은 자로부터 부가가치세를 징수하여 납부한 경우에는 재화의 공급으로 보지 않는다.

③ 과세사업과 면세사업을 겸영하는 사업자가 사업장별로 과세사업에 관한 모든 권리와 의무를 포괄적으로 양도하는 경우에는 재화의 공급으로 보지 않는다.

④ 사업자가 위탁가공을 위하여 원자재를 국외의 수탁가공 사업자에게 대가 없이 반출하는 것은 재화의 공급으로 보지 않는다.

⑤ 용역이 공급되는 장소는 국내 및 국외에 걸쳐 용역이 제공되는 국제운송의 경우 사업자가 비거주자 또는 외국법인이면 여객이 탑승하거나 화물이 적재되는 장소이다.

> **해설**
> 사업을 양도하는 경우 양수받는 자가 대가를 지급하는 때에 그 대가를 받은 자로부터 부가가치세를 징수하여 납부한 경우에는 <u>재화의 공급으로 본다</u>(법 제10조 제9항 제2호).

16 부가가치세법상 재화 및 용역의 공급시기 특례에 관한 설명 중 옳은 것은?

① 사업자가 재화의 공급시기가 되기 전에 재화에 대한 대가의 전부를 받고, 그 받은 대가에 대하여 세금계산서 또는 영수증을 발급하면 재화의 인도시기가 공급시기이다.

② 사업자가 용역의 공급시기가 되기 전에 용역에 대한 대가의 일부를 받고, 그 받은 대가에 대하여 세금계산서 또는 영수증을 발급하더라도, 용역이 제공되기 전이므로 공급시기로 볼 수 없다.

③ 사업자가 재화 또는 용역의 공급시기가 되기 전에 세금계산서를 발급하고 그 세금계산서 발급일부터 7일 이내에 대가를 받으면 해당 대가를 받은 때를 재화 또는 용역의 공급시기로 본다.

④ 공급단위를 구획할 수 있는 용역을 계속적으로 공급하는 경우 공급시기가 되기 전에 세금계산서를 발급하는 경우에는 그 발급한 때를 각각 그 용역의 공급시기로 본다.

⑤ 약정서에 명시된 대금 청구시기와 지급시기 사이의 기간이 30일 이내인 경우, 재화 또는 용역의 공급시기가 되기 전에 세금계산서를 발급하고 그 세금계산서 발급일부터 7일이 지난 후 대가를 받더라도 해당 세금계산서를 발급한 때를 재화 또는 용역의 공급시기로 본다.

> **해설**
> ①, ② 사업자가 재화 또는 용역의 공급시기가 되기 전에 재화 또는 용역에 대한 대가의 전부 또는 일부를 받고, 이와 동시에 그 받은 대가에 대하여 세금계산서 또는 영수증을 발급하면 그 세금계산서 등을 발급하는 때를 각각 그 재화 또는 용역의 공급시기로 본다.
> ③ 사업자가 재화 또는 용역의 공급시기가 되기 전에 세금계산서를 발급하고 그 세금계산서 발급일부터 7일 이내에 대가를 받으면 <u>해당 세금계산서를 발급한 때</u>를 재화 또는 용역의 공급시기로 본다(법 제17조 제2항).
> ④ 공급단위를 구획할 수 없는 용역을 계속적으로 공급하는 경우 공급시기가 되기 전에 세금계산서를 발급하는 경우에는 그 발급한 때를 각각 그 용역의 공급시기로 본다.

영세율과 면세

제1절 | 영세율

1. 재화의 수출(법 제21조)

(1) 영세율의 적용 17, 12, 10년 기출

재화의 공급이 수출에 해당하면 그 재화의 공급에 대하여는 영(零)%의 세율(영세율)을 적용한다.

(2) 수출의 범위

① 내국물품을 외국으로 반출하는 것 24, 23, 21, 13년 기출

▷ 이때, 내국물품은 대한민국 선박에 의하여 채집되거나 잡힌 수산물을 포함한다.

② 중계무역 방식의 거래 등 대통령령으로 정하는 것으로서 국내사업장에서 계약과 대가 수령 등 거래가 이루어지는 것(영 제31조 제1항) 24, 23, 22, 21, 18, 15, 14년 기출

> ㉠ 중계무역 방식의 수출(수출할 것을 목적으로 물품 등을 수입하여 보세구역 및 보세구역 외 장치의 허가를 받은 장소 또는 자유무역지역 외의 국내에 반입하지 아니하는 방식의 수출)
>
> ㉡ 위탁판매수출(물품 등을 무환으로 수출하여 해당 물품이 판매된 범위에서 대금을 결제하는 계약에 의한 수출)
>
> ㉢ 외국인도수출(수출대금은 국내에서 영수하지만 국내에서 통관되지 아니한 수출물품 등을 외국으로 인도하거나 제공하는 수출)
>
> ㉣ 위탁가공무역 방식의 수출[가공임을 지급하는 조건으로 외국에서 가공(제조, 조립, 재성, 개조를 포함)할 원료의 전부 또는 일부를 거래 상대방에게 수출하거나 외국에서 조달하여 가공한 후 가공물품 등을 외국으로 인도하는 방식의 수출]
>
> ㉤ 원료를 대가 없이 국외의 수탁가공 사업자에게 반출하여 가공한 재화를 양도하는 경우에 그 원료의 반출
>
> ㉥ 「관세법」에 따른 수입신고 수리 전의 물품으로서 보세구역에 보관하는 물품의 외국으로의 반출

주의 국외사업장이 아니라 국내사업장에서 계약과 대가 수령 등 거래가 이루어지는 것이다.

③ 기획재정부령으로 정하는 내국신용장 또는 구매확인서에 의하여 재화[금지금(金地金)은 제외]를 공급하는 것 등으로서 대통령령으로 정하는 것(영 제31조 제2항) 24, 23, 21, 20, 19, 17, 14, 13, 10년 기출

> ㉠ 사업자가 기획재정부령으로 정하는 내국신용장 또는 구매확인서에 의하여 공급하는 재화(금지금은 제외)
>
> ㉡ 사업자가 한국국제협력단에 공급하는 재화(한국국제협력단이 사업을 위하여 외국에 무상으로 반출하는 재화로 한정)
>
> ㉢ 사업자가 한국국제보건의료재단에 공급하는 재화(한국국제보건의료재단이 사업을 위하여 외국에 무상으로 반출하는 재화로 한정)

ⓔ 사업자가 대한적십자사에 공급하는 재화(대한적십자사가 사업을 위하여 외국에 무상으로 반출하는 재화로 한정)

ⓜ 사업자가 다음의 요건에 따라 공급하는 재화
  ⓐ 국외의 비거주자 또는 외국법인(비거주자 등)과 직접 계약에 따라 공급할 것
  ⓑ 대금을 외국환은행에서 원화로 받을 것
  ⓒ 비거주자 등이 지정하는 국내의 다른 사업자에게 인도할 것
  ⓓ 국내의 다른 사업자가 비거주자 등과 계약에 따라 인도받은 재화를 그대로 반출하거나 제조·가공한 후 반출할 것

알아두기

수출품 생산업자의 영세율 적용(통칙 21-31-2) 15, 13년 기출

① 수출품 생산업자가 수출업자와 다음과 같이 수출대행계약을 체결하여 수출업자의 명의로 수출하는 경우에 수출품 생산업자가 외국으로 반출하는 재화는 영의 세율을 적용한다.
  1. 수출품 생산업자가 직접 수출신용장을 받아 수출업자에게 양도하고 수출대행계약을 체결한 경우
  2. 수출업자가 수출신용장을 받고 수출품 생산업자와 수출대행계약을 체결한 경우
② 제1항의 경우 수출품 생산업자가 완제품 내국신용장을 개설받는 경우를 포함한다.
③ 제1항의 규정을 적용함에 있어서 수출품 생산업자가 실제로 수출을 하였는지는 거래의 실질내용에 따라 판단한다.

재화의 무상수출(통칙 21-31-4) 15, 13년 기출

사업자가 재화를 국외로 무상으로 반출하는 경우에는 영의 세율을 적용한다. 다만, 자기사업을 위하여 대가를 받지 아니하고 국외의 사업자에게 견본품을 반출하는 경우에는 재화의 공급으로 보지 아니한다.

보세구역 등에서 공급하는 재화(통칙 21-31-5)

사업자가 국제공항보세구역 내의 외국인전용판매장에서 재화를 공급(위수탁계약에 따른 위탁자공급분을 포함)하거나 세관장으로부터 승선 또는 비행기 탑승 허가를 받아 외국을 항행하는 선박 또는 항공기 내에서 공급하는 재화는 수출하는 재화에 해당하는 것으로 본다.

수출신용장의 금액과 실제수출금액이 서로 다른 경우(통칙 21-31-7) 14년 기출

사업자가 재화를 수출하고 수출금액과 신용장상의 금액과의 차액을 별도로 지급받는 경우 그 금액에 대하여도 영의 세율을 적용한다.

내국신용장에 포함하지 아니한 공급가액(통칙 21-31-8) 15년 기출

내국신용장에 의하여 재화를 공급하고 그 대가의 일부(관세환급금 등)를 내국신용장에 포함하지 아니하고 별도로 받는 경우 해당 금액이 대가의 일부로 확인되는 때에는 영의 세율을 적용한다. 다만, 수출업자 또는 내국신용장에 의하여 완제품을 수출업자에게 공급한 자가 세관장으로부터 직접 받는 관세환급금과 수출품생산업자가 수출대행업자로부터 받는 관세환급금은 과세하지 아니한다.

내국신용장과 관세환급금(통칙 21-31-9) 21년 기출

내국신용장에 의하여 재화를 수출업자 또는 수출품 생산업자에게 공급하고 해당 수출업자 또는 수출품 생산업자로부터 그 대가의 일부로 받는 관세환급금은 영의 세율을 적용한다.

영의 세율을 적용하지 아니하는 내국신용장(통칙 21-31-12) 15년 기출

외국으로 반출되지 아니하는 재화의 공급과 관련하여 개설된 내국신용장(주한미국군 군납계약서 등)에 의한 재화 또는 용역의 공급은 영의 세율을 적용하지 아니한다.

부가가치세법령상 영세율이 적용되는 재화의 수출로서 옳지 않은 것은? (단, 사업자는 비거주자 또는 외국법인이 아님) 24년 기출

① 국내에서 통관되지 아니한 수출물품을 외국으로 인도하는 수출로서 국내사업장에서 계약과 대가 수령 등 거래가 이루어지는 것
② 대한민국 선박에 의하여 잡힌 수산물을 외국으로 반출하는 것
③ 가공임(加工賃)을 지급하는 조건으로 외국에서 가공할 원료의 일부를 거래 상대방에게 수출하는 것으로서 국내사업장에서 거래가 이루어지는 것
④ 사업자가 기획재정부령으로 정하는 내국신용장에 의하여 금지금(金地金)을 공급하는 것
⑤ 물품을 무환(無換)으로 수출하여 해당 물품이 판매된 범위에서 대금을 결제하는 계약에 의한 수출로서 국내사업장에서 거래가 이루어지는 것

해설

기획재정부령으로 정하는 내국신용장 또는 구매확인서에 의하여 재화[금지금(金地金)은 제외]를 공급하는 것은 영세율이 적용되는 재화의 수출이다(법 제21조 제2항 제3호).

정답 ④

2. 영세율 적용대상 거래

(1) 용역의 국외공급(법 제22조) 24, 23, 22, 16, 15, 12, 10년 기출

국외에서 공급하는 용역에 대하여는 영세율을 적용한다.

보충 영세율이 적용되는 용역의 국외공급 사례(집행기준 22-0-2)	
용역의 국외공급에 해당되는 것	• 국외에서 건설공사를 도급받은 사업자로부터 건설공사를 하도급받아 국외에서 건설용역을 공하는 경우 • 광고의 제작설치 및 유지보수용역을 제공하는 사업자가 광고대행업자의 주선으로 국내 광고주와 해외광고계약을 체결하고 국외에서 광고물을 제작, 설치한 후 해당 광고물의 유지보수용역을 공급하는 경우 • 사업자가 외국기업과 국외에 설립한 합작법인에 해당 사업자의 기술을 이전하여 주고 합작법인으로부터 출자지분을 취득하는 경우
용역의 국외공급에 해당되지 아니하는 것	• 국내에서 외국법인에게 용역을 제공하고 그 대가를 외화로 받는 경우 • 국외에 소재하는 건설공사에 사용되는 건설장비 임대용역 • 국외 건설공사를 수주한 국내 건설업자에게 국내에서 제공하는 설계용역 • 세관의 보세구역에서 외국인이 입국 시 예치품을 일시보관하였다가 출국 시 인출하여 주고 외국인으로부터 경비료를 받는 경우

(2) 외국항행용역의 공급(법 제23조) 24, 23, 21, 20, 18, 17, 16, 15, 14, 12, 10년 기출

선박 또는 항공기에 의한 외국항행용역의 공급에 대하여는 영세율을 적용한다.

① 외국항행용역의 개념

외국항행용역은 선박 또는 항공기에 의하여 여객이나 화물을 국내에서 국외로, 국외에서 국내로 또는 국외에서 국외로 수송하는 것을 말하며, 외국항행사업자가 자기의 사업에 부수하여 공급하는 재화 또는 용역으로서 대통령령으로 정하는 다음의 것을 포함한다(영 제32조 제1항).

> ㉠ 다른 외국항행사업자가 운용하는 선박 또는 항공기의 탑승권을 판매하거나 화물운송계약을 체결하는 것
> ㉡ 외국을 항행하는 선박 또는 항공기 내에서 승객에게 공급하는 것
> ㉢ 자기의 승객만이 전용하는 버스를 탑승하게 하는 것
> ㉣ 자기의 승객만이 전용하는 호텔에 투숙하게 하는 것

② 외국항행용역의 범위(영 제32조 제2항) 23년 기출

> ㉠ 운송주선업자가 국제복합운송계약에 의하여 화주로부터 화물을 인수하고 자기 책임과 계산으로 타인의 선박 또는 항공기 등의 운송수단을 이용하여 화물을 운송하고 화주로부터 운임을 받는 국제운송용역
> ㉡ 「항공사업법」에 따른 상업서류 송달용역

알아두기

공급장소가 국외인 경우(통칙 20-0-1) 20년 기출
다음 각 호의 용역은 해당 부동산 또는 광고매체가 사용되는 장소가 국외이므로 부가가치세가 과세되지 아니한다.
1. 국외에 있는 부동산의 임대용역
2. 외국의 광고매체에 광고게재를 의뢰하고 지급하는 광고료

용선과 이용운송(통칙 23-32-1)
① 다음의 용역은 외국항행용역에 해당하므로 영의 세율을 적용한다.
1. 사업자가 외국항행선박으로 면허를 받은 선박을 선원부 용선계약에 의하여 타인에게 임대하여 자기책임하에 자기의 선원이 그 선박을 국제 간에 운항하도록 하고 용선자로부터 용선료를 받는 경우의 선원부 선박임대용역
2. 사업자가 선원부 용선계약에 의하여 임차한 선박으로 자기계산하에 여객이나 화물을 국제 간에 수송해 주고 여객 또는 화주로부터 운임을 받는 경우의 운송용역
3. 운송주선업을 영위하는 사업자가 국제복합운송계약에 의하여 화주로부터 화물을 인수하고 타인의 운송수단을 이용하여 화주에 대하여는 자기책임과 계산하에 외국으로 화물을 수송해 주고 화주로부터 운임을 받는 경우의 국제 간 이용운송용역
② 외국항행사업자가 국내의 외국항행사업자에게 나용선으로 선박을 대여하고 그 대가를 받는 경우에는 영의 세율을 적용하지 아니한다.

국내사업장이 있는 외국법인이 제공하는 외항용역의 영세율(통칙 23-32-2) 15년 기출
국내사업장이 있는 외국법인이 제공하는 외국항행용역에 대한 영의 세율은 해당 외국법인이 상호면세국의 사업자에 해당하는지 여부에 따라 다음과 같이 적용한다.
1. 상호면세국일 경우에는 우리나라에서 여객이나 화물이 탑승 또는 적재되는 것만 영의 세율을 적용한다.
2. 상호면세국이 아닐 경우에는 우리나라에서 여객이나 화물이 탑승 또는 적재되는 것만 과세하며, 영의 세율을 적용하지 아니한다.

(3) 외화 획득 재화 또는 용역의 공급 등(법 제24조)

① 외화를 획득하기 위한 재화 또는 용역의 공급 24, 23, 21, 20, 18, 17, 16, 15, 14, 11년 기출

재화 또는 용역의 공급 외에 외화를 획득하기 위한 재화 또는 용역의 공급으로서 다음의 어느 하나에 해당하는 경우에는 영세율을 적용한다.

> ○ 우리나라에 상주하는 외교공관, 영사기관(명예영사관원을 장으로 하는 영사기관은 제외), 국제연합과 이에 준하는 국제기구(우리나라가 당사국인 조약과 그 밖의 국내법령에 따라 특권과 면제를 부여받을 수 있는 경우만 해당) 등에 재화 또는 용역을 공급하는 경우
>
> ○ 외교공관 등의 소속 직원으로서 해당 국가로부터 공무원 신분을 부여받은 자 또는 외교부장관으로부터 이에 준하는 신분임을 확인받은 자 중 내국인이 아닌 자에게 대통령령으로 정하는 방법에 따라 재화 또는 용역을 공급하는 경우
>
> ○ 그 밖에 외화를 획득하는 재화 또는 용역의 공급으로서 다음의 어느 하나에 해당하는 것을 공급하는 경우(영 제33조 제2항)
>
> ⓐ 국내에서 국내사업장이 없는 비거주자 또는 외국법인에 공급되는 다음의 어느 하나에 해당하는 재화 또는 사업에 해당하는 용역으로서 그 대금을 외국환은행에서 원화로 받거나 기획재정부령으로 정하는 방법으로 받는 것.
>
> 다만, '나' 중 전문서비스업과 '아' 및 '자'에 해당하는 용역의 경우에는 해당 국가에서 우리나라의 거주자 또는 내국법인에 대하여 동일하게 면세하는 경우(우리나라의 부가가치세 또는 이와 유사한 성질의 조세가 없거나 면세하는 경우)에 한정한다.
>
> 가. 비거주자 또는 외국법인이 지정하는 국내사업자에게 인도되는 재화로서 해당 사업자의 과세 사업에 사용되는 재화
>
> 나. 전문, 과학 및 기술서비스업(수의업, 제조업 회사본부 및 기타 산업 회사본부는 제외)
>
> 다. 사업지원 및 임대서비스업 중 무형재산권 임대업
>
> 라. 통신업
>
> 마. 컨테이너수리업, 보세구역 내의 보관 및 창고업, 「해운법」에 따른 해운대리점업, 해운중개업 및 선박관리업
>
> 바. 정보통신업 중 뉴스 제공업, 영상·오디오 기록물 제작 및 배급업(영화관 운영업과 비디오물 감상실 운영업은 제외), 소프트웨어 개발업, 컴퓨터 프로그래밍, 시스템 통합관리업, 자료처리, 호스팅, 포털 및 기타 인터넷 정보매개서비스업, 기타 정보 서비스업
>
> 사. 상품 중개업 및 전자상거래 소매 중개업
>
> 아. 사업시설관리 및 사업지원 서비스업(조경 관리 및 유지 서비스업, 여행사 및 기타 여행보조 서비스업은 제외)
>
> 자. 「자본시장과 금융투자업에 관한 법률」에 따른 투자자문업
>
> 차. 교육 서비스업(교육지원 서비스업으로 한정)
>
> 카. 보건업(임상시험용역을 공급하는 경우로 한정)
>
> 타. 그 밖에 '가'부터 '차'까지의 규정과 유사한 재화 또는 용역으로서 기획재정부령으로 정하는 것

ⓑ 비거주자 또는 외국법인의 국내사업장이 있는 경우에 국내에서 국외의 비거주자 또는 외국법인과 직접 계약하여 공급하는 재화 또는 용역 중 ⓐ의 어느 하나에 해당하는 재화 또는 사업(ⓐ의 '나' 중 전문서비스업과 '아' 및 '자'에 해당하는 용역의 경우에는 해당 국가에서 우리나라의 거주자 또는 내국법인에 대하여 동일하게 면세하는 경우에 한정)에 해당하는 용역.

다만, 그 대금을 해당 국외 비거주자 또는 외국법인으로부터 외국환은행에서 원화로 받거나 기획재정부령으로 정하는 방법으로 받는 경우로 한정한다.

ⓒ 수출업자와 직접 도급계약에 의하여 수출재화를 임가공하는 수출재화임가공용역(수출재화염색임가공을 포함). 다만, 사업자가 부가가치세를 별도로 적은 세금계산서를 발급한 경우는 제외한다.

ⓓ 기획재정부령으로 정하는 내국신용장 또는 구매확인서에 의하여 공급하는 수출재화임가공용역

ⓔ 외국을 항행하는 선박 및 항공기 또는 원양어선에 공급하는 재화 또는 용역. 다만, 사업자가 부가가치세를 별도로 적은 세금계산서를 발급한 경우는 제외한다.

ⓕ 우리나라에 상주하는 국제연합군 또는 미합중국군대에 공급하는 재화 또는 용역

ⓖ 「관광진흥법 시행령」에 따른 종합여행업자가 외국인 관광객에게 공급하는 관광알선용역. 다만, 그 대가를 외국환은행에서 원화로 받는 것 또는 외화 현금으로 받은 것 중 국세청장이 정하는 관광알선수수료명세표와 외화매입증명서에 의하여 외국인 관광객과의 거래임이 확인되는 것의 방법으로 받는 경우로 한정한다.

ⓗ 다음의 어느 하나에 해당하는 사업자가 국내에서 공급하는 재화 또는 용역. 다만, 그 대가를 외화로 받고 그 외화를 외국환은행에서 원화로 환전하는 경우로 한정한다.

가. 「개별소비세법」에 따른 지정을 받아 외국인전용판매장을 경영하는 자
나. 「조세특례제한법」에 따른 주한외국군인 및 외국인선원 전용 유흥음식점업을 경영하는 자

수출입알선용역의 영세율 적용(통칙 24-33-1)
① 국내에서 국내사업장이 없는 비거주자 또는 외국법인에게 수출알선용역을 제공하고 그 대가를 외국환은행에서 원화로 받는 경우에는 영의 세율을 적용한다.
② 외국으로부터 수출신용장을 받아 수출업자에게 양도하고 받는 대가는 영의 세율을 적용하지 아니한다.

외국법인의 국내 건설사업장에 공급하는 재화 또는 용역(통칙 24-33-2) 15년 기출
사업자가 국내에서 공장건설(플랜트)용역을 제공하는 외국법인에게 해당 공장건설에 소요되는 재화 또는 용역을 공급하고 그 대가를 외국법인의 본점으로부터 받는 경우에는 영의 세율을 적용하지 아니한다.

외항선박 등의 정의(통칙 24-33-6)
외국을 항행하는 선박과 원양어선의 정의는 다음과 같다.
1. 외국을 항행하는 선박(외항선박)이란 외국의 선박과 「해운법」에 따라 사업면허를 얻은 외국항행사업자가 운항하는 선박으로서 외국을 항행하는 우리나라의 선박을 말한다.
2. 원양어선이란 「원양산업발전법」에 따라 원양어선으로 허가를 얻어 주로 해외수역에서 조업을 하는 선박을 말한다.

② 세부규정
외화 획득의 증명에 필요한 사항은 대통령령으로 정한다.

부가가치세법령상 영세율을 적용하는 경우로서 옳지 않은 것은? (단, 국내 거래인 경우는 외화 획득을 위한 것임)

24년 기출

① 내국법인이 국내에서 국내사업장이 없는 비거주자에게 조경 관리 서비스업을 제공하고 그 대금을 외국환은행에서 원화로 받는 경우
② 내국법인인 외국항행사업자가 항공기에 의하여 여객을 국외에서 국내로 수송하는 사업에 부수하여 국내에서 자기의 승객만이 전용(專用)하는 버스에 탑승하게 하는 용역을 공급하는 경우
③ 내국법인이 우리나라에 상주(常住)하는 미합중국군대에 재화를 공급하는 경우
④ 내국법인이 기획재정부령으로 정하는 내국신용장에 의하여 수출재화임가공용역을 공급하는 경우
⑤ 「관광진흥법 시행령」에 따른 내국법인인 종합여행업자가 외국인 관광객에게 공급하는 관광알선용역으로서 그 대가를 외국환은행에서 원화로 받는 경우

해설
국내에서 국내사업장이 없는 비거주자 또는 외국법인에 공급되는 사업시설관리 및 사업지원 서비스업(조경 관리 및 유지 서비스업, 여행사 및 기타 여행보조 서비스업은 제외)으로서 그 대금을 외국환은행에서 원화로 받거나 기획재정부령으로 정하는 방법으로 받는 것은 영세율을 적용한다(영 제33조 제2항 제1호 아목).

정답 ①

(4) 영세율에 대한 상호주의 적용(법 제25조)

① 사업자가 비거주자 또는 외국법인 23, 15, 14, 12년 기출
제21조(재화의 수출)부터 제24조(외화 획득 재화 또는 용역의 공급 등)까지의 규정을 적용할 때 사업자가 비거주자 또는 외국법인이면 그 해당 국가에서 대한민국의 거주자(「소득세법」상의 거주자) 또는 내국법인(「법인세법」상의 내국법인)에 대하여 동일하게 면세하는 경우에만 영세율을 적용한다.

② 사업자가 재화 또는 용역을 공급하는 경우

사업자가 재화 또는 용역을 공급하는 경우에는 해당 외국에서 대한민국의 외교공관 및 영사기관 등의 직원에게 공급하는 재화 또는 용역에 대하여 동일하게 면세하는 경우에만 영세율을 적용한다.

③ 동일하게 면세하는 경우 18년 기출

해당 외국의 조세로서 우리나라의 부가가치세 또는 이와 유사한 성질의 조세를 면세하는 경우와 그 외국에 우리나라의 부가가치세 또는 이와 유사한 성질의 조세가 없는 경우로 한다.

제2절 면 세

1. 개 념 17, 15년 기출

면세는 특정한 재화 또는 용역의 공급에 대하여 부가가치세 납세의무를 면제하는 것을 말하며 부가가치세가 면제되는 재화나 용역을 공급하는 사업자를 부가가치세 면세사업자라고 한다. 면세의 경우 면세 단계에서 창출한 부가가치에 대하여 과세되지 아니하며, 그 이전 과세 단계에서 창출된 부가가치에 대해 이미 과세한 부가가치세는 상대방에게 전가되며 취소되지 않는다. 이러한 의미에서 부분면세라고 할 수 있다.

2. 면세대상

(1) 재화 또는 용역의 공급에 대한 면세(법 제26조)

다음의 재화 또는 용역의 공급에 대하여는 부가가치세를 면제한다.

① 가공되지 아니한 식료품(식용으로 제공되는 농산물, 축산물, 수산물과 임산물을 포함) 및 우리나라에서 생산되어 식용으로 제공되지 아니하는 농산물, 축산물, 수산물과 임산물로서 대통령령으로 정하는 것 23, 22, 18, 17, 16, 14년 기출

㉠ 미가공식료품(영 제34조 제1항) : 가공되지 아니한 식료품(미가공식료품)은 다음의 것으로서 가공되지 아니하거나 탈곡·정미·정맥·제분·정육·건조·냉동·염장·포장이나 그 밖에 원생산물 본래의 성질이 변하지 아니하는 정도의 1차 가공을 거쳐 식용으로 제공하는 것으로 한다. 이 경우 다음에 따른 미가공식료품의 범위에 관하여 필요한 사항은 기획재정부령으로 정한다.

ⓐ 곡 류 　　　　　　　　　　　ⓑ 서 류
ⓒ 특용작물류 　　　　　　　　　ⓓ 과실류
ⓔ 채소류 　　　　　　　　　　　ⓕ 수축류
ⓖ 수육류 　　　　　　　　　　　ⓗ 유란류(우유와 분유를 포함)
ⓘ 생선류(고래를 포함) 　　　　　ⓙ 패 류
ⓚ 해조류
ⓛ ⓐ부터 ⓚ까지의 것 외에 식용으로 제공되는 농산물, 축산물, 수산물 또는 임산물
ⓜ 소금(「식품위생법」에 따라 식품의약품안전처장이 정한 식품의 기준 및 규격에 따른 천일염 및 재제소금)

ⓛ 미가공식료품에 포함되는 것(영 제34조 제2항) 23, 20년 기출

> ⓐ 김치, 두부 등 기획재정부령으로 정하는 단순 가공식료품
> ⓑ 원생산물 본래의 성질이 변하지 아니하는 정도로 1차 가공을 하는 과정에서 필수적으로 발생하는 부산물
> ⓒ 미가공식료품을 단순히 혼합한 것
> ⓓ 쌀에 식품첨가물 등을 첨가 또는 코팅하거나 버섯균 등을 배양한 것으로서 기획재정부령으로 정하는 것

ⓒ 농산물, 축산물, 수산물과 임산물(영 제34조 제3항) 16년 기출

> ⓐ 원생산물
> ⓑ 원생산물 본래의 성상이 변하지 아니하는 정도의 원시가공을 거친 것
> ⓒ 원시가공을 하는 과정에서 필수적으로 발생하는 부산물

알아두기

냉동처리한 어류의 면세(통칙 26-34-1)
신선한 어류의 껍질·머리·뼈·내장 등을 제거하고 냉동한 순살코기와 조미하지 아니하고 단순히 분쇄냉동한 어육으로서 식용으로 제공되는 것은 면세한다.

식용으로 제공되는 것의 의미(통칙 26-34-12)
식용으로 제공되는 식료품의 '식용'이란 현실적·개별적인 용도를 말하는 것이 아니고, 일반적·추상적 관념(식용에 적합한지 여부)의 용도를 말한다.

② 수돗물

③ 연탄과 무연탄 22, 13년 기출

④ 여성용 생리 처리 위생용품 20년 기출

⑤ 의료보건 용역(수의사의 용역을 포함)으로서 대통령령으로 정하는 것과 혈액 24, 18, 17, 13, 12년 기출
의료보건 용역은 다음의 용역(「의료법」 또는 「수의사법」에 따라 의료기관 또는 동물병원을 개설한 자가 제공하는 것을 포함)으로 한다(영 제35조).

ⓛ 「의료법」에 따른 의사, 치과의사, 한의사, 조산사 또는 간호사가 제공하는 용역. 다만, 「국민건강보험법」에 따라 요양급여의 대상에서 제외되는 다음의 진료용역은 제외한다.

> ⓐ 쌍꺼풀수술, 코성형수술, 유방확대·축소술(유방암 수술에 따른 유방 재건술은 제외), 지방흡인술, 주름살제거술, 안면윤곽술, 치아성형(치아미백, 라미네이트와 잇몸성형술) 등 성형수술(성형수술로 인한 후유증 치료, 선천성 기형의 재건수술과 종양 제거에 따른 재건수술은 제외)과 악안면 교정술(치아교정치료가 선행되는 악안면 교정술은 제외)
> ⓑ 색소모반·주근깨·흑색점·기미 치료술, 여드름 치료술, 제모술, 탈모치료술, 모발이식술, 문신술 및 문신제거술, 피어싱, 지방융해술, 피부재생술, 피부미백술, 항노화치료술 및 모공축소술

ⓒ 「의료법」에 따른 접골사, 침사, 구사 또는 안마사가 제공하는 용역

ⓒ 「의료기사 등에 관한 법률」에 따른 임상병리사, 방사선사, 물리치료사, 작업치료사, 치과기공사 또는 치과위생사가 제공하는 용역

ⓔ 「약사법」에 따른 약사가 제공하는 의약품의 조제용역 20, 16년 기출

ⓜ 「수의사법」에 따른 수의사가 제공하는 용역. 다만, 동물의 진료용역은 다음의 어느 하나에 해당하는
진료용역으로 한정한다. 24, 22년 기출

> ⓐ 「축산물 위생관리법」에 따른 가축에 대한 진료용역
> ⓑ 「수산생물질병 관리법」에 따른 수산동물에 대한 진료용역
> ⓒ 「장애인복지법」에 따른 장애인 보조견표지를 발급받은 장애인 보조견에 대한 진료용역
> ⓓ 「국민기초생활 보장법」에 따른 수급자가 기르는 동물의 진료용역
> ⓔ ⓐ부터 ⓓ까지의 규정에 따른 진료용역 외에 질병 예방을 목적으로 하는 동물의 진료용역으로서
> 농림축산식품부장관 또는 해양수산부장관이 기획재정부장관과 협의하여 고시하는 용역

ⓗ 장의업자가 제공하는 장의용역 16년 기출

⓼ 「장사 등에 관한 법률」의 규정에 따라 사설묘지, 사설화장시설, 사설봉안시설 또는 사설자연장지를
설치·관리 또는 조성하는 자가 제공하는 묘지분양, 화장, 유골 안치, 자연장지분양 및 관리업 관련
용역

ⓞ 지방자치단체로부터 「장사 등에 관한 법률」에 따른 공설묘지, 공설화장시설, 공설봉안시설 또는 공
설자연장지의 관리를 위탁받은 자가 제공하는 묘지분양, 화장, 유골 안치, 자연장지분양 및 관리업
관련 용역

ⓩ 「응급의료에 관한 법률」에 따른 응급환자이송업자가 제공하는 응급환자이송용역

ⓒ 「하수도법」에 따른 분뇨수집·운반업의 허가를 받은 사업자와 「가축분뇨의 관리 및 이용에 관한 법률」에
따른 가축분뇨수집·운반업 또는 가축분뇨처리업의 허가를 받은 사업자가 공급하는 용역

ⓚ 「감염병의 예방 및 관리에 관한 법률」에 따라 소독업의 신고를 한 사업자가 공급하는 소독용역
20년 기출

ⓣ 「폐기물관리법」에 따라 생활폐기물 또는 의료폐기물의 폐기물처리업 허가를 받은 사업자가 공급하는
생활폐기물 또는 의료폐기물의 수집·운반 및 처리용역과 폐기물처리시설의 설치승인을 받거나 그
설치의 신고를 한 사업자가 공급하는 생활폐기물의 재활용용역

ⓟ 「산업안전보건법」에 따라 보건관리전문기관으로 지정된 자가 공급하는 보건관리용역 및 같은 법에
따른 작업환경측정기관이 공급하는 작업환경측정용역

ⓗ 「노인장기요양보험법」에 따른 장기요양기관이 같은 법에 따라 장기요양인정을 받은 자에게 제공하는
신체활동·가사활동의 지원 또는 간병 등의 용역

㉮ 「사회복지사업법」에 따라 보호대상자에게 지급되는 사회복지서비스 이용권을 대가로 국가 및 지방자
치단체 외의 자가 공급하는 용역

㉯ 「모자보건법」에 따른 산후조리원에서 분만 직후의 임산부나 영유아에게 제공하는 급식·요양 등의
용역

㉰ 「사회적 기업 육성법」에 따라 인증받은 사회적 기업 또는 「협동조합기본법」에 따라 설립인가를 받은
사회적 협동조합이 직접 제공하는 간병·산후조리·보육 용역

㉱ 「정신건강증진 및 정신질환자 복지서비스 지원에 관한 법률」에 따라 국가 및 지방자치단체로부터 정
신건강증진사업 등을 위탁받은 자가 제공하는 정신건강증진사업 등의 용역

면세하지 아니하는 그 밖의 의료보건위생용역(통칙 26-35-1)

다음의 어느 하나에 해당하는 것은 면세하는 그 밖의 의료보건위생용역에 해당하지 아니한다.

1. 「의료법」에 따른 면허나 자격이 없는 자가 제공하거나 「의료법」상 업무범위를 벗어나서 제공하는 의료용역
2. 피부과의원에 부설된 피부관리실에서 제공하는 피부관리용역
3. 안마사가 아닌 자와 안마사가 공동으로 안마시술소를 개설하여 공급하는 안마용역
4. 「폐기물관리법」, 「하수도법」 및 「가축분뇨의 관리 및 이용에 관한 법률」에 따라 허가를 얻은 사업자가 수거한 폐기물, 분뇨 등으로 과세되는 재화를 제조하여 공급하는 경우
5. 「폐기물관리법」에 따라 폐기물처리시설을 설치·운영하는 사업자 및 「하수도법」 및 「가축분뇨의 관리 및 이용에 관한 법률」에 따라 등록한 사업자가 폐기물처리시설이나 분뇨처리시설, 오수정화시설, 정화조 또는 축산폐수정화시설의 설계·시공용역을 공급하거나 정화조를 공급하는 경우
6. 사업자가 타인에게 임대하거나 사용하게 한 공장 또는 사업장에 폐기물 또는 분뇨 등의 수거와 청소용역을 제공하는 경우

⑥ 교육 용역으로서 대통령령으로 정하는 것 24, 23, 22, 17, 13, 12년 기출

　㉠ 교육 용역에 해당되는 것(영 제36조 제1항) : 교육 용역은 다음의 어느 하나에 해당하는 시설 등에서 학생, 수강생, 훈련생, 교습생 또는 청강생에게 지식, 기술 등을 가르치는 것으로 한다.

> ⓐ 주무관청의 허가 또는 인가를 받거나 주무관청에 등록되거나 신고된 학교, 학원, 강습소, 훈련원, 교습소 또는 그 밖의 비영리단체
> ⓑ 「청소년활동진흥법」에 따른 청소년수련시설
> ⓒ 「산업교육진흥 및 산학연협력촉진에 관한 법률」에 따른 산학협력단
> ⓓ 「사회적 기업 육성법」에 따라 인증받은 사회적기업
> ⓔ 「과학관의 설립·운영 및 육성에 관한 법률」에 따라 등록한 과학관
> ⓕ 「박물관 및 미술관 진흥법」에 따라 등록한 박물관 및 미술관
> ⓖ 「협동조합기본법」에 따라 설립인가를 받은 사회적 협동조합

　㉡ 교육 용역에서 제외되는 것(영 제36조 제2항) : 무도학원, 자동차운전학원에서 가르치는 것은 교육 용역에서 제외한다.

　　주의 도로교통법상 자동차운전학원에서 수강생에게 자동차운전지식·기술을 가르치는 것은 면세되지 않는다.

교육 용역의 면세 범위(통칙 26-36-1)

① 면세하는 교육 용역은 주무관청의 허가·인가 또는 승인을 얻어 설립하거나 주무관청에 등록 또는 신고한 학원·강습소 등 및 청소년수련시설에서 지식·기술 등을 가르치는 것을 말하며, 그 지식 또는 기술의 내용은 관계없다. 이 경우 부가가치세가 면제되는 교육 용역의 공급에 필수적으로 부수되는 용역의 공급은 면세 용역의 공급에 포함된다.

② 교육 용역 제공 시 필요한 교재·실습자재 그 밖의 교육용구의 대가를 수강료 등에 포함하여 받거나, 별도로 받는 때에는 주된 용역인 교육 용역에 부수되는 재화 또는 용역으로서 면세한다.

③ 청소년수련시설에서 학생·수강생·훈련생 등이 아닌 일반 이용자에게 해당 교육 용역과 관계 없이 음식·숙박 용역만을 제공하거나 실내수영장 등의 체육활동 시설을 이용하게 하고 대가를 받는 때에는 면세되지 아니한다.

⑦ 여객운송 용역(다만, 다음의 어느 하나에 해당하는 여객운송 용역은 제외) 24, 16, 12, 10년 기출
  ㉠ 항공기, 고속버스, 전세버스, 택시, 특수자동차, 특종선박 또는 고속철도에 의한 여객운송 용역의 경우로서 다음의 어느 하나에 해당하는 것(영 제37조)

> ⓐ 「항공사업법」에 따른 항공기에 의한 여객운송 용역
> ⓑ 「여객자동차 운수사업법」에 따른 여객자동차 운수사업 중 다음의 여객자동차 운수사업에 제공되는 자동차에 의한 여객운송 용역
> • 시외우등고속버스를 사용하는 시외버스운송사업
> • 전세버스운송사업
> • 일반택시운송사업 및 개인택시운송사업
> • 자동차대여사업
> ⓒ 다음의 선박에 의한 여객운송 용역(다만, 기획재정부령으로 정하는 차도선형여객선에 의한 여객운송 용역은 제외)
> • 수중익선(水中翼船)　　　　　　　• 에어쿠션선
> • 자동차운송 겸용 여객선　　　　　• 항해시속 20노트 이상의 여객선
> ⓓ 「철도의 건설 및 철도시설 유지관리에 관한 법률」에 따른 고속철도에 의한 여객운송 용역

  ㉡ 삭도, 유람선 등 관광 또는 유흥 목적의 운송수단에 의한 여객운송 용역의 경우로서 다음의 어느 하나에 해당하는 것

> ⓐ 「궤도운송법」에 따른 삭도에 의한 여객운송 용역 20년 기출
> ⓑ 「관광진흥법 시행령」에 따른 관광유람선업, 관광순환버스업 또는 관광궤도업에 제공되는 운송수단에 의한 여객운송 용역 23년 기출
> ⓒ 관광 사업을 목적으로 운영하는 「철도의 건설 및 철도시설 유지관리에 관한 법률」에 따른 일반철도에 의한 여객운송 용역(「철도사업법」에 따라 철도사업자가 국토교통부장관에게 신고한 여객 운임·요금을 초과해 용역의 대가를 받는 경우로 한정)

⑧ 도서(도서대여 및 실내 도서열람 용역을 포함), 신문, 잡지, 관보, 뉴스통신 및 방송으로서 대통령령으로 정하는 것(다만, 광고는 제외) 23, 22년 기출
  ㉠ 도서 : 도서에 부수하여 그 도서의 내용을 담은 음반, 녹음테이프 또는 비디오테이프를 첨부하여 통상 하나의 공급단위로 하는 것과 기획재정부령으로 정하는 전자출판물을 포함한다.
  ㉡ 신문, 잡지 : 「신문 등의 진흥에 관한 법률」에 따른 신문 및 인터넷 신문과 「잡지 등 정기간행물의 진흥에 관한 법률」에 따른 정기간행물로 한다.
  ㉢ 관보 : 「관보규정」의 적용을 받는 것으로 한다.
  ㉣ 뉴스통신 : 「뉴스통신 진흥에 관한 법률」에 따른 뉴스통신(뉴스통신사업을 경영하는 법인이 특정회원을 대상으로 하는 금융정보 등 특정한 정보를 제공하는 경우는 제외)과 외국의 뉴스통신사가 제공하는 뉴스통신 용역으로서 「뉴스통신 진흥에 관한 법률」에 따른 뉴스통신과 유사한 것을 포함한다.
⑨ 우표(수집용 우표는 제외), 인지, 증지, 복권 및 공중전화 22, 10년 기출

> **보충** 복권 등과 관련된 용역(통칙 26-0-4)
>
> 면세되는 복권과 승마투표권을 위탁판매하고 받는 수수료에 대하여는 면세하지 아니한다.

⑩ 담 배

「담배사업법」에 따른 담배로서 다음의 어느 하나에 해당하는 것(영 제39조)

> ㉠ 판매가격이 200원(20개비를 기준) 이하인 것
> ㉡ 특수용담배로서 영세율이 적용되는 것을 제외한 것

⑪ 금융·보험 용역으로서 대통령령으로 정하는 것 19, 18, 17, 12년 기출

　㉠ 금융·보험 용역 : 다음의 용역, 사업 및 업무에 해당하는 역무로 한다(영 제40조 제1항).

> ⓐ 「은행법」에 따른 은행업무 및 부수업무로서 다음의 용역
> • 예금·적금의 수입 또는 유가증권 및 그 밖의 채무증서 발행
> • 자금의 대출 또는 어음의 할인
> • 내국환·외국환
> • 채무의 보증 또는 어음의 인수
> • 상호부금
> • 팩토링(기업의 판매대금 채권의 매수·회수 및 이와 관련된 업무)
> • 수납 및 지급 대행
> • 지방자치단체의 금고대행
> • 전자상거래와 관련한 지급대행
> ⓑ 「자본시장과 금융투자업에 관한 법률」에 따른 다음의 사업
> • 집합투자업(다만, 집합투자업자가 투자자로부터 자금 등을 모아서 부동산, 실물자산 및 그 밖에 기획재정부령으로 정하는 자산에 운용하는 경우는 제외)
> • 신탁업(다만, 다음의 구분에 따른 업무로 한정)
> 　– 신탁업자가 위탁자로부터 「자본시장과 금융투자업에 관한 법률」의 금전부터 동산까지 또는 무체재산권(지식재산권을 포함)의 재산(집합투자재산을 포함)을 수탁받아 운용(집합투자업자의 지시에 따라 보관·관리하는 업무를 포함)하는 업무. 다만, 금전을 수탁받아 부동산, 실물자산 및 그 밖에 기획재정부령으로 정하는 자산에 운용하는 업무는 제외한다.
> 　– 신탁업자가 위탁자로부터 부동산 또는 지상권, 전세권, 부동산임차권, 부동산소유권 이전등기 청구권, 그 밖의 부동산 관련 권리를 수익자에 대한 채무이행을 담보하기 위하여 수탁받아 운용하는 업무
> 　– 신탁업자가 위탁자로부터 부동산 또는 지상권, 전세권, 부동산임차권, 부동산소유권 이전등기 청구권, 그 밖의 부동산 관련 권리를 수탁받아 부동산개발사업을 하는 업무
> • 투자매매업과 투자중개업과 이와 관련된 다음의 구분에 따른 업무
> 　– 「자본시장과 금융투자업에 관한 법률」의 다자간매매체결회사의 업무
> 　– 한국금융투자협회의 증권시장에 상장되지 아니한 주권의 장외매매거래에 관한 업무
> 　– 한국예탁결제원의 업무
> 　– 한국거래소의 업무
> • 일반사무관리회사업(집합투자기구 또는 집합투자업자에게 제공하는 용역으로 한정)
> • 투자일임업(다만, 투자일임업자가 투자자로부터 자금 등을 모아서 부동산, 실물자산 및 그 밖에 기획재정부령으로 정하는 자산에 운용하는 경우는 제외)

- 기관전용 사모집합투자기구(기관전용 사모집합투자기구, 기업재무안정 사모집합투자기구 및 창업·벤처전문 사모집합투자기구로 보아 존속하는 종전의 경영참여형 사모집합투자기구를 포함)에 기관전용 사모집합투자기구 집합투자재산의 운용 및 보관·관리, 기관전용 사모집합투자기구 지분의 판매 또는 환매 등 용역을 공급하는 업무(기관전용 사모집합투자기구의 업무집행사원이 제공하는 용역으로 한정)
- 단기금융업
- 종합금융투자사업자의 사업(기업에 대한 신용공여 업무로 한정)

ⓒ 「외국환거래법」에 따른 전문외국환업무취급업자의 외국환업무 용역

ⓓ 「상호저축은행법」에 따른 상호저축은행업

ⓔ 「신용보증기금법」에 따른 신용보증기금업

ⓕ 「주택도시기금법」에 따른 주택도시보증공사의 보증업무 및 주택도시기금의 운용·관리 업무

ⓖ 「보험업법」에 따른 보험업(보험중개·대리와 보험회사에 제공하는 손해사정용역, 보험조사 및 보고용역을 포함하되, 보험계리용역 및 「근로자퇴직급여 보장법」에 따른 연금계리용역은 제외)

ⓗ 「여신전문금융업법」에 따른 여신전문금융업(여신전문금융업을 공동으로 수행하는 사업자 간에 상대방 사업자의 여신전문금융업무를 위임받아 수행하는 경우를 포함)

ⓘ 「자산유동화에 관한 법률」에 따른 유동화전문회사가 하는 자산유동화사업 및 자산관리자가 하는 자산관리사업

ⓙ 「한국주택금융공사법」에 따른 채권관리자가 하는 주택저당채권·학자금대출채권의 관리·운용 및 처분 사업

ⓚ 「벤처투자 촉진에 관한 법률」에 따른 창업기획자가 개인투자조합에 제공하는 자산 관리·운용 용역, 창업기획자 또는 중소기업창업투자회사·신기술사업금융업자 등 또는 「상법」에 따른 유한회사 또는 유한책임회사로서 출자금 총액, 전문인력 등 대통령령으로 정하는 요건을 모두 갖춘 회사가 벤처투자조합에 제공하는 자산 관리·운용 용역, 한국벤처투자가 벤처투자모태조합에 제공하는 자산 관리·운용 용역(다만, 해당 항목의 용역을 제공하는 자가 자금을 부동산, 실물자산 및 그 밖에 기획재정부령으로 정하는 자산에 운용하는 경우는 제외)

ⓛ 「한국투자공사법」에 따른 한국투자공사가 제공하는 위탁자산 관리·운용 용역

ⓜ 「농림수산식품투자조합 결성 및 운용에 관한 법률」에 따른 투자관리전문기관 또는 업무집행조합원이 농식품투자모태조합, 농식품투자조합에 제공하는 자산 관리·운용 용역(다만, 투자관리전문기관 또는 업무집행조합원이 자금을 부동산, 실물자산 및 그 밖에 기획재정부령으로 정하는 자산에 운용하는 경우는 제외)

ⓝ 「민법」에 따라 설립된 금융결제원이 「한국은행법」에 따른 지급결제제도의 운영기관으로서 수행하는 지급결제제도 운영업무

ⓞ 금전대부업(어음 할인, 양도담보, 그 밖에 비슷한 방법을 통한 금전의 교부를 업으로 하는 경우를 포함)

ⓟ 「중소기업협동조합법」에 따른 중소기업중앙회의 공제사업 계약 체결을 대리하는 용역

ⓠ 「한국해양진흥공사법」에 따른 한국해양진흥공사가 같은 법에 따라 수행하는 보증 업무

ⓒ 주된 사업에 부수한 금융·보험 용역 제공 : 위에 해당하는 사업 외의 사업을 하는 자가 주된 사업에 부수하여 금융·보험 용역과 같거나 유사한 용역을 제공하는 경우에도 금융·보험 용역에 포함되는 것으로 본다.

ⓒ 은행업에 포함되는 기관 등의 사업(영 제40조 제3항)

> ⓐ 「은행법」 외의 다른 법률에 따라 설립된 은행
> ⓑ 「한국자산관리공사 설립 등에 관한 법률」에 따른 한국자산관리공사
> ⓒ 「한국주택금융공사법」에 따른 한국주택금융공사
> ⓓ 「예금자보호법」에 따른 예금보험공사 및 정리금융회사
> ⓔ 「농업협동조합의 구조개선에 관한 법률」에 따른 농업협동조합자산관리회사 및 상호금융예금자보호기금
> ⓕ 「수산업협동조합의 부실예방 및 구조개선에 관한 법률」에 따른 상호금융예금자보호기금
> ⓖ 「산림조합의 구조개선에 관한 법률」에 따른 상호금융예금자보호기금

ⓓ 금융·보험 용역으로 보지 않는 것 : 다음의 어느 하나에 해당하는 용역은 금융·보험 용역으로 보지 아니한다(영 제40조 제4항). 23년 기출

> ⓐ 복권, 입장권, 상품권, 지금형주화 또는 금지금에 관한 대행용역(다만, 수익증권 등 금융업자의 금융상품 판매대행용역, 유가증권의 명의개서 대행용역, 수납·지급 대행용역 및 국가·지방자치단체의 금고대행용역은 제외)
> ⓑ 기업합병 또는 기업매수의 중개·주선·대리, 신용정보서비스 및 은행업에 관련된 전산시스템과 소프트웨어의 판매·대여 용역
> ⓒ 부동산 임대용역
> ⓓ ⓐ와 ⓑ에 따른 용역과 유사한 용역
> ⓔ 그 밖에 기획재정부령으로 정하는 용역

⑫ 주택과 이에 부수되는 토지의 임대 용역으로서 대통령령으로 정하는 것 22, 21, 11년 기출
　㉠ 주택과 이에 부수되는 토지의 임대 용역으로서 면세하는 것의 범위 : 주택과 이에 부수되는 토지의 임대는 상시주거용(사업을 위한 주거용의 경우는 제외)으로 사용하는 건물(주택)과 이에 부수되는 토지로서 다음의 면적 중 넓은 면적을 초과하지 아니하는 토지의 임대로 하며, 이를 초과하는 부분은 토지의 임대로 본다(영 제41조 제1항).

> ⓐ 주택의 연면적(지하층의 면적, 지상층의 주차용으로 사용되는 면적 및 「주택건설기준 등에 관한 규정」에 따른 주민공동시설의 면적은 제외)
> ⓑ 건물이 정착된 면적에 5배(「국토의 계획 및 이용에 관한 법률」에 따른 도시지역 밖의 토지의 경우에는 10배)를 곱하여 산정한 면적

　㉡ 주택과 이에 부수되는 토지의 임대의 범위 : 임대주택에 부가가치세가 과세되는 사업용 건물이 함께 설치되어 있는 경우에는 주택과 이에 부수되는 토지의 임대의 범위는 다음에 따른다(영 제41조 제2항).

> ⓐ 주택 부분의 면적이 사업용 건물 부분의 면적보다 큰 경우에는 그 전부를 주택의 임대로 본다. 이 경우 그 주택에 부수되는 토지임대의 범위는 ㉠과 같다.
> ⓑ 주택 부분의 면적이 사업용 건물 부분의 면적과 같거나 그보다 작은 때에는 주택 부분 외의 사업용 건물 부분은 주택의 임대로 보지 아니한다. 이 경우 그 주택에 부수되는 토지의 면적은 총토지면적에 주택 부분의 면적이 총건물면적에서 차지하는 비율을 곱하여 계산하며, 그 범위는 ㉠과 같다.

임차인별 주택임대면적에 따른 면세여부 판단기준(통칙 26-41-1) 11년 기출

1. 부동산을 2인 이상의 임차인에게 임대한 경우 임차인별로 주택 부분의 면적(사업을 위한 거주용인 경우 제외)이 사업용 건물 부분의 면적보다 클 때 그 전부를 주택의 임대로 본다.
2. "상시 주거용으로 사용하는 건물"이라 함은 공부상 용도에 관계 없이 실제로 그 건물을 사용하는 임차자가 상시 주거용으로 사용하는지 여부에 의해 판단한다.
3. 주택을 임차하여 자기책임으로 전차인에게 해당 주택을 상시 주거용으로 임대하는 경우 임대인과 임차인이 제공하는 해당 주택의 임대용역은 각각 부가가치세가 면제된다.

⑬ 「공동주택관리법」에 따른 관리규약에 따라 관리주체 또는 입주자대표회의가 제공하는 「주택법」에 따른 복리시설인 공동주택 어린이집의 임대 용역

⑭ 토 지 22, 13년 기출

⑮ 저술가·작곡가나 그 밖의 자가 직업상 제공하는 인적 용역으로서 대통령령으로 정하는 것 24, 10년 기출
   인적 용역은 독립된 사업(여러 개의 사업을 겸영하는 사업자가 과세사업에 필수적으로 부수되지 아니하는 용역을 독립하여 공급하는 경우를 포함)으로 공급하는 다음의 용역으로 한다(영 제42조).
   ㉠ 개인이 기획재정부령으로 정하는 물적 시설 없이 근로자를 고용하지 아니하고 독립된 자격으로 용역을 공급하고 대가를 받는 다음의 인적 용역

> ⓐ 저술·서화·도안·조각·작곡·음악·무용·만화·삽화·만담·배우·성우·가수 또는 이와 유사한 용역
> ⓑ 연예에 관한 감독·각색·연출·촬영·녹음·장치·조명 또는 이와 유사한 용역
> ⓒ 건축감독·학술 용역 또는 이와 유사한 용역
> ⓓ 음악·재단·무용(사교무용을 포함)·요리·바둑의 교수 또는 이와 유사한 용역
> ⓔ 직업운동가·역사·기수·운동지도가(심판을 포함) 또는 이와 유사한 용역
> ⓕ 접대부·댄서 또는 이와 유사한 용역
> ⓖ 보험가입자의 모집, 저축의 장려 또는 집금 등을 하고 실적에 따라 보험회사 또는 금융기관으로부터 모집수당·장려수당·집금수당 또는 이와 유사한 성질의 대가를 받는 용역과 서적·음반 등의 외판원이 판매실적에 따라 대가를 받는 용역
> ⓗ 저작자가 저작권에 의하여 사용료를 받는 용역
> ⓘ 교정·번역·고증·속기·필경·타자·음반취입 또는 이와 유사한 용역
> ⓙ 고용관계 없는 사람이 다수인에게 강연을 하고 강연료·강사료 등의 대가를 받는 용역
> ⓚ 라디오·텔레비전 방송 등을 통하여 해설·계몽 또는 연기를 하거나 심사를 하고 사례금 또는 이와 유사한 성질의 대가를 받는 용역
> ⓛ 작명·관상·점술 또는 이와 유사한 용역
> ⓜ 개인이 일의 성과에 따라 수당이나 이와 유사한 성질의 대가를 받는 용역

ⓛ 개인, 법인 또는 법인격 없는 사단·재단, 그 밖의 단체가 독립된 자격으로 용역을 공급하고 대가를 받는 다음의 인적 용역

> ⓐ 「형사소송법」 및 「군사법원법」 등에 따른 국선변호인의 국선변호, 「국세기본법」에 따른 국선대리인의 국선대리 및 법률구조
> ⓑ 기획재정부령으로 정하는 학술연구 용역과 기술연구 용역
> ⓒ 직업소개소가 제공하는 용역 및 상담소 등을 경영하는 자가 공급하는 용역으로서 기획재정부령으로 정하는 용역
> ⓓ 「장애인복지법」에 따른 장애인보조견 훈련 용역
> ⓔ 외국 공공기관 또는 「국제금융기구에의 가입조치에 관한 법률」에 따른 국제금융기구로부터 받은 차관자금으로 국가 또는 지방자치단체가 시행하는 국내사업을 위하여 공급하는 용역(국내사업장이 없는 외국법인 또는 비거주자가 공급하는 용역을 포함)
> ⓕ 「민법」에 따른 후견인과 후견감독인이 제공하는 후견사무 용역
> ⓖ 「가사근로자의 고용개선 등에 관한 법률」에 따른 가사서비스 제공기관이 가사서비스 이용자에게 제공하는 가사서비스

⑯ 예술창작품, 예술행사, 문화행사 또는 아마추어 운동경기로서 대통령령으로 정하는 것 23, 16년 기출
  ㉠ 예술창작품 : 미술, 음악, 사진, 연극 또는 무용에 속하는 창작품. 다만, 골동품(「관세법」 별표 관세율표 번호 제9706호의 것)은 제외한다.
  ㉡ 예술행사 : 영리를 목적으로 하지 아니하는 발표회, 연구회, 경연대회 또는 그 밖에 이와 유사한 행사
  ㉢ 문화행사 : 영리를 목적으로 하지 아니하는 전시회, 박람회, 공공행사 또는 그 밖에 이와 유사한 행사
  ㉣ 아마추어 운동경기 : 대한체육회 및 그 산하 단체와 「태권도 진흥 및 태권도공원 조성 등에 관한 법률」에 따른 국기원이 주최, 주관 또는 후원하는 운동경기나 승단·승급·승품 심사로서 영리를 목적으로 하지 아니하는 것

⑰ 도서관, 과학관, 박물관, 미술관, 동물원, 식물원, 그 밖에 민속문화자원을 소개하는 장소, 전쟁기념관에 입장하게 하는 것

알아두기

박물관·동물원의 범위(통칙 26-0-5)
① 박물관에는 「문화재보호법」에 따라 지정을 받은 문화재로서 민속문화자원에 해당하는 것을 소개하는 장소·고분·사찰 및 「전쟁기념사업회법」에 따른 전쟁기념관을 포함한다.
② 동물원·식물원에는 지식의 보급 및 연구에 그 목적이 있는 해양수족관 등을 포함하나, 오락 및 유흥시설과 함께 있는 동물원·식물원 및 해양수족관을 포함하지 아니한다.

지방자치단체 등으로부터 위탁을 받은 시설의 관리운영(통칙 26-0-6)
국가·지방자치단체가 직접 관리 또는 운영하는 공원의 이용자로부터 받는 입장료에 대하여는 면세하나, 동 공원 안의 시설물인 유희기장이나 수영장 등의 관리를 위임받은 사업자가 그 시설의 이용자로부터 받는 입장료 및 사용료에 대하여는 면세하지 아니한다.

---

⑱ 종교, 자선, 학술, 구호, 그 밖의 공익을 목적으로 하는 단체가 공급하는 재화 또는 용역으로서 대통령령으로 정하는 것
  종교, 자선, 학술, 구호(救護), 그 밖의 공익을 목적으로 하는 단체가 공급하는 재화 또는 용역은 다음의 재화 또는 용역으로 한다(영 제45조).

㉠ 주무관청의 허가 또는 인가를 받거나 주무관청에 등록된 단체(종교단체의 경우에는 그 소속단체를 포함)로서 「상속세 및 증여세법 시행령」에 따른 사업 또는 기획재정부령으로 정하는 사업을 하는 단체가 그 고유의 사업목적을 위하여 일시적으로 공급하거나 실비 또는 무상으로 공급하는 재화 또는 용역

㉡ 학술 및 기술 발전을 위하여 학술 및 기술의 연구와 발표를 주된 목적으로 하는 단체(학술 등 연구단체)가 그 연구와 관련하여 실비 또는 무상으로 공급하는 재화 또는 용역

㉢ 「문화유산의 보존 및 활용에 관한 법률」에 따른 지정문화유산 또는 「자연유산의 보존 및 활용에 관한 법률」에 따른 천연기념물 등을 소유하거나 관리하고 있는 종교단체(주무관청에 등록된 종교단체로 한정하되, 그 소속단체를 포함)의 경내지 및 경내지 안의 건물과 공작물의 임대용역

㉣ 공익을 목적으로 기획재정부령으로 정하는 기숙사를 운영하는 자가 학생이나 근로자를 위하여 실비 또는 무상으로 공급하는 음식 및 숙박 용역

㉤ 「저작권법」에 따라 문화체육관광부장관의 허가를 받아 설립된 저작권위탁관리업자로서 기획재정부령으로 정하는 사업자가 저작권자를 위하여 실비 또는 무상으로 공급하는 신탁관리 용역

㉥ 「저작권법」에 따라 문화체육관광부장관이 지정한 보상금수령단체로서 기획재정부령으로 정하는 단체인 사업자가 저작권자를 위하여 실비 또는 무상으로 공급하는 보상금 수령 관련 용역

㉦ 「법인세법」에 따른 비영리 교육재단이 「초·중등교육법」에 따른 외국인학교의 설립·경영 사업을 하는 자에게 제공하는 학교시설 이용 등 교육환경 개선과 관련된 용역

⑲ 국가, 지방자치단체 또는 지방자치단체조합이 공급하는 재화 또는 용역으로서 대통령령으로 정하는 것 23, 11년 기출
국가, 지방자치단체 또는 지방자치단체조합이 공급하는 재화 또는 용역은 다음의 재화 또는 용역을 제외한 것으로 한다(영 제46조).

㉠ 「우정사업 운영에 관한 특례법」에 따른 우정사업조직이 제공하는 용역 중 「우편법」에 따른 소포우편물을 방문접수하여 배달하는 용역 및 선택적 우편역무 중 우편주문판매를 대행하는 용역

㉡ 「철도의 건설 및 철도시설 유지관리에 관한 법률」에 따른 고속철도에 의한 여객운송용역

㉢ 부동산임대업, 도매 및 소매업, 음식점업·숙박업, 골프장 및 스키장 운영업, 기타 스포츠시설 운영업. 다만, 다음의 어느 하나에 해당하는 경우는 제외한다.

ⓐ 국방부 또는 「국군조직법」에 따른 국군이 「군인사법」에 따른 군인, 「군무원인사법」에 따른 일반군무원, 그 밖에 이들의 직계존속·비속 등 기획재정부령으로 정하는 사람에게 제공하는 소매업, 음식점업·숙박업, 기타 스포츠시설 운영업(골프 연습장 운영업은 제외) 관련 재화 또는 용역

ⓑ 국가, 지방자치단체 또는 지방자치단체조합이 그 소속 직원의 복리후생을 위하여 구내에서 식당을 직접 경영하여 음식을 공급하는 용역

ⓒ 국가 또는 지방자치단체가 「사회기반시설에 대한 민간투자법」에 따른 사업시행자로부터 사회기반시설 또는 사회기반시설의 건설용역을 기부채납받고 그 대가로 부여하는 시설관리운영권

㉣ 진료용역, 동물의 진료용역에 해당하는 의료보건 용역

⑳ 국가, 지방자치단체, 지방자치단체조합 또는 대통령령으로 정하는 공익단체에 무상으로 공급하는 재화 또는 용역 24, 14년 기출
"대통령령으로 정하는 공익단체"란 주무관청의 허가 또는 인가를 받거나 주무관청에 등록된 단체로서 「상속세 및 증여세법 시행령」에 해당하는 사업을 하는 단체를 말한다(영 제47조 제1항).

부가가치세법령상 부가가치세를 면제하는 것에 관한 설명으로 옳지 않은 것은? 24년 기출

① 「국민기초생활 보장법」상 수급자가 기르는 동물에 대하여 「수의사법」에 따른 수의사가 제공하는 진료용역
② 「도로교통법」상의 자동차운전학원에서 교습생에게 운전기술을 가르치는 교육 용역
③ 기획재정부령으로 정하는 차도선형여객선에 의한 여객운송 용역
④ 개인이 기획재정부령으로 정하는 물적 시설 없이 근로자를 고용하지 아니하고 독립된 자격으로 대가를 받고 공급하는 댄서 용역
⑤ 공익사업을 위하여 주무관청의 승인을 받아 금품을 모집하는 단체에 무상으로 공급하는 재화

해설
「도로교통법」상의 자동차운전학원에서 교습생에게 운전기술을 가르치는 교육 용역은 부가가치세를 면제하는 교육 용역에서 제외된다(영 제36조 제2항 제2호).

정답 ②

(2) 면세되는 재화와 용역의 공급의 제관계

면세되는 재화 또는 용역의 공급에 통상적으로 부수되는 재화 또는 용역의 공급은 그 면세되는 재화 또는 용역의 공급에 포함되는 것으로 본다.

(3) 재화의 수입에 대한 면세(법 제27조) 24, 23, 19, 18, 16, 15, 13년 기출

다음에 해당하는 재화의 수입에 대하여는 부가가치세를 면제한다.

① 가공되지 아니한 식료품(식용으로 제공되는 농산물, 축산물, 수산물 및 임산물을 포함)으로서 대통령령으로 정하는 것
② 도서, 신문 및 잡지로서 대통령령으로 정하는 것(인쇄한 서적, 신문, 잡지나 그 밖의 정기간행물, 수제문서 및 타자문서와 기획재정부령으로 정하는 전자출판물)
③ 학술연구단체, 교육기관, 한국교육방송공사 또는 문화단체가 과학용·교육용·문화용으로 수입하는 재화로서 관세가 감면되는 것 중 대통령령으로 정하는 것. 다만, 관세가 경감되는 경우에는 경감되는 부분으로 한정하여 적용한다(영 제51조).
  ㉠ 학교(서울대학교병원, 국립대학병원, 서울대학교치과병원 및 국립대학치과병원을 포함), 박물관 또는 그 밖에 기획재정부령으로 정하는 시설에서 진열하는 표본 및 참고품·교육용의 촬영된 필름, 슬라이드, 레코드, 테이프 또는 그 밖에 이와 유사한 매개체와 이러한 시설에서 사용되는 물품
  ㉡ 연구원, 연구기관 등 기획재정부령으로 정하는 과학기술 연구개발 시설에서 과학기술의 연구개발에 제공하기 위하여 수입하는 물품
  ㉢ 과학기술의 연구개발을 지원하는 단체에서 수입하는 과학기술의 연구개발에 사용되는 시약류
  ㉣ 「정부출연연구기관 등의 설립·운영 및 육성에 관한 법률」에 따라 설립된 한국교육개발원이 학술연구를 위하여 수입하는 물품
  ㉤ 「한국교육방송공사법」에 따른 한국교육방송공사가 교육방송을 위하여 수입하는 물품
  ㉥ 외국으로부터 기획재정부령으로 정하는 영상 관련 공익단체에 기증되는 재화로서 그 단체가 직접 사용하는 것

④ 종교의식, 자선, 구호, 그 밖의 공익을 목적으로 외국으로부터 종교단체·자선단체 또는 구호단체에 기증되는 재화로서 대통령령으로 정하는 것(영 제52조)
　　㉠ 사원이나 그 밖의 종교단체에 기증되는 물품으로서 관세가 면제되는 것
　　㉡ 자선이나 구호의 목적으로 기증되는 급여품으로서 관세가 면제되는 것
　　㉢ 구호시설 및 사회복리시설에 기증되는 구호 또는 사회복리용에 직접 제공하는 물품으로서 관세가 면제되는 것
⑤ 외국으로부터 국가, 지방자치단체 또는 지방자치단체조합에 기증되는 재화
⑥ 거주자가 받는 소액물품으로서 관세가 면제되는 재화
⑦ 이사, 이민 또는 상속으로 인하여 수입하는 재화로서 관세가 면제되거나 「관세법」에 따른 간이세율이 적용되는 재화
⑧ 여행자의 휴대품, 별송 물품 및 우송 물품으로서 관세가 면제되거나 「관세법」에 따른 간이세율이 적용되는 재화
⑨ 수입하는 상품의 견본과 광고용 물품으로서 관세가 면제되는 재화
⑩ 국내에서 열리는 박람회, 전시회, 품평회, 영화제 또는 이와 유사한 행사에 출품하기 위하여 무상으로 수입하는 물품으로서 관세가 면제되는 재화
⑪ 조약·국제법규 또는 국제관습에 따라 관세가 면제되는 재화로서 대통령령으로 정하는 것(영 제53조)
　　㉠ 대한민국을 방문하는 외국의 원수와 그 가족 및 수행원이 사용하는 물품
　　㉡ 국내에 있는 외국의 대사관·공사관, 그 밖에 이에 준하는 기관의 업무 용품
　　㉢ 국내에 주재하는 외국의 대사·공사, 그 밖에 이에 준하는 사절 및 그 가족이 사용하는 물품
　　㉣ 국내에 있는 외국의 영사관, 그 밖에 이에 준하는 기관의 업무 용품
　　㉤ 국내에 있는 외국의 대사관·공사관·영사관, 그 밖에 이에 준하는 기관의 직원과 그 가족이 사용하는 물품
　　㉥ 정부와의 사업계약을 수행하기 위하여 외국계약자가 계약조건에 따라 수입하는 업무 용품
　　㉦ 국제기구나 외국정부로부터 정부에 파견된 고문관·기술단원, 그 밖에 이에 준하는 자가 직접 사용할 물품
⑫ 수출된 후 다시 수입하는 재화로서 관세가 감면되는 것 중 대통령령으로 정하는 것. 다만, 관세가 경감되는 경우에는 경감되는 비율만큼만 면제한다.
　　주의 관세가 경감되는 경우에는 부가가치세를 전부 면제하는 것이 아니라 경감되는 비율만큼만 면제한다.
⑬ 다시 수출하는 조건으로 일시 수입하는 재화로서 관세가 감면되는 것 중 대통령령으로 정하는 것. 다만, 관세가 경감되는 경우에는 경감되는 비율만큼만 면제한다.
⑭ 「담배사업법」에 따른 200원 이하 또는 특수용 담배로서 대통령령으로 정하는 담배
⑮ 위 ⑥부터 ⑬까지의 재화 외에 관세가 무세이거나 감면되는 재화로서 다음 어느 하나에 해당되는 재화. 다만, 관세가 경감되는 경우에는 경감되는 비율만큼만 면제한다(영 제56조).
　　㉠ 정부에서 직접 수입하는 군수품(정부의 위탁을 받아 정부 외의 자가 수입하는 경우를 포함)
　　㉡ 국가원수 경호용으로 사용할 물품
　　㉢ 국내 거주자에게 수여된 훈장·기장 또는 이에 준하는 표창장과 상패
　　㉣ 기록문서와 그 밖의 서류
　　㉤ 외국에 주둔하거나 주재하는 국군 또는 재외공관으로부터 반환된 공용품
　　㉥ 대한민국의 선박 또는 그 밖의 운수기관이 조난으로 인하여 해체된 경우 그 해체재 및 장비품
　　㉦ 대한민국 수출물품의 품질·규격·안전도 등이 수입국의 권한 있는 기관이 정하는 조건을 충족하는 것임을 표시하는 수출물품 첨부용 라벨
　　㉧ 항공기의 제작·수리 또는 정비에 필요한 부분품 및 항공기의 제작·수리 또는 정비에 필요한 원재료로서 소관 중앙행정기관의 장이 국내 생산이 곤란한 것으로 확인하는 것

ⓩ 국제 올림픽 및 아시아 운동 경기 대회 종목에 해당하는 운동용구(부분품을 포함)로서 대회 참가 선수의 훈련에 직접 사용되는 물품

ⓩ 대한민국과 외국 간의 교량, 통신시설, 해저통로, 그 밖에 이에 준하는 시설의 건설 또는 수리에 쓰이는 물품

㉠ 국제적십자사, 그 밖의 국제기구 및 외국적십자사가 국제평화봉사활동 또는 국제친선활동을 위하여 기증하는 물품

㉣ 박람회, 국제경기대회 그 밖에 이에 준하는 행사에 사용하기 위하여 그 행사 참가자가 수입하는 물품

㉤ 과학기술정보통신부장관이 국가안전보장에 긴요하다고 인정하여 수입하는 비상통신용 및 전파관리용 물품

ⓗ 수입신고한 물품으로서 수입신고 수리 전에 변질 또는 손상된 것

㉮ 「관세법」 외의 법령(「조세특례제한법」은 제외)에 따라 관세가 감면되는 물품

㉯ 지도, 설계도, 도안, 우표, 수입인지, 화폐, 유가증권, 서화, 판화, 조각, 주상, 수집품, 표본 또는 그 밖에 이와 유사한 물품

㉰ 시각·청각 및 언어의 장애인, 지체장애인, 만성신부전증 환자, 희귀난치성 질환자 등을 위한 용도로 특수하게 제작되거나 제조된 물품 중 기획재정부령으로 정하는 물품(협정관세율이 0인 것을 포함)

㉱ 국가정보원장 또는 그 위임을 받은 자가 국가안전보장 목적의 수행에 긴요하다고 인정하여 수입하는 물품

㉲ 그 밖에 관세의 기본세율이 무세인 물품으로서 기획재정부령으로 정하는 것과 관세의 협정세율이 무세인 철도용 내연기관, 디젤기관차 및 이식용 각막

기출문제

부가가치세법령상 재화의 수입에 대하여 부가가치세가 면제되는 것을 모두 고른 것은? 24년 기출

ㄱ. 상속으로 인하여 수입하는 재화로서 관세가 면제되는 것
ㄴ. 정부의 위탁을 받아 정부 외의 자가 수입하는 관세가 무세(無稅)인 군수품
ㄷ. 외국으로부터 기획재정부령이 정하는 영상 관련 공익단체에 기증되는 재화로서 그 단체가 직접 사용하는 것

① ㄱ
② ㄴ
③ ㄱ, ㄴ
④ ㄴ, ㄷ
⑤ ㄱ, ㄴ, ㄷ

해설
ㄱ. 법 제27조 제7호
ㄴ. 법 제27조 제15호, 영 제56조 제1호
ㄷ. 법 제27조 제3호, 영 제51조 제6호

정답 ⑤

3. 면세의 포기(법 제28조) 22년 기출

(1) 면세포기의 대상 24, 19, 18, 14년 기출

사업자는 제26조(재화 또는 용역의 공급에 대한 면세) 또는 「조세특례제한법」 제106조(부가가치세의 면제 등) 등에 따라 부가가치세가 면제되는 재화 또는 용역의 공급으로서 다음에 해당하는 것에 대하여는 대통령령으로 정하는 바에 따라 면세의 포기를 신고하여 부가가치세의 면제를 받지 아니할 수 있다.

> ① 영세율의 적용 대상이 되는 것
> ② 주택과 이에 부수되는 토지의 임대 용역의 공급
> ③ 저술가·작곡가나 그 밖의 자가 직업상 제공하는 인적 용역의 공급
> ④ 종교, 자선, 학술, 구호, 그 밖의 공익을 목적으로 하는 단체가 공급하는 재화 또는 용역의 공급

(2) 면세포기의 효력 24, 23, 15, 14년 기출

면세의 포기를 신고한 사업자는 신고한 날부터 3년간 부가가치세를 면제받지 못한다.

(3) 면세포기의 신고

① 면세적용신고서의 제출 18, 14년 기출

면세의 포기를 신고한 사업자가 신고한 날부터 3년이 지난 뒤 부가가치세를 면제받으려면 대통령령으로 정하는 바에 따라 면세적용신고서를 제출하여야 하며, 면세적용신고서를 제출하지 아니하면 계속하여 면세를 포기한 것으로 본다.

② 면세포기신고서의 제출(영 제57조)

부가가치세가 면제되는 재화 또는 용역의 공급이 영세율의 적용 대상이 되는 경우와 학술 등 연구단체가 그 연구와 관련하여 실비 또는 무상으로 공급하는 재화 또는 용역에 대하여 부가가치세의 면제를 받지 아니하려는 사업자는 다음의 사항을 적은 면세포기신고서를 관할 세무서장에게 제출(국세정보통신망에 의한 제출을 포함)하여야 한다. 이 경우 지체 없이 사업자등록을 하여야 한다.

> ⊙ 사업자의 인적사항
> ⓒ 면세를 포기하려는 재화 또는 용역
> ⓒ 그 밖의 참고사항

부가가치세법령상 영세율과 면세에 관한 설명으로 옳지 않은 것은? 24년 기출

① 내국법인이 국외에서 공급하는 용역에 대하여는 영세율을 적용한다.

② 면세의 포기를 신고한 사업자는 신고한 날부터 3년간 부가가치세를 면제받지 못한다.

③ 영세율이 적용되는 경우에는 매입세액을 환급받으나, 면세가 적용되는 경우에는 매입세액을 환급받을 수 없다.

④ 「부가가치세법」상 영세율 적용대상자는 납세의무자이지만, 면세 적용대상자는 납세의무자가 아니다.

⑤ 영세율과 면세에 동시에 해당되는 경우에는 영세율이 적용되므로, 영세율 사업자가 면세를 적용받기 위해서는 영세율을 포기하여야 한다.

해설
영세율과 면세에 동시에 해당되는 경우에는 <u>면세가 적용되므로, 영세율을 적용받기 위해서는 면세를 포기하여야 한다</u>(법 제28조 제1항 제1호).

정답 ⑤

01 외화를 획득하기 위한 재화의 공급으로서 우리나라에 상주하는 외교공관에 공급하는 경우에는 영세율을 적용하지 않는다. (O, X)

01 × 적용하지 않는다 → 적용한다
(법 제24조 제1항 제1호)

02 사업자가 우리나라에 상주하는 국제연합군에 공급하는 재화는 영세율을 적용한다. (O, X)

02 O (법 제24조 제1항 제1호)

03 수출품 생산업자가 직접 수출신용장을 받아 수출업자에게 양도하고 수출대행계약을 체결하여 수출업자 명의로 수출하는 경우에 수출품 생산업자가 외국으로 반출하는 재화에 대해서 영세율을 적용하지 않는다. (O, X)

03 × 적용하지 않는다 → 적용한다
(통칙 21-31-2)

04 외국법인인 사업자가 수출하는 재화의 공급에 대하여는 그 외국에서 대한민국의 거주자 또는 내국법인에 대하여 동일한 면세를 하는 경우에만 영세율을 적용한다. (O, X)

04 O (법 제25조 제1항, 영 제33조 제2항)

05 국내에서 국내사업장이 없는 비거주자 또는 외국법인에 공급되는 컨테이너수리업은 그 대금을 외국환은행에서 원화로 받을 경우 영세율을 적용받을 수 없다. (O, X)

05 × 없다 → 있다(영 제33조 제2항 제1호 마목)

06 사업자는 부가가치세가 면제되는 재화의 공급으로서 영세율의 적용 대상이 되는 경우에는 면세의 포기를 할 수 없다. (O, X)

06 × 할 수 없다 → 할 수 있다
(법 제28조 제1항 제1호)

07 「의료법」에 따라 의사가 제공하는 것으로 요양급여 대상에서 제외되는 코성형수술은 부가가치세가 면제된다. (O, X)

07 × 면제된다 → 면제되지 않는다
(영 제35조 제1호 가목)

08 은행업에 관련된 전산시스템과 소프트웨어의 판매·대여용역은 부가가치세가 면제되지 않는다. (O, X)

08 O (영 제40조 제4항 제2호)

09 예술창작품은 재화 또는 용역의 공급에 대하여 부가가치세가 면제되지 않는다. (O, X)

09 × 면제되지 않는다 → 면제된다(법 제26조 제1항 제16호)

10 부동산을 2인 이상의 임차인에게 임대한 경우에는 임차인별로 주택 부분의 면적이 사업용 건물 부분의 면적보다 크면 그 전부를 주택의 임대로 본다. (O, X)

10 O (통칙 26-41-1)

01 부가가치세법상 영세율에 관한 설명 중 옳지 않은 것은?

① 재화의 공급이 수출에 해당하면 그 재화의 공급에 대하여는 영(零)%의 세율을 적용한다.

② 사업자가 내국신용장 또는 구매확인서에 의하여 한국국제협력단에 공급하는 재화가 외국에 유상으로 반출되면 영세율이 적용되는 수출재화에 해당한다.

③ 사업자가 재화를 국외로 무상으로 반출하는 경우에는 영의 세율을 적용한다.

④ 내국신용장에 의하여 재화를 공급하고 그 대가의 일부(관세환급금 등)를 내국신용장에 포함하지 아니하고 별도로 받는 경우 해당 금액이 대가의 일부로 확인되는 때에는 영의 세율을 적용한다.

⑤ 외국을 항행하는 선박 또는 항공기 내에서 승객에게 공급하는 것은 영세율이 적용된다.

해설
사업자가 내국신용장 또는 구매확인서에 의하여 한국국제협력단에 공급하는 재화가 외국에 무상으로 반출되면 영세율이 적용되는 수출재화에 해당한다(법 제21조, 영 제31조 제2항 제2호).

02 부가가치세법상 영세율에 관한 다음의 설명 중 옳지 않은 것은?

① 수출품 생산업자가 직접 수출신용장을 받아 수출업자에게 양도하고 수출대행계약을 체결한 경우 수출품 생산업자가 외국으로 반출하는 재화는 영의 세율을 적용한다.

② 수출품 생산업자가 완제품 내국신용장을 개설받는 경우 수출품 생산업자가 외국으로 반출하는 재화는 영의 세율을 적용한다.

③ 자기사업을 위하여 대가를 받지 아니하고 국외의 사업자에게 견본품을 반출하는 경우에는 영의 세율을 적용한다.

④ 사업자가 재화를 수출하고 수출금액과 신용장상의 금액과의 차액을 별도로 지급받는 경우 그 금액에 대하여도 영의 세율을 적용한다.

⑤ 외국으로 반출되지 아니하는 재화의 공급과 관련하여 개설된 내국신용장(주한미국군 군납계약서 등)에 의한 재화 또는 용역의 공급은 영의 세율을 적용하지 아니한다.

해설
자기사업을 위하여 대가를 받지 아니하고 국외의 사업자에게 견본품을 반출하는 경우에는 재화의 공급으로 보지 아니한다(통칙 21-31-4).

정답 01 ② 02 ③

03 부가가치세법상 영세율과 면세에 관한 설명으로 옳은 것은?

① 국내에서 국내사업장이 없는 비거주자 또는 외국법인에 공급되는 전문서비스 용역은 그 대금을 외국환은행에서 원화로 받는 경우 상호면세와 관계없이 영의 세율을 적용한다.

② 국내에서 국내사업장이 없는 비거주자 또는 외국법인에 공급되는 「관세법」에 따른 보세운송업자가 제공하는 보세운송용역은 그 대금을 외국환은행에서 원화로 받는 경우 상호면세와 관계없이 영의 세율을 적용한다.

③ 수출업자와 직접 도급계약에 의하여 수출재화를 임가공하는 수출재화임가공용역의 경우 사업자가 부가가치세를 별도로 적은 세금계산서를 발급한 경우라고 해도 영의 세율을 적용한다.

④ 거주자가 받는 소액물품으로서 관세가 면제되는 재화는 영세율이 적용된다.

⑤ 수입하는 상품의 견본과 광고용 물품으로서 관세가 면제되는 재화는 영세율이 적용된다.

해설

① 국내에서 국내사업장이 없는 비거주자 또는 외국법인에 공급되는 전문서비스 용역은 그 대금을 외국환은행에서 원화로 받는 경우 <u>상호면세국에 해당되는 경우에 한하여</u> 영의 세율을 적용한다(영 제33조 제2항 제1호 단서).

③ 수출업자와 직접 도급계약에 의하여 수출재화를 임가공하는 수출재화임가공용역의 경우 사업자가 부가가치세를 별도로 적은 세금계산서를 발급한 경우에는 <u>영의 세율을 적용하지 않는다</u>(영 제33조 제2항 제3호 단서).

④ 거주자가 받는 소액물품으로서 관세가 면제되는 재화는 <u>면세에 해당한다</u>(법 제27조 제6호).

⑤ 수입하는 상품의 견본과 광고용 물품으로서 관세가 면제되는 재화는 <u>면세에 해당한다</u>(법 제27조 제9호).

04 부가가치세법상 영세율에 관한 설명으로 옳지 않은 것은?

① 국내사업장에서 계약과 대가 수령 등 거래가 이루어지는 중계무역 방식의 수출의 경우 재화의 수출에 해당한다.

② 물품 등을 무환으로 수출하여 해당 물품이 판매된 범위에서 대금을 결제하는 계약에 의한 위탁판매수출의 경우에는 국내사업장에서 계약과 대가 수령 등 거래가 이루어지면 재화의 수출에 해당한다.

③ 원료를 대가 없이 국외의 수탁가공 사업자에게 반출하여 가공한 재화를 양도하는 경우에 국내사업장에서 계약과 대가 수령 등 거래가 이루어지면 그 원료의 반출은 재화의 수출에 해당한다.

④ 국내사업장이 있는 외국법인이 우리나라에서 여객이나 화물이 탑승 또는 적재되는 것은 상호면세와 관계없이 영의 세율을 적용한다.

⑤ 국내에서 국내사업장이 없는 비거주자 또는 외국법인에 공급되는 컴퓨터 프로그래밍 용역은 그 대금을 외국환은행에서 원화로 받는 경우 상호면세와 관계없이 영의 세율을 적용한다.

해설

국내사업장이 있는 외국법인이 우리나라에서 여객이나 화물이 탑승 또는 적재되는 것은 <u>상호면세국인 경우에</u> 영의 세율을 적용하고, 상호면세국이 아닐 경우에는 우리나라에서 여객이나 화물이 탑승 또는 적재되는 것만 과세하며, 영의 세율을 적용하지 아니한다(통칙 23-32-2).

05 다음 중 부가가치세법상 면세를 적용받는 품목이 아닌 것은?

① 혈 액
② 어류의 껍질·머리·뼈·내장 등을 제거하고 냉동하여 제공되는 것
③ 「수산생물질병 관리법」에 따른 수산동물에 대한 진료용역
④ 탈모치료술
⑤ 가공을 거치지 않은 특용작물

> **해설**
> 탈모치료술은 <u>면세가 적용되지 않는다</u>(영 제35조).

06 다음 중 부가가치세법상 면세를 적용받는 품목인 것은?

① 자동차운전학원의 교육 용역
② 도서대여 용역
③ 「항공법」에 따른 항공기에 의한 여객운송 용역
④ 사업자가 타인에게 임대하거나 사용하게 한 공장 또는 사업장에 폐기물 또는 분뇨 등의 수거와 청소용
   역을 제공하는 경우
⑤ 악안면 교정술

> **해설**
> <u>도서대여 용역</u>(법 제26조 제1항 제8호)을 제외하고는 전부 면세 제외 항목에 해당한다.

07 부가가치세법상 면세의 포기에 관한 설명 중 옳지 않은 것은?

① 면세가 적용되는 주택 부분의 면적이 사업용 건물 부분의 면적보다 큰 경우에는 그 전부를 주택의
   임대로 본다.
② 면세의 포기를 신고한 사업자는 신고한 날 이후 돌아오는 과세기간에 면세적용신청서를 제출하면 관할
   세무서장 승인 후 부가가치세를 면제받을 수 있다.
③ 면세의 포기를 신고한 사업자가 면세적용신고서를 제출하지 아니하면 계속하여 면세를 포기한 것으로
   본다.
④ 국외에서 공급하는 용역에 대하여는 면세를 포기할 수 있다.
⑤ 종교, 자선, 학술, 구호, 그 밖의 공익을 목적으로 하는 단체가 공급하는 재화 또는 용역의 공급은
   면세를 포기할 수 있다.

> **해설**
> 면세의 포기를 신고한 사업자는 신고한 날부터 <u>3년간</u> 부가가치세를 면제받지 못한다(법 제28호 제2항).

08 부가가치세법상 영세율과 면세에 관한 설명으로 옳지 않은 것은?

① 내국신용장의 개설을 전제로 하여 재화나 용역이 공급된 후 그 공급시기가 속하는 과세기간이 끝난 후 25일(그 날이 공휴일 또는 토요일인 경우에는 바로 다음 영업일) 이내에 내국신용장이 개설된 경우에도 영세율이 적용된다.

② 「약사법」에 따른 약사가 제공하는 의약품의 조제용역은 면세이다.

③ 「도로교통법」에서 규정하는 자동차운전학원에서 가르치는 것은 면세되는 교육용역에서 제외된다.

④ 도서관이나 과학관에 입장하는 것에는 면세가 적용된다.

⑤ 집합투자업자가 투자자로부터 자금 등을 모아서 실물자산에 운용하는 경우에는 면세가 적용된다.

해설

집합투자업자가 투자자로부터 자금 등을 모아서 실물자산에 운용하는 경우에는 면세가 <u>적용되지 않는다</u>(영 제40조 제1항 제2호 다목).

09 부가가치세법상 재화 또는 용역의 공급에 대한 면세제도와 관련한 설명으로 옳지 않은 것은?

① 국가나 지방자치단체가 공급하는 재화 또는 용역이라고 하여 모두 부가가치세가 면제되는 것은 아니다.

② 국가나 지방자치단체에 재화 또는 용역을 공급하는 거래는 거래의 유·무상을 불문하고 모두 부가가치세가 면제된다.

③ 음악발표회는 영리를 목적으로 하지 않아야 부가가치세가 면제되는 예술행사가 된다.

④ 「도로교통법」 제2조 제32호의 자동차운전학원에서 수강생에게 지식·기술 등을 가르치는 것은 부가가치세가 면제되는 교육 용역에 포함되지 않는다.

⑤ 선박 또는 항공기에 의한 외국항행용역의 공급에 대하여는 영세율을 적용한다.

해설

국가나 지방자치단체에 재화 또는 용역을 공급하는 거래는 <u>무상으로 제공하는 것에 한하여</u> 부가가치세가 면제된다(법 제26조 제1항 제20호).

10 부가가치세법상 영세율 적용에 관한 설명으로 옳은 것은?

① 금지금을 내국신용장 또는 구매확인서에 의하여 공급하는 것은 영세율이 적용되는 수출로 본다.

② 계약과 대가 수령 등 거래가 국외사업장에서 이루어지는 중계무역 방식의 수출은 영세율이 적용되는 수출에 속하는 것으로 본다.

③ 「항공법」에 따른 상업서류 송달용역의 공급에는 영세율이 적용되지 아니한다.

④ 대한민국 선박에 의하여 공해에서 잡힌 수산물을 외국으로 반출하는 것은 영세율이 적용되는 수출에 해당한다.

⑤ 비거주자인 사업자가 재화를 수출하는 경우, 비거주자의 해당 국가에서 대한민국의 거주자에 대하여 면세하는지 여부와 관계없이 영세율을 적용한다.

해설

① 금지금을 내국신용장 또는 구매확인서에 의하여 공급하는 것은 영세율이 적용되는 수출로 보지 않는다(법 제21호 제2항 제3호, 영 제31조 제2항 제1호).

② 계약과 대가 수령 등 거래가 국내사업장에서 이루어지는 중계무역 방식의 수출은 영세율이 적용되는 수출에 속하는 것으로 본다(법 제21조 제2항 제2호, 영 제31호 제1항 제1호).

③ 「항공법」에 따른 상업서류 송달용역의 공급은 영세율이 적용되는 외국항행용역에 해당한다(영 제32조 제2항).

⑤ 비거주자인 사업자가 재화를 수출하는 경우, 비거주자의 해당 국가에서 대한민국의 거주자에 대하여 동일하게 면세하는 경우에만 영세율을 적용한다(법 제25조 제1항).

11 부가가치세법상 면세에 관한 설명으로 옳지 않은 것은?

① 면세의 포기를 신고한 사업자는 신고한 날부터 3년간 부가가치세를 면제받지 못한다.

② 국내에서 열리는 영화제에 출품하기 위하여 무상으로 수입하는 물품으로서 관세가 면제되는 재화의 수입에 대하여는 부가가치세가 면제된다.

③ 면세를 포기하려는 사업자는 면세포기신고서를 관할 세무서장에게 제출하고, 지체 없이 사업자등록을 하여야 한다.

④ 은행업에 관련된 소프트웨어의 판매 · 대여 용역은 부가가치세가 면제된다.

⑤ 지방자치단체에 무상으로 공급하는 재화에 대하여는 부가가치세가 면제된다.

해설

기업합병 또는 기업매수의 중개 · 주선 · 대리, 신용정보서비스 및 은행업에 관련된 전산시스템과 소프트웨어의 판매 · 대여 용역은 면세되는 금융 · 보험 용역으로 보지 아니한다(영 제40조 제4항 제2호).

12 부가가치세법상 영세율과 면세에 관한 설명으로 옳지 않은 것은?

① 내국물품(대한민국 선박에 의하여 채집되거나 잡힌 수산물을 포함)을 외국으로 반출하는 것은 재화의 수출에 해당한다.

② 운송주선업을 영위하는 사업자가 국제복합운송계약에 의하여 화주로부터 화물을 인수하고 타인의 운송수단을 이용하여 화주에 대하여는 자기책임과 계산하에 외국으로 화물을 수송해 주고 화주로부터 운임을 받는 경우의 국제간 이용운송용역은 영의 세율을 적용한다.

③ 주택과 이에 부수되는 토지의 임대는 상시주거용(사업을 위한 주거용의 경우는 제외)으로 사용하는 건물과 이에 부수되는 토지로서 주택의 연면적, 건물이 정착된 면적에 5배를 곱하여 산정한 면적 중 넓은 면적을 초과하지 아니하는 토지의 임대로 하며, 이를 초과하는 부분은 토지의 임대로 본다.

④ 건축감독용역을 제공하는 개인은 면세를 적용받는다.

⑤ 골동품은 면세가 적용되는 예술창작품에 해당된다.

해설

골동품은 예술창작품이지만 면세가 적용되지 않는다(영 제43조 제1호).

제4장 과세표준과 세액의 계산

제1절 과세표준과 세율

1. 과세표준(법 제29조)

(1) 재화 또는 용역의 공급에 대한 과세표준

재화 또는 용역의 공급에 대한 부가가치세의 과세표준은 해당 과세기간에 공급한 재화 또는 용역의 공급가액을 합한 금액으로 한다.

① 공급가액 24, 23, 21, 20, 17, 15, 14, 13, 12, 11, 10년 기출

공급가액은 다음의 가액을 말한다. 이 경우 대금, 요금, 수수료, 그 밖에 어떤 명목이든 상관없이 재화 또는 용역을 공급받는 자로부터 받는 금전적 가치 있는 모든 것을 포함하되, 부가가치세는 포함하지 아니한다. 사업자가 재화 또는 용역을 공급하고 그 대가로 받은 금액에 부가가치세가 포함되어 있는지가 분명하지 아니한 경우에는 그 대가로 받은 금액에 110분의 100을 곱한 금액을 공급가액으로 한다.

㉠ 금전으로 대가를 받는 경우 : 그 대가. 다만, 그 대가를 외국통화나 그 밖의 외국환으로 받은 경우에는 다음의 구분에 따른 금액을 그 대가로 한다(영 제59조).

공급시기가 되기 전에 원화로 환가(換價)한 경우	환가한 금액
공급시기 이후에 외국통화나 그 밖의 외국환 상태로 보유하거나 지급받는 경우	공급시기의 「외국환거래법」에 따른 기준환율 또는 재정환율에 따라 계산한 금액

㉡ 금전 외의 대가를 받는 경우 : 자기가 공급한 재화 또는 용역의 시가

㉢ 폐업하는 경우 : 폐업 시 남아 있는 재화의 시가

㉣ 자기의 면세사업을 위해 자기생산·취득재화를 사용·소비하는 경우, 자기생산·취득재화를 자동차로 사용·소비하거나 자동차의 유지를 위한 용도로 사용·소비하는 경우 또는 자동차와 그 자동차의 유지를 위한 자기생산·취득재화를 다른 용도로 사용하는 경우, 대가를 받지 아니하거나 시가보다 낮은 대가를 받고 자기생산·취득재화를 공급하는 경우, 자기의 고객이나 불특정 다수에게 자기생산·취득재화를 증여하는 경우, 자기의 사업을 위하여 대가를 받지 아니하고 자기의 용역을 공급하는 경우 : 자기가 공급한 재화 또는 용역의 시가

㉤ 사업장이 둘 이상인 사업자가 자기의 다른 사업장에 재화를 공급하는 경우 : 해당 재화의 취득가액 등을 기준으로 <u>대통령령으로 정하는 가액</u>

① "대통령령으로 정하는 가액"이란 「소득세법 시행령」 제89조 또는 「법인세법 시행령」 제72조 제2항 및 제4항에 따른 취득가액을 말한다. 다만, 취득가액에 일정액을 더하여 공급하여 자기의 다른 사업 장에 반출하는 경우에는 그 취득가액에 일정액을 더한 금액을 공급가액으로 본다.

② 제1항에도 불구하고 개별소비세, 주세 및 교통·에너지·환경세가 부과되는 재화에 대해서는 개별소 비세, 주세 및 교통·에너지·환경세의 과세표준에 해당 개별소비세, 주세, 교육세, 농어촌특별세 및 교통·에너지·환경세 상당액을 합계한 금액을 공급가액으로 한다.

ⓑ 외상거래, 할부거래, 대통령령으로 정하는 마일리지 등으로 대금의 전부 또는 일부를 결제하는 거래 등 그 밖의 방법으로 재화 또는 용역을 공급하는 경우 : 공급 형태 등을 고려하여 <u>대통령령으로 정하 는 가액</u>

① "대통령령으로 정하는 마일리지 등"이란 재화 또는 용역의 구입실적에 따라 마일리지, 포인트 또는 그 밖에 이와 유사한 형태로 별도의 대가 없이 적립받은 후 다른 재화 또는 용역 구입 시 결제수단으 로 사용할 수 있는 것과 재화 또는 용역의 구입실적에 따라 별도의 대가 없이 교부받으며 전산시스템 등을 통하여 그 밖의 상품권과 구분 관리되는 상품권(마일리지 등)을 말한다.

② "대통령령으로 정하는 가액"이란 다음의 구분에 따른 가액을 말한다.

1. 외상판매 및 할부판매의 경우 : 공급한 재화의 총가액
2. 다음의 어느 하나에 해당하는 경우 : 계약에 따라 받기로 한 대가의 각 부분
   가. 장기할부판매의 경우
   나. 완성도기준지급조건부 또는 중간지급조건부로 재화나 용역을 공급하는 경우
   다. 계속적으로 재화나 용역을 공급하는 경우
3. 기부채납의 경우 : 해당 기부채납의 근거가 되는 법률에 따라 기부채납된 가액. 다만, 기부채납된 가액에 부가가치세가 포함된 경우 그 부가가치세는 제외한다.
4. 「공유수면 관리 및 매립에 관한 법률」에 따라 매립용역을 제공하는 경우 : 「공유수면 관리 및 매립 에 관한 법률」에 따라 산정한 해당 매립공사에 든 총사업비
5. 사업자가 보세구역 내에 보관된 재화를 다른 사업자에게 공급하고, 그 재화를 공급받은 자가 그 재화를 보세구역으로부터 반입하는 경우 : 그 재화의 공급가액에서 세관장이 부가가치세를 징수하 고 발급한 수입세금계산서에 적힌 공급가액을 뺀 금액. 다만, 세관장이 부가가치세를 징수하기 전 에 같은 재화에 대한 선하증권이 양도되는 경우에는 선하증권의 양수인으로부터 받은 대가를 공급 가액으로 할 수 있다.
6. 사업자가 둘 이상의 과세기간에 걸쳐 용역을 제공하고 그 대가를 선불로 받는 경우 : 해당 금액을 계약기간의 개월 수로 나눈 금액의 각 과세대상기간의 합계액. 이 경우 개월 수의 계산에 관하여는 해당 계약기간의 개시일이 속하는 달이 1개월 미만이면 1개월로 하고, 해당 계약기간의 종료일이 속하는 달이 1개월 미만이면 산입하지 아니한다.
7. 사업자가 둘 이상의 과세기간에 걸쳐 용역을 제공하는 경우 : 그 용역을 제공하는 기간 동안 지급 받는 대가와 그 시설의 설치가액을 그 용역제공 기간의 개월 수로 나눈 금액의 각 과세대상기간의 합계액. 이 경우 개월 수의 계산에 관하여는 해당 용역제공 기간의 개시일이 속하는 달이 1개월 미만이면 1개월로 하고, 해당 용역제공 기간의 종료일이 속하는 달이 1개월 미만이면 산입하지 아 니한다.

8. 위탁가공무역 방식으로 수출하는 경우 : 완성된 제품의 인도가액
9. 마일리지 등으로 대금의 전부 또는 일부를 결제받은 경우(제10호에 해당하는 경우는 제외) : 다음의 금액을 합한 금액
    가. 마일리지 등 외의 수단으로 결제받은 금액
    나. 자기적립마일리지 등 외의 마일리지 등으로 결제받은 부분에 대하여 재화 또는 용역을 공급받는 자 외의 자로부터 보전(補塡)받았거나 보전받을 금액
       마일리지 등은 다른 사업자를 통하여 적립한 경우에도 포함되며, 여러 사업자가 적립하여 줄 수 있거나 여러 사업자를 대상으로 사용할 수 있는 마일리지 등의 경우 다음의 요건을 모두 충족한 경우 적용 가능하다. 요건은, '고객별·사업자별로 마일리지 등의 적립 및 사용 실적을 구분하여 관리하는 등의 방법으로 당초 공급자와 이후 공급자가 같다는 사실이 확인될 것' 및 '사업자가 마일리지 등으로 결제받은 부분에 대하여 재화 또는 용역을 공급받는 자 외의 자로부터 보전받지 아니할 것'이다.
10. 자기적립마일리지 등 외의 마일리지 등으로 대금의 전부 또는 일부를 결제받은 경우로서 다음의 어느 하나에 해당하는 경우 : 공급한 재화 또는 용역의 시가(영 제62조에 따른 금액)
    가. 제9호 나목에 따른 금액을 보전받지 아니하고 법 제10조 제1항에 따른 자기생산·취득재화를 공급한 경우
    나. 제9호 나목과 관련하여 특수관계인으로부터 부당하게 낮은 금액을 보전받거나 아무런 금액을 받지 아니하여 조세의 부담을 부당하게 감소시킬 것으로 인정되는 경우
③ 통상적으로 용기 또는 포장을 해당 사업자에게 반환할 것을 조건으로 그 용기대금과 포장비용을 공제한 금액으로 공급하는 경우에는 그 용기대금과 포장비용은 공급가액에 포함하지 아니한다.
④ 사업자가 음식·숙박 용역이나 개인서비스 용역을 공급하고 그 대가와 함께 받는 종업원(자유직업소득자를 포함)의 봉사료를 세금계산서, 영수증 또는 신용카드매출전표 등에 그 대가와 구분하여 적은 경우로서 봉사료를 해당 종업원에게 지급한 사실이 확인되는 경우에는 그 봉사료는 공급가액에 포함하지 아니한다. 다만, 사업자가 그 봉사료를 자기의 수입금액에 계상하는 경우에는 그러하지 아니하다.

② 부당하게 낮은 대가 21, 20, 19, 12년 기출
특수관계인에 대한 재화 또는 용역(수탁자가 위탁자의 특수관계인에게 공급하는 신탁재산과 관련된 재화 또는 용역을 포함)의 공급이 다음의 어느 하나에 해당하는 경우로서 조세의 부담을 부당하게 감소시킬 것으로 인정되는 경우에는 공급한 재화 또는 용역의 시가를 공급가액으로 본다.

> ㉠ 재화의 공급에 대하여 부당하게 낮은 대가를 받거나 아무런 대가를 받지 아니한 경우
> ㉡ 용역의 공급에 대하여 부당하게 낮은 대가를 받는 경우
> ㉢ 용역의 공급에 대하여 대가를 받지 아니하는 경우로서 사업자가 특수관계인에게 사업용 부동산의 임대용역 등 대통령령으로 정하는 용역을 공급하는 것은 용역의 공급으로 보는 경우

③ 시가의 기준(영 제62조) 21년 기출

시가는 다음의 가격으로 한다.

⊙ 사업자가 특수관계인이 아닌 자와 해당 거래와 유사한 상황에서 계속적으로 거래한 가격 또는 제3자 간에 일반적으로 거래된 가격

ⓛ ⊙의 가격이 없는 경우에는 사업자가 그 대가로 받은 재화 또는 용역의 가격(공급받은 사업자가 특수관계인이 아닌 자와 해당 거래와 유사한 상황에서 계속적으로 거래한 해당 재화 및 용역의 가격 또는 제3자 간에 일반적으로 거래된 가격)

ⓒ ⊙이나 ⓛ에 따른 가격이 없거나 시가가 불분명한 경우에는 「소득세법 시행령」 또는 「법인세법 시행령」에 따른 가격

알아두기

부당하게 낮은 대가를 받은 경우와 대가를 받지 않은 경우

구 분		재화의 공급	용역의 공급
부당하게 낮은 대가를 받은 경우	특수관계자와의 거래	시 가	시 가
	특수관계자 이외의 거래	거래가액	거래가액
대가를 받지 않은 경우	특수관계자와의 거래	시 가	과세 안 함
	특수관계자 이외의 거래	시 가	과세 안 함

과세사업을 영위하는 내국법인 (주)대한의 2024년 제1기 과세기간의 거래에 관한 자료이다. (주)대한의 2024년 제1기 과세기간의 영세율이 적용되는 부가가치세 과세표준은? (단, 제시된 자료의 금액에는 부가가치세가 포함되지 않으며, 주어진 자료 외에는 고려하지 아니함) 24년 기출

(1) 미화 300,000달러의 제품 수출계약에 따라 2024년 2월 2일에 선수금으로 50,000달러를 송금받아 66,000,000원으로 환가하였다. 2024년 2월 20일에 제품을 선적하였으며, 2024년 3월 3일에 잔금 250,000달러를 송금받아 340,000,000원으로 환가하였다.
   [기준환율(원/달러) : 2024년 2월 2일 1,320원, 2024년 2월 20일 1,350원, 2024년 3월 3일 1,360원]
(2) 국외의 외국법인 A와 직접 계약(계약일 2024년 2월 21일)에 따라 제품을 공급하기로 하고, 2024년 2월 29일 외국법인 A가 지정하는 국내의 다른 사업자 (주)B에게 제품을 인도하였다[(주)B는 외국법인과의 계약에 따라 인도받은 제품을 그대로 반출하였음]. 그리고 2024년 3월 3일 대금으로 외국환은행에서 원화 50,000,000원을 받았다.

① 403,500,000원
② 405,000,000원
③ 406,000,000원
④ 453,500,000원
⑤ 455,000,000원

해설

(1)-1 공급시기(2월 20일) : 수출계약에 해당하는 경우이므로, 수출재화의 선(기)적일을 재화의 공급시기로 본다(영 제28조 제6항 제1호).
(1)-2 선수금(50,000달러, 2월 2일) : 공급시기가 되기 전에 원화로 환가한 경우이므로, 환가한 금액 66,000,000원은 영세율 과세표준에 해당한다(영 제59조 제1호).
(1)-3 잔금(250,000달러, 3월 3일) : 공급시기 이후에 외국통화로 지급받는 경우이므로, 공급시기의 기준환율에 따라 계산한 금액 337,500,000원(250,000달러×1,350원)은 영세율 과세표준에 해당한다(영 제59조 제2호).
→ (1)의 영세율 과세표준 = 66,000,000원 + 337,500,000원 = 403,500,000원

(2) 국내에서 국내사업장이 없는 외국법인에 공급되는 재화로서 외국법인이 지정하는 국내사업자에게 인도되고 그 대금을 외국환은행에서 원화로 받은 경우이므로, 영세율을 적용한다. 즉, 50,000,000원은 영세율 과세표준에 해당한다(영 제33조 제2항 제1호).
→ (2)의 영세율 과세표준 = 50,000,000원
∴ (1) + (2) = 403,500,000원 + 50,000,000원 = 453,500,000원

정답 ④

(2) 과세표준의 범위

① 공급가액에 포함하는 금액(통칙 29-61-2) 19, 17, 15, 14, 13년 기출

공급가액에는 거래상대자로부터 받는 대금·요금·수수료 그 밖에 어떤 명목이든 상관 없이 실질적 대가관계에 있는 모든 금전적 가치 있는 것으로서 다음의 어느 하나에 해당하는 것을 포함한다.

> ㉠ 현물로 받는 경우에는 자기가 공급한 재화 또는 용역의 시가
> ㉡ 장기할부판매 또는 할부판매 경우의 이자상당액
> ㉢ 대가의 일부로 받는 운송보험료·산재보험료 등
> ㉣ 대가의 일부로 받는 운송비·포장비·하역비 등
> ㉤ 개별소비세와 교통·에너지·환경세 및 주세가 과세되는 재화 또는 용역에 대하여는 해당 개별소비세와 교통·에너지·환경세 및 주세와 그 교육세 및 농어촌특별세상당액

② 공급가액에 포함하지 않는 금액(법 제29조 제5항) 24, 23, 21, 20, 19, 18, 16, 15, 14, 13, 11년 기출

다음의 금액은 공급가액에 포함하지 아니한다.

> ㉠ 재화나 용역을 공급할 때 그 품질이나 수량, 인도조건 또는 공급대가의 결제방법이나 그 밖의 공급조건에 따라 통상의 대가에서 일정액을 직접 깎아 주는 금액
> ㉡ 환입된 재화의 가액
> ㉢ 공급받는 자에게 도달하기 전에 파손되거나 훼손되거나 멸실한 재화의 가액
> ㉣ 재화 또는 용역의 공급과 직접 관련되지 아니하는 국고보조금과 공공보조금
> ㉤ 공급에 대한 대가의 지급이 지체되었음을 이유로 받는 연체이자
> ㉥ 공급에 대한 대가를 약정기일 전에 받았다는 이유로 사업자가 당초의 공급가액에서 할인해 준 금액

알아두기

공급가액의 계산(집행기준 29-0-2) 23년 기출

① 공급가액 거래상대방으로 받은 금전적 가치가 있는 모든 것을 포함(부가가치세는 포함하지 않음)

구 분	공급가액
금전으로 대가를 받는 경우	그 대가
금전 외 대가로 받는 경우	자기가 공급한 재화 또는 용역의 시가
특수관계인과의 거래(수탁자와 위탁자의 특수관계인과의 신탁재산 관련 거래 포함)	• 재화 : 부당하게 낮은 대가를 받거나 대가를 받지 아니한 경우에는 자기가 공급한 재화의 시가 • 용역 : 부당하게 낮은 대가를 받은 경우에는 자기가 공급한 용역의 시가 • 사업용부동산의 무상임대용역 : 시가 주의 용역의 무상공급은 과세대상에서 제외
폐업할 때 남아 있는 재화	폐업할 때 남아 있는 재고재화의 시가
봉사료	사업자가 자기의 수입금액으로 계상한 종업원 봉사료
수입재화	관세의 과세가격과 관세, 개별소비세, 주세, 교육세, 농어촌특별세 및 교통·에너지·환경세의 합계액
개별소비세, 교통세·에너지·환경세 및 주세가 과세되는 재화 또는 용역	개별소비세, 주세, 교육세, 농어촌특별세 및 교통·에너지·환경세 상당액이 포함된 재화 또는 용역의 대가

② 부가가치세 과세표준에서 공제하지 않는 것과 공급가액에 미포함하는 것 24, 23년 기출

과세표준에서 공제하지 아니하는 금액	• 재화 또는 용역을 공급한 후의 그 공급가액에 대한 대손금 • 거래처와 사전약정에 따라 일정기간의 수금실적 및 판매실적에 따라 거래처에 지급하는 장려금 • 수출대가의 일부로 받는 관세환급금 • 건설용역 대가의 일부인 하자보증금과 유보금
공급가액에 포함하지 아니하는 금액	• 에누리액 • 환입된 재화의 가액 • 공급받는 자에게 도달하기 전에 파손·훼손 또는 멸실된 재화의 가액 • 재화 또는 용역의 공급과 직접 관련되지 아니하는 국고보조금과 공공보조금 • 계약 등에 의하여 확정된 대가의 지급지연으로 인하여 받는 연체이자 • 외상판매에 대한 공급대가의 미수금을 결제하거나 약정기일 전에 영수하여 할인하는 금액 • 용역 등의 대가와 구분하여 수령하고 해당 종업원에게 지급한 사실이 확인되는 종업원 봉사료 • 반환조건의 용기대금과 포장비용을 공제한 금액으로 공급하는 경우 그 용기대금과 포장비용

③ 과세표준에서 공제하지 아니하는 금액 18, 11년 기출

사업자가 재화 또는 용역을 공급받는 자에게 지급하는 장려금이나 이와 유사한 금액 및 대손금액은 과세표준에서 공제하지 아니한다.

기출문제

부가가치세법령상 일반과세자의 과세표준(공급가액)에 포함하는 것으로 옳은 것은? 24년 기출

① 재화의 공급에 대한 대가의 지급이 지체되었음을 이유로 받는 연체이자
② 재화의 공급과 직접 관련되어 받은 공공보조금
③ 공급받는 자에게 도달하기 전에 멸실한 재화의 가액
④ 공급받는 자로부터 거래징수한 부가가치세
⑤ 자기적립마일리지로만 전부를 결제받고 공급하는 재화의 금액

해설
① 재화의 공급에 대한 대가의 지급이 지체되었음을 이유로 받는 연체이자는 공급가액에 포함하지 않는다(법 제29조 제5항 제5호).
③ 공급받는 자에게 도달하기 전에 멸실한 재화의 가액은 공급가액에 포함하지 않는다(법 제29조 제5항 제3호).
④ 공급받는 자로부터 거래징수한 부가가치세는 공급가액에 포함하지 않는다(법 제29조 제3항).
⑤ 자기적립마일리지로 결제받고 공급하는 재화의 금액은 공급가액에 포함하지 않는다(영 제61조 제2항 제9호 나목).

정답 ②

---

(3) 과세표준 계산의 특례

① 공통사용재화를 공급하는 경우 22, 20, 13, 12, 11년 기출

사업자가 과세사업과 면세사업 및 부가가치세가 과세되지 아니하는 재화 또는 용역을 공급하는 사업(면세사업 등)에 공통적으로 사용된 재화를 공급하는 경우에는 대통령령으로 정하는 바에 따라 계산한 금액을 공급가액으로 한다(영 제63조).

㉠ 일반적인 경우 : 과세표준에 포함되는 공급가액은 다음 계산식에 따라 계산한다. 이 경우 휴업 등으로 인하여 직전 과세기간의 공급가액이 없을 때에는 그 재화를 공급한 날에 가장 가까운 과세기간의 공급가액으로 계산한다.

$$\text{공급가액} = \text{해당 재화의 공급가액} \times \frac{\begin{array}{c}\text{재화를 공급한 날이 속하는 과세기간의}\\\text{직전 과세기간의 과세된 공급가액}\end{array}}{\begin{array}{c}\text{재화를 공급한 날이 속하는 과세기간의}\\\text{직전 과세기간의 총공급가액}\end{array}}$$

ⓛ **사용면적비율에 의한 안분계산** : 공통매입세액 안분계산 및 정산을 적용받은 재화 또는 납부세액이나 환급세액을 사용면적비율에 따라 재계산한 재화로서 과세사업과 면세사업 등에 공통으로 사용되는 재화를 공급하는 경우에 과세표준에 포함되는 공급가액은 다음 계산식에 따라 계산한다. 이 경우 휴업 등으로 인하여 직전 과세기간의 사용면적비율이 없을 때에는 그 재화를 공급한 날에 가장 가까운 과세기간의 사용면적비율에 의하여 계산한다.

$$\text{공급가액} = \text{해당 재화의 공급가액} \times \frac{\begin{array}{c}\text{재화를 공급한 날이 속하는 과세기간의}\\\text{직전 과세기간의 과세사용면적}\end{array}}{\begin{array}{c}\text{재화를 공급한 날이 속하는 과세기간의}\\\text{직전 과세기간의 총사용면적}\end{array}}$$

ⓒ **안분계산의 배제** : 다음의 어느 하나에 해당하는 경우에는 해당 재화의 공급가액 전부를 과세표준으로 한다.

> ⓐ 재화를 공급하는 날이 속하는 과세기간의 직전 과세기간의 총공급가액 중 면세공급가액이 5% 미만인 경우(다만, 해당 재화의 공급가액이 5천만 원 이상인 경우는 제외)
> ⓑ 재화의 공급가액이 50만 원 미만인 경우
> ⓒ 재화를 공급하는 날이 속하는 과세기간에 신규로 사업을 시작하여 직전 과세기간이 없는 경우

② 토지와 건물 등을 함께 공급하는 경우(법 제29조 제9항, 영 제64조) 23, 22, 20, 12년 기출
　㉠ **원칙** : 사업자가 토지와 그 토지에 정착된 건물 또는 구축물 등을 함께 공급하는 경우에는 건물 또는 구축물 등의 실지거래가액을 공급가액으로 한다.
　㉡ **예외** : 실지거래가액 중 토지의 가액과 건물 또는 구축물 등의 가액의 구분이 불분명한 경우 또는 사업자가 실지거래가액으로 구분한 토지와 건물 또는 구축물 등의 가액이 다음의 구분에 따라 안분 계산한 금액과 100분의 30 이상 차이가 있는 경우(다만, 다른 법령에서 정하는 바에 따라 가액을 구분한 경우 등 <u>대통령령으로 정하는 사유</u>에 해당하는 경우는 제외)에는 다음의 구분에 따라 계산한 금액을 공급가액으로 한다.

> ⓐ 토지와 건물 또는 구축물 등에 대한 「소득세법」에 따른 기준시가가 모두 있는 경우 : 공급계약일 현재의 기준시가에 따라 계산한 가액에 비례하여 안분계산한 금액. 다만, 감정평가가액[공급시기(중간 지급조건부 또는 장기할부판매의 경우는 최초 공급시기)가 속하는 과세기간의 직전 과세기간 개시일부터 공급시기가 속하는 과세기간의 종료일까지 「감정평가 및 감정평가사에 관한 법률」에 따른 감정평가 법인 등이 평가한 감정평가가액]이 있는 경우에는 그 가액에 비례하여 안분계산한 금액으로 한다.
> ⓑ 토지와 건물 등 중 어느 하나 또는 모두의 기준시가가 없는 경우로서 감정평가가액이 있는 경우 : 그 가액에 비례하여 안분계산한 금액. 다만, 감정평가가액이 없는 경우에는 장부가액(장부가액이 없는 경우에는 취득가액)에 비례하여 안분계산한 후 기준시가가 있는 자산에 대해서는 그 합계액을 다시 기준시가에 의하여 안분계산한 금액으로 한다.

ⓒ ⓐ와 ⓑ를 적용할 수 없거나 적용하기 곤란한 경우 : 국세청장이 정하는 바에 따라 안분하여 계산한 금액

보충   토지와 건물 등을 함께 공급하는 경우 건물 등의 공급가액 계산(영 제64조 제2항)

법 제29조 제9항 제2호 단서에 따라 다음 각 호의 어느 하나에 해당하는 경우에는 건물 등의 실지거래가액을 공급가액으로 한다.
1. 다른 법령에서 정하는 바에 따라 토지와 건물 등의 가액을 구분한 경우
2. 토지와 건물 등을 함께 공급받은 후 건물 등을 철거하고 토지만 사용하는 경우

ⓒ 실지거래가액이 없는 경우의 안분계산기준 적용순서

감정평가가액 ⇒ 기준시가 ⇒ (장부가액 ⇒ 취득가액)

구 분		안분계산방법
감정평가가액이 있는 경우		감정평가가액에 비례하여 안분계산
감정평가가액이 없는 경우	기준시가가 모두 있는 경우	공급계약일 현재의 기준시가에 따라 계산한 가액에 비례하여 안분계산
	어느 하나 또는 모두의 기준시가가 없는 경우	장부가액(장부가액이 없는 경우에는 취득가액)에 비례하여 안분계산한 후 기준시가가 있는 자산은 그 합계액을 다시 기준시가에 의하여 안분계산

알아두기

토지와 함께 공급한 건물 등의 공급가액 안분계산(집행기준 29-64-1) 23, 22년 기출
사업자가 토지와 함께 건물 등을 공급하는 경우 그 건물 등의 과세표준은 다음의 순서에 의한 가액으로 계산한다.

구 분	공급가액 계산방법
① 실거래가액이 모두 있는 경우	• 구분된 건물 등의 실지거래가액 • 구분한 실지거래가액이 아래(②~⑥) 방법으로 안분계산한 금액과 100분의 30 이상 차이가 있는 경우 해당 안분계산한 금액
② 감정평가액이 모두 있는 경우	감정평가업자가 평가한 감정평가액에 비례하여 안분계산
③ 기준시가가 모두 있는 경우	공급계약일 현재 기준시가에 비례하여 안분계산
④ 기준시가가 일부 있는 경우	• 먼저 장부가액(장부가액이 없는 경우 취득가액)에 비례하여 안분계산 • 기준시가가 있는 자산에 대하여는 그 합계액을 다시 기준시가에 비례하여 안분계산
⑤ 기준시가가 모두 없는 경우	장부가액(장부가액이 없는 경우 취득가액)에 비례하여 안분계산
⑥ 국세청장이 정한 공급가액 안분계산방법	• 토지와 건물 등의 가액을 일괄 산정·고시하는 오피스텔 등의 경우 : 토지의 기준시가와 국세청장이 고시한 건물의 기준시가에 비례하여 안분계산 ▷ 국세청장이 고시한 건물의 기준시가 : 신축가격, 구조, 용도, 위치, 신축연도 등을 고려하여 매년 1회 이상 국세청장이 산정·고시하는 가액 • 건축 중에 있는 건물과 토지를 함께 양도하는 경우 : 해당 건물을 완성하여 공급하기로 한 경우에는 토지의 기준시가와 완성될 국세청장이 고시한 건물의 기준시가에 비례하여 안분계산 • 미완성 건물 등과 토지를 함께 공급하는 경우 : 토지의 기준시가와 미완성 건물 등의 장부가액(장부가액이 없는 경우 취득가액)에 비례하여 안분계산

③ **부동산 임대용역을 공급하는 경우(법 제29조 제10항)** 11년 기출

사업자가 다음의 어느 하나에 해당하는 부동산 임대용역을 공급하는 경우의 공급가액은 대통령령으로 정하는 바에 따라 계산한 금액으로 한다(영 제65조).

㉠ 전세금 또는 임대보증금을 받는 경우 : 사업자가 부동산 임대용역을 공급하고 전세금 또는 임대보증금을 받는 경우에는 금전 외의 대가를 받는 것으로 보아 다음 계산식에 따라 계산한 금액을 공급가액으로 한다. 이 경우 국가나 지방자치단체의 소유로 귀속되는 지하도의 건설비를 전액 부담한 자가 지하도로 점용허가(1차 무상점용기간으로 한정)를 받아 대여하는 경우에 기획재정부령으로 정하는 건설비상당액은 전세금이나 임대보증금으로 보지 아니한다.

$$\text{공급}\atop\text{가액} = \text{해당 기간의}\atop\text{전세금 또는}\atop\text{임대보증금} \times \text{과세대상}\atop\text{기간의 일수} \times \frac{\text{계약기간 1년의 정기예금이자율}}{\text{365(윤년에는 366)}}^{\text{(해당 예정 신고기간 또는 과세기간 종료일 현재)}}$$

㉡ 전대하는 경우 : 사업자가 부동산을 임차하여 다시 임대용역을 제공하는 경우에는 ㉠의 계산식 중 "해당 기간의 전세금 또는 임대보증금"을 "해당 기간의 전세금 또는 임대보증금 – 임차 시 지급한 전세금 또는 임차보증금"으로 한다. 이 경우 임차한 부동산 중 직접 자기의 사업에 사용하는 부분이 있는 경우 임차 시 지급한 전세금 또는 임차보증금은 다음 계산식에 따른 금액을 제외한 금액으로 한다.

$$\text{공급}\atop\text{가액} = \text{임차 시 지급한 전세금 또는 임차보증금} \times \frac{\text{예정신고기간 또는 과세기간 종료일}\atop\text{현재 직접 자기의 사업에 사용하는 면적}}{\text{예정신고기간 또는 과세기간 종료일}\atop\text{현재 임차한 부동산의 총면적}}$$

㉢ 겸용주택의 경우 : 과세되는 부동산 임대용역과 면세되는 주택 임대용역을 함께 공급하여 그 임대 구분과 임대료 등의 구분이 불분명한 경우에는 다음의 계산식을 순차로 적용하여 공급가액을 계산한다.

$$\text{임대료 등의 대가 및}\atop\text{위 ㉠에 따라 계산한}\atop\text{금액} \times \frac{\text{토지가액 또는 건물가액}}{\text{토지가액과 정착된}\atop\text{건물가액의 합계액}} = \text{토지분에 대한 임대료상당액 또는}\atop\text{건물분에 대한 임대료상당액}$$

$$\text{토지분에 대한 임대료상당액} \times \frac{\text{과세되는 토지임대면적}}{\text{총토지임대면적}} = \text{토지임대공급가액}$$

$$\text{건물분에 대한 임대료상당액} \times \frac{\text{과세되는 건물임대면적}}{\text{총건물임대면적}} = \text{건물임대공급가액}$$

ⓔ 선불 또는 후불로 받는 임대료 : 사업자가 둘 이상의 과세기간에 걸쳐 부동산 임대용역을 공급하고 그 대가를 선불 또는 후불로 받는 경우에는 해당 금액을 계약기간의 개월 수로 나눈 금액의 각 과세 대상기간의 합계액을 공급가액으로 한다. 이 경우 개월 수의 계산에 관하여는 해당 계약기간의 개시일이 속하는 달이 1개월 미만이면 1개월로 하고, 해당 계약기간의 종료일이 속하는 달이 1개월 미만이면 산입하지 아니한다.

④ 감가상각자산 등의 공급가액 계산(법 제29조 제11항) 23, 20, 16, 10년 기출
　재화의 공급으로 보는 재화가 대통령령으로 정하는 감가상각자산인 경우에는 대통령령으로 정하는 바에 따라 계산한 금액을 공급가액으로 한다(영 제66조).

　⊙ 해당 재화를 법 규정에 따라 공급한 것으로 보는 경우 : 과세사업에 제공한 재화가 감가상각자산에 해당하고, 해당 재화를 법 규정에 따라 공급한 것으로 보는 경우에는 다음의 계산식에 따라 계산한 금액을 공급가액으로 본다. 이 경우 경과된 과세기간의 수는 과세기간 단위로 계산하되, 건물 또는 구축물의 경과된 과세기간의 수가 20을 초과할 때에는 20으로, 그 밖의 감가상각자산의 경과된 과세기간의 수가 4를 초과할 때에는 4로 한다.

알아두기

간주공급에 따른 공급가액 계산(집행기준 29-66-1) 23 기출
과세사업에 사용한 감가상각자산이 간주공급(자가공급·개인적 공급·사업상증여·폐업시 잔존재화)에 해당되는 경우에는 다음 산식에 의하여 계산한 금액을 해당 재화의 시가(과세표준)로 본다. 다만, 건물 또는 구축물의 경과된 과세기간의 수가 20을 초과하는 때에는 20으로, 그 밖의 감가상각자산의 경과된 과세기간의 수가 4를 초과하는 때에는 4로 한다.

　ⓐ 건물 또는 구축물

$$공급가액 = 해당 재화의 취득가액 \times (1 - \frac{5}{100} \times 경과된\ 과세기간의\ 수)$$

　ⓑ 그 밖의 감가상각자산

$$공급가액 = 해당 재화의 취득가액 \times (1 - \frac{25}{100} \times 경과된\ 과세기간의\ 수)$$

　⊙ 감가상각자산을 면세사업에 일부 사용하는 경우 : 과세사업에 제공한 감가상각자산을 면세사업에 일부 사용하는 경우에는 다음의 계산식에 따라 계산한 금액을 공급가액으로 하되, 그 면세사업에 의한 면세공급가액이 총공급가액 중 5% 미만인 경우에는 공급가액이 없는 것으로 본다. 이 경우 경과된 과세기간의 수는 과세기간 단위로 계산하되, 건물 또는 구축물의 경과된 과세기간의 수가 20을 초과할 때에는 20으로, 그 밖의 감가상각자산의 경과된 과세기간의 수가 4를 초과할 때에는 4로 한다.

　ⓐ 건물 또는 구축물

$$\frac{공급}{가액} = \frac{해당\ 재화의}{취득가액} \times (1 - \frac{5}{100} \times \frac{경과된}{과세기간의\ 수}) \times \frac{면세사업에\ 일부\ 사용한\ 날이\ 속하는\ 과세기간의\ 면세공급가액}{면세사업에\ 일부\ 사용한\ 날이\ 속하는\ 과세기간의\ 총공급가액}$$

ⓑ 그 밖의 감가상각자산

$$
\text{공급}\atop\text{가액} = {\text{해당 재화의}\atop\text{취득가액}} \times (1 - \frac{25}{100} \times {\text{경과된}\atop\text{과세기간의 수}}) \times \frac{\text{면세사업에 일부 사용한 날이}\atop\text{속하는 과세기간의 면세공급가액}}{\text{면세사업에 일부 사용한 날이}\atop\text{속하는 과세기간의 총공급가액}}
$$

▷ 재화의 취득가액은 매입세액을 공제받은 해당 재화의 가액으로 한다.

ⓒ 경과된 과세기간의 수 계산 : 경과된 과세기간의 수를 계산할 때 과세기간의 개시일 후에 감가상각자산을 취득하거나 해당 재화가 공급된 것으로 보게 되는 경우에는 그 과세기간의 개시일에 해당 재화를 취득하거나 해당 재화가 공급된 것으로 본다.

(4) 재화의 수입에 대한 부가가치세의 과세표준(법 제29조 제2항) 24, 20, 18, 15, 14, 12, 10년 기출

재화의 수입에 대한 부가가치세의 과세표준은 그 재화에 대한 관세의 과세가격과 관세, 개별소비세, 주세, 교육세, 농어촌특별세 및 교통·에너지·환경세를 합한 금액으로 한다.

기출문제

부가가치세법상 과세대상 수입 재화에 관한 과세자료가 다음과 같은 경우 부가가치세 과세표준은? (단, 주어진 자료 외에는 고려하지 아니함) 24년 기출

○ 관세의 과세가격 : 3,000,000원   ○ 관세 : 600,000원
○ 개별소비세 : 500,000원   ○ 교육세 : 150,000원
○ 농어촌특별세 : 50,000원

① 3,000,000원

② 3,600,000원

③ 3,700,000원

④ 4,100,000원

⑤ 4,300,000원

해설
• 재화의 수입에 대한 부가가치세의 과세표준은 그 재화에 대한 관세의 과세가격과 관세, 개별소비세, 주세, 교육세, 농어촌특별세 및 교통·에너지·환경세를 합한 금액으로 한다(법 제29조 제2항).
• 부가가치세 과세표준 = 관세의 과세가격(3,000,000원) + 관세(600,000원) + 개별소비세(500,000원) + 교육세(150,000원) + 농어촌특별세(50,000원) = 4,300,000원

정답 ⑤

---

2. 세율(법 제30조) 15년 기출

부가가치세의 세율은 10%로 한다.

1. 거래징수(법 제31조) 16, 15년 기출

사업자가 재화 또는 용역을 공급하는 경우에는 공급가액에 세율을 적용하여 계산한 부가가치세를 재화 또는 용역을 공급받는 자로부터 징수하여야 한다. 즉, 일반과세자가 재화 또는 용역을 공급하는 경우에는 부가가치세법상 공급가액에 세율을 적용하여 계산한 금액을 재화 또는 용역을 공급받는 자로부터 거래징수하여야 한다.

2. 세금계산서 등(법 제32조)

(1) 세금계산서

① 세금계산서의 발급 24, 13, 12년 기출

사업자가 재화 또는 용역을 공급(부가가치세가 면제되는 재화 또는 용역의 공급은 제외)하는 경우에는 해당 사항을 적은 계산서(세금계산서)를 그 공급을 받는 자에게 발급하여야 한다.

② 세금계산서의 기재사항 24, 16, 11, 10년 기출

필요적 기재사항	• 공급하는 사업자의 등록번호와 성명 또는 명칭 • 공급받는 자의 등록번호(다만, 공급받는 자가 사업자가 아니거나 등록한 사업자가 아닌 경우에는 대통령령으로 정하는 고유번호 또는 공급받는 자의 주민등록번호) • 공급가액과 부가가치세액 • 작성 연월일
임의적 기재사항 (영 제67조 제2항)	• 공급하는 자의 주소 • 공급받는 자의 상호·성명·주소 • 공급하는 자와 공급받는 자의 업태와 종목 • 공급품목 • 단가와 수량 • 공급 연월일 • 거래의 종류 • 사업자 단위 과세 사업자의 경우 실제로 재화 또는 용역을 공급하거나 공급받는 종된 사업장의 소재지 및 상호

> **알아두기**
>
> 내국신용장 등에 의한 재화공급 시의 세금계산서 발급(통칙 32-67-2) 13년 기출
> 내국신용장 또는 구매확인서에 의하여 수출용 원자재 등을 공급하는 사업자는 공급받는 사업자가 재화를 인수하는 때에 해당 일자의 「외국환거래법」에 따른 기준환율 또는 재정환율에 의하여 계산한 금액을 공급가액으로 하여 세금계산서를 발급한다.
>
> 휴·폐업 시의 세금계산서 수수(통칙 32-67-3)
> 사업자가 사업을 폐지할 때 재고재화로서 과세된 잔존하는 재화를 실지로 처분하는 때에는 세금계산서를 발급할 수 없으며, 일반영수증을 발급하여야 한다. 다만, 휴업하는 사업자의 경우에는 전력비·난방비·불용재산 처분 등 사업장 유지관리 등에 따른 세금계산서는 발급받거나 발급할 수 있다.

기출문제

부가가치세법령상 세금계산서에 관한 설명으로 옳은 것은? 24년 기출

① 사업자가 부가가치세가 면제되는 재화를 공급하는 경우에는 세금계산서를 그 공급을 받는 자에게 발급하여야 한다.
② 전자세금계산서 의무발급 개인사업자가 아닌 사업자는 전자세금계산서를 발급할 수 없다.
③ 전자세금계산서를 발급한 사업자는 발급일의 다음 날까지 그 발급명세를 국세청장에게 전송하여야 한다.
④ 단가와 수량은 세금계산서의 필요적 기재사항이다.
⑤ 매입자발행세금계산서를 발행하려는 자는 해당 재화의 공급시기가 속하는 과세기간의 종료일까지 신청인의 관할 세무서장에게 거래사실의 확인을 신청하여야 한다.

[해설]
① 사업자가 재화 또는 용역을 공급(부가가치세가 면제되는 재화 또는 용역의 공급은 제외)하는 경우에는 세금계산서를 그 공급을 받는 자에게 발급하여야 한다(법 제32조 제1항).
② 전자세금계산서를 발급하여야 하는 사업자가 아닌 사업자도 전자세금계산서를 발급하고 전자세금계산서 발급명세를 전송할 수 있다(법 제32조 제5항).
④ 단가와 수량은 세금계산서의 임의적 기재사항이다(영 제67조 제2항).
⑤ 매입자발행세금계산서를 발행하려는 자는 해당 재화 또는 용역의 공급시기가 속하는 과세기간의 종료일부터 1년 이내에 신청인 관할 세무서장에게 거래사실의 확인을 신청하여야 한다(영 제71조의2 제3항).

정답 ③

③ 전자세금계산서의 발급 등(법 제32조 제2항, 영 제68조) 24, 22, 20, 19, 16, 15, 14, 13, 11년 기출
 ㉠ 전자세금계산서의 발급
  ⓐ 법인사업자와 직전 연도의 사업장별 재화 및 용역의 공급가액(면세공급가액을 포함)의 합계액이 8천만 원 이상인 개인사업자(그 이후 직전 연도의 사업장별 재화 및 용역의 공급가액이 8천만 원 미만이 된 개인사업자를 포함)는 세금계산서를 발급하려면 다음의 어느 하나에 해당하는 방법으로 필요적 기재사항을 계산서 작성자의 신원 및 계산서의 변경 여부 등을 확인할 수 있는 인증시스템을 거쳐 정보통신망으로 발급하는 전자적 방법으로 세금계산서(전자세금계산서)를 발급하여야 한다.

- 「조세특례제한법」에 따른 전사적 기업자원 관리설비를 이용하는 방법
- 재화 또는 용역을 실제 공급하는 사업자를 대신하여 전자세금계산서 발급업무를 대행하는 사업 자의 전자세금계산서 발급 시스템을 이용하는 방법
- 국세청장이 구축한 전자세금계산서 발급 시스템을 이용하는 방법
- 전자세금계산서 발급이 가능한 현금영수증 발급장치 및 그 밖에 국세청장이 지정하는 전자세금 계산서 발급 시스템을 이용하는 방법

  ⓑ 전자세금계산서를 발급하여야 하는 기간 : 전자세금계산서 의무발급 개인사업자는 사업장별 재화 및 용역의 공급가액의 합계액이 8천만 원 이상인 해의 다음 해 제2기 과세기간이 시작하는 날부 터 전자세금계산서를 발급해야 한다. 다만, 사업장별 재화와 용역의 공급가액의 합계액이 「국세 기본법」에 따른 수정신고 또는 부가가치세법에 따른 결정과 경정(수정신고 등)으로 8천만 원 이 상이 된 경우에는 수정신고 등을 한 날이 속하는 과세기간의 다음 과세기간이 시작하는 날부터 전자세금계산서를 발급해야 한다.

  ⓒ 통지 : 관할 세무서장은 개인사업자가 전자세금계산서 의무발급 개인사업자에 해당하는 경우에는 전 자세금계산서를 발급해야 하는 날이 시작되기 1개월 전까지 그 사실을 해당 개인사업자에게 통지하 여야 한다. 개인사업자가 전자세금계산서를 발급해야 하는 날이 시작되기 1개월 전까지 통지를 받지 못한 경우에는 통지서를 수령한 날이 속하는 달의 다음 다음 달 1일부터 전자세금계산서를 발급하여 야 한다.

  ⓒ 등록 : 설비 또는 시스템을 구축하고 운영하려는 자는 미리 기획재정부령으로 정하는 바에 따라 국세 청장 또는 관할 세무서장에게 등록하여야 한다.

  ⓔ 전자세금계산서 발급 시스템을 수신함으로 지정 : 재화 또는 용역을 공급받는 자가 전자세금계산서 를 발급받을 수신함을 가지고 있지 아니하거나 지정하지 아니한 경우 또는 시스템 등 수신함이 적 용될 수 없는 시스템을 사용하는 경우에는 전자세금계산서 발급 시스템을 수신함으로 지정한 것으 로 본다.

  ⓜ 전자세금계산서를 수신한 것으로 보는 경우 : 전자세금계산서가 재화 또는 용역을 공급받는 자가 지 정하는 수신함에 입력되거나 전자세금계산서 발급 시스템에 입력된 때에 재화 또는 용역을 공급받는 자가 그 전자세금계산서를 수신한 것으로 본다.

④ **발급명세서의 전송(법 제32조 제3항)** 24, 22, 19, 18, 15, 13, 11년 기출
  전자세금계산서를 발급하였을 때에는 전자세금계산서 발급일의 다음 날까지 대통령령으로 정하는 전자 세금계산서 발급명세(필요적 기재사항과 임의적 기재사항)를 국세청장에게 전송하여야 한다.

⑤ **계산서의 발급 및 파일의 전송(법 제32조 제4항)** 18, 15, 14, 13, 12년 기출
  「전기사업법」에 따른 전기사업자가 산업용 전력을 공급하는 경우 등 대통령령으로 정하는 경우 해당 사업자는 대통령령으로 정하는 바에 따라 전자세금계산서임을 적은 계산서를 발급하고 전자세금계산서 파일을 국세청장에게 전송할 수 있다. 이 경우 전자세금계산서를 발급하고 발급명세를 전송한 것으로 본다.

○ 신고 및 제출(영 제68조 제9항) : 사업자의 사업이 다음의 어느 하나에 해당하는 경우 해당 사업자는 해당 사업과 관련하여 필요적 기재사항과 그 밖에 필요하다고 인정되는 사항 및 관할 세무서장에게 신고한 전자세금계산서임을 적은 계산서를 관할 세무서장에게 신고한 후 발급할 수 있다. 이 경우 사업자는 표준인증을 받고 공급일의 다음 달 11일까지 전자세금계산서 파일을 국세청장에게 전산매체로 제출하여야 한다.

> ⓐ 「전기사업법」에 따른 전기사업자가 산업용 전력을 공급하는 경우
> ⓑ 「전기통신사업법」에 따른 전기통신사업자가 사업자에게 기간통신역무를 제공하는 경우와 부가통신역무 중 월 단위 요금형 서비스를 제공하는 경우로서 기간통신역무와 공급시기가 동일하여 통합하여 비용을 청구하는 경우
> ⓒ 「도시가스사업법」에 따른 도시가스사업자가 산업용 도시가스를 공급하는 경우
> ⓓ 「집단에너지사업법」에 따라 집단에너지를 공급하는 사업자가 산업용 열 또는 산업용 전기를 공급하는 경우
> ⓔ 「방송법」에 따른 방송사업자가 사업자에게 방송용역을 제공하는 경우
> ⓕ 일반과세자가 농어민에게 「조세특례제한법」에 따른 농어업용 기자재를 공급하는 경우
> ⓖ 「인터넷 멀티미디어 방송사업법」에 따른 인터넷 멀티미디어 방송 제공사업자가 사업자에게 방송용역을 제공하는 경우

○ 전자세금계산서를 발급하여야 하는 사업자가 아닌 사업자의 발급·전송(법 제32조 제5항) : 전자세금계산서를 발급하여야 하는 사업자가 아닌 사업자(법인사업자 및 전자세금계산서 의무발급 개인사업자 외의 사업자)도 전자세금계산서를 발급하고 전자세금계산서 발급명세를 전송할 수 있다.

⑥ 위탁판매 등에 대한 세금계산서 발급(법 제32조 제6항) 19, 18, 15, 14, 13, 12년 기출
위탁판매 또는 대리인에 의한 판매 등 대통령령으로 정하는 경우에는 해당 재화 또는 용역을 공급하는 자이거나 공급받는 자가 아닌 경우에도 대통령령으로 정하는 바에 따라 세금계산서 또는 전자세금계산서를 발급하거나 발급받을 수 있다(영 제69조).

○ 위탁판매 또는 대리인에 의한 판매의 경우 : 수탁자 또는 대리인이 재화를 인도할 때에는 수탁자 또는 대리인이 위탁자 또는 본인의 명의로 세금계산서를 발급하며, 위탁자 또는 본인이 직접 재화를 인도하는 때에는 위탁자 또는 본인이 세금계산서를 발급할 수 있다. 이 경우 수탁자 또는 대리인의 등록번호를 덧붙여 적어야 한다.

○ 위탁매입 또는 대리인에 의한 매입의 경우 : 공급자가 위탁자 또는 본인을 공급받는 자로 하여 세금계산서를 발급한다. 이 경우 수탁자 또는 대리인의 등록번호를 덧붙여 적어야 한다.

○ 수용으로 인하여 재화가 공급되는 경우 : 해당 사업시행자가 세금계산서를 발급할 수 있다.

○ 「조달사업에 관한 법률」에 따라 물자가 공급되는 경우 : 공급자 또는 세관장이 해당 실수요자에게 직접 세금계산서를 발급하여야 한다. 다만, 물자를 조달할 때에 그 물자의 실수요자를 알 수 없는 경우에는 조달청장에게 세금계산서를 발급하고, 조달청장이 실제로 실수요자에게 그 물자를 인도할 때에는 그 실수요자에게 세금계산서를 발급할 수 있다.

○ 천연가스를 직접 수입하는 경우 : 「한국가스공사법」에 따른 한국가스공사가 기획재정부령으로 정하는 가스도입판매사업자를 위하여 천연가스(액화한 것을 포함)를 직접 수입하는 경우에는 세관장이 해당 가스도입판매사업자에게 직접 세금계산서를 발급할 수 있다.

ⓗ 시설대여업자로부터 시설 등을 임차한 경우 : 납세의무가 있는 사업자가 「여신전문금융업법」에 따라 등록한 시설대여업자로부터 시설 등을 임차하고, 그 시설 등을 공급자 또는 세관장으로부터 직접 인도받는 경우에는 공급자 또는 세관장이 그 사업자에게 직접 세금계산서를 발급할 수 있다.

ⓢ 임치물의 반환이 수반되는 경우 : 조달청장이 발행한 창고증권의 양도로서 임치물의 반환이 수반되는 경우에는 조달청장에게 세금계산서를 발급하고, 조달청장이 실제로 창고증권과의 교환으로 임치물을 반환받는 자에게 그 물자를 인도할 때에는 그 창고증권과의 교환으로 임치물을 반환받는 자에게 세금계산서를 발급할 수 있다.

ⓞ 용역을 실제로 공급받는 자를 알 수 없는 경우 : 「감정평가 및 감정평가사에 관한 법률」에 따른 감정평가법인 등 또는 「신문 등의 진흥에 관한 법률」에 따른 신문 발행업자 및 「잡지 등 정기간행물의 진흥에 관한 법률」에 따른 정기간행물 발행업자 또는 「뉴스통신 진흥에 관한 법률」에 따른 뉴스통신사업을 경영하는 법인이 법원의 의뢰를 받아 감정평가용역 또는 광고용역을 제공하는 경우로서 그 용역을 실제로 공급받는 자를 알 수 없을 때에는 감정평가법인 등 또는 신문 발행업자 및 정기간행물 발행업자 또는 뉴스통신사업을 경영하는 법인은 법원에 세금계산서를 발급하고, 그 법원이 감정평가용역 또는 광고용역을 실제로 공급받는 자로부터 그 용역에 대한 대가를 징수할 때에는 법원이 그 자에게 세금계산서를 발급할 수 있다.

ⓩ 대가의 징수를 다른 전기통신사업자에게 대행하게 하는 경우 : 「전기통신사업법」에 따른 전기통신사업자가 다른 전기통신사업자의 이용자(「전기통신사업법」에 따른 이용자)에게 전기통신역무를 제공하고 그 대가의 징수를 다른 전기통신사업자에게 대행하게 하는 경우에는 해당 전기통신역무를 제공한 사업자가 다른 전기통신사업자에게 세금계산서를 발급하고, 다른 전기통신사업자가 이용자에게 세금계산서를 발급할 수 있다.

ⓐ 공급의 대가를 한국전력거래소를 통하여 받는 경우 : 「전기사업법」에 따른 발전사업자가 전력시장을 통하여 전기판매사업자 또는 전기사용자에게 전력을 공급하고 그 대가를 한국전력거래소를 통하여 받는 경우에는 그 발전사업자가 한국전력거래소에 세금계산서를 발급하고 한국전력거래소가 그 전기판매사업자 또는 전기사용자에게 세금계산서를 발급할 수 있다.

ⓚ 대가의 징수를 전기통신사업자에게 대행하게 하는 경우 : 「방송법 시행령」에 따른 위성이동멀티미디어방송사업자 및 일반위성방송사업자가 「전기통신사업법」에 따른 전기통신사업자의 이용자에게 각각 위성이동멀티미디어방송용역 또는 일반위성방송용역을 제공하고 그 대가의 징수를 전기통신사업자에게 대행하게 하는 경우에는 위성이동멀티미디어방송사업자 및 일반위성방송사업자는 전기통신사업자에게 세금계산서를 발급하고, 전기통신사업자가 이용자에게 세금계산서를 발급할 수 있다.

ⓣ 전력을 공급받는 명의자와 전력을 실제로 소비하는 자가 서로 다른 경우 : 「전기사업법」에 따른 전기사업자가 전력을 공급하는 경우로서 전력을 공급받는 명의자와 전력을 실제로 소비하는 자가 서로 다른 경우에 그 전기사업자가 전력을 공급받는 명의자를 공급받는 자로 하여 세금계산서를 발급하고 그 명의자는 발급받은 세금계산서에 적힌 공급가액의 범위에서 전력을 실제로 소비하는 자를 공급받는 자로 하여 세금계산서를 발급하였을 때(세금계산서의 발급이 면제되는 경우로서 기획재정부령으로 정하는 경우에 그 세금계산서를 발급하였을 때를 포함)에는 그 전기사업자가 전력을 실제로 소비하는 자를 공급받는 자로 하여 세금계산서를 발급한 것으로 본다.

ⓟ 조합원이나 그 밖의 구성원을 위하여 재화 또는 용역을 공급하는 경우 : 동업자가 조직한 조합 또는 이와 유사한 단체가 그 조합원이나 그 밖의 구성원을 위하여 재화 또는 용역을 공급하거나 공급받는 경우와 「국가를 당사자로 하는 계약에 관한 법률」에 따른 공동 도급계약에 의하여 용역을 공급하고

그 공동 수급체의 대표자가 그 대가를 지급받는 경우 및 「도시가스사업법」에 따른 도시가스사업자가 도시가스를 공급할 때 도시가스를 공급받는 명의자와 도시가스를 실제로 소비하는 자가 서로 다른 경우에 관하여는 ㉤을 준용한다.

㉣ 보관된 물품이 국내로 반입되는 경우 : 조달청 창고 및 거래소의 지정창고에 보관된 물품이 국내로 반입되는 경우에는 세관장이 수입세금계산서를 발급한다.

㉮ 용역 등을 공급하는 경우 : 세금계산서를 발급할 때 그 용역 등을 공급하는 국내사업장이 없는 비거주자 또는 외국법인, 국내사업장이 있는 비거주자 또는 외국법인의 상호 및 주소를 덧붙여 적어야 한다.

㉯ 배출권을 공급하고 그 대가를 배출권 거래소를 통하여 받는 경우 : 「온실가스 배출권의 할당 및 거래에 관한 법률」에 따라 배출권 거래계정을 등록한 자(할당대상업체 등)가 배출권 거래소가 개설한 배출권 거래시장을 통하여 다른 할당대상업체 등에게 배출권(상쇄배출권을 포함)을 공급하고 그 대가를 배출권 거래소를 통하여 받는 경우에는 그 할당대상업체 등이 배출권 거래소에 세금계산서를 발급하고 배출권 거래소가 공급받은 할당대상업체 등에 세금계산서를 발급할 수 있다.

㉰ 합병에 따라 소멸하는 법인이 재화 또는 용역을 공급하거나 공급받는 경우 : 합병에 따라 소멸하는 법인이 합병계약서에 기재된 합병을 할 날부터 합병등기일까지의 기간에 재화 또는 용역을 공급하거나 공급받는 경우 합병 이후 존속하는 법인 또는 합병으로 신설되는 법인이 세금계산서를 발급하거나 발급받을 수 있다.

알아두기

하치장에서 인도되는 재화의 세금계산서 발급(통칙 32-69-3) 13년 기출
사업자가 하치장으로 반출한 재화를 해당 하치장에서 거래상대자에게 인도하는 경우에 세금계산서는 그 재화를 하치장으로 반출한 사업장을 공급하는 자로 하여 발급하여야 한다.

사업장이 2 이상인 경우의 세금계산서 수수(통칙 32-69-4)
1. 본점과 지점 등 2 이상의 사업장이 있는 법인사업자가 본점에서 계약을 체결하고 재화 또는 용역은 지점이 공급하는 경우 세금계산서는 재화나 용역을 실제 공급하는 사업장에서 발급한다.
2. 본점과 지점 등 2 이상의 사업장이 있는 법인사업자가 계약·발주·대금지급 등의 거래는 해당 본점에서 이루어지고, 재화 또는 용역은 지점에서 공급받는 경우 세금계산서는 본점 또는 지점 어느 쪽에서도 발급받을 수 있다.
3. 제조장과 직매장 등 2 이상의 사업장을 가진 사업자가 제조장에서 생산한 재화를 직매장 등에서 전담하여 판매함에 있어, 수송 등의 편의를 위하여 제조장에서 거래처에 직접 재화를 인도하는 경우에는 공급자를 제조장으로 하는 세금계산서를 직접 거래처에 발급하는 것이나, 이미 제조장에서 직매장 등으로 세금계산서(총괄납부사업자의 경우에는 거래명세서)를 발급한 경우에는 직매장 등에서 거래처에 세금계산서를 발급하여야 한다.

위탁판매 등의 세금계산서 발급(통칙 32-69-5)
사업자가 위탁 또는 대리에 의하여 재화를 공급하는 경우에는 수탁자 또는 대리인이 위탁자 또는 본인의 명의로 세금계산서를 발급하여야 한다. 다만, 위탁자 또는 본인을 알 수 없는 경우에는 위탁자(본인)는 수탁자(대리인)에게, 수탁자(대리인)는 거래상대방에게 공급한 것으로 보아 세금계산서를 발급한다.

⑦ 수정세금계산서 또는 수정전자세금계산서의 발급(법 제32조 제7항) 24, 23, 20, 18, 12년 기출
세금계산서 또는 전자세금계산서의 기재사항을 착오로 잘못 적거나 세금계산서 또는 전자세금계산서를 발급한 후 그 기재사항에 관하여 대통령령으로 정하는 사유가 발생하면 대통령령으로 정하는 바에 따라 수정세금계산서 또는 수정전자세금계산서를 발급할 수 있다.

○ 발급사유 및 발급절차(영 제70조 제1항) : 수정세금계산서 또는 수정전자세금계산서는 다음의 구분에 따른 사유 및 절차에 따라 발급할 수 있다.

ⓐ 처음 공급한 재화가 환입된 경우 : 재화가 환입된 날을 작성일로 적고 비고란에 처음 세금계산서 작성일을 덧붙여 적은 후 붉은색 글씨로 쓰거나 음(陰)의 표시를 하여 발급

ⓑ 계약의 해제로 재화 또는 용역이 공급되지 아니한 경우 : 계약이 해제된 때에 그 작성일은 계약해제일로 적고 비고란에 처음 세금계산서 작성일을 덧붙여 적은 후 붉은색 글씨로 쓰거나 음의 표시를 하여 발급

ⓒ 계약의 해지 등에 따라 공급가액에 추가되거나 차감되는 금액이 발생한 경우 : 증감 사유가 발생한 날을 작성일로 적고 추가되는 금액은 검은색 글씨로 쓰고, 차감되는 금액은 붉은색 글씨로 쓰거나 음의 표시를 하여 발급

ⓓ 재화 또는 용역을 공급한 후 공급시기가 속하는 과세기간 종료 후 25일(과세기간 종료 후 25일이 되는 날이 토요일 및 일요일, 공휴일, 근로자의 날인 경우에는 바로 다음 영업일) 이내에 내국신용장이 개설되었거나 구매확인서가 발급된 경우 : 내국신용장 등이 개설된 때에 그 작성일은 처음 세금계산서 작성일을 적고 비고란에 내국신용장 개설일 등을 덧붙여 적어 영세율 적용분은 검은색 글씨로 세금계산서를 작성하여 발급하고, 추가하여 처음에 발급한 세금계산서의 내용대로 세금계산서를 붉은색 글씨로 또는 음의 표시를 하여 작성하고 발급

ⓔ 필요적 기재사항 등이 착오로 잘못 적힌 경우(다음의 어느 하나에 해당하는 경우로서 과세표준 또는 세액을 경정할 것을 미리 알고 있는 경우는 제외) : 처음에 발급한 세금계산서의 내용대로 세금계산서를 붉은색 글씨로 쓰거나 음의 표시를 하여 발급하고, 수정하여 발급하는 세금계산서는 검은색 글씨로 작성하여 발급

　　가. 세무조사의 통지를 받은 경우
　　나. 세무공무원이 과세자료의 수집 또는 민원 등을 처리하기 위하여 현지출장이나 확인업무에 착수한 경우
　　다. 세무서장으로부터 과세자료 해명안내 통지를 받은 경우
　　라. 그 밖에 위의 규정에 따른 사항과 유사한 경우

ⓕ 필요적 기재사항 등이 착오 외의 사유로 잘못 적힌 경우(위 ⓔ의 가~라 중 어느 하나에 해당하는 경우로서 과세표준 또는 세액을 경정할 것을 미리 알고 있는 경우는 제외) : 재화나 용역의 공급일이 속하는 과세기간에 대한 확정신고기한 다음 날부터 1년 이내에 세금계산서를 작성하되, 처음에 발급한 세금계산서의 내용대로 세금계산서를 붉은색 글씨로 쓰거나 음의 표시를 하여 발급하고, 수정하여 발급하는 세금계산서는 검은색 글씨로 작성하여 발급

ⓖ 착오로 전자세금계산서를 이중으로 발급한 경우 : 처음에 발급한 세금계산서의 내용대로 음의 표시를 하여 발급

ⓗ 면세 등 발급대상이 아닌 거래 등에 대하여 발급한 경우 : 처음에 발급한 세금계산서의 내용대로 붉은색 글씨로 쓰거나 음의 표시를 하여 발급

ⓘ 세율을 잘못 적용하여 발급한 경우(위 ⓔ의 가~라 중 어느 하나에 해당하는 경우로서 과세표준 또는 세액을 경정할 것을 미리 알고 있는 경우는 제외) : 처음에 발급한 세금계산서의 내용대로 세금계산서를 붉은색 글씨로 쓰거나 음의 표시를 하여 발급하고, 수정하여 발급하는 세금계산서는 검은색 글씨로 작성하여 발급

ⓛ 간이과세자로 전환 전 공급한 재화 또는 용역에 사유발생 시 발급방법(영 제70조 제2항) : 일반과세자에서 간이과세자로 과세유형이 전환된 후 과세유형전환 전에 공급한 재화 또는 용역에 위 ㉠의 ⓐ~ⓒ의 사유가 발생한 경우에는 처음에 발급한 세금계산서 작성일을 수정세금계산서 또는 수정전자세금계산서의 작성일로 적고, 비고란에 사유 발생일을 덧붙여 적은 후 추가되는 금액은 검은색 글씨로 쓰고 차감되는 금액은 붉은색 글씨로 쓰거나 음의 표시를 하여 수정세금계산서나 수정전자세금계산서를 발급할 수 있다.

ⓒ 일반과세자로 전환 전 공급한 재화 또는 용역에 사유발생 시 발급방법(영 제70조 제3항) : 간이과세자에서 일반과세자로 과세유형이 전환된 후 과세유형전환 전에 공급한 재화 또는 용역에 ㉠의 ⓐ~ⓒ까지의 사유가 발생하여 수정세금계산서나 수정전자세금계산서를 발급하는 경우에는 처음에 발급한 세금계산서 작성일을 수정세금계산서 또는 수정전자세금계산서의 작성일로 적고, 비고란에 사유 발생일을 덧붙여 적은 후 추가되는 금액은 검은색 글씨로 쓰고 차감되는 금액은 붉은색 글씨로 쓰거나 음의 표시를 해야 한다.

기출문제

부가가치세법령상 수정세금계산서를 발급할 수 있는 경우를 모두 고른 것은? 24년 기출

ㄱ. 세율을 잘못 적용하여 세금계산서를 발급한 후 세무서장으로부터 과세자료 해명안내 통지를 받은 경우
ㄴ. 면세 등 발급대상이 아닌 거래 등에 대하여 세금계산서를 발급한 경우
ㄷ. 처음 공급한 재화가 환입(還入)된 경우

① ㄱ
② ㄷ
③ ㄱ, ㄴ
④ ㄴ, ㄷ
⑤ ㄱ, ㄴ, ㄷ

해설
ㄱ. 영 제70조 제1항 제5호 다목
ㄴ. 영 제70조 제1항 제8호
ㄷ. 영 제70조 제1항 제1호

정답 ④

---

(2) 세금계산서 발급의무의 면제 등(법 제33조)

① 세금계산서 발급의무의 면제 23, 18, 13, 12, 10년 기출

세금계산서(전자세금계산서를 포함)를 발급하기 어렵거나 세금계산서의 발급이 불필요한 경우 등 대통령령으로 정하는 다음의 어느 하나에 해당하는 재화 또는 용역을 공급하는 경우에는 세금계산서를 발급하지 아니할 수 있다(영 제71조 제1항).

ⓐ 택시운송 사업자, 노점 또는 행상을 하는 사람, 그 밖에 기획재정부령으로 정하는 사업자가 공급하는 재화 또는 용역

ⓑ 소매업 또는 미용, 욕탕 및 유사 서비스업을 경영하는 자가 공급하는 재화 또는 용역(다만, 소매업의 경우에는 공급받는 자가 세금계산서 발급을 요구하지 아니하는 경우로 한정)

ⓒ 재화공급의 특례 규정에 따른 재화

ⓓ 수출하는 재화(대가 없이 국외의 수탁가공 사업자에게 원료를 반출하여 가공한 재화를 양도하는 경우의 원료, 내국신용장 또는 구매확인서에 의하여 공급하는 재화, 한국국제협력단, 한국국제보건의료재단 및 대한적십자사에 공급하는 재화는 제외), 용역의 국외공급 및 외국항행용역의 공급(공급받는 자가 국내에 사업장이 없는 비거주자 또는 외국법인인 경우와 외국항행용역으로서 항공기의 외국항행용역 및 「항공사업법」에 따른 상업서류 송달용역으로 한정)에 따른 재화 또는 용역

ⓔ 국내에서 국내사업장이 없는 비거주자 또는 외국법인에 공급되는 재화 또는 사업에 해당하는 용역으로서 그 대금을 외국환은행에서 원화로 받거나 기획재정부령으로 정하는 방법으로 받는 것, 비거주자 또는 외국법인의 국내사업장이 있는 경우에 국내에서 국외의 비거주자 또는 외국법인과 직접 계약하여 공급하는 재화 또는 용역, 외국을 항행하는 선박 및 항공기 또는 원양어선에 공급하는 재화 또는 용역(공급받는 자가 국내에 사업장이 없는 비거주자 또는 외국법인인 경우로 한정), 우리나라에 상주하는 국제연합군 또는 미합중국군대에 공급하는 재화 또는 용역, 종합여행업자가 외국인 관광객에게 공급하는 관광알선용역 중 대통령령으로 정하는 방법으로 대가를 받는 용역, 외교공관 등에 공급하는 재화 또는 용역

ⓕ 부동산 임대용역 중 간주임대료의 규정이 적용되는 부분

ⓖ 「전자서명법」에 따른 전자서명인증사업자가 인증서를 발급하는 용역(다만, 공급받는 자가 사업자로서 세금계산서 발급을 요구하는 경우는 제외)

ⓗ 간편사업자등록을 한 사업자가 국내에 공급하는 전자적 용역

ⓘ 그 밖에 국내사업장이 없는 비거주자 또는 외국법인에 공급하는 재화 또는 용역(다만, 국내사업장이 없는 비거주자 또는 외국법인이 해당 외국의 개인사업자 또는 법인사업자임을 증명하는 서류를 제시하고 세금계산서 발급을 요구하는 경우와 외국법인연락사무소에 재화 또는 용역을 공급하는 경우 중 어느 하나에 해당하면 제외)

② 신용카드매출전표 등을 발급한 경우의 면제(법 제33조) 10년 기출

대통령령으로 정하는 사업자가 신용카드매출전표 등을 발급한 경우에는 세금계산서를 발급하지 아니한다.

> **알아두기**
>
> 간주임대료에 대한 세금계산서 발급 면제(통칙 33-71-1) 13년 기출
> 부동산임대에 따른 간주임대료에 대한 부가가치세를 임대인·임차인 중 어느 편이 부담하는지에 관계없이 세금계산서를 발급하거나 발급받을 수 없다.
>
> 대행수출 시의 세금계산서 발급(통칙 33-71-2)
> 수출품 생산업자가 수출업자와 수출대행계약을 체결하여 재화를 수출하는 때(수출대행계약과 함께 수출용 완제품 내국신용장을 개설받은 경우를 포함)에는 세금계산서 발급이 면제된다. 다만, 수출업자는 수출대행용역의 대가에 대하여 세금계산서를 발급하여야 한다.

(3) 세금계산서 발급시기(법 제34조)

① 원 칙

세금계산서는 사업자가 재화 또는 용역의 공급시기에 재화 또는 용역을 공급받는 자에게 발급하여야 한다.

② 재화 및 용역의 공급시기 전의 특례

사업자는 재화 또는 용역의 공급시기가 되기 전 법 제17조(재화 및 용역의 공급시기의 특례)에 따른 때에 세금계산서를 발급할 수 있다.

③ 발급시기의 특례 23, 19, 18, 16, 14년 기출

다음의 어느 하나에 해당하는 경우에는 재화 또는 용역의 공급일이 속하는 달의 다음 달 10일(그 날이 공휴일 또는 토요일인 경우에는 바로 다음 영업일)까지 세금계산서를 발급할 수 있다.

> ㉠ 거래처별로 달의 1일부터 말일까지의 공급가액을 합하여 해당 달의 말일을 작성 연월일로 하여 세금 계산서를 발급하는 경우
> ㉡ 거래처별로 달의 1일부터 말일까지의 기간 이내에서 사업자가 임의로 정한 기간의 공급가액을 합하여 그 기간의 종료일을 작성 연월일로 하여 세금계산서를 발급하는 경우
> ㉢ 관계 증명서류 등에 따라 실제거래사실이 확인되는 경우로서 해당 거래일을 작성 연월일로 하여 세금 계산서를 발급하는 경우

④ 매입자발행세금계산서에 따른 매입세액 공제 특례(법 제34조의2, 영 제71조의2) 24, 23, 22, 18년 기출

납세의무자로 등록한 사업자가 재화 또는 용역을 공급하고 세금계산서 발급 시기에 세금계산서를 발급하지 아니한 경우(사업자의 부도·폐업, 공급 계약의 해제·변경 또는 그 밖에 대통령령으로 정하는 사유가 발생한 경우로서 사업자가 수정세금계산서 또는 수정전자세금계산서를 발급하지 아니한 경우를 포함), 그 재화 또는 용역을 공급받은 자는 관할 세무서장의 확인을 받아 세금계산서를 발행할 수 있다. 매입자발행세금계산서에 기재된 부가가치세액은 공제를 받을 수 있는 매입세액으로 보며, 그 요건 및 절차는 다음과 같다.

> ㉠ 세금계산서 발급의무가 있는 사업자(영수증을 발급하여야 하는 사업자로 재화 또는 용역을 공급받는 사업자가 세금계산서의 발급을 요구하는 경우 발급해야 하는 경우 포함)를 말한다.
> ㉡ 매입자발행세금계산서의 신청인은 해당 재화 또는 용역의 공급시기가 속하는 과세기간의 종료일부터 1년 이내에 거래사실확인신청서에 거래사실을 객관적으로 입증할 수 있는 서류를 첨부하여 신청인 관할 세무서장에게 거래사실의 확인을 신청하여야 한다.
> ㉢ 거래사실의 확인신청 대상이 되는 거래는 거래건당 공급대가가 5만 원 이상인 경우로 한다.
> ㉣ 신청을 받은 관할 세무서장은 신청서에 재화 또는 용역을 공급한 자(공급자)의 인적사항이 부정확하거나 신청서 기재방식에 흠이 있는 경우에는 신청일부터 7일 이내에 일정한 기간을 정하여 보정요구를 할 수 있다.
> ㉤ 신청인이 ㉣의 기간 이내에 보정요구에 응하지 아니하거나 다음의 어느 하나에 해당하는 경우에는 신청인 관할 세무서장은 거래사실의 확인을 거부하는 결정을 하여야 한다.
>   ⓐ ㉡의 신청기간을 넘긴 것이 명백한 경우
>   ⓑ 신청서의 내용으로 보아 거래 당시 미등록사업자 또는 휴·폐업자와 거래한 것이 명백한 경우

ⓑ 신청인 관할 세무서장은 ⓜ에 따른 확인을 거부하는 결정을 하지 아니한 신청에 대해서는 거래사실확인신청서가 제출된 날(ⓔ에 따라 보정을 요구하였을 때에는 보정이 된 날)부터 7일 이내에 신청서와 제출된 증빙서류를 공급자 관할 세무서장에게 송부하여야 한다.

ⓐ 신청서를 송부받은 공급자 관할 세무서장은 신청인의 신청내용, 제출된 증빙자료를 검토하여 거래사실 여부를 확인하여야 한다. 이 경우 거래사실의 존재 및 그 내용에 대한 입증책임은 신청인에게 있다.

ⓞ 공급자 관할 세무서장은 신청일의 다음 달 말일까지 거래사실 여부를 확인한 후 거래사실이 확인되는 경우 그 내용의 확인 통지를, 확인되지 않는 경우 확인불가 통지를 공급자와 신청인 관할 세무서장에게 하여야 한다. 다만, 공급자의 부도, 일시 부재 등 불가피한 사유가 있는 경우에는 거래사실 확인기간을 20일 이내의 범위에서 연장할 수 있다.

ⓐ 신청인 관할 세무서장은 공급자 관할 세무서장으로부터 통지를 받은 후, 즉시 신청인에게 그 확인결과를 통지하여야 한다.

ⓐ 신청인 관할 세무서장으로부터 거래사실 확인 통지를 받은 신청인은 공급자 관할 세무서장이 확인한 거래일자를 작성일자로 하여 매입자발행세금계산서를 발행하여 공급자에게 교부하여야 한다.

ⓚ ⓐ에도 불구하고, 신청인 및 공급자가 관할 세무서장으로부터 거래사실 확인 통지를 받은 때에는 신청인이 매입자발행세금계산서를 공급자에게 교부한 것으로 본다.

ⓔ 매입자발행세금계산서를 공급자에게 교부하였거나 교부한 것으로 보는 경우 신청인은 예정신고, 확정신고 또는 경정청구를 할 때 기획재정부령으로 정하는 매입자발행세금계산서합계표를 제출한 경우에는 매입자발행세금계산서에 기재된 매입세액을 해당 재화 또는 용역의 공급시기에 해당하는 과세기간의 매출세액 또는 납부세액에서 매입세액으로 공제받을 수 있다.

기출문제

부가가치세법령상 매입자발행세금계산서의 발급사유로 옳은 것을 모두 고른 것은? 24년 기출

ㄱ. 사업자가 부도·폐업한 경우로서 수정세금계산서를 발급하지 않은 경우
ㄴ. 공급계약이 해제·변경된 경우로서 수정전자세금계산서를 발급하지 않은 경우
ㄷ. 재화 또는 용역을 공급한 자가 소재불명 또는 연락두절 상태인 경우
ㄹ. 재화 또는 용역을 공급한 자가 휴업하여 세금계산서를 발급받는 것이 곤란하다고 국세청장이 인정하는 경우

① ㄱ
② ㄱ, ㄴ
③ ㄴ, ㄷ, ㄹ
④ ㄱ, ㄴ, ㄹ
⑤ ㄱ, ㄴ, ㄷ, ㄹ

해설
ㄱ·ㄴ 법 제34조의2 제1항
ㄷ·ㄹ 영 제71조의2 제2항 제1호·제2호

정답 ⑤

(4) 수입세금계산서(법 제35조)

① 수입세금계산서의 발급 24, 21, 19, 18, 17, 16, 12년 기출

세관장은 수입되는 재화에 대하여 부가가치세를 징수할 때(부가가치세의 납부가 유예되는 때를 포함)에는 수입된 재화에 대한 세금계산서(수입세금계산서)를 대통령령으로 정하는 바에 따라 수입하는 자에게 발급하여야 한다. 이 경우 부가가치세 납부가 유예되는 때에는 수입세금계산서에 부가가치세 납부유예 표시를 하여 발급한다. 또한, 여러 개의 사업장이 있는 사업자가 재화를 수입하는 경우 수입신고필증상 적혀 있는 사업장과 해당 재화를 사용·소비할 사업장이 서로 다른 때에는 수입재화를 실제로 사용·소비할 사업장 명의로 세금계산서를 발급받을 수 있으며(집행기준 35-0-1), 재화를 수입하는 자가 사업자가 아닌 경우에는 수입세금계산서에 등록번호에 준하는 고유번호 또는 공급받는 자의 주민등록번호를 적어 발급하여야 한다(영 32조 제1항 준용).

② 수정수입세금계산서의 발급 17년 기출

세관장은 다음의 어느 하나에 해당하는 경우에는 수입하는 자에게 대통령령으로 정하는 바에 따라 수정 수입세금계산서를 발급하여야 한다.

> ㉠ 「관세법」에 따라 세관장이 과세표준 또는 세액을 결정 또는 경정하기 전에 수입하는 자가 대통령령으로 정하는 바에 따라 수정신고 등을 하는 경우(㉢에 따라 수정신고하는 경우는 제외)
> ㉡ 「관세법」에 따라 세관장이 과세표준 또는 세액을 결정 또는 경정하는 경우(수입하는 자가 해당 재화의 수입과 관련하여 다음의 어느 하나에 해당하지 아니하는 경우로 한정)
>   ⓐ 「관세법」을 위반하여 고발되거나 통고처분을 받은 경우
>   ⓑ 「관세법」에 따른 부정한 행위 또는 「자유무역협정의 이행을 위한 관세법의 특례에 관한 법률」에 따른 부정한 행위로 관세의 과세표준 또는 세액을 과소신고한 경우
>   ⓒ 수입자가 과세표준 또는 세액을 신고하면서 관세조사 등을 통하여 이미 통지받은 오류를 다음 신고 시에도 반복하는 등 대통령령으로 정하는 중대한 잘못이 있는 경우
> ㉢ 수입하는 자가 세관공무원의 관세조사 등 대통령령으로 정하는 행위가 발생하여 과세표준 또는 세액이 결정 또는 경정될 것을 미리 알고 그 결정·경정 전에 「관세법」에 따라 수정신고하는 경우(해당 재화의 수입과 관련하여 ②의 어느 하나에 해당하지 아니하는 경우로 한정)

③ 이미 발급한 수정수입세금계산서를 수정 전으로 되돌리는 발급

세관장은 ② ㉡ 또는 ㉢의 결정·경정 또는 수정신고에 따라 수정수입세금계산서를 발급한 후 수입하는 자가 ② ㉡의 어느 하나에 해당하는 사실을 알게 된 경우에는 이미 발급한 수정수입세금계산서를 그 수정 전으로 되돌리는 내용의 수정수입세금계산서를 발급하여야 한다.

④ 수정수입세금계산서의 발급

세관장은 ② ㉡ ⓐ에 해당하여 ② ㉡ 또는 ㉢에 따라 수정수입세금계산서를 발급하지 아니하였거나 ③에 따라 수정수입세금계산서를 다시 발급한 이후에 수입하는 자가 무죄 취지의 불기소 처분이나 무죄 확정판결을 받은 경우에는 당초 세관장이 결정 또는 경정한 내용이나 수입하는 자가 수정신고한 내용으로 수정수입세금계산서를 발급하여야 한다.

⑤ 세관장이 수정수입계금계산서를 발급하지 않는 경우

수입하는 자는 세관장이 수정수입세금계산서를 발급하지 아니하는 경우 「국세기본법」에 따른 제척기간 (5년 혹은 결정 또는 판결이 확정된 날부터 1년) 내에 대통령령으로 정하는 바에 따라 세관장에게 수정수 입세금계산서의 발급을 신청할 수 있다(영 제72조 제6항·제7항).

ⓒ **발급절차** : 수정수입세금계산서를 발급받으려는 자는 기획재정부령으로 정하는 수정수입세금계산서 발급신청서를 해당 부가가치세를 징수한 세관장에게 제출하여야 한다.

ⓛ **결과통지** : 신청을 받은 세관장은 신청을 받은 날부터 2개월 이내에 수정수입세금계산서를 발급하거나 발급할 이유가 없다는 뜻을 신청인에게 통지하여야 한다.

⑥ 세관장이 수정한 수입세금계산서를 발급하는 경우에는 그 작성일은 발급결정일로 적고 비고란에 최초 수입세금계산서 발급일 등을 덧붙여 적은 후 추가되는 금액은 검은색 글씨로 쓰며, 차감되는 금액은 붉은색 글씨로 쓰거나 음(陰)의 표시를 하여 발급한다(영 제72조 제8항).

⑦ 수정수입세금계산서를 발급한 세관장은 작성한 수정된 매출처별 세금계산서합계표를 해당 세관 소재지를 관할하는 세무서장에게 제출하여야 한다.

⑧ 위에서 규정한 사항 외에 수입세금계산서 또는 수정수입세금계산서의 작성과 발급 등에 필요한 사항은 대통령령으로 정한다.

(5) 영수증 등(법 제36조)

① **영수증의 발급** 22, 13년 기출

다음의 어느 하나에 해당하는 자가 재화 또는 용역을 공급(부가가치세가 면제되는 재화 또는 용역의 공급은 제외)하는 경우에는 재화 또는 용역의 공급시기에 대통령령으로 정하는 바에 따라 그 공급을 받은 자에게 세금계산서를 발급하는 대신 영수증을 발급하여야 한다.

> ㉠ 주로 사업자가 아닌 자에게 재화 또는 용역을 공급하는 사업자로서 대통령령으로 정하는 사업자(영 제73조 제1항)
> ⓐ 소매업
> ⓑ 음식점업(다과점업을 포함)
> ⓒ 숙박업
> ⓓ 미용, 욕탕 및 유사 서비스업
> ⓔ 여객운송업
> ⓕ 입장권을 발행하여 경영하는 사업
> ⓖ 변호사업, 심판변론인업, 변리사업, 법무사업, 공인회계사업, 세무사업, 경영지도사업, 기술지도사업, 감정평가사업, 손해사정인업, 통관업, 기술사업, 건축사업, 도선사업, 측량사업, 공인노무사업, 의사업, 한의사업, 약사업, 한약사업, 수의사업과 그 밖에 이와 유사한 사업서비스업 및 행정사업(사업자에게 공급하는 것은 제외)
> ⓗ 「우정사업 운영에 관한 특례법」에 따른 우정사업조직이 「우편법」에 따른 선택적 우편업무 중 소포우편물을 방문접수하여 배달하는 용역을 공급하는 사업
> ⓘ 요양급여의 대상에서 제외되는 쌍꺼풀수술 등의 진료용역을 공급하는 사업
> ⓙ 수의사가 제공하는 동물의 진료용역
> ⓚ 무도학원 및 자동차운전학원의 용역을 공급하는 사업
> ⓛ 「전자서명법」에 따라 전자서명인증사업자가 인증서를 발급하는 사업
> ⓜ 간편사업자등록을 한 사업자가 국내에 전자적 용역을 공급하는 사업
> ⓝ 주로 사업자가 아닌 소비자에게 재화 또는 용역을 공급하는 사업으로서 기획재정부령으로 정하는 사업

    ⓛ 간이과세자 중 다음의 어느 하나에 해당하는 자

        ⓐ 직전 연도의 공급대가의 합계액(직전 과세기간에 신규로 사업을 시작한 개인사업자의 경우, 그 사업 개시일부터 그 과세기간 종료일까지의 공급대가를 합한 금액을 12개월로 환산한 금액)이 4천 800만 원 미만인 자

        ⓑ 신규로 사업을 시작하는 개인사업자로서 간이과세자로 하는 최초의 과세기간 중에 있는 자

② 전기사업자가 산업용이 아닌 전력을 공급하는 경우

「전기사업법」에 따른 전기사업자가 산업용이 아닌 전력을 공급하는 경우 등 대통령령으로 정하는 다음의 어느 하나에 해당하는 경우 해당 사업자는 영수증을 발급할 수 있다. 이 경우 해당 사업자가 영수증을 발급하지 아니하면 세금계산서를 발급하여야 한다(영 제73조 제2항).

    ㉠ 임시사업장을 개설한 사업자가 그 임시사업장에서 사업자가 아닌 소비자에게 재화 또는 용역을 공급하는 경우

    ㉡ 「전기사업법」에 따른 전기사업자가 산업용이 아닌 전력을 공급하는 경우

    ㉢ 「전기통신사업법」에 따른 전기통신사업자가 전기통신역무를 제공하는 경우(다만, 부가통신사업자가 통신판매업자에게 「전기통신사업법」에 따른 부가통신역무를 제공하는 경우는 제외)

    ㉣ 「도시가스사업법」에 따른 도시가스사업자가 산업용이 아닌 도시가스를 공급하는 경우

    ㉤ 「집단에너지사업법」에 따라 집단에너지를 공급하는 사업자가 산업용이 아닌 열 또는 산업용이 아닌 전기를 공급하는 경우

    ㉥ 「방송법」에 따른 방송사업자가 사업자가 아닌 자에게 방송용역을 제공하는 경우

    ㉦ 「인터넷 멀티미디어 방송사업법」에 따른 인터넷 멀티미디어 방송 제공사업자가 사업자가 아닌 자에게 방송용역을 제공하는 경우

③ 사업자등록증을 제시하고 세금계산서의 발급을 요구하는 경우(법 제36조 제3항, 영 제73조 제3항~제6항)

22, 13년 기출

재화 또는 용역을 공급받는 자가 사업자등록증을 제시하고 세금계산서의 발급을 요구하는 경우로서 대통령령으로 정하는 경우에는 세금계산서를 발급하여야 한다.

    ㉠ 소비자에 재화 또는 용역을 공급하는 경우 : 소매업·음식점업(다과점업을 포함)·숙박업, 여객운송업(전세버스운송사업으로 한정), 간이과세 적용에서 제외되는 변호사업 등의 사업 및 행정사업, 선택적 우편업무 중 소포우편물을 방문접수하여 배달하는 용역을 공급하는 사업, 인증서를 발급하는 사업 또는 주로 사업자가 아닌 소비자에게 재화 또는 용역을 공급하는 사업으로서 기획재정부령으로 정하는 사업을 하는 사업자와 위 ②의 어느 하나에 해당하는 사업자가 재화 또는 용역을 공급하는 경우로서 그 재화 또는 용역을 공급받는 사업자가 사업자등록증을 제시하고 세금계산서 발급을 요구하는 경우에는 세금계산서를 발급해야 한다.

    ㉡ 용역을 공급하는 사업자가 감가상각자산 또는 역무 외 업무를 공급하는 경우 : 미용·욕탕 및 유사 서비스업, 여객운송업(전세버스운송사업은 제외), 입장권을 발행하여 경영하는 사업 또는 요양급여의 대상에서 제외되는 의료보건 용역을 공급하는 사업, 수의사가 제공하는 면세되는 동물의 진료용역, 무도학원 및 자동차운전학원의 용역을 공급하는 사업을 하는 사업자가 감가상각자산을 공급하거나 역무 외의 역무를 공급하는 경우로서 그 재화 또는 용역을 공급받는 사업자가 사업자등록증을 제시하고 세금계산서의 발급을 요구하는 경우에는 세금계산서를 발급해야 한다.

© 영수증 발급 후 세금계산서 발급을 요구하는 경우 : 주로 사업자가 아닌 소비자에게 재화 또는 용역을 공급하는 사업으로서 기획재정부령으로 정하는 사업을 하는 사업자 중 자동차 제조업 및 자동차 판매업을 경영하는 사업자가 영수증을 발급하였으나, 그 사업자로부터 재화를 공급받는 사업자가 해당 재화를 공급받는 날이 속하는 과세기간의 다음 달 10일까지 사업자등록증을 제시하고 세금계산서 발급을 요구하는 경우에는 세금계산서를 발급해야 한다. 이 경우 처음에 발급한 영수증은 발급되지 않은 것으로 본다.

ⓔ 영수증을 발급하지 않는 경우 : 간이과세자, 일반과세자 중 주로 사업자가 아닌 자에게 재화 또는 용역을 공급하는 사업자로서 대통령령으로 정하는 사업자가 재화 또는 용역을 공급하는 경우에는 영수증을 발급하지 아니한다. 다만, 소매업 또는 미용, 욕탕 및 유사 서비스업을 경영하는 자가 재화 또는 용역을 공급하는 경우에는 공급받는 자가 영수증 발급을 요구하지 아니하는 경우로 한정한다.

④ 공급대가를 적은 계산서의 발급 13년 기출
영수증을 발급하는 사업자는 금전등록기를 설치하여 영수증을 대신하여 공급대가를 적은 계산서를 발급할 수 있다. 이 경우 사업자가 계산서를 발급하고 해당 감사테이프를 보관한 경우에는 영수증을 발급하고 장부의 작성을 이행한 것으로 보며, 현금수입을 기준으로 부가가치세를 부과할 수 있다.

⑤ 영수증의 의제
신용카드매출전표 등은 영수증으로 본다.

⑥ 기계적 장치를 사용한 영수증의 발급(영 제73조 제8항)
①의 사업을 하는 사업자와 ②의 어느 하나에 해당하는 사업자가 신용카드기 또는 직불카드기 등 기계적 장치(금전등록기는 제외)를 사용하여 영수증을 발급할 때에는 영수증에 공급가액과 세액을 별도로 구분하여 적어야 한다.

⑦ 영수증의 발급방법(영 제73조 제9항)
영수증은 다음 어느 하나에 해당하는 방법으로 발급할 수 있다.

> ⊙ 신용카드단말기 또는 현금영수증 발급장치 등을 통해 신용카드매출전표 등을 출력하여 공급받는 자에게 발급하는 방법
> ⓛ 공급자의 등록번호·상호·성명(법인의 경우 대표자의 성명), 공급대가, 작성 연월일 등이 기재된 결제내역을 전자문서의 형태로 공급받는 자에게 송신하는 방법(공급받는 자가 동의한 경우에 한정). 이 경우 전자적 방법으로 생성·저장된 결제내역을 정보통신망 등을 통하여 확인할 수 있는 경우에는 공급받는 자에게 송신한 것으로 본다.

⑧ 간이과세자의 영수증 발급 적용기간(법 제36조의2)
⊙ 영수증 발급 규정이 적용되거나 적용되지 아니하게 되는 기간 : 영수증 발급에 관한 규정이 적용되거나 적용되지 아니하게 되는 기간은 해의 1월 1일부터 12월 31일까지의 공급대가의 합계액(신규로 사업을 시작한 개인사업자의 경우 직전 과세기간에 신규로 사업을 시작한 개인사업자에 대하여는 그 사업 개시일부터 그 과세기간 종료일까지의 공급대가를 합한 금액을 12개월로 환산한 금액)이 4천800만 원에 미달하거나 그 이상이 되는 해의 다음 해의 7월 1일부터 그 다음 해의 6월 30일까지로 한다.

ⓛ 영수증 발급 규정이 적용되는 기간 : 영수증 발급에 관한 규정이 적용되는 기간은 사업 개시일부터 사업을 시작한 해의 다음 해의 6월 30일까지로 한다.

ⓒ 영수증 발급 규정이 적용되지 않는 경우(영 제73조 제10항) : 간이과세자인 사업자가 영수증 발급 적용기
간에 재화 또는 용역을 공급한 경우에는 ③의 ㉠부터 ⓒ까지 및 ⑥을 적용하지 않는다.

(6) 장부의 작성·보관(법 제71조 제3항) 19, 13년 기출

사업자는 기록한 장부와 발급하거나 발급받은 세금계산서, 수입세금계산서 또는 영수증을 그 거래사실이
속하는 과세기간에 대한 확정신고기한 후 5년간 보존하여야 한다. 다만, 전자세금계산서를 발급한 사업자가
국세청장에게 전자세금계산서 발급명세를 전송한 경우에는 그러하지 아니하다.

제3절 납부세액 등

1. 납부세액 등의 계산(법 제37조)

(1) 매출세액의 계산 23, 21년 기출

매출세액은 과세표준에 10%의 세율을 적용하여 계산한 금액으로 한다.

(2) 납부세액의 계산

① 납부세액의 계산구조 23, 21, 18, 12년 기출

납부세액은 매출세액(대손세액을 뺀 금액)에서 매입세액, 그 밖에 부가가치세법 및 다른 법률에 따라
공제되는 매입세액을 뺀 금액으로 한다. 이 경우 매출세액을 초과하는 부분의 매입세액은 환급세액으로
한다.

② 계산식

납부세액을 기준으로 사업자가 최종 납부하거나 환급받을 세액은 다음 계산식에 따라 계산한다.

납부하거나 환급받을 세액 = A − B + C

A : 납부세액 또는 환급세액
B : 부가가치세법 및 다른 법률에서 정하는 공제세액
C : 부가가치세법 및 「국세기본법」의 규정에 따른 가산세

(3) 매입세액의 계산

① 공제하는 매입세액(법 제38조) 24, 21, 19, 12, 10년 기출

매출세액에서 공제하는 매입세액은 다음의 금액을 말한다.

㉠ 사업자가 자기의 사업을 위하여 사용하였거나 사용할 목적으로 공급받은 재화 또는 용역에 대한 부가가치
세액 : 재화 또는 용역을 공급받는 시기가 속하는 과세기간의 매출세액에서 공제
㉡ 사업자가 자기의 사업을 위하여 사용하였거나 사용할 목적으로 수입하는 재화의 수입에 대한 부가가
치세액 : 재화의 수입시기가 속하는 과세기간의 매출세액에서 공제

그리고, 재화 또는 용역의 공급시기 후에 발급받은 세금계산서로서 해당 공급시기가 속하는 과세기간에 대한 확정신고기한까지 발급받은 세금계산서의 매입세액은 매출세액에서 공제할 수 있다. 또한, 전자세금계산서를 발급하여야 할 사업자로부터 발급받은 전자세금계산서로서 국세청장에게 전송되지 아니하였으나 발급한 사실이 확인되는 경우 해당 매입세액은 매출세액에서 공제할 수 있다.

알아두기

사업상 피해재산의 복구와 관련된 매입세액 공제(통칙 38-0-2) 15, 13년 기출
사업자가 자기사업과 관련하여 타인의 재산에 손해를 입혀 해당 피해재산의 복구에 관련된 매입세액은 매출세액에서 공제한다.

국가 · 공익단체 등에 무상으로 공급하는 재화의 매입세액 공제(통칙 38-0-6) 15년 기출
자기의 사업과 관련하여 생산하거나 취득한 재화를 국가 · 지방자치단체 등에 무상으로 공급하는 경우 해당 재화의 매입세액은 매출세액에서 공제하나, 자기의 사업과 관련 없이 취득한 재화를 국가 · 지방자치단체 등에 무상으로 공급하는 경우 해당 재화의 매입세액은 공제하지 아니한다.

수입세금계산서에 의한 매입세액 공제(통칙 38-0-7) 21, 15년 기출
사업자가 자기의 사업과 관련된 재화의 수입에 따른 수입세금계산서를 수입일이 속하는 과세기간 경과 후에 발급받은 때에는 수입세금계산서를 발급받은 날이 속하는 과세기간의 매출세액에서 공제받을 수 있다.

② 공제하지 아니하는 매입세액(법 제39조) 23, 22, 21, 20, 19, 18, 17, 16, 15, 14, 13, 12, 11, 10년 기출
　다음의 매입세액은 매출세액에서 공제하지 아니한다.
　　㉠ 매입처별 세금계산서합계표를 제출하지 아니한 경우의 매입세액 또는 제출한 매입처별 세금계산서합계표의 기재사항 중 거래처별 등록번호 또는 공급가액의 전부 또는 일부가 적히지 아니하였거나 사실과 다르게 적힌 경우 그 기재사항이 적히지 아니한 부분 또는 사실과 다르게 적힌 부분의 매입세액. 다만, 대통령령으로 정하는 다음의 어느 하나에 해당하는 경우의 매입세액은 제외한다(영 제74조).

> ⓐ 발급받은 세금계산서에 대한 매입처별 세금계산서합계표 또는 신용카드매출전표 등의 수령명세서(정보처리시스템으로 처리된 전산매체를 포함)를「국세기본법 시행령」에 따라 과세표준수정신고서와 함께 제출하는 경우
> ⓑ 발급받은 세금계산서에 대한 매입처별 세금계산서합계표 또는 신용카드매출전표 등 수령명세서를「국세기본법 시행령」에 따라 경정청구서와 함께 제출하여 경정기관이 경정하는 경우
> ⓒ 발급받은 세금계산서에 대한 매입처별 세금계산서합계표 또는 신용카드매출전표 등 수령명세서를「국세기본법 시행령」에 따른 기한후과세표준신고서와 함께 제출하여 관할 세무서장이 결정하는 경우
> ⓓ 발급받은 세금계산서에 대한 매입처별 세금계산서합계표의 거래처별 등록번호 또는 공급가액이 착오로 사실과 다르게 적힌 경우로서 발급받은 세금계산서에 의하여 거래사실이 확인되는 경우
> ⓔ 경정을 하는 경우 사업자가 발급받은 세금계산서 또는 발급받은 신용카드매출전표 등을 경정기관의 확인을 거쳐 해당 경정기관에 제출하는 경우

　　㉡ 세금계산서 또는 수입세금계산서를 발급받지 아니한 경우 또는 발급받은 세금계산서 또는 수입세금계산서에 필요적 기재사항의 전부 또는 일부가 적히지 아니하였거나 사실과 다르게 적힌 경우의 매입세액(공급가액이 사실과 다르게 적힌 경우에는 실제 공급가액과 사실과 다르게 적힌 금액의 차액에 해당하는 세액). 다만, 대통령령으로 정하는 다음의 어느 하나에 해당하는 경우의 매입세액은 제외한다(영 제75조).

ⓐ 사업자등록을 신청한 사업자가 사업자등록증 발급일까지의 거래에 대하여 해당 사업자 또는 대표자의 주민등록번호를 적어 발급받은 경우

ⓑ 발급받은 세금계산서의 필요적 기재사항 중 일부가 착오로 사실과 다르게 적혔으나 그 세금계산서에 적힌 나머지 필요적 기재사항 또는 임의적 기재사항으로 보아 거래사실이 확인되는 경우

ⓒ 재화 또는 용역의 공급시기 이후에 발급받은 세금계산서로서 해당 공급시기가 속하는 과세기간에 대한 확정신고기한까지 발급받은 경우

ⓓ 발급받은 전자세금계산서로서 국세청장에게 전송되지 아니하였으나 발급한 사실이 확인되는 경우

ⓔ 전자세금계산서 외의 세금계산서로서 재화 또는 용역의 공급시기가 속하는 과세기간에 대한 확정신고기한까지 발급받았고, 그 거래사실도 확인되는 경우

ⓕ 실제로 재화 또는 용역을 공급하거나 공급받은 사업장이 아닌 사업장을 적은 세금계산서를 발급받았더라도 그 사업장이 총괄하여 납부하거나 사업자 단위 과세 사업자에 해당하는 사업장인 경우로서 그 재화 또는 용역을 실제로 공급한 사업자가 납세지 관할 세무서장에게 해당 과세기간에 대한 납부세액을 신고하고 납부한 경우

ⓖ 재화 또는 용역의 공급시기가 속하는 과세기간에 대한 확정신고기한이 지난 후 세금계산서를 발급받았더라도 그 세금계산서의 발급일이 확정신고기한 다음 날부터 1년 이내에 발급받은 경우로서 과세표준수정신고서와 경정 청구서를 세금계산서와 함께 제출하는 경우 또는 해당 거래사실이 확인되어 납세지 관할 세무서장 등이 결정 또는 경정하는 경우

ⓗ 재화 또는 용역의 공급시기 전에 세금계산서를 발급받았더라도 재화 또는 용역의 공급시기가 그 세금계산서의 발급일부터 6개월 이내에 도래하고 해당 거래사실이 확인되어 납세지 관할 세무서장 등이 결정 또는 경정하는 경우

ⓘ 다음의 경우로서 그 거래사실이 확인되고 거래 당사자가 납세지 관할 세무서장에게 해당 납부세액을 신고하고 납부한 경우
  • 거래의 실질이 위탁매매 또는 대리인에 의한 매매에 해당함에도 불구하고 거래 당사자 간 계약에 따라 위탁매매 또는 대리인에 의한 매매가 아닌 거래로 하여 세금계산서를 발급받은 경우
  • 거래의 실질이 위탁매매 또는 대리인에 의한 매매에 해당하지 않음에도 불구하고 거래 당사자 간 계약에 따라 위탁매매 또는 대리인에 의한 매매로 하여 세금계산서를 발급받은 경우
  • 거래의 실질이 용역의 공급에 대한 주선·중개에 해당함에도 불구하고 거래 당사자 간 계약에 따라 용역의 공급에 대한 주선·중개가 아닌 거래로 하여 세금계산서를 발급받은 경우
  • 거래의 실질이 용역의 공급에 대한 주선·중개에 해당하지 않음에도 불구하고 거래 당사자 간 계약에 따라 용역의 공급에 대한 주선·중개로 하여 세금계산서를 발급받은 경우
  • 다른 사업자로부터 사업(용역을 공급하는 사업으로 한정)을 위탁받아 수행하는 사업자가 위탁받은 사업의 수행에 필요한 비용을 사업을 위탁한 사업자로부터 지급받아 지출한 경우로서 해당 비용을 공급가액에 포함해야 함에도 불구하고 거래 당사자 간 계약에 따라 이를 공급가액에서 제외하여 세금계산서를 발급받은 경우
  • 다른 사업자로부터 사업을 위탁받아 수행하는 사업자가 위탁받은 사업의 수행에 필요한 비용을 사업을 위탁한 사업자로부터 지급받아 지출한 경우로서 해당 비용을 공급가액에서 제외해야 함에도 불구하고 거래 당사자 간 계약에 따라 이를 공급가액에 포함하여 세금계산서를 발급받은 경우
  • 공급가액에 포함하지 않아야 함에도 불구하고 거래 당사자 간 계약에 따라 해당 금액을 장려금이나 이와 유사한 금액으로 보고, 이를 공급가액에 포함하여 세금계산서를 발급받은 경우

ⓙ 부가가치세를 납부해야 하는 수탁자가 위탁자를 재화 또는 용역을 공급받는 자로 하여 발급된 세금계산서의 부가가치세액을 매출세액에서 공제받으려는 경우로서 그 거래사실이 확인되고 재화 또는 용역을 공급한 자가 납세지 관할 세무서장에게 해당 납부세액을 신고하고 납부한 경우

ⓚ 부가가치세를 납부해야 하는 위탁자가 수탁자를 재화 또는 용역을 공급받는 자로 하여 발급된 세금계산서의 부가가치세액을 매출세액에서 공제받으려는 경우로서 그 거래사실이 확인되고 재화 또는 용역을 공급한 자가 납세지 관할 세무서장에게 해당 납부세액을 신고하고 납부한 경우

ⓒ 사업과 직접 관련이 없는 지출로서 대통령령으로 정하는 것에 대한 매입세액
ⓓ 「개별소비세법」에 따른 자동차(운수업, 자동차판매업 등 대통령령으로 정하는 업종에 직접 영업으로 사용되는 것은 제외)의 구입과 임차 및 유지에 관한 매입세액
ⓔ 기업업무추진비 및 이와 유사한 비용으로서 대통령령으로 정하는 비용의 지출(「소득세법」 및 「법인세법」에 따른 기업업무추진비 및 이와 유사한 비용의 지출)에 관련된 매입세액
ⓕ 면세사업 등에 관련된 매입세액(면세사업 등을 위한 투자에 관련된 매입세액을 포함)과 대통령령으로 정하는 토지의 조성 등을 위한 자본적 지출에 관련된 매입세액으로서 다음의 어느 하나에 해당하는 경우를 말한다(영 제80조).

> ⓐ 토지의 취득 및 형질변경, 공장부지 및 택지의 조성 등에 관련된 매입세액
> ⓑ 건축물이 있는 토지를 취득하여 그 건축물을 철거하고 토지만 사용하는 경우에는 철거한 건축물의 취득 및 철거 비용과 관련된 매입세액
> ⓒ 토지의 가치를 현실적으로 증가시켜 토지의 취득원가를 구성하는 비용에 관련된 매입세액

ⓖ 사업자등록을 신청하기 전의 매입세액. 다만, 공급시기가 속하는 과세기간이 끝난 후 20일 이내에 등록을 신청한 경우 등록신청일부터 공급시기가 속하는 과세기간 기산일까지 역산한 기간 내의 것은 제외한다.

알아두기

공급시기 후에 발급받은 세금계산서의 매입세액 불공제(통칙 39-75-1) 15, 13년 기출
공급시기 후에 발급받은 세금계산서의 매입세액은 매출세액에서 공제 또는 환급하지 아니한다. 다만, 재화 또는 용역의 공급시기 후에 발급받은 세금계산서로서 해당 공급시기가 속하는 과세기간에 대한 확정신고기한까지 발급받은 경우에는 그러하지 아니한다.

③ **공통매입세액의 안분(법 제40조)** 23, 22, 21, 20, 19, 18, 14, 12, 10년 기출
　사업자가 과세사업과 면세사업 등을 겸영하는 경우에 과세사업과 면세사업 등에 관련된 매입세액의 계산은 실지귀속에 따라 하되, 실지귀속을 구분할 수 없는 매입세액(공통매입세액)은 총공급가액에 대한 면세공급가액의 비율 등 대통령령으로 정하는 기준(공통매입세액 안분기준)을 적용하여 대통령령으로 정하는 바에 따라 안분하여 계산한다.
㉠ **공통매입세액 안분계산(영 제81조)**
　ⓐ 과세사업과 면세사업 등을 겸영하는 경우로서 실지귀속을 구분할 수 없는 매입세액(공통매입세액)이 있는 경우 면세사업 등에 관련된 매입세액은 인원 수에 따르는 등 기획재정부령으로 정하는 경우를 제외하고는 다음 계산식에 따라 안분하여 계산한다. 다만, 예정신고를 할 때에는 예정신고기간에 있어서 총공급가액에 대한 면세공급가액(면세사업 등에 대한 공급가액과 사업자가 해당 면세사업 등과 관련하여 받았으나 과세표준에 포함되지 아니하는 국고보조금과 공공보조금 및 이와 유사한 금액의 합계액)의 비율에 따라 안분하여 계산하고, 확정신고를 할 때에 정산한다.

$$\text{면세사업 등에 관련된 매입세액} = \text{공통매입세액} \times \frac{\text{면세공급가액}}{\text{총공급가액}}$$

ⓑ 다음의 어느 하나에 해당하는 경우에는 해당 재화 또는 용역의 매입세액은 공제되는 매입세액으로 한다.

- 해당 과세기간의 총공급가액 중 면세공급가액이 5% 미만인 경우의 공통매입세액(다만, 공통매입세액이 5백만 원 이상인 경우는 제외)
- 해당 과세기간 중의 공통매입세액이 5만 원 미만인 경우의 매입세액
- 재화를 공급하는 날이 속하는 과세기간에 신규로 사업을 시작하여 직전 과세기간이 없는 경우가 적용되는 재화에 대한 매입세액

ⓒ 「전기통신사업법」에 따른 전기통신사업자 및 「한국철도공사법」에 따른 한국철도공사는 실지귀속을 구분하기 어려운 재화 또는 용역에 대해서만 다음 계산식에 따라 공통매입세액을 안분하여 계산할 수 있다.

$$\text{면세사업 등에 관련된 매입세액} = \text{공통매입세액} \times \frac{\text{전 사업장의 면세공급가액}}{\text{전 사업장의 총공급가액}}$$

ⓓ 해당 과세기간 중 과세사업과 면세사업 등의 공급가액이 없거나 그 어느 한 사업의 공급가액이 없는 경우에 해당 과세기간에 대한 안분계산은 다음의 순서에 따른다. 다만, 건물 또는 구축물을 신축하거나 취득하여 과세사업과 면세사업 등에 제공할 예정면적을 구분할 수 있는 경우에는 총예정사용면적에 대한 면세사업 등에 관련된 예정사용면적의 비율을 우선하여 적용한다.

- 총매입가액(공통매입가액은 제외)에 대한 면세사업 등에 관련된 매입가액의 비율
- 총예정공급가액에 대한 면세사업 등에 관련된 예정공급가액의 비율
- 총예정사용면적에 대한 면세사업 등에 관련된 예정사용면적의 비율

ⓔ 토지를 제외한 건물 또는 구축물에 대하여 예정사용면적의 비율을 적용하여 공통매입세액 안분계산을 하였을 때에는 그 후 과세사업과 면세사업 등의 공급가액이 모두 있게 되어 공급가액 비율에 따라 공통매입세액을 계산할 수 있는 경우에도 과세사업과 면세사업 등의 사용면적이 확정되기 전의 과세기간까지는 예정사용면적의 비율을 적용하고, 과세사업과 면세사업 등의 사용면적이 확정되는 과세기간에 공통매입세액을 정산한다.

ⓛ **공통매입세액의 정산(영 제82조)** : 사업자가 매입세액을 안분하여 계산한 경우에는 해당 재화의 취득으로 과세사업과 면세사업 등의 공급가액, 과세사업과 면세사업 등의 사용면적이 확정되는 과세기간에 대한 납부세액을 확정신고할 때에 다음의 계산식에 따라 정산한다. 다만, 예정신고를 할 때에는 예정신고기간에 있어서 총공급가액에 대한 면세공급가액의 비율, 총사용면적에 대한 면세 또는 비과세 사용면적의 비율에 따라 안분하여 계산하고, 확정신고를 할 때에 정산한다.

ⓐ 매입가액의 비율 및 예정공급가액의 비율에 따라 매입세액을 안분하여 계산한 경우

$$\text{가산되거나 공제되는 세액} = \text{총공통 매입세액} \times \left(1 - \frac{\text{과세사업과 면세사업 등의 공급가액이 확정되는 과세기간의 면세공급가액}}{\text{과세사업과 면세사업 등의 공급가액이 확정되는 과세기간의 총공급가액}}\right) - \text{이미 공제한 세액}$$

ⓑ 예정사용면적의 비율에 따라 매입세액을 안분하여 계산한 경우

$$\text{가산되거나 공제되는 세액} = \text{총공통 매입세액} \times \left(1 - \frac{\text{과세사업과 면세사업 등의 사용면적이 확정되는 과세기간의 면세사용면적}}{\text{과세사업과 면세사업 등의 사용면적이 확정되는 과세기간의 총사용면적}}\right) - \text{이미 공제한 세액}$$

④ **공통매입세액 재계산(법 제41조, 영 제83조)** 23, 21, 20, 18, 16년 기출

감가상각자산에 대하여 공통매입세액의 안분계산에 따라 매입세액이 공제된 후 공통매입세액 안분기준에 따른 비율과 감가상각자산의 취득일이 속하는 과세기간(그 후의 과세기간에 재계산한 때는 그 재계산한 과세기간)에 적용되었던 공통매입세액 안분기준에 따른 비율이 5% 이상 차이가 나면 대통령령으로 정하는 바에 따라 납부세액 또는 환급세액을 다시 계산하여 해당 과세기간의 확정신고와 함께 관할 세무서장에게 신고·납부하여야 한다.

㉠ 납부세액 또는 환급세액의 재계산 : 감가상각자산에 대한 매입세액이 공제된 후 총공급가액에 대한 면세공급가액의 비율 또는 총사용면적에 대한 면세사용면적의 비율과 해당 감가상각자산의 취득일이 속하는 과세기간(그 후의 과세기간에 재계산하였을 때에는 그 재계산한 기간)에 적용하였던 비율 간의 차이가 5% 이상인 경우에만 적용한다.

㉡ 납부세액에 가산 또는 공제하거나 환급세액에 가산 또는 공제하는 세액 : 납부세액 또는 환급세액의 재계산에 따라 납부세액에 가산 또는 공제하거나 환급세액에 가산 또는 공제하는 세액은 다음의 계산식에 따라 계산한 금액으로 한다. 이 경우 경과된 과세기간의 수는 과세기간 단위로 계산하되, 건물 또는 구축물의 경과된 과세기간의 수가 20을 초과할 때에는 20으로, 그 밖의 감가상각자산의 경과된 과세기간의 수가 4를 초과할 때에는 4로 한다.

ⓐ 건물 또는 구축물

$$\text{가산되거나 공제되는 세액} = \text{해당 재화의 매입세액} \times \left(1 - \frac{5}{100} \times \text{경과된 과세기간의 수}\right) \times \text{증가되거나 감소된 면세공급가액의 비율 또는 증가되거나 감소된 면세사용면적의 비율}$$

ⓑ 그 밖의 감가상각자산

$$\text{가산되거나 공제되는 세액} = \text{해당 재화의 매입세액} \times \left(1 - \frac{25}{100} \times \text{경과된 과세기간의 수}\right) \times \text{증가되거나 감소된 면세공급가액의 비율 또는 증가되거나 감소된 면세사용면적의 비율}$$

ⓒ 재계산의 적용 : 해당 취득일이 속하는 과세기간의 총공급가액에 대한 면세공급가액의 비율로 안분 하여 계산한 경우에는 증가되거나 감소된 면세공급가액의 비율에 따라 재계산하고, 해당 취득일이 속하는 과세기간의 총사용면적에 대한 면세사용면적의 비율로 안분하여 계산한 경우에는 증가되거 나 감소된 면세사용면적의 비율에 따라 재계산한다.

ⓔ 재계산의 배제

ⓐ 과세사업에 제공한 감가상각자산이 자가공급 등에 해당하게 되어 공급된 것으로 간주하는 경우에 는 재계산을 배제한다(영 제83조 제4항).

ⓑ 과세사업과 면세사업에 공통으로 사용된 감가상각자산을 공급하는 경우에 해당 재화를 공급하는 날이 속하는 과세기간에는 그 재화에 대한 납부세액 또는 환급세액의 재계산을 하지 아니한다(규 칙 제55조 제3항).

2. 공제특례

(1) 면세농산물 등 의제매입세액 공제특례(법 제42조)

① 적용대상(법 제42조 제1항, 영 제84조) 24, 23, 21, 20, 19, 18, 16, 15, 14, 13, 12년 기출

사업자가 부가가치세를 면제받아 공급받거나 수입한 농산물·축산물·수산물 또는 임산물(면세농산물 등)을 원재료로 하여 제조·가공한 재화 또는 창출한 용역의 공급에 대하여 부가가치세가 과세되는 경우 (면세를 포기하고 영세율을 적용받는 경우는 제외)에는 면세농산물 등을 공급받거나 수입할 때 매입세액 이 있는 것으로 보아 면세농산물 등의 가액(대통령령으로 정하는 금액을 한도로 함)에 다음 표의 구분에 따른 율을 곱하여 계산한 금액을 매입세액으로 공제할 수 있다.

구 분		율
음식점업	가. 「개별소비세법」 제1조 제4항에 따른 과세유흥장소의 경영자	102분의 2
	나. 가. 외의 음식점을 경영하는 사업자 중 개인사업자	108분의 8(과세표준 2억 원 이하인 경우에는 2026년 12월 31일까지 109분의 9)
	다. 가. 및 나. 외의 사업자	106분의 6
제조업	가. 과자점업, 도정업, 제분업 및 떡류 제조업 중 떡방앗간을 경영 하는 개인사업자	106분의 6
	나. 가. 외의 제조업을 경영하는 사업자 중 중소기업 및 개인사업자	104분의 4
	다. 가. 및 나. 외의 사업자	102분의 2
음식점업 및 제조업 외의 사업		102분의 2

주의 의제매입세액에 대한 공제는 면세를 포기하고 영세율을 적용받는 경우는 제외된다.

㉠ 매입세액으로서 공제할 수 있는 면세농산물 등은 부가가치세를 면제받아 공급받은 농산물, 축산물, 수산물 또는 임산물(1차 가공을 거친 것, 단순가공, 소금을 포함)로 한다.

㉡ 매입세액으로서 공제할 수 있는 금액의 한도 : 해당 과세기간에 해당 사업자가 면세농산물 등과 관련 하여 공급한 과세표준에 100분의 30(개인사업자에 대해서는 과세표준이 2억 원 이하인 경우에는 100 분의 50, 과세표준이 2억 원 초과인 경우에는 100분의 40)을 곱하여 계산한 금액으로 한다. 다만, 2025년 12월 31일까지는 법인사업자와 음식점업을 경영하는 개인사업자가 매입세액으로서 공제할 수 있는 금액의 한도는 다음의 구분에 따라 계산한 금액으로 한다.

ⓐ 법인사업자 : 과세표준에 100분의 50을 곱하여 계산한 금액에 공제율을 곱한 금액

ⓑ 음식점업을 경영하는 개인사업자는 다음의 구분에 따라 계산한 금액에 공제율을 곱한 금액
- 과세표준이 1억 원 이하인 경우 : 과세표준에 100분의 75를 곱하여 계산한 금액
- 과세표준이 1억 원 초과 2억 원 이하인 경우 : 과세표준에 100분의 70을 곱하여 계산한 금액
- 과세표준이 2억 원 초과인 경우 : 과세표준에 100분의 60을 곱하여 계산한 금액

ⓒ 음식점 외의 사업을 경영하는 개인사업자는 다음의 구분에 따라 계산한 금액에 공제율을 곱한 금액
- 과세표준이 2억 원 이하인 경우 : 과세표준에 100분의 65를 곱하여 계산한 금액
- 과세표준이 2억 원 초과인 경우 : 과세표준에 100분의 55를 곱하여 계산한 금액

기출문제

부가가치세법령상 면세농산물 등 의제매입세액공제에 관한 설명으로 옳지 않은 것은? 24년 기출

① 음식점업을 경영하는 사업자가 농어민으로부터 면세농산물 등을 직접 공급받고 매입세액공제를 받으려면 의제매입세액공제신고서만 제출한다.
② 면세를 포기하고 영세율을 적용받는 경우 사업에 사용한 면세농산물 등의 가액에 대하여는 의제매입세액공제를 적용하지 않는다.
③ 의제매입세액으로서 공제한 면세농산물 등을 그대로 양도할 때에는 그 공제한 금액을 납부세액에 가산하거나 환급세액에서 공제하여야 한다.
④ 수입되는 면세농산물 등의 의제매입세액을 계산할 때 그 수입가액은 관세의 과세가격으로 한다.
⑤ 면세농산물 등을 예정신고기간에 공급받는 경우 예정신고 시 의제매입세액을 공제할 수 있다.

[해설]
음식점업을 경영하는 사업자가 농어민으로부터 면세농산물 등을 직접 공급받고 매입세액공제를 받으려면 의제매입세액공제신고서와 다음 중 어느 하나에 해당하는 서류를 관할 세무서장에게 제출하여야 한다(영 제84조 제5항).
- 「소득세법」 제163조 또는 「법인세법」 제121조에 따른 매입처별 계산서합계표
- 기획재정부령으로 정하는 신용카드매출전표 등 수령명세서
- 「소득세법 시행령」 제212조의4 또는 「법인세법 시행령」 제164조의2에 따른 매입자발행계산서합계표

[정답] ①

ⓒ 매입세액으로서 공제할 수 있는 조건 : 다음의 요건을 모두 충족하는 사업자는 제2기 과세기간에 대한 납부세액을 확정신고할 때, 그 해의 1월 1일부터 12월 31일까지 공급받은 면세농산물 등의 가액에 공제율을 곱한 금액에서 제1기 과세기간에 매입세액으로 공제받은 금액을 차감한 금액을 매입세액으로 공제할 수 있다. 이 경우 그 해의 1월 1일부터 12월 31일까지의 매입세액으로서 공제할 수 있는 금액의 한도는 해당 기간에 면세농산물 등과 관련하여 공급한 과세표준 합계액에 100분의 30[개인사업자에 대해서는 과세표준 합계액이 4억 원 이하인 경우에는 100분의 50, 과세표준 합계액이 4억 원 초과인 경우에는 100분의 40(2025년 12월 31일까지는 과세표준 합계액이 4억 원 이하인 경우에는 100분의 65, 과세표준 합계액이 4억 원 초과인 경우에는 100분의 55), 2025년 12월 31일까지 법인사업자에 대해서는 100분의 50]을 곱하여 계산한 금액에 공제율을 곱한 금액으로 한다.

ⓒ 면세농산물 등을 그대로 양도 또는 인도하는 경우 등 : 매입세액으로서 공제한 면세농산물 등을 그대로 양도 또는 인도하거나 부가가치세가 면제되는 재화 또는 용역을 공급하는 사업, 그 밖의 목적에 사용하거나 소비할 때에는 그 공제한 금액을 납부세액에 가산하거나 환급세액에서 공제하여야 한다.
  ▷ 수입되는 면세농산물 등에 대하여 의제매입세액을 계산할 때 그 수입가액은 관세의 과세가격으로 한다(규칙 제56조 제1항). 13년 기출

ⓓ 증빙서류의 제출 : 매입세액을 공제받으려는 사업자는 기획재정부령으로 정하는 의제매입세액 공제신고서와 다음의 어느 하나에 해당하는 서류를 관할 세무서장에게 제출(국세정보통신망에 의한 제출을 포함)하여야 한다. 다만, 제조업을 경영하는 사업자가 농어민으로부터 면세농산물 등을 직접 공급받는 경우에는 의제매입세액 공제신고서만 제출한다.

ⓐ 「소득세법」 또는 「법인세법」에 따른 매입처별 계산서합계표
ⓑ 기획재정부령으로 정하는 신용카드매출전표 등 수령명세서
ⓒ 「소득세법 시행령」 또는 「법인세법 시행령」에 따른 매입자발행계산서합계표

  ▷ 농어민은 통계청장이 고시하는 한국표준산업분류상의 농업 중 작물 재배업, 축산업, 작물재배 및 축산 복합농업에 종사하거나 어업 및 소금 채취업에 종사하는 개인을 말한다.
② 적용의제
  사업자가 예정신고와 납부 및 확정신고와 납부와 함께 대통령령으로 정하는 바에 따라 면세농산물 등을 공급받은 사실을 증명하는 서류를 납세지 관할 세무서장에게 제출하는 경우에만 적용한다.

(2) 면세사업 등을 위한 감가상각자산의 과세사업 전환 시 매입세액공제 특례(법 제43조, 영 제85조)

사업자는 매입세액이 공제되지 아니한 면세사업 등을 위한 감가상각자산을 과세사업에 사용하거나 소비하는 경우 대통령령으로 정하는 바에 따라 계산한 금액을 그 과세사업에 사용하거나 소비하는 날이 속하는 과세기간의 매입세액으로 공제할 수 있다.

① 감가상각자산을 과세사업에 사용하거나 소비하는 경우 공제되는 세액
  사업자가 매입세액이 공제되지 아니한 감가상각자산을 과세사업에 사용하거나 소비하는 경우 공제되는 세액은 다음의 계산식에 따라 계산한 금액으로 한다. 이 경우 경과된 과세기간의 수는 법 제5조에 따른 과세기간 단위로 계산하되, 건물 또는 구축물의 경과된 과세기간의 수가 20을 초과할 때에는 20으로, 그 밖의 감가상각자산의 경과된 과세기간의 수가 4를 초과할 때에는 4로 한다.

  ㉠ 건물 또는 구축물

$$공제되는 세액 = \text{면세사업 등과 관련하여 공제되지 아니한 매입세액}^{\text{취득 당시 해당 재화의}} \times (1 - \frac{5}{100} \times 경과된 과세기간의 수)$$

ⓛ 그 밖의 감가상각자산

$$\text{공제되는 세액} = \begin{matrix}\text{취득 당시 해당 재화의}\\\text{면세사업 등과 관련하여}\\\text{공제되지 아니한 매입세액}\end{matrix} \times (1 - \frac{25}{100} \times \text{경과된 과세기간의 수})$$

② 과세사업과 면세사업 등에 공통으로 사용하거나 소비하는 경우 24년 기출

사업자가 매입세액이 공제되지 아니한 감가상각자산을 과세사업과 면세사업 등에 공통으로 사용하거나 소비하는 경우에 공제되는 세액은 다음의 계산식에 따라 계산한 금액으로 하되, 그 과세사업에 의한 과세공급가액이 총공급가액 중 5% 미만일 때에는 공제세액이 없는 것으로 본다. 이 경우 경과된 과세기간의 수는 법 제5조에 따른 과세기간 단위로 계산하되, 건물 또는 구축물의 경과된 과세기간의 수가 20을 초과할 때에는 20으로, 그 밖의 감가상각자산의 경과된 과세기간의 수가 4를 초과할 때에는 4로 한다.

㉠ 건물 또는 구축물

$$\begin{matrix}\text{공제}\\\text{되는}\\\text{세액}\end{matrix} = \begin{matrix}\text{취득 당시 해당}\\\text{재화의 면세사업}\\\text{등과 관련하여}\\\text{공제되지 아니한}\\\text{매입세액}\end{matrix} \times (1 - \frac{5}{100} \times \begin{matrix}\text{경과된}\\\text{과세기간의 수}\end{matrix}) \times \frac{\text{과세사업에 사용·소비한 날이 속하는 과세기간의 과세공급가액}}{\text{과세사업에 사용·소비한 날이 속하는 과세기간의 총공급가액}}$$

ⓛ 그 밖의 감가상각자산

$$\begin{matrix}\text{공제}\\\text{되는}\\\text{세액}\end{matrix} = \begin{matrix}\text{취득 당시 해당}\\\text{재화의 면세사업}\\\text{등과 관련하여}\\\text{공제되지 아니한}\\\text{매입세액}\end{matrix} \times (1 - \frac{25}{100} \times \begin{matrix}\text{경과된}\\\text{과세기간의 수}\end{matrix}) \times \frac{\text{과세사업에 사용·소비한 날이 속하는 과세기간의 과세공급가액}}{\text{과세사업에 사용·소비한 날이 속하는 과세기간의 총공급가액}}$$

기출문제

다음은 과세사업과 면세사업을 겸영하고 있는 내국법인 (주)한국에 관한 자료이다. 2024년 제2기 부가가치세의 확정신고 시 매입세액으로 공제할 수 있는 금액은? (단, 주어진 자료 이외에는 고려하지 않음) 24년 기출

(1) (주)한국은 아래와 같이 재화를 취득하여 면세사업에만 사용하였다.

구 분	취득일	취득가액(부가가치세 포함)
기계장치	2023. 11. 10.	44,000,000원
공장건물	2022. 2. 1.	220,000,000원

(2) (주)한국의 공급가액 명세는 다음과 같다.

과세기간	과세사업	면세사업	합 계
2024년 제1기	6억 원	4억 원	10억 원
2024년 제2기	10억 원	6억 원	16억 원

(3) (주)한국은 면세사업에만 사용하던 위 재화를 2024년 7월 10일부터 면세사업과 과세사업에 공통으로 사용하였다.

① 10,625,000원

② 17,000,000원

③ 24,000,000원

④ 27,200,000원

⑤ 31,000,000원

해설

(1)-1 과세사업에 사용하거나 소비하는 기계장치(그 밖의 감가상각자산)의 매입세액공제 금액(영 제85조 제1항 제2호)

$$
\text{공제되는 세액} = \begin{pmatrix} \text{취득 당시 해당 재화의} \\ \text{면세사업 등과 관련하여} \\ \text{공제되지 아니한 매입세액} \end{pmatrix} \times (1 - \frac{25}{100} \times \begin{matrix} \text{경과된} \\ \text{과세기간의 수} \end{matrix})
$$

$$
= 4,000,000원 \times (1 - \frac{25}{100} \times 2) = 2,000,000원
$$

(1)-2 과세사업에 사용하거나 소비하는 공장건물(건물 또는 구축물)의 매입세액공제 금액(영 제85조 제1항 제1호)

$$
\text{공제되는 세액} = \begin{pmatrix} \text{취득 당시 해당 재화의} \\ \text{면세사업 등과 관련하여} \\ \text{공제되지 아니한 매입세액} \end{pmatrix} \times (1 - \frac{5}{100} \times \begin{matrix} \text{경과된} \\ \text{과세기간의 수} \end{matrix})
$$

$$
= 2,000,000원 \times (1 - \frac{5}{100} \times 5) = 15,000,000원
$$

→ 2,000,000원 + 15,000,000원 = 17,000,000원

(2)~(3) 과세사업과 면세사업 등에 공통으로 사용하거나 소비하는 경우의 매입세액공제 금액(영 제85조 제2항)

$$
\text{공제되는 세액} = \begin{pmatrix} \text{과세사업에 사용하거나} \\ \text{소비하는 감가상각자산의} \\ \text{매입세액공제 금액} \end{pmatrix} \times \frac{\begin{matrix} \text{과세사업에 사용·소비한 날이} \\ \text{속하는 과세기간의 과세공급가액} \end{matrix}}{\begin{matrix} \text{과세사업에 사용·소비한 날이} \\ \text{속하는 과세기간의 총공급가액} \end{matrix}}
$$

$$
= 17,000,000원 \times \frac{\begin{matrix} \text{2024년 제2기의} \\ \text{과세공급가액} \end{matrix}}{\begin{matrix} \text{2024년 제2기의} \\ \text{총공급가액} \end{matrix}}
$$

$$
= 17,000,000원 \times \frac{10억}{16억} = 10,625,000
$$

∴ 2024년 제2기 부가가치세의 확정신고 시 매입세액으로 공제할 수 있는 금액 = 10,625,000원

정답 ①

③ 과세기간에 대한 안분계산

해당 과세기간 중 과세사업과 면세사업 등의 공급가액이 없거나 그 어느 한 사업의 공급가액이 없는 경우에 그 과세기간에 대한 안분계산은 다음의 순서에 따른다. 다만, 취득 시 면세사업 등과 관련하여 매입세액이 공제되지 아니한 건물에 대하여 과세사업과 면세사업 등에 제공할 예정면적을 구분할 수 있는 경우에는 ㉢을 ㉠ 및 ㉡에 우선하여 적용한다.

> ㉠ 총매입가액에 대한 과세사업에 관련된 매입가액의 비율
> ㉡ 총예정공급가액에 대한 과세사업에 관련된 예정공급가액의 비율
> ㉢ 총예정사용면적에 대한 과세사업에 관련된 예정사용면적의 비율

④ 매입세액의 정산

안분하여 계산한 매입세액을 공제한 경우에는 면세사업용 감가상각자산의 과세사업용 사용 또는 소비로 과세사업과 면세사업 등의 공급가액 또는 과세사업과 면세사업의 사용면적이 확정되는 과세기간에 대한 납부세액을 확정신고할 때에 다음의 계산식에 따라 정산한다.

㉠ 매입가액의 비율 및 예정공급가액의 비율에 따라 공제매입세액을 안분하여 계산한 경우

ⓐ 건물 또는 구축물

$$\text{가산되거나 공제되는 세액} = \text{위 ①의 ㉠ 공제세액} \times \frac{\text{과세사업과 면세사업 등의 공급가액이 확정되는 과세기간의 과세공급가액}}{\text{과세사업과 면세사업 등의 공급가액이 확정되는 과세기간의 총공급가액}} - \text{이미 공제한 매입세액}$$

ⓑ 그 밖의 감가상각자산

$$\text{가산되거나 공제되는 세액} = \text{위 ①의 ㉡ 공제세액} \times \frac{\text{과세사업과 면세사업 등의 공급가액이 확정되는 과세기간의 과세공급가액}}{\text{과세사업과 면세사업 등의 공급가액이 확정되는 과세기간의 총공급가액}} - \text{이미 공제한 매입세액}$$

㉡ 예정사용면적의 비율에 따라 공제매입세액을 안분하여 계산한 경우

$$\text{가산되거나 공제되는 세액} = \text{위 ①의 ㉠ 공제세액} \times \frac{\text{과세사업과 면세사업 등의 사용면적이 확정되는 과세기간의 과세사용면적}}{\text{과세사업과 면세사업 등의 사용면적이 확정되는 과세기간의 총사용면적}} - \text{이미 공제한 매입세액}$$

⑤ 확정신고 및 신고서 작성

사업자가 매입세액이 공제되지 아니한 감가상각자산을 과세사업에 사용하거나 소비할 때에는 그 과세사업에 사용하거나 소비하는 날이 속하는 과세기간에 대한 확정신고와 함께 기획재정부령으로 정하는 과세사업전환 감가상각자산 신고서를 작성하여 각 납세지 관할 세무서장에게 신고하여야 한다.

⑥ 취득의제

경과된 과세기간의 수를 계산할 때 과세기간 개시일 후에 감가상각자산을 취득하는 경우에는 그 과세기간 개시일에 그 재화를 취득한 것으로 본다.

⑦ 매입세액의 재계산

매입세액이 공제된 후 총공급가액에 대한 면세공급가액의 비율 또는 총사용면적에 대한 면세사용면적의 비율과 해당 감가상각자산의 취득일이 속하는 과세기간(그 후의 과세기간에 재계산하였을 때에는 그 재계산한 기간)에 적용되었던 비율 간의 차이가 5% 이상인 경우에는 매입세액을 재계산한다.

(3) 일반과세자로 변경 시 재고품 등에 대한 매입세액 공제특례(법 제44조, 영 제86조) 14, 10년 기출

간이과세자가 일반과세자로 변경되면 그 변경 당시의 재고품, 건설 중인 자산 및 감가상각자산(재고품 등)에 대하여 대통령령으로 정하는 바에 따라 계산한 금액을 매입세액으로 공제할 수 있다.

① 재고품 등 신고서의 작성 및 신고

간이과세자가 일반과세자로 변경되는 경우에는 그 변경되는 날 현재에 있는 다음의 재고품, 건설 중인 자산 및 감가상각자산(매입세액 공제 대상인 것만 해당)에 대하여 일반과세 전환 시의 재고품 등 신고서를 작성하여 그 변경되는 날의 직전 과세기간에 대한 신고와 함께 각 납세지 관할 세무서장에게 신고(국세정보통신망에 의한 신고를 포함)하여야 한다.

> ⊙ 상 품
> ⓒ 제품(반제품 및 재공품을 포함)
> ⓒ 재료(부재료를 포함)
> ② 건설 중인 자산
> ⓜ 감가상각자산(건물 또는 구축물의 경우에는 취득, 건설 또는 신축 후 10년 이내의 것, 그 밖의 감가상각자산의 경우에는 취득 또는 제작 후 2년 이내의 것으로 한정)

② 재고품 등의 금액

장부 또는 세금계산서에 의하여 확인되는 해당 재고품 등의 취득가액(부가가치세를 포함)으로 한다.

③ 재고매입세액으로 공제 18, 12년 기출

신고한 자에 대해서는 다음의 방법에 따라 계산한 금액을 매입세액(재고매입세액)으로 공제한다. 이 경우 경과된 과세기간의 수는 법 제5조에 따른 과세기간 단위로 계산하되, 건물 또는 구축물의 경과된 과세기간의 수가 20을 초과할 때에는 20으로, 그 밖의 감가상각자산의 경과된 과세기간의 수가 4를 초과할 때에는 4로 한다. 경과된 과세기간의 수를 계산할 때 과세기간의 개시일 후에 감가상각자산을 취득하거나 해당 재화가 공급된 것으로 보게 되는 경우에는 그 과세기간의 개시일에 해당 재화를 취득하거나 해당 재화가 공급된 것으로 본다.

㉠ 재고품

$$\text{재고매입세액} = \text{재고금액} \times \frac{10}{110} \times (1 - 0.5\% \times \frac{110}{10})$$

㉡ 건설 중인 자산

$$\text{재고}\atop\text{매입세액} = \text{해당 건설 중인 자산과 관련된 공제대상 매입세액} \times (1 - 0.5\% \times \frac{110}{10})$$

㉢ 감가상각자산으로서 다른 사람으로부터 매입한 자산

ⓐ 건물 또는 구축물

$$\text{재고}\atop\text{매입세액} = {\text{취득}\atop\text{가액}} \times (1 - \frac{10}{100} \times {\text{경과된}\atop\text{과세기간의 수}}) \times \frac{10}{110} \times (1 - 0.5\% \times \frac{110}{10})$$

ⓑ 그 밖의 감가상각자산

$$\text{재고}\atop\text{매입세액} = {\text{취득}\atop\text{가액}} \times (1 - \frac{50}{100} \times {\text{경과된}\atop\text{과세기간의 수}}) \times \frac{10}{110} \times (1 - 0.5\% \times \frac{110}{10})$$

㉣ 감가상각자산으로서 사업자가 직접 제작, 건설 또는 신축한 자산

ⓐ 건물 또는 구축물

$$\text{재고}\atop\text{매입세액} = {\text{해당 자산의 건설}\atop\text{또는 신축과 관련된}\atop\text{공제대상 매입세액}} \times (1 - \frac{10}{100} \times {\text{경과된}\atop\text{과세기간의 수}}) \times (1 - 0.5\% \times \frac{110}{10})$$

ⓑ 그 밖의 감가상각자산

$$\text{재고}\atop\text{매입세액} = {\text{해당 자산의}\atop\text{제작과 관련된}\atop\text{공제대상 매입세액}} \times (1 - \frac{50}{100} \times {\text{경과된}\atop\text{과세기간의 수}}) \times (1 - 0.5\% \times \frac{110}{10})$$

④ 간이과세자로 변경된 후에 다시 일반과세자로 변경되는 경우

일반과세자가 간이과세자로 변경된 후에 다시 일반과세자로 변경되는 경우에는 간이과세자로 변경된 때에 영 제112조 제7항을 적용받지 않는 재고품 등에 대해서는 ①부터 ③까지의 규정을 적용하지 않는다.

⑤ 재고매입세액의 통지

신고를 받은 관할 세무서장은 재고매입세액으로서 공제할 수 있는 재고금액을 조사하여 승인하고 기한이 지난 후 1개월 이내에 해당 사업자에게 공제될 재고매입세액을 통지하여야 한다. 이 경우 그 기한 이내에 통지하지 아니하면 해당 사업자가 신고한 재고금액을 승인한 것으로 본다.

⑥ 재고매입세액의 공제

재고매입세액은 그 승인을 받은 날이 속하는 예정신고기간 또는 과세기간의 매출세액에서 공제한다.

⑦ 조사 및 경정

승인하거나 승인한 것으로 보는 재고매입세액의 내용에 오류가 있거나 내용이 누락된 경우에는 재고매입세액을 조사하여 경정한다.

(4) 대손세액의 공제특례(법 제45조)

① 대손세액의 공제요건 24, 20, 18, 17, 16, 15, 14, 13, 11, 10년 기출

사업자는 부가가치세가 과세되는 재화 또는 용역을 공급하고 외상매출금이나 그 밖의 매출채권(부가가치세를 포함)의 전부 또는 일부가 공급을 받은 자의 파산·강제집행이나 그 밖에 대통령령으로 정하는 사유[「소득세법 시행령」 및 「법인세법 시행령」에 따라 대손금으로 인정되는 경우 및 「채무자 회생 및 파산에 관한 법률」에 따른 법원의 회생계획인가 결정에 따라 채무를 출자전환하는 경우(이 경우 대손되어 회수할 수 없는 금액은 출자전환하는 시점의 출자전환된 매출채권 장부가액과 출자전환으로 취득한 주식 또는 출자지분의 시가와의 차액으로 함)]로 대손되어 회수할 수 없는 경우에는 다음의 계산식에 따라 계산한 금액(대손세액)을 그 대손이 확정된 날이 속하는 과세기간의 매출세액에서 뺄 수 있다. 다만, 그 사업자가 대손되어 회수할 수 없는 금액(대손금액)의 전부 또는 일부를 회수한 경우에는 회수한 대손금액에 관련된 대손세액을 회수한 날이 속하는 과세기간의 매출세액에 더한다.

$$대손세액 = 대손금액 \times 110분의 10$$

② 대손세액 공제의 범위(영 제87조) 24, 20, 18, 17, 16, 15, 14년 기출

대손세액 공제의 범위는 사업자가 부가가치세가 과세되는 재화 또는 용역을 공급한 후 그 공급일부터 10년이 지난 날이 속하는 과세기간에 대한 확정신고기한까지 대손금으로 인정되는 사유로 확정되는 대손세액(결정 또는 경정으로 증가된 과세표준에 대하여 부가가치세액을 납부한 경우 해당 대손세액을 포함)으로 한다.

㉠ 통지 및 결정·경정 : 공급자가 대손세액을 매출세액에서 차감한 경우 공급자의 관할 세무서장은 대손세액 공제사실을 공급받는 자의 관할 세무서장에게 통지하여야 하며, 공급받은 자가 관련 대손세액에 해당하는 금액을 매입세액에서 차감하여 신고하지 아니한 경우 결정하거나 경정하여야 한다.

㉡ 대손세액 공제신고서와 증명서류의 제출 : 대손세액 공제를 받으려 하거나 대손세액을 매입세액에 더하려는 사업자는 부가가치세 확정신고서에 기획재정부령으로 정하는 대손세액 공제(변제)신고서와 대손사실 또는 변제사실을 증명하는 서류를 첨부하여 관할 세무서장에게 제출(국세정보통신망에 의한 제출을 포함)하여야 한다.

③ 대손세액의 적용 17, 16년 기출

대손세액의 공제요건은 사업자가 신고와 함께 대통령령으로 정하는 바에 따라 대손금액이 발생한 사실을 증명하는 서류를 제출하는 경우에만 적용한다.

④ 대손의 확정

재화 또는 용역을 공급받은 사업자가 대손세액에 해당하는 금액의 전부 또는 일부를 매입세액으로 공제받은 경우로서 그 사업자가 폐업하기 전에 재화 또는 용역을 공급하는 자가 대손세액공제를 받은 경우에는 그 재화 또는 용역을 공급받은 사업자는 관련 대손세액에 해당하는 금액을 대손이 확정된 날이 속하는 과세기간에 자신의 매입세액에서 뺀다. 다만, 그 공급을 받은 사업자가 대손세액에 해당하는 금액을 빼지 아니한 경우에는 대통령령으로 정하는 바에 따라 그 사업자의 관할 세무서장이 빼야 할 매입세액을 결정 또는 경정하여야 한다.

⑤ 대손금의 변제 17, 15년 기출

매입세액에서 대손세액에 해당하는 금액을 뺀(관할 세무서장이 결정 또는 경정한 경우를 포함) 해당 사업자가 대손금액의 전부 또는 일부를 변제한 경우에는 대통령령으로 정하는 바에 따라 변제한 대손금액에 관련된 대손세액에 해당하는 금액을 변제한 날이 속하는 과세기간의 매입세액에 더한다.

주의 과세기간의 매출세액이 아니라 매입세액에 더한다.

알아두기

대손세액 공제대상 매출채권의 범위 등(통칙 45-87-1)
대손세액공제의 대상이 되는 외상매출금 그 밖의 매출채권은 부가가치세가 과세되는 재화 또는 용역에 대한 것으로서 각 과세기간의 과세표준에 반영되어 있는 것을 말한다.

사업양도자 매출채권에 대한 대손세액 공제(통칙 45-87-2)
개인사업자가 자기의 과세사업을 법인으로 전환하기 위해 법인을 설립하고 개인사업에 관한 모든 권리와 의무를 해당 신설법인에 포괄적으로 양도함에 있어서 사업양도 전에 발생한 매출채권에 대한 「상법」상의 소멸시효가 법인전환 후 완성됨으로 인해 해당 매출채권(부가가치세 포함)의 전부 또는 일부가 대손되어 회수할 수 없는 경우에는 그 대손이 확정된 날이 속하는 과세기간의 매출세액에서 대손세액을 뺄 수 있다.

근저당 채권최고액을 초과하는 부도수표・어음의 범위(통칙 45-87-3)
「소득세법 시행령」 및 「법인세법 시행령」에서 정한 부도수표・어음에 대한 대손세액공제 적용 시 채무자의 재산에 근저당이 설정되어 있는 경우 설정된 채권최고금액을 초과하는 부도수표・어음금액에 대하여는 대손세액공제가 가능하다.

부가가치세법령상 대손세액에 관한 설명으로 옳은 것을 모두 고른 것은? 24년 기출

ㄱ. 부가가치세가 면제되는 재화의 공급과 관련되어야 한다.
ㄴ. 재화를 공급한 후 그 공급일부터 10년이 지난 날이 속하는 과세기간에 대한 확정신고기한까지 확정되는 대손세액으로 한다.
ㄷ. 대손세액은 대손금액(부가가치세 포함)에 110분의 10을 곱한 금액이다.
ㄹ. 예정신고 시와 확정신고 시에 대손세액공제를 적용한다.

① ㄱ, ㄹ
② ㄴ, ㄷ
③ ㄱ, ㄴ, ㄷ
④ ㄴ, ㄷ, ㄹ
⑤ ㄱ, ㄴ, ㄷ, ㄹ

해설
ㄱ. 부가가치세가 과세되는 재화의 공급과 관련되어야 한다(법 제45조 제1항).
ㄹ. 확정신고 시에 대손세액공제를 적용한다(영 제87조 제4항).

정답 ②

1. 신용카드 등의 사용에 따른 세액공제 등(법 제46조)

(1) 신용카드매출전표 등의 발급 20, 19, 16년 기출

사업자가 부가가치세가 과세되는 재화 또는 용역을 공급하고 세금계산서의 발급시기에 거래증빙서류(신용카드매출전표 등)를 발급하거나 대통령령으로 정하는 전자적 결제수단에 의하여 대금을 결제받는 경우에는 ④의 금액을 납부세액에서 공제한다.

① 사업자

다음의 어느 하나에 해당하는 사업자를 말한다.

> ㉠ 주로 사업자가 아닌 자에게 재화 또는 용역을 공급하는 사업으로서 대통령령으로 정하는 사업을 하는 사업자(법인사업자와 직전 연도의 재화 또는 용역의 공급가액의 합계액이 사업장을 기준으로 10억 원을 초과하는 개인사업자는 제외)
> ㉡ 다음의 어느 하나에 해당하는 간이과세자
> ⓐ 직전 연도의 공급대가의 합계액(직전 과세기간에 신규로 사업을 시작한 개인사업자의 경우 그 사업 개시일부터 그 과세기간 종료일까지의 공급대가를 합한 금액을 12개월로 환산한 금액)이 4천 800만 원 미만인 자
> ⓑ 신규로 사업을 시작하는 개인사업자로서 간이과세자로 하는 최초의 과세기간 중에 있는 자

② 거래증빙서류 22년 기출

다음의 어느 하나에 해당하는 서류를 말한다.

> ㉠ 「여신전문금융업법」에 따른 직불카드영수증, 결제대행업체를 통한 신용카드매출전표, 선불카드영수증(실제 명의가 확인되는 것으로 한정)
> ㉡ 「조세특례제한법」에 따른 현금영수증(부가통신사업자가 통신판매업자를 대신하여 발급하는 현금영수증을 포함)
> ㉢ 「전자금융거래법」에 따른 직불전자지급수단 영수증, 선불전자지급수단 영수증(실제 명의가 확인되는 것으로 한정), 전자지급결제대행에 관한 업무를 하는 금융회사 또는 전자금융업자를 통한 신용카드매출전표

③ 대통령령으로 정하는 전자적 결제수단

다음 요건을 모두 갖춘 것이어야 한다(영 제88조 제1항).

> ㉠ 카드 또는 컴퓨터 등 전자적인 매체에 화폐가치를 저장했다가 재화 또는 용역을 구매할 때 지급하는 결제수단(전자화폐)일 것
> ㉡ 전자화폐를 발행하는 사업자가 결제 명세를 가맹 사업자별로 구분하여 관리할 것

④ 공제금액

발급금액 또는 결제금액의 1%(2026년 12월 31일까지는 1.3%)

▷ 공제금액은 연간 500만 원을 한도로 하되, 2026년 12월 31일까지는 연간 1천만 원을 한도로 한다.

(2) 발행세액공제

① 금액을 차감하기 전의 납부할 세액을 초과하는 경우 15년 기출

위 (1)을 적용할 때 공제받는 금액이 그 금액을 차감하기 전의 납부할 세액(납부세액에서 「부가가치세법」, 「국세기본법」 및 「조세특례제한법」에 따라 빼거나 더할 세액을 빼거나 더하여 계산한 세액을 말하며, 그 계산한 세액이 "0"보다 작으면 "0"으로 봄)을 초과하면 그 초과하는 부분은 없는 것으로 본다.

> **주의** 세액공제액이 각 과세기간의 납부세액을 초과하는 경우에는 그 초과하는 부분은 환급세액으로 하는 것이 아니라 그 초과하는 부분은 없는 것으로 보므로 환급세액은 발생하지 않는다.

② 신용카드매출전표 등을 발급받은 경우 20년 기출

사업자가 대통령령으로 정하는 사업자로부터 재화 또는 용역을 공급받고 부가가치세액이 별도로 구분되는 신용카드매출전표 등을 발급받은 경우로서 다음의 요건을 모두 충족하는 경우 그 부가가치세액은 공제할 수 있는 매입세액으로 본다.

> ㉠ 대통령령으로 정하는 신용카드매출전표 등 수령명세서[발급받은 세금계산서에 대한 매입처별 세금계산서합계표 또는 신용카드매출전표 등의 수령명세서(정보처리시스템으로 처리된 전산매체를 포함)]를 제출할 것
> ㉡ 신용카드매출전표 등을 보관할 것. 이 경우 대통령령으로 정하는 방법(「소득세법」 또는 「법인세법」에 따른 방법)으로 증명 자료를 보관하는 경우에는 신용카드매출전표 등을 보관하는 것으로 본다.
> ㉢ 간이과세자가 영수증을 발급하여야 하는 기간에 발급한 신용카드매출전표 등이 아닐 것

> **보충** 신용카드 등의 사용에 따른 세액공제 등(영 제88조 제5항)
>
> "대통령령으로 정하는 사업자"란 다음에 해당하지 않는 사업을 경영하는 사업자로서 세금계산서를 발급하지 않는 간이과세자(법 제36조 제1항 제2호)에 해당하지 않는 사업자를 말한다.
> 1. 목욕·이발·미용업
> 2. 여객운송업(「여객자동차 운수사업법 시행령」에 따른 전세버스운송사업은 제외)
> 3. 입장권을 발행하여 경영하는 사업
> 4. 요양급여의 대상에서 제외되는 쌍꺼풀수술 등의 진료용역을 공급하는 사업
> 5. 수의사가 제공하는 동물의 진료용역
> 6. 무도학원 및 자동차운전학원의 용역을 공급하는 사업

(3) 신용카드가맹점 또는 현금영수증가맹점으로 가입 지도

국세청장은 주로 사업자가 아닌 소비자에게 재화 또는 용역을 공급하는 사업자로서 대통령령으로 정하는 자에 대하여 납세관리에 필요하다고 인정하면 「여신전문금융업법」에 따른 신용카드가맹점 가입 대상자 또는 「조세특례제한법」에 따른 현금영수증가맹점 가입 대상자로 지정하여 신용카드가맹점 또는 현금영수증가맹점으로 가입하도록 지도할 수 있다.

▷ "대통령령으로 정하는 자"는 소매업, 음식점업, 숙박업 또는 그 밖에 주로 사업자가 아닌 소비자를 대상으로 하는 사업을 경영하는 자로서 사업규모 및 지역 등을 고려하여 국세청장이 정하는 자를 말한다.

2. 세액공제 특례(법 제47조)

(1) 전자세금계산서 발급 전송에 대한 공제(법 제47조 제1항, 영 제89조) 11년 기출

① 공제 대상 및 금액 한도

재화 및 용역의 공급가액 등을 고려하여 직전 연도의 사업장별 재화 및 용역의 공급가액(부가가치세 면세공급가액을 포함)의 합계액이 3억 원 미만인 개인사업자가 전자세금계산서를 2024년 12월 31일까지 발급(전자세금계산서 발급명세를 전자세금계산서 발급일의 다음 날까지 국세청장에게 전송한 경우로 한정)하는 경우에는 전자세금계산서 발급 건수 등을 고려하여 전자세금계산서 발급 건수당 200원을 곱하여 계산한 금액을 해당 과세기간의 부가가치세 납부세액에서 공제할 수 있다. 이 경우 공제한도는 연간 100만 원으로 한다.

② 금액 차감 전 납부세액을 초과하는 경우

①을 적용할 때 공제받는 금액이 그 금액을 차감하기 전의 납부할 세액(납부세액에서 「부가가치세법」, 「국세기본법」 및 「조세특례제한법」에 따라 빼거나 더할 세액을 빼거나 더하여 계산한 세액을 말하며, 그 계산한 세액이 "0"보다 작으면 "0"으로 봄)을 초과하면 그 초과하는 부분은 없는 것으로 본다.

(2) 전자세금계산서 발급세액공제신고서의 제출

세액공제를 적용받으려는 개인사업자는 신고할 때 기획재정부령으로 정하는 전자세금계산서 발급세액공제신고서를 납세지 관할 세무서장에게 제출하여야 한다.

01 사업자가 용역을 공급하고 그 대가로 받은 금액에 부가가치세가 포함되어 있는지가 분명하지 아니한 경우에는 그 대가로 받은 금액에 110분의 100 을 곱한 금액을 공급가액으로 한다. (O, X)

01 O (법 제29조 제7항)

02 재화의 수입에 대한 부가가치세의 과세표준은 그 재화에 대한 관세의 과세 가격과 관세, 개별소비세, 주세, 교육세, 농어촌특별세 및 교통·에너지· 환경세를 합한 금액으로 한다. (O, X)

02 O (법 제29조 제2항)

03 공급에 대한 대가의 지급이 지체되었음을 이유로 받는 연체이자는 과세표 준에 포함된다. (O, X)

03 X 포함된다 → 포함되지 않는 다(법 제29조 제5항 제5호)

04 사업자가 고객에게 매출액의 일정비율에 해당하는 마일리지를 적립해 주 고 향후 해당 고객이 재화를 공급받고 그 대가의 일부 또는 전부를 적립된 마일리지로 결제하는 경우 해당 마일리지 상당액은 부가가치세 과세표준 에 포함되지 않는다. (O, X)

04 X 포함되지 않는다 → 포함된다 (법 제29조 제3항)

05 거래처별로 달의 1일부터 말일까지의 공급가액을 합하여 해당 달의 말일 을 작성 연월일로 하여 세금계산서를 발급하는 경우에는 재화의 공급일이 속하는 달의 다음 달 10일까지 세금계산서를 발급할 수 있다. (O, X)

05 O (법 제34조 제3항 제1호)

06 영세율 적용 사업자가 내국신용장에 의하여 공급하는 재화에 대하여는 세 금계산서를 발급하지 않아도 된다. (O, X)

06 X 발급하지 않아도 된다 → 발급 한다(통칙 32-67-2)

07 관할 세무서장은 개인사업자가 전자세금계산서 의무발급 개인사업자에 해당하는 경우에는 전자세금계산서를 발급하여야 하는 기간이 시작되기 1개월 전까지 그 사실을 해당 개인사업자에게 통지하여야 한다. (O, X)

07 O (영 제68조 제3항)

08 개별소비세가 과세되는 자동차(운수업, 자동차판매업 등 법령으로 정하는 업종에 직접 영업으로 사용되는 것은 제외)의 구입에 관한 매입세액은 매 출세액에서 공제한다. (O, X)

08 X 공제한다 → 공제하지 아니 한다(법 제39조 제1항 제5호)

09 제조업을 경영하는 일반과세자가 농어민으로부터 면세농산물 등을 직접 공급받는 경우에는 관할 세무서장에게 의제매입세액 공제신고서만 제출 하면 의제매입세액을 공제받을 수 있다. (O, X)

09 O (영 제84조 제5항)

10 대손세액 공제의 범위는 사업자가 부가가치세가 과세되는 재화를 공급한 후 그 공급일부터 3년이 지난 날이 속하는 과세기간에 대한 확정신고기한 까지 법령에서 정한 사유로 확정되는 대손세액으로 한다. (O, X)

10 X 3년 → 10년(영 제87조 제2항)

01 **부가가치세법상 공급가액에 대한 설명 중 옳지 않은 것은?**

① 사업자가 보세구역 내에 보관된 재화를 다른 사업자에게 공급하고, 그 재화를 공급받은 자가 그 재화를 보세구역으로부터 반입하는 경우에는 그 재화의 공급가액에서 세관장이 부가가치세를 징수하고 발급한 수입세금계산서에 적힌 공급가액을 뺀 금액을 공급가액으로 한다.

② 사업자가 둘 이상의 과세기간에 걸쳐 용역을 제공하고 그 대가를 선불로 받는 경우에는 해당 금액을 계약기간의 개월 수로 나눈 금액의 각 과세대상기간의 합계액을 공급가액으로 한다.

③ 사업자가 둘 이상의 과세기간에 걸쳐 용역을 제공하는 경우에는 그 용역을 제공하는 기간 동안 지급받는 대가와 그 시설의 설치가액을 그 용역제공 기간의 개월 수로 나눈 금액의 각 과세대상기간의 합계액을 공급가액으로 한다.

④ 장기할부판매의 경우 할부 금액을 계약기간의 개월 수로 나눈 금액의 각 과세대상기간의 합계액을 공급가액으로 한다.

⑤ 통상적으로 용기 또는 포장을 해당 사업자에게 반환할 것을 조건으로 그 용기대금과 포장비용을 공제한 금액으로 공급하는 경우에는 그 용기대금과 포장비용은 공급가액에 포함하지 아니한다.

해설

장기할부판매의 경우 계약에 따라 받기로 한 대가의 각 부분을 공급가액으로 한다(영 제61조 제2항).

02 **부가가치세법상 과세표준에 대한 설명으로 옳지 않은 것은?**

① 폐업하는 경우 폐업 시 남아 있는 재화의 시가를 공급가액으로 본다.

② 시가란 사업자가 특수관계인이 아닌 자와 해당 거래와 유사한 상황에서 계속적으로 거래한 가격 또는 제3자 간에 일반적으로 거래된 가격을 말한다.

③ 공급에 대한 대가를 약정기일 전에 받았다는 이유로 사업자가 당초의 공급가액에서 할인해 준 금액은 공급가액에 포함되지 않는다.

④ 사업자가 재화 또는 용역을 공급받는 자에게 지급하는 장려금이나 이와 유사한 금액 및 대손금액은 과세표준에서 공제한다.

⑤ 재화나 용역을 공급할 때 그 품질이나 수량, 인도조건 또는 공급대가의 결제방법이나 그 밖의 공급조건에 따라 통상의 대가에서 일정액을 직접 깎아 주는 금액은 공급가액에 포함하지 않는다.

해설

사업자가 재화 또는 용역을 공급받는 자에게 지급하는 장려금이나 이와 유사한 금액 및 대손금액은 과세표준에서 공제하지 아니한다(법 제29조 제6항).

03 다음 중 부가가치세법상 과세되지 않는 경우에 해당하는 것은?

① 특수관계인에게 재화의 공급에 대하여 부당하게 낮은 대가를 받거나 아무런 대가를 받지 아니한 경우
② 특수관계인에게 용역의 공급에 대하여 부당하게 낮은 대가를 받는 경우
③ 사업자가 특수관계인이 아닌 자에게 사업용 부동산의 임대용역을 무상으로 제공하는 경우
④ 사업자가 특수관계인이 아닌 자에게 재화를 현저히 낮은 대가로 제공한 경우
⑤ 사업자가 특수관계인에게 대가를 받지 않고 전문 서비스 용역을 제공한 경우

해설

사업자가 대가를 받지 아니하고 타인에게 용역을 공급하는 것은 용역의 공급으로 보지 않는다. 다만, 사업자가 특수관계인에게 사업용 부동산의 임대용역 등 대통령령으로 정하는 용역을 제공하는 경우는 용역의 공급으로 본다(법 제12조 제2항). 사업용 부동산의 임대용역 등 대통령령으로 정하는 용역은 사업용 부동산의 임대용역 중 산학협력단과 대학 간 사업용 부동산의 임대용역, 국가 또는 지방자치단체, 한국토지주택공사, 주택사업을 목적으로 설립된 지방공사, 공공기관 중 대통령령으로 정하는 기관의 규정에 해당하는 자와 부동산투자회사 간 사업용 부동산의 임대용역을 제외한 것이다(영 제26조 제2항).

04 다음 중 부가가치세법상 공급가액에 포함되는 것은?

> ㄱ. 대가의 일부로 받는 산재보험료
> ㄴ. 공급받는 자에게 도달하기 전에 파손되거나 훼손되거나 멸실한 재화의 가액
> ㄷ. 할부이자
> ㄹ. 공급에 대한 대가의 지급이 지체되었음을 이유로 받는 연체이자
> ㅁ. 공급에 대한 대가를 약정기일 전에 받았다는 이유로 사업자가 당초의 공급가액에서 할인해 준 금액

① ㄱ, ㄷ   ② ㄱ, ㄷ, ㄹ
③ ㄷ, ㄹ   ④ ㄴ, ㄷ, ㄹ
⑤ ㄷ, ㄹ, ㅁ

해설

대가의 일부로 받는 산재보험료와 할부이자는 공급가액에 포함된다(통칙 29-61-2).

05 부가가치세법상 일반과세자의 과세표준에 대한 설명으로 옳지 않은 것은?

① 사업자가 재화 또는 용역을 공급하고 그 대가로 받은 금액에 부가가치세가 포함되어 있는지가 분명하지 아니한 경우에는 그 대가로 받은 금액에 110분의 100을 곱한 금액을 공급가액으로 한다.

② 재화의 수입에 대한 부가가치세의 과세표준은 그 재화에 대한 관세의 과세가격과 관세, 개별소비세, 주세, 교육세, 농어촌특별세 및 교통·에너지·환경세를 합한 금액으로 한다.

③ 사업자가 고객에게 매출액의 일정 비율에 해당하는 마일리지를 적립해 주고, 향후 그 고객이 재화를 공급받고 그 대가의 일부 또는 전부를 적립된 마일리지로 결제하는 경우 해당 마일리지 상당액은 공급가액에 포함하지 않는다.

④ 재화공급의 대가로 외국통화를 받고 이를 법률에 따른 재화의 공급시기가 되기 전에 원화로 환가한 경우에는 환가한 금액을 공급가액으로 한다.

⑤ 사업자가 재화 또는 용역을 공급받는 자에게 지급하는 장려금이나 이와 유사한 금액 및 대손금액은 과세표준에서 공제하지 아니한다.

해설
마일리지 상당액은 공급가액에 포함되어야 한다(법 제29조 제3항, 영 제61조 제2항 제9호).

06 다음 자료에 의할 때 재화 수입에 대한 부가가치세 과세표준은 얼마인가?

- 관세의 과세가격 60,000,000원
- 개별소비세 12,500,000원
- 농어촌특별세 1,300,000원
- 관세 15,000,000원
- 교육세 3,120,000원

① 60,000,000원
② 75,000,000원
③ 87,500,000원
④ 90,620,000원
⑤ 91,920,000원

해설
부가가치세 과세표준 = 관세의 과세가격(60,000,000) + 관세(15,000,000) + 개별소비세(12,500,000) + 교육세(3,120,000)
　　　　　　　　　　+ 농어촌특별세(1,300,000) = 91,920,000

과세표준(법 제29조 제2항)
재화의 수입에 대한 부가가치세의 과세표준은 관세의 과세가격과 관세, 개별소비세, 주세, 교육세, 농어촌특별세 및 교통·에너지·환경세를 합한 금액으로 한다.

07 부가가치세법상 과세사업과 면세사업을 겸영하는 사업자가 공통매입세액을 안분계산하지 않고 전액 공제하는 경우로 옳은 것은?

① 해당 과세기간에 신규로 사업을 개시한 사업자가 해당 과세기간에 공급한 공통사용재화에 대한 매입세액

② 해당 과세기간의 총공급가액 200만 원 중 면세공급가액이 10만 원인 경우의 공통매입세액. 다만, 공통매입세액은 400만 원이다.

③ 해당 과세기간 중의 공통매입세액이 50만 원인 경우의 매입세액

④ 해당 과세기간의 총공급가액 100만 원 중 면세공급가액이 5만 원인 경우의 공통매입세액. 다만, 공통매입세액은 500만 원이다.

⑤ 해당 과세기간 중의 공통매입세액이 500만 원인 경우의 매입세액

해설

공통재화를 취득한 날이 속하는 과세기간에 공통재화를 공급한 경우에는 직전 과세기간의 공급가액 비율로 안분계산을 하여야 하는데, 신규사업자는 직전 과세기간이 없기 때문에 안분계산을 배제하고 전액 공제한다.

공통매입세액 안분계산(영 제81조 제2항)
다음의 어느 하나에 해당하는 경우에는 해당 재화 또는 용역의 매입세액은 공제되는 매입세액으로 한다.
• 해당 과세기간의 총공급가액 중 면세공급가액이 5% 미만인 경우의 공통매입세액. 다만, 공통매입세액이 500만 원 이상인 경우는 제외한다.
• 해당 과세기간 중의 공통매입세액이 5만 원 미만인 경우의 매입세액
• 재화를 공급하는 날이 속하는 과세기간에 신규로 사업을 시작하여 직전 과세기간이 없는 경우가 적용되는 재화에 대한 매입세액

08 다음은 일반과세자의 부가가치세 과세표준에 관한 설명이다. 옳지 않은 것은?

① 공급에 대한 대가의 지급이 지체되었음을 이유로 받는 연체이자는 공급가액에 포함하지 아니한다.

② 사업자가 재화 또는 용역을 공급받는 자에게 지급하는 장려금 및 대손금액은 과세표준에서 공제한다.

③ 사업자가 재화 또는 용역을 공급하고 그 대가로 받은 금액에 부가가치세가 포함되어 있는지가 분명하지 아니한 경우에는 그 대가로 받은 금액에 110분의 100을 곱한 금액을 공급가액으로 한다.

④ 사업자가 고객에게 매출액의 일정 비율에 해당하는 마일리지를 적립해주고, 향후 그 고객이 재화를 공급받고 그 대가의 일부 또는 전부를 적립된 마일리지로 결제하는 경우 해당 마일리지 상당액은 공급가액에 포함한다.

⑤ 완성도기준지급조건부 또는 중간지급조건부로 재화나 용역을 공급하는 경우에는 계약에 따라 받기로 한 대가의 각 부분을 공급가액으로 한다.

해설

장려금 및 대손금액은 과세표준에서 공제하지 아니한다(법 제29조 제6항).

09 부가가치세법상 세금계산서에 관한 설명으로 옳은 것은?

① 사업자는 거래처별로 달의 1일부터 말일까지의 공급가액을 합하여 해당 달의 말일을 작성연월일로 하여 세금계산서를 발급할 수 있다.

② 전자세금계산서를 발급하였을 때에는 전자세금계산서 발급일에 지체 없이 전자세금계산서 발급명세를 국세청장에게 전송하여야 한다.

③ 세금계산서의 기재사항 중 공급연월일은 필요적 기재사항이다.

④ 소매업 또는 미용, 욕탕 및 유사 서비스업을 경영하는 자는 공급받는 자가 세금계산서의 발급을 요구하더라도 세금계산서의 발급의무가 면제된다.

⑤ 세금계산서의 필요적 기재사항이 착오 외의 사유로 잘못 적힌 경우에는 관할 세무서장이 부가가치세의 과세표준과 납부세액을 경정하여 통지하기 전까지 세금계산서를 수정하여 발급할 수 있다.

해설

② 전자세금계산서 발급일의 다음 날까지 전송하여야 한다(영 제68조 제7항).

③ 공급연월일은 임의적 기재사항이며, 작성연월일이 필요적 기재사항이다(영 제71조의2 제8항).

④ 소매업 사업자는 공급받는 자가 세금계산서 발급을 요구하는 경우에는 발급의무가 있다(법 제36조 제3항).

⑤ 세금계산서의 필요적 기재사항을 착오 외의 사유로 잘못 적은 경우, 재화나 용역의 공급일이 속하는 과세기간에 대한 확정신고기한 다음날부터 1년 이내에 세금계산서를 작성하되, 처음에 발급한 세금계산서의 내용대로 세금계산서를 붉은색 글씨로 쓰거나 음의 표시를 하여 발급하고, 수정하여 발급하는 세금계산서는 검은색 글씨로 작성하여 발급한다(영 제70조 제1항 제6호). 다만, 과세표준 또는 세액을 경정할 것을 미리 알고 있는 경우는 제외한다(영 제70조 제1항 제9호).

10 다음 자료를 이용하여 일반과세자인 (주)A의 부가가치세 과세표준을 계산한 것으로 옳은 것은?

• (주)A는 외국에서 보세구역으로 커피두를 반입하여 보세구역 내에서 이를 캡슐커피로 제조한 후 캡슐커피를 보세구역 외의 국내 커피판매사업자인 (주)B에게 90,000,000원(부가가치세 제외)에 공급하였다.

• 수입 커피두에 대한 관세의 과세가격은 45,000,000원으로서 세관장은 수입 커피두에 대하여 부가가치세 5,000,000원을 징수하였다.

① 0원

② 40,000,000원

③ 45,000,000원

④ 50,000,000원

⑤ 90,000,000원

해설

세금계산서의 공급가액 = 총 공급가액 − 수입세금계산서상의 공급가액
= 90,000,000 − (45,000,000 + 5,000,000) = 40,000,000

외상거래 등 그 밖의 공급가액의 계산(제61조 제2항 제5호)

사업자가 보세구역 내에 보관된 재화를 다른 사업자에게 공급하고, 그 재화를 공급받은 자가 그 재화를 보세구역으로부터 반입하는 경우 : 그 재화의 공급가액에서 세관장이 부가가치세를 징수하고 발급한 수입세금계산서에 적힌 공급가액을 뺀 금액

11 다음 자료를 이용하여 과세사업자 (주)A의 2024년 제1기 예정신고기간(2024.1.1.~2024.3.31.)의 부가가치세 과세표준을 계산한 것으로 옳은 것은? (단, 아래에 제시된 금액들은 부가가치세를 포함하지 아니한 것이다)

> (1) 1월 5일 : (주)B에게 5월 10일에 판매대금을 받기로 하고 제품을 5,000,000원에 판매하였다.
> (2) 1월 20일 : 직전 과세기간에 발생한 (주)C에 대한 매출채권을 (주)C가 조기변제함에 따라 500,000원의 매출할인이 발생하였다.
> (3) 2월 3일 : 상품을 인도하기 전에 (주)D로부터 판매대금 중 1,000,000원을 선수금으로 수령하고, 수령한 대가에 대하여 세금계산서를 발급하였다.
> (4) 2월 15일 : 사업을 위하여 (주)E에게 시가 500,000원(원가 300,000원)의 견본품을 무상으로 제공하였다.
> (5) 3월 15일 : 업무와 관련하여 (주)F로부터 시가 100,000원의 비품을 기증받았다.
> (6) 3월 30일 : 국가에 시가 1,000,000원(원가 500,000원)에 상당하는 제품을 무상으로 기증하였다.
> (7) 3월 31일 : (주)A가 생산한 제품(시가 300,000원)을 (주)G가 생산한 제품(시가 500,000원)과 교환하였다.

① 5,800,000원
② 6,300,000원
③ 6,800,000원
④ 7,300,000원
⑤ 7,800,000원

해설

항 목	내 용	과세표준 반영
(1)	인도기준	5,000,000
(2)	매출할인은 발생한 과세기간의 매출에서 차감함	-500,000
(3)	선수령한 대가에 대하여 세금계산서 발급 시 인정	1,000,000
(4)	견본품은 재화의 공급이 아님	-
(5)	기증받은 재화는 공급과 무관함	-
(6)	국가에 무상 기증한 것은 과세표준에서 제외	-
(7)	제공한 재화의 시가가 과세표준이 됨	300,000
합 계	-	5,800,000

12 다음 자료를 기초로 일반과세자인 개인사업자 甲의 2024년 제1기 과세기간(2024.1.1.~2024.6.30.)의 부가가치세 과세표준을 계산하면 얼마인가? (단, 주어진 자료의 금액은 부가가치세가 포함되지 아니한 금액이며, 주어진 자료 이외에는 고려하지 않는다)

> (1) 甲은 2024.4.20. 제품을 공급하고 대금은 4월 말일부터 매월 1,000,000원씩 7개월 동안 받기로 하였다.
> (2) 甲은 2023.12.1. 다음과 같이 대금회수를 하기로 하고 잔금수령일에 기계설비를 인도하는 계약을 하였다. 실제 인도 시기는 2024.6.30.이었다.
>
> | 비 고 | 대금회수 약정일 | 금액(원) |
> |---|---|---|
> | 계약금 | 2023.12.1 | 10,000,000 |
> | 중도금 | 2024.3.1 | 10,000,000 |
> | 잔 금 | 2024.7.7 | 10,000,000 |

① 27,000,000원   ② 23,000,000원
③ 33,000,000원   ④ 37,000,000원
⑤ 17,000,000원

[해설]

(1) 과세표준 = 7,000,000
    할부판매에 해당하므로 인도기준으로 인식한다.
(2) 과세표준 = 20,000,000
    중간지급조건부로 재화를 공급하는 경우에 해당하는데, 인도 후에 받는 대가에 대해서는 인도일을 그 공급시기로 본다.
∴ 7,000,000 + 20,000,000 = 27,000,000

13 다음 자료를 이용하여 부동산 임대업을 영위하는 일반과세자인 개인사업자 甲의 2024년 1기 과세기간(2024.1.1.~2024.6.30.)의 부가가치세 과세표준을 계산하면 얼마인가? (단, 자료금액은 부가가치세가 포함되지 아니한 금액이며, 주어진 자료 이외에는 고려하지 아니한다. 원 단위 미만은 절사하며, 1년은 366일로 한다)

> 甲은 보유상가를 2024.4.1.부터 2026.3.31.까지의 기간 동안 임대하기로 하는 계약을 임차인과 체결하였다. 이하는 그 관련 자료이다.
> • 2024.4.1.에 임대보증금 100,000,000원을 수령하였다.
> • 월 임대료는 10,000,000원이며, 매월 초에 선불로 받기로 하였는 바, 4.1.과 5.1.에는 각각 수령하였으나, 6.1.에 수령할 임대료는 6.30.이 경과할 때까지 수령하지 못하였다.
> • 계약기간 1년의 정기예금이자율은 1.8%이다.

① 30,447,540원   ② 20,447,540원
③ 30,000,000원   ④ 20,000,000원
⑤ 30,890,163원

14 다음 자료를 이용하여 제조업을 영위하는 일반과세자인 개인사업자 甲의 2024년 1기 과세기간(2024.1.1.~2024.6.30.)의 부가가치세 과세표준을 계산하면 얼마인가? (단, 자료금액은 부가가치세가 포함되지 아니한 금액이며, 주어진 자료 이외에는 고려하지 아니한다)

> (1) 甲은 2024.5.30. 제조업에 사용하는 기계장치A(시가 10,000,000원, 감정가액 11,000,000원)를 거래처의 기계장치B(시가 8,000,000원, 감정가액 9,000,000원)와 교환하였다.
> (2) 甲은 2023년 제2기 과세기간(2023.7.1.~2023.12.31.)에 거래처 설 명절 선물로 사용할 과세물품을 구입하였으나 매입세액공제를 받지 아니하였다. 2024.3.1. 당해 물품 중 사용하고 남은 물품(구입액 2,000,000원, 시가 1,500,000원)을 종업원에게 선물로 증여하였다.

① 11,500,000원
② 12,000,000원
③ 10,000,000원
④ 11,000,000원
⑤ 12,500,000원

15 다음 자료를 기초로 일반과세자인 개인사업자 甲의 2024년 제1기 과세기간(2024.1.1.~2024.6.30.)의 부가가치세 과세표준을 계산하면 얼마인가? (단, 주어진 자료의 금액은 부가가치세가 포함되지 아니한 금액이며, 주어진 자료 이외에는 고려하지 않는다)

> 甲은 2024.5.1. 미국의 X법인과 $20,000의 제품수출계약을 체결하였다.
> • 수출계약 금액 중 $10,000은 계약체결일에 선수금으로 수령하여 동일자에 12,000,000원으로 환가하였다.
> • 수출신고필증상 신고수리일은 2024.5.10.이며, 선적일은 2024.5.15.이다.
> • 잔금은 2024.5.30.에 수령하여 동일자에 기준환율로 환가하였다. 기준환율은 다음과 같다.

구 분	2024.5.1.	2024.5.10.	2024.5.15.	2024.5.30.
기준환율(원/$)	1,200	1,100	1,050	1,000

① 22,000,000
② 24,000,000
③ 20,500,000
④ 22,500,000
⑤ 20,000,000

대가를 외국통화나 그 밖의 외국환으로 받으면 다음의 구분에 따른 금액을 공급가액으로 한다(영 제59조).

공급시기가 되기 전에 원화로 환가(換價)한 경우	환가한 금액
공급시기 이후에 외국통화나 그 밖의 외국환 상태로 보유하거나 지급받는 경우	공급시기의 「외국환거래법」에 따른 기준환율 또는 재정환율에 따라 계산한 금액

∴ 과세표준 = 선급금 + 공급시기(선적일)의 환율을 적용한 금액
　　　　　 = 12,000,000 + 10,500,000 = 22,500,000

16 다음은 과세유흥장소가 아닌 음식점업을 경영하는 (주)A(사업개시일 : 2024.4.10.)의 2024년 제1기 과세기간의 매입내역이다. 이를 근거로 제1기 부가가치세 확정신고 시 공제받을 수 있는 의제매입세액공제액은 얼마인가? (단, 의제매입세액공제 한도는 고려하지 아니하고 의제매입세액을 공제받기 위한 모든 요건은 충족되었다고 가정한다. 또한, 주어진 자료 이외에는 고려하지 아니하고, 원 단위 미만은 절사한다)

> (1) 쌀과 활어를 각각 15,000,000원과 28,000,000원에 구입하였다.
> (2) 사업자인 영덕수산으로부터 가공하지 않은 대게를 인터넷으로 직접 구입하고 그 대금으로 21,000,000원을 신용카드로 결제하였다.
> (3) 위 매입액 중 6월 말 기준 재고액 37,100,000원을 제외하고는 모두 음식재료로 사용되었다.

① 1,522,641원　　　　　　　　　② 3,622,641원

③ 4,740,740원　　　　　　　　　④ 2,461,538원

⑤ 1,254,901원

매입세액으로서 공제할 수 있는 금액은 부가가치세를 면제받아 공급받거나 수입한 농산물, 축산물, 수산물 또는 임산물의 가액에 공제율을 곱한 금액으로 한다(법 제42조).

구 분		율
음식점업	가. 과세유흥장소의 경영자	102분의 2
	나. 가. 외의 음식점을 경영하는 사업자 중 개인사업자	108분의 8(과세표준 2억 원 이하인 경우에는 2026년 12월 31일까지 109분의 9)
	다. 가. 및 나. 외의 사업자	106분의 6
제조업	가. 과자점업, 도정업, 제분업 및 떡류 제조 중 떡방앗간을 경영하는 개인사업자	106분의 6
	나. 가. 외의 제조업을 경영하는 사업자 중 중소기업 및 개인사업자	104분의 4
	다. 가. 및 나. 외의 사업자	102분의 2
음식점업 및 제조업 외의 사업		102분의 2

(1) 매입액 = 15,000,000 + 28,000,000 + 21,000,000 = 64,000,000
(2) 의제매입세액 공제액 = 64,000,000 × 6/106 = 3,622,641

17 다음은 과세사업과 면세사업을 겸영하는 간이과세자인 갑의 2024년 과세기간의 부가가치세 관련 자료이다. 2024년 과세기간의 부가가치세 차가감납부세액(지방소비세 포함)을 계산한 것으로 옳은 것은?

(1) 공급내역

구 분	공급가액	부가가치세	합 계
과세사업	24,000,000원	2,400,000원	26,400,000원
면세사업	17,600,000원	–	17,600,000원

(2) 매입세금계산서에 적힌 매입세액은 다음과 같으며, 갑은 매입처별 세금계산서합계표를 적법하게 제출하였다.

구 분	매입세액	비 고
과세사업	1,000,000원	매입세액불공제 대상 없음
면세사업	2,000,000원	–
공통매입세액	700,000원	사업용 자산 구입관련 매입세액임

(3) 2024년 예정부과기간의 납부세액은 없다.

(4) 과세사업 업종의 부가가치율은 20%로 가정하며, 자료에 제시된 것 외의 공제세액은 고려하지 않는다.

① 0원

② 228,000원

③ 449,900원

④ 247,231원

⑤ 1,328,000원

해설

(1) 납부세액 : 26,400,000 × 20% × 10% = 528,000

$$\text{납부세액} = \text{과세표준} \times \begin{pmatrix} \text{직전 3년간 신고된 업종별 평균 부가가치율 등을} \\ \text{고려하여 5%에서 50%의 범위에서 대통령으로 정하는} \\ \text{해당 업종의 부가가치율} \end{pmatrix} \times 10\%$$

(2) 공제세액 : 78,100
   • 과세사업 : 1,000,000 × 110/10 × 0.5% = 55,000
   • 공통사용 : 700,000 × 110/10 × 26,400,000/44,000,000 × 0.5% = 23,100

(3) 차가감납부세액 : 528,000 − 78,100 = 449,900

18 부가가치세법상 매입세액에 관한 설명으로 옳지 않은 것은?

① 건축물이 있는 토지를 취득하여 그 건축물을 철거하고 토지만 사용하는 경우에는 철거한 건축물의 취득 및 철거 비용과 관련된 매입세액은 매출세액에서 공제한다.

② 재화 또는 용역의 공급시기 이후에 발급받은 세금계산서라 하더라도 해당 공급시기가 속하는 과세기간에 대한 확정신고기한까지 세금계산서를 발급받는다면 당해 매입세액은 매출세액에서 공제한다.

③ 사업자가 그 업무와 관련 없는 자산을 취득 시 부담한 매입세액은 매출세액에서 공제하지 아니한다.

④ 면세사업을 위한 투자에 관련된 매입세액은 매출세액에서 공제하지 아니한다.

⑤ 공급시기가 속하는 과세기간이 끝난 후 20일 이내에 사업자등록을 신청한 경우 등록신청일부터 공급시기가 속하는 과세기간 기산일까지 역산한 기간 내의 매입세액은 매출세액에서 공제할 수 있다.

해설

건축물이 있는 토지를 취득하여 그 건축물을 철거하고 토지만 사용하는 경우에는 철거한 건축물의 취득 및 철거 비용과 관련된 매입세액은 매출세액에서 <u>공제하지 않는다</u>(법 제39조 제1항 제7호, 영 제80조 제2호).

19 부가가치세법상 매출세액에서 공제하는 매입세액에 관한 설명으로 옳은 것은?

① 사업자가 자기의 사업을 위하여 사용할 목적으로 공급받은 재화에 대한 부가가치세액은 재화가 사용되는 시기가 속하는 과세기간의 매출세액에서 공제한다.

② 토지의 가치를 현실적으로 증가시켜 토지의 취득원가를 구성하는 비용에 관련된 매입세액은 매출세액에서 공제한다.

③ 전자세금계산서 의무발급 사업자로부터 받은 전자세금계산서가 국세청장에게 전송되지 않으면 발급사실이 확인되더라도 전자세금계산서 매입세액은 매출세액에서 공제하지 않는다.

④ 제조업을 운영하는 사업자가 자신의 사업을 위하여 직접 사용하는 「개별소비세법」에 따른 소형승용차의 유지에 관한 매입세액은 매출세액에서 공제한다.

⑤ 신용카드매출전표 등 수령명세서를 「국세기본법」에 따른 기한후과세표준신고서와 함께 제출하여 관할 세무서장이 결정하는 경우의 매입세액은 매출세액에서 공제한다.

해설

① 재화를 공급받는 시기가 속하는 과세기간의 매출세액에서 공제한다(법 제38조 제2항).

② 토지의 가치를 현실적으로 증가시켜 토지의 취득원가를 구성하는 비용에 관련된 매입세액은 토지의 조성 등을 위한 자본적 지출에 관련된 매입세액으로서, 매출세액에서 공제하지 않는다(법 제39조 제1항 제7호, 영 제80조 제3호).

③ 전자세금계산서 의무발급 사업자로부터 받은 전자세금계산서가 국세청장에게 전송되지 않으면 전자세금계산서 매입세액은 매출세액에서 공제하지 않는다. 다만, 다른 객관적인 증거로 발급사실이 확인되는 경우에는 그러하지 아니하다(법 제32조 제2항, 영 제75조 제4호).

④ 제조업을 운영하는 사업자가 자신의 사업을 위하여 직접 사용하는 「개별소비세법」에 따른 소형승용차의 유지에 관한 매입세액은 매출세액에서 공제하지 아니한다(법 제39조 제1항 제5호). 운수업, 자동차 판매업, 자동차 임대업, 운전학원업, 기계경비업무를 하는 경비업 및 유사 업종을 운영하는 경우 공제한다(영 제19조, 영 제78조).

20 다음 자료를 이용하여 사업자의 제1기 과세기간(2024.1.1.~2024.6.30.)에 대한 부가가치세 공급가액을 계산한 것으로 옳은 것은? (단, 제시된 금액은 부가가치세를 포함하지 않은 금액이다)

과세사업자인 (주)관세는 2024.1.10. 자신의 사업에 사용하던 다음의 토지와 건물 ㉠·㉡을 모두 1,200,000,000원에 일괄양도하였다. 토지, 건물 ㉠·㉡의 실지거래가액 구분은 불분명하며, 각각의 자산에 대한 감정평가가액은 없다.

구 분	장부가액	취득가액	기준시가
토 지	600,000,000원	500,000,000원	400,000,000원
건물 ㉠	300,000,000원	250,000,000원	100,000,000원
건물 ㉡	100,000,000원	250,000,000원	–

① 480,000,000

② 336,000,000

③ 600,000,000

④ 240,000,000

⑤ 525,000,000

해설

실지거래가액이 불분명하며 건물 ㉡은 기준시가가 없으므로, 건물 ㉠은 장부가액으로 먼저 안분하고 기준시가를 적용하며, 건물 ㉡은 장부가액으로 적용하여 안분한다.

(1) 건물 ㉠ : 1,200,000,000 × 9억/10억(장부가액) × 1억/5억(기준시가)   = 216,000,000

(2) 건물 ㉡ : 1,200,000,000 × 1억/10억(장부가액)   = <u>120,000,000</u>

(3) 합 계   336,000,000

21 다음 자료를 이용하여 사업자의 제1기 과세기간(2024.1.1.~2024.6.30.)에 대한 부가가치세 공급가액을 계산한 것으로 옳은 것은? (단, 제시된 금액은 부가가치세를 포함하지 않은 금액이다)

> 과세사업자인 (주)관세는 2024.2.3. 기계를 10,000,000원에 공급하기로 계약하였다. 완성도에 따른 공급가액 수령비율은 다음과 같으며, 2024.6.30. 현재 기계는 60% 완성되었다.
>
> | 완성도 | 0%(계약 시) | 40% | 70% | 100%(완성 시) |
> |---|---|---|---|---|
> | 수령비율 | 10% | 40% | 40% | 10% |

① 0

② 7,000,000

③ 6,000,000

④ 4,000,000

⑤ 5,000,000

해설

완성도기준지급조건부거래의 경우 계약에 따라 받기로 한 대가의 각 부분이 공급가액에 해당한다(영 제61조 제2항).

10,000,000 × (10% + 40%) = 5,000,000

22 다음 자료를 이용하여 사업자의 제1기 과세기간(2024.1.1.~2024.6.30.)에 대한 부가가치세 공급가액을 계산한 것으로 옳은 것은? (단, 제시된 금액은 부가가치세를 포함하지 않은 금액이다)

> 겸영사업자인 (주)관세는 과세사업과 면세사업에 공통으로 사용하던 기계장치(취득일 2022.10.5. 취득가액 8,000,000원)를 2024.3.20. 5,000,000원에 매각하였다. 과세사업과 면세사업의 공급가액은 다음과 같다.
>
> | 구 분 | 2023년 제2기 | 2024년 제1기 |
> |---|---|---|
> | 과세사업 | 97,500,000원 | 72,000,000원 |
> | 면세사업 | 52,500,000원 | 48,000,000원 |

① 5,000,000

② 1,750,000

③ 3,250,000

④ 5,200,000

⑤ 2,800,000

해설

공통사용재화를 공급하는 경우 일반적으로 공급가액은 다음과 같이 계산한다(영 제63조 제1항).

$$\text{공급가액} = \text{해당 재화의 공급가액} \times \frac{\text{재화를 공급한 날이 속하는 과세기간의 직전 과세기간의 과세된 공급가액}}{\text{재화를 공급한 날이 속하는 과세기간의 직전 과세기간의 총공급가액}}$$

= 5,000,000 × 97,500,000 / (97,500,000 + 52,500,000) = 3,250,000

23 도서출판업(면세)을 하고 있는 (주)A는 도서출판업에만 사용하던 재화를 2024.4.1. 광고사업용에도 공통으로 사용하게 되었다. 과세사업 전용과 관련하여 (주)A가 2024년 제1기 부가가치세 확정신고 시 매입세액으로 공제받을 수 있는 금액은 얼마인가?

(1) 광고사업용으로 전용한 도서출판용 재화

구 분	취득일	매입가액	당초 매입세액 불공제액	비 고
건 물	2022.8.10.	30,000,000원	3,000,000원	일부전용
기계장치	2023.6.11.	15,000,000원	1,500,000원	일부전용

(2) 공급가액

구 분	2023년 제2기	2024년 제1기	2024년 제2기
도서출판업	600,000,000원	400,000,000원	300,000,000원
광고사업	–	100,000,000원	200,000,000원
합 계	600,000,000원	500,000,000원	500,000,000원

① 660,000원   ② 690,000원

③ 720,000원   ④ 735,000원

⑤ 810,000원

해설

(1) 건물 또는 구축물의 공통사용전환 공제 매입세액 계산방법은 다음과 같다(영 제85조 제2항 제1호).

$$
\text{공제되는 세액} = \text{취득 당시 해당 재화의 면세사업 등과 관련하여 공제되지 아니한 매입세액} \times (1 - \frac{5}{100} \times \text{경과된 과세기간의 수}) \times \frac{\text{과세사업에 사용·소비한 날이 속하는 과세기간의 과세공급가액}}{\text{과세사업에 사용·소비한 날이 속하는 과세기간의 총공급가액}}
$$

$$
= 3,000,000 \times (1 - \frac{5}{100} \times 3) \times \frac{100,000,000}{500,000,000} = 510,000
$$

(2) 기타상각자산의 공통사용전환 공제 매입세액 계산방법은 다음과 같다(영 제85조 제2항 제2호).

$$
\text{공제되는 세액} = \text{취득 당시 해당 재화의 면세사업 등과 관련하여 공제되지 아니한 매입세액} \times (1 - \frac{25}{100} \times \text{경과된 과세기간의 수}) \times \frac{\text{과세사업에 사용·소비한 날이 속하는 과세기간의 과세공급가액}}{\text{과세사업에 사용·소비한 날이 속하는 과세기간의 총공급가액}}
$$

$$
= 1,500,000 \times (1 - \frac{25}{100} \times 2) \times \frac{100,000,000}{500,000,000} = 150,000
$$

(3) 공제금액 : 510,000 + 150,000 = 660,000

24 보세구역 내에서 제조업을 영위하고 있는 일반과세자인 甲은 외국에서 수입(輸入)한 원재료로 생산한 제품을 보세구역 밖에서 사업을 하고 있는 乙에게 80,000,000원(공급가액)에 공급하였다. 수입한 원재료의 관세의 과세가격은 40,000,000원이고, 관세 10,000,000원, 개별소비세 8,000,000원, 교육세 1,000,000원, 농어촌특별세 1,000,000원이 과세된다고 가정할 때 세관장이 징수할 부가가치세와 甲이 거래징수할 부가가치세는 각각 얼마인가?

	세관장이 징수할 부가가치세	甲이 거래징수할 부가가치세
①	5,000,000원	3,000,000원
②	4,000,000원	8,000,000원
③	6,000,000원	2,000,000원
④	6,000,000원	8,000,000원
⑤	4,000,000원	4,000,000원

해설

(1) 세관장이 징수할 부가가치세 : 재화의 수입에 대한 부가가치세의 과세표준은 그 재화에 대한 관세의 과세가격과 관세, 개별소비세, 주세, 교육세, 농어촌특별세 및 교통·에너지·환경세를 합한 금액으로 한다(법 제29조 제2항).
 • 과세표준 = 40,000,000 + 10,000,000 + 8,000,000 + 1,000,000 + 1,000,000 = 60,000,000
 • 징수할 부가가치세 = 6,000,000

(2) 甲이 거래징수할 부가가치세 : 거래징수 시 보세구역에서 국내로 공급된 재화는 공급가액 중 세관장이 징수한 부가가치세를 제외하고 거래징수한다(통칙 9-18-7).
 • 과세표준 = 80,000,000 − 60,000,000 = 20,000,000
 • 징수할 부가가치세 = 2,000,000

25 다음 자료를 이용하여 과세사업자 (주)A의 2024년 제1기 예정신고기간(2024.1.1.~2024.3.31.)의 부가가치세 과세표준을 계산한 것으로 옳은 것은? (단, 아래에 제시된 금액들은 부가가치세를 포함하지 아니한 것이다)

> (1) 1월 30일 : 상품을 10,000,000원에 판매하였는데, 그 대금은 1월 말일부터 매월 말일에 1,000,000 원씩 10회 받기로 하였다.
> (2) 3월 10일 : 상품을 1,000,000원에 판매하기로 계약하고 계약금 200,000원을 수령하였으며, 수령한 대가에 대하여 세금계산서를 발급하였다. 상품은 4월 10일에 인도되었다.

① 800,000원   ② 10,200,000원

③ 10,000,000원   ④ 0원

⑤ 200,000원

(1) 인도일이 공급시기이므로 10,000,000원이 과세표준에 해당한다(법 제15조 제1항, 영 제28조 제1항). 1년이 넘지 않는 기간이므로 장기할부판매에는 해당하지 않는다.

(2) 사업자가 재화 또는 용역의 공급시기가 되기 전에 재화 또는 용역에 대한 대가의 전부 또는 일부를 받고, 이와 동시에 그 받은 대가에 대하여 세금계산서 또는 영수증을 발급하면 그 세금계산서 등을 발급하는 때를 각각 그 재화 또는 용역의 공급시기로 본다(법 제17조 제1항). 세금계산서를 발급한 200,000원만큼 과세표준에 포함된다.

∴ 10,000,000 + 200,000 = 10,200,000

26 다음 자료를 이용하여 과세사업자 (주)A의 2024년 제1기 예정신고기간(2024.1.1.~2024.3.31.)의 부가가치세 과세표준을 계산한 것으로 옳은 것은? (단, 아래에 제시된 금액들은 부가가치세를 포함하지 아니한 것이다)

> (1) 1월 10일 : 제품을 10,000,000원에 주문생산판매하기로 하였는데 그 대금은 ① 계약 시 10%, ② 30% 완성 시 40%, ③ 70% 완성 시 30%, ④ 인도 시 20%를 받기로 하였다. 3월 말일 현재 생산의 완성도는 30%이다.
> (2) 2월 20일 : 사업용 부동산을 10,000,000원(건물가액 7,000,000원, 토지가액 3,000,000원)에 양도하기로 계약하였다. 대금은 2월 20일에 1,000,000원, 4월 20일에 4,000,000원, 6월 20일에 5,000,000원을 받기로 하였으며, 부동산은 6월 20일에 양도하기로 했다.

① 17,000,000원 ② 7,000,000원
③ 12,000,000원 ④ 10,000,000원
⑤ 5,000,000원

(1) 완성도기준지급조건부인 경우 대가의 각 부분을 받기로 한 때가 공급시기에 해당한다(영 제28조 제3항).
10,000,000 × (10% + 40%) = 5,000,000

(2) 기간이 6개월 이상이 아니므로 중간지급조건부판매에 해당하지 않는다. 따라서 재화가 이용가능하게 되는 때(6월 20일)가 공급시기에 해당한다. 과세표준에 포함할 금액은 없다.

27 부가가치세법상 세금계산서에 관한 설명 중 옳지 않은 것은?

① 전자세금계산서를 발급하였을 때에는 전자세금계산서 발급일의 다음 날까지 대통령령으로 정하는 전자세금계산서 발급명세(필요적 기재사항과 임의적 기재사항)를 국세청장에게 전송하여야 한다.

② 내국신용장 또는 구매확인서에 의하여 수출용 원자재 등을 공급하는 사업자는 공급받는 사업자가 재화를 인수하는 때에 해당 일자의 「외국환거래법」에 따른 기준환율 또는 재정환율에 의하여 계산한 금액을 공급가액으로 하여 세금계산서를 발급한다.

③ 「전기사업법」에 따른 전기사업자가 산업용 전력을 공급하는 경우 등 대통령령으로 정하는 경우 해당 사업자는 대통령령으로 정하는 바에 따라 전자세금계산서임을 적은 계산서를 발급하고 전자세금계산서 파일을 국세청장에게 전송하면, 전자세금계산서를 발급하고 발급명세를 전송한 것으로 본다.

④ 전자세금계산서를 발급하여야 하는 사업자가 아닌 사업자(법인사업자 및 전자세금계산서 의무발급 개인사업자 외의 사업자)도 전자세금계산서를 발급은 할 수 있으나, 전자세금계산서 발급명세의 전송은 불가능하다.

⑤ 전자세금계산서 의무발급 개인사업자는 사업장별 재화 및 용역의 공급가액의 합계액이 8천만 원 이상인 해의 다음 해 제2기 과세기간이 시작하는 날부터 전자세금계산서를 발급해야 한다.

해설

전자세금계산서를 발급하여야 하는 사업자가 아닌 사업자(법인사업자 및 전자세금계산서 의무발급 개인사업자 외의 사업자)도 전자세금계산서를 발급하고 전자세금계산서 발급명세를 전송할 수 있다(법 제32조 제5항).

28 부가가치세법상 세금계산서의 발급에 관한 설명 중 옳지 않은 것은?

① 사업자가 「여신전문금융업법」에 따라 등록한 시설대여업자로부터 시설을 임차하고, 그 시설을 세관장으로부터 직접 인도받는 경우에는 세관장이 시설대여업자에게 세금계산서를 발급해야 한다.

② 위탁판매 또는 대리인에 의한 판매의 경우 수탁자 또는 대리인이 재화를 인도할 때에는 수탁자 또는 대리인이 위탁자 또는 본인의 명의로 세금계산서를 발급하며, 위탁자 또는 본인이 직접 재화를 인도하는 때에는 위탁자 또는 본인이 세금계산서를 발급할 수 있다.

③ 배출권 거래계정을 등록한 자(할당대상업체 등)가 배출권 거래소가 개설한 배출권 거래시장을 통하여 다른 할당대상업체 등에게 배출권(상쇄배출권을 포함)을 공급하고 그 대가를 배출권 거래소를 통하여 받는 경우에는 그 할당대상업체 등이 배출권 거래소에 세금계산서를 발급하고 배출권 거래소가 공급받은 할당대상업체 등에 세금계산서를 발급할 수 있다.

④ 사업자가 위탁 또는 대리에 의하여 재화를 공급하는 경우에는 수탁자 또는 대리인이 위탁자 또는 본인의 명의로 세금계산서를 발급하여야 한다.

⑤ 세금계산서를 발급할 때 그 용역 등을 공급하는 국내사업장이 없는 비거주자 또는 외국법인, 국내사업장이 있는 비거주자 또는 외국법인의 상호 및 주소를 덧붙여 적어야 한다.

> **해설**
>
> 납세의무가 있는 사업자가 「여신전문금융업법」에 따라 등록한 시설대여업자로부터 시설 등을 임차하고, 그 시설 등을 공급자 또는 세관장으로부터 직접 인도받는 경우에는 공급자 또는 세관장이 그 <u>사업자에게 직접 세금계산서를 발급할 수 있다</u>(영 제69조 제8항).

29 부가가치세법상 세금계산서의 발급에 관한 설명 중 옳지 않은 것은?

① 위탁매입 또는 대리인에 의한 매입의 경우, 공급자가 위탁자 또는 본인을 공급받는 자로 하여 세금계산서를 발급한다. 이 경우 수탁자 또는 대리인의 등록번호를 덧붙여 적어야 한다.

② 수용으로 인하여 재화가 공급되는 경우, 해당 사업시행자가 세금계산서를 발급할 수 있다.

③ 조달청장이 발행한 창고증권의 양도로서 임치물의 반환이 수반되는 경우에는 조달청장에게 세금계산서를 발급하고, 조달청장이 실제로 창고증권과의 교환으로 임치물을 반환받는 자에게 그 물자를 인도할 때에는 그 실수요자에게 세금계산서를 발급할 수 있다.

④ 뉴스통신사업을 경영하는 법인이 법원의 의뢰를 받아 광고용역을 제공하는 경우로서 그 용역을 실제로 공급받는 자를 알 수 없을 때에는 뉴스통신사업을 경영하는 법인은 법원에 세금계산서를 발급하고, 그 법원이 광고용역을 실제로 공급받는 자로부터 그 용역에 대한 대가를 징수할 때에는 법원이 그 자에게 세금계산서를 발급할 수 있다.

⑤ 조달청 창고 및 거래소의 지정창고에 보관된 물품이 국내로 반입되는 경우에는 사업자의 관할 세무서장이 수입세금계산서를 발급한다.

> **해설**
>
> 조달청 창고 및 거래소의 지정창고에 보관된 물품이 국내로 반입되는 경우에는 <u>세관장이 수입세금계산서를 발급한다</u>(영 제69조 제16항).

28 ① 29 ⑤ 　정답

30 부가가치세법상 세금계산서의 필요적 기재사항이 아닌 것은?

① 작성 연월일   ② 공급가액과 부가가치세액

③ 공급받는 자의 등록번호   ④ 공급받는 자의 주민등록번호

⑤ 공급 연월일

해설

공급 연월일은 세금계산서의 필요적 기재사항이 아니다.

세금계산서의 기재사항(법 제32조 제1항, 영 제67조 제2항)

필요적 기재사항	• 공급하는 사업자의 등록번호와 성명 또는 명칭 • 공급받는 자의 등록번호(다만, 공급받는 자가 사업자가 아니거나 등록한 사업자가 아닌 경우에는 대통령령으로 정하는 고유번호 또는 공급받는 자의 주민등록번호) • 공급가액과 부가가치세액 • 작성 연월일
임의적 기재사항	• 공급하는 자의 주소 • 공급받는 자의 상호 · 성명 · 주소 • 공급하는 자와 공급받는 자의 업태와 종목 • 공급품목 • 단가와 수량 • 공급 연월일 • 거래의 종류 • 사업자 단위 과세 사업자의 경우 실제로 재화 또는 용역을 공급하거나 공급받는 종된 사업장의 소재지 및 상호

제 5 장 납세의무의 확정

제1절 신고와 납부 등

1. 신고와 납부

(1) 예정신고와 납부(법 제48조)

① 과세표준과 납부세액 등의 신고 22, 21, 19, 18, 17, 14, 13, 12, 11년 기출

사업자는 각 과세기간 중 다음 표에 따른 기간(예정신고기간)이 끝난 후 25일 이내에 대통령령으로 정하는 바에 따라 각 예정신고기간에 대한 과세표준과 납부세액 또는 환급세액을 납세지 관할 세무서장에게 신고하여야 한다. 다만, 신규로 사업을 시작하거나 시작하려는 자에 대한 최초의 예정신고기간은 사업 개시일(사업 개시일 이전에 사업자등록을 신청한 경우에는 그 신청일)부터 그 날이 속하는 예정신고기간의 종료일까지로 한다.

구 분	예정신고기간
제1기	1월 1일부터 3월 31일까지
제2기	7월 1일부터 9월 30일까지

㉠ 공제세액에 관한 규정 적용(영 제90조 제1항) : 부가가치세의 예정신고와 납부를 할 때에는 가산세에 관한 규정은 적용하지 아니하고, 공제세액에 관한 규정은 적용한다.

주의 가산세는 예정신고 대상이 아니다.

㉡ 부가가치세 예정신고서의 제출(영 제90조 제2항) : 부가가치세의 예정신고를 할 때에는 기획재정부령으로 정하는 다음의 사항을 적은 부가가치세 예정신고서를 각 납세지 관할 세무서장에게 제출(국세정보통신망에 의한 제출을 포함)하여야 한다. 다만, 조기환급기간에 대한 과세표준과 환급세액을 신고할 때 이미 신고한 내용은 예정신고 대상에서 제외한다.

> ⓐ 사업자의 인적사항
> ⓑ 납부세액 및 그 계산 근거
> ⓒ 공제세액 및 그 계산 근거
> ⓓ 매출·매입처별 세금계산서합계표의 제출 내용
> ⓔ 그 밖의 참고사항

㉢ 부가가치세 예정신고서 제출 시 함께 제출하는 서류(영 제90조 제3항) : 부가가치세 예정신고서를 제출할 때에는 기획재정부령으로 정하는 다음 표의 구분에 따른 서류를 함께 제출하여야 한다.

구 분	제출서류
공제받지 못할 매입세액이 있는 경우	공제받지 못할 매입세액 명세서
신용카드매출전표 등을 발행한 사업자의 경우	신용카드매출전표 등 발행금액 집계표

전자적 결제수단으로 매출하여 공제받는 경우	전자화폐결제명세서
매입세액을 공제받는 경우	신용카드매출전표 등 수령명세서
부동산임대업자의 경우	부동산임대공급가액명세서와 임대차계약서 사본(사업장을 임대한 후 임대차계약을 갱신한 경우에만 해당)
부동산업, 전문서비스업, 과학서비스업 및 기술서비스업, 보건업, 그 밖의 개인서비스업의 경우	현금매출명세서
건물·기계장치 등을 취득하는 경우	건물 등 감가상각자산 취득명세서
사업자 단위 과세 사업자인 경우	사업자 단위 과세의 사업장별 부가가치세 과세표준 및 납부세액(환급세액) 신고명세서
영세율을 적용하여 재화 또는 용역을 공급한 경우	영세율 매출명세서

② 납부세액의 납부 및 납부서 작성 12년 기출

사업자는 예정신고를 할 때 그 예정신고기간의 납부세액을 부가가치세 예정신고서와 함께 각 납세지 관할 세무서장(주사업장 총괄 납부의 경우에는 주된 사업장의 관할 세무서장)에게 납부하거나 「국세징수법」에 따른 납부서를 작성하여 한국은행(그 대리점을 포함) 또는 체신관서(한국은행 등)에 납부하여야 한다.

③ 예정신고 특례 21, 19, 18, 17, 14, 13, 11년 기출

㉠ 예정고지·징수 : 납세지 관할 세무서장은 개인사업자와 직전 과세기간 공급가액의 합계액이 1억 5천만 원 미만인 법인사업자에 대하여는 각 예정신고기간마다 직전 과세기간에 대한 납부세액(부가가치세법 또는 「조세특례제한법」에 따라 납부세액에서 공제하거나 경감한 세액이 있는 경우에는 그 세액을 뺀 금액으로 하고, 결정 또는 경정과 「국세기본법」에 따른 수정신고 및 경정청구에 따른 결정이 있는 경우에는 그 내용이 반영된 금액으로 함)에 50%를 곱한 금액(1천 원 미만의 단수가 있을 때에는 그 단수금액은 버림)을 결정하여 대통령령으로 정하는 바에 따라 해당 예정신고기간이 끝난 후 25일까지 징수한다. 다만, 다음의 어느 하나에 해당하는 경우에는 징수하지 아니한다.

> ⓐ 징수하여야 할 금액이 50만 원 미만인 경우
> ⓑ 간이과세자에서 해당 과세기간 개시일 현재 일반과세자로 변경된 경우
> ⓒ 「국세징수법」 제13조 제1항 각 호[납세자가 재난 또는 도난으로 재산에 심한 손실을 입은 경우, 납세자가 경영하는 사업에 현저한 손실이 발생하거나 부도 또는 도산의 우려가 있는 경우, 납세자 또는 그 동거가족이 질병이나 중상해로 6개월 이상의 치료가 필요한 경우 또는 사망하여 상중(喪中)인 경우, 그 밖에 납세자가 국세를 납부기한 등까지 납부하기 어렵다고 인정되는 경우로서 대통령령으로 정하는 경우]의 어느 하나에 해당하는 사유로 관할 세무서장이 징수하여야 할 금액을 사업자가 납부할 수 없다고 인정되는 경우

㉡ 납부고지서의 발부(영 제90조 제5항) : 관할 세무서장은 부가가치세액에 대하여 다음 표의 구분에 따른 기간 이내에 납부고지서를 발부하여야 한다.

구 분	기 간	납부기한
제1기분 예정신고기간분	4월 1일부터 4월 10일까지	4월 25일
제2기분 예정신고기간분	10월 1일부터 10월 10일까지	10월 25일

ⓒ 선택적으로 예정신고를 하는 경우 : 휴업 또는 사업 부진으로 인하여 사업실적이 악화된 경우 등 대통령령으로 정하는 사유가 있는 다음의 사업자는 예정신고를 하고 예정신고기간의 납부세액을 납부할 수 있다. 이 경우 ⓒ에 따른 결정은 없었던 것으로 본다(영 제90조 제6항).

> ⓐ 휴업 또는 사업 부진 등으로 인하여 각 예정신고기간의 공급가액 또는 납부세액이 직전 과세기간의 공급가액 또는 납부세액의 3분의 1에 미달하는 자
> ⓑ 각 예정신고기간분에 대하여 조기환급을 받으려는 자

④ 기타 사항(영 제90조 제7항~제9항)

ⓒ 대리인에 의한 신고 등 : 비거주자 또는 외국법인의 대리인은 해당 비거주자 또는 외국법인을 대리하여 예정신고 및 납부, 확정신고 및 납부, 매출·매입처별 세금계산서합계표의 제출을 하여야 한다.

ⓒ 신고로 보지 아니한 경우 : 예정신고를 하는 경우에 다음의 구분에 따른 서류를 해당 신고서에 첨부하지 아니한 부분은 신고로 보지 아니한다.

> ⓐ 부가가치세법의 규정에 따라 영세율이 적용되는 과세표준의 경우 : 제101조에 따른 첨부서류
> ⓑ 「조세특례제한법」에 따라 영세율이 적용되는 과세표준의 경우 : 「조세특례제한법 시행령」 및 「농·축산·임·어업용 기자재 및 석유류에 대한 부가가치세 영세율 및 면세 적용 등에 관한 특례 규정」에 따른 서류

ⓒ 매출명세서를 첨부한 제출 : 가축에 대한 진료용역 등을 공급하는 사업자는 예정신고 또는 확정신고를 할 때(부가가치세가 면제되는 용역만을 공급하는 경우에는 「소득세법」에 따른 사업장 현황신고를 할 때)에 기획재정부령으로 정하는 매출명세서를 첨부하여 제출하여야 한다.

주사업장 총괄 납부 사업자의 신고 관할 세무서(통칙 48-90-1) 15년 기출
주사업장 총괄 납부 사업자가 예정 또는 확정신고를 함에 있어 주사업장 관할 세무서장에게 종된 사업장분을 합산신고하고 종된 사업장 관할 세무서장에게는 신고하지 아니한 경우에 종된 사업장분은 무신고가 된다. 다만, 각 사업장별로 작성한 신고서를 관할 세무서장 외의 세무서장에게 제출한 경우에는 무신고로 보지 아니한다.

(2) 확정신고와 납부(법 제49조)

① 확정신고 19, 17, 14, 12년 기출

사업자는 각 과세기간에 대한 과세표준과 납부세액 또는 환급세액을 그 과세기간이 끝난 후 25일(폐업하는 경우 폐업일이 속한 달의 다음 달 25일) 이내에 대통령령으로 정하는 바에 따라 납세지 관할 세무서장에게 신고하여야 한다. 다만, 예정신고를 한 사업자 또는 조기에 환급을 받기 위하여 신고한 사업자는 이미 신고한 과세표준과 납부한 납부세액 또는 환급받은 환급세액은 신고하지 아니한다.

㉠ 확정신고서의 제출(영 제91조 제1항) : 부가가치세의 확정신고를 할 때에는 기획재정부령으로 정하는 다음의 사항을 적은 부가가치세 확정신고서를 각 납세지 관할 세무서장에게 제출하여야 한다.

> ⓐ 사업자의 인적사항
> ⓑ 납부세액 및 그 계산 근거
> ⓒ 가산세액·공제세액 및 그 계산 근거
> ⓓ 매출·매입처별 세금계산서합계표의 제출 내용
> ⓔ 그 밖의 참고사항

㉡ 확정신고서의 제출 시 첨부서류(영 제91조 제2항) : 부가가치세 확정신고서를 제출하는 경우에는 기획재정부령으로 정하는 다음 표의 구분에 따른 서류를 함께 제출하여야 한다.

구 분	제출서류
사업을 양도하는 경우	사업양도신고서
공제받지 못할 매입세액이 있는 경우	공제받지 못할 매입세액 명세서
신용카드매출전표 등을 발행한 사업자의 경우	신용카드매출전표 등 발행금액 집계표
전자적 결제수단으로 매출하여 공제받는 경우	전자화폐결제명세서
매입세액을 공제받는 경우	신용카드매출전표 등 수령명세서
부동산임대업자의 경우	부동산임대공급가액명세서와 임대차계약서 사본(사업장을 임대한 후 임대차계약을 갱신한 경우에만 제출)
부동산관리업을 경영하는 사업자의 경우 (다만, 주거용 건물관리는 제외)	건물관리명세서
음식·숙박업자 및 그 밖의 서비스업자의 경우	사업장현황명세서
부동산업, 전문서비스업, 과학서비스업 및 기술서비스업, 보건업, 그 밖의 개인서비스업의 경우	현금매출명세서
건물·기계장치 등을 취득하는 경우	건물 등 감가상각자산 취득명세서
사업자 단위 과세 사업자인 경우	사업자 단위 과세의 사업장별 부가가치세 과세표준 및 납부세액(환급세액) 신고명세서
영세율을 적용하여 재화 또는 용역을 공급한 경우	영세율 매출명세서

㉢ 신고로 보지 아니하는 경우(영 제91조 제3항) : 확정신고를 하는 경우에 다음의 구분에 따른 서류를 해당 신고서에 첨부하지 아니한 부분은 신고로 보지 아니한다.

> ⓐ 부가가치세법의 규정에 따라 영세율이 적용되는 과세표준의 경우 : 제101조에 따른 첨부서류
> ⓑ 「조세특례제한법」에 따라 영세율이 적용되는 과세표준의 경우 : 「조세특례제한법 시행령」 및 「농·축산·임·어업용 기자재 및 석유류에 대한 부가가치세 영세율 및 면세 적용 등에 관한 특례 규정」에 따른 서류

② 확정신고 시 감하는 금액 10년 기출

사업자는 확정신고를 할 때 다음의 금액을 확정신고 시의 납부세액에서 **빼고** 부가가치세 확정신고서와 함께 각 납세지 관할 세무서장(주사업장 총괄납부의 경우에는 주된 사업장 소재지의 관할 세무서장)에게 납부하거나 「국세징수법」에 따른 납부서를 작성하여 한국은행 등에 납부하여야 한다.

> ㉠ 조기 환급을 받을 환급세액 중 환급되지 아니한 세액
> ㉡ 사업자에 대해 예정고지 · 징수되는 금액

알아두기

합병으로 인한 소멸법인의 부가가치세 확정신고(통칙 49-91-1) 15년 기출
법인의 합병으로 인한 소멸법인의 최종과세기간분에 대한 확정신고는 합병 후 존속하는 법인 또는 합병으로 인하여 설립된 법인이 소멸법인을 해당 과세기간의 납세의무자로 하여 소멸법인의 사업장 관할 세무서장에게 신고하여야 한다.

사업양도 시의 신고 부가가치세 확정신고(통칙 49-91-2)
사업을 양도하고 폐업한 사업자는 폐업일이 속하는 과세기간의 개시일로부터 폐업일까지의 과세기간분에 대한 확정신고를 하여야 한다.

(3) 재화의 수입에 대한 신고 · 납부(법 제50조) 21, 17, 15, 13, 12, 10년 기출

납세의무자가 재화의 수입에 대하여 「관세법」에 따라 관세를 세관장에게 신고하고 납부하는 경우에는 재화의 수입에 대한 부가가치세를 함께 신고하고 납부하여야 한다.

(4) 재화의 수입에 대한 부가가치세 납부의 유예(법 제50조의2) 21, 19, 18년 기출

① 부가가치세의 납부 유예

세관장은 매출액에서 수출액이 차지하는 비율 등 대통령령으로 정하는 요건을 충족하는 중소 · 중견사업자가 물품을 제조 · 가공하기 위한 원재료 등 재화의 수입에 대하여 부가가치세의 납부유예를 미리 신청하는 경우에는 해당 재화를 수입할 때 부가가치세의 납부를 유예할 수 있다.

② 중소 · 중견사업자의 범위(영 제91조의2 제1항)

납부의 유예가 가능한 중소 · 중견사업자는 다음의 요건을 모두 충족하는 중소 · 중견사업자를 말한다.

> ㉠ 직전 사업연도에 「조세특례제한법 시행령」에 따른 중소기업 또는 중견기업에 해당하는 법인(제조업 기업에 한정)일 것
> ㉡ 직전 사업연도에 영세율을 적용받은 재화의 공급가액의 합계액(수출액)이 다음에 해당할 것
> ⓐ 중소기업인 경우 : 직전 사업연도에 공급한 재화 또는 용역의 공급가액의 합계액에서 수출액이 차지하는 비율이 30% 이상이거나, 수출액이 50억 원 이상일 것
> ⓑ 중견기업인 경우 : 직전 사업연도에 공급한 재화 또는 용역의 공급가액의 합계액에서 수출액이 차지하는 비율이 30% 이상일 것
> ㉢ 중소 · 중견사업자의 요건 충족 확인 요청일 기준으로 최근 3년간 계속하여 사업을 경영하였을 것, 최근 2년간 국세(관세 포함)를 체납(납부고지서에 따른 납부기한의 다음 날부터 15일 이내에 체납된 국세를 모두 납부한 경우는 제외)한 사실이 없을 것, 최근 3년간 「조세범처벌법」 또는 「관세법」 위반으로 처벌받은 사실이 없을 것, 최근 2년간 국세 체납 등에 따라 납부유예가 취소된 사실이 없을 것

③ 납부유예의 적용(영 제91조의2 제2항·제6항·제8항) 22년 기출
  ㉠ 원재료 등 납부유예 적용가능 재화 : 중소·중견사업자가 자기의 과세사업에 사용하기 위한 재화를 말한다. 다만, 매출세액에서 공제되지 아니하는 매입세액과 관련된 재화는 제외한다.
  ㉡ 적용가능 세액 : 납부유예는 「관세법」 제38조에 따른 납세신고를 할 때 납부하여야 하는 부가가치세에 한정하여 적용한다.
  ㉢ 적용기간 : 납부유예를 승인하는 경우 그 유예기간은 1년으로 한다.
④ 중소·중견사업자 요건 확인의 요청(영 제91조의2 제3항·제5항·제7항)
  ㉠ 중소·중견사업자는 다음의 신고기한의 만료일 중 늦은 날부터 3개월 이내에 관할 세무서장에게 납부유예가 가능한 중소·중견사업자의 요건의 충족 여부의 확인을 요청할 수 있다.

  > ⓐ 직전 사업연도에 대한 「법인세법」에 따른 과세표준 또는 연결과세표준 등의 신고기한
  > ⓑ 직전 사업연도에 대한 확정신고 신고기한

  ㉡ 부가가치세의 납부를 유예 받으려는 중소·중견사업자는 확인요청에 따라 발급받은 확인서를 첨부하여 기획재정부령으로 정하는 부가가치세 납부유예 적용 신청서를 관할 세관장에게 제출하여야 한다. 신청을 받은 관할 세관장은 신청일부터 1개월 이내에 납부유예의 승인 여부를 결정하여 해당 중소·중견사업자에게 통지하여야 한다.
⑤ 납부유예 세액의 납부시기(법 제50조의2 제2항)
  납부를 유예받은 중소·중견사업자는 납세지 관할 세무서장에게 예정신고 또는 확정신고 등을 할 때 그 납부가 유예된 세액을 정산하거나 납부하여야 한다. 이 경우 납세지 관할 세무서장에게 납부한 세액은 세관장에게 납부한 것으로 본다.
⑥ 납부유예의 취소(법 제50조의2 제3항)
  세관장은 부가가치세의 납부가 유예된 중소·중견사업자가 국세를 체납하는 등 대통령령으로 정하는 사유에 해당하는 경우에는 그 납부의 유예를 취소할 수 있다. 이 경우 세관장은 해당 중소·중견사업자에게 그 취소 사실을 통지하여야 한다.

(5) 주사업장 총괄 납부(법 제51조) 21, 20, 17, 15, 11년 기출
  사업장이 둘 이상인 사업자(사업장이 하나이나 추가로 사업장을 개설하려는 사업자를 포함)가 대통령령으로 정하는 바에 따라 주된 사업장의 관할 세무서장에게 주사업장 총괄 납부를 신청한 경우에는 대통령령으로 정하는 바에 따라 납부할 세액을 주된 사업장에서 총괄하여 납부할 수 있다. 이 경우 납부(또는 환급)의 총괄이므로 사업자등록, 부가가치세 신고, 세금계산서 교부 및 수취 등은 각 사업장별로 이행하여야 한다.
① 주사업장 총괄 납부(영 제92조) 22, 17, 13년 기출
  ㉠ 주된 사업장의 위치 : 주된 사업장은 법인의 본점(주사무소를 포함) 또는 개인의 주사무소로 한다. 다만, 법인의 경우에는 지점(분사무소를 포함)을 주된 사업장으로 할 수 있다.
  ㉡ 주사업장 총괄 납부 사업자 : 주된 사업장에서 총괄하여 납부하는 사업자(주사업장 총괄 납부 사업자)가 되려는 자는 그 납부하려는 과세기간 개시 20일 전에 사업자의 인적사항, 총괄 납부 신청사유, 그 밖의 참고 사항을 적은 주사업장 총괄 납부 신청서를 주된 사업장의 관할 세무서장에게 제출(국세정보통신망에 의한 제출을 포함)하여야 한다.

ⓒ 신규로 사업을 시작하는 자 : 다음의 어느 하나에 해당하는 사업자가 주된 사업장에서 총괄하여 납부하려는 경우에는 다음의 구분에 따른 기한까지 주사업장 총괄 납부 신청서를 주된 사업장의 관할 세무서장에게 제출(국세정보통신망에 의한 제출을 포함)하여야 한다.

> ⓐ 신규로 사업을 시작하는 자 : 주된 사업장의 사업자등록증을 받은 날부터 20일
> ⓑ 사업장이 하나이나 추가로 사업장을 개설하는 자 : 추가 사업장의 사업 개시일부터 20일(추가 사업장의 사업 개시일이 속하는 과세기간 이내로 한정)

▷ 주사업장 총괄 납부를 신청한 자는 해당 신청일이 속하는 과세기간부터 총괄하여 납부한다.

② 주사업장 총괄 납부의 변경(영 제93조) 17, 13, 11년 기출
ㄱ 주사업장 총괄 납부 변경신청서의 제출 : 주사업장 총괄 납부 사업자는 다음의 사유가 발생한 경우에는 다음의 구분에 따른 관할 세무서장에게 사업자의 인적사항, 변경사유 등이 적힌 주사업장 총괄 납부 변경신청서를 제출(국세정보통신망에 의한 제출을 포함)하여야 한다. 이 경우 ⓐ와 ⓒ에 따라 신청서를 받은 종된 사업장의 관할 세무서장은 주된 사업장의 관할 세무서장에게 그 신청서를 지체 없이 보내야 한다.

> ⓐ 종된 사업장을 신설하는 경우 : 그 신설하는 종된 사업장 관할 세무서장
> ⓑ 종된 사업장을 주된 사업장으로 변경하려는 경우 : 주된 사업장으로 변경하려는 사업장 관할 세무서장
> ⓒ 상호를 변경하는 경우, 법인 또는 법인으로 보는 단체 외의 단체로서 기획재정부령으로 정하는 단체가 대표자를 변경하는 경우, 사업의 종류에 변동이 있는 경우, 사업장을 이전하는 경우, 상속으로 사업자의 명의가 변경되는 경우, 공동사업자의 구성원 또는 출자지분이 변경되는 경우, 임대인, 임대차 목적물 및 그 면적, 보증금, 임차료 또는 임대차기간이 변경되거나 새로 상가건물을 임차한 경우, 사업자 단위 과세 사업자가 사업자 단위 과세 적용 사업장을 변경하는 경우, 사업자 단위 과세 사업자가 종된 사업장을 신설하거나 이전하는 경우, 사업자 단위 과세 사업자가 종된 사업장의 사업을 휴업하거나 폐업하는 경우, 사이버몰에 인적사항 등의 정보를 등록하고 재화 또는 용역을 공급하는 사업을 하는 사업자가 사이버몰의 명칭 또는 인터넷 도메인이름을 변경하는 경우 : 그 정정사유가 발생한 사업장 관할 세무서장(법인 또는 법인으로 보는 단체 외의 단체로서 기획재정부령으로 정하는 단체가 대표자를 변경하는 경우에는 주된 사업장 관할 세무서장)
> ⓓ 일부 종된 사업장을 총괄 납부 대상 사업장에서 제외하려는 경우 : 주된 사업장 관할 세무서장
> ⓔ 기존의 사업장을 총괄 납부 대상 사업장에 추가하려는 경우 : 주된 사업장 관할 세무서장

ㄴ 총괄 납부 시기 : 주사업장 총괄 납부 변경신청서를 제출하였을 때에는 그 변경신청서를 제출한 날이 속하는 과세기간부터 총괄하여 납부한다.

③ 주사업장 총괄 납부의 적용 제외 및 포기(영 제94조) 20, 17, 13년 기출
ㄱ 주사업장 총괄 납부의 적용 제외 : 주사업장 총괄 납부 사업자가 다음의 어느 하나에 해당하는 경우 주된 사업장 관할 세무서장은 주사업장 총괄 납부를 적용하지 아니할 수 있다.

> ⓐ 사업내용의 변경으로 총괄 납부가 부적당하다고 인정되는 경우
> ⓑ 주된 사업장의 이동이 빈번한 경우
> ⓒ 그 밖의 사정변경으로 인하여 총괄 납부가 적당하지 아니하게 된 경우

ⓛ 주사업장 총괄 납부의 포기 : 주사업장 총괄 납부 사업자가 주사업장 총괄 납부를 포기할 때에는 각 사업장에서 납부하려는 과세기간 개시 20일 전에 사업자의 인적사항, 총괄 납부 포기사유, 그 밖의 참고 사항을 적은 주사업장 총괄 납부 포기신고서를 주된 사업장 관할 세무서장에게 제출(국세정보통신망에 의한 제출을 포함)하여야 한다.

ⓒ 사업장 관할 세무서장에게 통지 : 주사업장 총괄 납부를 적용하지 아니하게 되거나 포기한 경우에 주된 사업장 관할 세무서장은 지체 없이 그 내용을 해당 사업자와 주된 사업장 외의 사업장 관할 세무서장에게 통지하여야 한다.

ⓔ 적용 제외 및 포기 시의 납부 : 주사업장 총괄 납부를 적용하지 아니하게 되거나 포기한 경우에는 그 적용을 하지 아니하게 된 날 또는 포기한 날이 속하는 과세기간의 다음 과세기간부터 각 사업장에서 납부하여야 한다.

(6) 대리납부(법 제52조)

① 대리납부의 대상 24, 21, 19, 18, 16, 12, 11, 10년 기출

다음의 어느 하나에 해당하는 자(국외사업자)로부터 국내에서 용역 또는 권리(용역 등)를 공급(국내에 반입하는 것으로서 관세와 함께 부가가치세를 신고·납부하여야 하는 재화의 수입에 해당하지 아니하는 경우를 포함)받는 자(공급받은 그 용역 등을 과세사업에 제공하는 경우는 제외하되, 매입세액이 공제되지 아니하는 용역 등을 공급받는 경우는 포함)는 그 대가를 지급하는 때에 그 대가를 받은 자로부터 부가가치세를 징수하여야 한다.

> ⓐ 「소득세법」 또는 「법인세법」에 따른 국내사업장이 없는 비거주자 또는 외국법인
> ⓑ 국내사업장이 있는 비거주자 또는 외국법인(비거주자 또는 외국법인의 국내사업장과 관련 없이 용역 등을 공급하는 경우로서 대통령령으로 정하는 경우만 해당)
>   ⓐ 「소득세법」 또는 「법인세법」에 해당하는 경우
>   ⓑ ⓐ 외의 경우로서 해당 용역 등의 제공이 국내사업장에 귀속되지 아니하는 경우

② 대리납부의 공급가액(영 제95조) 12, 10년 기출

ⓞ 부가가치세의 납부 : 징수한 부가가치세는 용역 등 공급자의 상호·주소·성명, 대리납부하는 사업자의 인적사항, 공급가액 및 부가가치세액, 그 밖의 참고 사항을 적은 부가가치세 대리납부신고서와 함께 부가가치세를 징수한 사업장 또는 주소지 관할 세무서장에게 납부하거나 「국세징수법」에 따른 납부서를 작성하여 한국은행(그 대리점을 포함) 또는 체신관서에 납부하여야 한다.

ⓛ 과세표준의 계산 : 비거주자 또는 외국법인으로부터 공급받은 용역 등이 과세사업과 면세사업 등에 공통으로 사용되어 그 실지귀속을 구분할 수 없는 경우 그 면세사업 등에 사용된 용역 등의 과세표준은 다음 계산식에 따라 계산한 금액으로 한다. 다만, 과세기간 중 과세사업과 면세사업 등의 공급가액이 없거나 그 어느 한 사업에 공급가액이 없으면 그 과세기간에 대한 안분계산은 공통매입세액 안분계산과 정산을 준용한다.

$$과세표준 = 해당\ 용역\ 등의\ 총공급가액 \times \frac{대가의\ 지급일이\ 속하는\ 과세기간의\ 면세공급가액}{대가의\ 지급일이\ 속하는\ 과세기간의\ 총공급가액}$$

ⓒ 외화로 지급하는 경우의 대가 : 대가를 외화로 지급하는 경우에는 다음의 구분에 따른 금액을 그 대가로 한다.

> ⓐ 원화로 외화를 매입하여 지급하는 경우 : 지급일 현재의 대고객외국환매도율에 따라 계산한 금액
> ⓑ 보유 중인 외화로 지급하는 경우 : 지급일 현재의 「외국환거래법」에 따른 기준환율 또는 재정환율에 따라 계산한 금액

③ 부가가치세 대리납부신고서의 제출 21년 기출

부가가치세를 징수한 자는 대통령령으로 정하는 바에 따라 부가가치세 대리납부신고서를 제출하고, 제48조(예정신고와 납부) 제2항 및 제49조(확정신고와 납부) 제2항을 준용하여 부가가치세를 납부하여야 한다.

④ 세부규정

공급받은 용역 등을 과세사업과 면세사업 등에 공통으로 사용하여 그 실지귀속을 구분할 수 없는 경우의 안분계산방법 등에 관하여 필요한 사항은 대통령령으로 정한다.

⑤ 사업을 양수받는 자가 그 대가를 받은 자로부터 징수한 부가가치세 21, 18, 15년 기출

㉠ 사업의 양도(이에 해당하는지 여부가 분명하지 아니한 경우를 포함)에 따라 그 사업을 양수받는 자는 그 대가를 지급하는 때에 재화공급의 특례 및 거래징수 규정에도 불구하고, 그 대가를 받은 자로부터 부가가치세를 징수하여 그 대가를 지급하는 날이 속하는 달의 다음 달 25일까지 대통령령으로 정하는 바에 따라 사업장 관할 세무서장에게 납부할 수 있다.

㉡ 사업을 양수받는 자가 그 대가를 받은 자로부터 징수한 부가가치세는 사업양수자의 인적사항, 사업의 양수에 따른 대가를 받은 자의 인적사항, 사업의 양수에 따른 대가의 가액과 부가가치세액, 그 밖의 참고 사항을 적은 부가가치세 대리납부신고서와 함께 사업장 관할 세무서장에게 납부하거나 「국세징수법」에 따른 납부서를 작성하여 한국은행 또는 체신관서에 납부하여야 한다(영 제95조 제5항).

> **보충** 대리납부 대상(통칙 52-95-1) 21년 기출
>
> 비거주자 또는 외국법인의 재화·시설물 또는 권리를 우리나라에서 사용하고 그 대가를 지급하는 자(공급받은 그 용역을 과세사업에 제공하는 경우는 제외하되, 매입세액이 공제되지 아니하는 용역을 공급받는 경우는 포함)는 대리납부를 하여야 하나, 부가가치세가 면제되는 용역은 대리납부의 대상이 되지 아니한다. 이 경우 재화·시설물 또는 권리란 부동산, 부동산상의 권리, 광업권, 조광권, 채석권, 선박, 항공기, 자동차, 건설기계, 기계, 설비, 장치, 운반구, 공구, 학술 또는 예술상의 저작물(영화필름을 포함)의 저작권, 특허권, 상표권, 의장, 모형, 도면, 비밀의 공식 또는 공정, 라디오·텔레비전·방송용 필름 및 테이프, 산업상·상업상 또는 과학상의 지식·경험 또는 숙련에 관한 정보, 우리나라 법에 따른 면허·허가 또는 이와 유사한 처분에 의하여 설정된 권리 그 밖의 이와 유사한 재화 시설물 또는 권리를 말한다.

기출문제

부가가치세법령상 대리납부 등에 관한 설명으로 옳지 않은 것은? 24년 기출

① 국외사업자로부터 권리를 공급받는 경우에는 공급받는 자의 국내에 있는 사업장의 소재지 또는 주소지를 해당 권리가 공급되는 장소로 본다.

② 국내사업장이 없는 외국법인으로부터 국내에서 용역을 공급받는 자가 공급받은 용역을 과세사업에 제공하는 경우에는 대리납부의무가 있다.

③ 대리납부의무자는 그 대가를 지급하는 때에 그 대가를 받은 자로부터 부가가치세를 징수하여야 한다.

④ 비사업자도 대리납부의무자가 될 수 있다.

⑤ 국외사업자가 사업자등록의 대상인 대리인을 통하여 국내에서 용역 또는 권리를 공급하는 경우에는 대리인이 해당 용역을 공급한 것으로 본다.

해설
국내사업장이 없는 외국법인으로부터 국내에서 용역을 공급받는 자가 공급받은 용역을 과세사업에 제공하는 경우는 <u>대리납부의무에서 제외된다</u>(법 제52조 제1항).

정답 ②

(7) 신탁 관련 제2차 납세의무 등에 대한 납부 특례(법 제52조의2)

① 부가가치세를 납부하여야 하는 수탁자

부가가치세를 납부하여야 하는 수탁자의 관할 세무서장은 제2차 납세의무자로부터 수탁자의 부가가치세 등을 징수하려면 다음의 사항을 적은 납부고지서를 제2차 납세의무자에게 발급하여야 한다. 이 경우 수탁자의 관할 세무서장은 제2차 납세의무자의 관할 세무서장과 수탁자에게 그 사실을 통지하여야 한다.

> ㉠ 징수하려는 부가가치세 등의 과세기간, 세액 및 그 산출 근거
> ㉡ 납부하여야 할 기한 및 납부 장소
> ㉢ 제2차 납세의무자로부터 징수할 금액 및 그 산출 근거
> ㉣ 그 밖에 부가가치세 등의 징수를 위하여 필요한 사항

② 부가가치세를 납부하여야 하는 위탁자

부가가치세를 납부하여야 하는 위탁자의 관할 세무서장은 수탁자로부터 위탁자의 부가가치세 등을 징수하려면 다음의 사항을 적은 납부고지서를 수탁자에게 발급하여야 한다. 이 경우 수탁자의 관할 세무서장과 위탁자에게 그 사실을 통지하여야 한다.

> ㉠ 부가가치세 등의 과세기간, 세액 및 그 산출 근거
> ㉡ 납부하여야 할 기한 및 납부 장소
> ㉢ 그 밖에 부가가치세 등의 징수를 위하여 필요한 사항

③ 납부고지가 있은 후 납세의무자인 위탁자가 신탁의 이익을 받을 권리를 포기 또는 이전하거나 신탁재산을 양도하는 등의 경우에도 고지된 부분에 대한 납세의무에는 영향을 미치지 아니한다.

④ 신탁재산의 수탁자가 변경되는 경우에 새로운 수탁자는 이전의 수탁자에게 고지된 납세의무를 승계한다.

⑤ 납세의무자인 위탁자의 관할 세무서장은 최초의 수탁자에 대한 신탁 설정일을 기준으로 신탁 관련 수탁자의 물적납세의무에 따라 그 신탁재산에 대한 현재 수탁자에게 위탁자의 부가가치세 등을 징수할 수 있다.

⑥ 신탁재산에 대하여 「국세징수법」에 따라 강제징수를 하는 경우 「국세기본법」의 국세의 우선 징수 조항에도 불구하고 수탁자는 「신탁법」에 따른 신탁재산의 보존 및 개량을 위하여 지출한 필요비 또는 유익비의 우선변제를 받을 권리가 있다.

(8) 국외사업자의 용역 등 공급에 관한 특례(법 제53조)

① 해당 용역 등을 공급한 것으로 보는 경우 24년 기출

국외사업자가 사업자등록의 대상인 위탁매매인, 준위탁매매인, 대리인, 중개인(구매자로부터 거래대금을 수취하여 판매자에게 지급하는 경우로 한정)을 통하여 국내에서 용역 등을 공급하는 경우에는 상기 위탁매매인 등이 해당 용역 등을 공급한 것으로 본다.

② 해당 권리가 공급되는 장소로 보는 경우 24, 18년 기출

국외사업자로부터 권리를 공급받는 경우에는 공급받는 자의 국내에 있는 사업장의 소재지 또는 주소지를 해당 권리가 공급되는 장소로 본다.

(9) 전자적 용역을 공급하는 국외사업자의 사업자등록 및 납부 등에 관한 특례(법 제53조의2)

① 전자적 용역이 공급되는 것으로 보는 경우 18년 기출

국외사업자가 정보통신망을 통하여 이동통신단말장치 또는 컴퓨터 등으로 공급하는 용역으로서 다음의 어느 하나에 해당하는 용역을 국내에 제공하는 경우[부가가치세법, 「소득세법」 또는 「법인세법」에 따라 사업자등록을 한 자(등록사업자)의 과세사업 또는 면세사업에 대하여 용역을 공급하는 경우는 제외]에는 사업의 개시일로부터 20일 이내에 대통령령으로 정하는 간편한 방법으로 사업자등록(간편사업자등록)을 하여야 한다.

> ㉠ 게임·음성·동영상 파일 또는 소프트웨어 등 대통령령으로 정하는 용역
> ㉡ 광고를 게재하는 용역
> ㉢ 클라우드 컴퓨팅서비스
> ㉣ 재화 또는 용역을 중개하는 용역으로서 대통령령으로 정하는 용역

② 전자적 용역의 범위 18년 기출

국외사업자가 다음의 어느 하나에 해당하는 제3자(비거주자 또는 외국법인을 포함)를 통하여 국내에 전자적 용역을 공급하는 경우(등록사업자의 과세사업 또는 면세사업에 대하여 용역을 공급하는 경우나 국외사업자의 용역 등 공급 특례에 관한 규정이 적용되는 경우는 제외)에는 그 제3자가 해당 전자적 용역을 공급한 것으로 보며, 그 제3자는 사업의 개시일로부터 20일 이내에 간편사업자등록을 하여야 한다.

> ㉠ 정보통신망 등을 이용하여 전자적 용역의 거래가 가능하도록 오픈마켓이나 그와 유사한 것을 운영하고 관련 서비스를 제공하는 자
> ㉡ 전자적 용역의 거래에서 중개에 관한 행위 등을 하는 자로서 구매자로부터 거래대금을 수취하여 판매자에게 지급하는 자
> ㉢ 그 밖에 ㉠ 및 ㉡과 유사하게 전자적 용역의 거래에 관여하는 자로서 대통령령으로 정하는 자

③ 간편사업자등록의 방식(영 제96조의2 제3항)

간편사업자등록을 하려는 사업자는 국세정보통신망에 접속하여 다음의 사항을 입력하는 방식으로 국세청장에게 간편사업자등록을 하여야 한다.

> ○ 사업자 및 대표자의 이름과 전화번호, 우편주소, 이메일 주소 및 웹사이트 주소 등의 연락처. 이 경우 법인인 사업자가 법인 이름과 다른 이름으로 거래하는 경우 거래이름을 포함한다.
> ○ 등록국가·주소 및 등록번호 등 용역을 제공하는 사업장이 소재하는 국외사업자 등록 관련 정보
> ○ 제공하는 전자적 용역의 종류, 국내에 전자적 용역을 공급하는 사업개시일 및 그 밖에 간편사업자등록을 위하여 필요한 사항으로서 기획재정부령으로 정하는 것(규칙 제66조의2)
> > ⓐ 납세관리인이 있는 경우 납세관리인의 성명, 주민등록번호 또는 사업자등록번호, 주소 또는 거소 및 전화번호
> > ⓑ 부가가치세 환급금을 지급받기 위하여 금융회사 또는 체신관서에 계좌를 개설한 경우 그 계좌번호

④ 간편사업자등록번호의 부여 및 통지(영 제96조의2 제4항)

국세청장은 간편사업자등록을 한 자(간편사업자등록자)에 대하여 간편사업자등록번호를 부여하고, 사업자(납세관리인이 있는 경우 납세관리인을 포함)에게 통지(정보통신망을 이용한 통지를 포함)하여야 한다.

⑤ 신고 및 납부 18, 16년 기출

간편사업자등록을 한 자는 대통령령으로 정하는 방법으로 신고 및 납부를 하여야 한다.

○ 입력하는 방식에 의한 신고(영 제96조의2 제5항) : 부가가치세를 신고하려는 사업자는 국세정보통신망에 접속하여 다음의 사항을 입력하는 방식으로 부가가치세 예정신고 및 확정신고를 하여야 한다.

> ⓐ 사업자이름 및 간편사업자등록번호
> ⓑ 신고기간 동안 국내에 공급한 전자적 용역의 총 공급가액, 공제받을 매입세액 및 납부할 세액
> ⓒ 그 밖에 필요한 사항으로서 기획재정부령으로 정하는 것

○ 외국환은행의 계좌에 납입(영 제96조의2 제6항) : 납부는 국세청장이 정하는 바에 따라 외국환은행의 계좌에 납입하는 방식으로 한다.

○ 기준환율 적용 및 고시(영 제96조의2 제7항) : 간편사업자등록자가 국내에 공급한 전자적 용역의 대가를 외국통화나 그 밖의 외국환으로 받은 경우에는 과세기간 종료일(예정신고 및 납부에 대해서는 예정신고기간 종료일)의 기준환율을 적용하여 환가한 금액을 과세표준으로 할 수 있다. 이 경우 국세청장은 정보통신망을 이용하여 통지하거나 국세정보통신망에 고시하는 방법 등으로 사업자(납세관리인이 있는 경우 납세관리인을 포함)에게 기준환율을 알려야 한다.

○ 매입세액 외의 공제금지 : 간편사업자등록을 한 자는 해당 전자적 용역의 공급과 관련하여 공제되는 매입세액 외에는 매출세액 또는 납부세액에서 공제하지 아니한다.

⑥ 전자적 용역의 공급에 대한 거래명세 내용 및 보관 기간

간편사업자등록을 한 자는 전자적 용역의 공급에 대한 거래명세(등록사업자의 과세사업 또는 면세사업에 대하여 용역을 공급하는 경우의 거래명세를 포함)를 그 거래사실이 속하는 과세기간에 대한 확정신고기한이 지난 후 5년간 보관하여야 한다. 이 경우 거래명세에 포함되어야 할 구체적인 내용은 대통령령으로 정한다(영 제96조의2 제8항).

   ▷ 간편사업자등록자는 전자적 용역의 공급에 대한 거래명세를 정보처리장치 등의 전자적 형태로 보관할 수 있다.

⑦ **전자적 용역 거래명세서 제출 요구**

국세청장은 부가가치세 신고의 적정성을 확인하기 위하여 간편사업자등록을 한 자에게 기획재정부령으로 정하는 전자적 용역 거래명세서를 제출할 것을 요구할 수 있다.

⑧ **전자적 용역 거래명세서 제출기한**

간편사업자등록을 한 자는 ⑦에 따른 요구를 받은 날부터 60일 이내에 전자적 용역 거래명세서를 국세청장에게 제출하여야 한다.

⑨ **간편사업자등록의 말소**

국세청장은 간편사업자등록을 한 자가 국내에서 폐업한 경우(사실상 폐업한 경우로서 대통령령으로 정하는 경우를 포함) 간편사업자등록을 말소할 수 있다(영 제96조의2 제10항).

```
┌─────────────────────────────────────────────────────────────────────┐
│ ㉠ 간편사업자등록자가 부도발생, 고액체납 등으로 도산하여 소재 불명인 경우 │
│ ㉡ 간편사업자등록자가 사업의 영위에 필요한 인허가 등이 취소되는 등의 사유로 대한민국 또는 등록국 │
│   가에서 사업을 수행할 수 없는 경우                                    │
│ ㉢ 간편사업자등록자가 전자적 용역을 공급하기 위한 인터넷 홈페이지[이동통신단말장치에서 사용되는 │
│   애플리케이션(Application), 그 밖에 이와 비슷한 응용프로그램을 통하여 가상의 공간에 개설한 장소 │
│   를 포함]를 폐쇄한 경우                                                │
│ ㉣ 간편사업자등록자가 정당한 사유 없이 계속하여 둘 이상의 과세기간에 걸쳐 부가가치세를 신고하지 │
│   않은 경우                                                            │
│ ㉤ 그 밖에 ㉠부터 ㉣까지의 경우와 유사한 경우로서 국세청장이 간편사업자등록자가 사실상 폐업상태 │
│   에 있다고 인정하는 경우                                              │
└─────────────────────────────────────────────────────────────────────┘
```

⑩ **세부규정** 18, 16년 기출

간편사업자등록을 한 자의 납세지, 전자적 용역의 공급시기와 간편사업자등록 등에 관하여 그 밖에 필요한 사항은 대통령령으로 정한다.

   ㉠ **전자적 용역의 공급시기**(영 제96조의2 제11항) : 국내로 공급되는 전자적 용역의 공급시기는 다음의 시기 중 빠른 때로 한다.

```
┌─────────────────────────────────────────────────────────────────────┐
│ ⓐ 구매자가 공급하는 자로부터 전자적 용역을 제공받은 때               │
│ ⓑ 구매자가 전자적 용역을 구매하기 위하여 대금의 결제를 완료한 때     │
└─────────────────────────────────────────────────────────────────────┘
```

   ㉡ **납세지의 지정**(영 제96조의2 제12항) : 간편사업자등록을 한 사업자의 납세지는 사업자의 신고·납부의 효율과 편의를 고려하여 국세청장이 지정한다.

2. 제출서류 등

(1) 세금계산서합계표의 제출(법 제54조) 20년 기출

① 매출·매입처별 세금계산서합계표

　사업자는 세금계산서 또는 수입세금계산서를 발급하였거나 발급받은 경우에는 다음의 사항을 적은 매출처별 세금계산서합계표와 매입처별 세금계산서합계표(매출·매입처별 세금계산서합계표)를 해당 예정신고 또는 확정신고[제48조(예정신고와 납부) 제3항 본문이 적용되는 경우는 해당 과세기간의 확정신고]를 할 때 함께 제출하여야 한다.

> ㉠ 공급하는 사업자 및 공급받는 사업자의 등록번호와 성명 또는 명칭
> ㉡ 거래기간
> ㉢ 작성 연월일
> ㉣ 거래기간의 공급가액의 합계액 및 세액의 합계액
> ㉤ 그 밖에 대통령령으로 정하는 사항(거래처별 세금계산서 발행매수와 그 밖에 기획재정부령으로 정하는 사항)

② 세금계산서합계표의 제출방법(영 제97조)

　㉠ 사업자가 국세청장이 정하는 바에 따라 매출·매입처별 세금계산서합계표의 기재사항을 모두 적은 것으로서 전자계산조직을 이용하여 처리된 테이프 또는 디스켓을 제출하는 경우에는 매출·매입처별 세금계산서합계표를 제출한 것으로 본다.

　㉡ ㉠에서 규정한 사항 외에 세금계산서합계표의 제출 방법에 관하여 필요한 사항은 기획재정부령으로 정한다.

③ 매출·매입처별 세금계산서합계표를 제출하지 아니하는 경우

　전자세금계산서를 발급하거나 발급받고 전자세금계산서 발급명세를 해당 재화 또는 용역의 공급시기가 속하는 과세기간(예정신고의 경우에는 예정신고기간) 마지막 날의 다음 달 11일까지 국세청장에게 전송한 경우에는 해당 예정신고 또는 확정신고[제48조(예정신고와 납부) 제3항 본문이 적용되는 경우는 해당 과세기간의 확정신고] 시 매출·매입처별 세금계산서합계표를 제출하지 아니할 수 있다.

④ 확정신고 시 함께 제출

　예정신고를 하는 사업자가 각 예정신고와 함께 매출·매입처별 세금계산서합계표를 제출하지 못하는 경우에는 해당 예정신고기간이 속하는 과세기간의 확정신고를 할 때 함께 제출할 수 있다.

⑤ 세관 소재지를 관할하는 세무서장에게 제출

　수입세금계산서를 발급한 세관장은 매출처별 세금계산서합계표를 해당 세관 소재지를 관할하는 세무서장에게 제출하여야 한다.

⑥ 매입처별 세금계산서합계표 제출의무자의 범위 23, 13년 기출

　세금계산서를 발급받은 국가, 지방자치단체, 지방자치단체조합, 그 밖에 대통령령으로 정하는 다음의 자는 매입처별 세금계산서합계표를 해당 과세기간이 끝난 후 25일 이내에 납세지 관할 세무서장에게 제출하여야 한다(영 제99조).

⊙ 부가가치세가 면제되는 사업자 중 소득세 또는 법인세의 납세의무가 있는 자(「조세특례제한법」에 따라 소득세 또는 법인세가 면제되는 자를 포함)
ⓛ 「민법」에 따라 설립된 법인
ⓒ 특별법에 따라 설립된 법인
ⓔ 각급학교 기성회, 후원회 또는 이와 유사한 단체
ⓜ 「법인세법」에 따른 외국법인연락사무소

주의 지방자치단체는 매입처별 세금계산서합계표를 납세지 관할 세무서장에게 제출할 의무가 없는 것이 아니라 해당 과세기간이 끝난 후 25일 이내에 제출하여야 한다.

(2) 현금매출명세서 등의 제출(법 제55조)

① 현금매출명세서를 함께 제출해야 하는 사업 23, 19년 기출

부동산업, 전문서비스업, 과학서비스업 및 기술서비스업, 보건업, 그 밖의 개인서비스업 중 해당 업종의 특성 및 세원관리를 고려하여 대통령령으로 정하는 사업[예식장업, 부동산중개업, 보건업(병원과 의원으로 한정)과 변호사업, 심판변론인업, 변리사업, 법무사업, 공인회계사업, 세무사업, 경영지도사업, 기술지도사업, 감정평가사업, 손해사정인업, 통관업, 기술사업, 건축사업, 도선사업, 측량사업, 공인노무사업, 의사업, 한의사업, 약사업, 한약사업, 수의사업과 그 밖에 이와 유사한 사업서비스업으로서 기획재정부령으로 정하는 사업]을 하는 사업자는 예정신고 또는 확정신고를 할 때 기획재정부령으로 정하는 현금매출명세서를 함께 제출하여야 한다.

② 부동산임대공급가액명세서의 함께 제출 19년 기출

부동산임대업자는 기획재정부령으로 정하는 부동산임대공급가액명세서를 예정신고 또는 확정신고를 할 때 함께 제출하여야 한다.

(3) 영세율 첨부서류의 제출(법 제56조, 영 제101조)

① 수출실적명세서 등의 서류 제출 20년 기출

영세율이 적용되는 재화 또는 용역을 공급하는 사업자는 예정신고 및 확정신고를 할 때 예정신고서 및 확정신고서에 수출실적명세서 등 대통령령으로 정하는 다음 표의 구분에 따른 서류를 첨부하여 제출하여야 한다. 다만, 부득이한 사유로 해당 서류를 첨부할 수 없을 때에는 국세청장이 정하는 서류로 대신할 수 있다.

구 분	제출서류
내국물품(대한민국 선박에 의하여 채집되거나 잡힌 수산물을 포함)을 외국으로 반출하는 경우	수출실적명세서(전자계산조직을 이용하여 처리된 테이프 또는 디스켓을 포함). 다만, 소포우편을 이용하여 수출한 경우에는 해당 국장이 발행하는 소포수령증으로 한다.
중계무역 방식의 거래 등 대통령령으로 정하는 것으로서 국내사업장에서 계약과 대가 수령 등 거래가 이루어지는 경우	수출계약서 사본 또는 외국환은행이 발행하는 외화입금증명서. 이 경우 외국인도수출을 적용받는 사업자가 위탁가공무역 방식의 수출을 적용받는 사업자로부터 매입하는 경우는 매입계약서를 추가로 첨부한다.

사업자가 내국신용장 또는 구매확인서에 의하여 공급하는 재화(금지금은 제외) 및 내국신용장 또는 구매확인서에 의하여 공급하는 수출재화임가공용역의 경우	내국신용장 또는 구매확인서가 「전자무역촉진에 관한 법률」에 따라 전자무역기반시설을 통하여 개설되거나 발급된 경우	내국신용장·구매확인서 전자발급명세서
	위 외의 경우	내국신용장 사본
사업자가 한국국제협력단에 공급하는 재화의 경우(한국국제협력단이 사업을 위하여 외국에 무상으로 반출하는 재화로 한정)		한국국제협력단이 교부한 공급사실을 증명할 수 있는 서류
사업자가 한국국제보건의료재단에 공급하는 재화의 경우 (한국국제보건의료재단이 사업을 위하여 외국에 무상으로 반출하는 재화로 한정)		한국국제보건의료재단이 교부한 공급사실을 증명할 수 있는 서류
사업자가 대한적십자사에 공급하는 재화의 경우(대한적십자사가 사업을 위하여 외국에 무상으로 반출하는 재화로 한정)		대한적십자사가 교부한 공급사실을 증명할 수 있는 서류
사업자가 국외의 비거주자 또는 외국법인과 직접 계약에 따라 공급할 것, 대금을 외국환은행에서 원화로 받을 것, 비거주자 등이 지정하는 국내의 다른 사업자에게 인도할 것, 국내의 다른 사업자가 비거주자 등과 계약에 따라 인도받은 재화를 그대로 반출하거나 제조·가공한 후 반출할 것의 요건에 따라 공급하는 재화		• 국내의 다른 사업자가 비거주자 등과 계약에 따라 인도받은 재화를 그대로 반출하거나 제조·가공한 후 반출한 사실을 입증할 수 있는 관계 증명서류 • 외국환은행이 발행하는 외화입금증명서
국외에서 공급하는 용역에 대하여 영세율을 적용하는 경우		외국환은행이 발급하는 외화입금증명서 또는 국외에서 제공하는 용역에 관한 계약서
선박 또는 항공기에 의한 외국항행용역의 공급에 대하여 영세율을 적용하는 경우		외국환은행이 발급하는 외화입금증명서. 다만, 항공기의 외국항행용역의 경우에는 공급가액확정명세서로 한다.
국내에서 국내사업장이 없는 비거주자 또는 외국법인에 공급되는 재화 또는 사업에 해당하는 용역 및 비거주자 또는 외국법인의 국내사업장이 있는 경우에 국내에서 국외의 비거주자 또는 외국법인과 직접 계약하여 공급하는 재화 또는 용역		• 외국환은행이 발급하는 외화입금증명서 • 해당 국가의 현행 법령 등 해당 국가에서 우리나라의 거주자 또는 내국법인에 대하여 동일하게 면세한다는 사실을 입증할 수 있는 관계 증명서류[전문서비스업과 사업시설관리 및 사업지원 서비스업(조경 관리 및 유지 서비스업, 여행사 및 기타 여행보조 서비스업은 제외), 투자자문업에 해당하는 용역의 경우에 한정] • 정보통신망을 통해 정보통신업 중 뉴스 제공업, 영상·오디오 기록물 제작 및 배급업(영화관 운영업과 비디오물 감상실 운영업은 제외), 소프트웨어 개발업, 컴퓨터 프로그래밍, 시스템 통합관리업, 자료처리, 호스팅, 포털 및 기타 인터넷 정보매개 서비스업, 기타 정보 서비스업에 해당하는 용역을 「소득세법」 또는 「법인세법」에 따른 국내사업장이 없는 비거주자 또는 외국법인, 국내사업장이 있는 비거주자 또는 외국법인(비거주자 또는 외국법인 의 국내사업장과 관련없이 용역 등을 공급하는 경우로서 대통령령으로 정하는 경우만 해당)의 어느 하나에 해당하는 자에게 제공하였음을 증명하는 서류
수출업자와 직접 도급계약에 의하여 수출재화를 임가공하는 수출재화임가공용역의 경우		• 임가공계약서 사본(수출재화임가공용역을 해당 수출업자와 같은 장소에서 제공하는 경우는 제외) • 해당 수출업자가 교부한 납품사실을 증명할 수 있는 서류(수출업자와 직접 도급계약을 한 부분으로 한정) 또는 수출대금 입금증명서

외국을 항행하는 선박 및 항공기 또는 원양어선에 공급하는 재화 또는 용역의 경우	관할 세관장이 발급하는 선(기)적완료증명서. 다만, 「전기통신사업법」에 따른 전기통신사업의 경우에는 용역공급기록표로 하고, 「개별소비세법 시행령」 및 「교통·에너지·환경세법 시행령」에 따른 석유류 면세의 경우에는 유류공급명세서로 한다.
우리나라에 상주하는 외교공관, 영사기관, 국제연합과 이에 준하는 국제기구 등에 재화 또는 용역을 공급하는 경우 및 우리나라에 상주하는 국제연합군 또는 미합중국군대에 공급하는 재화 또는 용역의 경우	외국환은행이 발급하는 수출(군납)대금입금증명서 또는 해당 외교공관 등이 발급한 납품 또는 용역 공급사실을 증명할 수 있는 서류. 다만, 전력, 가스 또는 그 밖에 공급단위를 구획할 수 없는 재화를 계속적으로 공급하는 사업의 경우에는 재화공급기록표, 「전기통신사업법」에 따른 전기통신사업의 경우에는 용역공급기록표로 한다.
「관광진흥법 시행령」에 따른 종합여행업자가 외국인 관광객에게 공급하는 관광알선용역의 경우	외국환은행이 발급하는 외화입금증명서. 다만, 외화 현금으로 받는 경우에는 관광알선수수료명세표 및 외화매입증명서로 한다.
「개별소비세법」에 따른 지정을 받아 외국인전용판매장을 경영하는 자 또는 「조세특례제한법」에 따른 주한외국군인 및 외국인선원 전용 유흥음식점업을 경영하는 자가 국내에서 공급하는 재화 또는 용역의 경우	외국환은행이 발급하는 외화입금증명서 또는 외화매입증명서
외교공관 등의 소속 직원으로서 해당 국가로부터 공무원 신분을 부여받은 자 또는 외교부장관으로부터 이에 준하는 신분임을 확인받은 자 중 내국인이 아닌 자에게 재화 또는 용역을 공급하는 경우 및 외교관 등에 대한 부가가치세의 환급의 경우	외교관면세판매기록표

② 서류의 미첨부

서류를 첨부하지 아니한 부분에 대하여는 예정신고 및 확정신고로 보지 아니한다.

③ 세부규정

서류의 작성과 제출 등에 필요한 사항은 대통령령으로 정한다.

㉠ 해당 서류의 첨부 제출 : 영세율이 적용되는 경우에는 부가가치세 확정신고서에 ①의 서류를 첨부하여 제출하여야 한다. 다만, 부가가치세 예정신고 및 조기환급 신고를 할 때 이미 제출한 서류는 제외한다.

㉡ 제출된 영세율 첨부서류 제출명세서 : 「개별소비세법」에 따른 수출면세의 적용을 받기 위하여 해당 서류를 관할 세무서장에게 이미 제출한 경우에는 기획재정부령으로 정하는 영세율 첨부서류 제출명세서로 ①의 서류를 대신할 수 있다.

㉢ 서류제출의 의제 : 사업자가 국세청장이 정하는 바에 따라 소포수령증 및 서류를 복사하여 저장한 테이프 또는 디스켓을 영세율 첨부서류 제출명세서(전자계산조직을 이용하여 처리된 테이프 또는 디스켓을 포함)와 함께 제출하는 경우에는 ①의 서류를 제출한 것으로 본다.

1. 결정 등

(1) 결정과 경정(법 제57조)

① **결정 · 경정사유** 24, 23, 22, 21, 19, 18, 17, 16, 15, 14, 13, 12, 11, 10년 기출

납세지 관할 세무서장, 납세지 관할 지방국세청장 또는 국세청장(납세지 관할 세무서장 등)은 사업자가 다음의 어느 하나에 해당하는 경우에만 해당 예정신고기간 및 과세기간에 대한 부가가치세의 과세표준과 납부세액 또는 환급세액을 조사하여 결정 또는 경정한다.

> ㉠ 예정신고 또는 확정신고를 하지 아니한 경우
> ㉡ 예정신고 또는 확정신고를 한 내용에 오류가 있거나 내용이 누락된 경우
> ㉢ 확정신고를 할 때 매출처별 세금계산서합계표 또는 매입처별 세금계산서합계표를 제출하지 아니하거나 제출한 매출처별 세금계산서합계표 또는 매입처별 세금계산서합계표에 기재사항의 전부 또는 일부가 적혀 있지 아니하거나 사실과 다르게 적혀 있는 경우
> ㉣ 그 밖에 대통령령으로 정하는 사유로 부가가치세를 포탈할 우려가 있는 경우(영 제103조 제1항)
>   ⓐ 사업장의 이동이 빈번한 경우
>   ⓑ 사업장의 이동이 빈번하다고 인정되는 지역에 사업장이 있을 경우
>   ⓒ 휴업 또는 폐업 상태에 있을 경우
>   ⓓ 신용카드가맹점 또는 현금영수증가맹점 가입 대상자로 지정받은 사업자가 정당한 사유 없이 신용카드가맹점 또는 현금영수증가맹점으로 가입하지 아니한 경우로서 사업 규모나 영업 상황으로 보아 신고 내용이 불성실하다고 판단되는 경우
>   ⓔ 조기환급 신고의 내용에 오류가 있거나 내용이 누락된 경우

▷ 영수증 발급대상 사업 중 국세청장이 정하는 업종을 경영하는 사업자로서 같은 장소에서 계속하여 5년 이상 사업을 경영한 자에 대해서는 객관적인 증명 자료로 보아 과소하게 신고한 것이 분명한 경우에만 경정할 수 있다(영 제103조 제2항).

② **결정 · 경정 기관(영 제102조)** 22, 20, 18, 16년 기출
  ㉠ **납세지 관할 세무서장의 결정 · 경정** : 부가가치세의 과세표준과 납부세액 또는 환급세액의 결정 · 경정은 각 납세지 관할 세무서장이 한다. 다만, 국세청장이 특히 중요하다고 인정하는 경우에는 납세지 관할 지방국세청장 또는 국세청장이 결정하거나 경정할 수 있다.
  ㉡ **주된 사업장의 관할 세무서장에게 통지** : 주사업장 총괄 납부를 하는 경우 각 납세지 관할 세무서장, 납세지 관할 지방국세청장 또는 국세청장이 과세표준과 납부세액 또는 환급세액을 결정하거나 경정하였을 때에는 지체 없이 납세지 관할 세무서장 또는 총괄 납부를 하는 주된 사업장의 관할 세무서장에게 통지하여야 한다.

③ **결정 · 경정 방법** 24, 23, 21, 18, 17, 16, 15, 14, 12, 11, 10년 기출
  ㉠ **원칙** : 납세지 관할 세무서장 등은 각 예정신고기간 및 과세기간에 대한 과세표준과 납부세액 또는 환급세액을 조사하여 결정 또는 경정하는 경우에는 세금계산서, 수입세금계산서, 장부 또는 그 밖의 증명 자료를 근거로 하여야 한다.

ⓛ 예외(추계 결정·경정) : 다음의 어느 하나에 해당하면 대통령령으로 정하는 바에 따라 추계할 수 있다.

> ⓐ 과세표준을 계산할 때 필요한 세금계산서, 수입세금계산서, 장부 또는 그 밖의 증명 자료가 없거나 그 중요한 부분이 갖추어지지 아니한 경우
> ⓑ 세금계산서, 수입세금계산서, 장부 또는 그 밖의 증명 자료의 내용이 시설규모, 종업원 수와 원자재·상품·제품 또는 각종 요금의 시가에 비추어 거짓임이 명백한 경우
> ⓒ 세금계산서, 수입세금계산서, 장부 또는 그 밖의 증명 자료의 내용이 원자재 사용량, 동력 사용량이나 그 밖의 조업 상황에 비추어 거짓임이 명백한 경우

ⓒ 추계 결정·경정 방법(영 제104조) : 추계는 다음의 방법에 따른다. 22년 기출

> ⓐ 장부의 기록이 정당하다고 인정되고 신고가 성실하여 경정을 받지 아니한 같은 업종과 같은 현황의 다른 사업자와 권형에 따라 계산하는 방법
> ⓑ 국세청장이 업종별로 투입원재료에 대하여 조사한 생산수율이 있을 때에는 생산수율을 적용하여 계산한 생산량에 그 과세기간 중에 공급한 수량의 시가를 적용하여 계산하는 방법
> ⓒ 국세청장이 사업의 종류·지역 등을 고려하여 사업과 관련된 종업원, 객실, 사업장, 차량, 수도, 전기 등 인적·물적 시설의 수량 또는 가액과 매출액의 관계를 정한 영업효율이 있을 때에는 영업효율을 적용하여 계산하는 방법
> ⓓ 국세청장이 사업의 종류별·지역별로 정한 다음의 어느 하나에 해당하는 기준에 따라 계산하는 방법
>   • 생산에 투입되는 원재료, 부재료 중에서 일부 또는 전체의 수량과 생산량의 관계를 정한 원단위 투입량
>   • 인건비, 임차료, 재료비, 수도광열비, 그 밖의 영업비용 중에서 일부 또는 전체의 비용과 매출액의 관계를 정한 비용관계비율
>   • 일정기간 동안의 평균재고금액과 매출액 또는 매출원가의 관계를 정한 상품회전율
>   • 일정기간 동안의 매출액과 매출총이익의 비율을 정한 매매총이익률
>   • 일정기간 동안의 매출액과 부가가치액의 비율을 정한 부가가치율
> ⓔ 추계 경정·결정 대상 사업자에 대하여 일정기간 동안의 부가가치율(ⓑ부터 ⓓ까지의 비율)을 계산할 수 있는 경우에는 그 비율을 적용하여 계산하는 방법
> ⓕ 주로 최종소비자를 대상으로 거래하는 음식 및 숙박업과 서비스업에 대해서는 국세청장이 정하는 입회조사기준에 따라 계산하는 방법

▷ 납부세액 계산 시 공제 매입세액 : 납부세액을 계산할 때 공제하는 매입세액은 발급받은 세금계산서를 관할 세무서장에게 제출하고 그 기재내용이 분명한 부분으로 한정한다. 다만, 재해 또는 그 밖의 불가항력으로 인하여 발급받은 세금계산서가 소멸되어 세금계산서를 제출하지 못하게 되었을 때에는 해당 사업자에게 공급한 거래상대방이 제출한 세금계산서에 의하여 확인되는 것을 납부세액에서 공제하는 매입세액으로 한다.

④ **재경정** 24, 23, 21, 17, 16, 15, 14, 12, 10년 기출

납세지 관할 세무서장 등은 결정하거나 경정한 과세표준과 납부세액 또는 환급세액에 오류가 있거나 누락된 내용이 발견되면 즉시 다시 경정한다.

주의 오류가 있거나 누락된 내용이 발견되어도 당해 과세기간에는 경정할 수 없는 것이 아니라 즉시 다시 경정한다.

부가가치세법령상 부가가치세 과세표준과 세액에 대한 결정과 경정에 관한 설명으로 옳지 않은 것은? 24년 기출

① 납세지 관할 세무서장은 사업자가 폐업 상태에 있을 경우에는 결정 또는 경정을 할 수 없다.
② 납세지 관할 세무서장은 사업자가 예정신고를 하지 아니한 경우 확정신고기한 전에 결정을 할 수 있다.
③ 납세지 관할 세무서장은 사업장의 이동이 빈번하다고 인정되는 지역에 사업장이 있을 경우에는 결정 또는 경정을 할 수 있다.
④ 납세지 관할 세무서장은 과세표준을 계산할 때 필요한 장부가 없는 경우에는 추계할 수 있다.
⑤ 납세지 관할 세무서장은 결정하거나 경정한 과세표준과 세액에 오류가 있는 내용이 발견되면 즉시 다시 경정한다.

해설
납세지 관할 세무서장은 사업자가 휴업 또는 폐업 상태에 있을 경우 해당 예정신고기간 및 과세기간에 대한 부가가치세의 과세표준과 납부세액 또는 환급세액을 조사하여 <u>결정 또는 경정한다</u>(법 제57조 제1항 제4호, 영 제103조 제1항 제3호).

정답 ①

(2) 징수(법 제58조)

① 미달납부세액의 징수 24, 21, 16, 15, 12, 10년 기출
납세지 관할 세무서장은 사업자가 예정신고 또는 확정신고를 할 때에 신고한 납부세액을 납부하지 아니하거나 납부하여야 할 세액보다 적게 납부한 경우에는 그 세액을 「국세징수법」에 따라 징수하고, 결정 또는 경정을 한 경우에는 추가로 납부하여야 할 세액을 「국세징수법」에 따라 징수한다.

② 재화의 수입에 대한 징수(영 제105조) 23, 16, 13, 12, 10년 기출
재화의 수입에 대한 부가가치세는 세관장이 「관세법」에 따라 징수한다. 세관장이 부가가치세를 징수할 때(납부받거나 환급할 때를 포함)에는 「관세법」 제11조(납부고지서의 송달), 제16조(과세물건 확정의 시기)부터 제19조(납세의무자)까지, 제38조(신고납부), 제38조의2(보정)부터 제38조의4(수입물품의 과세가격 조정에 따른 경정)까지, 제39조(부과고지), 제43조(관세의 현장 수납), 제46조(관세환급금의 환급), 제47조(과다환급관세의 징수), 제106조(계약 내용과 다른 물품 등에 대한 관세 환급) 및 제106조의2(수입한 상태 그대로 수출되는 자가사용물품 등에 관한 관세 환급)에 따른다.

③ 신탁재산에 대한 강제징수의 특례(법 제58조의2) 24년 기출
수탁자가 납부하여야 하는 부가가치세가 체납된 경우에는 「국세징수법」에도 불구하고 해당 신탁재산에 대해서만 강제징수를 할 수 있다.

(3) 환급(법 제59조)

① 일반환급 23, 21, 20, 17, 16, 15, 10년 기출
납세지 관할 세무서장은 각 과세기간별로 그 과세기간에 대한 환급세액을 확정신고한 사업자에게 그 확정신고기한이 지난 후 30일 이내(아래 ②의 어느 하나에 해당하는 경우에는 15일 이내)에 대통령령으로 정하는 바에 따라 환급하여야 한다(영 제106조).
  ㉠ 세액의 한정 : 환급하여야 할 세액은 제출한 신고서 및 이에 첨부된 증명서류와 제출한 매입처별 세금계산서합계표, 신용카드매출전표 등 수령명세서에 의하여 확인되는 금액으로 한정한다.

ⓛ **추가로 발생한 환급세액** : 관할 세무서장은 결정·경정에 의하여 추가로 발생한 환급세액이 있는 경우에는 지체 없이 사업자에게 환급하여야 한다.

② **조기환급(영 제107조)** 24, 23, 21, 20, 19, 18, 17, 16, 15, 14, 13, 12, 10년 기출

   ㉠ **조기환급의 대상(법 제59조 제2항)** : 납세지 관할 세무서장은 다음의 어느 하나에 해당하여 환급을 신고한 사업자에게 대통령령으로 정하는 바에 따라 환급세액을 조기에 환급할 수 있다.

> ⓐ 사업자가 영세율을 적용받는 경우
> ⓑ 사업자가 대통령령으로 정하는 사업 설비(「소득세법 시행령」 및 「법인세법 시행령」에 따른 감가 상각자산)를 신설·취득·확장 또는 증축하는 경우
> ⓒ 사업자가 대통령령으로 정하는 재무구조개선계획을 이행 중인 경우(조기환급기간, 예정신고기간 또는 과세기간의 종료일 현재 「조세특례제한법 시행령」에 따른 재무구조개선계획 승인권자가 승 인한 계획을 이행 중인 경우)

   ㉡ **환급기한** : 관할 세무서장은 환급세액을 각 예정신고기간별로 그 예정신고기한이 지난 후 15일 이내에 예정신고한 사업자에게 환급하여야 한다.

   ㉢ **예정신고기간의 환급세액에 대한 조기환급** : 조기환급을 받으려는 사업자가 신고서를 제출한 경우에는 조기환급을 신고한 것으로 본다. 다만, 사업자가 상기 ⓑ의 경우에는 다음의 사항을 적은 건물 등 감가상각자산 취득명세서를, 상기 ⓒ의 경우에는 기획재정부령으로 정하는 재무구조개선계획서를 각각 그 신고서에 첨부하여야 한다.

> ⓐ 사업 설비의 종류, 용도, 설비예정일자 및 설비일자
> ⓑ 공급받은 재화 또는 용역과 그 매입세액
> ⓒ 그 밖의 참고사항

   ㉣ **조기환급기간의 환급세액에 대한 조기환급** : 조기환급이 적용되는 사업자가 예정신고기간 중 또는 과세기간 최종 3개월 중 매월 또는 매 2월(조기환급기간)에 조기환급기간이 끝난 날부터 25일 이내 (조기환급신고기한)에 조기환급기간에 대한 과세표준과 환급세액을 관할 세무서장에게 신고하는 경우에는 조기환급기간에 대한 환급세액을 각 조기환급기간별로 해당 조기환급신고기한이 지난 후 15일 이내에 사업자에게 환급하여야 한다.

> **주의** 조기환급 신고일로부터 15일 이내가 아니라 조기환급신고기한이 지난 후 15일 이내에 사업자에게 환급하여야 한다.

   ㉤ **조기환급의 신고** : 조기환급을 신고할 때에는 다음의 사항을 적은 영세율 등 조기환급신고서에 해당 과세표준에 대한 영세율 첨부서류와 매출·매입처별 세금계산서합계표를 첨부하여 제출하여야 한다. 다만, 상기 ㉠의 ⓑ 또는 ⓒ에 해당하는 경우에는 건물 등 감가상각자산 취득명세서 또는 재무구조개선계획서를 그 신고서에 첨부하여야 한다.

> ⓐ 사업자의 인적사항
> ⓑ 과세표준과 환급세액 및 그 계산근거
> ⓒ 매출·매입처별 세금계산서합계표의 제출 내용
> ⓓ 그 밖의 참고사항

   ㉥ **제출의제** : 영세율 등 조기환급신고 시에 매출·매입처별 세금계산서합계표를 제출한 경우에는 예정 신고 또는 확정신고 시에 매출·매입처별 세금계산서합계표를 제출한 것으로 본다.

기출문제

부가가치세법령상 징수와 환급에 관한 설명으로 옳은 것은? 24년 기출

① 사업자가 대통령령으로 정하는 재무구조개선계획을 이행 중인 경우는 조기환급 사유에 해당하지 않는다.

② 「신탁법」에 따른 신탁재산과 관련된 재화를 공급하는 때 수탁자가 납부하여야 하는 부가가치세가 체납된 경우에는 해당 신탁재산에 대해서만 강제징수를 할 수 있다.

③ 납세지 관할 세무서장은 사업자가 영세율을 적용받는 경우에 해당하여 조기에 환급을 신고한 사업자에게 환급세액을 그 예정신고기한이 지난 후 30일 이내에 환급하여야 한다.

④ 납세지 관할 세무서장은 사업자가 예정신고를 할 때에 신고한 납부세액을 납부하지 아니한 경우에는 확정신고기한이 지난 후 징수하여야 한다.

⑤ 납세지 관할 세무서장은 개인사업자가 「소득세법 시행령」에 따른 감가상각자산을 취득하고, 환급세액을 확정신고한 사업자에게 그 확정신고기한이 지난 후 그 내용연수에 걸쳐 과세기간별로 환급한다.

[해설]

① 사업자가 대통령령으로 정하는 재무구조개선계획을 이행 중인 경우는 조기환급 사유에 해당한다(법 제59조 제2항 제3호).

③ 납세지 관할 세무서장은 사업자가 영세율을 적용받는 경우에 해당하여 조기에 환급을 신고한 사업자에게 환급세액을 그 예정신고기한이 지난 후 15일 이내에 환급하여야 한다(영 제107조 제1항).

④ 납세지 관할 세무서장은 사업자가 예정신고를 할 때에 신고한 납부세액을 납부하지 아니하거나 납부하여야 할 세액보다 적게 납부한 경우에는 예정신고기한이 지난 후 징수하여야 한다(법 제58조 제1항).

⑤ 「소득세법 시행령」에 따른 감가상각자산을 취득하고, 환급세액을 확정신고한 사업자에게 그 예정신고기한이 지난 후 15일 이내에 각 예정신고기간별로 환급한다(법 제59조 제1항, 영 제107조 제1항·제2항).

정답 ②

알아두기

신고기간별 영세율 적용 시의 조기환급(통칙 59-107-1)
조기환급을 받을 수 있는 사업자는 해당 영세율 등 조기환급신고기간·예정신고기간 또는 과세기간 중에 부가가치세법의 규정 및 「조세특례제한법」에 따라 각 신고기간 단위별로 영세율의 적용대상이 되는 과세표준이 있는 경우에 한한다.

조기환급신고 시의 환급세액 계산(통칙 59-107-2) 18, 15년 기출
조기환급세액은 영의 세율이 적용되는 공급분에 관련된 매입세액·시설투자에 관련된 매입세액 또는 국내공급분에 대한 매입세액을 구분하지 아니하고 사업장별로 해당 매출세액에서 매입세액을 공제하여 계산한다.

사업장이 2 이상인 경우 조기환급신고(통칙 59-107-3) 15년 기출
사업자가 어느 한 사업장에서 조기환급사유가 발생하는 경우 해당 사업장의 거래분만을 조기환급신고할 수 있다. 다만, 주사업장 총괄 납부 사업자의 경우에는 그러하지 아니하다.

2. 가산세(법 제60조, 영 제108조)

(1) 사업자등록 불성실가산세

① 미등록가산세 23, 22, 20, 17, 14, 12, 10년 기출

㉠ 사업자는 사업장마다 사업 개시일부터 20일 이내에 사업자등록을 신청하지 아니한 경우에는 사업 개시일부터 등록을 신청한 날의 직전일까지의 공급가액의 합계액에 1%를 곱한 금액을 납부세액에 더하거나 환급세액에서 뺀다.

ⓛ 국외사업자가 전자적 용역을 국내에 제공하는 경우와 제3자를 통해 전자적 용역을 국내에 제공하는
경우로서 사업의 개시일로부터 20일 이내에 간편한 방법으로 등록을 하지 아니한 경우에는 사업 개
시일부터 등록한 날의 직전일까지의 공급가액의 합계액에 1%를 곱한 금액을 납부세액에 더하거나
환급세액에서 뺀다.

② 타인명의등록가산세 18, 16, 14, 12년 기출

대통령령으로 정하는 타인의 명의로 사업자등록을 하거나 그 타인 명의의 사업자등록을 이용하여 사업
을 하는 것으로 확인되는 경우 그 타인 명의의 사업 개시일부터 실제 사업을 하는 것으로 확인되는 날의
직전일까지의 공급가액의 합계액에 1%를 곱한 금액을 납부세액에 더하거나 환급세액에서 뺀다.

(2) 세금계산서 관련 가산세

① 공급자에 대한 세금계산서 불성실가산세 24, 21, 20, 19, 18, 17, 16, 15, 14년 기출

사업자가 다음의 어느 하나에 해당하면 해당 금액을 납부세액에 더하거나 환급세액에서 뺀다. 이 경우
㉠ 또는 ㉡이 적용되는 부분은 ㉢부터 ㉤까지를 적용하지 아니하고, ㉤이 적용되는 부분은 ㉢ 및 ㉣을
적용하지 아니한다.

> ㉠ 세금계산서의 발급시기가 지난 후 해당 재화 또는 용역의 공급시기가 속하는 과세기간에 대한 확정신
> 고기한까지 세금계산서를 발급하는 경우 그 공급가액의 1%
> ㉡ 세금계산서의 발급시기가 지난 후 해당 재화 또는 용역의 공급시기가 속하는 과세기간에 대한 확정신
> 고기한까지 세금계산서를 발급하지 아니한 경우 그 공급가액의 2%. 다만, 다음의 어느 하나에 해당하
> 는 경우에는 그 공급가액의 1%로 한다.
> ⓐ 전자세금계산서를 발급하여야 할 의무가 있는 자가 전자세금계산서를 발급하지 아니하고 세금계
> 산서의 발급시기에 전자세금계산서 외의 세금계산서를 발급한 경우
> ⓑ 둘 이상의 사업장을 가진 사업자가 재화 또는 용역을 공급한 사업장 명의로 세금계산서를 발급하
> 지 아니하고 세금계산서의 발급시기에 자신의 다른 사업장 명의로 세금계산서를 발급한 경우
> ㉢ 전자계산서발급명세 전송기한이 지난 후 재화 또는 용역의 공급시기가 속하는 과세기간에 대한 확정
> 신고기한까지 국세청장에게 전자세금계산서 발급명세를 전송하는 경우 그 공급가액의 0.3%
> ㉣ 전자계산서발급명세 전송기한이 지난 후 재화 또는 용역의 공급시기가 속하는 과세기간에 대한 확정
> 신고기한까지 국세청장에게 전자세금계산서 발급명세를 전송하지 아니한 경우 그 공급가액의 0.5%
> ㉤ 세금계산서의 필요적 기재사항의 전부 또는 일부가 착오 또는 과실로 적혀 있지 아니하거나 사실과
> 다른 경우 그 공급가액의 1%(다만, 대통령령으로 정하는 바에 따라 거래사실이 확인되는 경우는 제외)

② 공급받은 사업자에 대한 세금계산서 불성실가산세 24, 23, 21, 20, 18, 17, 16, 15, 14, 12, 11년 기출

사업자가 다음 중 어느 하나에 해당하는 경우에는 해당 내용에 따른 금액을 납부세액에 더하거나 환급세
액에서 뺀다.

> ㉠ 재화 또는 용역을 공급하지 아니하고 세금계산서 또는 신용카드매출전표 등을 발급한 경우(세금계산
> 서 등) : 그 세금계산서 등에 적힌 공급가액의 3%
> ㉡ 재화 또는 용역을 공급받지 아니하고 세금계산서 등을 발급받은 경우 : 그 세금계산서 등에 적힌 공급
> 가액의 3%
> ㉢ 재화 또는 용역을 공급하고 실제로 재화 또는 용역을 공급하는 자가 아닌 자 또는 실제로 재화 또는
> 용역을 공급받는 자가 아닌 자의 명의로 세금계산서 등을 발급한 경우 : 그 공급가액의 2%

ⓔ 재화 또는 용역을 공급받고 실제로 재화 또는 용역을 공급하는 자가 아닌 자의 명의로 세금계산서 등을 발급받은 경우 : 그 공급가액의 2%

ⓜ 재화 또는 용역을 공급하고 세금계산서 등의 공급가액을 과다하게 기재한 경우 : 실제보다 과다하게 기재한 부분에 대한 공급가액의 2%

ⓗ 재화 또는 용역을 공급받고 ⓜ이 적용되는 세금계산서 등을 발급받은 경우 : 실제보다 과다하게 기재된 부분에 대한 공급가액의 2%

기출문제

부가가치세법상 해당 사유에 대한 가산세율로 옳은 것은? (단, 가산세율은 공급가액에 곱하는 것임) 24년 기출

ㄱ. 세금계산서의 필요적 기재사항의 일부가 착오로 사실과 다른 경우(단, 대통령령으로 정하는 바에 따라 거래사실이 확인되는 경우 제외)
ㄴ. 세금계산서의 법정 발급시기가 지난 후 해당 재화의 공급시기가 속하는 과세기간에 대한 확정신고기한까지 세금계산서를 발급하는 경우
ㄷ. 용역을 공급받고 실제로 용역을 공급하는 자가 아닌 자의 명의로 세금계산서를 발급받은 경우

① ㄱ : 0.5%, ㄴ : 1%, ㄷ : 1%
② ㄱ : 0.5%, ㄴ : 1%, ㄷ : 2%
③ ㄱ : 1%, ㄴ : 1%, ㄷ : 1%
④ ㄱ : 1%, ㄴ : 1%, ㄷ : 2%
⑤ ㄱ : 1%, ㄴ : 2%, ㄷ : 2%

해설
ㄱ. 세금계산서의 필요적 기재사항의 일부가 착오로 사실과 다른 경우(단, 대통령령으로 정하는 바에 따라 거래사실이 확인되는 경우 제외) : 공급가액의 1%(법 제60조 제2항 제5호)
ㄴ. 세금계산서의 법정 발급시기가 지난 후 해당 재화의 공급시기가 속하는 과세기간에 대한 확정신고기한까지 세금계산서를 발급하는 경우 : 공급가액의 1%(법 제60조 제2항 제1호)
ㄷ. 용역을 공급받고 실제로 용역을 공급하는 자가 아닌 자의 명의로 세금계산서를 발급받은 경우 : 공급가액의 2%(법 제60조 제3항 제4호)

정답 ④

---

③ 비사업자에 대한 세금계산서 불성실가산세 18년 기출

사업자가 아닌 자가 재화 또는 용역을 공급하지 아니하고 세금계산서를 발급하거나 재화 또는 용역을 공급받지 아니하고 세금계산서를 발급받으면 사업자로 보고 그 세금계산서에 적힌 공급가액의 3%를 그 세금계산서를 발급하거나 발급받은 자에게 사업자등록증을 발급한 세무서장이 가산세로 징수한다. 이 경우 납부세액은 0으로 본다.

④ 신용카드매출전표 등 제출불성실가산세

사업자가 다음의 어느 하나에 해당하는 경우에는 각 구분에 따른 금액을 납부세액에 더하거나 환급세액에서 뺀다.

> ㉠ 발급받은 신용카드매출전표 등을 예정신고 또는 확정신고를 할 때 제출하여 매입세액을 공제받지 아니하고 대통령령으로 정하는 사유로 매입세액을 공제받은 경우 : 그 공급가액의 0.5%
> ㉡ 매입세액을 공제받기 위하여 제출한 신용카드매출전표 등 수령명세서에 공급가액을 과다하게 적은 경우 : 실제보다 과다하게 적은 공급가액(착오로 기재된 경우로서 신용카드매출전표 등에 따라 거래사실이 확인되는 부분의 공급가액은 제외)의 0.5%

⑤ 매출처별 세금계산서합계표 불성실가산세 15, 14, 12년 기출

사업자가 다음의 어느 하나에 해당하면 각 구분에 따른 금액을 납부세액에 더하거나 환급세액에서 뺀다. 다만, 제출한 매출처별 세금계산서합계표의 기재사항이 착오로 적힌 경우로서 사업자가 발급한 세금계산서에 따라 거래사실이 확인되는 부분의 공급가액에 대하여는 그러하지 아니하다.

> ㉠ 매출처별 세금계산서합계표를 제출하지 아니한 경우 : 매출처별 세금계산서합계표를 제출하지 아니한 부분에 대한 공급가액의 0.5%
> ㉡ 제출한 매출처별 세금계산서합계표의 기재사항 중 거래처별 등록번호 또는 공급가액의 전부 또는 일부가 적혀 있지 아니하거나 사실과 다르게 적혀 있는 경우 : 매출처별 세금계산서합계표의 기재사항이 적혀 있지 아니하거나 사실과 다르게 적혀 있는 부분에 대한 공급가액의 0.5%
> ㉢ 예정신고를 할 때 제출하지 못하여 해당 예정신고기간이 속하는 과세기간에 확정신고를 할 때 매출처별 세금계산서합계표를 제출하는 경우로서 ㉡에 해당하지 아니하는 경우 : 그 공급가액의 0.3%

⑥ 매입처별 세금계산서합계표 불성실가산세 18, 15년 기출

사업자가 다음의 어느 하나에 해당하면 각 구분에 따른 금액을 납부세액에 더하거나 환급세액에서 뺀다. 다만, 매입처별 세금계산서합계표의 기재사항이 착오로 적힌 경우로서 사업자가 수령한 세금계산서 또는 수입세금계산서에 따라 거래사실이 확인되는 부분의 공급가액에 대하여는 그러하지 아니하다.

> ㉠ 매입세액을 공제받는 경우로서 <u>대통령령으로 정하는 경우</u> : 매입처별 세금계산서합계표에 따르지 아니하고 세금계산서 또는 수입세금계산서에 따라 공제받은 매입세액에 해당하는 공급가액의 0.5%
> ▷ 재화 또는 용역의 공급시기 이후에 발급받은 세금계산서로서 해당 공급시기가 속하는 과세기간에 대한 확정신고기한까지 발급받은 경우, 재화 또는 용역의 공급시기가 속하는 과세기간에 대한 확정신고기한이 지난 후 세금계산서를 발급받았더라도 그 세금계산서의 발급일이 확정신고기한 다음 날부터 1년 이내이고 과세표준수정신고서와 같은 경정 청구서를 세금계산서와 함께 제출하는 경우, 해당 거래사실이 확인되어 납세지 관할 세무서장·납세지 관할 지방국세청장 또는 국세청장(납세지 관할 세무서장 등)이 결정 또는 경정하는 경우의 어느 하나에 해당하는 경우, 재화 또는 용역의 공급시기 전에 세금계산서를 발급받았더라도 재화 또는 용역의 공급시기가 그 세금계산서의 발급일부터 6개월 이내에 도래하고 해당 거래사실이 확인되어 납세지 관할 세무서장 등이 결정 또는 경정하는 경우를 말한다.
> ㉡ 매입처별 세금계산서합계표를 제출하지 아니한 경우 또는 제출한 매입처별 세금계산서합계표의 기재사항 중 거래처별 등록번호 또는 공급가액의 전부 또는 일부가 적혀 있지 아니하거나 사실과 다르게 적혀 있는 경우 : 매입처별 세금계산서합계표에 따르지 아니하고 세금계산서 또는 수입세금계산서에 따라 공제받은 매입세액에 해당하는 공급가액의 0.5%. 다만, <u>대통령령으로 정하는 경우</u>는 제외한다.
> ▷ 매입처별 세금계산서합계표를 제출하지 아니한 경우 등에 대한 매입세액 공제에 관하여 규정한 제74조 제1호부터 제4호까지의 경우 중 어느 하나에 해당하는 경우를 말한다.

© 제출한 매입처별 세금계산서합계표의 기재사항 중 공급가액을 사실과 다르게 과다하게 적어 신고한 경우 : 제출한 매입처별 세금계산서합계표의 기재사항 중 사실과 다르게 과다하게 적어 신고한 공급가액의 0.5%

⑦ 현금매출명세서 또는 부동산임대공급가액명세서 제출불성실가산세 20, 15년 기출

사업자가 현금매출명세서 또는 부동산임대공급가액명세서를 제출하지 아니하거나 제출한 수입금액(현금매출명세서의 경우에는 현금매출)이 사실과 다르게 적혀 있으면 제출하지 아니한 부분의 수입금액 또는 제출한 수입금액과 실제 수입금액과의 차액의 1%를 납부세액에 더하거나 환급세액에서 뺀다.

⑧ 가산세 중복 적용의 배제 12년 기출

가산세 규정이 중복 적용되는 부분에는 다음의 구분에 따라 중복을 배제한다.

⑦ 사업자등록 불성실가산세(미등록 · 타인명의등록)가 적용되는 부분 : 공급자에 대한 세금계산서 불성실가산세(세금계산서 지연발급, 전자세금계산서 발급명세 지연전송, 전자세금계산서 발급명세 미전송, 세금계산서 기재불성실), 신용카드매출전표 등 제출불성실가산세 및 매출처별 세금계산서합계표 불성실가산세

© 공급자에 대한 세금계산서 불성실가산세(세금계산서 지연발급, 전자세금계산서 발급명세 지연전송, 전자세금계산서 발급명세 미전송, 세금계산서 기재불성실)가 적용되는 부분 : 매출처별 세금계산서합계표 불성실가산세

© 세금계산서 미발급 가산세 또는 공급받은 사업자에 대한 세금계산서 불성실가산세가 적용되는 부분 : 사업자등록 불성실가산세(미등록 · 타인명의등록), 매출처별 세금계산서합계표 불성실가산세 및 매입처별 세금계산서합계표 불성실가산세

② 세금계산서 등 위장 발급가산세가 적용되는 부분 : 세금계산서 미발급 가산세

◎ 세금계산서 등 공급가액 과다기재 발급가산세가 준용되는 부분 : 세금계산서 기재불성실가산세

01 법인사업자는 각 과세기간에 대한 과세표준과 납부세액 또는 환급세액을 그 과세기간이 끝난 후 25일 이내에 관할 세무서장에게 신고하는 것이 원칙이다. (O, X)

01 ○ (법 제49조 제1항)

02 개인사업자에 대하여는 관할 세무서장이 각 예정신고기간마다 직전 과세기간에 대한 납부세액에 50%를 곱한 금액을 결정하여 해당 예정신고기간이 끝난 후 30일까지 징수하는 것이 원칙이다. (O, X)

02 ✕ 30일 → 25일(법 제48조 제3항)

03 주사업장 총괄 납부 사업자가 종된 사업장을 신설하는 경우에는 그 신설하는 주된 사업장 관할 세무서장에게 주사업장 총괄 납부 변경신청서를 제출하여야 한다. (O, X)

03 ✕ 주된 사업장 → 종된 사업장 (영 제93조 제1항 제1호)

04 일반과세자인 개인사업자가 사업부진으로 각 예정신고기간의 공급가액이 직전 과세기간의 공급가액의 3분의 1에 미달하는 경우 과세표준과 납부세액을 예정신고할 수 있다. (O, X)

04 ○ (영 제90조 제6항 제1호)

05 조기환급 대상자에 해당되면 관할 세무서장은 환급세액을 각 예정신고기간별로 그 예정신고기한이 지난 후 30일 이내에 환급하여야 한다. (O, X)

05 ✕ 30일 → 15일(영 제107조 제1항)

06 확정신고를 할 때 제출한 매입처별 세금계산서합계표에 기재사항의 전부 또는 일부가 적혀 있지 아니한 경우는 경정의 사유가 된다. (O, X)

06 ○ (법 제57조 제1항 제3호)

07 국세청장이 업종별로 투입원재료에 대하여 조사한 생산수율이 있을 때에는 생산수율을 적용하여 계산한 생산량에 그 과세기간 중에 공급한 수량의 시가를 적용하여 계산하는 방법은 부가가치세법상 추계방법에 해당되지 않는다. (O, X)

07 ✕ 해당되지 않는다 → 해당된다(영 제104조 제1항 제2호)

08 재화의 수입에 대한 부가가치세는 세관장이 「관세법」에 따라 징수한다. (O, X)

08 ○ (법 제58조 제2항)

09 사업자가 예정신고 또는 확정신고 시 매출처별 세금계산서합계표를 제출하지 아니한 경우의 가산세는 제출하지 아니한 부분의 공급가액에 대하여 0.2%에 해당하는 금액으로 한다. (O, X)

09 ✕ 0.2% → 0.5%(법 제60조 제6항 제1호)

10 사업장 관할 세무서장은 각 과세기간에 대한 과세표준과 납부세액 또는 환급세액을 결정 또는 경정하였는데 이에 오류 또는 탈루가 있는 것이 발견된 경우에는 즉시 이를 다시 경정한다. (O, X)

10 ○ (법 제57조 제3항)

01 부가가치세법상 신고와 납부에 관한 설명으로 옳지 않은 것은?

① 신규로 사업을 시작하거나 시작하려는 자에 대한 최초의 예정신고기간은 사업 개시일부터 그 날이 속하는 예정신고기간의 종료일까지로 한다.

② 사업자는 예정신고를 할 때 그 예정신고기간의 납부세액은 확정신고 후 지체 없이 납부한다.

③ 예정신고기간에 징수하여야 할 금액이 50만 원 미만인 개인사업자는 예정신고기간의 세액을 징수하지 않는다.

④ 납세의무자가 재화의 수입에 대하여 「관세법」에 따라 관세를 세관장에게 신고하고 납부하는 경우에는 재화의 수입에 대한 부가가치세를 함께 신고하고 납부하여야 한다.

⑤ 세관장은 법 소정 요건을 충족하는 중소사업자가 물품을 제조·가공하기 위한 원재료 등 재화의 수입에 대하여 부가가치세의 납부유예를 미리 신청하는 경우에는 해당 재화를 수입할 때 부가가치세의 납부를 유예할 수 있다.

해설

사업자는 예정신고를 할 때 그 예정신고기간의 납부세액을 부가가치세 예정신고서와 함께 각 납세지 관할 세무서장(주사업장 총괄 납부의 경우에는 주된 사업장의 관할 세무서장)에게 납부하거나 「국세징수법」에 따른 납부서를 작성하여 한국은행(그 대리점을 포함) 또는 체신관서(한국은행 등)에 납부하여야 한다(법 제48조 제2항).

02 부가가치세법상 예정신고 및 확정신고에 관한 설명으로 옳은 것은?

① 주사업장 총괄 납부 사업자가 예정 또는 확정신고를 함에 있어 주사업장 관할 세무서장에게 종된 사업장분을 합산신고하고 종된 사업장 관할 세무서장에게는 신고하지 아니한 경우에 종된 사업장분은 무신고가 된다.

② 주사업장 총괄 납부 사업자가 예정 또는 확정신고를 함에 있어 각 사업장별로 작성한 신고서를 관할 세무서장 외의 세무서장에게 제출한 경우에는 무신고가 된다.

③ 폐업하는 사업자는 각 과세기간에 대한 과세표준과 납부세액 또는 환급세액을 그 폐업일 이후 25일 이내에 대통령령으로 정하는 바에 따라 납세지 관할 세무서장에게 신고하여야 한다.

④ 예정신고를 한 사업자는 확정신고의 납부세액과 환급세액 신고 시 이미 신고한 과세표준과 납부한 납부세액은 신고하지 않지만 환급받은 환급세액은 별도로 신고해야 한다.

⑤ 조기에 환급을 받기 위하여 신고한 사업자는 확정신고의 납부세액과 환급세액 신고 시 이미 신고한 과세표준과 환급세액을 포함하여 신고해야 한다.

①·② 주사업장 총괄 납부 사업자가 예정 또는 확정신고를 함에 있어 주사업장 관할 세무서장에게 종된 사업장분을 합산신고하고 종된 사업장 관할 세무서장에게는 신고하지 아니한 경우에 종된 사업장분은 무신고가 된다. 다만, 각 사업장별로 작성한 신고서를 관할 세무서장 외의 세무서장에게 제출한 경우에는 <u>무신고로 보지 아니한다</u>(통칙 48-90-1).

③·④·⑤ 사업자는 각 과세기간에 대한 과세표준과 납부세액 또는 환급세액을 그 과세기간이 끝난 후 25일(폐업하는 경우 <u>폐업일이 속한 달의 다음 달 25일</u>) 이내에 대통령령으로 정하는 바에 따라 납세지 관할 세무서장에게 신고하여야 한다. 다만, 예정신고를 한 사업자 또는 조기에 환급을 받기 위하여 신고한 사업자는 이미 신고한 과세표준과 납부한 납부세액 또는 환급받은 환급세액은 <u>신고하지 아니한다</u>(법 제49조 제1항).

03 부가가치세법상 예정신고 및 확정신고에 관한 설명으로 옳지 않은 것은?

① 1월 1일부터 12월 31일까지가 과세기간인 간이과세자는 그 과세기간이 끝난 후 25일 이내에 과세표준과 납부세액을 납세지 관할 세무서장에게 신고·납부하여야 한다.

② 재화를 수입하는 자가 「관세법」에 따라 관세를 신고·납부하는 경우에는 재화의 수입에 대한 부가가치세를 함께 신고·납부하여야 한다.

③ 사업자인 외국법인은 각 예정신고기간에 대한 과세표준과 납부세액을 예정신고기간이 끝난 후 25일 이내에 신고하여야 한다.

④ 일반과세자인 개인사업자가 사업부진으로 각 예정신고기간의 공급가액이 직전 과세기간의 공급가액의 3분의 1에 미달하는 경우 과세표준과 납부세액을 예정신고할 수 있다.

⑤ 법인사업자는 예정신고기간에 대한 납부세액 혹은 환급세액을 계산할 때 공제세액은 빼고 부가가치세법상 가산세는 더한다.

부가가치세의 예정신고와 납부를 할 때에는 가산세에 관한 규정은 적용하지 아니하고, 공제세액에 관한 규정은 적용하므로 가산세는 예정신고 대상이 아니다(영 제90조 제1항).

04 다음 자료를 이용하여 2024년 4월 1일에 과세사업을 개시한 일반과세자인 갑의 2024년 제1기 확정신고 시 부가가치세 납부세액과 가산세의 합계액(지방소비세 포함)을 계산한 것으로 옳은 것은?

(1) 매출 및 매입의 내역은 다음과 같으며, 제시된 금액들은 부가가치세를 포함하지 아니한 것이다.

구 분	4.1.~5.9.	5.10.~5.29.	5.30.~6.30.	합 계
매 출	42,000,000원	30,000,000원	43,000,000원	115,000,000원
매 입	20,000,000원	15,000,000원	30,000,000원	65,000,000원

(2) 사업자등록신청일은 2024년 5월 30일이다.
(3) 매출액에 대해서는 영수증 또는 세금계산서를 적법하게 발급하였다.
(4) 매입액은 전액 사업과 관련된 것으로 적법하게 세금계산서를 수취하였으며, 매입세액공제를 받기 위한 절차를 적법하게 이행하였다.

① 5,000,000원
② 5,360,000원
③ 5,720,000원
④ 7,720,000원
⑤ 8,150,000원

해설

등록신청일 전까지의 공급가액의 1%에 해당하는 금액을 미등록가산세로 부과하며(법 제60조 제1항), 공급시기가 속하는 과세기간 종료일 후 20일 이내에 등록신청하였으므로 매입세액공제는 가능하다(법 제39조 제1항 제8호).

매출세액	= 115,000,000 × 10%	= 11,500,000
(−) 매입세액공제액	= 65,000,000 × 10%	= (6,500,000)
(+) 미등록가산세	= 72,000,000 × 1%	= 720,000
차가감납부세액		5,720,000

05 부가가치세법상 신고 및 납부에 관한 설명으로 옳은 것은?

① 예정신고를 한 사업자는 확정신고 및 납부 시 예정신고한 과세표준과 납부한 납부세액 또는 환급받은 환급세액도 포함하여 신고하여야 한다.

② 일반과세자인 개인사업자가 사업 부진으로 인하여 예정신고기간의 공급가액이 직전 과세기간 공급가액의 3분의 1에 미달하여 예정신고납부를 한 경우에는 예정고지세액의 결정은 없었던 것으로 본다.

③ 사업자가 물품을 제조하기 위한 원재료를 수입하면서 부가가치세의 납부유예를 미리 신청하는 경우에는 관할 세무서장은 해당 재화를 수입할 때 부가가치세의 납부를 유예할 수 있다.

④ 간이과세자는 사업부진으로 인하여 예정부과기간의 공급대가의 합계액이 직전 과세기간의 공급대가 합계액의 3분의 1에 미달하여도 예정부과기간의 과세표준과 납부세액을 예정부과 기한까지 사업장 관할 세무서장에 신고할 수 없다.

⑤ 대리납부의무자는 사업자이어야 한다.

① 예정신고를 한 사업자 또는 조기에 환급을 받기 위하여 신고한 사업자는 이미 신고한 과세표준과 납부한 납부세액 또는 환급받은 환급세액은 <u>신고하지 아니한다</u>(법 제49조 제1항).

③ <u>세관장</u>은 매출액에서 수출액이 차지하는 비율 등 대통령령으로 정하는 요건을 충족하는 중소·중견사업자가 물품을 제조·가공하기 위한 원재료 등 대통령령으로 정하는 재화의 수입에 대하여 부가가치세의 납부유예를 미리 신청하는 경우에는 해당 재화를 수입할 때 부가가치세의 납부를 유예할 수 있다.(법 제50조의2 제1항).

④ 휴업 또는 사업 부진 등으로 인하여 예정부과기간의 공급대가의 합계액 또는 납부세액이 직전 과세기간의 공급대가의 합계액 또는 납부세액의 3분의 1에 미달하는 간이과세자는 예정부과기간의 과세표준과 납부세액을 예정부과기한까지 사업장 관할 세무서장에게 <u>신고할 수 있다</u>(법 제66조 제2항, 영 제114조 제2항).

⑤ 대리납부의무는 부가가치세법상 <u>사업자에 해당하지 않는 면세사업자도 부담한다</u>(법 제52조).

06 부가가치세법상 주사업장 총괄 납부에 관한 설명으로 옳은 것은?

① 주사업장 총괄 납부 사업자가 법인인 경우 법인의 본점 또는 지점을 주된 사업장으로 할 수 있다.

② 주사업장 총괄 납부 사업자가 종된 사업장을 신설하는 경우 주된 사업장 관할 세무서장에게 주사업장 총괄 납부 변경신청서를 제출하여야 한다.

③ 주사업장 총괄 납부 사업자가 되려는 자는 그 납부하려는 과세기간 개시 후 20일 이내에 주사업장 총괄 납부 신청서를 제출하여야 한다.

④ 주사업장 총괄 납부 사업자가 주사업장 총괄 납부를 포기할 때에는 주사업장 총괄 납부 포기신고서를 주된 사업장 관할 세무서장에게 제출하고 승인을 받아야 한다.

⑤ 신규로 사업을 시작하는 자가 주된 사업장의 사업자등록증을 받은 날부터 20일 이내에 주사업장 총괄 납부를 신청하는 경우 해당 신청일이 속하는 과세기간의 다음 과세기간부터 총괄하여 납부한다.

② 주사업장 총괄 납부 사업자가 종된 사업장을 신설하는 경우 <u>종된 사업장 관할 세무서장</u>에게 주사업장 총괄 납부 변경신청서를 제출하여야 한다(영 제93조 제1항).

③ 2 이상의 사업장이 있는 사업자가 주사업장에서 부가가치세를 총괄하여 납부하고자 하는 경우 그 납부하고자 하는 과세기간 <u>개시 20일 전</u>(신규로 사업을 개시하는 자는 주사업장의 사업자등록증을 받은 날부터 20일 이내)에 주사업장 총괄 납부 신청서를 주사업장 관할 세무서장에게 제출(국세정보통신망에 의한 제출을 포함)하여야 한다(영 제92조 제2항).

④ 총괄 납부 사업자가 총괄 납부를 포기하고 각 사업장에서 납부하려고 할 때에는 주사업장 총괄 납부 포기신고서를 주사업장 관할 세무서장에게 <u>제출하면 된다</u>(영 제94조 제2항).

⑤ 신규로 사업을 시작하는 자가 주된 사업장의 사업자등록증을 받은 날부터 20일 이내에 주사업장 총괄 납부를 신청하는 경우 해당 <u>신청일이 속하는 과세기간부터</u> 총괄하여 납부한다(영 제92조 제3항·제4항).

07 부가가치세법상 결정과 경정에 관한 설명으로 옳지 않은 것은?

① 부가가치세의 과세표준과 납부세액 또는 환급세액의 결정·경정은 각 납세지 관할 세무서장이 한다.

② 국세청장이 특히 중요하다고 인정하는 경우에는 납세지 관할 지방국세청장 또는 국세청장이 결정하거나 경정할 수 있다.

③ 사업장의 이동이 빈번한 경우 결정 및 경정의 사유가 될 수 있다.

④ 매출처별 세금계산서합계표에 기재사항의 일부에 오류가 있는 경우 결정 및 경정의 사유가 될 수 있다.

⑤ 납세지 관할 세무서장, 납세지 관할 지방국세청장 또는 국세청장은 사업자가 예정신고를 하지 않은 경우에는 해당 기간에 대한 세액의 경정을 하지 않는다.

> **해설**
> 납세지 관할 세무서장, 납세지 관할 지방국세청장 또는 국세청장은 사업자가 예정신고를 하지 않는 경우에는 해당 예정신고기간 및 과세기간에 대한 부가가치세의 과세표준과 납부세액 또는 환급세액을 <u>조사하여 결정 또는 경정한다</u>(법 제57조 제1항 제1호).

08 부가가치세법상 결정과 경정에 대한 설명 중 옳지 않은 것은?

① 납세지 관할 세무서장 등은 각 예정신고기간 및 과세기간에 대한 과세표준과 납부세액 또는 환급세액을 조사하여 결정 또는 경정하는 경우에는 세금계산서, 수입세금계산서, 장부 또는 그 밖의 증명 자료를 근거로 하여야 한다.

② 세금계산서, 수입세금계산서, 장부 또는 그 밖의 증명 자료의 내용이 원자재 사용량, 동력 사용량이나 그 밖의 조업 상황에 비추어 거짓임이 명백한 경우에는 추계할 수 있다.

③ 주사업장 총괄 납부를 하는 경우 각 납세지 관할 세무서장, 납세지 관할 지방국세청장 또는 국세청장이 과세표준과 납부세액 또는 환급세액을 결정하거나 경정하였을 때에는 지체 없이 납세지 관할 세무서장 또는 총괄 납부를 하는 주된 사업장의 관할 세무서장에게 통지하여야 한다.

④ 납세지 관할 세무서장 등은 결정하거나 경정한 과세표준과 환급세액에 오류가 있거나 누락된 내용이 발견되면 즉시 다시 경정하지만 납부세액에 오류가 있는 경우 다음 과세기간에 반영한다.

⑤ 세금계산서, 수입세금계산서, 장부 또는 그 밖의 증명 자료의 내용이 시설규모, 종업원 수와 원자재·상품·제품 또는 각종 요금의 시가에 비추어 거짓임이 명백한 경우에는 추계할 수 있다.

> **해설**
> 납세지 관할 세무서장 등은 결정하거나 경정한 과세표준과 <u>납부세액 또는 환급세액</u>에 오류가 있거나 누락된 내용이 발견되면 즉시 다시 경정한다(법 제57조 제3항).

09 부가가치세법상 징수와 환급에 관한 내용으로 옳지 않은 것은?

① 재화의 수입에 대한 부가가치세는 세관장이 「관세법」에 따라 징수한다.

② 납세지 관할 세무서장은 각 과세기간별로 그 과세기간에 대한 환급세액을 확정신고한 사업자에게 그 확정신고기한이 지난 후 30일 이내(조기환급에 해당하는 경우에는 15일 이내)에 대통령령으로 정하는 바에 따라 환급하여야 한다.

③ 환급하여야 할 세액은 제출한 신고서 및 이에 첨부된 증명서류와 제출한 매입처별 세금계산서합계표, 신용카드매출전표 등 수령명세서에 의하여 확인되는 금액으로 한정한다.

④ 관할 세무서장은 결정·경정에 의하여 추가로 발생한 환급세액이 있는 경우에는 지체 없이 사업자에게 환급하여야 한다.

⑤ 사업자가 영세율을 적용받는 경우 조기환급을 받을 수 없다.

해설

사업자가 영세율을 적용받는 경우 조기환급 대상자에 해당한다(법 제29조 제2항 제1호).

10 부가가치세법상 대리납부에 관한 설명 중 옳지 않은 것은?

① 국내사업장이 없는 비거주자 또는 외국법인에게 국내에서 용역을 공급받는 면세사업자는 그 대가를 지급하는 때에 그 대가를 받은 자로부터 부가가치세를 징수하여야 한다.

② 국내사업장이 없는 비거주자에게 국내에서 용역을 공급받는 과세사업자의 경우에는 그 대가를 지급하는 때에 그 대가를 받은 자로부터 부가가치세를 징수하여야 한다.

③ 사업의 양도에 따라 그 사업을 양수받는 자는 양도자에게 부가가치세를 징수하여 그 대가를 지급하는 날이 속하는 달의 25일까지 대통령령으로 정하는 바에 따라 사업장 관할 세무서장에게 납부할 수 있다.

④ 사업을 양수받는 자가 그 대가를 받은 자로부터 징수한 부가가치세는 부가가치세 대리납부신고서와 함께 사업장 관할 세무서장에게 납부하거나 「국세징수법」에 따른 납부서를 작성하여 한국은행 또는 체신관서에 납부하여야 한다.

⑤ 국내사업장이 없는 비거주자 또는 외국법인에게 용역의 대가를 보유 중인 외화로 지급하는 경우에는 지급일 현재의 「외국환거래법」에 따른 기준환율 또는 재정환율에 따라 계산한 금액으로 대리납부 공급가액을 계산한다.

해설

공급받은 용역을 과세사업에 제공하는 경우에는 대리납부 의무가 없다(법 제52조 제1항).

11 부가가치세법상 가산세에 관한 설명 중 옳지 않은 것은?

① 사업자는 사업장마다 사업 개시일부터 20일 이내에 사업자등록을 신청하지 아니한 경우에는 사업 개시일부터 등록을 신청한 날까지의 공급가액의 합계액에 1%를 곱한 금액을 납부세액에 더하거나 환급세액에서 뺀다.

② 타인의 명의로 사업을 하는 것으로 확인되는 경우 그 타인 명의의 사업 개시일부터 실제 사업을 하는 것으로 확인되는 날의 직전일까지의 공급가액의 합계액의 1%를 곱한 금액을 납부세액에 더하거나 환급세액에서 뺀다.

③ 세금계산서의 발급시기가 지난 후 해당 재화 또는 용역의 공급시기가 속하는 과세기간에 대한 확정신고기한까지 세금계산서를 발급하는 경우 그 공급가액의 1%를 곱한 금액을 납부세액에 더하거나 환급세액에서 뺀다.

④ 전자계산서발급명세 전송기한이 지난 후 재화 또는 용역의 공급시기가 속하는 과세기간에 대한 확정신고기한까지 국세청장에게 전자세금계산서 발급명세를 전송하는 경우 그 공급가액의 0.3%를 곱한 금액을 납부세액에 더하거나 환급세액에서 뺀다.

⑤ 세금계산서의 필요적 기재사항의 전부 또는 일부가 착오 또는 과실로 적혀 있지 아니하거나 사실과 다른 경우 그 공급가액의 1%를 곱한 금액을 납부세액에 더하거나 환급세액에서 뺀다.

해설
사업자는 사업장마다 사업 개시일부터 20일 이내에 사업자등록을 신청하지 아니한 경우에는 사업 개시일부터 등록을 신청한 날의 <u>직전일</u>까지의 공급가액의 합계액에 1%를 곱한 금액을 납부세액에 더하거나 환급세액에서 뺀다(법 제60조 제1항 제1호).

제 6 장 간이과세와 보칙

제1절   간이과세

1. 적용범위 및 적용기간

(1) 간이과세의 적용 범위(법 제61조)

① 간이과세 대상 24, 21, 14, 12, 10년 기출

직전 연도의 공급대가의 합계액이 8천만 원부터 8천만 원의 130%에 해당하는 금액까지의 범위에서 대통령령으로 정하는 금액(8천만 원)에 미달하는 개인사업자는 부가가치세법에서 달리 정하고 있는 경우를 제외하고는 간이과세에 관한 규정을 적용받는다.

② 간이과세 적용배제자 24, 23, 21, 20, 18, 15, 13, 11, 10년 기출

다음의 어느 하나에 해당하는 사업자는 간이과세자로 보지 아니한다.

> ㉠ 간이과세가 적용되지 아니하는 다른 사업장을 보유하고 있는 사업자
> ㉡ 업종, 규모, 지역 등을 고려하여 대통령령으로 정하는 다음의 어느 하나에 해당하는 사업을 경영하는 자(영 제109조 제2항)
>   ⓐ 광 업
>   ⓑ 제조업. 다만, 주로 최종소비자에게 직접 재화를 공급하는 사업으로서 기획재정부령으로 정하는 것은 제외한다.
>   ▷ 과자점업, 도정업·제분업 및 떡류 제조업 중 떡방앗간, 양복점업, 양장점업, 양화점업, 그 밖에 최종소비자에 대한 매출비중, 거래유형 등을 고려하여 주로 최종소비자에게 직접 재화를 공급하는 사업에 해당한다고 국세청장이 인정하여 고시하는 사업(규칙 제71조 제1항)
>   ⓒ 도매업(소매업을 겸영하는 경우를 포함하되, 재생용 재료수집 및 판매업은 제외) 및 상품중개업
>   ⓓ 부동산매매업
>   ⓔ 개별소비세법에 해당하는 과세유흥장소를 경영하는 사업으로서 기획재정부령으로 정하는 것
>   ⓕ 부동산임대업으로서 기획재정부령으로 정하는 것
>   ⓖ 변호사업, 심판변론인업, 변리사업, 법무사업, 공인회계사업, 세무사업, 경영지도사업, 기술지도사업, 감정평가사업, 손해사정인업, 통관업, 기술사업, 건축사업, 도선사업, 측량사업, 공인노무사업, 의사업, 한의사업, 약사업, 한약사업, 수의사업과 그 밖에 이와 유사한 사업서비스업으로서 기획재정부령으로 정하는 것
>   ⓗ 일반과세자로부터 양수한 사업. 다만, ⓐ부터 ⓖ까지의 규정과 ⓘ부터 ⓜ까지의 규정에 해당하지 아니하는 경우로서 사업을 양수한 이후 공급대가의 합계액이 8천만 원에 미달하는 경우는 제외한다.
>   ⓘ 사업장의 소재 지역과 사업의 종류·규모 등을 고려하여 국세청장이 정하는 기준에 해당하는 것

ⓙ 「소득세법 시행령」에 해당하지 아니하는 개인사업자(전전년도 기준 복식부기의무자)가 경영하는 사업. 이 경우 「소득세법 시행령」 제208조 제5항을 적용할 때 "해당 과세기간"은 "해당 과세기간 또는 직전 과세기간"으로, "직전 과세기간"은 "전전 과세기간"으로, "수입금액(결정 또는 경정으로 증가된 수입금액을 포함)의 합계액"은 "수입금액(결정 또는 경정으로 증가된 수입금액을 포함하되, 과세유형 전환일 현재 폐업한 사업장의 수입금액은 제외)의 합계"로 보며, 결정·경정 또는 수정신고로 인하여 수입금액의 합계액이 증가함으로써 전전년도 기준 복식부기의무자에 해당하게 되는 경우에는 그 결정·경정 또는 수정신고한 날이 속하는 과세기간까지는 전전년도 기준 복식부기의무자로 보지 아니한다.

ⓚ 전기·가스·증기 및 수도 사업

ⓛ 건설업. 다만, 주로 최종소비자에게 직접 재화 또는 용역을 공급하는 사업으로서 기획재정부령으로 정하는 사업은 제외한다.

ⓜ 전문·과학·기술서비스업, 사업시설 관리·사업지원 및 임대 서비스업. 다만, 주로 최종소비자에게 직접 용역을 공급하는 사업으로서 기획재정부령으로 정하는 사업은 제외한다.

ⓒ 부동산임대업 또는 「개별소비세법」에 따른 과세유흥장소를 경영하는 사업자로서 해당 업종의 직전 연도의 공급대가의 합계액이 4천800만 원 이상인 사업자

ⓔ 둘 이상의 사업장이 있는 사업자로서 그 둘 이상의 사업장의 직전 연도의 공급대가의 합계액이 간이 과세 대상에 따른 금액 이상인 사업자. 다만, 부동산임대업 또는 과세유흥장소에 해당하는 사업장을 둘 이상 경영하고 있는 사업자의 경우 그 둘 이상의 사업장의 직전 연도의 공급대가(하나의 사업장에서 둘 이상의 사업을 겸영하는 사업자의 경우 부동산임대업 또는 과세유흥장소의 공급대가에 한정)의 합계액이 4천800만 원 이상인 사업자로 한다.

기출문제

부가가치세법령상 간이과세에 관한 내용이다. (   )에 들어갈 내용으로 옳은 것은? 24년 기출

> 직전 연도의 (ㄱ)의 합계액이 8천만 원부터 8천만 원의 (ㄴ)퍼센트에 해당하는 금액까지의 범위에서 대통령령으로 정하는 금액에 미달하는 개인사업자는 간이과세자에 해당하나 부동산임대업을 경영하는 사업자로서 해당 업종의 직전 연도의 (ㄱ)의 합계액이 (ㄷ) 이상인 사업자는 간이과세자로 보지 아니한다.

① ㄱ – 공급대가, ㄴ – 120, ㄷ – 4천만 원
② ㄱ – 공급대가, ㄴ – 120, ㄷ – 4천500만 원
③ ㄱ – 공급대가, ㄴ – 130, ㄷ – 4천800만 원
④ ㄱ – 공급가액, ㄴ – 130, ㄷ – 5천만 원
⑤ ㄱ – 공급가액, ㄴ – 140, ㄷ – 5천만 원

해설
직전 연도의 <u>공급대가</u>의 합계액이 8천만 원부터 8천만 원의 <u>130</u>퍼센트에 해당하는 금액까지의 범위에서 대통령령으로 정하는 금액에 미달하는 개인사업자는 간이과세자에 해당하나 부동산임대업 또는 과세유흥장소를 경영하는 사업자로서 해당 업종의 직전 연도의 <u>공급대가</u>의 합계액이 <u>4천800만 원</u> 이상인 사업자는 간이과세자로 보지 아니한다(법 제61조 제1항 제3호).

정답 ③

③ 직전 과세기간에 신규로 사업을 시작한 사업자의 경우 16, 14년 기출

직전 과세기간에 신규로 사업을 시작한 개인사업자에 대하여는 그 사업 개시일부터 그 과세기간 종료일까지의 공급대가를 합한 금액을 12개월로 환산한 금액을 기준으로 하여 간이과세를 적용한다. 이 경우 1개월 미만의 끝수가 있으면 1개월로 한다.

④ 신규사업자의 간이과세 적용

㉠ 금액에 미달될 것으로 예상되는 경우 : 신규로 사업을 시작하는 개인사업자는 사업을 시작한 날이 속하는 연도의 공급대가의 합계액이 기준금액에 미달될 것으로 예상되면 사업자등록을 신청할 때 대통령령으로 정하는 바에 따라 납세지 관할 세무서장에게 간이과세의 적용 여부를 함께 신고하여야 한다.

㉡ 간이과세적용신고서의 제출(영 제109조 제4항) : 간이과세를 적용받으려는 사업자는 사업자등록신청서와 함께 사업자의 인적사항, 사업시설착수 연월일 또는 사업 개시 연월일, 연간공급대가예상액, 그 밖의 참고 사항을 적은 간이과세적용신고서를 관할 세무서장에게 제출(국세정보통신망에 의한 제출을 포함)하여야 한다. 다만, 사업자등록신청서에 연간공급대가예상액과 그 밖의 참고 사항을 적어 제출한 경우에는 간이과세적용신고서를 제출한 것으로 본다.

㉢ 간이과세자로 하는 경우 : ㉠에 따른 신고를 한 개인사업자는 최초의 과세기간에는 간이과세자로 한다. 다만, 위 ②에 해당하는 사업자인 경우는 그러하지 아니하다.

⑤ 미등록사업자의 간이과세 적용

사업자등록을 하지 아니한 개인사업자로서 사업을 시작한 날이 속하는 연도의 공급대가의 합계액이 기준금액에 미달하면 최초의 과세기간에는 간이과세자로 한다. 다만, 위 ②에 해당하는 사업자는 그러하지 아니하다.

⑥ 결정 또는 경정한 경우 19, 16년 기출

결정 또는 경정한 공급대가의 합계액이 기준금액 이상인 개인사업자는 그 결정 또는 경정한 날이 속하는 과세기간까지 간이과세자로 본다.

알아두기

일부 사업을 폐지하는 경우의 간이과세 적용(통칙 61-109-1) 15년 기출
동일한 사업장에서 2 이상의 사업을 겸영하는 사업자가 그 중 일부 사업을 폐지하는 경우의 간이과세 적용은 직전 연도의 공급대가에 폐지한 사업의 공급대가를 포함하여 계산한다.

(2) 적용기간 및 적용시기

① 간이과세와 일반과세의 적용기간(법 제62조) 21년 기출

㉠ 간이과세자에 관한 규정이 적용되거나 적용되지 아니하게 되는 기간 : 해의 1월 1일부터 12월 31일까지의 공급대가의 합계액이 대통령령으로 정하는 금액(8천만 원)에 미달하거나 그 이상이 되는 해의 다음 해의 7월 1일부터 그 다음 해의 6월 30일까지로 한다.

㉡ 신규로 사업을 개시한 사업자의 경우 : 간이과세자에 관한 규정이 적용되거나 적용되지 아니하게 되는 기간은 최초로 사업을 개시한 해의 다음 해의 7월 1일부터 그 다음 해의 6월 30일까지로 한다.

② 간이과세와 일반과세의 적용시기(영 제110조) 17, 15년 기출

　㉠ 사실의 통지 : 위 ①의 ㉠ 및 ㉡의 경우 해당 사업자의 관할 세무서장은 간이과세자에 관한 규정이 적용되거나 적용되지 아니하게 되는 과세기간 개시 20일 전까지 그 사실을 통지하여야 하며, 사업자 등록증을 정정하여 과세기간 개시 당일까지 발급하여야 한다.

　㉡ 간이과세자에 관한 규정 적용 : 위 ①의 ㉠ 및 ㉡에 따른 시기에 간이과세자에 관한 규정이 적용되는 사업자에게는 통지와 관계 없이 위 ①의 ㉠에 따른 시기에 간이과세자에 관한 규정을 적용한다. 다만, 부동산임대업을 경영하는 사업자의 경우에는 통지를 받은 날이 속하는 과세기간까지는 일반과세자에 관한 규정을 적용한다.

　㉢ 간이과세가 적용되지 아니하는 사업자의 경우 : 위 ①의 ㉠ 및 ㉡에 따른 시기에 간이과세가 적용되지 아니하는 사업자에 대해서는 통지를 받은 날이 속하는 과세기간까지는 간이과세자에 관한 규정을 적용한다.

　㉣ 간이과세의 적용범위에 따른 사업(간이과세 배제업종)을 신규로 겸영하는 경우 : 간이과세자가 간이과세의 적용범위에 따른 사업(간이과세 배제업종)을 신규로 겸영하는 경우에는 해당 사업의 개시일이 속하는 과세기간의 다음 과세기간부터 간이과세자에 관한 규정을 적용하지 아니한다. 이 경우 일반과세자로 전환된 사업자로서 해당 연도 공급대가의 합계액이 8천만 원 미만인 사업자가 간이과세의 적용범위에 따른 사업(간이과세 배제업종)을 폐지하는 경우에는 해당 사업의 폐지일이 속하는 연도의 다음 연도 7월 1일부터 간이과세자에 관한 규정을 적용한다.

　㉤ 기준사업장의 1역년의 공급대가의 합계액이 8천만 원에 미달하는 경우 : 간이과세가 적용되지 아니하는 다른 사업장(기준사업장)의 1월 1일부터 12월 31일까지의 공급대가의 합계액이 8천만 원에 미달하는 경우에는 위 ①의 ㉠에 따른 기간 동안에 기준사업장과 일반과세로 전환된 사업장 모두에 간이과세에 관한 규정을 적용한다. 다만, 일반과세로 전환된 사업장의 1월 1일부터 12월 31일까지의 공급대가의 합계액이 8천만 원 이상이거나 업종, 규모, 지역 등을 고려하여 대통령령으로 정하는 사업자에 해당하는 경우에는 그러하지 아니하다.

　㉥ 간이과세의 포기신고를 하는 경우(법 제70조)

　　ⓐ 간이과세자 또는 간이과세자에 대한 규정을 적용받게 되는 일반과세자가 간이과세자에 관한 규정의 적용을 포기하고 일반과세자에 관한 규정을 적용받으려는 경우에는 적용받으려는 달의 전달의 마지막 날까지 납세지 관할 세무서장에게 신고하여야 한다.

　　ⓑ 간이과세자가 간이과세의 포기신고를 하는 경우에는 일반과세자에 관한 규정을 적용받으려는 달이 속하는 과세기간의 다음 과세기간부터 해당 사업장 외의 사업장에 간이과세자에 관한 규정을 적용하지 아니한다(영 제110조 제7항).

　　ⓒ 신규로 사업을 시작하는 개인사업자가 사업자등록을 신청할 때 대통령령으로 정하는 바에 따라 납세지 관할 세무서장에게 간이과세자에 관한 규정의 적용을 포기하고 일반과세자에 관한 규정을 적용받으려고 신고한 경우에는 제61조(간이과세의 적용 범위) 제1항에도 불구하고 제4장(과세표준과 세액의 계산)부터 제6장(결정·경정·징수와 환급)까지의 규정을 적용받을 수 있다.

　㉦ 일반과세자에 관한 규정을 적용받는 사업장을 신규로 개설하는 경우 : 간이과세자가 일반과세자에 관한 규정을 적용받는 사업장을 신규로 개설하는 경우에는 해당 사업 개시일이 속하는 과세기간의 다음 과세기간부터 간이과세자에 관한 규정을 적용하지 아니한다.

◎ 기준사업장이 폐업되는 경우 : 기준사업장이 폐업되는 경우에는 일반과세로 전환된 사업장에 대하여 기준사업장의 폐업일이 속하는 연도의 다음 연도 7월 1일부터 간이과세자에 관한 규정을 적용한다. 다만, 일반과세로 전환된 사업장의 1월 1일부터 12월 31일까지의 공급대가의 합계액이 8천만 원 이상 이거나 업종, 규모, 지역 등을 고려하여 대통령령으로 정하는 사업자에 해당하는 경우에는 그러하지 아니하다.

2. 과세표준과 세액

(1) 간이과세자의 과세표준과 세액(법 제63조)

① 간이과세자의 과세표준 21, 20, 14, 13, 12년 기출

해당 과세기간(예정부과기간에 신고하고 납부하는 경우에는 예정부과기간)의 공급대가의 합계액으로 한다.

② 간이과세자의 납부세액 20, 13년 기출

다음의 계산식에 따라 계산한 금액으로 한다. 이 경우 둘 이상의 업종을 겸영하는 간이과세자의 경우에는 각각의 업종별로 계산한 금액의 합계액을 납부세액으로 한다.

> 납부세액 = 과세표준 × 직전 3년간 신고된 업종별 평균 부가가치율 등을 고려하여 5%에서 50%의 범위에서 <u>대통령령으로 정하는 해당 업종의 부가가치율</u> × 10%

▷ "대통령령으로 정하는 해당 업종의 부가가치율"이란 다음 표의 구분에 따른 부가가치율을 말한다(영 제111조 제2항).

구 분	부가가치율
소매업, 재생용 재료수집 및 판매업, 음식점업	15%
제조업, 농업ㆍ임업 및 어업, 소화물 전문 운송업	20%
숙박업	25%
건설업, 운수 및 창고업(소화물 전문 운송업은 제외), 정보통신업	30%
금융 및 보험 관련 서비스업, 전문ㆍ과학 및 기술서비스업(인물사진 및 행사용 영상 촬영업은 제외), 사업시설관리ㆍ사업지원 및 임대서비스업, 부동산 관련 서비스업, 부동산임대업	40%
그 밖의 서비스업	30%

③ 둘 이상의 업종에 사용하던 공통사용재화를 공급하는 경우(영 제111조 제5항)

간이과세자가 둘 이상의 업종에 공통으로 사용하던 재화를 공급하여 업종별 실지귀속을 구분할 수 없는 경우에 적용할 부가가치율은 다음 계산식에 따라 계산한 율의 합계로 한다. 이 경우 휴업 등으로 인하여 해당 과세기간의 공급대가가 없을 때에는 그 재화를 공급한 날에 가장 가까운 과세기간의 공급대가에 따라 계산한다.

> 해당 재화와 관련된 각 업종별 부가가치율 × $\dfrac{\text{해당 재화의 공급일이 속하는 과세기간의 해당 재화와 관련된 각 업종의 공급대가}}{\text{해당 재화의 공급일이 속하는 과세기간의 해당 재화와 관련된 각 업종의 총공급대가}}$

④ 매입처별 세금계산서합계표 등을 제출하는 경우 23, 20년 기출

㉠ 간이과세자가 다른 사업자로부터 세금계산서 등을 발급받아 대통령령으로 정하는 바에 따라 매입처별 세금계산서합계표 또는 대통령령으로 정하는 신용카드매출전표 등 수령명세서를 납세지 관할 세무서장에게 제출하는 경우에는 다음에 따라 계산한 금액을 과세기간에 대한 납부세액에서 공제한다. 다만, 공제되지 아니하는 매입세액은 그러하지 아니하다.

> ⓐ 해당 과세기간에 발급받은 세금계산서 등을 발급받은 재화와 용역의 공급대가에 0.5%를 곱한 금액
> ⓑ 간이과세자가 과세사업과 면세사업 등을 겸영하는 경우에는 대통령령으로 정하는 바에 따라 계산한 금액

㉡ 상기 ⓑ에 따른 공제액을 계산할 때 간이과세자가 과세사업과 면세사업 등을 겸영하는 경우에는 과세사업과 면세사업 등의 실지귀속에 따르되, 과세사업과 면세사업 등의 실지귀속을 구분할 수 없는 부분은 다음 계산식에 따라 계산한다. 이 경우 다음 계산식에서 "세금계산서 등"이란 재화 또는 용역을 공급하지 아니하고 발급한 세금계산서 등을 말한다(영 제111조 제7항).

$$\text{납부세액에서 공제할 세액} = \text{해당 과세기간에 세금계산서 등을 발급받은 재화와 용역의 공급대가 합계액} \times \frac{\text{해당 과세기간의 과세공급대가}}{\text{해당 과세기간의 총공급대가}} \times 0.5\%$$

⑤ 간이과세자의 전자세금계산서 발급

간이과세자(간이과세자 중 직전 연도의 공급대가의 합계액이 4천800만원 미만인 자, 신규로 사업을 시작하는 개인사업자로서 최초의 과세기간 중에 있는 간이과세자는 제외)가 전자세금계산서를 2024년 12월 31일까지 발급(전자세금계산서 발급명세를 전자세금계산서 발급일의 다음 날까지 국세청장에게 전송한 경우로 한정)하고 기획재정부령으로 정하는 전자세금계산서 발급세액공제신고서를 납세지 관할 세무서장에게 제출한 경우의 해당 과세기간에 대한 부가가치세액 공제에 관하여는 제47조(전자세금계산서 발급 전송에 대한 세액공제 특례) 제1항을 준용한다.

⑥ 과세표준의 계산(법 제29조 준용)

간이과세자에 대한 과세표준의 계산은 제29조(과세표준)를 준용한다.

㉠ 재화 또는 용역의 공급에 대한 과세표준 : 재화 또는 용역의 공급에 대한 부가가치세의 과세표준은 해당 과세기간에 공급한 재화 또는 용역의 공급가액을 합한 금액으로 한다.

㉡ 재화의 수입에 대한 부가가치세의 과세표준 : 그 재화에 대한 관세의 과세가격과 관세, 개별소비세, 주세, 교육세, 농어촌특별세 및 교통·에너지·환경세를 합한 금액으로 한다.

㉢ 공급가액 : 다음의 가액을 말한다. 이 경우 대금, 요금, 수수료, 그 밖에 어떤 명목이든 상관없이 재화 또는 용역을 공급받는 자로부터 받는 금전적 가치 있는 모든 것을 포함하되, 부가가치세는 포함하지 아니한다.

ⓐ 금전으로 대가를 받는 경우 : 그 대가. 다만, 그 대가를 외국통화나 그 밖의 외국환으로 받은 경우에는 대통령령으로 정한 바에 따라 환산한 가액

ⓑ 금전 외의 대가를 받는 경우 : 자기가 공급한 재화 또는 용역의 시가

ⓒ 폐업하는 경우 : 폐업 시 남아 있는 재화의 시가

ⓓ 제10조 제1항·제2항·제4항·제5항 및 제12조 제1항에 따라 재화 또는 용역을 공급한 것으로 보는 경우 : 자기가 공급한 재화 또는 용역의 시가

ⓔ 제10조 제3항에 따라 재화를 공급하는 것으로 보는 경우 : 해당 재화의 취득가액 등을 기준으로 대통령령으로 정하는 가액

ⓕ 외상거래, 할부거래 등 마일리지 등으로 대금의 전부 또는 일부를 결제하는 거래 등 그 밖의 방법으로 재화 또는 용역을 공급하는 경우 : 공급 형태 등을 고려하여 대통령령으로 정하는 가액

ⓔ **부당하게 낮은 대가** : 특수관계인에 대한 재화 또는 용역(수탁자가 위탁자의 특수관계인에게 공급하는 신탁재산과 관련된 재화 또는 용역을 포함)의 공급이 다음의 어느 하나에 해당하는 경우로서 조세의 부담을 부당하게 감소시킬 것으로 인정되는 경우에는 공급한 재화 또는 용역의 시가를 공급가액으로 본다.

ⓐ 재화의 공급에 대하여 부당하게 낮은 대가를 받거나 아무런 대가를 받지 아니한 경우

ⓑ 용역의 공급에 대하여 부당하게 낮은 대가를 받는 경우

ⓒ 용역의 공급에 대하여 대가를 받지 아니하는 경우로서 사업자가 특수관계인에게 사업용 부동산의 임대용역 등 대통령령으로 정하는 용역을 공급하는 경우

ⓜ **공급가액에 포함하지 않는 금액** : 다음의 금액은 공급가액에 포함하지 아니한다.

ⓐ 재화나 용역을 공급할 때 그 품질이나 수량, 인도조건 또는 공급대가의 결제방법이나 그 밖의 공급조건에 따라 통상의 대가에서 일정액을 직접 깎아 주는 금액

ⓑ 환입된 재화의 가액

ⓒ 공급받는 자에게 도달하기 전에 파손되거나 훼손되거나 멸실한 재화의 가액

ⓓ 재화 또는 용역의 공급과 직접 관련되지 아니하는 국고보조금과 공공보조금

ⓔ 공급에 대한 대가의 지급이 지체되었음을 이유로 받는 연체이자

ⓕ 공급에 대한 대가를 약정기일 전에 받았다는 이유로 사업자가 당초의 공급가액에서 할인해 준 금액

ⓗ **과세표준에서 공제하지 아니하는 금액** : 사업자가 재화 또는 용역을 공급받는 자에게 지급하는 장려금이나 이와 유사한 금액 및 대손금액은 과세표준에서 공제하지 아니한다.

ⓧ **부가가치세가 포함되어 있는지가 분명하지 아니한 경우** : 사업자가 재화 또는 용역을 공급하고 그 대가로 받은 금액에 부가가치세가 포함되어 있는지가 분명하지 아니한 경우에는 그 대가로 받은 금액에 110분의 100을 곱한 금액을 공급가액으로 한다.

ⓞ **공통사용재화를 공급하는 경우** : 사업자가 과세사업과 면세사업 및 부가가치세가 과세되지 아니하는 재화 또는 용역을 공급하는 사업(면세사업 등)에 공통적으로 사용된 재화를 공급하는 경우에는 대통령령으로 정하는 바에 따라 계산한 금액을 공급가액으로 한다.

ⓩ 토지와 건물 등을 함께 공급하는 경우 : 사업자가 토지와 그 토지에 정착된 건물 또는 구축물 등을 함께 공급하는 경우에는 건물 또는 구축물 등의 실지거래가액을 공급가액으로 한다. 다만, 실지거래 가액 중 토지의 가액과 건물 또는 구축물 등의 가액의 구분이 불분명한 경우, 사업자가 실지거래가액 으로 구분한 토지와 건물 또는 구축물 등의 가액이 대통령령으로 정하는 바에 따라 안분계산한 금액 과 100분의 30 이상 차이가 있는 경우(다른 법령에서 정하는 바에 따라 가액을 구분한 경우 등 대통 령령으로 정하는 사유에 해당하는 경우는 제외)에는 대통령령으로 정하는 바에 따라 안분계산한 금 액을 공급가액으로 한다.

ⓩ 부동산 임대용역을 공급하는 경우 : 사업자가 다음의 어느 하나에 해당하는 부동산 임대용역을 공급 하는 경우의 공급가액은 대통령령으로 정하는 바에 따라 계산한 금액으로 한다.

> ⓐ 사업자가 부동산 임대용역을 공급하고 전세금 또는 임대보증금을 받는 경우
> ⓑ 과세되는 부동산 임대용역과 면세되는 주택 임대용역을 함께 공급하여 그 임대구분과 임대료 등의 구분이 불분명한 경우
> ⓒ 사업자가 둘 이상의 과세기간에 걸쳐 부동산 임대용역을 공급하고 그 대가를 선불 또는 후불로 받는 경우

㉠ 감가상각자산 등의 공급가액 계산 : 재화의 공급으로 보는 재화가 대통령령으로 정하는 감가상각자산 인 경우에는 대통령령으로 정하는 바에 따라 계산한 금액을 공급가액으로 한다.

⑦ 세액공제
간이과세자의 경우 세액공제에 따른 금액의 합계액이 각 과세기간의 납부세액을 초과하는 경우에는 그 초과하는 부분은 없는 것으로 본다.

⑧ 과세기간의 납부세액
결정 또는 경정하거나 「국세기본법」에 따라 수정신고한 간이과세자의 해당 연도의 공급대가의 합계액이 8천만 원 이상인 경우 대통령령으로 정하는 과세기간의 납부세액은 제37조(납부세액 등의 계산)를 준용 하여 계산한 금액으로 한다. 이 경우 공급가액은 공급대가에 110분의 100을 곱한 금액으로 하고, 매입세 액을 계산할 때에는 세금계산서 등을 받은 부분에 대하여 공제받은 세액은 매입세액으로 공제하지 아니 한다.

(2) 간이과세자로 변경되는 경우의 재고품 등 매입세액 가산(법 제64조, 영 제112조) 19, 17, 12, 10년 기출

일반과세자가 간이과세자로 변경되면 변경 당시의 재고품, 건설 중인 자산 및 감가상각자산(법 제38조부터 제43조까지의 규정에 따라 공제받은 경우만 해당하되, 사업양도에 의하여 사업양수자가 양수한 자산으로서 사업양도자가 매입세액을 공제받은 재화를 포함)에 대하여 대통령령으로 정하는 바에 따라 계산한 금액을 납부세액에 더하여야 한다.

① 재고품 등 신고서의 작성
일반과세자가 간이과세자로 변경되는 경우 간이과세자로 변경된 자는 그 변경되는 날 현재 있는 다음의 재고품, 건설 중인 자산 및 감가상각자산(법 제38조부터 제43조까지의 규정에 따라 공제받은 경우만 해 당하되, 사업양도에 의하여 사업양수자가 양수한 자산으로서 사업양도자가 매입세액을 공제받은 재화를 포함)을 그 변경되는 날의 직전 과세기간에 대한 확정신고와 함께 간이과세 전환 시의 재고품 등 신고서 를 작성하여 각 납세지 관할 세무서장에게 신고(국세정보통신망에 의한 신고를 포함)하여야 한다.

> ⊙ 상품
> ⓛ 제품(반제품 및 재공품을 포함)
> ⓒ 재료(부재료를 포함)
> ⓔ 건설 중인 자산
> ⓜ 감가상각자산(건물 또는 구축물의 경우에는 취득, 건설 또는 신축 후 10년 이내의 것, 그 밖의 감가상각자산의 경우에는 취득 또는 제작 후 2년 이내의 것으로 한정)

② 재고품 등의 금액

재고품 등의 금액은 장부 또는 세금계산서에 의하여 확인되는 해당 재고품 등의 취득가액으로 한다. 다만, 장부 또는 세금계산서가 없거나 장부에 기록이 누락된 경우 해당 재고품 등의 가액은 시가에 따른다.

③ 재고납부세액 22년 기출

일반과세자가 간이과세자로 변경되는 경우에 해당 사업자는 다음의 방법에 따라 계산한 금액(재고납부세액)을 납부세액에 더하여 납부하여야 한다. 이 경우 ⓒ과 ⓔ에 따른 경과된 과세기간의 수는 법 제5조에 따른 과세기간 단위로 계산하되, 건물 또는 구축물의 경과된 과세기간의 수가 20을 초과할 때에는 20으로, 그 밖의 감가상각자산의 경과된 과세기간의 수가 4를 초과할 때에는 4로 한다(경과된 과세기간의 수를 계산할 때 과세기간의 개시일 후에 감가상각자산을 취득하거나 해당 재화가 공급된 것으로 보게 되는 경우에는 그 과세기간의 개시일에 해당 재화를 취득하거나 해당 재화가 공급된 것으로 본다).

⊙ 재고품

$$\text{재고납부세액} = \text{재고금액} \times \frac{10}{100} \times (1 - 0.5\% \times \frac{110}{10})$$

ⓛ 건설 중인 자산

$$\text{재고납부세액} = \frac{\text{해당 건설 중인 자산과}}{\text{관련하여 공제받은 매입세액}} \times (1 - 0.5\% \times \frac{110}{10})$$

ⓒ 감가상각자산으로서 다른 사람으로부터 매입한 자산

ⓐ 건물 또는 구축물(취득, 건설 또는 신축 후 10년 이내의 것)

$$\text{재고납부세액} = \text{취득가액} \times (1 - \frac{5}{100} \times \text{경과된 과세기간의 수}) \times \frac{10}{100} \times (1 - 0.5\% \times \frac{110}{10})$$

ⓑ 그 밖의 감가상각자산(취득, 또는 제작 후 2년 이내의 것)

$$\text{재고납부세액} = \text{취득가액} \times (1 - \frac{25}{100} \times \text{경과된 과세기간의 수}) \times \frac{10}{100} \times (1 - 0.5\% \times \frac{110}{10})$$

ⓓ 감가상각자산으로서 사업자가 직접 제작, 건설 또는 신축한 자산

ⓐ 건물 또는 구축물(취득, 건설 또는 신축 후 10년 이내의 것)

재고납부세액 = 해당 자산의 건설 또는 신축과 관련하여 공제받은 매입세액(②의 단서가 적용되는 경우에는 시가의 10%에 상당하는 세액)

$$\times (1 - \frac{5}{100} \times \text{경과된 과세기간의 수}) \times (1 - 0.5\% \times \frac{110}{10})$$

ⓑ 그 밖의 감가상각자산(취득, 또는 제작 후 2년 이내의 것)

재고납부세액 = 해당 자산의 제작과 관련하여 공제받은 매입세액(②의 단서가 적용되는 경우에는 시가의 10%에 상당하는 세액)

$$\times (1 - \frac{25}{100} \times \text{경과된 과세기간의 수}) \times (1 - 0.5\% \times \frac{110}{10})$$

④ 재고납부세액의 통지

신고를 받은 관할 세무서장은 재고금액을 조사·승인하고 간이과세자로 변경된 날부터 90일 이내에 해당 사업자에게 재고납부세액을 통지하여야 한다. 이 경우 그 기한 이내에 통지하지 아니할 때에는 해당 사업자가 신고한 재고금액을 승인한 것으로 본다.

⑤ 재고금액의 조사

해당 사업자가 신고를 하지 아니하거나 과소하게 신고한 경우에는 관할 세무서장이 재고금액을 조사하여 해당 재고납부세액을 결정하고 통지하여야 한다.

⑥ 재고납부세액의 납부

결정된 재고납부세액은 간이과세자로 변경된 날이 속하는 과세기간에 대한 확정신고를 할 때 납부할 세액에 더하여 납부한다.

⑦ 재고납부세액의 경정

승인하거나 승인한 것으로 보는 재고납부세액의 내용에 오류가 있거나 내용이 누락된 경우에는 재고납부세액을 조사하여 경정한다.

3. 부과 및 납부, 포기

(1) 예정부과와 납부(법 제66조)

① 예정부과기간 및 예정부과기한 19, 16, 12년 기출

㉠ 사업장 관할 세무서장은 간이과세자에 대하여 직전 과세기간에 대한 납부세액(부가가치세법 또는 「조세특례제한법」에 따라 납부세액에서 공제하거나 경감한 세액이 있는 경우에는 그 세액을 뺀 금액으로 하고, 결정 또는 경정과 「국세기본법」에 따른 수정신고 및 경정 청구에 따른 결정이 있는 경우에는 그 내용이 반영된 금액)의 50%(직전 과세기간이 일반과세자가 간이과세자로 변경되는 경우로서 그 변경 이후 7월 1일부터 12월 31일까지에 해당하는 경우에는 직전 과세기간에 대한 납부세액의 전액을 말하며, 1천 원 미만의 단수가 있을 때에는 그 단수금액은 버림)를 1월 1일부터 6월 30일(예정부과기간)까지의 납부세액으로 결정하여 대통령령으로 정하는 바에 따라 예정부과기간이 끝난 후 25일 이내(예정부과기한)까지 징수한다. 다만, 다음의 어느 하나에 해당하는 경우에는 징수하지 아니한다.

> ⓐ 징수하여야 할 금액이 50만 원 미만인 경우
> ⓑ 법 제5조 제4항 제2호(간이과세자가 일반과세자로 변경되는 경우로서 그 변경 이전 1월 1일부터 6월 30일까지)의 과세기간이 적용되는 간이과세자의 경우
> ⓒ 「국세징수법」 제13조 제1항 각 호의 어느 하나에 해당하는 사유로 관할 세무서장이 징수하여야 할 금액을 간이과세자가 납부할 수 없다고 인정되는 경우

㉡ 납부고지서의 발부(영 제114조 제1항) : 관할 세무서장은 부가가치세액에 대하여 7월 1일부터 7월 10일까지 납부고지서를 발부하여야 한다.

㉢ 간이과세자 부가가치세 신고서와 서류의 제출(영 제114조 제3항) : 간이과세자는 부가가치세의 신고를 할 때에는 사업자의 인적사항, 납부세액 및 그 계산 근거, 가산세액 및 그 계산 근거, 매출·매입처별 세금계산서합계표의 제출 내용, 그 밖의 참고 사항을 적은 간이과세자 부가가치세 신고서와 기획재정부령으로 정하는 서류를 관할 세무서장에게 제출(국세정보통신망에 의한 제출을 포함)해야 한다.

② 예정부과기간의 과세표준과 납부세액의 신고

㉠ 대통령령으로 정하는 간이과세자는 예정부과기간의 과세표준과 납부세액을 예정부과기한까지 사업장 관할 세무서장에게 신고할 수 있다.

㉡ 사업자가 재화 또는 용역을 공급하는 경우 또는 재화 또는 용역을 공급받는 자가 사업자등록증을 제시하고 세금계산서의 발급을 요구하는 경우에 따라 예정부과기간에 세금계산서를 발급한 간이과세자는 예정부과기간의 과세표준과 납부세액을 예정부과기한까지 사업장 관할 세무서장에게 신고하여야 한다.

③ 결정의제

결정이 있는 경우 간이과세자가 신고를 한 경우에는 그 결정이 없었던 것으로 본다.

④ 납부세액의 납부 및 매출·매입처별 세금계산서합계표 제출 20년 기출

㉠ 예정부과기간의 납부세액의 납부 : 예정신고하는 간이과세자는 예정부과기간의 납부세액을 대통령령으로 정하는 바에 따라 사업장 관할 세무서장에게 납부하여야 한다.

ⓛ 부가가치세액의 납부(영 제114조 제4항) : 간이과세자는 부가가치세액을 납부할 때에는 해당 예정부과기간 또는 과세기간의 납부세액에서 부가가치세법 및 「국세기본법」의 규정에 따라 계산한 가산세를 더하고, 다음의 세액을 차감한 금액을 간이과세자 부가가치세 신고서와 함께 관할 세무서장에게 납부하거나 「국세징수법」에 따른 납부서를 작성하여 한국은행 또는 체신관서에 납부해야 한다.

> ⓐ 법 제46조(신용카드 등의 사용에 따른 세액공제 등) 제1항에 따른 금액
> ⓑ 법 제63조(간이과세자의 과세표준과 세액) 제3항에 따른 금액
> ⓒ 법 제63조(간이과세자의 과세표준과 세액) 제4항에 따른 금액

ⓒ 공제를 적용하지 아니하는 경우(영 제114조 제5항) : 간이과세자가 다른 사업자로부터 발급받아 관할 세무서장에 제출하는 매입처별 세금계산서합계표의 기재사항 중 거래처별 등록번호, 공급가액의 전부 또는 일부가 적히지 않았거나 사실과 다르게 적힌 경우에는 공제를 적용하지 않는다.

ⓔ 매출·매입처별 세금계산서합계표의 제출(법 제66조 제6항) : 예정신고하는 간이과세자는 대통령령으로 정하는 바에 따라 매출·매입처별 세금계산서합계표를 신고를 할 때 제출하여야 한다. 다만, 매출·매입처별 세금계산서합계표를 신고를 할 때 제출하지 못하는 경우에는 확정신고를 할 때 이를 제출할 수 있다.

(2) 간이과세자의 신고와 납부(법 제67조)

① 과세기간의 과세표준과 납부세액의 납부 14, 13년 기출

간이과세자는 과세기간의 과세표준과 납부세액을 그 과세기간이 끝난 후 25일(폐업하는 경우 폐업일이 속한 달의 다음 달 25일) 이내에 대통령령으로 정하는 바에 따라 납세지 관할 세무서장에게 확정신고를 하고 납세지 관할 세무서장 또는 한국은행 등에 납부하여야 한다.

② 세액의 공제

부가가치세를 납부하는 경우 예정부과기간에 납부한 세액은 공제하고 납부한다.

③ 매입처별 세금계산서합계표의 제출

간이과세자는 대통령령으로 정하는 바에 따라 매출·매입처별 세금계산서합계표를 확정신고를 할 때 함께 제출하여야 한다.

④ 영세율을 적용받는 경우(영 제114조 제6항·제7항) : 확정신고를 하는 간이과세자는 영세율을 적용받는 경우에는 그 신고서에 해당 서류를 첨부하여 제출하여야 한다. 서류를 해당 신고서에 첨부하지 아니한 부분은 신고로 보지 아니한다.

(3) 간이과세자에 대한 결정·경정과 징수(법 제68조)

① 과세표준과 납부세액의 결정 또는 경정

간이과세자에 대한 과세표준과 납부세액의 결정 또는 경정에 관하여는 제57조(결정과 경정)를 준용한다.

㉠ 과세표준과 납부세액 또는 환급세액의 결정 또는 경정 : 납세지 관할 세무서장, 납세지 관할 지방국세청장 또는 국세청장(납세지 관할 세무서장 등)은 사업자가 다음의 어느 하나에 해당하는 경우에만 해당 예정신고기간 및 과세기간에 대한 부가가치세의 과세표준과 납부세액 또는 환급세액을 조사하여 결정 또는 경정한다.

> ⓐ 예정신고 또는 확정신고를 하지 아니한 경우
> ⓑ 예정신고 또는 확정신고를 한 내용에 오류가 있거나 내용이 누락된 경우
> ⓒ 확정신고를 할 때 매출처별 세금계산서합계표 또는 매입처별 세금계산서합계표를 제출하지 아니하거나 제출한 매출처별 세금계산서합계표 또는 매입처별 세금계산서합계표에 기재사항의 전부 또는 일부가 적혀 있지 아니하거나 사실과 다르게 적혀 있는 경우
> ⓓ 그 밖에 대통령령으로 정하는 사유로 부가가치세를 포탈할 우려가 있는 경우

㉡ 추계 : 납세지 관할 세무서장 등은 각 예정신고기간 및 과세기간에 대한 과세표준과 납부세액 또는 환급세액을 조사하여 결정 또는 경정하는 경우에는 세금계산서, 수입세금계산서, 장부 또는 그 밖의 증명 자료를 근거로 하여야 한다. 다만, 다음의 어느 하나에 해당하면 대통령령으로 정하는 바에 따라 추계할 수 있다.

> ⓐ 과세표준을 계산할 때 필요한 세금계산서, 수입세금계산서, 장부 또는 그 밖의 증명 자료가 없거나 그 중요한 부분이 갖추어지지 아니한 경우
> ⓑ 세금계산서, 수입세금계산서, 장부 또는 그 밖의 증명 자료의 내용이 시설규모, 종업원 수와 원자재·상품·제품 또는 각종 요금의 시가에 비추어 거짓임이 명백한 경우
> ⓒ 세금계산서, 수입세금계산서, 장부 또는 그 밖의 증명 자료의 내용이 원자재 사용량, 동력 사용량이나 그 밖의 조업 상황에 비추어 거짓임이 명백한 경우

㉢ 재경정 : 납세지 관할 세무서장 등은 결정하거나 경정한 과세표준과 납부세액 또는 환급세액에 오류가 있거나 누락된 내용이 발견되면 즉시 다시 경정한다.

② 부가가치세의 징수

간이과세자에 대한 부가가치세의 징수에 관하여는 제58조(징수)를 준용한다.

㉠ 납세지 관할 세무서장은 사업자가 예정신고 또는 확정신고를 할 때에 신고한 납부세액을 납부하지 아니하거나 납부하여야 할 세액보다 적게 납부한 경우에는 그 세액을 「국세징수법」에 따라 징수하고, 결정 또는 경정을 한 경우에는 추가로 납부하여야 할 세액을 「국세징수법」에 따라 징수한다.

㉡ 간이과세자에 대한 부가가치세는 세관장이 「관세법」에 따라 징수한다.

(4) 간이과세자에 대한 가산세(법 제68조의2)

① 간이과세자에 대한 가산세 부과

간이과세자에 대한 가산세 부과에 관하여는 제60조(가산세) 제1항·제2항 및 같은 조 제3항 제1호·제3호·제5호를 준용한다. 이 경우 제60조 제1항 각 호 중 "공급가액"은 "공급대가"로, "1%"는 "0.5%"로 본다.

② 간이과세자에 대한 세금계산서 불성실가산세

간이과세자가 다음의 어느 하나에 해당하는 경우 다음의 구분에 따른 금액을 납부세액에 더하거나 환급세액에서 뺀다.

> ㉠ 세금계산서를 발급하여야 하는 사업자로부터 재화 또는 용역을 공급받고 세금계산서를 발급받지 아니한 경우(영수증을 발급하여야 하는 기간에 세금계산서를 발급받지 아니한 경우는 제외) : 그 공급대가의 0.5%
> ㉡ 세금계산서 등을 발급받고 공제받지 아니한 경우로서 해당 결정 또는 경정 기관의 확인을 거쳐 납부세액을 계산할 때 매입세액으로 공제받는 경우 : 그 공급가액의 0.5%

③ 간이과세자에 대한 매출처별 세금계산서합계표 불성실가산세

간이과세자가 다음의 어느 하나에 해당하는 경우 다음의 구분에 따른 금액을 납부세액에 더하거나 환급세액에서 뺀다. 다만, 제출한 매출처별 세금계산서합계표의 기재사항이 착오로 적힌 경우로서 사업자가 발급한 세금계산서에 따라 거래사실이 확인되는 부분의 공급가액에 대해서는 그러하지 아니하다.

> ㉠ 매출처별 세금계산서합계표를 제출하지 아니한 경우 : 매출처별 세금계산서합계표를 제출하지 아니한 부분에 대한 공급가액의 0.5%
> ㉡ 제출한 매출처별 세금계산서합계표의 기재사항 중 거래처별 등록번호 또는 공급가액의 전부 또는 일부가 적혀 있지 아니하거나 사실과 다르게 적혀 있는 경우 : 매출처별 세금계산서합계표의 기재사항이 적혀 있지 아니하거나 사실과 다르게 적혀 있는 부분에 대한 공급가액의 0.5%
> ㉢ 신고를 할 때 제출하지 못하여 해당 예정부과기간이 속하는 과세기간에 확정신고를 할 때 매출처별 세금계산서합계표를 제출하는 경우로서 ㉡에 해당하지 아니하는 경우 : 그 공급가액의 0.3%

④ 간이과세자에 대한 가산세 중복 적용의 배제

①부터 ③까지를 적용할 때에 ①에 따라 준용을 하는 부분에 대해서는 다음의 구분에 따른 규정을 각각 적용하지 아니한다.

> ㉠ 사업자등록 불성실가산세(미등록·타인명의등록)가 준용되는 부분 : 공급자에 대한 세금계산서 불성실가산세(세금계산서 지연발급, 전자세금계산서 발급명세 지연전송, 전자세금계산서 발급명세 미전송, 세금계산서 기재불성실), 공제분 미제출 가산세, 매출처별 세금계산서합계표 불성실가산세
> ㉡ 공급자에 대한 세금계산서 불성실가산세(세금계산서 지연발급, 전자세금계산서 발급명세 지연전송, 전자세금계산서 발급명세 미전송, 세금계산서 기재불성실)가 준용되는 부분 : 매출처별 세금계산서합계표 불성실가산세
> ㉢ 세금계산서 미발급 가산세 또는 세금계산서 등 가공 발급가산세, 세금계산서 등 위장 발급가산세, 세금계산서 등 공급가액 과다기재 발급가산세가 준용되는 부분 : 사업자등록 불성실가산세(미등록·타인명의등록) 및 매출처별 세금계산서합계표 불성실가산세
> ㉣ 세금계산서 등 위장 발급가산세가 준용되는 부분 : 세금계산서 미발급 가산세
> ㉤ 세금계산서 등 공급가액 과다기재 발급가산세가 준용되는 부분 : 세금계산서 기재불성실가산세

⑤ 현금영수증 발급 불성실가산세

현금영수증가맹점으로 가입하여야 하는 사업자가 현금영수증을 발급하지 아니하여 가산세를 적용받는 부분에 대해서는 제60조 제2항 제2호(세금계산서 미발급) 및 동조 제3항 제2호(세금계산서 가공 발급)의 가산세를 적용하지 아니한다.

(5) 간이과세자에 대한 납부의무의 면제(법 제69조)

① 납부의무의 면제 금액 23, 19, 13, 10년 기출

간이과세자의 해당 과세기간에 대한 공급대가의 합계액이 4천800만 원 미만이면 납부의무를 면제한다. 다만, 납부세액에 더하여야 할 세액은 그러하지 아니하다.

② 가산세 규정의 미적용 18년 기출

납부할 의무를 면제하는 경우에 대하여는 가산세의 규정을 적용하지 아니한다. 다만, 사업 개시일부터 20일 이내에 사업자등록을 신청하지 아니한 경우(대통령령으로 정하는 고정 사업장이 없는 경우는 제외)에는 사업 개시일부터 등록을 신청한 날의 직전일까지의 공급가액 합계액의 0.5%와 5만 원 중 큰 금액으로 한다.

③ 환산한 금액의 기준

다음의 경우에는 각 항목의 공급대가의 합계액을 12개월로 환산한 금액을 기준으로 한다. 이 경우 1개월 미만의 끝수가 있으면 1개월로 한다.

> ㉠ 해당 과세기간에 신규로 사업을 시작한 간이과세자는 그 사업 개시일부터 그 과세기간 종료일까지의 공급대가의 합계액
> ㉡ 휴업자·폐업자 및 과세기간 중 과세유형을 전환한 간이과세자는 그 과세기간 개시일부터 휴업일·폐업일 및 과세유형 전환일까지의 공급대가의 합계액
> ㉢ 일반과세자가 간이과세자로 변경되거나 간이과세자가 일반과세자로 변경되는 경우에 따른 과세기간의 적용을 받는 간이과세자는 해당 과세기간의 공급대가의 합계액

④ 납부한 금액의 환급

납부의무가 면제되는 사업자가 자진 납부한 사실이 확인되면 납세지 관할 세무서장은 납부한 금액을 환급하여야 한다.

(6) 간이과세의 포기(법 제70조)

① 일반과세자에 관한 규정을 적용받으려는 경우 21, 17, 12년 기출

간이과세자 또는 간이과세자에 관한 규정을 적용받게 되는 일반과세자가 간이과세자에 관한 규정의 적용을 포기하고 일반과세자에 관한 규정을 적용받으려는 경우에는 제4장(과세표준과 세액의 계산)부터 제6장(결정·경정·징수와 환급)까지의 규정을 적용받을 수 있다. 이 경우 적용받으려는 달의 전달의 마지막 날까지 대통령령으로 정하는 바에 따라 납세지 관할 세무서장에게 신고하여야 한다.

② 신규로 사업을 시작하는 개인사업자가 신고한 경우

신규로 사업을 시작하는 개인사업자가 사업자등록을 신청할 때 대통령령으로 정하는 바에 따라 납세지 관할 세무서장에게 간이과세자에 관한 규정의 적용을 포기하고 일반과세자에 관한 규정을 적용받으려고 신고한 경우에는 제4장부터 제6장까지의 규정을 적용받을 수 있다.

③ 간이과세자에 관한 규정을 적용받지 못하는 경우 16년 기출

간이과세자의 포기를 신고한 개인사업자는 다음의 구분에 따른 날부터 3년이 되는 날이 속하는 과세기간까지는 간이과세자에 관한 규정을 적용받지 못한다.

> ⊙ 위 ①에 따라 신고한 경우 : 일반과세자에 관한 규정을 적용받으려는 달의 1일
> ⓒ 위 ②에 따라 신고한 경우 : 사업 개시일이 속하는 달의 1일

④ ③에 규정된 기간 이전에 간이과세자에 관한 규정을 적용받으려는 경우

개인사업자 중 직전 연도의 공급대가의 합계액이 4천8백만 원 이상 8천만 원의 130%에 해당하는 금액까지의 범위에서 대통령령으로 정하는 금액에 미달하는 개인사업자는 위의 과세기간 이전이라도 간이과세자에 관한 규정을 적용받을 수 있다. 이 경우 개인사업자는 적용받으려는 과세기간 개시 10일 전까지 대통령령으로 정하는 바에 따라 납세지 관할 세무서장에게 신고하여야 한다.

제2절 보 칙

1. 장부의 작성 및 보관(법 제71조)

(1) 장부의 작성

① 거래사실의 기록 21, 17, 15년 기출

사업자는 자기의 납부세액 또는 환급세액과 관계되는 모든 거래사실을 대통령령으로 정하는 바에 따라 장부에 기록하여 사업장에 갖추어 두어야 한다.

⊙ 기록하여야 할 거래사실(영 제117조 제1항) : 장부에 기록하여야 할 거래사실은 다음의 것으로 한다.

> ⓐ 공급한 자와 공급받은 자   ⓑ 공급한 품목과 공급받은 품목
> ⓒ 공급가액과 공급받은 가액   ⓓ 매출세액과 매입세액
> ⓔ 공급한 시기와 공급받은 시기   ⓕ 그 밖의 참고사항

ⓒ 공급대가의 기록(영 제117조 제2항) : 간이과세자는 공급가액과 부가가치세액을 합계한 공급대가를 장부에 기록할 수 있다.

② 공급 및 공급받은 사실의 기록 15년 기출

사업자가 부가가치세가 과세되는 재화 또는 용역의 공급과 함께 부가가치세가 면제되는 재화 또는 용역을 공급하거나 면세농산물 등 의제매입세액 공제특례를 적용받는 경우에는 과세되는 공급과 면세되는 공급 및 면세농산물 등을 공급받은 사실을 각각 구분하여 장부에 기록하여야 한다.

(2) 장부의 보관 23, 21, 19, 17, 15, 13년 기출

사업자는 기록한 장부와 발급하거나 발급받은 세금계산서, 수입세금계산서 또는 영수증을 그 거래사실이 속하는 과세기간에 대한 확정신고기한 후 5년간 보존하여야 한다. 다만, 전자세금계산서를 발급한 사업자가 국세청장에게 전자세금계산서 발급명세를 전송한 경우에는 그러하지 아니하다(영 제117조 제4항~제6항).

전자적 형태의 보존	사업자는 장부, 세금계산서 또는 영수증을 정보처리장치, 전산테이프 또는 디스켓 등의 전자적 형태로 보존할 수 있다.
매출대장의 작성 및 비치	영 제35조 제5호 각 목의 어느 하나에 해당하는 용역을 공급하는 사업자는 기획재정부령으로 정하는 매출대장을 작성하여 사업장에 갖추어 두어야 한다. 이 경우 매출대장을 정보처리장치, 전산테이프 또는 디스켓 등의 전자적 형태로 작성할 수 있다.
매출대장의 기재사항을 모두 적은 진료부	사업자가 「수의사법」에 따른 진료부에 기획재정부령으로 정하는 매출대장의 기재사항을 모두 적는 경우에는 그 진료부로 매출대장을 대신할 수 있다.

(3) 장부기록의무의 이행의제

① 장부기록의무를 이행한 경우 17, 14년 기출

사업자가 「법인세법」 및 「소득세법」에 따라 장부기록의무를 이행한 경우에는 장부기록의무를 이행한 것으로 본다.

② 세금계산서 또는 영수증의 보관(영 제117조 제3항) 21, 20, 17, 15, 14년 기출

간이과세자가 발급받았거나 발급한 세금계산서 또는 영수증을 보관하였을 때에는 장부기록의무를 이행한 것으로 본다.

(4) 부가가치세의 세액 등에 관한 특례(법 제72조) 23, 19년 기출

① 부가가치세 및 지방소비세의 세액 14년 기출

납부세액에서 부가가치세법 및 다른 법률에서 규정하고 있는 부가가치세의 감면세액 및 공제세액을 빼고 가산세를 더한 세액에 1천분의 747을 부가가치세로, 1천분의 253을 지방소비세로 한다.

② 신고·납부·경정 및 환급 20년 기출

부가가치세와 「지방세법」에 따른 지방소비세를 신고·납부·경정 및 환급할 경우에는 부가가치세와 지방소비세를 합한 금액을 신고·납부·경정 및 환급한다.

2. 납세관리인 및 질문·조사

(1) 납세관리인(법 제73조) 22년 기출

① 납세관리인의 선정 23, 20, 16, 14년 기출

개인사업자가 다음의 어느 하나에 해당하는 경우에는 부가가치세에 관한 신고·납부·환급, 그 밖에 필요한 사항을 처리하는 납세관리인을 정하여야 한다.

> ㉠ 사업자가 사업장에 통상적으로 머무르지 아니하는 경우
> ㉡ 사업자가 6개월 이상 국외에 체류하려는 경우

② 임의선정 16, 14년 기출

사업자는 ①의 경우 외에도 부가가치세에 관한 신고·납부·환급, 그 밖에 필요한 사항을 처리하게 하기 위하여 다음의 어느 하나에 해당하는 자를 납세관리인으로 정할 수 있다(영 제118조 제1항).

        ㉠ 「세무사법」에 따라 등록한 자

        ㉡ 다단계판매업자(해당 다단계판매업자에게 등록를 한 다단계판매원 중 다단계판매원 외의 다단계판매원이 다단계판매업자를 납세관리인으로 선정하는 경우로 한정)

        ㉢ 「자본시장과 금융투자업에 관한 법률」에 따른 신탁업자(부동산에 관한 신탁업으로 한정)

③ 신고 및 신고서의 제출 19, 16년 기출

    ㉠ 신고 : 납세관리인을 정한 사업자는 대통령령으로 정하는 바에 따라 납세지 관할 세무서장에게 신고하여야 한다. 이를 변경한 경우에도 또한 같다.

    ㉡ 납세관리인 선정(변경)신고서의 제출(영 제118조 제2항) : 납세관리인을 선정하거나 변경한 사업자(다단계판매업자를 포함)는 다음의 사항을 적은 납세관리인 선정(변경)신고서를 지체 없이 관할 세무서장에게 제출하여야 한다. 납세관리인의 주소나 거소가 변경되었을 때에도 또한 같다.

> ⓐ 사업자의 인적사항
> ⓑ 납세관리인의 주소, 성명 및 주민등록번호
> ⓒ 그 밖의 참고사항

(2) 질문 · 조사(법 제74조)

① 질문 및 장부 · 서류 등의 조사

부가가치세에 관한 사무에 종사하는 공무원은 부가가치세에 관한 업무를 위하여 필요하면 납세의무자, 납세의무자와 거래를 하는 자, 납세의무자가 가입한 동업조합 또는 이에 준하는 단체에 부가가치세와 관계되는 사항을 질문하거나 그 장부 · 서류나 그 밖의 물건을 조사할 수 있다.

② 장부 · 서류 등의 제출 및 필요한 사항의 명령 24, 22, 19년 기출

납세지 관할 세무서장은 부가가치세의 납세보전 또는 조사를 위하여 납세의무자에게 장부 · 서류 또는 그 밖의 물건을 제출하게 하거나 그 밖에 필요한 사항을 명할 수 있다(영 제119조).

> ㉠ 세금계산서의 발급
> ㉡ 금전등록기의 설치 · 사용
> ㉢ 신용카드 조회기의 설치 · 사용
> ㉣ 현금영수증 발급장치의 설치 · 사용
> ㉤ 표찰(標札)의 게시(揭示)
> ㉥ 업종별 표시
> ㉦ 그 밖에 납세보전을 위한 단속에 필요한 사항

부가가치세법령상 납세지 관할 세무서장이 부가가치세의 납세보전 또는 조사를 위하여 납세의무자에게 명할 수 있는 사항으로 옳은 것을 모두 고른 것은? 24년 기출

> ㄱ. 세금계산서의 발급 ㄴ. 신용카드 조회기의 설치·사용
> ㄷ. 현금영수증 발급장치의 설치·사용 ㄹ. 표찰(標札)의 게시(揭示)

① ㄱ, ㄴ
② ㄷ, ㄹ
③ ㄱ, ㄴ, ㄹ
④ ㄴ, ㄷ, ㄹ
⑤ ㄱ, ㄴ, ㄷ, ㄹ

해설

질문·조사 및 명령 사항(부가가치세법 시행령 제119조)

국세청장, 관할 지방국세청장 또는 관할 세무서장은 법 제74조(질문·조사) 제2항에 따라 납세의무자에게 다음의 사항을 명할 수 있다.

• 세금계산서의 발급 • 금전등록기의 설치·사용
• 신용카드 조회기의 설치·사용 • 현금영수증 발급장치의 설치·사용
• 표찰(標札)의 게시(揭示) • 업종별 표시
• 그 밖에 납세보전을 위한 단속에 필요한 사항

정답 ⑤

③ 조사원증의 보유 및 제시

부가가치세에 관한 사무에 종사하는 공무원이 질문 또는 조사를 할 때에는 그 권한을 표시하는 조사원증을 지니고 이를 관계인에게 보여주어야 한다.

> **보충** 명령서 미수령 시 처벌(통칙 74-119-1)
>
> 세무서장은 사업자가 명령서를 수령하기 전에는 명령사항 위반으로 처벌할 수 없다.

3. 자료의 제출(법 제75조) 22, 20년 기출

① 자료 제출의 시기

다음 중 하나에 해당하는 자는 재화 또는 용역의 공급과 관련하여 국내에서 판매 또는 결제를 대행하거나 중개하는 경우 대통령령으로 정하는 바에 따라 관련 명세를 매 분기 말일의 다음 달 15일까지 국세청장, 납세지 관할 지방국세청장 또는 납세지 관할 세무서장에게 제출하여야 한다.

> ⊙ 「전기통신사업법」에 따른 부가통신사업자로서 「전자상거래 등에서의 소비자보호에 관한 법률」에 따른 통신판매업자의 판매를 대행 또는 중개하는 자
> ⊙ 「여신전문금융업법」에 따른 결제대행업체
> ⊙ 「전자금융거래법」에 따른 전자금융업자
> ⊙ 「외국환거래법」에 따른 전문외국환업무취급업자
> ⊙ 그 밖에 ⊙부터 ⊙까지의 사업자와 유사한 사업을 수행하는 자로서 대통령령으로 정하는 자

② 자료의 시정 명령

국세청장, 납세지 관할 지방국세청장 또는 납세지 관할 세무서장은 관련 명세를 제출하여야 하는 자가 관련 명세를 제출하지 아니하거나 사실과 다르게 제출한 경우 그 시정에 필요한 사항을 명할 수 있다.

4. 과태료(법 제76조) 24, 23, 22, 20년 기출

(1) 2천만 원 이하의 과태료

국세청장, 납세지 관할 지방국세청장 또는 납세지 관할 세무서장은 납세보전 또는 조사를 위한 명령을 위반한 자, 시정 명령을 위반한 자의 어느 하나에 해당하는 자에게 2천만 원 이하의 과태료를 부과한다.

(2) 부과기준(영 별표)

① 일반기준

⊙ 관할 세무서장은 다음의 어느 하나에 해당하는 경우 ②의 개별기준에 따른 과태료 금액의 2분의 1 범위에서 그 금액을 줄여 부과할 수 있다. 다만, 과태료를 체납하고 있는 위반행위자의 경우에는 그렇지 않다.

> ⓐ 위반행위가 사소한 부주의나 오류로 인한 것으로 인정되는 경우
> ⓑ 위반행위자가 법 위반상태를 시정하거나 해소하기 위해 노력한 사실이 인정되는 경우
> ⓒ 그 밖에 위반행위의 정도·동기·결과 등을 고려하여 과태료 금액을 줄일 필요가 있다고 인정되는 경우

⊙ 관할 세무서장은 다음의 어느 하나에 해당하는 경우 ②의 개별기준에 따른 과태료 금액의 2분의 1 범위에서 그 금액을 늘려 부과할 수 있다. 다만, 늘리는 경우에도 법 제76조에 따른 과태료 금액의 상한(2천만 원)을 넘을 수 없다.

> ⓐ 위반행위가 고의나 중대한 과실에 따른 것으로 인정되는 경우
> ⓑ 그 밖에 위반행위의 정도·동기·결과 등을 고려하여 과태료 금액을 늘릴 필요가 있다고 인정되는 경우

② 개별기준

　㉠ 납세보전 또는 조사를 위한 명령을 위반한 경우 및 시정 명령을 위반한 경우

수입금액	과태료 금액
1,000억 원 초과	2,000만 원
500억 원 초과 1,000억 원 이하	1,500만 원
100억 원 초과 500억 원 이하	1,000만 원
100억 원 이하	500만 원

　▷ 수입금액 : 위반행위를 한 날이 속한 연도의 직전 연도 연간 부가가치세 과세표준(면세사업 수입금액을 포함)을 말한다.

　㉡ ㉠에도 불구하고 다음의 위반행위에 대해서는 해당 항목에 따른 부과기준을 적용하며, 위반행위의 횟수에 따른 과태료의 가중된 부과기준은 최근 3년간 같은 위반행위로 과태료 부과처분을 받은 경우에 적용한다. 이 경우 기간의 계산은 위반행위에 대하여 과태료 부과처분을 받은 날과 그 처분 후에 다시 같은 위반행위를 하여 적발한 날을 기준으로 한다.

위반행위	과태료 금액		
	1차 위반	2차 위반	3차 이상 위반
신용카드 거래승인 대행사업자 또는 신용카드 조회기 판매사업자가 신용카드 거래승인 또는 신용카드 조회기의 설치 등에 관한 명령을 위반한 경우	100만 원	200만 원	500만 원
전자세금계산서 발급 시스템을 구축·운영하는 사업자가 전자세금계산서 발급 방법 등 전자세금계산서 발급 시스템의 구축·운영에 관한 명령을 위반한 경우	100만 원	200만 원	500만 원
영 제61조(외상거래 등 그 밖의 공급가액의 계산) 제4항에 따라 봉사료를 공급가액에서 제외하려는 사업자가 봉사료 지급대장 작성에 관한 명령을 위반하여 이를 작성하지 않거나 거짓으로 작성한 경우	미작성 또는 거짓작성 금액의 8/100에 해당하는 금액(2,000만 원 한도)	미작성 또는 거짓작성 금액의 16/100에 해당하는 금액(2,000만 원 한도)	미작성 또는 거짓작성 금액의 24/100에 해당하는 금액(2,000만 원 한도)

　▷ 가중된 부과처분을 하는 경우 가중처분의 적용 차수는 그 위반행위 전 부과처분 차수(상기 기간에 과태료 부과처분이 둘 이상 있었던 경우에는 높은 차수)의 다음 차수로 한다.

기출문제

부가가치세법령상 과태료에 관한 설명으로 옳지 않은 것은? 24년 기출

① 과태료 체납이 없고 위반행위가 사소한 부주의로 인한 것으로 인정되는 경우 과태료 금액의 2분의 1 범위에서 그 금액을 줄여 부과할 수 있다.

② 과태료 체납이 없고 위반행위자가 법 위반상태를 시정하기 위해 노력한 사실이 인정되는 경우 과태료 금액의 2분의 1 범위에서 그 금액을 줄여 부과할 수 있다.

③ 위반행위가 중대한 과실에 따른 것으로 인정되는 경우 과태료 금액의 2분의 1 범위에서 그 금액을 늘려 부과할 수 있으므로 과태료는 최대 3천만 원이 될 수 있다.

④ 위반행위의 횟수에 따른 과태료의 가중된 부과기준을 적용할 때 기간의 계산은 위반행위에 대하여 과태료 부과처분을 받은 날과 그 처분 후에 다시 같은 위반행위를 하여 적발한 날을 기준으로 한다.

⑤ 과태료는 국세청장, 납세지 관할 지방국세청장 또는 납세지 관할 세무서장이 부과한다.

해설
위반행위가 고의나 중대한 과실에 따른 것으로 인정되는 경우 과태료 금액의 2분의 1 범위에서 그 금액을 늘려 부과할 수 있다. 다만, 늘리는 경우에도 법 제76조에 따른 과태료 금액의 상한(2천만 원)을 넘을 수 없다(영 별표 참고).

정답 ③

01 제조업을 운영(떡방앗간을 경영)하는 일반 개인사업자는 부가가치세의 면제를 받아 공급받은 면세농산물 등의 가액의 106분의 6에 해당하는 금액을 의제매입세액으로 납부세액에서 공제할 수 있다. (O, X)

02 간이과세자는 과세기간의 과세표준과 납부세액을 그 과세기간이 끝난 후 20일 이내에 법령에 따라 납세지 관할 세무서장에게 확정신고를 하여야 한다. (O, X)

03 간이과세자의 과세표준은 해당 과세기간의 공급대가의 합계액으로 한다. (O, X)

04 일반과세가 적용되는 사업장을 보유하는 사업자가 신규로 부동산매매업을 영위하기 위한 사업장에 대해서는 간이과세를 적용한다. (O, X)

05 일반과세자가 간이과세자로 변경되는 경우 변경 당시 건설 중인 자산으로서 매입세액을 공제받은 것에 대하여는 재고매입세액 가산을 하지 아니한다. (O, X)

06 간이과세자가 일반과세자에 관한 규정을 적용받으려는 경우에는 그 적용을 받으려는 달의 전달의 마지막 날까지 법령이 정하는 바에 따라 납세지 관할 세무서장에게 신고하여야 한다. (O, X)

07 도정업은 부가가치세법상 개인사업자가 직전 연도의 공급대가의 규모에 따라 간이과세를 적용받을 수 있는 사업이다. (O, X)

08 전자세금계산서를 발급하고 국세청장에게 전자세금계산서 발급명세를 전송한 사업자는 발급한 전자세금계산서를 그 거래사실이 속하는 과세기간에 대한 확정신고기한 후 5년간 보존하여야 한다. (O, X)

09 간이과세자는 공급가액과 부가가치세액을 합계한 공급대가를 장부에 기록할 수 있다. (O, X)

10 부가가치세 납부세액에서 감면·공제세액을 빼고 가산세를 더한 세액에 1천분의 747을 곱한 세액을 부가가치세로, 1천분의 253을 곱한 세액을 지방소비세로 한다. (O, X)

---

01 O (법 제42조 제1항)

02 X 20일 → 25일(법 제67조 제1항)

03 O (법 제63조 제1항)

04 X 적용한다 → 적용하지 아니한다(법 제61조 제1항 제1호, 영 제109조 제2항 제4호)

05 X 가산을 하지 아니한다 → 가산하게 된다(법 제64조)

06 O (법 제70조 제1항)

07 O (영 제109조 제2항 제2호, 규칙 제71조 제1항 제2호)

08 X 보존하여야 한다 → 보존하지 않아도 된다(법 제71조 제3항 단서)

09 O (영 제117조 제2항)

10 O (법 제72조 제1항)

01 부가가치세법상 간이과세에 대한 설명 중 옳은 것은?

① 직전 과세기간의 공급대가의 합계액이 4천만 원의 130%에 해당하는 금액까지의 범위에서 대통령령으로 정하는 금액(4천만 원)에 미달하는 개인사업자는 부가가치세법에서 달리 정하고 있는 경우를 제외하고는 간이과세에 관한 규정을 적용받는다.

② 제조업을 경영하는 개인사업자는 간이과세를 적용받을 수 있다.

③ 일반과세자로부터 양수한 사업이 양수한 이후 공급대가가 8천만 원에 미달하여 간이과세자의 요건에 해당되면 간이과세를 적용받을 수 있다.

④ 직전 과세기간에 신규로 사업을 시작한 개인사업자에 대하여는 그 사업 개시일부터 그 과세기간 종료일까지의 공급대가를 합한 금액을 6개월로 환산한 금액을 기준으로 하여 간이과세를 적용한다.

⑤ 결정 또는 경정한 공급대가의 합계액이 기준금액 이상인 개인사업자는 그 결정 또는 경정한 날이 속하는 과세기간부터 일반과세자로 본다.

해설

① 직전 연도의 공급대가의 합계액이 8천만 원부터 8천만 원의 130%에 해당하는 금액까지의 범위에서 대통령령으로 정하는 금액(8천만 원)에 미달하는 개인사업자는 부가가치세법에서 달리 정하고 있는 경우를 제외하고는 간이과세에 관한 규정을 적용받는다(법 제61조 제1항).

② 제조업은 일부를 제외하고 간이과세를 적용받을 수 있는 업종에서 제외된다(영 제109조 제2항).

④ 직전 과세기간에 신규로 사업을 시작한 개인사업자에 대하여는 그 사업 개시일부터 그 과세기간 종료일까지의 공급대가를 합한 금액을 12개월로 환산한 금액을 기준으로 하여 간이과세를 적용한다(법 제61조 제2항).

⑤ 결정 또는 경정한 공급대가의 합계액이 기준금액 이상인 개인사업자는 그 결정 또는 경정한 날이 속하는 과세기간까지 간이과세자로 본다(법 제61조 제6항).

02 부가가치세법상 간이과세가 적용되는 업종에 해당하는 것은?

① 소매업을 겸영하는 도매업
② 공인노무사업
③ 제조업
④ 재생용 재료수집 및 판매 도매업
⑤ 부동산매매업

해설

재생용 재료수집 및 판매업은 도매업이라 할지라도 간이과세 업종에 해당한다(영 제109조 제2항 제3호).

03 부가가치세법상 간이과세에 대한 설명 중 옳지 않은 것은?

① 간이과세자의 과세표준은 해당 과세기간(신고하고 납부하는 경우에는 예정부과기간)의 공급대가의 합계액으로 한다.

② 간이과세자의 납부세액은 과세표준에 직전 3년간 신고된 업종별 평균 부가가치율 등을 고려하여 5%에서 50%의 범위에서 대통령령으로 정하는 해당 업종의 부가가치율을 곱한 금액으로 한다.

③ 사업자등록을 하지 아니한 개인사업자로서 사업을 시작한 날이 속하는 연도의 공급대가의 합계액이 기준금액에 미달하면 최초의 과세기간에는 간이과세자로 한다.

④ 간이과세자가 일반과세자에 관한 규정을 적용받는 사업장을 신규로 개설하는 경우에는 해당 사업 개시일이 속하는 과세기간의 다음 과세기간부터 간이과세자에 관한 규정을 적용하지 아니한다.

⑤ 간이과세가 적용되는 사업자가 재화 또는 용역을 공급받는 자에게 지급하는 장려금이나 이와 유사한 금액 및 대손금액은 과세표준에서 공제하지 아니한다.

> **해설**
>
> 간이과세자의 납부세액은 과세표준에 직전 3년간 신고된 업종별 평균 부가가치율 등을 고려하여 5%에서 50%의 범위에서 대통령령으로 정하는 해당 업종의 부가가치율을 곱한 금액에 <u>10%를 곱한 금액으로</u> 한다(법 제63조 제2항).

04 부가가치세법상 간이과세에 대한 설명 중 옳지 않은 것은?

① 해당 사업자의 관할 세무서장은 간이과세자에 관한 규정이 적용되거나 적용되지 아니하게 되는 과세기간 개시 20일 전까지 그 사실을 통지함과 동시에 사업자등록증을 정정하여 발급하여야 한다.

② 신규 사업자의 경우 간이과세자에 관한 규정이 적용되거나 적용되지 아니하게 되는 기간은 최초로 사업을 개시한 해의 다음 해의 7월 1일부터 그 다음 해의 6월 30일까지로 한다.

③ 간이과세가 적용되는 기간은 1월 1일부터 12월 31일까지의 공급대가의 합계액이 대통령령으로 정하는 금액(8천만 원)에 미달하거나 그 이상이 되는 해의 다음 해의 7월 1일부터 그 다음 해의 6월 30일까지로 한다.

④ 부동산임대업을 경영하는 사업자의 경우에는 통지를 받은 날이 속하는 과세기간까지는 일반과세자에 관한 규정을 적용한다.

⑤ 간이과세자에 관한 규정이 적용되는 사업자에게는 통지와 관계 없이 간이과세자에 관한 규정이 적용된다.

> **해설**
>
> 해당 사업자의 관할 세무서장은 간이과세자에 관한 규정이 적용되거나 적용되지 아니하게 되는 과세기간 개시 20일 전까지 그 사실을 통지하여야 하며, 사업자등록증을 정정하여 <u>과세기간 개시 당일까지</u> 발급하여야 한다(영 제110조 제1항).

05 부가가치세법상 간이과세에 대한 설명 중 옳지 않은 것은?

① 대통령령으로 정하는 간이과세자는 예정부과기간의 과세표준과 납부세액을 예정부과기한까지 사업장 관할 세무서장에게 신고할 수 있다.

② 결정된 재고납부세액은 간이과세자로 변경된 날이 속하는 과세기간에 대한 확정신고를 할 때 납부할 세액에 더하여 납부한다.

③ 관할 세무서장은 간이과세자에 대하여 부가가치세액에 대하여 7월 1일부터 7월 10일까지 납부고지서를 발부하여야 한다.

④ 결정이 있는 경우 간이과세자가 신고를 한 경우에는 그 결정이 없던 것으로 본다.

⑤ 간이과세자에서 해당 과세기간 개시일 현재 일반과세자로 변경된 경우에는 예정신고기간의 세액을 징수한다.

해설

간이과세자에서 해당 과세기간 개시일 현재 일반과세자로 변경된 경우에는 예정신고기간의 세액을 징수하지 아니한다 (법 제48조 제3항).

06 부가가치세법상 간이과세에 대한 설명 중 옳지 않은 것은?

① 간이과세자의 해당 과세기간에 대한 공급대가의 합계액이 3천만 원 미만이면 납부의무를 면제한다.

② 간이과세자가 일반과세자에 관한 규정을 적용받으려는 경우에는 적용받으려는 달의 전달의 마지막 날까지 대통령령으로 정하는 바에 따라 납세지 관할 세무서장에게 신고하여야 한다.

③ 간이과세의 납부할 의무를 면제하는 경우에 대하여는 가산세의 규정을 적용하지 아니한다.

④ 간이과세의 납부의무가 면제되는 사업자가 자진 납부한 사실이 확인되면 납세지 관할 세무서장은 납부한 금액을 환급하여야 한다.

⑤ 간이과세자가 부가가치세를 납부하는 경우 예정부과기간에 납부한 세액은 공제하고 납부한다.

해설

간이과세자의 해당 과세기간에 대한 공급대가의 합계액이 4천800만 원 미만이면 납부의무를 면제한다(법 제69조 제1항).

07 부가가치세법상 간이과세의 포기에 관한 설명 중 옳지 않은 것은?

① 간이과세자가 간이과세를 포기하고 일반과세자에 관한 규정을 적용받으려는 경우 간이과세포기신고서를 납세지 관할 세무서장에게 제출하면 된다.

② 간이과세자가 간이과세포기신고서를 제출한 경우 제출일이 속하는 달의 다음달 1일부터 일반과세자에 관한 규정을 적용받게 된다.

③ 간이과세자는 간이과세를 포기하지 않으면 수출에 대하여 영세율을 적용받을 수 없다.

④ 간이과세포기신고서를 제출한 개인사업자는 일반과세자에 관한 규정을 적용받으려는 달의 1일부터 3년이 되는 날이 속하는 과세기간까지는 간이과세자에 관한 규정을 적용받지 못한다.

⑤ 간이과세포기신고서를 제출한 개인사업자가 3년이 지난 후 다시 간이과세를 적용받으려면 그 적용받으려는 과세기간 개시 10일 전까지 간이과세적용신고서를 관할 세무서장에게 제출하여야 한다.

해설

③ 간이과세를 포기하지 않아도 영세율을 적용받을 수 있다.

간이과세제도의 적용 방법(집행기준 61-0-2 제4항)
「부가가치세법」의 규정 중 제1장(총칙), 제2장(과세거래), 제3장(영세율과 면세), 제8장(보칙)은 간이과세자에 대하여도 적용된다.

08 부가가치세법상 보칙에 대한 설명 중 옳지 않은 것은?

① 사업자가 부가가치세가 과세되는 재화 또는 용역의 공급과 함께 부가가치세가 면제되는 재화 또는 용역을 공급하거나 면세농산물 등 의제매입세액 공제특례를 적용받는 경우에는 과세되는 공급과 면세되는 공급 및 면세농산물 등을 공급받은 사실을 각각 구분하여 장부에 기록하여야 한다.

② 사업자는 전자세금계산서를 발행하는 경우라 할지라도 장부의 관리를 위해서 실물 보관이 필요하다.

③ 사업자가 「법인세법」 및 「소득세법」에 따라 장부기록의무를 이행한 경우에는 부가가치세법상의 장부기록의무를 이행한 것으로 본다.

④ 간이과세자가 발급받았거나 발급한 세금계산서 또는 영수증을 보관하였을 때에는 장부기록의무를 이행한 것으로 본다.

⑤ 납부세액에서 부가가치세법 및 다른 법률에서 규정하고 있는 부가가치세의 감면세액 및 공제세액을 빼고 가산세를 더한 세액에 1천분의 747을 부가가치세로, 1천분의 253을 지방소비세로 한다.

해설

사업자는 국세청장에게 전자세금계산서 발급명세를 전송한 경우에는 기록한 장부와 발급하거나 발급받은 세금계산서 등의 보존 의무가 면제된다(법 제71조 제3항).

제2편

개별소비세법

모든 전사 중 가장 강한 전사는 이 두 가지, 시간과 인내다.

– 레프 톨스토이 –

제 1 장 개별소비세법의 총칙

개별소비세법(제09346호)
개별소비세법 시행령(제34614호)
개별소비세법 시행규칙(제01047호)

제1절 과세요건

1. 과세대상과 세율(법 제1조)

(1) 과세물품 등의 세목 및 세율 23년 기출

① 과세의 부과 17, 16, 12, 10년 기출

개별소비세는 특정한 물품, 특정한 장소 입장행위, 특정한 장소에서의 유흥음식행위 및 특정한 장소에서의 영업행위에 대하여 부과한다.

② 과세물품과 세율(기본세율) 24, 23, 22, 21, 20, 19, 18, 16, 15, 14, 13, 12, 11, 10년 기출

개별소비세를 부과할 물품(과세물품)과 그 세율은 다음과 같다.

㉠ 물품가격에 해당 세율 적용

• 투전기, 오락용 사행기구, 그 밖의 오락용품[슬롯머신, 핀볼머신(호스 스피너와 빙고를 포함), 룰렛머신, 카지노용 기구, 골패와 화투류(마작·투전 및 트럼프류를 포함)] • 수렵용 총포류(공기총은 제외)	물품가격의 100분의 20

㉡ 과세가격에 해당 세율 적용 : 다음의 물품에 대해서는 그 물품가격 중 <u>대통령령으로 정하는 기준 가격</u>을 초과하는 부분의 가격(과세가격)에 해당 세율을 적용한다.

• 보석(공업용 다이아몬드, 가공하지 아니한 원석 및 나석은 제외)·진주·별갑·산호·호박 및 상아와 이를 사용한 제품(나석을 사용한 제품은 포함) • 귀금속 제품(중고품인 귀금속 제품을 사용하여 가공한 것과 국가적 기념행사용으로 특별히 제작한 것은 제외) • 고급 시계[스톱워치, 시각장애인용·차량용·항공기용·선박용·옥외용·시각기록(측정)용·중앙집중식 시계 및 워치무브먼트는 제외] • 고급 융단[섬유를 부착·압착 또는 식모(植毛)한 카펫과 표면깔개인 섬유매트를 포함] • 고급 가방 : 악기가방 등 제품의 외형 또는 구조가 특정한 물품을 전용로 운반 또는 보관하기에 적합하도록 제조된 것은 제외	과세가격의 100분의 20
• 고급 모피와 그 제품[토끼 모피 및 그 제품과 생모피(生毛皮)는 제외] • 고급 가구(공예창작품은 제외)	과세가격의 100분의 20

개별소비세법령상 물품가격 중 기준가격을 초과하는 부분의 가격을 과세표준으로 하는 과세물품이 아닌 것은? [단, 과세대상 세목(細目)만을 고려함] 24년 기출

① 귀금속 제품
② 전기승용자동차
③ 고급 시계
④ 고급 융단
⑤ 고급 가방

해설

기준가격을 초과하는 부분의 가격을 과세표준으로 하는 과세물품(법 제1조 제2항 제2호, 영 제4조)
다음의 물품에 대해서는 기준가격을 초과하는 부분의 가격(과세가격)에 해당 세율을 적용한다.

구 분	기준가격	세 율
• 보석[공업용 다이아몬드, 가공하지 아니한 원석(原石) 및 나석(裸石)은 제외], 진주, 별갑(鼈甲), 산호, 호박(琥珀) 및 상아와 이를 사용한 제품(나석을 사용한 제품은 포함) • 귀금속 제품 • 고급 모피와 그 제품[토끼 모피 및 그 제품과 생모피(生毛皮)는 제외]	1개당 500만 원	100분의 20
• 고급 시계 • 고급 융단 • 고급 가방	1개당 200만 원(고급 융단은 그 물품의 면적에 제곱미터당 10만 원을 곱하여 계산한 금액이 200만 원을 초과하는 경우에는 그 금액)	
• 고급 가구	1조당 800만 원 또는 1개당 500만 원	

정답 ②

보충 기준가격(영 제4조)

• 보석, 진주, 별갑, 산호, 호박 및 상아와 이를 사용한 제품 및 귀금속 제품과 고급 모피와 그 제품 : 1개당 500만 원
• 고급 시계, 고급 융단, 고급 가방 : 1개당 200만 원. 다만, 고급 융단은 그 물품의 면적에 제곱미터당 10만 원을 곱하여 계산한 금액이 200만 원을 초과하는 경우에는 그 금액으로 한다.
• 고급 가구 : 1조당 800만 원 또는 1개당 500만 원

ⓒ 물품가격에 해당 세율 적용 : 다음의 자동차에 대해서는 그 물품가격에 해당 세율을 적용한다.

배기량이 2천시시를 초과하는 승용자동차와 캠핑용자동차	100분의 5
배기량이 2천시시 이하인 승용자동차(배기량이 1천시시 이하인 것으로서 대통령령으로 정하는 규격의 것은 제외)와 이륜자동차	100분의 5
전기승용자동차(「자동차관리법」에 따른 세부기준을 고려하여 대통령령으로 정하는 규격의 것은 제외)	100분의 5

② 수량에 해당 세율 적용 : 다음의 물품에 대해서는 그 수량에 해당 세율을 적용한다.

휘발유 및 이와 유사한 대체유류	리터당 475원
경유 및 이와 유사한 대체유류	리터당 340원
등유 및 이와 유사한 대체유류	리터당 90원
중유 및 이와 유사한 대체유류	리터당 17원
석유가스(액화한 것을 포함) 중 프로판(프로판과 부탄을 혼합한 것으로서 대통령령으로 정하는 것을 포함)	킬로그램당 20원
석유가스 중 부탄(부탄과 프로판을 혼합한 것으로서 위에 해당하지 아니하는 것을 포함)	킬로그램당 252원
천연가스(액화한 것을 포함)	킬로그램당 12원(단, 발전용 외의 천연가스는 킬로그램당 60원)
석유제품 외의 물품을 제조하는 과정에서 부산물로 생산되는 유류로서 대통령령으로 정하는 것	리터당 90원
유연탄	킬로그램당 46원

⑩ 담배 : 담배(「담배사업법」에 따른 담배, 담배와 유사한 것으로 연초의 잎이 아닌 다른 부분을 원료의 전부 또는 일부로 하여 피우거나, 빨거나, 증기로 흡입하거나, 씹거나, 냄새 맡기에 적합한 상태로 제조한 것, 그 밖에 담배와 유사한 것으로서 대통령령으로 정하는 것의 어느 하나)에 대한 종류별 세율은 다음과 같다(법 별표).

구 분	종 류	세 율
피우는 담배	제1종 궐련	20개비당 594원
	제2종 파이프담배	1그램당 21원
	제3종 엽궐련	1그램당 61원
	제4종 각련	1그램당 21원
	제5종 전자담배	니코틴 용액 1밀리리터당 370원
		연초 및 연초고형물을 사용하는 경우 1. 궐련형 : 20개비당 529원 2. 기타유형 : 1그램당 51원
	제6종 물담배	1그램당 422원
씹거나 머금는 담배		1그램당 215원
냄새 맡는 담배		1그램당 15원

③ 과세장소와 세율 21, 11년 기출

입장행위(관련 설비 또는 용품의 이용을 포함)에 대하여 개별소비세를 부과할 장소(과세장소)와 그 세율은 다음과 같다.

경마장 (장외발매소를 포함)	1명 1회 입장에 대하여 1천 원(장외발매소는 2천 원)
경륜장·경정장	1명 1회 입장에 대하여 400원(장외매장은 800원)
투전기를 설치한 장소	1명 1회 입장에 대하여 1만 원
골프장	1명 1회 입장에 대하여 1만2천 원
카지노	1명 1회 입장에 대하여 5만 원(「폐광지역 개발 지원에 관한 특별법」에 따라 허가를 받은 카지노의 경우에는 1명 1회 입장에 대하여 6천300원). 다만, 외국인은 1명 1회 입장에 대하여 2천 원으로 한다.

④ 과세유흥장소와 세율 24, 21, 11년 기출

유흥음식행위에 대하여 개별소비세를 부과하는 장소(과세유흥장소)와 그 세율은 다음과 같다.

유흥주점, 외국인전용 유흥음식점, 그 밖에 이와 유사한 장소	유흥음식요금의 100분의 10

⑤ 과세영업장소와 세율

영업행위에 대하여 개별소비세를 부과하는 장소(과세영업장소)와 그 세율은 다음과 같다.

▷ 「관광진흥법」에 따라 허가를 받은 카지노(「폐광지역 개발 지원에 관한 특별법」에 따라 허가를 받은 카지노를 포함) : 연간 총매출액(「관광진흥법」에 따른 총매출액)에 따른 다음의 어느 하나의 세율

호 별	연간 총매출액	세 율
1	500억 원 이하	100분의 0
2	500억 원 초과 1천억 원 이하	500억 원을 초과하는 금액의 100분의 2
3	1천억 원 초과	10억 원 + (1천억 원을 초과하는 금액의 100분의 4)

⑥ 과세물품 등의 세목과 종류

과세물품의 세목은 별표 1과 같이 하고, 과세장소의 종류는 별표 2와 같이 하며, 과세유흥장소의 종류는 유흥주점・외국인전용 유흥음식점 및 그 밖에 이와 유사한 장소로 하고, 과세영업장소의 종류는 「관광진흥법」에 따라 허가를 받은 카지노(「폐광지역 개발 지원에 관한 특별법」에 따라 허가를 받은 카지노를 포함)로 한다(영 제1조).

> **보충** 과세장소(영 별표 2) 24년 기출
>
> • 경마장(장외발매소를 포함)
> • 투전기를 시설한 장소
> • 골프장. 다만, 다음의 어느 하나에 해당하는 골프장은 제외한다.
>   – 「체육시설의 설치・이용에 관한 법률 시행령」 국방부장관이 지도・감독하는 골프장
>   – 「체육시설의 설치・이용에 관한 법률」에 따라 문화체육관광부장관이 지정한 대중형 골프장
> • 카지노. 다만, 「관광진흥법」 허가를 받은 외국인전용의 카지노로서 외국인(「해외이주법」 제2조에 따른 해외이주자를 포함)이 입장하는 경우는 제외한다.
> • 경륜장(장외매장을 포함)・경정장(장외매장을 포함)

⑦ 탄력세율과 잠정세율 21년 기출

㉠ 탄력세율 : 과세물품과 과세장소의 세율은 국민경제의 효율적 운용을 위하여 경기 조절, 가격 안정, 수급 조정에 필요한 경우와 유가변동에 따른 지원사업의 재원 조달에 필요한 경우 그 세율의 100분의 30(앞의 ②의 ㉣ 표의 경우 2024년 12월 31일까지는 100분의 50)의 범위에서 대통령령으로 조정할 수 있다. 다만, ②의 ㉠부터 ㉢까지의 과세물품 중 대통령령으로 정하는 과세물품에 대해서는 본문에 따라 세율을 조정하는 경우 ②에서 정한 세율에 따른 산출세액과 조정 후 세율에 따른 산출세액 간 차액의 한도를 과세물품당 100만 원의 범위에서 대통령령으로 정할 수 있다(법 제1조 제7항). 탄력세율을 적용할 과세대상과 세율은 다음과 같다(영 제2조의2).

등유 및 석유제품 외의 물품을 제조하는 과정에서 부산물로 생산되는 유류로서 석유제품 중 등유를 대체하여 사용되는 부생연료유	리터당 63원
석유가스(액화한 것을 포함) 중 프로판(프로판과 부탄을 혼합한 것으로서 탄소수 3개인 탄화수소의 혼합률이 몰백분율 기준으로 100분의 90 이상인 것을 포함)으로서 기획재정부령으로 정하는 가정용·상업용 물품	킬로그램당 14원

석유가스 중 부탄(부탄과 프로판을 혼합한 것으로서 프로판에 해당하지 않는 것을 포함)	수소를 제조하기 위하여 수소추출설비, 「수소경제 육성 및 수소 안전관리에 관한 법률」에 따른 연료전지에 공급(연료용으로 공급하는 것은 제외)하는 물품	킬로그램당 176.4원
	그 외의 물품	킬로그램당 275원. 다만, 2024년 8월 31일까지는 킬로그램당 193원으로 한다.

천연가스(액화한 것을 포함)로서 일정한 사업자에게 연료용으로 공급하는 물품	킬로그램당 8.4원
천연가스(액화한 것을 포함)로서 기획재정부령으로 정하는 발전용 외의 물품	킬로그램당 42원
천연가스(액화한 것을 포함)로서 수소를 제조하기 위해 수소추출설비와 연료전지설비에 공급(연료용 공급은 제외)하는 물품	킬로그램당 8.4원
천연가스(액화한 것을 포함)로서 발전용 물품(사업자에게 연료용으로 공급하는 것과 수소 제조 위한 것은 제외)	2024년 12월 31일까지 킬로그램당 10.2원
유연탄으로서 순발열량(연료의 연소과정에서 발생하는 수증기가 흡수한 열을 제외한 발열량)이 킬로그램당 5,500킬로칼로리 이상인 물품	킬로그램당 49원. 다만, 2024년 12월 31일까지는 킬로그램당 41.6원으로 한다.
유연탄으로서 순발열량이 킬로그램당 5,000킬로칼로리 이상 5,500킬로칼로리 미만인 물품	2024년 12월 31일까지 킬로그램당 39.1원
유연탄으로서 순발열량이 킬로그램당 5,000킬로칼로리 미만인 물품	킬로그램당 43원. 다만, 2024년 12월 31일까지는 킬로그램당 36.5원으로 한다.
자동차에 해당하는 물품	물품가격의 1천분의 35

ⓛ 잠정세율(법 제1조의2) : 과세물품 중 기술개발을 선도하거나 환경친화적인 물품으로서 대통령령으로 정하는 물품에 대해서는 다음의 세율을 적용한다.

대통령령으로 정하는 날부터 4년간	기본세율의 100분의 10
4년간이 지난 날부터 1년간	기본세율의 100분의 40
4년이 지난 날부터 1년간이 지난 날부터 1년간	기본세율의 100분의 70

ⓐ 잠정세율은 대통령령으로 정하는 바에 따라 그 적용을 단축 또는 중지하거나 기본세율의 범위에서 인상할 수 있다.

ⓑ 잠정세율은 기본세율 및 탄력세율에 우선하여 적용한다.

⑧ 과세대상의 판정(법 제1조 제8항~제11항) 22, 12, 10년 기출

㉠ 과세물품의 판정 : 과세물품의 판정은 그 명칭이 무엇이든 상관없이 그 물품의 형태·용도·성질이나 그 밖의 중요한 특성에 의한다.

ⓐ 동일한 과세물품이 과세물품의 품목 중 둘 이상에 해당하는 경우 : 동일한 과세물품이 과세물품의 품목 중 둘 이상에 해당하는 경우에는 그 과세물품의 특성에 맞는 물품으로 취급하되 그 특성이 명확하지 아니한 경우에는 주된 용도로 사용되는 물품으로 취급하고, 주된 용도가 명확하지 아니한 경우에는 높은 세율이 적용되는 물품으로 취급한다.

ⓑ 보석·귀금속제품의 물품의 판정(영 제3조 제1호)
  • 물품에 사용된 원재료의 전부 또는 대부분이 보석·진주·별갑·산호·호박·상아 또는 귀금속으로 제조된 것으로 한다.
  • 위에 해당하는 물품의 판정은 물품 원가의 구성비율에 따라 판정함을 원칙으로 하되, 원가구성비율이 같은 경우에는 그 물품에 사용된 원재료의 구성비율이 높은 것에 따라 판정한다.

ⓒ 분해되었거나 미조립 상태로 반출되는 경우 : 과세물품이 분해되었거나 미조립 상태로 반출되는 경우에는 이를 완제품으로 취급한다.

ⓓ 불완전 또는 미완성 상태로 반출되는 경우(영 제3조 제2호) : 과세물품이 불완전 또는 미완성 상태로 반출되는 경우에 해당 물품의 주된 부분을 갖추어 그 기능을 나타낼 수 있는 물품은 완제품으로 취급한다.

ⓔ 과세물품과 비과세물품으로 결합되어 있는 경우(영 제3조 제3호) : 하나의 물품이 과세물품과 비과세물품으로 결합되어 있는 경우에는 해당 물품의 특성 및 주된 용도에 따라 판정하고, 이에 따라 판정할 수 없는 경우에는 원가가 높은 것에 따라 판정한다.

ⓛ 과세유흥장소의 판정 : 「식품위생법」, 「관광진흥법」, 그 밖의 법령에 따라 허가를 받지 아니하고 과세유흥장소 또는 과세영업장소를 경영하는 경우에도 그 장소를 과세대상인 과세유흥장소 또는 과세영업장소로 본다.

기출문제

개별소비세법령상 과세대상에 관한 설명으로 옳지 않은 것은? 24년 기출

① 공업용 다이아몬드는 개별소비세 과세물품에서 제외한다.
② 「관광진흥법」에 따라 허가를 받은 카지노에서의 영업행위에 대해서는 개별소비세를 부과한다.
③ 캠핑용 트레일러는 개별소비세 과세물품인 캠핑용자동차에 포함하지 않는다.
④ 「체육시설의 설치·이용에 관한 법률」에 따라 문화체육관광부장관이 지정한 대중형 골프장의 입장행위에 대해서는 개별소비세를 부과하지 않는다.
⑤ 외국인전용 유흥음식점에서의 유흥음식행위에 대해서는 개별소비세를 부과한다.

해설
개별소비세 과세물품인 캠핑용자동차에 캠핑용 트레일러가 포함된다(영 별표 1 참고).

정답 ③

(2) 비과세(법 제2조) 16, 10년 기출

다음의 어느 하나에 해당하는 물품에 대해서는 개별소비세를 부과하지 아니한다.

> ① 자기(법인은 제외)와 자기 가족만이 사용하기 위하여 자기가 직접 제조하는 물품
> ② 「관세법」에 따라 간이세율을 적용하는 물품
> ③ 「축산물위생관리법」·「약사법」 또는 「식품위생법」에 따라 제조장에서 수거되는 물품
> ④ 알코올분 1도 이상을 함유하는 물품으로서 「주세법」에 따라 주세가 부과되는 물품

알아두기

자가용품의 범위(통칙 2-0…1)
① 자기(법인은 제외)와 자기 가족만이 사용하기 위하여 자기가 직접 제조하는 물품은 제조하는 물품이 전량 자기나 자기 가족의 개인적인 사용 또는 소비에 충당하기 위한 물품에만 적용하며, 그 기간의 계산은 과세표준의 신고에 따른 과세기간마다 산정한다.
② ①에서 가족이란 「민법」에 따른 가족 중 생계를 같이 하는 가족을 말한다.

2. 납세의무자

(1) 일반적인 납세의무자(법 제3조) 21, 18, 17, 14, 13년 기출

다음 어느 하나에 해당하는 자는 개별소비세법에 따라 개별소비세를 납부할 의무가 있다.

> ① 과세물품을 제조하여 반출하는 자
> ② 「관세법」에 따라 관세를 납부할 의무가 있는 자로서 과세물품을 「관세법」에 따른 보세구역에서 반출하는 자
> ③ ②의 경우 외에 관세를 징수하는 물품에 대해서는 그 관세를 납부할 의무가 있는 자
> ④ 경마장, 경륜장·경정장, 투전기를 설치한 장소, 골프장, 카지노 등의 과세장소의 경영자
> ⑤ 유흥주점, 외국인전용 유흥음식점, 그 밖에 이와 유사한 장소인 과세유흥장소의 경영자
> ⑥ 「관광진흥법」에 따라 허가를 받은 카지노의 과세영업장소의 경영자

(2) 납세의무의 세부규정

① 수탁제조물품의 납세의무(통칙 3-0…2)
  ㉠ 과세물품(보석 및 귀금속제품 등은 제외)을 수탁받아 제조하는 경우에 동 물품에 대한 납세의무자는 수탁자가 된다.
  ㉡ 위탁자에게 미납세반출한 후 위탁자가 같은 물품을 다시 반출하는 경우에는 위탁자가 납세의무자가 된다.

② 제조로 보는 경우의 납세의무자(통칙 3-0…3)
  제조장 이외의 장소에서 과세물품(중고품을 포함)의 가치를 증대하는 것이 "제조로 보는 경우"에 해당하는 경우에는 다음에서 정하는 자를 납세의무자로 본다.

> ㉠ 영업주가 주요재료(부분품)를 공급하고 설치용역만 타인에게 의뢰하는 경우에는 당해 영업주
> ㉡ 설치용역을 제공하는 자가 주요재료(부분품)를 공급하는 경우에는 당해 설치용역을 제공하는 자

3. 과세시기 및 과세표준

(1) 과세시기(법 제4조) 24, 15년 기출

개별소비세는 다음에 따른 반출, 수입신고, 입장, 유흥음식행위 또는 영업행위를 할 때에 그 행위 당시의 법령에 따라 부과한다. 다만, 「관세법」에 따라 관세를 납부할 의무가 있는 자로서 과세물품을 「관세법」에 따른 보세구역에서 반출하는 자 외에 관세를 징수하는 물품에 대해서 그 관세를 납부할 의무가 있는 자의 경우에는 「관세법」에 따른다.

물품에 대한 개별소비세	과세물품을 제조장에서 반출할 때 또는 수입신고를 할 때
입장행위에 대한 개별소비세	과세장소에 입장할 때
유흥음식행위에 대한 개별소비세	유흥음식행위를 할 때
영업행위에 대한 개별소비세	과세영업장소의 영업행위를 할 때

기출문제

개별소비세법령상 과세시기에 관한 설명으로 옳지 않은 것은? 24년 기출

① 국내에서 개별소비세 과세물품을 제조하여 반출하는 경우 과세시기는 제조장에서 반출할 때이다.
② 과세물품을 「관세법」에 따른 보세구역에서 반출하는 경우 과세시기는 수입신고를 할 때이다.
③ 과세장소 입장행위의 경우 과세시기는 과세장소에 입장할 때이다.
④ 과세유흥장소에서의 유흥음식행위의 경우 과세시기는 유흥음식행위를 할 때이다.
⑤ 과세영업장소에서의 영업행위의 경우 과세시기는 매분기의 말일이다.

해설
과세영업장소에서의 영업행위의 경우 과세시기는 <u>영업행위를 할 때이다</u>(법 제4조 제4호).

정답 ⑤

---

(2) 제조의제(법 제5조) 24, 23, 22년 기출

다음의 어느 하나에 해당하는 경우에는 해당 물품을 제조하는 것으로 본다.

① 제조장이 아닌 장소에서 판매 목적으로 다음의 어느 하나에 해당하는 행위를 하는 것
　㉠ 대통령령으로 정하는 물품을 용기에 충전하거나 재포장하는 것
　㉡ 과세물품에 가치를 높이기 위한 장식, 조립, 첨가 등의 가공을 하는 것
　㉢ 석유가스 중 프로판 및 부탄의 물품을 혼합하는 것(그 혼합물이 석유가스 중 부탄인 경우만 해당)
② 중고품을 신품과 동등한 정도로 그 가치를 높이기 위하여 대부분의 재료를 대체 또는 보완하거나 중고품의 부분품의 전부 또는 일부를 재료로 하여 새로운 물품으로 가공 또는 개조하는 것

(3) 판매 등의 의제(법 제6조, 영 제6조)

① **판매의제 및 반출의제** 24, 23, 22, 15, 14, 13, 11년 기출

과세물품이 다음의 어느 하나에 해당하는 경우에는 제조장에서 반출하는 것으로 본다.

> ㉠ 제조장에서 사용되거나 소비되는 경우. 다만, 대통령령으로 정하는 다음의 어느 하나에 해당하는 경우는 제외한다(영 제6조 제1항).
>   ⓐ 동일 제조장에서 과세물품의 원재료로 사용되는 경우
>   ⓑ 동일 제조장에서 과세물품이 시험·연구 및 검사의 목적으로 사용되는 경우. 이 경우 「기초연구진흥 및 기술개발지원에 관한 법률」에 따른 기업부설연구소 및 연구개발전담부서는 제조장 밖에 있는 경우에도 동일 제조장에 있는 것으로 본다.
>   ⓒ 개별소비세가 과세되지 않는 석유류의 제조용 원재료로 정유공정에 그대로 사용되는 경우
> ㉡ 제조장에 있다가 공매, 경매 또는 파산절차로 환가되는 경우
> ㉢ 과세물품의 제조를 사실상 폐지한 경우에 제조장에 남아있는 경우. 다만, 대통령령으로 정하는 사유(제조를 폐지한 당시 해당 제조장에 남아 있는 과세물품이 매월분의 통상적인 반출 수량보다 많은 경우)에 해당하여 관할 세무서장의 승인을 받은 경우는 제외한다.

보충 반출로 보는 경우의 범위(통칙 6−0···1) 11년 기출

"제조장에서 사용되거나 소비되는 경우"란 다음과 같은 유형을 말한다.
1. 과세물품인 로얄제리를 그 제조장 안에서 비과세품인 건강보조식품의 제조용 원료로 사용하는 때
2. 과세물품인 응접셋트·승용자동차 등을 그 제조장의 집기·비품 등으로 사용하는 때
3. 과세물품인 경유 또는 등유를 그 제조장 안에서 자가발전용 연료로 사용하는 때
4. 과세물품인 향수·코롱 등을 그 제조장 안에서 사용하는 때

기출문제

개별소비세법령상 과세물품이 반출되지 않고 사용되는 경우 등에 관한 설명으로 옳은 것은? 24년 기출

① 동일 제조장에서 과세물품이 다른 과세물품의 원재료로 사용되는 경우 반출하는 것으로 본다.
② 동일 제조장에서 과세물품에 특수한 장식을 하여 소비하는 경우 반출하는 것으로 보지 않는다.
③ 과세물품이 납세 보증으로 보존되는 경우 반출하는 것으로 본다.
④ 동일 제조장에서 과세물품이 시험·연구 및 검사의 목적으로 사용되는 경우 반출하는 것으로 보지 않는다.
⑤ 동일 제조장에서 과세물품에 가치를 높이기 위한 가공을 하는 경우 반출하는 것으로 본다.

[해설]
① 동일 제조장에서 과세물품이 다른 과세물품의 원재료로 사용되는 경우 <u>반출하는 것으로 보지 않는다</u>(영 제6조 제1항 제1호).
② 동일 제조장에서 과세물품에 특수한 장식을 하여 소비하는 경우 <u>반출하는 것으로 본다</u>(법 제6조 제1항 제1호).
③ 과세물품이 납세 보증으로 보존되는 경우 <u>반출하는 것으로 보지 않는다</u>(법 제6조 제1항 제1호).
⑤ 동일 제조장에서 과세물품에 가치를 높이기 위한 가공을 하는 경우 <u>제조하는 것으로 본다</u>(법 제5조 제1호 나목).

정답 ④

② 유흥음식행위의 의제

과세유흥장소의 경영자가 과세유흥장소 외의 장소에서 유흥음식행위를 하게 한 경우에는 그 유흥음식행위를 과세유흥장소에서 한 것으로 본다.

③ 영업행위의 의제 14년 기출

과세영업장소의 경영자가 과세영업장소 외의 장소에서 영업행위를 하게 한 경우에는 그 영업행위를 과세영업장소에서 한 것으로 본다.

(4) 유흥음식요금을 전액 받은 것으로 보는 경우(법 제7조) 22년 기출

과세유흥장소의 경영자가 유흥음식 요금의 전부 또는 일부를 받지 아니하고 유흥음식행위를 하게 한 경우에는 그 요금의 전액을 받은 것으로 본다.

(5) 과세표준(법 제8조) 21년 기출

① 원칙적인 과세표준 22, 12년 기출

개별소비세의 과세표준은 다음에 따른다. 다만, 보석 및 귀금속제품 등의 과세물품은 다음 ㉠부터 ㉢까지의 가격 중 기준가격을 초과하는 부분의 가격을 과세표준으로 한다. ㉠부터 ㉤까지의 가격이나 요금에는 해당 물품 또는 유흥음식행위에 대한 개별소비세와 부가가치세를 포함하지 아니하며, ㉠부터 ㉢까지의 가격에는 그 용기 대금과 포장 비용(대통령령으로 정하는 것은 제외)을 포함한다.

> ㉠ 납세의무자가 제조하여 반출하는 물품 : 제조장에서 반출할 때의 가격 또는 수량. 다만, 휘발유 및 이와 유사한 대체유류의 경우에는 제조장에서 반출한 후 소비자에게 판매할 때까지 수송 및 저장 과정에서 증발 등으로 자연 감소되는 정도를 고려하여 대통령령으로 정하는 비율(해당 과세물품의 1천분의 2)을 제조장에서 반출할 때의 수량에 곱하여 계산한 수량을 반출할 때의 수량에서 뺀 수량으로 한다.
> ㉡ 납세의무자가 보세구역에서 반출하는 물품 : 수입신고를 할 때의 관세의 과세가격과 관세를 합한 금액 또는 수량. 다만, 휘발유 및 이와 유사한 대체유류의 경우에는 ㉠의 단서를 준용한다.
> ㉢ 관세를 징수하는 물품 : 해당 관세를 징수할 때의 관세의 과세가격과 관세를 합한 금액 또는 수량
> ㉣ 과세장소 입장행위 : 입장할 때의 인원
> ㉤ 과세유흥장소에서의 유흥음식행위 : 유흥음식행위를 할 때의 요금. 다만, 금전등록기를 설치·사용하는 과세유흥장소는 <u>대통령령으로 정하는</u> 바에 따라 현금 수입금액을 과세표준으로 할 수 있다.
> ㉥ 과세영업장소에서의 영업행위 : 총매출액

보충 유흥음식요금계산의 특례(영 제14조의2)

금전등록기를 설치한 자가 금전등록기에 의하여 계산서(영수증)를 교부하고, 감사테이프를 보관한 때에는 법 제8조 제1항 제6호 단서에 따라 과세표준을 계산할 수 있다. 다만, 유흥음식행위를 무상 또는 외상으로 하게 한 경우에는 다음에 따라 과세표준을 계산한다.

1. 무상으로 유흥행위를 하게 한 것은 해당 월분의 과세표준에 합산한다.
2. 외상으로 유흥음식행위를 하게 한 것으로서 경영을 폐지한 때의 외상매출금 잔액은 신고 시의 과세표준에 합산한다.

② 과세물품의 과세표준 계산 24, 23, 22, 19, 17, 13, 12년 기출
　㉠ 제조장에서 반출하는 물품의 가격 계산(영 제8조) : 반출할 때의 가격은 제조자가 실제로 반출하는
　　금액으로 한다. 다만, 다음의 어느 하나에 해당하는 경우에는 다음의 구분에 따른 해당 금액으로 한다.

> ⓐ 외상 또는 할부로 반출하는 경우 : 해당 물품을 인도한 날의 실제 반출가격에 상당하는 금액
> ⓑ 원재료 또는 자금의 공급을 조건으로 낮은 가격으로 반출하거나 자가제조물품을 다른 제조자의
>   제품과 저렴한 가격으로 교환하는 경우 : 반출 또는 교환한 날의 실제 반출가격에 상당하는 금액
> ⓒ 물품을 반출한 후 일정한 금액을 매수자에게 되돌려 주는 경우 : 처음의 반출가격에 상당하는 금액
> ⓓ 반출되는 물품의 운송비를 그 운송거리나 운송방법에 상관없이 같은 금액으로 하여 그 반출가격
>   에 포함시키거나 그 금액을 별도로 받는 경우(운송기관이 운송을 담당하는 경우를 포함) : 그 운송
>   비를 포함한 가격에 상당하는 금액
> ⓔ 입찰의 방법으로 물품을 반출할 때 입찰견적서에 운송비가 따로 계상되어 있더라도 그 낙찰가격
>   에 운송비를 포함하고 있는 경우 : 그 운송비를 포함한 가격에 상당하는 금액
> ⓕ 제조장에서 무상으로 반출하는 경우 : 그 물품을 반출한 날의 반출가격에 상당하는 금액
> ⓖ 환가되는 경우 : 환가된 때의 가격(해당 물품에 대한 개별소비세와 부가가치세를 포함하지 않은
>   금액)에 상당하는 금액
> ⓗ 제조장에 현존하는 물품의 경우 : 폐지한 때의 실제 반출가격에 상당하는 금액. 이 경우 대통령령
>   으로 정하는 사유에 해당하여 관할 세무서장의 승인을 받은 경우는 제외하는 경우에는 해당 물품
>   이 실제로 반출되었거나 반출된 것으로 보아 개별소비세를 부과하게 되는 때의 실제 반출가격에
>   상당하는 금액으로 한다.
> ⓘ 다음 어느 하나에 해당하는 경우 : 해당 물품의 판매가격(해당 물품에 대한 개별소비세와 부가가
>   치세를 포함하지 않는 금액)에서 기준판매비율과 판매가격을 곱하여 계산한 금액을 뺀 금액
>   • 제조장과 특수한 관계에 있는 곳에 판매를 위탁하거나 판매를 전담하게 하는 경우로서 통상적인
>   거래를 할 때 실제 판매가격이 없거나 실제 판매가격에 상당하는 금액보다 저렴한 가격으로 반
>   출하는 경우
>   • 제조장에서 별도의 판매장을 거치지 않고 소비자에게 직접 반출하는 경우
>   • 제조자와 판매자가 동일한 경우
>
> > **보충** **기준판매비율(영 제8조의2)**
> >
> > • 기준판매비율은 업종 및 기업의 특성에 따라 조사한 평균적인 판매비용(제조단계 후 발
> >   생하는 비용) 등을 고려해 기획재정부령으로 정하는 절차를 거쳐 국세청장이 고시하는
> >   비율로 한다. 이 경우 국세청장은 품목(법 제1조 제2항에 따라 분류된 물품을 말한다)을
> >   구분해 기준판매비율을 고시할 수 있다.
> > • 고시한 기준판매비율은 그 고시한 날이 속하는 분기의 종료일 다음 날부터 3년간 적용한다.
>
> ⓙ 수탁가공(위탁자가 물품을 직접 제조하지 아니하고 수탁자에게 의뢰하여 제조하는 경우로서 다음
>   의 요건을 모두 충족하는 것)한 물품에 대하여 수탁자가 해당 세액을 납부하는 경우 : 그 물품을
>   인도한 날에 위탁자가 실제로 판매하는 가격에 상당하는 금액
>   • 위탁자가 생산할 물품을 직접 기획(고안 · 디자인 및 견본제작 등)할 것
>   • 해당 물품을 위탁자의 명의로 제조할 것
>   • 해당 물품을 인수하여 위탁자의 책임하에 직접 판매할 것

※ ⊙ 및 ⓙ의 판매가격은 ⓐ부터 ⓗ까지의 반출하는 경우의 금액 산정 기준을 준용하여 산정할 수 있다.

동종·동질의 과세물품을 이중가격으로 판매하는 때의 과세표준(통칙 8-8···2)
동종·동질의 과세물품을 도매자·소매자와 실수요자 등에게 각각 상이한 가격으로 판매 또는 반출한다 하더라도 영 제8조 제1항 단서의 규정에 해당하지 아니하는 경우에는 실지판매 또는 반출가격을 과세표준으로 한다.

위탁판매하는 경우의 과세표준(통칙 8-8···4)
제조자가 자기가 제조한 물품을 위탁판매하는 경우의 과세표준은 수탁자가 실지로 판매한 가격으로 한다. 이 경우 판매가격에 개별소비세, 교육세 및 부가가치세가 포함되어 있는 경우에는 이를 제외한 가격으로 한다.

기출문제

개별소비세법령상 제조장에서 과세물품을 반출할 때의 가격 계산에 관한 내용이다. (   )에 들어갈 내용으로 옳은 것은? 24년 기출

반출되는 물품의 운송비를 그 운송거리나 운송방법에 (ㄱ) 금액으로 하여 그 반출가격에 포함시키거나 그 금액을 (ㄴ) 경우[운송기관이 운송을 담당하는 경우를 (ㄷ)한다] 제조장에서 반출할 때의 가격은 그 운송비를 포함한 가격에 상당하는 금액으로 한다.

① ㄱ - 따라 다른, ㄴ - 받지 않는, ㄷ - 제외
② ㄱ - 상관없이 같은, ㄴ - 별도로 받는, ㄷ - 제외
③ ㄱ - 따라 다른, ㄴ - 받지 않는, ㄷ - 포함
④ ㄱ - 상관없이 같은, ㄴ - 별도로 받는, ㄷ - 포함
⑤ ㄱ - 따라 다른, ㄴ - 별도로 받는, ㄷ - 포함

해설
반출되는 물품의 운송비를 그 운송거리나 운송방법에 상관없이 같은 금액으로 하여 그 반출가격에 포함시키거나 그 금액을 별도로 받는 경우[운송기관이 운송을 담당하는 경우를 포함한다] 제조장에서 반출할 때의 가격은 그 운송비를 포함한 가격에 상당하는 금액으로 한다(영 제8조 제1항 제4호).

정답 ④

ⓛ 반출가격계산의 특례(영 제9조)
ⓐ 특약판매의 경우 : 해당 판매장의 판매가격에 상당하는 금액의 계산은 제조장에서 반출한 날이 속하는 분기 중에 해당 판매장에서 판매한 동종·동질 물품을 기준으로 다음 산식에 따라 계산한 금액으로 한다.

$$과세표준 = \frac{동종·동질 \ 물품의 \ 판매 \ 금액의 \ 합계}{동종·동질 \ 물품의 \ 판매 \ 수량의 \ 합계} \times 제조장에서 \ 반출한 \ 수량$$

ⓑ 위탁제조하는 경우 : 원재료의 일부 또는 전부를 제공하여 과세물품의 제조를 위탁하는 경우에는 그 수탁자를 제조자로 보아 과세표준의 계산규정을 적용한다. 그럼에도 불구하고 과세물품의 제조를 위탁하는 경우로서 다음에 해당하는 경우에는 반출가격을 다음의 구분에 따른 금액으로 한다.

> • 보석(공업용 다이아몬드, 가공하지 아니한 원석·나석 제외), 진주, 별갑, 산호, 호박 및 상아와 이를 사용한 제품(나석을 사용한 제품 포함)과 귀금속 제품의 물품 또는 캠핑용자동차(별표 1 제5호에 해당하는 자동차를 「자동차관리법」 제34조에 따라 튜닝한 경우로 한정) : 다음에 따른 금액
>   – 위탁자가 제공한 원재료만으로 제조·가공 또는 수리한 경우 : 그 위탁 공임에 상당하는 금액
>   – 위탁자가 제공한 것 외의 원재료를 수탁자가 보충·첨가한 경우 : 보충·첨가된 원재료의 가격과 위탁 공임을 합산한 금액
> • 캠핑용자동차(별표 1 제5호에 해당하지 않는 자동차를 「자동차관리법」 제34조에 따라 튜닝한 경우로 한정) : 다음의 금액을 합산한 금액
>   – 위탁자가 제공한 자동차의 가격(수탁자의 제조장에서 반출한 때의 「지방세법 시행령」 제4조 제1항 제3호에 따라 산정된 시가표준액)
>   – 수탁자가 보충·첨가한 원재료의 가격
>   – 위탁 공임

ⓒ 조에 해당하는 물품을 개별로 판매 또는 반출하는 경우 : 조에 해당하는 물품을 개별로 판매 또는 반출하는 경우에는 조를 이루어 판매 또는 반출하는 것으로 보아 그 개별가격을 과세표준으로 한다.

ⓒ 제조장에서 소비하는 물품의 가격 계산(영 제10조)

　ⓐ 과세표준의 계산규정에 따른 가격을 그 물품의 가격으로 할 수 없는 경우 : 제조장에서 소비되거나 과세물품이 아닌 물품의 제조용 원재료로 제공되어 과세표준의 계산규정에 따른 가격을 그 물품의 가격으로 할 수 없는 경우에는 해당 물품의 제조 총원가에 통상적인 이윤에 상당하는 금액(제조 총원가의 100분의 10)을 더한 금액으로 한다. 이 경우 제조 총원가는 원재료비, 보조재료비, 노무비, 경비, 일반관리비 및 판매비로서 해당 물품에 배부되어야 할 부분으로 구성되는 총금액으로 한다.

　ⓑ 원재료의 구성 비목과 원재료 구입가격의 평가방법 : 원재료비에는 부산물 가액은 포함되지 않으며, 그 구성 비목과 원재료 구입가격의 평가방법은 다음에 따른다.

원재료비를 구성하는 비목	• 원재료 구입가격 • 관 세 • 원재료 구입을 위하여 협회·조합 등에 납부하는 모든 비용 • 원재료 구입을 위한 신용장 개설에 드는 모든 비용 • 하역비, 운반비, 보험료 및 보관료 • 원재료 구입을 위한 융자에 대한 지급이자 및 수수료
원재료 구입가격에 대한 평가	• 국산원재료는 실제 구입가격에도 불구하고 원재료로 사용된 때를 기준으로 하여 최종 구입한 원재료의 가격 • 수입원재료는 원재료로 사용된 때를 기준으로 하여 최종 수입한 원재료의 도착가격을 해당 월의 「외국환거래법」에 따른 기준환율 또는 재정환율을 적용하여 환산한 가격

③ 용기 대금과 포장 비용의 계산(영 제13조)

ㄱ 용기 대금과 포장 비용이 과세표준에서 제외되는 경우 : 용기 대금과 포장 비용이 과세표준에서 제외되는 경우는 과세물품의 용기 또는 포장을 장래 해당 제조장에 반환할 것을 조건으로 그 용기 대금 또는 포장 비용을 뺀 금액으로 반출하는 것으로서 국세청장이 지정하는 종류와 절차에 따라 관할 세무서장의 승인을 받은 경우로 한다. 다만, 수입물품의 용기 또는 포장의 경우에는 해당 용기 대금 또는 포장 비용이 그 내용물인 과세물품의 가격보다 비싼 것으로서 수입신고 수리일부터 6개월 내에 수출자에게 반환할 것을 조건으로 보세구역의 관할 세관장의 승인을 받은 것으로 한정한다.

ㄴ 관할 세무서장에게 신청서 제출 : ㄱ의 본문의 승인을 받으려는 자는 해당 용기 또는 포장을 반출하기 전에 신청인의 인적사항, 제조장의 소재지, 구입 연월일, 용기 또는 포장의 명세를 적은 신청서를 관할 세무서장에게 제출(국세정보통신망을 통한 제출을 포함)하여야 한다.

ㄷ 보세구역의 관할 세관장에게 신청서 제출 : ㄱ의 단서의 승인을 받으려는 자는 해당 물품의 수입신고를 하는 때에 신청인의 인적사항, 용도 및 사용장소, 수출 예정시기, 수출지 및 수출 예정 세관명, 용기 또는 포장의 명세를 적은 신청서를 보세구역의 관할 세관장에게 제출(국세정보통신망을 통한 제출을 포함)하여야 한다.

ㄹ 과세물품과 비과세물품을 1개의 용기에 넣어 판매 등을 하는 경우 : 과세물품과 비과세물품을 1개의 용기에 함께 넣거나 포장하여 반출하는 경우에는 물품의 과세 전 가격을 기준으로 산출한 가격구성비율에 따라 용기 대금과 포장 비용을 계산한다.

ㅁ 개별소비세의 즉시 징수 : 승인을 한 관할 세무서장 또는 세관장은 해당 승인사항에 대한 이행 사실을 확인하여야 하며, 그 승인사항을 위반하였음이 확인되었을 경우에는 그 위반된 용기 대금 또는 포장 비용에 대하여 개별소비세를 즉시 징수하여야 한다.

1.　신고와 납부

(1)　과세표준의 신고(법 제9조)

① 과세물품의 경우 23, 22, 20, 15, 12년 기출

과세물품을 판매하는 경우 및 과세물품을 제조하여 반출하는 경우에 따라 납세의무가 있는 자는 매 분기(석유류 또는 담배에 해당하는 물품은 매월) 제조장에서 반출한 물품의 물품별 수량, 가격, 과세표준, 산출세액, 미납세액, 면제세액, 공제세액, 환급세액, 납부세액 등을 적은 신고서를 반출한 날이 속하는 분기의 다음 달 25일(석유류 또는 담배에 해당하는 물품은 반출한 날이 속하는 달의 다음 달 말일)까지 제조장 관할 세무서장에게 제출(국세정보통신망을 통하여 제출하는 경우는 국세정보통신망에 입력하는 것)하여야 한다.

② 수입물품의 경우 20, 12년 기출

㉠ 보세구역에서 반출하는 물품 : 관세를 납부할 의무가 있는 자로서 과세물품을 「관세법」에 따른 보세구역에서 반출하는 자인 납세의무자가 보세구역 관할 세관장에게 수입신고를 한 경우에는 과세표준 신고를 한 것으로 본다.

㉡ 관세를 징수하는 물품 : 기타 수입물품으로서 관세를 징수하는 물품에 대해서는 「관세법」을 준용한다.

③ 과세장소의 경우 22, 20년 기출

과세장소의 경영자인 납세의무자는 매 분기 과세장소의 종류별·세율별로 입장 인원과 입장 수입을 적은 신고서를 입장한 날이 속하는 분기의 다음 달 25일까지 과세장소 관할 세무서장에게 제출하여야 한다.

④ 과세유흥장소의 경우 22, 12년 기출

과세유흥장소의 경영자인 납세의무자는 매월 과세유흥장소의 종류별로 인원, 유흥음식 요금, 산출세액, 면제세액, 공제세액, 납부세액 등을 적은 신고서를 유흥음식행위를 한 날이 속하는 달의 다음 달 25일까지 과세유흥장소의 관할 세무서장에게 제출하여야 한다.

⑤ 과세영업장소의 경우 15, 12년 기출

과세영업장소의 경영자인 납세의무자는 매년 과세영업장소의 고객으로부터 받은 총금액, 고객에게 지급한 총금액, 총매출액, 총세액 등을 적은 신고서와 공인회계사의 감사보고서가 첨부된 전년도 재무제표를 영업행위를 한 날이 속하는 해의 다음 해 3월 31일까지 과세영업장소의 관할 세무서장에게 제출하여야 한다.

⑥ 신고기한의 특례 22, 16, 12년 기출

위의 규정에도 불구하고 다음의 어느 하나에 해당하는 경우에는 그 사유가 발생한 날이 속한 달의 다음 달 25일까지 해당 신고서를 제출하여야 한다.

> ㉠ 과세물품을 제조하여 반출하는 자인 납세의무자가 제조장에 있다가 공매, 경매 또는 파산절차로 환가되는 경우 및 과세물품의 제조를 사실상 폐지한 경우에 제조장에 남아있는 경우
>
> ㉡ 과세물품을 제조하여 반출하는 자 및 과세장소의 경영자, 과세유흥장소의 경영자, 과세영업장소의 경영자인 납세의무자가 제조장·과세장소·과세유흥장소 및 과세영업장소의 영업을 폐업한 경우

임시사업장의 과세표준 신고지(통칙 9-15…1) 16년 기출
「부가가치세법 시행령」에 따른 임시사업장에서 판매되는 보석 및 귀금속제품은 임시사업장 관할 세무서장에게 개별소비세를 신고·납부하여야 한다.

(2) 납부(법 제10조)

① 일반적인 납부

개별소비세 납세의무가 있는 자는 매 분기분(석유류 또는 담배에 해당하는 물품 및 과세유흥장소는 매 월분, 과세영업장소는 매 연도분)의 개별소비세를 해당 과세표준신고서 제출기한까지 관할 세무서장에게 납부하여야 한다.

▷ 개별소비세를 납부하려는 자는 과세표준신고서 제출기한까지 납부할 세액을 관할 세무서장에게 납부하거나 납부서로 「국세징수법」에 따른 한국은행(그 대리점을 포함) 또는 체신관서에 납부하여야 한다(영 제16조).

② 신고기한의 특례 18년 기출

다음의 어느 하나에 해당하는 자는 개별소비세를 과세표준신고서 제출기한까지 관할 세무서장에게 납부하여야 한다.

> ㉠ 제조장에 있다가 공매, 경매 또는 파산절차로 환가되는 경우 및 과세물품의 제조를 사실상 폐지한 경우에 제조장에 남아있는 경우에 따라 납세의무가 있는 자
> ㉡ 제조장·과세장소·과세유흥장소 또는 과세영업장소의 영업을 사실상 폐업한 자

③ 「관세법」의 준용

「관세법」에 따라 관세를 납부할 의무가 있는 자로서 과세물품을 「관세법」에 따른 보세구역에서 반출하는 경우, 관세를 징수하는 물품에 대해서는 그 관세를 납부할 의무가 있는 경우의 납세의무자의 개별소비세 납부에 관하여는 「관세법」에 따른다.

④ 담보의 제공 20, 18년 기출

과세물품을 「관세법」에 따라 수입신고 수리 전에 보세구역에서 반출하려는 자는 「관세법」으로 정하는 바에 따라 해당 개별소비세액에 상당하는 담보를 제공하여야 한다.

⑤ 납세담보의 제공 및 처분 18, 16년 기출

과세유흥장소 또는 과세영업장소의 경영자에 대하여 관할 세무서장은 납세 보전(保全)을 위하여 필요하다고 인정하면 대통령령으로 정하는 바에 따라 해당 개별소비세액에 상당하는 담보의 제공을 요구할 수 있다(영 제17조).

㉠ 납세담보 제공의 통지 : 관할 세무서장이 과세유흥장소 또는 과세영업장소의 경영자에게 납세담보의 제공을 요구하려면 납세담보를 요구한 날부터 30일 이내에 관할 세무서장에게 납세담보를 제공하도록 통지하여야 한다.

㉡ 납세담보를 요구할 수 있는 최고한도의 금액 : 전월(과세영업장소는 전년도)에 납부한 개별소비세액 [전월(과세영업장소는 전년도)에 납부한 세액이 없는 경우에는 해당 월(과세영업장소는 해당 연도)에 납부할 개별소비세액의 추정액]의 100분의 120(납세담보가 현금 또는 납세보험증권의 경우에는 100분의 110)에 상당하는 금액으로 한다.

ⓒ 담보물로 해당 개별소비세에 충당 : 담보를 제공한 자가 납부기한까지 해당 개별소비세를 납부하지 아니하거나 해당 용도에 제공한 사실을 증명하지 아니하였을 경우에는 그 담보물로 해당 개별소비세에 충당한다. 이 경우 부족한 금액이 있을 때에는 이를 징수하며, 남은 금액이 있을 때에는 이를 환급한다.

(3) 총괄납부(법 제10조의2)

① 제조장에서 총괄하여 납부·환급 15, 12년 기출

과세물품을 제조하여 반출하는 납세의무자로서 석유가스 중 프로판과 부탄을 혼합하는 것, 해당 물품의 반입 장소를 제조장으로 보고, 반입자를 제조자로 보는 경우 및 가정용부탄 등에 대한 개별소비세 환급 특례에 따라 개별소비세를 납부하거나 환급받는 자는 대통령령으로 정하는 바에 따라 해당 물품을 제조·반출한 제조장에서 총괄하여 납부하거나 환급받을 수 있다.

㉠ 총괄납부의 사유(영 제16조의2 제1항) : 제조장에서 총괄하여 납부할 수 있는 경우는 다음의 어느 하나에 해당하는 경우로 한다.

> ⓐ 제조장이 아닌 장소에서 석유가스 중 프로판과 부탄을 혼합함으로써 개별소비세를 납부하게 되는 경우
> ⓑ 다음에 따라 제조장에서 미납세반출한 물품이 반입된 장소에서 용도가 변경되어 개별소비세를 납부하게 되는 경우
> • 국내에서 개최하는 박람회·전시회·품평회·전람회나 그 밖에 이에 준하는 곳(박람회 등)에 출품하기 위하여 제조장에서 반출하는 것, 국내 또는 국외에서 개최한 박람회 등에 출품한 물품을 제조장에 환입하거나 보세구역에서 반출하는 것, 국제적인 박람회 등에 출품할 것을 조건으로 외국에서 수입하는 것 또는 국내에서 개최하는 박람회 등에 출품하기 위하여 무상으로 수입하는 것으로서 관세가 면세되는 것
> • 제조장 외의 장소에서 규격 검사를 받기 위하여 과세물품을 제조장에서 반출하거나 그 제조장에 환입하는 것
> ⓒ 물품을 보관·관리하기 위하여 제조장에서 하치장으로 또는 하치장에서 다른 하치장으로 반출하거나 해당 제조장에 환입하는 것에 따라 하치장에 미납세반출한 물품을 판매하기 위하여 같은 하치장에서 반출하는 경우
> ⓓ 가정용부탄 등에 대한 개별소비세 환급 특례에 따라 개별소비세를 환급 또는 공제받으려는 경우

㉡ 총괄납부 승인신청서의 제출(영 제16조의2 제2항) : 제조장에서 총괄하여 납부하려는 자는 그 납부하려는 기간이 시작되기 20일 전에 사업자의 인적사항, 총괄하여 납부하려는 장소, 총괄납부 신청 사유, 그 밖의 참고사항을 적은 총괄납부 승인신청서를 해당 물품을 제조·반출하는 제조장의 관할 세무서장에게 제출(국세정보통신망을 통한 제출을 포함)하여야 한다.

② 총괄납부의 승인

㉠ 관할 세무서장에게 신청 : 해당 물품을 제조·반출한 제조장에서 총괄하여 납부하려는 자는 대통령령으로 정하는 바에 따라 관할 세무서장에게 신청하여 승인을 받아야 한다.

㉡ 승인 사실의 통지(영 제16조의2 제4항) : 총괄납부의 신청을 받은 관할 세무서장은 납세의무자가 다음의 어느 하나에 해당하여 납세관리에 지장이 있다고 인정하는 경우를 제외하고는 그 신청을 승인하고 신청일부터 20일 이내에 해당 납세의무자와 제조장 및 하치장 등의 관할 세무서장에게 승인 사실을 통지하여야 한다.

ⓐ 하치장 설치신고를 하지 아니한 경우

ⓑ 신청일부터 기산하여 과거 2년 이내에 「조세범 처벌법」에 따른 처분 또는 처벌을 받은 사실이 있는 경우

ⓒ 신청일부터 기산하여 과거 2년 이내에 세법에 따른 경정조사 시 매출누락금액이 1억 원 이상 발견된 경우

ⓓ 신청일부터 기산하여 과거 2년 이내에 국세 또는 지방세를 체납한 사실이 있는 경우

③ 총괄납부 승인의 철회 및 포기(영 제16조의3)

총괄납부 승인의 철회	총괄납부를 승인한 관할 세무서장은 총괄납부의 승인을 받은 자가 사업내용의 변경, 그 밖의 사정 변경으로 제조장에서 총괄하여 납부하는 것이 적당하지 않다고 인정되는 경우에는 총괄납부의 승인을 철회할 수 있다.
철회 사실의 통지	총괄납부의 승인을 철회한 경우 해당 세무서장은 철회 사실을 해당 납세의무자와 제조장 및 하치장 등의 관할 세무서장에게 통지하여야 한다.
총괄납부 포기신고서의 제출	총괄납부의 승인을 받은 자가 사정 변경으로 총괄납부를 포기하고 각 사업장별로 납부하려는 경우에는 그 납부하려는 기간이 시작되기 20일 전에 사업자의 인적사항, 총괄납부 포기 사유, 그 밖의 참고사항을 적은 총괄납부 포기신고서를 제조장 관할 세무서장에게 제출(국세정보통신망을 통한 제출을 포함)하여야 한다.
포기신고 사실의 통지	총괄납부의 포기신고를 받은 제조장 관할 세무서장은 제조장 및 하치장 등의 관할 세무서장에게 즉시 그 사실을 통지하여야 한다.

(4) 사업자 단위 신고·납부(법 제10조의3) 16, 15, 12년 기출

사업자 단위로 신고한 사업자(사업자 단위 과세사업자)는 그 사업자의 본점 또는 주사무소에서 총괄하여 신고·납부할 수 있다. 이 경우 그 사업자의 본점 또는 주사무소는 신고·납부와 관련하여 개별소비세법을 적용할 때 각 제조장·과세장소·과세유흥장소 또는 과세영업장소로 본다.

(5) 미납세반출 후 반입지에서 판매 또는 반출한 물품의 신고·납부 특례(법 제10조의4, 영 제16조의4)

24, 18, 17, 15년 기출

개별소비세를 납부하지 아니하고 반출 등을 한 자(미납세반출자)와 그 반출된 물품을 반입한 자가 동일한 사업자인 경우에는 해당 물품을 반입지에서 판매 또는 반출할 때 미납세반출자가 대통령령으로 정하는 바에 따라 해당 물품에 대한 개별소비세를 관할 세무서장 또는 세관장에게 신고·납부할 수 있다.

① 미납세반출 특례에 따른 신고절차

미납세반출자가 반입지에서 판매 또는 반출한 물품에 대하여 개별소비세를 신고·납부하려는 경우에는 과세표준 신고를 할 때 신고서에 다음의 서류를 첨부하여 미납세반출자 관할 세무서장에게 제출(국세정보통신망을 통한 제출을 포함)하여야 한다. 다만, ㉠의 신청서는 처음으로 과세표준을 신고할 때 제출하여야 하며, 이미 제출한 내용이 변경되거나 특례를 적용받지 아니하려는 경우에는 이를 다시 제출하여야 한다.

㉠ 미납세반출자의 인적사항, 반입자의 소재지 및 관할 세무서, 미납세반출한 물품, 그 밖의 참고사항을 적은 미납세반출특례신청서
㉡ 반입지별 과세표준신고서

② 신청서를 받은 사실의 통지

위 ①의 ㉠에 따른 신청서를 받은 관할 세무서장은 반입지 관할 세무서장에게 그 사실을 통지하여야 한다.

(6) 저유소에서의 서로 다른 유류의 혼합 등에 대한 특례(법 제10조의5)

과세물품을 제조하여 반출하는 경우 또는 「관세법」에 따라 관세를 납부할 의무가 있는 자로서 과세물품을 「관세법」에 따른 보세구역에서 반출하는 경우의 납세의무자(제조자 등)가 휘발유·경유·등유 및 이와 유사한 대체유류를 해당 제조자 등의 제조장 또는 보세구역에서 「송유관 안전관리법」에 따른 송유관 또는 선박·탱크로리 등 운송수단을 통하여 반출한 후 제조자 등이 소유 또는 임차한 저유소에서 다시 반출하는 경우로서 해당 저유소에서 서로 다른 유류의 혼합 등 대통령령으로 정하는 사유(혼유 등)가 발생하는 경우에는 다음의 구분에 따라 개별소비세법을 적용한다.

---

① 납세의무자 : 제조자 등
② 과세시기 : 혼유 등이 발생한 때
③ 과세표준 : 혼유 등이 발생한 때의 수량

보충　저유소에서의 서로 다른 유류의 혼합 등에 대한 특례 사유 등(영 제16조의5)

① 법 제10조의5 각 호 외의 부분에서 "대통령령으로 정하는 사유"란 다음의 어느 하나에 해당하는 사유를 말한다.
　1. 휘발유·경유·등유 및 이와 유사한 대체유류가 저유소에서 서로 다른 유류와 혼합되는 경우
　2. 저유소에서 휘발유·경유·등유 및 이와 유사한 대체유류에 첨가제(옥탄값 향상제, 부식방지제, 조연제, 착색제 등 유류의 성능을 향상시키거나 그 밖의 필요에 따라 유류에 첨가하는 모든 물질)를 혼합하는 경우
② 법 제10조의5에 따른 제조자 등은 제1항 각 호의 어느 하나에 해당하는 사유가 발생한 경우에는 과세표준 신고를 할 때 신고서에 다음의 서류를 첨부하여 제조자 등 관할 세무서장에게 제출(국세정보통신망에 의한 제출을 포함)하여야 한다. 다만, 제1호의 신청서는 법 제10조의5를 적용하여 처음으로 과세표준을 신고할 때에 제출하여야 하며, 이미 제출한 내용이 변경되는 경우에는 다시 제출하여야 한다.
　1. 다음의 사항을 적은 저유소혼유등특례신청서
　　가. 제조자 등의 인적사항
　　나. 저유소의 소재지 및 관할 세무서
　　다. 그 밖의 참고사항
　2. 저유소별 과세표준신고서
③ 제2항 제1호에 따른 신청서를 받은 관할 세무서장은 저유소 관할 세무서장에게 그 사실을 통지하여야 한다.

2. 결정·경정결정 및 재경정

(1) 결정 또는 경정결정(법 제11조) 12년 기출

과세표준신고서를 제출하지 아니하거나 신고한 내용에 오류 또는 탈루가 있는 경우에는 관할 세무서장, 관할 지방국세청장 또는 세관장은 그 과세표준과 세액을 결정 또는 경정결정한다.

① 결정 및 경정결정의 방법

결정 또는 경정결정은 장부나 그 밖의 증명 자료를 근거로 하여야 한다. 다만, 다음의 어느 하나에 해당하는 사유가 있는 경우에는 대통령령으로 정하는 바에 따라 추계할 수 있다.

> ㉠ 과세표준을 계산할 때 필요한 장부나 그 밖의 증명 자료가 없거나 중요한 부분이 갖추어지지 아니한 경우
> ㉡ 장부나 그 밖의 증명 자료의 내용이 시설규모, 종업원 수와 원자재·상품·제품 또는 각종 요금의 시가 등에 비추어 거짓임이 명백한 경우
> ㉢ 장부나 그 밖의 증명 자료의 내용이 원자재 사용량, 동력 사용량 또는 그 밖의 조업 상황 등에 비추어 거짓임이 명백한 경우

② 추계결정의 방법(영 제18조 제2항)

추계를 할 때에는 다음의 어느 하나에 해당하는 방법에 따른다.

> ㉠ 기장이 정당하다고 인정되고 신고가 성실하여 결정 및 경정을 받지 아니한 다른 동업자와 비교하여 계산하는 방법
> ㉡ 국세청장이 사업의 종류·지역 등을 고려하여 다음의 관계에 대하여 조사한 비율이 있는 경우에는 그 비율을 적용하여 계산하는 방법
>   ⓐ 투입 원재료 또는 부재료의 전부 또는 일부의 수량 및 가액과 생산량 및 매출액과의 관계
>   ⓑ 사업과 관련된 인적·물적 시설(종업원·사업장·차량·수도·전기 등)의 전부 또는 일부의 수량 및 가액과 생산량 및 매출액과의 관계
>   ⓒ 일정한 기간의 평균 재고량 및 재고금액과 생산량 및 매출액과의 관계
>   ⓓ 일정한 기간의 매출 총이익 또는 부가가치액과 매출액과의 관계
> ㉢ 추계결정·경정대상 사업자에 대하여 ㉡의 비율을 직접 산정할 수 있는 경우에는 그 비율을 적용하여 계산하는 방법
> ㉣ 유흥음식행위에 대해서는 「부가가치세법 시행령」에 따라 국세청장이 정하는 입회조사기준에 따라 계산하는 방법

(2) 재경정

관할 세무서장, 관할 지방국세청장 또는 세관장은 결정 또는 경정결정한 과세표준과 세액에 오류 또는 탈루가 있는 것이 발견된 경우에는 이를 다시 경정한다.

(3) 수시부과(법 제12조)

납세의무자가 개별소비세를 포탈할 우려가 있다고 인정되거나, 사업 부진이나 그 밖의 사유로 휴업 또는 폐업 상태인 경우에는 수시로 그 과세표준과 세액을 결정할 수 있다. 이 경우에는 위 (1)의 ①을 준용한다.

제 2 장 면세 및 세액의 공제와 환급

제1절 미납세반출

1. 미납세반출의 의의 및 대상

(1) 의의(통칙 14 – 19…1)

미납세반출이란 과세물품을 개별소비세법이 정한 요건에 따라 해당 물품에 대한 세액의 부담이 유보된 상태로 판매 또는 반출하는 제도를 말한다.

(2) 대상(법 제14조) 22, 21, 20, 19, 17, 15, 14년 기출

① 수출의 전단계 거래(법 제14조 제1항 제1호)

수출할 물품을 다른 장소에 반출하는 것에 대해서는 개별소비세를 징수하지 아니한다(영 제19조 제3항 제1, 2, 3호).

> ㉠ 수출물품 또는 수출물품의 제조·가공을 위한 물품을 내국신용장(원내국신용장과 제2차 내국신용장으로 한정)에 의하여 수출업자 또는 수출물품의 제조·가공업자에게 반출하는 것
> ㉡ 수출물품을 제조·가공하기 위하여 동일 제조장에서 다른 제품의 원료로 사용하는 것
> ㉢ 수출물품을 제조·가공하기 위하여 다른 제조장으로 반출하는 것

> ▷ "다른 제조장으로 반출하는 것"이란 수출물품을 제조·가공하기 위하여 다른 곳에 있는 자기의 제조장 또는 타인의 제조장에 반출하는 경우를 말한다(통칙 14 – 19…2).

② 소비목적이 아닌 반출(법 제14조 제1항 제2~6호)

다음의 어느 하나에 해당하는 물품에 대해서는 개별소비세를 징수하지 아니한다.

> ㉠ 국내에서 개최하는 박람회·전시회·품평회·전람회나 그 밖에 이에 준하는 곳(박람회 등)에 출품하기 위하여 제조장에서 반출하는 것, 국내 또는 국외에서 개최한 박람회 등에 출품한 물품을 제조장에 환입하거나 보세구역에서 반출하는 것, 국제적인 박람회 등에 출품할 것을 조건으로 외국에서 수입하는 것 또는 국내에서 개최하는 박람회 등에 출품하기 위하여 무상으로 수입하는 것으로서 관세가 면세되는 것
> ㉡ 원료를 공급받거나 위탁 공임만을 받고 제조한 물품을 제조장에서 위탁자의 제품 저장창고에 반출하는 것
> ㉢ 제조장 외의 장소에서 규격 검사를 받기 위하여 과세물품을 제조장에서 반출하거나 그 제조장에 환입하는 것
> ㉣ 미납세반출·수출 및 군납 면세·외교관 면세·외국인전용판매장 면세·조건부 면세 또는 무조건 면세를 적용받아 반입된 물품으로서 품질 불량이나 그 밖의 사유로 제조장에 반환하는 것

ⓜ 개별소비세 보전이나 그 밖에 단속에 지장이 없다고 인정되는 것으로서 대통령령으로 정하는 것 (영 제19조 제3항 제4~10호)

ⓐ 판매장 또는 제조장을 이전하기 위하여 반출하는 것

ⓑ 자동차를 보관·관리하기 위하여 제조장에서 하치장으로 또는 하치장에서 다른 하치장으로 반출하거나 해당 제조장에 환입하는 것

ⓒ 과세물품을 제조·가공하기 위한 원료로 사용하기 위하여 다른 제조장으로 반출하는 것

ⓓ 석유류를 「석유 및 석유대체연료 사업법」에 따른 석유비축시책의 일환으로 「한국석유공사법」에 따라 설립된 한국석유공사에 공급하기 위하여 제조장 또는 보세구역에서 반출하는 것과 제조장 또는 보세구역에서 반출한 후 제조자 또는 수입업자의 저유소를 거쳐 한국석유공사에 공급하는 것으로서 국세청장이 정하는 방법으로 공급하는 것

ⓔ 석유제품 외의 물품을 제조하는 과정에서 부산물로 생산되는 유류로서 「석유 및 석유대체연료 사업법」에 따른 석유정제업자에게 석유제품 원료용으로 공급하기 위하여 제조장 또는 보세구역에서 반출하는 것

ⓕ 승용자동차로서 제조자 또는 수입업자의 판매장에 30일 이상 전시하기 위하여 제조장 또는 보세구역에서 반출하거나 해당 제조장 또는 보세구역으로 환입하는 것

ⓖ 석유류를 제조·가공하기 위하여 동일한 제조자의 다른 제조장으로 반출하는 것

2. 미납세반출의 절차

(1) 승인신청 및 통지 24, 22년 기출

① 승인신청(영 제19조 제1항)

미납세반출에 해당하는 물품을 판매장, 제조장 또는 하치장에서 반출하거나 보세구역에서 반출하려는 자는 해당 물품을 반출할 때에(수입물품의 경우에는 그 수입신고 시부터 수입신고 수리 전까지) 신청인의 인적사항 등을 적은 미납세반출 신청서를 관할 세무서장 또는 세관장에게 제출(국세정보통신망을 통한 제출을 포함)하여 그 승인을 받아야 한다.

② 승인서의 발급 및 통지(영 제19조 제2항)

미납세반출 신청을 받은 관할 세무서장 또는 세관장이 이를 승인하였을 때에는 그 신청서에 준하는 내용의 승인서를 발급하고, 반입지 관할 세무서장 또는 세관장에게 그 사실을 통지하여야 한다.

> **알아두기**
>
> **수출용 원재료의 임가공 및 수출물품 반출절차(통칙 14-19…3)**
> 수출품 제조업자가 미납세로 반입한 물품을 임가공하기 위하여 임가공업자에게 반출하는 경우에는 미납세반출 승인신청(신고)을 하여야 하며, 임가공한 수출물품을 위탁자 제조장으로 재반출하는 경우에도 미납세반출 승인신청(신고)을 하여야 한다.
>
> **미납세반출로 보지 아니하는 광고선전 목적의 전시장(통칙 14-19…7)** 14년 기출
> 백화점, 직매장, 빌딩, 지하도 등에 고객에게 상품선전을 목적으로 전시장을 설치하여 과세물품을 동 전시장에 반출하는 것은 미납세반출의 대상에 포함하지 않는다.

(2) 반입신고 및 반입증명(영 제20조) 24년 기출

① 반입신고
  ㉠ 반입지 관할 세무서장 또는 세관장에게 신고(법 제14조 제5항) : 과세물품을 반입 장소에 반입한 자는 반입한 날이 속하는 분기의 다음 달 15일(석유류 또는 담배에 해당하는 물품은 반입한 날이 속하는 달의 다음 달 15일)까지 반입 사실을 반입지 관할 세무서장 또는 세관장에게 신고하여야 한다.
  ㉡ 반입신고서의 제출 : 반입 사실을 신고하는 경우에는 신고인의 인적사항 등을 적은 신고서를 반입지 관할 세무서장 또는 세관장에게 제출(국세정보통신망을 통한 제출을 포함)하여야 한다. 다만, 승용자동차의 경우에는 「자동차관리법」에 따른 자동차등록으로 반입 사실 신고를 갈음한다.

② 반입증명 및 용도증명
  ㉠ 반입 사실의 증명 : 반입 사실의 증명은 신고서에 준하는 내용의 증명서로 한다. 다만, 다음의 물품의 경우에는 다음의 구분에 따른 서류로 증명한다.

> ⓐ 보세구역과 수출자유지역에 반입되는 물품의 경우 : 관할 세관장이 발행하는 물품반입확인서
> ⓑ 승용자동차의 경우 : 자동차등록증. 이 경우 반입지 관할 세무서장 또는 세관장은 「전자정부법」에 따른 행정정보의 공동이용을 통하여 자동차등록증을 확인하여야 하며, 신고인이 확인에 동의하지 않는 경우에는 그 사본을 제출하도록 하여야 한다.
> ⓒ 외국항행선박 또는 원양어업선박에 사용하는 석유류의 경우 : 유류공급명세서(내항선인 원양어업선박의 경우에는 반입자의 반입보고서)
> ⓓ 항공기에 사용하는 석유류 및 소모품의 경우 : 관할 세관장이 발행하는 선(기)적허가서(내항선인 원양어업선박의 경우에는 반입자의 반입보고서)
> ⓔ 개별소비세를 징수하지 아니하거나 면제하는 담배의 경우
>   가. 「지방세법」에 따라 반출되어 보세구역에 반입되는 경우 및 같은 법에 따른 보세구역, 외항선·원양어선 선원 및 국제항로에 취항하는 항공기·여객선 승객에게 판매하는 용도에 해당하는 경우 : 관할 세관장이 발행하는 물품반입확인서
>   나. 「지방세법」 수출(수출 상담을 위한 견본용 담배는 제외) 및 「남북교류협력에 관한 법률」에 따라 반출 승인을 받은 담배로서 북한지역에서 취업 중인 근로자 및 북한지역 관광객에게 판매하는 담배에 해당하는 경우 : 수출신고를 수리한 세관장이 발급한 신고필증
>   다. 「지방세법 시행령」에 따라 반출되어 폐기장소로 반입되는 경우 : 기획재정부령으로 정하는 폐기사실 확인 서류
>   라. 「지방세법 시행령」에 따라 해외 함상훈련에 참가하는 해군사관생도 및 승선장병에게 공급하는 용도 또는 외국에 주류(駐留)하는 장병에게 공급하는 용도에 해당하는 경우 : 납품을 받은 군(軍) 기관의 장이 발행한 납품증명서(사용확인서를 포함)
>   마. 가부터 라까지의 규정에 해당하지 아니하는 경우 : 신고서에 준하는 내용의 증명서

  ㉡ 정해진 용도로 제공한 사실의 증명 : 정해진 용도로 제공한 사실의 증명은 다음의 어느 하나에 해당하는 서류로 한다. 다만, 「부가가치세법」에 따른 수출 영세율 조기환급을 받기 위하여 다음의 어느 하나에 해당하는 서류를 이미 관할 세무서장에게 제출한 경우에는 기획재정부령으로 정하는 수출증명명세서로 증명할 수 있다.

ⓐ 수출신고를 수리한 세관장이 발급한 신고필증

ⓑ 소포우편으로 수출한 경우에는 해당 우체국장이 발행한 소포수령증

ⓒ 납품을 받은 군 기관의 장이 발행한 납품증명서(사용확인서를 포함)

ⓓ 그 밖에 수출 사실을 증명할 수 있는 서류로서 국세청장이 정하는 것(통칙 15-20…8)
- 외국공공기관 또는 국제금융기관으로부터 받은 차관자금으로 물품을 구매하기 위하여 실시되는 국제경쟁입찰의 낙찰자가 해당 계약 내용에 따라 국내에서 생산된 물품을 납품하는 것에 해당하는 경우 : 반입지 관할 세무서장의 반입증명서
- 기타의 경우 : 수입국의 통관지 관할 세관장의 수입신고필증 또는 이와 동등한 효력이 있는 서류

ⓒ 서류의 제출기한 : 반입된 사실 또는 정해진 용도로 제공한 사실을 증명하기 위한 서류는 해당 물품을 반출한 날부터 3개월의 범위에서 반출지 관할 세무서장 또는 세관장이 지정하는 날까지 제출하여야 한다.

ⓔ 제출기한의 연장 신청 : 지정 기한까지 해당 사실을 증명하기 위한 서류를 부득이한 사정으로 제출할 수 없는 경우에는 관할 세무서장 또는 세관장에게 제출기한의 연장을 신청할 수 있다. 이 경우 관할 세무서장 또는 세관장은 해당 사실을 증명하기 위한 서류의 제출기한이 경과한 날부터 3개월의 범위에서 그 기한을 연장할 수 있다.

알아두기

미납세반입의 신고절차(통칙 14-20…9)

① 미납세반입신고는 반입자가 반입 장소를 반입지로 하여 반입지 관할 세무서장 또는 세관장에게 하여야 한다.

② 수출업자로부터 내국신용장을 받아 수출물품을 제조·납품하여야 할 자가 수출물품의 제조·가공을 위한 과세물품을 타인의 제조장(임가공 하청공장)에 미납세로 반출하고자 하는 경우에는 반입 장소를 임가공 하청공장으로 하고, 반입자를 납품자와 제조자(하청공장 경영자) 연명으로 하여 신청(신고)하여야 하며, 반입신고도 연명으로 하여야 한다. 이때 제조한 과세물품을 수출하기 위하여 보세구역으로 반출하는 경우에는 수출자와 제조자가 연명으로 수출면세반출 승인신청(신고)을 하여야 한다.

개별소비세법령상 위탁 공임만을 받고 제조한 과세물품을 제조장에서 위탁자의 제품 저장창고에 반출하는 경우에 관한 설명으로 옳지 않은 것을 모두 고른 것은? 24년 기출

> ㄱ. 수탁자가 미납세반출 승인신청을 하는 경우 신청서에 적을 사항에는 반입 장소, 반입자의 인적사항이 포함된다.
> ㄴ. 수탁자가 미납세반출 승인을 받고 반출한 경우 해당 물품의 반입자를 제조자로 보지 않는다.
> ㄷ. 수탁자가 미납세반출 승인을 받고 반출한 경우 위탁자(반입한 자)는 법정 기한까지 반입 사실을 반출지 관할 세무서장에게 신고하여야 한다.

① ㄱ
② ㄷ
③ ㄱ, ㄴ
④ ㄴ, ㄷ
⑤ ㄱ, ㄴ, ㄷ

해설
ㄴ. 수탁자가 미납세반출 승인을 받고 반출한 경우 해당 물품의 반입자를 제조자로 본다(법 제14조 제4항).
ㄷ. 수탁자가 미납세반출 승인을 받고 반출한 경우 반입 장소에 반입한 자는 법정 기한까지 반입 사실을 반입지 관할 세무서장 또는 세관장에게 신고하여야 한다(법 제14조 제5항).

정답 ④

(3) 미납세반출 승인신청에 대한 특례(영 제19조의2)

미납세반출 승인신청에 사용하기 위하여 판매장, 제조장 또는 하치장에서 반출(타인을 통하여 지체 없이 반출하는 경우를 포함)하는 물품에 대하여 면세를 받으려는 자는 해당 물품을 반출한 날이 속하는 분기의 다음 달 25일까지 해당 분기분(석유류에 해당하는 과세물품은 반출한 날이 속하는 달의 다음 달 말일까지 해당 월분)의 과세표준신고서에 반입증명서 또는 용도증명서와 면세 승인신청에 따른 서류(면세 사유에 해당하는 물품만 해당)를 첨부하여 제출하여야 한다.

알아두기

용도변경 등으로 세액을 징수 또는 신고ㆍ납부하는 물품의 가격 계산 등(영 제12조) 14년 기출
① 미납세(개별소비세를 납부하지 않는 것) 또는 면세(개별소비세가 면제되는 것)로 반출 또는 반입한 자가 해당 물품의 용도를 변경하거나 타인에게 양도하는 등의 사유로 개별소비세를 징수하거나 신고ㆍ납부하는 경우에 해당 물품의 가격은 다음의 구분에 따른다.
  1. 미납세반출된 물품으로서 반입 장소에 반입된 사실 또는 정해진 용도로 제공한 사실을 대통령령으로 정하는 바에 따라 증명하지 아니한 것에 대해서는 반출자 또는 수입신고인으로부터 개별소비세를 징수한다는 규정에 따라 세액을 징수하는 경우 : 미납세된 때의 가격
  2. 수출 및 군납면세물품으로서 정해진 용도로 제공한 사실을 대통령령으로 정하는 바에 따라 증명하지 아니한 것에 대해서는 반출자 또는 수입신고인으로부터 개별소비세를 징수한다는 규정에 따라 세액을 징수하는 경우 : 면세된 때의 가격
  3. 개별소비세를 면제받은 물품을 반입하는 자에 대해서는 대통령령으로 정하는 일정한 사유가 발생한 경우에 그 반입자로부터 개별소비세를 징수한다는 규정에 따라 세액을 징수하는 경우 : 면세된 때의 가격

4. 제조장에서 구입한 물품에 대한 세액을 징수하는 경우 : 양수한 금액(수입한 물품에 대한 세액을 징수하는 경우에는 양수한 금액과 이를 과세가격으로 하는 관세를 합한 금액). 다만, 증여를 받았거나 소지한 것에 대해서는「관세법」의 규정을 준용한다.

5. 외국인전용판매장에서 개별소비세가 면제되는 물품을 구입한 자가 출국 당시 그 물품을 소지하지 아니한 경우에는 그 구입자로부터 개별소비세를 징수한다는 규정에 따라 세액을 징수하는 경우 : 면세로 판매장에서 구입한 가격에 상당하는 금액

6. 외국인전용판매장에서 개별소비세를 면제받아 반입된 물품을 해당 판매장에서 구입할 수 없는 자가 소지한 경우에는 그 소지자로부터 개별소비세를 징수한다는 규정에 따라 세액을 징수하는 경우 : 소지 당시 면세판매장의 판매가격에 상당하는 금액

7. 개별소비세를 면제받아 반출된 물품에 관한 반입 증명, 멸실, 납세의무와 반입 사실의 신고에 관하여는 미납세반출의 규정을 준수하고, 반입지에 반입한 사실을 증명하지 아니한 것에 대해서는 관할 세무서장 또는 세관장이 그 반출자 또는 수입신고인으로부터 개별소비세를 징수한다는 규정에 따라 세액을 징수하는 경우 : 면세된 물품의 가격

8. 반입지에 반입된 후에 면세를 받은 물품의 용도를 변경하는 등 대통령령으로 정하는 사유가 발생하는 경우에는 반입자는 사유가 발생한 날이 속하는 분기의 다음 달 25일까지 신고서를 반입지 관할 세무서장 또는 세관장에게 제출하고 개별소비세를 납부하여야 한다는 규정에 따라 조건부 면세물품의 반입자에 의한 용도변경 등에 해당하여 개별소비세를 신고·납부하는 경우 : 판매가격에 상당하는 금액(개별소비세를 신고·납부하는 물품이 승용자동차에 해당하는 물품인 경우에는「지방세법」에 따라 결정한 취득세 시가표준액을 준용하여 국세청장이 정하여 고시하는 금액)

② 제1항 제8호에 따라 개별소비세를 신고·납부하는 경우에 해당 세액은 용도변경 등의 사유가 발생할 때의 세율을 적용한다. 다만, 해당 세율이 법 제18조 제1항에 따라 면제받은 때의 세율보다 높은 경우에는 면제받은 때의 세율을 적용한다.

3. 미납세반출의 사후관리

(1) 개별소비세의 징수

① 미납세반출 물품에 대한 개별소비세 징수(법 제14조 제2항) 21, 20년 기출

미납세반출 물품으로서 반입 장소에 반입된 사실 또는 정해진 용도로 제공한 사실을 대통령령으로 정하는 바에 따라 증명하지 아니한 것에 대해서는 반출자 또는 수입신고인으로부터 개별소비세를 징수한다.

② 징수의 통지(영 제20조 제6항)

관할 세무서장 또는 세관장은 해당 세액을 징수하려는 경우에 반출자 또는 수입신고인이 해당 세액을 징수할 수 있는 날부터 30일 이내에 해당 사실을 증명하기 위한 서류를 제출하지 않을 때에는 해당 세액을 징수한다는 뜻을 지체 없이 통지하여야 한다.

(2) 멸실의 경우

① 개별소비세의 미징수(법 제14조 제3항)

미납세반출 물품이 반입 장소에 반입되기 전에 재해나 그 밖의 부득이한 사유로 멸실된 경우에는 대통령령으로 정하는 바에 따라 개별소비세를 징수하지 아니한다.

> **보충** 재해나 그 밖의 부득이한 사유로 멸실의 범위(통칙 14-21…12)
>
> 1. "재해"란 풍수해·지진·설해·동해·낙뢰·사태·분화 등의 천재 및 화재 기타 인위적 재난으로서 납세자의 귀책사유에 해당되지 아니하는 것을 말한다.
> 2. "멸실"이란 원칙적으로 물품이 물리적으로 존재하지 아니하게 된 것을 말하며, 그 원형은 어느 정도 남아있는 경우라도 해당 물품의 본래의 상태·구조·기능 및 상품가치를 현저하게 상실하고 이를 사고 전의 상태로 환원하기 위하여는 새로 제조하는 경우와 동등한 정도의 행위를 요하는 경우를 포함한다.

② 멸실 승인신청(영 제21조)

　㉠ 멸실승인신청서의 제출 : 개별소비세를 면제받으려는 자는 해당 반입증명서의 제출기한까지 신청인의 인적사항 등을 적은 멸실승인신청서에 해당 물품의 멸실 사실을 증명하는 서류를 첨부하여 반출지 관할 세무서장 또는 세관장에게 지체 없이 제출하여 그 승인을 받아야 한다.

　㉡ 증명서의 첨부 : 멸실한 장소가 다른 세무서장의 관할에 속하는 경우에는 해당 멸실지 관할 세무서장이 발급하는 신청인의 인적사항 등을 적은 증명서를 첨부하여야 한다.

제2절 | 면 세

1. 과세물품에 대한 면세 21년 기출

(1) 수출 및 군납 면세(법 제15조)

① 적용대상

다음의 어느 하나에 해당하는 물품에 대해서는 대통령령으로 정하는 바에 따라 개별소비세를 면제한다(영 제2조 제1항 제1호·제2호).

수출하는 것	• 내국물품을 국외로 반출하는 것 • 외국공공기관 또는 국제금융기관으로부터 받은 차관자금으로 물품을 구매하기 위하여 실시되는 국제경쟁입찰의 낙찰자가 해당 계약 내용에 따라 국내에서 생산된 물품을 납품하는 것
우리나라에 주둔하는 외국군대(주한외국군)에 납품하는 것	주한외국군기관에 매각하거나 그 기관의 공사 및 용역의 시공을 위하여 사용하는 물품

> **보충** 수출의 범위(통칙 15-2…2)
>
> ① 수출에는 내국신용장에 의한 국내수출은 포함하지 아니한다.
> ② 수출면세반출 승인을 얻어 반출된 물품이 사실상 수출통관된 것으로서 수입자의 도산 등으로 그 물품대금의 결제가 이루어지지 아니하더라도 용도증명이 제출된 경우에는 법상 수출에 해당한다.

② 면세절차

　㉠ 승인 및 승인신청(영 제22조 제1항) : 수출 및 군납 물품에 대하여 면세를 받으려는 자는 신청인의 인적사항 등을 적은 신청서에 수출신용장, 그 밖에 수출물품임을 증명하는 서류 또는 납품계약서의 사본을 첨부하여 해당 물품을 반출할 때에(수입물품의 경우에는 그 수입신고 시부터 수입신고 수리 전까지) 관할 세무서장 또는 세관장에게 제출하여 그 승인을 받아야 한다. 이 경우 해당 물품의 제조자와 수출 또는 납품하는 자가 다른 경우에는 제조자와 수출 또는 납품하는 자가 연명으로 신청하여야 한다.

　㉡ 승인서의 발급(영 제22조 제2항) : 승인신청을 받은 관할 세무서장 또는 세관장이 이를 승인하였을 때에는 그 신청서에 준하는 내용의 승인서를 발급하여야 한다.

　㉢ 용도증명(영 제20조 제4항·제5항) : 반입된 사실 또는 정해진 용도로 제공한 사실을 증명하기 위한 서류는 해당 물품을 반출한 날부터 3개월의 범위에서 반출지 관할 세무서장 또는 세관장이 지정하는 날까지 제출하여야 한다. 지정 기한까지 해당 사실을 증명하기 위한 서류를 부득이한 사정으로 제출할 수 없는 경우에는 관할 세무서장 또는 세관장에게 제출기한의 연장을 신청할 수 있다. 이 경우 관할 세무서장 또는 세관장은 해당 사실을 증명하기 위한 서류의 제출기한이 경과한 날부터 3개월의 범위에서 그 기한을 연장할 수 있다.

③ 수출 및 군납 면세반출 승인신청에 대한 특례(영 제19조의2)

수출 및 군납 면세반출 승인신청에 사용하기 위하여 판매장, 제조장 또는 하치장에서 반출(타인을 통하여 지체 없이 반출하는 경우를 포함)하는 물품에 대하여 면세를 받으려는 자는 해당 물품을 반출한 날이 속하는 분기의 다음 달 25일까지 해당 분기분(석유류에 해당하는 과세물품은 반출한 날이 속하는 달의 다음 달 말일까지 해당 월분)의 과세표준신고서에 반입증명서 또는 용도증명서와 면세 승인신청에 따른 서류(면세 사유에 해당하는 물품만 해당)를 첨부하여 제출하여야 한다.

④ 사후관리

　㉠ 개별소비세의 징수 : 정해진 용도로 제공한 사실을 대통령령으로 정하는 바에 따라 증명하지 아니한 것에 대해서는 반출자 또는 수입신고인으로부터 개별소비세를 징수한다. 다만, 해당 물품의 용도를 변경한 사실이 확인된 경우에는 대통령령으로 정하는 바에 따라 즉시 개별소비세를 징수한다.

　　ⓐ 수출하는 것에 따라 개별소비세를 면제받은 물품을 반입하는 자에 대해서는 대통령령으로 정하는 일정한 사유가 발생한 경우에 그 반입자로부터 개별소비세를 징수한다.

　　ⓑ 우리나라에 주둔하는 외국군대(주한외국군)에 납품하는 것에 따라 개별소비세를 면제받은 물품을 대통령령으로 정하는 바에 따라 면제의 승인을 받은 날부터 5년 내에 타인에게 양도한 경우에는 이를 양수한 자가, 면제의 승인을 받은 날부터 5년 내에 타인이 소지한 경우에는 이를 소지한 자가 반출 또는 수입신고를 한 것으로 보아 개별소비세를 징수한다.

　㉡ 멸실승인 : 개별소비세를 면제받아 반출한 물품에 관하여는 물품이 반입 장소에 반입되기 전에 재해나 그 밖의 부득이한 사유로 멸실된 경우에는 대통령령으로 정하는 바에 따라 개별소비세를 징수하지 아니한다(법 제14조 제3항)는 규정을 준용한다.

(2) 외교관 면세(법 제16조)

① 의의(통칙 16-23…1)

국내에 주재하는 외국공관에서 공용품으로 사용하기 위하여 제조장에서 반출하거나 보세구역에서 반출하는 물품과 주한외교관이나 원조사절 및 그 가족이 사용하기 위하여 수입하는 물품에 대하여 세액을 부담시키지 않는 제도를 말한다.

② 적용대상

다음의 어느 하나에 해당하는 물품에 대해서는 대통령령으로 정하는 바에 따라 개별소비세를 면제한다 (영 제25조).

> ㉠ 우리나라에 주재하는 외교공관과 이에 준하는 <u>대통령령으로 정하는 기관</u>(주한외교공관 등)에서 공용품으로 수입하거나 제조장에서 구입하는 것
> ▷ 우리나라에 상주하는 영사기관(명예영사관원을 장으로 하는 영사기관은 제외), 국제연합과 이에 준하는 국제기구(우리나라가 당사국인 조약과 그 밖의 국내법령에 따라 특권과 면제를 부여받을 수 있는 경우만 해당)를 말한다.
> ㉡ 우리나라에 주재하는 외교관과 이에 준하는 사람으로서 <u>대통령령으로 정하는 사람</u>(주한외교관 등)과 그 가족이 자가용품으로 수입하는 것
> ▷ ㉠에 따른 기관의 소속 직원으로서 해당 국가로부터 공무원 신분을 부여받은 자 또는 외교부장관으로부터 이에 준하는 신분임을 확인받은 자 중 내국인이 아닌 자를 말한다.
> ㉢ 주한외교공관 등과 주한외교관 등이 사용하는 자동차에 사용되는 석유류

③ 면세절차

㉠ 면세승인 신청(영 제23조 제1항) : 외교관 면세 적용대상 물품에 대하여 면세를 받으려는 자는 신청인의 인적사항 등을 적은 신청서에 주한외교공관 등의 장이 해당 사실을 증명한 서류를 첨부하여 해당 물품을 반출할 때에(수입물품의 경우에는 그 수입신고 시부터 수입신고 수리 전까지) 관할 세무서장 또는 세관장에게 제출(국세정보통신망을 통한 제출을 포함)하여 그 승인을 받아야 한다.

㉡ 승인서의 발급(영 제23조 제3항) : 면세승인 신청을 받은 관할 세무서장 또는 세관장이 이를 승인하였을 때에는 그 신청서에 준하는 내용의 승인서를 발급하여야 한다.

주한외국공관의 범위(통칙 16-23…2)

"주한외국공관"이란 주한 각국의 대사관·공사관·영사관(명예영사를 제외) 및 특권과 면제에 관하여 공관에 준하는 대우를 받는 외국기관과 국제연합전문기구(그 주재기관을 포함) 등과 문화체육관광부장관의 인가를 받아 설립한 외신기자클럽을 말한다.

공용품의 적용범위(통칙 16-23…3)

"공용품"이란 외국공관 등이 공용에 사용하기 위하여 해당 공관 등의 예산으로 구입하고 또한 구입 후에 해당 공관 등의 자산 또는 비품으로 처리하는 물품을 말한다.

④ 사후관리

㉠ 개별소비세의 징수 : 개별소비세를 면제받은 물품을 대통령령으로 정하는 바에 따라 면세 승인을 받은 날부터 3년 내에 타인에게 양도한 경우에는 이를 양수한 자가, 면세 승인을 받은 날부터 3년 내에 타인이 소지한 경우에는 이를 소지한 자가 반출 또는 수입신고를 한 것으로 보아 개별소비세를 징수한다. 다만, 개별소비세를 면제받은 물품 중 자동차에 대해서는 주한외교관 등이 이임하는 등 대통령령으로 정하는 다음에 해당하는 부득이한 사유가 있는 경우에는 면세 승인을 받은 날부터 3년 내에 타인에게 양도하거나 타인이 소지한 경우에도 개별소비세를 징수하지 아니한다(영 제25조의2).

ⓐ 주한외교관 등이 본국이나 제3국으로 이임하는 경우
ⓑ 주한외교관 등의 직무가 종료되거나 직위를 상실한 경우
ⓒ 주한외교관 등이 사망한 경우
ⓓ 주한외교공관 등이 우리나라와의 외교관계 단절 등으로 인하여 폐쇄되는 경우

㉡ 멸실승인 : 개별소비세를 면제받아 반출한 물품에 관하여는 물품이 반입 장소에 반입되기 전에 재해나 그 밖의 부득이한 사유로 멸실된 경우에는 대통령령으로 정하는 바에 따라 개별소비세를 징수하지 아니한다(법 제14조 제3항)는 규정을 준용한다.

⑤ 면세한도량의 결정

외교부장관은 기획재정부장관과 협의하여 석유류에 대한 매 연도분의 면세한도량을 그 전년도 12월 31일까지 정하여야 한다.

⑥ 조세 적용규정

위 ②와 ④의 ㉠은 해당 국가에서 우리나라의 공관 또는 외교관 등에게 그 국가의 조세로서 우리나라의 개별소비세 또는 이와 유사한 성질의 조세를 면제하는 경우(④의 ㉠ 단서는 해당 국가에서 우리나라의 공관 또는 외교관 등에게 동일하게 징수를 면제하는 경우로 한정)와 해당 국가에 우리나라의 개별소비세 또는 이와 유사한 성질의 조세가 없는 경우에만 적용한다.

(3) 외국인전용판매장 면세(법 제17조)

① 의의(통칙 17-26…1)

비거주자 또는 주한외교관에게 외화를 받고 판매하기 위하여 정부가 지정하는 장소에 특정한 과세물품을 판매 또는 반출함에 있어 세액을 부담시키지 않는 제도를 말한다.

② 적용대상 23년 기출

관할 세무서장이 지정하는 외국인전용판매장에서 비거주자 또는 국내에 주소나 거소를 둔 주한외교관 등에게 판매할 목적으로 그 판매장에 반입하게 하기 위하여 제조장에서 반출하는 물품에 대해서는 대통령령으로 정하는 바에 따라 개별소비세를 면제하는데, 개별소비세를 면제받을 수 있는 물품은 다음과 같다(영 제27조).

㉠ 보석과 이를 사용한 제품	㉡ 귀금속 제품
㉢ 골패와 화투류	㉣ 고급 가구
㉤ 고급 가방	㉥ 고급 융단

③ 면세판매신고서의 제출

외국인전용판매장의 경영자는 매 분기(석유류에 해당하는 물품은 매월) 판매한 면세물품에 대하여 관할 세무서장에게 면세판매신고서를 제출하여야 한다.

④ 면세절차

㉠ 승인신청(영 제26조 제1항) : 외국인전용판매장 면세규정에 따라 면세를 받으려는 자는 신청인의 인적사항 등을 적은 신청서에 외국인전용판매장 지정증 사본을 첨부하여 해당 물품을 반출할 때에 관할 세무서장에게 제출(국세정보통신망을 통한 제출을 포함)하여 그 승인을 받아야 한다. 이 경우 관할 세무서장은 「전자정부법」에 따른 행정정보의 공동이용을 통하여 사업자등록증을 확인하여야 하며, 신청인이 확인에 동의하지 않는 경우에는 사업자등록증 사본을 첨부하도록 하여야 한다.

㉡ 승인서의 발급 및 사실의 통지(영 제26조 제2항) : 승인신청을 받은 관할 세무서장이 이를 승인하였을 때에는 그 신청서에 준하는 내용의 승인서를 발급하고 반입지 관할 세무서장에게 그 사실을 통지하여야 한다.

㉢ 미납세반출의 규정 준용 : 개별소비세를 면제받아 반출된 물품에 관한 반입 증명, 멸실, 납세의무와 반입 사실의 신고에 관하여는 미납세반출의 규정을 준용한다.

⑤ 외국인전용판매장 면세반출 승인신청에 대한 특례(영 제19조의2)

외국인전용판매장 면세반출 승인신청에 사용하기 위하여 판매장, 제조장 또는 하치장에서 반출(타인을 통하여 지체 없이 반출하는 경우를 포함)하는 물품에 대하여 면세를 받으려는 자는 해당 물품을 반출한 날이 속하는 분기의 다음 달 25일까지 해당 분기분(석유류에 해당하는 과세물품은 반출한 날이 속하는 달의 다음 달 말일까지 해당 월분)의 과세표준신고서에 반입증명서 또는 용도증명서와 면세 승인신청에 따른 서류(면세 사유에 해당하는 물품만 해당)를 첨부하여 제출하여야 한다.

⑥ 외국인전용판매장의 지정 및 지정취소(영 제28조)

㉠ 지정신청 : 외국인전용판매장의 지정을 받으려는 자는 신청인의 인적사항, 판매장의 소재지 및 상호, 면세판매하려는 물품명을 적은 신청서를 판매장 관할 세무서장에게 제출하여야 한다. 이 경우 외국인만 이용하는 판매장으로서 법령에 따라 정부의 허가 또는 등록을 받아야 하는 것에 대해서는 해당 허가증 또는 등록증 사본을 첨부하여 제출(국세정보통신망을 통한 제출을 포함)하여야 한다.

㉡ 지정증의 발급 : 지정을 한 관할 세무서장은 지정번호, 판매장의 소재지 및 상호, 대표자의 인적사항, 면세판매할 물품명을 적은 지정증을 발급하여야 한다.

ⓒ 지정의 취소 : 관할 세무서장은 지정을 받은 자가 다음의 어느 하나에 해당하는 경우에는 그 지정을 취소할 수 있다.

> ⓐ 면세물품을 부정하게 판매한 사실이 있는 경우
> ⓑ 관할 지방국세청장 또는 관할 세무서장의 명령을 위반하여 처벌 또는 처분을 받은 경우
> ⓒ 관계 법령에 따른 허가 또는 등록이 취소되거나 그 밖의 처분을 받은 경우
> ⓓ 사업자 또는 법인의 임원이 국세 또는 지방세를 50만 원 이상 포탈하여 처벌 또는 처분을 받은 경우
> ⓔ 해당 판매장을 양도하거나 대여한 경우
> ⓕ 외국인전용판매장 지정신청서 및 첨부서류에 거짓 내용을 적은 사실이 발견된 경우
> ⓖ 국내에 거주하지 아니하거나 실종된 사실이 발견된 경우(다만, 관리인이 따로 있는 경우는 제외)

② 지정의 거부 : 지정신청을 받은 관할 세무서장은 신청인이 다음의 어느 하나에 해당하는 경우에는 그 지정을 하지 않을 수 있다.

> ⓐ 외국인의 이용도가 낮다고 인정되는 장소에서 판매장을 경영하려는 경우
> ⓑ 판매에 필요한 인원 및 물적 시설을 갖추지 못한 경우
> ⓒ 신청일부터 기산하여 과거 1년 이내에 국세에 관한 범칙행위를 한 경우
> ⓓ 판매장 경영에 필요한 자력 및 신용을 갖추지 못하였다고 인정되는 경우

⑦ 외국인전용판매장에서 판매하는 면세물품의 구입방법 및 판매보고(영 제29조)
　㉠ 면세물품 구입기록표 작성 및 간인 : 외국인전용판매장의 지정을 받은 자가 면세물품을 판매할 때에는 해당 물품 구입자의 신분을 확인한 후 다음의 사항을 적은 개별소비세 면세물품 구입기록표를 작성하여 구입자의 여권에 첨부하고 간인하여야 한다.

> ⓐ 판매자의 인적사항, 판매장 소재지 및 관할 세무서
> ⓑ 구입자의 인적사항, 입국 및 출국 관련 사항
> ⓒ 면세구입물품의 명세

　㉡ 면세물품 판매확인서의 작성 및 제출 : 면세물품을 판매한 자는 면세구매물품의 휴대 여부 또는 세액의 징수 내용을 적은 개별소비세 면세물품 판매확인서 2통을 작성하여 그 중 1통은 구입자(주한외교관 및 주한외국군 장병의 경우는 제외)의 출국 예정항 관할 세관장에게 판매한 때마다 제출하고, 다른 1통은 판매장 관할 세무서장에게 면세판매신고를 할 때에 과세물품 총판매명세서(면세분으로 구분하여 적음)에 첨부하여 각각 제출하여야 한다. 다만, 보세구역에 있는 판매장에서 판매한 경우에는 해당 관할 세관장에게는 제출하지 않아도 된다.
　㉢ 구입 및 소지 사실의 확인 : 면세물품 판매확인서를 받은 세관장은 구입자가 출국할 때에 면세물품 구입기록표를 제출받아 구입 사실을 확인한 후 해당 물품의 소지 사실을 확인하여야 한다.
　㉣ 구입기록표 및 판매확인서의 송부 : 세관장은 매 분기분의 개별소비세 면세물품 구입기록표와 개별소비세 면세물품 판매확인서를 판매장 관할 세무서장에게 해당 분기의 다음 달 10일까지 송부하여야 한다.

ⓜ 물품 휴대의 의제 : 세관장이 구입 사실을 확인하는 경우에 재해나 그 밖의 사정으로 해당 구입물품이 멸실되었다는 사실을 멸실한 즉시 세관장에게 신고하였거나 우편 등의 방법으로 출국 전에 외국으로 반출한 물품에 대해서는 그 사실에 관하여 세관장 또는 우체국장이 발행한 증명서류를 제출한 경우에만 그 물품을 휴대한 것으로 본다.

⑧ 사후관리

㉠ 개별소비세의 징수 12년 기출

구입자로부터 징수 (법 제17조 제5항)	외국인전용판매장에서 개별소비세가 면제되는 물품을 구입한 자가 출국 당시 그 물품을 소지하지 아니한 경우에는 그 구입자로부터 개별소비세를 징수한다.
소지자로부터 징수 (법 제17조 제6항)	개별소비세를 면제받아 반입된 물품을 해당 판매장에서 구입할 수 없는 자가 소지한 경우에는 그 소지자로부터 개별소비세를 징수한다. 다만, 해당 경영자나 구입자로부터 개별소비세를 징수한 사실이 확인된 경우에는 그러하지 아니하다.
판매자로부터 징수 (영 제29조 제6항)	관할 세무서장은 판매자가 제출한 개별소비세 면세물품 판매확인서와 구매자의 출국항 관할 세관장이 송부한 개별소비세 면세물품 구입기록표 및 개별소비세 면세물품 판매확인서를 대조·확인한 후 면세로 반입한 물품의 판매량과 재고량을 조사하여 차이가 있는 경우에는 그 차이에 상당하는 물품에 대한 개별소비세를 판매자로부터 징수한다.

㉡ 멸실된 경우 : 개별소비세를 면제받아 반출된 물품이 반입 장소에 반입되기 전에 그 밖의 부득이한 사유로 멸실된 경우에는 개별소비세를 징수하지 아니한다.

(4) 조건부 면세(법 제18조)

① 의의(통칙 18 − 0…1)

국가시책으로 특정한 용도에 사용되는 과세물품을 판매장에서 판매하거나 제조장 또는 보세구역으로부터 반출함에 있어 일정한 조건을 달아 세액을 부담시키지 않는 제도를 말한다.

② 적용대상 22, 20, 19, 18, 16, 15, 13, 11, 10년 기출

다음의 어느 하나에 해당하는 물품에 대해서는 대통령령으로 정하는 바에 따라 개별소비세를 면제한다. 다만, ㉢의 ⓐ의 물품에 대한 개별소비세(장애인을 위한 특수장비 설치비용을 과세표준에서 제외하고 산출한 금액)는 500만 원을 한도로 하여 면제하고, ⓕ의 물품에 대한 개별소비세는 300만 원을 한도로 하여 면제한다.

> ㉠ 원자로, 원자력 또는 동위원소의 생산·사용·개발에 제공하거나 그 물품의 제조용 원료로 사용하는 물품
> ㉡ 보석으로서 이화학 실험연구용, 공업용 및 축음기 침 제작용인 것
> ㉢ 승용자동차로서 다음의 어느 하나에 해당하는 것
>   ⓐ 대통령령으로 정하는 장애인이 구입하는 것(장애인 1명당 1대로 한정)
>   ▷ "장애인"은 국가유공자 중 장애인, 「장애인복지법」에 따른 장애인, 5·18민주화운동부상자로서 등록된 사람, 고엽제후유의증환자로서 경도 장애 이상의 장애등급 판정을 받은 사람을 말한다 (영 제31조 제1항).
>   ⓑ 환자 수송을 전용으로 하는 것
>   ⓒ 「여객자동차 운수사업법」에 따른 여객자동차운송사업에 사용하는 것
>   ⓓ 「여객자동차 운수사업법」에 따른 자동차대여사업에 사용되는 것(다만, 구입일부터 3년 이내에 동일인 또는 동일 법인에 대여한 기간의 합이 6개월을 초과하는 것은 제외)

ⓔ 「기초연구진흥 및 기술개발지원에 관한 법률」에 따라 인정받은 기업부설연구소 및 기업의 연구
　개발전담부서가 신제품 또는 신기술을 개발하기 위하여 시험·연구용으로 수입하여 사용하는 것
ⓕ 18세 미만의 자녀(가족관계등록부를 기준으로 하고, 양자 및 배우자의 자녀를 포함하되, 입양된
　자녀는 친생부모의 자녀 수에서 제외) 3명 이상을 양육하는 사람이 구입하는 것
ⓛ 외국으로부터 자선 또는 구호를 위하여 자선 또는 구호기관·단체에 기증되는 물품
ⓜ 외국으로부터 사원·교회 등에 기증되는 의식용품 또는 예배용품으로서 대통령령으로 정하는 것
　▷ 개별소비세를 면제할 물품은 탁자류, 불기, 화병, 염주, 다기, 솥, 교단, 촛대, 성찬용 각종 기구,
　　법의(가사를 포함), 예복, 성포, 성막 및 베일로 한다(영 제32조).
ⓗ 학교, 「영유아보육법」에 따른 어린이집, 「과학관의 설립·운영 및 육성에 관한 법률」에 따른 과학관,
　「박물관 및 미술관 진흥법」에 따른 박물관, 물품 진열장소 등에 진열하거나 교재로 사용하기 위한 표
　본 또는 참고품
　▷ "교재로 사용하기 위한 표본 또는 참고품"이란 연구·실험 등의 대상이 되는 교재용 물품을 말하며,
　　과세물품의 본래의 용도로 사용되는 것은 표본 또는 참고품에 해당하지 아니한다(통칙 18-0…2).
ⓢ 외국으로부터 학술연구용 또는 교육용으로 사용하게 하기 위하여 학술연구단체 또는 교육기관에 기
　증되는 물품
ⓞ 재수출할 물품을 보세구역에서 반출하는 것으로서 관세가 면제되는 것
ⓩ 외국항행선박, 원양어업선박 또는 항공기에 사용하는 석유류
ⓧ 의료용, 의약품 제조용, 비료 제조용, 농약 제조용 또는 석유화학공업용 원료로 사용하는 석유류
ⓣ 외국 무역선, 원양어업선박 또는 외국항행 항공기에서 사용할 것으로 인정되는 연료 외의 소모품
ⓔ 산업용 등 대통령령으로 정하는 용도로 사용하는 유연탄
　▷ 「전기사업법」에 따른 발전사업(「집단에너지사업법」에 따른 사업을 하는 과정에서 생산한 전기 및
　　「신에너지 및 재생에너지 개발·이용·보급 촉진법」에 따른 석탄을 액화·가스화한 에너지를 사
　　용하여 생산한 전기를 공급하는 발전사업은 제외) 외의 용도로만 사용되는 유연탄을 말한다(영 제
　　32조의2).

③ 면세절차(영 제30조)
　㉠ 승인신청 : 조건부 면세물품에 대하여 면세를 받으려는 자는 신청인의 인적사항 등을 적은 신청서를
　　해당 물품을 반출할 때에(수입물품의 경우에는 그 수입신고 시부터 수입신고 수리 전까지) 관할 세무
　　서장 또는 세관장에게 제출(국세정보통신망을 통한 제출을 포함)하여 그 승인을 받아야 한다.
　㉡ 승인서의 발급 및 통지 : 승인신청을 받은 관할 세무서장 또는 세관장이 해당 물품에 대한 면세를
　　승인하였을 때에는 그 신청서에 준하는 내용의 승인서를 발급하여야 하며, 반입지 관할 세무서장 또
　　는 세관장에게 그 뜻을 통지하여야 한다.

④ 조건부 면세반출 승인신청에 대한 특례(영 제19조의2)

조건부 면세반출 승인신청에 사용하기 위하여 판매장, 제조장 또는 하치장에서 반출(타인을 통하여 지체없이 반출하는 경우를 포함)하는 물품에 대하여 면세를 받으려는 자는 해당 물품을 반출한 날이 속하는 분기의 다음 달 25일까지 해당 분기분(석유류에 해당하는 과세물품은 반출한 날이 속하는 달의 다음 달 말일까지 해당 월분)의 과세표준신고서에 반입증명서 또는 용도증명서와 면세 승인신청에 따른 서류(면세 사유에 해당하는 물품만 해당)를 첨부하여 제출하여야 한다.

⑤ 사후관리

개별소비세의 징수 22년 기출	조건부 면세대상 물품으로서 대통령령으로 정하는 바에 따라 반입지에 반입한 사실을 증명하지 아니한 것에 대해서는 관할 세무서장 또는 세관장이 그 반출자 또는 수입신고인으로부터 개별소비세를 징수한다.
개별소비세의 납부	조건부 면세대상 물품으로서 반입지에 반입된 후에 면세를 받은 물품의 용도를 변경하는 등 대통령령으로 정하는 사유가 발생하는 경우에는 반입자는 사유가 발생한 날이 속하는 분기의 다음 달 25일까지(석유류 또는 담배에 해당하는 물품은 그 사유가 발생한 날이 속하는 달의 다음 달 말일까지) 과세표준신고서를 반입지 관할 세무서장 또는 세관장에게 제출하고 개별소비세를 납부하여야 한다.
개별소비세 전액의 납부	자동차대여사업에 사용되며 구입일로부터 3년 이내에 동일인 또는 동일 법인에 대여한 기간의 합이 6개월을 초과하는 승용자동차의 경우 반입자는 동일인 또는 동일 법인에 대여한 기간의 합이 6개월을 초과하는 날이 속하는 분기의 다음 달 25일까지 과세표준신고서를 반입지 관할 세무서장에게 제출하고 면제받은 개별소비세 전액을 납부하여야 한다. 다만, 대통령령으로 정하는 요건에 해당하는 경우에는 동일인 또는 동일법인에게 최초로 대여한 날에 용도변경이 된 것으로 보아 납부할 개별소비세액을 계산한다.
멸실된 경우	개별소비세를 면제받아 반출한 물품에 관하여는 물품이 반입 장소에 반입되기 전에 재해나 그 밖의 부득이한 사유로 멸실된 경우에는 대통령령으로 정하는 바에 따라 개별소비세를 징수하지 아니한다(법 제14조 제3항)는 규정 및 과세물품을 반입 장소에 반입한 자는 반입한 날이 속하는 분기의 다음 달 15일(석유류 또는 담배에 해당하는 물품은 반입한 날이 속하는 달의 다음 달 15일)까지 반입 사실을 반입지 관할 세무서장 또는 세관장에게 신고하여야 한다(법 제14조 제5항)는 규정을 준용한다.
폐기된 경우 (영 제33조 제3항)	조건부 면세대상 물품으로서 면세승인을 받아 반입지에 반입한 물품이 부패·파손 또는 이와 유사한 사유로 정해진 용도로 계속하여 사용할 수 없게 된 경우로서 신청인의 인적사항 등을 적은 신청서를 관할 세무서장에게 제출(국세정보통신망을 통한 제출을 포함)하여 그 승인을 받은 후 해당 물품을 폐기한 경우에는 해당 개별소비세를 징수하지 아니한다. 다만, 승용자동차의 경우 「자동차관리법」에 따라 말소등록을 하고 그 사실을 증명하는 서류를 해당 물품을 폐기한 날이 속하는 달의 다음 달 말일까지 제출하는 경우에는 그 승인을 받은 것으로 본다.
재반출의 경우	개별소비세를 면제받아 반입지에 반입한 물품을 조건부 면세 또는 무조건 면세의 용도로 제공하기 위하여 재반출하면 개별소비세를 면제한다.

알아두기

면세구입물품의 폐기(통칙 18-20…11)
「조세특례제한법」에 따라 면세로 구입한 날부터 5년 이내에 부패, 파손 또는 이와 유사한 사유로 해당 용도에 계속하여 사용할 수 없게 되어 폐기하려는 경우에는 관할 세무서장의 승인을 얻은 때에는 면제된 세액을 징수하지 아니한다.

면세물품의 용도변경의 범위(통칙 18-33…8)
면세반입한 후 지정 기간 내에 반입자의 사망으로 인하여 상속하는 경우에는 면제된 세액을 징수한다. 다만, 상속에 의하여 피상속인의 권리·의무가 포괄적으로 승계되고 면세물품이 당초 면세용도에 따라 계속 사용되는 경우에 한하여 세액을 징수하지 아니한다.

(5) 무조건 면세(법 제19조)

① 의의(통칙 19-0…1)

국가의 시책으로 특정한 용도에 사용되는 과세물품을 판매장에서 판매하거나 제조장 또는 보세구역으로부터 반출함에 있어 아무런 조건을 붙이지 아니하고 세액을 부담시키지 않는 제도를 말한다.

② 적용대상 22, 20, 19, 18, 16, 15, 13, 10년 기출

다음의 어느 하나에 해당하는 물품에 대해서는 대통령령으로 정하는 바에 따라 개별소비세를 면제한다.

> ㉠ 외국의 자선 또는 구호기관·단체에 기증하는 물품
> ㉡ 외국으로부터 수여되는 훈장·기장 또는 이에 준하는 표창품과 상패
> ㉢ 외국에 항행 중인 군함 또는 재외공관으로부터 송부되는 공용품
> ㉣ 우리나라의 선박이나 그 밖의 운송기관이 조난으로 해체되어서 생긴 해체재와 장비품
> ㉤ 수출물품의 용기로서 재수입하는 것
> ㉥ 외국 무역선 또는 원양어업 선박이 세관장의 승인을 받아 내항선이 된 경우에 선박에 실린 것으로서 그 선박에서 사용할 것으로 인정되는 연료나 그 밖의 소모품 중 관세가 부과되지 아니하는 것
> ㉦ 국가 또는 지방자치단체에 기증하는 물품
> ㉧ 군사원조로 수입하는 원조 물품 또는 그 물품을 원료로 하여 제조하는 군수용 물품. 다만, 원조 물품 외의 물품을 원료로 섞어 사용하는 경우 그 원료에 대해서는 면제하지 아니한다.
> ㉨ 거주 이전 외의 목적으로 우리나라에 입국하는 사람이 입국할 때에 휴대하여 수입하거나 따로 수입하는 물품으로서 자기가 직접 사용할 것으로 인정되어 관세가 면제되는 것
> ㉩ 거주 이전을 목적으로 입국하는 사람이 입국할 때에 휴대하여 수입하거나 따로 수입하는 이사 화물로서 관세가 면제되는 물품
> ㉠ 거주자가 받는 소액물품으로서 해당 거주자가 사용할 것으로 인정되어 관세가 면제되는 물품
> ㉢ 외국으로부터 수입하는 상업용 견본 또는 광고용 물품으로서 관세가 면제되는 것
> ㉨ 외국에서 개최되는 박람회 등에 출품하기 위하여 해외로 반출하는 물품
> ㉦ 개별소비세가 부과된 물품으로서 수출한 후 개별소비세법에 따른 환급이나 공제를 받은 사실이 없다는 것을 관할 세무서장이 증명하는 물품이 재수입되어 보세구역에서 반출하는 것
> ㉮ 국내에서 제조한 물품으로서 개별소비세가 부과되지 아니한 물품이 국외로 반출된 후 수출신고 수리일부터 6개월 내에 재수입됨으로써 과세물품이 되는 경우에 그 물품의 제조·가공에 사용한 원재료에 대하여 개별소비세법에 따른 면제·환급 또는 공제를 받은 사실이 없다는 것을 관할 세무서장이 증명하는 물품이 재수입되어 보세구역에서 반출하는 것
> ㉯ 국가원수의 경호용으로 사용할 물품

③ 면세절차(영 제30조)

㉠ 승인신청 : 무조건 면세물품에 대하여 면세를 받으려는 자는 신청인의 인적사항 등을 적은 신청서를 해당 물품을 반출할 때에(수입물품의 경우에는 그 수입신고 시부터 수입신고 수리 전까지) 관할 세무서장 또는 세관장에게 제출(국세정보통신망을 통한 제출을 포함)하여 그 승인을 받아야 한다.

㉡ 승인서의 발급 및 통지 : 승인신청을 받은 관할 세무서장 또는 세관장이 해당 물품에 대한 면세를 승인하였을 때에는 그 신청서에 준하는 내용의 승인서를 발급하여야 하며, 반입지 관할 세무서장 또는 는 세관장에게 그 뜻을 통지하여야 한다.

2. 입장행위 및 유흥음식행위의 면세

(1) 입장행위의 면세(법 제19조의2)

다음의 어느 하나에 해당하는 입장행위에 대해서는 대통령령으로 정하는 바에 따라 개별소비세를 면제한다.

> ① 「국민체육진흥법」에 따른 대한체육회 및 그 회원인 단체 또는 대통령령으로 정하는 단체가 개최하는 경기 대회에 참가하는 선수가 대회 기간 중 경기 시설을 이용하거나 입장하는 경우
> ② 대통령령으로 정하는 다음의 어느 하나에 해당하는 사람으로서 문화체육관광부장관이 지정하는 골프선수가 골프장에 입장하는 경우(영 제33조의2 제2항)
> 　㉠ 「국민체육진흥법」에 따른 대한체육회 및 그 회원인 단체에 등록된 학생선수
> 　㉡ ㉠에 따른 단체에 등록된 정회원인 선수
> ③ 외국인이나 대통령령으로 정하는 해외 거주 국민(「해외이주법」에 따른 해외이주자)이 「폐광지역개발 지원에 관한 특별법」에 따라 허가받은 카지노에 입장하는 경우

(2) 유흥음식행위의 면세

① 면세대상(법 제19조의3)

주한 국제연합군이나 미국군이 주둔하는 지역의 과세유흥장소의 경영자로서 관할 세무서장의 지정을 받은 자가 외국군인에게 외화를 받고 제공하는 유흥음식행위에 대하여는 대통령령으로 정하는 바에 따라 개별소비세를 면제한다.

② 면세절차(영 제33조의3)

㉠ 영수증 등의 서류 기록 및 제출 : 유흥음식행위에 대하여 개별소비세를 면제받으려는 과세유흥장소의 경영자는 외국군인에게 판매한 영수증 등의 서류를 갖춰 두어 기록하고 해당 월분의 과세표준신고서의 제출기한까지 외국환 매입증명서를 첨부하여 관할 세무서장에게 제출하여야 한다.

㉡ 신청서의 제출 : 관할 세무서장의 지정을 받으려는 자는 신청인의 인적사항, 면세받으려는 과세유흥장소의 소재지, 상호 및 대표자의 인적사항, 신청 사유를 적은 신청서를 관할 세무서장에게 제출하여야 한다. 이 경우 법령에 따라 정부의 허가·등록(사업자등록은 제외)·지정을 받아야 하는 것에 대해서는 해당 허가증·등록증 또는 지정증 사본을 첨부하여 제출하여야 한다.

㉢ 지정 및 지정취소

ⓐ 지정증의 발급 : 지정을 한 관할 세무서장은 지정번호, 과세유흥장소의 소재지 및 상호, 대표자의 인적사항, 면세판매할 물품명을 적은 지정증을 발급하여야 한다.

ⓑ 지정의 취소 : 관할 세무서장은 지정을 받은 자가 다음의 어느 하나에 해당하는 경우에는 그 지정을 취소할 수 있다.

- 면세물품을 부정하게 판매한 사실이 있는 경우
- 관할 지방국세청장 또는 관할 세무서장의 명령을 위반하여 처벌 또는 처분을 받은 경우
- 관계 법령에 따른 허가 또는 등록이 취소되거나 그 밖의 처분을 받은 경우
- 사업자 또는 법인의 임원이 국세 또는 지방세를 50만 원 이상 포탈하여 처벌 또는 처분을 받은 경우
- 해당 과세유흥장소를 양도하거나 대여한 경우
- 과세유흥장소 지정신청서 및 첨부서류에 거짓 내용을 적은 사실이 발견된 경우
- 국내에 거주하지 아니하거나 실종된 사실이 발견된 경우(다만, 관리인이 따로 있는 경우는 제외)

ⓒ 지정의 거부 : 지정신청을 받은 관할 세무서장은 신청인이 다음의 어느 하나에 해당하는 경우에는 그 지정을 하지 않을 수 있다.

- 외국인의 이용도가 낮다고 인정되는 장소에서 과세유흥장소를 경영하려는 경우
- 판매에 필요한 인원 및 물적 시설을 갖추지 못한 경우
- 신청일부터 기산하여 과거 1년 이내에 국세에 관한 범칙행위를 한 경우
- 과세유흥장소 경영에 필요한 자력 및 신용을 갖추지 못하였다고 인정되는 경우

제3절 세액의 공제와 환급

1. 세액의 공제

(1) 세액공제의 사유(법 제20조 제1항) 16년 기출

이미 개별소비세가 납부되었거나 납부될 물품 또는 그 원재료가 다음의 어느 하나에 해당하는 경우에는 해당 세액을 대통령령으로 정하는 바에 따라 납부 또는 징수할 세액에서 공제한다.

① 과세물품의 제조장 또는 보세구역으로부터 과세물품을 반입(다른 법령에서 정하는 바에 따르는 경우 등 대통령령으로 정하는 부득이한 사유로 제조장 또는 보세구역이 아닌 장소로부터 반입하는 경우를 포함)하여 다른 과세물품의 제조·가공에 직접 사용하거나 제조장이 아닌 장소에서 판매 목적으로 행위의 어느 하나에 해당하는 것으로서 해당 세액을 납부 또는 징수하는 경우(영 제34조 제2항)
  ㉠ 「도시가스사업법」에 따른 자가소비용직수입자가 같은 법 제10조의9 제1항 또는 제2항에 따라 천연가스를 수입할 수 있는 경우에 해당하지 않아 같은 법에 따른 도시가스사업자로부터 천연가스를 공급받는 경우
  ㉡ ㉠에 따른 자가소비용직수입자가 아닌 자가 「도시가스사업법」에 따른 도시가스사업자로부터 천연가스를 공급받는 경우
② 과세물품을 제조장 또는 보세구역으로부터 반입하여 가공 또는 조립한 물품을 반출하는 것으로서 해당 세액을 납부 또는 징수하는 경우

(2) 세액의 공제방법

① 세액공제 및 납부·징수(통칙 20-34…1)

이미 개별소비세가 납부되었거나 납부될 물품 또는 원재료를 해당 제조장 또는 보세구역으로부터 반입하여 다른 과세물품의 제조·가공에 직접 사용한 후 해당 제품에 대한 세액을 납부 또는 징수하는 때에는 해당 제품의 제조·가공을 위하여 사용한 물품 또는 원재료에 대하여 이미 납부되었거나 납부될 세액을 공제하고 납부 또는 징수한다.

② 초과 부분의 세액은 미공제(법 제20조 제6항) 16년 기출

세액공제를 할 때 해당 원재료 또는 구입물품에 대한 세액이 그 원재료를 사용하여 제조한 물품 또는 판매물품에 대한 세액을 초과하는 경우에는 그 초과 부분의 세액은 공제하지 아니한다.

> **보충** 공제할 수 없는 경우(통칙 20-34…3)
>
> 과세물품(원재료)을 제조자가 아닌 판매업자(대리점 등)로부터 구입하여 다른 과세물품으로 제조하여 반출하는 경우에 판매업자로부터 구입한 과세물품에 부과된 개별소비세는 공제하지 아니한다.

2. 세액의 환급

(1) 세액환급의 사유(법 제20조 제2항)

이미 개별소비세가 납부되었거나 납부될 물품 또는 그 원재료가 다음의 어느 하나에 해당하는 경우에는 대통령령으로 정하는 바에 따라 이미 납부한 세액을 환급한다. 이 경우 납부 또는 징수할 세액이 있으면 이를 공제한다.

> ① 과세물품 또는 과세물품을 사용하여 제조·가공한 물품을 수출하거나 주한외국군에 납품하는 경우
> ② 개별소비세가 면제되는 물품과 그 물품의 원재료로 사용되는 물품
> ③ 제조장으로부터 반출된 과세물품을 품질 불량, 변질, 자연재해, 그 밖에 대통령령으로 정하는 사유로 같은 제조장(석유류의 물품은 같은 회사의 다른 제조장을 포함) 또는 하치장에 환입한 것(중고품은 제외하되, 「소비자기본법」에 따라 교환이나 환불되어 환입한 중고품 포함)으로서 그 환입한 날이 속하는 분기의 다음 달 25일(석유류에 해당하는 물품은 환입한 날이 속하는 달의 다음 달 말일)까지 환입된 사실을 관할 세무서장에게 신고하여 대통령령으로 정하는 바에 따라 확인을 받은 경우. 이 경우 하치장에 환입해서 확인을 받으면 같은 제조장에 환입한 것으로 본다.
> ▷ "중고품"이란 제조장에서 반출한 물품으로서 해당 물품의 용도에 따라 사용한 사실이 있는 물품을 말한다(통칙 20-34…10).

(2) 세액환급의 절차(영 제34조 제5항) 16년 기출

세액의 환급신청을 받은 경우에 관할 세무서장은 그 신청인이 장래에 납부할 금액이 있는 경우에는 그 납부할 세액에서 이미 납부한 세액을 공제하며, 신청인이 제조를 폐지하거나 그 밖의 사유로 장래에 납부할 세액이 없는 경우에는 이미 납부한 세액을 환급신청을 받은 날부터 30일 내에 환급하여야 한다.

수출물품에 대한 세액의 환급(통칙 20−34…5)

① 수출면세반출 승인(신고)절차를 이행한 후 과세물품을 수출하였으나 소정기한 내에 용도증명서를 제출하지 아니함으로써 징수한 세액은 환급할 수 있다.

② 수출물품 임가공업자가 미납세반출 승인(신고)절차를 이행함이 없이 위탁자에게 납품함으로써 징수당한 세액은 환급할 수 있다. 이 경우 당해 물품이 수출된 경우에 한한다.

③ 환급받기 위하여 제출하는 서류 중 수출자와 환급신청자의 명의가 다른 경우라 하더라도 본사와 제조장 간 또는 본사와 지사(지점) 간의 관계와 같이 동일인격체인 경우에는 환급할 수 있다.

환급의 범위(통칙 20−34…6)

① 과세물품이 제조장으로부터 반출되어 직매장에 잔존하고 있을 때 법 개정에 의하여 비과세물품으로 된 경우 이미 납부한 세액은 환급할 수 없다.

② 외국인전용 판매장 면세반출 승인(신고)을 받아 반출한 후 지정기한 내에 반입지 관할 세무서장이 발행하는 반입증명서를 제출하지 아니함으로써 징수한 세액은 그 후 해당 물품이 면세로 판매되었다 하더라도 이미 추징한 세액은 환급할 수 없다.

③ 당초 공제 또는 환급신청이 적법하게 이루어졌으나 관할 세무서장의 법규해석착오로 당해 신청서가 부당하게 반려됨으로써 동 신청기한이 경과된 경우에는 관할 세무서장이 직권에 의하여 당초 신청서에 의하여 세액의 공제 또는 환급을 결정하여야 한다.

④ 제조자가 과세물품을 수출면세반출 승인신청(신고)절차를 이행함이 없이 수출한 경우에는 제조자로부터 개별소비세와 가산세를 같이 부과·징수한 후 해당 제조자가 환급신청을 하는 때에는 가산세를 제외한 세액만을 환급한다.

(3) 가정용부탄에 대한 개별소비세 환급 특례(법 제20조의2)

① 가정용부탄

㉠ 환급세액의 환급 및 공제 : 액화석유가스 판매사업자 등 대통령령으로 정하는 사업자(액화석유가스 충전사업자, 액화석유가스 판매사업자 및 액화석유가스 특정사용자, 고압가스제조자)에게 취사난방용 등 대통령령으로 정하는 용도로 사용되는 가정용부탄을 판매하는 액화석유가스 충전사업자와 가정용부탄을 제조하거나 수입하는 납세의무자에 대해서는 다음 계산식에 따라 계산된 개별소비세액(환급세액)을 환급하거나, 납부 또는 징수할 세액에서 이를 공제할 수 있다.

> 환급세액 = 가정용부탄으로 판매한 수량 × (부탄의 세액 − 프로판의 세액)

㉡ 가정용부탄의 용도(영 제34조의2 제2항) : 취사난방용 등 대통령령으로 정하는 용도란 다음의 어느 하나에 해당하는 것을 말한다.

> ⓐ 액화석유가스의 안전관리 및 사업법령에 따라 산업통상자원부장관이 고시하는 기준에 적합한 용기내장형 가스난방기용으로 사용되는 것
> ⓑ 「고압가스 안전관리법」에 따라 산업통상자원부령으로 정하는 이동식 부탄연소기용으로 사용되는 것과 접합 또는 납붙임용기용으로 사용되는 것
> ⓒ 「전기용품 및 생활용품안전관리법」에 따라 산업통상자원부령으로 정하는 1회용 가스라이터용으로 사용되는 것

② 환급신청
  ㉠ 환급신청서의 제출 : 환급 또는 공제를 받으려는 자는 매월 가정용부탄으로 판매한 수량 및 환급세액 등을 적은 환급신청서를 다음 달 말일까지 해당 사업자의 관할 세무서장 또는 세관장에게 제출하여 야 한다.
  ㉡ 첨부서류의 제출(영 제34조의2 제4항) : 환급 또는 공제를 받으려는 자는 기획재정부령으로 정하는 신청서에 가정용부탄 판매명세서 또는 취사난방용 천연가스 판매명세서, 세금계산서, 그 밖에 국세청장 또는 관세청장이 정하는 서류를 첨부하여 관할 세무서장 또는 세관장에게 신청해야 한다.

③ 환급세액 등의 징수
  관할 세무서장 또는 세관장은 다음의 어느 하나의 경우에는 해당 항목에서 정한 금액과 그 금액의 100분의 40(단순착오에 의한 경우에는 100분의 10)에 상당하는 금액의 가산세를 합친 금액을 개별소비세로 징수한다.

> ㉠ 세액을 환급 또는 공제받은 자가 허위세금계산서를 발급하는 등 대통령령으로 정하는 사유로 과다하게 환급 또는 공제받은 경우 : 그 과다환급세액 또는 과다공제금액(영 제34조의2 제5항)
>   ⓐ 재화의 공급 없이 발행된 세금계산서로 환급신청서를 제출하는 경우
>   ⓑ 재화의 공급시기가 속하는 과세기간에 대한 확정신고기한 후에 발행된 세금계산서로 환급신청서를 제출하는 경우
>   ⓒ 동일한 재화의 공급에 대하여 이중으로 발행된 세금계산서로 환급신청서를 제출하는 경우
>   ⓓ 부가가치세법의 기재사항의 일부 또는 전부가 누락되거나 사실과 다르게 적힌 세금계산서로 환급신청서를 제출하는 경우(다만, 기재사항이 착오로 적힌 것으로서 그 밖의 증명서류로 그 거래 사실이 확인되는 경우는 제외)
>   ⓔ 가정용부탄을 액화석유가스 충전사업자, 액화석유가스 판매사업자 및 액화석유가스 특정사용자, 고압가스제조자 외의 자에게 판매하고 환급신청서를 제출하는 경우
>   ⓕ 가정용부탄을 용도 외의 용도로 판매하고 환급신청서를 제출하는 경우
> ㉡ 해당 물품을 공급받은 사업자가 그 물품을 같은 항에 따른 용도 외로 사용하는 경우 : 용도 외 사용량에 해당하는 환급세액

④ 관허사업의 제한
  위 ③에 해당하는 자에 관하여는 대통령령으로 정하는 기준(최근 2년 이내에 3회 이상 개별소비세액을 추징당한 경우, 최근 2년 이내에 추징된 세액의 합계액이 200만 원 이상인 경우)에 따라 「국세징수법」 제112조 제2항 및 제4항을 준용한다(영 제34조의2 제7항).
  ㉠ 사업의 정지 또는 허가 등의 취소 요구 : 관할 세무서장은 허가 등을 받아 사업을 경영하는 자가 해당 사업과 관련된 소득세, 법인세 및 부가가치세를 3회 이상 체납하고 그 체납된 금액의 합계액이 500만 원 이상인 경우 해당 주무관청에 사업의 정지 또는 허가 등의 취소를 요구할 수 있다. 다만, 재난, 질병 또는 사업의 현저한 손실, 그 밖에 대통령령으로 정하는 사유가 있는 경우에는 그러하지 아니하다.
  ㉡ 조치결과의 통지 : 해당 주무관청은 관할 세무서장의 요구가 있는 경우 정당한 사유가 없으면 요구에 따라야 하며, 그 조치 결과를 즉시 관할 세무서장에게 알려야 한다.

3. 세액의 공제와 환급

(1) 세액의 공제 및 환급의 배제

① 납부되었거나 납부될 세액의 공제 및 환급의 배제(법 제20조 제3항)

미납세반출, 외국인전용판매장 면세 및 조건부 면세 규정에 따라 지정된 기한까지 반입 사실을 증명하지 아니하여 개별소비세를 징수하거나 면세를 받은 물품의 용도를 변경하는 등의 사유로 개별소비세를 신고·납부하는 경우에는 그 물품의 원재료에 대하여 납부되었거나 납부될 세액은 공제하거나 환급하지 아니한다.

② 부과하였거나 부과할 가산세의 공제 및 환급의 배제(법 제20조 제5항) 16년 기출

개별소비세가 납부되었거나 납부될 물품에 대하여 부과하였거나 부과할 가산세는 공제하거나 환급하지 아니한다.

(2) 세액의 공제 및 환급절차

① 서류의 제출(법 제20조 제4항)

공제 또는 환급을 받으려는 자는 해당 사유가 발생한 날부터 6개월이 지난 날이 속하는 달의 말일까지 대통령령으로 정하는 서류를 과세표준신고와 함께 관할 세무서장 또는 세관장에게 제출하여야 한다.

② 환급신청(영 제34조 제1항)

공제 또는 환급을 받으려는 자(공제 등 신청인)는 기획재정부령으로 정하는 신청서에 해당 사유의 발생 사실을 증명하는 서류와 개별소비세가 이미 납부되었거나 납부될 사실을 증명하는 서류를 첨부하여 관할 세무서장 또는 세관장에게 신청(국세정보통신망을 통한 신청을 포함)하여야 한다.

③ 증명 서류(영 제34조 제4항)

해당 사실을 증명하는 서류는 해당 물품에 소요된 물품의 명세서, 해당 물품의 가공 또는 조립에 사용된 물품의 명세서, 수출 또는 납품 사실 증명서, 해당 물품의 제조 또는 가공에 사용된 물품의 명세서와 원료사용량 증명서, 해당 환입 사실을 확인하는 서류 등이 있다.

(3) 공제 또는 환급세액의 징수(법 제20조 제7항) 16년 기출

환급 또는 공제를 받은 물품이 정해진 용도로 사용되지 아니한 사실이 확인된 경우에는 환급 또는 공제된 개별소비세를 징수한다.

(4) 담배에 대한 미납세반출, 면제와 세액의 공제 및 환급에 관한 특례(법 제20조의3)

① 개별소비세를 징수하지 아니하는 사유

담배에 대하여 개별소비세를 징수하지 아니하는 사유에 관하여는 「지방세법」을 준용하며 절차 등은 개별소비세법에 따른다.

② 개별소비세를 면제하는 사유

담배에 대하여 개별소비세를 면제하는 사유에 관하여는 「지방세법」을 준용하며, 그 절차 및 추징 등에 관하여는 이하의 규정에 따른다. 다만, 개별소비세를 면제받은 담배를 반출한 후 해당 용도에 사용하지 아니하고 매도, 판매, 소비와 그 밖의 처분을 한 경우에는 그 처분을 한 자로부터 개별소비세를 징수한다.

> ⊙ 「지방세법」에 따른 수출(수출 상담을 위한 견본용 담배는 제외)의 경우 : 수출 및 군납 면세 관련 규정
> 에 따른다.
> ⊙ ⊙ 외의 경우 : 조건부 면세 규정에 따른다.

③ 개별소비세의 세액을 공제하거나 환급하는 사유

개별소비세가 납부되었거나 납부될 담배에 대하여 개별소비세의 세액을 공제하거나 환급하는 사유는 다음과 같다.

> ⊙ 제조장 또는 보세구역에서 반출된 담배가 천재지변이나 그 밖의 부득이한 사유로 멸실되거나 훼손된
> 경우
> ⊙ 제조장 또는 보세구역에서 반출된 담배가 포장 또는 품질의 불량, 판매부진, 그 밖의 부득이한 사유로
> 제조장 또는 「지방세법」에 따른 수입판매업자의 담배보관 장소로 반입된 경우
> ⊙ 이미 신고・납부한 세액이 초과 납부된 경우
> ⊙ 개별소비세가 면제되는 사유에 해당하는 담배와 그 담배의 원재료로 사용되는 담배인 경우

제**3**장 기 타

제1절 개업·폐업 등의 신고 및 협력의무

1. 개업·폐업 등의 신고(법 제21조)

(1) 개업신고

① 의 의

과세물품을 제조하려는 자와 과세장소·과세유흥장소 또는 과세영업장소의 영업을 하려는 자는 대통령령으로 정하는 바에 따라 제조장·과세장소·과세유흥장소 또는 과세영업장소(사업장) 관할 세무서장에게 신고하여야 한다. 이를 휴업 또는 폐업하거나 신고 내용이 변경된 경우에도 또한 같다.

② 신고서의 제출(영 제35조 제1항)

과세물품을 제조하려는 자는 사업개시 5일 전까지, 과세장소·과세유흥장소 또는 과세영업장소의 영업을 경영하려는 자는 영업개시 전까지 기획재정부령으로 정하는 신고서를 제조장·과세장소·과세유흥장소 또는 과세영업장소(사업장)의 관할 세무서장이나 본점 또는 주사무소의 관할 세무서장에게 제출하여야 한다.

③ 허가증 등의 사본 첨부(영 제35조 제2항)

법령에 따라 허가 등을 받아야 하는 사업의 경우에는 허가증 등의 사본(허가 등을 받기 전인 경우에는 허가신청서 등의 사본 또는 사업계획서)을 신고서에 첨부하여 제출하여야 한다. 다만, 「부가가치세법」에 따라 등록을 한 자는 그러하지 아니하다.

④ 사업자 단위 과세

㉠ 사업자 단위 과세신고 : 둘 이상의 사업장이 있는 사업자는 사업자 단위로 해당 사업자의 본점 또는 주사무소 관할 세무서장에게 신고할 수 있다. 개업 신고를 한 사업자가 사업자 단위로 신고하려면 사업자 단위 과세사업자로 적용받으려는 과세기간이 시작되기 20일 전까지 신고하여야 한다.

㉡ 사업장 단위 과세 전환신고서의 제출(영 제35조 제5항) : 사업자 단위 과세사업자로 신고한 사업자가 각 사업장별로 과세표준의 신고를 하려는 경우에는 사업장 단위 과세사업자로 적용받으려는 과세기간이 시작되기 20일 전까지 기획재정부령으로 정하는 사업장 단위 과세 전환신고서를 본점 또는 주사무소의 관할 세무서장에게 제출하여야 한다.

▷ 사업장 단위 과세 전환신고서를 제출받은 관할 세무서장은 그 처리결과를 지체 없이 해당 사업자와 다른 사업장의 관할 세무서장에게 통지하여야 한다.

(2) 휴업신고(영 제35조 제3항)

과세물품의 제조자와 과세장소·과세유흥장소 또는 과세영업장소의 영업의 경영자가 해당 영업을 1개월 이상 휴업하려면 기획재정부령으로 정하는 신고서를 휴업을 개시하기 전까지 사업장의 관할 세무서장이나 본점 또는 주사무소의 관할 세무서장에게 제출하여야 한다.

(3) 변동 및 폐업신고(영 제35조 제4항)

신고한 사항에 변동이 생긴 경우 또는 해당 영업을 폐지한 경우에는 기획재정부령으로 정하는 신고서를 지체 없이 관할 세무서장에게 제출하여야 한다. 다만, 과세물품의 제조자와 과세장소 또는 과세유흥장소의 경영자가 과세표준신고서에 폐업연월일 및 사유를 적어 제출하는 경우에는 폐업신고서를 제출한 것으로 본다.

(4) 사업승계의 신고

① 영업의 양수 및 상속승계

과세물품의 제조업 또는 과세장소·과세유흥장소·과세영업장소의 영업을 양수하거나 상속으로 승계한 자는 그 사실을 즉시 관할 세무서장에게 신고하여야 한다. 이 경우 양수인은 양도인과 연명하여 신고하여야 한다.

② 합병의 신고

법인을 합병하는 경우에 합병 후 존속하는 법인 또는 합병으로 설립된 법인(합병법인)이 합병으로 소멸된 법인(피합병법인)의 제조업 또는 과세장소·과세유흥장소·과세영업장소의 영업을 승계한 경우에 합병법인은 그 사실을 즉시 관할 세무서장에게 신고하여야 한다. 이 경우 합병법인은 피합병법인과 연명하여 신고하여야 한다.

(5) 폐업으로 보지 아니하는 경우(법 제22조)

제조장 또는 과세장소·과세유흥장소·과세영업장소를 사실상 이전하지 아니하고 제조업 또는 과세장소·과세유흥장소·과세영업장소의 영업을 포괄승계 하는 경우에는 개별소비세법을 적용할 때 해당 제조업 또는 영업을 폐업한 것으로 보지 아니한다.

알아두기

판매장·제조장 및 과세장소·과세유흥업소의 폐지의 범위(통칙 22−0…1)
① 다음의 어느 하나의 경우에는 판매업·제조업 및 과세장소·과세유흥장소의 영업을 폐지한 것으로 본다.
  1. 판매장·제조장·과세장소 또는 과세유흥장소를 이전하는 경우
  2. 사업을 양도하는 경우
  3. 법인으로 전환하는 경우
  4. 사업자가 사망하는 경우
② 다음 어느 하나에 해당하는 경우에는 판매·제조 또는 영업을 폐지한 것으로 보지 아니한다.
  1. 사업장을 이전하지 아니하고 그 사업에 관하여 포괄승계가 있는 경우
  2. 사업자가 사망한 경우에 피상속인의 권리의무에 대하여 포괄승계가 있는 경우

2. 협력의무

(1) 장부 기록의 의무(법 제23조)

① 의 의

과세물품의 판매자 또는 제조자와 과세장소·과세유흥장소·과세영업장소의 경영자는 대통령령으로 정하는 바에 따라 장소별로 장부를 갖춰 두고 장부에 그 제조·저장·판매·입장·유흥음식행위 또는 영업행위에 관한 사항을 기재하여야 한다(영 제36조).

과세물품의 판매자 또는 제조자	• 매입한 원재료 또는 물품의 품명, 종류, 수량, 규격, 매입연월일과 판매자의 인적사항 • 사용한 원재료 또는 물품의 품명, 종류, 수량, 규격 및 사용연월일 • 제조 또는 판매한 물품의 품명, 수량, 규격 및 제조연월일 • 반출한 물품의 품명, 수량, 규격, 가격, 반출연월일과 구입자의 인적사항(보석 및 귀금속에 해당하는 과세물품을 소비자에게 판매하는 경우는 제외)
과세장소의 경영자	• 입장한 인원과 입장요금의 총액 • 입장권의 사용 상황 • 세 액 • 영수증용지 및 발행한 영수증에 관한 사항(영수증의 발행 명령을 받은 경우로 한정)
과세유흥장소의 경영자	• 유흥음식행위 연월일 • 입장한 인원과 유흥음식요금의 총액 및 세액 • 구입한 주류의 구입처·종류·수량·금액 및 구입연월일
과세영업장소의 경영자	• 영업연월일 • 영업일별로 입장한 인원, 영업일별로 고객으로부터 받은 총금액, 영업일별로 고객에게 지급한 총금액 및 세액

② 구분기장

과세유흥장소의 경영자는 과세분과 면세분을 구분해서 장부에 기록하여야 한다.

③ 기장의제

경영자는 대통령령으로 정하는 바에 따라 해당 감사 테이프를 보관하여야 한다. 이 경우에는 장부를 갖추고 장부에 기록한 것으로 본다.

(2) 영수증의 발급(법 제23조의2)

과세유흥장소의 경영자가 유흥음식요금을 받은 경우에는 대통령령으로 정하는 바에 따라 영수증을 발급하고 그 사본을 보관하여야 한다.

(3) 금전등록기의 설치(법 제23조의3)

① 설치·사용

과세유흥장소의 경영자로서 대통령령으로 정하는 자는 금전등록기를 설치·사용하고 금전등록기로 영수증을 발급할 수 있다. 이 경우에는 영수증을 발급한 것으로 본다.

② 세부규정

금전등록기의 설치·운영에 필요한 사항은 대통령령으로 정한다.

(4) 권리 · 의무의 승계(법 제24조)

① 의 의

제조장 또는 과세장소 · 과세유흥장소 · 과세영업장소를 사실상 이전하지 아니하고 제조업 또는 과세장소 · 과세유흥장소 · 과세영업장소의 영업을 포괄승계하는 경우 승계인은 피승계인에게 속하였던 다음의 권리 · 의무를 승계한다.

> ㉠ 과세표준의 신고, 세액 및 「국세기본법」의 규정에 따른 가산세 납부 등의 의무
> ㉡ 공제와 환급에 관한 권리 · 의무
> ㉢ 장부의 비치 · 기록의 의무
> ㉣ 개별소비세법에 따라 미납세 또는 면세로 반입된 물품으로서 사후관리를 받고 있는 것에 관한 권리 · 의무

② 권리 · 의무의 승계 규정 적용

① 외의 경우로서 미납세 또는 면세로 물품을 반입한 자에 대해서도 권리 · 의무의 승계 규정을 적용한다.

제2절　명령 및 과세감독 등

1. 명령 및 질문검사권

(1) 명령 사항 등(법 제25조)

① 명령 사항

㉠ 납세 보전을 위한 명령 : 관할 지방국세청장 또는 관할 세무서장은 개별소비세의 납세 보전을 위하여 필요하다고 인정하면 대통령령으로 정하는 바에 따라 과세물품의 판매자 및 제조자와 과세장소 · 과세유흥장소 · 과세영업장소의 경영자에게 세금계산서 발행, 입장권 사용, 영수증 발행, 표지판의 게시, 그 밖에 단속을 위하여 필요한 사항에 관한 명령을 할 수 있다.

㉡ 세금계산서의 발행 등의 명령(영 제37조 제1항) : 관할 지방국세청장 또는 관할 세무서장은 과세물품의 제조자 또는 판매자와 과세장소의 경영자, 과세유흥장소의 경영자 또는 과세영업장소의 경영자에게 세금계산서의 발행, 입장권의 사용, 영수증의 발행, 표지판의 게시, 장부의 작성 · 보존 및 제출에 관한 사항을 명할 수 있다.

② 명령대상자

관할 지방국세청장 또는 관할 세무서장은 개별소비세의 납세 보전을 위하여 필요하다고 인정하면 다음의 어느 하나에 해당하는 자에게 해당 물품의 구분 · 적재 · 보관, 과세자료 제출, 그 밖에 단속을 위하여 필요한 사항에 관한 명령을 할 수 있다.

> ㉠ 판매업 지정을 받은 자
> ㉡ 미납세 또는 면세로 물품을 반입한 자
> ㉢ 과세물품의 부분품을 제조 · 가공하는 자

③ 기타 명령

　　㉠ 반입한 물품의 구분·적재 및 보관 등의 명령(영 제37조 제5항) : 관할 지방국세청장 또는 관할 세무서장은 외국인전용판매장의 경영자와 미납세 또는 면세로 물품을 반입한 자에게 면세로 반입한 물품의 구분·적재 및 보관, 장부의 작성·보존, 게시물의 부착 및 물품교환권의 사용에 관한 사항을 명할 수 있다.

　　㉡ 과세자료의 제출(영 제37조 제6항) : 관할 지방국세청장 또는 관할 세무서장은 세원을 조사하기 위하여 특히 필요하다고 인정되는 과세물품의 부분품을 제조·가공하는 자에게 과세자료의 제출을 명할 수 있다.

(2) 질문검사권(법 제26조)

① 질문사항

세무공무원은 개별소비세에 관한 조사를 위하여 필요하다고 인정하면 과세물품의 판매자 또는 제조자와 과세장소·과세유흥장소·과세영업장소의 경영자에 대하여 다음의 사항에 관하여 질문을 하거나 그 장부, 서류 또는 그 밖의 물건을 검사할 수 있다.

> ㉠ 과세물품 또는 이를 사용한 제품으로서 과세물품의 판매자 또는 제조자가 소지하는 것
> ㉡ 과세물품 또는 이를 사용한 제품의 제조·저장 또는 판매에 관한 장부·서류
> ㉢ 과세물품 또는 이를 사용한 제품을 제조·저장 또는 판매하기 위하여 필요한 건축물·기계·기구·재료나 그 밖의 물건
> ㉣ 과세장소 입장에 관한 장부·서류나 그 밖의 물건
> ㉤ 과세유흥장소의 유흥음식행위에 관한 장부·서류나 그 밖의 물건
> ㉥ 과세영업장소에서의 영업행위에 관한 장부·서류나 그 밖의 물건

② 단속 조치

세무공무원은 운반 중인 과세물품과 이를 사용한 제품의 출처 또는 도착지를 질문할 수 있다. 이 경우 단속을 위하여 필요하다고 인정하면 세무공무원은 그 운반을 정지시키거나 화물 또는 선박·차량을 봉인하거나 그 밖에 필요한 조치를 할 수 있다.

③ 증표의 보유 및 제시

세무공무원이 질문·검사하거나 그 밖의 필요한 조치를 할 때에는 그 권한을 표시하는 증표를 지니고 관계인에게 보여주어야 하며, 직무상 필요한 범위 외에 다른 목적 등을 위하여 그 권한을 남용해서는 아니 된다.

　　▷ "증표"라 함은 세무공무원임을 증명하는 증서로서 세무관서장이 발행하는 공무원증·출장증 및 검찰 관서장이 발행하는 세무공무원지명서를 말한다(통칙 28-7…1).

알아두기

질문·검사권의 범위(통칙 26-0…1)
① 세무공무원의 질문·검사권한은 과세물품의 판매자·제조자 및 운반자와 보세구역에서 반출하는 자, 과세장소의 경영자, 단체의 대표자, 이들의 대리인·사용인 기타 자로서 해당 질문·검사에 관련되는 업무에 종사하는 자에게도 미친다.
② "운반 중인 물품"에는 현재 운반 중인 물품과 운반 도중 일시적으로 장치되고 있는 물품도 포함한다.

2. 과세감독 등

(1) 영업정지 및 허가취소의 요구(법 제27조)

① 영업정지 및 허가취소 사유

다음의 어느 하나에 해당하는 경우에는 관할 세무서장은 대통령령으로 정하는 바에 따라 지방국세청장을 거쳐 해당 과세장소·과세유흥장소 및 과세영업장소의 영업정지나 허가취소를 그 영업의 허가관청에 요구할 수 있다.

> ㉠ 과세장소·과세유흥장소 및 과세영업장소의 영업에 관하여「조세범 처벌법」또는「조세범 처벌절차
> 법」에 따른 처벌이나 처분을 받은 경우
> ㉡ 과세장소 입장행위, 과세유흥장소에서의 유흥음식행위 및 과세영업장소에서의 영업행위에 대한 개별
> 소비세의 전부 또는 일부를 3회 이상 신고·납부하지 아니한 경우
> ㉢ 과세유흥장소 및 과세영업장소의 경영자가 납세담보 요구를 따르지 아니한 경우

② 영업정지 또는 허가취소의 요구기준(영 제37조의2)

영업정지 또는 허가취소의 요구는 다음의 구분에 따른다.

> ㉠ 과세장소·과세유흥장소 및 과세영업장소의 영업에 관하여「조세범 처벌법」또는「조세범 처벌절차
> 법」에 따른 처벌이나 처분을 받은 경우
> ⓐ 처벌이나 처분을 받은 횟수가 1회인 경우 : 15일간의 영업정지 요구
> ⓑ 처벌이나 처분을 받은 횟수가 2회인 경우 : 영업허가의 취소 요구
> ㉡ 과세장소 입장행위, 과세유흥장소에서의 유흥음식행위 및 과세영업장소에서의 영업행위에 대한 개별
> 소비세의 전부 또는 일부를 3회 이상 신고·납부를 이행하지 않은 경우
> ⓐ 신고·납부를 3회 이상 이행하지 않은 경우 : 15일간의 영업정지 요구
> ⓑ 신고·납부를 6회 이상 이행하지 않은 경우 : 영업허가의 취소 요구
> ㉢ 과세유흥장소 및 과세영업장소의 경영자가 납세담보 요구를 따르지 않은 경우 : 15일간의 영업정지의
> 요구. 다만, 영업의 정지기간이 지난 날부터 30일이 지날 때까지 이에 따르지 않은 경우에는 영업허가
> 의 취소를 요구할 수 있다.

③ 영업정지나 허가취소

영업정지나 허가취소의 요구를 받은 허가관청은 정당한 사유가 없으면 요구에 따라 영업정지나 허가취소를 하여야 한다.

(2) 개별소비세의 사무 관할(법 제28조)

보세구역에서 반출하거나 보세공장으로 반입한 물품에 대한 부과·징수에 관한 사무는 보세구역의 관할 세관장이 처리한다.

> **알아두기**
>
> **사무 관할(통칙 28-0···1)**
> ① 과세물품을 제조하는 제조장이 보세구역 내에 소재하는 경우에는 개별소비세의 부과징수에 관한 사무는 관할 세관장이 처리한다.
> ② 「관세법」에 따라 타소장치의 허가를 받는 경우에는 그 허가기간 동안 보세구역에 관한 규정이 준용되므로 보세구역으로 본다.
> ③ 보세구역에 미납세로 반입한 수출물품 또는 보세구역에서 제조·가공한 수출물품을 반출하고자 하는 경우 수출면세 반출 승인신청(신고)서는 관할 세관장에게 제출한다.
> ④ 수입할 때 과세된 물품으로 제조한 물품이 수출 등이 되는 경우로서 이미 납부한 수출용 원재료에 대한 세액 등을 「수출용 원재료에 대한 관세 등 환급특례법」에 따라 환급받으려는 때에는 관세청장이 지정한 세관에 신청한다.

3. 과태료(법 제29조)

(1) 과태료의 부과·징수

① 판매가액 또는 취득가액의 3배 이하의 과태료

관할 세무서장은 외국항행선박 또는 원양어업선박에 사용할 목적으로 개별소비세를 면제받는 석유류 중 외국항행선박 또는 원양어업선박 외의 용도로 반출한 석유류를 판매하거나 그 사실을 알면서 취득한 자에게 판매가액 또는 취득가액의 3배 이하의 과태료를 부과·징수한다.

② 2천만 원 이하의 과태료

관할 세무서장은 납세 보전을 위한 명령을 위반한 자에게 2천만 원 이하의 과태료를 부과·징수한다.

(2) 과태료의 부과기준(영 별표 3)

① 일반기준

㉠ 횟수에 따른 가중된 부과기준 적용 : 위반행위의 횟수에 따른 과태료의 가중된 부과기준은 최근 3년간 같은 위반행위로 과태료 부과처분을 받은 경우에 적용한다. 이 경우 기간의 계산은 위반행위에 대하여 과태료 처분을 받은 날과 그 처분 후에 다시 같은 위반행위를 하여 적발한 날을 기준으로 한다.

㉡ 가중처분의 적용 차수 : ㉠에 따라 가중된 부과처분을 하는 경우 가중처분의 적용 차수는 그 위반행위 전 부과처분 차수(㉠에 따른 기간에 과태료 부과처분이 둘 이상 있었던 경우에는 높은 차수를 말함)의 다음 차수로 한다.

ⓒ 과태료 금액을 줄여 부과하는 경우 : 부과권자는 다음의 어느 하나에 해당하는 경우 아래 ②의 개별기준에 따른 과태료 금액의 2분의 1 범위에서 그 금액을 줄여 부과할 수 있다. 다만, 과태료를 체납하고 있는 위반행위자의 경우에는 그렇지 않다.

> ⓐ 위반행위가 사소한 부주의나 오류로 인한 것으로 인정되는 경우
> ⓑ 위반행위의 내용·정도가 경미하여 그 피해가 적다고 인정되는 경우
> ⓒ 위반행위자가 법 위반상태를 시정하거나 해소하기 위해 노력한 사실이 인정되는 경우
> ⓓ 그 밖에 위반행위의 정도·동기·결과 등을 고려하여 과태료 금액을 줄일 필요가 있다고 인정되는 경우

ⓓ 과태료 금액을 늘려 부과하는 경우 : 부과권자는 다음의 어느 하나에 해당하는 경우 아래 ②의 개별기준에 따른 과태료 금액의 2분의 1 범위에서 그 금액을 늘려 부과할 수 있다. 다만, 늘리는 경우에도 상기 (1)의 ① 또는 ②에 따른 과태료 금액의 상한을 넘을 수 없다.

> ⓐ 위반행위가 고의나 중대한 과실에 따른 것으로 인정되는 경우
> ⓑ 위반행위의 내용·정도가 중대하여 그 피해가 크다고 인정되는 경우
> ⓒ 그 밖에 위반행위의 정도·동기·결과 등을 고려하여 과태료 금액을 늘릴 필요가 있다고 인정되는 경우

② 개별기준
ⓐ 법 제29조 제1항에 따른 과태료 : 법 제18조 제1항 제9호에 따라 외국항행선박 또는 원양어업선박에 사용할 목적으로 개별소비세를 면제받는 석유류 중 외국항행선박 또는 원양어업선박 외의 용도로 반출한 석유류를 판매하거나 그 사실을 알면서 취득한 경우로서 다음에 해당하는 경우에 따른 과태료

위반행위	과태료 금액		
	1차 위반	2차 위반	3차 이상 위반
판매가액 또는 취득가액이 1억 원 이하인 경우	판매가액 또는 취득가액의 100분의 50에 해당하는 금액	판매가액 또는 취득가액의 100분의 200에 해당하는 금액	판매가액 또는 취득가액의 100분의 300에 해당하는 금액
판매가액 또는 취득가액이 1억 원을 초과하는 경우	판매가액 또는 취득가액에서 5천만 원을 뺀 금액	판매가액 또는 취득가액의 100분의 200에 해당하는 금액	판매가액 또는 취득가액의 100분의 300에 해당하는 금액

ⓛ 법 제29조 제2항에 따른 과태료 : 납세보전을 위한 명령을 위반한 경우에 따른 과태료

위반행위	과태료 금액 (단위 : 만 원)
과세물품의 제조자가 납세보전을 위한 명령을 위반한 경우로서 다음에 해당하는 경우 가) 직전 사업연도 수입금액이 50억 원 미만인 경우 나) 직전 사업연도 수입금액이 50억 원 이상 1백억 원 미만인 경우 다) 직전 사업연도 수입금액이 1백억 원 이상인 경우	300 500 1,000
과세장소의 경영자가 납세보전을 위한 명령을 위반한 경우로서 다음에 해당하는 경우 가) 직전 사업연도 수입금액이 50억 원 미만인 경우 나) 직전 사업연도 수입금액이 50억 원 이상 1백억 원 미만인 경우 다) 직전 사업연도 수입금액이 1백억 원 이상인 경우	300 500 1,000
과세유흥장소의 경영자가 납세보전 명령을 위반한 경우로서 다음에 해당하는 경우 가) 직전 사업연도 수입금액이 5억 원 미만인 경우 나) 직전 사업연도 수입금액이 5억 원 이상 10억 원 미만인 경우 다) 직전 사업연도 수입금액이 10억 원 이상인 경우	300 500 1,000
지정받은 외국인전용판매장의 경영자가 납세보전을 위한 명령을 위반한 경우	300
다음에 해당하여 개별소비세를 면제받는 승용차를 제조하여 반출하는 사업자가 납세보전 명령을 위반한 경우 가) 대통령령으로 정하는 장애인이 구입하는 것 나) 환자 수송을 전용으로 하는 것 다) 여객자동차운송사업에 사용하는 것 라) 자동차대여사업에 사용되는 것 마) 인정받은 기업부설연구소 및 기업의 연구개발전담부서가 신제품 또는 신기술을 개발하기 위하여 시험·연구용으로 수입하여 사용하는 것 바) 18세 미만의 자녀(가족관계등록부를 기준으로 하고, 양자 및 배우자의 자녀를 포함하되, 입양된 자녀는 친생부모의 자녀 수에서 제외) 3명 이상을 양육하는 사람이 구입하는 것	1,000
여객자동차운송사업에 사용하는 것 또는 자동차대여사업에 사용되는 것에 해당하여 개별소비세를 면제받은 승용차를 반입한 자가 납세보전 명령을 위반한 경우로서 다음에 해당하는 경우 가) 직전 사업연도 수입금액이 50억 원 미만인 경우 나) 직전 사업연도 수입금액이 50억 원 이상 100억 원 미만인 경우 다) 직전 사업연도 수입금액이 100억 원 이상인 경우	300 500 1,000
개별소비세 공제나 환급을 신청하는 자가 납세보전을 위한 명령을 위반한 경우	300

ⓒ 위 표 ②에서 "수입금액"이란 다음의 구분에 따른 금액을 말한다. 다만, 「법인세법」 제66조 또는 「소득세법」 제80조에 따라 결정·경정된 금액이 있는 경우에는 그 결정·경정된 금액을 말하며, 직전연도의 기간이 신규 사업 개시, 휴업 등으로 1년에 미달하는 경우에는 해당 기간 동안의 수입금액만을 직전 사업연도 수입금액으로 본다.

ⓐ 법인의 경우 : 「법인세법」 제60조 제1항(같은 법 제97조 제1항 제2호에 따라 준용하는 경우를 포함)에 따라 신고된 수입금액
ⓑ 개인의 경우 : 「소득세법」 제24조에 따른 총수입금액(같은 법 제70조, 제70조의2, 제71조 및 제74조에 따라 신고된 금액으로서 사업소득에 따른 금액으로 한정)

OX문제

01 수렵용 총포류는 그 과세가격에 7%의 세율을 적용한다. (O, X)

02 「관세법」에 따라 관세를 납부할 의무가 있는 자로서 과세물품을 보세구역에서 반출하는 자는 개별소비세를 납부할 의무가 없다. (O, X)

03 과세물품의 제조를 사실상 폐지한 경우에 과세물품이 제조장에 남아있는 경우(법령으로 정하는 사유에 해당하여 관할 세무서장의 승인을 받은 경우 제외)는 제조장에서 반출하는 것으로 본다. (O, X)

04 입찰의 방법으로 물품을 판매할 때 입찰견적서에 운송비가 따로 계상되어 있더라도 그 낙찰가격에 운송비를 포함하고 있는 경우에는 그 운송비를 포함하지 아니한 가격에 상당한 금액으로 계산한다. (O, X)

05 동일 제조장에서 과세물품이 시험·연구 및 검사의 목적으로 사용되는 경우는 제조장에서 반출되는 것으로 보지 않는다. (O, X)

06 과세물품의 제조장 영업을 폐업한 자의 과세표준의 신고기한은 사유가 발생한 날이 속하는 달의 다음 달 말일까지이다. (O, X)

07 과세장소 입장행위에 대해서는 입장할 때의 인원을 과세표준으로 한다. (O, X)

08 제조장 외의 장소에서 규격 검사를 받기 위하여 과세물품을 제조장에서 반출하거나 그 제조장에 환입하는 것은 미납세반출에 해당한다. (O, X)

09 외국인전용판매장에서 개별소비세가 면제되는 물품을 구입한 자가 출국 당시 그 물품을 소지하지 아니하여 그 구입자로부터 개별소비세를 징수하는 경우에는 면세로 판매장에서 구입한 가격에 상당하는 금액으로 한다. (O, X)

10 외국의 자선 또는 구호기관·단체에 기증하는 물품은 조건부 면세에 해당하는 물품이다. (O, X)

01 × 과세가격에 7% → 물품가격에 20%(법 제1조 제2항 제1호 나목)

02 × 없다 → 있다(법 제3조 제3호)

03 O (법 제6조 제1항 제3호)

04 × 포함하지 아니한 → 포함한(영 제8조 제1항 제5호)

05 O (영 제6조 제1항 제2호)

06 × 말일 → 25일(법 제9조 제7항 제2호)

07 O (법 제8조 제1항 제5호)

08 O (법 제14조 제1항 제4호)

09 O (영 제12조 제1항 제5호)

10 × 조건부 면세 → 무조건 면세 (법 제19조 제1호)

01 개별소비세가 부과되는 물품을 모두 고른 것은?

> ㄱ. 방향용 화장품　　　　　　　　ㄴ. 레저용 자전거
> ㄷ. 고급 안경　　　　　　　　　　ㄹ. 배기량 3천시시 승용자동차
> ㅁ. 석유가스 중 프로판　　　　　　ㅂ. 씹거나 머금는 담배
> ㅅ. 생모피　　　　　　　　　　　　ㅇ. 고급 양주

① ㄱ, ㅁ, ㅇ　　　　　　　　　　② ㄹ, ㅁ, ㅂ
③ ㄷ, ㅂ, ㅅ　　　　　　　　　　④ ㄱ, ㄹ, ㅇ
⑤ ㄷ, ㄹ, ㅂ

해설

개별소비세가 부과되는 물품은 ㄹ(배기량 3천시시 승용자동차), ㅁ(석유가스 중 프로판), ㅂ(씹거나 머금는 담배)이다.

개별소비세가 부과되는 물품(법 제1조 제2항)
투전기, 오락용 사행기구, 그 밖의 오락용품, 수렵용 총포류, 보석(공업용 다이아몬드, 가공하지 아니한 원석 및 나석은 제외)·진주·별갑·산호·호박 및 상아와 이를 사용한 제품(나석을 사용한 제품은 포함), 귀금속 제품, 고급 시계, 고급 융단, 고급 가방, 고급 모피와 그 제품(토끼 모피 및 그 제품과 생모피는 제외), 고급 가구, 배기량이 2천시시를 초과하는 승용자동차와 캠핑용자동차, 배기량이 2천시시 이하인 승용자동차(배기량이 1천시시 이하인 것으로서 대통령령으로 정하는 규격의 것은 제외)와 이륜자동차, 전기승용자동차, 휘발유 및 이와 유사한 대체유류, 경유 및 이와 유사한 대체유류, 등유 및 이와 유사한 대체유류, 중유 및 이와 유사한 대체유류, 석유가스(액화한 것을 포함) 중 프로판, 석유가스 중 부탄, 천연가스(액화한 것을 포함), 석유제품 외의 물품을 제조하는 과정에서 부산물로 생산되는 유류로서 대통령령으로 정하는 것, 유연탄, 피우는 담배, 씹거나 머금는 담배, 냄새 맡는 담배 등이 있다.

02 개별소비세법상 미납세반출에 해당하지 않는 것은?

① 수출물품의 제조·가공을 위한 물품을 내국신용장에 의하여 수출물품의 제조·가공업자에게 반출하는 것
② 국내에서 개최한 박람회에 출품한 물품을 제조장에 환입하는 것
③ 수출할 물품을 다른 장소에 반출한 후 그 장소에서 품질 불량으로 제조장에 반환하는 것
④ 국내에서 개최하는 박람회에 출품하기 위하여 무상으로 수입하는 물품으로 관세가 면제되는 것
⑤ 국가에 기증하기 위하여 물품을 반출하는 것

해설

국가에 기증하기 위하여 물품을 반출하는 것은 미납세반출에 해당하지 않는다.

미납세반출(법 제14조 제1항)

• 수출할 물품을 다른 장소에 반출하는 것
• 국내에서 개최하는 박람회·전시회·품평회·전람회나 그 밖에 이에 준하는 곳(박람회 등)에 출품하기 위하여 제조장에서 반출하는 것, 국내 또는 국외에서 개최한 박람회 등에 출품한 물품을 제조장에 환입하거나 보세구역에서 반출하는 것, 국제적인 박람회 등에 출품할 것을 조건으로 외국에서 수입하는 것 또는 국내에서 개최하는 박람회 등에 출품하기 위하여 무상으로 수입하는 것으로서 관세가 면세되는 것
• 원료를 공급받거나 위탁 공임만을 받고 제조한 물품을 제조장에서 위탁자의 제품 저장창고에 반출하는 것
• 제조장 외의 장소에서 규격 검사를 받기 위하여 과세물품을 제조장에서 반출하거나 그 제조장에 환입하는 것
• 제1호·제3호·제15조(수출 및 군납 면세) 제1항·제16조(외교관 면세) 제1항·제17조(외국인전용판매장 면세) 제1항·제18조(조건부 면세) 제1항 또는 제19조(무조건 면세)를 적용받아 반입된 물품으로서 품질 불량이나 그 밖의 사유로 제조장에 반환하는 것
• 개별소비세 보전이나 그 밖에 단속에 지장이 없다고 인정되는 것으로서 대통령령(영 제19조 제3항)으로 정하는 것

03 개별소비세법상 과세물품의 과세시기에 관한 설명으로 옳지 않은 것은?

① 제조의 경우에는 제조장에서 반출할 때
② 수입의 경우에는 수입신고를 할 때
③ 입장행위의 경우에는 입장권을 구입한 때
④ 유흥음식행위의 경우에는 유흥음식행위를 할 때
⑤ 영업행위의 경우에는 영업행위를 할 때

해설

입장행위에 대한 개별소비세는 과세장소에 입장할 때를 과세시기로 본다(법 제4조 제2호).

04 개별소비세법상 신고·납부에 관한 설명으로 옳지 않은 것은?

① 과세물품인 담배를 제조장에서 반출한 자는 매 분기 반출한 담배의 과세표준신고서를 반출한 날이 속하는 분기의 다음 달 25일까지 제조장 관할 세무서장에게 제출하여야 한다.

② 사업자 단위 과세사업자는 그 사업자의 본점 또는 주사무소에서 총괄하여 개별소비세를 신고·납부할 수 있다.

③ 미납세반출자와 그 반출된 물품을 반입한 자가 동일한 사업자인 경우에는 해당 물품을 반입지에서 판매 또는 반출할 때 미납세반출자가 해당 물품에 대한 개별소비세를 관할 세무서장 또는 세관장에게 신고·납부할 수 있다.

④ 해당 물품을 제조·반출한 제조장에서 총괄하여 개별소비세를 납부하려는 자는 납부하려는 기간이 시작되기 20일 전에 총괄납부 승인신청서를 해당 물품을 제조·반출하는 제조장의 관할 세무서장에게 제출하여야 한다.

⑤ 개별소비세법상 과세영업장소의 경영자는 과세영업장소의 과세표준신고서와 공인회계사의 감사보고서가 첨부된 전년도 재무제표를 영업행위를 한 날이 속하는 해의 다음 해 3월 31일까지 과세영업장소의 관할 세무서장에게 제출하여야 한다.

> **해설**
> ① 과세물품인 담배를 제조장에서 반출한 자는 매월 반출한 담배의 과세표준신고서를 반출한 날이 속하는 달의 다음 달 말일까지 제조장 관할 세무서장에게 제출하여야 한다(법 제9조 제1항).
> ② 법 제10조의3, ③ 법 제10조의4, ④ 법 제10조의2 제2항, 영 제16조의2 제2항, ⑤ 법 제9조 제6항

05 개별소비세법상 무조건 면세되는 것은?

① 수출물품의 용기로서 재수입하는 것

② 외국으로부터 자선 또는 구호를 위하여 자선 또는 구호기관·단체에 기증되는 물품

③ 외국항행선박, 원양어업선박 또는 항공기에 사용하는 석유류

④ 승용자동차로서 여객자동차운수사업법에 따른 여객자동차운송사업에 사용하는 것

⑤ 외국으로부터 학술연구용 또는 교육용으로 사용하게 하기 위하여 학술연구단체 또는 교육기관에 기증되는 물품

> **해설**
> ① 수출물품의 용기로서 재수입하는 것은 무조건 면세된다(법 제19조 제5호).
> ② 법 제18조 제1항 제4호, ③ 법 제18조 제1항 제9호, ④ 법 제18조 제1항 제3호 다목, ⑤ 법 제18조 제1항 제7호

06 개별소비세의 과세대상과 세율에 관한 설명으로 옳은 것은?

① 수렵용 총포류는 그 과세가격에 20%의 세율을 적용한다.

② 고급 가구는 그 물품가격에 20%의 세율을 적용한다.

③ 경유의 개별소비세 세액은 리터당 430원으로 한다.

④ 전기승용자동차(「자동차관리법」에 따른 세부기준을 고려하여 법령으로 정하는 규격의 것은 제외)는 그 물품가격에 10%의 세율을 적용한다.

⑤ 고급 모피는 그 과세가격에 20%의 세율을 적용한다.

[해설]

① 수렵용 총포류는 그 물품가격에 20%의 세율을 적용한다(법 제1조 제2항 제1호 나목).

② 고급 가구는 그 과세가격의 20%의 세율을 적용한다(법 제1조 제2항 제2호 나목).

③ 경유의 개별소비세 세액은 리터당 340원으로 한다(법 제1조 제2항 제4호 나목).

④ 전기승용자동차(「자동차관리법」에 따른 세부기준을 고려하여 법령으로 정하는 규격의 것은 제외)는 그 물품가격에 5%의 세율을 적용한다(법 제1조 제2항 제3호 다목).

07 개별소비세를 납부할 의무가 없는 자는?

① 과세물품을 제조하여 반출하는 자

② 보석 및 귀금속제품에 해당하는 과세물품을 판매하는 자

③ 「관세법」에 따라 관세를 납부할 의무가 있는 자로서 과세물품을 보세구역에서 반출하는 자

④ 「관광진흥법」에 따라 허가를 받은 카지노의 과세영업장소의 경영자

⑤ 골프장의 경영자

[해설]

납세의무자(법 제3조)

• 과세물품을 제조하여 반출하는 자

• 「관세법」에 따라 관세를 납부할 의무가 있는 자로서 과세물품을 「관세법」에 따른 보세구역에서 반출하는 자

• 제3호의 경우 외에 관세를 징수하는 물품에 대해서는 그 관세를 납부할 의무가 있는 자

• 경마장, 경륜장·경정장, 투전기를 설치한 장소, 골프장, 카지노 등의 과세장소의 경영자

• 유흥주점, 외국인전용 유흥음식점, 그 밖에 이와 유사한 장소인 과세유흥장소의 경영자

• 「관광진흥법」에 따라 허가를 받은 카지노의 과세영업장소의 경영자

08 개별소비세법령상 과세표준 신고에 관한 설명으로 옳지 않은 것은?

① 개별소비세 과세물품을 관세법에 따라 세관장에게 수입신고하는 자는 세관장이 수입신고를 수리한 다음에 세관장에게 개별소비세법에 따른 과세표준을 신고하여야 한다.

② 골프장 경영자는 입장한 날이 속하는 분기의 다음 달 25일까지 과세장소 관할 세무서장에게 과세표준을 신고하여야 한다.

③ 유흥주점 경영자는 유흥음식행위를 한 날이 속하는 달의 다음 달 25일까지 과세유흥장소 관할 세무서장에게 과세표준을 신고하여야 한다.

④ 과세물품을 제조하여 반출하는 자는 과세물품이 제조장에 있다가 공매로 환가되는 경우에는 환가한 날이 속한 달의 다음 달 25일까지 관할 세무서장에게 과세표준을 신고하여야 한다.

⑤ 과세유흥장소의 경영자가 그 영업을 폐업한 경우에는 폐업한 날이 속하는 달의 다음 달 25일까지 과세유흥장소의 관할 세무서장에게 과세표준을 신고하여야 한다.

해설

- 제3조 제2호와 제6조 제1항 제1호에 따라 납세의무가 있는 자는 매 분기(제1조 제2항 제4호 또는 같은 항 제6호에 해당하는 물품은 매월) 판매장에서 판매하거나 제조장에서 반출한 물품의 물품별 수량, 가격, 과세표준, 산출세액, 미납세액, 면제세액, 공제세액, 환급세액, 납부세액 등을 적은 신고서를 판매 또는 반출한 날이 속하는 분기의 다음달 25일(제1조 제2항 제4호 또는 같은 항 제6호에 해당하는 물품은 판매 또는 반출한 날이 속하는 달의 다음 달 말일)까지 제조장 관할 세무서장에게 제출(국세정보통신망을 통하여 제출하는 경우는 국세정보통신망에 입력하는 것을 말함)하여야 한다.
- 제3조 제3호의 납세의무자가 보세구역 관할 세관장에게 수입신고를 한 경우에는 위에 따른 신고를 한 것으로 본다.

09 개별소비세법상 미납세반출에 해당하지 않는 것은?

① 수출할 물품을 다른 장소에 반출하는 것

② 국내에서 개최하는 전람회에 출품하기 위하여 제조장에서 반출하는 것

③ 원료를 공급받거나 위탁 공임만을 받고 제조한 물품을 제조장에서 위탁자의 제품 저장창고에 반출하는 것

④ 제조장 외의 장소에서 규격 검사를 받기 위하여 과세물품을 제조장에서 반출하거나 그 제조장에 환입하는 것

⑤ 고객에게 상품선전을 목적으로 백화점에 전시장을 설치하여 과세물품을 동 전시장에 반출하는 것

해설

⑤ 고객에게 상품선전을 목적으로 백화점에 전시장을 설치하여 과세물품을 동 전시장에 반출하는 것은 미납세반출의 대상에 포함하지 않는다(통칙 14-19…7).

08 ① 09 ⑤ **정답**

10 개별소비세법상 용도변경 등으로 세액을 징수 또는 신고·납부하는 물품의 가격계산에 관한 설명으로 옳은 것을 모두 고른 것은?

> ㄱ. 미납세반출된 물품으로서 반입 장소에 반입된 사실 또는 정해진 용도로 제공한 사실을 증명하지 아니한 것에 대하여 반출자로부터 개별소비세를 징수하는 경우에는 미납세된 때의 가격으로 한다.
> ㄴ. 수출 및 군납면세물품으로서 정해진 용도로 제공한 사실을 증명하지 아니한 것에 대하여 반출자로부터 개별소비세를 징수하는 경우에는 면세된 때의 가격으로 한다.
> ㄷ. 외국인전용판매장에서 개별소비세가 면제되는 물품을 구입한 자가 출국 당시 그 물품을 소지하지 아니하여 그 구입자로부터 개별소비세를 징수하는 경우에는 면세로 판매장에서 구입한 가격에 상당하는 금액으로 한다.
> ㄹ. 외국인전용판매장에서 개별소비세를 면제받아 반입된 물품으로서 해당 판매장에서 구입할 수 없는 자가 소지하여 소지자로부터 개별소비세를 징수하는 경우에는 소지 당시 면세판매장의 판매가격에 상당하는 금액으로 한다.

① ㄷ
② ㄱ, ㄴ
③ ㄱ, ㄹ
④ ㄴ, ㄷ, ㄹ
⑤ ㄱ, ㄴ, ㄷ, ㄹ

해설

용도변경 등으로 세액을 징수 또는 신고·납부하는 물품의 가격 계산 등(영 제12조 제1항)

구 분	해당 물품의 가격
미납세반출된 물품으로서 반입 장소에 반입된 사실 또는 정해진 용도로 제공한 사실을 대통령령으로 정하는 바에 따라 증명하지 아니한 것에 대해서는 반출자 또는 수입신고인으로부터 개별소비세를 징수한다는 규정에 따라 세액을 징수하는 경우	미납세된 때의 가격
수출 및 군납면세물품으로서 정해진 용도로 제공한 사실을 대통령령으로 정하는 바에 따라 증명하지 아니한 것에 대해서는 반출자 또는 수입신고인으로부터 개별소비세를 징수한다는 규정에 따라 세액을 징수하는 경우	면세된 때의 가격
수출하는 것으로서 개별소비세를 면제받은 물품을 반입하는 자에 대해서는 대통령령으로 정하는 일정한 사유가 발생한 경우에 그 반입자로부터 개별소비세를 징수한다는 규정에 따라 세액을 징수하는 경우	면세된 때의 가격
제조장에서 구입한 물품에 대한 세액을 징수하는 경우	양수한 금액(수입한 물품에 대한 세액을 징수하는 경우에는 양수한 금액과 이를 과세가격으로 하는 관세를 합한 금액). 다만, 증여를 받았거나 소지한 것에 대해서는 「관세법」의 규정을 준용한다.
외국인전용판매장에서 개별소비세가 면제되는 물품을 구입한 자가 출국 당시 그 물품을 소지하지 아니한 경우에는 그 구입자로부터 개별소비세를 징수한다는 규정에 따라 세액을 징수하는 경우	면세로 판매장에서 구입한 가격에 상당하는 금액

외국인전용판매장에서 개별소비세를 면제받아 반입된 물품을 해당 판매장에서 구입할 수 없는 자가 소지한 경우에는 그 소지자로부터 개별소비세를 징수한다는 규정에 따라 세액을 징수하는 경우	소지 당시 면세판매장의 판매가격에 상당하는 금액
개별소비세를 면제받아 반출된 물품에 관한 반입 증명, 멸실, 납세의무와 반입 사실의 신고에 관하여는 미납세반출의 규정을 준수하고, 반입지에 반입한 사실을 증명하지 아니한 것에 대해서는 관할 세무서장 또는 세관장이 그 반출자 또는 수입신고인으로부터 개별소비세를 징수한다는 규정에 따라 세액을 징수하는 경우	면세된 물품의 가격
반입지에 반입된 후에 면세를 받은 물품의 용도를 변경하는 등 대통령령으로 정하는 사유가 발생하는 경우에는 반입자는 사유가 발생한 날이 속하는 분기의 다음 달 25일까지 신고서를 반입지 관할 세무서장 또는 세관장에게 제출하고 개별소비세를 납부하여야 한다는 규정에 따라 조건부 면세물품의 반입자에 의한 용도변경 등에 해당하여 개별소비세를 신고·납부하는 경우	판매가격에 상당하는 금액

11 개별소비세법상 제조장에서 반출하는 물품의 가격계산에 관한 설명으로 옳지 않은 것은?

① 외상 또는 할부로 판매하는 경우에는 해당 물품을 인도한 날의 실제 반출가격에 상당하는 금액으로 계산한다.

② 원재료 또는 자금의 공급을 조건으로 낮은 가격으로 반출하거나 자가제조물품을 다른 제조자의 제품과 저렴한 가격으로 교환하는 경우에는 반출 또는 교환한 날의 실제 반출가격에 상당하는 금액으로 계산한다.

③ 물품을 반출한 후 일정한 금액을 매수자에게 되돌려 주는 경우에는 처음의 반출가격에 상당하는 금액으로 계산한다.

④ 반출되는 물품의 운송비를 그 운송거리나 운송방법에 상관없이 같은 금액으로 하여 그 반출가격에 포함시키거나 그 금액을 별도로 받는 경우에는 그 운송비를 제외한 가격에 상당하는 금액으로 계산한다.

⑤ 입찰의 방법으로 물품을 반출할 때 입찰견적서에 운송비가 따로 계상되어 있더라도 그 낙찰가격에 운송비를 포함하고 있는 경우에는 그 운송비를 포함한 가격에 상당하는 금액으로 계산한다.

[해설]

반출되는 물품의 운송비를 그 운송거리나 운송방법에 상관없이 같은 금액으로 하여 그 반출가격에 포함시키거나 그 금액을 별도로 받는 경우(운송기관이 운송을 담당하는 경우를 포함)에는 그 운송비를 포함한 가격에 상당하는 금액으로 계산한다(영 제8조 제1항 제4호).

12 개별소비세법상 과세물품의 해당 세율이 그 물품가격의 100분의 20인 것은?

① 전기승용자동차
② 로열젤리
③ 텔레비전수상기
④ 오락용 사행기구(射倖器具)
⑤ 전기냉장고

해설

④ 과세물품의 해당 세율이 그 물품가격의 100분의 20인 것은 오락용 사행기구(射倖器具)이다(법 제1조 제2항 제1호 가목).
① 전기승용자동차는 물품가격의 100분의 5이다(법 제1조 제2항 제3호 다목).
② 로열젤리에 대해서는 과세하지 않는다.
③ 텔레비전수상기는 과세하지 않는다.
⑤ 전기냉장고는 과세하지 않는다.

13 개별소비세법상 개별소비세 과세표준의 신고기한에 관한 설명으로 옳지 않은 것은?

① 과세장소의 경영자 – 입장한 날이 속하는 분기의 다음 달 25일
② 과세물품을 제조하여 반출하는 자 – 반출한 날이 속하는 분기의 다음 달 25일
③ 과세물품의 제조장 영업을 폐업한 자 – 사유가 발생한 날이 속하는 달의 다음 달 25일
④ 과세유흥장소 경영자 – 유흥음식행위를 한 날이 속하는 달의 다음 달 말일
⑤ 과세영업장소 경영자 – 영업행위를 한 날이 속하는 해의 다음 해 3월 31일

해설

과세유흥장소 경영자 : 유흥음식행위를 한 날이 속하는 달의 다음 달 25일까지이다(법 제9조 제5항).

개별소비세 과세표준의 신고기한(법 제9조 제1항~제6항)

구 분		신고기한
과세물품	반출하는 경우	반출한 날이 속하는 분기의 다음 달 25일
	석유류 또는 담배	반출한 날이 속하는 달의 다음 달 말일
수입물품	과세물품을 보세구역에서 반출하는 경우	보세구역 관할세관장에게 수입신고를 한 경우에 과세표준신고를 한 것으로 봄
	기타 관세를 징수하는 물품의 경우	「관세법」 준용
과세장소의 경영자		입장한 날이 속하는 분기의 다음 달 25일
과세유흥장소의 경영자		유흥음식행위를 한 날이 속하는 달의 다음 달 25일
과세영업장소의 경영자		영업행위를 한 날이 속하는 해의 다음 해 3월 31일

신고기한의 특례(법 제9조 제7항)
위의 표의 규정에도 불구하고 다음의 어느 하나에 해당하는 경우에는 그 사유가 발생한 날이 속한 달의 다음 달 25일까지 해당 신고서를 제출하여야 한다.
• 과세물품을 제조하여 반출하는 자인 납세의무자가 제조장에 있다가 공매, 경매 또는 파산절차로 환가되는 경우 및 과세물품의 제조를 사실상 폐지한 경우에 제조장에 남아있는 경우
• 과세물품을 제조하여 반출하는 자 및 과세장소의 경영자, 과세유흥장소의 경영자, 과세영업장소의 경영자인 납세의무자가 제조장·과세장소·과세유흥장소 및 과세영업장소의 영업을 폐업한 경우

14 개별소비세법상 무조건 면세에 해당하는 물품이 아닌 것은?

① 재수출할 물품을 보세구역에서 반출하는 것으로서 관세가 면제되는 것

② 수출물품의 용기로서 재수입하는 것

③ 외국의 자선 또는 구호기관·단체에 기증하는 물품

④ 거주 이전을 목적으로 입국하는 사람이 입국할 때에 휴대하여 수입하거나 따로 수입하는 이사(移徙) 화물로서 관세가 면제되는 물품

⑤ 거주자에게 기증되는 소액물품으로서 기증받은 사람이 사용할 것으로 인정되어 관세가 면제되는 물품

해설

재수출할 물품을 보세구역에서 반출하는 것으로서 관세가 면제되는 것은 조건부 면세에 해당하는 물품이다(법 제18조 제1항 제8호).

15 개별소비세법상 납세의무자에 해당하지 않는 자는?

① 보석 및 귀금속제품에 해당하는 과세물품을 판매하는 자

②「관세법」에 따라 관세를 납부할 의무가 있는 자로서 과세물품을「관세법」에 따른 보세구역에서 반출하는 자

③ 과세물품을 제조하여 반출하는 자

④ 유흥주점, 외국인전용 유흥음식점, 그 밖에 이와 유사한 장소인 과세유흥장소의 경영자

⑤「관광진흥법」에 따라 허가를 받은 카지노의 과세영업장소의 경영자

해설

법 제3조 제2호에 따라 과세물품을 제조하여 반출하는 자를 개별소비세법상 납세의무자로 규정하고 있다. 보석 및 귀금속제품에 해당하는 과세물품을 제조하여 반출한 경우라면 납세의무자에 해당하나, 제조하여 반출된 물품을 단순히 판매하는 자는 개별소비세 납세의무자에 해당하지 아니한다.

제3편

주세법

꿈을 꾸기에 인생은 빛난다.

- 모차르트 -

제1장 주세법의 총칙

주세법(제19588호)
주세법 시행령(제34492호)
주세법 시행규칙(제01051호)

제1절 특징 및 과세대상

1. 주세의 특징

(1) 목적(법 제1조)

주세법은 주세의 과세 요건 및 절차를 규정함으로써 주세를 공정하게 과세하고, 납세의무의 적정한 이행을 확보하며, 재정수입의 원활한 조달에 이바지함을 목적으로 한다.

(2) 특 징 14년 기출

① 분류상의 특징

㉠ 간접세이면서 개별소비세이다.

㉡ 주세는 대표적인 물세로 객관적으로 재산 또는 수익에 대하여 부과하는 조세이다.

② 세율상의 특징

주정에 대하여는 정액세율을 적용하고, 주정 이외의 주류에 대하여는 차등비례세율을 적용한다.

③ 납세보전제도

주세에 있어서는 주세 보전명령과 주류 보유의 제한 등 주류의 제조·유통 및 판매과정에 관하여 강력히 규제함으로써 납세를 보전하고 있다.

2. 과세대상 및 납세의무자

(1) 과세대상(법 제4조)

주류에 대하여는 주세법에 따라 주세를 부과한다.

(2) 납세의무자(법 제3조) 21, 15, 12, 11, 10년 기출

다음의 어느 하나에 해당하는 자는 주세법에 따라 주세를 납부할 의무가 있다.

> ① 주류를 제조하여 제조장으로부터 반출하는 자(위탁 제조하는 주류의 경우에는 주류 제조 위탁자)
> ② 주류를 수입하는 경우 「관세법」에 따라 관세를 납부할 의무가 있는 자

1. 정의(법 제2조) 24, 22, 21, 14, 12, 11년 기출

주세법에서 사용하는 용어의 뜻은 다음과 같다.

주류	• 주정(희석하여 음용할 수 있는 에틸알코올을 말하며, 불순물이 포함되어 있어서 직접 음용할 수는 없으나 정제하면 음용할 수 있는 조주정을 포함) • 알코올분 1도 이상의 음료(용해하여 음용할 수 있는 가루 상태인 것을 포함하되, 「약사법」에 따른 의약품 및 알코올을 함유한 조미식품으로서 알코올분 6도 미만인 것과 주류 중 불휘발분 30도 이상인 것으로서 다른 식품의 조리과정에 첨가하여 풍미를 증진시키는 용도로 사용하기 위하여 제조된 식품일 것은 제외) • 주류 제조 원료가 용기에 담긴 상태로 제조장에서 반출되거나 수입신고된 후 추가적인 원료 주입 없이 용기 내에서 주류 제조 원료가 발효되어 최종적으로 알코올 1도 이상의 음료가 되는 것
전통주	• 「무형유산의 보전 및 진흥에 관한 법률」에 따라 인정된 주류부문의 국가무형유산 보유자 및 같은 법에 따라 인정된 주류부문의 시·도무형유산 보유자가 제조하는 주류 • 「식품산업진흥법」에 따라 지정된 주류부문의 대한민국식품명인이 제조하는 주류 • 「농업·농촌 및 식품산업 기본법」에 따른 농업경영체 및 생산자단체와 「수산업·어촌 발전 기본법」에 따른 어업경영체 및 생산자단체가 직접 생산하거나 주류제조장 소재지 관할 특별자치시·특별자치도 또는 시·군·구 및 그 인접 특별자치시 또는 시·군·구에서 생산한 농산물을 주원료로 하여 제조하는 주류로서 「전통주 등의 산업진흥에 관한 법률」에 따라 특별시장·광역시장·특별자치시장·도지사·특별자치도지사의 추천을 받아 제조하는 주류
주류의 규격	• 주류의 제조에 사용되는 원료의 사용량 • 주류에 첨가할 수 있는 재료의 종류 및 비율 • 주류의 알코올분 및 불휘발분의 함량 • 주류를 나무통에 넣어 저장하는 기간 • 주류의 여과 방법 • 그 밖의 주류 구분 기준
알코올분	전체용량에 포함되어 있는 에틸알코올(섭씨 15도에서 0.7947의 비중을 가진 것)을 말한다.
불휘발분	전체용량에 포함되어 있는 휘발되지 아니하는 성분을 말한다.
주조연도	매년 1월 1일부터 12월 31일까지의 기간을 말한다.
밑 술	효모를 배양·증식한 것으로서 당분이 포함되어 있는 물질을 알코올 발효시킬 수 있는 재료를 말한다.
술 덧	주류의 원료가 되는 재료를 발효시킬 수 있는 수단을 재료에 사용한 때부터 주류를 제성하거나 증류하기 직전까지의 상태에 있는 재료를 말한다.
국(麴)	• 녹말이 포함된 재료에 곰팡이류를 번식시킨 것 • 녹말이 포함된 재료와 그 밖의 재료를 섞은 것에 곰팡이류를 번식시킨 것 • 효소로서 녹말이 포함된 재료를 당화시킬 수 있는 것
주류 제조 위탁자	자신의 상표명으로 자기 책임과 계산에 따라 주류를 판매하기 위하여 「주류 면허 등에 관한 법률」에 따라 주류의 제조를 다른 자에게 위탁하는 자를 말한다.
주류 제조 수탁자	주류 제조 위탁자로부터 「주류 면허 등에 관한 법률」에 따라 주류의 제조를 위탁받아 해당 주류를 제조하는 자를 말한다.

주정의 범위(통칙 2-0…2) 21년 기출

주정에는 다음의 것을 포함한다.

1. 알코올분을 함유하는 물료를 알코올분 85도 이상으로 증류한 것 중 합성의 방법에 의하여 제조한 것으로서, 희석하여 음료로 할 수 있는 것(합성주정)

2. 불순물을 함유한 알코올분 85도 이상의 조제품으로서 그대로 또는 희석하여도 음용할 수 없으나, 연속식 증류의 방법으로 증류정제하면 주류의 원료용 주정으로 사용이 가능한 것(조주정). 다만, 메탄올·퓨젤유 등의 불순성분이 다량 함유되어 희석하여 음용할 수 없고 통상의 증류방법으로 제조하여도 주류의 원료용 주정으로 사용이 불가능한 것은 포함하지 않는다.

기출문제

주세법상 사용하는 용어의 정의로 옳지 않은 것은? 24년 기출

① 주류인 주정(酒精)은 희석하여 음용할 수 있는 에틸알코올을 말하며, 불순물이 포함되어 있어서 직접 음용할 수는 없으나 정제하면 음용할 수 있는 조주정(粗酒精)을 포함한다.

② 알코올분이란 전체용량에 포함되어 있는 에틸알코올(섭씨 15도에서 0.7947의 비중을 가진 것을 말한다)을 말한다.

③ 주류의 규격이란 주류를 구분하는 기준으로 주류를 나무통에 넣어 저장하는 기간도 해당된다.

④ 술덧이란 효모를 배양·증식한 것으로서 당분이 포함되어 있는 물질을 알코올 발효시킬 수 있는 재료를 말한다.

⑤ 주조연도란 매년 1월 1일부터 12월 31일까지의 기간을 말한다.

[해설]
"술덧"이란 주류의 원료가 되는 재료를 발효시킬 수 있는 수단을 재료에 사용한 때부터 주류를 제성(製成 : 조제하여 만듦)하거나 증류(蒸溜)하기 직전까지의 상태에 있는 재료를 말한다(법 제2조 제6호). 보기는 "밑술"에 대한 정의이다(법 제2조 제5호).

정답 ④

2. 주 류

(1) 주류의 종류(법 제5조) 11년 기출

주류의 종류는 다음과 같다.

① 주 정
② 발효주류
　　㉠ 탁 주　　㉡ 약 주　　㉢ 청 주　　㉣ 맥 주　　㉤ 과실주
③ 증류주류
　　㉠ 소 주　　㉡ 위스키　　㉢ 브랜디　　㉣ 일반 증류주　　㉤ 리큐르
④ 기타 주류

1. 주 정
　가. 녹말 또는 당분이 포함된 재료를 발효시켜 알코올분 85도 이상으로 증류한 것
　나. 알코올분이 포함된 재료를 알코올분 85도 이상으로 증류한 것
2. 발효주류
　가. 탁 주
　　1) 녹말이 포함된 재료(발아시킨 곡류는 제외)와 국(麴) 및 물을 원료로 하여 발효시킨 술덧을 여과하지 아니하고 혼탁하게 제성한 것
　　2) 녹말이 포함된 재료(발아시킨 곡류는 제외), 국(麴), 다음의 어느 하나 이상의 재료 및 물을 원료로 하여 발효시킨 술덧을 여과하지 아니하고 혼탁하게 제성한 것
　　　가) 당 분
　　　나) 과일·채소류
　　3) 1) 또는 2)에 따른 주류의 발효·제성 과정에서 대통령령으로 정하는 재료를 첨가한 것
　나. 약 주
　　1) 녹말이 포함된 재료(발아시킨 곡류는 제외)와 국(麴) 및 물을 원료로 하여 발효시킨 술덧을 여과하여 제성한 것
　　2) 녹말이 포함된 재료(발아시킨 곡류는 제외), 국(麴), 다음의 어느 하나 이상의 재료 및 물을 원료로 하여 발효시킨 술덧을 여과하여 제성한 것
　　　가) 당 분
　　　나) 과일·채소류
　　3) 1) 또는 2)에 따른 주류의 발효·제성 과정에 대통령령으로 정하는 재료를 첨가한 것
　　4) 1)부터 3)까지의 규정에 따른 주류의 발효·제성 과정에 대통령령으로 정하는 주류를 혼합하여 제성한 것으로서 알코올분 도수가 대통령령으로 정하는 도수 범위 내인 것
　다. 청 주
　　1) 곡류 중 쌀(찹쌀을 포함), 국(麴) 및 물을 원료로 하여 발효시킨 술덧을 여과하여 제성한 것 또는 그 발효·제성 과정에 대통령령으로 정하는 재료를 첨가한 것
　　2) 1)에 따른 주류의 발효·제성 과정에 대통령령으로 정하는 주류 또는 재료를 혼합하거나 첨가하여 여과하여 제성한 것으로서 알코올분 도수가 대통령령으로 정하는 도수 범위 내인 것
　라. 맥 주
　　1) 발아된 맥류(麥類), 홉(홉 성분을 추출한 것을 포함) 및 물을 원료로 하여 발효시켜 제성하거나 여과하여 제성한 것
　　2) 발아된 맥류, 홉, 다음의 어느 하나 이상의 재료 및 물을 원료로 하여 발효시켜 제성하거나 여과하여 제성한 것
　　　가) 녹말이 포함된 재료
　　　나) 당 분
　　　다) 캐러멜
　　　라) 그 밖에 대통령령으로 정하는 재료
　　3) 1) 또는 2)에 따른 주류의 발효·제성 과정에 대통령령으로 정하는 주류 또는 재료를 혼합하거나 첨가하여 인공적으로 탄산가스가 포함되게 제성한 것으로서 알코올분 도수가 대통령령으로 정하는 도수 범위 내인 것
　　4) 1)부터 3)까지의 규정에 따른 주류를 나무통에 넣어 저장한 것

마. 과실주
  1) 과실(과실즙과 건조시킨 과실을 포함) 또는 과실과 물을 원료로 하여 발효시킨 술덧을 여과하여 제성하거나 나무통에 넣어 저장한 것
  2) 과실을 주된 원료로 하여 당분과 물을 혼합하여 발효시킨 술덧을 여과하여 제성하거나 나무통에 넣어 저장한 것
  3) 1) 또는 2)에 따른 주류의 발효·제성 과정에 과실 또는 당분을 첨가하여 발효시켜 인공적으로 탄산가스가 포함되게 하여 제성한 것
  4) 1) 또는 2)에 따른 주류의 발효·제성 과정에 과실즙을 첨가한 것 또는 이에 대통령령으로 정하는 재료를 첨가한 것
  5) 1)부터 4)까지의 규정에 따른 주류에 대통령령으로 정하는 주류 또는 재료를 혼합하거나 첨가하여 제성한 것으로서 알코올분 도수가 대통령령으로 정하는 도수 범위 내인 것
  6) 1)부터 5)까지의 규정에 따른 주류의 발효·제성 과정에 대통령령으로 정하는 재료를 첨가한 것

3. 증류주류
  가. 소주(불휘발분이 2도 미만이어야 함)
    1) 녹말이 포함된 재료, 국과 물을 원료로 하여 발효시켜 연속식증류 외의 방법으로 증류한 것. 다만, 다음의 어느 하나에 해당하는 것은 제외한다.
      가) 발아시킨 곡류(대통령령으로 정하는 것은 제외)를 원료의 전부 또는 일부로 한 것
      나) 곡류에 물을 뿌려 섞어 밀봉·발효시켜 증류한 것
      다) 자작나무숯(다른 재료를 혼합한 숯을 포함)으로 여과한 것
    2) 1)에 따른 주류의 발효·제성 과정에 대통령령으로 정하는 재료를 첨가한 것
    3) 1) 또는 2)에 따른 주류에 대통령령으로 정하는 바에 따라 주정 또는 대통령령으로 정하는 곡물주정을 혼합한 것
    4) 1)부터 3)까지의 규정에 따른 주류를 나무통에 넣어 저장한 것
    5) 주정 또는 곡물주정을 물로 희석한 것
    6) 주정과 곡물주정을 혼합한 것을 물로 희석한 것
    7) 5) 또는 6)에 따른 주류에 대통령령으로 정하는 재료를 첨가한 것
    8) 5)부터 7)까지의 규정에 따른 주류에 대통령령으로 정하는 바에 따라 1) 또는 4)에 따른 주류를 혼합한 것
    9) 5)부터 8)까지의 규정에 따른 주류를 나무통에 넣어 저장한 것
  나. 위스키(불휘발분이 2도 미만이어야 함)
    1) 발아된 곡류와 물을 원료로 하여 발효시킨 술덧을 증류해서 나무통에 넣어 저장한 것
    2) 발아된 곡류와 물로 곡류를 발효시킨 술덧을 증류하여 나무통에 넣어 저장한 것
    3) 1)에 따른 주류의 술덧을 증류한 것과 2)에 따른 주류의 술덧을 증류한 것을 혼합하여 나무통에 넣어 저장한 것
    4) 1)과 2)에 따른 주류를 혼합한 것
    5) 1)부터 3)까지의 규정에 따른 주류에 대통령령으로 정하는 주류 또는 재료를 혼합하거나 첨가한 것
  다. 브랜디(불휘발분이 2도 미만이어야 함)
    1) 제5조 제1항 제2호 마목에 따른 주류를(과실주지게미를 포함) 증류하여 나무통에 넣어 저장한 것
    2) 1)에 따른 주류에 대통령령으로 정하는 주류 또는 재료를 혼합하거나 첨가한 것
  라. 일반증류주(불휘발분이 2도 미만이어야 함)
    다음 중 어느 하나에 해당하는 것으로서 제1호 또는 제3호 가목부터 다목까지의 규정에 따른 주류 외의 것. 다만, 6)부터 10)까지의 규정에 따라 첨가 재료에 과실·채소류가 포함되는 경우에는 과실·채소류를 발효시키지 아니하고 사용하여야 한다.

1) 수수 또는 옥수수, 그 밖에 녹말이 포함된 재료와 국(麴)을 원료(고량주지게미를 첨가하는 경우를 포함)로 하여 물을 뿌려 섞은 것을 밀봉하여 발효시켜 증류한 것
2) 사탕수수, 사탕무, 설탕(원당을 포함) 또는 당밀 중 하나 이상의 재료를 주된 원료로 하여 물과 함께 발효시킨 술덧을 증류한 것
3) 술덧이나 그 밖에 알코올분이 포함된 재료를 증류한 주류에 노간주나무열매 및 식물을 첨가하여 증류한 것
4) 주정이나 그 밖에 알코올분이 포함된 재료를 증류한 주류를 자작나무숯으로 여과하여 무색·투명하게 제성한 것
5) 녹말 또는 당분이 포함된 재료를 주된 원료로 하여 발효시켜 증류한 것
6) 1)부터 5)까지의 규정에 따른 주류의 발효·증류·제성 과정에 대통령령으로 정하는 재료를 첨가한 것
7) 1)부터 5)까지의 규정에 따른 주류를 혼합한 것 또는 이들 혼합한 주류의 증류·제성 과정에 대통령령으로 정하는 재료를 첨가한 것
8) 제1호, 제3호 가목부터 다목까지의 규정에 따른 주류의 발효·증류·제성 과정에 대통령령으로 정하는 재료를 첨가한 것
9) 제1호, 제3호 가목부터 다목까지의 규정에 따른 주류를 혼합한 것 또는 이들 혼합한 주류의 증류·제성 과정에 대통령령으로 정하는 재료를 첨가한 것
10) 1)부터 5)까지, 제1호, 제3호 가목부터 다목까지의 규정에 따른 주류를 혼합한 것 또는 이들 혼합한 주류의 증류·제성 과정에 대통령령으로 정하는 재료를 첨가한 것
11) 1)부터 10)까지의 규정에 따른 주류를 나무통에 넣어 저장한 것

마. 리큐르(불휘발분이 2도 이상이어야 함)
　　제5조 제1항 제3호 가목부터 라목까지의 규정에 따른 주류로서 대통령령으로 정하는 재료를 첨가한 것

4. 기타 주류
가. 용해하여 알코올분 1도 이상의 음료로 할 수 있는 가루상태인 것
나. 발효에 의하여 제성한 주류로서 제2호에 따른 주류 외의 것
다. 쌀 및 입국(粒麴 : 쌀에 곰팡이류를 접종하여 번식시킨 것)에 주정을 첨가해서 여과한 것 또는 이에 대통령령으로 정하는 재료를 첨가하여 여과한 것
라. 발효에 의하여 만든 주류와 제1호 또는 제3호에 따른 주류를 섞은 것으로서 제2호에 따른 주류 외의 것
마. 그 밖에 제1호부터 제3호까지 및 제4호 가목부터 라목까지의 규정에 따른 주류 외의 것

(2) 주류의 규격(법 제6조)

① 알코올분의 도수 11년 기출
섭씨 15도에서 전체용량 100분(分) 중에 포함되어 있는 알코올분의 용량으로 한다.

② 불휘발분의 도수
섭씨 15도에서 전체용량 100세제곱센티미터 중에 포함되어 있는 불휘발분의 그램 수로 한다.

③ 유해성분의 포함 금지
주류에는 「식품위생법」이나 그 밖에 대통령령으로 정하는 위생 관계 법령에 위반되는 유해한 성분이 포함되어서는 아니 된다.

④ 세부규정
주류의 규격에 필요한 사항은 대통령령으로 정한다.

(3) 주류의 알코올분(영 제3조 제2항)

① 알코올분의 범위

주정의 알코올분은 95도 이상으로 한다. 다만, 곡물주정은 곡물을 원료로 한 주정으로서 알코올분 도수는 85도 이상 90도 이하인 것으로 한다.

② 표시도수의 증감 허용 11년 기출

주류의 알코올분 도수는 최종제품에 표시된 알코올분 도수의 0.5도까지 그 증감을 허용하되, 살균하지 않은 탁주·약주는 추가로 0.5도까지 증가를 허용한다.

③ 예외사항

원료용 주류, 수출하는 것, 우리나라에 주둔하는 외국 군대에 납품하는 것, 외국에 주둔하는 국군부대에 납품하는 것, 주한외국공관이나 그 밖에 이에 준하는 기관으로서 대통령령으로 정하는 기관에 납품하는 것, 외국 선원 휴게소에 납품하는 것에 따른 주류, 주정으로서 국가의 화약 제조용, 연초 발효용(수출용에 한정), 연료용, 의료 의약품용이나 그 밖의 공업용으로 사용되는 주정과 관광의 진흥 또는 전통문화의 전수·보전을 위하여 필요하다고 인정되는 주류를 제조하려는 경우에는 국세청장의 승인을 받아 ①과 다른 규격으로 주류를 제조할 수 있다.

(4) 첨가재료의 종류(영 제3조 제1항)

① 당분·산분·조미료·향료 및 색소의 종류

구 분	첨가재료의 종류
당 분	설탕(백설탕·갈색설탕·흑설탕 및 시럽을 포함)·포도당(액상포도당·정제포도당·함수결정포도당 및 무수결정포도당을 포함)·과당(액상과당 및 결정과당을 포함)·엿류(물엿·맥아엿 및 덩어리엿을 포함)·당시럽류(당밀시럽 및 단풍당시럽을 포함)·올리고당류·유당 또는 꿀
산 분	「식품위생법」에 따라 허용되는 식품첨가물로서 그 주된 용도가 산도 조절제로 사용되는 것
조미료	아미노산류·글리세린·덱스트린·홉·무기염류, 탄닌산, 오크칩
향 료	「식품위생법」에 따라 허용되는 식품첨가물로서 그 주된 용도가 향료로 사용되는 것
색 소	「식품위생법」에 따라 허용되는 식품첨가물로서 그 주된 용도가 착색료로 사용되는 것

② 주류에 공통적으로 첨가할 수 있는 재료

주류에는 첨가재료 외에 이산화탄소, 질소, 산소, 「식품위생법」에 따라 허용되는 식품첨가물로서 그 주된 용도가 보존료로 사용되는 것과 「식품위생법」에 따라 허용되는 식품첨가물로서 그 주된 용도가 효모의 성장에 필요한 영양성분으로 사용되는 것에 해당하는 재료를 첨가할 수 있다.

당분, 조미료 등 첨가재료의 내용(통칙 5-3…1)

1. "설탕"이란 사탕수수 또는 사탕무에서 추출한 즙에서 얻어진 당액(糖液) 또는 원당(原糖)을 정제(精製)한 결정(結晶) 또는 결정성 분말을 말하며, 전화당(轉化糖)을 포함한다.

2. "포도당"이란 전분(澱粉) 또는 전분질 물질을 효소 또는 산으로 가수분해하여 정제한 것을 말하며, 포도당과 덱스트린 등이 공존하는 것에 있어서는 고형분(固形紛) 중의 순수한 포도당의 함유율이 100분의 50을 초과하는 경우에는 포도당으로 본다.

3. "과당(果糖)"이란 전분 또는 전분질 원료(전분, 곡류, 감자, 고구마, 토란, 마 등과 같이 전분질을 주성분으로 하는 원료를 말한다)를 주원료로 하여 당화시켜 얻은 포도당을 이성화(異性化 : 물리적 또는 화학적 변화에 의하여 한 이성질체가 다른 이성질체로 변화함)한 것이거나, 설탕을 가수분해하여 얻은 당액을 가공한 것을 말하며, 고형분 중의 순수 과당의 함유율이 100분의 50을 초과하는 경우에는 과당으로 간주한다.

4. "엿류"란 전분 또는 전분질 원료를 주원료로 하여 효소 또는 산으로 가수분해 시킨 후 그 당액을 가공한 것을 말한다.

5. "당시럽류"란 사탕수수, 단풍나무 등에서 당즙을 채취한 후 정제, 농축 등의 방법으로 가공한 액상의 것을 말한다.

6. "올리고당류"란 설탕, 전분 등을 주원료로 하여 효소로 당화시키거나 압출(壓出)하여 얻은 당액을 가공한 것을 말한다.

7. "유당"이란 탈지유 또는 유청에서 탄수화물 성분을 분리하여 분말화한 것을 말한다.

8. "꿀"이란 꿀벌들이 꽃꿀, 수액 등 자연물을 채집하여 벌집에 저장한 것 또는 이를 채밀한 것을 말하며, 사양벌꿀을 포함한다.

9. "아미노산류"란 글루타민산, 글리신, 알라닌, ㅣ-이소로이신과 같은 아미노산과 이들 아미노산에 나트륨 등과 결합한 염류를 말한다.

10. "덱스트린"이란 전분 또는 곡분을 산이나 효소로 부분 가수분해시켜 얻은 당화 중간생성물을 농축·건조 등의 방법으로 가공한 것을 말한다.

11. "홉"이란 맥주 등의 주류에 특유한 쓴맛과 향미(香味)를 부여하는 루플린, 후물론 및 홉추출물을 포함하는 것으로 한다.

12. "무기염류"란 식염(염화나트륨), 탄산칼슘, 제1인산칼슘과 같이 무기산이 나트륨, 칼슘, 칼륨 등과 결합한 것을 말한다.

13. "탄닌산"이란 오배자, 몰식자 등에서 얻어지는 황백색(또는 엷은 갈색) 분말형태의 것으로 떫은 맛을 내는 페놀성 화합물을 말한다.

14. "오크칩"이란 참나무속(屬) 나무의 나무 조각을 말한다. 주류 제조 과정에서 향미를 부여하기 위해 오크칩을 첨가하는 경우 제성 전에 제거해야 하며, 가열(로스팅) 외의 어떠한 화학적 처리도 해서는 아니된다.

제1절　주세의 과세표준과 세율

1. 과세표준(법 제7조)

(1) 주정, 탁주 및 맥주에 대한 주세의 과세표준 24, 23, 22, 20, 18, 17, 14, 11, 10년 기출

주정, 탁주 및 맥주에 대한 주세의 과세표준은 주류 제조장에서 반출하는 경우에는 반출한 수량, 수입하는 경우에는 수입신고하는 수량으로 한다.

주의 주류 제조장에서 출고한 가액(가격)이나 수입신고하는 가액(가격)으로 하는 것이 아니라 출고한 수량이나 수입신고하는 수량으로 한다.

(2) 주정, 탁주 및 맥주 외의 주류에 대한 주세의 과세표준 24, 23, 22, 21, 20, 18, 17, 14, 11, 10년 기출

① 주류 제조장에서 반출하는 경우

주류 제조장에서 반출하는 경우에는 반출하는 때의 가격으로 한다. 주류 제조장에서 반출하는 때의 가격에는 그 주류의 주세액에 해당하는 금액은 포함하지 아니하며, 그 용기 대금과 포장비용을 포함한다. 다만, 대통령령으로 정하는 용기 대금 또는 포장비용은 포함하지 아니한다(법 제7조 제3항, 영 제6조 제3항).

> ㉠ 주류를 넣을 목적으로 특별히 제조된 도자기병과 이를 포장하기 위한 포장물의 가격
> ㉡ 주류의 용기 또는 포장에 붙여 반출되는 것으로서 상품정보를 무선으로 식별하도록 제작된 전자인식표의 가격
> ㉢ 전통주에 사용되는 모든 용기 대금과 포장비용

▷ 용기 대금 및 포장비용은 주류의 가격과 구분하여 계산해야 한다.

② 수입하는 경우

수입하는 경우에는 수입신고를 하는 때의 가격으로 한다.

(3) 주류수량의 계산(영 제4조)

주류의 수량은 다음의 구분에 따라 산정한다.

① 「주류 면허 등에 관한 법률 시행령」에 따른 소규모주류제조자가 제조하는 맥주(「주류 면허 등에 관한 법률」에 따른 위탁제조주류는 제외)의 과세대상 수량 : 해당 주조연도에 주류 제조장에서 실제 반출한 수량에 다음의 구분에 따른 인정비율을 곱한 수량. 다만, 맥주의 원료곡류 중 쌀의 사용중량이 녹말이 포함된 재료, 당분 또는 캐러멜의 중량과 발아된 맥류의 합계중량을 기준으로 하여 100분의 20 이상인 경우 반출수량별 인정비율은 100분의 30으로 한다.
   ㉠ 먼저 반출된 200킬로리터 이하의 수량 : 100분의 40
   ㉡ ㉠의 수량 반출 후 반출된 200킬로리터 초과 500킬로리터 이하의 수량 : 100분의 60
   ㉢ ㉡의 수량 반출 후 반출된 500킬로리터 초과 수량 : 100분의 80
② 「주류 면허 등에 관한 법률 시행령」에 따른 시설기준을 갖추고 주류 제조면허를 받은 「조세특례제한법 시행령」에 따른 중소기업 중 ㉠에 해당하는 중소기업(소규모주류제조자는 제외)이 제조하는 맥주(위탁제조주류는 제외)의 과세대상 수량 : ㉡에 따른 수량
   ㉠ 적용대상 중소기업 : 다음에 해당하는 중소기업
      ⓐ 해당 주조연도에 신규로 맥주 제조면허를 받은 중소기업
      ⓑ 직전 주조연도의 반출 수량이 3천 킬로리터 이하인 중소기업
   ㉡ 과세대상 수량 : 다음의 구분에 따른 수량
      ⓐ 먼저 반출된 500킬로리터 이하의 수량 : 주류 제조장에서 실제 반출한 수량에 100분의 70을 곱한 수량
      ⓑ ⓐ의 수량 반출 후 반출된 500킬로리터 초과의 수량 : 주류 제조장에서 실제 반출한 수량
③ 소규모주류제조자가 제조하는 탁주(위탁제조주류는 제외)의 과세대상 수량 : 해당 주조연도에 주류 제조장에서 실제 반출한 수량에 다음의 구분에 따른 인정비율을 곱한 수량
   ㉠ 먼저 반출된 5킬로리터 이하의 수량 : 100분의 60
   ㉡ ㉠의 수량 반출 후 반출된 5킬로리터 초과 수량 : 100분의 80
④ ①부터 ③까지에서 규정한 사항 외의 과세대상 수량 : 주류 제조장에서 반출한 수량 또는 수입신고하는 수량

(4) 주류가격의 계산(영 제5조) 22, 20, 17, 16, 14, 12, 11년 기출

① 주류의 가격은 다음의 구분에 따라 산정한다.

㉠ 일반적인 거래 방식(㉡ 외의 방식)으로 주류 제조장에서 반출하는 주류의 가격 : 주류 제조자가 통상의 도매 수량과 거래 방식으로 판매하는 가격(통상가격)
㉡ 다음의 구분에 따른 특수한 거래 방식으로 주류 제조장에서 반출하는 주류의 가격 : 다음의 금액
   ⓐ 외상 방식으로 통상가격보다 높은 가격에 반출하는 경우 : 그 반출하는 가격에 상당하는 금액
   ⓑ 선매 방식으로 통상가격보다 낮은 가격에 반출하거나 상거래 관습상 일정한 금액을 통상가격에서 공제하여 반출하는 경우 : 그 통상가격에 상당하는 금액
   ⓒ 반출된 주류에 대해 일정한 기간이 지난 후 매수자에게 일정한 금액을 돌려주는 경우 : 당초 반출했을 때의 가격에 상당하는 금액

ⓓ 무상으로 반출하는 경우 : 해당 주류와 동일한 규격과 용량을 가진 주류의 통상가격으로 하되, 동일한 규격과 용량을 가진 주류를 기준으로 가격을 산출할 수 없을 때에는 그 주류의 제조원가에 통상이윤상당액(제조원가의 100분의 10)을 가산한 금액. 이 경우 제조원가는 회계학상의 개념에도 불구하고 원료비·부원료비·노무비·경비 및 일반관리비(판매비를 포함) 중 해당 주류에 배분되어야 할 부분으로 구성되는 총금액으로 한다.

ⓔ 주류 제조자가 다음의 어느 하나에 해당하는 특수관계에 있는 판매장에 무상으로 또는 통상가격보다 낮은 가격으로 반출하는 경우 : 그 통상가격에 상당하는 금액
- 주류 제조자가 자기가 생산한 주류를 직접 판매하기 위하여 특설한 판매장(하치장을 포함)
- 주류 제조자와 「소득세법 시행령」 또는 「법인세법 시행령」 각 호의 어느 하나에 해당하는 관계에 있는 자가 경영하는 판매장

ⓕ 주류의 가격에 운송비가 포함(운송비를 주류의 가격과 별도로 수령하는 경우를 포함)되어 있음에도 불구하고 거리와 상관없이 주류 제조자가 상대방으로부터 받는 운송비가 동일한 경우 : 그 운송비를 포함하는 가격에 상당하는 금액

ⓖ 소규모주류제조자가 약주·청주를 제조하는 경우(위탁제조주류를 제조하는 경우는 제외) : 다음의 구분에 따른 금액
- 「주류 면허 등에 관한 법률 시행령」 별표 1 제4호의 비고 제1호 가목부터 다목까지의 규정에 따라 판매하는 경우 : 통상의 제조 수량에 따라 계산되는 제조원가(라목 후단에 따른 제조원가)에 통상이윤상당액을 가산한 금액과 해당 주조연도의 과세대상인 약주·청주 반출 수량을 기준으로 하여 다음의 구분에 따른 가격비율을 곱한 금액
  - 먼저 반출된 5킬로리터 이하의 수량 : 100분의 60
  - 먼저 반출된 5킬로리터 이하의 수량 반출 후 반출된 5킬로리터 초과 수량 : 100분의 80
- 「주류 면허 등에 관한 법률 시행령」 별표 1 제4호의 비고 제1호 라목에 따라 판매하는 경우 : 통상가격(가목부터 바목까지의 규정에 따른 거래 방식으로 반출하는 경우에는 해당 목에서 규정하는 금액을 말함)에 해당 주조연도의 과세대상인 약주·청주의 반출 수량을 기준으로 하여 다음의 구분에 따른 가격비율을 곱한 금액
  - 먼저 반출된 5킬로리터 이하의 수량 : 100분의 60
  - 먼저 반출된 5킬로리터 이하의 수량 이후 반출된 5킬로리터 초과 수량 : 100분의 80

보충 주류 면허 등에 관한 법률 시행령 별표 1 제4호의 비고 제1호

- 병입(甁入)한 주류를 제조장에서 최종소비자에게 판매하는 방법
- 영업장(해당 제조자가 직접 운영하는 다른 장소의 영업장을 포함) 안에서 마시는 고객에게 판매하는 방법
- 해당 제조자 외에 「식품위생법」에 따른 식품접객업 영업허가를 받거나 영업신고를 한 자의 영업장에 판매(종합주류도매업 또는 특정주류도매업에 해당하는 자를 통하여 판매하는 것을 포함)하는 방법
- 주류소매업의 면허를 받은 자 또는 주류를 주류제조자로부터 직접 구입하지 않는 자로서 백화점, 슈퍼마켓, 편의점 또는 이와 유사한 상점에서 주류를 소매하는 자, 허가받은 카지노업의 사업장에서 무상으로 주류를 제공하는 카지노사업자, 외국을 왕래하는 항공기 또는 선박에서 무상으로 주류를 제공하는 항공사업자 또는 선박사업자와 영업신고를 한 일반음식점영업자의 어느 하나에 해당하는 자에게 판매(종합주류도매업, 특정주류도매업, 주류중개업에 해당하는 자를 통하여 판매하는 것을 포함)하는 방법

ⓗ 전통주의 경우로서「전자상거래 등에서의 소비자보호에 관한 법률」에 따른 통신판매 방식으로 통상가격보다 높은 가격에 반출하는 경우 : 그 통상가격에 상당하는 금액

② 수입하는 주류의 가격

수입하는 주류의 가격은「관세법」에 따라 수입신고를 하는 때의 가격(관세의 과세가격과 관세를 합한 금액)으로 한다.

③ 직접계약에 따라 반출하는 경우

주류의 가격을 산정할 때 국군부대 또는 공신력이 있다고 인정되는 판매기관과의 직접계약에 따라 반출하는 경우에는 그 계약금액을 통상가격으로 한다.

(5) 용기 대금과 포장비용 등의 계산(영 제6조) 21년 기출

① 용기 대금과 포장비용을 공제한 금액으로 출고하는 경우

주류의 가격을 산정할 때 병입반출하지 않는 주류에 대하여 용기 또는 포장물을 해당 주류의 제조장에 반환할 조건으로 그 용기 대금과 포장비용을 공제한 금액으로 반출하는 경우에는 그 금액을 통상가격으로 한다.

② 자원순환보증금을 받는 경우

주류 제조자가 주류를 반출할 때 반복하여 사용할 수 있는 용기 또는 포장물을 회수나 재사용하기 위하여「자원의 절약과 재활용 촉진에 관한 법률」에 따라 자원순환보증금을 받는 경우에는 해당 자원순환보증금은 반출하는 때의 가격에 포함하지 않는다.

③ 대통령령으로 정하는 용기 대금 또는 포장비용

ⓐ 주류를 넣을 목적으로 특별히 제조된 도자기병과 이를 포장하기 위한 포장물의 가격
ⓑ 주류의 용기 또는 포장에 붙여 반출되는 것으로 상품정보를 무선으로 식별하도록 제작된 전자인식표의 가격
ⓒ 전통주에 사용되는 모든 용기 대금과 포장비용

2. 세율(법 제8조)

(1) 주정에 대한 세율 24, 23, 20년 기출

1킬로리터당 5만 7천 원(알코올분 95도를 초과하는 경우에는 그 초과하는 1도마다 600원을 더하여 계산)

> **알아두기**
>
> **주정에 대한 주세율 적용(통칙 8-0…1)**
> 주정의 세율은 주정의 알코올분이 85도 이상 95도 이하인 경우에는 알코올 함유량에 따라 안분계산하지 아니하고 1킬로리터당 5만 7천 원의 세율을 적용하는 것이며, 알코올분이 95도를 초과하는 경우로서 그 초과하는 알코올분이 1도 미만인 경우에는 세액을 더하여 계산하지 아니한다. 계산사례를 예시하면 다음과 같다.
> • 알코올분 85도인 주정 1킬로리터의 주세액 : 5만 7천 원
> • 알코올분 96.7도인 주정 1킬로리터의 주세액 : 5만 7천 원(기본세율)에 600원(95도에서 1도 초과)을 더하여 계산

(2) 주정 외의 주류에 대한 세율 24, 23, 20, 19, 18, 13, 10년 기출

발효주류	• 탁주 : 1킬로리터당 44,400원 • 약주 · 과실주 · 청주 : 100분의 30 • 맥주 : 1킬로리터당 885,700원. 다만, 별도의 추출장치를 사용하는 8리터 이상의 용기에 담아 판매되는 맥주로서 2026년 12월 31일 이전에 주류 제조장에서 반출하거나 수입신고하는 맥주에 대한 세율은 본문에 따른 세율의 100분의 80으로 하며, 100원 미만은 버림
증류주류	100분의 72(소주, 위스키, 브랜디, 일반 증류주, 리큐르)
기타 주류	• 용해하여 알코올분 1도 이상의 음료로 할 수 있는 가루상태인 것, 쌀 및 입국에 주정을 첨가해서 여과한 것 또는 이에 대통령령으로 정하는 재료를 첨가하여 여과한, 발효에 의하여 만든 주류와 주정 또는 증류주류에 따른 주류를 섞은 것으로서 발효주류에 따른 주류 외의 것, 그 밖에 주정부터 증류주류까지 및 기타 주류의 규정에 따른 주류 외의 것 : 100분의 72(다만, 쌀 및 입국에 주정을 첨가해서 여과한 것 또는 이에 대통령령으로 정하는 재료를 첨가하여 여과한 것 중 불휘발분이 30도 이상인 것은 100분의 10) • 발효에 의하여 제성한 주류로서 발효주류에 따른 주류 외의 것 : 100분의 30

기출문제

주세법상 과세표준과 세율에 관한 설명으로 옳지 않은 것은? (단, 전통주는 고려하지 않음) 24년 기출

① 맥주를 수입하는 경우 주세의 과세표준은 수입신고하는 수량이다.

② 위스키를 수입하는 경우 주세의 과세표준은 수입신고를 하는 때의 가격이다.

③ 주정의 세율은 1킬로리터당 5만 7천 원(알코올분 95도를 초과하는 경우 그 초과하는 1도마다 600원을 더하여 계산)이다.

④ 청주의 세율은 100분의 30이다.

⑤ 증류주류인 소주의 세율은 100분의 80이다.

[해설]
증류주류의 세율은 <u>100분의 72</u>이다(법 제8조 제3호).

[정답] ⑤

---

(3) 전통주 중 반출 수량 이하의 것에 대한 세율(영 제7조) 22년 기출

① 대통령령으로 정하는 주류

전통주로서 대통령령으로 정하는 주류 중 대통령령으로 정하는 반출 수량 이하의 것에 대한 세율은 (2)에 따른 세율의 100분의 50으로 한다. 대통령령으로 정하는 주류란 발효주류 · 증류주류, 기타 주류의 규정에 따른 주류(경감세율적용대상주류)로서 다음의 구분에 따른 기준(경감세율적용기준)을 충족하는 주류를 말한다.

    ⑦ 발효주류 및 발효에 의하여 제성한 주류로서 발효주류 외의 것 : 직전 주조연도의 과세대상 반출 수량을 기준으로 500킬로리터 이하로 제조할 것

    ⓛ 증류주류와 용해하여 알코올분 1도 이상의 음료로 할 수 있는 가루상태인 것, 쌀 및 입국에 주정을 첨가해서 여과한 것 또는 이에 대통령령으로 정하는 재료를 첨가하여 여과한 것, 발효에 의하여 만든 주류와 주류를 섞은 것으로서 발효주류 외의 것, 그 밖에 주정, 발효주류, 증류주류 및 앞의 주류 외의 것 : 직전 주조연도의 과세대상 반출 수량을 기준으로 250킬로리터 이하로 제조할 것

② 경감세율적용기준을 충족한 주류

    ⑦ 경감세율적용대상주류의 제조면허를 신규로 받은 경우 : 해당 주류제조자가 제조면허를 받은 주조연도에 제조하는 주류

    ⓛ 경감세율적용대상주류의 직전 주조연도 과세대상 반출 수량이 최초로 경감세율적용기준을 초과한 경우 : 그 초과사유가 발생한 주조연도와 그 다음 2주조연도까지 제조하는 주류

③ 대통령령으로 정하는 반출 수량

    ⑦ 발효주류 및 발효에 의하여 제성한 주류로서 발효주류 외의 것 : 해당 주조연도의 과세대상 반출 수량 중 먼저 반출된 200킬로리터

    ⓛ 증류주류와 용해하여 알코올분 1도 이상의 음료로 할 수 있는 가루상태인 것, 쌀 및 입국에 주정을 첨가해서 여과한 것 또는 이에 대통령령으로 정하는 재료를 첨가하여 여과한 것, 발효에 의하여 만든 주류와 주류를 섞은 것으로서 발효주류 외의 것, 그 밖에 주정, 발효주류, 증류주류 및 앞의 주류 외의 것 : 해당 주조연도의 과세대상 반출 수량 중 먼저 반출된 100킬로리터

제2절   주세의 징수

1. 신고와 납부

(1) 과세표준 등의 신고(법 제9조)

① 주류 제조장에서 주류를 반출한 자의 신고 23, 19, 17, 15년 기출

    주류 제조장에서 주류를 반출한 자는 매 분기 주류 제조장에서 반출한 주류의 종류, 알코올분, 수량, 가격, 세율, 산출세액, 공제세액, 환급세액, 납부세액 등을 적은 주세과세표준신고서를 반출한 날이 속하는 분기의 다음 달 25일까지 관할 세무서장에게 제출하여야 한다.

② 주류 제조자의 신고 19, 15년 기출

    주류 제조자는 주류 제조면허가 취소된 경우로서 주류가 제조장에 남아 있는 경우(다만, 대통령령으로 정하는 경우는 제외)·제조장에 있는 주류가 공매 또는 경매되거나 파산절차에 따라 환가된 경우 또는 주세에 대한 담보를 제공하거나 주류를 보존할 것을 명한 경우로서 해당 담보의 제공 또는 주류의 보존을 하지 아니한 경우에는 그 사유가 발생한 날이 속하는 달의 다음 달 말일까지 반출된 것으로 보는 주류에 대하여 과세표준신고서를 관할 세무서장에게 제출하여야 한다.

③ 주류를 수입하는 자의 신고 15, 11년 기출

주류를 수입하는 자는 수입신고하는 때에 「관세법」에 따른 신고서를 관할 세관장에게 제출하여야 한다.

(2) 납부(법 제10조)

① 주류를 반출한 자 23년 기출

주류 제조장에서 주류를 반출한 자는 반출한 주류의 수량 또는 가격에 세율을 곱하여 산출한 세액을 관할 세무서장에게 납부하여야 한다.

▷ 주세를 납부하는 자는 납부기한까지 납부할 세액을 관할 세무서장, 한국은행(그 대리점을 포함) 또는 체신관서에 납부해야 한다(영 제9조).

② 주류를 수입하는 자 23, 19년 기출

주류를 수입하는 자는 수입한 주류의 수량 또는 가격에 세율을 곱하여 산출한 세액을 관할 세관장에게 납부하여야 한다.

③ 납부기한(법 제11조) 15, 12년 기출

㉠ 주류 제조장에서 주류를 반출한 자 : 주세는 매 분기 분을 과세표준신고서 제출기한까지 관할 세무서장에게 납부하여야 한다. 다만, 수입하는 주류에 관하여는 「관세법」에 따른다.

㉡ 주류 제조자 : 과세표준 등의 신고를 하는 경우에는 주세를 해당 신고서 제출기한까지 관할 세무서장에게 납부하여야 한다.

알아두기

반출 주류의 수량 산정방법(영 제10조)
① 주류 제조장으로부터 반출한 주류의 수량을 산정할 때에는 「주류 면허 등에 관한 법률」에 따라 검정한 주류의 수량에서 앙금분리·여과·저장·용기주입 및 반출과정 중 생기는 실감량을 인정할 수 있다. 다만, 「주류 면허 등에 관한 법률」에 따른 납세증명표지를 붙이지 않은 주류의 경우에는 다음의 범위에서 실감량을 인정할 수 있다.
1. 주정 : 검정 수량의 100분의 1 이내
2. 청주 : 검정 수량의 100분의 5 이내
3. 맥주 : 검정 수량의 1천분의 35 이내(소규모주류제조자가 제조하는 맥주의 경우에는 1천분의 70 이내)
4. 제1호부터 제3호까지에서 규정한 주류 외의 주류 : 검정 수량의 100분의 2 이내
② 위스키 또는 브랜디의 원액(물을 혼합하지 않은 것)을 나무통에 넣어 저장하는 경우에는 제1항 제4호에 따른 실감량 외에 연간 100분의 2 이내에서 실감량을 추가로 인정할 수 있다.

---

2. 결정·경정과 징수

(1) 결정 및 경정(법 제12조)

① 과세표준과 세액의 결정

관할 세무서장 또는 관할 지방국세청장(관할 세무서장 등)은 신고서의 제출이 없는 경우에는 과세표준과 세액을 결정한다.

② 과세표준과 세액의 경정

관할 세무서장 등은 제출된 내용에 오류 또는 누락이 있는 경우에는 과세표준과 세액을 경정한다.

③ 추계결정사유

관할 세무서장 등이 과세표준과 세액을 결정하거나 경정하는 경우에는 장부나 그 밖의 증명서류를 근거로 하여야 한다. 다만, 다음의 어느 하나에 해당하는 사유가 있는 경우에는 <u>대통령령으로 정하는 바</u>에 따라 추계할 수 있다.

> ㉠ 과세표준을 계산할 때 필요한 장부 또는 그 밖의 증명 자료가 없거나 그 중요한 부분이 갖추어지지 아니한 경우
> ㉡ 장부 또는 그 밖의 증명 자료의 내용이 시설규모, 종업원 수와 원자재·상품·제품 또는 각종 요금의 시가 등에 비추어 거짓임이 명백한 경우
> ㉢ 장부 또는 그 밖의 증명 자료의 내용이 원자재 사용량, 동력 사용량이나 그 밖의 조업상황 등에 비추어 거짓임이 명백한 경우

보충 추계결정의 방법(영 제11조)

추계를 할 때에는 다음의 구분에 따른 방법에 따른다.
1. 국세청장이 사업의 종류·지역 등을 고려하여 다음의 관계에 대하여 조사한 비율이 있는 경우 : 그 비율을 적용하여 계산하는 방법
   가. 투입 원재료·부재료의 전부 또는 일부의 수량 및 가액과 생산량 및 매출액과의 관계
   나. 사업과 관련된 인적·물적 시설(종업원, 사업장, 차량, 수도 및 전기 등)의 전부 또는 일부의 수량 및 가액과 생산량 및 매출액과의 관계
   다. 일정한 기간의 평균 재고량 및 재고금액과 생산량 및 매출액과의 관계
   라. 일정한 기간의 매출 총이익 또는 부가가치액과 매출액과의 관계
2. 추계결정·경정대상 사업자에 대하여 제1호의 비율을 직접 산정할 수 있는 경우 : 직접 산정한 비율을 적용하여 계산하는 방법
3. 제1호 및 제2호 외의 경우 : 기장이 정당하다고 인정되고 신고가 성실하여 결정 및 경정을 받지 않은 다른 동업자와 비교하여 계산하는 방법

④ 재경정

관할 세무서장 등은 과세표준과 세액을 결정 또는 경정한 후 그 결정 또는 경정에 오류 또는 누락이 있는 것을 발견한 경우에는 지체 없이 이를 다시 경정한다.

(2) 주세의 징수(법 제13조)

① 징 수 23년 기출

주세를 납부하여야 할 자가 그 납부하여야 할 세액의 전부 또는 일부를 납부하지 아니한 경우에는 관할 세무서장 또는 관할 세관장은 그 납부하지 아니한 세액을 「국세징수법」 또는 「관세법」에 따라 징수한다.

② 담보 미제공 등의 주세 징수(법 제16조) 22년 기출

주세에 대한 담보를 제공하거나 주류를 보존할 것을 명한 경우로서 해당 담보의 제공 또는 주류의 보존을 하지 아니한 경우에는 제조장에 있는 주류를 제조장에서 반출된 것으로 보아 지체 없이 그 주세를 징수한다.

③ 수입 주류에 대한 과세(법 제14조)

수입하는 주류에 대한 주세의 부과 및 징수에 관하여 「주세법」에서 정하지 아니한 사항에 관하여는 「관세법」에 따른다.

(3) 반출된 것으로 보는 경우(법 제15조) 19, 14, 11, 10년 기출

① 제조장에서 반출된 것으로 보는 경우 21년 기출

주류가 다음의 어느 하나에 해당하는 경우에는 제조장에서 반출된 것으로 본다.

> ㉠ 제조장에서 마신 경우
> ㉡ 「주류 면허 등에 관한 법률」에 따라 주류 제조면허가 취소된 경우로서 주류가 제조장에 남아 있는 경우. 다만, 대통령령으로 정하는 경우는 제외한다.
> ㉢ 제조장에 있는 주류가 공매 또는 경매되거나 파산절차에 따라 환가된 경우
> ㉣ 제조장에 있는 주류가 「부가가치세법」에 따라 재화의 공급으로 보는 경우에 해당하는 경우

보충 반출간주 배제(영 제13조 제1항) 21년 기출

법 제15조 제2호 단서에서 "대통령령으로 정하는 경우"란 다음의 경우를 말한다.
1. 관할 세무서장이 주류의 제조면허를 취소하고 기간을 정하여 주류 제조장에 현존하는 반제품에 대하여 제조·반출과 그 밖에 필요한 행위를 계속하게 한 경우
2. 주류 제조자가 면허취소신청서를 제출하는 때에 주류 제조장에 현존하는 주류를 반출기간을 정하여 계속 반출하는 것에 대하여 관할 세무서장의 승인을 받은 경우

▷ 각 항목에 따른 기간 내에 제조·반출과 그 밖에 필요한 행위를 끝내지 않은 경우에는 그 기간이 끝난 날을 면허를 취소한 날로 보아 「주류 면허 등에 관한 법률」에 따라 주류 제조면허가 취소된 경우로서 주류가 제조장에 남아 있는 경우(다만, 대통령령으로 정하는 경우는 제외)를 적용한다.

② 반출된 것으로 보는 주류 가격 등의 계산(영 제12조)

> ㉠ 반출된 것으로 보는 주류(반출간주주류)의 가격(과세표준이 되는 가격)은 반출된 것으로 보는 날이 속하는 달 또는 그 직전 달의 해당 주류와 동일한 규격과 용량에 대한 통상가격으로 한다.
> ㉡ ㉠을 적용할 때 반출간주주류를 용기에 넣지 않거나 포장하지 않은 상태로 둔 경우에는 반출된 것으로 보는 날이 속하는 달 또는 그 직전 달 중 가장 많은 양의 판매실적을 가진 용기의 종류에 따라 그 주류의 수량(과세표준이 되는 수량)을 환산한다.
> ㉢ 제조장에 있는 주류가 공매 또는 경매되거나 파산절차에 따라 환가된 경우에 따라 반출된 것으로 보는 주류의 가격은 공매·경매 또는 파산절차에 따라 환가된 금액으로 한다.

제1절 면세, 세액공제 및 세액의 환급

1. 면세(법 제20조)

(1) 수출 등에 대한 면세

① 면세되는 주류 24, 23, 21, 20, 19, 18, 17, 16, 15, 13년 기출

다음의 어느 하나에 해당하는 주류에 대해서는 대통령령으로 정하는 바에 따라 주세를 면제한다.

> ㉠ 수출하는 것
> ㉡ 우리나라에 주둔하는 외국 군대에 납품하는 것
> ㉢ 외국에 주둔하는 국군부대에 납품하는 것
> ㉣ 주한외국공관이나 그 밖에 이에 준하는 기관으로서 대통령령으로 정하는 기관에 납품하는 것
> ㉤ 외국 선원 휴게소에 납품하는 것(외국 선원 휴게소 안에서 음용에 제공되는 경우로 한정)
> ㉥ 「주류 면허 등에 관한 법률」 또는 「식품위생법」에 따라 검사 목적으로 수거하는 것
> ㉦ 「무형유산의 보전 및 진흥에 관한 법률」에 따른 무형유산으로 지정받은 기능보유자가 제조한 주류로서 같은 법에 따라 무형유산 공개에 사용되는 것
> ㉧ 「약사법」에 따라 의약품을 제조할 때 원료로서 사용되는 것
> ㉨ 주정으로서 국가의 화약 제조용, 연초 발효용(수출용에 한정), 연료용, 의료 의약품용이나 그 밖의 공업용으로 사용되는 것

기출문제

주세법령상 판매의 목적으로 소지한 자에게 과태료를 부과하는 면세 주류에 해당하지 않는 것은? 24년 기출

① 수출하는 것
② 사원, 교회에 의식용(儀式用)으로 국내에서 기증한 것
③ 주한외교관이 자가 소비용으로 직접 수입하는 것
④ 「약사법」에 따라 의약품을 제조할 때 원료로서 사용되는 것
⑤ 「주류 면허 등에 관한 법률」에 따라 검사 목적으로 수거하는 것

해설
사원, 교회나 그 밖의 종교 단체에 의식용(儀式用)으로 외국에서 기증한 것은 대통령령으로 정하는 바에 따라 주세를 면제한다(법 제20조 제2항 제3호).

정답 ②

② **수출의 정의 등(영 제19조 제1항)**

수출은 주류를 외국으로 반출하는 것(내국신용장 또는 「대외무역법」에 따른 구매확인서에 따라 공급하는 주류를 포함), 외국을 항행하는 선박·항공기 또는 원양어선에 공급하는 것, 출입국항의 보세구역 안에서 출국하는 자에게 판매하는 것의 어느 하나에 해당하는 것을 말한다.

③ **기관에 납품하거나 공용품으로 직접 수입하는 경우(영 제19조 제2항)** 24년 기출

다음의 어느 하나에 해당하는 기관에 납품하거나 해당 기관이 공용품으로 직접 수입하는 주류의 경우에는 주세가 면제된다.

> ㉠ 다음의 어느 하나에 해당하는 기관(주한외국공관)
> ⓐ 대사관 ⓑ 공사관
> ⓒ 총영사관 ⓓ 영사관(명예영사관은 제외)
> ㉡ 협정에 따라 주한외국공관에 준하는 대우를 받는 주한외국기관
> ㉢ 문화체육관광부장관의 허가를 받아 설립한 외신기자클럽

④ **면세절차(영 제20조)** 16년 기출

㉠ **수출·납품 주류의 면세승인신청** : 주류의 주세를 면제받으려는 자는 그 주류의 반출 전에 신청인의 인적사항 등을 적은 신청서를 주류 제조장 관할 세무서장에게 제출하여 그 승인을 받아야 한다. 이 경우 주류 제조자와 수출 또는 납품하는 자가 다르고 해당 주류가 제조장에서 직접 수출 또는 납품되는 경우에는 주류 제조자와 수출 또는 납품하는 자가 연명으로 신청해야 한다.

ⓐ **용도증명** : 주세의 면제승인을 받은 자는 그 승인을 받은 날부터 3개월의 범위에서 주류 제조장 관할 세무서장이 정하는 기간 내에 수출신고필증·납품증명서·선(기)적완료증명서 또는 이를 갈음하는 국세청장이 정하는 서류를 주류 제조장 관할 세무서장에게 제출해야 한다. 이 경우 주류 제조장 관할 세무서장은 부득이한 사유가 있다고 인정될 때에는 3개월의 범위에서 그 기간을 연장할 수 있다.

ⓑ **과세표준신고서의 제출** : 면세승인을 받지 않은 자가 주세의 면제를 받으려는 경우에는 해당 주류를 반출한 날이 속하는 분기의 마지막 달의 다음 달 25일까지 해당 분기분의 과세표준신고서에 수출신고필증·납품증명서·선(기)적완료증명서 또는 이를 갈음하는 국세청장이 정하는 서류와 기획재정부령으로 정하는 서류를 첨부하여 주류 제조장 관할 세무서장에게 제출해야 한다.

ⓒ **수출신고필증의 제출** : 수출신고필증의 경우에는 관할 세무서장이 「전자정부법」에 따른 행정정보의 공동이용을 통하여 확인하는 것으로 제출을 갈음한다. 다만, 수출·납품 주류의 면세승인신청에 따른 면제승인을 받은 자가 확인에 동의하지 않으면 해당 서류를 제출하도록 해야 한다.

㉡ **주한외국공관 등에 납품하는 주류의 면세승인신청** : 주세를 면제받는 주류를 납품하려는 자는 해당 기관이 신청하여 주무부장관이 발행하는 면세주류구입추천서에 따라 주류를 반출해야 한다. 이에 따라 주류를 납품한 자는 주세과세표준신고서에 해당 기관에 납품한 사실을 증명하는 서류를 첨부해야 한다.

㉢ **검사목적으로 수거하는 주류의 면세승인신청** : 주류의 주세를 면제받으려는 자는 주세과세표준신고서에 검사기관이 발급하는 수거한 사실을 증명하는 서류를 첨부해야 한다.

② 무형유산 공개에 사용되는 주류의 면세승인신청 : 주류의 주세를 면제받으려는 자는 주세과세표준신고서에 국가유산청장 또는 특별시장·광역시장·특별자치시장·도지사·특별자치도지사(시·도 무형유산의 경우로 한정)가 발급하는 무형유산의 공개에 사용되는 것임을 증명하는 서류를 첨부해야 한다.

⑩ 의약품을 제조할 때 원료로서 사용되는 주류의 면세승인신청 : 주류의 주세를 면제받으려는 자는 신청인의 인적사항 등을 적은 신청서에 식품의약품안전처장이 발급하는 해당 사실을 증명하는 서류를 첨부하여 주류 제조장 관할 세무서장에게 제출하고 그 승인을 받아야 한다.

⑤ 수출용 면세주류의 구입승인 신청절차(영 제21조)

㉠ 구입승인 신청서 제출 : 주류를 구입하려는 자는 신청인의 인적사항 등을 적은 신청서를 판매장 관할 세무서장 또는 관할 세관장에게 제출하여 그 승인을 받아야 한다.

㉡ 반입신고서 제출 : 승인을 받은 자가 주류를 구입하여 판매장에 반입한 경우에는 기획재정부령으로 정하는 수출용 면세주류 반입신고서를 반입한 날부터 5일 이내에 판매장 관할 세무서장 또는 관할 세관장에게 제출해야 한다.

㉢ 구입승인 통보 : 신고를 받은 판매장 관할 세무서장 또는 관할 세관장은 주류의 반입 사실을 확인하고 그 사실을 반출지 관할 세무서장에게 지체 없이 통보해야 한다.

(2) 수입 등에 대한 면세

① 주세를 면제하는 주류의 수입(법 제20조 제2항) 23, 20, 16, 10년 기출

다음의 어느 하나에 해당하는 주류의 수입에 대해서는 대통령령으로 정하는 바에 따라 주세를 면제한다.

> ㉠ 주한외국공관이나 그 밖에 이에 준하는 기관으로서 대통령령으로 정하는 기관이 공용품으로 직접 수입하는 것
> ㉡ 주한외교관 및 이에 준하는 자로서 대통령령으로 정하는 자가 자가소비용으로 직접 수입하는 것
> ㉢ 사원, 교회나 그 밖의 종교 단체에 의식용으로 외국에서 기증한 것
> ㉣ 여행자가 입국할 때에 직접 가지고 들어오는 주류로서 관세가 면제되는 것
> ㉤ 「약사법」에 따라 의약품을 제조하기 위한 원료로서 수입하는 것
> ㉥ 「주류 면허 등에 관한 법률」 또는 「수입식품안전관리 특별법」에 따라 검사 목적으로 수거하는 것
> ㉦ 수출된 주류가 변질, 품질불량이나 그 밖의 부득이한 사유로 해당 주류를 제조한 자의 주류 제조장 중 어느 한 곳으로 다시 들어온 것

주의 사원, 교회나 그 밖의 종교 단체가 의식용으로 사용하기 위하여 유상으로 수입하는 것이 아니라 외국에서 무상으로 기증한 것이어야 한다.

② 면세절차(영 제23조)

㉠ 주한외국공관이나 주한외교관이 직접 수입하는 주류의 면세승인신청 : 주류의 주세를 면제받으려는 자는 신청인의 인적사항 등을 적은 신청서에 외교부장관이 발급하는 면세주류구입추천서를 첨부하여 관할 세관장에게 제출하고 그 승인을 받아야 한다.

㉡ 의식용으로 외국에서 기증한 주류의 면세승인신청 : 주류의 주세를 면제받으려는 자는 신청인의 인적사항 등을 적은 신청서에 문화체육관광부장관이 발급하는 해당 사실을 증명하는 서류를 첨부하여 관할 세관장에게 제출하고 그 승인을 받아야 한다.

© 검사목적으로 수거하는 주류의 면세승인신청 : 주류의 주세를 면제받으려는 자는 신청인의 인적사항 등을 적은 신청서에 검사기관이 발급하는 수거 사실을 증명하는 서류를 첨부하여 관할 세관장에게 제출하고 그 승인을 받아야 한다.

② 변질, 품질불량 등으로 환입된 주류의 면세승인신청 : 주류의 주세를 면제받으려는 자는 신청인의 인적사항 등을 적은 신청서에 관할 세무서장이 발급하는 수출 주류로서 면세를 승인한 사실을 증명하는 서류를 첨부하여 관할 세관장에게 제출하고 그 승인을 받아야 한다.

⑩ 의약품을 제조할 때 원료로서 사용되는 주류의 면세승인신청 : 주류의 주세를 면제받으려는 자는 신청인의 인적사항 등을 적은 신청서에 식품의약품안전처장이 발급하는 해당 사실을 증명하는 서류를 첨부하여 주류 제조장 관할 세무서장에게 제출하고 그 승인을 받아야 한다.

③ 수입용 주류의 주세면제 승인 신청절차

　ⓗ 구입승인 통보(영 제23조 제6항) : 관할 세관장은 변질, 품질불량 등으로 환입된 주류의 주세면제의 승인을 한 경우 그 승인사실을 주류 제조장 관할 세무서장에게 통보해야 한다.

　ⓛ 주류의 환입(영 제23조 제7항) : 변질, 품질불량 등으로 환입된 주류의 주세를 면제받은 자는 수입신고가 수리된 날부터 7일 이내에 주류를 제조장으로 환입해야 한다.

(3) 사후관리

① 멸실승인(법 제20조 제3항)

관할 세무서장 또는 관할 세관장은 지정한 기한까지 수출, 수입 또는 납품에 관한 증명을 하지 아니한 것에 대해서는 제조자 또는 수입신고를 한 자로부터 지체 없이 주세를 징수한다. 다만, 자연재해나 그 밖의 부득이한 사유로 멸실된 것에 대해서는 대통령령으로 정하는 바에 따라 주세를 면제할 수 있다.

② 담보물의 제공(법 제20조 제4항)

관할 세무서장 또는 관할 세관장은 주세가 면제되는 주류에 대하여 필요하다고 인정되면 대통령령으로 정하는 바에 따라 그 주세액에 상당하는 담보물의 제공을 명할 수 있다.

③ 목적 외에 사용된 주류(법 제20조 제5항) 21년 기출

주세가 면제된 주류가 원래 목적에 사용되지 아니한 경우에는 지체 없이 그 주세를 징수한다. 이 경우 면세된 주류를 가지고 있는 자를 주류를 제조한 자로, 그 면세된 주류를 수입한 자를 주류를 수입한 자로 보고, 주세를 면제받은 주정의 경우에는 반입 장소 또는 인수 장소를 주류 제조장으로, 해당 장소의 영업자를 주류를 제조한 자로 본다.

알아두기

면세의 범위(통칙 20−24…1)
면세되는 주류에 해당되어 세무서장으로부터 면세 승인을 받았으나 해당 주류를 지정한 기한 내에 수출 또는 납품하지 못하여 제조장으로부터 반출하지 못한 경우에는 멸실승인 및 제출기일 미준수에 따른 주세 징수의 규정을 적용하지 아니한다.

(4) 미납세 반출 등(법 제17조)

① 미납세 반출사유 23년 기출

다음의 어느 하나에 해당하는 주류에 대해서는 대통령령으로 정하는 바에 따라 주세를 징수하지 아니한다.

> ⊙ 주류를 수출하기 위하여 다른 장소로 반출하는 것(내국신용장 또는 「대외무역법」에 따른 구매확인서
> 가 있는 경우만 해당)
> ⓛ 주류를 제조 또는 가공하기 위한 원료로 사용하기 위하여 주류 제조장에서 반출하거나 또는 보세구역
> 에서 반출하는 것

▷ 주류 제조장 또는 보세구역에서 상기 미납세 반출사유에 따른 주류를 반출하려는 자는 대통령령으로
정하는 바에 따라 관할 세무서장 또는 관할 세관장의 승인을 받아야 한다.

② 미납세 출고절차(영 제14조)

⊙ 미납세 반출 승인신청 : 미납세 반출대상인 주류를 주류 제조장 또는 보세구역에서 반출하려는 자는
해당 주류를 반출하는 때에 신청인의 인적사항 등을 적은 신청서를 관할 세무서장 또는 관할 세관장
에게 제출하여 그 승인을 받아야 한다. 또한 그 신청서에는 다음 서류를 첨부해야 한다.

수출하기 위하여 다른 장소로 반출하는 경우	내국신용장 또는 「대외무역법」에 따른 구매확인서
주류를 제조 또는 가공하기 위한 원료로 사용하기 위하여 주류 제조장에서 반출하거나 또는 보세구역에서 반출하는 경우	원료용 주류임을 증명할 수 있는 서류

ⓛ 승인서의 발급 및 통지 : 신청을 받은 관할 세무서장 또는 관할 세관장은 반출 승인을 한 경우 해당
신청인에게 승인서를 발급하고, 반입지 관할 세무서장 또는 관할 세관장에게 그 사실을 통지해야
한다.

ⓒ 반입증명서의 제출 : 관할 세무서장 또는 관할 세관장은 승인서를 발급하는 경우 주류를 반출하는
날부터 2개월이 되는 날까지 신청인에게 반입증명서(반입신고를 한 자가 발급받은 것)를 제출하도록
해야 한다.

③ 미납세 반출사유에 따른 주세의 징수 적용

⊙ 반입 장소에 반입된 사실을 증명하지 아니한 경우 : 미납세 반출사유에 따른 주류로서 반입 장소에
반입된 사실을 대통령령으로 정하는 바에 따라 증명하지 아니한 것에 대해서는 반출자로부터 그 주
세를 징수한다.

ⓛ 자연재해나 그 밖의 부득이한 사유로 멸실된 경우 : 미납세 반출사유에 따른 주류가 반입 장소에 반입
되기 전에 자연재해나 그 밖의 부득이한 사유로 멸실된 경우에는 대통령령으로 정하는 바에 따라 그
주세를 징수하지 아니한다.

ⓒ 반입신고 : 미납세 반출사유에 따른 주류를 반입한 자는 반입한 날이 속한 달의 다음 달 10일까지
그 반입 사실을 반입지 관할 세무서장 또는 관할 세관장에게 신고하여야 한다.

ⓔ 미납세 반출사유에 따른 주류에 대하여 주세의 징수를 적용하는 경우 : 미납세 반출사유에 따른 주류
에 대하여 주세의 징수를 적용할 때에는 그 주류의 반입 장소를 주류 제조장으로 보고, 반입자를 주
류 제조장에서 주류를 반출한 자로 본다.

(5) 주정에 대한 면세(영 제22조)

① 면세대상

주정의 주세면제는 매회 20리터 이상의 주정을 특수용도면세품목(별표 4)에서 규정하는 물품의 제조에 사용하거나 식음용 외의 공업용에 사용하는 것을 대상으로 한다.

② 주정의 주세면제 승인

주정의 주세를 면제받으려면 관할 세무서장 또는 관할 세관장의 승인을 받아야 한다. 다만, 공업용 합성주정(에틸렌을 원료로 하여 합성의 방법으로 제조한 주정)의 경우에는 승인을 받지 않아도 된다.

③ 변성검정

승인을 받아 반출한 주정은 음용하지 못하게 관할 세무서장, 관할 세관장 또는 반입지 관할 세무서장이 지정하는 방법으로 변성하고 「주류 면허 등에 관한 법률」에 따른 검정을 받아야 한다. 다만, 수출용품·시약용품·시험연구용품·관수용품 또는 의료의약용품의 제조용에 사용하는 것은 변성하지 않을 수 있다.

④ 주세의 면제에 대한 승인절차

주세의 면제에 대한 승인절차는 다음의 순서에 따라야 한다.

> ㉠ 주정을 구입하려는 자는 해당 주류 제조장의 명칭 또는 제조자의 성명, 구입연월일, 알코올분 수량 및 용도를 적은 신청서(주정을 구입하려는 자가 「주류 면허 등에 관한 법률 시행령」의 주정소매업 면허를 받은 자로서 시약용 알코올을 제조하려는 자인 경우에는 시약용 알코올 제조공정도 및 제조방법 설명서를 첨부한 신청서로 함)를 본인의 소재지 관할 세무서장에게 제출하여 실수요자증명을 받을 것. 이 경우 학교, 기관 및 단체와 비영리법인인 연구기관이 연구 목적으로 사용하는 10리터 이하의 용기로 포장된 시약용 알코올에 대해서는 3개월분을 일괄하여 실수요자증명을 받을 수 있다.
>
> ㉡ 실수요자증명을 받은 자(실수요자)에게 주정을 반출하려는 자는 기획재정부령으로 정하는 신청서와 실수요자증명 서류를 관할 세무서장 또는 관할 세관장에게 제출하여 주정의 반출을 승인받을 것
>
> ㉢ 승인 신청을 받은 반출지 관할 세무서장 또는 관할 세관장은 실수요자증명이 없을 때에는 주정의 반출을 승인할 수 없으며, 수출용 물품의 제조에 사용하는 주정에 대해 승인을 할 때에는 승인을 한 날부터 6개월 내에 해당 주정을 사용할 것을 조건으로 할 것
>
> ㉣ 반출지 관할 세무서장 또는 관할 세관장은 승인을 한 경우에는 실수요자 소재지 관할 세무서장에게 지체 없이 그 승인사항과 변성여부를 통보할 것
>
> ㉤ 실수요자 소재지 관할 세무서장은 통보를 받은 경우에는 주정의 변성과 실수요자의 사용처분을 확인할 것. 다만, 수출용 물품의 경우 「전자정부법」에 따른 행정정보의 공동이용을 통하여 수출신고필증을 확인해야 하며, 해당 실수요자가 확인에 동의하지 않을 때에는 해당 실수요자에게 수출신고필증 또는 이를 대신하는 서류를 수출한 후 1개월 이내에 제출하도록 해야 한다.

⑤ 당해 용도에 사용하지 아니한 경우 주세의 징수

주세를 면제받은 주정을 반입하거나 보세구역에서 반출한 후 해당 용도에 사용하지 않은 경우(수출용 물품의 제조에 사용하는 주정에 대해 승인을 할 때에는 승인을 한 날부터 6개월 내에 사용하지 않은 경우를 포함)에는 반입 장소 또는 인수 장소를 제조장으로, 반입 장소 또는 인수 장소의 영업자를 주류 제조자로 보아 그 주세를 지체 없이 징수해야 한다.

2. 세액공제 및 환급

(1) 환입 주류에 대한 세액공제 및 환급(법 제18조)

① 세액공제 및 환급사유 23, 22, 21, 15년 기출

이미 주세가 납부되었거나 납부되어야 할 주류가 다음의 어느 하나의 경우에 해당하면 납부 또는 징수하여야 할 세액에서 그 세액을 공제하고, 납부 또는 징수할 세액이 없는 경우에는 이미 납부한 세액을 환급한다.

> ㉠ 변질, 품질불량, 대통령령으로 정하는 생산 중단이나 그 밖의 부득이한 사유로 동일한 주류 제조자의 주류 제조장 중 어느 한 곳으로 다시 들어온 경우
>
> ㉡ 변질, 품질불량, 대통령령으로 정하는 수입 중단이나 그 밖의 부득이한 사유로 수입신고자의 본점 소재지 또는 하치장(주류의 제조자가 직접 생산한 주류와 주류판매업자가 직접 구입한 주류의 보관·관리시설을 갖춘 장소)에서 폐기된 경우
>
> ㉢ 유통과정 중 파손 또는 자연재해로 멸실된 경우

② 공제 또는 환급의 신청 22, 12년 기출

공제 또는 환급을 받으려는 자는 해당 사유가 발생한 날이 속하는 분기의 다음 달 25일(주류를 수입하는 자는 해당 사유가 발생한 날이 속한 달의 다음다음 달 말일)까지 대통령령으로 정하는 바에 따라 과세표준 등의 신고와 함께 공제 또는 환급을 신청하여야 한다.

주의 발생한 날이 속하는 분기의 다음 달 말일까지가 아니라 25일까지이다.

㉠ 신청서의 제출(영 제17조 제3·4항) : 세액공제 또는 환급을 신청하려는 자는 신청인의 인적사항 등을 적은 신청서에 주류가 변질, 품질불량, 생산·수입 중단이나 그 밖의 부득이한 사유로 환입 또는 폐기되었거나 유통과정 중 파손 또는 자연재해로 멸실된 사실을 증명하는 서류, 이미 납부되었거나 납부해야 할 세액을 증명하는 서류를 첨부하여 주세과세표준신고서 또는 「관세법」에 따른 신고서와 함께 관할 세무서장 또는 관할 세관장에게 제출해야 한다.

㉡ 멸실확인(영 제17조 제5항) : 주류의 환입·폐기·파손 또는 멸실을 증명하는 서류는 관할 세무서장, 관할 세관장 또는 권한 있는 행정기관이 변질, 품질불량, 생산·수입 중단이나 그 밖의 부득이한 사유로 환입·폐기되었거나 유통과정 중 파손 또는 자연재해로 인하여 멸실되었음을 확인한 것이어야 한다.

③ 공제 및 환급의 배제

이미 납부하였거나 납부하여야 할 가산세는 공제 또는 환급하지 아니한다.

알아두기

환입 및 입고의 구분(통칙 34-0…70)

주류의 "환입"이란 주류 제조장으로부터 출고된 주류가 조악, 변질, 그 밖의 부득이한 사유로 인하여 당초 출고된 제조장으로 되돌아온 것을 말하며, 주류의 "입고"란 주류를 특정 제조장 밖으로부터 들여오는 것을 말한다. 따라서 환입된 주류에 대해서는 주질의 개선을 위한 단순한 교정은 할 수 있으나 가공에 따른 증량행위는 할 수 없다.

(2) 원료용 주류에 대한 세액공제 및 환급(법 제19조)

① 원료용 주류에 대한 세액공제

㉠ 세액공제대상 : 이미 과세되었거나 과세되어야 할 주류를 원료로 하여 제조한 주류(용기주입제조장에서 제조한 주류를 포함)에 대해서는 과세표준 및 세율에 따라 산출한 세액에서 그 원료용 주류에 대한 주세액에 해당하는 금액을 공제한 것을 그 세액으로 한다.

㉡ 공제절차(영 제18조 제1항) : 주세액의 공제를 받으려는 자는 신청인의 인적사항 등을 적은 신청서를 과세표준신고서와 함께 주류 제조장 관할 세무서장에게 제출해야 한다.

㉢ 세액을 초과하는 경우 : 공제하여야 할 금액이 해당 주류에 대한 세액을 초과하는 경우에는 납부할 주세액이 없는 것으로 한다.

② 원료용 주류에 대한 환급

면세 규정에 해당하는 주류의 원료용 주류에 대한 주세액에 해당하는 금액은 세액을 초과하는 경우에도 불구하고 환급한다. 다만, 납부할 주세액이 있는 경우에는 공제하여야 한다.

③ 주세액의 공제 및 환급(영 제18조 제2항)

주세액의 공제 또는 환급을 받으려는 자는 신청인의 인적사항 등을 적은 신청서에 수출, 우리나라에 주둔하는 외국 군대에 납품, 외국에 주둔하는 국군부대에 납품, 주한외국공관이나 그 밖에 이에 준하는 기관으로서 대통령령으로 정하는 기관에 납품, 외국 선원 휴게소에 납품하는 사실을 증명하는 서류를 첨부하여 과세표준신고서와 함께 주류 제조장 관할 세무서장에게 제출해야 한다.

▷ 주세액의 환급신청을 받은 주류 제조장 관할 세무서장은 납부기한이 지난 후 10일 이내에 환급해야 한다.

④ 공제 및 환급의 배제

이미 납부하였거나 납부하여야 할 가산세는 공제 또는 환급하지 아니한다.

제2절 납세의 담보 등

1. 납세의 담보

(1) 주세의 담보 및 보증(법 제21조)

① 주세의 담보 제공 또는 납세보증주류 보존 22년 기출

관할 세무서장은 주세 보전을 위하여 필요하다고 인정되면 주류 제조자에 대하여 대통령령으로 정하는 바에 따라 주세에 대한 담보를 제공하거나 납세 보증으로서 주세액에 상당하는 가액의 주류(납세보증주류)를 보존할 것을 명할 수 있다.

▷ 납세의 보증으로 주세액에 상당하는 가액을 판단할 때의 주류 가격은 통상가격으로 한다(영 제28조).

② 담보금액 및 기간의 지정 및 변경(영 제26조) 23년 기출
　　㉠ 담보금액 및 기간의 지정 : 관할 세무서장은 주세 보존을 위하여 필요하다고 인정하는 경우에는 주류 제조자에 대해 금액(담보물의 금액 또는 납세 보증으로 보존해야 하는 주류의 가격) 및 기간(명령이 개시되는 날과 주류를 보존해야 하는 기간)을 정하여 주세에 대한 담보의 제공이나 주류의 보존을 명할 수 있다.
　　　　▷ 관할 세무서장은 담보의 제공이나 주류를 보존해야 하는 기간이 2주조연도 이상에 걸치는 경우에는 매년 1월에 담보 또는 보증의 내용과 그 적정성 여부를 조사해야 한다(규칙 제5조).
　　㉡ 담보금액 및 기간의 변경 : 관할 세무서장은 「국세징수법」에 따른 사유에 준하여 필요하다고 인정하는 경우에는 금액 또는 기간을 변경할 수 있다.
③ 주류의 보존 및 방법(영 제27조) 23년 기출
　　㉠ 주류보존의 명을 받은 자는 보존할 주류 및 보존의 방법을 정하여 관할 세무서장에게 신청해야 한다.
　　㉡ 관할 세무서장은 납세의 보증으로 보존하는 주류를 봉할 수 있다.

알아두기

납세담보의 제공 등(규칙 제5조)
② 관할 세무서장은 주세의 담보 및 보증에 따라 담보를 제공하거나 납세보증주류를 보존하고 있던 주류제조자가 사망하여 그 면허 등을 상속한 자가 「주류 면허 등에 관한 법률」에 해당하는 경우에는 그 상속인에게 주세 보전을 위하여 필요한 담보의 제공이나 주류의 보존을 새로 명해야 한다.
③ 관할 세무서장은 주세의 담보 및 보증에 따라 보존한 주류의 가액이 미납부세액을 초과할 때에는 그 초과하는 가액에 상당하는 주류의 보존을 해제할 수 있다.

---

(2) 납세보증주류의 주세 충당 및 보존

① 납세보증주류의 주세 충당(법 제22조) 24, 23, 22, 18, 17, 16, 15, 13년 기출
　　관할 세무서장은 납세의무자가 「주세법」에 따라 납부기한까지 주세를 납부하지 아니하는 경우에는 납세보증주류를 「국세징수법」에서 정하는 바에 따라 공매하고, 그 금액으로 주세를 충당하여야 한다.
　　　주의 「국세징수법」에서 정하는 절차에 따라 판매한 금액이 아니라 공매절차에 부쳐 공매한 금액으로 주세를 충당하여야 한다.
② 납세보증주류의 보존(법 제23조) 24, 23, 22, 15, 13년 기출
　　주류 제조자는 관할 세무서장이 보존을 명한 납세보증주류를 처분하거나 제조장에서 반출할 수 없다.
③ 납세보증주류의 보존조치(영 제29조)
　　관할 세무서장은 담보의 제공이나 주류의 보존을 명한 경우로서 명령이 개시되는 날과 주류를 보존해야 하는 기간이 개시될 때까지 주류 제조자가 담보의 제공이나 주류의 보존 신청을 하지 않은 경우에는 주류 제조장에 있는 주류를 봉하고 그 처분 또는 반출을 금지할 수 있다.

(3) 「국세징수법」의 준용(법 제24조)

납세 담보에 관하여 이 법에 규정된 사항을 제외하고는 「국세징수법」의 규정을 준용한다.

(4) 질문ㆍ조사(법 제25조)

① 주류 등의 질문 및 제출 요구

주세에 관한 사무에 종사하는 공무원은 주세에 관한 업무를 위하여 필요하면 주류ㆍ밑술 또는 술덧의 제조자나 주류 판매업자에게 주세와 관계되는 사항을 질문하거나 그 장부ㆍ서류나 그 밖의 물건을 조사하거나 그 제출을 명할 수 있다.

② 주세에 관한 사무에 종사하는 공무원

주세에 관한 사무에 종사하는 공무원은 직무를 위하여 필요한 범위 외에 다른 목적 등을 위하여 그 권한을 남용해서는 아니 된다.

1. 과태료(법 제27조)

(1) 과태료 부과대상 및 금액

면세한 주류를 판매의 목적으로 소지하거나 판매한 자에게는 2천만 원 이하의 과태료를 대통령령으로 정하는 바에 따라 관할 세무서장이 부과·징수한다.

(2) 과태료 금액의 범위(영 제32조 제2항)

관할 세무서장은 위반 정도, 위반 횟수, 위반행위의 동기 및 그 결과 등을 고려하여 과태료 금액의 2분의 1의 범위에서 그 금액을 줄이거나 늘릴 수 있다. 다만, 과태료 금액을 늘리는 경우에는 과태료 금액의 상한 (2천만 원 이하)을 넘을 수 없다.

2. 과태료의 부과기준(영 제32조 제1항)

과태료 부과대상자에 대해 부과하는 과태료는 위반 주류 종류별, 위반 물량별로 구분한 다음 표에 따른 금액으로 한다.

구 분	탁 주	위스키 및 브랜디	그 밖의 주류
50리터(ℓ) 이하	10만 원	40만 원	20만 원
50리터 초과 100리터 이하	20만 원	60만 원	40만 원
100리터 초과 500리터 이하	40만 원	140만 원	80만 원
500리터 초과 1,000리터 이하	60만 원	200만 원	120만 원
1,000리터 초과 3,000리터 이하	100만 원	400만 원	200만 원
3,000리터 초과 5,000리터 이하	200만 원	500만 원	400만 원
5,000리터 초과 10,000리터 이하	400만 원	500만 원	500만 원
10,000리터 초과 15,000리터 이하	500만 원	500만 원	500만 원
15,000리터 초과 20,000리터 이하	1,000만 원	1,000만 원	1,000만 원
20,000리터 초과	2,000만 원	2,000만 원	2,000만 원

01 주정에 대하여는 차등비례세율을 적용하고, 주정 이외의 주류에 대하여는 정액세율을 적용한다. (O, X)

02 "알코올분"이란 전체용량에 포함되어 있는 에틸알코올(섭씨 10도에서 0.7947의 비중을 가진 것)을 말한다. (O, X)

03 공제 또는 환급을 받으려는 자는 해당 사유가 발생한 날이 속하는 분기의 다음 달 25일까지 대통령령으로 정하는 바에 따라 과세표준 등의 신고와 함께 공제 또는 환급을 신청하여야 한다. (O, X)

04 「약사법」에 따른 의약품으로서 알코올분이 6도 미만인 것은 주류에서 제외된다. (O, X)

05 사원, 교회나 그 밖의 종교 단체가 의식용으로 사용하기 위하여 유상으로 수입하는 주류의 수입에 대해서는 대통령령으로 정하는 바에 따라 주세를 면제한다. (O, X)

06 주류를 제조 또는 가공하기 위한 원료로 사용하기 위하여 주류 제조장에서 반출하거나 또는 보세구역에서 반출하는 것에 대해서는 대통령령으로 정하는 바에 따라 주세를 징수하지 아니한다. (O, X)

07 주정에 대한 주세의 과세표준은 주류 제조장에서 반출한 가액이나 수입신고하는 가액으로 한다. (O, X)

08 제조장에 있는 주류가 공매 또는 경매되거나 파산절차에 따라 환가된 경우에는 제조장에서 반출된 것으로 본다. (O, X)

09 관할 세무서장은 납세의무자가 주세법에 따라 납부기한까지 주세를 납부하지 아니하는 경우에는 납세보증주류를 「국세징수법」에서 정하는 바에 따라 공매하고, 그 금액으로 주세를 충당하여야 한다. (O, X)

10 주류 제조장에서 주류를 반출한 자는 매 분기 주류 제조장에서 반출한 주류의 종류, 알코올분, 수량, 가격, 세율, 산출세액, 공제세액, 환급세액, 납부세액 등을 적은 과세표준신고서를 반출한 날이 속한 분기의 다음 달 말일까지 관할 세무서장에게 제출하여야 한다. (O, X)

01 × 차등비례세율 → 정액세율, 정액세율 → 차등비례세율

02 × 섭씨 10도 → 섭씨 15도(법 제2조 제2호)

03 ○ (법 제18조 제2항)

04 ○ (영 제2조 제1항 제1호)

05 × 유상으로 → 무상으로(법 제20조 제2항 제3호)

06 ○ (법 제17조 제1항 제2호)

07 × 가액 → 수량(법 제7조 제1항)

08 ○ (법 제15조 제3호)

09 ○ (법 제22조)

10 × 말일 → 25일(법 제9조 제1항)

제 1~3 장 출제예상문제

01 주세법상 납세의무자를 모두 고른 것은?

> ㄱ. 주류제조장에서 주류를 제조하고 반출하는 자
> ㄴ. 「식품위생법」에 따른 영업허가를 받은 장소에서 주류 판매업을 하는 자
> ㄷ. 주류를 수입하는 경우로서 「관세법」에 따라 관세를 납부할 의무가 있는 자
> ㄹ. 주류전문매장에서 주류를 판매하는 자
> ㅁ. 유흥업소에서 주류를 판매하는 자

① ㄱ, ㄴ
② ㄱ, ㄷ
③ ㄴ, ㄹ
④ ㄷ, ㄹ
⑤ ㄷ, ㅁ

해설

주세법상 납세의무자는 ㄱ, ㄷ이다.

납세의무자(법 제3조)

다음의 어느 하나에 해당하는 자는 주세법에 따라 주세를 납부할 의무가 있다.

• 주류를 제조하여 제조장으로부터 반출하는 자
• 주류를 수입하는 경우 「관세법」에 따라 관세를 납부할 의무가 있는 자

02 주세법상 세액공제 및 환급에 관한 설명으로 옳지 않은 것은?

① 변질, 품질불량, 대통령령으로 정하는 생산 중단이나 그 밖의 부득이한 사유로 동일한 주류 제조자의 주류 제조장 중 어느 한 곳으로 다시 들어온 경우 납부 또는 징수하여야 할 세액에서 그 세액을 공제한다.

② 주류를 수입하는 자는 해당 사유가 속한 달이 속하는 분기의 다음 달 25일까지 대통령령으로 정하는 바에 따라 과세표준 등의 신고와 함께 공제 또는 환급을 신청하여야 한다.

③ 이미 과세되었거나 과세되어야 할 주류를 원료로 하여 제조한 주류(용기주입제조장에서 제조한 주류를 포함)에 대해서는 과세표준 및 세율에 따라 산출한 세액에서 그 원료용 주류에 대한 주세액에 해당하는 금액을 공제한 것을 그 세액으로 한다.

④ 공제하여야 할 금액이 해당 주류에 대한 세액을 초과하는 경우에는 납부할 주세액이 없는 것으로 한다.

⑤ 면세 규정에 해당하는 주류의 원료용 주류에 대한 주세액에 해당하는 금액은 세액을 초과하는 경우에도 불구하고 환급한다. 다만, 납부할 주세액이 있는 경우에는 공제하여야 한다.

② 공제 또는 환급을 받으려는 자는 해당 사유가 발생한 날이 속하는 분기의 다음 달 25일(주류를 수입하는 자는 해당 사유가 발생한 날이 속한 달의 다음 다음 달 말일)까지 대통령령으로 정하는 바에 따라 과세표준 등의 신고와 함께 공제 또는 환급을 신청하여야 한다(법 제18조 제2항).
① 법 제18조 제1항, ③ 법 제19조 제1항, ④ 법 제19조 제2항, ⑤ 법 제19조 제3항

03 주세법상 주세의 징수에 관한 설명으로 옳지 않은 것은?

① 주류 제조장에서 주류를 반출한 자는 매 분기 주류 제조장에서 반출한 주류에 대한 과세표준신고서를 반출한 날이 속하는 분기의 다음 달 25일까지 관할 세무서장에게 제출하여야 한다.

② 주류 제조자가 주류를 제조장에서 마신 경우 그 사유가 발생한 날이 속하는 달의 다음 달 말일까지 그 반출된 주류 또는 반출된 것으로 보는 주류에 대한 과세표준신고서를 관할 세무서장에게 제출하여야 한다.

③ 주류를 수입하는 자는 수입신고하는 때에 「관세법」에 따른 신고서를 관할 세관장에게 제출하여야 한다.

④ 수입하는 주류를 제외하고는 주세는 매 분기 분을 주세법에 따른 과세표준신고서 제출기한까지 관할 세무서장에게 납부하여야 한다.

⑤ 관할 세무서장이 주세에 대한 담보의 제공을 명하였으나 담보의 제공을 하지 아니하는 경우에는 제조장에 있는 주류를 제조장에서 반출된 것으로 보아 지체 없이 그 주세를 징수한다.

② 분기의 다음 달 25일까지 제출한다(법 제9조 제1항, 제15조 제1호).
① 법 제9조 제1항, ③ 법 제9조 제3항, ④ 법 제11조 제1항, ⑤ 법 제16조

04 주세법상 면세 주류에 해당하지 않은 것은?

① 수출하는 주류
② 외국 선원 휴게소에 납품하는 주류
③ 외국에 주둔하는 국군부대에 납품하는 주류
④ 우리나라에 주둔하는 외국 군대에 납품하는 주류
⑤ 무형유산으로 지정받은 기능보유자가 판매할 목적으로 제조한 주류

면세 주류(법 제20조 제1항)

다음의 어느 하나에 해당하는 주류에 대하여는 대통령령으로 정하는 바에 따라 주세를 면제한다.

• 수출하는 주류
• 우리나라에 주둔하는 외국 군대에 납품하는 주류
• 외국에 주둔하는 국군부대에 납품하는 주류
• 주한외국공관이나 그 밖에 이에 준하는 기관으로서 대통령령으로 정하는 기관에 납품하는 주류
• 외국 선원 휴게소에 납품하는 주류
• 「주류 면허 등에 관한 법률」 또는 「식품위생법」에 따라 검사 목적으로 수거하는 주류
• 「무형유산의 보전 및 진흥에 관한 법률」에 따른 무형유산으로 지정받은 기능보유자가 제조한 주류로서 「무형유산의 보전 및 진흥에 관한 법률」에 따라 무형유산 공개에 사용되는 주류
• 「약사법」에 따라 의약품을 제조할 때 원료로서 사용되는 주류
• 주정으로서 국가의 화약 제조용, 연초 발효용(수출용에 한정), 연료용, 의료 의약품용이나 그 밖의 공업용으로 사용되는 주류

05 주세법상 납세담보에 관한 설명으로 옳지 않은 것은?

① 납세의무자가 주세법에 따라 납세보증주류에 대하여 기한까지 주세를 납부하지 아니하는 경우에는 해당 주류를 「국세징수법」에서 정하는 바에 따라 판매한 금액으로 주세를 충당하여야 한다.

② 주류 제조자는 주세법에 따라 관할 세무서장이 보존을 명한 납세보증주류를 처분하거나 제조장에서 반출할 수 없다.

③ 관할 세무서장은 주세 보전을 위하여 필요하다고 인정되면 주류 제조자에 대하여 납세 보증으로서 주세액에 상당하는 가액의 주류를 보존할 것을 명할 수 있다.

④ 관할 세무서장은 주세 보존을 위하여 필요하다고 인정하는 경우에는 주류 제조자에 대해 금액 및 기간을 정하여 주세에 대한 담보의 제공이나 주류의 보존을 명할 수 있다.

⑤ 관할 세무서장은 담보의 제공이나 주류의 보존을 명한 경우로서 명령이 개시되는 날과 주류를 보존해야 하는 기간이 개시될 때까지 주류 제조자가 담보의 제공이나 주류의 보존 신청을 하지 않은 경우에는 주류 제조장에 있는 주류를 봉하고 그 처분 또는 반출을 금지할 수 있다.

① 납세의무자가 주세법에 따라 납세보증으로서 보존하는 주류에 대하여 기한까지 주세를 납부하지 아니하는 경우에는 해당 주류를 「국세징수법」에서 정하는 바에 따라 공매하고, 그 금액으로 주세를 충당하여야 한다(법 제22조).
② 법 제23조, ③ 법 제21조, ④ 영 제26조 제1항, ⑤ 영 제29조

06 주세의 특징에 관한 설명으로 옳지 않은 것은?

① 간접세이면서 개별소비세이다.

② 물세와 인세의 성격을 모두 가지고 있다.

③ 주류를 제조하여 제조장으로부터 반출하는 자는 주세를 납부할 의무가 있다.

④ 주정에 대하여는 정액세율을 적용하고, 주정 이외의 주류에 대하여는 차등비례세율을 적용한다.

⑤ 주세에 있어서는 주세 보전명령과 주류 보유의 제한 등 주류의 제조·유통 및 판매과정에 관하여 강력히 규제함으로써 납세를 보전하고 있다.

해설

인세는 과세의 목표를 사람에게 두고 개인적 사정을 고려하여 부과하는 조세이며, 물세는 객관적으로 재산 또는 수익에 대하여 부과하는 조세를 말한다. 주세의 경우 대표적인 물세이다.

07 주세법상 용어의 뜻으로 옳지 않은 것은?

① "밑술"이란 효모를 배양·증식한 것으로서 당분이 포함되어 있지 않은 물질을 알코올로 발효시킬 수 있는 재료를 말한다.

② "알코올분"이란 전체용량에 포함되어 있는 에틸알코올(섭씨 15도에서 0.7947의 비중을 가진 것)을 말한다.

③ "불휘발분"이란 전체용량에 포함되어 있는 휘발되지 아니하는 성분을 말한다.

④ "국(麴)"이란 녹말이 포함된 재료에 곰팡이류를 번식시킨 것, 녹말이 포함된 재료와 그 밖의 재료를 섞은 것에 곰팡이류를 번식시킨 것, 효소로서 녹말이 포함된 재료를 당화시킬 수 있는 것을 말한다.

⑤ "주조연도"란 매년 1월 1일부터 12월 31일까지의 기간을 말한다.

해설

① "밑술"이란 효모를 배양·증식한 것으로서 당분이 포함되어 있는 물질을 알코올 발효시킬 수 있는 재료를 말한다(법 제2조 제5호).

② 법 제2조 제2호, ③ 법 제2조 제4호, ④ 법 제2조 제9호, ⑤ 법 제2조 제7호

08 주세법상 주세의 과세표준에 관한 설명으로 옳은 것은?

① 주정 외의 주류에 대한 주세의 과세표준은 주류 제조장에서 반출하는 경우에는 반출하는 때의 가격으로 하고, 수입하는 경우에는 수입신고를 하는 때의 가격(관세가 포함되어 있는 경우 관세는 제외)으로 한다.

② 주류를 넣을 목적으로 특별히 제조된 도자기병과 이를 포장하기 위한 포장물의 가격은 과세표준에 포함한다.

③ 주류의 용기 또는 포장에 붙여 반출되는 것으로서 상품정보를 무선으로 식별하도록 제작된 전자인식표의 가격은 과세표준에 포함하지 않는다.

④ 무상으로 반출하는 경우에는 당해 주류와 동일한 규격과 용량에 대한 통상가격으로 하되, 동일한 규격과 용량에 의하여 가격을 산출할 수 없는 때에는 그 주류의 제조원가에 통상이윤상당액(제조원가의 20%)을 가산한 금액으로 한다.

⑤ 주정에 대한 주세의 과세표준은 주류 제조장에서 반출한 가액이나 수입신고하는 가액으로 한다.

[해설]

① 주정, 탁주 및 맥주 외의 주류에 대한 주세의 과세표준은 주류 제조장에서 반출하는 경우에는 반출하는 때의 가격으로 하고, 수입하는 경우에는 수입신고를 하는 때의 가격(관세의 과세가격과 관세를 합한 금액)으로 한다(법 제7조 제2항).

② 주류를 넣을 목적으로 특별히 제조된 도자기병과 이를 포장하기 위한 포장물의 가격은 과세표준에 포함하지 않는다(법 제7조 제3항, 영 제6조 제3항 제1호).

④ 무상으로 반출하는 경우에는 당해 주류와 동일한 규격과 용량을 가진 주류의 통상가격으로 하되, 동일한 규격과 용량을 가진 주류를 기준으로 가격을 산출할 수 없을 때에는 그 주류의 제조원가에 통상이윤상당액(제조원가의 100분의 10)을 가산한 금액으로 한다(영 제5조 제1항 제2호 라목).

⑤ 주정에 대한 주세의 과세표준은 주류 제조장에서 반출한 수량이나 수입신고하는 수량으로 한다(법 제7조 제1항).

09 주세법상 제조장에서 반출된 것으로 보는 경우를 모두 고른 것은?

> ㄱ. 제조장에서 마신 경우
> ㄴ. 관할 세무서장이 주류의 제조면허를 취소하고 기간을 정하여 주류 제조장에 현존하는 반제품에
>   대하여 제조·반출과 그 밖에 필요한 행위를 계속하게 한 경우
> ㄷ. 제조장에 있는 주류가 공매 또는 경매되거나 파산절차에 따라 환가된 경우
> ㄹ. 제조장에 있는 주류가 「부가가치세법」에 따라 재화의 공급으로 보는 경우

① ㄴ
② ㄱ, ㄹ
③ ㄱ, ㄴ, ㄷ
④ ㄱ, ㄷ, ㄹ
⑤ ㄴ, ㄷ, ㄹ

[해설]
ㄴ. 관할 세무서장이 주류의 제조면허를 취소하고 기간을 정하여 주류 제조장에 현존하는 반제품에 대하여 제조·반출과 그 밖에 필요한 행위를 계속하게 한 경우는 반출된 것으로 보는 경우에서 제외한다(영 제13조 제1항 제1호).

반출된 것으로 보는 경우(법 제15조)
• 제조장에서 마신 경우
• 주류 제조면허가 취소된 경우로서 주류가 제조장에 남아 있는 경우(다만, 대통령령으로 정하는 경우는 제외)
• 제조장에 있는 주류가 공매 또는 경매되거나 파산절차에 따라 환가된 경우
• 제조장에 있는 주류가 「부가가치세법」에 따라 재화의 공급으로 보는 경우에 해당하는 경우

10 주세법상 주세의 과세표준에 관한 설명으로 옳지 않은 것은?

① 용기에 넣은 주류를 제조장에서 마신 경우 주세의 과세표준은 반출된 날이 속하는 월 또는 전월의 당해 주류의 동일한 규격과 용량에 대한 통상가격으로 한다.

② 주정과 탁주, 맥주 외의 주류를 주류 제조장에서 반출하는 경우 주세의 과세표준은 반출하는 때의 가격으로 한다.

③ 제조장에 있는 주류가 경매됨에 따라 환가된 경우 주세의 과세표준은 통상가격으로 한다.

④ 주류제조자가 자기가 생산한 주류를 직접 판매하기 위하여 특설한 판매장에 무상으로 반출하는 경우 주세의 과세표준은 통상가격(모든 주류제조자가 통상의 도매수량과 거래방식에 의하여 판매하는 가격)으로 한다.

⑤ 주정과 탁주, 맥주 외의 주류를 주류 제조장에서 반출하는 경우 주세의 과세표준에 주류의 용기 또는 포장에 붙여 반출되는 것으로서 상품정보를 무선으로 식별하도록 제작된 전자인식표의 가격은 포함하지 아니한다.

[해설]
제조장에 있는 주류가 경매됨에 따라 환가된 경우 주세의 과세표준은 환가된 가격으로 한다(영 제12조 제3항).

11 주세법상 주세의 납부 및 반출 주류 수량 산정방법에 관한 설명으로 옳은 것을 모두 고른 것은?

> ㄱ. 주세를 납부하는 자는 납부기한까지 납부할 세액을 관할 세무서장, 한국은행 또는 체신관서에 납부해야 한다.
> ㄴ. 주류 제조장으로부터 반출한 주류의 수량을 산정할 때에는 「주류 면허 등에 관한 법률」에 따라 검정한 주류의 수량에서 앙금분리·여과·저장·용기주입 및 반출과정 중 생기는 실감량을 인정할 수 있다.
> ㄷ. 「주류 면허 등에 관한 법률」에 따른 납세증명표지를 붙이지 않은 맥주는 검정 수량의 1천분의 35 이내의 범위에서 실감량을 인정할 수 있다.
> ㄹ. 수입하는 주류에 대한 주세는 매 분기 분을 과세표준신고서 제출기한까지 관할 세무서장에게 납부하여야 한다.

① ㄱ, ㄴ
② ㄴ, ㄷ
③ ㄷ, ㄹ
④ ㄱ, ㄴ, ㄷ
⑤ ㄴ, ㄷ, ㄹ

해설

ㄹ. 주세는 매 분기 분을 과세표준신고서 제출기한까지 관할 세무서장에게 납부하여야 한다. 다만, 수입하는 주류에 관하여는 「관세법」에 따른다(법 제11조 제1항).

납부(영 제9조)
주세를 납부하는 자는 납부기한까지 납부할 세액을 관할 세무서장, 한국은행(그 대리점을 포함) 또는 체신관서에 납부해야 한다.

반출 주류의 수량 산정방법(영 제10조 제1항)
주류 제조장으로부터 반출한 주류의 수량을 산정할 때에는 「주류 면허 등에 관한 법률」에 따라 검정한 주류의 수량에서 앙금분리·여과·저장·용기주입 및 반출과정 중 생기는 실감량을 인정할 수 있다. 다만, 「주류 면허 등에 관한 법률」에 따른 납세증명표지를 붙이지 않은 주류의 경우에는 다음의 범위에서 실감량을 인정할 수 있다.
• 주정 : 검정 수량의 100분의 1 이내
• 청주 : 검정 수량의 100분의 5 이내
• 맥주 : 검정 수량의 1천분의 35 이내(소규모주류제조자가 제조하는 맥주의 경우에는 1천분의 70 이내)
• 제1호부터 제3호까지에서 규정한 주류 외의 주류 : 검정 수량의 100분의 2 이내

12 주세법상 주류에 대한 세율로 옳은 것은? (단, 경감세율은 고려하지 않는다)

① 알코올분 95도 미만의 주정 – 100분의 10

② 청주 – 100분의 72

③ 탁주 – 1킬로리터당 57,000원

④ 약주·과실주 – 100분의 30

⑤ 맥주 – 1킬로리터당 41,700원

> [해설]
> ① 주정 : 1킬로리터당 57,000원
> ② 청주 : 100분의 30
> ③ 탁주 : 1킬로리터당 44,400원
> ⑤ 맥주 : 1킬로리터당 885,700원

13 주세법상 납세담보 및 보증에 관한 설명으로 옳지 않은 것은?

① 관할 세무서장은 주세 보전상 필요하다고 인정하는 때에는 주류 제조자에 대하여 금액 및 기간을 정하여 주세에 대한 담보의 제공이나 주류의 보존을 명할 수 있다.

② 관할 세무서장은 납세의무자가 이 법에 따라 납부기한까지 주세를 납부하지 아니하는 경우에는 납세보증주류를 「국세징수법」에서 정하는 바에 따라 공매하고, 그 금액으로 주세를 충당하여야 한다.

③ 관할 세무서장은 납세 보증으로 보존한 주류의 가액이 미납부세액을 초과하는 때에는 그 초과하는 가액에 상당하는 주류의 보존을 해제할 수 있다.

④ 주류 제조자는 주세법에 따라 관할 세무서장이 보존을 명한 납세보증주류를 처분하거나 제조장에서 반출할 수 없다.

⑤ 납세의 보증으로 보존하는 주류의 가격은 제조원가로 한다.

> [해설]
> ⑤ 납세의 보증으로 보존하는 주류의 가격은 통상가격으로 한다(영 제28조).
> ① 영 제26조 제1항
> ② 법 제22조
> ③ 규칙 제5조 제3항
> ④ 법 제23조

교육은 우리 자신의 무지를 점차 발견해 가는 과정이다.

– 윌 듀란트 –

PART 4

회계학

관세사 한권으로 끝내기 1차

관련법령은 수시로 개정될 수 있으니 관세법령정보포털(http://unipass.customs.co.kr/clip/index.do)의 내용을 필수적으로 참고하시어 학습하시기를 권유합니다.

※ 추록(최신 개정법령) : 도서출간 이후 법령개정사항은 도서의 내용에 맞게 수정하여 도서업데이트 게시판에 업로드합니다(시대에듀 : 홈 ▶학습자료실 ▶도서업데이트).

제1편

재무회계

우리는 삶의 모든 측면에서 항상 '내가 가치있는 사람일까?'
'내가 무슨 가치가 있을까?'라는 질문을 끊임없이 던지곤 합니다.
하지만 저는 우리가 날 때부터 가치있다 생각합니다.

-오프라 윈프리-

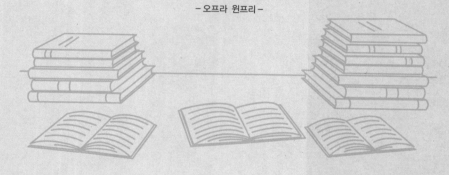

제 1 장 재무회계의 기본이해

제1절 회계 기초이론

1. 회계의 기초

(1) 회계의 의의

회계란 정보이용자가 합리적인 의사결정을 할 수 있도록 경제적 정보를 식별하고 측정하여 전달하는 과정이다.

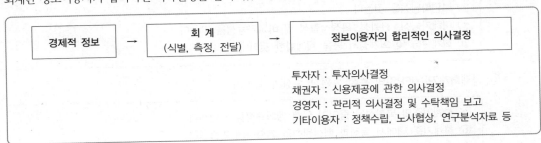

(2) 회계의 분류

① 재무회계

재무회계란 회계학의 한 분야로 기업의 재무상태와 경영실적 정보 등을 측정하여 주주, 채권자, 정부 등과 같은 기업의 외부 이해관계자들에게 재무정보를 제공하기 위한 과정이다. 이러한 재무정보는 재무제표의 형태로 정보이용자에게 제공된다.

② 관리회계

관리회계란 경영자의 내부자원관리에 대한 의사결정과 부서 및 개인의 실적평가 등 내부적으로 유용한 정보를 이용하기 위해 회계정보를 구별·측정·분석하는 과정이다. 내부경영자를 위한 정보를 생성한다는 면에서 외부 이해관계자를 위한 정보를 생성하는 재무회계와 구별된다.

(3) 재무정보 및 회계원칙

① 재무정보와 재무보고

재무보고는 특정 기업실체의 경제적 자원 및 이에 관한 청구권과 이들을 변화시키는 경제활동에 관한 정보를 화폐로 측정하여 보고하는 것으로 재무정보의 전달수단이다.

㉠ 재무정보의 수요 : 투자자, 종업원, 대여자, 공급자와 그 밖의 거래채권자, 고객, 정부와 유관기관, 일반대중 등이다.

㉡ 재무정보의 공급 : 기업이 정기적으로 재무제표를 작성하여 공시한다.

② 기업회계기준

재무제표가 모든 정보이용자들에게 공통적으로 유용한 정보를 제공하기 위해서는 모든 외부 이해관계자가 동의할 수 있는 재무제표 작성 및 보고에 대한 원칙이 필요하다. 기업회계기준은 기업이 회계처리를 할 때 준수해야 할 기준으로서 기업회계의 실무에서 관습으로 발달한 것으로부터 일반적으로 공정 타당하다고 인정된 회계원칙(GAAP ; Generally Accepted Accounting Principles)을 논리적으로 요약·체계화한 것이다.

현행 기업회계기준은 한국채택국제회계기준, 일반기업회계기준 등이 있다. 관세사 시험은 국제회계기준을 기반으로 하여 우리나라에 적용시킨 한국채택국제회계기준의 범위에서 출제된다.

　㉠ 회계원칙의 특징

> ⓐ 회계실무의 지도원리이다.
> ⓑ 보편타당성을 갖는다.
> ⓒ 이해가능성, 신뢰성, 목적적합성 및 비교가능성을 갖는다.
> ⓓ 회계관습 및 회계절차 등을 체계화한 것이다.

　㉡ 국제회계기준(IFRS)의 특징 : 원칙 중심의 회계기준

> ⓐ 회계기준의 복잡성을 줄이기 위해 예외규정을 지양한다.
> ⓑ 회계기준 내에서 목적과 핵심원칙을 명확하게 기술한다.
> ⓒ 회계기준서 간 일관성을 유지한다.
> ⓓ 개념체계에 근거하여 규정한다.
> ⓔ 규정에 대한 해석은 전문가의 판단에 의존한다.
> ⓕ 지침은 꼭 필요한 경우에 한하여 최소한으로 제공한다.

③ 재무정보의 기능

　㉠ 재무정보는 자본시장에서 정보비대칭으로 인해 존재하는 역선택의 문제를 완화하여 자본이 투자자로부터 기업에게로 원활히 공급될 수 있도록 하는 데 도움을 준다.

　㉡ 재무정보는 자본시장에서 발생할 수 있는 대리인의 기회주의적인 행위인 도덕적 해이라는 문제를 해결하는 데 도움을 준다.

　㉢ 재무정보는 경제실체 간 자원의 이동에 관한 의사결정에 직·간접적으로 영향을 준다.

　㉣ 재무정보는 자본주의 시장경제체제에서 희소한 경제적 자원이 자본시장을 통해 효율적으로 배분되도록 하는 데 도움을 준다.

　㉤ 재무정보는 정부가 효율적이고 적절한 자원배분을 위한 정책을 수립하는 데 도움을 준다.

2. 회계의 순환과정

(1) 의 의 16년 기출

회계의 순환과정은 경영자와 정보이용자의 정기적인 정보전달의 순환과정을 말하며, 다음과 같은 순서로 이루어진다.

① 거래의 발생
② 분개 및 전기
③ 수정 전 시산표, 수정분개, 수정 후 시산표
④ 계정의 마감
⑤ 재무제표의 작성

(2) 거래(회계거래)

① 회계거래의 의의

회계거래란 회사의 재무상태인 자산·부채·자본에 증감변동을 주는 사건·상태로서, 일상적 의미의 거래와 일치하지 않는 경우도 있다.

② 회계거래의 구분

회계거래이나 일상적인 거래가 아닌 것	• 도난사건(예 창고에 보관 중이던 상품을 도난당했다) • 자산의 가치감소 • 화재로 인한 손실발생(예 건물이 화재로 소실되었다) • 상품 등의 파손이나 변질 • 건물을 임차계약하고 계약금을 지급 • 주주에게 주식을 배당
일상적인 거래이나 회계거래가 아닌 것	• 상품의 보관 • 각종 계약 • 매입의뢰 • 상품의 매매주문 • 담보물의 예치 또는 예수

(3) 분 개

① 분개의 의의

회계거래를 기록하는 것을 분개라고 한다. 분개는 회계거래를 기록하는 방식으로 계정과목을 사용하며, 복식부기 방식으로 이루어진다.

② 부기와 회계기록의 비교

㉠ 부기 : '장부기록'의 약칭으로 기업 재산의 증감 변화를 일정한 원리와 방법에 따라 기록·계산·정리하여 그 증감 원인과 결과를 명백히 밝히는 기술적인 절차이다.

㉡ 회계기록 : 기업의 거래를 통하여 산출된 정보를 기업 내부와 외부의 정보이용자들에게 전달하여 합리적인 의사결정을 할 수 있도록 하는 방법으로 이론적·과학적인 측면이 강하다. 회계는 기업의 거래를 정교하게 기록하는 부기의 한 방법이다.

③ 부기의 방법
  ㉠ 단식부기 : 거래의 순서대로 현금이나 재화의 증감변화만을 기록, 계산하는 방법으로 일반적으로 비영리, 소규모 상점에 적용한다.
  ㉡ 복식부기 : 일정한 원리, 원칙에 따라 조직적으로 재화의 증감뿐만 아니라 손익의 발생도 기록·계산하는 방법으로 영리, 대규모 기업에 적용하는 부기이며, 자기검증기능이 있어 정확성이 높아 회계기록에 사용한다.
④ 계정의 의의
  계정은 각 항목별로 설정된 기록계산의 단위를 말하며, 각 계정의 위에 붙이는 이름을 계정과목이라 한다.
⑤ 거래의 8요소(계정의 기입방법) 21, 19년 기출
  계정과목은 거래의 8요소를 기초로 기입한다.
  ㉠ 재무상태표 계정

  > ⓐ 자산계정 : 증가는 차변, 감소는 대변에 기입
  > ⓑ 부채계정 : 증가는 대변, 감소는 차변에 기입
  > ⓒ 자본계정 : 증가는 대변, 감소는 차변에 기입

  ㉡ 포괄손익계산서 계정

  > ⓐ 수익계정 : 발생은 대변, 감소는 차변에 기입
  > ⓑ 비용계정 : 발생은 차변, 감소는 대변에 기입

차변기입항목(왼쪽)	대변기입항목(오른쪽)
• 자산의 증가 • 부채의 감소 • 자본의 감소 • 비용의 발생	• 자산의 감소 • 부채의 증가 • 자본의 증가 • 수익의 발생

⑥ 분개의 특징
  ㉠ 거래의 이중성 : 자산, 부채, 자본이 증감 변화하는 거래에서 차변에 발생한 거래는 반드시 대변에도 같은 금액의 거래가 발생하여 이중으로 기입하게 되는데, 이것을 '거래의 이중성'이라 한다.
  ㉡ 대차평균의 원리
    ⓐ 거래가 발생하면 분개를 통하여 어떤 계정의 차변과 또 다른 계정의 대변에 같은 금액을 기입하게 되며 일치하게 된다.
    ⓑ 복식부기제도 하에서 모든 회계거래는 반드시 어떤 계정의 차변과 다른 계정의 대변에 같은 금액을 기입한다. 따라서 아무리 많은 거래를 기입하더라도 계정의 차변 합계금액과 대변 합계금액은 반드시 일치해야 하는데 이것을 '대차평균의 원리'라고 한다.

(4) 전 기

각 계정의 분개장에 기입한 분개를 모든 계정의 집합인 총계정원장에 옮겨 적는 절차를 말한다. 이때 T자 모양의 양식을 사용하기도 하는데, 이를 T계정에 전기한다고 말한다.

자산 · 비용 계정		부채 · 자본 · 수익 계정	
(차변)	(대변)	(차변)	(대변)
증가 또는 발생	감 소	감 소	증가 또는 발생

(5) 결 산

① 결산의 의의

결산이란 회계기간의 말일에 일정 기간의 경영성과와 일정 시점의 재무상태를 명확히 하고 장부를 정리하는 일련의 절차를 말한다.

② 결산의 절차

결산의 예비절차 → 결산의 본절차 → 재무제표의 작성 순으로 이루어진다.

결산의 예비절차	• 시산표의 작성 • 재고조사표의 작성 • 결산정리분개(수정분개) • 정산표의 작성(임의선택사항)
결산의 본절차	• 수익 · 비용계정의 마감 • 집합손익계정의 마감 • 자산 · 부채 · 자본계정의 마감 • 이월시산표 작성 및 기타 장부 마감
재무제표의 작성 (결산보고서 작성)	• 포괄손익계산서의 작성 : 집합손익계정을 기초로 함 • 재무상태표의 작성 : 이월시산표를 기초로 함 • 자본변동표의 작성 • 현금흐름표의 작성

③ 시산표

회계기간 중 거래기록의 정확성을 검증하기 위하여 총계정원장의 각 계정금액을 집계하여 작성한 집계표로 합계시산표 · 잔액시산표 · 합계잔액시산표가 있다.

ⓐ 합계시산표 : 총계정원장의 각 계정의 차변합계와 대변합계를 모두 표시하는 시산표이다.

ⓑ 잔액시산표 : 총계정원장의 각 계정의 차변합계와 대변합계의 차이금액인 계정잔액을 기초로 작성되는 시산표이다.

ⓒ 합계잔액시산표 : 총계정원장상의 각 계정의 차변합계와 대변합계를 표시함과 동시에 차변합계와 대변합계의 차이금액인 잔액을 표시하는 시산표이다.

④ 결산수정분개 21년 기출

결산에 앞서 원장잔액과 실제액이 다를 경우 원장 각 계정의 잔액을 실제액에 맞추어 수정해야 하는데 이를 결산정리라고 하며, 결산정리를 위한 분개를 정리분개 또는 수정분개라고 한다.

⑤ 정산표

결산의 전 과정을 개략적으로 파악할 수 있도록 작성하는 일람표(잔액시산표를 기초로 하여 재무상태표와 포괄손익계산서의 작성과정을 한 표에 나타냄)를 말한다.

⑥ 계정의 마감

계정의 대차를 일치시켜서 계정잔액을 '0'으로 만드는 것이다.

⑦ 재무제표의 작성

잔액시산표를 이용하여 재무제표를 작성한다.

3. 재무제표

(1) 의 의

① 어느 특정한 경제적 실체의 자원과 그 자원에 대한 청구권 및 이들의 변동을 일으키는 거래나 사건 및 모든 경제적 영향을 인식하여 측정한 결과를 일정한 양식에 의해 보고하는 회계보고서 또는 결산보고서 가 재무제표이다.

② 재무제표는 재무보고의 중심적인 수단으로서 이를 통하여 기업에 관한 재무정보를 외부의 이해관계자에 게 전달하게 된다.

③ 현행 이용되고 있는 재무제표는 재무상태표, (포괄)손익계산서, 현금흐름표, 자본변동표이며 이에 대한 적절한 주석도 재무제표의 구성요소에 포함된다.

구 분	내 용
재무상태표	회사의 일정시점의 재무상태에 대한 보고서
손익계산서	회사의 일정기간의 경영성과에 대한 보고서
현금흐름표	회사의 일정기간의 현금유출입에 대한 보고서
자본변동표	회사의 일정기간의 자본변동에 대한 보고서
주 석	기타 추가적인 정보에 관한 내용

(2) 목 적

광범위한 정보이용자의 경제적 의사결정에 유용한 기업의 재무상태, 재무성과와 재무상태변동에 관한 정보 를 제공하는 것이다.

(3) 정보제공 내용

재무제표의 목적을 충족하기 위하여 재무제표는 자산, 부채, 자본, 차익과 차손을 포함한 광의의 수익과 비용, 소유주로서의 자격을 행사하는 소유주에 의한 출자와 소유주에 대한 배분, 현금흐름 등의 기업 정보 를 제공한다.

① 재무제표에 의해 제공되는 정보는 대부분 과거에 발생한 거래나 사건에 관한 것으로 정확한 측정치가 아닌 추정에 의한 측정치도 포함한다.

② 재무제표에 인식되는 금액은 추정이나 판단에 의한 정보를 포함한다.

③ 당기 재무제표를 이해하는 데 목적적합하다면 서술형 정보의 경우에도 비교정보를 포함한다.

(4) 재무상태표

① 재무상태표의 의의 _{11년 기출}

일정시점에 있어서 기업이 보유하고 있는 재무상태, 즉 기업의 자산, 부채, 자본의 상태를 나타내는 재무보고서이다.

② 재무상태표 공식

$$자산 = 부채 + 자본$$

③ 재무상태표 예시

재무상태표

(주)관세   (단위 : 원)

자 산		부 채	
유동자산		유동부채	
현금 및 현금성자산	1,000	단기차입금	3,000
단기금융자산	1,500	매입채무	1,000
매출채권	2,400	기타유동부채	1,300
재고자산	6,500		5,300
기타유동자산	2,600		
	14,000	비유동부채	
		장기차입금	5,000
비유동자산		기타비유동부채	3,000
유형자산	2,000		8,000
장기금융자산	1,400	부채총계	13,300
무형자산	900		
기타비유동자산	1,000	자 본	
	5,300	납입자본	3,000
		기타자본	2,000
		이익잉여금	1,000
		자본총계	6,000
자산총계	19,300	자본 및 부채총계	19,300

④ 재무상태표의 구성 _{21, 13년 기출}

㉠ **자산** : 기업의 경영활동을 영위하는 과정에서 과거 사건의 결과로 기업이 통제하고 있고 미래경제적 효익이 기업에 유입될 것으로 기대되는 각종 재화와 채권과 같은 경제적 자원을 말한다. 미래경제적 효익이란 직접 또는 간접으로 미래 현금 및 현금성자산의 기업에의 유입에 기여하게 될 잠재력을 말한다.

㉡ **부채** : 과거의 거래나 사건의 결과로 현재 기업실체가 부담하고 있고(즉, 현재의무) 미래에 자원의 유출 또는 사용이 예상되는 것으로, 기업이 미래에 일정한 금액을 지급하거나 재화나 서비스 등을 제공하여 변제할 의무를 말한다.

ⓒ 자본 : 기업이 보유하고 있는 자산총액에서 부채총액을 차감한 잔액을 말한다.

$$자본(순자산) = 자산 - 부채$$

(5) 포괄손익계산서 21, 20년 기출

① 포괄손익계산서의 의의

일정기간 동안 기업의 경영성과를 나타내는 동태적 보고서이다. 경영성과란 일정기간 동안의 기업의 영업활동 결과로 나타나는 수익과 비용의 발생 상태를 의미하는 것이다.

② 포괄손익계산서의 구성 21년 기출

㉠ 수익 : 기업이 일정기간 동안 고객에게 판매하거나 제공한 재화·용역의 화폐액의 합계액

㉡ 비용 : 기업이 일정기간 동안 수익을 획득하기 위하여 소비한 원가

③ 포괄손익계산서 공식

$$이익(손익) = 수익 - 비용$$

④ 포괄손익계산서의 예시

포괄손익계산서

(주)관세		(단위 : 원)
매출액	10,000	
매출원가	8,000	
매출총이익		2,000
판매비와 관리비	500	
영업이익		1,500
금융수익	300	
금융비용	200	
기타수익	500	
기타비용	200	
법인세차감전계속사업이익		1,900
법인세비용	150	
당기순이익		1,750

⑤ 손익의 구분계산 24, 21, 14, 13, 10년 기출

㉠ 매출총이익 : 매출액에서 매출원가를 차감한 금액이다.

$$매출총이익 = 매출액 - 매출원가$$

ⓐ 매출액 : 기업이 회계기간동안 영업활동을 수행하여 벌어들인 총 매출액에서 매출에누리와 환입 및 매출할인을 차감하여 순매출액이 나타나도록 보고한다.

ⓑ 매출원가 : 판매된 제품이나 상품 등에 대한 제조원가 또는 매입원가로, 기초재고와 당기순매입액의 합계액에서 기말재고를 차감하여 산출한다.

ⓛ **영업이익** : 매출총이익에서 영업관련 비용을 차감한 금액이다.

> 영업이익 = 매출총이익 − 판매비와 관리비

ⓐ **판매비와 관리비** : 제품·상품 및 용역의 판매활동과 기업의 관리활동에서 발생하는 비용으로 급여, 퇴직급여, 복리후생비, 임차료, 보험료, 접대비, 감가상각비, 무형자산상각비, 세금과공과, 광고선전비, 연구비, 경상개발비, 대손상각비 등 매출원가에 속하지 아니하는 모든 영업비용을 말한다.

ⓑ 영업이익은 회사가 진행하는 사업과 관련된 손익이므로 기업의 미래현금흐름의 예측에 유용한 정보를 제공한다.

ⓒ **법인세차감전순이익** : 영업이익에서 기타수익 및 금융수익 등을 가산하고 기타비용 및 금융비용 등을 차감하여 산출한다.

> 법인세차감전순이익 = 영업이익 ± 기타 수익비용

ⓓ **당기순이익** : 세전이익에서 법인세를 차감하여 구한 것으로 기업의 최종적인 일정기간의 손익을 말한다.

> 당기순이익 = 법인세차감전순이익 − 법인세비용

기출문제

(주)관세의 20×1년 말 재고자산 관련 자료가 다음과 같을 때 기초상품재고액은? (단, 재고자산감모손실과 평가손실은 없다) 24년 기출

○ 총매입액	₩3,750	○ 매입리베이트	₩250
○ 기말상품재고액	375	○ 총매출액	6,000
○ 매출에누리	500	○ 매출총이익	1,125

① ₩1,000
② ₩1,250
③ ₩1,500
④ ₩1,750
⑤ ₩2,000

해설
(1) 매출원가 = 매출 − 매출총이익 = (₩6,000 − ₩500) − ₩1,125 = ₩4,375
(2) 기초상품재고액 = 매출원가 + 기말상품재고액 − 당기매입액 = ₩4,375 + ₩375 − (₩3,750 − ₩250) = ₩1,250

정답 ②

(주)관세의 20×1년도 매출, 매입, 재고자산과 관련된 자료이다. 다음 설명 중 옳은 것은? 24년 기출

매출액	₩20,000	매입액	₩18,000
기초매출채권(순액)	5,000	기말매출채권(순액)	4,000
기초매입채무	4,000	기말매입채무	2,000
기초재고자산	2,000	기말재고자산	3,000

① 매입으로 인한 현금지급액은 매입액보다 ₩2,000 작다.
② 매출원가는 매입으로 인한 현금지급액보다 ₩1,000 작다.
③ 매출로 인한 현금회수액은 매출액보다 ₩1,000 작다.
④ 매출총이익은 ₩2,000이다.
⑤ 매출과 매입으로 인한 순현금유입액은 ₩1,000이다.

해설

(1) 매출로 인한 현금회수액 = ₩5,000(기초매출채권) + ₩20,000(매출액) − ₩4,000(기말매출채권) = ₩21,000
(2) 매입으로 인한 현금지급액 = ₩4,000(기초매입채무) + ₩18,000(매입액) − ₩2,000(기말매입채무) = ₩20,000
(3) 매출원가 = ₩2,000(기초재고자산) + ₩18,000(매입액) − ₩3,000(기말재고자산) = ₩17,000
(4) 매출과 매입으로 인한 순현금유입액 = ₩21,000 − ₩20,000 = ₩1,000
  ① 매입으로 인한 현금지급액은 매입액보다 ₩2,000 크다.
  ② 매출원가는 매입으로 인한 현금지급액보다 ₩3,000 작다.
  ③ 매출로 인한 현금회수액은 매출액보다 ₩1,000 크다.
  ④ 매출총이익은 ₩3,000이다.

정답 ⑤

⑥ 순손익계산방법 21, 16, 15, 14년 기출
  ㉠ 재산법(재무상태표 접근법, 자본유지접근법) : 당기순손익계산 시 기말자본과 기초자본을 비교하여 계산하는 방법으로 Stock 개념이다. 당기순이익을 간단히 구할 수 있는 이점이 있는 반면에 당기순이익의 발생원인을 알 수 없다는 단점이 있다.

$$\text{포괄이익(손실)} = \text{기말자본} - \text{기초자본}$$

상기 산식에서 기타포괄이익이 발생하지 않은 경우, 포괄이익은 당기순이익으로 간주할 수 있다. 증자(추가출자 등)와 감자(인출 및 현금배당) 등 자본거래가 있는 경우에는 다음과 같은 산식이 성립된다.

$$\text{기초자본} + \text{유상증자} - \text{감자(현금배당)} \pm \text{당기순손익} \pm \text{기타포괄손익} = \text{기말자본}$$

  ㉡ 손익법(포괄손익계산서 접근법, 거래접근법) : 일정기간 동안에 발생한 수익총액과 비용총액을 비교하여 당기순손익을 계산하는 방법으로 Flow 개념이다.

$$\text{순이익(순손실)} = \text{총수익} - \text{총비용}$$

(6) 기타 재무제표의 구성요소

① 현금흐름표
일정기간 영업활동, 투자활동, 재무활동으로 인한 현금의 유입과 유출의 내역을 현금주의에 따라 작성한 보고서이다.

② 자본변동표
자본변동표는 한 회계기간 동안 발생한 소유주지분의 변동을 표시하는 재무보고서이다. 자본을 구성하고 있는 자본금, 이익잉여금 및 기타자본구성요소의 각 항목별로 기초잔액, 변동사항, 기말잔액을 표시한다.

③ 주 석
재무상태표, 포괄손익계산서, 자본변동표 및 현금흐름표에 표시하는 정보에 추가하여 제공된 정보이다. 주석은 상기 재무제표에 표시된 항목을 구체적으로 설명하거나 세분화하고, 상기 재무제표 인식요건을 충족하지 못하는 항목에 대한 정보를 제공한다.

기출문제

자본변동표에 관한 설명으로 옳지 않은 것은? 24년 기출

① 지배기업의 소유주와 비지배지분에게 각각 귀속되는 금액으로 구분하여 표시한 해당 기간의 총포괄손익을 주석에 표시한다.
② 자본의 각 구성요소별로 회계정책 변경의 결과 인식된 소급적용의 영향에 관한 정보는 자본변동표에 표시한다.
③ 자본변동표나 주석에 당해 기간 동안에 소유주에 대한 배분으로 인식된 배당금액과 주당배당금을 표시한다.
④ 자본의 구성요소는 각 분류별 납입자본, 각 분류별 기타포괄손익의 누계액과 이익잉여금의 누계액 등을 포함한다.
⑤ 보고기간시작일과 종료일 사이의 자본의 변동은 당해 기간의 순자산 증가 또는 감소를 반영한다.

[해설]
비지배지분이 있는 경우에 총포괄손익은 지배기업의 소유주와 비지배지분에 각각 귀속되는 금액으로 구분하여 포괄손익계산서에 공시한다.

정답 ①

1. 재무보고를 위한 개념체계

(1) 개념체계의 위상 및 목적

① 개념체계의 위상 17, 10년 기출

개념체계는 외부 이용자를 위한 재무보고의 기초가 되는 개념을 정립한다. 개념체계는 한국채택국제회계기준이 아니므로 특정한 측정과 공시 문제에 관한 기준을 정하지 아니하며, 어떠한 특정 한국채택국제회계기준에 우선하지 아니한다.

② 개념체계의 목적 17년 기출

㉠ 새로운 한국채택국제회계기준의 제정 및 개정 검토에 도움을 준다.
㉡ 한국채택국제회계기준에서 허용하는 대체적인 회계처리방법의 수의 축소를 위한 근거를 제공한다.
㉢ 재무제표의 작성 시 한국채택국제회계기준을 적용하고 한국채택국제회계기준이 미비한 주제에 대한 회계처리를 하는 데 도움을 준다.
㉣ 재무제표가 한국채택국제회계기준을 따르고 있는지에 대해 감사인의 의견형성에 도움을 준다.
㉤ 재무제표에 포함된 정보를 재무제표의 이용자가 해석하는 데 도움을 준다.
㉥ 한국채택국제회계기준을 제정하는 데 사용한 접근방법에 대한 정보를 제공한다.

(2) 일반목적재무보고의 목적, 유용성 및 한계

① 일반목적재무보고의 목적 19년 기출

현재 및 잠재적 투자자, 대여자 및 기타 채권자가 기업에 자원을 제공하는 것에 대한 의사결정을 할 때 유용한 보고기업 재무정보를 제공하는 것이다. 그 의사결정은 지분상품 및 채무상품을 매수, 매도 또는 보유하는 것과 대여 및 기타 형태의 신용을 제공 또는 결제하는 것을 포함한다.

② 일반목적재무보고의 유용성 및 한계 19년 기출

㉠ 일반목적재무보고서는 보고기업의 재무상태에 관한 정보, 즉 기업의 경제적 자원과 보고기업에 대한 청구권에 관한 정보를 제공하고, 경제적 자원과 청구권을 변동시키는 거래와 그 밖의 사건의 영향에 대한 정보도 제공한다.
㉡ 현재 및 잠재적 투자자, 대여자 및 기타 채권자는 그들에게 직접 정보를 제공하도록 보고기업에 요구할 수 없고, 그들이 필요로 하는 재무정보의 많은 부분을 일반목적재무보고서에 의존해야만 한다.
㉢ 일반목적재무보고서는 현재 및 잠재적 투자자, 대여자 및 기타 채권자가 필요로 하는 모든 정보를 제공하지는 않으며 제공할 수도 없다.
㉣ 일반목적재무보고서는 보고기업의 가치를 보여주기 위해 고안된 것이 아니다.
㉤ 각 주요 이용자들의 정보 수요 및 욕구는 다르고 상충되기도 한다.
㉥ 보고기업의 경영진도 해당 기업에 대한 재무정보에 관심이 있다. 그러나 경영진은 그들이 필요로 하는 재무정보를 내부에서 구할 수 있기 때문에 일반목적재무보고서에 의존할 필요가 없다.
㉦ 재무보고서는 정확한 서술보다는 상당 부분 추정, 판단 및 모형에 근거한다.
㉧ 경영진의 책임 이행에 대한 정보는 경영진의 행동에 대해 의결권을 가지거나 다른 방법으로 영향력을 행사하는 현재 투자자, 대여자 및 기타 채권자의 의사결정에도 유용하다.

(3) 일반목적재무보고서에서 제공되는 정보

① 보고기업의 경제적 자원과 청구권의 정보
② 보고기업의 경제적 자원 및 청구권의 변동에 관한 정보
③ 현금주의가 아닌 발생기준 회계가 반영된 재무성과
④ 과거 현금흐름이 반영된 재무성과
⑤ 재무성과에 기인하지 않은 경제적 자원 및 청구권의 변동(소유지분 발행 등 자본거래 사유)

(4) 유용한 재무정보의 질적 특성

① 근본적 질적 특성 19, 18, 16, 14, 13, 12년 기출

정보가 유용하기 위해서는 목적적합하고 충실하게 표현되어야 한다. 목적적합성과 표현충실성이라는 두 근본적 질적 특성이 없는 재무정보는 유용하지 않으며, 더 비교가능하거나, 검증가능하거나, 적시성이 있거나, 이해가능하더라도 유용하게 할 수 없다. 그러나 목적적합하고 충실하게 표현된 재무정보는 보강적 질적 특성이 없더라도 여전히 유용할 수 있다.

㉠ **목적적합성** : 의사결정에 목적적합한 정보란 이용자가 과거, 현재 또는 미래의 사건을 평가하거나 과거의 평가를 확인 또는 수정하도록 도와줄 수 있는 특성을 갖고 있는 정보를 말한다. 목적적합한 재무정보는 정보이용자의 의사결정에 차이가 나도록 할 수 있다. 22년 기출

ⓐ 예측가치 : 미래에 대한 예측을 돕는 정보의 질적 특성으로, 정보이용자들이 미래 결과를 예측하기 위해 사용하는 절차의 투입요소로 재무정보가 사용될 수 있다면 그 재무정보는 예측가치를 갖는다. 재무정보가 예측가치를 갖기 위해서는 그 자체가 예측치 또는 예상치일 필요는 없다.

ⓑ 확인가치 : 과거의 기대치를 확인 또는 수정함으로써 정보이용자의 의사결정에 영향을 미칠 수 있는 질적 특성으로, 과거 평가에 대해 피드백을 제공한다면(과거 평가를 확인하거나 변경시킨다면) 확인가치를 갖는다.

▷ 재무정보에 예측가치, 확인가치 또는 이 둘 모두가 있다면 그 재무정보는 의사결정에 차이가 나도록 할 수 있다. 재무정보의 예측가치와 확인가치는 상호 연관되어 있어서 예측가치를 갖는 정보는 확인가치도 갖는 경우가 많다.

ⓒ 중요성 : 정보가 누락되거나 잘못 기재된 경우 특정 보고기업의 재무정보에 근거한 정보이용자의 의사결정에 영향을 줄 수 있다면 그 정보는 중요한 것이다. 중요성은 개별 기업 재무보고서 관점에서 해당 정보와 관련된 항목의 성격이나 규모 또는 이 둘 모두에 근거하여 해당 기업에 특유한 측면의 목적적합성을 의미한다.

㉡ **표현충실성** : 재무정보가 유용하기 위해서는 목적적합한 현상을 표현하는 것뿐만 아니라 나타내고자 하는 현상을 충실하게 표현해야 한다. 완벽하게 충실한 표현을 하기 위해서는 서술이 완전하고 중립적이며, 오류가 없어야 할 것이다. 그러나 충실한 표현 그 자체가 반드시 유용한 정보를 만들어 내는 것은 아니다. 14, 13년 기출

ⓐ 완전한 서술 : 필요한 기술과 설명을 포함하여 정보이용자가 서술되는 현상을 이해하는 데 필요한 모든 정보를 포함하는 것이다.

ⓑ 중립적 서술 : 재무정보의 선택이나 표시에 편의가 없는 것이다. 중립적 정보는 목적이 없거나 행동에 대한 영향력이 없는 정보를 의미하지 않는다.

ⓒ 오류 없는 표현 : 충실한 표현은 모든 면에서 정확한 것을 의미하지는 않는다. 오류가 없다는 것은 현상의 기술에 오류나 누락이 없고, 보고 정보를 생산하는 데 사용되는 절차의 선택과 적용 시 절차상 오류가 없음을 의미한다.

② 보강적 질적 특성 23, 22, 19, 18, 16, 14, 13, 12, 10년 기출
㉠ 비교가능성 : 정보이용자가 항목 간의 유사점과 차이점을 식별하고 이해할 수 있게 하는 질적 특성이다.
  ⓐ 비교가능성은 통일성이 아니다. 정보가 비교가능하기 위해서는 비슷한 것은 비슷하게 보여야 하고 다른 것은 다르게 보여야 한다.
  ⓑ 일관성은 한 보고기업 내에서 기간 간 또는 같은 기간 동안에 기업 간, 동일한 항목에 대해 동일한 방법을 적용하는 것을 말한다. 일관성은 비교가능성과 관련은 되어 있지만 동일하지는 않다.
  ⓒ 보고기업에 대한 정보는 다른 기업에 대한 유사한 정보 및 해당 기업에 대한 다른 기간이나 다른 일자의 유사한 정보와 비교할 수 있다면 더욱 유용하다.
㉡ 검증가능성 : 합리적인 판단력이 있고 독립적인 서로 다른 관찰자가 어떤 서술이 충실한 표현이라는 것에 대해 비록 반드시 완전히 일치하지는 못하더라도 의견이 일치할 수 있다는 것을 의미한다. 계량화된 정보가 검증가능하기 위해서 단일점추정치이어야 할 필요는 없다. 가능한 금액의 범위 및 관련된 확률도 검증될 수 있다.
㉢ 적시성 : 의사결정에 영향을 미칠 수 있도록 의사결정자가 정보를 제때에 이용가능하게 하는 것을 의미한다. 일반적으로 정보는 오래될수록 유용성이 낮아지지만 일부 정보는 보고기간 말 후에도 오랫동안 적시성이 있을 수 있다.
㉣ 이해가능성 : 정보를 명확하고 간결하게 분류하고, 특징지어 표시하면 이해가능하게 된다.
㉤ 보강적 질적 특성의 적용
  ⓐ 보강적 질적 특성은 가능한 한 극대화되어야 한다. 그러나 보강적 질적 특성은 정보가 목적적합하지 않거나 충실하게 표현되지 않으면, 개별적으로든 집단적으로든 그 정보를 유용하게 할 수 없다.
  ⓑ 보강적 질적 특성을 적용하는 것은 어떤 규정된 순서를 따르지 않는 반복적인 과정이다. 때로는 하나의 보강적 질적 특성이 다른 질적 특성의 극대화를 위해 감소되어야 할 수도 있다.

(5) 유용한 재무보고에 대한 원가 제약

원가는 재무보고로 제공될 수 있는 정보에 대한 포괄적 제약요인이다. 재무정보의 보고에는 원가가 소요되고, 해당 정보 보고의 효익이 그 원가를 정당화한다는 것이 중요하다.

> 정보 보고의 효익 > 정보 보고의 원가

2. 재무제표 요소의 인식 및 측정

(1) 재무제표 요소의 인식 21년 기출

인식은 재무제표 요소의 정의에 부합하고 인식기준을 충족하는 항목을 재무상태표나 포괄손익계산서에 반영하는 과정을 말한다. 재무제표 요소의 정의에 부합하는 항목이 다음 기준을 모두 충족한다면 재무제표에 인식되어야 한다.

- 그 항목과 관련된 미래경제적 효익이 기업에 유입되거나 기업으로부터 유출될 가능성이 높다.
- 그 항목의 원가 또는 가치를 신뢰성 있게 측정할 수 있다.

① 자산의 인식

자산은 미래경제적 효익이 기업에 유입될 가능성이 높고 해당 항목의 원가 또는 가치를 신뢰성 있게 측정할 수 있을 때 재무상태표에 인식한다.

② 부채의 인식

부채는 현재 의무의 이행에 따라 미래경제적 효익을 갖는 자원의 유출 가능성이 높고 결제될 금액에 대해 신뢰성 있게 측정할 수 있을 때 재무상태표에 인식한다.

③ 수익의 인식

수익은 자산의 증가나 부채의 감소와 관련하여 미래경제적 효익이 증가하고 이를 신뢰성 있게 측정할 수 있을 때 포괄손익계산서에 인식한다. 이는 실제로 수익의 인식이 자산의 증가나 부채의 감소에 대한 인식과 동시에 이루어짐을 의미한다.

④ 비용의 인식 10년 기출

ⓐ 비용은 자산의 감소나 부채의 증가와 관련하여 미래경제적 효익이 감소하고 이를 신뢰성 있게 측정할 수 있을 때 포괄손익계산서에 인식한다.

ⓑ 비용은 발생된 원가와 특정 수익항목의 가득 간에 존재하는 직접적인 관련성을 기준으로 포괄손익계산서에 인식한다.

ⓒ 미래경제적 효익이 여러 회계기간에 걸쳐 발생할 것으로 기대되고 수익과의 관련성이 단지 포괄적으로 또는 간접적으로만 결정될 수 있는 경우 비용은 체계적이고 합리적인 배분절차를 기준으로 포괄손익계산서에 인식된다.

ⓓ 미래경제적 효익이 기대되지 않는 지출이거나, 미래경제적 효익이 기대되더라도 재무상태표에 자산으로 인식되기 위한 조건을 원래 충족하지 못하거나 더 이상 충족하지 못하는 부분은 즉시 포괄손익계산서에 비용으로 인식되어야 한다.

ⓔ 제품보증에 따라 부채가 발생하는 경우와 같이 자산의 인식을 수반하지 않는 부채가 발생하는 경우에는 포괄손익계산서에 비용을 동시에 인식한다.

(2) 재무제표 요소의 측정

① 측정의 의의

측정은 재무상태표와 포괄손익계산서에 인식되고 평가되어야 할 재무제표 요소의 화폐금액을 결정하는 과정이다.

② **측정기준의 예** 24, 23, 21년 기출

재무제표를 작성하기 위해서는 다수의 측정기준이 다양한 방법으로 결합되어 사용된다. 그러한 측정기준의 예는 다음과 같다.

㉠ **역사적 원가(취득원가)**

ⓐ 자산은 취득의 대가로 취득 당시에 지급한 현금 또는 현금성자산이나 그 밖의 대가의 공정가치로 기록한다.

▷ 공정가치 : 합리적인 판단력과 거래의사가 있는 독립된 당사자 사이의 거래에서 자산이 교환되거나 부채가 결제될 수 있는 금액

ⓑ 부채는 부담하는 의무의 대가로 수취한 금액으로 기록한다.

㉡ **현행원가(현행대체원가)**

ⓐ 자산은 동일하거나 또는 동등한 자산을 현재시점에서 취득할 경우에 그 대가로 지불하여야 할 현금이나 현금성자산의 금액으로 평가한다.

ⓑ 부채는 현재시점에서 그 의무를 이행하는 데 필요한 현금이나 현금성자산의 할인하지 아니한 금액으로 평가한다.

㉢ **실현가능(이행)가치(현행유출가치)**

ⓐ 자산은 정상적으로 처분하는 경우 수취할 것으로 예상되는 현금이나 현금성자산의 금액으로 평가한다.

ⓑ 부채는 이행가치로 평가하는 데 이는 정상적인 영업과정에서 부채를 상환하기 위해 지급될 것으로 예상되는 현금이나 현금성자산의 할인하지 아니한 금액으로 평가한다.

㉣ **현재가치**

ⓐ 자산은 정상적인 영업과정에서 그 자산이 창출할 것으로 기대되는 미래 순현금유입액의 현재할인가치로 평가한다.

ⓑ 부채는 정상적인 영업과정에서 그 부채를 상환할 때 필요할 것으로 예상되는 미래 순현금유출액의 현재할인가치로 평가한다.

공정가치측정에 관한 설명으로 옳지 않은 것은? 24년 기출

① 공정가치는 측정일에 정상적 미래 수익창출활동을 통해 받게 될 유입가격으로 정의한다.
② 측정일 현재의 시장 상황에서 자산을 매도하거나 부채를 이전하는 시장참여자 사이의 상거래에서 자산이나 부채가 교환되는 것으로 가정하여 공정가치를 측정한다.
③ 공정가치측정은 자산을 매도하거나 부채를 이전하는 거래가 자산이나 부채의 주된(또는 가장 유리한) 시장에서 이루어지는 것으로 가정한다.
④ 공정가치를 측정하기 위해 사용하는 가치평가기법은 관련된 관측할 수 있는 투입변수를 최대한으로 사용하고 관측할 수 없는 투입변수를 최소한으로 사용한다.
⑤ 비금융자산의 공정가치측정은 다른 기준서에서 특정하는 회계단위(개별 자산일 수도 있다)와 일관되게 자산을 매도하는 것을 가정한다.

해설
공정가치는 측정일에 시장참여자 사이의 정상거래에서 자산을 매도하면서 수취하거나 부채를 이전하면서 지급하게 될 가격을 말한다.

정답 ①

알아두기

화폐의 현재가치
• 현재가치(Present Value)는 미래에 얻게 될 확실한 부(富)의 가치를 현재의 가치로 환산한 값을 말한다.
• 미래에 얻게 될 부는 명목적인 가치뿐만 아니라 시간의 흐름에 따른 기회비용인 시간가치가 포함되어 있기 때문에 현재 표면상으로 동일한 부를 가지고 있다 하더라도 미래부와 현재부의 가치는 달라진다. 예를 들어 현재 가지고 있는 ₩1,000과 미래의 ₩1,000은 그 가치가 동일하지 않은데, 현재의 ₩1,000으로 다른 자산에 투자하여 초과이익을 얻을 수 있기 때문이다.
• 일반적으로 동일한 금액일 경우 미래에 얻을 수 있는 부의 가치가 현재에 얻을 수 있는 부의 가치보다 작다. 그 이유는 현재의 부를 무위험자산에 투자한다면 최소한 무위험이자율만큼의 이익을 얻을 수 있으므로 결국 미래에는 더 큰 부를 얻을 수 있기 때문이다.
• 현재가치 공식
 − 1기간 후의 미래부를 현재부로 환산하는 식을 표현하면 다음과 같다.

$$PV = \frac{FV_n}{(1+r)^n}$$

• PV = 현재가치(Present Value)
• r = 무위험이자율
• FV = 미래가치(Future Value)
• n = 기간

 − 1기간 후부터 n기간까지의 미래에 일정한 현금흐름이 반복된다면 이를 현재가치로 환산하는 식은 다음과 같다.

$$PV = \frac{CF_1}{(1+r)^1} + \frac{CF_2}{(1+r)^2} + \frac{CF_3}{(1+r)^3} + \cdots + \frac{CF_n}{(1+r)^n}$$

• PV = 현재가치(Present Value)
• r = 무위험이자율
• CF = 현금흐름(Cash Flow)
• n = 기간

(3) 자본유지개념

① 자본유지개념의 도출 18년 기출

자본유지개념은 기업이 유지하려고 하는 자본을 어떻게 정의하는지와 관련된다. 자본개념에 따라 다음과 같은 자본유지개념이 도출된다.

  ⊙ 재무자본유지 : 재무자본유지개념 하에서 이익은 해당 기간 동안 소유주에게 배분하거나 소유주가 출연한 부분을 제외하고 기말 순자산의 재무적 측정금액(화폐금액)이 기초 순자산의 재무적 측정금액(화폐금액)을 초과하는 경우에만 발생한다. 재무자본유지는 명목화폐단위 또는 불변구매력단위를 이용하여 측정할 수 있다.

  ⊙ 실물자본유지 : 실물자본유지개념 하에서 이익은 해당 기간 동안 소유주에게 배분하거나 소유주가 출연한 부분을 제외하고 기업의 기말 실물생산능력이나 조업능력(또는 그러한 생산능력을 갖추기 위해 필요한 자원이나 기금)이 기초 실물생산능력을 초과하는 경우에만 발생한다.

② 자본유지개념과 이익의 결정 18, 10년 기출

  ⊙ 자본유지개념은 이익이 측정되는 준거기준을 제공함으로써 자본개념과 이익개념 사이의 연결고리를 제공하며, 기업의 자본에 대한 투자수익과 투자회수를 구분하기 위한 필수요건이다. 자본유지를 위해 필요한 금액을 초과하는 자산의 유입액만이 이익으로 간주될 수 있고 결과적으로 자본의 투자수익이 된다.

  ⊙ 실물자본유지개념을 사용하기 위해서는 현행원가기준에 따라 측정해야 한다. 그러나 재무자본유지개념은 특정한 측정기준의 적용을 요구하지 아니한다.

  ⊙ 재무자본유지개념과 실물자본유지개념의 주된 차이는 기업의 자산과 부채에 대한 가격변동 영향의 처리방법에 있다. 일반적으로 기초에 가지고 있던 자본만큼을 기말에도 가지고 있다면 이 기업의 자본은 유지된 것이며, 기초자본을 유지하기 위해 필요한 부분을 초과하는 금액이 이익이다.

③ 자본유지개념에 따른 이익의 계산 19, 16, 13년 기출

  ⊙ 명목화폐단위 : 자본을 명목화폐단위로 정의한 재무자본유지개념 하에서 이익은 해당 기간 중 명목화폐자본의 증가액을 의미한다. 따라서 기간 중 보유한 자산가격의 증가 부분, 즉 보유이익은 개념적으로 이익에 속한다.

> 명목화폐단위로 측정 시 이익 = 기말자본 − 기초자본

  ⊙ 불변구매력단위 : 재무자본유지개념이 불변구매력단위로 정의된다면 이익은 해당 기간 중 투자된 구매력의 증가를 의미하게 된다. 따라서 일반물가수준에 따른 가격상승을 초과하는 자산가격의 증가 부분만이 이익으로 간주되며, 그 이외의 가격증가 부분은 자본의 일부인 자본유지조정으로 처리된다.

> 불변구매력단위로 측정 시 이익 = 기말자본 − 물가지수를 반영한 기초자본

  ⊙ 실물생산능력 : 자본을 실물생산능력으로 정의한 실물자본유지개념 하에서 이익은 해당 기간 중 실물생산능력의 증가를 의미한다. 기업의 자산과 부채에 영향을 미치는 모든 가격변동은 해당 기업의 실물생산능력에 대한 측정치의 변동으로 간주되어 이익이 아니라 자본의 일부인 자본유지조정으로 처리된다.

> 실물자본유지개념 하의 이익 = 기말자본 − 기초자본으로 구매한 동일 자원의 기말 구입가격

3. 재무제표의 표시

(1) 재무제표 작성과 표시의 일반사항

① 공정한 표시와 한국채택국제회계기준의 준수 22, 21, 19, 17, 11년 기출

　㉠ 경제적 사실과 거래의 실질을 반영하여 기업의 재무상태, 재무성과 및 현금흐름을 공정하게 표시해야 한다.

　㉡ 한국채택국제회계기준을 준수하여 재무제표를 작성하는 기업은 그러한 준수 사실을 주석에 명시적이고 제한 없이 기재한다.

　㉢ 부적절한 회계정책은 이에 대하여 공시나 주석 또는 보충 자료를 통해 설명하더라도 정당화될 수 없다.

　㉣ 한국채택국제회계기준을 준수하여 작성된 재무제표는 국제회계기준을 준수하여 작성된 재무제표임을 주석으로 공시할 수 있다.

　㉤ 한국채택국제회계기준은 오직 재무제표에만 적용하며 연차보고서, 감독기구 제출서류 또는 다른 문서에 표시되는 그 밖의 정보에 반드시 적용하여야 하는 것은 아니다.

　㉥ 한국채택국제회계기준을 준수하여 재무제표를 작성하는 기업은 그러한 준수 사실을 주석에 명시적이고 제한 없이 기재한다. 재무제표가 한국채택국제회계기준의 요구사항을 모두 충족한 경우가 아니라면 한국채택국제회계기준을 준수하여 작성되었다고 기재하여서는 아니 된다.

　㉦ 각각의 재무제표는 전체 재무제표에서 동등한 비중으로 표시한다.

　㉧ 특히 환경 요인이 유의적인 산업에 속해 있는 경우나 종업원이 주요 재무제표이용자인 경우에 많은 기업은 재무제표 이외에도 환경보고서나 부가가치보고서와 같은 보고서를 제공한다. 재무제표 이외의 보고서는 한국채택국제회계기준의 적용범위에 해당하지 않는다.

② 계속기업을 전제로 작성 24, 18, 14년 기출

　㉠ 재무제표는 일반적으로 기업이 계속기업이며 예상가능한 기간 동안 영업을 계속할 것이라는 가정하에 작성된다. 따라서 기업은 그 경영활동을 청산하거나 중요하게 축소할 의도나 필요성을 갖고 있지 않다는 가정을 적용한다.

　㉡ 경영진은 재무제표를 작성할 때 계속기업으로서의 존속가능성을 평가해야 한다.

　㉢ 계속기업의 가정이 적절한지의 여부를 평가할 때 경영진은 적어도 보고기간 말로부터 향후 12개월 기간에 대하여 이용가능한 모든 정보를 고려한다.

　㉣ 경영진이 기업을 청산하거나 경영활동을 중단할 의도를 가지고 있지 않거나, 청산 또는 경영활동의 중단 외에 다른 현실적 대안이 없는 경우가 아니면 계속기업을 전제로 재무제표를 작성한다.

③ 발생주의(발생기준) 회계 14, 11년 기출

　㉠ 기업은 현금흐름 정보를 제외하고는 발생주의 회계를 사용하여 재무제표를 작성한다.

　㉡ 발생주의는 현금유출입시점과 관계없이 거래나 그 밖의 사건의 영향을 발생한 기간에 장부에 기록하고 재무제표에 표시하는 회계개념이다.

　㉢ 발생주의 회계에서는 현금의 증감을 야기할 수 있는 거래가 발생하였을 때 이를 인식하여 미래에 그에 따른 현금이 수입되거나 지출될 것이라는 것을 예측할 수 있도록 하기 때문에 현금주의보다 더 합리적인 회계처리방식이다.

　㉣ 수익·비용의 대응이 적절하게 성립되므로 적절한 기간손익, 경영성과를 파악할 수 있다.

　㉤ 발생주의 회계는 발생, 이연, 배분, 상각 등의 개념을 모두 포함하고 있다.

발생주의	현금유출입시점과 관계없이 거래나 사건의 영향을 발생한 기간에 장부에 기록하는 회계개념
현금주의	기업이 현금이나 현금성자산을 수취하거나 지급하는 시점에서 거래나 그 밖의 사건에 대한 영향을 장부에 기록하고 재무제표에 표시하는 회계개념
보수주의	두 가지 이상의 선택 가능한 회계처리방법이 있는 경우 될 수 있는 한 자산과 수익은 적게, 부채와 비용은 많이 인식하는 방법을 선택하는 회계관습
역사적 원가주의	자산, 부채 및 수익·비용의 취득 및 발생을 취득 또는 발생일자의 취득원가로 계상하고, 일단 원가로 계상된 금액은 이후에도 계속 해당 자산의 가액으로 계상된다는 개념으로 다음의 금액이다. • 자산의 경우 : 취득의 대가로 취득 당시에 지급한 현금 또는 현금성자산, 그 밖의 대가의 공정가치 • 부채의 경우 : 부담하는 의무의 대가로 수취한 금액 또는 정상적인 영업과정에서 부채를 이행하기 위해 지급할 것으로 기대되는 현금이나 현금성자산의 금액
공정가치	합리적인 판단력과 거래의사가 있는 독립된 당사자 사이에서 자신이 교환될 수 있는 금액

④ **중요성과 통합표시** 14년 기출

㉠ 유사한 항목은 중요성 분류에 따라 재무제표에 구분하여 표시한다. 상이한 성격이나 기능을 가진 항목은 구분하여 표시하지만 중요하지 않은 항목은 성격이나 기능이 유사한 항목과 통합하여 표시할 수 있다.

㉡ 수많은 거래와 그 밖의 사건은 성격이나 기능에 따라 범주별로 통합되어 재무제표에 표시된다.

㉢ 재무제표에는 중요하지 않아 구분하여 표시하지 않은 항목이라도 주석에서는 구분하여 표시해야 할 만큼 충분히 중요할 수 있다.

㉣ 중요하지 않은 정보일 경우 한국채택국제회계기준에서 요구하는 특정 공시를 제공할 필요는 없다.

⑤ **상계표시 여부** 24, 19, 18, 15, 11년 기출

㉠ 한국채택국제회계기준에서 요구하거나 허용하지 않는 한 자산과 부채 그리고 수익과 비용은 상계하지 아니한다.

㉡ 재고자산에 대한 재고자산평가충당금과 매출채권에 대한 대손충당금과 같은 평가충당금을 차감하여 관련 자산을 순액으로 측정하는 것은 상계표시에 해당하지 아니한다.

㉢ 외환손익 또는 단기매매 금융상품에서 발생하는 손익과 같이 유사한 거래의 집합에서 발생하는 차익과 차손은 순액으로 표시한다. 그러나 그러한 차익과 차손이 중요한 경우에는 구분하여 표시한다.

㉣ 투자자산 및 영업용자산을 포함한 비유동자산의 처분손익은 처분대가에서 그 자산의 장부금액과 관련처분비용을 차감하여 표시한다.

⑥ **보고빈도** 17년 기출

전체 재무제표(비교정보를 포함)는 적어도 1년마다 작성한다. 보고기간 종료일을 변경하여 재무제표의 보고기간이 1년을 초과하거나 미달하는 경우, 보고기간이 1년을 초과하거나 미달하게 된 이유와 재무제표에 표시된 금액이 완전하게 비교가능하지 않다는 사실을 추가로 공시한다. 일반적으로 재무제표는 일관성 있게 1년 단위로 작성한다. 그러나 실무적인 이유로 어떤 기업은 예를 들어 52주의 보고기간을 선호한다. 한국채택국제회계기준에서는 이러한 보고관행을 금지하지 않는다.

⑦ **비교정보**

㉠ 한국채택국제회계기준이 달리 허용하거나 요구하는 경우를 제외하고는 당기 재무제표에 보고되는 모든 금액에 대해 전기 비교정보를 표시한다. 당기 재무제표를 이해하는 데 목적적합하다면 서술형 정보의 경우에도 비교정보를 포함한다.

ⓛ 최소한 두 개의 재무상태표와 두 개의 포괄손익계산서, 두 개의 별개 손익계산서(표시하는 경우), 두 개의 현금흐름표, 두 개의 자본변동표 그리고 관련 주석을 표시해야 한다.

⑧ **표시의 계속성** 19년 기출
　㉠ 재무제표 항목의 표시와 분류는 다음의 경우를 제외하고는 매기 동일하여야 한다.

> ⓐ 사업내용의 유의적인 변화나 재무제표를 검토한 결과 다른 표시나 분류방법이 더 적절한 것이 명백한 경우
> ⓑ 한국채택국제회계기준에서 표시방법의 변경을 요구하는 경우

　㉡ 기업은 변경된 표시방법이 재무제표 이용자에게 신뢰성 있고 더욱 목적적합한 정보를 제공하며, 변경된 구조가 지속적으로 유지될 가능성이 높아 비교가능성을 저해하지 않을 것으로 판단할 때만 재무제표의 표시방법을 변경한다.

(2) 재무제표의 구조와 내용

① **재무상태표의 표시** 24, 21, 18, 17, 16, 11년 기출
　㉠ 재무상태표에 표시되는 정보
　　ⓐ 재무상태표에는 적어도 다음에 해당하는 금액을 나타내는 항목을 표시한다.

자 산	부 채
• 유형자산 • 투자부동산 • 무형자산 • 금융자산(단, 지분법 적용 투자주식, 매출채권 및 기타 채권 및 현금 및 현금성자산은 제외) • 지분법에 따라 회계처리하는 투자자산 • 생물자산 • 재고자산 • 매출채권 및 기타 채권 • 현금 및 현금성자산 • 매각예정으로 분류된 자산과 매각예정으로 분류된 처분자산집단에 포함된 자산의 총계 • 당기 법인세와 관련한 자산 • 이연법인세자산	• 매입채무 및 기타 채무 • 충당부채 • 금융부채(단, 매입채무 및 기타 채무와 충당부채는 제외) • 당기 법인세와 관련한 부채 • 이연법인세부채 • 매각예정으로 분류된 처분자산집단에 포함된 부채
	자 본
	• 자본에 표시된 비지배지분 • 지배기업의 소유주에게 귀속되는 납입자본과 적립금

　　ⓑ 기업의 재무상태를 이해하는 데 목적적합한 경우 재무상태표에 항목, 제목 및 중간합계를 추가하여 표시한다.
　　ⓒ 기업이 재무상태표에 유동자산과 비유동자산, 그리고 유동부채와 비유동부채로 구분하여 표시하는 경우, 이연법인세자산(부채)은 유동자산(부채)으로 분류하지 아니한다.
　　ⓓ 재무상태표에 표시되어야 할 항목의 순서나 형식을 규정하지 아니한다.
　㉡ 유동과 비유동의 구분
　　ⓐ 유동성 순서에 따른 표시방법이 신뢰성 있고 더욱 목적적합한 정보를 제공하는 경우를 제외하고는 유동자산과 비유동자산, 유동부채와 비유동부채로 재무상태표에 구분하여 표시한다. 유동성 순서에 따른 표시방법을 적용할 경우 모든 자산과 부채는 유동성의 순서에 따라 표시한다.

ⓑ 어느 표시방법을 채택하더라도 자산과 부채의 각 개별 항목이 보고기간 후 12개월 이내와 보고기간 후 12개월 후에 회수되거나 결제될 것으로 기대되는 금액이 합산하여 표시되는 경우, 12개월 후에 회수되거나 결제될 것으로 기대되는 금액을 공시한다.

ⓒ 기업이 명확히 식별 가능한 영업주기 내에서 재화나 용역을 제공하는 경우, 재무상태표에 유동자산과 비유동자산 및 유동부채와 비유동부채를 구분하여 표시한다.

ⓓ 자산과 부채의 실현 예정일에 대한 정보는 기업의 유동성과 부채상환능력을 평가하는 데 유용하다.

ⓒ 유동자산 23, 22년 기출

ⓐ 자산은 다음의 경우에 유동자산으로 분류하며, 그 밖의 모든 자산은 비유동자산으로 분류한다.

> • 기업의 정상영업주기 내에 실현될 것으로 예상하거나, 정상영업주기 내에 판매하거나 소비할 의도가 있다.
> • 주로 단기매매 목적으로 보유하고 있다.
> • 보고기간 후 12개월 이내에 실현될 것으로 예상한다.
> • 현금이나 현금성자산으로서, 교환이나 부채 상환 목적으로의 사용에 대한 제한 기간이 보고기간 후 12개월 이상이 아니다.

ⓑ 영업주기는 영업활동을 위한 자산의 취득시점부터 그 자산이 현금이나 현금성자산으로 실현되는 시점까지 소요되는 기간이다. 정상영업주기를 명확히 식별할 수 없는 경우에는 그 기간이 12개월인 것으로 가정한다.

ⓒ 유동자산은 보고기간 후 12개월 이내에 실현될 것으로 예상되지 않는 경우에도 재고자산 및 매출채권과 같이 정상영업주기의 일부로서 판매, 소비 또는 실현되는 자산을 포함한다.

ⓓ 유동자산은 주로 단기매매 목적으로 보유하고 있는 자산(예 단기매매항목으로 분류되는 일부 금융자산 포함)과 비유동금융자산의 유동성 대체 부분을 포함한다.

ⓔ 유동부채

ⓐ 부채는 다음의 경우에 유동부채로 분류하며, 그 밖의 모든 부채는 비유동부채로 분류한다.

> • 정상영업주기 내에 결제될 것으로 예상하고 있다.
> • 주로 단기매매 목적으로 보유하고 있다.
> • 보고기간 후 12개월 이내에 결제하기로 되어 있다.
> • 보고기간 후 12개월 이상 부채의 결제를 연기할 수 있는 무조건의 권리를 가지고 있지 않다. 계약 상대방의 선택에 따라, 지분상품의 발행으로 결제할 수 있는 부채의 조건은 그 분류에 영향을 미치지 아니한다.

ⓑ 매입채무 그리고 종업원 및 그 밖의 영업원가에 대한 미지급비용과 같은 유동부채는 기업의 정상영업주기 내에 사용되는 운전자본의 일부이다.

ⓒ 기타 유동부채는 정상영업주기 이내에 결제되지는 않지만, 보고기간 후 12개월 이내에 결제일이 도래하거나 주로 단기매매 목적으로 보유한다.

ⓓ 기업이 기존의 대출계약조건에 따라 보고기간 후 적어도 12개월 이상 부채를 차환하거나 연장할 것으로 기대하고 있고, 그런 재량권이 있다면, 보고기간 후 12개월 이내에 만기가 도래한다 하더라도 비유동부채로 분류한다.

ⓔ 보고기간 말 이전에 장기차입약정을 위반했을 때 대여자가 즉시 상환을 요구할 수 있는 채무는 보고기간 후 재무제표 발행승인일 전에 채권자가 약정위반을 이유로 상환을 요구하지 않기로 합의하더라도 유동부채로 분류한다.

기출문제

재무제표 표시에 관한 설명으로 옳지 않은 것은? 24년 기출

① 경영진은 재무제표를 작성할 때 계속기업으로서의 존속가능성을 평가해야 한다.
② 한국채택국제회계기준에서 요구하거나 허용하지 않는 한 자산과 부채 그리고 수익과 비용은 상계하지 아니한다.
③ 기업이 명확히 식별 가능한 영업주기 내에서 재화나 용역을 제공하는 경우, 재무상태표에 유동자산과 비유동자산 및 유동부채와 비유동부채를 구분하여 표시한다.
④ 자산과 부채의 실현 예정일에 대한 정보는 기업의 유동성과 부채 상환능력을 평가하는 데 유용하다.
⑤ 대여자가 즉시 상환을 요구할 수 있는 채무는 보고기간 후 재무제표 발행승인일 전에 상환을 요구하지 않기로 합의하면 비유동부채로 분류한다.

해설
보고기간 말 이전에 장기차입약정을 위반했을 때 대여자가 즉시 상환을 요구할 수 있는 채무는 보고기간 후 재무제표 발행승인일 전에 채권자가 약정위반을 이유로 상환을 요구하지 않기로 합의하더라도 유동부채로 분류한다.

정답 ⑤

ⓜ 재무상태표 또는 주석에 표시되는 정보
　　ⓐ 기업은 재무제표에 표시된 개별항목을 기업의 영업활동을 나타내기에 적절한 방법으로 세분류하고, 그 추가적인 분류 내용을 재무상태표 또는 주석에 공시한다.
　　ⓑ 세분류상의 세부내용은 한국채택국제회계기준의 요구사항, 당해 금액의 크기, 성격 및 기능에 따라 달라진다. 공시의 범위는 각 항목별로 다르며, 예를 들면 다음과 같다.

구 분	세부내용
유형자산	토지, 토지와 건물, 기계장치, 선박, 항공기, 차량운반구, 집기, 사무용 비품 등
채 권	일반상거래 채권, 특수관계자 채권, 선급금과 기타 금액
재고자산	상품, 소모품, 원재료, 재공품 및 제품 등
충당부채	종업원급여 충당부채와 기타 항목 충당부채
납입자본과 적립금	자본금, 주식발행초과금, 적립금 등

② 포괄손익계산서 24, 21, 18, 16, 12년 기출
　㉠ 포괄손익계산서의 표시
　　ⓐ 해당 기간에 인식한 모든 수익과 비용의 항목은 단일 포괄손익계산서 또는 두 개의 보고서(당기손익 부분을 표시하는 별개의 손익계산서와 포괄손익을 표시하는 보고서) 중 한 가지 방법으로 표시한다.

ⓑ 포괄손익계산서에는 당기손익 부분과 기타포괄손익 부분에 추가하여 다음을 표시한다.

> • 당기순손익
> • 총기타포괄손익
> • 당기손익과 기타포괄손익을 합한 당기포괄손익

ⓒ 당기손익과 기타포괄손익은 단일의 포괄손익계산서에 두 부분으로 나누어 표시할 수 있다. 별개의 손익계산서를 표시하는 경우, 포괄손익을 표시하는 보고서에는 당기손익 부분을 표시하지 않는다.

ⓓ 비지배지분이 있는 경우에 회계기간의 당기순손익과 기타포괄손익은 비지배지분과 지배기업의 소유주에 귀속되는 몫으로 배분하여 포괄손익계산서에 공시한다.

ⓛ 당기손익 부분 또는 손익계산서에 표시되는 정보 : 당기손익 부분이나 손익계산서에는 당해 기간의 다음 금액을 표시한다.

> ⓐ 수 익
> ⓑ 영업이익
> ⓒ 금융원가
> ⓓ 지분법 적용대상인 관계기업과 공동기업의 당기순손익에 대한 지분
> ⓔ 법인세비용
> ⓕ 중단영업의 합계를 표시하는 단일금액

ⓒ 기타포괄손익 부분에 표시되는 정보 21, 18, 16, 14, 13, 12, 11년 기출

ⓐ 당해 기간의 기타포괄손익금액을 다른 한국채택국제회계기준서에 따라 후속적으로 당기손익으로 재분류되지 않는 항목과 재분류되는 항목을 각각 집단으로 묶어 표시하되 지분법으로 회계처리하는 관계기업과 공동기업의 기타손익에 대한 지분과 관련이 없으면 성격별로 분류한다.

ⓑ 기업의 재무성과를 이해하는 데 목적적합한 경우에는 당기손익과 기타포괄손익을 표시하는 보고서에 항목, 제목 및 중간합계를 추가하여 표시한다.

ⓒ 수익과 비용의 어느 항목도 당기손익과 기타포괄손익을 표시하는 보고서 또는 주석에 특별손익 항목으로 표시할 수 없다.

ⓓ 재분류조정은 당기나 과거 기간에 기타포괄손익으로 인식되었으나 당기손익으로 재분류된 금액을 말한다.

ⓔ 당기순손익 : 한 기간에 인식되는 모든 수익과 비용 항목은 한국채택국제회계기준이 달리 정하지 않는 한 당기손익으로 인식한다.

ⓜ **기타포괄손익** 21, 15, 14, 13, 12, 10년 기출
ⓐ 기타포괄손익은 다음의 당기손익으로 인식하지 않은 수익과 비용항목(재분류조정 포함)을 포함한다.

> - 재평가잉여금의 변동
> - 확정급여제도의 재측정요소
> - 해외사업장의 재무제표 환산으로 인한 손익
> - 기타포괄손익-공정가치측정금융자산의 재측정손익
> - 현금흐름위험회피의 위험회피수단의 평가손익 중 효과적인 부분
> - 지분법 자본변동

ⓑ 기타포괄손익의 항목(재분류조정 포함)과 관련한 법인세비용 금액은 포괄손익계산서나 주석에 공시한다.
ⓒ 기타포괄손익의 항목은 관련 법인세비용을 차감한 순액으로 표시하거나, 법인세비용차감전 금액으로 표시할 수 있다.
ⓓ 기타포괄손익의 구성요소와 관련된 재분류조정을 공시한다.
ⓔ 재분류조정은 포괄손익계산서나 주석에 표시할 수 있다. 재분류조정을 주석에 표시하는 경우에는 관련 재분류조정을 반영한 후에 기타포괄손익의 항목을 표시한다.

ⓗ **포괄손익계산서 또는 주석에 표시되는 정보** 23, 21, 18, 14, 12, 11년 기출
ⓐ 수익과 비용 항목이 중요한 경우, 그 성격과 금액을 별도로 공시한다.
ⓑ 기업은 비용의 성격별 또는 기능별 분류방법 중에서 신뢰성 있고 더욱 목적적합한 정보를 제공할 수 있는 방법을 적용하여 당기손익으로 인식한 비용의 분석내용을 표시한다.
ⓒ 비용은 빈도, 손익의 발생가능성 및 예측가능성의 측면에서 서로 다를 수 있는 재무성과의 구성요소를 강조하기 위해 세 분류로 표시한다. 분석내용은 두 가지 형태 중 하나로 제공된다.
- 성격별 분류 : 당기손익에 포함된 비용은 그 성격(예 감가상각비, 원재료의 구입, 운송비, 종업원급여와 광고비)별로 통합하며, 기능별로 재배분하지 않는다. 비용을 기능별 분류로 배분할 필요가 없기 때문에 적용이 간단할 수 있다. 비용의 성격별 분류의 예는 다음과 같다.

수 익	×
기타 수익	×
제품과 재공품의 변동	×
원재료와 소모품의 사용액	×
종업원급여비용	×
감가상각비와 기타 상각비	×
기타 비용	×
총 비용	(×)
법인세비용차감전순이익	×

- 기능별 분류법(매출원가법) : 비용을 매출원가, 그리고 물류원가와 관리활동원가 등과 같이 기능별로 분류한다. 이 방법에서는 적어도 매출원가를 다른 비용과 분리하여 공시한다. 이 방법은 성격별 분류보다 재무제표 이용자에게 더욱 목적적합한 정보를 제공할 수 있지만, 비용을 기능별로 배분하는데 자의적인 배분과 상당한 정도의 판단이 개입될 수 있다. 비용의 기능별 분류의 예는 다음과 같다.

수익(매출액)	×
매출원가	(×)
매출총이익	×
기타 수익	×
물류원가	(×)
관리비	(×)
기타 비용	(×)
법인세비용차감전순이익	×

ⓓ 비용을 기능별로 분류하는 기업은 감가상각비, 기타 상각비와 종업원급여비용을 포함하여 비용의 성격에 대한 추가 정보를 공시한다.

ⓔ 수익과 비용의 어느 항목도 당기손익과 기타포괄손익을 표시하는 보고서 또는 주석에 특별손익 항목으로 표시할 수 없다.

③ 주 석 23, 18, 17년 기출

㉠ 주석이 제공하는 정보

ⓐ 재무제표 작성 근거와 구체적인 회계정책에 대한 정보

ⓑ 한국채택국제회계기준에서 요구하는 정보이지만 재무제표 어느 곳에도 표시되지 않는 정보

ⓒ 재무제표 어느 곳에도 표시되지 않지만 재무제표를 이해하는 데 목적적합한 정보

㉡ 주석 공시사항

ⓐ 재무제표 발행승인일 전에 제안 또는 선언되었으나 당해 기간 동안에 소유주에 대한 분배금으로 인식되지 아니한 배당금액과 주당배당금

ⓑ 미인식 누적우선주배당금

㉢ 기타 주석 공시사항

ⓐ 「상법」 등 관련 법규에서 이익잉여금처분계산서(또는 결손금처리계산서)의 작성을 요구하는 경우에는 재무상태표의 이익잉여금(또는 결손금)에 대한 보충정보로서 이익잉여금처분계산서(또는 결손금처리계산서)를 주석으로 공시한다.

ⓑ 기업은 수익에서 매출원가 및 판매비와 관리비(물류원가 등을 포함)를 차감한 영업이익(또는 영업손실)을 포괄손익계산서에 구분하여 표시한다. 다만 영업의 특수성을 고려할 필요가 있는 경우(예 매출원가를 구분하기 어려운 경우)나 비용을 성격별로 분류하는 경우 영업수익에서 영업비용을 차감한 영업이익(또는 영업손실)을 포괄손익계산서에 구분하여 표시할 수 있다.

ⓒ 영업이익(또는 영업손실) 산출에 포함된 주요항목과 그 금액을 포괄손익계산서 본문에 표시하거나 주석으로 공시한다.

4. 재무비율 분석

기업의 과거 재무성과와 현재 재무상태를 평가하고 미래수익의 잠재력과 관련 위험을 예측하기 위하여, 재무정보 이용자가 해당 기업의 재무제표를 기초로 행하는 여러 가지 회계적 분석인 재무제표 분석의 방법이다. 재무제표를 작성하여 재무정보 이용자들에게 정보를 제공하는 궁극적인 목적은 정보이용자들의 의사결정에 유용하게 이용하도록 하는 데 있다.

(1) 단기지급능력 비율(유동성 비율)

① 의 의

1년 이내에 만기가 도래하는 유동부채에 대하여 단기간 내에 현금화가 가능하여 상환재원이 될 수 있는 자산의 상대적인 비율로서 단기채무의 변제능력을 나타내는 재무비율이다.

② 종 류 23, 22, 21, 19, 18, 15, 14, 11년 기출

ㄱ 유동비율 : 유동비율은 기업이 보유하는 지급능력 또는 그 신용능력을 판단하기 위하여 쓰이는 것으로 신용분석적 관점에서는 가장 중요하다. 이 비율이 클수록 그만큼 기업의 재무유동성은 크다. 일반적으로 200% 이상으로 유지되는 것이 이상적이다.

$$유동비율 = \frac{유동자산^*}{유동부채} \times 100$$

*유동자산 = 당좌자산 + 재고자산

  ⓐ 유동비율은 유동자산을 유동부채로 나눈 비율로서 유동비율이 100% 미만인 상태에서 유동자산과 유동부채가 같은 금액으로 감소하면 유동비율이 감소하게 된다.
  ⓑ 유동자산이 증가하거나 유동부채가 감소하면 유동비율이 증가하고, 유동자산이 감소하거나 유동부채가 증가하면 유동비율이 감소한다.
  ⓒ 유동비율은 유동성을 평가하는 데 가장 보편적으로 이용된다. 만약 현금을 주고 기계장치를 구입한다면 유동자산(현금)은 감소하고 비유동자산인 기계장치가 증가하므로 유동비율은 더욱 감소하게 되지만, 장기성 지급어음을 발행하여 현금을 수령하면 유동비율은 증가한다.

알아두기

유동비율의 증가 및 감소 15년 기출

증가하는 경우	감소하는 경우
• 건물을 처분하고 현금을 수령하는 경우 • 당기손익인식 금융자산을 장부가격 이상으로 처분하는 경우 • 장기어음을 발행하고 현금을 차입하는 경우	• 상품을 실사한 결과 감모손실이 발생한 경우 • 장기차입금의 상환기일이 결산일 현재 1년 이내로 도래한 경우 • 매출채권을 담보로 은행에서 단기로 차입한 경우

ㄴ 당좌비율 : 당좌자산을 유동부채로 나눈 비율로서, 유동비율의 보조비율로 기업의 단기채무지급능력을 평가하는 지표이다. 당좌자산에는 유동자산 중에서 현금 또는 바로 현금으로 바꿀 수 있는 성질을 가진 예금, 1년 이내에 처분 가능한 유가증권을 비롯해 외상매출금, 단기대여금 등의 수취채권 등이 포함된다.

$$당좌비율 = \frac{당좌자산}{유동부채} \times 100$$

(2) 장기지급능력 비율(안정성 비율)

① 의 의

기업이 장기부채에 대한 원금과 이자를 원만하게 지급할 수 있는지를 평가하는 데 이용하는 재무비율이다.

② 종 류 22, 20, 16년 기출

㉠ 부채비율

$$부채비율 = \frac{타인자본(부채총계)}{자기자본(자본총계)} \times 100$$

ⓐ 부채비율은 기업이 갖고 있는 자산 중 부채가 어느 정도 차지하고 있는가를 나타내는 비율로서, 기업의 재무구조 특히 타인자본 의존도를 나타내는 대표적인 경영지표이다.

ⓑ 상환해야 할 타인자본(부채총계)에 대해 자기자본이 어느 정도 준비되어 있는가를 나타내는 비율로 기업의 건전성을 평가하는 중요한 지표이다.

ⓒ 어느 기업의 부채비율이 200%라면 부채가 자본보다 2배 많음을 나타내는 것으로 일반적으로 100% 이하를 표준비율로 보고 있다.

㉡ 이자보상비율(이자보상배율) : 이자보상비율은 기업의 채무상환능력을 나타내는 지표로 기업이 영업이익으로 이자를 감당할 수 있는가, 감당한 후 얼마나 여유가 있는가를 알아보는 지표이다.

$$이자보상비율 = \frac{영업이익}{이자비용} \times 100$$

(3) 수익성 비율

① 의 의

일정기간의 영업성과를 나타내는 재무비율이다.

② 종 류 23, 20, 19, 18, 16, 12년 기출

㉠ 총자본순이익률(ROI ; Return On Investment) : 총자본은 자산을 의미하며 이에 따라 총자산이익률이라고도 한다. 경영자가 조달된 자본을 수익창출에 얼마나 효율적으로 이용하고 있는지를 나타내는 재무비율이다.

$$총자본순이익률 = \frac{당기순이익}{평균총자본} \times 100$$

ⓛ 자기자본순이익률(ROE ; Return On Equity) : 자기자본이 얼마나 효율적으로 이용되고 있는지를 나타내는 비율이다.

$$자기자본순이익률 = \frac{당기순이익}{평균자기자본} \times 100$$

ⓒ 매출이익률 : 매출액 중 매출총이익, 당기순이익이 차지하는 비율이다.

$$매출총이익률 = \frac{매출총이익}{매출액} \times 100$$

$$매출액순이익률 = \frac{당기순이익}{매출액} \times 100$$

ⓔ 주가수익비율(PER ; Price Earning Ratio) : 주가가 그 회사 1주당 수익의 몇 배가 되는가를 나타내는 지표로 주가를 1주당 순이익(납세 후)으로 나눈 것이다.

$$주가수익비율 = \frac{주\ 가}{1주당\ 당기순이익} \times 100$$

ⓐ 해당 기업의 순이익이 주식가격보다 크면 클수록 PER이 낮게 나타난다.
ⓑ PER이 낮으면 이익에 비해 주가가 낮다는 것이므로 그만큼 기업가치에 비해 주가가 저평가되어 있다는 의미로 해석할 수 있다. 반대로 PER이 높으면 이익에 비하여 주가가 높다는 것을 의미한다.
ⓜ 배당성향 : 당기순이익에 대한 현금배당액의 비율로 배당지급률, 사외분배율이라고도 한다. 이 비율은 배당금 지급능력을 나타내는 지표로, 높으면 높을수록 배당금 지급비율이 높다는 것을 나타낸다.

$$배당성향 = \frac{배당총액}{당기순이익} \times 100$$

(4) 활동성 비율(효율성 비율)

① 의 의
자산의 효율적인 운용 여부를 평가하고자 하는 재무비율이다.

② 종 류 24, 20, 19, 15, 13, 12년 기출
ⓐ 총자산회전율과 자기자본회전율
ⓐ 총자산회전율 : 보유하고 있는 총자산이 수익을 창출하는 데 얼마나 효율적으로 이용되고 있는가를 평가할 수 있다.

$$총자산회전율 = \frac{매출액}{평균총자산}$$

ⓑ 자기자본회전율 : 자기자본의 효율성을 평가할 수 있다.

$$자기자본회전율 = \frac{매출액}{평균자기자본}$$

ⓛ 매출채권회전율과 매출채권평균회수기간
　ⓐ 매출채권회전율 : 매출채권이 현금화되는 속도를 나타낸다.

$$매출채권회전율 = \frac{매출액}{평균매출채권}$$

　ⓑ 매출채권평균회수기간 : 매출채권이 한 번 회전하는 데 소요된 기간을 나타낸다.

$$매출채권평균회수기간 = \frac{365}{매출채권회전율}$$

ⓒ 재고자산회전율과 재고자산평균회전기간 22년 기출
　ⓐ 재고자산회전율 : 재고자산을 얼마나 효율적으로 관리하고 있는지를 나타내는 지표이다. 이 비율이 높을수록 재고자산이 효율적으로 관리되고 있다는 것을 나타낸다.

$$재고자산회전율 = \frac{매출원가}{평균재고자산}$$

　ⓑ 재고자산평균회전기간 : 재고자산이 현금화하는 데 소요되는 시간을 나타낸다.

$$재고자산평균회전기간 = \frac{365}{재고자산회전율}$$

다음 자료를 이용하여 계산한 (주)관세의 매출채권회전율과 평균회수기간은? (단, 매출채권회전율 계산 시 평균
매출채권을 사용하고, 1년은 360일로 계산한다) 24년 기출

○ 기초 순매출채권	₩100	○ 기말 순매출채권	₩150
○ 외상매출액	₩200		

① 0.8회, 285일
② 0.8회, 225일
③ 1.6회, 225일
④ 1.6회, 150일
⑤ 2.4회, 150일

해설
(1) 매출채권회전율 = 매출액 / 평균매출채권 = ₩200 / [(₩100 + ₩150) / 2] = 1.6회
(2) 매출채권평균회수기간 = 360일 / 1.6회 = 225일

정답 ③

01 개념체계는 어떤 경우에도 특정 한국채택국제회계기준에 우선하지 아니 한다. (O, X)

01 ○

02 재무보고를 위한 개념체계에서 비교가능성, 검증가능성, 적시성 및 충실한 표현은 보강적 질적 특성이다. (O, X)

02 × 충실한 표현은 근본적 질적 특 성이다.

03 재무보고를 위한 개념체계에서 충실한 표현은 모든 면에서 정확한 것을 의미하지는 않는다. (O, X)

03 ○

04 자본을 실물생산능력으로 정의한 실물자본유지개념 하에서 이익은 일반 물가수준에 따른 가격상승을 초과하는 자산가격의 증가 부분에 해당한다. (O, X)

04 × 일반물가수준에 따른 가격상 승을 초과하는 자산가격의 증가 부분을 이익으로 보는 경우는 불 변구매력단위에 해당한다.

05 부적절한 회계정책은 이에 대하여 공시나 주석 또는 보충 자료를 통해 충 분한 설명을 한다면 정당화될 수 있다. (O, X)

05 × 정당화될 수 없다.

06 발생주의는 현금유출입시점과 관계없이 거래나 그 밖의 사건의 영향을 발 생한 기간에 장부에 기록하고 재무제표에 표시하는 회계개념이다. (O, X)

06 ○

07 재무제표에는 중요하지 않아 구분하여 표시하지 않은 항목이라면 주석에 도 표시하지 않는다. (O, X)

07 × 주석에서는 구분하여 표시해 야 할 만큼 충분히 중요할 수 있다.

08 보고기간 후 12개월 이후에 실현될 것으로 예상되는 재고자산 및 매출채권 은 비유동자산으로 분류한다. (O, X)

08 × 재고자산 및 매출채권과 같이 정상영업주기의 일부로서 판매, 소비 또는 실현되는 자산은 유동 자산에 해당한다.

09 기타포괄손익의 항목은 항상 관련 법인세비용을 차감한 순액으로 표시 한다. (O, X)

09 × 관련 법인세비용을 차감한 순 액으로 표시하거나, 법인세비용 차감전금액으로 표시할 수 있다.

10 장기차입금을 현금으로 상환하면 유동비율은 증가한다. (O, X)

10 × 장기차입금을 현금으로 상환 하면 비유동부채와 현금 및 현금 성자산이 감소하여 유동비율은 감소한다.

01 재무보고를 위한 개념체계에 관한 설명으로 옳지 않은 것은?

① 중요성은 개별 기업 재무보고서 관점에서 해당 정보와 관련된 항목의 성격이나 규모 또는 이 둘 모두에 근거하여 해당 기업에 특유한 측면의 목적적합성을 의미한다.

② 재무보고를 위한 개념체계는 외부 이용자를 위한 재무보고의 기초가 되는 개념으로 한국채택국제회계기준이다.

③ 일반목적재무보고서는 보고기업의 가치를 보여주기 위해 고안된 것이 아니다. 그러나 현재 및 잠재적 투자자, 대여자 및 기타 채권자가 보고기업의 가치를 추정하는 데 도움이 되는 정보를 제공한다.

④ 목적적합한 재무정보는 정보이용자의 의사결정에 차이가 나도록 할 수 있다.

⑤ 충실한 표현은 모든 면에서 정확한 것을 의미하지는 않는다.

해설

개념체계는 한국채택국제회계기준이 아니므로 특정한 측정과 공시문제에 관한 기준을 정하지 아니한다. 따라서 이 개념체계는 어떤 경우에도 특정 한국채택국제회계기준에 우선하지 아니한다.

02 재무보고를 위한 개념체계에 대한 설명으로 옳은 것을 모두 고른 것은?

> ㄱ. 자산은 미래경제적 효익이 기업에 유입될 가능성이 높고 해당 항목의 원가 또는 가치를 신뢰성 있게 측정할 수 있을 때 재무상태표에 인식한다.
> ㄴ. 재무정보가 유용하기 위해서는 목적적합해야 하고 나타내고자 하는 바를 충실하게 표현해야 한다.
> ㄷ. 비교가능성, 검증가능성, 중요성 및 이해가능성은 목적적합하고 충실하게 표현된 정보의 유용성을 보강시키는 질적 특성이다.
> ㄹ. 재무보고를 위한 개념체계와 한국채택국제회계기준이 서로 상충하는 경우에는 개념체계가 우선하여 적용된다.

① ㄱ, ㄴ
② ㄱ, ㄷ
③ ㄴ, ㄷ
④ ㄴ, ㄹ
⑤ ㄷ, ㄹ

해설

ㄷ. 비교가능성, 검증가능성, 적시성 및 이해가능성은 목적적합하고 충실하게 표현된 정보의 유용성을 보강시키는 질적 특성이다.

ㄹ. 재무보고를 위한 개념체계와 한국채택국제회계기준이 서로 상충하는 경우에는 한국채택국제회계기준이 우선하여 적용된다.

03 재무정보의 질적 특성에 관한 설명으로 옳지 않은 것은?

① 중요성은 개별 기업 재무보고서 관점에서 해당 정보와 관련된 항목의 성격이나 규모 또는 이 둘 모두에 근거하여 해당 기업에 특유한 측면의 목적적합성을 의미한다.

② 충실한 표현을 하기 위해서는 서술이 완전하고, 중립적이며, 오류가 없어야 한다.

③ 보강적 질적 특성은 만일 어떤 두 가지 방법이 현상을 동일하게 목적적합하고 충실하게 표현하는 것이라면 이 두 가지 방법 가운데 어느 방법을 현상의 서술에 사용해야 할지를 결정하는 데에도 도움을 줄 수 있다.

④ 단 하나의 경제적 현상을 충실하게 표현하는 데 여러 방법이 있을 수 있으나, 동일한 경제적 현상에 대해 대체적인 회계처리방법을 허용하면 비교가능성이 감소한다.

⑤ 일관성은 한 보고기업 내에서 기간 간 또는 같은 기간 동안에 기업 간, 동일한 항목에 대해 동일한 방법을 적용하는 것을 의미하므로 비교가능성과 동일한 의미로 사용된다.

> **해설**
> 일관성은 비교가능성과 관련은 되어 있지만 동일하지는 않다. 비교가능성은 목표이고 일관성은 그 목표를 달성하는 데 도움을 준다.

04 재무상태표와 포괄손익계산서에 관한 설명으로 옳지 않은 것은?

① 자산항목을 재무상태표에서 구분표시하기 위해서는 금액의 크기, 성격, 기능 및 유동성을 고려한다.

② 기업이 재무상태표에 유동자산과 비유동자산, 그리고 유동부채와 비유동부채로 구분하여 표시하는 경우, 이연법인세자산(부채)은 유동자산(부채)으로 분류하지 아니한다.

③ 당기손익으로 인식한 비용항목은 기능별 또는 성격별로 분류하여 표시할 수 있다.

④ 수익과 비용의 어느 항목도 포괄손익계산서 또는 주석에 특별손익 항목으로 표시할 수 없다.

⑤ 과거기간에 발생한 중요한 오류를 해당 기간에는 발견하지 못하고 당기에 발견하는 경우, 그 수정효과는 당기손익으로 인식한다.

> **해설**
> 당기손익으로 인식하는 것이 아니라, 수정에 따른 효과를 소급하여 반영한다.

05 재무제표 표시에 관한 설명으로 옳지 않은 것은?

① 재고자산에 대한 재고자산평가충당금과 매출채권에 대한 대손충당금과 같은 평가충당금을 차감하여 관련 자산을 순액으로 측정하는 것은 상계표시에 해당한다.

② 중요하지 않은 정보일 경우 한국채택국제회계기준에서 요구하는 특정 공시를 제공할 필요는 없다.

③ 상이한 성격이나 기능을 가진 항목을 구분하여 표시하되, 중요하지 않은 항목은 성격이나 기능이 유사한 항목과 통합하여 표시할 수 있다.

④ 투자자산 및 영업용자산을 포함한 비유동자산의 처분손익은 처분대금에서 그 자산의 장부금액과 관련 처분비용을 차감하여 표시한다.

⑤ 외환손익 또는 단기매매 금융상품에서 발생하는 손익과 같이 유사한 거래의 집합에서 발생하는 차익과 차손은 순액으로 표시하되, 그러한 차익과 차손이 중요한 경우에는 구분하여 표시한다.

해설

재고자산에 대한 재고자산평가충당금과 매출채권에 대한 대손충당금과 같은 평가충당금을 차감하여 관련 자산을 순액으로 측정하는 것은 상계표시에 해당하지 아니한다.

06 재무보고를 위한 개념체계상 유용한 정보의 질적 특성에 관한 설명으로 옳지 않은 것은?

① 충실한 표현은 모든 면에서 정확한 것을 의미하지는 않는다.

② 중요성은 개별 기업 재무보고서 관점에서 해당 정보와 관련된 항목의 성격이나 규모 또는 이 둘 모두에 근거하여 해당 기업에 특유한 측면의 목적적합성을 의미한다.

③ 완전한 서술은 필요한 기술과 설명을 포함하여 정보이용자가 서술되는 현상을 이해하는 데 필요한 모든 정보를 포함하는 것이다.

④ 중립적 정보는 목적이 없거나 행동에 대한 영향력이 없는 정보를 의미하지 않는다.

⑤ 재무정보의 비교가능성은 정보이용자가 항목 간의 차이점을 식별하고 이해할 수 있게 하는 질적 특성으로 비슷한 것을 달리 보이게 함으로써 보강된다.

해설

비교가능성은 정보이용자가 항목 간의 유사점과 차이점을 식별하고 이해할 수 있게 하는 질적 특성이다.

07 재무제표 표시에 관한 설명으로 옳은 것은?

① 부적절한 회계정책은 이에 대하여 공시나 주석 또는 보충 자료를 통해 설명함으로써 정당화될 수 있다.

② 비유동자산의 처분손익을 처분대금에서 그 자산의 장부금액과 관련처분비용을 차감하여 표시하는 것은 총액주의에 위해되므로 허용되지 아니한다.

③ 재무제표 항목의 표시와 분류는 한국채택국제회계기준에서 표시방법의 변경을 요구하는 경우 이외에는 매기 동일하여야 한다.

④ 기업이 기존의 대출계약조건에 따라 보고기간 후 적어도 12개월 이상 부채를 차환하거나 연장할 것으로 기대하고 있고, 그런 재량권이 있다 하더라도, 보고기간 후 12개월 이내에 만기가 도래한다면 유동부채로 분류한다.

⑤ 단기매매 금융상품에서 발생하는 속인과 같이 유사한 거래의 집합에서 발생하는 차익과 차손은 순액으로 표시한다. 그러나 그러한 차익과 차손은 중요한 경우에는 구분하여 표시한다.

해설

① 부적절한 회계정책은 이에 대하여 공시나 주석 또는 보충 자료를 통해 설명함으로써 정당화될 수 없다.

② 비유동자산의 처분손익을 처분대금에서 그 자산의 장부금액과 관련처분비용을 차감하여 순액으로 표시한다.

③ 재무제표 항목의 표시와 분류는 한국채택국제회계기준에서 표시방법의 변경을 요구하는 경우, 사업내용의 유의적인 변화나 재무제표를 검토한 결과 다른 표시나 분류방법이 더 적절한 것이 명백한 경우 변경될 수 있다.

④ 기업이 기존의 대출계약조건에 따라 보고기간 후 적어도 12개월 이상 부채를 차환하거나 연장할 것으로 기대하고 있고, 그런 재량권이 있다면 비유동부채로 분류한다.

08 재무보고를 위한 개념체계에 관한 설명으로 옳지 않은 것은?

① 개념체계는 특정 회계기준과 상충될 경우에는 개념체계가 우선한다.

② 개념체계가 개정되었다고 자동으로 회계기준이 개정되는 것은 아니다.

③ 개념체계는 모든 이해관계자가 회계기준을 이해하고 해석하는 데 도움을 준다.

④ 개념체계는 한국회계기준위원회가 일관된 개념에 기반하여 한국채택국제회계기준을 제·개정하는데 도움을 준다.

⑤ 개념체계는 특정 거래나 다른 사건에 적용할 회계기준이 없거나 회계정책 선택이 허용되는 경우에 재무제표 작성자가 일관된 회계정책을 개발하는 데 도움을 준다.

해설

개념체계와 한국채택국제회계기준이 상충하는 경우 한국채택국제회계기준이 우선한다.

09 재무제표 표시와 관련된 다음의 설명 중 옳지 않은 것은?

① 기업이 재무상태표에 유동자산과 비유동자산, 그리고 유동부채와 비유동부채로 구분하여 표시하는 경우, 이연법인세자산(부채)은 유동자산(부채)으로 분류하지 아니한다.

② 보고기간 말 이전에 장기차입약정을 위반했을 때 대여자가 즉시 상환을 요구할 수 있는 채무는 보고기간 후 재무제표 발행승인일 전에 채권자가 약정위반을 이유로 상환을 요구하지 않기로 합의한다면 비유동부채로 분류한다.

③ 기업은 변경된 표시방법이 재무제표 이용자에게 신뢰성 있고 더욱 목적적합한 정보를 제공하며, 변경된 구조가 지속적으로 유지될 가능성이 높아 비교가능성을 저해하지 않을 것으로 판단할 때에만 재무제표의 표시방법을 변경한다.

④ 극히 드문 상황으로서 한국채택국제회계기준의 요구사항을 준수하는 것이 오히려 '개념체계'에서 정하고 있는 재무제표의 목적과 상충되어 재무제표 이용자의 오해를 유발할 수 있다고 경영진이 결론을 내리는 경우에는 관련 감독체계가 이러한 요구사항으로부터의 일탈을 의무화하거나 금지하지 않는다면, 한국채택국제회계기준의 요구사항을 달리 적용한다.

⑤ 기업이 기존의 대출계약조건에 따라 보고기간 후 적어도 12개월 이상 부채를 차환하거나 연장할 것으로 기대하고 있고, 그런 재량권이 있다면, 보고기간 후 12개월 이내에 만기가 도래한다 하더라도 비유동부채로 분류한다.

> **해설**
> 장기차입약정 위반을 이유로 상환하지 않기로 요구하기로 합의하였다면 비유동부채로 분류하는 것이 타당하다. 단, 보고기간 말 시점에는 그러한 합의가 없었으므로, 보고기간 말 시점에서는 유동부채로 분류하여야 한다.

10 (주)대한의 20×3년 말 회계자료는 다음과 같다.

매출액	₩300,000	매출원가	₩128,000
대손상각비*	₩4,000	급 여	₩30,000
사채이자비용	₩2,000	감가상각비	₩3,000
임차료	₩20,000	유형자산처분이익	₩2,800
기타포괄손익-공정가치측정 금융자산 처분이익	₩5,000	–	–

*대손상각비는 매출채권에서 발생한 것이다.

(주)대한이 20×3년도 기능별 포괄손익계산서에 보고할 영업이익은 얼마인가?

① ₩113,000 ② ₩115,000

③ ₩117,800 ④ ₩120,000

⑤ ₩120,800

> **해설**
> 영업이익 = 매출총이익 − 판매비와 관리비
> = (₩300,000 − ₩128,000) − (₩4,000 + ₩30,000 + ₩3,000 + ₩20,000) = ₩115,000

11 다음은 (주)한국의 기초 및 기말 재무제표의 자료 중 일부이다.

구 분	기 초	기 말
자산총계	₩11,000,000	₩15,000,000
부채총계	₩5,000,000	₩6,000,000

당기 중 무상증자 ₩1,000,000이 있었으며, 현금배당 ₩500,000 및 주식배당 ₩300,000이 결의 및 지급되고 토지평가이익 ₩100,000이 있었다면, 당기순이익은? (단, 토지재평가는 당기에 처음으로 실시하였다)

① ₩2,400,000

② ₩2,800,000

③ ₩3,000,000

④ ₩3,400,000

⑤ ₩3,600,000

해설

당기순이익 = 기말자본 − (기초자본 − 현금배당 + 토지재평가이익)

= ₩9,000,000 − (₩6,000,000 − ₩500,000 + ₩100,000)

= ₩3,400,000

12 12월 결산법인인 (주)한국의 2022년 기초 재무상태표상의 자산총계는 ₩300,000, 부채총계는 ₩100,000이었고, 자본항목 중 기타포괄손익누계액은 없었다. 2022년 결산마감분개 직전 재무상태표상의 자산총계는 ₩350,000, 부채총계는 ₩120,000이었고, 포괄손익계산서상의 기타포괄이익이 ₩1,000이었다. 2022년 결산마감분개 직전까지 본 문제에 기술된 사항을 제외한 자본항목의 변동은 없었고 2022 회계연도 중 현금배당금 지급액이 ₩3,000이었다면, (주)한국의 2022 회계연도 당기순이익은?

① ₩26,000

② ₩29,000

③ ₩32,000

④ ₩33,000

⑤ ₩30,000

해설

당기순이익 = 기말자본 − (기초자본 − 현금배당 + 기타포괄이익)

(1) 기말자본 = ₩350,000(기말자산) − ₩120,000(기말부채) = ₩230,000

(2) 기초자본 = ₩300,000(기초자산) − ₩100,000(기초부채) = ₩200,000

(3) 현금배당금 = ₩3,000

(4) 기타포괄이익 = ₩1,000

(5) 당기순이익 = ₩230,000(1) − [₩200,000(2) − ₩3,000(3) + ₩1,000(4)] = ₩32,000

13 다음은 (주)강남의 20×1년도 재무비율과 관련된 정보이다.

유동비율	250%
당좌비율	100%
자본대비 부채비율	200%
재고자산회전율	5회
유동부채	₩2,000
비유동부채	₩3,000

위 자료를 이용할 때 20×1년도 (주)강남의 매출원가와 자본은? (단, 유동자산은 당좌자산과 재고자산으로 구성되며, 재고자산의 기초와 기말 금액은 동일하다)

	매출원가	자 본		매출원가	자 본
①	₩15,000	₩2,500	②	₩15,000	₩10,000
③	₩25,000	₩2,500	④	₩25,000	₩10,000
⑤	₩10,000	₩2,500			

해설

(1) 유동비율[250(%)] = 유동자산 / 유동부채(₩2,000)
   유동자산 = ₩5,000
(2) 당좌비율[100(%)] = 당좌자산 / 유동부채(₩2,000)
   당좌자산 = ₩2,000
(3) 재고자산 = 유동자산[₩5,000(1)] − 당좌자산[₩2,000(2)] = ₩3,000
(4) 자본대비 부채비율[200(%)] = 부채(₩2,000 + ₩3,000) / 자본
   자본 = ₩2,500
(5) 재고자산회전율[5(회)] = 매출원가 / 재고자산[₩3,000(3)]
   매출원가 = ₩15,000

14 다음은 (주)한국의 20X3년 12월 31일 재무상태표이다.

재무상태표			
(주)한국	20X3년 12월 31일 현재		(단위 : 원)
현 금	₩2,000	매입채무	?
매출채권	?	단기차입금	₩2,000
재고자산	?	사 채	₩10,000
유형자산	₩20,000	자본금	?
		이익잉여금	₩5,000
자산 합계	₩50,000	부채와 자본 합계	₩50,000

20X3년 12월 31일 현재 유동비율이 300%일 때, 자본금은?

① ₩15,000

② ₩20,000

③ ₩23,000

④ ₩25,000

⑤ ₩18,000

해설

(1) 유동자산 = ₩50,000 − ₩20,000 = ₩30,000
(2) 유동부채 = ₩30,000 / 3 = ₩10,000
(3) 자본금 = ₩50,000 − ₩10,000 − ₩10,000 − ₩5,000 = ₩25,000

15 유동비율이 150%일 때, 유동비율을 감소시키는 거래는?

① 매출채권의 현금회수

② 상품의 외상매입

③ 매입채무의 현금지급

④ 장기대여금의 현금회수

⑤ 장기차입금을 통한 건물매입

해설

유동비율은 '유동자산 ÷ 유동부채'로 산정한다. 유동비율이 150%이므로 유동자산 ₩150, 유동부채 ₩100으로 가정하자.
② 상품의 외상매입은 상품(유동자산)이 ₩50 증가하고, 매입채무(유동부채)가 ₩50 증가하므로 유동비율은 '₩200 ÷ ₩150 = 133%'로 감소한다.
① 매출채권의 현금회수는 매출채권(유동자산)이 감소하고, 현금(유동자산)이 증가하므로 유동비율에 미치는 영향은 없다.
③ 매입채무의 현금지급은 현금(유동자산)이 ₩50 감소하고, 매입채무(유동부채)가 ₩50 감소하므로 유동비율은 '₩100 ÷ ₩50 = 200%' 증가한다.
④ 장기대여금의 현금회수는 현금(유동자산)이 증가하고, 장기대여금(비유동자산)이 감소하므로 유동비율은 증가한다.
⑤ 장기차입금과 건물은 비유동항목이므로 유동비율에 영향이 없다.

제 2 장 자 산

제1절 현금 및 현금성자산과 채권채무

1. 현금 및 현금성자산

(1) 현 금 24, 21, 20, 19년 기출

① 현금의 의의

> 현금 = 보유현금 + 요구불예금

② 보유현금

통화와 통화대용증권을 말한다.

㉠ **통화** : 지폐, 주화 등 사용가능한 화폐를 말한다.

㉡ **통화대용증권** : 타인발행수표(자기앞수표, 당좌수표, 가계수표, 송금수표), 우편환증서, 전신환증서, 만기도래어음, 일람출급어음, 지급일이 경과한 이자표, 배당금증서(통지서), 국고환급증서 등 통화와 유사하게 사용 가능한 지급수단이다.

③ 요구불예금

당좌예금, 보통예금과 같이 자유롭게 인출 가능한 예금을 말한다.

㉠ **당좌예금** : 예금자가 언제든지 수표를 발행하여 지급을 요구할 수 있는 예금으로 기업체에서 사용하는 가장 대표적인 예금이다.

㉡ **당좌차월** : 당좌예금 거래자는 은행과 차월계약을 체결하면 예금잔액 이상으로 수표를 발행하여도 자금을 지원받을 수 있다. 이때 예금잔액을 초과한 금액이 부채계정인 단기차입금(당좌차월)에 해당한다.

④ 현금 분류 시 주의할 항목

㉠ 우표, 수입인지는 수수료에 대한 선지급이므로 선급비용에 해당한다.

㉡ 선일자수표는 형식은 수표이나 경제적 실질은 어음에 해당하므로 수취채권으로 분류한다.

㉢ 급여가불금과 차용증서는 대여금에 해당한다.

㉣ 사용제한예금은 취득 당시 만기가 3개월 이내라 할지라도 현금 및 현금성자산에 해당하지 않는다.

(2) 현금성자산 24, 21, 20, 19년 기출

① 의 의

현금성자산이란 큰 거래비용 없이 현금전환이 용이하고 시장이자율 변동에 따른 가치변동의 위험이 적은 단기투자자산으로, 취득 당시 만기 또는 상환일이 3개월 이내인 것을 말한다.

② 현금성자산의 예

> ㉠ 취득 당시 만기가 3개월 이내에 도래하는 채권
> ㉡ 취득 당시 만기일이 3개월 이내인 초단기 수익증권
> ㉢ 3개월 이내 환매조건의 환매채
> ㉣ 취득 당시 만기가 3개월 이내에 도래하는 단기금융상품

기출문제

(주)관세는 20×1년 말 현재 다음의 항목을 보유하고 있다. 20×1년 말 현금및현금성자산으로 보고할 금액은?

24년 기출

○ 보관중인 현금	₩200	○ 선일자수표	₩700
○ 타인발행수표	600	○ 당좌개설보증금	400
○ 배당금지급	500	○ 우편환증서	200

① ₩800
② ₩1,000
③ ₩1,300
④ ₩1,500
⑤ ₩2,200

해설

(1) 현금및현금성자산 = ₩200(보관중인 현금) + ₩600(타인발행수표) + ₩500(배당금지급통지서) + ₩200(우편환증서)
= ₩1,500
(2) 선일자수표는 수취채권으로 분류하고, 당좌개설보증금은 사용이 제한된 예금으로 현금및현금성자산이 아니다.

정답 ④

---

(3) 은행계정조정표

① 의 의

일정시점의 회사의 예금계정잔액과 은행의 예금계좌의 잔액이 어느 한쪽의 기장오류로 인하여 일치하지 않는 경우가 발생하는 경우 금액의 불일치 원인을 파악하여 수정하는 것을 말하며, 이때 작성하는 표가 은행계정조정표이다.

② 불일치 조정 22, 21, 16, 11년 기출

㉠ 기발행 미결제(인출)수표 : 회사는 수표를 발행하여 당좌예금이 감소하였지만 동 수표가 은행에 지급 제시되지 않아 은행 측에서는 당좌예금의 출금처리가 되지 않은 경우로, 은행 측의 잔액을 차감하여 수정하여야 한다.

㉡ 은행미기입예금 : 회사에서는 입금기록을 하였으나 은행 측에서 입금기록을 하지 않는 경우로, 회사가 은행 마감 후 입금한 경우가 대표적이다. 이 경우에는 은행 측에 가산하여 수정하여야 한다.

㉢ 회사미통지예금 : 은행에서 입금으로 기록하였으나 회사 측에서는 입금처리가 되지 않는 경우로, 회사는 입금을 기록하여 회사 측 잔액을 증가시켜 수정하여야 한다.

ⓔ **회사미기입출금** : 은행에서는 출금처리를 하였으나 회사가 출금사실을 통지받지 못하여 출금처리를 하지 못한 경우로, 회사는 예금잔액을 감소시키는 수정을 해야 한다.

ⓜ **부도수표** : 회사가 입금한 수표가 부도수표인데 회사가 알지 못한 경우, 은행에서는 입금되지 않았으나 회사에서는 입금처리되어 있다. 해당 금액은 회사 측 잔액에서 차감하여 조정한다.

ⓗ **기장의 오류** : 회사나 은행에서 장부기입의 누락이나 금액의 착오를 일으킨 경우로, 회사 측의 오류일 때에는 회사의 금액을 조정하고, 은행 측의 오류일 경우에는 은행잔액을 조정하여 일치시킨다.

2. 채권·채무

(1) 채권·채무 일반

① **채권과 채무의 의의**

채권이란 일반적으로 기업이 고객에게 외상으로 재화나 용역을 제공하거나 자금을 대여하여 발생하는 미래에 현금을 수취할 권리이며, 채무란 일반적으로 기업이 외상으로 재화나 용역을 구입하거나 운영에 필요한 자금을 차입하여 발생하는 미래에 현금을 지급할 의무이다.

② **채권과 채무의 분류**

구 분		분류 내용
거래에 따른 분류	채 권	• 매출채권 : 일반적인 상거래에서 발생하는 외상매출금과 받을어음 • 기타채권 : 일반적 상거래 이외에서 발생한 미수금과 대여금
	채 무	• 매입채무 : 일반적 상거래에서 발생한 외상매입금과 지급어음 • 기타채무 : 일반적 상거래 이외에서 발생한 미지급금과 차입금
회수기간에 따른 분류	채 권	• 단기수취채권(유동자산) : 매출채권, 미수금, 단기대여금 등 • 장기수취채권(비유동자산) : 장기성매출채권, 장기대여금 등
	채 무	• 단기지급채무(유동부채) : 매입채무, 단기차입금 등 • 장기지급채무(비유동부채) : 장기성매입채무, 장기차입금 등

(2) 매출채권과 매입채무 21, 18년 기출

① **외상매출금**

㉠ **외상매출금의 회계처리** : 외상매출금은 상거래상 외상으로 제품이나 상품을 매출한 경우에 발생하는 수취채권으로 다음과 같이 회계처리한다.

ⓐ 외상판매 시 (차) 매출채권(외상매출금)	×××	(대) 매 출	×××
ⓑ 대금회수 시 (차) 현 금	×××	(대) 매출채권(외상매출금)	×××

㉡ **외상매출금의 조정항목**

ⓐ **매매할인 및 수량할인** : 매매할인은 특정고객에게 가격의 일정률을 할인하여 주는 것이며, 수량할인은 구매물량이 일정수준을 초과하는 경우 할인하여 주는 것이다. 매매할인 및 수량할인은 이미 매출 시 매출액에 반영되어 있기 때문에 별도의 회계처리는 필요 없다.

ⓑ **매출환입 및 매출에누리** : 매출환입은 매출된 재고자산이 반품되는 경우를 말하며, 매출에누리는 고객이 구입한 재고자산의 파손 또는 결함 등으로 인하여 고객에게 가격을 할인하여 주는 것이다. 두 경우 모두 매출과 매출채권을 감소시키는 회계처리를 한다.

ⓒ 매출할인 : 상품매출대금을 회수일 이전에 회수한 때 거래처에 그 대금 중 일정률을 할인하여 주는 것을 말한다.

구 분	발생원인	회계처리
거래할인	판매 시에 일정금액을 할인하여 주는 경우	회계처리를 하지 않음
매출할인	매출채권의 조기결제 시 일정한 금액을 할인하여 주는 경우	매출의 차감적 평가계정
매출에누리	매출 후 파손·결합 등으로 인하여 일정한 금액을 할인하여 주는 경우	
매출환입	매출 후 반품이 일어나는 경우	

② 외상매입금

㉠ 외상매입금의 회계처리 : 외상매입금은 상거래상 외상으로 제품이나 상품을 매입한 경우 발생하는 지급채무로 다음과 같이 회계처리한다.

> ⓐ 외상구매 시 (차) 매입(상품 등)　×××　　(대) 매입채무(외상매입금)　×××
> ⓑ 대금지급 시 (차) 매입채무(외상매입금)　×××　　(대) 현 금　×××

㉡ 외상매입금의 조정항목 : 매입 시에도 매출과 동일하게 할인이나 에누리가 발생할 수 있으며 이때는 재고자산에서 조정한다.

③ 받을어음과 지급어음

㉠ 어음이란 채무자가 자신의 채무를 이행하기 위하여 액면금액을 만기일에 지급하겠다는 내용을 일정한 서식에 따라 기재한 증권이다.

㉡ 받을어음은 상거래로 인하여 발생한 어음상의 채권을 처리하는 계정으로서 어음상의 채권이 발생하면 받을어음 계정의 차변에 기입하고 어음상의 채권이 소멸하면 받을어음 계정의 대변에 기입한다.

㉢ 지급어음은 일반적 상거래로 인하여 발생한 어음상의 채무를 처리하는 계정으로서 어음상의 채무가 발생하면 지급어음 계정의 대변에 기입하고, 어음상의 채무가 소멸하면 지급어음 계정의 차변에 기입한다.

④ 어음의 배서

어음의 배서란 만기 이전에 어음상의 권리를 타인에게 양도할 때 양도인이 어음권면상에 양도의사를 기명날인하는 것을 말한다.

⑤ 어음의 부도

어음상의 채무자가 자금부족을 이유로 거래처로부터 받아 보유하고 있던 받을어음의 만기일에 어음대금을 지급하지 못하는 것을 말한다. 은행에서 할인받은 어음이나 배서양도한 어음이 부도난 경우에는 부도어음으로 인하여 은행 등으로부터 청구받은 금액을 지급해야 한다.

3. 채권을 통한 자금조달 21, 20, 17년 기출

(1) 자금조달의 종류

채권은 향후 현금을 회수할 수 있는 권리이므로, 기업은 자금이 필요한 경우 채권을 가지고 금융기관과 담보차입 거래를 하거나 양도하여 이를 현금화할 수 있다. 채권을 현금화하는 방법에는 다음과 같은 것이 있다.

① 매출채권의 담보차입

토지나 건물 등을 담보로 제공하는 대신 매출채권을 담보로 제공하여 금융기관으로부터 자금을 차입하는 거래를 말한다. 이러한 거래가 이루어지면 매출채권은 담보물이 되어 재무제표에 그대로 남게 되고, 차입금이 증가한다.

② 매출채권의 양도(팩토링) 22년 기출

매출채권의 양도는 토지나 건물 등을 양도하는 것처럼, 매출채권을 금융회사에 양도하고 수수료를 차감한 자금을 조달하는 형태의 거래를 말한다. 해당 채권이 만기에 도달하면 채권의 양수인인 금융회사가 대금을 회수하게 된다.

③ 받을어음의 할인 22년 기출

받을어음의 할인이란 어음의 만기일 이전에 은행 등의 금융기관에 배서양도하고 소정의 이자 및 수수료를 할인료로 차감한 잔액을 현금으로 받아 어음을 현금화하는 것을 말한다.

(2) 채권을 통한 자금조달 시 회계처리 21년 기출

매출채권을 양도하거나 받을어음을 할인할 때, 금융자산의 제거요건을 충족하면 채권의 매각거래에 해당하며 그렇지 못한 경우에는 차입거래에 해당한다.

① 매각거래 23, 22년 기출

매각거래에 해당하는 경우 일반적인 자산의 매각과 유사하게 재무제표에서 금융자산을 제거한다. 이때 선이자를 차감한 금액을 수령하므로 이러한 수수료(이자비용)만큼 차이가 발생하여 이를 매출채권처분손실로 인식한다.

㉠ 어음할인 시 현금수령액의 계산

@ 채권의 만기가액 = 액면가액 + 액면표시이자 × 보유기간 / 12
ⓑ 선이자 = 채권의 만기가액 × 이자율 × 차입월수 / 12
ⓒ 현금수령액 = 채권의 만기가액 − 선이자

㉡ 어음할인 시 매출채권처분손실의 계산

매출채권처분손실 = 액면금액 + 보유기간이자 − 현금수령액

② 차입거래

금융자산의 제거요건을 충족하지 못하면 차입거래에 해당하는데, 채권을 담보제공하여 자금을 차입한 것으로 본다. 자산은 재무제표에 그대로 인식하며 해당 금액만큼 부채인 차입금을 인식한다. 차입거래 시에는 차입금에 대한 이자비용이 발생한다.

③ 금융자산의 제거요건

금융자산의 양도에 대하여 양도자는 금융자산의 소유에 따른 위험과 보상의 대부분을 이전하면 금융자산의 제거요건을 충족한다. 이는 법률적인 소유권, 실질적인 계약관계 등을 파악하여 결정하게 된다.

4. 대손회계 20년 기출

(1) 대손의 의의

대손이란 기업이 채권의 회수가능성을 검토한 결과 거래처의 신용하락, 파산 등의 사유로 채권의 회수가 불가능한 경우로서, 상각후원가 측정금융자산의 손상을 의미한다.

(2) 대손예상액의 추정방법

IFRS에서는 기대신용손실모형을 사용하여 금융자산의 손상여부를 판단한다. 유의적인 금융요소를 포함하고 있지 않은 매출채권에 대해서는 항상 전체기간 기대신용손실에 해당하는 금액으로 손실충당금을 측정하는 간편법을 적용 가능하다. 전체기간 기대신용손실의 반영을 위해 다음의 방법을 동시에 고려하여 대손예상액을 추정할 수 있다. 매출채권 외 금융자산에 대한 손상은 금융자산 파트에서 다룬다.

① 개별법

기말 매출채권 총액을 구성하는 각각 항목별로 회수가능 여부를 파악하여 회수가 불확실한 채권금액을 대손추산액으로 보는 방법이다.

② 경험률법(채권잔액비례법)

기말 매출채권잔액에 과거 발생하였던 대손발생경험률을 곱하여 대손추산액을 산출하는 방법이다.

> 기말 대손충당금잔액 = 기말 매출채권잔액 × 대손경험률

③ 연령분석법

매출채권의 경과일수가 장기화되면 매출채권의 회수불능위험이 커진다는 가정 아래 오랜 기간이 경과한 매출채권잔액일수록 많은 금액을 대손추산액으로 설정하고, 최근에 발생한 채권일수록 작은 비율의 금액만큼 대손추산액으로 설정하는 방법이다.

(3) 대손의 인식방법

① 충당금설정법

ⓐ 기업회계기준에서는 대손 관련하여 충당금설정법을 사용할 것을 규정하고 있다. 이는 합리적으로 추정이 가능한 채권의 대손금액에 대해서 미리 충당금을 설정하고 이후에 관련 대손이 발생 시 충당금과 상계하는 방법이다.

ⓑ 기업은 결산 시 채권의 회수가능성을 검토하여 대손추정금액을 대손상각비로 인식하는 동시에 대손충당금을 설정한다. 이후에 대손이 발생하면 미리 설정한 대손충당금과 채권금액을 상계하는 방식으로 회계처리한다. 회계연도 중에는 이전에 설정한 대손충당금이 부족한 경우에 한하여 대손상각비가 발생한다.

② 회계처리 21, 16년 기출

대손충당금의 설정 **(회계연도 말)**	[대손추산액 > 설정 전 충당금잔액인 경우] (차) 대손상각비　　　　×××　　　(대) 대손충당금　　　××× [대손추산액 < 설정 전 충당금잔액인 경우] (차) 대손충당금　　　　×××　　　(대) 대손충당금환입　×××
대손의 확정	[대손확정액 ≤ 대손충당금잔액인 경우] (차) 대손충당금　　　　×××　　　(대) 매출채권　　　　××× [대손확정액 ≥ 대손충당금잔액인 경우] (차) 대손충당금　　　　×××　　　(대) 매출채권　　　　××× 　　　대손상각비
대손처리한 **채권의 회수**	(차) 매출채권　　　　　×××　　　(대) 대손충당금　　　××× (차) 현　금　　　　　　×××　　　(대) 매출채권　　　　×××

▷ 당기 대손상각비의 계산

> 기말 충당금잔액 – 기초 충당금잔액 + 당기대손액 – 추심액(대손처리하였으나 회수된 금액)

알아두기

대손충당금의 회계처리 시 유의사항
• 회수가 불확실한 채권은 합리적이고 객관적인 기준에 따라 산출한 대손추산액을 대손충당금으로 설정한다.
• 대손추산액은 대손상각비계정으로 처리하되 일반적 상거래에서 발생한 매출채권에 대한 대손상각비는 대손상각비로 하며, 기타의 채권에서 발생한 대손상각비는 기타의 대손상각비로 기타비용으로 처리한다.
• 대손이 발생한 경우에는 당기발생 채권인지의 여부에 관계없이 대손충당금과 먼저 상계하여야 하며, 대손충당금이 부족한 경우에는 대손상각비로 처리한다.
• 전기 이전에 대손이 확정되어 대손처리했던 채권을 당기에 다시 회수한 경우에는 대손충당금을 증가시키면 된다.

제2절　금융자산

1. 금융자산의 의의

(1) 금융상품의 의의 22년 기출

거래당사자들 사이에 한 쪽은 금융자산이 발생하고 한 쪽에 금융부채나 지분상품을 발생하게 하는 모든 계약을 말한다. 금융부채 관련 내용은 뒤의 '금융부채와 사채'에서 다룬다.

(2) 금융자산의 의의 22, 21, 20년 기출

금융자산은 다음의 자산을 말한다.

> ① 현 금
> ② 다른 기업의 지분상품
> ③ 거래상대방에게서 현금 등 금융자산을 수취할 계약상의 권리
> ④ 잠재적으로 유리한 조건으로 거래상대방과 금융자산이나 금융부채를 교환하기로 한 계약상의 권리
> ⑤ 기업 자신의 지분상품(자기지분상품)으로 결제되거나 결제될 수 있는 일정 계약

보충	지분상품과 채무상품

• 지분상품 : 기업의 자산에서 모든 부채를 차감한 후의 잔여지분을 나타내는 모든 계약
• 채무상품 : 발행자에 대하여 금전을 청구할 수 있는 권리를 표시한 금융상품

2. 금융자산의 분류

금융자산은 금융자산의 관리를 위한 사업모형, 계약상 현금흐름 특성 모두에 근거하여 후속적으로 상각후원가, 기타포괄손익–공정가치, 당기손익–공정가치로 측정되도록 분류한다.

(1) 상각후원가측정금융자산 22년 기출

다음 두 가지 조건을 모두 충족한다면 금융자산을 상각후원가로 측정한다.

> ① 계약상 현금흐름을 수취하기 위해 보유하는 것이 목적인 사업모형 하에서 금융자산을 보유한다.
> ② 금융자산의 계약 조건에 따라 특정일에 원금과 원금잔액에 대한 이자 지급만으로 구성되어 있는 현금흐름이 발생한다.

(2) 기타포괄손익–공정가치측정금융자산 23, 21년 기출

다음 두 가지 조건을 모두 충족한다면 금융자산을 기타포괄손익–공정가치로 측정한다.

> ① 계약상 현금흐름의 수취와 금융자산의 매도 둘 다를 통해 목적을 이루는 사업모형 하에서 금융자산을 보유한다.
> ② 금융자산의 계약조건에 따라 특정일에 원리금 지급만으로 구성되어 있는 현금흐름이 발생한다.

(3) 당기손익–공정가치측정금융자산 23년 기출

금융자산은 상각후원가로 측정하거나 기타포괄손익–공정가치로 측정하는 경우가 아니라면, 당기손익–공정가치로 측정한다. 그러나 당기손익–공정가치로 측정되는 '지분상품에 대한 특정 투자'에 대하여는 후속적인 공정가치 변동을 기타포괄손익으로 표시하도록 최초 인식시점에 선택할 수도 있다. 다만, 한번 선택하면 이를 취소할 수 없다.

3. 금융자산의 회계처리

(1) 금융자산의 측정 22, 17, 16, 11, 10년 기출

① 금융자산의 인식

㉠ 최초 인식시점에 금융자산이나 금융부채를 공정가치로 측정한다. 당기손익-공정가치측정금융자산 또는 당기손익-공정가치측정금융부채가 아닌 경우에 해당 금융자산의 취득이나 해당 금융부채의 발행과 직접 관련되는 거래원가는 공정가치에 가감한다.

㉡ 유의적인 금융요소를 포함하지 않은 매출채권은 수익기준서에 따른 거래가격으로 측정한다.

② 최초 인식 시 측정

㉠ 금융자산은 최초 인식 시 공정가치로 측정한다. 다만, 당기손익인식금융자산이 아닌 경우 당해 금융자산의 취득과 직접 관련되는 거래원가는 최초 인식하는 공정가치에 가산하여 측정한다.

㉡ 당기손익인식금융자산의 경우 취득과 직접 관련되는 거래원가는 당기비용으로 인식한다.

알아두기

공정가치의 측정 24, 12년 기출

• 공정가치의 의의 : 자산이나 부채의 공정가치는 공정가치를 측정일에 시장참여자 사이의 정상거래에서 자산을 매도하면서 수취하거나 부채를 이전하면서 지급하게 될 가격을 말한다.

• 목 적
  − 공정가치는 시장에 근거한 측정치이며 기업 특유의 측정치가 아니다.
  − 동일한 자산이나 부채의 가격이 관측가능하지 않을 경우 관련된 관측가능한 투입변수의 사용을 최대화하고 관측가능하지 않은 투입변수의 사용을 최소화하는 다른 가치평가기법을 이용하여 공정가치를 측정한다.

• 가치평가기법에의 투입변수
  − 일반원칙 : 공정가치를 측정하기 위해 사용되는 가치평가기법은 관련된 관측가능한 투입변수의 사용을 최대화하고 관측가능하지 않은 투입변수의 사용을 최소화한다.
  − 공정가치 서열체계
    * 수준 1의 투입변수는 측정일에 동일한 자산이나 부채에 대한 접근 가능한 활성시장의 (조정되지 않은) 공시가격이다.
    * 수준 2의 투입변수는 수준 1의 공시가격 이외에 자산이나 부채에 대해 직접적으로 또는 간접적으로 관측가능한 투입변수이다.
    * 수준 3의 투입변수는 자산이나 부채에 대한 관측가능하지 않은 투입변수이다.

• 주된 시장 : 자산이나 부채의 공정가치를 측정하기 위하여 사용되는 주된 시장의 가격에서 거래원가를 조정하지는 않는다.

---

③ 금융자산의 재분류 20년 기출

㉠ 금융자산을 관리하는 사업모형을 변경하는 경우에만 영향받는 모든 금융자산을 재분류한다. 다음은 재분류에 해당하지 않는다.

> ⓐ 현금흐름위험회피 또는 순투자의 위험회피에서 위험회피수단으로 지정되고 위험회피에 효과적이었던 항목이 더는 위험회피회계의 적용조건을 충족하지 않는 경우
> ⓑ 특정 항목이 현금흐름위험회피 또는 순투자의 위험회피에서 위험회피수단으로 지정되고 위험회피에 효과적이 되는 경우
> ⓒ 신용 익스포저를 당기손익-공정가치측정 항목으로 지정함에 따른 측정의 변화

ⓛ 재분류방법

　ⓐ 금융자산을 재분류하는 경우에 그 재분류를 재분류일로부터 전진적으로 적용한다. 재분류 전에
　　인식한 손익[손상차손(환입) 포함]이나 이자는 다시 작성하지 않는다.

　ⓑ 금융자산을 상각후원가 측정 범주에서 당기손익-공정가치 측정 범주로 재분류하는 경우에 재분
　　류일의 공정가치로 측정한다. 금융자산의 재분류 전 상각후원가와 공정가치의 차이에 따른 손익
　　은 당기손익으로 인식한다.

　ⓒ 금융자산을 당기손익-공정가치 측정 범주에서 상각후원가 측정 범주로 재분류하는 경우에 재분
　　류일의 공정가치가 새로운 총 장부금액이 된다.

　ⓓ 금융자산을 상각후원가 측정 범주에서 기타포괄손익-공정가치 측정 범주로 재분류하는 경우에
　　재분류일의 공정가치로 측정하고 금융자산의 재분류 전 상각후원가와 공정가치의 차이에 따른 손
　　익은 기타포괄손익으로 인식한다.

　ⓔ 금융자산을 기타포괄손익-공정가치 측정 범주에서 상각후원가 측정 범주로 재분류하는 경우에
　　재분류일의 공정가치로 측정한다. 그러나 재분류 전에 인식한 기타포괄손익누계액은 자본에서 제
　　거하고 재분류일의 금융자산의 공정가치에서 조정한다.

　ⓕ 금융자산을 당기손익-공정가치 측정 범주에서 기타포괄손익-공정가치 측정 범주로 재분류하는
　　경우에 계속 공정가치로 측정한다.

　ⓖ 금융자산을 기타포괄손익-공정가치 측정 범주에서 당기손익-공정가치 측정 범주로 재분류하는
　　경우에 계속 공정가치로 측정한다. 재분류 전에 인식한 기타포괄손익누계액은 재분류일에 재분류
　　조정으로 자본에서 당기손익으로 재분류한다.

(2) 금융자산의 평가방법 21, 17, 16, 15, 13, 12, 11년 기출

① 원가법

공정가치의 변동을 반영하지 않고 금융자산을 취득원가 또는 상각후원가로 평가하는 방법이다.

　⊙ 금융자산이나 금융부채의 상각후원가 : 최초 인식시점에 측정한 자산이나 부채에서 상환된 금액을
　　차감하고, 최초 인식금액과 만기금액의 차액에 유효이자율법을 적용하여 계산한 상각누계액을 가감
　　한 금액을 말한다.

　ⓛ 유효이자율 : 금융자산이나 금융부채의 기대존속기간에 추정 미래현금지급액이나 수취액의 현재가치
　　를 금융자산의 총 장부금액이나 금융부채의 상각후원가와 정확히 일치시키는 이자율을 말한다.

　ⓒ 유효이자율법 : 금융자산이나 금융부채의 상각후원가를 계산하고 관련 기간에 이자수익이나 이자비
　　용을 당기손익으로 인식하고 배분하는 방법을 말한다.

② 공정가치법

금융자산을 보고기간 말의 공정가치로 보고하는 방법으로 매 기간 말에 평가손익을 인식한다.

③ 금융자산의 분류별 평가 22, 21, 19년 기출

　⊙ 당기손익-공정가치측정금융자산 : 공정가치로 측정하고, 공정가치 변동을 당기손익으로 인식한다.

　ⓛ 기타포괄손익-공정가치측정금융자산 : 공정가치로 측정하고, 공정가치변동을 기타포괄손익으로 인
　　식한다.

　ⓒ 상각후원가측정금융자산 : 상각후원가로 측정한다.

(3) 금융자산의 손상 16, 14년 기출

① 손상모형

　　㉠ 금융상품의 손상모형은 향후 발생할 것으로 예상되는 신용손실을 손상으로 인식하는 기대신용손실 모형이다.

　　㉡ 신용손실이란 계약에 따라 받기로 한 현금흐름과 받을 것으로 예상하는 현금흐름의 차이를 최초 유효이자율로 할인한 금액이다. 유효이자율을 계산할 때 기대존속기간에 걸친 모든 계약조건(예 중도상환옵션, 연장옵션, 콜옵션 등)을 고려해야 한다.

　　㉢ 기대신용손실이란 개별 채무불이행 발생 위험으로 가중평균한 신용손실이다.

② 손상대상 자산

　　㉠ 손상대상 자산은 상각후원가측정금융자산, 기타포괄손익-공정가치측정금융자산(채무상품만)이다.

　　㉡ 지분상품은 공정가치로 측정하기 때문에 손상규정이 적용되지 않는다.

③ 손상평가

　　㉠ 금융자산 최초 인식 후에 금융상품의 신용위험이 유의적으로 증가했는지를 보고기간 말마다 평가한다.

　　㉡ 미래 전망 정보를 포함하는 합리적이고 뒷받침될 수 있는 모든 정보를 고려하여 기대신용손실을 인식한다.

　　㉢ 신용손상정도에 따라 기대손실 측정대상 기간을 다음과 같이 차별화한다.

> ⓐ 신용위험이 유의적으로 증가하지 않은 경우(Stage1) : 12개월 기대신용손실
> ⓑ 신용위험이 유의적으로 증가하였으나 손상되지 않은 경우(Stage2) : 전체기간(Lifetime) 기대신용손실
> ⓒ 신용위험이 유의적으로 증가하였고, 신용이 손상된 경우(Stage3) : 전체기간(Lifetime) 기대신용손실

④ 손상사건

금융자산의 추정미래현금흐름에 악영향을 미치는 하나 이상의 사건이 생긴 경우에 해당 금융자산의 신용이 손상된 것이다. 신용손상을 일으킨 단일 사건을 특정하여 식별하는 것이 불가능할 수 있으며, 오히려 여러 사건의 결합된 효과가 신용손상을 초래할 수도 있다. 손상 징후의 예시는 다음과 같다.

> ㉠ 발행자나 차입자의 유의적인 재무적 어려움
> ㉡ 채무불이행이나 연체 같은 계약 위반
> ㉢ 차입자의 재무적 어려움에 관련된 경제적이나 계약상 이유로 당초 차입조건의 불가피한 완화
> ㉣ 차입자의 파산 가능성이 높아지거나 그 밖의 재무구조조정 가능성이 높아짐
> ㉤ 재무적 어려움으로 해당 금융자산에 대한 활성시장의 소멸
> ㉥ 이미 발생한 신용손실을 반영하여 크게 할인한 가격으로 금융자산을 매입하거나 창출하는 경우

⑤ 집합평가여부

㉠ 개별 금융자산의 최초 인식 후에 신용위험의 유의적 증가여부를 원칙적으로 개별평가한다.

㉡ 다만, 다음과 같은 경우 집합기준으로도 신용위험의 유의적 증가를 판단하는 것이 가능하다.

> ⓐ 개별 수준에서는 신용위험의 유의적 증가에 대한 증거가 없더라도 집합적으로 신용위험의 유의적 증가를 판단할 필요가 있는 경우
> ⓑ 개별평가를 수행하기 위해 과도한 원가나 노력이 필요한 경우
> ⓒ 공통의 신용위험 특성으로 묶어서 판단할 필요가 있는 경우

(4) 금융자산의 처분 21, 19, 17, 16, 15, 13, 12, 11년 기출

① 금융자산의 정형화된 매입 또는 매도는 매매일이나 결제일에 인식하거나 제거한다.

② 금융자산 전체를 제거하는 경우에는 장부금액(제거일에 측정)과 수취한 대가(새로 획득한 모든 자산에서 새로 부담하게 된 모든 부채를 차감한 금액 포함)의 차액을 당기손익으로 인식한다.

③ 금융자산 전체나 일부의 회수를 합리적으로 예상할 수 없는 경우에는 그 자산의 장부금액을 직접 제각하며(줄이며), 제각은 금융자산을 제거하는 사건으로 본다.

④ 양도자가 양도자산의 소유에 따른 위험과 보상의 대부분을 보유하지도 이전하지도 않고, 양도자가 양도자산을 통제하고 있다면, 그 양도자산에 지속적으로 관여하는 정도까지 그 양도자산을 계속 인식한다.

⑤ 양도자산을 계속 인식하는 경우에 그 양도자산과 관련 부채는 상계하지 아니한다. 이와 마찬가지로 양도자산에서 생기는 모든 수익은 관련 부채에서 생기는 어떤 비용과도 상계하지 아니한다.

⑥ 기타포괄손익-공정가치측정금융자산에 해당하는 지분상품의 평가손익은 처분하더라도 당기손익으로 분류하지 않는다. 그 외 금융자산은 처분 시 당기손익으로 처리한다.

⑦ 기타포괄손익-공정가치측정금융자산에 해당하는 지분상품의 평가손익누계액은 자본항목으로 표시하며 후속적으로 당기손익으로 이전하지 않는다. 다만, 자본 내에서 이익잉여금으로 대체할 수 있다. 즉, 처분할 때 평가손익누계액이 계속해서 재무제표에 표시될 수도 있고 이익잉여금으로 대체될 수도 있다. 이익잉여금으로 대체할 때는 다음과 같이 회계처리한다.

> ㉠ (차변) 평가이익 ×××　　(대변) 미처분이익잉여금 ×××
>
> 　　　　　　　　　　　　또는
>
> ㉡ (차변) 미처분이익잉여금 ×××　(대변) 평가손실 ×××

⑧ 기타포괄손익-공정가치측정금융자산에 해당하는 지분상품을 처분할 때는 공정가치(처분금액)로 먼저 평가한 후에(동 평가손익을 기타포괄손익으로 처리) 처분관련 회계처리를 한다. 즉, 선평가 후처분의 과정을 따른다. 따라서 기타포괄손익-공정가치측정금융자산에 해당하는 지분상품을 처분할 때는 처분손익을 인식하지 않는다. 다만, 처분 시에 거래원가가 있다면 처분손익이 발생할 수 있다.

(5) 금융상품 구분에 따른 회계처리

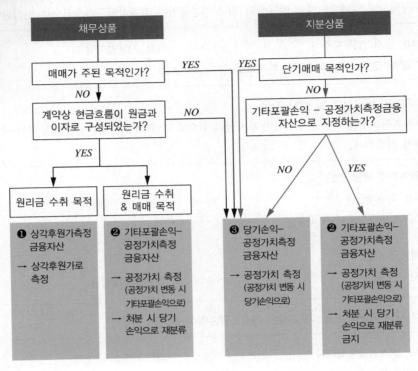

4. 지분법적용 투자주식

(1) 관계기업

관계기업이란 투자자가 당해 기업에 대하여 유의적인 영향력이 있는 기업을 말한다. 일반적으로 기업이 직접 또는 간접(예 종속기업을 통하여)으로 피투자자에 대한 의결권의 20% 이상을 소유하고 있다면 유의적인 영향력을 보유하는 것으로 본다. 그러나 유의적인 영향력은 지분율뿐만 아니라 전반적인 조건들을 검토하여 행사할 수 있어야 한다. 종속기업이나 조인트벤처 투자지분은 관계기업이 될 수 없다.

> **보충** 유의적인 영향력에 해당하는 예시
>
> - 피투자자의 이사회나 이에 준하는 의사결정기구에 참여
> - 배당이나 다른 분배에 관한 의사결정에 참여하는 것을 포함하여 정책결정과정에 참여
> - 투자자와 피투자자 사이의 중요한 거래
> - 경영진의 상호 교류
> - 필수적 기술정보의 제공

(2) 지분법회계처리 23, 22, 16, 14, 12년 기출

지분법회계처리는 투자자산을 최초에 원가로 인식하고, 취득시점 이후에 발생한 피투자자의 순자산 변동액 중 투자자의 몫을 해당 투자자산에 가감하여 보고하는 회계처리방법이다. 투자자의 당기순손익에는 피투자자의 당기순손익 중 투자자의 지분율에 해당하는 금액을 포함하고, 투자자의 기타포괄손익에는 피투자자의 기타포괄손익 중 투자자의 지분율에 해당하는 금액을 포함한다.

① 피투자자의 순이익 보고

피투자회사의 당기순이익이 발생하면 해당 지분율만큼 관계기업투자주식으로 인식한다.

> (차) 관계기업투자주식   ×××   (대) 지분법이익   ×××
>
> * 관계기업(피투자자) 순이익 × 지분율

② 피투자자의 배당선언 및 배당 지급

피투자회사로부터 배당을 수령하면 투자금의 회수로 보아 해당 지분율만큼 배당선언 시 관계기업투자주식에서 차감한다.

> [관계기업 배당선언]
>
> (차) 미수배당금   ×××   (대) 관계기업투자주식   ×××
>
> * 관계기업(피투자자) 배당금 × 지분율
>
> [배당금 수령]
>
> (차) 현 금   ×××   (대) 미수배당금   ×××

③ 피투자자의 자본잉여금, 기타자본, 기타포괄손익이 증가한 경우

> (차) 관계기업투자주식   ×××   (대) 지분법자본변동   ×××
>
> * 관계기업(피투자자) 자본증가분 × 지분율

④ 평가차액과 투자차액

관계기업 취득일 이후에는 이하의 공식이 성립해야 한다. 투자자가 관계기업주식을 취득할 때 지불한 금액이 관계기업의 순자산장부금액의 지분율에 해당하는 금액과 차이가 발생한다면, 이러한 차이의 원인에 따라 적절하게 재무제표에 인식한다.

> 관계기업주식의 장부금액 = 관계기업의 순자산공정가치 × 투자자 지분율

㉠ 평가차액 : 투자주식의 취득시점에 관계기업 순장부금액과 식별가능한 자산·부채를 공정가치로 평가한 관계기업의 순공정가치 금액이 차이나는 경우 그 차이금액을 평가차액이라고 한다.

ⓐ 재고자산의 평가차액 : 관계기업의 재고자산의 공정가치가 장부가액과 차이가 나는 경우 그 재고자산이 매출되는 시점에 차액이 실현되며, 이하의 금액만큼 실현된 때에 반영한다.

> 지분법이익(손실) = (매출된 재고자산의 장부가액 − 매출된 재고자산의 공정가치) × 지분율

ⓑ 유형자산 등 상각자산의 평가차액 : 상각자산의 경우 매년 말 자산이 상각됨에 따라 공정가치와 장부가액의 차이가 실현되며, 이하의 금액만큼 실현된 때에 반영한다.

> 지분법이익(손실) = (상각자산의 장부가액 − 상각자산의 공정가치) / 잔존내용연수 × 지분율

ⓒ **투자차액** : 관계기업 순자산공정가치의 지분율 해당액과 취득가액의 차액을 말한다. 투자주식의 취득가액이 순자산공정가치의 지분율 해당액을 초과할 경우 영업권을 인식하고, 미달할 경우에는 염가매수차액을 인식한다.

> 영업권(염가매수차익) = 관계기업의 순자산공정가치 × 지분율 − 관계기업투자주식 취득가액

⑤ 지분법이익과 관계기업투자주식의 장부금액

> ㉠ 지분법이익 = 관계기업 당기순이익 × 지분율 ± 순자산 과소(과대)평가 조정액
> ㉡ 관계기업투자주식 장부금액
> 　 = 취득원가 + 관계기업 순자산 증가 × 지분율 ± 순자산 과소(과대)평가 조정액

제3절 재고자산

1. 재고자산의 의의와 종류

(1) 재고자산의 의의 20년 기출

① 기업의 정상적인 영업활동과정에서 판매를 목적으로 보유하고 있는 자산(상품, 제품)이나 판매를 위해 현재 생산 중에 있는 자산(재공품, 반제품) 또는 판매할 자산을 생산하는 데 사용되거나 소모될 자산(원재료, 저장품)을 말한다.

② 용역제공기업의 재고자산에는 관련된 수익이 아직 인식되지 않은 용역원가가 포함된다.

③ 재고자산은 이를 판매하여 수익을 인식한 기간에 매출원가로 인식한다.

> 매출원가 = 기초재고 + 당기순매입액 − 기말재고

▷ 당기순매입액은 총매입액에서 매입에누리와 환출 및 매입할인을 차감하고, 매입운임 등의 부대비용을 포함시켜야 한다.

(2) 재고자산의 종류

상 품	기업이 정상적인 영업활동과정에서 판매를 목적으로 구입한 상품(부동산매매업에서 판매를 목적으로 소유하는 토지·건물, 기타 이와 유사한 부동산은 이를 상품으로 포함)
제 품	제조업을 영위하는 기업에서 판매를 목적으로 제조한 생산품
반제품	자가 제조한 중간제품과 부분품 등
재공품	제품 또는 반제품의 제조를 위하여 제공과정에 있는 제품
원재료	완제품을 제조가공할 목적으로 구입한 원료, 재료 등
저장품	소모품, 수선용 부분품 및 기타 저장품
기타 재고자산	위에 속하지 아니한 재고자산

2. 재고자산의 취득

(1) 재고자산의 취득원가 24, 21, 19, 17, 12년 기출

재고자산의 취득원가는 매입원가, 전환원가 및 재고자산을 현재의 장소에 현재의 상태로 이르게 하는 데 발생한 기타원가 모두를 포함한다.

> 취득원가 = 취득가액 + 부대비용 = 매입원가 + 전환원가 + 기타원가

① 매입원가

ㄱ 재고자산의 매입원가는 매입가격에 수입관세와 제세금(과세당국으로부터 추후 환급받을 수 있는 금액은 제외), 매입운임, 하역료 그리고 완제품, 원재료 및 용역의 취득과정에 직접 관련된 원가를 가산한 금액이다.

ㄴ 매입할인, 리베이트 및 기타 유사한 항목은 매입원가를 결정할 때 차감한다.

② 전환원가

ㄱ 재고자산의 전환원가는 직접노무원가 등 생산량과 직접 관련된 원가를 포함한다. 또한 원재료를 완제품으로 전환하는 데 발생하는 고정 및 변동 제조간접원가의 체계적인 배부액을 포함한다.

 ⓐ 고정제조간접원가 : 공장 건물이나 기계장치의 감가상각비와 수선유지비 및 공장 관리비처럼 생산량과는 상관없이 비교적 일정한 수준을 유지하는 간접 제조원가를 말한다.

 ⓑ 변동제조간접원가 : 간접재료원가나 간접노무원가처럼 생산량에 따라 직접적으로 또는 거의 직접적으로 변동하는 간접 제조원가를 말한다.

ㄴ 고정제조간접원가는 생산설비의 정상조업도에 기초하여 전환원가에 배부하는데, 실제조업도가 정상조업도와 유사한 경우에는 실제조업도를 사용할 수 있다.

 ⓐ 정상조업도는 정상적인 상황에서 상당한 기간 동안 평균적으로 달성할 수 있을 것으로 예상되는 생산량을 말하는데, 계획된 유지활동에 따른 조업도 손실을 고려한 것을 말한다.

 ⓑ 생산단위당 고정제조간접원가 배부액은 낮은 조업도나 유휴설비로 인해 증가되지 않으며, 배부되지 않은 고정제조간접원가는 발생한 기간의 비용으로 인식한다.

ㄷ 연산품이 생산되거나 주산물과 부산물이 생산되는 경우처럼 하나의 생산과정을 통하여 동시에 둘 이상의 제품이 생산될 수도 있다. 이 경우 제품별 전환원가를 분리하여 식별할 수 없다면, 전환원가를 합리적이고 일관성 있는 방법으로 각 제품에 배부한다.

③ **기타원가** 21, 19, 18, 17, 12년 기출

　㉠ 기타원가는 재고자산을 현재의 장소에 현재의 상태로 이르게 하는 데 발생한 범위 내에서만 취득원가에 포함된다. 예를 들어 특정한 고객을 위한 비제조 간접원가 또는 제품 디자인원가를 재고자산의 원가에 포함하는 것은 적절할 수도 있다.

　㉡ 재고자산의 취득원가에 포함할 수 없으며 발생기간의 비용으로 인식하여야 하는 원가의 예는 다음과 같다.

> ⓐ 재료원가, 노무원가 및 기타 제조원가 중 비정상적으로 낭비된 부분
> ⓑ 후속 생산단계에 투입하기 전에 보관이 필요한 경우 이외의 보관원가
> ⓒ 재고자산을 현재의 장소에 현재의 상태로 이르게 하는 데 기여하지 않은 관리간접원가
> ⓓ 판매원가

　㉢ 재고자산을 후불조건으로 취득할 수도 있다. 계약이 실질적으로 금융요소를 포함하고 있다면, 해당 금융요소(예 정상신용조건의 매입가격과 실제 지급액 간의 차이)는 금융이 이루어지는 기간 동안 이자비용으로 인식한다.

④ 용역제공기업의 재고자산 취득원가

　㉠ 용역제공기업이 재고자산을 가지고 있다면 이를 제조원가로 측정한다. 이러한 원가는 주로 감독자를 포함한 용역제공에 직접 관여된 인력에 대한 노무원가 및 기타원가와 관련된 간접원가로 구성된다.

　㉡ 판매와 일반관리 인력과 관련된 노무원가 및 기타원가는 재고자산의 취득원가에 포함하지 않고 발생한 기간의 비용으로 인식한다.

　㉢ 일반적으로 용역제공기업이 가격을 산정할 때 고려하는 이윤이나 용역과 직접 관련이 없는 간접원가는 재고자산의 취득원가에 포함하지 아니한다.

⑤ **생물자산에서 수확한 농림어업 수확물의 취득원가** 11, 10년 기출

　생물자산에서 수확한 농림어업 수확물로 구성된 재고자산은 순공정가치로 측정하여 수확시점에 취득원가를 최초로 인식한다.

(2) 기말재고자산에 대한 포함 여부

재고자산의 매출여부에 따라 기말재고에 포함, 불포함 여부가 구분된다. 일반적으로 재고자산의 매출시점은 재고자산을 구입자에게 인도한 시점이다. 그러나 일부 특수한 매출 형태의 경우 재고자산이 매출되어 장부에서 제거해야 되는지 기말재고자산에 포함해야 되는지 검토가 필요하다.

① **미착상품(운송 중인 상품, 미인도상품)** 22, 21, 18년 기출

미착상품은 판매자로부터 구매자에게 운송 중에 있는 상품을 말한다.

F.O.B. 선적지인도조건	이미 선적된 시점에서 매입된 것으로 계상하게 되므로 매입자의 기말재고자산으로 포함시켜야 하며, 판매회사의 재고자산에 포함시켜서는 안 된다.
F.O.B. 목적지인도조건	목적지에 도착된 시점에서 매입되는 것으로 계상하므로 아직은 판매자의 재고자산이다. 그러므로 매입회사의 재고자산에 포함시켜서는 안 된다.

② **적송품** 22, 18년 기출

적송품은 위탁자가 수탁자에게 재고자산을 적송하여 판매를 의뢰하는 상품으로, 위탁자판매조건으로 위탁자가 수탁자에게 적송한 적송품은 수탁자가 위탁품을 판매하기 전까지는 원가에 적송운임을 더한 금액을 위탁자의 재고자산에 포함시켜야 한다.

③ 시송품(시용품) 22년 기출

시송품은 매입자에게 일정기간 동안 사용한 후에 매입여부를 결정하라는 조건으로 판매한 상품으로, 매입의사가 표시된 시점에 판매된다. 따라서 기말 현재 매입의사가 미표시된 시송품의 원가를 기말재고에 포함하여야 한다.

④ 반품가능판매상품

판매한 상품 중에서 수익인식요건을 충족하지 못한 경우 판매된 것이 아니므로 기말재고에 포함해야 한다.

⑤ 할부판매상품

할부판매는 재고자산을 판매하고 대금을 여러 차례에 걸쳐서 분할하여 회수하는 조건으로 판매하는 방법으로, 할부판매의 수익인식은 인도기준에 따른다. 할부판매대금이 미회수되었다고 할지라도 할부판매상품은 이미 판매된 상품으로 기말재고가 아니라 매출원가이다.

⑥ 미인도청구판매상품("Bill and hold" sales) 18, 11년 기출

미인도청구판매는 재화의 인도가 구매자의 요청에 따라 지연되고 있으나, 구매자가 소유권을 가지며 대금청구를 수락하는 판매이다. 해당 재고자산이 수익인식 기준을 충족하면 매출원가로, 그렇지 않은 경우 재고자산으로 인식한다.

3. 재고자산의 측정

(1) 재고자산의 수량결정방법

① 계속기록법(장부재고조사법) 21, 20년 기출

회계기간 중에 재고자산이 매출될 때 재고자산의 출고를 매출원가로 계속 기록하는 방법으로 장부상 기말재고가 자동적으로 표시된다.

> 기말재고수량 = (기초재고수량 + 당기매입수량) − 당기매출수량

매입 시	(차) 상 품	×××	(대) 현 금	×××
매출 시	(차) 현 금	×××	(대) 매 출	×××
	(차) 매출원가	×××	(대) 상 품	×××
기말수정분개	분개없음			

② 실지재고조사법(실사법)

매출 시에는 매출에 대한 회계처리만 하고, 매출원가에 대하여는 회계처리를 하지 않기 때문에 회계기말에 실지재고조사를 하여 기말재고액을 확정한 뒤 그 회계기간의 매출원가를 역산한다.

> 당기매출수량 = (기초재고수량 + 당기매입수량) − 기말재고수량

매입 시	(차) 매 입	×××	(대) 현 금	×××
매출 시	(차) 현 금	×××	(대) 매 출	×××
기말수정분개	(차) 매출원가	×××	(대) 상품(기초)	×××
	(차) 매출원가	×××	(대) 매 입	×××
	(차) 상품(기말)	×××	(대) 매출원가	×××

(2) 재고자산의 단가산정방법(단위원가 결정)

동일한 거래에 대한 어떤 평가방법을 사용하느냐에 따라 매출원가의 기말재고가 다르게 산출된다. 통상적으로 상호 교환될 수 없는 재고자산항목의 원가와 특정 프로젝트별로 생산되고 분리되는 재화 또는 용역의 원가는 개별법을 사용하여 결정한다. 개별법이 적용되지 않는 재고자산의 단위원가는 선입선출법이나 가중평균법을 사용하여 결정한다. 성격과 용도 면에서 유사한 재고자산에는 동일한 단위원가 결정방법을 적용하여야 하며, 성격이나 용도 면에서 차이가 있는 재고자산에는 서로 다른 단위원가 결정방법을 적용할 수 있다. 재고자산의 지역별 위치 차이로 인해 동일한 재고자산에 다른 단위원가 결정방법을 적용하는 것이 정당화될 수는 없다.

① 개별법 18년 기출
　㉠ 개별법은 각각의 식별되는 재고자산별로 특정한 원가를 부과하는 방법이다. 이 방법은 외부 매입이나 자가제조를 불문하고, 특정 프로젝트를 위해 분리된 항목에 적절한 방법이다. 그러나 통상적으로 상호교환 가능한 대량의 재고자산 항목에 개별법을 적용하는 것은 적절하지 않다.
　㉡ 골동품·미술작품 또는 귀금속 등과 같은 고가품에 대하여는 단위당 가격이 높고 거래가 빈번하지 않은 점을 고려하여 개별법의 적용 시 실질적인 물량흐름과 원가흐름이 일치하므로 보다 적절하다.

② 선입선출법(FIFO) 24, 17, 12, 11년 기출
　㉠ 선입선출법은 먼저 매입 또는 생산된 재고자산이 먼저 판매된다고 가정하는 방법이다. 따라서 재고품은 비교적 최근에 입고된 물품의 원가로 구성되며, 출고품의 가격은 일찍 입고된 물품의 원가에 의해 결정·표시된다.
　㉡ 선입선출법은 물가가 상승할 때 상품의 재고가액은 시가에 가까운 가액으로 계산되고 매출원가는 먼저 매입한 낮은 단가로 계산되기 때문에, 매입 시와 판매 시를 비교하여 화폐가치의 하락이 있는 경우(인플레이션)에는 기말재고자산이 커진다.
　㉢ 선입선출법에서는 실지재고조사법과 계속기록법 어느 것으로 계산하여도 매출원가 금액은 동일하다.

동일한 규격의 상품을 판매하는 (주)관세의 1월 중 재고자산에 대한 거래내역은 다음과 같다. 선입선출법에 의한 (주)관세의 1월 매출총이익은? (단, 재고자산감 모손실과 평가손실은 없다) 24년 기출

일 자	내 역	수 량	매입단가	단위당 판매가격
1일	재 고	150개	₩300	
3일	매 입	200개	₩350	
8일	매 출	180개		₩600
15일	매 입	350개	₩400	
26일	매 출	250개		₩600

① ₩94,000

② ₩110,000

③ ₩129,000

④ ₩155,643

⑤ ₩165,000

해설

(1) 1월 8일자 매출원가 = (150개 × ₩300) + (30개 × ₩350) = ₩55,500

(2) 1월 8일자 매출총이익 = (180개 × ₩600) − ₩55,500 = ₩52,500

(3) 1월 26일자 매출원가 = (170개 × ₩350) + (80개 × ₩400) = ₩91,500

(4) 1월 26일자 매출총이익 = (250개 × ₩600) − ₩91,500 = ₩58,500

(5) 1월 매출총이익 = ₩52,500 + ₩58,500 = ₩111,000

※ 출제 오류로 인하여 선지에 정답이 없어 전항 정답 처리된 문제입니다. 답은 ₩111,000입니다.

정답 해설 참조

③ 후입선출법(LIFO)

　㉠ 재고자산의 단가를 산정하는 방법으로서 실제물량의 흐름과는 관계없이 가장 최근에 매입한 상품이 먼저 판매된 것으로 가정하여 매출원가 기말재고로 구분하는 방법이다.

　㉡ 후입선출법을 적용하면 재무상태표의 재고자산은 과거의 취득원가로 계상된다. 이러한 재고자산 금액은 최근 단가와 차이가 발생하여 재고자산 단가를 제대로 반영하지 못하며 기업이 의도하면 이익의 조정 또한 가능하다. 이러한 단점으로 인하여 한국채택국제회계기준에서는 후입선출법을 인정하지 않고 있다.

④ 가중평균법 22, 21, 20, 17년 기출

　가중평균법은 기초 재고자산과 회계기간 중에 매입 또는 생산된 재고자산의 원가를 가중평균하여 재고항목의 단위원가를 결정하는 방법으로, 이 경우 평균은 기업의 상황에 따라 주기적으로 계산하거나 매입 또는 생산할 때마다 계산할 수 있다. 가중평균법에는 총평균법과 이동평균법이 있다.

　㉠ 총평균법 : 1년 동안의 재고자산 구입원가를 가중평균하여 단가를 결정하는 방법이다.

$$총평균단가 = \frac{판매가능액}{판매가능수량}$$

ⓐ 실지재고조사법에서 사용된다.

ⓑ 일정 기간에 있어서 기초재고자산 및 기중에 취득한 재고자산의 합계금액을 합계수량으로 나누어서 평균원가를 구한다. 총평균법은 계산이 간단하지만 월말 또는 기말에 계산이 일괄적으로 수행되기 때문에 출고될 때마다 개별원가를 확인할 필요가 있는 경우에는 적절하지 않다.

ⓛ 이동평균법 : 재고자산을 매입할 때마다 판매가능액을 판매가능수량으로 나누어 평균단가를 구입하는 방법이다.

ⓐ 계속기록법에서만 사용될 수 있다.

ⓑ 매입 시마다 그 구입수량과 금액을 앞의 잔액에 가산하여 새로운 평균단가를 산정하고, 이것에 의해서 출고단가를 계산하여 기장하는 방법이다. 이 방법에 의하면 재고자산가액이 평균화되기 때문에, 매출원가 매입가액이 달라짐에 따라 받는 영향이 적으나, 많은 경우 평균단가를 산출함에 있어서 단수가 생기며 그 처리가 번잡하다는 불편이 있다.

⑤ 단가산정방법의 비교 13년 기출

물가가 지속적으로 상승하고, 기말수량이 기초수량보다 많은 경우 재고자산의 단가산정방법별로 다음과 같은 결과가 나타난다.

> ⓐ 기말재고자산 : 선입선출법 > 이동평균법 > 총평균법 > 후입선출법
> ⓛ 매출원가 : 선입선출법 < 이동평균법 < 총평균법 < 후입선출법
> ⓒ 당기순이익 : 선입선출법 > 이동평균법 > 총평균법 > 후입선출법
> ⓔ 법인세 : 선입선출법 > 이동평균법 > 총평균법 > 후입선출법
> ⓜ 현금흐름 : 선입선출법 < 이동평균법 < 총평균법 < 후입선출법

(3) 재고자산의 원가측정방법

① 소매재고법 23, 22, 20, 16, 12, 11, 10년 기출

ⓐ 소매재고법에서 재고자산의 원가는 재고자산의 판매가격을 적절한 총이익률을 반영하여 환원하는 방법으로 결정한다.

ⓛ 매가재고조사법 또는 매출가격환원법이라고도 하며, 이는 취급상품이 매우 많은 백화점이나 연쇄점 혹은 상품소매업과 같이 기말재고품의 원가를 항상 명백히 해두기가 곤란한 업종의 기업에서 채용되는 것이다. 이 방법은 기말재고상품을 몇 개의 종류별로 구분하여 매가재고조사액을 파악하고 이를 기초로 하여 원가재고조사액을 계산한다.

평균원가 소매재고법	• 기말재고는 기초재고와 당기매입액으로 구성되어 있다고 가정 • 평균원가율 = [기초재고(원가) + 당기순매입액(원가)] / [기초재고(매가) + 당기순매입액(매가) + 순인상액 − 순인하액]
선입선출 소매재고법	당기원가율 = 당기순매입액(원가) / [당기순매입액(매가) + 순인상액 − 순인하액]
저가기준 소매재고법	• 평균원가율(저가기준) = [기초재고(원가) + 당기순매입액(원가)] / [기초재고(매가) + 당기순매입액(매가) + 순인상액] • 당기원가율(저가기준) = 당기순매입액(원가) / [당기순매입액(매가) + 순인상액]

② 표준원가법 21, 19, 11, 10년 기출

ⓐ 표준원가법이나 소매재고법 등의 원가측정방법은 그러한 방법으로 평가한 결과가 실제 원가와 유사한 경우에 편의상 사용할 수 있다.

ⓛ 표준원가는 정상적인 재료원가, 소모품원가, 노무원가 및 효율성과 생산능력 활용도를 반영한다. 표준원가는 정기적으로 검토하여야 하며 필요한 경우 현재 상황에 맞게 조정하여야 한다.

③ **매출총이익률법** 19, 14년 기출

천재지변, 화재나 도난 등이 발생한 경우 재고자산의 가액을 추정하는 방법으로 기업회계에서 인정되는 방법이 아니므로 외부보고 목적으로 사용할 수 없다.

> ㉠ 매출총이익률 = 매출총이익 / 매출액
> ㉡ 당기의 매출원가 = 매출액 × 매출원가율 = 매출액 × (1 − 매출총이익률)
> ㉢ 기말재고액 = 판매가능액 − 매출원가 = (기초재고액 + 당기매입액) − 매출원가

(4) 재고자산 관련 비용의 인식 11년 기출

① 재고자산의 판매 시, 관련된 수익을 인식하는 기간에 재고자산의 장부금액을 비용으로 인식한다. 재고자산을 순실현가능가치로 감액한 평가손실과 모든 감모손실은 감액이나 감모가 발생한 기간에 비용으로 인식한다. 순실현가능가치의 상승으로 인한 재고자산 평가손실의 환입은 환입이 발생한 기간의 비용으로 인식된 재고자산 금액의 차감액으로 인식한다.

② 자가건설한 유형자산의 구성요소로 사용되는 재고자산처럼 재고자산의 원가를 다른 자산계정에 배분하는 경우도 있다. 이처럼 다른 자산에 배분된 재고자산 원가는 해당 자산의 내용연수 동안 비용으로 인식한다.

4. 재고자산의 평가

(1) 재고자산감모손실 21, 17, 16, 15년 기출

① 기말재고 수량보다 실제 기말재고 수량이 부족한 경우로서, 도난·분실·기록오류·파손 등의 원인으로 나타나게 된다.

② 정상적으로 발생한 감모손실은 매출원가에 가산하고, 비정상적으로 발생한 감모손실은 영업 외 비용으로 분류한다.

> 재고자산감모손실 = (기말장부수량 − 기말실제수량) × 단위당 취득원가

(2) 재고자산평가손실 23, 21, 20, 19, 18, 17, 16, 13, 11년 기출

① 재고자산은 일반적으로 취득원가를 재무상태표가액으로 하지만 다음과 같은 이유로 재고자산의 순실현가능가치가 취득원가보다 하락한 경우에는 저가법을 사용하여 재고자산을 순실현가능가치로 감액하여 재무상태표에 나타낸다.

> ㉠ 물리적으로 손상된 경우
> ㉡ 완전히 또는 부분적으로 진부화된 경우
> ㉢ 판매가격이 하락한 경우
> ㉣ 완성하거나 판매하는 데 필요한 원가가 상승한 경우

② 재고자산을 저가법으로 평가하는 경우에 일반적으로 제품, 상품 및 재공품의 시가는 순실현가능가치를 말하며, 생산과정에 투입될 원재료의 시가는 현행대체원가를 말한다.

> ㉠ 기말재고자산평가액 = 취득원가와 순실현가능가치 중 낮은 가액
> ㉡ 재고자산평가손실 = (취득단가 − 단위당 순실현가능가치) × 실제수량

③ 순실현가능가치의 추정

> 순실현가능가치 = 예상 판매가격 − 예상되는 추가 완성원가와 판매비용

㉠ 순실현가능가치는 통상적인 영업과정에서 재고자산의 판매를 통해 실현할 것으로 기대하는 순매각금액을 말한다. 공정가치는 측정일에 재고자산의 주된 (또는 가장 유리한) 시장에서 시장참여자 사이에 일어날 수 있는 그 재고자산을 판매하는 정상거래의 가격을 반영한다. 순실현가능가치는 기업특유가치이지만, 공정가치는 시장가치에 해당한다. 따라서 재고자산의 순실현가능가치는 순공정가치와 일치하지 않을 수도 있다.

㉡ 재고자산을 순실현가능가치로 감액하는 저가법은 항목별로 적용한다. 그러나 경우에 따라서는 서로 유사하거나 관련있는 항목들을 통합하여 적용하는 것이 적절할 수 있다. 그러나 재고자산의 분류(예 완제품)나 특정 영업부문에 속하는 모든 재고자산에 기초하여 저가법을 적용하는 것은 적절하지 않다.

㉢ 순실현가능가치를 추정할 때에는 재고자산으로부터 실현가능한 금액에 대하여 추정일 현재 사용가능한 가장 신뢰성 있는 증거에 기초하여야 한다.

㉣ 순실현가능가치를 추정할 때 재고자산의 보유 목적도 고려하여야 한다. 예를 들어 확정판매계약 또는 용역계약을 이행하기 위하여 보유하는 재고자산의 순실현가능가치는 계약가격에 기초한다. 만일 보유하고 있는 재고자산의 수량이 확정판매계약의 이행에 필요한 수량을 초과하는 경우에는 그 초과수량의 순실현가능가치는 일반 판매가격에 기초한다.

㉤ 완성될 제품이 원가 이상으로 판매될 것으로 예상하는 경우에는 그 생산에 투입하기 위해 보유하는 원재료 및 기타 소모품을 감액하지 아니한다. 그러나 원재료 가격이 하락하는 동시에 제품의 원가가 순실현가능가치를 초과할 것으로 예상된다면 해당 원재료를 순실현가능가치로 감액한다. 이 경우 원재료의 현행대체원가는 순실현가능가치에 대한 최선의 이용가능한 측정치가 될 수 있다.

㉥ 매 후속기간에 순실현가능가치를 재평가한다. 재고자산의 감액을 초래했던 상황이 해소되거나 경제상황의 변동으로 순실현가능가치가 상승한 명백한 증거가 있는 경우에는 최초의 장부금액을 초과하지 않는 범위 내에서 평가손실을 환입한다. 그 결과 새로운 장부금액은 취득원가와 수정된 순실현가능가치 중 작은 금액이 된다. 판매가격의 하락 때문에 순실현가능가치로 감액한 재고항목을 후속기간에 계속 보유하던 중 판매가격이 상승한 경우가 이에 해당한다.

㉦ 재고자산을 순실현가능가치로 감액한 평가손실과 모든 감모손실을 감액이나 감모가 발생한 기간에 비용으로 인식한다.

㉧ 저가법은 자산의 장부가액이 판매나 사용으로부터 실현될 것으로 기대되는 금액을 초과하여서는 아니 된다는 견해와 일관성이 있다.

5. 농림어업의 회계처리

(1) 적용범위 및 용어의 정의

① 적용범위 19, 12년 기출

㉠ 생산용 식물을 제외한 생물자산, 수확시점의 수확물, 정부보조금이 농림어업활동과 관련되는 경우의 회계처리에 적용한다. 생물자산, 수확물 및 수확 후 가공품의 예는 다음과 같다.

생물자산	수확물	수확 후 가공품
양	양 모	모사, 양탄자
조림지의 나무	벌목된 나무	원목, 목재
식 물	면 화	실, 의류
	수확한 사탕수수	설 탕
젖 소	우 유	치 즈
돼 지	돈 육	소시지, 햄
관 목	잎	차, 담배
포도나무	포 도	포도주
과 수	수확한 과일	과일 가공품

㉡ 수확물로 수확하기 위해 재배하는 식물(예 목재로 사용하기 위해 재배하는 나무)은 생산용 식물이 아니다.

② 용어의 정의

농림어업활동	판매목적 또는 수확물이나 추가적인 생물자산으로의 전환목적으로 생물자산의 생물적 변환과 수확을 관리하는 활동
수 확	생물자산에서 수확물의 분리 또는 생물자산의 생장 과정의 중지
수확물	생물자산에서 수확한 생산물
생물자산	살아있는 동물이나 식물

(2) 인식과 측정

① 인 식 19, 12년 기출

㉠ 다음의 조건이 모두 충족되는 경우에 한하여 생물자산이나 수확물을 인식한다.

> ⓐ 과거 사건의 결과로 자산을 통제한다.
> ⓑ 자산과 관련된 미래경제적 효익의 유입가능성이 높다.
> ⓒ 자산의 공정가치나 원가를 신뢰성 있게 측정할 수 있다.

㉡ 당해 자산에 대한 자금 조달, 세금 또는 수확 후 생물자산의 복구 관련 현금흐름(예 수확 후 조림지에 나무를 다시 심는 원가)은 포함하지 아니한다.

② 측 정 19년 기출

㉠ 생물자산은 최초 인식시점과 매 보고기간 말에 공정가치에서 추정 매각부대원가를 차감한 금액(순공정가치)으로 측정하여야 한다.

㉡ 생물자산에서 수확된 수확물은 수확시점에 순공정가치로 측정하여야 한다.

(3) 평가손익 및 정부보조금

① 평가손익 19, 12년 기출

ⓐ 생물자산을 최초 인식시점에 순공정가치로 인식하여 발생하는 평가손익과 생물자산의 순공정가치 변동으로 발생하는 평가손익은 발생한 기간의 당기손익에 반영한다.

ⓑ 생물자산의 순공정가치를 산정할 때에 추정 매각부대원가를 차감하기 때문에 생물자산의 최초 인식시점에 손실이 발생할 수 있다. 송아지가 태어나는 경우와 같이 생물자산의 최초 인식시점에 이익이 발생할 수도 있다.

ⓒ 수확물을 최초 인식시점에 순공정가치로 인식하여 발생하는 평가손익은 발생한 기간의 당기손익에 반영한다.

ⓓ 수확의 결과로 수확물의 최초 인식시점에 평가손익이 발생할 수 있다.

② 공정가치를 신뢰성 있게 측정할 수 없는 경우 12년 기출

생물자산의 공정가치는 신뢰성 있게 측정할 수 있다고 추정한다. 그러나 생물자산을 최초로 인식하는 시점에 시장 공시가격을 구할 수 없고, 대체적인 공정가치측정치가 명백히 신뢰성 없게 결정되는 경우에는 최초 인식시점에 한해 그러한 추정에 반론이 제기될 수 있다. 그러한 경우 생물자산은 원가에서 감가상각누계액과 손상차손누계액을 차감한 금액으로 측정한다.

③ 정부보조금 22, 19, 12년 기출

ⓐ 순공정가치로 측정하는 생물자산과 관련된 정부보조금에 다른 조건이 없는 경우에는 이를 수취할 수 있게 되는 시점에만 당기손익으로 인식한다.

ⓑ 기업이 특정 농림어업활동에 종사하지 못하게 요구하는 경우를 포함하여 순공정가치로 측정하는 생물자산과 관련된 정부보조금에 부수되는 조건이 있는 경우에는 그 조건을 충족하는 시점에만 당기손익으로 인식한다.

ⓒ 자산관련보조금의 회계처리

ⓐ 자산(원가)차감법 : 자산의 장부가액을 결정할 때 보조금을 차감하는 방법이다. 정부보조금을 수령할 때에 이를 자산의 차감계정으로 처리하고 해당 자산의 내용연수에 걸쳐 감가상각비와 상계하여 감소시키는 방식으로 보조금을 수익으로 인식한다.

ⓑ 이연수익법 : 재무상태표에 보조금을 이연수익으로 표시하는 방법이다. 정부보조금을 수령할 때에 이연수익(부채)으로 인식하고 이를 차감하여 해당 자산의 내용연수에 걸쳐 체계적인 기준으로 보조금을 당기손익에 인식한다.

ⓓ 정부보조금의 상환 : 상환의무가 발생하게 된 정부보조금은 회계추정의 변경으로 회계처리한다.

ⓐ 수익관련보조금을 상환하는 경우 : 보조금과 관련하여 인식된 미상각 이연계정에 먼저 적용한다. 이러한 이연계정을 초과하거나 이연계정이 없는 경우에는 초과금액 또는 상환금액을 즉시 당기손익으로 인식한다.

ⓑ 자산관련보조금을 상환하는 경우 : 상환금액만큼 자산의 장부금액을 증가시키거나 이연수익에서 차감하여 기록한다. 보조금이 없었더라면 현재까지 당기손익으로 인식했어야 하는 추가 감가상각누계액은 즉시 당기손익으로 인식한다.

④ 공 시

ⓐ 당기에 발생한 생물자산과 수확물의 최초 인식시점의 평가손익 총액과 생물자산의 순공정가치 변동에 따른 평가손익 총액을 공시한다.

ⓑ 생물자산집단별 내역을 공시한다.

1. 유형자산의 일반사항

(1) 의 의

유형자산은 재화의 생산, 용역의 제공, 타인에 대한 임대 또는 자체적으로 사용할 목적으로 보유하는 물리적 형체가 있는 자산으로서 통상 1년(한 회계기간)을 초과하여 사용할 것이 예상되는 자산을 말한다.

① 유형자산은 재판매가 아닌 정상적인 영업활동에 사용할 목적으로 취득한 자산이다.

② 유형자산은 기업이 장기간에 걸쳐서 서비스를 제공하는 용역잠재력을 가진 자산이다.

③ 물리적 실체를 지니고 있는 자산이라는 점에서 무형자산과 구분된다.

④ 유형자산은 실물자산에 속하므로 비금융자산이고, 시간이 경과함에 따라 가액이 변할 수 있는 비화폐성 자산이다.

(2) 분 류

① 유형자산의 계정과목으로 토지, 설비자산(건물, 구축물, 기계장치), 건설 중인 자산 및 기타의 유형자산 으로 구분한다.

② 일반적으로 중요성 기준에 의거하여 공구기구 비품, 차량운반구 및 선박 등의 계정과목을 통합하여 기타 의 유형자산으로 분류한다.

③ 업종의 특성 등을 반영하여 과목을 신설하거나 통합해서 사용할 수 있도록 유연성을 부여하고 있다.

(3) 인식기준

① 유형자산의 정의에 충족되어야 한다.

② 자산으로부터 발생하는 미래경제적 효익이 기업에 유입될 가능성이 높아야 한다.

③ 자산의 취득원가를 신뢰성 있게 측정할 수 있어야 한다.

2. 유형자산의 원가

(1) 최초원가 및 후속원가

① 최초원가

㉠ 유형자산을 최초 취득할 때 구입하거나 건설하기 위하여 제공한 대가의 공정가치를 말한다.

㉡ 안전 또는 환경상의 이유로 취득하는 유형자산은 그 자체로는 직접적인 미래경제적 효익을 얻을 수 없지만, 다른 자산에서 미래경제적 효익을 얻기 위하여 필요할 수 있다.

② 후속원가

후속적으로 증설, 대체 또는 수선·유지와 관련하여 발생하는 원가를 말한다. 후속원가는 유형자산의 최 초 취득원가를 자산으로 인식하는 경우와 동일한 인식기준을 적용하여 인식한다.

㉠ 일상적인 수선·유지와 관련하여 발생하는 원가는 해당 유형자산의 장부금액에 포함하여 인식하지 아니한다. 이러한 원가는 발생시점에 당기손익으로 인식한다. 이러한 지출의 목적은 보통 유형자산 의 '수선과 유지'로 설명된다.

ⓛ 유형자산의 주요부품이나 구성요소를 대체할 때 발생하는 원가가 자산의 인식기준을 충족하면 해당 유형자산의 장부금액에 포함하여 인식한다. 용광로의 내화벽돌의 교체, 항공기의 내부설비 교체, 건물 인테리어 교체 등이 해당된다.

ⓒ 정기적인 종합검사(예 항공기의 결함 검사)과정에서 발생하는 원가가 유형자산의 인식기준을 충족하는 경우에는 유형자산의 일부가 대체되는 것으로 보아 해당 유형자산의 장부금액에 포함하여 인식한다.

ⓔ 설비에 대한 비반복적인 교체에서 발생하는 원가라도 자산인식기준을 충족하면 자산으로 인식한다.

(2) 취득원가

① 의 의

취득원가는 자산을 취득하기 위하여 자산의 취득시점이나 건설시점에서 지급한 현금 및 현금성자산 또는 제공하거나 부담할 기타 대가의 공정가액을 말한다.

㉠ 유형자산의 원가는 인식시점의 현금가격상당액이다. 대금지급이 일반적인 신용기간을 초과하여 이연되는 경우, 현금가격상당액과 실제 총지급액과의 차액은 차입원가 자본화의 요건을 충족하지 않는 한 신용기간에 걸쳐 이자로 인식한다.

▷ 자산을 의도된 용도로 사용하거나 판매가능한 상태에 이르게 하는 데 필요한 활동이 아니라면 자본화할 수 없다.

ⓛ 유형자산을 장기후불조건으로 구입한 경우에는 취득시점의 현금구입가격(현재가치)을 취득원가로 한다.

ⓒ 유형자산의 취득 시 매입할인이 있는 경우에는 이를 차감하고, 취득세, 등록면허세 등 유형자산의 취득과 직접 관련된 제세공과금은 유형자산의 취득원가에 반영한다.

ⓔ 유형자산의 장부금액은 정부보조금의 회계처리와 정부지원의 공시의 기준서에 따라 정부보조금만큼 차감될 수 있다.

▷ 장부금액은 감가상각누계액과 손상차손누계액을 차감한 후 인식되는 자산금액이다.

② 취득원가의 구성요소 18, 14년 기출

㉠ 세금의 가산 및 매입할인 : 관세 및 환급 불가능한 취득 관련 세금을 가산하고 매입할인과 리베이트 등을 차감한 구입가격으로 한다.

ⓛ 자산을 가동하는 것과 관련된 원가 : 유형자산의 취득과 관련하여 경영진이 의도하는 방식으로 자산을 가동하는 데 필요한 장소와 상태에 이르게 하는 데 직접 관련되는 원가를 말한다.

ⓐ 유형자산의 매입 또는 건설과 직접적으로 관련되어 발생한 종업원급여

ⓑ 설치장소의 준비원가

ⓒ 최초의 외부 운송 및 취급관련 원가

ⓓ 설치원가 및 조립원가

ⓔ 유형자산 취득과 관련된 세금

ⓕ 유형자산이 정상적으로 작동되는지 여부를 시험하는 과정에서 발생하는 원가. 단, 시험과정에서 생산된 재화의 순매각금액은 당해 원가에서 차감한다.

ⓖ 전문가에게 지급하는 수수료

© 기타 유형자산의 원가에 포함하는 항목

> @ 자산을 해체, 제거하거나 또는 부지를 복원하는 데 소요될 것으로 최초에 추정되는 원가
> ⓑ 자본화되는 차입원가
> ⓒ 자산을 취득할 때 국·공채를 불가피하게 구입하는 경우, 채무증권의 구입가액과 그 채무증권의 현재가치의 차액

③ 자산별 취득원가 18년 기출
  ㉠ 토 지
    @ 구입가액 및 구입을 위하여 지출한 중개수수료, 취득세, 등록면허세와 같은 소유권이전비용이 포함된다.
    ⓑ 본래의 목적에 사용하기 위하여 지출하는 정지비용과 개발부담금, 토지측량비용도 포함된다.
  ㉡ 건 물
    @ 건물을 구입하여 취득하는 경우 : 통상적으로 토지와 함께 취득하는데 건물을 사용하기 위하여 토지와 건물을 일괄구입한 경우 구입가액과 중개수수료 같은 공통부대비용의 합계액을 공정가액의 비율에 따라 배분하여야 한다. 다만, 건물의 취득과 개별적으로 관련된 취득세와 등록면허세 같은 부대비용은 건물의 취득원가이다.
    ⓑ 건물을 신축하기 위하여 건설회사에 도급을 주는 경우 : 도급액에 기초공사비와 설계비와 같은 부대비용이 건물의 취득원가에 포함된다. 이러한 부대비용에는 건물 신축을 전담한 직원의 건설기간 동안의 급여와 보험료 역시 포함된다. 건물 신축을 위하여 사용하던 기존건물을 철거하는 과정에서 발생하는 철거비용은 당기 기간비용으로 처리하여야 한다.
  ㉢ 기계장치 등 13년 기출
    @ 기계장치를 구입하는 경우 : 매입가액 및 이를 사용 가능한 상태에 이를 때까지 지출된 운임, 설치비, 시운전비와 같은 부대비용을 가산한다.
    ⓑ 취득원가에 포함시키지 않는 경우 : 유형자산을 취득 또는 사용 가능한 상태로 준비하는 과정과 직접 관련이 없는 일반관리비, 경비 등은 포함하지 않는다.

(3) 취득형태별 원가의 측정

① 장기연불조건에 의한 취득
  ㉠ 취득원가 : 장기연불조건을 적용하지 않은 취득시점의 현금구입가격으로 한다. 장기후불조건으로 구입하거나, 대금지급기간이 일반적인 신용기간보다 긴 경우에 해당한다.
  ㉡ 현금구입가격과 실제 총지급액과의 차액처리 : 현재가치할인차금계정으로 처리한다.
  ㉢ 현재가치할인차금 : 유효자율법에 따라 만기까지의 기간에 걸쳐 이자비용으로 인식한다.
  ㉣ 장기연불조건 하의 매출액 : 장기 할부판매 시 매출액은 명목가치와 현재가치의 차이가 중요한 경우 각 대가의 현재가치의 합으로 인식한다.
② 일괄구입에 의한 취득

> 개별 자산의 취득원가 = 일괄취득원가 × (개별 자산의 공정가치 / 개별 자산들의 공정가치의 합계)

ⓐ 일괄구입이란 두 종류 이상의 자산을 일괄하여 합계금액으로 동시에 취득하는 것을 말한다.
ⓑ 유형자산을 일괄구입하여 개별 자산의 취득원가를 알 수 없는 경우에는 일괄취득가액를 개별 자산들의 상대적 공정가치의 비율을 기준으로 하여 개별 자산에 배분한다.
ⓒ 개별 자산의 상대적 공정가치를 알 수 없는 경우에는 감정가액이나 과세표준액을 이용하여 배분할 수도 있다.

③ 자가건설에 의한 취득 20년 기출

> 취득원가 = 제작원가(직접재료비, 직접노무비, 변동제조간접비, 고정제조간접비) + 부대비용

ⓐ 자가건설한 유형자산의 원가는 외부에서 구입한 유형자산에 적용하는 것과 같은 기준을 적용하여 결정한다.
ⓑ 제작원가는 고정제조간접비를 포함하는 전부원가계산에 따라야 한다.
ⓒ 자가건설에 따른 내부이익, 자가건설 과정에서 원재료, 인력 및 기타 자원의 낭비로 인한 비정상적인 원가는 자산의 원가에 포함되지 않는다.
ⓓ 건물을 신축하기 위하여 회사가 사용 중인 기존건물을 철거하는 경우 그 건물의 장부가액은 제거하여 처분손실로 반영하고, 철거비용은 전액 당기비용으로 처리한다. 다만, 새 건물의 신축을 위하여 구 건물이 있는 토지를 구입한 경우 구 건물을 포함한 구입가액 전체를 토지의 취득원가로 보아야 하며, 기존건물을 철거하는 경우 기존건물의 철거관련비용에서 철거된 건물의 부산물을 판매하여 수취한 금액을 차감한 가액은 토지의 취득원가에서 차감한다.

④ 교환에 의한 취득 23, 22, 17, 11년 기출
교환에 의한 취득이란 하나 이상의 비화폐성자산 또는 화폐성자산과 비화폐성자산이 결합된 대가와 교환하여 하나 이상의 유형자산을 취득하는 것을 말한다.
ⓐ 원칙 : 교환거래에 있어서 상업적 실질이 있는 경우, 유형자산의 취득원가는 제공한 자산의 공정가치에 현금지급액은 가산하고, 현금수령액은 차감하여 측정하며, 제공한 자산의 장부가액과 공정가치의 차액을 교환손익으로 인식한다.

> 취득원가 = 제공자산의 공정가치 + 현금지급액 − 현금수령액

ⓑ 예 외
ⓐ 교환거래에 있어서 상업적 실질이 있고 제공한 자산의 공정가치를 알 수 없지만 취득한 자산의 공정가치를 신뢰성 있게 측정할 수 있는 경우, 유형자산의 취득원가는 취득한 자산의 공정가치로 한다. 이때, 현금지급액과 수취액은 취득원가에 반영하지 않는다.
ⓑ 교환거래에 있어서 상업적 실질이 결여되어 있거나 교환대상 자산의 공정가치를 신뢰성 있게 측정할 수 없는 경우(공정가치를 모르는 경우), 취득한 자산의 원가는 제공한 자산의 장부금액에 현금지급액은 가산하고, 현금수령액은 차감하여 측정한다.

> 취득원가 = 제공자산의 장부가액 + 현금지급액 − 현금수령액

⑤ **복구비용** 23, 21, 18년 기출

　㉠ 복구비용은 유형자산의 경제적 사용이 종료된 후에 그 자산을 해체 또는 제거하거나 부지를 복구하는 데 사용될 것으로 추정되는 비용을 말한다.

　㉡ 자산의 취득, 건설, 개발에 따른 복구비용에 대한 충당부채는 유형자산을 취득하는 시점에서 해당 유형자산의 취득원가에 반영하는 것을 원칙으로 한다.

> **주의** 특정기간 동안 재고자산을 생산하기 위해 유형자산을 사용한 결과로 동 기간에 발생한 그 유형자산을 해체, 제거하거나 부지를 복구할 의무의 원가는 유형자산이 아닌 재고자산의 원가로 반영할 것인지 검토한다.

취득 시	(차) 유형자산　　　　　　　　×××　(대) 현 금　　　　　　　　××× 　　　　　　　　　　　　　　　　　　　복구충당부채　　　　　×××
결산 시	(차) 이자비용*　　　　　　　　×××　(대) 복구충당부채　　　　××× *이자비용 = 복구충당부채의 기초장부금액 × 유효이자율

⑥ **현물출자에 의한 취득**

현물출자란 기업이 주식을 발행하여 주고 대가로 유형자산을 취득하는 것으로, 취득원가는 자산의 공정가치로 측정한다.

⑦ **증여나 무상에 의한 취득**

대주주 또는 국가 등으로부터 자산을 증여 또는 무상으로 받는 경우 취득한 자산의 취득원가는 그 자산의 취득시점의 공정가액으로 한다.

⑧ **정부보조금에 의한 취득** 23, 22, 16년 기출

　㉠ 의의 : 정부보조금은 기업의 영업활동과 관련하여 과거나 미래에 일정한 조건을 충족하였거나 충족할 경우 정부에서 기업에 자원을 이전하는 형태의 정부지원을 말한다.

　㉡ 보조금의 인식 : 정부보조금을 인식하는 때에는 정부보조금에 부수되는 조건의 준수와 보조금 수취에 대한 합리적인 확신이 있을 경우에만 인식한다.

　㉢ 종류 : 정부지원의 요건을 충족하는 기업이 장기성 자산을 매입, 건설하거나 다른 방법으로 취득하여야 하는 일차적 조건이 있는 정부보조금인 자산관련보조금과 수익관련보조금이 있다.

　　ⓐ 자산관련보조금의 회계처리

　　　• 이연수익법 : 보조금을 이연수익으로 인식하여 자산의 내용연수에 걸쳐 체계적이고 합리적인 방법으로 수익을 배분하는 방법으로, 보조금 수령 시 이연수익(부채)으로 처리한다.

　　　• 자산(원가)차감법 : 자산의 장부가액을 결정할 때 보조금을 차감하는 방법이다. 정부보조금을 수령할 때에 이를 자산의 차감계정으로 처리하고 해당 자산의 내용연수에 걸쳐 감가상각비와 상계하여 감소시키는 방식으로 보조금을 수익으로 인식한다.

　　　• 당기손익에 미치는 영향은 자산차감법과 이연수익법이 동일하며, 유형자산의 순장부금액은 달라진다.

　　ⓑ 수익관련보조금의 회계처리 : 별도의 계정으로 혹은 기타 수익과 같은 일반계정에 포함시켜 수익으로 인식하거나 관련 비용에서 차감하여 인식한다.

  ② 회계처리방법

    ⓐ 자본접근법(정부보조금을 주주지분에 직접 인식하는 방법) : 금융수단이므로 자본조달로 처리, 관련원가가 없는 장려금으로 인식하는 방법이다.

    ⓑ 수익접근법(정부보조금을 수익으로 인식하는 방법) : 주주와의 거래가 아니며, 부여된 의무의 존재, 법인세 등 세금과 동일한 성격을 지닌다.

    ⓒ 처리방법 : 국제회계기준에서는 정부보조금을 수익접근법에 따라 회계처리를 하도록 하고 있다.

알아두기

유형자산의 취득원가가 아닌 경우 18, 14년 기출
- 새로운 시설을 개설하는 데 소요되는 원가
- 새로운 상품과 서비스를 소개하는 데 소요되는 원가
- 새로운 지역에서 또는 새로운 고객을 대상으로 영업을 하는 데 소요되는 원가
- 기업의 영업 전부 또는 일부를 재배치하거나 재편성하는 과정에서 발생하는 원가
- 유형자산과 관련된 산출물에 대한 수요가 형성되는 과정에서 발생하는 가동손실과 같은 초기 가동손실
- 유형자산을 취득 또는 사용가능한 상태로 준비하는 과정과 직접 관련이 없는 경비
- 관리 및 기타 일반간접원가

---

(4) 차입원가 19, 18, 17, 16, 14, 13, 12년 기출

 ① 의 의 21년 기출

  ㉠ 적격자산의 취득, 건설 또는 제조와 직접 관련되는 차입원가는 당해 적격자산과 관련된 지출이 발생하지 아니하였다면 부담하지 않았을 차입원가이다. 이에 따라 해당 차입원가를 관련 자산의 원가에 포함시키고, 기타 차입원가는 발생기간의 비용으로 인식하는 입장이다. 여기서 적격자산이란 의도된 용도로 사용하거나 판매가능한 상태에 이르게 하는 데 상당한 기간을 필요로 하는 자산이다.

  ㉡ 금융자산과 단기간 내에 제조되거나 다른 방법으로 생산되는 재고자산은 적격자산에 해당하지 아니한다. 취득시점에 의도된 용도로 사용(또는 판매) 가능한 자산인 경우에도 적격자산에 해당하지 아니한다.

 ② 자본화의 개시·중단·종료

  ㉠ 자본화의 개시 : 차입원가는 자본화 개시일에 적격자산 원가로 처리한다. 자본화 개시일은 최초로 다음 조건을 모두 충족시키는 날이다. 적격자산을 의도된 용도로 사용(또는 판매) 가능하게 하는 데 필요한 활동은 당해 자산의 물리적인 제작뿐만 아니라 그 이전 단계에서 이루어진 기술 및 관리상의 활동도 포함한다.

> ⓐ 적격자산에 대하여 지출하고 있다.
> ⓑ 차입원가를 발생시키고 있다.
> ⓒ 적격자산을 의도된 용도로 사용하거나 판매가능한 상태에 이르게 하는 데 필요한 활동을 수행하고 있다.

  ㉡ 자본화의 중단 : 적격자산에 대한 적극적인 개발활동을 중단한 때이다. 그러나 상당한 기술 및 관리활동을 진행하고 있는 기간에는 차입원가의 자본화를 중단하지 아니한다.

  ㉢ 자본화의 종료 : 적격자산을 의도된 용도로 사용하거나 판매가능한 상태에 이르게 하는 데 필요한 대부분의 활동이 완료된 시점에 종료한다.

③ 자본화 차입금

자본화 자산의 평균지출액은 특정차입금으로 취득하였으며, 특정차입금으로 부족한 부분은 일반차입금이 있는 경우 일반차입금으로 차입하여 취득한 것으로 간주한다.

> ⊙ 특정차입금 : 적격자산을 취득하기 위한 목적으로 특정하여 차입한 자금
> ⓛ 일반차입금 : 일반적인 목적으로 자금을 차입하고 이를 적격자산의 취득을 위해 사용하는 경우의 차입금

④ 자본화 차입원가의 인식

> ⊙ 차입원가에 포함되는 것 : 유효이자율법을 사용하여 계산된 이자비용, 금융리스 관련 금융원가, 외화차입금과 관련되는 외환차입 중 이자원가의 조정으로 볼 수 있는 부분이다.
>
> ⓛ 특정차입금의 경우, 회계기간 동안 그 차입금으로부터 실제 발생한 차입원가에서 당해 차입금의 일시적 운용에서 생긴 투자수익을 차감한 금액을 자본화가능 차입원가로 한다.
>
> ⓒ 자본화 이자율은 회계기간 동안 차입한 자금(적격자산을 취득하기 위해 특정 목적으로 차입한 자금 제외)으로부터 발생된 차입원가를 가중평균하여 산정한다.
>
> ⓔ 적격자산을 취득하기 위한 목적으로 특정하여 차입한 자금에 한하여, 회계기간 동안 그 차입금으로부터 실제 발생한 차입원가에서 당해 차입금의 일시적 운용에서 생긴 투자수익을 차감한 금액을 자본화가능 차입원가로 결정한다.
>
> ⓜ 회계기간 동안 자본화한 차입원가는 당해 기간 동안 실제 발생한 차입원가를 초과할 수 없다.

> ⓐ 특정차입금의 자본화 차입원가 = 자본화기간 중 발생한 차입원가 − 일시운용투자수익
> ⓑ 일반차입금의 자본화 차입원가(실제발생 차입원가를 한도로 함) = (공사평균지출액 − 특정목적차입금) × 가중평균차입이자율

3. 재평가모형

유형자산을 처음 취득할 때에는 취득원가로 인식한다. 그리고 최초 인식한 이후에는 원가모형과 재평가모형 중에서 하나를 회계정책으로 선택하여 유형자산 분류별로 동일하게 인식하고 측정할 수 있다.

(1) 의 의 20, 18, 11년 기출

① 원가모형

최초 인식 후에 유형자산을 당초 취득원가에서 감가상각누계액과 손상차손누계액을 차감한 금액을 장부금액으로 기록하여 보고하는 방법이다. 후속기간에 공정가치가 변해도 회계처리를 하지 아니한다.

② 재평가모형

최초 인식 후에 공정가치를 신뢰성 있게 측정할 수 있는 유형자산을 재평가일의 공정가치에서 이후의 감가상각누계액과 손상차손누계액을 차감한 재평가금액을 장부금액으로 기록하여 보고하는 방법이다. 재평가는 보고기간 말에 자산의 장부금액이 공정가치와 중요하게 차이가 나지 않도록 주기적으로 수행한다.

(2) 재평가모형의 회계처리 24, 19, 18년 기출

① 공정가치 > 장부금액

재평가로 인한 평가이익을 기타포괄손익누계액(재평가잉여금)으로 인식하여 재평가잉여금의 과목으로 자본에 가산한다. 그러나 동일한 자산에 대하여 이전에 당기손익으로 인식한 재평가감소액(재평가손실)이 있다면 그 금액을 한도로 재평가증가액만큼 당기손익(재평가이익)으로 인식하여야 한다. 특정 유형자산을 재평가할 때 해당 자산이 포함되는 유형자산 전체를 재평가한다.

② 공정가치 < 장부금액

재평가감이 발생한 경우 전기 이전에 발생한 재평가잉여금을 우선 감소시키고 나머지는 재평가손실로 당기손익으로 처리한다.

③ 장부금액의 조정

ⓐ 비례수정법 : 자산 장부금액의 재평가와 일치하는 방식으로 자산의 총장부금액을 비례적으로 조정한다. 재평가일의 감가상각누계액은 손상차손누계액을 고려한 후 총장부금액과 장부금액의 차이와 같아지도록 조정한다.

ⓑ 누계액 제거법 : 자산의 총장부금액에서 감가상각누계액을 제거하여 순장부가액이 재평가금액이 되도록 수정한다.

기출문제

(주)관세는 20×1년 초 기계장치(취득원가 ₩10,000, 내용연수 10년, 잔존가치 ₩0, 정액법 상각)를 취득한 후 재평가모형을 적용하고 있다. 20×1년 말과 20×2년 말 공정가치가 각각 ₩12,600, ₩6,000인 경우, 동 기계장치의 재평가가 20×2년도 포괄손익계산서의 당기순이익에 미치는 영향은? (단, 취득 후 동 기계장치에 대한 손상은 발생하지 않았으며, (주)관세는 재평가잉여금의 일부를 이익잉여금으로 대체하는 정책은 채택하지 않고 있다)

24년 기출

① ₩1,400 감소
② ₩1,600 감소
③ ₩3,000 감소
④ ₩5,000 감소
⑤ ₩5,200 감소

해설
(1) 20×1년 감가상각비 = ₩10,000 ÷ 10년 = ₩1,000
(2) 20×1년 재평가잉여금(기타포괄이익) = ₩12,600 − (₩10,000 −₩1,000) = ₩3,600
(3) 20×2년 감가상각비 = ₩12,600 ÷ 9년 = ₩1,400
(4) 20×2년 재평가 후 손실 발생 = ₩6,000 − (₩12,600 −₩1,400) = (−)₩5,200
재평가감이 발생한 경우 전기 이전에 발생한 재평가잉여금을 우선 감소시키고 나머지는 재평가손실로 당기손익으로 처리한다.
(5) 20×2년 당기순이익 감소 = ₩1,400 + (₩5,200 − ₩3,600) = ₩3,000

정답 ③

(3) 재평가잉여금의 회계처리

① 재평가잉여금은 이익조작가능성을 방지하기 위해 당기손익을 거치지 않고 직접 이익잉여금으로 대체되어야 하기 때문에 유형자산과 관련하여 자본에 계상된 재평가잉여금은 그 자산이 제거될 때 이익잉여금으로 대체하여야 한다.

② 자산이 폐기되거나 처분될 때에는 재평가잉여금 전부를 이익잉여금으로 대체한다.

③ 기업이 그 자산을 사용함에 따라 재평가잉여금의 일부를 이익잉여금으로 대체할 수 있다.

④ 재평가잉여금을 이익잉여금으로 대체하는 경우 그 금액은 당기손익으로 인식하지 않는다.

4. 감가상각

(1) 의 의

감가상각이란 사용에 따른 유형자산의 가치감소를 측정하기 위한 평가과정이 아니라 단지 수익에 대응될 적절한 비용을 산정하기 위한 유형자산 취득원가의 인위적인 배분과정이다.

① 감가상각의 결정요소

　ⓐ **취득원가** : 자산을 취득하기 위하여 자산의 취득시점이나 건설시점에서 지급한 현금 및 현금성자산 또는 제공하거나 부담할 기타 대가의 공정가액을 말한다.

　ⓑ **내용연수(감가상각기간)** : 기업에서 자산이 사용가능할 것으로 기대되는 기간 또는 자산에서 얻을 것으로 기대되는 생산량이나 이와 유사한 단위 수량이다.

　ⓒ **잔존가치** : 자산이 이미 오래되어 내용연수 종료시점에 도달하였다는 가정하에 자산의 처분으로부터 현재 획득할 금액에서 추정 처분부대원가를 차감한 금액의 추정치이다.

② **감가상각액의 인식** 18년 기출

감가상각대상금액은 유형자산의 내용연수 동안 인식될 총감가상각비로서 유형자산의 취득원가에서 잔존가치를 차감한 금액을 말한다.

　ⓐ 각 기간의 감가상각액은 다른 자산의 장부금액에 포함되는 경우가 아니라면 당기손익으로 인식한다.

　ⓑ 유형자산에 내재된 미래경제적 효익이 다른 자산을 생성하는 데 사용되는 경우가 있는데, 이 경우 유형자산의 감가상각액은 해당 자산의 원가의 일부가 된다.

③ **감가상각비의 회계처리** 21, 20, 18, 11년 기출

(차) 감가상각비	×××	(대) 감가상각누계액	×××

　ⓐ 감가상각방법은 변경될 수 있으며, 이러한 변경은 회계추정의 변경으로 회계처리한다.

　　주의 회계정책의 변경이 아니라 회계추정의 변경으로 회계처리한다.

　ⓑ 유형자산을 구성하는 일부의 원가가 당해 유형자산의 전체원가에 비교하여 유의적이라면, 해당 유형자산을 감가상각할 때 그 부분은 별도로 구분하여 감가상각한다. 예를 들면, 항공기를 소유하고 있는지 금융리스하고 있는지에 관계없이, 항공기 동체와 엔진을 별도로 구분하여 감가상각하는 것이 적절할 수 있다.

　ⓒ 유형자산의 일부를 별도로 구분하여 감가상각하는 경우에는 동일한 유형자산을 구성하고 있는 나머지 부분도 별도로 구분하여 감가상각한다.

② 유형자산의 전체원가와 비교하여 해당 원가가 유의적이지 않은 부분도 별도로 분리하여 감가상각할 수 있다.

⑩ 토지와 건물을 동시에 취득하는 경우에도 이들은 분리 가능한 자산이므로 별개의 자산으로 회계처리한다.

⑪ 자본적지출로 인하여 내용연수가 연장된 경우 자본적지출 직전 장부가액에 자본적지출을 합한 금액을 잔여내용연수와 연장된 내용연수 동안 상각한다. 만약, 자본적지출이 기중에 발생하면 당해 지출은 발생한 시점부터 상각한다.

(2) 감가상각의 방법 24, 23, 21, 20, 19, 17, 16, 15, 13, 12, 11, 10년 기출

감가상각 방법은 자산의 미래경제적 효익이 소비되는 형태를 반영하며, 적어도 회계연도 말에 재검토한다.

① 정액법(균등상각법)

자산의 가치는 시간경과에 의하여 감소하는 것으로 보고 매년 동일한 금액을 감가상각비로 인식하는 방법으로, 적용이 간편하다는 장점이 있는 반면, 수익과 비용이 합리적으로 대응되지 않는 단점이 있다.

> 연도별 감가상각비 = (취득원가 − 추정잔존가치) ÷ 추정내용연수 = 감가상각기준액 ÷ 추정내용연수

② 체감잔액법(가속상각법)

체감잔액법은 감가상각비를 상각대상 기간의 초기에 많이 인식하고 후반기에 적게 인식하는 것으로 자산의 내용연수 동안 감가상각액이 매 기간 감소하는 방법이다. 초기에는 수선유지비가 적게 계상되므로 감가상각비를 많게 인식하며, 사용시간이 경과하여 수선유지비가 증가하면 감가상각비를 적게 인식한다.

㉠ 정률법 : 유형자산 취득원가에서 감가상각누계액을 차감한 미상각잔액에 상각률을 곱하여 회계기간별 감가상각비를 계산하는 방법이다.

> 연도별 감가상각비 = (취득원가 − 기초감가상각누계액) × 상각률* = 기초장부가액 × 정률
>
> *상각률(정률) = $1 - \sqrt[n]{\dfrac{\text{잔존가치}}{\text{취득원가}}}$

▷ 감가상각 초기에 정액법 대신에 정률법을 적용한 경우 순이익은 감소하고 유형자산의 장부금액은 작게 표시된다.

㉡ 이중체감법 : 상각률이 정액법의 2배가 되는 방법으로 상각률에 의해 정률법처럼 상각하는 방법이다.

> 상각률 = $\dfrac{1}{\text{내용연수}} \times 2$

㉢ 연수합계법 : 취득원가에서 잔존가치를 차감한 감가상각기준액에 내용연수의 합계를 분모로 하고, 미상각내용연수를 분자로 하는 감가상각률을 곱하여 구하는 방법이다.

> 감가상각비 = (취득원가 − 잔존가치) × $\dfrac{\text{잔여내용연수}}{\text{내용연수합계}}$

③ 활동기준법

활동기준법은 자산의 생산량 및 사용정도 등 자산의 사용량(조업도)에 의하여 감가상각비를 계산하는 방법이다.

　㉠ 생산량비례법 : 자산의 예상조업도 혹은 예상생산량에 근거하여 감가상각비를 계상하는 방법이다.

$$\text{연도별 감가상각비} = (\text{취득원가} - \text{잔존가치}) \times \frac{\text{실제생산량}}{\text{예상총생산량}}$$

　㉡ 작업시간비례법 : 사용가능한 작업시간에 비례하여 유형자산의 감가상각비를 계산하는 방법이다.

$$\text{연도별 감가상각비} = (\text{취득원가} - \text{잔존가액}) \times \frac{\text{당기작업시간}}{\text{총추정작업시간}}$$

기출문제

(주)관세는 20×1년 초 기계장치(취득원가 ₩10,000, 잔존가치 ₩0, 내용연수 5년, 정액법 상각)를 취득하였다. 20×3년 초 ₩3,000의 자본적 지출로 내용연수가 2년 연장되었으며, 감가상각방법을 연수합계법으로 변경하였다. 20×3년 말 (주)관세가 기계장치에 대해 인식할 감가상각비는? 24년 기출

① ₩1,800

② ₩2,000

③ ₩2,600

④ ₩3,000

⑤ ₩4,333

해설

(1) 20×2년 말 감가상각누계액 = ₩10,000 ÷ 5년 × 2년 = ₩4,000
(2) 20×3년 감가상각비 = (₩10,000 − ₩4,000 + ₩3,000) × 5년 ÷ (5년 + 4년 + 3년 + 2년 + 1년) = ₩3,000

정답 ④

(3) 감가상각비의 기장방법

① 직접법

비용계정인 감가상각비계정을 차변에 기입하고, 대변에는 해당 고정자산가액을 직접 감소시키는 방법이다. K-IFRS에서는 무형자산에 대해 이 방법을 적용하고 있다.

② 간접법

차변에는 직접법과 마찬가지로 감가상각비계정을 기입하고, 대변에는 감가상각누계정을 기입하여 유형고정자산가액을 감가상각누계액을 통해 간접적으로 감소시키는 방법이다. 이 방법에 의하면 재무상태표상 유형고정자산계정은 항상 취득원가로 기재되고, 감가상각누계정은 매 회계연도 감가상각액의 누계액으로서 유형고정자산에서 차감하는 형식으로 기재된다.

5. 유형자산의 손상차손과 제거

(1) 유형자산의 손상차손 23, 22, 21, 20, 19, 18, 12년 기출

① 손상차손의 회계처리 방법

ⓐ 유형자산의 미래경제적 효익(회수가능액)이 장부가액에 현저하게 미달할 가능성이 있는 경우 손상차손의 인식 여부를 검토한다.

> (차) 유형자산손상차손   ×××　　　(대) 유형자산손상차손누계액   ×××
> 　　　(당기손익) 　　　　　　　　　　　　　　　(유형자산 차감계정)

ⓑ 유형자산의 감액이 발생한 이후에 감액된 유형자산의 회수가능액이 장부가액을 초과하는 경우에는 당해 자산을 회복한 시점의 상각 후 취득원가(손상되지 않았을 경우의 장부금액의 감가상각 후 잔액)를 한도로 하여 그 초과액을 손상차손환입으로 처리한다.

> (차) 유형자산손상차손누계액   ×××　　　(대) 유형자산손상차손환입   ×××
> 　　　(유형자산 차감계정) 　　　　　　　　　　　　(당기손익)

ⓒ 과거기간에 인식한 손상차손은 직전 손상차손의 인식시점 이후 회수가능액을 결정하는 데 사용된 추정치에 변화가 있는 경우에만 환입한다.

ⓓ 유형자산손상차손은 회수가능액과 손상시점의 장부금액의 차이로 측정한다.

ⓔ 유형자산 시장가치의 하락이나 심각한 물리적 변형 등의 사유가 발생하면 손상가능성을 검토해야 한다.

② 회수가능액 15년 기출

유형자산의 회수가능액은 자산의 공정가치와 사용가치 중 큰 금액이다.

> 회수가능액 = max[공정가치, 사용가치]

ⓐ 자산의 공정가치 : 합리적인 판단력과 거래의사가 있는 제3자와의 독립적인 거래에서 매매되는 경우의 예상처분가액에서 예상처분비용을 차감한 금액이다.

ⓑ 사용가치(기업특유가치) : 자산의 계속적 사용으로부터 그리고 내용연수 종료시점에 처분으로부터 발생할 것으로 기대되는 현금흐름의 현재가치이다.

③ 손상차손인식과 환입

ⓐ 손상차손인식 : 기업은 매 보고기간 말에 자산손상을 시사하는 징후가 있는지를 검토하고, 그러한 징후가 있다면 당해 자산의 회수가능액을 추정한다. 이때 회수가능액이 장부금액에 미달하는 경우 자산의 장부금액을 회수가능액으로 감소시키고 손상차손을 인식한다.

ⓑ 손상차손환입 : 손상처리한 자산의 회수가능액이 차기 이후에 장부금액을 초과하는 경우에는 당해 자산이 손상되기 전의 장부금액의 감가상각 후 잔액을 한도로 환입한다.

(2) 유형자산의 제거

① 제거시점

유형자산의 장부금액은 처분하는 때, 사용이나 처분을 통하여 미래경제적 효익이 기대되지 않을 때 제거한다.

② 제거로 인한 손익

유형자산의 제거로 인하여 발생하는 손익은 자산을 제거할 때 당기손익으로 인식한다. 제거이익은 수익으로 분류하지 않고 기타수익으로 분류하며, 장부금액과 순매각금액의 차이로 결정한다.

6. 웹사이트원가 22년 기출

내부 또는 외부 접근을 위한 기업 자체의 웹 사이트의 개발과 운영에 내부 지출이 발생할 수 있다. 외부 접근을 위해 설계한 웹 사이트는 기업 자체의 재화와 용역의 판매촉진 및 광고, 전자적인 용역 제공, 재화와 용역의 판매 등 다양한 목적으로 사용된다. 내부 접근을 위해 설계한 웹 사이트는 회사의 정책과 고객의 세부정보를 저장하고 관련 정보의 검색을 위하여 사용될 수 있다.

(1) 개발단계

① 계획단계

실현가능성 연구, 목적과 세부사항 정의, 대안의 평가 및 선택을 포함한다.

② 응용프로그램과 하부구조 개발단계

도메인 등록, 하드웨어와 운영 소프트웨어의 구매와 개발, 개발한 응용프로그램의 설치와 안정성 테스트를 포함한다.

③ 그래픽 디자인 개발단계

웹 페이지의 외양설계를 포함한다.

④ 콘텐츠 개발단계

웹 사이트 개발이 완료되기 전에 텍스트나 그래픽 속성의 정보를 창출·구매·작성하여 웹 사이트에 올리는 것을 포함한다.

(2) 운영단계

웹 사이트의 개발이 완료되면 운영단계가 개시된다. 이 단계에서 기업은 웹 사이트의 응용프로그램, 하부구조, 그래픽 디자인 및 콘텐츠를 유지하고 향상시킨다.

(3) 웹사이트 인식과 측정

① 계획단계

연구단계와 성격이 유사하며, 지출은 발생시점에서 비용으로 인식한다.

② 응용프로그램과 하부구조 개발단계, 그래픽 디자인 단계, 콘텐츠 개발단계

발생한 지출이 웹 사이트의 창출, 제조 및 경영자가 의도하는 방식으로 운영될 수 있게 준비하는 데 직접 관련되며, 필수적인 경우에는 무형자산으로 인식하는 웹 사이트의 취득원가에 포함한다. 콘텐츠가 기업 자체의 재화와 용역을 광고하고 판매를 촉진하기 위하여 개발되었다면 무형자산에 따라 발생시점에 비용으로 인식한다.

③ 운영단계

웹 사이트의 개발이 완성되면 개시한다. 이 단계에서 발생한 지출은 무형자산의 인식조건을 충족하지
못하면 발생시점에 비용으로 인식한다.

7. 재평가모형 하의 손상차손 19년 기출

(1) 재평가모형 하의 손상차손인식 여부

재평가모형 하에서 손상차손은 선 재평가 후 손상차손인식이다. 즉, 재평가를 우선 적용한 다음 손상차손인
식 여부를 판단한다.

▷ 자산의 손상차손은 동 자산에서 발생한 재평가잉여금에 해당하는 금액까지는 기타포괄손익으로 인식
하고 초과액은 당기손익으로 인식한다.

(2) 재평가모형 하의 손상차손환입

자산의 손상차손환입은 기타포괄손익으로 인식한다. 다만, 동 자산의 손상차손을 이전에 당기손익으로 인
식한 금액이 있다면 그 금액까지는 손상차손환입도 당기손익으로 인식한다.

8. 투자부동산

(1) 투자부동산의 해당 여부 23, 13, 11년 기출

투자부동산은 임대수익이나 시세차익 또는 두 가지 모두를 얻기 위하여 소유자나 금융리스의 이용자가 보유
하고 있는 부동산이다.

투자부동산의 해당 항목	• 장기 시세차익을 얻기 위하여 보유하고 있는 토지(정상적인 영업과정에서 단기간에 판매하기 위하여 보유하는 토지는 제외) • 장래 사용목적을 결정하지 못한 채로 보유하고 있는 토지(만약 토지를 자가사용할지 또는 정상적인 영업과정에서 단기간에 판매할지를 결정하지 못한 경우 당해 토지는 시세차익을 얻기 위하여 보유하고 있는 것으로 봄) • 직접 소유(또는 금융리스를 통해 보유)하고 있는 운용리스로 제공하고 있는 건물 • 운용리스로 제공하기 위하여 보유하고 있는 미사용 건물 • 미래에 투자부동산으로 사용하기 위하여 건설 또는 개발 중인 부동산
투자부동산이 아닌 항목	• 정상적인 영업과정에서 판매하기 위한 부동산이나 이를 위하여 건설 또는 개발 중인 부동산 • 제3자를 위하여 건설 또는 개발 중인 부동산 • 재화의 생산이나 용역의 제공 또는 관리 목적에 사용되는 미래 자가사용하기 위한 부동산, 미래에 개발 후 자가사용할 부동산, 종업원이 사용하고 있는 부동산, 처분 예정인 자가 사용부동산을 포함한 자가사용부동산 • 금융리스로 제공한 부동산

(2) 투자부동산의 인식 및 측정 23, 22, 21, 20, 19년 기출

① 인식기준

투자부동산은 투자부동산에서 발생하는 미래경제적 효익의 유입 가능성이 높고, 투자부동산의 원가를
신뢰성 있게 측정할 수 있을 때 자산으로 인식하며, 인식요건을 충족하지 못하는 경우 관련지출은 발생
시 비용으로 처리한다.

② **최초 측정**

투자부동산은 최초 인식시점에 원가로 측정한다. 이때 발생하는 거래원가는 최초의 측정원가에 포함한다.

③ **인식 후의 측정**

㉠ **원가모형** : 당초 취득원가에서 감가상각누계액과 손상차손누계액을 차감한 금액을 장부금액으로 보고하는 방법으로, 최초 인식 후 투자부동산의 평가방법으로 원가모형을 선택한 경우에는 모든 투자부동산에 대하여 원가모형으로 측정한다.

㉡ **공정가치모형** : 최초 측정 시 원가로 기록한 후 감가상각을 하지 않고 회계연도 말에 공정가치로 평가하여 평가손익을 당기손익에 반영하는 방법으로, 공정가치모형을 선택한 경우 최초 인식 후 모든 투자부동산은 공정가치로 측정한다.

(3) 투자부동산의 회계처리 23, 20, 14, 11년 기출

① 부동산 중 일부는 시세차익을 얻기 위하여 보유하고, 일부분은 재화의 생산에 사용하기 위하여 보유하고 있으나 이를 부분별로 나누어 매각할 수 없다면 재화나 용역의 생산이나 제공 또는 관리목적에 사용하기 위하여 보유하는 부분이 중요하지 않은 경우에만 해당 부동산을 투자부동산으로 분류한다.

② 금융리스를 통해 보유하게 된 건물을 운용리스로 제공하고 있다면 해당 건물은 투자부동산으로 분류된다.

③ 사무실건물의 소유자가 그 건물을 사용하는 리스이용자에게 경미한 보안과 관리용역을 제공하는 경우 해당 부동산은 투자부동산으로 분류한다.

④ 운용리스로 제공하기 위하여 직접 소유하고 있는 미사용건물은 투자부동산에 해당된다.

⑤ 지배기업이 보유하고 있는 건물은 종속기업에게 리스하여 종속기업의 본사 건물로 사용하는 경우, 그 건물은 지배기업의 연결재무제표상에서 투자부동산으로 분류할 수 없다.

⑥ 재고자산을 공정가치모형 적용 투자부동산으로 계정대체 시, 재고자산의 장부금액과 대체시점의 공정가치의 차액은 당기손익으로 인식한다.

⑦ 공정가치로 평가하게 될 자가건설 투자부동산의 건설이나 개발이 완료되면 해당 일의 공정가치와 기존 장부금액의 차액은 당기손익으로 인식한다.

⑧ 투자부동산을 원가모형으로 평가하는 경우에는 투자부동산, 자가사용부동산, 재고자산 사이에 대체가 발생할 때에 대체 전 자산의 장부가액을 승계한다.

⑨ 자가사용부동산을 공정가치로 평가하는 투자부동산으로 대체하는 시점까지 그 부동산을 감가상각하고, 발생한 손상차손을 인식하여야 한다.

⑩ 투자부동산을 정상적인 영업과정에서 판매하기 위해 개발을 시작하면 재고자산으로 대체한다.

⑪ 운용리스에서 리스이용자가 보유하고 있는 부동산에 대한 권리를 투자부동산으로 분류하는 경우, 최초 인식 후에는 공정가치모형만 적용한다.

⑫ 건설이나 개발이 완료되어 건설 중인 자산을 공정가치로 평가하는 투자부동산으로 대체하는 경우, 부동산의 장부금액과 대체 시점의 공정가치의 차액은 당기손익으로 인식한다.

⑬ 유형자산이나 재고자산의 투자부동산으로의 변경은 회계정책이나 추정의 변경이 아닌 계정대체로 처리한다.

⑭ 투자부동산을 포함한 특정 자산군의 공정가치와 연동하는 수익 또는 그 자산군에서 얻는 수익으로 상환하는 부채와 연계되어 있는 모든 투자부동산은 공정가치모형 또는 원가모형을 선택하여 평가한다.

⑮ 투자부동산을 후불조건으로 취득하는 경우의 원가는 취득시점의 현금가격상당액으로 하며 현금가격상
당액과 실제 총지급액의 차액은 신용기간 동안의 이자비용으로 인식한다.

(4) 투자부동산의 처분 23, 20년 기출

① 투자부동산의 제거

투자부동산을 처분하거나, 투자부동산의 사용을 영구히 중지하고 처분으로도 더 이상의 미래경제적 효
익을 기대할 수 없는 경우에는 제거하여야 한다.

② 투자부동산의 처분손익

투자부동산의 폐기나 처분으로 발생하는 손익은 순처분금액과 장부금액의 차액이며, 폐기나 처분이 발
생한 기간에 당기손익으로 인식한다.

제5절 | 무형자산

1. 무형자산의 취득

(1) 무형자산의 정의 및 종류

① 정 의 18, 17, 16년 기출

무형자산은 물리적 형체가 없지만 식별가능하고, 기업이 통제(보유)하고 있으며, 미래경제적 효익이 발
생하는 비화폐성자산을 말한다. 기업은 과학적·기술적 지식, 새로운 공정이나 시스템의 설계와 실행,
라이선스, 지적재산권, 시장에 대한 지식과 상표(브랜드명 및 출판표제 포함) 등의 무형자원을 취득·개
발·유지하거나 개선한다. 이러한 예에는 컴퓨터소프트웨어, 특허권, 저작권, 영화필름, 고객목록, 모기
지관리용역권, 어업권, 수입할당량, 프랜차이즈, 고객이나 공급자와의 관계, 고객충성도, 시장점유율과
판매권 등이 있다.

㉠ 식별가능성 : 영업권을 제외한 무형자산은 다음 중 하나에 해당하는 경우에 식별가능하다. 영업권은
사업결합에서 개별적으로 식별하여 별도로 인식하는 것이 불가능한 미래경제적 효익을 나타내는 자
산이다.

> ⓐ 자산이 분리가능하다. 즉, 기업의 의도와는 무관하게 기업에서 분리하거나 분할할 수 있고, 개별적
> 으로 또는 관련된 계약, 식별가능한 자산이나 부채와 함께 매각·이전·라이선스·임대·교환할
> 수 있다.
> ⓑ 자산이 계약상 권리 또는 기타 법적 권리로부터 발생한다. 이 경우 그러한 권리가 이전가능한지
> 여부 또는 기업이나 기타 권리와 의무에서 분리가능한지 여부는 고려하지 아니한다.

㉡ 통제 : 자원에서 유입되는 미래경제적 효익을 확보할 수 있고 그 효익에 대한 제3자의 접근을 제한할
수 있다면 기업이 자산을 통제하고 있는 것이다. 무형자산의 미래경제적 효익에 대한 통제능력은 일
반적으로 법적 권리에서 나오며, 법적 권리가 없는 경우에는 통제를 제시하기 어렵다. 그러나 다른
방법으로도 미래경제적 효익을 통제할 수 있기 때문에 권리의 법적 집행가능성이 통제의 필요조건은
아니다.

ⓐ 숙련된 종업원에 대한 통제 : 기업은 숙련된 종업원을 보유하여 미래경제적 효익을 가져다 줄 수 있는 기술 향상을 식별할 수 있으며, 이를 계속 이용할 수 있을 것으로 기대할 수 있다. 그러나 숙련된 종업원이나 교육훈련으로부터 발생하는 미래경제적 효익은 일반적으로 충분한 통제를 가지고 있지 않으므로, 무형자산으로 인식할 수 없다.

ⓑ 고객충성도에 대한 통제 : 기업은 고객구성이나 시장점유율에 근거하여 고객관계와 고객충성도를 잘 유지함으로써 고객이 계속하여 거래할 것이라고 기대할 수 있다. 그러나 일반적으로 고객관계나 고객충성도에서 창출될 미래경제적 효익에 대해서는 기업이 충분한 통제를 가지고 있지 않으므로, 무형자산으로 인식할 수 없다.

ⓒ 고객관계의 교환거래 : 고객관계를 보호할 법적 권리가 없는 경우에도, 동일하거나 유사한, 비계약적 고객관계를 교환하는 거래(사업결합 과정에서 발생한 것이 아님)는 고객관계로부터 기대되는 미래경제적 효익을 통제할 수 있다는 증거를 제공한다. 그러한 교환거래는 고객관계가 분리가능하다는 증거를 제공하므로 그러한 고객관계는 무형자산의 정의를 충족한다.

ⓒ **미래경제적 효익** : 무형자산의 미래경제적 효익은 제품의 매출, 용역수익, 원가절감 또는 자산의 사용에 따른 기타 효익의 형태로 발생할 수 있다. 예를 들면, 제조과정에서 지적재산을 사용하면 미래 수익을 증가시키기보다는 미래 제조원가를 감소시킬 수 있다.

② **무형자산의 인식** 20년 기출

무형자산으로 인식하기 위해서는 다음의 조건을 모두 충족해야 한다.

㉠ **무형자산의 정의** : 식별가능성, 통제, 미래경제적 효익

㉡ **무형자산의 인식기준**

> ⓐ 자산에서 발생하는 미래경제적 효익이 기업에 유입될 가능성이 높다.
> ⓑ 자산의 원가를 신뢰성 있게 측정할 수 있다.

▷ 미래경제적 효익이 기업에 유입될 가능성은 최선의 추정치를 반영하는 합리적이고 객관적인 가정에 근거하여 평가하여야 한다. 미래경제적 효익의 확실성에 대한 평가는 무형자산을 최초로 인식하는 시점에서 이용 가능한 증거에 근거하며, 외부 증거에 비중을 더 크게 둔다.

③ **종 류** 18, 15년 기출

무형자산의 종류로는 물리적 실체는 없지만 식별가능한 비화폐성자산과 사업결합으로 인해 발생하는 영업권이 있다.

㉠ **영업권** : 영업권은 사업결합으로 인해 발생하는 무형자산으로, 우수한 경영진, 뛰어난 판매조직, 양호한 신용, 원만한 노사관계, 기업의 좋은 이미지 등 동종의 타기업에 비하여 특별히 유리한 사항들을 집합한 무형의 자원을 말한다.

㉡ **개발비** : 기업의 상업적인 목적의 개발활동과 관련하여 발생한 지출액 중 미래의 경제적 효익이 기업에 유입될 가능성이 매우 높으며, 취득원가를 신뢰성 있게 측정한 것을 말한다.

© 산업재산권 21년 기출

특허권	특정 발명을 특허법에 의하여 등록하여 일정기간 독점적·배타적으로 이용할 수 있는 권리(특허 권을 타인으로부터 매입한 경우에는 취득에 소요된 매입원가와 취득부대비용으로 그것을 사용할 수 있는 권리)
실용신안권	물건의 모양·구조 또한 결합 등 실용적인 고안을 관계 법률에 의하여 등록하여 일정기간 동안 독점적·배타적으로 이용할 수 있는 권리
의장권	물건의 외관상 미감을 얻기 위한 고안을 관계 법률에 의하여 등록하여 일정기간 동안 독점적·배 타적으로 이용할 수 있는 권리
상표권	특정 상표를 관계 법률에 의하여 등록하여 일정기간 동안 독점적·배타적으로 이용할 수 있는 권리

② 기타 무형자산 : 라이센스, 프랜차이즈, 저작권, 컴퓨터소프트웨어, 임차권리금, 광업권, 어업권 등
이 있다. 기업이 터널이나 교량을 건설하여 정부에 기부하는 대가로 취득하는 용역운영권도 무형자
산의 일종이다.

(2) 무형자산의 취득원가 18, 17, 11, 10년 기출

무형자산의 취득원가는 무형자산을 취득하여 목적하는 활동에 사용하기까지 소요된 모든 현금지출액 또는
현금 등의 가액으로, 구입원가와 자산을 사용할 수 있도록 준비하는 데 직접 관련되는 지출로 구성된다.

> 무형자산의 취득원가 = 구입원가 + 직접 관련된 지출

① 개별 취득하는 무형자산의 취득원가
구입가격과 자산을 의도한 목적에 사용할 수 있도록 준비하는 데 직접 관련된 원가(종업원급여, 전문가
수수료, 검사비용 등)로 구성된다. 구입가격을 측정할 때는 현금 등 지급액에서 매입할인과 리베이트는
차감하고 수입관세와 환급받을 수 없는 제세금을 가산한다.

보충 무형자산의 취득원가에 포함되지 않는 지출의 예

• 새로운 제품이나 용역의 홍보원가(광고와 판매촉진 활동원가 포함)
• 새로운 지역에서 또는 새로운 계층의 고객을 대상으로 사업을 수행하는 데 발생하는 원가
• 관리원가와 기타 일반경비원가
• 경영자가 의도하는 방식으로 운용될 수 있으나 사용이 시작되지 않은 기간에 발생한 원가
• 자산의 산출물에 대한 수요가 확립되기 전까지 발생하는 손실과 같은 초기 영업손실
• 무형자산 개발과 관련된 활동 중 반드시 필요하지 않은 부수적인 활동과 관련된 수입과 지출
• 무형자산을 사용하거나 재배치하는 데 발생하는 지출

---

② 사업결합에 의한 취득
사업결합으로 취득하는 무형자산의 원가는 사업결합일의 공정가액으로 한다. 사업결합과정에서 인정되
어 대가를 지급한 무형자산의 공정가액은 인식기준(미래경제적 효익 및 신뢰성 있는 측정)을 항상 충족
하는 것으로 본다. 또한 사업결합 전에 그 자산을 피취득자가 인식하였는지 여부에 관계없이, 피취득자
가 진행하고 있는 연구·개발 프로젝트가 무형자산의 정의를 충족한다면 영업권과 분리하여 별도의 자
산으로 인식해야 한다.

③ 정부보조에 의한 취득

무형자산을 정부보조로 무상 또는 공정가치보다 낮은 대가로 취득할 수 있다. 이 경우 무형자산과 정부보조금 모두를 취득일의 공정가치로 측정한다. 다만, 자산을 공정가치로 인식하지 않는 경우에는 명목상 금액과 자산을 사용할 수 있도록 준비하는 데 직접 관련되는 지출을 합한 금액으로 인식한다.

④ 교환에 의한 취득

교환에 의한 취득의 경우 무형자산의 원가는 제공받은 자산의 공정가치로 측정하며, 다음 중 하나에 해당하는 경우 제공한 자산의 장부금액으로 측정한다.

> ㉠ 교환거래에 상업적 실질이 결여된 경우
> ㉡ 취득한 자산과 제공한 자산의 공정가치를 둘 다 신뢰성 있게 측정할 수 없는 경우

⑤ 내부적으로 창출된 무형자산(영업권 제외) 20, 18, 13년 기출

내부적으로 창출된 무형자산이 인식기준을 충족하는지를 평가하기 위하여 무형자산의 창출과정을 연구단계와 개발단계로 구분한다.

㉠ 연구단계에서 창출된 무형자산

ⓐ 연구(또는 내부 프로젝트의 연구단계)에 대한 지출은 무형자산으로 인식하지 않고 발생시점에 비용으로 인식한다.

ⓑ 연구활동의 예

> • 새로운 지식을 얻고자 하는 활동
> • 연구결과나 기타 지식을 탐색, 평가, 최종 선택, 응용하는 활동
> • 재료, 장치, 제품, 공정, 시스템이나 용역에 대한 여러 가지 대체안을 탐색하는 활동
> • 새롭거나 개선된 재료, 장치, 제품, 공정, 시스템이나 용역에 대한 여러 가지 대체안을 제안, 설계, 평가, 최종 선택하는 활동

㉡ 개발단계에서 창출된 무형자산

ⓐ 개발단계는 연구단계보다 훨씬 더 진전되어 있는 상태이기 때문에 어떤 경우에는 내부 프로젝트의 개발단계에서는 무형자산을 식별할 수 있으며, 그 무형자산이 미래경제적 효익을 창출할 것임을 제시할 수 있다. 따라서 무형자산을 사용하거나 판매하기 위한 다음의 요건을 사업계획 등을 통하여 모두 제시할 수 있는 경우에만 개발활동(또는 내부 프로젝트의 개발단계)에서 발생한 무형자산을 인식한다. 그 외에는 연구비와 동일하게 비용으로 인식한다.

> • 무형자산을 완성할 수 있는 기술적 실현가능성
> • 무형자산을 사용하거나 판매하려는 기업의 의도
> • 무형자산을 사용하거나 판매할 수 있는 기업의 능력
> • 무형자산이 미래경제적 효익을 창출하는 방법. 무형자산의 산출물이나 무형자산 자체를 거래하는 시장이 존재함을 제시할 수 있거나 또는 무형자산을 내부적으로 사용할 것이라면 그 유용성을 제시할 수 있음
> • 무형자산의 개발을 완료하고 그것을 판매하거나 사용하는 데 필요한 기술적·재정적 자원 등의 입수가능성
> • 개발과정에서 발생한 무형자산 관련 지출을 신뢰성 있게 측정할 수 있는 기업의 능력

ⓑ 개발활동의 예

> • 생산이나 사용 전의 시제품과 모형을 설계, 제작, 시험하는 활동
> • 새로운 기술과 관련된 공구, 지그, 주형, 금형 등을 설계하는 활동
> • 상업적 생산 목적으로 실현가능한 경제적 규모가 아닌 시험공장을 설계, 건설, 가동하는 활동
> • 신규 또는 개선된 재료, 장치, 제품, 공정, 시스템이나 용역에 대하여 최종적으로 선정된 안을 설계, 제작, 시험하는 활동

▷ 무형자산을 창출하기 위한 내부 프로젝트를 연구단계와 개발단계로 구분할 수 없는 경우에는 그 프로젝트에서 발생한 지출은 모두 연구단계에서 발생한 것으로 본다.

ⓒ 기타 무형자산으로 인식할 수 없는 항목

ⓐ 내부적으로 창출한 영업권 : 내부적으로 창출한 영업권은 자산으로 인식하지 아니한다. 내부적으로 창출한 영업권은 원가를 신뢰성 있게 측정할 수 없고 기업이 통제하고 있는 식별가능한 자원이 아니다(즉, 분리가능하지 않고 계약상 또는 기타 법적 권리로부터 발생하지 않기 때문).

ⓑ 내부적으로 창출한 브랜드, 제호, 출판표제, 고객 목록과 이와 실질이 유사한 항목은 무형자산으로 인식하지 아니한다. 이는 사업을 전체적으로 개발하는 데 발생한 원가와 구별할 수 없기 때문이다.

ⓒ 사업개시에 따른 지출은 무형자산으로 인식하지 않는다. 사업개시원가는 법적 실체를 설립하는 데 발생한 법적비용과 사무비용과 같은 설립원가, 새로운 시설이나 사업을 개시하기 위하여 발생한 지출(개업원가), 또는 새로운 영업을 시작하거나 새로운 제품이나 공정을 시작하기 위하여 발생하는 지출(신규영업준비원가)로 구성된다.

ⓓ 교육 훈련을 위한 지출, 광고 및 판매촉진 활동을 위한 지출(우편 주문 카탈로그 포함), 기업의 전부나 일부의 이전 또는 조직 개편에 관련된 지출은 무형자산으로 인식할 수 없다.

ⓔ 특정 소프트웨어가 없으면 기계장치의 가동이 불가능한 경우 그 소프트웨어는 기계장치의 일부로 회계처리한다.

2. 무형자산의 보유

(1) 무형자산의 인식 후 측정 21, 20, 10년 기출

무형자산의 회계정책으로 원가모형이나 재평가모형을 선택할 수 있다.

① 원가모형

최초 인식 후에 무형자산은 취득원가에서 상각누계액과 손상차손누계액을 차감한 금액을 장부금액으로 한다.

② 재평가모형

무형자산을 재평가일의 공정가액에서 이후의 상각누계액을 차감한 재평가금액을 장부금액으로 기록하는 것을 말한다. 무형자산의 재평가는 유형자산과 동일하다.

(2) 무형자산의 상각 및 손상회계

① 내용연수 21, 16, 12년 기출

무형자산은 내용연수에 따라 다음과 같이 회계처리된다. 그 자산이 순현금유입을 창출할 것으로 기대되는 기간에 대하여 예측가능한 제한이 없을 경우, 무형자산의 내용연수가 비한정인 것으로 본다.

> ㉠ 내용연수가 유한한 경우 상각을 수행한다.
> ㉡ 내용연수가 비한정인 경우 상각하지 않으며, 매년 또는 무형자산의 손상을 시사하는 징후가 있을 때 손상검사를 수행하여야 한다.
> ㉢ 내용연수가 비한정인 무형자산의 내용연수를 유한으로 변경하는 것은 회계추정의 변경으로 회계처리한다.

② 무형자산의 상각 21, 17, 16, 12, 11년 기출

㉠ 무형자산의 상각은 공정가액 또는 회수가능가액이 증가하더라도 취득원가에 기초하여 상각하고, 무형자산은 당해 자산의 법률적 취득시점이 아닌 자산이 사용가능한 때부터 상각한다.

㉡ 무형자산의 상각대상금액을 내용연수 동안 체계적으로 배분하기 위해 정액법, 체감잔액법과 생산량비례법 등 다양한 방법을 사용할 수 있다. 상각방법은 자산이 갖는 예상 미래경제적 효익의 예상되는 소비형태에 기초하여 선택하고, 미래경제적 효익의 예상되는 소비형태가 달라지지 않는다면 매 회계기간에 일관성 있게 적용한다. 다만, 그 형태를 신뢰성 있게 결정할 수 없는 경우에는 정액법을 사용한다.

㉢ 무형자산의 상각이 다른 자산의 제조와 관련된 경우에는 관련 자산의 제조원가로, 그 밖의 경우에는 판매비와 관리비로 계상한다.

㉣ 내용연수가 유한한 무형자산의 상각의 상각기간과 상각방법은 적어도 매 회계연도 말에 검토한다.

㉤ 무형자산의 잔존가치는 제3자의 구입약정 등이 있는 경우를 제외하고 '영(0)'이다.

㉥ 내용연수가 유한한 무형자산은 그 자산을 더 이상 사용하지 않을 때도 상각을 중지하지 아니한다. 다만, 완전히 상각하거나 매각예정으로 분류되는(또는 매각예정으로 분류되는 처분자산집단에 포함되는) 경우에는 상각을 중지한다.

③ 무형자산의 손상회계 17, 16, 12년 기출

㉠ 무형자산에 대한 유의적인 손상 징후가 발견되었다면 손상차손을 인식한다.

㉡ 아직 사용하지 않은 무형자산이나 사업결합으로 취득한 영업권도 손상검사 대상이다.

㉢ 비한정 내용연수를 유한 내용연수로 재평가하는 것은 그 자산의 손상을 시사하는 하나의 경우가 되므로 그 자산에 대한 손상검사를 하여야 한다.

㉣ 재평가한 무형자산에 대하여 더 이상 활성시장이 존재하지 않는다는 것은 손상검사를 할 필요가 있다는 것을 나타내는 것일 수 있다.

㉤ 무형자산의 손상 및 손상회복의 회계처리는 유형자산의 회계처리와 동일하다.

㉥ 영업권에 인식한 손상차손은 후속 기간에 환입하지 아니한다.

(3) 무형자산의 회계처리 시 유의사항 23, 18, 17, 15년 기출

① 개별 취득하는 무형자산과 사업결합으로 취득하는 무형자산은 인식 조건 중 미래경제적 효익의 유입가능성은 항상 충족되는 것으로 본다.

② 무형자산의 잔존가치는 해당 자산의 장부금액과 같거나 큰 금액으로 증가할 수도 있는데, 이 경우 자산의 잔존가치가 이후에 장부금액보다 작은 금액으로 감소될 때까지 무형자산의 상각액은 영(0)이 된다.

③ 시장에 대한 지식에서 미래경제적 효익이 발생하고 이것이 법적 권리에 의해서 보호된다면 그러한 지식은 무형자산으로 인식할 수 있다.

④ 계약상 또는 기타 법적 권리가 갱신가능한 한정된 기간 동안 부여된다면, 유의적인 원가 없이 기업에 의해 갱신될 것이 명백한 경우에만 그 갱신기간을 무형자산의 내용연수에 포함한다.

⑤ 최초에 비용으로 인식한 무형항목에 대한 지출은 그 이후에 무형자산의 원가로 인식할 수 없다.

> **주의** 최초에 비용으로 인식한 무형항목에 대한 지출은 회계정책변경으로도 무형자산의 원가로 인식할 수 없다.

⑥ 재평가한 무형자산과 같은 분류 내의 무형자산을 그 자산에 대한 활성시장이 없어서 재평가할 수 없는 경우에는 원가에서 상각누계액과 손상차손누계액을 차감한 금액으로 표시한다.

⑦ 무형자산 원가의 인식은 그 자산을 경영자가 의도하는 방식으로 운용될 수 있는 상태에 이르면 중지한다. 따라서 무형자산을 사용하거나 재배치하는 데 발생하는 원가는 자산의 장부금액에 포함하지 않는다.

3. 무형자산의 폐기와 처분

(1) 무형자산의 제거

무형자산을 처분하거나 사용이나 처분으로부터 미래경제적 효익이 기대되지 않는 경우(폐기)에 재무상태표에서 제거한다. 무형자산의 제거로 인하여 발생하는 이익이나 손실은 판매 후 리스거래인 경우를 제외하고 자산을 제거할 때 당기손익으로 인식한다.

(2) 무형자산의 처분방법 및 처분일

무형자산은 여러 방법(예 매각, 금융리스의 체결, 기부)으로 처분할 수 있다. 무형자산의 처분일은 수령자가 해당 자산을 통제하게 되는 날이다.

4. 사업결합과 영업권

(1) 사업결합의 일반사항

① 사업결합이란 취득자가 하나 이상의 사업에 대한 지배력을 획득하는 거래나 그 밖의 사건을 말한다. 이러한 사업결합에는 대등한 두 회사의 합병도 포함된다.

② 사업결합의 취득일은 취득자가 피취득자에 대한 지배력을 획득한 날이다.

③ 취득일 현재, 취득자는 영업권과 분리하여 식별가능한 취득자산, 인수부채 및 피취득자에 대한 비지배지분을 인식한다.

(2) 사업결합의 회계처리 23, 22, 18, 16년 기출

① 사업결합은 취득법을 적용하여 회계처리한다. 취득법은 취득하는 자산과 인수하는 부채를 공정가치로 인식하는 방법이다.

② 이전대가는 사업결합 시 피취득자에게 지급하는 현금 등으로 이는 공정가치로 측정한다. 그 공정가치는 취득자가 이전하는 자산, 취득자가 피취득자의 이전 소유주에 대하여 부담하는 부채 및 취득자가 발행한 지분의 취득일의 공정가치 합계로 산정한다.

③ 취득자는 사업결합에서 취득한 식별가능한 무형자산을 영업권과 분리하여 인식한다. 무형자산은 분리가 능성 기준이나 계약적·법적 기준을 충족하는 경우에 식별가능하다.

④ 피취득자로부터 취득한 순공정가치를 초과하여 이전대가를 지급한 경우에는 그 차익을 영업권으로 계상하며, 순공정가치보다 미달하여 지급한 경우에는 그 차액을 염가매수차익으로 계상한다.

[영업권 인식]

(차) 자 산	100	(대) 부 채	40
영업권	20	이전대가	80

[염가매수차익]

(차) 자 산	100	(대) 부 채	40
		이전대가	50
		염가매수차익	10

---

⑤ 영업권은 비한정 내용연수를 가진 무형자산으로, 염가매수차익은 당기손익으로 인식한다.

01 보고기간 말에 만기가 3개월 미만인 금융자산은 현금 및 현금성자산으로 분류해야 한다. (O, X)

02 사용제한예금은 취득 당시 만기가 3개월 이내라 할지라도 현금 및 현금성 자산에 해당하지 않는다. (O, X)

03 지분상품인 기타포괄손익-공정가치측정금융자산은 처분 시 관련 손익을 당기손익으로 재분류할 수 있다. (O, X)

04 최초 인식시점에 채무상품에 대한 투자로서 단기매매항목이 아니고 사업 결합에서 취득자가 인식하는 조건부 대가가 아닌 지분상품에 대한 투자의 후속적인 공정가치 변동을 기타포괄손익으로 표시할 수 있다. (O, X)

05 물가가 지속적으로 상승하고, 기말수량이 기초수량보다 많은 경우 후입선 출법의 매출원가가 선입선출법의 매출원가보다 크다. (O, X)

06 재고자산의 저가법 적용 시 경우에 따라서는 서로 유사하거나 관련있는 항목들을 통합하여 적용하는 것이 적절할 수 있다. 따라서 재고자산의 분류에 따라 저가법을 적용하는 경우가 발생할 수 있다. (O, X)

07 유형자산의 주요부품이나 구성요소를 대체할 때 발생하는 원가는 기존자산의 수선 유지를 위한 지출이므로 당기비용으로 처리한다. (O, X)

08 유형자산과 관련하여 자본에 계상된 재평가잉여금은 이익조작가능성을 방지하기 위해 그 자산이 제거될 때에만 당기손익으로 인식한다. (O, X)

09 사업결합과정에서 인정되어 대가를 지급한 무형자산의 공정가액은 인식 기준(미래경제적 효익 및 신뢰성 있는 측정)을 항상 충족하는 것으로 본다. (O, X)

10 생산이나 사용 전의 시제품과 모형을 설계, 제작, 시험하는 활동은 연구단 계에 해당하여 무형자산의 원가로 계상할 수 없다. (O, X)

---

01 × 현금 및 현금성자산은 취득 당시 만기 또는 상환일이 3개월 이내인 것을 말한다.

02 ○

03 × 당기손익으로 재분류하는 것을 금지한다.

04 × 지분상품의 투자에 대하여 표시 가능하다.

05 ○

06 × 재고자산의 분류(예 완제품)나 특정 영업부문에 속하는 모든 재고자산에 기초하여 저가법을 적용하는 것은 적절하지 않다.

07 × 자산의 인식기준을 충족하면 해당 유형자산의 장부금액에 포함하여 인식한다.

08 × 재평가잉여금은 당기손익을 거치지 않고 직접 이익잉여금으로 대체한다.

09 ○

10 × 생산이나 사용 전의 시제품과 모형을 설계·제작·시험하는 활동은 개발단계에 해당한다.

01 (주)한국은 20×2년 10월 1일 (주)세종에 상품을 매출하고, 동일자에 액면금액 ₩1,000,000, 표시이자율 연 6%, 만기일 20×3년 1월 31일인 받을어음을 수취하였다. (주)한국은 동 받을어음을 20×2년 11월 1일에 대한은행에서 연 8%로 할인하는 차입거래로 자금을 조달하였다. (주)한국이 20×2년 11월 1일에 수령할 현금수취액과 이 거래로 20×2년에 이자비용(할인료)으로 인식할 금액은? (단, 이자는 월할 계산한다)

	현금수취액	이자비용
①	₩984,600	₩15,400
②	₩999,600	₩5,400
③	₩999,600	₩15,400
④	₩2,000	₩15,000
⑤	₩1,000,000	₩20,000

해설

(1) 만기 시 수취할 현금 = ₩1,000,000 + (₩1,000,000 × 6% × 4 / 12) = ₩1,020,000
(2) 할인 시 수취할 현금 = ₩1,020,000 − (₩1,020,000 × 8% × 3 / 12) = ₩999,600
(3) 회계처리

(차) 현 금	₩999,600	(대) 받을어음	₩1,000,000
매출채권처분손실	₩5,400	이자수익	₩5,000*

*₩1,000,000 × 6% × 1 / 12 = ₩5,000

02 (주)한국은 결산을 앞두고 당좌예금의 계정 잔액을 조정하기 위해 은행에 예금 잔액을 조회한 결과 20×1년 12월 31일 잔액은 ₩125,400이라는 회신을 받았다. (주)한국의 당좌예금 장부상 수정 전 잔액은 ₩149,400이다. (주)한국의 내부감사인은 차이의 원인에 대해 분석하였고, 다음과 같은 사실을 확인하였다.

- (주)한국이 20×1년 12월 31일에 입금한 ₩50,000이 은행에서는 20×2년에 1월 4일자로 입금처리되었다.
- (주)한국이 발행한 수표 중에서 20×1년 12월 3일에 발행한 수표(No. 164) ₩20,000이 아직 인출되지 않았다.
- (주)한국이 발행한 수표(No. 173)의 발행액은 ₩21,000이었으나 회계담당자가 이를 ₩12,000으로 잘못 기록하였다.
- (주)한국이 발행한 수표(No. 182) ₩15,000을 은행의 착오로 다른 기업의 계좌에서 출금처리하였다.

위 자료를 이용할 때 20×1년 말 (주)한국의 수정 후 당좌예금 잔액은?

① ₩134,400
② ₩140,400
③ ₩158,400
④ ₩168,400
⑤ ₩171,400

해설

구 분	회사측 잔액	은행측 잔액
수정 전	₩149,400	₩125,400
미기입예금	–	(+)₩50,000
기발행미인출수표	–	(−)₩20,000
발행수표오류	(−)₩9,000	–
은행오류	–	(−)₩15,000
합 계	₩140,400	₩140,400

03 (주)한국의 매출채권과 그에 대한 미래현금흐름 추정액은 다음과 같다. 충당금설정법을 사용할 경우, 기말에 인식하여야 하는 대손상각비는? (단, 할인효과가 중요하지 않은 단기매출채권이며, 기중 대손충당금의 변동은 없다)

구 분	기 초	기 말
매출채권	₩26,000	₩30,000
추정 미래현금흐름	₩24,500	₩26,500

① ₩2,000
② ₩3,000
③ ₩4,000
④ ₩5,000
⑤ ₩4,500

(1) 기초대손충당금 = ₩26,000 − ₩24,500 = ₩1,500

(2) 기말대손충당금 = ₩30,000 − ₩26,500 = ₩3,500

(3) 대손상각비 = ₩3,500 − ₩1,500 = ₩2,000

04

당기 매출액은 ₩300,000이고 대손상각비는 ₩20,000이다. 매출채권과 대손충당금의 기초 및 기말 자료가 다음과 같을 때, 고객으로부터 유입된 현금은? (단, 매출은 모두 외상매출로만 이루어진다)

구 분	기 초	기 말
매출채권	₩300,000	₩500,000
대손충당금	₩20,000	₩20,000

① ₩80,000

② ₩100,000

③ ₩200,000

④ ₩280,000

⑤ ₩120,000

대손충당금

감소(대손발생)	₩ ?	기 초	₩20,000
기 말	₩20,000	대손설정(대손상각비)	₩20,000
	₩40,000		₩40,000

대손발생한 금액(₩20,000)만큼 매출채권에서 감소시켜야 한다.

매출채권

기 초	₩300,000	현금회수	₩ ?
증가(매출액)	₩300,000	대손발생	₩20,000
		기 말	₩500,000
	₩600,000		₩600,000

따라서, 현금회수 금액은 ₩80,000이 된다.

05

금융자산이 손상되었다는 객관적인 증거에 해당하지 않는 것은?

① 금융자산의 발행자나 지급의무자의 유의적인 재무적 어려움

② 금융자산 관련 무위험이자율이 하락하는 경우

③ 이자지급의 지연과 같은 계약 위반

④ 채무자의 파산

⑤ 재무적 어려움으로 해당 금융자산에 대한 활성시장의 소멸

무위험이자율은 전체적인 시장위험과 관련된 것으로 특정자산과는 무관하다.

06 기타포괄손익 항목 중 후속적으로 당기손익으로 재분류조정될 수 있는 것은?

① 확정급여제도의 재측정요소
② 최초 인식시점에서 기타포괄손익–공정가치측정금융자산으로 분류한 지분상품의 공정가치 평가손익
③ 현금흐름위험회피 파생상품평가손익 중 위험회피에 효과적인 부분
④ 무형자산 재평가잉여금
⑤ 관계기업 유형자산 재평가로 인한 지분법기타포괄손익

해설

위험회피수단의 손익 중 위험회피에 효과적인 부분은 기타포괄손익으로 인식한 후 위험회피대상 미래예상현금흐름이 당기손익에 영향을 미치는 기간(예 이자수익이나 이자비용을 인식하는 기간이나 예상매출이 생긴 때)에 재분류조정으로 현금흐름위험회피적립금에서 당기손익에 재분류한다.

07 금융자산의 재분류 시 회계처리에 관한 설명으로 옳지 않은 것은?

① 기타포괄손익–공정가치측정금융자산을 당기손익–공정가치측정금융자산으로 재분류할 경우 계속 공정가치로 측정하고, 재분류 전에 인식한 기타포괄손익누계액은 재분류일에 이익잉여금으로 대체한다.
② 상각후원가측정금융자산을 당기손익–공정가치측정금융자산으로 재분류할 경우 재분류일의 공정가치로 측정하고, 재분류 전 상각후원가와 공정가치의 차이를 당기손익으로 인식한다.
③ 상각후원가측정금융자산을 기타포괄손익–공정가치측정금융자산으로 재분류할 경우 재분류일의 공정가치로 측정하고, 재분류 전 상각후원가와 공정가치의 차이를 기타포괄손익으로 인식하며, 재분류에 따라 유효이자율과 기대신용손실 측정치는 조정하지 않는다.
④ 기타포괄손익–공정가치측정금융자산을 상각후원가측정금융자산으로 재분류할 경우 재분류일의 공정가치로 측정하고, 재분류 전에 인식한 기타포괄손익누계액은 자본에서 제거하고 재분류일의 금융자산의 공정가치에서 조정하며, 재분류에 따라 유효이자율과 기대신용손실 측정치는 조정하지 않는다.
⑤ 당기손익–공정가치측정금융자산을 기타포괄손익–공정가치측정금융자산으로 재분류할 경우 계속 공정가치로 측정하고, 재분류일의 공정가치에 기초하여 유효이자율을 다시 계산한다.

해설

금융자산을 기타포괄손익–공정가치 측정 범주에서 당기손익–공정가치 측정 범주로 재분류하는 경우에 계속 공정가치로 측정한다. 재분류 전에 인식한 기타포괄손익누계액은 재분류일에 재분류조정으로 자본에서 당기손익으로 재분류한다.

08 (주)대한은 20x1년 1월 1일 (주)한국이 동 일자에 발행한 액면금액 ₩1,000,000, 표시이자율 연 10%(이자는 매년 말 지급)의 3년 만기의 사채를 ₩951,963에 취득하였다. 동 사채의 취득 시 유효이자율은 연 12%이었으며, (주)대한은 동 사채를 상각후원가로 측정하는 금융자산으로 분류하였다. 동 사채의 20x1년 12월 31일 공정가치는 ₩975,123이었으며, (주)대한은 20x2년 7월 31일에 경과이자를 포함하여 ₩980,000에 전부 처분하였다. 동 사채 관련 회계처리가 (주)대한의 20x2년도 당기순이익에 미치는 영향은? (단, 단수차이로 인한 오차가 있으면 가장 근사치를 선택한다)

① ₩14,842 감소
② ₩4,877 증가
③ ₩34,508 감소
④ ₩48,310 증가
⑤ ₩13,801 증가

해설

20x1년 12월 31일 장부가액 = ₩951,963 × 112% − ₩100,000 = ₩966,199
처분이익과 이자를 포함하여 다음과 같은 금액이 당기순이익에 영향을 미친다.
∴ ₩980,000 − ₩966,199 = ₩13,801

09 (주)대한은 20×1년 1월 1일에 액면금액 ₩1,000,000(표시이자율 연 8%, 이자지급일 매년 12월 31일, 만기일 20×3년 12월 31일)의 사채를 발행하려고 했으나 실패하고, 9개월이 경과된 20×1년 10월 1일에 동 사채를 (주)세종에게 발행하였다. 20×1년 1월 1일과 사채발행일 현재 유효이자율은 연 10%로 동일하며, (주)세종은 만기보유목적으로 취득하였다. (주)대한이 20×1년 10월 1일에 사채발행으로 수취할 금액은? (단, 현가계수는 다음의 표를 이용하고, 단수차이로 인한 오차가 있다면 가장 근사치를 선택한다)

[현가계수표]

3년	8%	10%
단일금액 ₩1의 현가계수	0.79383	0.75131
정상연금 ₩1의 현가계수	2.57710	2.48685

① ₩950,258
② ₩961,527
③ ₩1,000,000
④ ₩1,021,527
⑤ ₩1,060,000

해설

(1) 20×1년 1월 1일 발행가액 = ₩1,000,000 × 0.75131 + ₩1,000,000 × 8% × 2.48685 = ₩950,258
(2) 20×1년 10월 1일 사채발행으로 수취할 금액 = ₩950,258 + ₩950,258 × 10% × 9 / 12 = ₩1,021,527
(3) 20×1년 10월 1일 분개

(차) 현 금	₩1,021,527	(대) 사 채	₩1,000,000
사채할인발행차금	₩38,473(*1)	미지급이자	₩5,000(*2)

(*1) ₩1,000,000 − (₩950,258 + ₩950,258 × 10% × 9 / 12 − ₩80,000 × 9 / 12) = ₩38,473
(*2) ₩80,000 × 9 / 12 = ₩60,000

10 (주)국세는 20×3년 초에 (주)대한의 주식 20%를 ₩50,000에 취득하면서 유의적인 영향력을 행사할 수 있게 되었다. 추가자료는 다음과 같다.

> • 20×3년 중에 (주)대한은 토지를 ₩20,000에 취득하고 재평가모형을 적용하였다.
> • (주)대한은 20×3년 말 당기순이익 ₩10,000과 토지의 재평가에 따른 재평가이익 ₩5,000을 기타포괄이익으로 보고하였다.
> • 20×3년 중에 (주)대한은 중간배당으로 현금 ₩3,000을 지급하였다.

(주)국세의 20×3년 말 재무상태표에 인식될 관계기업투자주식은 얼마인가?

① ₩51,400
② ₩52,400
③ ₩53,600
④ ₩55,000
⑤ ₩62,000

해설
(1) 지분법이익 = 순이익 × 지분율 = ₩10,000 × 20% = ₩2,000
(2) 중간배당금 차감 = 현금배당 × 지분율 = ₩3,000 × 20% = (−)₩600
(3) 지분법자본변동 = 기타포괄이익 × 지분율 = ₩5,000 × 20% = (+)₩1,000
(4) 관계기업투자주식 = ₩50,000 + ₩2,000 + ₩1,000 − ₩600 = ₩52,400

11 재고자산과 관련된 다음의 설명 중 옳지 않은 것은?

① 회사가 실지재고조사법만을 사용하더라도 재고자산평가손실을 파악할 수 있다.
② 물가가 지속적으로 상승하는 경우 선입선출법 하의 기말재고자산금액은 평균법 하의 기말재고자산금액보다 작지 않다.
③ 선입선출 소매재고법을 사용할 경우 매출원가는 판매가능재고자산의 원가와 판매가를 이용하여 산출한 원가율을 매출액에 곱하여 결정한다.
④ 보유하고 있는 재고자산의 순실현가능가치 총합계액이 취득원가 총합계액을 초과하더라도 재고자산평가손실은 계상될 수 있다.
⑤ 보유하고 있는 재고자산이 확정판매계약의 이행을 위한 것이라면 동 재고자산의 순실현가능가치는 그 계약가격을 기초로 한다.

해설
선입선출법 소매재고법 적용 시 당기매입의 원가와 판매가를 이용하여 산출한 원가율을 사용한다.

12 (주)관세의 20×1년 말 재고자산의 취득원가는 ₩200,000이다. 20×2년 중 재고자산을 ₩1,600,000에 매입하였다. 20×2년 말 장부상 재고자산 수량은 200단위지만 재고실사 결과 재고자산 수량은 190단위 (단위당 취득원가 ₩2,200, 단위당 순실현가능가치 ₩1,900)였다. 회사는 재고자산으로 인한 당기비용 중 재고자산감모손실을 제외한 금액을 매출원가로 인식할 때, 20×2년 매출원가는? (단, 20×1년 말 재고자산은 20×2년에 모두 판매되었다)

① ₩1,377,000

② ₩1,394,000

③ ₩1,399,000

④ ₩1,417,000

⑤ ₩1,421,000

해설

재고자산			
기 초	₩200,000	매출원가	₩ ?(*3)
매 입	₩1,600,000	재고자산감모손실	₩22,000(*1)
		기 말	₩361,000(*2)
	₩1,800,000		₩1,800,000

(*1) 재고자산감모손실 = (200개 − 190개) × ₩2,200 = ₩22,000
(*2) 기말재고액 = 실제수량 × 순실현가능가치 = 190개 × ₩1,900 = ₩361,000
(*3) 매출원가 = ₩1,800,000 − ₩361,000 − ₩22,000 = ₩1,417,000

13 재고자산에 관한 설명으로 옳은 것은?

① 후속 생산단계에 투입하기 전에 보관이 필요한 경우 이외의 보관원가는 재고자산의 취득원가에 포함할 수 있다.

② 확정판매계약을 이행하기 위하여 보유하는 재고자산의 순실현가능가치는 계약가격에 기초하며, 확정판매계약의 이행에 필요한 수량을 초과하는 경우에는 일반 판매가격에 기초한다.

③ 재고자산의 지역별 위치나 과세방식이 다른 경우 동일한 재고자산에 다른 단위원가 결정방법을 적용할 수 있다.

④ 가중평균법의 경우 재고자산 원가의 평균은 기업의 상황에 따라 주기적으로 계산하거나 매입 또는 생산할 때마다 계산하여서는 아니 된다.

⑤ 완성될 제품이 원가 이상으로 판매될 것으로 예상하는 경우에는 해당 원재료를 순실현가능가치로 감액한다.

해설

① 후속 생산단계에 투입하기 전에 보관이 필요한 경우 이외의 보관원가는 재고자산의 취득원가에 포함할 수 없다.
③ 재고자산의 지역별 위치나 과세방식이 다른 경우 동일한 재고자산에 다른 단위원가 결정방법을 적용할 수 없다.
④ 가중평균법의 경우 총평균법과 이동평균법이 모두 인정된다.
⑤ 완성될 제품이 원가 이상으로 판매될 것으로 예상하는 경우에는 해당 원재료를 감액하지 않는다.

14 (주)한영의 20×1년의 기초재고액은 ₩200,000, 당기매입액은 ₩500,000이며, 기말 실사 결과 창고에 보유 중인 재고자산은 ₩50,000이다. 당기 말 현재 재고자산 관련 추가 자료는 다음과 같다.

구 분	원 가	비 고
미착상품	₩30,000	선적지 인도조건으로 현재 운송 중이다.
적송품	₩100,000	해당 금액 중 수탁자가 40%를 판매 완료한 상태이다.
시용품	₩30,000	해당 금액 중 고객이 매입의사표시를 한 금액은 ₩10,000이다.
재구매조건부판매	₩40,000	–
저당상품	₩20,000	기말재고자산 실사에 포함되었다.
반품가능판매	₩60,000	반품액의 합리적 추정이 불가능하다.

위 자료를 이용할 때 매출원가는?

① ₩400,000
② ₩420,000
③ ₩440,000
④ ₩460,000
⑤ ₩500,000

해설

(1) 기말재고자산 = ₩50,000(실사 재고자산) + ₩30,000(미착상품) + ₩100,000 × 60%(적송품) + ₩20,000(시용품) + ₩40,000(재구매조건부판매) + ₩60,000(반품가능판매) = ₩260,000
(2) ₩200,000(기초재고) + ₩500,000(당기매입) − ₩260,000(기말재고) = ₩440,000

15 (주)한국은 상품의 매입원가에 20%를 가산하여 판매하고 있으며 실지재고조사법으로 재고자산을 회계처리하고 있다. 20×3년도 상품매매와 관련된 자료는 다음과 같다.

일 자	적 요	수량(단위)	단 가
1월 1일	기초재고	1,000	₩200
2월 5일	매 입	1,000	₩200
6월 10일	매 입	1,000	₩300
9월 15일	매 출	2,500	–
11월 20일	매 입	1,000	₩400

(주)한국이 재고자산의 원가흐름가정으로 가중평균법을 적용하고 있다면 20×3년도 포괄손익계산서에 인식할 매출액은 얼마인가?

① ₩687,500
② ₩825,000
③ ₩870,000
④ ₩900,000
⑤ ₩920,000

가중평균법은 총평균법과 이동평균법으로 두 가지 계산방법이 존재한다. (주)한국은 실지재고조사법으로 재고자산 회계처리를 하고 있으므로 총평균법을 적용하여 재고자산의 매입원가를 계산하여야 한다.

20X3년 재고자산의 단위당 매입원가 = [(₩200 × 1,000개) + (₩200 × 1,000개) + (₩300 × 1,000개) + (₩400 × 1,000개)] / (1,000개 + 1,000개 + 1,000개 + 1,000개) = ₩275/개

∴ 20×3년도 매출 = 2,500개 × ₩275/개 × 1.2 = ₩825,000

16 (주)대한은 20×3년 12월 31일 실사를 통하여 창고에 보관 중인 상품이 ₩200,000(원가)인 것으로 확인하였다. 다음의 자료를 고려한 (주)대한의 기말상품재고액은 얼마인가? (단, 재고자산감모손실 및 재고자산평가손실은 없다)

- (주)대한이 고객에게 인도한 시송품의 원가는 ₩90,000이며, 이 중 3분의 1에 대해서는 기말 현재 고객으로부터 매입의사를 통보받지 못하였다.
- (주)대한이 (주)한국으로부터 도착지인도조건으로 매입하여 기말 현재 운송 중인 상품의 원가는 ₩80,000이며 20×4년 1월 10일 도착 예정이다.
- (주)대한과 위탁판매계약을 체결한 (주)세무에서 기말 현재 판매되지 않고 보관 중인 상품의 원가는 ₩60,000이다.
- (주)대한이 (주)세종으로부터 선적지인도조건으로 매입하여 기말 현재 운송 중인 상품의 원가는 ₩30,000이며 20×4년 1월 20일 도착 예정이다.

① ₩200,000
② ₩260,000
③ ₩290,000
④ ₩320,000
⑤ ₩360,000

기말재고액 = ₩200,000 + ₩90,000 × 1 / 3 + ₩60,000 + ₩30,000 = ₩320,000

17 상품매매업을 하는 (주)한국은 확정판매계약(취소불능계약)에 따른 판매와 시장을 통한 판매를 동시에 실시하고 있다. 다음은 (주)한국의 20×1년 말 보유 중인 재고내역이다.

종 목	실사수량	단위당 취득원가	단위당 정상판매가격
상품 A	100개	₩150	₩160
상품 B	200개	₩200	₩230
상품 C	300개	₩250	₩260

(주)한국의 경우 확정판매계약에 따른 판매의 경우에는 판매비용이 발생하지 않으나, 시장을 통해 판매하는 경우에는 상품의 종목과 관계없이 단위당 ₩20의 판매비용이 발생한다. 재고자산 중 상품 B의 50%와 상품 C의 50%는 확정판매계약을 이행하기 위하여 보유하고 있는 재고자산이다. 상품 B의 단위당 확정판매계약가격은 ₩190이며, 상품 C의 단위당 확정판매계약가격은 ₩230이다. 재고자산평가와 관련한 20×1년도 당기손익은? (단, 재고자산의 감모는 발생하지 않았다)

① ₩5,000
② ₩5,500
③ ₩6,500
④ ₩7,500
⑤ ₩8,000

해설

(1) 상품 A 평가손실 = 100개 × (₩150 − ₩140) = ₩1,000
(2) 상품 B 평가손실 = 200개 × 50% × (₩200 − ₩190) = ₩1,000
(3) 상품 C 평가손실 = 300개 × 50% × (₩250 − ₩230) = ₩3,000
    300개 × 50% × (₩250 − ₩240*) = ₩1,500
    *상품 C 순실현가능가치 = ₩260 − ₩20 = ₩240
(4) 재고자산평가손실 = (1) + (2) + (3) = ₩6,500

18 (주)신성축산은 20×1년 1월 초에 수익용으로 젖소를 ₩1,500,000에 매입하였는데, 그 젖소는 농림어업자산의 인식요건을 충족한다. 20×1년 12월 31일 젖소의 공정가치는 ₩2,250,000이며, 사육에 소요된 비용은 ₩450,000이다. 20×1년 12월 말에 젖소로부터 원유를 생산하기 시작하였으며, 생산된 원유를 공정가치 ₩300,000에 판매하였다. 판매를 위해 ₩50,000의 비용이 발생되었다면, 20×1년도 (주)신성축산의 당기순이익은?

① ₩300,000
② ₩550,000
③ ₩600,000
④ ₩1,000,000
⑤ ₩1,050,000

해설

(1) 평가이익 = ₩2,250,000 − ₩1,500,000 = ₩750,000
(2) 소요된 원가 = (−)₩450,000
(3) 판매로 인한 손익 = ₩300,000 − ₩50,000 = ₩250,000
(4) 당기순이익 = (1) + (2) + (3) = ₩550,000

19 유형자산의 원가와 관련된 회계처리 중 옳은 것은?

① 안전 또는 환경상의 이유로 취득하는 유형자산은 당해 유형자산을 취득하지 않았을 경우보다 관련 자산으로부터 미래경제적 효익을 더 많이 얻을 수 있게 해주기 때문에 자산으로 인식할 수 있다.

② 특정기간 동안 재고자산을 생산하기 위해 유형자산을 사용한 결과로 동 기간에 발생한 그 유형자산을 해체·제거하거나 부지를 복구할 의무의 원가는 유형자산의 원가에 포함한다.

③ 유형자산을 사용하거나 이전하는 과정에서 발생하는 원가는 당해 유형자산의 장부금액에 포함하여 인식한다.

④ 자가건설에 따른 내부이익과 자가건설 과정에서 원재료, 인력, 및 기타 자원의 낭비로 인한 비정상적인 원가는 자산의 원가에 포함한다.

⑤ 대금지급이 일반적인 신용기간을 초과하여 이연되는 경우, 현금가격상당액과 실제 총지급액과의 차액은 자본화하지 않아도 유형자산의 원가에 포함한다.

해설

② 특정기간 동안 재고자산을 생산하기 위해 유형자산을 사용한 결과로 동 기간에 발생한 그 유형자산을 해체·제거하거나 부지를 복구할 의무의 원가는 유형자산이 아닌 재고자산의 원가로 반영할 것인지 검토한다.

③ 유형자산을 사용하거나 이전하는 과정에서 발생하는 비용은 당해 유형자산의 장부금액에 포함하여 인식하지 아니한다.

④ 자가건설에 따른 내부이익과 자가건설 과정에서 원재료, 인력, 및 기타 자원의 낭비로 인한 비정상적인 원가는 자산의 원가에 포함하지 않는다.

⑤ 대금지급이 일반적인 신용기간을 초과하여 이연되는 경우, 현금가격상당액과 실제 총지급액과의 차액은 자본화하지 않는다면 이자비용으로 인식한다.

20 유형자산의 회계처리와 관련된 다음의 설명 중 옳은 것은?

① 자산에 내재된 미래경제적 효익의 예상되는 소비형태에 유의적인 변동이 있어 감가상각방법을 변경할 경우, 그 변경효과를 소급적용하여 비교표시되는 재무제표를 재작성한다.

② 회사가 자산을 해체·제거하거나 부지를 복구할 의무는 해당 의무의 발생시점에 비용으로 인식한다.

③ 비화폐성자산 간의 교환거래가 상업적 실질을 결여하지 않은 경우라 하더라도 제공한 자산과 취득한 자산 모두의 공정가치를 신뢰성 있게 측정할 수 없는 경우에는 취득하는 유형자산의 취득원가는 그 교환으로 제공한 자산의 장부금액으로 측정한다.

④ 재평가모형을 선택한 유형자산에 대해서는 자산손상에 대한 회계처리를 적용하지 않는다.

⑤ 유형자산의 보유기간 중 잔존가치의 추정치가 변경되어 해당 자산의 장부금액보다 큰 금액으로 추정되는 경우 그 차이에 해당하는 금액을 감가상각누계액에서 환입하여 당기이익에 반영한다.

① 감가상각방법의 변경은 회계추정의 변경이며 전진법을 적용한다.
② 복구충당부채의 현재가치를 계산하여 자산의 취득시점에 취득원가에 가산한다.
④ 재평가모형을 적용하는 경우에도 손상차손이 발생한 경우 손상차손을 인식한다.
⑤ 유형자산의 잔존가치가 장부금액보다 커진 경우 감가상각을 중단한다. 추후 잔존가치의 추정치가 장부금액보다 작아지면 감가상각을 재개한다.

21 (주)국제는 당해연도 초에 설립한 후 유형자산과 관련하여 다음과 같은 지출을 하였다.

- 건물이 있는 토지 구입대금 ₩2,000,000
- 토지취득 중개수수료 ₩80,000
- 토지 취득세 ₩160,000
- 공장건축허가비 ₩10,000
- 신축공장건물 설계비 ₩50,000
- 기존건물 철거비 ₩150,000
- 기존건물 철거 중 수거한 폐건축자재 판매대금 ₩100,000
- 토지 정지비 ₩30,000
- 건물신축을 위한 토지굴착비용 ₩50,000
- 건물 신축원가 ₩3,000,000
- 건물 신축용 차입금의 차입원가(전액 자본화기간에 발생) ₩10,000

위 자료를 이용할 때 토지와 건물 각각의 취득원가는? (단, 건물은 당기 중 완성되었다)

	토 지	건 물
①	₩2,220,000	₩3,020,000
②	₩2,320,000	₩3,110,000
③	₩2,320,000	₩3,120,000
④	₩2,420,000	₩3,120,000
⑤	₩2,420,000	₩3,220,000

(1) 토지원가 = ₩2,000,000 + ₩80,000 + ₩160,000 + ₩150,000 − ₩100,000 + ₩30,000 = ₩2,320,000
(2) 건물원가 = ₩10,000 + ₩50,000 + ₩50,000 + ₩3,000,000 + ₩10,000 = ₩3,120,000

22 (주)서울은 20×1년 1월 1일에 ₩10,000에 기계장비를 취득하였다. 이 기계장비의 내용연수는 10년이며, 잔존가치는 없으며, 정액법을 이용하여 감가상각하였다. 20×1년 말과 20×2년 말에 (주)서울은 이 기계장치에 대한 손상징후가 있다고 판단하여 손상검사를 실시하였는데, 이에 대한 정보는 아래와 같다.

구 분	20×1년 12월 31일	20×2년 12월 31일
순공정가치	₩7,200	₩7,750
사용가치	₩8,100	₩7,600

이 기간 중 내용연수, 잔존가치 및 감가상각방법에 변화가 없었다면, 20×2년 포괄손익계산서에 인식할 내용은?

① 손상차손 ₩350

② 손상차손 ₩400

③ 손상차손 ₩500

④ 손상차손환입 ₩550

⑤ 손상차손환입 ₩1,200

해설

(1) 20×1년 말 손상 전 장부금액 = ₩10,000 − ₩10,000 × 1 / 10 = ₩9,000
(2) 20×1년 말 회수가능금액 = max[₩7,200, ₩8,100] = ₩8,100
(3) 20×1년 말 손상차손 = ₩8,100 − ₩9,000 = ₩900
(4) 20×2년 말 장부금액 = ₩8,100 − ₩8,100 × 1 / 9 = ₩7,200
(5) 20×2년 말 회수가능금액 = max[₩7,750, ₩7,600] = ₩7,750
   한도 : ₩10,000 − ₩10,000 × 2 / 10 = ₩8,000
(6) 20×2년 손상차손환입 = ₩7,750 − ₩7,200 = ₩550

23 (주)감평은 20×1년 초에 차량운반구를 ₩10,000,000에 취득하였다. 취득 시에 차량운반구의 내용연수는 5년, 잔존가치는 ₩1,000,000, 감가상각방법은 연수합계법이다. 20×4년 초에 (주)감평은 차량운반구의 내용연수를 당초 5년에서 7년으로, 잔존가치는 ₩500,000으로 변경하였다. (주)감평이 20×4년에 인식할 차량운반구에 대한 감가상각비는?

① ₩575,000

② ₩700,000

③ ₩920,000

④ ₩990,000

⑤ ₩1,120,000

해설

(1) 20×4년 초 감가상각누계액 = (₩10,000,000 − ₩1,000,000) × 12 / 15 = ₩7,200,000
(2) 20×4년 감가상각비 = (₩10,000,000 − ₩7,200,000 − ₩500,000) × 4 / 10 = ₩920,000

24 (주)ABC는 당기 말에 완공한 사옥건설과 관련하여 총차입원가 ₩100,000을 자본화하였고 사옥건물에 대한 연평균지출액은 ₩900,000이었다. (주)ABC는 사옥건설을 위한 목적으로 특정차입금을 은행으로부터 연 10% 이자율로 ₩600,000을 직접 차입하였으며, 이 중에서 ₩200,000은 연 8% 이자지급조건의 정기예금에 예치하여 ₩16,000의 이자수익이 발생하였다. 따라서 특정차입금으로 사용한 연평균지출액은 ₩400,000이었다. 특정차입금으로 사용하지 않은 지출액은 전액 일반차입금으로 지출되었다고 가정한다. 일반차입금에 대한 자본화이자율은 얼마인가?

① 9.2% ② 11.2%

③ 14.2% ④ 16.2%

⑤ 18.2%

해설

(1) 연평균지출액	₩900,000		
(2) 특정차입금	₩600,000 × 10%	=	₩60,000
	₩(200,000) × 8%	=	₩(16,000)
(3) 일반차입급	₩500,000 × ?%	=	₩56,000
	합계 :		₩100,000

∴ 일반차입금 가중평균이자율 = ₩56,000 / ₩500,000 = 11.2%

25 20×1년 7월 1일 (주)한국은 취득원가 ₩1,000,000의 설비자산을 취득하고, 내용연수와 잔존가치를 각각 4년과 ₩200,000으로 추정하고 감가상각방법은 연수합계법(월할 상각)을 적용한다. 동 자산의 취득과 관련하여 20×1년 7월 1일 정부로부터 보조금 ₩200,000을 수령하여 전액 설비자산의 취득에만 사용하였다. 동 자산과 관련하여 20×2년도에 인식할 당기손익은?

① ₩140,000 이익 ② ₩160,000 이익

③ ₩180,000 손실 ④ ₩210,000 손실

⑤ ₩280,000 손실

해설

당기손익에 미치는 영향은 자산차감법과 이연수익법이 동일하다. 원가차감법의 경우에 당기손익에 영향을 미치는 원인은 감가상각비가 된다. 따라서 20×2년도 당기손익을 계산하면 다음과 같다.

20×2년 감가상각비 = (₩800,000 − ₩200,000) × (4 / 10) × (6 / 12) + (₩800,000 − ₩200,000) × (3 / 10) × (6 / 12) = ₩210,000

26 (주)한국은 20×1년 1월 1일 기계장치를 ₩50,000,000에 취득(내용연수 5년, 잔존가치 ₩5,000,000)하고 연수합계법으로 감가상각한다. (주)한국은 동 기계장치를 취득하면서 정부로부터 ₩9,000,000을 보조받아 기계장치 취득에 전액 사용하였으며, 이에 대한 상환의무는 없다. (주)한국이 20×3년 12월 31일 동 기계장치를 ₩10,000,000에 처분하였다면, 유형자산처분손익은 얼마인가? (단, 원가모형을 적용하며, 기계장치의 장부금액을 결정할 때 취득원가에서 정부보조금을 차감하는 원가차감법을 사용한다)

① ₩3,200,000 이익
② ₩2,000,000 이익
③ ₩0
④ ₩2,000,000 손실
⑤ ₩2,200,000 손실

해설

(1) 취득원가 = ₩41,000,000
(2) 감가상각액 = (₩41,000,000 − ₩5,000,000) × [(5 + 4 + 3) / 15] = ₩28,800,000
(3) 처분손실 = ₩12,200,000 − ₩10,000,000 = ₩2,200,000

27 유형자산의 재평가 회계처리에 관한 설명으로 옳은 것은?

① 재평가는 자산의 장부금액이 공정가치와 중요하게 차이가 나지 않도록 매 보고기간 말에 수행한다.
② 특정 유형자산을 재평가할 때, 해당 자산이 포함되는 유형자산 분류 전체를 재평가할 필요는 없으며, 개별 유형자산별로 재평가모형을 선택하는 것이 가능하다.
③ 자산의 장부금액이 재평가로 인하여 증가된 경우에 그 증가액은 동일한 자산에 대하여 이전에 당기손익으로 인식한 재평가감소액이 있다 하더라도 기타포괄손익으로 인식하고 재평가잉여금의 과목으로 자본에 가산한다.
④ 자산의 장부금액이 재평가로 인하여 감소된 경우에 그 감소액은 당기손익으로 인식한다. 그러나 그 자산에 대한 재평가잉여금의 잔액이 있다면 그 금액을 한도로 재평가감소액을 기타포괄손익으로 인식한다.
⑤ 자본에 계상된 재평가잉여금은 그 자산이 상각될 때 이익잉여금으로 대체할 수 있다.

해설

① 재평가는 자산의 장부금액이 공정가치와 중요하게 차이가 나지 않도록 주기적으로 수행하며, 공정가치의 변동이 중요한 경우 매년 재평가하나, 공정가치의 변동이 중요하지 않은 경우 3년에서 5년마다 주기적으로 재평가한다.
② 특정 유형자산을 재평가할 때, 해당 자산이 포함되는 유형자산 분류 전체를 재평가한다.
③ 자산의 장부금액이 재평가로 인하여 증가된 경우에 그 증가액은 동일한 자산에 대하여 이전에 당기손익으로 인식한 재평가감소액이 있는 경우 동 금액까지는 당기손익(수익)으로 처리한다.
⑤ 자본에 계상된 재평가잉여금은 그 자산이 제거될 때 이익잉여금으로 대체할 수 있다.

28 (주)한국은 20×1년 초 사용 중인 기계장치(장부금액 ₩4,000,000, 공정가치 ₩3,000,000)를 제공하고 영업용 차량운반구(장부금액 ₩4,500,000)를 취득하였다. (주)한국은 동 자산의 내용연수와 잔존가치를 각각 4년과 ₩500,000으로 추정하고, 정액법으로 감가상각하며 재평가모형을 적용한다. 동 자산의 교환은 상업적 실질이 있다. 동 자산의 20×1년 말의 공정가치는 ₩3,800,000이다. 동 자산과 관련한 20×1년도 자본의 증감액은? (단, (주)한국은 동 자산의 사용기간 중에 재평가잉여금을 이익잉여금으로 대체하지 않는다)

① ₩0
② ₩875,000 감소
③ ₩425,000 증가
④ ₩1,100,000 증가
⑤ ₩1,425,000 증가

해설

20×1년도 교환취득 및 결산 시 회계처리는 다음과 같다.

(1) 교환취득 시 : 교환취득 시 제공한 자산의 공정가치로 측정한다.

(차) 차량운반구	₩3,000,000	(대) 기계장치	₩4,000,000
유형자산처분손실	₩1,000,000		

(2) 20×1년도 결산 시
  ① 감가상각 반영

(차) 감가상각비	₩625,000*	(대) 감가상각누계액	₩625,000

*(₩3,000,000 − ₩500,000) / 4 = ₩625,000

  ② 재평가 반영

(차) 감가상각누계액	₩625,000	(대) 재평가잉여금	₩1,425,000*
차량운반구	₩800,000		

*공정가치		₩3,800,000
장부금액	(₩3,000,000 − ₩625,000) = (−)₩2,375,000	
재평가잉여금		₩1,425,000

  ③ 자본 증감액 = (−)₩1,000,000 + ₩1,425,000 = ₩425,000

29 (주)한국은 20×3년 1월 1일에 저유설비를 신축하기 위하여 기존건물이 있는 토지를 ₩10,000,000에 취득하였다. 기존건물을 철거하는 데 ₩500,000이 발생하였으며, 20×3년 4월 1일 저유설비를 신축완료하고 공사대금으로 ₩2,400,000을 지급하였다. 이 저유설비의 내용연수는 5년, 잔존가치는 ₩100,000이며, 원가모형을 적용하여 정액법으로 감가상각한다. 이 저유설비의 경우 내용연수 종료 시에 원상복구의무가 있으며, 저유설비 신축완료시점에서 예상되는 원상복구비용의 현재가치는 ₩200,000이다. (주)한국은 저유설비와 관련된 비용을 자본화하지 않는다고 할 때, 동 저유설비와 관련하여 20×3년도 포괄손익계산서에 인식할 비용은 얼마인가? (단, 무위험이자율에 (주)한국의 신용위험을 고려하여 산출된 할인율은 연 9%이며, 감가상각은 월할계산한다)

① ₩361,500 ② ₩375,000

③ ₩388,500 ④ ₩513,500

⑤ ₩518,000

해설

(1) 20×3년도 감가상각비 = (₩2,400,000 + ₩200,000 − ₩100,000) × (1 / 5) × (9 / 12)
　　　　　　　　　　　= ₩375,000
(2) 복구충당부채전입액(차입원가) = ₩200,000 × 9% × (9 / 12) = ₩13,500
(3) 20×3년도 포괄손익계산서에 인식할 비용 = ₩375,000 + ₩13,500 = ₩388,500

30 (주)국세는 20×1년 1월 1일에 본사 사옥을 ₩1,000,000에 취득(내용연수 5년, 잔존가치 ₩100,000)하고 연수합계법으로 감가상각한다. (주)국세는 20×2년 초에 본사 사옥의 증축을 위해 ₩200,000을 지출하였으며 이로 인해 잔존가치는 ₩20,000 증가하였고, 내용연수는 2년 더 연장되었다. (주)국세가 20×2년 초에 감가상각방법을 이중체감법(상각률은 정액법 상각률의 2배)으로 변경하였다면, 20×2년도에 인식해야할 감가상각비는 얼마인가? (단, (주)국세는 본사 사옥에 대하여 원가모형을 적용한다)

① ₩145,000 ② ₩150,000

③ ₩240,000 ④ ₩260,000

⑤ ₩300,000

해설

(1) 감가상각비 = (₩1,000,000 − ₩100,000) × (5 / 15) = ₩300,000
(2) 자본적지출 전 장부금액 = ₩700,000
(3) 자본적지출 = ₩200,000
(4) 자본적지출 후 장부금액 = ₩900,000
(5) 20×2년도 감가상각비 = ₩900,000 × 1 / 6 × 2배 = ₩300,000

31 (주)국세는 20×1년 1월 1일 기계장치를 ₩2,000,000에 취득(내용연수 5년, 잔존가치는 ₩0)하였다. 동 기계장치는 원가모형을 적용하며 정액법으로 감가상각한다. 매 회계연도 말 기계장치에 대한 회수 가능액은 다음과 같으며 회수가능액 변동은 기계장치의 손상 또는 그 회복에 따른 것이다.

연 도	20×1년 말	20×2년 말	20×3년 말	20×4년 말
회수가능액	₩1,600,000	₩900,000	₩600,000	₩400,000

20×4년도 말 재무상태표에 인식될 기계장치의 손상차손누계액은 얼마인가?

① ₩0
② ₩100,000
③ ₩200,000
④ ₩300,000
⑤ ₩400,000

해설

(1) 20×1년 말

(차) 감가상각비	₩400,000	(대) 감가상각누계액	₩400,000

- 20×1년도 감가상각비 = (₩2,000,000 − ₩0) × (1 / 5) = ₩400,000
- 20×1년 말 장부금액 = ₩2,000,000 − ₩400,000 = ₩1,600,000
- 20×1년 말 회수가능액 = ₩1,600,000
- 손상차손 = ₩0

(2) 20×2년 말

(차) 감가상각비	₩400,000	(대) 감가상각누계액	₩400,000

- 20×2년도 감가상각비 = (₩1,600,000 − ₩0) × (1 / 4) = ₩400,000

(차) 손상차손	₩300,000	(대) 손상차손누계액	₩300,000

- 20×2년 말 장부금액 = ₩1,600,000 − ₩400,000 = ₩1,200,000
- 회수가능액 = ₩900,000
- 손상차손 = ₩300,000

(3) 20×3년 말

(차) 감가상각비	₩300,000	(대) 감가상각누계액	₩300,000

- 20×3년도 감가상각비 = (₩900,000 − ₩0) × (1 / 3) = ₩300,000
- 20×3년 말 장부금액 = ₩900,000 − ₩300,000 = ₩600,000
- 20×3년 말 회수가능액 = ₩600,000
- 손상차손 = ₩0

(4) 20×4년 말

(차) 감가상각비	₩300,000	(대) 감가상각누계액	₩300,000

- 20×4년도 감가상각비 = (₩600,000 − ₩0) × (1 / 2) = ₩300,000

(차) 손상차손누계액	₩100,000	(대) 손상차손환입	₩100,000

- 20×4년 말 장부금액 = ₩600,000 − ₩300,000 = ₩300,000
- 20×4년 말 회수가능액 = ₩400,000
- 손상차손환입 = ₩100,000

∴ 20×4년 말 손상차손누계액 잔액 = ₩300,000 − ₩100,000 = ₩200,000

32 유형자산에 관한 설명으로 옳은 것은?

① 유형자산은 다른 자산의 미래경제적 효익을 얻기 위해 필요하더라도, 그 자체로의 직접적인 미래경제적 효익을 얻을 수 없다면 인식할 수 없다.

② 유형자산이 경영진이 의도하는 방식으로 가동될 수 있으나 가동수준이 완전조업도 수준에 미치지 못하는 경우에 발생하는 원가는 유형자산 원가에 포함한다.

③ 유형자산의 원가는 경영진이 의도하는 방식으로 자산을 가동하는 데 필요한 장소와 상태에 이르게 하는 데 직접 관련되는 원가를 포함하며, 해당 자산의 시험과정에서 생산된 시제품의 순매각금액은 차감한다.

④ 건설이 시작되기 전에 건설용지를 주차장 용도로 사용함에 따라 획득한 수익은 유형자산의 원가에서 차감한다.

⑤ 교환거래에 상업적 실질이 있는지 여부를 결정할 때 교환거래의 영향을 받는 영업 부분의 기업특유가치는 세전현금흐름을 반영하여야 한다.

> **해설**
>
> ① 그 자체로는 직접적인 미래경제적 효익을 얻을 수 없지만, 다른 자산에서 미래경제적 효익을 얻기 위하여 취득하는 경우 유형자산은 당해 유형자산을 취득하지 않았을 경우보다 관련 자산으로부터 미래경제적 효익을 더 많이 얻을 수 있게 해주기 때문에 자산으로 인식할 수 있다.
>
> ② 유형자산이 경영진이 의도하는 방식으로 가동될 수 있으나 가동수준이 완전조업도 수준에 미치지 못하는 경우에 발생하는 원가는 유형자산 원가에 포함하여 인식하지 않는다.
>
> ④ 건설이 시작되기 전에 건설용지를 주차장 용도로 사용함에 따라 획득한 수익은 경영진이 의도하는 방식으로 가동하는 데 필요한 장소와 상태에 이르게 하기 위해 필요한 활동이 아니므로 그러한 수익과 관련 비용은 당기손익으로 인식한다.
>
> ⑤ 교환거래에 상업적 실질이 있는지 여부를 결정할 때 교환거래의 영향을 받는 영업 부분의 기업특유가치는 세후현금흐름을 반영하여야 한다.

33 투자부동산에 해당하지 않는 것은?

① 장기 시세차익을 얻기 위하여 보유하고 있는 토지(단, 정상적인 영업과정에서 단기간에 판매하기 위하여 보유하는 토지는 제외)

② 미래에 개발 후 자가사용할 부동산

③ 미래에 투자부동산으로 사용하기 위하여 건설 또는 개발중인 부동산

④ 직접 소유(또는 금융리스를 통해 보유)하고 운용리스로 제공하고 있는 건물

⑤ 장래 사용목적을 결정하지 못한 채로 보유하고 있는 토지

> **해설**
>
> 미래에 투자부동산으로 사용하기 위하여 건설 또는 개발 중인 부동산은 투자부동산으로 분류하나, 미래에 개발 후 자가사용할 부동산은 자가사용부동산(유형자산)으로 분류한다.

34 (주)대한은 철강제조공장을 신축하기 위하여 토지를 취득하였는데 이 토지에는 철거예정인 창고가 있었다. 다음 자료를 고려하여 토지의 취득원가를 계산하면 얼마인가?

• 토지 취득가격	₩700,000
• 토지 취득세 및 등기비용	₩50,000
• 토지 중개수수료	₩10,000
• 공장신축 전 토지를 임시주차장으로 운영함에 따른 수입	₩40,000
• 창고 철거비용	₩30,000
• 창고 철거 시 발생한 폐자재 처분 수입	₩20,000
• 영구적으로 사용가능한 하수도 공사비	₩15,000
• 토지의 구획정리비용	₩10,000

① ₩775,000
② ₩780,000
③ ₩795,000
④ ₩815,000
⑤ ₩835,000

해설

토지취득원가 = ₩700,000 + ₩50,000 + ₩10,000 + ₩30,000 − ₩20,000 + ₩15,000 + ₩10,000
= ₩795,000

35 (주)대한은 자사가 소유하고 있는 기계장치를 (주)세종이 소유하고 있는 차량운반구와 교환하였다. 두 기업의 유형자산에 관한 정보와 세부거래 내용은 다음과 같다.

- 이 교환은 상업적 실질이 있는 거래이다.
- (주)대한의 기계장치 공정가치가 더 명백하다.
- (주)세종은 (주)대한에게 공정가치의 차이인 ₩5,000을 지급하였다.

구 분	(주)대한 기계장치	(주)세종 차량운반구
취득원가	₩50,000	₩50,000
감가상각누계액	₩30,000	₩20,000
공정가치	₩30,000	₩25,000
현금지급액	₩0	₩5,000
현금수취액	₩5,000	₩0

이 거래와 관련한 설명 중 옳은 것은?

① (주)대한은 이 교환거래와 관련하여 유형자산처분이익 ₩5,000을 인식해야 한다.
② (주)대한은 새로 취득한 차량운반구의 취득원가는 ₩30,000이다.
③ (주)세종은 이 교환거래와 관련하여 유형자산처분이익 ₩5,000을 인식해야 한다.
④ (주)세종이 새로 취득한 기계장치의 취득원가는 ₩30,000이다.
⑤ (주)대한과 (주)세종 모두 유형자산처분손익을 인식하지 않는다.

(1) (주)대한의 회계처리

(차) 차량운반구	₩25,000*	(대) 기계장치	₩50,000
감가상각누계액	₩30,000	유형자산처분이익	₩10,000
현 금	₩5,000		

*₩30,000 - ₩5,000 = ₩25,000

(2) (주)세종의 회계처리

(차) 기계장치	₩30,000*	(대) 차량운반구	₩50,000
감가상각누계액	₩20,000	현 금	₩5,000
유형자산처분손실	₩5,000		

*₩25,000 + ₩5,000 = ₩30,000

36 무형자산의 인식에 대한 설명으로 옳은 것은?

① 내부 프로젝트의 연구단계에 대한 지출은 자산의 요건을 충족하는지를 합리적으로 판단하여 무형자산으로 인식할 수 있다.

② 개발단계에서 발생한 지출은 모두 무형자산으로 인식한다.

③ 사업결합으로 취득하는 무형자산의 취득원가는 취득일의 공정가치로 인식하고, 내부적으로 창출한 영업권은 무형자산으로 인식하지 아니한다.

④ 내부적으로 창출한 브랜드, 출판표제, 고객 목록과 이와 실질이 유사한 항목은 무형자산으로 인식한다.

⑤ 최초에 비용으로 인식한 무형항목에 대한 지출은 그 이후에 기업의 회계정책변경의 경우에 한하여 무형자산의 원가로 인식할 수 있다.

① 내부 프로젝트의 연구단계에 대한 지출은 당기비용으로 인식한다.

② 개발단계에서 발생한 지출은 자산인식요건 6가지를 충족하는 경우 무형자산으로 인식한다.

④ 내부적으로 창출한 브랜드, 출판표제, 고객 목록과 이와 실질이 유사한 항목은 무형자산으로 인식할 수 없다.

⑤ 최초에 비용으로 인식한 무형항목에 대한 지출은 이후에 무형자산의 원가로 인식할 수 없다.

37 무형자산의 정의 및 인식기준에 관한 설명으로 옳지 않은 것은?

① 무형자산을 최초로 인식할 때에는 원가로 측정한다.

② 무형자산의 미래경제적 효익에 대한 통제능력은 일반적으로 법원에서 강제할 수 있는 법적 권리에서 나오나, 권리의 법적 집행가능성이 통제의 필요조건은 아니다.

③ 계약상 권리 또는 기타 법적 권리는 그러한 권리가 이전가능하거나 또는 기업에서 분리가능한 경우 무형자산 정의의 식별가능성 조건을 충족한 것으로 본다.

④ 미래경제적 효익이 기업에 유입될 가능성은 무형자산의 내용연수 동안의 경제적 상황에 대한 경영자의 최선의 추정치를 반영하는 합리적이고 객관적인 가정에 근거하여 평가하여야 한다.

⑤ 무형자산으로부터의 미래경제적 효익은 제품의 매출, 용역수익, 원가절감 또는 자산의 사용에 따른 기타 효익의 형태로 발생할 수 있다.

> **해설**
> **무형자산의 식별가능성**
> 자산은 다음 중 하나에 해당하는 경우에 식별가능하다.
> • 자산이 분리가능하다.
> • 자산이 계약상 권리 또는 기타 법적권리로부터 발생한다. 이 경우 그러한 권리가 이전가능한지 여부 또는 기업이나 기타 권리와 의무에서 분리가능한지 여부는 고려하지 아니한다.

38 다음은 (주)한영의 당기 거래 내역이다. (주)한영이 무형자산으로 보고할 수 있는 상황들로만 모두 고른 것은?

> ㄱ. 경영진이 미래효익을 기대하고 있는 고객관계 개선 관련 프로젝트에 ₩3,000 지출
> ㄴ. (주)부산의 장부에 자산으로 기록하지 않았던 품질향상 제조기법을 배타적 통제가능성과 함께 획득하고 ₩2,000 지급
> ㄷ. 기계를 ₩30,000에 구입하면서 기계제어 소프트웨어프로그램 구입을 위해 ₩3,000 추가 지급
> ㄹ. 신제품에 대한 광고비 ₩20,000 지급
> ㅁ. (주)대한의 식별가능한 순자산의 공정가치는 ₩4,000인데, (주)한영은 (주)대한의 주식 전부를 인수하기 위해 ₩7,000 지급
> ㅂ. (주)한영은 다른 회사로부터 실용신안권을 ₩5,000에 인수하였으며, 이 권리를 활용하여 얻은 수익 ₩10,000의 10%인 ₩1,000을 로열티로 지급하기로 약정
> ㅅ. (주)세종의 장부상 금액 ₩1,000인 디자인권을 ₩5,000에 구입

① ㄱ, ㄴ, ㄷ   ② ㄴ, ㄷ, ㅅ

③ ㄹ, ㅁ, ㅂ, ㅅ   ④ ㄴ, ㅁ, ㅂ, ㅅ

⑤ ㄱ, ㄴ, ㄷ, ㄹ, ㅁ, ㅂ, ㅅ

> **해설**
> 무형자산을 인식하기 위해서는 무형자산의 정의인 식별가능성, 통제, 미래경제적 효익이 있어야 하며, 인식요건인 미래경제적 효익의 유입가능성이 높고, 신뢰성 있게 측정할 수 있어야 한다.
> ㄱ. 통제요건을 충족하였다고 보기 힘들다.
> ㄷ. 기계제어를 위한 소프트웨어는 하드웨어로 보아 유형자산으로 처리한다.
> ㄹ. 통제 및 미래경제적 효익 요건을 충족하기 어렵기 때문에 무형자산으로 인식하지 않는다.

제 **3** 장 자본과 부채

제1절 자 본

1. 자본의 의의 및 분류

(1) 자본의 의의 18년 기출

자본은 소유주가 기업에 대하여 갖는 지분으로, 자산에서 채권자지분인 부채를 차감한 순자산이다. 따라서 자본을 잔여지분이라고도 부른다.

▷ 자산과 부채가 확정되면 자본은 그 결과에 의하여 결정되기 때문에 평가대상이 되지 않으며, 후속측정하지 않는다.

(2) 자본의 분류 24, 17, 13, 10년 기출

구 분		계정과목	내 용
납입자본	자본금	• 보통주자본금 • 우선주자본금	주주들이 납입한 법정자본금을 말하며 반드시 보통주자본금과 우선주자본금으로 구분하여 표시한다. 자본금 = 발행주식수 × 주당액면가
	자본 잉여금	• 주식발행초과금 • 자기주식처분이익 • 감자차익 • 전환권대가	증자나 감자 등 주주와의 거래에서 발생하여 자본을 증가시키는 잉여금을 말한다.
기타자본 구성요소	기타 자본	• 주식할인발행차금 • 자기주식 • 자기주식처분손실 • 감자차손 • 주식선택권	항목의 성격으로 보아 자본거래에 해당하나 최종 납입된 자본으로 볼 수 없거나 자본의 가감 성격으로 자본금이나 자본잉여금으로 분류할 수 없는 항목을 말한다.
	기타 포괄손익 누계액	• 기타포괄손익-공정가치측정금융자산평가손익 • 해외사업환산손익 • 현금흐름위험회피 파생상품평가손익 • 재평가잉여금 • 보험수리적 손익 • 지분법자본변동	포괄이익(기업실체가 일정기간 동안 소유주와의 자본거래를 제외한 모든 거래나 사건에서 인식한 자본의 변동) 중 포괄손익계산서상 당기순이익에 포함되지 않은 포괄손익을 말한다.
이익잉여금		• 법적적립금 • 임의적립금 • 미처분이익잉여금	손익계산서상 손익과 다른 자본항목에서 이입된 금액의 합계액에서 배당, 자본전입 및 자본조정 항목의 상각 등으로 처분된 금액을 차감한 잔액을 말한다.

2. 주 식

(1) 주식의 종류

① 보통주

보통주는 기본적인 소유권을 나타내는 주식으로 기업이 실패할 경우 최종위험을 부담하고 성공할 경우 이득을 받는 잔여지분의 성격을 갖는다. 보통주를 소유한 보통주주는 주주총회에서 임원의 선임 및 기타 사항에 대하여 주식의 소유비율만큼 의결권을 행사할 수 있으며, 이익배당을 받을 권리가 있다.

② 우선주 16, 14년 기출

보통주에 우선하여 배당금을 받을 권리가 부여되거나 회사를 청산하는 경우 청산시점의 부채를 상환하고 남는 잔여재산에 대하여 보통주에 우선하는 청구권이 인정되는 주식을 말한다.

누적적우선주	특정연도에 이익배당을 지급받지 못한 경우에는 차후 연도에 지급받지 못한 이익배당액을 누적하여 우선적으로 지급받을 수 있는 권리가 부여된 주식
참가적우선주	정해진 우선주 배당률의 배당을 초과하여 보통주와 함께 일정한 한도까지 이익배당에 참여할 권리가 부여된 우선주
전환우선주	미리 약정한 비율로 우선주를 보통주로 전환할 수 있는 선택권을 부여한 주식
상환우선주	주식발행회사가 미리 약정한 상환가격으로 우선주를 상환할 수 있는 선택권을 갖고 있는 우선주

알아두기

상환우선주의 분류
- 회사가 상환청구권을 갖는 경우 : 자본으로 분류
- 주주가 상환청구권을 갖는 경우 : 금융부채로 분류

③ 주식의 종류와 배당의 계산 22, 21, 20, 16, 15, 11년 기출

㉠ 누적적우선주의 배당금은 당기 배당분과 이전에 지급받지 못한 이월분을 배당받을 경우 함께 인식한다.

$$\text{누적적우선주배당금} = \text{우선주자본금} \times \text{최소배당률} \times \text{당기 및 미수령기간}$$

㉡ 참가적우선주 중 한도가 정해진 우선주를 부분참가적우선주, 한도가 없는 우선주를 완전참가적우선주라고 한다.

ⓐ 완전참가적우선주배당금
= Max(우선주자본금 × 최소배당률, 총배당금을 자본금비율로 안분한 금액)
ⓑ 부분참가적우선주배당금
= Min(우선주자본금 × 최대배당률, 완전참가적을 가정한 경우 배당금)

(2) 주당이익

① **기본주당이익** 22, 21, 19, 18, 17, 11년 기출

　㉠ 유통되고 있는 보통주를 기준으로 산정한 주당이익을 기본주당이익(Basic EPS)이라 하고, 잠재적보통주까지 고려하여 산정한 주당이익을 희석주당이익(Diluted EPS)이라 한다.

　㉡ 기본주당이익은 지배기업의 보통주에 귀속되는 특정 회계기간의 당기순손익(분자)을 그 기간에 유통된 보통주식수를 가중평균한 주식수(분모)로 나누어 계산한다.

> 기본주당이익 = 보통주에게 귀속되는 이익 / 가중평균보통주식수

　㉢ 기본주당이익 정보의 목적은 회계기간의 경영성과에 대한 지배기업의 보통주 1주당 지분의 측정치를 제공하는 것이다.

　㉣ 기본주당이익을 계산할 때 지배기업의 보통주에 귀속되는 금액은 지배기업에 귀속되는 계속영업손익, 지배기업에 귀속되는 당기순손익에서 자본으로 분류된 우선주에 대한 세후 우선주배당금, 우선주 상환 시 발생한 차액 및 유사한 효과를 조정한 금액이다.

　㉤ 당기순손익에서 차감할 세후 우선주배당금은 다음과 같다.

> ⓐ 당해 회계기간과 관련하여 배당결의된 비누적적우선주에 대한 세후 배당금
> ⓑ 배당결의 여부와 관계없이 당해 회계기간과 관련한 누적적우선주에 대한 세후 배당금

　▷ 전기 이전의 기간과 관련하여 당기에 지급되거나 결의된 누적적우선주배당금은 제외한다.

② **보통주식수** 24, 23, 22, 21, 20, 19, 18, 17, 14, 12, 11, 10년 기출

　㉠ 기본주당이익을 계산하기 위한 보통주식수는 그 기간에 유통된 보통주식수를 가중평균한 주식수(가중평균유통보통주식수)로 한다.

　㉡ 특정회계기간의 가중평균유통보통주식수는 그 기간 중 각 시점의 유통주식수의 변동에 따라 자본금액이 변동할 가능성을 반영한다. 가중평균유통보통주식수는 기초의 유통보통주식수에 회계기간 중 취득된 자기주식수 또는 신규 발행된 보통주식수를 각각의 유통기간에 따른 가중치를 고려하여 조정한 보통주식수이다.

　㉢ 가중평균유통보통주식수를 산정하기 위한 보통주 유통일수 계산의 기산일은 통상 주식발행의 대가를 받을 권리가 발생하는 시점(일반적으로 주식발행일)이다.

　㉣ 자원의 실질적인 변동을 유발하지 않으면서 보통주가 새로 발행될 수도 있고 유통보통주식수가 감소할 수도 있다. 자본금전입이나 무상증자(주식배당), 그 밖의 증자에서의 무상증자 요소, 주식분할, 주식병합 등이 이에 해당한다.

　㉤ 자본금전입, 무상증자, 주식분할의 경우에는 추가로 대가를 받지 않고 기존 주주에게 보통주를 발행하므로 자원은 증가하지 않고 유통보통주식수만 증가한다. 이 경우 당해 사건이 있기 전의 유통보통주식수를 비교표시되는 최초기간의 개시일에 그 사건이 일어난 것처럼 비례적으로 조정한다.

　㉥ 주식병합은 일반적으로 자원의 실질적인 유출 없이 유통보통주식수를 감소시킨다. 그러나 전반적으로 주식을 공정가치로 매입한 효과가 있는 경우에는 실질적으로 자원이 유출되면서 유통보통주식수가 감소한다.

　㉦ 사업결합 이전대가의 일부로 발행된 보통주의 경우 취득일을 가중평균유통보통주식수를 산정하는 기산일로 한다.

⊙ 보통주로 반드시 전환하여야 하는 전환금융상품은 계약체결시점부터 기본주당이익을 계산하기 위한 보통주식수에 포함한다.

⊘ 잠재적보통주는 보통주로 전환된다고 가정할 경우 주당계속영업이익을 감소시키거나 주당계속영업 손실을 증가시킬 수 있는 경우에만 희석성 잠재적보통주로 취급한다.

기출문제

(주)관세의 20×1년도 보통주와 관련된 자료는 다음과 같다. (주)관세의 20×1년도 기본주당이익 산정을 위한 가중 평균유통보통주식수가 1,095주일 때, 9월 1일에 발행된 유상증자 주식수는? (단, 가중평균유통보통주식수는 월할 계산하며, 주식수는 소수점 첫째 자리에서 반올림한다) 24년 기출

내 역	주식수
1월 1일 : 유통보통주식주	800주
4월 1일 : 유상증자(주당 발행금액 ₩100, 증자직전 주당 공정가치 ₩150)	300주
9월 1일 : 유상증자(공정가치 발행)	?

① 50주
② 100주
③ 120주
④ 150주
⑤ 210주

해설

(1) 20×1년 4월 1일 무상주 = 300주 × (₩150 − ₩100) / ₩150 = 100주
(2) 무상증자 비율 = 100주 / (800주 + 200주) = 10%
(3) 가중평균유통보통주식수 = 800주 × 1.1 × 12/12 + 200주 × 1.1 × 9/12 + X × 4/12 = 1,095주
∴ X = 150주

정답 ④

알아두기

가중평균보통주식수의 계산

구 분	일 자	발행주식수	자기주식수	유통주식수
기 초	20X1년 1월 1일	2,000	300	1,700
유상증자	20X1년 5월 31일	800	–	2,500
자기주식의 현금매입	20X1년 12월 1일	–	250	2,250
기 말	20X1년 12월 31일	2,800	550	2,250

(1,700 × 5 / 12) + (2,500 × 6 / 12) + (2,250 × 1 / 12) = 2,146주
또는 (1,700 × 12 / 12) + (800 × 7 / 12) − (250 × 1 / 12) = 2,146주

(3) 주식과 자본거래

① 주식발행방법 24, 21, 20, 19년 기출

주식의 발행가액이 결정되는 것에 따라 액면발행, 할증발행, 할인발행으로 나누어진다.

발행방법	회계처리				
액면발행 (발행가액 = 액면가액)	(차) 현 금	×××	(대) 자본금		×××
할증발행 (발행가액 > 액면가액)	(차) 현 금	×××	(대) 자본금 주식발행초과금 (자본잉여금)		××× ×××
할인발행 (발행가액 < 액면가액)	(차) 현 금 주식할인발행차금 (기타자본)	××× ×××	(대) 자본금		×××

- ㉠ 주식발행가액은 신주발행수수료 등 신주발행을 위하여 직접 발생한 기타의 비용을 차감한 후의 금액을 말한다.
- ㉡ 주식발행초과금과 주식할인발행차금은 상호간 우선적으로 상계한다.

② 증자와 감자 24, 21, 18, 11년 기출

- ㉠ 증자 : 증자란 이사회의 결의에 따라 미발행주식 중 일부를 추가로 발행하여 자본금을 증가시키는 것을 말한다.
  - ⓐ 실질적 증자(유상증자) : 신주를 발행하여 주금을 납입받아 자본금을 조달하는 방법이다.
  - ⓑ 형식적 증자(무상증자) : 자본금 증가가 있지만 회사의 자산이 증가하지 않아 형식적으로만 자본금이 증가하는 것으로 자본잉여금이나 이익잉여금의 자본금전입, 전환사채의 전환, 주식배당 등의 경우이다.
- ㉡ 감자 : 감자란 기업이 사업규모를 축소하거나 결손금을 보전할 목적으로 기업의 자본금을 감소시키는 것을 말한다.
  - ⓐ 실질적 감자(유상감자) : 유상감자 방법으로 이미 발행한 주식을 매입하여 소각하는 매입소각의 방법과 주식금액을 주주에게 환급하여 소각하는 방법이 있다(주식소각, 주금의 환급).
  - ⓑ 형식적 감자(무상감자) : 결손금을 직접 자본금으로 보전하는 경우에 해당하며, 회사의 자산은 감소하지 않는다. 이는 무상감자 또는 명목적 감자라고 하는데 주식의 액면금액을 감소시키는 방법과 발행된 주식수를 줄이는 방법이 있다(주금액 감소, 주식병합).

③ 주식의 소각 16년 기출

보통주의 소각과 상환우선주의 상환 등이 있으며 취득가액과 액면금액의 차액은 감자차익과 감자차손으로 계상된다.

④ 자기주식 24, 23, 21, 20, 19, 18, 17, 16, 14, 13, 12년 기출

- ㉠ 의의 : 회사가 이미 발행하여 유통되고 있는 주식 중에서 매입 또는 증여 등에 의하여 취득된 주식으로서 공식적으로 소각되지 않은 주식을 말한다.
- ㉡ 회계처리 : 한국채택국제회계기준에서는 자기주식을 취득한 경우 취득원가로 자본조정의 차감항목으로 분류하고, 원가법에 근거하여 회계처리하도록 한다고 규정하였다.

취득 시	(차) 자기주식(취득원가)	×××	(대) 현 금	×××
처분 시	• 처분가액 > 취득원가인 경우			
	(차) 현금(처분가액)	×××	(대) 자기주식(취득원가)	×××
			자기주식처분이익	
	• 처분가액 < 취득원가인 경우			
	(차) 현금(처분가액)	×××	(대) 자기주식(취득원가)	×××
	자기주식처분이익*	×××		
	자기주식처분손실*	×××		
	*이전에 발생한 자기주식처분이익의 잔액이 있으나 자기주식처분손실이 이를 초과하는 경우이다.			
소각 시	• 액면가액 > 취득원가인 경우			
	(차) 자본금(액면가액)	×××	(대) 자기주식(취득원가)	×××
			감자차익	×××
	• 액면가액 < 취득원가인 경우			
	(차) 자본금(액면가액)	×××	(대) 자기주식(취득원가)	×××
	감자차손	×××		

ⓐ 자기주식처분이익은 자본잉여금으로 분류한다.

ⓑ 자기주식처분이익과 자기주식처분손실은 우선상계하고 잔액을 회계처리한다.

ⓒ 자기주식의 소각 시 액면가액과 취득가액의 차액만큼 감자차손익이 발생한다.

ⓓ 감자차익과 감자차손은 상호간 우선상계하고 잔액을 회계처리한다.

ⓔ 자기주식은 재무상태표 자본에 대한 차감계정으로 계상하며, 자기주식의 취득은 자본감소거래로 본다.

ⓕ 자기주식은 액면가액과 상관 없이 취득가액으로 계상하는 원가법으로 처리한다.

기출문제

자본회계에 관한 설명으로 옳지 않은 것은? 24년 기출

① 주식의 할증발행 시 액면금액에 해당하는 금액은 자본금계정, 액면금액을 초과하는 금액은 주식발행초과금계정의 대변에 각각 기록한다.

② 주식의 발행과 관련하여 직접적으로 발생하는 신주발행비는 납입된 현금수취액에서 차감한다.

③ 자기주식의 취득 시 원가법으로 회계처리한 후 재발행하는 경우 재발행금액과 취득원가가 일치하지 않으면 자기주식처분손익이 발생한다.

④ 유상감자의 대가가 액면금액에 미달하는 경우 감자차익이 발생하고 이는 자본잉여금으로 분류한다.

⑤ 배당을 받을 권리가 있는 주주를 확정짓는 날인 배당기준일에 배당예상금액을 미지급배당금계정의 대변에 기록한다.

[해설]
배당을 받을 권리가 있는 주주를 확정짓는 날인 배당기준일에 배당예상금액은 미지급 배당금계정의 차변에 기록한다.

정답 ⑤

3. 주식기준보상거래

(1) 의 의

① 주식기준보상거래란 회사가 재화나 용역을 제공받는 대가로 거래상대방에게 회사의 주식이나 주식선택권 등 지분상품을 부여하거나 지분상품의 가격에 기초하여 산정하는 현금이나 기타자산을 지급하는 거래를 말한다.

② 주식선택권(Stock Option)이란 보유자에게 특정 기간 확정되었거나 산정 가능한 가격으로 기업의 주식을 매수할 수 있는 권리(의무는 아님)를 부여하는 계약을 말한다.

알아두기

주식기준보상거래의 가득조건 24년 기출

구 분		가득조건
용역제공조건		거래상대방이 특정기간 동안 용역을 제공할 것을 요구하는 조건
성과조건	시장조건	• 목표주가의 달성, 주식선택권의 목표내재가치 달성 등 지분상품의 시장가격과 관련된 조건을 달성할 것을 요구하는 조건 • 부여한 주식선택권 공정가치를 추정할 때 사용하는 가정에 맞게 기대가득기간을 추정하며 후속적으로 수정하지 않는다.
	비시장조건	• 목표이익, 목표판매량, 목표매출액 달성 등 지분상품의 시장가격과 직접관련 없는 조건을 달성할 것을 요구하는 조건 • 후속적인 정보로 추정한 기대가득기간이 앞서 추정했던 기대가득기간과 다르다면 기대가득기간 추정치를 변경한다.

(2) 종 류 24년 기출

① 주식기준보상거래의 종류

주식기준보상거래는 주식결제형, 현금결제형, 선택형으로 나누어진다.

㉠ **주식결제형 주식기준보상거래** : 재화나 용역을 제공받는 대가로 기업의 지분상품(주식 또는 주식선택권 등)을 부여한다.

㉡ **현금결제형 주식기준보상거래** : 지분상품의 가격에 기초하여 그에 상응하는 현금 등을 지급하는 계약이다.

㉢ **선택형 주식기준보상거래** : 거래상대방이 지분상품의 수령이나 현금 등의 수령을 선택할 수 있는 약정을 의미한다.

② 주식결제형 주식기준보상거래로 재화나 용역을 제공받은 경우에는 그에 상응하는 보상원가를 자본의 증가로 인식하고, 현금결제형 주식기준보상거래로 재화나 용역을 제공받는 경우에는 그에 상응한 보상원가를 부채의 증가로 인식한다.

③ 제공받는 재화나 용역은 자산의 인식요건을 충족하는 경우 자산으로 그 외에는 비용으로 인식한다.

④ 주식기준보상약정에 따라 거래상대방이 현금, 그 밖의 자산 또는 기업의 지분상품을 받을 권리는 회사와 거래당사자가 체결한 일정 계약조건이 충족될 때 가득(권리의 획득)된다.

구 분	재화나 용역의 대가	보상원가
주식결제형	기업의 지분상품(주식 또는 주식선택권 등)을 부여	자본으로 인식
현금결제형	기업의 주식이나 다른 지분상품의 가격에 기초한 금액을 지불	부채로 인식
선택형	기업이나 거래상대방이 약정에 따라 현금지급이나 지분상품발행 중 하나를 선택	자본 또는 부채로 인식

(3) 거래형태별 주식기준보상거래 24, 21, 20, 19년 기출

- 보고기간 말 총보상원가
  = 보고기간 말 주가차액보상권 공정가치 × 보고기간 말 주가차액보상권 행사가능수량
- 당기 주식보상비용 = 당기 말 누적보상원가* − 전기 말 누적보상원가
  *누적보상원가 = 보고기간 말 총보상원가 × (누적기간 / 가득기간)

① 임직원으로부터 용역을 제공받고 주식선택권을 부여한 경우 23, 18, 17, 12년 기출

ㄱ 주식결제형 주식기준보상거래의 주식보상원가 계산 시 지분상품의 공정가치는 용역제공기간 동안 안분하여 비용과 자본으로 계상한다.

(차) 주식보상비용	×××	(대) 주식선택권(자본조정)	×××

ㄴ 공정가치는 이용가능한 시장가격을 기초로 하되 부여일 현재 기준으로 측정한다.

ㄷ 부여일에 측정한 공정가치는 그 이후 기간에 다시 측정하지 않으며 기대권리소멸률만 반영하여 처리한다.

ㄹ 가득일(주식선택권행사일) 이후에는 주식선택권은 다른 자본계정(주식발행초과금)으로 이체가능하다.

ㅁ 제공받는 재화나 용역과 그에 상응하는 자본의 증가를 인식한다면, 가득일이 지난 뒤에는 자본을 수정하지 아니한다. 예를 들면 가득된 지분상품이 추후 상실되거나 주식선택권이 행사되지 않더라도 종업원에게서 제공받은 근무용역에 대해 인식한 금액을 환입하지 아니한다.

ㅂ 부여한 지분상품의 조건이 변경되어 주식기준보상약정의 총 공정가치를 감소시키거나 종업원에게 불리하게 이루어진 경우, 조건이 변경되지 않은 것으로 보고 부여한 지분상품의 대가로 제공받는 근무용역을 계속해서 인식한다.

ㅅ 지분상품의 공정가치를 측정할 수 없는 경우에는 재화나 용역을 제공받는 날 기준의 내재가치(부여일 주식의 시장가치 − 행사가격)로 최초 측정하여 회계처리하고 이후 매 보고기간 말 결제일에 내재가치를 재측정하여 변동액은 당기손익으로 인식한다.

[주식결제형인 경우 공정가치 측정]

구 분	측정기준	재측정
원 칙	제공받는 재화나 용역의 공정가치로 직접 측정	재측정하지 않음
예 외	부여한 지분상품의 공정가치에 기초하여 간접 측정	재측정하지 않음
	부여한 지분상품의 공정가치를 추정할 수 없는 경우 내재가치로 측정	재측정함

◎ 주식결제형이 아닌 현금결제형 주식기준보상거래에서는 부여일 현재 부채의 공정가치를 측정하여 비용과 부채(장기미지급비용)로 계상한다. 이후 매 보고기간 말 결제일에 부채의 공정가치를 재측정하여 공정가치 변동액을 당기손익으로 인식한다.

(차) 주식보상비용	×××	(대) 장기미지급비용(부채)	×××

② 임직원이 아닌 거래상대방에게 주식선택권을 부여한 경우
  ㉠ 제공받은 재화나 용역의 공정가치를 신뢰성 있게 측정할 수 있는 경우 제공받은 재화나 용역의 공정 가치(제공받는 날의 공정가치)로 회계처리한다.
  ㉡ 제공받은 재화나 용역의 공정가치를 신뢰성 있게 측정할 수 없는 경우 부여한 지분상품의 공정가치로 회계처리한다.

③ 거래상대방이 결제방식을 선택할 수 있는 경우(선택형)
  ㉠ 기업이 거래상대방에게 주식기준보상거래를 현금이나 지분상품발행으로 결제받을 수 있는 선택권을 부여한 경우에는, 부채요소와 자본요소가 포함된 복합금융상품을 부여한 것이다.

> 복합금융상품의 공정가치 − 부채요소의 공정가치 = 자본요소의 공정가치

  ㉡ 부채요소에 대하여는 현금결제형 주식기준보상거래에 관한 규정에 따라 부담하는 부채를 인식하고 자본요소에 대하여는 주식결제형 주식기준보상거래에 관한 규정에 따라 자본의 증가를 인식한다.
  ㉢ 기업이 결제일에 현금을 지급하는 대신 지분상품을 발행하는 경우에는 부채를 발행되는 지분상품의 대가로 보아 자본으로 직접 대체한다.
  ㉣ 기업이 결제 시 지분상품을 발행하는 대신 현금을 지급하는 경우에는 현금지급액은 모두 부채의 상환액으로 보며, 이미 인식한 자본요소는 계속 자본으로 분류한다.

④ 기업이 결제방식을 선택할 수 있는 경우(선택형)
  ㉠ 현금을 지급해야 하는 현재의무가 있는 경우에는 현금결제형 주식기준보상거래로 보아 회계처리한다.
  ㉡ 현금을 지급해야 하는 현재의무가 없는 경우에는 주식결제형 주식기준보상거래로 보아 회계처리한다.

기출문제

주식기준보상에 관한 설명으로 옳은 것은? 24년 기출

① 현금결제형 주식기준보상거래로 용역을 제공받는 경우에는 그에 상응한 자본의 증가를 인식한다.

② 주식선택권의 행사가격이 ₩30이고 기초주식의 공정가치가 ₩20이라면 내재가치는 ₩10이다.

③ 현금결제형 주식기준보상거래에서는 매 보고기간 말과 결제일까지의 공정가치 변동액을 기타포괄손익으로 인식한다.

④ 주식기준보상약정에서 가득은 권리의 획득을 의미하며, 가득조건에는 용역제공조건과 성과조건이 있다.

⑤ 종업원 및 유사용역제공자와의 주식기준보상거래에서는 기업이 용역을 제공받는 날, 종업원 및 유사용역제공자가 아닌 자와의 거래에서는 부여일을 측정기준일로 한다.

해설

① 현금결제형 주식기준보상거래로 재화나 용역을 제공받는 경우에는 그에 상응한 보상원가를 부채의 증가로 인식한다.

② 내재가치는 (기초주식의 공정가치 − 행사가격)으로 계산하여, ₩0이다.

③ 현금결제형 주식기준보상거래에서는 매 보고기간 말 결제일에 공정가치 변동액을 당기손익으로 인식한다.

⑤ 종업원 및 유사용역제공자와의 주식기준보상거래에서는 부여일, 종업원 및 유사용역제공자가 아닌 자와의 거래에서는 기업이 용역을 제공받는 날을 측정기준일로 한다.

정답 ④

---

4. 포괄손익 18년 기출

포괄손익이란 일정기간 동안 주주와의 자본거래를 제외한 모든 거래나 사건에서 인식한 자본의 변동을 말한다. 당기순손익의 누계액이 이익잉여금(결손금)으로 표현되고, 기타포괄손익의 누계액이 기타포괄손익누계액으로 표현된다.

> 포괄손익 = 당기순손익 ± 기타포괄손익

(1) 이익잉여금(결손금)

기업의 이익창출활동에 의하여 획득된 이익 중 배당금으로 사외에 유출되거나 자본금으로 대체되지 않고 사내에 유보된 부분을 말한다. 결손금이란 기업이 결손을 보고한 경우 보고된 결손금 중 다른 잉여금으로 보전되지 않고 이월된 부분을 말한다.

(2) 이익잉여금의 구성 24, 22, 15년 기출

이익잉여금은 법정적립금, 임의적립금, 미처분이익잉여금(미처리결손금), 배당금 등으로 구성된다.

① 법정적립금

법률의 규정에 의하여 요건이 충족되면 적립이 강제되는 적립금으로, 우리나라의 경우 이익준비금이 법정적립금의 대표적인 예이다. 이익준비금은 자본금의 1/2에 달할 때까지 매 결산기에 금전에 의한 이익배당액의 1/10 이상을 적립해야 한다.

② 임의적립금

회사가 특정 목적을 달성하기 위하여 정관의 규정이나 주주총회의 결의에 따라 임의로 적립하는 금액으로서 배당금으로 이익잉여금이 사외로 유출되는 것을 방지하기 위하여 사내에 유보한 적립금을 말한다.

ⓞ 적극적 적립금 : 자산의 취득이나 부채의 상환 등 기업의 자금 또는 순자산을 증가시킬 목적으로 적립하는 적립금으로서 목적이 달성되면 별도적립금으로 대체된다. 이러한 적립금에는 감채적립금, 사업확장적립금 등이 있다.

ⓛ 소극적 적립금 : 기업의 자본감소의 방지 또는 순자산의 감소와 같이 예상되는 손실 등에 충당할 목적으로 적립하는 것으로서 목적이 달성되면 사외로 유출되는 적립금이다. 이러한 적립금에는 배당평균적립금, 결손보전적립금, 재해손실적립금 등이 있다.

③ 미처분이익잉여금(미처리결손금)

기업이 벌어들인 이익 중 배당이나 다른 잉여금으로 처분되지 않고 남아있는 이익잉여금으로서, 전기에 처분하지 않고 당기로 이월된 전기이월 이익잉여금에 회계변경누적효과와 전기오류수정 손익을 가감하고, 중간배당금을 차감한 후 당기순손익을 가감 조정하여 계상된다.

④ 배당금 22, 16년 기출

기업의 영업활동 결과 계상된 순이익의 일부를 투자에 대한 대가로 주주에게 분배되는 금액이다.

ⓞ 현금배당 : 주주에게 지급되는 배당금이 현금으로 지급되는 배당으로, 이익잉여금을 초과하여 배당금이 지급될 수 없다.

ⓛ 주식배당 : 현금이 아닌 주식으로 이익을 배당하는 것으로, 배당금에 해당하는 이익잉여금을 자본화할 목적으로 이루어지는 것이다.

ⓒ 주식분할 : 하나의 주식을 여러 가지 동일주식으로 분할하는 것으로, 주식 1주의 시장가치를 하락시킴으로써 주식을 보다 광범위하게 분산시키고 주식의 시장성을 향상시키기 위한 목적으로 한다.

ⓔ 주식병합 : 발행주식의 일정비율을 회수하여 발행주식의 총수를 감소시키는 것을 말한다.

보충 무상증자, 주식배당, 주식분할 및 주식병합 비교 24, 21, 20, 19년 기출

구 분	순자산가액의 변동	발행주식수의 변동	주식액면가액의 변동
무상증자	자본금이 증가하고, 자본잉여금 또는 이익잉여금이 감소(순자산가액은 변동 없음)	증 가	변동 없음
주식배당	자본금이 증가하고 이익잉여금이 감소(순자산가액은 변동 없음)	증 가	변동 없음
주식분할	자본계정 간 변동 없음	증 가	감 소
주식병합	자본계정 간 변동 없음	감 소	증가 또는 변동 없음

기출문제

(주)관세의 20×1년 초 자본내역과 20×2년 2월 개최한 주주총회 관련 자료는 다음과 같다.

○ 20×1년 초 자본내역	: 보통주자본금 ₩50,000(단, 보통주자본금 변동없음) 배당평균적립금 ₩500 미처분이익잉여금 ₩150
○ 20×1년도 당기순이익	: ₩4,000
○ 20×2년 2월 28일 주주총회 결의내용	
• 배당평균적립금 이입	: ₩500
• 현금배당	: 보통주자본금의 3%(현금배당 시 상법의 규정에 따라 1/10을 이익준비금으로 적립)
• 주식배당	: ₩300
• 사업확장적립금 적립	: ₩100

주주총회 결의 후 (주)관세의 차기이월미처분이익잉여금은? 24년 기출

① ₩2,100
② ₩2,600
③ ₩2,650
④ ₩2,750
⑤ ₩2,900

해설

(1) 20×1년 말 재무상태표 미처분이익잉여금 = ₩4,000 + ₩150 = ₩4,150
(2) 이익잉여금 처분액 = ₩1,500(현금배당) + ₩150(이익준비금) + ₩300(주식배당) + ₩100(사업확장적립금 적립) = ₩2,050
(3) 차기이월미처분이익잉여금 = ₩4,150 + ₩500(배당평균적립금 이입) − ₩2,050 = ₩2,600

정답 ②

(주)관세의 20×1년 초 자본총계는 ₩50,000이다. 다음의 자료를 반영한 기말 자본총계는? (단, (주)관세의 주당 액면금액은 ₩100이며, 20×1년 이전 자기주식 거래는 없었다) 24년 기출

일 자	자본거래내역
2월 28일	현금배당 ₩2,000, 주식배당 50주
5월 15일	자기주식 20주 주당 ₩150에 취득
7월 17일	유상증자 100주(주당 발행금액 ₩200)
9월 10일	무상증자 100주
10월 5일	자기주식 10주 주당 ₩180에 매각
11월 11일	자기주식 10주 소각

① ₩63,800
② ₩65,300
③ ₩66,800
④ ₩67,800
⑤ ₩75,300

해설

주식배당, 무상증자, 자기주식 소각은 순자산가액의 변동이 없다.
20×1년 말 자본총계 = ₩50,000 − ₩2,000(현금배당) − ₩150 × 20주(자기주식 취득) + ₩200 × 100주(유상증자) + ₩180 × 10주(자기주식 매각) = ₩66,800

정답 ③

(3) 기타포괄손익 누계액

① 의 의 12년 기출

기타포괄손익은 주주와의 자본거래를 제외한 거래나 사건으로 인하여 회계기간 동안 발생한 자본의 변동 중 당기손익에 포함하지 않은 손익항목이다.

② 종 류 23, 21, 14년 기출

㉠ 기타포괄손익-공정가치측정금융자산 평가손익 : 기타포괄손익-공정가치측정금융자산의 공정가치 변동으로 인한 미실현 손익에 해당한다.

㉡ 해외사업환산손익 : 해외지점, 해외사무소, 해외소재 지분법적용대상회사, 해외종속회사의 외화표시 재무제표를 현행환율법에 의하여 환산하는 경우 발생하는 차액으로서 차기 이후 발행되는 금액과 상계 또는 가산처리하고 관련지점, 사업소 또는 지분법적용대상회사가 청산, 폐쇄 또는 매각되는 회계연도에 그 잔액을 당기손익으로 처리한다.

㉢ 현금흐름위험회피 파생상품 평가손익 : 미래 특정예상거래의 현금흐름 변동위험에 대하여 파생상품을 위험회피수단으로 지정한 경우 그 파생상품의 평가손익 중 위험회피에 효과적인 부분은 기타포괄손익 누계액으로 계상 후 동 예상거래가 당기손익에 영향을 미치는 회계연도에 당기손익으로 인식한다.

㉣ 재평가잉여금 : 유·무형자산의 재평가 결과 자산의 장부금액이 재평가로 인하여 증가된 경우에 그 증가액은 기타포괄손익으로 인식하고 재평가잉여금의 과목으로 자본에 가산한다.

ⓜ 보험수리적 손익 : 확정급여부채의 측정 시 사용한 이전의 보험수리적 가정과 실제 일어난 결과의 차이 효과 및 보험수리적 가정의 변경 효과로 인해 생기는 확정급여채무 현재가치의 변동이다.

ⓑ 지분법자본변동 : 관계기업의 자본변동이 발생하는 경우 이중 지분율에 해당하는 금액을 지분법자본변동으로 인식한다.

③ 당기손익으로의 재분류 19, 15년 기출

㉠ 재분류조정은 당기나 과거 기간에 기타포괄손익으로 인식되었으나 당기손익으로 재분류된 금액이다. 재분류조정은 그 조정액이 당기손익으로 재분류되는 기간의 기타포괄손익의 관련 구성요소에 포함된다. 이러한 금액은 당기나 과거기간에 미실현이익으로 기타포괄손익에 인식되었을 수도 있다. 이러한 미실현이익은 총포괄손익에 이중으로 포함되지 않도록 미실현이익이 실현되어 당기손익으로 재분류되는 기간의 기타포괄손익에서 차감되어야 한다.

㉡ 재분류조정은 해외사업장을 매각할 때, 위험회피예상거래가 당기손익에 영향을 미칠 때 발생한다.

㉢ 재분류조정은 재평가잉여금의 변동이나 확정급여제도의 재측정요소에 의해서는 발생하지 않는다. 이러한 구성요소는 기타포괄손익으로 인식하고 후속 기간에 당기손익으로 재분류하지 않는다. 재평가잉여금의 변동은 자산이 사용되는 후속 기간 또는 자산이 제거될 때 이익잉여금으로 대체될 수 있다.

재분류불가	• 재평가잉여금 • 보험수리적손익 • 기타포괄손익–공정가치측정금융자산 평가손익(지분상품)
재분류가능	• 해외사업환산손익 • 기타포괄손익–공정가치측정금융자산 평가손익(채무상품) • 현금흐름위험회피 파생상품 평가손익 • 지분법자본변동

제2절 금융부채와 사채

1. 부 채 24년 기출

(1) 부채의 의의

과거의 거래나 사건의 결과로서 현재 기업실체가 부담하고 다른 실체에게 자산을 이전하거나 용역의 제공을 위해 미래에 자원의 유출이 예상되는 의무이다.

(2) 부채의 인식 및 측정

① 부채의 인식

과거사건의 결과로 현재의무가 존재하며, 이로 인한 자원을 유출할 가능성이 높고, 관련 금액을 신뢰성 있게 추정할 수 있다면 부채를 인식한다.

② 의무발생사건

해당 의무의 이행 외에는 현실적인 대안이 없는 법적의무나 의제의무가 생기게 하는 사건이다.

㉠ 법적의무 : 명시적 또는 암묵적 조건에 따른 계약이나 법률, 그 밖의 법적 효력에 따라 발생하는 의무이다.

ⓛ 의제의무 : 과거의 실무관행, 발표된 경영방침, 구체적이고 유효한 약속 등으로 기업이 특정 책임을 부담할 것이라고 상대방에게 표명하고, 그 결과로 기업이 해당 책임을 이행할 것이라는 정당한 기대를 상대방이 가지면 의제의무가 성립된다.

③ 부채의 측정

　ⓞ 최초로 인식할 때에는 공정가치로 측정한다. 부채의 공정가치는 미래현금흐름지출액을 부채 발생시점의 시장이자율로 할인한 현재가치로 한다. 다만, 당기손익인식금융부채가 아닌 경우 당해 금융부채의 발행과 직접 관련되는 거래원가는 최초인식하는 공정가치에 차감하여 측정한다.

　ⓛ 장기선수금, 이연법인세부채는 현재가치로 평가하지 않는다.

기출문제

(주)관세는 20×1년 1월 1일 금융기관에 금융자산(장부금액 ₩500, 공정가치 ₩600)을 ₩700에 양도하였다. (주)관세는 채무자가 채무를 이행하지 못할 경우, ₩300의 지급보증(지급보증의 공정가치 ₩100)을 제공하고 있다. 20×1년 2월 1일 채무자의 채무불이행으로 인하여 (주)관세는 지급보증의무 ₩200을 이행하였다. (주)관세가 20×1년 1월 1일 인식할 지속관여자산관련부채(가)와 20×1년 2월 1일 발생한 지급보증비용(나)은? 24년 기출

	(가)	(나)
①	₩400	₩100
②	₩400	₩200
③	₩500	₩100
④	₩500	₩200
⑤	₩500	₩300

해설

(1) 20×1년 1월 1일 회계처리

(차) 현 금	₩700	(대) 금융자산	₩500
		(대) 지급보증부채(관련보증부채)	₩100
		(대) 금융자산처분이익	₩100
(차) 지속관여자산	₩300	(대) 관련보증부채	₩300

(2) 20×1년 2월 1일 회계처리

(차) 지급보증부채(관련보증부채)	₩100	(대) 현금	₩200
(차) 지급보증비용	₩100		
(차) 관련보증부채	₩300	(대) 지속관여자산	₩300

정답 ①

---

2. 금융부채 23, 22, 20년 기출

(1) 금융부채의 의의

금융부채란 거래상대방에게 현금 등 금융자산을 지급할 계약상 의무나 잠재적으로 불리한 조건으로 거래상대방과 금융자산이나 금융부채를 교환하기로 한 계약상 의무를 말한다. 차입금이나 사채 등이 이러한 조건에 해당한다.

(2) 금융부채의 종류

① 당기손익-공정가치측정금융부채

단기간의 이익획득의 목적으로 취득·부담하거나(단기매매항목의 정의 충족), 당기손익-공정가치측정 금융부채로 지정한 파생상품 항목인 경우 당기손익인식금융부채에 해당한다.

② 상각후원가측정금융부채

당기손익-공정가치측정금융부채를 제외한 금융부채이다.

(3) 금융부채의 인식과 제거

① 금융부채의 인식

금융부채는 금융상품의 계약당사자가 되는 때에만 재무상태표에 인식한다.

② 금융부채의 제거

금융부채(또는 금융부채의 일부)는 소멸한 경우(즉, 계약상 의무가 이행, 취소 또는 만료된 경우)에만 재무상태표에서 제거한다. 기존 차입자와 대여자가 실질적으로 다른 조건으로 채무상품을 교환하거나 기존 금융부채의 조건이 실질적으로 변경된 경우에는 최초의 금융부채를 제거하고 새로운 금융부채를 인식한다. 소멸하거나 제3자에게 양도한 금융부채의 장부금액과 지급한 대가의 차액은 당기손익으로 인식한다.

(4) 금융부채의 측정 11년 기출

① 최초 인식

금융부채는 최초 인식 시 공정가치로 측정하며, 금융부채의 취득발행과 직접 관련되는 거래원가는 최초 인식하는 공정가치에 차감하여 측정한다. 다만, 당기손익인식금융부채 및 당기손익-공정가치측정금융부채와 관련하여 발생한 거래원가는 즉시비용으로 인식한다.

② 후속측정

㉠ 당기손익-공정가치측정금융부채 : 공정가치로 측정하고, 공정가치 변동을 당기손익으로 인식한다.

㉡ 상각후원가측정금융부채 : 상각후원가로 측정한다.

㉢ 재분류조정 : 금융부채는 재분류하지 아니한다.

3. 사 채

(1) 사채의 의의

사채란 회사가 장기에 걸쳐 거액의 자금을 조달하기 위해 증권을 발행하여 일정기간에 표시이자를 지급함과 동시에 만기에 원금을 상환하는 조건으로 차입한 채무를 말한다.

(2) 사채의 구성요소

① 만 기

만기란 사채발행자가 원금을 상환하기로 약속한 날을 의미한다.

② 액면가액(원금)

액면가액이란 사채발행자가 만기에 상환하기로 약속한 금액을 의미한다.

③ 액면이자(표시이자)

액면이자란 사채발행자가 일정기간마다 지급하기로 한 금액으로 액면가액에 일정한 이자율을 곱한 금액이다. 이때의 일정한 이자율을 액면이자율(또는 표면이자율)이라고 한다.

④ 발행가액

발행가액이란 사채를 발행하여 조달한 순현금유입액을 말한다. 따라서 사채 발행 시 부담한 사채발행비는 제외된 금액을 의미한다.

▷ 사채발행비 : 사채를 발행할 때 발생한 인쇄비, 발행수수료, 증권거래소의 부과금이나 세금 등 기타 사채발행과 관련하여 발생한 비용을 말한다. 사채발행에 따른 제비용은 사채의 발행금액에서 직접 차감하여 처리한다. 그러므로 사채발행비에 해당하는 금액만큼 사채할인발행차금이 증가하거나 사채 할증발행차금이 감소한다.

⑤ 유효이자율 19, 17, 16년 기출

㉠ 유효이자율이란 사채의 발행가액(순현금유입액)과 사채를 발행함으로써 지급해야 하는 미래 현금흐름(순현금유출액)의 현재가치를 일치시켜 주는 이자율을 의미한다.

㉡ 일반적으로 사채를 발행할 때 시장이자율에 의해 사채발행가액이 결정되므로 시장이자율을 통해 유효이자율을 알 수 있다. 그러나 사채발행비용이 있는 경우 유효이자율과 시장이자율은 불일치하며, 이때는 사채발행비용을 고려한 유효이자율을 다시 계산해야 한다.

㉢ 사채발행비용이 있는 경우 발행시점의 유효이자율은 시장이자율보다 높다.

(3) 사채의 발행 21, 20, 12년 기출

액면가액과 발행가액의 차이에 따라 액면발행, 할인발행, 할증발행으로 구분한다.

① 액면발행

㉠ 액면가액 = 발행가액

㉡ 사채의 발행가액은 만기 금액과 일치한다.

㉢ 사채의 표시(액면)이자율은 사채소유자에게 현금으로 지급해야 할 이자계산에 사용된다.

(차) 현 금	×××	(대) 사 채	×××

② 할인발행 24년 기출

㉠ 액면가액 > 발행가액

㉡ 액면가에서 발행가액을 차감한 가액을 사채할인발행차금으로 하여 당해 사채에서 차감하는 형식으로 기재하고 사채의 상환기간에 걸쳐 일정한 방법으로 상각하여 이자비용에 가산한다.

㉢ 사채할인발행차금은 선급이자의 성격에 해당한다.

(차) 현 금	×××	(대) 사 채	×××
사채할인발행차금	×××		

③ 할증발행 19, 13년 기출

㉠ 액면가액 < 발행가액

㉡ 발행가에서 액면가액을 차감한 가액을 사채할증발행차금으로 하여 당해 사채에서 가산하는 형식으로 기재하고 사채의 상환기간에 걸쳐 일정한 방법으로 상각하여 이자비용에서 차감한다.

㉢ 매기 현금이자 지급액보다 낮은 이자비용이 인식된다.

㉣ 유효이자율법에 의해 상각할 경우 기간경과에 따라 할증발행차금 상각액은 매기 증가한다.

㉤ 기간경과에 따른 이자비용은 매기 감소한다.

㉥ 사채의 장부가액은 매기 할증발행차금의 상각액만큼 감소한다.

㉦ 사채할증발행차금은 선수이자의 성격에 해당한다.

(차) 현 금	×××	(대) 사 채	×××
		사채할증발행차금	×××

(4) 사채이자 지급 시의 회계처리

사채발행기간 동안 매기 인식할 이자비용은 사채할인발행의 경우 액면이자나 사채할인발행차금상각액을 가산한 금액이 되며, 사채할증발행 시 사채할증발행차금상각액을 액면이자에서 차감한 금액이 된다. 최초 인식 후 유효이자율법을 사용하여 상각후원가로 측정한다.

구 분	사채기간 동안 인식할 총사채이자비용
액면발행	표시이자지급액(실제현금유출액)
할인발행	표시이자지급액 + 사채할인발행차금총액
할증발행	표시이자지급액 − 사채할증발행차금총액

(5) 사채발행차금의 상각

유효이자율법을 적용하여 상각 또는 환입한다.

① 할인발행의 경우 24, 21, 20, 19, 18, 11년 기출

- 사채장부가액 = 사채액면가액 − 사채할인발행차금 잔액
- 유효이자 = 사채장부가액 × 유효이자율(시장이자율)
- 액면이자 = 사채액면 × 표시이자율
- 사채할인발행차금상각액 = 유효이자 − 액면이자

㉠ 사채할인발행차금은 사채의 차감계정이다.

㉡ 사채할인발행차금은 액면가액에서 발행가액을 차감한 가액을 사채할인발행자금으로 하여 당해 사채에서 차감하는 형식으로 기재하고 사채의 상환기간에 걸쳐 일정한 방법으로 상각하여 이자비용에 가산한다.

㉢ 사채가 할인발행되는 경우 사채발행자가 사채만기일에 상환해야 하는 금액은 발행가액보다 크다.

ⓛ 사채를 할인발행하고 중도상환 없이 만기까지 보유한 경우, 발행자가 사채발행시점부터 사채만기까지 포괄손익계산서에 인식한 이자비용의 총합은 발행시점의 사채할인발행차금과 연간 액면이자 합계를 모두 더한 값과 일치한다.

ⓜ 사채를 할인발행한 경우, 중도상환이 없다면 발행자가 재무상태표에 인식하는 사채의 장부가액은 매년 체증적으로 증가한다.

기출문제

(주)관세는 20×1년 초 액면금액 ₩100,000, 매년 말 액면이자 연 8% 지급조건, 5년 만기의 사채를 ₩92,416에 발행하였다. 동 사채 발행일의 시장이자율(연 10%)과 유효이자율은 일치하며, 유효이자율법에 따라 사채발행차금을 상각한다. (주)관세가 20×3년도에 상각할 사채할인발행차금은? (단, 계산금액은 소수점 첫째 자리에서 반올림한다) 24년 기출

① ₩1,242

② ₩1,366

③ ₩1,502

④ ₩1,653

⑤ ₩1,821

해설

(1) 20×1년 사채장부가액 = ₩92,416 × 1.1 − ₩100,000 × 8% = ₩93,657
(2) 20×2년 사채장부가액 = ₩93,657 × 1.1 − ₩100,000 × 8% = ₩95,022
(3) 20×3년 사채할인발행차금 = ₩95,022 × 10% − ₩100,000 × 8% = ₩1,502

정답 ③

---

② 할증발행의 경우 23년 기출

사채할증발행차금 환입액 = 액면이자 − 유효이자

ⓐ 할증발행의 경우 사채의 장부가액은 매년 감소한다.

ⓑ 사채를 액면가액 이상으로 발행하는 경우를 사채할증발행이라고 하는데, 이 경우 액면이자율이 시장이자율보다 높을 때 발행하여 액면가액과 발행가액의 차액을 사채발행초과금계정으로 처리한다. 사채할증발행차금을 상각하게 되면 이자비용이 줄게 되어 당기순이익이 증가하게 되고 사채의 장부가액이 감소하게 된다.

ⓒ 사채발행 시 사채의 유효이자율이 표시이자율보다 낮은 경우 사채는 할증발행된다.

　▷ 유효이자율법을 적용할 경우 할인발행의 경우는 이자비용이 매년 증가하고, 할증발행의 경우 이자비용은 매년 감소한다.

사채의 발행방법에 따른 효과 21년 기출

구 분	발행가액	이자율	이자비용	차금상각액	장부가액
액면발행	액면가액 = 발행가액	액면이자율 = 유효이자율	일 정	없 음	일 정
할인발행	액면가액 > 발행가액	액면이자율 < 유효이자율	증 가	증 가	증 가
할증발행	액면가액 < 발행가액	액면이자율 > 유효이자율	감 소	증 가	감 소

(6) 이자지급일 사이의 사채발행 19년 기출

사채를 이자지급일 사이에 발행하는 경우의 사채의 시장가치는 직전 이자지급일부터 발행일까지의 경과이자가 포함되어 있다. 즉, 사채발행에 따른 현금수령액에서 직전 이자지급일부터 발행일까지 경과이자를 차감한 금액이 사채의 시장가치이다. 이때 적용하는 이자율은 권면상 발행일의 시장이자율을 적용하는 것이 아니라 실제 발행일의 시장이자율을 적용하여야 한다. 이를 도식화하면 아래와 같다.

> 권면상 발행일의 현재가치(실제 발행일의 시장이자율)
> + 직전 이자지급일부터 발행일까지 유효이자
> = 현금수수액
> − 직전 이자지급일부터 발행일까지 표시이자
> = 사채 발행가액(= 사채 시장가치)

(7) 사채의 상환 24, 22, 21, 20, 19년 기출

① 사채를 만기 전에 상환하는 경우, 상환에 따른 이익이나 손실이 발생할 수 있다. 이는 발행시점 이후 시장이자율이 변동하여 사채의 미래현금흐름의 현재가치가 달라졌기 때문이다.

② 사채 발행시점보다 시장이자율이 상승하면 사채상환이익이 발생한다.

③ 사채 발행시점보다 시장이자율이 하락하면 사채상환손실이 발생한다.

④ 이자 지급 전에 사채가 상환되는 경우, 장부가액에 경과이자를 반영 후 사채상환손익을 계산한다.

만기상환	• 사채발행차금이 전액 상각되어 그 잔액이 "0"이므로 사채의 장부가액과 액면가액이 동일하여 사채상환으로 인한 상환손익은 발생하지 않는다.			
	(차) 사채(액면금액)	×××	(대) 현 금	×××
조기상환	• 액면발행이며, 장부가액과 상환가액이 동일한 경우			
	(차) 사 채	×××	(대) 현 금	×××
	• 할인발행이며, 장부가액이 상환가액보다 큰 경우			
	(차) 사 채	×××	(대) 현 금	×××
			사채할인발행차금	×××
			사채상환이익	×××
	• 할인발행이며, 장부가액이 상환가액보다 작은 경우			
	(차) 사 채	×××	(대) 현 금	×××
	사채상환손실	×××	사채할인발행차금	×××

(8) 전환사채

① 전환사채의 의의

전환사채는 일반사채(채무상품)에 보통주로 전환할 수 있는 전환권(지분상품)을 부여한 특수한 형태의 사채이다. 발행될 때에는 사채이지만 유가증권의 소유자가 일정한 조건으로 전환권을 행사하면 사채는 소멸하고 보통주로 전환되는 사채를 말한다. 전환사채는 일반사채에 주식의 성질을 가미함으로써 사채의 발행을 촉진시키고, 주식으로 전환될 경우에는 증자와 동일한 효과를 누릴 수 있다.

② 전환권가치(전환권대가)의 측정 24, 23, 21, 19, 17, 15, 13, 12년 기출

전환사채는 일반사채와 전환권이라는 두 가지 요소로 구성되는 복합적 성격의 증권이다. 따라서 전환사채는 일반사채의 발행가액보다 전환권가치(전환권대가)만큼 높은 가액으로 발행되며, 전환사채의 발행가액은 일반사채에 해당하는 부채부분과 전환권에 해당하는 자본(자본잉여금)부분으로 분리할 수 있다.

> ⊙ 전환사채 발행가액 = 일반사채를 가정한 공정가치 + 전환권대가
> ⊙ 전환권대가 = 전환사채 발행가액 − 일반사채를 가정한 공정가치

▷ 이 경우 일반사채를 가정한 공정가치는 전환권이 없는 채무상품의 미래현금흐름을 시장이자율을 적용하여 할인한 현재가치로 계산한다.

기출문제

(주)관세는 20×1년 초 다음과 같은 조건으로 전환사채를 액면발행하였다. 20×1년 말까지 전환권이 행사되지 않은 경우, (주)관세가 20×1년 말 재무상태표에 부채로 보고할 전환사채의 장부금액은? [단, 단일금액 ₩1의 현재가치는 0.6830(4기간, 10%), 정상연금 ₩1의 현재가치는 3.1700(4기간, 10%)을 적용한다] 24년 기출

> ○ 액면금액 − ₩100,000
> ○ 표시이자율 − 연 5%(매년 말 지급)
> ○ 만기일 − 20×4년 12월 31일
> ○ 전환조건 − 사채액면금액 ₩1,000당 보통주(주당 액면금액 ₩500) 2주로 전환
> ○ 원금상환방법 − 상환기일에 액면금액의 100%를 일시상환
> ○ 전환사채 발행시점에 일반사채의 시장이자율 − 연 10%

① ₩82,565
② ₩84,150
③ ₩87,565
④ ₩89,150
⑤ ₩98,000

해설

(1) 20×1년 1월 1일 사채 발행금액 = ₩100,000 × 0.6830 + ₩100,000 × 5% × 3.1700 = ₩84,150
(2) 20×1년 12월 31일 사채 장부금액 = ₩84,150 × 1.1 − ₩100,000 × 5% = ₩87,565

정답 ③

③ 보장수익률과 상환할증금 13년 기출

전환사채는 보통주로의 전환권을 부여하고 있기 때문에 일반사채보다 높은 발행가액과 낮은 표시이자 조건으로 발행된다. 하지만 전환사채 발행회사의 주가가 현저하게 낮아 만기까지 전환권을 행사할 수 없게 된 경우 투자자는 시장이자율보다 낮은 수익률을 얻게 된다. 이에 따라 전환권을 행사하지 않은 경우에 투자자의 일정수준의 수익률을 보장하기 위하여 일정금액을 만기에 추가로 지급하기로 약정한다. 이때 투자자에게 보장하는 수익률을 보장수익률, 만기 시 추가로 지급하는 금액을 상환할증금이라고 한다. 이때 전환사채의 공정가치는 상환할증금을 반영한 현금흐름의 현재가치이다.

> 전환권대가 = 발행가액 - 상환할증금이 반영된 전환사채의 현재가치

제3절 충당부채와 종업원 및 퇴직급여

1. 충당부채

(1) 충당부채의 의의와 종류

① 충당부채의 의의 22, 17, 13, 11년 기출

충당부채는 과거사건으로 생긴 현재의무로서, 기업이 가진 미래경제적 효익이 있는 자원의 유출을 통해 그 이행이 예상되지만 그 지출시기 또는 금액이 불확실한 부채이다.

▷ 충당부채는 결제에 필요한 미래 지출의 시기 또는 금액에 불확실성이 있다는 점에서 매입채무와 미지급비용과 같은 그 밖의 부채와 구별된다.

알아두기

확정부채와 추정부채
• 확정부채 : 확정부채는 재무상태표일 현재 부채의 존재가 확실하며 그 지급금액이 확정되어 있으므로 측정 및 보고에 있어 큰 문제가 없다.
• 추정부채 : 만기 시의 지급금액이 확정되어 있지 아니하며, 인식 당시 지급시기 및 수취인도가 확인되지 않는 경우가 대부분이다(충당부채와 우발부채에 해당함).

② 충당부채의 종류 24, 21, 20, 18년 기출

㉠ 판매(제품)보증충당부채 : 제품 등을 일정기간 동안 품질을 보증하여 판매하고, 그 보증기간 동안 판매한 제품 등에서 발생하는 하자에 대하여 보증수리비용 등이 발생할 것이 예상될 때 그 비용을 적절히 추정하여 매출시점에 속하는 기간에 비용으로 인식하고 부채로 설정하는 충당부채이다.

> 제품보증충당부채 = 매출액 × 경험률 - 당해보증비용발생액

ⓒ **경품충당부채** : 기업은 특정상품의 판매를 촉진하기 위하여 환불정책, 경품, 포인트 적립, 마일리지 제도를 시행할 때 관련비용에 대한 최선의 추정치를 경품충당부채로 인식한다.

> 경품충당부채 = 차기이후 발생할 경품액

ⓒ **복구충당부채** : 대기, 토양, 수질오염, 방사능 오염 등을 유발할 가능성이 있는 유형자산에 대해서는 경제적 사용이 종료된 후에 환경보전을 위하여 반드시 원상을 회복시켜야 한다.

> 복구충당부채 = 복구비용의 현재가치

(2) 충당부채의 인식 22, 21, 17, 15, 12, 10년 기출

① 충당부채의 인식요건

충당부채는 다음의 요건을 모두 충족하는 경우에 인식한다. 이 요건을 충족하지 못할 경우에는 어떠한 충당부채도 인식할 수 없다.

> ㉠ 과거사건의 결과로 현재의무(법적의무 또는 의제의무)가 존재한다.
> ㉡ 당해 의무를 이행하기 위하여 경제적 효익을 갖는 자원이 유출될 가능성이 높다.
> ㉢ 당해 의무의 이행에 소요되는 금액을 신뢰성 있게 추정할 수 있다.

② 과거사건 15, 10년 기출

충당부채로 인식되기 위해서는 과거사건으로 인한 의무가 기업의 미래행위(즉, 미래 사업행위)와 독립적이어야 한다. 예를 들어, 불법적인 환경오염으로 인한 범칙금이나 환경정화비용의 경우에는 기업의 미래행위에 관계없이 당해 의무의 이행에 경제적 효익을 갖는 자원의 유출이 수반되므로 충당부채를 인식한다.

③ 현재의무 15년 기출

보고기간 말에 현재의무가 존재할 가능성이 존재하지 않을 가능성보다 높으면 과거사건이 현재의무를 생기게 한 것으로 본다. 보고기간 말 기준으로 이용할 수 있는 모든 증거를 고려하여 충당부채의 인식여부를 판단해야 한다. 의무이행에 대한 상대방은 불특정 다수가 될 수도 있으므로 상대방이 누구인지 반드시 알아야 하는 것은 아니다. 입법 예고된 법률의 세부 사항이 아직 확정되지 않은 경우에는 해당 법안대로 제정될 것이 거의 확실한 때에만 의무가 생긴 것으로 본다.

④ 자원의 유출 가능성

제품보증이나 이와 비슷한 계약 등 비슷한 의무가 다수 있는 경우에 의무 이행에 필요한 자원의 유출 가능성은 해당 의무 전체를 고려하여 판단한다. 비록 개별 항목에서 의무 이행에 필요한 자원의 유출 가능성이 높지 않더라도 전체적인 의무 이행에 필요한 자원의 유출 가능성이 높을 경우(그 밖의 인식기준이 충족된다면)에는 충당부채를 인식한다.

⑤ 신뢰성 있는 추정 15년 기출

추정치를 사용하는 것은 재무제표 작성의 필수적인 과정이며 재무제표의 신뢰성을 손상시키지 아니한다. 충당부채의 성격상 다른 재무상태표 항목에 비하여 불확실성이 더 크므로 그에 대한 추정치의 사용은 특히 필수적이다.

⑥ **최선의 추정치** 13, 10년 기출

충당부채로 인식하는 금액은 현재의무를 보고기간 말에 이행하기 위하여 소요되는 지출에 대한 최선의 추정치이어야 한다.

⑦ **인식과 측정기준의 적용** 13, 12년 기출

㉠ **미래의 예상 영업손실** : 충당부채로 인식하지 아니한다.

㉡ **손실부담계약** : 손실부담계약은 계약상 의무의 이행에 필요한 회피 불가능 원가가 그 계약에서 받을 것으로 예상되는 경제적 효익을 초과하는 계약이다. 취소 불가능한 손실부담계약을 체결하고 있는 경우에는 관련된 현재의무를 충당부채로 인식하고 측정한다.

⑧ **변 동** 12년 기출

㉠ 매 보고기간 말마다 충당부채의 잔액을 검토하고, 보고기간 말 현재 최선의 추정치를 반영하여 조정한다.

㉡ 충당부채를 현재가치로 평가하여 표시하는 경우에는 장부금액을 기간 경과에 따라 증가시키고 해당 증가 금액은 차입원가로 인식한다.

㉢ 충당부채는 최초 인식과 관련 있는 지출에만 사용한다.

⑨ **변 제** 20, 12년 기출

충당부채를 결제하기 위하여 필요한 지출액의 일부 또는 전부를 제3자가 변제할 것이 예상되는 경우 기업이 의무를 이행한다면 변제를 받을 것이 거의 확실하게 되는 때에 한하여 변제금액을 인식하고 별도의 자산으로 회계처리한다.

⑩ **현재가치** 12, 10년 기출

㉠ 화폐의 시간가치 효과가 중요한 경우 충당부채는 의무를 이행하기 위하여 예상되는 지출액의 현재가치로 평가한다.

㉡ 할인율은 부채의 고유한 위험과 화폐의 시간가치에 대한 현행 시장의 평가를 반영한 세전 이율이다. 이 할인율에 반영되는 위험에는 미래 현금흐름을 추정할 때 고려된 위험은 반영하지 아니한다.

㉢ 현재의무를 이행하기 위하여 소요되는 지출 금액에 영향을 미치는 미래사건이 발생할 것이라는 충분하고 객관적인 증거가 있는 경우에는 그러한 미래사건을 감안하여 충당부채 금액을 추정한다.

⑪ **예상되는 자산처분** 10년 기출

㉠ 자산의 예상처분이익은 충당부채를 측정하는 데 고려하지 아니한다.

㉡ 예상되는 자산처분이 충당부채를 발생시킨 사건과 밀접하게 관련되었더라도 당해 자산의 예상처분이익은 충당부채를 측정하는 데 고려하지 아니한다. 자산의 예상처분이익은 당해 자산과 관련된 회계처리를 다루고 있는 한국채택국제회계기준서에서 규정하고 있는 시점에 인식한다.

(3) 복구충당부채 회계처리 24, 19년 기출

① 최초 인식

충당부채의 인식요건을 충족하는 복구비용은 미래에 발생할 복구비용을 적절한 할인율로 할인한 현재가치를 복구충당부채로 인식하고 동 금액을 관련자산의 취득원가에 가산한다.

(차) 관련자산	×××	(대) 현 금	×××
		복구충당부채	×××

② 매년 보고기간 말

복구충당부채의 장부가액에 유효이자율법을 적용한 이자비용을 매년 보고기간 말에 당기비용으로 인식하고 동 금액을 복구충당부채의 장부가액에 가산한다.

(차) 이자비용	×××	(대) 복구충당부채	×××

③ 복구비용 지출시기

복구비용을 실제로 지출하는 때에는 복구충당부채의 장부가액과 실제복구비용과의 차액을 당기손익(복구공사손익)으로 인식한다.

(차) 복구충당부채	×××	(대) 현 금	×××
복구공사손실	×××		

기출문제

(주)관세는 20×1년 초 ₩2,000,000의 해상구조물(내용연수 4년, 잔존가치 ₩200,000, 정액법 상각)을 설치하였다. 동 해상구조물은 내용연수 종료 후 이전상태로 원상복구 의무가 있으며, 이는 충당부채의 인식요건을 충족한다. 내용연수 종료시점의 복구원가는 ₩200,000으로 예상되며, 복구충당부채의 산정 시 적용할 유효이자율은 연 10%이다. (주)관세가 동 해상구조물과 관련하여 20×1년도 포괄손익계산서에 인식할 총 비용은? [단, 단일금액 ₩1의 현재가치는 0.6830(4기간, 10%)이다] 24년 기출

① ₩136,600

② ₩484,150

③ ₩497,810

④ ₩499,176

⑤ ₩534,165

해설

(1) 20×1년 초 복구충당부채 = ₩200,000 × 0.6830 = ₩136,600
(2) 20×1년 감가상각비 = (₩2,136,600 − ₩200,000) ÷ 4년 = ₩484,150
(3) 20×1년 복구충당부채 이자비용 = ₩136,600 × 10% = ₩13,660
(4) 20×1년 당기순이익 감소 = ₩484,150 + ₩13,660 = ₩497,810

정답 ③

(4) 우발부채와 우발자산

① 우발부채 22, 15년 기출

　㉠ 우발부채의 의의

　　ⓐ 과거사건은 발생하였으나 기업이 전적으로 통제할 수 없는 하나 또는 그 이상의 불확실한 미래사건의 발생 여부에 의하여서만 그 존재 여부가 확인되는 잠재적인 의무

　　ⓑ 과거사건에 의하여 발생하였으나 당해 의무를 이행하기 위하여 미래경제적 효익을 갖는 자원이 유출될 가능성이 높지 아니한 경우 또는 당해 의무를 이행하여야 할 금액을 신뢰성 있게 측정할 수 없는 경우에 해당하여 인식하지 아니하는 현재의무

알아두기

충당부채와 우발부채의 인식

구 분	신뢰성 있는 측정 가능	신뢰성 있는 측정 불가
발생가능성 50% 초과	충당부채	우발부채
50% 미만 일정수준 (희박하지 않음)	우발부채	우발부채

　㉡ 우발부채의 인식 및 측정 22, 18, 15, 12년 기출

　　ⓐ 부채의 인식기준을 충족시키지 못하므로 우발부채는 부채로 인식하지 아니한다.

　　ⓑ 의무를 이행하기 위하여 미래경제적 효익을 갖는 자원의 유출가능성이 아주 낮지 않다면, 우발부채를 공시한다.

　　ⓒ 제3자와 연대하여 의무를 지는 경우에는 이행할 전체의무 중 제3자가 이행할 것으로 기대되는 부분을 우발부채로 처리한다. 신뢰성 있게 추정할 수 없는 극히 드문 경우를 제외하고는 당해 의무 중에서 미래경제적 효익을 갖는 자원의 유출가능성이 높은 부분에 대하여 충당부채를 인식한다.

　　ⓓ 우발부채는 당초에 예상하지 못한 상황에 따라 변화할 수 있으므로, 미래경제적 효익을 갖는 자원의 유출가능성이 높아졌는지 여부를 결정하기 위하여 지속적으로 검토한다. 과거에 우발부채로 처리하였더라도 미래경제적 효익의 유출가능성이 높아진 경우에는 그러한 가능성의 변화가 발생한 기간의 재무제표에 충당부채로 인식한다(신뢰성 있게 추정할 수 없는 극히 드문 경우는 제외).

② 우발자산 18년 기출

　㉠ 과거사건에 의하여 발생하였으나 기업이 전적으로 통제할 수는 없는 하나 이상의 불확실한 미래사건의 발생 여부에 의하여서만 그 존재가 확인되는 잠재적 자산을 말한다.

　㉡ 우발자산은 자산으로 인식하지 아니한다.

　㉢ 미래경제적 효익의 유입 가능성이 높은 우발자산에 대해서는 보고기간 말에 우발자산의 특성에 대해 간결하게 설명을 공시하고 실무적으로 적용할 수 있는 경우에는 측정된 재무적 영향의 추정 금액을 공시한다.

2. 종업원급여

종업원급여란 종업원이 관련 근무용역을 제공하는 연차 보고기간 후 12개월이 되기 전에 모두 결제될 것으로 예상하는 종업원의 급여(해고 급여 제외)이다.

> ① 임금, 사회보장분담금
> ② 유급연차휴가 · 유급병가
> ③ 이익분배금 · 상여금
> ④ 현직 종업원을 위한 비화폐성 급여(예 의료, 주택, 자동차, 무상이나 일부 보조로 제공하는 재화 · 용역) 등

(1) 인식과 측정

① 모든 단기 종업원급여

종업원이 회계기간에 근무용역을 제공할 때, 그 대가로 지급이 예상되는 단기 종업원급여를 할인하지 않은 금액으로 다음과 같이 인식한다.

> ㉠ 이미 지급한 금액이 있다면 이를 차감한 후 부채(미지급비용)로 인식한다. 이미 지급한 금액이 해당 급여의 할인하지 않은 금액보다 많은 경우, 그 초과액으로 미래 지급액이 감소하거나 현금이 환급된다면 그만큼을 자산(선급비용)으로 인식한다.
> ㉡ 해당 급여를 재고자산, 유형자산의 원가에 포함하는 경우가 아니라면 비용으로 인식한다.

② 단기 유급휴가 22년 기출

유급휴가 형식의 단기 종업원급여의 예상원가는 다음과 같이 회계처리한다.

㉠ 누적 유급휴가 : 당기에 사용하지 않으면 이월되어 차기 이후에 사용할 수 있는 유급휴가를 말한다. 종업원이 미래 유급휴가 권리를 확대하는 근무용역을 제공할 때 인식한다. 누적 유급휴가의 예상원가는 보고기간 말 현재 미사용 유급휴가가 누적되어 기업이 지급할 것으로 예상하는 추가금액으로 측정한다.

㉡ 비누적 유급휴가 : 비누적 유급휴가는 이월되지 않으므로 당기에 사용하지 않은 유급휴가는 소멸되며 관련 종업원이 퇴사하더라도 미사용 유급휴가에 상응하는 현금을 수령할 자격이 없다. 주로 유급병가(미사용 유급병가로 미래에 받게 될 유급병가에 대한 권리가 확대되지 않는 경우에 한함), 출산 · 육아휴가와 유급 배심원참여, 병역 등이다. 이 경우 종업원이 근무용역을 제공 하더라도 관련 급여가 증가되지 않기 때문에 종업원이 실제로 유급휴가를 사용하기 전에는 부채나 비용을 인식하지 않는다. 따라서 종업원이 실제로 사용할 때 인식한다.

3. 퇴직급여

퇴직급여란 퇴직 후에 지급하는 종업원급여를 말한다. 퇴직급여는 종업원 퇴직시점에 지급하지만 이는 이전기간에 발생한 근로에 대한 대가이다. 기업은 수익비용대응논리에 따라 근로자가 퇴직급여를 받을 권리를 획득하는 근로제공 시점에 예상 퇴직급여액만큼 비용으로 인식하고 관련 부채를 계상하여야 한다.

퇴직급여제도는 확정기여제도나 확정급여제도로 분류된다. 확정기여제도 외의 모든 퇴직급여제도는 확정급여제도이다.

(1) 확정기여제도 24, 16년 기출

종업원에게 지급할 퇴직급여금액이 기금에 출연하는 기여금과 그 투자수익에 의해 결정되는 퇴직급여제도로, 기업은 별도의 부채가 발생하지 않는다.

① 확정기여형 퇴직급여제도의 경우 기업의 법적의무나 의제의무는 기업이 기금에 출연하기로 약정한 금액으로 한정한다.

② 보험수리적 위험과 투자위험은 종업원이 부담한다. 채무나 비용을 측정하기 위해 보험수리적 가정을 세울 필요가 없고 그 결과 보험수리적 손익이 발생할 가능성도 없다.

③ 보험수리적 가정 11년 기출

 ㉠ 퇴직급여의 궁극적인 원가를 결정하는 여러 가지 변수에 대한 최선의 추정을 반영하는 것이다.

 ㉡ 보험수리적 가정은 사망률, 이직률 등을 의미하는 인구통계적 가정과 할인율, 급여수준 등을 의미하는 재무적 가정으로 이루어진다.

 ㉢ 보험수리적 가정은 편의가 없어야 하며 서로 양립할 수 있어야 한다.

 ㉣ 재무적 가정은 채무가 결제될 회계기간에 대하여 보고기간 말 현재 시장의 예상에 기초하며, 명목기준으로 결정한다.

 ㉤ 퇴직급여채무(기금이 적립되는 경우와 적립되지 않는 경우 모두 포함)를 할인하기 위해 사용하는 할인율은 보고기간 말 현재 우량회사채의 시장수익률을 참조하여 결정한다. 만약 그러한 우량회사채가 없는 경우에는 국채의 시장수익률을 사용한다.

(2) 확정급여제도

종업원에게 지급할 퇴직급여금액이 일반적으로 종업원의 임금과 근무연수에 기초하는 산정식에 의해 결정되는 퇴직급여제도로, 기업과 종업원 사이에 합의된 공식적인 제도나 그 밖의 여러 가지 협약에 의한 퇴직급여를 지급할 의무가 발생한다. 확정급여제도는 기금을 별도로 적립하지 않는 경우도 있으나, 전부나 일부의 기금을 적립하는 경우도 있다. 확정급여형 퇴직급여제도의 경우 보험수리적 위험과 투자위험은 회사가 부담한다.

① 확정급여부채의 구성요소 18, 17년 기출

 ㉠ 근무원가

 ⓐ 당기근무원가 : 당기에 종업원이 근무용역을 제공하여 생긴 확정급여채무 현재가치의 증가분이다.

 ⓑ 과거근무원가 : 종업원이 과거 기간에 제공한 근무용역에 대한 확정급여채무 현재가치 변동금액이다.

 ⓒ 정산 손익 : 확정급여채무를 정산함에 따라 발생하는 변동금액이다.

ⓛ 순확정급여부채(자산) : 순확정급여부채(자산)를 결정하기 위하여 확정급여채무의 현재가치에서 사외적립자산의 공정가치를 차감한다.

> 순확정급여부채(자산) = 확정급여채무의 현재가치 − 사외적립자산의 공정가치

  ⓐ 확정급여채무의 현재가치 : 종업원이 당기와 과거 기간에 근무용역을 제공하여 생긴 채무를 결제하기 위해 필요한 예상 미래지급액의 현재가치를 말한다.

  ⓑ 사외적립자산 : 퇴직급여의 지급과 관련하여 장기종업원급여기금에서 보유하고 있는 자산이나 적격보험계약을 말한다.

ⓒ 순확정급여부채(자산)의 순이자 : 보고기간에 시간이 지남에 따라 생기는 순확정급여부채(자산)의 변동을 말한다.

ⓔ 순확정급여부채(자산)의 재측정요소 : 보험수리적 손익과 기타 변동을 말한다.

② 확정급여제도의 회계처리 24, 23, 17, 16년 기출

ⓞ 확정급여형 퇴직급여제도에서 확정급여채무의 현재가치와 당기근무원가를 결정하기 위해 예측단위적립방식을 사용한다.

  ▷ 예측단위적립방식 : 종업원이 당기와 과거 기간에 제공한 근무용역의 대가로 획득한 급여에 대한 기업의 궁극적인 원가를 측정하는 보험수리적 기법

ⓛ 확정급여채무의 현재가치와 사외적립자산의 공정가치는 재무제표에 인식된 금액이 보고기간 말에 결정될 금액과 중요하게 차이가 나지 않을 정도의 주기를 두고 산정한다.

ⓒ 퇴직급여비용을 자산의 원가에 포함하는 경우를 제외하고는 확정급여원가의 구성요소를 다음과 같이 인식한다.

> ⓐ 근무원가를 당기손익에 인식한다.
> ⓑ 순확정급여부채(자산)의 순이자를 당기손익에 인식한다.
> ⓒ 순확정급여부채(자산)의 재측정요소를 기타포괄손익에 인식한다.

ⓔ 확정급여채무와 사외적립자산에서 발생한 모든 변동은 발생한 기간에 인식한다.

ⓜ 기타포괄손익에 인식되는 확정급여제도의 재측정요소는 후속기간에 당기손익으로 재분류되지 아니한다. 그러나 기타포괄손익에 인식된 금액을 자본 내에서 대체할 수 있다.

확정급여제도를 채택하고 있는 (주)관세의 20×1년도 관련 자료는 다음과 같다.

○ 20×1년 초 사외적립자산의 공정가치는 ₩1,000이다.
○ 20×1년 초 확정급여채무의 현재가치는 ₩1,200이다.
○ 당기근무원가는 ₩200이다.
○ 사외적립자산에 출연된 현금은 ₩300이다.
○ 20×1년 말 현재 사외적립자산의 공정가치와 확정급여채무의 현재가치는 각각 장부금액과 동일하다.
○ 순확정급여부채 계산 시 적용한 할인율은 연 5%이다.
○ 모든 거래는 연도 말에 발생한다.

(주)관세가 20×1년 말 재무상태표에 보고할 순확정급여부채는? 24년 기출

① ₩100
② ₩110
③ ₩160
④ ₩260
⑤ ₩500

[해설]
(1) 20×1년 초 순확정급여부채 = ₩1,200 − ₩1,000 = ₩200
(2) 확정급여채무 이자비용 = ₩1,200 × 5% = ₩60
(3) 사외적립자산 이자수익 = ₩1,000 × 5% = ₩50
(4) 20×1년 말 순확정급여부채 = ₩200 + (₩60 − ₩50) + ₩200(당기근무원가) − ₩300(사외적립자산에 적립된 현금)
    = ₩110

정답 ②

퇴직급여제도에 관한 설명으로 옳지 않은 것은? 24년 기출

① 퇴직급여에는 퇴직연금과 퇴직일시금 등의 퇴직금, 퇴직후생명보험이나 퇴직후의료급여 등과 같은 그 밖의 퇴직급여가 포함된다.
② 확정기여제도에서 기업의 법적의무나 의제의무는 기업이 기금에 출연하기로 약정한 금액으로 한정된다.
③ 확정급여제도에서 기업의 의무는 약정한 급여를 전직·현직 종업원에게 지급하는 것이다.
④ 확정기여제도를 채택하는 경우에는 기업이 각 기간에 부담하는 채무나 비용을 측정하기 위해 보험수리적 가정이 필요하다.
⑤ 확정급여채무의 현재가치와 당기근무원가를 결정하기 위해서는 예측단위적립방식을 사용하며, 적용할 수 있다면 과거근무원가를 결정할 때에도 동일한 방식을 사용한다.

[해설]
확정기여제도를 채택하는 경우에는 기업이 각 기간에 부담하는 채무나 비용을 측정하기 위해 보험수리적 가정을 세울 필요가 없고 그 결과 보험수리적 손익이 발생할 가능성도 없다.

정답 ④

01 자본항목은 후속측정하지 않는다. (O, X)

02 주식기준보상거래를 통하여 용역 등을 제공받는 경우 그 대가의 지불이 회사의 지분상품을 기초로 산정되므로 자본항목에만 영향을 미친다. (O, X)

03 재분류조정은 재평가잉여금의 변동이나 확정급여제도의 재측정요소에 의해서는 발생하지 않는다. (O, X)

04 당기손익-공정가치측정금융상품과 관련하여 발생한 거래원가는 최초 인식시점의 공정가치측정치에 가산한다. (O, X)

05 사채 발행시점보다 시장이자율이 상승하면 사채상환손실이 발생한다. (O, X)

06 사채를 할증발행한 경우 사채할인차금상각액과 장부가액은 매년 감소한다. (O, X)

07 충당부채는 의무이행의 상대방이 확실한 경우에 현재의무가 발생한 것으로 볼 수 있다. (O, X)

08 추정치를 사용하는 것은 재무제표 작성의 필수적인 과정이며 재무제표의 신뢰성을 손상시키지 아니한다. (O, X)

09 확정기여제도에서는 예측단위적립방식을 사용하여 종업원이 당기와 과거기간에 제공한 근무용역의 대가로 획득한 급여에 대한 기업의 궁극적인 원가금액을 측정한다. (O, X)

10 기타포괄손익에 인식되는 확정급여제도의 재측정요소는 후속기간에 당기손익으로 재분류되지 아니한다. (O, X)

---

01 ○

02 × 현금결제형 주식기준보상거래로 재화나 용역을 제공받는 경우에는 그에 상응한 보상원가를 부채의 증가로 인식한다.

03 ○

04 × 즉시비용으로 인식한다.

05 × 사채 발행시점보다 시장이자율이 상승하면 사채상환이익이 발생한다.

06 × 사채를 할증발행한 경우 사채할인차금상각액은 매년 증가하고, 장부가액은 매년 감소한다.

07 × 의무이행에 대한 상대방은 불특정 다수가 될 수도 있으므로 상대방이 누구인지 반드시 알아야 하는 것은 아니다.

08 ○

09 × 확정급여제도에서 예측단위적립방식을 사용한다.

10 ○

01 (주)대한은 주당 액면금액 ₩5,000인 보통주 500주를 주당 ₩15,000에 발행하였다. 발행대금은 전액 당좌예금에 입금되었으며, 주식인쇄비 등 주식발행과 직접 관련된 비용 ₩500,000이 지급되었다. 유상증자 직전에 주식할인발행차금 미상각잔액 ₩800,000이 존재할 때, (주)대한의 유상증자로 인한 자본의 증가액은 얼마인가?

① ₩2,500,000

② ₩4,500,000

③ ₩6,200,000

④ ₩7,000,000

⑤ ₩7,500,000

해설

자본증가액 = 500주 × ₩15,000 − ₩500,000 = ₩7,000,000

02 (주)한국은 20×1년 초 50명의 종업원에게 2년 용역제공조건의 주식선택권을 각각 200개씩 부여하였다. 부여일 현재 주식선택권의 단위당 공정가치는 ₩2,000으로 추정되었으며, 10%의 종업원이 2년 이내에 퇴사하여 주식선택권을 상실할 것으로 예상하였다. 20×1년 중 4명이 퇴사하였으며, 20×1년 말에 (주)한국은 20×2년 말까지 추가로 퇴사할 것으로 추정되는 종업원의 수를 2명으로 변경하였다. 20×2년 중 실제로 3명이 퇴사하였다. 따라서 20×2년 말 현재 주식선택권을 상실한 종업원은 총 7명이 되었으며, 총 43명의 종업원에 대한 주식선택권(8,600개)이 가득되었다. 동 주식선택권과 관련하여 20×1년도와 20×2년도에 인식할 당기비용은? (단, 주식기준보상거래에서 종업원으로부터 제공받은 용역은 자산의 인식요건을 충족하지 못하였다)

	20×1년	20×2년
①	₩8,600,000	₩8,800,000
②	₩8,600,000	₩9,900,000
③	₩8,800,000	₩8,400,000
④	₩8,800,000	₩8,600,000
⑤	₩9,000,000	₩8,400,000

해설

(1) 20×1년도 주식보상비용 = (50명 − 6명) × 200개 × ₩2,000 × (1년 / 2년) = ₩8,800,000
(2) 20×2년도 주식보상비용 = (50명 − 7명) × 200개 × ₩2,000 × (2년 / 2년) − ₩8,800,000
    = ₩8,400,000

03 (주)대한은 20×4년 초에 설립되었으며 설립 이후 자본금의 변동 및 배당금 지급은 없었다. (주)대한의 보통주자본금과 우선주자본금의 내역은 다음과 같다.

- 보통주(주당 액면금액 ₩5,000) : ₩10,000,000
- 누적적 비참가적 우선주(배당률 3%, 주당 액면금액 ₩5,000) : ₩5,000,000

(주)대한이 20×6년 3월 2일 주주총회에서 ₩1,000,000의 현금배당을 최초로 결의하였다면, 보통주 주주에게 지급할 배당금은 얼마인가?

① ₩300,000   ② ₩450,000

③ ₩550,000   ④ ₩700,000

⑤ ₩850,000

해설

(1) 우선주 배당금 = ① + ② = ₩300,000
　　　　　　　　　　① 20×4년도 = ₩5,000,000 × 3% = ₩150,000
　　　　　　　　　　② 20×5년도 = ₩5,000,000 × 3% = ₩150,000
(2) 보통주 배당금 = ₩1,000,000 − ₩300,000(우선주 배당금) = ₩700,000

04 다음은 20×1년 초에 설립한 (주)감평의 20×2년 말 현재 자본금과 관련한 정보이다. 설립 이후 20×2년 말까지 자본금과 관련한 변동은 없었다.

- 보통주 자본금 : ₩100,000(액면금액 ₩500, 발행주식수 200주)
- 우선주 자본금 : ₩50,000(액면금액 ₩500, 발행주식수 100주)

(주)감평은 20×1년도에 현금배당이나 주식배당을 하지 않았으며, 20×2년도에 ₩13,000의 현금배당금 지급을 결의하였다. 우선주의 배당률은 5%이며 우선주가 누적적, 완전참가적이라면 우선주와 보통주에 대한 배당금은?

	우선주	보통주		우선주	보통주
①	₩3,000	₩10,000	②	₩5,000	₩8,000
③	₩6,000	₩7,000	④	₩6,500	₩6,500
⑤	₩8,000	₩5,000			

해설

(1) 우선주 배당금 = ① + ② + ③ = ₩6,000
　　　　　　　　　　① 당기분 배당 = ₩50,000 × 5% = ₩2,500
　　　　　　　　　　② 연체분 배당 = ₩50,000 × 5% = ₩2,500
　　　　　　　　　　③ 잔여 배당 = (₩13,000 − ₩5,000 − ₩100,000 × 5%) × ₩50,000 / ₩150,000 = ₩1,000
(2) 보통주 배당금 = ₩13,000 − ₩6,000(우선주 배당금) = ₩7,000

05 (주)한국의 20×3년 초 유통보통주식수는 5,000주이며 20×3년도 중 보통주식수의 변동내역은 다음과 같다.

> • 20×3년 4월 1일에 보통주 1,000주를 시장가격으로 발행하였다.
> • 20×3년 8월 1일에 10%의 주식배당을 하였다.
> • 20×3년 12월 1일에 자기주식 600주를 취득하였다.

20×3년도 당기순이익이 ₩5,522,000이었다면, (주)한국의 기본주당순이익은 얼마인가? (단, 가중평균 유통보통주식수는 월할계산한다)

① ₩840

② ₩868

③ ₩880

④ ₩928

⑤ ₩960

해설

기본주당순이익 = ₩5,522,000 / 6,275주* = ₩880
*가중평균유통주식수 = (5,000 × 1.1 × 12 + 1,000 × 1.1 × 9 − 600 × 1) × (1 / 12) = 6,275주

06 다음은 (주)대한의 20×1년도 이자지급과 관련된 자료이다.

> • 포괄손익계산서에 인식된 이자비용 ₩20,000에는 사채할인발행차금 상각액 ₩2,000이 포함되어 있다.
> • 재무상태표에 인식된 이자 관련 계정과목의 기초 및 기말잔액은 다음과 같다.

계정과목	기초잔액	기말잔액
미지급이자	₩2,300	₩3,300
선급이자	₩1,000	₩1,300

(주)대한의 20×1년도 이자지급으로 인한 현금유출액은 얼마인가?

① ₩16,300

② ₩17,300

③ ₩18,700

④ ₩21,300

⑤ ₩22,700

해설

발생주의 이자비용 = 현금이자비용 + 사채할인발생차금 상각액 + 당기 미지급이자 − 전기 미지급이자 − 당기 선급이자 + 전기 선급이자
₩20,000 = 현금지급 + ₩2,000 + ₩3,300 − ₩2,300 − ₩1,300 + ₩1,000
∴ 현금이자지급액(현금유출액) = ₩17,300

07 (주)대한은 20×1년 초 장부금액이 ₩965,260이고 액면금액이 ₩1,000,000인 사채(표시이자율 연 10%)를 20×1년 7월 1일에 경과이자를 포함하여 ₩970,000에 상환하였다. 동 사채의 이자지급일은 매년 12월 31일이고 사채발행 시의 유효이자율은 연 12%이었다. (주)대한이 20×1년도에 인식할 사채상환손익은 얼마인가? (단, 이자는 월할계산하며, 소수점 첫째 자리에서 반올림한다)

① ₩53,176 이익 ② ₩34,740 이익

③ ₩4,740 손실 ④ ₩11,092 손실

⑤ ₩13,176 손실

해설

(1) 장부금액(경과이자 포함) = ₩965,260 + ₩965,260 × 12% × 6 / 12 = ₩1,023,176
(2) 상환이익 = ₩1,023,176 − ₩970,000 = ₩53,176

08 (주)서울은 20×1년 초에 만기 4년인 액면가 ₩10,000의 전환사채 100매를 액면가에 발행하였다. 표시이자율은 6%이며, 이 전환사채와 유사한 위험을 가진 일반사채의 시장이자율은 연 9%이다. 이자는 매년 12월 31일에 지급하며, 사채액면 ₩10,000당 1주의 보통주(액면가 ₩5,000)로 전환이 가능하다. 이 전환사채 발행 시 (주)서울의 전환권대가 금액은? (단, 현가계수는 다음 표를 이용하고, 단수차이로 인한 오차가 있다면 가장 근사치를 선택한다)

[현가계수표]

4년	6%	9%
단일금액 ₩1의 현가계수	0.79209	0.70843
정상연금 ₩1의 현가계수	3.46511	3.23972

① ₩0 ② ₩83,663

③ ₩92,067 ④ ₩97,187

⑤ ₩250,000

해설

(1) 전환사채의 발행가 = (₩10,000 × 0.70843 + ₩10,000 × 6% × 3.23972) × 100매 = ₩902,813
(2) 발행 시 전환권대가 금액 = ₩10,000 × 100매(액면금액) − ₩902,813(발행가액) = ₩97,187

09 충당부채, 우발부채 및 우발자산에 관한 설명으로 옳은 것은?

① 우발자산은 경제적 효익의 유입가능성이 높아지더라도 공시하지 않는다.

② 손실부담계약을 체결하고 있는 경우에는 관련된 현재의무를 충당부채로 인식하지 않는다.

③ 충당부채를 현재가치로 평가하는 경우 적용될 할인율은 부채의 특유위험과 화폐의 시간가치에 대한 현행 시장의 평가를 반영한 세후이율이다.

④ 충당부채와 관련하여 포괄손익계산서에 인식된 비용은 제3자와의 변제와 관련하여 인식한 금액과 상계하여 표시할 수 있다.

⑤ 화폐의 시간가치 효과가 중요한 경우에도 충당부채는 현재가치로 평가하지 않는다.

> **해설**
> ① 우발자산은 경제적 효익의 유입가능성이 높은 경우에는 공시한다.
> ② 손실부담계약을 체결하고 있는 경우에는 충당부채로 인식한다.
> ③ 세후이율 → 세전이율
> ⑤ 시간가치 효과가 중요한 경우 충당부채는 현재가치로 평가한다.

10 (주)태평은 20×1년 말 현재 다음과 같은 사항에 대한 회계처리를 고심하고 있다.

> 가. 20×1년 12월 15일에 이사회에서 회사의 조직구조 개편을 포함한 구조조정계획이 수립되었으며, 이를 수행하는 데 ₩250,000의 비용이 발생할 것으로 추정하였다. 그러나 20×1년 말까지 회사는 동 구조조정계획에 착수하지 않았다.
>
> 나. 회사는 경쟁업체가 제기한 특허권 무단 사용에 대한 소송에 제소되어 있다. 만약 동 소송에서 패소한다면 (주)태평이 배상하여야 하는 손해배상금액은 ₩100,000으로 추정된다. (주)태평의 자문 법무법인에 따르면 이러한 손해배상이 발생할 가능성은 높지 않다고 한다.
>
> 다. 회사가 사용 중인 공장 구축물의 내용연수가 종료되면 이를 철거하고 구축물이 정착되어 있던 토지를 원상으로 회복하여야 한다. 복구비용은 ₩200,000으로 추정되며 그 현재가치 금액은 ₩140,000이다.
>
> 라. 회사가 판매한 제품에 제조상 결함이 발견되어 이에 대한 보증 비용이 ₩200,000으로 예상되고, 그 지출 가능성이 높다. 한편, 회사는 동 예상비용을 보험사에 청구하였으며 50%만큼 변제받기로 하였다.

(주)태평이 20×1년말 재무상태표에 계상하여야 할 충당부채의 금액은 얼마인가? (단, 위에서 제시된 금액은 모두 신뢰성 있게 측정되었다)

① ₩240,000
② ₩340,000
③ ₩440,000
④ ₩590,000
⑤ ₩690,000

가. 구조조정충당부채를 인식하기 위해서는 구조조정에 대한 구체적인 계획을 수립·공표하여 구조조정을 이행할 것이라는 정당한 기대를 가져야 한다. 회사가 아직 구조조정계획에 착수하지 않았으므로 종업원들이 아직 정당한 기대를 가졌다고 보기 어려우므로 충당부채를 인식하지 않는다.

나. 경제적 효익의 유출가능성이 높지 않으므로 충당부채를 인식하지 않는다.

다. 예상복구의무의 현재가치 ₩140,000을 복구충당부채로 인식한다.

라. 품질보증충당부채 ₩200,000을 인식한다. 보험사가 변제하기로 한 ₩100,000은 충당부채에서 차감하지 아니하며, 변제를 받을 것이 확실해지게 되는 경우 별도의 자산으로 인식한다.

∴ 충당부채로 인식할 금액의 합계는 ₩340,000이다.

11 퇴직급여에 관한 설명으로 옳지 않은 것은?

① 보험수리적 손익은 확정급여제도의 정산으로 인한 확정급여채무의 현재가치변동을 포함하지 아니한다.

② 자산의 원가에 포함하는 경우를 제외한 확정급여원가의 구성요소 중 순확정급여부채의 재측정요소는 기타포괄손익으로 인식한다.

③ 순확정급여부채(자산)의 순이자는 당기손익으로 인식한다.

④ 퇴직급여제도 중 확정급여제도 하에서 보험수리적 위험과 투자위험은 종업원이 실질적으로 부담한다.

⑤ 순확정급여부채(자산)의 재측정요소는 보험수리적 손익, 순확정급여부채(자산)의 순이자에 포함된 금액을 제외한 사외적립자산의 수익, 순확정급여부채(자산)의 순이자에 포함된 금액을 제외한 자산인식 상한효과의 변동으로 구성된다.

퇴직급여제도 중 확정기여제도 하에서 보험수리적 위험과 투자위험은 종업원이 실질적으로 부담한다. 확정급여제도에서는 기업이 부담한다.

12 확정급여제도를 시행하고 있는 (주)송림의 20×1년 관련 자료는 다음과 같다.

- 20×1년 초 사외적립자산의 장부금액은 ₩3,000,000이다.
- 사외적립자산의 기대수익은 사외적립자산 장부금액의 연 5%이다.
- 20×1년 말 사외적립자산의 공정가치는 ₩3,200,000이다.
- 20×1년 말에 기여금 ₩150,000을 납부하였다
- 20×1년 말에 퇴직금 ₩200,000을 지급하였다.

위 자료를 이용할 때 20×1년 사외적립자산의 실제수익은?

① ₩200,000

② ₩250,000

③ ₩300,000

④ ₩350,000

⑤ ₩400,000

해설

₩3,000,000 + ₩150,000(납입액) − ₩200,000(지급액) + 실제수익 = ₩3,200,000

∴ 실제수익 = ₩250,000

제4장 수익 및 기타 회계이론

제1절 수익

1. 수익인식의 5단계 19년 기출

수익은 자산의 유입 또는 가치 증가나 부채의 감소 형태로 자본의 증가를 가져오는 특정 회계기간에 생긴 경제적 효익의 증가로서, 지분참여자의 출연과 관련된 것은 제외한다. 한국채택국제회계기준에서는 수익을 다음의 5단계에 따라 인식하도록 규정하고 있다.

1단계	2단계	3단계	4단계	5단계
고객과의 계약 식별	별도 수행의무 식별	거래가격 산정	수행의무에 거래가격 배분	수익인식

(1) 고객과의 계약 식별

계약은 둘 이상의 당사자 사이에 집행 가능한 권리와 의무가 생기게 하는 합의이다. 수익기준서는 고객과의 계약에서 생기는 수익에만 적용하며, 리스·보험·금융상품 등의 계약과 같은 사업 영역에 있는 기업 사이의 상업적 실질이 없는 교환거래계약은 제외한다.

① **고객과의 계약의 요건**

    ㉠ 계약 당사자들이 계약을 (서면, 구두, 그 밖의 사업 관행에 따라) 승인하고 각자의 의무를 수행하기로 확약한다.

    ㉡ 이전할 재화·용역과 관련한 각 당사자의 권리를 식별할 수 있다.

    ㉢ 이전할 재화·용역의 대금지급조건을 식별할 수 있다.

    ㉣ 계약에 상업적 실질이 있다.

    ㉤ 권리를 갖게 될 대가의 회수가능성이 높다.

② **고객과의 계약의 요건을 충족하지 못하는 경우**

    고객에게 재화나 용역을 이전해야 하는 의무가 남아있지 않고, 고객이 약속한 대가를 모두 (또는 대부분) 받았으며, 그 대가가 고객에게 환불되지 않는다면 수익으로 인식한다. 상기에 해당되지 않는다면 고객에게서 받은 대가를 부채로 인식한다.

③ **계약결합**

    둘 이상의 계약이 일괄 협상에 따른 것이거나 수행의무 혹은 대가가 연동되어 있다면, 같은 고객과 동시 또는 가까운 시기에 체결한 둘 이상의 계약을 결합하여 단일 계약으로 회계처리한다.

(2) 별도 수행의무 식별

① 수행의무의 정의

하나의 계약은 고객에게 재화나 용역을 이전하는 여러 약속을 포함한다. 그 재화나 용역들이 구별된다면 약속은 수행의무이고 별도로 회계처리한다. 수행의무는 고객과의 계약에서 다음 중 어느 하나를 고객에게 이전하기로 한 각각의 약속이다.

> ㉠ 구별되는 재화나 용역(또는 재화나 용역의 묶음)
> ㉡ 일련의 구별되는 재화나 용역으로서, 그 재화나 용역은 실질이 같고 고객에게 이전하는 방식도 같다.

② 구별되는 재화나 용역(수행의무의 분리)의 요건

다음 기준을 모두 충족해야 고객에게 약속한 재화나 용역이 구별된다고 볼 수 있다.

> ㉠ 고객이 재화나 용역 그 자체에서 효익을 얻거나 고객이 쉽게 구할 수 있는 다른 자원과 함께 그 재화·용역에서 효익을 얻을 수 있다(그 재화나 용역이 구별될 수 있음).
> ㉡ 고객에게 재화나 용역을 이전하기로 하는 약속을 계약 내의 다른 약속과 별도로 식별해낼 수 있다(그 재화나 용역을 이전하기로 하는 약속은 계약상 구별됨).

> **보충** 수행의무를 별도로 식별해낼 수 없음을 나타내는 요소의 예시
>
> • 기업은 고객이 특정한 결합산출물(들)을 생산하거나 인도하기 위한 투입물로써 그 재화나 용역을 사용하고 있다.
> • 하나 이상의 해당 재화나 용역이 계약 내에서 연동되어 유의적으로 변형 또는 고객 맞춤화된다.
> • 해당 재화나 용역은 상호의존도나 상호관련성이 매우 높다. 각 재화나 용역은 그 계약에서 하나 이상의 다른 재화나 용역에 의해 유의적으로 영향을 받는다.

③ 일련의 구별되는 재화나 용역

하나의 계약에서 다수의 동일한 구별되는 재화·용역이 식별되고, 그 재화나 용역이 일정 기간에 걸쳐 이행하는 수행의무이며 진행률을 측정하는 방법이 같다면 다수의 재화나 용역을 하나의 수행의무로 식별한다.

(3) 거래가격 산정

① 거래가격 산정 일반

㉠ 거래가격은 고객에게 약속한 재화나 용역을 이전하고 그 대가로 기업이 받을 권리를 갖게 될 것으로 예상하는 금액이며, 제3자를 대신해서 회수한 금액(예 일부 판매세)은 제외한다.

㉡ 거래가격을 산정하기 위해서는 계약조건과 기업의 사업 관행을 참고한다.

㉢ 거래가격은 고객이 지급하는 고정된 금액일 수도 있으나, 어떤 경우에는 변동대가를 포함하거나 현금 외의 형태로 지급될 수도 있다.

㉣ 거래가격은 계약에 유의적인 금융요소가 포함된다면 화폐의 시간가치 영향을 조정하며, 고객에게 지급하는 대가가 있는 경우에도 거래가격에서 조정한다.

ⓜ 대가가 변동된다면 고객에게 약속한 재화나 용역을 이전하고 그 대가로 받을 권리를 갖게 될 것으로 예상하는 금액을 추정한다.

ⓗ 변동대가는 변동대가와 관련된 불확실성이 나중에 해소될 때, 인식된 누적수익금액 중 유의적인 부분을 되돌리지(환원하지) 않을 가능성이 매우 높은 정도까지만 거래가격에 포함한다.

ⓘ 거래가격을 산정하기 위하여 기업은 재화나 용역을 현행 계약에 따라 약속대로 고객에게 이전할 것이고 이 계약은 취소·갱신·변경되지 않을 것이라고 가정한다.

② 거래가격 산정의 고려요소

고객이 약속한 대가의 특성, 시기, 금액은 거래가격의 추정치에 영향을 미친다. 거래가격을 산정할 때에는 다음 사항이 미치는 영향을 모두 고려한다.

㉠ 변동대가 : 대가는 할인(Discount), 리베이트, 환불, 공제(Credits), 가격할인(Price Concessions), 장려금(Incentives), 성과보너스, 위약금이나 그 밖의 비슷한 항목 때문에 변동될 수 있다. 변동대가(금액)는 기댓값(가능한 범위의 모든 대가액에 각 확률을 곱한 금액의 합)이나 가능성이 제일 높은 금액 중에서 보다 실제에 가까울 것으로 예상하는 방법으로 추정한다. 고객에게서 받은 대가의 일부나 전부를 고객에게 환불할 것으로 예상하는 경우에는 환불부채를 인식한다.

㉡ 변동대가 추정치의 제약 : 변동대가와 관련된 불확실성이 나중에 해소될 때, 이미 인식한 누적수익금액 중 유의적인 부분을 되돌리지(환원하지) 않을 가능성이 매우 높은(Highly Probable) 정도까지만 추정된 변동대가(금액)의 일부나 전부를 거래가격에 포함한다. 각 보고기간 말의 상황과 보고기간의 상황 변동을 충실하게 표현하기 위하여 보고기간 말마다 추정 거래가격을 새로 수정한다(변동대가 추정치가 제약되는지를 다시 평가하는 것을 포함).

㉢ 계약에 있는 유의적인 금융요소

ⓐ 거래가격을 산정할 때, 대금의 지급시기 때문에 고객에게 재화나 용역을 이전하면서 유의적인 금융효익이 고객이나 기업에 제공되는 경우에는 화폐의 시간가치를 반영하여 약속된 대가(금액)를 조정한다. 그 상황에서 계약은 유의적인 금융요소를 포함한다. 금융지원 약속이 계약에 명확하게 명시되지 않더라도 계약형태에 따라 유의적인 금융요소가 있을 수 있다. 계약을 개시할 때 기업이 고객에게 약속한 재화나 용역을 이전하는 시점과 고객이 대가를 지급하는 시점 간의 기간이 1년 이내일 것으로 예상하면 유의적인 금융요소를 조정하지 않는 실무적 간편법을 쓸 수 있다.

ⓑ 유의적인 금융요소가 없는 경우

• 고객이 재화나 용역의 대가를 선급하였고 그 재화나 용역의 이전 시점은 고객의 재량에 따른다.

• 고객이 약속한 대가 중 상당한 금액이 변동될 수 있으며 그 대가의 금액과 시기는 고객이나 기업이 실질적으로 통제할 수 없는 미래 사건의 발생 여부에 따라 달라진다(◉ 대가가 판매 기준 로열티인 경우).

• 약속한 대가와 재화나 용역의 현금판매가격 간의 차이가 고객이나 기업에 대한 금융제공 외의 이유로 생기며, 그 금액 차이는 그 차이가 나는 이유에 따라 달라진다. 예를 들면 지급조건을 이용하여 계약상 의무의 일부나 전부를 적절히 완료하지 못하는 계약 상대방에게서 기업이나 고객을 보호할 수 있다.

ⓔ **비현금 대가** : 고객이 현금 외의 형태로 대가를 약속한 경우에 거래가격을 산정하기 위하여 비현금 대가를 공정가치로 측정한다. 비현금 대가의 공정가치를 합리적으로 추정할 수 없는 경우에는 그 대가와 교환하여 고객(또는 고객층)에게 약속한 재화나 용역의 개별판매가격을 참조하여 간접적으로 그 대가를 측정한다.

ⓑ **고객에게 지급할 대가** : 고객에게 지급할 대가에는 기업이 고객(또는 고객에게서 기업의 재화나 용역을 구매하는 다른 당사자)에게 지급하거나 지급할 것으로 예상하는 현금 금액을 포함한다. 기업이 고객에게 지급할 대가에는 고객이 기업에(또는 고객에게서 기업의 재화나 용역을 구매하는 다른 당사자에게) 갚아야 할 금액에 적용될 수 있는 공제나 그 밖의 항목(예 쿠폰이나 상품권)도 포함된다. 고객에게 지급할 대가는 고객이 기업에 이전하는 구별되는 재화나 용역의 대가로 지급하는 것이 아니라면, 거래가격, 즉 수익에서 차감하여 회계처리한다.

(4) 수행의무에 거래가격 배분 24년 기출

거래가격은 일반적으로 계약에서 약속한 각 구별되는 재화나 용역의 상대적 개별판매가격을 기준으로 비례하여 배분한다. 개별판매가격은 기업이 약속한 재화나 용역을 고객에게 별도로 판매할 경우의 가격이다. 개별판매가격을 관측할 수 없다면 추정해야 한다. 개별판매가격 추정방법은 다음과 같다.

① 시장평가 조정 접근법

기업이 재화나 용역을 판매하는 시장을 평가하여 그 시장에서 고객이 그 재화나 용역에 대해 지급하려는 가격을 추정할 수 있다. 비슷한 재화나 용역에 대한 경쟁자의 가격을 참조하고 그 가격에 기업의 원가와 이윤을 반영하기 위해 필요한 조정을 하는 방법을 포함할 수도 있다.

② 예상원가 이윤 가산 접근법

수행의무를 이행하기 위한 예상원가를 예측하고 여기에 그 재화나 용역에 대한 적절한 이윤을 더할 수 있다.

③ 잔여접근법

재화나 용역의 개별판매가격은 총 거래가격에서 계약에서 약속한 그 밖의 재화나 용역의 관측 가능한 개별판매가격의 합계를 차감하여 추정할 수 있다. 그러나 잔여접근법은 판매가격이 매우 다양하거나 불확실한 경우에만 개별판매가격 추정에 사용할 수 있다.

(주)관세는 20×1년부터 고객충성제도를 운영하고 있으며, 관련 자료는 다음과 같다.

○ 구매 ₩10당 고객충성포인트 1점을 고객에게 보상하며, 각 포인트는 (주)관세의 제품을 미래에 구매할 때 ₩1의 할인과 교환할 수 있다.
○ 20×1년 3월 1일에 고객은 제품을 총 ₩20,000에 구매하고 미래 구매에 교환할 수 있는 2,000포인트를 얻었다. 대가는 고정금액이고 구매한 제품의 개별 판매가격은 총 ₩20,000이다.
○ 20×1년 3월 1일에 (주)관세는 1,800포인트가 교환될 것으로 예상하였으며, 교환될 가능성에 기초하여 포인트의 개별 판매가격을 총 ₩1,800으로 추정하였다.
○ (주)관세가 고객에게 포인트를 제공하는 약속은 수행의무이다.

(주)관세가 20×1년 3월 1일에 인식할 수익은? (단, 포인트의 유효기간은 3년이며, 화폐금액은 소수점 첫째 자리에서 반올림한다) 24년 기출

① ₩18,200
② ₩18,349
③ ₩19,621
④ ₩20,000
⑤ ₩21,800

해설

20×1년 3월 1일에 고객이 제품을 ₩20,000에 구매하였고, 고객충성제도로 인해 적립된 2,000포인트 중 1,800포인트가 미래에 사용될 것으로 예상된다. 따라서 (주)관세는 매출 ₩20,000을 전액 수익으로 잡지 않고, 제품의 개별 판매가격 ₩20,000과 추정된 포인트의 개별 판매가격 ₩1,800에 각각 배분해야 한다.
(1) 상대적 판매가격에 따른 거래가격 배분에 따르면,
• 제품에 배분된 거래가격(매출) = ₩20,000 × ₩20,000 / (₩20,000 + ₩1,800) = ₩18,349
• 포인트에 배분된 거래가격(계약부채) = ₩20,000 × ₩1,800 / (₩20,000 + ₩1,800) = ₩1,651
(2) 20×1년 3월 1일 회계처리

(차) 현 금	₩20,000	(대) 매 출	₩18,349
		(대) 계약부채	₩1,651

정답 ②

(5) 수익인식

기업이 수행의무를 이행할 때(또는 이행하는 대로, 고객이 재화나 용역을 통제하게 되는 때), 그 수행의무에 배분된 거래가격을 수익으로 인식한다. 수행의무는 한 시점에 이행하거나(일반적으로 고객에게 재화를 이전하는 약속의 경우), 기간에 걸쳐 이행한다(일반적으로 고객에게 용역을 이전하는 약속의 경우).

고객의 통제 → 자산의 이전 → 수행의무 이행 → 수익인식

① 고객의 통제 24년 기출

자산(재화·용역)을 사용하도록 지시하고 그 자산의 나머지 효익의 대부분을 획득할 수 있는 능력을 통제라고 한다. 통제 이전의 지표는 다음과 같다.

> ㉠ 기업의 대금지급청구권(고객의 대금지급의무)
> ㉡ 자산의 법적 소유권(Legal Title) 이전
> ㉢ 자산의 물리적 점유(Physical Possession) 이전
> ㉣ 자산의 소유에 따른 유의적인 위험과 보상(Significant Risks and Rewards of Ownership)의 이전
> ㉤ 고객의 자산인수(재화·용역이 합의한 요구조건을 충족한다는 것을 동의·승인하여 받아들인다는 적극적인 의미)

② 일정기간에 이행하는 수행의무 24, 23년 기출

일정기간에 걸쳐 이행하는 수행의무는 다음 중 하나를 충족한다. 그 외는 어느 한 시점에 이행되는 수행의무이며, 고객이 자산(재화·용역)을 통제하게 되는 시점에 수익을 인식한다.

> ㉠ 고객은 기업이 업무를 수행하는 대로 효익을 동시에 얻고 소비한다(예 청소용역, 케이블TV용역).
> ㉡ 기업이 만들거나 가치를 높이는 대로 그 자산을 고객이 통제한다(예 고객의 소유지에서 제작하는 자산).
> ㉢ 기업이 업무를 수행하여 만든 자산은 그 기업 자체에는 대체 용도가 없고, 지금까지 업무수행을 완료한 부분에 대해서는 집행 가능한 대금지급청구권이 있다(예 주문제작자산).

③ 진행률에 따른 수익인식 24, 23, 21년 기출

㉠ 진행률 측정방법의 적용

ⓐ 기간에 걸쳐 이행하는 각 수행의무에는 하나의 진행률 측정방법을 적용하며 비슷한 상황에서의 비슷한 수행의무에는 그 방법을 일관되게 적용한다.

ⓑ 고객에게 통제를 이전하지 않은 재화나 용역은 진행률 측정에서 제외한다. 이와 반대로, 수행의무를 이행할 때 고객에게 통제를 이전하는 재화나 용역은 모두 진행률 측정에 포함한다.

ⓒ 진행률은 보고기간 말마다 다시 측정한다. 상황이 바뀜에 따라 진행률을 새로 수정하며 이러한 진행률의 변동은 회계추정의 변경으로 회계처리한다.

ⓓ 수행의무의 진행률을 합리적으로 측정할 수 있는 경우에만 기간에 걸쳐 이행하는 수행의무에 대한 수익을 인식한다.

ⓔ 진행률을 합리적으로 추정하기 어려우나 수행의무를 이행하는 원가는 회수될 것으로 예상한다면 발생원가의 범위에서만 수익을 인식한다.

㉡ 진행률의 측정방법

구 분	산출법	투입법
내 용	해당 시점까지 이전한 재화와 용역의 가치를 측정하여 잔여분 가치와 비교	수행의무 이행을 위해 사용한 투입물 ÷ 예상 총 투입물
예	• 수행을 완료한 정도를 조사 • 달성한 결과에 대한 평가 • 도달한 단계 • 생산한 단위나 인도한 단위	• 소비한 자원 • 사용한 노동시간 • 발생한 원가 • 경과한 시간 • 사용한 기계시간
장 점	기업의 수행정도를 충실히 나타냄	투입물을 수행기간에 걸쳐 균등하게 소비 → 정액법으로 수익인식 가능
단 점	산출물의 직접 관찰 및 정보획득이 어려움	고객에 이전한 통제와 투입물 → 직접적인 관계가 없을 수 있음

고객과의 계약에서 생기는 수익에 관한 설명으로 옳지 않은 것은? 24년 기출

① 자산은 고객이 그 자산을 통제할 때 또는 기간에 걸쳐 통제하게 되는 대로 이전된다.

② 자산에 대한 통제란 자산을 사용하도록 지시하고 자산의 나머지 효익의 대부분을 획득할 수 있는 능력을 말한다.

③ 기간에 걸쳐 이행하는 수행의무의 진행률은 보고기간 말마다 다시 측정한다.

④ 기간에 걸쳐 이행하는 수행의무의 적절한 진행률 측정방법에는 산출법과 투입법이 포함된다.

⑤ 기업이 만든 자산이 기업에 대체 용도는 있지만 지급청구권은 없다면, 기간에 걸쳐 수익을 인식한다.

해설

기업이 만든 자산이 기업에 대체 용도가 없고 지급청구권은 있다면, 기간에 걸쳐 수익을 인식한다.

기간에 걸쳐 이행하는 수행의무(제1115호 고객과의 계약에서 생기는 수익 문단번호 35)

다음 기준 중 어느 하나를 충족하면, 기업은 재화나 용역에 대한 통제를 기간에 걸쳐 이전하므로, 기간에 걸쳐 수행의무를 이행하는 것이고 기간에 걸쳐 수익을 인식한다.

• 고객은 기업이 수행하는 대로 기업의 수행에서 제공하는 효익을 동시에 얻고 소비한다.

• 기업이 수행하여 만들어지거나 가치가 높아지는 대로 고객이 통제하는 자산(예 재공품)을 기업이 만들거나 그 자산 가치를 높인다.

• 기업이 수행하여 만든 자산이 기업 자체에는 대체 용도가 없고, 지금까지 수행을 완료한 부분에 대해 집행 가능한 지급청구권이 기업에 있다.

정답 ⑤

2. 원 가

(1) 계약원가

① 계약체결 증분원가

㉠ 계약체결 증분원가는 고객과 계약을 체결하기 위해 들인 원가로 계약을 체결하지 않았다면 들지 않았을 원가이다(예 판매수수료).

㉡ 고객과의 계약체결 증분원가가 회수될 것으로 예상된다면 이를 자산으로 인식한다.

㉢ 계약체결 여부와 무관하게 드는 계약체결원가는 계약체결 여부와 관계없이 고객에게 그 원가를 명백히 청구할 수 있는 경우가 아니라면 발생시점에 비용으로 인식한다.

㉣ 계약체결 증분원가를 자산으로 인식하더라도 상각기간이 1년 이하라면 그 계약체결 증분원가는 발생시점에 비용으로 인식할 수 있다.

보충 발생시점에 비용으로 인식하는 원가

• 일반관리원가

• 계약을 이행하는 과정에서 낭비된 재료원가, 노무원가, 그 밖의 자원의 원가로 계약가격에 반영되지 않은 원가

• 이미 이행한(또는 부분적으로 이미 이행한) 계약상 수행의무와 관련된 원가(과거의 수행정도와 관련된 원가)

• 이행하지 않은 수행의무와 관련된 원가인지 이미 이행한(또는 부분적으로 이미 이행한) 수행의무와 관련된 원가인지 구별할 수 없는 원가

② 계약이행원가

계약이행원가는 고객과의 계약을 이행할 때 드는 원가로, 다음 기준을 모두 충족하는 계약이행원가는 자산으로 인식한다.

> ㉠ 계약이나 구체적으로 식별할 수 있는 예상계약에 직접 관련되어 있다.
> ㉡ 원가가 미래 수행의무 이행 시 사용할 자원을 창출하거나 가치를 높인다.
> ㉢ 원가가 회수될 것으로 예상된다.

> **보충** 계약(또는 구체적으로 식별된 예상계약)에 직접 관련되는 원가
>
> • 직접노무원가(例 고객에게 약속한 용역을 직접 제공하는 종업원의 급여와 임금)
> • 직접재료원가(例 고객에게 약속한 용역을 제공하기 위해 사용하는 저장품)
> • 계약이나 계약활동에 직접 관련되는 원가 배분액(例 계약의 관리·감독 원가, 보험료, 계약의 이행에 사용된 기기·장비의 감가상각비)
> • 계약에 따라 고객에게 명백히 청구할 수 있는 원가
> • 기업이 계약을 체결하였기 때문에 드는 그 밖의 원가(例 하도급자에게 지급하는 금액)

3. 계약자산과 계약부채

(1) 계약자산

기업이 고객에게 이전한 재화나 용역에 대하여 그 대가를 받을 기업의 권리로 그 권리에 시간의 경과 외의 조건(例 기업의 미래 수행)이 있는 자산이다.

① 상 각

계약자산은 그 자산과 관련된 재화나 용역을 고객에게 이전하는 방식과 일치하는 체계적 기준으로 상각한다. 그 자산은 구체적으로 식별된 예상계약에 따라 이전할 재화나 용역에 관련될 수 있다.

② 손 상

㉠ 손상금액의 계산 : 장부금액이 다음 ⓐ에서 ⓑ를 뺀 금액을 초과하는 정도까지는 손상차손을 당기손익에 인식한다.

> ⓐ 그 자산과 관련된 재화나 용역의 대가로 기업이 받을 것으로 예상하는 나머지 금액
> ⓑ 그 재화나 용역의 제공에 직접 관련되는 원가로 아직 비용으로 인식하지 않은 원가

㉡ 손상의 환입 : 손상상황이 사라졌거나 개선된 경우에는 과거에 인식한 손상차손의 일부나 전부를 환입하여 당기손익으로 인식한다. 증액된 자산의 장부금액은 과거에 손상차손을 인식하지 않았다면 산정되었을 금액(상각 후 순액)을 초과해서는 안 된다.

(2) 계약부채 22년 기출

기업이 고객에게서 이미 받은 대가(또는 지급기일이 된 대가)에 상응하여 고객에게 재화나 용역을 이전하여야 하는 기업의 의무이다.

(3) 표 시

계약 당사자 중 어느 한 편이 계약을 수행했을 때, 기업의 수행정도와 고객의 지급과의 관계에 따라 그 계약을 계약자산이나 계약부채로 재무상태표에 표시한다. 대가를 받을 무조건적인 권리는 수취채권으로 구분하여 표시한다.

(4) 계약자산과 수취채권 인식 사례

① 계약체결

   ㉠ 기업은 고객에게 제품 A와 B를 이전하고 그 대가로 ₩1,000을 받기로 20X2년 1월 1일에 계약을 체결하였다.

   ㉡ 계약에서는 제품 A를 먼저 인도하도록 요구하고, 제품 A의 인도 대가는 제품 B의 인도를 조건으로 한다고 기재하였다.

   ㉢ 대가 ₩1,000은 기업이 고객에게 제품 A와 B 모두를 이전한 다음에만 받을 권리가 생긴다. → 기업은 제품 A와 B 모두를 고객에게 이전할 때까지 대가를 받을 무조건적인 권리(수취채권)가 없다.

② 수행의무

기업은 제품 A와 B를 이전하기로 한 약속을 수행의무로 식별한다.

③ 거래가격의 배분

제품의 상대적 개별판매가격에 기초하여 제품 A에 대한 수행의무에 ₩400을, 제품 B에 대한 수행의무에 ₩600을 배분한다.

④ 회계처리

   ㉠ 기업은 제품 A를 이전하는 수행의무를 이행할 때 아래와 같이 회계처리한다.

(차) 계약자산	₩400	(대) 수 익	₩400

   ㉡ 기업은 제품 B를 이전하는 수행의무를 이행하고, 대가를 받을 무조건적인 권리(수취채권)를 인식한다.

(차) 수취채권	₩1,000	(대) 계약자산	₩400
수 익	₩600		

(5) 계약부채 인식 사례 22년 기출

① 계약체결

   ㉠ 기업은 제품을 개당 ₩150에 이전하기로 20X3년 1월 1일에 고객과 계약을 체결하였다.

   ㉡ 고객이 1년 이내에 제품을 1백만 개 이상 구매할 경우에는 계약에 따라 개당 가격을 소급하여 ₩125으로 낮추어야 한다.

② 수취채권

기업은 제품에 대한 통제를 고객에게 이전할 때 대가를 지급받을 권리가 생기며 가격감액을 소급 적용(제품 1백만 개를 운송한 후)하기 전까지, 개당 ₩150의 대가를 받을 무조건적 권리(수취채권)가 있다.

③ 거래가격의 산정

기업은 계약 개시시점에 거래가격을 산정할 때 고객이 임계치인 제품 1백만 개 조건을 충족할 것이고 따라서 거래가격이 제품 개당 ₩125으로 추정된다고 결론을 내린다.

④ 회계처리

기업은 제품 100개를 고객에게 처음 운송할 때 아래와 같이 회계처리한다.

(차) 수취채권	₩15,000	(대) 수 익	₩12,500
환불부채(계약부채)	₩2,500		

▷ 환불부채는 제품 개당 ₩25의 환불금을 나타내며, 이는 수량기준 리베이트(기업이 받을 무조건적인 권리가 있는 계약 표시가격 ₩150과 추정 거래가격 ₩125의 차이)로 고객에게 제공될 것으로 예상하는 것이다.

제2절 회계변경 및 오류수정

1. 회계변경

(1) 의 의

회계변경이란 회계기준이나 관계법령의 제정, 개정 및 경제환경의 변화 또는 기술 및 기업경영환경의 변화 등으로 인하여 기업이 현재 채택하여 사용하고 있는 회계처리방법이 적절치 못하게 되어 새로운 회계처리방법으로 변경하는 것을 말한다. 회계변경에는 회계정책의 변경과 회계추정의 변경이 있다.

(2) 종 류

① 회계정책의 변경 20, 15년 기출

㉠ 의의 : 회계정책이란 기업이 재무제표를 작성·표시하기 위하여 적용하는 구체적인 원칙, 근거, 관습, 규칙 및 관행을 말하고, 회계정책의 변경이란 재무제표의 작성과 보고에 적용하던 회계정책을 다른 회계정책으로 바꾸는 것을 말한다. 기업은 다음 중 하나의 경우 회계정책을 변경할 수 있다.

> ⓐ 한국채택국제회계기준에서 회계정책의 변경을 요구하는 경우
> ⓑ 회계정책의 변경을 반영한 재무제표가 거래, 기타 사건 또는 상황이 재무상태, 재무성과 또는 현금흐름에 미치는 영향에 대하여 신뢰성 있고 더 목적적합한 정보를 제공하는 경우

㉡ 회계정책의 선택 24, 15년 기출

ⓐ 거래, 기타 사건 또는 상황에 대하여 구체적으로 적용할 수 있는 한국채택국제회계기준이 없는 경우, 경영진은 판단에 따라 회계정책을 개발 및 적용하여 회계정보를 작성할 수 있다.

ⓑ 한국채택국제회계기준에서 특정 범주별로 서로 다른 회계정책을 적용하도록 규정하거나 허용하는 경우를 제외하고는 유사한 거래, 기타 사건 및 상황에는 동일한 회계정책을 선택하여 일관성 있게 적용한다.

ⓒ 회계정책의 변경에 해당하는 사례 10년 기출

> ⓐ 유형자산 등의 측정기준을 원가모형에서 재평가모형으로, 재평가모형에서 원가모형으로 변경하는 경우
> 주의 측정기준의 변경은 회계추정의 변경이 아니라 회계정책의 변경에 해당한다.
> ⓑ 재고자산의 단위당 원가 결정방법을 선입선출법에서 총평균법으로, 가중평균법에서 선입선출법으로 변경하는 경우
> ⓒ 유가증권 취득단가 산정방법을 이동평균법에서 총평균법으로, 총평균법에서 이동평균법으로 변경하는 경우

ⓔ 회계정책의 변경에 해당하지 않는 사례 24, 20, 15년 기출

> ⓐ 과거에 발생한 거래와 실질이 다른 거래, 기타 사건 또는 상황에 대하여 다른 회계정책을 적용하는 경우
> ⓑ 과거에 발생하지 않았거나 발생하였어도 중요하지 않았던 거래, 기타 사건 또는 상황에 대하여 새로운 회계정책을 적용하는 경우

ⓜ 회계정책변경의 적용 24, 20, 10년 기출
ⓐ 경과규정이 있는 한국채택국제회계기준을 최초 적용하는 경우에 발생하는 회계정책의 변경은 해당 경과규정에 따라 회계처리한다.
ⓑ 경과규정이 없는 한국채택국제회계기준을 최초 적용하는 경우에 발생하는 회계정책의 변경이나 자발적인 회계정책의 변경은 소급적용한다.
ⓒ 과거기간 전체에 대하여 실무적으로 소급적용할 수 없는 경우에는 새로운 회계정책을 실무적으로 적용할 수 있는 가장 이른 기간의 기초부터 전진적용하여 비교정보를 재작성한다.
ⓓ 회계정책의 변경과 회계추정의 변경을 구분하는 것이 어려운 경우에는 이를 회계추정의 변경으로 보아 전진적용한다.
ⓔ 자산을 재평가하는 회계정책을 최초로 적용하는 경우의 회계정책의 변경은 소급법을 적용하여 회계처리하지 아니하고, 유형자산기준서와 무형자산기준서에 따라 재평가개시일부터 적용하여 회계처리한다.

② 회계추정의 변경 18, 14, 10년 기출
㉠ 의의 : 회계추정의 변경이란 자산과 부채의 현재 상태를 평가하거나 자산과 부채와 관련된 예상되는 미래효익과 의무를 평가한 결과에 따라 자산이나 부채의 장부금액 또는 기간별 자산의 소비액을 조정하는 것을 말한다. 새로운 정보나 상황에 따라 지금까지 사용해오던 회계적 추정치를 바꾸는 것으로 추정의 변경은 과거기간과 연관되지 않으며 오류수정으로 보지 않는다.
㉡ 추정이 필요한 항목 : 기업활동에 내재된 불확실성으로 인하여 재무제표의 많은 항목이 정확히 측정될 수 없고 추정될 수밖에 없다. 추정은 최근의 이용가능하고 신뢰성 있는 정보에 기초한 판단을 수반하는데, 그 항목은 다음과 같다.

        ⓐ 대손예상률의 변경
        ⓑ 재고자산 진부화로 인한 시가의 추정
        ⓒ 금융자산이나 금융부채의 공정가치의 추정
        ⓓ 감가상각자산의 내용연수, 잔존가치 또는 감가상각자산에 내재된 미래경제적 효익의 기대소비행
           태에 대한 추정(상각방법의 변경)
        ⓔ 품질보증의무의 추정

   ㉢ 회계추정변경의 회계처리 : 회계추정의 변경효과는 변경이 발생한 기간부터 당기손익을 포함하여 전
      진적으로 회계처리한다.

(3) 회계변경의 회계처리방법

① 소급법
   ㉠ 새로운 회계정책을 처음부터 적용한 것처럼 거래, 기타 사건 및 상황에 적용하는 방법이다.
   ㉡ 기초시점에서 새로운 회계방법의 채택으로 인한 누적효과를 계산하여 전기이월미처분이익잉여금을
      수정하고, 전기의 재무제표를 새로운 원칙을 적용하여 수정하는 방법이다.

② 전진법
   ㉠ 과거의 재무제표에 대해서는 수정하지 않고 변경된 새로운 회계처리방법을 당기와 미래기간에 반영
      시키는 방법이다.
   ㉡ 이익조작가능성이 방지되며, 과거의 재무제표를 수정하지 않음으로써 재무제표의 신뢰성이 제고되
      는 장점이 있으나, 변경효과를 파악하기 어렵고 재무제표의 비교가능성이 저해된다는 단점이 있다.

알아두기

회계정책의 변경과 회계추정의 변경 비교

구 분	회계정책의 변경	회계추정의 변경
회계처리방법	• 원칙 : 소급법 • 예외 : 회계변경의 누적효과를 합리적으로 결정하기 어려운 경우에는 전진법으로 처리	전진법
누적효과의 처리	전기이월미처분이익잉여금에 반영	해당 없음
비교재무제표의 작성 여부	해 당	필요 없음

2. 오류수정

(1) 의의 및 회계처리

① 전기오류 10년 기출
   ㉠ 전기오류는 과거기간 동안에 재무제표를 작성할 때 신뢰할 만한 정보를 이용하지 못했거나, 이를 잘
      못 이용하여 발생한 재무제표상의 누락이나 왜곡표시를 하는 것을 말한다.
   ㉡ 전기오류는 특정기간에 미치는 오류의 영향이나 오류의 누적효과를 실무적으로 결정할 수 없는 경우
      를 제외하고는 소급재작성에 의하여 수정한다.
   ㉢ 전기오류의 수정은 오류가 발견된 기간의 당기손익으로 보고하지 않는다.

② 오류수정 24, 10년 기출

    ⊙ 오류수정은 전기 또는 그 이전의 재무제표에 포함된 회계오류를 당기에 발견하여 이를 수정하는 것을 말하는데, 회계오류란 계산상의 착오, 회계기준(회계정책 및 회계추정)의 잘못된 적용, 사실판단의 잘못이나 해석의 오류, 부정·과실·고의 또는 사실의 누락 등으로 발생하는 것을 말한다.

    ⊙ 오류의 수정은 회계추정의 변경과 구별된다. 회계적 추정치는 성격상 추가 정보가 알려지는 경우 수정이 필요할 수도 있는 근사치의 개념이다. 예를 들어, 우발상황의 결과에 따라 인식되는 손익은 오류의 수정에 해당하지 아니한다.

구 분	변경 전	변경 후
회계변경	K-IFRS 부합	K-IFRS 부합
오류수정	K-IFRS 위반	K-IFRS 부합

기출문제

회계정책, 회계추정치 변경과 오류에 관한 설명으로 옳은 것은? 24년 기출

① 오류수정은 성격상 추가 정보가 알려지는 경우에 변경이 필요할 수도 있는 근사치인 회계추정치 변경과 구별된다.

② 새로운 회계정책을 과거기간에 적용하는 경우, 과거기간에 인식된 금액의 추정에 사후에 인지된 사실을 이용할 수 있다.

③ 거래 및 기타 사건에 대하여 적용할 수 있는 한국채택국제회계기준이 없는 경우, 경영진은 판단에 따라 회계정책을 적용하여 회계정보를 작성할 수 없다.

④ 과거에 발생한 거래와 실질이 다른 거래, 기타 사건 또는 상황에 대하여 다른 회계정책을 적용하는 경우에는 회계정책의 변경에 해당한다.

⑤ 과거에 발생하지 않았던 거래, 기타 사건에 대하여 새로운 회계정책을 적용하는 경우에는 회계정책의 변경에 해당한다.

[해설]

② 새로운 회계정책을 과거기간에 적용하는 경우, 과거기간에 인식된 금액의 추정에 사후에 인지된 사실을 이용할 수 없다.

③ 거래 및 기타 사건에 대하여 적용할 수 있는 한국채택국제회계기준이 없는 경우, 경영진은 판단에 따라 회계정책을 적용하여 회계정보를 작성할 수 있다.

④ 과거에 발생한 거래와 실질이 다른 거래, 기타 사건 또는 상황에 대하여 다른 회계정책을 적용하는 경우는 회계정책의 변경에 해당하지 않는다.

⑤ 과거에 발생하지 않았던 거래, 기타 사건에 대하여 새로운 회계정책을 적용하는 경우는 회계정책의 변경에 해당하지 않는다.

정답 ①

---

③ 오류수정의 회계처리

    ⊙ 당기 중에 발견한 당기의 잠재적 오류는 재무제표의 발행승인일 전에 수정한다.

    ⊙ 전기 이전의 중요한 오류에 대해서는 소급법을 적용한다.

    ⊙ 전기의 중요한 오류를 후속기간에 발견하는 경우 해당 후속기간의 재무제표에 비교표시된 재무정보를 재작성하여 수정한다.

    ⊙ 오류가 비교 표시되는 가장 이른 과거기간 이전에 발생한 경우에는 비교 표시되는 가장 이른 과거기간의 자산, 부채 및 자본의 기초금액을 재작성한다.

(2) 회계오류의 유형

① 당기순이익에 영향을 미치지 않는 오류 18, 16년 기출

　　손익에 영향을 미치지 않는 계정 분류의 오류로 유동·비유동 계정을 잘못 분류하는 등이 해당된다.

② 당기순이익에 영향을 미치는 오류 16, 14, 13, 12년 기출

　㉠ 자동조정적 오류 : 두 회계기간을 통하여 오류가 오류정정에 대한 회계처리를 하지 않았는데도 자동적으로 조정되어 이익잉여금에 영향을 미치지 않는 오류로 재고자산이나 미지급비용, 선급비용, 미수수익, 선수수익 등을 부정확하게 계상한 경우와 경과계정의 과소·과대평가 등을 들 수 있다.

　　ⓐ 재고자산(기말상품재고액)의 오류

과소계상	기말재고자산이 과소계상되거나 누락되면 매출원가는 과대계상되고 당기순이익은 과소계상된다.
과대계상	기말재고자산이 과대계상되면 매출원가가 과소계상되어 당기순이익은 과대계상된다. 기말재고가 과대계상되면 다음 연도 초 기초재고가 과대계상된다.

　　ⓑ 미지급비용의 오류

과소계상	부채와 비용이 과소계상되므로 당기순이익은 과대계상된다.
과대계상	부채와 비용이 과대계상되므로 당기순이익은 과소계상된다.

　　ⓒ 선급비용의 오류

과소계상	자산은 과소평가되고 비용은 과대계상되므로 당기순이익은 과소계상된다.
과대계상	자산은 과대평가되고 비용은 과소계상되므로 당기순이익은 과대계상된다.

　　ⓓ 미수수익의 오류

과소계상	자산과 수익이 과소계상되므로 당기순이익은 과소계상된다.
과대계상	자산과 수익이 과대계상되므로 당기순이익은 과대계상된다.

　　ⓔ 선수수익의 오류

과소계상	부채는 과소평가되고 수익은 과대계상되므로 당기순이익은 과대계상된다.
과대계상	부채는 과대평가되고 수익은 과소계상되므로 당기순이익은 과소계상된다.

　㉡ 비자동조정적 오류(영구적 오류) : 오류가 재무제표에 미치는 영향이 소멸될 때까지의 기간이 2개 연도를 초과하여 정정분개를 하지 않으면 오류가 그대로 남게 되는 오류로서 이 경우에는 오류가 완전히 상쇄되기 전까지는 오류를 발견하였을 때 이를 수정하는 분개가 필요하다. 그 예로써 감가상각비의 과대 또는 과소계상과 자본적 지출이 수익적 지출로 잘못 처리되는 경우 등이 있다.

오류가 순이익과 수정 후 순이익에 미치는 영향

구 분	오류 내용		당기순이익 영향	수정 후 순이익 계산
자동조정적 오류	기말재고자산	과대계상	과대계상	차 감
		과소계상	과소계상	가 산
	선급비용	과대계상	과대계상	차 감
	미수수익			
	선수수익	과대계상	과소계상	가 산
	미지급비용			
비자동조정적 오류	감가상각비	과대계상	과소계상	가 산
		과소계상	과대계상	차 감
	자본적 지출 → 수익적 지출		과소계상	가 산
	수익적 지출 → 자본적 지출		과대계상	차 감

제3절 법인세 및 리스회계

1. 법인세 회계

(1) 법인세비용 24, 22, 18, 11년 기출

① 법인세는 국내에서 부과되는 법인세뿐만 아니라 기업의 과세소득에 기초하여 국내 및 국외에서 부과되는 모든 세금을 포함한다.

② 법인세비용(수익)은 당기법인세비용(수익)과 이연법인세 변동액으로 구성된다.

③ 당기 및 과거기간에 대한 당기법인세 중 납부되지 않은 부분을 당기법인세부채로 인식한다. 만일 과거기간에 이미 납부한 금액이 그 기간 동안 납부하여야 할 금액을 초과하였다면 그 초과금액은 당기법인세자산으로 인식한다.

④ 당기 및 과거기간의 당기법인세부채(자산)는 보고기간 말까지 제정되었거나 실질적으로 제정된 세율(및 세법)을 사용하여, 과세당국에 납부할(과세당국으로부터 환급받을) 것으로 예상되는 금액으로 측정한다.

⑤ 기업이 법적으로 집행 가능한 상계 권리를 가지고 있으며 순액으로 결제할 의도가 있는 경우를 제외하고 당기법인세자산과 당기법인세부채는 상계하지 않는다.

(2) 회계이익과 과세소득

과세소득은 회계이익(법인세차감전순이익)에서 세법에 정해진 바에 따라 세무조정을 수행하여 산출된다. 세무조정이란 과세소득을 산출하기 위해 회계이익과 차이 나는 부분을 조정하는 것으로 다음과 같은 유형이 있다.

익금산입(가산항목)	기업회계상 수익이 아니지만 세법상 익금으로 인정되는 항목
익금불산입(차감항목)	기업회계상 수익이나 세법상 익금으로 인정되지 않는 항목
손금산입(차감항목)	기업회계상 비용이 아니지만 세법상 손금으로 인정되는 항목
손금불산입(가산항목)	기업회계상 비용이나 세법상 손금으로 인정되지 않는 항목

기업회계상 법인세비용차감전순이익

(+) 익금산입 · 손금불산입　┐
　　　　　　　　　　　　　　　├ 세무조정사항
(−) 손금산입 · 익금불산입　┘

세무회계상 각 사업연도 소득금액

알아두기

세무조정 항목의 이연법인세 반영
- 접대비 한도초과액 → 영구적 차이, 법인세 관련 조정은 없다.
- 감가상각비 한도초과액 → 차감할 일시적 차이, 미래세율만큼 이연법인세자산을 인식한다.
- 자기주식처분이익(손실) → 자본에 가감하는 법인세, 해당 금액만큼 자본에 반영하며 당기손익에는 영향이 없다. 이연법인세자산이나 부채도 발생시키지 않는다.
- 단기매매금융자산 평가이익(손실) → 가산(차감)할 일시적 차이, 미래세율만큼 이연법인세부채(자산)를 인식한다.

(3) 일시적 차이

재무상태표상 자산 또는 부채의 장부금액과 세무기준액의 차이로 수익·비용의 귀속시기의 차이로 인해 발생하여 추후에 소멸된다. 추후에 소멸되지 않는 차이는 영구적 차이라고 하며 이는 이연법인세로 조정하지 않는다. 일시적 차이는 다음의 두 가지로 구분된다.

① 가산할 일시적 차이

자산이나 부채의 장부금액이 회수나 결제되는 미래 회계기간의 과세소득(세무상 결손금) 결정 시 가산할 금액이 되는 일시적 차이를 말한다.

② 차감할 일시적 차이

자산이나 부채의 장부금액이 회수나 결제되는 미래 회계기간의 과세소득(세무상 결손금) 결정 시 차감할 금액이 되는 일시적 차이를 말한다.

(4) 당기법인세와 이연법인세의 인식 24년 기출

대부분의 이연법인세부채와 이연법인세자산은 수익 또는 비용이 회계이익에 포함되는 기간과 과세소득(세무상 결손금)에 포함되는 기간이 다를 때 발생한다. 이로 인한 이연법인세는 당기손익으로 인식한다.

① 이연법인세자산과 부채의 의의

㉠ 이연법인세자산 : 차감할 일시적 차이와 미사용 세무상 결손금 및 세액공제 등의 이월액으로 인해 미래 회계기간에 회수될 수 있는 법인세 금액이다. 차감할 일시적 차이가 사용될 수 있는 과세소득의 발생가능성이 높은 경우에, 모든 차감할 일시적 차이에 대하여 이연법인세자산을 인식한다.

ⓛ 이연법인세부채 : 가산할 일시적 차이와 관련하여 미래 회계기간에 납부할 법인세 금액이다. 일반적으로 모든 가산할 일시적 차이와 관련하여 이연법인세부채를 인식한다.

보충　회계이익과 과세소득에 따른 영향

• 회계이익 < 과세소득 : 차감할 일시적 차이 발생, 이연법인세자산 발생가능
• 회계이익 = 과세소득 : 조정 없음
• 회계이익 > 과세소득 : 가산할 일시적 차이 발생, 이연법인세부채 발생가능

---

② 이연법인세의 계산 19, 18, 17, 15, 14, 11년 기출
이연법인세는 계속적으로 재무제표에 인식하기 때문에 그 변동분에 대하여 다음과 같이 계산하여 인식한다.

	기 말	기 초	이연법인세 효과
이연법인세 자산	당기 말 차감할 일시적 차이 × 미래세율	− 전기 말 차감할 일시적 차이 × 미래세율	= 이연법인세 자산 증가
이연법인세 부채	당기 말 가산할 일시적 차이 × 미래세율	− 전기 말 가산할 일시적 차이 × 미래세율	= 이연법인세 부채 증가

③ 이연법인세 회계처리 24, 22, 20, 11년 기출
　ⓐ 이연법인세자산의 장부금액은 매 보고기간 말에 검토한다. 이연법인세자산의 일부 또는 전부에 대한 혜택이 사용되기에 충분한 과세소득이 발생할 가능성이 더 이상 높지 않다면 이연법인세자산의 장부금액을 감액시킨다. 감액된 금액은 사용되기에 충분한 과세소득이 발생할 가능성이 높아지면 그 범위 내에서 환입한다.
　ⓑ 법적으로 상계할 권리를 갖는 등의 일정 조건을 만족시키는 경우를 제외하고 이연법인세자산과 부채는 상계하지 않는다.
　ⓒ 이연법인세자산과 부채는 할인하지 않는다(현재가치 평가안함).
　ⓓ 기업이 재무상태표에 유동자산과 비유동자산, 그리고 유동부채와 비유동부채로 구분하여 표시하는 경우, 이연법인세자산(부채)은 유동자산(부채)으로 분류하지 아니한다.
　ⓔ 이연법인세자산과 부채는 보고기간 말까지 제정되었거나 실질적으로 제정된 세율(및 세법)에 근거하여 당해 자산이 실현되거나 부채가 결제될 회계기간에 적용될 것으로 기대되는 세율을 사용하여 측정한다.
　ⓕ 사업결합으로 인하여 인식하는 자산·부채에 대해서는 이연법인세를 인식하지 않는다.
　ⓖ 모든 가산할 일시적 차이에 대하여 이연법인세부채를 인식한다. 다만, 영업권을 최초로 인식할 때는 이연법인세부채를 인식하지 아니한다.
　ⓗ 과거 회계기간의 당기 법인세에 대하여 소급공제가 가능한 세무상 결손금과 관련된 혜택은 자산으로 인식한다.
　ⓘ 이연법인세자산의 장부금액은 매 보고기간 말에 검토한다. 이연법인세자산의 일부 또는 전부에 대한 혜택이 사용되기에 충분한 과세소득이 발생할 가능성이 더 이상 높지 않다면 이연법인세자산의 장부금액을 감액시킨다. 감액된 금액은 사용되기에 충분한 과세소득이 발생할 가능성이 높아지면 그 범위 내에서 환입한다.

다음 자료를 이용하여 계산한 법인세 납부액은? (단, 당기법인세부채와 이연법인세자산(부채)는 당기손익과 관련된 것이다) 24년 기출

| 법인세비용 | ₩1,500 | 당기법인세부채 증가 | ₩500 |
| 이연법인세자산 증가 | 200 | 이연법인세부채 증가 | 100 |

① ₩1,100
② ₩1,300
③ ₩1,500
④ ₩1,900
⑤ ₩2,100

해설

(차) 이연법인세자산	₩200	(대) 당기법인세부채	₩500
(차) 법인세비용	₩1,500	(대) 이연법인세부채	₩100
		(대) 현금(법인세납부액)	₩1,100

₩1,500 − (₩500 + ₩100 − ₩200) = ₩1,100

정답 ①

법인세에 관한 설명으로 옳은 것을 모두 고른 것은? 24년 기출

ㄱ. 법인세비용(수익)은 당기법인세비용(수익)과 이연법인세비용(수익)으로 구성된다.
ㄴ. 기업이 집행가능한 상계권리를 가지고 있는 경우 또는 기업이 순액으로 결제할 의도가 있는 경우에는 당기법인세자산과 당기법인세부채를 상계한다.
ㄷ. 이연법인세자산의 장부금액은 매 보고기간 말에 검토한다.
ㄹ. 기업 간 비교가능성을 높이기 위해 이연법인세자산과 이연법인세부채는 현재가치로 할인한다.

① ㄱ, ㄷ
② ㄱ, ㄹ
③ ㄴ, ㄷ
④ ㄴ, ㄹ
⑤ ㄷ, ㄹ

해설

ㄴ. 기업이 법적으로 집행가능한 상계권리를 가지고 있고 순액으로 결제할 의도가 있는 경우에는 당기법인세자산과 당기법인세부채를 상계한다.
ㄹ. 이연법인세자산과 부채는 보고기간 말까지 제정되었거나 실질적으로 제정된 세율에 근거하여 당해 자산이 실현되거나 부채가 결제될 회계기간에 적용될 것으로 기대되는 세율을 사용하여 측정한다.

정답 ①

(5) 당기손익 이외로 인식되는 항목 11년 기출

동일 회계기간 또는 다른 회계기간에, 당기손익 이외로 인식되는 항목과 관련된 당기법인세와 이연법인세는 기타포괄손익이나 자본과 같이 당기손익 이외의 항목으로 인식된다. 따라서 동일 회계기간 또는 다른 회계기간에 인식된 당기법인세와 이연법인세는 다음과 같이 회계처리한다.

① 기타포괄손익 항목과 관련된 금액

다음과 같은 항목의 경우 당기손익이 아닌 기타포괄손익으로 인식한다.

> ㉠ 유형자산의 재평가로 인하여 발생하는 장부금액의 변동
> ㉡ 해외사업장 재무제표의 환산에서 발생하는 외환차이
> ㉢ 기타포괄손익-공정가치측정금융자산의 가치변동액

② 자본과 관련된 금액

다음과 같은 항목의 경우 자본에 직접 가감한다.

> ㉠ 소급 적용되는 회계정책의 변경이나 오류의 수정으로 인한 기초이익잉여금 잔액의 조정
> ㉡ 복합금융상품의 자본요소에 대한 최초 인식에서 발생하는 금액

(6) 자본에 부가(차감)하는 법인세부담액

기업회계상 자본거래로 보아 자본잉여금 또는 자본조정계정으로 처리하지만 세무회계상 과세소득에 포함되고 차기 이후에 소멸되지 않는 영구적 차이에 해당하는 회계사건은 관련 법인세부담액을 가감한 잔액으로 재무제표에 반영한다.

2. 리스회계

(1) 리스계약

리스란 대가와 교환하여 자산(기초자산)의 사용권을 일정기간 이전하는 계약이나 계약의 일부이다.

① 기간 및 계약의 성격에 따른 구분

단기리스	리스개시일에 리스기간이 12개월 이하인 리스로 매수선택권이 있는 리스는 단기리스에 해당하지 않는다.
금융리스	기초자산의 소유에 따른 위험과 보상의 대부분을 리스이용자에게 이전하는 리스를 말한다.
운용리스	기초자산의 소유에 따른 위험과 보상의 대부분을 이전하지 않는 리스를 말한다.

> ▷ 리스기간 : 리스의 해지불능기간 ± 리스 연장 / 종료선택권에 따른 변동기간(행사할 것이 상당히 확실한 경우)

② 계약 구성요소의 구분

리스계약에서 계약의 각 리스요소를 직접적인 자산관련 리스요소와 리스가 아닌 요소(비리스요소 예 용역)와 분리하여 리스로 회계처리한다.

리스이용자	리스이용자는 리스요소의 상대적 개별가격과 비리스요소의 총 개별가격에 기초하여 계약대가를 각 리스요소에 배분한다. 실무적 간편법으로, 리스이용자는 비리스요소를 리스요소와 분리하지 않고, 각 리스요소와 이에 관련되는 비리스요소를 하나의 리스요소로 회계처리하는 방법을 기초자산의 유형별로 선택할 수 있다.
리스제공자	리스요소와 비리스요소를 구분하여 수익기준서에 따라 거래가격(계약대가)을 수행의무에 배분한다.

③ 리스료

리스료는 기초자산사용권과 관련하여 리스기간에 리스이용자가 리스제공자에게 지급하는 금액이다.

> 리스료(구성항목) = 고정리스료(리스인센티브 차감) + 변동리스료 + 매수선택권의 행사가격(행사할 것이
> 상당히 확실한 경우) + 리스종료 부담금(리스기간이 종료선택권 행사를 반영하는 경
> 우) ± 잔존가치보증에 따른 금액

- ㉠ 고정리스료 : 리스기간의 기초자산사용권에 대하여 리스이용자가 리스제공자에게 지급하는 금액에
  서 변동리스료를 뺀 금액
- ㉡ 리스인센티브 : 리스와 관련하여 리스제공자가 리스이용자에게 지급하는 금액이나 리스의 원가를 리
  스제공자가 보상하거나 부담하는 금액
- ㉢ 변동리스료 : 시간의 경과가 아닌 리스개시일 후 사실이나 상황의 변화 때문에 달라지는 리스료
- ㉣ 잔존가치보증 : 리스제공자가 받는 리스종료일의 기초자산가치가 일정금액 이상이 될 것이라는 보증
  (리스제공자의 특수관계자에게 받는 경우 제외)

(2) 리스의 식별

리스의 식별시점은 계약의 약정시점 또는 계약조건이 변경된 시점이다. 계약에서 대가와 교환하여, 식별되
는 자산의 사용통제권을 일정기간 이전하게 한다면 그 계약은 리스이거나 리스를 포함한다.

① 식별되는 자산의 사용

공급자가 자산을 교체할 실질적인 능력이 없거나 자산교체의 경제적 효익이 없는 경우

② 자산의 사용통제권

사용기간 내내 다음의 권리를 모두 가지는 경우

> ㉠ 식별되는 자산의 사용에서 생기는 경제적 효익의 대부분을 얻을 권리(예 사용기간 내내 그 자산을 배
> 타적으로 사용함)
> ㉡ 식별되는 자산의 사용을 지시할 권리

(3) 리스이용자의 회계처리

① 최초측정

모든 리스에 대하여 사용권자산과 리스부채를 인식한다.

- ㉠ 리스부채 : 리스개시일 현재 지급되지 않은 리스료의 현재가치
- ㉡ 사용권자산 : 리스부채 + 선급리스료 – 받은 리스인센티브 + 리스개설직접원가 + 해제·제거·복구
  원가 추정치

② 후속측정

㉠ 리스부채

ⓐ 원칙 : 상각후원가로 측정한다.

ⓑ 재측정 : 리스개시일 후 리스료나 할인율이 변동되면 리스부채를 재측정하고 재측정금액은 사용
권자산의 조정으로 인식한다. 리스료나 할인율은 다음의 항목이 하나라도 변동하는 경우 재평가
해야 한다.

구 분	변동 내용
리스료	• 리스기간 • 기초자산 매수선택권 평가(매수선택권에 따라 지급할 금액) • 잔존가치보증에 따라 지급할 것으로 예상되는 금액 • 리스료를 산정할 때 사용한 지수나 요율(이율)의 변동
할인율	• 리스기간 • 기초자산 매수선택권 평가(매수선택권에 따라 지급할 금액) • 리스료 산정에 사용되는 변동 이자율

ⓒ 사용권자산 : 사용권자산은 이하의 세 가지 모형 중 하나로 후속측정한다.

원가모형	공정가치모형 및 재평가모형을 적용하지 않는 경우 원가모형으로 분류하며, 유형자산과 동일하게 감가상각누계액, 손상차손누계액을 차감하여 표시한다. 리스부채 재측정조정을 반영한다.
공정가치모형	투자부동산에 공정가치모형을 적용하는 경우에 투자부동산의 정의를 충족하는 사용권자산에 적용한다.
재평가모형	유형자산기준서의 재평가모형을 적용하는 유형자산분류와 관련되는 경우의 사용권자산에 적용한다.

③ 리스변경

리스변경은 다음과 같이 별도 리스로 회계처리하거나 기존 리스부채를 재측정해야 한다.

ⓐ 별도 리스로 회계처리 : 기초자산사용권이 추가(리스범위 확장)되고, 넓어진 리스범위의 개별가격에 상응하는 금액(계약상황을 반영한 조정금액 반영)만큼 리스대가가 증액되는 경우에 그 추가된 리스는 별도의 리스로 회계처리한다.

ⓑ 리스부채 재측정 : 리스범위 축소의 경우 줄어든 부분의 사용권자산을 줄이고, 줄어든 리스부채와 사용권자산 차이를 당기손익으로 인식한다. 그 밖의 모든 변경은 리스부채 재측정 부분을 사용권자산 조정으로 반영한다.

④ 면제규정(단기리스 및 소액기초자산 리스)

리스이용자는 리스기간이 12개월 이하인 단기리스와 소액기초자산(태블릿·개인 컴퓨터, 소형 사무용 가구, 전화기 등) 리스에는 사용권자산과 리스부채를 인식하는 회계처리를 적용하지 않기로 선택할 수 있다. 이 경우, 리스이용자는 해당 리스에 관련되는 리스료를 리스기간에 걸쳐 정액기준이나 다른 체계적인 기준에 따라 비용으로 인식한다. 단기리스를 회계처리하는 경우에 리스 변경이나 리스기간의 변경이 있는 경우 그 리스는 새로운 리스로 본다. 단기리스에 대한 선택은 사용권이 관련되어 있는 기초자산의 특성과 용도가 비슷한 유형별로 한다. 소액기초자산 리스에 대한 선택은 리스별로 할 수 있다.

⑤ 현금흐름의 분류

리스부채의 원금상환액은 재무활동으로, 할인액 상각액은 K-IFRS 제1007호 '현금흐름표'에 따라(영업활동 또는 재무활동) 분류한다. 리스부채에 포함되지 않은 변동리스료, 단기리스료, 소액자산리스료는 영업활동으로 분류한다.

(4) 리스제공자의 회계처리

소유에 따른 위험과 보상의 대부분 이전 여부에 따라 금융리스와 운용리스로 분류하여 회계처리한다. 전대의 경우, 사용권자산을 기준으로 금융리스인지 운용리스인지를 판단한다.

① 금융리스
　㉠ 인식 및 최초 측정
　　ⓐ 리스채권(Lease Receivable)을 인식(리스순투자로 측정)한다.
　　ⓑ 리스순투자 : 리스총투자를 리스의 내재이자율로 할인한 금액을 말한다.
　　ⓒ 리스총투자 : 금융리스에서 리스제공자가 받게 될 리스료와 무보증잔존가치의 합계액을 말한다.
　㉡ 후속측정 : 리스채권은 현재가치 할인액상각을 반영하여 장부금액을 증액하고, 리스료 수령을 반영
　　하여 장부금액을 감액(금융상품기준서에 따른 인식·손상 요구사항 적용)한다.
　㉢ 당기손익반영 : 리스채권의 현재가치 할인차금상각액을 금융수익으로 인식(일정한 기간수익률)한다.
　㉣ 리스변경
　　ⓐ 기초자산사용권이 추가(리스범위 확장)되고, 넓어진 리스범위의 개별가격에 상응하는 금액(계약
　　　상황에 따른 금액조정 반영)만큼 리스대가가 증액되는 경우 추가된 리스를 별도 리스로 보아 회계
　　　처리한다.
　　ⓑ 변경이 리스약정일에 유효하였다면 그 리스를 운용리스로 분류하였을 경우, 기초자산의 장부금액을
　　　리스변경 유효일 직전의 리스순투자로 측정하여 변경 유효일부터 새로운 리스로 회계처리한다.
② 운용리스
　㉠ 측정 : 기초자산을 관련 기준에 따라 측정·표시(감가상각비, 손상차손 등 반영)한다.
　㉡ 당기손익반영
　　ⓐ 리스기간에 걸쳐 정액기준이나 기초자산에서 생기는 효익이 감소되는 형태를 더 잘 반영하는 다
　　　른 체계적 기준에 따라 리스료수익(Lease Income)을 인식한다.
　　ⓑ 리스료수익 획득과정에서 생기는 원가(감가상각비 포함)를 비용으로 인식한다.
　　ⓒ 리스개설직접원가를 기초자산의 장부금액에 더하고 리스료수익과 같은 기준으로 리스기간에 걸
　　　쳐 비용으로 인식한다.
　㉢ 리스변경 : 변경 유효일부터 새로운 리스로 회계처리한다.

(5) 판매 후 리스

① 정 의
　㉠ 기업(판매자-리스이용자)이 다른 기업(구매자-리스제공자)에게 자산을 이전하고 그 구매자-리스제
　　공자에게서 해당 자산을 다시 리스하여 사용하는 경우 판매 후 리스에 해당한다.
　㉡ 자산이 리스제공자에게 이전되기 전에 리스이용자가 그 기초자산을 통제하게 되지 못한다면 그 거래
　　는 판매 후 리스에 해당하지 않는다.
② 판매에 해당하는 경우
　㉠ 판매자-리스이용자의 회계처리 : 사용권자산은 판매자-리스이용자가 보유한 사용권에 관련된 자산
　　의 종전장부금액에 비례하여 측정한다. 판매로 이전한 권리에 관련된 차손익금액만 판매손익으로 인
　　식한다.
　㉡ 구매자-리스제공자의 회계처리 : 자산매입으로 처리하고 일반적인 리스제공자의 회계처리에 따라서
　　처리한다.
　㉢ 공 통
　　ⓐ 이전자산 공정가치 > 판매대가 공정가치 : 리스료선급으로 처리한다.
　　ⓑ 이전자산 공정가치 < 판매대가 공정가치 : 추가금융으로 처리한다.

③ 판매가 아닌 경우

　㉠ 판매자–리스이용자의 회계처리 : 이전된 자산을 계속 인식하며 이전대가와 같은 금액을 금융부채로 인식한다.

　㉡ 구매자–리스제공자의 회계처리 : 이전대가와 같은 금액을 금융자산으로 인식한다.

제4절　현금흐름표

1. 현금흐름표 개념 및 표시

(1) 현금흐름표의 개념 22년 기출

① 현금흐름표의 의의

일정기간 영업활동, 투자활동, 재무활동으로 인한 현금의 유입과 유출의 내역을 현금주의에 따라 작성한 보고서이다.

② 현금흐름표(현금흐름정보)의 유용성

㉠ 현금흐름표는 다른 재무제표와 같이 사용하는 경우 순자산의 변화, 재무구조(유동성과 지급능력 포함), 그리고 변화하는 상황과 기회에 적응하기 위하여 현금흐름의 금액과 시기를 조절하는 능력을 평가하는 데 유용한 정보를 제공한다.

㉡ 현금흐름정보는 현금 및 현금성자산의 창출능력을 평가하는 데 유용할 뿐만 아니라, 서로 다른 기업의 미래현금흐름의 현재가치를 비교·평가하는 모형을 개발할 수 있도록 한다.

㉢ 현금흐름정보는 동일한 거래와 사건에 대하여 서로 다른 회계처리를 적용함에 따라 발생하는 영향을 제거하기 때문에 영업성과에 대한 기업 간의 비교가능성을 제고한다.

㉣ 과거의 현금흐름정보는 미래현금흐름의 금액, 시기 및 확실성에 대한 지표로 자주 사용된다. 또한 과거에 추정한 미래현금흐름의 정확성을 검증하고, 수익성과 순현금흐름 간의 관계 및 물가 변동의 영향을 분석하는 데 유용하다.

(2) 활동별 현금흐름 22, 13년 기출

현금흐름표는 회계기간 동안 발생한 현금흐름을 영업활동, 투자활동 및 재무활동으로 분류하여 보고한다. 활동에 따른 분류는 이러한 활동이 기업의 재무상태와 현금 및 현금성자산의 금액에 미치는 영향을 재무제표이용자가 평가할 수 있도록 정보를 제공한다. 또한 이 정보는 각 활동 간의 관계를 평가하는 데 사용될 수 있다.

① 영업활동 현금흐름 15, 13, 12, 11년 기출

영업활동이란 기업의 주요 수익창출활동과 투자활동 및 재무활동에 해당되지 않는 기타의 활동으로 기업이 외부의 재무자원에 의존하지 않고 영업을 통하여 차입금의 상환, 영업능력의 유지, 배당금지급 및 신규투자 등에 필요한 현금흐름을 창출하는 정도에 대한 중요한 지표가 된다. 영업활동 현금흐름은 일반적으로 당기순손익의 결정에 영향을 미치는 거래나 그 밖의 사건의 결과로 발생한다.

㉠ 일반적인 영업활동 현금흐름의 예

> ⓐ 재화의 판매와 용역제공에 따른 현금유입
> ⓑ 로열티, 수수료, 중개료 및 기타수익에 따른 현금유입
> ⓒ 재화와 용역의 구입에 따른 현금유출
> ⓓ 종업원과 관련하여 직·간접적으로 발생하는 현금유출
> ⓔ 보험회사의 경우에는 수입보험료, 보험금, 연금 및 기타 급부금과 관련된 현금유입과 현금유출
> ⓕ 법인세의 납부 또는 환급(다만, 재무활동과 투자활동에 명백히 관련되는 것은 제외)
>   ▷ 법인세로 인한 현금흐름은 별도로 공시하며, 재무활동과 투자활동에 명백히 관련되지 않는 한 영업활동 현금흐름으로 분류한다.
> ⓖ 단기매매목적으로 보유하는 계약에서 발생하는 현금유입과 현금유출

㉡ 기타 영업활동 현금흐름

ⓐ 타인에게 임대할 목적으로 보유하다가 후속적으로 판매목적으로 보유하는 자산을 제조하거나 취득하기 위한 현금 지급액은 영업활동 현금흐름이다. 이러한 자산의 임대 및 후속적인 판매로 수취하는 현금도 영업활동 현금흐름이다.

ⓑ 단기매매목적으로 보유하는 유가증권의 취득과 판매에 따른 현금흐름은 영업활동으로 분류한다. 마찬가지로 금융회사의 현금 선지급이나 대출채권은 주요 수익창출활동과 관련되어 있으므로 일반적으로 영업활동으로 분류한다.

② **투자활동 현금흐름** 15, 13년 기출

투자활동이란 장기성 및 현금성자산에 속하지 않는 기타 투자자산의 취득과 처분활동이다. 투자활동 현금흐름은 미래수익 및 현금흐름을 창출할 자원의 확보를 위하여 지출된 정도를 나타내며, 재무상태표에 자산으로 인식되는 지출만이 투자활동으로 분류하기에 적합하다.

㉠ 일반적인 투자활동 현금흐름의 예

> ⓐ 유형자산, 무형자산 및 기타 장기성 자산의 취득에 따른 현금유출(자본화된 개발원가와 자가건설 유형자산에 관련된 지출이 포함)
> ⓑ 유형자산, 무형자산 및 기타 장기성 자산의 처분에 따른 현금유입
> ⓒ 다른 기업의 지분상품이나 채무상품 및 공동기업 투자지분의 취득에 따른 현금유출과 현금유입(현금성자산으로 간주되는 상품이나 단기매매목적으로 보유하는 상품의 취득에 따른 유출 및 유입은 제외)
> ⓓ 제3자에 대한 선급금 및 대여금 발생 및 회수에 따른 현금유입과 현금유출(금융회사의 현금 선지급과 대출채권은 제외)
> ⓔ 선물계약, 선도계약, 옵션계약 및 스왑계약에 따른 현금유입과 현금유출(단기매매목적으로 계약을 보유하거나 현금유출 및 현금유입이 재무활동으로 분류되는 경우는 제외)

㉡ 기타 투자활동 현금흐름

ⓐ 설비 매각과 같은 일부 거래에서도 인식된 당기순손익의 결정에 포함되는 처분손익이 발생할 수 있다. 그러나 그러한 거래와 관련된 현금흐름은 투자활동 현금흐름이다.

ⓑ 파생상품계약에서 식별가능한 거래에 대하여 위험회피회계를 적용하는 경우, 그 계약과 관련된 현금흐름은 위험회피대상 거래의 현금흐름과 동일하게 분류한다.

③ 재무활동 13, 11년 기출

재무활동이란 기업의 납입자본과 차입금의 크기 및 구성내용에 변동을 가져오는 활동으로, 미래현금흐름에 대한 자본제공자의 청구권을 예측하는 데 유용하기 때문에 현금흐름을 별도로 구분하여 공시하는 것이 중요하다. 재무활동 현금흐름의 예는 다음과 같다.

> ㉠ 주식이나 기타 지분상품의 발행에 따른 현금유입
> ㉡ 주식의 취득이나 상환에 따른 소유주에 대한 현금유출
> ㉢ 담보·무담보부사채 및 어음의 발행과 기타 장·단기차입에 따른 현금유입
> ㉣ 차입금의 상환에 따른 현금유출
> ㉤ 리스이용자의 금융리스부채 상환에 따른 현금유출

(3) 현금유입과 유출

① 영업활동 현금흐름 24, 23, 22년 기출

현금유입(+)	현금유출(−)
• 매출채권의 감소 • 매입채무의 증가 • 선급비용의 감소 • 미지급비용의 증가 • 선급금의 감소 • 선수금의 증가 • 미수수익의 감소 • 선수수익의 증가 • 재고자산의 감소 • 미지급법인세의 증가 • 퇴직급여충당부채의 증가	• 매출채권의 증가 • 매입채무의 감소 • 선급비용의 증가 • 미지급비용의 감소 • 선급금의 증가 • 선수금의 감소 • 미수수익의 증가 • 선수수익의 감소 • 재고자산의 증가 • 미지급법인세의 감소 • 퇴직급여충당부채의 감소

② 투자활동 현금흐름

현금유입(+)	현금유출(−)
• 투자자산의 감소 : 장기성예금·장기대여금의 회수, 투자목적 금융자산의 처분 • 유형자산·무형자산의 감소 : 토지·건물의 처분, 무형자산의 처분	• 투자자산의 증가 : 장기성예금·장기대여금 증가, 투자목적 금융자산의 취득 • 유형자산·무형자산의 증가 : 토지·건물의 취득, 무형자산의 취득

③ 재무활동 현금흐름

현금유입(+)	현금유출(−)
• 단기부채(일부)의 증가 : 단기차입금의 차입 • 장기부채의 증가 : 사채발행, 장기차입금의 차입 • 자본의 증가 : 주식발행, 자기주식 처분	• 단기부채(일부)의 감소 : 단기차입금의 상환 • 장기부채의 감소 : 사채상환, 장기차입금의 상환 • 자본의 감소 : 유상감자, 자기주식 취득, 배당금의 지급

2. 현금흐름의 보고

(1) 영업활동 현금흐름의 보고

영업활동 현금흐름은 직접법 및 간접법으로 보고한다.

① 직접법 13년 기출

총현금유입과 총현금유출을 주요 항목별로 구분하여 표시하는 방법으로, 영업활동 현금흐름을 보고하는 경우에는 직접법을 사용할 것을 권장한다. 직접법을 적용하여 표시한 현금흐름은 간접법에 의한 현금흐름에서는 파악할 수 없는 정보를 제공하며, 미래현금흐름을 추정하는 데 보다 유용한 정보를 제공한다.

직접법에 의한 영업활동 현금흐름(예시)

(주)관세	(단위 : 원) 20X2
영업활동현금흐름	
고객으로부터의 유입된 현금	×××
공급자와 종업원에 대한 현금유출	(×××)
영업으로부터 창출된 현금	×××
이자지급	(××)
법인세의 납부	(××)
영업활동순현금흐름	×××

② 간접법 24, 20, 19, 11년 기출

당기순손익에 현금을 수반하지 않는 거래, 과거 또는 미래의 영업활동 현금유입이나 현금유출의 이연 또는 발생, 투자활동 현금흐름이나 재무활동 현금흐름과 관련된 손익항목의 영향을 조정하여 표시하는 방법으로, 간접법을 적용하는 경우, 영업활동 순현금흐름은 당기순손익에 회계기간 동안 발생한 재고자산과 영업활동에 관련된 채권·채무의 변동 등의 영향을 조정하여 결정한다.

간접법에 의한 영업활동 현금흐름(예시)

(주)관세	(단위 : 원) 20X2
영업활동현금흐름	
법인세비용차감전순이익	×,×××
가 감 :	(×××)
영업으로부터 창출된 현금	×××
외화환산손실	××
투자수익	(××)
이자비용	××
	×××
매출채권 및 기타채권의 증가	(××)
재고자산의 감소	×,×××
매입채무의 감소	(×××)
영업에서 창출된 현금	×,×××
이자지급	(××)
법인세의 납부	(××)
영업활동순현금흐름	×××

(주)관세의 20×1년 당기순이익이 ₩2,500일 때, 다음 자료를 반영한 영업에서 창출된 현금은? 24년 기출

매출채권의 증가	₩1,000	재고자산의 감소	₩500
매입채무의 증가	800	법인세비용	1,000
감가상각비	200	토지처분이익	100
이자비용	600	사채상환손실	250

① ₩3,750

② ₩4,150

③ ₩4,350

④ ₩4,750

⑤ ₩5,750

해설

법인세비용차감전순이익		₩2,500
가 감		
	법인세비용	₩1,000
	감가상각비	₩200
	토지처분이익	(₩100)
	이자비용	₩600
	사채상환손실	₩250
	매출채권증가	(₩1,000)
	재고자산감소	₩500
	매입채무증가	₩800
영업에서 창출된 현금		₩4,750

정답 ④

(2) 투자활동 현금흐름과 재무활동 현금흐름의 보고 24년 기출

① 투자활동과 재무활동에서 발생하는 총현금유입과 총현금유출은 주요 항목별로 구분하여 총액으로 표시한다.

② 순증감액으로 보고하는 경우

다음의 투자활동 또는 재무활동에서 발생하는 현금흐름은 순증감액으로 보고할 수 있다.

> ㉠ 현금흐름이 기업의 활동이 아닌 고객의 활동을 반영하는 경우로서 고객을 대리함에 따라 발생하는 현금유입과 현금유출
> ㉡ 회전율이 높고 금액이 크며 만기가 짧은 항목과 관련된 현금유입과 현금유출

다음은 (주)관세의 20×1년과 20×2년 말 사채 관련 자료이다.

계정과목	20×1년	20×2년
사 채	₩2,000	₩4,000
사채할인발행차금	(200)	(800)

사채의 발행, 상환, 이자지급은 모두 현금으로 이루어졌다. (주)관세는 20×2년 말 사채 액면 ₩2,000을 조기상환하고, 액면 ₩4,000의 사채를 신규 발행하였다. 20×2년도 당기손익에 인식된 사채상환이익은 ₩300, 사채이자비용은 ₩600(사채할인발행차금상각 ₩100 포함)이다. (주)관세의 20×2년도 사채 관련 재무활동 순현금흐름은? (단, 이자지급은 재무활동현금흐름으로 분류한다) 24년 기출

① ₩1,000
② ₩1,100
③ ₩1,200
④ ₩1,600
⑤ ₩2,100

해설

사채관련 순액분개

(차) 상각이자비용	₩600	(대) 사 채	₩2,000
(차) 사채할인발행차금	₩600	(대) 사채상환이익	₩300
(차) 현 금(재무활동순현금흐름)	₩1,100		

정답 ②

3. 현금흐름의 공시

(1) 외화현금흐름 15년 기출

① 외화거래에서 발생하는 현금흐름은 현금흐름 발생일의 기능통화와 외화 사이의 환율을 외화 금액에 적용하여 환산한 기능통화 금액으로 기록한다.

② 해외 종속기업의 현금흐름은 현금흐름 발생일의 기능통화와 외화 사이의 환율로 환산한다.

③ 외화로 표시된 현금 및 현금성자산의 환율변동효과는 기초와 기말의 현금 및 현금성자산을 조정하기 위해 현금흐름표에 보고한다. 이 금액은 영업활동, 투자활동 및 재무활동 현금흐름과 구분하여 별도로 표시하며, 그러한 현금흐름을 기말 환율로 보고하였다면 발생하게 될 차이를 포함한다.

(2) 이자와 배당금 15년 기출

이자와 배당금의 수취 및 지급에 따른 현금흐름은 각각 별도로 공시하며, 각 현금흐름은 매 기간 일관성 있게 영업활동, 투자활동 또는 재무활동으로 분류한다.

(3) 법인세

법인세로 인한 현금흐름은 별도로 공시하며, 재무활동과 투자활동에 명백히 관련되지 않는 한 영업활동 현금흐름으로 분류한다.

(4) 종속기업 등에 대한 투자와 지분변동 15년 기출

① 관계기업, 공동기업 또는 종속기업에 대한 투자를 지분법 또는 원가법을 적용하여 회계처리하는 경우, 투자자는 배당금이나 선급금과 같이 투자자와 피투자자 사이에 발생한 현금흐름만을 현금흐름표에 보고한다.

② 지분법을 사용하여 관계기업 또는 공동기업 투자지분을 보고하는 기업은 관계기업 또는 공동기업에 대한 투자, 분배, 그리고 그 밖의 당해 기업과 관계기업 또는 공동기업 사이의 지급액이나 수취액과 관련된 현금흐름을 현금흐름표에 포함한다.

③ 종속기업과 기타 사업에 대한 지배력의 획득 또는 상실에 따른 총 현금흐름은 별도로 표시하고 투자활동으로 분류한다.

(5) 비현금거래 11년 기출

현금 및 현금성자산의 사용을 수반하지 않는 투자활동과 재무활동 거래는 현금흐름표에서 제외한다. 그러한 거래는 투자활동과 재무활동에 대하여 모든 목적적합한 정보를 제공할 수 있도록 재무제표의 다른 부분에 공시한다. 비현금거래의 예시는 다음과 같다.

---

① 자산 취득 시 직접 관련된 부채를 인수하거나 금융리스를 통하여 자산을 취득하는 경우
② 주식 발행을 통한 기업의 인수
③ 채무의 지분전환

---

(6) 현금 및 현금성자산의 구성요소

현금 및 현금성자산의 구성요소를 공시하고, 현금흐름표와 재무상태표에 보고된 해당 항목의 조정내용을 공시한다.

(7) 기타 공시

기업이 보유한 현금 및 현금성자산 중 유의적인 금액을 연결실체가 사용할 수 없는 경우, 경영진의 설명과 함께 그 금액을 공시한다.

1. 보고기간 후 사건의 의의 17년 기출

(1) 의 의

① 보고기간 후 사건은 보고기간 말과 재무제표 발행승인일 사이에 발생한 유리하거나 불리한 사건을 말한다.

② 보고기간 후 사건은 이익이나 선별된 재무정보를 공표한 후에 발생하였더라도, 재무제표 발행승인일까지 발생한 모든 사건을 포함한다.

(2) 재무제표 발행승인일

① 재무제표를 발행한 이후에 주주에게 승인을 받기 위하여 제출하는 경우가 있다. 이 경우 재무제표 발행승인일은 주주가 재무제표를 승인한 날이 아니라 재무제표를 발행한 날이다.

② 경영진은 별도의 감독이사회(비집행이사로만 구성)의 승인을 얻기 위하여 재무제표를 발행하는 경우가 있다. 그러한 경우, 경영진이 감독이사회에 재무제표를 제출하기 위하여 승인한 날이 재무제표 발행승인일이다.

2. 유형 및 기타 관련사항

(1) 보고기간 후 사건의 유형 24, 20년 기출

① 수정을 요하는 보고기간 후 사건

　㉠ 보고기간 말 존재하였던 상황에 대해 증거를 제공하는 사건으로, 재무제표에 인식된 금액을 수정한다.

　㉡ 보고기간 말에 존재하였던 상황에 대한 정보를 보고기간 후에 추가로 입수한 경우에는 그 정보를 반영하여 공시 내용을 수정한다.

② 수정을 요하지 않는 보고기간 후 사건

　㉠ 보고기간 후에 발생한 상황을 나타내는 사건에 해당하며 재무제표에 인식된 금액을 수정하지 아니한다.

　㉡ 수정을 요하지 않는 보고기간 후 사건이 중요한 경우에 이를 공시하지 않는다면 재무제표에 기초하여 이루어지는 이용자의 경제적 의사결정에 영향을 미칠 수 있다. 따라서 기업은 수정을 요하지 않는 보고기간 후 사건으로서 중요한 것은 그 범주별로 다음 사항을 공시한다.

> ⓐ 사건의 성격
> ⓑ 사건의 재무적 영향에 대한 추정치 또는 그러한 추정을 할 수 없는 경우 이에 대한 설명

다음 중 수정을 요하는 보고기간 후 사건을 모두 고른 것은? 24년 기출

> ㄱ. 보고기간 말과 재무제표 발행승인일 사이에 투자자산의 공정가치 하락
> ㄴ. 영업중단계획의 발표
> ㄷ. 보고기간 말에 존재하였던 현재의무가 보고기간 후에 소송사건의 확정에 의해 확인되는 경우
> ㄹ. 보고기간 후에 발생한 화재로 인한 주요 생산설비의 파손
> ㅁ. 재무제표가 부정확하다는 것을 보여주는 부정이나 오류를 발견한 경우

① ㄱ, ㄴ
② ㄱ, ㅁ
③ ㄴ, ㄹ
④ ㄷ, ㄹ
⑤ ㄷ, ㅁ

해설
ㄱ·ㄴ·ㄹ. 투자자산의 공정가치 하락, 영업중단계획의 발표, 보고기간 후에 발생한 화재로 인한 파손은 보고기간 말 존재하였던 상황과 관련된 게 아닌, 보고기간 후에 발생한 상황으로 수정을 요하지 않는 사건이다.

정답 ⑤

(2) 기타 보고기간 후 사건 관련사항

① 보고기간 후에 지분상품 보유자에 대해 배당을 선언한 경우, 그 배당금을 보고기간 말의 부채로 인식하지 아니한다.

② 경영진이 보고기간 후에, 기업을 청산하거나 경영활동을 중단할 의도를 가지고 있거나, 청산 또는 경영활동의 중단 외에 다른 현실적 대안이 없다고 판단하는 경우에는 계속기업의 기준 하에 재무제표를 작성해서는 아니 된다.

③ 재무제표 발행승인일과 승인자를 주석으로 공시한다. 재무제표 발행 후에 기업의 소유주 등이 재무제표를 수정할 권한이 있다면 그 사실을 주석으로 공시한다.

제6절 연결재무제표 20년 기출

1. 의 의

(1) 목 적

기업(지배기업)이 하나 이상의 다른 기업(종속기업)을 지배하는 경우 원칙적으로 연결재무제표를 표시하여야 한다. 연결재무제표를 표시하지 아니할 수 있는 예외적인 기업도 있다.

(2) 지배력

① 투자자는 기업(피투자자)에 관여하는 성격과 관계없이 피투자자를 지배하는지 평가하여 자신이 지배기업인지를 결정한다.

② 투자자는 피투자자에 관여함에 따라 변동이익에 노출되거나 변동이익에 대한 권리가 있고, 피투자자에 대한 자신의 힘으로 변동이익에 영향을 미치는 능력이 있을 때 피투자자를 지배한다.

③ 투자자는 다음 모두에 해당하는 경우에만 피투자자를 지배한다.

> ⊙ 피투자자에 대한 힘이 있다.
> ⓛ 피투자자에 관여함에 따라 변동이익에 노출되거나 변동이익에 대한 권리가 있다.
> ⓒ 투자자의 이익금액에 영향을 미치기 위하여 피투자자에 대한 자신의 힘을 사용하는 능력이 있다.

2. 회계처리 규정

(1) 연결재무제표 표시 규정

① 지배기업은 비슷한 상황에서 발생한 거래와 그 밖의 사건에 동일한 회계정책을 적용하여 연결재무제표를 작성한다.

② 피투자자와의 연결은 투자자가 피투자자에 대한 지배력을 획득하는 날부터 시작되어 투자자가 피투자자에 대한 지배력을 상실할 때에 중지된다.

③ 지배기업은 비지배지분을 연결재무상태표에서 자본에 포함하되 지배기업의 소유주지분과는 구분하여 별도로 표시한다.

④ 지배기업이 소유한 종속기업 지분이 변동되더라도 지배기업이 종속기업에 대한 지배력을 상실하지 않는다면 그것은 자본거래(즉, 소유주로서 자격을 행사하는 소유주와의 거래)이다.

⑤ 비지배지분이 보유한 자본의 비율이 변동된 경우 보고기업은 종속기업에 대한 상대적 지분 변동을 반영하여 지배지분과 비지배지분의 장부금액을 조정한다. 보고기업은 비지배지분의 조정금액과 지급하거나 수취한 대가의 공정가치 차이를 자본으로 직접 인식하고 지배기업의 소유주에게 귀속시킨다.

(2) 지배력 상실 시 처리 규정

지배기업이 종속기업에 대해 지배력을 상실한다면 지배기업은 다음과 같이 처리한다.

> ① 연결재무상태표에서 종전 종속기업의 자산과 부채를 제거한다.
> ② 종전 종속기업에 대한 잔존 투자는 지배력을 상실한 때의 공정가치로 인식하고 그러한 투자와 종전 종속기업과 주고받을 금액은 관련 한국채택국제회계기준에 따라 후속적으로 회계 처리한다. 그 공정가치는 기업회계기준서 제1109호 '금융상품'에 따른 금융자산을 최초 인식하는 시점의 공정가치로 보거나 적절한 경우 관계기업이나 공동기업에 대한 투자를 최초 인식하는 시점의 원가로 본다.
> ③ 종전 지배지분에 귀속되는 지배력 상실과 관련되는 손익을 인식한다.

3. 별도재무제표

(1) 의의 : 기업이 종속기업, 공동기업 및 관계기업에 대한 투자를 원가법, 기업회계기준서 '금융상품'에 따른 방법, 기업회계기준서 '관계기업과 공동기업에 대한 투자'에서 규정하고 있는 지분법 중 어느 하나를 적용하여 표시한 재무제표를 말한다.

(2) 회계처리 규정

① 기업회계기준서 제1110호 '연결재무제표'에 따라 연결이 면제되는 경우, 그 기업의 유일한 재무제표로서 별도재무제표만을 재무제표로 작성할 수 있다.

② 종속기업, 관계기업, 공동기업 참여자로서 투자지분을 소유하지 않은 기업의 재무제표는 별도재무제표가 아니다.

③ 동일한 보고기간종료일에 작성된 지배기업의 재무제표와 종속기업의 재무제표를 사용하여 연겨재무제표를 작성한다. 지배기업의 보고기간종료일과 종속기업의 보고기간종료일이 다른 경우, 종속기업은 실무적으로 적용할 수 없지 않다면 연결재무제표를 작성하기 위하여 지배기업의 재무제표와 동일한 보고기간종료일의 재무제표를 추가로 작성한다.

④ 연결재무제표를 작성하기 위하여 사용되는 종속기업 재무제표의 보고기간종료일이 지배기업 재무제표이 보고기간종료일과 다른 경우에는 지배기업 재무제표의 보고기간종료일과 종속기업 재무제표의 보고기간 종료일 사이에 발생한 유의적인 거래나 사건의 영향을 반영한다. 어떠한 경우라도 종속기업의 보고기간종료일과 지배기업의 보고기간 종료일의 차이는 3개월을 초과해서는 안된다. 보고기간의 길이 그리고 보고기간종료일의 차이는 매 기간마다 동일하여야 한다.

기출문제

별도재무제표에 관한 설명으로 옳지 않은 것은? 24년 기출

① 종속기업, 공동기업 및 관계기업에 대한 투자를 원가법을 적용하여 표시한 재무제표는 별도재무제표이다.
② 종속기업, 관계기업, 공동기업 참여자로서 투자지분을 소유하지 않은 기업의 재무제표는 별도재무제표가 아니다.
③ 종속기업에 대한 투자에 대하여 연결이 면제되는 경우, 그 기업의 유일한 재무제표로서 별도재무제표만을 재무제표로 작성할 수 있다.
④ 종속기업에 대한 투자에 대하여 연결재무제표를 작성할 경우에 별도재무제표는 이에 추가하여 표시하는 재무제표이다.
⑤ 종속기업, 공동기업, 관계기업에서 받는 배당금은 기업이 배당을 수취한 시점에 그 기업의 별도재무제표에 인식한다.

[해설]
종속기업, 공동기업, 관계기업에서 받는 배당금은 기업이 배당을 받을 권리가 확정되는 시점에 그 기업의 별도재무제표로 인식한다.

정답 ⑤

01 하나의 계약은 고객에게 재화나 용역을 이전하는 여러 약속을 포함한다. 그 재화나 용역들이 구별된다면 약속은 수행의무이고 별도로 회계처리한다.

(O, X)

02 둘 이상의 계약이 일괄 협상에 따른 것이거나 수행의무 혹은 대가가 연동되어 있다면, 같은 고객과 동시 또는 가까운 시기에 체결한 계약이라 하더라도 별도로 회계처리한다.

(O, X)

03 계약체결 여부와 무관하게 드는 계약체결원가는 계약체결 여부와 관계없이 고객에게 그 원가를 명백히 청구할 수 있는 경우가 아니라면 발생시점에 비용으로 인식한다.

(O, X)

04 유형자산 등의 측정기준을 원가모형에서 재평가모형으로, 재평가모형에서 원가모형으로 변경하는 경우에는 회계정책의 변경에 해당한다.

(O, X)

05 재고자산이 과소계상된 경우, 자동조정적 오류에 해당하므로 별도의 수정이 필요하지 않다.

(O, X)

06 유형자산인 건물을 투자부동산으로 분류한다면 회계변경에 해당한다.

(O, X)

07 법인세는 국내에서 부과되는 법인세를 의미한다.

(O, X)

08 이연법인세자산과 부채가 동시에 발생한다면, 이를 상계하여 하나의 항목으로 표시한다.

(O, X)

09 리스이용자는 소액기초자산(태블릿·개인 컴퓨터, 소형 사무용 가구, 전화기 등) 리스에는 사용권자산과 리스부채를 인식하는 회계처리를 적용하지 않기로 선택할 수 있다.

(O, X)

10 리스부채는 리스개시일 현재 지급되지 않은 리스료의 총 합계액이다.

(O, X)

---

01 ○

02 × 단일 계약으로 회계처리한다.

03 ○

04 ○

05 × 자동조정적 오류라고 해도, 해당 기간의 재무제표 항목을 적절하게 표시하지 않으므로 오류수정이 필요하다.

06 × 회계정책이나 추정의 변경이 아닌 계정대체로 처리한다.

07 × 국내에서 부과되는 법인세뿐만 아니라 과세소득에 기초하여 국내 및 국외에서 부과되는 모든 세금을 포함한다.

08 × 이연법인세자산과 부채는 상계하지 않는다.

09 ○

10 × 리스개시일 현재 지급되지 않은 리스료의 현재가치이다.

01 기업회계기준서 제1115호 '고객과의 계약에서 생기는 수익'에 대한 다음 설명 중 옳지 않은 것은?

① 계약이란 둘 이상의 당사자 사이에 집행 가능한 권리와 의무가 생기게 하는 합의이다.

② 하나의 계약은 고객에게 재화나 용역을 이전하는 여러 약속을 포함하며, 그 재화나 용역들이 구별된다면 약속은 수행의무이고 별도로 회계처리한다.

③ 거래가격은 고객이 지급하는 고정된 금액을 의미하며, 변동 대가는 포함하지 않는다.

④ 거래가격은 일반적으로 계약에서 약속한 각 구별되는 재화나 용역의 상대적 개별판매가격을 기준으로 배분한다.

⑤ 기업이 약속한 재화나 용역을 고객에게 이전하여 수행의무를 이행할 때(또는 기간에 걸쳐 이행하는 대로) 수익을 인식한다.

> **해설**
>
> 거래가격을 산정함(기업회계기준서 제1115호 고객과의 계약에서 생기는 수익 47문단)
> 거래가격을 산정하기 위해서는 계약 조건과 기업의 사업 관행을 참고한다. 거래가격은 고객에게 약속한 재화나 용역을 이전하고 그 대가로 기업이 받을 권리를 갖게 될 것으로 예상하는 금액이며, 고객과의 계약에서 약속한 대가는 고정금액, 변동금액 또는 둘 다를 포함할 수 있다.

02 연결재무제표에 관한 설명으로 옳지 않은 것은?

① 지배기업은 비지배지분을 연결재무상태표에서 자본에 포함하되 지배기업의 소유주지분과는 구분하여 별도로 표시한다.

② 투자자는 기업(피투자자)에 관여하는 성격에 기반하여 피투자자를 지배하는지 평가하고 자신이 지배기업인지를 결정한다.

③ 지배기업이 소유한 종속기업 지분이 변동되더라도 지배기업이 종속기업에 대한 지배력을 상실하지 않는다면, 그것은 자본거래이다.

④ 지배기업이 종속기업에 대해 지배력을 상실한다면 연결재무상태표에서 종전 종속기업의 자산과 부채를 제거한다.

⑤ 보고기업은 비지배지분의 조정금액과 지급하거나 수취한 대가의 공정가치 차이를 자본으로 직접 인식하고 지배기업의 소유주에게 귀속시킨다.

> **해설**
>
> 투자자는 기업(피투자자)에 관여하는 성격과 관계없이, 피투자자를 지배하는지 평가하여 자신이 지배기업인지를 결정한다.

03 다음은 (주)대한이 20x1년 1월 1일 (주)민국과 체결한 청소용역 계약의 내용이다.

- (주)대한은 20x1년 1월 1일부터 20x2년 12월 31일까지 2년간 (주)민국의 본사 건물을 일주일 단위로 청소하고, (주)민국은 (주)대한에게 연간 ₩600,000을 매 연도 말에 지급한다.
- 계약 개시시점에 그 용역의 개별판매가격은 연간 ₩600,000이다. (주)대한은 용역을 제공한 첫 연도인 20x1년에 ₩600,000을 수령하고 이를 수익으로 인식하였다.
- 20x1년 12월 31일에 (주)대한과 (주)민국은 계약을 변경하여 2차 연도의 용역대금을 ₩600,000에서 ₩540,000으로 감액하고 2년을 더 추가하여 계약을 연장하기로 합의하였다.
- 연장기간에 대한 총 대가 ₩1,020,000은 20x3년 말과 20x4년 말에 각각 ₩510,000씩 지급하기로 하였다.
- 2차 연도개시일에 용역의 개별판매가격은 연간 ₩540,000이며, 20x2년부터 20x4년까지 3년간 계약의 개별판매가격의 적절한 추정치는 ₩1,620,000(연간 ₩540,000 × 3년)이다.

상기 거래에 대한 다음 설명 중 옳은 것은? (단, 유의적인 금융요소는 고려하지 않는다)

① 매주의 청소용역이 구별되므로, (주)대한은 청소용역을 복수의 수행의무로 회계처리할 수 있다.
② 계약변경일에 (주)대한이 제공할 나머지 용역은 구별되지 않는다.
③ 계약변경일에 (주)대한이 나머지 대가로 지급받을 금액은 제공할 용역의 개별판매가격을 반영하고 있다.
④ (주)대한은 동 계약변경을 기존 계약의 일부인 것처럼 회계처리하여야 한다.
⑤ (주)대한이 20x2년에 인식해야 할 수익은 ₩520,000이다.

해설

⑤ ₩1,560,000 / 3년 = ₩520,000
① 하나의 계약에서 다수의 동일한 구별되는 재화·용역이 식별되고, 그 재화나 용역이 일정 기간에 걸쳐 이행하는 수행의무이며, 진행률을 측정하는 방법이 같다면 다수의 재화나 용역을 하나의 수행의무로 식별한다. (주)대한의 청소용역은 이에 해당하므로 단일의 수행의무로 회계처리한다.
② 계약변경일에 (주)대한이 제공할 나머지 용역은 이전 용역과 연동되어 있지 않으므로 구별된다.
③ 나머지 대가로 지급받을 금액은 ₩1,560,000(2차 ₩540,000 + 3·4차 ₩1,020,000)로 제공할 용역의 개별판매가격인 ₩1,620,000을 반영하지 못하고 있다.
④ 계약변경일에 나머지 용역이 구별되므로, (주)대한은 동 계약변경을 새로운 계약인 것처럼 회계처리하여야 한다.

04 20x1년 1월 1일에 (주)대한은 특수프린터와 예비부품을 제작하여 판매하기로 (주)민국과 다음과 같이 계약을 체결하였다.

> - 특수프린터와 예비부품의 제작 소요기간은 2년이며, 특수프린터와 예비부품을 이전하는 약속은 서로 구별된다. 제작기간 중 제작을 완료한 부분에 대해 집행가능한 지급청구권이 (주)대한에는 없다.
> - 20x2년 12월 31일에 (주)민국은 계약조건에 따라 특수프린터와 예비 부품을 검사한 후, 특수프린터는 (주)민국의 사업장으로 인수하고 예비부품은 (주)대한의 창고에 보관하도록 요청하였다.
> - (주)민국은 예비부품에 대한 법적 권리가 있고 그 부품은 (주)민국의 소유물로 식별될 수 있다.
> - (주)대한은 자기 창고의 별도 구역에 예비부품을 보관하고 그 부품은 (주)민국의 요청에 따라 즉시 운송할 준비가 되어 있다.
> - (주)대한은 예비부품을 2년에서 4년까지 보유할 것으로 예상하고 있으며, (주)대한은 예비부품을 직접 사용하거나 다른 고객에게 넘길 능력은 없다.
> - (주)민국은 특수프린터를 인수한 20x2년 12월 31일에 계약상 대금을 전부 지급하였다.

상기 미인도청구약정에 관한 다음 설명 중 옳지 않은 것은?

① (주)대한이 계약상 식별해야 하는 수행의무는 두 가지이다.

② 특수프린터에 대한 통제는 (주)민국이 물리적으로 점유하는 때인 20x2년 12월 31일에 (주)민국에게 이전된다.

③ (주)대한은 예비부품에 대한 통제를 (주)민국에게 이전한 20x2년 12월 31일에 예비부품 판매수익을 인식한다.

④ (주)대한이 예비부품을 물리적으로 점유하고 있더라도 (주)민국은 예비부품을 통제할 수 있다.

⑤ (주)대한은 계약상 지급조건에 유의적인 금융요소가 포함되어 있는지를 고려해야 한다.

해설

수행의무는 세 가지(특수프린터 인도, 예비부품 인도, 예비부품 보관)이다.

05 회계정책, 회계추정의 변경 및 오류에 대한 다음 설명 중 옳지 않은 것은?

① 전기오류의 수정은 오류가 발견된 기간의 당기손익으로 보고한다.

② 전기오류는 특정기간에 미치는 오류의 영향이나 오류의 누적효과를 실무적으로 결정할 수 없는 경우를 제외하고는 소급재작성에 의하여 수정한다.

③ 회계정책의 변경과 회계추정의 변경을 구분하는 것이 어려운 경우에는 회계추정의 변경으로 본다.

④ 당기 기초시점에 과거기간 전체에 대한 새로운 회계정책 적용의 누적효과를 실무적으로 결정할 수 없는 경우, 실무적으로 적용할 수 있는 가장 이른 날부터 새로운 회계정책을 전진적용하여 비교정보를 재작성한다.

⑤ 과거에 발생하였지만 중요하지 않았던 거래, 기타 사건 또는 상황에 대하여 새로운 회계정책을 적용하는 경우는 회계정책의 변경에 해당하지 않는다.

해설

전기오류의 수정은 오류가 발견된 기간의 당기손익으로 보고하지 않는다.

06 수익인식의 단계를 올바르게 나열한 것은?

> ㄱ. 고객과의 계약식별
> ㄴ. 수행의무를 이행할 때 수익을 인식
> ㄷ. 거래가격을 계약 내 수행의무에 배분
> ㄹ. 거래가격을 산정
> ㅁ. 수행의무를 식별

① ㄱ → ㄴ → ㄷ → ㄹ → ㅁ   ② ㄷ → ㄹ → ㅁ → ㄱ → ㄴ

③ ㄱ → ㄹ → ㅁ → ㄷ → ㄴ   ④ ㄱ → ㅁ → ㄹ → ㄷ → ㄴ

⑤ ㄱ → ㅁ → ㄹ → ㄴ → ㄷ

해설

수익인식의 단계

• 1단계 : 고객과의 계약식별
• 2단계 : 수행의무를 식별
• 3단계 : 거래가격을 산정
• 4단계 : 거래가격을 계약 내 수행의무에 배분
• 5단계 : 수행의무를 이행할 때 수익을 인식

07 리스에 관한 다음의 설명 중 옳지 않은 것은?

① 매수선택권이 있는 리스는 단기리스에 해당하지 않는다.

② 투자부동산에 공정가치모형을 적용하는 경우에 투자부동산의 정의를 충족하는 사용권자산은 재평가모형을 적용한다.

③ 전대의 경우, 사용권자산을 기준으로 금융리스인지 운용리스인지를 판단한다.

④ 컴퓨터를 리스하는 경우, 사용권자산과 리스부채를 인식하는 회계처리를 적용하지 않기로 선택할 수 있다.

⑤ 리스부채의 원금상환액은 재무활동으로, 할인액상각액은 K-IFRS 제1007호 '현금흐름표'에 따라(영업활동 또는 재무활동) 분류한다.

해설

투자부동산에 공정가치모형을 적용하는 경우에 투자부동산의 정의를 충족하는 사용권자산에 공정가치모형을 적용한다.

08 리스에 관한 다음의 설명 중 옳지 않은 것을 모두 고른 것은?

> ㄱ. 리스계약에서 계약의 각 리스요소를 직접적인 자산관련 리스요소와 리스가 아닌 요소(비리스요소 예 용역)와 분리하여 리스로 회계처리한다.
> ㄴ. 리스부채에 포함되지 않은 변동리스료, 단기리스료, 소액자산리스료는 재무활동으로 분류한다.
> ㄷ. 리스기간이 변경되는 경우 리스이용자는 리스료를 재평가해야 한다.

① ㄱ, ㄴ 　　　　　　　　　　② ㄷ
③ ㄴ 　　　　　　　　　　　　④ ㄱ, ㄷ
⑤ ㄴ, ㄷ

해설

ㄴ. 리스부채에 포함되지 않은 변동리스료, 단기리스료, 소액자산리스료는 재무활동이 아닌 영업활동으로 분류한다.

09 수익에 대한 다음 설명 중 옳지 않은 것은?

① 이미 이행한(또는 부분적으로 이미 이행한) 계약상 수행의무와 관련된 원가(과거의 수행정도와 관련된 원가)는 발생시점에 비용으로 인식한다.

② 기간에 걸쳐 이행하는 각 수행의무에는 하나의 진행률 측정방법을 적용하며 비슷한 상황에서의 비슷한 수행의무에는 그 방법을 일관되게 적용한다.

③ 수행의무의 진행률을 합리적으로 측정하는 방법에는 산출법과 투입법이 있다.

④ 기간에 걸쳐 이행하는 수행의무의 진행률은 보고기간 말마다 다시 측정한다.

⑤ 상황의 변경에 따라 진행률을 수정하는 경우 오류수정으로 회계처리한다.

> **해설**
> 상황이 바뀜에 따라 진행률을 새로 수정하며 이러한 진행률의 변동은 회계추정의 변경으로 회계처리한다.

10 다음 보기 중 거래가격 산정의 고려요소에 대해 올바르게 설명한 항목은?

> ㄱ. 대가는 할인(Discount), 리베이트, 환불, 공제(Credits), 가격할인(Price Concessions), 장려금 (Incentives), 성과보너스, 위약금이나 그 밖의 비슷한 항목 때문에 변동될 수 있다.
> ㄴ. 변동대가와 관련된 불확실성이 나중에 해소될 때, 이미 인식한 누적수익금액 중 유의적인 부분을 되돌리지 않을 가능성이 매우 낮은 정도까지만 추정된 변동대가(금액)의 일부나 전부를 거래가격에 포함한다.
> ㄷ. 계약을 개시할 때 기업이 고객에게 약속한 재화나 용역을 이전하는 시점과 고객이 대가를 지급하는 시점 간의 기간이 1년 이내일 것으로 예상하면 유의적인 금융요소를 조정하지 않을 수 있다.
> ㄹ. 비현금대가는 개별판매가격을 근거로 하여 측정한다.

① ㄱ   ② ㄴ, ㄷ

③ ㄴ, ㄹ   ④ ㄱ, ㄷ

⑤ ㄱ, ㄴ, ㄷ

> **해설**
> ㄴ. 변동대가와 관련된 불확실성이 나중에 해소될 때, 이미 인식한 누적수익금액 중 유의적인 부분을 되돌리지(환원하지) 않을 가능성이 매우 높은(Highly Probable) 정도까지만 추정된 변동대가(금액)의 일부나 전부를 거래가격에 포함한다.
> ㄹ. 비현금대가는 공정가치로 측정하며, 합리적으로 공정가치를 측정할 수 없을 때만 개별판매가격을 참조한다.

11 (주)한국은 20×2년도 재무제표 작성 중에 다음과 같은 오류를 발견하였다.

> (1) 20×1년 기말재고자산을 ₩20,000 과대평가하였으며, 20×2년 기말재고자산을 ₩6,000 과소평가하였다.
> (2) 20×1년 미지급급여를 ₩3,000 과소계상하였으며, 20×2년 미지급급여를 ₩2,000 과대계상하였다.
> (3) 20×1년 초 ₩20,000에 취득한 유형자산을 취득 시 전액 비용으로 처리하였다. 유형자산은 내용연수 5년, 잔존가치 ₩0, 정액법으로 감가상각한다.
> (4) 매년 무형자산상각비를 ₩1,000 누락하였다.

20×2년의 장부가 아직 마감되지 않았다면, 이러한 오류수정으로 인해 (주)한국의 20×2년도 당기순이익과 20×2년 기말이익잉여금은 각각 얼마나 증가하는가? (단, 오류사항은 모두 중요한 오류로 간주하며, 실무적으로 적용할 수 있는 범위 내에 있다. 유형자산에 대해서는 원가모형을 적용한다)

	당기순이익	기말이익잉여금
①	₩20,000	₩19,000
②	₩26,000	₩18,000
③	₩26,000	₩19,000
④	₩27,000	₩18,000
⑤	₩27,000	₩19,000

해설

과 목	20×1년	20×2년	20×2년말 이익잉여금
재고자산	20,000	−20,000	
		−6,000	−6,000
미지급급여	3,000	−3,000	
		−2,000	−2,000
감가상각비	−16,000	4,000	−12,000
무형자산상각비	1,000	1,000	2,000
계	8,000	−26,000	−18,000

∴ 20×2년 당기순이익은 ₩26,000 증가하고, 20×2년 기말이익잉여금은 ₩18,000 증가한다.

12 '회계정책, 회계추정의 변경 및 오류'에 대한 설명으로 옳은 것은?

① 회계정책의 변경은 특정기간에 미치는 영향이나 누적효과를 실무적으로 결정할 수 없는 경우를 제외하고는 소급적용한다.

② 과거에 발생하지 않았거나 발생하였어도 중요하지 않았던 거래, 기타 사건 또는 상황에 대하여 새로운 회계정책을 적용하는 경우는 회계정책의 변경에 해당된다.

③ 유형자산이나 무형자산에 대하여 재평가하는 회계정책을 최초로 적용하는 경우의 회계정책 변경은 소급법을 적용한다.

④ 회계정책의 변경과 회계추정의 변경을 구분하기가 어려운 경우에는 이를 회계정책의 변경으로 본다.

⑤ 내용연수가 비한정인 무형자산은 상각하지 아니하며, 자산손상을 시사하는 징후가 있을 때에 한하여 손상검사를 수행한다.

> **해설**
> ② 과거에 발생하지 않았거나 발생하였어도 중요하지 않았던 거래, 기타 사건 또는 상황에 대하여 새로운 회계정책을 적용하는 경우는 회계정책의 변경에 해당하지 않는다.
> ③ 유형자산이나 무형자산에 대하여 재평가하는 회계정책을 최초로 적용하는 경우의 회계정책 변경은 전진법을 적용한다.
> ④ 회계정책의 변경과 회계추정의 변경을 구분하기가 어려운 경우에는 이를 회계추정의 변경으로 본다.
> ⑤ 내용연수가 비한정인 무형자산은 상각하지 아니하며, 자산손상을 시사하는 징후가 있을 때와 매년 손상검사를 수행한다.

13 (주)서울은 영업 첫해인 20×1년의 법인세비용차감전순이익은 ₩800,000이고 과세소득은 ₩1,200,000이며, 이 차이는 일시적 차이로서 향후 2년간 매년 ₩200,000씩 소멸될 것이다. 20×1년과 20×2년의 법인세율은 40%이고 20×1년에 개정된 세법에 따라 20×3년부터 적용될 법인세율은 35%이다. (주)서울이 이 차이에 관하여 20×1년 말 재무상태표 상에 기록하여야 하는 이연법인세자산 또는 이연법인세부채의 금액은? (단, 이연법인세자산 또는 이연법인세부채는 각각 자산과 부채의 인식요건을 충족한다)

① 이연법인세자산 ₩140,000

② 이연법인세부채 ₩140,000

③ 이연법인세자산 ₩150,000

④ 이연법인세부채 ₩150,000

⑤ 이연법인세자산 ₩160,000

> **해설**
> 이연법인세자산 = ₩200,000 × 40% + ₩200,000 × 35% = ₩150,000
> 현재 과세소득을 증가시키나 미래에는 과세소득을 감소시킬 일시적 차이이므로 이연법인세자산에 해당한다.

14 이자와 배당금의 현금흐름표 표시에 대한 설명으로 옳지 않은 것은?

① 금융기관이 아닌 경우 배당금지급은 재무활동 현금흐름으로 분류할 수 있다.

② 금융기관이 지급이자를 비용으로 인식하는 경우에는 영업활동 현금흐름으로 분류하고, 지급이자를 자본화하는 경우에는 주석으로 공시한다.

③ 금융기관이 아닌 경우 이자수입은 당기순손익의 결정에 영향을 미치므로 영업활동 현금흐름으로 분류할 수 있다.

④ 금융기관의 경우 배당금수입은 일반적으로 영업활동으로 인한 현금흐름으로 분류한다.

⑤ 이자와 배당금의 수취 및 지급에 따른 현금흐름은 각각 별도로 공시하며, 각 현금흐름은 매 기간 일관성 있게 영업활동, 투자활동 또는 재무활동으로 분류한다.

> **해설**
>
> 이자수입, 배당금수입, 이자지급은 일반적으로 영업활동 현금흐름으로 분류한다. 또한, 배당금지급은 재무활동으로 분류한다. 지급이자를 자본화하는 경우 유형자산 등의 취득원가를 증가시키므로 투자활동으로 분류한다.

15 다음은 (주)한국의 20×4년도 회계자료의 일부이다. 20×4년도 현금흐름표에 표시될 간접법에 의한 영업활동 현금흐름은? (단, 투자활동이나 재무활동과 명백하게 관련된 법인세 등의 납부는 없다)

당기순이익	₩2,000,000
미수수익의 순증가액	₩150,000
매입채무의 순증가액	₩200,000
법인세비용	₩400,000
매출채권의 순감소액	₩500,000
미지급비용의 순감소액	₩300,000

① ₩1,850,000   ② ₩2,250,000

③ ₩2,350,000   ④ ₩2,650,000

⑤ ₩2,550,000

> **해설**
>
> | | |
> |---|---|
> | 당기순이익 | (+) ₩2,000,000 |
> | 미수수익의 순증가액 | (−) ₩150,000 |
> | 매입채무의 순증가액 | (+) ₩200,000 |
> | 매출채권의 순감소액 | (+) ₩500,000 |
> | 미지급비용의 순감소액 | (−) ₩300,000 |
> | 영업활동 현금흐름 | ₩2,250,000 |

16 다음은 (주)감평의 20×1년도 재무제표 자료의 일부이다.

(1) 기초 및 기말 계정잔액

구 분	20×1년 1월 1일	20×1년 12월 31일
선급보험료	₩2,500	₩2,000
선수임대료	₩4,000	₩5,000

(2) 포괄손익계산서에 계상되어 있는 보험료 비용은 ₩4,000, 임대료수익은 ₩5,000이다.

20×1년도에 보험료 및 임대료와 관련하여 발생한 순현금흐름(유입-유출)은?

① ₩500
② ₩1,000
③ ₩1,500
④ ₩2,000
⑤ ₩2,500

해설

(1) 보험료 = (-)₩4,000 + ₩500(자산감소) = (-)₩3,500
(2) 임대료 = ₩5,000 + ₩1,000(부채증가) = ₩6,000
(3) 순현금흐름 = (2) - (1) = ₩2,500

17 (주)오월은 당기 중 다음과 같은 거래가 있었다.

- 전환사채 ₩60,000이 주식 10주로 전환
- 유상증자(발행가 ₩50,000 액면가 ₩20,000이며, 주주 100%가 유상증자에 참여하여 전액 현금수취)
- 무상증자(자본잉여금 ₩10,000을 자본전입)
- 전기에 ₩5,000에 취득하였던 자기주식을 당기에 현금 ₩3,000에 처분
- 외화차입금에 대한 외화환산이익 ₩10,000

위 자료를 이용할 때 당기 현금흐름표상의 재무활동 순현금흐름(유입-유출)은?

① ₩53,000
② ₩63,000
③ ₩73,000
④ ₩80,000
⑤ ₩92,000

해설

(1) 유상증자로 인한 현금 유입액 = ₩50,000
(2) 자기주식 처분으로 인한 현금 유입액 = ₩3,000
(3) 재무활동 순현금유입액 = (1) + (2) = ₩53,000

계속 갈망하라. 언제나 우직하게.

– 스티브 잡스 –

제2편

원가관리 회계

제2편

훌륭한 가정만한 학교가 없고, 덕이 있는 부모만한 스승은 없다.

− 마하트마 간디 −

제1장 원가회계의 기본이해

제1절 원가관리회계의 기초이론

1. 원가회계의 개요

(1) 제조기업과 원가계산

① 제조기업

제품생산에 필요한 원재료와 노동력, 기계 등의 생산설비와 전기, 가스 등의 제 용역을 외부로부터 구입하여 내부에서 기타생산설비를 이용해서 제품을 생산한 후 생산된 제품을 외부에 판매하는 영리조직을 말한다. 따라서 제조활동을 통해 소비된 원가요소(재료원가, 노무원가, 경비원가)를 집계하여 계산하는 원가계산이 필수적이다.

② 제조기업의 경영활동

　㉠ 구매과정(외부거래) : 제품생산을 위한 원재료를 구입하고 이것을 가공하는 데 필요한 노동력과 생산설비 및 제 용역을 외부로부터 구입하여 생산활동을 준비하는 과정을 말한다.

　㉡ 제조과정(내부거래) : 구매과정에서 구입한 노동력과 생산설비 및 제 용역을 이용하여 원재료를 가공함으로써 제품을 생산하는 과정이다.

　㉢ 판매과정(외부활동) : 제조과정에서 생산된 제품을 외부에 판매하는 과정이다.

(2) 원가회계

① 원가회계의 의의

원가회계란 제품의 정확한 원가정보를 생성하는 과정이다. 외부정보이용자들에게 의사결정의 유용한 정보를 제공하는 재무회계와 완성된 제품의 원가를 통해 장래의 원가를 통제하고, 예산편성, 특수원가결정 등 내부정보이용자인 경영자에게 기업의 관리적 의사결정에 유용한 정보를 제공하기 위한 관리회계로 분류할 수 있다.

구 분	재무회계	관리회계
목 적	외부보고, 법률적 요구	내부보고, 필요적 요구
정보이용자	주주, 채권자(외부이용자)	경영자(내부이용자)
보고수단	재무제표	특수목적보고서
정보의 질적 속성	객관적, 검증가능성	주관적, 목적적합성
관 점	과거지향적	미래지향적
범 위	넓고 전체적임	좁고 특수함

② 원가회계의 목적

　　㉠ 재무제표의 작성 : 재무제표의 작성에 필요한 원가자료를 제공한다.

　　㉡ 가격산정 : 가격계산에 필요한 원가자료를 제공한다.

　　㉢ 원가관리 : 원가관리에 필요한 원가자료를 제공한다.

　　㉣ 예산관리 : 예산편성 및 통제에 필요한 원가자료를 제공한다.

　　㉤ 기본계획 설정 : 경영의 기본계획 설정에 필요한 원가정보를 제공한다.

③ 원가회계의 특징

　　㉠ 원가계산의 기간은 일반적으로 1개월로 실시한다.

　　㉡ 원가의 흐름이 중요하므로 내부거래 중심으로 회계처리를 하고 이로 인해 추가적인 계정과목 수가 많다.

　　㉢ 내부거래를 통하여 원가를 집계하는 집합계정의 수가 많고 계정 간의 대체 분개와 기입이 많다.

　　㉣ 제품의 생산과정에서 발생한 가치의 소비액은 제조원가에 산입한다.

2. 원 가

(1) 원가의 분류 23년 기출

① 제조활동에 따른 분류

　　㉠ 제조원가(제품원가) : 제조활동과 관련하여 발생하는 원가

　　㉡ 비제조원가(기간비용) : 제조활동과 관련 없이 발생하는 판매비와 관리비 등

② 발생형태에 따른 분류

　　㉠ 재료비(재료원가) : 물품을 사용함으로써 발생하는 원가(재료의 가치)이다. 일부는 재고로 남을지도 모르고 제품을 생산하는 이외의 용도로 사용될지도 모르기 때문에 재료를 구입한다 해도 모두가 제품을 생산하기 위해 쓰이는 것은 아니다. 즉, 재료비란 제품을 만들기 위해 사용된 재료만이 원가에 해당한다.

　　㉡ 노무비(노무원가) : 서비스를 제공함으로써 발생하는 원가(노동력의 가치)이다.

　　㉢ 제조경비(기타제조원가) : 재료비, 노무비 이외의 원가로 기계나 공장건물의 감가상각비, 보험료, 제품 제조과정에서 발생한 전력비·수도료 등을 말한다.

③ 추적 가능성(집계방법)에 따른 분류

　　㉠ 직접비(직접원가)

　　　　ⓐ 개개의 제품에 사용된 것이 분명한 원가 등으로 원재료비가 대표적이다.

　　　　ⓑ 특정의 원가대상과 원가의 발생에 대한 인과관계가 명확한 원가로서 특정의 원가대상에 직접 부과한다.

　　　　　예 직접재료비, 직접노무비, 직접제조경비, 부문직접비

　　㉡ 간접비(간접원가)

　　　　ⓐ 어느 제품을 만들기 위해 사용되었는지가 불명확한 원가로서 사무원의 급여 등을 말한다.

　　　　ⓑ 물량추적이 어렵고 개별적이며 구체적인 인과관계의 식별이 곤란하다.

　　　　　예 간접재료비, 간접노무비, 간접제조경비, 부문간접비

④ 원가행태에 따른 분류

원가행태란 조업도나 활동수준이 변화함에 따라 총원가 발생액이 일정한 양상으로 변화된 정도를 말한다.

㉠ 변동비(변동원가)

ⓐ 생산량이 늘어나거나 줄어들면 그에 비례하여 증감하는 원가인 재료비(직접재료원가)나 외주비 등을 말한다.

ⓑ 단위당 변동원가는 조업도에 관계없이 일정하다.

ⓒ 업무활동의 양에 따라 변동하는 업무활동원가이다.

ⓓ CVP 분석, 이익관리, 원가관리에 유용하다.

ⓔ 비례비, 체감비, 체증비를 포함한다.

비례비	생산수량의 증감에 비례하여 증감하는 것 예 주요재료비, 직접임금 등
체감비	생산수량의 증감에 따라 증감하거나 체감하는 비용 예 동력비, 연료비 등
체증비	생산수량의 증감에 따라 증감하거나 체증하는 비용 예 특별감가상각비, 잔업수당 등

㉡ 고정비(고정원가)

ⓐ 생산량의 증감에 관계 없이 변화하지 않는 원가로, 설비의 감가상각비나 임차료 등이 그 예이다.

ⓑ 단기적인 업무활동과는 관계 없이 주어진 생산 및 판매상의 능력과 관련하여 시간의 경과에 따라 발생하는 원가이다.

ⓒ 원가-조업도-이익(CVP) 분석에서 고정판매관리비도 고정원가에 포함된다.

⑤ 측정시점에 따른 분류

㉠ 실제원가(사후원가)

ⓐ 특정사건이 발생한 시점에 이미 결정된 원가를 말한다.

ⓑ 제조 후에 실제로 발생한 원가(실제소비량 × 실제원가)이다.

㉡ 예정원가(사전원가) : 특정사건이 발생한 시점 이전에 예측하여 결정된 원가를 말한다.

㉢ 표준원가 : 제품이 이상적 조건 하에서 생산될 때에 필요한 원가를 말한다.

⑥ 기초원가(기본원가)와 전환원가(가공원가)

㉠ 기초원가

ⓐ 기초원가란 직접재료비와 직접노무비를 합한 금액을 말하며, 기본원가라고도 한다.

> 기초원가 = 직접재료비 + 직접노무비

ⓑ 기초원가라는 용어를 사용하는 이유는 직접재료비 및 직접노무비와 제품 사이에는 직접적인 관련성이 존재하여 특정제품의 단위당 발생액의 추적이 용이할 뿐만 아니라 특정제품을 제조하는 데 기본적으로 발생되는 원가이기 때문이다.

㉡ 전환원가

ⓐ 전환원가란 제품을 제조하는 과정에서 발생하는 직접노무비와 제조간접비를 합한 금액을 말한다.

> 전환원가 = 직접노무비 + 제조간접비

ⓑ 직접재료를 가공하여 완제품을 생산하는 과정 중 가공에서 소요되는 원가라는 의미에서 가공원가라고도 하며, 직접재료를 완제품으로 전환시키는 데 소비된 원가라는 의미에서 전환원가라 한다.

⑦ 의사결정과의 관련성에 따른 분류

　　㉠ 관련원가 : 의사결정 대안 간에 차이가 나는 차액원가로서 의사결정의 주요분석 대상이며, 대표적인 관련원가는 회피가능원가와 기회비용(기회원가)이 있다.

　　㉡ 비관련원가 : 의사결정에 영향을 미치지 못하는 원가로서 기발생원가(매몰원가)와 의사결정 대안 간에 차이가 없는 미래원가가 있다. 역사적인 매몰원가는 비관련원가이다.

보충	의사결정과 관련된 특수원가 개념에 따른 원가의 분류
미래원가	후일에 발생되리라 기대되는 원가로 역사적 원가에 대립되는 개념이다.
기회원가	선택가능한 대체안 중에서 한 대체안을 택하고 다른 대체안을 단념할 경우 그 단념된 대체안에서 상실하게 될 순현금유입액을 기회원가라고 하는데, 이는 대체안을 비교할 때 암묵적으로 고려되므로 대체원가라고 부르기도 한다. 이러한 기회원가는 지출원가와 대립되는 개념으로 보통 재무제표상에 나타나지 않는다.
매몰원가	특정 의사결정으로 말미암아 과거에 투하된 투자액의 전부 내지 일부를 회수할 수 없게 된 원가를 말한다. 주어진 상황에서 회수할 수 없는 역사적 원가인 매몰원가는 차액원가와 대립되는 개념으로서 어느 대체안을 택하더라도 변화하지 않는 과거원가이므로 의사결정에 있어서 비관련원가이다.
회피가능원가	경영목적의 수행에 절대로 필요한 것이 아닌 원가로서 경영관리자의 의사결정에 따라 피할 수도 있는 원가를 말한다.

⑧ 통제가능성에 따른 분류

　　㉠ 통제가능원가

　　　　ⓐ 단기간에 있어서 특정의 경영자가 원가발생의 크기에 관해 주된 영향을 미칠 수 있는 원가이다.

　　　　ⓑ 재료비, 인건비, 소모품비, 수도광열비 등이 있다.

　　㉡ 통제불능원가

　　　　ⓐ 단기간에 있어서 특정 경영자의 수준에서는 그 발생을 통제할 수 없는 원가이다.

　　　　ⓑ 감가상각비, 제세공과금, 보험료, 임차료, 시험비 등이 있다.

(2) 원가의 구성 23, 18, 14, 10년 기출

				판매이익	
			판매비와 관리비	판매원가 (총원가)	판매가격
		제조간접비	제조원가 (공장원가)		
직접재료비	직접원가 (기초원가)				
직접노무비					
직접제조경비					

① 직접원가(기초원가)

특정 제품의 제조를 위해서만 소비되어 특정 원가대상에 추적가능한 직접원가만으로 구성된 것이다.

> 직접원가 = 직접재료비 + 직접노무비 + 직접제조경비

② 제조원가

$$제조원가 = 직접원가 + 제조간접비(간접재료비 + 간접노무비 + 간접제조경비)$$

③ 판매원가(총원가)

$$판매원가 = 제조원가 + 판매비와 관리비$$

④ 판매가격

$$판매가격 = 판매원가 + 판매이익$$

(3) 원가계산방법

① 원가의 집계방법(제조형태)에 따른 분류

　㉠ 개별원가계산 : 다품종 소량생산이나 주문생산과 같이 제품 종류나 주문·작업별로 원가를 계산할 필요가 있는 경우에 적용되며, 개별 작업별로 작성되는 작업지시서 또는 제조지시서(Job-Order or Production Order)를 단위로 원가계산이 이루어진다. 이처럼 개별원가계산은 각 작업을 수행함에 있어서 투입되는 노력을 서로 구분하여 인식하는 것이 바람직한 경우에 이용하는 원가계산방법이다.

　㉡ 종합원가계산 : 종합원가계산은 동일한 종류의 제품을 연속공정을 통하여 대량생산(소품종 대량생산)하는 기업에 적용되는 원가계산방식으로서, 표준화된 제품을 계속 제조지시서에 의하여 대량으로 생산하기 때문에 지시서별(개별제품별)로 제조원가를 집계하지 않고 일정기간 동안 소비된 원가 총액을 그 기간 동안 생산된 제품의 수량으로 나누어 개별제품의 단위당 제조원가를 계산한다.

ⓐ 당기제품제조원가 = 기초재공품원가 + 당기총제조비용 - 기말재공품원가
ⓑ 제품단위당 원가 = 당기제품제조원가 ÷ 당기제품생산량

알아두기

개별원가계산과 종합원가계산의 비교

개별원가계산	• 다품종, 소량주문생산 • 항공기, 건설업, 회계법인 등의 업종에 적합하다. • 각 개별 작업별로 원가를 집계한다. • 원가계산이 상대적으로 정확한 개별제품별로 원가집계를 하므로 많은 비용과 노력이 요구된다.
종합원가계산	• 동종제품 대량연속생산 • 정유업, 시멘트, 방직업 등의 업종에 적합하다. • 각 공정별로 원가를 집계한다. • 원가계산 시 공정별로 집계방식을 사용하므로 간편하고 경제적이나, 제품원가의 계산이 상대적으로 부정확하다.

② 제품원가의 범위에 따른 분류 13, 12년 기출
　㉠ 전부원가계산
　　ⓐ 전부원가계산이란 제조현장에서 발생한 모든 원가를 제품원가에 포함시킨 후 판매량에 대해서 매출원가로 비용처리되는 원가계산제도이다.
　　ⓑ 일정조업도를 유지하기 위해서 이미 지출된 고정제조원가를 제품원가에 자산화하여 조업도가 상대적으로 큰 기간의 제품의 단위당 단가가 적어질 수도 있다.
　　ⓒ 생산량이 커질수록 제품단가는 작아지기 때문에 동일한 판매수량이라고 하더라도 생산량에 따라 이익이 달라지는 문제점이 있다.
　　ⓓ 외부보고를 위한 재무제표 작성을 위해 사용되는 계산방법이다.

> • 제품원가 = 직접재료비 + 직접노무비 + 변동제조간접비 + 고정제조간접비
> • 기간비용 = 판매비와 관리비

　㉡ 변동원가계산
　　ⓐ 변동원가계산이란 제품을 생산하지 않는 경우 회피할 수 있는 원가인 변동제조원가만을 제품원가에 포함시키고 고정제조원가는 기간비용으로 처리하는 원가계산제도를 말한다.
　　ⓑ 변동원가계산은 전부원가계산에 비하여 경영관리적 측면에서 볼 때 전부원가계산보다 유용한 정보를 제공하며 이익이 제품생산량에 영향을 받지 않는다. 따라서 제품생산량의 증가로 기업의 이익을 높이려는 유인이 제거되어 생산과잉으로 인한 바람직하지 못한 재고의 누적을 막을 수 있다.
　　ⓒ 기업내부 경영관리목적으로만 사용하는 방법이다.

> • 제품원가 = 직접재료비 + 직접노무비 + 변동제조간접비
> • 기간비용 = 고정제조간접비 + 판매비와 관리비

③ 원가의 측정시점에 따른 분류 16, 15, 13년 기출
　㉠ 실제원가계산 : 모든 원가요소를 제품제조 후 실제로 발생된 제조원가요소를 집계하여 계산하는 방법으로, 기업회계기준에서는 외부의 회계정보이용자에게 재무정보 제공을 위한 외부 공시 목적으로 실제원가계산제도만을 인정하고 있다.
　㉡ 예정원가계산(정상원가계산)
　　ⓐ 직접재료비와 직접노무비는 실제 발생한 원가를 기준으로 계산하는 방법이다.
　　ⓑ 제조간접비는 미리 정해 놓은 예정배부기준에 의해 구해진 예정배부율을 기준으로 제품원가를 측정하는 방법이다.
　㉢ 표준원가계산 : 원가절감을 목적으로 미리 실시되는 원가계산이다. 기업의 생산활동이 가장 효율적인 조건에서 이루어질 경우, 그때의 원가요소를 과학적으로 분석하여 얻은 이상적 원가를 표준원가라 한다. 이를 바탕으로 실제 제조활동에서 소요된 실제원가와의 차이를 비교·분석함으로써 생산능률을 측정하고 비능률적 요소들을 제거하게 되는데, 여기에 표준원가계산의 목적이 있다. 또한 최적 조업도에서 산정된 원가이므로 최저원가이며, 이것을 가격정책에 이용하므로 원가관리의 유력한 수단이 된다. 표준원가는 이상적이긴 하나 공상적이 아닌 과학적 견적이 되어야 하므로, 이를 설정하기 위해서는 과거의 실제원가 기록에 대한 철저한 분석과 노동량·시간·조업도에 대한 면밀한 연구가 따라야 한다.

1. 원가의 흐름

(1) 제조원가의 분류 및 회계처리

① 재료비

재료는 제품제조에 소비할 목적으로 구입한 재고자산으로서 제조활동에 사용할 재료는 원재료, 부품, 보조재료, 소모성 공기구 등이 있다.

> 재료비 = 재료의 소비량 × 재료의 소비단가

㉠ 재료소비액 계산

ⓐ 계속기록법 : 재료가 반출될 때마다 그 수량을 기록하여 당기소비량을 계산하는 방법이다.

ⓑ 실지재고조사법 : 재료의 입고량만 기입하였다가 원가계산 기말에 실지재고조사에 의하여 당기의 재료소비량을 구하는 방법이다.

> 당월재료소비액 = 월초재료재고액 + 당월재료매입액 − 월말재료재고액

ⓒ 역계산법 : 제품 1단위당 재료의 표준소비량을 정해놓고 이것을 당월의 제품생산량에 곱하여 당월재료소비량을 구하는 방법이다.

㉡ 재료소비액 계정대체 : 직접재료비의 경우 재공품으로, 간접재료비의 경우 제조간접비로 대체된다.

> (차) 재공품　　　　　　　　×××　　　(대) 재 료　　　　　　　×××
> 　　제조간접비　　　　　　×××

② 노무비

㉠ 노무비란 제품의 제조를 위하여 인간의 노동력을 소비함으로써 발생하는 원가요소로서 공장근로자의 급여 및 상여와 수당이다.

㉡ 노무비 계정대체 : 직접노무비의 경우 재공품으로, 간접노무비의 경우 제조간접비로 대체된다.

> (차) 재공품　　　　　　　　×××　　　(대) 노무비　　　　　　　×××
> 　　제조간접비　　　　　　×××

③ 제조경비

재료비와 노무비를 제외한 기타의 모든 제조원가요소를 말한다(예 생산설비 감가상각비, 화재보험료, 임차료, 수선비, 전력비, 가스비, 수도비 등).

(2) 원가계산의 흐름 23, 21, 20, 19, 17, 16년 기출

① 원가의 흐름

원가의 흐름은 제품의 원가를 산출하는 과정에서부터 완성품제조원가를 산출하고, 이를 판매하여 수익이 실현되는 과정까지를 계정으로 표시한 것을 말한다.

② 당기총제조비용(원가)

당기의 제조과정에 투입된 모든 제조원가를 말한다.

> 당기총제조비용 = 재료비 + 노무비 + 제조경비
>
> = 직접재료비 + 직접노무비 + 직접제조경비 + 제조간접비

③ 당기제품제조원가

당기에 완성한 제품의 제조원가를 의미한다.

> 당기제품제조원가 = 기초재공품재고액 + 당기총제조원가 - 기말재공품재고액

④ 매출원가

당기에 판매한 제품의 원가를 의미한다.

> 매출원가 = 기초제품재고액 + 당기제품제조원가 - 기말제품재고액

▷ 매출원가를 물량(수량)흐름으로 나타내면 아래와 같다.

> 당기판매수량 = 기초재고수량 + 당기생산수량 - 기말재고수량

⑤ 제조원가명세서

㉠ 의의 : 제조원가명세서는 완성된 제품의 제조원가를 상세히 나타내기 위한 포괄손익계산서 부속명세표로서 제품의 원가요소가 투입되어 제조과정을 거쳐 제품제조원가가 집계되는 과정을 작성한 명세표를 말한다.

㉡ 작성방법 : 원가 소비액을 직접비와 간접비로 구분하여 계산하지 않고 단순히 재료비, 노무비, 제조경비로 나누어 계산하고 그 합계액에서 기초재공품재고액을 가산한 후 기말재공품재고액을 차감하여 당기제품제조원가를 표시한다.

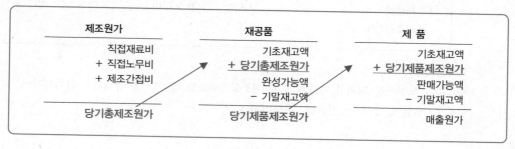

2. 원가배분

(1) 의의 및 기준

① 원가배분의 의의

원가배분이란 제품제조과정에서 발생하는 원가를 제품 또는 부문 등의 원가대상에 합리적인 원가유발요인을 추적하여 대응시키는 것을 말한다.

㉠ 각종 경제적 의사결정을 합리적으로 수행하기 위한 정보를 제공한다.

㉡ 종업원이나 경영자에 대한 동기를 부여하는 계기가 되고, 성과를 평가할 수 있다.

㉢ 재고자산의 금액 및 이익측정을 위한 제품원가를 산출하여 외부에 공시되는 재무제표 작성의 자료를 제공한다.

㉣ 계약가격의 결정을 위하여 관련원가의 합리적 배분을 하여야 한다.

② 원가배분의 기준

㉠ 인과관계기준 : 특정 활동의 수행으로 배분되어야 할 특정한 원가가 발생할 경우, 그 활동과 배분될 원가 사이에 인과관계가 존재하도록 원가배분대상에 원가를 배분하는 방법이다. 이는 가장 이상적인 원가배분기준으로서 인과관계를 이용한 원가배분이 경제적으로 실현 가능한 경우에는 인과관계기준에 의해 원가를 배분하여야 한다.

㉡ 수혜기준 : 배분대상원가의 원가대상을 확인한 후 확인된 원가대상에 제공된 경제적 효익을 측정할 수 있는 경우 이러한 경제적 효익의 크기에 비례하여 원가를 배분하는 기준이다.

㉢ 부담능력기준 : 각 원가집적대상이 원가를 부담할 수 있는 능력에 비례하여 원가를 배분하는 방법이다. 일반적으로 부담능력을 평가하는 지표로서 매출액이 많이 사용되고 있다. 이 경우 부담능력의 평가지표인 매출액이 매기 변하는 데 비하여 원가집적대상에 배분될 원가는 성질상 매기 일정하기 때문에 매출액에 따라 원가를 배분하면 특정부문에 배분되는 원가가 다른 부문의 영업활동(매출액)에 의하여 영향을 받게 되므로, 부문 간에 공평하지 못한 원가배분의 결과를 야기하게 된다는 것이 가장 큰 문제점이다. 따라서 매출액과 원가의 발생 사이에 밀접한 관계가 존재할 때에만 적용하여야 할 것이다.

㉣ 증분기준 : 최초 사용자와 추가 사용자로 구분하여 전체 발생원가 중 추가사용으로 증가된 원가만을 추가 사용자에게 배분하고 나머지 원가는 최초 사용자에게 부담시키는 방법이다.

(2) 제조간접비의 배부(배분)

① 제조간접비의 배부

제조간접비란 여러 가지 제품을 제조하는 데 공통적으로 발생하여 특정제품에 직접 부과할 수 없는 원가를 말하며, 이러한 제조간접비를 일정기간 동안 발생한 것을 집계한 후 일정한 배부기준에 의하여 각종 제품에 배분해야 하는 것을 제조간접비의 배부라 한다.

㉠ 제조간접비 배부율 = $\dfrac{\text{제조간접비(발생액)}}{\text{배부기준(조업도)}}$

㉡ 개별작업에 배분되는 제조간접비 = 제조간접비 배부율 × 개별작업의 조업도

② 배부 기준 및 방법

    ㉠ 배부기준 : 특정제품과 인과관계를 추적하여 부과할 수 없으므로 적정한 배부기준을 설정하여 배분하여야 한다.

> ⓐ 가액법 : 직접재료비법, 직접노무비법, 직접원가법
> ⓑ 시간법 : 직접노동시간법, 기계작업시간법

    ㉡ 배부방법

> ⓐ 측정시점에 따른 분류 : 실제배부법, 예정배부법
> ⓑ 집계방법에 따른 분류 : 공장전체배분법, 부문별배분법, 활동별배분법

(3) 정상(예정)원가계산 22, 21, 20, 19, 17, 11년 기출

① 정상원가계산의 의의 및 특징

    ㉠ 각 제조지시서별 제조원가를 계산하는데, 직접비(직접재료비, 직접노무비)는 실제소비액을 이용하여 원가계산을 하고, 제조간접비는 예정배부액을 이용하여 원가계산을 한다.

    ㉡ 제품제조원가계산이 신속하며, 실제원가계산에 비해 조업도 및 월별 또는 계절적 변동에 대하여 제조원가가 평균화된다.

    ㉢ 예정배부액과 실제발생액을 비교하여 계산하므로 합리적인 원가관리 및 성과평가에 유용하다.

> ⓐ 제조간접비예산 = 변동제조간접비예산 + 고정제조간접비예산
>
> ⓑ 공장전체 예정배분율 = $\dfrac{\text{공장전체 제조간접비예산}}{\text{공장전체 예정조업도}}$
>
> ⓒ 개별작업에 배분되는 제조간접비 = 제조간접비 예정배분율 × 개별작업의 실제조업도

알아두기

실제원가계산과 정상원가계산의 비교

구 분	실제원가계산	정상원가계산
직접재료원가	실제원가	실제원가
직접노무원가	실제원가	실제원가
제조간접원가	실제원가	예정원가

② 예정조업도(정상조업도, 기준조업도)

정상적인 유지 및 보수활동에 따른 조업중단을 감안한 상황 하에서 평균적으로 달성할 수 있을 것으로 기대하는 생산수준을 말한다.

실제조업도 < 정상조업도	정상조업도에 근거한 예정배부
실제조업도 = 정상조업도	정상조업도에 근거한 예정배부와 실제조업도에 근거한 실제배부 중 선택적용
실제조업도 > 정상조업도	실제조업도에 근거한 실제배부

③ 예정배부율과 예정배부액

⊙ 예정배부율 = $\dfrac{\text{예상 총제조간접원가}}{\text{예상 총배부기준량}}$

⊙ 제조간접비 예정배부율 = $\dfrac{\text{일정기간의 제조간접비 총액}}{\text{동기간의 예정배부기준 총액}}$

ⓒ 제조간접비 예정배부액 = 제품별 실제배부기준량 × 제조간접비 예정배부율

④ 제조간접비 배부차이 조정 22, 16, 12, 11, 10년 기출

⊙ 의의 : 제조간접비 배부차이는 제조간접비를 예정배부한 경우에 예정배부액과 실제발생액 사이에서 발생하는 차이를 말한다. 제조간접비는 직접비와는 달리 원가계산 기말이 아니면 행할 수 없기 때문에 원가계산이 지연되는 결점을 해소하기 위하여 제조간접비의 배부계산에 있어서도 예정배부율을 사용한다.

▷ 제조간접원가를 예정배부하는 경우 배부차액은 기말재공품, 기말제품, 매출원가 세 계정에서 조정하여 한다.

ⓒ 원가성이 인정되는 경우

ⓐ 총원가비례배분법 : 배부차이가 중요한 경우 제조간접비 배부차이를 계정별로 재공품과 제품, 매출원가에 비례하여 배부·조정하는 방법으로, 가장 일반적인 방법이다.

ⓑ 매출원가조정법 : 배부차이가 중요하지 않은 경우 전액 매출원가에 가감하는 방법으로, 제조간접비 배부차이를 전액 매출원가에 가감시킨다. 배부차액이 크지 않고 재고수준이 낮은 기업에서는 매출원가조정법을 적용할 수 있다.

ⓒ 원가요소별 비례배분법 : 기말에 재공품, 제품, 매출원가에 포함된 제조간접비의 비율에 따라 배부·조정하는 방법이다. 배부차이가 발생한 제조간접비 기준으로 배분하는 것이므로 가장 논리적이지만 시간과 비용이 많이 발생하는 단점이 있다.

ⓒ 원가성이 인정되지 않는 경우(영업외손익법) : 원가의 과소배부액은 영업외비용으로, 과대배부액은 영업외수익으로 처리한다. 과소배부는 실제제조간접원가가 예정배부액보다 클 때 발생하며, 과대배부는 그 반대의 경우이다.

(4) 공장전체배분법

제조과정에서 발생한 모든 제조간접비를 하나의 계정에 집계하여 하나의 배부기준으로 배분하는 방법으로 간편하다.

① 가액법

제조간접비를 직접재료비나 직접노무비 또는 직접원가 등의 금액으로 나눠서 배부율을 계산한 후 배부율을 각 제조지시서의 가액에 곱하여 직접비를 기준으로 각 제품에 제조간접비를 배부하는 방법이다.

㉠ **직접재료비법** : 일정기간 동안 발생된 실제 제조간접비 총액을 각 제품의 실제 발생한 직접재료비 비율에 따라 각 제품에 배분하는 방법이다.

> ⓐ 제조간접비 배부율 = $\dfrac{\text{제조간접비 총액}}{\text{동기간의 직접재료비 총액}}$
>
> ⓑ 제조간접비 배부액 = 특정제품 직접재료비 × 제조간접비 배부율

㉡ **직접노무비법** : 각 제품의 제조에 소비된 직접노무비의 비율을 기준으로 각 제품에 제조간접비를 배부하는 방법이다.

> ⓐ 제조간접비 배부율 = $\dfrac{\text{제조간접비 총액}}{\text{동기간의 직접노무비 총액}}$
>
> ⓑ 제조간접비 배부액 = 특정제품 직접노무비 × 제조간접비 배부율

㉢ **직접원가법** : 각 제품의 제조에 소비된 직접원가를 기준으로 하여 각 제품에 제조간접비를 배부하는 방법이다.

> ⓐ 제조간접비 배부율 = $\dfrac{\text{제조간접비 총액}}{\text{동기간의 직접원가 총액}}$
>
> ⓑ 제조간접비 배부액 = 특정제품 직접원가 × 제조간접비 배부율

② 시간법

각 제품제조에 소비된 시간을 기준으로 각 제품에 제조간접비를 배부하는 방법이다.

㉠ **직접노동시간법** : 각 제품의 제조에 소비된 직접노동시간을 기준으로 각 제품에 제조간접비를 배부하는 방법이다.

> ⓐ 제조간접비 배부율 = $\dfrac{\text{제조간접비 총액}}{\text{동기간의 직접노동 총시간수}}$
>
> ⓑ 제조간접비 실제배부액 = 특정제품 직접노동시간 × 제조간접비 배부율

㉡ **기계작업시간법** : 각 제품의 제조에 소비된 기계작업시간을 기준으로 각 제품에 제조간접비를 배부하는 방법이다.

> ⓐ 제조간접비 배부율 = $\dfrac{\text{제조간접비 총액}}{\text{동기간의 기계작업 총시간수}}$
>
> ⓑ 제조간접비 실제배부액 = 특정제품 기계작업시간 × 제조간접비 배부율

(5) 부문별 원가계산

① 원가부문 10년 기출

원가부문이란 원가를 별도로 인식하는 조직 내의 구성부분 또는 활동을 말한다. 즉, 원가계산상의 구분으로 원가 집계의 중심점이 된다.

제조부문	제품을 직접 제조하는 활동이 행하여지는 부문으로 주조부, 단조부, 선박부, 절단부, 조립부 등이 있다.
보조부문	제조활동에 직접 관여하지 아니하고 제조부문에 자기가 생산한 제품 또는 용역을 제공하는 부문(동력부, 용수부, 수선부 등) 및 공장의 관리사무부문을 말한다. 보조부문비 배부방법에서 복수기준 배부법이 단일기준 배부법보다 각 원가의 인과관계를 더 명확히 하는 방법이다.

② 부문별 원가계산의 방법 23, 21, 20, 19, 14, 11, 10년 기출

제조간접비를 각 제품에 정확하게 배부하기 위해 그 발생장소인 부문별로 원가를 분류·집계하는 절차이다.

㉠ **부문개별비(부문직접비)의 부과**

ⓐ 특정부문에 추적이 가능하여 개별적으로 집계가 가능한 제조간접비를 그 발생 부문에 직접 부과하는 과정을 말한다.

ⓑ 특정부문 책임자의 급료, 특정부문에서만 사용하는 기계의 감가상각비 등이 해당된다.

㉡ **부문공통비(부문간접비)의 배부**

ⓐ 각 부문에 직접 추적할 수 없는 제조간접비를 인위적인 배부기준에 의하여 각 부문에 배부하는 것을 말한다.

ⓑ 공장 건물에 하나의 계량기만 설치되어 있으면 공장 건물 내의 각 원가부문의 입장에서 전력비는 부문공통비가 된다.

ⓒ 공장장의 급료, 여러 부문이 공동으로 사용하는 기계의 감가상각비 등이 해당된다.

㉢ **보조부문비를 제조부문으로 배부**

ⓐ 직접배부법 : 보조부문 상호 간의 용역제공관계를 무시하고 보조부문원가를 제조부문에 배분하는 방법이다.

• 배부절차는 간단하지만 보조부문 상호 간의 용역수수가 많은 경우에는 정확한 원가가 배부되지 않는다.

• 계산이 간편하다는 장점 때문에 실무에서 환영받고 있으나 정확성이 떨어진다.

ⓑ 단계배부법 : 절충적인 방법으로 보조부문 중 다른 보조부문에 대한 용역제공비율이 중요하여 직접배부법을 사용하기가 부적절한 경우 사용할 수 있다.

• 다른 보조부문에 대한 용역제공비율이 큰 보조부문부터 우선배분하는 방법이다.

• 용역을 제공하는 부문 수가 많은 보조부문부터 우선배분하는 방법이다.

• 원가가 큰 보조부문을 우선배분하는 방법이다.

ⓒ 상호배부법 : 보조부문 간의 용역제공을 완벽히 고려하여 배분하는 방법으로, 다른 배부방법에 비하여 복잡하지만 정확한 원가계산을 할 수 있다. 배분될 총 원가는 '자기부문의 발생원가 + 배분받은 원가'로 구성된다.

㉣ **제조부문비를 각 제품에 배부** : 각 제조부문에 집계된 제조간접비를 각 제품별로 배부하는 마지막 절차이다.

부문공통비의 배부기준

건물감가상각비	각 부문의 점유면적 또는 건물가액
기계장치감가상각비, 기계장치보험료	각 부문의 기계장치가액
부동산임차료, 건물보험료, 건물재산세, 건물수선비	각 부문의 점유면적
동력비	각 부분의 기계마력 수 × 운전시간
전기·가스·수도료 등	측정한 각 부문의 소비량 또는 추정량
전화료	각 부문의 전화대수 × 통화수
기계보험료	각 부문의 기계장부가액
재료보관비	각 부문에의 반출액
시험연구비	각 부문의 직접작업시간
종업원모집비	각 부문의 종업원수 또는 직접작업시간
복리비	각 부문의 종업원수

(6) 활동기준원가계산 24, 23, 20, 19, 16, 13, 11년 기출

① 의 의

㉠ 제조간접비를 정확히 배부하기 위해 제조간접비를 직접 원가나 기계 시간 등 단순한 요인에 의해서 배부하지 않고 제조간접비의 발생원인인 활동을 기준으로 배부하여 원가를 계산하는 시스템을 말한다.

㉡ 활동이란 제품의 제조과정에서 제조간접비를 발생시키는 원인을 말하며, 원가동인이란 작업준비, 직접노동지원, 자재관리 등의 다양한 활동을 말하고 단위수준활동원가는 조업도 기준원가동인에 의해 배분된다.

㉢ 제조간접비를 활동별로 집계하고 각 활동별로 원가유발요인인 원가동인에 의하여 제조간접원가를 제품에 배분한다.

② 활동의 4가지 유형

단위수준활동	제품 한 단위가 생산될 때마다 수행되는 생산량에 비례하는 활동 예 제품조립활동, 절삭활동, 품질검사활동, 기계작업활동, 전수검사 등
배치수준활동 (묶음수준활동)	생산량과 관계 없이 한 묶음에 포함되는 단위 수에 상관 없이 묶음 단위로 처리 또는 가공하는 활동 예 구매주문활동, 재료처리활동, 작업준비활동, 첫 제품 품질검사활동, 선적활동
제품유지활동	특정제품을 회사의 제품라인에 추가하거나 생산품목으로 유지하기 위한 활동 예 제품설계, 제품테스트, 제품설계변경 등
설비수준활동	여러 가지 제품생산을 위하여 설비전체를 유지, 관리하는 활동 예 공장관리활동, 건물관리활동, 조명·냉난방활동, 조경활동 등

③ 특 징

㉠ 제조간접비의 정확한 배부를 통해 가격결정에 유용한 정보를 제공한다.

㉡ 정확한 제품원가, 성과평가가 가능하다.

㉢ 원가낭비를 지속적으로 제거한다.

④ 기 타
　　㉠ 활동기준원가계산의 도입을 통해 비부가가치 활동을 제거하여 효율적인 원가통제가 가능하다.
　　㉡ 제품의 다양성이 증가되면서 다품종소량생산이 증가하고, 이에 따라 개별제품이나 작업에 직접 추적이 어려운 원가의 비중이 증가되었다.
　　㉢ 경쟁이 치열해지고, 제조간접원가의 비중이 증가함에 따라 도입되었다.
　　㉣ 직접노무시간이나 직접노무원가가 원가동인으로 사용될 수 있으며, 제조원가뿐만 아니라 비제조원가도 원가동인에 의해 배부할 수 있다.
　　㉤ 비단위수준 활동이 원가에 미치는 영향을 고려한다는 측면에서 개별원가계산보다 더 정확한 계산이 가능하다.

기출문제

(주)관세는 제품A와 제품B 두 종류의 제품을 생산하고 있다. [자료1]은 제품A, B의 생산원가자료이며, [자료2]는 활동원가계산을 위한 자료이다. 활동기준원가계산에 의한 제품A의 단위당 제조원가는? 24년 기출

[자료1] 생산원가자료

구 분	제품A	제품B	합 계
직접재료원가	₩4,000	₩2,500	₩6,500
직접노무원가	5,000	4,000	9,000
제조간접원가			7,300
생산량	10단위	20단위	

[자료2] 활동원가자료

구 분	활동원가	원가동인 총건수	제품A의 건수	제품B의 건수
검사활동	₩2,000	1,000	600	400
처리활동	1,500	500	300	200
주문활동	1,800	800	400	400
운반활동	2,000	1,250	700	550
합 계	₩7,300			

① ₩462
② ₩1,272
③ ₩1,312
④ ₩1,362
⑤ ₩1,422

[해설]
(1) 건수당 검사활동원가 = ₩2,000 ÷ 1,000건 = ₩2
(2) 건수당 처리활동원가 = ₩1,500 ÷ 500건 = ₩3
(3) 건수당 주문활동원가 = ₩1,800 ÷ 800건 = ₩2.25
(4) 건수당 운반활동원가 = ₩2,000 ÷ 1,250건 = ₩1.6
(5) 제품A의 단위당 제조원가 = [₩4,000(직접재료원가) + ₩5,000(직접노무원가) + (2원 × 600건 + 3원 × 300건 + 2.25원 × 400건 + 1.6원 × 700건)] ÷ 10단위 = ₩1,312

정답 ③

1. 개별원가계산

개별원가계산이란 건설업, 조선업, 가구제조업 등과 같은 개별생산형태의 기업에서 종류, 규격, 형태가 서로 다른 특정의 제품을 생산하는 경우에 채택하는 원가계산방법이다. 즉, 각 제품의 제조원가를 개별 작업별로 분류하여 제품별 원가를 집계하는 것이다.

2. 종합원가계산(공정별 원가계산) 21, 20년 기출

(1) 의 의

① 동일공정에서 동일한 기간에 생산된 동종제품의 단위당 원가는 동일하다는 기본가정 하에 원가요소의 구분을 재료비와 가공비로 단순화하여 공정별로 집계된 원가를 완성품환산량을 기준으로 완성품과 기말재공품으로 배분함으로써 원가계산을 단순화한 것이다.

② 적용기업으로는 주로 정유업, 제분업, 제지업, 제염업, 제당업, 화학공업, 시멘트제조업, 양조업 등이 있다.

(2) 절 차 24, 17, 16, 15년 기출

① 물량의 흐름 파악

물량의 흐름 파악이란 기초재공품 수량에 당기의 제조과정에 투입된 수량을 가산한 당기 총 투입량으로부터 단기완성품의 수량과 기말재공품의 수량을 파악하는 것을 말한다.

② 완성품 환산량의 계산

완성품 환산량이란 당기간에 투입된 모든 재료와 비용이 기말재공품 없이 모두 생산되었을 경우의 완성품의 수량을 말한다.

③ 원가배분 대상액의 집계

제조공정별로 당기의 완성품과 기말재공품에 배분될 원가를 계산한다. 이 경우 원가흐름의 가정(선입선출법과 평균법 등)에 따라 그 집계액이 다르다.

④ 단위당 원가의 산출

당월제품제조원가를 당일완성품수량으로 나누어 제품의 단위당 원가를 계산한다.

$$제품의 \ 단위당 \ 원가 = \frac{당월제품제조원가}{당월완성품수량}$$

⑤ 완성품원가와 기말재공품원가의 계산

㉠ 완성품원가 = 완성품수량 × 완성품환산량 단위당 원가
㉡ 기말재공품원가 = 기말재공품 완성품환산량 × 완성품환산량 단위당 원가

(3) 기말재공품 평가 _{23, 22, 17, 16, 14, 13년 기출}

① 의 의

기말재공품의 평가란 원가계산의 기말시점 현재 미완성품인 기말재공품의 완성도를 추정하고, 완성도에 의하여 원가계산기간의 총원가를 완성품과 기말재공품에 배분하는 것을 말한다.

② 개념의 내용

㉠ 완성도 : 제조공정에 투입되어 현재 생산과정에 있는 제품이 어느 정도 완성되었는가를 나타내는 수치로서, 30% 또는 70%와 같은 형태로 표시된다.

㉡ 기말재공품환산량 : 기말의 미완성수량, 즉 월말공품수량에 완성도를 곱한 수량을 말한다.

㉢ 완성품환산량 : 생산활동에 투입된 모든 노력이 완성품으로 나타날 경우에 완성품으로 나타나게 될 수량을 말한다.

③ 평가방법 _{22년 기출}

㉠ 선입선출법 : 제조를 위하여 먼저 투입된 물량이 항상 먼저 완성되는 부품조립공정 등에 적합한 방법으로 기초재공품은 항상 먼저 완성된다고 가정하여 기초재공품원가는 배분과정을 거치지 않고 완성품에 대체된다.

$$\text{• 재료비} = \frac{\text{당기재료비}}{\text{완성품수량 + 기말재공품환산량 − 기초재공품환산량}} \times \text{기말재공품환산량}$$

$$\text{• 가공비} = \frac{\text{당기가공비}}{\text{완성품수량 + 기말재공품환산량 − 기초재공품환산량}} \times \text{기말재공품환산량}$$

• 완성품환산량 = 완성품수량 − (기초재공품수량 × 기초재공품완성도)

• 기말재공품환산량 = 기말재공품수량 × 기말재공품완성도

ⓐ 배분대상원가는 당기투입원가이며 이를 원가요소별로 파악한다.

ⓑ 원가요소별로 당기투입원가를 완성품환산량으로 나누어 계산한다.

ⓒ 기초재공품원가는 당기완성품으로 대체하고, 당기투입원가는 원가요소별로 완성품과 기말재공품으로 배분된다.

㉡ 평균법 : 기초재공품원가와 당기총제조원가의 합계액을 완성품원가와 기말재공품원가로 배분하는 방법으로, 평균단가 중 일부는 당월제품제조원가로 배분되고 일부는 기말재공품재고액으로 배분되는 것으로 가정한다.

• 기말재공품원가 = 기말재공품 재료비 + 기말재공품 가공비

$$\text{• 기말재공품 재료비} = \frac{\text{기초재공품재료비 + 당기재료비}}{\text{완성품수량 + 기말재공품환산량}} \times \text{기말재공품환산량}$$

$$\text{• 기말재공품 가공비} = \frac{\text{기초재공품가공비 + 당기가공비}}{\text{완성품수량 + 기말재공품환산량}} \times \text{기말재공품환산량}$$

ⓐ 기초재공품과 당기투입물량의 구분이 중요하지 않은 경우 선입선출법에 비하여 쉽게 원가계산을 할 수 있다.

ⓑ 기초재공품원가와 당기투입원가를 구분하지 않으며, 기초재공품원가와 당기투입원가를 합산한 후 완성품환산량을 기준으로 완성품과 기말재공품을 배분한다.

(4) 공손품 24년 기출

제품의 제조과정에서 발생하는 불합격품으로서 제조기업이 사전에 설정해 놓은 표준규격이나 표준품질에 미달하는 재공품 또는 제품을 말한다.

> 공손비 = 공손품의 보수에 소요되는 원가 = 대체품의 제조에 소요되는 원가 – 공손품의 매각가치

① 보수가능한 경우

새로이 보수를 행하고, 그 보수에 든 비용을 그 제품의 제조원가에 가산한다.

② 보수불가능한 경우

대체품을 제조하여야 할 경우에는 새로이 제조지시서를 발행하여 제조하되 공손품의 집계원가는 대체품의 제조원가에 가산한다. 또한 공손품의 매각가치 또는 용도에의 이용가치가 있는 경우에는 그 가액에서 차감한다.

기출문제

(주)관세는 종합원가계산방법을 사용하고 있는데 재료는 공정초기에 전량이 투입되며 가공비는 공정전반에 걸쳐 균등하게 발생한다. 20×1년의 원가자료는 다음과 같다. 검사에 합격한 수량의 5%를 정상공손으로 간주하며 공정의 10% 시점에 검사를 하는 경우 정상공손수량은? 24년 기출

기초재공품 :	수 량	2,000단위	당기완성량		4,000단위
	재료비	₩50,000	공손수량		500단위
	가공비	40,000	기말재공품 :	수 량	500단위
	완성도	20%		완성도	60%
당기발생원가 :	착수량	3,000단위			
	재료비	₩80,000			
	가공비	60,000			

① 115단위
② 125단위
③ 195단위
④ 205단위
⑤ 225단위

[해설]
정상공손수량 = [(4,000단위 − 2,000단위) + 500단위] × 5% = 125단위
기초재공품은 전기에 검사를 통과하였으므로 당기완성량에서 기초재공품수량을 제외한다.

정답 ②

(5) 감 손 22년 기출

생산과정에서 원자재의 일부가 줄어지거나 또는 소실되는 것으로 제조과정에 투입된 재료가 유실, 증발, 축소되거나 또는 먼지, 가스, 연기 등과 같이 없어지거나 제품화되지 않는 무가치 작업폐물이 발생하는 것을 뜻한다.

① 감손율과 수율

> ㉠ 감손율 = 감손량 / 투입량
> ㉡ 수율 = 산출량 / 투입량 = (투입량 − 감손량) / 투입량 = 1 − 감손율

② 계산법

㉠ 비분리 계산법 : 감손으로 인한 물량감소와 관계없이 계속 일정하게 가공비가 투입된다고 가정하므로, 실제 물량이 아닌 최초투입량을 기준으로 가공비에 대한 완성품 환산량을 계산한다.

㉡ 분리 계산법 : 감손으로 인한 물량감소에 따라 투입되는 가공비가 점차 감소된다고 가정하므로, 감손으로 인한 실제 물량을 기준을 가공비에 대한 완성품 환산량을 계산한다.

3. 결합원가계산

(1) 의 의

동일한 공정에서 동일한 종류의 원재료를 투입하여 서로 다른 2종 이상의 제품이 생산되는 경우에 발생하는 원가이다.

(2) 주요 개념

주산품(연산품)	상대적 판매가치가 중요한 품목
부산품	상대적 판매가치가 미미한 품목
작업폐물	생산과정에서 발생되는 원재료의 찌꺼기 등
분리점	결합제품의 제조과정에서 각 제품의 물리적 식별이 가능한 시점
결합원가	분리점 이전까지 투입된 원가
분리원가(추가가공비)	분리점 이후 추가가공공정에서 발생한 원가

(3) 결합원가의 배분 24, 23, 21, 16, 12년 기출

① 상대적 판매가치법

결합원가를 결합제품의 분리점에서의 상대적 판매가치를 기준으로 하여 배분하는 것으로, 이 방법은 특별한 인과관계를 추적할 수 없는 결합원가의 배분방법 중 연산품의 부담능력을 고려한 방법이다.

> 결합원가 배분액 = 분리점에서의 생산량 × 단위당 판매가격

② 순실현가치법 22년 기출

각 결합제품의 최종판매가치에서 추가가공원가와 판매비용을 차감한 순실현가치를 기준으로 결합원가를 배분하는 방법이다.

> 순실현가치 = 총판매가치 − 추가가공원가 − 판매비용

③ 물량기준법

결합제품의 중량, 부피 등을 기준으로 결합원가를 배분하는 방법이다.

> 결합원가 배분액 = 생산량 × 단위당 무게

㉠ 생산량 등에 의한 수혜기준에 의하여 결합원가를 배분한다.
㉡ 결합제품의 물량과 판매가격이 상관관계를 갖는 경우에 적합하고, 공통의 물리적 기준이 없는 경우에는 부적합하다.

④ 균등이익률법

분리점에서 시장가치를 모르는 경우 각 결합제품별 매출총이익률이 똑같이 산출되게 결합원가를 결합제품에 배부시키는 방법이다.

> 결합원가배분액 = 제조원가* − 추가가공원가
> *기업전체의 매출총이익률을 반영한 개별제품의 제조원가

기출문제

(주)관세는 종합원가계산과 결합원가계산을 혼합하여 사용한다. 결합공정에 의해 4 : 1의 비율로 제품A와 제품B를 생산하고 있으며 결합원가는 상대적 판매가치법에 의해 배분한다. 제품A의 판매가격은 kg당 ₩75이고, 제품B의 판매가격은 kg당 ₩200이다. 당기에 결합공정에서 원재료 20,000kg이 공정에 투입되어 발생한 원가와 물량자료는 다음과 같다. 기초재공품은 없고 공손 및 감손은 발생하지 않았다.

| 완 성 품 | 10,000 kg | 재료원가 | ₩200,000 |
| 기말재공품 | 10,000 kg(가공원가 완성도 50%) | 가공원가 | 300,000 |

상대적 판매가치법을 기준으로 결합원가를 결합제품에 배분할 경우 제품B에 배분될 결합원가 배분액은? 24년 기출

① ₩40,000
② ₩80,000
③ ₩120,000
④ ₩160,000
⑤ ₩200,000

해설

(1) 재료원가 완성품환산량 = 10,000kg(완성품) + 10,000kg(기말재공품) = 20,000kg
(2) 가공원가 완성품환산량 = 10,000kg(완성품) + 10,000kg × 50%(기말재공품) = 15,000kg
(3) 재료원가 완성품환산량단가 = ₩200,000(재료원가) / 20,000kg = ₩10

(4) 가공원가 완성품환산량단가 = ₩300,000(가공원가) / 15,000kg = ₩20

(5) 재료원가 완성품원가 = ₩10 × 10,000kg = ₩100,000

(6) 가공원가 완성품원가 = ₩20 × 10,000kg = ₩200,000

(7) 완성품의 결합원가 = ₩100,000 + ₩200,000 = ₩300,000

(8) 상대적 판매가치법에 따른 결합원가 배분

구 분	완성품	판매가치비율	결합원가배분액
제품A	10,000kg × 4/5 = 8,000kg	8,000kg × ₩75 = ₩600,000(60%)	₩300,000 × 60% = ₩180,000
제품B	10,000kg × 1/5 = 2,000kg	2,000kg × ₩200 = ₩400,000(40%)	₩300,000 × 40% = ₩120,000
합 계	10,000kg		₩300,000

정답 ③

(4) 부산물과 작업폐물

① 부산물과 작업폐물의 구분

부산물과 작업폐물이란 제품의 제조과정에서 발생하는 원재료의 부스러기를 말한다. 결합공정에서 여러 제품이 생산될 때 다른 제품보다 현저하게 가치가 낮은 제품으로서, 순실현가능가치가 양(+)이면 부산물로 처리하고, 음(−)인 경우 작업폐물로 처리한다.

② 부산물의 회계처리

부산물의 가치에 따라 부산물을 자산으로 인정하거나, 비용으로 처리한다.

ⓐ 생산기준법 : 부산물의 가치가 중요하여, 생산시점에 부산물의 순실현가능가치만큼 결합원가가 배분된다. 따라서 부산물의 처분이익은 '0'이 된다.

ⓑ 판매기준법 : 부산물의 가치가 상대적으로 중요하지 않아, 결합원가가 배분되지 않으며, 판매 시 판매이익을 잡수익으로 처리하거나 매출원가에서 차감한다.

01 직접재료비, 직접노무비, 직접제조경비는 기초원가에 해당한다. (O, X)

02 기업회계기준에서는 외부의 회계정보이용자에게 재무정보 제공을 위한 외부 공시 목적으로 정상원가계산제도를 인정하고 있다. (O, X)

03 단위당 변동원가는 조업도에 관계 없이 일정하며, 단위당 고정원가는 조업도에 따라 감소한다. (O, X)

04 정상원가계산에서는 직접비는 실제소비액을 이용하여 원가계산을 하고, 제조간접비는 표준배부액을 이용하여 원가계산을 한다. (O, X)

05 정상원가계산의 예정원가와 실제원가의 차이는 전부 매출원가에 반영하여 조정한다. (O, X)

06 배치수준활동에는 구매주문활동, 재료처리활동, 작업준비활동, 첫 제품 품질검사활동, 선적활동, 전수검사 등이 있다. (O, X)

07 활동기준원가계산은 다품종소량생산과 같이 개별제품이나 작업에 직접 추적이 어려운 경우 보다 적절하다. (O, X)

08 주산품(연산품)이란 상대적 판매가치가 중요한 품목을 말하며, 부산품이란 판매가치가 미미한 품목을 말하고, 작업폐물은 생산과정에서 발생되는 원재료의 찌꺼기 등을 말한다. (O, X)

09 제품을 대량생산하는 제조기업에는 개별원가계산이 적절하다. (O, X)

10 종합원가계산의 선입선출법에서 기초재공품원가는 당기완성품으로 대체되고, 당기투입원가는 원가요소별로 완성품과 기말재공품으로 배분된다. (O, X)

---

01 O

02 X 기업회계기준에서는 외부의 회계정보이용자에게 재무정보 제공을 위한 외부 공시 목적으로 실제원가계산제도만을 인정하고 있다.

03 O

04 X 제조간접비는 예정배부액을 이용하여 원가계산을 한다. 표준배부액은 표준원가계산에서 사용한다.

05 X 제조간접원가를 예정배부하는 경우 배부차액은 기말재공품, 기말제품, 매출원가 세 계정에서 조정한다.

06 X 전수검사는 단위수준활동에 해당한다.

07 O

08 O

09 X 제품을 대량생산하는 제조기업에는 종합원가계산이 적절하다.

10 O

01 (주)국세의 월별 상품 매출액 예산은 다음과 같다.

구 분	매출액 예산
1월	₩5,000
2월	₩10,000
3월	₩20,000
4월	₩40,000

매출액에 대한 매출원가의 비율은 80%이고, 월말재고는 다음 달 예상매출원가의 20%이다. 3월에 예상되는 상품 매입액은?

① ₩12,000

② ₩16,000

③ ₩18,400

④ ₩19,200

⑤ ₩20,800

해설

상품(3월)

기 초	3,200(*1)	매출원가	16,000(*2)
당기매입	19,200	기 말	6,400(*3)
	22,400		22,400

(1*) ₩20,000 × 80% × 20% = ₩3,200
(2*) ₩20,000 × 80% = ₩16,000
(3*) ₩40,000 × 80% × 20% = ₩6,400
∴ 상품매입액 = ₩16,000 + ₩6,400 − ₩3,200 = ₩19,200

02 (주)세무의 20×1년도 기초 및 기말 재고자산은 다음과 같다.

구 분	기초잔액	기말잔액
원재료	₩34,000	₩10,000
재공품	₩37,000	₩20,000
제 품	₩10,000	₩48,000

원재료의 제조공정 투입금액은 모두 직접재료원가이며, 20×1년 중에 매입한 원재료는 ₩76,000이다. 20×1년의 기본원가(Prime Costs)는 ₩400,000이고, 전환원가(가공원가 : Conversion Costs)의 50%가 제조간접원가이다. (주)세무의 20×1년 매출원가는 얼마인가?

① ₩679,000

② ₩700,000

③ ₩717,000

④ ₩727,000

⑤ ₩747,000

재공품

기 초	37,000	제 품	717,000
직접재료비*	100,000	기 말	20,000
직접노무비	300,000		
제조간접비	300,000		
계	737,000		737,000

*직접재료비 = ₩34,000 + ₩76,000 − ₩10,000 = ₩100,000

∴ 매출원가 = ₩10,000 + ₩717,000 − ₩48,000 = ₩679,000

---

03 (주)대한은 매출원가의 20%에 해당하는 이익을 매출원가에 가산하여 판매하고 있으며, 당기에 완성된 모든 제품을 ₩180,000에 판매하였다. 제조간접원가 예정배부율은 직접노무원가의 60%이다. 당기의 원가자료가 다음과 같다면 기말재공품 평가액은? (단, 기초 및 기말 제품재고는 없으며, 제조간접원가 배부차이도 없었다)

- 기초재공품 ₩20,000
- 기본원가(Prime costs) ₩120,000
- 가공원가(Conversion costs) ₩160,000

① ₩50,000
② ₩52,000
③ ₩54,000
④ ₩56,000
⑤ ₩58,000

(1) 가공원가 = 직접노무비 + 제조간접비(직접노무비 × 60%) = ₩160,000

∴ 제조간접비 = ₩60,000, 직접노무비 = ₩100,000

(2) 당기 총제조원가 = ₩120,000(기본원가) + ₩60,000(제조간접비) = ₩180,000

(3) 매출원가 = ₩180,000(매출액) ÷ 1.2 = ₩150,000

(4) 기말재공품 = ₩20,000(기초재공품) + ₩180,000(당기 총제조원가) − ₩150,000(매출원가)

= ₩50,000

04 (주)한국은 정상개별원가계산을 사용하고 있으며, 제조간접원가 배부기준은 기계시간이다. 회사는 20×1년 초에 연간 제조간접원가를 ₩600, 기계시간을 200시간으로 예상하였다. 20×1 회계연도 중 수행한 작업과 관련된 정보는 다음과 같다.

- 당기 중 세 가지 작업 #101, #102, #103을 착수하여, #101과 #102를 완성하였고, #103은 기말 현재 작업 중에 있다.
- 당기 중 ₩800의 원재료를 구입하였고 기말 현재 ₩280의 원재료가 재고로 남아 있다.
- 당기 중 지급한 노무원가는 ₩700이며, 기초 미지급노무원가는 ₩40, 기말 미지급노무원가는 ₩100 이었다.
- 당기 중 발생한 제조경비는 총 ₩560이며, 이는 감가상각비 ₩260, 임차료 ₩200, 수도광열비 ₩100 으로 구성되어 있다.
- 당기 중 작업별 실제발생 원가자료와 실제 사용된 기계시간은 다음과 같다.

구 분	#101	#102	#103	합 계
직접재료원가	₩200	₩200	₩100	₩500
직접노무원가	₩300	₩160	₩260	₩720
기계시간	90시간	63시간	27시간	180시간

- 기초재고자산은 없었고, 작업 #101은 당기 중에 ₩1,100에 판매되었으나 작업 #102는 기말 현재 판매 되지 않았다.

(주)한국은 기말에 제조간접원가 배부차이를 전액 매출원가에 조정한다. (주)한국의 20×1년 매출총이익 은 얼마인가?

① ₩250
② ₩270
③ ₩290
④ ₩310
⑤ ₩330

해설

구 분	#101(매출원가)	#102(기말제품)	#103(기말재공품)	합 계
직접재료원가	₩200	₩200	₩100	₩500
직접노무원가	₩300	₩160	₩260	₩720
제조간접비 예정배부(*1)	₩270	₩189	₩81	₩540
배부차이 조정	₩80(*7)	–	–	–
합 계	₩850	₩549	₩441	–

(*1) 제조간접비 예정배부율 = ₩600 / 200시간 = 시간당 ₩3
(2) 총재료비 = ₩0(기초투입 원재료비) + ₩800 – ₩280 = ₩520
(3) 간접재료비 = 총재료비(2) – 직접재료비 = ₩520 – ₩500 = ₩20
(4) 총노무비 = ₩700 + ₩100 – ₩40 = ₩760
(5) 간접노무비 = 총노무비(4) – 직접노무비 = ₩760 – ₩720 = ₩40
(6) 실제발생 제조간접비 = ₩20(3) + ₩40(5) + ₩560(제조경비) = ₩620
(*7) 제조간접비 배부차이 = ₩620(6) – ₩540 = ₩80 과소배부(매출원가에서 조정)
(8) 매출총이익 = ₩1,100 – ₩850 = ₩250

05 (주)세무는 정상원가계산을 사용하고 있으며, 직접노무시간을 기준으로 제조간접원가를 예정배부하고 있다. (주)세무의 20×1년도 연간 제조간접원가 예산은 ₩144,000이고, 실제 발생한 제조간접원가는 ₩145,000이다. 20×1년도 연간 예정조업도는 16,000 직접노무시간이고, 실제 사용한 직접노무시간은 17,000시간이다. 20×1년 말 제조간접원가 배부차이 조정 전 재공품, 제품 및 매출원가의 잔액은 다음과 같다.

> • 재공품 ₩50,000   • 제 품 ₩150,000   • 매출원가 ₩800,000

(주)세무는 제조간접원가 배부차이를 재공품, 제품 및 매출원가의 (제조간접원가 배부차이 조정 전) 기말잔액 비율에 따라 조정한다. 이 경우 제조간접원가 배부차이를 매출원가에 전액 조정하는 방법에 비해 증가(혹은 감소)되는 영업이익은 얼마인가? (단, 기초재고는 없다)

① ₩1,200 감소   ② ₩1,200 증가

③ ₩1,600 감소   ④ ₩1,600 증가

⑤ ₩1,800 증가

해설

(1) 배부제조간접비 = 17,000시간 × ₩9* = ₩153,000
   *예정배부율 = ₩144,000 / 16,000시간 = ₩9
(2) 실제제조간접비 = ₩145,000
(3) 배부차이(과대배부) = (1) − (2) = ₩8,000
   ∴ 매출원가조정법은 ₩8,000만큼 매출원가를 감소시킨다.
(4) 기말잔액비율법(보충률법) = ₩8,000 × ₩800,000 / ₩1,000,000 = ₩6,400
∴ 기말잔액비율법이 매출원가조정법보다 ₩1,600 순이익을 감소시킨다.

06 (주)세무는 두 개의 제조부문인 P1, P2와 두 개의 보조부문인 S1, S2를 운영하여 제품을 생산하고 있다. S1은 기계시간, S2는 전력소비량(kWh)에 비례하여 보조부문원가를 제조부문에 배부한다. (주)세무의 각 부문에서 20×1년 4월 중 발생할 것으로 예상되는 원가 및 용역수수관계는 다음과 같다.

구 분	보조부문		제조부문		합 계
	S1	S2	P1	P2	
부문원가	₩10,800	₩6,000	₩23,000	₩40,200	₩80,000
부문별 예상 기계시간 사용량	20시간	20시간	30시간	50시간	120시간
부문별 예상 전력소비량	160kWh	100kWh	320kWh	320kWh	900kWh

(주)세무는 상호배부법을 이용하여 보조부문원가를 제조부문에 배부한다. 이 경우 20×1년 4월 말 제조부문 P2에 집계될 부문원가의 합계액은 얼마인가?

① ₩32,190
② ₩33,450
③ ₩35,250
④ ₩49,450
⑤ ₩49,850

해설

구 분	S1	S2	P1	P2
S1	–	0.2	0.3	0.5
S2	0.2	–	0.4	0.4

(1) 보조부문 원가계산
- S1 = ₩10,800 + 0.2S2
- S2 = ₩6,000 + 0.2S1
- S1 = ₩12,500, S2 = ₩8,500

(2) 제조부문 원가계산
보조부문 S1과 S2로 배부받은 제조간접비는 다음과 같다.
- P1 = 0.3S1 + 0.4S2 = 0.3 × ₩12,500 + 0.4 × ₩8,500 = ₩7,150
- P2 = 0.5S1 + 0.4S2 = 0.5 × ₩12,500 + 0.4 × ₩8,500 = ₩9,650
- 제조부문 P1에 집계될 부문원가 합계액 = ₩23,000 + ₩7,150 = ₩30,150
- 제조부문 P2에 집계될 부문원가 합계액 = ₩40,200 + ₩9,650 = ₩49,850

07 활동기준원가계산에 관한 설명으로 옳지 않은 것은?

① 활동기준원가계산은 생산환경의 변화에 따라 증가되는 제조간접원가를 좀 더 정확하게 제품에 배부하고 효과적으로 관리하기 위한 새로운 원가계산방법이라 할 수 있다.

② 활동기준원가계산에서는 일반적으로 활동의 유형을 단위수준활동, 묶음수준활동(배치수준활동), 제품유지활동, 설비유지활동의 4가지로 구분한다.

③ 제품유지활동은 주로 제조공정이나 생산설비 등을 유지하고 관리하기 위하여 수행되는 활동으로서 공장시설관리, 환경관리, 안전유지관리, 제품별 생산설비관리 등의 활동이 여기에 속한다.

④ 묶음수준활동은 원재료 구매, 작업준비 등과 같이 묶음단위로 수행되는 활동을 의미하는데 품질검사의 경우 표본검사는 묶음수준활동으로 분류될 수 있지만, 전수조사에 의한 품질검사는 단위수준활동으로 분류된다.

⑤ 단위수준활동은 한 단위의 제품을 생산하는 데 수반되어 이루어지는 활동으로서 주로 생산량에 비례적으로 발생하며, 주로 직접노무시간, 기계작업시간 등을 원가동인으로 한다.

해설

설비수준활동은 여러 가지 제품생산을 위하여 설비전체를 유지하고 관리하는 활동으로서 공장관리활동, 건물관리활동, 조명·냉난방활동, 조경활동 등이 있다.

08 개별원가계산, 종합원가계산 및 결합원가계산에 관한 설명으로 옳지 않은 것은?

① 개별원가계산이란 개별생산형태의 기업에서 종류, 규격, 형태가 서로 다른 특정의 제품을 생산하는 경우 각 제품의 제조원가를 개별 작업별로 분류하여 제품별 원가를 집계하는 원가계산방법이다.

② 종합원가계산은 동일공정에서 동일한 기간에 생산된 동종제품의 단위당 원가는 동일하다는 기본가정하에 원가계산을 단순화한 것이다.

③ 평균법에 의한 완성품 환산량 계산 시 기말재공품원가와 당기투입원가를 구분하지 않으며, 기말재공품원가와 당기투입원가를 가감한 후 완성품환산량을 기준으로 완성품과 기말재공품을 배분한다.

④ 대체품을 제조하여야 할 경우에는 새로이 제조지시서를 발행하여 제조하되 공손품의 집계원가는 대체품의 제조원가에 가산하며, 공손품의 매각가치 또는 용도에의 이용가치가 있는 경우에는 그 가액에서 차감한다.

⑤ 생산기준법상 회계처리에 따르면, 부산물의 가치가 중요하여 생산시점에 부산물의 순실현가능가치만큼 결합원가가 배분되므로 부산물의 처분이익은 '0'이 된다.

해설

평균법에 의한 완성품 환산량 계산 시 기초재공품원가와 당기투입원가를 구분하지 않으며, 기초재공품원가와 당기투입원가를 합산한 후 완성품환산량을 기준으로 완성품과 기말재공품을 배분한다.

09 상품매매기업인 (주)세무는 활동기준원가계산에 의하여 간접원가를 고객별로 배부한다. 활동기준원가계산을 적용하기 위해 20×1년도 초에 수집한 연간 예산 및 관련 자료는 다음과 같다.

1. 간접원가 연간 자료

구 분	금 액
급 여	₩250,000
마케팅비	₩160,000
계	₩410,000

2. 자원소비단위(활동)별 간접원가 배부비율

구 분	주문처리	고객지원	배부불능*	계
급 여	20%	70%	10%	100%
마케팅비	10%	80%	10%	100%

*배부불능은 활동별로 배부되지 않은 원가로 기업전체 수준으로 배부되며 고객별로 배부되지는 않는다.

3. 활동별 원가동인과 연간 활동량

활 동	원가동인	활동량
주문처리	주문횟수	4,000회
고객지원	고객수	40명

20×1년 중 고객 A가 6회 주문할 경우, 이 고객에게 배부될 간접원가 총액은 얼마인가?

① ₩7,674
② ₩7,774
③ ₩7,874
④ ₩7,974
⑤ ₩8,074

해설

구 분	주 문	고객지원
급 여	50,000	175,000
마케팅비	16,000	128,000
계	66,000	303,000
	÷ 4,000회	÷ 40명
	₩16.50	₩7,575

고객 A의 간접원가 총액 = 주문 + 마케팅비 = (6 × ₩16.5) + ₩7,575 = ₩7,674

10 (주)대한은 실제원가에 의한 종합원가계산을 적용하고 있으며, 재공품 평가방법은 선입선출법이다. 다음은 5월의 생산 활동과 가공원가에 관한 자료이다.

구 분	물량(단위)	가공원가
월초재공품	2,500	₩52,500
5월 중 생산투입 및 발생원가	7,500	₩244,000
5월 중 완성품	6,000	?

월초재공품과 월말재공품의 가공원가 완성도는 각각 60%와 40%이고, 공손품이나 감손은 발생하지 않았다. 월말재공품에 포함된 가공원가는?

① ₩56,000
② ₩60,000
③ ₩64,000
④ ₩68,000
⑤ ₩72,000

해설
(1) 가공비 완성품환산량 = 2,500개 × 40% + 3,500개 + 4,000개 × 40% = 6,100개
(2) 가공비 완성품환산량단가 = ₩244,000 / 6,100개 = ₩40/개
(3) 가공비 기말재공품원가 = 4,000개 × 40% × ₩40 = ₩64,000

11 (주)국세는 두 개의 연속된 제조공정을 통하여 제품을 생산하며, 제1공정의 완성품은 전량 제2공정으로 대체된다. 재고자산의 단위원가 결정방법으로 가중평균법을 사용하며, 공손은 없다. 제2공정의 완성품의 원가는?

제1공정	기초재공품 수량		없 음
	당기착수량		25,000단위
	기말재공품 수량		7,000단위
	완성품 단위당 제조원가		₩200
제2공정	기초재공품	수 량	12,000단위
		전공정원가	₩3,000,000
		직접재료원가	₩1,440,000
		전환원가(가공원가)	₩2,160,000
	당기완성품	수 량	20,000단위
	완성품 단위당 제조원가	전공정원가	?
		직접재료원가	₩120
		전환원가(가공원가)	₩180

① ₩8,268,000
② ₩10,400,000
③ ₩10,812,000
④ ₩12,720,000
⑤ ₩14,628,000

(1) 제1공정 전공정대체원가 계산

18,000개* × ₩200 = ₩3,600,000

*제1공정 완성품수량 = 기초재공품 + 당기착수량 − 기말재공품

= 0개 + 25,000개 − 7,000개 = 18,000개

(2) 제2공정

	물 량	완성품환산량		
		전공정원가	직접재료비	가공원가
완성품	20,000	20,000	20,000	20,000
기 말	10,000(?)	10,000	?	?
계	30,000	30,000	?	?

∴ 완성품환산량 단위당 전공정원가 = (₩3,000,000 + ₩3,600,000) / 30,000개 = ₩220/개

(3) 제2공정의 완성품의 원가계산

20,000개 × (₩220 + ₩120 + ₩180) = ₩10,400,000

12 (주)국세의 당기 중 생산 및 원가자료는 다음과 같다.

기초재공품	직접재료원가 전환원가(가공원가)	₩1,000 ₩2,475
당기투입원가	직접재료원가 전환원가(가공원가)	₩5,600 ₩8,300
기말재공품	수 량 직접재료원가 완성도 전환원가(가공원가) 완성도	500단위 20% 15%
공손품	수 량 직접재료원가 완성도 전환원가(가공원가) 완성도	200단위 50% 40%

완성품 수량은 2,000단위이고, 공손품원가를 전액 별도로 인식하고 있다. 재고자산의 단위원가 결정방법이 가중평균법인 경우, 공손품원가는?

① ₩300

② ₩420

③ ₩540

④ ₩670

⑤ ₩700

(1) 완성품환산량 단위당 원가계산

	물 량	완성품환산량 직접재료원가	완성품환산량 가공원가
완성품	2,000	2,000	2,000
공손품	200(50%, 40%)	100	80
기말량	500(20%, 15%)	100	75
계	2,700	2,200	2,155

- 직접재료원가 환산량 단위당 원가 = (₩1,000 + ₩5,600) / 2,200개 = ₩3
- 가공원가 환산량 단위당 원가 = (₩2,475 + ₩8,300) / 2,155개 = ₩5

(2) 공손품원가계산

직접재료원가 = 100개 × ₩3	=	₩300
가공원가 = 80개 × ₩5	=	₩400
계		₩700

13 (주)세무는 가중평균법에 의한 종합원가계산을 적용하여 제품원가를 계산하고 있다. 직접재료는 공정의 초기에 전량 투입되며, 전환원가(가공원가 : Conversion Costs)는 공정 전반에 걸쳐 균등하게 발생한다. 이 회사는 공손품 검사를 공정의 100% 시점에서 실시한다. 20×1년 4월 중 (주)세무의 제조공정에 대한 생산 및 원가 자료는 다음과 같다.

구 분	물량 단위	직접재료원가	전환원가
기초재공품(전환원가 완성도 : 75%)	500	₩500,000	₩375,000
당기투입	4,500	₩4,500,000	₩3,376,800
완성품	3,700	–	–
정상공손	250	–	–
비정상공손	250	–	–
기말재공품(전환원가 완성도 : 30%)	?	–	–

20×1년 4월 (주)세무의 원가요소별 완성품환산량 단위당 원가는 얼마인가? (단, 감손은 없다)

	직접재료원가	전환원가
①	₩1,000	₩845
②	₩1,000	₩900
③	₩1,100	₩900
④	₩1,100	₩845
⑤	₩1,100	₩1,000

	물 량	완성품환산량	
		직접재료비	가공원가
완성량	3,700	3,700	3,700
정상공손	250	250	250
비정상공손	250	250	250
기 말	800*(30%)	800	240
계	5,000	5,000	4,440

*기말재공품수량 = 500 + 4,500 − (3,700 + 250 + 250) = 800개

(1) 직접재료비 완성품환산량 = ₩5,000,000 / 5,000개 = ₩1,000

(2) 가공비 완성품환산량 = ₩3,751,800 / 4,440개 = ₩845

14 (주)국세는 결합공정을 통하여 주산물 X, Y와 부산물 C를 생산하였으며, 결합원가는 ₩50,000이었다. 주산물 X는 추가가공없이 판매하지만, 주산물 Y와 부산물 C는 추가가공을 거쳐 판매한다. 20×1년의 생산 및 판매 자료는 다음과 같다.

구 분	주산물 X	주산물 Y	부산물 C
추가가공원가	없 음	₩13,400	₩600
생산량	900단위	900단위	200단위
단위당 판매가격	₩30	₩70	₩5

부산물은 생산시점에서 순실현가치로 인식한다. 균등매출총이익률법에 의해 각 주산물에 배분되는 결합원가는?

	주산물 X	주산물 Y
①	₩17,300	₩32,300
②	₩17,600	₩32,000
③	₩18,100	₩31,500
④	₩18,900	₩30,700
⑤	₩19,600	₩30,000

(1) 원가율 계산

원가율 = [(₩50,000 − ₩400)(*1) + ₩13,400] / (₩900 × ₩30 + ₩900 × ₩70) = 70%

(*1) 배부할 결합원가 = ₩50,000 − ₩400(*2) = ₩49,600

(*2) 부산물 순실현가치 = 200단위 × ₩5 − ₩600 = ₩400

(2) 결합원가 배부

주산물	원 가	추가가공비	결합원가배부
X	₩18,900	₩0	₩18,900
Y	₩44,100	₩13,400	₩30,700
계	₩63,000	₩13,400	₩49,600

① 주산물 X의 원가 = 900단위 × ₩30 × 70% = ₩18,900

② 주산물 Y의 원가 = 900단위 × ₩70 × 70% = ₩44,100

15 (주)세무는 20×1년 4월에 원재료 X를 가공하여 두 개의 결합제품인 제품 A 1,200단위와 제품 B 800단위를 생산하는 데 ₩100,000의 결합원가가 발생하였다. 제품 B는 분리점에서 판매할 수도 있지만, 이 회사는 제품 B 800단위 모두를 추가가공하여 제품 C 800단위를 생산한 후 500단위를 판매하였다. 제품 B를 추가가공하는 데 ₩20,000의 원가가 발생하였다. 4월 초에 각 제품의 예상판매가격은 제품 A는 단위당 ₩50, 제품 B는 단위당 ₩75, 제품 C는 단위당 ₩200이었는데, 20×1년 4월에 판매된 제품들의 가격은 예상판매가격과 동일하였다. (주)세무는 결합원가 배부에 순실현가치법을 적용하고, 경영목적상 각 제품별 매출총이익을 계산한다. 20×1년 4월 제품 C에 대한 매출총이익은 얼마인가? (단, 월초재고와 월말재공품은 없으며, 공손 및 감손도 없다)

① ₩30,250

② ₩35,750

③ ₩43,750

④ ₩48,250

⑤ ₩56,250

구 분	순실현가치	배부액	추가가공비	제조원가
A	₩60,000	₩30,000	₩0	₩30,000
C	₩140,000	₩70,000	₩20,000	₩90,000

(1) 제품 C의 단위당 제조원가 = ₩90,000 / 800개 = ₩112.5

(2) 매출총이익 = 500개 × (₩200 − ₩112.5) = ₩43,750

제1절 | 표준원가계산과 변동원가계산

1. 표준원가계산

(1) 표준원가계산의 개념

① 의 의 11년 기출

표준원가계산은 기업이 과거의 경험 및 미래의 생산환경의 변화를 반영하여 미리 표준으로 설정하여 둔 직접재료비, 직접노무비, 제조간접비의 표준원가를 이용하여 제품원가계산을 수행하는 방법으로, 원가관리에 유용하다.

② 특 징

㉠ 목적 : 표준원가의 설정에 따른 원가절감에 대한 동기부여로 원가를 절감시킬 수 있고, 각각의 부문별 예산편성에 따른 실적의 측정 및 예산차이의 분석을 통하여 예산관리를 하고자 하는 데 목적이 있다.

㉡ 장 점

ⓐ 표준원가계산은 제품을 생산하기 이전에 표준원가를 산출하고 이를 제품의 생산 후에 실제로 발생한 원가와 비교함으로써 효율적인 원가통제를 할 수 있다.

ⓑ 표준원가계산은 제품원가계산의 회계처리를 신속하고 간단히 수행할 수 있다.

ⓒ 표준원가계산은 표준원가를 이용하여 예산을 설정할 수 있으므로, 계획 및 성과평가와 관련된 유용한 정보를 제공한다.

③ 표준원가의 설정 24년 기출

제품단위당 표준원가는 표준직접재료비와 표준직접노무비, 표준제조간접비를 합하여 산출한 것이다.

㉠ 표준직접재료비

> 표준직접재료비 = 제품단위당 표준투입량 × 원재료단위당 표준구입가격

㉡ 표준직접노무비

> 표준직접노무비 = 제품단위당 표준직접노동시간 × 직접노동시간 표준임률

㉢ 표준제조간접비

> 표준변동제조간접비 = 제품단위당 표준조업도 × 조업도단위당 표준배분율

(주)관세는 단위당 2kg의 재료를 사용하여 제품A를 생산한다. 재료의 kg당 가격은 ₩30이며, 다음 분기 목표재료사용량의 20%를 분기말 재고로 유지한다. 20×1년 제품A의 1분기와 2분기 생산량이 각각 3,000단위와 5,000단위일 때 1분기 재료구입예산액은? 24년 기출

① ₩14,400
② ₩18,000
③ ₩20,400
④ ₩24,000
⑤ ₩27,600

해설

(1) 1분기 재료구입액 = 3,000단위 × 2kg × ₩3 = ₩18,000
(2) 기초 원재료구입액 = 3,000단위 × 2kg × 20% × ₩3 = ₩3,600
(3) 기말 원재료구입액 = 5,000단위 × 2kg × 20% × ₩3 = ₩6,000
(4) 1분기 재료구입예산액 = ₩18,000 − ₩3,600 + ₩6,000 = ₩20,400

정답 ③

실제원가계산과 정상원가계산 및 표준원가계산의 비교

구 분	실제원가계산	정상원가계산	표준원가계산
직접재료원가	실제원가	실제원가	표준원가
직접노무원가	실제원가	실제원가	표준원가
제조간접원가	실제원가	예정원가 (예정배부율 × 실제조업도)	표준원가 (표준배부율 × 표준조업도)

(2) 원가차이분석

① 원가차이분석의 의의

표준원가를 사용하여 제품원가계산을 수행하면 실제원가와 차이가 발생하는데(가격차이와 수량차이), 이러한 차이금액과 차이원인을 분석하는 것을 원가차이분석이라고 한다.

> ㉠ 유리한 차이 : 예상보다 이익을 높게 만드는 차이이며, 원가가 예상보다 낮은 경우의 차이
> ㉡ 불리한 차이 : 이익을 예상보다 낮게 만드는 차이이며, 원가가 예상보다 높은 경우의 차이

② 원가요소별 원가차이분석 24, 21, 20, 19, 17, 15, 13, 11년 기출

㉠ 직접재료비 차이 : 표준원가(원재료 표준구입단가 × 실제생산량에 허용된 원재료 표준투입량) − 실제원가(원재료 실제구입단가 × 원재료 실제투입량)

ⓐ 직접재료비 가격차이 = 원재료 실제투입량 × (원재료 표준구입단가 − 원재료 실제구입단가)
ⓑ 직접재료비 수량차이 = 원재료 표준구입단가 × (실제생산량에 허용된 원재료 표준투입량 − 원재료 실제투입량)

실제수량 × 실제가격	실제수량 × 표준가격	표준수량 × 표준가격
가격차이		수량차이

㉡ 직접노무비 차이 : 표준원가(직접노동시간당 표준임률 × 실제생산량에 허용된 표준노동시간) − 실제원가(직접노동시간당 실제임률 × 실제직접노동시간)

ⓐ 직접노무비 임률차이 = 실제직접노동시간 × (직접노동시간당 표준임률 − 직접노동시간당 실제임률)
ⓑ 직접노무비 능률차이 = 직접노동시간당 표준임률 × (표준노동시간 − 실제노동시간)

실제임률 × 실제노동시간	표준임률 × 실제노동시간	표준임률 × 표준노동시간
임률차이		능률차이

㉢ 제조간접비 차이

ⓐ 변동제조간접비 차이

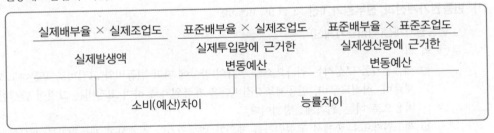

ⓑ 고정제조간접비 차이

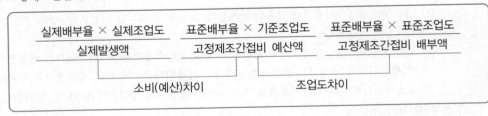

③ 배부차이 조정 16, 12, 11, 10년 기출

총원가비례배분법, 매출원가조정법, 영업외손익법을 사용하여 배부차이를 조정한다.

(주)관세는 표준원가계산제도를 사용하고 있으며 3월과 4월의 표준은 동일하다. 3월에는 1,000단위의 제품을 생산하였으며 고정제조간접원가의 조업도차이는 ₩500(불리)이고, 소비차이는 ₩200(유리)이었다. 4월에는 1,500단위의 제품을 생산하였고 고정제조간접원가는 조업도차이가 ₩500(유리)이고, 소비차이는 ₩300(불리)이다. 4월의 고정제조간접원가 실제발생액은? 24년 기출

① ₩1,800
② ₩2,200
③ ₩2,300
④ ₩2,800
⑤ ₩3,200

해설

(1) 3월과 4월 사이 변동한 조업도차이 = ₩500(유리) − ₩500(불리) = ₩1,000(유리)
(2) 3월과 4월 사이 증가한 생산량 = 1,500단위 − 1,000단위 = 500단위
(3) 단위당 표준배부율 = (1) / (2) = ₩2
(4) 4월 조업도 차이 = 1,500단위(표준조업도) × ₩2 − 기준조업도(X) × ₩2 = 500(유리)
∴ X = 1,250단위
(5) 고정제조간접원가 예산액 = 1,250단위 × ₩2 = ₩2,500
(6) 고정제조간접원가 실제발생액 = ₩2,500 − 300(불리, 소비차이) = ₩2,800

정답 ④

2. 변동원가계산

(1) 변동원가계산과 전부원가계산 22, 21, 15, 11년 기출

① 변동원가계산(직접원가계산)

　㉠ 의 의

　　ⓐ 제품원가를 구성하는 원가요소를 원가의 양상에 따라 변동비와 고정비로 구분하고 변동비는 직접재료비, 직접노무비, 변동제조간접비만을 제품원가로 하며 고정비는 그것이 발생한 기간의 기간비용으로 하는 원가계산방법이다.

　　ⓑ 제조원가요소 중에서 고정원가를 제외한 변동원가만 집계하여 제품원가를 계산하는 방법이다.

　㉡ 특 징

　　ⓐ 내부적인 경영의사결정에 필요한 한계원가 및 공헌이익과 같은 정보를 파악하기 위해서는 변동원가계산이 유용하다.

　　ⓑ 고정제조간접비를 제품원가에 포함하지 않고 기간비용으로 회계처리한다. 변동원가계산은 제품이 생산되어야 발생하는 변동제조원가만을 제품원가로 처리하고 제품생산과 무관하게 발생하는 고정제조간접비를 기간비용으로 처리하므로 경영자의 생산과잉을 더 잘 방지한다.

② 전부원가계산 21년 기출

　㉠ 모든 제조원가를 변동비는 물론이고, 고정비까지도 제품원가로 하고, 제조원가가 아닌 것은 기간비용으로 하는 원가계산이다. 즉, 재료비, 노무비, 고정제조간접비, 변동제조간접비 등을 모두 제품원가로 하는 것으로 특히 고정제조간접비도 제품원가에 포함하고 있는 것이다.

ⓒ 일반적으로 인정된 회계원칙에서는 전부원가계산으로 제품원가를 보고하므로, 외부 재무보고 목적으로 재무제표를 작성할 때 전부원가계산을 사용한다.

변동원가계산과 전부원가계산의 비교

구 분	변동원가계산	전부원가계산
목 적	계획 및 통제의 내부관리 목적	재무제표 작성, 외부보고 목적
제품원가	직접재료비, 직접노무비, 변동제조간접비	직접재료비, 직접노무비, 변동제조간접비, 고정제조간접비
기간비용	고정제조간접비, 판매비와 관리비	판매비와 관리비

(2) 전부원가계산과 변동원가계산의 비교 설명 22, 21, 16년 기출

① 전부원가계산에서는 기초재고가 없을 때 판매량이 일정하다면 생산량이 증가할수록 매출총이익이 항상 커진다.

② 변동원가계산 하의 영업이익은 판매량에 비례하지만, 전부원가계산 하의 영업이익은 생산량과 판매량의 함수관계로 결정된다.

③ 전부원가계산에서는 원가를 제조원가와 판매관리비로 분류하므로 판매량 변화에 따른 원가와 이익의 변화를 파악하기가 어려운 반면에, 변동원가계산에서는 원가를 변동원가와 고정원가로 분류하여 공헌이익을 계산하므로 판매량의 변화에 의한 이익의 변화를 알 수가 있다.

(3) 이익의 차이 24, 23, 22, 15, 14년 기출

① 이익의 비교

생산량과 판매량이 동일할 경우에는 변동원가계산과 전부원가계산 간에 이익의 차이가 발생하지 않지만, 생산량과 판매량에 차이가 발생하는 경우에는 고정제조간접비로 인하여 변동원가계산과 전부원가계산 간에 이익의 차이가 발생한다.

ⓐ 생산량과 판매량이 동일(기초재고 = 기말재고) : 생산량과 판매량이 동일한 경우는 기말재고수량의 변화가 없으므로 변동원가계산제도에 의한 이익과 전부원가계산제도에서 계산된 이익은 동일하다.

ⓑ 생산량이 판매량 초과(기초재고 < 기말재고) : 전부원가계산은 고정제조간접비를 제조원가에 포함시키므로 변동원가계산보다 제조원가가 크다. 따라서 이익이 그만큼 크다고 볼 수 있다.

ⓒ 판매량이 생산량 초과(기초재고 > 기말재고) : 변동원가계산은 고정제조간접비가 제조원가에 포함되어 있지 않으므로 변동원가계산과 전부원가계산의 이익의 차이는 기초재고자산에 포함된 고정제조간접비의 차이다. 즉, 변동원가계산의 이익이 전부원가계산의 이익보다 크다.

② 이익의 차이 계산 19, 17, 14년 기출

> • 이익의 차이 = (생산량 − 판매량) × 단위당 고정제조간접비
> • 전부원가계산 → 변동원가계산 조정
>
>   전부원가계산의 이익
>
>   + 기초 재고자산의 고정제조간접비
>
>   − 기말 재고자산의 고정제조간접비
>
>   변동원가계산의 이익

㉠ 전부원가계산

> 영업이익 = 매출총이익(매출액 − 매출원가*) − 판매관리비
> *매출원가 = 기초제품재고액 + 당기제품제조원가 − 기말제품재고액

㉡ 변동원가계산

> ⓐ 영업이익 = 매출액 − 변동비 − 고정비
> ⓑ 영업이익 = 공헌이익(매출액 − 변동비*) − 고정비**
> *변동비 = 변동매출원가 + 변동판매관리비
> **고정비 = 고정제조간접비 + 고정판매관리비

(주)관세는 제품A를 생산하고 있다. 제품A의 단위당 판매가격은 ₩150이다. 제품A의 제조와 관련된 내용은 다음과 같다. 변동원가계산에 의한 영업이익이 ₩7,500일 때 전부원가계산에 의한 영업이익은? 24년 기출

제조간접원가 :		기초제품재고량	0단위
단위당변동원가	₩15	생산량	150단위
총 고정원가	6,000	판매량	100단위

① ₩8,250
② ₩9,500
③ ₩11,000
④ ₩12,750
⑤ ₩13,500

해설

(1) 기말제품재고량 = 150단위(생산량) − 100단위(판매량) = 50단위
(2) 단위당 고정원가 = ₩6,000(총고정원가) / 150단위(생산량) = ₩40
(3)

변동원가계산하의 영업이익	₩7,500
(−) 기초 재고자산의 고정제조간접비	−
(+) 기말 재고자산의 고정제조간접비	₩40 × 50단위 = ₩2,000
전부원가계산하의 영업이익	₩9,500

정답 ②

3. 초변동원가계산 21, 20, 16년 기출

(1) 의 의

① 최근에는 직접노무원가나 제조간접원가가 고정원가적인 성격을 지니고 이에 따라 변동원가계산에서도 재고누적을 초래할 가능성이 여전히 존재한다. 초변동원가계산(Throughput Costing)은 이러한 부분을 반영하여 유일한 변동비인 직접재료비만을 제품원가로 간주한다. 이에 따라 고정운영비인 직접노무비와 제조간접비는 모두 기간비용으로 간주된다.

② 기초재고가 없다면, 당시 판매량보다 당기 생산량이 더 많을 때 전부원가계산상의 당기 영업이익보다 초변동원가계산상의 당기 영업이익이 더 작다. 또한 초변동원가계산에서는 기초재고가 없고 판매량이 일정할 때 생산량이 증가하더라도 재료처리량 공헌이익(Throughput Contribution)은 변하지 않는다.

③ 원가분류의 측면에서 전부원가계산, 변동원가계산, 초변동원가계산(스루풋원가계산)을 비교하면 다음과 같다.

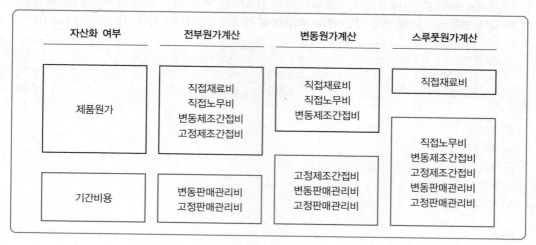

(2) 이익의 차이 조정

초변동원가계산의 이익은 판매량이 비례하여 증가하지만 생산량이 증가함에 따라 감소한다. 생산량이 증가함에 따라 발생하여 비용처리되는 직접노무원가와 변동제조간접원가가 크기 때문이다.

　　　　　전부원가계산의 이익
　+　기초 재고자산의 고정제조간접비
　−　기말 재고자산의 고정제조간접비
　　　　　변동원가계산의 이익
　+　기초 재고자산의 직접노무원가 및 변동제조간접원가
　−　기말 재고자산의 직접노무원가 및 변동제조간접원가
　　　　　초변동원가계산의 이익

제2절　원가추정과 CVP 분석

1. 원가추정

(1) 의 의

① 미래의 원가를 파악하여 의사결정을 더욱 현명하게 할 수 있도록 미래의 원가변동요인을 파악하여 원가발생액을 추정하고자 한다.

② 원가함수는 원가발생요인과 원가 사이의 일정한 함수관계를 추정한 것이다. 총원가의 변동에 영향을 미치는 원가동인이 하나라 가정하며, 원가행태가 관련범위 내에서는 선형이라 가정한다.

$$원가함수(Y) = a + bX$$

- Y = 총원가(종속변수)
- a = 총고정비
- b = 단위당 변동비
- X = 조업도(독립변수)

③ 원가추정방법에는 산업공학법, 계정분석법, 고저점법, 회귀분석 등이 있다.

(2) 고저점법에 의한 원가추정

고저점법은 원가자료 중 가장 높은 조업도원가(최고조업도원가)와 가장 낮은 조업도원가(최저조업도원가)의 두 개의 점을 직선으로 연결하여 원가방정식을 추정하는 방법이다.

① 조업도 단위당 변동비 추정(b)

$$조업도 \ 단위당 \ 변동비 = \frac{최고조업도원가 - 최저조업도원가}{최고조업도 - 최저조업도}$$

② 총고정비의 추정(a)

$$총고정비 = 최고조업도원가 - (조업도단위당 \ 변동비 \times 최고조업도)$$
$$= 최저조업도원가 - (조업도단위당 \ 변동비 \times 최저조업도)$$

2. 원가 · 조업도 · 이익(CVP) 분석

(1) CVP 분석의 기본사항 20년 기출

① CVP의 의의

CVP, 즉 원가(Cost), 조업도(Volume), 이익(Profit)의 분석은 매출액과 비용이 조업도의 변화에 따라 증감한다는 점을 이용하여 조업도 변화에 따른 수익과 비용의 변화를 추정하여 이익을 분석하는 기법이다. 즉, 조업도의 변화에 따른 이익의 변화를 추정함으로써 단기의사결정 및 단기경영계획에 유용한 경영분석기법이다.

② CVP 분석의 가정

   ⓐ 비용과 수익의 형태는 이미 결정되어 있고, 조업도의 관련범위 내에서는 모두 직선으로 표시한다.

   ⓑ 모든 원가는 변동비와 고정비로 분리가 가능하다.

   ⓒ 고정비는 일정하고 관련 범위 내에서 변동하지 않으며, 변동비는 조업도에 따라서 비례적으로 변동한다.

   ⓓ 공장설비의 능률과 생산성은 일정하다.

   ⓔ 제품의 판매가격과 원가요소의 가격은 일정하다.

   ⓕ 두 가지 이상의 제품을 판매하는 경우에는 조업도의 변동에 따라 매출 배합이 일정하게 유지된다.

   ⓖ 조업도만이 수익과 원가에 영향을 미치는 유일한 요인이다.

   ⓗ 기초재고액과 기말재고액은 일정하다. 즉, 생산량과 매출량은 같다.

③ CVP 분석의 기본개념 24, 18, 16년 기출

　㉠ 공헌이익 : 공헌이익은 매출액(수익)에서 변동비(변동원가)를 차감한 금액을 말한다.

> ⓐ 공헌이익 = 매출액* − 변동비 = 고정비 + 이익
> 　*매출액 = 변동비 + 고정비 + 이익
> ⓑ 제품단위당 공헌이익 = 제품단위당 판매가격 − 제품단위당 변동비

　㉡ 공헌이익률 : 공헌이익의 개념을 비율개념으로 나타낸 것으로서 매출액에 대한 공헌이익의 비율을 의미한다.

$$공헌이익률 = \frac{공헌이익}{매출액} = \frac{제품단위당\ 공헌이익}{제품단위당\ 판매가격}$$

　㉢ 변동비율 : 단위당 변동비를 단위당 판매가격으로 나누거나 총변동비를 매출액으로 나눈 것으로서 매출액에 대한 변동비의 비율을 의미한다.

$$변동비율 = \frac{변동비}{매출액} = \frac{제품단위당\ 변동비}{제품단위당\ 판매가격}$$

　㉣ 공헌이익률과 변동비율의 관계

> 공헌이익률 + 변동비율 = 1
> 공헌이익률 = 1 − 변동비율

기출문제

(주)관세가 생산·판매하고 있는 제품A와 B의 연간 최대 판매가능수량은 각각 2,000단위와 1,000단위이다. 제품A의 단위당 공헌이익은 ₩15이고, 단위당 노무시간은 1시간이다. 제품B의 단위당 공헌이익은 ₩20이고, 노무시간당 공헌이익은 ₩10이다. 연간 최대노무시간이 3,000시간일 때 달성할 수 있는 최대공헌이익은? 24년 기출

① ₩20,000
② ₩25,000
③ ₩30,000
④ ₩35,000
⑤ ₩40,000

[해설]
(1) 제품A 생산 = 2,000단위 × ₩15(노무시간당 공헌이익) = ₩30,000
(2) 제품B 생산 = 1,000단위 × ₩10(노무시간당 공헌이익) = ₩10,000
(3) 달성가능한 최대공헌이익 = (1) + (2) = ₩40,000

정답 ⑤

(2) 손익분기점(BEP) 분석 23, 19년 기출

① 손익분기점의 의의

손익분기점이란 매출액과 총비용이 일치하여 이익이 "0"이 되는 판매량이나 매출액을 말한다. 즉, 손익분기점이란 총공헌이익이 총고정비와 같아지는 판매량이나 매출액이다. 이 경우에 총비용이란 변동 및 고정제조원가와 변동 및 고정판매비와 관리비를 합한 금액을 의미한다. 손익분기점에서의 특징은 다음과 같다.

> ㉠ 매출액 = 변동비 + 고정비   ㉡ 공헌이익 = 고정비

② 손익분기점 매출수량과 매출액의 계산 24, 18, 16년 기출

㉠ 손익분기점 매출수량

$$\text{손익분기점 매출수량(Q)} = F / (P - V)$$
$$= \frac{\text{고정비}}{\text{단위당 판매가격} - \text{단위당 변동비}} = \frac{\text{고정비}}{\text{단위당 공헌이익}}$$

- Q = 매출수량
- P = 단위당 판매가격
- F = 고정비
- V = 단위당 변동비

㉡ 손익분기점 매출액

$$\text{손익분기점 매출액(S)} = \frac{\text{고정비}}{1 - \text{변동비율}} = \frac{\text{고정비}}{\text{공헌이익률}}$$

기출문제

(주)관세의 20×1년 영업활동에 관한 자료이다. 법인세율이 20%일 때 현금흐름분기점 판매수량은? (단, 감가상각비를 제외한 모든 비용과 수익은 현금거래이며, 손실이 발생할 경우 법인세가 환급된다고 가정한다) 24년 기출

단위당 판매가격	₩500
단위당 변동원가	200
총고정원가(감가상각비 ₩10,000 포함)	50,000
판매수량	600단위

① 100단위   ② 125단위
③ 150단위   ④ 175단위
⑤ 200단위

[해설]
매출액과 총비용이 일치하여 이익이 ₩0이 되는 손익분기점 판매량을 구하는 문제이다.
매출액 = 변동원가 + 고정원가 = X(손익분기점 판매량) × ₩500(단위당 판매가격) = X × ₩200 + (₩50,000 − ₩10,000) + [X × (₩500 − ₩200) − ₩50,000] × 20%
∴ X = 125단위

정답 ②

③ 목표이익이 있는 경우의 판매량(Q) 및 매출액(S) 21, 17, 14, 11년 기출
  ㉠ 법인세가 없는 경우

$$@ \text{ 판매량(Q)} = \frac{\text{고정비} + \text{목표이익}}{\text{단위당 판매가격} - \text{단위당 변동비}} = \frac{\text{고정비} + \text{목표이익}}{\text{단위당 공헌이익}}$$

$$ⓑ \text{ 매출액(S)} = \frac{\text{고정비} + \text{목표이익}}{1 - \text{변동이율}} = \frac{\text{고정비} + \text{목표이익}}{\text{공헌이익률}}$$

  ㉡ 법인세가 있는 경우

$$@ \text{ 판매량(Q)} = \frac{\dfrac{\text{고정비} + \text{세후순이익}}{1 - \text{법인세율}}}{\text{단위당 판매가격} - \text{단위당 변동비}} = \frac{\dfrac{\text{고정비} + \text{세후순이익}}{1 - \text{법인세율}}}{\text{단위당 공헌이익}}$$

$$ⓑ \text{ 매출액(S)} = \frac{\dfrac{\text{고정비} + \text{세후순이익}}{1 - \text{법인세율}}}{1 - \text{변동이율}} = \frac{\dfrac{\text{고정비} + \text{세후순이익}}{1 - \text{법인세율}}}{\text{공헌이익률}}$$

(3) 영업레버리지도 20, 18, 15년 기출

영업레버리지도는 매출액이 1% 변화할 때 영업이익이 몇 % 변화하는지를 보여주는 지표이다.

$$\text{영업레버리지도} = \frac{\text{영업이익의 변화율}}{\text{매출액의 변화율}} = \frac{\text{공헌이익}}{\text{영업이익}} = \frac{1}{\text{안전한계율}}$$

(4) 안전한계(M/S) 22, 18년 기출

① 의 의

안전한계(M/S)는 실제 또는 예상매출액이 손익분기점의 매출액을 초과하는 금액을 말하며, 기업의 이익 구조 및 안전성을 분석하는 지표이다.

② 공 식

㉠ 안전한계 = 실제(예산)매출액 − 손익분기점 매출액

$$㉡ \text{ 안전한계율(M/S비율)} = \frac{\text{안전한계}}{\text{실제(예산)매출액}} = \frac{\text{실제매출액} - \text{손익분기점 매출액}}{\text{실제(예산)매출액}} = \frac{\text{영업이익}}{\text{공헌이익}}$$

1. 의 의

의사결정이란 어떤 여러 가지 선택 가능한 의사결정 대안들 중에서 특정목적이나 목표를 달성하기 위하여 가장 효과적이고 효율적으로 최적의 행동 대안을 선택하는 과정을 말한다. 단기의사결정은 기간이 단기이므로 화폐의 시간적 가치는 무시하고 설비자산의 변동도 고려하지 않는 의사결정을 말한다.

2. 의사결정과 관련한 원가

(1) 관련원가(차액원가) 16년 기출

특정한 의사결정과 관련이 있는 원가로서 선택 가능한 여러 가지 대안들 간에 차이가 예상되는 미래원가로서, 의사결정에 직접적으로 영향을 미칠 수 있는 원가이다.

① 기회원가

선택 가능한 여러 가지 대안들 중 특정대안을 선택하고 다른 용도를 포기하는 경우 포기되는 다른 대안으로부터 발생되는 최대의 이익이나 효익의 희생을 화폐액으로 측정한 것을 말한다.

② 회피가능원가

경영목적을 달성하는 데 반드시 필요로 하지 않는 원가로서 의사결정 여부에 따라 회피할 수 있다. 즉, 특정대안을 포기(또는 선택)하면 더 이상 발생되지 않는 원가이다.

▷ 대부분 변동원가이며, 일부 공정원가도 회피가능원가이다.

③ 현금지출원가

특정대안을 선택함에 있어서 즉시 또는 가까운 장래에 현금을 지출하는 원가이다.

(2) 비관련원가 16년 기출

의사결정 시 고려하지 않아도 무방한 의사결정에 영향을 미치지 않는 원가이다. 여기에는 매몰원가와 의사결정 대안 간에 차이가 없는 미래원가 등이 있으며 대표적인 형태는 매몰원가이다.

① 매몰원가

경영자가 통제할 수 없는 과거의 의사결정에 의하여 이미 발생한 역사적 원가로서 회계장부에는 기록하지만 의사결정에 관계 없이 변동될 수 없는 원가이다.

② 의사결정 대안 간에 차이가 없는 미래원가

어떠한 대안을 선택하든지 차이가 없이 발생하는 미래원가로서 의사결정 시에 고려할 필요가 없는 원가이다.

(3) 회피불가능원가 16년 기출

경영활동을 수행하는 데 불가피하게 발생되는 원가로서 경영자가 통제할 수도 없고 선택이나 의사결정을 할 때 발생을 피할 수 없는 원가를 말한다.

3. 의사결정의 접근방법

(1) 총액접근법

여러 가지 선택가능한 대안들의 총수익과 총원가를 계산·비교하여 이익이 가장 큰 대안을 선택하는 방법으로, 관련원가뿐만 아니라 비관련원가도 모두 고려해야 한다.

(2) 증분접근법(차액접근법) 16년 기출

여러 가지 선택가능한 대안들 사이에 차이가 나는 수익과 원가만을 분석하여 의사결정을 하는 방법으로, 비관련원가는 고려하지 않는다.

4. 유형별 의사결정

(1) 부품의 자가제조 또는 외부구입 17년 기출

기업은 제품생산에 필요한 부품을 자체적으로 생산하여 사용할 것인지 외부에서 구입할 것인지에 대한 의사결정을 해야 할 경우가 있다. 부품을 외부에서 구입하면 자가제조 시에 발생하는 변동원가를 절감할 수 있으며, 또한 외부구입에 따른 생산 감독자나 기계장치의 감가상각비 중 일부를 절감할 수 있을 것이다.

> ① 외부구입가격 > 회피가능원가 + 기회비용 : 자가제조가 유리
> ② 외부구입가격 < 회피가능원가 + 기회비용 : 외부구입이 유리

만약에 부품을 자가제조하지 않고 외부에서 구입한 결과 발생하는 유휴설비를 다른 용도에 활용한 결과 수익이 발생하면 이것도 함께 고려하여야 한다. 여기에서 회피가능원가란 주로 직접재료비, 직접노무비, 변동제조간접비 절감분과 같은 변동제조비를 말하며, 기회비용은 유휴설비를 이용하여 다른 제품의 생산에 사용할 수 있을 경우 다른 제품의 공헌이익이며, 유휴설비를 임대할 경우에는 임대료수익에 해당된다.

(2) 특별주문의 수락 또는 거절 22, 19년 기출

특별주문이 발생하는 경우 기존 설비능력으로 생산가능한 경우와 그렇지 않은 경우를 고려하여, 특별주문을 수락했을 경우의 이익과 수락하지 않았을 경우의 이익을 비교하여 결정한다.

① 기존 설비능력으로 생산 가능한 경우

특별주문으로 인하여 증가되는 수익 및 변동비를 고려한다.

② 기존 설비능력으로 생산 불가능한 경우

추가적인 설비원가와 기존의 정규판매량 감소로 인한 수익 및 변동비의 감소액을 모두 고려한다.

(3) 부분의 유지 또는 폐쇄 16년 기출

기업의 부문의 유지 또는 폐지에 관한 의사결정은 회사 전체의 이익에 얼마만큼의 영향을 미치는가를 기준으로 이루어진다. 부문의 폐지와 관련한 변동제조원가뿐만 아니라 폐지로 인하여 감소하는 고정비도 고려한다. 부문을 폐쇄한다고 해도 감소하지 않는 고정비(회피불가능원가)가 있음을 고려해야 한다.

(4) 한정된 자원의 활용 16년 기출

자원의 제약이 없는 경우에 기업의 이익극대화를 위해 단위당 공헌이익이 가장 큰 제품을 선택하여 생산·판매한다. 그러나 자원의 제약이 있는 경우에는 기업의 경영자는 이용가능한 생산요소를 가장 효율적으로 사용하는 방법을 찾아야 한다.

최적의사결정기준은 공헌이익을 최대화시키는 방향으로 제한된 자원을 활용하는 것이며, 제품단위당 공헌이익이 아닌 제한된 자원단위당 공헌이익이 큰 제품을 선택해서 생산한다.

① 자원의 제약이 한 가지인 경우

제품에 대한 수요가 충분한 경우 자원당 공헌이익이 가장 높은 제품에 특화함으로써 기업의 총공헌이익을 극대화할 수 있다.

② 자원의 제약이 두 가지 이상인 경우

선형계획법을 사용하여 최적의 자원활용이 가능한 해를 찾는다. 선형계획법이란 여러 가지 제약조건 하에서 특정한 목적(이익극대화나 비용최소화)을 달성하기 위해 희소한 자원을 배분하는 수리적인 기법이다. 제약자원이 2개 이상인 경우에는 제한된 자원의 사용이나 투입배합의 결정이 복잡한 양상을 보이는 경우 사용하는 분석방법이다.

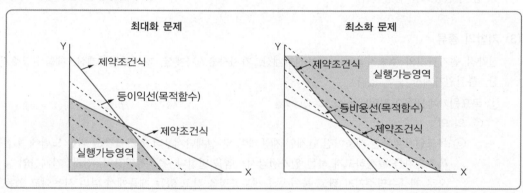

(5) 사내대체가격의 결정

사내대체가격이란 회사내부 시장에서의 거래로 취급될 때 이 사내거래를 위한 가격을 말한다. 각 관련부서의 이해관계를 고려한 사내대체자격을 정했을 때, 각 부서와 기업전체의 목표(이익극대화)가 일치하게 되어, 기업전체이익을 가장 높이는 사내대체물량이 유도된다.

① 사내대체가격의 이해관계

ㄱ 공급(판매)부문 : 최소한 사내대체를 위한 관련원가를 보상받아야 만족한다.

ㄴ 수요(구매)부문 : 사내대체물의 가치보다는 싸게 구입하여야 만족한다.

ㄷ 기획부문 : 기업전체의 이익을 최대화하는 적절한 가격을 결정한다.

② 사내대체가격의 범위

> 공급사업부의 변동원가 + 기회원가 ≤ 대체가격 ≤ 구매사업부의 기회원가(외부구입가격)

1. 전략적 원가관리 22년 기출

(1) 의 의

기업의 핵심성공요인(제품과 서비스의 가격, 품질, 고객만족, 연구개발 등)이나 경영혁신을 달성하기 위하여 여러 가지 기법을 활용하여 원가를 분석하고 활용하는 새로운 혁신적 관리회계방법을 말한다.

(2) 특 징

① 전략적 원가관리의 기본이 되는 체계적인 틀은 제품수명주기이다.
② 경영활동(경영의사결정, 구매, 생산, 판매, 결산 등)과 경영분석 및 전략수립을 통한 경쟁을 체험해봄으로써 업무 및 회계 순환과정과 경영활동에서 발생하는 제반원가에 대한 이해 및 분석기법을 체득하고, 원가마인드 제고 및 전사적 공유, 확산의 필요성을 인식하고 원가정보를 활용한 경영의사결정 및 원가절감 추진능력을 함양한다.

(3) 기법의 종류

전략적 원가관리의 주요기법에는 목표원가계산, 가치사슬원가계산, 카이젠원가계산, 제품수명주기원가계산, 품질원가계산 등이 있다.

① **목표원가계산(원가기획)** 24, 22, 15, 10년 기출
　㉠ 의 의
　　ⓐ 목표원가계산은 제조이전 단계인 제품개발 및 설계단계부터 원가절감을 위한 노력에 초점을 두어 목표원가를 달성하고자 하는 원가절감시스템을 말한다. 즉, 정밀장치, 전자, 기계산업 등 상대적으로 제품수명주기가 짧고 불연속적 제조공정을 갖고 있는 제품에서 널리 사용되고 있는 관리회계기법이다.
　　ⓑ 원가기획은 목표판매가격을 설정한 뒤, 목표이익마진을 더하여 그것에 맞춰서 목표생산원가를 구해내는 방식이다.
　㉡ 전통적 원가계산과의 비교
　　ⓐ 전통적 원가계산에서는 예상되는 제품원가에 추정이익(마진)을 더해서 판매가격을 결정하지만, 목표원가계산에서는 기업이 제조판매하는 제품에 대한 시장의 수요나 경쟁사 등(기업이 통제할 수 없는 외부시장상황)을 고려하여 제품단위당 요구되는 목표이익을 차감하여 전략적으로 판매가격을 결정한다.
　　ⓑ 전통적 원가계산은 수동적·내부지향적·회사지향적인 반면, 목표원가계산은 능동적·외부지향·고객지향적이다.
　　ⓒ 전통적 원가계산은 원가와 이익을 합쳐서 가격을 설정(원가 + 이익 = 가격)하는 반면, 목표원가계산은 전략적 판매가격을 먼저 결정한 다음 여기에서 이익을 차감한 목표원가를 설정한다(가격 - 이익 = 원가).

ⓒ **활동기준 원가계산의 적용** : 활동기준 원가계산 하에서는 기업이 수행하는 활동과 그에 관련된 원가정보가 제공되므로 경영자들은 활동기준을 분석하여 원가절감의 기회를 파악할 수 있게 되며 목표원가를 적용하여 합리적인 원가통제 및 관리를 할 수 있다.

② **목표원가계산의 문제점**

ⓐ 목표원가의 달성을 지나치게 강조할 경우(개발시간의 소요로 신제품의 출시시기 놓침) 기업 전체 목표를 달성하는 데 필요한 원가 이외의 다른 요소들을 무시할 가능성이 존재한다.

ⓑ 목표원가를 충족시켜야 한다는 심한 스트레스와 고통을 경험하게 된다.

ⓒ 목표원가 절감과정에서 관련 당사자들 간에 갈등이 발생하여 협력업체들에게 심한 압력을 주는 경우 협력업체들의 반발과 이탈을 야기할 수 있다.

② **가치사슬원가계산** 15년 기출

㉠ **의의** : 특정제품이나 서비스와 관련하여 기업이 제공하는 제품이나 서비스에 대해 가치를 부여하는 모든 기능들은 상호 관련되어 사슬을 형성하는데 이러한 기능들의 사슬인 가치사슬상의 기능별 원가를 측정하는 것을 말한다.

㉡ **특 징**

ⓐ 가치사슬원가계산에서는 제품생산 이전에 발생한 활동과 관련된 원가는 물론 제품생산 이후에 발생한 활동과 관련된 원가도 분석한다.

ⓑ 기업은 어떠한 제품이나 서비스가 고객에게 제공되기까지 가치사슬상의 활동을 순차적으로 하게 되는데, 제조 이전에 발생된 활동과 관련된 원가는 상류원가, 제조 이후에 발생된 활동과 관련된 원가를 하류원가라고 한다.

ⓒ 가치사슬원가계산은 전략적 원가관리에 중요한 정보를 제공해 준다.

③ **카이젠원가계산(개선원가계산)** 24, 15년 기출

㉠ **의의** : 카이젠원가계산은 제품의 수명주기상 제조단계에서 원가를 절감시키려는 데 초점을 맞추고 있는 것으로, 대규모의 혁신이 아니라 소규모의 지속적인 개선을 통하여 조금씩 원가를 절감하는 방안이다.

▷ 카이젠원가계산(원가개선)은 제조단계에서 지속적인 원가절감활동을 한다.

㉡ **목표원가계산과의 비교** : 목표원가계산은 연구개발, 설계 등 제조 이전단계의 원가절감을 강조하여 대폭적이고 혁신적인 원가절감(제품설계의 변경 등)을 목표로 하지만, 카이젠원가계산은 제품수명주기 중 제조단계의 원가절감을 강조하며 제조단계에서는 원가절감을 위해 변화를 주는 것은 어렵고도 비용이 많이 드므로 혁신을 통해서가 아니라 점차적으로 공정을 조금씩 개선함을 목표로 한다.

㉢ **전통적 원가계산과의 비교**

ⓐ 전통적 원가계산은 기존의 제조공정을 그대로 유지한 채 사전에 설정된 표준원가의 달성여부, 표준원가와 실제원가의 차이분석에 초점을 맞추어 원가통제를 하지만, 카이젠원가계산은 지속적인 제조과정의 개선을 통하여 목표원가와 실제원가의 절감액을 비교하여 분석한다.

ⓑ 전통적 원가계산은 엔지니어와 경영자가 기술적 전문성을 지니고 있다고 가정하여 작업자들은 그들이 미리 설정한 표준과 절차를 수동적으로 따르지만, 카이젠원가계산은 작업자들이 공정의 개선에 대한 가장 많은 지식을 지닌다고 가정하여 작업자들에게 공정을 개선하고 원가를 절감하도록 책임을 준다.

② 카이젠원가계산의 문제점 : 목표원가계산과 마찬가지로 조직구성원들은 모든 원가를 절감해야 한다는 가중한 압력을 받게 된다.

④ 제품수명주기원가계산 24, 23, 22, 15, 10년 기출

　㉠ 의의 : 제품수명주기원가계산은 제품이 고안된 시점부터 폐기되는 시점까지를 포함하여 제품이 존속하는 기간인 각 제품의 수명주기 동안 실제로 그 제품과 관련하여 발생한 모든 원가를 집계하는 것을 말한다.

　㉡ 특 징

　　ⓐ 제품수명주기원가계산은 생산 이전단계와 생산 이후단계의 원가를 포함한다.

　　ⓑ 제품수명주기원가계산에서는 특정제품의 기획에서부터 폐기까지의 모든 비용을 식별·추적한다.

　　ⓒ 제품수명주기원가계산은 각 제품의 제품수명주기 동안 발생한 수익과 비용을 추적하여 보고하므로 전략적 차원의 제품원가계산을 위해서는 제품의 수명주기에 걸쳐 발생하는 모든 원가를 종합적으로 고려하여야 한다.

　㉢ 제품수명주기원가계산의 유용성

　　ⓐ 개별제품과 관련된 모든 수익과 원가가 명확하게 가식적으로 나타나므로 분석대상이 되는 제품의 수명주기 단계별로 수익과 비용의 발생정도를 측정하여 제품의 수익성에 대한 합리적인 예측을 가능하게 한다.

　　ⓑ 총원가 중에서 수명주기의 초기단계에서 발생하는 원가가 차지하는 비율이 제품별로 다르다는 것을 잘 보여줘 경영자가 가능한 한 일찍 그 제품에 대한 수익을 정확하게 예측하게 한다.

　　ⓒ 원가들 간의 상호관련성이 강조되어 원가 상호간의 인과관계에 기인한 변화들을 잘 나타낸다.

　㉣ 제품수명주기 예산 : 제품이 최초로 연구개발되는 시점부터 마지막으로 고객에게 서비스를 제공하고 수명을 다할 때까지 제품별로 수익과 원가들을 추정하는 것으로, 경영자들에게 제조과정에서 발생되는 원가뿐만 아니라 가치사슬상의 모든 기능의 원가를 충당할 수 있는 가격결정의 중요한 정보를 제공해 준다.

기출문제

전략적 원가관리에 관한 설명으로 옳지 않은 것은? 24년 기출

① 제품수명주기원가계산은 장기적 의사결정보다 단기적 의사결정에 더욱 유용하다.
② 목표원가계산은 시장의 수요에 기초해서 제품의 수익성이 확보될 수 있도록 원가를 관리하는 방법이다.
③ 카이젠원가계산은 내부프로세스의 혁신적인 변화보다는 제조단계에서 지속적으로 원가를 절감하고자 한다.
④ 목표원가는 예상 목표가격에서 목표이익을 차감하여 가치공학 등의 기법을 수행하여 생산개시 전에 결정된다.
⑤ 제품수명주기원가계산은 대부분의 제품원가가 제조이전단계에서 확정된다는 인식하에 제조이전단계에서 원가절감을 강조한다.

[해설]
제품수명주기원가계산은 제품이 존속하는 기간인 각 제품의 수명주기 동안 실제로 그 제품과 관련하여 발생한 모든 원가를 집계하는 것이기 때문에 장기적 의사결정에 더욱 유용하다.

정답 ①

⑤ **품질원가계산** 22, 21, 15, 12, 10년 기출
품질원가는 불량품 예방을 위해서나 제품의 불량으로부터 초래되는 모든 원가로, 경영활동에서 발생하는 품질원가를 인식·측정·평가함으로써 품질원가의 절감을 꾀하고 나아가 적극적으로 이익을 개선하는 데에 관련하여 발생하는 것을 말한다.

㉠ **특 징**
ⓐ 품질원가는 제조활동 뿐만 아니라, 초기 연구개발부터 고객 서비스까지의 모든 활동과 관련되어 있다.
ⓑ 품질원가는 생산자 품질이라 할 수 있는 적합품질과 관련된 것이다.
- 설계품질(Design Quality) : 제품이 고객의 욕구에 맞게 잘 설계되었는가를 의미한다.
- 적합품질(Conformance Quality) : 제품이 설계에 맞게 생산되었는가를 의미한다.
ⓒ 일반적으로, 품질문제가 발생한 후에 이를 발견하고 해결하는 것보다 문제가 발생하기 전에 이를 예방하는 것이 총품질원가를 감소시킨다.

㉡ **종 류**
ⓐ 예방원가 : 불량품의 예방조치를 위한 원가로, 원자재와 부품의 질을 향상시키고 제조과정의 실수 감소를 위하여 작업자를 훈련시키며, 생산설비를 점검하고 정비하여 설비불량에 의한 불량품을 감소시키는 것을 말한다. 이에는 설계엔지니어링, 품질교육훈련, 부품공급업체 평가 등이 있다.
ⓑ 평가원가(검사원가) : 제품을 검사하여 불량품을 찾아내는 등 품질상태평가를 위한 원가로, 평가원가는 대부분 제품이 내부고객과 외부고객의 요구사항을 충족하고 있는지 확실하게 하기 위해서 제품을 검사하는 것과 관련이 있다.
▷ 예방원가와 평가원가는 불량제품이 생산되어 고객에게 인도되는 것을 예방하는 활동에 의해 발생하는 것으로, 서로 보완적이다.
ⓒ 실패원가 : 불량품이 발생하는 등 제품이 적합하게 생산되지 못하여 기업이 부담해야 하는 원가를 말한다. 불량품이 생산됨으로써 발생하는 실패원가에는 내부실패원가와 외부실패원가가 있다.
- 내부실패원가(Internal Failure Costs) : 실패원가 중에서 품질에 결함이 있는 제품이 고객에게 인도되기 전에 내부적으로 발견되어 그 제품을 수리하거나 폐기하는 원가를 말한다. 이에는 재작업, 작업폐물 등이 있다.
- 외부실패원가(External Failure Costs) : 품질에 결함이 있는 제품이 고객에게 인도된 후 기업 외부에서 발견되어 보증수리를 하는 원가로, 고객불만에 의한 미래 매출감소의 기회원가이다. 보증수리와 고객지원, 소비자 불만처리를 위한 고객서비스센터의 운영비 등이 있다.
▷ 예방 및 평가원가가 증가하면 내부실패원가가 증가하고 외부실패원가는 감소한다.

(4) 영업이익의 전략적 분석
영업이익의 변화는 전략 이외의 다른 요인에 의하여 변화할 수도 있으므로 영업이익의 증가로 전략의 성공 여부를 판별하려면 시장규모의 성장과 제품차별화전략, 원가우위전략 등이 영업이익에 미친 영향을 구분하여 영업이익을 세부화할 필요가 있다.

① **제품차별화전략**
제품차별화는 경쟁사의 제품보다 독특하고 차별화된 제품과 서비스를 제공하는 전략으로, 차별화를 통해 시장점유율과 제품의 가격을 높일 수 있지만 투입요소도 차별화됨으로써 제조원가가 증가하는 것이 일반적이다.

② 원가우위전략

원가우위는 생산성의 증대, 불량품과 작업폐기물의 감소 등 원가의 엄격한 통제를 통하여 제품과 서비스를 경쟁사보다 더 낮은 원가에 제공하는 전략으로, 경쟁사들과 차별화된 제품을 공급하는 것이 아니라 유사한 제품을 공급한다는 점에서 제품차별화전략과 구분된다.

(5) 활동기준경영

기업의 활동을 구분하여 파악한 후 부가가치활동과 부가가치활동으로 평가를 하는 과정인 활동분석을 통하여 불필요한 원가를 유발하거나 기업의 성과를 저해하는 활동을 집중적으로 통제하거나 관리함으로써 제품의 원가계산방법을 개선하고 효율적인 관리통제를 달성하기 위하여 요구되는 새로운 경영관리기법을 말한다.

부가가치활동	기업에 필요한 활동이면서 효율적으로 수행되는 활동으로, 설계활동·엔지니어활동·가공활동·배달활동 등이 있다.
부가가치원가	부가가치활동으로 인하여 발생하는 원가를 말한다.
비부가가치활동	기업이 불필요한 활동 또는 필요한 활동이지만 비효율적으로 수행되고 있는 활동을 말한다.
비부가가치원가	비부가가치활동으로 인하여 발생하는 원가를 말한다.

(6) 제약자원이론

① 의 의 10년 기출

제약자원이론이란 생산활동의 장애요인이 되는 제약자원을 확인·파악한 후에 이를 관리하고 완화하여 순이익을 극대화하고자 하는 관리기법으로, 병목프로세스(제약요소)를 찾아 대책을 마련하여 수익성을 높이는 방법이다.

② 제약자원관리의 단계 16년 기출

㉠ 순이익을 극대화시키는 데 장애요인이 되는 제약자원을 확인·파악한다.

㉡ 제약자원을 관리하고 완화할 수 있는 단기적인 방안(공정의 유휴시간의 제거, 병목공정의 부하량 감소 등)을 찾는다.

㉢ 병목현상이 없는 공정의 모든 자원을 병목현상을 일으키는 공정에 투입시켜 제약자원단위당 공헌이익(처리량)을 극대화한다.

㉣ 제약자원을 관리하고 완화할 수 있는 장기적인 방안을 모색하여 제약자원의 능력(생식시설의 증가나 새로운 종업원의 채용 등)을 적극적으로 향상시킨다.

㉤ 문제가 되었던 제약자원이 더 이상 목표달성에 장애가 되지 않으면 다시 첫 번째 단계로 돌아가 새로운 제약자원을 찾도록 노력하는 등 상기과정을 반복한다.

③ 제약자원이론 하의 원가분류(스루풋원가계산) 16년 기출

> 총비용 − 재료비 − 운영비용 = 노무비 + 제조간접비 + 판매관리비

단기적으로 총비용 중 재료비만이 변동비의 성격을 갖고 있으며, 최대생산능력을 생산하지 못하고 있음에도 불구하고 노동자들의 정리해고가 실제로는 쉽지 않기 때문에 노무비를 포함한 재료비 이외의 모든 비용은 고정비가 된다.

(7) 역류(역순)원가계산

① 의 의 22년 기출

    ㉠ 역류원가계산은 재공품 계정을 산출물에 초점을 맞추어 사용하지 않고 제품이 완성되거나 판매된 후에 역순으로 생산되거나 판매된 제품이나 기말재고자산의 원가를 직접 추적하는 표준원가계산제도이다.

    ㉡ 적시생산시스템(JIT) 하에서는 최소한의 재고를 보유하고 소규모별로 상이한 제품이 생산되며 생산 및 구매·판매활동이 연속적으로 빠르게 이루어지므로 기록을 단순화시키고 불필요한 계정과목을 제거하기 위해 역류(역순, 지연)원가계산을 사용한다.

② 회계처리

    역류(역순)원가계산에서는 제품의 생산이나 판매가 회계기장을 하는 시점으로 제품이 이 시점에 도달해야만 회계처리가 이루어진다.

    ㉠ 원재료를 구입하자마자 즉시 제조공정에 투입하여 투입에 대한 분개는 없으므로 원재료 계정이나 재공품 계정은 사용하지 않는다.

    ㉡ 직접노무비의 비중이 적으므로 직접노무비와 제조간접비를 별도로 구분하지 않고 가공비 계정에 함께 집계한 다음 제조작업이 완료되는 시점에서 직접 제품계정으로 대체된다.

(8) 경제적 부가가치(EVA : Economic Value Added) 21, 20년 기출

기업이 영업활동을 통해 창출한 순부가가치의 증가분으로 영업이익에서 법인세와 자본비용(타인자본과 자기자본을 포괄)을 차감한 이익을 말한다. 자본조달방법에 따라 순이익에 차이가 발생함으로써 경영성과에 대한 평가가 왜곡되는 것을 방지하기 위한 지표이다.

> ① EVA = 세후영업이익 − 영업활동 투하자본에 대한 자본비용
>
> ② 투하자본에 대한 자본비용 = 가중평균자본비용 × 투하자본
>
> ③ 가중평균자본비용(WACC; Weighted Average Cost of Capital)
>
> $$= \text{세후타인자본비용} \times \frac{\text{타인자본}}{(\text{타인자본} + \text{자기자본})} + \text{자기자본비용} \times \frac{\text{자기자본}}{(\text{타인자본} + \text{자기자본})}$$

2. 종합예산

(1) 의 의 10년 기출

종합예산은 기업의 판매, 생산, 구매, 재무 등의 모든 측면들을 전체 계획으로 표현한 것이다.

(2) 편 성 22, 18, 17, 10년 기출

① 판매예산의 편성은 예산계획의 출발점이며 종합예산의 중요한 기초를 이룬다.

② 예산편성 시 종업원의 참가 여부에 따라 권위적(Authoritative) 예산편성, 참여적(Participative) 예산편성 등으로 나눌 수 있다.

③ 자본예산은 투자의사결정과 관련된 전체적인 계획과정을 말하므로 손익계산서에는 반영되지 않는다.

④ 종합예산 편성 절차의 마지막 단계는 예산 손익계산서, 예산 재무상태표 등의 작성이다.

3. 성과평가

(1) 책임회계제도 18, 10년 기출

① 의 의

㉠ 기업에서의 분권적 관리의 진전에 수반하여 회계수치와 관리조직상의 책임을 연계시키도록 하는 업적평가를 위한 회계제도이다.

㉡ 일반적 원가계산제도가 효율적인 원가통제나 성과에 적절하지 못한 것에 비해 발생된 거래기록에 대해서 책임의 범위를 명확히 구분하여 각 책임자별로 수익과 원가를 집계하여 책임자별 성과를 파악하고 원가통제의 목적을 이루기 위한 제도이다.

㉢ 조직을 특정 업무수행 및 목적달성에 책임을 지는 단위(책임중심점)로 구분하여, 책임단위별로 활동결과(수익과 비용 등)를 집계하여 성과평가를 수행한다.

② 책임중심점

원가중심점	원가발생에 대해서만 책임을 지는 조직단위
수익중심점	수익창출에 책임을 지는 조직단위
이익중심점	조직의 이익에 대해서 책임을 지는 단위
투자중심점	자산의 관리 및 투자의사결정에 대해 책임지는 단위

③ 특 징

㉠ 책임회계의 평가지표는 각 책임단위가 통제할 수 있는 결과를 이용하며, 이를 통제가능성의 원칙이라고 한다.

㉡ 투자책임단위는 다른 유형의 책임단위보다 가장 분권화된 단위이며, 바람직한 성과지표로는 투자수익률, 잔여이익, 경제적 부가가치 등이 있다.

㉢ 원가책임단위의 예로 생산부문, 구매부문, 인력관리부문, 재무부문 등이 있다.

㉣ 자산을 기준으로 한 투자수익률, 즉 자산수익률(ROA)은 듀퐁분석(ROE의 구성요소를 각 부분별로 나누어 분석하는 기법)이 가능하다.

④ 장 점

㉠ 예산과 성과 차이를 쉽게 파악함으로써 예외에 대한 관리가 가능하다.

㉡ 조직에 있어서의 신속한 의사결정과 대응이 용이하고 책임자로 하여금 원가와 수익의 관리를 효율적으로 수행할 수 있도록 해준다.

(2) 균형성과표 20, 18, 17, 10년 기출

균형성과표(Balanced ScoreCard, BSC)는 과거의 성과에 대한 재무적인 측정지표와 미래지향적인 비재무적 측정지표인 고객, 공급자, 종업원, 프로세스 및 혁신에 대한 지표를 통하여 미래가치를 창출하도록 관리하는 시스템이다. 균형성과표는 영리기업 뿐만 아니라 비영리조직에도 사용이 가능하다. 균형성과표의 여러 관점은 서로 연계되어 인과관계를 가지고 있으며, 영리기업의 경우에 최종적으로 재무적 성과를 향상시키는 것으로 연계된다.

① 고객관점

고객들의 주요관심사항을 반영한 측정지표를 사용하여야 한다. 고객관심사항은 시간, 품질, 성능·서비스, 비용 등의 범주로 구분된다. 성과지표의 예시로는 고객만족도와 충성도 등이 있다.

② 내부 프로세스관점

고객측면과 핵심역량측면에서 접근할 수 있다. 고객측면에서는 고객들의 기대에 부응하기 위하여 내부적으로 무엇을 어떻게 해야 하는가를 결정하는 것을 말한다. 즉, 균형성과표의 내부 프로세스 측정지표는 고객만족에 가장 큰 영향을 미치는 업무프로세스에서 나와야 한다. 핵심역량측면에서는 경쟁사보다 뛰어나야 하는 주요기술과 업무프로세스를 확인하고 그것에 대한 측정을 구체화한다. 성과지표의 예시로는 적시배송율, 불량률, 생산능력 등이 있다.

③ 학습과 성장관점

기업의 비전을 달성하기 위해 조직이 어떻게 학습하고 무엇을 개선해야 하는지를 측정한다. 성과지표의 예시로는 근로여건과 복지정도, 능력개발지원, 이직률, 지식의 창출과 공유, 정보분석능력 등이 있다.

④ 재무관점

재무성과 측정지표는 기업경영이 기업의 손익개선에 기여하고 있는지를 나타내준다. 성과지표의 예시로는 수익률과 시장가치 등이 있다.

(3) 투자수익률 24, 22, 20, 19년 기출

① 투자수익률(Return On Investment, ROI)은 영업이익을 영업자산(or 투자액)으로 나눈 비율을 나타내는 수익성지표이다. 투자수익률은 매출액이익률과 자산회전율로 나눌 수 있다.

$$
\begin{aligned}
\text{투자수익률} &= \text{영업이익 / 영업자산(or 투자액)} \\
&= \text{(영업이익 / 매출액)} \times \text{(매출액 / 영업자산)} \\
&= \text{매출액이익률} \times \text{자산회전율}
\end{aligned}
$$

② 장 점

㉠ 투자액 대비 이익의 크기로 성과평가를 하므로 투자중심점(사업부) 책임자의 성과평가에 유용하다.

㉡ 비율로 성과를 나타내므로 투자규모가 다른 사업이나 기업 간에도 비교가 용이하다.

③ 단 점

㉠ 사업내용이 다른 투자중심점(사업부) 간에는 사용하기 어렵다. 사업부마다 직면한 환경과 사업내용이 다른 상황에서 비율로만 성과평가하는 것은 정당하기 않기 때문이다.

㉡ 준최적화현황이 발행할 수 있다. 사업부의 투자수익률 극대화에 초점이 맞추어져 있어 회사 전체의 투자수익률이 극대화되는 투자안을 기각할 수 있다. 즉, 회사 전체의 투자수익률 극대화를 선택하면 어느 사업부의 투자수익률이 감소되는 현상이 나타날 수 있다.

(4) 잔여이익 24, 22, 20, 19년 기출

① 잔여이익(Residual Income, RI)은 영업자산(or 투자액)에 최소요구수익률을 곱한 금액을 초과하는 영업이익을 말한다.

> 잔여이익 = 영업이익 - 영업자산(or 투자액) × 최소요구수익률

② 장 점
   ㉠ 준최적화현황이 나타나지 않는다. 투자중심점에서 최저요구수익률을 초과하는 투자안은 모두 채택하므로 회사 전체의 잔여이익을 극대화할 수 있다.
   ㉡ 사업내용이 다른 투자중심점(사업부) 간에도 성과평가할 수 있다. 사업위험이 높은 투자중심점에는 최소요구수익률을 높이고 위험이 낮은 투자중심점에는 최소요구수익률을 낮게 설정함으로써 성과평가가 가능하다.

③ 단 점
   투자규모가 상이한 투자중심점은 비교하기가 어렵다. 투자수익률이 같더라도 투자규모가 큰 투자중심점에서 잔여이익이 크게 나타나기 때문이다.

기출문제

(주)관세는 평균영업자산과 영업이익을 사용하여 투자수익률과 잔여이익을 계산하고 있다. 20×1년 평균영업자산이 ₩10,000이고, 투자수익률은 12%이다. 잔여이익이 ₩200일 때 최저요구(필수)수익률은? 24년 기출

① 7%
② 8%
③ 9%
④ 10%
⑤ 11%

해설
(1) 영업이익 = 12%(투자수익률) × ₩10,000(영업자산) = ₩1,200
(2) 잔여이익 = 영업이익 - 영업자산 × 최소요구수익률 → 최소요구수익률 = (영업이익 - 잔여이익) / 영업자산 = (₩1,200 - ₩200) / ₩10,000 = 10%

정답 ④

---

01 표준원가계산을 사용하는 기업은 표준원가로 제품원가를 계산하여 외부
재무보고를 한다. (O, X)

02 제품의 생산량이 판매량을 초과하는 경우 전부원가계산의 매출원가가 변
동원가계산의 매출원가보다 크다. (O, X)

03 손익분기점은 총공헌이익이 총고정비와 같아지는 판매량이나 매출액이다.
(O, X)

04 공헌이익이 증가하면 영업레버리지도는 감소한다. (O, X)

05 안전한계율이 감소하면 영업레버리지도는 증가한다. (O, X)

06 회피가능원가는 경영목적을 달성하는 데 반드시 필요로 하지 않는 원가이
기 때문에 비관련원가에 해당한다. (O, X)

07 자원의 제약이 두 가지 이상인 경우, 단위당 공헌이익이 가장 큰 제품을
생산하여 이익을 극대화한다. (O, X)

08 품질원가계산에서 부품공급업체를 평가하는 것은 평가원가에 해당한다.
(O, X)

09 목표원가계산은 연구개발, 설계 등 제조 이전단계의 원가절감을 강조하여
대폭적이고 혁신적인 원가절감(제품설계의 변경 등)을 목표로 한다.
(O, X)

10 스루풋원가계산에서는 직접비용만 재고자산 원가에 해당하며, 이에 따
라 직접재료비와 직접노무비가 재고자산 원가를 구성한다. (O, X)

---

01 × 표준원가계산은 외부재무보고가 불가능하며 실제원가계산으로 해야한다.

02 × 제품의 생산량이 판매량을 초과하는 경우 전부원가계산의 매출원가가 변동원가계산의 매출원가보다 작다.

03 O

04 × 공헌이익이 증가하면 영업레버리지도는 증가한다.

05 O

06 × 회피가능원가는 선택을 하지 않음으로서 회피할 수도 있지만, 선택할 수도 있는 대안으로 관련원가에 해당한다.

07 × 자원의 제약이 두 가지 이상이라면 선형계획법을 통해 최적해를 찾아야 한다.

08 × 부품공급업체를 평가하는 것은 예방원가에 해당한다.

09 O

10 × 스루풋원가계산에서는 직접재료비만 재고자산 원가를 구성한다.

01 (주)국세는 표준원가계산제도를 채택하고 있다. 20×1년 직접재료의 표준원가와 실제원가는 다음과 같을 때, 직접재료원가 수량차이는?

구 분		내 용
표준원가	제품 단위당 직접재료 표준투입량	20kg
	직접재료 표준가격	₩30/kg
실제원가	실제 생산량	50개
	직접재료원가	₩35,000
	직접재료 구입가격	₩28/kg

① ₩5,500 유리

② ₩5,500 불리

③ ₩7,500 유리

④ ₩7,500 불리

⑤ ₩0 차이 없음

해설

(1) 가격차이 = ₩35,000 − 1,250kg* × ₩30/kg = ₩2,500(유리)
   *실제수량 = ₩35,000 / ₩28/kg = 1,250kg
(2) 수량차이 = 1,250kg × ₩30/kg − 50개 × 20kg × ₩30/kg = ₩7,500(불리)

02 표준원가계산제도를 사용하는 (주)국세는 직접노동시간을 기준으로 제조간접원가를 배부한다. 20×1년도 기준조업도는 20,000 직접노무시간이나, 실제 직접노무시간은 22,500시간이다. 변동제조간접원가의 표준배부율은 직접노무시간당 ₩6이다. 다음은 20×1년도의 제조간접원가와 관련된 자료이다.

> • 변동제조간접원가
>   실제발생액 : ₩110,000
>   배부액 : ₩138,000
> • 고정제조간접원가
>   소비차이 : ₩30,000(불리)
>   조업도차이 : ₩27,000(유리)

20×1년도의 고정제조간접원가 실제발생액은?

① ₩150,000

② ₩170,000

③ ₩190,000

④ ₩210,000

⑤ ₩246,000

(1) 조업도차이 = (20,000시간 − 23,000시간*) × 고정비 표준배부율 = (−)₩27,000

    *₩138,000(배부액) = 표준허용시간 × ₩6(변동비 표준배부율)

    ∴ 고정비 표준배부율 = ₩9

(2) 예산차이 = 실제고정비 − 20,000시간 × 고정비 표준배부율 = ₩30,000

            = 실제고정비 − 20,000시간 × ₩9(2) = ₩30,000

    ∴ 실제고정비 = ₩210,000

03 (주)세무는 표준원가계산을 사용하고 있으며, 월간 기준조업도는 제품 1,200단위를 생산할 수 있는 6,000기계시간이다. (주)세무의 20×1년 4월 각 조업도 수준별 제조간접원가 변동예산은 다음과 같다.

제조간접원가	조업도 수준		
	5,000기계시간	6,000기계시간	7,000기계시간
변동제조간접원가			
소모품비	₩1,000	₩1,200	₩1,400
간접노무원가	₩1,500	₩1,800	₩2,100
계	₩2,500	₩3,000	₩3,500
고정제조간접원가	₩9,000	₩9,000	₩9,000
총제조간접원가	₩11,500	₩12,000	₩12,500

(주)세무는 20×1년 4월 중 제품 1,300단위를 생산하였다. 이와 관련하여 6,800기계시간이 사용되었고 실제 변동제조간접원가는 ₩4,200이며, 실제 고정제조간접원가는 ₩9,400이다. (주)세무의 20×1년 4월 고정제조간접원가 생산조업도차이는 얼마인가?

① ₩1,000 불리한 차이   ② ₩1,000 유리한 차이

③ ₩750 불리한 차이   ④ ₩750 유리한 차이

⑤ ₩0 차이 없음

고정비의 생산조업도차이는 다음과 같다.

(1) 소비(예산)차이 = ₩9,400 − ₩9,000 = ₩400(불리)

(2) 조업도차이 = ₩9,000 − 1,300단위 × 5시간 × ₩1.5* = (−)₩750(유리)

    *고정비 표준배부율 = ₩9,000 / 6,000시간 = ₩1.5

04 (주)대한은 표준원가계산제도를 채택하고 있으며, 기계작업시간을 기준으로 고정제조간접원가를 제품에 배부한다. 다음 자료에 의할 경우 기준조업도는?

- 기계작업시간당 고정제조간접원가 표준배부율   ₩10
- 유리한 조업도차이   ₩10,000
- 실제생산량   1,000단위
- 제품 단위당 표준기계작업시간   2시간

① 500시간   ② 700시간
③ 800시간   ④ 1,000시간
⑤ 1,100시간

해설

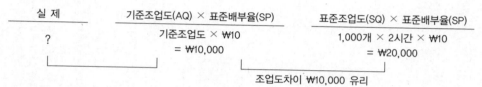

실 제	기준조업도(AQ) × 표준배부율(SP)	표준조업도(SQ) × 표준배부율(SP)
?	기준조업도 × ₩10 = ₩10,000	1,000개 × 2시간 × ₩10 = ₩20,000

조업도차이 ₩10,000 유리

따라서, 기준조업도는 1,000시간이다.

05 전부원가계산과 변동원가계산에 관한 설명으로 옳지 않은 것은?

① 변동원가계산은 전부원가계산보다 손익분기점분석에 더 적합하다.
② 당기매출액이 손익분기점 매출액보다 작더라도 변동원가계산에서는 이익이 보고될 수 있다.
③ 전부원가계산의 영업이익은 일반적으로 생산량과 판매량에 의해 영향을 받는다.
④ 변동원가계산에서는 변동제조원가만이 제품원가에 포함된다.
⑤ 변동원가계산은 고정제조간접원가를 기간비용으로 처리한다.

해설

전부원가계산에서는 이익이 보고될 수 있으나, 변동원가계산에서는 이익이 보고될 수 없다.

06 (주)세무항공은 항공기 1대를 이용하여 김포와 제주 간 노선을 주 5회 왕복운항하고 있으며, 이 항공기의 좌석수는 총 110석이다. 이 노선의 항공권은 1매당 편도요금은 ₩30,000이고, 항공권을 대행판매하는 여행사에 판매된 요금의 3%가 수수료로 지급되며, 항공권 1매당 예상되는 기내식사비용은 ₩1,100이다. 편도운항당 연료비는 ₩700,000이 소요되며, 비행설비 임차료와 공항사용료는 매주 ₩4,800,000이며 승무원 급여와 복리후생비는 매주 ₩7,800,000이 발생한다. (주)세무항공이 손익분기점에 도달하기 위해 매주 최소 판매해야 할 항공권 수량은? (단, 항공권은 편도기준으로 여행사를 통해서만 판매된다)

① 475매　　　　　　　　　　　　　② 575매
③ 600매　　　　　　　　　　　　　④ 700매
⑤ 775매

> **해설**
> (1) 단위당 변동비 = ₩30,000 × 3% + ₩1,100 = ₩2,000
> (2) 주당 고정비
> 　연료비 = 10회 × ₩700,000 = ₩7,000,000
> 　공항사용료　　　　　　　₩4,800,000
> 　인건비　　　　　　　　　₩7,800,000
> 　계　　　　　　　　　　　₩19,600,000
> ∴ 손익분기점 항공권수량 = ₩19,600,000 / (₩30,000 − ₩2,000) = 700매

07 (주)국세는 다음과 같이 3가지 제품을 생산·판매할 계획이다.

구 분	제품 A	제품 B	제품 C
단위당 판매가격	₩10	₩12	₩14
단위당 변동비	₩6	₩4	₩8
예상판매량	100개	150개	250개

고정비는 총 ₩2,480으로 전망된다. 예상판매량 배합비율이 유지된다면, 제품 C의 손익분기점 매출액은?

① ₩800　　　　　　　　　　　　　② ₩1,200
③ ₩1,440　　　　　　　　　　　　④ ₩2,000
⑤ ₩2,800

> **해설**
> (1) 꾸러미당 공헌이익 = 2 × ₩4 + 3 × ₩8 + 5 × ₩6 = ₩62
> (2) 손익분기점 꾸러미 Q = ₩2,480 / ₩62(1) = 40꾸러미
> 따라서 손익분기점 판매수량 및 매출액은 다음과 같다.
> A = 40 × 2 = 80개 ∴ A 손익분기점 매출 = 80개 × ₩10 = ₩800
> B = 40 × 3 = 120개 ∴ B 손익분기점 매출 = 120개 × ₩12 = ₩1,440
> C = 40 × 5 = 200개 ∴ C 손익분기점 매출 = 200개 × ₩14 = ₩2,800

08 (주)대한은 A, B 두 제품을 생산·판매하고 있다. 두 제품에 대한 20×1년도 예산자료는 다음과 같다.

	A 제품	B 제품	합 계
매출액	₩300,000	₩900,000	₩1,200,000
변동원가	₩120,000	₩450,000	₩570,000
공헌이익	₩180,000	₩450,000	₩630,000

회사 전체의 연간 고정원가 총액은 ₩262,500이다. A제품의 연간 손익분기점 매출액은? (단, 예산 매출배합이 일정하게 유지된다고 가정한다)

① ₩105,000   ② ₩110,000

③ ₩115,000   ④ ₩120,000

⑤ ₩125,000

해설

(1) 총공헌이익률 = ₩630,000 / ₩1,200,000 = 52.5%
(2) 손익분기점 총매출액 = ₩262,500 / 52.5% = ₩500,000
(3) A제품 손익분기점 매출액 = ₩500,000 × (₩300,000 / ₩1,200,000) = ₩125,000

09 (주)세무의 제조간접원가는 소모품비, 감독자급여, 수선유지비로 구성되어 있다. 이 회사의 제조간접원가의 원가동인은 기계시간으로 파악되었다. (주)세무의 20×1년 1월, 2월, 3월 및 4월 각각에 대해 실제 사용한 기계시간과 제조간접원가의 구성 항목별 실제원가는 다음과 같다.

구 분	기계시간	소모품비	감독자급여	수선유지비	총제조간접원가 합계
1월	70,000	₩56,000	₩21,000	₩121,000	₩198,000
2월	60,000	₩48,000	₩21,000	₩105,000	₩174,000
3월	80,000	₩64,000	₩21,000	₩137,000	₩222,000
4월	90,000	₩72,000	₩21,000	₩153,000	₩246,000

(주)세무는 원가추정에 고저점법을 이용한다. 20×1년 5월에 75,000기계시간을 사용할 것으로 예상되는 경우 설명이 옳은 것은?

① 5월의 예상 소모품비는 ₩55,000이다.
② 5월의 예상 수선유지비는 ₩129,000이다.
③ 5월의 예상 변동제조간접원가는 ₩170,000이다.
④ 5월의 예상 고정제조간접원가는 ₩21,000이다.
⑤ 5월의 예상 총제조간접원가는 ₩220,000이다.

해설

(1) 소모품비

변동비 = (₩72,000 − ₩48,000) / (90,000시간 − 60,000시간) = ₩0.8/시간당

고정비 = ₩72,000 − 90,000시간 × ₩0.8/시간당 = ₩0

∴ 소모품비에는 변동비만 존재하고 고정비는 없다.

(2) 수선유지비

변동비 = (₩153,000 − ₩105,000) / (90,000시간 − 60,000시간) = ₩1.6/시간당

고정비 = ₩153,000 − 90,000시간 × ₩1.6/시간당 = ₩9,000

(3) 감독자 급여

변동비 = 0

고정비 = ₩21,000

(4) 총제조간접비 예산

= (₩0.8 + ₩1.6)x + (₩9,000 + ₩21,000)

= ₩2.4x + ₩30,000(x ; 기계시간)

② 옳다. 즉, ₩1.6 × 75,000시간 + ₩9,000 = ₩129,000

① 75,000시간 × ₩0.8 = ₩60,000

③ 75,000시간 × (₩1.6 + ₩0.8) = ₩180,000

④ 고정제조간접비 = ₩9,000 + ₩21,000 = ₩30,000

⑤ 예상 총제조간접비 = 2.4x + ₩30,000(x ; 기계시간)

= ₩2.4 × 75,000시간 + ₩30,000 = ₩210,000

10 (주)국세는 부품A를 자가제조하며, 관련된 연간 생산 및 원가자료는 다음과 같다.

직접재료원가	₩10,000
직접노무원가	₩20,000
변동제조간접원가	₩10,000
고정제조간접원가	₩20,000
생산량	250단위

최근에 외부업체로부터 부품A 250단위를 단위당 ₩200에 공급하겠다는 제안을 받았다. 부품A를 전량 외부에서 구입하면 고정제조간접원가 중 ₩10,000이 절감되며, 기존 설비를 임대하여 연간 ₩15,000의 수익을 창출할 수 있다. 외부업체의 제안을 수용하면, 자가제조보다 연간 얼마나 유리(또는 불리)한가?

① ₩15,000 유리 　　　　② ₩15,000 불리

③ ₩25,000 유리 　　　　④ ₩25,000 불리

⑤ ₩35,000 유리

해설

회피가능원가	자가제조비용	외부구입비용
변동비	40,000	250개 × 200
고정비	10,000	
임대료 수익	15,000	
계	65,000	50,000

∴ 외부구입이 ₩65,000 − ₩50,000 = ₩15,000 유리하다.

11 (주)국세의 제품 생산과 관련된 자료는 다음과 같다.

구 분	제품A	제품B
연간 최대 판매가능 수량	3,000단위	4,500단위
단위당 공헌이익	₩25	₩30
단위당 소요노무시간	1시간	1.5시간

연간 최대노무시간이 6,000시간일 때, 달성할 수 있는 최대공헌이익은?

① ₩75,000
② ₩95,000
③ ₩105,000
④ ₩120,000
⑤ ₩135,000

해설

	제품A	제품B
단위당 공헌이익	₩25	₩30
단위당 소요시간	÷1	÷1.5
노무시간당 공헌이익	₩25	₩20

(1) 제품A 생산 = 3,000개 × ₩25 = ₩75,000
(2) 제품B 생산 = 2,000개* × ₩30 = ₩60,000
 *(6,000시간 − 3,000시간) / 1.5시간 = 2,000(개)
 노무시간당 공헌이익이 더 큰 제품A를 연간 최대 판매가능 수량까지 생산하고 남은 시간을 제품B의 생산에 투입할 경우 최대공헌이익을 달성가능하게 되므로, 3,000시간 = 3,000개(연간 최대 판매가능 수량) × 제품 A의 단위당 소요시간이다.
(3) 달성가능한 최대공헌이익 = (1) + (2) = ₩135,000

12 (주)대한은 단일 종류의 제품을 생산·판매하고 있다. 20×1년도 단위당 판매가격은 ₩4,000, 단위당 변동원가는 ₩3,500, 연간 총고정원가는 ₩500,000으로 예상된다. 20×1년 중에 특정 고객으로부터 제품 100단위를 구입하겠다는 주문(이하, 특별주문)을 받았다. 특별주문을 수락할 경우 단위당 변동원가 중 ₩500을 절감할 수 있으며, 배송비용은 총 ₩10,000이 추가로 발생한다. 특별주문을 수락하더라도 여유설비가 충분하기 때문에 정상적인 영업활동이 가능하다. (주)대한이 특별주문을 수락하여 ₩30,000의 이익을 얻고자 한다면, 단위당 판매가격을 얼마로 책정해야 하는가?

① ₩3,100
② ₩3,300
③ ₩3,400
④ ₩3,500
⑤ ₩3,600

> **해설**
>
> (1) 증분원가 = ① + ② = ₩310,000
>   ① 100단위 × (₩3,500 − ₩500) = ₩300,000
>   ② 배송비용 ₩10,000
> (2) 증분이익 = ₩30,000
> (3) 증분수익 = (1) + (2) = 100단위 × 판매가격
> ∴ 단위당 판매가격은 ₩3,400이다.

13 (주)감평은 A제품과 B제품을 생산·판매하고 있으며, 다음 연도 예산손익계산서는 다음과 같다.

	A제품	B제품
매출액	₩4,000	₩2,000
변동원가	₩1,500	₩1,200
고정원가	₩2,000	₩1,400
영업이익(손실)	₩500	(₩600)
판매량	2,000단위	2,000단위

회사는 영업손실을 초래하고 있는 B제품의 생산을 중단하고자 한다. B제품의 생산을 중단하면, A제품의 연간 판매량이 1,000단위만큼 증가하고 연간 고정원가 총액은 변하지 않는다. 이 경우 회사 전체의 영업이익은 얼마나 증가(혹은 감소)하는가? (단, 기초 및 기말 재고자산은 없다)

① ₩175 감소
② ₩450 증가
③ ₩650 감소
④ ₩1,250 증가
⑤ ₩1,425 증가

> **해설**
>
> (1) 증분수익 = (₩4,000 − ₩1,500) × 1,000단위 / 2,000단위 = ₩1,250
> (2) 증분원가 = A제품 1,000단위 판매 증가에 따른 증분이익 − B제품 2,000단위 생산 중단으로 감소하는 변동이익 = ₩2,000 − ₩1,200 = ₩800
> (3) 증분이익 = (1) − (2) = ₩450

14 (주)대한은 완제품 생산에 필요한 A부품을 매월 500단위씩 자가제조하고 있다. 그런데 타 회사에서 매월 A부품 500단위를 단위당 ₩100에 납품하겠다고 제의하였다. A부품을 자가제조할 경우 변동제조원가는 단위당 ₩70이고, 월간 고정제조간접원가 총액은 ₩50,000이다. 만약 A부품을 외부구입하면 변동제조원가는 발생하지 않으며, 월간 고정제조간접원가의 40%를 절감할 수 있다. 또한 A부품 생산에 사용되었던 설비는 여유설비가 되며 다른 회사에 임대할 수 있다. A부품을 외부 구입함으로써 매월 ₩10,000의 이익을 얻고자 한다면, 여유설비의 월 임대료를 얼마로 책정해야 하는가?

① ₩5,000　　　　　　　　　　　　② ₩6,000

③ ₩7,000　　　　　　　　　　　　④ ₩8,000

⑤ ₩10,000

해설

(1) 증분수익
　　① 변동제조원가 감소분 = 500개 × ₩70 = ₩35,000
　　② 고정제조간접원가 절감액 = ₩50,000 × 40% = ₩20,000
　　③ 임대수익 = X
(2) 증분원가 = 500개 × ₩100 = ₩50,000
(3) 증분이익 = (1) − (2) = ₩10,000
∴ 임대수익 X = ₩5,000이다.

15 (주)세무는 사업부 A와 사업부 B를 이익중심점으로 운영하고 있다. 사업부 B는 사업부 A에 고급형 제품X를 매월 10,000단위 공급해 줄 것을 요청하였다. 사업부 A는 현재 일반형 제품X를 매월 50,000단위를 생산·판매하고 있으나, 고급형 제품X를 생산하고 있지 않다. 회계부서의 원가분석에 의하면 고급형 제품X의 단위당 변동제조원가는 ₩120, 단위당 포장 및 배송비는 ₩10으로 예상된다. 사업부 A가 고급형 제품X 한 단위를 생산하기 위해서는 일반형 제품X 1.5단위의 생산을 포기하여야 한다. 일반형 제품X는 현재 단위당 ₩400에 판매되고 있으며, 단위당 변동제조원가와 단위당 포장 및 배송비는 각각 ₩180과 ₩60이다. 사업부 A의 월 고정원가 총액은 사업부 B의 요청을 수락하더라도 변동이 없을 것으로 예상된다. 사업부 A가 현재와 동일한 월간 영업이익을 유지하기 위해서는 사업부 B에 부과해야 할 고급형 제품X 한 단위당 최소 판매가격은 얼마인가? (단, 사업부 A의 월초 재고 및 월말 재고는 없다)

① ₩220　　　　　　　　　　　　② ₩270

③ ₩290　　　　　　　　　　　　④ ₩370

⑤ ₩390

해설

(1) 변동비 = ₩120 + ₩10 = ₩130
(2) 기회비용 = [10,000개 × 1.5개 × (₩400 − ₩240)] / 10,000개 = ₩240
(3) 최소 판매가격 = ₩130 + ₩240 = ₩370

16 (주)국세는 올해 초에 신제품 생산을 위한 전용기계 도입여부를 순현재가치법으로 결정하려고 한다. 신제품의 판매가격은 단위당 ₩500이며, 생산 및 판매와 관련된 단위당 변동비는 ₩300, 그리고 현금유출을 수반하는 고정비를 매년 ₩600,000으로 예상한다. 전용기계의 구입가격은 ₩1,000,000이고, 정액법으로 감가상각한다(내용연수 5년, 잔존가치 없음). 할인율은 10%이며 법인세율이 40%이고, 매출액, 변동비, 현금유출 고정비, 법인세는 전액 해당 년도 말에 현금으로 회수 및 지급된다. 전용기계 도입이 유리하기 위해서는 신제품을 매년 최소 몇 단위를 생산·판매해야 하는가? (단, 10%, 5년의 단일금액의 현가계수는 0.621이고, 정상연금의 현가계수는 3.791이다)

① 4,198단위 　　　　　　　　　　② 4,532단위

③ 5,198단위 　　　　　　　　　　④ 5,532단위

⑤ 6,652단위

해설

매년현금유입액의 현재가치 = 현금유출액의 현재가치
[{Q × (₩500 − ₩300) − ₩600,000} × (1 − 0.4) + (₩1,000,000 − 0) / 5 × 0.4] × 3.791 = ₩1,000,000
∴ 판매량 Q = 4,532

---

17 (주)대한은 단일제품을 생산·판매하고 있다. 제품 1단위를 생산하기 위해서는 직접재료 0.5kg이 필요하고, 직접재료의 kg당 구입가격은 ₩10이다. 1분기 말과 2분기 말의 재고자산은 다음과 같이 예상된다.

	재고자산	
	1분기 말	2분기 말
직접재료	100kg	120kg
제 품	50단위	80단위

2분기의 제품 판매량이 900단위로 예상될 경우, 2분기의 직접재료 구입예산은? (단, 각 분기 말 재공품 재고는 무시한다)

① ₩4,510 　　　　　　　　　　② ₩4,600

③ ₩4,850 　　　　　　　　　　④ ₩4,900

⑤ ₩4,960

해설

(1) 제품완성량 = 900단위(판매량) + 80단위(기말제품) − 50단위(기초제품) = 930단위
(2) 재료사용량 = 930단위 × 0.5kg = 465kg
(3) 재료구입량 = 465kg(사용량) + 120kg(기말재료) − 100kg(기초재료) = 485kg
(4) 재료구입예산 = 485kg × ₩10 = ₩4,850

18 (주)감평은 단일 종류의 상품을 구입하여 판매하고 있다. 20×1년 4월과 5월의 매출액은 각각 ₩6,000과 ₩8,000으로 예상된다. 20×1년 중 매출원가는 매출액의 70%이다. 매월 말의 적정 재고금액은 다음 달 매출원가의 10%이다. 4월 중 예상되는 상품구입액은?

① ₩4,340

② ₩4,760

③ ₩4,920

④ ₩5,240

⑤ ₩5,600

[해설]

(1) 4월 달 매출원가 = ₩6,000 × 70% = ₩4,200
(2) 4월 말 재고자산 = ₩8,000 × 70%(5월 달 매출원가) × 10% = ₩560
(3) 4월 초 재고자산 = ₩6,000 × 70%(4월 달 매출원가) × 10% = ₩420
(4) 상품매입액 = (1) + (2) − (3) = ₩4,340

19 상품매매기업인 (주)세무의 20×1년 2분기 월별 매출액 예산은 다음과 같다.

구 분	4월	5월	6월
매출액	₩480,000	₩560,000	₩600,000

(주)세무의 월별 예상 매출총이익률은 45%이다. (주)세무는 월말재고로 그 다음 달 매출원가의 30%를 보유하는 정책을 실시하고 있다. (주)세무의 매월 상품매입 중 30%는 현금매입이며, 70%는 외상매입이다. 외상매입대금은 매입한 달의 다음 달에 전액 지급된다. 매입에누리, 매입환출, 매입할인 등은 발생하지 않는다. 상품매입과 관련하여 (주)세무의 20×1년 5월 예상되는 현금지출액은 얼마인가?

① ₩231,420

② ₩243,060

③ ₩264,060

④ ₩277,060

⑤ ₩288,420

[해설]

4월 재고자산

기 초	79,200(1)	매출원가	264,000(2)
매 입	277,200	기 말	92,400
	356,400		356,400

(1) 기초 = ₩480,000 × 55% × 30% = ₩79,200
(2) 매출원가 = ₩480,000 × 55% = ₩264,000
(3) 4월 현금매입 = ₩277,200 × 30% = ₩83,160
(4) 외상매입 = ₩277,200 × 70% = ₩194,040(다음 달 지급)

5월 재고자산

기 초	92,400	매출원가	308,000
매 입	314,600	기 말	99,000
	407,000		407,000

(5) 5월 상품매입관련 예상 현금유출액

= 4월분 외상매입금 지급 + 5월 현금매입(₩314,600 × 30%)

= ₩194,040 + ₩94,380 = ₩288,420

20 품질원가에 관한 설명으로 옳지 않은 것은?

① 제품의 품질은 설계품질(Quality of Design)과 적합품질(Quality of Conformance)로 구분할 수 있는데, 품질원가는 생산자 품질이라 할 수 있는 설계품질과 관련된 것이다.

② 품질원가는 예방원가 및 평가원가로 구성되는 통제원가와 내부실패원가 및 외부실패원가로 구성되는 실패원가로 분류할 수 있다.

③ 품질원가에 대한 전통적인 관점에서는 통제원가와 실패원가 사이에 상충관계(Trade-off)가 존재한다고 보고 있다.

④ 예방원가는 제품의 생산과정에서 불량품이 발생하지 않도록 예방하기 위하여 발생하는 원가로서 품질관리를 위한 종업원들에 대한 교육훈련비, 생산설비의 유지보수비 등이 여기에 속한다.

⑤ 품질원가는 제품에 불량이 발생하지 않도록 예방하거나 불량이 발생하는지를 검사하고, 불량이 발생한 경우 초래되는 모든 원가를 의미한다.

해설

품질원가는 생산자 품질이라 할 수 있는 적합품질과 관련된 것이다.
• 설계품질(Design Quality) : 제품이 고객의 욕구에 맞게 잘 설계되었는가를 의미한다.
• 적합품질(Conformance Quality) : 제품이 설계에 맞게 생산되었는가를 의미한다.

21 (주)세무는 전자제품을 생산·판매하는 회사로서, 세 개의 사업부 A, B, C는 모두 투자중심점으로 설계·운영되고 있다. 회사 및 각 사업부의 최저필수수익률은 20%이며, 각 사업부의 20×1년도 매출액, 영업이익 및 영업자산에 관한 자료는 다음과 같다.

구 분	사업부 A	사업부 B	사업부 C
매출액	₩400,000	₩500,000	₩300,000
영업이익	₩32,000	₩30,000	₩21,000
평균영업자산	₩100,000	₩50,000	₩50,000

현재 사업부 A는 ₩40,000을 투자하면 연간 ₩10,000의 영업이익을 추가로 얻을 수 있는 새로운 투자안을 고려하고 있다. 이 새로운 투자에 소요되는 예산은 현재의 자본비용 수준으로 조달할 수 있다. (주)세무가 투자수익률 혹은 잔여이익으로 사업부를 평가하는 경우, 다음 설명 중 옳지 않은 것은?

① 투자수익률로 사업부를 평가하는 경우, 20×1년에는 사업부 B가 가장 우수하다.
② 잔여이익으로 사업부를 평가하는 경우, 20×1년에는 사업부 B가 가장 우수하다.
③ 잔여이익으로 사업부를 평가하는 경우, 사업부 A의 경영자는 동 사업부가 현재 고려 중인 투자안을 채택하지 않을 것이다.
④ 투자수익률로 사업부를 평가하는 경우, 사업부 A의 경영자는 동 사업부가 현재 고려 중인 투자안을 채택할 것이다.
⑤ 투자수익률 혹은 잔여이익 중 어느 것으로 사업부를 평가하는 경우라도, 회사전체 관점에서는 사업부 A가 고려 중인 투자안을 기각하는 것이 유리하다.

해설

투자수익률로 사업부를 평가하는 경우, 사업부 A의 경영자는 동 사업부가 현재 고려 중인 투자안을 채택하지 않고 기각할 것이다.

(1) 20×1년도 설계·운영되고 있는 투자안

구 분	사업부 A	사업부 B	사업부 C
투자수익률	₩32,000 / ₩100,000 = 32%	₩30,000 / ₩50,000 = 60%	₩21,000 / ₩50,000 = 42%
잔여이익	₩32,000 − ₩100,000 × 20% = ₩12,000	₩30,000 − ₩50,000 × 20% = ₩20,000	₩21,000 − ₩50,000 × 20% = ₩11,000

(2) 고려 중인 신규 투자안
투자수익률 = ₩10,000 / ₩40,000 = 25%
잔여이익 = ₩10,000 − ₩40,000 × 20% = ₩2,000

22 전략적 원가관리에 관한 설명으로 옳지 않은 것은?

① 목표원가계산(Target Costing)은 제품개발 및 설계단계부터 원가절감을 위한 노력을 기울여 목표원가를 달성하고자 한다.

② 카이젠원가계산(Kaizen Costing)은 제조 이전단계에서의 원가절감에 초점을 맞추고 있다.

③ 품질원가계산(Quality Costing)은 예방원가, 평가원가, 실패원가 간의 상충관계에 주목한다.

④ 제품수명주기원가(Product Life-cycle Cost)는 제품의 기획 및 개발·설계에서 고객서비스와 제품폐기까지의 모든 단계에서 발생하는 원가를 의미한다.

⑤ 제약이론(Theory of Constraints)은 기업의 목표를 달성하는 과정에서 병목공정을 파악하여 이를 집중적으로 관리하고 개선해서 기업의 성과를 높이는 방법이다.

[해설]
카이젠원가계산은 지속적인 개선을 통한 제조 이전이 아닌, 제조 단계에서의 원가절감에 초점을 맞추고 있는 원가계산방법이다.

23 균형성과표에 관한 다음의 설명 중 옳지 않은 것은?

① 균형성과표에서 전략에 근거하여 도출한 비재무적 성과측정치는 재무적 성과측정치의 후행지표가 된다.

② 균형성과표의 다양한 성과지표 간의 인과관계를 통하여 조직의 전략목표 달성과정을 제시하는 성과지표의 체계를 전략지도(Strategy Map)라고 한다.

③ 균형성과표의 고객관점은 고객만족에 대한 성과를 측정하는 데 고객만족도, 고객유지율, 반복구매정도, 시장점유율 등의 지표가 사용된다.

④ 균형성과표의 내부 프로세스 관점은 기업내부의 업무가 효율적으로 수행되는 정도를 의미하는 데 불량률, 작업폐물, 재작업율, 수율, 납기, 생산처리시간 등의 지표가 사용된다.

⑤ 균형성과표의 학습과 성장관점은 기존의 프로세스와 제품에 만족하지 않고 기술 및 제품의 혁신적인 발전을 추구하는 정도를 의미하는 데 종업원만족도, 종업원 이직률, 종업원 1인당 사내훈련시간 등의 지표가 이용된다.

[해설]
기업의 최종목표는 재무적 성과이며, 균형성과표에서 비재무적 성과측정치는 재무적 성과측정치의 선행지표가 된다.

24 활동기준원가계산(ABC ; Activity-based Costing), 활동기준관리(또는 활동기준경영, ABM ; Activity-based Management) 및 제품수명주기원가계산에 대한 다음의 설명 중 옳지 않은 것은?

① 활동기준원가계산에서는 제품의 생산을 위하여 사용한 자원만을 제품원가에 포함시키고 미사용된 자원은 기간비용으로 처리한다.

② 총원가 중 간접원가가 차지하는 비중이 높고 다품종 소량생산체제를 유지하고 있는 기업의 경우 활동기준원가계산을 도입함으로써 보다 정확한 원가를 도출할 수 있다.

③ 활동기준관리를 통하여 파악된 비부가가치활동에는 검사, 이동, 대기, 저장 등의 활동이 있다.

④ 제품수명주기원가계산은 특정 제품이 고안된 시점부터 폐기되는 시점까지의 모든 원가를 식별하여 측정한다.

⑤ 제품수명주기원가는 시장상황의 검토를 통하여 예상되는 제품의 목표가격을 확인한 후 기업이 필요로 하는 목표이익을 차감하여 결정된다.

해설

시장상황의 검토를 통하여 예상되는 제품의 목표가격을 확인한 후 기업이 필요로 하는 목표이익을 차감하여 결정되는 것은 목표원가계산에 대한 설명이다.

2025 시대에듀 합격자 관세사 1차 한권으로 끝내기

개정9판1쇄 발행	2024년 09월 20일 (인쇄 2024년 07월 18일)
초 판 발 행	2016년 01월 05일 (인쇄 2015년 11월 06일)
발 행 인	박영일
책 임 편 집	이해욱
편 저	유영웅 · 나기철
편 집 진 행	박종옥 · 최영서
표지디자인	김도연
편집디자인	차성미 · 곽은슬
발 행 처	(주)시대고시기획
출 판 등 록	제10-1521호
주 소	서울시 마포구 큰우물로 75 [도화동 538 성지 B/D] 9F
전 화	1600-3600
팩 스	02-701-8823
홈 페 이 지	www.sdedu.co.kr

I S B N	979-11-383-7192-6 (13320)
정 가	57,000원

핵심이론 + 기출문제로 2025 관세사 완벽 대비

단계별로 완성하는
관세사 최종합격!

관세사 1차 한권으로 끝내기

핵심이론 + 2024 기출문제 + 출제예상문제 구성

분권 구성으로 휴대성 UP, OX퀴즈로 이론 복습 가능

관세사 1차 3개년 기출문제집

3개년(2022~2024년) 기출문제 수록

2025년 시험대비 최신 개정법령 완벽 반영

관세사 2차 논술답안백서

핵심이론 + 2024 기출문제 + 모의문제 구성

분권 구성으로 휴대성 UP, 현직 관세사의 고득점 비법 수록

※ 도서의 구성 및 이미지는 변경될 수 있습니다.

기출문제 완전 정복은

관세사 1차

3개년 기출문제집

최신 출제유형에 완벽하게 대비할 수 있도록 3개년(2022~2024년) 기출문제를 수록하였습니다.
최신법령을 반영한 상세한 해설을 통해 어려운 개념과
헷갈리는 내용도 꼼꼼하게 체크할 수 있도록 구성하였습니다.

고득점 답안의 비결은

관세사 2차

논술답안백서

관세사 2차 시험의 최신기출문제와 모의문제 및 그 해설을 실었습니다.
최신기출문제 부분에서는 관련 법령과 함께 현직 관세사의 답안 작성 요령을,
모의문제 부분에서는 콕 찍은 고득점 비법을 익혀 고득점까지 노릴 수 있도록 구성하였습니다.

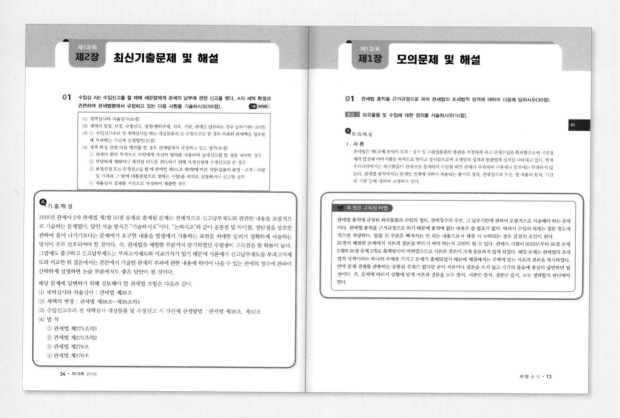

※ 도서의 구성 및 이미지는 변경될 수 있습니다.

나는 이렇게 합격했다

당신의 합격 스토리를 들려주세요
추첨을 통해 선물을 드립니다

베스트 리뷰
갤럭시탭 / 버즈 2

상/하반기 추천 리뷰
상품권 / 스벅커피

인터뷰 참여
백화점 상품권

이벤트 참여방법

합격수기

시대에듀와 함께한
도서 or 강의 **선택**

> 나만의 합격 노하우
정성껏 **작성**

> 상반기/하반기
추첨을 통해 선물 증정

인터뷰

시대에듀와 함께한
강의 **선택**

> 합격증명서 or
자격증 사본 **첨부**,
간단한 **소개 작성**

> 인터뷰 완료 후
백화점 상품권 증정

이벤트 참여방법
다음 합격의 주인공은 바로 여러분입니다!

QR코드 스캔하고 ▷ ▷ ▶
이벤트 참여하여 푸짐한 경품받자!

합격의 공식
시대에듀

합격에 자신있는 무역 시리즈

합격자

관세사

1차 | 한권으로 끝내기

시대에듀

발행일 2024년 9월 20일 | **발행인** 박영일 | **책임편집** 이해욱
편저 유영웅·나기철 | **발행처** (주)시대고시기획
등록번호 제10-1521호 | **대표전화** 1600-3600 | **팩스** (02)701-8823
주소 서울시 마포구 큰우물로 75 [도화동 538 성지B/D] 9F
학습문의 www.sdedu.co.kr

항균+ 99.9%